入选“十四五”时期国家重点图书出版专项规划

中华人民共和国
刑法案典

第二版

Collection of Criminal
Classic Cases of the People's Republic of China
Second Edition

中

袁登明／主编

人民法院出版社

中　册

目录

第四节　破坏金融管理秩序罪

第一百七十条　伪造货币罪

【法律规定】

• 法律条文 •

《中华人民共和国刑法》

第一百七十条　伪造货币的，处三年以上十年以下有期徒刑，并处罚金；有下列情形之一的，处十年以上有期徒刑、无期徒刑，并处罚金或者没收财产：

（一）伪造货币集团的首要分子；

（二）伪造货币数额特别巨大的；

（三）有其他特别严重情节的。

• 相关规定 •

《中华人民共和国中国人民银行法》

第十九条　禁止伪造、变造人民币。禁止出售、购买伪造、变造的人民币。禁止运输、持有、使用伪造、变造的人民币。禁止故意毁损人民币。禁止在宣传品、出版物或者其他商品上非法使用人民币图样。

第四十二条　伪造、变造人民币，出售伪造、变造的人民币，或者明知是伪造、变造的人民币而运输，构成犯罪的，依法追究刑事责任；尚不构成犯罪的，由公安机关处十五日以下拘留、一万元以下罚款。

《最高人民法院关于审理伪造货币等案件具体应用法律若干问题的解释（二）》（法释〔2010〕14号）

第一条　仿照真货币的图案、形状、色彩等特征非法制造假币，冒充真币的行为，应当认定为刑法第一百七十条规定的“伪造货币”。

对真货币采用剪贴、挖补、揭层、涂改、移位、重印等方法加工处理，改变真币形态、价值的行为，应当认定为刑法第一百七十三条规定的“变造货币”。

第二条　同时采用伪造和变造手段，制造真伪拼凑货币的行为，依照刑法第一百七十条的规定，以伪造货币罪定罪处罚。

第三条 以正在流通的境外货币为对象的假币犯罪，依照刑法第一百七十条至第一百七十三条的规定定罪处罚。

假境外货币犯罪的数额，按照案发当日中国外汇交易中心或者中国人民银行授权机构公布的人民币对该货币的中间价折合成人民币计算。中国外汇交易中心或者中国人民银行授权机构未公布汇率中间价的境外货币，按照案发当日境内银行人民币对该货币的中间价折算成人民币，或者该货币在境内银行、国际外汇市场对美元汇率，与人民币对美元汇率中间价进行套算。

第四条 以中国人民银行发行的普通纪念币和贵金属纪念币为对象的假币犯罪，依照刑法第一百七十条至第一百七十三条的规定定罪处罚。

假普通纪念币犯罪的数额，以面额计算；假贵金属纪念币犯罪的数额，以贵金属纪念币的初始发售价格计算。

第五条 以使用为目的，伪造停止流通的货币，或者使用伪造的停止流通的货币的，依照刑法第二百六十六条的规定，以诈骗罪定罪处罚。

第六条 此前发布的司法解释与本解释不一致的，以本解释为准。

《全国法院审理金融犯罪案件工作座谈会纪要》（法〔2001〕8号）

（二） 关于破坏金融管理铁序罪

2. 关于假币犯罪

假币犯罪的认定。假币犯罪是一种严重破坏金融管理秩序的犯罪。只要有证据证明行为人实施了出售、购买、运输、使用假币行为，且数额较大，就构成犯罪。伪造货币的，只要实施了伪造行为，不论是否完成全部印制工序，即构成伪造货币罪；对于尚未制造出成品，无法计算伪造、销售假币面额的，或者制造、销售用于伪造货币的版样的，不认定犯罪数额，依据犯罪情节决定刑罚。明知是伪造的货币而持有，数额较大，根据现有证据不能认定行为人是为了进行其他假币犯罪的，以持有假币罪定罪处罚；如果有证据证明其持有的假币已构成其他假币犯罪的，应当以其他假币犯罪定罪处罚。

假币犯罪罪名的确定。假币犯罪案件中犯罪分子实施数个相关行为的，在确定罪名时应把握以下原则：

（1）对同一宗假币实施了法律规定为选择性罪名的行为，应根据行为人所实施的数个行为，按刑法规定的相关罪名的排列顺序并列确定罪名，数额不累计计算，不实行数罪并罚。

（2）对不同宗假币实施法律规定为选择性罪名的行为，并列确定罪名，数额按全部假币面额累计计算，不实行数罪并罚。

（3）对同一宗假币实施了刑法没有规定为选择性罪名的数个犯罪行为，择一重罪从重处罚。如伪造货币或者购买假币后使用的，以伪造货币罪或购买假币罪定罪，从重处罚。

（4）对不同宗假币实施了刑法没有规定为选择性罪名的数个犯罪行为，分别定罪，数罪并罚。

出售假币被查获部分的处理。在出售假币时被抓获的，除现场查获的假币应认定为出售假币的犯罪数额外，现场之外在行为人住所或者其他藏匿地查获的假币，亦应认定为出售假币的犯罪数额。但有证据证实后者是行为人有实施其他假币犯罪的除外。

制造或者出售伪造的台币行为的处理。对于伪造台币的，应当以伪造货币罪定罪处罚；出售伪造的台币的，应当以出售假币罪定罪处罚。

《最高人民法院关于审理伪造货币等案件具体应用法律若干问题的解释》（法释〔2000〕26号）

第一条 伪造货币的总面额在二千元以上不满三万元或者币量在二百张（枚）以上不足三千张（枚）的，依照刑法第一百七十条的规定，处三年以上十年以下有期徒刑，并处五万元以上五十万元以下罚金。

伪造货币的总面额在三万元以上的，属于“伪造货币数额特别巨大”。

行为人制造货币版样或者与他人事前通谋，为他人伪造货币提供版样的，依照刑法第一百七十条的规定定罪处罚。

第五条 明知是假币而持有、使用，总面额在四千元以上不满五万元的，属于“数额较大”；总面额在五万元以上不满二十万元的，属于“数额巨大”；总面额在二十万元以上的，属于“数额特别巨大”，依照刑法第一百七十二条的规定定罪处罚。

第七条 本解释所称“货币”是指可在国内市场流通或者兑换的人民币和境外货币。

货币面额应当以人民币计算，其他币种以案发时国家外汇管理机关公布的外汇牌价折算成人民币。

《最高人民检察院、公安部关于公安机关管辖的刑事案件立案追诉标准的规定（二）》（公通字〔2022〕12号）

第十四条 ［伪造货币案（刑法第一百七十条）］伪造货币，涉嫌下列情形之一的，应予立案追诉：

（一）总面额在二千元以上或者币量在二百张（枚）以上的；

（二）总面额在一千元以上或者币量在一百张（枚）以上，二年内因伪造货币受过行政处罚，又伪造货币的；

（三）制造货币版样或者为他人伪造货币提供版样的；

（四）其他伪造货币应予追究刑事责任的情形。

《公安部经济犯罪侦查局关于制造、销售用于伪造货币版样的行为如何定性问题的批复》（公经〔2003〕660号）

广东省公安厅经侦总队：

你总队《关于买卖假币胶片行为定性问题的请示》［广公（经）字〔2003〕439号］收悉。经研究并征询最高人民检察院、最高人民法院有关部门的意见，现批复如下：

根据最高人民法院《关于审理伪造货币等案件具体应用法律若干问题的解释》（法释〔2000〕26号）以及《全国法院关于审理金融犯罪案件工作座谈会纪要》的有关规定，对制造、销售用于伪造货币版样的行为以伪造货币罪定罪处罚。

《中国人民银行货币鉴别及假币收缴、鉴定管理办法》（中国人民银行令〔2019〕第3号）

第三条 本办法所称货币是指人民币和外币。人民币是指中国人民银行依法发行的货币，包括纸币和硬币。外币是指在中华人民共和国境内可存取、兑换的其他国家（地区）流通中的法定货币。

本办法所称假币是指不由国家（地区）货币当局发行，仿照货币外观或者理化特性，足以使公众误辨并可能行使货币职能的媒介。

假币包括伪造币和变造币。伪造币是指仿照真币的图案、形状、色彩等，采用各种手段制作的假币。变造币是指在真币的基础上，利用挖补、揭层、涂改、拼凑、移位、重印等多种方法制作，改变真币原形态的假币。

第十四条 金融机构在办理存取款、货币兑换等业务时发现假币的，应当予以收缴。

第十六条 金融机构在收缴假币过程中有下列情形之一的，应当立即报告当地中国人民银行分支机构和公安机关：

（一）一次性发现假币5张（枚）以上和当地中国人民银行分支机构和公安机关发文另有规定的两者较小者；

（二）利用新的造假手段制造假币的；

（三）获得制造、贩卖、运输、持有或者使用假币线索的；

（四）被收缴人不配合金融机构收缴行为的；

（五）中国人民银行规定的其他情形。

【案例】

万某等伪造货币、持有假币案①

• 案件事实 •

2000年7月，万某向赵某提出印制假美元。二人预谋后，由万某出资先后

① 参见河南省驻马店市中级人民法院（2001）刑初字第56号。

购买了一台小型名片印刷机、一架制版照相机和一台晒版机及纸张、油墨等印刷设备和原材料，赵某提供一台激光照排机、一台电脑和一台扫描仪。2000年春节过后，二人利用上述设备，开始在万某租住的房屋内（位于驻马店市某家属院）印制假美元，由赵某具体负责制版、印刷，万某监督印刷质量，李某受万某雇佣帮助干零活。2000年10月，李某将453张假美元（经鉴定不是其与万某、赵某一起印制的假美元）藏匿于万某租住房屋的卫生间内（与印制假美元的现场系一套住宅）。

2001年3月19日，公安机关破获了上述案件，当场收缴了已印制的半成品假美元和李某藏匿于万某租住房屋的卫生间内的假美元，并抓获了万某、赵某、李某等三人。其中，万某等伪造的半成品假美元3286张（面额均为100元）计328600美元，折合人民币2651868元；李某藏匿于万某租住房屋卫生间内的453张假美元中，100元的450张，50元的3张，计45150美元，折合人民币364370元。

• 裁判要旨 •

伪造外币，并藏匿并非自己伪造的货币，构成伪造货币罪和持有假币罪。

• 裁判理由 •

河南省驻马店市中级人民法院认为：被告人万某伙同赵某、李某制造假美元的事实清楚，证据充分。三被告人的行为依照《刑法》第170条及《最高人民法院关于审理伪造货币等案件具体应用法律若干问题的解释》第1条第2款及第7条之规定，均已构成伪造货币罪，且属数额特别巨大，应承担相应的刑事责任。对于被告人李某藏匿于万某家中的453张假美元，虽然李某供述是其从广东陆丰购买并带回驻马店的，有购买、运输假币的嫌疑，但除李某一人的供述外，再没有其他证据与之印证。因此，认定李某购买、运输该宗假币的证据不足。在目前没有足够证据证实李某所持假币来源及目的的情况下，其行为构成持有假币罪，依照《最高人民法院关于审理伪造货币等案件具体应用法律若干问题的解释》第5条之规定，李某持有假币属数额特别巨大，应承担相应的刑事责任。

被告人万某首先提出制造假美元的犯意，并伙同赵某进行预谋，后二人又分别出资购买设备和原材料，万某提供场所，赵某提供技术共同制造假美元，二被告人在共同犯罪中均起主要作用，均系主犯，且二人作用无明显区别。被告人李某受万某雇佣，为万某、赵某制假币端水、打扫废纸等，在共同犯罪中明显起次要作用，系从犯。三被告人在伪造货币过程中，由于被公安机关及时查获，所制造的假美元还属半成品，尚不能投入流通领域冒充真币使用，符合犯罪未遂的一般特征和构成要件，属伪造货币未遂。

综上所述，公诉机关指控被告人万某、赵某、李某犯伪造货币罪的罪名成立，予以支持。指控李某犯购买、运输假币罪的罪名不当，不予支持。被告人万某、李某及他们的辩护人辩称二被告人没有参与印假币的证据不足，其辩解、辩护意见不予采纳。被告人赵某辩解其印制的假美元是殡葬用品，明显与其投资的设备、制作工艺和已印刷出图案的实际效果不相符，其辩解不能成立。其辩护人辩称赵某属从犯的理由亦不充分，不予采纳。

因此，驻马店市中级人民法院依照《刑法》第170条第2项、第172条、第23条、第26条第1款、第27条、第48条、第57条第1款、第55条、第59条、第64条、第69条及《最高人民法院关于审理伪造货币等案件具体应用法律若干问题的解释》第1条第2款、第5条、第7条之规定，作出如下判决：一、万某犯伪造货币罪，判处死刑，缓期二年执行，剥夺政治权利终身；没收个人全部财产。二、赵某犯伪造货币罪，判处死刑，缓期二年执行，剥夺政治权利终身；没收个人全部财产。三、李某犯伪造货币罪，判处有期徒刑十年，剥夺政治权利三年，罚金5万元；犯持有假币罪，判处有期徒刑十年，剥夺政治权利三年，罚金5万元；决定执行有期徒刑十八年，剥夺政治权利五年，罚金10万元（限判决生效后三个月内缴纳）。

【学理分析及适用指引】

• 学理分析 •

伪造货币罪，是指仿造货币的图案、形状、色彩、防伪技术等特征，采用机制、手工等方法，非法制造假货币，冒充真货币的行为。本罪的构成要件如下：

1. 本罪的客体。本罪侵犯的客体是国家的货币金融管理制度以及货币的公信力。犯罪对象为货币。“货币”，是指可以在国内市场流通或者兑换的人民币和境外货币。

2. 本罪的客观方面。客观方面表现为仿造人民币或者外币的图案、形状、色彩、防伪技术等特征，盗用或者以非货币所用纸张、油墨等材料，采用机制、手工等各种制造方法，非法制造假货币的行为。行为人不论采用何种方法，伪造上述任何一种或者几种货币，冒充真币，即属本罪行为。

3. 本罪的主体。犯罪主体为一般主体。中国人、外国人和无国籍人均可构成本罪的主体。

4. 本罪的主观方面。主观方面由故意构成。

• 适用指引 •

在司法实践中，认定本罪应注意：

1. 区分罪与非罪的界限。本罪为行为犯。一般说来，行为人只要出于故意实施了伪造货币的行为，就可构成本罪，但这并不是说一定就构成犯罪，这是因为任何违法行为包括伪造货币的行为只有达到一定危害程度时才能构成犯罪。其具体标准可依据2022年4月6日《最高人民检察院、公安部关于公安机关管辖的刑事案件立案追诉标准的规定（二）》第14条的规定。

2. 关于本罪的一罪与数罪的认定。行为人实施伪造货币犯罪行为后，通常还会继续实施其他相关行为，从而触犯其他罪名，如行为人出售或运输其伪造的货币、行为人使用其伪造的货币骗购财物、行为人走私其伪造的货币等，其行为分别又触犯了出售或运输伪造的货币罪、诈骗罪、走私伪造的货币罪。对此应定一罪还是定数罪然后实行数罪并罚呢？根据《刑法》第171条第3款之规定，伪造货币并出售或者运输伪造的货币的，依伪造货币罪从重处罚。出售、运输的货币，此处应是指伪造者自己所伪造的，即出售或运输所指向的假币与伪造的假币乃是同一宗假币。只有在这种情况下，伪造行为与出售或运输行为才存在着吸收与被吸收的关系。此时出售或运输行为乃属于伪造行为的继续，是伪造行为的一种后继行为，这种后继行为是前行为即伪造货币的行为发展的自然结果。因为伪造者要达到其目的，一般要伴随着运输或出售的过程，因此，对这种后继行为，应被主行为即伪造货币的行为所吸收，不再有其独立的意义，定罪只按伪造货币罪进行，在量刑上则作为两个从重情节予以考虑。如果伪造货币或者运输或者出售的不是自己伪造的那宗货币，此时，运输、出售假币的行为与伪造货币的行为没有必然的联系，从而不存在吸收与被吸收关系，对此，应当分别定罪再实行并罚。

第一百七十一条　出售、购买、运输假币罪；金融工作人员购买假币、以假币换取货币罪

【法律规定】

• 法律条文 •

《中华人民共和国刑法》

第一百七十一条　出售、购买伪造的货币或者明知是伪造的货币而运输，数额较大的，处三年以下有期徒刑或者拘役，并处二万元以上二十万元以下罚金；数额巨大的，处三年以上十年以下有期徒刑，并处五万元以上五十万元以

下罚金；数额特别巨大的，处十年以上有期徒刑或者无期徒刑，并处五万元以上五十万元以下罚金或者没收财产。

银行或者其他金融机构的工作人员购买伪造的货币或者利用职务上的便利，以伪造的货币换取货币的，处三年以上十年以下有期徒刑，并处二万元以上二十万元以下罚金；数额巨大或者有其他严重情节的，处十年以上有期徒刑或者无期徒刑，并处二万元以上二十万元以下罚金或者没收财产；情节较轻的，处三年以下有期徒刑或者拘役，并处或者单处一万元以上十万元以下罚金。

伪造货币并出售或者运输伪造的货币的，依照本法第一百七十条的规定定罪从重处罚。

• 相关规定 •

《中华人民共和国中国人民银行法》

第十九条 禁止伪造、变造人民币。禁止出售、购买伪造、变造的人民币。禁止运输、持有、使用伪造、变造的人民币。禁止故意毁损人民币。禁止在宣传品、出版物或者其他商品上非法使用人民币图样。

第四十三条 购买伪造、变造的人民币或者明知是伪造、变造的人民币而持有、使用，构成犯罪的，依法追究刑事责任；尚不构成犯罪的，由公安机关处十五日以下拘留、一万元以下罚款。

《最高人民法院关于审理伪造货币等案件具体应用法律若干问题的解释》（法释〔2000〕26号）

第二条 行为人购买假币后使用，构成犯罪的，依照刑法第一百七十一条的规定，以购买假币罪定罪，从重处罚。

行为人出售、运输假币构成犯罪，同时有使用假币行为的，依照刑法第一百七十一条、第一百七十二条的规定，实行数罪并罚。

第三条 出售、购买假币或者明知是假币而运输，总面额在四千元以上不满五万元的，属于“数额较大”；总面额在五万元以上不满二十万元的，属于“数额巨大”；总面额在二十万元以上的，属于“数额特别巨大”，依照刑法第一百七十一条第一款的规定定罪处罚。

第四条 银行或者其他金融机构的工作人员购买假币或者利用职务上的便利，以假币换取货币，总面额在四千元以上不满五万元或者币量在四百张（枚）以上不足五千张（枚）的，处三年以上十年以下有期徒刑，并处二万元以上二十万元以下罚金；总面额在五万元以上或者币量在五千张（枚）以上或者有其他严重情节的，处十年以上有期徒刑或者无期徒刑，并处二万元以上二十万元以下罚金或者没收财产；总面额不满人民币四千元或者币量不足四百张（枚）或者具有其他情节较轻情形的，处三年以下有期徒刑或者拘役，并处或者单处一万元以上十万元以下罚金。

《最高人民检察院、公安部关于公安机关管辖的刑事案件立案追诉标准的规定（二）》（公通字〔2022〕12号）

第十五条 ［出售、购买、运输假币案（刑法第一百七十一条第一款）］出售、购买伪造的货币或者明知是伪造的货币而运输，涉嫌下列情形之一的，应予立案追诉：

（一）总面额在四千元以上或者币量在四百张（枚）以上的；

（二）总面额在二千元以上或者币量在二百张（枚）以上，二年内因出售、购买、运输假币受过行政处罚，又出售、购买、运输假币的；

（三）其他出售、购买、运输假币应予追究刑事责任的情形。

在出售假币时被抓获的，除现场查获的假币应认定为出售假币的数额外，现场之外在行为人住所或者其他藏匿地查获的假币，也应认定为出售假币的数额。

第十六条 ［金融工作人员购买假币、以假币换取货币案（刑法第一百七十一条第二款）］银行或者其他金融机构的工作人员购买伪造的货币或者利用职务上的便利，以伪造的货币换取货币，总面额在二千元以上或者币量在二百张（枚）以上的，应予立案追诉。

《中国人民银行货币鉴别及假币收缴、鉴定管理办法》（中国人民银行令〔2019〕第3号）

第十四条 金融机构在办理存取款、货币兑换等业务时发现假币的，应当予以收缴。

第十五条 金融机构柜面发现假币后，应当由2名以上业务人员当面予以收缴，被收缴人不能接触假币。对假人民币纸币，应当当面加盖“假币”字样的戳记；对假外币纸币及各种假硬币，应当当面以统一格式的专用袋加封，封口处加盖“假币”字样戳记，并在专用袋上标明币种、券别、面额、张（枚）数、冠字号码（如有）、收缴人、复核人名章等细项。收缴单位向被收缴人出具按照中国人民银行统一规范制作的《假币收缴凭证》，加盖收缴单位业务公章，并告知被收缴人如对被收缴的货币真伪判断有异议，可以向鉴定单位申请鉴定。

金融机构在清分过程中发现假币后，应当比照前款假外币纸币及各种假硬币的收缴方式，由2名以上业务人员予以收缴。假币来源为柜面或者现金自助设备收入的，应当确认为误收差错，假币实物依照第十三条处理。

假币收缴应当在监控下实施，监控记录保存期限不得少于3个月。

第十六条 金融机构在收缴假币过程中有下列情形之一的，应当立即报告当地中国人民银行分支机构和公安机关：

（一）一次性发现假币5张（枚）以上和当地中国人民银行分支机构和公

安机关发文另有规定的两者较小者；

（二）利用新的造假手段制造假币的；

（三）获得制造、贩卖、运输、持有或者使用假币线索的；

（四）被收缴人不配合金融机构收缴行为的；

（五）中国人民银行规定的其他情形。

【案例一】

代某等出售、购买、运输假币案①

• 案件事实 •

1999年9月至1999年10月间，代某先后两次从贵州省瓮安县分别购买1990年版百元面值的假人民币6万元，夹在包裹内邮寄到三河。后代某伙同文某、卢某先后窜至北京市、河北省等地以购买小商品找零手段使用假币4万余元。剩下的假币，代某、文某、卢某在北京市平谷县出售给丁某（另案处理）10500元，代某、卢某在文某住处等地出售假币8000元；代某单独出售给叶某1500元。

1999年11月至1999年12月间，代某伙同吴某先后两次从贵州省瓮安县购买假人民币12万元。其中8万元夹在包裹内邮寄到三河市，4万元随身携带至三河市，赵某随代某、吴某从瓮安县至三河市途中携带假币2万元。后代某、吴某、赵某在蓟县马道砖厂出售给何某（另案处理）等人假币4800元，在三河市洵阳镇定福庄出售给卢某、丁某、周某（证人，未起诉）假币5700元。经宋某联系，代某、吴某、赵某在三河市黄土庄镇出售给一东北人假币4000元。代某、吴某在三河市等地出售给陆某（另案处理）假币28800元，出售给张某假币20000元，出售给李某（另案处理）假币4000元，出售给叶某假币3500元，其中吴某参与出售假币46900元。2000年1月10日，代某在三河市新集镇出售给卢某、丁某、周某假币29000元。公安机关抓获代某、吴某、赵某时提取假币7300元。其余假币，均被代某等销毁。

1999年12月，卢某、丁某、周某在文某住处从姚某（在逃）手中购买1990年版百元面值假人民币13000元。交易期间，文某将姚某交给的假人民币4000余元藏匿于住处，后被周某及崔某偷走出售。2000年1月10日20时许，卢某、丁某、崔某及周某在三河市香江酒楼共同向他人出售面值百元假币49000元时，被公安机关当场抓获。

---

① 参见河北省三河市人民法院（2000）三刑一初字第93号。

• 裁判要旨 •

既出售又购买、运输假币的，应以出售、购买、运输假币罪这一选择性罪论处。

• 裁判理由 •

被告人代某将伪造的货币以低于票面额的价格买进，又以随身携带和邮寄方式运输，并以低于票面额的价格卖出，又用假币购买商品，使用假币总数额18万元，数额巨大，其行为构成出售、购买、运输假币罪。被告人吴某参与出售、购买、运输假币12万元，数额巨大，其行为构成出售、购买、运输假币罪。被告人赵某参与出售、运输假币2万元，数额较大，其行为构成出售、运输假币罪。被告人文某参与使用假币4万元又藏匿假币4000余元，数额较大，其行为构成持有、使用假币罪；其又参与出售假币10500元，数额较大，其行为又构成出售假币罪。被告人卢某参与使用假币4万元，数额较大，其行为构成使用假币罪；其又参与出售、购买假币67500元，数额巨大，其行为又构成出售、购买假币罪。被告人丁某参与出售、购买假币49000元，数额较大，其行为构成出售、购买假币罪。被告人崔某参与出售、购买假币49000元，数额较大，其行为构成出售、购买假币罪。被告人叶某购买假币5000元，数额较大，其行为构成购买假币罪。被告人宋某参与出售假币4000元，数额较大，其行为构成出售假币罪。公诉机关指控被告人代某购买假币8000元并伙同被告人文某、卢某使用该宗假币，没有向法庭提供证据，法院不予支持；指控被告人崔某持有假币，因与其出售假币行为属同宗假币不应单独定罪，实行并罚，法院亦不予支持；公诉机关的其他指控，法院予以采纳。被告人代某购买假币后使用4万元，以购买假币罪定罪，应依法对其从重处罚。

在共同犯罪中，被告人代某、吴某、赵某、文某、卢某、丁某均积极实施犯罪行为，起主要作用，均系主犯；被告人崔某、宋某起辅助作用，系从犯，应依法对其从轻处罚。被告人代某、卢某能够如实交代犯罪事实，有立功表现，应依法对其从轻处罚。依据《刑法》第171条第1款，第172条，第25条第1款，第26条第1款、第4款，第27条，第55条第1款，第56条第1款，第68条第1款，第69条的规定，判决如下：一、被告人代某犯出售、购买、运输假币罪，判处有期徒刑八年，剥夺政治权利一年，并处罚金人民币15万元。二、被告人吴某犯出售、购买、运输假币罪，判处有期徒刑六年，剥夺政治权利一年，并处罚金人民币10万元。三、被告人赵某犯出售、运输假币罪，判处有期徒刑一年六个月，并处罚金人民币2万元。四、被告人文某犯持有、使用假币罪，判处有期徒刑二年六个月，并处罚金人民币5万元；犯出售假币罪，判处有期徒刑一年，并处罚金人民币 2 万元；决定执行有期徒刑三年，罚金人民币 7 万元。五、被告人卢某犯出售、购买假币罪，判处有期徒刑四年，并处罚金人民币 6 万元；犯使用假币罪，判处有期徒刑二年，并处罚金人民币 4 万元；决定执行有期徒刑五年，罚金人民币 10 万元。六、被告人丁某犯出售、购买假币罪，判处有期徒刑三年，并处罚金人民币 4 万元。七、被告人崔某犯出售、购买假币罪，判处有期徒刑二年六个月，并处罚金人民币 4 万元。八、被告人叶某犯购买假币罪，判处有期徒刑十个月，并处罚金人民币 2 万元。九、被告人宋某犯出售假币罪，判处有期徒刑八个月，并处罚金人民币 2 万元。

【案例二】

张某某持有、使用假币案①

• 案件事实 •

2001 年 2 月中旬，张某某与乙、丙从贵州省遵义市乘火车到重庆的途中，张某某购得总面额 1 万余元的假人民币。同月 14 日到达重庆甲住处后，张某某向甲、乙、丙提出到合川用假人民币买商品来换取真人民币，甲等人均同意。同月 21 日上午，张某某与甲、乙、丙乘车到合川市沙鱼镇五村村民罗华珍商店，由甲用一张面额 100 元的假人民币购买红梅香烟一包，获取真人民币 95 元。之后，张某某一伙又到周某商店，仍由甲用一张面额 100 元的假人民币购买挂面时，被店主周某和村民林某识破。林某向当地公安派出所报案后，公安民警赶来将张某某一伙抓获，分别从张某某和乙、甲身上搜查出面额 100 元的假币 91 张、2 张、1 张，加之他们丢弃在地的面额 100 元的假币 13 张及在被害人罗某珍处提取的 1 张，总计 108 张。经中国人民银行合川市支行鉴定均为假币。

• 裁判要旨 •

行为人购买假币后使用，构成犯罪的，应以购买假币罪定罪，从重处罚。

• 裁判理由 •

合川市人民法院经审理认为：被告人张某某违反国家货币管理制度，明知是伪造的货币购买并使用，数额较大，其行为已构成购买假币罪。公诉机关指

① 参见中华人民共和国最高人民法院刑事审判第一庭、第二庭编：《刑事审判参考》（总第 27 集），法律出版社 2002 年版。

控的犯罪事实成立。因被告人张某某在贵州至重庆的火车上购买假币后伙同他人予以使用，依照《最高人民法院关于审理伪造货币等案件具体应用法律若干问题的解释》第2条关于“行为人购买假币后使用，构成犯罪的，依照刑法第一百七十一条的规定，以购买假币罪定罪，从重处罚”的规定，其行为应以购买假币罪从重处罚，故对公诉机关指控的罪名，法院依法予以变更。鉴于被告人张某某案发后尚能坦白认罪，可予酌情从轻处罚。依照《刑法》第171条第1款之规定，判决如下：被告人张某某犯购买假币罪，判处有期徒刑一年六个月，并处罚金人民币3万元。

一审宣判后，被告人张某某没有上诉，检察机关没有抗诉，原判决发生法律效力。

【学理分析及适用指引】

• 学理分析 •

出售、购买、运输假币罪，是指出售、购买伪造的货币，或者明知是伪造的货币而运输，数额较大的行为。本罪的构成如下：

1. 本罪的客体。本罪侵犯的客体是国家货币金融管理制度。

2. 本罪的客观方面。客观方面表现为出售、购买、运输伪造的货币，数额较大的行为。“出售假币”，是指将伪造的货币以低于票面额的价格卖出的行为，其本质在于将伪造的货币当作一种特殊的商品、一种特殊的交易标的物进行买卖行为。人民币和其他境外货币不是商品，因此不允许出售。出售正在流通使用的货币，无论是与其面值相等还是高于面值，都是违法的行为；低于票面额出售的，只能是假币。“购买假币”，是指将伪造的货币以低于票面额的价格买进的行为。司法实践中，有的以明显低于或者高于市场同类商品的价格，以较高面额假币换取较少商品，或者以较少商品换取较多假币的行为，也应视为出售或者购买假币的行为。“运输假币”，是指以随身携带、委托他人携带或者以邮寄、借助运输工具等方法，将假币从甲地运往乙地的行为。

3. 本罪的主体。犯罪主体为一般主体。

4. 本罪的主观方面。主观方面由故意构成，即行为人明知是伪造的货币而予以出售、购买或者运输。

• 适用指引 •

在司法实践中，认定本罪应注意：

1. 区分罪与非罪的界限。（1）行为人是否“明知”。如果行为人因为上当受骗或出于过失不知其所出售、购买或者运输的是伪造的货币，其行为不构成犯罪；（2）数额是否达到较大程度。如果行为人出售、购买或者运输伪造的货币数额未达到较大程度的，即使有其他严重情节也不能以犯罪论处。

2. 本罪的既遂与未遂的界限。本罪属于行为犯，并不要求有特定结果的发生，因而行为人只要将出售、购买或者运输之行为实施完毕，即可构成既遂。如在运输假币的路途中被抓获，应认定为运输假币罪既遂。由于本罪属选择性罪名，因而行为人只要将其中任何一种行为而不是三种行为实施完毕都可构成既遂。但出售、购买或者运输行为存在一个过程，因此存在行为人因意志以外的因素而未能把行为实施完毕的可能。如行为人在出售或购买伪造货币当中正讨价还价时被抓获的，属于犯罪未遂。因此，不能认为行为人一实施出售、购买或者运输伪造的货币的行为就都构成既遂。

第一百七十二条　持有、使用假币罪

【法律规定】

• 法律条文 •

《中华人民共和国刑法》

第一百七十二条　明知是伪造的货币而持有、使用，数额较大的，处三年以下有期徒刑或者拘役，并处或者单处一万元以上十万元以下罚金；数额巨大的，处三年以上十年以下有期徒刑，并处二万元以上二十万元以下罚金；数额特别巨大的，处十年以上有期徒刑，并处五万元以上五十万元以下罚金或者没收财产。

• 相关规定 •

《中华人民共和国中国人民银行法》

第十九条　禁止伪造、变造人民币。禁止出售、购买伪造、变造的人民币。禁止运输、持有、使用伪造、变造的人民币。禁止故意毁损人民币。禁止在宣传品、出版物或者其他商品上非法使用人民币图样。

第四十三条　购买伪造、变造的人民币或者明知是伪造、变造的人民币而持有、使用，构成犯罪的，依法追究刑事责任；尚不构成犯罪的，由公安机关处十五日以下拘留、一万元以下罚款。

《最高人民法院关于审理伪造货币等案件具体应用法律若干问题的解释》（法释〔2000〕26号）

第二条　行为人购买假币后使用，构成犯罪的，依照刑法第一百七十一条的规定，以购买假币罪定罪，从重处罚。

行为人出售、运输假币构成犯罪，同时有使用假币行为的，依照刑法第一百七十一条、第一百七十二条的规定，实行数罪并罚。

第五条 明知是假币而持有、使用，总面额在四千元以上不满五万元的，属于“数额较大”；总面额在五万元以上不满二十万元的，属于“数额巨大”；总面额在二十万元以上的，属于“数额特别巨大”，依照刑法第一百七十二条的规定定罪处罚。

《最高人民检察院、公安部关于公安机关管辖的刑事案件立案追诉标准的规定（二）》（公通字〔2022〕12号）

第十七条 ［持有、使用假币案（刑法第一百七十二条）］明知是伪造的货币而持有、使用，涉嫌下列情形之一的，应予立案追诉：

（一）总面额在四千元以上或者币量在四百张（枚）以上的；

（二）总面额在二千元以上或者币量在二百张（枚）以上，二年内因持有、使用假币受过行政处罚，又持有、使用假币的；

（三）其他持有、使用假币应予追究刑事责任的情形。

【案例】

陈某甲持有、使用假币案①

• 案件事实 •

被告人陈某甲自2011年起在深圳市从事非法营运活动，并让犯罪嫌疑人陈某东（另案处理）协助拉客。2014年4月，被告人陈某甲以人民币650元的价格从一名男子（身份不详）处购得50张面额为100元的假币，利用非法营运过程中接触乘客的机会，趁乘客不备，使用其所持有的假币置换乘客用于支付车费的人民币。2014年4月期间，被告人陈某甲先后三次采取上述手段置换了7张其所持有的假币。

2014年4月25日23时许，犯罪嫌疑人陈某东打电话叫被告人陈某甲驾驶非法营运的车辆（车牌号：粤B×）去深圳市罗湖区人民南路接被害人林某并一同将其送至深圳市罗湖区人民南路某酒吧门口，到达目的地后，被告人陈某甲采取上述手段，使用2张假币置换了被害人林某用于支付车费的200元人民币，在置换过程中，被公安机关民警当场人赃并获。公安机关民警在被告人陈某甲所驾驶的车辆内查获41张面额为100元的疑似假币。为证明上述事实，公诉机关提交相应证据。

① 参见广东省深圳市罗湖区人民法院（2014）深罗法刑一初字第867号。

• 裁判要旨 •

非法渠道获取假币后，又用其所持有的假币找零机会，置换他人的人民币行为，构成持有、使用假币罪。

• 裁判理由 •

广东省深圳市罗湖区人民检察院指控被告人陈某甲犯持有、使用假币罪，向深圳市罗湖区人民法院提起公诉。公诉机关认为，被告人陈某甲的行为已构成持有、使用假币罪。鉴于被告人如实供述犯罪事实，认罪态度较好，依法可以从轻处罚。建议对被告人陈某甲判处一年以下有期徒刑或者拘役，并处罚金刑罚。

广东省深圳市罗湖区人民法院认为：被告人陈某甲违反国家法律，明知是伪造的货币而持有、使用，数额较大，其行为已构成持有、使用假币罪。公诉机关对被告人陈某甲犯持有、使用假币罪的指控，事实清楚，证据确实、充分，应予以支持。被告人陈某甲归案后如实供述自己的罪行，系坦白，可以从轻处罚。公诉机关的量刑建议与被告人的犯罪行为及犯罪情节相符，予以支持。依照《刑法》第 172 条、第 67 条第 3 款、第 64 条之规定，判决如下：一、被告人陈某甲犯持有、使用假币罪，判处有期徒刑七个月，并处罚金人民币 1 万元（刑期自判决执行之日起计算。判决执行以前先行羁押的，羁押一日折抵刑期一日。即自 2014 年 4 月 25 日起至 2014 年 11 月 24 日止；罚金自本判决生效之日起一个月内缴纳）。二、缴获的上述假币予以没收，由公安机关按有关规定予以销毁。

【学理分析及适用指引】

• 学理分析 •

持有、使用假币罪，是指明知是伪造的货币而持有或者使用，数额较大的行为。本罪的构成如下：

1. 本罪的客体。本罪侵犯的客体是国家的货币金融管理制度。

2. 本罪的客观方面。客观方面表现为持有、使用伪造的货币包括伪造的人民币和外币、数额较大的行为。“持有”，是指将假币随身携带或者存放在家中、亲友等处保管的行为。不论假币在何处，只要能证明该假币是行为人所有或控制，即属行为人持有。“使用”，是指以假币当真币使用，履行货币职能的任何行为，包括以假币购物，用假币到银行存款，用伪造的外币在境内兑换人民币及以假币清偿债务等。根据法律规定，持有、使用假币的行为，必须达到“数额较大的”，才构成犯罪。数额较大的具体标准，在《最高人民法院关于审理伪造货币等案件具体应用法律若干问题的解释》中作了明确的规定，即行为人“明知是假币而持有、使用，总面额在4000元以上不满5万元的，属于‘数额较大’”。①

3. 本罪的主体。犯罪主体为一般主体。

4. 本罪的主观方面。主观方面由故意构成，即行为人对自己所持有、使用的假币必须明知，否则不构成犯罪。

• 适用指引 •

在司法实践中，认定本罪要注意以下几个问题：

1. 一般来说，行为人明知是假币而持有，数额较大，根据现有证据不能认定行为人是为了进行其他假币犯罪的，以持有假币罪定罪处罚；如果有证据证明其持有的假币已构成其他假币犯罪的，应当以其他假币犯罪定罪处罚。

2. 如何定性以收藏为目的的持有假币。以单纯收藏为目的而持有假币的行为，是否成立持有假币罪？或者说，应否将“以使用为目的”作为持有假币罪的主观要件？通说认为，由于《刑法》并没有要求出于使用目的而持有，假币应属于违禁品，禁止个人收藏，行为人收藏数额较大的假币也会侵犯货币的公共信用，故只要明知是假币而持有并达到数额较大要求的，就应以持有假币罪论处，但量刑时可以酌情从轻处罚。

3. 根据司法解释，行为人购买假币后使用，构成犯罪的，以购买假币罪定罪，从重处罚，不另认定为使用假币罪；但行为人出售、运输假币构成犯罪，同时又有使用假币行为的，应当实行数罪并罚。这也表明，出售假币与使用假币行为是有本质差别的：出售的实质是将假币当作特殊的商品进行交易，买卖双方都明知是假币；而使用的实质是将假币当真币，以此欺骗对方，从而购买商品或服务。由此可见，出售假币中的“假币”与使用假币中的“假币”是相互排斥的，因为出售之后行为人自己不可能再使用该宗假币，而使用之后行为人不可再出售该宗假币，所以二者存在并罚的可能。

① 参见《中华人民共和国最高人民法院公报》（2000年合订本），第158页。

第一百七十三条　变造货币罪

【法律规定】

• 法律条文 •

《中华人民共和国刑法》

第一百七十三条　变造货币，数额较大的，处三年以下有期徒刑或者拘役，并处或者单处一万元以上十万元以下罚金；数额巨大的，处三年以上十年以下有期徒刑，并处二万元以上二十万元以下罚金。

• 相关规定 •

《中华人民共和国中国人民银行法》

第十九条　禁止伪造、变造人民币。禁止出售、购买伪造、变造的人民币。禁止运输、持有、使用伪造、变造的人民币。禁止故意毁损人民币。禁止在宣传品、出版物或者其他商品上非法使用人民币图样。

第四十二条　伪造、变造人民币，出售伪造、变造的人民币，或者明知是伪造、变造的人民币而运输，构成犯罪的，依法追究刑事责任；尚不构成犯罪的，由公安机关处十五日以下拘留、一万元以下罚款。

《最高人民法院关于审理伪造货币等案件具体应用法律若干问题的解释》（法释〔2000〕26号）

第六条　变造货币的总面额在二千元以上不满三万元的，属于“数额较大”；总面额在三万元以上的，属于“数额巨大”，依照刑法第一百七十三条的规定定罪处罚。

《最高人民检察院、公安部关于公安机关管辖的刑事案件立案追诉标准的规定（二）》（公通字〔2022〕12号）

第十八条　［变造货币案（刑法第一百七十三条）］变造货币，涉嫌下列情形之一的，应予立案追诉：

（一）总面额在二千元以上或者币量在二百张（枚）以上的；

（二）总面额在一千元以上或者币量在一百张（枚）以上，二年内因变造货币受过行政处罚，又变造货币的；

（三）其他变造货币应予追究刑事责任的情形。

【案例】

张某金等变造货币案[①]

●　案件事实　●

张某金等在深圳市购买了2万余元面值为100元的假人民币后，于2008年11月17日带领张某贞等人携带假币来到郑州市，张某金用小刀将真人民币红白相间的地方划开，将假人民币在同样的地方划开，然后用胶水将一半真人民币和一半假人民币粘合起来，制成假100元人民币100余张。后张某贞负责保管并向其余4人发放制成的假币，张某金等持上述假币在郑州市烟酒店、网吧、药店、超市等多处使用假币购买商品。2008年11月28日，张某金等在许昌市古槐街某小学附近被公安机关抓获。后公安机关从5人及收受假币的群众牛某某等处扣押变造的人民币共计6001张，机制人民币134张，并经中国人民银行货币真伪鉴定书鉴定。

●　裁判要旨　●

行为人使用揭层、粘贴的办法，将一张100元面额的人民币变造为两张的行为，系在真币的基础上造假的行为，依法成立变造货币罪。

●　裁判理由　●

郑州市管城区人民法院审理认为：被告人张某金等明知是伪造的货币而持有、使用，数额较大，其行为均已构成持有、使用假币罪；被告人张某金在真币基础上，用刀具、胶水等将真人民币与假人民币部分拼接、粘合，制成假100元人民币100余张，数额较大，该行为构成变造货币罪。被告人张某金系一人犯数罪，依法应数罪并罚。鉴于其归案后认罪态度较好，均可酌情从轻处罚。遂依照《刑法》第172条、第173条、第52条第1款、第69条的规定，判决被告人张某金犯持有、使用假币罪，判处有期徒刑一年零二个月，并处罚金人民币1万元；犯变造货币罪，判处有期徒刑一年，并处罚金人民币1万元。决定合并执行有期徒刑一年零十个月，并处罚金人民币2万元。

---

① 参见河南省郑州市管城回族区人民法院（2009）管刑初字第671号。

【学理分析及适用指引】

• 学理分析 •

变造货币罪，是指对真币进行各种方式的加工、改造，使其改变为面值、含量不同的货币，数额较大的行为。本罪的构成要件如下：

1. 本罪的客体。本罪的客体是货币的发行与流通管理制度。基于金融和货币的本义，没有不以投入流通为目的的货币，只有以投入流通为目的变造货币才侵犯货币的发行与流通管理制度。因此，并不是所有的变造货币的行为都侵犯本罪的客体，一些出于艺术原因或者其他非投入流通目的的变造货币的行为，由于不侵犯货币的发行与流通管理制度，因此不构成变造货币犯罪。

2. 本罪的客观方面。客观方面表现为以真实货币为基础，采用挖补、揭层、涂改、拼接等方法加以处理，改变货币的真实形态、色彩、文字、数目等，使其升值，且数额较大的行为。按照法律规定，变造货币必须达到“数额较大”的才构成犯罪。

3. 本罪的主体。本罪系一般主体的故意犯罪。

4. 本罪的主观方面。与伪造货币犯罪一样，本罪主观方面只能是故意。有论者认为，本罪在主观上具有非法牟利的目的，若不具有此目的，如出于好奇等原因对货币进行了涂改，改变了货币的金额，但并未进行使用，也不具有意图使用的可能，不能构成本罪。① 我们认为，认定本罪具有非法牟利的目的，依据不足。本罪的故意，指的是对变造货币的行为是明知的，而且具有将变造币投入流通的意图。

• 适用指引 •

司法实践中，适用本罪时应注意区分变造货币罪与伪造货币罪的界限：变造货币与伪造货币是不同的，变造货币是在货币的基础上进行加工处理，以增加原货币的面值；伪造货币则是将非货币的一些物质经过加工后伪造成货币，有的伪造货币的行为要利用货币，如采用彩色复印机伪造货币的。变造的货币在某种程度上有原货币的成分，如原货币的纸张、金属防伪线等。伪造的货币则不具有原货币的成分，如将真实的金属货币熔化之后铸成新币。变造货币的犯罪受到其行为方式的限制，变造的数额远远小于伪造的货币的数额，而且变造货币的犯罪是在真实货币的基础上进行加工处理，行为人为此还须先行投入一部分货币才能进行变造货币的犯罪；其牟取的非法利益往往小于伪造货币的非法所得利益。而伪造货币的犯罪有的是成批、大量地“生产货币”，社会危

---

① 郎胜主编：《〈关于惩治破坏金融秩序犯罪的决定〉释义》，中国计划出版社 1995 年版，第 33 页。

害性相对变造货币要大得多。

第一百七十四条　擅自设立金融机构罪；伪造、变造、转让金融机构经营许可证、批准文件罪

【法律规定】

• 法律条文 •

《中华人民共和国刑法》

第一百七十四条　未经国家有关主管部门批准，擅自设立商业银行、证券交易所、期货交易所、证券公司、期货经纪公司、保险公司或者其他金融机构的，处三年以下有期徒刑或者拘役，并处或者单处二万元以上二十万元以下罚金；情节严重的，处三年以上十年以下有期徒刑，并处五万元以上五十万元以下罚金。

伪造、变造、转让商业银行、证券交易所、期货交易所、证券公司、期货经纪公司、保险公司或者其他金融机构的经营许可证或者批准文件的，依照前款的规定处罚。

单位犯前两款罪的，对单位判处罚金，并对其直接负责的主管人员和其他直接责任人员，依照第一款的规定处罚。

• 相关规定 •

《中华人民共和国商业银行法》

第八十一条　未经国务院银行业监督管理机构批准，擅自设立商业银行，或者非法吸收公众存款、变相吸收公众存款，构成犯罪的，依法追究刑事责任；并由国务院银行业监督管理机构予以取缔。

伪造、变造、转让商业银行经营许可证，构成犯罪的，依法追究刑事责任。

《中华人民共和国保险法》

第六条　保险业务由依照本法设立的保险公司以及法律、行政法规规定的其他保险组织经营，其他单位和个人不得经营保险业务。

第九条　国务院保险监督管理机构依法对保险业实施监督管理。

国务院保险监督管理机构根据履行职责的需要设立派出机构。派出机构按照国务院保险监督管理机构的授权履行监督管理职责。

第一百五十八条　违反本法规定，擅自设立保险公司、保险资产管理公司或者非法经营商业保险业务的，由保险监督管理机构予以取缔，没收违法所得，并处违法所得一倍以上五倍以下的罚款；没有违法所得或者违法所得不足

二十万元的，处二十万元以上一百万元以下的罚款。

《中华人民共和国证券法》

第七条 国务院证券监督管理机构依法对全国证券市场实行集中统一监督管理。

国务院证券监督管理机构根据需要可以设立派出机构，按照授权履行监督管理职责。

第二百条 非法开设证券交易场所的，由县级以上人民政府予以取缔，没收违法所得，并处以违法所得一倍以上十倍以下的罚款；没有违法所得或者违法所得不足一百万元的，处以一百万元以上一千万元以下的罚款。对直接负责的主管人员和其他直接责任人员给予警告，并处以二十万元以上二百万元以下的罚款。

证券交易所违反本法第一百零五条的规定，允许非会员直接参与股票的集中交易的，责令改正，可以并处五十万元以下的罚款。

第二百零二条 违反本法第一百一十八条、第一百二十条第一款、第四款的规定，擅自设立证券公司、非法经营证券业务或者未经批准以证券公司名义开展证券业务活动的，责令改正，没收违法所得，并处以违法所得一倍以上十倍以下的罚款；没有违法所得或者违法所得不足一百万元的，处以一百万元以上一千万元以下的罚款。对直接负责的主管人员和其他直接责任人员给予警告，并处以二十万元以上二百万元以下的罚款。对擅自设立的证券公司，由国务院证券监督管理机构予以取缔。

证券公司违反本法第一百二十条第五款规定提供证券融资融券服务的，没收违法所得，并处以融资融券等值以下的罚款；情节严重的，禁止其在一定期限内从事证券融资融券业务。对直接负责的主管人员和其他直接责任人员给予警告，并处以二十万元以上二百万元以下的罚款。

第二百零三条 提交虚假证明文件或者采取其他欺诈手段骗取证券公司设立许可、业务许可或者重大事项变更核准的，撤销相关许可，并处以一百万元以上一千万元以下的罚款。对直接负责的主管人员和其他直接责任人员给予警告，并处以二十万元以上二百万元以下的罚款。

第二百零四条 证券公司违反本法第一百二十二条的规定，未经核准变更证券业务范围，变更主要股东或者公司的实际控制人，合并、分立、停业、解散、破产的，责令改正，给予警告，没收违法所得，并处以违法所得一倍以上十倍以下的罚款；没有违法所得或者违法所得不足五十万元的，处以五十万元以上五百万元以下的罚款；情节严重的，并处撤销相关业务许可。对直接负责的主管人员和其他直接责任人员给予警告，并处以二十万元以上二百万元以下的罚款。

【学理分析及适用指引】

• 学理分析 •

擅自设立金融机构罪，是指单位或个人未经国家有关主管部门批准，擅自设立商业银行或者其他金融机构的行为。同时，《商业银行法》也规定，商业银行的设立应经人民银行批准。

1. 本罪的客体。本罪的客体是国家的金融管理制度。所谓金融，即货币资金的融通，是货币流通和信用活动以及与之相关的经济活动的总称。由于金融活动属于关系到国计民生的重大事项，金融机构的设立受到各个国家的严格管理，因此国家的金融管理制度是重大的法益。

2. 本罪的客观方面。本罪的客观方面表现为未经国家有关主管部门批准，擅自设立商业银行、证券交易所、期货交易所、证券公司、期货经纪公司、保险公司或者其他金融机构的行为。凡是未经国家有关主管部门批准，擅自开业或者经营金融业务构成犯罪的，都可以认定为本罪。此处的“国家有关主管部门”具体包括中国人民银行、国务院银行业监督管理委员会、中国证券监督管理委员会、中国保险监督管理委员会等部门。本罪是结果犯，只有非法成立了商业银行或者其他金融机构才能构成本罪。

3. 本罪的主体。犯罪主体既可以由自然人，也可以由单位构成。

4. 本罪的主观方面。本罪在主观方面只能是直接故意，亦即间接故意或过失都不能构成本罪。

• 适用指引 •

司法实践中，认定本罪应注意罪与非罪的区别：有些商业银行、证券交易所、期货交易所、证券公司、期货经纪公司、保险公司或者其他金融机构为了扩大业务，不向主管机关申报而擅自设立营业网点，增设分支机构，或者虽向主管机关申报，在主管机关未批准前就擅自设立分支机构进行营业活动，这些行为都是违法的，但是这种商业银行或者其他金融机构擅自设立分支机构的行为与擅自设立商业银行或者其他金融机构的行为在性质上是不同的。

第一百七十五条　高利转贷罪

【法律规定】

• 法律条文 •

《中华人民共和国刑法》

第一百七十五条　以转贷牟利为目的，套取金融机构信贷资金高利转贷他人，违法所得数额较大的，处三年以下有期徒刑或者拘役，并处违法所得一倍以上五倍以下罚金；数额巨大的，处三年以上七年以下有期徒刑，并处违法所得一倍以上五倍以下罚金。

单位犯前款罪的，对单位判处罚金，并对其直接负责的主管人员和其他直接责任人员，处三年以下有期徒刑或者拘役。

• 相关规定 •

《最高人民法院关于审理民间借贷案件适用法律若干问题的规定》（法释〔2015〕18号，2020年12月29日修正）

第一条　本规定所称的民间借贷，是指自然人、法人和非法人组织之间进行资金融通的行为。

经金融监管部门批准设立的从事贷款业务的金融机构及其分支机构，因发放贷款等相关金融业务引发的纠纷，不适用本规定。

第二十九条　出借人与借款人既约定了逾期利率，又约定了违约金或者其他费用，出借人可以选择主张逾期利息、违约金或者其他费用，也可以一并主张，但是总计超过合同成立时一年期贷款市场报价利率四倍的部分，人民法院不予支持。

《最高人民检察院、公安部关于公安机关管辖的刑事案件立案追诉标准的规定（二）》（公通字〔2022〕12号）

第二十一条　［高利转贷案（刑法第一百七十五条）］以转贷牟利为目的，套取金融机构信贷资金高利转贷他人，违法所得数额在五十万元以上的，应予立案追诉。

《中国人民银行关于取缔地下钱庄及打击高利贷行为的通知》（银发〔2002〕30号）

二、严格规范民间借贷行为。民间个人借贷活动必须严格遵守国家法律、行政法规的有关规定，遵循自愿互助、诚实信用的原则。民间个人借贷中，出借人的资金必须是属于其合法收入的自有货币资金，禁止吸收他人资金转手放款。民间个人借贷利率由借贷双方协商确定，但双方协商的利率不得超过中国人民银行公布的金融机构同期、同档次贷款利率（不含浮动）的4倍。超过上述标准的，应界定为高利借贷行为。

《贷款通则》（中国人民银行令〔1996年2号〕）

第十九条　借款人的义务：

一、应当如实提供贷款人要求的资料（法律规定不能提供者除外），应当向贷款人如实提供所有开户行、账号及存贷款余额情况，配合贷款人的调查、审查和检查；

二、应当接受贷款人对其使用信贷资金情况和有关生产经营、财务活动的监督；

三、应当按借款合同约定用途使用贷款；

四、应当按借款合同约定及时清偿贷款本息；

五、将债务全部或部分转让给第三人的，应当取得贷款人的同意；

六、有危及贷款人债权安全情况时，应当及时通知贷款人，同时采取保全措施。

第七十一条　借款人有下列情形之一，由贷款人对其部分或全部贷款加收利息；情节特别严重的，由贷款人停止支付借款人尚未使用的贷款，并提前收回部分或全部贷款：

一、不按借款合同规定用途使用贷款的。

二、用贷款进行股本权益性投资的。

三、用贷款在有价证券、期货等方面从事投机经营的。

四、未依法取得经营房地产资格的借款人用贷款经营房地产业务的；依法取得经营房地产资格的借款人，用贷款从事房地产投机的。

五、不按借款合同规定清偿贷款本息的。

六、套取贷款相互借贷牟取非法收入的。

【案例】

黄峰峰高利转贷案①

●　案件事实　●

1. 被告人黄峰峰向张某1转贷牟利的事实。

2016年8月24日，张某1向被告人黄峰峰借款14万元，约定用款不超过10天的，共支付利息1万元。当日，被告人黄峰峰从青田农商行以0.76125%的月利率获得贷款12万元，并将该贷款加其银行账户余款共计14万元借给张

---

① 参见浙江省丽水市中级人民法院（2019）浙11刑终299号。

某1，后被告人黄峰峰于2016年8月28日归还了农商行的12万元贷款，张某1于2016年9月3日向被告人黄峰峰清偿的本息共计15万元。截至归还贷款日，被告人黄峰峰从贷款转贷中牟利达3300余元。

证明该起事实有证人张某1的证言，被告人黄峰峰在青田农商行账户的交易记录和信贷交易明细、贷款信息（综合查询打印单）等证据。

2. 被告人黄峰峰向周某转贷牟利的事实。

2016年10月9日，周某向被告人黄峰峰借款10万元，被告人黄峰峰当天从青田农商行以0.76125%的月利率获得贷款10万元，并将该贷款以10%的月利率转借给周某。被告人黄峰峰先行扣除利息1万元，当天向周某实际交付借款9万元；2016年10月25日，被告人黄峰峰归还了上述10万元贷款。而周某至案发尚未清偿该借款。截至归还贷款日，被告人黄峰峰从贷款转贷中牟利达4900余元。

证明该起事实有证人周某的证言，被告人黄峰峰的银行账户交易记录、信贷交易明细和贷款信息（综合查询打印单）等证据。

3. 被告人黄峰峰向吴某1转贷牟利的事实。

（1）2016年10月10日，吴某1向被告人黄峰峰借款10万元，被告人黄峰峰当天从青田农商行以0.76125%的月利率获得贷款10万元，并将该贷款以月利率15%的高利转借给吴某1，同日被告人黄峰峰先预扣利息5000元，向吴某1实际交付借款9.5万元。后被告人黄峰峰于2016年10月25日归还了上述10万元贷款，截至归还贷款日，被告人黄峰峰从贷款转贷中牟利达7100余元；

（2）2016年12月19日，吴某1向被告人黄峰峰借款60万元，被告人黄峰峰以0.76125%的月利率从青田农商行获得贷款50万元，并将该贷款与其银行账户余款共计60万元，以月利率15%的高利转借给吴某1。此后被告人黄峰峰于2017年3月19日归还了前述50万元贷款，吴某1于2017年4月至5月间与被告人黄峰峰结清了该笔借款本息，截至归还贷款日，被告人黄峰峰从贷款转贷中牟利达21万余元。

（3）2017年8月19日，吴某1再次向被告人黄峰峰借款30万元，后被告人黄峰峰以其母亲张某2的名义从青田县农商行以0.6135416%的月利率获得贷款30万元，并将该贷款以月利率5%的高利转借给吴某1，被告人黄峰峰在预先扣除一个月的利息1.5万元加上吴某1尚结欠的其他借款利息8000元，共扣利息2.3万元后，当天向吴某1交付借款27.7万元。后被告人黄峰峰于2017年8月31日归还了上述贷款，吴某1至案发尚未清偿该笔借款。截至归还贷款日，被告人黄峰峰从贷款转贷中牟利达5200余元。

证明上述事实有证人吴某1的证言，被告人黄峰峰的银行账户交易记录和贷款信息（综合查询打印单），张某2的银行账户交易记录和贷款交易明细、贷款信息（综合查询打印单），吴某1银行账户明细对账单等证据。

4. 被告人黄峰峰向吴某2转贷牟利的事实。

（1）2016年10月14日，吴某2因需资金周转向被告人黄峰峰借款60万元，被告人黄峰峰当天从青田农商行以0.76125%的月利率获得贷款30万元，并将该30万元贷款加上其自有的资金共计60万元以月利率15%的高利转借给吴某2，后吴某2于2016年10月25日向被告人黄峰峰归还了上述借款60万元并支付了利息3万元，被告人黄峰峰同日偿还上述30万元贷款。被告人黄峰峰从贷款转贷中牟利达14100余元。

（2）2016年12月27日，吴某2因需资金周转又向黄峰峰借款70万元，约定每10天利息4.5万元。被告人黄峰峰当天从平安银行贷款50万元，并将该贷款加上其自有资金在先行扣10天利息4.5万元后，转借给吴某2，向吴某2实际交付借款65.5万元。此后吴某2于2017年1月13日向被告人支付利息3万元，2017年1月20日，吴某2加上之前还欠被告人的一笔20万元借款，一次性偿还给被告人本息96万元，被告人黄峰峰于同日归还了上述平安银行贷款本息502250元，从贷款转贷中牟利71000余元。

证明上述事实有证人吴某2的证言、被告人黄峰峰的银行账户交易记录和个人信用报告中的信贷交易明细、贷款信息（综合查询打印单）、接受证据材料清单、青田农商行（原青田农村信用社）的业务凭证等证据。

5. 被告人黄峰峰向兰某转贷牟利的事实。

2017年1月23日，兰某因需资金周转向黄峰峰借款60万元，被告人黄峰峰以其母亲张某2的名义当天从青田县农商行以0.6135416%的月利率获得贷款50万元，被告人黄峰峰将该贷款加上其自有资金、以月利率15%的高利转借给兰某。借款时被告人黄峰峰先行扣20天利息6万元。此后兰某于2017年3月18日向被告人黄峰峰清偿了借款本息，被告人黄峰峰于2017年6月21日归还了上述50万元贷款。截至兰某归还借款之日，被告人黄峰峰从贷款转贷中牟利达12.7万余元。

• 裁判要旨 •

以转贷牟利为目的，套取金融机构信贷资金高利转贷他人，违法所得数额较大的，构成高利转贷罪。

• 裁判理由 •

原审根据上述事实并依照相关法律规定，作出判决：一、被告人黄峰峰犯高利转贷罪，判处有期徒刑二年六个月，并处罚金人民币100万元；二、追缴被告人黄峰峰的违法所得人民币44.26万元。

关于上诉理由和辩护意见，经查：（1）黄峰峰和张某2的银行账户明细、信贷交易明细、贷款信息，银行业务凭证和对账单，证人吴某1、吴某2、兰某、余某的证言，黄峰峰本人的供述等证据相互印证，证实2016年10月14日和2016年12月27日向吴某2出借款项时、2017年1月23日向兰某出借款项时，黄峰峰均系于出借当日从银行取得贷款并等待该三笔分别为30万元、50万元、50万元的贷款资金入账后即转账出借给吴某2、兰某等人，认定黄峰峰出借前述款项中利用银行贷款资金数额分别为30万元、50万元、50万元的事实清楚，证据确实、充分，被告人黄峰峰及辩护人就此提出的上诉理由和辩护意见缺乏事实和法律依据。（2）对于黄峰峰高利转贷的获利情况，有张某1、周某、吴某1、吴某2、兰某、徐某、蔡某、张某2、王某、许某、高某、连某、虞某、林某、干某、陈某、留某光等人的证言和银行交易记录、对账明细、信贷交易明细、贷款信息等证据相互印证，证实黄峰峰出借借款的交易习惯及案涉各起借款利用银行资金的数额、利息的具体计算和支付情况，黄峰峰本人也供认其出借款项、收取利息的交易习惯，足以认定被告人黄峰峰高利转贷的获利数额；黄峰峰在侦查阶段对其转贷给吴某2、吴某1等人的获利情况前后供述不一致且不能作出合理解释，在二审中明确供述对原判认定的犯罪事实和获利数额均无异议，被告人及辩护人就本案高利转贷犯罪获利数额提出的上诉理由和辩护意见不成立。

法院认为，被告人黄峰峰以转贷牟利为目的，套取金融机构信贷资金高利转贷他人，违法所得数额较大，其行为已构成高利转贷罪。原判认定事实清楚，证据确实、充分，定性及适用法律正确，量刑适当，审判程序合法。被告人黄峰峰及辩护人提出的上诉理由和辩护意见不成立，不予采纳。鉴于被告人在二审审理期间认罪认罚，积极退赃，综合考虑本案事实及相关情节，可以在一审量刑基础上对被告人予以从轻处罚，对丽水市人民检察院提出的量刑建议予以采纳。被告人已缴纳的违法所得依法上缴国库。依照《刑法》第175条、第64条，《刑事诉讼法》第236条第1款第2项的规定，判决如下：一、撤销青田县人民法院（2019）浙1121刑初207号刑事判决第一项中对被告人黄峰峰犯高利转贷罪的量刑部分，维持判决的其余部分；二、被告人黄峰峰犯高利转贷罪，判处有期徒刑一年十个月，并处罚金人民币100万元（刑期从判决执行之日起算。判决执行前先行羁押的，羁押一日折抵刑期一日。即自2019年9月29日起至2020年12月20日止，已扣除先行被羁押的七个月零八天）。

【学理分析及适用指引】

• 学理分析 •

高利转贷罪，是指以转贷牟利为目的，套取金融机构信贷资金高利转贷他

人，违法所得数额较大的行为。本罪的构成要件如下：

本罪的对象是信贷资金，客观方面必须实施了套取金融机构信贷资金，将该资金高利转贷他人的行为，且违法所得数额较大。其中关于数额较大的标准，应根据《最高人民检察院、公安部关于公安机关管辖的刑事案件立案追诉标准的规定（二)》第21条的规定，以转贷牟利为目的，套取金融机构信贷资金高利转贷他人，违法所得数额在50万元以上的应予立案追诉。

高利转贷罪的本质在于隐瞒贷款的真实用途，从而侵犯国家对信贷资金的管理秩序。本罪中，所谓高利的问题争议较大。第一种观点认为，所谓高利，指行为人的出贷利率高于中国人民银行规定的贷款利率上限，如果平于甚至低于该贷款利率上限者，该行为不能以本罪论处。[①] 第二种观点认为，高利是指比贷款利率高的利率。[②] 第二种观点是通说。

• 适用指引 •

司法实践中，对于行为人在贷款使用过程中，将贷款余额高利转贷他人牟取非法利益的行为，应如何定性？此时，定罪的关键在于行为人主观方面的故意内容为何。如果行为人确实将贷款余额高利转贷，在认定上还要结合主观方面分析有无套取信贷资金的行为。如果行为人在申请贷款时，对申请贷款的项目需要资金量有明确的认识，故意借机多报致使申请数额超过实际资金量，而又有将多余资金用于放贷意图的，则符合套取信贷资金的构成条件，是套取信贷资金行为。之后又高利转贷的，可以构成本罪。如果行为人在申请贷款时，按实际资金使用量如实申报的，取得贷款后，由于情况发生变化，实际使用资金额远远少于申请额，利用多余资金高利转贷的，由于不具有以转贷牟利的目的套取金融机构资金的主观意图，所以，虽是高利转贷行为，也不构成本罪，可以按一般金融违法行为处理。

① 参见王作富主编：《刑法分则实务研究》（上），中国方正出版社2001年版，第415页。

② 参见谷福生、刘建国编著：《公安机关管辖77种经济犯罪案件立案标准》，群众出版社2001年版，第85页。

第一百七十五条之一　骗取贷款、票据承兑、金融票证罪

【法律规定】

• 法律条文 •

《中华人民共和国刑法》

第一百七十五条之一　以欺骗手段取得银行或者其他金融机构贷款、票据承兑、信用证、保函等，给银行或者其他金融机构造成重大损失的，处三年以下有期徒刑或者拘役，并处或者单处罚金；给银行或者其他金融机构造成特别重大损失或者有其他特别严重情节的，处三年以上七年以下有期徒刑，并处罚金。

单位犯前款罪的，对单位判处罚金，并对其直接负责的主管人员和其他直接责任人员，依照前款的规定处罚。

• 相关规定 •

《中华人民共和国票据法》

第十条　票据的签发、取得和转让，应当遵循诚实信用的原则，具有真实的交易关系和债权债务关系。

票据的取得，必须给付对价，即应当给付票据双方当事人认可的相对应的代价。

第十二条　以欺诈、偷盗或者胁迫等手段取得票据的，或者明知有前列情形，出于恶意取得票据的，不得享有票据权利。

持票人因重大过失取得不符合本法规定的票据的，也不得享有票据权利。

《最高人民检察院、公安部关于公安机关管辖的刑事案件立案追诉标准的规定（二）》（公通字〔2022〕12号）

第二十二条　［骗取贷款、票据承兑、金融票证案（刑法第一百七十五条之一）］以欺骗手段取得银行或者其他金融机构贷款、票据承兑、信用证、保函等，给银行或者其他金融机构造成直接经济损失数额在五十万元以上的，应予立案追诉。

《中国人民银行支付结算办法》（银发〔1997〕393号）

第十四条　票据和结算凭证上的签章和其他记载事项应当真实，不得伪造、变造。

票据上有伪造、变造的签章的，不影响票据上其他当事人真实签章的效力。

本条所称的伪造是指无权限人假冒他人或虚构人名义签章的行为。签章的变造属于伪造。

本条所称的变造是指无权更改票据内容的人，对票据上签章以外的记载事项加以改变的行为。

第二百零七条　单位和个人办理支付结算，不准签发没有资金保证的票据或远期支票，套取银行信用；不准签发、取得和转让没有真实交易和债权债务的票据；套取银行和他人资金；不准无理拒绝付款，任意占用他人资金；不准违反规定开立和使用账户。

第二百五十四条　有利用票据、信用卡、结算凭证欺诈的行为，构成犯罪的，应依法承担刑事责任。情节轻微，不构成犯罪的，应按照规定承担行政责任。

《贷款通则》（中国人民银行令〔1996年2号〕）

第十九条　借款人的义务：

一、应当如实提供贷款人要求的资料（法律规定不能提供者除外），应当向贷款人如实提供所有开户行、账号及存贷款余额情况，配合贷款人的调查、审查和检查；

……

第二十条　对借款人的限制：

一、不得在一个贷款人同一辖区内的两个或两个以上同级分支机构取得贷款。

二、不得向贷款人提供虚假的或者隐瞒重要事实的资产负债表、损益表等。

三、不得用贷款从事股本权益性投资，国家另有规定的除外。

四、不得用贷款在有价证券、期货等方面从事投机经营。

五、除依法取得经营房地产资格的借款人以外，不得用贷款经营房地产业务；依法取得经营房地产资格的借款人，不得用贷款从事房地产投机。

六、不得套取贷款用于借贷牟取非法收入。

七、不得违反国家外汇管理规定使用外币贷款。

八、不得采取欺诈手段骗取贷款。

【案例】

熊华波等骗取票据承兑案①

• 案件事实 •

2014年9月，被告人熊华波在襄阳市街头找人伪造了中国农业银行十堰分行的行政公章3枚、法定代表人刘某3私章1枚、中国农业银行十堰分行业务专用章1枚、中国农业银行十堰分行源园支行印章1枚。2015年3月初，被告人熊华波经被告人王帅介绍认识陈某，答应为陈某持有的12张票面总金额6亿元的商业承兑汇票与兴业银行苏州分行签订《商业承兑汇票转贴现合同》，帮助陈某将总金额为6亿元的12张商业承兑汇票贴现。2015年3月17日，被告人熊华波使用自己私刻的中国农业银行十堰分行的行政公章、法定代表人刘某3私章，与兴业银行苏州分行签订《商业承兑汇票转贴现合同》，造成兴业银行苏州分行在票面总金额达6亿元的商业承兑汇票在2015年9月16日到期后未能及时兑付。

原审法院另查明，上述6亿元的商业承兑汇票于2015年11月6日已全部兑付给兴业股份有限公司苏州分行。

2015年6月底，被告人熊华波答应为被告人王帅出具商业承兑汇票银行保兑保函，从而帮助被告人王帅从华夏银行合肥分行使用商业承兑汇票进行融资。后以帮助十堰市丰某工贸有限公司融资为由，将十堰市丰某工贸有限公司行政公章、财务专用章、法定代表人私章从十堰市丰某工贸有限公司法定代表人处拿到后交给王帅。被告人王帅在无任何交易的情况下，于2015年6月30日打印了票面总金额达12亿元的24张商业承兑汇票，分别加盖了十堰市丰某工贸有限公司财务专用章、法人私章和东能（天津）集团有限公司财务专用章、法人私章。2015年6月30日晚，被告人熊华波将伪造的中国农业银行十堰分行的行政公章、法定代表人刘某3私章各一枚交给曹某1，让曹某1于2015年7月1日冒充中国农业银行十堰分行工作人员，为其违规出具的银行保兑保函加盖中国农业银行十堰分行的行政公章、法定代表人刘某3私章。2015年7月1日，在华夏银行合肥分行工作人员汪某、胡某1等人的见证下，被告人王帅持24张商业承兑汇票中的4张票面总金额为2亿元的商业承兑汇票到中国农业银行十堰分行找到熊华波，让其帮助出具该4张商业承兑汇票的银行保兑保函。被告人熊华波在中国农业银行十堰分行其办公室为王帅持有的4张票面金额达2亿元的商业承兑汇票出具了银行保兑保函。后被华夏银行合肥分

---

① 参见湖北省十堰市中级人民法院（2016）鄂03刑终219号。

行工作人员汪某等人发现异常，中国农业银行十堰分行遂报警，被告人熊华波、王帅等人被当场抓获。

• 裁判要旨 •

以虚假的银行《商业承兑汇票转贴现合同》，骗取承兑汇票贴现，致使他人贴现商业承兑汇票到期后无法及时兑付，造成重大经济损失，应当以骗取票据承兑罪追究刑事责任。

• 裁判理由 •

原审法院认为，熊华波伪造多枚公司印章，其行为构成伪造公司印章罪；熊华波身为银行工作人员，违反规定为他人出具保函，情节严重，其行为构成违规出具金融票证罪。被告人王帅以欺骗手段取得银行保函，情节严重，其行为构成骗取金融票证罪，公诉机关指控的罪名均成立。关于被告人熊华波的辩护人提出保兑保函是伪造的，对任何人不具有法律效力，不构成违规出具金融票证罪的辩护意见。经查，被告人熊华波身为银行工作人员，使用伪造的银行印章在保兑保函处盖印，违法出具金融票证，其违法行为构成违规出具金融票证罪，其辩护人该辩护意见不予采纳。被告人熊华波一人犯数罪，应当数罪并罚。被告人王帅到案后能如实供述自己的犯罪事实，有悔罪表现，依法可以从轻处罚。被告人熊华波到案后有悔罪表现，可酌情从轻处罚。根据被告人王帅的犯罪情节及悔罪表现，对其适用缓刑不致再危害社会，可以宣告缓刑。综上，依照1997年修订的《刑法》第280条第2款，《刑法》第188条第1款、第175条之一第1款，第67条第3款，第72条，第73条第2款、第3款之规定，判决：一、熊华波犯伪造公司印章罪，判处有期徒刑二年；犯违规出具金融票证罪，判处有期徒刑二年六个月，决定执行有期徒刑四年（刑期从判决执行之日起计算，判决执行以前先行羁押的，羁押一日折抵刑期一日，即自2015年7月2日起至2019年7月1日止）；二、被告人王帅犯骗取金融票证罪，判处有期徒刑一年，缓刑二年（缓刑考验期限从判决确定之日起计算），并处罚金人民币5万元（已缴纳）。

宣判后，原审被告人熊华波不服一审判决，提出上诉。

二审法院认为，上诉人（原审被告人）熊华波，原审被告人王帅相互串通，以虚假的中国农业银行十堰分行印章与兴业银行苏州分行签订《商业承兑汇票转贴现合同》，骗取承兑汇票贴现，致使受害人为东能（天津）集团有限公司贴现6亿元商业承兑汇票到期后无法及时兑付，也无法向中国农业银行十堰分行实现转贴现，造成兴业银行重大经济损失，其行为均已构成骗取票据承兑罪；上诉人熊华波私自伪造公司印章并用于骗取票据承兑，同时触犯伪造公司印章罪和骗取票据承兑罪，在该起犯罪中，上诉人熊华波伪造公司印章是伙同他人骗取票据承兑的必经阶段，按照刑法中吸收犯的原则，上诉人熊华波在该起犯罪事实中的伪造公司印章罪被骗取票据承兑罪所吸收，应以骗取票据承兑罪处罚。在原公诉机关指控的第二起犯罪中，上诉人熊华波擅自伪造公司印章并使用制作虚假的银行保函，其行为已构成伪造公司印章罪。上诉人熊华波一人犯数罪，应当数罪并罚。原审被告人王帅到案后能如实供述自己的犯罪事实，有悔罪表现，依法可以从轻处罚。上诉人熊华波到案后有悔罪表现，可酌情从轻处罚。上诉人熊华波及辩护人提出"原判认定其犯违规出具金融票证罪无事实和法律依据。虚假的保函不具备担保功能，也不会造成任何损失"的理由，经查，在本案第二起犯罪中，上诉人熊华波虽系银行工作人员，但其所从事的业务没有出具银行保函的权限，其在向华夏银行合肥分行出具金融票证时使用的是加盖了伪造印章的虚假银行保函，因虚假的银行保函不具备金融票据的功能和作用，也没有造成实际损失，故上诉人熊华波认为其行为不构成违规出具金融票证罪的上诉理由成立，本院予以支持。上诉人熊华波及辩护人提出"原判认定其犯伪造公司印章罪正确，但量刑畸重，其在侦查机关如实供述，可以自首论，且未造成任何损失，有悔罪表现。请求二审法院以伪造公司印章罪该判其缓刑"的上诉理由，经查，上诉人熊华波一人犯数罪，且到案后未及时如实供述自己的犯罪行为，不符合判处缓刑的法定条件，且原审法院已充分考虑其犯罪情节和悔罪表现，在法定幅度内量刑并无不当，故该上诉理由不能成立，本院不予支持。原判认定事实清楚、证据确实充分，量刑适当，但适用法律错误，导致罪名定性不当，应予纠正。综上，依照1997年修订的《刑法》第280条第2款，第188条第1款，第175条之一第1款，第67条第3款，第72条，第73条第2款、第3款，《刑事诉讼法》第225条第1款第2项之规定，判决如下：一、撤销湖北省十堰市茅箭区人民法院（2015）鄂茅箭刑初字第571号刑事判决。二、上诉人（原审被告人）熊华波犯伪造公司印章罪，判处有期徒刑二年；犯骗取票据承兑罪，判处有期徒刑二年六个月，决定合并执行有期徒刑四年（刑期从本判决执行之日起计算，判决执行以前先行羁押的，羁押一日折抵刑期一日，即自2015年7月2日起至2019年7月1日止）。三、原审被告人王帅犯骗取票据承兑罪，判处有期徒刑一年，缓刑二年（缓刑考验期限从本判决确定之日起计算），并处罚金人民币5万元（已缴纳）。

【学理分析及适用指引】

• 学理分析 •

骗取贷款、票据承兑、金融票证罪，是指以欺骗手段取得银行或者其他金融机构贷款、票据承兑、信用证、保函等，给银行或者其他金融机构造成重大损失的行为。《刑法修正案（十一）》对骗取贷款、票据承兑、金融票证罪的入罪门槛做了重大调整，删除了“情节严重”的入罪条件，原则上要求给银行等金融机构造成一定损失才能构成本罪，以适当缩小打击面。修订后的本罪构成要件如下：

1. 本罪的客体。本罪侵犯的客体是金融秩序和安全。

2. 本罪的客观方面。客观方面表现为以欺骗手段取得银行或者其他金融机构贷款、票据承兑、信用证、保函等，给银行或者其他金融机构造成重大损失的行为。所谓以欺骗手段，是指行为人在申请贷款、票据承兑或者信用证、保函等金融票证时，使用虚构事实、隐瞒真相的手段，比如谎报贷款用途，夸大偿付能力等。所谓给银行或者金融机构造成重大损失，主要是指导致一定数额的金融资金无法归还。根据相关规定，本罪构成中的“造成重大损失”一般是指给银行或者其他金融机构造成直接经济损失数额在50万元以上的情形。

3. 本罪的主体。犯罪主体为一般主体，单位也可以成为本罪的主体。

4. 本罪的主观方面。主观方面表现为故意。

• 适用指引 •

司法实践中，认定骗取贷款、票据承兑、金融票证罪的关键在于行为人是否存在非法占有的目的，从而将本罪与相关的金融诈骗犯罪如贷款诈骗罪、票据诈骗罪、信用证诈骗罪等区别开来，这也体现了刑事法网的严密性与立法技术的细密性。具体而言，在刑事法上，以欺骗的手段骗取银行等金融机构贷款资金的，根据行为目的的不同可能构成不同的罪名：若出于非法占有的目的，则可能构成贷款诈骗（若属于单位的贷款诈骗行为则该单位成立合同诈骗罪）；若行为人套取银行贷款的目的在于转手贷给他人从中获取高利贷的，则构成《刑法》第175条的高利转贷罪；若主观上不存在非法占有的目的也没有高利转贷的目的，但其不符合有关贷款的政策条件而虚构事实骗取贷款，给银行或其他金融机构造成重大损失的，也构成犯罪，即《刑法》第175条之一的骗取贷款、票据承兑、金融票证罪。

第一百七十六条　非法吸收公众存款罪

【法律规定】

• 法律条文 •

《中华人民共和国刑法》

第一百七十六条　非法吸收公众存款或者变相吸收公众存款，扰乱金融秩序的，处三年以下有期徒刑或者拘役，并处或者单处罚金；数额巨大或者有其他严重情节的，处三年以上十年以下有期徒刑，并处罚金；数额特别巨大或者有其他特别严重情节的，处十年以上有期徒刑，并处罚金。

单位犯前款罪的，对单位判处罚金，并对其直接负责的主管人员和其他直接责任人员，依照前款的规定处罚。

有前两款行为，在提起公诉前积极退赃退赔，减少损害结果发生的，可以从轻或者减轻处罚。

• 相关规定 •

《中华人民共和国商业银行法》

第十一条 设立商业银行，应当经国务院银行业监督管理机构审查批准。

未经国务院银行业监督管理机构批准，任何单位和个人不得从事吸收公众存款等商业银行业务，任何单位不得在名称中使用“银行”字样。

第四十七条 商业银行不得违反规定提高或者降低利率以及采用其他不正当手段，吸收存款，发放贷款。

第八十一条 未经国务院银行业监督管理机构批准，擅自设立商业银行，或者非法吸收公众存款、变相吸收公众存款，构成犯罪的，依法追究刑事责任；并由国务院银行业监督管理机构予以取缔。

伪造、变造、转让商业银行经营许可证，构成犯罪的，依法追究刑事责任。

《最高人民法院关于审理非法集资刑事案件具体应用法律若干问题的解释》（法释〔2022〕5号）

第一条 违反国家金融管理法律规定，向社会公众（包括单位和个人）吸收资金的行为，同时具备下列四个条件的，除刑法另有规定的以外，应当认定为刑法第一百七十六条规定的“非法吸收公众存款或者变相吸收公众存款”：

（一）未经有关部门依法许可或者借用合法经营的形式吸收资金；

（二）通过网络、媒体、推介会、传单、手机信息等途径向社会公开宣传；

（三）承诺在一定期限内以货币、实物、股权等方式还本付息或者给付回报；

（四）向社会公众即社会不特定对象吸收资金。

未向社会公开宣传，在亲友或者单位内部针对特定对象吸收资金的，不属于非法吸收或者变相吸收公众存款。

第二条 实施下列行为之一，符合本解释第一条第一款规定的条件的，应当依照刑法第一百七十六条的规定，以非法吸收公众存款罪定罪处罚：

（一）不具有房产销售的真实内容或者不以房产销售为主要目的，以返本销售、售后包租、约定回购、销售房产份额等方式非法吸收资金的；

（二）以转让林权并代为管护等方式非法吸收资金的；

（三）以代种植（养殖）、租种植（养殖）、联合种植（养殖）等方式非法吸收资金的；

（四）不具有销售商品、提供服务的真实内容或者不以销售商品、提供服务为主要目的，以商品回购、寄存代售等方式非法吸收资金的；

（五）不具有发行股票、债券的真实内容，以虚假转让股权、发售虚构债券等方式非法吸收资金的；

（六）不具有募集基金的真实内容，以假借境外基金、发售虚构基金等方式非法吸收资金的；

（七）不具有销售保险的真实内容，以假冒保险公司、伪造保险单据等方式非法吸收资金的；

（八）以网络借贷、投资入股、虚拟币交易等方式非法吸收资金的；

（九）以委托理财、融资租赁等方式非法吸收资金的；

（十）以提供“养老服务”、投资“养老项目”、销售“老年产品”等方式非法吸收资金的；

（十一）利用民间“会”“社”等组织非法吸收资金的；

（十二）其他非法吸收资金的行为。

第三条　非法吸收或者变相吸收公众存款，具有下列情形之一的，应当依法追究刑事责任：

（一）非法吸收或者变相吸收公众存款数额在100万元以上的；

（二）非法吸收或者变相吸收公众存款对象150人以上的；

（三）非法吸收或者变相吸收公众存款，给存款人造成直接经济损失数额在50万元以上的。

非法吸收或者变相吸收公众存款数额在50万元以上或者给存款人造成直接经济损失数额在25万元以上，同时具有下列情节之一的，应当依法追究刑事责任：

（一）曾因非法集资受过刑事追究的；

（二）二年内曾因非法集资受过行政处罚的；

（三）造成恶劣社会影响或者其他严重后果的。

第四条　非法吸收或者变相吸收公众存款，具有下列情形之一的，应当认定为刑法第一百七十六条规定的“数额巨大或者有其他严重情节”：

（一）非法吸收或者变相吸收公众存款数额在500万元以上的；

（二）非法吸收或者变相吸收公众存款对象500人以上的；

（三）非法吸收或者变相吸收公众存款，给存款人造成直接经济损失数额在250万元以上的。

非法吸收或者变相吸收公众存款数额在250万元以上或者给存款人造成直接经济损失数额在150万元以上，同时具有本解释第三条第二款第三项情节的，应当认定为"其他严重情节"。

第五条 非法吸收或者变相吸收公众存款，具有下列情形之一的，应当认定为刑法第一百七十六条规定的"数额特别巨大或者有其他特别严重情节"：

（一）非法吸收或者变相吸收公众存款数额在5000万元以上的；

（二）非法吸收或者变相吸收公众存款对象5000人以上的；

（三）非法吸收或者变相吸收公众存款，给存款人造成直接经济损失数额在2500万元以上的。

非法吸收或者变相吸收公众存款数额在2500万元以上或者给存款人造成直接经济损失数额在1500万元以上，同时具有本解释第三条第二款第三项情节的，应当认定为"其他特别严重情节"。

第六条 非法吸收或者变相吸收公众存款的数额，以行为人所吸收的资金全额计算。在提起公诉前积极退赃退赔，减少损害结果发生的，可以从轻或者减轻处罚；在提起公诉后退赃退赔的，可以作为量刑情节酌情考虑。

非法吸收或者变相吸收公众存款，主要用于正常的生产经营活动，能够在提起公诉前清退所吸收资金，可以免予刑事处罚；情节显著轻微危害不大的，不作为犯罪处理。

对依法不需要追究刑事责任或者免予刑事处罚的，应当依法将案件移送有关行政机关。

第十三条 通过传销手段向社会公众非法吸收资金，构成非法吸收公众存款罪或者集资诈骗罪，同时又构成组织、领导传销活动罪的，依照处罚较重的规定定罪处罚。

第十四条 单位实施非法吸收公众存款、集资诈骗犯罪的，依照本解释规定的相应自然人犯罪的定罪量刑标准，对单位判处罚金，并对其直接负责的主管人员和其他直接责任人员定罪处罚。

《最高人民法院、最高人民检察院、公安部关于办理非法集资刑事案件若干问题的意见》（高检会〔2019〕2号）

一、关于非法集资的"非法性"认定依据问题

人民法院、人民检察院、公安机关认定非法集资的"非法性"，应当以国家金融管理法律法规作为依据。对于国家金融管理法律法规仅作原则性规定的，可以根据法律规定的精神并参考中国人民银行、中国银行保险监督管理委员会、中国证券监督管理委员会等行政主管部门依照国家金融管理法律法规制定的部门规章或者国家有关金融管理的规定、办法、实施细则等规范性文件的规定予以认定。

二、关于单位犯罪的认定问题

单位实施非法集资犯罪活动，全部或者大部分违法所得归单位所有的，应当认定为单位犯罪。

个人为进行非法集资犯罪活动而设立的单位实施犯罪的，或者单位设立后，以实施非法集资犯罪活动为主要活动的，不以单位犯罪论处，对单位中组织、策划、实施非法集资犯罪活动的人员应当以自然人犯罪依法追究刑事责任。

判断单位是否以实施非法集资犯罪活动为主要活动，应当根据单位实施非法集资的次数、频度、持续时间、资金规模、资金流向、投入人力物力情况、单位进行正当经营的状况以及犯罪活动的影响、后果等因素综合考虑认定。

三、关于涉案下属单位的处理问题

办理非法集资刑事案件中，人民法院、人民检察院、公安机关应当全面查清涉案单位，包括上级单位（总公司、母公司）和下属单位（分公司、子公司）的主体资格、层级、关系、地位、作用、资金流向等，区分情况依法作出处理。

上级单位已被认定为单位犯罪，下属单位实施非法集资犯罪活动，且全部或者大部分违法所得归下属单位所有的，对该下属单位也应当认定为单位犯罪。上级单位和下属单位构成共同犯罪的，应当根据犯罪单位的地位、作用，确定犯罪单位的刑事责任。

上级单位已被认定为单位犯罪，下属单位实施非法集资犯罪活动，但全部或者大部分违法所得归上级单位所有的，对下属单位不单独认定为单位犯罪。下属单位中涉嫌犯罪的人员，可以作为上级单位的其他直接责任人员依法追究刑事责任。

上级单位未被认定为单位犯罪，下属单位被认定为单位犯罪的，对上级单位中组织、策划、实施非法集资犯罪的人员，一般可以与下属单位按照自然人与单位共同犯罪处理。

上级单位与下属单位均未被认定为单位犯罪的，一般以上级单位与下属单位中承担组织、领导、管理、协调职责的主管人员和发挥主要作用的人员作为主犯，以其他积极参加非法集资犯罪的人员作为从犯，按照自然人共同犯罪处理。

四、关于主观故意的认定问题

认定犯罪嫌疑人、被告人是否具有非法吸收公众存款的犯罪故意，应当依据犯罪嫌疑人、被告人的任职情况、职业经历、专业背景、培训经历、本人因同类行为受到行政处罚或者刑事追究情况以及吸收资金方式、宣传推广、合同资料、业务流程等证据，结合其供述，进行综合分析判断。

犯罪嫌疑人、被告人使用诈骗方法非法集资，符合《最高人民法院关于审理非法集资刑事案件具体应用法律若干问题的解释》第四条规定的，可以认定为集资诈骗罪中“以非法占有为目的”。

办案机关在办理非法集资刑事案件中，应当根据案件具体情况注意收集运用涉及犯罪嫌疑人、被告人的以下证据：是否使用虚假身份信息对外开展业务；是否虚假订立合同、协议；是否虚假宣传，明显超出经营范围或者夸大经营、投资、服务项目及盈利能力；是否吸收资金后隐匿、销毁合同、协议、账目；是否传授或者接受规避法律、逃避监管的方法，等等。

《最高人民检察院、公安部关于公安机关管辖的刑事案件立案追诉标准的规定（二）》（公通字〔2022〕12 号）

第二十三条 ［非法吸收公众存款案（刑法第一百七十六条）］非法吸收公众存款或者变相吸收公众存款，扰乱金融秩序，涉嫌下列情形之一的，应予立案追诉：

（一）非法吸收或者变相吸收公众存款数额在一百万元以上的；

（二）非法吸收或者变相吸收公众存款对象一百五十人以上的；

（三）非法吸收或者变相吸收公众存款，给集资参与人造成直接经济损失数额在五十万元以上的；

非法吸收或者变相吸收公众存款数额在五十万元以上或者给集资参与人造成直接经济损失数额在二十五万元以上，同时涉嫌下列情形之一的，应予立案追诉：

（一）因非法集资受过刑事追究的；

（二）二年内因非法集资受过行政处罚的；

（三）造成恶劣社会影响或者其他严重后果的。

《最高人民法院、最高人民检察院关于常见犯罪的量刑指导意见（试行）》（法发〔2021〕21 号）

（二）非法吸收公众存款罪

1. 构成非法吸收公众存款罪的，根据下列情形在相应的幅度内确定量刑起点：

（1）犯罪情节一般的，在一年以下有期徒刑、拘役幅度内确定量刑起点。

（2）达到数额巨大起点或者有其他严重情节的，在三年至四年有期徒刑幅度内确定量刑起点。

（3）达到数额特别巨大起点或者有其他特别严重情节的，在十年至十二年有期徒刑幅度内确定量刑起点。

2. 在量刑起点的基础上，根据非法吸收存款数额等其他影响犯罪构成的犯罪事实增加刑罚量，确定基准刑。

《储蓄管理条例》（国务院令第588号）

第三条 本条例所称储蓄是指个人将属于其所有的人民币或者外币存入储蓄机构，储蓄机构开具存折或者存单作为凭证，个人凭存折或者存单可以支取存款本金和利息，储蓄机构依照规定支付存款本金和利息的活动。

任何单位和个人不得将公款以个人名义转为储蓄存款。

第四条 本条例所称储蓄机构是指经中国人民银行或其分支机构批准，各银行、信用合作社办理储蓄业务的机构，以及邮政企业依法办理储蓄业务的机构。

第三十四条 违反本条例规定，有下列行为之一的单位和个人，由中国人民银行或其分支机构责令其纠正，并可以根据情节轻重处以罚款、停业整顿、吊销《经营金融业务许可证》；情节严重，构成犯罪的，依法追究刑事责任：

（一）擅自开办储蓄业务的；

（二）擅自设置储蓄机构的；

（三）储蓄机构擅自开办新的储蓄种类的；

（四）储蓄机构擅自办理本条例规定以外的其他金融业务的；

（五）擅自停业或者缩短营业时间的；

（六）储蓄机构采取不正当手段吸收储蓄存款的；

（七）违反国家利率规定，擅自变动储蓄存款利率的；

（八）泄露储户储蓄情况或者未经法定程序代为查询、冻结、划拨储蓄存款的；

（九）其他违反国家储蓄法律、法规和政策的。

违反本条例第三条第二款规定的，依照国家有关规定予以处罚。

【案例】

柳某非法吸收公众存款案①

• 案件事实 •

黑龙江省双城市人闫某、吉林省吉林市人潘某以及黑龙江省哈尔滨市人王某于2003年7月15日注册成立哈尔滨宏丰投资有限公司。闫某任该公司董事长，潘某任副总经理。因该公司实际并无资金，公司成立后闫某、潘某等人即决定向社会集资。

2003年底，潘某在结识柳某后，任命柳某为哈尔滨宏丰投资有限公司北

① 参见北京市房山区人民法院（2006）房刑初字第90号。

京分公司市场部经理。2004 年 2 月至 2004 年 6 月间，潘某及柳某在北京市石景山区某大厦及柳某家中，以哈尔滨宏丰投资有限公司北京分公司的名义，向社会宣传投资哈尔滨宏丰投资有限公司合作种植苜蓿草能得到高额回报。在潘某及柳某的宣传下，北京地区先后有包括柳某在内的 75 人进行了投资。除柳某外，刘某、张某、栗某、崔某等 74 人投资共计人民币 3050100 元。

2005 年 2 月，因不能返还投资人的投资，投资人报案后，闫某因涉嫌犯非法吸收公众存款罪被刑事拘留。在得知闫某被刑事拘留后，崔某亦向北京市公安局房山分局报案。在得知被害人报案后，柳某主动与北京市公安局房山分局刑事侦查支队办案人员联系。2005 年 3 月 11 日柳某被电话传唤到案。除返还投资者部分本金、利息及提成外，尚有 64 名投资者的 2152610 元未返还。

• 裁判要旨 •

以高额回报为名，未经批准大量吸收公众投资，构成变相吸收公众存款的行为。

• 裁判理由 •

北京市房山区人民法院认为：被告人柳某违反国家规定，向社会宣传投资哈尔滨宏丰投资有限公司合作种植苜蓿草能得到高额回报，变相吸收公众存款，数额巨大，其行为严重扰乱了国家的金融秩序，已构成非法吸收公众存款罪，依法应予惩处。北京市房山区人民检察院指控被告人柳某犯有非法吸收公众存款罪罪名成立。由于被告人柳某非法吸收公众存款的行为致 60 名被害人的投资款 200 万元至今未能返还，后果较为严重，酌予从重处罚。在接到公安机关的电话通知后，被告人柳某主动到公安机关接受审查和处理，并如实供述自己的罪行，属自首，依法从轻处罚。被告人柳某关于其主动与公安机关联系的辩解、辩护人关于被告人柳某的投资和投资者的二次投入不应计入吸收存款数额的辩护意见法院予以采纳，其余部分不予采纳。根据被告人柳某犯罪的事实、犯罪的性质、情节和对于社会的危害程度，依照《刑法》第 176 条第 1 款、第 52 条、第 67 条第 1 款、第 64 条及《最高人民法院关于处理自首和立功具体应用法律若干问题的解释》第 1 条之规定，判决如下：一、被告人柳某犯非法吸收公众存款罪，判处有期徒刑四年，并处罚金人民币 10 万元。二、责令被告人柳某退赔 64 名被害人尚未返还的投资款共计人民币 2152610 元。

【学理分析及适用指引】

• 学理分析 •

非法吸收公众存款罪，是指非法吸收公众存款或者变相吸收公众存款，扰乱金融秩序的行为。本罪的构成要件如下：

1. 本罪的客体。本罪侵犯的客体是国家的金融管理制度。如果可以经营吸收公众存款业务的金融机构采取非法手段吸收公众存款，或者不得经营吸收公众存款业务的金融机构以及非金融机构、个人非法吸收或者变相吸收公众存款，必然影响国家对金融活动的宏观监管，损害金融机构的信用，损害存款人的利益，扰乱金融秩序，最终会影响国民经济的发展和社会的稳定。我国实行市场经济以来，由于贷款需求的扩张，各种非法吸收公众存款或者变相吸收公众存款的现象已愈益突出，这对国家金融秩序的稳定造成了极大的冲击，因此本法继《全国人民代表大会常务委员会关于惩治破坏金融秩序犯罪的决定》之后将非法吸收或者变相吸收公众存款的行为规定为犯罪予以惩治。

2. 本罪的客观方面。本罪在客观方面表现为行为人实施了非法吸收公众存款或变相吸收公众存款的行为。本罪的行为方式主要表现为以下三大类：

（1）以不法提高存款利率的方式吸收存款，扰乱金融秩序。其主要表现方式为：吸收存款人在当场交付存款人或储户的存单上开出高于央行法定利率的利率数。因而此种方式又可简称为“账面上有反映”方式。

存款利率，和贷款利率一样，是中央政府对本国市场经济进行宏观调控的重要经济杠杆。一般情况下，国家需要刺激和扩大社会总体消费时，多降低存款利率，反之，当国家需要控制市场消费、以更多回笼货币来投入更大量的社会扩大再生产以加强社会生产力度时，多提高存款利率。基于此，无论是存款、贷款利率，各国一般都由央行统一制定和发布。在我国，除了中央银行以外，任何其他单位、团体包括其他金融机构乃至央行以外的其他政府机构均不得擅自提高存款或贷款利率。凡以不法提高利率的办法来吸收存款、争夺存款大户者，其行为显然违反我国《商业银行法》第47条的规定，同时也扰乱了我国金融竞争秩序，行为人依法应负刑事责任。

（2）以变相提高利率的方式吸收存款、扰乱金融秩序。所谓变相提高存款利率，是指吸收存款人虽未在开付出去的存单上直接提高存款利率，但却通过存款之际先行扣付、或允诺事后一次性地给付或许以其他物质、经济利益好处的方式来招揽存款，以使存款方在事实上获得相当于提高存款利率的“实惠”后，欣然“乐于存款”于该吸收人所在银行或其他金融机构。此种方式，又可简称为“账面上无反映”方式。实践中，行为人以变相提高利率的方法来吸收存款的具体方式多种多样，大致有：

①以“体外循环”手法非法以贷吸存。“体外循环”又称“绕规模”，通常指贷方银行或其他金融机构未在上级行规定的放贷规模内放贷，而以账外吸收存款、账外发放贷款的违规操作方法存贷。通俗地说，体外循环就是谁能给我拉来存款，我就将此笔放贷规模“体”的存款的全部或大部返贷给谁。此种体外循环本身，如其“造成重大损失”者，也属《刑法》第 187 条所规定的用账外资金非法拆借、发放贷款罪行为。

②以在存款中先行补足自己擅自抬高的利率息差的方式非法吸收存款。此种情况下，吸收存款人为了不从账面上反映出自己不法提高利率的违规操作情况，往往采用在存款人前来存款之际，直接从存款人交付存款的账上为存款人划出一笔款项、作为自己擅自抬高了的利率的息差，补偿给存款人，从而在事实上抬高了存款利率，并以此高利手段来吸引存款人前来自己所在银行或金融单位存款。

③以擅自在社会上大搞有奖储蓄的办法非法吸收公众存款。其实质仍然是变相抬高国家所规定的存款利率，情节严重者，必定扰乱整个社会的金融秩序。

④以暗自先行给付实物或期约给付实物的手段非法吸收存款。例如，有的金融单位以向存款大户提供若干台豪华轿车的方式吸引存款；有的期许存款人存款以后的一定时间内，为其提供计算机××台，等等。

⑤以暗自期许存款方对其动产、不动产的长期使用权来非法招揽存款。例如，有的银行长期免费提供房屋使用权给该行存款大户头单位等。

（3）依法无资格从事吸收公众存款业务的单位或自然人非法吸收公众存款，扰乱金融秩序。对此类行为，无论其是否提高了国家规定的存款利率，也不问其是否采取了其他变相提高存款利率的手法来吸收存款，只要其从事了“吸收公众存款的行为”，即属“非法”行为，一概构成本罪。

本罪是行为犯，行为人只要实施了非法吸收公众存款或者变相吸收公众存款，扰乱金融秩序的行为，即构成本罪既遂。这也反映了立法上对本罪行为人所实施的严重破坏金融市场秩序的行为从严打击的意向。

3. 本罪的主体。本罪的主体为一般主体，凡是达到刑事责任年龄且具有刑事责任能力的自然人均可构成本罪。依本条第 2 款的规定，单位也可以成为本罪的主体。此处的单位，既可以是可以经营吸收公众存款业务的商业银行等银行金融机构，也可以是不能经营吸收公众存款业务的证券公司等非银行金融机构，还可以是其他非金融机构。

4. 本罪的主观方面。本罪在主观方面表现为故意，即行为人必须是明知自己非法吸收公众存款的行为会造成扰乱金融秩序的危害结果，而希望或者放任这种结果发生。过失不构成本罪。有的金融机构由于工作失误造成利率提高而吸收了大量公众存款，由于不是该金融机构故意抬高利率，非法吸收公众存款不属于其故意实施，因此不构成本罪。

• 适用指引 •

司法实践中，认定本罪应注意：

1. 罪与非罪的界限。(1) 吸收公众存款数额大小。如果吸收公众存款数额较小的，属“情节显著轻微危害不大”，依《刑法》第13条之规定，不构成犯罪；(2) 是否出于故意。如果不是出于故意实施的，不构成犯罪；(3) 是否违反法律、法规的规定。如果未违反法律、法规规定的不构成犯罪。如行为人在法律、法规允许的幅度内适度提高利率向他人借贷的，不能认为构成犯罪。

2. 本罪与诈骗罪、集资诈骗罪的界限。(1) 侵犯的客体和犯罪对象不同。前者侵犯的客体是国家金融管理制度，犯罪对象是公众存款；后者侵犯的客体是公私财产所有权，犯罪对象可以是任何财物；(2) 客观方面不同。前者包括用欺骗方法吸收公众存款，还包括利用强迫、利诱等其他方法吸收公众存款；后者只表现为以虚构事实或隐瞒真相的欺骗方法获得财物；(3) 主观方面不同。前者无非法占有目的；后者必须具有非法占有的目的，这是二罪相区别最明显的不同；(4) 主体要件不同。前者既可以由自然人，也可以由单位构成；后者中的诈骗罪只能由自然人构成，集资诈骗罪的主体单位与自然人均可。

3. 对因受存款方的勒索而非法吸收存款者的定性与处理。实践中，有的存款大户头常常以“搬走”存款要挟其入款行或其他金融机构，要求其尽快提高自己所存款项的存款利率；或者先行给付部分息差抑或提供若干台汽车或房屋使用权等。一些银行或其他金融机构特别是效益或“口碑”较差的银行，为了保住自己的存款额度，不得不就范。对于这种情形，立法上未作明文规定，在处理方式上，至少有以下3种方案可供选择：第一，双方均定罪、且均定性为本罪，亦即双方构成共同非法吸收存款罪。此种犯罪的实质为有身份人实施本罪，因而对其中吸收存款人因其具有法定身份，应定性为主犯；而存款人因其无法定身份理应定性为从犯；第二，存款方定性为索贿罪、吸收存款方因为被索贿而“行贿”无罪；第三，双方均定罪，但将双方设定为对合犯，亦即双方虽仍属共犯，但不是构成同一罪种的共犯而是互为犯罪对象的会合共犯中的对向犯（又称对合犯）。此种会合共犯中，各方所触犯罪名往往不同。例如，在本罪的场合，吸收存款方犯了单位非法吸收公众存款罪；而索贿人则犯了单位（或个人）索贿罪。对此三种定性方式，我们认为按第三种方式定性较为合理合法。因为按第一种方式处理，首先不符合存款人的行为特征，事实是索贿存款人并没有任何帮助吸款人从事非法吸收存款的帮助行为；按第二种方式处理，若对因存款人索贿而非法吸收款的行为人不作犯罪处理，也不合乎刑事法律的基本理论。因为，非法吸收存款的实质在于以贿赂的方式不法吸收存款，而根据《刑法》第 393 条规定，因被勒索而被迫行贿者，只有在“没有获得不正当利益”的条件下，才不构成行贿罪。吸收存款人在受到勒索的情况下，为了获得存款，违反国家法律，以直接抬高或变相抬高央行法定利率的手法来获取大户存款，这种“利益”完全没有正当性可言，因而在此种场合，吸收存款人不能以受到“勒索”而作无罪辩护，充其量能据此对行为人作轻罪辩护而已。

4.《刑法修正案（十一）》关于非法吸收公众存款罪的修订及其把握。针对实践中不法分子借互联网名义从事非法集资，严重扰乱经济金融秩序，为进一步防范金融风险，维护金融秩序，《刑法修正案（十一）》对《刑法》第 176 条非法吸收公众存款罪规定了如下 3 个方面的修订：一是对非法吸收公众存款罪的法定刑档次以及法定最高刑进行了调整，由原两档提升为三档，增加了第三档规定即“数额特别巨大或者有其他特别严重情节的，处十年以上有期徒刑，并处罚金”，将其法定最高刑由十年有期徒刑提高到十五年有期徒刑，有利于实现罪责刑相适应。二是删除了罚金的具体数额限定，将罚金数额立法方式由有限罚金数额修改为无限罚金制。三是增设了特别从宽条件，充分贯彻宽严相济刑事政策。即增设了第 3 款规定：“有前两款行为，在提起公诉前积极退赃退赔，减少损害结果发生的，可以从轻或者减轻处罚。”适用该从宽条款要求满足两个方面的条件：一是时间条件，要求发生在提起公诉前。二是实质条件，要求行为人实施了积极退赃退赔、减少损害结果发生的补救行为。满足这两个条件的，只是“可以”从宽处理，而非“应当”从宽。应该在综合判断行为社会危害性以及行为人主观恶性的基础上决定是否予以从轻或者减轻处罚。

第一百七十七条　伪造、变造金融票证罪

【法律规定】

• 法律条文 •

《中华人民共和国刑法》

第一百七十七条　有下列情形之一，伪造、变造金融票证的，处五年以下有期徒刑或者拘役，并处或者单处二万元以上二十万元以下罚金；情节严重的，处五年以上十年以下有期徒刑，并处五万元以上五十万元以下罚金；情节

特别严重的，处十年以上有期徒刑或者无期徒刑，并处五万元以上五十万元以下罚金或者没收财产：

（一）伪造、变造汇票、本票、支票的；

（二）伪造、变造委托收款凭证、汇款凭证、银行存单等其他银行结算凭证的；

（三）伪造、变造信用证或者附随的单据、文件的；

（四）伪造信用卡的。

单位犯前款罪的，对单位判处罚金，并对其直接负责的主管人员和其他直接责任人员，依照前款的规定处罚。

• 相关规定 •

《中华人民共和国票据法》

第十四条 票据上的记载事项应当真实，不得伪造、变造。伪造、变造票据上的签章和其他记载事项的，应当承担法律责任。

票据上有伪造、变造的签章的，不影响票据上其他真实签章的效力。

票据上其他记载事项被变造的，在变造之前签章的人，对原记载事项负责；在变造之后签章的人，对变造之后的记载事项负责；不能辨别是在票据被变造之前或者之后签章的，视同在变造之前签章。

第一百零二条 有下列票据欺诈行为之一的，依法追究刑事责任：

（一）伪造、变造票据的；

（二）故意使用伪造、变造的票据的；

（三）签发空头支票或者故意签发与其预留的本名签名式样或者印鉴不符的支票，骗取财物的；

（四）签发无可靠资金来源的汇票、本票，骗取资金的；

（五）汇票、本票的出票人在出票时作虚假记载，骗取财物的；

（六）冒用他人的票据，或者故意使用过期或者作废的票据，骗取财物的；

（七）付款人同出票人、持票人恶意串通，实施前六项所列行为之一的。

《最高人民法院、最高人民检察院关于办理妨害信用卡管理刑事案件具体应用法律若干问题的解释》（法释〔2009〕19 号，2018 年 11 月 28 日修改）

第一条 复制他人信用卡、将他人信用卡信息资料写入磁条介质、芯片或者以其他方法伪造信用卡一张以上的，应当认定为刑法第一百七十七条第一款第四项规定的“伪造信用卡”，以伪造金融票证罪定罪处罚。

伪造空白信用卡十张以上的，应当认定为刑法第一百七十七条第一款第四项规定的“伪造信用卡”，以伪造金融票证罪定罪处罚。

伪造信用卡，有下列情形之一的，应当认定为刑法第一百七十七条规定的

“情节严重”：

（一）伪造信用卡五张以上不满二十五张的；

（二）伪造的信用卡内存款余额、透支额度单独或者合计数额在二十万元以上不满一百万元的；

（三）伪造空白信用卡五十张以上不满二百五十张的；

（四）其他情节严重的情形。

伪造信用卡，有下列情形之一的，应当认定为刑法第一百七十七条规定的“情节特别严重”：

（一）伪造信用卡二十五张以上的；

（二）伪造的信用卡内存款余额、透支额度单独或者合计数额在一百万元以上的；

（三）伪造空白信用卡二百五十张以上的；

（四）其他情节特别严重的情形。

本条所称“信用卡内存款余额、透支额度”，以信用卡被伪造后发卡行记录的最高存款余额、可透支额度计算。

《最高人民检察院、公安部关于公安机关管辖的刑事案件立案追诉标准的规定（二）》（公通字〔2022〕12号）

第二十四条 ［伪造、变造金融票证案（刑法第一百七十七条）］伪造、变造金融票证，涉嫌下列情形之一的，应予立案追诉：

（一）伪造、变造汇票、本票、支票，或者伪造、变造委托收款凭证、汇款凭证、银行存单等其他银行结算凭证，或者伪造、变造信用证或者附随的单据、文件，总面额在一万元以上或者数量在十张以上的；

（二）伪造信用卡一张以上，或者伪造空白信用卡十张以上的。

【案例】

崔海林变造金融票证案[①]

• 案件事实 •

1998年9月至1999年5月期间，崔海林先后在朔州市应县、山阴县、大同市浑源县等地的农村基层信用社以小额存款套取存单31张，经涂改将其变造为8000元至43000元的大额存单，共计金额665000元。之后，崔海林将其中共计金额597000元的25支假存单借给武某某、郭某某、王某某等人，用作抵押在应县信用联社所辖的基层信用社贷款。当贷款人拿到信用社出具的存单

---

① 参见山西省高级人民法院（2001）晋刑二终字第1号。

抵押贷款证明书后，崔海林便在其上加盖伪造的信用社公章和会计、出纳私单，并先后向贷款人收取好处费 3 万余元。案发后，大部分贷款追回。

• 裁判要旨 •

行为人在真实有效的金融票证基础上，采取涂改等方法进行加工处理，制造数量更多或票面价值更大的金融票证，依法成立变造金融票证罪。

• 裁判理由 •

山西省朔州市中级人民法院一审以被告人崔海林犯变造金融票证罪，判处有期徒刑十四年，并处罚金人民币 10 万元。一审判决后，崔海林不服提出上诉，其上诉理由是，受别人恐吓、殴打、逼迫之下才涂改的存单，要求从轻判处。

山西省高级人民法院经审理查明，原判认定的崔海林犯变造金融票证罪的犯罪事实清楚，证明事实的证据有：（1）应县信用联社的报案材料；（2）朔州市公安局刑事科学技术鉴定书证实 31 张假存单系被告人崔海林变造，并有查获的变造后的存单原件在案佐证；（3）证人武某某、郭某某、王某某、鲍某某、李某某、刘某某、孙某某等人证实向被告人崔海林借贷存单用作抵押贷款并支付好处费的事实；（4）信用社出具的单据、凭证证实存款、贷款及还贷等情况；（5）被告人崔海林供认不讳。

山西省高级人民法院认为：被告人崔海林以营利为目的，大肆变造金融机构存单，其行为确已构成变造金融票证罪，且情节特别严重，应予严惩。原审认定事实清楚，证据充分，审判程序合法。其上诉诉称系受害人恐吓、逼迫所为，经查无事实依据，不予采信。考虑到崔海林的行为未给金融机构造成更大损失、原判处刑显重。依据《刑事诉讼法》第 189 条第 2 项之规定，判决如下：一、撤销朔州市中级人民法院（2000）朔刑初字第 30 号刑事判决。二、原审被告人崔海林犯变造金融票证罪，判处有期徒刑十年，并处罚金人民币 10 万元。

【学理分析及适用指引】

• 学理分析 •

伪造、变造金融票证罪，指采取各种方法制造金融票证或篡改、变动真金融票证的行为，本罪的构成要件如下：

1. 本罪的客体。本罪的客体是国家的金融票证管理制度，其对象为各种金融票证。金融票证是商品交换和信用活动的产物，具有汇兑、信用、支付、结算和融资等功能，包括汇票、本票、支票、委托收款凭证、汇款凭证、银行存单、信用证及其附随单据、文件和信用卡等。在金融诈骗罪中，国债收款凭证又属于有价证券，若是构成金融诈骗犯罪，则成立有价证券诈骗罪。

2. 本罪的客观方面。本罪客观方面表现为伪造、变造金融票证的行为。一般认为，所谓伪造，指仿照各种金融票证的式样、图案、颜色、特征和质地等，采用印刷、描绘、复印、影印等方法，制造出在质地、票面记载事项等外观形式和表面内容上与真正票据相同或相近似，达到造假逼真甚至以假乱真的程度。① 但是，伪造金融票证并不完全等同于伪造货币的行为方式，伪造金融票证的行为在多数情况下不是上述行为，而是以格式确定的，真实的空白的票证进行虚假记载、填写。而变造则指对他人出具的真实票据的有关内容进行改写，也就是说，变造金融票证，指行为人针对真的金融票证，采取挖补、拼接、翻凑、涂改等方法进行加工处理，制造数量更多或票面价值更大的金融票证。还可以表现为对已经合法填写的真的金融票证的记载内容进行涂改，如改变金融票证上的金额、日期，或增加、删改背书内容等。

3. 本罪的主体。本罪的主体为一般主体。

4. 本罪的主观方面。本罪的主观方面只能由故意构成。有学者以为，尽管绝大多数行为人伪造或者变造金融凭证是为了使用，但本罪的罪状并没有规定主观上必须以一定的目的作为构成要件，因此行为人只要出于故意而伪造、变造金融票证的，原则上就应构成犯罪。② 我们认为，从金融的本义出发，不投入流通或使用的金融票证实际上是不存在的。因此，伪造、变造金融票证的行为本身就包含着将有关的票证投入流通或使用的目的，这是由金融票证的本义所决定的，不是说伪造、变造金融票证罪是目的犯且以一定的目的作为构成要件。

• 适用指引 •

司法实践中，认定本罪应注意：伪造、变造金融票证罪，指采取各种方法故意制造金融票证或篡改、变动真金融票证的行为。如果行为人是由于过失误写、错填票证有关内容的，不能以犯罪论处。如果有关的伪造行为和诈骗行为之间没有牵连关系，则不得按照牵连犯论处。若是伪造了金融票证又使用该金融票证实施诈骗的，则按牵连犯理论“从一重处”，基于二者法定刑的类似性一般以目的行为即所涉案的金融诈骗犯罪论处。

---

① 曾月英：《伪造、变造金融票证罪刍议》，载《中国刑事法杂志》1999 年第 2 期。
② 孙国祥、魏昌东：《经济刑法研究》，法律出版社 2005 年版，第 330 页。

第一百七十七条之一　妨害信用卡管理罪；窃取、收买、非法提供信用卡信息罪

【法律规定】

• 法律条文 •

《中华人民共和国刑法》

第一百七十七条之一　有下列情形之一，妨害信用卡管理的，处三年以下有期徒刑或者拘役，并处或者单处一万元以上十万元以下罚金；数量巨大或者有其他严重情节的，处三年以上十年以下有期徒刑，并处二万元以上二十万元以下罚金：

（一）明知是伪造的信用卡而持有、运输的，或者明知是伪造的空白信用卡而持有、运输，数量较大的；

（二）非法持有他人信用卡，数量较大的；

（三）使用虚假的身份证明骗领信用卡的；

（四）出售、购买、为他人提供伪造的信用卡或者以虚假的身份证明骗领的信用卡的。

窃取、收买或者非法提供他人信用卡信息资料的，依照前款规定处罚。

银行或者其他金融机构的工作人员利用职务上的便利，犯第二款罪的，从重处罚。

• 相关规定 •

《全国人民代表大会常务委员会关于〈中华人民共和国刑法〉有关信用卡规定的解释》

刑法规定的“信用卡”，是指由商业银行或者其他金融机构发行的具有消费支付、信用贷款、转账结算、存取现金等全部功能或者部分功能的电子支付卡。

《最高人民法院、最高人民检察院关于办理妨害信用卡管理刑事案件具体应用法律若干问题的解释》（法释〔2009〕19号，2018年11月28日修改）

第二条　明知是伪造的空白信用卡而持有、运输十张以上不满一百张的，应当认定为刑法第一百七十七条之一第一款第一项规定的“数量较大”；非法持有他人信用卡五张以上不满五十张的，应当认定为刑法第一百七十七条之一

第一款第二项规定的“数量较大”。

有下列情形之一的，应当认定为刑法第一百七十七条之一第一款规定的“数量巨大”：

（一）明知是伪造的信用卡而持有、运输十张以上的；

（二）明知是伪造的空白信用卡而持有、运输一百张以上的；

（三）非法持有他人信用卡五十张以上的；

（四）使用虚假的身份证明骗领信用卡十张以上的；

（五）出售、购买、为他人提供伪造的信用卡或者以虚假的身份证明骗领的信用卡十张以上的。

违背他人意愿，使用其居民身份证、军官证、士兵证、港澳居民往来内地通行证、台湾居民来往大陆通行证、护照等身份证明申领信用卡的，或者使用伪造、变造的身份证明申领信用卡的，应当认定为刑法第一百七十七条之一第一款第三项规定的“使用虚假的身份证明骗领信用卡”。

第三条 窃取、收买、非法提供他人信用卡信息资料，足以伪造可进行交易的信用卡，或者足以使他人以信用卡持卡人名义进行交易，涉及信用卡一张以上不满五张的，依照刑法第一百七十七条之一第二款的规定，以窃取、收买、非法提供信用卡信息罪定罪处罚；涉及信用卡五张以上的，应当认定为刑法第一百七十七条之一第一款规定的“数量巨大”。

《最高人民检察院、公安部关于公安机关管辖的刑事案件立案追诉标准的规定（二）》（公通字〔2022〕12 号）

第二十五条 ［妨害信用卡管理案（刑法第一百七十七条之一第一款）］妨害信用卡管理，涉嫌下列情形之一的，应予立案追诉：

（一）明知是伪造的信用卡而持有、运输的；

（二）明知是伪造的空白信用卡而持有、运输，数量累计在十张以上的；

（三）非法持有他人信用卡，数量累计在五张以上的；

（四）使用虚假的身份证明骗领信用卡的；

（五）出售、购买、为他人提供伪造的信用卡或者以虚假的身份证明骗领的信用卡的。

违背他人意愿，使用其居民身份证、军官证、士兵证、港澳居民往来内地通行证、台湾居民来往大陆通行证、护照等身份证明申领信用卡的，或者使用伪造、变造的身份证明申领信用卡的，应当认定为“使用虚假的身份证明骗领信用卡”。

第二十六条 ［窃取、收买、非法提供信用卡信息案（刑法第一百七十七条之一第二款）］窃取、收买或者非法提供他人信用卡信息资料，足以伪造可进行交易的信用卡，或者足以使他人以信用卡持卡人名义进行交易，涉及信用卡一张以上的，应予立案追诉。

《银行卡业务管理办法》（银发〔1999〕17号）

第六十一条 任何单位和个人有下列情形之一的，根据《中华人民共和国刑法》及相关法规进行处理：

（一）骗领、冒用信用卡的；

（二）伪造、变造银行卡的；

（三）恶意透支的；

（四）利用银行卡及其机具欺诈银行资金的。

【案例】

张某妨害信用卡管理案①

• 案件事实 •

2005年5月26日，张某使用伪造的身份证、收入证明和房屋产权证等材料，向中国银行总行银行卡中心骗取VISA奥运双币信用卡一张，卡号为（438088858×××××××），并于同年6月6日通过北京芸信永诚投资顾问有限公司将信用卡透支2000元后挥霍。

2005年6月8日，张某使用同样的虚假材料，向中国工商银行牡丹卡中心骗取信用卡，银行工作人员在审核时发现其提供的身份证明系伪造，遂报案。张某于2005年6月20日前去中国工商银行牡丹卡中心领取信用卡时被抓获。

• 裁判要旨 •

使用伪造的身份证、收入证明和房屋产权证等材料骗领信用卡的，构成妨害信用卡管理罪。

• 裁判理由 •

北京市西城区人民法院认为：被告人张某以虚假的身份证明骗领银行信用卡的行为，破坏了市场经济及金融管理秩序，已构成妨害信用卡管理罪，依法应予惩处。鉴于被告人张某认罪态度较好，积极退赔赃款，具有一定悔罪表现，依法从轻处罚并适用缓刑。据此，依照《刑法》第177条，第52条，第53条，第72条，第73条第2款、第3款及《刑法修正案（五）》第1条第3项之规定，判决被告人张某犯妨害信用卡管理罪，判处有期徒刑一年，缓刑一

① 参见北京市西城区人民法院（2006）西刑初字第476号。

年，并处罚金人民币 1 万元。

【学理分析及适用指引】

• 学理分析 •

1. 妨害信用卡管理罪的构成。妨害信用卡管理罪，是指违反信用卡管理制度，明知是伪造的信用卡而持有、运输或者明知是伪造的空白信用卡而持有、运输且数量较大，或者非法持有他人信用卡数量较大，或者使用虚假的身份证明骗领信用卡，或者出售、购买、为他人提供伪造的信用卡或者以虚假的身份证明骗领信用卡的行为。本罪的构成要件如下：

（1）本罪的客体。本罪侵犯的客体是信用卡管理秩序。本罪的犯罪对象是信用卡。

（2）本罪的客观方面。客观方面表现为以下四种妨害信用卡管理秩序的行为：①持有、运输伪造的信用卡的，或者持有、运输伪造的空白信用卡，数量较大的。具体又分为两种情形：一是持有、运输伪造的信用卡，此种情形下构成犯罪原则上并无数量要求；二是持有、运输伪造的空白信用卡，要求行为人所持有、运输的伪造的空白信用卡达到“数量较大”的标准。伪造的信用卡，不仅包括利用相应材料和技术手段仿造真信用卡制作的假信用卡，也包括在过期的、作废的、盗来的、捡来的等各种信息完整的真实信用卡上修改关键要素，如重新压印卡号、有效期和姓名，甚至对信用卡磁条重新写磁；或者是对非法获取的发卡银行的空白信用卡进行凸印、写磁，制成的假信用卡。②非法持有他人信用卡，数量较大的。所谓数量较大，是指非法持有他人信用卡的数量较大，而不是信用卡内的授信额度数额较大。③使用虚假的身份证明骗领信用卡的。所谓身份证明，是指居民身份证、军官证、护照等用以证明信用卡申领人真实身份的文件、资料。需要注意的是，立法只是将“使用虚假的身份证明”骗领信用卡的行为入罪，因为这种方式表明行为人多有进行信用卡诈骗的故意；如果行为人在申领信用卡时提供的身份证明真实，只是在工资收入、财产状况等方面作了不实申报、提供了虚假证明的（通常是为了获取较高授信额度），则不能以犯罪论处。④出售、购买、为他人提供伪造的信用卡或者以虚假的身份证明骗领的信用卡的。具有以上 4 种行为之一，同时符合其他条件的，即可构成本罪；实施两种以上行为的，仍只构成一罪，不实行并罚。

（3）本罪的主体。犯罪主体为一般主体。

（4）本罪的主观方面。主观方面出于故意。

2. 窃取、收买、非法提供信用卡信息罪的构成。窃取、收买、非法提供信用卡信息罪，是指窃取、收买或者非法提供他人信用卡信息资料的行为。本罪的构成要件如下：

(1) 本罪的客体。本罪的客体是信用卡管理秩序，对象为信用卡信息资料。

(2) 本罪的客观方面。客观方面表现为窃取、收买或者非法提供他人信用卡信息资料。

(3) 本罪的主体。主体既可以是一般主体，即达到刑事责任年龄、具备刑事责任能力的自然人；也可以是特殊主体，即银行或者其他金融机构的工作人员。

(4) 本罪的主观方面。主观方面只能是故意，即行为人明知是信用卡信息资料，还窃取、收买、非法提供的。

• 适用指引 •

司法实践中，认定本罪应注意：妨害信用卡管理罪，指违反信用卡管理制度，明知是伪造的信用卡而持有、运输或者明知是伪造的空白信用卡而持有、运输且数量较大，或者非法持有他人信用卡数量较大，或者使用虚假的身份证明骗领信用卡，或者出售、购买、为他人提供伪造的信用卡或者以虚假的身份证明骗领信用卡的行为。使用伪造的身份证、收入证明和房屋产权证等材料，向银行申领信用卡行为属于使用虚假的身份证明骗领信用卡的行为可以构成本罪。

本罪为选择性罪名，既包含妨害行为（持有、运输、出售、购买、非法提供、骗取）的选择，也包含了对象（伪造的信用卡、他人信用卡）的选择，行为人只要实施一种行为侵害一种对象即可成立本罪；如果行为人实施了两种行为，侵害两种对象时，仍为一罪，不实行并罚。另外，行为人伪造信用卡的犯罪过程中，或者使用伪造的信用卡实施犯罪过程中，必然存在持有伪造信用卡的状态。此时，不再定妨害信用卡管理罪，而应以信用卡诈骗罪，或者伪造金融票证罪论处。

第一百七十八条　伪造、变造国家有价证券罪；伪造、变造股票、公司、企业债券罪

【法律规定】

● 法律条文 ●

《中华人民共和国刑法》

第一百七十八条　伪造、变造国库券或者国家发行的其他有价证券，数额较大的，处三年以下有期徒刑或者拘役，并处或者单处二万元以上二十万元以下罚金；数额巨大的，处三年以上十年以下有期徒刑，并处五万元以上五十万元以下罚金；数额特别巨大的，处十年以上有期徒刑或者无期徒刑，并处五万元以上五十万元以下罚金或者没收财产。

伪造、变造股票或者公司、企业债券，数额较大的，处三年以下有期徒刑或者拘役，并处或者单处一万元以上十万元以下罚金；数额巨大的，处三年以上十年以下有期徒刑，并处二万元以上二十万元以下罚金。

单位犯前两款罪的，对单位判处罚金，并对其直接负责的主管人员和其他直接责任人员，依照前两款的规定处罚。

● 相关规定 ●

《最高人民检察院、公安部关于公安机关管辖的刑事案件立案追诉标准的规定（二）》（公通字〔2022〕12号）

第二十七条　［伪造、变造国家有价证券案（刑法第一百七十八条第一款）］伪造、变造国库券或者国家发行的其他有价证券，总面额在二千元以上的，应予立案追诉。

第二十八条　［伪造、变造股票、公司、企业债券案（刑法第一百七十八条第二款）］伪造、变造股票或者公司、企业债券，总面额在三万元以上的，应予立案追诉。

《企业债券管理条例》（国务院令第588号）

第二条　本条例适用于中华人民共和国境内具有法人资格的企业（以下简称企业）

在境内发行的债券。但是，金融债券和外币债券除外。

除前款规定的企业外，任何单位和个人不得发行企业债券。

第五条　本条例所称企业债券，是指企业依照法定程序发行、约定在一定期限内还本付息的有价证券。

《股票发行与交易管理暂行条例》（国务院令第112号）

第八十一条　本条例下列用语的含义：

（一）“股票”是指股份有限公司发行的、表示其股东按其持有的股份享受权益和承担义务的可转让的书面凭证。

“簿记券式股票”是指发行人按照证监会规定的统一格式制作的、记载股东权益的书面名册。

“实物券式股票”是指发行人在证监会指定的印制机构统一印制的书面股票。

（二）“发行在外的普通股”是指公司库存以外的普通股。

（三）“公开发行”是指发行人通过证券经营机构向发行人以外的社会公众就发行人的股票作出的要约邀请、要约或者销售行为。

（四）“承销”是指证券经营机构依照协议包销或者代销发行人所发行股票的行为。

（五）“承销机构”是指以包销或者代销方式为发行人销售股票的证券经营机构。

（六）“包销”是指承销机构在发行期结束后将未售出的股票全部买下的承销方式。

（七）“代销”是指承销机构代理发售股票，在发行期结束后，将未售出的股票全部退还给发行人或者包销人的承销方式。

……

【案例】

张义伪造、变造国家有价证券罪案[①]

• 案件事实 •

2013年10月的一天，李某乙为筹集资金，经他人介绍由聂某帮助其办理国债凭证用于银行质押贷款。10月17日，聂某、李某乙经上诉人张义介绍联系到李某丙等人，商定由李某乙负责出资30余万元作为前期开票费用，李某丙等人为李某乙办理一张4800万元的国债凭证（配合票）用于银行质押贷款，李某丙等人负责质押贷款时核行事宜。在办理过程中，因李某丙等人称不能以李某乙泰安本地的身份证办理，聂某等人又联系到李某甲，商定由李某甲提供身份证，以李某甲的名义办理。几日后，在李某甲、李某乙均未支付对价款的情况下，通过李某丙等人伪造了一张户名为“李某甲”的中国工商银

① 参见山东省聊城市中级人民法院（2016）鲁15刑终6号。

行泰安分行面额为4800万元的凭证式国债收款凭证（账号：16××× 28）。后聂某、李某乙将该国债凭证交给李某甲，约定由李某甲联系贷款银行进行核行，并约定将扣除相关费用后的贷款款项由李某乙、李某甲分款使用。因李某乙、聂某、李某甲多次联系李某丙等人核行未果，未能质押贷款。

• 裁判要旨 •

为了骗取贷款，伪造国家有价证券，数额特别巨大，应当以伪造国家有价证券罪追究刑事责任。

• 裁判理由 •

原审法院认为，被告人张义为了骗取贷款，伪造国家有价证券，数额特别巨大，其行为已构成伪造国家有价证券罪。被告人张义归案后认罪态度较好，能够如实供述犯罪事实，依法可从轻处罚。据此，根据被告人张义在共同犯罪中所处地位和所起作用，对被告人张义依照《刑法》第178条、第25条第1款、第67条第3款、第61条、第47条、第52条、第53条之规定，以被告人张义犯伪造国家有价证券罪，判处有期徒刑十年，并处罚金人民币25万元。

宣判后，被告人张义不服，以"其既不是伪造者，也不是使用者，仅是从中介绍，也未实际造成损失，原审法院未认定其为从犯不当，对其量刑重"为由，提起上诉。

二审法院认为，上诉人张义为牟取好处费，在明知李某丙等人办理的系虚假国债凭证的情形下，仍介绍需要融资贷款的聂某、李某乙与李某丙等人认识，从而促成了本案假国债凭证的办理，其行为构成伪造国家有价证券罪的共犯，且数额特别巨大。在本案共同伪造国家有价证券犯罪中，上诉人张义仅是起到了居间介绍、牵线搭桥的次要作用，收取了部分好处费，应当认定其为从犯，且根据其参与犯罪的事实及如实供述、认罪态度好等情节，对其应予以减轻处罚。上诉人张义及其辩护人所提"其既不是伪造者，也不是使用者，仅是从中介绍，也未实际造成损失，原审法院未认定其为从犯不当，对其量刑重"的上诉理由及辩护意见成立，法院予以采纳，故依法予以改判。依照《刑法》第178条第1款、第25条第1款、第27条、第67条第3款、第61条、第63条第1款、第47条、第52条、第53条和《刑事诉讼法》第225条第1款第3项之规定，判决如下：一、维持山东省聊城市东昌府区人民法院（2015）聊东刑初字第173号刑事判决的定罪部分，即被告人张义犯伪造国家有价证券罪。二、撤销山东省聊城市东昌府区人民法院（2015）聊东刑初字第173号刑事判决的量刑部分，即判处被告人张义有期徒刑十年，并处罚金人民币25万元。三、上诉人（原审被告人）张义犯伪造国家有价证券罪，判处有期徒刑八年，并处罚金人民币20万元（罚金限判决生效后十日内缴纳）。（刑期从判决执行之日起计算，判决执行以前先行羁押的，羁押一日折抵刑期一日，即自2014年10月30日起至2022年10月29日止。）

【学理分析及适用指引】

● 学理分析 ●

1. 伪造、变造国家有价证券罪的构成。伪造、变造国家有价证券罪，是指以各种方法，伪造、变造国库券或者国家发行的其他有价证券，数额较大的行为。本罪的构成要件如下：

（1）本罪的客体。本罪侵犯的客体是国家对国家发行的有价证券的管理制度。

（2）本罪的客观方面。客观方面表现为伪造、变造国库券或者国家发行的其他有价证券，数额较大的行为。具体表现为两种行为：一是用伪造的国家有价证券，冒充真的国库券、国家发行的其他有价证券；二是以真的国库券或国家发行的其他有价证券为基础，用各种方法，改变其形态、内容，使面额升值，或者将作废证券变造为有效证券等。根据法律规定，伪造、变造有价证券的行为，必须达到“数额较大”的，才构成犯罪。

（3）本罪的主体。犯罪主体可以由自然人和单位构成。

（4）本罪的主观方面。主观方面为故意，并且具有非法牟利的目的。

2. 伪造、变造股票、公司、企业债券罪的构成。伪造、变造股票、公司、企业债券罪，是指以各种方法，非法制造、变造股票或者公司、企业债券，数额较大的行为。本罪的构成要件如下：

（1）本罪的客体。本罪侵犯的客体是国家对股票、公司、企业债券的管理制度。犯罪对象是股票和公司、企业债券。股票，是股份有限公司为筹集自有资本而为投资的股东发放的入股凭证。股票是投资者所拥有股份资本权利的证书，并且是股东以此取得公司股息的有价证券。公司、企业债券，是指公司、企业依法发行，并按券面约定在一定期限还本付息的有价证券。

（2）本罪的客观方面。客观方面表现为伪造、变造股票或者公司、企业债券的行为。根据法律规定，伪造、变造股票、公司、企业债券的行为必须达到“数额较大”的，才构成犯罪。

（3）本罪的主体。自然人和单位均可构成本罪的主体。

（4）本罪的主观方面。主观方面由故意构成，过失不构成本罪。

• 适用指引 •

司法实践中，认定这两罪应注意以下 4 个方面：

1. 该两罪都是一般主体，包括单位，是故意伪造、变造有关对象的犯罪。从故意的内容来看，行为人对伪造、变造有关对象的行为是明知的，而且从实践的情况来看，本罪的行为人大多具有非法使用的目的。但是，本罪的成立并不要求以该目的为构成要件。①

2. 犯罪对象问题。国库券暂且不论，股票和公司、企业债券也比较明确。区分了"国家发行的其他有价证券"，其他对象也就好认定了。何谓"国家发行的其他有价证券"？涉及两个方面的问题，即什么是有价证券，什么是国家发行的有价证券？

一般以为，有价证券指具有一定价格和代表某种所有权或债权的凭证。金融法上的有价证券，是指标有票面金额、证明持有人有权按照证券票面记载取得一定收入，并可自由转让和买卖的所有权或债权凭证。考虑到《刑法》条文的关系，《刑法》上的有价证券，实际上还可以分为国家有价证券和股票、公司、企业债券。其中，债券代表债权，可以按期取得利息，到期取回本金，主要包括政府债券、公司债券和不动产抵押债券。

3. 行为人伪造了国家发行的有价证券（如国库券）后，又使用该伪造的有价证券进行诈骗行为，同时构成《刑法》第 178 条的伪造国家有价证券罪与《刑法》第 197 条的有价证券诈骗罪，二者实属手段与目的的牵连犯关系，此时，两罪法定刑几乎完全一致，无法区分轻重，应以目的行为即《刑法》第 197 条有价证券诈骗罪论处。

4. 认定本罪时应明确，企业债券不属现行《刑法》所规定的有价证券的范畴，伪造企业债券，并以非法占有为目的而使用的，既不能构成伪造国家有价证券罪，也不能构成有价证券诈骗罪，而只能以伪造企业债券罪论处。

---

① 黄京平主编：《破坏市场经济秩序罪研究》，中国人民大学出版社 1999 年版，第 404 页。

第一百七十九条　擅自发行股票、公司、企业债券罪

【法律规定】

● 法律条文 ●

《中华人民共和国刑法》

第一百七十九条　未经国家有关主管部门批准，擅自发行股票或者公司、企业债券，数额巨大、后果严重或者有其他严重情节的，处五年以下有期徒刑或者拘役，并处或者单处非法募集资金金额百分之一以上百分之五以下罚金。

单位犯前款罪的，对单位判处罚金，并对其直接负责的主管人员和其他直接责任人员，处五年以下有期徒刑或者拘役。

● 相关规定 ●

《中华人民共和国证券法》

第九条　公开发行证券，必须符合法律、行政法规规定的条件，并依法报经国务院证券监督管理机构或者国务院授权的部门注册。未经依法注册，任何单位和个人不得公开发行证券。证券发行注册制的具体范围、实施步骤，由国务院规定。

有下列情形之一的，为公开发行：

（一）向不特定对象发行证券；

（二）向特定对象发行证券累计超过二百人，但依法实施员工持股计划的员工人数不计算在内；

（三）法律、行政法规规定的其他发行行为。

非公开发行证券，不得采用广告、公开劝诱和变相公开方式。第一百八十条 违反本法第九条的规定，擅自公开或者变相公开发行证券的，责令停止发行，退还所募资金并加算银行同期存款利息，处以非法所募资金金额百分之五以上百分之五十以下的罚款；对擅自公开或者变相公开发行证券设立的公司，由依法履行监督管理职责的机构或者部门会同县级以上地方人民政府予以取缔。对直接负责的主管人员和其他直接责任人员给予警告，并处以五十万元以上五百万元以下的罚款。

第一百八十三条　证券公司承销或者销售擅自公开发行或者变相公开发行的证券的，责令停止承销或者销售，没收违法所得，并处以违法所得一倍以上十倍以下的罚款；没有违法所得或者违法所得不足一百万元的，处以一百万元

以上一千万元以下的罚款；情节严重的，并处暂停或者撤销相关业务许可。给投资者造成损失的，应当与发行人承担连带赔偿责任。对直接负责的主管人员和其他直接责任人员给予警告，并处以五十万元以上五百万元以下的罚款。

《中华人民共和国公司法》

第一百五十三条 本法所称公司债券，是指公司依照法定程序发行、约定在一定期限还本付息的有价证券。公司发行公司债券应当符合《中华人民共和国证券法》规定的发行条件。

《最高人民法院关于审理非法集资刑事案件具体应用法律若干问题的解释》（法释〔2022〕5号）

第十条 未经国家有关主管部门批准，向社会不特定对象发行、以转让股权等方式变相发行股票或者公司、企业债券，或者向特定对象发行、变相发行股票或者公司、企业债券累计超过200人的，应当认定为刑法第一百七十九条规定的“擅自发行股票或者公司、企业债券”。构成犯罪的，以擅自发行股票、公司、企业债券罪定罪处罚。

《最高人民检察院、公安部关于公安机关管辖的刑事案件立案追诉标准的规定（二）》（公通字〔2022〕12号）

第二十九条 ［擅自发行股票、公司、企业债券案（刑法第一百七十九条）］未经国家有关主管部门批准或者注册，擅自发行股票或者公司、企业债券，涉嫌下列情形之一的，应予立案追诉：

（一）非法募集资金金额在一百万元以上的；

（二）造成投资者直接经济损失数额累计在五十万元以上的；

（三）募集的资金全部或者主要用于违法犯罪活动的；

（四）其他后果严重或者有其他严重情节的情形。

本条规定的“擅自发行股票或者公司、企业债券”，是指向社会不特定对象发行、以转让股权等方式变相发行股票或者公司、企业债券，或者向特定对象发行、变相发行股票或者公司、企业债券累计超过二百人的行为。

《金融违法行为处罚办法》（国务院令第260号）

第二十七条 财务公司不得有下列行为：

（一）超过中国人民银行批准的规模发行财务公司债券；

（二）吸收非集团成员单位存款或者向非集团成员单位发放贷款；

（三）违反规定向非集团成员单位提供金融服务；

（四）违反中国人民银行规定的其他行为。

财务公司有前款所列行为之一的，给予警告，没收违法所得，并处违法所得1倍以上5倍以下的罚款，没有违法所得的，处10万元以上50万元以下的罚款；对该财务公司直接负责的高级管理人员、其他直接负责的主管人员和直接责任人员，给予记过直至开除的纪律处分；情节严重的，责令该财务公司停业整顿，对直接负责的高级管理人员给予撤职直至开除的纪律处分；构成非法吸收公众存款罪、擅自发行股票、公司企业债券罪或者其他罪的，依法追究刑事责任。

《企业债券管理条例》（国务院令第588号）

第二条　本条例适用于中华人民共和国境内具有法人资格的企业（以下简称企业）在境内发行的债券。但是，金融债券和外币债券除外。

除前款规定的企业外，任何单位和个人不得发行企业债券。

第十四条　企业申请发行企业债券，应当向审批机关报送下列文件：

（一）发行企业债券的申请书；

（二）营业执照；

（三）发行章程；

（四）经会计师事务所审计的企业近三年的财务报告；

（五）审批机关要求提供的其他材料。

企业发行企业债券用于固定资产投资，按照国家有关规定需要经有关部门审批的，还应当报送有关部门的审批文件。

第二十六条　未经批准发行或者变相发行企业债券的，以及未通过证券经营机构发行企业债券的，责令停止发行活动，退还非法所筹资金，处以相当于非法所筹资金金额百分之五以下的罚款。

第三十三条　对本条例第二十六条、第二十七、第二十八条、第二十九条、第三十条、第三十一条所列违法行为的单位的法定代表人和直接责任人员，由中国人民银行及其分支机构给予警告或者处以一万元以上十万元以下的罚款；构成犯罪的，依法追究刑事责任。

【案例】

海南赛格国际信托投资公司擅自发行公司、企业债券案①

•　案件事实　•

1996年9月，海南赛格国际信托投资公司（以下简称海南赛格公司）为了清偿证券回购债务，便根据中国人民银行总行的有关文件精神，向中国人民银行海南省分行（现为海口中心支行）申请发行特种金融债券。同年12月5日，人民银行海南省分行向海南赛格公司转发了总行《关于海南赛格信托投资公司申请发行特种金融债券的批复》，同意海南赛格公司发行2.7亿元特种金融债券，期限为3年，年利率为12%。据此，海南赛格公司在海南金融印刷厂

① 参见海南省海口市中级人民法院（2002）海中法刑终字第73号。

印制了2.7亿元特种金融债券，并于12月底开始以抵债和代理销售的方式发行。由于海南赛格公司所欠债务较多，2.7亿元特种金融债券无法偿还全部债务，在发行上述特种金融债券的同时，1997年初，被告人李某某召集被告人万某颐、阮某某商议，决定超印超发特种金融债券，由被告人阮某某负责找海南赛格公司江西证券营业部联系印刷厂印制债券。同年1月，海南赛格公司派发行特种金融债券领导小组工作人员张某敏（又名张某甲）到南昌证券印刷厂，签订了印刷协议，该厂按协议为海南赛格公司印制了2.7亿元特种金融债券。1997年3月，经被告人李某某、万某颐、阮某某商定后，再次派张某敏与南昌证券印刷厂联系，以上次所印债券印错为由，又印制了特种金融债券2.7亿元。债券印好后，大部分送到海南赛格公司北京证券营业部保管，然后由海南赛格公司将债券分配到资金调度中心、信托部、各证券营业部等下属部门，由上述下属部门联系户并办理对外发行。从1997年1月至12月，海南赛格公司分别向陕西汉中财政证券公司、广东河源国债服务部、云南开远财政证券中心、中信实业银行合肥支行等50家单位发行擅自印制的特种金融债券48577万元。其中用于抵偿债务39077万元，代理销售融资9500万元。

1997年7月，中国人民银行总行下发《关于印发特种金融债券托管回购办法的通知》和《关于落实特种金融债券托管回购办法的通知》，要求特种金融债券的持有人将所持有的特种债券交回发债单位，由发债单位接收后办理在中央国债登记结算有限公司的托管手续。根据此通知精神，从1997年9月至1998年5月，先后有20家单位将其所持有的14190.6万元海南赛格公司特种金融债券送交赛格公司办理托管。海南赛格公司在收到上述托管的债券并给客户办理了托管手续后，没有按照规定将这些债券送交中央国债登记结算有限责任公司，而是动用上述托管债券中的9139.7万元，由西安邮政国债服务部代理销售600万元。

海南赛格公司在使用以上方式擅自发行公司特种金融债券的同时，从1997年1月至1998年5月，向西安高新城市信用合作社（现为西安市商业银行高新支行）、西安辛家坡信用社、西安市庆安公司结算中心、河北省沧州市新华区国债部、河北省沧县信用社联社、中国工商银行浙江信托投资公司、西安市临潼区住房资金管理中心、石家庄长安国债服务部空开海南赛格公司特种金融债券代保管凭证5860.13万元，由上述公司向当地群众销售。

公诉机关就指控的事实出示了下列证据：被告人李某某、万某颐、阮某某的职务证明材料，海南赛格公司申请发行债券的有关材料，被告人李某某、万某颐、阮某某的供述，证人刘某某、吴某仍、王某某、吴某枫、李某文、万某、李某光、黄某、张某乙的证言，海南赛格公司与南昌证券印刷厂签订的印刷承揽合同、与海南金融印刷厂签订的印刷债券合同，经人行批准的2.7亿金融债券发行明细表，超发的第一期、第二期2.7亿金融债券的发行情况，海南赛格公司托管债券入库、出库表，海南赛格公司擅自变相发行公司债券的材料。

• 裁判要旨 •

超过国家主管机关批准的数额，超额发行、重复发行、变相发行股票或公司、企业债券的，也属于擅自发行股票或公司、企业债券的行为。

• 裁判理由 •

海南省海口市新华区人民法院审理海口市新华区人民检察院指控原审被告单位海南赛格国际信托投资公司、原审被告人李某某、万某颐、阮某某犯擅自发行公司债券罪一案，于2002年8月14日作出（2002）新刑初字第134号刑事判决，以擅自发行公司债券罪，判处被告单位海南赛格国际信托投资公司罚金20699949元，被告人李某某有期徒刑三年，被告人万某颐有期徒刑二年六个月，被告人阮某某有期徒刑二年六个月。被告单位海南赛格国际信托投资公司不服，提出上诉。海口市中级人民法院审理过程中，上诉单位（原审被告单位）海南赛格国际信托投资公司申请撤回上诉。

海南省海口市中级人民法院认为：原审判决认定原审被告单位海南赛格国际信托投资公司，原审被告人李某某、万某颐、阮某某为了本公司的利益，未经国家主管部门批准，采取超额发行、重复发行、变相发行的手段，擅自发行公司债券，数额巨大，后果严重，行为均已构成擅自发行债券罪的事实清楚，证据确实、充分，定罪准确，量刑适当，应当准许撤诉。

【学理分析及适用指引】

• 学理分析 •

《刑法》第179条规定的擅自发行股票或公司、企业债券罪，是指未经国家有关主管部门批准，擅自发行股票或公司、企业债券，数额巨大、后果严重或有其他严重情节的行为。本罪为选择性罪名，其客体是国家的证券发行制度。客观方面为擅自发行股票或公司、企业债券的行为，有学者认为，既包括未经批准，不具有发行资格而擅自发行股票或公司、企业债券的行为，也包括具有合法发行资格，但违反《证券法》等法律法规关于发行股票或公司、企业债券的规定的行为。主要表现为如下情形：（1）未经法定机关核准或者审批，擅自发行股票或公司企业债券的；（2）制作虚假的发行文件发行股票或公司、企业债券的。

构成本罪所要求的“数额巨大、后果严重或者其他严重情节”，根据《最高人民检察院、公安部关于公安机关管辖的刑事案件立案追诉标准的规定

(二)》第29条，主要是指：(1) 非法募集资金金额在100万元以上的；(2) 造成投资者直接经济损失数额累计在50万元以上的；(3) 募集的资金全部或者主要用于违法犯罪活动的；(4) 其他后果严重或者有其他严重情节的情形。本罪的主体可由自然人和单位构成。主观方面只能由故意构成。

• 适用指引 •

司法实践中，认定本罪时，应注意本罪与欺诈发行股票、债券罪的区别：

1. 擅自发行是指未经批准而自作主张发行，既可以是申请了发行而未经批准，也可以是未申请批准就加以发行。申请了发行而未经批准的行为又包括申请在有关主管部门未作出批准前面加以发行和已经作了不批准的决定后仍决意发行。而欺诈发行则是制作虚假的招股说明书、认股书，公司、企业债券招募办法发行的行为。形式上是经过有关主管部门批准的，程序上似乎合法，只不过是其采取了欺诈手段而欺骗有关主管部门作出批准决定的而已。

2. 擅自发行在程序上是不合法的，至于是否具有发行的实质条件，则不作要求。符合发行的实质条件，未经批准而发行也可构成犯罪；不符合发行的实质条件，自然更不能例外。而欺诈发行，则一般是不符合发行的实质条件而发行的。

3. 擅自发行中既可能以欺诈的行为发行，即通过制作虚假的招股说明书、认股书，公司、企业债券募集办法发行，亦可以不采取上述的欺诈手段发行。对于擅自发行中又采取了欺诈手段的，则又牵连触犯欺诈发行股票、债券罪。从理论上来讲，应择一重罪定罪处罚，但由于两罪的法定刑完全一样，考虑到擅自发行中的欺诈发行行为实属擅自发行的手段牵连行为，因此，以擅自发行股票、公司、企业债券罪定罪量刑更符合法理。

第一百八十条　内幕交易、泄露内幕信息罪；利用未公开信息交易罪

【法律规定】

• 法律条文 •

《中华人民共和国刑法》

第一百八十条　证券、期货交易内幕信息的知情人员或者非法获取证券、期货交易内幕信息的人员，在涉及证券的发行，证券、期货交易或者其他对证券、期货交易价格有重大影响的信息尚未公开前，买入或者卖出该证券，或者

从事与该内幕信息有关的期货交易，或者泄露该信息，情节严重的，处五年以下有期徒刑或者拘役，并处或者单处违法所得一倍以上五倍以下罚金；情节特别严重的，处五年以上十年以下有期徒刑，并处违法所得一倍以上五倍以下罚金。

单位犯前款罪的，对单位判处罚金，并对其直接负责的主管人员和其他直接责任人员，处五年以下有期徒刑或者拘役。

内幕信息、知情人员的范围，依照法律、行政法规的规定确定。

证券交易所、期货交易所、证券公司、期货经纪公司、基金管理公司、商业银行、保险公司等金融机构的从业人员以及有关监管部门或者行业协会的工作人员，利用因职务便利获取的内幕信息以外的其他未公开的信息，违反规定，从事与该信息相关的证券、期货交易活动，或者明示、暗示他人从事相关交易活动，情节严重的，依照第一款的规定处罚。

• 相关规定 •

《中华人民共和国证券法》

第五十一条　证券交易内幕信息的知情人包括：

（一）发行人及其董事、监事、高级管理人员；

（二）持有公司百分之五以上股份的股东及其董事、监事、高级管理人员，公司的实际控制人及其董事、监事、高级管理人员；

（三）发行人控股或者实际控制的公司及其董事、监事、高级管理人员；

（四）由于所任公司职务或者因与公司业务往来可以获取公司有关内幕信息的人员；

（五）上市公司收购人或者重大资产交易方及其控股股东、实际控制人、董事、监事和高级管理人员；

（六）因职务、工作可以获取内幕信息的证券交易场所、证券公司、证券登记结算机构、证券服务机构的有关人员；

（七）因职责、工作可以获取内幕信息的证券监督管理机构工作人员；

（八）因法定职责对证券的发行、交易或者对上市公司及其收购、重大资产交易进行管理可以获取内幕信息的有关主管部门、监管机构的工作人员；

（九）国务院证券监督管理机构规定的可以获取内幕信息的其他人员。

第五十二条　证券交易活动中，涉及发行人的经营、财务或者对该发行人证券的市场价格有重大影响的尚未公开的信息，为内幕信息。

本法第八十条第二款、第八十一条第二款所列重大事件属于内幕信息。

第五十三条　证券交易内幕信息的知情人和非法获取内幕信息的人，在内幕信息公开前，不得买卖该公司的证券，或者泄露该信息，或者建议他人买卖该证券。

持有或者通过协议、其他安排与他人共同持有公司百分之五以上股份的自然人、法人、非法人组织收购上市公司的股份，本法另有规定的，适用其规定。

内幕交易行为给投资者造成损失的，应当依法承担赔偿责任。

第五十四条 禁止证券交易场所、证券公司、证券登记结算机构、证券服务机构和其他金融机构的从业人员、有关监管部门或者行业协会的工作人员，利用因职务便利获取的内幕信息以外的其他未公开的信息，违反规定，从事与该信息相关的证券交易活动，或者明示、暗示他人从事相关交易活动。

利用未公开信息进行交易给投资者造成损失的，应当依法承担赔偿责任。

第八十条 发生可能对上市公司、股票在国务院批准的其他全国性证券交易场所交易的公司的股票交易价格产生较大影响的重大事件，投资者尚未得知时，公司应当立即将有关该重大事件的情况向国务院证券监督管理机构和证券交易场所报送临时报告，并予公告，说明事件的起因、目前的状态和可能产生的法律后果。

前款所称重大事件包括：

（一）公司的经营方针和经营范围的重大变化；

（二）公司的重大投资行为，公司在一年内购买、出售重大资产超过公司资产总额百分之三十，或者公司营业用主要资产的抵押、质押、出售或者报废一次超过该资产的百分之三十；

（三）公司订立重要合同、提供重大担保或者从事关联交易，可能对公司的资产、负债、权益和经营成果产生重要影响；

（四）公司发生重大债务和未能清偿到期重大债务的违约情况；

（五）公司发生重大亏损或者重大损失；

（六）公司生产经营的外部条件发生的重大变化；

（七）公司的董事、三分之一以上监事或者经理发生变动，董事长或者经理无法履行职责；

（八）持有公司百分之五以上股份的股东或者实际控制人持有股份或者控制公司的情况发生较大变化，公司的实际控制人及其控制的其他企业从事与公司相同或者相似业务的情况发生较大变化；

（九）公司分配股利、增资的计划，公司股权结构的重要变化，公司减资、合并、分立、解散及申请破产的决定，或者依法进入破产程序、被责令关闭；

（十）涉及公司的重大诉讼、仲裁，股东大会、董事会决议被依法撤销或者宣告无效；

（十一）公司涉嫌犯罪被依法立案调查，公司的控股股东、实际控制人、董事、监事、高级管理人员涉嫌犯罪被依法采取强制措施；

（十二）国务院证券监督管理机构规定的其他事项。

公司的控股股东或者实际控制人对重大事件的发生、进展产生较大影响的，应当及时将其知悉的有关情况书面告知公司，并配合公司履行信息披露义务。

第八十一条　发生可能对上市交易公司债券的交易价格产生较大影响的重大事件，投资者尚未得知时，公司应当立即将有关该重大事件的情况向国务院证券监督管理机构和证券交易场所报送临时报告，并予公告，说明事件的起因、目前的状态和可能产生的法律后果。

前款所称重大事件包括：

（一）公司股权结构或者生产经营状况发生重大变化；

（二）公司债券信用评级发生变化；

（三）公司重大资产抵押、质押、出售、转让、报废；

（四）公司发生未能清偿到期债务的情况；

（五）公司新增借款或者对外提供担保超过上年末净资产的百分之二十；

（六）公司放弃债权或者财产超过上年末净资产的百分之十；

（七）公司发生超过上年末净资产百分之十的重大损失；

（八）公司分配股利，作出减资、合并、分立、解散及申请破产的决定，或者依法进入破产程序、被责令关闭；

（九）涉及公司的重大诉讼、仲裁；

（十）公司涉嫌犯罪被依法立案调查，公司的控股股东、实际控制人、董事、监事、高级管理人员涉嫌犯罪被依法采取强制措施；

（十一）国务院证券监督管理机构规定的其他事项。

《最高人民检察院、公安部关于公安机关管辖的刑事案件立案追诉标准的规定（二）》（公通字〔2022〕12号）

第三十条　［内幕交易、泄露内幕信息案（刑法第一百八十条第一款）］证券、期货交易内幕信息的知情人员、单位或者非法获取证券、期货交易内幕信息的人员、单位，在涉及证券的发行，证券、期货交易或者其他对证券、期货交易价格有重大影响的信息尚未公开前，买入或者卖出该证券，或者从事与该内幕信息有关的期货交易，或者泄露该信息，或者明示、暗示他人从事上述交易活动，涉嫌下列情形之一的，应予立案追诉：

（一）获利或者避免损失数额在五十万元以上的；

（二）证券交易成交额在二百万元以上的；

（三）期货交易占用保证金数额在一百万元以上的；

（四）二年内三次以上实施内幕交易、泄露内幕信息行为的；

（五）明示、暗示三人以上从事与内幕信息相关的证券、期货交易活动的；

（六）具有其他严重情节的。

内幕交易获利或者避免损失数额在二十五万元以上，或者证券交易成交额在一百万元以上，或者期货交易占用保证金数额在五十万元以上，同时涉嫌下列情形之一的，应予立案追诉：

（一）证券法规定的证券交易内幕信息的知情人实施或者与他人共同实施内幕交易行为的；

（二）以出售或者变相出售内幕信息等方式，明示、暗示他人从事与该内幕信息相关的交易活动的；

（三）因证券、期货犯罪行为受过刑事追究的；

（四）二年内因证券、期货违法行为受过行政处罚的；

（五）造成其他严重后果的。

第三十一条 ［利用未公开信息交易案（刑法第一百八十条第四款）］证券交易所、期货交易所、证券公司、期货公司、基金管理公司、商业银行、保险公司等金融机构的从业人员以及有关监管部门或者行业协会的工作人员，利用因职务便利获取的内幕信息以外的其他未公开的信息，违反规定，从事与该信息相关的证券、期货交易活动，或者明示、暗示他人从事相关交易活动，涉嫌下列情形之一的，应予立案追诉：

（一）获利或者避免损失数额在一百万元以上的；

（二）二年内三次以上利用未公开信息交易的；

（三）明示、暗示三人以上从事相关交易活动的；

（四）具有其他严重情节的。

利用未公开信息交易，获利或者避免损失数额在五十万元以上，或者证券交易成交额在五百万元以上，或者期货交易占用保证金数额在一百万元以上，同时涉嫌下列情形之一的，应予立案追诉：

（一）以出售或者变相出售未公开信息等方式，明示、暗示他人从事相关交易活动的；

（二）因证券、期货犯罪行为受过刑事追究的；

（三）二年内因证券、期货违法行为受过行政处罚的；

（四）造成其他严重后果的。

《期货交易管理条例》（国务院令第 676 号）

第六十九条 期货交易内幕信息的知情人或者非法获取期货交易内幕信息的人，在对期货交易价格有重大影响的信息尚未公开前，利用内幕信息从事期货交易，或者向他人泄露内幕信息，使他人利用内幕信息进行期货交易的，没收违法所得，并处违法所得 1 倍以上 5 倍以下的罚款；没有违法所得或者违法所得不满 10 万元的，处 10 万元以上 50 万元以下的罚款。单位从事内幕交易的，还应当对直接负责的主管人员和其他直接责任人员给予警告，并处3万元以上30万元以下的罚款。

国务院期货监督管理机构、期货交易所和期货保证金安全存管监控机构的工作人员进行内幕交易的，从重处罚。

第八十一条 本条例下列用语的含义：

……

（十一）内幕信息，是指可能对期货交易价格产生重大影响的尚未公开的信息，包括：国务院期货监督管理机构以及其他相关部门制定的对期货交易价格可能发生重大影响的政策，期货交易所作出的可能对期货交易价格发生重大影响的决定，期货交易所会员、客户的资金和交易动向以及国务院期货监督管理机构认定的对期货交易价格有显著影响的其他重要信息。

（十二）内幕信息的知情人员，是指由于其管理地位、监督地位或者职业地位，或者作为雇员、专业顾问履行职务，能够接触或者获得内幕信息的人员，包括：期货交易所的管理人员以及其他由于任职可获取内幕信息的从业人员，国务院期货监督管理机构和其他有关部门的工作人员以及国务院期货监督管理机构规定的其他人员。

《最高人民法院、最高人民检察院关于办理利用未公开信息交易刑事案件适用法律若干问题的解释》（法释〔2019〕10号）

第一条 刑法第一百八十条第四款规定的“内幕信息以外的其他未公开的信息”，包括下列信息：

（一）证券、期货的投资决策、交易执行信息；

（二）证券持仓数量及变化、资金数量及变化、交易动向信息；

（三）其他可能影响证券、期货交易活动的信息。

第二条 内幕信息以外的其他未公开的信息难以认定的，司法机关可以在有关行政主（监）管部门的认定意见的基础上，根据案件事实和法律规定作出认定。

第三条 刑法第一百八十条第四款规定的“违反规定”，是指违反法律、行政法规、部门规章、全国性行业规范有关证券、期货未公开信息保护的规定，以及行为人所在的金融机构有关信息保密、禁止交易、禁止利益输送等规定。

第四条 刑法第一百八十条第四款规定的行为人“明示、暗示他人从事相关交易活动”，应当综合以下方面进行认定：

（一）行为人具有获取未公开信息的职务便利；

（二）行为人获取未公开信息的初始时间与他人从事相关交易活动的初始时间具有关联性；

（三）行为人与他人之间具有亲友关系、利益关联、交易终端关联等关联关系；

（四）他人从事相关交易的证券、期货品种、交易时间与未公开信息所涉证券、期货品种、交易时间等方面基本一致；

（五）他人从事的相关交易活动明显不具有符合交易习惯、专业判断等正当理由；

（六）行为人对明示、暗示他人从事相关交易活动没有合理解释。

【案例一】

马乐利用未公开信息交易案①

• 基本案情 •

2011 年 3 月 9 日至 2013 年 5 月 30 日期间，被告人马乐担任博时基金管理有限公司旗下的博时精选股票证券投资经理，全权负责投资基金投资股票市场，掌握了博时精选股票证券投资基金交易的标的股票、交易时间和交易数量等未公开信息。马乐在任职期间利用其掌控的上述未公开信息，从事与该信息相关的证券交易活动，操作自己控制的“金某”“严某甲”“严某乙”三个股票账户，通过临时购买的不记名神州行电话卡下单，先于（1～5 个交易日）、同期或稍晚于（1～2 个交易日）其管理的“博时精选”基金账户买卖相同股票 76 只，累计成交金额 10.5 亿余元，非法获利 18833374.74 元。2013 年 7 月 17 日，马乐主动到深圳市公安局投案，且到案之后能如实供述其所犯罪行，属自首；马乐认罪态度良好，违法所得能从扣押、冻结的财产中全额返还，判处的罚金亦能全额缴纳。

• 裁判要旨 •

《刑法》第 180 条第 4 款规定的利用未公开信息交易罪援引法定刑的情形，应当是对第 1 款内幕交易、泄露内幕信息罪全部法定刑的引用，即利用未公开信息交易罪应有“情节严重”“情节特别严重”两种情形和两个量刑档次。

• 裁判理由 •

广东省深圳市中级人民法院（2014）深中法刑二初字第 27 号刑事判决认为，被告人马乐的行为已构成利用未公开信息交易罪。但《刑法》中并未对利用未公开信息交易罪规定“情节特别严重”的情形，因此只能认定马乐的

---

① 根据 2016 年 6 月 30 日《最高人民法院关于发布第十三批指导性案例的通知》指导案例 61 号修改。

行为属于“情节严重”。马乐自首，依法可以从轻处罚；马乐认罪态度良好，违法所得能全额返还，罚金亦能全额缴纳，确有悔罪表现；另经深圳市福田区司法局社区矫正和安置帮教科调查评估，对马乐宣告缓刑对其所居住的社区没有重大不良影响，符合适用缓刑的条件。遂以利用未公开信息交易罪判处马乐有期徒刑三年，缓刑五年，并处罚金人民币 1884 万元；违法所得人民币 18833374.74 元依法予以追缴，上缴国库。

宣判后，深圳市人民检察院提出抗诉认为，被告人马乐的行为应认定为犯罪情节特别严重，依照“情节特别严重”的量刑档次处罚。一审判决适用法律错误，量刑明显不当，应当依法改判。

广东省高级人民法院（2014）粤高法刑二终字第 137 号刑事裁定认为，《刑法》第 180 条第 4 款规定，利用未公开信息交易，情节严重的，依照第 1 款的规定处罚，该条款并未对利用未公开信息交易罪规定有“情节特别严重”情形；而根据第 180 条第 1 款的规定，情节严重的，处五年以下有期徒刑或者拘役，并处或者单处违法所得 1 倍以上 5 倍以下罚金，故马乐利用未公开信息交易，属于犯罪情节严重，应在该量刑幅度内判处刑罚。原审判决量刑适当，抗诉机关的抗诉理由不成立，不予采纳。遂裁定驳回抗诉，维持原判。

二审裁定生效后，广东省人民检察院提请最高人民检察院按照审判监督程序向最高人民法院提出抗诉。最高人民检察院抗诉提出，《刑法》第 180 条第 4 款属于援引法定刑的情形，应当引用第 1 款处罚的全部规定；利用未公开信息交易罪与内幕交易、泄露内幕信息罪的违法与责任程度相当，法定刑亦应相当；马乐的行为应当认定为犯罪情节特别严重，对其适用缓刑明显不当。本案终审裁定以《刑法》第 180 条第 4 款未对利用未公开信息交易罪规定有“情节特别严重”为由，降格评价马乐的犯罪行为，属于适用法律确有错误，导致量刑不当，应当依法纠正。

最高人民法院依法组成合议庭对该案直接进行再审，并公开开庭审理了本案。再审查明的事实与原审基本相同，原审认定被告人马乐非法获利数额为 18833374.74 元存在计算错误，实际为 19120246.98 元，依法应当予以更正。最高人民法院（2015）刑抗字第 1 号刑事判决认为，原审被告人马乐的行为已构成利用未公开信息交易罪。马乐利用未公开信息交易股票 76 只，累计成交额 10.5 亿余元，非法获利 1912 万余元，属于情节特别严重。鉴于马乐具有主动从境外回国投案自首法定从轻、减刑处罚情节；在未受控制的情况下，将股票兑成现金存在涉案三个账户中并主动向中国证券监督管理委员会说明情况，退还了全部违法所得，认罪悔罪态度好，赃款未挥霍，原判罚金刑得以全部履行等酌定从轻处罚情节，对马乐可予减轻处罚。一审判决、二审裁定认定事实清楚，证据确实、充分，定罪准确，但因对法律条文理解错误，导致量刑不当，应予纠正。依照《刑法》第 180 条第 4 款、第 1 款，第 67 条第 1 款，第

52 条，第 53 条，第 64 条及《最高人民法院关于适用〈中华人民共和国刑事诉讼法〉的解释》第 389 条第 3 项的规定，判决如下：一、维持广东省高级人民法院（2014）粤高法刑二终字第 137 号刑事裁定和深圳市中级人民法院（2014）深中法刑二初字第 27 号刑事判决中对原审被告人马乐的定罪部分；二、撤销广东省高级人民法院（2014）粤高法刑二终字第 137 号刑事裁定和深圳市中级人民法院（2014）深中法刑二初字第 27 号刑事判决中对原审被告人马乐的量刑及追缴违法所得部分；三、原审被告人马乐犯利用未公开信息交易罪，判处有期徒刑三年，并处罚金人民币 1913 万元；四、违法所得人民币 19120246.98 元依法予以追缴，上缴国库。

最高人民法院裁判认为：本案事实清楚，定罪准确，争议的焦点在于如何正确理解《刑法》第 180 条第 4 款对于第 1 款的援引以及如何把握利用未公开信息交易罪"情节特别严重"的认定标准。

一、对《刑法》第 180 条第 4 款援引第 1 款量刑情节的理解和把握

《刑法》第 180 条第 1 款对内幕交易、泄露内幕信息罪规定为："证券、期货交易内幕信息的知情人员或者非法获取证券、期货交易内幕信息的人员，在涉及证券的发行，证券、期货交易或者其他对证券、期货交易价格有重大影响的信息尚未公开前，买入或者卖出该证券，或者从事与该内幕信息有关的期货交易，或者泄露该信息，或者明示、暗示他人从事上述交易活动，情节严重的，处五年以下有期徒刑或者拘役，并处或者单处违法所得一倍以上五倍以下罚金；情节特别严重的，处五年以上十年以下有期徒刑，并处违法所得一倍以上五倍以下罚金。"第 4 款对利用未公开信息交易罪规定为："证券交易所、期货交易所、证券公司、期货经纪公司、基金管理公司、商业银行、保险公司等金融机构的从业人员以及有关监管部门或者行业协会的工作人员，利用因职务便利获取的内幕信息以外的其他未公开的信息，违反规定，从事与该信息相关的证券、期货交易活动，或者明示、暗示他人从事相关交易活动，情节严重的，依照第一款的规定处罚。"

对于第 4 款中"情节严重的，依照第一款的规定处罚"应如何理解，在司法实践中存在不同的认识。一种观点认为，第 4 款中只规定了"情节严重"的情形，而未规定"情节特别严重"的情形，因此，这里的"情节严重的，依照第一款的规定处罚"只能是依照第 1 款中"情节严重"的量刑档次予以处罚；另一种观点认为，第 4 款中的"情节严重"只是入罪条款，即达到了情节严重以上的情形，依据第 1 款的规定处罚。至于具体处罚，应看符合第 1 款中的"情节严重"还是"情节特别严重"的情形，分别情况依法判处。情节严重的，"处五年以下有期徒刑"，情节特别严重的，"处五年以上十年以下有期徒刑"。

最高人民法院认为，《刑法》第 180 条第 4 款援引法定刑的情形，应当是

对第1款全部法定刑的引用，即利用未公开信息交易罪应有“情节严重”“情节特别严重”两种情形和两个量刑档次。这样理解的具体理由如下：

1. 符合刑法的立法目的。由于我国基金、证券、期货等领域中，利用未公开信息交易行为比较多发，行为人利用公众投入的巨额资金作后盾，以提前买入或者提前卖出的手段获得巨额非法利益，将风险与损失转嫁到其他投资者，不仅对其任职单位的财产利益造成损害，而且严重破坏了公开、公正、公平的证券市场原则，严重损害客户投资者或处于信息弱势的散户利益，严重损害金融行业信誉，影响投资者对金融机构的信任，进而对资产管理和基金、证券、期货市场的健康发展产生严重影响。为此，《刑法修正案（七）》新增利用未公开信息交易罪，并将该罪与内幕交易、泄露内幕信息罪规定在同一法条中，说明两罪的违法与责任程度相当。利用未公开信息交易罪也应当适用“情节特别严重”。

2. 符合法条的文意。首先，《刑法》第180条第4款中的“情节严重”是入罪条款。《最高人民检察院、公安部关于公安机关管辖的刑事案件立案追诉标准的规定（二）》对利用未公开信息交易罪规定了追诉的情节标准，说明该罪需达到“情节严重”才能被追诉。利用未公开信息交易罪属情节犯，立法要明确其情节犯属性，就必须借助“情节严重”的表述，以避免“情节不严重”的行为入罪。其次，该款中“情节严重”并不兼具量刑条款的性质。刑法条文中大量存在“情节严重”兼具定罪条款及量刑条款性质的情形，但无一例外均在其后列明了具体的法定刑。《刑法》第180条第4款中“情节严重”之后，并未列明具体的法定刑，而是参照内幕交易、泄露内幕信息罪的法定刑。因此，本款中的“情节严重”仅具有定罪条款的性质，而不具有量刑条款的性质。

3. 符合援引法定刑立法技术的理解。援引法定刑是指对某一犯罪并不规定独立的法定刑，而是援引其他犯罪的法定刑作为该犯罪的法定刑。《刑法》第180条第4款援引法定刑的目的是避免法条文字表述重复，并不属于法律规定不明确的情形。

综上，《刑法》第180条第4款虽然没有明确表述“情节特别严重”，但是根据本条款设立的立法目的、法条文意及立法技术，应当包含“情节特别严重”的情形和量刑档次。

二、利用未公开信息交易罪“情节特别严重”的认定标准

目前虽然没有关于利用未公开信息交易罪“情节特别严重”认定标准的专门规定，但鉴于刑法规定利用未公开信息交易罪是参照内幕交易、泄露内幕信息罪的规定处罚，《最高人民法院、最高人民检察院关于办理内幕交易、泄露内幕信息刑事案件具体应用法律若干问题的解释》将成交额250万元以上、获利75万元以上等情形认定为内幕交易、泄露内幕信息罪“情节特别严重”

的标准，利用未公开信息交易罪也应当遵循相同的标准。马乐利用未公开信息进行交易活动，累计成交额达10.5亿余元，非法获利达1912万余元，已远远超过上述标准，且在案发时属全国查获的该类犯罪数额最大者，参照《最高人民法院、最高人民检察院关于办理内幕交易、泄露内幕信息刑事案件具体应用法律若干问题的解释》，马乐的犯罪情节应当属于“情节特别严重”。

【案例二】

罗某峰等内幕交易、泄露内幕信息案[①]

• 案件事实 •

2006年11月，浙江杭萧钢构股份有限公司（以下简称杭萧钢构公司）与中国国际基金有限公司（以下简称中基公司）开始接触洽谈安哥拉公房项目由混凝土结构改成钢结构。至2007年2月8日，经杭萧钢构公司与中基公司的多轮谈判，双方就该项目的价格、数量、工期、付款方式等内容基本达成一致意见。2月13日，双方草签了“安哥拉项目”框架协议。2月15日，杭萧钢构公司公告称“公司正与有关业主洽谈一境外建设项目，该意向项目整体涉及总金额约300亿元，该意向分阶段实施，建设周期大致两年左右。若公司参与该意向项目，将会使公司2007年业绩产生较大幅度增长”。2月17日，杭萧钢构公司与中基公司签订了合同。至今合同正在履行中。中国证监会确认：2007年2月8日为“安哥拉项目”内幕信息形成日，2月8日至2月14日为“安哥拉项目”内幕信息的价格敏感期。

2003年12月底，王某某与陈某某合作炒股，约定由王某某出资，按陈某某的指令购买股票，获利部分陈某某获30%，亏损由王某某负责。2007年2月11日下午，陈某某与杭萧钢构公司事业部经理罗某军等人在龙井村喝茶聚会时，从罗某军处得知杭萧钢构公司正与香港中基公司洽谈安哥拉安居房建设工程项目，金额高达300亿，陈某某当即将此消息电话告知王某某，指令王某某于2月12日将股票账户里的剩余资金买进杭萧钢构公司股票，通完电话之后，陈某某再次向罗某军求证300亿合同的情况，尔后再次将求证的消息告诉了王某某。2月12日，王某某按照陈某某的指令买入杭萧钢构股票2776996股。2月12日下午，陈某某进一步向被告人罗某峰（时任杭萧钢构公司证券办副主任、证券事务代表）了解“境外项目”信息。罗某峰因为曾在1月31日晚陪董事长宴请公司独立董事过程中了解到杭萧钢构公司正在洽谈“境外项目”，金额达人民币300多亿元，2月12日，罗某峰在与公司其他部门工作联

① 参见《人民法院报》2008年2月14日、2008年2月24日、2008年3月30日。

络中进一步知悉300亿余元的项目正在谈判过程中。罗某峰违反法律规定，将自己所知悉的“境外项目”信息泄露给陈某某。当晚，陈某某将从罗某峰处得知的信息包括信息来源告诉了王某某，并再次下达2月13日买入杭萧钢构股票的指令。2月13日，王某某按照陈某某的指令买入杭萧钢构2398600股。当日下午，杭萧钢构公司总经理周某某通知罗某峰次日参加安哥拉项目协调会，并告知合同已草签。罗某峰在与陈某某通电话过程中，将合同已草签的情况泄露给了陈某某，陈某某叫罗某峰获取合同文本。随后，陈某某又将从罗某峰处得来的消息告诉王某某。指令王某某于2月14日将账户上的所有资金以涨停价买入杭萧钢构股票。2月14日，王某某以涨停板价格买入杭萧钢构股票1787300股。当日，罗某峰到公司法务部获取合同文本未果。罗某峰又将公司开协调会和次日出公告的具体内容泄露给陈某某，陈某某又告知王某某，指令王某某继续持有“杭萧钢构”股票。3月15日，陈某某从罗某峰处得知证券监管机构要调查杭萧钢构股票，遂将有关情况告知王某某并指令其次日将“杭萧钢构”股票共计6961896股全部卖出，非法获利4037万元。4月10日，陈某某将晁某某账户上的42800股杭萧钢构股票全部卖出，非法获利36万余元。

• 裁判要旨 •

对于采用积极、主动的手段非法“套取”了相关内幕信息的人员，属于“非法获取证券、期货交易内幕信息的人员”，也可以成为内幕交易罪的主体。

• 裁判理由 •

浙江省丽水市中级人民法院经公开审理后认为：被告人罗某峰身为内幕信息知情人员，在涉及证券的发行、交易和对证券的价格有重大影响的信息尚未公开前，故意泄露内幕信息给知情人员以外的人，造成他人利用内幕信息进行内幕交易，情节严重；陈某某、王某某非法获取内幕信息并利用内幕信息进行股票交易，情节严重。2008年2月4日，作出一审判决：被告人罗某峰犯泄露内幕信息罪，被判处有期徒刑一年六个月；被告人陈某某犯内幕交易罪，被判处有期徒刑两年六个月；被告人王某某犯内幕交易罪，被判处有期徒刑一年六个月，缓刑两年。陈某某和王某某的违法所得人民币4037万元被追缴，同时，二人还分别被处以4037万元罚金。

一审宣判后，陈某某不服，提出上诉。浙江省高级人民法院经审理后认为，原判对陈某某非法获取内幕信息，指令王某某买卖“杭萧钢构”股票，非法获利4037万元的事实属内幕交易的认定并无不当；陈某某不属于合法身份获取内幕信息的人，明知自己知道的信息是内幕信息，而是采用“套取”的手段去获得内幕信息炒股，且其行为积极、主动，符合“非法获取内幕信息的人员”的主体特征，构成内幕交易罪。浙江省高级人民法院遂作出维持一审判决的裁定。

【案例三】

黄光裕内幕交易案①

• 案件事实 •

黄光裕作为北京中关村科技发展（控股）股份有限公司（以下简称中关村上市公司）的实际控制人、董事，于2007年4月至2007年6月28日间，利用职务便利，在拟将中关村上市公司与黄光裕经营管理的北京鹏泰投资有限公司（以下简称鹏泰公司）进行资产置换事项中，决定并指令他人于2007年4月27日至6月27日间，使用其实际控制交易的龙某、王某等6人的股票账户，累计购入“中关村”股票（股票代码000931）976万余股，成交额共计人民币9310万余元，至6月28日公告日时，6个股票账户的账面收益额为人民币348万余元。

黄光裕于2007年7月、8月至2008年5月7日间，在拟以中关村上市公司收购北京鹏润地产控股有限公司（以下简称鹏润控股公司）全部股权进行重组事项中，决定并指令他人于2007年8月13日至9月28日间，使用其实际控制交易的曹某某、林某某等79人的股票账户，累计购入“中关村”股票1.04亿余股，成交额共计人民币13.22亿余元，至2008年5月7日公告日时，79个股票账户的账面收益额为人民币3.06亿余元。

杜鹃于2007年7月至2008年5月7日间，接受黄光裕的指令，协助管理上述79个股票账户的开户、交易、资金等事项，并直接或间接向杜某甲、杜某乙、谢某（均另案处理）等人代传交易指令等，79个股票账户累计购入“中关村”股票1.04亿余股，成交额共计人民币13.22亿余元。

许某民于2007年7月至2008年5月7日间，接受黄光裕的指令调拨资金，并指使许某铭（另案处理）在广东地区借用他人身份证开立股票账户或直接借用他人股票账户共计30个。上述股票账户于2007年8月13日至9月28日间，累计购入“中关村”股票3166万余股，成交额共计人民币4.14亿余元，至2008年5月7日公告日时，30个股票账户的账面收益额为人民币9021万余元。其间，许某民将中关村上市公司拟重组的内幕信息故意泄露给原公安部经济犯罪侦查局（以下简称公安部经侦局）副局长兼北京直属总队（以下简称北京总队）总队长相某某及其妻子李某某（均另案处理）等人，同年9月21日至25日，李某某使用其个人股票账户分7笔买入“中关村”股票12万余

① 参见北京市第二中级人民法院（2010）二中刑初字第689号。

股，成交额共计人民币 181 万余元。

• 裁判要旨 •

内幕交易罪构造中的“内幕信息”“内幕信息的知情人”或者“非法获取证券内幕信息的人员”范围的界定。

• 裁判理由 •

北京市第二中级人民法院经审理后认为：（1）对于黄光裕的辩护人所提黄光裕是鹏投公司的法定代表人，可以代表该公司作出购买“中关村”股票的意思表示，且购买“中关村”股票的部分资金来源于该公司，部分涉案股票资金账户中的资金亦流回到该公司，因此买卖“中关村”股票是鹏投公司的行为，而非黄光裕个人行为的辩护意见，经查，在购买“中关村”股票时，黄光裕并未与鹏投公司其他决策层管理人员讨论研究，有关人员仅是按其指令开立账户，调拨资金，并不知道实际意图目的，虽然黄光裕是鹏投公司的法定代表人，但其个人实施的行为并不能完全代表公司意志。现有证据证明，除购买“中关村”股票的部分资金来源于鹏投公司，并有一部分资金回流到鹏投公司外，并无其他证据证明黄光裕购买“中关村”股票是为使单位获利，且黄光裕从未有此供述。故仅以部分资金来源和走向证明黄光裕购买“中关村”股票的行为是为鹏投公司获取利益的证据不足，黄光裕的辩护人所提该项辩护意见不能成立，法院不予采纳。（2）对于黄光裕的辩护人所提公安部及证监会不是法定鉴定机构，二单位出具的材料不能作为认定本案价格敏感期起算时间的依据的辩护意见，经查，证监会作为对全国证券市场进行统一监管的国家机构，对上市公司涉及内幕信息有关问题进行认定属于其法定职能范围，证监会在职权范围内对中关村上市公司内幕信息价格敏感期起算时间出具的认定意见，可以作为证据采用。故黄光裕的辩护人所提该项辩护意见不能成立，法院不予采纳。（3）对于黄光裕的辩护人所提中关村上市公司收购鹏润控股公司全部股权进行重组的内幕信息形成于 2007 年 9 月 28 日，价格敏感期起算点应不早于该日的辩护意见，经查，在案的书证《北京鹏润投资有限公司报告》和证人陈某的证言能够证明，鹏投公司为运作鹏润控股公司借壳中关村上市公司在境内上市，于 2007 年 8 月 10 日召开会议，确定成立地产重组工作小组。2007 年 8 月 13 日，陈某拟定的成立地产重组工作小组的报告经修改，增加了设立中关村组的内容。上述证据说明在不晚于 2007 年 8 月 13 日，鹏投公司已将鹏润控股公司借壳中关村上市公司在境内上市作为重点考虑的方案。深交所出具的有关书证还证明，黄光裕实际控制的 79 人的股票账户于 2007 年 8 月 13 日出现了集中买入大量“中关村”股票的情况。通过对上述证据的分析并结合公安部、证监会关于对中关村上市公司内幕信息价格交易敏感期的认定意见，将2007年8月13日作为该公司内幕信息价格交易敏感期起算时间的理由充分。故黄光裕的辩护人所提该项辩护意见不能成立，法院不予采纳。（4）对于黄光裕的辩护人所提内幕交易的目的在于获利或止损，现有证据证明黄光裕买入“中关村”股票后并未抛售，其买入股票的目的在于长期持有，而非套现获利，因此不能认定黄光裕利用内幕信息进行内幕交易的辩护意见，经查，内幕交易罪侵犯的客体是国家对证券市场交易的管理制度和投资者公平交易、公开交易的合法权益。无论黄光裕在买卖“中关村”股票时所持何种目的，只要作为内幕信息的知情者，在内幕信息价格交易敏感期内买卖该特定证券，无论是否获利，均不影响对内幕交易犯罪性质的认定。故黄光裕的辩护人所提该项辩护意见不能成立，法院不予采纳。

2010年5月18日，北京市第二中级人民法院作出本案的一审判决，认为：被告人黄光裕、许某民、杜鹃作为证券交易内幕信息的知情人员，在涉及对证券交易价格有重大影响的信息尚未公开前，买入该证券，且内幕交易成交额及其所控制的股票账户在内幕信息公告日的账面收益额均特别巨大，情节特别严重；被告人许某民还向他人泄露该信息，情节严重，被告人黄光裕、杜鹃的行为已构成内幕交易罪，被告人许某民的行为已构成内幕交易、泄露内幕信息罪，三被告人系内幕交易犯罪的共犯，其中黄光裕系主犯，许某民、杜鹃系从犯。遂以被告人黄光裕犯内幕交易罪，判处有期徒刑九年，并处罚金6亿元；被告人杜鹃犯内幕交易罪，判处有期徒刑三年六个月，并处罚金人民币2亿元；被告人许某民犯内幕交易、泄露内幕信息罪，判处有期徒刑三年，并处罚金人民币1亿元。

一审判决后，被告人黄光裕不服，于2010年5月28日向北京市高级人民法院提出上诉。2010年8月30日，由北京市高级人民法院作出二审宣判：驳回黄光裕上诉，维持北京市第二中级人民法院一审判决。

【学理分析及适用指引】

• 学理分析 •

1. 内幕交易、泄露内幕信息罪的构成。内幕交易、泄露内幕信息罪，是指证券、期货交易内幕信息的知情人员或者非法获取证券、期货交易内幕信息的人员，在涉及证券的发行，证券、期货交易或者其他对证券、期货交易价格有重大影响的信息尚未公开前，买入或者卖出该证券，或者从事与该内幕信息有关的期货交易，情节严重的行为。内幕信息、知情人员的范围，依照法律、行政法规的规定确定。本罪构成要件如下：

（1）本罪的客体。本罪的客体是证券、期货交易市场的信息披露制度和投资者的合法权益。证券、期货市场的信息披露制度是政府管理证券、期货市场以及保护投资者利益的基本制度，直接关系到公开、公正、公平的证券、期货市场秩序。本罪的对象是有关证券、期货交易、发行的内幕信息。根据有关法规，内幕信息指的是可能对证券、期货交易或者其他对证券、期货交易价格有重大影响的、尚未公开的信息。

（2）本罪的客观方面。本罪的客观方面表现为在涉及证券的发行，证券、期货交易或者其他对证券、期货交易价格有重大影响的信息尚未公开前，买入或者卖出该证券或者从事与该内幕信息有关的期货交易，或者泄露该信息的行为。①

（3）本罪的主体。本罪的主体存在一般主体与特殊主体的争议，我们认为本罪的主体为特殊主体，包括内幕信息的知情人员和非法获取内幕信息的人员。

（4）本罪的主观方面。本罪的主观方面，内幕交易罪只能表现为直接故意，即明知内幕信息而根据该信息买卖证券或进行期货交易，并且具有为自己或他人牟取非法利益的目的。泄露内幕信息罪在主观方面表现为故意，既可以是直接故意，也可以是间接故意。

2. 利用未公开信息交易罪的构成。根据本条第4款的规定，利用未公开信息交易罪是指证券交易所、期货交易所、证券公司、期货经纪公司、基金管理公司、商业银行、保险公司等金融机构的从业人员以及监管部门或者行业协会的工作人员，利用因职务便利获取的内幕信息以外的其他未公开的信息违反规定，从事与该信息相关的证券、期货交易活动，或者明示、暗示他人从事相关交易活动情节严重的行为。利用未公开信息交易罪的构成要件是：

（1）本罪的客体。本罪客体是复杂客体，既包括国家证券、期货交易管理制度（或者秩序），又包括他人的财产权利。其犯罪对象为“利用因职务便利获取的内幕信息以外的其他未公开的信息”。

（2）本罪的客观方面。本罪的客观方面主要表现为证券交易所、期货交易所、证券公司、期货经纪公司、基金管理公司、商业银行、保险公司等金融机构的从业人员以及有关监管部门或者行业协会的工作人员（以下简称金融机构从业人员），利用因职务便利获取的内幕信息以外的其他未公开的信息，违反规定，从事与该信息相关的证券、期货交易活动，或者明示、暗示他人从事相关交易活动，情节严重的行为。第一，存在行为人利用未公开的信息从事相关交易的客观行为，既包括行为人违反规定自己直接利用该未公开的信息从事与该信息相关的证券、期货交易活动，也包括行为人明示、暗示他人从事相关交易活动（可谓“间接从事交易”）。明示、暗示的对象一般是与行为人有密切利害关系的人，如亲属、朋友等。上述行为便是业界一般称之为建立“老鼠

---

① 曲新久：《金融与金融犯罪》，中信出版社2003年版，第178页。

仓”的行为，这种非法交易行为损害了不特定的社会公众投资者和股民的合法权益（如损害资产管理机构的客户的利益）。第二，行为人利用未公开信息进行相关交易的活动必须发生在涉及证券的发行、证券交易、期货交易或者其他对证券、期货价格有重大影响的内幕信息以外的信息尚未公开前，这是构成利用未公开信息交易罪所必须具备的时间要件。否则，若涉及证券的发行，证券、期货交易或者其他对证券、期货的价格有重大影响的内幕信息以外的其他信息已经公开，由于该信息已不再具有未公开性质，也就不存在利用未公开信息交易的问题，此时上述从业人员、工作人员即使买入或者卖出了该证券、进行了证券、期货交易也不构成该罪；即使将该信息告知别人，明示、暗示别人从事与该信息相关的交易也不构成符合该罪犯罪的客观方面的时间要素。第三，利用未公开信息进行相关交易的活动，必须达到情节严重的程度才能构成犯罪。所谓“情节严重”，可以参照《最高人民检察院、公安部关于公安机关管辖的刑事案件立案追诉标准的规定（二）》第30条的规定执行。

（3）本罪的主体。本罪的主体是特殊主体，包括证券交易所、期货交易所、证券公司、期货经纪公司、基金管理公司、商业银行、保险公司等金融机构的从业人员以及有关监管部门或者行业协会的工作人员。只有这些人员才能成为该罪的犯罪主体，其他人员不能成为该罪的犯罪主体。

（4）本罪的主观方面。本罪的主观方面必须是出于故意，过失不构成该罪。一般而言，还须具有牟取私利或者避免损失的动机，即行为人为了牟取私利或者避免损失，故意利用因职务便利获取的内幕信息以外的其他未公开的信息，违反规定，从事与该信息相关的证券、期货交易活动，或者明示、暗示他人从事相关交易活动。

• 适用指引 •

司法实践中，认定本罪应注意以下几个问题：

1. 本罪与非罪的界限。行为人利用内幕信息进行证券、期货交易的行为极易与知悉内幕信息的内幕人员没有利用内幕信息的正当交易行为发生混淆，前者情节严重的构成内幕交易、泄露内幕信息罪，后者则是法律法规允许的行为，不构成犯罪。

2. 本罪与侵犯商业秘密罪的界限。内幕交易罪与侵犯商业秘密罪存在着一定的联系，如两者的犯罪对象都具有秘密性，两者的客观方面都包括泄露或提前公开不该公开的相关内容等。但是，两者的差别还是很明显的：

（1）两者侵犯的对象不同，前者侵犯的是内幕信息，而后者侵犯的是商业秘密。

（2）两者客观行为也不同，前者包括行为人不公开内幕信息而本人直接加以利用或者将内幕信息公开建议别人加以利用从而本人间接参与两种情形，而后者包括以下三种情形：以盗窃、利诱、胁迫或者其他不正当手段获取权利人的商业秘密；披露、使用或者允许他人使用以前项手段获取的权利人的商业秘密；违反约定或者违反权利人有关保守秘密的要求，披露、使用或者允许他人使用其所掌握的商业秘密。

如果行为人的行为侵害的既属于内幕信息，又属于商业秘密。这种情况下，行为人的行为构成想象竞合犯，即行为人主观上出于一个故意，客观上实施了一个危害行为，同时触犯了本法所规定的两个独立罪名，也即触犯了内幕交易、泄露内幕信息罪和侵犯商业秘密罪。根据想象竞合的处罚原则，应以重罪论处。

3. 本罪与泄露国家秘密罪的界限。内幕交易、泄露内幕信息罪和泄露国家秘密罪，其主体均可以是国家工作人员，泄露的内容均可以是国家的经济秘密和影响证券发行、期货交易及其相关活动的国家外交、财政、立法等秘密。因此，两罪存在着一定的联系。两罪也存在着以下区别：

（1）在主观方面，前者只能是故意，行为人往往在主观上还具有牟取非法利益或避免损失的犯罪目的，后者既可以是故意，也可以是过失。

（2）在主体方面，前者包括内幕人员和非内幕人员，并不一定都是国家机关工作人员，后者只能是国家机关工作人员。

（3）在犯罪对象方面，前者侵犯的是内幕信息，具体范围由法律和行政法规来确定，并非都属于国家秘密的范畴，后者侵犯的是国家秘密，具体包括国防、外交、立法、司法、财政、经济、科技等方面不应公开的事项，也包括一切未经决定或虽经决定而尚未公开的国家事项，以及一切有关国家机密的文件、电报、函件、资料、统计、机构、编制、仓库等。显然，前者的范围要小，机密程度要低。

（4）在客观方面，前者是指违反有关证券、期货法规，行为人利用内幕信息进行证券、期货交易或泄露内幕信息的行为，后者指行为人违反国家秘密法规，故意或过失泄露国家秘密的行为。此外，实践中也会出现内幕交易、泄露内幕信息罪和泄露国家秘密罪想象竞合的问题。例如，知悉内幕信息的人为国家机关工作人员，其所泄露的内幕信息属于国家秘密。此种情形应依照想象竞合原则来处理。

第一百八十一条　编造并传播证券、期货交易虚假信息罪；诱骗投资者买卖证券、期货合约罪

【法律规定】

• 法律条文 •

《中华人民共和国刑法》

第一百八十一条　编造并且传播影响证券、期货交易的虚假信息，扰乱证券、期货交易市场，造成严重后果的，处五年以下有期徒刑或者拘役，并处或者单处一万元以上十万元以下罚金。

证券交易所、期货交易所、证券公司、期货经纪公司的从业人员，证券业协会、期货业协会或者证券期货监督管理部门的工作人员，故意提供虚假信息或者伪造、变造、销毁交易记录，诱骗投资者买卖证券、期货合约，造成严重后果的，处五年以下有期徒刑或者拘役，并处或者单处一万元以上十万元以下罚金；情节特别恶劣的，处五年以上十年以下有期徒刑，并处二万元以上二十万元以下罚金。

单位犯前两款罪的，对单位判处罚金，并对其直接负责的主管人员和其他直接责任人员，处五年以下有期徒刑或者拘役。

• 相关规定 •

《中华人民共和国证券法》

第五十六条　禁止任何单位和个人编造、传播虚假信息或者误导性信息，扰乱证券市场。

禁止证券交易场所、证券公司、证券登记结算机构、证券服务机构及其从业人员，证券业协会、证券监督管理机构及其工作人员，在证券交易活动中作出虚假陈述或者信息误导。

各种传播媒介传播证券市场信息必须真实、客观，禁止误导。传播媒介及其从事证券市场信息报道的工作人员不得从事与其工作职责发生利益冲突的证券买卖。

编造、传播虚假信息或者误导性信息，扰乱证券市场，给投资者造成损失的，应当依法承担赔偿责任。

《全国人民代表大会常务委员会关于维护互联网安全的决定》（主席令第18号）

三、为了维护社会主义市场经济秩序和社会管理秩序，对有下列行为之一，构成犯罪的，依照刑法有关规定追究刑事责任：

……

（四）利用互联网编造并传播影响证券、期货交易或者其他扰乱金融秩序的虚假信息。

《期货交易管理条例》（国务院令第676号）

第二十六条　客户可以通过书面、电话、互联网或者国务院期货监督管理机构规定的其他方式，向期货公司下达交易指令。客户的交易指令应当明确、全面。

期货公司不得隐瞒重要事项或者使用其他不正当手段诱骗客户发出交易指令。

第三十九条　任何单位或者个人不得编造、传播有关期货交易的虚假信息，不得恶意串通、联手买卖或者以其他方式操纵期货交易价格。

第六十七条　期货公司有下列欺诈客户行为之一的，责令改正，给予警告，没收违法所得，并处违法所得1倍以上5倍以下的罚款；没有违法所得或者违法所得不满10万元的，并处10万元以上50万元以下的罚款；情节严重的，责令停业整顿或者吊销期货业务许可证：

（一）向客户做获利保证或者不按照规定向客户出示风险说明书的；

（二）在经纪业务中与客户约定分享利益、共担风险的；

（三）不按照规定接受客户委托或者不按照客户委托内容擅自进行期货交易的；

（四）隐瞒重要事项或者使用其他不正当手段，诱骗客户发出交易指令的；

（五）向客户提供虚假成交回报的；

（六）未将客户交易指令下达到期货交易所的；

（七）挪用客户保证金的；

（八）不按照规定在期货保证金存管银行开立保证金账户，或者违规划转客户保证金的；

（九）国务院期货监督管理机构规定的其他欺诈客户的行为。

期货公司有前款所列行为之一的，对直接负责的主管人员和其他直接责任人员给予警告，并处1万元以上10万元以下的罚款；情节严重的，暂停或者撤销任职资格、期货从业人员资格。

任何单位或者个人编造并且传播有关期货交易的虚假信息，扰乱期货交易市场的，依照本条第一款、第二款的规定处罚。

《股票发行与交易管理暂行条例》（国务院令第112号）

第七十四条　任何单位和个人违反本条例规定，有下列行为之一的，根据不同情况，单处或者并处警告、没收非法获取的股票和其他非法所得、罚款：

（一）在证券委批准可以进行股票交易的证券交易场所之外进行股票交

易的；

（二）在股票发行、交易过程中，作出虚假、严重误导性陈述或者遗漏重大信息的；

（三）通过合谋或者集中资金操纵股票市场价格，或者以散布谣言等手段影响股票发行、交易的；

（四）为制造股票的虚假价格与他人串通，不转移股票的所有权或者实际控制，虚买虚卖的；

（五）出售或者要约出售其并不持有的股票，扰乱股票市场秩序的；

（六）利用职权或者其他不正当手段，索取或者强行买卖股票，或者协助他人买卖股票的；

（七）未经批准对股票及其指数的期权、期货进行交易的；

（八）未按照规定履行有关文件和信息的报告、公开、公布义务的；

（九）伪造、篡改或者销毁与股票发行、交易有关的业务记录、财务账簿等文件的；

（十）其他非法从事股票发行、交易及其相关活动的。

股份有限公司有前款所列行为，情节严重的，可以停止其发行股票的资格；证券经营机构有前款所列行为，情节严重的，可以限制、暂停其证券经营业务或者撤销其证券经营业务许可。

《最高人民检察院、公安部关于公安机关管辖的刑事案件立案追诉标准的规定（二）》（公通字〔2022〕12号）

第三十二条 ［编造并传播证券、期货交易虚假信息案（刑法第一百八十一条第一款）］编造并且传播影响证券、期货交易的虚假信息，扰乱证券、期货交易市场，涉嫌下列情形之一的，应予立案追诉：

（一）获利或者避免损失数额在五万元以上的；

（二）造成投资者直接经济损失数额在五十万元以上的；

（三）虽未达到上述数额标准，但多次编造并且传播影响证券、期货交易的虚假信息的；

（四）致使交易价格或者交易量异常波动的；

（五）造成其他严重后果的。

第三十三条 ［诱骗投资者买卖证券、期货合约案（刑法第一百八十一条第二款）］证券交易所、期货交易所、证券公司、期货公司的从业人员，证券业协会、期货业协会或者证券期货监督管理部门的工作人员，故意提供虚假信息或者伪造、变造、销毁交易记录，诱骗投资者买卖证券、期货合约，涉嫌下列情形之一的，应予立案追诉：

（一）获利或者避免损失数额在五万元以上的；

（二）造成投资者直接经济损失数额在五十万元以上的；

（三）虽未达到上述数额标准，但多次诱骗投资者买卖证券、期货合约的；

（四）致使交易价格或者交易量异常波动的；

（五）造成其他严重后果的。

【案例】

李某编造并传播证券交易虚假信息案①

• 案件事实 •

1993年6月，某公司业务员李某将从公司取得的100万元流动资金汇入湖南省证券股份有限公司深圳业务部炒股。同年9月13日，李某向该业务部借得现金100万元，分两次分别以每股9.85元和每股9.60元购进江苏省昆山市三山实业股份有限公司（以下简称苏三山公司）的股票15万股。由于苏三山公司股价连续下跌，李某为挽回其股票交易损失，遂编造并传播苏三山公司股票交易的虚假信息，以促使其价格回升。10月8日，李某以北海一投资公司的名义，分别向深圳证券交易所、苏三山公司邮寄匿名信，谎称该公司已持有苏三山公司股票，并准备再收购苏三山公司18.8%以上的股份，成为苏三山公司的大股东。但李某的这一行为未能奏效。10月28日，李某私刻了一枚“广西北海正大置业有限公司”的假印章。11月2日，李某以广西北海正大置业有限公司的名义，分别向苏三山公司、深交所、《深圳特区报》编辑部、海南省《特区证券报》编辑部等单位邮寄信函，称已持有苏三山公司股票228万股，占该公司流通股份的4.56%，并称已将上述数据报告中国证监会、深圳证券交易所，要求报社公布这一信息。11月5日，李某见报社没有登报公布，又于当日下午5时，分别向海南省《特区证券报》编辑部、《深圳特区报》编辑部等单位发出传真稿件，谎称至11月5日下午3时30分止，广西北海正大置业有限公司共收购苏三山公司股票250.33万股，占苏三山公司流通股的5.006%，要求报社公布此事。当日晚6时许，李某又分别打电话给《深圳特区报》和海南省《特区证券报》编辑部，询问函件与传真是否收到，并询问是否登报公布。11月6日，海南省《特区证券报》原文刊登了李某提供的假信息并加了“编者按”。11月8日，即李某编造并传播的假信息见诸报端后的第一个股票交易日，苏三山公司股票的成交价即由开盘时的每股8.30元涨至每股11.50元，到当日收盘时仍达到每股11.40元；苏三山公司股票成交股数高达2105.8

① 参见最高人民法院中国应用法学研究所编：《人民法院案例选——刑事卷》（上），中国法制出版社2002年版，第211～217页。

万股，占该公司流通股份的42.12%，其单股成交金额高达2.2亿元，破深圳个股交易纪录。得知该股票已涨至每股11.40元时，李某抛售苏三山公司股票9500股。当日下午，深交所召开新闻发布会，向社会说明所谓“收购事件”不排除有人实施欺诈行为的可能，请投资者慎重决策。次日，苏三山公司股票跳至每股9.45元。李某得知这一情况后，当即以每股9.45元的价格将所剩14.05万股全部抛售出去。

• 裁判要旨 •

编造并传播影响证券交易的虚假信息，扰乱证券交易市场，造成严重后果的，构成编造并传播证券交易虚假信息罪。

• 裁判理由 •

株洲县人民法院经公开审理后认为：被告人李某为一己私利编造并且传播影响证券交易的虚假信息，扰乱证券交易市场，且后果严重，其行为已构成编造并传播证券交易虚假信息罪。对于被告人及其辩护人辩称被告人只是编造虚假信息，传播却是海南省《特区证券报》所为，故被告人的行为尚不构成犯罪的理由不能成立，不予采纳。被告人李某在案发后能投案自首，应从轻处罚。据此，法院依照《刑法》第181条第1款、第67条第1款、第12条第1款的规定，于1997年12月26日作出判决如下：被告人李某犯编造并传播证券交易虚假信息罪，判处有期徒刑二年零六个月，并处罚金1万元。

【学理分析及适用指引】

• 学理分析 •

1. 编造并传播证券、期货交易虚假信息罪的构成。编造并传播证券、期货交易虚假信息罪，是指行为人故意编造并且传播并不存在或者没有发生的，影响证券、期货交易的虚假信息，扰乱证券、期货交易市场正常秩序，造成严重后果的行为。本罪的构成要件如下：

（1）本罪的客体。本罪侵犯的客体是国家对证券、期货交易的管理制度和投资者的合法权益。

（2）本罪的客观方面。行为人在客观上实施了编造并且传播影响证券、期货交易的虚假信息，扰乱证券、期货交易市场秩序的行为。此处所说的“影响证券交易的虚假信息”，主要是指可能对上市公司股票交易价格产生较大影响的虚假信息，如涉及公司分配股利或者增资的计划；公司债务担保的重大变更；公司发生重大亏损或遭受重大损失；公司减资、合并、分立、解散等虚假信息。此处所说的“影响期货交易的虚假信息”，主要是指可能对期货合约的交易产生较大影响的虚假信息，如金融银根政策、市场整顿措施、新品种上市、税率调整、大户入市、保证金比例的提高、交易头寸变化、仓量调整、新法规、新措施的出台等。

（3）本罪的主体。构成本罪的主体包括自然人和单位，主要是证券交易所、期货交易所、证券公司、期货经纪公司以及其从业人员；证券业协会、期货业协会或者证券期货监督管理部门的工作人员；证券、期货咨询服务机构及其相关机构的工作人员，以及证券、期货交易的客户、行情分析人员等。

（4）本罪的主观方面。行为人在主观上出于故意，即明知编造并且传播影响证券、期货交易的虚假信息会扰乱证券、期货交易市场秩序，仍实施该行为，并希望危害结果的出现。

2. 诱骗投资者买卖证券、期货合约罪的构成要件如下：

（1）本罪的客体。本罪的客体是国家对证券市场的正常管理秩序及投资人的合法权益、社会公共利益。

（2）本罪的客观方面。行为人在客观上实施了提供虚假信息或者伪造、变造、销毁交易记录，诱骗投资者买卖证券、期货合约的行为。“伪造交易记录”是指制作假的交易记录，即本未进行交易，却在交易记录中谎报进行了交易。“变造交易记录”是指用涂改、擦销、拼接等方法，对真实的业务记录文件进行篡改，变更其内容的行为。行为人的行为造成严重后果的，才能以犯罪处理。造成严重后果主要是指使投资者蒙受重大损失；造成证券期货市场秩序严重混乱等。行为人虽然实施了上述行为，但尚未造成严重后果的，可以予以行政处罚或者给予处分，但不属于犯罪。

（3）本罪的主体。构成本罪的主体是证券交易所、期货交易所、证券公司、期货经纪公司的从业人员，证券业协会、期货业协会或者证券期货监督管理部门的工作人员，其他人不能构成本罪。

（4）本罪的主观方面。行为人在主观上出于故意，即有意提供虚假信息，诱骗投资者买卖证券、期货合约。期货合约是指由期货交易所统一制定的、规定在将来某一特定的时间和地点交割一定数量和质量商品的标准化合约。

• 适用指引 •

在认定本条规定的罪名时，应注意：

1. 编造并传播证券、期货交易虚假信息罪的罪与非罪。编造并传播证券、期货交易虚假信息罪的构成要求行为人必须既具有编造又具有传播影响证券、期货交易的虚假信息的行为，至于行为人是否从中牟利，并不影响本罪的成立。如果行为人只编造没有传播，或者道听途说后又散布给他人的，不能以犯罪论处，而且编造并传播的必须是能够影响证券、期货交易的虚假信息，如果只是一般的小道消息，也不宜以犯罪论处。

2. 诱骗投资者买卖证券、期货合约罪与编造并传播证券、期货交易虚假信息罪的界限。诱骗投资者买卖证券、期货合约罪与编造并传播证券、期货交易虚假信息罪都包含着提供虚假信息的内容，同时都有可能诱使相关投资者在不知真相的情况下进行证券、期货交易，从而遭受经济损失，并且两者都是有关妨害证券、期货信息真实公开的行为，两罪的区别在于：（1）主体不同，前者是特殊主体，仅限于证券交易所、期货交易所、证券公司、期货经纪公司的从业人员、证券业协会、期货业协会证券期货监督管理部门的工作人员，后者是一般主体，即只要达到刑事责任年龄、具备刑事责任能力的人都可能成为本罪的主体。（2）客观方面不同，前者表现为故意提供虚假信息或者伪造、变造、销毁交易记录，诱骗投资者买卖证券、期货合约的行为，后者表现为编造并传播影响证券、期货交易的虚假信息，扰乱证券、期货交易市场的行为。

证券交易所、期货交易所的从业人员编造并且传播虚假信息，诱骗投资者买卖证券、期货合约，结果扰乱了证券、期货市场，产生了严重后果的，依据特别法优于普通法的原则，该行为宜认定为诱骗投资者买卖证券、期货罪。

第一百八十二条　操纵证券、期货市场罪

【法律规定】

• 法律条文 •

《中华人民共和国刑法》

第一百八十二条　有下列情形之一，操纵证券、期货市场，影响证券、期货交易价格或者证券、期货交易量，情节严重的，处五年以下有期徒刑或者拘役，并处或者单处罚金；情节特别严重的，处五年以上十年以下有期徒刑，并处罚金：

（一）单独或者合谋，集中资金优势、持股或者持仓优势或者利用信息优势联合或者连续买卖的；

（二）与他人串通，以事先约定的时间、价格和方式相互进行证券、期货交易的；

（三）在自己实际控制的账户之间进行证券交易，或者以自己为交易对象，自买自卖期货合约的；

（四）不以成交为目的，频繁或者大量申报买入、卖出证券、期货合约并撤销申报的；

（五）利用虚假或者不确定的重大信息，诱导投资者进行证券、期货交易的；

（六）对证券、证券发行人、期货交易标的公开作出评价、预测或者投资建议，同时进行反向证券交易或者相关期货交易的；

（七）以其他方法操纵证券、期货市场的。

● 相关规定 ●

《中华人民共和国证券法》

第五十五条　禁止任何人以下列手段操纵证券市场，影响或者意图影响证券交易价格或者证券交易量：

（一）单独或者通过合谋，集中资金优势、持股优势或者利用信息优势联合或者连续买卖；

（二）与他人串通，以事先约定的时间、价格和方式相互进行证券交易；

（三）在自己实际控制的账户之间进行证券交易；

（四）不以成交为目的，频繁或者大量申报并撤销申报；

（五）利用虚假或者不确定的重大信息，诱导投资者进行证券交易；

（六）对证券、发行人公开作出评价、预测或者投资建议，并进行反向证券交易；

（七）利用在其他相关市场的活动操纵证券市场；

（八）操纵证券市场的其他手段。

操纵证券市场行为给投资者造成损失的，应当依法承担赔偿责任。

第一百零九十二条　违反本法第五十五条的规定，操纵证券市场的，责令依法处理其非法持有的证券，没收违法所得，并处以违法所得一倍以上十倍以下的罚款；没有违法所得或者违法所得不足一百万元的，处以一百万元以上一千万元以下的罚款。单位操纵证券市场的，还应当对直接负责的主管人员和其他直接责任人员给予警告，并处以五十万元以上五百万元以下的罚款。

《国务院期货交易管理条例》（国务院令第676号）

第三条　从事期货交易活动，应当遵循公开、公平、公正和诚实信用的原则。禁止欺诈、内幕交易和操纵期货交易价格等违法行为。

第三十九条　任何单位或者个人不得编造、传播有关期货交易的虚假信息，不得恶意串通、联手买卖或者以其他方式操纵期货交易价格。

第七十条　任何单位或者个人有下列行为之一，操纵期货交易价格的，责令改正，没收违法所得，并处违法所得1倍以上5倍以下的罚款；没有违法所得或者违法所得不满20万元的，处20万元以上100万元以下的罚款：

（一）单独或者合谋，集中资金优势、持仓优势或者利用信息优势联合或者连续买卖合约，操纵期货交易价格的；

（二）蓄意串通，按事先约定的时间、价格和方式相互进行期货交易，影响期货交易价格或者期货交易量的；

（三）以自己为交易对象，自买自卖，影响期货交易价格或者期货交易量的；

（四）为影响期货市场行情囤积现货的；

（五）国务院期货监督管理机构规定的其他操纵期货交易价格的行为。

单位有前款所列行为之一的，对直接负责的主管人员和其他直接责任人员给予警告，并处1万元以上10万元以下的罚款。

《股票发行与交易管理暂行条例》（国务院令第112号）

第七十四条 任何单位和个人违反本条例规定，有下列行为之一的，根据不同情况，单处或者并处警告、没收非法获取的股票和其他非法所得、罚款：

（一）在证券委批准可以进行股票交易的证券交易场所之外进行股票交易的；

（二）在股票发行、交易过程中，作出虚假、严重误导性陈述或者遗漏重大信息的；

（三）通过合谋或者集中资金操纵股票市场价格，或者以散布谣言等手段影响股票发行、交易的；

（四）为制造股票的虚假价格与他人串通，不转移股票的所有权或者实际控制，虚买虚卖的；

（五）出售或者要约出售其并不持有的股票，扰乱股票市场秩序的；

（六）利用职权或者其他不正当手段，索取或者强行买卖股票，或者协助他人买卖股票的；

（七）未经批准对股票及其指数的期权、期货进行交易的；

（八）未按照规定履行有关文件和信息的报告、公开、公布义务的；

（九）伪造、篡改或者销毁与股票发行、交易有关的业务记录、财务账簿等文件的；

（十）其他非法从事股票发行、交易及其相关活动的。

股份有限公司有前款所列行为，情节严重的，可以停止其发行股票的资格；证券经营机构有前款所列行为，情节严重的，可以限制、暂停其证券经营业务或者撤销其证券经营业务许可。

第七十八条 违反本条例规定，构成犯罪的，依法追究刑事责任。

《最高人民检察院、公安部关于公安机关管辖的刑事案件立案追诉标准的规定（二）》（公通字〔2022〕12号）

第三十四条 ［操纵证券、期货市场案（刑法第一百八十二条）］操纵证券、期货市场，影响证券、期货交易价格或者证券、期货交易量，涉嫌下列情形之一的，应予立案追诉：

（一）持有或者实际控制证券的流通股份数量达到该证券的实际流通股份总量百分之十以上，实施刑法第一百八十二条第一款第一项操纵证券市场行为，连续十个交易日的累计成交量达到同期该证券总成交量百分之二十以上的；

（二）实施刑法第一百八十二条第一款第二项、第三项操纵证券市场行为，连续十个交易日的累计成交量达到同期该证券总成交量百分之二十以上的；

（三）利用虚假或者不确定的重大信息，诱导投资者进行证券交易，行为人进行相关证券交易的成交额在一千万元以上的；

（四）对证券、证券发行人公开作出评价、预测或者投资建议，同时进行反向证券交易，证券交易成交额在一千万元以上的；

（五）通过策划、实施资产收购或者重组、投资新业务、股权转让、上市公司收购等虚假重大事项，误导投资者作出投资决策，并进行相关交易或者谋取相关利益，证券交易成交额在一千万元以上的；

（六）通过控制发行人、上市公司信息的生成或者控制信息披露的内容、时点、节奏，误导投资者作出投资决策，并进行相关交易或者谋取相关利益，证券交易成交额在一千万元以上的；

（七）实施刑法第一百八十二条第一款第一项操纵期货市场行为，实际控制的账户合并持仓连续十个交易日的最高值超过期货交易所限仓标准的二倍，累计成交量达到同期该期货合约总成交量百分之二十以上，且期货交易占用保证金数额在五百万元以上的；

（八）通过囤积现货，影响特定期货品种市场行情，并进行相关期货交易，实际控制的账户合并持仓连续十个交易日的最高值超过期货交易所限仓标准的二倍，累计成交量达到同期该期货合约总成交量百分之二十以上，且期货交易占用保证金数额在五百万元以上的；

（九）实施刑法第一百八十二条第一款第二项、第三项操纵期货市场行为，实际控制的账户连续十个交易日的累计成交量达到同期该期货合约总成交量百分之二十以上，且期货交易占用保证金数额在五百万元以上的；

（十）利用虚假或者不确定的重大信息，诱导投资者进行期货交易，行为人进行相关期货交易，实际控制的账户连续十个交易日的累计成交量达到同期该期货合约总成交量百分之二十以上，且期货交易占用保证金数额在五百万元以上的；

（十一）对期货交易标的公开作出评价、预测或者投资建议，同时进行相关期货交易，实际控制的账户连续十个交易日的累计成交量达到同期该期货合约总成交量的百分之二十以上，且期货交易占用保证金数额在五百万元以上的；

（十二）不以成交为目的，频繁或者大量申报买入、卖出证券、期货合约并撤销申报，当日累计撤回申报量达到同期该证券、期货合约总申报量百分之五十以上，且证券撤回申报额在一千万元以上、撤回申报的期货合约占用保证金数额在五百万元以上的；

（十三）实施操纵证券、期货市场行为，获利或者避免损失数额在一百万元以上的。

操纵证券、期货市场，影响证券、期货交易价格或者证券、期货交易量，获利或者避免损失数额在五十万元以上，同时涉嫌下列情形之一的，应予立案追诉：

（一）发行人、上市公司及其董事、监事、高级管理人员、控股股东或者实际控制人实施操纵证券、期货市场行为的；

（二）收购人、重大资产重组的交易对方及其董事、监事、高级管理人员、控股股东或者实际控制人实施操纵证券、期货市场行为的；

（三）行为人明知操纵证券、期货市场行为被有关部门调查，仍继续实施的；

（四）因操纵证券、期货市场行为受过刑事追究的；

（五）二年内因操纵证券、期货市场行为受过行政处罚的；

（六）在市场出现重大异常波动等特定时段操纵证券、期货市场的；

（七）造成其他严重后果的。

对于在全国中小企业股份转让系统中实施操纵证券市场行为，社会危害性大，严重破坏公平公正的市场秩序的，比照本条的规定执行，但本条第一款第一项和第二项除外。

《最高人民法院、最高人民检察院关于办理操纵证券、期货市场刑事案件适用法律若干问题的解释》（法释〔2019〕9号）

为依法惩治证券、期货犯罪，维护证券、期货市场管理秩序，促进证券、期货市场稳定健康发展，保护投资者合法权益，根据《中华人民共和国刑法》《中华人民共和国刑事诉讼法》的规定，现就办理操纵证券、期货市场刑事案件适用法律的若干问题解释如下：

第一条 行为人具有下列情形之一的，可以认定为刑法第一百八十二条第一款第四项规定的“以其他方法操纵证券、期货市场”：

（一）利用虚假或者不确定的重大信息，诱导投资者作出投资决策，影响证券、期货交易价格或者证券、期货交易量，并进行相关交易或者谋取相关利益的；

（二）通过对证券及其发行人、上市公司、期货交易标的公开作出评价、预测或者投资建议，误导投资者作出投资决策，影响证券、期货交易价格或者证券、期货交易量，并进行与其评价、预测、投资建议方向相反的证券交易或者相关期货交易的；

（三）通过策划、实施资产收购或者重组、投资新业务、股权转让、上市公司收购等虚假重大事项，误导投资者作出投资决策，影响证券交易价格或者证券交易量，并进行相关交易或者谋取相关利益的；

（四）通过控制发行人、上市公司信息的生成或者控制信息披露的内容、时点、节奏，误导投资者作出投资决策，影响证券交易价格或者证券交易量，并进行相关交易或者谋取相关利益的；

（五）不以成交为目的，频繁申报、撤单或者大额申报、撤单，误导投资者作出投资决策，影响证券、期货交易价格或者证券、期货交易量，并进行与申报相反的交易或者谋取相关利益的；

（六）通过囤积现货，影响特定期货品种市场行情，并进行相关期货交易的；

（七）以其他方法操纵证券、期货市场的。

第二条　操纵证券、期货市场，具有下列情形之一的，应当认定为刑法第一百八十二条第一款规定的“情节严重”：

（一）持有或者实际控制证券的流通股份数量达到该证券的实际流通股份总量百分之十以上，实施刑法第一百八十二条第一款第一项操纵证券市场行为，连续十个交易日的累计成交量达到同期该证券总成交量百分之二十以上的；

（二）实施刑法第一百八十二条第一款第二项、第三项操纵证券市场行为，连续十个交易日的累计成交量达到同期该证券总成交量百分之二十以上的；

（三）实施本解释第一条第一项至第四项操纵证券市场行为，证券交易成交额在一千万元以上的；

（四）实施刑法第一百八十二条第一款第一项及本解释第一条第六项操纵期货市场行为，实际控制的账户合并持仓连续十个交易日的最高值超过期货交易所限仓标准的二倍，累计成交量达到同期该期货合约总成交量百分之二十以上，且期货交易占用保证金数额在五百万元以上的；

（五）实施刑法第一百八十二条第一款第二项、第三项及本解释第一条第一项、第二项操纵期货市场行为，实际控制的账户连续十个交易日的累计成交量达到同期该期货合约总成交量百分之二十以上，且期货交易占用保证金数额在五百万元以上的；

（六）实施本解释第一条第五项操纵证券、期货市场行为，当日累计撤回申报量达到同期该证券、期货合约总申报量百分之五十以上，且证券撤回申报额在一千万元以上、撤回申报的期货合约占用保证金数额在五百万元以上的；

（七）实施操纵证券、期货市场行为，违法所得数额在一百万元以上的。

【案例】

赵某操纵证券市场案①

• 案件事实 •

赵某受过电子专业的高等教育，具有多年从事证券交易的经历，谙熟证券交易的电脑操作程序。1999 年 3 月 31 日下午，赵某在三亚中亚信托投资公司上海新闸路证券交易营业部（以下简称三亚上证），通过小厅内电脑终端非法侵入三亚上证计算机信息系统，当发现该系统的委托报盘数据库未设置密码后，即萌生修改计算机中委托报盘的数据，拉高“兴业房产”股票价格以使自己所持有的 7800 股该股票得以抛售获利的念头。同时，赵某又决意采用相同手法提高“莲花味精”股票价格，并示意股民高某购进该股票。4 月 15 日，赵某在三亚上证再次侵入该计算机信息系统，复制委托报盘数据库进行了修改试验并获得成功。4 月 16 日中午股市午间休市时，赵某在三亚上证营业厅将三亚上证尚未向证券交易所发送的周某等五位股民委托买卖其他股票的报盘数据内容全部修改成委托买入“兴业房产”和“莲花味精”两种股票共计 497.93 万股，两种股票的价格也分别改为比前日收盘价格各上升 10% 的涨停价，即 10.93 元和 12.98 元。当日下午股市开盘时，当上述被修改的委托数据被发送到证券交易所后，引起了“兴业房产”和“莲花味精”两种股票的交易量和交易价格出现非正常波动，造成三亚上证须支付 6000 余万元资金，以涨停价或接近涨停价的价格如数买入了该两种股票，致使三亚上证一时无法支付巨额资金而被迫平仓，经济损失达 295 万余元。赵某却乘机以涨停价抛售了其在天津市国际投资公司上海证券业务部账户上的 7800 股“兴业房产”股票，获利 7277.01 元。股民高某及其代理人王某也将受赵某示意买入的 8.9 万股“莲花味精”股票抛出，获利 8.4 万元。

• 裁判要旨 •

非法侵入计算机信息系统抬高股票价格获利的行为属于非法操纵证券市场的行为。

• 裁判理由 •

上海市静安区人民法院认为：被告人赵某身为证券行业从业人员，理当执

① 参见中华人民共和国最高人民法院刑事审判第一庭、第二庭编：《刑事审判参考》（总第 25 辑），法律出版社 2000 年版，第 8～14 页。

行证券管理制度，维护证券交易秩序，但其为了使自己和朋友能获得非法利益，竟利用修改计算机信息系统存储数据的方法，人为操纵股票价格，扰乱股市交易秩序，造成三亚上证遭受巨大经济损失，其行为已构成操纵证券交易价格罪，且情节严重，应予依法惩处。检察机关指控被告人的犯罪成立。股民高某因受被告人赵某的示意而买进数万股“莲花味精”股票，并只在4月16日下午开盘前以涨停价格委托抛出，高某的委托价格与开盘后出现的涨停价位相符。因此，高某关于被告人告诉其4月16日下午“莲花味精”会涨停，要其买进该股票的说法是可信的。被告人及其辩护人的相关辩解不予采信。被害单位三亚上证遭受的经济损失，是因被告人扰乱股市的行为所导致的，即其损失与平仓之间有联系，也是由被告人的犯罪行为造成的，应当由被告人承担全部责任。因此，辩护人关于全部经济损失不应由被告人承担的辩护意见不予采纳。被告人赵某的犯罪手段恶劣，社会危害性大，并已造成被害单位的经济损失至今无法挽回，故辩护人要求对被告人适用缓刑的意见也不予采纳。鉴于被告人赵某认罪态度较好，可酌情从轻处罚。依照《刑法》第287条、第182条第1款第4项、第36条第1款、第64条之规定，于1999年11月11日判决如下：一、被告人赵某犯操纵证券交易价格罪，① 判处有期徒刑三年，并处罚金人民币1万元。二、被告人赵某赔偿三亚上证经济损失人民币2497604.62元。三、追缴被告人赵某违法所得人民币7277.01元。

【学理分析及适用指引】

• 学理分析 •

操纵证券，期货市场的犯罪，是指以获取不当利益或转嫁风险为目的，利用资金、信息等优势或者滥用职权操纵证券、期货市场，影响证券、期货市场价格，制造证券、期货市场假象，诱导或者致使投资者在不了解事实真相的情况下作出投资决定，扰乱证券，期货市场秩序的行为。为进一步加强对操纵证券、期货市场行为的惩治，实现与修订后的《证券法》有序衔接，《刑法修正案（十一）》修改完善了操纵证券、期货市场罪的罪状、补充了其行为类型。修订后的本罪构成要件如下：

1. 本罪的客体。本罪侵犯的客体是国家对证券、期货交易的管理制度和投资者的合法权益。

2. 本罪的客观方面。客观方面表现为操纵证券、期货交易市场的行为。（1）单独或者合谋，集中资金优势、持股或者持仓优势或者利用信息优势联

---

① 《最高人民法院、最高人民检察院关于执行〈中华人民共和国刑法〉确定罪名的补充规定（三）》已将此罪名修改为“操纵证券市场罪”。——编者注

合或者连续买卖，操纵证券、期货交易价格或者证券、期货交易量的行为。（2）与他人串通，以事先约定的时间、价格和方式相互进行证券、期货交易，影响证券、期货交易价格或者证券、期货交易量的行为。（3）在自己实际控制的账户之间进行证券交易，或者以自己为交易对象，自买自卖期货合约，影响证券、期货交易价格或者证券、期货交易量的行为。（4）不以成交为目的，频繁或者大量申报买入、卖出证券、期货合约并撤销申报的。（5）利用虚假或者不确定的重大信息，诱导投资者进行证券、期货交易的。（6）对证券、证券发行人、期货交易标的公开作出评价、预测或者投资建议，同时进行反向证券交易或者相关期货交易的。（7）以其他方法操纵证券、期货市场的行为。操纵证券、期货交易价格的行为主要是前述 6 种，但实践中绝不止于这 6 种。所以《刑法》以第 7 项规定概括可能发生的任何非法操纵证券、期货市场的行为，使犯罪分子没有任何空子可钻，达到切实规范证券、期货交易市场秩序的目的。

3. 本罪的主体。犯罪主体为一般主体，自然人和单位均可构成本罪的主体。

4. 本罪的主观方面。主观方面由故意构成。

• 适用指引 •

在司法实践中，要明确证券、期货市场的样态比较复杂，因此，《刑法》第 182 条第 1 款第 7 项设定了兜底情节：以其他方法操纵证券、期货市场的。如为了谋取非法利益，利用修改计算机信息系统存储数据的方法，人为操纵股票价格，扰乱股市交易秩序的行为可以构成操纵证券市场罪。

同时，要注意本罪与诱骗投资者买卖证券、期货合约罪的界限。操纵证券、期货交易价格行为影响证券市场的正常价格，制造证券、期货市场假象，诱导或者致使投资者在不了解事实真相的情况下作出投资决定，而诱骗投资者买卖证券、期货合约罪是指行为人故意提供虚假信息，伪造、变造或者销毁交易记录，诱骗投资者买卖证券、期货合约，造成严重后果的行为。显然，操纵证券、期货交易价格罪与诱骗投资者买卖证券、期货合约罪都包含着有关证券投资者在不真实情况的诱导下可能或实际是行为人通过提供虚假信息、伪造、变造或者销毁交易记录，诱骗投资者买卖证券、期货合约。一方面，两者的诱因不同，前者是不正常的证券、期货行情，后者是虚假信息或不真实的交易记录；另一方面，被骗者的主观过错存在着差别，前者的诱骗具有间接性，后者的诱骗具有直接性，因此，前者的被骗者的主观过错程度要高些，相应地要承担更大的责任。

第一百八十五条之一 背信运用受托财产罪、违法运用资金罪

【法律规定】

• 法律条文 •

《中华人民共和国刑法》

第一百八十五条之一 商业银行、证券交易所、期货交易所、证券公司、期货经纪公司、保险公司或者其他金融机构，违背受托义务，擅自运用客户资金或者其他委托、信托的财产，情节严重的，对单位判处罚金，并对其直接负责的主管人员和其他直接责任人员，处三年以下有期徒刑或者拘役，并处三万元以上三十万元以下罚金；情节特别严重的，处三年以上十年以下有期徒刑，并处五万元以上五十万元以下罚金。

社会保障基金管理机构、住房公积金管理机构等公众资金管理机构，以及保险公司、保险资产管理公司、证券投资基金管理公司，违反国家规定运用资金的，对其直接负责的主管人员和其他直接责任人员，依照前款的规定处罚。

• 相关规定 •

《中华人民共和国证券法》

第五十七条 禁止证券公司及其从业人员从事下列损害客户利益的行为：

（一）违背客户的委托为其买卖证券；

（二）不在规定时间内向客户提供交易的确认文件；

（三）未经客户的委托，擅自为客户买卖证券，或者假借客户的名义买卖证券；

（四）为牟取佣金收入，诱使客户进行不必要的证券买卖；

（五）其他违背客户真实意思表示，损害客户利益的行为。

违反前款规定给客户造成损失的，应当依法承担赔偿责任。

第一百一十四条 证券交易所应当从其收取的交易费用和会员费、席位费中提取一定比例的金额设立风险基金。风险基金由证券交易所理事会管理。

风险基金提取的具体比例和使用办法，由国务院证券监督管理机构会同国务院财政部门规定。

证券交易所应当将收存的风险基金存入开户银行专门账户，不得擅自使用。

第一百三十一条 证券公司客户的交易结算资金应当存放在商业银行，以

每个客户的名义单独立户管理。

证券公司不得将客户的交易结算资金和证券归入其自有财产。禁止任何单位或者个人以任何形式挪用客户的交易结算资金和证券。证券公司破产或者清算时，客户的交易结算资金和证券不属于其破产财产或者清算财产。非因客户本身的债务或者法律规定的其他情形，不得查封、冻结、扣划或者强制执行客户的交易结算资金和证券。

第一百五十八条 证券登记结算机构作为中央对手方提供证券结算服务的，是结算参与人共同的清算交收对手，进行净额结算，为证券交易提供集中履约保障。

证券登记结算机构为证券交易提供净额结算服务时，应当要求结算参与人按照货银对付的原则，足额交付证券和资金，并提供交收担保。

在交收完成之前，任何人不得动用用于交收的证券、资金和担保物。

结算参与人未按时履行交收义务的，证券登记结算机构有权按照业务规则处理前款所述财产。

《中华人民共和国中国人民银行法》

第五十二条 本法所称银行业金融机构，是指在中华人民共和国境内设立的商业银行、城市信用合作社、农村信用合作社等吸收公众存款的金融机构以及政策性银行。

在中华人民共和国境内设立的金融资产管理公司、信托投资公司、财务公司、金融租赁公司以及经国务院银行业监督管理机构批准设立的其他金融机构，适用本法对银行业金融机构的规定。

《中华人民共和国商业银行法》

第七十三条 商业银行有下列情形之一，对存款人或者其他客户造成财产损害的，应当承担支付迟延履行的利息以及其他民事责任：

（一）无故拖延、拒绝支付存款本金和利息的；

（二）违反票据承兑等结算业务规定，不予兑现，不予收付入账，压单、压票或者违反规定退票的；

（三）非法查询、冻结、扣划个人储蓄存款或者单位存款的；

（四）违反本法规定对存款人或者其他客户造成损害的其他行为。

有前款规定情形的，由国务院银行业监督管理机构责令改正，有违法所得的，没收违法所得，违法所得五万元以上的，并处违法所得一倍以上五倍以下罚款；没有违法所得或者违法所得不足五万元的，处五万元以上五十万元以下罚款。

第八十五条 商业银行工作人员利用职务上的便利，贪污、挪用、侵占本行或者客户资金，构成犯罪的，依法追究刑事责任；尚不构成犯罪的，应当给予纪律处分。

《最高人民法院关于审理期货纠纷案件若干问题的规定》（法释〔2003〕10号）

第二十三条　期货公司不当延误执行客户交易指令给客户造成损失的，应当承担赔偿责任，但由于市场原因致客户交易指令未能全部或者部分成交的，期货公司不承担责任。

第二十四条　期货公司超出客户指令价位的范围，将高于客户指令价格卖出或者低于客户指令价格买入后的差价利益占为己有的，客户要求期货公司返还的，人民法院应予支持，期货公司与客户另有约定的除外。

第二十五条　期货交易所未按交易规则规定的期限、方式，将交易或者持仓头寸的结算结果通知期货公司，造成期货公司损失的，由期货交易所承担赔偿责任。

期货公司未按期货经纪合同约定的期限、方式，将交易或者持仓头寸的结算结果通知客户，造成客户损失的，由期货公司承担赔偿责任。

第五十三条　期货公司私下对冲、与客户对赌等不将客户指令入市交易的行为，应当认定为无效，期货公司应当赔偿由此给客户造成的经济损失；期货公司与客户均有过错的，应当根据过错大小，分别承担相应的赔偿责任。

第五十四条　期货公司擅自以客户的名义进行交易，客户对交易结果不予追认的，所造成的损失由期货公司承担。

第五十五条　期货公司挪用客户保证金，或者违反有关规定划转客户保证金造成客户损失的，应当承担赔偿责任。

《最高人民检察院、公安部关于公安机关管辖的刑事案件立案追诉标准的规定（二）》（公通字〔2022〕12号）

第三十五条　［背信运用受托财产案（刑法第一百八十五条之一第一款）］商业银行、证券交易所、期货交易所、证券公司、期货公司、保险公司或者其他金融机构，违背受托义务，擅自运用客户资金或者其他委托、信托的财产，涉嫌下列情形之一的，应予立案追诉：

（一）擅自运用客户资金或者其他委托、信托的财产数额在三十万元以上的；

（二）虽未达到上述数额标准，但多次擅自运用客户资金或者其他委托、信托的财产，或者擅自运用多个客户资金或者其他委托、信托的财产的；

（三）其他情节严重的情形。

第三十六条　［违法运用资金案（刑法第一百八十五条之一第二款）］社会保障基金管理机构、住房公积金管理机构等公众资金管理机构，以及保险公司、保险资产管理公司、证券投资基金管理公司，违反国家规定运用资金，涉嫌下列情形之一的，应予立案追诉：

（一）违反国家规定运用资金数额在三十万元以上的；

（二）虽未达到上述数额标准，但多次违反国家规定运用资金的；

（三）其他情节严重的情形。

《国务院期货交易管理条例》（国务院令第676号）

第二十四条 期货公司接受客户委托为其进行期货交易，应当事先向客户出示风险说明书，经客户签字确认后，与客户签订书面合同。期货公司不得未经客户委托或者不按照客户委托内容，擅自进行期货交易。

期货公司不得向客户做获利保证；不得在经纪业务中与客户约定分享利益或者共担风险。

第二十八条 期货交易应当严格执行保证金制度。期货交易所向会员、期货公司向客户收取的保证金，不得低于国务院期货监督管理机构、期货交易所规定的标准，并应当与自有资金分开，专户存放。

期货交易所向会员收取的保证金，属于会员所有，除用于会员的交易结算外，严禁挪作他用。

期货公司向客户收取的保证金，属于客户所有，除下列可划转的情形外，严禁挪作他用：

（一）依据客户的要求支付可用资金；

（二）为客户交存保证金，支付手续费、税款；

（三）国务院期货监督管理机构规定的其他情形。

第三十一条 期货交易所、期货公司、非期货公司结算会员应当按照国务院期货监督管理机构、财政部门的规定提取、管理和使用风险准备金，不得挪用。

第六十五条 期货交易所有下列行为之一的，责令改正，给予警告，没收违法所得，并处违法所得1倍以上5倍以下的罚款；没有违法所得或者违法所得不满10万元的，并处10万元以上50万元以下的罚款；情节严重的，责令停业整顿：

……

（四）违反规定收取保证金，或者挪用保证金的。

有前款所列行为之一的，对直接负责的主管人员和其他直接责任人员给予纪律处分，处1万元以上10万元以下的罚款。

期货保证金安全存管监控机构有本条第一款第（三）项、第（七）项、第（八）项所列行为的，依照本条第一款、第二款的规定处罚、处分。

第六十七条 期货公司有下列欺诈客户行为之一的，责令改正，给予警告，没收违法所得，并处违法所得1倍以上5倍以下的罚款；没有违法所得或者违法所得不满10万元的，并处10万元以上50万元以下的罚款；情节严重的，责令停业整顿或者吊销期货业务许可证：

……

（三）不按照规定接受客户委托或者不按照客户委托内容擅自进行期货交易的；

（四）隐瞒重要事项或者使用其他不正当手段，诱骗客户发出交易指令的；

（五）向客户提供虚假成交回报的；

（六）未将客户交易指令下达到期货交易所的；

（七）挪用客户保证金的；

（八）不按照规定在期货保证金存管银行开立保证金账户，或者违规划转客户保证金的；

（九）国务院期货监督管理机构规定的其他欺诈客户的行为。

期货公司有前款所列行为之一的，对直接负责的主管人员和其他直接责任人员给予警告，并处1万元以上10万元以下的罚款；情节严重的，暂停或者撤销任职资格、期货从业人员资格。

任何单位或者个人编造并且传播有关期货交易的虚假信息，扰乱期货交易市场的，依照本条第一款、第二款的规定处罚。

第七十九条　违反本条例规定，构成犯罪的，依法追究刑事责任。

《证监会期货从业人员管理办法》（中国证券监督管理委员会令第48号）

第十五条　期货公司的期货从业人员不得有下列行为：

（一）进行虚假宣传，诱骗客户参与期货交易；

（二）挪用客户的期货保证金或者其他资产；

（三）中国证监会禁止的其他行为。

《证监会期货交易所管理办法》（中国证券监督管理委员会令第179号）

第六十八条　期货交易所向会员收取的保证金，只能用于担保期货合约的履行，不得查封、冻结、扣划或者强制执行。期货交易所应当在期货保证金存管银行开立专用结算账户，专户存储保证金，不得挪用。

保证金分为结算准备金和交易保证金。结算准备金是指未被合约占用的保证金；交易保证金是指已被合约占用的保证金。

实行会员分级结算制度的期货交易所只向结算会员收取保证金。

【案例】

孟宪伟背信运用受托财产案①

• 案件事实 •

被告单位兴证期货有限公司大连营业部（以下简称兴证期货大连营业部）系兴证期货有限公司的下属分支机构。被告人孟宪伟于2009年8月至2014年7月在兴证期货大连营业部担任总经理，负责大连营业部全面工作。被告人陈晶于2013年8月至2014年7月在兴证期货大连营业部担任客户经理，负责开发及维护客户。

2013年，被告人陈晶认识了高某1及其妻子孙某，介绍兴证期货大连营业部有保本理财产品，收益高于银行利息。高某1要求保证资金安全，并且随取随用，被告人陈晶经请示被告人孟宪伟后，向被害人高某1口头承诺投资期货在保本保息基础上达到7%的年收益率。

2013年10月22日，高某1与兴证期货有限公司签订了《期货经纪合同》及相关附属文件，按照兴证期货大连营业部工作人员的指引开立了期货保证金账户，并于次日向账户内转款人民币1670万元，被告人陈晶向高某1索要了期货账户的交易密码。

被告人孟宪伟、陈晶未能为高某1找到第三方投资顾问，在未通知高某1也未取得其同意的情况下，二被告人商议后决定自行使用高某1的期货账户交易密码进行交易。2013年10月31日至2014年1月20日间，被告人孟宪伟、陈晶擅自运用高某1期货账户进行交易，造成高某1期货保证金账户亏损人民币1043.1万元，共计产生交易手续费1533642.48元，其中为兴证期货有限公司赚取手续费825353.56元，上交给期货交易所708288.92元。案发后，被告人孟宪伟、陈晶及胡某兢返还被害人高某1人民币共计191万元。

2015年1月23日，大连市公安局侦查人员在吉林省农安县将被告人孟宪伟抓获。2015年2月26日，被告人陈晶在其家人陪同下到公安机关投案。

• 裁判要旨 •

违背受托义务，擅自运用客户资金，严重侵犯了国家的金融管理秩序和客户的合法权益的，构成背信运用受托财产罪。

---

① 参见辽宁省高级人民法院（2016）辽刑终494号。

• 裁判理由 •

原审法院经公开开庭审理，对本案涉案证据进行了庭审质证，根据本案的具体犯罪事实、性质、情节及对社会的危害程度，依照《刑法》第185条之一第1款、第30条、第31条、第52条、第53条、第64条之规定，判决如下：一、被告单位兴证期货有限公司大连营业部犯背信运用受托财产罪，判处罚金人民币100万元（于本判决生效后十日内一次性缴纳）；二、被告人孟宪伟犯背信运用受托财产罪，判处有期徒刑三年六个月，并处罚金人民币15万元；三、被告人陈晶犯背信运用受托财产罪，判处有期徒刑三年，并处罚金人民币10万元；四、责令被告单位兴证期货有限公司大连营业部退赔被害人高某1经济损失人民币852.1万元。

上诉单位兴证期货有限公司大连营业部的上诉理由是：单位不构成背信运用受托财产罪。上诉人孟宪伟的上诉理由：一审认定事实不清。上诉人陈晶的上诉理由：不构成犯罪，量刑过重。

关于上诉单位兴证期货有限公司大连营业部及辩护人、上诉人陈晶提出不构成犯罪及单位犯罪的上诉理由和辩护意见，经查，被害人高某1与兴证期货有限公司签订了期货经纪合同，合同成立后高某1即与兴证期货有限公司形成委托管理期货账户资金的法律关系，兴证期货有限公司应当遵循诚实信用原则，执行客户的委托，维护客户的合法权益，不得向客户做获利保证，亦不得未经客户委托或者不按照客户委托内容，擅自进行期货交易；二上诉人在未告知高某1也未征得高某1同意的情形下，利用掌握的交易密码自行操作高某1的期货账户，属于擅自运用客户资金的行为；上诉人孟宪伟作为兴证期货有限公司大连营业部的负责人，与上诉人陈晶共同利用高某1的账户资金进行期货交易，收取的手续费亦归兴证期货有限公司所有，构成单位犯罪，均应承担相应的刑事法律责任，故上诉单位、上诉人的上诉理由和辩护人辩护意见无事实和法律依据，法院不予采纳。

二审法院认为，上诉单位兴证期货有限公司大连营业部违背受托义务，擅自运用客户资金，情节特别严重，其行为侵犯了国家的金融管理秩序和客户的合法权益，构成背信运用受托财产罪。上诉人孟宪伟作为该营业部直接负责的主管人员，上诉人陈晶作为该营业部其他责任人员，其行为均已构成背信运用受托财产罪，依法均应予惩处。上诉人陈晶系主动投案，并如实供述犯罪事实，构成自首，依法可予从轻处罚。综上，原判定罪准确，量刑适当，审判程序合法。故对上诉人陈晶所提“量刑过重”的上诉理由法院不予采纳。依据《刑事诉讼法》第225条第1款第1项之规定，裁定如下：驳回上诉，维持原判。

【学理分析及适用指引】

• 学理分析 •

1. 背信运用受托财产罪的构成分析。背信运用受托财产罪，是指商业银行、证券交易所、期货交易所、证券公司、期货经纪公司、保险公司或者其他金融机构，违背受托义务，擅自运用客户资金或者其他委托、信托的财产，情节严重的行为。本罪的构成要件如下：

（1）本罪的客体。本罪侵犯的客体是金融管理秩序和客户的合法权益。

（2）本罪的客观方面。客观方面表现为违背受托义务，擅自运用客户资金或者其他委托、信托的财产的行为。“违背受托义务”，既包括违反有关委托合同所约定的、有关金融机构应当承担的义务，也包括违反有关法律、行政法规以及部门规章所规定的受托人应当承担的义务。“擅自运用”，既包括有归还意图的非法使用，也应当包括根本不准备归还的非法占有。之所以这样理解，是因为：一方面，从字义看占为己有也属于擅自运用；另一方面，更重要的是非法将客户财产占为己有的危害性更甚于非法使用客户财产的行为，如果认为后者属于擅自运用而前者反不属于，势必违背“举轻以明重”的基本法理，违背罪刑相适应原则。这与自然人的有关犯罪不同。对于金融机构工作人员挪用客户资金的行为，只能解释为“擅自使用”，是因为在挪用资金罪、挪用公款罪之外还有职务侵占罪、贪污罪的设置，可用于规制上述人员非法占有客户资金的行为。而在擅自运用客户财产罪之外，并无金融机构侵占、贪污客户财产罪的规定，这也不同于自然人的有关侵财犯罪。“客户资金或者其他委托、信托的财产”，主要是客户按约定存放在金融机构或者委托金融机构经管的存款，证券、期货交易资金，以及证券公司受托投资管理、基金管理公司委托资产管理、信托投资公司资金信托管理等委托理财业务中的资金、证券等财产。委托理财，是指财产所有人作为委托方，以特定的条件，将资金或者有价证券委托专业投资者代为管理；专业投资者作为受托方，在一定期间内自主管理和处分委托方的财产。①

（3）本罪的主体。犯罪主体为特殊主体，仅限商业银行、证券交易所、期货交易所、证券公司、期货经纪公司、保险公司或者其他金融机构。其他金融机构，主要包括信托投资公司、投资咨询公司、投资管理公司等经国家有关主管部门批准的、有资格开展委托理财等特定业务的金融机构。个人不能成为本罪主体。

（4）本罪的主观方面。主观方面出于故意，目的一般是获取非法利润。

---

① 参见朱一方：《委托理财的法律性质》，载《人民法院报》2005 年 12 月 7 日。

2. 违法运用资金罪的构成分析。违法运用资金罪，是指社会保障基金管理机构、住房公积金管理机构等公众资金管理机构，以及保险公司、保险资产管理公司、证券投资基金管理公司，违反国家规定运用资金的，情节严重的行为。本罪的构成条件与第185条之一的背信运用受托财产罪在犯罪客体和犯罪主观方面基本一致，所以这里主要分析本罪的客观方面和犯罪主体特征：

（1）本罪的客观方面。本罪的客观方面表现为行为人违反国家规定的违规运用资金的行为。此处的“国家规定”应该包括以下两个方面：①国家对运用社会保障基金、住房公积金的规定，如《全国社会保障基金投资管理暂行办法》《全国社会保障基金境外投资管理暂行规定》《社会保障基金财政专户管理暂行办法》《住房公积金管理条例》等。②国家对保险公司、保险资产管理公司、证券投资管理公司运用资金的规定，如《保险法》《证券法》《证券投资基金法》《证券投资基金管理公司管理办法》等。违法运用资金罪的犯罪对象是社会保障金、住房公积金、保险资金、证券投资基金以及其他一些公众资金。违反国家规定运用资金行为“情节严重”的作为构成本罪的要件，其标准可参照最高人民检察院、公安部颁布实施的《关于公安机关管辖的刑事案件立案追诉标准的规定（二）》第36条之规定。

（2）本罪的主体。本罪主体是特殊主体，即社会保障基金管理机构、住房公积金管理机构等公众资金管理机构，以及保险公司、保险资产管理公司、证券投资基金管理公司中直接负责的主管人员和其他直接责任人员。具体而言，本罪主体包括两类：一类是以社会保障基金管理机构、住房公积金管理机构为代表的公众资金管理机构中直接负责的主管人员和其他直接责任人员；另一类则是保险公司、保险资产管理公司、证券投资基金管理公司等金融类公司中直接负责的主管人员和其他直接责任人员。

• 适用指引 •

1. 关于背信运用受托财产罪的司法认定。在认定背信运用受托财产罪时，应注意以下问题：

（1）本罪与非罪的界限。背信运用受托财产达到情节严重的程度，如使客户财产损失重大、金融秩序混乱、多次擅自运用受托财产、曾受行政处罚而又擅自运用客户财产的等，构成本罪；未达严重程度，则不成立犯罪。

（2）划清本罪与其他犯罪的界限。划清与挪用资金罪、挪用公款罪的界限，主要是犯罪主体的不同，后两罪由自然人构成；而本罪仅限金融机构，个人不能构成本罪。划清与非法吸收公众存款罪、非法经营罪的界限，本罪仅限法定的商业银行、证券交易所、期货交易所、证券公司、期货经纪公司、保险公司或者经国家有关主管部门批准、有资格开展委托理财业务的金融机构，除此之外的其他单位未经批准，非法开展证券投资、期货投资等委托理财业务，并擅自运用客户财产的不成立本罪，而应视具体情况以非法吸收公众存款罪或者非法经营罪论处。

2. 关于违法运用资金罪的司法认定。

（1）违法运用资金罪和背信运用受托财产罪的界限。违法运用资金罪和背信运用受托财产罪都是《刑法修正案（六）》的新增罪名，并且都规定在《刑法》第185条之一中，两罪有相当程度的共同点，如客观上行为人均违背法定义务或者受托义务，不适当地运用了资金或财产。违法运用资金罪主要表现为行为人违反国家规定，擅自运用社会保障基金、住房公积金以及其他一些公众资金的行为；而背信运用受托财产罪则主要表现为相关单位违背受托义务，擅自运用客户资金以及其他一些委托、信托的财产的行为。违法运用资金罪与背信运用受托财产罪中的“运用”，原则上应包括“占有”“侵占”等侵犯财产所有权的行为，当然对于根本不想规避的非法占有、侵吞客户财产的行为如何认定其行为性质，我们认为应具体问题具体分析，若是相关责任人员个人的行为，即属于个人犯罪的，应以贪污罪或者职务侵占罪论处；若是金融机构等单位行为的，则应以本罪追究该单位刑事责任。

从犯罪构成上来看，违法运用资金罪与背信运用受托财产罪的主要区别在于：其一，两罪的客观行为表现不同。违法运用资金罪是违反国家相关规定运用社会保障基金、住房公积金以及其他一些公众资金的行为，而背信运用受托财产罪则是违背受托义务，擅自运用客户资金以及其他委托、信托的财产的行为。此外，背信运用受托财产罪中的“违背受托义务”，不仅仅只是局限于违背委托人与受托人之间具体约定的义务，还包括违背法律、行政法规、部门规章规定的法定义务，但委托人与受托人之间具体约定的义务在违法运用资金罪中则是不存在的。其二，两罪的犯罪主体不同。违法运用资金罪的犯罪主体主要是社会保障基金管理机构、住房公积金管理机构等公众资金管理机构，以及保险公司、保险资产管理公司、证券投资基金管理公司中直接负责的主管人员和其他直接责任人员；而背信运用受托财产罪的主体则主要是商业银行、证券交易所、期货交易所、证券公司、期货经纪公司、保险公司或者其他金融机构。前者是自然人犯罪主体，后者则是单位犯罪主体。此外，值得注意的是，如果保险公司、保险资产管理公司、证券投资基金管理公司等金融机构，违背受托义务，擅自运用除公众资金以外的客户资金或其他委托、信托的财产，应当对相关单位以背信运用受托财产罪论处。但如果保险公司、保险资产管理公司、证券投资基金管理公司等金融机构，违反国家规定，运用社会保障基金、住房公积金以及其他一些公众资金，则应对相关单位直接负责的主管人员和其他直接责任人员以违法运用资金罪认定，且不应追究相关单位的刑事责任。

（2）违法运用资金罪与挪用类犯罪的界限。违法运用资金罪与挪用类犯罪[①]的共同点在于客观上均有非法使用资金的行为。本罪主要表现为社会保障基金管理机构、住房公积金管理机构等公众资金管理机构，以及保险公司、保险资产管理公司、证券投资基金管理公司等金融机构中直接负责的主管人员和其他直接责任人员违反国家规定，擅自运用社会保障基金、住房公积金以及其他一些公众资金的行为；挪用类犯罪则主要表现为相关单位的工作人员，利用职务上的便利，挪用单位资金归个人使用的行为。但从其本质以及犯罪构成上来看，两者的区别在于：第一，本罪与挪用类犯罪的本质及行为结构是不同的。《刑法》将违法运用资金罪与背信运用受托财产罪规定在同一条款中，正是因为违法运用资金罪与背信运用受托财产罪均属于一般意义上的背信类犯罪，背信运用受托财产罪中相关单位违背的是基于客户的委托而产生的信任关系，违法运用资金罪中行为人违背的则是法律规定的诚实处理公众资金的义务。理论上通常认为，背信类犯罪共同的本质在于：行为人都违背了基于他人的委托而产生的信任关系和诚实处理他人事务的义务，从而对他人的财产造成了损害。其行为结构均是：为他人处理事务的自然人或者单位——实施违背受托义务或者国家相关规定的行为——造成他人财产上的损害。[②] 而挪用类犯罪共同的本质则在于：行为人利用职务上的便利，挪用单位资金归个人使用，从而对单位的财产造成了损害。其行为结构则是：单位中具有职务便利的人员——利用职务上的便利，实施挪用单位资金归个人使用的行为——造成单位的损失。由此可见，本罪与挪用类犯罪在本质上最大的区别在于：违法运用资金罪中存在“背信”的行为，而挪用类犯罪中不存在“背信”的行为。第二，违法运用资金罪与挪用类犯罪在犯罪构成上也是不同的。具体表现有：一是犯罪对象不同。违法运用资金罪的犯罪对象是社会保障金、住房公积金、保险资金、证券投资基金以及其他一些公众资金。而挪用类犯罪的对象是单位的资金和款项。二是挪用类犯罪必须具备“挪用资金归个人使用”的要件，而构成违法运用资金罪则无须具备该要件。如果社会保障基金管理机构、住房公积金管理机构等公众资金管理机构，以及保险公司、保险资产管理公司、证券投资基金管理公司等金融机构中直接负责的主管人员和其他直接责任人员利用职务上的便利，私自决定将社会保障金、住房公积金、保险资金、证券投资基金以及其他一些公众资金挪给本人自用或挪给其他自然人使用，或者以个人名义将社会保障金、住房公积金、保险资金、证券投资基金以及其他一些公众资金借给其他个人或单位使用的，应以挪用资金罪或挪用公款罪论处。但是如果社会

---

① 刑法意义上的“挪用类犯罪”包括《刑法》第 272 条的挪用资金罪、第 273 条的挪用特定款物罪和第 384 条的挪用公款罪。

② 刘宪权、周舟：《违法运用资金罪的刑法分析》，载《法学杂志》2010 年第 9 期。

保障基金管理机构、住房公积金管理机构等公众资金管理机构，以及保险公司、保险资产管理公司、证券投资基金管理公司等金融机构中直接负责的主管人员和其他直接责任人员属于国家工作人员，且其以单位名义挪用本单位资金给其他单位使用的，如何处理则要区分两种情形：如果行为人是出于“个人决定”且“谋取个人利益”的（实属“归个人使用”的情形），则构成挪用公款罪；如果不是谋取个人利益的（不属于“归个人使用”的情形），则应以违法运用资金罪论处。

第一百八十六条　违法发放贷款罪

【法律规定】

• 法律条文 •

《中华人民共和国刑法》

第一百八十六条　银行或者其他金融机构的工作人员违反国家规定发放贷款，数额巨大或者造成重大损失的，处五年以下有期徒刑或者拘役，并处一万元以上十万元以下罚金；数额特别巨大或者造成特别重大损失的，处五年以上有期徒刑，并处二万元以上二十万元以下罚金。

银行或者其他金融机构的工作人员违反国家规定，向关系人发放贷款的，依照前款的规定从重处罚。

单位犯前两款罪的，对单位判处罚金，并对其直接负责的主管人员和其他直接责任人员，依照前两款的规定处罚。

关系人的范围，依照《中华人民共和国商业银行法》和有关金融法规确定。

• 相关规定 •

《中华人民共和国商业银行法》

第四十条　商业银行不得向关系人发放信用贷款；向关系人发放担保贷款的条件不得优于其他借款人同类贷款的条件。

前款所称关系人是指：

（一）商业银行的董事、监事、管理人员、信贷业务人员及其近亲属；

（二）前项所列人员投资或者担任高级管理职务的公司、企业和其他经济组织。

第四十一条　任何单位和个人不得强令商业银行发放贷款或者提供担保。商业银行有权拒绝任何单位和个人强令要求其发放贷款或者提供担保。

第七十四条　商业银行有下列情形之一，由国务院银行业监督管理机构责令改正，有违法所得的，没收违法所得，违法所得五十万元以上的，并处违法所得一倍以上五倍以下罚款；没有违法所得或者违法所得不足五十万元的，处五十万元以上二百万元以下罚款；情节特别严重或者逾期不改正的，可以责令停业整顿或者吊销其经营许可证；构成犯罪的，依法追究刑事责任：

（一）未经批准设立分支机构的；

（二）未经批准分立、合并或者违反规定对变更事项不报批的；

（三）违反规定提高或者降低利率以及采用其他不正当手段，吸收存款，发放贷款的；

（四）出租、出借经营许可证的；

（五）未经批准买卖、代理买卖外汇的；

（六）未经批准买卖政府债券或者发行、买卖金融债券的；

（七）违反国家规定从事信托投资和证券经营业务、向非自用不动产投资或者向非银行金融机构和企业投资的；

（八）向关系人发放信用贷款或者发放担保贷款的条件优于其他借款人同类贷款的条件的。

第七十八条　商业银行有本法第七十三条至第七十七条规定情形的，对直接负责的董事、高级管理人员和其他直接责任人员，应当给予纪律处分；构成犯罪的，依法追究刑事责任。

《最高人民检察院、公安部关于公安机关管辖的刑事案件立案追诉标准的规定（二）》（公通字〔2022〕12号）

第三十七条　［违法发放贷款案（刑法第一百八十六条）］银行或者其他金融机构及其工作人员违反国家规定发放贷款，涉嫌下列情形之一的，应予立案追诉：

（一）违法发放贷款，数额在二百万元以上的；

（二）违法发放贷款，造成直接经济损失数额在五十万元以上的。

《金融违法行为处罚办法》（国务院令第260号）

第十六条　金融机构办理贷款业务，不得有下列行为：

（一）向关系人发放信用贷款；

（二）向关系人发放担保贷款的条件优于其他借款人同类贷款的条件；

（三）违反规定提高或者降低利率以及采用其他不正当手段发放贷款；

（四）违反中国人民银行规定的其他贷款行为。

金融机构有前款所列行为之一的，给予警告，没收违法所得，并处违法所得1倍以上5倍以下的罚款，没有违法所得的，处10万元以上50万元以下的罚款；对该金融机构直接负责的高级管理人员、其他直接负责的主管人员和直接责任人员，给予撤职直至开除的纪律处分；情节严重的，责令该金融机构停业整顿或者吊销经营金融业务许可证；构成违法向关系人发放贷款罪、违法发放贷款罪或者其他罪的，依法追究刑事责任。

第十八条 金融机构不得违反国家规定从事证券、期货或者其他衍生金融工具交易，不得为证券、期货或者其他衍生金融工具交易提供信贷资金或者担保，不得违反国家规定从事非自用不动产、股权、实业等投资活动。

金融机构违反前款规定的，给予警告，没收违法所得，并处违法所得1倍以上5倍以下的罚款，没有违法所得的，处10万元以上50万元以下的罚款；对该金融机构直接负责的高级管理人员给予开除的纪律处分，对其他直接负责的主管人员和直接责任人员给予撤职直至开除的纪律处分；情节严重的，责令该金融机构停业整顿或者吊销经营金融业务许可证；构成非法经营罪、违法发放贷款罪或者其他罪的，依法追究刑事责任。

《贷款通则》（中国人民银行令〔1996年2号〕）

第九条 信用贷款、担保贷款和票据贴现：

信用贷款，系指以借款人的信誉发放的贷款。

担保贷款，系指保证贷款、抵押贷款、质押贷款。

保证贷款，系指按《中华人民共和国担保法》规定的保证方式以第三人承诺在借款人不能偿还贷款时．按约定承担一般保证责任或者连带责任而发放的贷款。

抵押贷款，系指按《中华人民共和国担保法》规定的抵押方式以借款人或第三人的财产作为抵押物发放的贷款。

质押贷款，系指按《中华人民共和国担保法》规定的质押方式以借款人或第三人的动产或权利作为质物发放的贷款。

票据贴现，系指贷款人以购买借款人未到期商业票据的方式发放的贷款。

第十条 除委托贷款以外，贷款人发放贷款，借款人应当提供担保。贷款人应当对保证人的偿还能力，抵押物、质物的权属和价值以及实现抵押权、质权的可行性进行严格审查。

经贷款审查、评估，确认借款人资信良好，确能偿还贷款的，可以不提供担保。

第六十三条 贷款人违反规定向关系人发放信用贷款或者发放担保贷款的条件优于其他借款人同类贷款条件的，应当依照《中华人民共和国商业银行法》第七十四条处罚，并且应当依照第七十六条对有关直接责任人员给予处罚。

第六十四条 贷款人的工作人员对单位或者个人强令其发放贷款或者提供担保未予拒绝的，应当依照《商业银行法》第85条给予纪律处分，造成损失的应当承担相应的赔偿责任。

【案例】

刘顺新等违法发放贷款案①

• 案件事实 •

1986年7月，经中国人民银行批准，爱建信托成立，经营范围包括信托存款、贷款、信托投资等金融业务。1998年5月至2004年9月间，被告人马建平担任爱建信托总经理，主持公司的经营管理工作，直接负责爱建信托的贷款等业务。2000年10月，被告人刘顺新曾因动用爱建证券巨额资金至香港炒股被套牢而急需资金用于解套，遂召集被告人颜立燕、陈辉、马建平三人一起商量。经商定，由颜立燕以其公司名义向爱建信托申请贷款，刘顺新、陈辉所在的爱建证券为颜立燕出具形式上符合贷款要求的质押证明，马建平利用其担任爱建信托总经理的职务便利发放贷款，贷款资金用于炒股，三方共同牟利。2000年11月至2001年9月间，颜立燕以其实际控制的骏乐实业、达德投资有限公司名义向爱建信托申请质押贷款，质押物为颜立燕妻子张伟玲在爱建证券开设账户内所拥有的股票和资金。刘顺新、陈辉以爱建证券的名义，为上述账户出具了虚假足额抵押证明。马建平向爱建信托贷审会隐瞒了贷款实际用途以及质押物严重不足的情况，使贷款得以审核通过。其间，马建平还两次将贷款予以拆分，以规避其贷款审批权限不超过人民币（以下币种同）1亿元的规定，先后16次向骏乐实业、达德投资发放贷款共计9.6976亿元。2001年8月至9月间，马建平因担心直接发放给颜立燕公司的贷款金额过大，违规贷款行为容易被发现，遂与刘顺新、颜立燕商议，由陈辉等人操作，以爱建证券下属的方达公司作为平台，爱建信托与方达公司签订了虚假的《信托资金委托管理合同》，将爱建信托4.289亿元资金划至方达公司的账户，然后在无任何质押担保手续的情况下，再将上述资金划转给颜立燕实际控制的公司。经审计查明，在爱建信托发放的总计13.9866亿元资金中，划至境外炒股的资金为4.8亿余元；颜立燕及其亲属用于境内炒股、出借、归还借款、提现等用途的资金共计4.5亿余元；划入爱建证券控制账户的资金3.1亿余元；归还爱建信托贷款本金1亿余元。上述贷款中，除归还5.8亿余元外，尚有8.1亿余元贷款本金没有归还。

• 裁判要旨 •

金融机构工作人员违法发放贷款，造成严重损失的行为，构成违法发放贷款罪。

---

① 参见中华人民共和国最高人民法院刑事审判第一、二、三、四、五庭主办：《刑事审判参考》（总第90集），法律出版社2013年版。

• 裁判理由 •

法院认为，从爱建信托的资金流向看，难以认定系给个人使用或者借贷给个人；从爱建信托资金的流出方式看，主要是通过贷款形式发放，故目前证据不宜认定四名被告人的行为构成挪用资金罪。现有证据也不足以证明颜立燕具有非法占有爱建信托资金的目的，难以认定爱建信托受到欺骗，故认定被告人颜立燕、马建平的行为构成合同诈骗罪证据不足，罪名不能成立。综合本案事实和证据，四被告人的行为构成违法发放贷款罪，且构成共同犯罪。四被告人在共同犯罪中的地位、作用不同，应当分别承担相应的刑事责任。刘顺新系违法发放贷款的起意者，并纠集各被告人共同策划，且具体实施了出具虚假质押证明的行为及实际使用了部分违法发放的资金，应当认定为主犯；马建平作为金融机构的工作人员，利用担任爱建信托总经理的职务便利，违法发放贷款，在共同犯罪中起主要作用，也应当认定为主犯；陈辉在刘顺新的指使下参与违法发放贷款，在共同犯罪中起次要、辅助作用，系从犯，同时鉴于陈辉具有自首情节，依法可以对陈辉减轻处罚，并适用缓刑；颜立燕在刘顺新的纠集下，为使用资金参与共谋，并实际使用了部分违法发放的资金，在共同犯罪中起次要、辅助作用，系从犯，同时鉴于颜立燕在一审宣判前能够退赔所造成的全部经济损失，有悔改表现，依法可以对颜立燕减轻处罚，并适用缓刑。据此，依照《刑法》第 12 条第 1 款，第 186 条第 2 款，第 25 条第 1 款，第 26 条第 1 款、第 4 款，第 27 条，第 67 条第 1 款，第 72 条第 1 款、第 3 款，第 73 条第 2 款、第 3 款，第 53 条及第 64 条之规定，判决如下：

被告人刘顺新犯违法发放贷款罪，判处有期徒刑十三年，并处罚金 20 万元。一审宣判后，被告人刘顺新、马建平不服，以违法发放贷款所造成的 6.87 亿元亏空已由颜立燕在一审宣判前全部退赔，本案没有造成重大损失等为由，提出上诉。

针对上诉人刘顺新、马建平提出的上诉理由，法院认为，马建平作为金融机构工作人员，在明知质押物不足，贷款资金用于炒股的情况下，利用其担任爱建信托总经理的职务便利，违反相关法律法规，采取化整为零及操控贷款审查等方法，将贷款发放给颜立燕，数额特别巨大，且造成特别重大损失，其行为符合违法发放贷款罪的构成要件。刘顺新等其他同案被告人与马建平具有违法发放贷款的共同犯罪故意，实施了共同犯罪行为，其行为亦构成违法发放贷款罪的共同犯罪。原判认定的事实清楚，证据确实、充分，适用法律正确，量刑适当，审判程序合法。据此，上海市高级人民法院依照《刑事诉讼法》第 189 条第 1 项之规定，裁定如下：驳回上诉，维持原判。

【学理分析及适用指引】

• 学理分析 •

违法发放贷款罪，是指银行或者其他金融机构的工作人员违反法律、行政法规的规定，向关系人或关系人以外的其他人发放贷款，数额巨大或者造成严重损失的行为。本罪的构成要件如下：

1. 本罪的客体。本罪的客体是国家对金融机构贷款的管理制度，其对象是各类贷款。

2. 本罪的客观方面。本罪的客观方面包括两个方面的内容：（1）行为人违反法律和行政法规的规定发放了贷款；（2）行为人违法发放贷款的行为，数额巨大或者造成了严重的损失。

3. 本罪的主体。本罪的主体是特殊主体，限于银行或其他金融机构的工作人员，包括上述工作人员所在的单位。

4. 本罪的主观方面。本罪的主观方面有一定的特殊性。行为人违规发放贷款的一般是故意的，但是因过失而违规发放贷款也是可能的。对违规发放贷款所造成的重大损失的罪过，一般是过失的，多数情况下出现重大损失是违背行为人意志的，但是也不排除行为人放任重大损失发生的可能性。

• 适用指引 •

司法实践中，认定本罪时需要注意以下几个问题：

1. 本罪与非罪的界限。区分违法发放贷款罪与非罪的界限主要应注意以下几点：（1）行为人是否违反规定而玩忽职守或者滥用职权。如果行为人既未玩忽职守，也未滥用职权，而是符合有关规定向借款人发放贷款，借款人因特殊原因不能按期偿还贷款本息造成贷款人损失的，由于行为人对损失的发生既无故意，也不存在过失，当然不能对其追究刑事责任。（2）造成损失大小。如果未造成重大损失的，不能以犯罪论处。

2. 违法向关系人发放贷款行为构成本罪的是法定的从重处罚情节。本罪一般表现为玩忽职守或者滥用职权而向关系人以外的其他人发放贷款的行为，如果是向关系人发放信用贷款或者发放担保贷款的条件优于其他借款人同类贷款的条件的，根据《刑法》第186条第2款的规定，依法从重处罚。

3. 本罪与玩忽职守罪的界限。（1）侵犯的客体不同。前者侵犯的是国家的金融管理秩序，后者侵犯的是一般国家机关的正常管理活动。（2）客观方面表现不同。前者表现为玩忽职守或者滥用职权而非法发放贷款的行为，其造成的损失一般指经济损失；后者则只表现为玩忽职守的行为，其造成的损失可能是经济损失，也可能是人身伤亡，还可能是严重的政治影响等。（3）主体要件不同。前者的主体是经营贷款业务的金融机构及其工作人员；后者的主体是一般的国家工作人员，国家机关不能成为本罪主体。

第一百八十七条　吸收客户资金不入账罪

【法律规定】

• 法律条文 •

《中华人民共和国刑法》

第一百八十七条　银行或者其他金融机构的工作人员吸收客户资金不入账，数额巨大或者造成重大损失的，处五年以下有期徒刑或者拘役，并处二万元以上二十万元以下罚金；数额特别巨大或者造成特别重大损失的，处五年以上有期徒刑，并处五万元以上五十万元以下罚金。

单位犯前款罪的，对单位判处罚金，并对其直接负责的主管人员和其他直接责任人员，依照前款的规定处罚。

• 相关规定 •

《最高人民检察院、公安部关于公安机关管辖的刑事案件立案追诉标准的规定（二）》（公通字〔2022〕12号）

第三十八条　［吸收客户资金不入账案（刑法第一百八十七条）］银行或者其他金融机构及其工作人员吸收客户资金不入账，涉嫌下列情形之一的，应予立案追诉：

（一）吸收客户资金不入账，数额在二百万元以上的；

（二）吸收客户资金不入账，造成直接经济损失数额在五十万元以上的。

《金融违法行为处罚办法》（国务院令第260号）

第十一条　金融机构不得以下列方式从事账外经营行为：

（一）办理存款、贷款等业务不按照会计制度记账、登记，或者不在会计报表中反映；

（二）将存款与贷款等不同业务在同一账户内轧差处理；

（三）经营收入未列入会计账册；

（四）其他方式的账外经营行为。

金融机构违反前款规定的，给予警告，没收违法所得，并处违法所得1倍以上5倍以下的罚款，没有违法所得的，处10万元以上50万元以下的罚款；对该金融机构直接负责的高级管理人员、其他直接负责的主管人员和直接责任人员，给予开除的纪律处分；情节严重的，责令该金融机构停业整顿或者吊销经营金融业务许可证；构成用账外客户资金非法拆借、发放贷款罪或者其他罪的，依法追究刑事责任。

【案例】

郯城保险支公司吸收客户资金不入账案①

• 案件事实 •

自2006年7月以来，中国人民财产保险股份有限公司郯城支公司（以下简称郯城保险支公司，法定代表人为徐某某）在明知违反金融、保险管理法规和会计法的情况下，采取将收取的部分客户保险费直接不予计入公司保费账户，或者对客户的保费单据开具阴阳单少计收入的方式，截留车辆保险、建筑意外险、小麦火灾险、企财险、治安险、三轮车险、承运人责任险等客户保费4229805.79元，被告单位将该款大部分用于支付手续费（不符合手续费支付标准或超支的部分）。

• 裁判要旨 •

保险公司将已收取的客户保费不计收入或少计收入，是为了逃避国家金融监管才未计入金融机构的法定账目，该行为应以吸收客户资金不入账罪定罪处罚。

• 裁判理由 •

山东省郯城县人民法院经审理认为：被告单位郯城保险支公司作为金融机构，为了逃避国家金融监管，将已收取的客户保费不计收入或少计收入，属吸收客户资金不入账，数额巨大，构成吸收客户资金不入账罪；被告人徐某某作为该单位实施上述犯罪的直接负责的主管人员，为单位谋取不正当利益，在单位犯罪中起了重要作用，其行为也构成吸收客户资金不入账罪。公诉机关对该罪指控罪名成立，适用法律适当，予以确认。2009年9月30日，法院判决：被告单位郯城保险支公司犯吸收客户资金不入账罪，判处罚金人民币15万元；被告人徐某某犯吸收客户资金不入账罪，免予刑事处罚。

【学理分析及适用指引】

• 学理分析 •

吸收客户资金不入账罪，是指银行或其他金融机构及其工作人员吸收客户

① 参见山东省郯城县人民法院（2009）郯刑初字第59号。

资金不入账，数额巨大或者造成重大损失的行为。本罪的构成要件如下：

1. 本罪的客体。本罪侵犯的客体是国家金融管理制度和存贷款管理制度。

2. 本罪的客观方面。客观方面表现为吸收客户资金不入账，数额巨大或者造成重大损失的行为。吸收客户资金不入账，是指不记入金融机构的法定存款账目，以逃避国家金融监管。至于是否记入法定账目以外设立的账目，不影响本罪成立。[①] 数额巨大，是指不入账的客户资金数额巨大。造成重大损失，主要是指不入账的资金用于非法拆借、发放贷款等活动，造成资金本金未能收回或者全部收回，以及借贷利息损失等的重大损失。

3. 本罪的主体。犯罪主体为特殊主体，只能由银行或者其他金融机构及其工作人员构成。金融机构的工作人员吸收客户资金不入账的，无论是否利用了职务便利，不影响本罪有单位犯罪的成立。

4. 本罪的主观方面。主观方面出于故意。

• 适用指引 •

司法实践中，认定本罪应注意：

1. 区分罪与非罪的界限。构成本罪必须具备两个条件之一：一是要有造成重大损失的结果。根据相关规定，本罪构成条件的“重大损失”标准原则以 20 万以上为准。二是虽然没有造成重大损失，但不入账的资金数额巨大，达到 100 万元以上。

2. 本罪与挪用公款罪或者挪用资金罪的关系。对于利用职务上的便利，挪用已经记入金融机构法定存款账户的客户资金，归个人使用的，属于挪用公款罪或者挪用资金罪的问题。如果金融机构工作人员吸收客户资金不入账，却给客户开具银行存单，客户也认为该款已存入银行，该款却被行为人以个人名义借贷给他人的，均应认定为挪用公款罪（或者挪用资金罪）并与吸收客户资金不入账罪并罚。

第一百八十八条　违规出具金融票证罪

【法律规定】

• 法律条文 •

《中华人民共和国刑法》

第一百八十八条　银行或者其他金融机构的工作人员违反规定，为他人出

① 最高人民法院研究室编：《现行有效常用法律司法解释精编》（上），人民法院出版社 2002 年版，第 262 页。

具信用证或者其他保函、票据、存单、资信证明，情节严重的，处五年以下有期徒刑或者拘役；情节特别严重的，处五年以上有期徒刑。

单位犯前款罪的，对单位判处罚金，并对其直接负责的主管人员和其他直接责任人员，依照前款的规定处罚。

• 相关规定 •

《最高人民检察院、公安部关于公安机关管辖的刑事案件立案追诉标准的规定（二）》（公通字〔2022〕12号）

第三十九条 ［违规出具金融票证案（刑法第一百八十八条）］银行或者其他金融机构及其工作人员违反规定，为他人出具信用证或者其他保函、票据、存单、资信证明，涉嫌下列情形之一的，应予立案追诉：

（一）违反规定为他人出具信用证或者其他保函、票据、存单、资信证明，数额在二百万元以上的；

（二）违反规定为他人出具信用证或者其他保函、票据、存单、资信证明，造成直接经济损失数额在五十万元以上的；

（三）多次违规出具信用证或者其他保函、票据、存单、资信证明的；

（四）接受贿赂违规出具信用证或者其他保函、票据、存单、资信证明的；

（五）其他情节严重的情形。

《金融违法行为处罚办法》（国务院令第260号）

第十三条 金融机构不得出具与事实不符的信用证、保函、票据、存单、资信证明等金融票证。

金融机构弄虚作假，出具与事实不符的信用证、保函、票据、存单、资信证明等金融票证的，给予警告，没收违法所得，并处违法所得1倍以上5倍以下的罚款，没有违法所得的，处10万元以上50万元以下的罚款；对该金融机构直接负责的高级管理人员、其他直接负责的主管人员和直接责任人员，给予开除的纪律处分；构成非法出具金融票证罪或者其他罪的，依法追究刑事责任。

【案例】

郭某违规出具金融票证案①

• 案件事实 •

1996年7月，上诉人郭某利用其担任交通银行广州分行黄埔支行荔园储蓄

① 参见中华人民共和国最高人民法院刑事审判第一、二、三、四、五庭主办：《刑事审判参考》（总第57集），法律出版社2007年版。

所（以下简称交行荔园所）副主任的职务便利，将两张盖有该所印章的空白存单提供给广州市海珠区兴发贸易公司（以下简称广州兴发公司）法定代表人李某，李某再将两张空白存单伪造成广州兴发公司在交行荔园所的3000万元和1000万元的定期储蓄存单，并以其中一张3000万元的定期储蓄存单作为质押，为长春市华丰物资协作公司（以下简称长春华丰公司）向长春市城市信用联社（以下简称长春信用社）借款人民币1600万元提供担保。同年8月5日，长春信用社派员到交行荔园所核保，上诉人郭某在对方提供的《有价证券抵押贷款暂停付款通知书回执》上签名并加盖公章，确认同意受理广州兴发公司3000万元存单的付款和挂失。同年8月10日，长春信用社贷款人民币1600万元给长春华丰公司。2003年10月28日，因长春华丰公司未按期归还全部借款，长春市商业银行（原长春信用社）陕西路支行向广州市中级人民法院起诉交通银行广州分行黄埔支行，要求交通银行广州分行黄埔支行兑现质押存单。2006年4月25日，双方自愿达成和解协议，交通银行广州分行黄埔支行一次性支付人民币700万元给长春市商业银行陕西路支行，该款已于同年5月23日支付完毕。

另外，2001年6月22日，上诉人郭某因犯侵占罪被广东省高级人民法院判处有期徒刑十五年，服刑期间多次获得减刑，刑期至2007年12月14日止。2004年1月9日，交通银行广州分行以郭某涉嫌经济犯罪为由向广州市公安局报案，同年3月8日广州市公安局决定立案侦查，并于2007年12月14日对上诉人郭某执行逮捕。

• 裁判要旨 •

金融机构的工作人员，违反规定，为他人出具虚假存单和资信证明，给金融机构造成重大损失，其行为构成违规出具金融票证罪。

• 裁判理由 •

广州市黄埔区人民法院认为：被告人郭某身为银行工作人员违反规定，为他人出具虚假存单和资信证明，造成较大损失，其行为构成违规出具信用证罪。由于本罪是在原判侵占罪宣告以前发生并在宣告以后发现的，依法应当实行数罪并罚。依照《刑法》第12条第1款、第69条、第70条、第61条及《全国人民代表大会常务委员会关于惩治破坏金融秩序犯罪的决定》第15条第1款的规定，判决：被告人郭某犯违规出具信用证罪①，判处有期徒刑五年；原犯侵占罪被判处有期徒刑十五年，并处没收个人全部财产；总和刑期有期徒刑二十年，并处没收个人全部财产；决定执行有期徒刑十九年，并处没收个人

① 当年的罪名现已更改为“违规出具金融票证罪”。——编者注

全部财产。

郭某上诉提出：其不认识李某，也没有将交通银行广州分行荔园储蓄所的空白存单提供给李某；其没有在长春市城市信用联社的《有价证券抵押贷款暂停付款通知书回执》上签名盖章；本案已过追诉期限。

广州市中级人民法院认为：上诉人郭某身为金融机构的工作人员，违反规定，为他人出具虚假存单和资信证明，给金融机构造成重大损失，其行为已构成金融工作人员非法出具信用证罪。上诉人郭某曾因犯侵占罪被判刑，刑罚执行完毕之前又发现上诉人郭某还犯本罪尚未判决，依法应当将本罪与侵占罪对上诉人郭某实行数罪并罚。对于上诉人郭某所提出的上诉意见，经查，有同案人李某的供述、证人牛某的证言、涉案的存单、上诉人签名的《有价证券抵押贷款暂停付款通知书回执》、相关文检鉴定以及上诉人郭某先前在侦查机关的供述等证据相互印证，足以证实上诉人郭某利用职务便利出具虚假存单及资信证明的事实，相关的诉讼文书证实上诉人郭某的上述行为已经给金融机构造成了700万元的重大损失，因此上诉人郭某非法出具金融票证的犯罪事实清楚，证据充分；《全国人民代表大会常务委员会关于惩治破坏金融秩序犯罪的决定》及《刑法》均规定：金融机构工作人员非法出具金融票证，造成重大损失的，处五年以上有期徒刑，即上诉人郭某犯本罪的法定最高刑为有期徒刑十五年，相应追诉期限为十五年，上诉人郭某犯罪行为发生在1996年，造成损失的结果发生在2006年，无论是从犯罪行为实施时间起算还是从犯罪结果发生时间起算，本案都没有超过追诉期限。综上，上诉人郭某的上诉理由不成立，不予采纳。原审判决认定的事实清楚，证据确实充分，定罪及适用法律准确，量刑适当，审判程序合法，依法应予维持。依照《刑事诉讼法》第189条第1项的规定，裁定如下：驳回上诉，维持原判。

【学理分析及适用指引】

• 学理分析 •

违规出具金融票证罪，是指银行或者其他金融机构及其工作人员，违反规定，为他人出具信用证或者其他保函、票据、存单、资信证明，情节严重的行为。本罪的构成要件如下：

1. 本罪的客体。本罪侵犯的客体是国家对金融票证的管理制度。

2. 本罪的客观方面。客观方面表现为违反规定，为他人出具信用证或者其他保函、票据、存单、资信证明，情节严重的行为。违反规定，是指违反有关金融法律、行政法规、规章和银行或者其他金融机构内部的有关制度规定。为他人出具金融票证中的他人，既包括个人，也包括单位。金融票证中的信用证，是指银行根据客户要求，严格按照有关的法律、行政法规和规章制度开具的，只要受益人满足有关约定要求，开证银行即向受益人保证支付的书面凭证。保函，是指银行以其自身的信用为客户承担责任的担保函件。票据，在本罪中仅指汇票、本票和支票。资信证明，是指能够证明某特定个人或者单位具有一定经济实力的文件。广义的资信证明也包括前面述及的票据和存单、房契、地契以及其他各种产权证明文件等。根据法律规定，违反规定开具以上金融凭证的行为，必须达到情节严重的程度，才构成本罪。情节严重，主要指违反规定开具金融票证造成的经济损失较大，违规出具的金融票证数额巨大，多次违规出具金融票证，违规出具多份金融票证，以及曾受处理又再次违规出具金融票证等等。

3. 本罪的主体。犯罪主体为特殊主体，即银行或者其他金融机构及其工作人员才能成为本罪的主体。

4. 本罪的主观方面。主观方面为故意，即明知出具金融票证的行为不符合有关规定，仍有意实施。

• 适用指引 •

司法实践中，认定本罪应注意：划清罪与非罪的界限。行为人违反规定，为他人出具信用证或者其他保函、票据、存单、资信证明的行为，如果情节不严重的，则属于一般违法行为，可由其所在金融机构依法予以行政处罚或者给予行政纪律处分。

第一百八十九条　对违法票据承兑、付款、保证罪

【法律规定】

• 法律条文 •

《中华人民共和国刑法》

第一百八十九条　银行或者其他金融机构的工作人员在票据业务中，对违反票据法规定的票据予以承兑、付款或者保证，造成重大损失的，处五年以下有期徒刑或者拘役；造成特别重大损失的，处五年以上有期徒刑。

单位犯前款罪的，对单位判处罚金，并对其直接负责的主管人员和其他直接责任人员，依照前款的规定处罚。

• 相关规定 •

《中华人民共和国票据法》

第一百零四条　金融机构工作人员在票据业务中玩忽职守，对违反本法规

定的票据予以承兑、付款或者保证的，给予处分；造成重大损失，构成犯罪的，依法追究刑事责任。

由于金融机构工作人员因前款行为给当事人造成损失的，由该金融机构和直接责任人员依法承担赔偿责任。

《最高人民检察院、公安部关于公安机关管辖的刑事案件立案追诉标准的规定（二）》（公通字〔2022〕12 号）

第四十条　［对违法票据承兑、付款、保证案（刑法第一百八十九条）］银行或者其他金融机构及其工作人员在票据业务中，对违反票据法规定的票据予以承兑、付款或者保证，造成直接经济损失数额在五十万元以上的，应予立案追诉。

《金融违法行为处罚办法》（国务院令第 260 号）

第十四条　金融机构对违反票据法规定的票据，不得承兑、贴现、付款或者保证。

金融机构对违反票据法规定的票据，予以承兑、贴现、付款或者保证的，给予警告，没收违法所得，并处违法所得 1 倍以上 3 倍以下的罚款，没有违法所得的，处 5 万元以上 30 万元以下的罚款；对该金融机构直接负责的高级管理人员、其他直接负责的主管人员和直接责任人员，给予记大过直至开除的纪律处分；造成资金损失的，对该金融机构直接负责的高级管理人员，给予撤职直至开除的纪律处分；构成对违法票据承兑、付款、保证罪或者其他罪的，依法追究刑事责任。

【案例】

张某票据诈骗、卞某、马某、陈某对违法票据付款案[①]

● 案件事实 ●

张某为了在中国农业银行长春开发区支行（以下简称农行长春开发区支行）贷款和协助该行完成存款任务，找到长春市医药保健品进出口公司（以下简称长春医药保健品公司）经理关某，让关某在农行长春开发区支行存款，并告诉关某可得高额贴息。1997 年 4 月 3 日，长春医药保健品公司以“王某光”名义转账存入农行长春开发区支行营业部人民币 50 万元。被告人该行营业部主任陈某得知后告诉被告人张某自己想用部分此款，并同意张某用剩余部分，陈某授意张某私刻存款人“王某光”名章。被告人张某将刻好的“王某光”名章和转账存款单复印件交给被告人陈某，被告人陈某委托本行工作人员

① 参见吉林省长春市中级人民法院（2000）长刑初字第 191 号。

孙某到营业部办理有关存款科目变换手续后，两被告人告诉孙某将此款换成活期储蓄，被告人陈某告诉孙某将其中的18万元换成“刘某某”名字的通存通兑活期存折，被告人陈某用后将此款又交给被告人张某。被告人张某得知在票据上加盖存款人名章便可将存款人的存款转出的方法后，于1997年4月至1998年3月，以向银行存款可得高额贴息为诱饵，骗取多家公司及个人的信任，向农行长春开发区支行存入巨款。而后，被告人张某私刻存款人名章，委托农行长春开发区支行工作人员孙某等人填写中国农业银行转账支票，并在支票上加盖私刻的存款人名章，在缺少存款人转账存款单原件和存款人身份证等手续的情况下，被告人张某利用农行长春开发区支行主要负责人对其信任和个人关系，经被告人陈某和该行副行长被告人卞某的违规签批以及在被告人陈某和营业部副主任马某的授意、指令下，工作人员朱某等人没有核对转账必要手续和存款人的预留印鉴，通过变化存款科目，致使被告人张某使用伪造的中国农业银行转账支票多次骗取存款人在该行的巨额存款。被告人张某使用伪造的转账支票共计诈骗人民币40974143.05元，其中1000万元诈骗未遂，支付贴息款和归还、借给存款人以及案发后收缴款物共计折合人民币22673570.51元，实际损失8300533.54元；被告人卞某违规签批19927289.08元，造成损失5591075.64元；被告人马某违规付款人民币20927289.08元，造成损失5871649.47元；被告人陈某违规签批或授意付款人民币8656844.97元，造成损失2428884.05元。

吉林省长春市人民检察院指控被告人张某诈骗金额共计4247.3万余元，其中诈骗未遂1000万元。被告人卞某违规签批金额1690余万元；被告人陈某违规签批540余万元；被告人马某身为营业部坐班主任，玩忽职守，造成重大损失。案发后，收缴赃款、赃物合计人民币19447607.85元，实际造成损失1304.6万元。

• 裁判要旨 •

金融机构领导滥用职权，越权违章签批他人伪造的转账支票，致使储户在银行的存款被骗，造成特别重大损失的，其行为构成对违法票据付款罪；金融机构的普通工作人员，在票据业务中因玩忽职守抑或轻信对违反《票据法》规定的票据予以承兑、付款或者保证，造成特别重大损失的，也可构成对违法票据付款罪。

• 裁判理由 •

吉林省长春市中级人民法院认为：公诉机关指控被告人张某私刻存款人名章，伪造转账支票，经银行主管业务人员违规签批、授意办理，骗取存款人在银行的存款，被告人卞某、马某、陈某违规签批转账支票和授意经办人员办理，造成特别重大损失的犯罪事实，有经过庭审核实的大量证据予以证明，指控被告人张某犯票据诈骗罪，被告人卞某、马某、陈某犯对违法票据付款罪的罪名成立，但指控被告人张某诈骗数额和实际损失数额以及指控被告人陈某违规签批数额有误，应予纠正。被告人张某以非法占有为目的，以给付存款人高额贴息的手段，诱使其向银行存款后，私刻存款人名章，委托银行工作人员帮助填写转账支票，在支票上加盖私刻的存款人名章，利用主管业务人员对其的信任，使用经过签批的伪造支票，骗取存款人在银行的存款，侵犯了国家对金融票据的管理制度和财产所有权，其行为已构成票据诈骗罪，诈骗数额特别巨大，虽其中有1000万元诈骗未遂，但造成特别重大损失，不足以对其从轻判处，应依法从严惩处。被告人卞某身为银行领导，滥用职权，越权违章签批他人伪造的转账支票，致使储户在银行的存款被骗，造成特别重大损失，其行为已构成对违法票据付款罪，应依法惩处。被告人马某、陈某身为银行工作人员，在票据业务中轻信被告人张某，明知被告人张某并非存款人，转款手续不齐全，还在伪造的转账支票上签字和帮助找领导签字后授意经办人员办理，玩忽职守，造成特别重大损失，其行为均已构成对违法票据付款罪，应依法惩处。被告人张某辩解没有伪造票据在银行诈骗，所转款项均经银行领导审批，起诉书指控诈骗犯罪所造成的损失数额计算有误，请求公正判处。为此，银行工作人员虽然帮助被告人张某填写转账支票，但属受被告人张某委托帮助填写，支票上的存款人名章经鉴定和被告人张某辨认系张某私刻，所转款项虽经主管人员签批，但不能成为否定被告人张某构成票据诈骗犯罪的条件，应当视为被告人张某使用伪造的支票。经庭审举证，起诉书中没有指控被告人张某1996年12月30日诈骗王某光存款，但计算在指控的诈骗数额之内，应予扣除；起诉书中指控被告人张某1997年4月3日诈骗王某光存款50万元，证人孙某证实此笔转款并非使用支票，控方当庭也没有提供伪造的支票，且被告人张某用后已将诈骗的款项归还，故不宜认定此笔亦构成票据诈骗，作为犯罪情节予以考虑。综上，除被告人张某关于损失数额计算有误，请求公正判处的辩解能够成立，予以采纳外，其他辩解不能成立，不予采纳。

另，辩护人提出银行制度不健全，所存款项变换科目是银行工作人员在工作中有疏漏，银行有责任，所有的伪造支票不是张某填写的，是银行工作人员填写的；存款人名章不能证明是张某私刻的；1998年1月15日那笔转款是银行行为，张某不知道；1998年1月12日和2月27日两笔转到高某账户上的款，张某没有私刻过高某名章；给王某明96万元贴息供证一致，收缴返赃物品清单有涂改；积极退赃，如实供述，有悔罪表现，请求对其公正判处的辩护意见。此外，被告人张某对私刻存款人名章供认不讳，委托他人填写转账支票有受委托人的证言，应当视为被告人张某的行为，使用伪造的转账支票将存款人的存款转入张某所在公司的账户有银行转账凭证，认定其犯票据诈骗罪事实清楚，证据确实、充分；办理结算业务的银行工作人员有玩忽职守或失职的行为，银行有责任，都不能成为被告人张某不构成票据诈骗犯罪的理由和从轻处罚的条件，属两种法律关系。

就被告人卞某而言，农行平衡资金、掌握头寸并非采用在支票上签字的形式，而是采用结算报表的方式，被告人卞某明知手续齐备、见票即应付款，还在不属于其分管工作范围内多次为被告人张某伪造的转账支票签字，造成损失应当负责；被告人卞某系银行副行长，属对违法票据付款罪主体所要求的银行工作人员，虽不具体从事票据业务，也不负责审查票据要素，但在有限的时间内多次签批被告人马某拿去的伪造的转账支票，其中有两笔转给其爱人顶存款任务，应当知道该款的存款人和收款人，也应当知道该款是转给被告人张某的，其签字成为转付款项的条件和对工作人员的压力。司法解释虽没有界定造成重大损失和特别重大损失的数额，但根据被告人在本案中所造成的损失和参照其他金融犯罪数额标准以及我国经济发展的情况，应当认定造成特别重大损失。

被告人马某身为银行营业部坐班主任，非但不认真审查各种传票，履行职务，反而在票据业务中轻信他人，明知转款手续不齐备，还持票找领导签字，授意经办人员办理，欺上瞒下，违法付款，造成特别重大损失，应依法处罚，故除其要求公正判处的请求应予采纳外，被告人马某的其他辩解不能成立。被告人马某的辩护人提出起诉书指控被告人马某的犯罪事实不清，证据不确实、不充分，不构成对违法票据付款罪；被告人马某参与只有二笔，其中一笔未损失，不构成犯罪，其余均未参与；没有证据证明被告人马某明知手续不全找卞某签字，让经办人员办理，转账支票上有记账员、复核员的名章，有卞某的签字，应以记载为准，马某没有审查票据要素是否齐全，手续是否完备的职责；转到证券二部500万元是被告人张某从别的银行将此款提走，不应由马某负责；朱某某等证人与本案有利害关系，其证言不应采信。但是，根据中国农业银行有关操作规程，营业部内勤坐班主任应当审查已装订的上日传票要素是否齐全；转到证券二部的500万元虽是被告人张某从其他银行将此款提出，但在转到证券二部前，已由马某持票找卞某签批转到张某账户，属张某控制，辩护人所提出这500万元是张某从其他银行提出，不应由马某负责的观点没有客观、全面地反映问题本质。马某对违法票据付款罪主观方面表现为过失，经审查证据，被告人马某没有共同犯罪的故意，其轻信被告人张某，具备对违法票据付款罪主观上表现为过于自信的过失的要件。因此，被告人马某的辩护人所提出的辩护意见除请求公正判处的要求应予采纳外，其他观点不能成立，不予采纳。

被告人陈某身为银行营业部主任明知被告人张某不是存款人，还让张某私刻存款人名章，让工作人员帮助办理转账手续，并签字或授意经办人员办理，过于轻信被告人张某，致使被告人张某使用伪造的转账支票诈骗，造成特别重大损失，被告人陈某虽没有付款行为，也不负责审查票据，但均不能成为不构成对违法票据付款罪的条件和理由；经办人员亦曾拒绝为张某办理，但迫于有主管主任的签字和副主任的授意才违规操作；起诉书指控的1997年4月3日被骗50万元不应认定被告人陈某对违法票据付款，证人孙某证实此笔使用的是凭证转出，并非票据；被告人陈某签批、授意和被告人马某找卞某签批、授意经办员办理，致使被告人张某使用伪造的转账支票多次骗取存款人在银行的大量存款，并用后次诈骗的款项归还前次诈骗款项或借给被其骗取存款的存款人，所造成的特别重大损失应按违法签批付款的数额比例承担。综上，除被告人陈某及其辩护人所提出请求公正判处的要求应予采纳外，其余辩解和辩护观点均不能成立，不予采纳。

为维护国家金融管理秩序和保护国家财产不受侵犯，打击犯罪，依照《刑法》第194条第1项、第199条、第189条第1款、第57条第1款、第59条、第47条之规定，判决如下：一、被告人张某犯票据诈骗罪，判处死刑，剥夺政治权利终身，并处没收个人全部财产。二、被告人卞某犯对违法票据付款罪，判处有期徒刑六年。三、被告人马某犯对违法票据付款罪，判处有期徒刑六年。四、被告人陈某犯对违法票据付款罪，判处有期徒刑六年。

【学理分析及适用指引】

• 学理分析 •

对违法票据承兑、付款、保证罪，是指银行或者其他金融机构及其工作人员在票据业务中，对违反《票据法》规定的票据予以承兑、付款、保证，造成重大损失的行为。本罪的构成要件如下：

1. 本罪的客体。本罪以国家的金融票据管理制度和相关机构和人员的财产权益为客体，以违法的汇票、本票和支票为对象。违法票据，一般是指违反《票据法》规定而无效、失效或者存在瑕疵（如形式要件欠缺、签章与预留印鉴不符、票载金额大写与阿拉伯数字不一致）及其他违反《票据法》规定的票据。①

2. 本罪的客观方面。本罪的客观方面表现为对违反《票据法》规定的票据予以承兑、付款、保证，造成重大损失的行为。承兑，是指汇票付款人承诺在汇票到期日支付汇票金额的票据行为。付款，是指票据的付款人或者代理付款人支付票据金额以消灭票据关系的附属票据行为。② 保证，是指由票据债务

---

① 孙国祥、魏昌东：《经济刑法研究》，法律出版社2005年版，第372页。

② 胡康生、李福成主编：《中华人民共和国刑法释义》，法律出版社1997年版，第254页。

人以外的人，因承担票据债务保证责任，在汇票到期后因持票人得不到付款，而须向持票人足额付款的票据行为。本罪只有造成了“重大损失”才能构成。所谓重大损失，根据《最高人民检察院、公安部关于公安机关管辖刑事案件立案追诉标准的规定（二）》第40条的规定，指个人对违反票据法规定的票据予以付款，造成直接经济损失数额在20万元以上。

3. 本罪的主体。本罪为特殊主体，限于银行或者其他金融机构及其工作人员。

4. 本罪的主观方面。一般认为，行为人对非法票据付款的行为，往往出于故意，也可能出于过失；但对违法票据付款所造成的重大损失，一般出于过失，也不排除间接故意。①

• 适用指引 •

适用本罪需要注意两个问题：

1. 出票人账户、签章均与银行预留印鉴相符的票据，不存在票据违法事由，系合法票据。对该类票据不依票据指令的账户付款，而是从其他客户的账户划款的行为，不能构成对非法票据付款的行为。

2. 国有金融机构的工作人员，在所在单位负责人授意、指使下，利用职务上的便利，连续挪用客户资金给他人使用的，可以构成挪用公款罪。

第一百九十条　逃汇罪

【法律规定】

• 法律条文 •

《中华人民共和国刑法》

第一百九十条　公司、企业或者其他单位，违反国家规定，擅自将外汇存放境外，或者将境内的外汇非法转移到境外，数额较大的，对单位判处逃汇数额百分之五以上百分之三十以下罚金，并对其直接负责的主管人员和其他直接责任人员处五年以下有期徒刑或者拘役；数额巨大或者有其他严重情节的，对单位判处逃汇数额百分之五以上百分之三十以下罚金，并对其直接负责的主管人员和其他直接责任人员处五年以上有期徒刑。

---

① 高铭暄、马克昌主编：《刑法学》，北京大学出版社、高等教育出版社2007年版，第463页。

• 相关规定 •

《全国人民代表大会常务委员会关于惩治骗购外汇、逃汇和非法买卖外汇犯罪的决定》（主席令第14号）

为了惩治骗购外汇、逃汇和非法买卖外汇的犯罪行为，维护国家外汇管理秩序，对刑法作如下补充修改：

……

三、将刑法第一百九十条修改为：公司、企业或者其他单位，违反国家规定，擅自将外汇存放境外，或者将境内的外汇非法转移到境外，数额较大的，对单位判处逃汇数额百分之五以上百分之三十以下罚金，并对其直接负责的主管人员和其他直接责任人员处五年以下有期徒刑或者拘役；数额巨大或者有其他严重情节的，对单位判处逃汇数额百分之五以上百分之三十以下罚金，并对其直接负责的主管人员和其他直接责任人员处五年以上有期徒刑。

五、海关、外汇管理部门以及金融机构、从事对外贸易经营活动的公司、企业或者其他单位的工作人员与骗购外汇或者逃汇的行为人通谋，为其提供购买外汇的有关凭证或者其他便利的，或者明知是伪造、变造的凭证和单据而售汇、付汇的，以共犯论，依照本决定从重处罚。

六、海关、外汇管理部门的工作人员严重不负责任，造成大量外汇被骗购或者逃汇，致使国家利益遭受重大损失的，依照刑法第三百九十七条的规定定罪处罚。

七、金融机构、从事对外贸易经营活动的公司、企业的工作人员严重不负责任，造成大量外汇被骗购或者逃汇，致使国家利益遭受重大损失的，依照刑法第一百六十七条的规定定罪处罚。

《最高人民法院关于审理骗购外汇、非法买卖外汇刑事案件具体应用法律若干问题的解释》（法释〔1998〕20号）

第一条　以进行走私、逃汇、洗钱、骗税等犯罪活动为目的，使用虚假、无效的凭证、商业单据或者采取其他手段向外汇指定银行骗购外汇的，应当分别按照刑法分则第三章第二节、第一百九十条、第一百九十一条和第二百零四条等规定定罪处罚。

非国有公司、企业或者其他单位，与国有公司、企业或者其他国有单位勾结逃汇的，以逃汇罪的共犯处罚。

第六条　实施本解释规定的行为，同时触犯二个以上罪名的，择一重罪从重处罚。

《最高人民检察院、公安部关于公安机关管辖的刑事案件立案追诉标准的规定（二）》（公通字〔2022〕12号）

第四十一条　［逃汇案（刑法第一百九十条）］公司、企业或者其他单位，违反国家规定，擅自将外汇存放境外，或者将境内的外汇非法转移到境外，单笔在二百万美元以上或者累计数额在五百万美元以上的，应予立案追诉。

《外汇管理条例》（国务院令第532号）

第三条 本条例所称外汇，是指下列以外币表示的可以用作国际清偿的支付手段和资产：

（一）外国现钞，包括纸币、铸币；

（二）外币支付凭证，包括票据、银行存款凭证、邮政储蓄凭证等；

（三）外币有价证券，包括政府债券、公司债券、股票等；

（四）特别提款权、欧洲货币单位；

（五）其他外汇资产。

第九条 境内机构、境内个人的外汇收入可以调回境内或者存放境外；调回境内或者存放境外的条件、期限等，由国务院外汇管理部门根据国际收支状况和外汇管理的需要作出规定。

第十条 国务院外汇管理部门依法持有、管理、经营国家外汇储备，遵循安全、流动、增值的原则。

第十一条 国际收支出现或者可能出现严重失衡，以及国民经济出现或者可能出现严重危机时，国家可以对国际收支采取必要的保障、控制等措施。

第三十九条 有违反规定将境内外汇转移境外，或者以欺骗手段将境内资本转移境外等逃汇行为的，由外汇管理机关责令限期调回外汇，处逃汇金额30%以下的罚款；情节严重的，处逃汇金额30%以上等值以下的罚款；构成犯罪的，依法追究刑事责任。

第四十条 有违反规定以外汇收付应当以人民币收付的款项，或者以虚假、无效的交易单证等向经营结汇、售汇业务的金融机构骗购外汇等非法套汇行为的，由外汇管理机关责令对非法套汇资金予以回兑，处非法套汇金额30%以下的罚款；情节严重的，处非法套汇金额30%以上等值以下的罚款；构成犯罪的，依法追究刑事责任。

第四十二条 违反规定携带外汇出入境的，由外汇管理机关给予警告，可以处违法金额20%以下的罚款。法律、行政法规规定由海关予以处罚的，从其规定。

第四十三条 有擅自对外借款、在境外发行债券或者提供对外担保等违反外债管理行为的，由外汇管理机关给予警告，处违法金额30%以下的罚款。

第四十五条 私自买卖外汇、变相买卖外汇、倒买倒卖外汇或者非法介绍买卖外汇数额较大的，由外汇管理机关给予警告，没收违法所得，处违法金额30%以下的罚款；情节严重的，处违法金额30%以上等值以下的罚款；构成犯罪的，依法追究刑事责任。

第四十九条　境内机构违反外汇管理规定的，除依照本条例给予处罚外，对直接负责的主管人员和其他直接责任人员，应当给予处分；对金融机构负有直接责任的董事、监事、高级管理人员和其他直接责任人员给予警告，处5万元以上50万元以下的罚款；构成犯罪的，依法追究刑事责任。

《对外贸易经济合作部对逃、套汇外经贸企业给予行政处罚的暂行规定》（〔1998〕对经贸计财发第713号）

第二条　本规定所指逃、套汇行为，系指《中华人民共和国外汇管理条例》中列明的，经外汇管理机关认定的逃、套汇行为。

（一）逃汇行为指：违反国家规定，擅自将外汇存放在境外的；不按照国家规定将外汇卖给外汇指定银行的；违反国家规定将外汇汇出或者携带出境的；未经外汇管理机关批准，擅自将外币存款凭证、外币有价证券携带或者邮寄出境的；其他逃汇行为。

（二）套汇行为指：违反国家规定，以人民币支付或者以实物偿付应当以外汇支付的进口货款或者其他类似支出的；以人民币为他人支付在境内的费用，由对方付给外汇的；未经外汇管理机关批准，境外投资者以人民币或者境内所购物资在境内进行投资的；以虚假或者无效的凭证、合同、单据等向外汇指定银行骗购外汇的；非法套汇的其他行为。

第三条　本规定所指外经贸企业是指外贸公司（包括中外合资外贸公司）、自营进出口生产企业和科研院所、有进出口经营权的商业物资企业、外商投资企业、对外承包劳务企业、加工贸易企业、边贸企业、旅游小额贸易企业等。

第十条　对参与上述逃、套汇行为的当事人和企业负责人，将由行政主管部门视其情节轻重予以记过直至撤职或开除公职的处分；构成犯罪的，移送司法机关依法追究刑事责任。

【案例】

罗某逃汇、于某玩忽职守、常某签订、履行合同失职被骗案[①]

● 案件事实 ●

1997年1月至1998年8月初，罗某受瑞得（集团）公司及北京瑞得科技贸易发展公司的指派，以瑞得（集团）公司的名义，为公司办理进口计算机业务的手续。在瑞得（集团）公司与中仪经纬进出口公司签订委托代理进口协议后，罗某在三份外贸合同上外商签名处假冒外商签字，并以此三份虚假外

① 参见北京市高级人民法院（2000）高刑终字第185号。

贸合同欺骗售汇银行开具信用证，通过中仪经纬进出口公司从中国银行总行、中国建设银行北京市分行为北京瑞得科技贸易发展公司骗购外汇美元447.685万元后汇至境外，将境内瑞得（集团）公司自有外汇美元365万元非法转移至境外。1998年5月~6月间，罗某在办理国家外汇管理局规定的进口付汇报审手续时，用报关金额为250万美元的6张报关单（经鉴定是伪造的报关单）及罗某编造的报审金额为812万美元的核销表到国家外汇管理局报审了上述三笔所付外汇。

1998年5月~6月间，于某担任国家外汇管理局国际收支司进出口核销处主任科员，负责进口付汇核销报审工作。当罗某请求于某以少报多，用250万美元的报关单报审美元812万元的付汇金额，以逃避国家外汇管理局审查时，于某违反有关法规，私自将罗某提供的虚假核销表中的数据输入国家外汇管理局的计算机系统内，并在罗某提供的报关单和核销表上盖上“已报审”章予以报审。

1997年至1998年5月，常某在担任中仪英康经营中心董事长并直接负责中仪经纬进出口公司工作期间，在代理瑞得（集团）公司进口计算机业务时，为本单位的利益，不按国家经济主管部门有关规定履行职责，在不见外商、不见进口产品、不见供货货主并放任瑞得（集团）公司自带客户、自带货源、自行报关的情况下，代表中仪经纬进出口公司与瑞得（集团）公司签订代理进口协议、签订并同意其负责管理的其他职员签订外贸合同。瑞得（集团）公司利用上述所签虚假合同从售汇银行骗取外汇美元447.685万元汇至境外，美元365万元被非法转移至境外。为此，中仪经纬进出口公司获取代理费人民币32万余元及人民币102万余元的付款允诺。

• 裁判要旨 •

单位骗购外汇，又实施将外汇非法转移至境外即逃汇行为，数额较大的，应当以逃汇罪论处。

• 裁判理由 •

北京市第一中级人民法院经审理认定罗某犯逃汇罪，于某犯玩忽职守罪，常某犯签订、履行合同失职被骗罪。三名被告均表示不服，提出上诉。

北京市高级人民法院经审理认为：上诉人于某身为国家机关工作人员，不正确履行其外汇监管职责，违反本部门的规定，为单位逃汇的报审文件予以报审核销，掩盖他人逃汇犯罪行为，致使国家利益遭受重大损失，其行为已构成玩忽职守罪；上诉人常某身为从事对外贸易活动的国有进出口公司的主管人员，为本公司的利益，致使其他公司利用其签订的外贸代理协议及外贸合同逃汇并间接导致骗购外汇的发生，使国家利益遭受重大损失，其行为已构成签订、履行合同失职被骗罪；原审被告人罗某身为国有公司的工作人员，无视国家外汇管理制度，以公司的名义，使用虚假的外贸合同、信用证合同，向开证银行骗购外汇汇至境外并将企业自有外汇非法转移至境外，情节严重，其行为已构成逃汇罪，依法均应予以惩处。原审法院鉴于罗某认罪态度较好，以及在犯罪中所处的地位和作用，依法对其酌予从轻处罚适当；鉴于于某犯罪后能如实供述自己的犯罪事实，有悔罪表现，依法对其适用缓刑适当。原审法院根据罗某、于某、常某犯罪的事实、犯罪的性质、情节和对社会的危害程度所作出的判决，定罪正确，对罗某、于某量刑适当，审判程序合法；鉴于常某的犯罪情节较轻及本案的具体情节可对其免予刑事处罚。于某上诉提出，其行为发生在 1998 年 6 月初，原判依据的法律是在此后才实施，与时效原则不符的上诉理由，经查，于某的行为已触犯了《刑法》第 397 条第 1 款的规定，原审法院依据《刑法》的有关规定定罪量刑正确。常某及其辩护人提出原判适用法律不当的辩解和辩护意见，经查，常某的行为已触犯《刑法》第 167 条及《全国人民代表大会常务委员会关于惩治骗购外汇、逃汇和非法买卖外汇犯罪的决定》第 7 条的规定，原判根据《刑法》第 12 条第 1 款及相关司法解释，对其定罪及适用法律正确，但其辩护人所提常某的行为不适用骗汇的司法解释的理由正确，法院酌予采纳。据此，依照《刑事诉讼法》第 189 条、《刑法》第 12 条第 1 款、第 190 条、第 397 条第 1 款、第 167 条、第 72 条第 1 款、第 61 条及《全国人民代表大会常务委员会关于惩治骗购外汇、逃汇和非法买卖外汇犯罪的决定》第 6 条、第 7 条的规定，判决如下：一、维持北京市第一中级人民法院（2000）一中刑初字第 1 号刑事判决的第三项中对被告人常某的定罪部分及第一项、第二项、第四项，即：被告人罗某犯逃汇罪，判处有期徒刑二年；被告人于某犯玩忽职守罪，判处有期徒刑二年，缓刑二年；在案扣押之 BP 机一台予以没收；在案扣押美元 66530 元发还中仪英康进出口公司。二、撤销北京市第一中级人民法院（2000）一中刑初字第 1 号刑事判决第三项中被告人常某的量刑部分。三、上诉人常某犯签订、履行合同失职被骗罪，免予刑事处罚。

【学理分析及适用指引】

• 学理分析 •

逃汇罪，是指公司、企业或者其他单位，违反国家规定，擅自将外汇存放境外，或者将境内的外汇非法转移到境外，数额较大的行为。本罪的构成要件如下：

本罪侵犯的客体，是国家外汇管理制度。外汇，是指以外国货币表示的，用于国际结算的信用凭证和支付手段，包括外国货币，如钞票、铸币等；外币有价证券、外币支付凭证，如票据、银行存单等，以及其他外汇资金。根据《外汇管理条例》的规定，国有公司、企业或者其他国有单位，对于经常项目外汇收入，如出口或者先支后收转口货物及其他交易行为收入的外汇、境外贷款项下国际招标中标收入的外汇、海关监管下境内经营免税商品收入的外汇等，应当按照国务院关于结汇、售汇和付汇管理的规定，及时调回境内，按市场汇率全部卖给国家指定银行，不得存放境外。《外汇管理条例》还规定，境内机构向境外投资，在向主管部门申报批准前，由外汇管理机关审查其外汇资金来源。获得批准后，才能按规定办理资金汇出手续，否则即属将境内外汇非法转移境外的行为。由于全国人民代表大会常务委员会的上述对刑法逃汇行为主体的规定，扩大到国有公司、企业和国有其他单位以外的所有依法设立的公司、企业和其他单位，因此，犯罪主体不再是特殊主体。任何公司、企业或者其他单位都可以构成本罪的主体。个人不能构成本罪。主观方面只能由故意构成。

• 适用指引 •

司法实践中，应注意区分本罪与走私罪的界限：

1. 客体不同。本罪的客体是国家的外汇管理制度，其与进出口贸易及其关税无关；而走私罪的客体则是对外贸易管制，后者这种管制的目的是通过对进出口货物的监督、管理与控制，防止偷逃关税及阻止或限制不该进出口的物资进出口，它与进出口贸易及其关税紧密联系在一起。

2. 犯罪对象不同。本罪的对象仅限于外汇；走私罪的对象却比本罪广泛得多，它包括外汇在内的一切禁止或限制进出境的货物与物品或者应当缴纳关税的货物及物品。

3. 客观方面的表现形式不同。本罪在客观方面表现为逃汇的行为。逃汇的外在形式是将境外取得的外汇应当调回境内而不调回，或把境内的外汇私自转移到国外等；而走私罪的客观行为却是行为人逃避海关监管，非法运输、携带、邮寄货物、物品进出国（边）境的行为。

4. 主体不同。本罪的主体为各种类型的经济组织，个人不能构成本罪；而走私罪为一般主体。

5. 本罪为具体罪名，而走私罪则为种罪名。其包括走私武器、弹药罪、走私假币罪、走私文物罪等多个具体罪名。

《全国人民代表大会常务委员会关于惩治骗购外汇、逃汇和非法买卖外汇犯罪的决定》
第一条 骗购外汇罪

【法律规定】

• 法律条文 •

《全国人民代表大会常务委员会关于惩治骗购外汇、逃汇和非法买卖外汇犯罪的决定》（主席令第14号）

一、有下列情形之一，骗购外汇，数额较大的，处五年以下有期徒刑或者拘役，并处骗购外汇数额百分之五以上百分之三十以下罚金；数额巨大或者有其他严重情节的，处五年以上十年以下有期徒刑，并处骗购外汇数额百分之五以上百分之三十以下罚金；数额特别巨大或者有其他特别严重情节的，处十年以上有期徒刑或者无期徒刑，并处骗购外汇数额百分之五以上百分之三十以下罚金或者没收财产：

（一）使用伪造、变造的海关签发的报关单、进口证明、外汇管理部门核准件等凭证和单据的；

（二）重复使用海关签发的报关单、进口证明、外汇管理部门核准件等凭证和单据的；

（三）以其他方式骗购外汇的。

伪造、变造海关签发的报关单、进口证明、外汇管理部门核准件等凭证和单据，并用于骗购外汇的，依照前款的规定从重处罚。

明知用于骗购外汇而提供人民币资金的，以共犯论处。

单位犯前三款罪的，对单位依照第一款的规定判处罚金，并对其直接负责的主管人员和其他直接责任人员，处五年以下有期徒刑或者拘役；数额巨大或者有其他严重情节的，处五年以上十年以下有期徒刑；数额特别巨大或者有其他特别严重情节的，处十年以上有期徒刑或者无期徒刑。

• 相关规定 •

《最高人民法院关于审理骗购外汇、非法买卖外汇刑事案件具体应用法律若干问题的解释》（法释〔1998〕20号）

第五条 海关、银行、外汇管理机关工作人员与骗购外汇的行为人通谋，为其提供购买外汇的有关凭证，或者明知是伪造、变造的凭证和商业单据而出售外汇，构成犯罪的，按照刑法的有关规定从重处罚。

第七条 根据刑法第六十四条规定，骗购外汇、非法买卖外汇的，其违法所得予以追缴，用于骗购外汇、非法买卖外汇的资金予以没收，上缴国库。

第八条 骗购、非法买卖不同币种的外汇的，以案发时国家外汇管理机关制定的统一折算率折合后依照本解释处罚。

《最高人民法院、最高人民检察院、公安部办理骗汇、逃汇犯罪案件联席会议纪要》（公通字〔1999〕39 号）

二、全国人大常委会《关于惩治骗购外汇、逃汇和非法买卖外汇犯罪的决定》（以下简称《决定》）公布施行后发生的犯罪行为，应当依照《决定》办理；对于《决定》公布施行前发生的公布后尚未处理或者正在处理的行为，依照修订后的刑法第十二条第一款规定的原则办理。

最高人民法院 1998 年 8 月 28 日发布的《关于审理骗购外汇、非法买卖外汇刑事案件具体应用法律若干问题的解释》（以下简称《解释》），是对具体应用修订后的刑法有关问题的司法解释，适用于依照修订后的刑法判处的案件。各执法部门对于《解释》应当准确理解，严格执行。

《解释》第四条规定："公司、企业或者其他单位，违反有关外贸代理业务的规定，采用非法手段或者明知是伪造、变造的凭证、商业单据，为他人向外汇指定银行骗购外汇，数额在五百万美元以上或者违法所得五十万元人民币以上的，按照刑法第二百二十五条第（三）项的规定定罪处罚；居间介绍骗购外汇一百万美元以上或者违法所得十万元人民币以上的，按照刑法第二百二十五条第（三）项的规定定罪处罚。"上述所称"采用非法手段"，是指有国家批准的进出口经营权的外贸代理企业在经营代理进口业务时，不按国家经济主管部门有关规定履行职责，放任被代理方自带客户、自带货源、自带汇票、自行报关，在不见进口产品、不见供货货主、不见外商的情况下代理进口业务，或者采取法律、行政法规和部门规章禁止的其他手段代理进口业务。

认定《解释》第四条所称的"明知"，要结合案件的具体情节予以综合考虑，不能仅仅因为行为人不供述就不予认定。报关行为先于签订外贸代理协议的，或者委托方提供的购汇凭证明显与真实凭证、商业单据不符的，应当认定为明知。

《解释》第四条所称"居间介绍骗购外汇"，是指收取他人人民币、以虚假购汇凭证委托外贸公司、企业骗购外汇，获取非法收益的行为。

《最高人民检察院、公安部关于公安机关管辖的刑事案件立案追诉标准的规定（二）》（公通字〔2022〕12 号）

第四十二条 ［骗购外汇案《全国人民代表大会常务委员会关于惩治骗购外汇、逃汇和非法买卖外汇犯罪的决定》第一条］骗购外汇，数额在五十万美元以上的，应予立案追诉。

《外汇管理条例》（国务院令第 532 号）

第三条 本条例所称外汇，是指下列以外币表示的可以用作国际清偿的支付手段和资产：

（一）外币现钞，包括纸币、铸币；

（二）外币支付凭证或者支付工具，包括票据、银行存款凭证、银行卡等；

（三）外币有价证券，包括债券、股票等；

（四）特别提款权；

（五）其他外汇资产。

第六条 国家实行国际收支统计申报制度。

国务院外汇管理部门应当对国际收支进行统计、监测，定期公布国际收支状况。

第十二条 经常项目外汇收支应当具有真实、合法的交易基础。经营结汇、售汇业务的金融机构应当按照国务院外汇管理部门的规定，对交易单证的真实性及其与外汇收支的一致性进行合理审查。

外汇管理机关有权对前款规定事项进行监督检查。

第十四条 经常项目外汇支出，应当按照国务院外汇管理部门关于付汇与购汇的管理规定，凭有效单证以自有外汇支付或者向经营结汇、售汇业务的金融机构购汇支付。

第二十一条 资本项目外汇收入保留或者卖给经营结汇、售汇业务的金融机构，应当经外汇管理机关批准，但国家规定无需批准的除外。

第二十二条 资本项目外汇支出，应当按照国务院外汇管理部门关于付汇与购汇的管理规定，凭有效单证以自有外汇支付或者向经营结汇、售汇业务的金融机构购汇支付。国家规定应当经外汇管理机关批准的，应当在外汇支付前办理批准手续。

依法终止的外商投资企业，按照国家有关规定进行清算、纳税后，属于外方投资者所有的人民币，可以向经营结汇、售汇业务的金融机构购汇汇出。

第二十三条 资本项目外汇及结汇资金，应当按照有关主管部门及外汇管理机关批准的用途使用。外汇管理机关有权对资本项目外汇及结汇资金使用和账户变动情况进行监督检查。

第三十三条 外汇管理机关依法履行职责，有权采取下列措施：

（一）对经营外汇业务的金融机构进行现场检查；

（二）进入涉嫌外汇违法行为发生场所调查取证；

（三）询问有外汇收支或者外汇经营活动的机构和个人，要求其对与被调查外汇违法事件直接有关的事项作出说明；

（四）查阅、复制与被调查外汇违法事件直接有关的交易单证等资料；

（五）查阅、复制被调查外汇违法事件的当事人和直接有关的单位、个人的财务会计资料及相关文件，对可能被转移、隐匿或者毁损的文件和资料，可以予以封存；

（六）经国务院外汇管理部门或者省级外汇管理机关负责人批准，查询被调查外汇违法事件的当事人和直接有关的单位、个人的账户，但个人储蓄存款账户除外；

（七）对有证据证明已经或者可能转移、隐匿违法资金等涉案财产或者隐匿、伪造、毁损重要证据的，可以申请人民法院冻结或者查封。

有关单位和个人应当配合外汇管理机关的监督检查，如实说明有关情况并提供有关文件、资料，不得拒绝、阻碍和隐瞒。

第四十条 有违反规定以外汇收付应当以人民币收付的款项，或者以虚假、无效的交易单证等向经营结汇、售汇业务的金融机构骗购外汇等非法套汇行为的，由外汇管理机关责令对非法套汇资金予以回兑，处非法套汇金额30%以下的罚款；情节严重的，处非法套汇金额30%以上等值以下的罚款；构成犯罪的，依法追究刑事责任。

第四十九条 境内机构违反外汇管理规定的，除依照本条例给予处罚外，对直接负责的主管人员和其他直接责任人员，应当给予处分；对金融机构负有直接责任的董事、监事、高级管理人员和其他直接责任人员给予警告，处5万元以上50万元以下的罚款；构成犯罪的，依法追究刑事责任。

《对外贸易经济合作部对逃、套汇外经贸企业给予行政处罚的暂行规定》（〔1998〕外经贸计财发第713号）

第二条 本规定所指逃、套汇行为，系指《中华人民共和国外汇管理条例》中列明的，经外汇管理机关认定的逃、套汇行为。

（一）逃汇行为指：违反国家规定，擅自将外汇存放在境外的；不按照国家规定将外汇卖给外汇指定银行的；违反国家规定将外汇汇出或者携带出境的；未经外汇管理机关批准，擅自将外币存款凭证、外币有价证券携带或者邮寄出境的；其他逃汇行为。

（二）套汇行为指：违反国家规定，以人民币支付或者以实物偿付应当以外汇支付的进口货款或者其他类似支出的；以人民币为他人支付在境内的费用，由对方付给外汇的；未经外汇管理机关批准，境外投资者以人民币或者境内所购物资在境内进行投资的；以虚假或者无效的凭证、合同、单据等向外汇指定银行骗购外汇的；非法套汇的其他行为。

第三条 本规定所指外经贸企业是指外贸公司（包括中外合资外贸公司）、自营进出口生产企业和科研院所、有进出口经营权的商业物资企业、外商投资企业、对外承包劳务企业、加工贸易企业、边贸企业、旅游小额贸易企业等。

第十条 对参与上述逃、套汇行为的当事人和企业负责人，将由行政主管部门视其情节轻重予以记过直至撤职或开除公职的处分；构成犯罪的，移送司法机关依法追究刑事责任。

【案例】

何保汕、林作燕、陈其鸿骗购外汇案①

• 案件事实 •

2016 年 5 月至 2017 年 4 月间，被告人陈其鸿、何保汕、林作燕与余铭（在逃）等人合伙或分别合伙在厦门市思明区金祥大厦等租住房内，通过“马氏”（真实身份不详）等人介绍金主，采用“批量借壳开户、树形分拆资金、异地网银操纵”的运作模式，利用各自亲友提供的开立在招商银行、光大银行、民生银行的可用以购买外汇的借记卡账户接受金主的购汇资金，再按照当天汇率，拆分为每笔约 33 万余元人民币汇至非法收集的近 2000 个招商银行“人头卡”（包含身份证复印件、网银 U 盾、手机卡、银行卡）账户，随后通过在网上银行虚构出境旅游等事由，利用开户人每年 5 万美元的用汇额度进行购汇，再将外汇资金转账至各自亲友提供的招商银行香港一卡通账户，最后转入“马氏”人员指定的境外账户。陈其鸿、何保汕、林作燕等人每完成一笔（5 万美元）的购汇行为便可获得人民币 2500 元至 3500 元不等的手续费。经审计及统计，被告人何保汕、林作燕、陈其鸿与余铭共骗购美元、欧元、港元计 95078657.49 美元，非法获利人民币 474 万元。其中，被告人何保汕参与骗购外汇 69477422.85 美元，获利人民币 1274375 元；被告人林作燕参与骗购外汇 70577164.45 美元，获利人民币 1329375 元；被告人陈其鸿参与骗购外汇 63089625.04 美元，获利人民币 1068125 元。具体如下：

1. 2016 年 5 月 25 日至 2016 年 7 月间，被告人陈其鸿、何保汕、林作燕与余铭接收“马氏”等人员资金后，分拆至其自己及亲友或者非法收集的 751 个“人头卡”银行账户，骗购外汇金额折合计 37338149.3 美元。同年 7 月底，四人因内部产生矛盾后分裂。

2. 2016 年 9 月 21 日至 2017 年 4 月间，被告人陈其鸿与余某、张某 4（另案处理）接收资金后，分拆至其自己及亲友或者购买来的 479 个“人头卡”银行账户，骗购外汇金额折合计 24501493.04 美元。

3. 2016 年 9 月 28 日至 2017 年 4 月间，被告人何保汕、林作燕接受他人资金后，分拆至其自己及亲友或者购买来的 666 个“人头卡”银行账户，其中，林作燕参与骗购外汇金额折合计 33239015.15 美元，何保汕骗购外汇数额为 32139273.55 美元，陈其鸿从其本人及控制的陈某银行账户向林作燕及其与何保

---

① 参见福建省三明市中级人民法院（2020）闽 04 刑终 69 号。

汕共同控制的银行账户内转账人民币8610250元用于骗购外汇计1249982.7美元。

2018年9月6日，被告人陈其鸿在厦门市思明区被抓获；被告人何保汕、林作燕在厦门市思明区被抓获。到案后，被告人陈其鸿如实供述所犯罪行。

• 裁判要旨 •

关于骗购外汇罪的认定。

• 裁判理由 •

原判认为，被告人何保汕、林作燕、陈其鸿伙同他人骗购外汇，数额特别巨大，三被告人的行为均已构成骗购外汇罪，公诉机关指控的罪名成立。本案系共同犯罪。被告人陈其鸿到案后如实供述本人犯罪事实，系坦白，可以从轻处罚。依照《全国人民代表大会常务委员会关于惩治骗购外汇、逃汇和非法买卖外汇犯罪的决定》第1条第2款第3项、《刑法》第25条第1款、第67条第3款、第64条之规定，原审判决：一、被告人何保汕犯骗购外汇罪，判处有期徒刑十一年六个月，并处罚金人民币1200万元。二、被告人林作燕犯骗购外汇罪，判处有期徒刑十一年六个月，并处罚金人民币1200万元。三、被告人陈其鸿犯骗购外汇罪，判处有期徒刑十年，并处罚金人民币1000万元。四、追缴被告人陈其鸿退出的违法所得人民币845185.16元；继续分别追缴被告人何保汕、林作燕、陈其鸿未退违法所得人民币1274375元、1329375元、222939.84元；扣押、查封在案的闽G×××××保时捷卡宴轿车一部、登记在林某3名下位于广东省中山市东凤镇凤翔大道2号名扬世纪广场1座×××房和陈某名下位于广东省中山市石岐区龙凤街2号溢彩家园1幢×××室房产各一套，由扣押、查封机关依法处置，所得款项可折抵被告人陈其鸿未退违法所得及罚金；扣押在案的闽G×××××奔驰轿车由公安机关依法处置，并视财产处置情况折抵何保汕、林作燕未退违法所得；扣押在案的黑色苹果8X、三星手机各一部，由扣押机关依法处理。

二审法院经审理查明，原判认定原审被告人何保汕、林作燕、陈其鸿犯骗购外汇罪的事实清楚，据以认定的证据均经原审庭审举证、质证，证据来源合法，内容客观真实，并能够相互印证，法院予以确认。

关于上诉人何保汕、林作燕、陈其鸿及辩护人所提本案不应当定性为骗购外汇罪的综合诉辩意见。经查，何保汕、林作燕、陈其鸿等人采用“批量借壳开户、树形分拆资金、异地网银操纵”的运作模式，冒用他人银行账户，虚构旅游等事由，骗购外汇。上诉人购得外汇的行为本身即是通过虚构事实、隐瞒真相的非法方法骗取而来，而非仅仅将境内合法的外汇非法转移至境外，也非在国家规定的外汇交易场所以外倒买倒卖外汇，根据《全国人民代表大会常务委员会关于惩治骗购外汇、逃汇和非法买卖外汇犯罪的决定》第1条第1款的规定，上诉人的行为均构成骗购外汇罪。该诉辩意见不能成立，不予采纳。

关于上诉人何保汕及其辩护人所提何保汕自2016年7月以后没有再从事骗购外汇行为，只是提供银行卡给余铭等人使用未收回，原判认定2016年10月至2017年2月其参与骗购外汇，与事实不符，以及上诉人林作燕所提银行转账记录仅体现转账事实，无法体现谁在使用该银行卡，认定其2016年10月参与骗购外汇证据不足的诉辩意见。经查，原审被告人何保汕、林作燕、陈其鸿的供述证实，2016年5月至7月，何保汕、林作燕、陈其鸿与余铭分工负责骗购外汇过程中，何保汕、林作燕即是负责用其亲友及购买的银行账户购汇、转账，而余铭负责将香港一卡通账户归集的美元转账至境外账户，其间，“人头卡”银行账户即是由何保汕、林作燕等人操控使用；2016年10月至2017年2月期间，上述部分“人头卡”银行账户仍有购汇、转账等记录，且何保汕、林作燕缴交学费、支付房租等日常生活消费均发生于每次购汇获利之后，原判据此认定何保汕、林作燕此间用有继续实施骗购外汇，并无不当；何保汕辩称银行卡给余铭等人使用未收回，并无事实依据，且该辩解也与陈其鸿的供述“从2016年8月中旬左右我们就没有在一起做骗购外汇生意了，分开后，林作燕和何保汕带来的亲戚朋友的卡他们都拿回去了”相矛盾。该诉辩意见不能成立，不予采纳。

关于上诉人何保汕所提扣除其危险驾驶罪被关押期间的10997416美元，原判认定其骗购外汇数额为69477422.85美元有误的意见。经查，扣除何保汕于2017年2月13日至4月25日犯危险驾驶罪被羁押期间的22笔购汇数额1099741.6美元，何保汕骗购外汇数额为69477422.85美元，原判认定何保汕的犯罪数额正确，但对何保汕被羁押期间的22笔购汇数额计算为10997416美元有误。该上诉意见不能成立，不予采纳。

关于上诉人林作燕及其辩护人所提原判按一笔获利2500元至3000元推算认定上诉人获利1329375元，对该事实的认定应当更客观准确的意见和理由。经查，原审被告人何保汕供称每笔佣金二三千元，林作燕供称每购买5万美元能赚佣金3000元左右，陈其鸿供称每购买一笔5万美元的外汇佣金在2500元至3500元之间。原判从有利于被告人认定每笔获利2500元，再根据各原审被告人所参与的具体购汇次数和利润比例，认定林作燕获利1329375元。该认定并无不当。

关于上诉人陈其鸿所提陈其鸿未在2016年9月份期间从事购汇行为，其间银行卡由余铭以每天100元至200元向陈其鸿租用，2017年2月至4月期间仅是用自己银行卡帮朋友转过几笔，绝大部分款项系余铭且于购汇，该期间数额不应计入其犯罪数额的诉辩意见。经查，陈其鸿到案后多次供称，其和何保汕、林作燕、余铭一起做了一段时间后，因内部矛盾分开后其和余铭一起做，从未供及2016年9月期间其将卡租给余铭；陈其鸿还供述其和余铭还帮厦门女老板张某4做了一段时间，如果银行卡内余额转到其卡上来，也一定是其做的；张某4证言亦证实其于2017年3月、4月间提供资金给陈其鸿、余铭购买美金并支付佣金。结合证人刘某1等人的证言，以及相关银行交易记录，原判认定陈其鸿于2016年9月28日至2017年4月期间参与骗购外汇，证据确实、充分。该诉辩意见不能成立，不予采纳。

关于上诉人何保汕、林作燕、陈其鸿及辩护人所提原判将涉案金额认定为数额特别巨大不当的综合诉辩意见。经查，《全国人民代表大会常务委员会关于惩治骗购外汇、逃汇和非法买卖外汇犯罪的决定》第1条第1款明确规定了骗购外汇的，根据数额较大、数额巨大或者有其他严重情节、数额特别巨大或者有其他特别严重情节的，分别处不同的刑罚，原判据此认定各原审被告人数额特别巨大，于法有据。虽然《最高人民检察院、公安部关于公安机关管辖的刑事案件立案追诉标准的规定（二）》只规定了骗购外汇，数额在50万美元以上的，应予立案追诉。对数额巨大和数额特别巨大，司法解释未作明确规定。但根据福建省2001年座谈会议纪要规定，1000万美元以上的，可以认定为数额特别巨大。虽然该纪要形成时间在2001年，但本案上诉人参与骗购外汇数额均达6000万美元以上，远远超出上述纪要规定的1000万美元标准，原判认定各原审被告人骗购外汇数额特别巨大，并无不当。至于何保汕的辩护人所提可能存在银行卡开卡人征信问题而导致款项冻结，当年无外汇购买额度等问题，并无事实依据和证据支持。故上述诉辩意见不能成立，不予采纳。

关于上诉人何保汕、林作燕、陈其鸿及辩护人所提上诉人应当认定为从犯的综合诉辩意见。经查，三上诉人在与余铭和“马氏”共同实施的骗购外汇的犯罪中，在骗购外汇前指使亲友或组织他人在银行开设可购买外汇的银行账户，购买银行账户“人头卡”四件套，并使用外汇银行账户通过虚构出境旅游等事由购买外汇，在骗购得外汇后非法将外汇汇至“马氏”指定境外账户。三上诉人的行为对我国外汇被骗购起到了重要的、直接的作用，而非次要的或辅助的作用，不宜认定为从犯。该诉辩意见不能成立，不予采纳。

关于上诉人陈其鸿所提原判认定获利金额474万元，没有扣除合理开支，应当扣除购汇手续费、转账手续费、银行卡费用等费用的意见。经查，上述购汇手续费等费用属于上诉人在实施骗购外汇违法犯罪过程中支出的犯罪成本，不应当在获利金额中予以扣除。该诉辩意见不能成立，不予采纳。

关于上诉人陈其鸿所提部分房产、车辆与本案无关联，且非上诉人个人财产，其在购买保时捷和1×××公寓后已用完赃款，剩余的扣押财物与赃款无关，原审对上诉人相关财产处置错误的意见。经查，陈其鸿供认其用作外汇赚的钱中30万元作首付购买保时捷卡宴轿车，后将车子贷款还掉，让其朋友陈振源代持，但车实际上还是其所有；到中山后，还有其做外汇赚的剩余的钱以及到中山后做生意赚的钱，购买了两套房子，分别登记在林某3和陈某名下。

林某3、陈某亦证实名下涉案房产系代陈其鸿挂名，二人均未出资。结合陈其鸿尚有违法所得222939.84元未退，罚金1000万元未缴纳，陈其鸿亦曾供述愿意将其被扣押的财产作为退赃使用，原审判处将上述财产依法处置，所得款项可折抵陈其鸿未退违法所得及罚金，并无不当。

关于上诉人陈其鸿所提原审判处罚金1000万元偏高的意见。经查，《全国人民代表大会常务委员会关于惩治骗购外汇、逃汇和非法买卖外汇犯罪的决定》第1条第1款规定，骗购外汇，数额特别巨大的，处十年以上有期徒刑或者无期徒刑，并处骗购外汇数额5%以上30%以下罚金或者没收财产。陈其鸿参与骗购外汇63089625.04美元，原审据此判处罚金1000万元，并无不当。该上诉意见不能成立，不予采纳。

二审法院认为，上诉人何保汕、林作燕、陈其鸿伙同他人骗购外汇，数额特别巨大，其行为均已构成骗购外汇罪。本案系共同犯罪。陈其鸿到案后如实供述其罪行，系坦白，可以从轻处罚。原判认定事实清楚，证据确实、充分，定罪准确，量刑适当。审判程序合法。何保汕、林作燕、陈其鸿及其辩护人请求改判的意见和理由，均不能成立。据此，依照《刑事诉讼法》第236条第1款第1项之规定，裁定如下：驳回上诉，维持原判。

【学理分析及适用指引】

• 学理分析 •

骗购外汇罪，是指使用伪造、变造的海关签发的报关单、进口证明、外汇管理部门核准件等凭证和单据，或者重复使用海关签发的报关单、进口证明、外汇管理部门核准件等凭证和单据，或者以其他方式，骗购国家外汇，数额较大的行为。本罪的构成要件如下：

1. 本罪的客体。本罪侵犯的客体，是国家对金融、外汇的管理制度。

2. 本罪的客观方面。客观方面表现为行为人针对我国实现了人民币经常项目可兑换后，境内机构对外贸易支付用汇只要持与支付方式相应的有效凭证和有效商业单据，便可以从其外汇账户中支付或者到外汇指定银行兑付，采取以下常用手段骗购外汇：（1）使用伪造、变造的海关签发的报关单、进口证明、外汇管理部门核准件等凭证和单据骗购外汇。其所使用的伪造、变造的有关凭证、单据，有的是自己伪造、变造的，有的是从其他犯罪分子手中收买的，均不影响构成本罪。（2）重复使用海关签发的报关单、进口证明、外汇管理部门核准件等凭证和单据骗购外汇。主要指将已使用购汇后的原有效核准件等凭证和单据，经涂改、伪造、变造等特殊处理，销去已使用盖有“付讫”章等无法重复使用的痕迹、记载，而当作未使用过的文本非法再次购汇的行为。（3）以其他方式骗购外汇，如虚构特定事项，骗取外汇管理部门同意售汇的；与海关、外汇管理部门、金融机构、从事对外贸易经营活动的公司、企业或者其他单位的工作人员串通，由后者提供有关凭证、单据进行骗购外汇的等等。

3. 本罪的主体。犯罪主体为一般主体。

4. 本罪的主观方面。主观方面只能由故意构成，并且只能是直接故意。

• 适用指引 •

司法实践中，认定本罪应注意：

1. 本罪与诈骗罪的界限。（1）侵犯的客体不同。本罪侵犯的是国家外汇管理制度，诈骗罪侵犯的是公私财产的所有权。（2）行为方式不同。本罪是以国家货币即人民币在国家指定银行，以伪造、变造或者使用伪造、变造的有关单位、部门签发的核准件等凭证和单据，非法购买外汇，必须付出人民币购入外汇；而诈骗罪则可以采用任何弄虚作假的欺骗手段，没有任何实际的财产、钱款付出，或者仅以小量财产、钱款付出，而骗得单位、个人较大数额的财物。（3）犯罪主体不同。本罪的犯罪主体既可以是个人，也可以是单位；而诈骗罪的犯罪主体只能是自然人。

2. 本罪与非法经营罪的界限。之所以提出要注意区分两者的不同，是因为《全国人民代表大会常务委员会关于惩治骗购外汇、逃汇和非法买卖外汇犯罪的决定》第 4 条规定：在国家规定的交易场所以外非法买卖外汇，扰乱市场秩序，情节严重的，依照《刑法》第 225 条的规定定罪处罚。此项规定与上述决定第 1 条规定的骗购外汇罪的共同点：一是两者主体相同，二是行为对象均为国家严格管制的外汇，三是行为基本方式均为非法买卖外汇。二者之间的不同主要是非法买卖外汇的场所：骗购外汇罪行为只能发生在国家外汇指定银行和其他外汇指定交易场所，而非法买卖外汇以非法经营罪定罪的行为，则必须是发生在国家规定的外汇交易场所以外的地方。

第一百九十一条 洗钱罪

【法律规定】

• 法律条文 •

《中华人民共和国刑法》

第一百九十一条 为掩饰、隐瞒毒品犯罪、黑社会性质的组织犯罪、恐怖活动犯罪、走私犯罪、贪污贿赂犯罪、破坏金融管理秩序犯罪、金融诈骗犯罪的所得及其产生的收益的来源和性质，有下列行为之一的，没收实施以上犯罪的所得及其产生的收益，处五年以下有期徒刑或者拘役，并处或者单处罚金；情节严重的，处五年以上十年以下有期徒刑，并处罚金：

（一）提供资金账户的；

（二）将财产转换为现金、金融票据、有价证券的；

（三）通过转账或者其他支付结算方式转移资金的；

（四）跨境转移资产的；

（五）以其他方法掩饰、隐瞒犯罪所得及其收益的来源和性质的。

单位犯前款罪的，对单位判处罚金，并对其直接负责的主管人员和其他直接责任人员，依照前款的规定处罚。

● 相关规定 ●

《中华人民共和国反洗钱法》

第二条　本法所称反洗钱，是指为了预防通过各种方式掩饰、隐瞒毒品犯罪、黑社会性质的组织犯罪、恐怖活动犯罪、走私犯罪、贪污贿赂犯罪、破坏金融管理秩序犯罪、金融诈骗犯罪等犯罪所得及其收益的来源和性质的洗钱活动，依照本法规定采取相关措施的行为。

第三十四条　本法所称金融机构，是指依法设立的从事金融业务的政策性银行、商业银行、信用合作社、邮政储汇机构、信托投资公司、证券公司、期货经纪公司、保险公司以及国务院反洗钱行政主管部门确定并公布的从事金融业务的其他机构。

《中华人民共和国票据法》

第十条　票据的签发、取得和转让，应当遵循诚实信用的原则，具有真实的交易关系和债权债务关系。

票据的取得，必须给付对价，即应当给付票据双方当事人认可的相对应的代价。

《最高人民法院关于审理洗钱等刑事案件具体应用法律若干问题的解释》（法释〔2009〕15号）

第一条　刑法第一百九十一条、第三百一十二条规定的“明知”，应当结合被告人的认知能力，接触他人犯罪所得及其收益的情况，犯罪所得及其收益的种类、数额，犯罪所得及其收益的转换、转移方式以及被告人的供述等主、客观因素进行认定。

具有下列情形之一的，可以认定被告人明知系犯罪所得及其收益，但有证据证明确实不知道的除外：

（一）知道他人从事犯罪活动，协助转换或者转移财物的；

（二）没有正当理由，通过非法途径协助转换或者转移财物的；

（三）没有正当理由，以明显低于市场的价格收购财物的；

（四）没有正当理由，协助转换或者转移财物，收取明显高于市场的“手续费”的；

（五）没有正当理由，协助他人将巨额现金散存于多个银行账户或者在不同银行账户之间频繁划转的；

（六）协助近亲属或者其他关系密切的人转换或者转移与其职业或者财产状况明显不符的财物的；

（七）其他可以认定行为人明知的情形。

被告人将刑法第一百九十一条规定的某一上游犯罪的犯罪所得及其收益误认为刑法第一百九十一条规定的上游犯罪范围内的其他犯罪所得及其收益的，不影响刑法第一百九十一条规定的“明知”的认定。

第二条 具有下列情形之一的，可以认定为刑法第一百九十一条第一款第（五）项规定的“以其他方法掩饰、隐瞒犯罪所得及其收益的来源和性质”：

（一）通过典当、租赁、买卖、投资等方式，协助转移、转换犯罪所得及其收益的；

（二）通过与商场、饭店、娱乐场所等现金密集型场所的经营收入相混合的方式，协助转移、转换犯罪所得及其收益的；

（三）通过虚构交易、虚设债权债务、虚假担保、虚报收入等方式，协助将犯罪所得及其收益转换为“合法”财物的；

（四）通过买卖彩票、奖券等方式，协助转换犯罪所得及其收益的；

（五）通过赌博方式，协助将犯罪所得及其收益转换为赌博收益的；

（六）协助将犯罪所得及其收益携带、运输或者邮寄出入境的；

（七）通过前述规定以外的方式协助转移、转换犯罪所得及其收益的。

第三条 明知是犯罪所得及其产生的收益而予以掩饰、隐瞒，构成刑法第三百一十二条规定的犯罪，同时又构成刑法第一百九十一条或者第三百四十九条规定的犯罪的，依照处罚较重的规定定罪处罚。

第四条 刑法第一百九十一条、第三百一十二条、第三百四十九条规定的犯罪，应当以上游犯罪事实成立为认定前提。上游犯罪尚未依法裁判，但查证属实的，不影响刑法第一百九十一条、第三百一十二条、第三百四十九条规定的犯罪的审判。

上游犯罪事实可以确认，因行为人死亡等原因依法不予追究刑事责任的，不影响刑法第一百九十一条、第三百一十二条、第三百四十九条规定的犯罪的认定。

上游犯罪事实可以确认，依法以其他罪名定罪处罚的，不影响刑法第一百九十一条、第三百一十二条、第三百四十九条规定的犯罪的认定。

本条所称“上游犯罪”，是指产生刑法第一百九十一条、第三百一十二条、第三百四十九条规定的犯罪所得及其收益的各种犯罪行为。

《最高人民检察院、公安部关于公安机关管辖的刑事案件立案追诉标准的规定（二）》（公通字〔2022〕12号）

第四十三条　［洗钱案（刑法第一百九十一条）］为掩饰、隐瞒毒品犯罪、黑社会性质的组织犯罪、恐怖活动犯罪、走私犯罪、贪污贿赂犯罪、破坏金融管理秩序犯罪、金融诈骗犯罪的所得及其产生的收益的来源和性质，涉嫌下列情形之一的，应予立案追诉：

（一）提供资金账户的；

（二）将财产转换为现金、金融票据、有价证券的；

（三）通过转账或者其他支付结算方式转移资金的；

（四）跨境转移资产的；

（五）以其他方法掩饰、隐瞒犯罪所得及其收益的来源和性质的。

【案例】

潘某某、祝某某、李某某、龚某洗钱案①

● 案件事实 ●

2006年初，潘某某通过张某某（另案处理）的介绍和阿元（另案处理）取得联系，商定由潘某某通过银行转账的方式为阿元转移从网上银行诈骗的钱款，潘某某按转移钱款数额10%的比例提成。嗣后，潘某某纠集了被告人祝某某、李某某、龚某，利用杜某某（另案处理）收集到的陈某、董某某等多人的身份证，由杜某某在上海市有关银行办理了大量信用卡，然后再转交给潘某某、祝某某，而阿元则通过非法手段获取了网上银行客户黄某某、芦某等多人的中国工商银行牡丹灵通卡卡号和密码等资料，将资金划入潘某某通过杜某某办理的中国工商银行上海分行的67张灵通卡内，并通知潘某某取款。阿元划入上述67张灵通卡内共计人民币1002438.11元。此外，这些信用卡内还被通过汇款的方式注入人民币171826元。潘某某、祝某某、李某某、龚某于2006年7月至8月期间，在上海市使用上述67张灵通卡和另外的27张灵通卡，通过自动柜员机提取现金共计人民币1086085元，通过银行柜台提取现金共计人民币73615元，在扣除事先约定的份额后，将剩余资金再汇入阿元指定的账户内。案发后，公安机关追缴赃款共计人民币384000元。

● 裁判要旨 ●

上游犯罪行为人虽然尚未定罪判刑，但只要上游犯罪事实可以确认的，不

① 参见中华人民共和国最高人民法院刑事审判第一、二、三、四、五庭主办：《刑事审判参考》（总第60集），法律出版社2008年版。

影响洗钱罪的认定。

• 裁判理由 •

被告人潘某某、祝某某、李某某、龚某明知是金融诈骗犯罪所得，为掩饰、隐瞒其来源和性质，仍提供资金账户并通过转账等方式协助资金转移，即使上游犯罪金融诈骗罪未审判，但只要有证据证明确实发生了《刑法》第191条明文规定的上述犯罪，行为人明知系上游犯罪所得及其产生的收益，便可认定构成洗钱罪，因此本案的4名被告人构成洗钱罪。上海市虹口区人民检察院指控被告人潘某某、祝某某、李某某、龚某犯洗钱罪罪名成立，应予支持。在共同犯罪中，潘某某起主要作用，系主犯，祝某某、李某某、龚某起次要作用，系从犯，对祝某某、李某某、龚某应当从轻处罚。上海市虹口区人民法院作出如下判决：一、被告人潘某某犯洗钱罪，判处有期徒刑二年，并处罚金人民币6万元。二、被告人祝某某犯洗钱罪，判处有期徒刑一年四个月，并处罚金人民币2万元。三、被告人李某某犯洗钱罪，判处有期徒刑一年三个月，并处罚金人民币2万元。四、被告人龚某犯洗钱罪，判处有期徒刑一年三个月，并处罚金人民币2万元。

【学理分析及适用指引】

• 学理分析 •

洗钱罪，是指为掩饰、隐瞒毒品犯罪、黑社会性质的组织犯罪、恐怖活动犯罪、走私犯罪、贪污贿赂犯罪、破坏金融管理秩序犯罪、金融诈骗犯罪的所得及其产生的收益的来源和性质，而实施提供资金账户、协助将财产转换成现金或者金融票据有价证券、协助资金转移、协助将资金汇往境外或者以其他方法掩饰、隐瞒犯罪所得及其收益的性质和来源的行为。本罪的构成要件如下：

1. 本罪的客体。本罪侵犯的客体是国家对金融的管理制度和社会治安管理秩序。

2. 本罪的客观方面。客观方面表现为以各种方法，即掩饰、隐瞒毒品犯罪、黑社会性质的组织犯罪、恐怖活动犯罪、走私犯罪、贪污贿赂犯罪、破坏金融管理秩序犯罪或者金融诈骗这7类犯罪行为的所得及其产生收益的来源和性质的行为。具体表现为法律规定的5种行为：

（1）提供资金账户。指行为人为犯罪分子提供银行账户，为其转移犯罪所得及其产生的收益提供方便。

（2）协助将财产转换为现金或者金融票据。指行为人协助犯罪分子将犯罪所得财产或者财产的实物收益通过交易变为现金或者汇票、支票等金融票据，从而掩饰了原财产的真实产权关系。

（3）通过转账或者承兑等其他结算方式协助资金转移。指行为人以此种方式将犯罪分子的违法所得及其产生的收益非法转往异地，或者以票据形式取得现金，使这笔财产的真实来源进一步被隐藏。转账、承兑等结算方式可以是初次使用，也可以是多次使用。

（4）协助将资金汇往境外。指行为人以投资、购物、旅游、存款等各种名义，以汇兑、结算等方式，将犯罪分子的违法所得及其收益转移到境外，使查清此笔资金的真实来源更加困难。

（5）以其他方法掩饰、隐瞒犯罪所得及其收益的性质和来源。主要指行为人将走私等 7 类犯罪的违法所得及其收益，以投资、购置不动产、放贷等各种方式用于合法的经营、使用，再从中获取收益或者转让、出售，从而隐瞒其违法所得的真实来源和性质。境外较为典型的洗钱方法，如行为人为避免缴纳较重的所得税，而将已中大奖的彩票以获奖金数额（不扣除须纳税数额）出售给急于洗钱的犯罪分子。犯罪分子凭彩票兑奖完税后，这笔巨额资金的非法来源就完全被掩盖了。按照法律规定，行为人只要实施了上述 5 种洗钱行为中的一种行为，就构成本罪；实施了两种或者两种以上行为的，仍为一罪，不实行并罚。洗钱罪的上游犯罪是特定的，目前仅限《刑法》第 191 条所规定的走私等 7 类犯罪行为所得及收益。

3. 本罪的主体。犯罪主体为一般主体。

4. 本罪的主观方面。主观方面只能由故意构成。

• 适用指引 •

司法实践中，认定洗钱罪应注意：

1.《刑法修正案（十一）》对本罪的修订及其理解。为有效预防、惩治洗钱违法犯罪及境外追逃追赃提供充足的法律保障，结合国际反洗钱制度惯例，《刑法修正案（十一）》对《刑法》第 191 条洗钱罪进行了系统性地修订和完善，将“自洗钱”行为及地下钱庄洗钱行为作为犯罪处理。具体而言，《刑法修正案（十一）》对洗钱罪的修订主要有如下几个方面：一是将“自洗钱”行为纳入洗钱罪处罚，即删除了原“明知”的规定，不再将洗钱罪的上游犯罪限定为他人实施的犯罪行为。相应地，对应“自洗钱”行为入罪，将各类行为中“协助”的表述删除。二是完善数项行为的表述方式，如将“协助将资金转移往国外”修改为“跨境转移资产”等。三是调整了罚金刑模式，将倍比罚金数额修订为无限额罚金制。四是修改单位犯罪的刑罚，对直接负责的主管人员和其他直接责任人员所处的刑罚与自然人犯罪所处的刑罚保持一致，并增加了关于罚金刑的规定。

2. 本罪与窝藏、转移、收购、销售赃物罪的界限。本条规定的洗钱罪与《刑法》第 312 条规定的窝藏、转移、收购、销售赃物罪，两者都属于连累犯的范畴，即行为人明知是犯罪分子的违法所得，仍事后给予了犯罪分子某种帮助，因此，两者存在着很大的联系。但是，从具体犯罪构成要件而言，两者也存在着以下几方面的区别：（1）侵犯的客体不同，前者侵犯的是双重客体，其中主要客体是金融管理秩序，从而该罪被归类在“破坏社会主义市场经济秩序罪”，后者侵犯的是单一客体，即社会管理秩序；（2）行为的对象不同，前者特指毒品犯罪、黑社会性质的组织犯罪、走私犯罪、恐怖活动犯罪、金融诈骗等犯罪的违法所得及其产生的收益，后者泛指一切犯罪的所得赃物；（3）行为方式不同，前者是指通过某类中介机构来隐瞒和掩饰违法所得及其收益的性质和来源，后者则包括窝藏、转移、收购或代为销售赃物四种行为。根据相关司法解释的规定，明知是犯罪所得及其产生的收益而予以掩饰、隐瞒，构成《刑法》第312条窝藏、转移、收购、销售赃物罪的同时又构成《刑法》第191条洗钱罪的，依照处罚较重的规定定罪处罚。

3. 本罪与窝藏、转移、隐瞒毒品、毒赃罪的界限。（1）侵犯的客体不同，前者侵犯的是双重客体，其中主要是金融管理秩序，后者侵犯的是单一客体，即社会管理秩序；（2）行为的对象不同，前者指毒品犯罪、黑社会性质的组织犯罪、走私犯罪等七类罪的违法所得及其产生的收益，后者特指走私、贩卖、运输、制造毒品罪的毒品和毒赃；（3）行为方式不同，前者指行为人通过中介机构将有关违法所得及其产生的收益的来源和性质加以隐瞒和掩饰，是属于狭义上的“洗钱”行为，后者指行为人为走私、贩卖、运输、制造毒品罪的犯罪分子窝藏、转移、隐瞒毒品或者犯罪所得的财物，是属于广义上的“洗钱”行为。

4. 关于“其他方法”的认定。2009年11月11日最高人民法院实施的《关于审理洗钱等刑事案件具体应用法律若干问题的解释》明确了以“其他方法”进行洗钱的6种情形。该解释规定，具有以下情形之一的，可以认定为《刑法》第191条第1款第5项规定的“以其他方法掩饰、隐瞒犯罪所得及其收益的来源和性质”。即：（1）通过典当、租赁、买卖、投资等方式，协助转移、转换犯罪所得及其收益的；（2）通过与商场、饭店、娱乐场所等现金密集型场所的经营收入相混合的方式，协助转移、转换犯罪所得及其收益的；（3）通过虚构交易、虚设债权债务、虚假担保、虚报收入等方式，协助将犯罪所得及其收益转换为“合法”财物的；（4）通过买卖彩票、奖券等方式，协助转换犯罪所得及其收益的；（5）通过赌博方式，协助将犯罪所得及其收益转换为赌博收益的；（6）协助将犯罪所得及其收益携带、运输或者邮寄出入境的；（7）通过前述规定以外的方式协助转移、转换犯罪所得及其收益的。

5. “自洗钱”入罪后上下游犯罪的罪数问题。根据修正后的《刑法》第191条规定，“自洗钱”行为入罪，是对“自洗钱”行为的单独评价。“自洗钱”行为入罪后，与其上游犯罪如走私、毒品等犯罪是实行数罪并罚还是从一重罪论处，理论是尚存争议，需要进一步研究。我们认为，“自洗钱”行为单独被刑法评价而入刑，一定程度上打破“自窝赃”行为作为事后不可罚的定罪规则，且其与上游犯罪确实属于不同性质、侵害不同类型法益的行为，对其采取数罪并罚处理是比较合理的，也符合“自洗钱”行为入刑的立法精神。

第五节　金融诈骗罪

第一百九十二条　集资诈骗罪

【法律规定】

• 法律条文 •

《中华人民共和国刑法》

第一百九十二条　以非法占有为目的，使用诈骗方法非法集资，数额较大的，处三年以上七年以下有期徒刑，并处罚金；数额巨大或者有其他严重情节的，处七年以上有期徒刑或者无期徒刑，并处罚金或者没收财产。

单位犯前款罪的，对单位判处罚金，并对其直接负责的主管人员和其他直接责任人员，依照前款的规定处罚。

• 相关规定 •

《最高人民法院关于审理非法集资刑事案件具体应用法律若干问题的解释》（法释〔2010〕18 号，2022 年 2 月 23 日修改）

第二条　实施下列行为之一，符合本解释第一条第一款规定的条件的，应当依照刑法第一百七十六条的规定，以非法吸收公众存款罪定罪处罚：

（一）不具有房产销售的真实内容或者不以房产销售为主要目的，以返本销售、售后包租、约定回购、销售房产份额等方式非法吸收资金的；

（二）以转让林权并代为管护等方式非法吸收资金的；

（三）以代种植（养殖）、租种植（养殖）、联合种植（养殖）等方式非法吸收资金的；

（四）不具有销售商品、提供服务的真实内容或者不以销售商品、提供服务为主要目的，以商品回购、寄存代售等方式非法吸收资金的；

（五）不具有发行股票、债券的真实内容，以虚假转让股权、发售虚构债券等方式非法吸收资金的；

（六）不具有募集基金的真实内容，以假借境外基金、发售虚构基金等方式非法吸收资金的；

（七）不具有销售保险的真实内容，以假冒保险公司、伪造保险单据等方式非法吸收资金的；

（八）以网络借贷、投资入股、虚拟币交易等方式非法吸收资金的；

（九）以委托理财、融资租赁等方式非法吸收资金的；

（十）以提供“养老服务”、投资“养老项目”、销售“老年产品”等方式非法吸收资金的；

（十一）利用民间“会”“社”等组织非法吸收资金的；

（十二）其他非法吸收资金的行为。

第七条 以非法占有为目的，使用诈骗方法实施本解释第二条规定所列行为的，应当依照刑法第一百九十二条的规定，以集资诈骗罪定罪处罚。

使用诈骗方法非法集资，具有下列情形之一的，可以认定为“以非法占有为目的”：

（一）集资后不用于生产经营活动或者用于生产经营活动与筹集资金规模明显不成比例，致使集资款不能返还的；

（二）肆意挥霍集资款，致使集资款不能返还的；

（三）携带集资款逃匿的；

（四）将集资款用于违法犯罪活动的；

（五）抽逃、转移资金、隐匿财产，逃避返还资金的；

（六）隐匿、销毁账目，或者搞假破产、假倒闭，逃避返还资金的；

（七）拒不交代资金去向，逃避返还资金的；

（八）其他可以认定非法占有目的的情形。

集资诈骗罪中的非法占有目的，应当区分情形进行具体认定。行为人部分非法集资行为具有非法占有目的的，对该部分非法集资行为所涉集资款以集资诈骗罪定罪处罚；非法集资共同犯罪中部分行为人具有非法占有目的，其他行为人没有非法占有集资款的共同故意和行为的，对具有非法占有目的的行为人以集资诈骗罪定罪处罚。

第八条 集资诈骗数额在10万元以上的，应当认定为“数额较大”；数额在100万元以上的，应当认定为“数额巨大”。

集资诈骗数额在50万元以上，同时具有本解释第三条第二款第三项情节的，应当认定为刑法第一百九十二条规定的“其他严重情节”。

集资诈骗的数额以行为人实际骗取的数额计算，在案发前已归还的数额应予扣除。行为人为实施集资诈骗活动而支付的广告费、中介费、手续费、回扣，或者用于行贿、赠与等费用，不予扣除。行为人为实施集资诈骗活动而支付的利息，除本金未归还可予折抵本金以外，应当计入诈骗数额。

第九条 犯非法吸收公众存款罪，判处三年以下有期徒刑或者拘役，并处或者单处罚金的，处五万元以上一百万元以下罚金；判处三年以上十年以下有期徒刑的，并处十万元以上五百万元以下罚金；判处十年以上有期徒刑的，并处五十万元以上罚金。

犯集资诈骗罪，判处三年以上七年以下有期徒刑的，并处十万元以上五百万元以下罚金；判处七年以上有期徒刑或者无期徒刑的，并处五十万元以上罚金或者没收财产。

第十三条 通过传销手段向社会公众非法吸收资金，构成非法吸收公众存款罪或者集资诈骗罪，同时又构成组织、领导传销活动罪的，依照处罚较重的规定定罪处罚。

第十四条 单位实施非法吸收公众存款、集资诈骗犯罪的，依照本解释规定的相应自然人犯罪的定罪量刑标准，对单位判处罚金，并对其直接负责的主管人员和其他直接责任人员定罪处罚。

《全国法院审理金融犯罪案件工作座谈会纪要》（法〔2001〕8号）

（三）关于金融诈骗罪

1. 金融诈骗罪中非法占有目的的认定。金融诈骗犯罪都是以非法占有为目的的犯罪。在司法实践中，认定是否具有非法占有的目的，应当坚持主客观相一致的原则，既要避免单纯根据损失结果客观归罪，也不能仅凭被告人自己的供述，而应当根据案件具体情况具体分析。根据司法实践，对于行为人通过诈骗的方法非法获取资金，造成数额较大资金不能归还，并具有下列情形之一的，可以认定为具有非法占有的目的：

（1）明知没有归还能力而大量骗取资金的；

（2）非法获取资金后逃跑的；

（3）肆意挥霍骗取资金的；

（4）使用骗取的资金进行违法犯罪活动的；

（5）抽逃、转移资金、隐匿财产，以逃避返还资金的；

（6）隐匿、销毁账目，或者搞假破产、假倒闭，以逃避返还资金的；

（7）其他非法占有资金、拒不返还的行为。但是，在处理具体案件的时候，对于有证据证明行为人不具有非法占有目的的，不能单纯以财产不能归还就按金融诈骗罪处罚。

……

3. 集资诈骗罪的认定和处理。集资诈骗罪和欺诈发行股票、债券罪、非法吸收公众存款罪在客观上均表现为向社会公众非法募集资金。区别的关键在于行为人是否具有非法占有的目的。对于以非法占有为目的而非法集资，或者在非法集资过程中产生了非法占有他人资金的故意，均构成集资诈骗罪。但是，在处理具体案件时要注意以下两点：一是不能仅凭较大数额的非法集资款不能返还的结果，推定行为人具有非法占有的目的；二是行为人将大部分资金用于投资或生产经营活动，而将少量资金用于个人消费或挥霍的，不应仅以此便认定具有非法占有的目的。

4. 金融诈骗犯罪定罪量刑的数额标准和犯罪数额的计算。金融诈骗的数额不仅是定罪的重要标准，也是量刑的主要依据。在没有新的司法解释之前，可参照 1996 年最高人民法院《关于审理诈骗案件具体应用法律的若干问题的解释》的规定执行。① 在具体认定金融诈骗犯罪的数额时，应当以行为人实际骗取的数额计算。对于行为人为实施金融诈骗活动而支付的中介费、手续费、回扣等，或者用于行贿、赠与等费用，均应计入金融诈骗的犯罪数额。但应当将案发前已归还的数额扣除。

（四）财产刑的适用

金融犯罪是图利型犯罪，惩罚和预防此类犯罪，应当注重同时从经济上制裁犯罪分子。刑法对金融犯罪都规定了财产刑，人民法院应当严格依法判处。罚金的数额，应当根据被告人的犯罪情节，在法律规定的数额幅度内确定。对于具有从轻、减轻或者免除处罚情节的被告人，对于本应并处的罚金刑原则上也应当从轻、减轻或者免除。

单位金融犯罪中直接负责的主管人员和其他直接责任人员，是否适用罚金刑，应当根据刑法的具体规定。刑法分则条文规定有罚金刑，并规定对单位犯罪中直接负责的主管人员和其他直接责任人员依照自然人犯罪条款处罚的，应当判处罚金刑，但是对直接负责的主管人员和其他直接责任人员判处罚金的数额，应当低于对单位判处罚金的数额；刑法分则条文明确规定对单位犯罪中直接负责的主管人员和其他直接责任人员只判处自由刑的，不能附加判处罚金刑。

《最高人民法院、最高人民检察院、公安部关于办理非法集资刑事案件适用法律若干问题的意见》（公通字〔2014〕16 号）

为解决近年来公安机关、人民检察院、人民法院在办理非法集资刑事案件中遇到的问题，依法惩治非法吸收公众存款、集资诈骗等犯罪，根据刑法、刑事诉讼法的规定，结合司法实践，现就办理非法集资刑事案件适用法律问题提出以下意见：

一、关于行政认定的问题

行政部门对于非法集资的性质认定，不是非法集资刑事案件进入刑事诉讼程序的必经程序。行政部门未对非法集资作出性质认定的，不影响非法集资刑事案件的侦查、起诉和审判。

---

① 该司法解释的部分内容已经被 2011 年 3 月 1 日公布的最高人民法院、最高人民检察院《关于办理诈骗刑事案件具体应用法律若干问题的解释》（法释〔2011〕7 号）所取代。——编者注

公安机关、人民检察院、人民法院应当依法认定案件事实的性质，对于案情复杂、性质认定疑难的案件，可参考有关部门的认定意见，根据案件事实和法律规定作出性质认定。

二、关于“向社会公开宣传”的认定问题

《最高人民法院关于审理非法集资刑事案件具体应用法律若干问题的解释》第一条第一款第二项中的“向社会公开宣传”，包括以各种途径向社会公众传播吸收资金的信息，以及明知吸收资金的信息向社会公众扩散而予以放任等情形。

三、关于“社会公众”的认定问题

下列情形不属于《最高人民法院关于审理非法集资刑事案件具体应用法律若干问题的解释》第一条第二款规定的“针对特定对象吸收资金”的行为，应当认定为向社会公众吸收资金：

（一）在向亲友或者单位内部人员吸收资金的过程中，明知亲友或者单位内部人员向不特定对象吸收资金而予以放任的；

（二）以吸收资金为目的，将社会人员吸收为单位内部人员，并向其吸收资金的。

四、关于共同犯罪的处理问题

为他人向社会公众非法吸收资金提供帮助，从中收取代理费、好处费、返点费、佣金、提成等费用，构成非法集资共同犯罪的，应当依法追究刑事责任。能够及时退缴上述费用的，可依法从轻处罚；其中情节轻微的，可以免除处罚；情节显著轻微、危害不大的，不作为犯罪处理。

五、关于涉案财物的追缴和处置问题

向社会公众非法吸收的资金属于违法所得。以吸收的资金向集资参与人支付的利息、分红等回报，以及向帮助吸收资金人员支付的代理费、好处费、返点费、佣金、提成等费用，应当依法追缴。集资参与人本金尚未归还的，所支付的回报可予折抵本金。

将非法吸收的资金及其转换财物用于清偿债务或者转让给他人，有下列情形之一的，应当依法追缴：

（一）他人明知是上述资金及财物而收取的；

（二）他人无偿取得上述资金及财物的；

（三）他人以明显低于市场的价格取得上述资金及财物的；

（四）他人取得上述资金及财物系源于非法债务或者违法犯罪活动的；

（五）其他依法应当追缴的情形。

查封、扣押、冻结的易贬值及保管、养护成本较高的涉案财物，可以在诉讼终结前依照有关规定变卖、拍卖。所得价款由查封、扣押、冻结机关予以保管，待诉讼终结后一并处置。

查封、扣押、冻结的涉案财物，一般应在诉讼终结后，返还集资参与人。涉案财物不足全部返还的，按照集资参与人的集资额比例返还。

六、关于证据的收集问题

办理非法集资刑事案件中，确因客观条件的限制无法逐一收集集资参与人的言词证据的，可结合已收集的集资参与人的言词证据和依法收集并查证属实的书面合同、银行账户交易记录、会计凭证及会计账簿、资金收付凭证、审计报告、互联网电子数据等证据，综合认定非法集资对象人数和吸收资金数额等犯罪事实。

七、关于涉及民事案件的处理问题

对于公安机关、人民检察院、人民法院正在侦查、起诉、审理的非法集资刑事案件，有关单位或者个人就同一事实向人民法院提起民事诉讼或者申请执行涉案财物的，人民法院应当不予受理，并将有关材料移送公安机关或者检察机关。

人民法院在审理民事案件或者执行过程中，发现有非法集资犯罪嫌疑的，应当裁定驳回起诉或者中止执行，并及时将有关材料移送公安机关或者检察机关。

公安机关、人民检察院、人民法院在侦查、起诉、审理非法集资刑事案件中，发现与人民法院正在审理的民事案件属同一事实，或者被申请执行的财物属于涉案财物的，应当及时通报相关人民法院。人民法院经审查认为确属涉嫌犯罪的，依照前款规定处理。

八、关于跨区域案件的处理问题

跨区域非法集资刑事案件，在查清犯罪事实的基础上，可以由不同地区的公安机关、人民检察院、人民法院分别处理。

对于分别处理的跨区域非法集资刑事案件，应当按照统一制定的方案处置涉案财物。

国家机关工作人员违反规定处置涉案财物，构成渎职等犯罪的，应当依法追究刑事责任。

《最高人民法院、最高人民检察院、公安部关于办理非法集资刑事案件若干问题的意见》（高检会〔2019〕2号）

一、关于非法集资的“非法性”认定依据问题

人民法院、人民检察院、公安机关认定非法集资的“非法性”，应当以国家金融管理法律法规作为依据。对于国家金融管理法律法规仅作原则性规定的，可以根据法律规定的精神并参考中国人民银行、中国银行保险监督管理委员会、中国证券监督管理委员会等行政主管部门依照国家金融管理法律法规制定的部门规章或者国家有关金融管理的规定、办法、实施细则等规范性文件的规定予以认定。

二、关于单位犯罪的认定问题

单位实施非法集资犯罪活动，全部或者大部分违法所得归单位所有的，应当认定为单位犯罪。

个人为进行非法集资犯罪活动而设立的单位实施犯罪的，或者单位设立后，以实施非法集资犯罪活动为主要活动的，不以单位犯罪论处，对单位中组织、策划、实施非法集资犯罪活动的人员应当以自然人犯罪依法追究刑事责任。

判断单位是否以实施非法集资犯罪活动为主要活动，应当根据单位实施非法集资的次数、频度、持续时间、资金规模、资金流向、投入人力物力情况、单位进行正当经营的状况以及犯罪活动的影响、后果等因素综合考虑认定。

三、关于涉案下属单位的处理问题

办理非法集资刑事案件中，人民法院、人民检察院、公安机关应当全面查清涉案单位，包括上级单位（总公司、母公司）和下属单位（分公司、子公司）的主体资格、层级、关系、地位、作用、资金流向等，区分情况依法作出处理。

上级单位已被认定为单位犯罪，下属单位实施非法集资犯罪活动，且全部或者大部分违法所得归下属单位所有的，对该下属单位也应当认定为单位犯罪。上级单位和下属单位构成共同犯罪的，应当根据犯罪单位的地位、作用，确定犯罪单位的刑事责任。

上级单位已被认定为单位犯罪，下属单位实施非法集资犯罪活动，但全部或者大部分违法所得归上级单位所有的，对下属单位不单独认定为单位犯罪。下属单位中涉嫌犯罪的人员，可以作为上级单位的其他直接责任人员依法追究刑事责任。

上级单位未被认定为单位犯罪，下属单位被认定为单位犯罪的，对上级单位中组织、策划、实施非法集资犯罪的人员，一般可以与下属单位按照自然人与单位共同犯罪处理。

上级单位与下属单位均未被认定为单位犯罪的，一般以上级单位与下属单位中承担组织、领导、管理、协调职责的主管人员和发挥主要作用的人员作为主犯，以其他积极参加非法集资犯罪的人员作为从犯，按照自然人共同犯罪处理。

四、关于主观故意的认定问题

认定犯罪嫌疑人、被告人是否具有非法吸收公众存款的犯罪故意，应当依据犯罪嫌疑人、被告人的任职情况、职业经历、专业背景、培训经历、本人因同类行为受到行政处罚或者刑事追究情况以及吸收资金方式、宣传推广、合同资料、业务流程等证据，结合其供述，进行综合分析判断。

犯罪嫌疑人、被告人使用诈骗方法非法集资，符合《最高人民法院关于审理非法集资刑事案件具体应用法律若干问题的解释》第四条规定的，可以认定为集资诈骗罪中“以非法占有为目的”。

办案机关在办理非法集资刑事案件中，应当根据案件具体情况注意收集运用涉及犯罪嫌疑人、被告人的以下证据：是否使用虚假身份信息对外开展业务；是否虚假订立合同、协议；是否虚假宣传，明显超出经营范围或者夸大经营、投资、服务项目及盈利能力；是否吸收资金后隐匿、销毁合同、协议、账目；是否传授或者接受规避法律、逃避监管的方法，等等。

《最高人民检察院、公安部关于公安机关管辖的刑事案件立案追诉标准的规定（二）》（公通字〔2022〕12号）

第四十四条 ［集资诈骗案（刑法第一百九十二条）］以非法占有为目的，使用诈骗方法非法集资，数额在十万元以上的，应予立案追诉。

《最高人民法院、最高人民检察院关于常见犯罪的量刑指导意见（试行）》（法发〔2021〕21号）

（四）集资诈骗罪

1. 构成集资诈骗罪的，根据下列情形在相应的幅度内确定量刑起点：

（1）达到数额较大起点的，在三年至四年有期徒刑幅度内确定量刑起点。

（2）达到数额巨大起点或者有其他严重情节的，在七年至九年有期徒刑幅度内确定量刑起点。依法应当判处无期徒刑的除外。

2. 在量刑起点的基础上，根据集资诈骗数额等其他影响犯罪构成的犯罪事实增加刑罚量，确定基准刑。

3. 构成集资诈骗罪的，根据犯罪数额、危害后果等犯罪情节，综合考虑被告人缴纳罚金的能力，决定罚金数额。

4. 构成集资诈骗罪的，综合考虑犯罪数额、诈骗对象、危害后果、退赃退赔等犯罪事实、量刑情节，以及被告人主观恶性、人身危险性、认罪悔罪表现等因素，决定缓刑的适用。

【案例】

刘玉珊等集资诈骗、非法吸收公众存款案①

• 案件事实 •

刘玉珊是云南玉灵宝之堂珠宝有限公司的实际控制人。2011年3月、5月、7月，刘玉珊先后在泸州、南充、遂宁等地成立宝之堂分公司，组织杨友洪、相彦吉、李仝、侯明亮、刘少龙等人，以开展玉器戴养业务为名，以高额

① 参见最高人民法院2015年公布11起诈骗犯罪典型案例。

回报“劳务费”为诱饵，以聘请部分人缘好有一定宣传号召能力的客户为“理财顾问”进行宣传等手段，并通过虚构翡翠戴养养生增值、公司资金雄厚、投资有保障无风险等假象，鼓动社会不特定人员，特别是中老年人积极缴纳资金。至案发共吸收资金人民币6242.68万元，扣除期间已返还“劳务费”和退合同款，尚欠集资款项人民币5814.795万元。刘玉珊等人将绝大部分资金用于还贷款、放高利贷、公司员工高额提成、公司日常开支运转等，致使大部分资金无法追回，不能返还，且公司无正常投资性盈利收入。案发后，遂宁、南充、泸州等地有2060人分别向公安机关报案。公安机关先后追回赃款人民币1371万元。

• 裁判要旨 •

集资诈骗罪与非法吸收公众存款罪区分的关键在于行为人是否具有非法占有的目的。

• 裁判理由 •

四川省遂宁市中级人民法院一审判决：被告人刘玉珊犯集资诈骗罪，判处无期徒刑，剥夺政治权利终身，并处没收个人全部财产；被告人杨友洪犯非法吸收公众存款罪，判处有期徒刑八年，并处罚金30万元；被告人侯明亮犯非法吸收公众存款罪，判处有期徒刑四年，并处罚金15万元；被告人相彦吉犯非法吸收公众存款罪，判处有期徒刑三年，并处罚金15万元；被告人李仝犯非法吸收公众存款罪，判处有期徒刑二年，并处罚金10万元；被告人刘少龙犯非法吸收公众存款罪，判处有期徒刑二年，并处罚金10万元；对于各被告人的违法所得和扣押在案的涉案财物予以追缴，返还被害人。被告人刘玉珊、杨友洪、相彦吉不服，提起上诉。四川省高级人民法院二审维持了遂宁市中级人民法院的一审判决。

【学理分析及适用指引】

• 学理分析 •

集资诈骗罪，是指以非法占有为目的，使用诈骗方法非法集资，数额较大的行为。本罪的构成要件如下：

1. 本罪的客体。本罪侵犯的客体是国家的金融管理制度和公私财产的所有权。

2. 本罪的客观方面。客观方面表现为使用诈骗方法非法集资，数额较大的行为。使用诈骗方法，是指行为人采取虚构集资用途，以虚假的证明文件和高回报率为诱饵，骗取集资款的一种手段。非法集资，是指法人、其他组织或者个人，未经有权机关批准，向社会公众募集资金的行为。按照法律规定，非法集资的行为，必须达到数额较大的程度，才构成犯罪。

3. 本罪的主体。犯罪主体为一般主体，自然人和单位都可以构成本罪的主体。

4. 本罪的主观方面。主观方面由直接故意构成，并且具有非法占有集资款的目的。

• 适用指引 •

针对实践中不法分子借互联网金融名义从事网络非法集资，严重扰乱经济金融秩序和极大侵害人民群众财产的情况，《刑法修正案（十一）》调整了非法集资犯罪的刑罚结构，加大对非法集资犯罪的惩处力度。具体而言，主要在如下两个方面进行了修订：一是对集资诈骗罪的主刑进行了调整，由原来的三档调整为两档，分别是“处三年以上七年以下有期徒刑”和“处七年以上有期徒刑或者无期徒刑”，与修订前的刑罚结构及其他金融诈骗犯罪法定刑规定相比较，本罪的起刑点更高，以体现严惩；二是对附加刑进行了修订，删除罚金数额的规定，调整为无限额罚金制。在司法实践中，认定本罪应注意：

1. 集资诈骗罪与诈骗罪的区分。两罪的区别主要在于：（1）侵害的客体有别，两罪均侵犯了公私财产权，但集资诈骗罪还侵犯了国家金融管理秩序；（2）犯罪行为表现有别，集资诈骗罪在行为方式上必须以非法集资的形式，包括变相集资，而诈骗罪没有此项要求；（3）欺骗的对象范围上，集资诈骗罪表现为诈骗对象的公众性和广泛性，诈骗罪则一般有特定的对象范围。

2. 集资诈骗罪与非法吸收公众存款罪的区别。非法吸收公众存款罪，是指违反国家金融管理法规，非法吸收公众存款或者变相吸收公众存款的行为。从一定意义上讲，非法吸收公众存款也是一种非法集资行为。因此，在司法实践中，人们容易将集资诈骗罪与之相混淆。两罪的主要区别在于：

（1）犯罪的目的不同。集资诈骗罪的犯罪目的是非法占有集资款，集资诈骗行为人将资金骗到手后，则想方设法将资金据为己有。而非法吸收公众存款罪的目的一般不是占有公众存款本身，而是占有公众存款所产生的利益，即赚取利息差，非法吸收公众存款行为人对所吸收存款的用途、去向一般比较清楚，造成“存款”损失往往出于行为人意志以外的原因。根据《刑法》规定，如果是非法集资，并在集资过程中采取了欺诈的方法，但主观上没有非法占有目的，只能构成非法吸收公众存款罪。

（2）行为方式和对象不同。集资诈骗罪表现为使用诈骗手段，向社会公众非法集资，其对象可能是社会公众，也可能是特定群众或特定的少数人。而非法吸收公众存款罪虽然在吸收公众存款的主体资格、条件上往往存有弄虚作假的行为，但一般不使用诈骗手段，其吸纳存款的对象是社会公众即不特定的多数人。

（3）犯罪客体上也有所不同。集资诈骗罪不仅侵犯国家依法管理所形成的金融秩序，还侵犯了公私财产所有权，而非法吸收公众存款罪的客体仅是国家依法管理所形成的金融秩序。这也是非法吸收公众存款罪在法定刑上低于集资诈骗罪的原因之一。但是，集资诈骗罪与非法吸收公众存款罪之间并没有不可逾越的界限。一些人一开始只是非法吸收公众存款，以图牟利，但随着吸收存款的增多，规模的扩大，对存款运用不得当，导致非法经营已无法继续，行为人也可能产生占有存款的故意，那么对其就应以集资诈骗罪定罪处罚。

第一百九十三条　贷款诈骗罪

【法律规定】

• 法律条文 •

《中华人民共和国刑法》

第一百九十三条　有下列情形之一，以非法占有为目的，诈骗银行或者其他金融机构的贷款，数额较大的，处五年以下有期徒刑或者拘役，并处二万元以上二十万元以下罚金；数额巨大或者有其他严重情节的，处五年以上十年以下有期徒刑，并处五万元以上五十万元以下罚金；数额特别巨大或者有其他特别严重情节的，处十年以上有期徒刑或者无期徒刑，并处五万元以上五十万元以下罚金或者没收财产：

（一）编造引进资金、项目等虚假理由的；

（二）使用虚假的经济合同的；

（三）使用虚假的证明文件的；

（四）使用虚假的产权证明作担保或者超出抵押物价值重复担保的；

（五）以其他方法诈骗贷款的。

• 相关规定 •

《中华人民共和国商业银行法》

第八十二条　借款人采取欺诈手段骗取贷款，构成犯罪的，依法追究刑事责任。

《全国法院审理金融犯罪案件工作座谈会纪要》（法〔2001〕8号）

（三）关于金融诈骗罪

1. 金融诈骗罪中非法占有目的的认定

金融诈骗犯罪都是以非法占有为目的的犯罪。在司法实践中，认定是否具有非法占有为目的，应当坚持主客观相一致的原则，既要避免单纯根据损失结果客观归罪，也不能仅凭被告人自己的供述，而应当根据案件具体情况具体分析。根据司法实践，对于行为人通过诈骗的方法非法获取资金，造成数额较大资金不能归还，并具有下列情形之一的，可以认定为具有非法占有的目的：

（1）明知没有归还能力而大量骗取资金的；

（2）非法获取资金后逃跑的；

（3）肆意挥霍骗取资金的；

（4）使用骗取的资金进行违法犯罪活动的；

（5）抽逃、转移资金、隐匿财产，以逃避返还资金的；

（6）隐匿、销毁账目，或者搞假破产、假倒闭，以逃避返还资金的；

（7）其他非法占有资金、拒不返还的行为。但是，在处理具体案件的时候，对于有证据证明行为人不具有非法占有目的的，不能单纯以财产不能归还就按金融诈骗罪处罚。

2. 贷款诈骗罪的认定和处理。贷款诈骗犯罪是目前案发较多的金融诈骗犯罪之一。审理贷款诈骗犯罪案件，应当注意以下两个问题：

一是单位不能构成贷款诈骗罪。根据《刑法》第30条和第193条的规定，单位不构成贷款诈骗罪。对于单位实施的贷款诈骗行为，不能以贷款诈骗罪定罪处罚。[①]

二是要严格区分贷款诈骗与贷款纠纷的界限。对于合法取得贷款后，没有按规定的用途使用贷款，到期没有归还贷款的，不能以贷款诈骗罪定罪处罚；对于确有证据证明行为人不具有非法占有的目的，因不具备贷款的条件而采取了欺骗手段获取贷款，案发时有能力履行还贷义务，或者案发时不能归还贷款是因为意志以外的原因，如因经营不善、被骗、市场风险等，不应以贷款诈骗罪定罪处罚。

4. 金融诈骗犯罪定罪量刑的数额标准和犯罪数额的计算。金融诈骗的数额不仅是定罪的重要标准，也是量刑的主要依据。在没有新的司法解释之前，可参照1996年最高人民法院《关于审理诈骗案件具体应用法律的若干问题的解释》的规定执行。在具体认定金融诈骗犯罪的数额时，应当以行为人实际骗取的数额计算。对于行为人为实施金融诈骗活动而支付的中介费、手续费、回扣等，或者用于行贿、赠与等费用，均应计入金融诈骗的犯罪数额。但应当将案发前已归还的数额扣除。

---

① 注意：对此情形，应根据全国人大常委会2014年4月24日《关于〈中华人民共和国刑法〉第三十条的解释》，应以贷款诈骗罪追究组织、策划、实施贷款诈骗行为的人的刑事责任，而不能根据《全国法院审理金融犯罪案件工作座谈会纪要》追究单位合同诈骗罪的刑事责任。

（五）财产刑的适用

金融犯罪是图利型犯罪，惩罚和预防此类犯罪，应当注重同时从经济上制裁犯罪分子。刑法对金融犯罪都规定了财产刑，人民法院应当严格依法判处。罚金的数额，应当根据被告人的犯罪情节，在法律规定的数额幅度内确定。对于具有从轻、减轻或者免除处罚情节的被告人，对于本应并处的罚金刑原则上也应当从轻、减轻或者免除。

《最高人民检察院、公安部关于公安机关管辖的刑事案件立案追诉标准的规定（二）》（公通字〔2022〕12 号）

第四十五条 ［贷款诈骗案（刑法第一百九十三条）］以非法占有为目的，诈骗银行或者其他金融机构的贷款，数额在五万元以上的，应予立案追诉。

《贷款通则》（中国人民银行令〔1996 年 2 号〕）

第二条 本通则所称贷款人，系指在中国境内依法设立的经营贷款业务的中资金融机构。

本通则所称借款人，系指从经营贷款业务的中资金融机构取得贷款的法人、其他经济组织、个体工商户和自然人。

本通则中所称贷款系指贷款人对借款人提供的并按约定的利率和期限还本付息的货币资金。

本通则中的贷款币种包括人民币和外币。

第二十条 对借款人的限制：

一、不得在一个贷款人同一辖区内的两个或两个以上同级分支机构取得贷款。

二、不得向贷款人提供虚假的或者隐瞒重要事实的资产负债表、损益表等。

三、不得用贷款从事股本权益性投资，国家另有规定的除外。

四、不得用贷款在有价证券、期货等方面从事投机经营。

五、除依法取得经营房地产资格的借款人以外，不得用贷款经营房地产业务；依法取得经营房地产资格的借款人，不得用贷款从事房地产投机。

六、不得套取贷款用于借贷牟取非法收入。

七、不得违反国家外汇管理规定使用外币贷款。

八、不得采取欺诈手段骗取贷款。

第六十九条 借款人采取欺诈手段骗取贷款，构成犯罪的，应当依照《中华人民共和国商业银行法》第八十条等法律规定处以罚款并追究刑事责任。

【案例一】

郭某升贷款诈骗案①

• 案件事实 •

1993年9月，被告人郭某升通过向北京市宣武区（现为西城区）大栅栏联社借款人民币30万元及个人投入部分资金，在工商部门申请注册成立了北京市糊涂楼饭庄（集体所有制性质），挂靠于北京市朝阳区离退休人才开发服务中心，后变更隶属于北京市大栅栏工商实业总公司。郭某升与该公司签订承包经营协议，任饭庄法定代表人兼总经理，每年上缴管理费，并按月报送财务报表。因饭庄经营较好，郭某升等人先后在本市、外埠及澳大利亚和美国设立分店、分公司十余家。1995年10月，郭某升与张某某、鲜某为管理北京市糊涂楼饭庄及所属分店、分公司的经营及火锅研制开发项目，三人共同出资人民币300万元（大部分为北京市糊涂楼饭庄固定资产折价，少部分为投入资金）注册成立了北京市升宏餐饮有限责任公司（以下简称升宏公司），郭某升为该公司法定代表人、董事长。该公司为其他混合所有制性质的有限责任公司。

1996年7月20日，升宏公司经董事会研究决定，通过无业人员郭某瑞介绍向原招商银行北京分行中关村营业部（以下简称中关村营业部）提出贷款人民币300万元申请，用于购进生产多用途火锅原材料。该申请书中所列企业经营业绩、企业发展自我陈述和企业财务状况等项目，均按北京市糊涂楼饭庄及分店的业绩、发展情况和财务状况进行填写。升宏公司提交给银行的资产负债表、损益表（均为1996年6月30日）中的数字，部分为饭庄及分店的汇总数额，部分为会计推算和照抄郭某瑞提供的一份报表数字。

北京市大栅栏工商实业总公司经中关村营业部对该公司的担保能力等核保后，为该贷款申请出具了不可撤销担保书。中关村营业部对升宏公司此次贷款未做贷前调查，原因是：北京市糊涂楼饭庄和升宏公司在1995年8月22日和1996年5月2日先后从该营业部贷款人民币100万元和200万元（本息均已归还），该两次贷款申请书和担保书与升宏公司此次贷款人民币300万元的申请书内容基本相同，信贷员何某曾多次到该公司和饭庄查验营业执照、财务账目及现场营业情况，并听取郭某升关于两企业为一体经营和报送的财务报表系饭庄及分店的汇总表等情况的介绍，因此对升宏公司本次贷款，何某经核保后便填写了贷前调查报告，并按照审批程序批准同意贷款人民币300万元。同年8

① 参见中华人民共和国最高人民法院刑事审判第一庭、第二庭编：《刑事审判参考》（总第14集），法律出版社2001年版，第1页。

月2日，中关村营业部将贷款人民币300万元转入升宏公司在该营业部设立的账户内，贷款期限10个月。

8月6日，升宏公司将贷款人民币195万余元用于北京市糊涂楼饭庄及本公司的经营，余款人民币1040625元，郭某升以支票形式支付给北京市建工集团总公司房地产开发经营部，以个人名义购买了本市朝阳区安慧北里秀园16号楼房产两套。1997年底，该房产由北京市糊涂楼饭庄原聘用人员刘某某以人民币80余万元的价格转卖给他人，后郭某升又用卖房所得之款以个人名义购买了河北省三河市燕郊怡园别墅房产两幢。同年12月16日，郭某升将该房产抵押给中国金谷国际信托投资有限责任公司，以升宏公司的名义贷款人民币200万元用于公司经营。

升宏公司贷款人民币300万元后，先后支付银行贷款利息及罚息7次，共计人民币50余万元，1998年1月停止付息。1997年6月1日贷款期满，中关村营业部分别给升宏公司和担保单位北京市大栅栏工商实业总公司发出贷款到期催收函，两公司均复函表示同意履行还款及全额担保还款义务。因升宏公司和北京市糊涂楼饭庄在贷款逾期前后经营不善，资金周转发生困难，中关村营业部曾多次与郭某升联系还款，郭某升表示因经营资金困难暂无还款能力，待经营好转收回资金后再还款。至案发时升宏公司未能偿还该贷款。

• 裁判要旨 •

利用含有虚假项目的财务报表进行申请贷款，能否认定为“以其他方法诈骗贷款”而构成贷款诈骗罪，关键在于结合案件的其他事实来证明行为人主观上是否具备“非法占有贷款的目的”。

• 裁判理由 •

北京市第一中级人民法院经审理认为：被告人郭某升所任职的升宏公司与北京市糊涂楼饭庄及分店虽分别注册登记为独立法人单位，但在实际经营管理运作过程中，两单位都有着密不可分的关系。升宏公司的多次贷款均是为饭庄的经营所用，升宏公司也实际上起到了管理公司的作用。升宏公司在贷款时提供了有效担保，对北京市大栅栏工商实业总公司签订的不可撤销担保书及所附手续，招商银行有关部门经核保后认为真实无误。同时，郭某升没有与担保单位恶意串通欺骗银行的行为，升宏公司向银行提供的贷款担保是真实有效的，符合有关法律规定。贷款到期后，因公司经营管理不善等客观原因致使贷款不能按期归还，但升宏公司曾表示尽快归还贷款本息。据此，起诉书关于被告人郭某升编造虚假事实，骗取贷款人民币300万元并非法占有的指控，缺乏证据。被告人郭某升系单位的法定代表人，代表公司提出贷款请求系单位行为，不应视为个人行为；在取得贷款后，郭用其中人民币100余万元以个人名义购买了房产，其余贷款用于单位经营，而后把房产抵押给金融机构以公司名义再次贷款用于企业经营的支出，亦不应认定被告人郭某升个人挥霍贷款。北京市人民检察院第一分院指控被告人郭某升犯贷款诈骗罪的证据不足，指控的犯罪不能成立。依照《刑事诉讼法》第162条第3项的规定，判决被告人郭某升无罪。

【案例一】

张首平等贷款诈骗案[①]

• 案件事实 •

2002年6月至8月间，张首平、梁伟欣密谋利用银行和保险机构在办理汽车消费贷款和保险业务时存在的工作漏洞，以开一间车行搞假供车的方法来诈骗银行的贷款并多次密谋诈骗的细节后确定到佛山市禅城区和南海区两地实施诈骗。8月中旬，梁伟欣通过其朋友拿到了在中国平安保险股份有限公司南海支公司（以下简称南海平安保险公司）业务员周某某的名片。之后，张首平化名为“刘伟”、梁伟欣化名为“胡建锋”与周某某联系并谎称是从事汽车贸易的，探听了汽车消费贷款和保险业务的运作情况。根据周某某的介绍，两人知道，要实施汽车消费贷款诈骗，需要有人假扮车主购车和假扮担保人提供贷款保证，还要提供假车主、担保人的身份证、户口本、房产证、收入证明及购车合同、购车首期款收据、发动机和车架号码拓印等相关资料。于是，两人就到南海区桂城海三路通过中介公司租了一间房屋，从而拿到了一张屋主名为“邓某”的房产证复印件。张首平据此就伪造了一本房产证。梁伟欣随后找到了叶某某和邓某某（均另案处理），与张首平共同授意由其二人分别假扮成车主邓某和担保人黎某荣。张首平还为其二人伪造了相关的资料，又伪造了一张“佛山市新进发汽车贸易有限公司”的营业执照（经查证，此公司不存在，以下简称新进发公司）。在做好了上述准备后，张首平、梁伟欣就联系周某某，声称已经成立了新进发公司，有客户要贷款购车，要周某某做好准备。周某某遂联系了中国交通银行南海支行（以下简称南海交行）的业务员宋某某。8月29日晚，张首平、梁伟欣与叶某某、邓某某携上述伪造的资料，按事前约定从广州市窜到佛山市中发宾馆找到周某某和宋某某，提供虚假资料，由叶某某冒充车主邓某、邓某某冒充担保人黎某荣，以向新进发公司购买一台宝来牌汽车为由与南海交行签订了贷款额为145000元的汽车消费抵押贷款合同及与南海平安保险公司签订相关的保险合同。合同签订后，宋某某要求张首平和梁伟

① 参见广东省佛山市中级人民法院（2004）佛刑终字第349号。

欣必须在南海交行开设公司账户才能发放贷款。第二天，梁伟欣到南海交行欲开设账户，经银行核实，没有新进发公司的企业登记，故未能开设账户。梁伟欣遂通知周某某、宋某某暂时停止相关的贷款和保险业务。此时，张首平、梁伟欣意识到要注册成立一间汽车贸易公司才能顺利实施诈骗。经密谋后，两被告人找到了其二人的朋友朱某（另案处理），约定由朱某出资，成立一间汽车贸易公司来实施贷款诈骗，诈骗所得的赃款三人平分。同年9月，张首平、梁伟欣伙同朱某到南海区桂城海七路租了兴隆苑××号铺位，并通过中介人吴某某（另作处理）到南海区桂城工商局以吴某某为法定代表人申领了南海东明俊汽车贸易有限公司（以下简称东明俊公司）的营业执照，又在南海交行以东明俊公司的名义开设了账户。之后，张首平、梁伟欣通知周某某、宋某某已经注册成立了新的公司（东明俊公司），希望继续以前的汽车消费贷款和保险业务。周某某和宋某某由于警惕性不高，轻信了两被告人，遂同意发放贷款。9月25日，南海交行将145000元贷款发放到东明俊公司在南海交行的账户（账号：201201××××）。贷款到账后，张首平、梁伟欣将款项全部提走，并在扣除诈骗期间所花费用后与朱某共同分占赃款。

同年10月上、中旬，张首平、梁伟欣伙同朱某密谋再以上述方法实施贷款诈骗。之后由梁伟欣找到谭某某和林某某（另案处理），商定由其二人分别冒充车主陈某某和担保人张某，张首平则伪造了诈骗所需的相关资料。之后，张首平、梁伟欣还到南海黄岐通过中介公司租用了河畔花园的一套商品房伪称车主陈某某的住址以防保险公司和银行查询。10月15日，经事前与南海平安保险公司业务员周某某联系，并再由周某某联系了中国银行南海支行（以下简称南海中行）业务员何某某后，梁伟欣、朱某、谭某某、林某某到南海区桂城蓝月亮西餐厅，提供虚假资料，由谭某某冒充车主陈某某、林某某冒充担保人张某以向东明俊公司购买一台帕萨特小汽车为由与南海中行签订了贷款额为158000元的汽车消费抵押贷款合同及与南海平安保险公司签订了相关的保险合同。10月16日，南海中行将158000元贷款发放到东明俊公司在南海交行的账户（账号：201201××××）。贷款到账后，张首平、梁伟欣将款项全部提走，在支付给谭某某、林某某各1万元报酬及扣除诈骗期间所花费用后与朱某一起共同分占赃款。

张首平、梁伟欣参与全部11宗贷款诈骗，诈骗数额达2283000元，其中一宗属犯罪未遂（第9宗，数额为22万元）、一宗属犯罪中止（第11宗，数额为22万元）。李陆军、罗鹏参与贷款诈骗8宗（第3宗～第8宗、第10宗～第11宗），数额为176万元。被告人黎某石参与贷款诈骗2宗（第5宗～第6宗），数额为44万元。被告人谭某某参与贷款诈骗2宗（第2宗～第3宗），数额为378000元。另查明，梁伟欣于2002年11月22日被抓获后，协助公安机关于2003年4月2日抓获了谭某某、黎某石；李陆军于2003年3月18日被抓获后，同日协助公安机关抓获了罗鹏。张首平亦于 2003 年 1 月 7 日被抓获归案。罗鹏被抓获后退出赃款 45000 元；谭某某被抓获后退出赃款 2 万元。

• 裁判要旨 •

为顺利实施诈骗活动而注册公司、开设公司账户，并以该公司名义用虚假的产权证明等文件作担保诈骗银行机构贷款，数额巨大的，应以贷款诈骗罪追究自然人刑事责任。

• 裁判理由 •

原审法院认为：被告人张首平等人以非法占有为目的，结伙虚构事实、使用虚假的证明文件和以虚假的产权证明作担保诈骗银行机构贷款，数额特别巨大，其行为均已构成贷款诈骗罪。判决：（1）被告人张首平犯贷款诈骗罪，判处有期徒刑十五年，剥夺政治权利五年，并处罚金人民币 10 万元。（2）被告人梁伟欣犯贷款诈骗罪，判处有期徒刑十二年，剥夺政治权利三年，并处罚金人民币 8 万元。（3）被告人李陆军犯贷款诈骗罪，判处有期徒刑五年，并处罚金人民币 5 万元。（4）被告人罗鹏犯贷款诈骗罪，判处有期徒刑五年，并处罚金人民币 5 万元。（5）被告人黎某石犯贷款诈骗罪，判处有期徒刑二年六个月，并处罚金人民币 3 万元。（6）被告人谭某某犯贷款诈骗罪，判处有期徒刑二年，并处罚金人民币 2 万元。

一审判决作出后，被告人张首平、梁伟欣、罗鹏、李陆军提出上诉。

广东省佛山市中级人民法院认为：上诉人张首平、梁伟欣、罗鹏、李陆军、原审被告人黎某石、谭某某以非法占有为目的，结伙诈骗银行贷款，数额特别巨大，其行为均已构成贷款诈骗罪。上诉人张首平、梁伟欣实施第 9 宗贷款诈骗犯罪（数额为 22 万元）由于意志以外的原因未能得逞，属犯罪未遂，对该宗犯罪可比照既遂犯从轻处罚；上诉人张首平、梁伟欣、罗鹏、李陆军自动放弃第 11 宗贷款诈骗犯罪（数额为 22 万元）且没有造成损害，对该宗犯罪应免除处罚。在共同犯罪中，上诉人张首平、梁伟欣起组织、策划和指挥作用，是主犯，应按其所参与的全部犯罪处罚；上诉人罗鹏、李陆军、黎某石、谭某某起次要作用，是从犯，应从轻或减轻处罚。上诉人梁伟欣、李陆军犯罪后能协助公安机关抓获同案犯，属立功表现，可从轻或减轻处罚。上诉人罗鹏、原审被告人谭某某犯罪后能退出部分赃款，可酌情从轻处罚。上诉人梁伟欣、罗鹏、李陆军、原审被告人黎某石、谭某某认罪态度较好，可酌情从轻处罚。综上，依法可对上诉人梁伟欣从轻处罚，对上诉人罗鹏、李陆军、原审被告人黎某石、谭某某减轻处罚。由于原判量刑时已充分考虑了各行为人的犯罪事实、犯罪性质、情节危害程度和认罪悔罪态度，所作量刑并无不当，故对上诉人梁伟欣要求进一步从轻处罚的请求，不予支持。上诉人张首平的上诉理由及其辩护人的辩护意见没有事实和法律依据，上诉人梁伟欣的上诉请求没有法律依据，上诉人罗鹏、李陆军的上诉理由与本院查明的事实不符，均不予采纳。原审判决认定事实和适用法律正确，量刑适当，审判程序合法。依照《刑事诉讼法》第 189 条第 1 项的规定，裁定如下：驳回上诉，维持原判。

【学理分析及适用指引】

• 学理分析 •

贷款诈骗罪，是指借款人以非法占有为目的，用虚构事实或者隐瞒真相的方法，骗取银行或者其他金融机构的贷款，数额较大的行为。本罪的构成要件如下：

1. 本罪的客体。本罪侵犯的客体是国家对银行贷款的管理制度和银行或其他金融机构的财产所有权。犯罪对象是银行或者其他金融机构的贷款。

2. 本罪的客观方面。客观方面表现为用虚构事实或者隐瞒真相的方法，骗取银行或者其他金融机构的贷款，数额较大的行为。“其他金融机构”，主要是指除银行以外的信托投资公司、城市信用社、农村信用社等具有信贷业务的非银行金融机构。《刑法》规定了 5 种诈骗贷款的方法：（1）编造引进资金、项目等虚假理由。这主要是指行为人编造根本不存在或者情况不实的所谓会产生良好社会效益和经济效益的投资项目，或者以引入外资需要配套资金等理由。（2）使用虚假的经济合同。这主要是指行为人使用虚假的出口合同或者其他所谓在短期内能够产生很好经济效益的合同。（3）使用虚假的证明文件。这主要是指使用伪造或者变造的银行存款证明、公司或者金融机构的担保函、划款证明等在向银行或者其他金融机构申请贷款时所需要的文件。（4）使用虚假的产权证明作担保或者超出抵押物价值重复担保。这主要是指使用伪造、变造的能证明行为人对房屋、设备等不动产或者汽车、货币等可即时兑付的票据等动产具有所有权的一切文件或者超出抵押物价值重复担保。（5）以其他方法诈骗贷款。这主要是指伪造单位公章、印鉴骗取贷款，或者以假货币为抵押骗取贷款等方法。

3. 本罪的主体。犯罪主体为一般主体，但单位不能成为本罪的主体。

4. 本罪的主观方面。主观方面由故意构成且必须属于以非法占有为目的。

• 适用指引 •

司法实践中，认定本罪时应注意：

1. 如何认定行为人主观上具有“非法占有目的”。关于如何认定行为人主观上具有“非法占有目的”，2001 年 1 月 21 日最高人民法院印发的《全国法院审理金融犯罪案件工作座谈会纪要》（以下简称《审理金融犯罪案件纪要》）

指出：应当坚持主客观相一致的原则，既要避免单纯根据损失结果客观归罪，也不能仅凭被告人自己的供述，而应当根据案件具体情况具体分析。对于行为人通过诈骗的方法非法获取资金，造成数额较大资金不能归还，并具有下列情形之一的，可以认定为具有非法占有的目的：（1）明知没有归还能力而大量骗取资金的；（2）非法获取资金后逃跑的；（3）肆意挥霍骗取资金的；（4）使用骗取的资金进行违法犯罪活动的；（5）抽逃、转移资金、隐匿财产，以逃避返还资金的；（6）隐匿、销毁账目，或者假破产，假倒闭，以逃避返还资金的；（7）其他非法转移资金、拒不返还的行为。

2. 贷款诈骗与贷款纠纷的界限。随着市场经济的发展和金融活动领域的扩大，贷款不能归还的风险也可能加大，贷款纠纷也会增加。因此，要准确区分贷款诈骗与贷款纠纷的界限。特别应当注意的是，根据《审理金融犯罪案件纪要》的规定，对于合法取得贷款后，没有按规定的用途使用贷款，到期没有归还贷款的，不能以贷款诈骗罪定罪处罚；对于确有证据证明行为人不具有非法占有目的的，因不具备贷款的条件而采取了欺骗手段获取贷款，案发时有能力履行还贷义务，或者案发时不能归还贷款是因为意志以外的原因，如因经营不善、被骗、市场风险等，不应以贷款诈骗罪定罪处罚。但该行为可能依照《刑法》第 175 条之一的骗取金融机构贷款罪论处。总之，在处理具体案件的时候，对于有证据证明行为人主观上不具有非法占有目的的，就不能单纯以贷款不能归还而按贷款诈骗罪论处。

3. 关于单位实施的贷款诈骗行为的处理问题。由于《刑法》第 193 条并未将单位规定为贷款诈骗罪的主体，因而对于单位骗贷的，不能以贷款诈骗罪也不能再按照合同诈骗罪追究单位刑事责任。对此应根据相关立法解释，以贷款诈骗罪追究具体组织、策划、实施贷款诈骗行为的自然人刑事责任。

第一百九十四条　票据诈骗罪、金融凭证诈骗罪

【法律规定】

• 法律条文 •

《中华人民共和国刑法》

第一百九十四条　有下列情形之一，进行金融票据诈骗活动，数额较大的，处五年以下有期徒刑或者拘役，并处二万元以上二十万元以下罚金；数额巨大或者有其他严重情节的，处五年以上十年以下有期徒刑，并处五万元以上五十万元以下罚金；数额特别巨大或者有其他特别严重情节的，处十年以上有期徒刑或者无期徒刑，并处五万元以上五十万元以下罚金或者没收财产：

（一）明知是伪造、变造的汇票、本票、支票而使用的；

（二）明知是作废的汇票、本票、支票而使用的；

（三）冒用他人的汇票、本票、支票的；

（四）签发空头支票或者与其预留印鉴不符的支票，骗取财物的；

（五）汇票、本票的出票人签发无资金保证的汇票、本票或者在出票时作虚假记载，骗取财物的。

使用伪造、变造的委托收款凭证、汇款凭证、银行存单等其他银行结算凭证的，依照前款的规定处罚。

• 相关规定 •

《中华人民共和国刑法》

第二百条　单位犯本节第一百九十四条、第一百九十五条规定之罪的，对单位判处罚金，并对其直接负责的主管人员和其他直接责任人员，处五年以下有期徒刑或者拘役，可以并处罚金；数额巨大或者有其他严重情节的，处五年以上十年以下有期徒刑，并处罚金；数额特别巨大或者有其他特别严重情节的，处十年以上有期徒刑或者无期徒刑，并处罚金。

《中华人民共和国票据法》

第一百零二条　有下列票据欺诈行为之一的，依法追究刑事责任：

（一）伪造、变造票据的；

（二）故意使用伪造、变造的票据的；

（三）签发空头支票或者故意签发与其预留的本名签名式样或者印鉴不符的支票，骗取财物的；

（四）签发无可靠资金来源的汇票、本票，骗取资金的；

（五）汇票、本票的出票人在出票时作虚假记载，骗取财物的；

（六）冒用他人的票据，或者故意使用过期或者作废的票据，骗取财物的；

（七）付款人同出票人、持票人恶意串通，实施前六项所列行为之一的。

《全国法院审理金融犯罪案件工作座谈会纪要》（法〔2001〕8号）

（三）关于金融诈骗罪

1. 金融诈骗罪中非法占有目的的认定

金融诈骗犯罪都是以非法占有为目的的犯罪。在司法实践中，认定是否具有非法占有为目的，应当坚持主客观相一致的原则，既要避免单纯根据损失结果客观归罪，也不能仅凭被告人自己的供述，而应当根据案件具体情况具体分析。根据司法实践，对于行为人通过诈骗的方法非法获取资金，造成数额较大资金不能归还，并具有下列情形之一的，可以认定为具有非法占有的目的：

（1）明知没有归还能力而大量骗取资金的；

（2）非法获取资金后逃跑的；

（3）肆意挥霍骗取资金的；

（4）使用骗取的资金进行违法犯罪活动的；

（5）抽逃、转移资金、隐匿财产，以逃避返还资金的；

（6）隐匿、销毁账目，或者搞假破产、假倒闭，以逃避返还资金的；

（7）其他非法占有资金、拒不返还的行为。但是，在处理具体案件的时候，对于有证据证明行为人不具有非法占有目的的，不能单纯以财产不能归还就按金融诈骗罪处罚。

4. 金融诈骗犯罪定罪量刑的数额标准和犯罪数额的计算

金融诈骗的数额不仅是定罪的重要标准，也是量刑的主要依据。在没有新的司法解释之前，可参照1996年《最高人民法院关于审理诈骗案件具体应用法律的若干问题的解释》的规定执行。① 在具体认定金融诈骗犯罪的数额时，应当以行为人实际骗取的数额计算。对于行为人为实施金融诈骗活动而支付的中介费、手续费、回扣等，或者用于行贿、赠与等费用，均应计入金融诈骗的犯罪数额。但应当将案发前已归还的数额扣除。

（五）财产刑的适用

金融犯罪是图利型犯罪，惩罚和预防此类犯罪，应当注重同时从经济上制裁犯罪分子。刑法对金融犯罪都规定了财产刑，人民法院应当严格依法判处。罚金的数额，应当根据被告人的犯罪情节，在法律规定的数额幅度内确定。对于具有从轻、减轻或者免除处罚情节的被告人，对于本应并处的罚金刑原则上也应当从轻、减轻或者免除。

单位金融犯罪中直接负责的主管人员和其他直接责任人员，是否适用罚金刑，应当根据刑法的具体规定。刑法分则条文规定有罚金刑，并规定对单位犯罪中直接负责的主管人员和其他直接责任人员依照自然人犯罪条款处罚的，应当判处罚金刑，但是对直接负责的主管人员和其他直接责任人员判处罚金的数额，应当低于对单位判处罚金的数额；刑法分则条文明确规定对单位犯罪中直接负责的主管人员和其他直接责任人员只判处自由刑的，不能附加判处罚金刑。

《最高人民检察院、公安部关于公安机关管辖的刑事案件立案追诉标准的规定（二）》（公通字〔2022〕12号）

第四十六条 ［票据诈骗案（刑法第一百九十四条第一款）］进行金融票据诈骗活动，数额在五万元以上的，应予立案追诉。

---

① 该司法解释的部分内容已被2011年3月1日公布的《最高人民法院、最高人民检察院关于办理诈骗刑事案件具体应用法律若干问题的解释》（法释〔2011〕7号）所取代，具体内容请参见本书“诈骗罪”部分内容。——编者注

第四十七条　［金融凭证诈骗案（刑法第一百九十四条第二款）］使用伪造、变造的委托收款凭证、汇款凭证、银行存单等其他银行结算凭证进行诈骗活动，数额在五万元以上的，应予立案追诉。

《公安部经济犯罪侦查局关于单位定期存款开户证实书性质的批复》（公经〔2000〕1329号）

江苏省公安厅经侦总队：

你总队《关于“单位存款开户证实书”是否属于银行结算凭证的请示》（〔2000〕苏公经侦426号）收悉。经商中国人民银行有关部门，现批复如下：

“单位存款开户证实书”是接受存款的金融机构向存款单位开具的人民币定期存款权利凭证，其性质上是一种金融凭证，它与存单同样起到存款证明作用，只是不能作为质押的权利凭证。

此复

《支付结算办法》（银发〔1997〕393号）

第二百零七条　单位和个人办理支付结算，不准签发没有资金保证的票据或远期支票，套取银行信用；不准签发、取得和转让没有真实交易和债权债务的票据；套取银行和他人资金；不准无理拒绝付款，任意占用他人资金；不准违反规定开立和使用账户。

第二百五十三条　伪造、变造票据和结算凭证上的签章或其他记载事项的，应当承担民事责任或刑事责任。

第二百五十四条　有利用票据、信用卡、结算凭证欺诈的行为，构成犯罪的，应依法承担刑事责任。情节轻微，不构成犯罪的，应按照规定承担行政责任。

《票据管理实施办法》（国务院令第588号）

第三十一条　签发空头支票或者签发与其预留的签章不符的支票，不以骗取财物为目的的，由中国人民银行处以票面金额5%但不低于1000元的罚款；持票人有权要求出票人赔偿支票金额2%的赔偿金。

【案例一】

刘玉法票据诈骗案①

·　案件事实　·

被告人刘玉法伙同他人于2001年4月下旬，在北京市东城区黄寺总政大

① 参见中华人民共和国最高人民法院刑事审判第二庭编：《经济犯罪审判指导与参考》（2003年第3卷），人民法院出版社2003年版，第1页。

院内，谎称自己是北京天虹博宇贸易有限公司（以下简称天虹博宇公司）“张总”，与北京鑫同创商贸公司（以下简称鑫同创公司）签订虚假的空调购货合同，并使用天虹博宇公司的空头支票支付货款，骗取鑫同创公司海信 KFR－3301GW 型空调 30 台、海信 KFR－5001LW/D 型空调 5 台，物品价值人民币 115600 元。后鑫同创公司将该货款支票交付银行办理，银行因支票书写问题退票，天虹博宇公司已不知去向。

刘玉法伙同他人于 2001 年 4 月 28 日，在山东临沂工程机械股份有限公司北京办事处，谎称自己是北京天虹博宇贸易公司“张杰”，与山东临沂工程机械股份有限公司（以下简称临沂公司）签订虚假的工矿产品购销合同，并使用天虹博宇公司的空头支票支付货款，骗取临沂公司“伟力”牌 ZL40C 装载机一台，物品价值人民币 243000 元。后临沂公司将该货款支票交付银行办理结算，银行因支票书写问题退票，刘玉法已不知去向。

刘玉法于 2001 年 8 月 21 日，在北京市丰台区西局后街××号，谎称自己是北京天虹博宇贸易有限公司副总“刘杰”，与北京排山工程机械配件有限公司分公司（以下简称排山公司）签订虚假的工矿产品购销合同，并使用申请人为天虹博宇公司、签发人为工商行万寿路支行、收款人为排山公司的假银行汇票，骗取排山公司“山工”牌 ZL30F 装载机一台，价值人民币 18 万元。排山公司将该货款汇票在银行办理结算，发现汇票系假票，刘玉法已不知去向。

• 裁判要旨 •

以虚假票据支付合同价款，诈骗对方当事人财物数额较大的，同时构成合同诈骗罪与票据诈骗罪，成立法条竞合关系，应当以票据诈骗罪这一特殊条款的罪名论处。

• 裁判理由 •

北京市东城区人民法院审理认为：被告人刘玉法以非法占有为目的，伙同他人在签订、履行合同过程中，签发空头支票或使用伪造的汇票，骗取对方当事人财物，且数额特别巨大，其行为侵犯了被害人的合法权益和国家对票据的管理制度，同时构成票据诈骗罪与合同诈骗罪，二者实属刑法理论上的法条竞合关系，原则上应以“特殊条款”即《刑法》第 194 条的票据诈骗罪依法应予刑罚处罚。依照《刑法》第 194 条第 1 款第 1 项、第 4 项，第 25 条第 1 款，第 52 条，第 53 条，第 64 条之规定，判决被告人刘玉法犯票据诈骗罪，判处有期徒刑十一年，并处罚金人民币 10 万元。

【案例二】

王世清票据诈骗、刘耀挪用资金案①

• 案件事实 •

1996年4月10日，被告人王世清与其弟王某某共同出资成立津浦公司，王世清任董事长。津浦公司长期负债经营，截至2003年年底，津浦公司共欠款数千万元面临催账。2003年11月27日，常州蕾迪斯公司申请兴业银行南京城北支行开具了收款人为蕾迪斯公司上海分公司的3张银行承兑汇票，金额各为人民币1000万元，到期日为2004年5月27日。经被告人刘耀（商行淮西支行业务部主任）联系、操作，蕾迪斯公司与王世清所在的津浦公司通过虚构煤炭购销业务的方法，将该汇票背书转让给津浦公司，津浦公司于2003年12月3日在商行淮西支行申请贴现2928万余元并转付蕾迪斯公司。2003年12月，汉唐公司向王世清催要津浦公司的1200万元到期欠款。王世清遂与刘耀商议将原在商行淮西支行贴现过的承兑汇票借给津浦公司用于质押贷款，偿还公司到期债务。资金周转后再将承兑汇票赎回归还商行淮西支行，刘耀表示同意。同年12月19日，刘耀以某银行淮东支行被盗，已贴现过的银行承兑汇票放在徐州市工商银行保管更安全为由，骗得共同保管人李某某的信任。当日下午，在向工商银行转移票据过程中，刘耀利用只有用自己的身份证号码才能打开保险箱的便利，从李某某手中取得存放保险箱的门钥匙单独进去，假装将贴现过的3张银行承兑汇票放入保险箱中，而实际藏于身上带出后将其中2张交给王世清。王世清即安排津浦公司会计到农行淮西支行办理质押贷款1900万元，用于归还汉唐公司等单位欠款及银行到期贷款。2003年12月26日，在徐州市商业银行对抵押物品进行检查的过程中，王世清、刘耀感到事情败露且无力偿还贷款而分别逃匿。

• 裁判要旨 •

勾结银行工作人员使用已贴现的真实票据质押贷款的行为，依法成立票据诈骗罪。

• 裁判理由 •

徐州市中级人民法院审理认为：被告人王世清以非法占有银行贷款为目

① 参见中华人民共和国最高人民法院刑事审判第一、二、三、四、五庭主办：《刑事审判参考》（总第49集），法律出版社2006年版，第8页。

的，采取隐瞒真相的办法，在不具备偿还能力的情况下，利用已实际贴现过的银行承兑汇票作质押骗取银行贷款，用于偿还单位债务后逃匿，其行为已构成合同诈骗罪。被告人刘耀在担任商行淮西支行业务部主任期间，利用实际具有保管汇票的职务便利，采取欺骗手段，秘密窃取本单位巨额承兑汇票后以个人名义借给王世清的公司使用，其行为已构成挪用资金罪。依照《刑法》第224条第5项、第231条、第272条第1款、第57条第1款、第67条第1款、第64条之规定，判决被告人王世清犯合同诈骗罪，判处无期徒刑，剥夺政治权利终身，并处没收个人全部财产；被告人刘耀犯挪用资金罪，判处有期徒刑八年。

一审宣判后，被告人王世清、刘耀不服，提出上诉。江苏省高级人民法院审理认为：被告人王世清作为津浦公司的法定代表人，明知其所在的津浦公司长期负债经营，无偿还能力，通过刘耀骗取了商行淮西支行所有的银行承兑汇票2张，后冒用商行淮西支行的汇票骗取银行贷款1900万元用于归还公司债务后逃匿，津浦公司及王世清的行为均已构成票据诈骗罪，且数额特别巨大。被告人刘耀利用其担任商行淮西支行业务部主任的职务便利，擅自将本单位的承兑汇票以个人名义借给津浦公司进行质押贷款，至今无法归还，其行为已构成挪用资金罪。原判认定事实清楚，对刘耀定罪准确，量刑适当，应予维持；对王世清的定性错误，应予改判。依照《刑法》第194条第1款第3项、第200条、第272条第1款、第64条和《刑事诉讼法》第169条第1项、第2项之规定，改判被告人王世清犯票据诈骗罪，判处无期徒刑，剥夺政治权利终身。

【案例三】

张北海等人贷款诈骗、金融凭证诈骗案①

• 案件事实 •

2004年6月，被告人张北海、贺宏安（另案处理）、胡英华为了骗取贷款，通过被告人陈超以付高息为诱饵，诱使西安大信公司将200万元资金存入指定的西安市商业银行盐店街支行，后由被告人白林作内线，将大信公司的开户资料及预留印鉴的印模抽出复印，交给张北海及贺宏安伪造相关资料和印章，再由白林对伪造的印章进行修改后，由张北海为被告人陈炜提供伪造的大信公司介绍信、委托书、存款单等，由陈炜出面以大信公司员工的名义将大信公司的200万元存款证实书变更为定期存款，再由张北海、陈超、陈炜等人冒

① 参见中华人民共和国最高人民法院刑事审判第一、二、三、四、五庭主办：《刑事审判参考》（总第54集），法律出版社2007年版，第10页。

充大信公司法定代表人、工作人员，胡英华以华美公司会计的名义，持假资料、印鉴，虚拟借款、质押协议，将大信公司资金200万元作质押、以华美公司名义在西安市商业银行钟楼支行贷款190万元，将贷款中的184万元分别转入胡英华、陈超、陈炜等人控制的银行账户提现。张北海等人将赃款瓜分。

2004年10月，张北海与陈超商定，以帮朋友拉存款为名，引诱陕西人达公司将资金存入工商银行西影路分理处账户，后张北海指使华博公司办公室主任晏娜到工商银行互助路支行开立一般账户并办理工商银行网上客户服务中心开户手续，并在工商银行西影路分理处开立一般账户，尔后让陈超私刻一枚“工商银行西影路分理处”公章，张北海操纵制作了虚假的《中国工商银行网上银行企业客户账户查询、转账授权书》、客户证书档案信息资料、需增加的分支机构档案信息资料，将上述资料交给刘娜，刘娜与工行电子结算中心市场部任经理的但卫国共同完善以上资料后，违规为张北海办理了“网上银行下挂账户手续”，将人达公司设立在工行西影路分理处的账户下挂到华博公司设立在工行互助路支行账户名下，使张北海可对人达公司账户任意进行转账支配。当人达公司资金500万元到账后，张北海便指使晏娜同陈超、刘娜在银行人员的帮助下解锁，并将人达公司账户500万元中的280万余元转入华博公司工行互助路支行账户。胡英华与晏娜在张北海的授意下，于2004年10月25日将其中235万元转入中行西影路支行华博公司账户，48万元转入天海公司账户。后胡英华与陈超将48万元全部提现，胡英华留了2万元的张北海原借款，将46万元给陈超。

• 裁判要旨 •

伪造企业网上银行转账授权书骗取资金行为，依法成立金融凭证诈骗罪。

• 裁判理由 •

西安市中级人民法院审理认为：被告人张北海、胡英华、白林、陈超、陈炜以非法占有为目的，采取拉存企业款项、伪造存款企业资料、印鉴并改变企业存款方式，冒充存款企业虚构质押贷款的手段和方法骗取银行款项，其行为分别构成贷款诈骗罪；张北海又伙同陈超、胡英华采取拉存企业款项，办理网上银行业务，私刻存款企业、银行印鉴，伪造存款企业网上银行转账授权书的手段，骗取银行资金，其行为又分别构成金融凭证诈骗罪。被告人张北海、陈超、胡英华均一人犯两罪，依法应数罪并罚。上述被告人贷款诈骗、金融凭证诈骗数额特别巨大，且有200余万元资金未被追回，依法均应予以惩处。依照《刑法》第193条第3项、第5项，第194条第2款，第25条第1款，第26条第1款，第27条，第64条，第69条之规定，判决如下：一、被告人张北海犯贷款诈骗罪，判处有期徒刑十三年，并处罚金8万元；犯金融凭证诈骗罪，判处有期徒刑十三年，并处罚金8万元。决定执行有期徒刑二十年，并处罚金16万元。二、被告人陈超犯贷款诈骗罪，判处有期徒刑七年，并处罚金三万元；犯金融凭证诈骗罪，判处有期徒刑十年，并处罚金5万元。决定执行有期徒刑十六年，并处罚金8万元。三、被告人胡英华犯贷款诈骗罪，判处有期徒刑十年，并处罚金5万元；犯金融凭证诈骗罪，判处有期徒刑五年，并处罚金2万元。决定执行有期徒刑十四年，并处罚金7万元。四、被告人白林犯贷款诈骗罪，判处有期徒刑十年，并处罚金5万元。五、被告人陈炜犯贷款诈骗罪，判处有期徒刑六年，交处罚金2万元。一审宣判后，被告人胡英华、陈超、白林、陈炜不服，提起上诉。陕西省高级人民法院经审理认为：一审判决认定的犯罪事实清楚，证据确实、充分，定罪准确，量刑适当，审判程序合法。依照《刑事诉讼法》第189条第1项的规定，裁定驳回上诉，维持原判。

【案例四】

李路军金融凭证诈骗案①

• 案件事实 •

2005年10月，被告人李路军在担任青州市益都信用社玲珑分社柜员期间，利用职务之便，以存款不入账的方式，先后三次挪用本单位储户资金共计118879.74元用于购买彩票等活动，至案发时尚未归还。

2005年11月初，李路军被调离青州市益都农村信用合作社玲珑分社到益都农村信用合作社工作后，因怕挪用单位资金的事实被发现，遂产生了携款潜逃的想法。2005年11月13日上午，李路军窜至益都农村信用合作社玲珑分社，趁其他工作人员不备之机，窃取了储户“郭某某”“张某某”的个人存款信息资料，并换了两本“一本通”存折，把两个储户的存款转移到了新办的两个存折上，并加盖了玲珑分社的公章。后李路军携带伪造的户名为“郭某某”“张某某”的“一本通”存折，先后窜至青州市城区信用社营业厅、城里分社、车站分社等，共计提取人民币849000元。李路军驾驶用该款购买的北京现代“伊兰特”轿车于同年11月30日逃跑至湖北省郧县时发生车祸，“伊兰特”轿车及人民币662530元被郧县公安机关扣押。同年12月1日，李路军电话委托其叔叔李某某向青州市公安局投案自首。

• 裁判要旨 •

金融机构工作人员利用工作之便，以换折方式支取储户资金的行为构成金

① 参见中华人民共和国最高人民法院刑事审判第一、二、三、四、五庭编：《刑事审判参考》（总第54集），法律出版社2007年版，第18页。

融凭证诈骗罪。

• 裁判理由 •

山东省潍坊市中级人民法院审理认为：被告人李路军利用职务上的便利，挪用本单位资金，进行营利活动，数额较大不退还，其行为已构成挪用资金罪；以非法占有为目的，伪造储户银行存单并使用，诈骗数额特别巨大，其行为已构成金融凭证诈骗罪。依照《刑法》第 272 条第 1 款、第 194 条、第 316 条、第 69 条第 1 款、第 67 条第 1 款之规定，判决被告人李路军犯挪用资金罪，判处有期徒刑四年；犯金融凭证诈骗罪，判处有期徒刑十四年，并处罚金人民币 5 万元。决定执行有期徒刑十六年，并处罚金人民币 5 万元。

【学理分析及适用指引】

• 学理分析 •

1. 票据诈骗罪的构成。票据诈骗罪，是指以非法占有为目的，用虚构事实或者隐瞒真相的方法，利用金融票据骗取财物，数额较大的行为。本罪的构成要件如下：

（1）本罪的客体。本罪侵犯的客体是国家对金融票据的管理制度和公私财产的所有权。

（2）本罪的客观方面。客观方面表现为用虚构的事实或者隐瞒真相的方法，利用金融票据骗取财物，数额较大的行为。《刑法》规定了 5 种票据诈骗的方法：①明知是伪造、变造的汇票、本票、支票而使用。这主要是指行为人在主观上知道所使用的汇票、本票、支票是伪造、变造的，而故意冒充真的票据进行诈骗活动的行为。②明知是作废的汇票、本票、支票而使用。这是指行为人在主观上知道其所使用的是作废的汇票、本票、支票，而故意冒充真的票据进行诈骗活动的行为。③冒用他人的汇票、本票、支票。这是指行为人擅自以合法持票人的名义，支配、使用、转让自己不具备支配权利的票据的行为。④签发空头支票或者与其预留印鉴不符的支票，骗取财物。签发空头支票，是指行为人所签发的支票金额超过其在银行实有的存款金额的行为。与其预留印鉴不符的支票，是指票据签发人在其签发的支票上加盖与其预留存在银行或者其他金融机构的印鉴不一致的财务公章或者支票签发人的名章的行为。⑤汇票、本票的出票人签发无资金保证的汇票、本票或者在出票时作虚假记载，骗取财物。资金保证，是指票据的出票人在承兑票据时具有按票据支付的能力。

（3）本罪的主体。犯罪主体为一般主体。

（4）本罪的主观方面。主观方面由故意构成，并且具有非法占有的目的。

2. 金融凭证诈骗罪的构成。金融凭证诈骗罪，是指以非法占有为目的使用伪造、变造的委托收款凭证、汇款凭证、银行存单等其他银行结算凭证骗取财物，数额较大的行为。本罪的构成要件如下：

（1）本罪的客体。本罪侵犯的客体是国家对金融票据的管理制度和公私财产的所有权。

（2）本罪的客观方面。客观方面表现为使用伪造、变造的委托收款凭证、汇款凭证、银行存单等其他银行结算凭证骗取财物，数额较大的行为。伪造，是指行为人未经国家有关部门批准，非法印制银行结算凭证的行为。变造，是指行为人在真实、合法的银行结算凭证的基础上或者以真实的银行结算凭证为基本材料，通过剪接、挖补、涂改等手段，对银行结算凭证的主要内容，非法加以改变的行为。委托收款凭证，是指行为人在委托银行向付款人收取款项时所填写、提供的凭据和证明。汇款凭证，是指汇款人委托银行将款项汇给外地收款时，所填写的凭据和证明。银行存单，是指一种银行结算凭证，它是由储户向银行交存款项，办理开户，银行签发载有户名、账号、存款金额、存期、存入日、到期日、利率等内容的存单。其他银行结算凭证，是指除本票、汇票、支票、委托收款凭证、汇款凭证、银行存单以外的办理银行结算的凭据和证明。

（3）本罪的主体。犯罪主体为一般主体，自然人和单位均可构成本罪的主体。

（4）本罪的主观方面。主观方面由故意构成，并且具有非法占有的目的。

• 适用指引 •

司法实践中，认定本条规定的罪名时应注意：

1. 票据诈骗罪的认定。在签订、履行合同过程中，签发空头支票或使用伪造的汇票，骗取对方当事人财物的行为，构成票据诈骗罪。以非法占有为目的，使用已贴现的真实票据质押贷款的行为，属于《刑法》第 194 条第 1 款第 3 项“冒用他人的汇票”进行诈骗活动，应以票据诈骗罪定罪处罚。

《刑法》第 194 条第 1 款第 3 项规定的冒用他人的汇票，是指擅自以合法持票人的名义，支配、使用、转让自己不具备支配权利的他人的汇票行为。“冒用”通常有 3 种表现形式：（1）使用以非法手段获取的汇票，如以欺诈、偷盗或者胁迫等手段取得的汇票，或者明知是以上述手段取得的汇票而使用；（2）没有代理权而以代理人的名义使用或者代理人超越代理权限而使用；（3）擅自使用他人委托代为保管的或者捡拾他人遗失的汇票。

2. 盗窃罪与金融凭证诈骗罪的区别。盗窃罪是采用秘密窃取的手段取得公私财物，由于行为人采取的是秘密窃取的方式，因此，不存在被害人处分财产的事实，行为人对被害人财产的占有，无论在表面上，还是在实质上，都是违背被害人意志的。金融凭证诈骗罪则是以使用伪造、变造的银行结算凭证的欺骗手段，使财物所有人、管理人陷入认识错误，“自愿”交出财物，由于行为人采取的是骗取的方式，因此，客观上存在被害人处分财产的事实，行为人对被害人财产的占有，虽然在表面上、在当时是基于被害人的自愿，但实质上却违背了被害人的真实意志。金融凭证诈骗罪不但侵犯了财产权还侵犯了金融管理秩序和金融安全，因此，《刑法》第 194 条第 2 款规定构成金融凭证诈骗罪要求必须使用伪造的委托收款凭证、汇款凭证、银行存单等其他银行结算凭证作为骗取财物的手段，否则不构成本罪。而对于盗窃罪而言，由于只侵犯了他人的财产权，则没有此种特定手段的要求。

（1）利用窃取的他人存款信息资料擅自为储户换折的行为属于伪造银行存单，依法构成伪造金融票证罪。一般认为，伪造金融票证包括两种情况：第一种是有形伪造，即行为人以各种方法非法制造汇票、本票、支票、信用证、委托收款凭证、汇款凭证、银行存单等其他银行结算凭证，冒充真实有效金融票证的行为；第二种是无形伪造，即以真实的金融凭证为基础，以涂改、挖补的方法改变其内容冒充真实有效金融票证的行为。作为信用社工作人员，有权制作存折，但其超越制作权限，未经储户同意，利用窃取的储户存款信息资料擅自为储户换折，并将储户的存款秘密转移到新办的存折上，制作出与原存折内容基本一致的存折，完全符合无形伪造的特征，因此，利用窃取的他人存款信息资料擅自为储户换折的行为属于伪造银行存单的行为，依照《刑法》第 177 条的规定，构成伪造金融票证罪。

（2）使用伪造的银行存折冒用他人名义取款的行为属于诈骗行为而非窃取行为，应构成金融凭证诈骗罪。窃取他人的存款信息资料并据此换折的行为，虽然体现出一定的秘密性，即是在利用工作便利趁其他工作人员不备之机偷偷进行的，但该行为只是为非法占有存款创造了条件，并不等于实际占有了相应的财产。刑法评价一种行为的性质，区分此罪与彼罪，评价的根据是直接侵害法益的行为而非其他作为预备或条件的行为。

（3）伪造银行存折与使用伪造的存折冒用取款的行为属于牵连关系，应当择一重罪论处。利用窃取的他人存款信息资料伪造银行存折的行为，依法构成伪造金融票证罪，其后使用该伪造的存折到信用社取款的行为亦构成金融凭证诈骗罪，两个行为具有手段行为与目的行为的牵连关系，属于刑法理论上的牵连犯。对于牵连犯的处理，在《刑法》没有明确规定的情况下，刑法理论和司法实践中一般采用择一重罪论处的原则，即应以金融票证诈骗罪定罪处刑。

3. 票据诈骗罪、金融凭证诈骗罪与合同诈骗罪的区分。合同诈骗罪与票据诈骗罪、金融凭证诈骗罪都属于特殊的诈骗犯罪，具备诈骗的本质特征，但在侵害的客体和具体的行为方式上有区别。从犯罪客体看，三罪都侵害了他人财产所有权，但合同诈骗罪还侵害国家合同管理制度，票据诈骗罪、金融凭证诈骗罪则侵害了国家金融管理秩序。从客观要件看，合同诈骗罪和票据诈骗罪、金融凭证诈骗罪客观上都表现为采用虚构事实，隐瞒真相的手段，使对方当事人上当受骗，信以为真，“自愿”地交出财物。但合同诈骗罪是以签订、履行合同为欺骗手段，将他人预付款、货物、货款或担保财产等财物非法占有；而票据诈骗罪、金融凭证诈骗罪则是行为人以使用虚假的金融票据或银行结算凭证作为犯罪手段非法占有他人财物的行为。在签订、履行合同过程中，以虚假票据或银行结算凭证支付合同价款诈骗对方当事人财物的，会导致三罪在行为方式上互有交叉，按照刑法禁止重复评价的原则，对“以虚假的票据或银行结算凭证支付合同价款骗取对方当事人财物”这一个危害行为只应依据一个犯罪构成要件给予一个刑法评价。这种行为人实施了一个犯罪行为，却同时触犯了数个刑法规范，形式上符合数个不同的犯罪构成的情形属于理论上的法条竞合。所以从合同诈骗罪与票据诈骗罪、金融凭证诈骗罪的关系看，存在交叉竞合关系，应适用重法优于轻法原则。从票据诈骗罪、金融凭证诈骗罪与合同诈骗罪的法定刑来看，票据诈骗罪、金融凭证诈骗罪的法定刑重于合同诈骗罪，因此，当出现交叉竞合时应以票据诈骗罪、金融凭证诈骗罪定罪处罚。

需要指出的是，如果行为人以伪造、变造、作废的票据作合同担保而进行诈骗，由于《刑法》第 224 条第 2 项明确规定其属于合同诈骗的客观表现形式，不符合票据诈骗罪中以虚假票据进行结算的方式直接骗取受害人的财物的行为特征，按照罪刑法定原则，应以合同诈骗罪定罪处刑。

4. 票据诈骗罪与金融凭证诈骗罪的区分。票据诈骗罪与金融凭证诈骗罪均属于金融诈骗犯罪，在构成要件上具有诸多相似之处，法定刑亦相同，两罪的区别就在于客观方面所利用的金融工具不同，即票据诈骗罪是利用虚假、作废或冒用他人的汇票、本票、支票等非法票据进行诈骗活动；而金融凭证诈骗罪则是利用伪造、变造的银行委托收款凭证、汇款凭证、银行存单等其他银行结算凭证进行诈骗活动。司法实践中，对于有关银行票据和结算凭证的认定应严格依据有关行政法规和银行部门规章来判断。

第一百九十五条　信用证诈骗罪

【法律规定】

• 法律条文 •

《中华人民共和国刑法》

第一百九十五条　有下列情形之一，进行信用证诈骗活动的，处五年以下有期徒刑或者拘役，并处二万元以上二十万元以下罚金；数额巨大或者有其他严重情节的，处五年以上十年以下有期徒刑，并处五万元以上五十万元以下罚金；数额特别巨大或者有其他特别严重情节的，处十年以上有期徒刑或者无期徒刑，并处五万元以上五十万元以下罚金或者没收财产：

（一）使用伪造、变造的信用证或者附随的单据、文件的；

（二）使用作废的信用证的；

（三）骗取信用证的；

（四）以其他方法进行信用证诈骗活动的。

• 相关规定 •

《中华人民共和国刑法》

第二百条　单位犯本节第一百九十四条、第一百九十五条规定之罪的，对单位判处罚金，并对其直接负责的主管人员和其他直接责任人员，处五年以下有期徒刑或者拘役，可以并处罚金；数额巨大或者有其他严重情节的，处五年以上十年以下有期徒刑，并处罚金；数额特别巨大或者有其他特别严重情节的，处十年以上有期徒刑或者无期徒刑，并处罚金。

《全国法院审理金融犯罪案件工作座谈会纪要》（法〔2001〕8号）

（三）关于金融诈骗罪

1. 金融诈骗罪中非法占有目的的认定

金融诈骗犯罪都是以非法占有为目的的犯罪。在司法实践中，认定是否具有非法占有为目的，应当坚持主客观相一致的原则，既要避免单纯根据损失结果客观归罪，也不能仅凭被告人自己的供述，而应当根据案件具体情况具体分析。根据司法实践，对于行为人通过诈骗的方法非法获取资金，造成数额较大资金不能归还，并具有下列情形之一的，可以认定为具有非法占有的目的：

（1）明知没有归还能力而大量骗取资金的；

（2）非法获取资金后逃跑的；

（3）肆意挥霍骗取资金的；

（4）使用骗取的资金进行违法犯罪活动的；

（5）抽逃、转移资金、隐匿财产，以逃避返还资金的；

（6）隐匿、销毁账目，或者搞假破产、假倒闭，以逃避返还资金的；

（7）其他非法占有资金、拒不返还的行为。但是，在处理具体案件的时候，对于有证据证明行为人不具有非法占有目的的，不能单纯以财产不能归还就按金融诈骗罪处罚。

（五）财产刑的适用

金融犯罪是图利型犯罪，惩罚和预防此类犯罪，应当注重同时从经济上制裁犯罪分子。刑法对金融犯罪都规定了财产刑，人民法院应当严格依法判处。罚金的数额，应当根据被告人的犯罪情节，在法律规定的数额幅度内确定。对于具有从轻、减轻或者免除处罚情节的被告人，对于本应并处的罚金刑原则上也应当从轻、减轻或者免除。

单位金融犯罪中直接负责的主管人员和其他直接责任人员，是否适用罚金刑，应当根据刑法的具体规定。刑法分则条文规定有罚金刑，并规定对单位犯罪中直接负责的主管人员和其他直接责任人员依照自然人犯罪条款处罚的，应当判处罚金刑，但是对直接负责的主管人员和其他直接责任人员判处罚金的数额，应当低于对单位判处罚金的数额；刑法分则条文明确规定对单位犯罪中直接负责的主管人员和其他直接责任人员只判处自由刑的，不能附加判处罚金刑。

《最高人民检察院、公安部关于公安机关管辖的刑事案件立案追诉标准的规定（二）》（公通字〔2022〕12号）

第四十八条 ［信用证诈骗案（刑法第一百九十五条）］进行信用证诈骗活动，涉嫌下列情形之一的，应予立案追诉：

（一）使用伪造、变造的信用证或者附随的单据、文件的；

（二）使用作废的信用证的；

（三）骗取信用证的；

（四）以其他方法进行信用证诈骗活动的。

《国内信用证结算办法》（中国人民银行、中国银行业监督管理委员会公告〔2016〕第10号）

第二条 本办法所称国内信用证（以下简称信用证），是指银行（包括政策性银行、商业银行、农村合作银行、村镇银行和农村信用社）依照申请人的申请开立的、对相符交单予以付款的承诺。

前款规定的信用证是以人民币计价、不可撤销的跟单信用证。

第三条 本办法适用于银行为国内企事业单位之间货物和服务贸易提供的信用证服务。服务贸易包括但不限于运输、旅游、咨询、通讯、建筑、保险、金融、计算机和信息、专有权利使用和特许、广告宣传、电影音像等服务项目。

第四条 信用证业务的各方当事人应当遵守中华人民共和国的法律、法规以及本办法的规定，遵守诚实信用原则，认真履行义务，不得利用信用证进行欺诈等违法犯罪活动，不得损害社会公共利益。

第五条 信用证的开立和转让，应当具有真实的贸易背景。

第六条 信用证只限于转账结算，不得支取现金。

【案例】

陈少英、方炎平信用证诈骗案①

• 案件事实 •

1998年8月间，被告人陈少英、方炎平为获取贷款，违反国家对出口货物的管理规定，在没有外贸部门颁发的出口许可证的情况下，共谋以宏业公司向达利丰公司出口电解铜为名，联系华星公司为其代理出口，以达利丰公司提供的信用证作抵押，由华星公司向中国银行总行申请贷款，华星公司与宏业公司、达利丰公司分别签订代理出口电解铜合同和向达利丰公司出口的外贸合同。1998年9月2日，在陈少英提供了申请人为香港MARCO公司、受益人为华星公司、BHF银行纽约分行向中国银行开出、货物为3000公吨电解铜、金额为510万美元的跟单不可撤销信用证后，华星公司于同年9月28日与中国银行签订了以该信用证为抵押，金额为人民币3700万元的打包贷款合同，合同约定取得的款项只能用于信用证项下的合同项目。华星公司在获取上述银行贷款后，扣除人民币50万元代理费后，方炎平将人民币3650万元汇票带回，转入宏业公司的银行账户内。宏业公司收到上述款项后，以与达利丰公司进行进口业务往来为由，将该款转至达利丰公司用于公司其他经营活动。因出口铜及铜加工品必须取得国家外贸部门颁发的许可证，华星公司与中国银行所签的贷款合同中使用的信用证项下的合同，即宏业公司与荣华电解铜厂签订的购销合同，由于该厂没有千吨以上的业务，且合同上面的签名不是该厂法人代表本人所签，属虚假合同。因此，陈少英、方炎平与华星公司签订的合同根本无法履行，由于宏业公司与达利丰公司不履行进出口电解铜合同，故意使达利丰公司提供的BHF银行纽约分行开出的信用证给付条款失效，非法占有华星公司向中国银行总行打包贷款人民币3650万元，后宏业公司归还华星公司人民币360万元，案发时尚有人民币3290万元未归还。

1998年12月、1999年2月间，陈少英、方炎平，谎称宏业公司向达利丰公司出口电解铜、铝锭，联系中国华通物产集团公司（以下简称华通集团）作代理出口公司，并以达利丰公司提供的Mees Pierson银行伦敦分行和KBC银行纽约分行开办的两份信用证作抵押，诱使华通集团为代理出口的货物向中国银行总行申请打包贷款人民币7400万元。华通集团在获取上述银行贷款后，扣除代理费人民币80万元，将人民币7320万元转入宏业公司账户内，宏业公司将上述款项用于其他经营业务或转出，宏业公司、达利丰公司不履行进出口

---

① 参见张耕主编：《刑事案例诉辩审评——金融诈骗罪》，中国检察出版社2005年版，第123页。

合同，故意使提供抵押的信用证给付条款不能生效，非法占有华通集团向中国银行总行打包贷款人民币7320万元，未能归还。

由于陈少英、方炎平没有履行信用证项下合同规定的义务，造成中国银行不能依信用证项下权益收回贷款，给国有资产造成重大损失。案发前，宏业公司归还华星公司人民币360万元，尚有人民币10610万元未能归还。

• 裁判要旨 •

利用信用证诈骗银行打包贷款的行为，同时符合信用证诈骗罪与贷款诈骗罪的构成，应当以信用证诈骗罪论处。

• 裁判理由 •

北京市第一中级人民法院经审理认为：被告人陈少英、方炎平为了所在的达利丰公司、宏业公司非法获取资金，以非法占有为目的，欺骗华星公司、华通集团为宏业公司向达利丰公司出口货物作代理单位，以提供信用证抵押为手段，诱使上述两家公司在中国银行总行申请打包贷款，在获取资金后，故意不履行进出口合同，使用于抵押的信用证给付条款失效，在贷款转入宏业公司后非法占有，用于其他经营活动，其行为属于以其他方法进行的信用证诈骗活动，均已构成信用证诈骗罪，且诈骗数额特别巨大，情节特别严重，依法判决：被告人陈少英犯信用证诈骗罪，判处无期徒刑，剥夺政治权利终身，并处没收个人全部财产；被告人方炎平犯信用证诈骗罪，判处无期徒刑，剥夺政治权利终身，并处没收个人全部财产。

一审宣判后，被告人陈少英、方炎平不服，提出上诉。北京市高级人民法院审理认为：一审判决正确，依法裁定驳回上诉，维持原判。

【学理分析及适用指引】

• 学理分析 •

信用证诈骗罪，是指用虚构事实或隐瞒真相的方法，利用信用证骗取货物或者银行款项的行为。本罪的构成要件如下：

1. 本罪的客体。本罪的客体为双重客体，既侵犯了他人的财物所有权，又侵犯了国家的金融管理制度。

2. 本罪的客观方面。本罪在客观方面表现为行为人实施了利用信用证进行诈骗的行为。这类行为具体表现为如下几个方面：（1）使用伪造、变造的信用证或者附随的单据、文件。所谓使用伪造的信用证，是指行为人利用伪造的信用证骗取财物的行为。所谓使用变造的信用证，是指行为人利用变造的信用证诈骗财物的行为。使用伪造、变造附随的单据、文件，是指使用信用证时，伪造、变造提单等必须附随信用证的单据，骗取信用证项下货款的行为。使用伪造、变造信用证或者附随的单据、文件，可以是伪造、变造后自己使用，也可以是伪造、变造后提供给他人使用，这两种情况都属于本条所定之使用。（2）使用作废的信用证。这种情形主要是指使用过期的信用证、使用无效的信用证、使用明知是经他人涂改的信用证进行诈骗的行为。（3）骗取信用证的。这种情形是指行为人编造虚假的事实或隐瞒事实真相，欺骗银行为其开具信用证的行为。（4）以其他方法进行信用证诈骗活动。这种情形指的是行为人以前三种以外的其他方法进行信用证诈骗的行为，司法实践中尤其需要引起重视的是利用“软条款”信用证进行诈骗的犯罪行为。

3. 本罪的主体。本罪的主体为一般主体，任何达到刑事责任年龄且具有刑事责任能力的自然人均可构成。依《刑法》第200条之规定，单位也可以成为信用证诈骗罪的主体。

4. 本罪的主观方面。构成本罪必须出于故意，并且具有非法占有之目的，过失不能构成信用证诈骗罪。

• 适用指引 •

司法实践中，认定本罪应注意：

1. 信用证诈骗罪与贷款诈骗罪的界限。当行为人使用伪造、变造、作废的信用证或者骗取的信用证诈骗银行等金融机构的贷款，如何定性便成为一个有争议的问题。其中最为典型的是利用信用证诈骗银行“打包贷款”的性质认定。单纯依靠买方开来的信用证作为抵押而做的“打包贷款”，实质上是一种无抵押的信用贷款。正是瞅准了“打包贷款”制度的风险性，一些犯罪分子利用信用证诈骗银行“打包贷款”，意图非法占有银行贷款。行为人的这一行为同时触犯了信用证诈骗罪和贷款诈骗罪两种罪名，属于法条竞合，如果行为人没有信用证，也不会从银行获得贷款，贷款诈骗罪便无从成立。因此，不论构成何种犯罪，行为人使用信用证与非法占有贷款的行为必须紧密结合，缺一不可，行为人同时触犯这两个罪名。与贷款诈骗罪比较，信用证诈骗罪的主体包括自然人和单位，适用范围上广于仅能由自然人构成的贷款诈骗罪；信用证诈骗罪的最高刑为死刑，重于贷款诈骗罪的最高刑无期徒刑。在法条竞合的情况下，根据“从一重罪处断”的原则，应当以信用证诈骗罪论处。① 但是，根据《刑法修正案（八）》的规定，信用证诈骗罪的法定最高刑是无期徒刑，这样如何处理，确实是一个难题。我们认为，行为人的主要目的就是诈骗金融机构的贷款以目的行为即贷款诈骗罪更符合行为本质。

利用信用证诈骗银行“打包贷款”是一种骗局，名义上是要求银行为其

---

① 逄锦温：《信用证诈骗罪司法认定中的几个问题》，载《中国审判》2008年第1期。

贷款以筹集货物，实则并非真筹集货物，而是意图非法占有贷款。该行为既触犯了《刑法》第193条贷款诈骗罪的规定，又符合信用证诈骗罪的特征，在刑法理论上属于法条竞合。遇有法条竞合时，应选择一个最相适应的法条作为定罪判刑的依据，并排除其他条文的适用。对于这种行为，审判实践多以信用证诈骗罪处刑。这是因为它是以信用证为道具来骗取贷款的，在骗取方式上更符合《刑法》第195条的规定。此外，《刑法》第193条贷款诈骗罪与本条不存在普通法条与特别法条的关系。因此，重法优于轻法的原则也促使审判机关选择《刑法》第195条信用证诈骗罪作为定罪处刑的根据。①

2. 开立"软条款"信用证是否构成信用证诈骗罪。"软条款"信用证虽然形式完备，但从其所附的生效条件来看，具有极大的隐蔽性，所以，使用"软条款"信用证进行诈骗往往比使用伪造或变造的信用证进行诈骗更具有危险性。但是，利用"软条款"信用证未必就成立信用证诈骗罪，能否成立犯罪，需要结合"软条款"信用证的特征及《刑法》的规定进行具体分析。首先，行为人制作"软条款"信用证这种行为并不必然导致对方贸易商作出错误的意思表示而交付财物，即制作"软条款"信用证此先行行为与对方认识错误之间并不具有必然的因果关系。换言之，制作了"软条款"信用证仅仅是利用"软条款"实施信用证诈骗罪能够成立的一个因素，对方完全可以基于自身的谨慎、经验要求开证方修改信用证，从而规避"软条款"信用证的风险。实践中，大多是对方贸易商贪图开证方报价低、提成高等自身的贪欲，没有做到谨慎审核单据的义务，从而陷入对方"软条款"信用证的陷阱。因此，由于信用证本身的契约性，及"软条款"信用证本身是一种明示法律行为，其实际上并不具备信用证诈骗罪构成的客观要件。如果仅仅是利用"软条款"信用证，而没有其他隐瞒真相或虚构事实的欺骗行为，并不足以构成信用证诈骗罪。其次，"软条款"信用证所列明的所谓"软条款"，并不必然与信用证所依据的基础合同规定不符或相悖。比如，贸易合同中约定，卖方货物在交运前应取得买方的代表认可；同时另有规定，卖方应向买方提供一份银行履约担保函（见索即付）。据此，买方作为信用证开证申请人向开证行提供申请开出的信用证中当然就会有"受益人应提供申请人代表的货物质量认可书"这一典型的"软条款"。其后，由于申请人代表拒不对货物予以认可，受益人自然无法议付并取得信用证项下款项；同时，申请人则可以没收卖方银行的履约保函项下的保证金。大多数相关案例中，申请人具有非法占有嫌疑，但是，其所出具的"软条款"信用证不仅没有虚构事实或者说隐瞒真相，而且与基础合同相应条款也无不符，因而不具备诈骗犯罪的客观要件，不构成信用证诈骗罪。应该说，受益人在基础合同中接受这样的条款本身就是严重的失误，但这

① 薛瑞麟：《论信用证诈骗罪》，载《政法论坛》2000年第4期。

毕竟属于当事人之间自主行使民事处分权的结果。相应地，如果申请人代表是在无正当理由的情况下拒不出具货物质量认可证书，则受益人应当通过民事法律手段，追究买方（开证申请人）的合同违约赔偿责任或侵权赔偿责任。但是，我们也不能排除，申请人代表也可能是在理由充分的情况下拒绝出具上述货物质量认可证书的。进一步讲，即使“软条款”信用证所列“软条款”与基础合同的规定不符，也不能完全确定地得出结论：申请人在基础合同中的承诺（约定）是虚假的诈骗行为。“软条款”信用证的出现并非都出于欺诈的目的，有时属于技术性风险。因为合同行为作为一种民事行为，并不是说行为人就不能要求或提出变更原合同约定（虽然变更只要经双方当事人协商一致也能最终成立）。根据国际贸易实践，买卖双方是可以通过信用证的开立和接受行为来变更买卖合同的约定的。这一变更符合合同自由的基本法律原则。即，如果开证申请人在开出的信用证中加入了“软条款”（如上例的软条款），受益人在收到这样的信用证后，也可以选择接受。一旦受益人接受，则意味着双方认可了对原合同的修改。因此，国际商会在其第515号出版物《国际商会跟单信用证操作指南》中强调：受益人应当查实，跟单信用证中所要求的期限、条件和单据均与买卖合同中的规定相符。相反，如果受益人认为不能接受该软条款，则可以拒绝接受该信用证而要求申请人另行开出符合合同规定的信用证，如果由此导致基础合同不能履行或不能完全履行，则受益人完全可以也应该以民事法律途径追究开证申请人（卖方）的合同违约责任。

“软条款”信用证作为国际贸易领域最普遍的欺诈性现象，虽然具有较大的危害性，但并不必然具备信用证诈骗的客观要件。无论是在理论领域还是司法实践中，我们都不能仅仅因为“软条款”带有欺诈性，就对其进行简单的“主观归罪”。虽然“软条款”信用证有违诚实信用的基本民事法律原则，也有违《国际商会跟单信用证统一惯例》（UCP500）的相应要求，但只要一项信用证欺诈行为没有完全具备信用证诈骗罪的全部构成要件，就不能将其认定为信用证诈骗罪。①

---

① 肖中华、程兰兰：《开立软条款信用证未必构成信用证诈骗罪》，载《法治论丛（上海政法学院学报）》2005年第6期。

第一百九十六条 信用卡诈骗罪

【法律规定】

• 法律条文 •

《中华人民共和国刑法》

第一百九十六条 有下列情形之一，进行信用卡诈骗活动，数额较大的，处五年以下有期徒刑或者拘役，并处二万元以上二十万元以下罚金；数额巨大或者有其他严重情节的，处五年以上十年以下有期徒刑，并处五万元以上五十万元以下罚金；数额特别巨大或者有其他特别严重情节的，处十年以上有期徒刑或者无期徒刑，并处五万元以上五十万元以下罚金或者没收财产：

（一）使用伪造的信用卡，或者使用以虚假的身份证明骗领的信用卡的；

（二）使用作废的信用卡的；

（三）冒用他人信用卡的；

（四）恶意透支的。

前款所称恶意透支，是指持卡人以非法占有为目的，超过规定限额或者规定期限透支，并且经发卡银行催收后仍不归还的行为。

盗窃信用卡并使用的，依照本法第二百六十四条的规定定罪处罚。

• 相关规定 •

《全国人民代表大会常务委员会关于〈中华人民共和国刑法〉有关信用卡规定的解释》

全国人民代表大会常务委员会根据司法实践中遇到的情况，讨论了刑法规定的“信用卡”的含义问题，解释如下：

刑法规定的“信用卡”，是指由商业银行或者其他金融机构发行的具有消费支付、信用贷款、转账结算、存取现金等全部功能或者部分功能的电子支付卡。

现予公告。

最高人民检察院《关于拾得他人信用卡并在自动柜员机（ATM 机）上使用的行为如何定性问题的批复》（高检发释字〔2008〕1 号）

浙江省人民检察院：

你院《关于拾得他人信用卡并在 ATM 机上使用的行为应如何定性的请示》（浙检研〔2007〕227 号）收悉。经研究，批复如下：

拾得他人信用卡并在自动柜员机（ATM 机）上使用的行为，属于刑法第一百九十六条第一款第（三）项规定的“冒用他人信用卡”的情形，构成犯罪的，以信用卡诈骗罪追究刑事责任。

此复。

《最高人民法院、最高人民检察院关于办理妨害信用卡管理刑事案件具体应用法律若干问题的解释》（法释〔2009〕19号，2018年11月28日修改）

第五条　使用伪造的信用卡、以虚假的身份证明骗领的信用卡、作废的信用卡或者冒用他人信用卡，进行信用卡诈骗活动，数额在五千元以上不满五万元的，应当认定为刑法第一百九十六条规定的“数额较大”；数额在五万元以上不满五十万元的，应当认定为刑法第一百九十六条规定的“数额巨大”；数额在五十万元以上的，应当认定为刑法第一百九十六条规定的“数额特别巨大”。

刑法第一百九十六条第一款第三项所称“冒用他人信用卡”，包括以下情形：

（一）拾得他人信用卡并使用的；

（二）骗取他人信用卡并使用的；

（三）窃取、收买、骗取或者以其他非法方式获取他人信用卡信息资料，并通过互联网、通讯终端等使用的；

（四）其他冒用他人信用卡的情形。

第六条　持卡人以非法占有为目的，超过规定限额或者规定期限透支，经发卡银行两次有效催收后超过三个月仍不归还的，应当认定为刑法第一百九十六条规定的“恶意透支”。

对于是否以非法占有为目的，应当综合持卡人信用记录、还款能力和意愿、申领和透支信用卡的状况、透支资金的用途、透支后的表现、未按规定还款的原因等情节作出判断。不得单纯依据持卡人未按规定还款的事实认定非法占有目的。

具有以下情形之一的，应当认定为刑法第一百九十六条第二款规定的“以非法占有为目的”，但有证据证明持卡人确实不具有非法占有目的的除外：

（一）明知没有还款能力而大量透支，无法归还的；

（二）使用虚假资信证明申领信用卡后透支，无法归还的；

（三）透支后通过逃匿、改变联系方式等手段，逃避银行催收的；

（四）抽逃、转移资金，隐匿财产，逃避还款的；

（五）使用透支的资金进行犯罪活动的；

（六）其他非法占有资金，拒不归还的情形。

第七条　催收同时符合下列条件的，应当认定为本解释第六条规定的“有效催收”：

（一）在透支超过规定限额或者规定期限后进行；

（二）催收应当采用能够确认持卡人收悉的方式，但持卡人故意逃避催收的除外；

（三）两次催收至少间隔三十日；

（四）符合催收的有关规定或者约定。

对于是否属于有效催收，应当根据发卡银行提供的电话录音、信息送达记录、信函送达回执、电子邮件送达记录、持卡人或者其家属签字以及其他催收原始证据材料作出判断。

发卡银行提供的相关证据材料，应当有银行工作人员签名和银行公章。

第八条 恶意透支，数额在五万元以上不满五十万元的，应当认定为刑法第一百九十六条规定的“数额较大”；数额在五十万元以上不满五百万元的，应当认定为刑法第一百九十六条规定的“数额巨大”；数额在五百万元以上的，应当认定为刑法第一百九十六条规定的“数额特别巨大”。

第九条 恶意透支的数额，是指公安机关刑事立案时尚未归还的实际透支的本金数额，不包括利息、复利、滞纳金、手续费等发卡银行收取的费用。归还或者支付的数额，应当认定为归还实际透支的本金。

检察机关在审查起诉、提起公诉时，应当根据发卡银行提供的交易明细、分类账单（透支账单、还款账单）等证据材料，结合犯罪嫌疑人、被告人及其辩护人所提辩解、辩护意见及相关证据材料，审查认定恶意透支的数额；恶意透支的数额难以确定的，应当依据司法会计、审计报告，结合其他证据材料审查认定。人民法院在审判过程中，应当在对上述证据材料查证属实的基础上，对恶意透支的数额作出认定。

发卡银行提供的相关证据材料，应当有银行工作人员签名和银行公章。

第十条 恶意透支数额较大，在提起公诉前全部归还或者具有其他情节轻微情形的，可以不起诉；在一审判决前全部归还或者具有其他情节轻微情形的，可以免予刑事处罚。但是，曾因信用卡诈骗受过两次以上处罚的除外。

第十一条 发卡银行违规以信用卡透支形式变相发放贷款，持卡人未按规定归还的，不适用刑法第一百九十六条‘恶意透支’的规定。构成其他犯罪的，以其他犯罪论处。

第十二条 违反国家规定，使用销售点终端机具（POS 机）等方法，以虚构交易、虚开价格、现金退货等方式向信用卡持卡人直接支付现金，情节严重的，应当依据刑法第二百二十五条的规定，以非法经营罪定罪处罚。

实施前款行为，数额在一百万元以上的，或者造成金融机构资金二十万元以上逾期未还的，或者造成金融机构经济损失十万元以上的，应当认定为刑法第二百二十五条规定的“情节严重”；数额在五百万元以上的，或者造成金融机构资金一百万元以上逾期未还的，或者造成金融机构经济损失五十万元以上的，应当认定为刑法第二百二十五条规定的“情节特别严重”。

持卡人以非法占有为目的，采用上述方式恶意透支，应当追究刑事责任的，依照刑法第一百九十六条的规定，以信用卡诈骗罪定罪处罚。

第十三条　单位实施本解释规定的行为，适用本解释规定的相应自然人犯罪的定罪量刑标准。

《最高人民法院、最高人民检察院关于常见犯罪的量刑指导意见（试行）》（法发〔2021〕21号）

（五）信用卡诈骗罪

1. 构成信用卡诈骗罪的，根据下列情形在相应的幅度内确定量刑起点：

（1）达到数额较大起点的，在二年以下有期徒刑、拘役幅度内确定量刑起点。

（2）达到数额巨大起点或者有其他严重情节的，在五年至六年有期徒刑幅度内确定量刑起点。

（3）达到数额特别巨大起点或者有其他特别严重情节的，在十年至十二年有期徒刑幅度内确定量刑起点。依法应当判处无期徒刑的除外。

2. 在量刑起点的基础上，根据信用卡诈骗数额等其他影响犯罪构成的犯罪事实增加刑罚量，确定基准刑。

3. 构成信用卡诈骗罪的，根据诈骗手段、犯罪数额、危害后果等犯罪情节，综合考虑被告人缴纳罚金的能力，决定罚金数额。

4. 构成信用卡诈骗罪的，综合考虑诈骗手段、犯罪数额、危害后果、退赃退赔等犯罪事实、量刑情节，以及被告人主观恶性、人身危险性、认罪悔罪表现等因素，决定缓刑的适用。

《银行卡业务管理办法》（银发〔1999〕17号）

第二条　本办法所称银行卡，是指由商业银行（含邮政金融机构，下同）向社会发行的具有消费信用、转账结算、存取现金等全部或部分功能的信用支付工具。

商业银行未经中国人民银行批准不得发行银行卡。

第五条　银行卡包括信用卡和借记卡。

银行卡按币种不同分为人民币卡、外币卡；按发行对象不同分为单位卡（商务卡）、个人卡；按信息载体不同分为磁条卡、芯片（IC）卡。

第六条　信用卡按是否向发卡银行交存备用金分为贷记卡、准贷记卡两类。

贷记卡是指发卡银行给予持卡人一定的信用额度，持卡人可在信用额度内先消费、后还款的信用卡。

准贷记卡是指持卡人须先按发卡银行要求交存一定金额的备用金，当备用金账户余额不足支付时，可在发卡银行规定的信用额度内透支的信用卡。

第七条　借记卡按功能不同分为转账卡（含储蓄卡，下同）、专用卡、储值卡。借记卡不具备透支功能。

第八条 转账卡是实时扣账的借记卡。具有转账结算、存取现金和消费功能。

第九条 专用卡是具有专门用途、在特定区域使用的借记卡。具有转账结算、存取现金功能。

专门用途是指在百货、餐饮、饭店、娱乐行业以外的用途。

第十条 储值卡是发卡银行根据持卡人要求将其资金转至卡内储存，交易时直接从卡内扣款的预付钱包式借记卡。

第十一条 联名/认同卡是商业银行是盈利性机构/非盈利性机构合作发行的银行卡附属产品，其所依附的银行卡品种必须是已经中国人民银行批准的品种，并应当遵守相应品种的业务章程或管理办法。

发卡银行和联名单位应当为联名卡持卡人在联名单位用卡提供一定比例的折扣优惠或特殊服务；持卡人领用认同卡表示对认同单位事业的支持。

第十二条 芯片（IC）卡既可应用于单一的银行卡品种，又可应用于组合的银行卡品种。

第四十五条 发卡银行应当遵守下列信用卡业务风险控制指标：

（一）同一持卡人单笔透支发生额个人卡不得超过2万元（含等值外币）、单位卡不得超过5万元（含等值外币）。

（二）同一账户月透支余额个人卡不得超过5万元（含等值外币），单位卡不得超过发卡银行对该单位综合授信额度的3%。无综合授信额度可参照的单位，其月透支余额不得超过10万元（含等值外币）。

（三）外币卡的透支额度不得超过持卡人保证金（含储蓄存单质押金额）的80%。

（四）从本办法施行之日起新发生的180天（含180天，下同）以上的月均透支余额不得超过月均总透支余额的15%。

第四十六条 准贷记卡的透支期限最长为60天。贷记卡的首月最低还款额不得低于其当月透支余额的10%。

第四十七条 发卡银行通过下列途径追偿透支款项和诈骗款项：

（一）扣减持卡人保证金、依法处理抵押物和质物；

（二）向保证人追索透支款项；

（三）通过司法机关的诉讼程序进行追偿。

第六十一条 任何单位和个人有下列情形之一的，根据《中华人民共和国刑法》及相关法规进行处理：

（一）骗领、冒用信用卡的；

（二）伪造、变造银行卡的；

（三）恶意透支的；

（四）利用银行卡及其机具欺诈银行资金的。

【案例一】

陈容明信用卡诈骗案①

• 案件事实 •

1998 年 3 月至 4 月间，被告人陈容明在明知自己无偿还能力的情况下，仍持其牡丹卡、太平洋卡先后在江苏省无锡市和常熟市、上海市、浙江省杭州市、广东省深圳市和东莞市等地，采用小额取现、刷卡消费等手段，恶意透支 190 笔，共计透支金额 181008.82 元。随后，被告人陈容明潜逃外地，逃避发卡银行的追索。

• 裁判要旨 •

信用卡持卡人明知自己并无偿还能力，仍采取小额提现、刷卡消费等超过规定限额、规定期限透支，并且经发卡银行催收后潜逃外地，逃避追索，表明其主观上具有非法占有银行资金的故意，应当认定为“恶意透支”。

• 裁判理由 •

张家港市人民法院审理认为：被告人陈容明在明知自己无偿还能力的前提下，在短短的两个月时间内，通过消费、取现行为共透支 190 笔，达 18 万多元，故此，被告人陈容明以非法占有为目的，恶意透支信用卡，数额巨大，其行为已构成信用卡诈骗罪，依照《刑法》第 196 条第 1 款第 4 项和第 2 款、第 64 条之规定，判处被告人陈容明犯信用卡诈骗罪，判处有期徒刑八年零六个月，并处罚金人民币 5 万元。

【案例二】

张某某信用卡诈骗案②

• 案件事实 •

被告人张某某于2004 年 1 月 18 日 13 时许，在北京市朝阳区博泰大厦一层

---

① 参见最高人民法院中国应用法学研究所编：《人民法院案例选》（2004 年刑事案例专辑），人民法院出版社 2004 年版，第 127 页。

② 参见中华人民共和国最高人民法院刑事审判第一、二、三、四、五庭主办：《刑事审判参考》（总第 60 集），法律出版社 2008 年版，第 10 页。

农业银行大厅内，发现林某某遗忘在 ATM 机里的农业银行储蓄卡，遂更改密码并据为己有。后其多次使用该卡在银行 ATM 机上取走人民币 6900 元。张某某被抓获归案，赃物已被起获，退赔的 6900 元已发还林某某。

• 裁判要旨 •

信用卡诈骗罪中的信用卡的范围包括银行储蓄卡在内。

• 裁判理由 •

北京市朝阳区人民法院审理认为：被告人张某某在拾得他人遗失的银行储蓄卡以后，冒用银行卡所有人的名义通过银行自动提款机取款，数额较大，其行为符合诈骗罪的犯罪构成，应予惩处。依照《刑法》第 266 条、第 52 条、第 53 条的规定，判决：被告人张某某犯诈骗罪，判处拘役五个月，罚金人民币 1000 元。

一审宣判后，检察院以一审法院定性不准，适用法律有误为由提出抗诉。

北京市第二中级人民法院审理认为：被告人张某某以非法占有为目的，隐瞒事实真相，冒用他人的信用卡骗取钱财，数额较大，其行为已构成信用卡诈骗罪。根据《全国人民代表大会常务委员会关于〈中华人民共和国刑法〉有关信用卡规定的解释》，张某某在捡拾他人遗失的具有存取现金功能的电子支付卡后，多次使用该卡到银行的 ATM 机提取现金，其行为符合信用卡诈骗罪的特征。一审法院认定张某某犯罪的事实清楚，证据充分，审判程序合法，但对张某某定罪及适用的附加刑均不当，依照《刑事诉讼法》第 189 条第 2 项、第 190 条，《刑法》第 196 条第 1 款第 3 项、第 52 条、第 53 条、第 61 条之规定，改判张某某犯信用卡诈骗罪，判处拘役五个月，并处罚金人民币 2 万元。

【学理分析及适用指引】

• 学理分析 •

信用卡诈骗罪，是指用虚构事实或者隐瞒真相的方法，利用信用卡进行诈骗，骗取财物数额较大的行为。本罪的构成要件如下：

1. 本罪的客体。本罪侵犯的客体是国家的金融管理制度和公私财产所有权。犯罪对象是信用卡。

2. 本罪的客观方面。客观方面表现为用虚构事实或者隐瞒真相的方法，利用信用卡进行诈骗，骗取财物数额较大的行为。《刑法》规定了 4 种利用信用卡进行诈骗的方法：（1）使用伪造的信用卡，或者使用以虚假的身份证明骗领的信用卡。这是指行为人用伪造的信用卡或者使用虚假身份证明骗领来的“真”信用卡，购买商品、在银行或者自动柜员机上支取现金以及接受用信用卡进行支付结算的各种服务等。（2）使用作废的信用卡。主要是指行为人故意使用因法定原因已经失去效用的信用卡的行为。（3）冒用他人信用卡。这是指行为人以合法持卡人的名义使用所持他人的信用卡的行为。（4）恶意透支。这是指持卡人以非法占有为目的，超过规定限额或者规定的期限透支，并且经发卡银行催收后仍不归还的行为。根据2018年修订后《最高人民法院、最高人民检察院关于办理妨害信用卡管理刑事案件具体应用法律若干问题的解释》的规定，使用伪造的信用卡、以虚假的身份证明骗领的信用卡、作废的信用卡或者冒用他人信用卡，进行信用卡诈骗活动，作为入罪条件的“数额较大”具体标准为5000元以上，而恶意透支的入罪条件“数额较大”的具体标准则为5万元以上。

3. 本罪的主体。犯罪主体为一般主体，单位不能构成本罪的主体。

4. 本罪的主观方面。主观方面由故意构成，并且具有非法占有目的。

• 适用指引 •

司法实践中，认定本罪时应注意：

1. 冒名使用他人遗失的信用卡骗购商品的构成信用卡诈骗罪。拾得他人遗失的信用卡后进行冒用的行为应当属于《刑法》第196条第1款第3项规定的“冒用他人信用卡”。所谓“冒用他人信用卡”，是指非持卡人未经持卡人同意或授权，以持卡人的名义使用信用卡骗取财物的行为。至于使用人是如何获得的他人信用卡，行为人在使用过程中是否伪造了他人身份证或印章、签字等，均不影响“冒用他人信用卡”的成立。当然，如果能够查实是使用人采取违法犯罪行为取得的他人信用卡，如盗窃、抢劫得来的，其使用行为的定性就不能简单再归属于此类情形进行定罪处罚了，至于定何罪应依照有关刑法分则的规定和刑法理论来解决。因此，对于使用他人遗失的信用卡骗取财物的，应构成冒用他人信用卡，从而成立信用卡诈骗罪。

2. 抢劫、诈骗、抢夺他人的信用卡后予以使用的行为定性。根据《刑法》第196条第3款的规定，盗窃并使用信用卡的，按盗窃罪定罪处罚；而没有规定抢夺、诈骗、抢劫信用卡后而使用的按抢夺罪、诈骗罪、抢劫罪定罪处罚，其意图就是将盗窃并使用信用卡这种行为排除在“冒用他人信用卡”的范围之外，而抢夺、诈骗信用卡而使用的则仍然属于“冒用他人信用卡”的行为。而且诈骗罪、抢夺罪同信用卡诈骗罪一样也是数额犯，要求“数额较大”，因此，对抢夺、诈骗信用卡而使用的，按照“冒用他人信用卡”的信用卡诈骗罪处理，是符合立法意图的。如果是抢劫信用卡，情况就有所不同。因为抢劫罪不是数额犯，抢劫信用卡的行为本身即可构成抢劫罪，而且还侵犯了他人的人身权利，那么在抢劫信用卡之后又加以冒用的，则属于抢劫罪与本罪的牵连犯，应当“择一重罪”论处才能做到罚当其罪。另外，根据《最高人民法院关于审理抢劫、抢夺刑事案件适用法律若干问题的意见》之规定，抢劫信用卡又使用的，使用的数额应计入抢劫数额。

3. "恶意透支"的准确判断。近些年来的司法实践中，恶意透支行为是信用卡诈骗罪的主要行为类型。所谓恶意透支，是指持卡人以非法占有为目的，超过规定限额或者规定期限透支，经发卡银行两次有效催收后超过3个月仍不归还的情形。应从如下几个方面准确把握"恶意透支"：

（1）恶意透支的主体是信用卡的合法持卡人。所谓合法持卡人，是指直接向银行申办并核准领取信用卡的人，也即享有该信用卡使用资格的人。非合法持卡人不能构成信用卡诈骗罪的主体，如行为人使用盗窃的信用卡恶意透支构成犯罪的，应以盗窃罪论处。如果非持卡人包括发卡银行内部工作人员与持卡人合谋，互相串通和勾结，为持卡人恶意透支活动提供帮助的，则构成信用卡诈骗罪的共犯。

（2）持卡人具有非法占有目的。对于是否以非法占有为目的，应当综合持卡人信用记录、还款能力和意愿、申领和透支信用卡的状况、透支资金的用途、透支后的表现、未按规定还款的原因等情节作出判断。不得单纯依据持卡人未按规定还款的事实认定非法占有目的。根据司法解释，具有以下情形之一的，应当认定为持卡人"以非法占有为目的"，但有证据证明持卡人确实不具有非法占有目的的除外：一是明知没有还款能力而大量透支，无法归还的；二是使用虚假资信证明申领信用卡后透支，无法归还的；三是透支后通过逃匿、改变联系方式等手段，逃避银行催收的；四是抽逃、转移资金，隐匿财产，逃避还款的；五是使用透支的资金进行犯罪活动的；六是其他非法占有资金，拒不归还的情形。

（3）发卡银行的有效催收。持卡人超过规定限额或者规定期限透支，经发卡银行两次有效催收后超过3个月仍不归还的，可认定为恶意透支。所谓"有效催收"，是指发卡银行的催收行为同时符合下列条件的：一是在透支超过规定限额或者规定期限后进行；二是催收应当采用能够确认持卡人收悉的方式，但持卡人故意逃避催收的除外；三是两次催收至少间隔30日；四是符合催收的有关规定或者约定。对于是否属于有效催收，应当根据发卡银行提供的电话录音、信息送达记录、信函送达回执、电子邮件送达记录、持卡人或者其家属签字以及其他催收原始证据材料作出判断。

（4）透支数额较大的。根据相关司法解释，作为恶意透支入罪条件的"数额较大"是指5万元以上。恶意透支的数额，是指公安机关刑事立案时尚未归还的实际透支的本金数额，不包括利息、复利、滞纳金、手续费等发卡银行收取的费用。归还或者支付的数额，应当认定为归还实际透支的本金。检察机关在审查起诉、提起公诉时，应当根据发卡银行提供的交易明细、分类账单（透支账单、还款账单）等证据材料，结合犯罪嫌疑人、被告人及其辩护人所提辩解、辩护意见及相关证据材料，审查认定恶意透支的数额；恶意透支的数额难以确定的，应当依据司法会计、审计报告，结合其他证据材料审查认定。人民法院在审判过程中，应当在对上述证据材料查证属实的基础上，对恶意透支的数额作出认定。另外，持卡人虽然恶意透支数额较大，但在提起公诉前全部归还或者具有其他情节轻微情形的，可以不起诉；在一审判决前全部归还或者具有其他情节轻微情形的，可以免予刑事处罚。但是，曾因信用卡诈骗受过两次以上处罚的除外。

4. 从他人遗失在 ATM 机里的储蓄卡中冒名取款的行为的定性。根据全国人民代表大会常务委员会的立法解释，储蓄卡也属于刑法规定的信用卡。因此，认为该行为构成信用卡诈骗罪。2004 年 12 月 29 日，全国人民代表大会常务委员会作出了《关于〈中华人民共和国刑法〉有关信用卡规定的解释》。该解释规定：《刑法》规定的“信用卡”，是指由商业银行或者其他金融机构发行的具有消费支付、信用贷款、转账结算、存取现金等全部功能或者部分功能的电子支付卡。立法机关的意图很明确，就是通过立法解释进一步扩大《刑法》规定的“信用卡”的范围，即针对银行或者其他金融机构发行的具有消费支付、信用贷款、转账结算、存取现金等功能的电子支付卡的犯罪，都属于应当受到刑事追究的信用卡犯罪。故我国《刑法》中的信用卡既包括国际通行意义上信用卡，也包括借记卡。也就是说，在该立法解释出台后，刑法意义上的信用卡的范围与相关金融法规意义上的信用卡范围不同。所以拾得他人银行卡进行冒用取款的行为应当属于冒用他人的银行卡，构成信用卡诈骗罪。

第一百九十七条　有价证券诈骗罪

【法律规定】

• 法律条文 •

《中华人民共和国刑法》

第一百九十七条　使用伪造、变造的国库券或者国家发行的其他有价证券，进行诈骗活动，数额较大的，处五年以下有期徒刑或者拘役，并处二万元以上二十万元以下罚金；数额巨大或者有其他严重情节的，处五年以上十年以下有期徒刑，并处五万元以上五十万元以下罚金；数额特别巨大或者有其他特别严重情节的，处十年以上有期徒刑或者无期徒刑，并处五万元以上五十万元以下罚金或者没收财产。

• 相关规定 •

《最高人民检察院、公安部关于公安机关管辖的刑事案件立案追诉标准的规定（二）》（公通字〔2022〕12号）

第五十条 ［有价证券诈骗案（刑法第一百九十七条）］使用伪造、变造的国库券或者国家发行的其他有价证券进行诈骗活动，数额在五万元以上的，应予立案追诉。

《国库券条例》（国务院令第588号）

第二条 国库券的发行对象是：居民个人、个体工商户、企业、事业单位、机关、社会团体和其他组织。

第三条 国库券以人民币元为计算单位。

第四条 每年国库券的发行数额、利率、偿还期等，经国务院确定后，由财政部予以公告。

第五条 国库券发行采取承购包销、认购等方式。

国家下达的国库券发行计划，应当按期完成。

第六条 国库券按期偿还本金。国库券利息在偿还本金时一次付给，不计复利。

第八条 国库券可以用于抵押，但是不得作为货币流通。

第九条 国库券可以转让，但是应当在国家批准的交易场所办理。

第十条 发行国库券筹集的资金，由国务院统一安排使用。

第十一条 对伪造国库券的，依法追究刑事责任。

第十二条 国库券的利息收入享受免税待遇。

【案例】

李其阳等有价证券诈骗案①

• 案件事实 •

2012年12月，被告人李其阳通过他人伪造了署名中国建设银行股份有限公司天门天龙支行、面值为人民币2600万元的凭证式国债收款凭证。为了利用所伪造的国债收款凭证作质押从银行骗取贷款，李其阳于2013年3月初，通过其朋友田某（未到案）联系到被告人李国昌。李国昌在明知该凭证式国债收款凭证系伪造的情况下，为从中谋取利益，便联系到其朋友被告人范德本，范德本明知该收款凭证系伪造的情况下，又联系到王某某（已另案处

① 参见吉林省吉林市中级人民法院（2014）吉中刑终字第36号。

理)。在范德本和王某某的帮助下，最终联系到吉林市尚禹工贸有限责任公司法人唐某某，并得知该企业需银行贷款。后双方商定以李其阳提供伪造的国债收款凭证为唐某某的企业作质押向银行贷款，并由唐某某的公司支付高额的中介费，双方通过李国昌联系，由李其阳与唐某某签订所谓的融资协议。2013年3月16日，李其阳携带其伪造的面值为人民币2600万元的凭证式国债收款凭证到吉林省长春市同李国昌、范德本等人见面。此间，李其阳已明确告知李国昌、范德本其所携带的收款凭证为“配合券”，核行时须找特定人联系核行，不能“恶意”核行。2013年3月18日，在长春市联系不到可以办理质押业务银行的情况下，三名被告人随唐某某到中国建设银行吉林市分行欲使用伪造的国债收款凭证实施质押贷款，因经该行工作人员核实，发现李其阳持有的面值为2600万元的凭证式国债收款凭证系伪造，唐某某随即报案，李其阳、李国昌、范德本实施犯罪未遂。

• 裁判要旨 •

有价证券诈骗罪的司法适用。

• 裁判理由 •

原审法院认为，被告人李其阳、李国昌、范德本明知是他人伪造的有价证券而予以使用，进行诈骗活动，其行为均已构成有价证券诈骗罪，公诉机关指控罪名成立。且诈骗数额特别巨大。李其阳、李国昌、范德本犯罪属未遂，可以比照既遂从轻处罚。李其阳在共同犯罪中起主要作用，应当按照其所参与的全部犯罪处罚。李国昌、范德本在共同犯罪中起次要作用，属从犯，应当从轻处罚。关于李其阳的辩护人提出其行为符合骗取贷款罪的观点，不符合本案的事实与情节，不予采纳。关于提出的其系犯罪未遂，如实交代，偶犯的观点成立，予以采纳。关于李国昌的辩护人提出其行为应认定为骗取贷款罪的观点，不符合本案的事实与情节，不予采纳。关于提出的其在本案中作用相对较小，到案后积极交代犯罪过程，没有前科，系犯罪未遂的观点，可予采纳。关于范德本提出是王某某安排此事，整个事情过程其不知道的辩解意见，因没有证据证实，不予采纳。关于范德本的辩护人提出其在本案中情节显著轻微，整个事件的联系、办理、拟定及签订协议，范德本并不知情的观点，因没有证据证实，不予采纳。关于提出的范德本在本案中作用较小，系初犯的观点，可予以采纳。根据本案的事实、情节及社会危害后果，依照《刑法》第197条、第52条，第53条，第25条第1款，第23条，第26条第1款、第4款，第27条之规定，判决：一、被告人李其阳犯有价证券诈骗罪，判处有期徒刑十一年，并处罚金人民币30万元；二、被告人李国昌犯有价证券诈骗罪，判处有期徒刑十年，并处罚金人民币20万元；三、被告人范德本犯有价证券诈骗罪，判处有期徒刑十年，并处罚金人民币 20 万元。

上诉人李其阳称原判量刑过重，请求法院从轻处罚。其辩护人认为对李其阳行为应以诈骗罪对其定罪量刑。上诉人李国昌称原判量刑过重。上诉人范德本称其并不知道该国债收款凭证是伪造的，故其不应当承担刑事责任。

吉林市人民检察院认为：原审判决认定事实清楚，证据确实充分，定性准确，量刑适当。建议二审法院驳回上诉，维持原判。

法院经二审审理查明的事实与采信的证据与原审一致，故予以确认。

法院认为，上诉人李其阳、李国昌、范德本明知是他人伪造的有价证券而予以使用，进行诈骗活动，且诈骗数额特别巨大，其行为均已构成有价证券诈骗罪。关于李其阳、李国昌上诉所提原判量刑重的问题，经查，原审在综合考虑本案案件事实、犯罪未遂情节及社会危害后果等，对李其阳、李国昌定罪量刑并无不当，故两名上诉人上诉观点不能成立，法院不予支持；关于李其阳辩护人所提对李其阳应以诈骗罪定罪量刑的观点，经查，李其阳使用伪造的国债债券进行诈骗活动，其行为符合有价证券诈骗罪的特征，故其辩护观点不能成立，法院不予支持；关于范德本上诉称其并不知该国债债券系伪造的辩解观点，经查，依据李国昌、范德本所作供述均能够证实范德本对于涉案国债债券系伪造此节是知情的，故其上诉观点不能成立，法院不予支持。综上，原审判决认定事实清楚，适用法律正确，审判程序合法，量刑适当，应予维持。吉林市人民检察院出庭意见正确，应予支持。依照《刑事诉讼法》第 225 条第 1 款第 1 项之规定，裁定如下：驳回上诉，维持原判。

【学理分析及适用指引】

• 学理分析 •

有价证券诈骗罪，是指使用伪造、变造的国库券或者国家发行的其他有价证券，骗取财物，数额较大的行为。本罪的构成要件如下：

1. 本罪的客体。本罪侵犯的客体是公私财产的所有权和国家对有价证券的发行和管理制度。

2. 本罪的客观方面。客观方面表现为使用伪造、变造的国库券或者国家发行的其他有价证券，骗取财物，数额较大的行为。国家发行的其他有价证券，是指国家发行的除国库券以外的其他国家有价证券以及国家银行金融债券。使用伪造、变造的有价证券，是指行为人以伪造、变造的国库券或者国家发行的其他有价证券用于兑换现金、抵销债务等获取财物或者财产性利益的活动。

3. 本罪的主体。犯罪主体为一般主体。

4. 本罪的主观方面。主观方面由故意构成，并且具有非法占有的目的。

● 适用指引 ●

司法实践中，认定本罪时应注意本罪与伪造、变造国家有价证券罪的界限。有价证券诈骗罪与伪造、变造国家有价证券罪是相互关联的犯罪，存在共同点，如都是故意犯罪，都侵害了国家有价证券的管理制度。二者的主要区别有：

1. 犯罪客体不同。本罪所侵害的客体是国家的有价证券管理制度和公私财产，而伪造、变造国家有价证券罪侵害的仅仅是国家有价证券管理制度。

2. 客观方面不同。本罪的客观行为表现主要是使用伪造、变造的有价证券进行诈骗，目的是利用伪造、变造国家有价证券获得被害人的钱财，而伪造、变造国家有价证券则只是实施伪造、变造行为。司法实践中往往行为人先伪造、变造国家有价证券，然后使用伪造、变造国家有价证券进行诈骗，这种情况在认定时，应根据具体情况具体分析，一般按刑法牵连犯的理论，选择一重罪进行认定处理。另外，如果行为人伪造、变造国家有价证券后，自己并不直接进行诈骗，而是仅出售、转让他人的，由于《刑法》未将出售伪造、变造国家有价证券的行为规定为犯罪，则仅构成伪造、变造国家有价证券罪。如果行为人伪造、变造国家有价证券后，不仅自己直接利用其伪造、变造的国家有价证券实施诈骗行为，同时又将伪造、变造的国家有价证券出售、转让他人的，则行为人同时构成伪造、变造国家有价证券罪和伪造、变造国家有价证券诈骗罪。

第一百九十八条　保险诈骗罪

【法律规定】

● 法律条文 ●

《中华人民共和国刑法》

第一百九十八条　有下列情形之一，进行保险诈骗活动，数额较大的，处五年以下有期徒刑或者拘役，并处一万元以上十万元以下罚金；数额巨大或者有其他严重情节的，处五年以上十年以下有期徒刑，并处二万元以上二十万元以下罚金；数额特别巨大或者有其他特别严重情节的，处十年以上有期徒刑，并处二万元以上二十万元以下罚金或者没收财产：

（一）投保人故意虚构保险标的，骗取保险金的；

（二）投保人、被保险人或者受益人对发生的保险事故编造虚假的原因或者夸大损失的程度，骗取保险金的；

（三）投保人、被保险人或者受益人编造未曾发生的保险事故，骗取保险金的；

（四）投保人、被保险人故意造成财产损失的保险事故，骗取保险金的；

（五）投保人、受益人故意造成被保险人死亡、伤残或者疾病，骗取保险金的。

有前款第四项、第五项所列行为，同时构成其他犯罪的，依照数罪并罚的规定处罚。

单位犯第一款罪的，对单位判处罚金，并对其直接负责的主管人员和其他直接责任人员，处五年以下有期徒刑或者拘役；数额巨大或者有其他严重情节的，处五年以上十年以下有期徒刑；数额特别巨大或者有其他特别严重情节的，处十年以上有期徒刑。

保险事故的鉴定人、证明人、财产评估人故意提供虚假的证明文件，为他人诈骗提供条件的，以保险诈骗的共犯论处。

• 相关规定 •

《中华人民共和国保险法》

第二条 本法所称保险，是指投保人根据合同约定，向保险人支付保险费，保险人对于合同约定的可能发生的事故因其发生所造成的财产损失承担赔偿保险金责任，或者当被保险人死亡、伤残、疾病或者达到合同约定的年龄、期限时承担给付保险金责任的商业保险行为。

第十条 保险合同是投保人与保险人约定保险权利义务关系的协议。

投保人是指与保险人订立保险合同，并按照保险合同负有支付保险费义务的人。

保险人是指与投保人订立保险合同，并按照合同约定承担赔偿或者给付保险金责任的保险公司。

第十二条 人身保险的投保人在保险合同订立时，对被保险人应当具有保险利益。

财产保险的被保险人在保险事故发生时，对保险标的应当具有保险利益。

人身保险是以人的寿命和身体为保险标的的保险。

财产保险是以财产及其有关利益为保险标的的保险。

被保险人是指其财产或者人身受保险合同保障，享有保险金请求权的人。投保人可以为被保险人。

保险利益是指投保人或者被保险人对保险标的具有的法律上承认的利益。

第一百一十六条 保险公司及其工作人员在保险业务活动中不得有下列行为：

（一）欺骗投保人、被保险人或者受益人；

（二）对投保人隐瞒与保险合同有关的重要情况；

（三）阻碍投保人履行本法规定的如实告知义务，或者诱导其不履行本法规定的如实告知义务；

（四）给予或者承诺给予投保人、被保险人、受益人保险合同约定以外的保险费回扣或者其他利益；

（五）拒不依法履行保险合同约定的赔偿或者给付保险金义务；

（六）故意编造未曾发生的保险事故、虚构保险合同或者故意夸大已经发生的保险事故的损失程度进行虚假理赔，骗取保险金或者牟取其他不正当利益；

（七）挪用、截留、侵占保险费；

（八）委托未取得合法资格的机构或者个人从事保险销售活动；

（九）利用开展保险业务为其他机构或者个人牟取不正当利益；

（十）利用保险代理人、保险经纪人或者保险评估机构，从事以虚构保险中介业务或者编造退保等方式套取费用等违法活动；

（十一）以捏造、散布虚假事实等方式损害竞争对手的商业信誉，或者以其他不正当竞争行为扰乱保险市场秩序；

（十二）泄露在业务活动中知悉的投保人、被保险人的商业秘密；

（十三）违反法律、行政法规和国务院保险监督管理机构规定的其他行为。

第一百七十六条 投保人、被保险人或者受益人有下列行为之一，进行保险诈骗活动，尚不构成犯罪的，依法给予行政处罚：

（一）投保人故意虚构保险标的，骗取保险金的；

（二）编造未曾发生的保险事故，或者编造虚假的事故原因或者夸大损失程度，骗取保险金的；

（三）故意造成保险事故，骗取保险金的。

保险事故的鉴定人、评估人、证明人故意提供虚假的证明文件，为投保人、被保险人或者受益人进行保险诈骗提供条件的，依照前款规定给予处罚。

第一百八十一条 违反本法规定，构成犯罪的，依法追究刑事责任。

《最高人民检察院法律政策研究室关于保险诈骗未遂能否按犯罪处理问题的答复》（〔1998〕高检研发第20号）

河南省人民检察院：

你院《关于保险诈骗未遂能否按犯罪处理的请示》（豫检捕〔1998〕11号）收悉。经研究，并经高检院领导同意，答复如下：

行为人已经着手实施保险诈骗行为，但由于其意志以外的原因未能获得保险赔偿的，是诈骗未遂，情节严重的，应依法追究刑事责任。

《最高人民检察院、公安部关于公安机关管辖的刑事案件立案追诉标准的规定（二）》（公通字〔2022〕12 号）

第五十一条 ［保险诈骗案（刑法第一百九十八条）］进行保险诈骗活动，数额在五万元以上的，应予立案追诉。

【案例一】

曾劲青、黄剑新保险诈骗案①

• 案件事实 •

2003 年 4 月间，被告人曾劲青因无力偿还向被告人黄剑新所借的 10 万元债务，遂产生保险诈骗的念头。后曾劲青在太平洋保险南平支公司以自己为被保险人和受益人，投保了两份太平如意卡 B 款意外伤害保险，保额为 16.4 万元；在中国人寿保险南平分公司投保了三份人身意外伤害综合保险，保额为 18.9 万元；在其单位中国平安人寿保险公司南平支公司，投保了 6.5 万元人身意外伤害保险。曾劲青为了达到诈骗上述保险金及其单位为在职普通员工承保的 30 万元人身意外伤害团体保险金的目的，找到被告人黄剑新，劝说黄剑新砍掉其双脚，用以向上述保险公司诈骗，并承诺将所得保险金中的 16 万元用于偿还所欠黄剑新 10 万元债务本金及红利，黄剑新答应与其一起实施保险诈骗。2003 年 6 月 17 日晚，曾劲青按事先与黄剑新之约在南平市环城闽江局仓库后山小路，由黄剑新用携带的砍刀将曾劲青双下肢膝盖以下脚踝以上部位砍断，之后黄剑新将砍下的双脚装入塑料袋中携带砍刀骑车逃离现场。曾劲青在黄剑新离开后呼救，被群众发现后报警，送至医院抢救。案发后，曾劲青向公安机关、平安保险公司南平支公司报案谎称自己是被三名陌生男子抢劫时砍去双脚，以期获得保险赔偿。2003 年 8 月 11 日，曾劲青的妻子经曾劲青同意向平安保险公司南平支公司提出 30 万元团体人身险理赔申请，后因公安机关侦破此案而未能得逞。经法医鉴定与伤残评定，曾劲青的伤情属重伤。

• 裁判要旨 •

行为人故意制造保险事故后，指使他人向保险公司报警并申请保险理赔，属于已经着手实施保险诈骗行为，因意志以外的原因未获得保险赔偿的，成立保险诈骗罪未遂。

① 参见中华人民共和国最高人民法院刑事审判第一庭、第二庭编：《刑事审判参考》（总第 38 集），法律出版社 2004 年版，第 88 页。

• 裁判理由 •

福建省南平市延平区人民法院认为：被告人曾劲青作为投保人、被保险人和受益人，伙同他人故意造成自己伤残，企图骗取数额特别巨大的保险金，其行为已构成保险诈骗罪；被告人黄剑新故意伤害他人身体，致人重伤，其行为已构成故意伤害罪。公诉机关认定被告人曾劲青为实施保险诈骗制造条件系犯罪预备的指控不当，因被告人曾劲青通过其妻子已向平安保险公司南平支公司申请保险理赔，从其开始申请理赔之日起，系其着手实施了保险诈骗的行为，由于其意志以外的原因而未能骗得保险金，因此该案犯罪的形态属犯罪未遂而不是犯罪预备。依照《刑法》第198条第1款第5项，第234条第2款，第22条，第23条，第56条第1款、第2款，第52条判决被告人黄剑新犯故意伤害罪，判处有期徒刑六年；被告人曾劲青犯保险诈骗罪，判处有期徒刑五年六个月，并处罚金人民币3万元。

一审宣判后，被告人曾劲青、黄剑新均不服，提出上诉。南平市中级人民法院经审理认为：原判认定事实清楚，证据确凿，定罪准确，量刑适当，审判程序合法，裁定驳回上诉，维持原判。

【案例二】

徐开雷保险诈骗案①

• 案件事实 •

2002年6月，被告人徐开雷个人购买了一辆“凤凰”牌重型自卸货车，并挂靠在原无锡市郊区北郊汽车运输队（后更名为无锡市滨湖区北郊汽车运输队，以下简称北郊运输队），牌照号码为苏B17×××，并以北郊运输队的名义向中华联合财产保险股份有限公司无锡市锡山支公司办理了盗抢险保险业务，所有上牌、年检、保险的相关费用均由被告人徐开雷个人支出。2005年5月4日，被告人徐开雷将自己购买的上述苏B17×××号“凤凰”牌重型自卸货车出售给他人，次日即向公安机关及保险公司谎报假案，称车辆失窃。2005年9月，被告人徐开雷通过北郊运输队从中华联合财产保险股份有限公司无锡市锡山支公司骗得盗抢险保险金63130.97元。案发后，被告人徐开雷的家属于2007年2月27日代为退出全部赃款，同年3月7日，被告人徐开雷向公安机关投案自首。

---

① 参见中华人民共和国最高人民法院刑事审判第一、二、三、四、五庭主办：《刑事审判参考》（总第61集），法律出版社2008年版。

• 裁判要旨 •

被保险车辆的实际所有人利用挂靠单位的名义实施保险诈骗行为的，构成保险诈骗罪。

• 裁判理由 •

江苏省无锡市锡山区人民法院认为，被告人徐开雷编造未曾发生的车辆失窃的保险事故，骗取保险金63130.97元，数额巨大，其行为已构成保险诈骗罪，依法应予惩处。无锡市锡山区人民检察院起诉指控的罪名成立，予以支持。本案中，向保险公司投保的保险标的实际所有人系被告人徐开雷，保险费等也实际系被告人徐开雷交纳，被告人徐开雷编造保险事故后，利用北郊运输队而实施的诈骗保险公司保险金的行为，使保险公司财产受到了损失，故被告人徐开雷构成间接正犯，应定保险诈骗罪。被告人徐开雷犯罪后能主动向公安机关投案，并如实供述犯罪事实，系自首，依法可以从轻或减轻处罚。被告人徐开雷在庭审中能自愿认罪，其家属已代为退出全部赃款，确有悔罪表现，依法可以从轻处罚。根据被告人徐开雷的犯罪性质、情节及悔罪表现，决定对被告人徐开雷予以减轻处罚。据此，依照《刑法》第198条第1款第3项、第67条第1款，《最高人民法院关于处理自首和立功具体应用法律若干问题的解释》第3条之规定，判决如下：被告人徐开雷犯保险诈骗罪，判处有期徒刑二年，并处罚金人民币1万元。

一审宣判后，被告人徐开雷未提起上诉，公诉机关也未提出抗诉，判决已经发生法律效力。

【学理分析及适用指引】

• 学理分析 •

保险诈骗罪，是指投保人、被保险人或者受益人，违反保险法规定，用虚构事实或者隐瞒真相的方法，骗取保险金，数额较大的行为。本罪的构成要件如下：

1. 本罪的客体。本罪侵犯的客体是国家的保险制度和公共财产的所有权。

2. 本罪的客观方面。客观方面表现为违反《保险法》的规定，用虚构事实或者隐瞒真相的方法，骗取保险金，数额较大的行为。《刑法》规定了5种进行保险诈骗的行为：（1）投保人故意虚构保险标的，骗取保险金。这是指投保人违背法律关于诚信的原则，在与保险人订立保险合同时，故意虚构了一个不存在的保险对象与保险人订立保险合同的行为。（2）投保人、被保险人或者受益人对发生的保险事故编造虚假的原因或者夸大损失的程度，骗取保险金。这是指投保人、被保险人或者受益人为了骗取保险金，在发生保险事故后，对造成保险事故的原因作虚假的陈述或者隐瞒真实情况或者故意夸大由于保险事故造成保险标的的损失程度，从而更多地取得保险赔偿金的行为。(3) 投保人、被保险人或者受益人编造未曾发生的保险事故，骗取保险金。这是指投保人、被保险人或者受益人在未发生保险事故的情况下，虚构事实，谎称发生保险事故而骗取保险金的行为。(4) 投保人、被保险人故意造成财产损失的保险事故，骗取保险金。这是指投保财产险的投保人、被保险人在保险合同的有效期内，故意人为地制造保险标的出险的保险事故，造成财产损失，骗取保险金的行为。(5) 投保人、受益人故意造成被保险人死亡、伤残或者疾病，骗取保险金。这是指投保人、受益人采取杀害、伤害、虐待、遗弃、投毒、传播传染病和利用其他方法故意造成人身事故，致使被保险人死亡、伤残或者生病，以获取保险金的行为。按照法律规定，行为人只要实施了上述骗取保险金的其中一种行为，就构成本罪；实施了两种或者两种以上行为的，仍为一罪，不实行并罚。

3. 本罪的主体。犯罪主体为特殊主体，即投保人、被保险人或者受益人，包括单位和自然人。

4. 本罪的主观方面。主观方面由直接故意构成，并且具有非法占有保险金的目的。

• 适用指引 •

司法实践中，认定本罪应注意：

1. 在认定保险诈骗未遂时的定罪处罚问题。《刑法》第 198 条第 1 款列举的 5 种骗取保险金数额较大的情况，均为既遂行为，构成保险诈骗罪。但对保险诈骗未遂的，是否需要定罪处罚，《刑法》和相关司法解释并未明确规定。保险诈骗罪虽是结果犯，但所谓结果犯仅是就犯罪既遂标准而言的。已经着手实施保险诈骗，但因意志以外的原因未得逞的，系保险诈骗未遂。既遂犯需要定罪处罚，对于未遂犯，根据《刑法》第 23 条的规定，可以比照既遂犯从轻或减轻处罚。可见，《刑法》对未遂犯的处置原则是一般需要定罪处罚，只不过可以比照既遂犯相应从轻或减轻处罚而已。

2. 对单位犯本罪的处理。根据《刑法》第 198 条第 3 款的规定，单位可以成为保险诈骗罪的主体，如果单位以非法占有为目的，采用编造未曾发生的保险事故等方法骗取保险公司的保险金的，依法构成保险诈骗罪，应对单位判处罚金，对其直接负责的主管人员和其他直接责任人员追究刑事责任。

3. 关于本罪的一罪与数罪问题。行为人在实施保险诈骗的活动中，故意以纵火、杀人、伤害、传播传染病、虐待、遗弃等行为方式制造财产损失、被保险人死亡、伤残、疾病的结果，骗取保险金的，应数罪并罚。

第二百条 金融诈骗罪的单位犯罪

【法律规定】

• 法律条文 •

《中华人民共和国刑法》

第二百条 单位犯本节第一百九十四条、第一百九十五条规定之罪的，对单位判处罚金，并对其直接负责的主管人员和其他直接责任人员，处五年以下有期徒刑或者拘役，可以并处罚金；数额巨大或者有其他严重情节的，处五年以上十年以下有期徒刑，并处罚金；数额特别巨大或者有其他特别严重情节的，处十年以上有期徒刑或者无期徒刑，并处罚金。

【案例】

杨斌虚假出资、非法占用农用地、合同诈骗、单位行贿、对单位行贿、伪造金融票证案①

• 案件事实 •

被告人杨斌，系沈阳欧亚实业有限公司、沈阳欧亚农业发展有限公司董事长、法定代表人。2002 年 10 月 4 日，因涉嫌虚假出资、非法占用农用地、合同诈骗、单位行贿、对单位行贿和伪造金融票证犯罪被依法监视居住，同年 11 月 26 日，经沈阳市人民检察院批准被依法逮捕。

被告单位沈阳欧亚实业有限公司（法定代表人杨斌）涉嫌非法占用农用地、合同诈骗、单位行贿和对单位行贿罪，被告单位沈阳欧亚农业发展有限公司（法定代表人杨斌）涉嫌伪造金融票证罪及被告人杨斌涉嫌虚假出资、非法占用农用地、合同诈骗、单位行贿、对单位行贿和伪造金融票证罪一案，由辽宁省沈阳市公安局侦查终结，于 2003 年 3 月 26 日，移送沈阳市人民检察院审查起诉。2003 年 5 月 13 日，沈阳市人民检察院依法向沈阳市中级人民法院提起公诉。起诉书认定被告单位沈阳欧亚实业有限公司，被告单位沈阳欧亚农业发展有限公司，被告人杨斌的犯罪事实如下：

1. 1998 年 4 月 22 日，被告人杨斌以荷兰欧亚国际贸易公司法定代表人的

---

① 参见《中华人民共和国最高人民检察院公报》2004 年第 2 期。

名义与沈阳靓马集团公司和中国农房东北公司共同出资成立沈阳欧亚实业有限公司，在沈阳市工商管理部门注册登记，并取得临时营业执照，注册资本 1.2 亿元人民币。三方的出资额及占注册资本的比例分别为：荷兰欧亚国际贸易公司 8400 万元人民币，占 70%；沈阳靓马集团公司 3000 万元人民币，占 25%；中国农房东北公司 600 万元人民币，占 5%。

沈阳欧亚实业有限公司成立以后，被告人杨斌为解决 8400 万元人民币出资问题，与广东英豪公司董事长陈某联系，让陈某向沈阳欧亚实业有限公司转款“走走账”。1998 年 6 月 11 日至 1999 年 2 月 23 日，陈某安排本公司的财务总监林某等人先后向沈阳欧亚实业有限公司账户通过汇票或电汇等方式转款 7150 万元人民币。当每笔款项转入沈阳欧亚实业有限公司的账户后，被告人杨斌便指使财务人员将款项记入“实收资本”科目，并以该款项作为实收资本，于 1999 年 3 月 8 日进行验资。事实上，该笔资金（7150 万元人民币）已于 1999 年 3 月 1 日前分别返还给原公司及其关联公司。

1999 年 3 月 8 日，吉林正则会计师事务所根据沈阳欧亚实业有限公司提供的，包括上述 7150 万元在内的，7480 万元人民币的往来票据、记账凭证和伪造的 115 万美元（折合 920 万元人民币）的温室设备发票及伪造的 4 份完税证明出具了，吉正则会师验字（1999）6 号《验资报告》，称“沈阳欧亚截止到 1999 年 3 月 8 日已收到其股东荷兰欧亚投入的资本金 8400 万元，其中货币资金 7480 万元人民币，实物资产 920 万元人民币”。欧亚实业公司将上述验资报告及其他相关材料提供给工商部门，申领换发了“营业执照”。被告人杨斌虚假出资 8070 万元人民币。

2. 2000 年 12 月至 2001 年 7 月，被告人杨斌以荷兰欧亚国际贸易公司法定代表人名义，先后与沈阳万博商贸有限公司合资成立沈阳海牙大酒店有限公司，与北陵房产开发有限公司合资成立沈阳荷兰村房产开发有限公司，独资成立沈阳欧亚温室有限公司，沈阳欧亚国际咨询有限公司，并取得工商部门颁发的营业执照。按照合同规定，荷兰欧亚国际贸易公司应在规定期限内对上述四家公司实际认缴出资共计为 1583 万美元。

2001 年 7 月 19 日，被告人杨斌担任董事会主席的欧亚农业（控股）有限公司在香港上市。7 月 23 日至 8 月 9 日，按照杨斌授意，欧亚农业（控股）有限公司先后从香港联合银行有限公司汇给上述 4 个公司设在工商银行沈阳新北支行的外币资本金账户 1.255 亿元港币，资金入账后记入实收资本账目，资金在账户上停留几日便均被转入沈阳欧亚农业发展有限公司的银行账户，上述四家公司用银行进账单等相关票据及记账凭证进行验资，将上述 1.255 亿港币作为被告人杨斌的实缴出资，并将“验资报告”提供给工商主管部门，取得长期“营业执照”。被告人杨斌虚假出资 1.255 亿港币。

3. 1998 年 12 月 28 日，辽宁省政府以辽政地字（1998）598 号文件，划拨

1674.5415 亩土地使用权给沈阳欧亚实业有限公司，作为“高新农业示范区建设用地”。沈阳欧亚实业有限公司违反土地管理法规，在未依法办理农业用地转建设用地审批手续的情况下，由公司董事长杨斌决定，于 1998 年 11 月开始在此宗农业用地上修建非农业建筑物，非法占用并毁坏耕地 615.264 亩。

沈阳欧亚实业有限公司于 2001 年 5 月 1 日、9 月 12 日分两次租赁于洪区北陵乡八家子村耕地共计 277.4165 亩，沈阳欧亚实业有限公司违反土地管理法规，在未办理任何审批手续的情况下，由公司董事长杨斌决定，在此宗租赁的农业用地上非法修建停车场、加油站，非法占用并毁坏耕地共计 51.501 亩。

4. 2000 年 5 月，被告人杨斌请托张家旭（辽宁省国土资源厅工作人员，另案处理）为沈阳欧亚实业有限公司找一块已造好的耕地，用于抵顶该公司的建设用地。嗣后，张家旭利用其职务上的便利，找到法库县规划土地管理局局长胡玉广（另案处理）和时任该局地籍科长的孙长春（另案处理），许诺事成后给付该局人民币 100 万元。胡玉广及孙长春为使本单位获得利益，同意将法库县卧牛石乡苇子沟村一块国家尚未纳入地籍管理的耕地（共 1600 余亩）作为沈阳欧亚实业有限公司“新开发的耕地”。张家旭在向杨斌汇报后，按照杨斌的旨意起草、填写了《关于沈阳欧亚实业有限公司开发卧牛石乡苇子沟村荒滩的批复》《辽宁省土地开发整理项目呈报表》用于验收，并在沈阳欧亚实业有限公司以法库县规划土地管理局名义起草、填写的《关于沈阳欧亚实业有限公司开发卧牛石乡苇子沟村荒滩的批复》《辽宁省土地开发整理项目呈报表》《改造法库县卧牛石乡苇子沟村荒滩地开发利用协议》等文件，并将时间提前 1 年。嗣后，张家旭再次找到胡玉广和孙长春，由胡玉广和孙长春安排，在上述“批复”“呈批表”上加盖了法库县规划土地管理局公章。并通过卧牛石乡土地所所长李亚东找到苇子沟村党支部书记王凤莲，在上述“荒滩地开发利用协议”上加盖了法库县卧牛石乡苇子沟村的公章，从而使沈阳欧亚实业有限公司取得了证明该公司新开发耕地的虚假证明文件。

同年 6 月下旬，辽宁省土地整理中心在沈阳欧亚实业有限公司申请下，对该公司所谓“新开发的耕地”进行了验收，在收到该公司提供的上述虚假证明文件后，轻信了沈阳欧亚实业有限公司确有“新开发的耕地”，出具了《土地开发整理项目验收单》，认为该公司“所造耕地数量质量符合要求，可以抵顶建设占用耕地指标”，并按规定提出收购沈阳欧亚实业有限公司“新开发的耕地”。同年 10 月下旬，被告人杨斌代表沈阳欧亚实业有限公司同辽宁省土地整理中心签订《收购耕地协议》，将所谓的“新开发的耕地”作为“储备耕地”以人民币 316.6 万元的价格出售。同年 11 月初，沈阳欧亚实业有限公司向辽宁省土地整理中心交纳管理费和验收手续费 15 万元后，收到该中心支付的人民币 316.6 万元。嗣后，为感谢张家旭及法库县规划土地管理局提供的帮助，经被告人杨斌决定，沈阳欧亚实业有限公司于 2000 年 12 月给予张家旭人民币25万元，并根据事先的承诺，于2001年4月、9月分两次给予法库县规划土地管理局共人民币98万元。

5. 原辽宁省国土资源厅副厅长李业为帮助沈阳欧亚实业有限公司取得银行贷款，利用职务便利擅自修改辽宁省人民政府辽政地字〔1998〕598号文件，被告人杨斌为感谢李业给予沈阳欧亚实业有限公司的帮助，2000年12月，在李业的办公室送其2万美元（折合人民币161746元）。2001年7月，有关部门就沈阳欧亚实业有限公司的非法用地问题开始进行调查。在此情况下，李业于2001年8月将2万美元退还给杨斌。

6. 沈阳欧亚农业发展有限公司董事长杨斌为虚增公司业绩，授意公司财务人员伪造财务账目，在单位组织及被告人杨斌参与下，该公司财务人员于2001年4月至2002年6月期间，共伪造支票、进账单、结汇凭证、电汇凭证等银行结算凭证305张，票面金额共计人民币1786047024.36元。

• 裁判要旨 •

单位属于金融诈骗犯罪的犯罪主体，并实行双罚制。

• 裁判理由 •

辽宁省沈阳市中级人民法院依法组成合议庭，公开审理了本案。经审理认为：被告人杨斌作为欧亚实业公司、沈阳海牙大酒店有限公司等5个公司的董事长、法定代表人，在申请外商投资企业登记过程中，违反有关公司登记管理法规，使用虚假证明文件和采取其他欺诈手段，虚报注册资本，取得公司登记，且数额巨大，是上述5个公司虚报注册资本直接负责的主管人员，其行为已构成虚报注册资本罪。被告单位欧亚实业公司违反土地管理法规，在农业用地上非法进行非农业建设，数量较大，造成耕地大量毁坏；以非法占有为目的，利用签订合同骗取财物，数额特别巨大；为谋取不正当利益给予国家机关及国家机关工作人员财物，情节严重，其行为已分别构成非法占用农地罪、合同诈骗罪、对单位行贿罪、单位行贿罪。被告人杨斌系该单位实施上述犯罪直接负责的主管人员，亦构成上述各罪。被告单位欧亚农业公司为虚增该公司业绩，伪造金融票证，情节特别严重，其行为已构成伪造金融票证罪，被告人杨斌系该单位实施上述犯罪直接负责的主管人员，亦构成伪造金融票证罪。

2003年7月11日，辽宁省沈阳市中级人民法院依照《刑法》第158条、第342条、第346条、第224条第5项、第231条、第391条、第393条、第177条第1款第2项和第2款、第30条、第31条、第39条之规定，作出判决如下：一、被告单位沈阳欧亚实业有限公司犯非法占用农地罪，判处罚金人民币120万元；犯合同诈骗罪，判处罚金人民币300万元；犯对单位行贿罪，判处罚金人民币100万元；犯单位行贿罪，判处罚金人民币40万元；数罪并罚，决定执行罚金人民币560万元。二、被告单位沈阳欧亚农业发展有限公司犯伪造金融票证罪，判处罚金人民币40万元。三、被告人杨斌犯虚报注册资本罪，判处有期徒刑二年；犯非法占用农地罪，判处罚金人民币60万元；犯合同诈骗罪，判处有期徒刑十年，并处罚金人民币150万元；犯对单位行贿罪，判处有期徒刑一年；犯单位行贿罪，判处有期徒刑一年；犯伪造金融票证罪，判处有期徒刑十年，并处罚金人民币20万元；数罪并罚，决定执行有期徒刑18年，罚金人民币230万元。一审判决后，被告单位沈阳欧亚实业有限公司、沈阳欧亚农业发展有限公司、被告人杨斌不服，上诉至辽宁省高级人民法院。

辽宁省高级人民法院二审开庭审理后认为：原判认定上诉单位欧亚实业公司、欧亚农业公司及上诉人杨斌所犯各罪的事实清楚，证据确实、充分。原判定罪准确，量刑适当，审判程序合法。随于2003年9月7日，裁定驳回上诉，维持原判。

【学理分析及适用指引】

• 学理分析 •

《刑法》第200条的内容先后经过《刑法修正案（八）》和《刑法修正案（十一）》的修正，主要修正的内容是加大金融诈骗犯罪的经济处罚力度，对票据诈骗罪、金融凭证诈骗罪和信用证诈骗罪三个罪名增加单位犯罪中相关责任人员的罚金刑规定，一定程度上弥补了1997年《刑法》的不足。有针对性地加大贪利性犯罪的经济惩罚力度，剥夺其重新犯罪的能力和条件，有利于充分发挥刑法的威慑和预防功能。

对于本条的适用，注意如下三个方面的问题：第一，《刑法》第192条~第198条所规定的8个金融诈骗罪的罪名中，只有集资诈骗罪、票据诈骗罪、金融凭证诈骗罪和信用证诈骗罪4个罪名不仅存在自然人犯罪还存在单位犯罪的问题，另外4个即贷款诈骗罪、信用卡诈骗罪、有价证券诈骗罪和保险诈骗罪仅为自然人犯罪，单位不构成这4种犯罪，若单位实施了贷款诈骗等犯罪行为，可以运用法条竞合理论，对单位以合同诈骗罪论处。第二，对于上述4种单位犯罪，虽然都采取双罚制，但具体适用的刑罚规则并不相同。根据《刑法修正案（十一）》对本条的修订，单位犯集资诈骗罪的，直接适用《刑法》第192条第2款的规定处罚；而单位实施票据诈骗罪、金融凭证诈骗罪和信用证诈骗罪则适用本条的规定处罚。比较两者法定刑的差异，主要在于《刑法修正案（十一）》加大对集资诈骗罪的惩处力度，对单位实施集资诈骗罪的，除对单位本身适用罚金外，对其直接负责的主管人员和其他直接责任人员刑罚与自然人犯罪的保持一致。第三，《刑法修正案（八）》对本条的修正，强调了对单位犯罪中相关责任人员的附加罚金刑适用问题，立法采取了区分情节轻重而罚金刑立法模式有所不同，即对本罪的基本犯配置的是“可以并处罚金”，而对因数额巨大或者情节严重、数额特别巨大或者情节特别严重而形成本罪的加重构成的，配置的是“并处罚金”。根据相关司法解释，此处的“可以并处罚金”是指原则上需要并处罚金，但在较为特殊的情形下，也可以仅判处主刑而不附加罚金；而“并处罚金”则是必须要附加罚金、不能有例外情形。

• 适用指引 •

本条规定采用双罚制原则，即对单位判处罚金，并对其直接负责的主管人员和其他直接责任人员，处五年以下有期徒刑或者拘役；数额巨大或者有其他严重情节的，处五年以上十年以下有期徒刑；数额特别巨大或者有其他特别严重情节的，处十年以上有期徒刑或者无期徒刑。

第六节　妨害税收征管罪

第二百零一条　逃税罪①

【法律规定】

• 法律条文 •

《中华人民共和国刑法》

第二百零一条　纳税人采取欺骗、隐瞒手段进行虚假纳税申报或者不申报，逃避缴纳税款数额较大并且占应纳税额百分之十以上的，处三年以下有期徒刑或者拘役，并处罚金；数额巨大并且占应纳税额百分之三十以上的，处三年以上七年以下有期徒刑，并处罚金。

扣缴义务人采取前款所列手段，不缴或者少缴已扣、已收税款，数额较大的，依照前款的规定处罚。

对多次实施前两款行为，未经处理的，按照累计数额计算。

有第一款行为，经税务机关依法下达追缴通知后，补缴应纳税款，缴纳滞纳金，已受行政处罚的，不予追究刑事责任；但是，五年内因逃避缴纳税款受过刑事处罚或者被税务机关给予二次以上行政处罚的除外。

---

① 根据《最高人民法院、最高人民检察院关于执行〈中华人民共和国刑法〉确定罪名的补充规定(四)》的规定，“偷税罪”变更为“逃税罪”。案例中原“偷税罪”进行了相应替换，变更为“逃税罪”。——编者注

• 相关规定 •

《中华人民共和国刑法》

第二百一十一条 单位犯本节第二百零一条、第二百零三条、第二百零四条、第二百零七条、第二百零八条、第二百零九条规定之罪的，对单位判处罚金，并对其直接负责的主管人员和其他直接责任人员，依照各该条的规定处罚。

第二百一十二条 犯本节第二百零一条至第二百零五条规定之罪，被判处罚金、没收财产的，在执行前，应当先由税务机关追缴税款和所骗取的出口退税款。

《最高人民法院关于审理偷税抗税刑事案件具体应用法律若干问题的解释》（法释〔2002〕33号）

第一条 纳税人实施下列行为之一，不缴或者少缴应纳税款，偷税数额占应纳税额的百分之十以上且偷税数额在一万元以上的，① 依照刑法第二百零一条第一款的规定定罪处罚：

（一）伪造、变造、隐匿、擅自销毁账簿、记账凭证；

（二）在账簿上多列支出或者不列、少列收入；

（三）经税务机关通知申报而拒不申报纳税；

（四）进行虚假纳税申报；

（五）缴纳税款后，以假报出口或者其他欺骗手段，骗取所缴纳的税款。

扣缴义务人实施前款行为之一，不缴或者少缴已扣、已收税款，数额在一万元以上且占应缴税额百分之十以上的，依照刑法第二百零一条第一款的规定定罪处罚。扣缴义务人书面承诺代纳税人支付税款的，应当认定扣缴义务人"已扣、已收税款"。

实施本条第一款、第二款规定的行为，偷税数额在五万元以下，纳税人或者扣缴义务人在公安机关立案侦查以前已经足额补缴应纳税款和滞纳金，犯罪情节轻微，不需要判处刑罚的，可以免予刑事处罚。

第二条 纳税人伪造、变造、隐匿、擅自销毁用于记账的发票等原始凭证的行为，应当认定为刑法第二百零一条第一款规定的伪造、变造、隐匿、擅自销毁记账凭证的行为。

具有下列情形之一的，应当认定为刑法第二百零一条规定的"经税务机关通知申报"：

（一）纳税人、扣缴义务人已经依法办理税务登记或者扣缴税款登记的；

---

① 2009年《刑法修正案（七）》修改了《刑法》第201条"偷税罪"的构成条件，将"1万元以上"修改为"数额较大"，以下关于《刑法》第201条的规定相应修改之。——编者注

（二）依法不需要办理税务登记的纳税人，经税务机关依法通知其申报的；

（三）尚未依法办理税务登记、扣缴税款登记的纳税人、扣缴义务人，经税务机关依法书面通知其申报的。

刑法第二百零一条第一款规定的“虚假的纳税申报”，是指纳税人或者扣缴义务人向税务机关报送虚假的纳税申报表、财务报表、代扣代缴、代扣代缴税款报告表或者其他纳税申报资料，如提供虚假申请，编造减税、免税、抵税、先征收后退还税款等虚假资料等。

刑法第二百零一条第三款规定的“未经处理”，是指纳税人或者扣缴义务人在五年内多次实施偷税行为，但每次偷税数额均未达到刑法第二百零一条规定的构成犯罪的数额标准，且未受行政处罚的情形。

纳税人、扣缴义务人因同一偷税犯罪行为受到行政处罚，又被移送起诉的，人民法院应当依法受理。依法定罪并判处罚金的，行政罚款折抵罚金。

第三条　偷税数额，是指在确定的纳税期间，不缴或者少缴各税种税款的总额。

偷税数额占应纳税额的百分比，是指一个纳税年度中的各税种偷税总额与该纳税年度应纳税总额的比例。不按纳税年度确定纳税期的其他纳税人，偷税数额占应纳税额的百分比，按照行为人最后一次偷税行为发生之日前一年中各税种偷税总额与该年纳税总额的比例确定。纳税义务存续期间不足一个纳税年度的，偷税数额占应纳税额的百分比，按照各税种偷税总额与实际发生纳税义务期间应当缴纳税款总额的比例确定。

偷税行为跨越若干个纳税年度，只要其中一个纳税年度的偷税数额及百分比达到刑法第二百零一条第一款规定的标准，即构成逃税罪。各纳税年度的偷税数额应当累计计算，偷税百分比应当按照最高的百分比确定。

《最高人民检察院、公安部关于公安机关管辖的刑事案件立案追诉标准的规定（二）》（公通字〔2022〕12 号）

第五十二条　［逃税案（刑法第二百零一条）］逃避缴纳税款，涉嫌下列情形之一的，应予立案追诉：

（一）纳税人采取欺骗、隐瞒手段进行虚假纳税申报或者不申报，逃避缴纳税款，数额在十万元以上并且占各税种应纳税总额百分之十以上，经税务机关依法下达追缴通知后，不补缴应纳税款、不缴纳滞纳金或者不接受行政处罚的；

（二）纳税人五年内因逃避缴纳税款受过刑事处罚或者被税务机关给予二次以上行政处罚，又逃避缴纳税款，数额在十万元以上并且占各税种应纳税总额百分之十以上的；

（三）扣缴义务人采取欺骗、隐瞒手段，不缴或者少缴已扣、已收税款，数额在十万元以上的。

纳税人在公安机关立案后再补缴应纳税款、缴纳滞纳金或者接受行政处罚的，不影响刑事责任的追究。

【案例】

王某甲故意伤害、拒不支付劳动报酬、逃税案①

• 案件事实 •

2011年9月，上诉人王某甲口头协议承包了敖汉旗亿邦矿业有限公司在敖汉旗牛古吐乡敖吉村建设选场工程，并雇用李某甲为会计、宗某某为项目经理，在施工过程中雇用当地农民贾某某、李某乙等人为其施工。2012年1月工程完工后，被告人王某甲拖欠贾某某工资4136元，拖欠贺某某工资6520元，拖欠王某乙工资3911元，拖欠冯喜龙工资4105元，拖欠鲁某甲等人工资189302元，拖欠李某乙等人工资215867元，拖欠耿某某等人工资36813元，拖欠鲁文龙工资6800元，拖欠宋某某工资14030元，拖欠王某丙工资400元，合计481884元拒不支付，致使工人多次上访。后经劳动保障监察部门责令支付仍不支付并逃匿。

另查明，上诉人王某甲在承建敖汉旗亿邦矿业有限公司选场工程时未取得相应施工资质。施工期间，王某甲累计收到发包人支付的工程款603.84万元。2012年9月24日，经赤峰信联工程项目管理有限公司对敖汉旗亿邦矿业有限公司敖吉选场项目工程造价进行鉴定，鉴定该工程造价为人民币5728825.86元，其中人工费1107908.81元。王某甲为敖汉旗亿邦有限公司建设选场的收入应依法缴纳营业税等税款，经税务机关通知申报而拒不申报，逃避缴纳税款人民币232590.33元。

• 裁判要旨 •

行为人在主观上是否具有逃税的故意，是认定构成逃税罪的关键。

• 裁判理由 •

原审法院认为，被告人王某甲不具备用工主体资格，违法用工，且以逃匿的方法逃避支付劳动者报酬，数额较大，经政府有关部门责令支付仍不支付，其行为已构成拒不支付劳动报酬罪。被告人王某甲经税务机关通知申报而拒不申报纳税，逃避缴纳税款，数额较大，其行为已构成逃税罪。被告人王某甲一

---

① 参见内蒙古自治区赤峰市中级人民法院（2014）赤刑二终字第100号。

人犯数罪，应数罪并罚。被告人王某甲及辩护人辩称其没有承包亿邦矿业有限公司选场工程，只是帮忙搞建筑。李某甲、宗某某是舒某某雇用的，其与被害人（劳动者）之间未形成劳动关系，他们之间的纠纷为建设工程合同纠纷，不是劳动合同纠纷，故其没有支付劳动报酬的义务，不具备拒不支付劳动报酬罪的主体要求，其与舒某某之间所形成的所谓合同关系，违反法律强制性规定而无效，其未获得收入所得，故其不属于纳税义务主体。经查，根据《最高人民法院关于发布第七批指导性案例的通知》规定，不具备用工主体资格的单位或者个人，违法用工且拒不支付劳动者报酬，数额较大，经政府有关部门责令仍不支付的，应以拒不支付劳动报酬罪追究刑事责任。被告人王某甲系口头承包敖汉旗亿邦矿业有限公司选场工程，证人宗某某、李某甲、舒某某、梁某某等证言及证人宗某某受委托与梁某某签订协议书均能证实其为工程承包人，被告人王某甲作为工程承包人，雇用农民工在其承包工程中施工，形成劳动合同关系，而非建设工程合同关系，其应及时向劳动者支付劳动报酬。被告人王某甲与舒某某之间依据口头协议所取得的建筑安装收入属纳税范围，其作为工程承包人属纳税主体。综上，对被告人及其辩护人的辩护意见，不予采纳。依照《刑法》第276条之一第1款、第201条第1款、第69条、第52条、第53条，《最高人民法院关于审理拒不支付劳动报酬刑事案件适用法律若干问题的解释》第2条、第3条、第4条第2款、第7条之规定，判决：一、被告人王某甲犯拒不支付劳动报酬罪，判处有期徒刑二年，并处罚金人民币4万元；犯逃税罪，判处有期徒刑二年六个月，并处罚金人民币2万元，决定执行有期徒刑四年，并处罚金人民币6万元。二、继续追缴被告人王某甲所欠劳动报酬款481884元退还被害人；追缴税款232590.33元上缴税务部门。

宣判后，王某甲不服，提出上诉。

法院认为，上诉人王某甲不具备用工主体资格，违法用工，且以逃匿的方法逃避支付劳动者报酬，数额较大，经政府有关部门责令支付仍不支付，其行为已构成拒不支付劳动报酬罪。上诉人王某甲经税务机关通知申报而拒不申报纳税，逃避缴纳税款，数额较大，其行为已构成逃税罪。上诉人王某甲一人犯数罪，应数罪并罚。关于上诉人王某甲无罪的上诉理由和辩护意见，法院认为，上诉人王某甲以口头协议的方式承包了舒某某亿邦公司选场工程，并雇用宗某某和李某甲进行管理的事实，有舒某某、梁某某、鲁某乙、李某甲、宗某某等人证言证实。鲁某甲、李某乙、耿某某、宋某某、贾某某、贺某某、王某乙、冯喜龙、鲁文龙等人为王某甲承包的选厂施工、提供劳动，按照劳动法的相关规定王某甲应该支付劳动报酬，在舒某某处领取包括人工费在内工程款后有能力支付而拒不支付劳动者的劳动报酬，在人力资源和社会保障部门责令支付后仍不支付，数额较大；王某甲承包工程取得收入，按照税法的相关规定应缴纳相应的税款，经税务机关通知申报税款拒不申报和缴纳的事实，有鲁某甲、李某乙、耿某某、宋某某、贾某某、贺某某、王某乙、鲁文龙、舒某某、梁某某、鲁某乙、李某甲、宗某某等人证言，且有协议书、工票、拖欠工资明细表、银行汇款凭证、收据，劳动保障监察责令改正决定书、税务事项通知书、税务处理决定书等予以证实。无论是否有资质，合同有效与否，不能否定王某甲和农民工形成事实劳动关系，根据《最高人民法院关于审理拒不支付劳动报酬刑事案件适用法律若干问题的解释》第 7 条规定，不具备用工主体资格，违法用工拒不支付劳动者劳动报酬，数额较大，经政府有关部门责令支付仍不支付，以拒不支付劳动报酬罪追究刑事责任。王某甲经税务机关通知申报而拒不申报纳税，逃避缴纳税款，数额较大，其行为构成逃税罪。因此上诉人无罪的上诉理由和辩护意见不能成立，法院不予采纳。综上，原审判决认定事实清楚，证据充分，适用法律正确，量刑适当。依照《刑事诉讼法》第 225 条第 1 款第 1 项的规定，裁定如下：驳回上诉，维持原判。

【学理分析及适用指引】

• 学理分析 •

逃税罪，是指纳税人采取欺骗、隐瞒手段进行虚假纳税申报或者不申报，逃避缴纳税款，数额较大的行为。本罪的构成要件如下：

1. 本罪的客体。本罪侵犯的客体，是国家的税收管理制度。

2. 本罪的客观方面。本罪在客观方面表现为违反国家税收法规，采取伪造、变造、隐匿、擅自销毁账簿、记账凭证，在账簿上多列支出或者不列、少列收入，经税务机关通知申报而拒不申报或者进行虚假的纳税申报的手段，不缴或者少缴应缴纳的税款，情节严重的行为。司法实践中逃税行为的具体表现形式是多种多样的，而每种行为又往往含有若干具体的逃税方法，常见的有：

（1）伪造、变造账簿、记账凭证，这是最常见的一种逃税方式。这种方式多为个体经营者所采用，一般是不建账或不按要求建账，使税务人员无法得知其经营收支情况。

（2）私设“小金库”，建立账外账。纳税人建置真假两本账，真账自己使用，却把假账当作真账交给税务人员检查，作为纳税依据。他们有的是盈利企业，却在假账上人为制造“亏损”，有的将大宗经营额计到真账上面，而将小宗经营额记入假账，造成经营状况不佳的假象，从而少缴税款。

（3）多行开户、隐瞒收入。有的纳税人在多个银行开户，同时使用，却只向税务机关提供一个，将大量的实际收入隐瞒起来，如某企业在工商银行、建设银行各有一个账户，但只向税务机关登了工商银行的账号，以方便逃税。

（4）假借发票、偷漏税款。发票既是商品购买者的记账凭证，又是商品销售者的缴税依据，因而某些不法分子为了偷漏税款便在发票上做手脚。最典型的就是“大头小尾”发票。按照正当手续，发票开出一式数联，其内容应当完全一致。一联交给顾客，一联留下作为存根备查，前者即所谓“头”，后者即所谓“尾”。行为人只将发票联如实填写数额，却另将存根联少写，这就形成“大头小尾”。

（5）销毁、隐匿账簿，瞒天过海。对于一些个体经营者或小型私营业主而言，因其经营规模不大，且又无过多的经济往来，因而有无账簿关系不大，只要自己心里明白就行了。即使设置账簿的，也不正规。为了使税务人员无法了解其经营情况，以失火、被盗、遗失、鼠咬等借口销毁或隐匿账簿。在这种情况下，纳税人就可任意申报其营业收入。

（6）多列支出，少列收入，以假乱真。此举主要是以一些虚假手段掩盖真实的收支情况，表现形式一般是：用销暗记；将产品直接作价冲抵债款后不记销售；已经销售而不开发货票或以白条抵库不记销售，已销商品不记销售长期挂在账户；擅自扩大材料成本减少销售收入；用罚款、滞纳金、违约金、赔偿金冲减销售收入；将展品或样品作价处理给职工不按销售记账，等等。

（7）虚假纳税申报。纳税申报是依法纳税的前提。纳税人必须在法定时间内办理纳税申报、报送纳税申报表、财务会计报表以及税务机关要求的其他纳税资料。行为人通过对生产规模、收入状况等内容作虚假申报来达到逃税目的。

（8）以种种借口骗取减、免税来逃税。国家为了鼓励某种事业的发展或其他特定目的，常常为某种经营活动减税、免税、退税。如合资企业材料进口免征关税、对福利性企业减免产品税等。行为人为了逃税，常常在此处钻空子，“创造”减、免、退税的条件，实则挂羊头卖狗肉。现在骗取退税已成为一种独立的犯罪，骗取减税和免税仍属逃税罪的范围。常见的骗取减、免税手法有伪装合资或合作企业、伪装安置残疾人的福利企业、伪装高新技术企业等等。

3. 本罪的主体。犯罪主体为特殊主体，即纳税人和扣缴义务人。

4. 本罪的主观方面由直接故意构成，并且具有逃避缴纳应缴税款的非法获利目的。

5. 关于逃税与漏税、避税的区别。漏税是指纳税人（包括扣缴义务人）并非故意，没有依照税法规定缴纳或者足额缴纳税款的行为，是一种一般税务违法行为，应由税务机关责令其补缴漏缴的税款，并加收滞纳金；逃税则是一种故意行为，行为人目的明确。从性质上看，逃税性质要比漏税严重得多，偷税情节严重，符合规定的逃税罪的条件的，应当由司法机关依法追究刑事责任。

所谓避税，是指采用合法手段减轻或者不履行纳税义务的行为。广义的逃税包括偷税与避税。偷税与避税虽然都是减少或者不履行纳税义务的行为，但二者之间有着本质的不同：避税是在纳税义务发生前采取各种合乎法律规定的方法，有意减轻或者免除税收负担的行为，大多数情况下是符合立法意图的，如利用经济特区的税收优惠政策在经济特区投资，有些则是钻税法不够完善的空子；偷税是发生纳税义务后，采用非法的手段减少或者不履行纳税义务，在任何情况下，偷税都是国家法律所不允许的。对于钻法律空子的避税，只能通过不断完善税收法律的方法来防止；对于偷税，依法追究刑事责任，加强打击，是减少偷税犯罪的重要手段。

• 适用指引 •

司法实践中，对行为人主观方面的认定主要通过行为人的客观表现来判断。在具体案件中，可从以下几个方面来认定行为人是否具有偷税故意：(1) 被告人是否主动履行了相关工商、税务手续。对有关单位和个人进行工商、税务登记是行政机关维护市场秩序、征收相关税费、进行有效监督管理的重要途径，主动履行相关登记手续是有关单位和个人遵法、守法、自觉接受监督管理的体现，主动进行纳税登记说明行为人愿意接受税务机关的监督管理，自觉缴纳税款的，就说明不具有偷税的故意。(2) 被告人的具体行为是否为偷税创造了条件。(3) 被告人是否按照纳税协议履行了纳税义务。

另外，根据修正后的《刑法》第201条，行为人虽有逃税犯罪的，但经税务机关依法下达追缴通知后，补缴了应纳税款，缴纳了滞纳金，接受了行政处罚的，可不予追究其刑事责任，但五年内因逃税受过刑事处罚或者被税务机关给予两次以上行政处罚的除外。这就是所谓的“逃税犯罪初犯可不罚规则”，这无疑既有利于保证国家税收收入，又体现了宽严相济的刑事政策。

第二百零二条 抗税罪

【法律规定】

• 法律条文 •

《中华人民共和国刑法》

第二百零二条 以暴力、威胁方法拒不缴纳税款的，处三年以下有期徒刑或者拘役，并处拒缴税款一倍以上五倍以下罚金；情节严重的，处三年以上七年以下有期徒刑，并处拒缴税款一倍以上五倍以下罚金。

• 相关规定 •

《中华人民共和国刑法》

第二百一十二条 犯本节第二百零一条至第二百零五条规定之罪，被判处罚金、没收财产的，在执行前，应当先由税务机关追缴税款和所骗取的出口退税款。

《最高人民法院关于审理偷税抗税刑事案件具体应用法律若干问题的解释》（法释〔2002〕33号）

第五条　实施抗税行为具有下列情形之一的，属于刑法第二百零二条规定的："情节严重"：

（一）聚众抗税的首要分子；

（二）抗税数额在十万元以上的；

（三）多次抗税的；

（四）故意伤害致人轻伤的；

（五）具有其他严重情节的。

第六条　实施抗税行为致人重伤、死亡，构成故意伤害罪、故意杀人罪的，分别依照刑法第二百三十四条第二款、第二百三十二条的规定定罪处罚。

与纳税人或者扣缴义务人共同实施抗税行为的，以抗税罪的共犯依法处罚。

《最高人民检察院、公安部关于公安机关管辖的刑事案件立案追诉标准的规定（二）》（公通字〔2022〕12号）

第五十三条　［抗税案（刑法第二百零二条）］以暴力、威胁方法拒不缴纳税款，涉嫌下列情形之一的，应予立案追诉：

（一）造成税务工作人员轻微伤以上的；

（二）以给税务工作人员及其亲友的生命、健康、财产等造成损害为威胁，抗拒缴纳税款的；

（三）聚众抗拒缴纳税款的；

（四）以其他暴力、威胁方法拒不缴纳税款的。

【案例】

马某某抗税案①

• 案件事实 •

1994年9月1日，被告人马某某、沙某某、何某某从宁蒗县新营盘乡收购一车苹果运往昆明销售。9月2日10时许，途经108国道线武定县白路乡人民政府农业特产税查验征收站时，被稽查出所拉苹果数与完税证完税数不

① 参见中国高级法官培训中心、中国人民大学法学院编：《中国审判案例要览》，中国人民大学出版社1997年版。

一致，农税干部叫马某某补缴漏缴税款时，马某某拒绝补缴税款。14 时许，运到 108 国道线武定县铁合金厂路段武定县城镇农业特产税查验征收站，被农税干部龙某某等人查获，要求补缴超运部分的税款，马某某不但不予补办，反而手持凳子、砖头等物殴打龙某某、廖某某、李某某。龙某某等人到城镇公安派出所报案，马某某趁机向昆明脱逃。15 时许，干警张某某等人追到被告，要求其回武定解决问题，马某某再次用石头攻击公安干警。后马被拘传到武定城镇派出所。经法医鉴定，龙某某为轻伤，廖某某、张某某均为甲级轻微损伤，李某某为乙级轻微损伤。三人住院治疗用去医疗费 5595.78 元。马某某所运苹果经过磅核实，净重达 5810 公斤。马某某应当补缴的抗税款为 436.92 元。

• 裁判要旨 •

以激烈公开的方式公然对抗或攻击税收征费人员的，构成抗税罪。

• 裁判理由 •

云南省武定县人民法院经审理认为：被告人马某某明知外运苹果应当完税，为了逃避纳税，在被查处时公然采取暴力手段打伤农税干部和公安干警，其行为构成了抗税罪，并应承担民事赔偿责任。被告人马某某及其辩护人的辩护意见不能成立。云南省武定县人民法院根据 1979 年《刑法》第 31 条和《关于惩治偷税、抗税犯罪的补充规定》第 6 条、《民法通则》第 119 条，作出如下判决：一、马某某犯抗税罪，判处有期徒刑一年零六个月。二、马某某赔偿龙某某、廖某某、张某某三人医疗费 5595.78 元，限 1996 年 12 月 31 日前付清。

【学理分析及适用指引】

• 学理分析 •

抗税罪，是指纳税人、扣缴义务人以暴力、威胁方法拒不缴纳应缴税款的行为。本罪的构成要件如下：抗税罪所侵犯的客体为复杂客体，即国家税收管理秩序和税收工作人员的人身权利。抗税罪在客观方面表现为以暴力、威胁方法拒不缴纳税款的行为。犯罪主体为特殊主体，即负有纳税义务或者代扣代缴、代收代缴义务的人。主观方面是出于故意。

• 适用指引 •

司法实践中，抗税罪与妨害公务罪会存在竞合的部分，准确区分两者的界限是看行为人暴力、威胁行为的具体对象是针对正在依法执行职务的税务机关工作人员，还是针对具体的税务机关。一旦行为人的行为同时符合两者的构成特征时，应适用特别法条优先于普通法条的原则，以抗税罪论处。

实践中，要注意抗税行为所针对的具体对象，不宜将暴力的对象限定为税务工作人员，否则对非聚众的抗税人员以拒不缴纳税款为目的在税务机关实施的暴力行为就无法处置（如果该行为也没有达到故意毁坏财物罪的严重程度）。行为人将暴力实施在税务机关或相关器物上，目的也是通过物对相关的税务工作人员产生威慑，将犯罪对象扩大到物，并不会对抗税罪的客体产生影响。

第二百零三条　逃避追缴欠税罪

【法律规定】

• 法律条文 •

《中华人民共和国刑法》

第二百零三条　纳税人欠缴应纳税款，采取转移或者隐匿财产的手段，致使税务机关无法追缴欠缴的税款，数额在一万元以上不满十万元的，处三年以下有期徒刑或者拘役，并处或者单处欠缴税款一倍以上五倍以下罚金；数额在十万元以上的，处三年以上七年以下有期徒刑，并处欠缴税款一倍以上五倍以下罚金。

• 相关规定 •

《中华人民共和国刑法》

第二百一十二条　犯本节第二百零一条至第二百零五条规定之罪，被判处罚金、没收财产的，在执行前，应当先由税务机关追缴税款和所骗取的出口退税款。

第二百一十一条　单位犯本节第二百零一条、第二百零三条、第二百零四条、第二百零七条、第二百零八条、第二百零九条规定之罪的，对单位判处罚金，并对其直接负责的主管人员和其他直接责任人员，依照各该条的规定处罚。

《最高人民检察院、公安部关于公安机关管辖的刑事案件立案追诉标准的规定（二）》（公通字〔2022〕12号）

第五十四条　［逃避追缴欠税案（刑法第二百零三条）］纳税人欠缴应纳税款，采取转移或者隐匿财产的手段，致使税务机关无法追缴欠缴的税款，数额在一万元以上的，应予立案追诉。

【案例】

万一兵逃避追缴欠税案①

• 案件事实 •

2006年1月至2007年3月，被告人万一兵在经营银川市兴庆区“海底捞”示范店期间，未在税务机关核定的纳税期限向税务机关指定的银行缴纳税款，而将每日的营业款挪作他用，致使税务机关无法追缴税款288165.76元。案发后，公安机关追缴税款200015.94元。

• 裁判要旨 •

利用转移支付手段逃避应缴税款行为的，应定为逃避追缴欠税罪。

• 裁判理由 •

银川市兴庆区人民法院认为：被告人万一兵在经营“海底捞”示范店期间欠缴应纳税款288165.76元，采取转移财产的手段，致使税务机关无法追缴欠缴的税款，其行为已构成逃避追缴欠税罪。公诉机关指控被告人犯罪的罪名成立。被告人万一兵归案后，能如实供述自己的犯罪事实，并缴纳了部分欠税款，确有悔罪表现，可酌情从轻处罚。对被告人的辩护人提出的，案发后被告人表示愿意缴纳税款，有悔罪表现，希望法庭从轻处罚的辩护观点，本院予以采纳。为了维护社会秩序，保护公私财物所有权和公民的人身权利不受侵犯，依照《刑法》第203条之规定，判决被告人万一兵犯逃避追缴欠税罪，判处有期徒刑三年六个月，并处罚金人民币29万元整。

一审宣判后万一兵向银川市中级人民法院提出上诉。银川市中级人民法院经审理后认为：上诉人万一兵在其经营银川市兴庆区（北）川府名店“海底捞”示范店期间欠缴应纳税款288165.76元，采取转移财产的手段，致使税务机关无法追缴欠缴的税款，其行为已构成逃避追缴欠税罪，应予刑事处罚。上诉人万一兵及其辩护人认为上诉人万一兵的行为不构成犯罪的上诉理由及辩护观点。经查：上诉人万一兵逃避追缴欠税的行为，有被告人万一兵的供述、证人证言、税务稽查报告、欠税通知书、欠税明细表、催缴通知书等证据相互印证，足以认定。其上诉理由及辩护观点不能成立，法院不予支持。原判决认定事实清楚，证据确实、充分，定性准确，量刑适当，审判程序合法。依照《刑事诉讼法》第189条第1项的规定，裁定如下：驳回上诉，维持原判。

---

① 参见宁夏回族自治区银川市中级人民法院（2008）银刑终字第90号。

【学理分析及适用指引】

●　学理分析　●

逃避追缴欠税罪，是指纳税义务人欠缴税款，采取转移或隐匿财产的手段，致使税务机关无法追缴欠缴的税款，数额在1万元以上的行为。

本罪的构成要件如下：

1. 本罪的客体。本罪侵犯的客体是国家的税收管理制度。

2. 本罪的客观方面。客观方面表现为欠缴应纳税款，采取转移或者隐匿财产的手段，致使税务机关无法追缴欠缴的税款，数额在1万元以上的行为，如转移账户、提走存款、运走商品、隐匿货物等。如果税务机关无法追缴欠缴税款不是行为人主观原因造成的，而是因为行为人经营亏损、财力不足等客观原因造成的，则不构成本罪。

3. 本罪的主体。犯罪主体为特殊主体，仅限于依法负有纳税义务的单位或者个人。

4. 本罪的主观方面。主观方面由直接故意构成，并且具有逃避缴纳应纳税款义务的目的。

●　适用指引　●

司法实践中，认定本罪时应注意：

1. 本罪与非罪的界限。（1）逃避追缴欠税罪与欠税行为。二者都是明知没有缴纳税款而不予缴纳的行为。其区别关键在于逃避追缴欠税中行为人采取了转移或者隐匿财产的手段而致使税务机关无法追缴欠缴的税款，而欠税行为人则没有采取上述手段使税务机关无法追缴欠缴税款。另外，二者的主观内容逃避追缴欠税也不同，前罪是出于逃避纳税而非法获利的目的，而欠税行为一般只是暂时拖欠税款，而无逃避纳税的故意。（2）逃避追缴欠税罪与一般的妨碍追缴税款违法行为。二者区别的关键在于行为人采取转移或者隐匿财产的手段致使税务机关无法追缴税款数额是否较大。根据本条，妨碍追缴税款数额在1万元以上的才构成犯罪，如果没有达到这一数额，则应当由税务机关依照税法规定处理，而不能以犯罪论处。

2. 本罪与逃税罪的界限。（1）主体要件不同。逃避追缴欠税罪的主体只能由负有纳税义务的主体构成；而逃税罪的主体除纳税人外还包括扣缴义务人。（2）犯罪目的不同。逃避追缴欠税罪是意图达到逃避税务机关追缴其所欠缴的应纳税款的目的；而逃税罪则是意图通过欺骗、隐瞒税务机关，达到不缴或者少缴应纳税款为目的。（3）犯罪客观方面不同。逃避追缴欠税罪表现为行为人采取转移或者隐匿财产的手段致使税务机关无法追缴欠缴的税款的行为；逃税罪则表现为采取伪造、变造、隐匿、擅自销毁账簿、记账凭证，在账簿上多列支出或者不列、少列收入，经税务机关通知申报而拒不申报或者进行虚假的纳税申报的手段，不缴或少缴应纳税款的行为。前者具有公开性，后者具有欺骗性、隐瞒性。（4）妨碍追缴税款要求数额较大的才构成犯罪；逃税罪要求情节严重的才构成犯罪。情节严重即包括因逃税被二次行政处罚又逃税的情况，也包括逃税数额较大的情况，同是由数额较大构成犯罪的，逃避追缴欠税罪只要求数额在1万元以上即可，逃税罪则还要求逃税数额须占应纳税额的10%以上才能构成犯罪。

3. 逃避追缴欠税罪与抗税罪的界限。（1）客体要件不同。逃避追缴欠税罪为简单客体，即侵犯了国家的税收管理制度；而抗税罪则为复杂客体，即不仅侵犯了国家的税收管理制度，同时还侵犯了依法从事税收征管工作的税务人员的人身权利。（2）犯罪客观方面不同。逃避追缴欠税罪在客观上表现为采取转移或者隐匿财产的手段致使税务机关无法追缴欠缴税款的行为；抗税罪则表现为以暴力、威胁方法拒不缴纳税款的行为。前者的行为方式是秘密的，而后者则是公开的。（3）逃税罪追缴欠税数额较大的才构成犯罪；而抗税罪不要求具备数额较大的条件，只要以暴力、威胁方法拒不缴纳税款的，就构成犯罪。

4. 本罪的一罪与数罪。实践中，如果行为人先采取伪造、变造、隐匿、擅自销毁账簿等手段实施逃税犯罪行为，然后再实施转移或者隐匿财产的犯罪行为，致使税务机关无法追缴其所逃税款的，在这种情况下，对行为人应以逃税罪和逃避追缴欠税罪进行并罚，不宜按吸收犯处理。①

第二百零四条　骗取出口退税罪

【法律规定】

• 法律条文 •

《中华人民共和国刑法》

第二百零四条　以假报出口或者其他欺骗手段，骗取国家出口退税款，数额较大的，处五年以下有期徒刑或者拘役，并处骗取税款一倍以上五倍以下罚金；数额巨大或者有其他严重情节的，处五年以上十年以下有期徒刑，并处骗取税款一倍以上五倍以下罚金；数额特别巨大或者有其他特别严重情节的，处十年以上有期徒刑或者无期徒刑，并处骗取税款一倍以上五倍以下罚金或者没

---

① 参见周道鸾、张军主编：《刑法罪名精释》，人民法院出版社2007年版，第340页。

收财产。

纳税人缴纳税款后，采取前款规定的欺骗方法，骗取所缴纳的税款的，依照本法第二百零一条的规定定罪处罚；骗取税款超过所缴纳的税款部分，依照前款的规定处罚。

• 相关规定 •

《中华人民共和国刑法》

第二百一十一条　单位犯本节第二百零一条、第二百零三条、第二百零四条、第二百零七条、第二百零八条、第二百零九条规定之罪的，对单位判处罚金，并对其直接负责的主管人员和其他直接责任人员，依照各该条的规定处罚。

第二百一十二条　犯本节第二百零一条至第二百零五条规定之罪，被判处罚金、没收财产的，在执行前，应当先由税务机关追缴税款和所骗取的出口退税款。

《最高人民法院关于审理骗取出口退税刑事案件具体应用法律若干问题的解释》（法释〔2002〕30号）

第一条　刑法第二百零四条规定的“假报出口”，是指以虚构已税货物出口实施为目的，具有下列情形之一的行为：

（一）伪造或者签订虚假的买卖合同；

（二）以伪造、变造或者其他非法手段去的出口货物报关单、出口收汇核销单、出口货物专用缴款书等有关出口退税单据、凭证；

（三）虚开、伪造、非法购买增值税专用发票或者其他可以用于出口退税的发票；

（四）其他虚构已税货物出口事实的行为。

第二条　具有下列情形之一的，应当认定为刑法第二百零四条规定的“其他欺骗手段”：

（一）骗取出口货物退税资格的；

（二）将未纳税或者免税货物作为已税货物出口的；

（三）虽有货物出口、但虚构该出口货物的品名、数量、单价等要素，骗取未实际纳税部分出口退税款的；

（四）以其他手段骗取出口退税款的。

第三条　骗取国家出口退税款5万元以上的，为刑法第二百零四条规定的“数额较大”；骗取国家出口退税款50万元以上的，为刑法第二百零四条规定的“数额巨大”；骗取国家出口退税款250万元以上的，为刑法第二百零四条规定的“数额特别巨大”。

第四条　具有下列情形之一的，属于刑法第二百零四条规定的“其他严重情节”：

（一）造成国家税款损失30万元以上并且在第一审判决宣告前无法追回的；

（二）因骗取国家出口退税行为受过行政处罚，两年内又骗取国家出口退税款数额在30万元以上的；

（三）情节严重的其他情形。

第五条 具有下列情形之一的，属于刑法第二百零四条规定的“其他特别严重情节”：

（一）造成国家税款损失150万元以上并且第一审判决宣告前无法追回的；

（二）因骗取国家出口退税行为受过行政处罚，两年内又骗取国家出口退税款数额在150万元以上的；

（三）情节特别严重的其他情形。

第六条 有进出口经营权的公司、企业，明知他人意欲骗取国家出口退税款，仍违反国家有关进出口经营的规定，允许他人自带客户、自带货源、自带汇票并自行报关，骗取国家出口退税款的，依照刑法第二百零四条第一款、第二百一十一条的规定定罪处罚。

第七条 实施骗取国家出口退税行为，没有实际取得出口退税款的，可以比照既遂犯从轻或者减轻处罚。

第八条 国家工作人员参与实施骗取出口退税犯罪行为的，依照刑法第二百零四条第一款的规定从重处罚。

第九条 实施骗取出口退税犯罪，同时构成虚开增值税专用发票罪等其他犯罪的，依照刑法处罚较重的规定定罪处罚。

《最高人民检察院、公安部关于公安机关管辖的刑事案件立案追诉标准的规定（二）》（公通字〔2022〕12号）

第五十五条 ［骗取出口退税案（刑法第二百零四条）］以假报出口或者其他欺骗手段，骗取国家出口退税款，数额在十万元以上的，应予立案追诉。

【案例】

杨康林、曹培强等骗取出口退税案[①]

• 案件事实 •

1994年3月，被告单位攀枝花市对外经济贸易公司（以下简称攀枝花外贸公司）经对外贸易经济合作部批准，取得自营和代理攀枝花市商品的出口经营权。1995年下半年，时任攀枝花外贸公司总经理的被告人杨康林主持召开经

① 参见中华人民共和国最高人民法院刑事审判第一庭、第二庭编：《刑事审判参考》（总第42集），法律出版社2005年版。

理办公会，被告人曹培强、张继金、赵泓宇等公司中层干部参加会议。在明知攀枝花外贸公司只能经营自营出口和代理本市商品出口业务的情况下，会议决定，与被告人张上光及林秋坤（在逃）合作开展代理广东潮汕地区的服装、塑料出口业务，并指定时任进出口部经理的赵泓宇负责操作代理出口业务、时任财务科长的张继金负责代理出口业务的结汇、申办退税等事宜。之后，杨康林、赵泓宇等人在知道张上光、林秋坤不是货主的情况下，代表攀枝花外贸公司先后与张上光、林秋坤签订了多份代理出口协议。协议约定：张上光、林秋坤负责联系外商，提供出口货源、增值税专用发票和出口货物专用税收缴款书，联系报关，自带外汇本票与攀枝花外贸公司结汇；攀枝花外贸公司负责提供报关委托书、空白外汇核销单等出口单证，向攀枝花市国税局申请退税及所退税款的划拨。

杨康林等人在对合同约定的部分供货企业进行考察时，发现供货企业的生产能力与合同约定的出口数量不符，出口产品存在质次价高等问题，无法保证货物真实出口，仍然允许张上光、林秋坤自带货源、自行报关、自带香港银行开出的美元即期汇票到攀枝花市结汇。

为了达到在攀枝花市办理出口退税的目的，攀枝花外贸公司通过与张上光、林秋坤签订虚假的工矿产品供销合同和外销合同等方式，以“倒计成本法”做假财务账，将“四自三不见”的代理出口业务处理为自营出口业务，并根据虚构的自营业务账目制作虚假的退税申请表，随同退税单证呈报攀枝花市国税局申请出口退税。

1995 年 7 月至 1999 年 12 月，攀枝花外贸公司先后 27 次向攀枝花市国税局虚假申报出口退税 3855. 87836 万元，除最后一次因被举报而停止退税外，实际骗取出口退税款 3646. 86435 万元。攀枝花外贸公司从中扣除代理费 186 万余元，将其余款项划到张上光、林秋坤指定的银行账户上，张、林随即伙同他人将款划转据为己有。其中，在杨康林担任总经理期间，攀枝花外贸公司先后分 20 笔向攀枝花市国税局虚假申报，骗取退税款 3020. 874318 万元；在曹培强担任总经理期间，攀枝花外贸公司先后分 6 笔向攀枝花市国税局虚假申报，骗取出口退税款 625. 990032 万元。张上光在 1995 年 9 月至 1998 年 7 月与攀枝花外贸公司合作开展所谓代理潮汕地区的出口业务中，通过非法途径购买海关验讫的报关单出口退税联和增值税专用发票，通过非法途径在黑市购买外汇进行结汇，伪造虚假出口的假象，并通过攀枝花外贸公司虚假申报，先后分 9 次从攀枝花市国税局骗取出口退税款 664. 740151 万元。

杨康林、曹培强、张继金、赵泓宇在接受省市国税部门稽查期间，订立攻守同盟，隐匿代理协议等罪证，向林秋坤通风报信，致使林秋坤至今在逃未能归案。

杨康林在担任四川省粮油进出口总公司副总经理兼四川新天地粮油进出口有限公司总经理期间，利用主管酒业的职务便利，将“施可富”泸州大曲酒承包给泸州外贸公司生产、经销，先后两次收受泸州外贸公司经理涂国友送的好处费25万元，投入到成都瑞达期货市场用于个人炒期货。

• 裁判要旨 •

如何认定具有骗取国家出口退税款的主观故意。

• 裁判理由 •

四川省攀枝花市中级人民法院认为：被告单位攀枝花外贸公司及其直接负责的主管人员杨康林、曹培强，直接责任人员被告人张继金、赵泓宇，采用隐匿代理协议、与被告人张上光及林秋坤签订虚假的内外销合同、以“倒计成本法”做假财务账、伪造出口货物销售明细账等方式，隐瞒代理出口及从事“四自三不见”买单业务的事实，虚构自营出口事实，向攀枝花市国税局虚假申报出口退税，骗取国家出口退税款。被告人张上光伙同他人，通过非法途径购买海关验讫的报关单、增值税专用发票，购买外汇用于结汇，骗取结汇证明，并将虚假出口形成的退税单证通过攀枝花外贸公司的虚假申报，骗取国家出口退税款。被告单位攀枝花外贸公司及被告人杨康林、曹培强、张继金、赵泓宇、张上光的行为均已构成骗取出口退税罪，且骗取国家退税款数额特别巨大。被告人杨康林在担任新天地公司总经理期间，利用职务便利，收受他人现金并用于个人炒期货，其行为还构成受贿罪。被告人杨康林、曹培强系被告单位的总经理，组织经理办公会集体研究决定，超出经营范围从事违规的代理业务及虚构自营事实向国税部门骗取出口退税，并安排张继金、赵泓宇的具体工作，是本案的主犯；被告人张继金、赵泓宇、张上光为本案的从犯。杨康林在羁押期间提供重要线索，使公安机关得以侦破其他犯罪案件，有立功表现，可以从轻处罚。依照《刑法》第204条第1款、第211条、第385条第1款、第386条、第383条第1项、第93条、第26条第4款、第27条、第68条之规定，于2002年9月26日判决如下：一、被告单位攀枝花市对外经济贸易公司犯骗取出口退税罪，判处罚金人民币200万元。二、被告人杨康林犯骗取出口退税罪，判处有期徒刑十五年，并处没收财产人民币10万元；犯受贿罪，判处其有期徒刑十年，并处没收财产人民币5万元。决定执行有期徒刑十八年，并处没收财产人民币15万元。三、被告人曹培强犯骗取出口退税罪，判处有期徒刑十年，并处没收财产人民币8万元。四、被告人张继金犯骗取出口退税罪，判处有期徒刑六年，并处没收财产人民币5万元。五、被告人赵泓宇犯骗取出口退税罪，判处有期徒刑六年，并处没收财产人民币5万元。六、被告人张上光犯骗取出口退税罪，判处有期徒刑七年，并处没收财产人民币5万元。

宣判后，杨康林、曹培强、张继金、赵泓宇、张上光不服，向四川省高级人民法院提出上诉。

四川省高级人民法院经审理认为：原审被告单位攀枝花外贸公司及上诉人杨康林、曹培强、张继金、赵泓宇、张上光，违反国家规定采用隐匿代理协议、签订虚假的内外销合同、做假财务账等方式，隐瞒代理出口及从事“四自三不见”业务的事实，虚构自营出口事实，向攀枝花市国税局虚假申报出口退税，骗取国家出口退税款，数额特别巨大，其行为均已构成骗取出口退税罪，应依法惩处。此外，杨康林在担任省粮油公司副总经理兼新天地公司总经理期间，利用职务便利为他人谋取利益，收受他人现金25万元的行为还构成受贿罪，应予并罚。杨康林及其辩护人以及曹培强、赵泓宇、张继金提出主观上没有骗取国家出口退税款的动机，主要目的是单位完成出口创汇任务，不知张上光、林秋坤骗取出口退税的目的，不构成骗取出口退税罪，经查与事实不符。攀枝花外贸公司及杨康林、曹培强、赵泓宇、张继金违反法律法规从事“四自三不见”买单业务，在业务操作过程中发现大量异常情况下，仍然与对方继续合作，不管实际是否有产品出口。杨康林、曹培强、赵泓宇、张继金作为外贸局及外贸公司的负责人，熟悉外贸业务及有关规定，在业务中出现诸多反常情况下，对张上光等人意欲骗取国家出口退税款的目的应当知晓，具有骗取国家出口退税款的主观故意。该项上诉理由不能成立，对辩护人的辩护意见不予采纳。杨康林、曹培强系原审被告单位的总经理，组织召开经理办公会研究决定从事违规业务，虚构买断自营出口事实向国税部门申请骗取出口退税，并安排他人具体工作，在犯罪过程中起主要作用，系本案的主犯，张继金、赵泓宇、张上光系本案的从犯。杨康林、曹培强所提其不是本案主犯的上诉理由，不能成立。张上光与攀枝花外贸公司商谈、签订代理协议及虚假的内、外销合同，伙同他人提供虚开的增值税专用发票，通过非法途径买汇、结汇，并将虚假出口退税单证交由攀枝花外贸公司申报，是本案骗取出口退税行为的直接实施者。张上光提出的只是中间介绍人，单证都是他人办好后让其转交的上诉理由，不能成立。杨康林提供侦破其他犯罪案件的线索，有立功表现，可以从轻处罚，原判在量刑时已作考虑。原判认定事实和适用法律正确，量刑适当，审判程序合法。赵泓宇在二审期间有检举立功表现，依法可从轻处罚。依照《刑事诉讼法》第189条第2项，《刑法》第204条第1款，第211条，第385条第1款，第386条，第383条第1款第1项，第25条第1款，第26条第1款，第4款，第27条，第68条第1款，第69条及《最高人民法院关于审理骗取出口退税刑事案件具体应用法律若干问题的解释》第6条的规定，于2003年4月17日判决如下：一、维持四川省攀枝花市中级人民法院刑事判决的第一项、第二项、第三项、第四项、第六项，即被告单位攀枝花市对外经济贸易公司犯骗取出口退税罪，判处罚金人民币200万元；被告人杨康林犯骗取出口退税罪，判处有期徒刑十五年，并处没收财产人民币10万元，犯受贿罪，判处其有期徒刑十年，并处没收财产人民币5万元，决定执行有期徒刑十八年，并处没收财产人民币15万元；被告人曹培强犯骗取出口退税罪，判处有期徒刑十年，并处没收财产人民币8万元；被告人张继金犯骗取出口退税罪，判处有期徒刑六年，并处没收财产人民币5万元；被告人张上光犯骗取出口退税罪，判处有期徒刑七年，并处没收财产人民币5万元。二、撤销四川省攀枝花市中级人民法院刑事判决的第五项，即被告人赵泓宇犯骗取出口退税罪，判处有期徒刑六年，并处没收财产人民币5万元。三、上诉人赵泓宇犯骗取出口退税罪，判处有期徒刑五年，并处没收财产人民币5万元。

【学理分析及适用指引】

• 学理分析 •

骗取出口退税罪，是指以假报出口或者其他欺骗手段，骗取国家出口退税款，数额较大的行为。该罪侵犯的客体是国家出口退税管理秩序；犯罪对象为出口退税款；客观方面表现为违反相关出口退税法律法规，采取假报出口或者其他手段，骗取出口退税数额较大的行为；该罪的主体为一般主体，既包括具有出口经营权的单位，也包括不具有出口经营权的单位和个人；在主观方面，该罪表现为故意，具有骗取出口退税的目的。

• 适用指引 •

司法实践中，认定本罪应注意：

1. 骗取出口退税罪与逃税罪的界限。两罪同属危害税收犯罪，但在犯罪构成要件方面有着显著区别：

（1）犯罪客观方面。逃税罪通常是纳税人在商品的国内生产、销售环节，实施伪造、变造、隐匿、擅自销毁账簿、记账凭证，在账簿上多列支出或者不列、少列收入，拒不申报纳税或者进行虚假纳税申报等手段，逃避应缴纳的税款，骗取出口退税则是行为人在商品的出口环节，采取假报出口或者其他欺骗手段，骗取国家的出口退税款。应当注意的是，在商品的出口环节，只有行为人在根本没有出口货物，而采取假报出口或者其他欺骗手段骗取出口退税款的，才能构成骗取出口退税罪。对有些纳税人虽有商品出口，而采取在数量上以少报多，在价格上以低报高等欺骗手段骗取出口退税款的，应当按照第204条第2款的规定，分情况进行定罪处罚：对纳税人骗取税款未超过其所缴纳的税款的，应以逃税罪定罪处罚；纳税人骗取税款超过其所缴纳的税款的，对超过的部分，应以骗取出口退税罪定罪处罚，并可适用数罪并罚。

（2）犯罪主体方面。逃税罪是特殊主体，通常只能由纳税人（包括自然人和法人）构成，并且突出表现在该纳税人必须对其所逃税款负有纳税的义务。骗取出口退税罪是一般主体，可由纳税人构成，也可由非纳税人构成，并且突出表现在该行为人通常不是其所骗税收的纳税人。

（3）犯罪主观方面。骗取出口退税罪与逃税罪同为故意犯罪，但两者的犯罪目的各不相同。逃税罪的目的，是行为人在有纳税义务的情况下，不缴或少缴税款，逃避纳税义务。骗取出口退税的目的，则是行为人在未实际履行纳税义务的情况下，从国家的出口退税款中获取非法利益。

2. 本罪与诈骗罪的界限。诈骗罪是指以非法占有为目的，用虚构事实或者隐瞒真相的方法，骗取数额较大的公私财物的行为，欺骗性是该罪的本质特征。骗取出口退税罪是指单位或个人以骗取国家出口退税款为目的，采用虚开增值税专用发票、以假货物报关出口骗取货物出口报关单、内外勾结提供出口收汇单证等欺骗手段、非法组织虚假的出口退税凭证，在根本未交纳税款的情况下，从税务机关或出口企业骗取出口退税款的行为。因此，骗取出口退税行为实质上是一种诈骗的行为。近些年来，诈骗犯罪的手段越来越多，诈骗的对象也越来越广，如信用证诈骗、金融票据诈骗、保险诈骗、合同诈骗、骗取出口退税等，为了有效地惩治这些犯罪行为，本法分别单独规定了罪名和法定刑。按照特别规定优于普通规定的原则，凡符合骗取出口退税犯罪构成要件的，直接以骗取出口退税定罪处罚，不再以一般诈骗罪定罪处罚。

3. 本罪与虚开增值税专用发票罪的界限。虚开增值税专用发票罪，是指单位和个人违反国家税收征管和发票管理制度，为他人虚开、为自己虚开、让他人为自己虚开、介绍他人虚开增值税专用发票的行为，骗取出口退税罪与虚开增值税专用发票罪同属危害税收征管类犯罪，两罪既有区别又有联系。首先，其区别主要表现在客观方面，即犯罪手段不同。虚开增值税专用发票的客观方面，表现为行为人在商品的国内生产、销售环节实施为他人虚开、为自己虚开、让他人为自己虚开、介绍他人虚开增值税专用发票的行为；骗取出口退税罪的客观方面则表现为行为人在商品的出口环节实施假报出口或者其他骗取出口退税款的行为。其联系主要表现在：虚开增值税专用发票罪本身是行为人实施骗取出口退税罪的重要手段之一，骗取出口退税罪的实施又以行为人实施虚开增值税专用发票罪为必要的环节。可见，骗取出口退税罪与虚开增值税专用发票罪之间存在着密切的牵连关系，当行为人将虚开的增值税专用发票用于向税务机关申请出口退税，数额较大时，该行为人就同时触犯了骗取出口退税罪和虚开增值税专用发票罪两个罪名；但在处理时可按其中的一个重罪定罪，从重处罚，不适用数罪并罚。当然，如果行为人未将虚开的增值税专用发票用于申请出口退税，而是用于申请抵扣税款或者非法出售，则不能构成骗取出口退税罪，而应当按照虚开增值税专用发票罪和逃税罪或非法出售增值税专用发票罪之中的一个重罪从重处罚。

4. 本罪的一罪与数罪。如果行为人为了骗取出口退税而向税务工作人员行贿的，应当按照牵连犯的一般处罚原则，选择处罚较重的规定定罪处罚。接受贿赂的税务工作人员，应根据具体情况认定为徇私舞弊发售发票、抵扣税款罪，或认定为违法提供出口退税凭证罪。为他人实施骗取出口退税行为提供便利条件的，例如，虚开增值税专用发票应以骗取出口退税罪定罪处罚。

第二百零五条　虚开增值税专用发票、用于骗取出口退税、抵扣税款发票罪

【法律规定】

• 法律条文 •

《中华人民共和国刑法》

第二百零五条　虚开增值税专用发票或者虚开用于骗取出口退税、抵扣税款的其他发票的，处三年以下有期徒刑或者拘役，并处二万元以上二十万元以下罚金；虚开的税款数额较大或者有其他严重情节的，处三年以上十年以下有期徒刑，并处五万元以上五十万元以下罚金；虚开的税款数额巨大或者有其他特别严重情节的，处十年以上有期徒刑或者无期徒刑，并处五万元以上五十万元以下罚金或者没收财产。

单位犯本条规定之罪的，对单位判处罚金，并对其直接负责的主管人员和其他直接责任人员，处三年以下有期徒刑或者拘役；虚开的税款数额较大或者有其他严重情节的，处三年以上十年以下有期徒刑，虚开的税款数额巨大或者有其他特别严重情节的，处十年以上有期徒刑或者无期徒刑。

虚开增值税专用发票或者虚开用于骗取出口退税、抵扣税款的其他发票，是指有为他人虚开、为自己虚开、让他人为自己虚开、介绍他人虚开行为之一的。

• 相关规定 •

《中华人民共和国刑法》

第二百零八条第二款　非法购买增值税专用发票或者购买伪造的增值税专用发票又虚开或者出售的，分别依照本法第二百零五条、第二百零六条、第二百零七条的规定定罪处罚。

第二百一十二条　犯本节第二百零一条至第二百零五条规定之罪，被判处罚金、没收财产的，在执行前，应当先由税务机关追缴税款和所骗取的出口退税款。

《全国人民代表大会常务委员会关于〈中华人民共和国刑法〉有关出口退税、抵扣税款的其他发票规定的解释》

全国人民代表大会常务委员会根据司法实践中遇到的情况，讨论了刑法规

定的“出口退税、抵扣税款的其他发票”的含义问题，解释如下：

刑法规定的“出口退税、抵扣税款的其他发票”，是指除增值税专用发票以外的，具有出口退税、抵扣税款功能的收付款凭证或者完税凭证。

现予公告。

《最高人民法院关于适用〈全国人民代表大会常务委员会关于惩治虚开、伪造和非法出售增值税专用发票犯罪的决定〉的若干问题的解释》（法发〔1996〕30号）

一、根据《决定》第一条规定，虚开增值税专用发票的，构成虚开增值税专用发票罪。具有下列行为之一的，属于“虚开增值税专用发票”：（1）没有货物购销或者没有提供或接受应税劳务而为他人、为自己、让他人为自己、介绍他人开具增值税专用发票；（2）有货物购销或者提供或接受了应税劳务但为他人、为自己、让他人为自己、介绍他人开具数量或者金额不实的增值税专用发票；（3）进行了实际经营活动，但让他人为自己代开增值税专用发票。

虚开税款数额1万元以上的或者虚开增值税专用发票致使国家税款被骗取5000元以上的，应当依法定罪处罚。

虚开税款数额10万元以上的，属于“虚开的税款数额较大”；具有下列情形之一的，属于“有其他严重情节”：（1）因虚开增值税专用发票致使国家税款被骗取5万元以上的；（2）曾因虚开增值税专用发票受过刑事处罚的；（3）具有其他严重情节的。

虚开税款数额50万元以上的，属于“虚开的税款数额巨大”；具有下列情形之一的，属于“有其他特别严重情节”：（1）因虚开增值税专用发票致使国家税款被骗取30万元以上的；（2）虚开的税款数额接近巨大并有其他严重情节的；（3）具有其他特别严重情节的。

利用虚开的增值税专用发票实际抵扣税款或者骗取出口退税100万元以上的，属于“骗取国家税款数额特别巨大”；造成国家税款损失50万元以上并且在侦查终结前仍无法追回的，属于“给国家利益造成特别重大损失”。利用虚开的增值税专用发票骗取国家税款数额特别巨大、给国家利益造成特别重大损失，为“情节特别严重”的基本内容。

虚开增值税专用发票犯罪分子与骗取税款犯罪分子均应当对虚开的税款数额和实际骗取的国家税款数额承担刑事责任。

利用虚开的增值税专用发票抵扣税款或者骗取出口退税的，应当依照《决定》第一条的规定定罪处罚；以其他手段骗取国家税款的，仍应依照《全国人民代表大会常务委员会关于惩治偷税、抗税犯罪的补充规定》的有关规定定罪处罚。

五、根据《决定》第五条规定，虚开用于骗取出口退税、抵扣税款的其他发票的，构成虚开专用发票罪，依照《决定》第一条的规定处罚。

“用于骗取出口退税、抵扣税款的其他发票”是指可以用于申请出口退税、抵扣税款的非增值税专用发票，如运输发票、废旧物品收购发票、农业产品收购发票等。

六、根据《决定》第六条规定，伪造、擅自制造或者出售伪造、擅自制造的可以用于骗取出口退税、抵扣税款的其他发票的，构成非法制造专用发票罪或出售非法制造的专用发票罪。伪造、擅自制造或者出售伪造、擅自制造的可以用于骗取出口退税、抵扣税款的其他发票50份以上的，应当依法定罪处罚；伪造、擅自制造或者出售伪造、擅自制造的可以用于骗取出口退税、抵扣税款的其他发票200份以上的，属于“数额巨大”；伪造、擅自制造或者出售伪造、擅自制造的可以用于骗取出口退税、抵扣税款的其他发票1000份以上的，属于“数量特别巨大”。

《最高人民检察院、公安部关于公安机关管辖的刑事案件立案追诉标准的规定（二）》（公通字〔2022〕12号）

第五十六条 ［虚开增值税专用发票、用于骗取出口退税、抵扣税款发票案（刑法第二百零五条）］虚开增值税专用发票或者虚开用于骗取出口退税、抵扣税款的其他发票，虚开的税款数额在十万元以上或者造成国家税款损失数额在五万元以上的，应予立案追诉。

【案例一】

上海航通船务有限公司、宝山民建线路管道安装队等虚开抵扣税款发票、逃税案①

• 案件事实 •

上海航通船务有限公司（以下简称航通公司）系1996年1月设立的国内合资有限责任公司，主要从事代办水路货物运输手续及打包托运等业务。1998年11月起，被告人唐某担任航通公司的执行董事和法定代表人兼总经理。1999年7月，该公司扩大经营范围，增加了联运服务业务，申领了全国联运行业货运统一发票。

唐某在担任航通公司法定代表人兼总经理期间，和股东王某某等人商议采用虚开联运发票收取开票费的方法牟取非法利益。为此，王某某找到了在宝山民建线路管道安装队（以下简称民建安装队）担任法定代表人的黄某某。王某某、黄某某商定：航通公司提供给民建安装队联运发票，民建安装队以收取

① 参见国家法官学院、中国人民大学法学院编：《中国审判案例要览（2005年刑事审判案例卷）》，人民法院出版社、中国人民大学出版社2006年版。

开票费的方法向外虚开联运发票，然后民建安装队将开票费中的2.05%返还给航通公司。唐某对上述商定的情况表示认可。2000年7月初至2002年12月间，被告人黄某某按照挂靠在上海复旦化学品厂从事个体运输的驾驶员刘某、李某某的要求，向与刘某、李某某发生实际运输业务的托运单位上海比欧西气体工业有限公司开具由航通公司王某某提供的联运发票共37份，发票金额总计人民币1368352.4元，并按发票金额4%、4.5%、5%的不等比例向刘某、李某某收取开票费。嗣后，刘某、李某某两人将上述发票交给上海比欧西气体工业有限公司抵扣税款95784.67元。在本案审理中，民建安装队退回8000元，其余损失的税款尚未追回。

由于航通公司多次对外虚开联运发票，又没有承运单位进项发票冲抵成本，代理费数额庞大，航通公司无法承受其应缴的税款。被告人唐某即以低价从河南省柘城县振远航运公司、河南省柘城县航运大队、河南省鹿邑县航运公司、安徽省怀远县联运公司、江苏省高淳县丹湖水上运输管理站、江苏省高淳县凤山水运服务总公司、江苏省淮阴市顺通联运公司大肆购进运输发票冲抵成本。经查，被告单位航通公司和被告人唐某从1999年1月至2002年3月间，用上述外地单位运输发票冲抵营业收入，少申报营业收入147290134.14元，偷逃税额7880022.08元，占同期应纳税额的96.61%。

• 裁判要旨 •

虚开用于抵扣税款发票罪与逃税罪均会给国家的税收造成损失，但前者是通过虚开的行为骗回已缴纳的税款，后者是通过偷税的行为达到少缴纳的目的，这是区分两罪的关键点之一。

• 裁判理由 •

法院认为，本案中，被告单位上海航通船务有限公司、宝山民建线路管道安装队，被告人唐某、黄某某实施虚开联运发票时并没有偷逃税款的目的，仅是为了获取开票费等非法利益，符合虚开抵扣税款发票罪的构成要件。被告单位上海航通船务有限公司和被告人唐某实施的低价购买运输发票以冲抵成本、少申报营业收入、偷逃税款的行为和虚开抵扣税款发票行为是性质不同的两种行为，前者构成逃税罪，后者构成虚开抵扣税款发票罪。在虚开抵扣税款发票的情形中，相关被告单位和被告人实施了虚开抵扣税款发票的行为，目的在于获取开票费等非法利益，符合《刑法》关于虚开抵扣税款发票罪的规定。被告单位上海航通船务有限公司和被告人唐某因为无法承受数额巨大的应缴税款，实施了从他处低价购买运输发票以冲抵营业收入的行为，少申报营业收入数额巨大，偷逃税额7880022.08元，占同期应纳税额的96.61%。被告单位和被告人的行为充分说明其具有偷逃税款的目的，符合《刑法》关于逃税罪的规定。综上，法院对被告单位上海航通船务有限公司和被告人唐某应以虚开抵扣税款发票罪和逃税罪数罪并罚。上海航通船务有限公司犯虚开抵扣税款发票罪被判处罚金人民币2万元；犯逃税罪被判处罚金人民币788万元，两罪并罚后执行罚金人民币790万元。被告人唐某犯虚开抵扣税款发票罪，被判处有期徒刑八个月；犯逃税罪，被判处有期徒刑四年，罚金人民币2万元；两罪并罚后执行有期徒刑四年六个月，罚金人民币2万元。被告单位宝山民建线路管道安装队犯虚开抵扣税款发票罪，被判处罚金人民币2万元。被告人黄某某犯虚开抵扣税款发票罪，被判处有期徒刑六个月，缓刑一年。

【案例二】

上海新客派信息技术有限公司、王志强虚开增值税专用发票案①

• 案件事实 •

被告单位上海新客派信息技术有限公司（以下简称新客派公司），法定代表人王志强，住所地上海市徐汇区龙吴路×××号，经营地上海市龙漕路×××弄。

诉讼代表人郭某菁，新客派公司工作人员。

被告人王志强，新客派公司法定代表人、总经理。2010年3月15日因本案被上海市公安局徐汇分局刑事拘留，2010年3月30日被取保候审。

上海市徐汇区人民检察院以被告单位新客派公司、被告人王志强犯虚开增值税专用发票罪，向上海市徐汇区人民法院提起公诉。

被告单位新客派公司及其辩护人、被告人王志强及其辩护人对公诉机关指控的事实及罪名均无异议，但辩护人提出被告单位、被告人均系初犯，到案后认罪态度较好，积极退赔全部税款，建议对被告单位及被告人从轻处罚。

上海市徐汇区人民法院经审理查明：2008年1月8日，被告人王志强注册成立以其一人为股东的新客派公司，王志强系法定代表人。2008年9月23日、2008年10月28日，王志强以支付开票费的方式，通过他人让英迈（中国）投资有限公司（以下简称英迈公司）先后为新客派公司虚开增值税专用发票各1份，价税合计分别为（以下币种均为人民币）221000元、350000元，其中税款分别为32111.11元、50854.70元，并分别于开票当月向税务局申报抵扣，骗取税款共计82965.81元。2010年3月15日，王志强被传唤到案。案发后，被骗税款已全部追缴。

---

① 参见中华人民共和国最高人民法院刑事审判第一、二、三、四、五庭主办：《刑事审判参考》（总第82集），法律出版社2011年版。

• 裁判要旨 •

按照我国《公司法》关于一人公司的规定依法注册登记成立，具有独立的人格和法人治理结构，客观上也确实从事了一定的合法经营活动，故其实施的犯罪应当按照单位犯罪而不是个人犯罪处理。

• 裁判理由 •

上海市徐汇区人民法院认为，被告单位新客派公司让他人为自己虚开增值税专用发票，致使国家税款被骗82965.81元，被告人王志强系直接负责的主管人员，其与单位均构成虚开增值税专用发票罪，应予处罚，公诉机关指控的罪名成立。鉴于新客派公司、王志强自愿认罪，并已退回了全部税款，可以酌情从轻处罚。根据本案的事实、性质、情节、社会危害性及被告单位、被告人的认罪态度等，依照《刑法》第205条，第72条第1款，第73条第2款、第3款，第64条之规定，判决如下：被告单位上海新客派信息技术有限公司犯虚开增值税专用发票罪，判处罚金3万元；被告人王志强犯虚开增值税专用发票罪，判处有期徒刑一年，缓刑一年。

一审判决后，被告单位、被告人没有上诉，检察机关亦没有抗诉，判决已经发生法律效力。

【学理分析及适用指引】

• 学理分析 •

虚开增值税专用发票、用于骗取出口退税、抵扣税款发票罪，是指违反增值税专用发票管理规定，为他人虚开、为自己虚开、让他人为自己虚开、介绍他人虚开增值税专用发票或者用于骗取出口退税、抵扣税款发票的行为。本罪的构成要件如下：

1. 本罪的客体。本罪侵犯的客体是国家对增值税发票和其他专用发票的管理制度。

2. 本罪的客观方面。客观方面表现为实施了虚开增值税专用发票、用于骗取出口退税、抵扣税款发票的行为。虚开行为主要包括三种：（1）没有货物购销或者没有提供或接受应税劳务而为他人、为自己、让他人为自己、介绍他人开具增值税专用发票、用于骗取出口退税、抵扣税款发票；（2）有货物购销或提供或接受了应税劳务，但为他人、为自己、让他人为自己、介绍他人开具数量或者金额不实的增值税专用发票、用于骗取出口退税、抵扣税款发票；（3）进行了实际经营活动，但让他人为自己代开增值税专用发票、用于骗取出口退税、抵扣税款发票。根据2005年12月29日全国人民代表大会常务委员会通过的《关于〈中华人民共和国刑法〉有关出口退税、抵扣税款的其他发票规定的解释》，用于骗取“出口退税、抵扣税款的其他发票”，是指除增值税专用发票以外的，具有出口退税、抵扣税款功能的收、付款凭证或者完税凭证。

3. 本罪的主体。犯罪主体为一般主体，即自然人和单位都可以构成本罪的主体。

4. 本罪的主观方面。主观方面由直接故意构成。

• 适用指引 •

1. 虚开用于抵扣税款发票罪和逃税罪的区别问题。《刑法》以叙明罪状的方式规定了逃税罪，行为人具有偷税目的，实施了《刑法》相关条文规定的行为，就构成逃税罪，没有实施《刑法》条文规定的行为不能以逃税罪定罪处罚。虚开抵扣税款发票罪是行为犯，行为人只要在故意的主观意识的支配下实施了该行为就构成该罪。行为人以偷税为目的实施虚开增值税专用发票用于骗取出口退税、抵扣税款发票犯罪行为的，应以虚开增值税专用发票用于骗取出口退税、抵扣税款发票罪论处。因为，逃税罪的行为方式中并不包括利用虚开抵扣税款发票的方式逃税，规定虚开抵扣税款发票罪意在打击虚开抵扣税款发票这种行为，国家税款是否实际遭受损失并不是构成该罪所必需的。对于逃税罪的把握需要紧紧依靠法条规定，通过对叙明罪状的理解来正确认定该罪。对于虚开抵扣税款发票罪，应把握三点：一是行为人具有虚开的故意；二是行为人具有虚开的行为；三是虚开的对象必须是具有抵扣税款功能的发票。

2. 盗窃增值税专用发票或者可以用于骗取出口退税、抵扣税款的其他发票的，依照盗窃罪的规定定罪处罚。使用欺骗手段骗取增值税专用发票或者可以用于骗取出口退税、抵扣税款的其他发票的，依照诈骗罪的规定定罪处罚。

3. 为了制造虚假的经营业绩而虚开抵扣税款的增值税专用发票，行为人可能没有少缴税款，在极个别情况下可能多缴税款。在此类情形下，应以虚开增值税专用发票罪论处，量刑时可以考虑这一情节。

第二百零五条之一　虚开发票罪

【法律规定】

• 法律条文 •

《中华人民共和国刑法》

第二百零五条之一　虚开本法第二百零五条规定以外的其他发票，情节严重的，处二年以下有期徒刑、拘役或者管制，并处罚金；情节特别严重的，处二年以上七年以下有期徒刑，并处罚金。

单位犯前款罪的，对单位判处罚金，并对其直接负责的主管人员和其他直接责任人员，依照前款的规定处罚。

• 相关规定 •

《最高人民检察院、公安部关于公安机关管辖的刑事案件立案追诉标准的规定（二）》（公通字〔2022〕12号）

第五十七条　［虚开发票案（刑法第二百零五条之一）］虚开刑法第二百零五条规定以外的其他发票，涉嫌下列情形之一的，应予立案追诉：

（一）虚开发票金额累计在五十万元以上的；

（二）虚开发票一百份以上且票面金额在三十万元以上的；

（三）五年内因虚开发票受过刑事处罚或者二次以上行政处罚，又虚开发票，数额达到第一、二项标准百分之六十以上的。

【案例】

崔某某虚开发票案[①]

• 案件事实 •

被告人崔某某在没有真实业务发生的情况下，以自己担任法定代表人的北京广力博通策划有限公司为收款单位，为他人虚开北京市服务业、娱乐业、文化体育业专用发票3张（票面金额达人民币80.55万元）。2012年3月14日，在北京市朝阳区三元桥某餐馆门前，被告人崔某某向与北京广力博通策划有限公司无任何交易事项的魏某开具虚假交易内容的北京市服务业、娱乐业、文化体育业专业发票3张（经鉴定均为真发票），票面金额分别为100500元、405000元、300000元，并约定交易费用为16000元。民警当场起获被告人崔某某持有的三星手机1部，并在对被告人崔某某住所进行搜查的过程中起获松下牌打印机1台、公司印章1枚、税控器1台及空白的北京市文化体育业专用发票31张。

• 裁判要旨 •

具有从税务机关领取发票的主体资格，但在涉案发票显示的两家单位没有货物购销或服务交易的前提下，仍为他人虚假开具发票，无论是否从中赚取佣

① 参见杨圣坤、王珏：《虚开发票罪与非法出售发罪的甄别》，载《人民司法·案例》2013年第12期。

金，都可以构成虚开发票罪。

• 裁判理由 •

北京市朝阳区人民法院经审理后认为：被告人崔某某实施犯罪行为时明知自己所在单位与其他单位没有实际贸易仍然为他人虚开发票，具有实施犯罪的直接故意。崔某某担任法人的北京广力博通策划有限公司具有从税务机关领取发票的主体资格，但其在与涉案发票显示的两家单位没有货物购销或服务交易的前提下，仍为他人虚假开具发票并从中牟取利益，客观上侵害了国家的发票管理秩序和税收秩序，其行为构成虚开发票罪。据此，北京市朝阳区人民法院以被告人崔某某犯虚开发票罪，判处其拘役四个月，罚金2万元。

宣判后，被告人未提出上诉，检察机关也未提出抗诉，判决已经生效。

【学理分析及适用指引】

• 学理分析 •

为了健全、完善危害税收征管犯罪的立法规定，惩治与预防各种虚开发票的犯罪行为，整顿和规范市场经济秩序，《刑法修正案（八）》增设了虚开发票罪。所谓虚开发票罪，是指违反国家发票管理规定，虚开增值税专用发票和用于骗取出口退税、抵扣税款发票以外的其他发票，情节严重的行为。本罪的构成要件是：

1. 本罪的客体。虚开发票罪侵害的客体是国家税收征收管理制度和财务管理制度，损害了国家的税收利益。

2. 本罪的客观方面。客观方面表现为违反国家发票管理规定，虚开增值税专用发票和用于骗取出口退税、抵扣税款发票以外的其他发票，情节严重的行为。所谓虚开，包括为他人虚开、为自己虚开、让他人为自己虚开、介绍他人虚开四种形式。具体表现为以下两种情形：（1）没有货物购销或者没有提供、接受应税劳务而虚开上述发票的；（2）虽有货物购销或者提供、接受了应税劳务，但开具数量或者金额不实的上述发票。

3. 本罪的犯罪主体。本罪主体是一般主体，既可以是自然人，也可以是单位，既包括虚开发票的单位和个人，也包括非法获得虚开发票的单位和个人，还可以是介绍虚开发票行为的中介者。

4. 本罪的主观方面。主观方面为故意，且多为直接故意，即行为人明知违反国家税收制度而故意虚开发票，一般出于非法牟利的目的，但《刑法修正案（八）》并没有将“以营利为目的”或者“为牟取经济利益”作为本罪的主观条件。

• 适用指引 •

1. 本罪的犯罪对象是除增值税专用发票和用于骗取出口退税、抵扣税款发票以外的其他发票，可谓“普通发票”，若虚开的是增值税专用发票或者虚开的是用于骗取出口退税、抵扣税款的发票，则直接以《刑法》第205条的虚开增值税专用发票、用于骗取出口退税、抵扣税款发票罪定罪处罚。

2. 虽然本罪的客观行为表现同《刑法》第205条的虚开增值税专用发票、用于骗取出口退税、抵扣税款发票罪基本相似，但其危害程度则明显低于后者，因为增值税专用发票不仅具有发票所具有的记载商品交易、提供或者接受服务的金额并作为会计核算凭证的功能，而且兼具销货方纳税义务和购货方进项税额的合法证明作用，是购货方据以抵扣税款的证明，具有完税凭证的功能。因此，增值税专用发票的管理相对普通发票而言，对于国家的税收征管意义更大，因此，《刑法》没有规定虚开增值税专用发票和用于骗取出口退税、抵扣税款发票罪的入罪起点，相关规定的追诉标准也相对较低，① 法定刑幅度与档次也明显高于虚开发票罪。

3. 注意本罪与逃税罪的关系界定。行为人为了偷逃税款，使用虚开的发票虚列开支，以此降低其账面利润，数额较大的，可能同时触犯了虚开发票罪和逃税罪两个罪名，对此如何处理？这种情形属于牵连犯关系，即以偷逃税款为目的，其手段行为又构成虚开发票罪，法律对此情形没有明确规定，原则上应“择一重罪”论处，比较二者的法定刑立法规定，原则上应以逃税罪论处。其实这种情形类似于2002年9月17日《最高人民法院关于审理骗取出口退税刑事案件具体应用法律若干问题的解释》第9条之规定，实施骗取出口退税犯罪，同时构成虚开增值税专用发票罪等其他犯罪的，依照刑法处罚较重的规定定罪处罚。

第二百零六条　伪造、出售伪造的增值税专用发票罪

【法律规定】

• 法律条文 •

《中华人民共和国刑法》

第二百零六条　伪造或者出售伪造的增值税专用发票的，处三年以下有期

① 如前述第205条的【相关规定】中，2022年4月6日《最高人民检察院、公安部关于公安机关管辖的刑事案件立案追诉标准的规定（二）》第56条规定，虚开增值税专用发票或者虚开用于骗取出口退税、抵扣税款的其他发票，虚开的税款数额在10万元以上或者造成国家税款损失数额在5万元以上的，应予立案追诉。

徒刑、拘役或者管制，并处二万元以上二十万元以下罚金；数量较大或者有其他严重情节的，处三年以上十年以下有期徒刑，并处五万元以上五十万元以下罚金；数量巨大或者有其他特别严重情节的，处十年以上有期徒刑或者无期徒刑，并处五万元以上五十万元以下罚金或者没收财产。

单位犯本条规定之罪的，对单位判处罚金，并对其直接负责的主管人员和其他直接责任人员，处三年以下有期徒刑、拘役或者管制；数量较大或者有其他严重情节的，处三年以上十年以下有期徒刑；数量巨大或者有其他特别严重情节的，处十年以上有期徒刑或者无期徒刑。

• 相关规定 •

《中华人民共和国刑法》

第二百零八条第二款 非法购买增值税专用发票或者购买伪造的增值税专用发票又虚开或者出售的，分别依照本法第二百零五条、第二百零六条、第二百零七条的规定定罪处罚。

《最高人民法院关于适用〈全国人民代表大会常务委员会关于惩治虚开、伪造和非法出售增值税专用发票犯罪的决定〉的若干问题的解释》（法发〔1996〕30号）

二、根据《决定》第二条规定，伪造或者出售伪造的增值税专用发票的，构成伪造、出售伪造的增值税专用发票罪。

伪造或者出售伪造的增值税专用发票25份以上或者票面额（百元版以每份100元，千元版以每份1000元，万元版以每份1万元计算，以此类推。下同）累计10万元以上的应当依法定罪处罚。

伪造或者出售伪造的增值税专用发票100份以上或者票面额累计50万元以上的，属于"数额较大"；具有下列情形之一的，属于"有其他严重情节"：（1）违法所得数额在1万元以上的；（2）伪造并出售伪造的增值税专用发票60份以上或者票面额累计30万元以上的；（3）造成严重后果或者具有其他严重情节的。

伪造或者出售伪造的增值税专用发票500份以上或者票面额累计250万元以上的，属于"数额巨大"；具有下列情形之一的，属于"有其他特别严重情节"：（1）违法所得数额在5万元以上的；（2）伪造并出售伪造的增值税专用发票300份以上或者票面额累计200万元以上的；（3）伪造或者出售伪造的增值税专用发票接近"数量巨大"并有其他严重情节的；（4）造成特别严重后果或者具有其他特别严重情节的。

伪造并出售伪造的增值税专用发票1000份以上或者票面额累计1000万元以上的，属于"伪造并出售伪造的增值税专用发票数量特别巨大"；具有下列情形之一的，属于"情节特别严重"：（1）违法所得数额在5万元以上的；

(2)因伪造、出售伪造的增值税专用发票致使国家税款被骗取100万元以上的;(3)给国家税款造成实际损失50万元以上的;(4)具有其他特别严重情节的。对于伪造并出售伪造的增值税专用发票数量达到特别巨大,又具有特别严重情节,严重破坏经济秩序的,应当依照《决定》第二条第二款的规定处罚。

伪造并出售同一宗增值税专用发票的,数量或者票面额不重复计算。

变造增值税专用发票的,按照伪造增值税专用发票行为处理。

《最高人民检察院、公安部关于公安机关管辖的刑事案件立案追诉标准的规定(二)》(公通字〔2022〕12号)

第五十八条 [伪造、出售伪造的增值税专用发票案(刑法第二百零六条)]伪造或者出售伪造的增值税专用发票,涉嫌下列情形之一的,应予立案追诉:

(一)票面税额累计在十万元以上的;

(二)伪造或者出售伪造的增值税专用发票十份以上且票面税额在六万元以上的;

(三)非法获利数额在一万元以上的。

【案例】

曾珠玉、廖赞升等伪造、出售伪造的增值税专用发票案①

• 案件事实 •

1998年年底,被告人曾珠玉以营利为目的,购买印刷设备,雇用陆克昌(在逃)和被告人刘彬森为印刷工人,在其潮阳市司马浦镇美西村家中,印刷伪造的增值税专用发票和普通发票,并将其伪造的增值税专用发票,以每本(每本共25份,下同)100元人民币的价格,出售给被告人林楚秋95本、共计2375份(尚未收到付款);出售给郑银洲(另案处理)30本、共计1250份,收取人民币5000元;出售给郑明宣(在逃)600本、共计15000份,收取人民币5万元;以每本65元人民币的价格出售给被告人张惠彬40本、共计1000份(尚未收到付款)。此外,被告人曾珠玉还送给被告人林楚秋伪造的增值税专用发票1907份,伪造的普通发票1288份。2000年8月25日、被告人曾珠玉、刘彬森被公安机关抓获,当场在曾珠玉家中查获伪造的增值税专用发票3237份,无票号半成品票2783张,散页550张;伪造普通商品发票14329

① 参见中华人民共和国最高人民法院刑事审判第一庭、第二庭编:《刑事审判参考》(总第33集),法律出版社2003年版。

份，无票号散页1万张以及印刷机、切纸机、印章、模板等印刷器具一批。

1998年年底至2000年6月间，被告人廖赞升、廖锡湖以营利为目的，以每套100元人民币的价格，为被告人曾珠玉提供伪造增值税专用发票以及普通发票用的印刷模板共33套，收取人民币3300元。2000年8月25日，公安机关在被告人廖赞升、廖锡湖家中将两名被告人抓获，当场查获伪造发票模板用的胶版395套，未形成的印模28枚，伪造的增值税专用发票172份（其中，被告人连焕发寄放在廖赞升、廖锡湖家中准备出售的伪造增值税专用发票75份）。

1999年年初至2000年8月，被告人林楚秋以每本100元人民币的价格，先后由其本人和指使被告人陈昌杰帮其向被告人曾珠玉购买了伪造的增值税专用发票共95本、共计2375份，被告人林楚秋将购得的伪造增值税专用发票，以每本120元人民币价格贩卖给“周某二”（具体真实姓名、地址不详）10本、共计250份，收取人民币1200元；以每本150元人民币价格，先后由其本人和指使被告人陈昌杰帮其卖给普宁人“姐夫”（具体真实姓名、地址不详）共25本、共计625份，收取人民币3750元。2000年8月25日公安机关分别在被告人林楚秋、陈昌杰家中将两被告人抓获。

1999年年底至2000年8月，被告人连焕发以每份12元人民币的价格，先后向彭镇兴（在逃）购买了伪造的电脑万元版广东省增值税专用发票18份、伪造的广东省、湖北省、天津市增值税专用发票各1本、共75份，将18份伪造的电脑万元版广东省增值税专用发票交由被告人廖赞升打印内容后，以每份24元人民币价格出售给欧俊义（在逃)。2000年8月25日，上述75份伪造增值税专用发票在被告人廖赞升家中被公安机关当场查获。

2000年3月下旬，被告人张惠彬以每本65元人民币的价格，向曾珠玉购买的增值税专用发票40本、共计1000份（尚未付款)，藏放在家中准备伺机销售。2000年8月25日公安机关在张惠彬家中将其抓获，当场查获伪造的增值税专用发票1159份，已开具内容的伪造的电脑增值税专用发票69份，伪造普通发票1593份，伪造电脑增值税专用发票销货清单37本，伪造合同专用章3枚。

广东省汕头市人民检察院起诉指控被告人曾珠玉犯伪造、出售伪造的增值税专用发票罪、非法制造发票罪，被告人廖赞升、廖锡湖、刘彬森犯伪造增值税专用发票罪、非法制造发票罪，被告人林楚秋、陈昌杰、连焕发犯购买伪造的增值税专用发票罪、出售伪造的增值税专用发票罪，被告人张惠彬犯购买伪造的增值税专用发票罪，于2001年1月5日向广东省汕头市中级人民法院提起公诉。广东省汕头市中级人民法院经审理查明上述事实。

• 裁判要旨 •

对于行为人购买伪造的增值税专用发票又出售的行为，如果购买与出售伪造增值税专用发票行为成立牵连犯罪，依法应以目的行为即出售伪造的增值税专用发票罪定罪处罚；如果购买伪造的增值税专用发票尚未出售或者出售行为尚未达到追究刑事责任的数额标准时，应以购买伪造的增值税专用发票罪定罪处罚。

• 裁判理由 •

广东省汕头市中级人民法院经审理认为：被告人曾珠玉伪造并出售伪造的增值税专用发票和非法制造普通发票，出售伪造的增值税专用发票 19625 份，其行为构成伪造、出售伪造的增值税专用发票罪，且数量特别巨大，情节特别严重，构成非法制造发票罪，且情节严重。被告人廖赞升、廖锡湖为他人伪造增值税专用发票和普通发票提供印刷模板共 33 套，从中非法牟利人民币 3000 多元，其行为均已分别构成伪造增值税专用发票罪，且情节特别严重；构成非法制造发票罪，且情节严重；被告人刘彬森参与他人伪造增值税专用发票和普通发票，其行为已分别构成伪造增值税专用发票罪，且情节特别严重；构成非法制造发票罪，且情节严重。被告人林楚秋、陈昌杰为牟取非法利益，向他人购买、出售伪造的增值税专用发票共 2375 份，从中非法牟利人民币 4950 元，其行为均已构成出售伪造的增值税专用发票罪，且数量巨大；被告人连焕发为牟取非法利益，购买、出售伪造的增值税专用发票共 93 份，非法牟利人民币 432 元，其行为已构成出售伪造的增值税专用发票罪，且数量较大；被告人张惠彬为牟取非法利益，向他人购买伪造的增值税专用发票共 1000 份，藏放于其家中，准备伺机出售，其行为已构成了购买伪造的增值税专用发票罪。公诉机关指控被告人曾珠玉的行为分别构成伪造、出售伪造的增值税专用发票罪、非法制造发票罪；被告人廖赞升、廖锡湖、刘彬森的行为均已分别构成伪造增值税专用发票罪、非法制造发票罪；被告人林楚秋、陈昌杰、连焕发的行为均已构成出售伪造的增值税专用发票罪；被告人张惠彬的行为已构成购买伪造的增值税专用发票罪的罪名成立。但指控被告人林楚秋、陈昌杰、连焕发的行为均构成购买伪造的增值税专用发票罪，根据《刑法》第 208 条第 2 款之规定，指控不能成立。被告人曾珠玉当庭辩解出售给郑银洲伪造的增值税专用发票 30 本而不是起诉指控的 50 本及其辩护人提出曾珠玉非法制造发票的行为因尚未出售，更未造成实际危害后果的意见，理由成立，可予采纳；被告人廖赞升当庭辩解及其辩护人提出 33 套模板中有一些不是增值税专用发票的模板，是普通发票的模板的理由成立，予以采纳；刘彬森辩护人提出刘彬森系本案的从犯，只应对其所参与的犯罪事实承担刑事责任予以减轻处罚的辩护意见理由成立，可予采纳。被告人林楚秋的辩护人提出林楚秋的犯罪行为不能认定构成购买伪造的增值税专用发票罪，被告人林楚秋购买伪造的增值税专用发票又出售的行为，应按照《刑法》第206条第1款的规定进行定罪处罚。被告人林楚秋在本案中的犯罪行为，只能按一个罪名定罪处罚，即构成出售伪造的增值税专用发票罪，且不构成“情节特别严重”的辩护意见理由成立，可予采纳。被告人陈昌杰辩护人提出陈昌杰的行为不构成购买伪造的增值税专用发票罪的辩护意见理由成立，可予采纳。被告人连焕发辩护人提出被告人连焕发犯购买伪造的增值税专用发票罪不能成立，且没有前科，归案后能坦白交代，悔罪态度好的辩护意见理由成立，可予采纳。被告人张惠彬的辩护人提出被告人张惠彬购买伪造的增值税专用发票后没有出售，尚未给国家税款流失造成实际损害后果，此次犯罪属偶犯，且归案后认罪态度好，犯罪过程中主观恶性较小，情节较轻，应给予从轻处罚的辩护意见理由成立，可予采纳。

被告人曾珠玉伪造、出售伪造的增值税专用发票、非法制造发票，在共同犯罪中起主要作用，系主犯，依法应按其所参与的全部犯罪处罚。被告人廖赞升伪造增值税专用发票、非法制造发票，在共同犯罪中起主要作用，系主犯，依法应按其所参与的全部犯罪处罚。被告人廖锡湖参与廖赞升伪造增值税专用发票、非法制造发票，在共同犯罪中起次要作用，系从犯，依法应当减轻处罚。被告人刘彬森参与曾珠玉伪造增值税专用发票、非法制造发票，在共同犯罪中起次要作用，系从犯，依法分别应当减轻、从轻处罚。被告人林楚秋出售伪造的增值税专用发票，在共同犯罪中起主要作用，系主犯，依法应按其所参与的全部犯罪处罚。被告人陈昌杰参与被告人林楚秋出售伪造的增值税专用发票，在共同犯罪中起次要作用，系从犯，依法应当减轻处罚。被告人连焕发出售伪造的增值税专用发票；被告人张惠彬购买伪造的增值税专用发票，归案后认罪态度较好，有悔罪表现，均可酌情从轻处罚。依照《刑法》第206条第1款、第2款，第208条第1款、第2款，第209条第2款，第25条第1款，第26条第1款，第27条，第57条第1款，第64条的规定，于2001年4月18日判决如下：一、被告人曾珠玉犯伪造、出售伪造的增值税专用发票罪，判处无期徒刑，剥夺政治权利终身，并处没收个人全部财产；犯非法制造发票罪，判处有期徒刑五年，并处罚金人民币15万元，决定执行无期徒刑，剥夺政治权利终身，并处没收个人全部财产。二、被告人廖赞升犯伪造增值税专用发票罪，判处有期徒刑十五年，并处罚金人民币30万元；犯非法制造发票罪，判处有期徒刑五年，并处罚金人民币15万元，总和刑期二十年，决定执行刑期十八年，并处罚金人民币45万元。三、被告人廖锡湖犯伪造增值税专用发票罪，判处有期徒刑八年，并处罚金人民币6万元；犯非法制造发票罪，判处有期徒刑二年，并处罚金人民币1万元，总和刑期十年，决定执行刑期九年，并处罚金人民币6万元。四、被告人刘彬森犯伪造增值税专用发票罪，判处有期徒刑六年，并处罚金人民币 5 万元；犯非法制造发票罪，判处有期徒刑二年，并处罚金人民币 1 万元，总和刑期八年，决定执行有期徒刑七年，并处罚金人民币 5 万元。五、被告人林楚秋犯出售伪造的增值税专用发票罪，判处有期徒刑十五年，并处罚金人民币 20 万元。六、被告人陈昌杰犯出售伪造的增值税专用发票罪，判处有期徒刑八年，并处罚金人民币 5 万元。七、被告人连焕发犯出售伪造的增值税专用发票罪，判处有期徒刑三年，并处罚金人民币 5 万元。八、被告人张惠彬犯购买伪造的增值税专用发票罪，判处有期徒刑三年，并处罚金人民币 3 万元。九、随案移送的公安机关提收本案被告人曾珠玉等作案工具切纸机 1 台、铁械工具 1 台、方箱手压印刷机 3 台、启洋切磨机 1 台、白纸 7 箱、菲林纸 37 粒、铝箔纸 9 粒、打字纸 5 粒、摩托车 1 辆、电脑 1 台；赃款赃物手表 1 枚、人民币 42300 元、港币 640 元、美金 10 元，予以没收，上缴国库。

一审宣判后，各被告人均未提起上诉，检察机关未提出抗诉。判决已发生法律效力。

【学理分析及适用指引】

• 学理分析 •

伪造、出售伪造的增值税专用发票罪，是指非法印制、复制或者使用其他方法伪造增值税专用发票或者非法销售、倒卖伪造的增值税专用发票的行为。本罪的构成要件如下：

1. 本罪的客体。伪造、出售伪造的增值税专用发票罪侵犯的客体是国家增值税专用发票管理制度。

2. 本罪的客观方面。伪造、出售伪造的增值税专用发票罪在客观方面表现为伪造增值税专用发票和出售伪造的增值税专用发票两种行为方式。所谓伪造，是指行为人仿照增值税专用发票的图案、色彩、形状、式样包括发票所属的种类、各联用途、内容、版面排列、规格、使用范围等事项，使用印刷、复制、复印、描绘、拓印、蜡印、石印等方法，非法制造虚假增值税专用发票的行为。所谓出售，即有偿让与，是指以营利为目的，通过各种途径将伪造的增值税专用发票以一定价格卖出的行为。既包括以票换取金钱的典型出卖行为，也包括以票换取其他财物或者其他财产性利益与报酬的非典型出卖行为。所谓伪造的增值税专用发票，是指通过伪造行为而产生的虚假发票，它并不要求与真实的发票完全一样，只要足以以假乱真，能蒙骗他人即可。至于出售的是自己伪造的，还是他人伪造的，是通过购买而从他人手上得到的，还是他人伪造后赠与的，都不影响行为的性质认定，只要行为人明知，即可构成伪造、出售伪造的增值税专用发票罪。

3. 本罪的主体。伪造、出售伪造的增值税专用发票罪的主体是一般主体。

4. 本罪的主观方面。伪造、出售伪造的增值税专用发票罪的主观方面是直接故意，即明知自己伪造、出售伪造的增值税专用发票的行为违反发票管理相关规定，会造成危害社会的结果，而希望和追求这种结果的发生。

• 适用指引 •

司法实践中，认定本罪时应注意：

1. 明确本罪的犯罪对象。伪造、出售伪造的增值税专用发票罪出卖行为的对象仅限于伪造的增值税专用发票，否则不能构成伪造、出售伪造的增值税专用发票罪。如非法出售真实的增值税专用发票，出售伪造、擅自制造的可以用于骗取出口退税、抵扣税款的其他发票或者普通发票，构成犯罪的，应以其他罪论处，即非法出售增值税专用发票罪，出售非法制造的用于骗取出口退税、抵扣税款发票罪，出售非法制造的发票罪，非法出售用于骗取出口退税、抵扣税款发票罪，非法出售发票罪等。

2. 本罪与伪造有价票证罪的界限。伪造有价票证罪，是指以营利为目的，伪造车票、船票、邮票、税票、货票的行为。其犯罪的对象是车票、船票、邮票、税票。其中的税票是指不能用于骗取出口退税、抵扣税款的普通发票。而伪造、出售伪造的增值税专用发票罪的犯罪对象仅指增值税专用发票，伪造有价票证与伪造增值税专用发票的行为方式相同。伪造有价票证后，又大量出售营利构成了诈骗罪。而伪造增值税专用发票后，又出售伪造的增值税专用发票的，根据本条规定直接认定为伪造、出售伪造的增值税专用发票罪。伪造有价票证罪的主观目的是营利，如主观方面不具有营利目的，不宜定罪判刑。而伪造、出售伪造的增值税专用发票罪不以营利为目的作为主观方面的构成要件，只要具有伪造、出售伪造的增值税专用发票的行为，就可构成伪造、出售伪造的增值税专用发票罪。

3. 关于本罪罪名的确定。伪造、出售伪造的增值税专用发票罪为选择性罪名，根据选择性罪名的特点，行为人单独实施伪造犯罪行为的，以伪造增值税专用发票罪定罪处罚，单独实施出售伪造的增值税专用发票犯罪行为的，以出售伪造的增值税专用发票罪定罪处罚，行为人既实施伪造增值税专用发票犯罪行为，又实施出售伪造的增值税专用发票犯罪行为的，以伪造、出售伪造的增值税专用发票罪定罪处罚。

第二百零七条　非法出售增值税专用发票罪

【法律规定】

● 法律条文 ●

《中华人民共和国刑法》

第二百零七条　非法出售增值税专用发票的，处三年以下有期徒刑、拘役或者管制，并处二万元以上二十万元以下罚金；数量较大的，处三年以上十年以下有期徒刑，并处五万元以上五十万元以下罚金；数量巨大的，处十年以上有期徒刑或者无期徒刑，并处五万元以上五十万元以下罚金或者没收财产。

● 相关规定 ●

《中华人民共和国刑法》

第二百零八条第二款　非法购买增值税专用发票或者购买伪造的增值税专用发票又虚开或者出售的，分别依照本法第二百零五条、第二百零六条、第二百零七条的规定定罪处罚。

第二百一十一条　单位犯本节第二百零一条、第二百零三条、第二百零四条、第二百零七条、第二百零八条、第二百零九条规定之罪的，对单位判处罚金，并对其直接负责的主管人员和其他直接责任人员，依照各该条的规定处罚。

《最高人民法院关于适用〈全国人民代表大会常务委员会关于惩治虚开、伪造和非法出售增值税专用发票犯罪的决定〉的若干问题的解释》（法发〔1996〕30号）

三、根据《决定》第三条规定，非法出售增值税专用发票的，构成非法出售增值税专用发票罪。

非法出售增值税专用发票案件的定罪量刑数量标准按照本解释第二条第二款、第三款、第四款的规定执行。

《最高人民检察院、公安部关于公安机关管辖的刑事案件立案追诉标准的规定（二）》（公通字〔2022〕12号）

第五十九条　［非法出售增值税专用发票案（刑法第二百零七条）］非法出售增值税专用发票，涉嫌下列情形之一的，应予立案追诉：

（一）票面税额累计在十万元以上的；

（二）非法出售增值税专用发票十份以上且票面税额在六万元以上的；

（三）非法获利数额在一万元以上的。

【案例】

许某某非法出售增值税专用发票案①

• 案件事实 •

1997年7月，被告人许某某以海南省长富船务有限公司董事长于某的名义在洋浦经济开发区工商服务管理中心注册成立了洋浦长达贸易有限公司。1997年10月7日，许某某以该公司名义在洋浦经济开发区税务征管局领取了一本四联百万位数的空白增值税专用发票共25份，并在该25份空白增值税专用发票上加盖该公司的"财务专用章"。1997年10月至1997年11月期间，许某某将其中12份增值税专用发票分3次交给深圳市南洋摄影器材公司副经理邹某某，邹某某又分别将其中的6份交给上海展航实业公司经理何某某，5份交给上海喜马拉雅国际有限公司经理赫某某。赫某某给许某某发票款人民币35万元。在此期间，许某某又将盖有洋浦长达贸易公司公章的8份空白增值税专用发票交给深圳南方工贸有限公司业务员唐某某，唐某某分5次向许某某支付发票款27万元。许某某非法出售增值税专用发票共25份，由邹某某经手13份，唐某某经手12份，共得赃款62万元。案发后，追回赃款14.5万元以及赃车一辆。

• 裁判要旨 •

行为人在空白增值税专用发票上加盖相关单位的财务专用章，有偿出让给他人，但没有填写数据或科目的，不属于开列发票即虚开发票的行为，依法应认定为非法出售发票的行为。

• 裁判理由 •

海南省洋浦经济开发区人民法院认为：被告人许某某的行为符合非法出售增值税专用发票罪的犯罪构成，原因在于：第一，国家对增值税专用发票实行严格的管控，其印制、发售、储存等须严格遵守相关法律法规和制度，管控的主体都要具备特定的条件。只有税务机关及其工作人员才能够发售增值税专用发票。被告人许某某不是税务机关的工作人员，不具有发售增值税专用发票的资格，就发售增值税专用发票的行为而言，许某某属于非法主体。第二，许某某的行为显然是一种出售行为而不是发售。根据《发票管理办法实施细则》

---

① 参见国家法官学院、中国人民大学法学院编：《中国审判案例要览》，中国人民大学出版社1998年版。

第25条规定：税务机关在发售发票时，应按核准的收费标准收取工本管理费，并向购票单位和个人开具收据。根据案情可知，许某某仅转让了25份增值税专用发票就得到钱款62万元，这显然是一种牟利行为，而非仅仅收取工本费的行为。第三，作为公司的高级管理人员，许某某应当知道自己出售增值税专用发票的行为是违法的，但仍然数次出售且数量达到25份，显然是明知故犯，具有实施非法出售增值税专用发票罪的主观故意。

综上，海南省洋浦经济开发区人民法院根据《全国人民代表大会常务委员会关于惩治虚开、伪造和非法出售增值税专用发票犯罪的决定》第3条、《刑法》第51条第1款、第52条之规定，作出判决：一、许某某犯非法出售增值税专用发票罪，判处有期徒刑十五年，剥夺政治权利五年。二、追缴的赃款14.5万元和八闽牌吉普车1辆，予以没收，上缴国库。

【学理分析及适用指引】

• 学理分析 •

非法出售增值税发票罪，是指违反国家发票管理法规，非法出售增值税专用发票的行为。本罪的构成要件如下：

1. 本罪的客体。非法出售增值税专用发票罪侵犯的客体为国家对增值税专用发票的管理秩序和税收征收管理秩序。

2. 本罪的客观方面。客观方面表现为违反国家关于增值税专用发票管理的法律法规规定，出售增值税专用发票的行为。主要分为两种情形：一是有权发售的单位或人员违法发售并收取对价的行为；二是无资格的单位和人员的出售行为。也有学者将其分为四种情形：一是有权出售的税务机关和税务人员违反规定出售；二是合法取得增值税专用发票的单位和个人出售发票给他人；三是将盗窃、诈骗、拾得等手段获得的增值税专用发票非法出售；四是印制增值税专用发票的企业将其印制的发票非法出售。①

3. 本罪的主体。本罪的主体为一般主体，包括自然人和单位。

4. 本罪的主观方面。本罪在主观方面表现为直接故意，即行为人明知自己的出售行为非法而仍然出售。

• 适用指引 •

司法实践中，认定本罪应注意：

1. 明确本罪中的“出售”行为。非法出售增值税专用发票罪以“出售”为其行为特征，“出售”包含两个方面的内容：一是一般情况下出售人具有营

---

① 王作富主编：《刑法分则实务研究》（上），中国方正出版社2003年版，第770～771页。

利目的；二是具有较强的对价性，这种对价性并不是指价款一定要和出售物的交换价值相等，而是指其不同于手续性的仅收取工本费的发售行为。

2. 本罪与出售伪造的增值税专用发票罪的界限。（1）犯罪对象不同。前者的犯罪对象是由国家统一印制的增值税专用发票；后者的犯罪对象是伪造的国家增值税专用发票。（2）主观方面不同。前者是明知国家的增值税专用发票而故意出售；后者是明知伪造的国家增值税专用发票而故意出售。

3. 本罪与徇私舞弊发售发票、抵扣税款、出口逃税罪的界限。由于本罪的主体可能包括税务机关和税务人员，就产生了和徇私舞弊发售发票、抵扣税款、出口退税罪的区别问题，我们认为主要的区别在于“出售”和“发售”的不同。“出售”具有较强的对价性，行为人一般是通过出售物品获利，而“发售”的重心在于“发”，是一种履行手续的行为，在发售过程中一般也有收费行为，但是行为人一般不依靠这种收费来获利，这种收费一般是一种收取工本费的手续行为。另外一个区别在于行为人是否利用了职权“徇私舞弊”。

第二百零八条　非法购买增值税专用发票、购买伪造的增值税专用发票罪；虚开增值税专用发票罪；出售伪造的增值税专用发票罪；非法出售增值税专用发票罪

【法律规定】

● 法律条文 ●

《中华人民共和国刑法》

第二百零八条　非法购买增值税专用发票或者购买伪造的增值税专用发票的，处五年以下有期徒刑或者拘役，并处或者单处二万元以上或者二十万元以下罚金。

非法购买增值税专用发票或者购买伪造的增值税专用发票又虚开或者出售的，分别依照本法第二百零五条、第二百零六条、第二百零七条的规定定罪处罚。

● 相关规定 ●

《中华人民共和国刑法》

第二百一十一条　单位犯本节第二百零一条、第二百零三条、第二百零四条、第二百零七条、第二百零八条、第二百零九条规定之罪的，对单位判处罚

金，并对其直接负责的主管人员和其他直接责任人员，依照各该条的规定处罚。

《最高人民法院关于适用〈全国人民代表大会常务委员会关于惩治虚开、伪造和非法出售增值税专用发票犯罪的决定〉的若干问题的解释》（法发〔1996〕30号）

四、根据《决定》第四条规定，非法购买增值税专用发票或者购买伪造的增值税专用发票的，构成非法购买增值税专用发票、伪造的增值税专用发票罪。

非法购买增值税专用发票或者购买伪造的增值税专用发票25份以上或者票面额累计10万元以上的，应当依法定罪处罚。

非法购买真、伪两种增值税专用发票的，数量累计计算，不实行数罪并罚。

《最高人民检察院、公安部关于公安机关管辖的刑事案件立案追诉标准的规定（二）》（公通字〔2022〕12号）

第六十条 ［非法购买增值税专用发票、购买伪造的增值税专用发票案（刑法第二百零八条第一款）］非法购买增值税专用发票或者购买伪造的增值税专用发票，涉嫌下列情形之一的，应予立案追诉：

（一）非法购买增值税专用发票或者购买伪造的增值税专用发票二十份以上且票面税额在十万元以上的；

（二）票面税额累计在二十万元以上的。

【案例】

钱某等非法购买增值税专用发票又出售案①

• 案件事实 •

被告人钱某得知曾某持有盗窃得来的某公司增值税专用发票，即意图从曾某处购买后出售。2004年4月15日，钱某和曾某约好在某公园见面，钱某用2000元人民币从曾某手中购得某公司增值税专用发票150份。通达贸易公司经理张某为摆脱本公司无足够的进项发票抵扣销项税的窘境，委托公司出纳杨某寻找出售增值税专用发票的卖主，在得知钱某持有某公司的增值税专用发票后，张某决定以自己公司名义购买某公司的增值税专用发票。2004年4月30日，通达贸易公司向钱某购买了某公司增值税专用发票100份，随后在与某公司无任何购销业务的情况下，虚开了某公司增值税专用发票80份，虚开数额

① 参见孙力、梅传强：《刑事案例诉辩审评——危害税收征管罪》，中国检察出版社2006年版。

达 16 万元。

• 裁判要旨 •

非法购买增值税专用发票后又出售的行为，以非法出售增值税专用发票罪论处。

• 裁判理由 •

法院认为，根据《刑法》规定，非法购买增值税专用发票后又出售的，以非法出售增值税专用发票罪定罪处罚，非法购买增值税专用发票后又虚开的，以虚开增值税专用发票罪定罪处罚。本案中，被告人钱某以出售为目的购买了他人盗窃而来的增值税专用发票，属于非法购买行为，符合非法购买增值税专用发票罪的犯罪构成。非法购买增值税专用发票后，钱某以牟利为目的将100 份增值税专用发票出售给了张某所在的通达贸易公司，其出售行为又构成非法出售增值税专用发票罪。非法购买行为和非法出售行为分别构成犯罪的情况下，符合牵连犯的情形，按照《刑法》第 208 条第 2 款的规定，法院对被告人钱某以非法出售增值税专用发票罪判处有期徒刑四年，并处罚金 6 万元。

同时，通达贸易公司经理张某为使公司摆脱无足够的进项发票抵扣销项税的窘境，而以公司名义从钱某处购买了增值税专用发票 100 份。很显然，张某为公司利益，以公司名义实施了非法购买增值税专用发票的犯罪行为，符合单位犯罪的特征，通达贸易公司构成非法购买增值税专用发票罪，直接负责的主管人员张某和其他直接责任人员杨某也构成该罪。为抵扣销项税购买增值税专用发票后，张某和杨某为公司利益对增值税专用发票进行虚开，且数额较大，通达贸易公司和张某、杨某又构成了虚开增值税专用发票罪。这样，通达贸易公司和张某、杨某构成了非法购买增值税专用发票罪和虚开增值税专用发票罪两种犯罪，且两罪之间具有牵连关系，根据《刑法》第 208 条第 2 款的规定，应以虚开增值税专用发票罪定罪处罚。法院作出判决：通达贸易公司犯虚开增值税专用发票罪，判处罚金 25 万元；张某犯虚开增值税专用发票罪，判处有期徒刑五年，并处罚金 8 万元；杨某犯虚开增值税专用发票罪，判处有期徒刑三年，并处罚金 5 万元。

【学理分析及适用指引】

• 学理分析 •

非法购买增值税专用发票、购买伪造的增值税专用发票罪，是指违反国家发票管理法规，非法购买增值税专用发票或者购买伪造的增值税专用发票的行为。本罪的构成要件如下：

1. 本罪的客体。本罪侵犯的客体是国家对增值税专用发票的管理制度。

2. 本罪的客观方面。本罪在客观方面表现为违反我国发票管理法规规定，非法购买增值税专用发票或者购买伪造的增值税专用发票的行为。所谓非法购买，是指违反国家法律、法规有关增值税专用发票购买规定的购买行为。为了加强对发票的管理，《发票管理办法》及其《发票管理办法实施细则》等对发票的领购条件、程序及其发售的主体都作了具体而明确的规定，任何单位与个人都不得违反，否则即属非法，应当承担相应的法律责任。

3. 本罪的主体。本罪的主体是一般主体，凡达到刑事责任年龄并具有刑事责任能力的自然人均可构成，单位亦能成为本罪主体。

4. 本罪的主观方面。本罪的主观方面是直接故意，只要行为人出于故意购买增值税专用发票和购买伪造的增值税专用发票就可以构成本罪，而不必要求主观上必须具有营利的目的。

• 适用指引 •

司法实践中，要注意本罪与他罪的区别与关联：为了出售或虚开而非法购买增值税专用发票、伪造的增值税专用发票行为是虚开或者出售行为的手段行为，非法购买行为和虚开或者出售行为具有手段和目的的关系，符合牵连犯的相关理论，按照牵连犯的论处原则，应择一重罪处断。但是《刑法》第 208 条第 2 款规定，非法购买增值税专用发票或者购买伪造的增值税专用发票又虚开或者出售的，分别依照《刑法》第 205 条～第 207 条的规定定罪处罚。也就是说，当目的行为为虚开或者出售的牵连关系出现时，不按照牵连犯论处，而依照目的行为论处。将《刑法》第 208 条的两款规定结合起来理解就是，当行为人仅有非法购买增值税专用发票或者购买伪造的增值税专用发票行为时，构成非法购买增值税专用发票、购买伪造的增值税专用发票罪，该罪名为选择性罪名；当购买行为作为手段行为的牵连犯情形出现且目的行为为虚开或者出售行为时，以目的行为论处。

第二百零九条 非法制造、出售非法制造的用于骗取出口退税、抵扣税款发票罪；非法制造、出售非法制造的发票罪；非法出售用于骗取出口退税、抵扣税款发票罪；非法出售发票罪

【法律规定】

• 法律条文 •

《中华人民共和国刑法》

第二百零九条 伪造、擅自制造或者出售伪造、擅自制造的可以用于骗取出口退税、抵扣税款的其他发票的，处三年以下有期徒刑、拘役或者管制，并处二万元以上二十万元以下罚金；数量巨大的，处三年以上七年以下有期徒刑，并处五万元以上五十万元以下罚金；数量特别巨大的，处七年以上有期徒刑，并处五万元以上五十万元以下罚金或者没收财产。

伪造、擅自制造或者出售伪造、擅自制造的前款规定以外的其他发票的，处二年以下有期徒刑、拘役或者管制，并处或者单处一万元以上五万元以下罚金；情节严重的，处二年以上七年以下有期徒刑，并处五万元以上五十万元以下罚金。

非法出售可以用于骗取出口退税、抵扣税款的其他发票的，依照第一款的规定处罚。

非法出售第三款规定以外的其他发票的，依照第二款的规定处罚。

• 相关规定 •

《中华人民共和国刑法》

第二百一十一条 单位犯本节第二百零一条、第二百零三条、第二百零四条、第二百零七条、第二百零八条、第二百零九条规定之罪的，对单位判处罚金，并对其直接负责的主管人员和其他直接责任人员，依照各该条的规定处罚。

《全国人民代表大会常务委员会关于〈中华人民共和国刑法〉有关出口退税、抵扣税款的其他发票规定的解释》

全国人民代表大会常务委员会根据司法实践中遇到的情况，讨论了刑法规定的“出口退税、抵扣税款的其他发票”的含义问题，解释如下：

刑法规定的“出口退税、抵扣税款的其他发票”，是指除增值税专用发票

以外的，具有出口退税、抵扣税款功能的收付款凭证或者完税凭证。

现予公告。

《最高人民法院关于适用〈全国人民代表大会常务委员会关于惩治虚开、伪造和非法出售增值税专用发票犯罪的决定〉的若干问题的解释》（法发〔1996〕30号）

六、根据《决定》第六条规定，伪造、擅自制造或者出售伪造、擅自制造的可以用于骗取出口退税、抵扣税款的其他发票的，构成非法制造专用发票罪或出售非法制造的专用发票罪。

伪造、擅自制造或者出售伪造、擅自制造的可以用于骗取出口退税、抵扣税款的其他发票50份以上的，应当依法定罪处罚；伪造、擅自制造或者出售伪造、擅自制造的可以用于骗取出口退税、抵扣税款的其他发票200份以上的，属于"数量巨大"；伪造、擅自制造或者出售伪造、擅自制造的可以用于骗取出口退税、抵扣税款的其他发票1000份以上的，属于"数量特别巨大"。

《最高人民检察院、公安部关于公安机关管辖的刑事案件立案追诉标准的规定（二）》（公通字〔2022〕12号）

第六十一条 ［非法制造、出售非法制造的用于骗取出口退税、抵扣税款发票案（刑法第二百零九条第一款）］伪造、擅自制造或者出售伪造、擅自制造的用于骗取出口退税、抵扣税款的其他发票，涉嫌下列情形之一的，应予立案追诉：

（一）票面可以退税、抵扣税额累计在十万元以上的；

（二）伪造、擅自制造或者出售伪造、擅自制造的发票十份以上且票面可以退税、抵扣税额在六万元以上的；

（三）非法获利数额在一万元以上的。

第六十二条 ［非法制造、出售非法制造的发票案（刑法第二百零九条第二款）］伪造、擅自制造或者出售伪造、擅自制造的不具有骗取出口退税、抵扣税款功能的其他发票，涉嫌下列情形之一的，应予立案追诉：

（一）伪造、擅自制造或者出售伪造、擅自制造的不具有骗取出口退税、抵扣税款功能的其他发票一百份以上且票面金额累计在三十万元以上的；

（二）票面金额累计在五十万元以上的；

（三）非法获利数额在一万元以上的。

第六十三条 ［非法出售用于骗取出口退税、抵扣税款发票案（刑法第二百零九条第三款）］非法出售可以用于骗取出口退税、抵扣税款的其他发票，涉嫌下列情形之一的，应予立案追诉：

（一）票面可以退税、抵扣税额累计在十万元以上的；

（二）非法出售用于骗取出口退税、抵扣税款的其他发票十份以上且票面可以退税、抵扣税额在六万元以上的；

（三）非法获利数额在一万元以上的。

第六十四条 ［非法出售发票案（刑法第二百零九条第四款）］非法出售增值税专用发票、用于骗取出口退税、抵扣税款的其他发票以外的发票，涉嫌下列情形之一的，应予立案追诉：

（一）非法出售增值税专用发票、用于骗取出口退说、抵扣税款的其他发票以外的发票一百份以上且票面金额累计在三十万元以上的；

（二）票面金额累计在五十万元以上的；

（三）非法获利数额在一万元以上的。

【案例】

贺某某、马某某非法出售发票、出售非法制造的发票案①

• 案件事实 •

2006年8月25日，公安机关在北京市海淀区中关村某小区将被告人贺某某、马某某抓获，并当场起获北京市商业企业专用发票25份（经鉴定均系伪造）、北京市服务业、娱乐业、文化体育业专用发票729份（经鉴定，其中148份系伪造、581份系真发票）及该类发票记账联106份、北京市交通运输业、建筑业、销售不动产和转让无形资产专用发票449份（经鉴定，其中412份系伪造、37份系真发票）及该类发票记账联161份。另外，公安机关还起获贺某某、马某某当日打印后欲出售的北京市交通运输业、建筑业、销售不动产和转让无形资产专用发票1份（经鉴定系伪造）、北京市服务业、娱乐业、文化体育业专用发票4份（经鉴定系真发票）。

• 裁判要旨 •

行为人非法制造发票后又出售的，以非法制造、出售非法制造发票罪论处。

• 裁判理由 •

北京市海淀区人民法院经审理后认为：被告人贺某某伙同被告人马某某违反国家发票管理法规，出售非法制造的发票，情节严重，并非法出售发票，情节严重，其行为均已构成出售非法制造的发票罪、非法出售发票罪，应数罪并罚。鉴于二被告人系犯罪预备，且被告人马某某犯罪时尚未成年，故依法对二被告人予以不同程度地减轻处罚。对被告人贺某某依据《刑法》第209条第2

① 参见北京市海淀区人民法院（2007）海法刑初字第528号。

款、第4款，第25条第1款，第69条，第53条；对被告人马某某依据《刑法》第209条第2款、第4款，第25条第1款，第17条第1款、第3款，第69条，第53条之规定，判决如下：一、被告人贺某某犯出售非法制造的发票罪，判处拘役四个月，罚金人民币4000元。犯非法出售发票罪，判处拘役四个月，罚金人民币4000元。决定执行拘役七个月，罚金人民币8000元。二、被告人马某某犯出售非法制造的发票罪，判处拘役三个月，罚金人民币2000元。犯非法出售发票罪，判处拘役三个月，罚金人民币2000元。决定执行拘役五个月十五天，罚金人民币4000元。

【学理分析及适用指引】

• 学理分析 •

1. 非法制造、出售非法制造的用于骗取出口退税、抵扣税款发票罪的构成。非法制造、出售非法制造的用于骗取出口退税、抵扣税款发票罪，是指违反国家发票管理法规，伪造、擅自制造或者出售伪造、擅自制造的可以用于骗取出口退税、抵扣税款的增值税专用发票以外的其他发票的行为。本罪的构成要件如下：

（1）本罪的客体是国家对发票的管理制度。

（2）本罪的客观方面表现为违反国家发票管理法规，伪造、擅自制造或者出售伪造、擅自制造的可以用于骗取出口退税、抵扣税款的增值税专用发票以外的其他发票的行为。根据《全国人民代表大会常务委员会关于惩治虚开、伪造和非法出售增值税专用发票犯罪的决定》，用于骗取出口退税、抵扣税款的其他发票，是指除增值税专用发票以外的，具有出口退税、抵扣税款功能的收付款凭证或者完税凭证。[①] 擅自制造，是指税务机关指定的印刷企业超出批准的范围私自加印发票的行为。其他单位和个人非法印制发票的，则属于伪造行为。

（3）本罪的主体为一般主体，包括个人和单位。

（4）本罪的主观方面由直接故意构成，间接故意和过失不构成本罪。

2. 非法制造、出售非法制造的发票罪的构成。非法制造、出售非法制造的发票罪，是指违反国家税收管理法规，伪造、擅自制造或者出售伪造、擅自制造的可以用于骗取出口退税、抵扣税款的发票以外的其他发票的行为。本罪的构成要件如下：

（1）本罪的客体是国家对发票的管理制度。犯罪对象是除增值税专用发票、可以用于骗取出口退税、抵扣税款的发票之外其他所有发票。

---

① 参见《中华人民共和国最高人民法院公报》2006年第2期。

（2）本罪的客观方面表现为违反国家发票管理法规，伪造、擅自制造或者出售伪造、擅自制造的除增值税专用发票、可以用于骗取出口退税、抵扣税款的其他发票以外的其他发票的行为。擅自制造，是指税务机关指定的印刷企业超出批准的范围私自加印发票的行为。其他单位和个人非法印制发票的，则属于伪造行为。

（3）本罪的主体为一般主体，包括个人和单位。

（4）本罪的主观方面由直接故意构成，间接故意和过失不构成本罪。

3. 非法出售用于骗取出口退税、抵扣税款发票罪的构成。非法出售用于骗取出口退税、抵扣税款发票罪，是指违反国家税收管理法规，非法出售可以用于骗取出口退税、抵扣税款发票的行为。本罪的构成要件如下：

（1）本罪的客体是国家对发票的管理制度。

（2）本罪的客观方面表现为非法出售可以用于骗取出口退税、抵扣税款发票的行为。出售是指非法销售从各种途径得到的可以用于骗取出口退税、抵扣税款的增值税专用发票以外的其他发票的行为。按照《全国人民代表大会常务委员会关于惩治虚开、伪造和非法出售增值税专用发票犯罪的决定》，用于骗取出口退税、抵扣税款的其他发票，是指除增值税专用发票以外的，具有出口退税、抵扣税款功能的收付款凭证或者完税凭证。① 不论行为人发票的来源是否合法，都可以构成本罪。

（3）本罪的主体为一般主体。单位也可以成为本罪的主体。

（4）本罪的主观方面是出于故意，并且具有营利的目的。

• 适用指引 •

司法实践中，应注意非法制造、出售非法制造的用于骗取出口退税、抵扣税款发票罪与虚开用于骗取出口退税、抵扣税款发票罪的界限。两者的犯罪对象都是相同的，但犯罪行为不同。前者的行为表现为伪造、擅自制造、出售三种，后者的行为是虚开。制造与虚开的不同在于：前者是印制、生产发票本身，后者是在真发票上填开虚假金额。如果制造者同时又是虚开者，或者制造者与虚开者事前通谋的，应择一重罪定罪处罚。

---

① 参见《中华人民共和国最高人民法院公报》2006 年第 2 期。

第二百一十条　盗窃罪、诈骗罪

【法律规定】

● 法律条文 ●

《中华人民共和国刑法》

第二百一十条　盗窃增值税专用发票或者可以用于骗取出口退税、抵扣税款的其他发票的，依照本法第二百六十四条的规定定罪处罚。

使用欺骗手段骗取增值税专用发票或者可以用于骗取出口退税、抵扣税款的其他发票的，依照本法第二百六十六条的规定定罪处罚。

【案例】

陈某盗窃并非法制造、出售非法制造的用于骗取出口退税、抵扣税款发票案①

● 案件事实 ●

被告人陈某于2003年3月盗窃了同县居民刘某（另案处理）的废旧物品收购发票及农业产品收购发票，共计368份。该发票系刘某伪造并准备出售。陈某将假发票盗回后，以每份30元的价格出售，获利11000余元。为制造假发票出售牟利，陈某遂于2003年5月自备印刷机、油墨、荧光粉等设备及原料，在自家仿照盗窃所得的假发票式样，手工制作废旧物品收购发票、农业产品收购发票等票证单据1378份，并以每份50元的价格卖给本县一些个体户和企业、工厂等。截至2003年9月案发时，陈某共出售1045份，获利52000余元。

● 裁判要旨 ●

行为人盗窃假发票后又出售假发票的，符合牵连犯的特征，应以盗窃罪论处。

● 裁判理由 ●

法院认为，被告人陈某盗窃假发票后又出售的行为，由于被告人盗窃的发

---

① 参见孙力、梅传强：《刑事案例诉辩审评——危害税收征管罪》，中国检察出版社2006年版。

票是他人伪造的发票，被告人触犯的罪名为盗窃罪和出售非法制造的发票罪两个罪名，根据被告人的犯罪情节，以盗窃罪对被告人定罪处罚。具体来说，被告人陈某购买伪造发票的设备伪造发票是基于出售牟利的另一个目的，这一目的是与盗窃出售牟利的目的完全分离的。基于出售牟利目的购买伪造发票设备、伪造发票、出售伪造的发票触犯了非法制造发票罪和出售非法制造的发票罪两个罪名，《刑法》将这两个具有牵连关系的罪名规定在一个选择性罪名中，应当对被告人陈某以非法制造、出售非法制造的发票罪定罪处罚。结合被告人实施的盗窃罪，应对被告人以盗窃罪和非法制造、出售非法制造的发票罪两罪并罚。陈某盗窃假发票的行为及出售假发票的行为之间具有牵连关系，在两行为都构成犯罪的情况下，从一重罪处断，以盗窃罪处罚。陈某自己伪造且出售假发票的行为，又构成非法制造、出售非法制造的用于骗取出口退税、抵扣税款发票罪，应与盗窃罪数罪并罚。法院以盗窃罪判处陈某有期徒刑四年，并处罚金 1 万元；以非法制造、出售非法制造的用于骗取出口退税、抵扣税款发票罪判处陈某有期徒刑七年六个月，并处罚金 8 万元。两罪数罪并罚，决定执行有期徒刑十年，并处罚金 9 万元。

【学理分析及适用指引】

• 学理分析 •

本条是盗窃罪和诈骗罪的特殊情形。

该条第 1 款是关于盗窃增值税专用发票或者可以用于骗取出口退税、抵扣税款的其他发票的犯罪的规定。其中，此处的盗窃，是指秘密窃取。增值税专用发票，是指国家税务部门根据增值税征收管理需要，兼记货物或劳务所负担的增值税税额而设定的一种专用发票。可以用于出口退税、抵扣税款的其他发票，是指具有可以退税和直接抵扣税款功能的其他发票，即主要指农林牧水产品收购发票、废旧物品收购发票和运输发票等。本款关于量刑的规定是：盗窃增值税专用发票或者可以用于骗取出口退税、抵扣税款的其他发票的，依照《刑法》第 264 条的规定定罪处罚，即对本款盗窃所规定的发票的犯罪，依照《刑法》第 264 条关于盗窃罪的量刑规定定罪处罚。

该条第 2 款是关于使用欺骗手段骗取增值税专用发票或者可以用于骗取出口退税、抵扣税款的其他发票的犯罪及处罚的规定。其中，使用欺骗手段，是指采取编造谎言或虚假理由，或者采取其他欺骗方法。骗取增值税专用发票或者可以用于骗取出口退税、抵扣税款的其他发票的，是指已经从税务机关或者其他单位骗取了上述发票的行为。本款关于量刑的规定是：使用欺骗手段骗取增值税专用发票或者用于骗取出口退税、抵扣税款的其他发票的，依照《刑法》第 266 条规定定罪处罚，即按照《刑法》第 266 条关于诈骗罪的规定定罪处罚。

• 适用指引 •

由于增值税专用发票或者可以用于骗取出口退税、抵扣税款的其他发票在税制征收和管理中具有重要作用，《刑法》规定以盗窃或诈骗手段取得增值税专用发票或者可以用于骗取出口退税、抵扣税款的其他发票的，以盗窃罪或者诈骗罪论处。这两种犯罪多是行为人实施其他犯罪的手段，一般情况下和其他犯罪构成牵连关系，按照牵连犯的处理原则处理。构成该两种犯罪需要具备一般盗窃和诈骗的要件，只是犯罪对象较为特殊，为增值税专用发票或者可以用于骗取出口退税、抵扣税款的其他发票。

盗窃发票犯罪与普通盗窃罪最大的不同在于犯罪对象，盗窃发票犯罪的对象——发票本身没有太大的价值，也就是说盗窃发票罪的危害性，一方面在于被盗窃的财物——制造发票的成本价值；另一方面在于通过非法途径获得的发票被虚开或者出售后对国家税制的破坏。行为人盗窃发票的目的在于虚开或者出售，盗窃发票行为一般是一种手段行为，盗窃发票后又出售的行为，应当按照牵连犯的相关理论论处，而不能将出售行为视为销赃行为，将其作为盗窃罪成立后的事后不可罚行为。

第二百一十条之一　持有伪造的发票罪

【法律规定】

• 法律条文 •

《中华人民共和国刑法》

第二百一十条之一　明知是伪造的发票而持有，数量较大的，处二年以下有期徒刑、拘役或者管制，并处罚金；数量巨大的，处二年以上七年以下有期徒刑，并处罚金。

单位犯前款罪的，对单位判处罚金，并对其直接负责的主管人员和其他直接责任人员，依照前款的规定处罚。

• 相关规定 •

《最高人民检察院、公安部关于公安机关管辖的刑事案件立案追诉标准的规定（二）》（公通字〔2022〕12号）

第六十五条　［持有伪造的发票案（刑法第二百一十条之一）］明知是伪造的发票而持有，涉嫌下列情形之一的，应予立案追诉：

（一）持有伪造的增值税专用发票或者可以用于骗取出口退税、抵扣税款的其他发票五十份以上且票面税额累计在二十五万元以上的；

（二）持有伪造的增值税专用发票或者可以用于骗取出口退税、抵扣税款的其他发票票面税额累计在五十万元以上的；

（三）持有伪造的第一项规定以外的其他发票一百份以上且票面金额在五十万元以上的；

（四）持有伪造的第一项规定以外的其他发票票面金额累计在一百万元以上的。

【案例】

秦某某持有伪造发票案①

• 案件事实 •

自2010年11月以来，在河南省南阳市经营范记焖鸡店的被告人秦某某，先后从赵某某（另案处理）手里购得5本面值为100元的发票用于经营。2011年9月26日11时30分许在其店内，被当场查获伪造的面值为100元的发票4本，共200份。经南阳市地方税务局发票管理局鉴定：秦某某所持有的发票系伪造。

• 裁判要旨 •

行为人私下购买发票且经鉴定是伪造的发票，但尚无证据证明其利用这些伪造的发票实施了其他的犯罪行为的，应当以持有伪造的发票罪论处。

• 裁判理由 •

河南省南阳市卧龙区人民法院经审理认为：被告人秦某某违反发票管理法规，明知是伪造的发票而持有，数量较大，其行为已构成持有伪造的发票罪。公诉机关对被告人秦某某的指控，事实清楚，证据确实充分，指控的罪名成立。鉴于被告人秦某某到案后认罪态度较好，并主动缴纳罚金，可对其酌定从轻处罚。依照《刑法》第210条之一、第38条、第52条的规定，判决如下：被告人秦某某犯持有伪造的发票罪，判处管制一年，并处罚金人民币3000元。

宣判后，被告人未提出上诉，检察机关也未提出抗诉，判决已经生效。

① 参见河南省南阳市卧龙区人民法院（2011）宛龙刑初字第665号。

【学理分析及适用指引】

• 学理分析 •

为了健全、完善危害税收征管犯罪的立法规定，惩治与预防各种发票犯罪行为，整顿和规范市场经济秩序，保障国家的税收安全，《刑法修正案（八）》增设了持有伪造的发票罪。所谓持有伪造的发票罪，是指明知是伪造的发票而非法持有，数量较大的行为。本罪的构成要件是：

1. 本罪的犯罪客体。持有伪造的发票罪侵害的客体是国家税收征管制度和财务管理制度，损害了国家的税收利益。

2. 本罪的客观方面，表现为明知是伪造的发票而非法持有，数量较大的行为。首先，行为人非法持有伪造的发票，持有是指以藏匿、携带、保管、支配等方式掌握、控制伪造的发票，总之，持有是对假发票的实际占有或支配，至于其来源以及是否对该假发票拥有所有权，在所不问；其次，行为人持有伪造的发票必须数量较大。所谓数量较大，目前可以参照《最高人民检察院、公安部关于公安机关管辖的刑事案件立案追诉的标准的规定（二）》，持有伪造的增值税专用发票或者可以用于骗取出口退税、抵扣税款的其他发票50份以上且票面税额累计在25万元以上的；持有伪造的增值税专用发票或者可以用于骗取出口退税、抵扣税款的其他发票票面税额累计在50万元以上的；持有伪造的第1项规定以外的其他发票100份以上且票面金额在50万元以上的；持有伪造的第1项规定以外的其他发票票面金额累计在100万元以上的。

3. 本罪的犯罪主体。本罪主体是一般主体，既可以是自然人，也可以是单位。

4. 本罪的主观方面是故意，且为直接故意，即要求行为人明知是伪造的发票而持有，至于是何种类型的假发票并不属于本罪故意内容的要求。行为人持有伪造的发票，一般出于非法牟利的目的（如出售、虚开等），但《刑法修正案（八）》并没有将“以营利为目的”或者“为牟取经济利益”作为本罪的主观条件。

• 适用指引 •

1. 《刑法修正案（八）》对于妨害税收征管犯罪的立法进行了较大幅度的修正完善，在取消第205条、第206条两个税务发票犯罪死刑的同时，增设两个发票犯罪，即虚开发票罪（第205条之一）和持有伪造的发票罪（第210条之一）。此处需要注意的是两个新罪名的行为对象——“发票”的范围有所不同：“虚开发票罪”中的“发票”指的是增值税专用发票和用于骗取出口退税、抵扣税款发票以外的其他发票，可谓“普通发票”，否则属于《刑法》第

205 条第 1 款的虚开增值税专用发票、用于骗取出口退税、抵扣税款发票罪；而“持有伪造的发票罪”中的“发票”既包括增值税专用发票、用于骗取出口退税、抵扣税款发票，也包括其他发票（即包括所有类型的假发票）。

2. 注意持有伪造的发票罪与其他发票犯罪的关系。对于持有伪造的发票罪的定罪原理，如同《刑法》上的其他持有型犯罪，即无法查清该对象的来龙去脉或虽然查清但该来龙去脉本身并不构成犯罪时，为不放纵这种违禁品犯罪而设置的兜底罪名。可见对于本罪，只有现有证据无法证明其属于虚开、伪造、非法出售等行为时，才能单独构成，否则，应以《刑法》第 206 条、第 208 条～第 209 条的相关发票犯罪定罪处罚。

第七节　侵犯知识产权罪

第二百一十三条　假冒注册商标罪

【法律规定】

• 法律条文 •

《中华人民共和国刑法》

第二百一十三条　未经注册商标所有人许可，在同一种商品、服务上使用与其注册商标相同的商标，情节严重的，处三年以下有期徒刑，并处或者单处罚金；情节特别严重的，处三年以上十年以下有期徒刑，并处罚金。

• 相关规定 •

《中华人民共和国刑法》

第二百二十条　单位犯本节第二百一十三条至第二百一十九条之一规定之罪的，对单位判处罚金，并对其直接负责的主管人员和其他直接责任人员，依照本节各该条的规定处罚。

《中华人民共和国商标法》

第六十七条第一款　未经商标注册人许可，在同一种商品上使用与其注册商标相同的商标，构成犯罪的，除赔偿被侵权人的损失外，依法追究刑事责任。

《最高人民法院、最高人民检察院关于办理侵犯知识产权刑事案件具体应用法律若干问题的解释（二）》（法释〔2007〕6号）①

第三条 侵犯知识产权犯罪，符合刑法规定的缓刑条件的，依法适用缓刑。有下列情形之一的，一般不适用缓刑：

（一）因侵犯知识产权被刑事处罚或者行政处罚后，再次侵犯知识产权构成犯罪的；

（二）不具有悔罪表现的；

（三）拒不交出违法所得的；

（四）其他不宜适用缓刑的情形。

第四条 对于侵犯知识产权犯罪的，人民法院应当综合考虑犯罪的违法所得、非法经营数额、给权利人造成的损失、社会危害性等情节，依法判处罚金。罚金数额一般在违法所得的一倍以上五倍以下，或者按照非法经营数额的50%以上一倍以下确定。

第六条 单位实施刑法第二百一十三条至第二百一十九条规定的行为，按照《最高人民法院、最高人民检察院关于办理侵犯知识产权刑事案件具体应用法律若干问题的解释》和本解释规定的相应个人犯罪的定罪量刑标准定罪处罚。

《最高人民法院、最高人民检察院关于办理侵犯知识产权刑事案件具体应用法律若干问题的解释》（法释〔2004〕19号）

第一条 未经注册商标所有人许可，在同一种商品上使用与其注册商标相同的商标，具有下列情形之一的，属于刑法第二百一十三条规定的“情节严重”，应当以假冒注册商标罪判处三年以下有期徒刑或者拘役，并处或者单处罚金：

（一）非法经营数额在五万元以上或者违法所得数额在三万元以上的；

（二）假冒两种以上注册商标，非法经营数额在三万元以上或者违法所得数额在二万元以上的；

（三）其他情节严重的情形。

具有下列情形之一的，属于刑法第二百一十三条规定的“情节特别严重”，应当以假冒注册商标罪判处三年以上七年以下有期徒刑，并处罚金：

（一）非法经营数额在二十五万元以上或者违法所得数额在十五万元以上的；

（二）假冒两种以上注册商标，非法经营数额在十五万元以上或者违法所得数额在十万元以上的；

---

① 摘录的该部分解释适用于《刑法》分则第3章第7节“侵犯知识产权罪”的所有犯罪，以下各侵犯知识产权罪的个罪中，法律解释部分不再列举该部分解释。——编者注

（三）其他情节特别严重的情形。

第八条 刑法第二百一十三条规定的“相同的商标”，是指与被假冒的注册商标完全相同，或者与被假冒的注册商标在视觉上基本无差别、足以对公众产生误导的商标。

刑法第二百一十三条规定的“使用”，是指将注册商标或者假冒的注册商标用于商品、商品包装或者容器以及产品说明书、商品交易文书，或者将注册商标或者假冒的注册商标用于广告宣传、展览以及其他商业活动等行为。

第十二条 本解释所称“非法经营数额”，是指行为人在实施侵犯知识产权行为过程中，制造、储存、运输、销售侵权产品的价值。已销售的侵权产品的价值，按照实际销售的价格计算。制造、储存、运输和未销售的侵权产品的价值，按照标价或者已经查清的侵权产品的实际销售平均价格计算。侵权产品没有标价或者无法查清其实际销售价格的，按照被侵权产品的市场中间价格计算。

多次实施侵犯知识产权行为，未经行政处理或者刑事处罚的，非法经营数额、违法所得数额或者销售金额累计计算。

本解释第三条所规定的“件”，是指标有完整商标图样的一份标识。

第十三条 实施刑法第二百一十三条规定的假冒注册商标犯罪，又销售该假冒注册商标的商品，构成犯罪的，应当依照刑法第二百一十三条的规定，以假冒注册商标罪定罪处罚。

实施刑法第二百一十三条规定的假冒注册商标犯罪，又销售明知是他人的假冒注册商标的商品，构成犯罪的，应当实行数罪并罚。

第十五条 单位实施刑法第二百一十三条至第二百一十九条规定的行为，按照本解释规定的相应个人犯罪的定罪量刑标准的三倍定罪量刑。

第十六条 明知他人实施侵犯知识产权犯罪，而为其提供贷款、资金、账号、发票、证明、许可证件，或者提供生产、经营场所或者运输、储存、代理进出口等便利条件、帮助的，以侵犯知识产权犯罪的共犯论处。

《最高人民法院、最高人民检察院、公安部关于办理侵犯知识产权刑事案件适用法律若干问题的意见》（法发〔2011〕3号）

五、关于刑法第二百一十三条规定的“同一种商品”的认定问题

名称相同的商品以及名称不同但指同一事物的商品，可以认定为“同一种商品”。“名称”是指国家工商行政管理总局商标局在商标注册工作中对商品使用的名称，通常即《商标注册用商品和服务国际分类》中规定的商品名称。“名称不同但指同一事物的商品”是指在功能、用途、主要原料、消费对象、销售渠道等方面相同或者基本相同，相关公众一般认为是同一种事物的商品。

认定“同一种商品”，应当在权利人注册商标核定使用的商品和行为人实际生产销售的商品之间进行比较。

六、关于刑法第二百一十三条规定的“与其注册商标相同的商标”的认定问题

具有下列情形之一，可以认定为“与其注册商标相同的商标”：

（一）改变注册商标的字体、字母大小写或者文字横竖排列，与注册商标之间仅有细微差别的；

（二）改变注册商标的文字、字母、数字等之间的间距，不影响体现注册商标显著特征的；

（三）改变注册商标颜色的；

（四）其他与注册商标在视觉上基本无差别、足以对公众产生误导的商标。

十四、关于多次实施侵犯知识产权行为累计计算数额问题

依照《最高人民法院、最高人民检察院关于办理侵犯知识产权刑事案件具体应用法律若干问题的解释》第十二条第二款的规定，多次实施侵犯知识产权行为，未经行政处理或者刑事处罚的，非法经营数额、违法所得数额或者销售金额累计计算。

二年内多次实施侵犯知识产权违法行为，未经行政处理，累计数额构成犯罪的，应当依法定罪处罚。实施侵犯知识产权犯罪行为的追诉期限，适用刑法的有关规定，不受前述二年的限制。

十五、关于为他人实施侵犯知识产权犯罪提供原材料、机械设备等行为的定性问题

明知他人实施侵犯知识产权犯罪，而为其提供生产、制造侵权产品的主要原材料、辅助材料、半成品、包装材料、机械设备、标签标识、生产技术、配方等帮助，或者提供互联网接入、服务器托管、网络存储空间、通讯传输通道、代收费、费用结算等服务的，以侵犯知识产权犯罪的共犯论处。

十六、关于侵犯知识产权犯罪竞合的处理问题

行为人实施侵犯知识产权犯罪，同时构成生产、销售伪劣商品犯罪的，依照侵犯知识产权犯罪与生产、销售伪劣商品犯罪中处罚较重的规定定罪处罚。

《最高人民法院、最高人民检察院关于办理侵犯知识产权刑事案件具体应用法律若干问题的解释（三）》（法释〔2020〕10号）

第一条 具有下列情形之一的，可以认定为刑法第二百一十三条规定的“与其注册商标相同的商标”：

（一）改变注册商标的字体、字母大小写或者文字横竖排列，与注册商标之间基本无差别的；

（二）改变注册商标的文字、字母、数字等之间的间距，与注册商标之间基本无差别的；

（三）改变注册商标颜色，不影响体现注册商标显著特征的；

（四）在注册商标上仅增加商品通用名称、型号等缺乏显著特征要素，不影响体现注册商标显著特征的；

（五）与立体注册商标的三维标志及平面要素基本无差别的；

（六）其他与注册商标基本无差别、足以对公众产生误导的商标。

第八条 具有下列情形之一的，可以酌情从重处罚，一般不适用缓刑：

（一）主要以侵犯知识产权为业的；

（二）因侵犯知识产权被行政处罚后再次侵犯知识产权构成犯罪的；

（三）在重大自然灾害、事故灾难、公共卫生事件期间，假冒抢险救灾、防疫物资等商品的注册商标的；

（四）拒不交出违法所得的。

第九条 具有下列情形之一的，可以酌情从轻处罚：

（一）认罪认罚的；

（二）取得权利人谅解的；

（三）具有悔罪表现的；

（四）以不正当手段获取权利人的商业秘密后尚未披露、使用或者允许他人使用的。

第十条 对于侵犯知识产权犯罪的，应当综合考虑犯罪违法所得数额、非法经营数额、给权利人造成的损失数额、侵权假冒物品数量及社会危害性等情节，依法判处罚金。

罚金数额一般在违法所得数额的一倍以上五倍以下确定。违法所得数额无法查清的，罚金数额一般按照非法经营数额的百分之五十以上一倍以下确定。违法所得数额和非法经营数额均无法查清，判处三年以下有期徒刑、拘役、管制或者单处罚金的，一般在三万元以上一百万元以下确定罚金数额；判处三年以上有期徒刑的，一般在十五万元以上五百万元以下确定罚金数额。

【案例】

孙某强等假冒注册商标案①

• 案件事实 •

被告人孙某强，原系北京世纪发达商贸中心投资人。被告人钱某增，原系北京世纪发达商贸中心员工。被告人周某，原系北京世纪发达商贸中心员工。

2008 年 10 月 20 日，北京市海淀区人民检察院以被告人孙某强、钱某增、

① 参见中华人民共和国最高人民法院刑事审判第一、二、三、四、五庭主办：《刑事审判参考》（总第 78 集），法律出版社 2011 年版。

周某犯假冒注册商标罪，向北京市海淀区人民法院提起公诉。

被告人孙某强对指控数额提出异议，辩称散装水饺没有灌装到“思念”牌包装袋里，是准备做成其他品牌向外销售的，而不是假冒“思念”品牌向外销售；查获的有“思念”牌包装袋的食品中有“思念”牌正品的退货，因此上述两部分数额不应包括在指控数额里。其辩护人的辩护意见为：（1）被告人孙某强系初犯、偶犯，主观恶性不深，且认罪、悔罪态度较好；（2）工商部门的财物扣押清单中没有注明散装水饺是标有“思念”牌商标的，而涉案财产价格鉴定结论对这部分散装水饺以“思念”牌水饺价格认定是不正确的。综上，提请法庭对被告人孙某强从宽处罚。被告人钱某增辩称其只灌装了水饺与汤圆，没有灌装羊肉片。被告人周某对指控事实及罪名均无异议。

北京市海淀区人民法院经审理查明：2007 年 6 月至 2008 年 1 月间，被告人孙某强在本市租用房间后自建冷库，雇用被告人钱某增、周某利用低价购买或自行生产的水饺、汤圆灌装到标有“思念”牌商标的包装袋及包装箱中，假冒“思念”牌水饺、汤圆对外销售。2008 年 1 月 23 日，被告人孙某强、钱某增、周某被抓获归案，公安人员当场起获大量“思念”牌水饺、汤圆。郑州思念食品有限公司系“思念”牌注册商标的所有权人，该注册商标核定使用商品的范围为：饺子、元宵、馄饨、包子、春卷、方便米饭、八宝饭、粽子、馒头、冰淇淋。经依法鉴定，起获的“思念”牌水饺、汤圆系假冒“思念”牌注册商标的食品，货值金额为人民币 103480 元。

• 裁判要旨 •

未列入权利人注册商标核定使用范围内的商品，不应当被认定为假冒注册商标罪中的同一种商品。

• 裁判理由 •

北京市海淀区人民法院认为，被告人孙某强、钱某增、周某未经注册商标所有人许可，在同一种商品上使用与其注册商标相同的商标，情节严重，其行为均构成假冒注册商标罪，应予惩处。同时，由于“思念”牌注册商标所核定使用的商品范围并不包括羊肉片，所以公诉机关指控中有关羊肉片的货值金额不应纳入假冒注册商标罪的犯罪数额，应予以纠正。

关于被告人孙某强提出起获的散装水饺是准备假冒其他品牌出售以及起获的“思念”牌水饺含有正品的辩解，与其同案犯钱某增、周某关于某仓库一直作为假冒“思念”牌食品的制假窝点的供述明显相悖，且孙某强、钱某增二人的供述均能证明起获的散装水饺都是为了假冒“思念”牌食品而备用，这一事实亦可从现场起获的大量假冒“思念”牌的外包装予以印证，故对上述辩解不予采纳。关于被告人钱某增等人假冒“思念”牌注册商标食品的数量问题，除了现场起获的假冒该注册商标的食品外，根据被告人孙某强的供述与有关批发市场经销商的证言，能够证明大量由其假冒的“思念”牌注册商标的食品已经进入市场流通。由于公诉机关对于已销售的这部分假冒“思念”注册商标食品的数额没有予以指控，基于不告不理的原则，法院对此没有认定。但如上所述，对于孙某强等人假冒“思念”注册商标食品已大量流入市场的这一情况，供证相吻合，而且食品安全问题关乎广大人民群众的身体健康与切身利益，因此结合其经营时间长、销售数量多、波及面广等具体情节，可作为从重处罚情节。被告人钱某增、周某系由孙某强雇用进行犯罪活动的人员，在共同犯罪中起次要、辅助作用，属于从犯，结合此二人认罪态度较好，法院依法对此二人可从轻处罚。综合考量本案的证据情况，被告人钱某增在共同犯罪中所起的作用比被告人周某所起的作用更大，故在量刑时亦应有所区别。依照《刑法》第213条，第25条第1款，第26条第1款、第4款，第27条，第53条之规定，判决如下：被告人孙某强犯假冒注册商标罪，判处有期徒刑二年六个月，罚金人民币5万元；被告人钱某增犯假冒注册商标罪，判处有期徒刑一年六个月，罚金人民币2万元；被告人周某犯假冒注册商标罪，判处有期徒刑一年三个月，罚金人民币1万元。

一审宣判后，被告人孙某强不服，向北京市第一中级人民法院提出上诉。孙某强的上诉理由为：（1）原判将起获的部分散装水饺认定为假冒他人注册商标的商品，与事实不符；（2）原判依据被侵权单位提供的价格确定涉案商品的价值，导致认定犯罪数额过高，量刑过重。其辩护人提出：（1）孙某强经营假冒注册商标的商品的时间不长，销售范围有限，不应从重处罚；（2）在案扣押的部分散装水饺不是假冒注册商标的商品，其价值不应计入犯罪数额。综上，原判对孙某强量刑过重。

北京市第一中级人民法院经审理认为，原审判决认定孙某强、钱某增、周某犯假冒注册商标罪的事实清楚，证据确实、充分，定罪及适用法律正确，量刑适当，审判程序合法。据此，依照《刑事诉讼法》第189条第1项之规定，北京市第一中级人民法院裁定驳回上诉，维持原判。

【学理分析及适用指引】

• 学理分析 •

假冒注册商标罪，是指违反商标管理法规，未经注册商标所有人许可，在同一种商品、服务上使用与其注册商标相同的商标，情节严重的行为。本罪的构成要件如下：

1. 本罪的客体。本罪侵犯的客体是他人的注册商标专用权和国家的商标管理制度。犯罪对象是注册商标，具体包括《商标法》所规定的商品商标、

服务商标以及证明商标、集体商标。

2. 本罪的客观方面。客观方面表现为违反商标管理法规，未经注册商标所有人许可，在同一种商品、服务上使用与其注册商标相同的商标的行为。因此，构成本罪在客观方面必须具备以下条件：（1）行为人必须使用了他人已经注册的商标。他人，是指向商标局申请商标注册并依法取得商标专用权的人，包括外国企业和外国人在内的企业、事业单位和个体工商业者。（2）必须是未经他人许可而使用其注册商标，这是本罪的本质特征。（3）必须是在同一种商品、服务上使用与他人注册商标相同的商标。

3. 本罪的主体。犯罪主体为一般主体。

4. 本罪的主观方面。主观方面由故意构成，并且一般具有营利的目的，也有的是为了谋取某种利益、荣誉或者破坏他人商品的信誉。过失不构成本罪。

• 适用指引 •

司法实践中，认定本罪应注意：

1. 《刑法修正案（十一）》关于本罪的修正及入罪条件的把握。为进一步加大对假冒注册商标犯罪的惩治力度，《刑法修正案（十一）》从如下两个方面对《刑法》第213条进行了修正：一是对行为对象作扩展，由原规定的商品注册商标扩展为商品商标和服务商标。二是对法定刑进行了修改，一方面，将基本刑中的“拘役”予以删除，另一方面，将加重刑中的最高刑从七年有期徒刑提高到十年，这两个方面均体现了进一步加大对假冒注册商标犯罪的惩治力度。

关于《刑法修正案（十一）》对本罪的修正，最大亮点莫过于将服务商标纳入《刑法》的保护范畴。这里结合修订后的《商标法》，对假冒注册商标罪的行为对象——“注册商标”之具体范围进行分析。根据《商标法》第3条的规定，经商标局核准注册的商标为注册商标，包括商品商标、服务商标和集体商标、证明商标。因此，假冒注册商标罪中的注册商标包括集体商标、证明商标。集体商标是指以团体、协会或者其他组织的名义注册，供该组织成员在商事活动中使用，以表明使用者在该组织中的成员资格的标志；证明商标是指由对某种商品或者服务具有监督能力的组织所控制，而由该组织以外的单位或者个人使用于其商品或者服务，用以证明该商品或者服务的原产地、原料、制造方法、质量或者其他特定品质的标志。可见，不论是集体商标还是证明商标，仍是使用于特定商品或者服务上的标志，即本质仍是商品商标或者服务商标，是表明其核定使用的商品或服务具有某种特定品质。如假冒注册的证明商标会导致公众对商品或者服务的原产地、原料、制造方法、质量或者其他特定品质产生混淆。修正后的《刑法》第213条关于假冒注册商标罪保护的对象包括商品商标、服务商标，自然也应涵盖依法注册的集体商标、证明商标在内。

2. 罪与非罪的界限。在本罪与非罪行为界限的区分中，主要应当注意以下标准：（1）主观方面标准。本罪主观方面是故意，如果是因过失，如不知道某一商标已被他人注册，或者是自己首先使用的商标没有注册，却被他人抢先注册，自己在不知情的情况下仍继续使用的，不构成假冒注册商标罪。（2）犯罪情节标准。假冒注册商标罪是情节犯。行为人具备本罪主体、主观方面等要件并实施了“未经注册商标所有人许可，在同一种商品上使用与其相同的商标”的行为，还须达到“情节严重”的程度，方可构成犯罪。关于情节严重的具体标准，根据相关司法解释的规定，具体包括：①非法经营数额在5万元以上或者违法所得数额在3万元以上的；②假冒两种以上注册商标，非法经营数额在3万元以上或者违法所得数额在2万元以上的；③其他情节严重的情形。

3. 一罪与数罪的界限。在实践中，往往发生这样的案件：对于伪劣商品的生产者、销售者为了顺利地将伪劣商品出售牟利而在其上使用与他人注册商标相同商标，对此，2001年4月9日最高人民法院、最高人民检察院公布的《关于办理生产、销售伪劣商品刑事案件具体应用法律若干问题的解释》第10条明确规定：实施生产、销售伪劣商品犯罪，同时构成侵犯知识产权、非法经营等其他犯罪的，依照处罚较重的规定定罪处罚。

第二百一十四条　销售假冒注册商标的商品罪

【法律规定】

• 法律条文 •

《中华人民共和国刑法》

第二百一十四条　销售明知是假冒注册商标的商品，违法所得数额较大或者有其他严重情节的，处三年以下有期徒刑，并处或者单处罚金；违法所得数额巨大或者有其他特别严重情节的，处三年以上十年以下有期徒刑，并处罚金。

• 相关规定 •

《中华人民共和国商标法》

第六十七条第三款　销售明知是假冒注册商标的商品，构成犯罪的，除赔偿被侵权人的损失外，依法追究刑事责任。

《最高人民法院、最高人民检察院关于办理侵犯知识产权刑事案件具体应用法律若干问题的解释》（法释〔2004〕19号）

第二条　销售明知是假冒注册商标的商品，销售金额在五万元以上的，属于刑法第二百一十四条规定的“数额较大”，应当以销售假冒注册商标的商品罪判处三年以下有期徒刑或者拘役，并处或者单处罚金。

销售金额在二十五万元以上的，属于刑法第二百一十四条规定的“数额巨大”，应当以销售假冒注册商标的商品罪判处三年以上七年以下有期徒刑，并处罚金。

第九条　刑法第二百一十四条规定的“销售金额”，是指销售假冒注册商标的商品后所得和应得的全部违法收入。

具有下列情形之一的，应当认定为属于刑法第二百一十四条规定的“明知”：

（一）知道自己销售的商品上的注册商标被涂改、调换或者覆盖的；

（二）因销售假冒注册商标的商品受到过行政处罚或者承担过民事责任、又销售同一种假冒注册商标的商品的；

（三）伪造、涂改商标注册人授权文件或者知道该文件被伪造、涂改的；

（四）其他知道或者应当知道是假冒注册商标的商品的情形。

第十三条　实施刑法第二百一十三条规定的假冒注册商标犯罪，又销售该假冒注册商标的商品，构成犯罪的，应当依照刑法第二百一十三条的规定，以假冒注册商标罪定罪处罚。

实施刑法第二百一十三条规定的假冒注册商标犯罪，又销售明知是他人的假冒注册商标的商品，构成犯罪的，应当实行数罪并罚。

第十五条　单位实施刑法第二百一十三条至第二百一十九条规定的行为，按照本解释规定的相应个人犯罪的定罪量刑标准的三倍定罪量刑。

第十六条　明知他人实施侵犯知识产权犯罪，而为其提供贷款、资金、账号、发票、证明、许可证件，或者提供生产、经营场所或者运输、储存、代理进出口等便利条件、帮助的，以侵犯知识产权犯罪的共犯论处。

《最高人民法院、最高人民检察院、公安部关于办理侵犯知识产权刑事案件适用法律若干问题的意见》（法发〔2011〕3号）

七、关于尚未附着或者尚未全部附着假冒注册商标标识的侵权产品价值是否计入非法经营数额的问题

在计算制造、储存、运输和未销售的假冒注册商标侵权产品价值时，对于已经制作完成但尚未附着（含加贴）或者尚未全部附着（含加贴）假冒注册商标标识的产品，如果有确实、充分证据证明该产品将假冒他人注册商标，其价值计入非法经营数额。

八、关于销售假冒注册商标的商品犯罪案件中尚未销售或者部分销售情形的定罪量刑问题

销售明知是假冒注册商标的商品，具有下列情形之一的，依照刑法第二百一十四条的规定，以销售假冒注册商标的商品罪（未遂）定罪处罚：

（一）假冒注册商标的商品尚未销售，货值金额在十五万元以上的；

（二）假冒注册商标的商品部分销售，已销售金额不满五万元，但与尚未销售的假冒注册商标的商品的货值金额合计在十五万元以上的。

假冒注册商标的商品尚未销售，货值金额分别达到十五万元以上不满二十五万元、二十五万元以上的，分别依照刑法第二百一十四条规定的各法定刑幅度定罪处罚。

销售金额和未销售货值金额分别达到不同的法定刑幅度或者均达到同一法定刑幅度的，在处罚较重的法定刑或者同一法定刑幅度内酌情从重处罚。

十四、关于多次实施侵犯知识产权行为累计计算数额问题

依照《最高人民法院、最高人民检察院关于办理侵犯知识产权刑事案件具体应用法律若干问题的解释》第十二条第二款的规定，多次实施侵犯知识产权行为，未经行政处理或者刑事处罚的，非法经营数额、违法所得数额或者销售金额累计计算。

二年内多次实施侵犯知识产权违法行为，未经行政处理，累计数额构成犯罪的，应当依法定罪处罚。实施侵犯知识产权犯罪行为的追诉期限，适用刑法的有关规定，不受前述二年的限制。

十五、关于为他人实施侵犯知识产权犯罪提供原材料、机械设备等行为的定性问题

明知他人实施侵犯知识产权犯罪，而为其提供生产、制造侵权产品的主要原材料、辅助材料、半成品、包装材料、机械设备、标签标识、生产技术、配方等帮助，或者提供互联网接入、服务器托管、网络存储空间、通讯传输通道、代收费、费用结算等服务的，以侵犯知识产权犯罪的共犯论处。

十六、关于侵犯知识产权犯罪竞合的处理问题

行为人实施侵犯知识产权犯罪，同时构成生产、销售伪劣商品犯罪的，依照侵犯知识产权犯罪与生产、销售伪劣商品犯罪中处罚较重的规定定罪处罚。

《最高人民法院、最高人民检察院、公安部、国家烟草专卖局关于办理假冒伪劣烟草制品等刑事案件适用法律问题座谈会纪要》（高检会〔2003〕4号）

二、关于销售明知是假冒烟用注册商标的烟草制品行为中的“明知”问题

根据刑法第二百一十四条的规定，销售明知是假冒烟用注册商标的烟草制品，销售金额较大的，构成销售假冒注册商标的商品罪。

“明知”，是指知道或应当知道。有下列情形之一的，可以认定为“明知”：

1. 以明显低于市场价格进货的；

2. 以明显低于市场价格销售的；

3. 销售假冒烟用注册商标的烟草制品被发现后转移、销毁物证或者提供虚假证明、虚假情况的；

4. 其他可以认定为明知的情形。

六、关于一罪与数罪问题

行为人的犯罪行为同时构成生产、销售伪劣产品罪、销售假冒注册商标的商品罪、非法经营罪等罪的，依照处罚较重的规定定罪处罚。

【案例】

黄某某帮助犯罪分子逃避处罚、销售假冒注册商标的商品案①

• 案件事实 •

被告人黄某某原系稽查支队稽查员，在担任上海市烟草专卖局静安分局稽查支队稽查员期间，于2006年9月至2007年10月，在查禁销售假冒伪劣卷烟违法犯罪的活动中，多次将稽查支队突击检查的部署安排事先泄漏给辖区内某杂货店的经营者蔡某某。2007年春节期间，黄某某因私离沪前，还指使其同事滕某某（另案处理）将稽查支队春节期间突击检查的部署安排事先泄漏给蔡某某。由于黄某某的事先通风报信，致使蔡某某销售假冒注册商标卷烟的犯罪行为多次得以逃避检查和处罚。

另查明，黄某某于2004年11月起，多次介绍他人至蔡某某处购买假冒注册商标的中华卷烟，而后与蔡某某共同分利。黄某某以上述方式伙同蔡某某将假冒注册商标的中华卷烟销售给毛某某、张某等人共计200余条，销售金额达人民币8.6万余元。2007年11月7日，黄某某在单位被调查时主动交代了上述犯罪事实。

• 裁判要旨 •

对制售伪劣商品具有查禁职责的稽查人员，不仅向制售伪劣商品的犯罪分子通风报信、逃避检查，而且还伙同他人销售假冒注册商标的商品，依法应以帮助犯罪分子逃避处罚罪和销售假冒注册商标的商品罪实行并罚。

• 裁判理由 •

上海市静安区人民法院一审认为，被告人黄某某多次介绍他人至蔡某某处

① 参见《中华人民共和国最高人民法院公报》2009年第6期。

购买假冒注册商标的中华卷烟共计200余条，销售金额达人民币8.6万余元，而后与蔡某某共同分利。黄某某的上述行为，属于销售假冒注册商标的商品的共同犯罪行为。被告人黄某某虽与蔡某某共同销售假冒注册商标的中华卷烟，但这并不影响其向蔡某某通风报信的行为构成帮助犯罪分子逃避处罚罪。黄某某向蔡某某通风报信，固然有防止自己罪行败露的主观目的，但不能因此否定其具有帮助蔡某某逃避刑事处罚的目的。黄某某的辩护人关于黄某某向蔡某某通风报信的目的是使自己得以逃脱处罚，应以销售假冒注册商标的商品罪一罪论处的辩护理由不能成立，不予采纳。

综上，被告人黄某某身为稽查支队的稽查员，负有查禁销售假冒注册商标卷烟制品犯罪的职责，却与销售假冒注册商标的商品的犯罪分子相互勾结，共同实施销售假冒注册商标的商品的犯罪行为，并向犯罪分子通风报信，帮助犯罪分子逃避处罚，其行为分别构成销售假冒注册商标的商品罪、帮助犯罪分子逃避处罚罪，应依法实行数罪并罚。黄某某在本单位对其进行调查时，主动交代了全部犯罪事实，可以自首论处，依法可从轻处罚。对辩护人关于黄某某具有自首情节，依法可从轻处罚的辩护意见，应予采纳。黄某某与蔡某某在共同犯罪中作用基本相当，无主、从犯之分，均应依法惩处。据此，上海市静安区人民法院依照《刑法》第417条，第214条，第25条第1款，第26条第1款、第4款，第67条第1款，第69条和第64条，以及《全国人民代表大会常务委员会关于〈中华人民共和国刑法〉第九章渎职罪主体适用问题的解释》之规定，于2008年6月6日判决如下：一、被告人黄某某犯帮助犯罪分子逃避处罚罪，判处有期徒刑一年六个月；犯销售假冒注册商标的商品罪，判处有期徒刑一年，并处罚金人民币2000元；决定执行有期徒刑二年，并处罚金人民币2000元。二、追缴被告人黄某某违法所得，上缴国库。

黄某某不服一审判决，向上海市第二中级人民法院提出上诉称：其不具有查禁犯罪活动的职责。其与蔡某某共同销售假冒注册商标的卷烟，向蔡某某通风报信的目的也是使自己得以逃脱处罚，故其仅是销售假冒注册商标的商品罪的共犯，不构成帮助犯罪分子逃避处罚罪。一审判决定性错误，量刑过重，请求依法改判。

上海市第二中级人民法院经二审，确认了一审法院查明的事实，并认为：上诉人黄某某作为稽查支队稽查员，依照《烟草专卖法》《行政处罚法》及其所在部门的具体职能规定，负有查处倒卖烟草专卖品，生产、销售假冒注册商标的烟草制品等违法行为的职责，并对相关违法行为构成犯罪的，负有将案件移送司法机关依法追究刑事责任的职责。因此，黄某某符合帮助犯罪分子逃避处罚罪的主体要求，其关于不具有查禁犯罪活动职责的上诉理由不能成立。黄某某向蔡某某通风报信，帮助蔡某某逃避刑事处罚，其行为构成帮助犯罪分子逃避处罚罪。上诉人黄某某介绍他人至蔡某某处购买假冒注册商标的卷烟并与蔡某某共同分利，数额较大，其行为构成销售假冒注册商标的商品罪。

综上，上诉人黄某某具体实施了帮助犯罪分子逃避处罚罪、销售假冒注册商标的商品罪两个犯罪行为，依法应予以数罪并罚。一审法院认定事实清楚，证据确实、充分，定罪量刑适当，审判程序合法。据此，上海市第二中级人民法院根据《刑事诉讼法》第189条第1项之规定，于2008年9月17日裁定如下：驳回上诉，维持原判。

【学理分析及适用指引】

• 学理分析 •

销售假冒注册商标的商品罪，是指销售明知是假冒注册商标的商品，违法所得数额较大的行为。本罪的构成要件如下：

1. 本罪的客体。本罪侵犯的客体是他人的注册商标专用权和国家的商标管理制度。

2. 本罪的客观方面。客观方面表现为销售明知是假冒注册商标的商品的行为。假冒注册商标的商品的特点是：在销售的商品上未经他人许可使用了与他人注册商标相同的商标（如果经许可使用他人注册商标的，则必须在使用该注册商标的商品上，标明被许可人的名称和商品产地），所销售的商品与商标专用权人的商品属于同一种商品。这种假冒注册商标的商品，应当是他人所生产、提供的，而不是销售者自己所生产的。如果行为人在自己生产、加工的同一种商品上，使用与他人注册商标相同的商标，然后拿到市场上销售，构成犯罪的，则应按假冒注册商标罪处理。销售，是指卖出货物的行为，包括零售、批发、直销、代销等。按照立法精神，构成本罪必须以把假冒注册商标的商品销售出去为条件。

3. 本罪的主体。犯罪主体为一般主体，自然人和企业、事业单位均可构成本罪的主体。

4. 本罪的主观方面。主观方面由故意构成，即行为人明知是假冒注册商标的商品而故意销售给他人。根据相关司法解释的规定，具有下列情形之一的，应当认定为“明知”：（1）知道自己销售的商品上的注册商标被涂改、调换或者覆盖的；（2）因销售假冒注册商标的商品而受过行政处罚或者承担过民事责任，又销售同一种假冒注册商标的商品的；（3）伪造、涂改商标注册人授权文件或者知道该文件被伪造、涂改的；（4）其他知道或者应当知道是假冒注册商标的商品的情形。过失不构成本罪。

• 适用指引 •

司法实践中，认定本罪时应注意：

1. 对《刑法修正案（十一）》关于本罪的修订及入罪条件的把握。为进一步加大对假冒注册商标犯罪的惩治力度，《刑法修正案（十一）》在适当提高销售假冒注册商标的商品罪法定刑的同时，还将本罪的入罪条件由“销售金额数额较大”调整为“违法所得数额较大或者其他严重情节”，数额加情节的立法模式更符合惩治此类犯罪的司法实践。根据修正后的《刑法》第214条规定，销售假冒注册商标的商品罪要求违法所得数额较大或者有其他严重情节的。一般认为，这一修改并非抛弃了原规定的“销售金额数额较大”入罪情节，相反，“销售金额数额较大”仍然可解释为“其他严重情节”的重要情节之一。[①] 因此，《刑法修正案（十一）》之前的相关司法解释规定的“销售金额在五万元以上的，属于刑法第二百一十四条规定的‘数额较大’”，仍有一定的参考价值，至少可视为情节严重的情形，至于“违法数额较大”的标准如何确定，有待新的司法解释或者规范性文件予以明确。

2. 罪与非罪的界限。如果存在故意销售假冒注册商标的商品，违法所得数额达不到定罪标准的行为，或者因受到蒙骗、欺骗等原因销售假冒注册商标的商品的，或者故意销售未注册的商标的商品以及故意销售假冒注册商标的商品与注册商标的商品不属于同一类产品的，对这些行为，构成一般侵权行为的，应当承担民事或者行政责任。如果符合其他罪名的构成要件，如行为人销售假冒注册商标的商品是质量低劣，不符合质量标准的产品，则可以依照生产、销售伪劣商品罪定罪处刑。

3. 本罪与生产、销售伪劣产品罪的界限。两者之间的区别在于：

（1）两者侵害的客体及犯罪对象不同：本罪侵害的客体是他人的注册商标专用权和国家对商标的管理制度，其犯罪对象是商标权利人。生产、销售伪劣产品罪侵害的客体是产品质量监督管理制度，其犯罪对象是广大消费者。

（2）两种犯罪行为的客观表现形式不同：销售假冒注册商标的商品罪客观上表现在明知是假冒注册商标的商品而予以销售。而生产、销售伪劣产品的行为客观上表现为违反国家有关产品质量管理的规定，在生产、销售的产品中掺杂、掺假、以假充真、以次充好或者以不合格的产品冒充合格的产品。如果行为人既销售假冒注册商标的商品，同时销售的商品又是伪劣的产品，且数额较大，此时构成两者的想象竞合犯，应当按照案件的具体情况在两罪中择一重罪从重处罚。

4. 本罪与假冒注册商标罪的界限。两者的主要区别是：

（1）主体不同。本罪的主体是销售者，其并不从事生产，而是通过销售将产品推上市场，而后者犯罪主体是生产者，即直接从事生产，制造假冒他人

---

① 参见许永安主编：《中华人民共和国刑法修正案（十一）解读》，中国法制出版社2021年版，第175页。

注册商标的商品的人。

（2）客观行为不同。销售假冒注册商标的商品罪表现在商品销售环节上，销售明知是假冒他人注册商标的商品且数额较大的行为。假冒注册商标罪表现在生产环节上，在生产、制造的同一种商品上，未经商标权利人许可，使用他人注册商标的行为。因此，销售假冒注册商标的商品罪的主体，并不包括实施假冒注册商标行为的人。如果行为人既有假冒注册商标的行为，又销售该假冒注册商标的商品，则属于刑法理论上的吸收犯，假冒注册商标罪吸收本罪，应当以假冒注册商标罪定罪处罚。

第二百一十五条　非法制造、销售非法制造的注册商标标识罪

【法律规定】

• 法律条文 •

《中华人民共和国刑法》

第二百一十五条　伪造、擅自制造他人注册商标标识或者销售伪造、擅自制造的注册商标标识，情节严重的，处三年以下有期徒刑，并处或者单处罚金；情节特别严重的，处三年以上十年以下有期徒刑，并处罚金。

• 相关规定 •

《中华人民共和国商标法》

第六十七条第二款　伪造、擅自制造他人注册商标标识或者销售伪造、擅自制造的注册商标标识，构成犯罪的，除赔偿被侵权人的损失外，依法追究刑事责任。

《最高人民法院、最高人民检察院关于办理侵犯知识产权刑事案件具体应用法律若干问题的解释》（法释〔2004〕19 号）

第三条　伪造、擅自制造他人注册商标标识或者销售伪造、擅自制造的注册商标标识，具有下列情形之一的，属于刑法第二百一十五条规定的“情节严重”，应当以非法制造、销售非法制造的注册商标标识罪判处三年以下有期徒刑、拘役或者管制，并处或者单处罚金：

（一）伪造、擅自制造或者销售伪造、擅自制造的注册商标标识数量在二万件以上，或者非法经营数额在五万元以上，或者违法所得数额在三万元以上的；

（二）伪造、擅自制造或者销售伪造、擅自制造两种以上注册商标标识数量在一万件以上，或者非法经营数额在三万元以上，或者违法所得数额在二万元以上的；

（三）其他情节严重的情形。

具有下列情形之一的，属于刑法第二百一十五条规定的“情节特别严重”，应当以非法制造、销售非法制造的注册商标标识罪判处三年以上七年以下有期徒刑，并处罚金：

（一）伪造、擅自制造或者销售伪造、擅自制造的注册商标标识数量在十万件以上，或者非法经营数额在二十五万元以上，或者违法所得数额在十五万元以上的；

（二）伪造、擅自制造或者销售伪造、擅自制造两种以上注册商标标识数量在五万件以上，或者非法经营数额在十五万元以上，或者违法所得数额在十万元以上的；

（三）其他情节特别严重的情形。

第十五条 单位实施刑法第二百一十三条至第二百一十九条规定的行为，按照本解释规定的相应个人犯罪的定罪量刑标准的三倍定罪量刑。

第十六条 明知他人实施侵犯知识产权犯罪，而为其提供贷款、资金、账号、发票、证明、许可证件，或者提供生产、经营场所或者运输、储存、代理进出口等便利条件、帮助的，以侵犯知识产权犯罪的共犯论处。

《最高人民法院、最高人民检察院、公安部关于办理侵犯知识产权刑事案件适用法律若干问题的意见》（法发〔2011〕3号）

九、关于销售他人非法制造的注册商标标识犯罪案件中尚未销售或者部分销售情形的定罪问题

销售他人伪造、擅自制造的注册商标标识，具有下列情形之一的，依照刑法第二百一十五条的规定，以销售非法制造的注册商标标识罪（未遂）定罪处罚：

（一）尚未销售他人伪造、擅自制造的注册商标标识数量在六万件以上的；

（二）尚未销售他人伪造、擅自制造的两种以上注册商标标识数量在三万件以上的；

（三）部分销售他人伪造、擅自制造的注册商标标识，已销售标识数量不满二万件，但与尚未销售标识数量合计在六万件以上的；

（四）部分销售他人伪造、擅自制造的两种以上注册商标标识，已销售标识数量不满一万件，但与尚未销售标识数量合计在三万件以上的。

十四、关于多次实施侵犯知识产权行为累计计算数额问题

依照《最高人民法院、最高人民检察院关于办理侵犯知识产权刑事案件具

体应用法律若干问题的解释》第十二条第二款的规定，多次实施侵犯知识产权行为，未经行政处理或者刑事处罚的，非法经营数额、违法所得数额或者销售金额累计计算。

二年内多次实施侵犯知识产权违法行为，未经行政处理，累计数额构成犯罪的，应当依法定罪处罚。实施侵犯知识产权犯罪行为的追诉期限，适用刑法的有关规定，不受前述二年的限制。

十五、关于为他人实施侵犯知识产权犯罪提供原材料、机械设备等行为的定性问题

明知他人实施侵犯知识产权犯罪，而为其提供生产、制造侵权产品的主要原材料、辅助材料、半成品、包装材料、机械设备、标签标识、生产技术、配方等帮助，或者提供互联网接入、服务器托管、网络存储空间、通讯传输通道、代收费、费用结算等服务的，以侵犯知识产权犯罪的共犯论处。

十六、关于侵犯知识产权犯罪竞合的处理问题

行为人实施侵犯知识产权犯罪，同时构成生产、销售伪劣商品犯罪的，依照侵犯知识产权犯罪与生产、销售伪劣商品犯罪中处罚较重的规定定罪处罚。

【案例】

姚某等非法制造注册商标标识案①

• 案件事实 •

1998年年初，被告人刘某与他人合伙开办上海华珏精细化工实业有限公司。后被告人庄某投资15万元参股。1998年5月，刘某、庄某商定：由庄某提供花王飞逸洗发水包装箱、洗发水样品及商标注册证书，刘某生产洗发水膏体，生产假冒上海花王有限公司的花王飞逸洗发水。

嗣后，刘某与被告人姚某商定，由姚某印刷花王飞逸洗发水包装箱及商标标识。姚某根据刘某提供的花王飞逸洗发水包装箱及商标标识，在自己的印刷车间印刷了花王飞逸洗发水包装箱1万余只，同时，又通过江苏江阴长泾电子制版厂制作电脑印刷版，从上海金狮印务中心印刷了花王飞逸洗发水商标标识25万片。上述物品印刷完毕后，经刘某、庄某查验，认为与真品有明显差异而决定报废。

1998年9月，姚某又印刷了1万只假花王飞逸洗发水包装箱，并再次要求江苏江阴长泾电子制版厂重新制作电脑印刷版。刘某提取了电脑印刷版后，从上海冠富塑胶包装有限公司印刷了假花王飞逸洗发水商标标识10.8万片。后

① 参见熊选国主编：《假冒伪劣犯罪判解》，法律出版社2004年版，第125页。

刘某通过姚某等人将生产的洗发水膏体装运至上海桃林印刷厂，粘贴假花王飞逸洗发水商标标识等。

1998 年 12 月 30 日，刘某、庄某欲将已包装好的假花王飞逸洗发水 33192 瓶运至江西省南昌市，姚某因与刘某为印刷等费用发生纠葛，遂向公安机关举报致案发。

• 裁判要旨 •

行为人与他人共谋，明知他人提供的某知名商品包装箱及注册商标标识并非本人所有，而应提供者要求，大量印制该商品包装箱和商标标识，依法成立非法制造注册商标标识罪共犯。

• 裁判理由 •

本案经上海市宝山区人民法院一审后，被告人姚某不服，以“自己是受刘某等人欺骗才印制花王飞逸洗发水商标标识及外包装箱，不明知刘某等人生产假冒注册商标产品，不构成共同犯罪”为由，向上海市第二中级人民法院提出上诉。

二审法院审理查明的事实与一审相同。另查明：姚某于 1998 年 12 月 30 日因与刘某为印刷等费用发生纠葛而向公安机关举报同案犯致案发，并使赃物被及时查获，其在当天公安机关所作的笔录中交代自己参与其中的部分事实。1999 年 3 月 18 日，上诉人姚某在公安机关所作的讯问笔录中如实交代了自己的犯罪事实。二审法院部分改判了一审判决。二审法院认为：姚某、刘某、庄某结伙伪造他人注册商标标识，情节严重，其行为均已构成非法制造注册商标标识罪，依法应予惩处。上诉人姚某主观上具有明知犯罪而为之的故意，客观上又积极参与实施犯罪，应以非法制造注册商标标识罪共犯论处。姚某的上诉理由不能成立。姚某因与刘某有经济纠葛而向公安机关举报同案犯致案发，这一行为尚不符合立功条件。但其在公安机关采取强制措施前已如实交代自己参与犯罪的基本事实，在一审庭审中对自己的犯罪事实也并不否认，尽管其举报同案犯的动机是泄私愤，并辩解自己的行为不构成犯罪。但其辩解是主观上的认识错误，不能因此而否定其如实交代自己的罪行这一情节。从有利于及时打击犯罪和减少由犯罪带来的危害后果角度出发，对其行为可视为主动投案、如实供述自己的罪行，应认定为自首并应依法从轻处罚。原审判决定罪正确，对原审被告人刘某、庄某的量刑并无不当。审判程序合法。但原审判决对上诉人姚某未认定自首不当，应当依法改判。依照《刑法》第 215 条，第 25 条第 1 款，第 67 条第 1 款，第 72 条，第 73 条第 2 款、第 3 款和《刑事诉讼法》第 189 条第 1 项、第 3 项之规定，于 2000 年 3 月 10 日判决如下：一、维持宝山区人民法院刑事判决的第一项、第二项，即被告人刘某犯非法制造注册商标标识罪，判处有期徒刑六个月，缓刑一年，并处罚金人民币 1 万元；被告人庄某犯非法制造注册商标标识罪，判处有期徒刑六个月，缓刑一年，并处罚金人民币 1 万元。二、撤销宝山区人民法院刑事判决的第三项，即被告人姚某犯非法制造注册商标标识罪，判处罚金人民币 1 万元。三、上诉人姚某犯非法制造注册商标标识罪，判处罚金人民币 5000 元。

【学理分析及适用指引】

• 学理分析 •

非法制造、销售非法制造的注册商标标识罪，是指伪造、擅自制造他人注册商标标识，或者销售伪造、擅自制造的注册商标标识，情节严重的行为。本罪的构成要件如下：

1. 本罪的客体。本罪侵犯的客体是他人的注册商标专用权和国家的商标管理制度。犯罪对象是他人的注册商标标识。

2. 本罪的客观方面。客观方面表现为伪造、擅自制造他人注册商标标识，或者销售伪造、擅自制造的他人注册商标标识的行为。伪造，是指仿造他人注册商标的文字、字母、图形或者图样进行的非法制造注册商标标识的行为；擅自制造，是指具备印制商标标识资格的企业，超过注册商标所有人授予的权限，在印制商标标识企业与注册商标所有人的商标印制合同规定的印数之外，又私自超量印制商标标识，从中牟利的行为。前者，商标标识是假的；后者，商标标识是真的。销售伪造、擅自制造的注册商标标识，是指以获取非法利润为目的，故意销售伪造、擅自制造的注册商标标识的行为。销售，指批发、零售和内部销售。此处包括非法制造注册商标标识和非法销售注册商标标识两种行为。由于制造和销售两种行为在实践中有紧密的联系，制造的目的一般是销售，但也有的销售者并不一定是制造者，或者制造了商标并未销售。因此，法律只要求行为人实施了其中一种行为就构成本罪；同时实施两种行为的，也不实行数罪并罚，但量刑时可作为情节予以考虑。

3. 本罪的主体。犯罪主体为一般主体，自然人和企业、事业单位均可构成本罪的主体。

4. 本罪的主观方面。主观方面由故意构成，即明知是他人的注册商标标识而非法制造或者销售，并且一般具有营利的目的。

• 适用指引 •

司法实践中，认定本罪应注意：

1. 关于伪造、擅自制造他人注册商标标识行为的认定。依据《刑法》第 215 条规定，非法制造注册商标标识罪是指伪造、擅自制造他人注册商标标识，情节严重的行为。该罪的犯罪对象是他人注册商标的标识，包括商品商标标识和服务商标标识。伪造、擅自制造他人注册商标标识，不但侵犯了商标所有人的商标专用权，而且破坏了国家商标管理制度。

非法制造注册商标标识罪在客观方面表现为两种方式，即伪造和擅自制造。此处的伪造，是指未经注册商标权利人许可，通过临摹、绘制、复印、翻拍、扫描及上述手段的结合等方法仿造他人注册商标标识的行为。擅自制造则通常表现为与注册商标所有人委托加工合同期满后继续加工，或在合同期限内超越授权委托数量额外加工，或以不正当手段获取商标标识原版而私自进行印制他人注册商标标识的行为。

2. 关于假冒注册商标罪与非法制造注册商标标识罪的区分。《刑法》第213条规定的假冒注册商标罪和第215条规定的非法制造注册商标标识罪都是针对他人享有专用权的注册商标实施的犯罪，二者侵犯的客体和《刑法》规定的法定刑也完全相同。当行为人非法制造注册商标标识，并将其用于与该注册商标核定使用的商品属于同一种的商品上，其行为触犯了《刑法》中的两个罪名，即非法制造注册商标标识罪和假冒注册商标罪。这种情形属于刑法理论上的牵连犯，仍应当按照“择一重罪从重处罚”的法律适用原则，选择处罚较重的罪名定罪处罚。当然，此处的“择一重罪”，主要应当根据行为人的具体犯罪行为确定适用哪一个罪名。如果行为人非法制造注册商标标识的犯罪行为已经实施完毕，假冒行为正在实施，尚未造成后果，应当按照既遂的非法制造注册商标标识罪定罪处罚；如果非法制造的数量不是很大，但假冒注册商标，非法获利数额特别巨大，就应当以假冒注册商标罪定罪处罚。

第二百一十六条　假冒专利罪

【法律规定】

• 法律条文 •

《中华人民共和国刑法》

第二百一十六条　假冒他人专利，情节严重的，处三年以下有期徒刑或者拘役，并处或者单处罚金。

• 相关规定 •

《中华人民共和国专利法》

第六十八条　假冒专利的，除依法承担民事责任外，由管理专利执法的部门责令改正并予公告，没收违法所得，可以处违法所得五倍以下的罚款；没有违法所得或者违法所得在五万元以下的，可以处二十五万元以下的罚款；构成犯罪的，依法追究刑事责任。

《最高人民法院、最高人民检察院关于办理侵犯知识产权刑事案件具体应用法律若干问题的解释》（法释〔2004〕19号）

第四条　假冒他人专利，具有下列情形之一的，属于刑法第二百一十六条规定的“情节严重”，应当以假冒专利罪判处三年以下有期徒刑或者拘役，并处或者单处罚金：

（一）非法经营数额在二十万元以上或者违法所得数额在十万元以上的；

（二）给专利权人造成直接经济损失五十万元以上的；

（三）假冒两项以上他人专利，非法经营数额在十万元以上或者违法所得数额在五万元以上的；

（四）其他情节严重的情形。

第十条　实施下列行为之一的，属于刑法第二百一十六条规定的“假冒他人专利”的行为：

（一）未经许可，在其制造或者销售的产品、产品的包装上标注他人专利号的；

（二）未经许可，在广告或者其他宣传材料中使用他人的专利号，使人将所涉及的技术误认为是他人专利技术的；

（三）未经许可，在合同中使用他人的专利号，使人将合同涉及的技术误认为是他人专利技术的；

（四）伪造或者变造他人的专利证书、专利文件或者专利申请文件的。

第十五条　单位实施刑法第二百一十三条至第二百一十九条规定的行为，按照本解释规定的相应个人犯罪的定罪量刑标准的三倍定罪量刑。

第十六条　明知他人实施侵犯知识产权犯罪，而为其提供贷款、资金、账号、发票、证明、许可证件，或者提供生产、经营场所或者运输、储存、代理进出口等便利条件、帮助的，以侵犯知识产权犯罪的共犯论处。

【案例】

周某假冒专利案

• 案件事实 •

1996年9月7日，山东阳谷玻璃工艺制品厂职工卢某就其“双层艺术玻璃容器”发明设计获实用新型专利，专利保护期限10年。1997年5月，山东阳谷玻璃工艺制品厂与卢某就该专利的实施达成书面实施许可合同，并生产专利产品“诺亚”牌双层艺术玻璃口杯。

被告人周某，四川省成都市武侯区乐凯保温制品厂（个体性质）负责人。1999年3月，周某注册成立乐凯制品厂（个体性质），同年4月，河北开元实业有限公司授权乐凯制品厂使用其拥有商标权的“乐凯”商标。周某即自滕州天元瓶盖厂购进杯体，生产双层艺术玻璃口杯。同年5月13日，周某向中国专利局专利复审委员会请求宣告卢某的“双层艺术玻璃容器”实用新型无效，随后于同年的5月至9月，以每只78元至182元的不等价格在成都、南昌等地公开大量销售“乐凯”牌口杯，共销售3168只，经营额282366.52元，非法获利76446.52元。2000年3月20日，专利复审委员会作出决定，维持卢某95229146.0号专利有效。

山东省专利管理局就周某生产的“乐凯”牌口杯，与卢某的95229146.0号专利的权利要求是否相同，是否属于侵犯专利权的行为，于1999年10月11日作出专利侵权咨询鉴定书，认为：“乐凯”牌口杯具备了95229146.0号专利的必要技术特征。在没有经过专利权人许可或者不符合《专利法》第62条等条款以及其他不属于侵犯专利权的规定的前提下，乐凯制品厂如果为生产经营目的制造、销售上述产品，其行为属于侵犯专利权人卢某的95229146.0号实用新型专利权的行为。结合本案“被告人未经过卢某许可，为生产经营目的制造销售乐凯口杯，且不符合《专利法》规定的不属于侵犯专利权的情形”的事实，周某生产、销售乐凯牌口杯侵犯了卢某的专利权。

• 裁判要旨 •

行为人明知他人拥有某项专利技术后，为规避法律制裁，向专利复审委员会申请宣告他人专利无效，在未得到正式决定前，即开始实施利用该专利技术制造并销售专利产品，足以证明行为人在“明知”的情形下实施了假冒专利的行为。

• 裁判理由 •

山东省阳谷县人民法院审理后作出一审判决，以假冒专利罪判处被告人周某有期徒刑二年，并处罚金人民币5万元；被告人周某非法获利76446.52元予以追缴，赃物乐凯牌口杯300只予以没收；被告人周某赔偿附带民事诉讼原告人山东省阳谷玻璃工艺制品厂经济损失76446.52元。

被告人周某不服，提出上诉。山东省聊城市中级人民法院经审理，作出维持原判的终审裁定。终审法院认为：上诉人周某明知卢某具有95229146.0号专利，且在保护期内，未经专利权人许可，为生产经营目的非法制造、销售侵犯他人专利权的乐凯牌口杯，属于假冒专利行为，上诉人销售乐凯牌口杯3168只，非法经营额282366.52元，非法获利76446.52元，属于假冒专利情节严重，严重侵犯了国家的专利管理制度和他人的专利专有权，构成假冒专利罪，应予以刑事处罚。上诉人生产、销售乐凯牌口杯的行为，还直接侵犯了山东阳谷玻璃工艺制品厂对专利的实施权，原审法院判处上诉人赔偿经济损失是正确的。对于上诉人提出一审认定事实不清，证据不足，程序违法及辩护人关于上诉人不构成假冒专利罪，阳谷县人民法院没有管辖权的辩解及辩护意见不能成立，法院不予采纳。原审判决认定事实清楚，证据确实、充分，定罪准确，量刑、赔偿数额适当，审判程序合法，应予维持。对于附带民事诉讼原告人要求维持原审判决的意见，法院予以采纳。据此，依照《刑事诉讼法》第189条第1项之规定，裁定如下：驳回上诉，维持原判。

【学理分析及适用指引】

• 学理分析 •

假冒专利罪，是指以获取非法利益为目的，违反国家专利管理法规，在法律规定的专利有效期限内，假冒他人或者单位被授予的专利，侵犯他人或者单位的专利权益，情节严重的行为。本罪的构成要件如下：

1. 本罪的客体。本罪侵犯的客体是他人的专利权和国家的专利管理制度。犯罪对象是专利产品。

2. 本罪的客观方面。客观方面表现为违反国家专利管理法规规定，在法律规定的专利有效期限内，假冒他人被授予的专利，侵犯他人专利权益的行为。从司法实践看，假冒他人专利的行为主要有两种形式：一种是未经专利权人许可，出于生产经营目的而非法制造、使用或者销售其专利产品或者使用其专利方法；另一种是未经专利权人同意，在其制造、使用或者出售的产品上，标注、缀附或者在与该产品有关的广告中冒用专利权人的姓名、专利名称、专利号或者专利权人的其他专利标记。此处讲的“他人”，既指自然人，也包括单位。

3. 本罪的主体。犯罪主体为一般主体，可以是公民个人，也可以是企业、事业单位。

4. 本罪的主观方面。主观方面由直接故意构成，并且具有非法获利的目的。间接故意和过失不构成本罪。

• 适用指引 •

司法实践中，认定本罪应注意：

1. 本罪与专利正当行为的界限。假冒专利罪的行为或者是根本没有实施他人专利，是用非专利产品冒充专利产品，或者以自己冒充他人专利的专利权人，这是一种违法行为，但区别于一般的专利侵权行为。而专利正当行为是相对于专利侵权行为而言的，是一种合法行为，一般情况下不会对专利权造成侵害，某些情况下即使给专利权人造成了经济等方面的损害，也是在法律的允许范围之内。

2. 本罪与专利违法行为的界限。假冒专利罪是一种严重的专利违法行为，一般的假冒专利的违法行为达到“情节严重”的标准，具有较大的社会危害性，触犯了《刑法》规定，就构成假冒专利罪。“情节严重”的标准可以依据相关的司法解释规定予以把握。

3. 本罪与非法实施他人专利行为、冒充专利行为的界限。非法实施他人专利的行为，是指未经专利权人许可而非法使用其专利的行为，这种行为即使情节严重也不构成假冒专利罪。冒充专利是指以非专利产品冒充专利产品，或者以非专利方法冒充专利方法的行为。二者的区别在于对象的不同。假冒专利罪的假冒对象是他人的专利，属于现实存在的他人专利，对其进行假冒侵犯了专利权人的合法权益；而冒充专利的对象是概括的“专利”，即将非专利产品、方法谎称为“专利”，其实该专利并不存在或者已经失效。这种冒充行为尽管侵犯了国家专利机关对专利的管理秩序，但不存在侵犯他人专利权的问题。这种情况即使情节严重也不构成假冒专利罪。

4. 假冒专利罪与诈骗罪的界限。由于假冒专利的行为采用了以假乱真的方法，具有一定的欺诈性，所以可能作为诈骗的手段，从而使假冒专利罪与诈骗罪形成想象竞合关系。一般来说，行为人假冒他人专利的行为是在生产经营过程中发生的，其目的是获取他人信任或较好的商誉，以求在市场竞争中取得优势地位，虽然最终是为了获取财产利益，但是这种财产利益是通过市场交易取得的，双方均有对价。即使不能排除欺骗、假冒的情形，这种欺骗的结果却并不在于占有他人财物，而是使他人对产品的性质产生误解，从而在众多竞争产品中作出错误选择，而且，通常假冒他人专利的产品售价与成本是在合理的范围之内的。这是完全不同于诈骗罪中使受害人丧失财物的结果的。所以，在一般情况下，仅构成假冒专利罪。如果行为人假冒他人专利的目的在于非法占有他人财物，并且有意地以假冒专利为手段，比如，伪造专利文件，谎称自己是专利权人，许诺他人实施专利，以此获取他人财物的情形，在这种情况下，同时构成假冒专利罪与诈骗罪，两罪构成想象竞合关系，应当择一重罪处断。

5. 假冒专利罪与合同诈骗罪的界限。假冒专利罪与合同诈骗罪在一般情况下界限是清楚的，但在假冒专利罪的行为表现中，存在“未经许可，在合同中使用他人的专利号，使人将合同所涉及的技术误认是他人的专利技术”的情况，如果是因为这种行为而构成假冒专利罪，则有可能和合同诈骗罪产生想象竞合关系，因为这种行为涉及在合同中使用虚假内容，可能成为合同诈骗的手段。判断的关键在于，行为人在合同中假冒他人专利目的是否在于通过合同骗取他人财物，假冒他人专利行为是否成为合同诈骗的手段。如果行为人仅在签订的合同中假冒他人专利，但并没有骗取他人财物的目的，后来也按照合同的约定实际履行的，则只成立假冒专利罪。即使合同履行的过程中产生了纠纷，也属于一般的民事纠纷，不构成合同诈骗罪。如果行为人以骗取他人财物为目的，通过合同实施诈骗活动，同时以合同中假冒他人专利为手段的，则成立假冒专利罪与合同诈骗罪两罪，两罪之间是想象竞合关系，应当择一重罪处断。

6. 假冒专利罪与虚假广告罪的界限。一般情况下，二者之间的界限是明显的。但是，假冒专利罪客观方面行为表现之一是“未经许可，在广告或者其他宣传材料中使用他人专利号，使人将所涉及的技术误认为是他人的专利技术”，在这种情况下，假冒专利的行为人是广告主，假冒专利的行为表现是发布虚假广告，二者有交叉的部分。假冒专利是虚假广告的内容，虚假广告是假冒专利的形式，二者属于想象竞合犯，应择一重罪，即假冒专利罪论处。

7. 假冒专利罪与生产、销售伪劣产品罪的界限。一般情况下，假冒专利罪与生产、销售伪劣产品罪的界限是比较明显的，但是，由于假冒专利罪中所涉及的产品是冒充他人专利产品的非专利产品，即假冒产品，是否属于生产、销售伪劣产品罪中的“以假充真”的产品？实际上，生产、销售伪劣产品罪是以产品质量为客体的，其客观方面中伪劣产品表现出的“杂”“假”“次”等都是针对产品的质量，即产品的性状、功用是否符合国家产品质量要求而言的。所以，判断假冒他人专利的产品是否属于伪劣产品，也要从该产品本身的质量着手，如果该产品符合国家产品质量要求，则不属于伪劣产品，只能构成假冒专利罪；如果该行为人生产、销售的产品在假冒他人专利的同时，质量低劣，不符合国家产品质量要求，则同时构成假冒专利罪和生产、销售伪劣产品罪，二者是想象竞合关系，应当从一重罪处断。①

第二百一十七条 侵犯著作权罪

【法律规定】

• 法律条文 •

《中华人民共和国刑法》

第二百一十七条 以营利为目的，有下列侵犯著作权或者与著作权有关的权利的情形之一，违法所得数额较大或者有其他严重情节的，处三年以下有期徒刑，并处或者单处罚金；违法所得数额巨大或者有其他特别严重情节的，处三年以上十年以下有期徒刑，并处罚金：

（一）未经著作权人许可，复制发行、通过信息网络向公众传播其文字作

---

① 肖中华主编：《侵犯知识产权罪办案一本通》，中国长安出版社 2007 年版，第 110 ~ 112 页。

品、音乐、美术、视听作品、计算机软件及法律、行政法规规定的其他作品的；

（二）出版他人享有专有出版权的图书的；

（三）未经录音录像制作者许可，复制发行、通过信息网络向公众传播其制作的录音录像的；

（四）未经表演者许可，复制发行录有其表演的录音录像制品，或者通过信息网络向公众传播其表演的；

（五）制作、出售假冒他人署名的美术作品的；

（六）未经著作权人或者与著作权有关的权利人许可，故意避开或者破坏权利人为其作品、录音录像制品等采取的保护著作权或者与著作权有关的权利的技术措施的。

• 相关规定 •

《中华人民共和国著作权法》

第五十二条 有下列侵权行为的，应当根据情况，承担停止侵害、消除影响、赔礼道歉、赔偿损失等民事责任：

（一）未经著作权人许可，发表其作品的；

（二）未经合作作者许可，将与他人合作创作的作品当作自己单独创作的作品发表的；

（三）没有参加创作，为谋取个人名利，在他人作品上署名的；

（四）歪曲、篡改他人作品的；

（五）剽窃他人作品的；

（六）未经著作权人许可，以展览、摄制视听作品的方法使用作品，或者以改编、翻译、注释等方式使用作品的，本法另有规定的除外；

（七）使用他人作品，应当支付报酬而未支付的；

（八）未经视听作品、计算机软件、录音录像制品的著作权人、表演者或者录音录像制作者许可，出租其作品或者录音录像制品的原件或者复制件的，本法另有规定的除外；

（九）未经出版者许可，使用其出版的图书、期刊的版式设计的；

（十）未经表演者许可，从现场直播或者公开传送其现场表演，或者录制其表演的；

（十一）其他侵犯著作权以及与著作权有关的权利的行为。

《最高人民法院、最高人民检察院关于办理侵犯知识产权刑事案件具体应用法律若干问题的解释（二）》（法释〔2007〕6号）

第一条 以营利为目的，未经著作权人许可，复制发行其文字作品、音乐、电影、电视、录像作品、计算机软件及其他作品，复制品数量合计在五百张（份）以上的，属于刑法第二百一十七条规定的“有其他严重情节”；复制品数量在二千五百张（份）以上的，属于刑法第二百一十七条规定的“有其他特别严重情节”。

第二条 刑法第二百一十七条侵犯著作权罪中的“复制发行”，包括复制、发行或者既复制又发行的行为。

侵权产品的持有人通过广告、征订等方式推销侵权产品的，属于刑法第二百一十七条规定的“发行”。

非法出版、复制、发行他人作品，侵犯著作权构成犯罪的，按照侵犯著作权罪定罪处罚。

《最高人民法院、最高人民检察院关于办理侵犯知识产权刑事案件具体应用法律若干问题的解释》（法释〔2004〕19号）

第五条 以营利为目的，实施刑法第二百一十七条所列侵犯著作权行为之一，违法所得数额在三万元以上的，属于“违法所得数额较大”；具有下列情形之一的，属于“有其他严重情节”，应当以侵犯著作权罪判处三年以下有期徒刑或者拘役，并处或者单处罚金：

（一）非法经营数额在五万元以上的；

（二）未经著作权人许可，复制发行其文字作品、音乐、电影、电视、录像作品、计算机软件及其他作品，复制品数量合计在一千张（份）以上的；

（三）其他严重情节的情形。

以营利为目的，实施刑法第二百一十七条所列侵犯著作权行为之一，违法所得数额在十五万元以上的，属于“违法所得数额巨大”；具有下列情形之一的，属于“有其他特别严重情节”，应当以侵犯著作权罪判处三年以上七年以下有期徒刑，并处罚金：

（一）非法经营数额在二十五万元以上的；

（二）未经著作权人许可，复制发行其文字作品、音乐、电影、电视、录像作品、计算机软件及其他作品，复制品数量合计在五千张（份）以上的；

（三）其他特别严重情节的情形。

第十一条 以刊登收费广告等方式直接或者间接收取费用的情形，属于刑法第二百一十七条规定的“以营利为目的”。

刑法第二百一十七条规定的“未经著作权人许可”，是指没有得到著作权人授权或者伪造、涂改著作权人授权许可文件或者超出授权许可范围的情形。

通过信息网络向公众传播他人文字作品、音乐、电影、电视、录像作品、计算机软件及其他作品的行为，应当视为刑法第二百一十七条规定的“复制发行”。

第十五条 单位实施刑法第二百一十三条至第二百一十九条规定的行为，按照本解释规定的相应个人犯罪的定罪量刑标准的三倍定罪量刑。

第十六条 明知他人实施侵犯知识产权犯罪，而为其提供贷款、资金、账号、发票、证明、许可证件，或者提供生产、经营场所或者运输、储存、代理进出口等便利条件、帮助的，以侵犯知识产权犯罪的共犯论处。

《最高人民法院、最高人民检察院、公安部关于办理侵犯知识产权刑事案件适用法律若干问题的意见》（法发〔2011〕3号）

十、关于侵犯著作权犯罪案件“以营利为目的”的认定问题

除销售外，具有下列情形之一的，可以认定为“以营利为目的”：

（一）以在他人作品中刊登收费广告、捆绑第三方作品等方式直接或者间接收取费用的；

（二）通过信息网络传播他人作品，或者利用他人上传的侵权作品，在网站或者网页上提供刊登收费广告服务，直接或者间接收取费用的；

（三）以会员制方式通过信息网络传播他人作品，收取会员注册费或者其他费用的；

（四）其他利用他人作品牟利的情形。

十一、关于侵犯著作权犯罪案件“未经著作权人许可”的认定问题

“未经著作权人许可”一般应当依据著作权人或者其授权的代理人、著作权集体管理组织、国家著作权行政管理部门指定的著作权认证机构出具的涉案作品版权认证文书，或者证明出版者、复制发行者伪造、涂改授权许可文件或者超出授权许可范围的证据，结合其他证据综合予以认定。

在涉案作品种类众多且权利人分散的案件中，上述证据确实难以一一取得，但有证据证明涉案复制品系非法出版、复制发行的，且出版者、复制发行者不能提供获得著作权人许可的相关证明材料的，可以认定为“未经著作权人许可”。但是，有证据证明权利人放弃权利、涉案作品的著作权不受我国著作权法保护，或者著作权保护期限已经届满的除外。

十二、关于刑法第二百一十七条规定的“发行”的认定及相关问题

“发行”，包括总发行、批发、零售、通过信息网络传播以及出租、展销等活动。

非法出版、复制、发行他人作品，侵犯著作权构成犯罪的，按照侵犯著作权罪定罪处罚，不认定为非法经营罪等其他犯罪。

十三、关于通过信息网络传播侵权作品行为的定罪处罚标准问题

以营利为目的，未经著作权人许可，通过信息网络向公众传播他人文字作品、音乐、电影、电视、美术、摄影、录像作品、录音录像制品、计算机软件及其他作品，具有下列情形之一的，属于刑法第二百一十七条规定的“其他严重情节”：

（一）非法经营数额在五万元以上的；

（二）传播他人作品的数量合计在五百件（部）以上的；

（三）传播他人作品的实际被点击数达到五万次以上的；

（四）以会员制方式传播他人作品，注册会员达到一千人以上的；

（五）数额或者数量虽未达到第（一）项至第（四）项规定标准，但分别达到其中两项以上标准一半以上的；

（六）其他严重情节的情形。

实施前款规定的行为，数额或者数量达到前款第（一）项至第（五）项规定标准五倍以上的，属于刑法第二百一十七条规定的“其他特别严重情节”。

十四、关于多次实施侵犯知识产权行为累计计算数额问题

依照最高人民法院、最高人民检察院《关于办理侵犯知识产权刑事案件具体应用法律若干问题的解释》第十二条第二款的规定，多次实施侵犯知识产权行为，未经行政处理或者刑事处罚的，非法经营数额、违法所得数额或者销售金额累计计算。

两年内多次实施侵犯知识产权违法行为，未经行政处理，累计数额构成犯罪的，应当依法定罪处罚。实施侵犯知识产权犯罪行为的追诉期限，适用刑法的有关规定，不受前述二年的限制。

十五、关于为他人实施侵犯知识产权犯罪提供原材料、机械设备等行为的定性问题

明知他人实施侵犯知识产权犯罪，而为其提供生产、制造侵权产品的主要原材料、辅助材料、半成品、包装材料、机械设备、标签标识、生产技术、配方等帮助，或者提供互联网接入、服务器托管、网络存储空间、通讯传输通道、代收费、费用结算等服务的，以侵犯知识产权犯罪的共犯论处。

十六、关于侵犯知识产权犯罪竞合的处理问题

行为人实施侵犯知识产权犯罪，同时构成生产、销售伪劣商品犯罪的，依照侵犯知识产权犯罪与生产、销售伪劣商品犯罪中处罚较重的规定定罪处罚。

《最高人民法院、最高人民检察院关于办理侵犯知识产权刑事案件具体应用法律若干问题的解释（三）》（法释〔2020〕10号）

第二条　在刑法第二百一十七条规定的作品、录音制品上以通常方式署名的自然人、法人或者非法人组织，应当推定为著作权人或者录音制作者，且该作品、录音制品上存在着相应权利，但有相反证明的除外。

在涉案作品、录音制品种类众多且权利人分散的案件中，有证据证明涉案复制品系非法出版、复制发行，且出版者、复制发行者不能提供获得著作权人、录音制作者许可的相关证据材料的，可以认定为刑法第二百一十七条规定的“未经著作权人许可”“未经录音制作者许可”。但是，有证据证明权利人放弃权利、涉案作品的著作权或者录音制品的有关权利不受我国著作权法保护、权利保护期限已经届满的除外。

第八条 具有下列情形之一的，可以酌情从重处罚，一般不适用缓刑：

（一）主要以侵犯知识产权为业的；

（二）因侵犯知识产权被行政处罚后再次侵犯知识产权构成犯罪的；

（三）在重大自然灾害、事故灾难、公共卫生事件期间，假冒抢险救灾、防疫物资等商品的注册商标的；

（四）拒不交出违法所得的。

第九条 具有下列情形之一的，可以酌情从轻处罚：

（一）认罪认罚的；

（二）取得权利人谅解的；

（三）具有悔罪表现的；

（四）以不正当手段获取权利人的商业秘密后尚未披露、使用或者允许他人使用的。

第十条 对于侵犯知识产权犯罪的，应当综合考虑犯罪违法所得数额、非法经营数额、给权利人造成的损失数额、侵权假冒物品数量及社会危害性等情节，依法判处罚金。

罚金数额一般在违法所得数额的一倍以上五倍以下确定。违法所得数额无法查清的，罚金数额一般按照非法经营数额的百分之五十以上一倍以下确定。违法所得数额和非法经营数额均无法查清，判处三年以下有期徒刑、拘役、管制或者单处罚金的，一般在三万元以上一百万元以下确定罚金数额；判处三年以上有期徒刑的，一般在十五万元以上五百万元以下确定罚金数额。

【案例】

余刚等侵犯著作权案①

• 案件事实 •

2008年8月，被告人余刚、曹志华、冯典与胡辉、纪宏注册成立大猫公司，余刚为法定代表人（2009年5月、2010年4月胡辉、纪宏分别将所持股份转让给余刚）。大猫公司成立后主要经营搜索网站开发设计等业务。后由于缺乏稳定收入来源，余刚等人开始着手从事开发设计脱机型外挂软件业务，通过操作外挂软件获取相关网络游戏虚拟货币后销售牟利。

2010年7月，余刚、曹志华、冯典等利用其电脑专业技术，通过反编译手段破译了上海数龙计算机科技有限公司（以下简称数龙公司）运营的《龙之

① 参见中华人民共和国最高人民法院刑事审判第一、二、三、四、五庭主办：《刑事审判参考》（总第96集），法律出版社2014年版。。

谷》游戏的客户端程序及相应的通信协议，并利用从上述客户端程序中复制的部分地图、物品、怪物、触发事件等代码的游戏核心数据库文件、登录文件以及完全模拟的通信协议，加入其制作的各类能实现游戏自动操作功能的脚本文件，开发了能实现自动后台多开登录、自动操作诸多游戏功能的脱机外挂软件。

2010年7月底至2011年1月，余刚、赖怿先后以大猫公司名义招募被告人张荣鑫、陈侬、马潇、刘京松、陈娅、刘川等人作为加盟商成立“工作室”，由赖怿负责日常管理。加盟商必须每台电脑交纳人民币（以下币种同）1000元的加盟费和一定数额的保证金，使用大猫公司开发的脱机外挂软件登录账号，合作“生产”《龙之谷》游戏虚拟货币，并交由被告人古靖渲负责的市场部在相关网站上统一销售后分成。经审计：大猫公司《龙之谷》游戏金币总销售额为4637448.30元；其中公司本部销售额为529888.80元；张荣鑫等人的工作室销售额为1257751.64元；陈侬的工作室销售额为898555.90元；马潇、刘京松的工作室销售额为989124.58元；陈娅的工作室销售额为706049.19元；刘川的工作室销售额为256078.18元。2010年9月，冯典、曹志华离开大猫公司，并带走了《龙之谷》游戏外挂源代码和68万元销售款，大猫公司的股东变更为余刚和古靖渲。

2011年1月，余刚、古靖渲、陈侬到案。同年3月，曹志华、冯典、赖怿、张荣鑫、马潇、刘京松、陈娅、刘川到案，其中陈侬、陈娅、刘川系向公安机关主动投案并交代犯罪事实。另查明，2007年11月30日，上海盛大网络发展有限公司（以下简称盛大公司）与韩国艾登特提游戏有限公司（EYE-DENTITYGAMES Inc.）签订著作权合作授权书，引进该公司拥有著作权的互联网游戏出版物《Dragon Nest》（即《龙之谷》），并于2009年6月23日获国家版权局认证通过。2010年2月4日，国家新闻出版总署（现为国家新闻出版署）批复同意盛大公司引进上述游戏出版物。2010年7月，盛大公司授权其旗下的数龙公司正式在互联网运营《龙之谷》游戏。2011年9月，经上海辰星电子数据司法鉴定中心鉴定，将涉案外挂程序和样本《龙之谷》游戏客户端程序进行比对后，两者的文件目录结构相似度为84.92%，文件相似度为84.5%，两者存在实质性相似。

• 裁判要旨 •

复制部分实质性相同的计算机程序文件并加入自行编写的脚本文件形成新的外挂程序后运用的行为属于侵犯著作权罪中的“复制发行”的行为。

• 裁判理由 •

上海市徐汇区人民法院认为，被告人余刚伙同被告人曹志华、冯典、古靖渲、赖怿、陈依、张荣鑫、马潇、刘京松、陈娅、刘川以营利为目的，未经著作权人许可，复制其计算机软件，并利用侵权软件获取游戏虚拟货币并销售后牟利，其中余刚、曹志华、冯典、古靖渲、赖怿非法经营额共计400余万元，陈依靠法经营额共计89万余元，张荣鑫非法经营额共计125万余元，马潇、刘京松非法经营额共计98万余元，陈娅非法经营额共计70万余元，刘川非法经营额共计25万余元，其行为均构成侵犯著作权罪，且均属于情节特别严重。各被告人系共同犯罪，其中余刚、曹志华、冯典、古靖渲、赖怿在共同犯罪中起主要作用，是主犯；陈依、张荣鑫、马潇、刘京松、陈娅、刘川在共同犯罪中起次要、辅助作用，系从犯，依法应当减轻处罚。陈依、陈娅、刘川系自首，依法可以从轻处罚。余刚、曹志华、冯典、古靖渲、赖怿、张荣鑫、马潇、刘京松到案后能如实供述各自的犯罪事实，依法可以从轻处罚。各被告人在庭审中均自愿认罪、悔罪，可以酌情从轻处罚。各被告人的行为发生在《刑法修正案（八）》施行之前，据此，依照2011年5月1日之前《刑法》第217条第1项，第25条第1款，第26条第1款、第4款，第27条，第53条，第64条，第67条第1款，第72条，第73条第2款、第3款和《刑法》第12条第1款、第67条第2款及《最高人民法院、最高人民检察院关于办理侵犯知识产权刑事案件具体应用法律若干问题的解释》第5条第2款之规定判决如下：一、被告人余刚犯侵犯著作权罪，判处有期徒刑四年，并处罚金人民币40万元。二、被告人曹志华犯侵犯著作权罪，判处有期徒刑三年，并处罚金人民币30万元。三、被告人冯典犯侵犯著作权罪，判处有期徒刑三年，并处罚金人民币30万元。四、被告人古靖渲犯侵犯著作权罪，判处有期徒刑三年，缓刑三年，并处罚金人民币30万元。五、被告人赖怿犯侵犯著作权罪，判处有期徒刑三年，缓刑三年，并处罚金人民币30万元。六、被告人陈依犯侵犯著作权罪，判处有期徒刑二年六个月，缓刑二年六个月，并处罚金人民币20万元。七、被告人张荣鑫犯侵犯著作权罪，判处有期徒刑二年六个月，缓刑二年六个月，并处罚金人民币20万元。八、被告人马潇犯侵犯著作权罪，判处有期徒刑二年三个月，缓刑二年三个月，并处罚金人民币10万元。九、被告人刘京松犯侵犯著作权罪，判处有期徒刑二年三个月，缓刑二年三个月，并处罚金人民币10万元。十、被告人陈娅犯侵犯著作权罪，判处有期徒刑二年，缓刑二年，并处罚金人民币10万元。十一、被告人刘川犯侵犯著作权罪，判处有期徒刑一年九个月，缓刑一年九个月，并处罚金人民币5万元。十二、被告人余刚、曹志华、冯典、古靖渲、赖怿、陈依、张荣鑫、马潇、刘京松、陈娅、刘川的违法所得予以追缴；查扣的电脑、移动硬盘、硬盘等与本案犯罪有关的物品予以没收。

一审宣判后，被告人均未上诉，公诉机关亦未提出抗诉，该判决已发生法律效力。

【学理分析及适用指引】

• 学理分析 •

侵犯著作权罪，是指以营利为目的，未经著作权人许可，复制发行、通过信息网络向公众传播其文字作品、音乐、美术、视听作品、计算机软件及法律、行政法规规定的其他作品，或者出版他人享有专有出版权的图书，或者未经录音录像制作者许可，复制发行、通过信息网络向公众传播其制作的录音录像，或者未经表演者许可，复制发行录有其表演的录音录像制品，或者通过信息网络向公众传播其表演，或者制作、出售假冒他人署名的美术作品的，或者未经著作权人或者与著作权有关的权利人许可，故意避开或者破坏权利人为其作品、录音录像制品等采取的保护著作权或者与著作权有关的权利的技术措施的行为。本罪的构成要件如下：

1. 本罪的客体。本罪侵犯的客体是著作权人的著作权和与著作权有关的权益以及国家的著作权管理制度。本罪侵犯的客体主要是著作权，但不限于著作权，还包括与著作权相关的权益，如专有出版权、姓名权等。按照法律规定，著作权属于作者。作者，是指创作作品的公民；由法人或者其他组织主持，代表法人或者其他组织的意志创作，并由法人或者其他组织承担责任的作品，法人或者其他组织视为作者。

2. 本罪的客观方面。客观方面表现为违反我国《著作权法》规定，下列实施侵犯著作权的行为：（1）未经著作权人许可，复制发行、通过信息网络向公众传播其文字作品、音乐、美术、视听作品、计算机软件及法律、行政法规规定的其他作品的。（2）出版他人享有专有出版权的图书的。（3）未经录音录像制作者许可，复制发行、通过信息网络向公众传播其制作的录音录像的。（4）未经表演者许可，复制发行录有其表演的录音录像制品，或者通过信息网络向公众传播其表演的。（5）制作、出售假冒他人署名的美术作品的。（6）未经著作权人或者与著作权有关的权利人许可，故意避开或者破坏权利人为其作品、录音录像制品等采取的保护著作权或者与著作权有关的权利的技术措施的。

3. 本罪的主体。犯罪主体为一般主体，公民、法人和非法人单位均可构成本罪主体。

4. 本罪的主观方面。主观方面由故意构成，并且具有营利的目的。

• 适用指引 •

司法实践中，认定本罪应注意：

1. 《刑法修正案（十一）》关于本罪的修正及其把握。为与修改后的《著作权法》相衔接，并进一步加大对侵犯著作权犯罪的惩治力度，《刑法修正案（十一）》从如下方面对《刑法》第 217 条进行了系统修正：一是与 2020 年《著作权法》相衔接，增加了与著作权有关的权利的表述，完善了《刑法》保护的作品及著作权的类型（如试听作品的著作权、著作权的邻接权等），在犯罪情形中增加了侵犯表演者权利，以及避开或者破坏技术保护措施的两种侵权行为方式；二是基于互联网时代的著作权保护与侵权现状，增加了通过信息网络向公众传播作品、录音录像制品、表演的规定；三是对法定刑进行了修改，一方面将基本刑中的"拘役"予以删除，另一方面将加重刑中的最高刑从七年有期徒刑提高到十年，这两个方面均体现了进一步加大对侵犯著作权犯罪的惩治力度。

2. 侵犯著作权罪与正当行为的界限。著作权的行使是受到一定的限制的，这些限制包括时间、地域以及法律规定的合理使用、法定许可和强制许可的情况。如果对他人作品的使用符合上述著作权受限制的情形，则属于正当行为，有些虽然给著作权人造成一定的损失，但是一种合法行为，本身不构成违法，当然也不构成侵犯著作权罪。

3. 侵犯著作权罪与一般违法行为的界限。《著作权法》规定了近 20 种侵犯著作权的行为，刑法只将部分具有比较严重的社会危害性的行为规定为犯罪，并且这些行为还要达到"违法所得数额较大或者有其他严重情节"的标准。如果《著作权法》中所规定的违法行为类型在刑法上并未予以犯罪化，或者虽然予以犯罪化，但没有达到成立犯罪的数额或者情节标准的，均不构成犯罪。①

4. 侵犯著作权罪与制作、复制、出版、贩卖、传播淫秽物品牟利罪的界限。侵犯著作权罪与制作、复制、出版、贩卖、传播淫秽物品牟利罪区分的关键在于犯罪对象不同。侵犯著作权罪的犯罪对象是他人享有著作权的作品。制作、复制、出版、贩卖、传播淫秽物品牟利罪的犯罪对象是淫秽物品。由于两罪的犯罪对象都表现为一定的书刊、音像制品，行为特征又有近似的地方，所以，在认定中会产生混淆的地方。区分两罪的关键是：作为犯罪对象的书刊、音像制品是否属于《著作权法》所称的作品。因为侵犯著作权罪的犯罪对象都是受《著作权法》保护的作品，享有著作权；而淫秽物品违反法律的规定、有悖于社会的道德风尚，是被《著作权法》排除在外的"作品"，不享有著作权。如果行为人制造、销售的对象是受《著作权法》保护的作品，则构成侵犯著作权罪；如果行为人制造、销售的是淫秽物品，由于其不享有著作权，不会造成对著作权的侵害，则构成制作、复制、出版、贩卖、传播淫秽物品牟利罪。

5. 侵犯著作权罪与诈骗罪的界限。两罪在客体、客观方面、主体、主观

---

① 肖中华主编：《侵犯知识产权罪办案一本通》，中国长安出版社 2007 年版，第 151 ~ 154 页。

方面等都存在区别。实践中，侵犯著作权罪与诈骗罪的界限，应当分为两方面来看：一是行为人制作、销售侵犯他人著作权的图书、音像出版物、美术作品等，同时明确告知消费者这些出版物、美术作品为侵权产品，而消费者对产品的性质认识明确，这种情况下，行为人没有欺诈行为，只能构成侵犯著作权罪。二是行为人制作、销售侵犯他人著作权的图书、音像制品、美术作品等，在产品推向市场时，将这些产品冒充为正版产品或正版美术作品，以正版或者真品的价格销售。由于行为人不需支付版税，仅需负担复制发行的成本，而在现代出版物的价格构成中，版税所占的比重越来越大，所以，这种行为属于严重欺诈，不仅侵犯了著作权人、出版者的权利，还具有对消费者财产的侵犯性。此时，侵犯著作权罪的客观、主观方面都具有欺诈性，和诈骗罪存在包容关系，构成法条竞合犯。按照特别法优于一般法的规则，应当按照侵犯著作权罪论处。但是，当行为人欺诈的数额巨大或者造成其他严重后果，按照侵犯著作权罪的最高法定刑（七年）处理也无法与其所造成的社会危害相适应的时候，应当以诈骗罪论处，判处较重的刑罚。①

6. 侵犯著作权罪与商标类犯罪的界限。侵犯著作权罪与商标类犯罪的区别是明显的，因为二者的犯罪对象属于完全不同的两个概念，两种权益。实践中，主要在以下情形中，二者可能会产生联系：一是行为人在实施侵犯著作权犯罪时，如果复制他人享有著作权的出版物，一般连同在该出版物上使用的注册商标一并复制，此时，行为人只实施了一个行为，构成侵犯著作权罪，同时与假冒注册商标罪、销售假冒注册商标的商品罪构成想象竞合犯，应当择一重罪处断；二是行为人为了使自己制造的侵权复制品、假冒的美术作品获得较好的销路，会自己制造他人的商标标识用于自己的产品上，这样侵犯著作权罪就与伪造他人商标标识罪形成牵连关系，应当择一重罪处断。实践中，侵犯著作权罪与商标类犯罪的关系很复杂，应根据实际情况具体认定。②

第二百一十八条　销售侵权复制品罪

【法律规定】

• 法律条文 •

《中华人民共和国刑法》

第二百一十八条　以营利为目的，销售明知是本法第二百一十七条规定的

① 肖中华主编：《侵犯知识产权罪办案一本通》，中国长安出版社2007年版，第156～157页。

② 肖中华主编：《侵犯知识产权罪办案一本通》，中国长安出版社2007年版，第157页。

侵权复制品，违法所得数额巨大或者有其他严重情节的，处五年以下有期徒刑，并处或者单处罚金。

● 相关规定 ●

《最高人民法院关于审理非法出版物刑事案件具体应用法律若干问题的解释》（法释〔1998〕30号）

第四条 以营利为目的，实施刑法第二百一十八条规定的行为，个人违法所得数额在十万元以上，单位违法所得数额在五十万元以上的，依照刑法第二百一十八条的规定，以销售侵权复制品罪定罪处罚。

第五条 实施刑法第二百一十七条规定的侵犯著作权行为，又销售该侵权复制品，违法所得数额巨大的，只定侵犯著作权罪，不实行数罪并罚。

实施刑法第二百一十七条规定的侵犯著作权的犯罪行为，又明知是他人的侵权复制品而予以销售，构成犯罪的，应当实行数罪并罚。

第十六条 出版单位与他人事前通谋，向其出售、出租或者以其他形式转让该出版单位的名称、书号、刊号、版号，他人实施本解释第二条、第四条、第八条、第九条、第十条、第十一条规定的行为，构成犯罪的，对该出版单位应当以共犯论处。

第十七条 本解释所称“经营数额”，是指以非法出版物的定价数额乘以行为人经营的非法出版物数量所得的数额。

本解释所称“违法所得数额”，是指获利数额。

非法出版物没有定价或者以境外货币定价的，其单价数额应当按照行为人实际出售的价格认定。

《最高人民法院、最高人民检察院关于办理侵犯知识产权刑事案件具体应用法律若干问题的解释》（法释〔2004〕19号）

第六条 以营利为目的，实施刑法第二百一十八条规定的行为，违法所得数额在十万元以上的，属于“违法所得数额巨大”，应当以销售侵权复制品罪判处三年以下有期徒刑或者拘役，并处或者单处罚金。

第十四条 实施刑法第二百一十七条规定的侵犯著作权犯罪，又销售该侵权复制品，构成犯罪的，应当依照刑法第二百一十七条的规定，以侵犯著作权罪定罪处罚。

实施刑法第二百一十七条规定的侵犯著作权犯罪，又销售明知是他人的侵权复制品，构成犯罪的，应当实行数罪并罚。

《音像制品管理条例》（国务院令第732号）

第三十九条 未经批准，擅自设立音像制品出版、制作、复制、进口、批发、零售单位，擅自从事音像制品出版、制作、复制业务或者进口、批发、零售经营活动的，由出版行政部门、工商行政管理部门依照法定职权予以取缔；

依照刑法关于非法经营罪的规定，依法追究刑事责任；尚不够刑事处罚的，没收违法经营的音像制品和违法所得以及进行违法活动的专用工具、设备；违法经营额1万元以上的，并处违法经营额5倍以上10倍以下的罚款；违法经营额不足1万元的，可以处5万元以下的罚款。

【案例】

顾某某等人销售侵权复制品案①

• 案件事实 •

2002年10月18日至2004年7月1日期间，顾某某在未经工商登记、未取得音像制品经营许可证的情况下，在其上海住处以网上拍卖及订单购买的形式，向境外销售其侵权复制的高密度光盘（以下简称DVD）18万余张。其中，通过www.ebay.com网站（以下简称ebay网站）销售5.3万余张，通过www.threedollardvd.com网站（以下简称三美元DVD网站）销售13.3万余张。非法经营额计人民币713万余元（以下非特别注明的货币单位均为人民币），获利计202万余元。被告人吴某、库某、吴某彪明知顾某某无证销售盗版DVD，仍为其提供帮助。其中，吴某参与的非法经营额为504万余元，库某参与的非法经营额为277万余元，吴某彪参与的非法经营额为240万余元。案发时，查获待销售及已交寄尚未运输出境的盗版DVD共计11.9万余张。

顾某某于2003年11月3日至2004年7月1日期间，在没有取得音像制品经营许可证的情况下，在其上海住处内用电脑与国际互联网联网，通过三美元DVD网站，向境外发送销售DVD信息。当境外客户确认了所需DVD名称、数量、价格和运费等，并向顾某某指定的华夏银行上海分行、西联汇款中心账户汇款后，顾某某经金某某、谢某某（均另案处理，已判刑）低价购进侵权复制的DVD，然后通过超马赫运输公司、上海速递公司向境外发送。顾某某向境外销售的侵权DVD累计13.3万余张，销售金额折合为330万余元，违法所得97万余元。吴某、库某、吴某彪均在明知顾某某销售侵权DVD的情况下，仍参与其中，分别为顾某某提供了收发货、联络客户、电脑管理、运输等帮助。吴某参与销售侵权DVD共计13.1万余张，参与销售的金额折合为326万余元，涉及违法所得94万余元，个人实际非法获利1.2万元；库某参与销售侵权DVD共计7万余张，参与销售的金额折合为175万余元，涉及违法所得38万余元，个人实际非法获利1.2万余元；吴某彪参与销售侵权DVD共计6

---

① 参见《中华人民共和国最高人民法院公报》2005年第9期。

万余张，参与销售的金额折合为151万余元，涉及违法所得23万余元，个人实际非法获利5万元。案发后，吴某彪主动向公安机关投案，如实供述上述事实。公安机关在顾某某住处和吴某彪暂借的仓库内，共查获侵权DVD计11.9万余张。

• 裁判要旨 •

购买盗版光盘后又出售的行为，应当成立销售侵权复制品罪。

• 裁判理由 •

上海市第二中级人民法院经审理认为：《刑法》第225条规定了非法经营罪，没有音像制品经营许可证而销售侵权音像复制品，当然扰乱市场秩序，属于该条规定的非法经营犯罪行为中的一种行为。但音像制品涉及著作权，《刑法》第3章第7节"侵犯知识产权罪"对侵犯著作权行为有专门规定。当非法经营的犯罪行为涉及侵犯著作权时，第218条就与侵犯知识产权罪的规定构成一般法与特别法的关系。在此种情况下，特别法应当优先适用。对销售侵权音像复制品且违法所得数额巨大的行为，《刑法》第3章第7节中有两个条文涉及，即第217条规定侵犯著作权罪和第218条销售侵权复制品罪的规定。第217条中的发行虽然涵盖了第218条中的销售行为，但很明显，第217条的立法目的，在于打击那些未经著作权或者邻接权人许可而复制，直接侵犯著作权或者邻接权的行为；就像盗窃后销赃，复制后发行，通常是此罪的后续的不另罚的行为。第218条的立法目的，则在于打击没有复制，只是单纯销售侵权复制品的间接侵犯著作权或者邻接权的行为。

被告人顾某某为了营利，在未取得音像制品经营许可证的情况下，低价购进明知是侵权的音像复制品，然后高价销往国外。这种行为虽然扰乱市场秩序，但在本案中，市场秩序不是受侵害的主要客体，那些著作权人和录音录像制作者的著作权与邻接权，才是我国《刑法》要保护而被顾某某的行为所侵害的主要客体。对顾某某的行为，应当依照《刑法》第218条规定的销售侵权复制品罪定罪量刑。

《最高人民法院、最高人民检察院关于办理侵犯知识产权刑事案件具体应用法律若干问题的解释》第6条以及第16条的规定，被告人顾某某销售明知是未经著作权人许可而复制的侵权音像复制品，违法所得97万余元，数额巨大，其行为构成销售侵权复制品罪。被告人吴某、库某、吴某彪虽然受雇于顾某某，但在明知顾某某大量销售侵权音像复制品后，仍为了获取一己私利，给顾某某提供各种帮助，是销售侵权复制品的共犯，均应依法惩处。顾某某在共同犯罪中起主要作用，依照《刑法》第26条第1款的规定，是本案主犯；吴某、库某、吴某彪在共同犯罪中起辅助或者次要作用，依照《刑法》第27条的规定，是从犯，应当从轻处罚。吴某彪有自首情节，依照《刑法》第 67 条第 1 款的规定，可以从轻处罚。顾某某、库某是在我国领域内犯罪的外国人，依照《刑法》第 6 条、第 35 条的规定，对其判处刑罚可以附加适用驱逐出境。依照《刑法》第 64 条的规定，对违法所得财物和供犯罪所用的工具，予以没收。公诉机关指控 4 名被告人通过三美元 DVD 网站销售侵权音像复制品的事实成立，但就此指控的罪名不当，应当纠正。为维护著作权人的著作权和我国著作权管理制度，上海市第二中级人民法院于 2005 年 4 月 19 日判决：一、被告人顾某某犯销售侵权复制品罪，判处有期徒刑二年六个月，并处罚金人民币 50 万元，驱逐出境。二、被告人吴某犯销售侵权复制品罪，判处有期徒刑一年三个月，并处罚金人民币 1 万元。三、被告人库某犯销售侵权复制品罪，判处有期徒刑一年，并处罚金人民币 1 万元，驱逐出境。四、被告人吴某彪犯销售侵权复制品罪，判处罚金人民币 3 万元。五、违法所得财物和犯罪工具予以没收。

一审宣判后，4 名被告人在法定期限内均未提出上诉，检察机关亦未抗诉，一审判决发生法律效力。

【学理分析及适用指引】

• 学理分析 •

销售侵权复制品罪，是指以营利为目的，销售明知是《刑法》第 217 条所规定的侵权复制品，违法所得数额巨大或者有其他严重情节的行为。本罪的构成要件如下：

1. 本罪的客体。本罪侵犯的客体是著作权人的著作权和国家著作权管理制度。

2. 本罪的客观方面。客观方面表现为销售明知是《刑法》第 217 条规定的侵权复制品的行为，即销售明知是未经著作权人许可，复制发行其文字作品、音乐、电影、电视、录像作品、计算机软件及其他作品；或者未经录音、录像制作者许可，复制发行其制作的录音录像的行为。

3. 本罪的主体。犯罪主体为一般主体，自然人和单位均可构成本罪的主体。

4. 本罪的主观方面。主观方面由直接故意构成，即明知是侵权复制品而予以销售，并且具有营利的目的。因此，以营利为目的，是构成本罪在主观方面必须具备的要件。认定是否明知，不能仅凭被告人的口供，而应当根据案件事实、证据予以综合分析、判断。

• 适用指引 •

司法实践中，认定本罪应注意：

1.《刑法修正案（十一）》关于本罪的修正及理解。为进一步加大对侵犯著作权及销售侵权复制品犯罪的惩治力度，《刑法修正案（十一）》从如下两个方面对《刑法》第218条进行了修正：一是在入罪门槛方面，将“违法所得数额巨大”调整为“违法所得数额巨大或者有其他严重情节”，实行数额加情节的立法模式，解决了司法实践犯罪数额尤其是非法所得数额难以准确查证的难题。二是对法定刑进行了修改，由原来的“三年以下有期徒刑或者拘役，并处或者单处罚金”调整为“五年以下有期徒刑，并处或者单处罚金”。

2. 罪与非罪的界限。销售侵权复制品罪成立要求数额巨大或者有其他严重情节。根据相关司法解释，“违法所得数额巨大”原则上应以10万元以上为准；情节严重可结合销售金额、销售侵权复制品的种类、行为持续时间以及有无违法犯罪的前科等综合判断。销售侵权复制品违法所得没有达到数额巨大标准，或者不具有其他严重情节的，不构成犯罪。

3. 销售侵权复制品罪与侵犯著作权罪的界限。两罪的区别在于：（1）主体要件不同。销售侵权复制品罪的主体只能是侵权复制品作者以外的其他自然人或单位，侵犯著作权罪的主体一般是制作者，有时可能是与制作者通谋的发行者或销售者。（2）犯罪客观方面不同。销售侵权复制品罪在客观方面表现为销售侵权复制品且违法所得数额巨大或者有其他严重情节的行为，侵犯著作权罪的行为方式则可以是复制发行或出版，也可以是制作、出售，且违法所得数额较大或有其他严重情节的。

行为人如果实施侵犯著作权或与著作权有关权益的行为构成犯罪，又销售其制作的侵权复制品而且违法所得数额巨大或者有其他严重情节的，后一行为属于刑法理论上的不可罚的事后行为，对其只以侵犯著作权罪论处，而不能再定销售侵权复制品罪而实行数罪并罚；如果行为人销售的侵权复制品并非其本人制作的侵权复制品，其两个行为又分别符合两个犯罪构成的数额或情节要求的，则应对其认定两个罪，实行数罪并罚；如果销售侵权复制品的行为人事先与侵犯著作权罪的行为人通谋的，对其应以侵犯著作权罪论处，这属于共同犯罪问题。①

---

① 肖中华主编：《侵犯知识产权罪办案一本通》，中国长安出版社2007年版，第184~185页。

第二百一十九条　侵犯商业秘密罪

【法律规定】

●　法律条文　●

《中华人民共和国刑法》

第二百一十九条　有下列侵犯商业秘密行为之一，情节严重的，处三年以下有期徒刑，并处或者单处罚金；情节特别严重的，处三年以上十年以下有期徒刑，并处罚金：

（一）以盗窃、贿赂、欺诈、胁迫、电子侵入或者其他不正当手段获取权利人的商业秘密的；

（二）披露、使用或者允许他人使用以前项手段获取的权利人的商业秘密的；

（三）违反保密义务或者违反权利人有关保守商业秘密的要求，披露、使用或者允许他人使用其所掌握的商业秘密的。

明知前款所列行为，获取、披露、使用或者允许他人使用该商业秘密的，以侵犯商业秘密论。

本条所称权利人，是指商业秘密的所有人和经商业秘密所有人许可的商业秘密使用人。

●　相关规定　●

《中华人民共和国反不正当竞争法》

第九条　经营者不得实施下列侵犯商业秘密的行为：

（一）以盗窃、贿赂、欺诈、胁迫、电子侵入或者其他不正当手段获取权利人的商业秘密；

（二）披露、使用或者允许他人使用以前项手段获取的权利人的商业秘密；

（三）违反保密义务或者违反权利人有关保守商业秘密的要求，披露、使用或者允许他人使用其所掌握的商业秘密；

（四）教唆、引诱、帮助他人违反保密义务或者违反权利人有关保守商业秘密的要求，获取、披露、使用或者允许他人使用权利人的商业秘密。

经营者以外的其他自然人、法人和非法人组织实施前款所列违法行为的，视为侵犯商业秘密。

第三人明知或者应知商业秘密权利人的员工、前员工或者其他单位、个人实施本条第一款所列违法行为，仍获取、披露、使用或者允许他人使用该商业秘密的，视为侵犯商业秘密。

本法所称的商业秘密，是指不为公众所知悉、具有商业价值并经权利人采取相应保密措施的技术信息、经营信息等商业信息。

《最高人民法院、最高人民检察院关于办理侵犯知识产权刑事案件具体应用法律若干问题的解释》（法释〔2004〕19号）

第七条 实施刑法第二百一十九条规定的行为之一，给商业秘密的权利人造成损失数额在五十万元以上的，属于"给商业秘密的权利人造成重大损失"，应当以侵犯商业秘密罪判处三年以下有期徒刑或者拘役，并处或者单处罚金。

给商业秘密的权利人造成损失数额在二百五十万元以上的，属于刑法第二百一十九条规定的"造成特别严重后果"，应当以侵犯商业秘密罪判处三年以上七年以下有期徒刑，并处罚金。

《最高人民法院、最高人民检察院关于办理侵犯知识产权刑事案件具体应用法律若干问题的解释（三）》（法释〔2020〕10号）

第三条 采取非法复制、未经授权或者超越授权使用计算机信息系统等方式窃取商业秘密的，应当认定为刑法第二百一十九条第一款第一项规定的"盗窃"。

以贿赂、欺诈、电子侵入等方式获取权利人的商业秘密的，应当认定为刑法第二百一十九条第一款第一项规定的"其他不正当手段"。

第四条 实施刑法第二百一十九条规定的行为，具有下列情形之一的，应当认定为"给商业秘密的权利人造成重大损失"：

（一）给商业秘密的权利人造成损失数额或者因侵犯商业秘密违法所得数额在三十万元以上的；

（二）直接导致商业秘密的权利人因重大经营困难而破产、倒闭的；

（三）造成商业秘密的权利人其他重大损失的。

给商业秘密的权利人造成损失数额或者因侵犯商业秘密违法所得数额在二百五十万元以上的，应当认定为刑法第二百一十九条规定的"造成特别严重后果"。

第五条 实施刑法第二百一十九条规定的行为造成的损失数额或者违法所得数额，可以按照下列方式认定：

（一）以不正当手段获取权利人的商业秘密，尚未披露、使用或者允许他人使用的，损失数额可以根据该项商业秘密的合理许可使用费确定；

（二）以不正当手段获取权利人的商业秘密后，披露、使用或者允许他人使用的，损失数额可以根据权利人因被侵权造成销售利润的损失确定，但该损失数额低于商业秘密合理许可使用费的，根据合理许可使用费确定；

（三）违反约定、权利人有关保守商业秘密的要求，披露、使用或者允许他人使用其所掌握的商业秘密的，损失数额可以根据权利人因被侵权造成销售利润的损失确定；

（四）明知商业秘密是不正当手段获取或者是违反约定、权利人有关保守商业秘密的要求披露、使用、允许使用，仍获取、使用或者披露的，损失数额可以根据权利人因被侵权造成销售利润的损失确定；

（五）因侵犯商业秘密行为导致商业秘密已为公众所知悉或者灭失的，损失数额可以根据该项商业秘密的商业价值确定。商业秘密的商业价值，可以根据该项商业秘密的研究开发成本、实施该项商业秘密的收益综合确定；

（六）因披露或者允许他人使用商业秘密而获得的财物或者其他财产性利益，应当认定为违法所得。

前款第二项、第三项、第四项规定的权利人因被侵权造成销售利润的损失，可以根据权利人因被侵权造成销售量减少的总数乘以权利人每件产品的合理利润确定；销售量减少的总数无法确定的，可以根据侵权产品销售量乘以权利人每件产品的合理利润确定；权利人因被侵权造成销售量减少的总数和每件产品的合理利润均无法确定的，可以根据侵权产品销售量乘以每件侵权产品的合理利润确定。商业秘密系用于服务等其他经营活动的，损失数额可以根据权利人因被侵权而减少的合理利润确定。

商业秘密的权利人为减轻对商业运营、商业计划的损失或者重新恢复计算机信息系统安全、其他系统安全而支出的补救费用，应当计入给商业秘密的权利人造成的损失。

第六条　在刑事诉讼程序中，当事人、辩护人、诉讼代理人或者案外人书面申请对有关商业秘密或者其他需要保密的商业信息的证据、材料采取保密措施的，应当根据案件情况采取组织诉讼参与人签署保密承诺书等必要的保密措施。

违反前款有关保密措施的要求或者法律法规规定的保密义务的，依法承担相应责任。擅自披露、使用或者允许他人使用在刑事诉讼程序中接触、获取的商业秘密，符合刑法第二百一十九条规定的，依法追究刑事责任。

第八条　具有下列情形之一的，可以酌情从重处罚，一般不适用缓刑：

（一）主要以侵犯知识产权为业的；

（二）因侵犯知识产权被行政处罚后再次侵犯知识产权构成犯罪的；

（三）在重大自然灾害、事故灾难、公共卫生事件期间，假冒抢险救灾、防疫物资等商品的注册商标的；

（四）拒不交出违法所得的。

第九条　具有下列情形之一的，可以酌情从轻处罚：

（一）认罪认罚的；

（二）取得权利人谅解的；

（三）具有悔罪表现的；

（四）以不正当手段获取权利人的商业秘密后尚未披露、使用或者允许他人使用的。

第十条 对于侵犯知识产权犯罪的，应当综合考虑犯罪违法所得数额、非法经营数额、给权利人造成的损失数额、侵权假冒物品数量及社会危害性等情节，依法判处罚金。

罚金数额一般在违法所得数额的一倍以上五倍以下确定。违法所得数额无法查清的，罚金数额一般按照非法经营数额的百分之五十以上一倍以下确定。违法所得数额和非法经营数额均无法查清，判处三年以下有期徒刑、拘役、管制或者单处罚金的，一般在三万元以上一百万元以下确定罚金数额；判处三年以上有期徒刑的，一般在十五万元以上五百万元以下确定罚金数额。

【案例】

裴某侵犯商业秘密案①

• 案件事实 •

附带民事诉讼原告人西安重型机械研究所（以下简称西安重研所）是隶属于中国机械装备（集团）公司的科技型企业，以冶炼、轧钢、重型锻压和环保设备的设计为主攻方向，板坯连铸设备的设计制造是该所的拳头产品，为该所带来了丰厚利润。为了保护单位的知识产权，西安重研所于1996年制定了《西安重型机械研究所保护知识产权的规定》，同时在与本单位职工签订的劳动合同中，明确了职工的保密义务。被告人裴某是西安重研所培养的板坯连铸技术方面的高级工程师，与西安重研所签订过含有保密义务条款的劳动合同。

2000年1月，西安重研所通过与马钢公司签订合同，承接了凌钢连铸机主设备的设计工作。2001年6月，凌钢连铸机投产。同年11月，按照合同约定，西安重研所向凌钢公司提供了载有凌钢连铸机主设备图纸的光盘。2001年10月，裴某在其使用的电脑中发现有凌钢连铸机主设备图纸光盘，即擅自将该图纸拷贝到自己电脑中。2002年8月，裴某向西安重研所申请解除劳动合同，同时应聘到附带民事诉讼被告人中冶公司担任副总工程师，2002年12月才正式与西安重研所解除劳动合同。

2002年9月，中冶公司与川威公司签订《135×750mm二机二流板坯连铸

---

① 参见《中华人民共和国最高人民法院公报》2006第12期。

机总合同》及附件，合同总价为人民币 7296 万元，裴某担任这个项目的技术负责人。裴某利用国庆休假返回西安，将凌钢连铸机主设备图纸拷贝到随身携带的笔记本电脑中带回武汉，输入中冶公司局域网内。中冶公司设计人员利用局域网提供的该图纸，在短时间就完成了川威公司项目的设计。10 月，中冶公司又与泰山公司签订《135 × 800mm 二机二流板坯连铸机总合同》及附件，合同总价为人民币 7560 万元，裴某仍是这个项目的技术负责人。中冶公司设计人员将给川威公司的设计图纸复印，用于泰山公司项目。中冶公司完成这两个项目的设计工作后，将图纸交付给西冶公司，委托西冶公司按图制造。

2003 年 7 月，西安重研所的工作人员在西冶公司发现该公司正在使用有西安重研所标题和标号的图纸制造板坯连铸机，西安重研所遂向公安机关报案，称其商业秘密被侵犯。西安市公安局立案侦查后，查明西冶公司使用的图纸来自中冶公司，是曾在西安重研所工作的裴某向中冶公司提供的，遂调取相关图纸送华科鉴定中心进行鉴定，结论是：中冶公司为川威公司、泰山公司设计的板坯连铸机图纸，从装配图和零件图所表现的结构功能看，与西安重研所设计的图纸无本质区别。又经西交大鉴定所鉴定：西安重研所的凌钢连铸机技术具有不为公众知悉的特征，符合商业秘密中技术秘密的法定条件。裴某向中冶公司提供西安重研所的凌钢连铸机技术图纸，由中冶公司在为川威公司、泰山公司设计、制造板坯连铸机时使用，该行为给西安重研所造成至少 1782 万元的经济损失。

• 裁判要旨 •

行为人离职后将其获知掌握的单位技术图纸复制并让其他人使用，从而给权利人造成重大损失的，依法成立侵犯商业秘密罪。

• 裁判理由 •

西安市中级人民法院认为，本案争议焦点是：（1）凌钢连铸机主设备设计技术是公知技术，还是商业秘密？（2）中冶公司取得凌钢连铸机主设备图纸是否合法？（3）中冶公司能否成为附带民事诉讼被告人？（4）西安重研所遭受的损失数额如何计算？

第一，附带民事诉讼原告人西安重研所是在马钢设计院的设计方案不能满足凌钢公司要求时，才接受委托，对马钢设计院的原设计进行修改。西安重研所的修改设计经专家论证，是实用可行的。事实证明，按照西安重研所的修改设计制造的板坯连铸机，投产后为凌钢公司创造了巨大的效益。这也说明西安重研所的凌钢连铸机主设备设计比马钢设计院的原设计更具有独到之处，具有商业价值。西安重研所对凌钢连铸机主设备设计采取了保密措施，使其成为自己的技术秘密。西交大鉴定所和华科鉴定中心两家单位受公安机关委托，就凌钢连铸机主设备设计是公知技术还是商业秘密这一专业问题，运用自己的专门知识和相关技术手段进行检测、分析后作出结论，认定凌钢连铸机主设备技术是西安重研所的商业秘密。这个结论能与本案其他证据相互印证，是科学的结论。

另外，附带民事诉讼被告人中冶公司在与川威公司、泰山公司签订合同时，特别要求川威公司、泰山公司对其使用的凌钢连铸机主设备设计方案承担保密责任，足以证明中冶公司也知道此项技术不是公知技术，而是技术秘密。

第二，关于附带民事诉讼被告人中冶公司使用的凌钢连铸机主设备图纸来源，被告人裴某在公安机关供述：其在附带民事诉讼原告人西安重研所处工作时，在自己使用的电脑中偶然发现有一张刻录着凌钢连铸机主设备图纸的光盘，便将该图纸拷贝下来；后其到中冶公司工作并担任川威公司项目的技术负责人时，发现中冶公司只有马钢设计院移交的凌钢连铸机主设备总图，仅凭总图无法制造设备，故将其拷贝的西安重研所的凌钢连铸机主设备图纸上传到中冶公司局域网上。裴某虽然当庭翻供，但仍供称带到中冶公司的凌钢连铸机主设备图纸是其利用业余时间在家中设计的。中冶公司的诉讼代理人则以马钢设计院参与凌钢连铸机设计的合同、技术协议、证人证言和中冶公司的会议纪要、中国冶金建筑集团公司证明等证据，坚持认为凌钢连铸机主设备图纸是中冶公司从马钢设计院合法取得的。二者显然存在矛盾。

本案证据证明：（1）有条件掌握凌钢连铸机主设备图纸的，除了附带民事诉讼原告人西安重研所外，还有凌钢公司，但凌钢公司泄密的可能性已经被排除。（2）马钢设计院虽然参加过凌钢连铸机设计，但其仅负责设计工厂和除主设备外的其他设备。为了便于马钢设计院安装机器，西安重研所必须将主设备总图提供给马钢设计院，但未向其提供凌钢连铸机主设备详图。（3）被告人裴某没有参与凌钢连铸机设计过程。裴某虽然当庭推翻了其在公安机关的供述，但翻供的理由是接受讯问时身体不适。经查，公安机关在长达半年的时间里多次对裴某进行讯问，而裴某每次的供述内容始终较为稳定，且能与其他证据相互印证，故其翻供的理由不符合常理，不予采信。公诉机关根据裴某的多次供述以及其他经核实的证据，指控裴某利用工作之便盗窃西安重研所的商业秘密提供给中冶公司使用，事实清楚，证据确凿，足以认定。中冶公司只能从裴某处得到凌钢连铸机主设备图纸，别无他途，因此，中冶公司的凌钢连铸机主设备图纸不是合法取得。

因此，西安市中级人民法院根据《最高人民法院关于执行〈中华人民共和国刑事诉讼法〉若干问题的解释》第86条第5项、《最高人民法院关于刑事附带民事诉讼范围问题的规定》第2条、《反不正当竞争法》第20条、《刑法》第219条第1款第1项、第3项、《民法通则》第106条第1款之规定，于2006年2月22日作出判决：一、被告人裴某犯侵犯商业秘密罪，判处有期徒刑三年，并处罚金人民币5万元。二、被告人裴某及附带民事诉讼被告人中冶公司停止侵权行为。三、被告人裴某及附带民事诉讼被告人中冶公司连带赔偿附带民事诉讼原告人西安重研所经济损失1782万元。

一审宣判后，被告人裴某不服，向陕西省高级人民法院提出上诉，附带民事诉讼原告人西安重研所、附带民事诉讼被告人中冶公司同时就附带民事判决部分提出上诉。二审审理过程中，西安重研所与裴某、中冶公司就本案的附带民事诉讼部分达成调解协议，并已接受陕西省高级人民法院送达的调解书。

陕西省高级人民法院认为：凌钢连铸机主设备设计具有实用性，不为公众所知悉，能为权利人带来经济利益，权利人为其采取了保密措施，因此，该技术是权利人西安重研所依法受保护的商业秘密。上诉人裴某身为西安重研所的高级工程师，明知凌钢连铸机主设备图纸是西安重研所的商业秘密，自己与西安重研所签订过含有保密条款的劳动合同，对西安重研所的商业秘密负有保密义务，仍利用工作上的便利，将凌钢连铸机主设备图纸的电子版私自复制据为己有，后又将该电子版交由中冶公司使用，以致给西安重研所造成特别严重的后果。裴某的行为构成侵犯商业秘密罪，应依法惩处。原判定罪准确，量刑适当，审判程序合法，但适用的法律应当是《刑法》第219条第1款第1项、第2项、第3款、第4款。裴某的上诉理由不能成立，应当驳回。据此，陕西省高级人民法院依照《刑事诉讼法》第189条第1项规定，于2006年10月11日裁定：驳回上诉，维持原判。

【学理分析及适用指引】

• 学理分析 •

侵犯商业秘密罪，是指采取不正当手段，获取、披露、使用或者允许他人使用权利人的商业秘密，给商业秘密权利人造成重大损失的行为。本罪的构成要件如下：

1. 本罪的客体。本罪侵犯的客体是国家对商业秘密权利人的无形资产专有权和社会主义市场的管理秩序。

2. 本罪的客观方面。客观方面表现为侵犯商业秘密，给商业秘密的权利人造成重大损失的行为。具体表现为以下三种行为：（1）以盗窃、贿赂、欺诈、胁迫、电子侵入或者其他不正当手段获取权利人的商业秘密。盗窃，指秘密窃取；利诱，是指以金钱、物品或其他利益为诱饵，使知悉商业秘密内容的人提供商业秘密；胁迫，是指对知悉商业秘密的人进行恐吓、威胁，迫使他人提供商业秘密；其他不正当手段，是指除盗窃、利诱、胁迫以外的不正当手段，如抢夺、骗取等。（2）披露、使用或者允许他人使用以前项手段获取的权利人的商业秘密。披露，指以各种不同方式将商业秘密告知第三者或者公之于世；使用或者允许他人使用，指利用非法获取的商业秘密牟取利益或者允许他人利用商业秘密牟取利益。（3）违反保密义务或者违反权利人有关保守商业秘密的要求，披露、使用或者允许他人使用其所掌握的商业秘密。法律只要求行为人具有其中一种行为就构成本罪；具有两种或者两种以上行为仍为一罪，不实行并罚，但量刑时可作为情节予以考虑。

3. 本罪的主体。犯罪主体为一般主体，自然人和单位均可构成本罪的主体。

4. 本罪的主观方面。主观方面由故意构成，包括直接故意和间接故意。

• 适用指引 •

司法实践中，认定本罪应注意：

1.《刑法修正案（十一）》对本罪的修订及其理解。为进一步优化营商环境，加强企业产权保护，并于修订后的《反不正当竞争法》相衔接，《刑法修正案（十一）》对《刑法》第219条所规定的侵犯商业秘密罪进行了系统修订，具体包括如下四个方面：一是与《反不正当竞争法》相协调，对具体行为方式作了完善；二是删除了《刑法》原第219条第3款关于“商业秘密”的概念界定，故此对于侵犯商业秘密罪的“商业秘密”的界定应以《反不正当竞争法》第9条的规定为准；三是调整了定罪量刑标准，将入罪门槛从“重大损失”调整为“情节严重”；四是提高法定刑配置，将本罪的法定最低刑从拘役提高到有期徒刑，法定最高刑从七年调整为十年有期徒刑。

2. 侵犯商业秘密罪与正当行为的界限。获取他人商业秘密的来源，主要有两种：一是非法获取；二是正当获取。非法获取他人商业秘密的，构成侵犯他人商业秘密，情节严重的，还构成犯罪。正当获取他人的商业秘密，如依据合同获取，依据雇用关系获取，或者依据业务关系掌握。这些情况下，行为人获取商业秘密的行为是合法的，不能认定为侵犯他人商业秘密，属于正当行为。但是，如果这些获取他人商业秘密的人擅自披露、使用或者允许他人使用其所获取的商业秘密的，则构成侵犯商业秘密，情节严重的，还构成犯罪。

行为人自己开发出与他人商业秘密内容相同的技术信息等，此时，行为人对这种技术信息的使用完全不受商业秘密权利人的制约。即使行为人将这种信息向社会公开，也属于一种正当行为，不构成侵犯商业秘密。

3. 侵犯商业秘密罪与一般违法行为的界限。构成侵犯商业秘密罪，必须是侵犯商业秘密情节严重的，否则只构成一般的违法行为，由行政机关给予行政处罚或者由商业秘密权利人通过民事途径解决。重大损失的标准，应根据有关的司法解释掌握。

4. 注意区分善意第三人。《刑法》关于第三人侵犯他人商业秘密的规定强调了“明知或者应知”的主观心理状态。所以，当第三人不知道并且也没有注意义务时，获取、使用或者披露他人商业秘密的，应当视为善意第三人的行为，不能构成对他人商业秘密的侵犯。

5. 侵犯商业秘密罪与盗窃罪的界限。侵犯商业秘密罪与盗窃罪在主体、主观方面等均有不同。侵犯商业秘密罪的主体既可以是自然人，也可以是单位。盗窃罪的主体只能是自然人。侵犯商业秘密罪的主观方面为故意或者过失，实施侵犯他人商业秘密的行为。盗窃罪的主观方面是故意非法占有公私财物。一般情况下，侵犯商业秘密罪和盗窃罪的区别是明显的，当行为人采用窃取手段侵犯他人商业秘密时，要注意和盗窃罪加以区分。此时，关键要查明行为人的主观方面。如果行为人以侵犯他人商业秘密为目的，窃取他人商业秘密的载体的，则构成侵犯商业秘密罪。如果行为人以盗窃为目的，窃取的财物恰好是他人商业秘密的载体，则只能构成盗窃罪。如果行为人盗窃该商业秘密载体之后又泄漏了他人的商业秘密，则又构成侵犯商业秘密罪，应当和盗窃罪数罪并罚。

6. 侵犯商业秘密罪与故意泄露国家秘密罪的界限。侵犯商业秘密罪与故意泄露国家秘密罪在客体、客观方面等均不相同。一般情况下，侵犯商业秘密罪和故意泄露国家秘密罪的区别是明显的。当行为人侵犯的商业秘密属于国家秘密时，此时一行为同时符合了两罪的犯罪构成，属于想象竞合，应当择一重罪处断。

第二百一十九条之一　为境外窃取、刺探、收买、非法提供商业秘密罪

【法律规定】

• 法律条文 •

《中华人民共和国刑法》

第二百一十九条之一　为境外的机构、组织、人员窃取、刺探、收买、非法提供商业秘密的，处五年以下有期徒刑，并处或者单处罚金；情节严重的，处五年以上有期徒刑，并处罚金。

【学理分析及适用指引】

• 学理分析 •

为境外窃取、刺探、收买、非法提供商业秘密罪，是指为境外的机构、组织、人员窃取、刺探、收买、非法提供商业秘密的行为。本罪是《刑法修正案

(十一)》新增设的罪名，打击的对象是商业间谍行为。本罪的构成要件如下：

1. 本罪的客体。本罪侵犯的客体是商业秘密权和国家对商业秘密的管理制度。

2. 本罪的客观方面。客观方面表现为为境外的机构、组织、人员窃取、刺探、收买、非法提供商业秘密的行为。这里的“境外的机构、组织”包括境外机构、组织及其在中华人民共和国境内设立的分支（代表）机构和分支机构。“境外的个人”包括该个人身处境外，也包括虽然身处境外但身份属于外国人或者其他境外个人的情况。另外，行为人必须实施了窃取、刺探、收买、非法提供商业秘密的行为。“窃取”，是指行为人采用非法手段秘密取得国家秘密或情报的行为；“刺探”，是指行为人通过各种途径和手段非法探知商业秘密的行为；“非法提供”，是指国家秘密或情报的持有人，将自己知悉、保管、持有的商业秘密或情报非法出售、交付、告知其他不应知悉的人的行为。

3. 本罪的主体为一般主体。

4. 本罪的主观方面为故意。

• 适用指引 •

司法实践中，认定本罪应注意：

1. 本罪与为境外窃取、刺探、收买、非法提供国家秘密、情报罪的界限。本罪的行为对象属于商业秘密。所谓商业秘密，根据《反不正当竞争法》第9条的规定，是指不为公众所知悉、具有商业价值并经权利人采取相应保密措施的技术信息、经营信息等商业信息。如果有关商业秘密同时也是国家秘密，则实施本罪行为，同时构成《刑法》第111条的为境外窃取、刺探、收买、非法提供国家秘密、情报罪，则应择一重罪论处，原则上本罪相比而言属于轻罪。

2. 本罪与侵犯商业秘密罪的区别。第一，两者的行为方式有所区别。本罪客观方面主要表现为窃取、刺探、收买、非法提供商业秘密；而侵犯商业秘密罪主要采用盗窃、贿赂、欺诈、胁迫、电子侵入等不正当手段。第二，两者指向的对象不同。本罪的服务对象限于境外的机构、组织和人员，而侵犯商业秘密罪则没有这一限制。第三，本罪是行为犯，不以“情节严重”为犯罪成立要件，而侵犯商业秘密罪则要求必须达到情节严重才能构成犯罪。

第二百二十条　知识产权单位犯罪的处罚

【法律规定】

●　法律条文　●

《中华人民共和国刑法》

第二百二十条　单位犯本节第二百一十三条至第二百一十九条之一规定之罪的，对单位判处罚金，并对其直接负责的主管人员和其他直接责任人员，依照本节各该条的规定处罚。

【学理分析及适用指引】

●　学理分析　●

侵犯知识产权的犯罪，属于法定犯或者行政犯，犯罪主体既可以是自然人也可以是单位。根据《刑法》第220条规定，《刑法》第213条至第219条之一所规定的8个侵犯知识产权的具体罪名，单位可以构成本罪的主体。

对于单位犯罪的刑事责任，我国刑事立法以双罚制为原则、以单罚制为例外。根据《刑法》第220条规定，单位实施侵犯知识产权犯罪的，均采取双罚制，既依法追究作为犯罪主体的单位之刑事责任，又要依法追究对单位中直接负责的主管人员和其他责任人员的刑事责任，其中，对单位判处罚金，对相关自然人按照相关刑法条文所配置的法定刑处罚。

适用指引　●

司法实践中，适用本条文应注意：单位实施的侵犯知识产权犯罪的入罪标准，原则上与自然人犯罪保持一致。《最高人民法院、最高人民检察院关于办理侵犯知识产权刑事案件具体应用法律若干问题的解释（二）》第6条规定，单位实施《刑法》第213条至第219条规定的行为，按照《最高人民法院、最高人民检察院关于办理侵犯知识产权刑事案件具体应用法律若干问题的解释》和本解释规定的相应个人犯罪的定罪量刑标准定罪处罚。因此，单位实施侵犯知识产权犯罪的，按照个人犯罪的定罪量刑标准处罚。

第八节　扰乱市场秩序罪

第二百二十一条　损害商业信誉、商品声誉罪

【法律规定】

• 法律条文 •

《中华人民共和国刑法》

第二百二十一条　捏造并散布虚伪事实，损害他人的商业信誉、商品声誉，给他人造成重大损失或者有其他严重情节的，处二年以下有期徒刑或者拘役，并处或者单处罚金。

• 相关规定 •

《中华人民共和国刑法》

第二百三十一条　单位犯本节第二百二十一条至第二百三十条规定之罪的，对单位判处罚金，并对其直接负责的主管人员和其他直接责任人员，依照本节各该条的规定处罚。

《最高人民检察院、公安部关于公安机关管辖的刑事案件立案追诉标准的规定（二）》（公通字〔2022〕12号）

第六十六条　［损害商业信誉、商品声誉案（刑法第二百二十一条）］捏造并散布虚伪事实，损害他人的商业信誉、商品声誉，涉嫌下列情形之一的，应予立案追诉：

（一）给他人造成直接经济损失数额在五十万元以上的；

（二）虽未达到上述数额标准，但造成公司、企业等单位停业、停产六个月以上，或者破产的；

（三）其他给他人造成重大损失或者有其他严重情节的情形。

【案例】

王传国损害商业信誉、商品声誉案①

● 案件事实 ●

被告人王传国在微信朋友圈和快手（App）发布视频及视频在网络上迅速发酵，并引起媒体关注报道的事实。被告人王传国系货车司机，与姜某1一起在辽宁省丹东市正和物流有限公司开货式冷藏车。2017年7月15日，姜某1与蒙山冷藏物流运输公司签订由蒙阴向沈阳运送蜜桃的协议，当日，被告人王传国与同事姜某1驾驶辽F×××××号冷藏车在蒙阴县蒙阴街道办事处岔河村、旧寨乡西里庄村蜜桃收购点装桃过程中，被告人王传国用手机偷拍桃农往蜜桃上喷水的视频4段，在未经核实的情况下自行杜撰配音，称桃农正在往蜜桃上喷洒防腐剂，并将视频公开发布到微信朋友圈和快手（App），上述视频在互联网上被大量点击浏览和转发，仅在内涵段子App上就被播放253031次，转发976次。被告人王传国发布的视频在网络上迅速发酵，网传“临沂蜜桃喷洒防腐剂”事件引发多家电视媒体的关注，央视、山东卫视等7家电视栏目先后进行了报道。

被告人王传国发布的视频为虚假视频的事实。在被告人拍摄的视频中，桃农王某1向蜜桃喷洒的是清水而不是防腐剂，向蜜桃喷洒清水是为了给蜜桃降温，使蜜桃颜色鲜亮。

“蒙阴蜜桃”是品牌，是农产品地理标志产品，并在国家工商行政管理总局商标局注册成为中国地理标志商标的事实。2016年12月12日，中国品牌建设促进会认定“蒙阴蜜桃”的品牌强度指数为882，品牌价值为266.44亿元。“蒙阴蜜桃”在2008年被农业部审定为农产品地理标志产品并颁发相关证书，并在国家工商行政管理总局商标局注册成为中国地理标志商标。地理标志商标是为有效保护地理标志而注册的一种商标形式，“蒙阴蜜桃”地理标志商标的使用管理者是商标持有人——蒙阴县果业协会。

被告人王传国的行为造成重大经济损失的事实。该视频给蒙阴县桃农经济造成重大损失，严重损害了“蒙阴蜜桃”的商品声誉，给“蒙阴蜜桃”品牌造成恶劣影响。

● 裁判要旨 ●

行为人故意捏造、散布虚假事实，严重损害该商品声誉，造成巨大经济损

① 参见山东省临沂市中级人民法院（2018）鲁13刑终3号。

失的，应当以损害商品声誉罪论处。

• 裁判理由 •

原审法院认为，被告人王传国通过手机 App 公开发布视频，捏造并散布虚伪事实，给蒙阴桃农造成重大经济损失，损害“蒙阴蜜桃”的商品声誉，其行为严重扰乱市场秩序，情节严重，其行为构成损害商品声誉罪，依法应予以惩处。2017 年 7 月 25 日，蒙阴县公安局民警电话通知王传国到案，但其称家中有事，说以后再去。次日 12 时许，民警在内蒙古科尔沁镇王传国家中将其抓获，故被告人的行为不构成自首。

鉴于被告人王传国归案后如实供述犯罪事实，且当庭认罪，可从轻处罚，根据本案的具体情节，依照《刑法》第 221 条、第 61 条、第 67 条第 3 款、第 52 条、第 53 条、第 64 条之规定，以被告人王传国犯损害商品声誉罪，判处有期徒刑一年，并处罚金人民币 3 万元。作案工具华为手机一部，依法予以没收，上缴国库。

宣判后，原审被告人王传国不服，以“我是第一次来山东蒙阴，我不知道蒙阴的蜜桃这么有名，我发布视频初衷是提醒朋友在吃桃子时要洗干净，对发布视频造成的后果始料未及，我认罪，我认为我应该是自首，当时我母亲病重，我已打电话和公安说了，我在家等着的”为由提出上诉。

经二审审理查明的事实和证据与一审认定的相同。

二审法院认为，上诉人王传国通过手机 App 公开发布视频，捏造并散布虚假事实，损害“蒙阴蜜桃”的商品声誉，严重扰乱市场秩序，情节严重，其行为构成损害商品声誉罪，依法应予以惩处。

上诉人王传国所提“我是第一次来山东蒙阴，我不知道蒙阴的蜜桃这么有名，我发布视频初衷是提醒朋友在吃桃子时要洗干净，对发布视频造成的后果始料未及”的上诉理由，经审理认为，上诉人王传国在没有查证的情况下就将桃农向蜜桃上冲的清水，说成是防腐剂，并说山东临沂的桃，在微信平台定位临沂·西庄村，后通过手机 App 公开发布视频，系故意捏造并散布虚伪的事实，损害他人商品声誉，其行为不只是“提醒他人吃桃时洗干净”，故上诉人王传国所提上述意见不能成立，法院不予采纳。

上诉人王传国所提“我认为我应该是自首，当时我母亲病重，我已打电话和公安说了，我在家等着的”的上诉理由，经审理认为，根据公安机关破案经过已证实上诉人王传国系被抓获归案，无证据证实其有自首情节，故上诉人王传国所提上述意见不能成立，法院不予采纳。

综上，原审判决认定事实清楚，适用法律正确，定罪准确，量刑适当，审判程序合法。依照《刑事诉讼法》第 225 条第 1 款第 1 项之规定，裁定如下：驳回上诉，维持原判。

本裁定为终审裁定。

【学理分析及适用指引】

• 学理分析 •

损害商业信誉、商品声誉罪，是指捏造并散布虚伪事实，损害他人的商业信誉、商品声誉，给他人造成重大损失或者其他严重情节的行为。本罪的构成要件如下：

1. 本罪的客体。损害商业信誉、商品声誉罪侵犯的客体是复杂客体，即他人的商业信誉和商品声誉以及正常的市场秩序。商品声誉是国家法定机构和社会大众对生产者生产和经营者经销的特定商品的综合信誉评价，也就是某种商品在质量等方面的可信程度和经过长期良好经营所形成的产品知名度，与财产权紧密相连，直接关系到一种商品的生产者、经营者的荣辱兴衰。

2. 本罪的客观方面。本罪的客观方面表现为捏造并散布虚伪事实，损害他人的商业信誉、商品声誉，给他人造成重大损失或者有其他严重情节的行为。捏造既包括无中生有、凭空编造全部虚假事实的情形，也包括恶意歪曲、夸大部分事实或者虚构部分事实的情形。行为人有没有捏造涉及特定商品的虚假事实并予以散布是该行为能否构成损害商品声誉的实质行为要件。重大损失，主要指直接经济损失，即是指损害商品声誉的行为导致的物质性的直接经济损失，且属于已经实际发生的经济损失。如因诋毁行为造成客户退货的损失，因诋毁行为造成商品滞压、失效的损失，因诋毁行为造成客户中止履行合同而减少的可得利益，为证明在新闻媒体进行“辟谣”等反诋毁行为所造成的费用支出等。其他严重情节，主要从行为的手段、动机、影响、次数等方面进行综合考察。比如，行为人多次捏造并散布虚伪事实，诋毁他人商誉，严重扰乱正常的市场竞争秩序；因损害他人商誉受过行政处罚仍实施上述行为；损害手段恶劣、社会影响极坏或导致他人经营陷于困境。

3. 本罪的主体。本罪为一般主体。

4. 本罪的主观方面。本罪的主观方面是故意，即明知其捏造并散布虚伪事实的行为将损害商品生产者或者销售者的商品声誉、破坏商品质量的可信度和商品的知名度、降低其所拥有商品的良好竞争力，仍然实施该行为的，不论行为人与被害人之间是否属于商业竞争关系，皆符合损害商品声誉罪的主观要件。

• 适用指引 •

司法实践中，认定本罪时应注意罪与非罪的问题：如果仅是消费者或新闻单位对经营者的产品、服务质量进行合理批评、评论的，不得认定为本罪。单纯捏造或单纯散布虚伪事实的，不成立本罪。但应注意的是，在共同犯罪中，一部分人捏造事实，另一部分散布虚伪事实的，应认定为本罪。对于没有商业诽谤的故意，听信他人传谣，而散布虚伪事实乃至对虚伪事实进行某种程度的加工的行为，也不宜认定为本罪。虽然捏造并散布虚伪事实，但没有造成重大损失，也没有其他严重情节的，不能认定为本罪。有的行为人为了损害竞争对手的商业信誉、商品声誉，在自己生产的劣质产品上假冒他人优质产品的注册商标，从而使他人受到重大损失。对此，应以假冒注册商标罪论处，不宜认定为本罪。

第二百二十二条　虚假广告罪

【法律规定】

• 法律条文 •

《中华人民共和国刑法》

第二百二十二条　广告主、广告经营者、广告发布者违反国家规定，利用广告对商品或者服务作虚假宣传，情节严重的，处二年以下有期徒刑或者拘役，并处或者单处罚金。

• 相关规定 •

《中华人民共和国刑法》

第二百三十一条　单位犯本节第二百二十一条至二百三十条规定之罪的，对单位判处罚金，并对其直接负责的主管人员和其他直接责任人员，依照本节各该条的规定处罚。

《中华人民共和国广告法》

第二条　在中华人民共和国境内，商品经营者或者服务提供者通过一定媒介和形式直接或者间接地介绍自己所推销的商品或者服务的商业广告活动，适用本法。

本法所称广告主，是指为推销商品或者服务，自行或者委托他人设计、制作、发布广告的自然人、法人或者其他组织。

本法所称广告经营者，是指接受委托提供广告设计、制作、代理服务的自然人、法人或者其他组织。

本法所称广告发布者，是指为广告主或者广告主委托的广告经营者发布广告的自然人、法人或者其他组织。

本法所称广告代言人，是指广告主以外的，在广告中以自己的名义或者形象对商品、服务作推荐、证明的自然人、法人或者其他组织。

第三条　广告应当真实、合法，以健康的表现形式表达广告内容，符合社会主义精神文明建设和弘扬中华民族优秀传统文化的要求。

第四条　广告不得含有虚假或者引人误解的内容，不得欺骗、误导消费者。

广告主应当对广告内容的真实性负责。

第五条　广告主、广告经营者、广告发布者从事广告活动，应当遵守法律、法规，诚实信用，公平竞争。

第五十五条　违反本法规定，发布虚假广告的，由市场监督管理部门责令停止发布广告，责令广告主在相应范围内消除影响，处广告费用三倍以上五倍以下的罚款，广告费用无法计算或者明显偏低的，处二十万元以上一百万元以下的罚款；两年内有三次以上违法行为或者有其他严重情节的，处广告费用五倍以上十倍以下的罚款，广告费用无法计算或者明显偏低的，处一百万元以上二百万元以下的罚款，可以吊销营业执照，并由广告审查机关撤销广告审查批准文件、一年内不受理其广告审查申请。

《最高人民法院关于审理非法集资刑事案件具体应用法律若干问题的解释》（法释〔2022〕5号）

第十二条　广告经营者、广告发布者违反国家规定，利用广告为非法集资活动相关的商品或者服务作虚假宣传，具有下列情形之一的，依照刑法第二百二十二条的规定，以虚假广告罪定罪处罚：

（一）违法所得数额在10万元以上的；

（二）造成严重危害后果或者恶劣社会影响的；

（三）二年内利用广告作虚假宣传，受过行政处罚二次以上的；

（四）其他情节严重的情形。

明知他人从事欺诈发行证券，非法吸收公众存款，擅自发行股票、公司、企业、债券，集资诈骗或者组织、领导传销活动等集资犯罪活动，为其提供广告等宣传的，以相关犯罪的共犯论处。

《最高人民法院、最高人民检察院关于办理危害食品安全刑事案件适用法律若干问题的解释》（法释［2021］24号）

第十九条　违反国家规定，利用广告对保健食品或者其他食品作虚假宣传，符合刑法第二百二十二条规定的，以虚假广告罪定罪处罚；以非法占有为目的，利用销售保健食品或者其他食品诈骗财物，符合刑法第二百六十六条规定的，以诈骗罪定罪处罚。同时构成生产、销售伪劣产品罪等其他犯罪的，依照处罚较重的规定定罪处罚。

《最高人民法院、最高人民检察院关于办理妨害预防、控制突发传染病疫情等灾害的刑事案件具体应用法律若干问题的解释》（法释〔2003〕8号）

第五条 广告主、广告经营者、广告发布者违反国家规定，假借预防、控制突发传染病疫情等灾害的名义，利用广告对所推销的商品或者服务作虚假宣传，致使多人上当受骗，违法所得数额较大或者有其他严重情节的，依照刑法第二百二十二条的规定，以虚假广告罪定罪处罚。

《最高人民检察院、公安部关于公安机关管辖的刑事案件立案追诉标准的规定（二）》（公通字〔2022〕12号）

第六十七条 ［虚假广告案（刑法第二百二十二条）］广告主、广告经营者、广告发布者违反国家规定，利用广告对商品或者服务作虚假宣传，涉嫌下列情形之一的，应予立案追诉：

（一）违法所得数额在十万元以上的；

（二）假借预防、控制突发事件、传染病防治的名义，利用广告作虚假宣传，致使多人上当受骗，违法所得数额在三万元以上的；

（三）利用广告对食品、药品作虚假宣传，违法所得数额在三万元以上的；

（四）虽未达到上述数额标准，但二年内因利用广告作虚假宣传受过二次以上行政处罚，又利用广告作虚假宣传的；

（五）造成严重危害后果或者恶劣社会影响的；

（六）其他情节严重的情形。

【案例】

黄某某等虚假广告案①

• 案件事实 •

2004年年底至2005年年初，被告人杨某秀、杨某坤等人从老乡处得知河南省漯河市某医院开展治疗类风湿性关节炎、强直性脊柱炎效果较好的免疫平衡调节术，有意引进该项技术成立专科医院。为能扩大广告宣传效果，杨某秀、杨某坤等人经事先预谋，在香港注册成立了康恒医院投资集团（香港）有限公司及分行香港国际类风湿病研究院，但在香港实际并无自己的办公地址与人员从事研发活动。同时，杨某秀等人出资10万元在漯河市某医院购买了“免疫平衡调节术”，并将招聘的国内医生王某某送往该医院学习。

2005年5月，杨某秀、杨某坤、杨某其等人共同出资，以香港国际类风湿

① 参见浙江省杭州市江干区人民法院（2007）江刑初字第631号。

病研究院的名义承包了私营合伙企业杭州华夏医院风湿科，由杨某其等人负责具体事务的管理，由在漯河市某医院学习了一段时间的医生王某某到该院负责实施“免疫平衡调节术”，治疗类风湿性关节炎、强直性脊柱炎。为进一步招揽患者，杨某其征得杨某秀同意后决定对外发布广告，杭州华夏医院负责人黄某某在明知“免疫平衡调节术”并非来源于香港、广告内容虚假的情况下，同意杨某其等人以杭州华夏医院的名义通过电视台、报纸对外发布医疗广告。

2005年6月29日至2005年9月期间，杨某其等人以杭州华夏医院名义多次在杭州市报纸、电视台等媒体上发布医疗广告。先后被杭州市工商行政管理局和浙江省工商行政管理局认定其为虚假广告，要求全省媒体不得发布该手术治疗类风湿性关节炎、强直性脊柱炎广告。

而在华夏医院虚假广告发布以后，共有杜某某等38名类风湿性关节炎、强直性脊柱炎患者于2005年7月至2005年11月期间到这个医院接受了免疫平衡调节微创（或介入微创定位）手术的治疗，所涉33名患者中不仅未达广告中所称的医疗效果，还不同程度地造成患者声音嘶哑的后果。经鉴定，共有朱某某等14名患者伤残等级为九级，其中厉某某、颜某某、杨某某等3名患者手术系承包协议终止之后由杭州华夏医院所做。

• 裁判要旨 •

行为人违反《广告法》，向社会公众发布严重失实的医疗效果、医生资质等信息，情节严重的，应以虚假广告罪追究刑事责任。

• 裁判理由 •

杭州市江干区人民法院经审理后认为：被告人黄某某、杨某秀、杨某坤、杨某其违反《医疗广告管理办法》广告范围仅限于医疗机构名称、诊疗地点、从业医师姓名、技术职称、服务商标、诊疗时间、诊疗科目、诊疗方法、通信方式的规定，在未取得有效医疗广告证明的情况下通过媒介超范围向社会公众发布医疗广告；广告内容违反《广告法》的规定，就医疗服务的技术来源、医疗效果、医生资历作虚假宣传，涉案患者基本未能达到广告宣传的医疗效果，并致使14名患者构成九级伤残，情节严重，其行为均已构成虚假广告罪。公诉机关指控罪名成立。被告人黄某某具有接公安机关电话通知主动到案的投案行为，但其在公安侦查阶段以及前期庭审阶段均未如实供述犯罪事实，不能认定为自首；被告人黄某某在宣判前能予以认罪并如实供认犯罪事实，且具有支付部分调解款项的行为，其辩护人要求适用缓刑的辩护意见，法院予以采纳。被告人杨某秀主动向公安机关投案并如实供述主要犯罪事实，虽其在公安机关随后的侦查阶段直至庭审过程中否认事前明知涉案广告会出现虚假内容，但其在宣判前能予以供认，仍可认定具有自首情节。我国《医疗广告管理办法》明确规定医疗广告主体只能是依法取得医疗执业许可证的医疗机构，个人不能发布医疗广告，但《广告法》明确规定广告主体为法人、其他经济组织或者个人，与我国《刑法》虚假广告罪主体包括自然人的规定相一致，自然人符合本罪主体要件；被告人杨某秀等人以合伙私营医疗机构杭州华夏医院为载体对外发布虚假广告，属于自然人共同犯罪，应按共犯原则共同承担刑事责任，故辩护人关于杨某秀不符合虚假广告罪主体要件的意见，法院不予采纳。被告人杨某秀虽对于其主观上是否明知涉案广告具有虚假内容的事实翻供，但其具有自首、在民事诉讼中支付了 82 万元的巨额调解款项、归案后通过家属通知杨某其主动投案的情节，依法可予以从轻处罚，故其关于适用缓刑的要求，法院予以采纳。被告人杨某坤具有在民事诉讼中支付 45 万元调解款项的情节，在共同犯罪中地位作用较小，可予以从轻处罚，但其庭审中拒不如实供认犯罪事实，不宜适用缓刑。被告人杨某其主动向公安机关投案并如实供述了犯罪事实，虽其在前期庭审中否认明知涉案广告内容，但在宣判前能如实供认，仍符合自首要件，且具有支付部分调解款项、指证同案犯的情节，故辩护人关于应认定为自首以及要求从轻处罚的辩护意见，法院予以采纳。综上，根据被告人黄某某、杨某秀、杨某坤、杨某其的犯罪事实、情节、在共同犯罪中的地位作用以及对社会的危害程度，依照《刑法》第 222 条、第 25 条第 1 款、第 52 条、第 53 条、第 67 条第 1 款、第 72 条第 1 款、第 73 条第 2 款，《最高人民法院关于适用财产刑若干问题的规定》第 2 条第 1 款，《最高人民法院关于处理自首和立功具体应用法律若干问题的解释》第 1 条、第 3 条之规定，判决如下：一、被告人黄某某犯虚假广告罪，判处有期徒刑一年六个月，缓刑二年，并处罚金人民币 3 万元。二、被告人杨某秀犯虚假广告罪，判处有期徒刑一年二个月，缓刑一年六个月，并处罚金人民币 3 万元。三、被告人杨某坤犯虚假广告罪，判处有期徒刑一年二个月，并处罚金人民币 2 万元。四、被告人杨某其犯虚假广告罪，判处有期徒刑一年，并处罚金人民币 2 万元。

【学理分析及适用指引】

• 学理分析 •

虚假广告罪，是指广告主、广告经营者、广告发布者违反国家规定，利用广告对商品或者服务作虚假宣传，情节严重的行为。本罪的构成要件如下：

1. 本罪的客体。虚假广告罪侵犯的客体是复杂客体，即国家对广告的管理制度和消费者的合法权益。所谓广告是商品经营者或者服务提供者为了宣传自己的商品，推销服务，提高知名度，通过一定的媒介和形式介绍自己的产品或者服务的商业广告。广告的真实性直接关系到消费者的合法权益和市场的正当竞争秩序。

2. 本罪的客观方面。虚假广告罪的客观方面表现为违反国家规定，利用广告对商品或者服务作虚假宣传，情节严重的行为。首先，必须违反国家规定，即违反国家有关广告管理的法律法规，如《广告法》《反不正当竞争法》等。其次，行为人还必须实施了虚假广告的行为，如在广告中对商品或者服务的质量、用途、有效期、售后服务等作不真实的宣传，或夸大事实、隐瞒真相等。广告或多或少都有夸大性质，消费者也都对此有认识，故不能将具有夸大性质的广告一律认定为虚假广告。只有当某种夸大广告超出了社会容忍的界限，足以使一般人陷入认识错误时，才能认定为虚假广告。广告的内容极为抽象时，通常不能使一般人陷入认识错误；广告的内容比较具体时，就足以使一般人陷入认识错误。例如，对于声称某种产品品质优良、广受赞誉等，即使不符合事实，一般也不宜认定为虚假广告。最后，行为人实施虚假广告的行为必须达到情节严重才能予以追究。

3. 本罪的主体。虚假广告罪的主体是特殊主体，即广告主、广告经营者和广告发布者，既包括自然人，也包括单位。

4. 本罪的主观方面。虚假广告罪的主观方面是故意。

• 适用指引 •

司法实践中，认定本罪应注意：

1. 本罪与非罪的界限。行为人利用虚假广告欺骗用户和消费者应达到情节严重的程度，具体可参照 2022 年 4 月 6 日《最高人民检察院、公安部关于公安机关管辖的刑事案件立案追诉标准的规定（二）》第 67 条的规定。如果情节尚属一般，不构成本罪，可适用民事或行政处罚。

2. 本罪与假冒注册商标罪的界限。虚假广告罪与假冒注册商标罪的行为人在主观上都有虚假、假冒的一面，但两罪仍有区别：

（1）客体不同。虚假广告罪，侵犯的直接客体是国家对广告的管理秩序，而假冒注册商标罪是国家对注册商标的管理秩序。

（2）客观方面不同。虚假广告罪是用虚假广告作引人误解的宣传，而假冒注册商标是假冒他人的注册商标。如果行为人在虚假广告中假冒他人注册商标的，应择一重罪处罚。

3. 虚假广告罪与诈骗罪的界限。虚假广告罪和诈骗罪中都有欺诈行为，都有非法获利目的，但是虚假广告罪的主体广告经营者和广告发布者，只是通过虚假广告，赚取广告费，并无骗取客户钱财的非法占有目的；而广告主，也往往是通过销售伪劣产品或服务等支付一定对价的交易方式，非法牟取利润。诈骗则不再具有交易的实质，完全是欺骗。如果利用虚假广告销售完全没有或者几乎完全没有实用价值的物品，骗取财物数额较大的，则构成诈骗罪。通过虚假广告销售伪劣产品或者没有实用价值的物品的，虚假广告行为和销售伪劣产品、诈骗行为之间存在牵连关系，以较重的罪名定罪量刑。

第二百二十三条　串通投标罪

【法律规定】

● 法律条文 ●

《中华人民共和国刑法》

第二百二十三条　投标人相互串通投标报价，损害招标人或者其他投标人利益，情节严重的，处三年以下有期徒刑或者拘役，并处或者单处罚金。

标人与招标人串通投标，损害国家、集体、公民的合法利益的，依照前款的规定处罚。

● 相关规定 ●

《中华人民共和国刑法》

第二百三十一条　单位犯本节第二百二十一条至二百三十条规定之罪的，对单位判处罚金，并对其直接负责的主管人员和其他直接责任人员，依照本节各该条的规定处罚。

《中华人民共和国招标投标法》

第五十条　招标代理机构违反本法规定，泄露应当保密的与招标投标活动有关的情况和资料的，或者与招标人、投标人串通损害国家利益、社会公共利益或者他人合法权益的，处五万元以上二十五万元以下的罚款，对单位直接负责的主管人员和其他直接责任人员处单位罚款数额百分之五以上百分之十以下的罚款；有违法所得的，并处没收违法所得；情节严重的，禁止其一年至二年内代理依法必须进行招标的项目并予以公告，直至由工商行政管理机关吊销营业执照；构成犯罪的，依法追究刑事责任。给他人造成损失的，依法承担赔偿责任。

前款所列行为影响中标结果的，中标无效。

第五十三条　投标人相互串通投标或者与招标人串通投标的，投标人以向招标人或者评标委员会成员行贿的手段谋取中标的，中标无效，处中标项目金额千分之五以上千分之十以下的罚款，对单位直接负责的主管人员和其他直接责任人员处单位罚款数额百分之五以上百分之十以下的罚款；有违法所得的，并处没收违法所得；情节严重的，取消其一年至二年内参加依法必须进行招标的项目的投标资格并予以公告，直至由工商行政管理机关吊销营业执照；构成犯罪的，依法追究刑事责任。给他人造成损失的，依法承担赔偿责任。

《最高人民检察院、公安部关于公安机关管辖的刑事案件立案追诉标准的规定（二）》（公通字〔2022〕12 号）

第六十八条　［串通投标案（刑法第二百二十三条）］投标人相互串通投标报价，或者投标人与招标人串通投标，涉嫌下列情形之一的，应予立案追诉：

（一）损害招标人、投标人或者国家、集体、公民的合法利益，造成直接经济损失数额在五十万元以上的；

（二）违法所得数额在二十万元以上的；

（三）中标项目金额在四百万元以上的；

（四）采取威胁、欺骗或者贿赂等非法手段的；

（五）虽未达到上述数额标准，但二年内因串通投标受过二次以上行政处罚，又串通投标的；

（六）其他情节严重的情形。

【案例】

杨某某、张某某等串通投标案①

• 案件事实 •

被告人杨某某 2004 年 6 月至 2011 年 9 月任淮安市公安局信通处处长。淮安巨人科技有限公司（以下简称巨人公司）负责人蔡某国找杨某某，欲承接淮安市公安局的有关工程项目，杨某某表示要参加招投标。嗣后，被告人杨某某授意被告人张某某帮助巨人公司制作淮安市公安局办公自动化系统、执法监督管理和涉案财物管理系统投标书，让张某某再找一家公司围标，并要求投标报价 138 万元左右。被告人张某某借用南京博恩网络工程有限公司（以下简称博恩公司）资质，制作了巨人公司、博恩公司投标书，由被告人陈某和高某某分别代表博恩、巨人两家公司于 2010 年 9 月 14 日投标，同时参加投标的还有淮安千帆网络科技发展公司、南京拓淮信息技术有限公司。后巨人公司中标，中标金额人民币 138.911 万元。

被告人屠某某系南京希诺达商业设备有限责任公司（以下简称希诺达公司）负责人，被告人陈某系该公司销售经理。2011 年 3 月前后，淮安市公安局计划采购移动警务通。被告人陈某、屠某某、张某某决定参与竞标该项目。被告人杨某某向陈某、屠某某泄露欲采购的移动警务通技术参数，明确告之陈

① 参见江苏省淮安市中级人民法院（2013）淮中刑二终字第 0026 号。

某、屠某某移动警务通需用11.6寸的显示屏。被告人陈某、屠某某为成功竞得该项目，除用希诺达公司投标外，又借用南京金鹿鼎信息系统实业有限公司（以下简称金鹿鼎公司）参与围标。被告人杨某某还授意张某某等人成立新公司参与围标，并要求投标的价格包括200元数字证书和加密卡不能超过2800元。被告人屠某某于同年4月7日注册成立南京淮康智能科技有限公司（以下简称淮康公司）。同月14日，被告人陈某代表金鹿鼎公司，还安排希诺达公司会计陶某代表淮康公司，被告人屠某某代表希诺达公司投标。后淮康公司中标，中标金额人民币231.2万元。

案发后，2012年4月26日，淮安市公安局开发区分局、涟水分局、淮阴分局、清浦分局、清河分局、盱眙分局、淮安分局、金湖分局分别与淮康公司签订补充协议，淮康公司在原合同价（中标价）基础上合计让利人民币554400元。

• 裁判要旨 •

在招投标活动过程中，部分投标人之间相互串通投标报价、严重损害招标人及其投标人利益的，依法构成串通投标罪。

• 裁判理由 •

江苏省淮安市清河区人民法院审理认为，被告人杨某某伙同被告人张某某、陈某、屠某某相互串通投标，中标金额在200万元以上，损害国家利益，其行为均构成串通投标罪，且系共同犯罪。案发后，被告人杨某某、张某某、陈某、屠某某如实供述犯罪事实，均系坦白，依法可从轻处罚，并可适用缓刑。依照《刑法》第223条第1款、第2款，第25条第1款，第52条，第53条，第67条第3款，第72条第1款、第3款，第73条第2款、第3款之规定，于2012年12月5日作出（2012）河刑初字第0188号刑事判决：被告人杨某某犯串通投标罪，判处有期徒刑八个月，缓刑一年，并处罚金人民币2万元；被告人张某某犯串通投标罪，判处有期徒刑七个月，缓刑一年，并处罚金人民币1.5万元；被告人陈某犯串通投标罪，判处有期徒刑七个月，缓刑一年，并处罚金人民币1.5万元；被告人屠某某犯串通投标罪，判处有期徒刑六个月，缓刑一年，并处罚金人民币1万元。

一审宣判后，四名被告人均不服，向江苏省淮安市中级人民法院提出上诉。

江苏省淮安市中级人民法院认为：上诉人杨某某利用事前掌握的招标项目和信息，违背公平竞争原则，与上诉人张某某、陈某、屠某某相互串通投标，损害国家利益，其行为已构成串通投标罪，且系共同犯罪。

对于杨某某所提其不是招标人及各上诉人相互间没有串通投标故意，不构成串通投标罪的上诉理由，经查，在淮安市公安局的相关采购项目招标过程中，上诉人杨某某作为招标项目的组织实施者和采购参与人，为了使巨人公司中标，指使张某某根据其指示的标价为两家公司设计标书并以此价投标，串通陈某组织他人陪标；在移动警务通的招投标过程中，上诉人杨某某泄露采购计划的内容、设定投标价格，串通陈某、屠某某、张某某借用其他公司的资质共同制作标书，以围标的非法方式投标，使得该项招投标活动成为各上诉人实际掌控的独家投标，并最终使淮康公司违法中标。在作案过程中，四名上诉人在串通投标的主观故意支配下分工协作，分别实施了不同的串通投标行为，其行为均符合串通投标罪的犯罪构成，四名上诉人所提的不构成串通投标罪的上诉理由均不能成立。

对于张某某所提其未经工商行政部门处理过，不应直接认定其构成串通投标罪的上诉理由，经查，我国《刑法》对串通投标罪并无经工商行政管理部门处理才能入罪的限制规定，司法机关办理刑事案件亦无须经工商行政机关审查同意，故上诉人张某某该上诉理由无法律依据，不能成立。

对于陈某、屠某某所提“中标项目金额”应当依据实际履行价格确定的上诉理由，经查，串通投标罪是指投标人相互串通投标报价，损害招标人或其他投标人的利益，情节严重；或者投标人与招标人串通投标，损害国家、集体、公民的合法权益的行为，因此，该罪所指的中标金额是指投标报价，并非合同实际履行价格，故该上诉理由无法律依据，法院不予采纳。

综上，淮安市中级人民法院经审理认为，原审判决认定的事实清楚，证据确实、充分，定罪准确，量刑适当，审判程序合法，遂依照《刑事诉讼法》第225条第1款第1项的规定，于2013年3月22日作出（2013）淮中刑二终字第0026号刑事裁定：驳回上诉，维持原判。

【学理分析及适用指引】

• 学理分析 •

串通投标罪，是指投标人相互串通投标报价，损害招标人或者其他投标人利益，或者投标人与招标人串通投标，损害国家、集体、公民的合法权益，情节严重的行为。本罪的构成要件如下：

1. 本罪的客体。本罪侵犯的客体是投标市场竞争秩序与国家、社会和公民的合法权益。

2. 本罪的客观方面。客观方面表现为投标人相互串通投标报价，损害招标人或者其他投标人的利益，或者投标人与招标人串通投标，损害国家、集体、公民利益的行为。投标人，是指在投标竞争活动中，决定并影响投标报价的参与人；相互串通投标报价，是指在投标过程中，暗中商量好抬高或者压低标价等行为；损害招标人或者其他投标人利益，是指由于投标人相互串通投标报价而使招标人无法达到最佳的竞标结果或者其他投标人无法在公平竞争的条件下参与投标竞争而受到损害的情况；投标人与招标人串通投标，损害国家、集体、个人的合法利益的，是指投标人与招标人在招标过程中相互勾结、影响、破坏和干扰招标秩序，使国家、集体、个人的合法利益受到严重损害的行为。如投标人通过非法手段买通招标人提前获得报价条件和信息；招标人审查评比投标申请时，优先让与其勾结的投标者中标等。

3. 本罪的主体。犯罪主体为特殊主体，即招标人和投标人。单位可以构成本罪的主体。

4. 本罪的主观方面。主观方面只能是故意。

• 适用指引 •

司法实践中，认定本罪应注意：

1. 本罪与非罪的界限。串通投标罪与串通投标违法行为的界限，关键在于该行为的情节严重与否，情节严重者构成犯罪，否则不以犯罪论。对于何为情节严重，由最高人民法院作出司法解释。在认定情节严重与否时，应当考虑犯罪手段是否恶劣、是否屡教不改、行为的结果及社会影响等因素作出综合判断。

2. 本罪与贿赂罪牵连行为的认定。在行为人犯串通投标罪的同时，往往可能牵连犯有贿赂罪、侵犯商业秘密罪等罪名，如投标人贿赂招标人，许之以特定经济利益，诱使其泄露标底，或者招标人接受贿赂，泄露标底等商业秘密。由此可见，基于本罪特点，往往可能出现牵连犯罪的情况。对于此种牵连犯罪行为，因无法律的特别规定，应依法理，适用以一重罪处断为宜。

3. 关于敲诈勒索罪与串通投标罪的区别。根据《刑法》第 274 条的规定，敲诈勒索罪是指以非法占有为目的，对被害人实施威胁或者要挟的方法，迫使其当场或日后交付数额较大的公私财物的行为。敲诈勒索罪的客体是公司财产的所有权和被害人的人身权利等其他权利，威胁的对象只能是被害人或其近亲属。而串通投标罪的犯罪客体是正常的招投标市场竞争秩序与国家、社会和公民的合法权益，其敲诈的对象与威胁的对象并不是一致的，甚至可以说其敲诈的对象从某种程度上说是获益的人（中标者）。

第二百二十四条　合同诈骗罪

【法律规定】

•　法律条文　•

《中华人民共和国刑法》

第二百二十四条　有下列情形之一，以非法占有为目的，在签订、履行合同过程中，骗取对方当事人财物，数额较大的，处三年以下有期徒刑或者拘役，并处或者单处罚金；数额巨大或者有其他严重情节的，处三年以上十年以下有期徒刑，并处罚金；数额特别巨大或者有其他特别严重情节的，处十年以上有期徒刑或者无期徒刑，并处罚金或者没收财产：

（一）以虚构的单位或者冒用他人名义签订合同的；

（二）以伪造、变造、作废的票据或者其他虚假的产权证明作担保的；

（三）没有实际履行能力，以先履行小额合同或者部分履行合同的方法，诱骗对方当事人继续签订和履行合同的；

（四）收受对方当事人给付的货物、货款、预付款或者担保财产后逃匿的；

（五）以其他方法骗取对方当事人财物的。

•　相关规定　•

《中华人民共和国刑法》

第二百三十一条　单位犯本节第二百二十一条至第二百三十条规定之罪的，对单位判处罚金，并对其直接负责的主管人员和其他直接责任人员，依照本节各该条的规定处罚。

《全国法院审理金融犯罪案件工作座谈会纪要》（法〔2001〕8 号）

（三）关于金融诈骗罪

2. 贷款诈骗罪的认定和处理。贷款诈骗犯罪是目前案发较多的金融诈骗犯罪之一。审理贷款诈骗犯罪案件，应当注意以下两个问题：

一是单位不能构成贷款诈骗罪。根据刑法第三十条和第一百九十三条的规定，单位不构成贷款诈骗罪。对于单位实施的贷款诈骗行为，不能以贷款诈骗罪定罪处罚，也不能以贷款诈骗罪追究直接负责的主管人员和其他直接责任人员的刑事责任。但是，在司法实践中，对于单位十分明显地以非法占有为目的，利用签订、履行借款合同诈骗银行或其他金融机构贷款，符合刑法第二百二十四条规定的合同诈骗罪构成要件的，应当以合同诈骗罪定罪处罚。

《最高人民法院关于在审理经济纠纷案件中涉及经济犯罪嫌疑若干问题的规定》（法释〔2020〕17号）

第一条 同一自然人、法人或非法人组织因不同的法律事实，分别涉及经济纠纷和经济犯罪嫌疑的，经济纠纷案件和经济犯罪嫌疑案件应当分开审理。

第二条 单位直接负责的主管人员和其他直接责任人员，以为单位骗取财物为目的，采取欺骗手段对外签订经济合同，骗取的财物被该单位占有、使用或处分构成犯罪的，除依法追究有关人员的刑事责任，责令该单位返还骗取的财物外，如给被害人造成经济损失的，单位应承担赔偿责任。

第三条 单位直接负责的主管人员和其他直接责任人员，以该单位的名义对外签订经济合同，将取得的财物部分或全部占为己有构成犯罪的，除依法追究行为人的刑事责任外，该单位对行为人因签订、履行该经济合同造成的后果，依法应当承担民事责任。

第四条 个人借用单位的业务介绍信、合同专用章或者盖有公章的空白合同书，以出借单位名义签订经济合同，骗取财物归个人占有、使用、处分或者进行其他犯罪活动，给对方造成经济损失构成犯罪的，除依法追究借用人的刑事责任外，出借业务介绍信、合同专用章或者盖有公章的空白合同书的单位，依法应当承担赔偿责任。但是，有证据证明被害人明知签订合同对方当事人是借用行为，仍与之签订合同的除外。

第五条 行为人盗窃、盗用单位的公章、业务介绍信、盖有公章的空白合同书，或者私刻单位的公章签订经济合同，骗取财物归个人占有、使用、处分或者进行其他犯罪活动构成犯罪的，单位对行为人该犯罪行为所造成的经济损失不承担民事责任。

行为人私刻单位公章或者擅自使用单位公章、业务介绍信、盖有公章的空白合同书以签订经济合同的方法进行的犯罪行为，单位有明显过错，且该过错行为与被害人的经济损失之间具有因果关系的，单位对该犯罪行为所造成的经济损失，依法应当承担赔偿责任。

第六条 企业承包、租赁经营合同期满后，企业按规定办理了企业法定代表人的变更登记，而企业法人未采取有效措施收回其公章、业务介绍信、盖有公章的空白合同书，或者没有及时采取措施通知相对人，致原企业承包人、租赁人得以用原承包、租赁企业的名义签订经济合同，骗取财物占为己有构成犯罪的，该企业对被害人的经济损失，依法应当承担赔偿责任。但是，原承包人、承租人利用擅自保留的公章、业务介绍信、盖有公章的空白合同书以原承包、租赁企业的名义签订经济合同，骗取财物占为己有构成犯罪的，企业一般不承担民事责任。

单位聘用的人员被解聘后，或者受单位委托保管公章的人员被解除委托后，单位未及时收回其公章，行为人擅自利用保留的原单位公章签订经济合同，骗取财物占为己有构成犯罪，如给被害人造成经济损失的，单位应当承担赔偿责任。

第七条　单位直接负责的主管人员和其他直接责任人员，将单位进行走私或其他犯罪活动所得财物以签订经济合同的方法予以销售，买方明知或者应当知道的，如因此造成经济损失，其损失由买方自负。但是，如果买方不知该经济合同的标的物是犯罪行为所得财物而购买的，卖方对买方所造成的经济损失应当承担民事责任。

第十一条　人民法院作为经济纠纷受理的案件，经审理认为不属经济纠纷案件而有经济犯罪嫌疑的，应当裁定驳回起诉，将有关材料移送公安机关或检察机关。

第十二条　人民法院已立案审理的经济纠纷案件，公安机关或检察机关认为有经济犯罪嫌疑，并说明理由附有关材料函告受理该案的人民法院的，有关人民法院应当认真审查。经过审查，认为确有经济犯罪嫌疑的，应当将案件移送公安机关或检察机关，并书面通知当事人，退还案件受理费；如认为确属经济纠纷案件的，应当依法继续审理，并将结果函告有关公安机关或检察机关。

《最高人民检察院、公安部关于公安机关管辖的刑事案件立案追诉标准的规定（二）》（公通字〔2022〕12号）

第六十九条　［合同诈骗案（刑法第二百二十四条）］以非法占有为目的，在签订、履行合同过程中，骗取对方当事人财物，数额在二万元以上的，应予立案追诉。

《最高人民法院、最高人民检察院关于常见犯罪的量刑指导意见（试行）》（法发〔2021〕21号）

（六）合同诈骗罪

1. 构成合同诈骗罪的，根据下列情形在相应的幅度内确定量刑起点：

（1）达到数额较大起点的，在一年以下有期徒刑、拘役幅度内确定量刑起点。

（2）达到数额巨大起点或者有其他严重情节的，在三年至四年有期徒刑幅度内确定量刑起点。

（3）达到数额特别巨大起点或者有其他特别严重情节的，在十年至十二年有期徒刑幅度内确定量刑起点。依法应当判处无期徒刑的除外。

2. 在量刑起点的基础上，根据合同诈骗数额等其他影响犯罪构成的犯罪事实增加刑罚量，确定基准刑。

3. 构成合同诈骗罪的，根据诈骗手段、犯罪数额、损失数额、危害后果等犯罪情节，综合考虑被告人缴纳罚金的能力，决定罚金数额。

4. 构成合同诈骗罪的，综合考虑诈骗手段、犯罪数额、危害后果、退赃退赔等犯罪事实、量刑情节，以及被告人主观恶性、人身危险性、认罪悔罪表现等因素，决定缓刑的适用。

【案例一】

宋德明合同诈骗案①

• 案件事实 •

2000 年 11 月 30 日，从事包装服务业务的被告人宋德明接受浙江康恩贝集团医药销售公司（以下称康恩贝公司）工作人员的委托，为该公司在沈阳火车站发运药品。当日，被告人宋德明与该公司就代办运输、劳务费用、履行方式等具体内容达成口头协议。次日，被告人宋德明在康恩贝公司人员的陪同下，将首批应发运的药品从康恩贝公司药品仓库拉到沈阳火车站货场，装入集装箱并加锁。待康恩贝公司人员走后，宋德明将钥匙交给李某（搬运工）并指使李某将该批药品中的 139 件卸下并藏匿。然后继续办理托运手续将剩余药品依约发运至杭州。3 天后，宋德明采取同样手段扣下药品 8 件。被告人宋德明两次共骗取药品 147 件，价值人民币 20 余万元。被告人宋德明将所扣药品变卖后携赃款逃匿并将赃款全部挥霍。

• 裁判要旨 •

合同诈骗罪中“合同”的司法认定，其形式不限于书面形式，也包括口头协议。

• 裁判理由 •

沈阳铁路运输法院认为，被告人宋德明以非法占有为目的，在签订、履行合同过程中，收受对方当事人给付的货物后逃匿，骗取财物数额特别巨大，其行为已构成合同诈骗罪。康恩贝公司长期委托宋德明代办托运药品，此次委托由康恩贝公司工作人员与宋德明达成口头协议，并就合同内容作出了具体约定，且宋德明已切实部分履行，双方合同关系成立，被告人宋德明的辩护人关于宋德明与被害单位之间不存在合同关系，宋德明不是合同当事人的辩护意见不予采纳。依照《刑法》第 224 条第 4 项之规定，判决如下：被告人宋德明犯合同诈骗罪，判处有期徒刑十三年，并处罚金人民币 10 万元。

一审宣判后，被告人宋德明未上诉，检察机关也未抗诉，判决发生法律效力。

---

① 参见中华人民共和国最高人民法院刑事审判第一、二、三、四、五庭主办：《刑事审判参考》（总第 39 集），法律出版社 2004 年版。

【案例二】

冯国忠合同诈骗案[①]

• 案件事实 •

1998年1月21日，被告人冯国忠以北京市朝阳区航鹰汽车租赁行负责人和北京枫宝赛车俱乐部董事长的身份，在出示了北京市朝阳区航鹰汽车租赁行的有关文件后，与一汽大众销售有限责任公司达成借用10辆捷达牌轿车用作一天赛车展示的口头协议。之后，冯国忠并未如约返还汽车，而以欲分期付款买车为名，将10辆捷达牌轿车非法占有，价值人民币149万余元。1998年4月冯国忠将其中5辆捷达车改装成赛车，委托副经理李志武将2辆车在车管所上了京贵云雀公司的牌照进行出租，将其中的3辆车抵给中国贵航集团西秀工业贸易公司作为偿还京贵云雀公司欠该公司的债务。

1999年4月至1999年5月间，冯国忠以北京京贵云雀物资发展有限责任的名义与北京广大行雪铁龙有限责任公司签订了购销32辆富康牌轿车的合同，合同约定将该车销售给西城区民政局作为福利抽奖用车，规定最迟4月27日付清车款。北京广大行雪铁龙有限责任公司按合同供货后，冯国忠将车销售给西城区民政局作为福利抽奖用车。同年4月27日，京贵云雀公司在收到西城区民政局给付的350余万元货款后，没有按约定支付给北京广大行雪铁龙有限责任公司，而是将100万元还给北京汽车经营服务中心，200万元打到深圳利泰投资发展公司账户作承兑汇票或借款。在北京广大行雪铁龙有限责任公司催要车款时，冯国忠一直未履行给付货款义务，将人民币350余万元非法占为己有。

• 裁判要旨 •

合同诈骗罪中的“合同”形式不限于书面的经济合同，也包括口头协议。

• 裁判理由 •

北京市第二中级人民法院认为：被告人冯国忠以非法占有为目的，在签订、履行合同过程中，骗取公共财物，数额特别巨大，其行为已构成合同诈骗罪，依法应予惩处。据此，根据被告人冯国忠犯罪的事实、犯罪的性质、情节和对于社会的危害程度，依照《刑法》第224条、第52条、第53条、第61条、第64条之规定，判决被告人冯国忠犯合同诈骗罪，判处有期徒刑十五年，

---

① 参见王明、李振奇、谭京生主编：《经济犯罪名案精析》，群众出版社2003年版，第204页。

并处罚金人民币 10 万元。

一审宣判后，被告人冯国忠不服，提出上诉。北京市高级人民法院经审理认为：原判认定事实清楚，证据确实、充分，定性正确，量刑适当，审判程序合法，依法裁定驳回上诉，维持原判。

【案例三】

程庆合同诈骗案

• 案件事实 •

1996 年 8 月，被告人程庆以新加坡新峰国际有限公司的名义与重庆市立新印刷纸箱厂达成了双方在重庆共同投资兴办中外合资经营企业重庆美新鞋业公司的协议。而后，程庆用一张 70 万元空头转账支票银行进账回单和一张伪造的 60 万元的银行转账支票进账回单，作为外商合作方的全部资金到位凭据，骗得了重庆美新鞋业公司的注册登记和企业法人营业执照。但至案发时程庆及其新加坡新峰国际有限公司均未向重庆美新鞋业公司作任何投资。1997 年 3 月，程庆以全员接收职工、承担所有债权债务、按时发放职工工资和缴纳社会保险金等承诺为条件，采取签订协议的方式，用重庆美新鞋业公司的名义兼并了重庆立新印刷纸箱厂。兼并后，程庆未按协议规定承担该厂债务，而是通过将部分厂房作抵押贷款、售卖部分厂房等方式，共获款 234.56 万元，除支付了该厂职工工资、归还少量借款等花费外，程庆实得赃款 151.67 万元。1998 年 5 月，程庆以上述方式，用重庆美新鞋业公司的名义兼并了重庆塑料十九厂，获赃款 18.09 万元。1997 年 12 月，程庆以上述方式，用新加坡新峰国际有限公司的名义兼并了重庆长征冲压厂，获赃款 122.27 万元。

1998 年 4 月，程庆将一张金额为 600 美元的新加坡（美国）花旗银行特种转账支票回单涂改为 300 万美元，作为投资款已到位的凭据，骗取新峰实业（重庆）有限公司的注册登记和企业法人营业执照。同年 8 月，程庆在只向新峰实业（重庆）有限公司投入 600 美元，在明知自己没有实际履约能力的情况下，以接收企业全部职工、承担全部债权债务等承诺为条件，以新峰实业（重庆）有限公司的名义将重庆西南服装厂兼并。兼并后，程庆通过变卖原材料、出租门面房等方式，共获赃款 6.71 万元。1998 年 12 月，程庆携赃款潜逃，改换姓名藏匿，企图出境时被抓获。

• 裁判要旨 •

名为兼并企业，实为骗取财物的，构成合同诈骗罪。

• 裁判理由 •

重庆市第一中级人民法院认为：被告人程庆通过伪造、变造金融票证、虚假出资等犯罪手段，获得了重庆美新鞋业公司和新峰实业（重庆）有限公司企业法人注册登记并领取了企业法人执照。其所在的新加坡新峰国际有限公司未在中华人民共和国申请办理企业注册登记，不具有中华人民共和国企业法人资格，在我国境内不能以该公司的名义从事经营活动。被告人程庆明知自己无任何履约能力，为了非法占有集体经济组织的财物，却借用上述公司的名义，采用欺骗方法，签订兼并协议，非法兼并了重庆立新印刷纸箱厂等集体企业。兼并后，为了达到占有企业财产的目的，被告人程庆既不将这些企业的财产用于生产经营活动，也未按协议的规定承担这些企业的债权债务，却通过变卖、抵押、出租被兼并企业的有效资产和接收被兼并企业的其他收入等手段，获得赃款共计298.74万元，其行为已构成合同诈骗罪，且数额特别巨大，依照《刑法》第224条第5项、第57条第1款、第59条第1款之规定，判处被告人程庆无期徒刑，剥夺政治权利终身，并处没收个人全部财产。

一审宣判后，被告人程庆不服，提出上诉。重庆市高级人民法院经审理认为：原判认定事实清楚，证据确实、充分，定性正确，量刑适当，审判程序合法，依法裁定驳回上诉，维持原判。

【案例四】

黄志奋合同诈骗案①

• 案件事实 •

被告人黄志奋对福建省泉州市第五中学有关人员称国债回购业务有收益无风险，该校基金会资金可委托其经营的泉州市时代企划事务所进行国债回购。1997年1月，黄志奋以时代企划所的名义与泉州市第五中学教育基金会签订年收益率为14%的委托国债回购业务协议书。黄志奋于同年1月29日至5月13日先后5次从委托单位取走现金人民币192万元。后黄志奋擅自改变委托用途，将委托款项投入高风险期货交易并全部亏损。其间，黄志奋伪造两份证券期货交易保证金账卡及27份成交过户交割凭单交给委托单位有关人员过目，以示已将款项投入国债回购，并编造获利计算书，使委托单位有关人员误认为委托款已投入国债回购。案发后，赃款未能追回。

---

① 参见中华人民共和国最高人民法院刑事审判第一庭、第二庭编：《刑事审判参考》（总第35集），法律出版社2004年版，第35页。

• 裁判要旨 •

如何认定合同诈骗中的非法占有目的。

• 裁判理由 •

福建省泉州市中级人民法院认为：被告人黄志奋以非法占有为目的，以违法成立的企业名义与泉州市第五中学签订人民币192万元国债回购业务合同，后擅自改变委托款用途，将委托款投入高风险的期货交易并亏损，还采用伪造凭单，虚拟获利数据的手段骗取委托单位的信任，使委托单位误认为委托款已投入国债回购，造成委托款全部无法追回的后果，其行为已构成诈骗罪。被告人黄志奋的行为发生在《刑法》修正以前，根据法律规定应适用修正前的《刑法》定罪量刑。根据《刑法》第12条第1款及1979年《刑法》第152条、第53条第1款、第60条的规定，判决被告人黄志奋犯诈骗罪，判处无期徒刑，剥夺政治权利终身，并处没收个人全部财产。

一审宣判后，被告人黄志奋不服，向福建省高级人民法院提出上诉。

福建省高级人民法院经审理认为：被告人黄志奋采取欺骗手段与他人签订合同，取得人民币192万元委托投资国债回购款后，擅自改变委托用途，其中，用于投资期货的人民币140万元，因属从事具体经营活动，不能归还系客观原因所致，对该部分款项不宜认定泉州市时代企划所主观上具有非法占有目的；另外50余万元用于时代企划所的事务开支，鉴于是在不具有实际履约能力或者有效担保的情况下将委托款用于消费支出，对该部分款项应当认定具有非法占有目的。根据1979年《刑法》第152条规定，应以诈骗罪追究被告人黄志奋刑事责任，同时依据1997年《刑法》第224条、第231条规定，本案构成（单位）合同诈骗罪。根据1997年《刑法》第12条第1款及《最高人民法院关于适用刑法第十二条几个问题的解释》第1条、第2条的规定，本案应适用1997年《刑法》第224条、第231条规定，以合同诈骗罪追究被告人黄志奋的刑事责任。至于时代企划所，考虑到1979年《刑法》未将单位规定为诈骗罪主体，且时代企划所业已注销，故不应追究刑事责任。综上，依照《刑法》第12条第1款、第224条、第231条、第64条之规定，改判被告人黄志奋犯合同诈骗罪，判处有期徒刑十年。

【学理分析及适用指引】

• 学理分析 •

合同诈骗罪，是指以非法占有为目的，在签订、履行合同过程中，骗取对方当事人财物，数额较大的行为。本罪的构成要件如下：

1. 本罪的客体。本罪侵犯的客体是经济合同管理秩序和公私财物的所有权。

2. 本罪的客观方面。客观方面表现为在签订、履行合同过程中，骗取对方当事人财物，数额较大的行为。根据《刑法》第224条的规定，合同诈骗行为主要表现为以下五种行为方式：

（1）以虚构的单位或者冒用他人的名义签订合同，即以凭空捏造的单位的名义或者未经他人授权或同意以他人名义签订合同。

（2）以伪造、变造、作废的票据或者其他虚假的产权证明作担保。合同担保，是签订合同的当事人，根据法律规定或者双方约定，为保证合同的履行而设定的一种权利义务关系，是减少合同风险和保障合同履行的常规做法。犯罪分子为了取得对方当事人的信任，往往以伪造、变造、作废的票据或者其他虚假的产权证明作担保，以达到利用合同骗取钱财的目的。票据，是指汇票、本票和支票等金融票据；其他虚假的产权证明，是指证明其对某些本不享有权利的财产享有权利的证明文件，如虚假的土地使用证、房屋所有权证以及其他虚假的动产、不动产权属的证明文件等。

（3）没有实际履行能力，以先履行小额合同或者部分履行合同的方法，诱骗对方当事人继续签订和履行合同。这是诈骗犯罪分子一种惯用的伎俩。履行小额合同或者部分履行合同，往往使对方当事人对其履约能力和诚意信以为真，进而与之签订标的额更大的合同。犯罪分子以此为诱饵就可以比较容易地取得对方的信任，达到诈骗钱财的目的。

（4）收受对方当事人给付的货物、货款、预付款或者担保财产后逃匿。这种行为是一种比较典型的合同诈骗。行为人根本不想履行合同，只要签订了合同，对方当事人给付了货物、货款、预付款或者担保财产，其犯罪目的就已实现，然后便逃跑、隐藏、躲避。

（5）以其他方法骗取对方当事人财物。这是一个概括性规定。由于合同诈骗犯罪的手段是多种多样的，法律上不可能穷尽，有必要规定这样一个弹性款项，便于司法机关具体掌握，使犯罪分子难以逃脱法律的制裁。司法实践中主要有以下情况：收受当事人给付的货物、货款、预付款或者担保财产后，无正当理由既不履行合同义务又不退还，用于违法活动，或者用于挥霍，致使无法返还等。

3. 本罪的主体。犯罪主体为一般主体，个人和单位均可构成本罪的主体。

4. 本罪的主观方面。主观方面由故意构成，并且具有非法占有公私财物的目的。

• 适用指引 •

司法实践中，认定本罪应注意：

1. 诈骗罪与合同诈骗罪的区别。

（1）犯罪客体不同。诈骗罪侵犯的客体是单一客体，即公私财产所有权，在刑法分则中位于第5章侵犯财产类犯罪之中；合同诈骗罪侵犯的客体是复杂客体，不但侵犯了公私财产所有权，而且侵犯了经济合同的管理秩序，因而排列在刑法分则第3章破坏社会主义经济秩序罪的第8节扰乱市场秩序罪之中。

（2）犯罪主体不同。诈骗罪与合同诈骗罪都可以由自然人构成，但是根据《刑法》第231条的规定，合同诈骗罪的主体可以由单位构成，而诈骗罪的主体只能由自然人构成。

（3）犯罪手段不同。诈骗罪与合同诈骗罪虽然在客观方面都是采用虚构事实、隐瞒真相的方法，使他人上当受骗，自愿交出财物，但是合同诈骗罪必须是利用合同，即以签订、履行合同为手段，骗取他人财物；诈骗罪则对诈骗的手段没有限定，只要行为人采取欺骗手段骗取他人财物的，均可构成，但如果诈骗行为同时符合合同诈骗罪构成的，应按法条竞合理论处理，即以合同诈骗罪论处，不再定诈骗罪。

2. 合同诈骗罪中的合同的认定。无论是正式的书面合同，还是简易的口头合同，都是合同法所承认和保护的合同，而且随着科技和经济生活的发展，新的合同形式将不断出现，立法出于前瞻性的考虑，规定了“其他形式”合同的弹性条款。在经济生活中，存在着大量的口头合同，口头合同也经常被不法分子利用进行诈骗。口头合同与书面合同只是形式不同，但都是合同法调整的范围，利用口头合同进行诈骗与利用书面合同在所侵犯的客体方面并无本质区别，而且《刑法》关于合同诈骗罪的规定并未排除利用口头合同进行诈骗的情形。因此，只要利用口头合同进行诈骗，侵犯了市场经济秩序和他人财产权，完全可以成为合同诈骗罪中的“合同”。《刑法》规定合同诈骗罪的立法目的也即保护的客体主要在于维护正常的市场合同秩序，《民法典》对于各种民商事合同的规定应作为刑事法中认定合同成立、生效、履行等相关概念的参考。因此，刑法中合同诈骗罪的合同形式也不应有过多限制，只要是体现了一定的市场秩序的合同，无论是书面形式还是口头形式或是其他形式，均可构成合同诈骗罪的合同，而且《刑法》本身也并无“书面合同”的明确限制。当然，从刑事诉讼角度考虑，不同形式的合同，在刑事诉讼中具有举证难易程度的差异，但是，不能以便利诉讼为借口否认口头合同可以成为合同诈骗罪中之合同。司法实践中，只要有证据证实一定形式的合同存在，那么就应满足合同诈骗罪所要求的合同要件。

3. 正确区分企业兼并中的经济纠纷与以兼并为名诈骗企业财产的界限。在企业兼并活动中经济纠纷大量存在，区分企业兼并中的经济纠纷与以兼并为名实施诈骗犯罪的界限的关键，在于被告人是否具有非法占有的目的。而判定行为人是否具有非法占有的目的，主要应当结合签订合同时有无履约能力、履行合同过程中的实际履行行为、违约后的表现以及未履行合同的原因等方面进行综合判断。兼并合同的特点是兼并方取得被兼并方的资产并有权予以处置，但是这种处置是与兼并方实际履行兼并合同中规定的义务相对的。如果兼并双方在合同履行中因一方或双方过错或不可抗力等因素导致协议未能全部或部分履行，而并无证据证明兼并方具有非法占有的主观故意，则虽然因其处置被兼并的财物的行为而造成被兼并方财产损失，其仍属于经济纠纷的范围。但是，如果兼并方采取欺骗手段签订兼并合同取得被兼并方资产后，不履行兼并合同规定的义务，不将兼并的资产用于生产经营活动，或者以小部分履行兼并合同规定的义务，将小部分兼并的资产用于生产经营为诱饵，骗取大部分兼并的资产变现后据为己有的，就是以非法占有为目的。利用合同诈骗被兼并企业的财产，数额较大的，构成合同诈骗罪。

4. 非法占有与非法占用的区别。认定合同诈骗罪的非法占有目的，应将刑法上的非法占有与非法占用区别开来。占用并非占有。非法占有意味着侵犯了财产所有权的全部权能，而非法占用意味着只是侵犯财产使用权。在刑法上，占有他人财物和占用他人财物的行为性质是有区别的。司法实践中，有些人利用签订经济合同，骗取对方的预付款，供自己经营使用或者进行其他牟利活动，当对方催促履行合同时，则以各种借口推脱，在获利后再归还对方的预付款，即所谓“借鸡生蛋”。这种“借鸡生蛋”的欺诈行为，行为人的目的是“占用”资金，而不是占有，不符合合同诈骗罪的构成要件，不能按合同诈骗罪处理。

第二百二十四条之一　组织、领导传销活动罪

【法律规定】

• 法律条文 •

《中华人民共和国刑法》

第二百二十四条之一　组织、领导以推销商品、提供服务等经营活动为名，要求参加者以缴纳费用或者购买商品、服务等方式获得加入资格，并按照一定顺序组成层级，直接或者间接以发展人员的数量作为计酬或者返利依据，引诱、胁迫参加者继续发展他人参加，骗取财物，扰乱经济社会秩序的传销活动的，处五年以下有期徒刑或者拘役，并处罚金；情节严重的，处五年以上有期徒刑，并处罚金。

• 相关规定 •

《国务院禁止传销条例》（国务院令第 444 号）

第二条 本条例所称传销，是指组织者或者经营者发展人员，通过对被发展人员以其直接或者间接发展的人员数量或者销售业绩为依据计算和给付报酬，或者要求被发展人员以交纳一定费用为条件取得加入资格等方式牟取非法利益，扰乱经济秩序，影响社会稳定的行为。

第七条 下列行为，属于传销行为：

（一）组织者或者经营者通过发展人员，要求被发展人员发展其他人员加入，对发展的人员以其直接或者间接滚动发展的人员数量为依据计算和给付报酬（包括物质奖励和其他经济利益，下同），牟取非法利益的；

（二）组织者或者经营者通过发展人员，要求被发展人员交纳费用或者以认购商品等方式变相交纳费用，取得加入或者发展其他人员加入的资格，牟取非法利益的；

（三）组织者或者经营者通过发展人员，要求被发展人员发展其他人员加入，形成上下线关系，并以下线的销售业绩为依据计算和给付上线报酬，牟取非法利益的。

第二十四条 有本条例第七条规定的行为，组织策划传销的，由工商行政管理部门没收非法财物，没收违法所得，处 50 万元以上 200 万元以下的罚款；构成犯罪的，依法追究刑事责任。

有本条例第七条规定的行为，介绍、诱骗、胁迫他人参加传销的，由工商行政管理部门责令停止违法行为，没收非法财物，没收违法所得，处 10 万元以上 50 万元以下的罚款；构成犯罪的，依法追究刑事责任。

有本条例第七条规定的行为，参加传销的，由工商行政管理部门责令停止违法行为，可以处 2000 元以下的罚款。

《最高人民检察院、公安部关于公安机关管辖的刑事案件立案追诉标准的规定（二）》（公通字〔2022〕12 号）

第七十条 ［组织、领导传销活动案（刑法第二百二十四条之一）］组织、领导以推销商品、提供服务等经营活动为名，要求参加者以缴纳费用或者购买商品、服务等方式获得加入资格，并按照一定顺序组成层级，直接或者间接以发展人员的数量作为计酬或者返利依据，引诱、胁迫参加者继续发展他人参加，骗取财物，扰乱经济社会秩序的传销活动，涉嫌组织、领导的传销活动人员在三十人以上且层级在三级以上的，对组织者、领导者，应予立案追诉。

下列人员可以认定为传销活动的组织者、领导者：

（一）在传销活动中起发起、策划、操纵作用的人员；

（二）在传销活动中承担管理、协调等职责的人员；

（三）在传销活动中承担宣传、培训等职责的人员；

（四）因组织、领导传销活动受过刑事追究，或者一年内因组织、领导传销活动受过行政处罚，又直接或者间接发展参与传销活动人员在十五人以上且层级在三级以上的人员；

（五）其他对传销活动的实施、传销组织的建立、扩大等起关键作用的人员。

《工商局、公安部、人民银行关于严厉打击传销和变相传销等非法经营活动的意见》（国办发〔2000〕55号）

一、工商行政管理、公安机关要在当地人民政府的领导下，密切协作，加大执法力度，严厉打击传销和假借“代理”“专卖”“消费联盟”“网络倍增”“加盟连锁”“动力营销”“滚动促销”等名义进行变相传销的非法经营活动。人民银行等有关部门应予以积极配合。

二、工商行政管理机关对下列传销或变相传销行为，要采取有力措施，坚决予以取缔；对情节严重涉嫌犯罪的，要移送公安机关，按照司法程序对组织者依照《刑法》第225条的有关规定处理：

（一）经营者通过发展人员、组织网络从事无店铺经营活动，参加者之间上线从下线的营销业绩中提取报酬的；

（二）参加者通过交纳入门费或以认购商品（含服务，下同）等变相交纳入门费的方式，取得加入、介绍或发展他人加入的资格，并以此获取回报的；

（三）先参加者从发展的下级成员所交纳费用中获取收益，且收益数额由其加入的先后顺序决定的；

（四）组织者的收益主要来自参加者交纳的入门费或以认购商品等方式变相交纳的费用的；

（五）组织者利用后参加者所交付的部分费用支付先参加者的报酬维持运作的；

（六）其他通过发展人员、组织网络或以高额回报为诱饵招揽人员从事变相传销活动的。

三、各级工商行政管理机关要充分发挥职能作用，结合市场巡查加强日常监督管理，对发现的传销和变相传销苗头，线索或接到的举报，应及时处理，并依据有关法律法规予以认定、查处。对发现以“招聘”“加盟”等欺骗手段将他人骗往异地，并诱导、胁迫其从事传销、变相传销活动，情节严重涉嫌犯罪的，要移送公安机关依法处理。对异地从事变相传销活动的案件，依法查处或移送公安机关后，应将案件的有关材料移送当事人注册所在地的工商行政管理机关；注册所在地的工商行政管理机关应对该当事人的经营活动进行全面调查，如发现当事人有其他传销和变相传销行为，应及时予以查处或通知行为地工商行政管理机关予以查处，情节严重涉嫌犯罪的，应移送公安机关处理。

四、对涉嫌从事传销和变相传销等非法经营活动的单位和组织者，经县级以上工商行政管理局长批准，由有关工商行政管理机关持有效的批准文件通知开户银行在六个月内暂停其办理结算业务，各银行应予支持和配合。对涉嫌单位和组织者正常的费用开支和特殊资金需要，经县级以上工商行政管理局局长批准后方可办理结算。

五、公安机关要严格按照公安部《关于严厉打击以传销和变相传销形式进行犯罪活动的通知》（公通字〔2000〕54号）精神，依法严厉打击以传销、变相传销形式进行非法经营、集资诈骗、非法吸收公众存款等违法犯罪活动，并在当地人民政府的领导下，与工商行政管理、人民银行等部门密切配合，共同做好有关工作。对工商行政管理机关、人民银行依法取缔传销、变相传销及非法集资的工作要给予大力支持；对移交的犯罪线索要认真受理并及时将查处情况反馈有关部门。

六、公安机关要加强对流动人口及出租房屋的治安管理。在办理户口登记和暂住证时要掌握从事传销和变相传销等非法经营活动人员底数，及时通报有关部门，并协助做好查处工作。对工作中发现利用出租房屋聚众搞“家庭式”变相传销活动的，要坚决予以清理并配合有关部门做好取缔工作。

七、对利用变相传销等形式进行非法集资的，由人民银行进行认定，并依照国务院发布的《非法金融机构和非法金融业务活动取缔办法》的有关规定予以取缔。

八、有关部门在坚决打击传销和变相传销非法经营活动的同时，要注意做好对一般参与群众的教育疏导、宣传和善后工作，防止矛盾激化，维护社会稳定。

【案例】

梁某某组织、领导传销活动案①

• 案件事实 •

2009年1月，被告人梁某某发起、创建“骐源白帝团队”非法传销组织。该团队通过发展人员，要求被发展人员以认购MYCOOL软件的方式变相缴纳费用，取得加入或者发展其他人员加入的资格，并通过发展人员，要求被发展人员发展其他人员加入，形成上下线关系，对发展的人员以其直接或者间接滚动发展的下线人员的销售业绩为依据计算和给付报酬。梁某某组织、领导该团队发展下线100余人，获取非法利益2万余元。

---

① 参见重庆市奉节县人民法院（2009）奉法刑初字第494号。

• 裁判要旨 •

行为人通过以发展下线层级与数量作为计酬依据的经营模式，属于传销而非直销行为。

• 裁判理由 •

重庆市奉节县人民法院认为：被告人梁某某在奉节县境内发起并创建“骐源白帝团队”，领导该团队成员以推销 MYCOOL 电子软件为名，要求参加者以缴纳费用获得加入资格，并按照顺序组织层级发展下线，以发展下线人员数量作为计酬或者返利依据，引诱参加者继续发展他人参加，骗取钱财，扰乱社会经济秩序，其行为已触犯《刑法》第 224 条之一的规定，应当以组织、领导传销活动罪追究其刑事责任。公诉机关指控的犯罪事实和罪名成立。关于被告人梁某某的辩护人辩解提出梁某某的行为是直销行为，不构成犯罪的辩解意见，经查，《直销管理条例》所界定的直销，是指直销企业招募直销员，由直销员在固定营业场所之外直接向最终消费者推销商品的经销方式，被告人梁某某推销 MYCOOL 软件的方式与该条例规定的直销完全不同，其方式符合传销的特征，故辩护人的辩解意见不成立，法院不予采信。鉴于被告人梁某某领导的团队主要采取引诱的方式发展下线，情节不恶劣，主观恶性不深，且系初犯，可对其酌定从轻处罚。根据被告人梁某某的犯罪性质、情节及悔罪表现等，依照《刑法》第 224 条之一的规定，判决如下：被告人梁某某犯组织、领导传销活动罪，判处拘役五个月，并处罚金人民币 3000 元。

【学理分析及适用指引】

• 学理分析 •

组织、领导传销活动罪，是指组织、领导以推销商品、提供服务等经营活动为名，要求参加者以缴纳费用或者购买商品、服务等方式获得加入资格，并按照一定顺序组成层级，直接或者间接以发展人员的数量作为计酬或者返利依据，引诱、胁迫参加者继续发展他人参加，骗取财物，扰乱经济社会秩序的传销活动的行为。本罪的构成要件是：

1. 本罪的客体。本罪的客体是正常的社会经济秩序以及公民的财产所有权。

2. 本罪的客观方面。本罪的客观方面是领导、组织传销活动的行为。所谓传销，是指以推销商品、提供服务等经营活动为名，要求参加者以缴纳费用或者购买商品、服务等方式获得加入资格，并按照一定顺序组成层级，直接或者间接以发展人员的数量作为计酬或者返利依据，引诱、胁迫参加者继续发展他人参加，骗取财物，扰乱经济社会秩序的经济活动。可见，本罪的客观方面的认定关键在于界定两个方面的因素：

（1）必须存在传销活动。何谓传销活动？2005 年的《禁止传销条例》第 7 条用罗列的方式，概括了三种典型的传销行为：一是组织者或经营者通过发展人员，要求被发展人员发展其他人员加入，对发展的人员以其直接或者间接滚动发展的人员数量为依据计算和给付报酬，牟取非法利益；二是组织者或者经营者通过发展人员，要求被发展人员缴纳费用或者以认购商品等方式变相缴纳费用，取得加入或者发展其他人员加入的资格，牟取非法利益；三是组织者或者经营者通过发展人员，要求被发展人员发展其他人员加入，形成上下线关系，并以下线的销售业绩为依据计算和给付上线报酬，牟取非法利益。该条例实际上将“拉人头”“收入门费”“团体计酬”（多层次直销）三种方式界定为传销。2009 年《刑法修正案（七）》通过明确传销的概念，确定了传销的几个基本特征：一是以推销商品、提供服务等经营活动为名，要求参加者以缴纳费用或者购买商品、服务等方式获得加入资格；二是按照一定顺序组成层级；三是直接或者间接以发展人员的数量作为计酬或者返利依据，引诱、胁迫参加者继续发展他人参加；四是骗取财物；五是扰乱经济社会秩序。可见，我国刑法意义上的传销行为，本质上是一种借新债填旧债、没有经济增值的交易，是一种欺诈行为。销售产品或提供服务只不过是一个幌子，获利主要来源于发展人员所缴付的费用，而不是来自产品销售或服务的提供，其目的是非法敛财。最终获利的永远是组织者和最早加入者，而底层的参与者则受骗、被套。

（2）必须有对传销活动的组织、领导行为。要认定传销的组织、领导行为，首先需要对传销活动的组织结构和运作方式进行剖析。目前，我国传销组织最常用的一种组织形式是“五级三阶制”。五级是将传销组织的人员划分为五个等级，从低到高分别是：E 级（会员）、D 级（推广员）、C 级（培训员）、B 级（代理员）、A 级（代理商）；三阶即加入者晋升的阶段，进阶的条件是发展下线的人数。根据有组织犯罪的刑法原理以及出于宽严相济刑事政策的需要，对于传销活动行为，虽然该“五级”传销人员的行为都是非法行为，但刑法打击面是有限和特定的，仅限于传销活动的组织者和领导者。所谓组织，是指召集多人，为首发起或者实施招募、雇用、拉拢、鼓动多人成立某种组织的行为；所谓领导，是指对组织的成立以及组织的活动实施策划、指挥和布置的行为。对于领导者的认定，应综合考虑其所负责管理的范围、在营销网络中的层级、涉案的金额等方面因素。

3. 本罪的主体。本罪的主体是传销活动的组织者、领导者，只要是已满 16 周岁、具备刑事责任能力的自然人都可成立本罪的犯罪主体。一般的传销参与人员，他们既是违法者，又是受害者，对他们给予行政处罚和教育即可，一般无须追究其刑事责任，这样也有利于彻底瓦解摧毁传销组织，防止新的传销组织产生，同时打击范围也不会过大。

4. 本罪的主观方面。本罪主观方面，是直接故意并且具有非法牟利的目的，即行为人明知自己实施传销行为为国家法律所禁止，但为达到非法牟利的目的，仍然实施这种行为，且对危害结果的发生持希望和积极追求的态度。

• 适用指引 •

司法实践中，认定本罪应注意：

1. 组织、领导传销活动罪与集资诈骗罪的区别。集资诈骗罪是指以非法占有为目的，使用诈骗方法非法集资，数额较大的行为。集资诈骗罪与组织、领导传销活动罪有相似之处，它们都使用新投资者的资金支付给较早入局的投资人，这是两大骗局的基石。但是二者是有区别的。从客体上看，集资诈骗罪侵犯的是金融管理秩序和公私财产所有权；而组织、领导传销活动罪侵犯的是社会经济秩序、社会管理秩序和公民的财产所有权。从客观行为上看，集资诈骗罪行为人往往要求他人以资金投入而承诺以利息、红利、利润等形式定期返还巨额资金，一般没有或者很少有货物经营行为，且以本人作为枢纽，与所有受害人直接联系；组织、领导传销活动罪一般以销售产品或提供服务为幌子，存在货物买卖行为，但利益主要靠传销人亲自发展下线来获取，没有下线就没有获利。从主观方面来看，集资诈骗罪需以非法占有为目的；而组织、领导传销活动罪行为人在主观上具有非法牟利的动机，该牟利行为主要不是通过非法占有经营中所接触的他人财物来实现，而是通过所谓“经营活动”来实现。从危害后果看，集资诈骗的结果往往是几个主要责任人骗取大量非法资金，受害人众多；而传销往往是给最底层、最后发展的下线、加盟者造成损失，上线和先加入者一般不会有损失，受害人数和金额都较集资诈骗要少。因此，集资诈骗的危害后果比传销的危害后果要严重很多。但是，如行为人通过传销手段非法筹集巨额资金，用于大肆挥霍、赠与、行贿；或者抽逃、转移、隐匿；或者搞假破产、假倒闭逃避返还资金；或者携带筹集款潜逃等，给投资人造成巨大损失，造成金融管理秩序混乱和社会动荡，应以集资诈骗罪予以认定。简而言之，组织、领导传销活动罪是商业性经济犯罪，属于破坏市场管理秩序犯罪。非法集资罪是金融性经济犯罪，属于危害金融安全、利益和管理秩序的犯罪。

2. 组织、领导传销活动罪与非法经营罪的区别。非法经营罪和组织、领导传销活动罪二者概念的外延不同，有很大的区别，前者是扰乱市场秩序，而且有经营活动，有真实的商品、标的在交易。而传销活动没有领取营业执照，也不可能获得行政许可，往往以拉人头、收入门费为主要牟利手段，并没有正常的市场交易活动。此外，非法经营罪需要计算经营所得，这与传销行为的所得是不同的。另外，非法经营罪是在废止“投机倒把罪”后新增的一个罪名，最低刑为罚金，最高刑为五年以上有期徒刑，量刑标准并未清晰界定，用非法经营罪规制传销行为是不科学的。

3. 组织、领导传销活动罪与诈骗罪的区别。在司法实践中，传销参与者通常主张对传销组织者以诈骗罪定罪量刑，以便能处于“受害人”的地位，退回被骗财物。诈骗罪是以非法占有为目的，虚构事实，隐瞒真相，骗取他人财产的犯罪，其在主观上具有非法占有的目的。组织、领导传销活动罪的行为人主观上不以非法占有为目的，而是具有非法牟利的动机。在传销活动中，为了不断发展人员加入“销售链”，行为人通常用高额利润作诱饵，有时严重夸大或虚构佣金或奖金收入；收取高额入门费，或强制购买严重背离“合理市场价格”的产品；诱使销售人员超出其销售能力而大量进货，却没有完善的退换货制度保证。这些似乎具有某些诈骗罪的特征，但传销中加入者是为追逐高额回报承诺而参与其中，其决定交易是受到利益的诱惑，而不是因虚假行为误导而导致产生错误认识，故其行为不是受害人行为，不受法律保护。虽然一般的参与者不构成传销罪，但根据《禁止传销条例》的规定，参加传销的，由工商行政管理部门责令停止违法行为，还可以处2000元以下的罚款。因此，传销参与者和诈骗罪中的受害人不能画等号。当然，若传销人员骗取下线的入门费后，没有上交到传销组织，而是非法占为已有，就应认定为具有非法占有的目的。如果同时符合诈骗罪的其他要件，就应认定为诈骗罪予以严惩。

4. 传销与直销的区别。办案中应注意区分拉人头传销与直销活动中的多层次计酬之间的区别，虽然二者都采用多层次计酬的方式，但有很大不同：一是从是否缴纳入门费上看，后者的销售人员在获取从业资格时没有被要求缴纳高额入门费，而前者不交纳高额入门费或者购买与高额入门费等价的“道具商品”，是根本无法获得入门资格的。二是从经营对象上看，后者是以销售产品为导向，商品定价基本合理，且有退货保障。而前者根本没有产品销售，或只以价格与价值严重不符的“道具商品”为幌子，且不许退货，主要以发展“下线”人数为主要目的。三是从人员的收入来源上看，后者主要取决于从业人员的销售业绩和奖金，而前者主要取决于发展的“下线”人数多少和新入会成员的高额入门费。四是从组织存在和维系的条件看，后者的直销公司的生存与发展取决于产品销售业绩和利润，而前者的传销组织则直接取决于是否有新会员以一定倍率不断加入。①

5. 变相传销的表现。对于变相传销，2000年《国家工商行政管理局、公安部、中国人民银行关于严厉打击传销和变相传销等非法经营活动的意见》规定了以下几种主要表现形式：（1）经营者通过发展人员、组织网络从事无店铺经营活动，参加者之间上线从下线的营销业绩中提取报酬；（2）参加者通

---

① 黄太云：《〈刑法修正案（七）〉内容解读（二）》，载《人民法院报》2009年4月15日。

过缴纳入门费或以认购商品（含服务，下同）等变相缴纳入门费的方式，取得加入、介绍或发展他人加入的资格，并以此获取回报；（3）先参加者从发展的下线成员所缴纳费用中获取收益，且收益数额由其加入的先后顺序决定；（4）组织者的收益主要来自参加者缴纳的入门费或以认购商品等方式变相缴纳的费用；（5）组织者利用后参加者所缴付的部分费用支付先参加者的报酬维持运作；（6）其他通过发展人员、组织网络或以高额回报为诱饵招揽人员从事变相传销活动。

6. 合法的有奖销售与变相传销的区别。合法的有奖销售与非法的变相传销的区别是：（1）从销售方式和获利手段来看，有奖销售往往有自己的经营场所，以社会一般消费者为销售对象，购买者一般为最终用户，从商品销售收入与经营成本之间的差价中获取利润；传销或变相传销则往往采取无店铺经营，以发展下线作为主要经营方式，组织者经常在同学、朋友、亲属等熟人间寻求销售对象，下线也采用同一方法发展下一层次的参加者。（2）从销售的商品角度看，有奖销售的商品价格与价值之间的差距处于正常合理的范围，购买者购买商品是以消费该商品为目的；而传销或变相传销的商品价格与价值大幅背离，违背了市场等价交换原则，消费者购买商品的目的并非是看重商品的使用价值，而是把商品当作赚钱的工具，可以从中牟取暴利回馈。（3）从推销、宣传的方式来看，有奖销售与变相传销均需要通过媒体或者其他方式进行广告宣传，但前者一般是以商品的品质、价格、购买有奖为内容；而后者则往往以给予参加者高额回报或提成为诱饵。

第二百二十五条　非法经营罪

【法律规定】

• 法律条文 •

《中华人民共和国刑法》

第二百二十五条 违反国家规定，有下列非法经营行为之一，扰乱市场秩序，情节严重的，处五年以下有期徒刑或者拘役，并处或者单处违法所得一倍以上五倍以下罚金；情节特别严重的，处五年以上有期徒刑，并处违法所得一倍以上五倍以下罚金或者没收财产：

（一）未经许可经营法律、行政法规规定的专营、专卖物品或者其他限制买卖的物品的；

（二）买卖进出口许可证、进出口原产地证明以及其他法律、行政法规规定的经营许可证或者批准文件的；

（三）未经国家有关主管部门批准非法经营证券、期货、保险业务的，或者非法从事资金支付结算业务的；

（四）其他严重扰乱市场秩序的非法经营行为。

• 相关规定 •

《中华人民共和国刑法》

第九十六条 本法所称违反国家规定，是指违反全国人民代表大会及其常务委员会制定的法律和决定，国务院制定的行政法规、规定的行政措施、发布的决定和命令。

第二百三十一条 单位犯本节第二百二十一条至第二百三十条规定之罪的，对单位判处罚金，并对其直接负责的主管人员和其他直接责任人员，依照本节各该条的规定处罚。

《中华人民共和国对外贸易法》

第六十二条 从事属于禁止的国际服务贸易的，或者未经许可擅自从事属于限制的国际服务贸易的，依照有关法律、行政法规的规定处罚；法律、行政法规没有规定的，由国务院对外贸易主管部门责令改正，没收违法所得，并处违法所得一倍以上五倍以下罚款，没有违法所得或者违法所得不足一万元的，处一万元以上五万元以下罚款；构成犯罪的，依法追究刑事责任。

国务院对外贸易主管部门可以禁止违法行为人自前款规定的行政处罚决定生效之日或者刑事处罚判决生效之日起一年以上三年以下的期限内从事有关的国际服务贸易经营活动。

《中华人民共和国证券投资基金法》

第一百一十九条 违反本法规定，未经批准擅自设立基金管理公司或者未经核准从事公开募集基金管理业务的，由证券监督管理机构予以取缔或者责令改正，没收违法所得，并处违法所得一倍以上五倍以下罚款；没有违法所得或者违法所得不足一百万元的，并处十万元以上一百万元以下罚款。对直接负责的主管人员和其他直接责任人员给予警告，并处三万元以上三十万元以下罚款。

第一百二十六条 未经核准，擅自从事基金托管业务的，责令停止，没收违法所得，并处违法所得一倍以上五倍以下罚款；没有违法所得或者违法所得不足一百万元的，并处十万元以上一百万元以下罚款；对直接负责的主管人员和其他直接责任人员给予警告，并处三万元以上三十万元以下罚款。

第一百二十七条 违反本法规定，擅自公开或者变相公开募集基金的，责令停止，返还所募资金和加计的银行同期存款利息，没收违法所得，并处所募资金金额百分之一以上百分之五以下罚款。对直接负责的主管人员和其他直接责任人员给予警告，并处五万元以上五十万元以下罚款。

《全国人民代表大会常务委员会关于惩治骗购外汇、逃汇和非法买卖外汇犯罪的决定》（主席令第 14 号）

四、在国家规定的交易场所以外非法买卖外汇，扰乱市场秩序，情节严重的，依照刑法第二百二十五条的规定定罪处罚。

单位犯前款罪的，依照刑法第二百三十一条的规定处罚。

《最高人民法院关于审理非法集资刑事案件具体应用法律若干问题的解释》（法释〔2022〕5 号）

第十一条　违反国家规定，未经依法核准擅自发行基金份额募集基金，情节严重的，依照刑法第二百二十五条的规定，以非法经营罪定罪处罚。

《最高人民法院关于审理破坏森林资源刑事案件具体应用法律若干问题的解释》（法释〔2000〕36 号）

第十三条　对于伪造、变造、买卖林木采伐许可证、木材运输证件，森林、林木、林地权属证书，占用或者征用林地审核同意书、育林基金等缴费收据以及其他国家机关批准的林业证件构成犯罪的，依照刑法第二百八十条第一款的规定，以伪造、变造、买卖国家机关公文、证件罪定罪处罚。

对于买卖允许进出口证明书等经营许可证明，同时触犯刑法第二百二十五条、第二百八十条规定之罪的，依照处罚较重的规定定罪处罚。

《最高人民法院关于审理扰乱电信市场管理秩序案件具体应用法律若干问题的解释》（法释〔2000〕12 号）

第一条　违反国家规定，采取租用国际专线、私设转接设备或者其他方法，擅自经营国际电信业务或者涉港澳台电信业务进行营利活动，扰乱电信市场管理秩序，情节严重的，依照刑法第二百二十五条第（四）项的规定，以非法经营罪定罪处罚。

第二条　实施本解释第一条规定的行为，具有下列情形之一的，属于非法经营行为“情节严重”：

（一）经营去话业务数额在一百万元以上的；

（二）经营来话业务造成电信资费损失数额在一百万元以上的。

具有下列情形之一的，属于非法经营行为“情节特别严重”：

（一）经营去话业务数额在五百万元以上的；

（二）经营来话业务造成电信资费损失数额在五百万元以上的。

第三条　实施本解释第一条规定的行为，经营数额或者造成电信资费损失数额接近非法经营行为“情节严重”“情节特别严重”的数额起点标准，并具有下列情形之一的，可以分别认定为非法经营行为“情节严重”“情节特别严重”：

（一）两年内因非法经营国际电信业务或者涉港澳台电信业务行为受过行政处罚两次以上的；

（二）因非法经营国际电信业务或者涉港澳台电信业务行为造成其他严重后果的。

第四条 单位实施本解释第一条规定的行为构成犯罪的，对单位判处罚金，并对其直接负责的主管人员和其他直接责任人员，依照本解释第二条、第三条的规定处罚。

《最高人民法院关于审理非法出版物刑事案件具体应用法律若干问题的解释》（法释〔1998〕30号）

第十一条 违反国家规定，出版、印刷、复制、发行本解释第一条至第十条规定以外的其他严重危害社会秩序和扰乱市场秩序的非法出版物，情节严重的，依照刑法第二百二十五条第（三）项的规定，以非法经营罪定罪处罚。

第十二条 个人实施本解释第十一条规定的行为，具有下列情形之一的，属于非法经营行为"情节严重"：

（一）经营数额在五万元至十万元以上的；

（二）违法所得数额在二万元至三万元以上的；

（三）经营报纸五千份或者期刊五千本或者图书二千册或者音像制品、电子出版物五百张（盒）以上的。

具有下列情形之一的，属于非法经营行为"情节特别严重"：

（一）经营数额在十五万元至三十万元以上的；

（二）违法所得数额在五万元至十万元以上的；

（三）经营报纸一万五千份或者期刊一万五千本或者图书五千册或者音像制品、电子出版物一千五百张（盒）以上的。

第十三条 单位实施本解释第十一条规定的行为，具有下列情形之一的，属于非法经营行为"情节严重"：

（一）经营数额在十五万元至三十万元以上的；

（二）违法所得数额在五万元至十万元以上的；

（三）经营报纸一万五千份或者期刊一万五千本或者图书五千册或者音像制品、电子出版物一千五百张（盒）以上的。

具有下列情形之一的，属于非法经营行为"情节特别严重"：

（一）经营数额在五十万元至一百万元以上的；

（二）违法所得数额在十五万元至三十万元以上的；

（三）经营报纸五万份或者期刊五万本或者图书一万五千册或者音像制品、电子出版物五千张（盒）以上的。

第十四条 实施本解释第十一条规定的行为，经营数额、违法所得数额或者经营数量接近非法经营行为"情节严重""情节特别严重"的数额、数量起点标准，并具有下列情形之一的，可以认定为非法经营行为"情节严重""情节特别严重"：

（一）两年内因出版、印刷、复制、发行非法出版物受过行政处罚两次以上的；

（二）因出版、印刷、复制、发行非法出版物造成恶劣社会影响或者其他严重后果的。

第十五条　非法从事出版物的出版、印刷、复制、发行业务，严重扰乱市场秩序，情节特别严重，构成犯罪的，可以依照刑法第二百二十五条第（三）项的规定，以非法经营罪定罪处罚。

《最高人民检察院关于非法经营国际或港澳台地区电信业务行为法律适用问题的批复》（高检发释字〔2002〕1号）

福建省人民检察院：

你院《关于如何适用刑法第二百二十五条第（四）项规定的请示》（闽检〔2000〕65号）收悉。经研究，批复如下：

违反《中华人民共和国电信条例》规定，采取租用电信国际专线、私设转接设备或者其他方法，擅自经营国际或者香港特别行政区、澳门特别行政区和台湾地区电信业务进行营利活动，扰乱电信市场管理秩序，情节严重的，应当依照《刑法》第二百二十五条第（四）项的规定，以非法经营罪追究刑事责任。

此复

《最高人民检察院法律政策研究室关于非法经营行为界定有关问题的复函》（〔2002〕高检研发第24号）

文化部文化市场司：

你部《关于非法经营界定有关问题的函》（文市函〔2002〕1449号）收悉。经研究，提出以下意见，供参考：

一、关于经营违法音像制品行为的处理问题。对于经营违法音像制品行为，构成犯罪的，应当根据案件的具体情况，分别依照最高人民法院《关于审理非法出版物刑事案件具体应用法律若干问题的解释》和最高人民检察院、公安部《关于经济犯罪案件追诉标准的规定》等相关规定办理。

二、关于非法经营行为的界定问题，同意你部的意见，即：只要行为人明知是违法音像制品而进行经营即属于非法经营行为，其是否具有音像制品合法经营资格并不影响非法经营行为的认定；非法经营行为包括一系列环节，经营者购进违法音像制品并存放于仓库等场所的行为属于经营行为的中间环节，对此也可以认定为是非法经营行为。

《最高人民法院、最高人民检察院关于办理利用信息网络实施诽谤等刑事案件适用法律若干问题的解释》（法释〔2013〕21号）

第七条　违反国家规定，以营利为目的，通过信息网络有偿提供删除信息服务，或者明知是虚假信息，通过信息网络有偿提供发布信息等服务，扰乱市场秩序，具有下列情形之一的，属于非法经营行为“情节严重”，依照刑法第二百二十五条第（四）项的规定，以非法经营罪定罪处罚：

（一）个人非法经营数额在五万元以上，或者违法所得数额在二万元以上的；

（二）单位非法经营数额在十五万元以上，或者违法所得数额在五万元以上的。

实施前款规定的行为，数额达到前款规定的数额五倍以上的，应当认定为刑法第二百二十五条规定的“情节特别严重”。

第八条 明知他人利用信息网络实施诽谤、寻衅滋事、敲诈勒索、非法经营等犯罪，为其提供资金、场所、技术支持等帮助的，以共同犯罪论处。

第九条 利用信息网络实施诽谤、寻衅滋事、敲诈勒索、非法经营犯罪，同时又构成刑法第二百二十一条规定的损害商业信誉、商品声誉罪，第二百七十八条规定的煽动暴力抗拒法律实施罪，第二百九十一条之一规定的编造、故意传播虚假恐怖信息罪等犯罪的，依照处罚较重的规定定罪处罚。

第十条 本解释所称信息网络，包括以计算机、电视机、固定电话机、移动电话机等电子设备为终端的计算机互联网、广播电视网、固定通信网、移动通信网等信息网络，以及向公众开放的局域网络。

《最高人民法院、最高人民检察院关于办理危害食品安全刑事案件适用法律若干问题的解释》（法释〔2021〕24 号）

第十六条 以提供给他人生产、销售食品为目的，违反国家规定，生产、销售国家禁止用于食品生产、销售的非食品原料，情节严重的，依照刑法第二百二十五条的规定以非法经营罪定罪处罚。

以提供给他人生产、销售食用农产品为目的，违反国家规定，生产、销售国家禁用农药、食品动物中禁止使用的药品及其他化合物等有毒、有害的非食品原料，或者生产、销售添加上述有毒、有害的非食品原料的农药、兽药、饲料、饲料添加剂、饲料原料，情节严重的，依照前款的规定定罪处罚。

第十七条 违反国家规定，私设生猪屠宰厂（场），从事生猪屠宰、销售等经营活动，情节严重的，依照刑法第二百二十五条的规定以非法经营罪定罪处罚。

在畜禽屠宰相关环节，对畜禽使用食品动物中禁止使用的药品及其他化合物等有毒、有害的非食品原料，依照刑法第一百四十四条的规定以生产、销售有毒、有害食品罪定罪处罚；对畜禽注水或者注入其他物质，足以造成严重食物中毒事故或者其他严重食源性疾病的，依照刑法第一百四十三条的规定以生产、销售不符合安全标准的食品罪定罪处罚；虽不足以造成严重食物中毒事故或者其他严重食源性疾病，但符合刑法第一百四十条规定的，以生产、销售伪劣产品罪定罪处罚。

第十八条　实施本解释规定的非法经营行为，非法经营数额在十万元以上，或者违法所得数额在五万元以上的，应当认定为刑法第二百二十五条规定的“情节严重”；非法经营数额在五十万元以上，或者违法所得数额在二十五万元以上的，应当认定为刑法第二百二十五条规定的“情节特别严重”。

实施本解释规定的非法经营行为，同时构成生产、销售伪劣产品罪，生产、销售不符合安全标准的食品罪，生产、销售有毒、有害食品罪，生产、销售伪劣农药、兽药罪等其他犯罪的，依照处罚较重的规定定罪处罚。

《最高人民法院、最高人民检察院关于办理妨害信用卡管理刑事案件具体应用法律若干问题的解释》（法释〔2018〕19号）

第十二条　违反国家规定，使用销售点终端机具（POS机）等方法，以虚构交易、虚开价格、现金退货等方式向信用卡持卡人直接支付现金，情节严重的，应当依据刑法第二百二十五条的规定，以非法经营罪定罪处罚。

实施前款行为，数额在100万元以上的，或者造成金融机构资金20万元以上逾期未还的，或者造成金融机构经济损失10万元以上的，应当认定为刑法第二百二十五条规定的“情节严重”；数额在500万元以上的，或者造成金融机构资金100万元以上逾期未还的，或者造成金融机构经济损失50万元以上的，应当认定为刑法第二百二十五条规定的“情节特别严重”。

持卡人以非法占有为目的，采用上述方式恶意透支，应当追究刑事责任的，依照刑法第一百九十六条的规定，以信用卡诈骗罪定罪处罚。

《最高人民法院、最高人民检察院关于办理赌博刑事案件具体应用法律若干问题的解释》（法释〔2005〕3号）

第六条　未经国家批准擅自发行、销售彩票，构成犯罪的，依照刑法第二百二十五条第（四）项的规定，以非法经营罪定罪处罚。

《最高人民法院、最高人民检察院关于办理妨害预防、控制突发传染病疫情等灾害的刑事案件具体应用法律若干问题的解释》（法释〔2003〕8号）

第六条　违反国家在预防、控制突发传染病疫情等灾害期间有关市场经营、价格管理等规定，哄抬物价、牟取暴利，严重扰乱市场秩序，违法所得数额较大或者有其他严重情节的，依照刑法第二百二十五条第（四）项的规定，以非法经营罪定罪，依法从重处罚。

《最高人民法院、最高人民检察院关于办理非法生产、销售、使用禁止在饲料和动物饮用水中使用的药品等刑事案件具体应用法律若干问题的解释》（法释〔2002〕26号）

第一条　未取得药品生产、经营许可证件和批准文号，非法生产、销售盐酸克仑特罗等禁止在饲料和动物饮用水中使用的药品，扰乱药品市场秩序，情节严重的，依照刑法第二百二十五条第（一）项的规定，以非法经营罪追究刑事责任。

第二条 在生产、销售的饲料中添加盐酸克仑特罗等禁止在饲料和动物饮用水中使用的药品，或者销售明知是添加有该类药品的饲料，情节严重的，依照刑法第二百二十五条第（四）项的规定，以非法经营罪追究刑事责任。

第五条 实施本解释规定的行为，同时触犯刑法规定的两种以上犯罪的，依照处罚较重的规定追究刑事责任。

《最高人民法院、最高人民检察院关于办理生产、销售伪劣商品刑事案件具体应用法律若干问题的解释》（法释〔2001〕10号）

第十条 实施生产、销售伪劣商品犯罪，同时构成侵犯知识产权、非法经营等其他犯罪的，依照处罚较重的规定定罪处罚。

《最高人民法院、最高人民检察院、公安部关于办理利用赌博机开设赌场案件适用法律若干问题的意见》（公通字〔2014〕17号）

四、关于生产、销售赌博机的定罪量刑标准

以提供给他人开设赌场为目的，违反国家规定，非法生产、销售具有退币、退分、退钢珠等赌博功能的电子游戏设施设备或者其专用软件，情节严重的，依照刑法第二百二十五条的规定，以非法经营罪定罪处罚。

实施前款规定的行为，具有下列情形之一的，属于非法经营行为“情节严重”：

（一）个人非法经营数额在五万元以上，或者违法所得数额在一万元以上的；

（二）单位非法经营数额在五十万元以上，或者违法所得数额在十万元以上的；

（三）虽未达到上述数额标准，但两年内因非法生产、销售赌博机行为受过二次以上行政处罚，又进行同种非法经营行为的；

（四）其他情节严重的情形。

具有下列情形之一的，属于非法经营行为“情节特别严重”：

（一）个人非法经营数额在二十五万元以上，或者违法所得数额在五万元以上的；

（二）单位非法经营数额在二百五十万元以上，或者违法所得数额在五十万元以上的。

《最高人民法院　最高人民检察院关于办理非法从事资金支付结算业务、非法买卖外汇刑事案件适用法律若干问题的解释》（注释〔2019〕1号）

第一条 违反国家规定，具有下列情形之一的，属于刑法第二百二十五条第三项规定的“非法从事资金支付结算业务”：

（一）使用受理终端或者网络支付接口等方法，以虚构交易、虚开价格、交易退款等非法方式向指定付款方支付货币资金的；

（二）非法为他人提供单位银行结算账户套现或者单位银行结算账户转个

人账户服务的；

（三）非法为他人提供支票套现服务的；

（四）其他非法从事资金支付结算业务的情形。

第二条　违反国家规定，实施倒买倒卖外汇或者变相买卖外汇等非法买卖外汇行为，扰乱金融市场秩序，情节严重的，依照刑法第二百二十五条第四项的规定，以非法经营罪定罪处罚。

第三条　非法从事资金支付结算业务或者非法买卖外汇，具有下列情形之一的，应当认定为非法经营行为“情节严重”：

（一）非法经营数额在五百万元以上的；

（二）违法所得数额在十万元以上的。

非法经营数额在二百五十万元以上，或者违法所得数额在五万元以上，且具有下列情形之一的，可以认定为非法经营行为“情节严重”：

（一）曾因非法从事资金支付结算业务或者非法买卖外汇犯罪行为受过刑事追究的；

（二）二年内因非法从事资金支付结算业务或者非法买卖外汇违法行为受过行政处罚的；

（三）拒不交代涉案资金去向或者拒不配合追缴工作，致使赃款无法追缴的；

（四）造成其他严重后果的。

第四条　非法从事资金支付结算业务或者非法买卖外汇，具有下列情形之一的，应当认定为非法经营行为“情节特别严重”：

（一）非法经营数额在二千五百万元以上的；

（二）违法所得数额在五十万元以上的。

非法经营数额在一千二百五十万元以上，或者违法所得数额在二十五万元以上，且具有本解释第三条第二款规定的四种情形之一的，可以认定为非法经营行为“情节特别严重”。

第五条　非法从事资金支付结算业务或者非法买卖外汇，构成非法经营罪，同时又构成刑法第一百二十条之一规定的帮助恐怖活动罪或者第一百九十一条规定的洗钱罪的，依照处罚较重的规定定罪处罚。

第六条　二次以上非法从事资金支付结算业务或者非法买卖外汇，依法应予行政处理或者刑事处理而未经处理的，非法经营数额或者违法所得数额累计计算。

同一案件中，非法经营数额、违法所得数额分别构成情节严重、情节特别严重的，按照处罚较重的数额定罪处罚。

第七条　非法从事资金支付结算业务或者非法买卖外汇违法所得数额难以确定的，按非法经营数额的千分之一认定违法所得数额，依法并处或者单处违法所得一倍以上五倍以下罚金。

《最高人民法院、最高人民检察院、公安部、司法部关于办理非法放贷刑事案件若干问题的意见》（法发〔2019〕24号）

一、违反国家规定，未经监管部门批准，或者超越经营范围，以营利为目的，经常性地向社会不特定对象发放贷款，扰乱金融市场秩序，情节严重的，依照刑法第二百二十五条第（四）项的规定，以非法经营罪定罪处罚。

前款规定中的“经常性地向社会不特定对象发放贷款”，是指2年内向不特定多人（包括单位和个人）以借款或其他名义出借资金10次以上。

贷款到期后延长还款期限的，发放贷款次数按照1次计算。

二、以超过36%的实际年利率实施符合本意见第一条规定的非法放贷行为，具有下列情形之一的，属于刑法第二百二十五条规定的“情节严重”，但单次非法放贷行为实际年利率未超过36%的，定罪量刑时不得计入：

（一）个人非法放贷数额累计在200万元以上的，单位非法放贷数额累计在1000万元以上的；

（二）个人违法所得数额累计在80万元以上的，单位违法所得数额累计在400万元以上的；

（三）个人非法放贷对象累计在50人以上的，单位非法放贷对象累计在150人以上的；

（四）造成借款人或者其近亲属自杀、死亡或者精神失常等严重后果的。

具有下列情形之一的，属于刑法第二百二十五条规定的“情节特别严重”：

（一）个人非法放贷数额累计在1000万元以上的，单位非法放贷数额累计在5000万元以上的；

（二）个人违法所得数额累计在400万元以上的，单位违法所得数额累计在2000万元以上的；

（三）个人非法放贷对象累计在250人以上的，单位非法放贷对象累计在750人以上的；

（四）造成多名借款人或者其近亲属自杀、死亡或者精神失常等特别严重后果的。

三、非法放贷数额、违法所得数额、非法放贷对象数量接近本意见第二条规定的“情节严重”“情节特别严重”的数额、数量起点标准，并具有下列情形之一的，可以分别认定为“情节严重”“情节特别严重”：

（一）2年内因实施非法放贷行为受过行政处罚2次以上的；

（二）以超过72%的实际年利率实施非法放贷行为10次以上的。

前款规定中的“接近”，一般应当掌握在相应数额、数量标准的80%以上。

四、仅向亲友、单位内部人员等特定对象出借资金，不得适用本意见第一条的规定定罪处罚。但具有下列情形之一的，定罪量刑时应当与向不特定对象非法放贷的行为一并处理：

（一）通过亲友、单位内部人员等特定对象向不特定对象发放贷款的；

（二）以发放贷款为目的，将社会人员吸收为单位内部人员，并向其发放贷款的；

（三）向社会公开宣传，同时向不特定多人和亲友、单位内部人员等特定对象发放贷款的。

《最高人民法院、最高人民检察院、公安部、国家烟草专卖局关于办理假冒伪劣烟草制品等刑事案件适用法律问题座谈会纪要》（商检会〔2003〕4号）

三、关于非法经营烟草制品行为适用法律问题

未经烟草专卖行政主管部门许可，无生产许可证、批发许可证、零售许可证，而生产、批发、零售烟草制品，具有下列情形之一的，依照刑法第二百二十五条的规定定罪处罚：

1. 个人非法经营数额在五万元以上的，或者违法所得数额在一万元以上的；

2. 单位非法经营数额在五十万元以上的，或者违法所得数额在十万元以上的；

3. 曾因非法经营烟草制品行为受过二次以上行政处罚又非法经营的，非法经营数额在二万元以上的。

六、关于一罪与数罪问题

行为人的犯罪行为同时构成生产、销售伪劣产品罪、销售假冒注册商标的商品罪、非法经营罪等罪的，依照处罚较重的规定定罪处罚。

《最高人民法院、最高人民检察院、公安部办理非法经营国际电信业务犯罪案件联席会议纪要》（公通字〔2002〕29号）

二、《解释》① 第一条规定："违反国家规定，采取租用国际专线、私设转接设备或者其他方法，擅自经营国际电信业务或者涉港澳台电信业务进行营利活动，扰乱电信市场管理秩序，情节严重的，依照刑法第二百二十五条第（四）项的规定，以非法经营罪定罪处罚。"对于未取得国际电信业务（含涉港澳台电信业务，下同）经营许可证而经营，或被终止国际电信业务经营资格后继续经营，应认定为"擅自经营国际电信业务或者涉港澳台电信业务"；情节严重的，应按上述规定以非法经营罪追究刑事责任。

《解释》② 第一条所称"其他方法"，是指在边境地区私自架设跨境通信线

① 即《最高人民法院关于审理扰乱电信市场管理秩序案件具体应用法律若干问题的解释》。

② 即《最高人民法院关于审理扰乱电信市场管理秩序案件具体应用法律若干问题的解释》。

路；利用互联网跨境传送IP话音并设立转接设备，将国家话务转接至我境内公用话网或转接至其他国家或地区；在境内以租用、托管、代维等方式设立转接平台；私自设置国际通信出入口等方法。

三、获得国际电信业务经营许可的经营者（含涉港澳台电信业务经营者）明知他人非法从事国际电信业务，仍违反国家规定，采取出租、合作、授权等手段，为他人提供经营和技术条件，利用现有设备或另设国际话务转接设备并从中营利，情节严重的，应以非法经营罪的共犯追究刑事责任。

《最高人民法院、最高人民检察院、公安部办理骗汇、逃汇犯罪案件联席会议纪要》（公通字〔1999〕39号）

二、全国人大常委会《关于惩治骗购外汇、逃汇和非法买卖外汇犯罪的决定》（以下简称《决定》）公布施行后发生的犯罪行为，应当依照《决定》办理；对于《决定》公布施行前发生的公布后尚未处理或者正在处理的行为，依照修订后的刑法第十二条第一款规定的原则办理。

最高人民法院1998年8月28日发布的《关于审理骗购外汇、非法买卖外汇刑事案件具体应用法律若干问题的解释》（以下简称《解释》），是对具体应用修订后的刑法有关问题的司法解释，适用于依照修订后的刑法判处的案件。各执法部门对于《解释》应当准确理解，严格执行。

《解释》第四条规定："公司、企业或者其他单位，违反有关外贸代理业务的规定，采用非法手段、或者明知是伪造、变造的凭证、商业单据，为他人向外汇指定银行骗购外汇，数额在五百万美元以上或者违法所得五十万元人民币以上的，按照刑法第二百二十五条第（三）项的规定定罪处罚；居间介绍骗购外汇一百万美元以上或者违法所得十万元人民币以上的，按照刑法第二百二十五条第（三）项的规定定罪处罚。"上述所称"采用非法手段"，是指有国家批准的进出口经营权的外贸代理企业在经营代理进口业务时，不按国家经济主管部门有关规定履行职责，放任被代理方自带客户、自带货源、自带汇票、自行报关，在不见进口产品、不见供货货主、不见外商的情况下代理进口业务，或者采取法律、行政法规和部门规章禁止的其他手段代理进口业务。

认定《解释》第四条所称的"明知"，要结合案件的具体情节予以综合考虑，不能仅仅因为行为人不供述就不予认定。报关行为先于签订外贸代理协议的，或者委托方提供的购汇凭证明显与真实凭证、商业单据不符的，应当认定为明知。

《解释》第四条所称"居间介绍骗购外汇"，是指收取他人人民币、以虚假购汇凭证委托外贸公司、企业骗购外汇，获取非法收益的行为。

《最高人民检察院、公安部关于公安机关管辖的刑事案件立案追诉标准的规定（二）》（公通字〔2022〕12号）

第七十一条 ［非法经营案（刑法第二百二十五条）］违反国家规定，进行非法经营活动，扰乱市场秩序，涉嫌下列情形之一的，应予立案追诉：

（一）违反国家烟草专卖管理法律法规，未经烟草专卖行政主管部门许可，无烟草专卖生产企业许可证、烟草专卖批发企业许可证、特种烟草专卖经营企业许可证、烟草专卖零售许可证等许可证明，非法经营烟草专卖品，具有下列情形之一的：

1. 非法经营数额在五万元以上，或者违法所得数额在二万元以上的；

2. 非法经营卷烟二十万支以上的；

3. 三年内因非法经营烟草专卖品受过二次以上行政处罚，又非法经营烟草专卖品且数额在三万元以上的。

（二）未经国家有关主管部门批准，非法经营证券、期货、保险业务，或者非法从事资金支付结算业务，具有下列情形之一的：

1. 非法经营证券、期货、保险业务，数额在一百万元以上，或者违法所得数额在十万元以上的；

2. 非法从事资金支付结算业务，数额在五百万元以上，或者违法所得数额在十万元以上的；

3. 非法从事资金支付结算业务，数额在二百五十万元以上不满五百万元，或者违法所得数额在五万元以上不满十万元，且具有下列情形之一的：

（1）因非法从事资金支付结算业务犯罪行为受过刑事追究的；

（2）二年内因非法从事资金支付结算业务违法行为受过行政处罚的；

（3）拒不交代涉案资金去向或者拒不配合追缴工作，致使赃款无法追缴的；

（4）造成其他严重后果的。

4. 使用销售点终端机具（POS 机）等方法，以虚构交易、虚开价格、现金退货等方式向信用卡持卡人直接支付现金，数额在一百万元以上的，或者造成金融机构资金二十万元以上逾期未还的，或者造成金融机构经济损失十万元以上的。

（三）实施倒买倒卖外汇或者变相买卖外汇等非法买卖外汇行为，扰乱金融市场秩序，具有下列情形之一的：

1. 非法经营数额在五百万元以上的，或者违法所得数额在十万元以上的；

2. 非法经营数额在二百五十万元以上，或者违法所得数额在五万元以上，且具有下列情形之一的：

（1）因非法买卖外汇犯罪行为受过刑事追究的；

（2）二年内因非法买卖外汇违法行为受过行政处罚的；

（3）拒不交代涉案资金去向或者拒不配合追缴工作，致使赃款无法追缴的；

（4）造成其他严重后果的。

3. 公司、企业或者其他单位违反有关外贸代理业务的规定，采用非法手段，或者明知是伪造、变造的凭证、商业单据，为他人向外汇指定银行骗购外汇，数额在五百万美元以上或者违法所得数额在五十万元以上的；

4. 居间介绍骗购外汇，数额在一百万美元以上或者违法所得数额在十万元以上的。

（四）出版、印刷、复制、发行严重危害社会秩序和扰乱市场秩序的非法出版物，具有下列情形之一的：

1. 个人非法经营数额在五万元以上的，单位非法经营数额在十五万元以上的；

2. 个人违法所得数额在二万元以上的，单位违法所得数额在五万元以上的；

3. 个人非法经营报纸五千份或者期刊五千本或者图书二千册或者音像制品、电子出版物五百张（盒）以上的，单位非法经营报纸一万五千份或者期刊一万五千本或者图书五千册或者音像制品、电子出版物一千五百张（盒）以上的；

4. 虽未达到上述数额标准，但具有下列情形之一的：

（1）二年内因出版、印刷、复制、发行非法出版物受过二次以上行政处罚，又出版、印刷、复制、发行非法出版物的；

（2）因出版、印刷、复制、发行非法出版物造成恶劣社会影响或者其他严重后果的。

（五）非法从事出版物的出版、印刷、复制、发行业务，严重扰乱市场秩序，具有下列情形之一的：

1. 个人非法经营数额在十五万元以上的，单位非法经营数额在五十万元以上的；

2. 个人违法所得数额在五万元以上的，单位违法所得数额在十五万元以上的；

3. 个人非法经营报纸一万五千份或者期刊一万五千本或者图书五千册或者音像制品、电子出版物一千五百张（盒）以上的，单位非法经营报纸五万份或者期刊五万本或者图书一万五千册或者音像制品、电子出版物五千张（盒）以上的；

4. 虽未达到上述数额标准，二年内因非法从事出版物的出版、印刷、复制、发行业务受过二次以上行政处罚，又非法从事出版物的出版、印刷、复制、发行业务的。

（六）采取租用国际专线、私设转接设备或者其他方法，擅自经营国际电信业务或者涉港澳台电信业务进行营利活动，扰乱电信市场管理秩序，具有下列情形之一的：

1. 经营去话业务数额在一百万元以上的；

2. 经营来话业务造成电信资费损失数额在一百万元以上的；

3. 虽未达到上述数额标准，但具有下列情形之一的：

（1）二年内因非法经营国际电信业务或者涉港澳台电信业务行为受过二次以上行政处罚，又非法经营国际电信业务或者涉港澳台电信业务的；

（2）因非法经营国际电信业务或者涉港澳台电信业务行为造成其他严重后果的。

（七）以营利为目的，通过信息网络有偿提供删除信息服务，或者明知是虚假信息，通过信息网络有偿提供发布信息等服务，扰乱市场秩序，具有下列情形之一的：

1. 个人非法经营数额在五万元以上，或者违法所得数额在二万元以上的；

2. 单位非法经营数额在十五万元以上，或者违法所得数额在五万元以上的。

（八）非法生产、销售“黑广播”“伪基站”、无线电干扰器等无线电设备，具有下列情形之一的：

1. 非法生产、销售无线电设备三套以上的；

2. 非法经营数额在五万元以上的；

3. 虽未达到上述数额标准，但二年内因非法生产、销售无线电设备受过二次以上行政处罚，又非法生产、销售无线电设备的。

（九）以提供给他人开设赌场为目的，违反国家规定，非法生产、销售具有退币、退分、退钢珠等赌博功能的电子游戏设施设备或者其专用软件，具有下列情形之一的：

1. 个人非法经营数额在五万元以上，或者违法所得数额在一万元以上的；

2. 单位非法经营数额在五十万元以上，或者违法所得数额在十万元以上的；

3. 虽未达到上述数额标准，但二年内因非法生产、销售赌博机行为受过二次以上行政处罚，又进行同种非法经营行为的；

4. 其他情节严重的情形。

（十）实施下列危害食品安全行为，非法经营数额在十万元以上，或者违法所得数额在五万元以上的：

1. 以提供给他人生产、销售食品为目的，违反国家规定，生产、销售国家禁止用于食品生产、销售的非食品原料的；

2. 以提供给他人生产、销售食用农产品为目的，违反国家规定，生产、销售国家禁用农药、食品动物中禁止使用的药品及其他化合物等有毒、有害的非食品原料，或者生产、销售添加上述有毒、有害的非食品原料的农药、兽药、饲料、饲料添加剂、饲料原料的；

3. 违反国家规定，私设生猪屠宰厂（场），从事生猪屠宰、销售等经营活动的。

（十一）未经监管部门批准，或者超越经营范围，以营利为目的，以超过百分之三十六的实际年利率经常性地向社会不特定对象发放贷款，具有下列情形之一的：

1. 个人非法放贷数额累计在二百万元以上的，单位非法放贷数额累计在一千万元以上的；

2. 个人违法所得数额累计在八十万元以上的，单位违法所得数额累计在四百万元以上的；

3. 个人非法放贷对象累计在五十人以上的，单位非法放贷对象累计在一百五十人以上的；

4. 造成借款人或者其近亲属自杀、死亡或者精神失常等严重后果的。

5. 虽未达到上述数额标准，但具有下列情形之一的：

（1）二年内因实施非法放贷行为受过二次以上行政处罚的；

（2）以超过百分之七十二的实际年利率实施非法放贷行为十次以上的。

黑恶势力非法放贷的，按照第 1 项、第 2 项、第 3 项规定的相应数额、数量标准的百分之五十确定。同时具有第 5 项规定情形的，按照相应数额、数量标准的百分之四十确定。

（十二）从事其他非法经营活动，具有下列情形之一的：

1. 个人非法经营数额在五万元以上，或者违法所得数额在一万元以上的；

2. 单位非法经营数额在五十万元以上，或者违法所得数额在十万元以上的；

3. 虽未达到上述数额标准，但二年内因非法经营行为受过二次以上行政处罚，又从事同种非法经营行为的；

4. 其他情节严重的情形。

法律、司法解释对非法经营罪的立案追诉标准另有规定的，依照其规定。

《中华人民共和国货物进出口管理条例》（国务院令第 332 号）

第六十五条 擅自超出批准、许可的范围进口或者出口属于限制进出口的货物的，依照刑法关于走私罪或者非法经营罪的规定，依法追究刑事责任；尚不够刑事处罚的，依照海关法的有关规定处罚；国务院外经贸主管部门并可以暂停直至撤销其对外贸易经营许可。

第六十六条 伪造、变造或者买卖货物进出口配额证明、批准文件、许可证或者自动进口许可证明的，依照刑法关于非法经营罪或者伪造、变造、买卖国家机关公文、证件、印章罪的规定，依法追究刑事责任；尚不够刑事处罚的，依照海关法的有关规定处罚；国务院外经贸主管部门并可以撤销其对外贸易经营许可。

第六十八条 违反本条例第五十一条规定，擅自从事实行国营贸易管理或者指定经营管理的货物进出口贸易，扰乱市场秩序，情节严重的，依照刑法关于非法经营罪的规定，依法追究刑事责任；尚不够刑事处罚的，由工商行政管理机关依法给予行政处罚；国务院外经贸主管部门并可以暂停直至撤销其对外贸易经营许可。

《公安部经济犯罪侦查局关于打击非法经营销售国内机票有关问题的批复》（公经〔2002〕928 号）

北京市公安局经侦处：

你处经侦办字〔2002〕167 号《我处在执行“关于坚决打击暗扣销售和非法经营销售国内机票行为规范航空运输市场秩序的通知”中几个问题的请示》收悉。经商民航总局运输司，现答复如下：

一、《关于坚决打击暗扣销售和非法经营销售国内机票行为规范航空运输市场秩序的通知》（民航财发〔2002〕101 号）中的“国内机票”，“民航国内航班机票”是指“国内航空公司的国内航线机票”。

二、根据 1993 年 8 月 3 日经国务院批准发布实施的《民用航空运输销售代理业管理规定》（民航总局第 37 号令）第三十三条的规定，非法代理销售国内航空公司国际航线机票属于非法经营行为，情节严重的，应当根据刑法第二百二十五条的规定，以非法经营罪立案侦查。

三、非法经营销售国内航线机票和国际航线机票应予追诉的标准，应当根据 2001 年 4 月 18 日最高人民检察院、公安部《关于经济犯罪案件追诉标准的规定》第七十条第五款的规定执行。

此复

《新闻出版署关于刘欣销售非法出版物一案中如何计算非法经营数额的批复》（新出政〔1992〕815 号文）

天津市新闻出版管理局：

你局 1992 年 6 月 8 日《关于刘欣批销非法出版物案适用法规条款的请示》收悉，我署 1991 年 1 月 10 日《关于处理白孝琪非法出版〈半色曝光〉一案中如何计算非法经营数额的批复》（新出政字〔1991〕第 36 号）已将如何计算非法出版活动的非法经营数额的原则及非法印刷（兼发行）阶段数额计算方法作出规定，此次不另答复。现将非法发行（销售）阶段数额计算方法答复如下：

（一）批进的出版物全部售出的，出版物的总码洋即经营数额；经营数额减去进货款、运费和其他成本费即获利数额。

（二）批进的出版物部分售出、部分未售出的，售出部分出版物的总码洋加上未售出部分的经营额即经营数额，其中未售出部分出版物的进货款额即其经营额；售出部分出版物的经营数额减去售出部分的进货款、运费和其他成本费即获利数额。

（三）批进的出版物全部未售出的，进货款额即经营数额，无获利数额。

（四）计算未售出（库存）出版物的经营额，销售者未提供进货凭证的，按未售出出版物总码洋的60%至40%（或当地批发折扣）计算其经营数额。

《新闻出版署关于处理白孝琪非法出版〈半色曝光〉一案中如何计算非法经营数额的批复》（新出政字〔1991〕第36号）

陕西省新闻出版局：

你局1991年1月5日《关于处理白孝琪非法出版〈半色曝光〉一案中有关问题的请示》（陕新出发〔1991〕第2号）收悉。关于如何计算非法出版（投机倒把）活动的非法经营数额，经研究，现答复如下：

一、对非法出版物的印刷、发行、销售活动的经营数额或获利数额，原则上按其所从事的印刷、发行、销售的不同阶段进行计算，在非法印刷或发行销售过程中收取的预付款、定金、征订费应另行计入经营额。

二、非法印刷（兼发行）阶段数额计算

（1）承印者数额的计算，委印者应当交付承印者的印刷费为承印者的经营数额，这一数额减去印刷成本为获利数额。

（2）委印者（或委印兼发行者）数额计算：委印并全部发行的，出版物的总码洋为经营数额；委印后制成品未发行的，制成品总码洋的70%（或当地最低发行折扣）为经营额；委印后部分已发行、部分未发行的，已发行的出版物的总码洋加未发行部分的经营额为总经营款，未发行部分的经营额计算方法为：已发行出版物的平均批发价乘以未发行的出版物的册数；委印后的在制品，其印刷费为经营额。

此复

【案例一】

王丹、沈玮婷非法经营、虚报注册资本案①

• 案件事实 •

2005年11月，被告人王丹、沈玮婷在广东省深圳市成立了金海岸公司，主要从事电视广告节目制作及电视台广告时段买卖业务。王丹在经营管理金海岸公司过程中，发现销售炒股软件并为股民提供有偿股票投资咨询可牟取暴利，便产生了开展相关业务的念头。2007年10月，王丹以金海岸公司名义开

① 参见中华人民共和国最高人民法院刑事审判第一、二、三、四、五庭主办：《刑事审判参考》（总第101集），法律出版社2014年版。

发了一套“金牛王智能决策选股软件”（以下简称金牛王选股软件），并办理了著作权登记，权属归公司。2008 年 4 月 15 日，王丹、沈玮婷出资 50 万元在深圳注册成立了金牛王公司，王丹担任法定代表人、总经理。金牛王公司成立后，在未获得中国证监会批准，不具备经营证券业务资质的情况下，王丹、沈玮婷等人以销售金牛王炒股软件为名，非法从事证券咨询业务，非法经营额共计 4526546.2 元。因金牛王公司管理混乱，盈利不多，被告人王丹决定逐步停止该公司营业并到湖南省另立公司继续开展相关业务。2008 年 10 月，王丹找人垫资 200 万元，注册成立了智盈公司；2009 年 3 月，王丹又找人垫资 200 万元以陈某某（沈玮婷同母异父之兄）、沈慧某（沈玮婷之兄）的名义注册成立了金诚公司。2008 年 8 月至 2009 年 6 月，王丹聘请若干人员为证券分析师进行股票分析，并以销售金牛王选股软件为名，在未获得中国证监会批准，不具备经营证券业务资质的情况下，开展非法证券咨询活动，其中智盈公司非法经营额计 12898691.55 元；金诚公司非法经营额计 15594887.47 元。为顺利通过电视台的资格审查，并掩盖自己不具备证券投资咨询资格的真相，王丹等人与有证券投资咨询资格的湖南金证投资咨询顾问有限公司、北京禧达丰公司签订了所谓的“战略合作协议”，以每年支付数 10 万元的高额投资顾问费为条件，将公司选聘的多名股评分析师的从业资格证书挂靠到这些公司，并借用这些公司的证券咨询资格证明用于自己股评节目的资格审查。（虚报注册资本的犯罪事实略）

• 裁判要旨 •

不具备证券从业资格的公司与具备资格的公司合作开展证券咨询业务可以构成非法经营罪。

• 裁判理由 •

娄底市中级人民法院认为，被告人王丹、沈玮婷在增加深圳金海岸公司的注册资本时，采取欺诈手段虚报注册资本 700 万元，数额巨大且情节严重，其行为均构成虚报注册资本罪。被告人王丹、沈玮婷等人违反《证券法》等有关法律规定，未经国家有关主管部门批准，非法经营证券业务，严重扰乱市场秩序，情节特别严重，其行为均已构成非法经营罪。据此，依照《刑法》第 225 条第 3 项、第 158 条第 1 款等规定，判决如下：一、被告人王丹犯非法经营罪，判处有期徒刑十二年，并处罚金人民币 120 万元：犯虚报注册资本罪，判处有期徒刑一年，并处罚金 10 万元，数罪并罚，决定执行有期徒刑十二年六个月，并处罚金人民币 130 万元。二、被告人沈玮婷犯非法经营罪，判处有期徒刑六年，并处罚金人民币 60 万元；犯虚报注册资本罪，判处有期徒刑一年，并处罚金人民币 10 万元，数罪并罚，决定执行有期徒刑六年六个月，并处罚金人民币 70 万元。

一审宣判后，被告人王丹、沈玮婷等人提出上诉。王丹提出：成立深圳金牛王公司、湖南智盈公司、湖南金诚公司是为了销售金牛王智能决策选股软件，在销售软件过程中与有证券咨询资格的湖南金证投资咨询顾问有限公司（以下简称金证公司）等有合作协议，股评师也系合法挂靠，故不构成非法经营罪。王丹的辩护人提出：深圳金牛王公司所从事的确系软件销售业务，没有在电视等媒体做广告。王丹先后与湖南金证公司、北京禧达丰公司签订了咨询和资讯战略合作协议，将公司主要从事证券咨询的业务人员的证券咨询手续挂靠在金证公司与禧达丰公司，并支付了费用，故不构成非法经营罪。一审以非法经营罪对王丹判处有期徒刑十二年，显属因定性不当、适用法律错误，且量刑畸重。

被告人沈玮婷上诉及其辩护人提出：金海岸公司的经营范围是广告、电视节目制作等，接受智盈公司的委托制作节目符合国家政策，通过了相关卫视台审查的股评节目，属于业务范围；没有证据证实其参与了湖南智盈公司、湖南金诚公司的经营管理，故不构成非法经营罪。

湖南省高级人民法院经审理认为，被告人王丹虽然将张某等人的执业资格证挂靠在具备证券投资咨询资格的公司，但是由于张某等人并未在具备证券咨询资格的机构工作，依照相关规定仍然不得从事证券投资咨询业务，一审认定王丹属非法经营，法律适用准确，量刑并无不当。沈玮婷明知金牛王公司、智盈公司、金诚公司没有证券经营资格，却将王丹安排制作的股评节目通过卫星发送至电视台的相关栏目进行播放，帮助王丹实施了非法经营活动，构成共同犯罪，但原审对沈玮婷量刑过重。据此，判决维持一审对王丹的定罪量刑；对沈玮婷以非法经营罪改判有期徒刑四年六个月，并处罚金人民币 60 万元，以虚报注册资本罪判处有期徒刑一年，并处罚金人民币 10 万元，数罪并罚，决定执行有期徒刑五年，并处罚金人民币 70 万元。

【案例二】

高某某非法经营案①

• 案件事实 •

2003 年 5 月 21 日至 2003 年 5 月 30 日，被告人高某某为了赚取日币升值的差价，先后 6 次向陈某某（另案处理）定购日币 1.4 亿元，共折合人民币

---

① 参见中华人民共和国最高人民法院刑事审判第一庭、第二庭编：《刑事审判参考》（总第 42 集），法律出版社 2005 年版，第 26 页。

98.545万元，双方约定按结算当日银行牌价结算。5月30日，高某某向陈某某支付购买日币的押金日币100万元。5月31日，双方制作了购买日币明细表。8月19日，高某某又向陈某某支付购买日币的押金日币100万元。之后，由于日币升值，高某某要求双方结算，截至同年9月30日，按中国人民银行公布的外汇牌价，高某某可从中获利30多万元人民币，但因陈某某未予结算而未获取。

• 裁判要旨 •

非法从事外汇兑换交易的行为如何成立非法经营罪。

• 裁判理由 •

福建省福清市人民法院审理认为：被告人高某某以牟利为目的，非法从事外汇买卖，私自定购日币1.4亿元，扰乱金融市场秩序，情节严重，其行为触犯了《刑法》第225条第4项的规定，构成非法经营罪。依照《刑法》第225条第4项之规定，判决被告人高某某犯非法经营罪，判处有期徒刑三年，并处罚金人民币50万元。

一审宣判后，被告人高某某不服，向福州市中级人民法院提出上诉。福州市中级人民法院经二审审理认为：原判认定事实清楚，证据确实、充分，定性正确，量刑适当，审判程序合法，依法裁定驳回上诉，维持原判。

【案例三】

王旭非法经营案①

• 案件事实 •

2003年1月，被告人王旭在不具备销售音像制品资格的情况下，受其弟王某委托以锦乐商行名义与广东飞仕公司上海办事处工作人员华某某洽谈有关《英雄》VCD影碟的购销事宜，双方口头约定由飞仕公司以每套人民币7元的价格向王旭销售5万套共计10万张《英雄》VCD影碟。嗣后，王旭将货款35万元人民币支付给广东飞仕公司。同月11日晚，王旭将广东飞仕公司提供的没有防伪标识等正版包装的5万套《英雄》VCD影碟运至仓库，并将其中4万余套以每套7.4元或7.5元的价格出售。次日，公安机关将王旭抓获，扣押了未销售的7605张影碟以及其他DVD影碟，缴获已销售的2000张影碟。

① 参见张耕主编：《刑事案例诉辩审评——扰乱市场秩序罪》，中国检察出版社2005年版，第140页。

• 裁判要旨 •

不具有音像制品销售资质而擅自经营国家限制经营的音像制品的，成立非法经营罪。

• 裁判理由 •

上海市第一中级人民法院审理认为：从被告人王旭与广东飞仕公司洽谈购销涉案影碟的数量、销售场所以及销售方式来看，应认定王旭的行为系批发。现有证据证实锦乐商行具有音像制品的零售、出租资格，但不具有批发资格。而王旭在本案中受王某委托以锦乐商行名义从事有关购销事宜，故应认定王旭具有音像制品的零售和出租资格，但不具有批发资格。由于音像制品是国家限制经营的商品，任何个人和单位都必须依法取得文化行政部门的许可才能从事音像制品的批发、零售和出租等经营活动。其中批发资格须经省级政府文化行政部门审批，且在资金、场地和人员等方面的要求均高于零售和出租资格，对于擅自从事音像制品的批发构成犯罪的，应当以非法经营罪追究其刑事责任。被告人王旭在不具备音像制品批发资格的情况下，为牟取非法利益擅自批发《英雄》VCD影碟9万余张，非法经营数额达人民币34万余元，构成非法经营罪。据此，依照《刑法》第225条第4项和《最高人民法院关于审理非法出版物刑事案件具体应用法律若干问题的解释》第15条的规定，判决被告人王旭犯非法经营罪，判处有期徒刑五年，剥夺政治权利一年，并处罚金人民币2万元。

【案例四】

王力军非法经营再审改判无罪案①

• 基本案情 •

内蒙古自治区巴彦淖尔市临河区人民检察院指控被告人王力军犯非法经营罪一案，内蒙古自治区巴彦淖尔市临河区人民法院经审理认为，2014年11月至2015年1月期间，被告人王力军未办理粮食收购许可证，未经工商行政管理机关核准登记并颁发营业执照，擅自在临河区白脑包镇附近村组无证照违法收购玉米，将所收购的玉米卖给巴彦淖尔市粮油公司杭锦后旗蛮会分库，非法经营数额218288.6元，非法获利6000元。案发后，被告人王力军主动退缴非

---

① 根据2018年12月19日《最高人民法院关于发布第十九批指导性案例的通知》指导案例97号修改。

法获利6000元。2015年3月27日，被告人王力军主动到巴彦淖尔市临河区公安局经侦大队投案自首。原审法院认为，被告人王力军违反国家法律和行政法规规定，未经粮食主管部门许可及工商行政管理机关核准登记并颁发营业执照，非法收购玉米，非法经营数额218288.6元，数额较大，其行为构成非法经营罪。鉴于被告人王力军案发后主动到公安机关投案自首，主动退缴全部违法所得，有悔罪表现，对其适用缓刑确实不致再危害社会，决定对被告人王力军依法从轻处罚并适用缓刑。宣判后，王力军未上诉，检察机关未抗诉，判决发生法律效力。

最高人民法院于2016年12月16日作出（2016）最高法刑监6号再审决定，指令内蒙古自治区巴彦淖尔市中级人民法院对本案进行再审。

再审中，原审被告人王力军及检辩双方对原审判决认定的事实无异议，再审查明的事实与原审判决认定的事实一致。内蒙古自治区巴彦淖尔市人民检察院提出了原审被告人王力军的行为虽具有行政违法性，但不具有与《刑法》第225条规定的非法经营行为相当的社会危害性和刑事处罚必要性，不构成非法经营罪，建议再审依法改判。原审被告人王力军在庭审中对原审认定的事实及证据无异议，但认为其行为不构成非法经营罪。辩护人提出了原审被告人王力军无证收购玉米的行为，不具有社会危害性、刑事违法性和应受惩罚性，不符合《刑法》规定的非法经营罪的构成要件，也不符合刑法谦抑性原则，应宣告原审被告人王力军无罪。

• 裁判要旨 •

1. 对于《刑法》第225条第4项规定的“其他严重扰乱市场秩序的非法经营行为”的适用，应当根据相关行为是否具有与《刑法》第225条前3项规定的非法经营行为相当的社会危害性、刑事违法性和刑事处罚必要性进行判断。

2. 判断违反行政管理有关规定的经营行为是否构成非法经营罪，应当考虑该经营行为是否属于严重扰乱市场秩序。对于虽然违反行政管理有关规定，但尚未严重扰乱市场秩序的经营行为，不应当认定为非法经营罪。

• 裁判结果 •

内蒙古自治区巴彦淖尔市临河区人民法院于2016年4月15日作出（2016）内0802刑初54号刑事判决，认定被告人王力军犯非法经营罪，判处有期徒刑一年，缓刑二年，并处罚金人民币2万元；被告人王力军退缴的非法获利款人民币6000元，由侦查机关上缴国库。最高人民法院于2016年12月16日作出（2016）最高法刑监6号再审决定，指令内蒙古自治区巴彦淖尔市中级人民法院对本案进行再审。内蒙古自治区巴彦淖尔市中级人民法院于2017

年2月14日作出（2017）内08刑再1号刑事判决：一、撤销内蒙古自治区巴彦淖尔市临河区人民法院（2016）内0802刑初54号刑事判决；二、原审被告人王力军无罪。

内蒙古自治区巴彦淖尔市中级人民法院再审认为，原判决认定的原审被告人王力军于2014年11月至2015年1月期间，没有办理粮食收购许可证及工商营业执照买卖玉米的事实清楚，其行为违反了当时的国家粮食流通管理有关规定，但尚未达到严重扰乱市场秩序的危害程度，不具备与《刑法》第225条规定的非法经营罪相当的社会危害性、刑事违法性和刑事处罚必要性，不构成非法经营罪。原审判决认定王力军构成非法经营罪适用法律错误，检察机关提出的王力军无证照买卖玉米的行为不构成非法经营罪的意见成立，原审被告人王力军及其辩护人提出的王力军的行为不构成犯罪的意见成立。

【学理分析及适用指引】

• 学理分析 •

非法经营罪，是指违反国家规定，非法经营，扰乱市场秩序，情节严重的行为。本罪的构成要件如下：

1. 本罪的客体。本罪侵犯的客体是市场管理秩序。

2. 本罪的客观方面。客观方面表现为违反国家规定，非法经营，扰乱市场秩序，情节严重的行为。具体包括以下四种行为：

（1）未经许可经营法律、行政法规规定的专营、专卖物品或者其他限制买卖的物品的。专营、专卖物品，是指法律、行政法规规定由专门机构经营的物品，如食盐、烟草等；其他限制买卖的物品，是指国家在一定时期实行限制性经营的物品，如化肥、农药等。

（2）买卖进出口许可证、进出口原产地证明以及其他法律、行政法规规定的经营许可证或者批准文件的。进出口许可证，是指国家许可对外贸易经营者进出口某种货物和技术的证明。进出口原产地证明，是指在国际贸易中，对某一特定产品的原产地进行确认的证明文件。其他法律、行政法规规定的经营许可证或者批准文件，是指法律、行政法规规定的所有的经营许可证或者批准文件，如矿产开采、森林采伐、野生动物狩猎等许可证。

（3）未经国家有关主管部门批准，非法经营证券、期货或者保险业务的。

（4）其他严重扰乱市场秩序的非法经营行为。如垄断货源、哄抬物价、囤积居奇、倒卖外汇、金银及其制品；倒卖国家禁止或者限制进口的废弃物；非法从事传销或者变相传销活动、彩票交易，倒卖汽油品、特定许可证、执照、有伤风化的物品；非法买卖国家重点保护的珍贵野生动物、珍稀植物、国家统一收购的矿产品等。

3. 本罪的主体。犯罪主体为一般主体，个人和单位均可构成本罪的主体。

4. 本罪的主观方面。主观方面由故意构成，即行为人明知其行为会扰乱市场秩序而进行非法经营。

• 适用指引 •

司法实践中，认定本罪应注意以下问题：

1. 未经许可经营专营、专卖物品，扰乱市场秩序情节严重的，构成非法经营罪。根据有关法规的规定，食盐在我国属于专营、专卖物品，对食盐实行专营管理、定点生产和批发许可证制度。非食盐定点生产企业不得生产食盐；未取得食盐批发许可证，不得经营食盐批发业务。根据《刑法》第 225 条的规定，区分非法经营专营、专卖物品的行为是否构成非法经营罪，其标准是考察该行为是否属于“扰乱市场秩序，情节严重”。这是因为非法经营食盐的行为的危害性在于对正常市场专控秩序的破坏，无论行为人是否营利，这种非法经营行为对法益造成的侵害没有不同，不影响定罪，且在实践中，经常出现行为人生产、销售行为已经完成但由于某些原因尚未取得货款或未实现营利的情况，或者现有证据无法查明是否营利，但这时刑法责难评价的行为已经完成，社会危害已经产生，是否营利不是本罪构成要件，如果不予定罪显然不利于对此类犯罪行为的有效惩治。

2. 在实施非法经营食盐犯罪过程中同时构成其他犯罪的处理。基于一个犯罪意图，实施一个行为，同时触犯数个不同罪名的情形，属于想象竞合犯，想象竞合犯只是观念上的数罪，属于实质上的一罪，一般采取从一重罪处断的原则，不实行数罪并罚。有关司法解释对此也已有规定：2001 年《最高人民法院、最高人民检察院关于办理生产、销售伪劣商品刑事案件具体应用法律若干问题的解释》第 10 条规定：实施生产、销售伪劣商品犯罪，同时构成侵犯知识产权、非法经营等其他犯罪的，依照处罚较重的规定定罪处罚。从法定刑来看，非法经营罪与生产、销售伪劣产品罪，假冒注册商标罪相比较重，因此应以非法经营罪定罪处罚。

3. 非法从事外汇按金交易，扰乱市场秩序情节严重的，应以非法经营罪定罪处罚。全国人民代表大会常务委员会《关于惩治骗购外汇、逃汇和非法买卖外汇犯罪的决定》第 4 条第 1 款规定：在国家规定的交易场所以外非法买卖外汇，扰乱市场秩序，情节严重的，依照《刑法》第 225 条的规定定罪处罚。此处的“扰乱市场秩序，情节严重”，可以参照《最高人民检察院、公安部关于公安机关管辖的刑事案件立案追诉标准规定（二）》第 71 条第 3 项的规定，非法经营外汇，具有下列情形之一的，应立案追诉：实施倒买倒卖外汇或者变相买卖外汇等非法买卖外汇行为，扰乱金融市场秩序，具有下列情形之一的：（1）非法经营数额在 500 万元以上的，或者违法所得数额在 10 万元以上的；

（2）非法经营数额在250万元以上，或者违法所得数额在5万元以上，且具有下列情形之一的：（3）因非法买卖外汇犯罪行为受过刑事追究的；（4）二年内因非法买卖外汇违法行为受过行政处罚的；（5）拒不交代涉案资金去向或者拒不配合追缴工作，致使赃款无法追缴的；（6）造成其他严重后果的。由于外汇按金交易是一种远期外汇买卖方式，只要交付了部分的按金（保证金）就可以交易，也就是说，未全部支付交易现金并不影响外汇按金交易的进行。至于没有实际占有非法利润，并不能否认通过非法外汇按金交易可获利这一事实的认定。因此，应以非法经营罪定罪处罚。

4. 销售侵权复制品罪与非法经营罪。销售侵权复制品罪与非法经营罪在刑法理论上属于两个法条之间的竞合关系。二者的侵害客体各有侧重，前者是知识产权，后者是市场秩序，由于侵犯客体的差异，立法者将销售侵权复制品罪规定在《刑法》分则第3章第7节侵犯知识产权罪中，将非法经营罪规定在《刑法》分则第3章第8节扰乱市场秩序罪中；其行为表现方式也不尽相同，销售侵权复制品罪主要表现为非法销售侵权复制品侵犯该产品知识产权所有人权益的行为，而非法经营罪则主要表现为违反国家规定非法经营扰乱市场秩序的行为。实践中，具有合法经营许可证和营业执照的单位和个人也有从事销售侵权复制品等非法出版物活动的。因此，当某一行为不构成销售侵权复制品罪时，并不意味着排斥非法经营罪的适用。为体现特殊保护的立法精神，特殊法的法定刑一般不低于一般法的法定刑，特殊法优于一般法的适用原则同时也体现了重法优于轻法原则。但在特殊情况下，存在个别立法规定的法定刑比一般法规定的法定刑低的情况，如销售侵权复制品罪的法定刑明显低于非法经营罪，若无对特殊法优于一般法原则进行补充的重法优于轻法原则，则有放纵犯罪之虞。因此，在法条竞合情况下，根据案件具体情况，如依据特别法优于一般法原则适用法律有悖于罪刑相适应基本原则，有必要以重法优于轻法的适用原则为补充，适用重法。

第二百二十六条　强迫交易罪

【相关规定】

• 法律条文 •

《中华人民共和国刑法》

第二百二十六条　以暴力、威胁手段，实施下列行为之一，情节严重的，处三年以下有期徒刑或者拘役，并处或者单处罚金；情节特别严重的，处三年以上七年以下有期徒刑，并处罚金：

（一）强买强卖商品的；
（二）强迫他人提供或者接受服务的；
（三）强迫他人参与或者退出投标、拍卖的；
（四）强迫他人转让或者收购公司、企业的股份、债券或者其他资产的；
（五）强迫他人参与或者退出特定的经营活动的。

● 相关规定 ●

《中华人民共和国刑法》

第二百三十一条　单位犯本节第二百二十一条至第二百三十条规定之罪的，对单位判处罚金，并对其直接负责的主管人员和其他直接责任人员，依照本节各该条的规定处罚。

《最高人民法院关于审理抢劫、抢夺刑事案件适用法律若干问题的意见》（法发〔2005〕8号）

九、关于抢劫罪与相似犯罪的界限

2. 以暴力、胁迫手段索取超出正常交易价钱、费用的钱财的行为定性

从事正常商品买卖、交易或者劳动服务的人，以暴力、胁迫手段迫使他人交出与合理价钱、费用相差不大钱物，情节严重的，以强迫交易罪定罪处罚；以非法占有为目的，以买卖、交易、服务为幌子采用暴力、胁迫手段迫使他人交出与合理价钱、费用相差悬殊的钱物的，以抢劫罪定罪处刑。在具体认定时，既要考虑超出合理价钱、费用的绝对数额，还要考虑超出合理价钱、费用的比例，加以综合判断。

《最高人民检察院关于强迫借贷行为适用法律问题的批复》（高检发释字〔2014〕1号）

广东省人民检察院：

你院《关于强迫借贷案件法律适用的请示》（粤检发研字〔2014〕9号）收悉。经研究，批复如下：

以暴力、胁迫手段强迫他人借贷，属于刑法第二百二十六条第二项规定的"强迫他人提供或者接受服务"，情节严重的，以强迫交易罪追究刑事责任；同时构成故意伤害罪等其他犯罪的，依照处罚较重的规定定罪处罚。以非法占有为目的，以借贷为名采用暴力、胁迫手段获取他人财物，符合刑法第二百六十三条或者第二百七十四条规定的，以抢劫罪或者敲诈勒索罪追究刑事责任。

此复

【案例】

朱波伟、雷秀平抢劫案①

• 案件事实 •

被告人：朱波伟，男，27岁，重庆市人，出租车驾驶员，住重庆市长寿区，2005年10月12日被逮捕。

被告人：雷秀平，男，32岁，四川省人，出租车驾驶员，住重庆市渝中区，2005年10月12日被逮捕。

重庆市渝中区人民检察院以被告人朱波伟、雷秀平犯抢劫罪，向重庆市渝中区人民法院提起公诉。

起诉书指控：被告人朱波伟在驾驶出租车送客途中，采用语言威胁、搜身等手段，抢走乘客皮某思的100元；朱波伟还伙同被告人雷秀平，采用语言威胁、搜身等手段，抢走乘客杨某国的500元。朱波伟、雷秀平的行为已触犯《刑法》第263条之规定，构成抢劫罪，请依法判处。

重庆市渝中区人民法院经审理查明：2005年9月8日晚21时许，被告人朱波伟驾驶出租车，在菜园坝火车站附近搭载乘客皮某思去重庆汽车北站。途中，朱波伟先是劝皮某思入住宾馆，遭拒绝后又采用语言威胁等手段，强行从皮某思上衣口袋内搜走100元，将皮某思送达目的地。次日凌晨1时许，朱波伟在江北机场搭载乘客杨某国去菜园坝，途中搭载欲一同返回重庆市渝中区的被告人雷秀平。在前往菜园坝途中，朱波伟、雷秀平要求杨某国支付480元出租车费，杨某国不从，朱波伟、雷秀平即以语言威胁杨某国，雷秀平还对杨某国强行搜身，搜出650元。将杨某国送至目的地后，应杨某国的请求，朱波伟、雷秀平退还杨某国150元，强行收取了剩余的500元。同月13日、16日，朱波伟、雷秀平先后到公安机关投案，如实供述了作案经过，并退出赃款600元。

上述事实，有被害人皮某思和杨某国的报案陈述、杨某国书写的领条、证人左某英的证言、机动车行驶证、营运证、扣押发还物品清单、辨认笔录、被告人供述等证据证实。

• 裁判要旨 •

为牟取非法利益而无视国法，在出租车正常营运过程中违背被害人意志，单独或伙同采取暴力、威胁手段，强行索取与合理价格相差悬殊的高额出租车

① 参见《中华人民共和国最高人民法院公报》2006年第4期。

服务费，严重侵犯了交易对方的合法权益及出租车市场交易秩序，强迫交易情节严重，其行为触犯《刑法》第226条的规定，构成强迫交易罪。

• 裁判理由 •

重庆市渝中区人民法院认为：《刑法》第263条规定：“以暴力、胁迫或者其他方法抢劫公私财物的，处三年以上十年以下有期徒刑，并处罚金；有下列情形之一的，处十年以上有期徒刑、无期徒刑或者死刑，并处罚金或者没收财产：（一）入户抢劫的；（二）在公共交通工具上抢劫的；（三）抢劫银行或者其他金融机构的；（四）多次抢劫或者抢劫数额巨大的；（五）抢劫致人重伤、死亡的；（六）冒充军警人员抢劫的；（七）持枪抢劫的；（八）抢劫军用物资或者抢险、救灾、救济物资的。”这是《刑法》规定的抢劫罪。本罪的犯罪主体是年满14周岁并具有刑事责任能力的自然人；犯罪侵犯的客体是公私财物所有权和公民人身权利，侵犯的对象是国家、集体、个人所有的各种财物和他人人身；犯罪主观方面表现为直接故意，并具有将公私财物非法占有的目的；犯罪客观方面表现为对公私财物的所有者、保管者或者守护者当场使用暴力、胁迫或者其他对人身实施强制的方法，立即抢走财物或者迫使被害人立即交出财物。

《刑法》第226条规定：“以暴力、威胁手段强买强卖商品、强迫他人提供服务或者强迫他人接受服务，情节严重的，处三年以下有期徒刑或者拘役，并处或者单处罚金。”这是《刑法》规定的强迫交易罪。本罪的犯罪主体除自然人以外，还包括单位；犯罪侵犯的客体是交易相对方的合法权益和商品交易市场秩序；犯罪主观方面表现为直接故意，目的是在不合理的价格或不正当的方式下进行交易；犯罪客观方面表现为向交易相对方施以暴力、威胁手段，强迫交易相对方买卖商品、提供或者接受服务，情节严重的行为。

二罪比较，犯罪的前提条件不同，犯罪侵犯的客体不同，犯罪目的不同，犯罪的客观方面也有所不同。抢劫罪无须具备任何前提条件，而强迫交易罪则必须在行为人与被害人之间存在一笔交易；抢劫罪侵犯的客体是公私财物所有权和公民人身权利，强迫交易罪侵犯的客体是交易相对方的合法权益和商品交易市场秩序；抢劫罪的目的是将公私财物非法占有，强迫交易罪的目的是在不合理的价格或不正当的方式下进行交易；二罪客观方面虽然都有暴力、胁迫内容，但由于犯罪侵犯的客体不同，决定了抢劫罪使用的暴力、胁迫手段，一般都足以危及被害人的身体健康或生命安全，其强度要大于强迫交易罪使用的暴力、威胁手段。

被告人朱波伟、雷秀平都是出租车驾驶员，被害人皮某思、杨某国都是出租车乘客。朱波伟与皮某思、杨某国之间，建立了服务与接受服务的交易关系，也因为存在这种关系才相遇在一起。朱波伟从事营运业务过程中，雷秀平与朱波伟相聚，明知朱波伟正在为乘客提供服务。在朱波伟为乘客提供服务的过程中，朱波伟、雷秀平使用暴力和威胁手段，强行从皮某思、杨某国身上搜取钱财。从表象上看，朱波伟、雷秀平使用的这些手段与抢劫无异。但是，朱波伟、雷秀平实施的暴力和威胁行为，其强度不足以危及被害人的身体健康或生命安全。结合二被告人使用证照真实、齐全的车辆作案，作案后将乘客送抵目的地，到目的地后主动把密码箱交还给乘客，给乘客退还一部分钱财等情节分析，朱波伟、雷秀平不是以非法占有公私财物为目的，而是要以不合理的价格完成交易。因此，朱波伟、雷秀平的行为不符合抢劫罪构成要件，而是构成强迫交易罪。朱波伟、雷秀平身为出租车驾驶员，为牟取非法利益而无视国法，在出租车正常营运过程中违背被害人意志，单独或伙同采取暴力、威胁手段，强行索取与合理价格相差悬殊的高额出租车服务费，严重侵犯了交易对方的合法权益及出租车市场交易秩序，强迫交易情节严重，其行为触犯《刑法》第226条的规定，构成强迫交易罪。

综上所述，被告人朱波伟、雷秀平及其辩护人关于不构成抢劫罪的辩解理由及辩护意见成立，应当采纳。起诉书指控的事实清楚，证据确实、充分，但指控的罪名有误，应当纠正。案发后，朱波伟、雷秀平主动到公安机关投案，如实供述了自己的犯罪事实，后虽翻供，但在判决宣告前又予以纠正，仍属自首，且全额退还赃款，依法可从轻处罚。据此，重庆市渝中区人民法院于2006年1月27日判决：一、被告人朱波伟犯强迫交易罪，判处有期徒刑十个月，并处罚金2000元；二、被告人雷秀平犯强迫交易罪，判处有期徒刑六个月，并处罚金2000元。

一审宣判后，被告人朱波伟、雷秀平在法定期限内未上诉，公诉机关也未抗诉，一审判决发生法律效力。

【学理分析及适用指引】

• 学理分析 •

强迫交易罪，是指以暴力、胁迫手段强迫他人交易，情节严重的行为。《刑法修正案（八）》根据惩治黑恶势力犯罪中出现的新情况，一方面，将招投标、拍卖、企业并购领域中的强迫交易行为纳入本罪构成范围；另一方面，增加了法定刑档次，提高其刑罚威慑力。具体而言，本罪的构成要件是：

1. 本罪的客体。本罪的客体是复杂客体，主要客体是社会主义市场经济秩序和交易双方的人身与财产权利。

2. 本罪的客观方面。本罪的客观方面为以暴力、胁迫手段，违背他人意志，强迫其交易，情节严重的行为。根据《刑法修正案（八）》，强迫交易行为具体表现为如下行为类型：（1）强买强卖商品的，即在他人不愿意买卖商品的前提下，强迫他人买卖，或者强迫他人以非通常方式买卖商品，或者是强迫他人以不公平价格买卖商品；（2）强迫他人提供或者接受服务的，即在他人不愿意提供或者接受服务的情况下，强迫他人提供或者接受服务或者强迫他人以非常规方式提供或者接受服务，或者以不公平价格买卖商品、提供或者接受服务；（3）强迫他人参与或者退出投标、拍卖的；（4）强迫他人转让或者收购公司、企业的股份、债券或者其他资产的；（5）强迫他人参与或者退出特定的经营活动的。典型的如以暴力、胁迫手段强迫同行竞争者退出该领域经营活动，从而达到非法控制甚至垄断地位。

强迫交易是对市场交易秩序的侵犯，因此交易行为都必须与市场行为有关，如果与市场交易无关的“交易”，即便有强迫行为，也不构成本罪，比如强迫他人放弃继承权，强迫他人放弃诉权，强迫乞讨等行为都不构成强迫交易罪。

3. 本罪的主体。本罪的主体是一般主体，自然人和单位均可构成。

4. 本罪的主观方面。本罪的主观方面是故意，且为直接故意，一般以完成特定交易、牟取非法利益为目的。

• 适用指引 •

司法实践中，认定本罪时应注意：

1. 抢劫罪与强迫交易罪的区别。两罪相比，犯罪的前提条件不同，犯罪侵犯的客体不同，犯罪目的不同，犯罪的客观方面也有所不同。抢劫罪无需任何前提条件，而强迫交易罪则必须在行为人与被害人之间存在一笔交易；抢劫罪侵犯的客体是公私财物所有权和公民人身权利，强迫交易罪侵犯的客体是社会主义市场经济秩序和交易双方的人身与财产权利；抢劫罪的目的是将公私财物非法占有，强迫交易罪的目的是在不合理的价格或不正当的方式下进行交易；两罪客观方面虽然都有暴力、胁迫内容，但由于犯罪侵犯的客体不同，决定了抢劫罪使用的暴力、胁迫手段，一般都足以危及被害人的身体健康或生命安全，其强度要大于强迫交易罪使用的暴力、威胁手段。

2. 行为人实施暴力、威胁手段是强迫交易罪成立的前提条件。行为人实施具体的暴力、威胁行为是进行强迫交易的犯罪手段，二者具有手段与目的关系。如果强迫行为的使用与交易的方式之间不存在因果关系，则不能以本罪论处。

3. 强迫交易行为必须达到“情节严重”才构成强迫交易罪。本罪是情节犯，只有情节严重的强迫交易行为才能构成本罪。此处的“情节严重”，通常包括以下情形：因强迫交易行为导致他人身体伤害或者精神遭受较大刺激的；造成他人严重经济损失的；对市场公平竞争秩序造成严重混乱的；对社会治安秩序造成危害的；经常性地实施强迫交易的；因强迫交易受过行政处分的；强迫交易非法牟利数额大的；强迫交易采用暴力、威胁，手段恶劣的；强迫交易造成恶劣影响的；强迫交易造成其他严重后果的。

第二百二十七条　伪造、倒卖伪造的有价票证罪；倒卖车票、船票罪

【法律规定】

• 法律条文 •

《中华人民共和国刑法》

第二百二十七条　伪造或者倒卖伪造的车票、船票、邮票或者其他有价票证，数额较大的，处二年以下有期徒刑、拘役或者管制，并处或者单处票证价额一倍以上五倍以下罚金；数额巨大的，处二年以上七年以下有期徒刑，并处票证价额一倍以上五倍以下罚金。

倒卖车票、船票，情节严重的，处三年以下有期徒刑、拘役或者管制，并处或者单处票证价额一倍以上五倍以下罚金。

• 相关规定 •

《中华人民共和国刑法》

第二百三十一条　单位犯本节第二百二十一条至第二百三十条规定之罪的，对单位判处罚金，并对其直接负责的主管人员和其他直接责任人员，依照本节各该条的规定处罚。

《最高人民法院关于对变造、倒卖变造邮票行为如何适用法律问题的解释》（法释〔2000〕41号）

对变造或者倒卖变造的邮票数额较大的，应当依照刑法第二百二十七条第一款的规定定罪处罚。

《最高人民法院关于审理倒卖车票刑事案件有关问题的解释》（法释〔1999〕17号）

第一条　高价、变价、变相加价倒卖车票或者倒卖坐席、卧铺签字号及订购车票凭证，票面数额在五千元以上，或者非法获利数额在二千元以上的，构成刑法第二百二十七条第二款规定的“倒卖车票情节严重”。

第二条　对于铁路职工倒卖车票或者与其他人员勾结倒卖车票；组织倒卖车票的首要分子；曾因倒卖车票受过治安处罚两次以上或者被劳动教养一次以上，两年内又倒卖车票，构成倒卖车票罪的，依法从重处罚。

《最高人民检察院关于非法制作、出售、使用IC电话卡行为如何适用法律问题的答复》（〔2003〕高检研发第10号）

非法制作或者出售非法制作的IC电话卡，数额较大的，应当依照刑法第二百二十七条第一款的规定，以伪造、倒卖伪造的有价票证罪追究刑事责任，犯罪数额可以根据销售数额认定；明知是非法制作的IC电话卡而使用或者购买并使用，造成电信资费损失数额较大的，应当依照刑法第二百六十四条的规定，以盗窃罪追究刑事责任。

【案例一】

李某东伪造、倒卖伪造的有价票证案①

• 案件事实 •

2006年7月21日，被告人李某东在北京市前门商业区，通过刘某某以1万元人民币的价格向吴某某贩卖伪造的“神奇IC卡”175张，被当场抓获。民警并在其驾驶的哈飞路宝汽车及暂住地北京市丰台区地下室等处起获人民币1万元、“神奇IC卡”1300余张、芯片9000张及用于制作“神奇IC卡”的IBM电脑、读卡器等物品。

• 裁判要旨 •

非法制作、出售伪造的IC电话卡，数额较大的，依法成立伪造有价票证罪。

• 裁判理由 •

根据上述事实及相关证据，北京市丰台区人民法院认为：被告人李某东无视国家法律，伪造、倒卖伪造的有价票证，且属数额巨大，其行为已构成伪造、倒卖伪造的有价票证罪，应予惩处。故判决：一、被告人李某东犯伪造、倒卖伪造的有价票证罪，判处有期徒刑二年，并处罚金人民币4.5万元；二、随案移送的伪造的IC电话卡1574张及作案工具笔记本电脑一台、读卡器一个、验卡器一个、芯片9000张，均予以没收。

李某东上诉提出：一审判决认定的部分证据内容不属实，或者取证程序违法；其不会也没有伪造“神奇IC卡”；其没有倒卖“神奇IC卡”；检察机关指控的是数额较大，但一审法院判决认定的却是数额巨大。

北京市第二中级人民法院认为：上诉人（原审被告人）李某东伪造、倒

---

① 参见北京市第二中级人民法院（2007）二中刑终字第01182号。

卖伪造的 IC 卡达 1000 张以上，非法获利达人民币 1 万元，其行为已构成伪造、倒卖伪造的有价票证罪，且属数额巨大，依法应予惩处。李某东提出一审判决认定的部分证据内容不属实，或者取证程序违法的上诉理由，经查与在案证据相互印证的情况不符，或查无实据，故不能成立，应予驳回。李某东提出其不会也没有伪造“神奇 IC 卡”，其没有倒卖“神奇 IC 卡”的上诉理由，经查，在案证人刘某某、吴某某的证言、公安机关出具的破案报告及起赃经过等证据可证明，李某东通过刘某某向吴某某倒卖“神奇 IC 卡”时被当场抓获，并从其身上、所驾车辆起获“神奇 IC 卡”及 1 万元现金；中国网通（集团）有限公司市场经营部测试报告可证明，起获的“神奇 IC 卡”是可以反复循环使用的假卡；证人李某晶、苍某某的证言、公安机关出具的搜查笔录、起赃经过、证物照片及电子数据司法鉴定意见等证据可证明，李某东亲自找人制作 IC 卡大小的电路板，从其暂住处起获的笔记本电脑内存储有制作 IC 卡的相关程序。此外，李某东本人在侦查阶段对其伪造、倒卖伪造的“神奇 IC 卡”的事实亦多次予以供认。上述证据足以证实李某东伪造、倒卖伪造的“神奇 IC 卡”的事实，故李某东提出其不会也没有伪造“神奇 IC 卡”，其没有倒卖“神奇 IC 卡”的上诉理由不能成立，应予驳回。李某东提出检察机关指控的是数额较大，但一审法院判决认定的却是数额巨大的上诉理由，经查，关于何谓《刑法》规定的伪造、倒卖伪造的有价票证的数额巨大，现行法律或司法解释未作出明确规定，但李某东伪造、倒卖伪造的 IC 卡达 1000 张以上，非法获利达人民币 1 万元，且其所伪造的 IC 卡可反复循环使用，根据本案具体情节，可认定李某东伪造、倒卖伪造的有价票证数额巨大，故李某东所提该项上诉理由不能成立，应予驳回。一审法院根据李某东犯罪的事实、犯罪的性质、情节和对于社会的危害程度所作的判决，定罪及适用法律正确，量刑适当，判处没收伪造的 IC 电话卡及作案工具等亦无不当，审判程序合法，应予维持。依照《刑事诉讼法》第 189 条第 1 项之规定，裁定如下：驳回上诉，维持原判。

【案例二】

田某、刘某倒卖车票案①

• 案件事实 •

1995 年 10 月 24 日，被告人田某与另一投资人傅某某经登记注册设立私营性质的上海立晟商务有限公司（以下简称立晟公司）。1997 年 10 月，田某聘用被告人刘某为其公司购买火车票，并支付刘某月工资。1998 年 10 月，该公

---

① 参见上海铁路运输中级人民法院（1999）沪铁中刑终字第 66 号。

司股东傅某某因故脱离公司，至此，该公司实际由田某一人主持经营活动。

田某在主持经营活动期间，用上海立晟公司的名义，以代购火车票，快递上门的形式，接受客户电话订票。田某、刘某及其他聘用人员则按客户委托，分别进行购票、送票活动，并以车票的张数、种类、紧张程度、送票区域，收取10元至50元不等的火车票快递服务费，并使用收据及印有“上海铁路分局客运服务公司”字样的假单据，一并送交客户。1998年11月4日至1999年3月2日间，田某以立晟公司名义为客户代购了各类火车票计2880余张，票证价计人民币713250余元，收取快递服务费计人民币78610余元。其中，刘某参与购买了各类火车票2250张，票证价计人民币699690余元。1999年3月3日，公安人员王某按约自取委托该公司代购的1999年3月4日Y235次上海至温州27张客票时，支付了车票快递服务费675元。另外，刘某接受同事委托购买火车票，票价计人民币1109元，并用假单据向同事收取150元车票快递服务费。

• 裁判要旨 •

行为人按照客户要求代购火车票并提供快递服务而收取服务费的行为具有一定的行政违法性，但该代购行为本身并没有恶化供需关系、损及公众利益，不构成倒卖车票罪。

• 裁判理由 •

上海铁路运输法院审理上海铁路运输检察院指控被告人田某、刘某犯倒卖车票罪一案，于1999年10月13日作出（1999）沪铁刑初字第55号刑事判决，认为检察机关对两被告人的共同行为是代售还是代购行为未予严格区分，将两被告人收取快递服务费的行为，视为变相加价倒卖车票的犯罪行为，显属不当。被告人刘某在为本单位购票时，使用假订票费、手续费单据收取费用，属于诈骗行为，尚未达到刑事处罚标准，不构成犯罪。一审判决宣告两名被告人无罪。

抗诉机关即原公诉机关上海铁路运输检察院提出抗诉，认为一审判决认定事实有误，适用法律不当。第一，田某、刘某非法经营，变相加价倒卖火车票，具有刑事违法性。第二，刘某个人单独行为与二人共同行为性质相同，刘某个人使用假票据加价行为是诈骗，田某、刘某二人共同使用非税务票据和假的铁路专用订票收据加价的行为却是违反工商、税务行政法规，自相矛盾。第三，原审被告人的行为与倒卖车票行为性质相同，只是采取的形式不同。第四，一审不采信许某于的证词属不当。另外，对工商机关出具的反映立晟公司无经营车票资格的证据予以采信，但对该证据证实立晟公司无证经营的行为不作评判的做法，属于回避事实，显属不当。

上海铁路运输中级法院认为：立晟公司按照客户要求，代购火车票，并提供快递服务，其以车票张数、种类、紧张程度、送票区域，使用收据及假单据，收取服务费（包括少数上门取票）的行为具有行政违法性。工商机关出具的证据也证实了立晟公司违反了工商行政法规。上述行为是在原被告人田某主持经营活动期间进行的，应视为单位行为。检察机关认为该行为具有刑事违法性的抗诉理由与事实不符，故不予采纳。另查，原审被告人刘某接受同事委托购买火车票，票价共计人民币 1109 元，并用假单据向同事收取 150 元。此节事实已有证据证实，故原审对许某于关于听说刘某帮同事买票加价的证词未予采用，并无不当。而原判认为刘某该行为系诈骗行为于法无据，应予纠正。检察机关提出的本案原审被告人田某、刘某两人的共同行为与刘某单独行为认定前后矛盾的理由正确，予以采纳。刘某用假单据收取 150 元钱虽有不当，但不构成犯罪。据此，依照《刑事诉讼法》第 189 条第 1 项的规定，裁定如下：驳回抗诉，维持原判。

【学理分析及适用指引】

• 学理分析 •

1. 伪造、倒卖伪造的有价票证罪的构成。伪造、倒卖伪造的有价票证罪，是指伪造或者倒卖伪造的车票、船票、邮票或者其他有价票证，数额较大的行为。本罪的构成要件如下：

（1）本罪的客体。本罪侵害的客体是有价票证的管理秩序。犯罪对象是伪造的车票、船票、邮票等有价票证。其他有价票证，是指飞机票、货票、邮票等有价票证。

（2）本罪的客观方面。客观方面表现为伪造、倒卖伪造的有价票证的行为。伪造，是指非法印制、制作、变造有价票证的行为；倒卖，是指按低价大量买入，然后高价卖出的行为；数额较大，是指伪造或者倒卖伪造的有价票证的面值额较大，这是构成本罪的必要条件。什么是数额较大，有待最高人民法院作出司法解释。按照法律规定，行为人只要实施了伪造有价票证或者倒卖伪造的有价票证其中一种行为就构成本罪，实施了两种行为的，仍为一罪，不实行并罚。

（3）本罪的主体。犯罪主体为一般主体，包括个人和单位。

（4）本罪的主观方面。主观方面由故意构成，一般具有营利目的。

2. 倒卖车票、船票罪的构成。倒卖车票、船票罪，是指非法倒卖车票、船票情节严重的行为。本罪的构成要件如下：

（1）本罪侵犯的客体是国家对车票、船票的管理秩序。车票主要是指火车票、长途汽车票。船票主要是指客船票。

（2）客观方面表现为倒卖车票、船票的行为。倒卖，是指大量购入车票、船票后再高价出售的行为。

（3）犯罪主体为一般主体，包括个人和单位。

（4）主观方面由故意构成。一般具有营利的目的，但是否具有营利的目的不是构成本罪在主观方面的要件。

根据法律规定，倒卖车票、船票的行为，必须达到“情节严重”的程度才构成犯罪。所谓情节严重，在司法实践中，一般是指倒卖车票、船票面额较大或者获利数额较大的，倒卖车票、船票屡教不改等情形。根据《最高人民法院关于审理倒卖车票刑事案件有关问题的解释》，高价、变相加价倒卖车票或者倒卖坐席、卧铺签字号及订购车票凭证，票面数额在5000元以上，或者非法获利数额在2000元以上的，构成《刑法》第227条第2款规定的“倒卖车票情节严重”。

• 适用指引 •

司法实践中，认定本罪应注意：

1. 关于伪造、倒卖行为的认定。伪造、倒卖伪造的有价票证罪是数额犯，此处的“数额”指的是行为人伪造的有价票证本身的数额，而不是指销售量或非法所得数额。倒卖，一般是指低价买进高价卖出或者转手贩卖。倒卖车船票罪是情节犯，只有情节严重，影响车票、船票供应的倒买行为才受《刑法》规制；如果倒卖行为没有使供需关系恶化，就不损及公众利益，不宜以犯罪论处。

2. 关于倒卖飞机票、电影票的行为。飞机票、电影票等其他有价票证的供应，不直接涉及广大人民群众的基本出行需求，因此一般不构成犯罪。票贩子为了牟利提前把车票、船票买走，由于车票、船票供应有限，这种行为影响了供需关系，使一般群众无法买到车票、船票或者使买票变得困难，损害了公众利益，扰乱了市场秩序。但是，如果购票前确实有出行需要，并非出于牟利等不当目的而购票，只是临时情况有变不再出行因而售出所购车票的，或者帮助确有需要的他人购票，收取一定手续费或劳务费的，由于出售行为本身并没有不当地使供需关系变得紧张从而影响公众利益和市场秩序，不能以犯罪论处。

第二百二十八条　非法转让、倒卖土地使用权罪

【法律规定】

• 法律条文 •

《中华人民共和国刑法》

第二百二十八条　以牟利为目的，违反土地管理法规，非法转让、倒卖土地使用权，情节严重的，处三年以下有期徒刑或者拘役，并处或者单处非法转让、倒卖土地使用权价额百分之五以上百分之二十以下罚金；情节特别严重的，处三年以上七年以下有期徒刑，并处非法转让、倒卖土地使用权价额百分之五以上百分之二十以下罚金。

• 相关规定 •

《中华人民共和国刑法》

第二百三十一条　单位犯本节第二百二十一条至第二百三十条规定之罪的，对单位判处罚金，并对其直接负责的主管人员和其他直接责任人员，依照本节各该条的规定处罚。

《全国人民代表大会常务委员会关于〈中华人民共和国刑法〉第二百二十八条、第三百四十二条、第四百一十条的解释》（主席令第 18 号）

刑法第二百二十八条、第三百四十二条、第四百一十条规定的“违反土地管理法规”，是指违反土地管理法、森林法、草原法等法律以及有关行政法规中关于土地管理的规定。

刑法第四百一十条规定的“非法批准征用、占用土地”，是指非法批准征收、征用、占用耕地、林地等农用地以及其他土地。

《最高人民法院关于审理破坏土地资源刑事案件具体应用法律若干问题的解释》（法释〔2000〕14 号）

第一条　以牟利为目的，违反土地管理法规，非法转让、倒卖土地使用权，具有下列情形之一的，属于非法转让、倒卖土地使用权“情节严重”，依照刑法第二百二十八条的规定，以非法转让、倒卖土地使用权罪定罪处罚：

（一）非法转让、倒卖基本农田五亩以上的；

（二）非法转让、倒卖基本农田以外的耕地十亩以上的；

（三）非法转让、倒卖其他土地二十亩以上的；

（四）非法获利五十万元以上的；

（五）非法转让、倒卖土地接近上述数量标准并具有其他恶劣情节的，如

曾因非法转让、倒卖土地使用权受过行政处罚或者造成严重后果等。

第二条 实施第一条规定的行为，具有下列情形之一的，属于非法转让、倒卖土地使用权“情节特别严重”：

（一）非法转让、倒卖基本农田十亩以上的；

（二）非法转让、倒卖基本农田以外的耕地二十亩以上的；

（三）非法转让、倒卖其他土地四十亩以上的；

（四）非法获利一百万元以上的；

（五）非法转让、倒卖土地接近上述数量标准并具有其他恶劣情节，如造成严重后果等。

第八条 单位犯非法转让、倒卖土地使用权罪、非法占有耕地罪的定罪量刑标准，依照本解释第一条、第二条、第三条的规定执行。

第九条 多次实施本解释规定的行为依法应当追诉的，或者一年内多次实施本解释规定的行为未经处理的，按照累计的数量、数额处罚。

《最高人民检察院、公安部关于公安机关管辖的刑事案件立案追诉标准的规定（二）》（公通字〔2022〕12号）

第七十二条 ［非法转让、倒卖土地使用权案（刑法第二百二十八条）］以牟利为目的，违反土地管理法规，非法转让、倒卖土地使用权，涉嫌下列情形之一的，应予立案追诉：

（一）非法转让、倒卖永久基本农田五亩以上的；

（二）非法转让、倒卖永久基本农田以外的耕地十亩以上的；

（三）非法转让、倒卖其他土地二十亩以上的；

（四）违法所得数额在五十万元以上的；

（五）虽未达到上述数额标准，但因非法转让、倒卖土地使用权受过行政处罚，又非法转让、倒卖土地的；

（六）其他情节严重的情形。

【案例】

周某弟故意伤害、非法倒卖土地使用权案①

• 案件事实 •

被告人周某弟、徐某刚因意图继续控制上海市浦东新区三林镇懿德居住区项目而与上海西子房地产有限公司（以下简称西子房产公司）、上海环境置业投资发展有限公司（以下简称环境公司）产生矛盾，并对西子房产公司经理

① 参见上海市高级人民法院（2009）沪高刑终字第157号。

尹某某等人不满。2007 年 8 月 27 日，周某弟与徐某刚、李某奎去往上述项目工地途中，周某弟授意李某奎找人“教训”尹某某。李某奎遂指使被告人姚某具体实施，并将徐某刚提供的尹某某所驾驶车辆的车牌号码告知姚某。姚某即雇用被告人曾某宇，并由曾某宇纠集被告人贺某心、涂某见、刘某军、王某洪等人伺机作案。2007 年 11 月 6 日 14 时许，被告人曾某宇、贺某心、涂某见、刘某军、王某洪、庞某安（另案处理）等人经事先策划，至上海市浦东新区三林镇守候参加懿德居住区项目股东例会后回家的尹某某。当尹驾驶其车牌号为沪 DB××××的别克轿车沿新华西路由东向西行驶，途经三林镇红旗村张家弄××号附近时，王某洪先骑自行车欲撞击尹某某驾驶的轿车未果，而后刘某军驾驶假冒车牌号为沪 FF××××的奇瑞轿车从后面撞击该别克轿车。在尹某某下车查看车损时，贺某心、涂某见、庞某安即持事先准备的铁管上前击打尹某某。其中，涂某见击打了被害人尹某某的头部。三人的击打行为致被害人尹某某颅脑损伤及上下肢多处骨折，经鉴定为重伤。事后，姚某给曾某宇等人人民币 3 万元（以下币种均为人民币）的酬金。

1992 年 12 月，原上海县房地产总公司（后改制为中祥公司）通过原上海县人民政府征得原上海县三林懿德地块（以下简称懿德地块，浦东新区设立后划归新区）土地 2536 余亩，欲和上海市居住区综合开发中心（后改制为中星公司）共同开发。此后，由于迟迟没有开发，该地块中 2000 亩土地的用途于 1997 年被调整为一般农田，其余 500 亩土地保留为建设用地。2001 年年初，被告人徐某刚从董某金处打听到上述信息后，告诉被告人周某弟。2001 年 4 月，在董某金的介绍和帮助下，周某弟担任法定代表人的上海新世纪创业（集团）有限公司（以下简称新世纪公司）与原上海县房地产总公司签订协议，以单价每亩 25 万元总计 6.34 亿元的价格，受让懿德地块 2536 余亩土地。同年 5 月，由新世纪公司出资 3000 万元与原上海县房地产总公司、中星公司组建了项目公司上海新世纪懿德房地产有限公司（以下简称懿德公司），由周某弟任董事长、徐某刚任总经理，原上海县房地产公司、中星公司不参与经营、不享受利益，在土地使用权证交付懿德公司后，将名义上分别所占的 10%、5% 股权无偿退出。同年 10 月，经原上海县房地产总公司、新世纪公司、浦东新区三林乡人民政府等单位申请，市房地局批复同意将懿德地块中 2000 亩土地的用途由一般农田调整为城镇用地，用于建设懿德小区。同年 12 月，市房地局、浦东新区人民政府先后发文，同意将懿德地块用地单位调整为懿德公司。而在此之前，周某弟即因开办工商外国语学院等原因资金压力较大，决定以联合开发为名，非法出售土地牟利。

2001 年 9 月至 2006 年 11 月，周某弟伙同徐某刚为牟取买卖土地差价等非法利益，在懿德公司尚未支付土地出让金、未取得土地使用权证的情况下，以联合开发名义，由懿德公司及新世纪公司对外签订相关协议，约定将懿德地块

1536亩土地的开发、收益权，以每亩57万元至125万元不等的价格，分别转让给上海阳光新景（集团）有限公司（以下简称阳光公司）2036亩、西子电梯（集团）有限公司（以下简称西子公司）800亩、上海欣荣房地产开发有限公司（以下简称欣荣公司）475亩、环境公司1100亩。周某弟、徐某刚还以懿德公司名义与浦东房地产交易市场公司（以下简称市场公司）签订协议，约定将懿德地块中的500亩土地交由市场公司全权开发，利润各半，市场公司实际以每亩70余万元支付懿德公司前期开发成本3.59亿余元。其中，由于周某弟后悔土地售价低、双方互有违约等原因，协议中约定买卖的土地有交叉重复，懿德公司根据上述单位实际支付的土地款转让了相应的土地和股权；阳光公司实际支付3.33亿余元，对应土地500余亩；西子公司实际支付3.44亿余元，对应土地500余亩；欣荣公司实际支付2.4亿余元，对应土地475亩；环境公司实际支付11.2亿余元，对应土地1100亩，懿德公司共计收取阳光公司等四家单位（不包括市场公司）20亿余元，对应土地2500余亩。其间，周某弟以懿德公司、新世纪公司与阳光公司所签订的协议不符合土地使用权转让和联合开发建设房产项目的国家法律、法规和政策，签约时地块的征地手续尚未办理，新世纪公司不享有地块的土地使用权等为由，起诉阳光公司，要求法院解除懿德公司与阳光公司签订的相关协议。经上海市高级人民法院调解，懿德公司退还阳光公司已付的土地款并支付补偿款等共计5亿元。

懿德公司收取的20亿余元中，将14亿余元用于懿德地块开发支出（分别支付中祥公司前期投入补偿金6.5亿余元、退还阳光公司土地款及补偿款5亿元、环境公司前期投入补偿金2.85亿余元），尚有5.98亿余元被周某弟及其控制的相关企业、懿德公司占用。

被告人徐某刚参与了将懿德地块转让给阳光公司、西子公司、欣荣公司的谈判签约等活动，共计收取上述单位9.17亿余元，对应土地1500余亩，个人除领取工资奖金外，周某弟另答应待项目全部完成后给其5000万元的报酬。其间，周某弟应徐某刚的要求，未等项目完成，即从阳光公司支付的土地款中给徐某刚1080万元购买别墅。后由于市场公司介入，周某弟应徐某刚的要求，懿德公司与市场公司、徐某刚签订协议，由市场公司先行代懿德公司向徐某刚支付3000万元报酬，分5年支付完毕，将来从懿德公司利润中扣除。至案发，徐某刚从市场公司取得1200万元。此外，徐某刚还将阳光公司支付的土地款579.5万元和董某金之妻担任法定代表人的金莺公司支付给懿德公司的65万元购房款截留占用。以上，徐某刚个人共获利2924.5万元。

周某弟、徐某刚因故意伤害尹某某被采取强制措施后，如实交代了公安机关尚未掌握的本案非法倒卖土地使用权的犯罪事实。

案发后，公安机关查封、扣押、冻结周某弟及其公司名下估算总价值15亿元的房产、汽车，徐某刚名下估算价值2500万元的房产、汽车、存款等财产。

• 裁判要旨 •

单位成立后，以实施非法倒卖土地使用权犯罪为主要活动，不应认定为单位犯罪，而应以个人非法倒卖土地使用权犯罪论处。

• 裁判理由 •

一审法院经审理认为，被告人周某弟、徐某刚、李某奎、姚某、曾某宇、贺某心、涂某见、刘某军、王某洪共同故意伤害他人身体，致人重伤，其行为均已构成故意伤害罪。被告人周某弟还单独或伙同被告人徐某刚以牟利为目的，违反土地管理法规，非法倒卖土地使用权，两人的行为均已构成非法倒卖土地使用权罪，且情节特别严重。被告人周某弟、徐某刚犯有两罪，依法应当数罪并罚。被告人周某弟、徐某刚、李某奎、姚某、曾某宇、贺某心、涂某见在共同故意伤害犯罪中起主要作用，系主犯；被告人刘某军、王某洪在共同故意伤害犯罪中起次要、辅助作用，系从犯，应当分别从轻、减轻处罚。被告人涂某见在被判处有期徒刑以上刑罚，刑满释放后五年内再犯应当判处有期徒刑以上刑罚之罪，依法应当认定为累犯，从重处罚。被告人周某弟、徐某刚因涉嫌故意伤害犯罪到案后，主动交代了非法倒卖土地使用权的相关事实，具有自首情节，可以从轻处罚。

懿德公司设立后，以实施非法倒卖土地使用权犯罪为主要活动，依法不具备单位犯罪的主体资格，对周某弟、徐某刚应以个人非法倒卖土地使用权犯罪论处，故公诉机关关于被告单位懿德公司构成非法倒卖土地使用权罪的指控意见不能成立。此外，周某弟曾允诺徐某刚通过参与懿德地块项目可获得5000万元报酬，而实际上至案发时为止，连同指控被徐某刚非法占有的644万余元，徐某刚从周某弟处共计获取了2900余万元，该款应认定为徐某刚参与非法倒卖土地使用权犯罪所得的赃款，与职务侵占罪的构成要件不相符合，故徐某刚的行为不构成职务侵占罪，公诉机关的该项指控亦不能成立。

据此，根据被告人周某弟、徐某刚、李某奎、姚某、曾某宇、贺某心、涂某见、刘某军、王某洪犯罪的事实、性质，在共同犯罪中的地位、作用以及到案后的认罪、悔罪态度，扣押、查封相关财产等情节，依照《刑法》第234条，第228条，第25条第1款，第26条第1款、第4款，第27条，第56条第1款，第64条，第65条第1款，第67条，第69条以及《最高人民法院关于审理破坏土地资源刑事案件具体应用法律若干问题的解释》第1条、第2条之规定，对被告人周某弟以故意伤害罪，判处有期徒刑九年，剥夺政治权利二年；以非法倒卖土地使用权罪，判处有期徒刑六年，并处罚金3亿元，决定执行有期徒刑十四年，剥夺政治权利二年，并处罚金3亿元。对被告人徐某刚以故意伤害罪，判处有期徒刑六年，剥夺政治权利一年；以非法倒卖土地使用权罪，判处有期徒刑四年，并处罚金1000万元，决定执行有期徒刑九年，剥夺政治权利一年，并处罚金1000万元。以故意伤害罪分别判处被告人李某奎有期徒刑六年六个月，剥夺政治权利一年；判处被告人姚某有期徒刑六年，剥夺政治权利一年；判处被告人曾某宇有期徒刑七年，剥夺政治权利二年；判处被告人贺某心有期徒刑六年，剥夺政治权利一年；判处被告人涂某见有期徒刑七年六个月，剥夺政治权利二年；判处被告人刘某军有期徒刑三年；判处被告人王某洪有期徒刑二年。犯罪工具予以没收，违法所得予以追缴。

一审判决后，被告人周某弟、徐某刚不服，提出上诉。

对于上诉理由及辩护意见，二审法院认为：关于上诉人周某弟、徐某刚以懿德公司名义与阳光公司等单位“联合开发土地”的实质是否属于转让土地使用权的问题。

经查，懿德公司方面与阳光公司、西子公司、欣荣公司、环境公司四家单位之间签订的合作开发房地产协议、股权转让协议约定，阳光公司等四家单位应按每亩固定的价格以土地补偿费等名义支付价款，懿德公司方面则按三通一平标准交地；四家公司独立开发地块，独自承担风险、享受权益，阳光公司、西子公司、环境公司为保证所付资金的安全，还获得与土地面积相对应比例的股权。《最高人民法院关于审理涉及国有土地使用权合同纠纷案件适用法律问题的解释》第24条规定，合作开发房地产合同约定提供土地使用权的当事人不承担经营风险，只收取固定收益的，应当认定为土地使用权转让合同。根据该规定，懿德公司方面与阳光公司等四家单位之间签订的合作开发房地产协议，应当认定为土地使用权转让合同，双方之间名为联合开发，实为土地使用权转让或买卖关系。懿德公司承担三通一平义务并将股权转让给对方，只是转让土地使用权的条件，并不影响对转让性质的认定。被告人周某弟、徐某刚及其辩护人关于双方之间是合作开发土地的上诉理由及辩护意见与事实及法律规定不符。

关于上诉人周某弟、徐某刚以懿德公司名义转让土地使用权的行为是否合法的问题。经查，浦东新区人民政府出具给三林镇政府的《关于调整三林懿德小区用地单位的通知》证实，2001年12月，浦东新区人民政府批文通知，懿德地块用地单位调整为懿德公司，要求懿德公司在征地手续完成后，至土地管理部门办理用地手续。阳光公司、西子公司、欣荣公司、环境公司相关参与懿德地块项目人员的证言及周某弟、徐某刚的供述证实，懿德公司就懿德地块2500余亩土地使用权，除其中300余亩土地与国家签订土地使用权出让合同，取得土地使用权证外，其余2000余亩土地，在未完成征地手续，未与国家签订土地使用权出让合同，未支付土地使用权出让金，未取得土地使用权证书，亦未完全动迁、未形成建设用地条件的情况下，即向阳光公司等单位转让土地使用权。《城市房地产管理法》第39条规定，以出让方式取得土地使用权的，转让房地产时，应当符合下列条件：（1）按照出让合同约定已经支付全部土地使用权出让金，并取得土地使用权证书；（2）按照出让合同约定进行投资开发，属于房屋建设工程的，完成开发投资总额的百分之二十五以上，属于成片开发土地的，形成工业用地或者其他建设用地条件。第38条规定，以出让方式取得土地使用权的，不符合《城市房地产管理法》第39条规定的条件的；或者未依法登记领取权属证书的房地产，不得转让。根据上述规定，懿德公司向阳光公司等单位转让懿德地块2000余亩土地使用权的行为并不合法。徐某刚及其辩护人关于转让行为不违法的上诉理由及辩护意见与事实及法律规定不符。

关于上诉人周某弟、徐某刚以懿德公司名义实施的不合法转让行为是否构成非法倒卖土地使用权罪的问题。经查，阳光公司等四家单位相关参与懿德地块项目人员的证言，周某弟、徐某刚的供述以及联合开发协议、股权转让协议、审计报告等证据证实，周某弟在缺乏资金支付懿德地块受让款，懿德公司尚未被政府批准为用地单位，也未对土地进行开发的情况下，即为牟利，伙同徐某刚以联合开发、转让股权为名，将每亩25万元购进价的土地加价至每亩57万元、60万元向阳光公司转让使用权；在懿德公司获得用地单位批文后，随即又单独或伙同徐某刚加价至每亩66万元、69万元、125万元分别向西子公司、欣荣公司、环境公司转让土地使用权，共获得转让款20亿余元，用以支付前期受让懿德地块的6亿元、退还及补偿阳光公司土地款5亿元，支付懿德公司有关费用后，周某弟个人及其企业自己占用5.98亿余元；同时，向西子公司、环境公司等转让了相应的股权。在周某弟、徐某刚违法买卖土地使用权获取暴利的过程中，周某弟起决策作用，徐某刚积极参与具体洽谈，根据《刑法》第228条及《最高人民法院关于审理破坏土地资源刑事案件具体应用法律若干问题的解释》第1条、第2条的规定，其行为均已构成非法倒卖土地使用权罪。懿德地块的用地单位虽始终在懿德公司名下，但并不影响非法倒卖土地使用权犯罪性质的认定。上诉人周某弟、徐某刚及其辩护人关于周某弟、徐某刚的行为不构成非法倒卖土地使用权罪的上诉理由及辩护意见与事实及法律规定不符。

审计报告及周某弟、徐某刚的供述等证据还证实，懿德公司设立后主要实施了将懿德地块中绝大部分土地使用权非法倒卖给其他单位的经营活动。根据《最高人民法院关于审理单位犯罪案件具体应用法律有关问题的解释》第2条，单位设立后，以实施犯罪为主要活动的，不以单位犯罪论处的规定，应当追究周某弟、徐某刚个人非法倒卖土地使用权犯罪的刑事责任。懿德公司对懿德地块的动拆迁等虽是按政府批文进行，并为此支付了相当的费用，但这些仅是为实施非法倒卖土地使用权犯罪所进行的准备和付出的成本，不影响对其以实施非法倒卖土地使用权罪为主要经营活动事实的认定。周某弟辩护人关于懿德公司设立后所有经营活动均是合法进行，周某弟的行为不构成非法倒卖土地使用权罪的辩护意见与事实及法律规定不符。

综上，二审法院认为，被告人周某弟、徐某刚、李某奎、曾某宇、贺某心、涂某见、刘某军及原审被告人姚某、王某洪故意伤害他人身体，致人重伤，其行为均已构成故意伤害罪。在共同犯罪中，周某弟、徐某刚、李某奎、姚某、曾某宇、贺某心、涂某见系主犯；刘某军、王某洪系从犯，对于从犯应分别从轻、减轻处罚。涂某见系累犯，应从重处罚。被告人周某弟还单独或伙同上诉人徐某刚以牟利为目的，违反土地管理法规规定，倒卖2000余亩土地使用权，倒卖土地使用权价额20.3亿余元，其行为均又构成非法倒卖土地使用权罪，且情节特别严重。被告人周某弟、徐某刚犯两罪，依法应数罪并罚。原判决认定周某弟、徐某刚、李某奎、姚某、曾某宇、贺某心、涂某见、刘某军、王某洪犯故意伤害罪、周某弟、徐某刚犯非法倒卖土地使用权罪的事实清楚，证据确实、充分，适用法律正确，量刑适当，审判程序合法。依照《刑事诉讼法》第189条第1项之规定，裁定驳回周某弟、徐某刚的上诉，维持原判。

【学理分析及适用指引】

● 学理分析 ●

非法转让、倒卖土地使用权罪，是指自然人或单位，以牟利为目的，违反土地管理法规，非法转让、倒卖土地使用权，情节严重的行为。本罪的构成要件如下：

1. 本罪的客体。非法转让、倒卖土地使用权罪的客体是国家土地管理的制度和土地交易的正常秩序。

2. 本罪的客观方面。客观方面表现为违反土地管理法规，非法转让、倒卖土地使用权。既包括没有履行法定转让手续，非法转让土地使用权的行为，也包括虽然形式上履行法定转让手续，但实质上违反土地使用权转让条件的行为。此处的违反土地管理法规，根据2001年8月31日《全国人民代表大会常务委员会关于〈中华人民共和国刑法〉第二百二十八条、第三百四十二条、第四百一十条的解释》的规定，是指违反《土地管理法》《森林法》《草原法》等法律以及有关行政法规中关于土地管理的规定。这里的非法转让土地使用权，是指未经国家主管部门批准，私自将土地使用权转让给他人使用。非法倒卖土地使用权，是指将自己使用的土地转手倒卖给他人使用。

3. 本罪的主体。主体为一般主体。

4. 本罪的主观方面。主观方面是故意。此处的故意，是指明知是非法转让、倒卖土地使用权的行为而有意实施的主观心理状态。同时本罪要求以牟利为目的，因此，本罪是法定的目的犯。至于在非法转让、倒卖交易中，实际上是否赢亏，不影响本罪的定罪量刑和既遂未遂的认定。

• 适用指引 •

司法实践中，认定本罪应注意：

按照司法解释，多次实施非法转让、倒卖土地使用权的行为依法应当追诉的，或者一年内多次实施非法转让、倒卖土地使用权的行为未经处理的，按照累计的数量、数额处罚。也就是说，如果单次行为构成本罪的，不管是否受过行政处罚，均要追究刑事责任；如果单次行为情节较轻不构成本罪的，除非是在一年内多次实施并且没有受过行政处罚，否则，不再追究刑事责任。

第二百二十九条　提供虚假证明文件罪、出具证明文件重大失实罪

【法律规定】

• 法律条文 •

《中华人民共和国刑法》

第二百二十九条　承担资产评估、验资、验证、会计、审计、法律服务、保荐、安全评价、环境影响评价、环境监测等职责的中介组织的人员故意提供虚假证明文件，情节严重的，处五年以下有期徒刑或者拘役，并处罚金；有下列情形之一的，处五年以上十年以下有期徒刑，并处罚金：

（一）提供与证券发行相关的虚假的资产评估、会计、审计、法律服务、保荐等证明文件，情节特别严重的；

（二）提供与重大资产交易相关的虚假的资产评估、会计、审计等证明文件，情节特别严重的；

（三）在涉及公共安全的重大工程、项目中提供虚假的安全评价、环境影响评价等证明文件，致使公共财产、国家和人民利益遭受特别重大损失的。

有前款行为，同时索取他人财物或者非法收受他人财物构成犯罪的，依照处罚较重的规定定罪处罚。

第一款规定的人员，严重不负责任，出具的证明文件有重大失实，造成严重后果的，处三年以下有期徒刑或者拘役，并处或者单处罚金。

• 相关规定 •

《最高人民法院、最高人民检察院关于办理妨害信用卡管理刑事案件具体应用法律若干问题的解释》（法释〔2018〕19号）

第四条第二款　承担资产评估、验资、验证、会计、审计、法律服务等职

责的中介组织或其人员，为信用卡申请人提供虚假的财产状况、收入、职务等资信证明材料，应当追究刑事责任的，依照刑法第二百二十九条的规定，分别以提供虚假证明文件罪和出具证明文件重大失实罪定罪处罚。

《最高人民检察院、公安部关于公安机关管辖的刑事案件立案追诉标准的规定（二）》（公通字〔2022〕12号）

第七十三条 ［提供虚假证明文件案（刑法第二百二十九条第一款）］承担资产评估、验资、验证、会计、审计、法律服务、保荐、安全评价、环境影响评价、环境监测等职责的中介组织的人员故意提供虚假证明文件，涉嫌下列情形之一的，应予立案追诉：

（一）给国家、公众或者其他投资者造成直接经济损失数额在五十万元以上的；

（二）违法所得数额在十万元以上的；

（三）虚假证明文件虚构数额在一百万元以上且占实际数额百分之三十以上的；

（四）虽未达到上述数额标准，但二年内因提供虚假证明文件受过二次以上行政处罚，又提供虚假证明文件的；

（五）其他情节严重的情形。

第七十四条 ［出具证明文件重大失实案（刑法第二百二十九条第三款）］承担资产评估、验资、验证、会计、审计、法律服务、保荐、安全评价、环境影响评价、环境监测等职责的中介组织的人员严重不负责任，出具的证明文件有重大失实，涉嫌下列情形之一的，应予立案追诉：

（一）给国家、公众或者其他投资者造成直接经济损失数额在一百万元以上的；

（二）其他造成严重后果的情形。

【案例一】

董博、李有强、丁功民、阎金岱、刘加荣、徐林文提供虚假财会报告、出具证明文件重大失实案①

• 案件事实 •

1999年年底至2000年年初，为了夸大广夏（银川）实业股份有限公司（以下简称银广夏公司）业绩，从而达到增资配股的目的，时任天津广夏（集团）有限公司（以下简称天津广夏公司）财务总监的被告人董博，在被告人

① 参见《中华人民共和国最高人民检察院公报》2004年第5号。

丁功民的授意、被告人李有强的同意下，虚构进货单位北京市瑞杰商贸有限公司、北京市京通商贸有限公司、北京市东风实用技术研究所，并进一步虚构从上述单位购入萃取产品原材料蛋黄粉、干姜、桂皮、产品包装桶，价值人民币6659.1646万元，伪造上述单位的销售发票，伪造天津广夏公司向上述单位汇款的银行汇款单，之后又伪造出口海关报关单4份（价值5610万马克的货物）。伪造德国捷高公司驻北京办事处支付的出口产品贷款银行进账单3份，金额为人民币5400万元。同时，被告人董博又指使时任天津广夏萃取有限公司总经理的被告人阎金岱伪造萃取产品生产纪录，被告人阎金岱便让天津广夏公司职工刘某、李某、郑某等人伪造萃取产品原料入库单、班组生产纪录、产品出库单等。由被告人董博编入天津广夏公司1999年度财务报表中。其中，制作虚假萃取产品出口收入人民币23898.60万元，该虚假的年度财务报表经深圳中天勤会计师事务所审计后，并入银广夏公司年报，导致银广夏公司向社会发布虚假净利润人民币127786600.85元。

2000年年底至2001年年初，时任天津广夏公司董事长的被告人董博，在被告人丁功民的授意、被告人李有强的认可下，虚构进货单位北京市瑞杰商贸有限公司、北京市京通商贸有限公司，并虚构从上述单位购入萃取产品原材料蛋黄粉、干姜、桂皮、产品包装桶，价值人民币24526万元；伪造虚假出口销售合同、银行汇款单（22笔共计人民币24526万元）、销售发票，出口报关单及德国诚信贸易公司支付的货款进账单（5笔共计人民币47625.84万元）等，指使天津广夏公司职工刘某、郑某、卢某等人，继续采取1999年度的造假手法，制作虚假财务凭据，后由被告人董博编入天津广夏公司2000年度财务报表中。其中，虚作萃取产品出口收入人民币72400万元，该虚假的年度财务报表经深圳中天勤会计师事务所审计后，并入银广夏公司年报，导致银广夏公司向社会发布虚假净利润人民币417646431.07元。

2001年年初，被告人董博出于达到虚构天津广夏公司2001年中期财会报告巨额利润的目的，采取虚报销售收入的手段，从天津市北辰区国税局领购增值税专用发票500份。除向正常销售单位开具外，董博指使天津广夏公司职员付某以天津广夏公司名义向天津禾源公司虚开增值税专用发票290份，价税合计人民币221456594.02元，涉及税款人民币37647619.98元，后以销售货款没有全部回笼为由，仅向天津市北辰区国税局交纳“税款”人民币500万元。给天津广夏公司造成直接经济损失人民币500万元。

2001年5月，为掩盖银广夏公司虚报虚假利润的事实，被告人李有强承诺，2001年银广夏公司中期利润分红资金由天津广夏公司承担。随后，以购买设备为由，向上海金尔顿投资公司拆借人民币1.5亿元打入天津禾源公司（系天津广夏公司萃取物产品总经销商），又以销售萃取产品回款的形式打回天津广夏公司，制造虚假销售收入。其中，人民币1.25亿元以天津广夏公司利润形式上交银广夏公司，作为利润分红，达到增资配股的目的，剩余人民币2500万元由天津广夏公司自留自支。

2001年8月2日至2001年9月7日，银广夏公司因涉嫌违规，被中国证监会停牌。9月10日复牌后至10月8日期间，连续出现跌停板，从停牌前的8月2日收市价人民币30.79元/股，跌至10月8日收市价人民币6.35元/股。

深圳中天勤会计师事务所接受银广夏公司委托后，被告人刘加荣、徐林文在具体负责对该公司及其子公司1999年度和2000年度的财会报告进行审计过程中，未遵循中国注册会计师独立审计准则规定的程序，未实施有效的询证、认证及核查程序。

该所在对天津广夏公司1999年度和2000年度财务报告审计过程中，依据天津广夏公司自制的销售发票，确认1999年和2000年虚假出口产品收入分别为人民币23898.60万元和72400万元，没有实施向海关询证的必要程序。

该所在对天津广夏公司1999年度和2000年度财会报告审计过程中，以天津广夏公司自制和伪造的银行对账单、银行进账单、银行汇款单和购货发票为依据，确认出口产品收款金额和购买原材料付款金额和入库数，没有实施向银行询证的重要程序，没有充分关注购进原材料发票均是普通发票这一重要疑点。

该所未对天津广夏公司1999年12月31日和2000年12月31日银行存款余额实施有效的检查及函证程序，特别是被告人刘加荣指派的审计人员在对天津广夏公司进行审计时，严重违反审计规定，委托天津广夏公司被告人董博等人代替审计人员向银行、海关等单位进行询证，致使被告人董博得以伪造询证结果。被告人刘加荣、徐林文在不辨别真伪、不履行会计师事务所三级复核有关要求的情况下，仍先后为银广夏公司出具了1999年度、2000年度“无保留意见”的审计报告，致使银广夏公司虚假的财会报告向社会公众发布，造成投资者的利益遭受重大损失。该所签发的银广夏审计报告的负责人与签字注册会计师为同一人，未遵循审计准则中规定的会计师事务所三级复核的有关要求。同时，被告人刘加荣还违反注册会计师的有关规定，兼任银广夏公司财务顾问。在形式和实质上均失去独立性。

• 裁判要旨 •

应当预见审计报告有重大失实，并可能造成严重后果，但没有预见，构成出具证明文件重大失实罪。

• 裁判理由 •

宁夏回族自治区银川市中级人民法院经审理认为：被告人董博、李有强、丁功民、阎金岱作为银广夏公司和天津广夏公司直接负责的主管人员和其他直接责任人员，明知提供虚假财会报告会损害股东利益却故意为之，采取伪造银行进账单、汇款单、海关报关单、销售合同、购货发票单及虚开增值税专用发票等手段，伪造天津广夏公司1999年和2000年及2001年中期虚假收入和利润，为掩盖银广夏公司虚报虚假利润的事实，又采取拆借资金的手段，达到银广夏公司2001年中期利润分红，导致银广夏公司向股东和社会公众提供虚假的财会报告，向社会披露虚假利润，致使银广夏公司涉嫌违规，被中国证监会停牌，股票急速下跌，严重损害了股东的利益，致使股东遭受巨大的财产损失，其行为均已构成提供虚假财会报告罪，依法应予严惩；被告人刘加荣、徐林文代表深圳中天勤会计师事务所在对银广夏公司及天津广夏公司1999年度和2000年度财务报告审计过程中，未遵循中国注册会计师独立审计准则，未履行必要的审计程序，为银广夏公司出具了1999年度和2000年度严重失实的审计报告。被告人刘加荣、徐林文应当预见其出具的1999年度、2000年度银广夏公司审计报告有重大失实，并可能造成严重后果，但没有预见，其行为均已构成出具证明文件重大失实罪，依法应予严惩。

2003年9月3日，银川市中级人民法院依照《刑法》第161条、第229条第3款、第25条之规定，作出一审判决如下：一、被告人董博犯提供虚假财务报告罪，判处有期徒刑三年，并处罚金人民币10万元。二、被告人李有强犯提供虚假财会报告罪，判处有期徒刑二年六个月，并处罚金人民币8万元。三、被告人丁功民犯提供虚假财会报告罪，判处有期徒刑二年六个月，并处罚金人民币8万元。四、被告人阎金岱犯提供虚假财会报告罪，判处有期徒刑二年六个月，并处罚金人民币3万元。五、被告人刘加荣犯出具证明文件重大失实罪，判处有期徒刑二年六个月，并处罚金人民币3万元。六、被告人徐林文犯出具证明文件重大失实罪，判处有期徒刑二年三个月，并处罚金人民币3万元。

一审判决后，各被告人均没有上诉。

【案例二】

彭某某犯提供虚假证明文件罪案①

• 案件事实 •

2010年4月的一天，原湘潭市响塘乡柴山村某庄生态农业发展有限公司法人代表谢某某（另案处理）通过公司会计吴某，认识了原审被告人彭某某，

---

① 参见湖南省湘潭市中级人民法院（2015）潭中刑二终字第13号。

在湘潭市交通局对面一个茶楼内，谢某某诉说想把原湘潭市响塘乡柴山村某庄生态农业发展有限公司予以注销，更名为“湖南某庄生态农业发展有限公司”（以下简称“某庄”），但没有注册资金，要求新注册公司资金为2000万元，是分期到位，首付是20%即400万元，经过谢某某与彭某某协商，注册资金400万元由彭某某想办法解决，谢某某提供准备注册新公司有关资料，并承诺交给彭某某6万元（已支付冯某4万元利息；支付湘潭某会计师事务所有限公司验资费1500元；支付李某劳务费、行政办证费用1.2万元；其余6500元由彭某某所得用于个人开支）全权代理办理注册新公司办证等费用。谢某某先后两次将6万元现金交给彭某某，后彭某某找到李某，将此事告诉了李某，并把该公司的资料、公司股东股份情况交给李某，办理资金转账及新公司注册手续。后彭某某电话联系“长沙某商务有限公司”法人代表冯某，向她暂借400万元注册公司应急，过几天就归还，冯某要求按民间借贷1%付息即4万元，彭某某答复可以。2010年5月10日冯某联系了李某，并给其两个存折，李某将400万元分别以谢某某名义存入湘潭开户银行280万元、以官某名义存了120万元，李某便办理了转账手续。彭某某得知注册资金已到账，则以湘潭某会计师事务所有限公司名义到银行查询注册验资已到位，并经彭某某实地考察审核在有关资料上签名、报所长签名后以湘潭某会计师事务所有限公司名义出具了验资报告，同年5月13日李某将“某庄”注册验资的400万元转至冯某指定朋友孙某账户上。数天后李某将已办好的“某庄”的营业执照、税务登记证及代码证交给彭某某，彭某某则将上述证书交给了谢某某。

• 裁判要旨 •

明知委托方没有注册资金，隐瞒事实真相，故意提供虚假证明文件，情节严重，其行为已构成提供虚假证明文件罪。

• 裁判理由 •

原审判决认为，被告人彭某某身为湘潭某会计师事务所有限公司副所长、注册会计师，明知委托方没有注册资金，隐瞒事实真相，故意提供虚假证明文件，情节严重，其行为已构成提供虚假证明文件罪，案发后，被告人彭某某认罪态度好，依法可以从轻处罚。根据本案的情节，其对社会的危害程度，依法可以对被告人彭某某免予刑事处罚。据此，依据《刑法》第229条第1款、第67条第3款、第37条之规定，遂判决：被告人彭某某犯提供虚假证明文件罪，免予刑事处罚。

宣判后，原公诉机关湖南省湘潭市雨湖区人民检察院提出抗诉，提请法院依法改判。其抗诉的主要理由是：原审判决确有错误，量刑畸轻。

二审法院认为：原审被告人彭某某身为湘潭某会计师事务所有限公司副所

长、注册会计师，明知委托方没有注册资金，隐瞒事实真相，故意提供虚假证明文件，情节严重，其行为已构成提供虚假证明文件罪。抗诉机关提出“原审判决确有错误，量刑畸轻”的抗诉理由。经查，原审被告人彭某某认罪态度好，但没有其他从轻、减轻和免予刑事处罚的情节。因此，该抗诉意见成立，法院予以采纳。原审被告人彭某某及其辩护人提出：没有收取谢某某6500元财物用于个人开支。经查，仅有一张收条，收条的收款人也未到庭接受询问，无法核实其真实性，且抗诉机关不予认可。因此，该辩护意见不能成立，法院不予采纳。原审被告人彭某某及其辩护人还提出：原审被告人的犯罪行为情节不严重，没有产生社会危害性。经查，原审被告人彭某某为他人出具虚假的验资报告，帮助一家注册资本为2000万元的空壳公司登记注册，其行为扰乱了市场经济秩序，鉴于《公司法》修改，将注册资本实缴制改为认缴登记制，也就是说公司登记成立时，除法律另有规定外，不需要提供验资报告，可以对原审被告人彭某某适用缓刑。该辩护意见法院部分采纳。湖南省湘潭市岳塘区司法局（2016）潭岳矫调字046号《调查评估意见书》建议对原审被告人彭某某适用社区矫正，法院予以采纳。原审被告人彭某某及其辩护人还提出：《公司法》已作出修改，该罪名已取消，经查，《公司法》虽作了修改，但《刑法》对提供虚假证明文件罪并没有进行修改，依法适用。因此，该辩护意见不能成立，法院不予采纳。

综上，原审判决认定事实清楚，证据确实、充分，定罪准确，审判程序合法，但量刑不当。依照《刑法》第229条第1款、第45条、第72条第1款、《刑事诉讼法》第225条第1款第2项之规定，判决如下：一、维持湖南省湘潭市雨湖区人民法院（2015）雨法刑初字第239号刑事判决对原审被告人彭某某的定罪部分；二、撤销湖南省湘潭市雨湖区人民法院（2015）雨法刑初字第239号刑事判决对原审被告人彭某某的量刑部分；三、原审被告人彭某某犯提供虚假证明文件罪，判处有期徒刑一年，缓刑一年，并处罚金1000元。（缓刑考验期限从判决确定之日起计算，罚金限于本判决生效后10日内缴纳）

本判决为终审判决。

【学理分析及适用指引】

• 学理分析 •

1. 提供虚假证明文件罪的构成。提供虚假证明文件罪，是指承担资产评估、验资、验证、会计、审计、法律服务、保荐、安全评价、环境影响评价、环境监测等职责的中介组织的人员，故意提供虚假证明文件，情节严重的行为。本罪的构成要件如下：

（1）本罪的客体。本罪侵犯的客体是正常的国家中介服务市场的管理秩序。

（2）本罪的客观方面。客观方面表现为提供虚假的资产评估证明、验资证明、验证证明、会计证明、审计证明或者法律建议书等证明文件，情节严重的行为。故意提供虚假证明文件，是指故意提供伪造的或者内容不实的证明文件，包括有关资料、报表、数据和各种结果、结论方面的报告和材料等。

（3）本罪的主体。犯罪主体为特殊主体，即承担资产评估、验资、验证、会计、审计、法律服务、保荐、安全评价、环境影响评价、环境监测等职责的中介组织的人员。

（4）本罪的主观方面。主观方面由故意构成，包括直接故意和间接故意。动机可能是多种多样的，但动机不影响本罪的成立。过失不构成本罪。

2. 出具证明文件重大失实罪的构成。出具证明文件重大失实罪，是指承担资产评估、验资、验证、会计、审计、法律服务、保荐、安全评价、环境影响评价、环境监测等职责的中介组织的人员，严重不负责任，出具的证明文件有重大失实，造成严重后果的行为。本罪的构成要件如下：

（1）本罪的客体。本罪侵犯的客体是公司管理秩序。

（2）本罪的客观方面。客观方面表现为承担资产评估、验资、验证、会计、审计、法律服务、保荐、安全评价、环境影响评价、环境监测等职责的中介组织的人员，严重不负责任，出具的证明文件有重大失实，造成严重后果的行为。出具的文件有重大失实，是指所出具的证明文件在内容上存在重大的不符合实际的错误或者内容虚假。造成严重后果，在司法实践中，一般是指给国家、集体和公民个人造成严重损失的，在社会上产生特别恶劣影响等情形。

（3）本罪的主体。犯罪主体为特殊主体，即承担资产评估、验资、验证、会计、审计、法律服务、保荐、安全评价、环境影响评价、环境监测等职责的中介组织的人员。

（4）本罪的主观方面。主观方面是出于过失，即行为人是由于工作严重不负责任而出具了重大失实的证明文件。

• 适用指引 •

司法实践中，认定提供虚假证明文件罪时需注意以下问题：

1.《刑法修正案（十一）》对本罪的修正及理解。为营造良好的营商环境，压实市场中介组织的社会责任和法律责任，充分发挥其“看门人”作用，《刑法修正案（十一）》对《刑法》第 229 条第 1 款和第 2 款的提供虚假证明文件罪进行了修正。具体涉及如下三个方面：一是在犯罪主体方面，通过明确列举的方式，增加了承担保荐、安全评价、环境影响评价、环境监测等职责的中介组织的人员作为本罪及出具证明文件重大失实罪的主体；二是增加一档法定刑，对中介组织人员在证券发行、重大资产交易及涉及公共安全的重大工程、项目中提供有关虚假证明文件，情节特别严重或者致使公共财产、国家和人民利益遭受特别重大损失的，应当在“五年以上十年以下有期徒刑，并处罚金”的法定刑幅度内处罚；三是对中介组织人员受贿而提供虚假证明文件的，可能同时构成受贿罪或者非国家工作人员受贿罪与提供虚假证明文件罪，依照处罚较重的规定定罪处罚，改变了此前的一律按照提供虚假证明文件罪加重处罚的规定。应当说这一修正更符合牵连犯的处理原理，也有利于实现罪责刑相适应原则。

2. 提供虚假证明文件罪与伪证罪的界限。

（1）犯罪主体不同。伪证罪中的犯罪主体，是刑事诉讼参与人，包括证人、鉴定人、记录人及翻译人员；而本罪的犯罪主体，主要是承担资产评估、验资、验证、会计、审计、法律服务、保荐、安全评价、环境影响评价、环境监测等职责的中介组织的人员。

（2）侵犯的客体不同。伪证罪侵犯的客体是公民的人身权利和司法机关的正常活动；而本罪侵犯的客体是国家对工商企业的管理活动。

（3）行为的表现方式不同。伪证罪，其行为人行为方式表现在刑事案件的侦查、审判过程中，故意出具虚假的证言、鉴定意见以及翻译文件等。而本罪中，行为人的行为是在公司申请登记或公司经营的验资、验证过程中，出具有关公司成立、经营等内容的虚假证明文件。

3. 提供虚假证明文件罪与伪造、变造、买卖或者盗窃、抢夺、毁灭国家机关、企业、事业单位、人民团体的公文、证件、印章罪的界限。二者的共同点在于：它们都是故意犯罪，犯罪对象都是内容有一定意义的证明文件，但是，两者的区别还是十分明显的。主要表现在：

（1）犯罪客体不同。妨害公文、证件、印章罪侵犯的是国家机关、企业、事业单位、人民团体的正常管理活动及其信誉，其犯罪对象为公文、证件、印章。本罪侵犯的是国家对工商企业的管理活动，其侵犯的对象为有关公司成立或生产经营的证明文件。

（2）犯罪的客观方面不同。后者表现为伪造、变造或者盗窃、抢夺、毁灭公文、证件、印章的行为。所谓伪造，是指无权制作者制作不真实的公文、证件、印章。本罪表现为承担资产评估、验资、验证、审计职责的人员或单位故意提供虚假证明文件、情节严重的行为，它是有权制作者出具了不真实的证明文件。

（3）犯罪主体不同。后罪的主体为一般主体，即达到法定年龄，具有刑事责任能力的人都能构成，其主体为自然人，不包括单位。本罪的主体为特殊主体，行为人必须具备一定的身份才能构成该罪主体。具体说，其主体为承担资产评估、验资、验证、会计、审计、法律服务、保荐、安全评价、环境影响评价、环境监测等职责的中介组织的人员。

4. 司法实践中，中介组织人员故意提供虚假的资产评估、验资证明、财会报告、审计结果、法律文书等证明文件，常常同时又有索取他人财物或者非法收受他人财物的，可能同时构成提供虚假证明文件罪和非国家工作人员受贿罪（若国有性质的中介组织则成立受贿罪），但根据《刑法》第229条第2款的规定，对此不需要实行数罪并罚，而是依照处罚较重的规定定罪处罚。

第二百三十条 逃避商检罪

【法律规定】

• 法律条文 •

《中华人民共和国刑法》

第二百三十条 违反进出口商品检验法的规定，逃避商品检验，将必须经商检机构检验的进口商品未报经检验而擅自销售、使用，或者将必须经商检机构检验的出口商品未报经检验合格而擅自出口，情节严重的，处三年以下有期徒刑或者拘役，并处或者单处罚金。

• 相关规定 •

《最高人民检察院、公安部关于公安机关管辖的刑事案件立案追诉标准的规定（二）》（公通字〔2022〕12号）

第七十五条 ［逃避商检案（刑法第二百三十条）］违反进出口商品检验法的规定，逃避商品检验，将必须经商检机构检验的进口商品未报经检验而擅自销售、使用，或者将必须经商检机构检验的出口商品未报经检验合格而擅自出口，涉嫌下列情形之一的，应予立案追诉：

（一）给国家、单位或者个人造成直接经济损失数额在五十万元以上的；

（二）逃避商检的进出口货物货值金额在三百万元以上的；

（三）导致病疫流行、灾害事故的；

（四）多次逃避商检的；

（五）引起国际经济贸易纠纷，严重影响国家对外贸易关系，或者严重损害国家声誉的；

（六）其他情节严重的情形。

【案例】

郑某、林某逃避商检案①

• 案件事实 •

2005年11月至2006年5月，被告人郑某、林某利用福建省厦门市出入境检验检疫局电子管理系统存在的漏洞，用伪造的手续去报检通关，逃避了商检部门的检验，先后5次将厦门一家茶叶公司和福建一家贸易公司代理出口的冻烤鳗擅自出口至美国，涉案金额达600多万元。这些出口的冻烤鳗被美国食品药品管理局（FDA）检测出孔雀石绿含量严重超标后，严重影响了我国水产品出口。

• 裁判要旨 •

行为人利用出入境检验检疫部门电子管理系统存在的漏洞，逃避了商检部门的检验，多次代理出口不合格的水产品，导致境外对我国出口水产品发布预警信息，严重影响了我国水产品出口，给我国水产品的出口声誉造成了重大损害，扰乱了我国水产品的正常贸易秩序，造成恶劣的国际影响，属于逃避商检情节严重的行为，应当以逃避商检罪处罚。

• 裁判理由 •

厦门市湖里区人民法院经审理后认为：被告人郑某、林某采用非法手段，伪造报检通关手续，将未经商检的冻烤鳗擅自出口到美国，这些出口的冻烤鳗，被美国食品药品管理局（FDA）检测出孔雀石绿含量严重超标，导致美国食品药品管理局对我国出口水产品发布预警信息，实施批批扩大抽样检测、自动扣留并被其拒收检出问题的企业产品等措施，制约了我国水产品出口，给我国水产品的声誉造成了重大影响，扰乱了我国水产品的正常贸易秩序，后果严重，影响恶劣。据此，认定被告人郑某、林某犯逃避商检罪，分别判处有期徒刑一年，并处罚金3000元。

---

① 参见温州出入境检验检疫局：《全国逃避商检罪第一案在厦宣判》，网址：http：//wzciq. wenzhou. gov. cn/ArticleShow. asp? ArticleId = 1651。

【学理分析及适用指引】

● 学理分析 ●

逃避商检罪，是指违反进出口商品检验法的规定，逃避商品检验，将必须经商检机构检验的进口商品未报经检验而擅自销售、使用，或者将必须经商检机构检验的出口商品未报经检验合格而擅自出口，情节严重的行为。本罪的构成要件如下：

1. 本罪的客体。本罪侵犯的客体是国家对进出口商品检验的管理秩序。

2. 本罪的客观方面。逃避商检罪的客观方面表现为两种情形：即将必须经商品检验机构检验的进口商品未报经检验而擅自销售、使用，或将必须经商检机构检验的出口商品未报经检验合格而擅自出口。当然如果通过伪造手续等欺诈手段，将经商品检验机构检验不合格的进口商品擅自销售、使用，或者将经商品检验机构检验不合格的出口商品擅自出口，情节严重的，由于社会危害性更重于未经商检的行为，当然也构成本罪，而且可以从重处罚。

3. 本罪的主体。犯罪主体为从事商品进出口业务的自然人和单位。

4. 本罪的主观方面。逃避商检罪的主观方面是故意，此处的故意，是指明知是逃避商检的行为而有意实施的主观心理状态。逃避商检后进一步销售伪劣产品的，以逃避商检罪和销售伪劣产品罪，数罪并罚。

● 适用指引 ●

司法实践中，认定本罪时要明确，本罪是情节犯，一般的逃避商检行为未达到情节严重的程度时，可不以犯罪论处。关于何谓“情节严重”，应参照《最高人民检察院、公安部关于公安机关管辖的刑事案件立案追诉标准的规定（二）》第75条进行认定。本罪中的“未经检验擅自出售”，既包括没有向国家商检机构申报检验，也包括已经向国家商检机构申报，但检验结论尚未出来前即予以销售、使用的情况。

第四章 侵犯公民人身权利、民主权利罪

第二百三十二条　故意杀人罪

【法律规定】

• 法律条文 •

《中华人民共和国刑法》

第二百三十二条　故意杀人的，处死刑、无期徒刑或者十年以上有期徒刑；情节较轻的，处三年以上十年以下有期徒刑。

• 相关规定 •

《中华人民共和国刑法》

第二百三十八条　非法拘禁他人或者以其他方法非法剥夺他人人身自由的，处三年以下有期徒刑、拘役、管制或者剥夺政治权利。具有殴打、侮辱情节的，从重处罚。

犯前款罪，致人重伤的，处三年以上十年以下有期徒刑；致人死亡的，处十年以上有期徒刑。使用暴力致人伤残、死亡的，依照本法第二百三十四条、第二百三十二条的规定定罪处罚。

为索取债务非法扣押、拘禁他人的，依照前两款的规定处罚。

国家机关工作人员利用职权犯前三款罪的，依照前三款的规定从重处罚。

第二百四十七条　司法工作人员对犯罪嫌疑人、被告人实行刑讯逼供或者使用暴力逼取证人证言的，处三年以下有期徒刑或者拘役。致人伤残、死亡的，依照本法第二百三十四条、第二百三十二条的规定定罪从重处罚。

第二百四十八条　监狱、拘留所、看守所等监管机构的监管人员对被监管人进行殴打或者体罚虐待，情节严重的，处三年以下有期徒刑或者拘役；情节

特别严重的，处三年以上十年以下有期徒刑。致人伤残、死亡的，依照本法第二百三十四条、第二百三十二条的规定定罪从重处罚。

监管人员指使被监管人殴打或者体罚虐待其他被监管人的，依照前款的规定处罚。

第二百八十九条　聚众“打砸抢”，致人伤残、死亡的，依照本法第二百三十四条、第二百三十二条的规定定罪处罚。毁坏或者抢走公私财物的，除判令退赔外，对首要分子，依照本法第二百六十三条的规定定罪处罚。

第二百九十二条　聚众斗殴的，对首要分子和其他积极参加的，处三年以下有期徒刑、拘役或者管制；有下列情形之一的，对首要分子和其他积极参加的，处三年以上十年以下有期徒刑：

（一）多次聚众斗殴的；

（二）聚众斗殴人数多，规模大，社会影响恶劣的；

（三）在公共场所或者交通要道聚众斗殴，造成社会秩序严重混乱的；

（四）持械聚众斗殴的。

聚众斗殴，致人重伤、死亡的，依照本法第二百三十四条、第二百三十二条的规定定罪处罚。

《最高人民法院关于审理偷税抗税刑事案件具体应用法律若干问题的解释》（法释〔2002〕33号）

第六条第一款　实施抗税行为致人重伤、死亡，构成故意伤害罪、故意杀人罪的，分别依照刑法第二百三十四条第二款、第二百三十二条的规定定罪处罚。

《最高人民法院关于审理交通肇事刑事案件具体应用法律若干问题的解释》（法释〔2000〕33号）

第六条　行为人在交通肇事后为逃避法律追究，将被害人带离事故现场后隐藏或者遗弃，致使被害人无法得到救助而死亡或者严重残疾的，应当分别依照刑法第二百三十二条、第二百三十四条第二款的规定，以故意杀人罪或者故意伤害罪定罪处罚。

《全国法院维护农村稳定刑事审判工作座谈会纪要》（法〔1999〕217号）

二、

（一）关于故意杀人、故意伤害案件

要准确把握故意杀人犯罪适用死刑的标准。对故意杀人犯罪是否判处死刑，不仅要看是否造成了被害人死亡结果，还要综合考虑案件的全部情况。对于因婚姻家庭、邻里纠纷等民间矛盾激化引发的故意杀人犯罪，适用死刑一定要十分慎重，应当与发生在社会上的严重危害社会治安的其他故意杀人犯罪案件有所区别。对于被害人一方有明显过错或对矛盾激化负有直接责任，或者被告人有法定从轻处罚情节的，一般不应判处死刑立即执行。

《最高人民法院、最高人民检察院关于办理妨害预防、控制突发传染病疫情等灾害的刑事案件具体应用法律若干问题的解释》（法释〔2003〕8号）

第九条 在预防、控制突发传染病疫情等灾害期间，聚众“打砸抢”，致人伤残、死亡的，依照刑法第二百八十九条、第二百三十四条、第二百三十二条的规定，以故意伤害罪或者故意杀人罪定罪，依法从重处罚。对毁坏或者抢走公私财物的首要分子，依照刑法第二百八十九条、第二百六十三条的规定，以抢劫罪定罪，依法从重处罚。

【案例一】

蒲某等故意杀人案①

• 案件事实 •

被告人王某之母夏某长期患病，1984年10月曾经被医院诊断为“肝硬变腹水”。1987年年初，夏某病情加重，腹胀伴严重腹水，多次昏迷。同年6月23日，王某与其姐妹商定，将其母送陕西省汉中市传染病医院住院治疗。被告人蒲某为主管医生。蒲某对夏某的病情诊断结论是：肝硬变腹水（肝功失代偿期、低蛋白血症）；肝性脑病（肝肾综合症）；渗出性溃疡并褥疮2~3度。医院当日即开出病危通知书。蒲某按一般常规治疗，进行抽腹水回输后，夏某的病情稍有缓解。6月27日，夏某病情加重，表现痛苦烦躁，大喊想死，当晚惊叫不安，经值班医生注射了10毫克安定后方能入睡。28日晨昏迷不醒，8时许，医院院长雷某查病房时，王某问雷某其母是否有救。雷某回答说：“病人送得太迟了，已经不行了。”王即说：“既然我妈没救，能否采取啥措施让她早点咽气，免受痛苦。”雷某未允许，王某坚持己见，雷某仍回绝。9时左右，王某又找主管医生蒲某，要求给其母使用某种药物，让其母无痛苦死亡，遭到蒲某的拒绝。在王某再三要求并表示愿意签字承担责任后，蒲某给夏某开了100毫克复方冬眠灵，并在处方上注明是家属要求，王某在处方上签了名。当该院医护人员拒绝执行此处方时，蒲某又指派陕西省卫校实习学生蔡某、戚某等人给夏某注射，遭到蔡某、戚某等人的回绝。蒲某生气地说：“你们不打（指不去给夏某注射），回卫校去！”蔡某、戚某等人无奈便给夏某注射了75毫克复方冬眠灵。下班时，蒲某又对值班医生李某说：“如果夏某12点不行（指夏某还没有死亡），你就再给打一针复方冬眠灵。”当日下午1时至3时，王某见其母未死，便两次去找李某，李某又给夏某开了100毫克复方冬眠灵，

① 参见最高人民法院中国应用法学研究所编：《人民法院案例选（刑事卷·上）》（1992~1999年合订本），中国法制出版社2000年版，第387~390页。

由值班护士赵某注射。夏某于6月29日凌晨5时死亡。经陕西省高级人民法院法医鉴定：夏某的主要死因为肝性脑病。夏某两次接受复方冬眠灵的总量为175毫克，用量在正常范围，并且患者在第二次用药后14小时死亡，临终表现又无血压骤降或呼吸中枢抑制。所以，冬眠灵仅加深了患者的昏迷程度，促进了死亡，并非其死亡的直接原因。

上述事实，有死者生前病史病历记载、证人证言、死因鉴定意见证实，被告人蒲某、王某也已供认，足以认定。

• 裁判要旨 •

安乐死行为的司法处理要充分体现法律效果与社会效果的有机统一。

• 裁判理由 •

陕西省汉中市人民法院经公开审理后认为：被告人王某在其母夏某病危濒死的情况下，再三要求主管医生蒲某为其母注射药物，让其母无痛苦地死去，虽属故意剥夺其母生命的行为，但情节显著轻微，危害不大，不构成犯罪。被告人蒲某在王某的再三请求下，亲自开处方并指使他人给垂危病人夏某注射促进死亡的药物，其行为亦属故意剥夺公民的生命，但其用药量属正常范围，不是造成夏某死亡的直接原因，情节显著轻微，危害不大，不构成犯罪。依照《刑法》第10条和《刑事诉讼法》第11条的规定，于1991年4月6日判决宣告被告人蒲某、王某无罪。

宣判后，被告人蒲某、王某对宣告他们无罪表示基本满意，但对判决书中认定他们的行为属于故意剥夺他人生命表示不服，提出上诉，要求二审法院改判。

陕西省汉中市人民检察院认为：蒲某、王某在主观上有非法剥夺他人生命的故意，在客观上又实施了非法剥夺他人生命的行为，社会危害性较大，符合我国《刑法》规定的故意杀人罪的基本特征，已构成故意杀人罪。据此，该院以原判定性错误、适用法律不当为理由，向陕西省汉中地区中级人民法院提出抗诉，要求对蒲某、王某予以正确判处。

陕西省汉中地区中级人民法院二审审理后认为：原审人民法院对本案认定的事实清楚，证据确实、充分，定性准确，审判程序合法，适用法律和判决结果是适当的，应予维持，抗诉和上诉的理由不能成立。该院于1992年3月25日依法裁定：驳回汉中市人民检察院的抗诉和蒲某、王某的上诉，维持汉中市人民法院对本案的判决。

【案例二】

金某故意杀人案①

• 案件事实 •

金某与刘某在1996年下半年曾有过短期恋爱关系，中断关系后，在1997年3月左右与邻村青年张某安恋爱并订婚，关系已较成熟。金某之父金某永脾气暴躁，时常打骂女儿，有时甚至当着其男友的面。1998年1月初，金某又为嫁妆等事与其父发生争吵，当时张某安正外出做生意，金某产生了轻生的念头，但又感恐惧，就想到以前的男友刘某可能会愿意陪其同死。1998年1月上旬，金某先后写了一封信（信中还带了一张金某的照片）并打了3个电话给刘某，询问"能否为我付出一切，包括……"，（据金某交代）在电话中得到了刘某的肯定回答。金某即在电话中约刘某于1月21日上午在浙江省嵊州市某丝厂门口会面。之后，金某到自村蛋糕店里买来6只圆筒形奶油蛋糕，并到博济街上的地摊上买来粉状老鼠药掺入蛋糕的奶油中。同月21日上午8时许，金某用一只黑色塑料袋携带放有老鼠药的蛋糕赶到某丝厂门口，与已应邀而至的刘某见面，后二人一起乘车前往嵊州市南山水库交谈。下午2时许，当金某再次在交谈中试探得知刘某表示愿意与其同死后，便取出放有鼠药的蛋糕与刘某同吃。不久，刘某先出现中毒症状，金某才告知蛋糕有毒，当刘某倒下后，金某即大声呼救，刘某被附近群众送往医院抢救。当日下午，刘某经抢救无效死亡，同时，金某也出现了中毒症状，经抢救脱险。经法医鉴定，刘某系毒鼠强中毒死亡。

• 裁判要旨 •

相约自杀行为案件中，行为人提供毒药导致对方死亡，而自己自杀未遂的，属于故意剥夺生命的故意杀人行为。

• 裁判理由 •

浙江省嵊州市人民检察院以被告人金某犯故意杀人罪向浙江省嵊州市人民法院提起诉讼。浙江省嵊州市人民法院依法经公开审理后认为：被告人金某因故萌生自杀之念后，在没有讲清事情原委及其真实想法，致使被告人刘某产生误解的情况下，让刘某陪其同死，属故意非法剥夺他人生命，其行为已构成故

---

① 参见国家法官学院、中国人民大学法学院编：《中国审判案例要览（2000年刑事审判案例卷）》，人民法院出版社、中国人民大学出版社2002年版，第171～176页。

意杀人罪。公诉机关指控的罪名成立，应予支持。依照《刑法》第232条、第54条、第55条第1款、第56条第1款、第36条第1款之规定，判决如下：被告人金某犯故意杀人罪，判处有期徒刑十五年，剥夺政治权利五年。

一审判决宣告后，被告人金某不服，提出上诉。浙江省绍兴市中级人民法院依法组成合议庭，对本案进行公开开庭审理后认为：上诉人金某因家庭纠纷萌生轻生之念，在自杀过程中，未告知真实情况而让刘某陪其同死，用在食物中投毒的方法，非法剥夺他人生命，致人死亡，其行为已构成故意杀人罪，应负刑事责任。原判定罪及适用法律正确，量刑适当。依照《刑事诉讼法》第189条第1项之规定，裁定如下：驳回上诉，维持原判。

【案例三】

华某故意杀人案①

• 案件事实 •

2001年1月23日晚8时许，华某携带装有汽油的塑料桶和礼品到同村的堂兄华某顺家。华某在向被害人母亲拜年后，便到堂屋向华某顺索要欠款。华某顺否认欠华某钱款，华某便将事先准备好的放在门口的汽油泼向华某顺，华某顺打了华某面部一下，华某从裤子口袋内掏出打火机，华某顺用手抓住被告人的手腕，用言语制止，华某仍点燃打火机，火顺着华某顺的手臂窜上全身，并致堂屋内部分物品燃烧。华某顺立即奔出门外跳进小水塘里滚灭身上的火进行自救。闻讯赶来的群众及时将华某顺家堂屋的火扑灭，并将被害人华某顺送到医院救治。江苏省宝应县公安局法医检验鉴定书认定：华某顺头面颈、四肢烧伤构成轻伤。华某归案后认罪态度尚好，其亲属已赔偿被害人经济损失3350元。

• 裁判要旨 •

区分故意杀人未遂与故意伤害罪的关键在于行为人主观故意的具体内容。

• 裁判理由 •

江苏省宝应县人民法院认为：被告人华某明知汽油为易燃品，亦明知点燃汽油会引起被害人死亡结果的发生，仍将汽油泼在被害人华某顺身上，置被害人的生命安全于不顾。由于被害人的及时自救行为，所幸才只构成轻伤。被告

---

① 参见江苏省宝应县人民法院（2001）宝刑初字第120号，载国家法官学院、中国人民大学法学院编：《中国审判案例要览（2002年刑事审判案例卷）》，中国人民大学出版社2003年版，第229~231页。

人华某的行为是以放火为手段杀害特定人的行为，故构成故意杀人罪（未遂）。宝应县人民法院根据所认定的事实、证据和上述判案理由，于2001年5月23日作出判决，认定被告人华某故意非法剥夺他人生命，其行为已构成故意杀人罪。被告人华某由于意志以外的原因，致被害人轻伤，属故意杀人未遂。宝应县人民检察院指控被告人华某犯放火罪的事实清楚，证据确凿，唯指控的罪名不当。被告人华某系犯罪未遂，可以比照既遂犯减轻处罚。为维护社会治安秩序，保护公民的生命权不受侵犯，严惩严重刑事犯罪，依照《刑法》第232条、第23条之规定，判决如下：被告人华某犯故意杀人罪（未遂），判处有期徒刑八年。

【案例四】

宋某故意杀人案[①]

• 案件事实 •

1994年6月30日晚，宋某酒后回到自己家中，因琐事与其妻李某发生争吵厮打。李某说："三天两头吵，活着还不如死了。"宋某说："那你就死去。"李某听后，就去寻找准备自缢用的凳子。宋某见状，喊来邻居叶某对李某进行规劝。叶某走后，宋某、李某二人又发生争吵厮打。李某再次寻找自缢用的绳索时，宋某采取放任不管、不闻不问、不加劝阻的态度。直到宋某听到凳子倒地的声响时，才起身过去，但仍未采取有效措施或呼喊邻居，而是离开现场到一里以外的父母家中告知自己的父母，待其家人赶到现场时，李某已无法挽救而死亡。

• 裁判要旨 •

夫妻之间互有法定的相互扶助的关系和义务，一方对对方的生命垂危见死不救的，构成不作为的故意杀人罪。

• 裁判理由 •

一审法院经审理认为：被告人宋某目睹其妻李某寻找工具准备自缢，应当预见李某会发生自缢的后果而放任这种后果的发生，在家中只有夫妻二人这样的特定环境中，被告人宋某负有特定义务，其放任李某自缢身亡的行为，已构成故意杀人罪（不作为），但情节较轻。一审法院判处被告人宋某有期徒刑

---

① 参见中国高级法官培训中心、中国人民大学法学院编：《中国审判案例要览（1996年刑事审判卷）》，中国人民大学出版社1998年版，第34～37页。

四年。

二审法院认为：被告人宋某与其妻李某关系不和，在争吵厮打中用语言刺激李某，致使其产生自缢轻生的念头。被告人宋某是负有特定义务的人，对李某自缢采取放任态度，致使李某在家中这种特定的环境下自缢身亡，其行为已构成故意杀人罪（不作为）。二审法院维持了一审法院的判决。

【案例五】

王志才故意杀人案①

• 案件事实 •

王志才与被害人赵某某（女，殁年26岁）在山东省潍坊市科技职业学院学习期间建立恋爱关系。2005年，王志才毕业后参加工作，赵某某考入山东省曲阜师范大学继续专升本学习。2007年赵某某毕业参加工作后，王志才与赵某某商议结婚事宜，因赵某某家人不同意，赵某某多次提出分手，但在王志才的坚持下二人继续保持联系。2008年10月9日中午，王志才在赵某某的集体宿舍再次谈及婚恋问题，因赵某某明确表示二人不可能在一起，王志才感到绝望，愤而产生杀死赵某某然后自杀的念头，即持赵某某宿舍内的一把单刃尖刀，朝赵的颈部、胸腹部、背部连续捅刺，致其失血性休克死亡。次日8时30分许，王志才服农药自杀未遂，被公安机关抓获归案。王志才平时表现较好，归案后如实供述自己罪行，并与其亲属积极赔偿，但未与被害人亲属达成赔偿协议。

• 裁判要旨 •

因恋爱、婚姻矛盾激化引发的故意杀人案件，被告人犯罪手段残忍，论罪应当判处死刑，但被告人具有坦白悔罪、积极赔偿等从轻处罚情节，同时被害人亲属要求严惩的，人民法院根据案件性质、犯罪情节、危害后果和被告人的主观恶性及人身危险性，可以依法判处被告人死刑，缓期二年执行，同时决定限制减刑，以有效化解社会矛盾，促进社会和谐。

• 裁判理由 •

山东省潍坊市中级人民法院于2009年10月14日以（2009）潍刑一初字第35号刑事判决，认定被告人王志才犯故意杀人罪，判处死刑，剥夺政治权利终身。

---

① 根据2011年12月20日《最高人民法院关于发布第一批指导性案例的通知》指导案例4号修改。

宣判后，王志才提出上诉。山东省高级人民法院裁定，驳回上诉，维持原判，并依法报请最高人民法院核准。

最高人民法院根据复核确认的事实，裁定不核准被告人王志才死刑，发回山东省高级人民法院重新审判。

山东省高级人民法院经重新审理认为：被告人王志才的行为已构成故意杀人罪，罪行极其严重，论罪应当判处死刑。鉴于本案系因婚恋纠纷引发，王志才求婚不成，恼怒并起意杀人，归案后坦白悔罪，积极赔偿被害方经济损失，且平时表现较好，故对其判处死刑，可不立即执行。同时考虑到王志才故意杀人手段特别残忍，被害人亲属不予谅解，要求依法从严惩处，为有效化解社会矛盾，依照《刑法》第50条第2款等规定，判处被告人王志才死刑，缓期二年执行，同时决定对其限制减刑。

【案例六】

李飞故意杀人案①

• 案件事实 •

2006年4月14日，李飞因犯盗窃罪被判处有期徒刑二年，2008年1月2日刑满释放。2008年4月，经他人介绍，李飞与被害人徐某某（女，殁年26岁）建立恋爱关系。同年8月，二人因经常吵架而分手。8月24日，当地公安机关到李飞的工作单位给李飞建立重点人员档案时，其单位得知李飞曾因犯罪被判刑一事，并以此为由停止了李飞的工作。李飞认为其被停止工作与徐某某有关。

同年9月12日21时许，李飞拨打徐某某的手机，因徐某某外出，其表妹王某某（被害人，时年16岁）接听了李飞打来的电话，并告知李飞，徐某某已外出。后李飞又多次拨打徐某某的手机，均未接通。当日23时许，李飞到哈尔滨市呼兰区徐某某开设的“小天使形象设计室”附近，再次拨打徐某某的手机，与徐某某在电话中发生吵骂。后李飞破门进入徐某某在“小天使形象设计室”内的卧室，持室内的铁锤多次击打徐某某的头部，击打徐某某表妹王某某头部、双手数下。稍后，李飞又持铁锤先后再次击打徐某某、王某某的头部，致徐某某当场死亡、王某某轻伤。为防止在场的“小天使形象设计室”学徒工佟某报警，李飞将徐某某、王某某及佟某的手机带离现场抛弃，后潜逃。同月23日22时许，李飞到其姑母李某某家中，委托其姑母转告其母亲梁某某送钱。梁某某得知此情况后，及时报告公安机关，并于次日晚协助公安机

① 根据2012年9月18日《最高人民法院关于发布第三批指导性案例的通知》指导案例12号修改。

关将来姑母家取钱的李飞抓获。在本案审理期间，李飞的母亲梁某某代为赔偿被害人亲属4万元。

• 裁判要旨 •

对于因民间矛盾引发的故意杀人案件，被告人犯罪手段残忍，且系累犯，论罪应当判处死刑，但被告人亲属主动协助公安机关将其抓捕归案，并积极赔偿的，人民法院根据案件具体情节，从尽量化解社会矛盾角度考虑，可以依法判处被告人死刑，缓期二年执行，同时决定限制减刑。

• 裁判理由 •

黑龙江省哈尔滨市中级人民法院一审以故意杀人罪，判处被告人李飞死刑，剥夺政治权利终身。

宣判后，李飞提出上诉。黑龙江省高级人民法院裁定，驳回上诉，维持原判，并依法报请最高人民法院核准。

最高人民法院根据复核确认的事实和被告人母亲协助抓捕被告人的情况，裁定不核准被告人李飞死刑，发回黑龙江省高级人民法院重新审判。

黑龙江省高级人民法院经重新审理认为：被告人李飞的行为已构成故意杀人罪，罪行极其严重，论罪应当判处死刑。本案系因民间矛盾引发的犯罪；案发后李飞的母亲梁某某在得知李飞杀人后的行踪时，主动、及时到公安机关反映情况，并积极配合公安机关将李飞抓获归案；李飞在公安机关对其进行抓捕时，顺从归案，没有反抗行为，并在归案后始终如实供述自己的犯罪事实，认罪态度好；在本案审理期间，李飞的母亲代为赔偿被害方经济损失；李飞虽系累犯，但此前所犯盗窃罪的情节较轻。综合考虑上述情节，可以对李飞酌情从宽处罚，对其可不判处死刑立即执行。同时，鉴于其故意杀人手段残忍，又系累犯，且被害人亲属不予谅解，故依法判处被告人李飞死刑，缓期二年执行，同时决定对其限制减刑。

【学理分析及适用指引】

• 学理分析 •

故意杀人罪，是指故意非法剥夺他人生命的行为，属于侵犯公民人身权利犯罪中最为严重的犯罪。本罪的构成要件如下：

1. 本罪的客体。本罪侵犯的客体是他人的生命权利。法律上的生命是指能够独立呼吸并能进行新陈代谢的活的有机体，是人赖以存在的前提。目前，我国以心脏是否停止跳动（包括呼吸是否停止）作为生命是否结束的标准。

2. 本罪的客观方面。本罪在客观方面表现为非法剥夺他人生命的行为。

这种行为既包括作为，也包括不作为。不作为形态只针对危害结果负有特定义务的主体。剥夺他人生命的行为多种多样，但方法和手段不影响本罪的构成。但是，剥夺他人生命的行为必须是非法的，职务行为、正当防卫行为不构成本罪。

3. 本罪的主体。本罪的主体为一般主体。根据《刑法》第 17 条第 2 款的规定，已满十四周岁不满十六周岁的人，犯故意杀人、故意伤害致人重伤或者死亡、强奸、抢劫、贩卖毒品、放火、爆炸、投放危险物质罪的，应当负刑事责任。已满十二周岁不满十四周岁的人，犯故意杀人、故意伤害罪，致人死亡或者以特别残忍手段致人重伤造成严重残疾，情节恶劣，经最高人民检察院核准追诉的，应当负刑事责任。不满十八周岁的人犯本罪，应当从轻或者减轻处罚。

4. 本罪的主观方面。本罪的主观方面必须具有杀人故意，包括直接故意和间接故意。即明知自己的行为会发生他人死亡的危害后果，并且希望或者放任这种结果的发生。故意杀人的动机是多种多样和错综复杂的，常见的如报复、图财、拒捕、气愤、失恋等。动机可以反映杀人者主观恶性的不同程度，对正确量刑有重要意义。

• 适用指引 •

1. 对于安乐死的案件如何处理，目前在社会各界以及刑法理论上确实存在不少争议。对此我们可运用如下思路处理此类问题：

（1）应分清属于何种类型的安乐死，即属于积极安乐死还是消极安乐死。对于消极安乐死（如为使得绝症患者无痛苦提早死亡，经病人本人请求或其近亲属同意，采取放弃治疗、撤除维持生命的医疗器械等方法，致人死亡的），完全可以充分发挥刑法对于犯罪概念的实质解释论功能，即犯罪是具有严重社会危害性的危害行为，消极安乐死就不具有这种严重的社会危害性，一般不作为故意杀人罪处理。

（2）对于积极安乐死，即经他人（包括死者，也包括其近亲属）的主动要求而协助其实现自杀的行为，其本质属于帮助自杀的行为。一般意义所讨论的安乐死也就指的是积极安乐死。对于这类"安乐死"的行为，在中外法学界争议很大，各家学说均有一定的道理。但我们认为，安乐死的法律责任应当通过刑事立法来解决。在立法未能解决前，这种行为在性质上仍属于帮助自杀、剥夺他人生命权利的行为，符合故意杀人罪的构成要件，应认定为故意杀人罪，原则上应追究行为人的刑事责任，但同时必须认识到这种杀人行为与其他的故意剥夺他人生命的杀人行为有着本质上的差异，属于《刑法》第 232 条所规定的"情节较轻的"情形，并结合案件的具体情况，量刑时应在"三年以上十年以下有期徒刑"的法定刑幅度内从轻甚至减轻、免除处罚，并充分发挥缓刑等非监禁刑的适用空间，体现法律效果与社会效果的有机统一。当然，对于一些特殊的安乐死案件，如果情节确实显著轻微、危害不大的，也可依据《刑法》第13条但书之规定，宣告被告人无罪，但这种处理方式应该是极其特殊的情形，属于个案公正（如上述案例一蒲某等故意杀人案）。

2. 相约自杀的成立以自杀的参与者均具有真实的自杀决意为前提。

（1）自愿相约自杀的双方均实施了自杀行为，如果相约双方均自杀身亡，则不存在犯罪问题，不应该追究任何人的刑事责任。如果相约双方各自实施了自杀行为，一方死亡，另一方由于意志以外的原因自杀未得逞，未得逞的一方也不构成犯罪。

（2）单纯自愿相约自杀。如果双方相约自杀，在一方实施自杀行为之后，另一方临时改变主意而未自杀，最终未死者是否构成犯罪并应负刑事责任。相约自杀这种先行行为加强了参与共同自杀者自杀的意图和决心，并使其付诸实施，所以在相约自杀行为开始实施后，如果某个参与者自杀未死或放弃自杀行为，其负有救助其他参与相约自杀而可能死亡者生命的作为义务。但仅有作为义务还不够，未死者还应具有履行义务的可能性。也就是说，如果他人的死亡是不可避免的，如他人当即死亡，或者救治也无法防止死亡结果的发生，行为人也就不符合不作为犯罪所要求的条件，从而不构成不作为杀人。

（3）相约自杀中的一方受托杀死另一方。在这种情形中，甲、乙两人相约自杀，乙要求或嘱托甲先杀死乙，甲再自杀。如果双方都死亡了，当然就无法追究谁的刑事责任了。但如果甲按照约定或乙的要求杀死乙后，甲自杀未死，或改变主意未实施自杀行为，甲都构成故意杀人罪。虽然乙是自愿剥夺自己的生命，但是甲直接实施了剥夺乙的生命的行为，甲对此是明知的，只不过是受托杀人。由于我国刑法不认可经他人同意可以剥夺他人生命，因此，受被害人嘱托杀死被害人，构成故意杀人罪，但与普通的故意杀人行为有所区别，量刑时可以从轻处罚。

3. 故意杀人罪未遂与故意伤害罪的区别。在具体案件中行为人故意内容难以确定的，应当首先判断行为人有无伤害故意。如果认定行为人连伤害故意都没有，那么造成他人重伤或死亡结果的，就只能根据行为人有无过失，以过失致人死亡罪或过失致人重伤罪论处，或者以意外事件或一般违法行为处理。如果可以认定行为人具有伤害故意，只是有无杀人故意难以认定的，基于慎重起见，应当以故意伤害罪论处。但是，既有伤害故意，又有间接杀人故意的，应当按照实际造成的结果定罪，即造成死亡结果的，应按（间接）故意杀人罪定罪；造成伤害结果的，应按故意伤害罪定罪。在上述情况中没有造成伤害结果的，应以故意伤害罪（未遂）论处。

4. 实践中夫妻一方自杀的，应当根据具体情况认定另一方的救助义务是否存在，对因先行行为等引起配偶一方自杀的，另一方负有救助的作为义务，如果行为人不履行这一义务导致配偶死亡的，构成故意杀人罪。

第二百三十三条　过失致人死亡罪

【法律规定】

• 法律条文 •

《中华人民共和国刑法》

第二百三十三条　过失致人死亡的，处三年以上七年以下有期徒刑；情节较轻的，处三年以下有期徒刑。本法另有规定的，依照规定。

• 相关规定 •

《最高人民法院关于审理交通肇事刑事案件具体应用法律若干问题的解释》（法释〔2000〕33 号）

第八条　在实行公共交通管理的范围内发生重大交通事故的，依照刑法第一百三十三条和本解释的有关规定办理。

在公共交通管理的范围外，驾驶机动车辆或者使用其他交通工具致人伤亡或者致使公共财产或者他人财产遭受重大损失，构成犯罪的，分别依照刑法第一百三十四条、第一百三十五条、第二百三十三条等规定定罪处罚。

【案例一】

蒋某、李某过失致人死亡案①

• 案件事实 •

2005 年 8 月 13 日上午 9 时许，蒋某、李某受人雇用驾驶苏 B××××的农用车在江苏省无锡市惠山区钱桥镇华新村戴巷桥村道上行驶时，与当地的徐某某驾驶的农用车对向相遇，双方为了让道问题发生争执并扭打。尔后，徐某某持手机打电话，蒋某、李某以为徐某某纠集人员，即上车调转车头欲驾车离开现场。徐某某见状，即冲上前拦在苏 B××××的农用车前方并抓住右侧反光镜，意图阻止蒋某、李某离开。蒋某、李某将徐某某拉至车后，由李某拉住徐某某，蒋某上车驾驶该车以约 20 公里的时速缓慢行驶。后李某放开徐某某

① 参见中华人民共和国最高人民法院刑事审判第一、二、三、四、五庭编：《刑事审判参考》（总第 57 集），法律出版社 2007 年版。

跳上该车的后车厢。徐某某见状迅速追赶，双手抓住该车的右侧护栏欲爬上该车。蒋某在驾车过程中，从驾驶室的后视窗看到徐某某的一只手抓在右侧护栏上，但未停车。李某为了阻止徐某某爬进车厢，将徐某某的双手沿护栏扳开。徐某某因双手被扳开而右倾跌地且面朝下，被该车的右后轮当场碾轧致死。该车开出十余米时，李某拍打驾驶室车顶，将此事告知了蒋某，并下车先行离开。蒋某见状将农用车开到厂里后逃离无锡，后被公安机关抓获。同年8月18日，李某向公安机关投案并如实供述了上述犯罪事实。

• 裁判要旨 •

区分（间接）故意杀人罪与过失致人死亡罪的关键在于行为人主观上是否具有致人死亡的故意。

• 裁判理由 •

江苏省无锡市惠山区人民法院认为：被告人蒋某、李某因让道问题与被害人徐某某发生争执并扭打后，为了摆脱徐某某的纠缠而驾车离开。蒋某在低速行驶过程中看到徐某某的手抓住护栏，其应当预见驾车继续行驶可能发生危害结果，因急于摆脱徐某某的纠缠，疏忽大意而没有预见。李某在车厢内扳徐某某抓住护栏的双手时，已经预见到这一行为可能发生危害结果，但基于被告人蒋某驾车行驶的速度缓慢，轻信低速行驶过程中扳开徐某某双手的行为能够避免危害结果的发生。纵观被告人蒋某、李某各自的主观、客观因素，可以认定蒋某、李某共同的主观目的是摆脱徐某某的纠缠，但二人之间并无意思上的沟通。在危害结果可能发生的情况下，蒋某、李某分别违反了应有的预见义务和应尽的避免义务，从而导致了徐某某死亡结果的发生。蒋某、李某并无共同的致害故意，只是由于对预见义务和避免义务的违反而造成致害的结果，其行为均符合过失致人死亡罪的基本特征。李某自动投案，并如实供述犯罪事实，系自首，可以从轻处罚。公诉机关指控蒋某、李某的行为构成故意杀人罪的定性不准，应予纠正。据此，依照《刑法》第233条、第67条第1款的规定，于2006年3月7日以过失致人死亡罪，分别判处被告人蒋某有期徒刑四年六个月，被告人李某有期徒刑三年六个月。

一审宣判后，被告人蒋某、李某未提起上诉，公诉机关也未提出抗诉，判决已经发生法律效力。

【案例二】

姚某过失致人死亡案①

• 案件事实 •

2003年9月12日上午，姚某借了一台卷扬机放在自己承包装卸活的淮化集团20亩仓库的北门外，然后从该仓库内接电源至卷扬机上。次日晚上干完活后，姚某将连在卷扬机上的电源线拆掉并拉进仓库，因怕电缆线被偷，没有将电源切断，使得电缆线头裸露带电。同月18日早晨，淮化集团工作人员在该仓库内发现张某某的尸体，尸体下面压着姚某私接裸露的电缆线头。经淮南市公安局刑事技术鉴定：死者张某某系电击死亡。

• 裁判要旨 •

过失致人死亡罪与过失以危险方法危害公共安全罪的界限在于是否危及公共安全。

• 裁判理由 •

安徽省淮南市田家庵区人民法院经审理后认为：被告人姚某知道裸露带电的电缆线头可能会造成他人死亡，因怕电缆线被偷，没有将电源切断，以致造成他人触电死亡，其行为已构成过失致人死亡罪。鉴于案发后，被告人姚某能主动赔偿被害人的经济损失，可酌情从轻处罚。公诉机关指控的犯罪事实成立，予以确认；但确定的罪名不准，将仓库界定为公共场所，实属牵强，故不予确认；辩方提出被告人姚某的行为不构成以危险方法危害公共安全罪的意见，理由成立，予以采纳；辩方提出被告人姚某的行为与被害人死亡结果之间不具有因果关系，以及被告人姚某的行为不构成犯罪的意见，与事实不符，与法相悖，不予采纳。安徽省淮南市田家庵区人民法院依照《刑法》第233条的规定，判决如下：被告人姚某犯过失致人死亡罪，判处有期徒刑三年。

判决宣告后，被告人不服，认为其行为不构成犯罪，应宣告其无罪，并上诉至安徽省淮南市中级人民法院。安徽省淮南市中级人民法院经审理后认为：上诉人姚某的行为已构成过失致人死亡罪，应依法惩处。原判定罪准确，量刑适当，审判程序合法。依照《刑事诉讼法》第189条第1项的规定，裁定如下：驳回上诉，维持原判。

---

① 参见国家法官学院、中国人民大学法学院编：《中国审判案例要览（2005年刑事审判案例卷）》，人民法院出版社、中国人民大学出版社2006年版，第184～186页。

【学理分析及适用指引】

• 学理分析 •

过失致人死亡罪，是指行为人因疏忽大意没有预见或者已经预见而轻信能够避免造成他人死亡的行为。本罪的构成要件如下：

1. 本罪的客体。本罪侵犯的客体是他人的生命权。生命权是自然人以其生命维持安全利益为内容的人格权。

2. 本罪的客观方面。本罪在客观方面表现为因过失致使他人死亡的行为。构成本罪，客观方面必须同时具备三个要素：

（1）客观上必须发生致他人死亡的实际后果。这是本罪成立的前提。

（2）行为人必须实施过失致人死亡的行为。此处，行为人的行为可能是有意识的，或者说是故意的，但对致使他人死亡结果发生是没有预见的，是过失。本罪属于结果犯，行为的故意并不影响其对结果的过失。这点同有意识地实施故意剥夺他人生命行为的故意杀人罪不同。过失致人死亡行为可以分为作为的过失致人死亡行为和不作为的过失致人死亡行为两种情况。

（3）行为人的过失行为与被害人死亡的结果之间必须具有直接的因果关系，即被害人死亡是由于行为人的行为造成的。此处的死亡包括当场死亡和因伤势过重或者当时没有救活的条件经抢救而死亡。否则行为人不应承担过失致人死亡罪的刑事责任。如果行为人的过失行为致人重伤，但由于其他人为因素的介入（如医师未予积极抢救或伤口处理不好而感染）致使被害人死亡的，只应追究行为人过失致人重伤罪的刑事责任。

3. 本罪的主体。本罪的主体要件为一般主体，凡达到法定责任年龄且具备刑事责任能力的自然人均能构成本罪。

4. 本罪的主观方面。本罪在主观方面表现为过失，即行为人对其行为的结果抱有过失的心理状态，包括疏忽大意的过失和过于自信的过失。

• 适用指引 •

司法实践中，认定本罪应注意：

1. 过失致人死亡罪与交通肇事罪的界限。2000 年 11 月 10 日《最高人民法院关于审理交通肇事刑事案件具体应用法律若干问题的解释》第 8 条规定：在实行公共交通管理的范围内发生重大交通事故的，依照《刑法》第 133 条和本解释的有关规定办理。在公共交通管理的范围外，驾驶机动车辆或者使用其他交通工具致人伤亡或者致使公共财产或者他人财产遭受重大损失，构成犯罪的，分别依照《刑法》第 134 条～第 135 条、第 233 条等规定定罪处罚。

由此可见，只有在公共交通管理范围之内发生交通事故，如在公路上发生交通事故，才可能危及交通运输安全，才可能构成交通肇事罪，而在公共交通管理范围之外发生交通事故，如在机关、学校、封闭的住宅小区等发生交通事故，则不可能危及交通运输安全，当然也就不可能构成交通肇事罪。

2. 过失致人死亡罪与过失以危险方法危害公共安全罪的界限。理论上一般认为，区分过失以危险方法危害公共安全罪与过失致人死亡罪的关键是看行为是否具有危害公共安全的性质。在过失以危险方法危害公共安全罪的场合，行为一经实施，在客观上就具有造成不特定多数人的生命、健康或重大公私财产遭受损害的性质。不具有危害公共安全性质的过失致人死亡的行为，不可能构成过失以危险方法危害公共安全罪。

3. 过失致人死亡罪，是指由于普通过失而致人死亡的行为，如果是在业务过失的情况下导致他人死亡的，则构成其他犯罪，不能以过失致人死亡罪论处。普通过失，即日常生活过程中的过失；业务过失，即在履行职务、职责过程中的过失，如在交通运输、医疗过程中的过失导致他人死亡的，不以过失致人死亡罪论处，而是以交通肇事罪、医疗事故罪、危险物品肇事罪等论处。从另外一个角度讲，《刑法》第 233 条属于一般性规定，是普通法条，而《刑法》分则某些条文所规定的过失犯罪，尤其是事故犯罪常常也会导致他人伤亡，相对第 233 条而言，可以认为是特殊条款、特别法条。规定这些犯罪的法条与规定过失致人死亡的法条形成特别法条与普通法条的关系，在这种情况下，应按特别法条论处，而不定过失致人死亡罪。

第二百三十四条　故意伤害罪

【法律规定】

• 法律条文 •

《中华人民共和国刑法》

第二百三十四条　故意伤害他人身体的，处三年以下有期徒刑、拘役或者管制。

犯前款罪，致人重伤的，处三年以上十年以下有期徒刑；致人死亡或者以特别残忍手段致人重伤造成严重残疾的，处十年以上有期徒刑、无期徒刑或者死刑。本法另有规定的，依照规定。

• 相关规定 •

《中华人民共和国刑法》

第二百三十八条 非法拘禁他人或者以其他方法非法剥夺他人人身自由的，处三年以下有期徒刑、拘役、管制或者剥夺政治权利。具有殴打、侮辱情节的，从重处罚。

犯前款罪，致人重伤的，处三年以上十年以下有期徒刑；致人死亡的，处十年以上有期徒刑。使用暴力致人伤残、死亡的，依照本法第二百三十四条、第二百三十二条的规定定罪处罚。

为索取债务非法扣押、拘禁他人的，依照前两款的规定处罚。

国家机关工作人员利用职权犯前三款罪的，依照前三款的规定从重处罚。

第二百四十七条 司法工作人员对犯罪嫌疑人、被告人实行刑讯逼供或者使用暴力逼取证人证言的，处三年以下有期徒刑或者拘役。致人伤残、死亡的，依照本法第二百三十四条、第二百三十二条的规定定罪从重处罚。

第二百四十八条第一款 监狱、拘留所、看守所等监管机构的监管人员对被监管人进行殴打或者体罚虐待，情节严重的，处三年以下有期徒刑或者拘役；情节特别严重的，处三年以上十年以下有期徒刑。致人伤残、死亡的，依照本法第二百三十四条、第二百三十二条的规定定罪从重处罚。

第二百八十九条 聚众“打砸抢”，致人伤残、死亡的，依照本法第二百三十四条、第二百三十二条的规定定罪处罚。毁坏或者抢走公私财物的，除判令退赔外，对首要分子，依照本法第二百六十三条的规定定罪处罚。

第二百九十二条 聚众斗殴的，对首要分子和其他积极参加的，处三年以下有期徒刑、拘役或者管制；有下列情形之一的，对首要分子和其他积极参加的，处三年以上十年以下有期徒刑：

（一）多次聚众斗殴的；

（二）聚众斗殴人数多，规模大，社会影响恶劣的；

（三）在公共场所或者交通要道聚众斗殴，造成社会秩序严重混乱的；

（四）持械聚众斗殴的。

聚众斗殴，致人重伤、死亡的，依照本法第二百三十四条、第二百三十二条的规定定罪处罚。

第三百一十八条 组织他人偷越国（边）境的，处二年以上七年以下有期徒刑，并处罚金；有下列情形之一的，处七年以上有期徒刑或者无期徒刑，并处罚金或者没收财产：

（一）组织他人偷越国（边）境集团的首要分子；

（二）多次组织他人偷越国（边）境或者组织他人偷越国（边）境人数众多的；

（三）造成被组织人重伤、死亡的；

（四）剥夺或者限制被组织人人身自由的；

（五）以暴力、威胁方法抗拒检查的；

（六）违法所得数额巨大的；

（七）有其他特别严重情节的。

犯前款罪，对被组织人有杀害、伤害、强奸、拐卖等犯罪行为，或者对检查人员有杀害、伤害等犯罪行为的，依照数罪并罚的规定处罚。

《最高人民法院关于审理偷税抗税刑事案件具体应用法律若干问题的解释》（法释〔2002〕33 号）

第六条第一款 实施抗税行为致人重伤、死亡，构成故意伤害罪、故意杀人罪的，分别依照刑法第二百三十四条第二款、第二百三十二条的规定定罪处罚。

《最高人民法院关于审理交通肇事刑事案件具体应用法律若干问题的解释》（法释〔2000〕33 号）

第六条 行为人在交通肇事后为逃避法律追究，将被害人带离事故现场后隐藏或者遗弃，致使被害人无法得到救助而死亡或者严重残疾的，应当分别依照刑法第二百三十二条、第二百三十四条第二款的规定，以故意杀人罪或者故意伤害罪定罪处罚。

《全国法院维护农村稳定刑事审判工作座谈会纪要》（法〔1999〕217 号）

二、

（一）关于故意杀人、故意伤害案件

……要注意严格区分故意杀人罪与故意伤害罪的界限。在直接故意杀人与间接故意杀人案件中，犯罪人的主观恶性程度是不同的，在处刑上也应有所区别。间接故意杀人与故意伤害致人死亡，虽然都造成了死亡后果，但行为人故意的性质和内容是截然不同的。不注意区分犯罪的性质和故意的内容，只要有死亡后果就判处死刑的做法是错误的，这在今后的工作中，应当予以纠正。对于故意伤害致人死亡，手段特别残忍，情节特别恶劣的，才可以判处死刑。

要准确把握故意伤害致人重伤造成“严重残疾”的标准。参照 1996 年国家技术监督局颁布的《职工工伤与职业病致残程度鉴定标准》（以下简称“工伤标准”），刑法第二百三十四条第二款规定的“严重残疾”是指下列情形之一：被害人身体器官大部缺损、器官明显畸形、身体器官有中等功能障碍、造成严重并发症等。残疾程度可以分为一般残疾（十至七级）、严重残疾（六至三级）、特别严重残疾（二至一级），六级以上视为“严重残疾”。在有关司法解释出台前，可统一参照“工伤标准”确定残疾等级。实践中，并不是只要达到“严重残疾”就判处死刑，还要根据伤害致人“严重残疾”的具体情况，综合考虑犯罪情节和危害后果来决定刑罚。故意伤害致重伤造成严重残疾，只有犯罪手段特别残忍，后果特别严重的，才能考虑适用死刑（包括死刑，缓期二年执行）。

《最高人民法院、最高人民检察院关于办理妨害预防、控制突发传染病疫情等灾害的刑事案件具体应用法律若干问题的解释》（法释〔2003〕8号）

第九条 在预防、控制突发传染病疫情等灾害期间，聚众“打砸抢”，致人伤残、死亡的，依照刑法第二百八十九条、第二百三十四条、第二百三十二条的规定，以故意伤害罪或者故意杀人罪定罪，依法从重处罚。对毁坏或者抢走公私财物的首要分子，依照刑法第二百八十九条、第二百六十三条的规定，以抢劫罪定罪，依法从重处罚。

《最高人民法院、最高人民检察院、公安部、司法部关于依法办理家庭暴力犯罪案件的意见》（法发〔2015〕4号）

三、定罪处罚

16. 依法准确定罪处罚。对故意杀人、故意伤害、强奸、猥亵儿童、非法拘禁、侮辱、暴力干涉婚姻自由、虐待、遗弃等侵害公民人身权利的家庭暴力犯罪，应当根据犯罪的事实、犯罪的性质、情节和对社会的危害程度，严格依照刑法的有关规定判处。对于同一行为同时触犯多个罪名的，依照处罚较重的规定定罪处罚。

17. 依法惩处虐待犯罪……准确区分虐待犯罪致人重伤、死亡与故意伤害、故意杀人犯罪致人重伤、死亡的界限，要根据被告人的主观故意、所实施的暴力手段与方式、是否立即或者直接造成被害人伤亡后果等进行综合判断。对于被告人主观上不具有侵害被害人健康或者剥夺被害人生命的故意，而是出于追求被害人肉体和精神上的痛苦，长期或者多次实施虐待行为，逐渐造成被害人身体损害，过失导致被害人重伤或者死亡的；或者因虐待致使被害人不堪忍受而自残、自杀，导致重伤或者死亡的，属于刑法第二百六十条第二款规定的虐待“致使被害人重伤、死亡”，应当以虐待罪定罪处罚。对于被告人虽然实施家庭暴力呈现出经常性、持续性、反复性的特点，但其主观上具有希望或者放任被害人重伤或者死亡的故意，持凶器实施暴力，暴力手段残忍，暴力程度较强，直接或者立即造成被害人重伤或者死亡的，应当以故意伤害罪或者故意杀人罪定罪处罚。

【案例一】

黄某故意伤害案[①]

● 案件事实 ●

曾某为了诈骗保险金，找到黄某，劝说黄某砍掉他的双脚，用以向保险公司诈骗，并承诺将所得高额保险金中的16万元用于偿还所欠黄某10万元债务本金及利息。黄某在曾某的多次劝说下答应与曾某一起实施保险诈骗。之后，由曾某确定砍脚的具体部位，由黄某准备砍刀、塑料袋等作案工具，在福建省南平市辖区内寻找地点，伺机实施。2003年6月17日晚9时许，曾某按事先与黄某之约驾驶自己的二轮摩托车到南平市滨江路盐政大厦对面，载上携带砍刀等作案工具的黄某到南平市环城路闽江局仓库后山小路，黄某用随身携带的砍刀将曾某双下肢膝盖以下脚踝以上的部位砍断，之后，黄某将砍下的双脚装入事先准备好的塑料袋内，携带砍刀骑着曾某的摩托车逃离现场，在逃跑途中分别将两只断脚、砍刀及摩托车丢弃。曾某在黄某离开后呼救，被周围群众发现后报警，后被接警而至的110民警送医院抢救。经法医鉴定与伤残评定，曾某的伤情属重伤，伤残评定为三级。曾某于2003年6月17日至2003年7月10日在中国人民解放军第九十二医院住院治疗23天，共花去医疗费10055.05元。

● 裁判要旨 ●

应被害人要求而伤害被害人身体，造成重伤的，不适用被害人承诺免责的理论，应以故意伤害罪论处。

● 裁判理由 ●

福建省南平市延平区人民法院经审理认为：被告人曾某作为投保人、被保险人和受益人，伙同他人故意造成自己伤残，企图骗取数额特别巨大的保险金，其行为已构成保险诈骗罪；被告人黄某故意伤害他人身体，致人重伤，其行为已构成故意伤害罪。公诉机关指控被告人曾某犯保险诈骗罪、黄某犯故意伤害罪罪名成立。依照《刑法》第198条第1款第5项，第234条第2款，第3条，第22条，第23条，第65条第1款、第2款，第52条，第36条第1款和《民法通则》第119条的规定，判决如下：一、被告人黄某犯故意伤害罪，

---

① 参见中华人民共和国最高人民法院刑事审判第一庭、第二庭编：《刑事审判参考》（总第38辑），法律出版社2004年版，第88～93页。

判处有期徒刑六年。二、被告人曾某犯保险诈骗罪，判处有期徒刑五年六个月，并处罚金人民币 3 万元。三、附带民事诉讼被告人黄某应赔偿附带民事诉讼原告曾某经济损失共计人民币 53492.5 元。四、驳回附带民事诉讼原告人曾某的其他诉讼请求。

一审宣判后，被告人曾某、黄某均不服，向福建省南平市中级人民法院提出上诉。其中，上诉人黄某及其辩护人提出，上诉人黄某伤害他人的行为是受曾某教唆和胁迫，原判对其量刑畸重。福建省南平市中级人民法院经审理认为：对上诉人黄某及其辩护人提出原判对其量刑畸重的诉辩意见，原判根据其犯罪事实和法律规定，对其处以的刑罚适当，故其上诉理由和辩护意见均不能成立，不予采纳。原判决认定事实清楚，证据确凿，定罪准确，量刑适当，审判程序合法。依照《刑事诉讼法》第 189 条第 1 项之规定，裁定驳回曾某、黄某的上诉，维持原判。

【案例二】

陈某勇故意伤害案①

• 案件事实 •

陈某勇和费某某、路某、樊某某等人同在北京市丰台区某楼房暂住。2004 年 4 月 13 日，陈某勇酒后回到上述楼房 3 层楼道处时，因故与费某某、路某、樊某某等人发生争执，费某某对陈某勇进行殴打，后被他人劝开。此后，陈某勇图谋报复，遂纠集张某等人返回到上述地点，陈某勇和张某持刀破门闯入费某某、路某、樊某某暂住的该楼 325 房间卧室内，致使费某某、路某、樊某某从 3 层的窗户跳下，最终造成路某颅脑损伤合并创伤失血性休克死亡、费某某经医院抢救无效感染中毒性休克死亡和樊某某轻伤的后果。

• 裁判要旨 •

图谋报复，持刀闯入他人住宅欲行伤害，致使被害人跳楼而亡，其行为构成故意伤害罪。

• 裁判理由 •

一审法院经审理认为：被告人陈某勇因琐事与被害人发生争执后不能正确处理，竟纠集他人持刀闯入被害人的屋内，欲故意对被害人进行伤害，造成被

① 参见北京市第二中级人民法院（2005）二中刑初字第 23 号；二审北京市高级人民法院（2005）高刑终字第 255 号。

害人从3层楼跳下，最终导致2人死亡、1人轻伤的严重后果，其行为已构成故意伤害罪，犯罪性质恶劣，情节、后果严重，应依法惩处。被告人陈某勇确曾实施了非法侵入他人临时住宅的行为，虽然其未伤害被害人的身体，但陈某勇非法侵入他人住宅的目的是伤害他人的身体，同时也实施了具体的行为，故陈某勇的行为应认定为故意伤害，而不是非法侵入他人住宅。鉴于被害人在案件的起因上负有一定责任，故以故意伤害罪判处陈某勇无期徒刑，剥夺政治权利终身。

一审宣判后，陈某勇不服，提出上诉。二审法院经审理裁定驳回上诉，维持原判。

【学理分析及适用指引】

• 学理分析 •

故意伤害罪，是指故意非法损害他人身体健康的行为。本罪的构成要件如下：

1. 本罪的客体。本罪侵犯的客体是他人的身体健康。

2. 本罪的客观方面。客观方面表现为非法损害他人身体健康的行为。这种行为必须是非法的。正当防卫致非法侵害人伤害的行为，是合法的、对社会有益的行为，依照法律规定，不构成犯罪。故意伤害的手段是多种多样的。伤害的结果，可能是轻伤、重伤，也可能是致人死亡。根据《刑法》第95条规定，重伤，是指使人肢体残废或者毁人容貌，使人丧失听觉、视觉或者其他器官机能，以及其他对于人身健康有重大伤害的情形。这是区分重伤害与轻伤害的法律依据。轻伤，是指物理、化学和生物等各种外界因素作用于人体，造成组织、器官结构一定程度的损害或者部分功能障碍，尚不构成重伤，又不属轻微伤害的损伤的情形。

3. 本罪的主体。犯罪主体为一般主体。

4. 本罪的主观方面。主观方面由故意构成，包括直接故意和间接故意。

• 适用指引 •

司法实践中，认定本罪应注意：

1. 被害人承诺伤害。在被害人承诺伤害的情况下，对造成重伤结果的行为，应当认定为成立故意伤害罪；造成轻伤结果的行为原则上不成立本罪。但是，如果伤害行为严重违反法律规范或社会伦理，也可以成立本罪。

2. 本罪的罪数问题。对于故意伤害罪的罪数区分，应当按照一罪与数罪的标准予以解决。所要注意的是，当伤害行为属于其他重罪的法定手段时，不得认定为数罪，而应认定为其他重罪。如为劫持财物而故意伤害他人身体。

3. 本罪与故意杀人罪的界限。就一般情况而言，两罪并不难区分，但在遇到故意杀人未遂造成伤害或故意伤害致人死亡两种情况时，两罪易混淆。要把握两罪的主要区别在于行为人是否以非法剥夺他人生命为故意内容。如果行为人无非法剥夺他人生命的故意，而只有伤害他人健康的故意，即使行为客观上导致了他人的死亡，也只能以故意伤害罪致死认定；如果行为人有非法剥夺他人生命的故意，即使其行为没有造成他人死亡的结果，也构成故意杀人罪（未遂）。司法实践中，要认定行为人的故意内容是伤害还是杀人，应遵循主观、客观相一致的原则，查明案件的全部事实，从行为人与被害人的关系、案件的起因、经过、结果、作案的手段、使用的工具、打击的部位、强度、作案的时间、地点、环境条件、行为人作案前后的表现等方面入手，进行综合分析、判断。

4. 本罪与过失致人死亡罪的界限。在故意伤害致死的情况下，二者相近之处是：在客观上都造成了被害人死亡的结果，在主观上行为人对死亡结果的发生往往表现为过失的心理态度。两罪根本区别在于：前罪具有伤害他人的故意，其死亡结果是行为人意志以外的原因造成的；而后罪没有犯罪的故意，是由于过失致人死亡。实践中，依据案情查明行为人有无犯罪故意，对划清两罪的界限至关重要。

第二百三十四条之一　组织出卖人体器官罪

【法律规定】

• 法律条文 •

《中华人民共和国刑法》

第二百三十四条之一　组织他人出卖人体器官的，处五年以下有期徒刑，并处罚金；情节严重的，处五年以上有期徒刑，并处罚金或者没收财产。

未经本人同意摘取其器官，或者摘取不满十八周岁的人的器官，或者强迫、欺骗他人捐献器官的，依照本法第二百三十四条、第二百三十二条的规定定罪处罚。

违背本人生前意愿摘取其尸体器官，或者本人生前未表示同意，违反国家规定，违背其近亲属意愿摘取其尸体器官的，依照本法第三百零二条的规定定罪处罚。

• 相关规定 •

《国务院人体器官移植条例》（国务院令第491号）

第二条　在中华人民共和国境内从事人体器官移植，适用本条例；从事人体细胞和角膜、骨髓等人体组织移植，不适用本条例。

本条例所称人体器官移植，是指摘取人体器官捐献人具有特定功能的心脏、肺脏、肝脏、肾脏或者胰腺等器官的全部或者部分，将其植入接受人身体以代替其病损器官的过程。

第三条 任何组织或者个人不得以任何形式买卖人体器官，不得从事与买卖人体器官有关的活动。

第七条 人体器官捐献应当遵循自愿、无偿的原则。

公民享有捐献或者不捐献其人体器官的权利；任何组织或者个人不得强迫、欺骗或者利诱他人捐献人体器官。

第八条 捐献人体器官的公民应当具有完全民事行为能力。公民捐献其人体器官应当有书面形式的捐献意愿，对已经表示捐献其人体器官的意愿，有权予以撤销。

公民生前表示不同意捐献其人体器官的，任何组织或者个人不得捐献、摘取该公民的人体器官；公民生前未表示不同意捐献其人体器官的，该公民死亡后，其配偶、成年子女、父母可以以书面形式共同表示同意捐献该公民人体器官的意愿。

第九条 任何组织或者个人不得摘取未满 18 周岁公民的活体器官用于移植。

第十条 活体器官的接受人限于活体器官捐献人的配偶、直系血亲或者三代以内旁系血亲，或者有证据证明与活体器官捐献人存在因帮扶等形成亲情关系的人员。

【案例】

郑伟等组织出卖人体器官案①

• 案件事实 •

2009 年年底至 2010 年年初，被告人郑伟在了解到北京市各大医院有大量肾病患者急需实施肾脏移植手术的信息后，经与北京某医院泌尿外科主任叶某接洽，以能够帮助该医院提供进行肾脏移植手术的患者以及尸体肾源为由，取得对方同意，确定由某医院作为其所提供他人已摘除肾脏的移植手术实施地点。同年 3 月，被告人郑伟通过他人结识被告人周鹏，并向周鹏提出通过有偿收购肾脏的方式招募肾脏供体，非法实施人体肾脏摘除手术，由其组织人员将上述肾脏转售给肾病患者，进而谋取经济利益的方案。被告人周鹏对郑伟的上

① 参见北京市第一中级人民法院（2014）一中刑终字第 2489 号。

述提议予以应允，随后根据郑伟的要求在徐州寻找实施人体肾脏手术的医疗机构和手术医师。同年4月至8月，被告人周鹏承租了江苏省徐州市泉山区火花社区卫生服务中心，在此非法实施人体肾脏摘除手术数十例，由被告人郑伟将摘除后的肾脏送往北京某医院，经郑伟组织人员向29名患者收取肾源费用后，联系安排该29名患者在某医院实施了肾脏移植手术。在此期间，被告人郑伟、周鹏招募被告人赵健作为肾脏摘除手术的主刀医师，被告人赵健邀约被告人杨国忠参与实施肾脏摘除手术，被告人杨国忠召集单位同事赵辉（江苏籍，另案处理）作为麻醉师，协助完成手术；被告人郑伟招募被告人支有光负责供体的术后护理工作。

2010年9月至2010年12月，被告人郑伟承租北京市海淀区某小区某房间，将此处作为非法实施人体肾脏摘除手术的地点，实施人体肾脏拆除手术22例，由被告人郑伟将摘除后的肾脏送往北京某医院，经郑伟组织人员向29名患者收取肾源费用后，联系安排该29名患者在某医院实施了肾脏移植手术。被告人周鹏、赵健、杨国忠以及另案处理人员赵辉（江苏籍）在此期间继续参与手术实施相关工作，被告人支有光不仅参与供体术后护理工作，亦与被告人樊海雁协助赵健、杨国忠、赵辉（江苏籍）实施肾脏摘除手术；被告人郑伟招募被告人王芳红、王亚兰，在此从事供体手术前后的护理工作。

被告人郑伟通过下列人员具体从事招募、管理供体以及联系介绍肾病患者的工作：被告人李晓铭自2010年5月、被告人赵辉（黑龙江籍）及周倩自2010年7月开始主要负责介绍肾病患者向被告人郑伟购买肾脏；被告人翟德超、刘保自2010年7月开始主要负责寻找肾脏供体，并在北京市海淀区某村租住房屋，用以安置、管理肾脏供体，被告人翟德超还参与介绍肾病患者李某超向被告人郑伟购买肾脏；被告人王英自2010年9月开始，积极协助被告人郑伟，从事接送手术医生与肾脏供体、与受体商谈价格、向供体支付卖肾款、向翟德超、李晓铭、赵辉、王芳红、王亚兰等人支付报酬等工作；被告人苏振华自2010年11月开始，在北京市海淀区某村租住房屋，对供体进行管理。后被告人郑伟等15人先后被抓获。

经核实，被告人郑伟等人共非法买卖人体肾脏51个，涉案金额达人民币1034万余元。案发后，公安机关冻结涉案账户资金人民币160余万元，扣押现金人民币21149.5元，扣押大众牌汽车1辆以及大量涉案物品。

• 裁判要旨 •

为牟取经济利益，组织他人出卖人体器官，情节严重，其行为均已构成组织出卖人体器官罪。

• 裁判理由 •

北京市海淀区人民法院于2014年3月5日作出（2012）海刑初字第3637号刑事判决：被告人郑伟、周鹏、李晓铭、翟德超、赵辉、周倩、王英、赵健、杨国忠、支有光、刘保、苏振华、樊海雁、王芳红、王亚兰为谋取经济利益，组织他人出卖人体器官，情节严重，其行为均已构成组织出卖人体器官罪，应予惩处。关于多名辩护人所提对本案被告人的行为定罪处罚缺乏法律依据，即使定罪，也应定非法经营罪的辩护意见，法院认为，对上述意见，应分为两个层次予以回应：

首先，郑伟等15名被告人的行为是否应当定罪处罚？按照理论通说，人体器官在我国属于禁止交易的物品，自2007年5月1日起，在我国施行的《人体器官移植条例》明确规定任何组织或者个人不得以任何形式买卖人体器官，不得从事与买卖人体器官有关的活动，这一规定将理论通说上升至国家法律层面。将人体器官作为商品买卖，不仅有违伦理道德，而且严重破坏了我国对于人体器官移植行为的管理秩序，给器官提供者与接受者的身体健康乃至生命安全带来巨大风险；同时，从事人体器官买卖活动的人员在高额利润的驱使下，还可能滋生其他违法犯罪活动。因此，基于上述法律规定以及郑伟等人组织出卖人体器官活动的现实危害性，对其行为确有定罪处罚的必要。

其次，对郑伟等15名被告人行为的定性问题，即适用何种罪名予以处罚？被告人郑伟等人非法买卖人体器官的行为确实发生在“组织出卖人体器官罪”这一罪名出台之前，但法庭注意到，对非法买卖人体器官的行为之前已有定罪处罚的先例，是以非法经营罪定罪处罚；那么在本案中，被告人郑伟等人行为的基本模式就是通过压低供体出卖人体器官的价格，抬高受体购买人体器官的价格，从而赚取高额利润，郑伟雇用、招募人员的所有活动都是围绕人体器官买卖这一核心环节进行；由此可以看出，被告人郑伟等人的行为与之前因从事人体器官买卖活动依照非法经营罪定罪处罚的人员的行为在实质上并无差异。对于同种行为，由于《刑法》的修订，就产生了适用何种罪名的问题。我国《刑法》在这一问题上采用的是“从旧兼从轻”的立场，即在《刑法》修订前后，对同种行为均认为是犯罪的，则适用处罚较轻的法律规定。就被告人郑伟等人的具体犯罪行为所应适用的法定刑幅度而言，在非法经营罪和组织出卖人体器官罪中，法定最高刑均为可判处十五年有期徒刑，并处没收财产；但在法定最低刑方面，非法经营罪是判处五年有期徒刑，并处违法所得一倍以上罚金，而组织出卖人体器官罪则是判处五年有期徒刑，并处罚金。根据相关司法解释，对成年被告人判处的罚金最低数额为人民币1000元，而本案各被告人的违法所得均远超1000元，那么在依照组织出卖人体器官罪定罪处罚时，判处的罚金数额会低于依照非法经营罪判处的数额。两相比较，在本案中，组织出卖人体器官罪的规定属于处罚较轻的法律规定。因此，对郑伟等 15 名被告人的行为应依照组织出卖人体器官罪定罪处罚。

被告人郑伟犯组织出卖人体器官罪，判处有期徒刑十二年，罚金人民币 200 万元，剥夺政治权利三年。被告人周鹏犯组织出卖人体器官罪，判处有期徒刑九年，罚金人民币 50 万元，剥夺政治权利二年。被告人赵健犯组织出卖人体器官罪，判处有期徒刑七年六个月，罚金人民币 15 万元，剥夺政治权利一年。被告人李晓铭犯组织出卖人体器官罪，判处有期徒刑七年六个月，罚金人民币 15 万元，剥夺政治权利一年。被告人翟德超犯组织出卖人体器官罪，判处有期徒刑七年六个月，罚金人民币 15 万元，剥夺政治权利一年。被告人赵辉犯组织出卖人体器官罪，判处有期徒刑六年六个月，罚金人民币 10 万元。被告人杨国忠犯组织出卖人体器官罪，判处有期徒刑六年六个月，罚金人民币 10 万元。被告人支有光犯组织出卖人体器官罪，判处有期徒刑五年六个月，罚金人民币 6 万元。被告人周倩犯组织出卖人体器官罪，判处有期徒刑五年六个月，罚金人民币 6 万元。被告人王英犯组织出卖人体器官罪，判处有期徒刑五年，罚金人民币 5 万元。被告人樊海雁犯组织出卖人体器官罪，判处有期徒刑四年，罚金人民币 2 万元。被告人刘保犯组织出卖人体器官罪，判处有期徒刑四年，罚金人民币 2 万元。撤销被告人苏振华犯赌博罪，判处有期徒刑一年，缓刑一年，罚金人民币 5000 元之缓刑部分；被告人苏振华犯组织出卖人体器官罪，判处有期徒刑三年，罚金人民币 1 万元，与前罪判处的刑罚并罚，决定执行有期徒刑三年八个月，罚金人民币 15000 元。被告人王芳红犯组织出卖人体器官罪，判处有期徒刑三年六个月，罚金人民币 1 万元。被告人王亚兰犯组织出卖人体器官罪，判处有期徒刑三年六个月，罚金人民币 1 万元。在案冻结的人民币 1658191. 32 元及孳息、在案扣押的人民币 21149. 5 元以及其他相关物品，均依法处置。

宣判后，郑伟、周鹏、赵辉、周倩、樊海雁、王芳红、王亚兰对判决不服，均提出上诉。北京市第一中级人民法院于 2014 年 8 月 20 日作出（2014）一中刑终字第 2489 号刑事裁定：驳回上诉人的上诉，维持原判。

【学理分析及适用指引】

• 学理分析 •

目前，世界性的问题是移植器官需求量与供给量之间严重的不平衡，导致每年都有很多人因得不到合适的器官移植而死亡，由此还滋生了买卖人体器官的现象。由于人体器官具有不可再生性，买卖人体器官不符合人道主义，因此世界上绝大多数国家都严禁买卖人体器官。在这一背景下，《刑法修正案（八）》将非法买卖人体器官的行为纳入刑法处罚范围，规定了组织出卖人体器官罪。① 在我国现行法律框架下，人体器官虽然可以捐献但不允许买卖，不论是否征得被害人的同意，摘取他人器官进行买卖都属于违法行为，其中，对于组织他人出卖人体器官的行为，根据《刑法修正案（八）》，应以组织出卖人体器官罪论处，这一刑事立法符合世界趋势以及社会发展的需要。

组织出卖人体器官罪指行为人实施领导、指挥、策划、招募、安排、控制他人出卖人体器官的行为。本罪的构成要件如下：

1. 本罪的客体是复杂客体，即侵犯了国家人体器官移植管理制度，同时也侵害了公民人身权。

2. 本罪的客观方面，表现为实施领导、指挥、策划、招募、安排、控制他人出卖人体器官的行为。本罪的行为方式主要有三种：

（1）"黑中介"组织他人出卖自身的器官。

（2）行为人主要从事收购"黑中介"所获得的器官，然后再出卖给他人。

（3）行为人以收购人体器官为主要活动，意图从事出卖活动的行为，其收购的对象包含以窃取、伤害、杀害等手段而得来的器官。第一种行为是典型的"组织他人出卖人体器官"的行为，后两种则主要表现为"贩卖"，而且后两种行为往往与前者有着密切的黑色交易联系。对所有这些以营利为目的组织他人进行收购人体器官、出卖人体器官的行为均应当纳入本罪的范畴。"组织"行为具有领导、指挥、策划、招募、安排、控制等含义，在具体的犯罪构成中，符合其中一种的即可认定为"组织"。组织者往往以给器官捐献者支付报酬为诱饵，拉拢他人进行器官出卖。这种出卖行为得到了受害人的同意，可以认定构成本罪。如果违背他人意愿，摘取他人器官的，不构成组织出卖人体器官罪，而应按照故意伤害罪或故意杀人罪处理。

3. 本罪主体是一般主体，指具备刑事责任能力的自然人。

4. 本罪主观方面是故意且为直接故意，行为人一般出于非法牟利的经济目的。

• 适用指引 •

1. 组织出卖人体器官罪与故意伤害罪、故意杀人罪的界限。《刑法修正案（八）》规定，未经本人同意摘取其器官，或者摘取不满 18 周岁的人的器官，或者强迫、欺骗他人捐献器官的，依照故意伤害罪、故意杀人罪的规定定罪处罚。按照《刑法修正案（八）》的规定，违背他人意愿摘取器官，应该构成故意伤害罪或者故意杀人罪。违背他人意愿摘取器官是对器官提供者自主决定权的侵犯，这种自主决定权包括提供者的知情同意权、拒绝权、临时放弃权等。由于提供者并未同意摘取自己的器官或者同意无效，所以这种摘取行为侵害了

① 在《刑法修正案（八）》出台之前，该类行为在司法实践中一般以非法经营罪论处。

提供者的身体健康权甚至是生命权。对此，要注意如下几点：

（1）只有完全行为能力人才可以作出自主决定。无行为能力人、限制行为能力人无权决定，其监护人、法定代理人也无权代理处分。

（2）不满18周岁的未成年人的处分行为是无效的，未成年人由于心智发育并不完全，他可能并不理解器官摘除的真正后果，因此摘取不满18周岁的人的器官，即便是未成年人同意，这种同意也是无效的，摘取行为构成故意伤害罪或故意杀人罪。同样，未成年人的监护人、法定代理人的代理处分行为也是无效的。

（3）强迫、欺骗他人捐献器官的行为不能定组织出卖人体器官罪。强迫是指使用暴力、胁迫或其他方法足以压制一般人的反抗，使他人器官被迫摘除，如采用麻醉手段摘除他人器官。欺骗是指虚构事实、隐瞒真相，使他人陷入错误认识，进而处分自己的器官，这种处分行为是无效的，比如医师不履行告知义务，谎称器官病变需要摘除。对上述行为不能认定为组织出卖人体器官罪，根据具体情况分别认定为故意伤害罪或者故意杀人罪。违背他人意愿摘取器官是构成故意杀人罪还是故意伤害罪，关键看摘取人是否具有剥夺他人生命的故意。如果摘除他人的重要器官足以导致他人死亡，则一般应认定为故意杀人罪，如摘除他人的心脏、全部的肝脏等；再如行为人摘取他人器官后将其抛弃在隐蔽地带使其无法被别人发现，或者摘取他人器官后未进行有效的医疗处理导致其死亡的，也可构成故意杀人罪。

2. 非法摘取尸体器官的处理。《刑法修正案（八）》规定，违背本人生前意愿摘取其尸体器官，或者本人生前未表示同意，违反国家规定，违背其近亲属意愿摘取其尸体器官的，依照《刑法》第302条的盗窃、侮辱尸体罪定罪处罚。这包括两种情况：

（1）受害者本人生前曾拒绝捐献器官。受害者本人生前明确表示拒绝捐献器官，而他人在其死后将其尸体器官摘取的，构成盗窃、侮辱尸体罪。只要受害者本人生前明确拒绝捐献器官，其死后无论是其近亲属、医师、单位等均不能行使捐献其器官的决定权。

（2）本人生前未明示是否愿意捐献器官，死后其家属也未明确表示是否愿意捐献该人的尸体器官。受害者本人在生前如果未曾明确表示是否捐献器官，近亲属有权决定是否捐献死者器官，倘若近亲属也未曾表示是否捐献死者器官，摘取死者器官的行为就侵犯了遗属的尊严，构成盗窃、侮辱尸体罪。

3. 本罪惩罚的对象是出卖他人人体器官的组织者。那么，对于个人出卖自己器官的行为，能否适用本罪，如何处理？首先，将个人出卖自己器官的行为纳入刑法处罚的范围并不合理。因为个人对自己身体拥有完全的排他的处分权，法律应该给予充分的尊重。其次，从实际效果来看，此种行为毕竟是不利于己而有利于他人，并没有造成较大的社会危害性，所侵害的法益也只是人道主义的公序良俗原则。

法律规定未经本人同意不得私自摘取其器官，说明成年人对自身的器官是具有自主处分权的，虽然目前我们在实行器官捐赠时都是无偿的，但法律并未规定收取适当的营养费是违法的。从常理来看，捐献者本人的身体也会因为捐献器官而受到一定程度的损害，因此收取适当营养费也是合情合理的。但是如何认定是否在“合理”范围，应该就各地情形制定不同的标准。无偿原则并非绝对，如果过分地强调“无偿”，当器官捐献者在进行器官捐献之后身体健康出现问题时，其合法权益就得不到法律保障，这是很不公平的，而且其产生的社会影响将是巨大的，不利于鼓励潜在的器官捐献者捐献自己的器官。这种补偿制度，无疑是对无偿捐献者最大的尊重和保护，也是对潜在捐献者的一种激励，使他们在捐献自己器官的时候没有后顾之忧。

第二百三十五条　过失致人重伤罪

【法律规定】

• 法律条文 •

《中华人民共和国刑法》

第二百三十五条　过失伤害他人致人重伤的，处三年以下有期徒刑或者拘役。本法另有规定的，依照规定。

• 相关规定 •

《中华人民共和国刑法》第三百条第二款

组织、利用会道门、邪教组织或者利用迷信蒙骗他人，致人重伤、死亡的，依照前款的规定处罚。

【案例】

王某某过失致人死亡案①

• 案件事实 •

2011年10月15日8时许，王某某在上海某某新型建筑材料有限公司员工宿舍楼顶搬运角铁过程中，为图方便，将一根L型角铁从楼顶扔至楼下，致该

① 参见上海市宝山区人民法院（2012）宝刑初字第91号。

角铁着地反弹后将途经该处的被害人边某某头部砸伤，造成边某某开放性颅脑损伤：右侧顶部软组织裂伤，右侧顶骨粉碎性凹陷性骨折伴局部颅内少量积气及脑挫裂伤，硬脑膜破裂，经手术行开放性颅脑损伤碎骨片清除、整复等对症支持治疗后稳定好转，经鉴定构成重伤。案发后，王某某拨打 110 报警并等候处理，到案后如实供述了自己的犯罪事实。

• 裁判要旨 •

过失导致他人受伤的，必须是重伤以上的实际损害结果，才能追究过失行为的刑事责任。

• 裁判理由 •

上海市宝山区人民法院经审理后认为：被告人王某某在搬运角铁过程中，因过失致人重伤，其行为已构成过失致人重伤罪，应予处罚。公诉机关指控的犯罪事实清楚，证据确实充分，指控的罪名成立。被告人王某某具有自首情节，依法可以从轻处罚。为保护公民人身权利不受侵犯，维护社会治安秩序，依照《刑法》第 235 条、第 67 条第 1 款之规定，判决如下：被告人王某某犯过失致人重伤罪，判处有期徒刑一年（刑期从判决执行之日起计算。判决执行以前先行羁押的，羁押一日折抵刑期一日，即自 2011 年 10 月 15 日起至 2012 年 10 月 14 日止）。

【学理分析及适用指引】

• 学理分析 •

过失致人重伤罪，是指由于过失致他人重伤的行为。本罪的构成要件如下：

1. 本罪侵犯的客体是公民的健康权利。

2. 客观方面要求必须具备两个条件：一是必须造成他人重伤的结果；二是过失行为与重伤结果之间必须具有因果关系。

3. 本罪的主体为一般主体。

4. 主观方面是出于过失，可以是疏忽大意或过于自信。

• 适用指引 •

司法实践中，要区分过失致人重伤罪与（间接）故意伤害罪的界限。两者区分的关键在于认识因素和意志因素有所不同：行为人明知自己的行为会造成伤害他人身体的后果，并对这种后果持放任的态度，以致他人身体受到伤害，构成（间接）故意伤害罪；行为人应当预见自己的行为可能造成他人身体重伤，因为疏忽大意而没有预见，或者已经预见而轻信能够避免，以致发生重伤结果的，构成过失致人重伤罪。

另外，对于制造、散布迷信邪说，蒙骗邪教组织人员实施绝食、自残、自虐造成重伤的如何处理？由于此前的《刑法》第300条第2款规定的是“组织、利用会道门、邪教组织、利用迷信致人死亡罪”，该罪刑罚结构不包括致人重伤的情形，所以在以往的司法实践中，该情形一般以过失致人重伤罪论处。《刑法修正案（九）》对《刑法》第300条进行了重大修改完善，其中，将第300条第2款“组织、利用会道门、邪教组织、利用迷信致人死亡罪”扩展至组织、利用会道门、邪教组织、利用迷信致人重伤、死亡罪。

第二百三十六条　强奸罪

【法律规定】

• 法律条文 •

《中华人民共和国刑法》

第二百三十六条　以暴力、胁迫或者其他手段强奸妇女的，处三年以上十年以下有期徒刑。

奸淫不满十四周岁的幼女的，以强奸论，从重处罚。

强奸妇女、奸淫幼女，有下列情形之一的，处十年以上有期徒刑、无期徒刑或者死刑：

（一）强奸妇女、奸淫幼女情节恶劣的；

（二）强奸妇女、奸淫幼女多人的；

（三）在公共场所当众强奸妇女、奸淫幼女的；

（四）二人以上轮奸的；

（五）奸淫不满十周岁的幼女或者造成幼女伤害的；

（六）致使被害人重伤、死亡或者造成其他严重后果的。

• 相关规定 •

《最高人民法院关于审理未成年人刑事案件具体应用法律若干问题的解释》（法释〔2006〕1号）

第六条　已满十四周岁不满十六周岁的人偶尔与幼女发生性行为，情节轻微、未造成严重后果的，不认为是犯罪。

《最高人民法院、最高人民检察院、公安部、司法部关于依法惩治性侵害未成年人犯罪的意见》（法发〔2013〕12号）

三、准确适用法律

19. 知道或者应当知道对方是不满十四周岁的幼女，而实施奸淫等性侵害行为的，应当认定行为人“明知”对方是幼女。

对于不满十二周岁的被害人实施奸淫等性侵害行为的，应当认定行为人“明知”对方是幼女。

对于已满十二周岁不满十四周岁的被害人，从其身体发育状况、言谈举止、衣着特征、生活作息规律等观察可能是幼女，而实施奸淫等性侵害行为的，应当认定行为人“明知”对方是幼女。

20. 以金钱财物等方式引诱幼女与自己发生性关系的；知道或者应当知道幼女被他人强迫卖淫而仍与其发生性关系的，均以强奸罪论处。

21. 对幼女负有特殊职责的人员与幼女发生性关系的，以强奸罪论处。

对已满十四周岁的未成年女性负有特殊职责的人员，利用其优势地位或者被害人孤立无援的境地，迫使未成年被害人就范，而与其发生性关系的，以强奸罪定罪处罚。

22. 实施猥亵儿童犯罪，造成儿童轻伤以上后果，同时符合刑法第二百三十四条或者第二百三十二条的规定，构成故意伤害罪、故意杀人罪的，依照处罚较重的规定定罪处罚。

对已满十四周岁的未成年男性实施猥亵，造成被害人轻伤以上后果，符合刑法第二百三十四条或者第二百三十二条规定的，以故意伤害罪或者故意杀人罪定罪处罚。①

23. 在校园、游泳馆、儿童游乐场等公共场所对未成年人实施强奸、猥亵犯罪，只要有其他多人在场，不论在场人员是否实际看到，均可以依照刑法第二百三十六条第三款、第二百三十七条的规定，认定为在公共场所“当众”强奸妇女，强制猥亵、侮辱妇女，猥亵儿童。

24. 介绍、帮助他人奸淫幼女、猥亵儿童的，以强奸罪、猥亵儿童罪的共犯论处。

25. 针对未成年人实施强奸、猥亵犯罪的，应当从重处罚，具有下列情形之一的，更要依法从严惩处：

（1）对未成年人负有特殊职责的人员、与未成年人有共同家庭生活关系的人员、国家工作人员或者冒充国家工作人员，实施强奸、猥亵犯罪的；

---

① 注意：根据《刑法修正案（九）》的规定，对于强制猥亵14周岁以上男性的，即便没有造成轻伤以上的后果，也构成强制猥亵、侮辱罪；若同时造成轻伤以上的危害结果并构成故意伤害罪等罪名，原则上应择一重罪论处。——编者注

（2）进入未成年人住所、学生集体宿舍实施强奸、猥亵犯罪的；

（3）采取暴力、胁迫、麻醉等强制手段实施奸淫幼女、猥亵儿童犯罪的；

（4）对不满十二周岁的儿童、农村留守儿童、严重残疾或者精神智力发育迟滞的未成年人，实施强奸、猥亵犯罪的；

（5）猥亵多名未成年人，或者多次实施强奸、猥亵犯罪的；

（6）造成未成年被害人轻伤、怀孕、感染性病等后果的；

（7）有强奸、猥亵犯罪前科劣迹的。

26. 组织、强迫、引诱、容留、介绍未成年人卖淫构成犯罪的，应当从重处罚。强迫幼女卖淫、引诱幼女卖淫的，应当分别按照刑法第三百五十八条第一款第（二）项、第三百五十九条第二款的规定定罪处罚。

对未成年人负有特殊职责的人员、与未成年人有共同家庭生活关系的人员、国家工作人员，实施组织、强迫、引诱、容留、介绍未成年人卖淫等性侵害犯罪的，更要依法从严惩处。

27. 已满十四周岁不满十六周岁的人偶尔与幼女发生性关系，情节轻微、未造成严重后果的，不认为是犯罪。

四、其他事项

28. 对于强奸未成年人的成年犯罪分子判处刑罚时，一般不适用缓刑。

对于性侵害未成年人的犯罪分子确定是否适用缓刑，人民法院、人民检察院可以委托犯罪分子居住地的社区矫正机构，就对其宣告缓刑对所居住社区是否有重大不良影响进行调查。受委托的社区矫正机构应当及时组织调查，在规定的期限内将调查评估意见提交委托机关。

对于判处刑罚同时宣告缓刑的，可以根据犯罪情况，同时宣告禁止令，禁止犯罪分子在缓刑考验期内从事与未成年人有关的工作、活动，禁止其进入中小学校区、幼儿园园区及其他未成年人集中的场所，确因本人就学、居住等原因，经执行机关批准的除外。

29. 外国人在我国领域内实施强奸、猥亵未成年人等犯罪的，应当依法判处，在判处刑罚时，可以独立适用或者附加适用驱逐出境。对于尚不构成犯罪但构成违反治安管理行为的，或者因实施性侵害未成年人犯罪不适宜在中国境内继续停留居留的，公安机关可以依法适用限期出境或者驱逐出境。

30. 对于判决已生效的强奸、猥亵未成年人犯罪案件，人民法院在依法保护被害人隐私的前提下，可以在互联网公布相关裁判文书，未成年人犯罪的除外。

【案例一】

孟某等强奸案①

● 案件事实 ●

2014年3月16日3时许，被告人孟某在武汉市洪山区某酒吧内与被害人朗某（美国籍）跳舞相识，后孟某趁朗某醉酒不省人事之际，骗取酒吧管理人员和服务员的信任，将朗某带出酒吧。随后，孟某伙同被告人次某、索某、多某、拉某将朗某带至武汉东湖新技术开发区政苑小区某KTV包房。接着，多某购买避孕套，并向次某、索某和拉某分发。次某、索某和拉某趁朗某神志不清，先后在包房内与其发生性关系。孟某和多某欲与朗某发生性关系，但因故未得逞。当日，朗某回到任教学校后，即向公安机关报警。经鉴定，被害人朗某双上臂及臀部多处软组织挫伤。同年3月18日，被告人孟某、次某、索某、多某、拉某分别在其学生公寓内被公安机关抓获。

● 裁判要旨 ●

强奸罪认定的关键在于是否违背妇女意志。

● 裁判理由 ●

湖北省武汉市中级人民法院一审认为，被告人孟某等五人在被害人处于醉酒无意识状态下，骗取酒吧工作人员的信任，谎称系被害人的朋友，从酒吧带走被害人，预谋实施性侵害，并利用被害人不知反抗、不能反抗的状态和不敢反抗的心理，违背被害人意志，共同对被害人实施了性侵行为，其行为均已构成强奸罪。公诉机关指控的罪名成立。被告人孟某、次某、索某、拉某在共同犯罪中起主要作用，系主犯。被告人多某在共同犯罪中起次要作用，系从犯，依法应当对其从轻处罚。

依据《刑法》第236条第3款第1项及第4项、第25条第1款、第26条第1款、第27条第1款、第55条、第56条、第67条第3款的规定，判决如下：一、被告人孟某犯强奸罪，判处有期徒刑十五年，剥夺政治权利三年。二、被告人次某犯强奸罪，判处有期徒刑十三年，剥夺政治权利二年。三、被告人索某犯强奸罪，判处有期徒刑十三年，剥夺政治权利二年。四、被告人拉某犯强奸罪，判处有期徒刑十二年，剥夺政治权利一年。五、被告人多某犯强

---

① 参见中华人民共和国最高人民法院刑事审判第一、二、三、四、五庭编：《刑事审判参考》（总第102集），法律出版社2015年版。

奸罪，判处有期徒刑十年，剥夺政治权利一年。

一审宣判后，五被告人均不服，以被害人无明显反抗行为，系自愿与其发生性关系为由，向湖北省高级人民法院提出上诉。

湖北省高级人民法院二审认为，一审认定的事实清楚，证据确实充分，定罪准确，审判程序合法。裁定驳回上诉，维持原判。

【案例二】

孙某强奸案[①]

• 案件事实 •

1997年3月5日凌晨，孙某饮酒之后去本厂×号女工宿舍，在推门进宿舍时，将尚在熟睡的女工赵某惊醒。赵某以为站在床边的孙某是自己的男朋友，便说了一句："站在那干啥?"此时，孙某意识到赵某将自己当成了其男朋友，即产生奸淫赵某的恶念，并将其奸淫。当赵某发现被告人不是自己的男朋友时，高声急呼救命，孙某仓皇逃走。当即，同宿舍的其他女工去本厂保卫科报案。随后，孙某被保卫人员抓获归案。

• 裁判要旨 •

冒充情夫等欺骗手段致使被害妇女不知反抗的，属于强奸罪的"其他手段"。

• 裁判理由 •

新疆维吾尔自治区哈密垦区人民法院经不公开开庭审理后认为：被告人孙某在被害人赵某认识错误的情况下，违背妇女的意志，采取欺骗手段，将赵某奸淫，其行为已构成强奸罪，应依法予以惩处。被告人的辩解和辩护人的辩护意见均不符合客观事实，不予采纳。该院依据《刑法》第139条第1款的规定，于1997年5月4日判决如下：被告人孙某犯强奸罪，判处有期徒刑三年。

宣判后，被告人孙某不服，向新疆维吾尔自治区高级人民法院生产建设兵团分院提起上诉，诉称"原判认定事实错误，定罪不当"，请求二审法院撤销原判，宣告无罪。新疆维吾尔自治区高级人民法院生产建设兵团分院经过审理后认为：上诉人孙某在被害人赵某认识错误的情况下，违背其意志，采取欺骗手段将其奸淫，孙某的行为已构成强奸罪。孙某的上诉理由不能成立，不予采

---

① 参见最高人民法院中国应用法学研究所编：《人民法院案例选（刑事卷·上）》（1992～1999年合订本），中国法制出版社2000年版，第525页。

纳。原判认定事实清楚，证据确实、充分，定罪准确，量刑适当，审判程序合法，应予维持。该院依照《刑事诉讼法》第189条第1项的规定，于1997年6月27日裁定如下：驳回上诉，维持原判。

【案例三】

李某强奸案①

• 案件事实 •

2000年7月某日中午，李某（时年15岁）伙同未成年人申某某（时年13周岁）将幼女王某（时年7岁）领到哈尔滨市香坊区幸福乡某村村民家的玉米地里，先后对王某实施轮奸。2000年11月2日，因被害人亲属报案，李某被抓获。

• 裁判要旨 •

作为强奸罪的法定加重构成情节，强调的是共同轮流实施奸淫的实行行为，而是否成立强奸罪共犯则在所不问。

• 裁判理由 •

黑龙江省哈尔滨市香坊区人民法院依法经不公开开庭审理后认为：被告人李某伙同他人轮奸幼女，其行为已构成奸淫幼女罪②，且李某与申某某共同实施奸淫行为，申某某虽不满14周岁，但不影响李某轮奸行为的认定。公诉机关指控的罪名成立，应予支持。李某犯罪时不满16周岁，依法可予减轻处罚。依照《刑法》第236条第3款第4项、第17条，被告人李某犯奸淫幼女罪，判处有期徒刑八年。

一审宣判后，被告人李某的法定代理人黄某珍不服，以原判量刑畸重为由，提出上诉。黑龙江省哈尔滨市中级人民法院审理后认为：根据2000年2月13日最高人民法院通过的《关于审理强奸案件有关问题的解释》中“对于已满14周岁不满16周岁的人与幼女发生性关系构成犯罪的，依照《刑法》第17条、第236条第2款的规定，以强奸罪定罪处罚”的规定，原审认定被告人李某犯奸淫幼女罪，适用罪名不当，应予改判；原判对被告人李某虽已依法予以减轻处罚，但根据本案情况，量刑仍然偏重。依照《刑事诉讼法》第189条

---

① 参见中华人民共和国最高人民法院刑事审判第一庭、第二庭编：《刑事审判参考》（总第36集），法律出版社2004年版，第27～28页。

② 该罪名现已取消，该行为直接认定为强奸罪。——编者注

第2项和《刑法》第236条第3款第4项、第17条第2款和《最高人民法院关于审理强奸案件中有关问题的解释》中的规定，于2001年7月27日判决如下：一、撤销黑龙江省哈尔滨市香坊区人民法院（2001）香刑初字第98号刑事判决书对被告人李某犯奸淫幼女罪，判处有期徒刑八年的定罪量刑部分。二、原审被告人李某犯强奸罪，判处有期徒刑六年。

【案例四】

王某强奸案①

• 案件事实 •

1992年11月，王某经人介绍与钱某相识，1993年1月登记结婚，1994年4月生育一子。1996年6月，王某与钱某分居，同时向上海市青浦县人民法院起诉离婚。同年10月8日，青浦县人民法院认为双方感情尚未破裂，判决不准离婚。此后双方未曾同居。1997年3月25日，王某再次提起离婚诉讼。同年10月8日，青浦县人民法院判决准予离婚，并将判决书送达双方当事人。双方当事人对判决离婚无争议，虽然王某表示对判决涉及的子女抚养、液化气处理有意见，保留上诉权利，但后一直未上诉。当月13日晚7时许（离婚判决尚未生效），王某到原居住的公寓，见钱某在房内整理衣物，即从背后抱住钱某，欲与之发生性关系，遭钱某拒绝。王某说："住在这里，就不让你太平。"钱某挣脱欲离去。王某将钱某的双手反扭住并将钱某按倒在床上，不顾钱某的反抗，采用抓、咬等暴力手段，强行与钱某发生了性行为。致钱某多处软组织挫伤。当晚，钱某即向公安机关报案。

• 裁判要旨 •

离婚诉讼期间，双方不具备正常的夫妻关系，丈夫违背妻子意志，强行发生性关系的，依法构成强奸罪。

• 裁判理由 •

上海市青浦县人民法院经审理后认为：被告人王某主动起诉，请求法院判决解除与钱某的婚姻，法院一审判决准予离婚后，双方对此均无异议。虽然该判决尚未发生法律效力，但被告人王某与被害人已不具备正常的夫妻关系。在此情况下，被告人王某违背妇女意志，采用暴力手段，强行与钱某发生性关

① 参见中华人民共和国最高人民法院刑事审判第一庭编：《刑事审判参考》（总第7辑），法律出版社2000年版，第26～27页。

系，其行为已构成强奸罪，应依法惩处。公诉机关指控被告人王某的犯罪罪名成立。被告人关于发生性行为系对方自愿及其辩护人认为认定被告人采用暴力证据不足的辩解、辩护意见，与庭审质证的证据不符，不予采纳。依照《刑法》第236条第1款、第72条第1款的规定，于1999年12月21日判决如下：被告人王某犯强奸罪，判处有期徒刑三年，缓刑三年。

一审宣判后，被告人王某服判，未上诉。

【案例五】

王某强奸案①

• 案件事实 •

2001年8月16日下午5时许，王某在本村荡泽河滩里与同村女孩王某某（时年12岁）一起放羊。王某见四周无人，顿生奸淫之念，由于害怕王某某告发，遂产生先将该女杀死，再实施奸淫的恶念。王某趁王某某在河里玩耍毫无防备之机，持石块朝王某某的头部猛击数下，致其当场昏倒。王某将该女拖至岸边一草丛中，实施奸淫，后离开现场。次日早上，王某某被其父母在河滩里寻找时发现，经医院抢救脱离了危险。王某某头部多处损伤，经法医鉴定属轻伤。案发后，王某之父积极筹资为王某某医治，王某某已基本痊愈，并已恢复学业。

• 裁判要旨 •

强奸罪中暴力手段的认定及其对量刑的影响。

• 裁判理由 •

河南省鲁山县人民法院经不公开开庭审理后认为：被告人王某以奸淫为目的，采用暴力手段，奸淫不满十四周岁的幼女，其行为已构成强奸罪，且犯罪手段残忍，情节恶劣，应予严惩。但被告人作案时已满十四周岁不满十八周岁，本着“教育、感化、挽救”未成年罪犯的方针，依法可以对其减轻处罚。据此，该院依照《刑法》第236条第1款、第2款、第3款第1项，第17条第2款、第3款的规定，于2002年5月23日作出判决，以强奸罪判处被告人王某有期徒刑八年。

宣判后，公诉机关未抗诉，被告人未上诉，判决已经发生法律效力。

---

① 参见最高人民法院中国应用法学研究所编：《人民法院案例选（2004年刑事专辑）》，人民法院出版社2005年版，第231～232页。

【案例六】

吕善交强奸、抢劫、盗窃案①

• 案件事实 •

2008年冬天的一天凌晨，被告人吕善交携带尖刀、手电等作案工具翻墙进入河南省邓州市薛某某家，又进入东边平房的偏房南边房间，采取持刀恐吓、用室内铁瓢击打头部、打耳光等手段，先后对房内的被害人王某甲（女，时年14岁）、王某乙（女，时年17岁）实施了奸淫，随后逃离现场。吕善交因其他强奸犯罪到案后，主动供述了本起犯罪事实。

2009年9月18日凌晨，被告人吕善交翻墙进入河南省内乡县某初级中学，攀爬女生宿舍楼铁门进入宿舍，采用掐颈、恐吓等手段，对被害人郭某某（女，时年12岁）实施了奸淫，随后逃离现场。

2009年10月29日凌晨，被告人吕善交携带尖刀、手电等工具翻墙进入河南省邓州市某实验小学，蒙面进入一女生宿舍内，采用持刀威逼、扼颈的手段，强行摸刘某某下身。刘某某向同宿舍的被害人丁某（女，时年11岁）求救，吕善交即采用掐颈、打耳光等手段，对丁某实施了奸淫，随后逃离现场。

2009年10月29日凌晨，被告人吕善交在河南省邓州市某小学实施强奸作案后，又翻墙进入该小学东墙边的村民杨某某家欲行盗窃，发现了睡在东屋的被害人余某某（女，时年11岁），即威胁余某某，对余某某实施了奸淫，随后逃离现场。吕善交因其他强奸犯罪到案后，主动供述了本起犯罪事实。

2009年11月的一天1时许，被告人吕善交携带尖刀、手电等工具潜入河南省邓州市某中心学校宿舍楼3楼一女生宿舍内，持刀威逼被害人王某（女，时年14岁），将王某挟持至楼道并对王某实施了奸淫，随后逃离现场。吕某交因其他强奸犯罪到案后，主动供述了本起犯罪事实。

2010年1月8日4时许，被告人吕善交携带手电等工具翻墙进入河南省邓州市某初级中学，蒙面进入该校一女生宿舍内，采用打耳光、掐颈等手段，对被害人冯某（女，时年11岁）实施了奸淫，随后逃离现场。

2010年1月的一天2时许，被告人吕善交翻墙进入河南省内乡县某初级中学，蒙面进入该校一女生宿舍内，欲对被害人张某（女，时年15岁）实施奸淫，因见张某极度恐惧，即放弃犯罪，离开现场。吕善交因其他强奸犯罪到案后，主动供述了本起犯罪事实。

2010年3月的一天凌晨，被告人吕善交翻墙进入河南省邓州市某初级中

---

① 参见2014年1月4日最高人民法院公布的三起性侵害儿童犯罪典型案例。

学，又进入该校西边一简易房，欲对被害人王某婷（女，时年14岁）、杜某（女，时年14岁）、王某珂（女，时年13岁）实施奸淫。因王某婷惊醒大喊，吕善交即逃离现场。吕善交因其他强奸犯罪到案后，主动供述了本起犯罪事实。

2010年3月9日2时许，被告人吕善交翻墙进入河南省镇平县某初级中学，攀爬至学生公寓2楼，蒙面进入一女生宿舍内，采用打耳光、掐颈、捂嘴等手段，将被害人申某（女，时年12岁）用被子包裹后挟持至楼道，申某反抗、呼喊，吕善交用被子蒙住申某进行殴打，对申某实施了奸淫，随后逃离现场。申某所受损伤已构成轻伤。

2010年1月的一天3时许，被告人吕善交携带手电等工具翻墙进入河南省邓州市某初级中学，蒙面进入一女生宿舍内，将手伸进被害人刘某（女，时年13岁）被窝内摸刘某，欲实施奸淫，刘某惊醒后躲避退至邻铺。吕善交又去摸被害人卢某，因宿舍内其他女生惊醒后均大声呼救，吕善交即逃离现场。吕善交因其他强奸犯罪到案后，主动供述了本起犯罪事实。

2010年4月29日2时许，被告人吕善交潜入河南省邓州市某有限公司一女职工宿舍内，用室内毛巾蒙面，采用掐颈、拳打面部等手段，对被害人马某（女，时年15岁）实施了奸淫，在查看其他房间无人后，再次对马某实施了奸淫，随后逃离现场。

2010年1月的一天凌晨，被告人吕善交携带尖刀、手电等工具翻墙进入河南省邓州市某初级中学，蒙面进入一女生宿舍内，采用掐颈、打耳光等手段欲对被害人熊某（女，时年15岁）实施奸淫，因熊某呼救且宿舍内电灯被打开，吕善交即逃离现场。吕善交因其他强奸犯罪到案后，主动供述了本起犯罪事实。

2009年12月26日2时许，被告人吕善交携带尖刀、手电等工具翻墙进入河南省内乡县某中等职业学校，蒙面进入一女生宿舍内，采用持刀威逼、暴力殴打等手段，对被害人郝某某（女，时年17岁）实施奸淫，并劫走郝某某的索爱牌直板手机1部（价值380元），随后逃离现场。吕善交因其他强奸犯罪到案后，主动供述了本起犯罪事实。

2010年3月至2010年6月，被告人吕善交先后3次翻墙进入河南省邓州市某师范学校，潜入该校女生宿舍楼的多个房间，盗得手机11部（价值5070元）和现金1590余元。

综上，被告人吕善交共实施强奸作案13起，其中既遂9起、未遂3起、中止1起，强奸既遂10人，其中5人为不满14周岁的幼女，并致1人轻伤；在强奸作案过程中又实施抢劫作案1起，抢得价值380元的手机1部；实施盗窃作案3起，盗窃价值6660元。

• 裁判要旨 •

强奸幼女多人，情节恶劣的如何量刑。

• 裁判理由 •

法院认为：被告人吕善交违背妇女意志，采取暴力、胁迫手段强行与妇女发生性关系和奸淫不满14周岁幼女的行为已构成强奸罪；以非法占有为目的，采取暴力手段当场劫取他人财物的行为又构成抢劫罪；以非法占有为目的，秘密窃取他人数额较大财物的行为还构成盗窃罪，应依法予以并罚。吕善交在刑满释放后不久便又实施犯罪，在一年多的时间内流窜多地，主要选择中小学校住宿的女学生为作案对象，采取暴力和胁迫手段对未成年女性实施强奸，强奸作案13起，既遂9起，强奸10人，其中5人系不满14周岁的幼女，并致1人轻伤，在强奸过程中又实施抢劫作案1起，犯罪性质特别恶劣，情节、后果均特别严重，社会危害极大；还盗窃作案3起，盗窃数额较大，均应依法惩处；且系累犯，主观恶性极深，人身危险性大，应依法从重处罚。虽然吕善交在归案后坦白了部分强奸犯罪事实，且其所犯强奸罪中，3起系犯罪未遂、1起系犯罪中止，但其罪行特别严重，不足以对其从轻处罚。据此，依法认定被告人吕善交犯强奸罪，判处死刑，剥夺政治权利终身；犯抢劫罪，判处有期徒刑三年，并处罚金人民币5000元；犯盗窃罪，判处有期徒刑二年六个月，并处罚金人民币5000元，决定执行死刑，剥夺政治权利终身，并处罚金人民币1万元。经最高人民法院复核核准，罪犯吕善交已被依法执行死刑。

【案例七】

高恩军强奸案①

• 案件事实 •

2011年春节后，被告人高恩军与山东省昌邑市某中学初一学生王某某（被害人，女，时年13岁）开始网上聊天。2011年3月，高恩军与王某某见面相识，为了便于联系，高恩军给王某某购买一部手机，并多次驾车接送王某某放学、上学。其间，高恩军先后四次在昌邑市利民街龙丰印染厂家属院其租住的房屋内对王某某进行奸淫。同年3月25日，王某某报警称其被高恩军强奸，后高恩军自愿向王某某补偿人民币10000元。

---

① 参见2014年1月4日最高人民法院公布的三起性侵害儿童犯罪典型案例。

• 裁判要旨 •

奸淫幼女的，以强奸罪论处且应当从重处罚。

• 裁判理由 •

法院认为：被告人高恩军目无国法，多次与幼女王某某发生性关系，给王某某的身体和心理造成了较大伤害，其行为已构成强奸罪。高恩军具有与其年龄相当的认知能力，明知王某某系初中学生，应当知道作为初中学生的王某某极大可能系不满 14 周岁的幼女，仍然放任自己的行为而与该不满 14 周岁的女学生多次发生性关系，其奸淫幼女的动机明显，事实清楚，被告人及其辩护人亦未提供其确实不知王某某不满 14 周岁的有效证据，故对其关于不明知被害人系幼女的辩解不予采信。鉴于高恩军有一定悔罪表现，可酌情对其从轻处罚。据此，依法认定被告人高恩军犯强奸罪，判处有期徒刑八年。

【学理分析及适用指引】

• 学理分析 •

强奸罪，是指违背妇女意志，使用暴力、胁迫或者其他手段，强行与妇女发生性交，或者同不满 14 周岁的幼女发生性关系的行为。本罪的构成要件如下：

1. 本罪的客体。本罪侵犯的客体是妇女性的不可侵犯的权利或者幼女的身心健康。此处所说的妇女，是指能够正常表达自己意志、年满 18 周岁的成年妇女和 14 周岁以上不满 18 周岁的少女，还包括不满 14 周岁的幼女，这是一种特殊形式的强奸犯罪。

2. 本罪的客观方面。客观方面表现为以暴力、胁迫或者其他使妇女不能抗拒、不敢抗拒、不知抗拒的手段，违背妇女意志，强行与妇女发生性交的行为。这是强奸罪的基本特征。暴力，是指对被害妇女的人身进行殴打、捆绑、堵嘴、卡脖子、按倒等危害人身安全和人身自由，使妇女不能抗拒的手段。胁迫，是指对被害妇女进行威胁、恫吓，达到精神上的强制，使妇女不敢抗拒的手段，如手持凶器威吓，扬言行凶报复、揭发隐私、毁坏名誉、加害亲属等相威胁，利用封建迷信进行恐吓、欺骗，利用教养关系、从属关系、职务权力以及使被害妇女处于孤立无援的环境进行挟持、迫害等，迫使妇女忍辱屈从、不敢抗拒。其他手段，是指利用暴力、胁迫以外的，使被害妇女不知抗拒或者无法抗拒的手段，如利用妇女患重病或者熟睡之机进行奸淫，利用醉酒、药物麻醉、药物刺激等方法对妇女进行奸淫，利用或者假冒治病对妇女进行奸淫等。

奸淫幼女的，由于幼女的身心发育尚未成熟，缺乏辨别和反抗的能力，因此，一般来说，不论行为人采用什么手段，也不论被害幼女是否同意或者是否抗拒，只要与幼女发生了性行为，就构成犯罪。而且考虑到幼女的生理特点，只要行为人的生殖器官与幼女的生殖器官接触，即视为强奸既遂。这是国家对幼女的特殊保护。

3. 本罪的主体。犯罪主体为年满 14 周岁的男子。但是，根据我国《刑法》和《民法典》婚姻家庭编的规定以及我国国情，丈夫强行与自己的妻子发生性行为，属于道德范畴的问题，一般不能成为强奸罪的主体，但如果在婚姻关系非正常存续期间，则根据具体案件，亦有认定强奸罪的可能与必要。妇女教唆或者帮助男子强奸其他妇女的，构成强奸罪的共犯。

4. 本罪的主观方面。主观方面由直接故意构成，并且具有强行奸淫的目的。

• 适用指引 •

司法实践中，认定本罪应注意以下问题：

1.《刑法修正案（十一）》关于本罪的修正及其理解。为体现对幼女的特殊保护，《刑法修正案（十一）》对《刑法》第 236 条强奸罪中奸淫幼女的相关规定进行了调整和完善。具体修订内容在如下两个方面：一是将《刑法》第 236 条第 3 款加重构成的第 3 项“在公共场所当众强奸妇女的”修改为“在公共场所当众强奸妇女、幼女的”；二是增加 1 项法定加重构成情节作为第 5 项，规定“奸淫不满十周岁的幼女或者造成幼女伤害的”。前 1 项的修改应该是应有之意，是对原刑法规定的瑕疵之校正，而后 1 项作为新增加的强奸罪法定加重构成情节，在司法适用中需要注意这样的两个问题：（1）该项即“奸淫不满十周岁的幼女或者造成幼女伤害的”，注意前后两个“幼女”含义并非相同：“奸淫不满十周岁的幼女”中的“幼女”范围自然十分清楚，特指不满 10 周岁的幼女；但“造成幼女伤害的”中的“幼女”则指一般意义上的幼女，即不满 14 周岁的幼女而非仍指不满 10 周岁的幼女。质言之，如果行为人与不满 10 周岁的幼女发生性关系的，应直接适用“十年以上有期徒刑、无期徒刑或者死刑”的法定加重处罚，不论是否造成被害幼女伤害结果及其他恶劣情形；如果行为人与已满 10 周岁不满 14 周岁幼女发生性关系的，原则上应在“三年以上十年以下有期徒刑”的法定刑幅度从重处罚，但若造成被害幼女伤害的，则也应适用“十年以上有期徒刑、无期徒刑或者死刑”的法定加重处罚。（2）作为加重构成的法定情形——“造成幼女伤害的”中，“伤害”后果如何理解和把握？如是否包括心理伤害？是否包括轻伤或者轻微伤等？对此实践中可能存在难以把握的情形。我们认为，对此类情形，造成的伤害既可能是身体的伤害，也可能是精神伤害，但应当有特定的伤害结果，如导致被害幼女怀孕、感染性病等疾病、导致精神失常等，对于幼女身心伤害极大，有必要予以严惩，应当认定为“造成幼女伤害的”加重构成情形。

2. 区分嫖娼与强奸行为。区分嫖娼与强奸妇女的关键在于性行为的发生是否违背妇女意志，不能单纯根据妇女有无反抗来判断是否违背妇女意志，更不能以被害妇女作风好坏作为判断标准。

3. 关于婚内强奸问题。在婚姻关系正常存续期间，丈夫对妻子强行实施的性行为不成立强奸罪。在婚姻关系非正常存续期间，丈夫对妻子强行实施的性行为成立强奸罪。因为此时虽然形式上仍存在婚姻关系，实质上该婚姻关系已名存实亡，该强奸行为完全符合强奸罪的本质。

4. 关于故意杀人后实施奸淫行为的认定。强奸罪的暴力手段不包含故意杀人。先实施故意杀人行为然后实施奸淫行为的，构成故意杀人罪和侮辱尸体罪，应数罪并罚。

5. 关于强奸罪的既遂标准。强奸罪的既遂标准因对象的不同而有所区别。以妇女为对象的强奸罪的既遂以行为人的生殖器插入妇女的生殖器为标准；以幼女为对象的强奸罪的既遂以行为人的生殖器接触幼女的生殖器为标准。

6. 关于同时实施强制猥亵和强奸行为时的认定。在主观上具有强行奸淫的目的，在客观上同时实施强制猥亵妇女和强奸行为的情况下，强制猥亵属于强奸罪的附随行为，不具有独立评价的意义。强奸行为完成之后，行为人另起犯意而又实施强制猥亵的，应另认定为强制猥亵罪。

7. 关于强奸与通奸的区分。

（1）实践中，有的妇女与人通奸，后两人关系恶化，或者事情暴露后，怕丢面子，或者为推卸责任、嫁祸于人等情况，把通奸说成强奸的，不能定为强奸罪。

（2）第一次性行为违背妇女的意志，但事后并未告发，后来女方又多次自愿与该男子发生性行为的，一般不宜以强奸罪论处。

（3）犯罪分子强奸妇女后，对被害妇女实施精神上的威胁，迫使其继续忍辱屈从的，应以强奸罪论处。

（4）男女双方先是通奸，后来女方不愿继续通奸，而男方纠缠不休，并以暴力或以败坏名誉等进行胁迫，强行与女方发生性行为的，以强奸罪论处。

8. 关于半推半就的问题。对于所谓“半推半就”的问题，要对双方平时的关系如何，性行为是在何种环境和情况下发生的，事情发生后女方的态度如何，又在什么情况下告发等等事实和情节，认真审查清楚，作全面的分析，不是确系违背妇女意志的，一般不宜按强奸罪论处。如果确系违背妇女意志的，以强奸罪论处。

第二百三十六条之一　负有照护职责人员性侵罪

【法律规定】

• 法律条文 •

《中华人民共和国刑法》

第二百三十六条之一　对已满十四周岁不满十六周岁的未成年女性负有监护、收养、看护、教育、医疗等特殊职责的人员，与该未成年女性发生性关系的，处三年以下有期徒刑；情节恶劣的，处三年以上十年以下有期徒刑。

有前款行为，同时又构成本法第二百三十六条规定之罪的，依照处罚较重的规定定罪处罚。

【学理分析及适用指引】

• 学理分析 •

负有照护职责人员性侵罪，是指对已满十四周岁不满十六周岁的未成年女性负有监护、收养、看护、教育、医疗等特殊职责的人员，与该未成年女性发生性关系的行为。本罪是《刑法修正案（十一)》新增设的罪名，具体构成要件如下：

1. 本罪的客体。负有照护职责人员性侵罪侵犯的客体是未成年女性的性权利及其身心健康。根据我国《刑法》规定，普遍性同意年龄为 14 周岁，为体现对未成年女性的特殊保护，部分提高性同意年龄，在特定情形下，已满 14 周岁不满 16 周岁的未成年女性同意发生性关系的承诺无效，因此，本罪侵犯的客体既包括未成年女性的身心健康，也包括未成年女性的性权利。

2. 本罪的客观方面。负有照护职责人员性侵罪的客观方面是与已满 14 周岁不满 16 周岁的未成年女性发生性关系，且没有违背未成年女性的意志，即须以未成年女性同意为前提。这里的“同意”可以表现为默许，也可以表现为明确表示，甚至可以表现为主动为之。

3. 本罪的主体。负有照护职责人员性侵罪的犯罪主体为特殊主体，是对已满 14 周岁不满 16 周岁的未成年女性负有监护、收养、看护、教育、医疗等特殊职责的人员。本条明确列举了五类负有特殊职责的主体，并使用“等”字兜底，说明本罪的主体并不限于法条所列举的几类常见的特殊职责人员，其他与法条所列举的人员性质相同、等同的主体也可以纳入本条文的适用范围，以适应社会生活的实际需要，原则上须基于法律规定或者民事法律行为的约定等而与特定的未成年人女性形成法律意义或者事实上的照护关系。

4. 本罪的主观方面。负有照护职责人员性侵罪主观方面表现为故意，包括希望和放任两种意志因素。如果是未成年少女主动为之，负有特殊职责的人员持放任心理而与其发生性行为的，也构成此罪。此罪须以发生性关系为目的，即行为人追求的是与被害人发生性行为。

• 适用指引 •

司法实践中，认定本罪应注意以下问题：

1. 罪与非罪的区别。一般来说，“负有特殊职责的人员”必须是基于法律规定或者民事法律行为的约定等而与特定的未成年人形成某种关系，如监护职责源于法律的规定，而医疗职责源于民事法律行为的约定。认定本罪也还应当遵循刑法谦抑原则，要具备“负有特殊职责”的要求，而特殊职责应当是具体的而不是抽象的，如不能因为学校负有对未成年人的教育职责就将学校内的所有员工乃至临时工都认定为“负有特殊职责的人员”，应当将主体范围限定在负有教育、管理职责的员工群体之内。

2. 本罪与强奸罪。强奸罪的本质是违背妇女意志与其发生性关系，而本罪因其被害对象的特殊性，负有照护职责的人与已满 14 周岁不满 16 周岁的未成年女性发生性关系，无论是否违背被害人的意志均构成犯罪，若有证据证明违背被害人的意志的，属于强奸罪问题，否则属于负有照护职责人员性侵罪。根据《刑法》第 236 条第 2 款规定，如果负有特殊职责的人员以暴力、胁迫或者其他手段强奸未成年女性的，应当按照强奸罪定罪，即择一重罪处断。对于负有特殊职责的人员，利用其优势地位或者被害人孤立无援的境地，迫使未成年被害人就范，而与其发生性关系的行为，根据相关司法解释的规定，也应以强奸罪定罪处罚。

3. 本罪与强制猥亵罪。若不以发生性关系为目的，意在通过性交以外的行为满足性欲，则不构成此罪，情节严重的，可以构成强制猥亵罪。

4. 正确理解“情节恶劣”情形。情节恶劣是本罪的加重情节，如何理解，应当根据相关司法解释对性侵未成年人犯罪的规定和本条的特定含义，从行为性质、犯罪对象、危害后果、人身危险性等方面进行把握。其一，从时间、次数看，与未成年女性长期或者多次发生性关系，或与多名未成年女性发生性关系的，可以视为情节恶劣；其二，从犯罪对象看，与严重残疾或者精神智力发育迟滞的未成年女性发生性关系的，可以视为情节恶劣；其三，从犯罪结果看，造成未成年女性轻伤、怀孕、感染性病等后果的，都可以视为情节恶劣；其四，从人身危险性看，如果行为人有强奸、猥亵等性侵犯罪前科劣迹的，也可以认定为情节恶劣。

第二百三十七条　强制猥亵、侮辱罪；[①] 猥亵儿童罪

【法律规定】

• 法律条文 •

《中华人民共和国刑法》

第二百三十七条　以暴力、胁迫或者其他方法强制猥亵他人或者侮辱妇女的，处五年以下有期徒刑或者拘役。

聚众或者在公共场所当众犯前款罪的，或者有其他恶劣情节的，处五年以上有期徒刑。

猥亵儿童的，处五年以下有期徒刑；有下列情形之一的，处五年以上有期徒刑：

（一）猥亵儿童多人或者多次的；

（二）聚众猥亵儿童的，或者在公共场所当众猥亵儿童，情节恶劣的；

（三）造成儿童伤害或者其他严重后果的；

（四）猥亵手段恶劣或者有其他恶劣情节的。

• 相关规定 •

《最高人民法院、最高人民检察院、公安部、司法部关于依法惩治性侵害未成年人犯罪的意见》（法发〔2013〕12号）

三、准确适用法律

19. 知道或者应当知道对方是不满十四周岁的幼女，而实施奸淫等性侵害行为的，应当认定行为人“明知”对方是幼女。

对于不满十二周岁的被害人实施奸淫等性侵害行为的，应当认定行为人“明知”对方是幼女。

对于已满十二周岁不满十四周岁的被害人，从其身体发育状况、言谈举止、衣着特征、生活作息规律等观察可能是幼女，而实施奸淫等性侵害行为的，应当认定行为人“明知”对方是幼女。

22. 实施猥亵儿童犯罪，造成儿童轻伤以上后果，同时符合刑法第二百三十四条或者第二百三十二条的规定，构成故意伤害罪、故意杀人罪的，依照处

---

① 需要说明的是，《刑法修正案（九）》对原《刑法》第237条第1款进行了重大修改，《最高人民法院、最高人民检察院关于执行〈中华人民共和国刑法〉确定罪名的补充规定（六）》将“强制猥亵、侮辱妇女罪”调整为“强制猥亵、侮辱罪”，但本节的案例均为《刑法修正案（九）》之前的生效裁判，故此文书案例材料中的罪名未变动。

罚较重的规定定罪处罚。

对已满十四周岁的未成年男性实施猥亵，造成被害人轻伤以上后果，符合刑法第二百三十四条或者第二百三十二条规定的，以故意伤害罪或者故意杀人罪定罪处罚。①

23. 在校园、游泳馆、儿童游乐场等公共场所对未成年人实施强奸、猥亵犯罪，只要有其他多人在场，不论在场人员是否实际看到，均可以依照刑法第二百三十六条第三款、第二百三十七条的规定，认定为在公共场所"当众"强奸妇女，强制猥亵、侮辱妇女，猥亵儿童。

24. 介绍、帮助他人奸淫幼女、猥亵儿童的，以强奸罪、猥亵儿童罪的共犯论处。

25. 针对未成年人实施强奸、猥亵犯罪的，应当从重处罚，具有下列情形之一的，更要依法从严惩处：

（1）对未成年人负有特殊职责的人员、与未成年人有共同家庭生活关系的人员、国家工作人员或者冒充国家工作人员，实施强奸、猥亵犯罪的；

（2）进入未成年人住所、学生集体宿舍实施强奸、猥亵犯罪的；

（3）采取暴力、胁迫、麻醉等强制手段实施奸淫幼女、猥亵儿童犯罪的；

（4）对不满十二周岁的儿童、农村留守儿童、严重残疾或者精神智力发育迟滞的未成年人，实施强奸、猥亵犯罪的；

（5）猥亵多名未成年人，或者多次实施强奸、猥亵犯罪的；

（6）造成未成年被害人轻伤、怀孕、感染性病等后果的；

（7）有强奸、猥亵犯罪前科劣迹的。

四、其他事项

28. 对于强奸未成年人的成年犯罪分子判处刑罚时，一般不适用缓刑。

对于性侵害未成年人的犯罪分子确定是否适用缓刑，人民法院、人民检察院可以委托犯罪分子居住地的社区矫正机构，就对其宣告缓刑对所居住社区是否有重大不良影响进行调查。受委托的社区矫正机构应当及时组织调查，在规定的期限内将调查评估意见提交委托机关。

对于判处刑罚同时宣告缓刑的，可以根据犯罪情况，同时宣告禁止令，禁止犯罪分子在缓刑考验期内从事与未成年人有关的工作、活动，禁止其进入中小学校区、幼儿园园区及其他未成年人集中的场所，确因本人就学、居住等原因，经执行机关批准的除外。

29. 外国人在我国领域内实施强奸、猥亵未成年人等犯罪的，应当依法判

① 注意：根据《刑法修正案（九）》的规定，对于强制猥亵 14 周岁以上男性的，即便没有造成轻伤以上的后果，也构成强制猥亵、侮辱罪；若同时造成轻伤以上的危害结果并构成故意伤害罪等罪名，原则上应择一重罪论处。——编者注

处，在判处刑罚时，可以独立适用或者附加适用驱逐出境。对于尚不构成犯罪但构成违反治安管理行为的，或者因实施性侵害未成年人犯罪不适宜在中国境内继续停留居留的，公安机关可以依法适用限期出境或者驱逐出境。

30. 对于判决已生效的强奸、猥亵未成年人犯罪案件，人民法院在依法保护被害人隐私的前提下，可以在互联网公布相关裁判文书，未成年人犯罪的除外。

31. 对于未成年人因被性侵害而造成的人身损害，为进行康复治疗所支付的医疗费、护理费、交通费、误工费等合理费用，未成年被害人及其法定代理人、近亲属提出赔偿请求的，人民法院依法予以支持。

32. 未成年人在幼儿园、学校或者其他教育机构学习、生活期间被性侵害而造成人身损害，被害人及其法定代理人、近亲属据此向人民法院起诉要求上述单位承担赔偿责任的，人民法院依法予以支持。

33. 未成年人受到监护人性侵害，其他具有监护资格的人员、民政部门等有关单位和组织向人民法院提出申请，要求撤销监护人资格，另行指定监护人的，人民法院依法予以支持。

34. 对未成年被害人因性侵害犯罪而造成人身损害，不能及时获得有效赔偿，生活困难的，各级人民法院、人民检察院、公安机关可会同有关部门，优先考虑予以司法救助。

【案例一】

王晓鹏强制猥亵妇女、猥亵儿童案①

• 案件事实 •

2012 年 5 月 28 日至 2012 年 5 月 31 日，甘肃省肃北县某中学组织学生在肃北县医院体检。被告人王晓鹏利用自己作为尿检项目检验医生的便利，超出尿检医生的职责范围，以“体检复查”为名，对 14 名已满 14 周岁的女学生和 7 名不满 14 周岁的女学生抚摸胸腋部和下腹部、腹股沟区，将裤子脱至大腿根部查看生殖器，用手在阴部按压抚摸，进行猥亵。

• 裁判要旨 •

准确界分正常医疗检查与猥亵犯罪行为。

① 参见中华人民共和国最高人民法院刑事审判第一、二、三、四、五庭主办：《刑事审判参考》（总第 98 集），法律出版社 2014 年版。

• 裁判理由 •

甘肃省酒泉市肃北蒙古族自治县人民法院认为，被告人利用职务上的便利，以“体检复查”为名对14名已满14周岁女学生和7名不满14周岁女学生，进行了不同程度的猥亵，其行为分别构成强制猥亵妇女罪和猥亵儿童罪，应当予以并罚。公诉机关指控的犯罪事实清楚，证据确实、充分，指控的罪名成立。王晓鹏及其辩护人的意见没有事实和法律依据，不予采纳。本案被害人人数多且使未成年女学生的人格、名誉及身心健康受到了极大伤害，社会影响恶劣。据此，依照《刑法》第237条第1款、第3款，第69条之规定，甘肃省酒泉市肃北蒙古族自治县人民法院判决如下：被告人王晓鹏犯强制猥亵妇女罪，判处有期徒刑三年；犯猥亵儿童罪，判处有期徒刑四年；决定执行有期徒刑六年。

一审宣判后，被告人王晓鹏提出上诉，称没有猥亵的动机与目的，原判将违反医疗规程的医疗检查认定为犯罪行为，属于定性错误。

甘肃省酒泉市中级人民法院经审理认为，被害人陈述、证人证言、医院尿检常规步骤说明、王晓鹏的供述等证据证实，王晓鹏利用给学生作尿检的职务之便，超越尿检医生职责范围，趁大多数被害女学生从未接受过体检的机会，实施了猥亵行为，且21名女学生均向公安机关陈述了其不知抗拒和无法抗拒而使自己的身体遭受不法侵害的事实，王晓鹏的行为违背了她们的意志，是变相的强制，王晓鹏的行为符合强制猥亵妇女罪和猥亵儿童罪的构成要件，其上诉理由不能成立。原判认定的犯罪事实清楚，证据确实、充分，定罪准确，量刑适当，审判程序合法。据此，甘肃省酒泉市中级人民法院依法裁定驳回上诉，维持原判。

【案例二】

陈某强制猥亵妇女案①

• 案件事实 •

陈某与李某均系贵州省贵阳市卫生学校学生。1999年12月17日晚10时许，陈某以学校卫生检查小组李某等人检查卫生时扣其寝室的分为由，伙同该校学生陈某某（女，17岁，另案处理）、马某（女，15岁，另案处理）来到李某所住的女生寝室，准备脱该寝室张某的衣服，被张某拒绝。三人待李某回寝室上床后，爬上李某的上铺，当着同寝室其他女同学的面，由马某抓住李某

① 参见贵州省贵阳市中级人民法院（2001）贵法刑一终字第86号，载国家法官学院、中国人民大学法学院编：《中国审判案例要览（2002年刑事审判案例卷）》，中国人民大学出版社2003年版，第259~262页。

的手，陈某压住李某的脚，将李某的裤子脱光。陈某将李某的衣服脱光后，用毯子盖在李某的身上，骑在李某的身上模仿进行性行为动作。该校熄灯铃响后，陈某等三人才回各自寝室。临走时，陈某对李某说："我会对你负责的……"案发后，被害人李某精神遭受打击，身心健康受到严重损害，其母为对其进行安慰、照料，并到有关部门反映本案情况，长时间请假，除付出交通费、文印费等费用，还造成一定的误工损失。

• 裁判要旨 •

强制猥亵妇女与强制侮辱妇女的区分。

• 裁判理由 •

贵州省贵阳市南明区人民检察院以被告人陈某犯强制侮辱妇女罪向贵州省贵阳市南明区人民法院提起公诉。贵阳市南明区人民法院经不公开开庭审理后认为：被告人陈某伙同他人使用暴力强行脱光被害人衣裤，进而对被害人模仿进行性行为的动作，已构成强制猥亵妇女罪。公诉机关指控之基本事实成立，应予以确认，但公诉机关指控罪名不当，应予以更正。鉴于被告人有一定的悔罪表现，且系在学生寝室内，与在别的公共场合公然猥亵妇女应有所区别，可酌情从轻处罚。对于被害人诉讼请求的合法、合理部分，被告人应予赔偿。依据有关规定，判决如下：一、被告人陈某犯强制猥亵妇女罪，判处有期徒刑一年，宣告缓刑一年。二、被告人陈某赔偿附带民事诉讼原告人误工损失、交通费、精神抚慰金共计人民币6000元。

一审法院宣判后，被告人陈某认罪服判。附带民事诉讼原告人李某及其法定代理人不服，提出上诉。贵州省贵阳市中级人民法院经审理后认为：原判被告人陈某伙同他人使用暴力强行脱光被害人衣裤，用手摸被害人乳房，并模仿性行为动作的行为，已触犯《刑法》第237条的规定，原判认定其构成强制猥亵妇女罪的事实清楚、证据确凿，应予确认。原判定罪量刑准确，并根据被告人的犯罪情节适用缓刑正确，应予维持。原判对上诉人请求中的合法、合理部分已经判令被告人赔偿。上诉人所提民事赔偿偏低的上诉理由不能成立。法院依据相关规定作出如下裁定：驳回上诉，维持原判。

【案例三】

吴茂东猥亵儿童案①

● 案件事实 ●

吴茂东系深圳市南山区某学校小学语文教师。自2012年11月至2013年5月23日期间，吴茂东利用周一至周五在班级教室内管理学生午休之机，多次将协助其管理午休纪律的被害人Z某、C某、H某（时年7岁）等女学生，叫到讲台上，采用哄、骗、吓等手段，将手伸进被害人衣裤内抠摸敏感部位等进行猥亵；吴茂东还多次利用周五放学后无人之机，以亲吻脸部的方式对被害人L某（时年8岁）进行猥亵。吴茂东在实施上述猥亵行为后哄骗被害人不能将事情告诉家长。5月23日中午，吴茂东采用上述方式又一次猥亵被害人C某。5月26日，C某的父母发现被害人行为异常，在向其他被害人了解情况后于5月27日向公安机关报案。

● 裁判要旨 ●

在教室等公共场所当场猥亵儿童的，应属于猥亵儿童罪的加重构成情形。

● 裁判理由 ●

法院认为，被告人吴茂东在公共场所当众猥亵儿童，其行为已构成猥亵儿童罪。吴茂东对被害人实施猥亵行为的场所是教室内，实施猥亵行为的时间是中午，教室内仍有部分学生午休，且有部分学生曾发现其实施的猥亵行为，故该猥亵行为应认定为"在公共场所当众"猥亵儿童。吴茂东多次利用放学后无人之机，亲吻被害人L某脸部，哄骗被害人不要让他人，尤其是被害人父母知晓，说明其主观上具有猥亵的故意，并非一般成年人对孩童喜爱之情的自然流露，应认定为猥亵行为，但该猥亵行为系发生在放学后教室无人时，应与吴茂东于午休时间在教室内当众猥亵其他被害人的行为有所区分。吴茂东身为人民教师，本应是教书育人、遵纪守法的榜样，但其却利用教师身份在较长时间内多次猥亵多名小学生，该行为性质恶劣，社会影响极坏，辜负了学生和家长对教师的尊重与信任，不仅给被害人幼小的心灵及其家庭带来心理创伤，而且严重损害了人民教师的形象，应对其从重处罚。吴茂东能如实供述自己的罪行，并当庭认罪，可酌情从轻处罚。据此，综合本案被告人的犯罪情节、社会危害性及认罪态度，依法认定吴茂东犯猥亵儿童罪，判处有期徒刑八年。

---

① 参见2014年1月4日最高人民法院公布的三起性侵害儿童犯罪典型案例。

【学理分析及适用指引】

• 学理分析 •

1. 强制猥亵、侮辱罪的构成。强制猥亵、侮辱罪，是指以暴力、胁迫或者其他方法，强制猥亵他人或者侮辱妇女的行为。本罪的构成要件如下：

（1）本罪的客体。本罪侵犯的客体是他人的性自主权以及妇女的人格和名誉。其中，强制猥亵的对象既包括妇女也包括男人在内的他人，而强制侮辱的对象则仅限于妇女，包括已满 14 周岁不满 18 周岁的少女。

（2）本罪的客观方面。客观方面表现为使用暴力、胁迫或者其他方法，强制猥亵他人或者侮辱妇女的行为。暴力，是指对被害妇女进行殴打、伤害等危及妇女人身安全和人身自由，使妇女不能反抗的行为。胁迫，是指对被害妇女进行威胁、恐吓等精神上的强制，如以杀害被害人、揭发隐私、毁坏名誉、加害亲属等相威胁，利用职权、从属关系、教养关系和妇女孤立无援的境地相胁迫等手段，使被害妇女不敢反抗的行为。其他方法，是指除暴力、胁迫以外的，使被害妇女不知抗拒、无法抗拒的行为。如利用妇女患病、熟睡或者假借看病、醉酒、麻醉后进行猥亵、侮辱等。强制猥亵他人，是指违背他人意愿，以抠摸、搂抱、手淫等淫秽手段，猥亵他人的行为，包括对已满 14 周岁以上男性实施的性侵害行为。侮辱妇女，是指在公共场所故意向妇女显露生殖器或者用生殖器顶擦妇女身体，追逐、堵截妇女，偷剪妇女发辫、衣服，向妇女身上泼洒腐蚀物、涂抹污物等手段，侮辱妇女的行为。按照法律规定，行为人只要具有强制猥亵他人或者侮辱妇女其中一种行为就构成本罪，同时具有两种行为的仍为一罪，不实行并罚。

（3）本罪的主体。犯罪主体为一般主体。

（4）本罪的主观方面。主观方面由直接故意构成，并且具有性刺激和性满足的目的。

2. 猥亵儿童罪的构成。猥亵儿童罪，是指猥亵不满 14 周岁儿童的行为。本罪的构成要件如下：

（1）本罪的客体。本罪侵犯的客体是儿童的人格、名誉和身心健康。犯罪对象是儿童，包括男童和女童。儿童，是指不满 14 周岁的人。

（2）本罪的客观方面。客观方面表现为以淫秽的方法猥亵儿童的行为。从司法实践看，猥亵儿童的方法主要有抠摸，搂抱等。由于儿童对性的认识和辨别能力很差，法律并不要求行为人实施了暴力、胁迫或者其他方法。不论儿童是否同意，也不论儿童是否进行了反抗，只要对儿童实施了猥亵的行为，就构成本罪。

（3）本罪的主体。犯罪主体为一般主体。

（4）本罪的主观方面。主观方面由直接故意构成，并且具有性刺激、性满足的目的。

• 适用指引 •

司法实践中，认定本条规定的罪名，应注意以下问题：

1. 区分强制猥亵与一般猥亵的界限。首先，要将强制猥亵他人、侮辱妇女行为与非强制性猥亵、侮辱妇女行为区分开来，本法只惩罚以强制方法猥亵他人、侮辱妇女的行为，对于非强制性的猥亵他人、侮辱妇女行为不能视作犯罪。其次，并非任何强制猥亵他人、侮辱妇女的行为都构成强制猥亵、侮辱罪。本条对强制猥亵、侮辱罪的构成虽然未规定“情节严重”之要件，但不能将情节显著轻微、危害不大的强制猥亵他人、侮辱妇女行为视为犯罪。

2. 关于何为“无法抗拒的状态”。强制猥亵他人一般都是利用暴力手段使他人不能抗拒，或者对妇女采取胁迫，即精神上的强制，使他人不敢抗拒的手段来实施的。实践中，如果行为人利用他人患重病、醉酒、熟睡、昏迷等状态而实施的猥亵行为，其猥亵手段可视为暴力、胁迫以外的“其他手段”，因此，应认定为强制猥亵罪。

3. 利用职权、教养关系或从属关系进行的猥亵行为的认定。正确认定利用职权、教养关系、从属关系实施的强制猥亵妇女罪，关键是查明行为人是否利用了特定的关系对妇女进行胁迫。这一点，与在强奸罪认定中区分利用特定关系强奸与双方基于互相利用而通奸的界限是一样的。在强制猥亵罪的认定中，不能把有教养关系、从属关系和利用职权猥亵妇女的行为都视为强制猥亵。行为人利用职权引诱女方，女方基于互相利用而容忍行为人对其猥亵的，不能认定为强制猥亵妇女罪。

4. 强制猥亵、侮辱罪与侮辱罪的界限。以妇女为强制猥亵、侮辱对象的行为与侮辱罪很相似，两者都可以采取暴力、胁迫或其他方法，区别在于：（1）对象情况不同。强制猥亵、侮辱罪的对象虽然包括已满 14 周岁以上的妇女，但一般是以不特定的妇女为对象；而侮辱罪中侮辱妇女的行为，是针对特定的对象实施的；（2）目的动机不同，强制猥亵、侮辱罪中对妇女进行的侮辱行为，一般是出于闹事取乐，寻求精神刺激尤其是性刺激等动机；而侮辱罪中对妇女进行的侮辱，一般是出于个人恩怨、嫉妒或报复，目的是贬损特定妇女的人格和名誉。如果同一行为既构成强制猥亵、侮辱罪又构成侮辱罪的，应择一重罪即以强制猥亵、侮辱罪论处。

5. 司法实践中，若对象是不满 14 周岁的男童的，则应以《刑法》第 237 条第 3 款的猥亵儿童罪论处。但若对象是已满 14 周岁的男性如何处理长期以来是比较棘手的问题，因为我国《刑法》规定的强奸罪对象仅限于妇女，对已满 14 周岁的男人实施性侵害的，若造成轻伤以上的，可以故意伤害罪论处。

但若并未造成轻伤以上的伤害程度的，过去常常基于罪刑法定实行无罪化论处。《刑法修正案（九）》通过修改《刑法》第237条的规定，将“强制猥亵、侮辱妇女罪”修正为“强制猥亵、侮辱罪”适度弥补了这个缺憾，即对于性侵已满14周岁以上男性的行为，原则上可以“强制猥亵、侮辱罪”论处。

6. 强制猥亵、侮辱罪的对象既包括妇女也包括男子，但这两种对象的猥亵行为类型外延有所不同：强制猥亵、侮辱妇女的，不包括出于奸淫的故意与行为，否则属于强奸罪问题，而强制猥亵、侮辱男人的，则包括奸淫的故意与行为。可见，针对妇女实施的性侵害行为，属于强奸罪；而对男人实施的性侵害行为（尤其是男性与男性之间的性侵害），则属于强制猥亵、侮辱罪。

第二百三十八条　非法拘禁罪

【法律规定】

• 法律条文 •

《中华人民共和国刑法》

第二百三十八条　非法拘禁他人或者以其他方法非法剥夺他人人身自由的，处三年以下有期徒刑、拘役、管制或者剥夺政治权利。具有殴打、侮辱情节的，从重处罚。

犯前款罪，致人重伤的，处三年以上十年以下有期徒刑；致人死亡的，处十年以上有期徒刑。使用暴力致人伤残、死亡的，依照本法第二百三十四条、第二百三十二条的规定定罪处罚。

为索取债务非法扣押、拘禁他人的，依照前两款的规定处罚。

国家机关工作人员利用职权犯前三款罪的，依照前三款的规定从重处罚。

• 相关规定 •

《中华人民共和国宪法》

第三十七条　中华人民共和国公民的人身自由不受侵犯。

任何公民，非经人民检察院批准或者决定或者人民法院决定，并由公安机关执行，不受逮捕。

禁止非法拘禁和以其他方法非法剥夺或者限制公民的人身自由，禁止非法搜查公民的身体。

《最高人民法院关于对为索取法律不予保护的债务非法拘禁他人行为如何定罪问题的解释》（法释〔2000〕19号）

行为人为索取高利贷、赌债等法律不予保护的债务，非法扣押、拘禁他人的，依照刑法第二百三十八条的规定定罪处罚。

《最高人民检察院关于渎职侵权犯罪案件立案标准的规定》（高检发释字〔2006〕2号）

二、国家机关工作人员利用职权实施的侵犯公民人身权利、民主权利犯罪案件：

（一）国家机关工作人员利用职权实施的非法拘禁案（第二百三十八条）

非法拘禁罪是指以拘禁或者其他方法非法剥夺他人人身自由的行为。

国家机关工作人员利用职权非法拘禁，涉嫌下列情形之一的，应予立案：

1. 非法剥夺他人人身自由24小时以上的；

2. 非法剥夺他人人身自由，并使用械具或者捆绑等恶劣手段，或者实施殴打、侮辱、虐待行为的；

3. 非法拘禁，造成被拘禁人轻伤、重伤、死亡的；

4. 非法拘禁，情节严重，导致被拘禁人自杀、自残造成重伤、死亡，或者精神失常的；

5. 非法拘禁3人次以上的；

6. 司法工作人员对明知是没有违法犯罪事实的人而非法拘禁的；

7. 其他非法拘禁应予追究刑事责任的情形。

《最高人民法院、最高人民检察院、公安部、司法部关于办理实施“软暴力”的刑事案件若干问题的意见》

六、有组织地多次短时间非法拘禁他人的，应当认定为《刑法》第二百三十八条规定的“以其他方法非法剥夺他人人身自由”。非法拘禁他人三次以上、每次持续时间在四小时以上，或者非法拘禁他人累计时间在十二小时以上的，应当以非法拘禁罪定罪处罚。

【案例一】

罗灵伟、蒋鼎非法拘禁案①

• 案件事实 •

2014年1月3日19时许，被告人罗灵伟因怀疑王某祥、陈某兵、潘某根在管理其经营的石渣生意期间，在账目上造假侵吞款项，遂与被告人蒋鼎、“阿三”等人将王某祥、陈某兵、潘某根三人从台州市路桥区螺洋街道园珠屿村带至黄岩区沙埠镇佛岭水库洋山庙边上，质询账目收支情况，并使用拳脚及

① 参见中华人民共和国最高人民法院刑事审判第一、二、三、四、五庭主办：《刑事审判参考》（总第99集），法律出版社2014年版。

持棍殴打王某祥、陈某兵等人，致王某祥构成轻伤二级。后罗灵伟与王某祥达成协议，将罗灵伟怀疑的账目上被侵吞的3万余元与其欠王某祥的3万余元抵销。整个过程持续4个小时左右。案发后，在刑事诉讼过程中，被害人王某祥提起刑事附带民事诉讼。后经和解，罗灵伟、蒋鼎赔偿了王某祥的医药费等各项经济损失并取得了被害人的谅解。王某祥撤回了刑事附带民事诉讼。

• 裁判要旨 •

无法查清被害人是否存在侵吞账款，要根据被告人真实的意思，审查是否存在认识错误。如果被告人确实认为被害人存在侵吞账款的，从有利于被告人和坚持主观、客观相统一原则出发，应当认定被告人是为索取债务而非法拘禁他人。

• 裁判理由 •

浙江省台州市黄岩区人民法院认为，被告人罗灵伟、蒋鼎为索取债务，非法限制他人人身自由并进行殴打，致人轻伤，其行为均构成非法拘禁罪。罗灵伟曾因吸毒被行政处罚、蒋鼎曾因吸毒被行政处罚及强制戒毒，酌情均可以从重处罚。罗灵伟的辩护人所提对罗灵伟从轻处罚的相关辩护意见，与本案查明的事实及相关的法律规定相符，应予采纳。蒋鼎归案后如实供述犯罪事实，认罪态度较好，并赔偿了被害人的经济损失且取得了谅解，酌情可以从轻处罚。据此，依照《刑法》第238条第1款、第3款，第25条第1款，第67条第3款以及《刑事诉讼法》第279条之规定，台州市黄岩区人民法院以被告人罗灵伟犯非法拘禁罪，判处有期徒刑九个月；以被告人蒋鼎犯非法拘禁罪，判处有期徒刑九个月。

一审宣判后，被告人罗灵伟、蒋鼎均未提起上诉，检察机关亦未抗诉，该判决已发生法律效力。

【案例二】

胡经杰、邓明才非法拘禁案①

• 案件事实 •

被告人胡经杰与韩某某原系恋爱关系，2004年3月韩某某开始疏远胡经杰，与龚某关系较好。同年4月，胡经杰以龚某与韩某某谈恋爱及自己曾被龚

---

① 参见中华人民共和国最高人民法院刑事审判第一、二、三、四、五庭主办：《刑事审判参考》（总第55集），法律出版社2007年版。

某等人殴打为由，邀约邓明才等人同往龚某的朋友万某某的暂住处寻找龚某欲殴打报复。胡、邓在万某某的暂住处没有找到龚某，即对万某某进行殴打并用随身携带的小剪刀刺伤万某某背部等处，逼问龚某在何处。万某某被迫与龚某的同事马某某电话取得联系，得知龚某、韩某某与马某某等人正在南山游玩。胡、邓即强行将万某某带出，逼迫万某某随同帮助寻找龚某（途中将万某某带至医院包扎伤口）。韩某某得知万某某被胡经杰等人打伤并带走即与胡经杰、邓明才约定了双方见面地点，并劝胡经杰不要伤害万某某，胡经杰即以"等着收尸"相威胁，韩即报警。在约定见面地点万某某欲逃跑，胡经杰、邓明才对其进行殴打，令万某某在原地等候。公安民警接警后将胡经杰、邓明才二人抓获。经医院诊断，万某某身体多处软组织损伤。

• 裁判要旨 •

为寻找他人而挟持人质并以伤害相要挟的行为，构成非法拘禁罪。

• 裁判理由 •

重庆市江北区人民法院认为，被告人胡经杰、邓明才以暴力、语言威胁等手段挟持被害人万某某寻找他人，限制被害人万某某的人身自由，其行为均已构成非法拘禁罪。二被告人及辩护人提出的应以非法拘禁罪定罪量刑的辩解、辩护意见，予以采纳。二被告人均系累犯，依法应从重处罚。据此，依照《刑法》第238条第1款、第25条第1款、第65条第1款、第64条之规定，作出如下判决：一、被告人胡经杰犯非法拘禁罪，判处有期徒刑二年六个月。二、被告人邓明才犯非法拘禁罪，判处有期徒刑二年。三、作案工具小剪刀，予以没收。

一审宣判后，二被告人在法定期限内均未提出上诉，检察院也未抗诉，判决发生法律效力。

【案例三】

付某非法拘禁案①

• 案件事实 •

2000年冬天，付某经人介绍与禹某英（曾于1998年离婚）相识并建立了恋爱关系，恋爱期间双方同居。到2002年年底，因禹某英的家人对此事一直

---

① 参见最高人民法院中国应用法学研究所编：《人民法院案例选（2004年刑事专辑）》，人民法院出版社2005年版，第239~240页。

反对，禹某英不得不中断与被告人的恋爱关系。付某对此极为不满，在多次找禹某英及其家人商谈无果的情况下，为讨个说法，于2003年4月7日10时许，携带一壶汽油和一把水果刀，趁无人之机翻墙潜入本镇潘窑村禹某英二姐禹某某家（禹某英及其父母当时住在此处）。付某踹开东屋门后藏于该屋，并在该屋找到一把斧子和一把菜刀。约半个小时后，付某见禹某英的父亲禹某进入该屋，便手持斧子以找禹某英理论说事为由，先将禹某挟持在房间内，后用桌子和缝纫机顶住房门，并用绳子捆住禹某的手和脚，置于屋内的床上。禹某英得知这一消息后，回来劝说付某开门放人，遭付某拒绝。12时许，公安人员到达现场，规劝付某停止犯罪行为又遭其拒绝。直至当日下午2时45分，付某在其家人的劝说下才将屋门打开，付某被公安人员抓获，被害人禹某同时获救。

• 裁判要旨 •

因情感纠纷，非法控制对方亲属，以达继续恋爱的目的，因并无其他非法诉求，应以非法拘禁罪论处。

• 裁判理由 •

河南省荥阳市人民法院经公开审理认为：被告人付某以非法拘禁的方法剥夺他人人身自由，其行为已构成非法拘禁罪。荥阳市人民检察院指控被告人付某的犯罪事实成立，予以支持。但被告人付某系因其女友禹某英与自己分手而心怀不满，其主观动机是威胁禹某英的家人以达到与禹某英继续恋爱的目的，客观方面虽然实施了捆绑行为，但未勒索财物或提出其他非法要求，其行为不符合绑架罪的构成要件，故公诉机关指控的罪名不能成立，应予变更。被告人付某的辩解理由成立，予以采纳。辩护人认为被告人有自首情节的辩护理由不能成立，不予采纳。该院依照《刑法》第238条第1款、第47条的规定，于2003年8月20日作出如下判决：被告人付某犯非法拘禁罪，判处有期徒刑三年。

【案例四】

田某等非法拘禁案①

• 案件事实 •

田某在任成都西部汽车城股份有限公司西安分公司经理期间，销售给刘某某解放牌柴油车3辆、重庆长安牌面包车1辆，总计价款435000元，刘某某当即付价款130500元。两人协议所欠304500元价款应在1998年3月25日以前付清。到期后，田某多次向刘某某索要未果。1999年7月初，田某让万某找两个人来西安帮其索款，事成后给万某等人12万元酬谢。7月3日，万某叫同厂的丁某，丁某又叫廖某，并让廖某带上廖家存放的“冬眠灵”针剂。廖某、万某、丁某三人又购买了4支一次性注射器，于7月4日乘火车来到西安。7月5日，田某在西安租得一辆桑塔纳轿车，并给廖某、万某、丁某每人一把水果刀。7月6日下午7时许，四人到达延安。晚9时许，田某、廖某与刘某某饭后同车去宾馆，在宾馆附近田某让事先在路边等候的万某、丁某二人上车，随后立即调转车头向西安方向驶去。刘某某询问干什么，廖某即拿出刀子威胁刘某某不许闹，田某称去西安把事情说清楚，不会对刘某某进行伤害。车开出延安后，田某害怕刘某某闹，停下车后在刘某某的右臂注射“冬眠灵”2支，致使刘某某睡着。次日早5时许在西安境内刘某某醒后，田某让万某再给刘某某注射“冬眠灵”1支，刘某某又睡着。车驶入四川境内刘某某醒后，廖某、万某二人又给刘某某注射1支“冬眠灵”。当车要过四川剑门关时，田某害怕交警查车，再次让万某给刘某某注射“冬眠灵”一支。7月8日凌晨2时许，车到达四川省新都县石板滩镇胜利村，四人将刘某某抬到与廖某相识的范某家地下室。此时，刘某某已气息微弱。后田某、万某二人回到成都修车，廖某、丁某二人在范某家休息。7月8日中午12时许，田某、廖某、万某、丁某到地下室时发现刘某某已死亡。为避免被人发现，田某、廖某提出将尸体碎尸后，装入桶内沉入河底，其他人同意。四人分工后于7月9日按计划实施。田某、万某又将刘某某的衣服烧毁。7月12日，田某给刘某某家打电话索要28万元，并威胁不给钱就将采取措施。四被告人被捕后对其犯罪事实均供认不讳。

• 裁判要旨 •

非法拘禁罪的结果加重犯与转化犯的区分。

---

① 参见中华人民共和国最高人民法院刑事审判第一庭、第二庭编：《刑事审判参考》（总第26辑），法律出版社2002年版，第33～35页。

• 裁判理由 •

陕西省延安市中级人民法院认为：被告人田某、廖某、万某、丁某为索取债务，非法绑架他人致人死亡，其行为均构成绑架罪。该院依照相关规定，于2000年3月22日判决如下：一、被告人田某犯绑架罪，判处死刑，剥夺政治权利终身。二、被告人廖某犯绑架罪，判处死刑，剥夺政治权利终身。三、被告人万某犯绑架罪，判处无期徒刑，剥夺政治权利终身。四、被告人丁某犯绑架罪，判处有期徒刑十年。

一审宣判后，被告人田某、廖某、万某及其辩护人均以原判定性不准，量刑畸重为由，提起上诉。

陕西省高级人民法院审理后认为：上诉人田某、廖某、万某和后审被告人丁某为追索债务，采取绑架手段，非法拘禁债务人，使债务人刘某某失去人身自由。田某等人为了控制刘某某，多次给刘某某注射"冬眠灵"，经法医鉴定，没有充分证据证实刘某某系因注射该药而直接致死，故其行为均已构成非法拘禁罪。对田某、廖某、万某和其辩护律师所提四被告人的行为构成非法拘禁罪，不构成绑架罪的上诉理由和辩护意见，予以采纳。依照相关规定于2002年1月7日判决如下：一、撤销陕西省延安市中级人民法院（2000）延刑初字第4号刑事判决。二、上诉人田某犯非法拘禁罪，判处有期徒刑十五年，剥夺政治权利四年。三、上诉人廖某犯非法拘禁罪，判处有期徒刑十五年，剥夺政治权利四年。四、上诉人万某犯非法拘禁罪，判处有期徒刑十三年，剥夺政治权利三年。五、原审被告人丁某犯非法拘禁罪，判处有期徒刑十年，剥夺政治权利二年。

【学理分析及适用指引】

• 学理分析 •

非法拘禁罪，是指以非法拘留、禁闭或者其他方法，非法剥夺他人人身自由权利的行为。本罪的构成要件如下：

1. 本罪的客体。本罪侵犯的客体是公民的人身自由权利。

2. 本罪的客观方面。客观方面表现为非法对被害人的身体采取强制措施，使被害人失去行动自由的行为。由于这种行为本身就是一种违法犯罪行为，法律并不要求有其他危害的后果。犯罪手段是多种多样的，如非法拘留、强行禁闭、隔离审查等。拘禁必须是非法的。司法机关依法对犯罪嫌疑人、被告人采取的拘传、取保候审、监视居住等强制措施；对有证据证明有犯罪事实，可能判处徒刑以上刑罚的犯罪嫌疑人、被告人，采取取保候审、监视居住等方法，尚不足以防止发生社会危害性而认为有逮捕必要予以逮捕的；公安机关对于现行犯或者重大嫌疑分子先行拘留的；任何公民对于正在实行犯罪或者在犯罪后及时被发觉的，通缉在案的，越狱逃跑的，正在被追捕的，可以立即扭送司法机关处理。这些限制人身自由的行为，都是合法的，不能认为是非法拘禁的行为。但是，司法工作人员如果滥用职权，非法拘禁他人或者公民以某种理由为借口私设公堂，非法拘禁他人，则是侵犯他人人身自由权利的行为。

3. 本罪的主体。犯罪主体为一般主体。

4. 本罪的主观方面。主观方面由故意构成，并且以非法剥夺他人人身自由为目的。

• 适用指引 •

司法实践中，认定本罪应注意：

1. 关于本罪的结果加重与犯意转化行为的认定。非法拘禁罪的犯罪故意无法涵盖故意伤害或故意杀人的故意。在非法拘禁罪的结果加重犯的场合，行为人对被害人重伤、死亡的结果所持的心理态度是过失。在非法拘禁罪转化为故意伤害罪或故意杀人罪的场合，行为人对被害人伤残、死亡的结果所持的心理态度是故意。

2. 非法拘禁罪与绑架罪的区别。绑架罪与非法拘禁罪之间实际上存在着特殊与一般的关系。二者在犯罪手段方面没有质的区别，都是侵犯了他人的人身自由。二者的区别主要在于：绑架罪的构成不仅要求有侵犯人身自由的行为，而且要求行为人主观上具有勒索财物或满足行为人的其他不法要求的目的；非法拘禁罪在主观上仅要求行为人具有剥夺他人人身自由的目的，而这种剥夺他人人身自由的目的实际上属于非法拘禁罪的犯罪故意的内容，与直接故意中的意志因素处于重叠状态。在绑架罪的场合，行为人具有两个层次的目的：第一个层次的目的与非法拘禁罪中属于犯罪故意内容的目的一致，即非法剥夺他人人身自由的目的；第二个层次的目的是满足不法要求的目的，这种目的是犯罪故意以外的，比前一种目的更为复杂、深远的心理态度，属于超过犯罪构成客观要素范围的主观要素。对于实施绑架罪的行为人而言，剥夺被害人的人身自由只不过是实现其不法要求目的的一种手段。由此可见，区分绑架罪与非法拘禁罪的关键，在于行为人主观上除了具有剥夺他人人身自由的目的之外，是否还具有以绑架为手段向被绑架人的亲属或其他人（此处的“其他人”包括单位乃至国家）提出非法要求的目的。

第二百三十九条　绑架罪

【法律规定】

• 法律条文 •

《中华人民共和国刑法》

第二百三十九条　以勒索财物为目的绑架他人的，或者绑架他人作为人质的，处十年以上有期徒刑或者无期徒刑，并处罚金或者没收财产；情节较轻的，处五年以上十年以下有期徒刑，并处罚金。

犯前款罪，杀害被绑架人的，或者故意伤害被绑架人，致人重伤、死亡的，处无期徒刑或者死刑，并处没收财产。

以勒索财物为目的偷盗婴幼儿的，依照前两款的规定处罚。

• 相关规定 •

《全国人民代表大会常务委员会法制工作委员会关于已满十四周岁不满十六周岁的人承担刑事责任范围问题的答复意见》（法工委复字〔2002〕12 号）

最高人民检察院：

关于你单位 4 月 8 日来函收悉，经研究，现答复如下：

刑法第十七条第二款规定的八种犯罪，是指具体犯罪行为而不是具体罪名。对于刑法第十七条中规定的“犯故意杀人、故意伤害致人重伤或者死亡”，是指只要故意实施了杀人、伤害行为并且造成了致人重伤、死亡后果的，都应负刑事责任。而不是指只有犯故意杀人罪、故意伤害罪的，才负刑事责任，绑架撕票的，不负刑事责任。对司法实践中出现的已满十四周岁不满十六周岁的人绑架人质后杀害被绑架人、拐卖妇女、儿童而故意造成被拐卖妇女、儿童重伤或死亡的行为，依据刑法是应当追究其刑事责任的。

《最高人民法院关于审理未成年人刑事案件具体应用法律若干问题的解释》（法释〔2006〕1 号）

第五条　已满十四周岁不满十六周岁的人实施刑法第十七条第二款规定以外的行为，如果同时触犯了刑法第十七条第二款规定的，应当依照刑法第十七条第二款的规定确定罪名，定罪处罚。

《最高人民法院关于对在绑架过程中以暴力、胁迫等手段当场劫取被害人财物的行为如何适用法律问题的答复》（法函〔2001〕68 号）

福建省高级人民法院：

你院闽高法〔2001〕128 号《关于在绑架过程中实施暴力或以暴力相威胁

当场劫取被害人财物的行为如何适用法律问题的请示》收悉。经研究，答复如下：

行为人在绑架过程中，又以暴力、胁迫等手段当场劫取被害人财物，构成犯罪的，择一重罪处罚。

【案例一】

向某等绑架案①

• 案件事实 •

2001年6月的某天，向某、曾某密谋绑架张某勒索钱财。同年10月12日晚上11时许，向某以有客人需要小姐过夜（嫖宿）为由，将张某骗到其租住的海南省三亚市某住房后，与曾某持水果刀威胁张某不许动，用绳子捆绑了张某。接着，向某、曾某持刀威胁张某，索要钱财。张某说有5000元人民币放在其租住处的密码箱里，曾某、向某先后到张某的住处，但因房东在家均未能取到钱。同月14日，向某、曾某胁迫张某打电话给其父亲张某元存1万元人民币到向某所持的户主为“唐某香”的存折账户上。同月15日，向某、曾某又胁迫张某打电话给成都市的朋友石某某存1万元人民币到“唐某香”的存折账户上。16日，张某被迫打电话给其房东苏某某要人民币2000元，曾某骗其朋友李某某一起到苏某某处取了2000元人民币。当晚，向某、曾某估计张父已将1万元人民币寄出，便预谋将张某杀害。同月17日中午1时许，向某、曾某用绳子合力将张某勒死，然后由曾某到中国银行三亚分行商品街分理处从“唐某香”账户上取出5000元人民币。下午6时许，向某、曾某用菜刀、锯片将张某的尸体肢解成9段。晚上11时许，向某、曾某买回一个红色行李箱和一个蓝色行李袋，把用黑色塑料袋包住的张某的尸块放进行李箱和袋里。同月18日凌晨2时许，向某、曾某携带装有尸块的行李箱和袋租乘叶某胜的出租车到三亚市崖城镇宁远河大桥处，将尸块抛在该桥南端东侧的护坡上。当天上午，向某、曾某入住三亚市某招待所。下午，曾某又从“唐某香”的账户里取出5000元人民币，与上次所取的5000元人民币集中藏放在招待所房间的床垫下。同月19日中午，公安人员在南海招待所附近的公用电话亭将向某、曾某抓获。破案后，公安人员查获赃款人民币2万元，分别退给张某元、石某某各1万元。

---

① 参见最高人民法院中国应用法学研究所编：《人民法院案例选（2004年刑事专辑）》，人民法院出版社2005年版，第248~249页。

• 裁判要旨 •

为勒索财物绑架他人并杀人碎尸的，属于刑法意义上的“杀害被绑架人”的情形。

• 裁判理由 •

海南省三亚市中级人民法院经公开审理认为：被告人向某、曾某为勒索财物绑架他人并杀人碎尸，手段特别残忍，情节特别恶劣，后果极为严重，社会危害极大，二被告人的行为均构成绑架罪。被告人向某、曾某在共同犯罪中地位相当，所起作用相同，没有主次之分。依照《刑法》第239条第1款、第25条第1款、第57条第1款之规定，以被告人向某、曾某犯绑架罪，分别判处死刑，剥夺政治权利终身，并处没收个人全部财产。

宣判后，向某不服上诉。向某辩护人辩称，向某只是提议绑架勒索钱财，曾某是策划杀害张某的主凶；向某只起辅助作用，认罪态度好，要求从轻处罚。

曾某不服上诉。曾某辩护人辩称，曾某事先没有和向某密谋绑架张某，绑架、杀害张某是向某提出的；在绑架过程中，曾某没有参与用绳子捆绑张某，没有向张某索要钱财；向某曾用枕头捂被害人面部，被害人是被捂死还是被扼死、勒死不清楚；曾某是从犯、初犯，应从轻处罚。

海南省高级人民法院经二审审理认为：原判认定的事实清楚，证据确凿。关于上诉人向某及其辩护人辩护提出曾某是策划杀害张某的主凶以及向某认罪态度好，要求从轻处罚，经查，向某提议绑架勒索钱财，与曾某共同杀害张某并碎尸、抛尸的证据有证人证言、刑事科学鉴定意见可以证明，向某亦供认在案，证据确凿，但无证据证实曾某是策划杀害张某的主凶。关于曾某及其辩护人辩护提出曾某事先没有和向某密谋绑架张某，绑架、杀害张某是向某提出的以及在绑架过程中曾某没有参与用绳子捆绑张某，没有向张某索要钱财，经查，曾某曾供述，2001年6月，向某多次向她提出绑架张某勒索钱财，她同意，并与向某用绳子将张某勒死，其供述与向某口供及刑事科学鉴定意见相互印证。曾某及其辩护人又提出被害人是被捂死还是被扼死、勒死不清楚。公安机关刑事科学技术鉴定书证实，张某生前被他人扼颈、勒颈造成机械性窒息死亡。曾某及其辩护人还提出曾某是从犯，经查，曾某与向某共同实施犯罪行为，原判认定两名上诉人无主从犯之分并无不当。同时查明，上诉人向某、曾某无任何法定从轻情节。故两名上诉人及其辩护人的上诉理由和辩护意见均不能成立。原判定性准确，量刑适当，审判程序合法。法院依照《刑事诉讼法》第189条第1项之规定，于2002年10月24日裁定：驳回上诉，维持原判。根据《最高人民法院关于授权高级人民法院和解放军军事法院核准部分死刑案件的通知》的规定，此裁定即为核准以绑架罪判处被告人向某、曾某死刑，剥夺政治权利终身，并处没收其个人全部财产的刑事裁定。

【案例二】

吴某绑架案[①]

• 案件事实 •

吴某因生活琐事经常与妻子谭某莲争吵、打架，谭某莲因此搬回娘家住并提出离婚。吴某不同意，多次到谭家要求谭某莲回家，均遭拒绝以及其岳父谭某森的驱逐。吴某认为谭某森挑拨了其夫妻关系，遂欲报复谭某森。1998年11月2日下午，吴某携带一只空酒瓶及一根长布带，在南康市某中学门口，将放学回家的谭某森的孙子谭某绑架至自己家里关押。后吴某给谭某的堂姑谭某兰打电话，让谭某兰转告谭某森与谭某莲，要谭某莲一人于当晚7时之前带3000元来赎人，不许报警，否则杀死谭某。谭某的家属报案后与公安干警于当晚7时许赶至吴某家，吴某见谭某莲未来，即用刀在谭某的脖子上来回拉割，并提出要谭某森弄瞎自己的眼睛、自残手足等才肯放人。因其要求未得到满足，吴某便不断用刀在谭某身上乱划，致谭某不断惨叫，后又用刀将人质的左手拇指割下一小截扔下楼。期间，谭某因失血过多而多次昏迷。直至次日凌晨1时许，公安干警冲入室内将吴某抓获。经法医鉴定，谭某的面部、颈部、肩部、膝部、小腿、脚、指等部位有20余处刀伤，伤情为重伤乙级。

• 裁判要旨 •

犯绑架罪只有致被绑架人死亡或者杀害被绑架人的，才能依法适用死刑。

• 裁判理由 •

江西省赣州市中级人民法院认为：被告人吴某在绑架过程中伤害被绑架人致重伤乙级，其行为已构成绑架罪，应依法严惩，依照《刑法》第239条的规定，于1999年4月13日作出判决：被告人吴某犯绑架罪，判处死刑，剥夺政治权利终身。

一审判决后，被告人吴某不服，向江西省高级人民法院提出上诉。被告人吴某在其上诉中提出，本案是谭某森挑拨谭某莲与其离婚所致，谭某森父女在案件起因上有过错。其行为未造成被害人死亡的后果，请求从轻处罚。其辩护

---

① 参见中华人民共和国最高人民法院刑事审判第一庭、第二庭编：《刑事审判参考》（总第26辑），法律出版社2002年版，第51~52页。

人辩称，本案没有造成被绑架人死亡的后果，原审法院判处吴某死刑不当。

江西省高级人民法院经审理后认为：原判认定上诉人吴某绑架并故意伤害被绑架人谭某致重伤乙级的犯罪事实清楚，证据确实、充分。上诉人吴某为勒索钱财、泄愤报复而绑架无辜儿童，并将被绑架人伤害致重伤乙级，其行为构成绑架罪，且手段残忍，情节恶劣，应依法严惩。吴某上诉提出谭某森父女在案件起因上有过错的理由不能成立，但根据《刑法》的规定，犯绑架罪只有致被绑架人死亡或者杀害被绑架人的，才能判处死刑，吴某在绑架中并未造成被害人死亡的后果，故其辩护人提出原审法院以绑架罪判处吴某死刑不当的辩护意见成立。法院依照相关规定，于2001年3月1日作出如下判决：撤销赣州市中级人民法院（1999）赣中刑初字第32号刑事附带民事判决中的刑事判决部分；吴某犯绑架罪，判处无期徒刑，剥夺政治权利终身。

【案例三】

安某、吴某绑架并杀害被绑架人案①

• 案件事实 •

2001年夏天，安某与同乡村民张某多次商议绑架在尚寨街上做生意的宋某远之子宋某雨（1990年6月12日生），并商定向宋某远索要10万元现金。2001年10月份，安某又约请吴某（男，1986年11月5日生）参与作案，吴某当即同意，三人遂决定绑架后将宋某雨隐藏在张某家的蔬菜大棚内，由吴某看管。后由于家庭生产忙，张某没再参与。安某、吴某决定由其二人实施绑架，并商定先杀死宋某雨，再向宋某远打电话要钱。为此二人准备了普鲁卡因针剂（一种麻醉药）、手套、透明胶带等工具。2002年1月21日早晨6时许，二被告人在宋某雨上学途中用浸有麻醉药的毛巾捂宋某雨的口鼻，捂昏后抬至一棉柴堆旁。宋某雨苏醒后求饶，二人唯恐事情败露，遂由吴某骑在宋某雨身上，按住宋某雨的胳膊和腿，安某再次用毛巾捂其口鼻，又用透明胶带在其口鼻上缠绕，致宋某雨机械性窒息死亡。二被告人将尸体、作案工具等隐匿后，于当天上午在慈圣镇、远襄镇打电话向宋某远索要10万元赎金。下午4时许，二人再次电话催要赎金时，被公安机关当场抓获。

• 裁判要旨 •

相对刑事责任年龄人杀害被绑架人行为的定性。

---

① 参见最高人民法院中国应用法学研究所编：《人民法院案例选（2003年第2辑）》，人民法院出版社2004年版，第27～29页。

• 裁判理由 •

商丘市中级人民法院经过不公开审理后认为：被告人安某、吴某为勒索钱财，绑架并杀害无辜儿童，手段残忍，后果严重，二人的行为均已构成犯罪。被告人安某犯罪时已满16周岁，其行为构成绑架罪；被告人吴某犯罪时已满14周岁不满16周岁，对绑架行为不负刑事责任，但其为灭口而杀害被绑架人，具有明显的杀人故意和杀人行为，故其行为构成故意杀人罪，依法应承担刑事责任。公诉机关指控的罪名成立。被告人安某、吴某犯罪时均不满18周岁，不适用死刑，二被告人犯罪时均属未成年人，其辩护人请求依法从轻处罚的辩护意见应予采纳。被告人安某在犯罪中积极预谋、实施绑架并杀死被害人，系主犯；被告人吴某在犯罪中积极主动，预谋和实施犯罪时要将被害人杀死的故意明显，积极追求被告人死亡的后果，与被告人安某同属主犯，其辩护人辩称其不构成故意杀人罪、属从犯的意见不能成立，不予采纳，但其罪行情节轻于被告人安某，其处罚应与此相称。商丘市中级人民法院于2002年7月4日作出判决如下：一、被告人安某犯绑架罪，判处无期徒刑，剥夺政治权利终身，并处罚金人民币5000元。二、被告人吴某犯故意杀人罪，判处有期徒刑十五年。

宣判后，在法定期限内，公诉机关未抗诉，被告人及其法定代理人未上诉。

【案例四】

章某等绑架案①

• 案件事实 •

章某承租泗阳县中亚一店大酒店，因经营不善而严重亏损，遂产生了绑架勒索财物的犯意。经考察，章某选定了泗阳县摄影个体户吴某光之子吴某（7岁）为绑架对象，并对吴某的活动规律进行了跟踪了解。2000年1月14日上午，章某向在自己承包的大酒店做服务员工作的被告人王某提出：有人欠债不还，去把其子带来，逼其还债。王某表示同意。当日13时10分左右，章某骑摩托车载着王某至泗阳县实验小学附近，将去学校上学的吴某指给王某看，王某即跟随吴某至教室，将吴某骗出。章某骑摩托车与王某一起将吴某带至泗阳县中亚一店大酒店，用胶带将吴某反绑置于酒店贮藏室内关押。16时许，章

---

① 参见中华人民共和国最高人民法院刑事审判第一庭、第二庭编：《刑事审判参考》（总第24辑），法律出版社2002年版，第40～45页。

某电话寻呼被告人张某（系章某外甥女），告诉张某自己绑架了一个小孩，要求张某帮助自己打电话给吴家勒索财物，并告知张某吴家的电话号码以及勒索50万元人民币和一部手机等条件。张某表示同意。当日16时至17时许，张某共3次打电话给吴家，提出了勒索50万元人民币和一部手机等条件。次日，章某赶到沭阳县城，再次要求张某继续向吴家打电话勒索，张某予以拒绝。因吴某家属报案，1月17日凌晨，张某、章某、王某先后被公安机关抓获，吴某同时被解救。吴某被绑架长达63小时之久，送医院治疗5天，诊断为双腕软组织挫伤，轻度脱水。吴某父母吴某光、马某为吴某治疗共花费医疗费总计人民币2214.31元。

• 裁判要旨 •

绑架罪既遂及共犯形态的认定。

• 裁判理由 •

江苏省宿迁市中级人民法院认为：被告人章某以勒索财物为目的，绑架他人，被告人张某在明知被告人章某实施绑架行为后，打电话勒索财物，章某、张某的行为均已构成绑架罪。被告人王某在被告人章某谎称扣押人质而索债的认识支配下，非法拘禁儿童，其行为已构成非法拘禁罪。章某、张某系绑架罪的共犯，其中，章某系主犯；张某系从犯，可依法予以减轻处罚。三名被告人给附带民事诉讼原告人造成的经济损失应予赔偿。公诉机关指控的罪名正确，予以支持；其指控王某犯绑架罪，因王某主观上无绑架勒索财物的故意和目的，故其指控的罪名不准，应予纠正。章某归案后虽能如实供述自己的犯罪事实，但根据其犯罪的手段、后果及社会影响不足以对其从轻处罚。王某是在章某谎称扣押人质而索债的故意支配下实施犯罪，作案后章某也没有把自己的真实目的告诉王某，王某在主观上只有非法拘禁的故意，没有绑架的故意，故其辩解和辩护意见成立，予以采纳。张某在明知章某实施绑架行为后，帮助章某实施勒索行为，其后来虽然拒绝继续实施勒索行为，但不足以防止危害结果的发生，不属于犯罪中止，故其辩护意见不能成立，不予采纳。张某是在章某实施绑架行为后，帮助实施勒索行为，属从犯，归案后能如实供述同案犯和被害人被关押的地点，能认罪悔罪，其要求减轻处罚的理由成立，予以采纳。但根据其犯罪情节及社会危害，不宜适用缓刑，故要求适用缓刑的意见不能成立，不予采纳。江苏省宿迁市中级人民法院经审理后于2000年7月7日作出如下刑事判决：一、被告人章某犯绑架罪，判处无期徒刑，剥夺政治权利终身，并处没收财产。二、被告人张某犯绑架罪，判处有期徒刑三年，并处罚金人民币5000元。三、被告人王某犯非法拘禁罪，判处有期徒刑三年。

该案后被提起上诉。江苏省高级人民法院经二审审理后，于2000年9月

22日作出裁定：驳回上诉，维持原判。

【案例五】

张兴等绑架案①

● 案件事实 ●

张兴与被害人王某英（女，殁年34岁）于2008年12月开始保持不正当两性关系。2009年4月30日晚，张兴在东莞市万江区共联溜冰场见王某英与另几名男子玩，欲将王某英带走，但遭王某英拒绝，二人遂发生矛盾。后张兴纠集被告人符安仁、张文青、张启刚以及符来贵、张启明、陈勇（后三人另案处理）等六人帮忙将王某英强行带走，反遭与王某英在一起玩的几名男子殴打。当晚，张兴等人密谋绑架王某英。次日中午，王某英打电话约张兴见面，张兴等七人即到东莞市道滘镇小河村一出租屋租下房间，符安仁、张启刚、符来贵、张启明、陈勇五人在该房间守候，由张兴、张文青将王某英带至该房间。此后，张兴等人殴打王某英并索要人民币（以下币种同）5000元钱。王某英被迫拿出1000元后，又打电话给其他亲戚朋友，要他们将钱汇至张兴提供的账户。后张兴等人怕被发现，欲将王某英转移。张兴、符安仁、张启刚三人挟持王某英搭乘一辆出租车，张文青等人随后。当张兴等人行至道滘镇某酒店门前路段时，所乘出租车与一辆小汽车发生碰撞，张兴、符安仁、张启刚三人逃离，王某英因钝性外力打击头部致严重颅脑损伤死亡。

● 裁判要旨 ●

绑架犯罪案件中，非因被告人的故意、过失行为导致被害人死亡的，能否认定为“致使被绑架人死亡”。

● 裁判理由 ●

广东省东莞市中级人民法院认为，被告人张兴、符安仁、张文青、张启刚以勒索财物为目的绑架他人，其行为均构成绑架罪，依法应当惩处。张兴等人在控制被害人王某英的过程中，虽有殴打行为，但在转移王某英途中发生交通事故，在案证据不足以证实王某英头部损伤系殴打行为所致，且不能排除王某英头部受到损伤系交通事故所致，故不认定张兴、符安仁、张文青、张启刚的行为属绑架致人死亡情形。据此，依照《刑法》第239条第1款、第25条之

① 参见中华人民共和国最高人民法院刑事审判第一、二、三、四、五庭主办：《刑事审判参考》（总第87集），法律出版社2012年版。

规定，广东省东莞市中级人民法院判决如下：一、被告人张兴犯绑架罪，判处有期徒刑十五年，剥夺政治权利五年，并处罚金2万元。二、被告人符安仁犯绑架罪，判处有期徒刑十三年，剥夺政治权利三年，并处罚金1万元。三、被告人张文青犯绑架罪，判处有期徒刑八年，并处罚金1万元。四、被告人张启刚犯绑架罪，判处有期徒刑六年，并处罚金人民币8000元。

宣判后，张兴等人没有提出上诉，检察院没有抗诉。该判决已发生法律效力。

【案例六】

郑师武非法拘禁案①

• 案件事实 •

2014年6月1日17时许，被告人郑师武吸食甲基苯丙胺（冰毒）后，出现被警察追捕的幻觉，便闯入广州市越秀区瑶池大街某化妆品有限公司的仓库，手持一把西瓜刀劫持了仓库管理员被害人李某珍，将仓库卷闸门锁上，企图“躲避警察追捕”，并恐吓李某珍不要报警。群众发现上述情况后，将李某珍被劫持的消息通知该公司负责人白某。白某到场后询问郑师武有无需求。郑师武提出让白某开车护送其与李某珍到广州市海珠区的要求，遭到了白某的拒绝。当日22时，民警接到白某报警后到达现场与郑师武谈判，一直用刀劫持、殴打李某珍的郑师武与民警陷入对峙。次日1时30分许，白某寻机将卷闸门打开，民警立即冲入仓库将郑师武制服并抓获归案，缴获其西瓜刀，解救出李某珍。在上述过程中，郑师武造成李某珍背部、左中指、右肘部受伤，经鉴定属轻微伤。案发后经法医鉴定，郑师武案发时患“精神活性物质（甲基苯丙胺）所致精神障碍”。

• 裁判要旨 •

因吸毒致幻实施的挟持他人的行为，并不具有实施绑架犯罪的真实目的，不构成绑架罪而构成非法拘禁罪。

• 裁判理由 •

广东省广州市越秀区人民法院认为，被告人郑师武非法拘禁他人，非法剥夺他人人身自由，其行为构成非法拘禁罪。公诉机关指控郑师武犯罪的事实清

---

① 参见中华人民共和国最高人民法院刑事审判第一、二、三、四、五庭主办：《刑事审判参考》（总第108集），法律出版社2017年版。

楚，证据确实、充分，法院予以支持。指控郑师武构成绑架罪不当，法院予以纠正。郑师武因吸毒患“精神活性物质（甲基苯丙胺）所致精神障碍”，作案时无辨认能力并产生幻觉，其持刀挟持李某珍的绑架犯罪目的不具有客观真实性，故郑师武的行为不构成绑架罪，依法只构成非法拘禁罪。辩护人所提的郑师武只构成非法拘禁罪的辩护意见成立，法院予以采纳。郑师武非法拘禁他人，依法应当对其适用“三年以下有期徒刑、拘役、管制或者剥夺政治权利”的量刑幅度予以处罚。郑师武曾因故意犯罪被判处有期徒刑，刑罚执行完毕后五年内再犯罪，是累犯，依法应当从重处罚。郑师武在非法拘禁被害人李某珍过程中，殴打李某珍，依法应予从重处罚。综合考虑郑师武作案的具体事实、性质、情节、对社会的危害程度及认罪态度等因素，根据前述法定刑幅度、法定的量刑情节，依照《刑法》第 238 条第 1 款、第 65 条第 1 款之规定，判决如下：被告人郑师武犯非法拘禁罪，判处有期徒刑二年六个月。

一审宣判后，被告人郑师武没有提出上诉，检察院亦未抗诉，判决已发生法律效力。

【学理分析及适用指引】

• 学理分析 •

1. 绑架罪的构成。绑架罪，是指以勒索财物或者扣押人质为目的，使用暴力、胁迫或者其他方法，绑架他人的行为。本罪的构成要件如下：

（1）本罪的客体。本罪侵犯的客体是他人的人身权利和财产权利。

（2）本罪的客观方面。客观方面表现为使用暴力、胁迫或者其他方法，绑架他人的行为。暴力，是指行为人直接对被害人实施捆绑、堵嘴、蒙眼、装麻袋等人身强制行为或者对被害人实施伤害、殴打等人身攻击手段。胁迫，是指对被害人实行精神强制，或者对被害人及其家属以实施暴力相威胁。其他方法，是指除暴力、胁迫以外的方法，如利用药物、醉酒等方法使被害人处于昏睡、昏迷状态等。这 3 种犯罪手段的共同特征，是使被害人处于不能反抗或者不敢反抗的境地，将被害人非法绑架离开其住所或者所在地，并置于行为人的直接控制之下，使其失去行动自由的行为。法律只要求行为人具有其中一种手段就构成本罪。

（3）本罪的主体。犯罪主体为一般主体。

（4）本罪的主观方面。主观方面由直接故意构成，并且具有勒索财物或者扣押人质的目的。

2. 绑架罪中“致使被绑架人死亡”如何处理？1997 年《刑法》为绑架罪设立了绝对确定的法定刑，即绑架罪中“致使被绑架人死亡，或者杀害被绑架人的”直接适用“死刑，并处没收财产”的法定刑规定。《刑法修正案（九）》

对此情形予以调整，即规定绑架过程中，杀害被绑架人的，或者故意伤害被绑架人，致人重伤、死亡的，处无期徒刑或者死刑，并处没收财产。此处所规定的“致人重伤、死亡的”与“故意伤害被绑架人”之间存在因果关系，即由行为人在实施绑架过程中，故意伤害行为所导致。至于“故意杀害被绑架人”的行为是否“致人重伤、死亡”则并不要求。这表明：绑架罪的法定加重构成而依法适用“无期徒刑或者死刑”的包括两种情形：一是故意杀害被绑架人的；二是故意伤害被绑架人并“致人重伤、死亡的”情形。这样经过修正后的绑架罪法定加重构成情形，适用的主刑是“无期徒刑或者死刑”而非仅适用“死刑”。

3. 对“杀害被绑架人”的理解。有学者认为，根据《刑法》第239条的规定，在绑架过程中，致被绑架人轻伤、重伤或死亡的，定绑架罪无异议，因为《刑法》第239条中所指的“杀害被绑架人”，仅是以勒索财物为目的的杀害，不包括其他目的的杀害。同抢劫罪一样，行为人实施抢劫后，为灭口而故意杀人的，依照最高人民法院的有关批复，应以抢劫罪和故意杀人罪定罪，实行数罪并罚。

有学者认为，行为人实施绑架后杀人灭口的，只能定绑架罪，其理由是：《刑法》第239条中的“杀害被绑架人”，既包括勒索钱财的目的达不到而故意杀害被害人的，也包括勒索钱财的目的已经达到而杀害被害人的。因为前者和后者都是基于绑架行为而发生的杀害行为，而这种杀害行为都具有杀人的故意，并且直接与绑架行为密切联系的，符合本条中所指的“杀害被绑架人”的情形。也就是说，不论是在绑架勒索过程中杀人，还是在绑架勒索得到钱财后杀人，只要绑架被害人的这种不法状态在杀害被害人之前是存在的，就应定绑架罪。目前对勒索钱财的目的已经实现后而杀人灭口的，要同时定绑架罪和故意杀人罪，还缺乏根据。①

杀害被绑架人，就是指在绑架过程中，故意杀死被绑架人。考虑到这种行为与绑架罪之间的密切联系，立法者将其作为绑架罪加重构成的条件之一予以规定。其主要意图在于，针对绑架并杀害被绑架人的情况，不实行数罪并罚，而是规定明确的法定刑，以避免由适用数罪并罚的原则所可能导致的实际判处的刑罚与该种行为的严重社会危害性不相适应的现象。《刑法》并未限定“杀害被绑架人”的行为发生在整个绑架犯罪活动的哪一个阶段。

从实践来看，“杀害被绑架人”主要表现为以下几种情形：

（1）在绑架人质的阶段，由于遇到人质的激烈反抗而将其杀害的；

（2）事先就存在杀害人质的故意而在绑架过程中将人质杀害的；

---

① 参见最高人民法院中国应用法学研究所编：《人民法院案例选（2004年刑事专辑）》，人民法院出版社2005年版，第251~252页。

(3) 绑架他人以后勒索财物不成或者所提出的其他要求没有实现而杀害人质的(俗称"撕票");

(4) 在非法控制他人以后先故意杀害人质,然后再隐瞒人质已经死亡的事实而提出不法要求的;①

(5) 人质在被控制以后,意图通过反抗逃跑而招致杀害或者行为人在逃避追捕过程中故意杀害人质的;

(6) 行为人绑架他人勒索财物之后,发现被勒索的财物已在自己的控制范围之内,出于灭口或防止人质向侦查机关提供破案线索而杀害人质的。

由此可见,"杀害被绑架人"的行为可以发生在整个绑架犯罪活动的任何阶段。不可否认,在司法实践中,行为人在勒索财物的目的或其他不法要求没有实现的情况下,为了实现其先前的胁迫内容,可能会杀害被绑架人,这是俗称的"撕票"行为。但是,不能由此认为在勒索财物的目的或其他不法要求已经实现的情况下,行为人为了灭口而在绑架状态持续过程中所实施的杀害被绑架人的行为就不属于《刑法》第239条所规定的"杀害被绑架人"的行为。实际上,不论行为人是在不法要求提出以前、不法要求未得逞的情况下还是在不法要求已经实现的情况下将被绑架人杀害,这只是"杀害被绑架人"的不同具体表现,并不影响犯罪性质的认定。

以抢劫后为灭口而故意杀人的情形,作为勒索到钱财后为灭口而将被绑架人杀害的,也应实行数罪并罚的论证的支持是不合适的,因为就犯罪形态而言,抢劫罪与绑架罪有所不同的。抢劫罪是状态犯,行为人在将财物抢到手后,犯罪行为即告完成,但犯罪分子占有赃物的状态并未就此结束,财产一直处于犯罪分子的不法控制状态之下。而绑架罪是继续犯,行为人从着手绑架他人时起到他人人身自由被恢复时止,其绑架行为以及由该行为所造成的他人人身自由被剥夺的不法状态一直都处于持续过程之中。在抢劫罪既遂以后,尽管不法状态处在持续之中,但犯罪行为已实行终了,在这种情况下,行为人为灭口而实施的杀人行为已不可能包含于抢劫罪(抢劫致人死亡)的犯罪构成中加以评价,既然抢劫行为本身已不存在,还何谈"抢劫致人死亡"。而在绑架行为既遂以后,绑架行为本身仍旧可以处在持续状态,在这种情况下,行为人为灭口而实施的杀害被绑架人的行为实际上处在绑架过程中,仍可以包含于绑架罪(杀害被绑架人)的犯罪构成中予以评价,因为被害人仍然属于被绑架人。当然,在绑架行为终了即绑架状态结束以后,行为人又实施杀害被害人的行为的,则已经超出了绑架罪的加重构成的评价范围,因而应单独定故意杀人

① 不过,在已经将他人杀害后才产生勒索财物的故意,而谎称绑架了他人并向其亲属提出勒索数额较大的财物的要求的,由于实际上并不存在实力控制的情形,也就不可能以他人为人质,因而只能以故意杀人罪和敲诈勒索罪实行数罪并罚。

罪并与绑架罪实行数罪并罚。

4. 杀害被绑架人未遂的处理。行为人杀害被绑架人未遂的，应当如何处理？对此，有以下几种不同的意见：

（1）对于故意杀害被绑架人未遂的，依然适用《刑法》第239条“杀害被绑架人”的规定，而且不适用《刑法》关于未遂犯从轻、减轻处罚的规定。其理由是：①“杀害被绑架人”就其实质而言，就是故意杀人的行为，只不过是在绑架过程中的故意杀人行为而已。而故意杀人存在杀死与未杀死的情况，因此，“杀害被绑架人”也就存在杀死与未杀死的问题。这样，“杀害被绑架人”就应当是指“杀害”的行为而非“杀死”的结果。②故意杀人未遂的社会危害性重于过失致人死亡罪。同样，绑架故意杀人未遂的社会危害性也必然重于绑架过失致人死亡。既然后者的法定刑为绝对的死刑，那么对前者更应当适用绝对的死刑。③“杀害被绑架人”属于情节加重而非结果加重。立法者评价“杀害被绑架人”的社会危害性并配置绝对死刑的基点是杀害被绑架人的行为危险性，而非杀害被绑架人的结果实害性。④以“杀害被绑架人”为结果加重不利于对在绑架中杀害人质后毁尸灭迹的犯罪分子的打击。在将“杀害被绑架人”视为结果加重时，必须要有死亡事实的发生。而在没有找到被绑架人的尸体，没有直接证明死亡事实证据的情况下，对行为人便不能适用死刑，这有违最大限度地保护绑架人的人身安全的立法之意。①

（2）《刑法》第239条所规定的“杀害被绑架人”仅限于杀害被绑架人既遂，而不包括未造成被绑架人死亡结果的故意杀人行为。其理由是：①从字面含义来看，《现代汉语词典》对“杀害”一词的解释是指“杀死”或“害死”，无论是其中哪一种情况，在生物学上都是指死亡结果已经发生，并不能包括仅有杀人行为而无死亡结果的情况。②只有将“杀害被绑架人”理解为杀死被绑架人，才有利于实现罪刑相当原则。否则，由于《刑法》第239条对“杀害被绑架人”规定了绝对确定的法定刑——死刑，如果将那些在绑架过程中故意杀害被绑架人未遂或者具有预备、中止等情形的都按“杀害被绑架人”的规定来处理，必然导致轻罪重判。②

（3）绑架杀人未遂的，认定为普通绑架罪与故意杀人罪（未遂），实行数罪并罚。既然《刑法》第239条只是规定“杀害被绑架人的，处死刑”，即只是将杀人既遂规定为绑架罪的法定刑升格情节，那么，杀人未遂就不是绑架罪所能包容的。所以，对杀人未遂行为必须独立定罪，与绑架罪实行并罚。③

上述三种意见分歧的焦点在于对“杀害被绑架人”含义的理解不同。第

---

① 参见曾亚杰：《如何理解“杀害被绑架人”》，载《人民法院报》2004年9月20日。

② 参见宋翔、张太范：《“杀害被绑架人”不等于“故意杀人行为”》，载《人民法院报》2005年3月23日。

③ 参见张明楷：《绑架罪中“杀害被绑架人”研究》，载《法学评论》2006年第3期。

二种、第三种意见认为“杀害被绑架人”只限于故意杀人既遂，而不包括故意杀人未遂、预备、中止等情形。而第一种意见则认为“杀害被绑架人”是指行为人主观上具有致被绑架人死亡的故意，并且实施了杀人行为，而不要求该行为一定要产生致被绑架人死亡的结果。我国刑法理论的通说认为，《刑法》分则条文是以犯罪既遂为标本进行设定的。也就是说，《刑法》分则条文中具体犯罪的罪状和法定刑是针对该犯罪的既遂形态而言的。[①] 在这一理论背景下，将《刑法》分则第 239 条所规定的“杀害被绑架人”理解为故意杀人既遂，便是顺理成章的。

上述第一种意见将“杀害被绑架人”与故意杀人行为等而视之。这意味着“杀害被绑架人”既涵盖犯罪既遂的情形，也包括犯罪未遂等情形。这种意见的成立，必须具备一个基本的前提，即“杀害被绑架人”的既遂形态与未遂形态在构成要件要素方面具有完全的一致性，而不应当有任何差异。但是，在故意杀人既遂与故意杀人未遂的场合，前者与后者相比，在犯罪构成中包含了后者所不需要的“死亡结果”这一因素；如果认为前者与后者在构成要件上是完全相同的，显然无视了前者在犯罪构成上所多出的结果要素，进而会将结果要素排除在故意杀人既遂的犯罪构成之外。因此，尽管故意杀人既遂与故意杀人未遂具有同质的犯罪构成，但它们在犯罪构成要件要素上的差异是不容否定的。这样，要求“杀害被绑架人”既涵盖故意杀人既遂，又包括故意杀人未遂，实际上在立法上是无法实现的。

第一种意见所持的理由也是存在疑问的：①在法律未对条文用语含义作出特别规定时，解释“杀害”一词的含义不能随意脱离人们日常所能理解的范畴，滥作扩大或限制解释。这是法律解释所应遵循的一项基本原则。“杀害”一词作为日常用语的含义，既包括“杀”的行为，更主要是强调出现“害”，即“死”的结果。[②] ②《刑法》第 239 条对绑架行为的死刑适用条件的规定，主要强调的是对被绑架人的生命安全的保护，而不是主观罪过性。也就是说，只要行为人的行为造成被绑架人死亡的结果，不论其主观上是出于故意还是过失，均将受到死刑这种最严厉的法律制裁，以警示行为人在实施绑架行为时，必须尽可能保障被绑架人的生命安全。因此，以故意杀人未遂在社会危害性方面重于过失致人死亡为由认为故意杀害被绑架人未遂同样应适用绝对确定的死刑，并不妥当。而且，如果对故意杀害被绑架人未遂毫无例外地适用死刑，便无法在故意杀人未遂与既遂之间做到区别对待，这便不利于保护被绑架人的生

---

① 关于刑法分则中具体犯罪的设置模式，存在“犯罪既遂模式论”与“犯罪成立模式论”之争。我们赞同“犯罪既遂模式论”。相关论述，参见王志祥：《危险犯研究》，中国人民公安大学出版社 2004 年版，第 200～229 页；王志祥、姚兵：《既遂模式说之论证及其展开》，载陈泽宪主编：《刑事法前沿》（第 3 卷），中国人民公安大学出版社 2006 年版，第 152～158 页。

② 参见祝铭山主编：《非法拘禁罪、绑架罪》，中国法制出版社 2004 年版，第 96 页。

命，可能促使行为人想方设法将被绑架人杀死。③即便将“杀害被绑架人”视为结果加重的情形，也并非只有将被绑架人杀死才能对行为人适用死刑。这是因为，结果加重犯同样存在未遂形态，[①] 承认“杀害被绑架人”属于结果加重犯与承认“杀害被绑架人”存在未遂形态并不矛盾。《刑法》将未遂犯规定为可以从宽处罚的情节，未遂并不必然导致刑罚的从轻或减轻。这样，在杀害被绑架人未遂的情形下，同样可以考虑判处死刑。

上述第二种意见立足于罪刑相适应原则，认为没有对绑架人造成死亡结果的故意杀人行为与已造成死亡结果的故意杀人行为相比，一般情况下其罪行程度是悬殊的，不应当对其适用极刑。按照这种意见，只有在杀害被害人既遂的情况下才能适用死刑。[②] 我们认为，“杀害被绑架人”是针对故意杀害被绑架人既遂而言的，但这并不意味着将杀害被绑架人未遂的情况排除在可判处死刑的情形之外，而只有对杀害绑架人既遂才能适用死刑。《刑法》总则中对未遂犯“可以比照既遂犯”处罚的规定，意味着既遂犯的法定刑是在对未遂犯进行处罚时应予适用的基础刑。而“可以比照既遂犯”从宽处罚的规定，则意味着对于极少数的未遂犯而言，如果其社会危害性程度并不亚于既遂的程度，从罪责刑相适应的原则出发，就应适用与既遂犯相同的法定刑。因此，绝对排除对杀害被绑架人未遂适用死刑的可能性的看法是错误的。

上述第三种意见有利于在杀害被绑架人既遂与未遂之间实现区别对待，避免第一种意见所可能存在的处罚过于严厉的弊端。但是，在故意杀人既遂的情况下只定绑架罪，而在故意杀人未遂的情况下就要定绑架罪与故意杀人罪，这在法理上很难站得住脚。虽然故意杀人既遂与未遂在形态上有所不同，但这并不会导致二者在性质上的差异，由既遂还是未遂来决定是一罪还是数罪，并不合适。

实际上，完全可以将杀害被绑架人未遂的情形视为绑架罪的加重犯的未遂，依然对其适用《刑法》第 239 条“杀害被绑架人的，处死刑”的规定，同时适用《刑法》总则中“对于未遂犯，可以比照既遂犯从轻或者减轻处罚”的规定。

5. 对故意伤害被绑架人致人重伤的认定。在绑架中对被绑架人实施故意伤害行为，致人重伤的，应如何定罪量刑？

---

① 关于结果加重犯的未遂问题的讨论，参见王志祥：《结果加重犯的未遂问题新论》，载《法商研究》2007 年第 3 期。

② 有的学者认为，绑架过程中杀害被绑架人，出于行为人意志以外的原因没有导致被绑架人死亡的，不能适用绑架罪的第二档法定刑。参见刘树德：《绑架罪案解》，法律出版社 2003 年版，第 170 页。还有的论者明确指出：将“杀害被绑架人”理解为故意将被绑架人杀死，意味着在杀害被绑架人而未致被害人死亡的场合，就不能适用死刑（包括死缓）。参见钱叶六：《绑架罪司法认定中的几个疑难问题探究》，载《云南大学学报》（法学版）2007 年第 3 期。

《刑法》未就绑架过程中故意伤害被绑架人的情形作出明确规定，对于这种情形如何处理，在理论上便引起了争论。一种观点认为，依立法精神，对这种情况自然也应定绑架罪一罪，而不必另行定故意伤害罪。① 另一种观点则认为，行为人绑架他人后，故意实施伤害等犯罪行为的，应实行数罪并罚。②

6. 相对刑事责任年龄人杀害被绑架人行为的定性。绑架并杀害被害人，且犯罪时已满16周岁，故而其行为符合《刑法》第239条第1款的规定，构成绑架罪，这是没有异议的。

《刑法》条文将绑架罪排除在已满14周岁不满16周岁的人负刑事责任的犯罪的范围之外，而《刑法》第239条又规定绑架他人而杀害被绑架人的按绑架罪定罪。对此，在理论上一种意见认为，已满14周岁不满16周岁的人绑架他人又杀害被绑架人的，不能构成犯罪，否则将背离罪刑法定原则的基本精神。③ 另一种意见则认为，已满14周岁不满16周岁的人在绑架过程中实施了故意杀害被绑架人行为的，虽然对其绑架行为依照刑法的规定不能定罪，但是，其所实施的故意杀人行为却触犯了《刑法》第232条的规定，应当以故意杀人罪追究其刑事责任。这样定罪并没有违反罪刑法定原则。④

根据《全国人民代表大会常务委员会法制工作委员会关于已满十四周岁不满十六周岁的人承担刑事责任范围问题的签复意见》规定，我们认为不论是将《刑法》第17条第2款规定的8种犯罪理解为具体犯罪行为还是具体罪名⑤，对于相对责任年龄人实施的绑架并故意杀害被绑架人的行为，均应以故意杀人罪论处。立法者将故意杀人等8种犯罪行为列入相对刑事责任年龄人应负刑事责任的范围，其意在表明处在这一年龄段的人对该8种行为具备承担刑事责任的能力，而对该8种行为以外的其他严重危害社会的行为不具有承担刑事责任的能力。相对刑事责任年龄人在绑架他人后实施的杀害被绑架人的行为与一般场合的杀人行为在本质上没有区别。既然处在该年龄段的人对于一般场合的杀人行为具有刑事责任能力，那么就没有理由否认他们对绑架他人后实施的危害更大的杀害被绑架人的行为同样具备承担刑事责任的能力，因而应将杀害被绑架人的行为以故意杀人罪论处。如果对杀害被绑架人的行为不以犯罪论处，司法实践中相对责任年龄人为了实施杀人行为而又可以规避刑事责任，就可以先

---

① 参见肖中华：《侵犯公民人身权利罪》，中国人民公安大学出版社2003年版，第287页。

② 参见张明楷：《刑法学》，法律出版社2003年版，第705页。

③ 参见牟伦祥：《绑架罪条款有疏漏之处》，载《法律与监督》1999年第3期；孟庆华：《关于绑架罪的几个问题——兼与肖中华同志商榷》，载《法学论坛》2000年第1期；安翱、杨彩霞：《侵犯公民人身权利罪比较研究》，中国人民公安大学出版社2005年版，第234~235页。

④ 参见阮方民：《论新刑法中相对负刑事责任年龄规定的适用》，载《浙江大学学报》（人文社科版）1999年第2期。

⑤ 有的学者倾向于将该8种犯罪理解为“具体罪名”。参见林维：《相对刑事责任年龄的协调适用——兼对晚近有关解释的批判解读》，载《当代法学》2004年第6期。

将被害人绑架，然后加以杀害。

对于相对责任年龄人杀害被绑架人的行为，不存在适用绑架罪条款的可能性，因为结合《刑法》总则关于刑事责任年龄的规定，适用该条款的前提是行为人的年龄已满16周岁。进而言之，如果以绑架罪论处，则不仅会导致相对责任年龄人对其本不具有承担刑事责任能力的绑架行为负担了刑事责任，而且还使得处在该年龄段的人在一般情形下所实施的故意杀人行为与在绑架他人的场合所实施的故意杀人行为在定性方面出现截然不同的结果。

当然，不容忽视的是，以故意杀人罪论处，亦会导致对相对责任年龄人绑架他人并杀害被绑架人的行为与完全刑事责任年龄人实施同样的行为定不同罪名（对于后者只能认定为绑架罪）的结局。但这毕竟发生在不同的刑事责任年龄阶段，与上述在同一年龄段出现的不合理现象不可等而视之。

实际上，因刑事责任年龄阶段的不同而影响同一行为的定性的现象是可以理解的，如对于不满14周岁的人实施的杀人行为与已满14周岁的人实施的同样的行为，在定性上便应当区别对待。以故意杀人罪论处，还可能招致的疑问：在绑架罪中，故意杀人行为是作为加重行为对待的；既然相对责任年龄者对作为基本行为的绑架尚不负刑事责任，如何能够谈得上对加重行为负责呢？这一疑问显然只注意到了故意杀人行为的附属性，而没有考虑到该行为在行为性质与实施方式方面具有的独立性。对故意杀人行为不另行定罪，是以基本行为构成犯罪为前提的；在基本行为不成立犯罪的情况下，故意杀人行为与基本行为之间的结合关系不复存在，因而独立地成为刑法评价的对象。在这种情形下的故意杀人行为以《刑法》第232条规定的故意杀人罪予以评价，恰恰是罪刑法定原则的要求。这正如我国学者所指出的："将已满14周岁不满16周岁的人在绑架过程中实施的故意杀人行为以故意杀人罪追究刑事责任，并不违反罪刑法定原则。绑架过程中的故意杀人行为完全符合《刑法》第232条规定的故意杀人罪的构成要件，认定其行为构成故意杀人罪，并不缺少任何构成事实，相反舍弃了过剩的绑架部分。而且在判断已满14周岁不满16周岁的人是否负刑事责任时，首先要将《刑法》第17条规定的8种犯罪的构成要件作为大前提，然后将他们实施的具体行为作为小前提，再得出是否构成犯罪的结果。当已满14周岁不满16周岁的人单独或者共同绑架他人并故意杀害他人时，司法机关应当将故意杀人罪的构成要件作为大前提，然后将这一事实作为小前提，再得出结论。这样判断的结局必然是成立故意杀人罪。"①

事实上，通过发挥法条竞合的兜底作用，也能够很好地解决相对责任年龄者实施的绑架并故意杀害被绑架人行为的定性问题。法条竞合的兜底作用，是指当两个法条存在逻辑上的竞合关系，其中一个法条由于某种障碍无法适用，

---

① 张明楷：《刑法的基本立场》，中国法制出版社2002年版，第275～276页。

有竞合关系的另一个法条就可以作为补充法条兜底适用，以维系公民对法律的尊重和信任。《刑法》第 239 条明确规定杀害被绑架人的，应以绑架罪论处，而不再以故意杀人罪论处。这样，规定故意杀人罪的法条与规定绑架罪的法条之间就存在一种交叉关系。虽然相对责任年龄者实施的绑架并故意杀害被绑架人的行为不构成绑架罪，但是可以两罪相竞合后的故意杀人罪兜底适用。法条竞合的兜底作用，并非理论上的假设，而是具有法律上的依据。根据《刑法》第 149 条第 1 款的规定，生产、销售特定伪劣产品的行为由于某种障碍不构成第 141 条～第 148 条所规定的犯罪，但是如果销售金额达到 5 万元以上，那么作为普通法的生产、销售伪劣产品罪就可以作为补充法来兜底适用。①

在实务上，为了保证法律适用的统一，最高人民法院刑事审判第一庭审判长会议对此进行了专门的讨论研究，认为对已满 14 周岁不满 16 周岁的人绑架并杀害被绑架人的，应当依照《刑法》第 232 条的规定，以故意杀人罪追究其刑事责任。会议认为，《刑法》第 17 条第 2 款中的“故意杀人”泛指一种犯罪行为，而不是特指《刑法》第 232 条“故意杀人罪”这一具体罪名。具体理由是：

（1）《刑法》修改在前，司法解释确定罪名在后，立法本身并未明确罪名。《刑法》第 17 条第 2 款中所称“犯……罪”只能是指某种罪行，而不可能预见性地指此后司法解释确定的罪名。

（2）《刑法》第 17 条第 2 款中的“故意伤害致人重伤或者死亡”的表述，很明显是指罪行而非具体的罪名。因为按照司法解释的规定，该种罪行应确定罪名为故意伤害罪，而非“故意伤害致人重伤或者死亡罪”。据此，也可以印证与其并列的“犯故意杀人罪”的表述，应当是指一种罪行，因为并列的表述在种类归属上应当是一致的。

（3）犯罪行为是刑事立法规范的对象，罪名则是对犯罪行为本质特征的概括。《刑法》第 17 条第 2 款旨在解决已满 14 周岁不满 16 周岁的人负刑事责任的范围。刑法确定上述年龄段的人应负刑事责任范围的统一标准，只是犯罪行为本身，即确定哪些种类的犯罪行为应负刑事责任，不可能、也不会解决哪几种犯罪行为应为哪几种罪名。

（4）把《刑法》第 17 条第 2 款中的“故意杀人”理解为一种犯罪行为，符合立法本意，并非任意的扩张解释，不违背罪刑法定原则。相反，如果将其理解为仅限于《刑法》第 232 条所规定的故意杀人罪，而不包括杀害被绑架人的犯罪行为，则已满 14 周岁不满 16 周岁的人故意杀人的要负刑事责任，而绑架杀人、劫持航空器杀人则不需负刑事责任，这显然有悖立法原意，势必破坏立法确立的相对刑事责任年龄者应负刑事责任的统一标准和基础。

---

① 参见罗翔：《冲出困境的罪刑法定原则》，中国法制出版社 2007 年版，第 232～237 页。

同时，绑架并杀害被绑架人实际上是绑架和故意杀人两个行为的结合规定。根据《刑法》第 17 条第 2 款的规定，已满 14 周岁不满 16 周岁的人，虽不对绑架行为负刑事责任，但仍应对故意杀人罪负刑事责任。[①] 2006 年 1 月 11 日《最高人民法院关于审理未成年人刑事案件具体应用法律若干问题的解释》指出，已满 14 周岁不满 16 周岁的人实施《刑法》第 17 条第 2 款规定以外的行为，如果同时触犯了《刑法》第 17 条第 2 款的，应当依照《刑法》第 17 条第 2 款的规定确定罪名，定罪处罚。

7. 关于绑架罪既遂、共犯的认定。

（1）关于绑架罪既遂的认定标准，理论上存在不同的看法。实际上，绑架罪既遂的认定标准与对绑架罪实行行为结构的认识密切相关。如果坚持"单一行为说"，即认为绑架罪并非复合行为，并不要求实际实施勒索行为，只要具有勒索财物或提出不法要求的目的而绑架的，即可构成本罪，[②] 便会主张只要行为人完成了绑架他人的行为，即构成绑架罪既遂。至于行为人是否向第三人提出不法要求以及满足不法要求的主观目的是否实现，对于本罪的既遂均没有影响。如果主张"复合行为说"，即认为本罪在客观方面表现为复合行为，具体表现为"绑架他人 + 勒索财物""偷盗婴幼儿 + 勒索财物"以及"绑架他人 + 提出不法要求"，[③] 就会得出只有向第三人提出了不法要求才能构成绑架罪既遂的结论（有的观点甚至认为只有不法要求得到实现才能构成绑架罪既遂）。这样，绑架罪既遂标准的问题实际上就转换为对绑架罪实行行为如何认识的问题。

持"复合行为说"的论者认为，绑架罪的客观行为为复合行为而非单一行为并不违背《刑法》关于"以勒索财物为目的"的规定。主要理由是：《刑法》第 239 条将"以勒索财物为目的"明确规定为绑架罪的主观目的，并不排除有与之对应的勒索财物的实行行为存在。事实上，实践中绑架罪的犯罪分子在绑架他人或偷盗婴幼儿后，都往往有勒索财物的实行行为。[④] 上述看法值得商榷。理由如下：①对犯罪目的的规定不等于对反映犯罪目的的行为的规定。犯罪目的是存在于行为人内心的一种主观心态，而反映犯罪目的的行为则是表现于外部的行为人的现实行为；前者居于主观层面，而后者位于客观层面。论者以实践中绑架案件的行为人大多在绑架他人或偷盗婴幼儿后有勒索财物的行为为由，认为勒索财物的行为属于本罪的实行行为。这种解释犯罪构成要件的方法存在问题。因为我们对某一犯罪构成要件的理解，不应建立在对案

---

① 参见中华人民共和国最高人民法院刑事审判第一庭、第二庭编：《刑事审判参考》（总第 12 辑），法律出版社 2001 年版，第 87～88 页。

② 参见陈兴良主编：《刑法学》，复旦大学出版社 2003 年版，第 373 页。

③ 参见肖中华：《侵犯公民人身权利罪》，中国人民公安大学出版社 2003 年版，第 271～273 页。

④ 参见肖中华：《绑架罪略论》，载《山东法学》1999 年第 5 期。

件事实的归纳上，而应当从法律的规定出发，合理解释其构成要件的内涵和外延。的确，司法实践中大部分绑架案件都存在勒索财物的行为，但刑法学是规范学而不是事实学，构成要件只能根据《刑法》的规定予以确定，而不能因为在客观发生的案件中大多具有勒索财物的行为，就将这一行为作为法律规定的内容。《刑法》在规定各罪的具体构成要件时，是从相关的案件事实中抽象出立法者认为构成某罪必须具备的条件，而不是将整个案件事实不加筛选地作为构成要件，客观案件的事实要素不一定就是构成要件的内容。同样，刑事司法裁判的过程是以法律规定的构成要件为大前提，以案件事实为小前提，在将小前提与大前提作符合性判断的基础上得出是否成立犯罪的结论。将勒索财物的行为理解为绑架罪的实行行为的组成部分，是以客观事实代替了《刑法》规定，颠倒了演绎推理中大小前提的逻辑位置，因而混淆了事实与法律。实际上，将《刑法》规定的绑架罪的犯罪目的理解为目的行为，无端地增加了绑架罪的客观方面的内容，因而缩小了绑架罪既遂的成立范围，确有违反罪刑法定原则之嫌。②绑架罪的直接客体是他人的人身自由权利，行为人一旦完成了绑架行为，就侵犯了被害人的人身权利，而无须在客观方面再附加提出不法要求的行为。

我国刑法理论目前比较一致的观点认为，绑架罪的直接客体是复杂客体，包括他人的人身权利和公私财产所有权，其中人身权利是本罪的主要客体。[①]我们认为，在1991年《全国人民代表大会常务委员会关于严惩拐卖、绑架妇女、儿童的犯罪分子的决定》中增设绑架勒索罪后，理论上一般将该罪归入侵犯财产罪一章。这主要是考虑到：实施绑架勒索的行为人的目的在于勒索财物，该罪侵犯的主要权益是他人的财产权，而人身自由权利仅为次要客体。在修正后的《刑法》中，立法者之所以将绑架罪列入侵犯公民人身权利犯罪的范围，一方面是为了强调对公民人身自由权利的保护，另一方面是因为考虑到绑架罪包括了以勒索财物以外的满足其他不法要求为目的的绑架他人作为人质的行为，该行为并不侵犯他人的财产权。因而，将本罪的客体界定为复杂客体即他人的人身权利及公私财产所有权，并不妥当。需要强调的是，尽管在表述绑架罪的直接客体时将其限定为人身自由权利这种单一客体，[②]但这并不意味着绑架行为在客观上只能侵犯人身自由权利。毕竟绑架行为必须侵犯何种犯罪客体与绑架行为实际上侵犯了何种犯罪客体不可等同。事实上，绑架行为除了

---

① 参见屈学武主编：《刑法各论》，社会科学文献出版社2005年版，第267页。

② 在论及绑架罪的犯罪客体时，通常只是就该罪所必然侵犯的合法权益而言的，即是就作为犯罪必备要件的直接客体来说的。

侵犯人身自由权利之外，还可能同时侵犯其他合法利益。① 前者属于构成要件问题，后者属于客观事实问题。绑架罪的成立要求行为侵犯被害人的人身自由权利，但这并不意味着绑架行为客观上只能侵犯人身权利，不能以行为现实侵犯的合法权益为根据解释直接客体的内容，事实上，绑架行为现实上完全可能侵犯他人生命权和财产权。刑法条文的法益保护范围与现实行为所侵犯的法益不可等同，不能以行为现实侵犯的法益为根据解释刑法条文的法益保护范围。② ③从理论上说，绑架罪属于目的犯，即以特定目的作为构成要件要素的犯罪。目的犯的特定目的与故意犯罪中一般的犯罪目的不同，前者是故意之外的主观要素，出于实现特定目的，需要行为人或者第三者实施与构成要件的行为不同的行为；后者则是犯罪故意意志因素的内容，其本身包含在故意之中，只要实施构成要件的行为就能实现一般的犯罪目的。因此，“目的犯之目的，通常超过构成要件的客观要素的范围，所以也称为超过的内心倾向。”③ 具体就绑架罪而言，实施属于构成要件内容的绑架行为只能实现控制被绑架人的一般犯罪目的，而勒索财物的目的或满足其他不法要求的目的并不能通过单纯实施绑架行为予以实现，而是要求之后再实施勒索财物的行为或提出不法要求的行为。既然目的犯之特定目的属于主观的超过要素，在犯罪客观方面并不要求有相应行为与之对应，更不要求只有在目的实现的情况下才能构成犯罪的既遂，那么，勒索财物的行为或提出不法要求的行为便不属于绑架罪的实行行为的内容。实际上，勒索财物或提出不法要求的行为仅仅属于犯罪情节而非犯罪客观要件的行为。

由于绑架罪的客观行为是单一行为而不是复合行为，本罪的既遂便应以绑架行为是否达到以实力支配、控制被害人的程度为标准。已经实际控制人质的，是既遂；在绑架被害人的过程中，由于行为人意志以外的原因而未能控制被害人的（如由于被害人的反抗或者他人及时救助等原因致使绑架没有得逞的，或者被害人在被绑架的途中伺机逃跑成功的），是未遂。当然，在被害人已经被实际控制后伺机逃脱成功或者被其亲属等寻获而将其救回的情形下，仍应认定行为人的行为构成既遂。

（2）对实施绑架行为后，中途参与实施侵犯财产犯罪的应如何认定。在实践中，绑架罪往往由多人共同实施，这就涉及绑架罪共犯的认定问题。对于行为人之间事先通谋并共同参与绑架或分担强行绑架、看守人质、提供隐匿人质的处所、转达不法要求、取得赎金等任务的情形，以共同犯罪论处，应当不

---

① 有的教材指出，绑架罪在侵犯他人的人身自由权利的同时，必然同时侵犯他人的财产权利或者其他权利与利益。参见高铭暄、马克昌主编：《刑法学》（下编），中国法制出版社 1999 年版，第 837 页。显然，这种认识并不符合实际。

② 参见张明楷：《刑法分则的解释原理》，中国人民大学出版社 2004 年版，第 148～149 页。

③ 陈兴良：《本体刑法学》，商务印书馆 2001 年版，第 379～380 页。

会有异议。不过，对于行为人未参与绑架行为，但在他人已经控制人质后，承担拘禁、看管人质、转达不法要求等任务的情形，能否认定为共同犯罪，尚有争议。

如果嫌疑人在实施了绑架行为以后，中途参与实施勒索他人财物的行为，上述持“单一行为说”的论者指出，如果按照一经实施绑架行为就成为既遂的主张，显然不能按绑架罪的共同犯罪处理，因为行为人的行为属于事前无通谋的事后行为。[①] 上述观点显然没有注意到绑架罪属于继续犯这一特点。所谓继续犯，是指作用于同一对象的一个犯罪行为从着手实行到行为终了，犯罪行为与不法状态在一定时间内同时处于继续状态的犯罪。共同犯罪一般成立在犯罪既遂以前，但在继续犯的场合，在犯罪既遂后不法状态继续进行时，二人以上仍然可以发生共同犯罪关系。具体就绑架罪而言，行为人以索取财物或者满足其他不法要求为目的控制人质之时犯罪即告既遂，但在人质被释放之前，绑架行为一直处在继续状态。在此状态结束以前，其他人中途参与其中的，应认定为承继的共同正犯。正如我国台湾地区的学者所言：“本罪为继续犯，意图勒赎而为掳人行为时，犯罪即属成立。在被掳人未经释放以前，其犯罪行为自在进行之中。因之参与掳人行为者，或虽未参与掳人行为，而在被掳人未释放前，出面勒赎，为在犯罪继续中参与目的行为，均应认为共同正犯。”[②]

所谓承继的共同正犯，是指先行行为者已着手实施特定的犯罪，在实行行为尚未全部终了的时候，其他人（后行行为者）明知该事实而参与犯罪，通过和先行者的意思沟通，单独将剩下的实行行为实施完毕，或者和先行者共同完成犯罪的情况。在承继的共同正犯中，值得讨论的问题是后行行为者是否对全部犯罪成立共同正犯，即是否要对全部犯罪负刑事责任。对此，一般认为，应采取区别对待的立场。具体而言，如果先行者的先行行为在后行者加入后成为后行者实施犯罪的前提，二者就形成一种相互利用、相互补充的关系，从而共同促成了犯罪行为的完成。在此种情况下，后行者理应对整个犯罪成立共同正犯。相反，如果后行者介入犯罪后，并未利用先行者已经实施的先行行为，而是独立或共同地实施后行行为，此时先行者的先行行为并没有对后行者的行为产生实质性的影响，故后行者仅对介入后的行为成立共同正犯。

8. 非法拘禁罪与绑架罪的竞合关系的认定与处理。一般认为，以索取债务为目的的非法拘禁罪与以勒索财物为目的的绑架罪在客观上都包含暴力、胁迫或者其他强制手段，在客体上都侵犯了他人的人身自由权利，在主观上都有索要一定钱财的目的。二者的主要区别在于：前者是以讨还债务为目的，后者

---

① 参见李希慧、孙光骏：《论绑架勒索罪的几个问题》，载丁慕英等主编：《刑法实施中的难点疑点问题研究》，法律出版社 1998 年版，第 750 ~751 页。

② 陈焕生：《刑法分则实用》，我国台湾地区汉林出版社 1979 年版，第 347 页。

是以勒索财物为目的；在前者的场合，被拘禁的人与行为人之间存在着特定的债权债务关系，而在后者的场合，被绑架的人与行为人之间不存在这种关系；前者只是对被害人的身体实施强制，使其失去行动自由，对其生命、健康的危害相对较小，而后者不但使被害人失去行动自由，而且有“撕票”的可能，因而对被害人的生命、健康有较大的危害。

在原本以索取债务为目的非法拘禁他人的场合，行为人在追索债务的过程中，索要财物的数额大大超出实际存在的债务的数额的，表明行为人的主观目的已经发生了根本性的变化，即由最初的纯粹追债变成了既要追债又要勒索为他人所有的财物。在这种情况下，行为人主观上既具有索取债务的目的，也具有勒索财物的目的，这两种目的同时支配行为人在客观上所实施的一个非法拘禁行为，因而行为人的行为符合想象竞合犯所具有的数个不同的罪过同时支配一个危害行为的特征，应认定为非法拘禁罪与绑架罪的想象竞合犯。根据想象竞合“从一重处断原则”，对行为人的行为应以绑架罪论处。① 不过，虽然行为人索取财物的数额超出了实际存在的债务的数额，但数额相差不大，则说明行为人或许只是对债务范围、数额的理解与认定存在误解、异议，其主观意图并未发生根本性变化，因而对行为人的行为仍应以索债型非法拘禁罪论处。至于行为人索要的钱财与被害人所欠的“债务”的差额究竟多大，才以绑架罪定罪处罚，尚需要讨论。对此，最高人民法院刑事审判第一庭、第二庭所编的《刑事审判参考》指出：法院在处理案件时，一般应当综合考虑被告人实际索要的财物的绝对数额是否巨大、索要超出“债务”本身的钱财数额与债务本身的数额差距是否巨大以及索要财物数额虽然特别巨大，当实际得到的与所欠的“债务”数额相当，是否将所扣押的人放走等实际情况，依法认定。② 上述观点值得参考。

另外，虽然行为人索要财物的数额超过原债务的数额较大，但超出的部分是用于弥补讨债费用或由此带来的其他损失，行为人认为这些费用和损失应由债务人承担，则其主要目的仍然是追索债务，而不是勒索财物。值得注意的是，如果行为人的真实意图不在于索取债务，而是以索取债务为借口来满足其他不法要求，由于此时行为人的真实意图不是使债务得到清偿，实际上已超出索取债务的范围，对行为人应直接以绑架罪论处。

---

① 有的学者指出，在索要大大超出债务的财物的情况下，对债务部分定非法拘禁罪，对超出债务部分定绑架罪，实行数罪并罚。参见陈兴良主编：《刑事疑案评析》，中国检察出版社 2004 年版，第 305 页。这种观点会导致对行为人所实施的一个非法拘禁行为的重复评价，是不妥的。

② 参见中华人民共和国最高人民法院刑事审判第一庭、第二庭编：《刑事审判参考》（总第 11 辑），法律出版社 2000 年版，第 79 页。

• 适用指引 •

司法实践中，认定本罪应注意：修正后的《刑法》第239条所规定的“致使被绑架人重伤、死亡”的成立，需要绑架过程中的故意伤害行为与被绑架人的重伤、死亡之间存在因果关系。在勒索钱财的目的实现后，绑架的不法状态持续过程中，对被绑架人实施杀人行为的，属于《刑法》第239条所规定的“杀害被绑架人”的情形。“杀害被绑架人”的结果不论是导致被害人死亡还是重伤的，均应适用绑架罪的升格法定刑——“处无期徒刑、死刑，并处没收财产”；当然，如果“杀害被绑架人”的行为并没有导致重伤、死亡的结果的，如仅造成轻伤或者轻微伤的，如何处理？从《刑法修正案（九）》规定的，“杀害被绑架人的，或者故意伤害被绑架人，致人重伤、死亡的，处无期徒刑或者死刑，并处没收财产”的规定来看，“致人重伤、死亡的”与“故意伤害被绑架人”之间存在因果关系，至于“故意杀害被绑架人”的行为是否“致人重伤、死亡”则并不要求。即具有绑架罪的法定加重构成情节而依法适用“无期徒刑或者死刑”的包括两种情形：一是故意杀害被绑架人的；二是故意伤害被绑架人并“致人重伤、死亡的”情形。

此外，已满14周岁不满16周岁的人绑架他人并伤害、杀害被绑架人并致人重伤、死亡的，应以故意伤害罪、故意杀人罪定罪处罚。绑架罪的实行行为是单一行为（绑架行为），而非复合行为（绑架行为与提出不法要求的行为）。只要行为人主观上以勒索财物或提出其他不法要求为目的，客观上实施了绑架行为并将被绑架人置于控制之下，即可构成犯罪的既遂，并不要求其必须实施提出不法要求的行为，更不要求其不法要求的实现。明知他人实施了绑架行为而帮助实施勒索行为的，构成绑架罪的共犯。为索债而非法拘禁他人，索要钱财的数额大大超出应索取的债务数额的，属于想象竞合犯，应以绑架罪论处。

第二百四十条　拐卖妇女、儿童罪

【法律规定】

• 法律条文 •

《中华人民共和国刑法》

第二百四十条　拐卖妇女、儿童的，处五年以上十年以下有期徒刑，并处罚金；有下列情形之一的，处十年以上有期徒刑或者无期徒刑，并处罚金或者没收财产；情节特别严重的，处死刑，并处没收财产：

（一）拐卖妇女、儿童集团的首要分子；

（二）拐卖妇女、儿童三人以上的；

（三）奸淫被拐卖的妇女的；

（四）诱骗、强迫被拐卖的妇女卖淫或者将被拐卖的妇女卖给他人迫使其卖淫的；

（五）以出卖为目的，使用暴力、胁迫或者麻醉方法绑架妇女、儿童的；

（六）以出卖为目的，偷盗婴幼儿的；

（七）造成被拐卖的妇女、儿童或者其亲属重伤、死亡或者其他严重后果的；

（八）将妇女、儿童卖往境外的。

拐卖妇女、儿童是指以出卖为目的，有拐骗、绑架、收买、贩卖、接送、中转妇女、儿童的行为之一的。

● 相关规定 ●

《中华人民共和国刑法》

第二百四十一条 收买被拐卖的妇女、儿童又出卖的，依照本法第二百四十条的规定定罪处罚。

《最高人民法院关于审理拐卖妇女案件适用法律有关问题的解释》（法释〔2000〕1号）

第一条 刑法第二百四十条规定的拐卖妇女罪中的“妇女”，既包括具有中国国籍的妇女，也包括具有外国国籍和无国籍的妇女。被拐卖的外国妇女没有身份证明的，不影响对犯罪分子的定罪处罚。

第二条 外国人或者无国籍人拐卖外国妇女到我国境内被查获的，应当根据刑法第六条的规定，适用我国刑法定罪处罚。

第三条 对于外国籍被告人身份无法查明或者其国籍国拒绝提供有关身份证明，人民检察院根据刑事诉讼法第一百二十八条第二款的规定起诉的案件，人民法院应当依法受理。

《全国法院维护农村稳定刑事审判工作座谈会纪要》（法〔1999〕217号）

二、

（六）关于拐卖妇女、儿童犯罪案件

……对于买卖至亲的案件，要区别对待：以贩卖牟利为目的“收养”子女的，应以拐卖儿童罪处理；对那些迫于生活困难、受重男轻女思想影响而出卖亲生子女或收养子女的，可不作为犯罪处理；对于出卖子女确属情节恶劣的，可按遗弃罪处罚；对于那些确属介绍婚姻，且被介绍的男女双方相互了解对方的基本情况，或者确属介绍收养，并经被收养人父母同意的，尽管介绍的人数较多，从中收取财物较多，也不应作犯罪处理。

《最高人民法院、最高人民检察院、公安部、司法部关于依法惩治拐卖妇女儿童犯罪的意见》（法发〔2010〕7号）

五、定性

14. 犯罪嫌疑人、被告人参与拐卖妇女、儿童犯罪活动的多个环节，只有部分环节的犯罪事实查证清楚、证据确实、充分的，可以对该环节的犯罪事实依法予以认定。

15. 以出卖为目的强抢儿童，或者捡拾儿童后予以出卖，符合刑法第二百四十条第二款规定的，应当以拐卖儿童罪论处。

以抚养为目的偷盗婴幼儿或者拐骗儿童，之后予以出卖的，以拐卖儿童罪论处。

16. 以非法获利为目的，出卖亲生子女的，应当以拐卖妇女、儿童罪论处。

17. 要严格区分借送养之名出卖亲生子女与民间送养行为的界限。区分的关键在于行为人是否具有非法获利的目的。应当通过审查将子女“送”人的背景和原因、有无收取钱财及收取钱财的多少、对方是否具有抚养目的及有无抚养能力等事实，综合判断行为人是否具有非法获利的目的。

具有下列情形之一的，可以认定属于出卖亲生子女，应当以拐卖妇女、儿童罪论处：

（1）将生育作为非法获利手段，生育后即出卖子女的；

（2）明知对方不具有抚养目的，或者根本不考虑对方是否具有抚养目的，为收取钱财将子女“送”给他人的；

（3）为收取明显不属于“营养费”“感谢费”的巨额钱财将子女“送”给他人的；

（4）其他足以反映行为人具有非法获利目的的“送养”行为的。

不是出于非法获利目的，而是迫于生活困难，或者受重男轻女思想影响，私自将没有独立生活能力的子女送给他人抚养，包括收取少量“营养费”“感谢费”的，属于民间送养行为，不能以拐卖妇女、儿童罪论处。对私自送养导致子女身心健康受到严重损害，或者具有其他恶劣情节，符合遗弃罪特征的，可以遗弃罪论处；情节显著轻微危害不大的，可由公安机关依法予以行政处罚。

18. 将妇女拐卖给有关场所，致使被拐卖的妇女被迫卖淫或者从事其他色情服务的，以拐卖妇女罪论处。

有关场所的经营管理人员事前与拐卖妇女的犯罪人通谋的，对该经营管理人员以拐卖妇女罪的共犯论处；同时构成拐卖妇女罪和组织卖淫罪的，择一重罪论处。

19. 医疗机构、社会福利机构等单位的工作人员以非法获利为目的，将所诊疗、护理、抚养的儿童贩卖给他人的，以拐卖儿童罪论处。

20. 明知是被拐卖的妇女、儿童而收买，具有下列情形之一的，以收买被拐卖的妇女、儿童罪论处；同时构成其他犯罪的，依照数罪并罚的规定处罚：

（1）收买被拐卖的妇女后，违背被收买妇女的意愿，阻碍其返回原居住地的；

（2）阻碍对被收买妇女、儿童进行解救的；

（3）非法剥夺、限制被收买妇女、儿童的人身自由，情节严重，或者对被收买妇女、儿童有强奸、伤害、侮辱、虐待等行为的；

（4）所收买的妇女、儿童被解救后又再次收买，或者收买多名被拐卖的妇女、儿童的；

（5）组织、诱骗、强迫被收买的妇女、儿童从事乞讨、苦役，或者盗窃、传销、卖淫等违法犯罪活动的；

（6）造成被收买妇女、儿童或者其亲属重伤、死亡以及其他严重后果的；

（7）具有其他严重情节的。

被追诉前主动向公安机关报案或者向有关单位反映，愿意让被收买妇女返回原居住地，或者将被收买儿童送回其家庭，或者将被收买妇女、儿童交给公安、民政、妇联等机关、组织，没有其他严重情节的，可以不追究刑事责任。

六、共同犯罪

21. 明知他人拐卖妇女、儿童，仍然向其提供被拐卖妇女、儿童的健康证明、出生证明或者其他帮助的，以拐卖妇女、儿童罪的共犯论处。

明知他人收买被拐卖的妇女、儿童，仍然向其提供被收买妇女、儿童的户籍证明、出生证明或者其他帮助的，以收买被拐卖的妇女、儿童罪的共犯论处，但是，收买人未被追究刑事责任的除外。

认定是否“明知”，应当根据证人证言、犯罪嫌疑人、被告人及其同案人供述和辩解，结合提供帮助的人次，以及是否明显违反相关规章制度、工作流程等，予以综合判断。

22. 明知他人系拐卖儿童的“人贩子”，仍然利用从事诊疗、福利救助等工作的便利或者了解被拐卖方情况的条件，居间介绍的，以拐卖儿童罪的共犯论处。

23. 对于拐卖妇女、儿童犯罪的共犯，应当根据各被告人在共同犯罪中的分工、地位、作用，参与拐卖的人数、次数，以及分赃数额等，准确区分主从犯。

对于组织、领导、指挥拐卖妇女、儿童的某一个或者某几个犯罪环节，或者积极参与实施拐骗、绑架、收买、贩卖、接送、中转妇女、儿童等犯罪行为，起主要作用的，应当认定为主犯。

对于仅提供被拐卖妇女、儿童信息或者相关证明文件，或者进行居间介绍，起辅助或者次要作用，没有获利或者获利较少的，一般可认定为从犯。

对于各被告人在共同犯罪中的地位、作用区别不明显的，可以不区分主从犯。

七、一罪与数罪

24. 拐卖妇女、儿童，又奸淫被拐卖的妇女、儿童，或者诱骗、强迫被拐卖的妇女、儿童卖淫的，以拐卖妇女、儿童罪处罚。

25. 拐卖妇女、儿童，又对被拐卖的妇女、儿童实施故意杀害、伤害、猥亵、侮辱等行为，构成其他犯罪的，依照数罪并罚的规定处罚。

26. 拐卖妇女、儿童或者收买被拐卖的妇女、儿童，又组织、教唆被拐卖、收买的妇女、儿童进行犯罪的，以拐卖妇女、儿童罪或者收买被拐卖的妇女、儿童罪与其所组织、教唆的罪数罪并罚。

27. 拐卖妇女、儿童或者收买被拐卖的妇女、儿童，又组织、教唆被拐卖、收买的未成年妇女、儿童进行盗窃、诈骗、抢夺、敲诈勒索等违反治安管理活动的，以拐卖妇女、儿童罪或者收买被拐卖的妇女、儿童罪与组织未成年人进行违反治安管理活动罪数罪并罚。

八、刑罚适用

28. 对于拐卖妇女、儿童犯罪集团的首要分子，情节严重的主犯，累犯，偷盗婴幼儿、强抢儿童情节严重，将妇女、儿童卖往境外情节严重，拐卖妇女、儿童多人多次、造成伤亡后果，或者具有其他严重情节的，依法从重处罚；情节特别严重的，依法判处死刑。

拐卖妇女、儿童，并对被拐卖的妇女、儿童实施故意杀害、伤害、猥亵、侮辱等行为，数罪并罚决定执行的刑罚应当依法体现从严。

29. 对于拐卖妇女、儿童的犯罪分子，应当注重依法适用财产刑，并切实加大执行力度，以强化刑罚的特殊预防与一般预防效果。

30. 犯收买被拐卖的妇女、儿童罪，对被收买妇女、儿童实施违法犯罪活动或者将其作为牟利工具的，处罚时应当依法体现从严。

收买被拐卖的妇女、儿童，对被收买妇女、儿童没有实施摧残、虐待行为或者与其已形成稳定的婚姻家庭关系，但仍应依法追究刑事责任的，一般应当从轻处罚；符合缓刑条件的，可以依法适用缓刑。

收买被拐卖的妇女、儿童，犯罪情节轻微的，可以依法免予刑事处罚。

31. 多名家庭成员或者亲友共同参与出卖亲生子女，或者“买人为妻”“买人为子”构成收买被拐卖的妇女、儿童罪的，一般应当在综合考察犯意提起、各行为人在犯罪中所起作用等情节的基础上，依法追究其中罪责较重者的刑事责任。对于其他情节显著轻微危害不大，不认为是犯罪的，依法不追究刑事责任；必要时可以由公安机关予以行政处罚。

32. 具有从犯、自首、立功等法定从宽处罚情节的，依法从轻、减轻或者免除处罚。

对被拐卖的妇女、儿童没有实施摧残、虐待等违法犯罪行为，或者能够协助解救被拐卖的妇女、儿童，或者具有其他酌定从宽处罚情节的，可以依法酌情从轻处罚。

33. 同时具有从严和从宽处罚情节的，要在综合考察拐卖妇女、儿童的手段、拐卖妇女、儿童或者收买被拐卖妇女、儿童的人次、危害后果以及被告人主观恶性、人身危险性等因素的基础上，结合当地此类犯罪发案情况和社会治安状况，决定对被告人总体从严或者从宽处罚。

《最高人民法院、最高人民检察院、公安部、民政部、司法部、中华全国妇女联合会关于打击拐卖妇女儿童犯罪有关问题的通知》（公通字〔2000〕26号）

四、正确适用法律，依法严厉打击拐卖妇女、儿童的犯罪活动。

这次"打拐"专项斗争的重点是打击拐卖妇女、儿童的人贩子。

凡是拐卖妇女、儿童的，不论是哪个环节，只要是以出卖为目的，有拐骗、绑架、收买、贩卖、接送、中转、窝藏妇女、儿童的行为之一的，不论拐卖人数多少，是否获利，均应以拐卖妇女、儿童罪追究刑事责任……出卖亲生子女的，由公安机关依法没收非法所得，并处以罚款；以营利为目的，出卖不满十四周岁子女，情节恶劣的，借收养名义拐卖儿童的，以及出卖捡拾的儿童的，均应以拐卖儿童罪追究刑事责任。出卖十四周岁以上女性亲属或者其他不满十四周岁亲属的，以拐卖妇女、儿童罪追究刑事责任。

《最高人民法院关于审理拐卖妇女儿童犯罪案件具体应用法律若干问题的解释》（法释〔2016〕28号）

第一条 对婴幼儿采取欺骗、利诱等手段使其脱离监护人或者看护人的，视为刑法第二百四十条第一款第（六）项规定的"偷盗婴幼儿"。

第二条 医疗机构、社会福利机构等单位的工作人员以非法获利为目的，将所诊疗、护理、抚养的儿童出卖给他人的，以拐卖儿童罪论处。

第三条 以介绍婚姻为名，采取非法扣押身份证件、限制人身自由等方式，或者利用妇女人地生疏、语言不通、孤立无援等境况，违背妇女意志，将其出卖给他人的，应当以拐卖妇女罪追究刑事责任。

以介绍婚姻为名，与被介绍妇女串通骗取他人钱财，数额较大的，应当以诈骗罪追究刑事责任。

第九条 刑法第二百四十条、第二百四十一条规定的儿童，是指不满十四周岁的人。其中，不满一周岁的为婴儿，一周岁以上不满六周岁的为幼儿。

【案例一】

李某拐卖婴儿案①

• 案件事实 •

2003 年 2 月 27 日早上，李某之妻罗某在其打工的河南省荥阳市豫龙镇汪砦砖厂生下一男婴，因罗某在怀孕期间曾饮酒，李某担心因此对婴儿有影响，后经其同乡张某某介绍，于当日下午将该男婴以 8500 元的价格卖给了荥阳市乔楼镇村民李某枝。

• 裁判要旨 •

以牟利为目的，出卖亲生子女的行为，依法构成拐卖儿童罪。

• 裁判理由 •

河南省荥阳市人民法院经公开审理后认为：被告人李某出卖自己的婴儿，情节恶劣，其行为已构成拐卖儿童罪。荥阳市人民检察院指控被告人李某的犯罪事实及罪名成立，予以支持。李某的辩护人以李某认罪态度好，家庭经济困难，请求从轻处罚的辩护理由，部分成立，予以采纳。依照《刑法》第 240 条、第 47 条、第 52 条、第 53 条、第 64 条的规定，于 2003 年 7 月 10 日作出如下判决：一、被告人李某犯拐卖儿童罪，判处有期徒刑五年，并处罚金人民币 2000 元。二、非法所得人民币 8500 元予以没收。

【案例二】

汪里成拐卖妇女案②

• 案件事实 •

2012 年 8 月左右，侯某某（另案处理）等人将两名越南籍女子拐骗至河南省境内，汪某某（另案处理）将其接到武陟县谢旗营镇杨村汪里成家，在被告人汪里成的介绍下，以 121000 元的价格将两名越南籍女子卖予他人为妻。其中何某某（音译）以 61000 元的价格被卖予谢旗营镇程封村刘某某为妻，

---

① 参见最高人民法院中国应用法学研究所编：《人民法院案例选（2004 年刑事专辑）》，人民法院出版社 2005 年版，第 253～254 页。

② 参见河南省焦作市中级人民法院（2014）焦刑三终字第 00060 号。

"小某某"的下落不明。汪里成从中获利21000元。

2012年11月左右，侯某某等人将四名越南籍女子拐骗至河南省境内，汪某某将其接到武陟县谢旗营镇杨村汪里成家，在被告人汪里成的介绍下，以23万元的价格将四名越南籍女子卖予他人为妻。其中将陶某某（音译）以63800元的价格卖予谢旗营镇王道村的王某某为妻，将让某某（音译）以50000元的价格卖予获嘉县徐营镇东浮庄村的赵某乙为妻，将宋某某（音译）以63000元的价格卖予获嘉县徐营镇东街村的浮某甲为妻，另一名不知名越南籍女子的下落不明。汪里成从中获利3000元。

• 裁判要旨 •

行为人以出卖为目的，将外国籍妇女拐骗至境内卖给他人的，应当以拐卖妇女罪追究刑事责任。

• 裁判理由 •

河南省武陟县人民法院认为：被告人汪里成以出卖为目的，贩卖妇女，其行为已构成拐卖妇女罪。汪里成如实供述自己的罪行，对其可从轻处罚。依照《刑法》第240条第1款第2项、第2款，第52条、第67条第3款，第62条的规定，判决如下：被告人汪里成犯拐卖妇女罪，判处有期徒刑十二年，并处罚金人民币10000元。

宣判后，汪里成提出上诉。关于上诉人汪里成提出的相关上诉理由，河南省焦作市中级人民法院经查，汪里成以出卖为目的，贩卖妇女，其行为已构成拐卖妇女罪。汪里成辩称其具有自首、立功情节，没有事实及法律依据。一审法院根据汪里成的犯罪事实、性质、情节及对社会的危害程度，同时考虑其相关从轻情节，依法对其作出相应判决，量刑并无不当。该上诉理由不能成立，不予采纳。

河南省焦作市中级人民法院认为：上诉人汪里成以出卖为目的，贩卖妇女，其行为已构成拐卖妇女罪，应依法惩处。原审判决认定的事实清楚，证据确实、充分，定罪准确，量刑适当，审判程序合法。依照《刑事诉讼法》第225条第1款第1项的规定，裁定如下：驳回上诉，维持原判。

【学理分析及适用指引】

• 学理分析 •

1. 拐卖妇女、儿童罪的构成。拐卖妇女儿童罪，是指以出卖或收养为目的，拐骗、绑架、收买、贩卖、接送、中转妇女、儿童的行为。本罪的构成要件如下：

（1）本罪的客体。本罪的客体是妇女、儿童的人身自由权利与人格尊严。

本罪的对象仅限于妇女、儿童。妇女，是指已满 14 周岁的女性，既包括具有中国国籍的妇女，也包括具有外国国籍和无国籍的妇女。儿童，是指不满 14 周岁的男女儿童。拐卖已满 14 周岁以上的男子的行为不构成本罪，情节严重的可以按非法拘禁罪论处。

（2）本罪的客观方面。本罪在客观方面表现为拐骗、绑架、收买、贩卖、接送、中转妇女、儿童，或者偷盗婴幼儿的行为。拐骗，是指以欺骗、利诱等非暴力手段将妇女、儿童拐走，以便出卖的行为。绑架，是指以暴力、胁迫或者麻醉方法劫持、控制妇女、儿童的行为。收买，是指以金钱或者其他财物买取、换取妇女、儿童的行为。贩卖，是指将妇女、儿童当作商品出售给他人以获取非法利益的行为。接送，是指行为人在拐卖妇女、儿童过程中的接收、运送的行为。中转，是指为拐卖妇女、儿童的罪犯提供中途场所或机会的行为。偷盗婴幼儿，是指秘密窃取不满 6 周岁的儿童的行为。行为人只要实施上述七种行为之一的，就构成本罪，同时实施两种或两种以上行为的，亦构成一罪，而不实行数罪并罚。

（3）本罪的主体。本罪的主体为一般主体。

（4）本罪的主观方面。本罪在主观方面是故意，并且具有出卖的目的。

2. 出卖亲生子女案件的定性。在司法实践中，出卖亲生子女的案件时有发生。对此，1999 年 10 月 27 日最高人民法院《全国法院维护农村稳定刑事审判工作座谈会纪要》指出：对于买卖至亲的案件，要区别对待：以贩卖牟利为目的“收养”子女的，应以拐卖儿童罪处理；对那些迫于生活困难、受重男轻女思想影响而出卖亲生子女或收养子女的，可不作为犯罪处理；对于出卖子女确属情节恶劣的，可按遗弃罪处罚；对于那些确属介绍婚姻，且被介绍的男女双方相互了解对方的基本情况，或者确属介绍收养，并经被收养人父母同意的，尽管介绍的人数较多，从中收取财物较多，也不应作犯罪处理。而 2000 年 3 月 20 日最高人民法院、最高人民检察院、公安部、民政部、司法部、中华全国妇女联合会联合发布的《关于打击拐卖妇女儿童犯罪有关问题的通知》（以下简称《通知》）则指出：出卖亲生子女的，由公安机关依法没收违法所得，并处以罚款；以营利为目的，出卖不满 14 周岁子女，情节恶劣的，借收养名义拐卖儿童的，以及出卖捡拾的儿童的，均应以拐卖儿童罪追究刑事责任。出卖 14 周岁以上女性亲属或者其他不满 14 周岁亲属的，以拐卖妇女、儿童罪追究刑事责任。上述两个司法文件对于出卖亲生子女的行为如何加以定性有不同意见。

在出卖亲生子女的案件中，行为人一般只可能实施出卖行为，而不会实施拐骗、绑架、收买、接送、中转的行为。不过，这对拐卖儿童罪的成立并无影响。因为拐骗、绑架、收买、贩卖、接送、中转属于选择性行为；行为人只要实施了上述行为中的一种，便符合本罪客观方面的要求；同时实施上述几种行为的，也只成立一罪，而不实行数罪并罚。对出卖亲生子女的行为是否认定为拐卖儿童罪，关键取决于行为人的目的。行为人出于营利目的的，就表明子女是被当作商品一样予以出卖，因而其行为符合拐卖儿童罪的构成要件，应以该罪论处；所以，2010 年 3 月《最高人民法院、最高人民检察院、司法部、公安部关于依法惩治拐卖妇女儿童犯罪的意见》第 16 条也明确提出：以非法获利为目的，出卖亲生子女的，应当以拐卖妇女、儿童罪论处。行为人出于营利目的以外的其他目的出卖子女，且情节恶劣的，则符合遗弃罪的构成要件，应以该罪定罪处罚；基于生活困难或重男轻女思想的影响而出卖子女，情节一般的，可不以犯罪论处。在认定行为人是否出于营利目的时，所获取财物的数量多少是一个重要的判断标准。

3. 拐卖妇女、儿童罪的成立是否以违背被害人的意志为前提。对此，理论上有不同的看法。一种观点认为，公民人身权利是宪法赋予公民的基本权利，法律必须维护公民的人格尊严，禁止将人作为商品出卖。即使被害人基于某种原因，同意他人将自己出卖，也同样无法改变这种行为的犯罪性质。因而，被害人同意被拐卖与否并不影响拐卖妇女、儿童罪的成立。对那些被拐卖的儿童，由于其缺乏明辨是非的能力，既无行为能力也无责任能力，因而不存在是否同意的问题；对被拐卖的成年妇女“同意”的情况，也只能作为量刑情节考虑，不影响本罪的定性。[①] 另一种观点则认为，拐卖妇女、儿童罪侵犯的是他人的人身自由权利，行为人采取欺骗、利诱、胁迫的手段，将被害人当作特殊“商品”加以出卖，必须以违背被害人意志为前提。[②]

在拐卖儿童的场合，即使征得儿童同意，也同样成立拐卖儿童罪，这在理论上应当没有疑义。因为儿童对将自身出卖的承诺没有理解能力，其承诺在法律上没有任何意义。而对于妇女而言，其对将自身出卖的承诺可能存在理解能力，因而存在其承诺是否影响拐卖妇女罪成立的讨论余地。在司法实践中，有的妇女因不堪虐待、反对包办买卖婚姻、家境贫寒、生活贫困、贪图虚荣、喜新厌旧等原因，急于脱离原家庭。她们可能明知人贩子将其远道贩运出卖而心甘情愿，甚至行为较积极主动，有的被卖后还建立了美满的家庭。在这种情况下，很难说她们被贩卖是违背其本人意志的，但不能由此认为此时的拐卖妇女的行为就没有社会危害性。在普遍重视人权保障、尊重人格尊严的现代社会，人身不得买卖既是一种权利，也是一种责任。任何一个人均不得放弃这种责任，也不得侵犯这种权利。

主张拐卖妇女罪的成立以违背妇女意志为必要的观点认为，既然拐卖妇女

---

① 参见柯良栋、尉默楠主编：《〈关于严惩拐卖、绑架妇女、儿童的犯罪分子的决定〉释义》，群众出版社 1992 年版，第 79 页。

② 参见廖福田编著：《刑法分则的理论与司法实践》，法律出版社 1993 年版，第 520 ~ 522 页。

罪属于侵犯人身权利的犯罪，而如果妇女自愿让别人将自己出卖，便谈不上侵犯其人身权利。这种观点难以成立。拐卖妇女罪所侵犯的客体是公民的人格尊严，而公民的人格尊严如同人的生命权一样不得任意放弃。应被害人的请求杀害被害人的行为构成故意杀人罪，同理，得到被害妇女的承诺而拐卖的行为应成立拐卖妇女罪。或许有人认为，我国《刑法》关于以妇女为对象的强奸罪的条文中没有明确规定以违背被害人的意志为成立条件，但刑法理论和实务一致认为，违背妇女意志影响强奸罪的成立；拐卖妇女罪的条文中没有明确规定以违背被害人的意志为成立条件，因而同样不能排除违背妇女意志影响拐卖妇女罪的成立。问题在于，以妇女为对象的强奸罪的直接客体与拐卖妇女罪的直接客体毕竟不能等而视之。以妇女为对象的强奸罪侵犯的是妇女的性的自主权。这种权利的行使是与妇女本人的意愿密切相关的；如果性行为的实施并不违背妇女的意愿，亦即妇女同意性交，这种权利的被侵犯便无从谈起，强奸罪的客体要件就不具备。而拐卖妇女罪的直接客体则是妇女的人格尊严。这种权利是否受到侵犯与被害人的意愿没有关系。在拐卖妇女的场合，即使存在妇女的承诺，拐卖行为对该妇女本人没有实际危害，但对整个国家、社会来说，其危害则是显而易见的。

4. 拐卖妇女、儿童罪既遂的认定标准。关于拐卖妇女、儿童罪的既遂标准，理论上存在以下不同看法：

第一种观点认为，本罪是行为犯，只要行为人实施拐骗、绑架、收买、贩卖、接送、中转行为之一的，就构成既遂；无论被害妇女、儿童是否被出卖，行为人的目的是否实现，都不影响本罪既遂的成立。

第二种观点认为，本罪既遂与未遂的区分，应分为两种情况来确定：对于单一的拐卖妇女、儿童犯罪，行为人仅将被害人拐骗到手，使其处于自己控制之下，还不能认定为犯罪既遂，如果此时出现被害人死亡、逃跑或者行为人受到追究等犯罪分子意志以外的原因，使其未能将被拐卖的妇女、儿童卖出，应认定为犯罪未遂；如果行为人认识到自己的错误而主动放弃未完成的犯罪活动，则应认定为犯罪中止；只有其将被害人出卖后才构成犯罪既遂。对于有明确分工的共同犯罪，情况则有所不同：只要行为人完成了其分工范围内的拐骗、收买、接送、中转行为，不论被害人最终是否被卖出，其行为都应成立犯罪既遂。如果行为人由于上述两种原因而未能完成其“分工范围”内的犯罪活动，则根据具体情况分别认定为犯罪未遂或犯罪中止。①

第三种观点认为，根据《刑法》的规定，本罪在客观方面有六种行为。实际上，一个完整典型的拐卖妇女、儿童犯罪行为由三个阶段组成：手段行

---

① 参见柯良栋、尉默楠主编：《〈关于严惩拐卖、绑架妇女、儿童的犯罪分子的决定〉释义》，群众出版社 1992 年版，第 80 页。

为，即拐骗、绑架、收买；中间行为，即接送、中转；结果行为，即贩卖。拐卖妇女、儿童罪的既遂与未遂标准应根据不同阶段行为的特点来认定，犯罪分子无论实施了哪个阶段的行为都构成犯罪，但实施不同阶段的行为，其既遂与未遂的标准却不同。实施手段行为的，只要将被害人置于自己控制之下即达到既遂；实施中间行为的，应以行为人将被害人送到指定地点或交给指定人员为既遂；结果行为应以行为人将被害人贩卖出手，转移给收买人为既遂。①

第四种观点认为，无论是拐卖妇女、儿童的单独犯罪还是共同犯罪，也无论犯罪由哪几种法定的实行行为组成，拐卖妇女、儿童罪的既遂与未遂的区分标准都是统一的，只能是以妇女、儿童是否被出卖给他人为标准。②

我们同意第四种观点。在确立拐卖妇女、儿童罪的既遂标准时，需要对《刑法》第240条第1款与第2款的关系予以准确界定。《刑法》第240条第1款以简单罪状的方式对本罪罪状作出规定，即拐卖妇女、儿童的行为；第2款又对这一罪状作了如下解释性规定：拐卖妇女、儿童是指以出卖为目的，有拐骗、绑架、收买、贩卖、接送、中转妇女、儿童的行为之一的。这些行为应作为一个整体来理解，也就是说，不能割裂这些行为的内在联系。“拐卖妇女、儿童的”属于本罪的基本罪状，而第2款的规定不过是对这一罪状的进一步说明，绝不能撇开本罪的基本罪状，仅仅根据第2款的解释性规定理解本罪的构成要件的内涵。规定第2款是为了避免将解释所涉及的六种行为设置为各自独立的犯罪行为。其实，规定第2款的意义只在于进一步从实行行为的角度尤其是共同犯罪中实行行为的角度明确刑事可罚的范围。③ 就接送、中转而言，实施接送、中转行为的人一般自己并没有直接实施拐骗、绑架、收买、贩卖被害人的行为，但是，其主观上具有帮助他人拐卖的故意，客观上其行为在拐卖犯罪过程中往往起着不可替代的作用，属于帮助他人拐卖的行为，实质上属于共同犯罪中的帮助行为。

由此可见，在拐卖妇女、儿童罪中，由于《刑法》不仅明确规定了“以出卖为目的”，而且还将与该目的相对应的“贩卖”行为作为实行行为的组成部分加以规定，目的的实现与否便与拐卖妇女、儿童罪既遂的认定具有一定的关联。具体来说，拐卖妇女、儿童罪既遂形态的构成要件的全部具备的标志即贩卖行为的完成与拐卖妇女、儿童罪的特定目的的实现实际上处在重合的状态。

• 适用指引 •

司法实践中，认定本罪应注意：

---

① 参见高西江：《中华人民共和国刑法的修订与适用》，中国方正出版社1997年版，第553页。

② 参见龚培华、肖中华：《刑法疑难争议问题与司法对策》，中国检察出版社2002年版，第482页。

③ 参见刘之雄：《犯罪既遂论》，中国人民公安大学出版社2003年版，第319~320页。

1. 本罪罪与非罪的界限：本罪与假借介绍婚姻或介绍收养而索取财物行为的界限。实践中应注意：第一，行为人是否具有欺骗和违背妇女意志的情形。被拐卖妇女除个别情况是出于妇女自愿以外，大多数是被欺骗和违背其意志的；而介绍婚姻索取财物的行为，其婚姻是建立在女方自愿的基础上，并不违背其意志，不具有欺骗性。介绍收养儿童，须是出于双方自愿，特别是送养方必须是出于自愿、收养关系成立，介绍人只是起牵线搭桥作用。第二，收取财物的性质不同。拐卖妇女、儿童收取财物具有交易的性质，行为人获取的财物是妇女、儿童的身价，且数额较高；而介绍婚姻、介绍收养的，收取的财物具有酬谢的性质，不是将妇女、儿童作为买卖的对象，行为人是在婚姻、收养关系自愿成立的基础上索取酬金，数额相对较低。第三，主观目的不同。行为人拐卖妇女、儿童主观上是以出卖为目的；而介绍婚姻、介绍收养儿童索取财物是以获取财物作为适当的酬谢。

2. 本罪与诈骗罪的界限：一般情况下，拐卖妇女、儿童罪与诈骗罪很容易区分。但在实践中，有的妇女与他人合谋，以介绍婚姻或者被“卖”的形式设置骗局，骗取买方财物后逃走，有的妇女甚至跟“收买”者生活相当长一段时间。区别这种形式的诈骗罪与拐卖妇女罪应主要把握以下几点：（1）犯罪目的不同。诈骗罪的犯罪目的是骗取钱财；拐卖妇女罪的犯罪则是以出卖为目的。（2）客观表现不同。诈骗罪在客观上表现为妇女与他人合谋共犯，骗取他人钱财；拐卖妇女罪则是行为人对妇女采取欺骗、蒙蔽手段，将其卖给他人。（3）客体不同。诈骗罪侵害的客体是公私财产的所有权；拐卖妇女罪侵害的客体是公民的人身权利。

3. 本罪的一罪与数罪：根据本条的规定，犯罪分子在拐卖妇女、儿童的过程中，有下列情形的，不单独定罪，而作为拐卖妇女、儿童罪的加重处罚情节处理：（1）奸淫被拐卖的妇女。此处的“奸淫”，不论行为人是否使用了暴力或者胁迫等强制手段，也不论被害妇女是否有反抗行为，都可以认定为量刑情节，但不能单独定罪。（2）诱骗、强迫被拐卖的妇女卖淫或者将被拐卖的妇女卖给他人迫使其卖淫的。（3）以出卖为目的，使用暴力、胁迫或者麻醉方法绑架妇女、儿童的。（4）以出卖为目的，偷盗婴幼儿的。（5）造成被拐卖的妇女、儿童或者其亲属重伤、死亡或者其他严重后果的。此处指的是，由于犯罪分子拐卖妇女、儿童的行为，直接、间接造成被拐卖的妇女、儿童或其亲属重伤、死亡或者其他严重后果的。例如，由于罪犯采用拘禁、捆绑、虐待等手段，致使被害人重伤、死亡或者其他严重后果的；由于罪犯的拐卖行为以及拐卖中的侮辱、殴打等行为引起被害人或其亲属自杀、精神失常或者其他严重后果的等。除此之外，对在拐卖妇女、儿童的犯罪过程中犯有其他罪行的，如对被拐卖的妇女、儿童故意杀害、伤害的，对行为人应以故意杀人罪或者故意伤害罪与拐卖妇女、儿童罪实行数罪并罚。

第二百四十一条　收买被拐卖的妇女、儿童罪

【法律规定】

● 法律条文 ●

《中华人民共和国刑法》

第二百四十一条　收买被拐卖的妇女、儿童的，处三年以下有期徒刑、拘役或者管制。

收买被拐卖的妇女，强行与其发生性关系的，依照本法第二百三十六条的规定定罪处罚。

收买被拐卖的妇女、儿童，非法剥夺、限制其人身自由或者有伤害、侮辱等犯罪行为的，依照本法的有关规定定罪处罚。

收买被拐卖的妇女、儿童，并有第二款、第三款规定的犯罪行为的，依照数罪并罚的规定处罚。

收买被拐卖的妇女、儿童又出卖的，依照本法第二百四十条的规定定罪处罚。

收买被拐卖的妇女、儿童，对被买儿童没有虐待行为，不阻碍对其进行解救的，可以从轻处罚；按照被买妇女的意愿，不阻碍其返回原居住地的，可以从轻或者减轻处罚。

● 相关规定 ●

《最高人民法院关于审理拐卖妇女案件适用法律有关问题的解释》（法释〔2000〕1号）

第一条　刑法第二百四十条规定的拐卖妇女罪中的“妇女”，既包括具有中国国籍的妇女，也包括具有外国国籍和无国籍的妇女。被拐卖的外国妇女没有身份证明的，不影响对犯罪分子的定罪处罚。

《最高人民法院关于审理拐卖妇女儿童犯罪案件具体应用法律若干问题的解释》（法释〔2016〕28号）

第四条　在国家机关工作人员排查来历不明儿童或者进行解救时，将所收买的儿童藏匿、转移或者实施其他妨碍解救行为，经说服教育仍不配合的，属于刑法第二百四十一条第六款规定的“阻碍对其进行解救”。

第五条　收买被拐卖的妇女，业已形成稳定的婚姻家庭关系，解救时被买妇女自愿继续留在当地共同生活的，可以视为“按照被买妇女的意愿，不阻碍其返回原居住地”。

第六条 收买被拐卖的妇女、儿童后又组织、强迫卖淫或者组织乞讨、进行违反治安管理活动等构成其他犯罪的，依照数罪并罚的规定处罚。

第七条 收买被拐卖的妇女、儿童，又以暴力、威胁方法阻碍国家机关工作人员解救被收买的妇女、儿童，或者聚众阻碍国家机关工作人员解救被收买的妇女、儿童，构成妨害公务罪、聚众阻碍解救被收买的妇女、儿童罪的，依照数罪并罚的规定处罚。

第八条 出于结婚目的收买被拐卖的妇女，或者出于抚养目的收买被拐卖的儿童，涉及多名家庭成员、亲友参与的，对其中起主要作用的人员应当依法追究刑事责任。

第九条 刑法第二百四十条、第二百四十一条规定的儿童，是指不满十四周岁的人。其中，不满一周岁的为婴儿，一周岁以上不满六周岁的为幼儿。

【案例】

李某收买被拐卖妇女案①

• 案件事实 •

2007 年 4 月，“常大个”（具体身份不详）以找工作为由将张某某、李某仙两名女子从云南瑞丽拐骗至安徽省阜阳市，以 17000 元的价格将张某某卖给利辛县王市镇长郢村的一个“胖子”（具体身份不详）为妻。以 5000 元的价格将李某仙卖给王某为妻。因张某某不愿在“胖子”家过，“胖子”和李某联系后，李某以 17000 元的价格将张某某买回给其儿子李某飞做媳妇。

• 裁判要旨 •

明知是被拐卖的妇女而收买的行为性质，根据其是否具有出卖的目的而有所不同。

• 裁判理由 •

原审法院认为：被告人李某收买被拐卖的妇女，其行为构成收买被拐卖妇女罪。被告人认罪态度较好，可以酌定从轻处罚。依照《刑法》第 241 条第 1 款的规定，认定被告人李某犯收买被拐卖妇女罪，判处有期徒刑一年，缓刑二年。被告人不服提出上诉。

法院认为：原判认定事实清楚，证据确实、充分，定罪及适用法律正确。审判程序合法。依照《刑事诉讼法》第 189 条第 1 项的规定，裁定如下：驳回

---

① 参见安徽省亳州市中级人民法院（2008）亳刑终字第 0061 号。

上诉，维持原判。

【学理分析及适用指引】

• 学理分析 •

收买被拐卖的妇女、儿童罪，是指用金钱或其他财物收买被拐卖的妇女、儿童的行为。本罪的客体是人身的不受买卖性。无论是否违背被收买人的意志，不影响犯罪成立。客观方面表现为收买被拐卖的妇女、儿童的行为。收买，是指以金钱或其他有经济价值的物资，换取被拐卖妇女和儿童的行为。成立本罪要求行为人主观上出于故意，即行为人一方面要明知自己所收买的是被他人拐卖的妇女、儿童，另一方面也要明知自己的收买行为侵犯了妇女、儿童的人身权利，并且希望或者放任这种结果的发生。

• 适用指引 •

司法实践中，认定本罪应注意：

1. 本罪与拐卖妇女、儿童罪的界限：拐卖妇女、儿童罪的行为方式中也有收买行为，两者的区别在于主观目的不同，前者的目的是贩卖，而后者收买的目的不是贩卖，而是出于收养、成婚等出卖以外的其他目的。

2. 本罪的一罪与数罪：

（1）收买被拐卖的妇女，强行与其发生性关系的处理。根据《刑法》第241条第2款规定，收买被拐卖的妇女，强行与其发生性关系的，应定强奸罪。第4款规定，对于上述情况，应以收买被拐卖妇女罪与强奸罪实行数罪并罚。

（2）收买被拐卖的妇女、儿童，非法剥夺、限制人身自由或者伤害、侮辱等犯罪行为的处理。根据《刑法》第241条第3款规定，收买被拐卖的妇女、儿童，非法剥夺、限制其人身自由或者伤害、侮辱等犯罪行为的，应分别以非法拘禁罪、故意伤害罪、侮辱罪论处。第4款规定，对于上述情况，应以收买被拐卖的妇女、儿童罪与其他犯罪实行数罪并罚。

（3）收买被拐卖的妇女、儿童又出卖的处理。根据《刑法》第241条第5款规定，收买被拐卖的妇女、儿童又出卖的，应以拐卖妇女、儿童罪论处。

3. 本罪的刑事责任：根据《刑法修正案（九）》修正后的第241条第6款，收买被拐卖的妇女、儿童，对被买儿童没有虐待行为，不阻碍对其进行解救的，可以从轻处罚；按照被买妇女的意愿，不阻碍其返回原居住地的，可以从轻或者减轻处罚。《刑法修正案（九）》改变了此前对于收买行为此种情形下的免责规定，对于收买行为尤其是收买被拐儿童的行为一律追究刑事责任，目的是尽可能堵截拐卖妇女儿童的卖方市场，最大限度地减少买卖妇女儿童犯罪行为存在的可能性。

第二百四十二条 聚众阻碍解救被收买的妇女、儿童罪

【法律规定】

• 法律条文 •

《中华人民共和国刑法》

第二百四十二条 以暴力、威胁方法阻碍国家机关工作人员解救被收买的妇女、儿童的，依照本法第二百七十七条的规定定罪处罚。

聚众阻碍国家机关工作人员解救被收买的妇女、儿童的首要分子，处五年以下有期徒刑或者拘役；其他参与者使用暴力、威胁方法的，依照前款的规定处罚。

【案例】

刘某理、刘某乾等聚众阻碍解救被收买妇女案①

• 案件事实 •

2006年，广西壮族自治区玉林市博白县新田镇的刘某东花8500元钱从人贩子手中买了“媳妇”韦某某。2007年7月，韦某某的家人得知了韦某某被贩卖在玉林市博白县新田镇的信息，就向公安机关报案。公安机关在摸清情况后，于同年9月21日晚上，派一辆警车和4名警察进入该村，以实施解救韦某某的工作。刘某东的父亲刘某理得知消息后想，一旦公安解救走韦某某，自己儿子不但没了媳妇，还白白丢失了8500元钱，“人财两空”，就企图想方设法阻碍公安机关的解救工作。随即，刘某理召集了同村的几十个男女老少，拿了锄头、菜刀、棍棒等器械，聚集在村口，阻止警车的进入。在公安人员强行进入后，双方发生了轻微的武力冲突，造成一个警察和几个村民轻伤。后刘某理和使用武力的村民刘某乾、刘某书被公安机关抓获。

• 裁判要旨 •

在聚众阻碍解救被收买的妇女、儿童中，对起积极的召集、组织作用的首要分子，应认定为聚众阻碍解救被收买的妇女、儿童罪；对其他使用暴力、威

---

① 参见广西法院网案例选登栏目：载 http：//gxfy. chinacourt. org/public/detail. php? id =6623，最后访问时间：2019年5月3日。

胁方法的参与者，应认定为妨害公务罪。

• 裁判理由 •

一审法院经审理认为：在此案中虽然刘某理、刘某乾、刘某书实施的是同一种行为，如果按照一般的刑事法学理论，其性质认定应当是一致的，只是考虑在共同犯罪中各自的地位和作用的不同而作主犯或从犯认定而已。但是，按照《刑法》第234条的规定，聚众阻碍解救被收买妇女的犯罪行为，不再认定为共同犯罪，而是根据是否是首要分子或积极参加并使用暴力者而作不同犯罪性质的认定：刘某理起积极的召集、组织作用，是首要分子，应认定为聚众阻碍解救被收买的妇女罪；刘某乾、刘某书积极参加并使用了暴力，应认定为妨害公务罪。依据《刑法》第242条的规定，于2008年6月17日，作出如下判决：一、被告人刘某理犯聚众阻碍解救被收买的妇女、儿童罪，判处有期徒刑三年。二、刘某乾、刘某书犯妨害公务罪，均判处有期徒刑二年，缓期三年执行。

2008年6月25日，刘某理认为一审量刑过重，上诉至广西壮族自治区河池市中级人民法院。2008年7月20日，河池市中级人民法院裁定：驳回上诉，维持原判。

【学理分析及适用指引】

• 学理分析 •

聚众阻碍解救被收买的妇女、儿童罪，是指首要分子聚集多人阻碍国家机关工作人员解救被收买的妇女、儿童的行为。本罪构成要件如下：

1. 本罪的客体是被收买妇女、儿童的人身权利和国家机关的公务活动。

2. 客观方面表现为聚集众人阻碍国家机关工作人员解救被收买的妇女、儿童的行为。所谓聚众，广义上包括纠集、策划、指挥、组织多人参与阻碍解救工作的行为。需要注意的是，行为人聚众阻碍解救的必须是被收买的妇女、儿童，如果阻碍国家机关工作人员解救已被拐骗、绑架但尚未卖出（未被收买）的妇女、儿童，则构成拐卖妇女、儿童罪的共犯。

3. 本罪的主体是一般主体，也包括收买被拐卖的妇女、儿童罪的行为人本人。需要注意的是，以本罪论处的只是首要分子，其他参加者如果使用暴力、威胁方法符合妨害公务罪构成要件的，成立《刑法》第277条妨害公务罪。

4. 本罪的主观方面是直接故意，并且行为人应当明知阻碍的对象是正在实行解救的国家机关工作人员。

• 适用指引 •

司法实践中，认定本罪应注意：

1. 本罪罪与非罪的界限：行为人是否构成聚众阻碍解救被收买的妇女、儿童罪，主要应从犯罪构成要件上加以区分和认定。

（1）本罪侵犯的对象是特定的，即负有解救职责的国家机关工作人员，既包括司法工作人员、各级行政机关人员以及其他负责解救工作的人员，也包括受解救机关委托协助执行解救公务的人员。对上述人员依法执行解救活动进行聚众阻碍的构成本罪，对上述人员以外的其他人员或者非执行解救公务的国家机关工作人员实施聚众阻碍解救行为的，则不构成本罪。如果国家机关工作人员在执行解救活动中，超越解救职责范围，或滥用解救职责遭到群众阻碍的，阻碍者亦不构成本罪。

（2）客观上行为人必须以聚众方式实施阻碍行为，这是决定其是否构成本罪的关键性条件。如果行为人纠集多人，但未能实施阻碍解救行为的，或者虽有阻碍解救的行为，却不是以聚众方式实施的，均不以本罪论。如果解救工作尚未开始或者已经结束，行为人聚众对解救人员实施侵害行为的，应以相应的犯罪论处，而不构成本罪。

（3）行为人主观上是否明知侵犯的对象是正在解救被收买的妇女、儿童的国家机关工作人员，也是能否构成本罪的决定因素。如果行为人主观上没有聚众的故意，即使客观上造成了众人参与的后果，也不能以本罪论。

（4）行为人必须是本案的首要分子，本条只限于对首要分子按本罪处理，具有排他性，即除首要分子以外，其他参与者不构成本罪。

2. 本罪与妨害公务罪的界限：本罪与妨害公务罪都是故意犯罪，而且都可以是以阻碍国家机关工作人员执行职务为内容，两罪极易混淆。其主要区别是：

（1）侵害的对象不同。前者的犯罪对象具有特定性，范围较窄，必须是负有解救被收买妇女、儿童职责的国家机关工作人员；后者的对象具有普遍性，范围较大，可以是任何国家机关依法执行职务的工作人员，虽然其中包含着聚众阻碍解救被收买的妇女、儿童罪的对象，但根据本条的精神，如果是行为人聚众阻碍这些人员执行职务，则应将其分离出来，作为单独的犯罪来处理。当然，参加聚众阻碍解救职务的非首要分子使用暴力、威胁方法的，应以妨害公务罪定罪处罚。

（2）客观行为特征不同。前者的行为特征是聚众阻碍，至于使用何种方法实施阻碍行为在所不论，只要属于聚众阻碍，就符合构成条件。后者一般必须以暴力、威胁方法实施阻碍行为才可构成犯罪，只是故意阻碍国家安全机关、公安机关依法执行国家安全工作任务，造成严重后果的，可不要求有暴力、威胁方法。

（3）处罚的行为人不同。前者处罚的行为人必须是首要分子，非首要分子不以本罪论，但可以成为妨害公务罪的主体。后者在处罚的行为人的范围上没有特别的限制。

（4）主观故意的内容不同。前者要求明知的内容较为具体，即行为人明知是国家机关工作人员正在执行解救被收买的妇女、儿童的公务活动。后者只要求行为人明知国家工作人员的身份以及是在执行公务即可，其内容是笼统的，至于执行何种公务，行为人是否明知公务的内容，都不影响该罪的成立。

3. 本罪与阻碍解救被拐卖、绑架妇女、儿童罪的界限：《刑法》第416条第2款规定的阻碍解救被拐卖、绑架妇女、儿童罪，是指对被拐卖、绑架的妇女、儿童负有解救职责的国家机关工作人员，利用职务阻碍解救的行为，本罪与该罪的区别在于：前者的主体为一般主体，后者的主体仅限于负有解救职责的国家机关工作人员；前者的对象限于执行解救职务的国家机关人员，后者的对象则不仅限于此，对任何人解救进行阻碍，都可构成该罪；前者在客观上必须表现为聚集众人进行阻碍，后者要求的是行为人利用自己的职务便利，实践中，对于负有解救职责的国家机关工作人员利用职务聚众阻碍其他国家机关工作人员依法执行解救被收买的妇女、儿童职务的，应按想象竞合犯的处罚原则，对行为人以较重的阻碍解救被拐卖、绑架的妇女、儿童罪一罪定罪从重处罚。

4. 实践中，如果行为人先实施收买被拐卖的妇女、儿童的行为，而后又在公安机关解救该妇女、儿童时聚众阻碍解救，应以收买被拐卖的妇女、儿童罪和聚众阻碍解救被收买的妇女、儿童罪数罪并罚。

第二百四十三条　诬告陷害罪

【法律规定】

• 法律条文 •

《中华人民共和国刑法》

第二百四十三条　捏造事实诬告陷害他人，意图使他人受刑事追究，情节严重的，处三年以下有期徒刑、拘役或者管制；造成严重后果的，处三年以上十年以下有期徒刑。

国家机关工作人员犯前款罪的，从重处罚。

不是有意诬陷，而是错告，或者检举失实的，不适用前两款的规定。

• 相关规定 •

《中华人民共和国宪法》

第三十八条　中华人民共和国公民的人格尊严不受侵犯。禁止用任何方法对公民进行侮辱、诽谤和诬告陷害。

【案例】

赵某某诬告陷害案①

• 案件事实 •

2008年10月11日16时许，赵某某报案称李某某在北京市大兴区黄村镇某西饼屋内抢劫700元，后李某某因涉嫌抢劫罪被公安机关传唤并刑事拘留。后经查证，赵某某承认当时因李某某索债一直在店里不走，故向公安机关报案称蛋糕店被抢劫，经查被抢劫一案为虚假报案。被害人李某某已被无罪释放。

• 裁判要旨 •

行为人捏造犯罪事实，诬告陷害他人，并引起司法机关追究，构成诬告陷害罪。

• 裁判理由 •

北京市大兴区人民法院认为：被告人赵某某故意捏造犯罪事实，诬告陷害被害人李某某，引起司法机关追究，其行为已经构成诬告陷害罪，应予惩处。北京市大兴区人民检察院起诉书指控被告人赵某某犯诬告陷害罪，事实清楚、证据确实充分，指控罪名成立。但被告人认罪态度较好，酌情对其从轻处罚，据此，对被告人赵某某依照《刑法》第243条第1款之规定，判决如下：被告人赵某某犯诬告陷害罪，判处有期徒刑七个月。

【学理分析及适用指引】

• 学理分析 •

1. 诬告陷害罪的构成。诬告陷害罪，是指捏造事实诬告陷害他人，意图使他人受刑事追究，情节严重的行为。本罪的构成要件如下：

（1）本罪的客体。本罪侵犯的客体是他人的人身权利和司法机关的正常

① 参见北京市大兴区人民法院（2009）大刑初字第292号。

活动。

（2）本罪的客观方面。首先，必须捏造犯罪事实，即无中生有、栽赃陷害、借题发挥，把杜撰的或他人的犯罪事实强加于被害人。所捏造的犯罪事实，只要足以引起司法机关追究被害人的刑事责任即可，并不要求捏造详细情节与证据。有一种观点认为，捏造他人一般违法事实的也构成诬告陷害罪，我们不同意这种观点。因为《刑法》明文要求主观意图是“使他人受刑事追究”。其次，必须向国家机关或有关单位告发，或者采取其他方法足以引起司法机关的追究活动，告发方式多种多样，如口头的、书面的、署名的、匿名的、直接的、间接的等。如果只捏造犯罪事实，既不告发，也不采取其他方法引起司法机关追究的，则不构成本罪。再次，必须有特定的对象。如果没有特定对象，就不可能导致司法机关追究某人的刑事责任，因而不会侵犯他人的人身权利。当然，特定对象并不要求行为人点名道姓，只要告发的内容足以使司法机关确认对象是谁就构成诬告陷害罪。至于被诬陷的对象是遵纪守法的公民，还是正在服刑的犯人以及是否因被诬告而受到刑事处分，均不影响本罪的成立。诬陷没有达到法定年龄或者没有辨认或控制能力的人犯罪，属于对象不能犯，仍构成诬告陷害罪。最后，由于本罪规定在“侵犯公民人身权利、民主权利罪”一章中，故诬告自己犯罪的，不成立本罪。本罪的行为人只要实施了诬告陷害他人的行为，就构成犯罪既遂。被诬告人是否因此受到刑事处罚，则不影响本罪的成立。

（3）本罪的主体。本罪的主体是一般主体，只要达到法定刑事责任年龄，并且具有刑事责任能力的人即可构成，但是，如果主体是国家机关工作人员，还要从重处罚。

（4）本罪的主观方面。本罪在主观方面必须出于直接故意，即明知自己在捏造事实，一旦向有关机关或单位告发就会产生被告发人遭受刑事追究的危害后果，但仍决意为之，并且希望这一危害结果发生。

2. 夸大他人犯罪情节行为能否构成诬告陷害。在司法实践中，大多数诬告陷害案件的被告人都是无中生有，虚构根本不存在的犯罪事实，以诬告陷害他人。但是，如果他人本身即存在一定的犯罪事实，该犯罪事实的被害人在此基础上进一步夸大他人犯罪的情节，是否属于“捏造事实诬告陷害他人”？应当构成何种犯罪？对此，理论上存在四种看法：

第一种意见认为，刑事案件的被害人属于广义的证人范围，因此，被害人夸大犯罪损失的行为构成伪证罪。理由在于，根据《刑事诉讼法》规定，证人是指一切知道案件情况的人。被害人作为被侵害的对象，了解案件的经过。因此，广义上被害人应属于证人范围。尽管在我国大多数学者持狭义的证人概念，区分证人和被害人，但在西方国家，认为被害人属于证人的范畴的观点几乎为通说。此外，广义证人说也为法律规定所肯定。我国《刑法》第247条规定的暴力取证罪，是指司法工作人员使用暴力逼取证人证言的行为。从而把被害人纳入了证人的范畴。这一规定，不仅适用于暴力取证罪，对《刑法》规定的与证人有关的其他两种犯罪（伪证罪和打击报复证人罪）也同样适用。①

第二种意见认为，被害人不是证人，不能构成伪证罪，被害人故意捏造数额较大的钱财被盗的事实，向公安机关作虚假告发，意图使他人受到更严厉的刑事追究，情节严重的，构成诬告陷害罪。捏造事实表现为三种情况：(1) 无中生有，凭空虚构和编造根本不存在的犯罪事实。(2) 行为人借题发挥，扩大事实，把他人的不道德行为、错误行为或违法违纪行为等非犯罪事实扩大或上升为犯罪事实。(3) 把构成轻罪的事实上升演变为构成重罪的事实，又可分为两种情况：一种情况是把法定刑低的轻罪的事实上升为法定刑高的同一种罪的重罪的事实。如把贪污 3 万元故意扩大为贪污 10 万元。另一种情况是，把构成轻罪的事实编造成构成异种重罪的事实。如把抢夺罪诬告为抢劫罪。②

第三种意见认为，这种行为不构成犯罪。因为其不具备伪证罪的主体资格，不构成伪证罪；而诬告陷害罪是捏造完整的犯罪事实，意图使无罪的人受到刑事追究。此时，被害人只是夸大部分犯罪事实，不构成诬告陷害罪。虽然行为人的行为具有社会危害性，但由于《刑法》未明文规定，根据罪刑法定原则，其行为不构成犯罪。③

第四种意见认为，被害人指使他人作伪证，构成妨害作证罪。被害人的行为实际上由两部分组成：到公安机关报案；在向公安机关陈述过程中，为使犯罪分子受到刑事追究，有意夸大事实。对此行为既不构成伪证罪，又不构成诬告陷害罪，也不符合其他相关罪名。但是，如果被害人同时还实施了指使他人作伪证的行为，则构成妨害作证罪。

我们认为，诬告陷害罪的立法主旨在于禁止捏造事实诬告他人，以保证公民不被错误地追究刑事责任，同时维护司法机关的正常秩序。在他人的行为已经构成犯罪的情况下，被害人夸大他人犯罪造成的损失，这种行为会使原犯罪嫌疑人被追究刑事责任的根据由轻罪转变为重罪，使其遭受的刑事处罚超出原本应承担的刑事责任限度。这同样是对他人人身权利的严重侵犯，更何况，即便是犯罪嫌疑人的基本权利也不容随意侵犯。正如有学者所言，捏造整个完整的犯罪事实使他人受到从无到有的刑事处罚，固然侵犯了他人的人身权利。同样，夸大部分犯罪事实使他人受到从小到大的刑事处罚，无疑也侵犯了他人的

---

① 参见丁友勤：《该案构成何罪》，载《律师世界》2002 年第 4 期；陈兴良主编：《刑法疑案研究》，法律出版社 2002 年版，第 211～212 页。

② 参见周玉华、鲜铁可：《论诬告陷害罪》，载《法商研究》1998 年第 4 期。

③ 参见丁友勤：《该案构成何罪》，载《律师世界》2002 年第 4 期。

人身权利。①此外，夸大犯罪损失的行为无疑干扰了司法机关对犯罪嫌疑人的正确处理，容易造成错案，也影响司法机关的正常工作秩序。因此，客观上夸大犯罪造成的损失，捏造部分犯罪事实，主观上意图使他人受到更重的刑事责任追究，这种行为同样符合诬告陷害罪的构成要件，成立诬告陷害罪。

• 适用指引 •

司法实践中，认定本罪应注意：

1. 本罪与非罪的界限：

（1）本罪与错告的界限。《刑法》第243条第3款规定：不是有意诬陷，而是错告，或者检举失实的，不适用前款规定。所谓错告，是指错误地指控他人有犯罪事实的告发行为。所谓检举失实，是指揭发他人罪行，但揭发的事实与实际情况完全不符或部分不符的行为。我国《宪法》规定，中华人民共和国公民对于任何国家机关和国家工作人员的违法失职行为，有向有关国家机关提出申诉、控告或者检举的权利，但是不得捏造或者歪曲事实进行诬告陷害。这就把诬告与错告在性质上清楚地区别开来了。诬告与错告，在主观方面有着质的不同：前者是明知自己告发的是捏造的犯罪事实，并作虚假告发，属于犯罪行为；后者则是由于情况不明，或者认识片面而在控告、检举中发生差错。由此可见，是否具有诬陷的故意，是区分诬告与错告的最基本标志。

（2）本罪与一般诬告陷害行为的界限。两者都具有捏造事实、诬陷好人的特征。但是诬陷的内容、目的和性质又各不相同：诬告陷害罪是捏造事实，意图使他人受刑事处罚，而一般诬陷行为仅限于捏造犯错误的事实，其目的只是使他人受到某种行政纪律处分。因此，从性质上讲一个是犯罪，一个是违法。对一般诬陷行为，可根据不同情节和后果，分别给予行政处罚、纪律处分或者批评教育。

2. 本罪与诽谤罪的界限。二者的共同点表现在都是捏造事实，而且诽谤罪也可能捏造犯罪事实。它们的主要区别是：

（1）客体要件不同。前者侵犯的是公民的人身权利；后者侵犯的是公民的名誉权。

（2）主观方面不同。前者的目的是使他人受刑事追究；后者的目的是破坏他人名誉。

（3）客观行为不同。前者是捏造他人犯罪的事实，通常向国家机关或有关单位告发；后者是捏造有损他人名誉的事实，散布于第三者或更多的人，但不向国家机关或有关单位告发。如果行为人虽然捏造他人犯罪的事实，但并不告发，而是私下散布，旨在损害他人名誉，就构成诽谤罪。

---

① 参见刘树德、王志勇：《伪证罪主体中证人范畴的解释》，载《法律适用》2001年第1期。

3. 本罪与报复陷害罪的界限。二者都表现为陷害他人，主要区别是：

（1）客体要件不同。前者侵犯的是公民的人身权利；后者侵犯的是公民的民主权利。

（2）对象不同。前者的对象是一切公民；后者的对象是控告人、申诉人、批评人与举报人。

（3）主体不同。前者是一般主体；后者是国家机关工作人员。

（4）行为表现不同。前者表现为捏造犯罪事实，作虚假告发；后者表现为滥用职权、假公济私，进行报复陷害。

（5）目的不同。前者是意图使他人受刑事追究；后者是一般报复的目的。国家机关工作人员为了报复陷害控告人、申诉人、批评人，利用职权、捏造犯罪事实，并向有关机关告发的，则构成诬告陷害罪与报复陷害罪的想象竞合犯，对行为人应以较重的诬告陷害罪定罪处罚。

4. 实践中，对于他人本身即存在一定的犯罪事实，该犯罪事实的被害人在此基础上进一步夸大他人犯罪的情节，虚构自己的被害损失，并向司法机关报案的，应当以诬告陷害罪定罪处罚。如果行为人捏造犯罪事实，诬告陷害他人，足以引起司法机关追究，应以诬告陷害罪论处。

第二百四十四条　强迫劳动罪

【法律规定】

• 法律条文 •

《中华人民共和国刑法》

第二百四十四条　以暴力、威胁或者限制人身自由的方法强迫他人劳动的，处三年以下有期徒刑或者拘役，并处罚金；情节严重的，处三年以上十年以下有期徒刑，并处罚金。

明知他人实施前款行为，为其招募、运送人员或者有其他协助强迫他人劳动行为的，依照前款的规定处罚。

单位犯前两款罪的，对单位判处罚金，并对其直接负责的主管人员和其他直接责任人员，依照第一款的规定处罚。

【案例一】

朱斌等强迫劳动案①

• 案件事实 •

2011年10月初，朱斌与闽福机砖厂签订劳动合同，承包砖厂砖块的进、出窑和装车工作。朱斌先找到刘某福、杜某、杨某荣、范某平、叶某红，被告人余绍林找到李某安，同被告人何相洪把所找到的人一起拉到闽福机砖厂，从事砖块进窑、出窑、装车的重体力劳动。之后，朱斌又到云南省各地找到付某昆、冯某凯、谢某华、简某黄、彭某河、樊某宣、杨某海、罗某才、杨某亮、王某文等精神不正常和拾荒的流浪、乞讨人员及李某飞，将他们带到闽福机砖厂干活，由余绍林和何相洪负责看管。余绍林、何相洪每天早上六七点叫上述人员起床后干活，到12时左右供应午饭，13时左右接着干活，到19时左右供应晚饭，有时晚饭后加班到23时。晚上，为防止工人逃跑，余绍林和何相洪把工人集中到三间房间里睡觉，把外门锁起来，工人就在住处大小便。干活期间，干不好、干得慢的人被朱斌、余绍林和何相洪辱骂、殴打。2011年10月26日，元谋县人力资源和社会保障局对闽福机砖厂用工情况进行检查，并发出整改指令书，要求按时发放工资、清退当时违规使用的12名工人。朱斌、余绍林、何相洪不但没有停止用工，反而将用工人数增加至17人。元谋县人力资源和社会保障局于2011年11月8日督促闽福机砖厂发放了共计人民币（以下币种同）8160元的工人工资。但当晚，工人工资即被朱斌收回。经司法精神病鉴定：除李某飞、樊某宣、付某昆3人精神状态正常，为完全民事行为能力外，其余14名工人中，杨某亮等7人患精神分裂症，为限制民事行为能力，李某安等5人患轻度精神发育迟缓，为限制民事行为能力，杨某海、王某文患重度精神发育迟缓，无民事行为能力。

• 裁判要旨 •

强迫劳动犯罪与违反劳动法的行政违法行为的界限。

• 裁判理由 •

法院认为，朱斌、余绍林、何相洪以殴打、威胁、辱骂、限制人身自由等方法强迫他人劳动，情节严重，三被告人的行为均构成强迫劳动罪，且属于共

---

① 参见中华人民共和国最高人民法院刑事审判第一、二、三、四、五庭主办：《刑事审判参考》（总第92集），法律出版社2013年版。

同犯罪。其中，朱斌在与他人签订劳动合同后，为牟取暴利，刻意四处寻找精神病患者以及智力障碍人员，利用其法律意识薄弱、维权能力较差的实际情况，强迫其长时间无偿劳动，并找人专门对其进行管理，限制其人身自由，系本案主犯；余绍林、何相洪听从朱斌的工作安排，对劳动者进行看守、辱骂、殴打，协助朱斌实施强迫劳动行为，系从犯，应当从轻、减轻或者免除处罚。根据《刑法》第244条第1款、第25条、第26条、第27条之规定，法院判决如下：一、被告人朱斌犯强迫劳动罪，判处有期徒刑五年，并处罚金人民币1万元。二、被告人余绍林犯强迫劳动罪，判处有期徒刑三年六个月，并处罚金人民币6000元。三、被告人何相洪犯强迫劳动罪，判处有期徒刑三年六个月，并处罚金人民币6000元。

一审宣判后，三被告人未提出上诉，检察机关亦未提起抗诉，该判决已发生法律效力。

【案例二】

范刚等强迫劳动案[①]

• 案件事实 •

被告人范刚、李苑玮是夫妻关系，租用广州市越秀区王圣堂大街某房间作为手表加工及住宿场所。2013年4月至2013年10月，被告人范刚与李苑玮以招工为名，先后从中介处招来钟某（案发时16岁）、苏某园（案发时13岁）、周某（案发时15岁）三名被害人，使用锁门禁止外出的方法强迫三名被害人在该处从事手表组装工作。其间，被告人范刚对被害人钟某、周某有殴打行为，被告人李苑玮对三名被害人有语言威胁的行为，被告人罗春龙于2013年5月入职后协助被告人范刚看管三名被害人。2013年10月20日，经被害人报警，公安人员到场解救了三名被害人，并将被告人范刚、李苑玮、罗春龙抓获归案。经法医鉴定，被害人钟某和周某的头部、颈部、臂部受伤，损伤程度属轻微伤。

• 裁判要旨 •

强迫劳动罪的“情节严重”包括强迫未成年人劳动的情形，不论人数多少。

---

① 参见2015年8月31日最高人民法院公布的八起侵害未成年人合法权益典型案例。

• 裁判理由 •

广东省广州市越秀区人民法院经审理认为，被告人范刚、李苑玮、罗春龙以暴力、胁迫和限制人身自由的方法强迫未成年人劳动，其行为均侵犯了他人的人身权利，共同构成强迫劳动罪，情节严重。被告人范刚在共同犯罪中起主要作用，应认定为主犯；被告人李苑玮、罗春龙在共同犯罪中起次要或辅助作用，应认定为从犯，依法应当从轻处罚。被告人范刚、李苑玮自愿认罪，能如实供述自己的罪行，依法可以从轻处罚。依照《刑法》有关规定，认定被告人范刚犯强迫劳动罪，判处有期徒刑三年，并处罚金10000元；被告人李苑玮犯强迫劳动罪，判处有期徒刑十个月，并处罚金5000元；被告人罗春龙犯强迫劳动罪，判处有期徒刑七个月，并处罚金1000元。宣判后，没有上诉、抗诉。判决已发生法律效力。

【学理分析及适用指引】

• 学理分析 •

强迫劳动罪，是指以暴力、威胁或者限制人身自由方法强迫他人劳动的行为。本罪的构成要件如下：

1. 本罪的客体。本罪侵犯劳动者的人身自由。

2. 本罪的客观方面。本罪在客观方面表现为以暴力、威胁或者限制人身自由的方法强迫他人劳动的行为。所谓限制他人人身自由的方法，是指采取监视、禁止出入等方法而将职工限制在一定的场所、区域内劳动。

3. 本罪的主体。本罪的主体既包括自然人，也包括用人单位。

4. 本罪的主观方面。本罪在主观方面必须出于直接故意，即强迫他人劳动的目的。如果出于其他诸如逼迫他人与自己结婚、索付债务等目的，即便有限制他人人身自由的行为，也不能构成本罪。

• 适用指引 •

司法实践中，认定本罪应注意：

1. 《刑法修正案（八）》关于本罪的修正及适用。首先，基本犯罪构成由以前的“用人单位违反劳动管理法规，以限制人身自由方法强迫职工劳动，情节严重的”，改为“以暴力、威胁或者限制人身自由的方法强迫他人劳动的”，其对象不再局限于用人单位的“职工”，而是任何其他人均可成为本罪对象。故此，最高人民法院、最高人民检察院的司法解释将本条的罪名由“强迫职工劳动罪”调整为“强迫劳动罪”。其次，关于本罪的构成，《刑法修正案（八）》降低了其入罪门槛，即不再要求必须“情节严重”的才构成犯罪，只要行为人以暴力、威胁或者限制人身自由的方法强迫他人劳动行为的，即构成本罪。若“情节严重的”，则加重处罚，即“处三年以上十年以下有期徒刑，并处罚金”。再次，将为强迫劳动的个人或者单位招募、运送人员的行为规定为犯罪。明知他人强迫职工劳动，为其招募、运送人员或者有其他协助强迫他人劳动行为的，依照强迫劳动罪的规定处罚。最后，明确规定了单位构成本罪，处罚采双罚制。“单位犯前两款罪的，对单位判处罚金，并对其直接负责的主管人员和其他直接责任人员，依照第一款的规定处罚。”

2. 本罪与非法拘禁罪的界限。用人单位的直接责任人员如果对职工采取剥夺人身自由的方法强迫劳动，同时触犯了非法拘禁罪与强迫劳动罪，属于法条竞合，原则上以本罪即强迫劳动罪论处。

3. 强迫劳动罪的一罪与数罪问题。实践中，行为人在强迫他人劳动中，如果对被害人又实施了其他故意犯罪行为，如故意伤害、侮辱等行为的，对行为人应当实行数罪并罚。如果行为人以强迫劳动为目的，被害人因人身自由受到限制不堪忍受而自杀，行为人对此结果有过失的，对行为人应按《刑法》第 233 条的情节较重的过失致人死亡罪定罪处罚。此种情形可视为强迫劳动罪与过失致人死亡罪的想象竞合犯。

第二百四十四条之一　雇用童工从事危重劳动罪

【法律规定】

• 法律条文 •

《中华人民共和国刑法》

第二百四十四条之一　违反劳动管理法规，雇用未满 16 周岁的未成年人从事超强度体力劳动的，或者从事高空、井下作业的，或者在爆炸性、易燃性、放射性、毒害性等危险环境下从事劳动，情节严重的，对直接责任人员，处三年以下有期徒刑或者拘役，并处罚金；情节特别严重的，处三年以上七年以下有期徒刑，并处罚金。

有前款行为，造成事故，又构成其他犯罪的，依照数罪并罚的规定处罚。

• 相关规定 •

《中华人民共和国未成年人保护法》

第六十条　任何组织或者个人不得招用未满十六周岁未成年人，国家另有规定的除外。

营业性娱乐场所、酒吧、互联网上网服务营业场所等不适宜未成年人活动的场所不得招用已满十六周岁的未成年人。

招用已满十六周岁未成年人的单位和个人应当执行国家在工种、劳动时间、劳动强度和保护措施等方面的规定，不得安排其从事过重、有毒、有害等危害未成年人身心健康的劳动或者危险作业。

任何组织或者个人不得组织未成年人进行危害其身心健康的表演等活动。经未成年人的父母或者其他监护人同意，未成年人参与演出、节目制作等活动，活动组织方应当根据国家有关规定，保障未成年人合法权益。

《中华人民共和国劳动法》

第六十四条 不得安排未成年工从事矿山井下、有毒有害、国家规定的第四级体力劳动强度的劳动和其他禁忌从事的劳动。

【案例】

张某、李某等雇用童工从事危重劳动、强迫职工劳动案①

• 案件事实 •

张某等人（承包经营者）为了获取高额利润，从河南、山西、陕西等地区骗招大批民工（共 100 余人，其中未满 16 周岁的未成年人 1 人、聋哑人 3 人、智障人员 16 人），并安排看管人员对民工进行监视和看管，同时强迫民工超长时间、超负荷劳动，对干活慢或逃跑的民工实施殴打，并以不发工资、体罚、晚间锁工棚门、封厂等手段限制民工人身自由。孙某等人（窑主），明知他人实施打骂民工、强迫民工超长时间劳动、拖欠工资、限制民工人身自由等行为，为了获取个人利益，视而不管。此外，张某承包砖厂期间，通过李某雇用未满 16 周岁的未成年人潘某某从事超强度体力劳动，延长劳动时间，限制其人身自由并对其实施殴打。

• 裁判要旨 •

采取限制人身自由的方法雇用童工从事危重劳动的行为，应当区别不同情况，或者成立雇用童工从事危重劳动罪，或者成立强迫劳动罪。

• 裁判理由 •

一审法院认为：张某等人的行为严重违反劳动管理法规，构成强迫劳动罪。被告人张某、李某违反劳动管理法规，雇用童工从事危重劳动，情节严重，依据《刑法》第 244 条第 1 款认定二人构成雇用童工从事危重劳动罪，分

① 参见中国法院网 http：//www. chinacourt. orghtml。

别判处有期徒刑三年和一年，并处罚金15000元和5000元。被告人张某数罪并罚执行有期徒刑五年，罚金30000元；被告人李某数罪并罚执行有期徒刑二年六个月，罚金15000元。

【学理分析及适用指引】

• 学理分析 •

雇用童工从事危重劳动罪，是指违反劳动管理法规，雇用未满16周岁的未成年人从事超强度体力劳动，或者高空、井下作业，或者在爆炸性、易燃性、放射性、毒害性等危险环境下从事劳动，情节严重的行为。本罪的构成要件如下：

1. 本罪的客体。本罪侵犯的客体是未成年人的身心健康。犯罪对象是未满16周岁的未成年人。

2. 本罪的客观方面。本罪的客观方面表现为违反劳动管理法规，雇用未满16周岁的未成年人从事超强度体力劳动，或者高空、井下作业，或者在爆炸性、易燃性、放射性、毒害性等危险环境下从事劳动，情节严重的行为。违反劳动管理法规，是指违反《劳动法》及其他劳动行政法规，这是本罪构成的前提条件。本罪在客观方面有三种具体表现形式：（1）雇用童工从事“超强度体力劳动”，是指使童工从事国家禁止的《体力劳动强度分级》国家标准中第四级体力劳动强度的作业。（2）雇用童工从事“高空、井下作业”，是指使童工从事国家禁止的《高处作业分级》国家标准中的二级以上的高处作业和矿山井下作业。（3）雇用童工“在爆炸性、易燃性、放射性、毒害性等危险环境下”从事劳动，具体是指使童工在具有爆炸性能、能够引起爆炸的各种用于爆破、杀伤的物质的环境下从事劳动；指使童工在具有各种极易引起燃烧的化学物品、液剂的环境下从事劳动；指使童工在具有含有放射性能的化学元素或者其他物质的环境下从事劳动，该物质对人体或牲畜能够造成严重损害；指使童工在具有能致人死亡的毒性的有机物或者无机物的环境下从事劳动。行为人只要具有雇用童工从事上述三种形式的危重劳动中的一种即符合本罪的客观要件。

3. 本罪的主体。本罪的主体既可以是单位，也可以是自然人。按照法律规定，单位犯该罪，只追究“直接责任人员”的刑事责任。

4. 本罪的主观方面。主观方面表现为故意，包括直接故意和间接故意。过失不构成本罪。

• 适用指引 •

司法实践中，认定本罪应注意：

1. 划清非法雇用童工与合法招用童工的界限。我国法律禁止使用童工，但又同时规定，文艺、体育单位经未成年人的父母或者其他监护人的同意，可以招用不满 16 周岁的专业文艺工作者、运动员。用人单位应当保障被招用的不满 16 周岁的未成年人的身心健康，保障其接受义务教育的权利。

2. 划清罪与非罪的界限。根据法律规定，情节是否严重，是区分违法与犯罪的关键。在我国，非法使用童工无疑是一种严重的违法行为。但同时又要看到，使用童工的情况比较复杂，有的属于家庭困难，出于养家糊口的需要，经本人或者家长自愿而从事劳动。在立法过程中，全国人民代表大会常务委员会根据有关部门的建议，对本罪增加了“违反劳动管理法规”的限制性条件，并对本罪罪状的表述采取了列举的方式，体现了慎重的立法精神。因此，在司法实践中，处理这类案件同样应当采取慎重的态度，根据案件具体情况，严格区分罪与非罪、违法与犯罪的界限；对情节不严重、不构成犯罪的违法行为，可由劳动行政部门给予行政处理或者行政处罚。

第二百四十五条　非法搜查罪、非法侵入住宅罪

【法律规定】

• 法律条文 •

《中华人民共和国刑法》

第二百四十五条　非法搜查他人身体、住宅，或者非法侵入他人住宅的，处三年以下有期徒刑或者拘役。

司法工作人员滥用职权，犯前款罪的，从重处罚。

• 相关规定 •

《中华人民共和国宪法》

第三十七条　中华人民共和国公民的人身自由不受侵犯。

任何公民，非经人民检察院批准或者决定或者人民法院决定，并由公安机关执行，不受逮捕。

禁止非法拘禁和以其他方法非法剥夺或者限制公民的人身自由，禁止非法搜查公民的身体。

第三十九条　中华人民共和国公民的住宅不受侵犯。禁止非法搜查或者非法侵入公民的住宅。

《最高人民检察院关于渎职侵权犯罪案件立案标准的规定》（高检发释字〔2006〕2 号）

二、国家机关工作人员利用职权实施的侵犯公民人身权利、民主权利犯罪

案件：

（二）国家机关工作人员利用职权实施的非法搜查案（第二百四十五条）

非法搜查罪是指非法搜查他人身体、住宅的行为。

国家机关工作人员利用职权非法搜查，涉嫌下列情形之一的，应予立案：

1. 非法搜查他人身体、住宅，并实施殴打、侮辱等行为的；

2. 非法搜查，情节严重，导致被搜查人或者其近亲属自杀、自残造成重伤、死亡，或者精神失常的；

3. 非法搜查，造成财物严重损坏的；

4. 非法搜查3人（户）次以上的；

5. 司法工作人员对明知是与涉嫌犯罪无关的人身、住宅非法搜查的；

6. 其他非法搜查应予追究刑事责任的情形。

《最高人民法院、最高人民检察院、公安部、司法部关于办理实施“软暴力”的刑事案件若干问题的意见》

七、以“软暴力”手段非法进入或者滞留他人住宅的，应当认定为《刑法》第二百四十五条规定的“非法侵入他人住宅”，同时符合其他犯罪构成要件的，应当以非法侵入住宅罪定罪处罚。

【案例一】

林某、任某非法搜查案①

• 案件事实 •

2004年6月19日22时许，林某驾车在绍兴市经济开发区某超市附近搭识黄某，后与任某一道驱车在绍兴市区稽山路与延安路交叉口处一摊点吃夜宵，期间，林某曾下车，并从车内拿走了其所存放的部分钱款，将黄某一人留于车内。后林某怀疑车上钱款遗失系黄某所窃，遂与任某合谋采用强制手段搜查黄某的人身并质问黄某，且声称“去派出所解决”，黄某不愿前往。次日凌晨，当林某驾车途经绍兴市区104国道线北海桥附近时，因黄某欲下车逃离，林某、任某以黄某偷窃林某600元钱为由，采用推、打等暴力手段，强行从黄某裤袋中搜出人民币1890元，并将其中的人民币640元据为己有，且造成黄某轻微伤的损伤程度。2004年6月21日上午，黄某向绍兴市公安局越城区分局塔山派出所报案；同月26日上午，林某、任某向绍兴县公安局兰亭派出所投案，并如实供述自己的犯罪事实。案发后，赃款已被追回发还被害人。

---

① 参见浙江省绍兴市越城区人民法院（2004）越刑字第679号。

• 裁判要旨 •

在没有证据的情况下，通过非法搜查手段“拿回”自己丢失的财物，应认定为非法搜查罪。

• 裁判理由 •

浙江省绍兴市越城区人民法院经审理认为：被告人林某、任某无视法纪，合伙采用推、打等暴力手段非法对他人的身体进行搜查，其行为已构成非法搜查罪，且系共同犯罪。公诉机关指控的罪名成立，应予以支持。鉴于被告人林某、任某在案发后能主动向公安机关投案，并如实供述自己的犯罪事实，属自首，可依法从轻处罚，同时考虑到二被告人系在要求被害人先去派出所解决，被害人不同意的情况下才实施上述行为，并主动退清了赃款，具有主观恶性相对较小等具体情节，可对二被告人适用缓刑，二辩护人据此提出要求对两被告人从轻处罚的意见，予以采纳。被告人任某在共同犯罪中积极实施搜身行为，与被告人林某所起作用基本相当，其辩护人认为被告人任某在犯罪过程中处于从属地位，要求对其从宽处罚的意见，与事实和法律不符，不予采纳。依照《刑法》第245条第1款、第25条第1款、第67条第1款、第72条之规定，作出如下判决：一、林某犯非法搜查罪，判处拘役六个月，缓刑一年（缓刑考验期限，从判决确定之日起计算）。二、任某犯非法搜查罪，判处拘役五个月，缓刑十个月。

【案例二】

顾某非法侵入住宅案①

• 案件事实 •

2002年1月25日，河南省郸城县吴台镇大顾寨行政村村民顾某玉、顾某目兄弟与本村村民顾某红因生活中的琐事发生争执，引起厮打。顾某红打不过二兄弟，便用刀将二人扎伤，然后畏罪潜逃。二兄弟被送往镇医院抢救，因失血过多抢救无效于当日死亡。其兄顾某见状，异常悲痛，便伙同其弟顾某力、其子顾某西将二兄弟的尸体运至顾某红家中。次日，在公安机关对两具尸体进行解剖后，顾某又同其弟顾某清（外逃）、顾某力（外逃）、其子顾某西（外逃）将顾某玉的尸体抬至顾某红父亲顾某中家堂屋内，以致两具尸体被存在两

① 参见最高人民法院中国应用法学研究所编：《人民法院案例选》（2005年第2辑），人民法院出版社2006年版。

家时间长达107天。后由司法机关出面做工作，才抬出埋葬。5月12日，顾某因涉嫌非法侵入住宅被依法逮捕。

• 裁判要旨 •

将尸体抬入他人住宅摆放，情节严重的，构成非法侵入他人住宅罪。

• 裁判理由 •

河南省郸城县人民法院经审理认为：被告人顾某未经他人同意，非法强行侵入他人住宅，将死者尸体摆放在侵害人父亲的家中，致使其无法生活，扰乱居住安宁，其行为已构成非法侵入住宅罪。被告人顾某的两个兄弟被人伤害致死，值得同情与理解。纵然顾某红畏罪潜逃，但法网恢恢，自应绳之以法，而不能采取法律不允许的行为。公诉机关指控其非法侵入住宅罪罪名成立。故依照《刑法》第245条第1款之规定，以非法侵入住宅罪，判处其拘役一个月七日。

【学理分析及适用指引】

• 学理分析 •

1. 非法搜查罪的构成。非法搜查罪，是指非法对他人的身体或者住宅进行搜查的行为。本罪的构成要件如下：

（1）本罪的客体。本罪侵犯的客体是他人的人身权利和住宅不受侵犯的权利。公民的人身和住宅安全受《宪法》保护。《宪法》第37条规定，公民的人身自由不受侵犯。禁止非法搜查公民的身体。该法第39条规定，公民的住宅不受侵犯。禁止非法搜查公民的住宅。

（2）本罪的客观方面。客观方面表现为非法地对他人的身体或者住宅进行搜查的行为。《刑事诉讼法》第2编第2章第5节对搜查作了专门规定。为了收集犯罪证据、查获犯罪嫌疑人，人民检察院、公安机关、国家安全机关的侦查人员可以对犯罪嫌疑人以及可能隐藏罪犯或者犯罪证据的人的身体、物品、住处和其他有关的地方进行搜查，但必须严格依照法律规定的程序进行。如必须向被搜查人出示搜查证，搜查时应当有被搜查人或者他的家属、邻居或者其他见证人在场等。这种搜查是合法的。非法搜查他人身体、住宅的行为包括两种情形：一种是无权进行搜查的机关、单位、团体的工作人员或者个人，非法地对他人的身体或者住宅进行搜查；另一种是有权进行搜查的国家机关工作人员滥用职权，擅自决定非法对他人的人身、住宅进行搜查，或者搜查违反法律规定的程序。行为人只要实施了非法对他人的人身或者住宅进行搜查其中一种行为，就构成本罪；具有两种行为的，仍为一罪，不实行数罪并罚。

（3）本罪的主体。犯罪主体主要为一般主体，但司法工作人员也可以构成本罪的主体（即特殊主体）。

（4）本罪的主观方面。主观方面只能由直接故意构成，间接故意和过失不构成本罪。

2. 非法侵入住宅罪的构成。非法侵入住宅罪，是指违背住宅内成员的意愿或无法律依据，进入公民住宅，或进入公民住宅后经要求退出而拒不退出的行为。本罪的构成要件如下：

（1）本罪的客体。侵犯的客体是他人的住宅不受侵犯的权利。公民的住宅安全受《宪法》保护。《宪法》第 39 条规定，公民的住宅不受侵犯。禁止非法侵入公民的住宅。

（2）本罪的客观方面。客观方面表现为未经法定机关批准或者未经住宅主人同意，非法侵入他人住宅，或者经要求退出而拒不退出的行为。根据《刑事诉讼法》的规定，公安机关、国家安全机关、人民检察院和人民法院，为了执行搜查、拘留、逮捕等任务，依照法律规定的程序而进入他人住宅的行为是合法的。此处讲的"非法"，是指两种情形：一种是未经主人同意强行闯入；另一种是经主人同意进入他人住宅后，主人又要求其退出而拒不退出的。

（3）本罪的主体。犯罪主体既可以由一般主体构成，也可以由特殊主体（司法工作人员）构成。

（4）本罪的主观方面。主观方面由直接故意构成，间接故意和过失不构成本罪。

3. 关于非法侵入住宅罪的性质。关于非法侵入住宅罪的性质，国外刑法理论一直存有争议。居住权说认为，《刑法》规定本罪是为了保护居住权（居住者对是否允许进入住宅的许诺权），故只要进入住宅没有经过居住者的同意，就构成本罪。安宁说认为，《刑法》规定本罪是为了保护住宅成员的安宁，故只有以危险的方法或怀有恶意进入住宅时，才构成本罪。《刑法》没有对非法侵入住宅罪的行为性质作出明确的规定，但刑法理论界一般都认为本罪侵犯的是他人（公民）的居住安全权利和生活的安宁。在认定非法侵入他人住宅时，还应当注意如下几个问题：一是在住宅居住者对行为人的进入行为存在不同意见时，即有人同意有人反对时，进入者的行为能否以非法侵入住宅罪惩处？有学者指出，在这种情况下，应综合各种因素考察行为人进入住宅的行为是否侵害了住宅的安宁。二是进入什么范围才能视为侵入住宅？对此，应区别住宅的情况具体对待。一般而言，在住宅有限定墙、自成院落的情况下，进入院墙以内就应视为进入了住宅范围。没有院墙的，一般可以住室为范围。而在住宅为公寓式高层楼房时，应以各户的居室为住宅范围。三是非法侵入住宅构成犯罪，是否在时间长短上有所要求。对于这一问题，《刑法》条文没作要求。但是，这并不意味着一旦进入他人住宅，即可构成犯罪。对于侵入他人住宅时间较短即自动退出，或者住宅主人要求其退出后立即退出的，一般不构成犯罪。①

• 适用指引 •

司法实践中，认定本条规定的罪名应注意：

1. 非法搜查罪与非罪的界限。根据司法实践经验，对于非法搜查他人的身体、住宅或者非法侵入他人住宅，情节一般的，属于侵犯人身权利的违法行为，应当依照《治安管理处罚法》规定给予处罚。只有“情节严重”的才构成犯罪，对于一般公民非法搜查罪的认定，可参照国家机关工作人员非法搜查的立案标准。对于非法侵入住宅，严重妨碍他人居住安全与生活安宁的，才能以犯罪论处。

2. 正确界定住宅的范围。参照最高人民法院有关入户抢劫的解释，非法搜查他人的住宅，是指非法进入他人生活的、与外界相对隔离的住所，包括封闭的院落、牧民的帐篷、渔民作为家庭生活场所的渔船、歌厅业主的住处、为生活租用的房屋等。

3. 非法搜查罪、非法侵入住宅罪与抢劫罪、盗窃罪等犯罪容易混淆。行为人实施抢劫、盗窃犯罪的，在客观方面也可能采取搜身、翻看被害人财物等非法搜查的行为，此时非法搜查仅是实施其犯罪的手段行为。如抢劫犯罪分子以非法占有为目的，使用暴力或以暴力威胁，强行从被害人身上搜走财物的，构成抢劫罪。此时，抢劫罪中包括了非法搜查的牵连行为。区分非法搜查罪与抢劫罪的关键在于，两罪的主观目的不同：非法搜查罪不以非法占有他人财物为目的，其搜查行为通常是为了寻找某种目标物；而抢劫罪中，行为人是以非法占有他人财物为目的，将财物从被害人身上（或其住宅）搜走，直接据为己有。如在非法搜查时又实施盗窃的，应依法予以并罚。

---

① 参见最高人民法院中国应用法学研究所编：《人民法院案例选》（2005 年第 2 辑），人民法院出版社 2006 年版，第 71 ~ 74 页。

第二百四十六条　侮辱罪、诽谤罪

【法律规定】

• 法律条文 •

《中华人民共和国刑法》

第二百四十六条　以暴力或者其他方法公然侮辱他人或者捏造事实诽谤他人，情节严重的，处三年以下有期徒刑、拘役、管制或者剥夺政治权利。

前款罪，告诉的才处理，但是严重危害社会秩序和国家利益的除外。

通过信息网络实施第一款规定的行为，被害人向人民法院告诉，但提供证据确有困难的，人民法院可以要求公安机关提供协助。

• 相关规定 •

《中华人民共和国宪法》

第三十八条　中华人民共和国公民的人格尊严不受侵犯。禁止用任何方法对公民进行侮辱、诽谤和诬告陷害。

《最高人民法院、最高人民检察院关于办理利用信息网络实施诽谤等刑事案件适用法律若干问题的解释》（法释〔2013〕21号）

第一条　具有下列情形之一的，应当认定为刑法第二百四十六条第一款规定的"捏造事实诽谤他人"：

（一）捏造损害他人名誉的事实，在信息网络上散布，或者组织、指使人员在信息网络上散布的；

（二）将信息网络上涉及他人的原始信息内容篡改为损害他人名誉的事实，在信息网络上散布，或者组织、指使人员在信息网络上散布的；

明知是捏造的损害他人名誉的事实，在信息网络上散布，情节恶劣的，以"捏造事实诽谤他人"论。

第二条　利用信息网络诽谤他人，具有下列情形之一的，应当认定为刑法第二百四十六条第一款规定的"情节严重"：

（一）同一诽谤信息实际被点击、浏览次数达到五千次以上，或者被转发次数达到五百次以上的；

（二）造成被害人或者其近亲属精神失常、自残、自杀等严重后果的；

（三）二年内曾因诽谤受过行政处罚，又诽谤他人的；

（四）其他情节严重的情形。

第三条　利用信息网络诽谤他人，具有下列情形之一的，应当认定为刑法

第二百四十六条第二款规定的“严重危害社会秩序和国家利益”：

（一）引发群体性事件的；

（二）引发公共秩序混乱的；

（三）引发民族、宗教冲突的；

（四）诽谤多人，造成恶劣社会影响的；

（五）损害国家形象，严重危害国家利益的；

（六）造成恶劣国际影响的；

（七）其他严重危害社会秩序和国家利益的情形。

第四条　一年内多次实施利用信息网络诽谤他人行为未经处理，诽谤信息实际被点击、浏览、转发次数累计计算构成犯罪的，应当依法定罪处罚。

第八条　明知他人利用信息网络实施诽谤、寻衅滋事、敲诈勒索、非法经营等犯罪，为其提供资金、场所、技术支持等帮助的，以共同犯罪论处。

《公安部关于严格依法办理侮辱诽谤案件的通知》（公通字〔2009〕16号）

各省、自治区、直辖市公安厅、局，新疆生产建设兵团公安局：

多年来，各级公安机关依照《刑法》《治安管理处罚法》的有关规定，查处了一批侮辱、诽谤案件，为保护公民的人格尊严和名誉，维护社会治安秩序作出了贡献。但是，少数地方公安机关在办理侮辱、诽谤案件过程中，不能严格、准确依法办案，引起了新闻媒体和社会各界的广泛关注，产生了不良的社会影响，损害了公安机关形象和执法公信力。为严格依法办理侮辱、诽谤案件，规范执法行为，提高办案质量，保护公民合法权益，现就有关问题通知如下：

一、切实提高对严格依法办理侮辱、诽谤案件重要意义的认识。一些地方公安机关不能正确办理侮辱、诽谤案件，直接原因是对有关法律理解不当、定性不准，深层次的原因是对新形势下人民内部矛盾缺乏清醒的认识。各级公安机关要清醒地认识到，随着国家民主法制建设的不断推进，人民群众的法制意识和政治参与意识不断增强，一些群众从不同角度提出批评、建议，是行使民主权利的表现。部分群众对一些社会消极现象发牢骚、吐怨气，甚至发表一些偏激言论，在所难免。如果将群众的批评、牢骚以及一些偏激言论视作侮辱、诽谤，使用刑罚或治安处罚的方式解决，不仅于法无据，而且可能激化矛盾，甚至被别有用心的人利用，借机攻击我国的社会制度和司法制度，影响党和政府的形象。各级公安机关要从维护社会和谐稳定的大局出发，深刻认识严格准确、依法办理好侮辱、诽谤案件的重要意义，始终坚持党的事业至上、人民利益至上、宪法法律至上，按照“最大限度地增加和谐因素，最大限度地减少不和谐因素”的要求，切实做到严格、公正、文明执法，努力化解矛盾，避免因执法不当而引发新的不安定因素。

二、准确把握侮辱、诽谤公诉案件的管辖范围及基本要件。根据《刑法》

第二百四十六条的规定，侮辱、诽谤案件一般属于自诉案件，应当由公民个人自行向人民法院提起诉讼，只有在侮辱、诽谤行为“严重危害社会秩序和国家利益”时，公安机关才能按照公诉程序立案侦查。公安机关在依照公诉程序办理侮辱、诽谤刑事案件时，必须准确把握犯罪构成要件。对于不具备“严重危害社会秩序和国家利益”这一基本要件的，公安机关不得作为公诉案件管辖。对于具有下列情形之一的侮辱、诽谤行为，应当认定为“严重危害社会秩序和国家利益”，以侮辱罪、诽谤罪立案侦查，作为公诉案件办理：（一）因侮辱、诽谤行为导致群体性事件，严重影响社会秩序的；（二）因侮辱、诽谤外交使节、来访的外国国家元首、政府首脑等人员，造成恶劣国际影响的；（三）因侮辱、诽谤行为给国家利益造成严重危害的其他情形。公安机关在接到公民对侮辱、诽谤行为的报案、控告或者举报后，首先要认真审查，判明是否属于公安机关管辖。对于符合上述情形，但通过公诉可能对国家利益和国家形象造成更大损害的，可以通过其他方式予以处理。对于经过审查认为不属于上述情形但涉嫌犯罪的侮辱、诽谤案件，公安机关应当问明情况，制作笔录，并将案件材料移交有管辖权的人民法院，同时向当事人说明此类案件依照法律规定属于自诉案件，不属公安机关管辖，告知其到人民法院自行提起诉讼。公安机关在立案前的审查过程中，不得对有关人员和财产采取强制性措施。对于不构成犯罪但违反《治安管理处罚法》的，要通过治安调解，最大限度地化解矛盾和纠纷；对于调解不成的，应依法给予治安管理处罚。公安机关在办理侮辱、诽谤案件时，要深入细致，辨法析理，努力争取让违法犯罪行为人和被侵害人心悦诚服地接受处理结果，化消极因素为积极因素，取得法律效果和社会效果的统一。

三、切实加强对办理侮辱、诽谤案件的执法监督。对于侮辱、诽谤案件，公安机关经过审查，认为具有严重危害社会秩序和国家利益的情形，需要追究刑事责任的，应当报经上一级公安机关同意后立案侦查；立案后需要采取强制措施的，应当在采取强制措施前报经上一级公安机关同意。对于可能引起较大社会影响的侮辱、诽谤治安案件，在作出行政拘留处罚决定前，应当报经上一级公安机关同意。对于不按照规定报告上级公安机关，或者不服从上级公安机关命令，违反规定对应当自诉的和不构成犯罪的侮辱、诽谤案件立案侦查的，要严肃追究有关责任人员和主管人员的相应责任。

【案例一】

笪某侮辱案①

●　案件事实　●

江苏省南京市溧水县东屏镇徐溪行政村百里自然村村民张某，于2003年将祖坟迁至该村北面的坟地。笪某认为，张某迁来的祖坟占了他家的坟地，为此两家发生了纠纷。为泄私愤，笪某于2005年5月20日4时30分许，携带钉耙等工具悄悄来到东屏镇徐溪行政村百里自然村北面的坟地，将张某迁移至此的15座祖坟挖平，并将其中5座坟中的水泥骨灰盒挖出，弃置于坟坑边。第二天，当地村民发现张某家的祖坟被人挖掘，张家祖坟被挖事件很快为周边村民所知。案发后，张某向公安机关报案。在公安机关工作人员的调查询问中，笪某对自己挖掘张某家祖坟之事据实相告。

2005年8月22日，江苏省溧水县人民检察院以笪某犯侮辱尸体罪向江苏省溧水县人民法院提起公诉。

●　裁判要旨　●

为泄私愤，挖掘他人祖坟的行为，情节严重的，依法构成侮辱罪。

●　裁判理由　●

江苏省溧水县人民法院经审理后认为：被告人笪某以挖掘他人祖坟的方式公然贬低他人人格，破坏他人名誉，情节严重，其行为已构成侮辱罪。鉴于本案事出有因，被告人笪某归案后认罪态度较好，可对被告人笪某从轻处罚。该院依据《刑法》第246条之规定，于2005年10月14日判决如下：被告人笪某犯侮辱罪，判处拘役五个月。

一审宣判后，被告人笪某不服，提出上诉。笪某在上诉中提出如下理由：一是主观上没有侮辱他人的直接故意；二是挖坟行为系秘密进行，行为不具有公然性；三是行为对象不具有特定性；四是客观上没有造成侮辱他人的后果，其情节不属于严重的情形。所以，笪某认为，其行为不构成侮辱罪。

江苏省南京市中级人民法院经二审审理后认为：上诉人笪某以挖掘他人祖坟的行为，公然侮辱他人，情节严重，其行为已构成侮辱罪。原审法院认定上诉人笪某犯侮辱罪的事实清楚，证据确实充分，定性准确，量刑适当，审判程

---

① 参见江苏省南京市中级人民法院（2005）宁刑终字第506号，最高人民法院中国应用法学研究所编：《人民法院案例选》（2005年第4辑），人民法院出版社2006年版，第24～25页。

序合法。该院于2005年12月15日作出裁定：驳回上诉，维持原判。

【案例二】

秦志晖诽谤、寻衅滋事案①

• 案件事实 •

1. 诽谤的事实。被告人秦志晖明知罗某系军人，于2013年2月25日使用昵称为“东土秦火火”的新浪微博账户（UID号：319802××××），捏造“罗某之兄罗某1在德国西门子公司任职”的事实，无端质疑罗某及其家人搞“利益交换关系”，并在信息网络上散布。该信息被转发2500余次，引发大量网民对罗某的负面评价。

被告人秦志晖明知“杨某向希望工程虚假捐赠”系捏造的事实，于2013年7月15日使用昵称为“淮上秦火火”的新浪微博账户（UID号：362150××××）在信息网络上散布。该信息被转发700余次，引发大量网民对杨某的负面评价。

被告人秦志晖在信息网络上看到了“兰某被老女人包养”的不实信息后，将上述信息篡改为“兰某被老女人周某某包养”，并于2013年7月至2013年8月间使用昵称为“36627083××××”的新浪微博账户（UID号：366270××××，昵称又曾为“江淮秦火火”）多次在信息网络上散布。该信息累计被转发900余次，引发大量网民对兰某的负面评价。

被告人秦志晖于2012年11月27日，使用昵称为“炎黄秦火火”的新浪微博账户（UID号：293091××××），捏造“张某迪具有德国国籍”的事实并散布。后经网友举报，新浪公司判定上述信息为不实信息。张某迪亦于2012年11月28日通过微博发布澄清声明。秦志晖又于2012年12月31日使用“炎黄秦火火”的新浪微博账户再次发布有关上述信息的博文，在短时间内被转发20余次，引发网民对张某迪的负面评价。

2. 寻衅滋事的事实。2011年7月23日，甬温铁路浙江省温州市相关路段发生特别重大铁路交通事故（即“7·23”甬温线动车事故）。在事故善后处理期间，被告人秦志晖为了利用热点事件进行自我炒作，提高网络关注度，于2011年8月20日使用昵称为“中国秦火火f92“的新浪微博账户（UID号：174660××××）编造并散布虚假信息，称原铁道部向“7·23”甬温线动车事故中的外籍遇难旅客支付3000万欧元高额赔偿金。该微博被转发11000次，

① 参见中华人民共和国最高人民法院刑事审判第一、二、三、四、五庭主办：《刑事审判参考》（总第97集），法律出版社2014年版。

评论3300余次，引发大量网民对国家机关公信力的质疑，原铁道部被迫于当夜辟谣。秦志晖的行为对事故善后工作的开展造成了不良影响。

• 裁判要旨 •

网络空间并非法外之地。行为人在信息网络上捏造事实诽谤他人，情节严重的，应以诽谤罪论处；在重大突发事件期间，在信息网络上编造、散布对国家机关产生不良影响的虚假信息，起哄闹事，造成公共秩序严重混乱，构成寻衅滋事罪，依法应予数罪并罚。

• 裁判理由 •

北京市朝阳区人民法院认为，被告人秦志晖无视法律规定，在信息网络上捏造事实诽谤他人，情节严重，且系诽谤多人，造成恶劣社会影响，其行为构成诽谤罪；秦志晖在重大突发事件期间，在信息网络上编造、散布对国家机关产生不良影响的虚假信息，起哄闹事，造成公共秩序严重混乱，其行为还构成寻衅滋事罪，依法应予数罪并罚。北京市朝阳区人民检察院指控秦志晖犯诽谤罪、寻衅滋事罪的事实清楚，证据确实、充分，指控的罪名成立。秦志晖在较长时间段内在信息网络上多次肆意实施违法犯罪行为，根据其所犯诽谤罪、寻衅滋事罪的事实、性质、情节和社会危害程度，本应对其酌情从重处罚，但鉴于秦志晖归案后能够如实供述所犯罪行，认罪悔罪态度较好，可以对其从轻处罚。据此，依照《刑法》第246条、第293条第1款第4项、第67条第3款、第61条、第69条第1款以及《最高人民法院、最高人民检察院关于办理利用信息网络实施诽谤等刑事案件适用法律若干问题的解释》第1条、第2条、第3条、第4条、第5条第2款之规定，北京市朝阳区人民法院以被告人秦志晖犯诽谤罪，判处有期徒刑二年；犯寻衅滋事罪，判处有期徒刑一年六个月；决定执行有期徒刑三年。

一审宣判后，被告人秦志晖未提起上诉，公诉机关亦未抗诉，该判决已发生法律效力。

【学理分析及适用指引】

• 学理分析 •

1. 侮辱罪的构成。侮辱罪，是指以暴力或者其他方法，公然贬低、损害他人人格，破坏他人名誉，情节严重的行为。本罪的构成要件如下：

（1）本罪的客体。本罪侵犯的客体是他人的人格和名誉。根据我国《宪法》规定，中华人民共和国公民的人格尊严不受侵犯。禁止用任何方法对公民进行侮辱、诽谤和诬告陷害。我国公民的人格尊严受到法律的严格保护，对于保护公民的人身权利不受侵犯，具有重要的意义。

（2）本罪的客观方面。本罪在客观方面表现为以暴力或者其他方法公然侮辱他人的行为。①要有侮辱他人的行为。侮辱的方式是很多的，主要有三种：第一，暴力行为侮辱，即对被害人施以暴力或者以暴力相威胁，使其人格、名誉受到损害。但这里讲的暴力，仅指作为侮辱的手段而言。如果行为人有伤害他人身体健康的故意，则应以故意伤害罪论处。第二，言语侮辱，即以言语对被害人进行嘲笑、辱骂。第三，文字侮辱，即以文字、漫画等形式对被害人进行侮辱。②侮辱他人的行为必须是公然进行的，即是在众多的人面前进行的，但被害人不一定在场。③侮辱还必须是针对特定的人实施的，不论是否当着被害人的面。特定的人可以是一人，也可以是几个人，但必须是具体的。

（3）本罪的主体。本罪主体为一般主体。任何有刑事责任能力的人，均可构成本罪的主体。

（4）本罪的主观方面。本罪主观方面为直接故意，并且具有贬低、损害他人人格、破坏他人名誉的目的。

2. 诽谤罪的构成。诽谤罪，是指故意捏造并散布某种事实，损坏他人人格，破坏他人名誉，情节严重的行为。本罪的构成要件如下：

（1）本罪的客体。本罪的客体是公民的人格尊严和名誉权，犯罪对象是特定的人。

（2）本罪的客观方面。本罪在客观方面表现为捏造并散布某种事实，损害他人人格，损害他人名誉的行为。所谓捏造，是指无中生有，凭空捏造虚假事实。如果传播的是客观存在的或者略有夸张的事实，不构成本罪，但可构成侮辱罪。所谓散布，是指用语言或文字的方式扩散捏造的内容，使众人知道。

（3）本罪的主体。本罪的主体为一般主体。

（4）本罪的主观方面。本罪的主观方面为直接故意，并具有贬低、损坏他人人格、名誉的目的。因过失误信谣言并加以散布或者批评失实而损坏他人人格、名誉的，不构成犯罪。

3. 关于侮辱罪的司法认定。

（1）如何理解侮辱的方法。在司法实践中，侮辱的方法主要有三种，即暴力侮辱、言词侮辱和文字侮辱。但实际上，关于侮辱的方法，我国《刑法》并未予以特别限制，而只是将其笼统地规定为“暴力或者其他方法”。由此可以认为，一切具有贬低他人人格、破坏他人名誉性质的方法均可以作为侮辱罪中的方法。

（2）如何理解公然侮辱。根据《刑法》的规定，要成立侮辱罪，侮辱行为就必须是公然实施的。一般认为，所谓公然侮辱，是指在第三者能够看到或听到（如让第三人通过电话接听）的场合，或者利用能够使第三者看到或听到的方法（虽然当时可能无第三者看到或听到）进行侮辱。在暴力侮辱的情况下，被害人必须在场；而在以其他方法实施侮辱的情况下，被害人可能并不在场。如果行为人是在第三者不知晓且不可能使第三者知晓的情况下对被害人进行侮辱，则不能构成本罪。如行为人在第三者不知晓也不可能知晓的情况下向他人写信进行侮辱，就不能以侮辱罪定罪处罚。

（3）如何理解侮辱行为的对象。一般认为，侮辱行为所针对的对象是特定的有生命的自然人。特定的自然人可以是一人，也可以是数人，但必须是具体的、明确的自然人。行为人没有明确指出所侮辱的对象是谁，但根据侮辱行为的内容、方式等足以使大家明确知道针对的是谁的，也可构成本罪。不以特定的个人为目标进行的谩骂、攻击不构成侮辱罪。机关、企业、事业单位、团体等组织以及尸体、死者等均不能成为侮辱罪的对象。有的观点提出，死者也可以成为侮辱罪的对象。尽管对侮辱死者的行为具有惩罚的必要性，但按照我国《刑法》的规定，很难将其解释为构成侮辱罪。①

（4）如何理解情节严重。根据《刑法》的规定，要成立侮辱罪，侮辱行为就必须达到情节严重的程度。通常认为，所谓情节严重，是指侮辱行为手段恶劣，动机卑劣，造成后果严重或影响恶劣等。

• 适用指引 •

1. 侮辱罪的认定。

（1）本罪与强制猥亵、侮辱妇女罪的界限。当行为人采用公然强行扒妇女的衣服、对妇女身体进行某些动作性猥亵、侮辱时，对行为人是定侮辱罪还是强制猥亵、侮辱妇女罪，容易发生混淆。区别两者的关键在于行为人的主观目的和动机。侮辱罪中的侮辱妇女，行为人目的在于败坏妇女的名誉，贬低其人格，动机多出于私愤报复、发泄不满，这一点与侮辱其他人（男性）、其他侮辱行为（如以大字报进行侮辱）没有区别；而猥亵、侮辱妇女行为，行为人目的在于寻求畸形精神刺激，满足畸形性欲。另外，侮辱妇女罪在有些场合，行为人侮辱的对象即妇女具有不特定性，而侮辱罪的对象只能是特定的。

（2）侮辱罪中一罪与数罪的界限。侮辱罪可以以暴力方法实施。此处的暴力仅仅是指行为人为使他人人格尊严及名誉受到损害而采取的强制手段，不包括对被害人的故意杀害行为。如果行为人在侮辱他人过程中故意伤害被害人甚至杀害被害人的，应以故意伤害罪或故意杀人罪对行为人定罪处罚，不应对行为人以侮辱罪和故意伤害罪、故意杀人罪实行数罪并罚。但如果是行为人在侮辱他人过程中，第三人予以阻止，行为人为排除阻碍而将第三人伤害或杀害的，则应对行为人实行数罪并罚。

（3）侮辱罪与一般的侵权行为的界限。二者的区别是：

①行为的严重程度不同。构成侮辱罪的必须是“情节严重”的行为；民

---

① 参见最高人民法院中国应用法学研究所编：《人民法院案例选》（2005年第4辑），人民法院出版社2006年版，第27页。

事侵权的侮辱行为，仅限于“造成一定影响”的侮辱行为。

②行为的对象不同。侮辱罪的对象只能是自然人；而民事侵权侮辱行为的对象可能为法人。侮辱法人的名誉可以构成民事侵权行为，而不构成侮辱罪。

③对行为人主观过错的要求不同。侮辱罪的行为人主观上必须是直接故意；而民事侮辱侵权的行为人主观上有故意，也有过失，即民事侵权行为人只要有过错，并在客观上造成了对他人人格、名誉的损害，就应承担名誉侵权的法律责任。

2. 诽谤罪的认定。

（1）本罪与侮辱罪的界限。这两种犯罪所侵犯的客体，都是他人的人格和名誉。不同之处主要在于：①侮辱不是用捏造的方式进行，而诽谤则必须是捏造事实。②侮辱含暴力侮辱行为，而诽谤则不使用暴力手段；③侮辱往往是当着被害人的面进行的，诽谤则是当众或者向第三者散布的。

（2）本罪与诬告陷害罪的界限。二者都是针对特定对象，采用捏造事实的手段实施的。不同之处在于：①所捏造的事实内容不同。诬告陷害捏造的是犯罪的事实，诽谤罪捏造的是足以损害他人人格、名誉的事实。②行为方式不同。诬告陷害是向政府机关和有关部门告发，诽谤则是当众或者向第三者散布。③主观方面不同。诬告陷害的意图是使他人受刑事处分，诽谤则是意图损害他人的人格、名誉。

第二百四十七条　刑讯逼供罪、暴力取证罪

【法律规定】

• 法律条文 •

《中华人民共和国刑法》

第二百四十七条　司法工作人员对犯罪嫌疑人、被告人实行刑讯逼供或者使用暴力逼取证人证言的，处三年以下有期徒刑或者拘役。致人伤残、死亡的，依照本法第二百三十四条、第二百三十二条的规定定罪从重处罚。

• 相关规定 •

《最高人民检察院关于渎职侵权犯罪案件立案标准的规定》（高检发释字〔2006〕2号）

二、国家机关工作人员利用职权实施的侵犯公民人身权利、民主权利犯罪案件

（三）刑讯逼供案（第二百四十七条）

……

刑讯逼供罪是指司法工作人员对犯罪嫌疑人、被告人使用肉刑或者变相肉刑逼取口供的行为。

涉嫌下列情形之一的，应予立案：

1. 以殴打、捆绑、违法使用械具等恶劣手段逼取口供的；

2. 以较长时间冻、饿、晒、烤等手段逼取口供，严重损害犯罪嫌疑人、被告人身体健康的；

3. 刑讯逼供造成犯罪嫌疑人、被告人轻伤、重伤、死亡的；

4. 刑讯逼供，情节严重，导致犯罪嫌疑人、被告人自杀、自残造成重伤、死亡，或者精神失常的；

5. 刑讯逼供，造成错案的；

6. 刑讯逼供 3 人次以上的；

7. 纵容、授意、指使、强迫他人刑讯逼供，具有上述情形之一的；

8. 其他刑讯逼供应予追究刑事责任的情形。

（四）暴力取证案（第二百四十七条）

暴力取证罪是指司法工作人员以暴力逼取证人证言的行为。

涉嫌下列情形之一的，应予立案：

1. 以殴打、捆绑、违法使用械具等恶劣手段逼取证人证言的；

2. 暴力取证造成证人轻伤、重伤、死亡的；

3. 暴力取证，情节严重，导致证人自杀、自残造成重伤、死亡，或者精神失常的；

4. 暴力取证，造成错案的；

5. 暴力取证 3 人次以上的；

6. 纵容、授意、指使、强迫他人暴力取证，具有上述情形之一的；

7. 其他暴力取证应予追究刑事责任的情形。

《人民检察院直接受理立案侦查的渎职侵权重特大案件标准（试行）》（高检发〔2001〕13 号）

三十六、刑讯逼供案

（一）重大案件

1. 致人重伤或者精神失常的；

2. 五次以上或者对五人以上刑讯逼供的；

3. 造成冤、假、错案的。

（二）特大案件

1. 致人死亡的；

2. 七次以上或者对七人以上刑讯逼供的；

3. 致使无辜的人被判处十年以上有期徒刑、无期徒刑、死刑的。

三十七、暴力取证案

（一）重大案件

1. 致人重伤或者精神失常的；

2. 五次以上或者对五人以上暴力取证的。

（二）特大案件

1. 致人死亡的；

2. 七次以上或者对七人以上暴力取证的。

【案例一】

赵某生刑讯逼供案①

• 案件事实 •

1997年12月9日，山西省临汾铁路公安处翼城站派出所接到女青年赵某控告某建筑工程队队长许某某对其“耍流氓”的报案，时任该派出所副所长的赵某生即安排该所民警持“治安传唤证”将许某某传唤至派出所。当日22时许，赵某生对许某某拳打脚踢，并威胁说：“如不好好交代，我让你把牢底坐穿。”此后，赵某生经与临汾铁路公安处刑侦大队探长娄某某商量，安排刑侦大队侦察员李某某、尉某某与翼城站派出所民警翟某某（另案处理）、贾某某（另案处理）将许某某带到翼城站值班室进行讯问，赵某生借故离开。翟某某、贾某某采用警棍、木棍殴打等方法对许某某进行讯问。次日1时许，赵某生在听取翟某某、贾某某的讯问汇报后，指示翟某某、贾某某继续讯问，并表示：“如果许某某不好好交代，就楔他（意思是打他）。”在此后的讯问中，翟、贾采取压杠子的手段逼取口供。当日16时左右，临汾铁路公安处刑侦大队探长娄某某向赵某转达了临汾铁路公安处法制科关于许某某的行为属于流氓行为的意见，赵某生即让贾某某整理该案材料，并填写了《治安案件受理、立案表》《治安案件破案表》《治安管理处罚审批表》。17时许，赵某生让人将许某某铐在派出所的一棵梧桐树上，并对许某某拳打脚踢。20时许，赵某生让许某某的妻子交保释金7000元，责令许某某按讯问笔录内容写了书面检查后，才让许某某离开派出所。许某某随即被其亲属送往医院治疗。后经鉴定，许某某构成轻伤。

• 裁判要旨 •

治安民警超越治安管理工作的范围，将治安案件中违法行为人等同于刑事

---

① 参见最高人民法院中国应用法学研究所编：《人民法院案例选》（2007年第2辑），人民法院出版社2007年版。

诉讼中的犯罪嫌疑人，通过实际行使刑事侦查职能来达到治安管理的目的时，则成为刑讯逼供罪的主体。

• 裁判理由 •

一审法院经审理认定被告人赵某生犯刑讯逼供罪，判处免予刑事处罚。宣判后，被告人赵某生未提出上诉，检察机关也未提出抗诉。该判决遂发生法律效力。

此后，原审被告人赵某生就此案向临汾铁路运输法院提出申诉，其申诉理由主要是：其作为派出所的负责人，在处理“许某某案”中自始至终行使的是治安管理权而非侦查权，故其并非《刑法》规定的司法工作人员。因此，其不符合刑讯逼供罪的主体资格；且许某某是违反行政管理秩序的违法行为人而非刑事诉讼中的犯罪嫌疑人。所以，原审判决“定性不准，适用法律错误”。一审法院经再审于2004年6月21日作出刑事裁定，维持了原审判决。

原审被告人赵某生以上述裁定“再度认定事实不清，定性不准，适用法律有误”为由，向二审法院提出上诉。法院经审理后认为原审被告人赵某生的上诉理由缺乏事实和法律依据，依法驳回了赵某生的上诉，维持了原审判决和再审裁定。

【案例二】

周某暴力取证案①

• 案件事实 •

2004年12月11日夜，周某在对一起强奸案件中的鲁某进行询问时，因鲁称制作的陈述笔录中某些记载与其叙述不一致而拒绝捺指印，周某即辱骂鲁某，并踢鲁某一脚（当时鲁某已怀孕近两个月）。随后，鲁某称下腹疼痛，周某即喊在床上休息的赵峰把鲁某带到协理员住室。次日上午8时许，鲁某被允许回家。在派出所大门口，遇到其婆母范某，即向范某诉说了腹部被踢后引起腹疼情况。当日下午，鲁某因腹部疼痛不止，在邻居毕某帮助下，被拉到派出所，随后又被送到乡卫生院治疗。后鲁某经保胎治疗无效流产，于2004年12月23日做了清宫手术。经法医鉴定，鲁某的损伤构成轻伤。

• 裁判要旨 •

被害人可以成为暴力取证罪的犯罪对象。

---

① 参见中华人民共和国最高人民法院刑事审判第一庭、第二庭编：《刑事审判参考》（第4卷·上），法律出版社2004年版。

• 裁判理由 •

法院经审理认为：被告人周某身为司法工作人员，在询问被害人的过程中，当场使用暴力逼取被害人鲁某的陈述，且造成被害人鲁某流产，构成轻伤，其行为符合暴力取证罪的构成要件。根据《刑法》第247条和《最高人民检察院关于人民检察院直接受理立案侦查案件立案标准的规定（试行）》第3条的规定，以暴力取证罪对周某判处有期徒刑二年，缓刑二年。

【学理分析及适用指引】

• 学理分析 •

1. 刑讯逼供罪的构成。刑讯逼供罪，是指司法工作人员对犯罪嫌疑人、被告人使用肉刑或者变相肉刑，逼取供述的行为。本罪的构成要件如下：

（1）本罪的客体。本罪侵犯的是复杂客体，即公民的人身权利和国家司法机关的正常活动。我国法律严格保护公民的人身权利，即使是被怀疑或者被指控犯有罪行而受审的人，也不允许非法侵犯其人身权利。刑讯逼供会造成受审人的肉体伤害和精神损害，因此，直接侵犯了公民的人身权利。而按照刑讯逼供所得的口供定案，又往往是造成冤假错案的原因，因此，又妨害了司法机关的正常活动，破坏了社会主义法治，损害了司法机关的威信。

（2）本罪的客观方面。本罪在客观上表现为对犯罪嫌疑人、被告人使用肉刑或者变相肉刑，逼取口供的行为。首先，刑讯的对象是侦查过程中的犯罪嫌疑人和起诉、审判过程中的刑事被告人。犯罪嫌疑人、被告人的行为实际上是否构成犯罪，对本罪的成立没有影响。其次，刑讯方法必须是使用肉刑或者变相肉刑。所谓肉刑，是指对被害人的肉体施行暴力，如吊打、捆绑、殴打以及其他折磨人肉体的方法。所谓变相肉刑，是指对被害人使用非暴力的摧残和折磨，如冻、饿、烤、晒等。无论是使用肉刑还是变相肉刑，均可成立本罪。再次，必须有逼供行为，即逼迫犯罪嫌疑人、被告人作出口供，是否逼出口供并不影响本罪的成立。诱供、指供是错误的审讯方法，但不是刑讯逼供。

（3）本罪的主体。本罪主体是特殊主体，即司法工作人员。刑讯逼供是行为人在行使刑事司法职能过程中利用职权进行的一种犯罪活动。

（4）本罪的主观方面。本罪在主观上只能是故意，并且具有逼取口供的目的。至于行为人是否得到供述，犯罪嫌疑人、被告人的供述是否符合事实，均不影响本罪成立。

2. 暴力取证罪的构成。暴力取证罪是侵犯公民人身权利、民主权利罪的一种，指司法工作人员使用暴力逼取证人证言的行为。本罪的构成要件如下：

（1）本罪的客体。本罪侵犯的客体是公民的人身权利和国家司法机关的正常活动。

（2）本罪的客观方面。本罪在客观方面表现为司法工作人员使用暴力逼取证人证言的行为。所谓暴力，既包括捆绑悬吊、鞭抽棒打、电击水灌、火烧水烫等直接伤害证人人身使其遭受痛苦而被迫作证的肉刑，亦包括采取长时间罚站、不准睡觉、冻饿、曝晒等折磨证人身体、限制证人人身自由而迫其作证的变相肉刑。证人是当事人以外的了解案件情况并向司法机关进行陈述的诉讼参与人。其知道案件情况，还未向司法机关陈述，有关人员使用暴力欲逼取其证言，亦应视为本罪的证人。同时，不知道案情，但被司法机关误认为知道案情的人也应作为本罪的犯罪对象。

（3）本罪的主体。本罪的主体为特殊主体，即司法工作人员。

（4）本罪的主观方面。本罪在主观方面表现为直接故意，且具有明确的逼取证言的目的。

3. 派出所的民警能否成为刑讯逼供罪的主体。对实践中派出所民警能否构成刑讯逼供罪主体不能简单地一概而论：

（1）从立法目的上看，刑讯逼供罪的立法本意不是关注各类司法机关的工作职责，也不是关注公安机关的工作人员所办理的案件究竟是刑事案件还是治安案件，而主要是处罚司法工作人员利用职权对被讯问人使用肉刑或变相肉刑逼取口供，从而严重侵犯公民人身权利的行为。换言之，立法上设立刑讯逼供罪，这本身就表明了立法者对人的尊严的重视——即使是犯罪嫌疑人和被告人，也享有一般人应当享有的尊严。因此，在认定刑讯逼供罪主体问题上，在解读法律规范的同时，更应该关注立法的目的，并努力实现立法的目的。

（2）在我国现行的司法体制下，公安派出所民警虽不具有刑法意义上的侦查权，但实践中大量存在的现象是其在办理治安案件的过程中，事实上运用侦查的手段，实际上履行侦查的职责，即以刑侦的方式达到办理治安案件的目的，由此便可能导致实践中刑讯逼供现象的出现。从现实情况看，公安派出所民警在接触相关案件之初确实很难在短时间内确定是治安案件还是刑事案件。但在此后的进一步调查取证过程中，如果实际上是按犯罪嫌疑人的身份进行调查，已构成事实上对犯罪嫌疑人的讯问。所以，对以办理治安案件为名而行刑事案件之实的情况，其对社会造成的实际危害或潜在的危害已完全容纳在刑讯逼供罪的构成要件之中。

（3）我国法律没有明确赋予公安派出所侦查权，但实践中派出所民警在受委托的情况下进行审讯或协助侦察人员进行审讯的情况是允许的。相应地，实践中也必然会出现非刑法意义上的“司法工作人员”实际实施刑讯逼供的情况。对此，最高人民法院的有关司法解释已肯定了实践中的做法。如2000年10月9日在《最高人民法院关于合同制民警能否成为玩忽职守罪主体问题的批复》中规定：合同制民警应以国家机关工作人员论。可以看出，从一定意义上说，最高人民法院已认可了非司法工作人员受委托参与刑事司法活动行为的合法性。

（4）从法理上分析，对非严格意义上的司法工作人员视为司法工作人员的做法实际上是对《刑法》中“司法工作人员”所作一种扩大解释。我们认为：扩大解释不是类推解释，扩大解释与罪刑法定原则并非截然对立，罪刑法定原则应允许扩大解释的存在。非司法工作人员成为刑讯逼供罪的主体虽然会扩大《刑法》的处罚范围，不利于保障行为人的自由，“但是，刑法不只是为了保障行为人的自由，还要保护一般人的法益，二者之间必须均衡……当不进行扩大解释就不足以保护法益，而且扩大解释无损国民的预测可能性时，理所当然应当进行扩大解释。”考虑到实践中刑讯逼供行为屡禁不止的状况，这种扩大解释更有存在的必要。①

4. 关于暴力取证罪中“证人”的几种观点。

（1）一种观点认为，此处的“证人”应是单指刑事诉讼中的证人。理由在于：①我国《刑法》将刑讯逼供罪和暴力取证罪两罪设在同一条款中，刑讯逼供罪的犯罪对象是刑事诉讼中的犯罪嫌疑人和被告人，而暴力取证罪的犯罪对象是证人，其立法原意是加强对刑事诉讼中当事人和有关诉讼参与人的人身权利的保护。据此，暴力取证罪中的“证人”也应是刑事诉讼中的证人，暴力取证的行为只限于发生在刑事诉讼过程中。②在刑事诉讼中，证人和被害人是两个不同的概念，两者的诉讼地位不尽相同。司法实践中，对被害人使用暴力逼取被害人陈述的行为也时有发生，《刑法》第247条暴力取证罪的犯罪对象仅限于证人，对使用暴力逼取被害人陈述的行为是否构成犯罪，法律未作明确规定。被害人同证人的人身权利应当同样受到法律保护，但是根据罪刑法定原则，法无明文规定不为罪，法无明文规定不处罚。② 因此被害人不是暴力取证罪的犯罪对象。

（2）另一种观点认为，此处讲的“证人”，应当包括被害人在内。如有学者认为，暴力取证罪的对象应作广义上的理解，主要包括：①一切与案件有关或者了解案情，并向司法机关提供自己所知道的案件情况的人，这些人中，也包括犯罪嫌疑人、被告人，以及知道或者了解案件，但不愿作证或者拒绝作证的人；②刑事案件中的被害人；③与案件无关或者不了解案情，被误认为与案件有关或者了解案情，而让其作证的人。③ 还有学者认为，暴力取证罪的对象是证人，但对此处的“证人”宜作广义的理解：被害人、鉴定人属于本罪中的证人；

---

① 参见最高人民法院中国应用法学研究所编：《人民法院案例选》（2007年第2辑），人民法院出版社2007年版，第69~75页。

② 参见袁国明、张建兵：《暴力取证罪中“证人”应为狭义理解》，载《检察日报》2006年7月25日。

③ 参见江礼华：《暴力取证罪认定中的疑难问题》，载《中国刑事法杂志》2001年第3期。

不具有作证资格的人，不知道案件真相的人，也可以成为本罪中的证人。①

虽然我国《刑事诉讼法》将证人证言和被害人陈述作为并列的两类证据种类，证人和被害人在刑事诉讼过程中的权利义务也不尽一致，但考虑到保护刑事诉讼中被害人权利的必要性，还是应当将此处的“证人”作扩大解释，把被害人包括在其中。实际上，1999 年最高人民检察院公布的《关于人民检察院直接受理立案侦查案件立案标准的规定（试行）》也确认了这一观点，将本罪的犯罪对象扩张解释为包括证人和被害人。因此，上述第二种观点是可取的。

• 适用指引 •

1. 刑讯逼供罪的认定。

（1）本罪与故意伤害罪的界限。刑讯逼供行为往往给被害人的身体造成某种损害，严重的还可能致人伤残甚至死亡，这与故意伤害的危害后果有相似之处。依《刑法》第 247 条规定，刑讯逼供，致人伤残、死亡的，依本法第 234 条关于故意伤害罪、第 232 条关于故意杀人罪的规定，从重处罚。

这里需要注意的问题是，刑讯逼供、暴力取证、致人伤残、死亡的，依法转化为故意伤害罪、故意杀人罪，要求行为人对被害人的伤亡后果持故意（常为放任心态），当然，该故意心态一般采取刑事推定的规则予以认定，也就是说，若确有证据证明行为人对该伤亡后果是过失心态的，则应以过失致人重伤罪、过失致人死亡罪与本罪择一重罪处罚。

（2）本罪与他罪的界限。

①本罪与虐待被监管人罪的界限。两者在主体、主观方面、客观方面以及侵害的对象上都相近或相同，因此极易混淆，实践中必须严加区别。两者本质区别在于行为人的犯罪目的不同。本罪是以逼取口供为目的，体罚虐待被监管人罪是以压服被监管人或泄愤报复等为目的。两者的主体虽然是司法工作人员，但又有所不同。本罪的主体主要是有审讯犯罪嫌疑人、被告人职权的司法工作人员，即侦查、检察、审判、监管人员；而虐待被监管人罪的主体主要是有监管职权的监狱、拘留所、看守所等监管机构的工作人员。构成虐待被监管人罪的必须具备“情节严重”，本罪则无此要求。

②刑讯逼供罪与非法拘禁罪的界限。刑讯逼供罪与非法拘禁罪的区别有：第一，犯罪的对象不同。前者的对象为犯罪嫌疑人、被告人，后者的对象不受特别限制。第二，客观行为表现不同。前者表现为使用肉刑或者变相肉刑逼取他人口供的行为，后者则表现为非法剥夺他人人身自由的行为。第三，犯罪目的不同。前者以逼取口供为目的，后者则不要求以逼取口供为目的。第四，犯罪主体不同。前者的主体为司法工作人员，后者主体则为一般主体。司法实践

---

① 参见张明楷：《刑法学》，法律出版社 2007 年版，第 682 页。

中应当注意，司法工作人员为刑讯逼供而非法剥夺犯罪嫌疑人、被告人人身自由的，应以刑讯逼供罪一罪对行为人定罪从重处罚，而不能对之实行数罪并罚。对于非司法工作人员将他人人身自由剥夺并采用肉刑或者变相肉刑逼取口供的，应视具体情况而认定行为人的犯罪性质。如果行为人在非法拘禁中未使用暴力致人伤残、死亡，以非法拘禁罪对其定罪处罚；如果使用暴力致人伤残、死亡的，应以故意伤害罪、故意杀人罪对行为人定罪处罚。

2. 暴力取证罪的认定。

（1）本罪与刑讯逼供罪的界限。这两种犯罪的主体都是司法工作人员，主观方面都属于故意犯罪，犯罪手段也相似。两者的区别在于：①犯罪对象不同。前者的犯罪对象是刑事诉讼、民事诉讼和行政诉讼中的证人，后者则是犯罪嫌疑人和被告人。②犯罪手段不完全相同。前者表现为使用暴力的方法逼取证言，后者既可以采用暴力的方法，也可以采用暴力以外的方法逼取口供。③故意的内容不同。前者具有逼取证人证言的目的，后者则具有逼取犯罪嫌疑人、被告人口供的目的。

（2）关于本罪的犯罪对象。司法实践中，要注意证人与被害人都可以成为本罪的犯罪对象。

第二百四十八条　虐待被监管人罪

【法律规定】

• 法律条文 •

《中华人民共和国刑法》

第二百四十八条　监狱、拘留所、看守所等监管机构的监管人员对被监管人进行殴打或者体罚虐待，情节严重的，处三年以下有期徒刑或者拘役；情节特别严重的，处三年以上十年以下有期徒刑。致人伤残、死亡的，依照本法第二百三十四条、第二百三十二条的规定定罪从重处罚。

监管人员指使被监管人殴打或者体罚虐待其他被监管人的，依照前款的规定处罚。

• 相关规定 •

《最高人民检察院关于渎职侵权犯罪案件立案标准的规定》（高检发释字〔2006〕2号）

二、国家机关工作人员利用职权实施的侵犯公民人身权利、民主权利犯罪案件

……

（五）虐待被监管人案（第二百四十八条）

虐待被监管人罪是指监狱、拘留所、看守所、拘役所、劳教所等监管机构的监管人员对被监管人进行殴打或者体罚虐待，情节严重的行为。

涉嫌下列情形之一的，应予立案：

1. 以殴打、捆绑、违法使用械具等恶劣手段虐待被监管人的；

2. 以较长时间冻、饿、晒、烤等手段虐待被监管人，严重损害其身体健康的；

3. 虐待造成被监管人轻伤、重伤、死亡的；

4. 虐待被监管人，情节严重，导致被监管人自杀、自残造成重伤、死亡，或者精神失常的；

5. 殴打或者体罚虐待 3 人次以上的；

6. 指使被监管人殴打、体罚虐待其他被监管人，具有上述情形之一的；

7. 其他情节严重的情形。

《人民检察院直接受理立案侦查的渎职侵权重特大案件标准（试行）》（高检发〔2001〕13 号）

三十八、虐待被监管人案

（一）重大案件

1. 致使被监管人重伤或者精神失常的；

2. 对被监管人五人以上或五次以上实施虐待的。

（二）特大案件

1. 致使被监管人死亡的；

2. 对被监管人七人以上或七次以上实施虐待的。

【案例】

黄某虐待被监管人案①

• 案件事实 •

黄某原系莆田监狱四大队十六中队副队长。1999 年 12 月 1 日晚上 7 时许，莆田监狱四大队十六中队犯人李某某、王某某在三楼宿舍×××房内因小事打架，时任该中队副队长的黄某及同案人林某某（该中队中队长，作不起诉处理）及时赶到制止事态。随后，黄某持木棍殴打了犯人李某某，致李某某身体受伤。1999 年 12 月下旬的一天下午，十六中队犯人杨某某、吴某某、傅某某

① 参见福建省莆田市涵江区人民法院（2001）刑字第 063 号。

刚入监不久，因未能按时完成生产任务，被黄某、林某某叫到车间办公室罚跪。之后林某某持防暴棍分别抽打犯人杨某某等三人各20多下；黄某持电警棍对犯人杨某某等三人各电击数下后，又用脚朝犯人杨某某胸部、背部猛踢数下。次日，犯人杨某某因被打伤不能出勤，黄某又用手铐把其铐在三楼通道处长达十多小时。2000年4月25日下午，十六中队犯人彭某持剪刀与犯人胡某某打架。这时黄某及林某某予以制止并把犯人彭某带到车间办公室内。黄某及林某某分别用拳头及防暴棍朝犯人彭某头部、身体等处猛打，致彭某轻微脑震荡，全身多处软组织挫伤。

• 裁判要旨 •

被监管人存在违反监规的表现不能成为管教干警体罚虐待被监管人免责的依据，但在量刑时可基于犯罪动机等因素予以酌情从轻处罚。

• 裁判理由 •

福建省莆田市涵江区人民法院认为：被告人黄某身为监管人员伙同同案人林某某，违反监管法规，发现被监管人李某某、杨某某、吴某某、傅某某、彭某违反监规，采用殴打、体罚的非法手段进行管理，体罚虐待多人多起，情节严重，其行为已构成虐待被监管人罪。鉴于本案被体罚虐待的被监管人存在违反监规行为，其本身有过错，故对被告人黄某在量刑时可酌情从轻处罚。福建省莆田市涵江区人民法院根据《刑法》第248条、第72条的规定，作出如下判决：被告人黄某犯虐待被监管人罪，判处有期徒刑一年，缓刑一年。

【学理分析及适用指引】

• 学理分析 •

1. 虐待被监管人罪的构成。虐待被监管人罪，是指监狱、拘留所、看守所等监管机构的监管人员，对被监管人进行殴打或者体罚虐待，情节严重的行为。本罪的构成要件如下：

（1）本罪的客体。本罪侵犯的客体是复杂客体，即被监管人的人身权利和监管机关的正常活动。对被监管的人进行体罚虐待，往往施用肉刑、捆绑打骂、侮辱人格，进行精神折磨，侵犯公民的人身权利。

（2）本罪的客观方面。本罪在客观方面表现为违反监管法规，对被监管人进行殴打或者体罚虐待，情节严重的行为。所谓被监管人，是指依法被限制人身自由的人，包括一切已决或未决的在押犯罪嫌疑人和被告人，以及其他依法拘留、监管的人。这些人包括在监狱、劳动改造管教队、少年犯管教所中服刑的已决犯，在看守所、拘留所关押的犯罪嫌疑人和被告人，以及因违反《治安管理处罚法》等被拘留或者其他依法被监管的人。殴打，是指造成被监管人肉体上的暂时痛苦的行为。体罚虐待，是指殴打以外的，能够对被监管人肉体或精神进行摧残或折磨的一切方法，如罚趴、罚跑、罚晒、罚冻、罚饿、辱骂，强迫超体力劳动，不让睡觉，不给水喝等手段。需要指出的是，虐待被监管人罪中的殴打、体罚虐待，不要求具有一贯性，一次性殴打、体罚虐待情节严重的，就足以构成犯罪。至于行为人是直接实施殴打、体罚虐待行为，还是借被监管人之手实施殴打、体罚虐待其他被监管人的行为，只是方式上的差异，不影响虐待被监管人罪的成立。行为人默许被监管人殴打、体罚虐待其他被监管人的，亦应视为“指使被监管人殴打或体罚虐待其他被监管人”的行为。殴打、体罚虐待被监管人的行为只有在情节严重时才构成犯罪。所谓情节严重，一般是指使用酷刑摧残，手段恶劣；一贯殴打、体罚虐待被监管人，屡教不改的；殴打、体罚虐待多人多次，影响恶劣等。确定情节是否严重，一般应从行为人实施体罚虐待行为的主观意图、手段、对象及其造成的后果来认定。

（3）本罪的主体。本罪的主体是特殊主体，即监狱、拘留所、看守所等监管机构的监管人员。

（4）本罪的主观方面。虐待被监管人罪在主观方面表现为故意，过失不能构成虐待被监管人罪，即监管人员对其实施的殴打体罚虐待及违反监管法规的行为只能是故意。犯罪目的一般是压服被监管人。犯罪动机各种各样，有的是为泄愤报复，有的是逞威逞能等。不管出于何种动机，都不影响犯罪成立。但是，犯罪动机是否恶劣，可作为量刑轻重的情节考虑。

2. 关于本罪客观方面的争议。虐待被监管人罪的实行行为包括殴打和体罚虐待两种。所谓殴打，有学者认为，它是指以暴力打击被监管人的行为；也有学者认为，它是指用暴力手段打击被监管人的身体，使其受皮肉之苦；① 还有学者认为，它是指造成被监管人肉体上暂时痛苦的行为；② 更有学者认为，它是指用拳打脚踢或用器具打击被监管人。③ 从上述表述来看，学者们一般将本罪中的殴打理解为用身体的某一部分（如手、脚等）或采用一定的工具打击他人身体，使之肉体疼痛的行为。但从完整、准确揭示其内涵与外延的角度讲，这种理解恐怕并不恰当。就用身体的某一部分打击他人身体这种形式讲，就存在一些问题，如用手掐、拧、抓、挠，用嘴咬这种伤害他人身体的方式，恐怕难以被认定为殴打；就采用一定的工具打击他人身体形式而言，也有不好被理解成殴打的形式，如指使动物撕、咬或用身体撞击他人身体，用电警棍接

---

① 参见高铭暄主编：《新编中国刑法学》（下册），中国人民大学出版社 1998 年版，第 734 页。

② 参见张明楷：《刑法学》（下），法律出版社 1997 年版，第 754 页；王作富主编：《刑法分则实务研究》（上），中国方正出版社 2001 年版，第 1001 页。

③ 参见何秉松主编：《职务犯罪的预防与惩治》，中国方正出版社 1999 年版，第 354 页。

触他人的身体，用夹板夹住他人的身体的某一部分，用火烧、烫他人的身体，用刀等某种尖利或锋利的器具刺、扎、捅、割他人的身体等。因此，对于那些同时具有力度较强、时间较快（一次动作）、工具为钝器（也包括手掌、拳头、脚、头、肩等身体的能够用来击打的较大部位）、击打部位较大等特点的打击，应当理解为本罪中的殴打。对于像上述列举的伤害他人身体的那些方法，不宜理解为本罪中的殴打，但应当理解为本罪中的虐待行为。①

在理解体罚虐待这种行为方式时，应当注意体罚和虐待均为动词，在体罚虐待一词中，不存在以体罚修饰虐待的问题，因此，体罚和虐待之间是并列的关系。具体来说，体罚是指依靠一定的强制力量，使被监管人的身体或身体的某一部分在一个较长的时间内处于特定的运动或静止的状态，并因此造成被监管人心理痛苦或身体极度疲劳或疼痛的行为。虐待是指针对被监管人采用殴打、体罚之外的非人道手段侵害其人身权益，使其遭受身体或心理痛苦的作为或不作为。例如，体罚可以表现为让被监管人长时间站立、跪地、奔跑、受烈日暴晒、挨雨淋或风吹、受冻，强迫被监管人长时间不睡觉或从事超强度劳动，强迫被监管人自己打自己，长时间关押被监管人或捆绑被监管人等。虐待则一般表现为滥用械具、侮辱人格、有病不给治疗、克扣囚衣囚粮等生活用品或使被监管人挨饿、挨渴、受冻、受热，居住在卫生、采光、通风等环境条件恶劣的房舍或其他建筑物等。

• 适用指引 •

司法实践中，认定本罪应注意：

1. 虐待被监管人罪与非罪的界限。首先，对于情节一般的殴打、体罚被监管人的行为，不应以犯罪论处，比如，对于监管人员凭一时感情用事，对被监管人扇几个耳光、打两拳，并未造成什么严重后果的，可以给予批评教育或者由其主管部门予以行政处分，而不应以犯罪论处。其次，要将正当的管教措施与虐待被监管人的行为区分开来。根据《监狱法》等监管法规，为保证监管活动的正常开展和维护良好的监管秩序，监管人员在紧急情况或必要时，有权对被监管人采取使用械具、予以禁闭、使用警棍乃至武器等强制措施。这些措施在客观上与体罚、虐待行为相似，实则有本质区别。

2. 虐待被监管人罪与刑讯逼供罪的界限。虐待被监管人罪与刑讯逼供罪都侵犯了公民的人身权利和司法机关的正常活动，在客观方面都实施了殴打或其他肉体折磨等侵犯他人健康的行为，主观方面均是出于直接故意。两罪的区别在于：

---

① 参见左坚卫、刘志伟：《虐待被监管人罪构成要件中疑难问题研讨》，载《法商研究》2003 年第 6 期。

（1）客体不完全相同。虐待被监管人罪侵犯的是司法机关的活动具体为监管活动，对象可以是一切被监管机关监管的人，包括已被判刑而正在服刑的已决犯、被司法机关怀疑但未判决有罪而在看守所羁押的犯罪嫌疑人与被告人以及被行政拘留、刑事拘留、司法拘留或劳动教养的人员；而刑讯逼供罪侵犯的是司法机关的正常活动具体为审讯活动及证据收集制度，犯罪对象限于犯罪嫌疑人与被告人（包括被监管的犯罪嫌疑人与被告人）。

（2）犯罪主体范围不同。虐待被监管人罪的主体为监狱、拘留所、看守所、法院临时羁押室等监管机构的监管人员，而刑讯逼供罪的主体可以是各种司法工作人员。

（3）犯罪目的不同。刑讯逼供罪行为人的目的在于逼取口供，虐待被监管人罪行为人则无此目的。实践中，司法工作人员（包括监管人员）为了逼取口供而对被监管的犯罪嫌疑人、被告人实行殴打、体罚虐待的，应以刑讯逼供罪定罪处罚。

3. 根据《刑法》第 248 条第 2 款的规定，监管人员指使被监管人殴打或者体罚虐待其他被监管人的，依照第 1 款的虐待被监管人罪论处。那么，被其指使的“被监管人”（一般多为“牢头狱霸”）殴打、体罚、虐待其他被监管人如何处理？是以《刑法》第 315 条的破坏监管秩序罪论处还是以虐待被监管人罪共犯论处？我们认为，具体实施殴打、虐待、体罚行为的被监管人既属于破坏监管秩序罪也构成虐待被监管人罪的共犯，依照想象竞合理论，应择一重罪即以虐待被监管人罪共犯论处。

第二百四十九条　煽动民族仇恨、民族歧视罪

【法律规定】

• 法律条文 •

《中华人民共和国刑法》

第二百四十九条　煽动民族仇恨、民族歧视，情节严重的，处三年以下有期徒刑、拘役、管制或者剥夺政治权利；情节特别严重的，处三年以上十年以下有期徒刑。

• 相关规定 •

《中华人民共和国宪法》

第四条第一款　中华人民共和国各民族一律平等。国家保障各少数民族的合法的权利和利益，维护和发展各民族的平等团结互助和谐关系。禁止对任何

民族的歧视和压迫，禁止破坏民族团结和制造民族分裂的行为。

【案例】

孙某煽动民族仇恨、民族歧视案①

• 案件事实 •

2003 年 2 月至 2003 年 5 月，孙某因仇视信奉伊斯兰教的民族，先后向北京市宣武区牛街清真寺阿訇、北京市回民中学、中央电视台某主持人、回民同事等单位及个人，匿名撰写并邮寄 8 封含有歧视、侮辱、诋毁伊斯兰教和回族内容的信件。2003 年 8 月 29 日，孙某在其居住地石景山区被抓获归案。经对孙某进行司法精神医学鉴定，孙某具有完全责任能力。

• 裁判要旨 •

行为人向清真寺、回民学校等邮寄有歧视、侮辱、诋毁伊斯兰教和回族内容的信件，属于公然煽动民族仇恨、民族歧视的行为，情节严重的，应当以煽动民族仇恨、民族歧视罪追究刑事责任。

• 裁判理由 •

北京市石景山区人民法院经审理认为：被告人孙某无视国法，为泄私愤，对信奉伊斯兰教的民族产生仇视和歧视，采取匿名撰写、邮寄的手段，向清真寺的阿訇、回民子弟中学、中央电视台主持人等邮寄有歧视、侮辱、诋毁伊斯兰教和回族内容的信件，公然煽动民族仇恨、民族歧视，情节严重，其行为已构成煽动民族仇恨、民族歧视罪，应予惩处。北京市石景山区人民检察院指控被告人孙某犯煽动民族仇恨、民族歧视罪的证据充分、指控罪名成立，但指控的犯罪时间有误，应予以更正。孙某的辩护人关于孙某作案时精神偏执的辩护意见无证据证实，不予采纳；对孙某犯罪不属情节特别严重，能认罪悔罪，系初犯的辩护意见予以采纳。北京市石景山区人民法院依照《刑法》第 249 条的规定，判决如下：被告人孙某犯煽动民族仇恨、民族歧视罪，判处有期徒刑二年。

---

① 参见国家法官学院、中国人民大学法学院编：《中国审判案例要览（2005 年刑事审判案例卷）》，人民法院出版社 2006 年版。

【学理分析及适用指引】

• 学理分析 •

煽动民族仇恨、民族歧视罪，是指以各种蛊惑人心的方法，公开煽动民族仇恨、民族歧视，情节严重的行为。本罪的构成要件如下：

1. 本罪的客体。本罪侵犯的客体是中华民族的团结与平等。我国《宪法》第4条规定，中华人民共和国各民族一律平等。国家保障各少数民族的合法的权利和利益，维护和发展各民族的平等团结互助和谐关系。禁止对任何民族歧视和压迫，禁止破坏民族团结和制造民族分裂的行为。民族平等是民族团结的基础，而民族团结是实现民族平等的保证。煽动民族仇恨、民族分裂，正是对民族平等和民族团结关系的破坏。

2. 客观方面表现为以各种蛊惑人心的方法，公开煽动民族仇恨、民族歧视的行为。煽动民族仇恨，是指以激起民族之间的仇恨为目的，利用各民族的来源、历史和风俗习惯的不同，煽起民族之间的相互敌对、仇恨，损害民族平等地位的行为。煽动民族歧视，是指以激起民族之间的歧视为目的，利用各民族的来源、历史和风俗习惯的不同，煽起民族之间的相互排斥、限制，损害民族平等地位的行为。公开煽动的方法可以是各种各样的，如书写、张贴、散发标语、传单，印刷、出版、散发非法刊物，录制、播放录音、录像，发表演讲、呼喊口号等。本罪属于行为犯。行为人只要实施了煽动民族仇恨、民族歧视的行为，情节严重的，就构成本罪，至于被煽动者是否进行了破坏民族团结的行为，不影响本罪的成立。

3. 犯罪主体为一般主体。任何有刑事责任能力的人，均可构成本罪的主体。

4. 主观方面由直接故意构成，并具有破坏民族团结的目的。间接故意和过失不构成本罪。

• 适用指引 •

司法实践中，认定本罪应注意：

1. 本罪与非罪的界限。煽动民族仇恨、民族歧视的行为，如果情节较轻的，属于违法行为，不构成犯罪，不应追究行为人的刑事责任。对于不明真相的其他参与者，一般也不应当以犯罪论处，必要时可由公安机关给予治安处罚。

2. 本罪与煽动分裂国家罪、煽动颠覆国家政权罪的界限。根据《刑法》第103条第2款的规定，煽动分裂国家罪，是指进行宣传煽动分裂国家、破坏国家统一的行为。根据《刑法》第105条第2款的规定，煽动颠覆国家政权罪，是指以造谣、诽谤或者其他方式煽动颠覆国家政权，推翻社会主义制度的行为。本罪与后两种犯罪在客观方面都采用了煽动的方法，但有重要区别：一是侵犯的客体不同。前者侵犯的是各民族的团结，后者侵犯的是国家的安全。二是主观方面的内容不同。前者具有破坏民族团结的目的，后者则具有分裂国家或者颠覆国家政权的目的。三是犯罪主体不完全相同。这三种犯罪都属于一般主体，但后两种犯罪的主体可以是反动的民族分裂主义者以及敌对政治势力的代表人物。

第二百五十条　出版歧视、侮辱少数民族作品罪

【法律规定】

• 法律条文 •

《中华人民共和国刑法》

第二百五十条　在出版物中刊载歧视、侮辱少数民族的内容，情节恶劣，造成严重后果的，对直接责任人员，处三年以下有期徒刑、拘役或者管制。

• 相关规定 •

《中华人民共和国宪法》

第四条第一款　中华人民共和国各民族一律平等。国家保障各少数民族的合法的权利和利益，维护和发展各民族的平等团结互助和谐关系。禁止对任何民族的歧视和压迫，禁止破坏民族团结和制造民族分裂的行为。

《最高人民法院关于审理非法出版物刑事案件具体应用法律若干问题的解释》（法释〔1998〕30号）

第七条　出版刊载歧视、侮辱少数民族内容的作品，情节恶劣，造成严重后果的，依照刑法第二百五十条的规定，以出版歧视、侮辱少数民族作品罪定罪处罚。

【学理分析及适用指引】

• 学理分析 •

出版歧视、侮辱少数民族作品罪，是指在出版物中刊载歧视、侮辱少数民族的内容，情节恶劣，造成严重后果的行为。本罪的构成要件如下：

1. 本罪的客体。本罪的客体为少数民族的尊严与民族和睦关系。

2. 本罪的客观方面。具体来说：

（1）在出版物中刊载了歧视、侮辱少数民族的内容。所谓出版物，是指报纸、期刊、图书、音像制品和电子出版物等，可包括公开与内部出版物，合法或非法的出版物。所谓刊载，是指在出版物中发表、制作、转载。至于刊载的表现形式，可以是文字、漫画，也可以是录像带、录音带、光盘中的画面等。当然，成立本罪不要求某一出版物完全是歧视、侮辱少数民族的内容，只要出版物中具有歧视、侮辱少数民族的部分内容，即可构成本罪。所谓歧视、侮辱少数民族的内容，是指针对少数民族的形成历史、风俗、习惯等，对少数民族进行贬低、污蔑、嘲讽、辱骂以及其他歧视、侮辱。

（2）必须情节恶劣，造成严重后果。所谓情节恶劣，一般指行为人动机卑鄙，刊载内容严重歪曲历史、事实，纯属编造谣言，刊载内容污秽、恶毒，严重伤害少数民族群众感情和自尊心的，出版发行数量大，影响范围广或多次刊载、屡教不改的等。

3. 本罪的主体。本罪的主体是在出版物中刊载歧视、侮辱少数民族内容的直接责任人员，包括作者、责任编辑以及其他对刊载上述内容有直接责任的人员。

4. 本罪的主观方面。本罪的主观方面是故意，动机有的是牟利，有的是追求轰动效应等，动机一般不影响本罪的成立。

• 适用指引 •

司法实践中，认定本罪应注意：

1. 本罪与非罪的界限。出版歧视、侮辱少数民族作品的行为，如果情节不恶劣，并且尚未造成严重后果的，则属于违法行为，不应追究行为人的刑事责任。

2. 本罪与侮辱罪的界限。这两种犯罪在犯罪手段上有许多相似之处，且都属于故意犯罪，但有重要区别：（1）犯罪对象不同。前者为不特定的少数民族，后者为特定的公民个人。（2）客观方面的要件不同。前者必须情节恶劣，并造成严重后果的才构成犯罪，后者则无此限制。（3）犯罪主体不同。前者为特殊主体，后者为一般主体。

3. 本罪与煽动民族仇恨、民族歧视罪的界限。关键在于犯罪的目的不同，前者是出于民族偏见、取笑或猎奇的目的，侵犯的是少数民族保持或改革本民族习惯或风俗的权利，后者则是出于激起民族之间仇恨、歧视的目的，侵犯民族平等、民族团结。此外，二者的行为方式也不同，前者仅限于在出版物中刊载，而后者则可利用各种方式。

第二百五十一条　非法剥夺公民宗教信仰自由罪、侵犯少数民族风俗习惯罪

【法律规定】

• 法律条文 •

《中华人民共和国刑法》

第二百五十一条　国家机关工作人员非法剥夺公民的宗教信仰自由和侵犯少数民族风俗习惯，情节严重的，处二年以下有期徒刑或者拘役。

• 相关规定 •

《中华人民共和国宪法》

第四条　中华人民共和国各民族一律平等。国家保障各少数民族的合法的权利和利益，维护和发展各民族的平等团结互助和谐关系。禁止对任何民族的歧视和压迫，禁止破坏民族团结和制造民族分裂的行为。

国家根据各少数民族的特点和需要，帮助各少数民族地区加速经济和文化的发展。

各少数民族聚居的地方实行区域自治，设立自治机关，行使自治权。各民族自治地方都是中华人民共和国不可分离的部分。

各民族都有使用和发展自己的语言文字的自由，都有保持或者改革自己的风俗习惯的自由。

第三十六条　中华人民共和国公民有宗教信仰自由。

任何国家机关、社会团体和个人不得强制公民信仰宗教或者不信仰宗教，不得歧视信仰宗教的公民和不信仰宗教的公民。

国家保护正常的宗教活动。任何人不得利用宗教进行破坏社会秩序、损害公民身体健康、妨碍国家教育制度的活动。

《中华人民共和国民族区域自治法》

第十条　民族自治地方的自治机关保障本地方各民族都有使用和发展自己的语言文字的自由，都有保持或者改革自己的风俗习惯的自由。

第十一条　民族自治地方的自治机关保障各民族公民有宗教信仰自由。

任何国家机关、社会团体和个人不得强制公民信仰宗教或者不信仰宗教，不得歧视信仰宗教的公民和不信仰宗教的公民。

国家保护正常的宗教活动。

任何人不得利用宗教进行破坏社会秩序、损害公民身体健康、妨碍国家教

育制度的活动。

宗教团体和宗教事务不受外国势力的支配。

《全国人民代表大会常务委员会关于取缔邪教组织、防范和惩治邪教活动的决定》

三、在全体公民中深入持久地开展宪法和法律的宣传教育，普及科学文化知识。依法取缔邪教组织，惩治邪教活动，有利于保护正常的宗教活动和公民的宗教信仰自由。要使广大人民群众充分认识邪教组织严重危害人类、危害社会的实质，自觉反对和抵制邪教组织的影响，进一步增强法制观念，遵守国家法律。

《宗教事务条例》（国务院令第426号）

第二条 公民有宗教信仰自由。

任何组织或者个人不得强制公民信仰宗教或者不信仰宗教，不得歧视信仰宗教的公民（以下称信教公民）或者不信仰宗教的公民（以下称不信教公民）。

信教公民和不信教公民、信仰不同宗教的公民应当相互尊重、和睦相处。

【学理分析及适用指引】

• 学理分析 •

1. 非法剥夺公民宗教信仰自由罪的构成要件如下：

（1）本罪的客体。本罪的客体是公民的宗教信仰自由权利，包括信仰宗教和不信仰宗教的自由，信仰此种宗教和信仰彼种宗教的自由，在同一宗教里，信仰这个教派和信仰那个教派的自由，按宗教信仰参加宗教仪式和不参加宗教仪式的自由，信仰同一宗教或信仰不同宗教的自由，改变宗教信仰和恢复宗教信仰的自由。

（2）本罪的客观方面。本罪的客观方面表现为非法剥夺公民的宗教信仰自由，情节严重的行为。所谓非法剥夺公民宗教信仰自由，是指违反法律规定采用暴力、胁迫或其他强制方法，制止某人信仰宗教，加入宗教团体，或者强迫其放弃信仰，退出宗教团体；或者强制不信仰宗教的人信仰宗教；或者强制他人信仰这种宗教而不信仰那种宗教；或者对信仰宗教的人或不信仰宗教的人进行打击迫害；或者用上述方法破坏宗教活动等。具体可表现为阻挠参加宗教活动，捣毁或封闭宗教活动场所等。需要注意的是，剥夺公民宗教信仰自由的行为必须具有非法性，也就是说，公民信仰的必须是正常的宗教，进行的必须是合法的宗教活动。至于国家机关工作人员依法制止封建迷信活动，取缔反动会道门，打击邪教活动的，不成立犯罪。所谓情节严重，是指非法剥夺宗教信仰自由的手段恶劣，造成公民人身伤害的，但重伤及死亡的除外；给被害人的精神造成伤害，严重影响其正常宗教活动和日常生活的；造成有关宗教场所、设施等重大毁坏，财产损失严重的；引起教徒骚乱，民族纠纷等社会矛盾，社会影响恶劣的，引起被害人家庭解体、自杀或其他严重后果的等。

（3）本罪的主体。本罪的主体为特殊主体，即国家机关工作人员。因为国家机关工作人员是国家政策方针的执行者，他们滥用职权非法剥夺公民宗教信仰自由，就会直接妨害国家的宗教政策的落实，其法益侵害性才能达到犯罪程度。非国家机关工作人员也可能实施剥夺公民宗教信仰自由的行为，但法益侵害性没有达到犯罪程度，不能以本罪论处。但是，根据目前刑法学界通说，无国家机关工作人员身份的人可以成为本罪的共同实行犯。另外，根据2003年11月13日《全国法院审理经济犯罪案件工作座谈会纪要》，司法实践中，在乡镇以上中国共产党机关、人民政协机关中从事公务的人员，应当视为国家机关工作人员。

（4）本罪的主观方面。本罪主观上只能是直接故意，过失不构成本罪。

2. 侵犯少数民族风俗习惯罪的构成要件如下：

（1）本罪的客体。本罪的客体是少数民族保持和改革本民族风俗习惯的权利。

（2）本罪的客观方面。客观方面表现为非法侵犯少数民族风俗习惯，情节严重的行为。非法侵犯，主要是指以暴力、胁迫或其他方法破坏少数民族风俗习惯或者强迫其改变以及阻止其改革本民族风俗习惯。少数民族的风俗习惯，是指各少数民族在历史发展中形成的在婚姻、饮食、丧葬、礼仪等方面的习惯。实践中，经常表现为干涉或破坏少数民族根据自己的风俗习惯所进行的正当活动，如禁止少数民族过自己的节日等。所谓情节严重，是指多次或多人侵犯，手段恶劣，引起民族纠纷、民族矛盾的，造成骚乱、示威游行或社会秩序严重混乱，产生恶劣的政治影响等。

（3）本罪的主体。本罪的主体是国家机关工作人员，既可以是汉族的国家机关工作人员，也可以是少数民族的国家机关工作人员。

（4）本罪的主观方面。本罪的主观方面体现为直接故意，动机不影响本罪的成立。

• 适用指引 •

司法实践中，非法剥夺公民宗教信仰自由、侵犯少数民族风俗习惯的犯罪不太常见。在处理这类案件时，应当注意通过国家工作人员主体，剥夺公民宗教信仰自由、侵犯少数民族风俗习惯的非法性，综合考虑行为的社会危害性进行认定。在具体案件的认定中，需注意以下问题：

1. 非法剥夺公民宗教信仰自由与侵犯少数民族风俗习惯的客观行为，都必须具有强制性。以宣传教育的方法，劝说少数民族自愿放弃、改革落后风俗习惯以及个人宗教信仰的，不构成本罪。

2. 所侵犯的必须是少数民族的风俗习惯。这种风俗习惯必须是在长期的生产、生活过程中形成的，具有群众基础的风俗习惯。因此，侵犯汉族风俗习惯或者干涉少数民族的个别人并非基于风俗习惯所进行的活动的，不构成本罪。

3. 侵犯少数民族风俗习惯的行为，必须具有非法性，即对少数民族风俗习惯的干涉不具有合法根据。①

4. 非法剥夺公民宗教信仰自由罪所针对的对象一定是公民个人正常的合法的宗教信仰，因此需要划清正常的宗教活动与利用宗教从事非法活动的界限，后者不受法律保护而是依法取缔、惩处的对象。

第二百五十二条 侵犯通信自由罪

【法律规定】

• 法律条文 •

《中华人民共和国刑法》

第二百五十二条 隐匿、毁弃或者非法开拆他人信件，侵犯公民通信自由权利，情节严重的，处一年以下有期徒刑或者拘役。

• 相关规定 •

《中华人民共和国宪法》

第四十条 中华人民共和国公民的通信自由和通信秘密受法律的保护。除因国家安全或者追查刑事犯罪的需要，由公安机关或者检察机关依照法律规定的程序对通信进行检查外，任何组织或者个人不得以任何理由侵犯公民的通信自由和通信秘密。

《中华人民共和国邮政法》

第三条 公民的通信自由和通信秘密受法律保护。除因国家安全或者追查刑事犯罪的需要，由公安机关、国家安全机关或者检察机关依照法律规定的程序对通信进行检查外，任何组织或者个人不得以任何理由侵犯公民的通信自由和通信秘密。

除法律另有规定外，任何组织或者个人不得检查、扣留邮件、汇款。

第八十四条 本法下列用语的含义：

---

① 参见张明楷：《刑法学》，法律出版社 2007 年版，第 690 ~ 691 页。

邮政企业，是指中国邮政集团公司及其提供邮政服务的全资企业、控股企业。

寄递，是指将信件、包裹、印刷品等物品按照封装上的名址递送给特定个人或者单位的活动，包括收寄、分拣、运输、投递等环节。

快递，是指在承诺的时限内快速完成的寄递活动。

邮件，是指邮政企业寄递的信件、包裹、汇款通知、报刊和其他印刷品等。

快件，是指快递企业递送的信件、包裹、印刷品等。

信件，是指信函、明信片。信函是指以套封形式按照名址递送给特定个人或者单位的缄封的信息载体，不包括书籍、报纸、期刊等。

包裹，是指按照封装上的名址递送给特定个人或者单位的独立封装的物品，其重量不超过五十千克，任何一边的尺寸不超过一百五十厘米，长、宽、高合计不超过三百厘米。

平常邮件，是指邮政企业在收寄时不出具收据，投递时不要求收件人签收的邮件。

给据邮件，是指邮政企业在收寄时向寄件人出具收据，投递时由收件人签收的邮件。

邮政设施，是指用于提供邮政服务的邮政营业场所、邮件处理场所、邮筒（箱）、邮政报刊亭、信报箱等。

邮件处理场所，是指邮政企业专门用于邮件分拣、封发、储存、交换、转运、投递等活动的场所。

国际邮递物品，是指中华人民共和国境内的用户与其他国家或者地区的用户相互寄递的包裹和印刷品等。

邮政专用品，是指邮政日戳、邮资机、邮政业务单据、邮政夹钳、邮袋和其他邮件专用容器。

【案例】

曾某、杨某侵犯通信自由案①

• 案件事实 •

深圳市腾讯计算机系统有限公司成立于1998年11月11日。1999年2月，该公司推出即时通信软件——腾讯QQ软件。腾讯QQ软件能够为注册用户提

---

① 参见最高人民法院中国应用法学研究所编：《人民法院案例选》（2007年第1辑），人民法院出版社2007年版。

供文字语音通讯、传送文件、视音频交流、电子邮箱、网络硬盘、网络游戏等功能。用户向腾讯公司提出申请，在接受由腾讯公司拟定的有关协议后，由腾讯公司向用户派发 QQ 号，并由用户自设密码，用户凭 QQ 号获得本人对 QQ 软件的使用权。依据该协议，腾讯 QQ 号的使用权仅属于初始申请注册人，并禁止转让、继受、售卖；用户若有违反协议或长期不使用 QQ 号码，腾讯公司有权无条件将号码回收。

曾某于 2004 年 5 月 31 日受聘入职腾讯公司，后被安排到公司安全中心负责系统监控工作。2005 年 3 月初，曾某通过购买 QQ 号在淘宝网上与杨某互相认识，二人遂合谋通过窃取他人 QQ 号出售获利。2005 年 3 月至 2005 年 7 月间，由杨某将随机选定的他人的 QQ 号（主要为五六位数的号码）通过互联网发给曾某。曾某本人并无查询 QQ 用户密码保护资料的权限，便私下破解了腾讯公司离职员工柳某使用过但尚未注销的账号的密码（该账号拥有查看 QQ 用户原始注册信息，包括证件号码、邮箱等信息的权限）。曾某利用该账号进入本公司的计算机后台系统，根据杨某提供的 QQ 号查询该号码的密码保护资料，即证件号码和邮箱，然后将查询到的资料发回给杨某，由杨某将 QQ 号密码保护问题答案破解，并将 QQ 号的原密码更改后将 QQ 号出售给他人，造成 QQ 用户无法使用原注册的 QQ 号。经查，二人共计修改密码并卖出 QQ 号约 130 个，获利 61650 元，其中，曾某分得 39100 元，杨某分得 22550 元。

• 裁判要旨 •

盗卖 QQ 号的行为应当认定为侵犯通信自由罪。

• 裁判理由 •

法院经审理认为：被告人曾某、杨某采用篡改他人电子数据资料的方法，侵犯公民通信自由，情节严重，其行为构成侵犯通信自由罪，且系共同犯罪。公诉机关指控的犯罪事实清楚，证据确实充分，但指控的盗窃罪名不当，依据《最高人民法院关于执行〈中华人民共和国刑事诉讼法〉若干问题的解释》第 176 条第 2 项规定，法院对公诉机关指控的罪名予以纠正。辩护人所提不构成盗窃罪的辩护意见，予以采纳，但认为不构成犯罪的意见不符合法律规定，不予采纳。在共同犯罪中，二被告人通过内外勾结实施犯罪行为，各有分工，作用相当，故不区分主从犯。二被告人销赃获利 6 万余元的行为不构成盗窃罪，但作为侵犯通信自由罪的量刑情节进行评价，并属违法所得，依法应予追缴。二被告人在庭审中均承认自己的行为错误，有一定的悔过表现，法院在量刑时亦酌情考虑。综合全案事实情节，依照《刑法》第 252 条、第 64 条、《全国人民代表大会常务委员会关于维护互联网安全的决定》第 4 条第 2 项及《最高人民法院关于执行〈中华人民共和国刑事诉讼法〉若干问题的解释》第 176 条第2项之规定，判决如下：一、被告人曾某犯侵犯通信自由罪，判处拘役六个月。二、被告人杨某犯侵犯通信自由罪，判处拘役六个月。三、追缴被告人曾某的违法所得39100元、被告人杨某的违法所得22550元，予以没收，上缴国库。

【学理分析及适用指引】

• 学理分析 •

侵犯通信自由罪，是指隐匿、毁弃或者非法开拆他人信件，侵犯公民通信自由权利，情节严重的行为。本罪的构成要件如下：

1. 本罪的客体。侵犯通信自由罪侵犯的客体是公民的通信自由和通信秘密的权利。通信自由指与他人进行正当通信的自由，通信秘密指为自己信件保守秘密，不受非法干涉和侵犯的权利。所谓通信秘密，是公民个人写给他人信件，其内容不经写信人或收信人同意不得公开的权利。并不要求信件中写有秘密事项，但私自开拆他人信件本身就侵犯了公民的通信秘密权利，使公民的信件内容有可能被公开化，从而无密可保。

侵犯通信自由罪侵犯的对象是公民的信件，可以包括电报、信函等文字邮件，随着网络技术的发展，电子信箱、QQ号等网络通信工具也成为本罪的对象。但不包括汇款、包裹、书籍等邮件，作为犯罪对象的信件，不仅包括私人间的信件，而且包括国家机关、企事业单位、社会团体、组织发给公民个人的信函。非法隐匿、毁弃、开拆国家机关、企业、事业单位、社会团体、组织之间来往函件的，构成侵犯通信自由罪。

2. 本罪的客观方面。侵犯通信自由罪在客观方面表现为隐匿、毁弃或者非法开拆他人信件的行为。所谓隐匿，是指把被害人的信件扣留，在一定的地点加以隐藏，不交给被害人的行为。所谓毁弃，是指故意丢弃、撕毁、焚毁信件的行为，不仅是指信件外观的物理损毁，还包括信件内容的侵害。以上两种行为的结果，都是使收信人无法收到信件，而行为人并不意图知晓信件内容，没有直接侵犯公民通信秘密的权利，但侵犯了公民的通信自由权利。非法开拆是指擅自开拆他人信件，这种行为不影响收信人收到信件，但侵犯了他人的通信秘密。认定非法开拆要注意下列问题：（1）非法开拆必须是未经收信人许可且加以开拆，且信件内容不让一般人知晓；（2）非法开拆必须是他人已经封缄好的信件；（3）实施非法开拆行为只要以一定方法开拆信件即可，至于开拆后是否窥视信件内容不影响本罪的成立。侵犯通信自由罪的三种行为表现往往同时具备。根据本条规定，只要实施上述一种行为，情节严重的，就构成侵犯通信自由罪。非法开拆他人信件，拆信人并不阅看信中内容，使他人信件内容处于公开暴露状态，也是侵犯公民通信秘密的行为。

根据本条规定，情节严重的侵犯他人通信自由的行为，才构成犯罪。情节严重主要是指：隐匿、毁弃、非法开拆他人信件，次数较多，数量较大的；致使他人工作、生活受到严重妨害，或者身体、精神受到严重损害以及家庭不睦、夫妻离异等严重后果的；非法开拆他人信件，涂改信中的内容，侮辱他人人格的等。

3. 本罪的主体。侵犯通信自由罪主体为一般主体。凡达到刑事责任年龄，具备刑事责任能力的自然人均成为侵犯通信自由罪主体。

4. 本罪的主观方面。侵犯通信自由罪在主观方面表现为故意，过失不构成侵犯通信自由罪。侵犯他人通信自由的动机，可能包括泄愤报复、嫉妒心理、窃取秘密、好奇心理、流氓动机、集邮需要等，无论何种动机，不影响侵犯通信自由罪成立。

• 适用指引 •

司法实践中，盗窃他人QQ号的行为是通过篡改他人电子数据资料的方法侵犯公民通信自由，应当认定为侵犯公民通信自由罪。行为人未经他人同意，违反国家规定，多次私自开拆、烧毁他人信件，其行为应认定为侵犯通信自由罪。同时应注意本罪的主体为一般主体。

随着网络技术的发展，行为人采取破解他人密码等方式偷看他人电子邮件，情节严重的，根据《全国人民代表大会常务委员会关于维护互联网安全的决定》之规定，偷看他人电子邮件，侵犯公民通信自由和通信秘密，情节严重的，按侵犯公民通信自由罪论处。

第二百五十三条 私自开拆、隐匿、毁弃邮件、电报罪

【法律规定】

• 法律条文 •

《中华人民共和国刑法》

第二百五十三条 邮政工作人员私自开拆或者隐匿、毁弃邮件、电报的，处二年以下有期徒刑或者拘役。

犯前款罪而窃取财物的，依照本法第二百六十四条的规定定罪从重处罚。

• 相关规定 •

《中华人民共和国宪法》

第四十条 中华人民共和国公民的通信自由和通信秘密受法律的保护。除

因国家安全或者追查刑事犯罪的需要，由公安机关或者检察机关依照法律规定的程序对通信进行检查外，任何组织或者个人不得以任何理由侵犯公民的通信自由和通信秘密。

【案例】

冯某私自毁弃邮件案[①]

• 案件事实 •

1993 年 7 月上旬至 1993 年 8 月 11 日，冯某在担任上海市邮政局闵行邮电支局投递员期间，利用职务上的便利，先后多次将由其投递的国内平信、领取邮件通知单、领取磁卡通知单、电话号码簿通知单等 435 件邮件，分别毁弃在本市闵行区的鹤庆路×××号天井内、闵行剧院北侧某平房房顶上、闵行饭店旁某围墙内等处。其间，冯某还多次私自开拆邮件并窃取少量财物。

• 裁判要旨 •

邮电局投递员利用职务上的便利，先后多次将由其投递的邮件私自开拆或者隐匿、毁弃并从中窃取少量财物的行为，虽然尚不构成盗窃罪，但依法应以私自开拆、毁弃邮件罪追究刑事责任。

• 裁判理由 •

上海市闵行区人民法院经审理认为：被告人冯某在履行邮电工作人员的职责中，私自毁弃邮件，其行为触犯《刑法》第 191 条[②]之规定，构成私自毁弃邮件罪。被告人冯某在实施犯罪过程中，部分事实发生在未满十八周岁时，依法应予从轻处罚。上海市闵行区人民法院根据《刑法》第 191 条[③]作出如下判决：冯某犯毁弃邮件罪，判处有期徒刑一年六个月。

【学理分析及适用指引】

• 学理分析 •

1. 私自开拆、隐匿、毁弃邮件、电报罪的构成。私自开拆、隐匿、毁弃邮件、电报罪，是指邮政工作人员利用职务上的便利，私自开拆或者隐匿、毁

---

① 参见上海市闵行区人民法院（1994）闵刑初字第 215 号。

② 此处依据的是 1979 年《刑法》。——编者注

③ 此处依据的是 1979 年《刑法》。——编者注

弃他人邮件、电报的行为。本罪的构成要件如下：

（1）本罪的客体。本罪的客体是复杂客体，既侵犯了公民的民主权利，又侵犯了邮政事业单位的正常活动。

（2）本罪的客观方面。本罪在客观方面表现为私自开拆或者隐匿、毁弃他人邮件、电报的行为。邮件，是指通过邮政企业寄递的信件（信函、明信片）、印刷品、邮包、报刊、汇款通知等。电报，是指明码电报、密码电报，也包括传真。私拆、隐匿、毁弃是实施妨害邮电通讯行为的三种方式。私拆，是指将传递中的邮件、电报，未经寄件人或者收件人同意而擅自予以开拆。隐匿，是指将邮件、电报非法截留、收藏而不向收件人递交。毁弃，是指将邮件、电报撕毁、湮灭、抛弃，致使收件人无法查收。按照法律规定，行为人只要实施了私拆、隐匿、毁弃邮件、电报其中一种行为，就构成本罪；实施两种或者两种以上行为的，也只定一罪，不实行并罚，但量刑时可作参考。

（3）本罪的主体。本罪的主体为特殊主体，即邮政工作人员，包括国家邮政事业部门的营业员、发行员、分拣员、投递员、接发员、押运员以及受邮政部门委托的代办员、分邮员。只有这些负有与邮件、电报直接有联系职责的特定工作人员，才能构成本罪的主体；非邮政工作人员，不能构成本罪的主体。机关收发室的收发员、值班室人员，私自开拆或者隐匿、毁弃他人邮件、电报，构成犯罪的，可以按照《刑法》第252条规定的侵犯通信自由罪论处。

（4）本罪的主观方面。本罪在主观方面为直接故意，间接故意和过失不构成本罪。

2. 关于“邮政工作人员”的认定。一般认为本罪的主体属于特殊主体，包括邮电部门从事邮递业务的营业员、分拣员、发行员、投递员、接发员、押运员、依法受委托从事邮政业务的代办人员和乡邮员以及有关的主管干部等。① 如果涉案的邮政企业属于国有企业，则邮政工作人员属于国有企业的工作人员。根据《刑法》第93条的规定，国有公司、企业、事业单位、人民团体中从事公务的人员和国家机关、国有公司、企业、事业单位委派到非国有公司、企业、事业单位、社会团体从事公务的人员，以及其他依照法律从事公务的人员，以国家工作人员论。

• 适用指引 •

司法实践中，认定本罪应注意：

1. 本罪的罪与非罪的界限。根据《刑事诉讼法》第141条的规定，如果邮政工作人员按照公安机关或者检察机关的通知，将犯罪嫌疑人的邮件、电报

---

① 参见陈忠林主编：《刑法》（分论），中国人民大学出版社2003年版，第178页；赵长青主编：《刑法学》（中），法律出版社2000年版，第709页。

予以检交扣押，属于执行职务的合法行为。这同利用职务上的便利，非法开拆他人邮件、电报的行为，在性质上是完全不同的。私自开拆、隐匿、毁弃邮件、电报的行为，如果情节显著轻微、危害不大，没有造成严重后果的，属于一般违法行为，可由有关主管部门酌情给予行政纪律处分，不宜作为犯罪处理。但是，对于私拆或者隐匿、毁弃邮件、电报次数较多、数量较大的；私拆或者隐匿、毁弃邮件、电报，并从中窃取财物的；私拆或者隐匿、毁弃邮件、电报虽然次数不多、数量不大，但给国家利益和公民的合法权益造成严重损害的，则构成私自开拆、隐匿、毁弃邮件、电报罪，应当依法追究行为人的刑事责任。

2. 本罪与侵犯通信自由罪的界限。这两种犯罪在犯罪手段、犯罪主观方面有相同之处，但有重要区别：一是犯罪对象不完全相同。前者为邮件、电报。邮件，是指通过邮政企业寄递的信件、印刷品、邮包、汇款通知、报刊等，范围比信件要广；后者限于公民的信件。二是犯罪的客观方面不完全相同。后者则与行为人的职务无关。三是犯罪主体不同。前者为特殊主体，即邮政工作人员；后者为一般主体。四是构成犯罪的要求不同。前者不以情节严重为构成要件；后者则必须是情节严重的才构成犯罪。

3. 本罪主体的认定。本罪的主体邮政工作人员，是指在全民所有制的邮政企业及其分支机构中工作的人员。包括邮电部门从事邮递业务的营业员、分拣员、发行员、投递员、接发员、押运员、依法受委托从事邮政业务的代办人员和乡邮员以及有关的主管干部等。

第二百五十三条之一　侵犯公民个人信息罪

【法律规定】

• 法律条文 •

《中华人民共和国刑法》

第二百五十三条之一　违反国家有关规定，向他人出售或者提供公民个人信息，情节严重的，处三年以下有期徒刑或者拘役，并处或者单处罚金；情节特别严重的，处三年以上七年以下有期徒刑，并处罚金。

违反国家有关规定，将在履行职责或者提供服务过程中获得的公民个人信息，出售或者提供给他人的，依照前款的规定从重处罚。

窃取或者以其他方法非法获取公民个人信息的，依照第一款的规定处罚。

单位犯前三款罪的，对单位判处罚金，并对其直接负责的主管人员和其他直接责任人员，依照各该款的规定处罚。

【案例】

兰某某等非法获取公民个人信息案①

● 案件事实 ●

2009年下半年某日，刘甲将事先从刘乙（另案处理）处非法获取的电信购物成单等公民个人信息，通过互联网使用QQ号码，将1149条信息以人民币1000元的价格，出售给孟某某。2009年7月某日下午，孟某某经事先与周某某、兰某某联系后，在北京市东单东方广场附近一奶茶厅内，将非法获取的6246842条公民个人信息，以人民币3400元的价格出售给周某某、兰某某。2009年7月某日下午，杨某某经事先与兰某某联系后，在北京市东单东方新天地附近一咖啡馆内，杨某某将非法获取的136276条公民个人信息，与兰某某非法获取的16687257条公民个人信息进行互换，非法获取各自所需的公民个人信息。曹某某受叶某某雇用，于2009年10月在本市叶某某的公司内，通过互联网使用QQ号码，经事先与刘甲联系，并征得叶某某的同意，以人民币1000元的价格，从刘甲处购得41042条电信购物成单等公民个人信息。卓某受被告人叶某某雇用，于2010年1月在本市黄兴路×××室叶某某的公司内，通过互联网使用QQ号码，经事先联系，并征得叶某某同意，将若干公民个人信息以及人民币1000元，与1名梁姓男子（具体姓名不详）交换并购买到336187条公民个人信息。向某某受叶某某雇用，于2010年3月在北京市叶某某的公司内，通过互联网使用QQ号码，经事先联系，并征得叶某某同意，以人民币2000元的价格，从网民“非诚勿扰”处非法获取30449条公民个人信息。李某受叶某某雇用，于2010年3月在本市叶某某的公司内，通过互联网使用QQ号码，经事先联系，并征得叶某某同意，将叶于2008年获取的1925268条公民个人信息，在互联网上与被告人费某某互换，非法获取207898条上海市小学生公民个人信息。2010年1月下旬，兰某某在本市共和新路某餐厅内，将755599条公民个人信息，以人民币1500元的价格出售给被告人谷某某。2010年3月某日麻某某通过互联网，经事先联系后，在本市上海火车站附近的某快餐厅内，将1025587条“学生数据”的公民个人信息，与费某某的1742259条“上海业主”公民个人信息互换，非法获取各自所需的公民个人信息。

● 裁判要旨 ●

行为人非法购买大量的公民个人信息之后，又与他人所持有的公民个人信

① 参见上海市第二中级人民法院（2011）沪二中刑终字第150号。

息互换，非法获取各自所需的公民个人信息的行为，依法成立非法获得公民个人信息罪。①

• 裁判理由 •

上海市虹口区人民法院经审理认为：被告人兰某某、孟某某、周某某、杨某某、叶某某、卓某、曹某某、李某、向某某、刘甲、费某某、麻某某、谷某某非法获取公民个人信息，数量巨大，情节严重，其行为均已构成非法获取公民个人信息罪。上海市虹口区人民检察院指控罪名成立。在被告人叶某某、卓某、曹某某、李某、向某某共同犯罪中，被告人叶某某起主要作用，是主犯，被告人卓某、曹某某、李某、向某某起次要作用，是从犯，对从犯依法应分别从轻处罚或免除处罚。被告人孟某某、杨某某经公安机关电话传唤，能主动投案，如实供述犯罪事实，是自首；被告人兰某某、孟某某、李某、刘甲、费某某、谷某某到案后均有向警方提供线索抓获其他被告人的立功表现，依法可分别从轻处罚。上列13名被告人均认罪态度较好，且被告人叶某某、卓某、李某、刘甲、谷某某在其家属的帮助下自愿预缴了罚金或退还违法所得，均可酌情从轻处罚。各辩护人请求对被告人从轻处罚的辩护意见，与事实、法律相符，法院予以采纳。上海市虹口区人民法院于2011年1月21日作出（2011）虹刑初字第22号刑事判决，分别以非法获取公民个人信息罪，判处被告人兰某某有期徒刑一年六个月，并处罚金人民币15000元；判处被告人孟某某有期徒刑十个月十五日，并处罚金人民币10000元；判处被告人周某某有期徒刑一年二个月，并处罚金人民币10000元；判处被告人杨某某有期徒刑一年五个月，并处罚金人民币10500元；判处被告人叶某某有期徒刑十个月，并处罚金人民币5000元；判处被告人卓某拘役五个月，缓刑五个月，并处罚金人民币2000元；判处被告人曹某某免予刑事处罚；判处被告人李某拘役三个月，缓刑三个月，并处罚金人民币1000元；判处被告人向某某免予刑事处罚；判处被告人刘甲罚金人民币3000元；判处被告人费某某有期徒刑十一个月，并处罚金人民币7000元；判处被告人麻某某有期徒刑十一个月，并处罚金人民币5000元；判处被告人谷某某有期徒刑八个月，缓刑一年，并处罚金人民币5000元；缴获的犯罪工具及退还的违法所得予以没收。

判决后，被告人周某某、杨某某等提出上诉。上海市第二中级人民法院经庭审后认为：上诉人（原审被告人）周某某、杨某某、原审被告人兰某某等

① 该罪名为2015年《刑法修正案（九）》出台之前的罪名。《刑法修正案（七）》增设的《刑法》第253条之一规定了两个罪名：非法提供公民个人信息罪和非法获取公民个人信息罪。《刑法修正案（七）》对该条文进行了修正，《最高人民法院、最高人民检察院关于执行〈中华人民共和国刑法〉确定罪名的补充规定（六）》将非法提供公民个人信息罪和非法获取公民个人信息罪整合为一个罪名：侵犯公民个人信息罪——编者注。

单独或结伙非法获取公民个人信息，情节严重，其行为均已构成非法获取公民个人信息罪。原审被告人杨某某上诉提出其与兰某某交换的信息只有数百万条的辩解，查无实据，法院不予采信。原审法院根据各名被告人犯罪的事实、性质、情节、认罪悔罪态度和对于社会的危害程度，所作出的判决并无不当，且审判程序合法。原审被告人周某某、杨某某的上诉理由均不能成立。据此，依照《刑事诉讼法》第189条第1项之规定，裁定如下：驳回上诉，维持原判。

【学理分析及适用指引】

• 学理分析 •

近年来，随着互联网对社会生活的影响与介入日益深远，批量处理和传递个人信息越来越容易，个人信息遭到不当收集、恶意使用、篡改的隐患随之出现。一些组织或者个人，违反职业道德和保密义务，将公民个人信息资料出售或者泄露给他人，获取非法利益。它不仅侵犯公民的人身权利，而且也威胁到社会管理秩序、经济秩序和公民个人财产安全甚至公共安全。公民个人信息的安全性越来越成为一个全社会关注的问题。这涉及一个目前引起国内外刑事立法高度关注的热点问题，即《刑法》应如何保护公民身份信息的安全和公民身份管理秩序，进而运用刑罚控制和打击利用公民身份信息进行的犯罪。《刑法修正案（七）》增设了《刑法》第253条之一，规定了两个罪名：出售、非法提供公民个人信息罪和非法获取公民个人信息罪。2015年《刑法修正案（九）》又对该条文内容进行了重大修正，《最高人民法院、最高人民检察院关于执行〈中华人民共和国刑法〉确定罪名的补充规定（六）》规定，根据《刑法修正案（九）》将这两个罪名整合为一个罪名：侵犯公民个人信息罪。

侵犯公民个人信息罪，是指违反国家规定，将公民个人信息出售或者非法提供给他人，或者窃取或者以其他方法非法获取公民个人信息，情节严重的行为。本罪的构成要件是：

1. 犯罪主体是一般主体。2009年的《刑法修正案（七）》设立了出售、非法提供公民个人信息罪和非法获取公民个人信息罪，并规定为特殊主体即国家机关或者金融、电信、交通、教育、医疗等单位的工作人员的犯罪。但2015年的《刑法修正案（九）》扩大了对公民个人信息刑事保护的广度和深度，不再要求本罪的主体是特殊主体，而是一般主体的犯罪，即凡是年满16周岁以上，具备相应刑事责任能力的自然人以及单位非法获取、提供公民个人信息的行为，情节严重的均构成侵犯公民个人信息罪。当然，司法实践中，能够掌握大量公民个人信息的常常是国家机关或者金融、电信、交通、教育、医疗等履行公共管理与服务的单位及其工作人员。对此现象，《刑法修正案（九）》明确规定，违反国家有关规定，在履行职责或者提供服务过程中获得的公民个人信息并出售或者提供给他人的，以侵犯公民个人信息罪论处并从重处罚。可见，本罪属于不纯正的身份犯，即特定的身份不影响定罪但影响量刑。因为国家机关负有公共管理的职能，而金融、电信、交通、教育、医疗等单位肩负着为社会和大众提供公共服务的职责，在这些机关或单位工作的人员，可以很容易接触到大量公民个人信息。此处所说的金融单位是指从事金融活动的机构或金融部门，一般是指各种银行、保险公司、信托投资公司、证券机构、财务公司、信用合作组织等金融机构；电信单位是指电信部门和电信营业机构；交通单位是指从事旅客和货物等运输部门；教育单位是指各级各类学校或培训机构，包括民办和公办的教育机构；医疗单位是指依据《医疗机构管理条例》和《医疗机构管理条例实施细则》的规定，经登记取得医疗机构执业许可证的机构。

2. 本罪客观方面表现为两种行为类型：一是出售或者非法提供公民个人信息行为；二是非法获取公民个人信息行为。公民个人信息包括姓名、职业、职务、年龄、婚姻状况、学历、专业资格、工作经历、家庭住址、电话号码、信用卡号码、指纹、网上登录账号和密码、个人行踪等能够识别公民个人身份的信息。这些信息的来源在所不问。当然，司法实践中，这些个人信息大部分是单位在履行职责或提供服务过程中获得的信息，即利用公权力或提供公共服务过程中依法获得的信息。出售是指将自己掌握的公民信息卖给他人，自己从中牟利的行为。非法提供是指违反国家有关规定，将自己掌握的公民信息提供给他人（包括单位和个人）的行为。

3. 行为必须是情节严重的，才构成犯罪。一般来讲，违反了对个别公民个人信息的保密义务，不构成犯罪。情节严重是指出售公民个人信息获利较大，出售或者非法提供多人信息，多次出售或者非法提供公民个人信息，以及公民个人信息被非法提供、出售给他人后，给公民造成了经济上的损失，或者严重影响公民个人的正常生活，或者被用于进行违法犯罪活动等情形。①

4. 本罪主观方面为故意，且常常是出于非法牟利等目的，但具体动机与目的如何不影响本罪的成立。单位亦可成立本罪。

出售或者非法提供公民个人信息的活动越来越猖獗，原因在于有庞大的需求市场。一些公司、个人出于牟利等目的，以窃取、收买等方法大肆收集公民个人信息，对公民个人信息泄露起到了推波助澜的作用。因此，窃取或者以其他方法非法获取公民个人信息，情节严重的，构成侵犯公民个人信息罪。

• 适用指引 •

修正后的侵犯公民个人信息罪有两种行为类型：（1）出售或者非法提供

---

① 参见黄太云：《〈刑法修正案（七）〉内容解读（三）》，载《人民法院报》2009年4月22日。

公民个人信息行为；（2）非法获取公民个人信息行为。这两种行为类型属于典型的对合犯关系，自然人和单位均可以构成犯罪。司法实践中，非法出售与非法获取这两种对合犯关系的犯罪行为互为行为对象，常常是非法买卖公民个人信息的关系，双方均构成犯罪，适用同一罪名、适用相同的法定刑幅度和量刑规则。

第二百五十四条　报复陷害罪

【法律规定】

● 法律条文 ●

《中华人民共和国刑法》

第二百五十四条　国家机关工作人员滥用职权、假公济私，对控告人、申诉人、批评人、举报人实行报复陷害的，处二年以下有期徒刑或者拘役；情节严重的，处二年以上七年以下有期徒刑。

● 相关规定 ●

《中华人民共和国宪法》

第四十一条　中华人民共和国公民对于任何国家机关和国家工作人员，有提出批评和建议的权利；对于任何国家机关和国家工作人员的违法失职行为，有向有关国家机关提出申诉、控告或者检举的权利，但是不得捏造或者歪曲事实进行诬告陷害。

对于公民的申诉、控告或者检举，有关国家机关必须查清事实，负责处理。任何人不得压制和打击报复。

由于国家机关和国家工作人员侵犯公民权利而受到损失的人，有依照法律规定取得赔偿的权利。

《最高人民检察院关于渎职侵权犯罪案件立案标准的规定》（高检发释字〔2006〕2号）

二、国家机关工作人员利用职权实施的侵犯公民人身权利、民主权利犯罪案件

（六）报复陷害案（第二百五十四条）

报复陷害罪是指国家机关工作人员滥用职权、假公济私，对控告人、申诉人、批评人、举报人实行打击报复、陷害的行为。

涉嫌下列情形之一的，应予立案：

1. 报复陷害，情节严重，导致控告人、申诉人、批评人、举报人或者其

近亲属自杀、自残造成重伤、死亡，或者精神失常的；

2. 致使控告人、申诉人、批评人、举报人或者其近亲属的其他合法权利受到严重损害的；

3. 其他报复陷害应予追究刑事责任的情形。

《人民检察院直接受理立案侦查渎职侵权重特大案件标准（试行）》（高检发〔2001〕13号）

三十九、报复陷害案

（一）重大案件

1. 致人精神失常的；

2. 致人其他合法权益受到损害，后果严重的。

（二）特大案件

1. 致人自杀死亡的；

2. 后果特别严重，影响特别恶劣的。

【案例】

张某安、汪某受贿、报复陷害案①

• 案件事实 •

1. 受贿罪的事实。1994年至2007年间，被告人张某安利用担任颍上县谢桥镇镇长、党委书记，颍上县人民政府副县长，阜阳市颍泉区人民政府代区长、区委副书记，区委书记、区人大常委会主任，阜阳市泉北贸易区管委会主任等职务上的便利，在企业经营、承揽工程、工作调动、职务晋升等方面，为他人谋取利益，先后收受或索取钱款，共计人民币351.7万元、美元1万元。

1996年至2001年，被告人张某安利用职务之便和利用职权及地位形成之便利条件，为颍上县谢桥镇装潢总公司原经理王某山承揽谢桥镇有关装饰工程提供帮助，先后3次索取王某山人民币共计110万元。

2001年至2003年，被告人张某安利用职务之便，接受阜阳市国安房地产开发实业有限公司法定代表人韦某杰的请托，为该公司在颍泉区皖西北商贸城房地产开发项目上提供帮助，先后3次收受韦某杰给予的人民币，共计40万元。

1995年至1997年，被告人张某安利用职务之便，为颍上县第二建筑公司项目经理王某付承建有关工程提供帮助，多次收受王某付给予的人民币共计36万元。

---

① 参见《中华人民共和国最高人民检察院公报》2010年第5号（总第118号）。

2005 年 5 月和 2006 年 10 月，被告人张某安利用职务之便，接受阜阳市环球房地产开发公司董事长潘某祥请托，为该公司外滩国际城项目拆迁提供帮助，先后 2 次收受潘某祥给予的人民币共计 30 万元。

2006 年 9 月，被告人张某安利用职务之便，接受阜阳恒昌房地产开发有限公司董事长曹某风的请托，为该公司皖西北商贸城商业项目提供帮助，收受曹某风给予的人民币 30 万元。

1999 年至 2004 年，被告人张某安利用职务之便，接受安徽阜阳绿斗城物业公司、阜阳冠颍食品厂、阜阳饭店法定代表人闫某的请托，为闫某担任阜阳冠颍食品厂厂长、阜阳饭店总经理，以及承诺为绿斗城物业公司拆迁等事项提供帮助，先后 3 次收受闫某给予的人民币，共计 25 万元。

1995 年至 2003 年 4 月，被告人张某安利用职务之便，为颍上县天源建筑公司项目经理兰某承建有关工程提供帮助，先后 2 次收受或索取兰某人民币，共计 23.5 万元。

2006 年 5 月和 2007 年 6 月，被告人张某安利用职务之便，接受阜阳市南海房地产开发有限公司总经理施某伦请托，为该公司房地产开发项目提供帮助，先后 2 次收受施某伦给予的人民币，共计 10 万元。

2007 年年初，被告人张某安利用职务之便，接受阜阳市康恩商贸有限公司总经理曹某雨请托，为该公司康恩平价商城房产证办理事项提供帮助，收受曹某雨人民币 10 万元。

2003 年 6 月和 2003 年 11 月，被告人张某安利用职务之便，接受淮南奥斯特装饰材料开发中心王某的请托，为王某承建的颍泉区政府办公大楼外装饰工程款结算提供帮助，先后 2 次收受王某给予的人民币，共计 2.4 万元。

2007 年 5 月，被告人张某安利用职务之便，接受安徽东方民生药业有限公司董事长肖某云请托，为该公司在皖西北商贸城内搭建仓库提供帮助，收受肖某云给予的人民币 2 万元。

2007 年 5 月，被告人张某安利用职务之便，接受阜阳市融昌房地产开发有限公司董事长李某瑾请托，为该公司泉水湾花园小区土地证办理和拆迁等事宜提供帮助，收受李某瑾给予的人民币 2 万元。

1999 年，被告人张某安利用职务之便，接受谢某一的请托，将谢某一之子安排到颍泉区公安分局工作，收受谢某一给予的美元 1 万元。

2000 年 7 月，被告人张某安因颍泉区贸易开发区管委会搬迁受阻，迁怒于颍泉区泉北办事处泉北居委会书记陈某涛，并安排颍泉区地税分局到泉北居委会清查账目，为此，陈某涛给予张某安人民币 2 万元。

2002 年至 2003 年，被告人张某安利用职务之便，接受阜阳市国土资源局颍泉分局副局长周某礼的请托，为其担任该分局局长提供帮助，先后 2 次收受周某礼人民币，共计 3 万元。

2003 年年初，被告人张某安利用职务之便，接受李某的请托，为其担任颍泉区副区长提供帮助，收受李某给予的人民币 4 万元。

2003 年年初，被告人张某安利用职务之便，接受孙某请托，为其担任颍泉区区委常委提供帮助，收受孙某人民币 3 万元。

2003 年至 2006 年，被告人张某安利用职务之便，接受王某请托，为其继续留任闻集镇党委书记提供帮助，先后 2 次收受王某给予的人民币，共计 2 万元。

2003 年 5 月，被告人张某安利用职务之便，接受张某鸿请托，为其担任颍泉区财政局副局长提供帮助，收受张某鸿给予的人民币 1 万元。

2003 年下半年，被告人张某安利用职务之便，接受阜阳市颍泉区农委主任宁某楼的请托，承诺为其亲属调动工作提供帮助，收受宁某楼给予的人民币 1 万元。

2003 年下半年，被告人张某安利用职务之便，接受宁某梁请托，为其担任颍泉区财政局局长提供帮助，收受宁某梁给予的人民币 2 万元。

2003 年年底，被告人张某安利用职务之便，接受张某珍请托，为其担任颍泉区卫生局局长提供帮助，收受张某珍给予的人民币 1 万元。

2005 年下半年，被告人张某安利用职务之便，接受周某祥为战友之子安排工作的请托，承诺予以帮忙，收受周某祥给予的人民币 2 万元。

2005 年 11 月，被告人张某安利用职务之便，接受张某林请托，为其担任颍泉区伍明镇党委书记提供帮助，收受张某林给予的人民币 1 万元。

2006 年，被告人张某安利用职务之便，接受张某生请托，为其担任颍泉区行流镇党委书记提供帮助，先后 2 次收受张某生给予的人民币，共计 1.6 万元。

2006 年春节前，被告人张某安利用职务之便，接受史某龙请托，为其担任颍泉区委常委提供帮助，收受史某龙给予的人民币 2 万元。

2006 年春节前，被告人张某安利用职务之便，接受王某堂请托，为其担任颍泉区中市街道办事处副主任提供帮助，收受王某堂给予的人民币 1 万元。

2006 年春节前，被告人张某安利用职务之便，接受赵某请托，为其担任颍泉区政协副主席提供帮助，收受赵某给予的人民币 1 万元。

2006 年年底，被告人张某安利用职务之便，接受盛某请托，为其担任颍上县人民政府副县长提供帮助，收受盛某人民币 2 万元。

2006 年年底至 2007 年上半年，被告人张某安利用职务之便，接受陈某请托，为其担任颍泉区总工会主席提供帮助，先后 2 次收受陈某给予的人民币共计 1.2 万元。

2. 报复陷害罪的事实。张某安、汪某报复陷害举报人李某福。被害人李某福，曾任阜阳市颍泉区老寨村支部书记，伍明镇镇长、书记，阜阳市泉北贸易区管委会经贸发展局局长，阜阳市安曙房地产开发公司董事长。

2005年8月及2007年4月，因有人反映李某福长期不上班等问题，为了“敲打”李某福，让其害怕，时任中共阜阳市颍泉区委书记的被告人张某安，安排时任颍泉区人民检察院检察长的被告人汪某，对李某福的经济问题进行调查，但因找不到有关案件当事人，没有查处结果。

2007年8月，被告人张某安收到阜阳市人民政府秘书肖某截留的一封关于检举其受贿、卖官、违法乱纪的举报信，张某安根据举报信内容，分析判定举报人就是李某福，遂产生报复李某福的念头。其后，张某安要求被告人汪某加大查处李某福案件的力度。8月20日，张某安得知李某福案件进展不大时，严厉斥责汪某并以撤免其检察长职务、卡其单位经费相威胁，要求汪某每天向其汇报李案查处情况。次日，汪某向张某安汇报李案查处情况时，张某安向汪某出示一封举报信并告诉汪某，李某福就是举报自己的人。

2007年8月22日，被告人张某安搜集、摘抄了举报李某福的人民来信，编造成名为《特大举报!!!》的举报信，并安排区委工作人员将该举报信邮寄给阜阳市及颍泉区的司法、党政机关负责人。为了确保自己能对该举报信签批查处，还安排给自己邮寄一份。8月23日，张某安安排曾与李某福共事过的颍泉区农委主任王某献、区文化局局长宫某明编造李某福经济问题的材料。8月24日，张治安将《特大举报!!!》信中有关李某福所谓“雇凶杀人”的材料交由阜阳市公安局颍泉分局局长万某红查处；安排颍泉区纪委书记赵某民调查李某福在伍明镇机构改革中有无受贿问题；安排颍泉区人事局副局长徐某等人调查李某福子女违规就业问题。

2007年8月23日晚至8月24日上午，被告人汪某数次召集颍泉区人民检察院副检察长徐某、反贪局局长郑某等人开会，讨论李某福的立案问题，与会人员均认为李某福的问题不符合立案条件。汪某出于对李某福立案的目的，在召开检察委员会前，授意案件承办人员提出立案意见。在检察委员会上，汪某又作了颍泉区委领导十分重视该案的引导性发言，致使检察委员会形成对李某福立案并采取强制措施的一致意见。8月26日，颍泉区人民检察院抓获李某福，汪某即安排公诉科科长王某建审查逮捕李某福。王某建屈于汪某的要求，违心提出逮捕李某福的审查意见。11月下旬，张某安将颍泉区人事局调查的李某福子女违规就业的有关材料交给汪某，指令汪某单独提讯李某福，向其施加压力，要李某福说出幕后举报人，并要求李某福不再举报张某安，否则将清退李某福子女的工作。据此，汪某违法单独提讯李某福，将张某安交给他的材料出示给李某福，转述了张某安的上述威胁，向李某福施加压力。汪某还建议张某安责令公安机关查处李某福所谓伪造公文、印章问题，以实现张某安对李某福重判的要求。张某安遂安排颍泉区公安分局查处此案。颍泉区公安分局迫于张某安的压力，于2008年1月7日对李某福以伪造国家机关公文、印章罪立案侦查；1月18日，颍泉区公安分局侦查终结，移送颍泉区人民检察院审查起诉。2008年1月25日，李某福案移送审查起诉后，汪某要求公诉科科长王某建尽快结案起诉。在检察委员会上，汪某不顾承办人和其他检察委员会委员对定性、犯罪数额有异议的意见，最终以移送《起诉意见书》认定的罪名和数额，决定对李某福提起公诉。2008年3月4日，颍泉区人民检察院以李某福构成贪污罪，受贿罪，伪造国家机关公文、印章罪，伪造公司印章罪为由，向阜阳市颍泉区人民法院提起公诉。2008年3月6日，李某福在收到颍泉区人民法院送达的起诉书后，于3月13日在阜阳监狱医院自缢死亡。经安徽省人民检察院刑事科学技术鉴定，李某福为机械性窒息死亡（缢死）。2008年4月8日，阜阳市颍泉区人民法院依法裁定对李某福案件终止审理。李某福涉嫌贪污罪，受贿罪，伪造国家机关公文、印章罪，伪造公司印章罪一案，经阜阳市人民检察院和安徽省人民检察院调卷审查认为，阜阳市颍泉区人民检察院指控李某福涉嫌贪污94.3万元、受贿11.15万元以及涉嫌伪造国家机关公文、印章罪，伪造公司印章罪，除了受贿5.9万元可以认定外，其他罪均不能认定。

张某安、汪某报复陷害举报人李某福近亲属。2007年8月26日，颍泉区人民检察院在抓获李某福时，还控制了李某福的妻子袁某平、女婿张某豪。被告人张某安、汪某商定不能放走袁、张二人，于是，张某安安排区纪委调查袁、张二人的问题，并要求区纪委对袁、张二人报批“双规”，市纪委未予批准。张某安得知此消息非常恼火，指责纪委书记赵某民办事不力。张某安又安排汪某给颍泉区公安分局发《检察建议》，建议对袁、张二人以所谓帮助毁灭证据和窝藏罪进行查处。后公安分局对袁某平、张某豪立案侦查并采取监视居住措施。

2008年1月30日，颍泉区人民检察院以张某豪涉嫌贪污罪、帮助毁灭证据罪、窝藏罪，以袁某平涉嫌帮助毁灭证据罪向阜阳市颍泉区人民法院提起公诉。

李某福自杀死亡后，被告人张某安因担心报复陷害罪行败露，遂安排被告人汪某将张某豪、袁某平帮助毁灭证据案从法院撤诉。后张某安又召集汪某等人协调对张某豪贪污、窝藏案作缓刑处理的事宜。同年8月15日，颍泉区公安分局撤销袁某平、张某豪帮助毁灭证据案。2009年4月1日，临泉县人民检察院对张某豪贪污案作出不起诉处理。

• 裁判要旨 •

身为国家工作人员，滥用职权、假公济私，以刑事追究方法对举报人及其亲属进行报复陷害，致使举报人合法权利遭受严重损害，构成报复陷害罪。

• 裁判理由 •

安徽省芜湖市中级人民法院依法组成合议庭，公开审理了此案。法庭审理认为：被告人张某安身为国家工作人员，利用职务之便为他人谋取利益，并利用职权和地位形成的便利条件为他人谋取不正当利益，索取和收受他人贿赂，其行为构成受贿罪。张某安身为阜阳市颍泉区委书记，滥用职权，假公济私，通过编造举报信捏告罪名，指使被告人汪某借用这些信件指令下属人员对举报人员李某福及其亲属立案查处，并强令其他各有关部门对举报人李某福及其亲属进行查处，以刑事追究方法对举报人打击报复；被告人汪某身为阜阳市颍泉区人民检察院检察长，明知张某安报复陷害举报人李某福，与张某安共谋，滥用检察权、假公济私，违背事实和法律违法办案，对李某福及其亲属进行刑事追究，张某安、汪某的行为致使举报人及其亲属合法权利受到严重损害，并导致举报人李某福自缢死亡，其行为均已构成报复陷害罪，且系共同犯罪，犯罪情节严重。被告人张某安一人犯数罪，应予并罚。公诉机关指控被告人张某安犯受贿罪、报复陷害罪，被告人汪某犯报复陷害罪的事实和罪名成立。张某安受贿数额巨大，犯罪情节特别严重，且拒不认罪，毫无悔罪表现，论罪应当判处死刑。综合张某安受贿数额、情节及其亲属代为退缴大部分赃款的情况，对其判处死刑，可不立即执行。张某安、汪某犯报复陷害罪情节严重、社会影响极其恶劣，依法应予严惩。

2010 年 2 月 8 日，安徽省芜湖市中级人民法院依照《刑法》第 385 条第 1 款，第 388 条，第 386 条，第 383 条第 1 款第 1 项、第 2 款，第 48 条，第 57 条第 1 款，第 59 条，第 64 条，第 254 条，第 25 条第 1 款，第 69 条之规定，作出如下判决：一、被告人张某安犯受贿罪，判处死刑，缓期二年执行，剥夺政治权利终身，并处没收个人全部财产，犯报复陷害罪，判处有期徒刑七年，决定执行死刑，缓期二年执行，剥夺政治权利终身，并处没收个人全部财产。二、被告人汪某犯报复陷害罪，判处有期徒刑六年。三、对被告人张某安受贿犯罪所得予以追缴，上缴国库。

被告人张某安、汪某不服一审判决，向安徽省高级人民法院提出上诉。

安徽省高级人民法院依法组成合议庭审理了该案。法庭审理认为：上诉人张某安身为国家工作人员，利用职务之便为他人谋取利益，或利用职权和地位形成的便利条件，通过其他国家工作人员为他人谋取不正当利益，索取和收受贿赂，共计人民币 359.9772 万元，其行为构成受贿罪且受贿数额巨大，犯罪情节特别严重。上诉人张某安、汪某身为国家工作人员，滥用职权、假公济私，以刑事追究方法对举报人及其亲属进行报复陷害，致使举报人李某福及其亲属合法权利遭受严重损害，并导致李某福自缢死亡，其行为均构成报复陷害罪，犯罪情节严重，依法应予严惩。张某安一人犯数罪，应予并罚，其在被审判期间始终拒不供认犯罪事实，毫无悔罪表现，论罪应当判处死刑。综合张某安的受贿数额、情节及其亲属代为退缴大部分赃款的情况对其判处死刑、可不立即执行。张某安、汪某在共同报复陷害犯罪中均起重要作用，不分主从，应当按照各自在共同犯罪中所起的作用予以处罚。张某安关于没有犯受贿罪、报复陷害罪的上诉理由不能成立，其辩护人关于此案事实、证据及犯罪情节方面的辩护意见不予采纳。汪某及其辩护人关于量刑方面的上诉理由及辩护意见均不能成立，不予采纳。一审法院所作的判决认定事实和适用法律准确，量刑适当，审判程序合法。

2010 年 3 月 31 日，安徽省高级人民法院依照《刑事诉讼法》第 189 条第 1 项之规定，作出如下裁定：驳回张某安、汪某的上诉，维持原判。

根据《刑事诉讼法》第 201 条的规定，此裁定即为核准以被告人张某安犯受贿罪判处死刑，缓期二年执行，剥夺政治权利终身，并处没收个人全部财产；犯报复陷害罪，判处有期徒刑七年，决定执行死刑，缓期二年执行，剥夺政治权利终身，并处没收个人全部财产的刑事裁定。

【学理分析及适用指引】

• 学理分析 •

报复陷害罪，是指国家工作人员滥用职权、假公济私，对控告人、申诉人、批评人、举报人实施报复陷害的行为。本罪的构成要件如下：

1. 本罪的客体。本罪侵犯的客体是复杂客体，包括公民的民主权利和国家机关的正常活动。本罪侵害的对象，只限于控告人、申诉人、批评人、举报人这四种人。所谓控告人，是指向司法机关和其他党政机关告发、检举国家工作人员违法失职的人。控告人既可以是一般公民，也可以是国家工作人员。所谓申诉人，是指对于自己所受的处分不服，向原处理机关或其上级机关提出申诉意见，要求改变原来处分的人，也包括不服法院已经发生法律效力的判决或裁定，向原审法院或上级法院提出再审请求的人。申诉人并不限于受处分的公民本人，还包括为他人申诉的其他公民。所谓批评人，是指对国家机关和国家机关工作人员工作上的缺点、错误或思想作风提出批评意见的人。所谓举报人，是指揭发、检举国家机关或其工作人员违法、犯罪事实的人。此处的控告人、申诉人、批评人与举报人，并不限于对实施本罪的国家机关工作人员进行控告、申诉、批评与举报的人。例如，被害人向国家机关工作人员甲提出控告，国家机关工作人员乙滥用职权进行报复陷害的，仍然构成报复陷害罪。再如，被害人控告某国家机关工作人员子女的犯罪行为，该国家机关人员滥用职权进行报复陷害的，也构成报复陷害罪。因为一切公民的控告权、申诉权、批评权与举报权都是受法律保护的，要做到这一点，就不能允许国家机关工作人员对任何控告人、申诉人、批评人与举报人进行报复陷害，否则就不利于保护公民的民主权利和国家机关的正常活动。根据《宪法》第41条规定，上述控告人、申诉人、批评人、举报人在提出控告、申诉和批评意见时，不得捏造事实进行诬告陷害，否则，不仅不属于本条的保护对象，如果情节严重，还应当依照《刑法》第243条诬告陷害罪论处。

2. 本罪的客观方面。本罪在客观方面表现为滥用职权、假公济私，对控告人、申诉人或批评人、举报人实行打击报复陷害的行为。行为人必须是滥用职权、假公济私，即违反有关规定，超出职权范围，假借公事名义，陷害他人。从这个意义上说，报复陷害行为是一种渎职行为。报复陷害的方式多种多样，如制造种种理由或借口，非法克扣工资、奖金，或开除公职、党籍，或降职、降薪，或压制学术、技术职称的评定等。如果所采取的报复陷害行为与行为人的职权没有关系，则不构成本罪，如行为人对控告人进行身体伤害的行为，就不是滥用职权，因而不构成本罪。

3. 本罪的主体。本罪的主体是特殊主体，即国家机关工作人员。国家机关工作人员，是指在国家机关从事公务的人员。非国家机关工作人员是不可能滥用职权报复陷害他人的，如果实施了报复陷害行为，应根据其行为的性质和侵犯的客体，构成何罪，就以何罪论处。

4. 本罪的主观方面。本罪在主观方面表现为直接故意，并且具有报复陷害他人的目的。如果没有报复陷害的目的，而是由于政策水平不高，思想方法主观片面，工作作风简单粗暴，对事实未能查清等原因，对控告人、申诉人、批评人、举报人处理不当，致使其遭受损失的，属于工作上的失误，不构成犯罪。

• 适用指引 •

在本罪的认定中，还应当注意以下几点：

1. 本罪与一般打击报复行为的界限。国家工作人员滥用职权，实行打击报复，但情节显著轻微，危害不大的，一般不以犯罪论处，可予以批评教育，或者给予相应的行政纪律处分。但报复陷害，致使被害人的人身权利、民主权利或者其他权利受到严重损害的，手段恶劣的，致人精神失常或自杀的以及造成其他严重后果的，应当以报复陷害罪论处。

2. 本罪与诬告陷害罪的界限。这两种犯罪都侵犯了公民的人身权利、民主权利和国家机关的正常活动，都有陷害他人的故意。其主要区别在于：

（1）主体要件不同：报复陷害罪的主体只能是国家机关工作人员，而诬告陷害罪的主体则可以是任何公民。

（2）犯罪目的不同：报复陷害罪的目的是打击报复陷害他人，而诬告陷害罪的目的则是意图使他人枉受刑事追究。

（3）犯罪手段不同：报复陷害罪必须是基于职务，滥用职权或假公济私，诬告陷害罪则不要求必须利用职权。

（4）陷害的对象不同：报复陷害罪只限于控告人、申诉人、批评人、举报人这四种人，而诬告陷害罪可以是任何干部和群众。

3. 本罪和打击报复证人罪的界限。

（1）犯罪客体不同。打击报复证人罪侵犯的客体是复杂客体，即国家司法机关的正常活动和公民依法作证的民主权利。证人，是案件得到合法、公正处理的关键性因素之一，有些案件特别是刑事案件，证人的作用尤为重要。对证人进行打击报复必然会导致证人不敢作证或推翻原来所作出的证言，从而破坏司法机关执法活动的进行。因此，本罪属于妨害司法罪之类。报复陷害罪侵犯的客体是公民依法享有的控告、申诉、批评、检举等民主权利，同时也妨害了国家机关的正常管理活动。

（2）犯罪的客观方面不同。打击报复证人罪的客观方面表现为对证人进行打击报复的行为。既可以是行为人利用手中职权，假公济私，对证人进行打击报复，也可以是行为人没有利用职权而对证人采用恐吓、行凶、伤害等手段进行报复。打击报复证人罪侵害的对象只能是依法作证的证人。此处的证人是指知道案件事实情况并向司法机关提供证词的人。报复陷害罪的客观方面则表现为行为人利用手中的职权，假公济私，对他人进行报复陷害的行为。其侵害的对象只限于控告人、申诉人、批评人、举报人。

（3）主观方面不同。两罪的主观特征都表现为直接故意，但行为人具体的故意内容不同。打击报复证人罪的行为人出于报复证人的目的，明知自己的行为必然会妨害国家司法机关的正常活动和侵害证人的合法权益，却希望这种结果的发生；报复陷害罪的行为人则出于报复陷害控告人、申诉人、批评人、举报人的目的，明知自己的行为会侵害上述人的民主权利，妨害国家机关的管理活动，却希望其结果的发生。

（4）主体要件不同。打击报复证人罪的主体为一般主体，凡年满16周岁具有刑事责任能力的人都可构成本罪，行为人既可以是国家工作人员，也可以是一般的公民；而报复陷害罪的主体则为特殊主体，即只有国家机关工作人员才能构成本罪。

4. 本罪与滥用职权罪的界限。所谓滥用职权罪，是指国家机关工作人员超越职权，擅自决定，处理其无权决定处理的事务，或者故意违法、违纪处理公务，致使公共财产、国家和人民利益遭受重大损失的行为。本罪与滥用职权罪的主要区别表现在以下几个方面：

（1）侵犯的客体不同。滥用职权罪侵害的客体是国家机关的正常管理活动。报复陷害罪侵害的客体则主要是我国公民依法享有的控告权、申诉权、批评权、检举权等民主权利，同时也妨害了国家机关的正常管理活动。

（2）客观方面不同。滥用职权罪的客观方面表现为行为人滥用职权，并导致了公共财产、国家和人民利益遭受重大损失的行为。两个方面缺一不可。报复陷害罪的客观方面要求行为人必须滥用职权，假公济私，对他人进行报复陷害。其滥用职权的表现形式可能与滥用职权罪相同，但并不以造成重大损失为要件。报复陷害罪侵害的对象仅限于控告人、申诉人、批评人、举报人；滥用职权罪侵害的对象则既可以是物，也可以是人，对被侵害的人没有身份限制。

（3）主观方面不同。滥用职权罪的主观方面是故意，既可以是直接故意，也可以是间接故意。其故意的具体内容是行为人明知自己滥用职权的行为会造成公共财产、国家和人民的利益遭受重大损失的结果，而希望或放任该结果的发生；报复陷害罪的行为人，则主观上具有报复陷害控告人、申诉人、批评人、举报人的目的，明知自己的行为会侵犯上述人的民主权利和妨害国家机关的正常管理活动，却希望这种结果的发生，只有直接故意才能构成此罪。

第二百五十五条　打击报复会计、统计人员罪

【法律规定】

• 法律条文 •

《中华人民共和国刑法》

第二百五十五条　公司、企业、事业单位、机关、团体的领导人，对依法履行职责、抵制违犯会计法、统计法行为的会计、统计人员实行打击报复，情节恶劣的，处三年以下有期徒刑或者拘役。

• 相关规定 •

《中华人民共和国会计法》

第五条　会计机构、会计人员依照本法规定进行会计核算，实行会计监督。

任何单位或者个人不得以任何方式授意、指使、强令会计机构、会计人员伪造、变造会计凭证、会计账簿和其他会计资料，提供虚假财务会计报告。

任何单位或者个人不得对依法履行职责、抵制违反本法规定行为的会计人员实行打击报复。

《中华人民共和国统计法》

第六条　统计机构和统计人员依照本法规定独立行使统计调查、统计报告、统计监督的职权，不受侵犯。

地方各级人民政府、政府统计机构和有关部门以及各单位的负责人，不得

自行修改统计机构和统计人员依法搜集、整理的统计资料，不得以任何方式要求统计机构、统计人员及其他机构、人员伪造、篡改统计资料，不得对依法履行职责或者拒绝、抵制统计违法行为的统计人员打击报复。

【学理分析及适用指引】

• 学理分析 •

打击报复会计、统计人员罪，是指公司、企业、事业单位、机关、团体的领导人员，对依法履行职责、抵制违反《会计法》《统计法》行为的会计、统计人员实行打击报复，情节恶劣的行为。本罪的构成要件如下：

1. 本罪的客体。本罪侵犯的客体是公民的人身权利和国家的会计、统计制度，是复杂客体，但主要侵犯的是公民的人身权利。犯罪对象是依法履行职责的会计人员和统计人员。

2. 本罪的客观方面。客观方面表现为对依法履行职责、抵制违反《会计法》《统计法》行为的会计、统计人员实行打击报复的行为。违反《会计法》的行为，主要是指伪造、变造、故意毁灭会计凭证、会计账簿、会计报表和其他会计资料；利用虚假的会计凭证、会计账簿、会计报表和其他会计资料逃税或者损害国家利益、社会利益；对不真实、不合法的原始凭证予以受理；对违反国家统一的财政制度、财务制度规定的收支不向上级主管单位行政领导提出书面报告等行为。违反《统计法》的行为，主要是指虚报、瞒报统计资料；伪造、篡改统计资料；拒报或者屡次拒报统计资料等行为。为了保障会计人员、统计人员依法行使职权，法律规定各地方、各部门、各单位的行政领导人领导会计机构、会计人员执行《会计法》，保障会计人员的职权不受侵犯，任何人不得对会计人员打击报复；统计机构和统计人员依照《统计法》的规定独立行使统计调查、统计报告、统计监督的职权，不受侵犯。统计人员有权要求有关单位和人员依照国家规定，提供资料；检查统计资料的准确性，要求改正不确实的统计资料；揭发和检举统计调查工作中的违反国家法律和破坏国家计划的行为。对于违反《会计法》《统计法》的行为，会计人员、统计人员有权利也有义务依法进行抵制。因抵制而对会计人员、统计人员打击报复的手段是多种多样的，如调动工作、撤换职务、强行辞退，克扣工资、奖金等。法律只要求行为人具有对依法履行职责、抵制违反《会计法》《统计法》行为的会计人员或者统计人员其中一种行为就构成本罪；具有两种行为的也不实行并罚，量刑时可作参考。

3. 本罪的主体。犯罪主体为特殊主体，即公司、企业、事业单位、机关、团体的领导人员。不属于上述领导人员打击报复会计人员、统计人员的行为不构成本罪，但可以成立本罪共犯。

4. 本罪的主观方面。主观方面由直接故意构成，即明知会计、统计人员是依法履行职责而予以打击报复。间接故意和过失不构成本罪。

• 适用指引 •

司法实践中，认定本罪时，应当注意：

1. 本罪的主体既包括国有公司、企业、事业单位、机关、团体的领导人，也包括非国有公司、企业、事业单位、机关、团体的领导人。如果单位领导人采取报复陷害、伤害、杀害等方式打击报复会计、统计人员的，应当按照想象竞合犯的处理原则，择一重罪从重处断。

2. 本罪与其他犯罪的竞合关系：会计、统计人员对单位领导人的违法违规行为进行抵制的同时，也可能在公共场合，如会议上对其提出了批评，或者就其行为提出了控告或举报。而行为人如果是国家机关工作人员且滥用职权、假公济私进行报复时，则同时触犯本罪与报复陷害罪，应按照想象竞合犯从一重罪即报复陷害罪处罚。如果行为人采取故意伤害、故意杀害等行为对会计、统计人员进行打击报复的，那么此种情况也属于想象竞合犯，即实施一个犯罪行为而触犯数个罪名，因此，应择一重罪处断。

第二百五十六条　破坏选举罪

【法律规定】

• 法律条文 •

《中华人民共和国刑法》

第二百五十六条　在选举各级人民代表大会代表和国家机关领导人员时，以暴力、威胁、欺骗、贿赂、伪造选举文件、虚报选举票数等手段破坏选举或者妨害选民和代表自由行使选举权和被选举权，情节严重的，处三年以下有期徒刑、拘役或者剥夺政治权利。

• 相关规定 •

《中华人民共和国宪法》

第三十四条　中华人民共和国年满十八周岁的公民，不分民族、种族、性别、职业、家庭出身、宗教信仰、教育程度、财产状况、居住期限，都有选举权和被选举权；但是依照法律被剥夺政治权利的人除外。

《中华人民共和国全国人民代表大会和地方各级人民代表大会选举法》

第五十八条　为保障选民和代表自由行使选举权和被选举权，对有下列行为之一，破坏选举，违反治安管理规定的，依法给予治安管理处罚；构成犯罪的，依法追究刑事责任：

（一）以金钱或者其他财物贿赂选民或者代表，妨害选民和代表自由行使选举权和被选举权的；

（二）以暴力、威胁、欺骗或者其他非法手段妨害选民和代表自由行使选举权和被选举权的；

（三）伪造选举文件、虚报选举票数或者有其他违法行为的；

（四）对于控告、检举选举中违法行为的人，或者对于提出要求罢免代表的人进行压制、报复的。

国家工作人员有前款所列行为的，还应当由监察机关给予政务处分或者由所在机关单位给予处分。

以本条第一款所列违法行为当选的，其当选无效。

《最高人民检察院关于渎职侵权犯罪案件立案标准的规定》（高检发释字〔2006〕2号）

二、国家机关工作人员利用职权实施的侵犯公民人身权利、民主权利犯罪案件

（七）国家机关工作人员利用职权实施的破坏选举案（第二百五十六条）

破坏选举罪是指在选举各级人民代表大会代表和国家机关领导人员时，以暴力、威胁、欺骗、贿赂、伪造选举文件、虚报选举票数或者编造选举结果等手段破坏选举或者妨害选民和代表自由行使选举权和被选举权，情节严重的行为。

国家机关工作人员利用职权破坏选举，涉嫌下列情形之一的，应予立案：

1. 以暴力、威胁、欺骗、贿赂等手段，妨害选民、各级人民代表大会代表自由行使选举权和被选举权，致使选举无法正常进行，或者选举无效，或者选举结果不真实的；

2. 以暴力破坏选举场所或者选举设备，致使选举无法正常进行的；

3. 伪造选民证、选票等选举文件，虚报选举票数，产生不真实的选举结果或者强行宣布合法选举无效、非法选举有效的；

4. 聚众冲击选举场所或者故意扰乱选举场所秩序，使选举工作无法进行的；

5. 其他情节严重的情形。

《人民检察院直接受理立案侦查的渎职侵权重特大案件标准（试行）》（高检发〔2001〕13号）

四十、国家机关工作人员利用职权实施的破坏选举案

（一）重大案件

1. 导致乡镇级选举无法进行或者选举无效的；

2. 实施破坏选举行为，取得县级领导职务或者人大代表资格的。

（二）特大案件

1. 导致县级以上选举无法进行或者选举无效的；

2. 实施破坏选举行为，取得市级以上领导职务或者人大代表资格的。

【案例一】

杨某甲等破坏选举案①

• 案件事实 •

2016 年湖南省洪江市市、乡（镇）两级人大换届选举期间，洪江市托口镇三里村选区（即托口镇二选区）根据中共洪江市委办公室洪办〔2016〕20 号《中共洪江市委办公室关于印发的通知》《中共托口镇委员会关于印发的通知》要求和安排，于 2016 年 9 月 17 日召开村支两委、党员代表、村务监督委员会议，选举产生了三里村市、镇人大选举工作小组（三里村当时的会议记录为“选举委员会”）成员，并确定了八名镇人大代表候选人。之后，三里村选区又根据组织推荐、选民联名推荐及相关部门审查，确定了包括上诉人杨某乙、杨某甲在内的六人为选区内洪江市人大代表的初步候选人，并由洪江市选举委员会于 2016 年 9 月 29 日下午将三里村选区市人大代表初步候选人名单进行了张榜公布。2016 年 10 月 9 日，有意参选市人大代表的杨某甲得知三里村市、镇人大选举工作小组拟于当天上午在三里村村委会召开该村“三长”（即行政小组长、妇女组长、党小组长）及村支“两委”会议，协商酝酿两名提名为洪江市人民代表大会代表的正式候选人的情况后，认为没有村民小组代表参加，会议结果有可能超出自己的预期，遂于当日 7 时 13 分、8 时 21 分先后两次电话联络同样有意参选市人大代表的上诉人杨某乙，提出“这次没有组代表参加的会议不合法”，鼓动杨某乙在会上提出“有两名初步候选人存在经济问题，不能作为候选人”。会议开始后，杨某甲、杨某乙先后提出了上述观点。由于对参会的托口镇人大主席王某 1、镇长段某当场作出的答复不满，情绪激动的杨某甲与王某 1 发生争执，并提出拒绝继续参加会议，带头与杨某乙、上诉人杨某、时任三里村禁山元组村民小组长的原审被告人唐某某及杨某 2、杨某 1、向某 2 等部分参会人员离开会场。致使三里村选区关于市人大代表正式候选人的协商酝酿会议没有结果。

当天 12 时许，托口镇党委、政府、镇选举委员会根据洪江市选举委员会指导托口镇换届选举工作组提出的三里村选区“按照选举法规定进行预选”

① 参见湖南省怀化市中级人民法院（2017）湘 12 刑终 221 号。

的意见召开了紧急会议，研究讨论了三里村选区市人大代表正式候选人预选事宜，通过了《托口镇三里村选区市人大代表换届选举预选投票工作方案》，三里村选举工作小组随后也制定了《三里村市人大代表换届选举预选投票工作方案》，确定了整个选区设8个流动票箱，于当日17时起采取流动票箱上门入户方式进行投票的预选流程。杨某甲得知这一情况后，于17时23分经手机联系将情况告诉当时在怀化市区从事鲜鱼贩卖的唐某某，要唐某某马上从怀化赶回禁山元组村民小组掌握选举情况并随时向自己汇报。17时33分，杨某甲打电话给杨某，要其向洪江市领导咨询此次预选是否合法。在杨某向洪江市信访局局长田某电话咨询，并将“关于他们选举是否合法的问题必须要相关部门调查核实才能够确定”答复告知杨某甲后，杨某甲坚持认为该次预选违反《选举法》规定，要杨某给各村民小组组长打电话，想办法阻止当晚的选举。期间杨某甲还多次打电话催促唐某某快点从怀化赶回三里村来。在唐某某电话联系杨某时，杨某也称政府这次的选举非法，要唐某某想办法阻止选举进行，并与唐某某商量阻拦选举的对策，指使唐某某抢夺投票箱阻止选举。杨某还于当日18时许给三里村粟家巷组组长粟某元的哥哥粟某打电话，并在从托口镇返回黔城镇途经江市镇老团村时找到粟某，要粟某打电话告诉粟某元讲晚上投票不合法，鼓动粟某元不要参加选举。杨某甲也在18时前后打电话给杨某乙以及三里村多名村民小组组长及村民，声称此次选举是非法选举、不恰当，唆使村民不要参与当晚的投票，并要杨某乙想办法阻止此次选举。其中，三里村电冲组组长文某因接到了杨某甲的鼓动电话，在选举工作人员找其投票时，便当众撕掉选票、强行拿走了一些空白选票。经政府工作人员做工作后，文某才退回选票参加选举。当日18时32分，杨某甲打电话给三里村岩板坡组组长黄某2，要其转告村民不要参加投票选举，并指使杨某乙在三里村组织活动中心附近的村民邓某进家找到黄某2，由杨某乙邀黄某2到杨某4、杨某1、向某3、邓某电、蔡某、杨某5等10余户村民家上门游说，称“要是晚上有人来找你们投票选举，你们不要选，等天光（亮）了再选”，鼓动村民不要参加选举。因黄某2后来发觉到阻拦村民参加选举不妥，遂不同意继续走访，并用摩托车将杨某乙送回家。此外，杨某甲打电话将三里村粟家巷组组长粟某元、三里村枫木塘组代表李某奇、三里村金家元组组长向某2等约至自己在托口镇新集镇开的电器店内，借口讨论当天晚上选举的情况，明确向粟某元、李某1、向某2提出“政府晚上选举是违法的”，意图唆使村民不要参与选举。19时12分，杨某甲打电话给唐某某，称文某那个选举点已经发生争吵，投票箱被人控制、选票被人拿走。20时许，经杨某甲多次电话催促的唐某某驾车赶回到三里村。在途经杨某乙家时，唐某某接上杨某乙并赶至三里村牛某移民点。见到正在组织选举活动的托口镇政府工作人员杨某8等人后，唐某某将自己驾驶的皮卡车拦在政府公车前的马路中央，与杨某乙一起对选举工作人员提出“你们晚上搞选举是违法的，不符合选举法”，并威胁“如继续搞选举就要拿走投票箱”，要求工作人员停止选举工作。在选举工作人员向唐某某及围观村民解释当时进行的选举活动符合规定，警告唐某某不要拿投票箱时，唐某某趁乱从杨某8手中抢走了投票箱，并先锁进了其驾驶的皮卡车驾驶室，后又将投票箱交由杨某乙。杨某乙接过后随即将投票箱抱回家中藏匿。经闻讯赶到现场的托口镇人大主席王某1、托口镇镇长段某及托口派出所民警一起上门做工作，杨某乙才在杨某等家属的反复劝说下，于当天23时许将藏匿于自家卧室内高柜内的投票箱交还给组织选举的工作人员。但托口镇三里村某投票点当天的投票选举活动因此被迫中断，并波及三里村选区内的其他7个流动投票点，引起部分村民弃选、罢选，而且还导致整个三里村选区原定当天结束的预选工作不得不拖延至第二天才得以完成。

2016年10月10日15时许，原审被告人唐某某在经洪江市公安局托口派出所电话联系，赶往托口派出所投案途中被传唤到案。上诉人杨某甲于2016年10月12日10时30分被公安机关从家中传唤到案。上诉人杨某乙经洪江市公安局治安某队及托口派出所干警做工作后，于2016年10月12日15时许在家属陪同下到洪江市公安局投案。上诉人杨某于2016年10月12日16时30分主动到洪江市公安局投案。杨某乙、杨某、唐某某到案后，如实供述自己破坏选举的犯罪事实。

• 裁判要旨 •

在选举人民代表大会代表过程中，以暴力、欺骗等手段破坏选举，妨害选民自由行使选举权和被选举权，情节严重的，构成破坏选举罪。

• 裁判理由 •

原审法院认为被告人杨某甲、杨某乙、杨某、唐某某的行为均构成破坏选举罪。在共同犯罪中，杨某甲、杨某乙、杨某、唐某某均起主要作用，均系主犯。杨某乙、杨某、唐某某犯罪有自首情节，依法可从轻处罚，且可对唐某某适用缓刑。据此判决：一、被告人杨某甲犯破坏选举罪，判处有期徒刑一年六个月。二、被告人杨某乙犯破坏选举罪，判处有期徒刑一年。三、被告人杨某犯破坏选举罪，判处有期徒刑十个月。四、被告人唐某某犯破坏选举罪，判处有期徒刑十个月，缓刑一年六个月。

原审被告人杨某甲上诉提出自己的行为不构成破坏选举罪；辩护人李某国提出杨某甲没有破坏选举的故意、行为，与唐某某、杨某乙抢票箱、藏票箱的行为当有区别。

原审被告人杨某乙上诉提出自己的行为不构成破坏选举罪；辩护人李某俐提出认定杨某乙犯破坏选举罪没有证据。

原审被告人杨某上诉提出一审判决认定事实错误，证据不足，自己的行为不构成破坏选举罪；辩护人王某红亦提出了相同的辩护意见。

二审法院认为，上诉人杨某甲、杨某乙、杨某、原审被告人唐某某在选举洪江市第五届人民代表大会代表过程中，以暴力、欺骗等手段破坏选举，妨害选民自由行使选举权和被选举权，情节严重，其行为均已构成破坏选举罪。在共同犯罪中，杨某甲、杨某乙、杨某、唐某某均起主要作用，均系主犯。被告人杨某乙、杨某、唐某某犯罪以后自动投案，如实供述自己的罪行，系自首，依法可以从轻处罚。一审判决根据原审被告人唐某某的犯罪情节、认罪态度及参考社区矫正调查评估意见，对唐某某宣告缓刑适当。

针对杨某甲上诉提出自己的行为不构成破坏选举罪；辩护人李某国提出杨某甲没有破坏选举的故意，其行为与唐某某、杨某乙抢票箱、藏票箱的行为当有区别的辩护意见。杨某乙上诉提出自己的行为不构成破坏选举罪；辩护人李某俐提出认定杨某乙犯破坏选举罪没有证据的辩护意见。杨某及辩护人王某红提出一审判决认定事实错误，证据不足，杨某的行为不构成破坏选举罪的上诉理由及辩护意见。经查，杨某甲在托口镇三里村选区因市人大代表正式候选人在协商酝酿失败而启动正式候选人预选过程中，以预选不合法、对选举工作有意见为由，出于达到阻止选举目的，明确教唆、指使杨某乙、杨某、唐某某想办法阻止选举；在预选活动开始后，杨某甲又多次打电话给选区内的村民小组组长及部分村民，明确要他们抵制选举并积极传递选举不合法的不实信息、积极散布少数村民抵制选举的负面信息；在杨某甲的指使下，杨某乙不但与黄某厚到村民家宣传选举不合法、要求村民不要参与选举投票，还与唐某某到选举现场阻止选举，抢夺、藏匿投票箱，造成选举工作被迫中断；杨某除向唐某某传递虚假信息、指使唐某某阻止选举外，还通过电话向他人散布选举不合法的不实信息，鼓动村民不要参加选举。四人实施上述行为，在主观上具有阻止选举顺利进行的明显故意；其实施的阻挠选举、抢夺投票箱的行为直接造成了选举中断，导致部分选民不能正常自由行使选举权甚至对预选产生怀疑，不仅严重扰乱了选举秩序，影响了该选区选民在后续市人大代表、镇人大代表直选中的参选，在当地造成极严重的社会影响，而且侵犯了国家的选举制度和公民的民主权利。因此上诉人杨某甲、杨某乙、杨某提出的上诉观点及其辩护人李某国、李某俐、王某红所提辩护意见均不成立，法院不予采纳。

综上，原审判决认定的犯罪事实清楚，证据确实、充分，定罪准确，量刑适当，审判程序合法。依照《刑法》第256条、第25条第1款、第26条第1款、第4款，第67条第1款、第72条第1款、第73条第2款、第3款和第76条和《刑事诉讼法》第225条第1款第1项之规定，裁定如下：驳回上诉，维持原判。

本裁定为终审裁定。

【案例二】

张某等破坏选举案[①]

● 案件事实 ●

2005 年 3 月 28 日，在河南省灵宝市某村委会换届的提名候选人选举会场，村民张某以有人“捣鬼”为由，将选民名单撕毁，又用木凳砸坏投票箱，把箱内选票烧掉。选委会主任王某和指导选举工作的乡干部赵某上前阻拦时，张某又用木凳将王某砸伤，又用板凳砸赵某腰部，造成会场秩序混乱，选举工作被迫停止，经鉴定，王某的伤情为轻微伤。

● 裁判要旨 ●

破坏村委会选举的行为不能以破坏选举罪论处。

● 裁判理由 ●

法院认为：被告人张某虽然有采取暴力手段破坏选举的行为，但应当按照《村民委员会组织法》及有关地方法规的规定对其违法行为进行调整和处分。张某的行为不属于《全国人民代表大会和地方各级人民代表大会选举法》的适用范围，涉及的问题不应适用该法和《刑法》的有关规定。公诉机关起诉的事实清楚，但认为被告人构成破坏选举罪没有法律依据。被告人张某及其辩护人辩称其行为不构成犯罪的意见，应予采纳。经审判委员会讨论决定，依照《刑法》第 3 条、《刑事诉讼法》第 195 条第 2 项的规定，判决如下：被告人张某无罪。

【学理分析及适用指引】

● 学理分析 ●

1. 破坏选举罪的构成。破坏选举罪，是指在选举各级人民代表大会代表和国家机关领导人员时，以暴力、威胁、欺骗、贿赂、伪造选举文件、虚报选举票数等手段，破坏选举或者妨害选民和代表自由行使选举权和被选举权，情节严重的行为。本罪的构成要件如下：

（1）本罪侵犯的客体是公民的民主权利和国家的选举制度。

（2）客观方面表现为在选举各级人民代表大会代表和国家机关领导人员

① 参见焦迎九、刘赞芳：《破坏村委会选举的行为如何定性》，载《人民法院报》2005 年 9 月 4 日。

时，以暴力、威胁、欺骗、贿赂、伪造选举文件、虚报选举票数等手段，破坏选举或者妨害选民和代表自由行使选举权和被选举权的行为。首先，破坏的选举活动必须是依法选举各级人民代表大会代表和国家机关领导人员的选举活动，包括选民登记、提出候选人、投票选举、补选、罢免等整个选举活动。其次，破坏选举的手段必须是暴力、威胁、欺骗、贿赂、伪造选举文件、虚报选举票数等。暴力，是指对选民、各级人民代表大会代表、候选人、选举工作人员等实施殴打、捆绑等人身伤害，或者以暴力破坏选举场所，使选举工作无法进行。威胁，是指以杀害、伤害、破坏名誉、毁坏财产等进行要挟，迫使选民、各级人民代表大会代表、候选人、选举工作人员不能自由行使选举权和被选举权，或者在选举工作中不能正常履行职责。欺骗，是指编造严重不符合事实的情况或者捏造对选举有重大影响的事实，并加以散布、宣传，扰乱正常的选举活动。贿赂，是指用金钱或者其他物质利益收买选民、人民代表、候选人、选举工作人员，使他们违反自己的真实意愿参加选举或者在选举工作中进行舞弊活动。伪造选举文件，是指伪造选民证、选票等文件。虚报选举票数，是指选举工作人员对统计出来的选票数、赞成票数、反对票数进行虚报、假报（多报或少报）。按照法律规定，行为人只要实施了上述行为中的一种行为，就构成本罪；实施两种或者两种以上的行为，也不实行数罪并罚。最后，破坏选举的行为必须造成了破坏选举的正常进行或者妨害选民和代表自由行使选举权和被选举权的后果。

按照《刑法》规定，破坏选举的行为，除必须具备上述构成要件外，还必须达到情节严重的程度，才构成犯罪。所谓情节严重，在司法实践中一般是指破坏选举手段恶劣，后果严重或者造成恶劣的社会影响。

（3）犯罪主体为一般主体，既可以是有选举权与被选举权的公民，也可以是无选举权与被选举权的公民，还可以是选举工作人员，如虚报选举票数只有选举工作人员有条件实施。

（4）主观方面由直接故意构成，并具有破坏选举的目的。破坏选举的动机可以是各种各样的，但动机不影响本罪的成立。间接故意和过失不构成本罪。

2. 关于破坏村民委员会选举行为的争议。对于破坏村民委员会选举的行为如何处理，存在两种观点：①

一种观点认为，破坏村委会选举的行为构成破坏选举罪。理由是：村民委员会换届选举是一种依法进行的选举活动，村民委员会选举的对象虽然不是各级人大代表和国家机关领导人员，但从选举的重要性和破坏该选举所造成的社会危害性看，破坏村民委员会选举的行为应纳入我国《刑法》破坏选举罪打

---

① 焦迎九、刘赞芳：《破坏村委会选举的行为如何定性》，载《人民法院报》2005年9月4日。

击的范畴，以维护村民委员会选举工作的顺利进行。况且，村民委员会的人员协助人民政府从事某些行政管理工作时（如救灾、抢险、防汛、优抚、扶贫、移民、救济款物的管理、户籍、征兵工作的管理等），是以国家工作人员论的。所以，妨害村民委员会的选举也构成破坏选举罪。

另一种观点认为，《刑法》第256条规定的破坏选举罪要求破坏选举的对象为各级人民代表大会代表和国家机关领导人员，不包括村民委员会。我国《刑法》规定的罪刑法定原则要求“法无明文规定不为罪，法无明文规定不处罚”，即使当前破坏村民委员会选举的行为具有较大的社会危害性，也不能适用类推，以破坏选举罪对此类行为进行定罪处罚。

村民委员会是村民自我管理、自我教育、自我服务的基层群众性自治组织，实行民主选举、民主决策、民主管理、民主监督。村民委员会与基层政权的关系是：乡、民族乡、镇的人民政府对村民委员会的工作给予指导、支持和帮助，但是不得干预依法属于村民自治范围内的事项。村民委员会协助乡、民族乡、镇的人民政府开展工作。由此可见，村民委员会不是一级政权组织，而是村民的群众性自治组织。因此，在村委会选举过程中，既不存在选举各级人民代表大会代表的问题，也不存在选举国家机关领导人员的问题。《村民委员会组织法》第15条只是规定以威胁、贿赂、伪造选票等不正当手段，妨害村民行使选举权、被选举权，破坏村民委员会选举的，村民有权向乡、民族乡、镇的人民代表大会和人民政府或县级人民代表大会常务委员会和人民政府及其有关主管部门举报，有关机关应当负责调查并依法处理。以威胁、贿赂、伪造选票等不正当手段当选的，其当选无效。可见，以暴力、威胁、欺骗、贿赂、伪造选举文件、虚报选举票数等手段破坏村委会选举的行为，不符合《刑法》第256条规定的破坏选举罪的构成要件，因此目前破坏村委会选举的行为尚不能按照《刑法》定罪处罚。①

• 适用指引 •

司法实践中，认定本罪应注意：

1. 罪与非罪的界限。按照法律规定，破坏选举的行为，情节是否严重，是区分罪与非罪的关键。对于破坏选举或者妨害选民和代表自由行使选举权和被选举权的行为，如果情节不严重的，属于一般违法行为，应当依照《选举法》第43条的规定，给予必要的行政处分。

2. 对于破坏村民委员会、居民委员会选举的行为，根据现有的刑事立法规定，不能以破坏选举罪处理。如果在破坏村民委员会、居民委员会选举的过

---

① 当然，如果在破坏村委会选举的过程中出现其他侵犯人身权利或者妨害社会管理秩序的行为，构成犯罪的，自然应当按照《刑法》规定的相应罪名如故意伤害罪、妨害公务罪等处理。

程中有故意伤害等其他行为的，可以按照相应犯罪进行处理。

第二百五十七条　暴力干涉婚姻自由罪

【法律规定】

● 法律条文 ●

《中华人民共和国刑法》

第二百五十七条　以暴力干涉他人婚姻自由的，处二年以下有期徒刑或者拘役。

犯前款罪，致使被害人死亡的，处二年以上七年以下有期徒刑。

第一款罪，告诉的才处理。

● 相关规定 ●

《中华人民共和国民法典》

第一千零四十二条第一款　禁止包办、买卖婚姻和其他干涉婚姻自由的行为。禁止借婚姻索取财物。

【案例】

肉某暴力干涉婚姻自由案①

● 案件事实 ●

阿某，初中文化程度，农民。肉某，小学文化程度，农民。因本案于2005年10月28日被逮捕。肉某的父母和阿某的父母商定让阿某与肉某成亲，为此肉某的父母给阿某家送去了礼品。因阿某不同意与肉某结婚，退回了礼品。2005年8月23日晚，阿某和姐姐坐畜力车从姑姑家回家时，肉某及其朋友吾甫某、喀某某、吾麦某（在逃）等在中途阻止，不顾阿某极力反抗，用摩托车、汽车强行把自诉人阿某带到伽师县卧力脱格拉克乡、巴楚县等地，强迫阿某同意与肉某结婚。在实施强抢过程中，阿某右腿被摩托车排气管烫伤。阿某的父母闻讯后向公安机关报案。当月25日凌晨，公安人员解救了阿某，并将肉某抓获。阿某右腿被烫伤，花去治疗费557元、检查费280元、交通费100

---

① 参见最高人民法院中国应用法学研究所编：《人民法院案例选》（2006年第3辑），人民法院出版社2006年版。

元、鉴定费280元、误工费105元、护理费105元。经法医鉴定，阿某的损伤为轻微伤。

• 裁判要旨 •

违背当事人的意愿，使用暴力“抢婚”的，应当以暴力干涉婚姻自由罪论处。

• 裁判理由 •

新疆维吾尔自治区伽师县人民法院经审理认为：公民享有婚姻自主权，禁止买卖、包办婚姻和其他干涉婚姻自由的行为。被告人肉某明知其父母给自诉人的家人送去礼品后，自诉人阿某不同意与被告人结婚，退回了礼品，仍伙同他人强行将自诉人带到伽师县卧力脱格拉克乡、巴楚县等地，强迫自诉人同意与其结婚，其行为构成暴力干涉婚姻自由罪。自诉人的控诉有事实根据和法律依据，应予以支持。考虑被告人认罪态度、愿意赔偿自诉人经济损失等情节，酌情从轻处罚。依照《刑法》第257条第1款、第61条、第36条第1款和《民法通则》第119条的规定，判决如下：一、被告人肉某犯暴力干涉婚姻自由罪，判处有期徒刑六个月。二、被告人肉某赔偿自诉人阿某医疗费、误工费、护理费、交通费、鉴定费损失1427元，于判决生效之日起10日内支付。

【学理分析及适用指引】

• 学理分析 •

暴力干涉婚姻自由罪，是指以暴力方法干涉他人婚姻自由的行为。干涉他人婚姻自由，即是指强制他人与某人结婚或者离婚，禁止他人与某人结婚或者离婚。本罪的构成要件如下：

1. 本罪的客体。本罪侵犯的客体是婚姻自由权利和身体自由权。所谓婚姻自由权，是指符合法律规定的结婚条件的男、女，对于是否结婚、与谁结婚的自主决定权，包括恋爱、结婚、离婚的决定权；所谓身体自由权，是指当事人自由支配自己身体的权利。行为人使用暴力干涉他人婚姻自由，往往同时要以暴力手段限制他人身体的自由，所以本罪既侵犯了他人的婚姻自由权，也侵犯了他人的身体自由权。

2. 本罪的客观方面。客观方面表现为暴力干涉他人婚姻自由的行为。所谓暴力，是指用捆绑、殴打、禁闭、强抢等对人身实施打击和强制的行为。暴力干涉他人婚姻自由的主要表现形式是：强迫对方与自己结婚；强迫被干涉者与他人结婚或者不准被干涉者与他人结婚；强迫被干涉者与他人离婚或者不准被干涉者与他人离婚；强迫对方与自己离婚。如果行为人没有暴力干涉的行为，则不构成本罪。

3. 本罪的主体。本罪的主体为一般主体，其中以父母干涉子女婚姻自由为多数。

4. 本罪的主观方面。主观方面只能是直接故意，间接故意和过失不构成本罪。

• 适用指引 •

司法实践中，认定本罪应注意：

1. 正确认定案件性质。由于干涉婚姻自由的案件情况比较复杂，司法机关在处理具体案件时，应当根据立法的基本精神，深入调查研究，对暴力干涉作全面的理解，不能只从形式上看存在暴力行为就认定是犯罪，而应当把暴力手段的具体性质、危害程度以及其他情况结合起来考虑。如果暴力行为对被干涉者的人身侵害程度显著轻微，或者暴力手段不足以使被干涉者争取婚姻自由的斗争受到严重挫折，或者是对被干涉者的结婚、离婚自由威胁不大的，一般不宜作为犯罪处理。特别是要查明暴力行为与危害结果之间是否存在着刑法上的因果关系，以便实事求是地作出正确的结论。

2. 严格划清暴力干涉与非暴力干涉的界限。对于以非暴力手段，如赶出家门、中断供给、断绝关系或者以自杀相威胁等干涉他人婚姻自由的行为，不构成暴力干涉婚姻自由罪。

3. 按照《刑法》第257条第3款的规定，对于以暴力干涉他人婚姻自由，没有引起被害人死亡的，告诉的才处理；即使被干涉者提出了控告，但尔后又要求撤诉的，经人民法院审查认为确属自愿的，应当准许；经审查认为自诉人系被强迫、威吓等，不是出于自愿的，应当不予准许。

4. 据有关资料反映，我国有的少数民族有抢婚这种习俗，而且视这种习俗为结婚的一种方式。对这种抢婚方式，可不作犯罪处理。若男女双方已有婚姻的意愿，仅按当地习俗例行抢婚的，不构成犯罪。但是，在实际生活中，有的向女方求婚遭到拒绝后，便纠集一些人，用暴力手段把女方抢到自己家中，其情节严重的，则应当认定这种抢婚行为构成了暴力干涉婚姻自由罪，依法处以刑罚。① 实践中，在处理暴力"抢婚"的案件时，如果行为人所在的少数民族没有这一民族习惯，并且行为违背被害人意志的，对行为人应以暴力干涉婚姻自由罪定罪处罚。

---

① 参见最高人民法院中国应用法学研究所编：《人民法院案例选》（2006年第3辑），人民法院出版社2006年版，第42～46页。

第二百五十八条 重婚罪

【法律规定】

• 法律条文 •

《中华人民共和国刑法》

第二百五十八条 有配偶而重婚的，或者明知他人有配偶而与之结婚的，处二年以下有期徒刑或者拘役。

• 相关规定 •

《中华人民共和国民法典》

第一千零四十二条第二款 禁止重婚。禁止有配偶者与他人同居。

《最高人民法院关于适用〈中华人民共和国民法典〉婚姻家庭编的解释（一）》（法释〔2020〕22号）

第七条 未依据民法典第一千零四十九条规定办理结婚登记而以夫妻名义共同生活的男女，提起诉讼要求离婚的，应当区别对待：

（一）1994年2月1日民政部《婚姻登记管理条例》公布实施以前，男女双方已经符合结婚实质要件的，按事实婚姻处理。

（二）1994年2月1日民政部《婚姻登记管理条例》公布实施以后，男女双方符合结婚实质要件的，人民法院应当告知其补办结婚登记。未补办结婚登记的，依据本解释第三条规定处理。

【案例】

法某某等重婚案①

• 案件事实 •

被告人法某某于1991年8月24日在英国与被害人米某注册结婚且婚姻关系一直延续至今。2005年，法某某到广东省广州市做生意期间，认识被告人罗某婷并产生感情。罗某婷在明知法某某已经注册结婚的情况下，双方仍以夫妻名义同居于广州市越秀区×××小区。2006年下半年，法某某、罗某婷举

① 参见中华人民共和国最高人民法院刑事审判第一、二、三、四、五庭主办：《刑事审判参考》（总第97集），法律出版社2014年版。

办婚宴，宴请双方亲朋好友，公开他们之间的夫妻关系。后法某某和罗某婷在广州市生育2名儿女。2013年2月26日，法某某、罗某婷向公安机关投案。法某某归案后，被害人米某于2013年3月向公安机关表示谅解法某某，请求司法机关对其从轻处理。

• 裁判要旨 •

外籍被告人与外籍配偶在境外结婚后在我国境内与他人以夫妻名义同居的是否构成重婚罪。

• 裁判理由 •

广州市越秀区检察院以被告人法某某、被告人罗某婷犯重婚罪向法院提起公诉，同时，提出法某某、罗某婷犯罪以后能自动投案，如实供述自己罪行，是自首，提请法院依法从轻或者减轻处罚。被告人法某某对公诉机关指控的事实和罪名均无异议，但辩称其认为自己与被告人罗某婷的关系是“COUPLE（情侣）”，但不是婚姻意义上的“COUPLE（夫妻）”。

其辩护人的主要辩护意见是：（1）本案指控法某某构成重婚罪的法律依据值得商榷。我国的婚姻采取登记制，目前我国的法律是不承认事实婚姻的。现行法律规定，有配偶与他人同居并不构成重婚罪。《最高人民法院关于（婚姻登记管理条例）施行后发生的以夫妻名义非法同居的重婚案件是否以重婚罪定罪处罚的批复》（法复〔1994〕10号），已于2013年1月14日被废止（法释〔2013〕2号）。即使指控的行为发生在该批复废除之前，但是其批复本身不是法律，与我国的法律相冲突的，根据我国适用法律的从旧兼从轻原则，该批复不能作为指控依据。（2）法某某有自首情节，有悔罪表现，其并无故意触犯中国《刑法》的恶意，在法某某的认识中，在英国只有在教堂中行礼才成立婚姻关系，其亦不知道我国的司法解释，不知道其与被告人罗某婷的行为会构成重婚罪，请法庭给予被告人一个改过的机会。（3）法某某已经得到英国妻子的谅解，之前其妻子也表示撤回指控。（4）法某某一向遵纪守法，行为良好，是初犯。（5）指控的行为所侵犯的客体是英国的婚姻制度，且被害人是英国人，法某某的行为没有给被害人造成什么严重的后果。因此，请求法庭对法某某从轻处罚并适用缓刑。

被告人罗某婷对公诉机关指控的事实及罪名均无异议。其当庭供称：2006年下半年，其明知被告人法某某已在英国登记结婚仍和法某某在亚洲国际酒店设宴宴请亲戚。宴席上挂了“马罗婚宴”的横幅，罗代表其，马代表法某某。他们两人还照了婚纱照。法某某对其通过举办婚宴方式向双方亲朋好友公开他们之间夫妻关系的行为予以认可。

其辩护人基于以下理由请求法庭认定罗某婷的行为情节轻微，对其适用缓刑：（1）罗某婷与法某某并没有登记结婚。（2）罗某婷是主动投案自首，并有悔改意愿，而且案发后已经与法某某分开居住，以实际行动纠正自己的错误。从被害人的陈述及撤诉的意思，可知被害人是谅解罗某婷的，罗某婷也并没有对被害人造成实质伤害。（3）罗某婷系初犯，且是两个孩子的母亲。

被害人米某要求法庭判决驱逐被告人出境，与英国家人团聚。

法院认为，被告人法某某，有配偶仍与他人以夫妻名义共同生活，被告人罗某婷明知他人有配偶而与他人以夫妻名义共同生活，其行为均构成重婚罪。公诉机关指控法某某、罗某婷犯重婚罪的事实清楚，证据确实、充分，罪名成立。法某某、罗某婷犯罪后能自动投案，如实供述自己的罪行，构成自首；依法可以从轻处罚。辩护人关于法某某及罗某婷的认罪态度、悔罪表现较好以及以法某某已得到被害人谅解等为由，建议对法某某、罗某婷从轻处罚的辩护意见，予以采纳。据此，依照《刑法》第 6 条，第 258 条，第 67 条第 1 款，第 72 条第 1 款、第 3 款，第 73 条第 1 款、第 3 款的规定，判决如下：一、被告人法某某犯重婚罪，判处拘役六个月，缓刑六个月。二、被告人罗敏婷犯重婚罪，判处拘役六个月，缓刑六个月。

【学理分析及适用指引】

• 学理分析 •

1. 重婚罪的构成。重婚罪，是指自己有配偶而与他人结婚，或者明知他人有配偶而与之结婚的行为。本罪的构成要件如下：

（1）本罪的客体。本罪侵犯的客体是社会主义婚姻家庭制度中的一夫一妻制。一夫一妻制是以一男一女结为夫妻的婚姻形式，是我国《民法典》的一项基本原则。为了保证这一原则的贯彻执行，《民法典》婚姻家庭编在总则中规定禁止重婚，禁止有配偶者与他人同居。按照《民法典》婚姻家庭编的规定，重婚是婚姻无效的情形之一。

（2）本罪的客观方面。客观方面表现为有配偶而重婚，或者明知他人有配偶而与之结婚的行为。所谓有配偶而重婚，是指自己已结婚，在双方的婚姻关系没有依法解除或者在对方没有死亡的时候，又与他人结婚的行为。所谓明知他人有配偶而与之结婚，是指自己虽然没有结婚，但是明知对方已经结婚而与其结婚的行为。这两种行为都构成重婚罪。

（3）本罪的主体。犯罪主体为一般主体。即两类：一类是已有配偶的人；另一类是自己虽然没有配偶，但明知对方已有配偶又与之结婚的人。如果双方均无配偶，则不构成重婚罪。

（4）本罪的主观方面。主观方面由直接故意构成。如果有配偶的一方隐瞒了事实真相，使无配偶的一方上当受骗而与之结婚的，这种婚姻也是重婚，但对无配偶而上当受骗的一方不能以重婚罪论处。

2. 关于重婚行为认定的争议。根据《刑法》第258条的规定，重婚罪包括两种行为方式：一是有配偶者重婚的，二是明知他人有配偶而与之结婚的。就第一种行为方式而言，可能存在四种具体的组合情形：（1）前后婚姻均为法律婚姻；（2）前一婚姻为法律婚姻，后一婚姻为事实婚姻；（3）前一婚姻为事实婚姻，后一婚姻为法律婚姻；（4）前后婚姻均为事实婚姻。在这四种组合中，第一种情形是典型的重婚行为，行为人在法律婚姻关系存续期间又和他人登记结婚的，构成重婚罪没有任何疑义，这也是规定重婚罪的立法之初意欲调整的行为。第二种情形即前一婚姻为法律婚姻，后一婚姻为事实婚姻的情形。司法实践中，有配偶的人与他人以夫妻名义同居生活的，或者明知他人有配偶而与之以夫妻名义同居生活的，仍应按重婚罪定罪处罚。

实际上，学界争议的焦点主要集中于第三种和第四种情形，即前一婚姻为事实婚姻，后一婚姻为法律婚姻或事实婚姻的，是否能够成立重婚罪。换句话说，学者们的主要争论点在于前一事实婚姻能否作为重婚罪成立的前提条件。对此，存在否定说与区别说。否定说认为，其一，若前婚姻为事实婚姻则其属于违法婚姻，法律原则上不承认其效力，不予以保护，不具备重婚罪的客体。其二，在前婚姻是事实婚姻时，当事人没有合法配偶身份关系，不具备重婚罪的主体，在缺乏犯罪客体和主体的情况下，不能构成重婚罪。[①] 事实婚姻为无效婚姻，其形成的婚姻关系自始不受法律保护，因此不能成为重婚罪的客体。[②] 区别说则认为，由于我国对事实婚姻采取限制承认主义，即有条件地承认事实婚姻的法律效力，所以只有事实婚姻具有法律效力时，才能成立事实重婚……最高人民法院的司法解释以时间为界限对事实婚姻的法律效力采取了限制承认主义。因此，事实婚姻只有被承认有法律效力时，才被确认为一种婚姻关系，也才谈得上与其他婚姻关系的重合，从而构成重婚罪。若事实婚姻不具有法律效力而被认定为非法同居关系，则当事人所谓的“夫妻关系”不但得不到法律的确认，还会得到法律的制裁，因而所谓的“重婚”也就无从谈起。[③]

我们支持区别说。理由在于，《刑法》设立重婚罪的目的在于保护前一婚姻承载的一夫一妻制度，根据《最高人民法院关于适用〈中华人民共和国婚姻法〉若干问题的解释（一）》的规定，1994年2月1日以前成立的事实婚姻具有法律效力，说明国家对其还是持保护态度的，相应的，该事实婚姻承载的一夫一妻制度也就不容侵犯。相反，由于1994年2月1日以后的事实婚姻只能认定为同居关系，说明国家不再保护这类事实婚姻，行为人此后无论再成立

---

① 参见陈苇：《简析事实重婚罪的构成》，载《现代法学》1991年第1期。

② 参见王作富：《中国刑法研究》，中国人民大学出版社1988年版，第711页。

③ 参见苏长青、阳建峰主编：《侵犯公民民主权利和妨害婚姻家庭罪》，中国人民公安大学出版社2003年版，第319~320页。

法律婚姻还是事实婚姻，都不会侵犯到一夫一妻制度。换句话说，行为人根本无“婚”可重。

因此，1994 年 2 月 1 日之前成立事实婚姻的，无论其后再成立法律婚姻还是事实婚姻，都应依照重婚罪定罪处罚；1994 年 2 月 1 日之后成立事实婚姻的，无论其后再成立法律婚姻还是事实婚姻，都不构成重婚罪。

• 适用指引 •

司法实践中，认定本罪应注意：

1. 重婚与同居、临时姘居关系的界限。由于重婚罪的主要特征是男、女一方或者双方已有配偶的人之间非法建立夫妻关系的行为，《民法典》第 1042 条不仅规定禁止重婚，而且规定禁止有配偶者与他人同居。根据 2020 年 12 月 29 日最高人民法院《关于适用〈中华人民共和国民法典〉婚姻家庭编的解释（一）》，《民法典》第 1042 条、第 1079 条、第 1091 条规定的“与他人同居”的情形，是指有配偶者与婚外异性，不以夫妻名义，持续、稳定地共同居住。[①] 如果男女双方虽然同居，但不是持续、稳定地生活，而是随时可以自由拆散的，则只是临时姘居关系，是单纯的非法同居，不能认为是重婚。在现实生活中，有的虽未登记结婚或者举行结婚仪式，而两人确是以夫妻关系共同生活，即以夫妻关系相对待，群众也公认的，则应认为是事实上的重婚。

2. 重婚与通奸的界限。通奸，是指男女双方或者一方已有配偶的人之间暗中发生不正当两性关系的行为。这种行为是违反社会道德的，但根据《刑法》规定不构成犯罪，可视具体情况由所在单位组织予以批评教育，或者给予党、团、行政纪律处分。

第二百五十九条 破坏军婚罪

【法律规定】

• 法律条文 •

《中华人民共和国刑法》

第二百五十九条 明知是现役军人的配偶而与之同居或者结婚的，处三年以下有期徒刑或者拘役。

利用职权、从属关系，以胁迫手段奸淫现役军人的妻子的，依照本法第二百三十六条的规定定罪处罚。

---

① 参见《中华人民共和国最高人民法院公报》2002 年第 1 期。

【案例】

夏宗胤破坏军婚案①

• 案件事实 •

1994年3月6日自诉人黄某（某现役军人）与某邮电局职工应某登记结婚。1996年4月13日，甲邮电支局与乙邮电支局共同组织工作人员去奉化溪口春游。期间被告人夏宗胤与应某相识，并互有好感。1996年6月18日应某从某乙邮电支局调到被告人夏宗胤负责的甲邮电支局工作。此后，被告人夏宗胤与应某经常一起吃饭、外出，并互有对方卧室的钥匙。应某之母发现被告人夏宗胤与应某的不正当关系迹象，就多方了解监视，并于同年9月2日叫姚某英跟踪应某和夏宗胤。同年9月11日后，姚某英几次发现被告人夏宗胤与应某晚上一起进去，早上一起从应某租住处出来。同年10月1日夜，被告人夏宗胤与应某在应某租住处同居，次日凌晨被自诉人黄某约同去的黄某来、林某余、章某良经敲门进入而发现。

• 裁判要旨 •

1. 明知是现役军人的配偶而与之同居的，构成破坏军婚罪。
2. 破坏军婚罪的证据综合判断。

• 裁判理由 •

浙江省永康市人民法院认为：本案由于被告人夏宗胤拒不承认和利害关系人应某的极力否认，而无直接证据，所有的证据均为间接证据。1996年10月1日夜被告人夏宗胤与应某奸宿的证据是确实充分的，但从1996年9月4日（应某在永康城内租房一套）至1996年10月1日期间两人的关系，仅凭有人见到过他们的出入，无法确认为姘居和通奸关系。另外，根据下列现象，可以推断被告人与自诉人之妻在甲邮电支局一同工作期间，应有不正当的两性关系：周围的人感觉到被告人夏宗胤和应某关系不正常，自诉人与应某夫妻感情恶化，发现应某与被告人互有对方卧室的钥匙，被告人之事实婚姻妻子方某玲发现丈夫态度发生变化。但是由于没有直接证据，且间接证据又不排除其他可能性，因此，被告人夏宗胤与军人之妻关系暧昧，且发生两性关系，属一般违法行为，应由有关行政机关予以行政处罚。自诉人指控被告人与军人之妻应某同居或长期通奸，因证据不足而不能成立。

---

① 参见浙江省金华市中级人民法院（1999）金中刑终字145号。

浙江省永康市人民法院依照《刑事诉讼法》第162条第3项、《刑法》第12条之规定，作出证据不足，自诉人指控的犯罪不能成立，被告人夏宗胤无罪的刑事判决。

一审宣判后，自诉人黄某不服，以被告人夏宗胤与上诉人之妻有奸情和秘密同居的事实，夏宗胤的行为已构成破坏军婚罪等为由提出上诉。金华市中级人民法院审理后认为，原审法院判决认定的部分事实不清，依照《刑事诉讼法》第189条第3项之规定，作出撤销永康市人民法院（1996）永刑初字第340号刑事判决，发回永康市人民法院重新审判的裁定。

浙江省永康市人民法院重新审理后认为：被告人夏宗胤与应某存在同居关系。根据庭审查明的情况，应某于1996年9月4日在永康市城内租房一套。9月2日应某之母吕某卿叫姚某英跟踪应某与被告人夏宗胤，并给姚某英看过夏宗胤照片。9月11日后姚某英几次发现被告人夏宗胤和应某晚上一起回住处，早上一起从应某租住处出来，直至10月1日被自诉人捉奸，姚某英才停止观察。从9月初到10月1日，应某还去金华培训学习10天。证人吕某卿、姚某英、胡某敏证言均能证明被告人夏宗胤与应某同室而居，各证据间具有客观性、关联性，证据确实、充分。虽然同居时间不长，但已经是同居关系。被告人夏宗胤明知应某是现役军人的配偶而与之同居，并且造成了军人婚姻关系破裂的严重后果，其行为已构成破坏军婚罪，自诉人的指控成立。庭审中查明，自诉人与配偶婚后感情不错，由于夏宗胤的介入，才导致了婚姻关系的破裂。虽然被告人夏宗胤答辩称没有与应某发生两性关系且其辩护人提出被告人没有破坏现役军人婚姻，不构成犯罪，但是在法庭调查、辩论过程中未能准确陈述事实，且提不出充分证据。根据庭审中证据，能够证明被告人与应某实施了同居行为且造成了破坏现役军人家庭婚姻关系的后果，故被告人的答辩和辩护人的辩护意见理由不足，不予采纳。浙江省永康市人民法院依照《刑法》第12条、第259条第1款的规定，作出被告人夏宗胤犯破坏军婚罪、判处拘役六个月的刑事判决。

上诉人（原审自诉人）黄某及其委托代理人诉称：原审被告人夏宗胤与上诉人之妻应某非法同居事发后，经甲邮电局领导批评教育，夏仍不思悔改，继续与应某保持不正当关系，时间达3年之久，主观恶性程度深，实施犯罪时间长；案发后军内外反响强烈；夏宗胤的行为破坏了上诉人的婚姻家庭，给上诉人精神上造成了难以弥补的创伤和打击；夏宗胤破坏军婚的事实清楚，证据充分；且在事实面前，夏宗胤拒不认罪，态度极差。根据上述情况，夏宗胤无法定从轻情节，原判对其量刑畸轻。要求二审法院予以改判。

上诉人（原审被告人）夏宗胤诉称：上诉人与原审自诉人之妻应某在关系处理上虽有欠妥之处，但根本不存在同居的事实，两人从相识到1996年10月1日前后也没有发生过不正当的关系；原审法院庭审中自诉人所提供的钥匙和证人姚某英的证言等证据不具有客观性，是不可采信的；黄某与妻子应某的婚姻关系早在其认识应某前就已经破裂，根本谈不上是由其破坏的结果。因此，上诉人既没有与应某同居的事实，也没有破坏原审自诉人与妻子之间的婚姻关系，根本构不成犯罪，请求撤销原判，宣告上诉人无罪。

浙江省金华市中级人民法院认为：根据已查明的事实和上述经过法庭质证的证据，能够证明夏宗胤与应某公开或秘密地同居，并造成现役军人婚姻家庭关系破裂的严重后果，且证据具有客观性、关联性。对于上诉人夏宗胤提出的其没有与应某发生过不正当关系，也不存在同居和破坏现役军人婚姻的事实，且原审中自诉人所提供的钥匙及证人姚某英的证言等不具有客观性的意见，法庭不予采纳。上诉人夏宗胤明知应某是现役军人的配偶而与之同居，并已造成了现役军人婚姻家庭关系破裂的严重后果，且在军内外产生了恶劣的影响，其行为已构成破坏军婚罪。上诉人夏宗胤上诉提出的其不构成犯罪，应某告无罪的意见，法庭不予采纳。上诉人黄某及其委托代理人提出的夏宗胤与上诉人黄某之妻应某非法同居事发后，经邮电局领导批评教育，仍不悔改，继续与应某保持不正当关系，主观恶性深，军内外反响强烈，破坏了军人婚姻家庭关系，且案发后夏宗胤又拒不认罪、态度差的意见，法庭予以采纳。但上诉人提出的夏宗胤与应某的不正当关系保持长达 3 年的意见，无相应的证据能证实，法庭不予确认。原审被告人夏宗胤的犯罪情节和犯罪行为社会危害性，原判决在对其量刑时已作考虑，上诉人黄某提出的原判量刑畸轻的意见理由不足，不予支持。原审法院判决认定的事实和适用法律正确，量刑适当，审判程序合法。

浙江省金华市中级人民法院依照《刑事诉讼法》第 189 条第 1 项之规定，作出驳回上诉、维持原判的裁定。

【学理分析及适用指引】

● 学理分析 ●

1. 破坏军婚罪的构成。破坏军婚罪，是指明知他人是现役军人的配偶而与之同居或者结婚的行为。本罪的构成要件如下：

（1）本罪的客体。本罪侵犯的客体是现役军人的婚姻家庭关系。

（2）本罪的客观方面。本罪在客观方面表现为与现役军人的配偶同居或者结婚的行为。所谓现役军人的配偶，是指与现役军人已经结婚，包括已在政府登记结婚尚未同居的人，而不包括与军人仅有婚约关系的未婚妻或者未婚夫以及有恋爱关系的人。所谓与现役军人的配偶同居，是指有配偶者与婚外异性不以夫妻名义，持续、稳定地共同生活。这种关系以不正当的两性关系为基础，还往往有经济上和其他生活方面的特殊关系，因而不同于一般的通奸关系。所谓与现役军人的配偶结婚，是指与军人配偶采取欺骗手段正式在政府机关登记结婚，或者虽然没有履行结婚登记，但已举行结婚仪式并以夫妻关系共同生活的行为。

（3）本罪的主体。本罪的主体为一般主体，既可以是男子，也可以是女子。

（4）本罪的主观方面。主观方面由直接故意构成，即明知对方是现役军人的配偶而与之同居或者结婚。如果由于军人的配偶隐瞒了事实真相，致使他人受骗而与之同居或者结婚的，则不构成破坏军婚罪。

2. 关于军人的配偶破坏军婚应否承担刑事责任的争议。作为军人的配偶，是否应该承担破坏军婚罪的刑事责任，对此，理论上存在对立的观点：

一种观点认为，破坏军婚罪的主体只能是与现役军人的配偶结婚或者同居的人，军人的配偶不构成犯罪。理由在于：一方面，《刑法》设置破坏军婚罪的立法精神，就是要保护军人的婚姻关系。如果对军人配偶也一并追究刑事责任，就等于造成军人家庭妻离子散的悲剧，实际上起到瓦解军人家庭的消极作用，显然与立法原意不符。此外，从1979年《刑法》第181条①的字意上理解，“明知是现役军人的配偶而与之……”就足以表明军人配偶本人不在受刑事法律追究之列。确切地说，1979年《刑法》第181条是专门制裁除军人配偶以外的其他人的，不宜包括军人配偶在内。另一方面，从处罚军人配偶所产生的实际效果看，弊大于利。司法机关处理此类案件的目的，是保护军人婚姻不受他人非法侵害。对与他人同居或者结婚的军人配偶，如追究其刑事责任，轻者判处免予刑事处分，重者判处有期徒刑，都会因此伤害军人夫妇感情。有的还会造成军人家庭的分离、解体，对巩固军人婚姻家庭关系是不利的。②

另一种观点认为，军人的配偶也能成立破坏军婚罪的犯罪主体。理由在于：首先，根据共同犯罪的理论，二人以上具有共同犯罪故意，并具有共同的行为，即构成共同犯罪。在现实中破坏军婚罪的案件中，绝大多数男女双方在主观方面不但明知自己有配偶，而且互知对方婚姻情况，在客观方面，男女双方共同实施了同居、结婚的行为，完全符合共同犯罪的特征，且这类共同犯罪双方又是以共同的情感、共同的经济生活和共同的性关系为主要内容的。其次，从立法上看，以破坏军婚罪追究军人配偶的刑事责任也是有根据的。根据1997年《刑法》第259条的规定，破坏军婚罪的构成要件是：（1）侵犯的客体是我国一夫一妻制婚姻关系中的现役军人婚姻关系。（2）客观方面表现为男女双方实施了同居、结婚的行为，此处所指的男女双方，主要是指与军人配偶同居、结婚的一方与军人配偶一方。（3）犯罪主体是一般主体，既可以是男性，也可以是女性；既可以是一般公民，也可以是现役军人。（4）主观方面必须是直接故意，即明知是军人的配偶而与之同居、结婚。此处的明知，既可以理解为明知他人是军人配偶而与之同居、结婚，也可以理解为明知自己是军人配

① 对应1997年《刑法》第259条。——编者注

② 参见张建田、刘暖宇：《关于破坏军婚罪主体认定的几个问题》，载《现代法学》1994年第2期。

偶而与他人同居、结婚。由此可见，根据1997年《刑法》第259条的立法精神，法律本身并没有排除追究军人配偶破坏军婚罪的刑事责任。如果绝对不惩处破坏军婚的军人配偶，就不能有效地保护军人婚姻家庭，也达不到法律特殊保护军婚的立法目的。综上所述，追究军人配偶破坏军婚罪的刑事责任十分必要。①

我们认为，上述第二种观点看似符合《刑法》的规范与破坏军婚罪的构成要件，其实是一种机械性地适用《刑法》，没有认识到《刑法》的目的，即破坏军婚罪的立法宗旨是保护军婚的稳定。若连同军人的配偶一并追究刑事责任，则无疑是对军婚的第二次破坏。从刑法规范的目的出发，我们比较认同第一种观点。若在具体实践中，确有必要对军人的配偶追究刑事责任的，可以重婚罪论处。

• 适用指引 •

司法实践中，认定本罪应注意：

1. 本罪与非罪的界限。人民法院处理破坏军人婚姻案件时，对于不构成犯罪的一般违法行为，可以建议其所在单位予以批评教育或者给予党、团、行政纪律处分。对于这种违法行为，如果军人或者军人所在部队领导机关向人民法院起诉、控告时，也不能简单地以“不构成犯罪”为理由，而应当注意做好各方面的工作，再转交有关单位妥善处理。同时应注意军人的配偶不能成为破坏军婚的主体。

2. 本罪与强奸罪。依照《刑法》第259条第2款的规定，行为人利用职权、从属关系，以胁迫手段奸淫现役军人的妻子的，则应当依照《刑法》第236条规定的强奸罪定罪处罚。

第二百六十条 虐待罪

【法律规定】

• 法律条文 •

《中华人民共和国刑法》

第二百六十条 虐待家庭成员，情节恶劣的，处二年以下有期徒刑、拘役或者管制。

犯前款罪，致使被害人重伤、死亡的，处二年以上七年以下有期徒刑。

第一款罪，告诉的才处理，但被害人没有能力告诉，或者因受到强制、威吓无法告诉的除外。

---

① 参见潘胜忠：《破坏军婚罪若干问题探讨》，载《政法论坛》1998年第4期。

【案例一】

陈某某虐待案①

•　案件事实　•

何某荣和陈某某于1985年1月4日登记结婚，同年11月30日育有一子何某彦。2005年12月20日晚上，陈某某与何某荣在广州市荔湾区和平西路回家途中发生争执，陈某某遂到当地派出所求助，并在派出所与儿子何某彦一起联系广州市脑科医院（又名广州市精神病医院），带该院医护人员到何某荣家中将何某荣强行送至该院接受治疗。入院后，陈某某向该院医生提供了何某荣的相关情况。该院的多位专家通过对何某荣面诊及向何某荣的多名亲友了解情况后，诊断结果是"偏执状态"，故对何某荣进行治疗。

2006年1月16日及其后，因何某荣病情好转，医院多次通知陈某某为何某荣办理出院手续，陈某某则以自诉人何某荣尚未治愈及其本人不配合治疗等为由，不同意何某荣出院。同月20日，何某荣由其母亲、兄长等亲友接出医院。

•　裁判要旨　•

行为人以同属家庭成员的被害人精神异常为由，将其强行送至精神病医院救治的，属于为家庭成员求医的正常行为，不构成刑法上的虐待行为。

•　裁判理由　•

一审法院经审理认为：被告人陈某某作为自诉人的妻子，其将自诉人送院诊治的行为是正常的为夫求医行为，并未对自诉人的肉体或精神进行摧残和折磨，并非刑法上的虐待行为，并且被告人陈某某主观上无虐待的犯罪故意，因而其行为不构成虐待罪。依照《刑事诉讼法》第162条第2项、《最高人民法院关于执行〈中华人民共和国刑事诉讼法〉若干问题的解释》第176条第3项之规定，判决被告人陈某某无罪。

宣判后，原审自诉人何某荣不服，以原判认定事实不清，遗漏部分重要事实并认为陈某某的行为构成虐待罪为由提起上诉。

二审法院经审理查明：原判认定的事实清楚。在审理期间，上诉人何某荣及辩护人均没有提出新的证据，对原审判决所认定的事实及采纳的证据予以确认。二审法院认为：上诉人何某荣与原审被告人陈某某因家庭事务发生争执，原审被告人陈某某感到上诉人精神异常，并与其子何某彦一起将上诉人何某荣

---

①　参见广东省广州市中级人民法院（2007）穗中法刑一终字第257号。

送往广州市脑科医院诊治，该行为属于为家庭成员求医的正常行为，并未对上诉人实施肉体或精神的摧残和折磨，不构成刑法上的虐待行为；同时由医院的医护人员决定对上诉人进行住院治疗。因此，原审被告人陈某某主观上并无虐待上诉人何某荣的故意，不构成虐待罪。原判认定事实清楚，证据确实、充分，定性和适用法律准确，审判程序合法。上诉人何某荣的上诉意见，经查不能成立，不予采纳。依照《刑事诉讼法》第189条第1项之规定，裁定如下：驳回上诉，维持原判。

【案例二】

陈某生虐待案①

• 案件事实 •

陈某生之母黄某某（81岁）自几年前生病后一直由陈某生和陈某春、陈某罗三兄弟轮流供养，每10天轮换一次。陈某生夫妇因怨恨黄某某经常骂他们，并且在外面讲他们的坏话，自1998年上半年起，将黄某某安排在厨房隔壁柴间内居住。自1999年3月起，黄某某的手摔断了，无法自行进餐，需要他人喂食。同年4月24日，黄某某轮到由陈某生供养，陈某生将其安顿在厨房隔壁柴间内居住，每天只送早餐和中餐，将饭放在床前的交椅上，不为黄某某喂食，也不过问黄某某的情况。同月27日，同村老人龚某某发现黄某某睡在地上，黄某某告诉龚某某其在地上躺了三天三夜，没有进食，后陈某罗赶来将黄某某抱到床上。5月2日清晨，黄某某被发现已死亡。陈某生不知道黄某某的死亡时间。

• 裁判要旨 •

虐待家庭成员情节恶劣的认定。

• 裁判理由 •

江西省高安市人民法院经审理认为：被告人陈某生明知其母黄某某有病而将其母长期安置在厨房隔壁的柴间居住，在黄某某因手摔伤而无法自己吃饭的情况下不对其喂饭，黄某某摔在地上三天三夜不照料，致使黄某某饥病交加而死，其行为已构成虐待罪，公诉机关指控的犯罪事实和罪名成立。为了保护公民的人身权利不受侵犯，维护家庭成员之间的平等权利，依照《刑法》第260条第2款、《刑事诉讼法》第162条第1款第3项之规定，判决如下：被告人

---

① 参见江西省高安市人民法院（1999）高刑初字第97号。

陈某生犯虐待罪，判处有期徒刑三年。

【学理分析及适用指引】

• 学理分析 •

1. 虐待罪的构成。虐待罪，是指对共同生活的家庭成员，经常以打骂、冻饿、禁闭、有病不给治疗、强迫从事过度劳动等各种方法，从肉体上和精神上肆意进行摧残迫害，情节恶劣的行为。本罪的构成要件如下：

（1）本罪的客体。本罪侵犯的客体是家庭成员间的平等权利，同时也侵犯受害人的人身权利。

（2）本罪的客观方面。本罪在客观方面表现为各种虐待的行为。虐待的方式有很多：有的是肉体折磨，如捆绑、殴打、冻饿等；有的是精神摧残，如侮辱、讽刺、限制行动自由等。《民法典》对实施家庭暴力或者虐待家庭成员的救助措施和法律责任作了专门规定。根据《最高人民法院关于适用〈中华人民共和国民法典〉婚姻家庭编的解释（一）》第1条的规定，持续性、经常性的家庭暴力，可以认定为《民法典》第1042条、第1079条、第1091条所称的“虐待”。虐待行为必须是经常的、一贯的，并且造成了严重后果，才能构成犯罪。持续性、经常性的家庭暴力，才能构成虐待。因此，不能把家庭成员之间偶尔发生打架、吵骂的行为，视为虐待。

（3）本罪的主体。本罪的主体必须与被害人之间具有一定的亲属关系和扶养、赡养关系，而且是在一个家庭内共同生活的成员，如夫妻、父母、子女（包括继父母、养子女）、祖父母、兄弟、姐妹等。非家庭成员的虐待行为，不能构成虐待罪。

（4）本罪的主观方面。主观方面由直接故意构成，即行为人有意识地对被害人进行肉体、精神上的折磨和摧残。行为人实施虐待的动机是各种各样的。

2. 对本罪中虐待行为的理解。虐待行为具有经常性、一贯性，偶尔打骂、冻饿的行为，不属于本罪的虐待行为。正如有学者所言，虐待罪的行为持续时间较长，属于继续犯，虽然具体的虐待动作如打骂等不是一直进行而是间断的，但这一系列动作具有内在的不可分割的联系，共同集合起来组成虐待罪之行为整体，而非数个虐待行为。[①] 因此，虐待罪是虐待行为和被害人遭受虐待状态的继续过程。其中，致人死亡的结果是持续的虐待行为过失地造成的。而故意伤害罪，伤害行为的实施可以是短促的瞬间一击，如强度较大的暴力殴打；也可以是数个动作持续一段时间，如分多次对被害人下毒，造成其身体伤害。但不论是短促的行为还是持续的行为，行为人对被害人身体伤害的结果都持故意心理。如果

---

① 参见陈兴良：《刑法适用总论》（上），法律出版社1999年版，第649页。

出现死亡结果，则表明行为人故意伤害的行为过失导致了被害人死亡。

• 适用指引 •

司法实践中，认定本罪应注意：

1. 本罪与非罪的界限。对于虐待行为情节不恶劣、后果不严重的，应当用批评教育的方式解决。尤其是父母对子女教育方法不当，简单粗暴，甚至打骂，但其主观上不是有意识地对子女进行摧残、折磨，所以不能视为虐待而追究其刑事责任。

2. 本罪与故意伤害罪、故意杀人罪的界限。主要有两点：一是故意的内容不同。虐待罪的故意内容，是使被虐待者肉体上、精神上受摧残和折磨，行为人并不想直接造成被害人伤害或者死亡的结果；被害人所以致伤、致死，是由于长期受虐待的结果。如果行为人在虐待过程中又故意对被害人加以伤害或者杀害的，那就不仅仅构成了虐待罪，还构成了故意伤害罪或者故意杀人罪。二是行为的特点不同。从犯罪形态看，虐待行为属连续犯罪，具有经常性、一贯性，这是引起被害人致伤、致死的原因，一次虐待行为不足以构成虐待罪，更不足以造成被害人伤害、死亡结果的发生；而故意伤害罪、故意杀人罪一次行为即可构成。

3. 正确适用“告诉才处理”的原则。由于虐待罪是在家庭成员间发生的，虐待者与被虐待者之间有亲属关系，又是生活在同一个家庭中，被虐待者在经济上需要依靠虐待者；或者家庭其他成员中还有老幼需要虐待者扶养。在这种情况下，被虐待者往往只要求虐待者改正错误，使自己的处境得到适当改善，并不希望对被虐待者判处刑罚。因此，《刑法》第260条第3款规定，构成虐待罪而没有致人重伤、死亡的，告诉的才处理。但是，被害人没有能力告诉的或者因受到强制、威吓无法告诉的除外。此外，对于被害人控告后要求撤诉的，经人民法院审查认为确属自愿的，应当准许，经审查认为自诉人是被强迫、威胁等，不是出于自愿的，应当不予准许。但是，虐待致人重伤、死亡的，不受“亲自告诉才处理”限制，不仅属于公诉案件，还属于虐待罪的结果加重犯。

4. 对于在虐待过程中造成被害人死亡的情形，应当区分情况予以不同处理：第一，行为人长期多次虐待被害人，但数个虐待动作都不独立构成故意伤害、故意杀人等其他犯罪的，行为人的死亡结果完全是因为长期虐待行为（如冻饿、打骂、不堪凌辱）造成身体衰弱或自杀身亡的，行为人对被害人的死亡持过失心理态度，这种情况应当适用《刑法》第260条第2款，以虐待罪定罪量刑。第二，行为人在虐待被害人过程中，其中一次虐待单独构成故意伤害、故意杀人等犯罪，如果其虐待时间较短、其他虐待情节轻微的，应以故意伤害罪或故意杀人罪对被告人定罪量刑。第三，行为人采取多次下毒等意图通过故意伤害的方式达到对家庭成员进行虐待的目的，属于虐待罪与故意伤害罪的竞合，应当择一重罪即以故意伤害罪论处。第四，行为人经常性虐待被害人，且情节恶劣，在此过程中一次虐待单独构成故意伤害犯罪的，应当以虐待罪和故意伤害罪数罪并罚。

第二百六十条之一　虐待被监护、看护人罪

【法律规定】

• 法律条文 •

《中华人民共和国刑法》

第二百六十条之一　对未成年人、老年人、患病的人、残疾人等负有监护、看护职责的人虐待被监护、看护的人，情节恶劣的，处三年以下有期徒刑或者拘役。

单位犯前款罪的，对单位判处罚金，并对其直接负责的主管人员和其他直接责任人员，依照前款的规定处罚。

有第一款行为，同时构成其他犯罪的，依照处罚较重的规定定罪处罚。

【案例】

刘燕虐待被监护、看护人案①

• 案件事实 •

自2019年4月以来，被告人刘燕在担任马鞍山市花山区某幼儿园小班班主任期间，在该班教室及午休室内，多次使用针状物扎、刺该班曹某、王某等七名幼儿（时年均未满5周岁）的身体，致幼儿受伤。2019年5月8日，被告人刘燕被公安机关持传唤证传唤到案。2019年5月20日，经马鞍山市公安司法鉴定中心鉴定，被害人曹某口腔黏膜破损，损伤程度为轻微伤。

• 裁判要旨 •

采用针扎、刺等手段虐待被看护的幼儿，情节恶劣，构成虐待被看护人罪。

• 裁判理由 •

安徽省马鞍山市花山区人民法院认为：被告人刘燕身为幼儿园小班班主

① 参见安徽省马鞍山市中级人民法院（2020）皖05刑终28号。

任，多次采用针扎、刺等手段虐待被看护的幼儿，情节恶劣，其行为已触犯刑法，构成虐待被看护人罪。案经该院审判委员会讨论决定，依照《刑法》第260条之一、第37条之一的规定，判决：一、被告人刘燕犯虐待被看护人罪，判处有期徒刑二年六个月；二、禁止被告人刘燕自刑罚执行完毕之日起从事幼儿看护职业，期限为三年。

上诉人刘燕上诉提出一审判决认定其构成虐待被看护人罪事实不清、证据不足，本案没有排除合理怀疑，应依法宣告其无罪，具体理由是：（1）一审判决认定其对被害人曹某、王某实施扎、刺致幼儿受伤的事实不清，证据不足；（2）被害人陈述存在大量瑕疵，不能单独作为定案依据。其辩护人除提出上述意见外，另提出构成虐待被看护人罪需达到情节恶劣程度，本案没有构成轻伤以上情节，也没有幼儿出现心理问题，不应定罪处罚。

二审法院认为：上诉人刘燕身为幼儿园小班班主任，多次采用针扎、刺等手段虐待被看护的幼儿，情节恶劣，其行为已触犯刑律，构成虐待被看护人罪。

关于上诉人刘燕及辩护人所提本案被害人的陈述不能作为定案依据的辩解、辩护意见。经查，公安机关收集在案七名幼儿陈述符合法律规定，幼儿作出的陈述符合该年龄段的特点。视听资料以及形成的谈话笔录和辨认笔录，程序略有瑕疵，但公安机关已依法作出合理说明，在案被害人陈述可以作为证据使用，上诉人及辩护人该项意见不能成立，法院不予采纳。

关于上诉人刘燕及辩护人提出的一审判决认定刘燕实施伤害被看护人的事实不清，证据不足，没有排除合理怀疑的辩解、辩护意见。经查，被害人中的五名幼儿均对刘燕实施了针扎行为予以了指向性明确、集中的陈述和指认。同时有被害人家某的证言以及视听资料、聊天记录予以佐证。鉴定意见对针扎、刺行为造成的一周内的新鲜损伤和一个月内可以形成的陈旧性损伤进行了论证，现场勘验中也提取到了针状物和含有血迹的被褥，结合在案书证、物证、证人证言，足以证实刘燕多次实施了针扎多名幼儿的事实。故上诉人及辩护人该项意见不能成立，法院不予采纳。

关于上诉人刘燕的辩护人所提本案未达到情节恶劣的程度，不应定罪处罚的辩护意见。经查，上诉人作为幼儿园老师，对七名不满五岁的幼儿多次实施用针扎、刺的行为，严重伤害幼儿身心健康，且手段恶劣。综合考量受害人人数、加害次数等，刘燕虐待幼儿的行为已属情节恶劣，一审判决认定并无不当。辩护人该项意见不能成立，法院不予采纳。

综上，一审判决认定事实清楚，证据确实、充分，定性准确，量刑适当。审判程序合法。依照《刑事诉讼法》第236条第1款第1项的规定，裁定如下：驳回上诉，维持原判。

本裁定为终审裁定。

【学理分析及适用指引】

● 学理分析 ●

保护未成年人、老年人、残疾人等弱势群体的合法权益既是中华传统美德，也是我国相关法律所确立的法律制度。但是近年来，屡屡曝光的法定监护人之外的幼儿园虐童案、养老院护工虐待老人案让人们看到刑事法律的不完善之处。同时，随着老龄社会的来临，大量的社会专业养老机构代替子女养老尽孝也成为现实的选择。因此，完善虐待犯罪的刑事立法成为当务之急。在此社会背景下，《刑法修正案（九）》增设了虐待被监护、看护人罪。

虐待被监护、看护人罪，是指对未成年人、老年人、患病的人、残疾人等负有监护、看护职责的人虐待被监护、看护的人，情节恶劣的行为。本罪构成要件如下：

1. 本罪客体是包括健康权、自由权在内的人身权利，具体是未成年人、老年人、患病的人、残疾人等弱势群体的人身权利。

2. 本罪客观方面表现为虐待被监护、看护的未成年人、老年人、患病的人、残疾人。此处的虐待同《刑法》第260条虐待罪中的“虐待”含义、特征基本相同，既可能是肉体上的折磨（如殴打、冻饿等），也可能是精神上的摧残（如侮辱、讽刺、限制行动自由等）。构成本罪的，要求虐待行为“情节恶劣”。而“情节恶劣”与否，要结合虐待的行为手段、时间长短、被虐待的人数以及后果影响等综合判断。

3. 本罪主体是特殊主体，即对未成年人、老年人、患病的人、残疾人等负有监护、看护职责的人，其他人不构成本罪。

4. 本罪主体不仅包括自然人，也包括单位。实践中，比较常见的如托儿所、幼儿园、福利院、养老院及其工作人员。本罪主观是故意，动机与目的在所不问，通常是出于方便管教等目的。

● 适用指引 ●

注意虐待被监护、看护人罪与《刑法》第260条虐待罪的界限问题。虽然均属于虐待的犯罪行为，但两者的行为对象与犯罪主体存在明显的差异。虐待罪的主体与被害人之间具有一定的亲属关系和扶养、赡养关系，而且是在一个家庭内共同生活的成员，双方之间具有自然的血缘、姻缘等亲缘关系；而虐待被监护、看护人罪的主体与被害人之间的监护、看护关系与职责则是后天依法形成的，行为人及其所在的机构是依法承担社会公共服务的单位。

值得注意的是，除被害对象与虐待罪有明显差异外，本罪的刑事责任也与虐待罪有所不同，本罪属于公诉案件。另外，本罪仅配置一个法定刑档次即三年以下有期徒刑或者拘役，若虐待行为导致被害人伤亡的，不能以加重构成论处，若同时构成其他犯罪的，依照处罚较重的规定定罪处罚（如可能构成故意伤害罪等）。

第二百六十一条　遗弃罪

【法律规定】

● 法律条文 ●

《中华人民共和国刑法》

第二百六十一条　对于年老、年幼、患病或者其他没有独立生活能力的人，负有扶养义务而拒绝扶养，情节恶劣的，处五年以下有期徒刑、拘役或者管制。

● 相关规定 ●

《中华人民共和国民法典》

第一千零四十二条第三款　禁止重婚。禁止家庭暴力。禁止家庭成员间的虐待和遗弃。

《最高人民法院、最高人民检察院、公安部、民政部、司法部、全国妇联关于打击拐卖妇女儿童犯罪有关问题的通知》（公通字〔2000〕26号）

六、切实做好解救和善后安置工作，保护被拐卖妇女、儿童的合法权益。解救被拐卖的妇女、儿童，是人民政府和政法机关的重要职责。公安、司法行政、民政、妇联等有关部门和组织要明确责任，各司其职，相互配合，通力合作。解救工作要充分依靠当地党委、政府的支持，做好对基层干部和群众的说服教育工作，注意方式、方法，慎用警械、武器，避免激化矛盾，防止出现围攻执法人员、聚众阻碍解救等突发事件。

对于被拐卖的未成年女性、现役军人配偶、遭受摧残虐待、被强迫卖淫或者从事其他色情服务的妇女，以及本人要求解救的妇女，要立即解救。对于自愿继续留在现住地生活的成年女性，应尊重本人意愿，愿在现住地结婚且符合法定结婚条件的，应当依法办理结婚登记手续。被拐卖妇女与买主所生子女的抚养问题，可由双方协商解决或由人民法院裁决。对于遭受摧残虐待的、被强迫乞讨或从事违法犯罪活动的，以及本人要求解救的被拐卖儿童，应当立即解救。对于解救的被拐卖儿童，由其父母或者其他监护人户口所在地公安机关负责接回。

公安、民政、妇联等有关部门和组织应当密切配合，做好被解救妇女、儿童的善后安置工作。任何单位和个人不得歧视被拐卖的妇女、儿童。对被解救回的未成年人，其父母及其他监护人应当接收并认真履行抚养义务。拒绝接收，拒不履行抚养义务，构成犯罪的，以遗弃罪追究刑事责任。

【案例】

张某某遗弃案①

• 案件事实 •

张某某于1999年2月1日与被害人刘某清登记结婚，婚后发现刘某清患有精神病。2009年4月27日，刘某清病发后入住济源市精神病院，同年5月14日出院。出院后，张某某以已起诉离婚为由，拒绝扶养刘某清，致使刘某清常年居住在其妹妹刘某玲家中。后因刘某清病情严重，于2010年4月20日入住洛阳精神卫生中心治疗。刘某清住院期间，张某某没有前去照顾、陪护，也没有缴纳医疗费用，在公安机关对张某某刑事拘留后才将医疗费用缴纳。但刘某清出院后，张某某依然拒绝扶养刘某清。

另外，张某某于2009年11月25日向该院起诉离婚，该院判决驳回诉讼请求；于2010年7月16日向该院起诉婚姻无效，被该院裁定驳回起诉；又于2010年12月29日向该院起诉离婚，该院判决驳回诉讼请求。

• 裁判要旨 •

法定抚养义务的认定以及遗弃罪的构成。

• 裁判理由 •

河南省济源市人民法院审理后认为：张某某明知其妻子刘某清患有严重的精神疾病，在刘某清住院治疗期间，既不提供经济供应，也不给予必要的生活照料；在刘某清出院后，仍以起诉离婚为由，不让刘某清回家生活，致使刘某清无家可归，情节恶劣，其行为已构成遗弃罪。对于张某某及其辩护人关于张某某不知道刘某清在洛阳住院的辩解理由及辩护意见，经查，张某某自刘某清2009年5月出院后即拒绝让刘某清回家，并起诉要求离婚，且供述刘某清在洛阳住院期间给其父亲打电话了，其拒绝扶养刘某清的原因是已起诉离婚，准备在判决后再说，故该辩解理由及辩护意见不能成立，该院不予采纳。对于张某某的辩护人关于刘某清与张某某婚姻关系无效的辩护意见，因未得到司法确认，故辩护意见不能成立，该院不予采纳。对于张某某的辩护人关于张某某支付了刘某清2009年的治疗费用，没有遗弃刘某清的辩护意见，因张某某在该次治疗后拒绝让刘某清回家，并在刘某清再次住院治疗后拒绝履行扶养义务，故该辩护意见不能成立，该院不予采纳。对于辩护人关于张某某是残疾人，享

---

① 参见河南省济源市中级人民法院（2011）济中刑终字第46号。

受国家低保补助，负债3万元，没有扶养能力的辩护意见，因扶养义务包括经济供应和生活照料等多方面，尽管张某某存在听力障碍，扶养能力相对较弱，但其扶养能力较差与其拒绝扶养刘某清的行为之间没有必然的因果关系，故该辩护意见不能成立，该院不予采纳。

综上，根据张某某的犯罪情节、社会危害程度及悔罪表现，依照《刑法》第261条之规定，判决张某某犯遗弃罪，判处有期徒刑一年。

宣判后，张某某不服，提出上诉。二审法院经审理查明的事实和证据与一审相同。济源市中级人民法院经审理后认为，依照《婚姻法》的规定，夫妻之间具有互相扶养的义务。刘某清患病后不能独立生活，且需要必要的医治和关爱，张某某自认为其和刘某清之间的婚姻无效并拒绝对刘某清履行医治、照料的义务，违反了我国法律的相关规定。关于张某某及其辩护人提出"一审认定不让刘某清回家失实、现有证据不能证明其犯遗弃罪且情节恶劣"的意见，经查，2009年11月，张某某以已经提起离婚诉讼为由，将刘某清送到其父亲和妹妹家居住，之后拒绝刘某清回家生活。在刘某清患病住院期间，既没有主动给付医疗费也没有到医院看望，该事实不但经过张某某本人供认，同时有刘某清父亲张某忠、妹妹刘某玲、公安局民警薛某义等人的证言证实。虽然在公安机关对其采取刑事拘留措施后，张某某及其亲属支付了刘某清的医疗费，但是，随着刘某清间歇性精神病发病的再次发作，张某某仍然拒绝承担扶养义务，无悔罪表现。因此，张某某及其辩护人的上诉意见与本案查明的事实不符，依法不予采纳。关于张某某上诉称"其作为残疾人，没有扶养刘某清的能力和与刘某清婚姻感情破裂"的意见，法院认为，夫妻之间的扶养义务包括经济供给、生活照料和精神关爱等多方面，尽管张某某存在听力障碍，扶养能力相对较弱，但其为了离婚，不但拒绝对身患疾病的刘某清承担一切扶养义务，而且拒绝刘某清回家生活，其行为符合我国《刑法》第261条的规定，构成遗弃罪。

济源市中级人民法院认为：上诉人张某某为达到与因患病而不能独立生活的妻子离婚的目的，故意不履行扶养义务，情节恶劣，其行为已构成遗弃罪。一审判决事实清楚，基本证据确实充分，定罪准确，量刑适当，审判程序合法。张某某的上诉理由不能成立，法院不予采纳。依照《刑事诉讼法》第189条第1项的规定，裁定如下：驳回上诉，维持原判。

本裁定为终审裁定。

【学理分析及适用指引】

• 学理分析 •

1. 遗弃罪的构成。遗弃罪，是指对年老、年幼、患病或者其他没有独立生活能力的人，负有扶养义务而拒绝扶养，情节恶劣的行为。本罪的构成要件如下：

（1）本罪的客体。本罪侵犯的客体是法律所规定的扶养义务。根据《民法典》的规定，夫妻有互相扶养的义务；父母对子女有抚养教育的义务，子女对父母有赡养扶助的义务；不直接抚养非婚生子女的生父或生母，应当负担子女的生活费和教育费，直至子女能独立生活为止；养父母和养子女间的权利和义务，适用本法对父母子女关系的有关规定；继父或继母和受其抚养教育的继子女间的权利和义务，适用本法对父母子女关系的有关规定；有负担能力的祖父母、外祖父母，对于父母已经死亡或者父母无力抚养的未成年的孙子女、外孙子女，有抚养的义务。有负担能力的孙子女、外孙子女，对于子女已经死亡或者子女无力赡养的祖父母、外祖父母，有赡养的义务；有负担能力的兄、姐，对于父母已经死亡或父母无力抚养的未成年的弟、妹，有扶养的义务。由兄、姐扶养长大的有负担能力的弟妹，对于缺乏劳动能力又缺乏生活来源的兄、姐，有扶养的义务；离婚后，父母对于子女仍有抚养和教育的权利和义务，离婚后，一方抚养的子女，另一方应负担必要的生活费和教育费的一部或全部等。《妇女权益保障法》第 38 条规定，禁止溺、弃、残害女婴，禁止遗弃老年妇女。《未成年人保护法》第 17 条规定：禁止遗弃未成年人。《残疾人保障法》第 9 条第 1 款和第 4 款规定：残疾人的法定扶养人必须对残疾人履行扶养义务；禁止虐待和遗弃残疾人。

（2）本罪的客观方面。本罪在客观方面表现为对没有独立生活能力或者不能独立生活的家庭成员，有扶养义务而拒绝扶养的行为。这种行为的表现形式是不作为。被遗弃的必须是年老、年幼、患病或者其他没有独立生活能力或者不能独立生活的人。这些人的情况虽然各不相同，但共同的特点是没有独立生活的能力，如果没有其他人的扶养，就无法生活下去。因此，对于具有独立生活能力的人不予扶养的，不能以遗弃罪论处；否则，就会造成一些人的寄生依赖思想，对社会没有好处。

（3）本罪的主体。本罪的主体必须是法律上对被遗弃者负有扶养义务的人；如果在法律上不负有扶养义务而拒绝扶养的，不能认为是遗弃。

（4）本罪的主观方面。主观方面由故意构成，即行为人是出于某种卑鄙目的而故意不履行扶养义务的。例如，为了自己生活过得更加富裕、舒适而拒不扶养父母；借口已离婚而不扶养子女等。如果是出于过失或者扶养人自己也处于生活困境，则不构成遗弃罪。

2. 关于本罪主体的争议。刑法理论通说认为，遗弃罪的主体是对被遗弃人负有法律上的扶养义务，具有扶养能力的自然人。本罪的对象是年老、年幼、患病或其他没有独立生活能力的家庭成员。① 因此，遗弃罪只能发生在家

---

① 参见高铭暄、马克昌主编：《刑法学》，北京大学出版社、高等教育出版社 2007 年版，第 554 ~ 555 页。

庭成员之间，非家庭成员之间的遗弃行为，不可以按照遗弃罪来处理。[①] 这种观点认为，从立法沿革的角度考察，刑法中的遗弃罪从来都是家庭成员间的遗弃，而并不包括非家庭成员间的遗弃。1997 年《刑法》虽然将遗弃罪并入侵犯公民人身权利、民主权利罪，但这种罪名归类变化的原因是技术性的，即《刑法》修订以后增加了大量罪名，1979 年《刑法》中的妨害婚姻、家庭罪只有 6 条 6 个罪名，单设一章显得单薄，而且与其他章规定的犯罪不协调。这种由纯技术性原因导致的罪名归类变动，不能成为对遗弃罪进行重新解释的理由。而且，遗弃罪本身具有侵犯人身权利的性质，但这是指具有扶养义务的人对于受扶养人之人身权利的侵害，而不能宽泛地解释为对社会一般人的人身权利侵犯。因此，《刑法》遗弃罪规定中的扶养，是指法律上的扶养，这种扶养义务是从扶养关系引申出来，因而是一种身份关系。只有具备一定亲属身份的人，才有可能存在这种扶养关系。所以，《刑法》中的遗弃罪是家庭成员之间的遗弃而不包括非家庭成员的遗弃。[②]

但是，近来也有学者认为，由于现行《刑法》将遗弃罪归入侵犯公民人身权利、民主权利罪一章，因此，遗弃罪的犯罪主体即不再局限于家庭中负有扶养义务的成员，只要对年老、年幼、患病或其他没有独立生活能力的人负有扶养、扶助、救助义务的人，都可能成为本罪的主体。相应地，只要是年老、年幼、患病或其他没有独立生活能力的人，都可能成为本罪的犯罪对象，不再要求犯罪对象与犯罪主体是同一家庭的成员。[③] 这种观点主张，以往的中国刑法理论将遗弃罪的保护法益限定为被害人在家庭中的平等权利或者家庭成员之间互相扶养的权利义务关系，这种解释在 1979 年《刑法》将遗弃罪列于侵犯婚姻家庭罪一章时还有合理之处。但在修正后的《刑法》将该罪纳入侵犯公民人身权利、民主权利罪一章之后，仍然坚持原来的说法，显然并未得其要领，因为遗弃行为将使被害人的生命、身体陷于危险状态，有时还会造成被害人死亡的结果，所以其是危及生命、身体法益的危险行为，而不单纯是侵犯扶养权利义务关系。将遗弃罪的成立限于亲属之间乃是古代宗法社会以来的传统，立法者一直认为亲属之间不履行扶养义务，就对伦理规则有所违反。近代以来，遗弃罪的适用范围往往不再局限于具有扶养义务的亲属之间，遗弃罪的本质也不仅仅是对义务之违反，而且也是对于生命法益构成威胁的危险犯。这样，本罪的行为对象就应当作扩大解释，例如，在长期雇用的保姆发生严重疾病时，行为人拒不将其送到医院治疗，导致其错过救治的最佳时期而死亡的，就可能构成遗弃罪。既然遗弃罪已经归属于侵犯公民人身权利、民主权利罪，

---

① 参见陈兴良：《罪刑法定司法化研究》，载《法律科学》2005 年第 4 期。

② 参见陈兴良：《非家庭成员间遗弃行为之定性研究——王益民等遗弃案之分析》，载《法学评论》2005 年第 4 期。

③ 参见周光权：《刑法各论讲义》，清华大学出版社 2003 年版，第 81 页。

那么，就不能像过去那样，认为其法益是家庭成员间的权利义务关系等，而应认为其法益是生命、身体的安全。因此，对遗弃罪的构成要件就必须重新解释，要对“扶养义务”作出符合法益的解释。扶养实际上指扶助没有独立生活能力的人，使其能够像正常人一样生存下去。因此，除了提供生存必需的条件外，在其生命、身体处于危险状态的情况下，必须给予救助，不能将其置于危险境地。所以，“拒绝扶养”应意味着使他人生命、身体产生危险，以及在他人生命、身体处于危险状态时不予救助。基于此，哪些人具有扶养义务不能仅根据婚姻法等来确定，而应根据不作为义务来源的理论与实践来确定。因此，遗弃罪的主体和对象不需要是同一家庭成员。

• 适用指引 •

司法实践中，认定本罪应注意：

1. 对遗弃婴儿或者出卖亲生子女的认定。遗弃婴儿的行为构成犯罪的，应按遗弃罪定罪处罚。但是，对于出卖亲生子女的行为的定性，主要考察行为人的主观目的。如果主要是出于非法获利的目的，则应以拐卖儿童罪论处，否则可以遗弃罪论处。

2. 对发生在非家庭成员之间遗弃行为的认定。司法实践中，发生在非家庭成员之间的遗弃行为，能否认定为遗弃罪，关键在于相关法律法规中有无关于特殊的老年人、残疾人以及其他生活无着落人员扶养救助的规定。需要注意的是，扶养义务不仅限于婚姻法的明文规定，行政法律法规中关于特殊的老年人、残疾人以及其他生活无着落人员扶养救助的规定同样属于遗弃罪中扶养义务的重要来源。遗弃罪中的扶养关系不仅存在于家庭成员之间，而且应当包括在承担特定扶养义务的人员与被扶养对象之间形成的特定扶养权利义务关系。

第二百六十二条　拐骗儿童罪

【法律规定】

• 法律条文 •

《中华人民共和国刑法》

第二百六十二条　拐骗不满十四周岁的未成年人，脱离家庭或者监护人的，处五年以下有期徒刑或者拘役。

【案例】

胡某拐骗儿童案①

• 案件事实 •

胡某自 1994 年刑满释放后在浙江省临海市出家做和尚。因无子嗣，胡某萌生了偷养婴儿以防老的念头。2000 年 7 月 12 日凌晨，胡某在浙江省黄岩红十字医院 4 楼妇产科住院部，乘人熟睡之机，偷走陈某刚生下 1 日的女婴，并将该婴儿放在临海市红光镇上岙村杨某家门口。同日，该婴儿被杨某家人发现并收养。同月 22 日，该婴儿被其父母领回。

2000 年 7 月 14 日 1 时许，胡某来到台州市黄岩区第三人民医院 3 楼妇产科住院部，乘人熟睡之机，偷走郑某生下刚 7 日的女婴，先将婴儿放在自己住处的后门，后假装发现了弃婴并收养。当天下午，该婴儿被其家人找到领回。

2000 年 12 月 20 日 1 时许，胡某来到台州市路桥区第二人民医院妇产科住院部，乘人熟睡之机，偷走孔某生下刚两天的男婴，后将该婴儿托养在临海市沿溪乡昌岙村朱某家。2001 年 1 月 5 日，该婴儿被解救回家。

• 裁判要旨 •

拐骗儿童罪与拐卖儿童罪的区别关键在于是否具有出卖的目的。

• 裁判理由 •

浙江省台州市路桥区人民法院经公开审理后认为：被告人胡某以收养为目的，偷盗婴儿 3 人，使 3 名婴儿脱离家庭，其行为已构成拐骗儿童罪。被告人胡某连续 3 次偷盗出生仅数天的婴儿，其犯罪情节比较恶劣，犯罪后果比较严重，故对其酌情从重处罚；被告人胡某归案后认罪态度较好，可酌情从轻处罚；公诉机关的指控，事实清楚，证据充分，罪名成立。为维护社会治安秩序，保护国民的家庭关系和儿童的合法权利不受非法侵犯，依照《刑法》第 260 之规定，判决如下：被告人胡某犯拐骗儿童罪，判处有期徒刑四年六个月。

【学理分析及适用指引】

• 学理分析 •

拐骗儿童罪，是指用蒙骗、利诱或者其他方法，使不满 14 周岁的未成年

① 参见中华人民共和国最高人民法院刑事审判第一庭、第二庭编：《刑事审判参考》（总第 25 辑），法律出版社 2002 年版，第 55～56 页。

人脱离家庭或者监护人的行为。本罪的构成要件如下：

1. 本罪的客体。本罪侵犯的客体是他人的家庭关系和儿童的身心健康。拐骗的对象是不满14周岁的未成年人。

2. 本罪的客观方面。本罪在客观方面表现为采用蒙骗、利诱或者其他方法，使儿童脱离家庭或者监护人的行为。此处的蒙骗、利诱或其他方法指对行为方式并无限定，只要使得不满14周岁的儿童脱离其家庭或监护人且违背其监护人真实意愿的，就是拐骗的行为。如对婴幼儿采取偷盗、抢夺等行为，也是拐骗行为之一，当然，是否属于本罪，要结合其主观目的来认定。家庭，是指儿童与其父母（包括生父母、养父母、继父母）或者其他亲属共同生活的处所。监护人，是指依法对儿童的人身、财产和其他合法权益负有监督和保护责任的人。按照《民法典》第27条的规定，父母是未成年子女的监护人。未成年人的父母已经死亡或者没有监护能力的，由下列有监护能力的人按顺序担任监护人：（1）祖父母、外祖父母；（2）兄、姐；（3）其他愿意担任监护人的个人或者组织，但是须经未成年人住所地的居委会、村民委员会或者民政部同意。

3. 本罪的主体。本罪主体为一般主体。任何有刑事责任能力的人，均可构成本罪的主体。

4. 主观方面由直接故意构成。其目的一般是自己收养，也有的是供自己使唤，而不是营利。间接故意和过失不构成本罪。

• 适用指引 •

司法实践中，认定本罪应注意：

1. 划清本罪与拐卖儿童罪的界限。拐卖儿童罪，是指以出卖为目的，拐骗、绑架、收买、贩卖、接送或者中转儿童的行为。这两种犯罪的对象都是不满14周岁的儿童，客观上都使用了欺骗的手段。两者的区别：一是侵犯的客体不同。前者侵犯的主要是他人的家庭关系，后者侵犯的则是公民的人身自由权利。二是主观目的不同。前者大多是为了收养，后者则是为了贩卖。

2. 划清本罪与绑架罪的界限。绑架罪，是指以勒索财物为目的绑架他人，或者绑架他人作为人质的行为。《刑法》第239条第3款规定，以勒索财物为目的偷盗婴幼儿的，以绑架罪定罪处罚。这两种犯罪的区别：一是侵犯的客体不同。前者侵犯的主要是他人的家庭关系，后者侵犯的是公民的人身自由权利和财产权利。二是犯罪目的不同。前者大多是为了收养，后者则是出于勒索财物或其他重大非法诉求等目的，其本质是将被害人作为人质。

第二百六十二条之一　组织残疾人、儿童乞讨罪

【法律规定】

• 法律条文 •

《中华人民共和国刑法》

第二百六十二条之一　以暴力、胁迫手段组织残疾人或者不满十四周岁的未成年人乞讨的，处三年以下有期徒刑或者拘役，并处罚金；情节严重的，处三年以上七年以下有期徒刑，并处罚金。

• 相关规定 •

《中华人民共和国未成年人保护法》

第五十四条　禁止胁迫、诱骗、利用未成年人乞讨。

【案例】

李某组织儿童乞讨案①

• 案件事实 •

李某，系河南省太康县张集乡人，初中毕业后，曾经跟随他人外出玩杂技挣钱谋生。2006 年 9 月月初，李某决定单独闯荡江湖，于是带上自己 11 岁的女儿，又雇了一个刚满 8 岁的女孩阿某，先后到湖北、湖南、福建、广东、江西、云南、四川等地，在繁华城市人员较多的超市门前、菜市场等地方主要由阿某表演"软功"叼花，边表演边乞讨，乞求围观人员施舍，一天下来有几十元到一百多元不等的收入。其中，除了路途、住宿等开销，给阿某少部分钱之外，剩余部分装入李某的腰包。由于才 8 岁，年龄小，阿某表演下来吃不消，好多次表示不想表演，李某有时就用打的方法让阿某继续表演。2007 年 2 月 19 日，在四川攀枝花，阿某拒绝继续上街表演，李某没办法就用皮带抽打阿某，造成阿某腹部、背部、胸部、四肢等大面积表皮挫伤并多处感染，不得不送往当地一医院诊治。5 天之后，由于经济窘迫，李某只好将阿某带回太康的老家治疗。阿某的父母看到阿某的伤情之后，随即向公安机关报案，李某被抓。

---

① 参见中国法院网案件库，网址：http：//www. chinacourt. orghtmlajk/。

• 裁判要旨 •

构成组织儿童乞讨罪的被组织对象不受人数的限定。

• 裁判理由 •

法院审理认为：李某以暴力手段非法组织不满 14 周岁的儿童卖艺乞讨，其行为已构成组织儿童乞讨罪，鉴于李某犯罪后积极为受害人治疗，并主动赔偿了受害人的损失，取得了受害人的谅解，认罪态度较好，遂依法从轻作出判决：被告人李某犯组织儿童乞讨罪，判处拘役四个月，并处罚金人民币 5000 元。

【学理分析及适用指引】

• 学理分析 •

1. 组织残疾人、儿童乞讨罪的构成。组织残疾人、儿童乞讨罪，是指以暴力、胁迫手段，组织残疾人或者未满 14 周岁的未成年人在公共场所乞讨，侵害残疾人、儿童身心健康和合法权益，危害社会治安秩序的行为。本罪的构成要件如下：

（1）本罪的客体。本罪的客体是复杂客体，其主要客体是残疾人、儿童的人身权利，具体包括身心健康的权利、人格尊严权、人身自由权、受教育权和发展权等。次要客体是社会管理秩序。本罪的犯罪对象是残疾人和不满 14 周岁的未成年人。至于人数有无限制，有学者认为，行为人组织残疾人、儿童必须达到 3 人或 3 人以上，才构成本罪。① 我们认为，从立法精神看，《刑法》规定组织残疾人、儿童乞讨罪的目的在于重点保护这些弱势群体的基本人身权利，因此被组织的对象不应该受到人数的限定。对于实践中行为人以暴力、胁迫手段组织 1 名或 2 名被害人乞讨的，如果手段比较残忍（如多次故意对残疾人或儿童造成伤害后迫使其乞讨），持续时间较长，造成的后果比较严重，也可以构成本罪。

（2）本罪的客观方面。本罪的客观方面表现为采取暴力、胁迫等手段组织残疾人或儿童乞讨。其中，“组织”是指行为人以暴力、胁迫为手段，按照一定的规则或者监视方式，将残疾人、儿童召集起来到处乞讨，或将分散的残疾人、儿童进行集中和控制使其进行乞讨，或发起、建立残疾人、儿童组成的

① 参见曾静音主编：《刑法历次修正背景 · 释义 · 应用》，中国法制出版社 2006 年版，第 225 页；石经海：《组织残疾人、儿童乞讨罪的若干问题》，载《法学杂志》2007 年第 1 期。

乞讨群体进行乞讨等行为。①“暴力”是指行为人对残疾人、儿童的身体实施了打击或者强制行为，使残疾人、儿童违背自己的意愿从事乞讨活动。“胁迫”是指行为人对残疾人、儿童以实施暴力相威胁或者以实施其他行为相威胁、恐吓，对他们实行精神上的强制，使之产生恐惧心理，不敢反抗从而违背自己的意愿进行乞讨活动。胁迫的发出，可以是明示的，也可以是暗示的。②

（3）本罪的主体。本罪的主体是一般主体。有学者认为，残疾人、儿童的近亲属和监护人也可以成立该罪的主体，但考虑到行为人与被害人关系的特殊性，在一般情况下不宜按犯罪处理，只有在行为人实施组织残疾人、儿童乞讨行为情节特别恶劣或者造成极为严重的后果时，才可以作为犯罪处理。③但也有学者持反对意见，认为对父母强迫组织身有残疾或者不满14周岁的子女去乞讨的，《刑法》不但不能毫无原则地为其出罪，恰恰相反，对此类有违基本人伦的父母，司法上应将此情节视作酌定从重处罚的情节，在量刑时予以考虑。我们认为后一种意见更为合理。

（4）本罪的主观方面。本罪在主观方面表现为故意，即明知是残疾人或者不满14周岁的未成年人而以暴力、胁迫手段组织其去乞讨。如果组织者有证据证明存在合理的认识错误，即确实不能认识到被组织者是残疾人或不满14周岁的儿童，则不应当认定其行为构成犯罪。

2. 关于本罪与非法拘禁罪、故意伤害罪是否竞合的问题。当行为人以非法拘禁、故意伤害等暴力手段组织乞讨时，就会发生组织残疾人、儿童乞讨罪与非法拘禁、故意伤害等罪的竞合问题。有人认为这是法条竞合，应依特别法优于普通法的原则，以组织残疾人、儿童乞讨罪处断。也有人认为是牵连犯，因为这当中存在目的行为与手段行为相牵连的问题。还有人认为这属于想象竞合犯的情形。具体表现为，乞讨组织者基于一个乞讨的概括故意实施了一个乞讨组织行为，侵犯了被乞讨者的人身权利和社会公共秩序等数个客体，触犯了组织残疾人、儿童乞讨罪和非法拘禁罪、故意伤害罪等数个罪名。④还有学者认为，犯罪分子在组织残疾人、儿童乞讨犯罪活动中，对残疾人、未成年人有非法拘禁、故意伤害、故意或过失致人死亡等犯罪行为的，应当依照《刑法》总则规定的数罪并罚原则来定罪处罚。我们认为，行为人以非法拘禁、故意伤害等暴力手段组织乞讨时，如果非法拘禁、故意伤害能够被《刑法》独立评

① 参见付立忠：《论〈刑法修正案（六）〉新增设的组织残疾人、儿童乞讨罪》，载《中国人民公安大学学报》2007年第4期。

② 参见柳忠卫：《中华人民共和国〈刑法修正案（六）〉第17条之检讨——兼论乞讨罪的立法完善》，载《法商研究》2007年第5期。

③ 参见柳忠卫：《中华人民共和国〈刑法修正案（六）〉第17条之检讨——兼论乞讨罪的立法完善》，载《法商研究》2007年第5期。

④ 参见石经海：《组织残疾人、儿童乞讨罪的若干问题》，载《法学杂志》2007年第1期。

价，那么此时行为人实施了一个暴力行为，同时触犯了组织残疾人、儿童乞讨罪和非法拘禁罪、故意伤害罪，符合想象竞合犯的特征，应当择一重罪处断。此处，行为人毕竟只实施了一条行为，因此不存在构成牵连犯或数罪并罚的可能；同时，组织残疾人、儿童乞讨罪与非法拘禁罪、故意伤害罪之间也不存在特殊法条与一般法条的关系，只是由于暴力行为的发生才在这两个法条之间发生到底适用哪一条的问题，因此也不属于法条竞合。

• 适用指引 •

司法实践中，认定本罪应注意：

1. 当行为人以非法拘禁、故意伤害等暴力手段组织乞讨时，就会发生组织残疾人、儿童乞讨罪与非法拘禁、故意伤害等罪的竞合问题。对此应当按照想象竞合的原理，择一重罪处断。

2. 关于本罪与拐骗儿童罪竞合时的处罚。行为人拐骗不满 14 周岁的未成年人，使其脱离家庭或者监护人，并以暴力、胁迫手段组织其乞讨的，行为人的行为同时触犯了拐骗儿童罪和组织残疾人、儿童乞讨罪两个罪名。有学者认为，因触犯的这两个罪名之间有牵连关系，应依牵连犯的适用规则，择一重罪处断。在一般情节下，若主要考虑自由刑，则拐骗儿童罪为重罪而应被选择适用。在情节严重的情况下，则组织残疾人、儿童乞讨罪为重罪而应被选择适用。① 我们认为，对此不可一概而论。如果行为人是为了组织儿童乞讨而实施拐骗行为，当行为人只实施了拐骗行为时，应以拐骗儿童罪论处，当行为人又实施了组织儿童乞讨的行为时，则应将拐骗行为作为“情节严重”的表现之一，适用组织儿童乞讨罪的第二档法定刑，对被告人判处三年以上七年以下有期徒刑；如果行为人拐骗儿童是出于自己收养等其他目的，而后又起意迫使儿童乞讨的，应当以拐骗儿童罪和组织儿童乞讨罪数罪并罚。

第二百六十二条之二 组织未成年人进行违反治安管理活动罪

【法律规定】

• 法律条文 •

《中华人民共和国刑法》

第二百六十二条之二 组织未成年人进行盗窃、诈骗、抢夺、敲诈勒索等

① 参见石经海：《组织残疾人、儿童乞讨罪的若干问题》，载《法学杂志》2007 年第 1 期。

违反治安管理活动的，处三年以下有期徒刑或者拘役，并处罚金；情节严重的，处三年以上七年以下有期徒刑，并处罚金。

• 相关规定 •

《中华人民共和国预防未成年人犯罪法》

第十条 任何组织或者个人不得教唆、胁迫、引诱未成年人实施的不良行为或者严重不良行为，以及为未成年人实施上述行为提供条件。

第三十七条 未成年人的父母或者其他监护人、学校发现未成年人组织或者参加实施不良行为的团伙的，应当及时制止；发现该团伙有违法犯罪嫌疑的，应当立即向公安机关报告。

第三十九条 未成年人的父母或者其他监护人、学校、居民委员会、村民委员会发现有人教唆、胁迫、引诱未成年人实施严重不良行为的，应当立即向公安机关报告。公安机关接到报告后或者发现有上述情形的，应当及时依法查处；对人身安全受到威胁的未成年人，应当立即采取有效保护措施。

第五十六条 教唆、胁迫、引诱未成年人实施不良行为或者严重不良行为，构成违反治安管理行为的，由公安机关依法予以治安处罚。

【案例】

邓家文组织未成年人进行违反治安管理活动案①

• 案件事实 •

关于组织未成年人进行违反治安管理活动事实。2010 年 8 月至 2011 年 2 月，被告人邓家文先后在广东省翁源县城宝源宾馆、龙胜宾馆、雅泰宾馆、幸福宾馆、华美宾馆开房给未成年人杨某某、林某某、张某某、刘某 A、李某某、刘某 B、朱某某（其中杨某某、张某某、刘某 A14 岁，刘某 B、朱某某 15 岁，林某某 13 岁，李某某 12 岁）住宿，并提供吃、玩等条件，多次组织、指使他们采取爬墙、踢门、撬门、撬锁等方式入室盗窃财物：

2010 年 8 月 8 日 19 时许，在被告人邓家文的组织、指使下，杨某某、林某某采取威吓的方式迫使黄某某（12 岁）带杨某某到翁源县前进路东七巷自己家中，杨某某盗得黄某某爷爷房间抽屉里的现金 200 元及其四婶的金鹏牌手机一部（未估价）。后杨某某将现金和手机交给邓家文。

2010 年 9 月 29 日 10 时许，在被告人邓家文的组织、指使下，杨某某、林某某去到翁源县朝阳路某院内刘某凤家，爬墙入室盗得黑色尼康牌相机一部

① 参见 2013 年 5 月 29 日最高人民法院发布的侵犯未成年人权益犯罪典型案例。

（价值1200元）和手镯一只（未估价）。后两人到某酒店×××房将赃物交给邓家文。

2011年1月6日16时许，在被告人邓家文的组织、指使下，张某某、刘某A、朱某、刘某B到县城教育路何某霞的住处，踢开木门入室盗得现金200多元及松下相机一部，诺基亚、三星、海尔牌手机各一部和香烟等物，赃物共计价值1900元。后何某霞回到家中，张某某持菜刀对何某霞进行威吓，并与同伙逃离现场，将上述物品交给邓家文。

2011年1月12日10时许，在被告人邓家文的组织、指使下，张某某、刘某A等人去到翁源县建设一路甘某明家，撬门入室盗得现金2900多元和组装电脑（价值2500元）等物，后将上述款物交给邓家文。

2011年1月22日15时许，在被告人邓家文的组织、指使下，张某某、刘某A、朱某某、李某某到翁源县龙英路黄某发家，撬门入室盗得佳能、索尼牌数码相机各一部，飞利浦、诺基亚牌手机各一部，劳力士手表一块及酒、茶叶等物一批，赃物共计价值4950元。后将茶叶、手表交给邓家文，酒、相机、手机被朱某某、张某另外处理。

关于敲诈勒索事实。2011年2月的一天下午，被告人邓家文伙同邓某红、邓某生（均在逃）在翁源县龙仙镇田心小学门口，以刘某、赖某发等人盗窃所得大额款物未分赃款给邓家文为由，采取威胁、要挟的方法，强行索取刘某使用的黑色大众捷达小轿车一部（价值2万元）、现金2300元及赖某发的戒指一枚（未估价）。

• 裁判要旨 •

组织未成年人进行盗窃、敲诈勒索等违反治安管理活动的，构成组织未成年人进行违反治安管理活动罪。

• 裁判理由 •

被告人邓家文组织未成年人进行盗窃，其行为已构成组织未成年人进行违反治安管理活动罪；以非法占有为目的，伙同他人采取威胁的方法强行索取他人财物，其行为又构成敲诈勒索罪，应依法予以并罚。邓家文多次组织多名未成年人进行入户盗窃，情节严重，所犯敲诈勒索罪，数额巨大，均应依法惩处。邓家文在组织杨某某等人在黄某某家盗窃财物时未满18周岁，依法可以对其此次犯罪从轻处罚。据此，依法认定被告人邓家文犯组织未成年人进行违反治安管理活动罪，判处有期徒刑四年，并处罚金人民币2000元；犯敲诈勒索罪，判处有期徒刑三年九个月，并处罚金人民币2000元，决定执行有期徒刑七年六个月，并处罚金人民币4000元。

【学理分析及适用指引】

• 学理分析 •

组织未成年人进行违反治安管理活动罪，是指组织未成年人进行盗窃、诈骗、抢夺、敲诈勒索等违反治安管理活动的行为。本罪的构成要件如下：本罪的客体是未成年人的身心健康和治安管理秩序。客观方面表现为组织未成年人进行盗窃、诈骗、抢夺、敲诈勒索等违反治安管理秩序的行为。本罪的主体为一般主体，单位不构成本罪。本罪的主观方面构成，包括直接故意和间接故意，过失不构成本罪。

目前，组织、诱骗、胁迫未成年人进行违反治安管理活动在全国一些城市比较突出。主要表现形式有：一些不法分子通过组织、诱骗辍学的未成年人、在校学生或者社会流浪少年，成立帮派团伙，以为他们提供食宿为诱饵，组织、诱骗、胁迫未成年人对中小学在校学生实施敲诈勒索、抢夺、故意伤害等不法侵害，或者在大型商贸区域、繁华地带，实施盗窃、扒窃、抢夺、敲诈勒索等违反治安管理的活动，而把所有违法所得都上交给这些幕后成年人组织者。在一些大的团伙中，每个人分工明确，配合密切。有专管内勤的“管家”，有负责培训的“教练”，有负责公关的“外联”，有负责惩罚的“打手”。一般每人每天都会被分配一定量的任务，超额完成，会受到“表扬”；没有完成，会受到相应“处罚”。处罚的方式，可能会是挨一顿饿，也可能是招来一顿打。由于参加团伙的未成年人的生活自理能力很差，也缺乏必要的生存技能。因此，对团伙能够提供基本的食宿产生了依赖心理，一些未成年人就是受到体罚，也愿意继续留下来。由于未成年人从事的这些违反治安管理活动大都未构成犯罪，在对幕后组织者追究刑事责任时也遇到困难。①

这种组织未成年人进行违法活动的行为，严重危害社会治安秩序和学校的正常教学秩序，性质恶劣，影响很坏，不仅剥夺了未成年人的受教育权、健康权，而且会诱使他们逐步走上犯罪的道路，毁掉他们的一生。《刑法修正案（六）》已在《刑法》第262条之一中将以暴力、胁迫手段，组织残疾人或者不满14周岁的未成年人乞讨的行为规定为犯罪。为了打击这类行为，更好地维护社会治安秩序，保护公民的合法财产不受侵犯，保护未成年人的合法权益，《刑法修正案（七）》规定，在《刑法》第262条之后增加一条，作为第262条之二：组织未成年人进行盗窃、诈骗、抢夺、敲诈勒索等违反治安管理活动的，处三年以下有期徒刑或者拘役，并处罚金；情节严重的，处三年以上七年以下有期徒刑，并处罚金。本条所说的未成年人，是指未满18周岁的人，

① 参见黄太云：《〈刑法修正案（七）〉解读》，载《人民检察》2009年第6期。

既包括普通的未成年人，也包括身心残疾的未成年人。

• 适用指引 •

实践中，有些不法分子为了组织未成年人实施违法犯罪活动，先拐骗一定数量的儿童，然后组织他人进行违法犯罪活动。在这种情况下，行为人拐骗儿童的行为构成拐骗儿童罪，又组织他们进行了违反治安管理活动的行为，构成组织未成年人进行违反治安管理活动罪。如前所述这种情现符合牵连犯的原理，但同时也应属于组织儿童乞讨罪的“情节严重”之表现，应以组织儿童乞讨罪的情节加重犯论处；如果行为人先实施了拐骗多名儿童的行为，而后起意组织儿童进行违反治安管理的行为，由于这种情况下两罪之间行为人主观上没有牵连意图，因此应当数罪并罚。如果组织者通过暴力手段，例如非法拘禁、故意伤害等强迫未成年人进行违法活动，那么这些暴力手段实际上属于本罪中组织行为的范畴，应认定为一个行为，按想象竞合犯处理。如果以组织儿童乞讨罪论处原则上可认定为本罪的“情节严重”之法定加重情形。

《刑法修正案（七）》所增设的“组织未成年人进行违反治安管理活动罪”不仅在于维护良好的社会治安秩序，更在于保障未成年人的身心健康。需要特别注意的是，本罪的适用应排除间接正犯与教唆犯的情形，即组织未成年人实施的是盗窃、诈骗、抢夺、敲诈勒索等活动本身并不符合盗窃罪、诈骗罪、抢夺罪、敲诈勒索罪的犯罪构成，仅为“违反治安管理活动的行为”。如果所组织实施的盗窃等行为已经符合盗窃等罪的构成，则对组织者不能以本罪论处，而应以间接正犯或者教唆犯原理来处理。具体而言，若所利用的未成年人未满16周岁，则所利用的未成年人实为其盗窃、抢夺等犯罪行为的工具，依间接正犯原理，对组织者直接认定为具体的盗窃罪、抢夺罪等；若所利用的未成年人已满16周岁不满18周岁，则所利用的未成年人本人也应对盗窃、抢夺等承担刑事责任，此时组织者实属教唆犯，且为教唆未成年人犯罪，应从重处罚。

另外，注意本罪与组织残疾人、儿童乞讨罪的区别。两罪的主要区别在于：一是对象有所不同，本罪的对象不仅包括不满14周岁的儿童，还包括14周岁以上不满18周岁的未成年人；二是客观方面的表现不同，本罪的行为手段不限于暴力、胁迫的方法，当然，被组织的未成年人具体行为表现也不同。司法实践中，如果行为人以暴力、胁迫等手段不仅组织儿童从事乞讨活动，并且还组织他们进行盗窃、诈骗、抢夺、敲诈勒索等违反治安管理活动的，则应予以两罪并罚。

第五章 侵犯财产罪

第二百六十三条　抢劫罪

【法律规定】

• 法律条文 •

《中华人民共和国刑法》

第二百六十三条　以暴力、胁迫或者其他方法抢劫公私财物的，处三年以上十年以下有期徒刑，并处罚金；有下列情形之一的，处十年以上有期徒刑、无期徒刑或者死刑，并处罚金或者没收财产：

（一）入户抢劫的；

（二）在公共交通工具上抢劫的；

（三）抢劫银行或者其他金融机构的；

（四）多次抢劫或者抢劫数额巨大的；

（五）抢劫致人重伤、死亡的；

（六）冒充军警人员抢劫的；

（七）持枪抢劫的；

（八）抢劫军用物资或者抢险、救灾、救济物资的。

• 相关规定 •

《最高人民法院关于审理抢劫刑事案件适用法律若干问题的指导意见》（法发〔2016〕2号）

一、关于审理抢劫刑事案件的基本要求

坚持贯彻宽严相济刑事政策。对于多次结伙抢劫，针对农村留守妇女、儿童及老人等弱势群体实施抢劫，在抢劫中实施强奸等暴力犯罪的，要在法律规定的量刑幅度内从重判处。

对于罪行严重或者具有累犯情节的抢劫犯罪分子，减刑、假释时应当从严掌握，严格控制减刑的幅度和频度。对因家庭成员就医等特定原因初次实施抢劫，主观恶性和犯罪情节相对较轻的，要与多次抢劫以及为了挥霍、赌博、吸毒等实施抢劫的案件在量刑上有所区分。对于犯罪情节较轻，或者具有法定、酌定从轻、减轻处罚情节的，坚持依法从宽处理。

确保案件审判质量。审理抢劫刑事案件，要严格遵守证据裁判原则，确保事实清楚，证据确实、充分。特别是对因抢劫可能判处死刑的案件，更要切实贯彻执行刑事诉讼法及相关司法解释、司法文件，严格依法审查判断和运用证据，坚决防止冤错案件的发生。

对抢劫刑事案件适用死刑，应当坚持“保留死刑，严格控制和慎重适用死刑”的刑事政策，以最严格的标准和最审慎的态度，确保死刑只适用于极少数罪行极其严重的犯罪分子。对被判处死刑缓期二年执行的抢劫犯罪分子，根据犯罪情节等情况，可以同时决定对其限制减刑。

二、关于抢劫犯罪部分加重处罚情节的认定

1. 认定“入户抢劫”，要注重审查行为人“入户”的目的，将“入户抢劫”与“在户内抢劫”区别开来。以侵害户内人员的人身、财产为目的，入户后实施抢劫，包括入户实施盗窃、诈骗等犯罪而转化为抢劫的，应当认定为“入户抢劫”。因访友办事等原因经户内人员允许入户后，临时起意实施抢劫，或者临时起意实施盗窃、诈骗等犯罪而转化为抢劫的，不应认定为“入户抢劫”。

对于部分时间从事经营、部分时间用于生活起居的场所，行为人在非营业时间强行入内抢劫或者以购物等为名骗开房门入内抢劫的，应认定为“入户抢劫”。对于部分用于经营、部分用于生活且之间有明确隔离的场所，行为人进入生活场所实施抢劫的，应认定为“入户抢劫”；如场所之间没有明确隔离，行为人在营业时间入内实施抢劫的，不认定为“入户抢劫”，但在非营业时间入内实施抢劫的，应认定为“入户抢劫”。

2. “公共交通工具”，包括从事旅客运输的各种公共汽车，大、中型出租车，火车，地铁，轻轨，轮船，飞机等，不含小型出租车。对于虽不具有商业营运执照，但实际从事旅客运输的大、中型交通工具，可认定为“公共交通工具”。接送职工的单位班车、接送师生的校车等大、中型交通工具，视为“公共交通工具”。

“在公共交通工具上抢劫”，既包括在处于运营状态的公共交通工具上对旅客及司售、乘务人员实施抢劫，也包括拦截运营途中的公共交通工具对旅客及司售、乘务人员实施抢劫，但不包括在未运营的公共交通工具上针对司售、乘务人员实施抢劫。以暴力、胁迫或者麻醉等手段对公共交通工具上的特定人员实施抢劫的，一般应认定为“在公共交通工具上抢劫”。

3. 认定“抢劫数额巨大”，参照各地认定盗窃罪数额巨大的标准执行。抢劫数额以实际抢劫到的财物数额为依据。对以数额巨大的财物为明确目标，由于意志以外的原因，未能抢到财物或实际抢得的财物数额不大的，应同时认定“抢劫数额巨大”和犯罪未遂的情节，根据《刑法》有关规定，结合未遂犯的处理原则量刑。

根据《两抢意见》第6条第1款规定，抢劫信用卡后使用、消费的，以行为人实际使用、消费的数额为抢劫数额。由于行为人意志以外的原因无法实际使用、消费的部分，虽不计入抢劫数额，但应作为量刑情节考虑。通过银行转账或者电子支付、手机银行等支付平台获取抢劫财物的，以行为人实际获取的财物为抢劫数额。

4. 认定“冒充军警人员抢劫”，要注重对行为人是否穿着军警制服、携带枪支、是否出示军警证件等情节进行综合审查，判断是否足以使他人误以为是军警人员。对于行为人仅穿着类似军警的服装或仅以言语宣称系军警人员但未携带枪支、也未出示军警证件而实施抢劫的，要结合抢劫地点、时间、暴力或威胁的具体情形，依照常人判断标准，确定是否认定为“冒充军警人员抢劫”。

军警人员利用自身的真实身份实施抢劫的，不认定为“冒充军警人员抢劫”，应依法从重处罚。

三、关于转化型抢劫犯罪的认定

根据刑法第二百六十九条的规定，“犯盗窃、诈骗、抢夺罪，为窝藏赃物、抗拒抓捕或者毁灭罪证而当场使用暴力或者以暴力相威胁的”，依照抢劫罪定罪处罚。“犯盗窃、诈骗、抢夺罪”，主要是指行为人已经着手实施盗窃、诈骗、抢夺行为，一般不考察盗窃、诈骗、抢夺行为是否既遂。但是所涉财物数额明显低于“数额较大”的标准，又不具有《两抢意见》第五条所列五种情节之一的，不构成抢劫罪。“当场”是指在盗窃、诈骗、抢夺的现场以及行为人刚离开现场即被他人发现并抓捕的情形。

对于以摆脱的方式逃脱抓捕，暴力强度较小，未造成轻伤以上后果的，可不认定为“使用暴力”，不以抢劫罪论处。

入户或者在公共交通工具上盗窃、诈骗、抢夺后，为了窝藏赃物、抗拒抓捕或者毁灭罪证，在户内或者公共交通工具上当场使用暴力或者以暴力相威胁的，构成“入户抢劫”或者“在公共交通工具上抢劫”。

两人以上共同实施盗窃、诈骗、抢夺犯罪，其中部分行为人为窝藏赃物、抗拒抓捕或者毁灭罪证而当场使用暴力或者以暴力相威胁的，对于其余行为人是否以抢劫罪共犯论处，主要看其对实施暴力或者以暴力相威胁的行为人是否形成共同犯意、提供帮助。基于一定意思联络，对实施暴力或者以暴力相威胁的行为人提供帮助或实际成为帮凶的，可以抢劫共犯论处。

四、具有法定八种加重处罚情节的刑罚适用

1. 根据刑法第二百六十三条的规定，具有“抢劫致人重伤、死亡”等八种法定加重处罚情节的，处十年以上有期徒刑、无期徒刑或者死刑，并处罚金或者没收财产。应当根据抢劫的次数及数额、抢劫对人身的损害、对社会治安的危害等情况，结合被告人的主观恶性及人身危险程度，并根据量刑规范化的有关规定，确定具体的刑罚。判处无期徒刑以上刑罚的，一般应并处没收财产。

2. 具有下列情形之一的，可以判处无期徒刑以上刑罚：

（1）抢劫致三人以上重伤，或者致人重伤造成严重残疾的；

（2）在抢劫过程中故意杀害他人，或者故意伤害他人，致人死亡的；

（3）具有除"抢劫致人重伤、死亡"外的两种以上加重处罚情节，或者抢劫次数特别多、抢劫数额特别巨大的。

3. 为劫取财物而预谋故意杀人，或者在劫取财物过程中为制服被害人反抗、抗拒抓捕而杀害被害人，且被告人无法定从宽处罚情节的，可依法判处死刑立即执行。对具有自首、立功等法定从轻处罚情节的，判处死刑立即执行应当慎重。对于采取故意杀人以外的其他手段实施抢劫并致人死亡的案件，要从犯罪的动机、预谋、实行行为等方面分析被告人主观恶性的大小，并从有无前科及平时表现、认罪悔罪情况等方面判断被告人的人身危险程度，不能不加区别，仅以出现被害人死亡的后果，一律判处死刑立即执行。

4. 抢劫致人重伤案件适用死刑，应当更加慎重、更加严格，除非具有采取极其残忍的手段造成被害人严重残疾等特别恶劣的情节或者造成特别严重后果的，一般不判处死刑立即执行。

5. 具有刑法第二百六十三条规定的"抢劫致人重伤、死亡"以外其他七种加重处罚情节，且犯罪情节特别恶劣、危害后果特别严重的，可依法判处死刑立即执行。认定"情节特别恶劣、危害后果特别严重"，应当从严掌握，适用死刑必须非常慎重、非常严格。

五、抢劫共同犯罪的刑罚适用

1. 审理抢劫共同犯罪案件，应当充分考虑共同犯罪的情节及后果、共同犯罪人在抢劫中的作用以及被告人的主观恶性、人身危险性等情节，做到准确认定主从犯，分清罪责，以责定刑，罚当其罪。一案中有两名以上主犯的，要从犯罪提意、预谋、准备、行为实施、赃物处理等方面区分出罪责最大者和较大者；有两名以上从犯的，要在从犯中区分出罪责相对更轻者和较轻者。对从犯的处罚，要根据案件的具体事实、从犯的罪责，确定从轻还是减轻处罚。对具有自首、立功或者未成年人且初次抢劫等情节的从犯，可以依法免除处罚。

2. 对于共同抢劫致一人死亡的案件，依法应当判处死刑的，除犯罪手段特别残忍、情节及后果特别严重、社会影响特别恶劣、严重危害社会治安的外，一般只对共同抢劫犯罪中作用最突出、罪行最严重的那名主犯判处死刑立即执行。罪行最严重的主犯如因系未成年人而不适用死刑，或者因具有自首、立功等法定从宽处罚情节而不判处死刑立即执行的，不能不加区别地对其他主犯判处死刑立即执行。

3. 在抢劫共同犯罪案件中，有同案犯在逃的，应当根据现有证据尽量分清在押犯与在逃犯的罪责，对在押犯应按其罪责处刑。罪责确实难以分清，或者不排除在押犯的罪责可能轻于在逃犯的，对在押犯适用刑罚应当留有余地，判处死刑立即执行要格外慎重。

六、累犯等情节的适用

根据刑法第六十五条第一款的规定，对累犯应当从重处罚。抢劫犯罪被告人具有累犯情节的，适用刑罚时要综合考虑犯罪的情节和后果，所犯前后罪的性质、间隔时间及判刑轻重等情况，决定从重处罚的力度。对于前罪系抢劫等严重暴力犯罪的累犯，应当依法加大从重处罚的力度。

对于虽不构成累犯，但具有抢劫犯罪前科的，一般不适用减轻处罚和缓刑。对于可能判处死刑的罪犯具有累犯情节的也应慎重，不能只要是累犯就一律判处死刑立即执行；被告人同时具有累犯和法定从宽处罚情节的，判处死刑立即执行应当综合考虑，从严掌握。

七、关于抢劫案件附带民事赔偿的处理原则

要妥善处理抢劫案件附带民事赔偿工作。审理抢劫刑事案件，一般情况下人民法院不主动开展附带民事调解工作。但是，对于犯罪情节不是特别恶劣或者被害方生活、医疗陷入困境，被告人与被害方自行达成民事赔偿和解协议的，民事赔偿情况可作为评价被告人悔罪态度的依据之一，在量刑上酌情予以考虑。

《最高人民法院关于审理抢劫、抢夺刑事案件适用法律若干问题的意见》（法发〔2005〕8号）

一、关于“入户抢劫”的认定

根据《抢劫解释》第一条规定，认定“入户抢劫”时，应当注意以下三个问题：一是“户”的范围。“户”在这里是指住所，其特征表现为供他人家庭生活和与外界相对隔离两个方面，前者为功能特征，后者为场所特征。一般情况下，集体宿舍、旅店宾馆、临时搭建工棚等不应认定为“户”，但在特定情况下，如果确实具有上述两个特征的，也可以认定为“户”。二是“入户”目的的非法性。进入他人住所须以实施抢劫等犯罪为目的。抢劫行为虽然发生在户内，但行为人不以实施抢劫等犯罪为目的进入他人住所，而是在户内临时起意实施抢劫的，不属于“入户抢劫”。三是暴力或者暴力胁迫行为必须发生在户内。入户实施盗窃被发现，行为人为窝藏赃物、抗拒抓捕或者毁灭罪证而当场使用暴力或者以暴力相威胁的，如果暴力或者暴力胁迫行为发生在户内，可以认定为“入户抢劫”；如果发生在户外，不能认定为“入户抢劫”。

二、关于“在公共交通工具上抢劫”的认定

公共交通工具承载的旅客具有不特定多数人的特点。根据《抢劫解释》第二条规定，“在公共交通工具上抢劫”主要是指在从事旅客运输的各种公共汽车，大、中型出租车，火车，船只，飞机等正在运营中的机动公共交通工具上对旅客、司售、乘务人员实施的抢劫。在未运营中的大、中型公共交通工具上针对司售、乘务人员抢劫的，或者在小型出租车上抢劫的，不属于“在公共交通工具上抢劫”。

三、关于“多次抢劫”的认定

刑法第二百六十三条第（四）项中的“多次抢劫”是指抢劫三次以上。

对于“多次”的认定，应以行为人实施的每一次抢劫行为均已构成犯罪为前提，综合考虑犯罪故意的产生、犯罪行为实施的时间、地点等因素，客观分析、认定。对于行为人基于一个犯意实施犯罪的，如在同一地点同时对在场的多人实施抢劫的；或基于同一犯意在同一地点实施连续抢劫犯罪的，如在同一地点连续地对途经此地的多人进行抢劫的；或在一次犯罪中对一栋居民楼房中的几户居民连续实施入户抢劫的，一般应认定为一次犯罪。

四、关于“携带凶器抢夺”的认定

《抢劫解释》第六条规定，“携带凶器抢夺”，是指行为人随身携带枪支、爆炸物、管制刀具等国家禁止个人携带的器械进行抢夺或者为了实施犯罪而携带其他器械进行抢夺的行为。行为人随身携带国家禁止个人携带的器械以外的其他器械抢夺，但有证据证明该器械确实不是为了实施犯罪准备的，不以抢劫罪定罪；行为人将随身携带凶器有意加以显示、能为被害人察觉到的，直接适用刑法第二百六十三条的规定定罪处罚；行为人携带凶器抢夺后，在逃跑过程中为窝藏赃物、抗拒抓捕或者毁灭罪证而当场使用暴力或者以暴力相威胁的，适用刑法第二百六十七条第二款的规定定罪处罚。

五、关于转化抢劫的认定

行为人实施盗窃、诈骗、抢夺行为，未达到“数额较大”，为窝藏赃物、抗拒抓捕或者毁灭罪证当场使用暴力或者以暴力相威胁，情节较轻、危害不大的，一般不以犯罪论处；但具有下列情节之一的，可依照刑法第二百六十九条的规定，以抢劫罪定罪处罚；

（1）盗窃、诈骗、抢夺接近“数额较大”标准的；

（2）入户或在公共交通工具上盗窃、诈骗、抢夺后在户外或交通工具外实施上述行为的；

（3）使用暴力致人轻微伤以上后果的；

（4）使用凶器或以凶器相威胁的；

（5）具有其他严重情节的。

六、关于抢劫犯罪数额的计算

抢劫信用卡后使用、消费的，其实际使用、消费的数额为抢劫数额；抢劫信用卡后未实际使用、消费的，不计数额，根据情节轻重量刑。所抢信用卡数额巨大，但未实际使用、消费或者实际使用、消费的数额未达到巨大标准的，不适用“抢劫数额巨大”的法定刑。

为抢劫其他财物，劫取机动车辆当作犯罪工具或者逃跑工具使用的，被劫取机动车辆的价值计入抢劫数额；为实施抢劫以外的其他犯罪劫取机动车辆的，以抢劫罪和实施的其他犯罪实行数罪并罚。

抢劫存折、机动车辆的数额计算，参照执行《关于办理盗窃刑事案件适用法律若干问题的解释》的相关规定。

七、关于抢劫特定财物行为的定性

以毒品、假币、淫秽物品等违禁品为对象，实施抢劫的，以抢劫罪定罪；抢劫的违禁品数量作为量刑情节予以考虑。抢劫违禁品后又以违禁品实施其他犯罪的，应以抢劫罪与具体实施的其他犯罪实行数罪并罚。

抢劫赌资、犯罪所得的赃款赃物的，以抢劫罪定罪，但行为人仅以其所输赌资或所赢赌债为抢劫对象，一般不以抢劫罪定罪处罚。构成其他犯罪的，依照刑法的相关规定处罚。

为个人使用，以暴力、胁迫等手段取得家庭成员或近亲属财产的，一般不以抢劫罪定罪处罚，构成其他犯罪的，依照刑法的相关规定处理；教唆或者伙同他人采取暴力、胁迫等手段劫取家庭成员或近亲属财产的，可以抢劫罪定罪处罚。

八、关于抢劫罪数的认定

行为人实施伤害、强奸等犯罪行为，在被害人未失去知觉，利用被害人不能反抗、不敢反抗的处境，临时起意劫取他人财物的，应以此前所实施的具体犯罪与抢劫罪实行数罪并罚；在被害人失去知觉或者没有发觉的情形下，以及实施故意杀人犯罪行为之后，临时起意拿走他人财物的，应以此前所实施的具体犯罪与盗窃罪实行数罪并罚。

九、关于抢劫罪与相似犯罪的界限

1. 冒充正在执行公务的人民警察、联防人员，以抓卖淫嫖娼、赌博等违法行为为名非法占有财物的行为定性

行为人冒充正在执行公务的人民警察“抓赌”“抓嫖”，没收赌资或者罚款的行为，构成犯罪的，以招摇撞骗罪从重处罚；在实施上述行为中使用暴力或者暴力威胁的，以抢劫罪定罪处罚。行为人冒充治安联防队员“抓赌”“抓嫖”、没收赌资或者罚款的行为，构成犯罪的，以敲诈勒索罪定罪处罚；在实施上述行为中使用暴力或者暴力威胁的，以抢劫罪定罪处罚。

2. 以暴力、胁迫手段索取超出正常交易价钱、费用的钱财的行为定性

从事正常商品买卖、交易或者劳动服务的人，以暴力、胁迫手段迫使他人

交出与合理价钱、费用相差不大钱物，情节严重的，以强迫交易罪定罪处罚；以非法占有为目的，以买卖、交易、服务为幌子采用暴力、胁迫手段迫使他人交出与合理价钱、费用相差悬殊的钱物的，以抢劫罪定罪处刑。在具体认定时，既要考虑超出合理价钱、费用的绝对数额，还要考虑超出合理价钱、费用的比例，加以综合判断。

3. 抢劫罪与绑架罪的界限

绑架罪是侵害他人人身自由权利的犯罪，其与抢劫罪的区别在于：第一，主观方面不尽相同。抢劫罪中，行为人一般出于非法占有他人财物的故意实施抢劫行为，绑架罪中，行为人既可能为勒索他人财物而实施绑架行为，也可能出于其他非经济目的实施绑架行为；第二，行为手段不尽相同。抢劫罪表现为行为人劫取财物一般应在同一时间、同一地点，具有“当场性”；绑架罪表现为行为人以杀害、伤害等方式向被绑架人的亲属或其他人或单位发出威胁，索取赎金或提出其他非法要求，劫取财物一般不具有“当场性”。

绑架过程中又当场劫取被害人随身携带财物的，同时触犯绑架罪和抢劫罪两罪名，应择一重罪定罪处罚。

4. 抢劫罪与寻衅滋事罪的界限

寻衅滋事罪是严重扰乱社会秩序的犯罪，行为人实施寻衅滋事的行为时，客观上也可能表现为强拿硬要公私财物的特征。这种强拿硬要的行为与抢劫罪的区别在于：前者行为人主观上还具有逞强好胜和通过强拿硬要来填补其精神空虚等目的，后者行为人一般只具有非法占有他人财物的目的；前者行为人客观上一般不以严重侵犯他人人身权利的方法强拿硬要财物，而后者行为人则以暴力、胁迫等方式作为劫取他人财物的手段。司法实践中，对于未成年人使用或威胁使用轻微暴力强抢少量财物的行为，一般不宜以抢劫罪定罪处罚。其行为符合寻衅滋事罪特征的，可以寻衅滋事罪定罪处罚。

5. 抢劫罪与故意伤害罪的界限

行为人为索取债务，使用暴力、暴力威胁等手段的，一般不以抢劫罪定罪处罚。构成故意伤害等其他犯罪的，依照刑法第二百三十四条等规定处罚。

十、抢劫罪的既遂、未遂的认定

抢劫罪侵犯的是复杂客体，既侵犯财产权利又侵犯人身权利，具备劫取财物或者造成他人轻伤以上后果两者之一的，均属抢劫既遂；既未劫取财物，又未造成他人人身伤害后果的，属抢劫未遂。据此，刑法第二百六十三条规定的八种处罚情节中除“抢劫致人重伤、死亡的”这一结果加重情节之外，其余七种处罚情节同样存在既遂、未遂问题，其中属抢劫未遂的，应当根据刑法关于加重情节的法定刑规定，结合未遂犯的处理原则量刑。

十一、驾驶机动车、非机动车夺取他人财物行为的定性

对于驾驶机动车、非机动车（以下简称“驾驶车辆”）夺取他人财物的，

一般以抢夺罪从重处罚。但具有下列情形之一，应当以抢劫罪定罪处罚：

（1）驾驶车辆，逼挤、撞击或强行逼倒他人以排除他人反抗，乘机夺取财物的；

（2）驾驶车辆强抢财物时，因被害人不放手而采取强拉硬拽方法劫取财物的；

（3）行为人明知其驾驶车辆强行夺取他人财物的手段会造成他人伤亡的后果，仍然强行夺取并放任造成财物持有人轻伤以上后果的。

《最高人民法院关于抢劫过程中故意杀人案件如何定罪问题的批复》（法释〔2001〕16号）

上海市高级人民法院：

你院沪高法（2000）117号《关于抢劫过程中故意杀人案件定性问题的请示》收悉。经研究，答复如下：

行为人为劫取财物而预谋故意杀人，或者在劫取财物过程中，为制服被害人反抗而故意杀人的，以抢劫罪定罪处罚。

行为人实施抢劫后，为灭口而故意杀人的，以抢劫罪和故意杀人罪定罪，实行数罪并罚。

此复

《最高人民法院关于审理抢劫案件具体应用法律若干问题的解释》（法释〔2000〕35号）

第一条 刑法第二百六十三条第（一）项规定的“入户抢劫”，是指为实施抢劫行为而进入他人生活的与外界相对隔离的住所，包括封闭的院落、牧民的帐篷、渔民作为家庭生活场所的渔船、为生活租用的房屋等进行抢劫的行为。

对于入户盗窃，因被发现而当场使用暴力或者以暴力相威胁的行为，应当认定为入户抢劫。

第二条 刑法第二百六十三条第（二）项规定的“在公共交通工具上抢劫”，既包括在从事旅客运输的各种公共汽车，大、中型出租车，火车，船只，飞机等正在运营中的机动公共交通工具上对旅客、司售、乘务人员实施的抢劫，也包括对运行途中的机动公共交通工具加以拦截后，对公共交通工具上的人员实施的抢劫。

第三条 刑法第二百六十三条第（三）项规定的“抢劫银行或者其他金融机构”，是指抢劫银行或者其他金融机构的经营资金、有价证券和客户的资金等。

抢劫正在使用中的银行或者其他金融机构的运钞车的，视为“抢劫银行或者其他金融机构”。

第四条 刑法第二百六十三条第（四）项规定的“抢劫数额巨大”的认

定标准，参照各地确定的盗窃罪数额巨大的认定标准执行。

第五条 刑法第二百六十三条第（七）项规定的“持枪抢劫”，是指行为人使用枪支或者向被害人显示持有、佩带的枪支进行抢劫的行为。“枪支”的概念和范围，适用《中华人民共和国枪支管理法》的规定。

第六条 刑法第二百六十七条第二款规定的“携带凶器抢夺”，是指行为人随身携带枪支、爆炸物、管制刀具等国家禁止个人携带的器械进行抢夺或者为了实施犯罪而携带其他器械进行抢夺的行为。

《最高人民检察院关于强迫借贷行为适用法律问题的批复》（高检发释字〔2014〕1号）

广东省人民检察院：

你院《关于强迫借贷案件法律适用的请示》（粤检发研字〔2014〕9号）收悉。经研究，批复如下：

以暴力、胁迫手段强迫他人借贷，属于刑法第二百二十六条第二项规定的“强迫他人提供或者接受服务”，情节严重的，以强迫交易罪追究刑事责任；同时构成故意伤害罪等其他犯罪的，依照处罚较重的规定定罪处罚。以非法占有为目的，以借贷为名采用暴力、胁迫手段获取他人财物，符合刑法第二百六十三条或者第二百七十四条规定的，以抢劫罪或者敲诈勒索罪追究刑事责任。

此复

【案例一】

董某某、宋某某抢劫案①

• 案件事实 •

被告人董某某、宋某某（时年17周岁）迷恋网络游戏，平时经常结伴到网吧上网，时常彻夜不归。2010年7月27日11时许，因在网吧上网的网费用完，二被告人即伙同王某（作案时未达到刑事责任年龄）到河南省平顶山市红旗街社区，持刀对被害人张某某和王某某实施抢劫，抢走张某某5元现金及手机一部。后将所抢的手机卖掉，所得赃款用于上网。

• 裁判要旨 •

对判处管制或者宣告缓刑的未成年被告人，可以根据其犯罪的具体情况以及禁止事项与所犯罪行的关联程度，对其适用“禁止令”。

① 根据2013年1月31日《最高人民法院关于发布第四批指导性案例的通知》指导案例14号修改。

• 裁判理由 •

河南省平顶山市新华区人民法院于2011年5月10日作出（2011）新刑未初字第29号刑事判决，认定被告人董某某、宋某某犯抢劫罪，分别判处有期徒刑二年六个月，缓刑三年，并处罚金人民币1000元。同时禁止董某某和宋某某在36个月内进入网吧、游戏机房等场所。宣判后，二被告人均未上诉，判决已发生法律效力。

法院生效裁判认为：被告人董某某、宋某某以非法占有为目的，以暴力威胁方法劫取他人财物，其行为均已构成抢劫罪。鉴于董某某、宋某某系持刀抢劫；犯罪时不满18周岁，且均为初犯，到案后认罪悔罪态度较好，宋某某还是在校学生，符合缓刑条件，决定分别判处二被告人有期徒刑二年六个月，缓刑三年。考虑到被告人主要是因上网吧需要网费而诱发了抢劫犯罪；二被告人长期迷恋网络游戏，网吧等场所与其犯罪有密切联系；如果将被告人与引发其犯罪的场所相隔离，有利于家长和社区在缓刑期间对其进行有效管教，预防再次犯罪；被告人犯罪时不满18周岁，平时自我控制能力较差，对其适用禁止令的期限确定为与缓刑考验期相同的三年，有利于其改过自新。因此，依法判决禁止二被告人在缓刑考验期内进入网吧等特定场所。

【案例二】

陈万学抢劫、刘永等人盗窃案①

• 案件事实 •

2009年8月11日至2009年8月12日，被告人陈万学经与“华超”“光头”（均另案处理）多次商量后，决定到舟山市定海区临城街道洞岙水库铁火尖隧道口附近盗窃堆放在该处用于搭建高压铁塔的铁板，并分别纠集了被告人刘永、庞德永、菅朋亮共同参与。其间，陈万学、庞德永前往铁板堆放现场进行察看，并将一把钢筋钳藏于现场附近。8月13日3时许，陈万学、刘永、庞德永、菅朋亮和“华超”“光头”按照事先约定，分骑两辆电动三轮车到达铁板堆放处。经察看无人后，陈万学等人取出事先藏在此地的钢筋钳剪断捆扎铁板的钢丝，将铁板搬运至两辆电动三轮车上。工地值班员王某玉发现后，即上前大喊“抓贼”，刘永等5人当即骑车逃离现场，陈万学见状则拿起钢筋钳威吓王某玉，并对王某玉说：“再过来，就砸死你。”王某玉见状不敢上前抓捕。

① 参见中华人民共和国最高人民法院刑事审判第一、二、三、四、五庭主办：《刑事审判参考》（总第83集），法律出版社2011年版。

随后，陈万学骑车逃离现场。当日4时30分许，陈万学等人将装有铁板的两辆电动三轮车骑至定海区一废品收购站准备销赃时，被公安人员发现，陈万学、刘永、庞德永、菅朋亮被当场抓获。经鉴定，赃物铁板重量为825公斤，价值人民币7013元。

• 裁判要旨 •

共同盗窃犯罪中转化型抢劫罪的认定。

• 裁判理由 •

浙江省舟山市定海区人民法院认为，被告人陈万学以非法占有为目的，伙同他人窃取数额较大的财物，在被值班人员发现后为抗拒抓捕而当场持钢筋钳进行威胁，其行为构成抢劫罪。被告人刘永、庞德永、菅朋亮以非法占有为目的，伙同他人窃取财物，数额较大，三人的行为均构成盗窃罪。刘永、庞德永、菅朋亮受陈万学等人纠集参与盗窃，在被人发现后陈万学以暴力相威胁时，其三人当即逃离现场，并未协助陈万学，结合其三人在共同犯罪中所处的地位及作用，不应对陈万学所实施的暴力威胁行为承担刑事责任。公诉机关指控陈万学犯抢劫罪的罪名成立，但指控刘永、庞德永、菅朋亮的罪名不当，应予纠正。刘永、庞德永、菅朋亮就其犯罪性质所提辩解成立，予以采纳。

刘永、庞德永在刑罚执行完毕后五年内再犯应当判处有期徒刑以上刑罚之罪，是累犯，应当从重处罚。依照《刑法》第263条、第264条、第269条、第25条第1款、第65条第1款之规定，判决如下：一、被告人陈万学犯抢劫罪，判处有期徒刑三年，并处罚金人民币1000元；二、被告人刘永犯盗窃罪，判处有期徒刑一年六个月，并处罚金人民币1000元；三、被告人庞德永犯盗窃罪，判处有期徒刑一年六个月，并处罚金人民币1000元；四、被告人菅朋亮犯盗窃罪，判处有期徒刑一年，并处罚金人民币1000元。

一审宣判后，被告人陈万学提出上诉，但在二审中申请撤回上诉。

浙江省舟山市中级人民法院经二审审理认为，原审判决认定被告人陈万学、刘永、庞德永、菅朋亮的犯罪事实清楚，证据确实、充分，定罪正确，量刑适当，审判程序合法。上诉人陈万学申请撤回上诉符合法律规定。据此，依照《最高人民法院关于执行〈中华人民共和国刑事诉讼法〉若干问题的解释》第239条之规定，裁定准许上诉人陈万学撤回上诉。

【学理分析及适用指引】

• 学理分析 •

抢劫罪是实践中常见、多发的一种犯罪，是指以非法占有为目的，当场劫取他人财物的行为。本罪的构成要件如下：

1. 本罪的客体。抢劫罪的客体是复杂客体，它既侵犯了公私财产权利，又侵犯了他人人身权利；其中公私财产权利是本罪的主要客体，他人人身权利是本罪的次要客体。有人曾经提出，他人人身权利应当作为该罪的主要客体，因为人身权利比财产权利更为重要。① 我们认为，抢劫罪的主要客体是公私财产权利，因为行为人实施抢劫罪的目的是劫取财物，而对他人人身权利的侵犯只是实现这个目的的手段，应当以行为人的目的行为所侵犯的客体作为该罪的主要客体。并且，我国《刑法》将抢劫罪置于侵犯财产罪一章，这也充分表明了立法者将抢劫罪的主要客体定位为公私财产权利的意图。

2. 本罪的客观方面。抢劫罪的客观方面表现为采用暴力、胁迫或其他方法当场强行劫取财物的行为。构成抢劫罪需要双重行为，即暴力、胁迫或其他方法和劫取财物，前者是手段行为，后者是目的行为，前者以后者为出发点和归宿。抢劫罪之所以重于其他普通财产犯罪，就是因为它的手段行为——暴力、胁迫或其他方法，侵犯了他人的人身权利。此处的暴力，是指对财物的所有人、持有人、保管人或者与上述三类人关系密切的人，实施人身打击或强制的行为。此处的胁迫，是指对上述四类人以实施人身打击或强制造成精神恐吓。此处的其他方法，是指暴力、胁迫以外的与暴力、胁迫的强制程度相同的其他强制方法，例如，用酒灌醉、用麻醉药麻醉等。

行为若构成本罪，必须是行为人当场取得财物，这是抢劫罪区别于敲诈勒索罪的主要特征之一。当场，是指行为人在刚实施完毕暴力、胁迫或其他强制行为之后，趁被害人不能反抗、不知反抗或不敢反抗之时，瞬间夺走财物。

由于抢劫罪是一种重罪，所以我国《刑法》第263条并未规定成立本罪的数额要求。但这并不意味着，数额的大小对本罪的定罪毫无作用。对于抢劫数额很小，暴力程度也很低的特殊案件应依法不以犯罪论处，例如："未成年人以轻微暴力抢劫少量财物，情节显著轻微危害不大的，不应以本罪论处。"②

3. 本罪的主体。抢劫罪的主体是一般主体。根据我国《刑法》第17条的规定，已满14周岁不满16周岁的人犯抢劫罪的，都应当承担刑事责任。

4. 本罪的主观方面。抢劫罪的主观方面是故意，而且只能是直接故意，即行为人明知自己的行为侵害了公私财产权利和他人的人身权利，仍决意为之。

• 适用指引 •

司法实践中，认定本罪应注意：

---

① 参见高铭暄主编：《刑法专论》（下编），高等教育出版社2002年版，第714页。

② 高铭暄、马克昌主编：《刑法学》，北京大学出版社、高等教育出版社2005年版，第509页。

1. 本罪与非罪的界限。

（1）抢劫罪是侵犯财产罪中危害性最大、性质最严重的犯罪，在一般情况下，凡是以非法占有为目的，用暴力、胁迫或者其他方法，强行夺取公私财物的行为，就具备了抢劫罪的基本特征，构成了抢劫罪。立法上没有抢劫的数额和情节的限制性规定。但是依照《刑法》第13条的规定，情节显著轻微危害不大的行为，不认为是犯罪。例如：青少年偶尔进行恶作剧式的抢劫，行为很有节制、数额极其有限，如强索少量财物，抢吃少量食品等，由于情节显著轻微，危害不大，属于一般违法行为，尚不构成抢劫罪。

（2）因为婚姻、家庭纠纷，一方抢回彩礼、陪嫁物，或者强行分割并拿走家庭共有财产的，即使抢回、拿走的份额多了，也属于民事、婚姻纠纷中处理方法不当的问题，不具有非法强占他人财物的目的，不构成抢劫罪。

（3）为子女离婚、出嫁女儿暴死等事情所激怒，而纠集亲友多人去砸毁对方家庭财物，属于婚姻家庭纠纷中的泄愤、报复行为，一般应做好调解工作，妥善处理，不宜作为抢劫论处。

2. 本罪既遂与未遂的界限。关于抢劫罪既遂与未遂的区分标准，是法学界和司法实践中争论的一个重要问题，概括起来主要有三种观点：

（1）应以行为人的抢劫是否非法占有公私财物为标准，已非法占有公私财物的为既遂，尚未非法占有公私财物的是未遂。

（2）认为抢劫罪是以暴力、胁迫或其他方法为特征的侵犯财产权利，同时也侵犯人身权利的犯罪。因此，无论抢到财物与否，只要在抢劫中侵犯了被害人的人身权利，就是既遂。

（3）认为本条对抢劫罪分两款作了规定，实际上是两个犯罪构成，因此，应当按照两种情况，分别确定既遂与未遂的标准，即第1款是一般抢劫罪，就应以抢到财物与否为既遂与未遂的标准；第2款是结果加重犯，不存在未遂的问题。

区分抢劫罪的既遂与未遂，应当以抢劫罪的犯罪构成要件是否具备，即法定的犯罪结果是否已经造成为标准。依照本条的规定，抢劫罪的犯罪构成有基本的和加重的两种形态。因而，其既遂未遂标准应分别考察，当犯罪事实属于基本的犯罪构成时，行为人所实施的行为，以劫取了财物或者致人轻伤这两种实际后果之一的，即属于本罪既遂。当犯罪事实属于（八种）加重犯罪构成时，则要分清是结果加重犯还是情节加重犯，当行为人的行为属于本条结果加重情节之一时，已具备加重形态的全部要件，无论行为人是否抢到财物，应是犯罪既遂；若属于情节加重情形的，如“持枪抢劫”“入户抢劫”的，则仍存在既遂问题，此种未遂，应结合加重情节的法定刑规定，再适用未遂从宽处罚的规则来处理。

3. 抢劫罪立案标准。根据《刑法》第263条的规定，以暴力、胁迫或者其他方法抢劫公私财物的，应当立案。抢劫罪是行为犯，《刑法》对构成抢劫罪没有规定数额、情节方面的限制，只要行为人当场以暴力、胁迫或者其他方法，实施了抢劫公私财物的行为，无论是否抢到钱财，也不论实际抢到钱财的多少，原则上都构成抢劫罪，公安机关应当立案侦查。

4. 本罪与故意杀人罪的界限。抢劫罪与故意杀人罪，是两个性质不同的犯罪。它们之间的主要区别在于：

（1）客体要件不同。前者的客体是复杂客体，既侵犯了公私财产所有权，又侵害了公民的人身权利；后者的客体是单一客体，即公民的生命权。

（2）犯罪目的不同。前者是为了非法占有公私财物，侵犯公民的人身权利，是非法占有公私财物的一种手段，二者之间存在目的与手段的内在联系；后者的犯罪目的，是非法剥夺他人的生命权利。由于这些区别的存在，在司法实践中，二者的界限一般是不会发生混淆的。但二者之间又存在一定的联系，这些联系表现在：第一，抢劫罪虽然主要是侵犯公私财产的所有权，但同时又侵犯了公民的人身权利，而公民的人身权利包括公民的生命权。因此，抢劫罪的客体要件与故意杀人罪的客体要件间存在包容关系。第二，抢劫罪的行为方式是暴力、胁迫或者其他方法，故意杀人罪的行为方式，可以是暴力的，也可以是非暴力的，因此，在犯罪的行为方式上，二者之间也存在交叉关系。第三，抢劫罪一般是先使用暴力、胁迫或者其他方法，而后取得财物，使用暴力、劫取财物是故意的；故意杀人罪，行为人杀人后，劫走被害人的财物的情况也是很常见的，其杀人、劫财也都是故意的。因此，在这方面二者也有相似之处。对抢劫杀人案件的定性，要根据案件的特点，具体案件具体分析，不能一概而论。从司法实践看，抢劫杀人案件主要有三种情况：

一是先杀人后拿取财物的案件，即事先只有非法剥夺他人生命的目的，而无抢劫他人财物的目的。杀人后，见财起意又将被害人财物拿走的案件，应以故意杀人罪和盗窃罪定罪处罚。

二是在实施抢劫财物过程中先杀人后劫物的案件，即在抢劫财物过程中，先将财物的所有人、经管人杀死，剥夺其反抗能力，当场劫走其财物，杀人是劫走财物的必要手段的案件。虽杀人在先，劫取财物在后，但都发生在抢劫过程中，而且杀人是劫取财物的必要手段。因此，应定抢劫罪。

三是抢劫以后又杀人的案件，即抢劫财物后，为了保护赃物、抗拒逮捕、毁灭罪证，当场又杀人的，或者为杀人灭口而杀死被害人的案件。杀人灭口行为，与抢劫没有内在联系，因此这是两个独立的犯罪，应分别定抢劫罪和故意杀人罪，实行两罪并罚。至于抢劫后为了护赃等而当场使用暴力杀人的，应视为抢劫行为的继续，仍只能定为抢劫罪，为护赃而当场行凶杀人，可作为从重处罚情节。

根据上述分析，对于抢劫杀人案件的定性要把握两条界限：一是杀人是否发生在抢劫财物过程中；二是杀人是否是抢劫财物的必要手段，是否与非法占有公私财物之间存在目的与手段的内在联系。如果杀人行为发生在抢劫过程中，而且是抢劫财物的必要手段，应定抢劫罪；如果杀人行为发生在抢劫财物过程之外，或者虽与抢劫财物过程有联系，但与抢劫财物无内在联系，应定故意杀人罪。

5. 本罪与抢夺罪的界限。抢劫罪与抢夺罪的主要区别是：

（1）客体要件不同。抢劫罪侵犯的是复杂客体，即公私财产所有权和公民的人身权利；抢夺罪侵犯的是单一客体，即公私财产的所有权。

（2）犯罪客观方面不同。抢劫罪在客观方面表现为使用暴力胁迫或者以其他方法劫取公私财产的行为，劫取公私财物的数额不限；抢夺罪在客观方面表现为公然夺取公私财物数额较大的行为。这些为我们区别抢劫罪与抢夺罪的界限提供了客观标准。但由于抢劫罪与抢夺罪同属于侵犯财产的犯罪，彼此之间存在紧密的联系：在客体要件上，二者都具备侵犯了公私财产所有权；在客观方面，虽然抢劫罪使用的是暴力、胁迫或者其他方法，往往造成被害人伤亡；抢夺罪使用的是强力夺取的方法，直接作用于被抢夺的财物，但有时也会发生致人重伤死亡的结果。暴力和强力性质不同，但从一定意义上说，暴力也是一种强力。因此，二者在客观方面，不仅行为方式有相似之处，而且危害结果也可能相同。在一定条件下，抢劫罪和抢夺罪可以相互转化。根据《刑法》第269条规定，其中包括了抢夺罪转化为抢劫罪的情况。另外，在司法实践中，有的犯罪分子出于非法占有公私财物的目的，往往做好准备，哪种手段能达到目的，就使用哪种手段。有的犯罪分子出于抢劫的故意，身带凶器，准备使用暴力、胁迫手段，到作案现场后，发现不需要实施暴力、胁迫方法的，由抢而变为偷。有的犯罪分子出于盗窃的故意，在实施盗窃行为时被人发觉，遇到反抗，继而使用暴力、胁迫方法的，则由暗偷转化为明抢。在处理此类案件时亦应具体问题具体分析。

6. 本罪与敲诈勒索罪的界限。

（1）抢劫罪的“威胁”是当着被害人的面，由行为人直接发出的；敲诈勒索罪的“威胁”，可以是当面发出的，也可以是通过书信、电话、电报等形式发出，可以是行为人本人发出，也可以通过第三人发出。

（2）抢劫罪的“威胁”是扬言当场实施，“威胁”的内容都是当场可以实施的；敲诈勒索罪的“威胁”一般是扬言将来实施，并不一定当场实施，威胁的内容可以当场能够实施的，也可以是在以后的某个时间才能实施。

（3）抢劫罪是迫使被害人当场交出财物；敲诈勒索罪迫使交出财物的时间、地点，可以是当场，也可以是在以后指定的时间、地点交出。

（4）抢劫罪除使用威胁手段外，还使用暴力或者其他方法，因而往往同时侵害了被害人的人身权利；敲诈勒索罪，不使用暴力或者“其他方法”，因而不侵害公民的人身权利。

（5）主观故意的内容不同。抢劫罪故意的内容是抢劫；敲诈勒索罪故意的内容是敲诈勒索。

7. 本罪与绑架罪的界限。抢劫罪与绑架罪的主要区别是：抢劫罪的客观方面表现为行为人对财物的所有人、经管人当场使用暴力、胁迫或者其他手段迫使其当场交出财物或者当场将其财物劫走；绑架罪的客观方面表现为行为人对财物的所有人（不排斥财物所有人）、经管人的亲属使用暴力、胁迫或麻醉手段，将其劫持，利用被绑架人的亲属或者其他有关人员对被绑架人安危的忧虑，迫使被绑架人的亲属或者其他人交出一定的财物，换取被绑架人的人身安全，因此财物不是当场取得，而是在以后的特定的时间、地点取得；不是由被绑架人直接交出财物，而是由被绑架人的亲属或者其他有关人员交出。

8. 关于抢劫罪罪数的认定。根据2005年6月8日《最高人民法院关于审理抢劫、抢夺刑事案件适用法律若干问题的意见》第8条规定，行为人实施伤害、强奸等犯罪行为，在被害人未失去知觉，利用被害人不能反抗、不敢反抗的处境，临时起意劫取他人财物的，应以此前所实施的具体犯罪与抢劫罪实行数罪并罚。在被害人失去知觉或者没有发觉的情况下以及实施故意杀人等犯罪行为之后，临时起意拿走他人财物的，应以此前所实施的具体犯罪与盗窃罪实行数罪并罚。

9. 转化型抢劫罪的认定。依据《刑法》第267条第2款规定，携带凶器抢夺的，依照本法第263条的规定定罪处罚。依据《刑法》第269条规定，犯盗窃、诈骗、抢夺罪，为窝藏赃物、抗拒抓捕或者毁灭罪证而当场使用暴力或者以暴力相威胁的，依照本法第263条的规定定罪处罚。可见，转化型抢劫罪分两类：第一类是携带凶器抢夺转化而成的，第二类是犯盗窃、诈骗、抢夺罪后出于某种目的继续实施特定行为转化而成的。在这两类转化型抢劫罪中，第一类是基于前提行为“携带凶器”而转化，第二类是基于后续行为“使用暴力或者以暴力相威胁”而转化，二者相对而言，“携带凶器”是静态的、消极的，而“使用暴力或者以暴力相威胁”是动态的、积极的。

10. 本罪与抢劫枪支、弹药、爆炸物罪的界限。二者的主要区别在于：一是犯罪对象不同。前者的犯罪对象是除枪支、弹药、爆炸物以外的其他公私财物；后者的犯罪对象是枪支、弹药、爆炸物。二是侵犯的客体不尽相同，前者侵犯的客体是公私财产所有权，后者侵犯的客体是社会的公共安全。

11. 本罪与其他相似犯罪的界限。

（1）冒充正在执行公务的人民警察、联防人员，以抓卖淫嫖娼、赌博等违法行为为名非法占有财物的行为定性。行为人冒充正在执行公务的人民警察“抓赌”“抓嫖”，没收赌资或者罚款的行为，构成犯罪的，以招摇撞骗罪从重处罚；在实施上述行为中使用暴力或者暴力威胁的，以抢劫罪定罪处罚。行为人冒充治安联防队员“抓赌”“抓嫖”、没收赌资或者罚款的行为，构成犯罪的，以敲诈勒索罪定罪处罚；在实施上述行为中使用暴力或者暴力威胁的，以抢劫罪定罪处罚。

（2）以暴力、胁迫手段索取超出正常交易价钱、费用的钱财的行为定性。从事正常商品买卖、交易或者劳动服务的人，以暴力、胁迫手段迫使他人交出与合理价钱、费用相差不大的钱物，情节严重的，以强迫交易罪定罪处罚；以非法占有为目的，以买卖、交易、服务为幌子采用暴力、胁迫手段迫使他人交出与合理价钱、费用相差悬殊的钱物的，以抢劫罪定罪处罚。在具体认定时，既要考虑超出合理价钱、费用的绝对数额，又要考虑超出合理价钱、费用的比例，加以综合判断。①

12. 严格掌握抢劫罪死刑适用的标准。② 抢劫是严重侵犯公民人身权利和财产权利，严重危害社会治安的犯罪，必须依法从严予以惩处；同时应当根据案件的不同情况，区别对待：

（1）《刑法》第263条规定，具有法定八种情形之一的，量刑幅度为十年以上有期徒刑、无期徒刑或者死刑。

（2）《刑法》第263条规定的八种情形采用的是相对确定的法定刑，起刑点是十年，最高刑是死刑。因此，并不是只要行为人具有法定的八种情形中的某种情形，就可以判处其死刑，还要综合考虑影响量刑的各种因素（包括主观方面、客观方面，当地社会治安状况、对社会的影响等），综合加以分析、判断，看其罪行是否达到极其严重的程度。只有在适用十年以上有期徒刑、无期徒刑仍不足以体现罪刑相适应的原则时，才可以选择适用死刑（包括死缓）。

（3）抢劫罪属于侵犯双重客体的犯罪。由于人身权利的价值高于财产权利，如果抢劫行为只造成被害人的财产损失而未危害被害人的生命健康权的，则不属于危害后果特别严重，一般不应对行为人适用死刑。

（4）从司法实践经验看，对于罪行极其严重并具有下列情形的行为人，可以考虑判处死刑立即执行：采用暴力手段实施抢劫，致人死亡或者致人重伤，情节特别恶劣的；抢劫银行或者其他金融机构、军用物资或者抢险、救灾、救济物资，对社会危害特别严重的；其他具有《刑法》第263条规定的八种情形之一，并造成特别严重的社会危害后果的等。

对于具有下列情形的行为人，可以考虑不判处死刑立即执行：多次（3次以上）抢劫，或者抢劫数额特别巨大，但未造成被害人重伤、死亡或者其他特别严重后果的；被劫取的公私财物大部分已追缴或者退赔，且未造成被害人重伤、死亡的等。

---

① 《中华人民共和国最高人民法院公报》（2005年卷），人民法院出版社2006年版，第133～135页。

② 周道鸾、张军主编：《刑法罪名精释》（第三版），人民法院出版社2007年版，第503页。

第二百六十四条 盗窃罪

【法律规定】

• 法律条文 •

《中华人民共和国刑法》

第二百六十四条 盗窃公私财物，数额较大的，或者多次盗窃、入户盗窃、携带凶器盗窃、扒窃的，处三年以下有期徒刑、拘役或者管制，并处或者单处罚金；数额巨大或者有其他严重情节的，处三年以上十年以下有期徒刑，并处罚金；数额特别巨大或者有其他特别严重情节的，处十年以上有期徒刑或者无期徒刑，并处罚金或者没收财产。

• 相关规定 •

《中华人民共和国刑法》

第二百六十五条 以牟利为目的，盗接他人通信线路、复制他人电信号码或者明知是盗接、复制的电信设备、设施而使用的，依照本法第二百六十四条的规定定罪处罚。

《最高人民法院关于审理破坏森林资源刑事案件具体应用法律若干问题的解释》（法释〔2000〕36号）

第九条 将国家、集体、他人所有并已经伐倒的树木窃为己有，以及偷砍他人房前屋后、自留地种植的零星树木，数额较大的，依照刑法第二百六十四条的规定，以盗窃罪定罪处罚。

《最高人民法院关于审理扰乱电信市场管理秩序案件具体应用法律若干问题的解释》（法释〔2000〕12号）

第七条 将电信卡非法充值后使用，造成电信资费损失数额较大的，依照刑法第二百六十四条的规定，以盗窃罪定罪处罚。

第八条 盗用他人公共信息网络上网账号、密码上网，造成他人电信资费损失数额较大的，依照刑法第二百六十四条的规定，以盗窃罪定罪处罚。

《最高人民检察院关于非法制作、出售、使用IC电话卡行为如何适用法律问题的答复》（高检研发〔2003〕第10号）

辽宁省人民检察院研究室：

你院《关于非法制作、出售IC电话卡的行为如何认定的请示》（辽检发研字〔2002〕8号）收悉。经研究，答复如下：

非法制作或者出售非法制作的IC电话卡，数额较大的，应当依照刑法第二百二十七条第一款的规定，以伪造、倒卖伪造的有价票证罪追究刑事责任，犯罪数额可以根据销售数额认定；明知是非法制作的IC电话卡而使用或者购买并使用，造成电信资费损失数额较大的，应当依照刑法第二百六十四条的规定，以盗窃罪追究刑事责任。

此复

《最高人民检察院关于单位有关人员组织实施盗窃行为如何适用法律问题的批复》（高检发释字〔2002〕5号）

各省、自治区、直辖市人民检察院，军事检察院，新疆生产建设兵团人民检察院：

近来，一些省人民检察院就单位有关人员为谋取单位利益组织实施盗窃行为如何适用法律问题向我院请示。根据刑法有关规定，现批复如下：

单位有关人员为谋取单位利益组织实施盗窃行为，情节严重的，应当依照刑法第二百六十四条的规定以盗窃罪追究直接责任人员的刑事责任。

此复

《最高人民法院、最高人民检察院关于办理盗窃刑事案件适用法律若干问题的解释》（法释〔2013〕8号）

第一条 盗窃公私财物价值一千元至三千元以上、三万元至十万元以上、三十万元至五十万元以上的，应当分别认定为刑法第二百六十四条规定的“数额较大”“数额巨大”“数额特别巨大”。

各省、自治区、直辖市高级人民法院、人民检察院可以根据本地区经济发展状况，并考虑社会治安状况，在前款规定的数额幅度内，确定本地区执行的具体数额标准，报最高人民法院、最高人民检察院批准。

在跨地区运行的公共交通工具上盗窃，盗窃地点无法查证的，盗窃数额是否达到“数额较大”“数额巨大”“数额特别巨大”，应当根据受理案件所在地省、自治区、直辖市高级人民法院、人民检察院确定的有关数额标准认定。

盗窃毒品等违禁品，应当按照盗窃罪处理的，根据情节轻重量刑。

第二条 盗窃公私财物，具有下列情形之一的，“数额较大”的标准可以按照前条规定标准的百分之五十确定：

（一）曾因盗窃受过刑事处罚的；

（二）一年内曾因盗窃受过行政处罚的；

（三）组织、控制未成年人盗窃的；

（四）自然灾害、事故灾害、社会安全事件等突发事件期间，在事件发生地盗窃的；

（五）盗窃残疾人、孤寡老人、丧失劳动能力人的财物的；

（六）在医院盗窃病人或者其亲友财物的；

（七）盗窃救灾、抢险、防汛、优抚、扶贫、移民、救济款物的；

（八）因盗窃造成严重后果的。

第三条 二年内盗窃三次以上的，应当认定为“多次盗窃”。

非法进入供他人家庭生活，与外界相对隔离的住所盗窃的，应当认定为“入户盗窃”。

携带枪支、爆炸物、管制刀具等国家禁止个人携带的器械盗窃，或者为了实施违法犯罪携带其他足以危害他人人身安全的器械盗窃的，应当认定为“携带凶器盗窃”。

在公共场所或者公共交通工具上盗窃他人随身携带的财物的，应当认定为“扒窃”。

第四条 盗窃的数额，按照下列方法认定：

（一）被盗财物有有效价格证明的，根据有效价格证明认定；无有效价格证明，或者根据价格证明认定盗窃数额明显不合理的，应当按照有关规定委托估价机构估价；

（二）盗窃外币的，按照盗窃时中国外汇交易中心或者中国人民银行授权机构公布的人民币对该货币的中间价折合成人民币计算；中国外汇交易中心或者中国人民银行授权机构未公布汇率中间价的外币，按照盗窃时境内银行人民币对该货币的中间价折算成人民币，或者该货币在境内银行、国际外汇市场对美元汇率，与人民币对美元汇率中间价进行套算；

（三）盗窃电力、燃气、自来水等财物，盗窃数量能够查实的，按照查实的数量计算盗窃数额；盗窃数量无法查实的，以盗窃前六个月月均正常用量减去盗窃后计量仪表显示的月均用量推算盗窃数额；盗窃前正常使用不足六个月的，按照正常使用期间的月均用量减去盗窃后计量仪表显示的月均用量推算盗窃数额；

（四）明知是盗接他人通信线路、复制他人电信号码的电信设备、设施而使用的，按照合法用户为其支付的费用认定盗窃数额；无法直接确认的，以合法用户的电信设备、设施被盗接、复制后的月缴费额减去被盗接、复制前六个月的月均电话费推算盗窃数额；合法用户使用电信设备、设施不足六个月的，按照实际使用的月均电话费推算盗窃数额；

（五）盗接他人通信线路、复制他人电信码号出售的，按照销赃数额认定盗窃数额。

盗窃行为给失主造成的损失大于盗窃数额的，损失数额可以作为量刑情节考虑。

第五条 盗窃有价支付凭证、有价证券、有价票证的，按照下列方法认定盗窃数额：

（一）盗窃不记名、不挂失的有价支付凭证、有价证券、有价票证的，应当按票面数额和盗窃时应得的孳息、奖金或者奖品等可得收益一并计算盗窃数额；

（二）盗窃记名的有价支付凭证、有价证券、有价票证，已经兑现的，按照兑现部分的财物价值计算盗窃数额；没有兑现，但失主无法通过挂失、补领、补办手续等方式避免损失的，按照给失主造成的实际损失计算盗窃数额。

第六条 盗窃公私财物，具有本解释第二条第三项至第八项规定情形之一，或者入户盗窃、携带凶器盗窃，数额达到本解释第一条规定的“数额巨大”“数额特别巨大”百分之五十的，可以分别认定为刑法第二百六十四条规定的“其他严重情节”或者“其他特别严重情节”。

第七条 盗窃公私财物数额较大，行为人认罪、悔罪，退赃、退赔，且具有下列情形之一，情节轻微的，可以不起诉或者免予刑事处罚；必要时，由有关部门予以行政处罚：

（一）具有法定从宽处罚情节的；

（二）没有参与分赃或者获赃较少且不是主犯的；

（三）被害人谅解的；

（四）其他情节轻微、危害不大的。

第八条 偷拿家庭成员或者近亲属的财物，获得谅解的，一般可以不认为是犯罪；追究刑事责任的，应当酌情从宽。

第九条 盗窃国有馆藏一般文物、三级文物、二级以上文物的，应当分别认定为刑法第二百六十四条规定的“数额较大”“数额巨大”“数额特别巨大”。

盗窃多件不同等级国有馆藏文物的，三件同级文物可以视为一件高一级文物。

盗窃民间收藏的文物的，根据本解释第四条第一款第一项的规定认定盗窃数额。

第十条 偷开他人机动车的，按照下列规定处理：

（一）偷开机动车，导致车辆丢失的，以盗窃罪定罪处罚；

（二）为盗窃其他财物，偷开机动车作为犯罪工具使用后非法占有车辆，或者将车辆遗弃导致丢失的，被盗车辆的价值计入盗窃数额；

（三）为实施其他犯罪，偷开机动车作为犯罪工具使用后非法占有车辆，或者将车辆遗弃导致丢失的，以盗窃罪和其他犯罪数罪并罚；将车辆送回未造成丢失的，按照其所实施的其他犯罪从重处罚。

第十一条 盗窃公私财物并造成财物损毁的，按照下列规定处理：

（一）采用破坏性手段盗窃公私财物，造成其他财物损毁的，以盗窃罪从重处罚；同时构成盗窃罪和其他犯罪的，择一重罪从重处罚；

（二）实施盗窃犯罪后，为掩盖罪行或者报复等，故意毁坏其他财物构成犯罪的，以盗窃罪和构成的其他犯罪数罪并罚；

（三）盗窃行为未构成犯罪，但损毁财物构成其他犯罪的，以其他犯罪定罪处罚。

第十二条 盗窃未遂，具有下列情形之一的，应当依法追究刑事责任：

（一）以数额巨大的财物为盗窃目标的；

（二）以珍贵文物为盗窃目标的；

（三）其他情节严重的情形。

盗窃既有既遂，又有未遂，分别达到不同量刑幅度的，依照处罚较重的规定处罚；达到同一量刑幅度的，以盗窃罪既遂处罚。

第十三条 单位组织、指使盗窃，符合刑法第二百六十四条及本解释有关规定的，以盗窃罪追究组织者、指使者、直接实施者的刑事责任。

第十四条 因犯盗窃罪，依法判处罚金刑的，应当在一千元以上盗窃数额的二倍以下判处罚金；没有盗窃数额或者盗窃数额无法计算的，应当在一千元以上十万元以下判处罚金。

《最高人民法院、最高人民检察院关于办理盗窃油气、破坏油气设备等刑事案件具体应用法律若干问题的解释》（法释〔2007〕3号）

第三条 盗窃油气或者正在使用的油气设备，构成犯罪，但未危害公共安全的，依照刑法第二百六十四条的规定，以盗窃罪定罪处罚。

盗窃油气，数额巨大但尚未运离现场的，以盗窃未遂定罪处罚。

为他人盗窃油气而偷开油气井、油气管道等油气设备阀门排放油气或者提供其他帮助的，以盗窃罪的共犯定罪处罚。

第四条 盗窃油气同时构成盗窃罪和破坏易燃易爆设备罪的，依照刑法处罚较重的规定定罪处罚。

第五条 明知是盗窃犯罪所得的油气或者油气设备，而予以窝藏、转移、收购、加工、代为销售或者以其他方法掩饰、隐瞒的，依照刑法第三百一十二条的规定定罪处罚。

实施前款规定的犯罪行为，事前通谋的，以盗窃犯罪的共犯定罪处罚。

《最高人民法院、最高人民检察院关于办理妨害文物管理等刑事案件适用法律若干问题的解释》（法释〔2015〕23号）

第二条 盗窃一般文物、三级文物、二级以上文物的，应当分别认定为刑法第二百六十四条规定的"数额较大""数额巨大""数额特别巨大"。

盗窃文物，无法确定文物等级，或者按照文物等级定罪量刑明显过轻或者过重的，按照盗窃的文物价值定罪量刑。

第十四条 依照文物价值定罪量刑的，根据涉案文物的有效价格证明认定文物价值；无有效价格证明，或者根据价格证明认定明显不合理的，根据销赃数额认定，或者结合本解释第十五条规定的鉴定意见、报告认定。

第十五条 在行为人实施有关行为前，文物行政部门已对涉案文物及其等级作出认定的，可以直接对有关案件事实作出认定。

对案件涉及的有关文物鉴定、价值认定等专门性问题难以确定的，由司法鉴定机构出具鉴定意见，或者由国务院文物行政部门指定的机构出具报告。其中，对于文物价值，也可以由有关价格认证机构作出价格认证并出具报告。

第十六条　实施本解释第一条、第二条、第六条至第九条规定的行为，虽已达到应当追究刑事责任的标准，但行为人系初犯，积极退回或者协助追回文物，未造成文物损毁，并确有悔罪表现的，可以认定为犯罪情节轻微，不起诉或者免予刑事处罚。

实施本解释第三条至第五条规定的行为，虽已达到应当追究刑事责任的标准，但行为人系初犯，积极赔偿损失，并确有悔罪表现的，可以认定为犯罪情节轻微，不起诉或者免予刑事处罚。

第十七条　走私、盗窃、损毁、倒卖、盗掘或者非法转让具有科学价值的古脊椎动物化石、古人类化石的，依照刑法和本解释的有关规定定罪量刑。

【案例一】

韩某盗窃案①

• 案件事实 •

2007年4月28日晚上8时许，韩某与“阿海”（具体姓名、地址不详）在自家喝酒时，“阿海”提出：他负责去偷渔网，以300元雇用韩某运渔网。韩某当场表示同意。接着，韩某赶着牛车随“阿海”到翁田镇凌产港，然后两人把“阿海”事先偷到并藏放于路边的9袋共57张渔网搬上牛车，拉到树林里藏起来。同年5月4日，韩某将2袋共7张渔网运到林某废品收购站出售，得款180元。同年5月9日，韩某又将7袋共50张渔网运到陈某废品收购站出售，得款1963元。案发后，追回全部被盗渔网退还给失主。经文昌市价格认证中心鉴定：被盗的57张渔网价值人民币6270元。

• 裁判要旨 •

与盗窃行为人事先约定，负责转移、销售所盗财物的，应以盗窃罪论处。

• 裁判理由 •

一审人民法院经审理认为：被告人韩某无视国家法律，伙同他人秘密窃取

---

① 参见海南省海南中级人民法院（2007）海南刑终字第168号。

公民的合法财物，价值人民币6270元，数额较大，其行为已构成盗窃罪。鉴于被告人韩某犯罪后认罪态度较好，财物已全部退回，及被告人韩某在本案中的主观恶性不大，可酌情从轻处罚。为严明国法，保护公民的合法财产不受非法侵犯，依照《刑法》第264条、第52条、第53条、第64条的规定，判决如下：一、被告人韩某犯盗窃罪，判处有期徒刑一年，并处罚金人民币2000元。二、随案移交的人民币2029元，予以没收，上缴国库。

一审判决作出后，韩某不服，提起上诉，他提出不知道其运送销售的渔网是阿海偷来的，故其不构成盗窃罪，即使是构成盗窃罪，原审量刑过重，请求从轻判处。

二审人民法院经审理认为：上诉人（原审被告人）韩某无视国家法律，伙同他人秘密窃取公民的合法财物，价值人民币6270元，数额较大，其行为已构成盗窃罪。韩某上诉提出，不知道其运送销售的渔网是阿海偷来的，故其不构成盗窃罪，即使构成盗窃罪，原审也量刑过重，请求从轻判处。经查，上诉人韩某在一审开庭及公安侦查供述时均供述，明知"阿海"盗窃渔网而帮助运输销售。故其上诉称不知道"阿海"盗窃渔网而进行运送销售不构成盗窃罪的上诉意见，不予采纳。原审根据上诉人韩某犯罪后的认罪态度，财物已全部退回，及韩某在本案中的主观恶性不大，已从轻处罚。故其再要求从轻判处不予采纳。原审判决认定事实清楚，证据确凿，定性准确，量刑适当，适用法律准确，审判程序合法。依照《刑事诉讼法》第153条第1项之规定，裁定如下：驳回上诉，维持原判。

【案例二】

鲜某忠、张某怀、张某炜、鲜某亭、赵某某等盗窃案①

• 案件事实 •

2008年3月，鲜某忠、张某怀、张某炜、孙某某伙同张某武（另案处理）在虢镇东高泉村北麦地里盗掘古墓葬，三晚共盗掘古墓葬3座，盗出的1个铜镜、2个陶俑、数个陶罐等被鲜某忠、张某武售卖，瓜分赃款并挥霍。2008年7月至2008年8月，鲜某忠、张某怀、张某炜、孙某某、鲜某亭伙同张某武在天王镇八庙村南崖背上连续三晚盗掘了一座古墓葬，其中张某炜、鲜某亭参与了其中一晚，盗出的破损陶罐被鲜某忠丢弃，陶罐盖、古钱币被鲜某忠拿走后丢失。2008年12月15日至2008年12月18日，鲜某忠、张某怀、张某炜、鲜某亭、赵某某、孙某某伙同油坊村董某在周原镇油坊村西麦地里连续四晚盗

① 参见陕西省宝鸡市陈仓区人民法院（2009）陈刑初字第94号。

掘了五座元代古墓葬，其中孙某某参与了两晚，挖出了釉罐5件、釉碗7件。破案后从张某怀、鲜某忠家全部查获。经鉴定，其中2件为元代三级文物，其余10件为元代一般文物。2008年12月19日，鲜某忠、张某怀、张某炜、赵某某伙同油坊村董某在虢镇变电站东南方向西堡村的麦地里盗掘了一座古墓葬，未盗得陪葬品。

• 裁判要旨 •

行为人盗掘不具有历史、艺术、科学价值的古墓葬，应认定为盗窃罪。

• 裁判理由 •

公诉机关指控各被告人在虢镇东高全村北麦地、天王镇八庙村南崖背上、周原镇油坊村西麦地、虢镇变电站东南方西堡村的麦地多次盗掘古墓葬，虽然各被告人供认，公诉机关也提供了宝鸡市陈仓区文化文物旅游局证明，证明各被告人所盗掘的属于古墓葬，但是该证明单位未提供其鉴定资质、鉴定经过、鉴定依据，同时也没有证据证明各被告人所盗掘的是具有历史、艺术、科学价值的古墓葬。故公诉机关指控各被告人多次盗掘古墓葬，构成盗掘古墓葬罪证据不足。

陕西省宝鸡市陈仓区人民法院经审理认为：被告人鲜某忠、张某怀、张某炜、鲜某亭、赵某某、孙某某以非法占有为目的，在地下墓葬内盗窃国家文物，其中2件为国家二级文物，其行为已经触犯《刑法》第264条之规定，构成盗窃罪。依法应予惩处。被告人鲜某忠、张某怀在盗窃作案中，积极准备作案工具，组织其他被告人实施盗窃并控制文物，起了主要作用，系本案主犯。被告人张某炜、鲜某亭、赵某某、孙某某积极参与盗窃，在本案中起了辅助作用，系从犯；审理中认罪态度好，有悔罪表现，可依法从轻处罚。辩护人关于被告人鲜某忠不是本案主犯的辩护意见不能成立，不予采纳，但被告人鲜某忠认罪态度好，有悔罪表现，可酌情从轻处罚。辩护人关于被告人张某炜、孙某某、鲜某亭构成盗掘古墓葬罪证据不足的辩护意见成立，但该三名被告人的行为构成盗窃罪，应依法予以惩处。依据《刑法》第264条，第52条，第25条第1款，第26条第1款、第4款，第27条，第72条，第73条，第64条，《最高人民法院关于审理盗窃案件具体应用法律若干问题的解释》第9条第1款之规定，判决：一、被告人鲜某忠犯盗窃罪，判处有期徒刑二年。二、被告人张某怀犯盗窃罪，判处有期徒刑二年。① 三、被告人张某炜犯盗窃罪，判处有期徒刑一年六个月，缓刑二年，并处罚金3000元。四、被告人鲜某亭犯盗窃罪，判处有期徒刑一年六个月，缓刑二年，并处罚金3000元。五、被告人

① 值得指出的是，本案中，对被告人鲜某忠和张某怀的量刑，在判处主刑的同时依法应并处罚金刑。

赵某某犯盗窃罪，判处有期徒刑一年六个月，缓刑二年，并处罚金 3000 元。六、被告人孙某某犯盗窃罪，判处罚金 5000 元。七、附案作案工具铁锹、镢头各 1 把，大洛阳铲 1 个，小洛阳铲 6 个，钢钎 1 个，钢管 15 节，布带 1 卷没收存作案证。

【案例三】

臧进泉等盗窃、诈骗案①

• 案件事实 •

2010 年 6 月 1 日，被告人郑必玲骗取被害人金某 195 元后，获悉金某的建设银行网银账户内有 305000 余元存款且无每日支付限额，遂电话告知被告人臧进泉，预谋合伙作案。臧进泉赶至网吧后，以尚未看到金某付款成功的记录为由，发送给金某一个交易金额标注为 1 元而实际植入了支付 305000 元的计算机程序的虚假链接，谎称金某点击该 1 元支付链接后，其即可查看到付款成功的记录。金某在诱导下点击了该虚假链接，其建设银行网银账户中的305000 元随即通过臧进泉预设的计算机程序，经上海快钱信息服务有限公司的平台支付到臧进泉提前在福州海都阳光信息科技有限公司注册的“kissal23”账户中。臧进泉使用其中的 116863 元购买大量游戏点卡，并在“小泉先生哦”的淘宝网店上出售套现。案发后，公安机关追回赃款 187126. 31 元发还被害人。

2010 年 5 月至 2010 年 6 月间，被告人臧进泉、郑必玲、刘某分别以虚假身份开设无货可供的淘宝网店铺，并以低价吸引买家。三被告人事先在网游网站注册一账户，并对该账户预设充值程序，充值金额为买家欲支付的金额，后将该充值程序代码植入到一个虚假淘宝网链接中。与买家商谈好商品价格后，三被告人各自以方便买家购物为由，将该虚假淘宝网链接通过阿里旺旺聊天工具发送给买家。买家误以为是淘宝网链接而点击该链接进行购物、付款，并认为所付货款会汇入支付宝公司为担保交易而设立的公用账户，但该货款实际通过预设程序转入网游网站在支付宝公司的私人账户，再转入被告人事先在网游网站注册的充值账户中。三被告人获取买家货款后，在网游网站购买游戏点卡、腾讯 Q 币等，然后将其按事先约定统一放在臧进泉的“小泉先生哦”的淘宝网店铺上出售套现，所得款均汇入臧进泉的工商银行卡中，由臧进泉按照获利额以约定方式分配。

被告人臧进泉、郑必玲、刘某经预谋后，先后到江苏省苏州市、无锡市、昆山市等地网吧采用上述手段作案。臧进泉诈骗 22000 元，获利 5000 余元，

---

① 根据 2014 年 6 月 26 日《最高人民法院关于发布第七批指导性案例的通知》指导案例 27 号修改。

郑必玲诈骗获利5000余元，刘某诈骗获利12000余元。

• 裁判要旨 •

行为人利用信息网络，诱骗他人点击虚假链接而实际通过预先植入的计算机程序窃取财物构成犯罪的，以盗窃罪定罪处罚；虚构可供交易的商品或者服务，欺骗他人点击付款链接而骗取财物构成犯罪的，以诈骗罪定罪处罚。

• 裁判理由 •

浙江省杭州市中级人民法院经审理认为：盗窃是指以非法占有为目的，秘密窃取公私财物的行为；诈骗是指以非法占有为目的，采用虚构事实或者隐瞒真相的方法，骗取公私财物的行为。对既采取秘密窃取手段又采取欺骗手段非法占有财物行为的定性，应从行为人采取主要手段和被害人有无处分财物意识方面区分盗窃与诈骗。如果行为人获取财物时起决定性作用的手段是秘密窃取，诈骗行为只是为盗窃创造条件或作掩护，被害人也没有“自愿”交付财物的，就应当认定为盗窃。如果行为人获取财物时起决定性作用的手段是诈骗，被害人基于错误认识而“自愿”交付财物，盗窃行为只是辅助手段的，就应当认定为诈骗。在信息网络情形下，行为人利用信息网络，诱骗他人点击虚假链接而实际上通过预先植入的计算机程序窃取他人财物构成犯罪的，应当以盗窃罪定罪处罚。行为人虚构可供交易的商品或者服务，欺骗他人为支付货款点击付款链接而获取财物构成犯罪的，应当以诈骗罪定罪处罚。本案中，被告人臧进泉、郑必玲使用预设计算机程序并植入的方法，秘密窃取他人网上银行账户内巨额钱款，其行为均已构成盗窃罪。臧进泉、郑必玲和被告人刘某以非法占有为目的，通过开设虚假的网络店铺和利用伪造的购物链接骗取他人数额较大的货款，其行为均已构成诈骗罪。对臧进泉、郑必玲所犯数罪，应依法并罚。遂判决：一、被告人臧进泉犯盗窃罪，判处有期徒刑十三年，剥夺政治权利一年，并处罚金人民币30000元；犯诈骗罪，判处有期徒刑二年，并处罚金人民币5000元，决定执行有期徒刑十四年六个月，剥夺政治权利一年，并处罚金人民币35000元。二、被告人郑必玲犯盗窃罪，判处有期徒刑十年，剥夺政治权利一年，并处罚金人民币10000元；犯诈骗罪，判处有期徒刑六个月，并处罚金人民币2000元，决定执行有期徒刑十年三个月，剥夺政治权利一年，并处罚金人民币12000元。三、被告人刘某犯诈骗罪，判处有期徒刑一年六个月，并处罚金人民币5000元。宣判后，臧进泉提出上诉。

被告人臧进泉及其辩护人所提非法获取被害人金某的网银账户内305000元的行为，不构成盗窃罪而是诈骗罪的辩解与辩护意见，经查，臧进泉和被告人郑必玲在得知金某网银账户内有款后，即产生了通过植入计算机程序非法占有目的；随后在网络聊天中诱导金某同意支付1元，而实际上制作了一个表面付款“1 元”却支付 305000 元的假淘宝网链接，致使金某点击后，其网银账户内 305000 元即被非法转移到臧进泉的注册账户中，对此金某既不知情，也非自愿。可见，臧进泉、郑必玲获取财物时起决定性作用的手段是秘密窃取，诱骗被害人点击“1 元”的虚假链接系实施盗窃的辅助手段，只是为盗窃创造条件或作掩护，被害人也没有“自愿”交付巨额财物，获取银行存款实际上是通过隐藏的事先植入的计算机程序来窃取的，符合盗窃罪的犯罪构成要件，依照《刑法》第 264 条、第 287 条的规定，应当以盗窃罪定罪处罚。故臧进泉及其辩护人所提上述辩解和辩护意见与事实和法律规定不符，不予采纳。浙江省高级人民法院于 2011 年 8 月 9 日裁定：驳回上诉，维持原判。

【学理分析及适用指引】

• 学理分析 •

1. 盗窃罪，是指以非法占有为目的，秘密窃取公私财物，数额较大，或者多次盗窃、入户盗窃、携带凶器盗窃、扒窃的行为。本罪的构成要件如下：

（1）本罪的客体。盗窃罪的客体是公私财产的所有权。盗窃罪的犯罪对象比较广泛，不仅有体物可以成为本罪的犯罪对象，无体物，如电力、煤气、天然气等，也可以成为本罪的犯罪对象，甚至是网络虚拟财产也可以成为本罪的对象。本罪的本质在于侵犯他人对于具有经济价值的财产的所有权，因而所有具有经济价值的财产原则上都可能成为本罪的犯罪对象。但是，一般而言，不动产不能成为本罪的犯罪对象，因为盗窃罪的实行行为是秘密将他人财产置于自己的控制之下，而不动产的根本属性是不能移动，所以很难想象行为人将不动产秘密窃取并转移到自己的控制之下。

（2）本罪的客观方面。盗窃罪的客观方面表现为将他人的财产，秘密地转移到自己的控制之下的行为。对于此处的秘密转移，应当作主观的、个人的理解，即只要行为人自认为是采用的不为他人所知的手段窃取他人财产，即可认定为秘密转移，至于他人是否实际觉察到行为人的窃取财物行为，则在所不问。

成立本罪，需要行为人盗窃数额较大的财物或者多次盗窃、入户盗窃、携带凶器盗窃、扒窃的行为。前者可谓数额型盗窃，后者可谓非数额型盗窃（四种法定情形）。对于究竟是达到多大数额才算得上数额较大，实施多少次盗窃行为才算是多次盗窃，2013 年 4 月 2 日颁布的《最高人民法院、最高人民检察院关于办理盗窃刑事案件适用法律若干问题的解释》已经作出规定。依据该规定，个人盗窃公私财物价值 1000 元至 3000 元以上的，为数额较大；各省、直辖市、自治区高级人民法院可以根据本地的经济发展状况，并考虑社会治安状况，在上述数额幅度内，分别确定本地区执行的数额；多次盗窃、入户盗窃、携带凶器盗窃、扒窃等四种法定情形，原则上没有盗窃数额的限制，可直接入刑，追究盗窃罪的刑事责任。

（3）本罪的主体。本罪的主体是一般主体，即年满16周岁的人实施盗窃犯罪的，都应当承担刑事责任。在此，需要注意的问题是，单位也可以成为本罪的犯罪主体，已有相关的司法解释对单位成为本罪主体的资格进行了确认。

（4）本罪的主观要件。本罪的主观方面只能是直接故意，即行为人明知是他人的财物而以非法占有的目的加以秘密窃取。行为人具有非法占有目的，是其行为构成盗窃罪的条件之一，也是盗窃罪区别于盗用行为的基本特征。一般的盗用行为是指未经他人同意而秘密使用他人财物的行为。此种情况下，行为人并无将他人财产据为己有的意图，因而不能认定为盗窃罪。

2. 盗窃罪的既遂与未遂的争议。关于盗窃罪的既遂标准，理论上有接触说、转移说、隐匿说、失控说、控制说、失控加控制说。我们主张失控加控制说，即盗窃行为已经使被害人丧失了对财物的控制时，或者行为人已经控制了所盗财物时，都是既遂。被害人的失控与行为人的控制通常是统一的，被害人的失控意味着行为人的控制。但二者也存在不统一的情况，即被害人失去了控制，但行为人并没有控制财物，对此也应认定为盗窃既遂，因为《刑法》以保护合法权益为目的，既遂与未遂的区分说到底是社会危害性的区别。就盗窃罪而言，其危害程度的大小不在于行为人是否控制了财物，而在于被害人是否丧失了对财物的控制。因此，即使行为人没有控制财物，但只要被害人失去了对财物的控制的，也成立盗窃既遂，没有理由以未遂论处。例如，行为人以非法占有为目的，从火车上将他人财物丢弃在偏僻的轨道旁，打算下车后再捡回该财物。又如，行为人以非法占有为目的，将他人放在浴室内的金戒指藏在隐蔽处，打算日后取走。在这种情况下，即使行为人后来由于某种原因没有控制该财物，但因为被害人丧失了对财物的控制，也应认定为盗窃既遂，而不能认定为未遂。

所应注意的是，在认定盗窃罪的既遂与未遂时，必须根据财物的性质、形态、体积大小、被害人对财物的占有状态、行为人的窃取样态等进行判断，如在商店行窃，就体积很小的财物而言，行为人将该财物夹在腋下、放入口袋、藏入怀中时原则上就是既遂；① 但就体积很大的财物而言，只有将该财物搬出商店才能认定为既遂。再如盗窃工厂内的财物，如果工厂是任何人都可以出入的，则将财物搬出原来的仓库、车间时就是既遂；如果工厂的出入相当严格，进出大门必须经过检查，则只有将财物搬出大门外才是既遂。又如，间接正犯的盗窃，如果被利用者控制了财物，即使利用者还没有控制财物，也应认定为

① 当然，对此问题也不能过于绝对化。因为若商店、超市对该商品设置有商品条形码时，即便行为人将此装入口袋中，出门时仍可能被警报器等识别，则此时被害人并未失去对财物的控制，故应认为是未遂。

既遂。在笔者看来，一概以行为人实际控制财物为既遂标准的观点，过于重视了行为人的主观恶性，轻视了对合法权益的保护；过于强调了盗窃行为的形式，轻视了盗窃行为的本质。

• 适用指引 •

司法实践中，认定本罪应注意：

1. 本罪与非罪的界限。对某些具有小偷小摸行为的，或者因受灾而生活困难偶尔偷窃财物的，或者被胁迫参加盗窃活动没有分赃或分赃甚微的，或情节轻微，被害人谅解的，可不作盗窃罪处理，必要时，可由主管机关予以适当处罚。把偷窃自己家属或近亲属财物的行为与社会上的盗窃犯罪行为加以区别。

2. 本罪与他罪以及违法行为的界限。

（1）盗窃广播电视设施、公用电信设施价值数额不大，但是构成危害公共安全犯罪的，应当依照《刑法》第124条的规定破坏广播电视设施、公用电信设施罪定罪处罚；盗窃广播电视设施、公用电信设施同时构成盗窃罪和破坏广播电视设施、公用电信设施罪的，择一重罪处罚。

（2）盗窃使用中的电力设备，同时构成盗窃罪和破坏电力设备罪的，择一重罪处罚。

（3）为盗窃其他财物，盗窃机动车辆当犯罪工具使用的，被盗机动车辆的价值计入盗窃数额；为实施其他犯罪盗窃机动车辆的，以盗窃罪和所实施的其他犯罪实行数罪并罚。为实施其他犯罪，偷开机动车辆当作犯罪工具使用后，将偷开的机动车辆送回原处或者停放到原处附近，车辆未丢失的，按照其所实施的犯罪从重处罚。

（4）为练习开车、游乐等目的，多次偷开机动车辆，并将机动车辆丢失的，以盗窃罪定罪处罚；在偷开机动车辆过程中发生交通肇事构成犯罪，又构成其他罪的，应当以交通肇事罪和其他罪实行数罪并罚；偷开机动车辆造成车辆损坏的，按照《刑法》第275条的规定故意毁坏财物罪定罪处罚；偶尔偷开机动车辆，情节轻微的，可以不认为是犯罪。

（5）实施盗窃犯罪，造成公私财物损毁的，以盗窃罪从重处罚；又构成其他犯罪的，择一重罪从重处罚；盗窃公私财物未构成盗窃罪，但因采用破坏性手段造成公私财物损毁数额较大的，以故意毁坏财物罪定罪处罚；盗窃后，为掩盖盗窃罪行或者报复等，故意破坏公私财物构成犯罪的，应当以盗窃罪和构成的其他罪实行数罪并罚。

（6）盗窃技术成果等商业秘密的，按照《刑法》第219条的规定侵犯商业秘密罪定罪处罚。

（7）使用投毒、爆炸方法偷鱼的犯罪性质问题。如果是出于盗窃的目的，毒死或炸死较大数量的鱼，将其偷走，未引起其他严重后果的，应定为盗窃罪；如果不顾人畜安危，向供饮用的池塘中投放大量的剧毒药物，或者向堤坝、其他公共设施附近的水源中投掷大量炸药，严重危害公共安全，致人重伤、死亡或者使公私财物遭受重大损失的，应定投毒罪或爆炸罪；如果是为了偷鱼或挟私报复，向鱼塘内投放大量剧毒药物，严重污染水质，毒死整塘的鱼，使集体的或个人承包的养鱼生产遭到严重破坏，损失惨重的，应定破坏生产经营罪，同时还应查明毒物或炸药的来源，若牵连犯有其他罪的，则应从一重罪惩处。

（8）盗伐林木的犯罪性质。违反保护森林法规，秘密地盗伐森林或其他林木，情节严重的，因为《刑法》分则另有规定，构成盗伐林木罪，不以盗窃罪论处；如果不是盗伐生长中的林木，而是盗窃已经采伐下来的木料的，或者偷砍他人房前屋后、自留地上种植的零星树木数额较大的，则应构成盗窃罪。

（9）对盗窃珍贵文物的，如果仅属窃取，应定盗窃罪；在盗窃过程中破坏珍贵文物、名胜古迹的，可以按盗窃罪或者破坏珍贵文物、名胜古迹罪从一重罪处罚。

（10）盗窃墓葬，窃取数额较大的财物，应以盗窃罪论处；虽未窃得财物或窃得少量财物的，如情节严重，也应以盗窃罪论处；如果窃取少量财物，情节轻微的，可由公安机关酌情予以治安处罚；盗掘古文化遗址、古墓葬的，应依《刑法》第328条之规定盗掘古文化遗址、古墓葬罪定罪处罚。

（11）故意盗窃枪支、弹药、爆炸物或公文、证件、印章的，因盗窃的是《刑法》规定的特定对象，故依法应定盗窃枪支、弹药、爆炸物罪或盗窃公文、证件、印章罪，不以盗窃罪论；如果在窃取的手提包中意外地发现放有枪支、弹药，因无盗窃枪支、弹药的故意，仍应以盗窃罪论处；如果盗窃拎包后发现内有枪支、弹药而又私藏的，则构成私藏枪支、弹药罪。

（12）盗窃铁路线上行车设备的零件、部件或者铁路线上的器材，危及行车安全，构成犯罪的，根据2015年修正的《铁路法》规定，依照《刑法》有关规定追究刑事责任。

（13）窃取支票骗兑现金或者骗购物品的犯罪性质。窃取他人购买的旅行支票，模仿失主签字，骗兑现款或者骗购物品的，窃取单位盖章的空白支票，填写收款单位和金额，骗购物品的，如果数额较大，一般构成盗窃罪。行为人虽然使用了欺骗手段，但其采用秘密窃取手段取得支票具有决定性，而兑现或购物是继续完成盗窃行为，最终受损失的是丢失支票个人或单位。所以，仍应构成盗窃罪，而不构成票据诈骗罪。如果盗窃犯勾结他人冒充签发支票的个人或单位人员去兑现或购物的，后者如果知道支票是偷来的，构成盗窃罪的共犯；如果不知道支票是偷来的，他冒名顶替，虚构事实，采用欺骗方法占有财物则可定为票据诈骗罪。

（14）根据《刑法》第210条第1款规定，盗窃增值税专用发票或者可以用于骗取出口退税、抵扣税款的其他发票的，依照《刑法》第264条的规定定罪处罚。

（15）根据《刑法》第253条第2款规定，邮政工作人员私自开拆或者隐匿、毁弃邮件、电报而窃取财物的，依照《刑法》第264条的规定，即以本罪定罪从重处罚。

（16）盗窃信用卡并使用的，根据《刑法》第196条第3款规定，应以盗窃罪定罪。盗窃数额应当根据行为人盗窃信用卡后使用的数额认定。

（17）将电信卡非法充值后使用，造成电信资费损失数额较大的，根据《刑法》第264条的规定，以盗窃罪定罪处罚。

（18）盗用他人公共信息网络上网账号、密码上网，造成他人电信资费损失数额较大的，根据《刑法》第264条的规定，以盗窃罪定罪处罚。

3. 关于窃取行为的认定。所谓窃取，是指行为人违反被害人的意志，将他人占有或保管的财物转移为自己或第三者（包括单位）占有。需要注意以下几个问题：

（1）窃取行为虽然通常具有秘密性，其原意也是秘密窃取，但盗窃不能限定在秘密窃取上，否则会造成处罚的不公正。

（2）窃取行为是排除他人对财物的支配，建立新的支配关系的过程，如果只是单纯地排除他人对财物的支配，则不是盗窃。窃取的手段与方法没有限制，即使用了欺骗方法，但是没有达到让被害人基于认识错误处分财产的程度，也是盗窃。

（3）窃取是一种通过平和方式将他人占有的财物转移至第三人占有的过程，如果手段中含有暴力成分，就不能认定为盗窃。

（4）要成立盗窃罪，需要窃取公私财物数额较大，或者多次窃取公私财物。“数额较大”是一个相对的概念，需要根据各地的经济情况而定。多次盗窃，根据司法解释，对于一年内入户盗窃或者在公共场所扒窃3次以上的，应当认定为“多次盗窃”，以盗窃罪定罪处罚。但是这太绝对化，需要综合多方面的因素认定“多次盗窃”。

4. 关于网络盗窃案件的认定。[①] 伴随着互联网在我国的迅速发展，包括盗窃在内的网络犯罪在司法实践中已经出现。网络犯罪是指通过互联网实施的犯罪。网络信息、信息主体在犯罪活动中被利用或者被侵害，是构成网络犯罪的实质条件。和其他经济发达国家相比，我国的网络犯罪还处于初发阶段。在网络环境下，虚拟空间里的行为是否属于刑法意义上的行为，虚拟空间里的财产

---

① 参见周道鸾、张军主编：《刑法罪名精释》（第四版），人民法院出版社2013年版，第642~643页。

是否属于刑法意义上的财产，能否成为侵犯财产罪的犯罪对象；网络盗窃中电子证据的效力如何认定；网络盗窃的数额如何认定，这些实体和程序问题，在法学界和司法实务部门都有争议。在这种情况下，人民法院处理网络盗窃案件，应当持十分慎重的态度，并注意不断总结审判经验，既要坚持犯罪构成，又要考虑网络犯罪的特点。我们的具体意见是：

（1）关于网络虚拟财产的刑法保护问题。网络虚拟财产，一般是指网民、游戏玩家在网络游戏账号中积累的“货币”“装备”“宠物”等“财产”。这些所谓的装备以及如腾讯Q币、新浪U币等虚拟货币，实际是以特定形式表现出来的一组数据，这些数据一旦脱离特定的网络游戏环境，将失去其意义。但它是游戏玩家投入了时间、金钱、精力积累取得的，故在某种程度上被认为是一种劳动所得。特别是对玩家来说，它具有使用价值，且可以转让。因此，它还具有交换价值，能够体现为现实中的一定的财产价值。所以虚拟财产具备了商品的一般属性，寻求法律保护是合理的。近年来，随着互联网用户的激增，少数不法分子利用互联网大肆进行盗窃、诈骗等侵犯网络虚拟财产的犯罪，给公私财产造成很大的损失。这种犯罪手段往往较为隐蔽，不易查获，其社会危害性也较大，需要运用刑法手段进行惩处。2009年8月27日《全国人民代表大会常务委员会关于维护互联网安全的决定》第4条就明确规定：为了保护个人、法人和其他组织的人身、财产等合法权利，对有下列行为之一，构成犯罪的，依照刑法有关规定追究刑事责任……③利用互联网进行盗窃、诈骗、敲诈勒索。行为人通过用木马程序或者远程控制的方式盗取玩家账号、密码，利用系统漏洞，在本机植入木马或者远程控制工具进行盗号活动，在网吧等公共上网场所直接窥探他人的游戏账号、密码，利用“外挂”传播木马程序，窃取对方游戏账号、密码并非法利用；欺诈销售网络游戏装备等手段，对刑法所保护的客体造成危害构成犯罪的，如使被害人（公民、法人和其他组织）的实际财产或者财产利益受到侵害的，应当受到刑罚处罚。

（2）关于虚拟财产数额计算问题。这是目前司法实践中最为棘手的一个问题。虚拟财产应当估价。实践中已有的虚拟财产价值的计算方法，主要有以下几种：一是根据被害人投入游戏的实际费用计算被盗虚拟财产的价值。按此计算方法，如果盗窃相同物品，不同案件之间必将出现巨大差别，有损法律公正。二是以行业交易惯例所定价格具体确定虚拟财产的价值。这种玩家之间的离线交易具有明显的无序性和不稳定性特征，交易价格可变性很大，从而导致价格与价值的背离，亦不足取。三是以网络游戏开发商直接销售虚拟财产时的自定价格作为确定被盗虚拟财产的价值依据。这种以游戏开发商所确定的价格作为虚拟财产的价值确定标准亦欠妥当，但可以作为认定被盗虚拟财产价值的参考因素。四是通过社会必要劳动时间计算被盗虚拟财产的价值。这种计算方法以得到政府相关部门的支持、认同为必要，而且能否及时出台也是个问题。

综上，由于网络虚拟财产估价的复杂性，目前在司法实践中还是只能由法官根据个案的具体情况，结合有关法律和司法解释规定进行合理的认定。即秘密窃取网络环境中的虚拟财产，根据法律和司法解释的规定，构成盗窃罪的，应当按虚拟财产在现实生活中对应的实际财产遭受损失的数额确定盗窃数额。虚拟财产在现实生活中对应的财产数额，可以参考该虚拟财产在现实生活中的实际交易价格来确定。

5. 关于《刑法修正案（八）》对盗窃罪的修改与适用。《刑法修正案（八）》在废除盗窃罪死刑配置的同时，重点是完善了盗窃罪的构成标准（条件），将实践中频繁发生的入户盗窃、携带凶器盗窃、扒窃等危害行为认定为盗窃罪并予以定罪处罚。这样现行《刑法》所规定的盗窃罪构造有两种类型：一是数额较大型，二是情节严重型（即多次盗窃、入户盗窃、携带凶器盗窃、扒窃四种情形）。由于盗窃是最为常见、最为多发的刑事案件，准确、合理认定这四种情节严重型的盗窃罪，就成为一个迫切需要解决的司法问题。

（1）入户盗窃的认定。参照《最高人民法院、最高人民检察院关于办理盗窃刑事案件适用法律若干问题的解释》的规定，对于入户盗窃可以这样解释：行为人以非法目的而进入他人生活的与外界相对隔离的住所，包括封闭的院落、牧民的帐篷、渔民作为家庭生活场所的渔船、为生活而租用的房屋等进行盗窃的行为。将入户盗窃作为成立盗窃罪的法定情形而不论盗窃数额等，主要是基于加强对公民住所安全的保护。此处尤其需要注意两点：一是“入户”，应以行为人的全部身体进入“户”内为必要，若仅以手伸入他人门窗取物或者用木棍伸入他人房间内钩取财物的，不宜认定为入户盗窃。二是“入户”的目的，行为人在入户之际就具有盗窃的意图，即“入户”行为具有非法性。故不以盗窃为目的而进入他人户内后，临时起意盗窃的，不宜认定为入户盗窃。

（2）携带凶器盗窃的认定。对此，目前仍可参照上述《最高人民法院、最高人民检察院关于办理盗窃刑事案件适用法律若干问题的解释》之规定，可以这样解释：行为人随身携带枪支、爆炸物、管制刀具等国家禁止个人携带的器械进行盗窃或者为了实施其他犯罪而携带其他器械（即非管制刀具）进行盗窃的行为。可见，对于携带枪支、爆炸物、管制刀具等进行盗窃的，直接认定为“携带凶器”的盗窃罪；而对于携带镰刀、斧头、菜刀、普通水果刀等非管制刀具等进行盗窃的，需要有证据证明行为人携带这些器械是否出于犯罪等非法目的，若为正常目的携带、临时起意盗窃的，不宜认定为携带凶器盗窃，当然是否构成盗窃罪，还需再看该起盗窃是否达到数额较大、是否属于入户盗窃、扒窃等。

（3）扒窃的认定。首先，扒窃是否受“携带凶器”限制？我们认为，这四种特定的盗窃情形，立法用的是逗号相互隔开，基于文义解释方法，四种情形之间应是彼此独立的、择一关系，而非并合关系，正如多次盗窃中“多次”不能修饰随后用逗号隔开的入户盗窃等三种情形一样，扒窃也不受“携带凶器”的限制和修饰。其次，关于扒窃的界定，应以实践中广大人民群众最为普遍认同的情形作为解读依据，即“扒手”的行为，是一种贴身的、近距离的窃取他人身上或随身携带的财物，通常发生在公共交通工具、车站、码头、商场等公共场所。上述《最高人民法院、最高人民检察院关于办理盗窃刑事案件适用法律若干问题的解释》规定：“扒窃”是指在公共场所或者公共交通工具上盗窃他人随身携带的财物的行为。《刑法修正案（八）》之所以将扒窃直接以盗窃罪论处，主要考虑到这样两个因素：一是这种贴身的、近距离的窃取财物行为，被害人一旦发现并阻止，随时可能就面临暴力伤害；二是在以往的司法实践中，“扒手”一般只能予以治安处罚，对治安处罚其惩治基本上效果不佳，形成“抓了放、放了抓”的恶性循环。因此，行政处罚等手段不足以惩戒扒窃行为，有必要通过刑事制裁手段进行治理。

（4）对于《刑法修正案（八）》规定的入户盗窃、携带凶器盗窃、扒窃行为是否一律入刑？我们认为，虽然《刑法修正案（八）》对这三种盗窃行为入罪没有附加其他诸如情节严重等条件，在审判实务中也不宜一概以盗窃罪定罪处罚，否则，就会不适当地扩大盗窃罪的打击范围、导致打击面过宽，混淆刑事处罚和行政处罚的边界，而且恐怕还会导致不少基层司法机关不堪重负。一律入刑说也不符合刑法谦抑性原则和最后手段性特征，故而也应遵循《刑法》总则第 13 条但书的精神，如对于扒窃行为可以这样认为，曾因扒窃被公安机关记录在案（有案底）又实施扒窃的，就应以盗窃罪论处。否则，可能属于“情节显著轻微危害不大的”，不应定罪处罚。

（5）对于《刑法修正案（八）》规定的入户盗窃、携带凶器盗窃、扒窃而构成的盗窃罪，有无既遂未遂之分？若有则既遂判断标准是什么？应当说，《刑法》原本规定的“多次盗窃”而构成的盗窃罪，自然无所谓既遂、未遂问题，即便 3 次以上盗窃累计尚未达到当地盗窃罪“数额较大”标准，也不宜再认定为盗窃未遂，直接在盗窃罪的基本法定刑幅度内处罚即可。但是，对于本次《刑法修正案（八）》新增设的“入户盗窃、携带凶器盗窃、扒窃”三类盗窃行为，是三种特殊的盗窃行为方式而非仅仅是情节，若被害人的财产尚未失控即法益尚未遭受实际侵害的，仍是可以成立未遂状态的，如入户盗窃时当场被抓一分钱也未得手的，若不宜认定为《刑法》第 13 条的“情节显著轻微危害不大的”，需要以盗窃罪论处的，可以同时认定为犯罪未遂。这样，从无罪到未遂再到既遂，形成一个层次分明的过渡机制，充分体现了罪责刑相适应原则。

第二百六十五条　盗用电信线路、码号的盗窃罪

【法律规定】

• 法律条文 •

《中华人民共和国刑法》

第二百六十五条　以牟利为目的，盗接他人通信线路、复制他人电信码号或者明知是盗接、复制的电信设备、设施而使用的，依照本法第二百六十四条的规定定罪处罚。

• 相关规定 •

《最高人民法院、最高人民检察院关于办理盗窃刑事案件适用法律若干问题的解释》（法释〔2013〕8号）

第四条　盗窃的数额，按照下列方法认定：

……

（四）明知是盗接他人通信线路、复制他人电信码号的电信设备、设施而使用的，按照合法用户为其支付的费用认定盗窃数额；无法直接确认的，以合法用户的电信设备、设施被盗接、复制后的月缴费额减去被盗接、复制前六个月的月均电话费推算盗窃数额；合法用户使用电信设备、设施不足六个月的，按照实际使用的月均电话费推算盗窃数额；

（五）盗接他人通信线路、复制他人电信码号出售的，按照销赃数额认定盗窃数额。

盗窃行为给失主造成的损失大于盗窃数额的，损失数额可以作为量刑情节考虑。

【案例】

尹旭红、王庆恩等盗窃案①

• 案件事实 •

尹旭红，农民。王庆恩，某通信有限公司的线务员。尹旭红与王庆恩早就认识，以前王庆恩曾与尹旭红的丈夫一起在月坛大厦盗打他人电话进行挂线。

① 参见北京市第一中级人民法院官网：http：//bj1zy. chinacourt. org/public/detail. php? id =756。

2008年年底，承包经营信息台的赵丽杰、赵丽萍找到尹旭红，称信息台经营不好，听说尹旭红认识电话局的人，能在电话局机房内打电话，于是让她“挂线”（即在电话局的机房内通过接线的方式，盗打别人的电话与信息台保持通话，产生信息费），按每分钟3毛钱的费用返利。尹旭红于是找到王庆恩联系一起挂线挣钱的事，王庆恩同意了。2009年1月1日20时许，王庆恩将尹旭红带到万通大厦的机房，告诉她哪里可以接线，就开始挂线了，随后几天都是这样做。据查证，2009年1月1日0时至2009年1月18日0时许，尹旭红与王庆恩在海通大厦、万通广场以及月坛大厦的机房内，先后盗接12家单位的固定电话通信线路，拨打被告人赵丽杰、赵丽萍经营的信息台收费电话，盗窃数额达人民币32000余元；拨打他人经营的号码为9629××××的信息台收费电话，以此获得信息台的返利，盗窃数额达人民币62000余元。在盗打过程中，王庆恩负责开机房门，有时候也负责把没有拔掉的线头拔掉以免耽误客户次日使用。

• 裁判要旨 •

盗接他人电话线路给信息台拨打电话从中赚取回扣的行为定性。

• 裁判理由 •

北京市第一中级人民法院经审理认为：尹旭红、王庆恩以牟利为目的，利用王庆恩在电信部门工作的便利，在晚上盗接他人的电话线路给信息台拨打电话，从中赚取回扣。尹旭红、王庆恩等人用这种方法结伙盗接他人通信线路，盗窃他人电话费近10万元，数额巨大，其行为触犯了《刑法》第265条之规定，已构成盗窃罪，依法均应予以惩处。终审以盗窃罪判处尹旭红、王庆恩有期徒刑十一年，并处罚金人民币11000元，剥夺政治权利一年；以盗窃罪判处赵丽杰、赵丽萍有期徒刑四年和三年六个月，并各处罚金人民币4000元。

【学理分析及适用指引】

盗打电话、盗用他人电信资源等是一种相对较新的盗窃案件，但其本质仍符合盗窃罪的构成。根据《刑法》第265条的规定，以牟利为目的，盗接他人通信线路、复制他人电信码号或者明知是盗接、复制的电信设备、设施而使用的，依照盗窃罪定罪处罚。此处的以牟利为目的，是指为了出售、出租、自用、转让等谋取经济利益的行为。另外，将电信卡非法充值后使用，造成电信资费损失数额较大的，盗用他人公共信息网络上网账号、密码上网，造成他人电信资费损失数额较大的，都以盗窃罪定罪。

盗用电信线路、码号的盗窃罪与一般盗窃罪最大的不同就在于其对象并非一般意义上的有形的财产，而是一种电信资源，其非法盗用行为必然使得合法用户或者电信资源所有权人因此而支付相关的电信资费。在司法实践中，行为人盗打电话、盗用他人电信资源等行为往往是为了获得回扣等，自己获利或许不是很高，对其盗窃罪的数额并不能简单地以行为人获利多寡为依据，其盗窃数额按合法用户为其支付的电话费计算。

第二百六十六条　诈骗罪

【法律规定】

• 法律条文 •

《中华人民共和国刑法》

第二百六十六条　诈骗公私财物，数额较大的，处三年以下有期徒刑、拘役或者管制，并处或者单处罚金；数额巨大或者有其他严重情节的，处三年以上十年以下有期徒刑，并处罚金；数额特别巨大或者有其他特别严重情节的，处十年以上有期徒刑或者无期徒刑，并处罚金或者没收财产。本法另有规定的，依照规定。

• 相关规定 •

《最高人民检察院法律政策研究室关于通过伪造证据骗取法院民事裁判占有他人财物的行为如何适用法律问题的答复》（高检研发〔2002〕第18号）

山东省人民检察院研究室：

你院《关于通过伪造证据骗取法院民事裁决占有他人财物的行为能否构成诈骗罪的请示》（鲁检发研字〔2001〕第11号）收悉经研究答复如下：

以非法占有为目的，通过伪造证据骗取法院民事裁判占有他人财物的行为所侵害的主要是人民法院正常的审判活动，可以由人民法院依照民事诉讼法的有关规定作出处理，不宜以诈骗罪追究行为人的刑事责任。如果行为人伪造证据时，实施了伪造公司、企业、事业单位、人民团体印章的行为，构成犯罪的，应当依照刑法第二百八十条第二款的规定，以伪造公司、企业、事业单位、人民团体印章罪追究刑事责任；如果行为人有指使他人作伪证行为，构成犯罪的，应当依照刑法第三百零七条第一款的规定，以妨害作证罪追究刑事责任。

《最高人民法院关于审理扰乱电信市场管理秩序案件具体应用法律若干问题的解释》（法释〔2000〕12号）

第九条　以虚假、冒用的身份证件办理入网手续并使用移动电话，造成电信资费损失数额较大的，依照刑法第二百六十六条的规定，以诈骗罪定罪处罚。

《最高人民法院、最高人民检察院关于办理诈骗刑事案件具体应用法律若干问题的解释》（法释〔2011〕7号）

第一条　诈骗公私财物价值三千元至一万元以上、三万元至十万元以上、五十万元以上的，应当分别认定为刑法第二百六十六条规定的“数额较大”“数额巨大”“数额特别巨大”。

各省、自治区、直辖市高级人民法院、人民检察院可以结合本地区经济社会发展状况，在前款规定的数额幅度内，共同研究确定本地区执行的具体数额标准，报最高人民法院、最高人民检察院备案。

第二条　诈骗公私财物达到本解释第一条规定的数额标准，具有下列情形之一的，可以依照刑法第二百六十六条的规定酌情从严惩处：

（一）通过发送短信、拨打电话或者利用互联网、广播电视、报刊杂志等发布虚假信息，对不特定多数人实施诈骗的；

（二）诈骗救灾、抢险、防汛、优抚、扶贫、移民、救济、医疗款物的；

（三）以赈灾募捐名义实施诈骗的；

（四）诈骗残疾人、老年人或者丧失劳动能力人的财物的；

（五）造成被害人自杀、精神失常或者其他严重后果的。

诈骗数额接近本解释第一条规定的“数额巨大”“数额特别巨大”的标准，并具有前款规定的情形之一或者属于诈骗集团首要分子的，应当分别认定为刑法第二百六十六条规定的“其他严重情节”“其他特别严重情节”。

第三条　诈骗公私财物虽已达到本解释第一条规定的“数额较大”的标准，但具有下列情形之一，且行为人认罪、悔罪的，可以根据刑法第三十七条、刑事诉讼法第一百四十二条①的规定不起诉或者免予刑事处罚：

（一）具有法定从宽处罚情节的；

（二）一审宣判前全部退赃、退赔的；

（三）没有参与分赃或者获赃较少且不是主犯的；

（四）被害人谅解的；

（五）其他情节轻微、危害不大的。

第四条　诈骗近亲属的财物，近亲属谅解的，一般可不按犯罪处理。

诈骗近亲属的财物，确有追究刑事责任必要的，具体处理也应酌情从宽。

第五条　诈骗未遂，以数额巨大的财物为诈骗目标的，或者具有其他严重情节的，应当定罪处罚。

利用发送短信、拨打电话、互联网等电信技术手段对不特定多数人实施诈

---

① 对应2018年修正的《刑事诉讼法》第一百七十七条。——编者注

骗，诈骗数额难以查证，但具有下列情形之一的，应当认定为刑法第二百六十六条规定的“其他严重情节”，以诈骗罪（未遂）定罪处罚：

（一）发送诈骗信息五千条以上的；

（二）拨打诈骗电话五百人次以上的；

（三）诈骗手段恶劣、危害严重的。

实施前款规定行为，数量达到前款第（一）、（二）项规定标准十倍以上的，或者诈骗手段特别恶劣、危害特别严重的，应当认定为刑法第二百六十六条规定的“其他特别严重情节”，以诈骗罪（未遂）定罪处罚。

第六条 诈骗既有既遂，又有未遂，分别达到不同量刑幅度的，依照处罚较重的规定处罚；达到同一量刑幅度的，以诈骗罪既遂处罚。

第七条 明知他人实施诈骗犯罪，为其提供信用卡、手机卡、通讯工具、通讯传输通道、网络技术支持、费用结算等帮助的，以共同犯罪论处。

第八条 冒充国家机关工作人员进行诈骗，同时构成诈骗罪和招摇撞骗罪的，依照处罚较重的规定定罪处罚。

第九条 案发后查封、扣押、冻结在案的诈骗财物及其孳息，权属明确的，应当发还被害人；权属不明确的，可按被骗款物占查封、扣押、冻结在案的财物及其孳息总额的比例发还被害人，但已获退赔的应予扣除。

第十条 行为人已将诈骗财物用于清偿债务或者转让给他人，具有下列情形之一的，应当依法追缴：

（一）对方明知是诈骗财物而收取的；

（二）对方无偿取得诈骗财物的；

（三）对方以明显低于市场的价格取得诈骗财物的；

（四）对方取得诈骗财物系源于非法债务或者违法犯罪活动的。

他人善意取得诈骗财物的，不予追缴。

《最高人民法院、最高人民检察院、公安部关于办理电信网络诈骗等刑事案件适用法律若干问题的意见》（法发〔2016〕32 号）

……

二、依法严惩电信网络诈骗犯罪

（一）根据《最高人民法院、最高人民检察院关于办理诈骗刑事案件具体应用法律若干问题的解释》第一条的规定，利用电信网络技术手段实施诈骗，诈骗公私财物价值三千元以上、三万元以上、五十万元以上的，应当分别认定为刑法第二百六十六条规定的“数额较大”“数额巨大”“数额特别巨大”。

二年内多次实施电信网络诈骗未经处理，诈骗数额累计计算构成犯罪的，应当依法定罪处罚。

（二）实施电信网络诈骗犯罪，达到相应数额标准，具有下列情形之一的，酌情从重处罚：

1. 造成被害人或其近亲属自杀、死亡或者精神失常等严重后果的；

2. 冒充司法机关等国家机关工作人员实施诈骗的；

3. 组织、指挥电信网络诈骗犯罪团伙的；

4. 在境外实施电信网络诈骗的；

5. 曾因电信网络诈骗犯罪受过刑事处罚或者二年内曾因电信网络诈骗受过行政处罚的；

6. 诈骗残疾人、老年人、未成年人、在校学生、丧失劳动能力人的财物，或者诈骗重病患者及其亲属财物的；

7. 诈骗救灾、抢险、防汛、优抚、扶贫、移民、救济、医疗等款物的；

8. 以赈灾、募捐等社会公益、慈善名义实施诈骗的；

9. 利用电话追呼系统等技术手段严重干扰公安机关等部门工作的；

10. 利用“钓鱼网站”链接、“木马”程序链接、网络渗透等隐蔽技术手段实施诈骗的。

（三）实施电信网络诈骗犯罪，诈骗数额接近“数额巨大”“数额特别巨大”的标准，具有前述第（二）条规定的情形之一的，应当分别认定为刑法第二百六十六条规定的“其他严重情节”“其他特别严重情节”。

上述规定的“接近”，一般应掌握在相应数额标准的百分之八十以上。

（四）实施电信网络诈骗犯罪，犯罪嫌疑人、被告人实际骗得财物的，以诈骗罪（既遂）定罪处罚。诈骗数额难以查证，但具有下列情形之一的，应当认定为刑法第二百六十六条规定的“其他严重情节”，以诈骗罪（未遂）定罪处罚：

1. 发送诈骗信息五千条以上的，或者拨打诈骗电话五百人次以上的；

2. 在互联网上发布诈骗信息，页面浏览量累计五千次以上的。

具有上述情形，数量达到相应标准十倍以上的，应当认定为刑法第二百六十六条规定的“其他特别严重情节”，以诈骗罪（未遂）定罪处罚。

上述“拨打诈骗电话”，包括拨出诈骗电话和接听被害人回拨电话。反复拨打、接听同一电话号码，以及反复向同一被害人发送诈骗信息的，拨打、接听电话次数、发送信息条数累计计算。

因犯罪嫌疑人、被告人故意隐匿、毁灭证据等原因，致拨打电话次数、发送信息条数的证据难以收集的，可以根据经查证属实的日拨打人次数、日发送信息条数，结合犯罪嫌疑人、被告人实施犯罪的时间、犯罪嫌疑人、被告人的供述等相关证据，综合予以认定。

（五）电信网络诈骗既有既遂，又有未遂，分别达到不同量刑幅度的，依照处罚较重的规定处罚；达到同一量刑幅度的，以诈骗罪既遂处罚。

（六）对实施电信网络诈骗犯罪的被告人裁量刑罚，在确定量刑起点、基准刑时，一般应就高选择。确定宣告刑时，应当综合全案事实情节，准确把握从重、从轻量刑情节的调节幅度，保证罪责刑相适应。

（七）对实施电信网络诈骗犯罪的被告人，应当严格控制适用缓刑的范围，严格掌握适用缓刑的条件。

（八）对实施电信网络诈骗犯罪的被告人，应当更加注重依法适用财产刑，加大经济上的惩罚力度，最大限度剥夺被告人再犯的能力。

三、全面惩处关联犯罪

（一）在实施电信网络诈骗活动中，非法使用“伪基站”“黑广播”，干扰无线电通讯秩序，符合刑法第二百八十八条规定的，以扰乱无线电通讯管理秩序罪追究刑事责任。同时构成诈骗罪的，依照处罚较重的规定定罪处罚。

（二）违反国家有关规定，向他人出售或者提供公民个人信息，窃取或者以其他方法非法获取公民个人信息，符合刑法第二百五十三条之一规定的，以侵犯公民个人信息罪追究刑事责任。

使用非法获取的公民个人信息，实施电信网络诈骗犯罪行为，构成数罪的，应当依法予以并罚。

（三）冒充国家机关工作人员实施电信网络诈骗犯罪，同时构成诈骗罪和招摇撞骗罪的，依照处罚较重的规定定罪处罚。

（四）非法持有他人信用卡，没有证据证明从事电信网络诈骗犯罪活动，符合刑法第一百七十七条之一第一款第（二）项规定的，以妨害信用卡管理罪追究刑事责任。

（五）明知是电信网络诈骗犯罪所得及其产生的收益，以下列方式之一予以转账、套现、取现的，依照刑法第三百一十二条第一款的规定，以掩饰、隐瞒犯罪所得、犯罪所得收益罪追究刑事责任。但有证据证明确实不知道的除外：

1. 通过使用销售点终端机具（POS机）刷卡套现等非法途径，协助转换或者转移财物的；

2. 帮助他人将巨额现金散存于多个银行账户，或在不同银行账户之间频繁划转的；

3. 多次使用或者使用多个非本人身份证明开设的信用卡、资金支付结算账户或者多次采用遮蔽摄像头、伪装等异常手段，帮助他人转账、套现、取现的；

4. 为他人提供非本人身份证明开设的信用卡、资金支付结算账户后，又帮助他人转账、套现、取现的；

5. 以明显异于市场的价格，通过手机充值、交易游戏点卡等方式套现的。

实施上述行为，事前通谋的，以共同犯罪论处。

实施上述行为，电信网络诈骗犯罪嫌疑人尚未到案或案件尚未依法裁判，但现有证据足以证明该犯罪行为确实存在的，不影响掩饰、隐瞒犯罪所得、犯罪所得收益罪的认定。

实施上述行为，同时构成其他犯罪的，依照处罚较重的规定定罪处罚。法律和司法解释另有规定的除外。

（六）网络服务提供者不履行法律、行政法规规定的信息网络安全管理义务，经监管部门责令采取改正措施而拒不改正，致使诈骗信息大量传播，或者用户信息泄露造成严重后果的，依照刑法第二百八十六条之一的规定，以拒不履行信息网络安全管理义务罪追究刑事责任。同时构成诈骗罪的，依照处罚较重的规定定罪处罚。

（七）实施刑法第二百八十七条之一、第二百八十七条之二规定之行为，构成非法利用信息网络罪、帮助信息网络犯罪活动罪，同时构成诈骗罪的，依照处罚较重的规定定罪处罚。

（八）金融机构、网络服务提供者、电信业务经营者等在经营活动中，违反国家有关规定，被电信网络诈骗犯罪分子利用，使他人遭受财产损失的，依法承担相应责任。构成犯罪的，依法追究刑事责任。

四、准确认定共同犯罪与主观故意

（一）三人以上为实施电信网络诈骗犯罪而组成的较为固定的犯罪组织，应依法认定为诈骗犯罪集团。对组织、领导犯罪集团的首要分子，按照集团所犯的全部罪行处罚。对犯罪集团中组织、指挥、策划者和骨干分子依法从严惩处。

对犯罪集团中起次要、辅助作用的从犯，特别是在规定期限内投案自首、积极协助抓获主犯、积极协助追赃的，依法从轻或减轻处罚。

对犯罪集团首要分子以外的主犯，应当按照其所参与的或者组织、指挥的全部犯罪处罚。全部犯罪包括能够查明具体诈骗数额的事实和能够查明发送诈骗信息条数、拨打诈骗电话人次数、诈骗信息网页浏览次数的事实。

（二）多人共同实施电信网络诈骗，犯罪嫌疑人、被告人应对其参与期间该诈骗团伙实施的全部诈骗行为承担责任。在其所参与的犯罪环节中起主要作用的，可以认定为主犯；起次要作用的，可以认定为从犯。

上述规定的“参与期间”，从犯罪嫌疑人、被告人着手实施诈骗行为开始起算。

（三）明知他人实施电信网络诈骗犯罪，具有下列情形之一的，以共同犯罪论处，但法律和司法解释另有规定的除外：

1. 提供信用卡、资金支付结算账户、手机卡、通讯工具的；
2. 非法获取、出售、提供公民个人信息的；
3. 制作、销售、提供“木马”程序和“钓鱼软件”等恶意程序的；
4. 提供“伪基站”设备或相关服务的；
5. 提供互联网接入、服务器托管、网络存储、通讯传输等技术支持，或者提供支付结算等帮助的；

6. 在提供改号软件、通话线路等技术服务时，发现主叫号码被修改为国内党政机关、司法机关、公共服务部门号码，或者境外用户改为境内号码，仍提供服务的；

7. 提供资金、场所、交通、生活保障等帮助的；

8. 帮助转移诈骗犯罪所得及其产生的收益，套现、取现的。

上述规定的“明知他人实施电信网络诈骗犯罪”，应当结合被告人的认知能力，既往经历，行为次数和手段，与他人关系，获利情况，是否曾因电信网络诈骗受过处罚，是否故意规避调查等主客观因素进行综合分析认定。

（四）负责招募他人实施电信网络诈骗犯罪活动，或者制作、提供诈骗方案、术语清单、语音包、信息等的，以诈骗共同犯罪论处。

（五）部分犯罪嫌疑人在逃，但不影响对已到案共同犯罪嫌疑人、被告人的犯罪事实认定的，可以依法先行追究已到案共同犯罪嫌疑人、被告人的刑事责任。

七、涉案财物的处理

（一）公安机关侦办电信网络诈骗案件，应当随案移送涉案赃款赃物，并附清单。人民检察院提起公诉时，应一并移交受理案件的人民法院，同时就涉案赃款赃物的处理提出意见。

（二）涉案银行账户或者涉案第三方支付账户内的款项，对权属明确的被害人的合法财产，应当及时返还。确因客观原因无法查实全部被害人，但有证据证明该账户系用于电信网络诈骗犯罪，且被告人无法说明款项合法来源的，根据刑法第六十四条的规定，应认定为违法所得，予以追缴。

（三）被告人已将诈骗财物用于清偿债务或者转让给他人，具有下列情形之一的，应当依法追缴：

1. 对方明知是诈骗财物而收取的；

2. 对方无偿取得诈骗财物的；

3. 对方以明显低于市场的价格取得诈骗财物的；

4. 对方取得诈骗财物系源于非法债务或者违法犯罪活动的。

他人善意取得诈骗财物的，不予追缴。

《最高人民法院、最高人民检察院、公安部关于办理电信网络诈骗等刑事案件适用法律若干问题的意见（二）》（法发〔2021〕22号）

一、电信网络诈骗犯罪地，除《最高人民法院、最高人民检察院、公安部关于办理电信网络诈骗等刑事案件适用法律若干问题的意见》规定的犯罪行为发生地和结果发生地外，还包括：

（一）用于犯罪活动的手机卡、流量卡、物联网卡的开立地、销售地、转移地、藏匿地；

（二）用于犯罪活动的信用卡的开立地、销售地、转移地、藏匿地、使用地以及资金交易对手资金交付和汇出地；

（三）用于犯罪活动的银行账户、非银行支付账户的开立地、销售地、使用地以及资金交易对手资金交付和汇出地；

（四）用于犯罪活动的即时通讯信息、广告推广信息的发送地、接受地、到达地；

（五）用于犯罪活动的“猫池”（Modem Pool）、GOIP 设备、多卡宝等硬件设备的销售地、入网地、藏匿地；

（六）用于犯罪活动的互联网账号的销售地、登录地。

二、为电信网络诈骗犯罪提供作案工具、技术支持等帮助以及掩饰、隐瞒犯罪所得及其产生的收益，由此形成多层级犯罪链条的，或者利用同一网站、通讯群组、资金账户、作案窝点实施电信网络诈骗犯罪的，应当认定为多个犯罪嫌疑人、被告人实施的犯罪存在关联，人民法院、人民检察院、公安机关可以在其职责范围内并案处理。

三、有证据证实行为人参加境外诈骗犯罪集团或犯罪团伙，在境外针对境内居民实施电信网络诈骗犯罪行为，诈骗数额难以查证，但一年内出境赴境外诈骗犯罪窝点累计时间 30 日以上或多次出境赴境外诈骗犯罪窝点的，应当认定为刑法第二百六十六条规定的“其他严重情节”，以诈骗罪依法追究刑事责任。有证据证明其出境从事正当活动的除外。

四、无正当理由持有他人的单位结算卡的，属于刑法第一百七十七条之一第一款第（二）项规定的“非法持有他人信用卡”。

五、非法获取、出售、提供具有信息发布、即时通讯、支付结算等功能的互联网账号密码、个人生物识别信息，符合刑法第二百五十三条之一规定的，以侵犯公民个人信息罪追究刑事责任。

对批量前述互联网账号密码、个人生物识别信息的条数，根据查获的数量直接认定，但有证据证明信息不真实或者重复的除外。

六、在网上注册办理手机卡、信用卡、银行账户、非银行支付账户时，为通过网上认证，使用他人身份证件信息并替换他人身份证件相片，属于伪造身份证件行为，符合刑法第二百八十条第三款规定的，以伪造身份证件罪追究刑事责任。

使用伪造、变造的身份证件或者盗用他人身份证件办理手机卡、信用卡、银行账户、非银行支付账户，符合刑法第二百八十条之一第一款规定的，以使用虚假身份证件、盗用身份证件罪追究刑事责任。

实施上述两款行为，同时构成其他犯罪的，依照处罚较重的规定定罪处罚。法律和司法解释另有规定的除外。

七、为他人利用信息网络实施犯罪而实施下列行为，可以认定为刑法第二百八十七条之二规定的“帮助”行为：

（一）收购、出售、出租信用卡、银行账户、非银行支付账户、具有支付结算功能的互联网账号密码、网络支付接口、网上银行数字证书的；

（二）收购、出售、出租他人手机卡、流量卡、物联网卡的。

八、认定刑法第二百八十七条之二规定的行为人明知他人利用信息网络实施犯罪，应当根据行为人收购、出售、出租前述第七条规定的信用卡、银行账户、非银行支付账户、具有支付结算功能的互联网账号密码、网络支付接口、网上银行数字证书，或者他人手机卡、流量卡、物联网卡等的次数、张数、个数，并结合行为人的认知能力、既往经历、交易对象、与实施信息网络犯罪的行为人的关系、提供技术支持或者帮助的时间和方式、获利情况以及行为人的供述等主客观因素，予以综合认定。

收购、出售、出租单位银行结算账户、非银行支付机构单位支付账户，或者电信、银行、网络支付等行业从业人员利用履行职责或提供服务便利，非法开办并出售、出租他人手机卡、信用卡、银行账户、非银行支付账户等的，可以认定为《最高人民法院、最高人民检察院关于办理非法利用信息网络、帮助信息网络犯罪活动等刑事案件适用法律若干问题的解释》第十一条第（七）项规定的“其他足以认定行为人明知的情形”。但有相反证据的除外。

九、明知他人利用信息网络实施犯罪，为其犯罪提供下列帮助之一的，可以认定为《最高人民法院、最高人民检察院关于办理非法利用信息网络、帮助信息网络犯罪活动等刑事案件适用法律若干问题的解释》第十二条第一款第（七）项规定的“其他情节严重的情形”：

（一）收购、出售、出租信用卡、银行账户、非银行支付账户、具有支付结算功能的互联网账号密码、网络支付接口、网上银行数字证书5张（个）以上的；

（二）收购、出售、出租他人手机卡、流量卡、物联网卡20张以上的。

十、电商平台预付卡、虚拟货币、手机充值卡、游戏点卡、游戏装备等经销商，在公安机关调查案件过程中，被明确告知其交易对象涉嫌电信网络诈骗犯罪，仍与其继续交易，符合刑法第二百八十七条之二规定的，以帮助信息网络犯罪活动罪追究刑事责任。同时构成其他犯罪的，依照处罚较重的规定定罪处罚。

十一、明知是电信网络诈骗犯罪所得及其产生的收益，以下列方式之一予以转账、套现、取现，符合刑法第三百一十二条第一款规定的，以掩饰、隐瞒犯罪所得、犯罪所得收益罪追究刑事责任。但有证据证明确实不知道的除外。

（一）多次使用或者使用多个非本人身份证明开设的收款码、网络支付接口等，帮助他人转账、套现、取现的；

（二）以明显异于市场的价格，通过电商平台预付卡、虚拟货币、手机充值卡、游戏点卡、游戏装备等转换财物、套现的；

（三）协助转换或者转移财物，收取明显高于市场的“手续费”的。

实施上述行为，事前通谋的，以共同犯罪论处；同时构成其他犯罪的，依照处罚较重的规定定罪处罚。法律和司法解释另有规定的除外。

十二、为他人实施电信网络诈骗犯罪提供技术支持、广告推广、支付结算等帮助，或者窝藏、转移、收购、代为销售及以其他方法掩饰、隐瞒电信网络诈骗犯罪所得及其产生的收益，诈骗犯罪行为可以确认，但实施诈骗的行为人尚未到案，可以依法先行追究已到案的上述犯罪嫌疑人、被告人的刑事责任。

……

十五、对境外司法机关抓获并羁押的电信网络诈骗犯罪嫌疑人，在境内接受审判的，境外的羁押期限可以折抵刑期。

十六、办理电信网络诈骗犯罪案件，应当充分贯彻宽严相济刑事政策。在侦查、审查起诉、审判过程中，应当全面收集证据、准确甄别犯罪嫌疑人、被告人在共同犯罪中的层级地位及作用大小，结合其认罪态度和悔罪表现，区别对待，宽严并用，科学量刑，确保罚当其罪。

对于电信网络诈骗犯罪集团、犯罪团伙的组织者、策划者、指挥者和骨干分子，以及利用未成年人、在校学生、老年人、残疾人实施电信网络诈骗的，依法从严惩处。

对于电信网络诈骗犯罪集团、犯罪团伙中的从犯，特别是其中参与时间相对较短、诈骗数额相对较低或者从事辅助性工作并领取少量报酬，以及初犯、偶犯、未成年人、在校学生等，应当综合考虑其在共同犯罪中的地位作用、社会危害程度、主观恶性、人身危险性、认罪悔罪表现等情节，可以依法从轻、减轻处罚。犯罪情节轻微的，可以依法不起诉或者免予刑事处罚；情节显著轻微危害不大的，不以犯罪论处。

十七、查扣的涉案账户内资金，应当优先返还被害人，如不足以全额返还的，应当按照比例返还。

【案例一】

李某某、潘某庆、潘某军诈骗案①

• 案件事实 •

李某某、潘某庆、潘某军单独或结伙，于 1999 年 12 月至 2000 年 6 月间，

① 参见中华人民共和国最高人民法院刑事审判第一庭、第二庭编：《刑事审判参考》（总第 29 辑），法律出版社 2003 年版。

凭借其丰富的驾驶经验和对交通法规的熟识，驾驶轿车，在上海市的一些交通要道上，趁前方外地来沪车辆变道之际，采用不减速或加速行驶的方法，故意碰擦前方车辆，制造交通事故，并隐瞒故意制造交通事故的真相，欺骗对方驾驶员和公安交警部门，利用有关道路交通法则规定的路权原则，在事故处理中获得赔偿，从而骗取对方驾驶员支付的车辆修理费。其中，李某某参与作案 7 次，诈骗金额为人民币 19000 元；潘某庆参与作案 6 次，诈骗金额为 12000 元；潘某军参与作案 2 次，诈骗金额为人民币 5000 元。

• 裁判要旨 •

故意制造交通事故骗取赔偿款行为的定性及犯罪所得数额的具体认定。

• 裁判理由 •

上海市虹口区人民法院经审理认为：首先，根据国家的有关规定，道路交通事故是由违反道路交通管理法规、规章的行为引起的，过失造成人身伤亡或财产损失的事故。而本案中被告人李某某、潘某庆、潘某军利用相关交通法规规定，自己在直行道上行驶所享有的路权优先权利，故意碰擦前方变道车辆。因此，对两车相撞造成的事故后果，其主观上并非是出于过失，也就不能称其为“交通事故”并适用相关规定。其次，被告人在两车相撞后，又通过向被害人和公安交警隐瞒其驾车故意制造交通事故的方法，骗取被害方司机的赔偿款。所以，三名被告人不仅在主观上具有非法占有他人财物的故意，而且还在客观上实施了隐瞒事实真相骗取他人钱财的行为，已构成诈骗罪。公诉机关指控的罪名成立。至于被告人为此已支付的正常的修车费用是否应从诈骗数额中剔除，法院认为，此类由被告人故意制造出来的“交通事故”，不应按照通常的事故处理程序对双方当事人进行调处，因为其完全是由被告人一方的过错行为引起的，所以造成的相应的损失也理应由被告人自己承担，故被告人已支付的正常的修车费用不应从其诈骗金额中剔除。另外，被告人李某某及潘某庆有自首情节，可从轻处罚。上海市虹口区人民法院依照《刑法》第 266 条、第 67 条、第 64 条及《最高人民法院关于处理自首和立功具体应用法律若干问题的解释》第 1 条之规定，作出如下判决：一、被告人李某某犯诈骗罪，判处有期徒刑一年六个月，并处罚金人民币 3000 元。二、被告人潘某庆犯诈骗罪，判处有期徒刑一年，并处罚金人民币 2500 元。三、被告人潘某军犯诈骗罪，判处有期徒刑一年，并处罚金人民币 2500 元。

【案例二】

刘志刚诈骗案①

● 案件事实 ●

2004年11月14日，郑州航空工业管理学院参加国家人事部（现为人力资源和社会保障部）在北京举办的“全国第六届高级人才洽谈会”，刘志刚来到该洽谈会，以刘某豪之名向航空学院谎称自己是北京大学在读博士生，将于2005年7月毕业，并提交了其编造的个人工作经验、科研项目、发表的论文、英语水平等简历。该学院信以为真，即与刘志刚商谈招聘事宜。为能让刘志刚毕业后到其学院工作，决定刘志刚于毕业前即可上班。刘志刚于2004年12月到郑州航空工业管理学院上班，该院按“博士生”待遇付给刘志刚4万元安家费，三个月的工资6000元，并分配120平方米住房一套。刘志刚上班后，多次以自己是北大博士生，要进一步提高待遇为由，不断向学院提出需要配置电脑、打印机和科研启动资金等要求。郑州航空工业管理学院经向北京大学查询，发现刘志刚未在北京大学读博士，遂向公安机关报案，2005年2月2日刘志刚再次向该院提出上述待遇时被抓获。归案后，公安机关追回赃款40630元和分配给他的住房一套，已发还被害单位。

● 裁判要旨 ●

以伪造的博士生简历骗取工作进而骗取钱财，数额巨大，应当追究刑事责任的，按照诈骗罪处罚。

● 裁判理由 ●

河南省郑州市二七区人民法院经审理认为：被告人刘志刚以非法占有为目的，采用虚构事实、隐瞒真相的方法，骗取公共钱财，数额巨大，其行为已构成诈骗罪。公诉机关指控其罪名成立，应予以支持。被告人刘志刚及其辩护人均认为被告人刘志刚的行为是一般民事欺诈，不构成诈骗罪。经当庭查证，被告人刘志刚主观上具有骗取被害单位钱财的故意，客观上采用了虚构事实的方法，以虚假“在读博士生”身份，隐瞒真实情况，骗取公共钱财，其行为符合诈骗罪的构成要件，且数额巨大，应当以诈骗罪追究其刑事责任。故被告人刘志刚及其辩护人的辩护理由均不能成立，不予采纳。依照《刑法》第266

---

① 参见最高人民法院中国应用法学研究所编：《人民法院案例选》（2005年第4辑），人民法院出版社2006年版。

条、第64条之规定，以诈骗罪判处被告人刘志刚有期徒刑三年六个月，并处罚金人民币4000元；并责令被告人刘志刚退赔被害单位郑州航空工业管理学院经济损失人民币5370元。

被告人刘志刚不服一审判决，提出上诉，河南省郑州市中级人民法院经审理认为：原判认定被告人刘志刚犯诈骗罪的事实清楚，定性准确，量刑适当，审判程序合法，遂裁定驳回上诉，维持原判。

【案例三】

余志华诈骗案①

• 案件事实 •

2006年7月底，被告人余志华和杨琴以租车的名义，将窦某昌的一辆“起亚牌”汽车租走，伪造了窦某昌的身份证明和轿车手续，以5万元的价格在峨眉山市“鑫鑫”寄卖行将该车典当，余志华分得2万余元。后窦某昌向余志华和杨琴索还该车。余志华因无钱取回该车，遂于同年8月4日，以租赁汽车使用几天的名义，向其朋友陈某红租得“奇瑞QQ牌”汽车一辆（车牌号为川L3××××）。当晚，余志华将该车以1.9万元的价格在峨眉山市“鑫鑫”寄卖行典当，并用此款将之前典当的窦某昌的起亚牌汽车赎回退还。经鉴定，被典当的“奇瑞QQ牌”轿车价值人民币26590元。

• 裁判要旨 •

将租赁来的汽车典当不予退还的行为构成诈骗罪。

• 裁判理由 •

四川省夹江县人民法院认为，被告人余志华以非法占有为目的，以虚构事实的方法，诈骗他人轿车一辆，价值人民币26590元，数额较大，其行为已构成诈骗罪，应依法追究刑事责任，被告人余志华在刑罚执行完毕后五年内再犯应判处有期徒刑以上刑罚之罪，是累犯，应从重处罚。辩护人以被告人余志华案发后认罪态度较好，且赃车被追回，请求对被告人酌定从轻处罚的辩护意见符合法律规定，予以支持。

据此，依照《刑法》第266条、第65条、第52条、第53条的规定，判决被告人余志华犯诈骗罪，判处有期徒刑一年六个月，并处罚金3000元。

---

① 参见中华人民共和国最高人民法院刑事审判第一、二、三、四、五庭主办：《刑事审判参考》（总第62集），法律出版社2008年版。

一审宣判后，四川省夹江县人民检察院以原判量刑畸轻向四川省乐山市中级人民法院提出抗诉。

四川省乐山市中级人民法院审理认为，被告人余志华以非法占有为目的，以虚构事实的方法，诈骗他人轿车一辆，数额较大，其行为已构成诈骗罪。根据其诈骗财物价值金额，依照《刑法》第266条的规定，应当对其处以三年以下有期徒刑、拘役或者管制，并处或者单处罚金。原判综合考虑了被告人系累犯，但其犯罪后能如实供述犯罪事实，认罪态度较好，故对其判处有期徒刑一年六个月，并处罚金3000元，并无不当。抗诉机关认为原判量刑畸轻的抗诉理由不能成立。原判认定的事实清楚，证据确实、充分，定罪和适用法律正确，量刑适当。审判程序合法。依照《刑事诉讼法》第189条第1项的规定，裁定驳回抗诉，维持原判。

【学理分析及适用指引】

• 学理分析 •

诈骗罪，是指以非法占有为目的，用虚构事实或隐瞒真相的办法，骗取公私财物，数额较大的行为。本罪的构成要件如下：

1. 本罪的客体。本罪的客体是公私财物的所有权。本罪的犯罪对象非常广泛，可以是动产，也可以是不动产；可以是有体物，也可以是无体物。由于采用虚构事实或隐瞒真相的方法而实施的诈骗行为，发生在社会生活的各个领域，发生在不同领域的诈骗行为又有不同的特点，所以《刑法》对某些发生在特殊领域的诈骗行为，已经另行规定为其他犯罪（如骗取社会不特定对象的集资款、银行等金融机构贷款的、保险金的，分别规定为集资诈骗罪、贷款诈骗罪和保险诈骗罪）。在这种《刑法》另有规定的情况下，应当依据特别法优于一般法的原则，适用特别法的规定定罪量刑，而不能定诈骗罪。

本罪的客体是公私财物的所有权，这就决定了只有行为人采用虚构事实或隐瞒真相的方法，骗取具有经济价值的财产时，其行为才可能构成诈骗罪；对于行为人采用虚构事实或隐瞒真相的办法，骗取不具有经济价值的其他非法利益（例如，伪造学历以求职务的升迁、伪造户籍以求子女能够入学等）的，不能认定为诈骗罪。

2. 本罪的客观方面。本罪的客观方面表现为，用虚构事实或隐瞒真相的办法，骗取数额较大的财物的行为。诈骗罪的实行方式多种多样，但概括起来，无非是两种抽象形式：（1）虚构事实，即行为人编造本不存在的事实，使被害人产生错误的认识，从而骗取被害人财物；（2）隐瞒真相，即行为人故意隐瞒全部或部分事实，使被害人基于错误的认识作出错误判断，从而骗取被害人的财物。

3. 本罪的主体。本罪的主体是一般主体，既包括个人，也包括单位。

4. 本罪的主观方面。本罪的主观方面是直接故意，并且具有非法占有目的，① 即行为人明知是他人的财物，而以非法占有的目的决意骗取。非法占有目的有无，是区别诈骗罪与一般借贷纠纷的基本特征，其对诈骗罪成立起着至关重要的作用。

• 适用指引 •

司法实践中，认定本罪时，应注意：

1. 本罪与非罪的界限。

（1）诈骗罪与借贷行为的界限。借款人由于某种原因，长期拖欠不还的，或者编造谎言或隐瞒真相而骗取款物，到期不能偿还的，只要没有非法占有的目的，也没有挥霍一空，不弄虚作假，确实打算偿还的；还有些打借条之后伪造还款收条的，诈称已经还款的，仍属借贷纠纷，不构成诈骗罪。

（2）诈骗罪与代人购物拖欠货款行为的界限。对以代人购买紧缺商品的名义，取走货款，没买到东西，又擅自挪用货款，拖欠不还款的行为，应着重考察其真实目的、双方的关系、事情的起因、代办人的具体行为、拖欠的情节、后果等等，从而正确判断其是否有非法占有的意图。如能明确想代人购物，因故未能买到，而挪用仍拟归还的，不能以诈骗罪论处。如果以代购为名，行诈骗之实，骗取大量财物，大肆挥霍，根本无意归还，也无力归还的，应以诈骗罪论处。

（3）诈骗罪与集资办企业因亏损躲债的界限。如果确实是集资经商办企业，但因经营不善，亏损负债，为躲债而外出，仍属财产债务纠纷。这同诈骗犯以集资办企业为名，捞到钱财就逃之夭夭，以实现其非法占有的目的，有本质区别。

2. 本罪与招摇撞骗罪的界限。两者都使用骗术，后者也可能获得财产利益，这两点相同；但是，主观目的、犯罪手段、财物数额要求和侵犯的客体，均有不同。招摇撞骗罪是以骗取各种非法利益为目的，冒充国家工作人员，进行招摇撞骗活动，是损害国家机关的威信、公共利益或者公民合法权益的行为，它所骗取的不仅包括财物（无数额多少的限制），还包括工作、职务、地位、荣誉等，属于妨害社会管理秩序罪。当犯罪分子冒充国家工作人员骗取公私财物时，就侵犯了财产权利，又损害了国家机关的威信和正常活动，属于牵连犯，应当按照行为所侵犯的主要客体和主要危害性来确定罪名并从重惩罚。如果骗取财物数额不大，却严重损害了国家机关的威信，应按招摇撞骗罪论处；反之，则定为诈骗罪，如果严重地侵犯了两种客体，一般依从一重罪处断

---

① 高铭暄、马克昌主编：《刑法学》，北京大学出版社、高等教育出版社2005年版，第517页。

的原则按诈骗罪处治；如果先后分别独立地犯了两种罪，互不牵连则应按照数罪并罚原则处理。

3. 本罪与盗窃罪的界限。诈骗罪与盗窃罪同是侵犯财产权的犯罪，二者的根本区别就表现在客观方面的行为方式上。盗窃罪的行为方式，一般是采用不为他人所知的秘密手段窃取公私财物；而诈骗罪的行为方式，则是用虚构事实或隐瞒真相的办法欺骗被害人，致使被害人产生错误认识，从而“自愿地”交出财物或者“自愿地”免除行为人的正当债务。

行为人骗取数额较大的财物，是诈骗罪成立的一个限制条件，即行为人骗取财物的数额没有达到法定的数额标准时，不能认定为犯罪。对于何谓“数额较大”的问题，目前尚无专门的司法解释加以规定，司法实践中一般是参照盗窃罪的数额标准进行认定。

4. 诈骗罪与《刑法》规定的其他诈骗犯罪的界限。本法在其余各章节分别规定了集资诈骗罪、贷款诈骗罪、金融票证诈骗罪、信用证诈骗罪、信用卡诈骗罪、有价证券诈骗罪、保险诈骗罪、合同诈骗罪等。这些诈骗犯罪与本罪在主观方面和客观表现方面均相同，但在主体、犯罪手段、主体要件与对象上均有差别，较易区分。《刑法》因此规定，本法另有规定的，依照规定。

第二百六十七条　抢夺罪

【法律规定】

•　法律条文　•

《中华人民共和国刑法》

第二百六十七条　抢夺公私财物，数额较大的，或者多次抢夺的，处三年以下有期徒刑、拘役或者管制，并处或者单处罚金；数额巨大或者有其他严重情节的，处三年以上十年以下有期徒刑，并处罚金；数额特别巨大或者有其他特别严重情节的，处十年以上有期徒刑或者无期徒刑，并处罚金或者没收财产。

携带凶器抢夺的，依照本法第二百六十三条的规定定罪处罚。

•　相关规定　•

《最高人民法院关于审理抢劫、抢夺刑事案件适用法律若干问题的意见》（法发〔2005〕8号）

四、关于“携带凶器抢夺”的认定

《抢劫解释》第六条规定，“携带凶器抢夺”，是指行为人随身携带枪支、爆炸物、管制刀具等国家禁止个人携带的器械进行抢夺或者为了实施犯罪而携带其他器械进行抢夺的行为。行为人随身携带国家禁止个人携带的器械以外的其他器械抢夺，但有证据证明该器械确实不是为了实施犯罪准备的，不以抢劫罪定罪；行为人将随身携带凶器有意加以显示、能为被害人察觉到的，直接适用刑法第二百六十三条的规定定罪处罚；行为人携带凶器抢夺后，在逃跑过程中为窝藏赃物、抗拒抓捕或者毁灭罪证而当场使用暴力或者以暴力相威胁的，适用刑法第二百六十七条第二款的规定定罪处罚。

十一、驾驶机动车、非机动车夺取他人财物行为的定性

对于驾驶机动车、非机动车（以下简称“驾驶车辆”）夺取他人财物的，一般以抢夺罪从重处罚。但具有下列情形之一，应当以抢劫罪定罪处罚：

（1）驾驶车辆，逼挤、撞击或强行逼倒他人以排除他人反抗，乘机夺取财物的；

（2）驾驶车辆强抢财物时，因被害人不放手而采取强拉硬拽方法劫取财物的；

（3）行为人明知其驾驶车辆强行夺取他人财物的手段会造成他人伤亡的后果，仍然强行夺取并放任造成财物持有人轻伤以上后果的。

《最高人民法院关于审理抢劫案件具体应用法律若干问题的解释》（法释〔2000〕35号）

第六条 刑法第二百六十七条第二款规定的“携带凶器抢夺”，是指行为人随身携带枪支、爆炸物、管制刀具等国家禁止个人携带的器械进行抢夺或者为了实施犯罪而携带其他器械进行抢夺的行为。

《最高人民法院、最高人民检察院关于办理抢夺刑事案件适用法律若干问题的解释》（法释〔2013〕25号）

第一条 抢夺公私财物价值一千元至三千元以上、三万元至八万元以上、二十万元至四十万元以上的，应当分别认定为刑法第二百六十七条规定的“数额较大”“数额巨大”“数额特别巨大”。

各省、自治区、直辖市高级人民法院、人民检察院可以根据本地区经济发展状况，并考虑社会治安状况，在前款规定的数额幅度内，确定本地区执行的具体数额标准，报最高人民法院、最高人民检察院批准。

第二条 抢夺公私财物，具有下列情形之一的，“数额较大”的标准按照前条规定标准的百分之五十确定：

（一）曾因抢劫、抢夺或者聚众哄抢受过刑事处罚的；

（二）一年内曾因抢夺或者哄抢受过行政处罚的；

（三）一年内抢夺三次以上的；

（四）驾驶机动车、非机动车抢夺的；

（五）组织、控制未成年人抢夺的；

（六）抢夺老年人、未成年人、孕妇、携带婴幼儿的人、残疾人、丧失劳动能力人的财物的；

（七）在医院抢夺病人或者其亲友财物的；

（八）抢夺救灾、抢险、防汛、优抚、扶贫、移民、救济款物的；

（九）自然灾害、事故灾害、社会安全事件等突发事件期间，在事件发生地抢夺的；

（十）导致他人轻伤或者精神失常等严重后果的。

第三条　抢夺公私财物，具有下列情形之一的，应当认定为刑法第二百六十七条规定的“其他严重情节”：

（一）导致他人重伤的；

（二）导致他人自杀的；

（三）具有本解释第二条第三项至第十项规定的情形之一，数额达到本解释第一条规定的“数额巨大”百分之五十的。

第四条　抢夺公私财物，具有下列情形之一的，应当认定为刑法第二百六十七条规定的“其他特别严重情节”：

（一）导致他人死亡的；

（二）具有本解释第二条第三项至第十项规定的情形之一，数额达到本解释第一条规定的“数额特别巨大”百分之五十的。

第五条　抢夺公私财物数额较大，但未造成他人轻伤以上伤害，行为人系初犯，认罪、悔罪，退赃、退赔，且具有下列情形之一的，可以认定为犯罪情节轻微，不起诉或者免予刑事处罚；必要时，由有关部门依法予以行政处罚：

（一）具有法定从宽处罚情节的；

（二）没有参与分赃或者获赃较少，且不是主犯的；

（三）被害人谅解的；

（四）其他情节轻微、危害不大的。

第六条　驾驶机动车、非机动车夺取他人财物，具有下列情形之一的，应当以抢劫罪定罪处罚：

（一）夺取他人财物时因被害人不放手而强行夺取的；

（二）驾驶车辆逼挤、撞击或者强行逼倒他人夺取财物的；

（三）明知会致人伤亡仍然强行夺取并放任造成财物持有人轻伤以上后果的。

【案例】

谢崇万、谢顺成飞车抢夺案[①]

• 案件事实 •

谢崇万、谢顺成均为湖南省宁远县人，小学文化程度。谢崇万曾于2001年3月5日因犯抢劫罪、抢夺罪被广东省连州市人民法院判处有期徒刑七年，2005年6月23日被假释，假释考验期至2007年9月8日止。

2007年5月27日21时许，谢顺成、谢崇万驾驶摩托车到清远市清城区松鹤西街，尾随租乘摩托车的张某（女）至胜利靓汤酒店门前路段，坐在车尾的谢崇万伸手抓住张某放在大腿上的手提袋用力拉扯抢走，致张某从摩托车上摔下来，头部受伤，经送医院抢救无效死亡。谢崇万、谢顺成抢得人民币503元、诺基亚手机1部（价值人民币530元）和银行卡等财物。

2007年6月9日15时许，谢顺成、谢崇万驾驶一辆摩托车到107国道田龙路段，飞车抢夺坐在王某助力车上的龙某的1只手袋，内有1部中电牌手机（价值人民币500元）、1部三星C308手机（价值人民币629元）及400元人民币。

2007年6月16日11时许，谢顺成、谢崇万驾驶一辆摩托车到清新县太和镇清新大道瑞枫花园门前路段，飞车抢夺驾驶摩托车的杨某颈上1条黄金项链（价值人民币3842元）。

• 裁判要旨 •

明知其驾驶车辆强行夺取他人财物的手段会造成他人伤亡的后果，仍然强行夺取并放任造成财物持有人轻伤以上后果的，应以抢劫罪论处。

• 裁判理由 •

广东省清远市中级人民法院经审理认为：被告人谢崇万、谢顺成以非法占有为目的，采用暴力手段夺取他人财物，放任他人死亡结果的发生，致1人死亡，其行为已从抢夺罪转化成抢劫罪。抢劫数额较大，并致1人死亡。被告人谢崇万、谢顺成还以非法占有为目的，乘人不备，夺取他人财物，数额较大，其行为又均已构成了抢夺罪，依法应数罪并罚。被告人谢崇万在假释考验期限内不思悔改，又犯新罪，应撤销假释，并予以严惩。被告人谢顺成在抢劫过程中致人死亡，论罪该判处死刑，但考虑到本案的实际情况，可不必对其立即执

---

① 参见广东省清远市中级人民法院（2007）清中法刑初字第68号。

行。故判处被告人谢崇万死刑，剥夺政治权利终身，并处没收个人全部财产；判处被告人谢顺成死刑，缓期二年执行，剥夺政治权利终身，并处没收个人全部财产。二被告人赔偿被害人亲属经济损失 13 万余元。

【学理分析及适用指引】

• 学理分析 •

抢夺罪，是指以非法占有为目的，乘人不备、公然夺取他人数额较大的财物的行为。抢夺罪的构成要件如下：

1. 本罪的客体。本罪的客体是公私财物所有权。本罪的犯罪对象是具有经济价值的动产和有体物，不动产和无体物不能成为本罪的犯罪对象。

2. 本罪的客观方面。本罪的客观方面表现为，乘被害人没有防备，公然夺取被害人数额较大的财物，或者多次抢夺的行为。公然夺取是指采用可以使被害人立即发觉的方式，公开夺取其持有的或管理的财物。① 抢夺罪的这种公然夺取的行为方式，是抢夺罪的本质特征，也是抢夺罪区别于抢劫罪和盗窃罪的基本标志。抢劫罪的行为方式，是使用暴力、胁迫或其他方法对行为人的人身实施强制，从而达到劫取财物的目的；盗窃罪的行为方式，是采用不为他人所知的秘密方法，窃取他人财物；抢夺罪的公然夺取，则是在被害人将立即发觉的情况下，乘其不备而在瞬间实施的。

成立本罪，一般要求抢夺数额较大的财物，或者虽然未达到数额较大，但多次抢夺的，也成立抢夺罪。何谓数额较大，《最高人民法院、最高人民检察院关于办理抢夺刑事案件适用法律若干问题的解释》作了规定，依据该规定，抢夺公私财物价值人民币 1000 元 ~ 3000 元以上的，为数额较大。

3. 本罪的主体。本罪的主体是一般主体，即年满 16 周岁的人实施抢夺罪的，都应当承担刑事责任。

4. 本罪的主观方面。本罪的主观方面是直接故意，并且行为人须具有非法占有目的。

• 适用指引 •

司法实践中，认定本罪时应注意以下问题：

1. 本罪与抢劫罪的界限。抢夺罪与抢劫罪都以非法占有公私财物为目的，主体要件也基本相同，并且都带一个“抢”字。但两者有较大的区别：（1）客体要件不完全相同。抢夺罪为单一客体，只侵犯公私财产所有权；而抢劫罪为复杂客体，侵犯的不仅是公私财产所有权，还包括人身权利。（2）客观要件

① 高铭暄、马克昌主编：《刑法学》，北京大学出版社、高等教育出版社 2005 年版，第 519 页。

表现不同。抢劫罪是以暴力、胁迫或者其他方法，劫取公私财物，并且法律上没有数额的限制；而抢夺罪则是乘人不备，公然从财物所有人手中抢走财物，并且法律要求数额较大时才构成犯罪。

2. 关于“飞车抢夺”的定性。利用行驶着的交通工具，乘人不备，抢夺他人财物，俗称“飞车抢夺”。“飞车抢夺”行为人在夺取财物的过程中致人伤亡时，如何定性有争议。从犯罪客体看，“飞车抢夺”侵犯了双重客体——人身权与财产权，因而从侵犯客体上难以区分抢劫罪与抢夺罪。但是，抢劫罪的暴力是行为人故意地用来作为强行占有财物的手段，暴力的施加对象是他人的人身；而抢夺罪行为人的“力”是施加于财物上，以便使财物脱离被害人的控制而占为己有。对于驾驶机动车、非机动车（以下简称驾驶车辆）夺取他人财物的，一般以抢夺罪从重处罚。但具有下列情形之一的，应当以抢劫罪定罪处罚：驾驶车辆，逼挤、撞击或强行逼倒他人以排除他人反抗，乘机夺取财物的；驾驶车辆强抢财物时，因被害人不放手而采取强拉硬拽方法劫取财物的；行为人明知其驾驶车辆强行夺取他人财物的手段会造成他人伤亡的后果，仍然强行夺取并放任造成财物持有人轻伤以上后果的。

第二百六十八条　聚众哄抢罪

【法律规定】

• 法律条文 •

《中华人民共和国刑法》

第二百六十八条　聚众哄抢公私财物，数额较大或者有其他严重情节的，对首要分子和积极参加的，处三年以下有期徒刑、拘役或者管制，并处罚金；数额巨大或者有其他特别严重情节的，处三年以上十年以下有期徒刑，并处罚金。

• 相关规定 •

《最高人民法院关于审理破坏森林资源刑事案件具体应用法律若干问题的解释》（法释〔2000〕36号）

第十四条　聚众哄抢林木五立方米以上的，属于聚众哄抢“数额较大”；聚众哄抢林木二十立方米以上的，属于聚众哄抢“数额巨大”，对首要分子和积极参加的，依照刑法第二百六十八条的规定，以聚众哄抢罪定罪处罚。

【案例】

邓甲路等聚众哄抢案①

● 案件事实 ●

2009年1月，白果市乡团结村7组将集体林改分得的石牛口（面积46亩）、新田垄、石河垄三处山林的全部活林木以公开招标的方式出售，该组组长邓某明以39100元中标。后邓某明转让给被害人王某春，并将转让款按人均371.38元分发给本组村民，被告人邓甲路夫妻因故未领取。2013年下半年，王某春取得石牛口林班采伐许可证，开始雇人采伐。2013年11月28日，被告人邓甲路找到王某春称没领到钱，与王某春协商未果。11月29日，邓甲路声称本组石牛口有12亩中林（火烧林）未卖，煽动本组村民哄抢王某春砍伐后集堆于团结村境内石灰窑地段的石牛口林班木材。受邓甲路教唆，当日下午，邓光国驾驶自己的货车伙同本组村民来到石灰窑地段强行背运、装载木材，王某春及当地村干、派出所民警到场制止未果。尔后，邓光国按邓甲路的授意将哄抢而来的整车木材运至邓甲路家附近的白果市大桥上码堆。11月30日，邓甲路组织带领20余名组民再次前去石灰窑地段哄抢石牛口林班木材，仍由邓光国驾车运输，将当天哄抢的5车木材分别运至团结村陈某昌家、杨某平家附近码堆。经鉴定，被哄抢的6车木材总材积为51.181立方米。之后，邓甲路等人要求王某春给付现金6万元，才同意退还哄抢的木材。

● 裁判要旨 ●

行为人以非法占有为目的，煽动、组织、指挥多人公然哄抢他人木材，数额巨大，对其首要分子和积极参加者应以聚众哄抢罪追究刑事责任。

● 裁判理由 ●

一审法院认为：被告人邓甲路以非法占有为目的，煽动、组织、指挥被告人邓光国等多人公然哄抢他人木材五十余立方米，数额巨大，其中邓甲路系首要分子，邓光国系积极参加者，二被告人的行为均已构成聚众哄抢罪。邓甲路在庭审中辩解称自己并未召集此次哄抢行动，并非首要分子，而且自己的行为是为维护本组集体利益，不构成聚众哄抢罪。邓甲路的上述辩解内容与其庭前供述矛盾，其不能合理说明翻供原因；且其辩解与本案证据及其召集群众哄抢的事实相矛盾，而其庭前供述与其他证据相互印证。故应当采信其庭前供述。

---

① 参见湖南省永州市中级人民法院（2015）永中法刑二终字第75号。

辩护人辩称石牛口林权流转程序不合法，王某春并未获得石牛口林木权属；邓甲路、邓光国不存在非法占有之目的。

经查明：关于石牛口林木的权属问题。双方虽无正式的书面合同，但结合本案证据证明邓某明在中标后已将石牛口等三处林木全部转让给王某春。王某春支付了买受石牛口等三处林木的对价，林木出售款已由村民分配，7 组村民并无异议。因此，石牛口等三处林木的转让系双方合意行为，王某春已实际取得石牛口等三处林木的全部所有权。邓甲路、邓光国等人所称石牛口有 12 亩中林未卖，并无事实依据。

关于邓甲路、邓光国是否存在非法占有之目的。首先，邓甲路、邓光国等人的哄抢行为侵犯了被害人的财产权利，妨碍了财产所有人的占有利益；被告人即使认为存在林木权属纠纷，也应当通过法律途径解决，而不能以非法手段侵犯他人财产。其次，二被告人在公安机关的供述及其他哄抢参与人的证言均证明，被告人与被害人协商，或是向政府反映只是表象，非法占有他人财物才是其真正目的。被告人非法占有之目的在主、客观上是一致的。故对辩护人的该辩护意见不予采纳。邓光国辩解称石牛口山林的林木所有权是团结村 7 组的，组里付费要其装运本组林木，其行为是合法的。其辩解与事实不符，应不予采纳。

综上，二被告人在聚众哄抢过程中起组织、煽动、积极参加的带头作用，在共同犯罪中，起主要作用，均系主犯。鉴于二被告人系初犯，且本案因民间纠纷引起，被告人在组织、参与哄抢林木后，迫于法律威严，尚未处分赃物，对二被告人予以酌情从轻处罚。据此，依照《刑法》第 268 条，第 25 条第 1 款，第 26 条第 1 款、第 4 款，第 52 条，第 53 条和《最高人民法院关于审理破坏森林资源刑事案件具体应用法律若干问题的解释》第 14 条之规定，判决：一、被告人邓甲路犯聚众哄抢罪，判处有期徒刑三年六个月，并处罚金人民币 1 万元；二、被告人邓光国犯聚众哄抢罪，判处有期徒刑三年，并处罚金人民币 1 万元。

宣判后，邓甲路、邓光国不服，邓甲路上诉提出，“有证据证明出售给王某春的石牛口山林不包括 12 亩中林；本案没有签订林木买卖合同和办理林木变更登记手续，不能证实王某春已取得林木所有权及其权利范围；原判所依据的证人证言不能作为认定事实的依据；没有证明证明我说了石牛口有 12 亩中林没卖，第一次哄抢时我不在场，第二次哄抢时我虽然参与了搬运木材，但作用较小，并非起决定性或关键性作用；原判没有认定哄抢后群众寻求政府解决纠纷和邓甲路自动投案并如实供述的事实；邓甲路的行为不构成犯罪”；邓光国上诉提出，“我只是去开车装了树，量刑过重，请求二审法院在三年以下量刑并适用缓刑。”邓甲路、邓光国辩护人的辩护意见与二被告人的上诉理由一致。

二审法院认为，上诉人（原审被告人）邓甲路以非法占有为目的，煽动、组织、指挥上诉人（原审被告人）邓光国等人公然哄抢他人木材，数额巨大，其中邓甲路系首要分子，邓光国系积极参加者，二人的行为均已构成聚众哄抢罪。邓甲路上诉提出“有证据证明出售给王某春的石牛口山林不包括12亩中林；本案没有签订林木买卖合同和办理林木变更登记手续，不能证实王某春已取得林木所有权及其权利范围；原判所依据的证人证言不能作为认定事实的依据”的理由，经查，王某春取得石牛口林木的权属虽没有正式的书面合同，但邓某明、邓某贵、邓某波、邓某胜、邓某日等人的证言及祁阳县白果市乡团结村民委员会的证明、金洞管理区林业局森林、林木、林地状况登记表等书证证明拍卖的石牛口山林包括了12亩中林，邓某明在中标后将石牛口等三处林木全部转让给了王某春，王某春已支付了转让款，林木出售后7组村民无异议，王某春已取得石牛口等三处林木的所有权，故该上诉理由不能成立，法院不予采纳。邓甲路以没领到林木款为由，声称石牛口有12亩中林未卖，煽动、指挥本组村民哄抢木材，这一事实，不仅有邓甲路在公安机关的供述予以证明，而且有邓光国的供述和邓某件、邓某英、邓某胜、邓某日等人的证言在卷证明，足以认定。

故邓甲路上诉提出“没有证明证明我说了石牛口有12亩中林没卖，第一次哄抢时我不在场，第二次哄抢时我虽然参与了搬运木材，但作用较小，并非起决定性或关键性作用”的理由不能成立，法院不予支持。邓甲路上诉提出“原判没有认定哄抢后群众寻求政府解决纠纷和邓甲路自动投案并如实供述的事实；邓甲路的行为不构成犯罪”的理由，经查，团结村村民在聚众哄抢后向白果市乡政府反映问题要求解决纠纷的事实存在，但该事实与本案的处理没有必然联系，公安机关的到案经过并不能证明邓甲路有自动投案情节，故该上诉理由不能成立，法院不予采纳。邓甲路辩护人提供的邓某虎的笔记本和录音，因检察员认为与本案无关联，对录音的真实性有异议，故法院不予采信。邓光国上诉提出“我只是去开车装了树，量刑过重，请求二审法院在三年以下量刑并适用缓刑”的理由，经查，邓光国不仅开车装了树，而且积极参与了林木哄抢，原审法院以聚众哄抢罪对其定罪量刑，符合法律规定。邓光国的辩护人在二审审理期间提供了王某春的谅解书，证明王某春已对邓光国的哄抢行为予以了谅解，检察员对该证据无异议，该证据法院予以采信。同时，邓光国的亲属在二审期间主动履行财产刑，可认定邓光国有悔罪表现，经法院委托金洞管理区司法局进行调查，对邓光国适用缓刑，对其所居住的社区无重大不良影响，故法院依法对邓光国适用缓刑。该上诉理由部分成立，法院予以部分采纳。原审法院根据邓甲路的犯罪性质、情节及社会危害程度，对邓甲路判处有期徒刑并处罚金，量刑适当。湖南省永州市人民检察院提出“原判认定事实清楚，证据确实、充分，定罪准确”的意见成立，法院予以采纳；提出“量刑适当，建议维持”的意见部分成立，法院予以部分支持。据此，对邓甲路应适用《刑事诉讼法》第225条第1款第1项之规定；对邓光国应适用《刑法》第268条、第52条、第53条、第72条，《最高人民法院关于审理破坏森林资源刑事案件具体应用法律若干问题的解释》第14条及《刑事诉讼法》第225条第1款第1项、第2项之规定，判决如下：一、维持湖南省祁阳县人民法院（2014）祁刑初字第344号刑事判决第一项即对被告人邓甲路的定罪量刑部分和第二项中对被告人邓光国的定罪和附加刑部分；二、撤销湖南省祁阳县人民法院（2014）祁刑初字第344号刑事判决第二项中对被告人邓光国的主刑部分；三、上诉人（原审被告人）邓光国犯聚众哄抢罪，判处有期徒刑三年，缓刑三年，并处罚金人民币1万元（已缴纳）。（缓刑考验期从判决确定之日起计算。）

本判决为终审判决。

【学理分析及适用指引】

• 学理分析 •

聚众哄抢罪，是指以非法占有为目的，聚集多人哄抢滋扰，公然夺取公私财物，数额较大或情节严重的行为。本罪的构成要件如下：

1. 本罪的客体。本罪主要发生在火车货运站、铁路沿线、船运码头、厂矿、建筑工地、农贸市场等运输、保管和储存公私财物的公共场所，参与人数较多，社会负面影响大，因此，这种行为不仅侵犯了公私财物所有权，而且在一定程度上侵害了社会管理秩序。可见，本罪的客体是复杂客体，包括正常的社会管理秩序和公私财物所有权；其中公私财物所有权是本罪的主要客体。

2. 本罪的客观方面。本罪的客观方面表现为聚集多人，采取哄闹、滋扰或者其他手段，公然夺取公私财物，数额较大或情节严重的行为。

（1）多人参加是本罪的客观方面的首要特征，也就是说，成立本罪必须是由多个人共同实施犯罪行为，单个人实施的行为是不可能构成本罪的。所谓多人，按照一般理解，应为3人以上，少则数人，多则几十人甚至更多。

（2）哄抢是本罪客观方面的另一特征，所谓哄抢，是指在公众所能感知的地点和时间一哄而上将财物夺走。哄抢虽然带有轻微暴力，但它并不针对人身，而且暴力的程度也很轻，所以本罪在严重程度上，低于直接以暴力为手段的抢劫罪。

（3）聚众哄抢公私财物数额较大或情节严重的，才构成犯罪，也就是说，哄抢财物未达到法定数额标准并且未达到情节严重的程度时，不以犯罪论处。对数额较大、情节严重如何认定，尚未有立法文件或司法解释的统一规定，实践中，可以由司法机关依据各地的具体情况进行掌握。

3. 本罪的主体。本罪的主体是一般主体，即年满16周岁的公民都具有成为本罪主体的资格，但本罪的处罚对象是聚众哄抢的首要分子和其他积极参加的人。因为本罪的实施带有聚众性，其中多数的参与者是在不明真相的情况下，盲目追随他人而参与了行为的实施，对这些参与者可以通过行政处罚或思想教育等手段进行处理，一般不作为犯罪对待。此处的首要分子，是指在聚众哄抢中起组织、策划、指挥作用的人。积极参加的，是指主动参与哄抢，在哄抢中起主要作用以及哄抢财物较多的人。

4. 本罪的主观方面。本罪的主观方面是故意，并具有非法占有公私财物的目的。

• 适用指引 •

1. 聚众哄抢罪与“打砸抢”行为的界限。前者一般只是聚集多人抢夺公私财物，一般不使用暴力手段，即使使用轻微暴力，也不针对人身，后者则是聚集多人又打又砸又抢，是一种破坏性更为强烈的严重犯罪，暴力色彩极为明显、浓厚；前者是一个独立的罪名，后者则不是独立的罪名。

2. 本罪与抢劫罪的界限。一是犯罪主体不同。前者是特殊主体；而后者是一般主体，已满 14 周岁的人也可以成为抢劫罪的主体。二是客观方面表现不同。前者是必要共犯，即至少 3 人以上才能实施，且实施过程中暴力特征不明显；而后者可以由单个人进行，且实施犯罪过程中大多数表现为暴力特征。另外，如果当场实施哄抢行为时针对被害人实施了暴力侵害且达到抢劫的暴力性程度，同时构成抢劫罪的，应以抢劫罪论处。

3. 本罪与聚众扰乱公共秩序罪的界限。前者客观方面为聚众哄抢公私财物，虽然也侵犯了社会公共秩序，但是侵犯的主要客体是公私财产所有权；后者表现为聚众扰乱各种公共场所的正常的秩序等活动，侵犯的客体是社会公共秩序；前者的犯罪对象是公私财产，后者则不一定。

4. 本罪与抢夺罪的界限。一是犯罪主体不同。前者是特殊主体，即只能由实施聚众哄抢犯罪行为的首要分子和积极参加者构成；而后者则是一般主体。二是侵犯的客体不同。前者是复杂客体，不仅侵犯了公私财产所有权，而且妨害了社会管理秩序；而后者则是单一客体，只是侵犯了公私财产所有权。三是实施犯罪人数上的差异。前者只能由 3 人以上实施；而后者则可以由 1 个人实施。

5. 实践中，有的人因与他人发生债务或财产纠纷，采用纠集多人强行夺取对方财物的方法用以抵债，可以聚众哄抢罪论处。

第二百六十九条　转化型的抢劫罪

【法律规定】

• 法律条文 •

《中华人民共和国刑法》

第二百六十九条　犯盗窃、诈骗、抢夺罪，为窝藏赃物、抗拒抓捕或者毁灭罪证而当场使用暴力或者以暴力相威胁的，依照本法第二百六十三条的规定定罪处罚。

• 相关规定 •

《最高人民法院关于审理未成年人刑事案件具体应用法律若干问题的解释》（法释〔2006〕1号）

第十条 已满十四周岁不满十六周岁的人盗窃、诈骗、抢夺他人财物，为窝藏赃物、抗拒抓捕或者毁灭罪证，当场使用暴力，故意伤害致人重伤或者死亡，或者故意杀人的，应当分别以故意伤害罪或者故意杀人罪定罪处罚。

已满十六周岁不满十八周岁的人犯盗窃、诈骗、抢夺罪，为窝藏赃物、抗拒抓捕或者毁灭罪证而当场使用暴力或者以暴力相威胁的，应当依照刑法第二百六十九条的规定定罪处罚；情节轻微的，可不以抢劫罪定罪处罚。

《最高人民法院关于审理抢劫、抢夺刑事案件适用法律若干问题的意见》（法发〔2005〕8号）

五、关于转化抢劫的认定

行为人实施盗窃、诈骗、抢夺行为，未达到“数额较大”，为窝藏赃物、抗拒抓捕或者毁灭罪证当场使用暴力或者以暴力相威胁，情节较轻、危害不大的，一般不以犯罪论处；但具有下列情节之一的，可依照刑法第二百六十九条的规定，以抢劫罪定罪处罚；

（1）盗窃、诈骗、抢夺接近“数额较大”标准的；

（2）入户或在公共交通工具上盗窃、诈骗、抢夺后在户外或交通工具外实施上述行为的；

（3）使用暴力致人轻微伤以上后果的；

（4）使用凶器或以凶器相威胁的；

（5）具有其他严重情节的。

《最高人民法院、最高人民检察院关于办理抢夺刑事案件适用法律若干问题的解释》（法释〔2013〕25号）

第六条 驾驶机动车、非机动车夺取他人财物，具有下列情形之一的，应当以抢劫罪定罪处罚：

（一）夺取他人财物时因被害人不放手而强行夺取的；

（二）驾驶车辆逼挤、撞击或者强行逼倒他人夺取财物的；

（三）明知会致人伤亡仍然强行夺取并放任造成财物持有人轻伤以上后果的。

【案例】

朱某抢劫案①

• 案件事实 •

2003年9月5日1时30分许，朱某窜进厦门市开元路某店，用随身携带的一把单刃匕首撬开该店楼梯拐角处墙上一个窗户的铁皮挡板，从该窗爬进隔壁开元路某饭店内欲行盗窃，适逢陈某从饭店的2层往1层走，朱某因害怕被抓住，即持匕首威胁并朝陈某身上乱捅，致陈某当场死亡。赖某和陈某某听到声响下楼查看，朱某又朝陈某某的头部、肩部、手部捅刺，而后逃离现场，将作案用的匕首及沾血的衣服丢弃。

随后，朱某从海上游泳欲偷渡往金门，于9月5日6时30分被厦门市公安局边防保卫分局抓获归案。

经法医鉴定：陈某系胸部、背部等处被单刃锐器刺创，因双肺破裂导致急性失血性休克而死亡。陈某某头部、背部、双上肢等处被刀致伤，伤情属轻伤。

• 裁判要旨 •

盗窃行为被发现，为逃离现场、抗拒抓捕而当场对被害人使用暴力，即便没有盗得财物，但暴力致人伤亡的，也符合转化型抢劫罪的构成要件。

• 裁判理由 •

福建省厦门市中级人民法院经审理认为：被告人朱某具有盗窃的犯意，并已实施了撬窗进入现场寻找财物的行为。被告人在实施盗窃行为过程中被发现，为了逃离现场、抗拒抓捕而当场对被害人使用暴力，虽未盗得财物，但其行为符合转化型抢劫罪的构成要件。

被告人朱某持刀实施盗窃，在被发觉后为抗拒抓捕竟持刀捅刺被害人，造成一死一伤的严重后果，其行为已构成抢劫罪。

福建省厦门市中级人民法院依照《刑法》第269条、第263条第5项、第57条第1款、第64条、第36条第1款及《民法通则》第119条之规定，判决被告人朱某犯抢劫罪，判处死刑，剥夺政治权利终身，并处没收个人全部财产。后被告人上诉，福建省高级人民法院裁定：驳回上诉，维持原判。

---

① 参见福建省高级人民法院（2004）闽刑终字第306号。

【学理分析及适用指引】

• 学理分析 •

犯盗窃、诈骗、抢夺罪，为窝藏赃物、抗拒抓捕或毁灭罪证而当场使用暴力或者以暴力相威胁的，依照抢劫罪的规定定罪处罚。学理上将本条内容解释为关于准抢劫罪或转化型抢劫罪的规定。认定准抢劫罪，需要把握三个基本要件。

1. 前提要件。构成准抢劫罪的前提要件是，行为人实施了盗窃、诈骗或抢夺罪。对于该前提要件如何理解，学界存在分歧：第一种观点认为，先前的盗窃、诈骗、抢夺行为，必须达到数额较大，否则，不能转化为抢劫罪。① 第二种观点认为，盗窃、诈骗、抢夺行为既不要求数额较大，也不要求构成犯罪，即不论财物数额大小均可转化。第三种观点认为，不应以“数额较大”作为转化的限定条件，有时虽然财物的数额不大，但是暴力行为严重，甚至造成严重后果的，应认为具备了转化的条件。② 我们认为，如果严格坚持罪刑法定原则，前提犯罪——盗窃、诈骗、抢夺罪，必须在自身已经成立的条件下，才存在转化为抢劫罪的可能。但是，在某些情况下，行为人盗窃、诈骗或抢夺的财物数额未达到法定的数额标准，前提是犯罪具有导致了被害人的重伤等严重情节，如果不对其进行转化，则有轻纵罪犯之嫌，所以在前提犯罪未达到法定数额标准，犯罪行为有严重情节时，也应当承认前提犯罪具有转化为抢劫罪的资格。

2. 客观要件。构成准抢劫罪的客观要件是：行为人当场实施暴力或以暴力相威胁。其中，暴力或威胁的当场性是转化的时间条件，暴力或以暴力相威胁是转化的手段条件。所谓当场，是指行为人前提犯罪正在进行，或者行为人虽已实施完毕前提犯罪，但刚刚离开现场即被人发现的情况。暴力或以暴力相威胁是指行为人对被害人或其他抓捕人实施人身打击或人身强制，或者以实施人身打击或人身强制相威胁。

3. 主观条件。构成准抢劫罪的主观条件，是行为人必须出于窝藏赃物、抗拒抓捕或毁灭罪证的目的。也就是说，行为人如果不是出于以上三种目的而当场对被害人或其他抓捕人实施暴力或以暴力相威胁的，不能转化为抢劫罪。例如，盗窃财物得手后，为了灭口当场杀死被害人，应分别定盗窃罪和故意杀人罪，实行数罪并罚，不能定抢劫罪。③ 窝藏赃物是指保护已经非法取得的财

---

① 参见张国轩：《抢劫罪的定罪量刑》，人民法院出版社2001年版，第243页。

② 参见王作富主编：《刑法分则补充研究》（下），方正出版社2003年版，第1222页。

③ 高铭暄、马克昌主编：《刑法学》，北京大学出版社、高等教育出版社2000年版，第509页。

物不被依法追回；抗拒抓捕是指抗拒司法人员、被害人或其他公民的人身强制；毁灭罪证是指毁灭与自己犯罪有关的证据，给司法机关对自己的追捕和制裁制造困难。

• 适用指引 •

转化型抢劫罪又被称为准抢劫罪，对该罪进行认定的关键是要把握三个方面的特征。即：（1）前罪必须是盗窃罪、诈骗罪或抢夺罪中的一种；（2）行为人当场使用暴力或以暴力相威胁；（3）行为人的目的是窝藏赃物、抗拒抓捕或毁灭罪证。

第二百七十条 侵占罪

【法律规定】

• 法律条文 •

《中华人民共和国刑法》

第二百七十条 将代为保管的他人财物非法占为己有，数额较大，拒不退还的，处二年以下有期徒刑、拘役或者罚金；数额巨大或者有其他严重情节的，处二年以上五年以下有期徒刑，并处罚金。

将他人的遗忘物或者埋藏物非法占为己有，数额较大，拒不交出的，依照前款的规定处罚。

本条罪，告诉的才处理。

【案例】

蔡某侵占案①

• 案件事实 •

蔡某于2000年5月与王某之母胡某恋爱、同居并受雇为王某驾驶渝B18××× 羚羊出租车。2002年10月30日，蔡某在胡某家中盗取车主王某与黄埔实业有限公司签订的出租车承包经营合同。当天，蔡某将羚羊出租车以16.75万元卖给张某，张某给付了蔡某15.5万元人民币。蔡某获款后，当即用3780元

① 参见国家法官学院、中国人民大学法学院编：《中国审判案例要览（2004年刑事审判案例卷）》，人民法院出版社2005年版。

购买了摩托罗拉 V70 型手机一部，将大部分赃款存入银行，并携带部分赃款外出躲藏。2003 年 1 月 13 日蔡某被公安机关抓获归案，其存入银行的赃款 124642 元和摩托罗拉 V70 型手机一部，被公安机关追缴并发还给自诉人王某。至今，蔡某尚有 26578 元无力退还。

• 裁判要旨 •

侵占罪的对象是行为人管理、使用中的他人财产。

• 裁判理由 •

一审人民法院经审理认为：被告人蔡某是自诉人即车主王某聘请的出租车驾驶员，蔡某在驾车运营过程中，负有代为保管该车的义务。蔡某在驾驶该车营运中私自将王某的出租汽车销售给张某的事实成立，蔡某的行为已构成侵占罪。一审人民法院依照《刑法》第 270 条第 1 款、第 52 条、第 53 条、第 64 条之规定，作出如下判决：一、被告人蔡某犯侵占罪，判处有期徒刑二年，并处罚金人民币 20000 元。二、责令被告人蔡某退赔自诉人王某经济损失人民币 26578 元。

【学理分析及适用指引】

• 学理分析 •

侵占罪，是指以非法占有为目的，将代为保管的他人财物，或者合法持有的他人遗忘物、埋藏物非法据为己有，数额较大，拒不退还的行为。本罪的构成要件如下：

1. 本罪的客体。本罪的客体是公私财物的所有权。本罪的犯罪对象是公私财物，可以是动产，也可以是不动产；可以是有体物，也可以是无体物。

理论上曾经有一种观点认为，应将公共财物的所有权排除在侵占罪的客体之外，只有私人财物所有权才能够成为侵占罪的客体。① 把公共财物所有权排除在侵占罪的客体之外，不利于对公共财物的保护，因为实践中完全有可能发生某些人非法侵占临时代为保管的公共财物的情况。并且《刑法》第 270 条的“他人”，并非仅仅是指自然人，而是指行为人以外的、其他任何对财物享有权利的权利主体，不仅包括自然人，也包括具有法律拟制人格的组织和国家。因而，把本罪的客体理解为公私财物所有权的观点是合理的。

2. 本罪的客观方面。侵占罪的客观方面表现为将代为保管的他人财物或合法持有的他人遗忘物、埋藏物非法据为己有，拒不退还或拒不交出的行为。

---

① 参见高铭暄主编：《新编中国刑法学》（下册），中国人民大学出版社 1999 年版，第 789 页。

对侵占罪的客观方面需要从以下几个方面进行理解：

（1）行为人已经代为保管他人财物、已经合法持有他人遗忘物或埋藏物，也就是说，被侵占的财物已经在事实上处于行为人的合法控制之下，这是侵占罪与盗窃罪的显著区别。盗窃罪是行为人秘密窃取他人控制的财物，在窃取行为完成以前，财物处于被害人的控制之下。此处所说的保管，主要是指基于委托合同关系，或者事实上的管理而对他人财物的持有、管理。这种保管必须是合法的，如果不是合法的保管，而是使用盗窃、抢夺、诈骗、敲诈勒索等手段占有他人财物，则不构成本罪。此处所说的遗忘物，是指由于财产的所有人、占有人一时的疏忽，而被遗忘在某处，但经回忆能够记起被遗忘地点的财物。所谓埋藏物，是指埋藏于地下的财物。行为人对遗忘物和埋藏物的持有也必须是合法的，一般表现为行为人发现他人的遗忘物或者地下埋藏物，但不知物的所有者是谁，而将其加以占有的情况。

（2）必须有拒不交出或拒不退还的行为。也就是说，当有关机关或者财物权利人向行为人索回财物时，行为人拒不交出或拒不退还。

（3）侵占的财物必须达到“数额较大”。对他人数额较小财物的侵占，即使拒不退还，也不能成立犯罪。

3. 本罪的主体。本罪的主体是一般主体，即年满 16 周岁的公民犯侵占罪的，都应当承担刑事责任。

4. 本罪的主观方面。本罪的主观方面只能是故意，并且以非法占有为目的。此处所说的非法占有的目的，是指行为人在没有法律根据的情况下，具有排除权利人的利益，自行侵吞、占有、使用、处分公私财产，以在经济上取得同财产所有人同等权利的主观心理态度。

• 适用指引 •

司法实践中，认定本罪应注意以下几个问题：

1. 本罪与盗窃罪的界限。侵占罪与盗窃罪同属侵犯财产罪，其主体都是一般主体。其区别主要表现在：盗窃罪是秘密窃取公私财物的行为，在盗窃时，财物并不在行为人控制之下；侵占罪则是行为人侵占物主委托管理的财物，其实施侵占行为时，被侵占之物当时已在行为人的实际控制之下。

2. 本罪与贪污罪的区别。（1）犯罪对象不同。贪污罪只限于公共财产，且不能是不动产；而侵占罪不仅可以是公共财物，还可以是私人财物，且包括不动产。（2）犯罪主体不同。侵占罪的主体是一般主体，只要是代为保管他人财物且对其加以侵占的人，均可成为本罪的主体；贪污罪的主体是特殊主体，即国家工作人员或准国家工作人员。（3）犯罪客观方面表现不同。贪污罪表现为行为人必须利用职务上的便利，即利用自己职务范围内的权力和地位所形成的经手管理公共财物的便利条件；而侵占罪中行为人是否利用职务上的便利，并不影响该罪的成立。

第二百七十一条　职务侵占罪

【法律规定】

• 法律条文 •

《中华人民共和国刑法》

第二百七十一条　公司、企业或者其他单位的工作人员，利用职务上的便利，将本单位财物非法占为己有，数额较大的，处三年以下有期徒刑或者拘役，并处罚金；数额巨大的，处三年以上十年以下有期徒刑，并处罚金；数额特别巨大的，处十年以上有期徒刑或者无期徒刑，并处罚金。

国有公司、企业或者其他国有单位中从事公务的人员和国有公司、企业或者其他国有单位委派到非国有公司、企业以及其他单位从事公务的人员有前款行为的，依照本法第三百八十二条、第三百八十三条的规定定罪处罚。

• 相关规定 •

《最高人民法院关于在国有资本控股、参股的股份有限公司中从事管理工作的人员利用职务便利非法占有本公司财物如何定罪问题的批复》（法释〔2001〕17 号）

重庆市高级人民法院：

你院渝高法明传〔2000〕38 号《关于在股份有限公司中从事管理工作的人员侵占本公司财物如何定性的请示》收悉。经研究，答复如下：

在国有资本控股、参股的股份有限公司中从事管理工作的人员，除受国家机关、国有公司、企业、事业单位委派从事公务的以外，不属于国家工作人员。对其利用职务上的便利，将本单位财物非法占为己有，数额较大的，应当依照刑法第二百七十一条第一款的规定，以职务侵占罪定罪处罚。

此复。

《最高人民法院关于审理贪污、职务侵占案件如何认定共同犯罪几个问题的解释》（法释〔2000〕15 号）

第二条　行为人与公司、企业或者其他单位的人员勾结，利用公司、企业或者其他单位人员的职务便利，共同将该单位财物非法占为己有，数额较大的，以职务侵占罪共犯论处。

第三条　公司、企业或者其他单位中，不具有国家工作人员身份的人与国家工作人员勾结，分别利用各自的职务便利，共同将本单位财物非法占为己有的，按照主犯的犯罪性质定罪。

《最高人民法院关于村民小组组长利用职务便利非法占有公共财物行为如何定性问题的批复》（法释〔1999〕12 号）

四川省高级人民法院：

你院川高法〔1998〕224 号《关于村民小组组长利用职务便利侵吞公共财物如何定性的问题的请示》收悉。经研究，答复如下：

对村民小组组长利用职务上的便利，将村民小组集体财产非法占为己有，数额较大的行为，应当依照刑法第二百七十一条第一款的规定，以职务侵占罪定罪处罚。

《最高人民检察院、公安部关于公安机关管辖的刑事案件立案追诉标准的规定（二）》（公通字〔2022〕12 号）

第七十六条 〔职务侵占案（刑法第二百七十一条第一款）〕公司、企业或者其他单位的人员，利用职务上的便利，将本单位财物非法占为己有，数额在三万元以上的，应予立案追诉。

【案例】

张某、黄某职务侵占案①

• 案件事实 •

张某通过与国有储运公司签订临时劳务合同，受聘担任储运公司承包经营的海关验货场门卫，当班时负责验货场内货柜及物资安全，凭司机所持的缴费卡放行车辆，晚上还代业务员、核算员对进出场车辆进行打卡、收费。受聘期间，张某多次萌发纠集他人合伙盗窃验货场内货柜之邪念，自结识了在某市象屿胜狮货柜有限公司任初验员的被告人黄某后，两人经密谋商定作案。

1999 年 4 月 29 日，五矿公司将欲出口的 6 个集装箱货柜运入海关验货场等待检验。那日，正值张某当班。张某即按与黄某的约定，通知黄某联系拖车前来行窃。当日下午 7 时许，黄某带着联系好的拖车前往海关验货场，在张某的配合下，将场中箱号为 NE-WU5111×××、NEWU5111×××、NEWU5111×××的 3 个集装箱货柜（内装 1860 箱涤纶丝）连同 3 个车架（总价值 659878 元）偷运出验货场，并利用其窃取的某市象屿胜狮货柜公司货物出场单，将货柜运出保税区大门，连夜运往另一市准备销赃。黄某走后，张某到保税区门岗室，乘值班人员不备，将上述 3 个货柜的货物出场单及货物出区登记表偷出销毁。

---

① 参见《中华人民共和国最高人民法院公报》2002 年第 3 期。

• 裁判要旨 •

国有公司临时聘用的劳务人员并非国家工作人员，其利用职责便利、内外勾结，共同侵吞所保管公司财产，数额较大的，成立职务侵占罪的共犯。

• 裁判理由 •

福建省厦门市中级人民法院经审理认为：被告人张某通过与储运公司签订临时劳务合同，受聘为储运公司承包经营的海关验货场门岗。受聘期间，张某利用当班看管场内货物和核对并放行车辆、代理业务员、核算员对进出场货柜车进行打卡、收费的职务便利，与被告人黄某共谋，内外勾结共同窃取储运公司负责保管的货柜，其行为触犯了《刑法》第271条第1款的规定，构成职务侵占罪。依照《刑法》第25条的规定，张某、黄某是共同犯罪，且犯罪数额巨大，至今尚有价值76715元的货物无法追回，依法应予惩处。在此次共同犯罪中，两人缺一不可，作用相当，故不宜区分主犯、从犯。

鉴于二被告人归案后认罪态度较好，被告人黄某还协助公安机关追回大部分赃物，挽回了失主的大部分经济损失，故均可酌情从轻处罚。据此，某市中级人民法院判决：一、被告人张某犯职务侵占罪，判处有期徒刑九年，并处没收财产人民币1万元；被告人黄某犯职务侵占罪，判处有期徒刑八年，并处没收财产人民币1万元。二、继续追缴二被告人的犯罪所得人民币76715元，发还给被害单位。

【学理分析及适用指引】

• 学理分析 •

职务侵占罪，是指公司、企业或者其他单位的人员，利用职务上的便利，将本单位财物非法占为己有，数额较大的行为。本罪的构成要件如下：

1. 本罪的客体。本罪的客体，是公司、企业或其他单位的财产所有权。此处的公司、企业或其他单位，是指非公有性质的公司、企业或其他单位。如果行为人利用职务上的便利，侵吞、窃取公共财物，应当以贪污罪而非本罪论处。本罪的犯罪对象是公司、企业或其他单位的财物，既包括这些单位享有所有权的财物，也包括由这些单位管理、使用或者运输的私人财产。

2. 本罪的客观方面。本罪的客观方面表现为利用职务上的便利，将处于自己看管或经手的数额较大的财物，非法据为己有的行为。对本罪客观方面须从以下两个方面进行理解：

（1）必须“利用职务上的便利”。行为人利用职务上的便利而侵吞、窃取、骗取本单位财物，是职务侵占罪的本质特征之一，也是职务侵占罪区别于盗窃罪的主要特征。一般而言，“利用职务上的便利”，是指直接利用本人职务上的权力，包括两种情况：一是利用本人主管、经管财物的职务便利；二是担任其他职务的公司、企业或其他单位工作人员，因执行公务而临时经手、管理本单位财物的便利。如果只是利用在本单位工作，熟悉作案环境等条件，不能视为利用职务上的便利，不构成本罪。①

（2）行为人必须非法占有数额较大的财物。行为人非法占有的财物没有达到法定的数额标准的，不成立犯罪。据最高人民法院、最高人民检察院2016年4月18日联合发布的《关于办理贪污贿赂刑事案件适用法律若干问题的解释》第11条第1款之规定，职务侵占罪的“数额较大”具体为6万元以上不满100万元的。

3. 本罪的主体。本罪的主体是特殊主体，即只有公司、企业或其他单位的工作人员，才具有成为本罪主体的资格。公司，是指依照《公司法》在中国境内设立的有限责任公司或股份有限公司。企业，是指进行企业登记从事经营活动的，但并不以公司形式组成的经济实体，如厂矿、商店、宾馆饭店以及其他服务性行业。其他单位，是指公司、企业以外的其他组织。此处的公司、企业或其他单位应为非国有性质的单位，即本罪主体属于不具有国家工作人员身份的公司、企业或其他单位的工作人员。

4. 本罪的主观方面。本罪的主观方面是故意，并且具有非法占有目的，即行为人明知是公司、企业或其他单位的财产，而决意将其非法占有。

• 适用指引 •

司法实践中，认定本罪应注意：

1.《刑法修正案（九）》对本罪的修订及其理解。

为进一步加大民营企业内部侵害财产犯罪的惩治力度，落实产权平等保护的精神，实现与贪污受贿犯罪罪刑体系相协调，《刑法修正案（十一）》对《刑法》第271条的职务侵占罪进行了修订完善，具体涉及三个方面：一是提高了职务侵占罪的法定刑，将法定最高刑由十五年有期徒刑提高到无期徒刑；二是调整了刑罚档次配置，并将法定刑幅度由两档修改为三档，第一档即本罪基本刑由原来的“五年以下”调整为“三年以下”，与贪污受贿罪的规定平衡，刑事责任体系模式相同，实现罪责刑相适应；三是调整了附加刑，在三档法定刑中均配置了罚金，且均为“并处罚金”。

这里需要指出的是，修订后的职务侵占罪法定刑升档标准的把握问题。修订前本罪只有两个法定刑幅度，分别对应“数额较大”和“数额巨大”的情形。具体数额的把握，根据最高人民法院、最高人民检察院2016年4月18日

---

① 高铭暄、马克昌主编：《刑法学》，北京大学出版社、高等教育出版社出版，第523页。

联合发布的《关于办理贪污贿赂刑事案件适用法律若干问题的解释》第11条第1款之规定，职务侵占6万元以上不满100万元的，属于数额较大；职务侵占100万元以上，属于数额巨大。但修订后本罪有三个法定刑幅度，分别对应着“数额较大”“数额巨大”“数额特别巨大”，即在原“数额较大”和“数额巨大”的基础上增加了“数额特别巨大”的数额标准。如何把握本罪法定刑升档条件的“数额特别巨大”？我们认为，在新的司法解释或者规范性文件作出明确规定之前，可参照此前相关司法解释关于职务侵占罪的“数额巨大”与贪污罪相对应的数额标准5倍执行的规定，“数额特别巨大”暂时也参照贪污罪相应对的数额标准5倍执行，即原则上以1500万元以上为宜。

2. 本罪与贪污罪的界限。

（1）主体要件不同。本罪的主体是公司、企业或者其他单位的人员。无论是股份有限公司、有限责任公司，还是国有公司、企业、中外合资、中外合作、集体性质企业、外商独资企业、私营企业，只要其不具有国家工作人员身份都可成为本罪的主体。贪污罪的主体则只限于国家工作人员，其中包括在国有公司、企业或者其他公司、企业中行使管理职权，并具有国家工作人员身份的人员，包括受国有公司、国有企业委派或者聘请，作为国有公司、国有企业代表，在中外合资、合作、股份制公司、企业等非国有单位中，行使管理职权，并具有国家工作人员身份的人员。

（2）犯罪行为不同。本罪是利用职务的便利，侵占本单位财物的行为。而贪污罪是指利用职务上的便利侵吞、盗窃、骗取公共财物的行为。

（3）犯罪对象不同。本罪的对象必须是自己职权范围内或者是工作范围内经营的本单位的财物。它既可能是公共财物，也可能是私有财物。而贪污罪则只能是公共财物。

（4）情节要件不同。构成本罪必须是侵占公司、企业财物数额较大的行为，数额较小的不构成犯罪。但《刑法》分则对贪污罪没有规定数额的限制。当然如果犯罪数额较小，情节显著轻微危害不大的贪污行为不应认为是犯罪。

（5）法定刑不同。本罪的最高法定刑为无期徒刑，而贪污罪的最高法定刑为死刑。

3. 本罪与盗窃罪的界限。

（1）主体要件不同。本罪的主体是特殊主体，盗窃罪的主体为一般主体。

（2）犯罪对象不同。本罪对象只能是本单位的财物，而盗窃罪的对象是他人财物，包括公私财物，而且多为犯罪行为前不被自己所控制的他人财物。

（3）犯罪手段不同。本罪是利用职务的便利侵占实际掌管的本单位财物，而盗窃罪则是采用秘密窃取的手段获取他人财物的行为。

4. 本罪与诈骗罪的界限。

（1）主体要件不同。本罪主体是特殊主体，必须是公司、企业或者其他单位的人员，而诈骗罪的主体为一般主体。

（2）犯罪对象不同。本罪的对象是本单位的财物，这种财物实际上已被行为人所掌握，而诈骗罪的对象是不为自己实际控制的他人财物。

（3）犯罪的行为不同。本罪是利用职务上的便利侵占本单位的财物，而诈骗罪则是用虚构的事实或者隐瞒事实真相的方法骗取他人的财物。

5. 本罪与侵占罪的界限。

（1）本罪的主体是本单位的工作人员，且非国家工作人员，为特殊主体；而后者的主体为一般主体，即达到刑事责任年龄具有刑事责任能力的自然人。

（2）本罪在主观方面表现为明知是单位的财物而决意采取侵吞、窃取、欺诈等手段非法占为己有；而后罪的主观内容则明知是他人的财物、遗忘物或埋藏物而决意占为己有，拒不交还。

（3）本罪在客观方面表现为利用职务之便将单位财物非法占为己有，即化公为私。但行为人必须利用职务上的便利，采取的是侵吞、窃取、骗取等手段，但财物是否先已为其持有则不影响本罪成立；而后者则必先正当、善意、合法地持有了他人的财物，再利用各种手段占为己有且拒不交还，行为不必要求利用职务之便。

（4）本罪所侵犯的对象是公司、企业或者其他单位的财物，其中既有国有的，也有集体的，还有个人的；后罪所侵犯的仅仅是他人的3种特定物，即系为自己保管的他人财物、遗忘物或者埋藏物。他人仅是指个人，而不包括单位。

（5）本罪所侵犯的客体是公私财物的所有权；而后罪所侵犯的仅是他人财物的所有权。

（6）本罪不属于告诉才处理的案件；而后者则只有告诉的才处理。

第二百七十二条　挪用资金罪

【法律规定】

• 法律条文 •

《中华人民共和国刑法》

第二百七十二条　公司、企业或者其他单位的工作人员，利用职务上的便利，挪用本单位资金归个人使用或者借贷给他人，数额较大、超过三个月未还的，或者虽未超过三个月，但数额较大、进行营利活动的，或者进行非法活动的，处三年以下有期徒刑或者拘役；挪用本单位资金数额巨大的，处三年以上七年以下有期徒刑；数额特别巨大的，处七年以上有期徒刑。

国有公司、企业或者其他国有单位中从事公务的人员和国有公司、企业或者其他国有单位委派到非国有公司、企业以及其他单位从事公务的人员有前款行为的，依照本法第三百八十四条的规定定罪处罚。

有第一款行为，在提起公诉前将挪用的资金退还的，可以从轻或者减轻处罚。其中，犯罪较轻的，可以减轻或者免除处罚。

• 相关规定 •

《最高人民检察院、公安部关于公安机关管辖的刑事案件立案追诉标准的规定（二）》（公通字〔2022〕12 号）

第七十七条 ［挪用资金案（刑法第二百七十二条第一款）］公司、企业或者其他单位的工作人员，利用职务上的便利，挪用本单位资金归个人使用或者借贷给他人，涉嫌下列情形之一的，应予立案追诉：

（一）挪用本单位资金数额在五万元以上，超过三个月未还的；

（二）挪用本单位资金数额在五万元以上，进行营利活动的；

（三）挪用本单位资金数额在三万元以上，进行非法活动的。

具有下列情形之一的，属于本条规定的“归个人使用”：

（一）将本单位资金供本人、亲友或者其他自然人使用的；

（二）以个人名义将本单位资金供其他单位使用的；

（三）个人决定以单位名义将本单位资金供其他单位使用，谋取个人利益的。

《最高人民法院关于如何理解刑法第二百七十二条规定的“挪用本单位资金归个人使用或者借贷给他人”问题的批复》（法释〔2000〕22 号）

新疆维吾尔自治区高级人民法院：

你院新高法〔1998〕193 号《关于对刑法第二百七十二条“挪用本单位资金归个人使用或者借贷给他人”的规定应如何理解的请示》收悉。经研究，答复如下：

公司、企业或者其他单位的非国家工作人员，利用职务上的便利，挪用本单位资金归本人或者其他自然人使用，或者挪用人以个人名义将所挪用的资金借给其他自然人和单位，构成犯罪的，应当依照刑法第二百七十二条第一款的规定定罪处罚。

此复

《最高人民法院关于对受委托管理、经营国有财产人员挪用国有资金行为如何定罪问题的批复》（法释〔2000〕5 号）

江苏省高级人民法院：

你院苏高法〔1999〕94 号《关于受委托管理、经营国有财产的人员能否作为挪用公款罪主体问题的请示》收悉。经研究，答复如下：

对于受国家机关、国有公司、企业、事业单位、人民团体委托，管理、经营国有财产的非国家工作人员，利用职务上的便利，挪用国有资金归个人使用构成犯罪的，应当依照刑法第二百七十二条第一款的规定定罪处罚。

此复

《最高人民检察院关于挪用尚未注册成立公司资金的行为适用法律问题的批复》（高检发研字〔2000〕19号）

江苏省人民检察院：

你院苏检发研字〔1999〕第8号《关于挪用尚未注册成立的公司资金能否构成挪用资金罪的请示》收悉。经研究，批复如下：

筹建公司的工作人员在公司登记注册前，利用职务上的便利，挪用准备设立的公司在银行开设的临时账户上的资金，归个人使用或者借贷给他人，数额较大、超过3个月未还的，或者虽未超过3个月，但数额较大、进行营利活动的，或者进行非法活动的，应当根据刑法第二百七十二条的规定，追究刑事责任。

此复

最高人民检察院《关于挪用国库券如何定性问题的批复》（高检发释字〔1997〕5号）

宁夏回族自治区人民检察院：

你院宁检发字〔1997〕43号《关于国库券等有价证券是否可以成为挪用公款罪所侵犯的对象以及以国库券抵押贷款的行为如何定性等问题的请示》收悉。关于挪用国库券如何定性的问题，经研究，批复如下：

国家工作人员利用职务上的便利，挪用公有或本单位的国库券的行为以挪用公款论；符合刑法第384条、第272条第2款规定的情形构成犯罪的，按挪用公款罪追究刑事责任。

【案例】

姜某等挪用资金案①

• 案件事实 •

2006年，在长沙雄踞科技实业有限公司（以下简称雄踞公司）任职的被告人曹某通过王某认识了银山公司出纳即本案被告人姜某。2006年9月，被告人姜某、曹某以及王某、陈某（另案处理）一起商议，利用被告人姜某担任银山公司出纳的职务便利，先用揽储的方式存一笔钱到有熟人的银行，再通过

① 参见湖南省长沙市岳麓区人民法院岳刑初字〔2009〕第89号。

制假印章、用假介绍信购买转账支票的方式将揽储的那笔钱从银山公司在银行的账户上挪用到被告人曹某、陈某所在的雄踞公司用于生产经营活动，并达成协议，雄踞公司按每3个月以挪用资金的10%的利息给予被告人姜某、王某好处费。

同年9月，银山公司财务经理范某某叫公司出纳姜某在中国银行火星支行以银山公司为户名开了公司账户，并转了20万元在账户上。11月上旬，银山公司又转存300万元到该账户。

姜某在银行开户后，将银行账户号以及留在银行的公司印鉴卡复印件给了曹某，由曹某与王某按照印鉴卡伪造了银山公司的财务专用章和公司法人代表私章，并以该公司名义在开户银行购置转账支票，通过转账方式从银山公司在该银行的账户上挪用资金。2006年10月25日，银山公司转入鸿成物业公司（曹某供述该公司系陈某的公司）19.6万元，11月17日转入雄踞公司146万元，转入鸿成物业公司50万元，11月20日转入雄踞公司99.4万元，上述款项共计人民币315万元。曹某等人将资金挪用后，每个月都由曹某提供假的银行对账单给姜某，由姜某拿去公司对账，在公司财务上显示账目是平的。

2006年11月3日，姜某遗失了公司财务章和法人代表田某的私章，在公安机关报案后重新在银行办理了印鉴卡，姜某又将该印鉴卡的复印件提供给了曹某。该张印鉴卡在使用说明栏内由银行柜员填写了公司的联系人是曹某。在此期间，雄踞公司、陈某、姜某等人归还银山公司277万元，在审理过程中，被告人姜某、曹某退出全部赃款。

2007年9月11日晚20时许，银山公司财务经理范某某带着公司出纳姜某到望城坡派出所投案。2007年9月13日18时许，姜某催促其男友黎某配合干警在长沙市东风路与展览馆路的丁字路口红绿灯下将其同案曹某驾驶的湘00××××白色广本轿车拦下，将曹某抓获。

• 裁判要旨 •

公司职员与他人共谋，利用职务便利，通过转账方式将单位在银行账户上的资金私自挪出借给他人使用，数额较大的，成立挪用资金罪的共犯。

• 裁判理由 •

湖南省长沙市岳麓区人民法院经审理认为：被告人姜某、曹某身为公司职员，利用职务之便，挪用本单位资金用于经营活动，数额巨大，其行为均已触犯《刑法》，构成挪用资金罪，应当在三年以上十年以下量刑。两被告人系共同犯罪，在共同犯罪中，两被告人相互配合，由姜某负责提供银行印鉴卡给曹某以便伪造，曹某利用伪造的银行卡将款项挪出，其作用相当，不应当区分主、从犯。被告人姜某在犯罪事实被公安机关发觉前在其单位领导陪同下到公安机关投案，并如实供述了挪用资金的事实，系自首；姜某督促其家人协助公安机关抓获同案被告人，有立功表现。两名被告人在法院审理过程中退赔全部赃款，可以酌定从轻处罚。关于被告人姜某的辩护人的辩护意见，与事实和法律相符，法院予以采纳；关于被告人曹某的辩护人的辩护意见，经查，曹某当庭承认是其与王某一起到刻章的地方依照印鉴卡上的印鉴刻了银山公司的财务章、法人代表私章；虽然曹某既不是借贷人，也不是资金使用人，但并不影响曹某挪用资金的性质，故对该辩护意见不予采纳。曹某不是本案从犯，理由如前所述，故对该辩护意见亦不予采纳。据此，依照《刑法》第 272 条第 1 款、第 25 条、第 67 条、第 68 条、第 72 条、第 73 条之规定，判决如下：一、被告人曹某犯挪用资金罪，判处有期徒刑三年，宣告缓刑三年。二、被告人姜某犯挪用资金罪，判处有期徒刑一年六个月，宣告缓刑二年。

【学理分析及适用指引】

• 学理分析 •

挪用资金罪，是指公司、企业或者其他单位的工作人员，利用职务上的便利，挪用本单位资金归个人使用或者借贷给他人，数额较大、超过 3 个月未还的，或者虽未超过 3 个月，但数额较大、进行营利活动的，或者进行非法活动的行为。本罪构成要件如下：

1. 本罪的客体。本罪的客体是公司、企业或其他单位对本单位资金的占有权、使用权和收益权。犯罪对象是行为人所在单位的资金。行为人实施本罪，并不是以非法占有其所在单位的资金为目的，而只是将其所在单位的资金挪作他用，所以本罪的客体并不包括单位资金的处分权。

2. 本罪的客观方面。本罪的客观方面是利用职务上的便利，挪用本单位的资金归个人或其他人使用。利用职务上的便利，是本罪客观方面的一个特征，它是指行为人利用自己主管、保管或经手本单位资金的便利条件。没有职务上的便利，不具有挪用资金的可能，同样也不具有犯挪用资金罪的可能。本罪的行为方式主要包括以下三种情况：

（1）挪用本单位的资金，进行非法活动。非法活动是与国家的法律规定相悖、为国家法律所禁止的一切活动，它既包括犯罪活动，也包括一般违法活动。由于非法活动本身就与法律相悖，挪用资金进行非法活动的社会危害性较挪用资金进行其他活动的社会危害性更大，虽然《刑法》第 272 条没有对这种挪用行为构成犯罪设定数额和时间的限制，但是根据最高人民法院、最高人民检察院 2016 年 4 月 18 日联合发布的《关于办理贪污贿赂刑事案件适用法律若干问题的解释》明确了构成犯罪的界限标准。根据该解释第 11 条第 2 款的规定，挪用资金归个人使用，进行非法活动，数额在 6 万元以上的，应当依照

《刑法》第 272 条的规定以挪用资金罪追究刑事责任；挪用资金归个人使用，进行营利活动或者超过 3 个月未还，数额在 10 万元以上的，应当认定为《刑法》第 272 条第 1 款规定的“数额较大”，依法以挪用资金罪论处。可见，对于挪用单位资金归个人一般使用超过 3 个月未还的或者进行营利活动的，10 万元以上即属于“数额较大”，构成挪用资金罪；对于挪用资金进行非法活动的，则 6 万元以上的即构成挪用资金罪。

（2）挪用本单位的资金，数额较大，进行营利活动。营利活动，是指进行经营或者其他的谋取经济利益的经济活动，如炒股、炒楼、经商等。《刑法》第 272 条只是规定了这种挪用行为构成犯罪的数额限制，并没有规定时间限制；也就是说，挪用时间的长短，对本罪的成立与否没有影响。

（3）挪用本单位资金，数额较大，超过 3 个月未还。这种情况下，挪用资金的目的，是为了进行非法活动和营利活动以外的其他活动，如用于偿还个人债务、购买自住房屋等。对这种挪用行为定罪需具备两个条件：一是挪用的数额必须达到法定标准，二是超过 3 个月未归还被挪用资金。

3. 本罪的主体。本罪的主体是特殊主体，即只能是公司、企业或其他单位中掌握一定职权的人。这里的公司、企业或其他单位应指非国有性质的单位，也就是说，职务侵占罪的主体是并非具有国家工作人员身份的公司、企业或其他单位的工作人员。

4. 本罪的主观方面。本罪的主观方面是故意，但不具有非法占有的目的。即行为人明知是本单位的资金，而挪为本人所用或供他人所用，并打算日后归还。

• 适用指引 •

司法实践中，认定本罪应注意：

1. 本罪与非罪的界限。挪用本单位资金的行为，有一般的挪用本单位资金的违法违纪行为和挪用本单位资金的犯罪行为之分。区分二者之间的界限，主要可以从以下两个方面分析：其一，挪用本单位资金的数额。这是衡量挪用本单位资金的行为的社会危害性的一个重要方面，对于挪用单位资金罪中“数额较大，超过 3 个月未还的”“虽未超过 3 个月，但数额较大、进行营利活动的”这两种情形而言，“数额较大”是构成犯罪的必备要件。对于挪用资金罪中“进行非法活动的”这种情况，虽然《刑法》并未规定数额上的要求，但是，从有关的司法解释的精神看，挪用数额很小，社会危害性不大的，并不作为犯罪，而只是作为一般的违法违纪行为处理。其二，挪用本单位资金的时间。这是衡量挪用本单位资金的行为的社会危害性的另一个重要方面。对于本罪中“数额较大、超过 3 个月未还的”这种情况而言，“超过 3 个月未还”就是构成挪用资金罪的必备要件。在这种情况下，挪用本单位资金是否超过 3 个月未还就成为区分一般的挪用本单位资金的违法违纪行为和挪用资金罪的界限的重要标准之一。对于挪用资金罪中“虽未超过3个月，但数额较大、进行营利活动的”“进行非法活动的”这两种情况，虽然《刑法》中并无时间长短的要求，但是，如果挪用的时间很短，社会危害性不大，可以作为《刑法》第13条规定的“情节显著轻微危害不大”的情况，不认为是犯罪，作为一般的挪用本单位资金的违法违纪行为处理。

2. 挪用资金罪与职务侵占罪的界限。

（1）侵犯的客体和对象不同。挪用资金罪侵犯的客体是公司、企业或者其他单位的资金的使用权，对象是公司、企业或者其他单位的资金；职务侵占罪侵犯的客体是公司、企业或者其他单位的资金的所有权，对象是公司、企业或者其他单位的财物，既包括货币形态的资金和有价证券等，也包括实物形态的公司财产，如物资、设备等。

（2）客观方面不同。挪用资金罪表现为公司、企业或者其他单位的工作人员，利用职务上的便利，挪用本单位资金归个人使用或者借贷给他人，数额较大，超过3个月未还的，或者虽未超过3个月，但数额较大，进行营利活动的，或者进行非法活动的行为；职务侵占罪表现为公司、企业或者其他单位的人员，利用职务上的便利，将本单位财物非法占为己有，数额较大的行为。挪用资金罪的行为方式是挪用，即未经合法批准或许可而擅自挪用以归自己使用或者借贷给他人；职务侵占罪的行为方式是侵占，即行为人利用职务上的便利，侵吞、窃取、骗取或者以其他手段非法占有本单位财物。挪用本单位资金进行非法活动的，并不要求“数额较大”即可构成犯罪；职务侵占罪只有侵占本单位财物数额较大的，才能构成犯罪。

（3）主观要件不同。挪用资金罪行为人的目的在于非法取得本单位资金的使用权，但并不企图永久非法占有，而是准备用后归还；职务侵占罪的行为人的目的在于非法取得本单位财物的所有权，而并非暂时使用。

3. 挪用资金罪与挪用公款罪的界限。

（1）侵犯的客体和犯罪对象不同。挪用资金罪侵犯的客体是公司、企业或者其他单位的资金的使用权，对象是公司、企业或者其他单位的资金，其中，既包括国有或者集体所有的资金，也包括公民个人所有、外商所有的资金。挪用公款罪侵犯的客体是公款的使用权和国家机关的威信、国家机关的正常活动等，既有侵犯财产的性质，又有严重的渎职的性质，因此，《刑法》将挪用公款罪规定在《刑法》分则第8章的贪污贿赂罪专章中，而不是在“侵犯财产罪”专章中。挪用公款罪侵犯的对象限于公款，其中主要是国有财产和国家投资、参股的单位财产，即国家机关、国有公司、企业、事业单位等所有的款项。挪用公款罪和挪用资金罪侵犯的对象不同，客体不同，社会危害性程度也有较大的差别。《刑法》第384条规定的挪用公款罪在客观上有三种不同情形的排列顺序，与本条第 1 款规定的挪用资金罪在客观上的三种不同情形的排列顺序不同，也说明立法者对这两种犯罪打击的重点的不同。在处罚上挪用公款罪也比挪用资金罪严厉得多。

（2）犯罪主体不同。挪用资金罪的主体是公司、企业或者其他单位的工作人员，但国家工作人员除外。挪用公款罪的主体是国家工作人员，包括国家机关中从事公务的人员，国有公司、企业、事业单位、人民团体中从事公务的人员，国家机关、国有公司、企业、事业单位委派到非国有公司、企业、事业单位、社会团体从事公务的人员，以及其他依照法律从事公务的人员。因此，国有公司、企业或者其他国有单位中从事公务的人员和国有公司、企业或者其他国有单位委派到非国有公司、企业以及其他单位从事公务的人员，利用职务上的便利，挪用本单位资金的，依照《刑法》第 384 条关于挪用公款罪的规定定罪处罚。

4. 挪用资金罪与挪用特定款物罪的界限。

（1）侵犯的客体和对象不同。挪用资金罪侵犯的客体是公司、企业或者其他单位的资金的使用权，对象是公司、企业或者其他单位的资金；挪用特定款物罪侵犯的客体是国家对用于救灾、抢险、防汛、优抚、扶贫、移民、救济款物专款专用的财经管理制度和公共财物的使用权，对象是用于救灾、抢险、防汛、优抚、扶贫、移民、救济的特定物款，既包括用于上述用途的由国家预算安排的民政事业经费，也包括临时调拨的专款物，还包括其他由国家、集体或者人民群众募捐的用于上述用途的特定款物等。

（2）在客观上的表现不同。挪用资金罪表现为，公司、企业或者其他单位的工作人员，利用职务上的便利，挪用本单位资金归个人使用或者借贷给他人，数额较大、超过 3 个月未还的，或者虽未超过 3 个月，但数额较大、进行营利活动的，或者进行非法活动的行为，挪用特定款物罪表现为，挪用用于救灾、抢险、防汛、优抚、扶贫、移民、救济款物，情节严重，致使国家和人民群众利益遭受重大损害的行为。挪用资金罪中行为人挪用的资金，可以归个人使用，也可以借贷给他人，挪用特定款物罪是行为人未经合法批准，利用特定的职权，将特定款物非法调拨，使用于其他方面，如修建楼堂馆所、购买小汽车及办公设备，进行生产、经营性的投资等，不能用于个人。国家工作人员挪用前述特定款物归个人使用的，以挪用公款罪从重处罚。

（3）犯罪主体不同。挪用单位资金罪的主体是公司、企业或者其他单位的工作人员，不包括国家工作人员。挪用特定款物罪的主体是在国家机关等单位支配、管理特定款物的主管人员等直接责任人员。

（4）主观要件不同。挪用资金罪中行为人的故意内容是明知是其所在的公司、企业或者其他单位的资金，意图利用职务上的便利，挪归个人使用或者借贷给他人。挪用特定款物罪中行为人的故意内容是明知是用于救灾、抢险、防汛、优抚、扶贫、移民、救济款物专用，却挪作他用。

5. 关于挪用资金犯罪可以从宽处理的规定。

《刑法》第272条第3款规定，犯挪用资金罪，在提起公诉前将挪用的资金退还的，可以从轻或者减轻处罚。其中，犯罪较轻的，可以减轻或者免除处罚。这是《刑法修正案（十一）》增设的一项重要规定。适用该从宽条款要求满足两方面的条件：一是时间条件，要求发生在提起公诉前。二是实质条件，要求行为人必须将挪用的资金退还。这里的退还，应当是退还全部的挪用资金。在同时具备这两个条件下，可以对其减轻或免除处罚。当然，实践中也存在行为人因为经济状况等原因，积极退赔部分赃款，确实无力退还全部赃款的情况，对于这种退还部分挪用资金的，也可以根据上述规定的精神，结合案件的具体情况，行为人退赔金额对于减少损害结果的实际效果等，依法予以从宽处理，体现罪责刑相适应。

第二百七十三条 挪用特定款物罪

【法律规定】

• 法律条文 •

《中华人民共和国刑法》

第二百七十三条 挪用用于救灾、抢险、防汛、优抚、扶贫、移民、救济款物，情节严重，致使国家和人民群众利益遭受重大损害的，对直接责任人员，处三年以下有期徒刑或者拘役；情节特别严重的，处三年以上七年以下有期徒刑。

• 相关规定 •

《最高人民检察院关于挪用失业保险基金和下岗职工基本生活保障资金的行为适用法律问题的批复》（高检发释字〔2003〕1号）

辽宁省人民检察院：

你院辽检发研字（2002）9号《关于挪用职工失业保险金和下岗职工生活保障金是否属于挪用特定款物的请示》收悉。经研究，批复如下：

挪用失业保险基金和下岗职工基本生活保障资金属于挪用救济款物。挪用失业保险基金和下岗职工基本生活保障资金，情节严重，致使国家和人民群众利益遭受重大损害的，对直接责任人员，应当依照刑法第二百七十三条的规定，以挪用特定款物罪追究刑事责任；国家工作人员利用职务上的便利，挪用失业保险基金和下岗职工基本生活保障资金归个人使用，构成犯罪的，应当依照刑法第三百八十四条的规定，以挪用公款罪追究刑事责任。

此复

【案例】

汪某寿挪用特定款物案①

• 案件事实 •

2015 年，被告汪某寿在担任阳新县浮屠镇湖彭村党支部书记、村委会主任期间，采取虚报、欺骗的手段，以发展东北松基地 300 亩项目为由向阳新县扶贫办申报扶贫资金 20 万元。该项目 20 万元资金由阳新县发放拨付浮屠镇财政所后，在汪某寿的安排下将该笔扶贫款资金中的 9.3 万元用于补偿东北松基地的实际承包人；剩余 10.7 万元用于支付偿还村委会新建办公楼的欠款、村委会以往不能报的招待费、偿还以往村委会租用村干部彭某华的车费和村委会其他日常开支。

• 裁判要旨 •

行为人将自己保管或经手的扶贫资金未经批准，擅自调拨用于其他方面，无论是非法用途还是合法用途，致使国家和人民群众利益遭受重大损失的行为，都构成挪用特定款物罪。

• 裁判理由 •

村委会负责人采取虚报、欺骗的手段，骗取国家给予较多的扶贫资金。将骗取的资金部分用于非特定项目，致使国家和人民群众利益遭受重大损失的行为，村委会负责人则应当承担相应的法律责任。被告人汪某寿犯挪用特定款物罪，判处有期徒刑六个月。

【学理分析及适用指引】

• 学理分析 •

挪用特定款物罪，是指违反国家财经管理制度，挪用用于救灾、抢险、防汛、优抚、扶贫、移民、救济款物，情节严重，致使国家和人民利益遭受重大损害的行为。本罪的构成要件如下：

---

① 参见 2018 年 7 月 11 日湖北省高级人民法院发布的湖北法院服务保障“三大攻坚战”领域十大典型案例。

1. 本罪的客体。本罪的犯罪客体是公共财物使用权和国家对特定款物的财经管理制度。挪用型财产犯罪不同于侵占型或窃取型财产犯罪，前者并不侵犯财物的所有权中的处分权，而只是侵犯所有权中的占有权、使用权和收益权；而后者则是侵犯所有权的全部；所以，本罪对公共财物所有权的侵犯，主要体现在对公共财物的占有权、使用权和收益权的侵犯。本罪的犯罪对象，是国家用于救灾、抢险、防汛、优抚、扶贫、移民、救济款物。按照罪刑法定原则的要求，只能是挪用用于上述用途的特定款物的，才能构成本罪。

2. 本罪的客观方面。本罪的客观方面表现为利用职务上的便利，将用于救灾、抢险、防汛、优抚、扶贫、移民、救济的款物挪作他用，情节严重，致使国家和人民利益遭受重大损失的行为。对本罪的客观方面须从以下三个方面具体掌握：

（1）必须“利用职务上的便利”。一般而言，“利用职务上的便利”，是指直接利用本人职务上的权力，包括两种情况：一是利用本人主管、经管特定款物的职务便利；二是担任其他职务的公司、企业或其他单位工作人员，因执行公务而临时经手、管理特定款物。利用职务上的便利，是挪用特定款物的前提条件；没有职务上的便利，不可能挪用特定款物，也不可能构成挪用特定款物罪。

（2）将特定款物挪作他用，即改变特定款物预先被设定的专门用途。本罪的“挪用”与挪用资金罪、挪用公款罪的“挪用”有所不同：本罪的“挪用”只限于改变特定款物的专门用途，即不经合法批准，擅自将自己经手、管理的救灾、抢险、防汛、优抚、扶贫、移民、救济款物调拨、使用到其他方面，不包括将特定款物挪作个人使用①；而挪用资金罪、挪用公款罪的“挪用”则是指将资金或公款挪作个人使用或供他人使用。

（3）必须“情节严重，致使国家和人民利益遭受重大损害”。也就是说，只有情节严重并致使国家和人民利益遭受重大损害的挪用特定款物的行为，才能成立本罪；如果只是对特定款物进行了挪用，没有发生重大损害后果，则不成立犯罪。

3. 本罪的主体为特殊主体。本罪的犯罪主体只能是对挪用行为负有责任的主管人员、直接实施挪用行为的人员，如会计人员、款物的发放人员、指使挪用的有关人员等。

4. 本罪的主观方面。本罪的主观方面是故意，但不具有非法占有目的，亦即行为人明知是用于特定用途的特定款物，而将其挪作他用，但并不想非法占有该特定款物，过失并不构成本罪。

---

① 张明楷：《刑法学》，法律出版社2003年版，第789页。

• 适用指引 •

司法实践中，认定本罪应注意：

1. 挪用特定款物罪与非罪的界限。

（1）此处的"情节严重"与"致使国家和人民群众利益遭受重大损害"两个要件必须同时具备，缺一不可，仅"情节严重"但未造成重大损害，或仅造成重大损失，但并非"情节严重"，都不能认定为犯罪。

（2）救灾扶贫周转金的性质问题。救灾扶贫周转金又称救灾基金，是指救灾款有偿使用回收本金及其增值部分的资金和其他渠道的社会资金，由各级民政部门掌握并周转使用。未有救灾需求时，救灾扶贫基金常被用来当作一般的生产资金周转，鉴于救灾扶贫基金是基于国家拨付的救灾款实行有偿使用而来的，或以救灾为各项吸引筹集社会资金而形成的，可以视为一种常备的救灾资金，作为救灾特款，专款专用，不得挪用。挪用救灾扶贫基金构成犯罪的，可以挪用特定款物罪论处。

（3）"双扶经济实体"中的款物性质问题。"双扶经济实体"即救灾扶贫经济实体，带有福利性质，是民政部门组织的、为灾区群众从事自救性劳务活动，增加收入，增强抗灾自救能力，为贫困地区扶贫经济活动服务的经济组织的统称。"双扶经济实体"的资金来源主要是救灾扶贫周转金和当年救灾款的有偿使用部分，而且这些实体的上缴利润纳入救灾扶贫周转金，有助于周转救灾、扶贫资金滚动使用，所以这类实体中的公共财产实际上是救灾款物的转化形式。对挪用"双扶经济实体"中的款物行为，以认定挪用特定款物罪论处为妥。

（4）民政事业费相互之间的调剂问题。民政工作中，不但存在救灾费、救济费、抚恤费相互之间替代调剂的情况，而且存在着国家特定款项与其他民政事业调剂使用的现象。这种调剂是否属于挪用性质，回答是肯定的。不但不能拿救灾、救济、抚恤款等特定款物冲抵其他民政事业开支，而且也不能在特定款物之间随意进行调剂。上述调剂行为本质上都属于挪用行为，违反了国家关于上述款项"专款专用"的规定。但鉴于这种调剂行为是在民政事业费内部进行的调剂行为，具体情况较为复杂，对这些行为不以犯罪论处为妥。

（5）境外救灾捐赠资金物资使用中的挪用问题。境外捐赠的救灾款物，无论通过何种途径，办理了何种接受手续，都属于国家所有的救灾特定款物，不得挪用。其用途由国家规定。来不及等待上级主管部门答复的，也应将款物按国内拨款的救灾款物使用范围使用。按照1991年10月15日《民政部关于安排使用境外捐赠资金有关事宜的通知》规定：如果境外捐赠资金已有明确意向，而这些资金使用意向与我国有关部门规定的资金用途不符时，可以与捐赠方协商解决。如捐赠方坚持某一使用意向，也可以允许。如一些外援捐赠后，执意要将其捐赠的款物用于某一特定项目，如修某段公路，建某所学校，在何地区设所医院等。这种情况下，如果政府方面协商后同意捐赠者的意愿，则其意愿成为法定特定用途，擅自改变上述特定用途，将受捐赠的款物挪为他用，是非法的挪用行为。但对境外捐赠的救灾资金，如果捐赠方无明确意向或其意向与我国有关部门关于救灾款物的使用规定相符，行为人擅自改变救灾款的救灾扶贫用途，则其行为是挪用特定款物违法行为。

（6）关于长效、大件救灾物资的挪用问题。接受捐赠的各类汽车，无论何种车辆，灾情处理阶段过后，都可以归口当地民政部门作为工作车辆，用于非救灾用途的其他民政事业，不存在挪用问题，对于电动机、发电机等机电设备类，以及水上交通工具、排水设备等长效救灾物资，应登记造册，妥善保管。如果将这类物资不按规定回收，不作为救灾储备物资，而是改作其他公共用途，其性质属于挪用，但鉴于其行为特点，不宜作为挪用犯罪处理。

（7）关于救灾保险资金和农村救灾保险超付资金的挪用问题。民政部门从 1988 年起，在全国部分地区开展了救灾合作保险试点。救灾合作保险是救灾工作的一项根本改革，以改国家独资救灾为社会集资救灾。按照救灾合作保险的性质和特点，保险金作为救灾资金的一部分，在无灾年作为储备资金，并以轻灾年补重灾年，但救灾保险本质上仍属于社会保险的一部分。挪用救灾保险金的行为不宜以挪用特定款物行为处理，可以挪用公款行为对待。农村救灾保险超付资金带有保险金的性质，中央从当年救灾预算中确定一定的额度，作为超付公专项资金，省级从当年救灾款中提取，建立超付专项资金，超付资金事实上已成为国家救灾资金的一部分。超付资金要按照规定专款专用，专户存储，专账管理。根据农村救灾保险超付资金的特点，应将其视为救灾特定款项。挪用农村救灾保险超付资金，情节严重，造成损失重大的，应以挪用特定款物罪论处。

2. 本罪与贪污罪的界限。

（1）主观目的不同。挪用特定款物罪的主观目的是将特定款物移作他用，用后归还。贪污罪的主观目的是将公共财产据为已有，改变财产所有权。

（2）侵犯客体不同。前者既侵犯财产所有权，又侵犯国家财经管理制度，还侵犯了民政事业制度。后者侵犯的客体是公共财产所有权和国家公职人员职务行为的廉洁性。

（3）犯罪对象不同。前者是救灾、救济、抢险、优抚、防汛、扶贫、移民、救济款物。后者还包括除此以外的公共财物。

（4）主体不同。前者是经手、掌管特定款物的人员。后者是经手、管理公共财物的人员。

（5）行为性质手段不同。前者是非法挪用特定款物，后者是利用职务之便以非法占有、盗窃、骗取手段侵吞公共财产。

3. 本罪与诈骗罪的界限。需要明确的主要是骗取特定款物行为的定性问题。骗取上述款项的行为有两种：一种是不属于优抚对象、救济对象、救灾对象的人员，以编造虚假事实、隐瞒事实真相的方法骗取优抚款、救济款、救灾款的，这种情况构成犯罪的应以诈骗罪处罚；另一种是夸大、谎报灾情及其他属于优抚、救济范围的事实，骗取国家给予较多的优抚、救济、救灾款项。其骗取的款项如果被用作非民政事业用途的其他开支，则可以挪用特定款物行为定性，情节严重的可以挪用特定款物罪论处。如果骗取的款项被用于优抚、救济、救灾或其他民政事业，则对行为人宜以违反党纪、政纪追究责任，而不以犯罪论处。

第二百七十四条　敲诈勒索罪

【法律规定】

• 法律条文 •

《中华人民共和国刑法》

第二百七十四条　敲诈勒索公私财物，数额较大或者多次敲诈勒索的，处三年以下有期徒刑、拘役或者管制，并处或者单处罚金；数额巨大或者有其他严重情节的，处三年以上十年以下有期徒刑，并处罚金；数额特别巨大或者有其他特别严重情节的，处十年以上有期徒刑，并处罚金。

• 相关规定 •

《最高人民法院关于抢劫、抢夺刑事案件适用法律若干问题的意见》（法发〔2005〕8号）

九、关于抢劫罪与相似犯罪的界限

1. 冒充正在执行公务的人民警察、联防人员，以抓卖淫嫖娼、赌博等违法行为为名非法占有财物的行为定性。

行为人冒充正在执行公务的人民警察“抓赌”“抓嫖”，没收赌资或者罚款的行为，构成犯罪的，以招摇撞骗罪从重处罚；在实施上述行为中使用暴力或者暴力威胁的，以抢劫罪定罪处罚。行为人冒充治安联防队员“抓赌”“抓嫖”、没收赌资或者罚款的行为，构成犯罪的，以敲诈勒索罪定罪处罚；在实施上述行为中使用暴力或者暴力威胁的，以抢劫罪定罪处罚。

《最高人民检察院关于强迫借贷行为适用法律问题的批复》（高检法释字〔2014〕1号）

广东省人民检察院：

你院《关于强迫借贷案件法律适用的请示》（粤检发研字〔2014〕9号）

收悉。经研究，批复如下：

以暴力、胁迫手段强迫他人借贷，属于刑法第二百二十六条第二项规定的“强迫他人提供或者接受服务”，情节严重的，以强迫交易罪追究刑事责任；同时构成故意伤害罪等其他犯罪的，依照处罚较重的规定定罪处罚。以非法占有为目的，以借贷为名采用暴力、胁迫手段获取他人财物，符合刑法第二百六十三条或者第二百七十四条规定的，以抢劫罪或者敲诈勒索罪追究刑事责任。

此复

《最高人民法院、最高人民检察院关于办理利用信息网络实施诽谤等刑事案件适用法律若干问题的解释》（法释〔2013〕21号）

第六条　以在信息网络上发布、删除等方式处理网络信息为由，威胁、要挟他人，索取公私财物，数额较大，或者多次实施上述行为的，依照刑法第二百七十四条的规定，以敲诈勒索罪定罪处罚。

第八条　明知他人利用信息网络实施诽谤、寻衅滋事、敲诈勒索、非法经营等犯罪，为其提供资金、场所、技术支持等帮助的，以共同犯罪论处。

第九条　利用信息网络实施诽谤、寻衅滋事、敲诈勒索、非法经营犯罪，同时又构成刑法第二百二十一条规定的损害商业信誉、商品声誉罪，第二百七十八条规定的煽动暴力抗拒法律实施罪，第二百九十一条之一规定的编造、故意传播虚假恐怖信息罪等犯罪的，依照处罚较重的规定定罪处罚。

《最高人民法院、最高人民检察院关于办理敲诈勒索刑事案件适用法律若干问题的解释》（法释〔2013〕10号）

第一条　敲诈勒索公私财物价值二千元至五千元以上、三万元至十万元以上、三十万元至五十万元以上的，应当分别认定为刑法第二百七十四条规定的“数额较大”“数额巨大”“数额特别巨大”。

各省、自治区、直辖市高级人民法院、人民检察院可以根据本地区经济发展状况和社会治安状况，在前款规定的数额幅度内，共同研究确定本地区执行的具体数额标准，报最高人民法院、最高人民检察院批准。

第二条　敲诈勒索公私财物，具有下列情形之一的，“数额较大”的标准可以按照本解释第一条规定标准的百分之五十确定：

（一）曾因敲诈勒索受过刑事处罚的；

（二）一年内曾因敲诈勒索受过行政处罚的；

（三）对未成年人、残疾人、老年人或者丧失劳动能力人敲诈勒索的；

（四）以将要实施放火、爆炸等危害公共安全犯罪或者故意杀人、绑架等严重侵犯公民人身权利犯罪相威胁敲诈勒索的；

（五）以黑恶势力名义敲诈勒索的；

（六）利用或者冒充国家机关工作人员、军人、新闻工作者等特殊身份敲诈勒索的；

（七）造成其他严重后果的。

第三条 二年内敲诈勒索三次以上的，应当认定为刑法第二百七十四条规定的“多次敲诈勒索”。

第四条 敲诈勒索公私财物，具有本解释第二条第三项至第七项规定的情形之一，数额达到本解释第一条规定的“数额巨大”“数额特别巨大”百分之八十的，可以分别认定为刑法第二百七十四条规定的“其他严重情节”“其他特别严重情节”。

第五条 敲诈勒索数额较大，行为人认罪、悔罪，退赃、退赔，并具有下列情形之一的，可以认定为犯罪情节轻微，不起诉或者免予刑事处罚，由有关部门依法予以行政处罚：

（一）具有法定从宽处罚情节的；

（二）没有参与分赃或者获赃较少且不是主犯的；

（三）被害人谅解的；

（四）其他情节轻微、危害不大的。

第六条 敲诈勒索近亲属的财物，获得谅解的，一般不认为是犯罪；认定为犯罪的，应当酌情从宽处理。

被害人对敲诈勒索的发生存在过错的，根据被害人过错程度和案件其他情况，可以对行为人酌情从宽处理；情节显著轻微危害不大的，不认为是犯罪。

第七条 明知他人实施敲诈勒索犯罪，为其提供信用卡、手机卡、通讯工具、通讯传输通道、网络技术支持等帮助的，以共同犯罪论处。

第八条 对犯敲诈勒索罪的被告人，应当在二千元以上、敲诈勒索数额的二倍以下判处罚金；被告人没有获得财物的，应当在二千元以上十万元以下判处罚金。

《最高人民法院、最高人民检察院、公安部关于依法办理“碰瓷”违法犯罪案件的指导意见》（公通字〔2020〕12 号）

近年来，“碰瓷”现象时有发生。所谓“碰瓷”，是指行为人通过故意制造或者编造其被害假象，采取诈骗、敲诈勒索等方式非法索取财物的行为。实践中，一些不法分子有的通过“设局”制造或者捏造他人对其人身、财产造成损害来实施；有的通过自伤、造成同伙受伤或者利用自身原有损伤，诬告系被害人所致来实施；有的故意制造交通事故，利用被害人违反道路通行规定或者酒后驾驶、无证驾驶、机动车手续不全等违法违规行为，通过被害人害怕被查处的心理来实施；有的在“碰瓷”行为被识破后，直接对被害人实施抢劫、抢夺、故意伤害等违法犯罪活动等。此类违法犯罪行为性质恶劣，危害后果严重，败坏社会风气，且易滋生黑恶势力，人民群众反响强烈。为依法惩治“碰瓷”违法犯罪活动，保障人民群众合法权益，维护社会秩序，根据刑法、刑事诉讼法、治安管理处罚法等法律的规定，制定本意见。

一、实施“碰瓷”，虚构事实、隐瞒真相，骗取赔偿，符合刑法第二百六十六条规定的，以诈骗罪定罪处罚；骗取保险金，符合刑法第一百九十八条规定的，以保险诈骗罪定罪处罚。

实施“碰瓷”，捏造人身、财产权益受到侵害的事实，虚构民事纠纷，提起民事诉讼，符合刑法第三百零七条之一规定的，以虚假诉讼罪定罪处罚；同时构成其他犯罪的，依照处罚较重的规定定罪从重处罚。

二、实施“碰瓷”，具有下列行为之一，敲诈勒索他人财物，符合刑法第二百七十四条规定的，以敲诈勒索罪定罪处罚：

1. 实施撕扯、推搡等轻微暴力或者围困、阻拦、跟踪、贴靠、滋扰、纠缠、哄闹、聚众造势、扣留财物等软暴力行为的；

2. 故意制造交通事故，进而利用被害人违反道路通行规定或者其他违法违规行为相要挟的；

3. 以揭露现场掌握的当事人隐私相要挟的；

4. 扬言对被害人及其近亲属人身、财产实施侵害的。

三、实施“碰瓷”，当场使用暴力、胁迫或者其他方法，当场劫取他人财物，符合刑法第二百六十三条规定的，以抢劫罪定罪处罚。

四、实施“碰瓷”，采取转移注意力、趁人不备等方式，窃取、夺取他人财物，符合刑法第二百六十四条、第二百六十七条规定的，分别以盗窃罪、抢夺罪定罪处罚。

五、实施“碰瓷”，故意造成他人财物毁坏，符合刑法第二百七十五条规定的，以故意毁坏财物罪定罪处罚。

六、实施“碰瓷”，驾驶机动车对其他机动车进行追逐、冲撞、挤别、拦截或者突然加减速、急刹车等可能影响交通安全的行为，因而发生重大事故，致人重伤、死亡或者使公私财物遭受重大损失，符合刑法第一百三十三条规定的，以交通肇事罪定罪处罚。

七、为实施“碰瓷”而故意杀害、伤害他人或者过失致人重伤、死亡，符合刑法第二百三十二条、第二百三十四条、第二百三十三条、第二百三十五条规定的，分别以故意杀人罪、故意伤害罪、过失致人死亡罪、过失致人重伤罪定罪处罚。

八、实施“碰瓷”，为索取财物，采取非法拘禁等方法非法剥夺他人人身自由或者非法搜查他人身体，符合刑法第二百三十八条、第二百四十五条规定的，分别以非法拘禁罪、非法搜查罪定罪处罚。

九、共同故意实施“碰瓷”犯罪，起主要作用的，应当认定为主犯，对其参与或者组织、指挥的全部犯罪承担刑事责任；起次要或者辅助作用的，应当认定为从犯，依法予以从轻、减轻处罚或者免除处罚。

三人以上为共同故意实施“碰瓷”犯罪而组成的较为固定的犯罪组织，应当认定为犯罪集团。对首要分子应当按照集团所犯全部罪行处罚。

符合黑恶势力认定标准的，应当按照黑社会性质组织、恶势力或者恶势力犯罪集团侦查、起诉、审判。

十、对实施“碰瓷”，尚不构成犯罪，但构成违反治安管理行为的，依法给予治安管理处罚。

各级人民法院、人民检察院和公安机关要严格依法办案，加强协作配合，对“碰瓷”违法犯罪行为予以快速处理、准确定性、依法严惩。一要依法及时开展调查处置、批捕、起诉、审判工作。公安机关接到报案、控告、举报后应当立即赶到现场，及时制止违法犯罪，妥善保护案发现场，控制行为人。对于符合立案条件的及时开展立案侦查，全面收集证据，调取案发现场监控视频，收集在场证人证言，核查涉案人员、车辆信息等，并及时串并案进行侦查。人民检察院对于公安机关提请批准逮捕、移送审查起诉的“碰瓷”案件，符合逮捕、起诉条件的，应当依法尽快予以批捕、起诉。对于“碰瓷”案件，人民法院应当依法及时审判，构成犯罪的，严格依法追究犯罪分子刑事责任。二要加强协作配合。公安机关、人民检察院要加强沟通协调，解决案件定性、管辖、证据标准等问题，确保案件顺利办理。对于疑难复杂案件，公安机关可以听取人民检察院意见。对于确需补充侦查的，人民检察院要制作明确、详细的补充侦查提纲，公安机关应当及时补充证据。人民法院要加强审判力量，严格依法公正审判。三要严格贯彻宽严相济的刑事政策，落实认罪认罚从宽制度。要综合考虑主观恶性大小、行为的手段、方式、危害后果以及在案件中所起作用等因素，切实做到区别对待。对于“碰瓷”犯罪集团的首要分子、积极参加的犯罪分子以及屡教不改的犯罪分子，应当作为打击重点依法予以严惩。对犯罪性质和危害后果特别严重、社会影响特别恶劣的犯罪分子，虽具有酌定从宽情节但不足以从宽处罚的，依法不予从宽处罚。具有自首、立功、坦白、认罪认罚等情节的，依法从宽处理。同时，应当准确把握法律尺度，注意区分“碰瓷”违法犯罪同普通民事纠纷、行政违法的界限，既防止出现“降格处理”，也要防止打击面过大等问题。四要强化宣传教育。人民法院、人民检察院、公安机关在依法惩处此类犯罪的过程中，要加大法制宣传教育力度，在依法办案的同时，视情通过新闻媒体、微信公众号、微博等形式，向社会公众揭露“碰瓷”违法犯罪的手段和方式，引导人民群众加强自我保护意识，遇到此类情形，应当及时报警，依法维护自身合法权益。要适时公开曝光一批典型案例，通过对案件解读，有效震慑违法犯罪分子，在全社会营造良好法治环境。

【案例一】

熊志华敲诈勒索案

•　案件事实　•

2001年1月27日下午，被告人熊志华跟踪其妻子熊某至本市某宾馆大厦内，见其妻熊某在服务台办理房间登记入住手续，便立即打电话约其兄，并由其兄又邀约三人赶往该宾馆门口会合。五人会面后，即一起闯入该宾馆×××房间，发现熊某正和张某某在一起，即对张某某一通拳打脚踢。经鉴定，张某某的损伤程度为轻微伤甲级。之后，熊志华责问张某某如何解决此事，张某某表示不知熊某已经结婚，并提出给熊志华2万元了结此事。熊志华则表示要了结此事，张某某至少得拿出10万元，威胁张某某立即打电话去筹钱，并强迫张某某当场写下10万元的欠条。张某某只得打电话给朋友黄某某，以自己急需用钱为由，让黄某某送45000元到朋友陈某处再转交给被告人熊志华。嗣后，在熊志华的安排下，由熊志华之兄等人将张某某带往江西耐火材料厂附近的一房屋内看押，由一人前往陈某处取走45000元。由于陈某某的朋友报案，熊志华被抓获，张某某被放回，其他同案人潜逃。

•　裁判要旨　•

行为人以婚外情等为把柄，采取轻微暴力、威胁、要挟的手段，强行向他人索要钱财的，成立敲诈勒索罪。勒索后为有效获得财物将被害人看押的行为应当认定要挟、勒索手段的延续。

•　裁判理由　•

江西省南昌市西湖区人民法院经审理认为：被告人熊志华伙同他人使用暴力、胁迫的手段，劫得他人现金人民币45000元，其行为已经构成抢劫罪，且数额巨大。公诉机关指控被告人熊志华的犯罪事实清楚，证据确凿、充分，但指控的罪名不当。根据《刑法》第263条第4项、第25条第1款、第59条第1款、第56条第1款的规定，于2001年9月3日判决如下：被告人熊志华犯抢劫罪，判处有期徒刑十一年，并处罚金11000元，剥夺政治权利二年。

一审宣判后，被告人熊志华以原判定性不准、量刑过重为由，提出上诉。

江西省南昌市中级人民法院经审理后认为：上诉人熊志华以非法占有为目的，采取威胁、要挟的手段，强行向他人索要钱财10万元，实际索得45000元，其行为已经构成敲诈勒索罪，且数额巨大。上诉人及其辩护人提出的熊志华的行为不构成抢劫罪而构成敲诈勒索罪的辩解和辩护意见，合乎本案事实及法律规定，予以采纳。原判以抢劫罪对上诉人熊志华定罪量刑不当，应予以改判。依照《刑法》第274条、第25条第1款、第23条的规定，于2001年11月14日判决如下：一、撤销南昌市西湖区人民法院对本案的一审刑事判决。二、上诉人熊志华犯敲诈勒索罪，判处有期徒刑五年。

【案例二】

张舒娟敲诈勒索案①

• 案件事实 •

2006年10月2日13时许，被告人张舒娟在淮安市淮阴区西宋集镇开往淮阴的专线车上偶遇中学生戴某，戴某到淮阴区汽车北站下车后，张舒娟主动上前搭讪。在了解到戴某的家庭情况后，张舒娟遂产生将戴某带到南京，向戴某家人要钱的想法。随后，张舒娟以戴某父亲与人抢劫分赃不均，现有人要将戴父带到南京并以戴某作保障为借口，将戴某哄骗至南京市并暂住在南京市某酒店。当天23时许，被告人张舒娟外出打电话到戴某家，要求戴家第二天付8万元人民币并不许报警，否则戴某将有危险。次日上午，被告人张舒娟又多次打电话到戴家威胁。其间，戴某乘被告人外出之机与家人电话联系，得知其父并无危险。后在家人的指点下离开酒店到当地公安机关求助，淮安警方在南京将被告人张舒娟抓获。

• 裁判要旨 •

利用被害人年幼将其哄骗至外地继而敲诈其家属钱财的，构成敲诈勒索罪。

• 裁判理由 •

江苏省淮安市淮阴区人民法院经审理认为：被告人张舒娟以非法占有为目的，采用威胁等方法强行索取公民财物，数额巨大，其行为已构成敲诈勒索罪。针对公诉机关指控的绑架罪名，经查，被告人张舒娟实施的犯罪行为所侵犯的客体主要是公民的财产权利，绑架罪所应具备的“劫持人质”的特征在本案中亦不明显，事实上戴某的人身自由也未被剥夺，被告人张舒娟在本案中的行为尚未达到绑架犯罪所应达到的严重程度，以敲诈勒索罪对其定罪处罚比绑架罪更为符合罪责刑相适应的原则。被告人张舒娟因意志以外原因犯罪未得

---

① 参见中华人民共和国最高人民法院刑事审判第一、二、三、四、五庭主办：《刑事审判参考》（总第56集），法律出版社2007年版。

逞，属犯罪未遂，依法可从轻处罚。其认罪态度较好，可以酌情从轻处罚。依照《刑法》第 274 条、第 23 条之规定，作出如下判决：被告人张舒娟犯敲诈勒索罪，判处有期徒刑五年。

一审宣判后，被告人张舒娟未提出上诉。淮安市淮阴区人民检察院以一审判决定性错误、量刑畸轻为由提出抗诉，后淮安市人民检察院在二审阶段撤回抗诉。判决已发生法律效力。

【学理分析及适用指引】

• 学理分析 •

敲诈勒索罪，是指以非法占有为目的，对公私财物的所有人、保管人使用威胁或者要挟的方法，勒索公私财物，数额较大或多次敲诈勒索等行为。本罪的构成要件如下：

1. 本罪的客体。本罪的客体是公私财物的所有权和他人的人身权利或其他权益，其中公私财物的所有权是本罪的主要客体。之所以将公私财物的所有权视为本罪的主要客体，原因是在本罪中，对他人人身权利或其他权利的侵犯只是非法取得公私财物的手段，取得公私财物才是行为人的目的；在手段行为和目的行为所侵犯的客体不同的时候，原则上应以目的行为所侵犯的客体作为主要客体。本罪的犯罪对象非常广泛：涵盖动产、不动产、有体物和无体物在内的一切具有经济价值的公私财产，都可以成为本罪的犯罪对象。

2. 本罪的客观方面。本罪的客观方面表现为使用威胁或要挟的办法，勒索公私财物的行为。威胁和要挟，是指通过对被害人或与被害人关系密切的人的精神强制，使被害人在心理上产生恐惧的行为。具体的威胁和要挟的实施方式是多种多样的：可以是当着被害人的面实施，也可以是通过电话、书信或第三人转达的方式实施；可以是以积极的作为的形式实施，也可以是以消极的不作为的形式实施。在取得他人财物的时间上，既可以迫使对方当场交出，也可以迫使对方限期交出，总之，是通过对公私财物所有人、保管人实行精神上的强制，使其产生恐惧、畏难心理，不得已而交出财物。

依据《刑法》第 274 条的规定，行为人敲诈勒索数额较大的财物或多次敲诈勒索的，才能成立本罪。何谓数额较大，根据 2013 年《最高人民法院、最高人民检察院关于办理敲诈勒索刑事案件适用法律若干问题的解释》的规定，“数额较大”的认定标准是以 2000 元至 5000 元为起点。各省、自治区、直辖市高级人民法院可以根据本地区实际情况，在上述数额幅度内，研究确定本地区执行的敲诈勒索罪“数额较大”的具体数额标准，并报最高人民法院、最高人民检察院批准。

3. 本罪的主体。本罪的主体是一般主体，即年满 16 周岁的人实施敲诈勒索犯罪的，都应当承担刑事责任。

4. 本罪的主观方面。本罪的主观方面是故意，并且具有非法占有公私财物的目的。

● 适用指引 ●

司法实践中，认定本罪时应注意以下问题：

1. 敲诈勒索罪既遂与未遂的界限。行为人使用威胁或要挟手段，非法取得他人的财物，就构成了敲诈勒索罪的既遂。如果行为人仅仅使用了威胁或要挟手段，被害人并未产生恐惧情绪而没有交出财物；或者被害人虽然产生了恐惧，但未交出财物，均属于敲诈勒索罪的未遂。

2. 敲诈勒索罪与抢劫罪的界限。仅从字面看，威胁既是抢劫罪的手段之一，又是敲诈勒索罪的基本行为方式。但是，其威胁的特定内涵不同：

（1）从威胁的方式看，抢劫罪的威胁，是当着被害人的面直接发出的；而敲诈勒索罪的威胁可以当面发出，也可以通过书信、电话或第三者转达。

（2）从实现威胁的时间看，抢劫罪的威胁表现为扬言如不交出财物，就要当场实现所威胁的内容；而敲诈勒索罪的威胁则一般表现为如不答应要求将在以后某个时间实现威胁的内容。

（3）从威胁的内容看，抢劫罪的威胁，都是以杀害、伤害等侵害人身相威胁；而敲诈勒索罪的威胁内容则比较广泛，包括对人身的加害行为或者毁坏财物、名誉等。

（4）从非法取得财物的时间看，抢劫罪是实施威胁当场取得财物；而敲诈勒索则可以在当场，也可以在事后取得。可见，这两种犯罪中的威胁既有区别，又有联系，如果案件事实同上述抢劫威胁的各特点相符，应以抢劫罪论处；如果其中有一条不符合，则应以敲诈勒索罪论处。

根据《最高人民法院关于审理抢劫、抢夺刑事案件适用法律若干问题的意见》的规定，行为人冒充正在执行公务的人民警察“抓赌”“抓嫖”，没收赌资或者罚款的行为，构成犯罪的，以招摇撞骗罪从重处罚；在实施上述行为中使用暴力或者暴力威胁的，以抢劫罪定罪处罚。行为人冒充治安联防队员“抓赌”“抓嫖”、没收赌资或者罚款的行为，构成犯罪的，以敲诈勒索罪定罪处罚；在实施上述行为中使用暴力或者暴力威胁的，以抢劫罪定罪处罚。

3. 敲诈勒索罪与招摇撞骗罪的界限。这两种犯罪的主要区别是：

（1）行为方式与特征不同。招摇撞骗罪是以欺骗为特征，完全以假象蒙蔽被害人，冒充国家机关工作人员；敲诈勒索行为虽然也可能含有欺骗的成分，但却以威胁或要挟为特征。

（2）造成被害人交出财物的心理状态不同。在招摇撞骗罪中，被害人在受骗后，“自愿”交出财物或出让其他合法权益；而敲诈勒索行为则造成被害人精神上的恐惧，出于无奈，被迫交出财物或出让其他财产性利益。

（3）获取利益的范围不同。招摇撞骗罪所获取利益范围比较广泛，既包括财物或财产性利益，又包括非财产性利益，如骗取某种职称或职务，政治待遇或荣誉称号等；敲诈勒索罪所获取的仅限于财物。

（4）侵犯的客体不同。招摇撞骗罪侵犯的客体是国家机关的威信及社会管理秩序；敲诈勒索罪所侵犯的客体是公私财物的所有权和公民人身权利以及其他合法权益。

4. 本罪和诈骗罪的区别。两者的犯罪主体都是一般主体，犯罪主观方面都是直接故意，并具有非法占有公私财物的目的。主要区别在于犯罪客体和犯罪客观方面不同。

（1）敲诈勒索罪侵犯的客体是复杂客体，包括财产所有权和公民的人身权利；诈骗罪的犯罪客体比较单一，侵犯的是公民的财产所有权。

（2）在犯罪客观方面，敲诈勒索罪表现为以威胁或要挟方法，迫使被害人因恐惧而被迫交付财物；诈骗罪表现为以虚构事实或隐瞒真相的欺诈手段，使被害人受蒙蔽而自愿地交付财物。

第二百七十五条 故意毁坏财物罪

【法律规定】

• 法律条文 •

《中华人民共和国刑法》

第二百七十五条 故意毁坏公私财物，数额较大或者有其他严重情节的，处三年以下有期徒刑、拘役或者罚金；数额巨大或者有其他特别严重情节的，处三年以上七年以下有期徒刑。

【案例】

邹某故意毁坏财物案①

• 案件事实 •

1993年4月，被告人邹某因与他人发生购销合同逾期付款纠纷，经定州市宁河县人民法院调解，邹某同意在1993年4月30日前给付所欠对方的货款，

① 参见《中华人民共和国最高人民法院公报》2000年第1期。

逾期给付则以被宁河县人民法院查封的3个3吨铝酒罐抵销此债务。宁河县人民法院的调解书送达后，邹某不予履行。同年9月，宁河县人民法院应对方当事人的申请，在发出执行通知无效后，决定强制执行。执行人员抵达定州市周村乡疙瘩头村后，邹某外出躲避。执行人员遂依法要求周村乡疙瘩头村村委会协助执行。村委会干部将执行人员领到邹某的酒厂，执行人员在村委会干部在场的情况下，将已查封的3个3吨铝酒罐装车拉走，并要求村委会干部转告邹某到宁河县人民法院办理相应手续。邹某回来后，以被执行的财产远远超出其所欠对方债务为由，责怪村委员干部不该协助外地法院执行，无理要求村委会给其赔偿“损失”，却不去宁河县人民法院申诉或者办理手续。为此，邹某一直对村委会耿耿于怀，连续3年以不交公粮表示抗议，并且多次扬言报复。1999年4月11日下午5时许，邹某酒后又闯入村委会，砸碎了窗户玻璃14块，砸坏办公室内的扩音机、电话机、验钞器、铝壶、铁炉子和桌椅等，给村委会造成经济损失2012元。

• 裁判要旨 •

行为人蓄意报复，故意毁坏单位财产，情节严重的，依法构成故意毁坏财物罪。

• 裁判理由 •

一审河北省定州市人民法院经审理认为：《民事诉讼法》规定，调解书和其他应当由人民法院执行的法律文书，当事人必须履行。一方拒绝履行的，对方当事人可以向人民法院申请执行。人民法院强制执行时，被执行人是公民的，其工作单位或者房屋、土地所在地的基层组织应当派人参加。宁河县人民法院依法决定在定州市周村乡疙瘩头村对被告人邹某的财产强制执行，该村村委会有义务协助执行。邹某出于对协助人民法院完成执行工作的本村村委会不满，蓄意报复，故意毁坏村委会的财产，情节严重，其行为已触犯《刑法》第275条的规定，构成故意毁坏财物罪。为维护法律尊严，确保人民法院的生效判决、裁定和调解书得到执行，保护协助人民法院完成执行工作的单位和公民的人身及财产权益不受侵犯，对邹某的犯罪行为，必须依法惩处。据此，河北省定州市人民法院于1999年11月3日作出判决：被告人邹某犯故意毁坏财物罪，判处有期徒刑六个月。

【学理分析及适用指引】

• 学理分析 •

故意毁坏财物罪，是指故意非法地毁灭或者损坏公私财物，数额较大或有其他严重情节的行为。本罪的构成要件如下：

1. 本罪的客体。本罪的客体是公私财物的所有权。犯罪对象是公共的或个人的具有经济价值的财物，包括动产和不动产。行为人毁坏自己的财物的，不能构成本罪；但是如果毁坏自己财物的行为符合其他犯罪的构成特征时，应以其他犯罪论处。例如，行为人放火焚烧自己的房屋危及公共安全时，应以放火罪对行为人定罪处罚。行为人毁坏《刑法》所予以特别保护的公私财物时（如毁坏电力设施、电信设备等特殊财物），应按照《刑法》的特别规定处理，不构成本罪。

2. 本罪的客观方面。本罪的客观方面表现为非法毁灭或损坏公共财物或公民私人所有财物，数额较大或有其他严重情节的行为。本罪的行为方式与其他类型的财产犯罪有着显著区别，其他类型的财产犯罪（如侵占型、挪用型财产犯罪）并不毁坏财物本身，只是改变财物的权属状态；而本罪的行为方式是对财物自身进行毁灭、损坏。毁坏，是指毁灭和损坏。毁灭，是指使用各种方法故意使公私财物的价值和使用价值全部丧失。损坏，是指将某项公私财物的一部分毁坏，使其部分丧失价值。

毁坏公私财物构成犯罪，被毁财物的价值必须达到法定的数额标准（即数额较大），或有其他严重情节。如果被毁财物价值没有达到法定标准且毁坏行为没有其他严重情节的，不构成犯罪。“其他严重情节”，一般是指以下几种情况：毁灭重要财物或者物品，损失严重的；造成严重后果的；动机和手段特别恶劣的等。

3. 本罪的主体。本罪的主体是一般主体，即年满16周岁的人实施故意毁坏财物罪的，都应当承担刑事责任。

4. 本罪的主观方面。构成本罪主观上必须是故意，包括直接故意和间接故意；过失毁坏公私财物的，不构成犯罪。犯罪目的只是毁坏公私财物，不具有非法占有的目的，这也是本罪与其他侵犯财产罪的本质区别。

• 适用指引 •

司法实践中，认定本罪应注意：

1. 罪与非罪的界限。按照本条规定，故意毁坏公私财物数额较大或者情节严重的，才构成犯罪。因此，是否数额较大或者情节严重，是区分罪与非罪的界限。故意毁坏公私财物，数额较小、情节较轻的，属于一般违法行为，应按照《治安管理处罚法》的规定，给予拘留或警告，单处或并处罚款，责令赔偿损失。所谓“情节严重”，一般是指毁灭或损坏重要物品，损失严重的；毁灭或损坏公私财物的手段特别恶劣的；出于嫁祸于人的动机等。

2. 本罪与其他犯罪的界限。本罪与破坏交通工具罪、破坏交通设施罪、破坏易燃易爆设备罪、破坏电力设备罪等危害公共安全罪以及破坏社会主义经济秩序犯罪中的破坏生产经营罪的区别在于：后者破坏的是特定的财产，侵犯的是其他独立客体，《刑法》对其已单独规定罪名，应按《刑法》有关规定定罪处罚。

第二百七十六条　破坏生产经营罪

【法律规定】

• 法律条文 •

《中华人民共和国刑法》

第二百七十六条　由于泄愤报复或者其他个人目的，毁坏机器设备、残害耕畜或者以其他方法破坏生产经营的，处三年以下有期徒刑、拘役或者管制；情节严重的，处三年以上七年以下有期徒刑。

【案例一】

章国新破坏生产经营案①

• 案件事实 •

被告人章国新自 2001 年 1 月开始购买中国电脑体育彩票，此后多次到湖北省体育彩票管理中心摇奖厅观看摇奖。通过观察发现，摇奖厅防护管理不严，工作人员对摇奖器具使用检测粗疏，遂起犯意。同年 3 月下旬一天夜晚，被告人章国新翻窗进入摇奖厅，察看摇奖器具机关。4 月 1 日晚，被告人章国新又翻窗进入摇奖厅，窃取 1 只其认为装有与摇奖有关物品的密码箱，实际箱内未装任何物品。4 月 18 日晚，被告人章国新再次翻窗进入摇奖厅，窃取 3 个“1”号，3 个“7”号、一个“6”号和 1 个“9”号共 8 只摇奖用的彩球。次日，被告人章国新在家将 8 个彩球用刀片剖开口子，将沙粒塞入“6”号球，将小螺帽用 502 瞬间胶水和透明胶纸固定在其他 7 个球的内壁，再用胶水将球的剖口粘合。当晚，被告人章国新第 4 次翻窗进入摇奖厅，按原序将造假的 8 个彩球放入摇奖专用盒。4 月 20 日 13 时 44 分，被告人章国新在武汉市武昌区解放路×××号某店中国电脑体育彩票销售点，购买号码分别为 711691 +7、719651 +6、198412 +0、195641 +1、810572 +9 共 5 注彩票，期望上述彩票有可能与造假彩球自然数同号而中得大奖。当日晚，被告人章国新又到体彩中心

---

① 参见中华人民共和国最高人民法院刑事审判第一、二、三、四、五庭主办：《刑事审判参考》（总第 37 集），法律出版社 2004 年版。

观看摇奖，当摇奖器摇出1个“7”号假球时，因假球滚动异常而被现场观看摇奖的彩民发现。彩民对摇出的大奖号码和公证员宣布“摇奖器具正常，中奖号码真实有效”的结果提出疑议，后引发群体起哄。摇奖现场秩序混乱。此事迅速在全省、全国通过媒体传开，广大彩民情绪激愤，并对政府发行彩票的真实性产生怀疑，继而造成彩票销售量急剧下降。

• 裁判要旨 •

出于牟取利益及其他个人目的，窃取中国电脑体育彩票摇奖专用彩球造假投入使用，对体育彩票发行、销售、摇奖等经营管理秩序造成严重破坏，情节严重，其行为构成破坏生产经营罪。

• 裁判理由 •

湖北省武汉市武昌区人民法院认为，被告人章国新出于图财及其他个人目的，窃取中国电脑体育彩票摇奖专用彩球造假投入使用，对体育彩票发行、销售、摇奖等经营管理秩序造成严重破坏，情节严重，其行为已构成破坏生产经营罪。公诉机关指控的事实清楚，证据确实、充分，罪名成立，适用法律正确，应予支持。被告人章国新及其辩护人关于行为主、客观方面和侵犯客体均不符合该罪的构成要件、该行为在《刑法》中无明文规定的辩解、辩护意见，经查，被告人章国新为了证实自己认为体彩有假和希望中得大奖的想法，主观上符合《刑法》第276条规定的“其他个人目的”；其造假球投入使用，确已对彩票的发行、销售、摇奖造成严重破坏，客观方面和侵犯的客体，符合该条文规定的“其他方法破坏生产经营”；我国的体育彩票的发行销售是政府严格审批后，并在严格控制和监督管理下的一种特殊经营行为，故上述辩解、辩护意见不予采纳。依照《刑法》第276条的规定，判决如下：被告人章国新犯破坏生产经营罪，判处有期徒刑五年。

一审宣判后，被告人章国新不服，以体彩发行不是生产经营行为，认定其行为构成破坏生产经营罪没有充足的法律依据，应改判其无罪；即使认定其有罪，原判量刑过重为由，向湖北省武汉市中级人民法院提起上诉。

被告人章国新的辩护人在二审中支持其上诉理由，认为章国新的行为不构成破坏生产经营罪，应宣告无罪。

湖北省武汉市人民检察院出庭支持公诉意见认为，原判认定的事实清楚，证据确实、充分。被告人章国新破坏摇奖设备的行为，构成破坏生产经营罪，且情节严重。原判量刑正确，审判程序合法，建议二审维持原判。

湖北省武汉市中级人民法院经开庭审理认为，被告人章国新出于图财及其他个人目的，窃取中国电脑体育彩票摇奖专用彩球造假投入使用，对体育彩票发行、销售、摇奖等经营管理秩序造成严重破坏，情节严重，其行为构成破坏生产经营罪。被告人章国新及其辩护人关于体彩发行不是生产经营行为，认定其行为构成破坏生产经营罪没有充足的法律依据，应改判无罪的诉辩意见，经查，我国体彩发行销售是政府严格控制和管理下的一种特殊经营行为，被告人章国新出于图财得大奖和验证体彩是否有假的想法而采取窃取摇奖专用彩球造假使用，对体育彩票的发行、销售等经营管理秩序造成破坏，其行为符合我国《刑法》第276条规定的“其他个人目的”和“其他方法破坏生产经营”构成要件，已构成破坏生产经营罪，原判定罪准确。上诉提出的诉辩意见与事实不符，与法律相悖，不予采纳。被告人章国新关于原判量刑过重的上诉意见亦不予采纳，根据被告人章国新的犯罪事实和情节，原判量刑适当。依照《刑事诉讼法》第189条第1项的规定，裁定驳回上诉，维持原判。

【案例二】

孟某某、张某某等人破坏生产经营案①

• 案件事实 •

被告人孟某某系郑州市鸿图歌舞厅老板，因其经营的歌舞厅生意不好，为争抢生意，于2001年4月指使曾在其歌舞厅务工的被告人张某某对郑州市二七区桃源歌舞厅进行捣乱，以影响该歌舞厅的生意。2001年5月23日晚9时许，张某某伙同被告人柴某某到达桃源歌舞厅，张某某在外望风，由柴某某将事先准备好的雷管和导火索放置在该歌舞厅男厕所内，点燃导火索后离开。爆炸声引起群众的恐慌。当晚，孟某某付给张某某2000元作为酬劳，张某某分给柴某某1500元。

数日后，孟某某打电话给张某某，称上次未爆炸成功，要求其再次实施破坏或退还酬金。张某某随即纠集柴某某、田某某，指使柴某某、田某某二人于2001年5月30日晚再次到桃源歌舞厅进行爆炸。到达该歌舞厅后，柴某某未进去，由田某某将两枚爆竹放置于该舞厅男厕所，点燃后离开现场。该爆竹引爆后，引起跳舞群众的恐慌，对桃源歌舞厅正常的生产经营活动造成不良影响。

• 裁判要旨 •

为破坏他人生产经营，虽采用爆炸、放火等手段，但行为人通过一些方式有意避免危及公众安全的，应以破坏生产经营罪论处。

---

① 参见最高人民法院中国应用法学研究所编：《人民法院案例选》（2003年第4辑），人民法院出版社2004年版。

• 裁判理由 •

河南省郑州市二七区人民法院经公开审理认为：被告人孟某某、张某某、柴某某、田某某使用引燃雷管、爆竹的方法，破坏他人的生产经营活动，其行为均已构成破坏生产经营罪。四被告人在主观上是为了破坏桃源歌舞厅的生产经营活动，影响其客源，并非危害公共安全；且其实施引爆雷管、爆竹的行为不会危及不特定多数人的生命健康及公私财物的安全，不符合爆炸罪的构成要件。故公诉机关指控四被告人的行为构成爆炸罪的公诉意见不能成立；四被告人及其辩护人辩称四被告人的行为不构成爆炸罪的意见成立，予以采纳。被告人孟某某、张某某、柴某某在第一起犯罪过程中均系主犯，被告人孟某某、张某某、柴某某、田某某在第二起犯罪过程中均系主犯，应按其所分别参与的全部犯罪处罚，据此，该院依照《刑法》第276条、第25条第1款、第26条第1款和第4款的规定，于2002年4月25日作出刑事判决如下：一、被告人孟某某犯破坏生产经营罪，判处有期徒刑二年。二、被告人张某某犯破坏生产经营罪，判处有期徒刑二年。三、被告人柴某某犯破坏生产经营罪，判处有期徒刑二年。四、被告人田某某犯破坏生产经营罪，判处有期徒刑一年零六个月。

宣判后，被告人没有提出上诉，人民检察院也未提出抗诉。

【学理分析及适用指引】

• 学理分析 •

破坏生产经营罪是指出于泄愤报复或者其他个人目的，破坏机器设备、残害耕畜或其他方法破坏生产经营的行为。本罪的构成要件如下：

1. 本罪的客体。本罪的客体是公私财物的所有权和正常的生产经营秩序。正常的生产经营秩序是一种抽象的存在，行为人不可能对它实施直接的有形攻击，而只能通过对与生产经营秩序有关的公私财物的破坏来达到破坏生产经营秩序的目的。所以，本罪的犯罪对象是与生产经营秩序的维护密切相关的公私财物，一般是正在使用中的机器设备、生产用具、耕畜等。

2. 本罪的客观方面。本罪的客观方面表现为毁坏机器设备、残害耕畜或者以其他方法破坏生产经营的行为。此处所说的“其他方法”，是指毁灭机器设备、残害耕畜以外的其他一切可以使正常的生产经营难以维持的破坏方法，如切断水源、颠倒生产程序等。

《刑法》第276条没有对破坏生产经营的行为构成犯罪设定法定的数额限制，即无论行为人破坏生产经营的行为导致了多大的财产损失，都应当以破坏生产经营罪论处；但情节显著轻微、危害不大的除外。此处的“情节严重”，是指手段特别恶劣，引起生产停顿，间接造成巨大经济损失的；直接造成较大的经济损失，后果严重的等。

3. 本罪的主体。本罪的主体是一般主体，即年满16周岁的人实施破坏经营罪的，都应当承担刑事责任。

4. 本罪的主观方面。本罪的主观方面是故意，并且具有泄愤报复或其他个人目的。“其他个人目的”，主要是指为了垄断市场、称霸一方、打击竞争对手或者牟取其他不正当利益。例如，意图通过破坏设备而达到行为人怠工、停工不劳动的目的。

• 适用指引 •

司法实践中，认定本罪应注意：

1. 本罪与放火罪、决水罪、爆炸罪、投放危险物质罪的界限。以放火、决水、爆炸、投放危险物质等危害公共安全的手段破坏生产经营，这时，行为不仅触犯了破坏生产经营罪，同时也触犯了上述危害公共安全罪。对这种同时触犯两种罪名的行为，一般应按照危害公共安全罪论处，不定破坏生产经营罪。因为这种行为危害的主要是公共安全，但是，如果实施上述行为危害的主要是生产经营，而不是公共安全时，则按破坏生产经营罪论处。

2. 本罪与破坏交通工具、破坏交通设备、破坏电力设备及易燃易爆设备罪的界限。破坏交通设备、破坏电力设备及易燃易爆设备等特定对象，往往会直接或者间接地使生产经营遭到破坏，对这种破坏行为定性，主要从犯罪对象和客体上分析。凡破坏生产过程中的上述工具、设备，危害的主要是生产经营的，定破坏生产经营罪；凡破坏的是用于公共生活的上述工具、设备，危害的主要是公共安全的，分别按破坏交通工具罪、破坏交通设备罪、破坏电力设备罪和破坏易燃易爆设备罪定性。

3. 本罪与重大责任事故罪的界限。区别这两种罪，关键要查明行为人主观罪过的内容。首先查明破坏行为是故意实施的，还是过失实施的；其次查明行为人有无泄愤报复等个人目的。过失实施破坏行为，给生产造成重大损失的，构成重大责任事故罪。而出于泄愤报复等个人目的故意实施破坏生产经营行为的，构成破坏生产经营罪。

4. 本罪与故意损坏财物罪的界限。两者在行为上有相似之处，因为行为人通过毁坏机器设备、残害耕畜破坏生产经营的同时，必然毁坏公私财物，尽管如此，两者仍有本质区别，应当注意区分：

（1）主观的目的不同。本罪采用毁坏机器设备、残害耕畜等手段，虽然会造成财物的毁坏，但这不是行为人的目的，行为人的目的是通过上述手段来毁坏生产经营，进而达到自己泄愤报复或者其他个人的不法目的。毁坏机器设备、残害耕畜等仅仅是实现其目的的手段；而后罪的目的就是将公私财物加以毁坏，使其部分甚至全部丧失价值。

（2）所侵害的对象不同。本罪的对象是特定的财物，即与生活经营活动直接相关的已经投入使用的机器设备、服役期间的耕畜等，而正是通过这些直接关系到生产经营活动的财物的毁坏进而实现破坏生产经营的意图。倘若与生产经营无关，如在仓库中备用或闲置不用的财物，即使是机器设备，亦不能成为本罪对象，但可以构成故意破坏财物罪的对象；后者所侵害的对象还包括生活资料。

（3）直接客体不同。本罪所侵害的是国有的、集体的以及个人的生产经营正常活动；而后者则是公私财物的所有权。

第二百七十六条之一 拒不支付劳动报酬罪

【法律规定】

• 法律条文 •

《中华人民共和国刑法》

第二百七十六条之一 以转移财产、逃匿等方法逃避支付劳动者的劳动报酬或者有能力支付而不支付劳动者的劳动报酬，数额较大，经政府有关部门责令支付仍不支付的，处三年以下有期徒刑或者拘役，并处或者单处罚金；造成严重后果的，处三年以上七年以下有期徒刑，并处罚金。

单位犯前款罪的，对单位判处罚金，并对其直接负责的主管人员和其他直接责任人员，依照前款的规定处罚。

有前两款行为，尚未造成严重后果，在提起公诉前支付劳动者的劳动报酬，并依法承担相应赔偿责任的，可以减轻或者免除处罚。

• 相关规定 •

《中华人民共和国劳动合同法》

第八十五条 用人单位有下列情形之一的，由劳动行政部门责令限期支付劳动报酬、加班费或者经济补偿；劳动报酬低于当地最低工资标准的，应当支付其差额部分；逾期不支付的，责令用人单位按应付金额百分之五十以上百分之一百以下的标准向劳动者加付赔偿金：

（一）未按照劳动合同的约定或者国家规定及时足额支付劳动者劳动报酬的；

（二）低于当地最低工资标准支付劳动者工资的；

（三）安排加班不支付加班费的；

（四）解除或者终止劳动合同，未依照本法规定向劳动者支付经济补偿的。

《最高人民法院关于审理拒不支付劳动报酬刑事案件适用法律若干问题的解释》（法释〔2013〕3号）

第一条 劳动者依照《中华人民共和国劳动法》和《中华人民共和国劳动合同法》等法律的规定应得的劳动报酬，包括工资、奖金、津贴、补贴、延长工作时间的工资报酬及特殊情况下支付的工资等，应当认定为刑法第二百七十六条之一第一款规定的“劳动者的劳动报酬”。

第二条 以逃避支付劳动者的劳动报酬为目的，具有下列情形之一的，应当认定为刑法第二百七十六条之一第一款规定的“以转移财产、逃匿等方法逃避支付劳动者的劳动报酬”：

（一）隐匿财产、恶意清偿、虚构债务、虚假破产、虚假倒闭或者以其他方法转移、处分财产的；

（二）逃跑、藏匿的；

（三）隐匿、销毁或者篡改账目、职工名册、工资支付记录、考勤记录等与劳动报酬相关的材料的；

（四）以其他方法逃避支付劳动报酬的。

第三条 具有下列情形之一的，应当认定为刑法第二百七十六条之一第一款规定的“数额较大”：

（一）拒不支付一名劳动者三个月以上的劳动报酬且数额在五千元至二万元以上的；

（二）拒不支付十名以上劳动者的劳动报酬且数额累计在三万元至十万元以上的。

各省、自治区、直辖市高级人民法院可以根据本地区经济社会发展状况，在前款规定的数额幅度内，研究确定本地区执行的具体数额标准，报最高人民法院备案。

第四条 经人力资源社会保障部门或者政府其他有关部门依法以限期整改指令书、行政处理决定书等文书责令支付劳动者的劳动报酬后，在指定的期限内仍不支付的，应当认定为刑法第二百七十六条之一第一款规定的“经政府有关部门责令支付仍不支付”，但有证据证明行为人有正当理由未知悉责令支付或者未及时支付劳动报酬的除外。

行为人逃匿，无法将责令支付文书送交其本人、同住成年家属或者所在单位负责收件的人的，如果有关部门已通过在行为人的住所地、生产经营场所等地张贴责令支付文书等方式责令支付，并采用拍照、录像等方式记录的，应当视为“经政府有关部门责令支付”。

第五条 拒不支付劳动者的劳动报酬，符合本解释第三条的规定，并具有下列情形之一的，应当认定为刑法第二百七十六条之一第一款规定的“造成严重后果”：

（一）造成劳动者或者其被赡养人、被扶养人、被抚养人的基本生活受到严重影响、重大疾病无法及时医治或者失学的；

（二）对要求支付劳动报酬的劳动者使用暴力或者进行暴力威胁的；

（三）造成其他严重后果的。

第六条　拒不支付劳动者的劳动报酬，尚未造成严重后果，在刑事立案前支付劳动者的劳动报酬，并依法承担相应赔偿责任的，可以认定为情节显著轻微危害不大，不认为是犯罪；在提起公诉前支付劳动者的劳动报酬，并依法承担相应赔偿责任的，可以减轻或者免除刑事处罚；在一审宣判前支付劳动者的劳动报酬，并依法承担相应赔偿责任的，可以从轻处罚。

对于免除刑事处罚的，可以根据案件的不同情况，予以训诫、责令具结悔过或者赔礼道歉。

拒不支付劳动者的劳动报酬，造成严重后果，但在宣判前支付劳动者的劳动报酬，并依法承担相应赔偿责任的，可以酌情从宽处罚。

第七条　不具备用工主体资格的单位或者个人，违法用工且拒不支付劳动者的劳动报酬，数额较大，经政府有关部门责令支付仍不支付的，应当依照刑法第二百七十六条之一的规定，以拒不支付劳动报酬罪追究刑事责任。

第八条　用人单位的实际控制人实施拒不支付劳动报酬行为，构成犯罪的，应当依照刑法第二百七十六条之一的规定追究刑事责任。

第九条　单位拒不支付劳动报酬，构成犯罪的，依照本解释规定的相应个人犯罪的定罪量刑标准，对直接负责的主管人员和其他直接责任人员定罪处罚，并对单位判处罚金。

【案例一】

胡某某拒不支付劳动报酬案①

•　案件事实　•

被告人胡某某于2010年12月分包了位于四川省双流县黄水镇的三盛翡俪山一期景观工程的部分施工工程，之后聘用多名工人入场施工。施工期间，胡某某累计收到发包人支付的工程款51万余元，已超过结算时确认的实际工程款。2011年6月5日工程完工后，胡某某以工程亏损为由拖欠李某某等20余名工人工资12万余元。6月9日，双流县人力资源和社会保障局责令胡某某支付拖欠的民工工资，胡某某却于当晚订购机票并在次日早上乘飞机逃匿。6月

① 根据2014年6月26日《最高人民法院关于发布第七批指导性案例的通知》指导案例28号修改。

30 日，四川锦天下园林工程有限公司作为工程总承包商代胡某某垫付民工工资 12 万余元。7 月 4 日，公安机关对胡某某拒不支付劳动报酬案立案侦查。7 月 12 日，胡某某在浙江省慈溪市被抓获。

• 裁判要旨 •

1. 不具备用工主体资格的单位或者个人（包工头），违法用工且拒不支付劳动者报酬，数额较大，经政府有关部门责令支付仍不支付的，应当以拒不支付劳动报酬罪追究刑事责任。

2. 不具备用工主体资格的单位或者个人（包工头）拒不支付劳动报酬，即使其他单位或者个人在刑事立案前为其垫付了劳动报酬的，也不影响追究该用工单位或者个人（包工头）拒不支付劳动报酬罪的刑事责任。

• 裁判理由 •

四川省双流县人民法院经审理认为：被告人胡某某拒不支付 20 余名工人的劳动报酬达 12 万余元，数额较大，且在政府有关部门责令其支付后逃匿，其行为构成拒不支付劳动报酬罪。被告人胡某某虽然不具有合法的用工资格，又属于没有相应建筑工程施工资质而承包建筑工程施工项目，且违法招用工人进行施工，上述情况不影响以拒不支付劳动报酬罪追究其刑事责任。本案中，胡某某逃匿后，工程总承包企业按照有关规定清偿了胡某某拖欠的工人工资，其清偿拖欠工人工资的行为属于为胡某某垫付工资，这一行为虽然消减了拖欠行为的社会危害性，但并不能免除胡某某应当支付劳动报酬的责任，因此，对胡某某仍应当以拒不支付劳动报酬罪追究刑事责任。鉴于胡某某系初犯，认罪态度好，遂判决被告人胡某某犯拒不支付劳动报酬罪，判处有期徒刑一年，并处罚金人民币 2 万元。宣判后被告人未上诉，判决已发生法律效力。

【案例二】

苏州市某针织有限公司等拒不支付劳动报酬案①

• 案件事实 •

被告单位苏州市某针织有限公司成立于 2006 年 10 月 24 日，公司类型为有限责任公司，被告人王某某系被告单位的法定代表人。被告人王某某在担任被告单位苏州市某针织有限公司法定代表人期间，在明知被告单位拖欠公司职工数月工资的情况下，于 2012 年 6 月 13 日至 2012 年 9 月 28 日间，将被告单

① 参见江苏省苏州市吴中区人民法院（2013）吴刑二初字第 0140 号。

位账户内累计 1099200 元的资金转入其私人账户。2012 年 10 月 17 日被告人王某某为逃避支付工资及债务出逃柬埔寨，并先后在柬埔寨以及国内多地藏匿，致使该公司职工因欠薪而发生集体罢工。2012 年 10 月 18 日、2012 年 10 月 20 日劳动部门依法向被告单位及其股东发出支付劳动者报酬的指令，但被告单位在指定期间仍未支付。经查，截至 2012 年 10 月 18 日，被告单位苏州市某针织有限公司共拖欠 88 名职工工资合计人民币 934797.5 元。王某某归案后如实供述了上述事实。

• 裁判要旨 •

用人单位负责人明知已拖欠公司职工数月工资，仍将被告单位账户资金转入个人私人账户，并出逃境外，劳动部门依法向单位及其股东发出支付劳动者报酬的指令后仍未支付，对用人单位及其主要负责人应以拒不支付劳动报酬罪追究刑事责任。

• 裁判理由 •

江苏省苏州市吴中区人民法院经审理认为：被告单位苏州市某针织有限公司以逃匿的方法逃避支付劳动者的劳动报酬，数额较大，经政府有关部门责令支付仍不支付，其行为已构成拒不支付劳动报酬罪；被告人王某某作为被告单位直接负责的主管人员，应以拒不支付劳动报酬罪追究其刑事责任。公诉机关指控被告单位苏州市某某针织有限公司、被告人王某某犯拒不支付劳动报酬罪的罪名成立，予以支持。被告人王某某归案后如实供述自己的罪行，对被告单位苏州市某针织有限公司及被告人王某某依法均可以从轻处罚。对被告人王某某的辩护人提出的被告人系初犯、偶犯，认罪态度较好的辩护意见予以采纳，但根据本案的犯罪性质、情节和后果，对辩护人提出的希望对被告人适用缓刑的辩护意见不予采纳。据此，对被告单位苏州市某针织有限公司依照《刑法》第 276 条之一第 1 款、第 2 款，第 67 条第 3 款，第 64 条及《最高人民法院关于审理拒不支付劳动报酬刑事案件适用法律若干问题的解释》第 2 条第 2 项，第 3 条第 1 款第 2 项，第 4 条，第 9 条之规定；对被告人王某某依照《刑法》第 276 条之一第 1 款、第 2 款，第 67 条第 3 款，第 64 条及《最高人民法院关于审理拒不支付劳动报酬刑事案件适用法律若干问题的解释》第 2 条第 2 项，第 3 条第 1 款第 2 项，第 4 条，第 9 条之规定，判决如下：一、被告单位苏州市某针织有限公司犯拒不支付劳动报酬罪，判处罚金人民币 20 万元。二、被告人王某某犯拒不支付劳动报酬罪，判处有期徒刑二年，并处罚金人民币 10 万元。

宣判后，被告人未上诉，检察机关也未提出抗诉，判决已经生效。

【学理分析及适用指引】

• 学理分析 •

为进一步加强保护劳动者获取报酬的合法权益，加强对民生的保护，切实维护农民工的切身利益，稳定社会秩序，对于原本属于民事违约、行政违法但运用民事责任、行政处罚尚难以遏制的拒不支付劳动报酬行为，有必要通过刑事手段予以调整，《刑法修正案（八）》为此增设了《刑法》第276条之一，即拒不支付劳动报酬罪。本罪的构成要件是：

1. 本罪的客体。本罪侵犯的法益（客体）是劳动者的合法劳动报酬的财产权益，对象是劳动者应得的劳动报酬。

2. 本罪的客观方面。本罪客观方面主要有两种表现形式：一是以转移财产、逃匿等方法逃避支付劳动者数额较大的劳动报酬；二是有支付能力而不支付劳动者数额较大的劳动报酬。这两种行为要构成犯罪，还必须具有一个前置性条件，即经政府有关部门责令支付仍不支付的。之所以将“经政府有关部门责令支付仍不支付”作为成立本罪的必要性条件，目的是更好地让现有的劳动争议解决机制充分发挥行政程序简便、快捷的作用，体现了刑事手段与行政手段的有机衔接。不仅有利于缩小打击面，也有利于发展更加和谐稳定的劳动关系。

3. 本罪的主体。本罪的主体是一般主体，包括用人单位和自然人（如个体工商户等）。

4. 本罪的主观方面。本罪主观方面属于故意，行为人有能力支付而故意拒不支付劳动者的劳动报酬。

• 适用指引 •

在认定和处理拒不支付劳动报酬罪的司法实践中，要着重注意以下三个问题：

1. 注意本罪的对象——劳动报酬的范围确定。不要简单地将其等同于工资。劳动报酬与工资是不同的，其范围要大于工资。根据我国相关劳动法规，工资是劳动者劳动收入的主要组成部分，但劳动者的以下劳动收入不属于工资的范围：

（1）单位支付给劳动者个人的社会保险福利费用、加班费。五险一金：养老、医疗、失业、工伤、生育保险和住房公积金。

（2）劳动保护方面的费用，如用人单位支付给劳动者的工作服、解毒剂、清凉饮料费用等。这两项收入应属于劳动报酬的范围。

（3）按规定未列入工资总额的各种劳动报酬及其他劳动收入。

2. 要正确区分刑事犯罪与民事纠纷的界限。尤其要严格把握以下两个界限：第一，正确区分本条规定的犯罪行为和一般欠薪行为。对于确因经营中遇到困难、资金周转不开或经营不善等原因而暂时无法支付劳动者劳动报酬的，不宜将其纳入《刑法》调整的范围。应当要求经营者主动与劳动者签订清偿协议，明确清偿时间和数额，届时仍未清偿应承担法律责任，力求将这类案件在劳动争议调解仲裁的法律框架下予以解决。第二，未能支付劳动报酬受多方面复杂因素的制约，应当根据行为人的多方面情况综合判断和把握行为人是否属于“有能力支付”。

3. 注意充分运用本罪刑罚适用中的法定减免条件。《刑法》第 276 条第 3 款明确规定，对于拒不执行劳动报酬的犯罪行为，若尚未造成严重后果，在提起公诉前支付劳动者劳动报酬，并依法承担相应赔偿责任的，可以减轻或免除处罚。这一规定充分体现了刑法谦抑性原则，反映了当宽则宽、该严则严的宽严相济刑事政策的要求，在维护劳动者合法权益的同时，又尽量减小打击面，从而有利于生产经营的发展。对被告人减免处罚的事由同时应满足三个条件：一是全额支付了劳动报酬；二是依法承担了相应的赔偿责任（如支付经济补偿金、赔偿金等）；三是必须是在提起公诉前完成了前两项支付义务。

第六章 妨害社会管理秩序罪

第一节 扰乱公共秩序罪

第二百七十七条 妨害公务罪、袭警罪

【法律规定】

• 法律条文 •

《中华人民共和国刑法》

第二百七十七条 以暴力、威胁方法阻碍国家机关工作人员依法执行职务的，处三年以下有期徒刑、拘役、管制或者罚金。

以暴力、威胁方法阻碍全国人民代表大会和地方各级人民代表大会代表依法执行代表职务的，依照前款的规定处罚。

在自然灾害和突发事件中，以暴力、威胁方法阻碍红十字会工作人员依法履行职责的，依照第一款的规定处罚。

故意阻碍国家安全机关、公安机关依法执行国家安全工作任务，未使用暴力、威胁方法，造成严重后果的，依照第一款的规定处罚。

暴力袭击正在依法执行职务的人民警察的，处三年以下有期徒刑、拘役或者管制；使用枪支、管制刀具，或者以驾驶机动车撞击等手段，严重危及其人身安全的，处三年以上七年以下有期徒刑。

• 相关规定 •

《中华人民共和国刑法》

第一百五十七条第二款 以暴力、威胁方法抗拒缉私的，以走私罪和本法第二百七十七条规定的阻碍国家机关工作人员依法执行职务罪，依照数罪并罚的规定处罚。

第二百四十二条第一款　以暴力、威胁方法阻碍国家机关工作人员解救被收买的妇女、儿童的，依照本法第二百七十七条的规定定罪处罚。

《最高人民法院关于审理破坏草原资源刑事案件应用法律若干问题的解释》（法释〔2012〕15号）

第四条　以暴力、威胁方法阻碍草原监督检查人员依法执行职务，构成犯罪的，依照刑法第二百七十七条的规定，以妨害公务罪追究刑事责任。

煽动群众暴力抗拒草原法律、行政法规实施，构成犯罪的，依照刑法第二百七十八条的规定，以煽动暴力抗拒法律实施罪追究刑事责任。

《最高人民检察院关于以暴力威胁方法阻碍事业编制人员依法执行行政执法职务是否可对侵害人以妨害公务罪论处的批复》（高检发释字〔2000〕2号）

重庆市人民检察院：

你院《关于以暴力、威胁方法阻碍事业编制人员行政执法活动是否可以对侵害人适用妨害公务罪的请示》收悉。经研究，批复如下：

对于以暴力、威胁方法阻碍国有事业单位人员依照法律、行政法规的规定执行行政执法职务的，或者以暴力、威胁方法阻碍国家机关中受委托从事行政执法活动的事业编制人员执行行政执法职务的，可以对侵害人以妨害公务罪追究刑事责任。

此复。

《最高人民法院、最高人民检察院关于办理妨害预防、控制突发传染病疫情等灾害的刑事案件具体应用法律若干问题的解释》（法释〔2003〕8号）

第八条　以暴力、威胁方法阻碍国家机关工作人员、红十字会工作人员依法履行为防治突发传染病疫情等灾害而采取的防疫、检疫、强制隔离、隔离治疗等预防、控制措施的，依照刑法第二百七十七条第一款、第三款的规定，以妨害公务罪定罪处罚。

《最高人民法院、最高人民检察院、公安部关于依法严肃查处拒不执行判决裁定和暴力抗拒法院执行犯罪行为有关问题的通知》（法发〔2007〕29号）

二、对下列暴力抗拒执行的行为，依照刑法第二百七十七条的规定，以妨害公务罪论处。

（一）聚众哄闹、冲击执行现场，围困、扣押、殴打执行人员，致使执行工作无法进行的；

（二）毁损、抢夺执行案件材料、执行公务车辆和其他执行器械、执行人员服装以及执行公务证件，造成严重后果的；

（三）其他以暴力、威胁方法妨害或者抗拒执行，致使执行工作无法进行的。

三、负有执行人民法院判决、裁定义务的单位直接负责的主管人员和其他直接责任人员，为了本单位的利益实施本《通知》第一条、第二条所列行为之一的，对该主管人员和其他直接责任人员，依照刑法第三百一十三条和第二百七十七条的规定，分别以拒不执行判决、裁定罪和妨害公务罪论处。

《最高人民法院、最高人民检察院、公安部、国家烟草专卖局关于办理假冒伪劣烟草制品等刑事案件适用法律问题座谈会纪要》（商检会〔2003〕4号）

八、关于以暴力、威胁方法阻碍烟草专卖执法人员依法执行职务行为的定罪处罚问题

以暴力、威胁方法阻碍烟草专卖执法人员依法执行职务的，依照刑法第二百七十七条的规定，以妨害公务罪定罪处罚。

《最高人民法院、最高人民检察院、公安部、国家工商行政管理总局关于依法查处盗窃、抢劫机动车案件的规定》（公通字〔1998〕31号）

第一条 司法机关依法查处盗窃、抢劫机动车案件，任何单位和个人都应当予以协助。以暴力、威胁方法阻碍司法工作人员依法办案的，依照《刑法》第二百七十七条第一款的规定处罚。

《国家广电总局、公安部、国家安全部关于坚决查处擅自接收、转播境外卫星电视的通知》（广发社字〔1999〕166号）

三、国家严禁未经许可的单位经营境外卫星电视及其专用设备，严禁各有线电视台、站和未持有许可证的单位接收、转播卫星传送的境外电视，严禁未持有许可证的个人设置卫星地面接收设施并通过其接收境外电视节目，严禁未经广播电视部门和国家安全部门检验合格的卫星地面接收设施接收境外电视节目，在检验中，对不符合维护国家安全要求的设备、设施，可由国家安全部门责令进行必要的技术处理；对拒绝或者没有能力进行技术处理的，予以封存、扣押。情节严重、构成犯罪的，要依照《刑法》第二百七十七条第四款的规定，追究行为人的刑事责任。

【案例一】

宋某某妨害公务案①

• 案件事实 •

2004年7月14日下午5时许，宋某某驾驶牌号为苏DL×××的解放牌载货汽车装载25吨（额定载重4.5吨）水泥沿104国道由东向西行驶。因车辆严重超载，宋某某为掩盖车辆超载假象，以逃避检查处罚，在距溧阳市梅园治理机动车超速超载点（以下简称治超点）500米处时将车速提升至60公里每

---

① 参见最高人民法院中国应用法学研究所编：《人民法院案例选》（2005年第2辑），人民法院出版社2006年版，第75～79页。

小时，当车辆以此速度行驶至距离该治超点 50 米处时，负责车辆超速超载治理工作的交通警察张某某在快车道中央示意宋某某将车驶入慢车道并停车接受检查。宋某某因害怕处罚，故未采取制动措施和改变行驶方向而是继续恒速沿快车道向前行驶。在距张某某约 10 米时，宋某某见其仍未避让方才紧急刹车，张某某此时虽经紧急避让仍被撞倒而致外伤性尾骨骨折。案发后，宋某某已赔偿了张某某的经济损失。

• 裁判要旨 •

驾车强行闯关逃避检查，并造成检查人员轻伤的行为，可以视为妨害公务罪的“暴力、威胁”的表现形式。

• 裁判理由 •

江苏省溧阳市人民法院经审理后认为：被告人宋某某驾驶超载车辆，明知交通警察在执行公务，却不服从指挥、不停车接受检查，而是通过高速驾车这一危险方式胁迫交警放弃正常执行公务，且造成交警受轻伤的后果，其行为阻碍了国家机关工作人员依法执行职务，已构成妨害公务罪。检察机关指控被告人宋某某犯妨害公务罪，罪名成立，应予支持。辩护人提出的被告人宋某某属初犯、偶犯，对被害人造成的损害已予赔偿，归案后认罪态度较好等辩护意见，经查属实，予以采纳。鉴于被告人宋某某最终能采取紧急制动措施以致没有造成更为严重的后果，案发后能积极赔偿被害人的经济损失，认罪态度较好，可酌情从轻处罚。据此，依照《刑法》第 277 条、第 52 条、第 53 条之规定，作如下判决：被告人宋某某犯妨害公务罪，判处罚金人民币 5000 元。

【案例二】

朱辉勇袭警案①

• 案件事实 •

2021 年 3 月 9 日 0 时 26 分，湖南省汝城县城关派出所值班民警郭某接到三台合一指挥中心转警电话称：汝城县卢阳镇某大酒店有喝醉酒的男子闹事，将前台的电脑砸坏了，请求帮助。民警郭某接警后，与辅警刘某、朱某 1 驾驶警车赶到汝城县某大酒店大厅门口，酒店领班过来告诉民警在酒店闹事的醉酒男子在酒店停车场出口处的草丛旁坐着，随后，酒店人员带民警郭某等三人到停车场出口处的草丛旁对涉事被告人朱辉勇和同案人陈某进行询问和信息登

---

① 湖南省汝城县人民法院（2021）湘 1026 刑初 87 号。

记。在信息登记过程中，因陈某喝醉了酒未能清晰地说出姓名，辅警刘某要求陈某把名字重复说一遍，陈某便口头辱骂民警，称民警素质太差。登记完陈某的信息之后，民警要求朱辉勇、陈某一起到酒店前台查看情况。在行走的过程中，陈某走在前面，对酒店工作人员大声喊叫并辱骂不该报警，民警郭某对陈某进行制止，这时被告人朱辉勇突然用手拽着民警郭某的衣领进行拉扯，民警郭某警告被告人朱辉勇松手放开，被告人朱辉勇一直不肯松手放开，继续抓着民警郭某的衣领，被告人朱辉勇的几个朋友过来后，被告人朱辉勇又用左胳膊勾住民警郭某的脖子，民警郭某对被告人朱辉勇进行三次口头警告，不要妨碍他执行公务，被告人朱辉勇还用右手拳头击打民警郭某。民警郭某立刻指示辅警刘某、朱某1将朱辉勇用手铐铐起来带至警车内，这时陈某又过来阻止民警将朱辉勇带走。后朱辉勇、陈某一起被带至城关派出所。被告人朱辉勇被抓获到案后，如实供述了上述事实。

另查明，被告人朱辉勇曾数次犯盗窃罪，分别被汝城县法院及其人民法院依法判处有期徒刑，最后一次刑满释放时间是2016年12月27日。

再查明，被害人郭某是2020年12月通过湖南省招录的正式公务员，录用职位是特警，分配在汝城县城关派出所工作。

• 裁判要旨 •

袭警罪的司法适用及刑法时间效力。

• 裁判理由 •

湖南省汝城县人民法院经审理认为，被告人朱辉勇暴力袭击正在依法执行职务的人民警察，其行为构成袭警罪。被告人朱辉勇到案后如实供述自己的罪行，有坦白情节，依法可以从轻处罚。被告人朱辉勇认罪认罚，依法可以从宽处理。被告人朱辉勇曾因故意犯罪被判处有期徒刑，刑罚执行完毕以后，在五年内再犯应当判处有期徒刑以上之罪，是累犯，依法应当从重处罚。公诉机关的上述指控成立。

对辩护人提出被告人朱辉勇的行为只构成妨害公务罪，不构成袭警罪，郭某不具备警察身份，汝城侦查机关应回避对本案侦查的辩护意见。经查，本案发生的时间是在2021年3月9日，是发生在《刑法修正案（十一）》发布之后，《刑法修正案（十一）》新增加了袭警罪，而《刑法修正案（十一）》发布之前袭击警察执行公务的按妨害公务罪处罚。另外，关于受害人郭某的身份是否具有警察身份问题，经查，郭某是2020年12月经过公开招录的有正式编制的人民警察，具有人民警察身份，被害人郭某虽然是一名见习警官，并不影响他的警察身份，其按照“三台合一”指令出警处警，并不存在执法程序和主体违法问题。本案的被害人郭某是汝城县城关派出所的正式民警，案件的侦查由汝城县治安大队侦查，已经在内部实行了回避侦查。但辩护人提出对该案的侦查，汝城县侦查都要回避，于法无据。对辩护人的上述辩护意见，不予采纳。

对被告人朱辉勇适用《刑法》第277条第5款、第67条第3款，第65条，《刑事诉讼法》第15条，依照《刑事诉讼法》第200第1项之规定，判决如下：被告人朱辉勇犯袭警罪，判处有期徒刑九个月。

【学理分析及适用指引】

• 学理分析 •

1. 妨害公务罪的构成。妨害公务罪是指以暴力、威胁的方法，阻碍国家机关工作人员、人大代表、红十字会工作人员依法执行职务或履行职责，或者故意阻碍国家安全机关、公安机关依法执行国家安全工作任务，虽未使用暴力、威胁方法，但造成严重后果的行为。本罪的构成要件如下：

（1）本罪的客体。妨害公务罪的客体，是我国国家机关工作人员的合法公务活动。本罪的犯罪对象包括国家机关工作人员和依法执行公务的人大代表、红十字会工作人员。此处的“国家机关工作人员”，包括各级国家权力机关、行政机关、审判机关、检察机关中从事公务的人员。需要注意的是：此处的“国家机关工作人员”不包括军事机关中从事公务的人员，阻碍军人执行职务的，构成《刑法》第368条规定的阻碍军人执行职务罪。2002年4月28日《全国人民代表大会常务委员会关于〈中华人民共和国刑法〉第九章渎职罪主体适用问题的解释》规定，在依照法律、法规规定行使国家行政管理职权的组织中从事公务的人员，或者在受国家机关委托代表国家机关行使职权的组织中从事公务的人员，或者虽未列入国家机关人员编制但在国家机关中从事公务的人员，在代表国家机关行使职权时，有渎职行为构成犯罪的，依照《刑法》关于渎职罪的规定追究刑事责任。这一规定强调了根据行为性质而非身份性质判断是否属于国家机关工作人员的立法理念，只要是执行国家公务的人员，不管是否具有国家机关工作人员的身份，均属于本罪中的“国家机关工作人员”。

（2）本罪的客观方面。以暴力、胁迫方法阻碍我国国家机关工作人员依法执行职务，或者故意阻碍国家安全机关、公安机关依法执行国家安全工作任务，未使用暴力、威胁方法，造成严重后果的行为。

（3）本罪的主观方面。妨害公务罪的主观方面只能是故意，行为人明知国家机关工作人员正在依法执行职务，而故意以暴力、胁迫方法予以阻碍，阻碍的动机不影响本罪的成立。行为人如果只是对公务行为的合法性产生法律认识错误，而非事实认识错误，一般不影响本罪成立。①

（4）本罪的主体。本罪的主体为一般主体，凡是达到刑事责任年龄，具备刑事责任能力的自然人均能构成本罪。

2. 袭警罪的构成。为进一步加强对袭警行为的预防和惩治，《刑法修正案（十一）》修改了《刑法》第277条第5款关于“暴力袭击正在依法执行职务的人民警察”依照妨害公务罪从重处罚规定，将该行为单独规定法定刑及罪刑体系，即袭警行为独立成罪。袭警罪是指暴力袭击正在依法执行职务的人民警察的行为。

（1）本罪的客体。袭警罪既侵犯了人民警察正常执法活动又侵犯了人民警察的人身权益。暴力袭击的对象必须是正在依法执行职务的人民警察，包括公安机关、国家安全机关、审判机关、司法行政机关以及海关侦查机关等部门的治安警察、交通警察、司法警察、缉私警察等。如果行为人袭击的对象不是人民警察或者不是正在依法执行职务的警察，都不构成本罪。对于袭击其他依法执行职务的国家机关工作人员，构成妨害公务罪的，依照第1款规定处罚。

（2）本罪的客观方面。袭警罪客观方面是暴力袭击正在依法执行职务的人民警察。这里的“暴力袭击”，根据《最高人民法院、最高人民检察院、公安部关于依法惩治袭警违法犯罪行为的指导意见》，包括实施撕咬、踢打、抱摔、投掷等，对民警人身进行攻击的；实施打砸、毁坏、抢夺民警正在使用的警用车辆、警械等警用装备，对民警人身进行攻击的。“暴力袭击”行为并不要求必然造成伤害后果。

（3）本罪的主体。袭警罪的主体是一般主体，属于自然人犯罪。

（4）本罪的主观方面。袭警罪的主观方面是故意，行为人明知对方是正在执行职务的人民警察。

• 适用指引 •

司法实践中，认定本罪应注意：

1. 本罪与非罪的界限。

（1）划清妨害公务罪与人民群众抵制国家机关工作人员违法乱纪行为的界限。在实践中，极少数国家机关工作人员，在执行公务过程中，假公济私，滥用职权，违法乱纪，损害群众的利益，引起公愤，群众对之进行抵制，要慎重对待。

（2）划清妨害公务罪与人民群众因提出合理要求，或者对政策不理解或者态度生硬而与国家机关工作人员发生争吵、围攻顶撞、纠缠行为的界限。群众围攻、顶撞国家机关工作人员，通常是由于人民群众对国家机关工作人员依

① 张明楷：《刑法学》，法律出版社2007年版，第755页。

法宣布的某项政策、决定、措施不理解、有意见，向国家机关工作人员提出质问，要求说明、解释、答复，由于情绪偏激、态度不冷静、方法不得当而形成的对国家机关工作人员的围攻、顶撞行为。在围攻、顶撞过程中，常伴有威胁性语言和类似暴力的推搡、拉扯行为，在客观上妨害了公务。

2. 妨害公务罪与聚众阻碍解救被收买的妇女、儿童罪的界限。

（1）犯罪的主要客体不同。前者系妨害社会管理秩序罪，侵害的主要客体是国家的正常管理活动；后者则属侵犯公民人身权利罪，侵害的主要客体是被拐卖、收买的妇女、儿童的人身自由权。

（2）犯罪的客观方面不同。前者通常表现为以暴力、威胁方法阻碍国家机关工作人员依法执行职务或红十字会工作人员依法履行职责的行为，聚众、不聚众均无不可；后者则只能是以聚众方式阻碍国家机关工作人员解救被收买的妇女、儿童的行为，至于犯罪方法，则不以暴力、威胁为必要，以非强制手段进行的，也可构成犯罪。对于少数人（3 人以下）以暴力、威胁方法阻碍国家机关工作人员解救被收买的妇女、儿童的，应依照《刑法》第 242 条第 1 款和第 277 条第 1 款的有关规定，以妨害公务罪论处。

（3）犯罪的主体不同。前者的主体是一般主体，任何具备刑事责任能力的自然人均可构成该罪；后者则是特殊主体，只有在聚众阻碍解救被收买的妇女、儿童的活动中起组织、策划、指挥作用的首要分子才能成为其主体。对于其他参与阻碍活动，若未使用暴力、威胁方法的，应依法不认定为犯罪；如使用暴力、威胁方法的，则应根据《刑法》第 242 条第 2 款后半段的规定以妨害公务罪论处。

3. 妨害公务罪与拒不执行判决、裁定罪的区别。拒不执行判决、裁定罪，是指对人民法院的判决、裁定有能力执行而拒不执行，情节严重的行为。二者主要区别在于其犯罪的客观方面、犯罪主体不同：妨害公务罪通常必须是以暴力、威胁方法实施，且行为人侵害公务人员的行为必须发生在后者依法执行公务期间；而拒不执行判决、裁定罪则不要求必须使用暴力、威胁的方法，可以是能够损害法院裁判约束力、权威性的任何方法，比如欺骗隐瞒、消极抵制、无理取闹等。而且，拒不执行判决、裁定罪也不要求必须发生在人民法院依法执行职务期间。妨害公务罪的主体是一般主体；而拒不执行判决、裁定罪的主体则是特殊主体，即必须具有执行判决、裁定义务的当事人或者依照法律对判决、裁定负有协助执行义务的人。

根据 2007 年 8 月 30 日《最高人民法院、最高人民检察院、公安部关于依法严肃查处拒不执行判决、裁定和暴力抗拒法院执行犯罪行为有关问题的通知》第 2 条之规定，对于暴力抗拒法院依法执行判决裁定的行为，应以妨害公务罪论处。

4. 实践中本罪客观方面的几种情形的认定。

（1）以暴力或者威胁的方法阻碍国家机关工作人员依法执行职务的行为。所谓依法执行职务，是指国家机关工作人员在国家规定的范围内，运用其合法职权从事公务活动。

首先，这种公务活动，不仅包括国家机关工作人员在工作时间或工作单位中所进行的公务活动，而且还包括国家机关工作人员根据有关规定或命令在其他时间或场所内的公务活动。例如，公安人员在任何时间或地点，都有权抓捕正在进行犯罪活动的犯罪嫌疑人，对其以暴力或威胁方法进行阻碍，就构成犯罪。

其次，国家机关工作人员必须是在依法执行职务。即其所进行的管理活动，确实属于他的合法职权范围，并且活动的方式符合法律规定的条件。例如，工商行政管理人员依法对市场贸易进行监督管理，海关人员依法进行进出口物品检验等。如果国家机关工作人员超越其职务范围进行其他非法活动，或者滥用职权，以权谋私，违法乱纪，侵犯国家和人民群众利益，激起民愤，受到阻碍的不能视为妨害公务。同时，行为人必须是以暴力或者威胁的方法阻碍执行公务。本条所称“暴力”，是指行为人对正在依法执行职务的国家机关工作人员的身体实施了暴力打击或者人身强制，如殴打行为、捆绑行为等。如果行为人的暴力行为造成国家机关工作人员重伤结果或因重伤导致死亡结果，甚至故意杀害国家机关工作人员的，应按处理牵连犯的原则，以重罪吸收轻罪，按故意伤害（重伤）罪或者故意杀人罪定罪，从重处罚。本条所称“威胁”，是指行为人以杀害、伤害、毁坏财产、破坏名誉、扣押人质等对正在依法执行职务的国家机关工作人员进行威逼、胁迫，企图迫使国家机关工作人员放弃执行职务。行为人如果并未采用暴力或威胁方法，而是用其他方法干扰国家机关工作人员执行职务，例如谩骂、吵闹等行为，虽然对执行职务有一定程度的妨害，但也不能构成妨害公务罪。对此种行为可以批评教育，或进行治安管理处罚，情节恶劣者，则可能构成侮辱罪或其他犯罪。

（2）以暴力、威胁方法阻碍各级人民代表大会代表执行代表职务。无论是在本级人民代表大会会议期间依法执行职务，还是在本级人民代表大会闭会期间依法执行职务，只要属于代表职务，对其以暴力、威胁方法进行阻碍的，就可构成妨害公务罪。应当指出，有的代表本身属于国家机关工作人员。如果是在执行其工作职务，对其进行阻碍的，应是本罪客观方面的第一种情况，即阻碍国家机关工作人员依法执行职务。如果其不是在执行工作职务，而是在执行代表职务，就构成本罪的这种情况。代表如属于非国家机关工作人员，则只有执行代表职务时才可构成本罪。

（3）在自然灾害和突发事件中，以暴力、威胁方法阻碍红十字会工作人员依法履行职责，即可构成本罪。对于这种情况必须注意把握三个方面，即第一，必须是红十字会的工作人员。如果不是红十字会的工作人员，即使从事一些人道主义工作，对其进行暴力、威胁阻碍的，也不能构成本罪。第二，必须是正在依法履行自己的职责。第三，必须是在自然灾害或突发事件中。以暴力、威胁方法阻碍其履行职责。虽以暴力、威胁方法阻碍了红十字会工作人员依法履行职责，但如不是在自然灾害或突发事件中，亦不能构成本罪。

（4）故意阻碍国家安全机关、公安机关依法执行国家安全工作任务，未使用暴力、威胁方法，但造成严重后果的，以妨害公务罪论处。此种情况是上述暴力、威胁方法以外的手段，如围攻、哄闹，对执行国家安全工作任务的有关国家机关工作人员要求提供方便条件置之不理或拖延不办等而阻碍执行有关国家安全公务。阻碍执行国家安全工作的人员执行国家安全公务，还必须造成严重的后果，才构成此种行为方式的妨害公务罪。所谓“严重后果”，是指耽误了国家安全工作，放纵了犯罪分子，或者给国家安全造成了严重损害，具体则如致使犯罪嫌疑人逃跑，侦查线索中断，犯罪证据灭失，赃款、赃物被转移等。值得说明的是，行为人如果适用暴力手段袭击、阻碍国家安全机关、公安机关依法执行国家安全工作任务的，既构成妨害公务罪的同时又构成袭警罪，属于法条竞合，应以袭警罪定罪处罚。

5. 袭警罪的司法认定。

（1）暴力袭击辅警的行为如何处理。司法实践中，不少公安机关为补充警力的不足，招聘了一些警务辅助人员即辅警协助工作。应当明确的是，辅警不是人民警察，不具备执法主体资格，不能直接参与公安执法工作，应当在公安民警的指挥和监督下开展辅助性工作。因此，如果人民警察在场，辅警是配合警察依法执行职务的，对辅警进行袭击的，符合《刑法》第 277 条第 1 款的规定，可以认定妨害公务罪。如果警察不在场，因辅警不具备执法主体资格，也不能视为国家机关工作人员，因此也不属于妨害公务罪的行为对象，对辅警暴力袭击造成伤害后果的，应以故意伤害罪等论处。

（2）袭警罪与妨害公务罪的关系。从前述分析可以看出，袭警行为原本是妨害公务的法定从重情形，是妨害公务罪的一种特殊类型，《刑法修正案（十一）》将其独立作为一个新的罪名，规定妨害公务罪的《刑法》第 277 条第 1 款和规定袭警罪的《刑法》第 277 条第 5 款属于法条竞合的关系，原则上特殊条款的规定优先于一般条款的规定。

（3）治安联防队员在执行任务中受到不法侵害能否对侵害人以袭警罪或者妨害公务罪论处的问题。一般来讲，由于治安联防组织属于群众性自防自治组织，其执行的是群众性自治组织的集体公务而非国家公务，所以妨害集体公务的行为既不构成妨害公务罪也不属于袭警罪。但是，如果治安联防队员受国家机关指派从事具体的国家公务或者陪同国家机关工作人员执行国家公务时，不法侵害治安联防队员达到犯罪程度的，应该以妨害公务罪论处。

第二百七十八条　煽动暴力抗拒法律实施罪

【法律规定】

• 法律条文 •

《中华人民共和国刑法》

第二百七十八条 煽动群众暴力抗拒国家法律、行政法规实施的，处三年以下有期徒刑、拘役、管制或者剥夺政治权利；造成严重后果的，处三年以上七年以下有期徒刑。

• 相关规定 •

《最高人民法院、最高人民检察院、公安部、国家烟草专卖局关于办理假冒伪劣烟草制品等刑事案件适用法律问题座谈会纪要》（商检会〔2003〕4号）

九、关于煽动群众暴力抗拒烟草专卖法律实施行为的定罪处罚问题

煽动群众暴力抗拒烟草专卖法律实施的，依照刑法第二百七十八条的规定，以煽动暴力抗拒法律实施罪定罪处罚。

【案例】

沈某义、沈某克、王某某、冯某某、倪某某、郭某某、沈某见、骆某某煽动暴力抗拒法律实施案①

• 案件事实 •

2006年7月中旬，沈某克、倪某某、骆某某等人，明知未经审批擅自建房违法，仍商定在萧山区党山镇车路湾村的耕地上建房。为了形成既成事实及对抗政府主管部门的执法活动，沈某克、倪某某、骆某某等人决意在7月17日实施非法建房，并通知其他群众去参加护卫和建房，得到沈某义、冯某某、沈某见、郭某某等人的呼应。后沈某义、冯某某、沈某见、郭某某采用电话、口头通知等形式，煽动被纠集的群众去非法施工现场参加护卫活动。7月17日5时许，在沈某克、倪某某、骆某某等人的直接组织、指挥下，400余名群众到萧山区党山镇车路湾村××组农民的承包地（系党山镇规划用地范围）周围护卫建房。7月17日至7月28日，萧山区党山镇人民政府和萧山区人民政府

---

① 参见浙江省杭州市中级人民法院（2007）杭刑终字第56号。

多次来到施工现场宣传法律、送达法律文书、发布通告，责令停止施工。7月28日晚，萧山区人民政府有关部门工作人员找到沈某义、沈某克、倪某某等人，再次宣传法律法规，并责令停止非法抢建行为。但上述被告人置之不理，继续强行建房。

2006年7月29日下午，杭州市国土资源局萧山区分局以及萧山区城市管理综合行政执法局的工作人员进入萧山区党山镇车路湾村，依法制止违法建造、强制拆除违法建筑物。被煽动的群众当场使用暴力抗拒执法，有的对执法人员围堵、殴打，阻挠执法人员进入非法施工现场；有的爬上违法建筑物的脚手架和墙体上拒绝离开，阻止执法人员拆除违法建筑物；有的从违法建筑物上向下扔砖块砸执法人员，公然对抗执法行动；有的强行冲击现场周边设置的警戒线，冲进现场抗拒执法。郭某某还带头爬上违法建筑物，阻止执法人员执法。在执法人员将违法建筑物强制拆除后，数百名被煽动的群众，以向政府要人为由，冲击党山镇人民政府，殴打、谩骂政府工作人员和维持秩序的警察，冲击警察设置的警戒线，造成多名政府工作人员受伤。事后，王某某撰写文章，在互联网上发布，歪曲事实，继续煽动群众抗拒法律的实施。

• 裁判要旨 •

明知群众会使用暴力而煽动群众抗拒法律实施，导致群众暴力抗拒法律实施造成严重结果的，构成煽动暴力抗拒法律实施罪。

• 裁判理由 •

一审法院浙江省杭州市萧山区人民法院作出如下判决：依照《刑法》第278条，第25条第1款，第26条第1款、第4款，第27条，第72条第1款之规定，以煽动暴力抗拒法律实施罪，分别判处被告人沈某克有期徒刑三年六个月；判处被告人沈某义有期徒刑三年，缓刑三年；判处被告人王某某有期徒刑二年；判处被告人冯某某有期徒刑二年；判处被告人倪某某有期徒刑二年，缓刑三年；判处被告人郭某某有期徒刑一年，缓刑二年；判处被告人沈某见有期徒刑一年，缓刑二年；判处被告人骆某某有期徒刑一年。后部分被告人不服上诉。

浙江省杭州市中级人民法院经审理认为：根据《土地管理法》《城市规划法》《浙江省实施〈中华人民共和国城市规划法〉办法》《杭州市土地管理规定》的规定，杭州市国土资源局萧山区分局、萧山区城市管理综合行政执法局，依法对发生在萧山区境内的违法占用土地、违反城市规划法的行为具有行政执法权。萧山区人民政府在发布责令立即停止施工，自行拆除违法建筑物的通告后，对于继续发生的强行建房行为，责令土地管理和城市规划管理部门依法予以制止，并强制拆除违法建筑物，符合相关法律的规定，执法程序合法。

当执法人员依法制止非法建房行为、强制拆除违法建筑物时，被煽动的群众殴打、围堵、谩骂，并冲击党山镇人民政府、警察设置的警戒线，在违法建筑物的脚手架和墙体上用砖块往下砸，部分执法人员受伤，暴力抗法事实确凿。

上诉人沈某克、王某某、冯某某、骆某某等人明知所建造的房屋未经审批，依法应予拆除，但为实现非法建房，仍煽动群众参与护卫建房，且在已经发生群众与执法人员对抗和冲突的情况下，继续煽动群众参与护卫建房，造成执法人员受伤，说明上诉人沈某克、王某某、冯某某、骆某某等人主观上具有煽动群众暴力抗拒法律实施的故意。

上诉人沈某克、王某某、冯某某、骆某某及原审被告人沈某义、倪某某、郭某某、沈某见无视国家法律，明知所建造的房屋未经审批，系非法建造，会被政府依法制止，为了造成既成事实，以达到破坏国家法律实施的目的，煽动群众为非法建房进行护卫，通过被煽动群众对执法人员的围堵、殴打等暴力行为阻碍执法人员的执法活动的行为均已构成煽动暴力抗拒法律实施罪，且造成严重后果，依法应予惩处。二审法院裁定驳回上诉，维持原判。

【学理分析及适用指引】

• 学理分析 •

煽动暴力抗拒法律实施罪，是指煽动群众暴力抗拒国家法律、行政法规实施的行为。本罪的构成要件如下：

1. 本罪的客体。本罪的客体是国家的法律秩序。国家依照法律治理国家，管理社会，如果煽动群众暴力抗拒国家法律、行政法规的实施，必然破坏国家的法律秩序，影响社会的稳定。

2. 本罪的客观方面。本罪在客观方面表现为煽动群众暴力抗拒国家法律、行政法规实施的行为。煽动，是指故意用语言、文字等方式公然诱惑、鼓动群众的行为。煽动的方式是多种多样的，如标语、传单、发表演讲、发送书信等。煽动的内容必须是试图使群众使用暴力手段抗拒国家法律、行政法规实施，如果不是鼓动群众使用暴力抗拒，不构成本罪。暴力抗拒国家法律、行政法规实施，是指以杀害、伤害执法人员或者进行物质破坏等暴力手段，抗拒国家法律、行政法规的执行。此处的国家法律，是指全国人民代表大会及其常务委员会通过的法律和法律性文件；行政法规，是指国务院制定和颁布的有关国家行政管理活动的各种规范性法律文件。

3. 本罪的主体。犯罪主体为一般主体。

4. 本罪的主观方面。主观方面由故意构成，即故意煽动群众使用暴力抗拒法律实施，如煽动群众使用暴力抗拒国家游行示威法的实施等。

• 适用指引 •

司法实践中，认定本罪应注意：

1. 煽动暴力抗拒法律实施罪，要求行为人公然煽动群众使用暴力抗拒法律实施，对于煽动使用暴力的方式，既可以是明确要求群众使用暴力，也可以是明知特殊条件下群众将会使用暴力而予以放任，主观上只追求抗拒法律实施的目的实现，对群众是否使用暴力均予以认可。构成本罪，要求行为人对群众抗拒法律实施持直接追求态度，而对是否使用暴力方式，可以持放任态度。如果煽动者对群众抗拒法律实施时，究竟是以暴力方式还是以和平方式进行持无所谓的放任态度，而结果群众使用暴力抗拒法律实施的可以认定构成煽动暴力抗拒法律实施罪。如果煽动者明确要求群众以和平方式抗拒法律实施的，不构成本罪。

2. 本罪与妨害公务罪的界限：《刑法》第 277 条妨害公务罪第 1 款“以暴力、威胁方法阻碍国家机关工作人员非法执行职务的”和第 4 款“故意阻碍国家安全机关、公安机关依法执行国家安全工作的，未使用暴力、威胁方法，造成严重后果的”，是妨害公务罪的两种客观表现。法律、行政法规的实施是通过行政执法人员、司法人员执行公务来进行的，因而阻碍其公务执行也可看作阻碍法律、行政法规实施。但本罪所针对的不是具体的公务行为，而是国家法律、行政法规的实施。再者，两罪的客观表现不同，后者表现为行为人以暴力、威胁的方法阻碍国家机关工作人员、人大代表、红十字会工作人员，或未使用暴力、威胁方法阻碍安全机关、公安机关依法执行职务或履行职责。

如果行为人在煽动特定的多数人暴力抗拒法律、行政法规实施时，在煽动的具体内容中又有以暴力等方法阻碍公务行为的，应以想象竞合犯依照煽动暴力抗拒法律实施罪定罪处罚。

第二百七十九条　招摇撞骗罪

【法律规定】

• 法律条文 •

《中华人民共和国刑法》

第二百七十九条　冒充国家机关工作人员招摇撞骗的，处三年以下有期徒刑、拘役、管制或者剥夺政治权利；情节严重的，处三年以上十年以下有期徒刑。

冒充人民警察招摇撞骗的，依照前款的规定从重处罚。

• 相关规定 •

《最高人民法院关于审理抢劫、抢夺刑事案件适用法律若干问题的意见》（法发〔2005〕8号）

九、关于抢劫罪与相似犯罪的界限

1. 冒充正在执行公务的人民警察、联防人员，以抓卖淫嫖娼、赌博等违法行为为名非法占有财物的行为定性

行为人冒充正在执行公务的人民警察“抓赌”“抓嫖”，没收赌资或者罚款的行为，构成犯罪的，以招摇撞骗罪从重处罚；在实施上述行为中使用暴力或者暴力威胁的，以抢劫罪定罪处罚。行为人冒充治安联防队员“抓赌”“抓嫖”、没收赌资或者罚款的行为，构成犯罪的，以敲诈勒索罪定罪处罚；在实施上述行为中使用暴力或者暴力威胁的，以抢劫罪定罪处罚。

《最高人民法院、最高人民检察院关于办理诈骗刑事案件具体应用法律若干问题的解释》（法释〔2011〕7号）

第一条 诈骗公私财物价值三千元至一万元以上、三万元至十万元以上、五十万元以上的，应当分别认定为刑法第二百六十六条规定的“数额较大”“数额巨大”“数额特别巨大”。

各省、自治区、直辖市高级人民法院、人民检察院可以结合本地区经济社会发展状况，在前款规定的数额幅度内，共同研究确定本地区执行的具体数额标准，报最高人民法院、最高人民检察院备案。

第八条 冒充国家机关工作人员进行诈骗，同时构成诈骗罪和招摇撞骗罪的，依照处罚较重的规定定罪处罚。

【案例】

梁其珍招摇撞骗案①

• 案件事实 •

2001年11月，被告人梁其珍与王某相识，梁其珍谎称自己是安徽省公安厅刑警队重案组组长，骗得王某与其恋爱并租房同居。期间，梁其珍又先后对王谎称自己任省公安厅厅长助理、池州市公安局副局长等职。为骗取王某及其家人、亲戚的信任，梁其珍先后伪造了安徽省公安厅文件、通知、荣誉证书、审查登记表；印制了职务为池州市公安局副局长的名片和刑警执法证；购买了

---

① 参见中华人民共和国最高人民法院刑事审判第一、二、三、四、五庭主办：《刑事审判参考》（总第34集），法律出版社2003年版。

仿真玩具手枪等；2001 年 10 月至 2002 年 8 月，梁其珍多次从合肥、池州等地公安机关盗取数件警服、警帽、持枪证以及相关材料；多次租用京 GD × × × × 号出租车，冒充是省公安厅为其配备。在骗取王某及其家人、亲戚的信任后，2002 年 4 月至 2002 年 8 月期间梁其珍以种种谎言骗得王家人及亲戚现金 39750 元并挥霍。2002 年 5 月，梁其珍又冒充安徽省公安厅刑警，骗取另一受害人张某与其恋爱并发生性关系。后以请人吃饭为由，骗取张某现金 500 元。2002 年 8 月初，梁其珍其珍冒充池州市公安局副局长前往潜山县，骗取了该县人大、公安局有关领导的信任，陪同梁其珍游玩。

• 裁判要旨 •

冒充人民警察招摇撞骗，骗取多名受害人钱款及其他非法利益，严重妨害了国家机关的正常管理活动，侵犯了公民的合法权益，情节严重，构成招摇撞骗罪。

• 裁判理由 •

安徽省合肥市包河区人民法院审理后认为：被告人梁其珍伪造公安机关的文件、印章，盗取警服、警帽，多次冒充人民警察招摇撞骗，骗取多名受害人钱款 40250 元，并骗取了其他非法利益，严重妨害了国家机关的正常管理活动，侵犯了公民的合法权益，情节严重，其行为已构成招摇撞骗罪。梁其珍冒充人民警察招摇撞骗，且系累犯，依法均应从重处罚。依照《刑法》第 279 条、第 64 条、第 65 条第 1 款之规定，判决：一、被告人梁其珍犯招摇撞骗罪，判处有期徒刑十年；二、追缴被告人梁其珍违法所得人民币 40250 元；三、没收作案工具玩具手枪一把及伪造的文件等。

一审宣判后，被告人梁其珍不服，提出上诉。在二审审理期间，梁其珍申请撤回上诉，法院裁定予以准许

【学理分析及适用指引】

• 学理分析 •

1. 招摇撞骗罪的构成。招摇撞骗罪，是指冒充国家机关工作人员进行招摇撞骗活动，损害国家机关的形象、威信和正常活动，扰乱社会公共秩序的行为。本罪的构成要件如下：

（1）本罪的客体。本罪的客体是国家机关的形象、威信和社会公共秩序。国家机关工作人员代表国家机关对社会依法进行管理。冒充国家机关工作人员进行招摇撞骗，损害国家机关的形象、威信，同时，也扰乱国家对社会的正常管理活动。

（2）本罪的客观方面。本罪在客观方面表现为冒充国家机关工作人员进行招摇撞骗活动。冒充国家机关工作人员，是指非国家机关工作人员假冒国家机关工作人员的身份、职位，或者某一国家机关工作人员冒用其他国家机关工作人员的身份、职位的行为。行为人冒充的对象必须是国家机关工作人员，如果冒充的是非国家机关工作人员，如高干子弟、港商、华侨、烈士子女、劳动模范等骗取非法利益的，不构成本罪。招摇撞骗，是指行为人以假冒的国家机关工作人员的身份进行炫耀，利用人们对国家机关工作人员的信任，以骗取非法利益。

（3）本罪的主体。本罪的主体为一般主体，既可以是普通公民，也可以是国家机关工作人员。

（4）本罪的主观方面。主观方面由故意构成，一般具有牟取非法利益的目的，如骗取某种荣誉称号、政治待遇、职位、学位、经济待遇、城市户口以及钱财等情形。

2. 关于招摇撞骗罪与诈骗罪的关系。《刑法》第266条规定的诈骗罪与第279条规定的招摇撞骗罪，属于法条竞合关系。法条竞合，又称法规竞合，是指一个犯罪行为，由于罪名分类的标准不同，导致同时触犯数个《刑法》分则条文，但只能适用其中一个条文，而排斥其他条文适用的情形。法条竞合的处断原则具体来说：法律有规定的，依法处断。法律没有规定的，对于包容竞合，依特别法优于普通法处断；对于交叉竞合，以重法优于轻法处断。虽然从字面意思上看，由于《刑法》第266条规定："本法另有规定的，依照规定"，似乎二者竞合时，应适用第279条，但这种理解与立法本意不合。正如有学者指出："至于《刑法》第266条规定的'本法另有规定，依照规定'，我们认为，首先，对这一规定立法者的原意在于将合同诈骗罪、金融诈骗罪区别开来，并不是对招摇撞骗罪与诈骗关系的规定，之所以出现招摇撞骗罪与诈骗罪在处理上的矛盾，其实质是立法技术问题……在招摇撞骗骗取数额较大财物的情况下，招摇撞骗罪与诈骗罪之间存在法条竞合的关系，应按重法优于轻法的原则处理。"① 既然《刑法》第266条规定的处断原则不适用于与《刑法》第279条之间法规竞合处断，立法并没有明确招摇撞骗罪与诈骗罪在竞合时的处理原则，那么，就应根据交叉竞合的一般处断原则，适用处罚较重的规定。对此问题，2011年最高人民法院、最高人民检察院发布的《关于办理诈骗刑事案件具体应用法律若干问题的解释》第8条也有十分明确的规定，即诈骗罪与招摇撞骗罪竞合时，应依照处罚较重的规定定罪处罚。

---

① 参见周振想：《刑法学教程》，中国人民公安大学出版社1997年版，第308~309页。

• 适用指引 •

司法实际中，认定本罪应注意：

1. 本罪与非罪的界限。实践中，要注意两种情形：一是行为人冒充的不是国家机关工作人员，而是诸如高干子弟等谋取不法利益的，不构成本罪。二是招摇撞骗情节显著轻微危害不大的，不以犯罪论处。如为了住宿或者购买车、船票等而冒充国家机关工作人员；为了达到与他人结婚的目的，谎称自己是国家机关工作人员等，虽然也有招摇撞骗的行为，但一般不以犯罪论处。

2. 本罪的一罪与数罪。冒充国家机关工作人员骗取财物并且又骗取其他非法利益构成数罪时，应比较数罪可能判处的刑罚，从一重罪论处。因触犯的均是招摇撞骗罪这同一个罪名，无须数罪并罚，在量刑上适当从重即可。

第二百八十条　伪造、变造、买卖国家机关公文、证件、印章罪；盗窃、抢夺、毁灭国家机关公文、证件、印章罪；伪造公司、企业、事业单位、人民团体印章罪；伪造、变造、买卖身份证件罪

【法律规定】

• 法律条文 •

《中华人民共和国刑法》

第二百八十条　伪造、变造、买卖或者盗窃、抢夺、毁灭国家机关的公文、证件、印章的，处三年以下有期徒刑、拘役、管制或者剥夺政治权利，并处罚金；情节严重的，处三年以上十年以下有期徒刑，并处罚金。

伪造公司、企业、事业单位、人民团体的印章的，处三年以下有期徒刑、拘役、管制或者剥夺政治权利，并处罚金。

伪造、变造、买卖居民身份证、护照、社会保障卡、驾驶证等依法可以用于证明身份的证件的，处三年以下有期徒刑、拘役、管制或者剥夺政治权利，并处罚金；情节严重的，处三年以上七年以下有期徒刑，并处罚金。

• 相关规定 •

《全国人民代表大会常务委员会关于惩治骗购外汇、逃汇和非法买卖外汇犯罪的决定》（主席令第14号）

第二条　买卖伪造、变造的海关签发的报关单、进口证明、外汇管理部门核准件等凭证和单据或者国家机关的其他公文、证件、印章的，依照刑法第二

百八十条的规定定罪处罚。

《最高人民法院关于审理破坏森林资源刑事案件具体应用法律若干问题的解释》（法释〔2000〕36号）

第十三条 对于伪造、变造、买卖林木采伐许可证、木材运输证件，森林、林木、林地权属证书，占用或者征用林地审核同意书、育林基金等缴费收据以及其他国家机关批准的林业证件构成犯罪的，依照刑法第二百八十条第一款的规定，以伪造、变造、买卖国家机关公文、证件罪定罪处罚。

对于买卖允许进出口证明书等经营许可证明，同时触犯刑法第二百二十五条、第二百八十条规定之罪的，依照处罚较重的规定定罪处罚。

《最高人民法院关于审理骗购外汇、非法买卖外汇刑事案件具体应用法律若干问题的解释》（法释〔1998〕20号）

第二条 伪造、变造、买卖海关签发的报关单、进口证明、外汇管理机关的核准件等凭证或者购买伪造、变造的上述凭证的，按照刑法第二百八十条第一款的规定定罪处罚。

《最高人民法院研究室关于对行为人通过伪造国家机关公文、证件担任国家工作人员职务并利用职务上的便利侵占本单位财物、收受贿赂、挪用本单位资金等行为如何适用法律问题的答复》（法研〔2004〕38号）

北京市高级人民法院：

你院〔2004〕15号《关于通过伪造国家机关公文、证件担任国家工作人员职务后利用职务便利侵占本单位财物、收受贿赂、挪用本单位资金的行为如何定性的请示》收悉。经研究，答复如下：

行为人通过伪造国家机关公文、证件担任国家工作人员职务以后，又利用职务上的便利实施侵占本单位财物、收受贿赂、挪用本单位资金等行为，构成犯罪的，应当分别以伪造国家机关公文、证件罪和相应的贪污罪、受贿罪、挪用公款罪等追究刑事责任，实行数罪并罚。

《最高人民检察院法律政策研究室关于伪造、变造、买卖政府设立的临时性机构的公文、证件、印章行为如何适用法律问题的答复》（〔2003〕高检研发字第17号）

江苏省人民检察院研究室：

你院《关于伪造、变造、买卖政府设立的临时性机构公文、证件、印章的行为能否适用刑法第二百八十条第一款规定的请示》（苏检发研字〔2003〕4号）收悉。经研究，答复如下：

伪造、变造、买卖各级人民政府设立的行使行政管理权的临时性机构的公文、证件、印章行为，构成犯罪的，应当依照刑法第二百八十条第一款的规定，以伪造、变造、买卖国家机关公文、证件、印章罪追究刑事责任。

此复

《最高人民检察院法律政策研究室关于买卖伪造的国家机关证件行为是否构成犯罪的问题的答复》（〔1999〕高检研发第5号）

辽宁省人民检察院研究室：

你院《关于买卖伪造的国家机关证件行为是否构成犯罪的请示》（辽检发研字〔1999〕3号）收悉。经研究，并根据高检院领导的批示，答复如下：

对于买卖伪造的国家机关证件的行为，依法应当追究刑事责任的，可适用刑法第二百八十条第一款的规定以买卖国家机关证件罪追究刑事责任。

此复

《最高人民法院、最高人民检察院关于办理妨害信用卡管理刑事案件具体应用法律若干问题的解释》（法释〔2018〕19号）

第四条第一款 为信用卡申请人制作、提供虚假的财产状况、收入、职务等资信证明材料，涉及伪造、变造、买卖国家机关公文、证件、印章，或者涉及伪造公司、企业、事业单位、人民团体印章，应当追究刑事责任的，依照刑法第二百八十条的规定，分别以伪造、变造、买卖国家机关公文、证件、印章罪和伪造公司、企业、事业单位、人民团体印章罪定罪处罚。

《最高人民法院、最高人民检察院关于办理与盗窃、抢劫、诈骗、抢夺机动车相关刑事案件具体应用法律若干问题的解释》（法释〔2007〕11号）

第二条 伪造、变造、买卖机动车行驶证、登记证书，累计三本以上的，依照刑法第二百八十条第一款的规定，以伪造、变造、买卖国家机关证件罪定罪，处三年以下有期徒刑、拘役、管制或者剥夺政治权利。

伪造、变造、买卖机动车行驶证、登记证书，累计达到第一款规定数量标准五倍以上的，属于刑法第二百八十条第一款规定中的“情节严重”，处三年以上十年以下有期徒刑。

《最高人民法院、最高人民检察院关于办理伪造、贩卖伪造的高等院校学历、学位证明刑事案件如何适用法律问题的解释》（法释〔2001〕22号）

为依法惩处伪造、贩卖伪造的高等院校学历、学位证明的犯罪活动，现就办理这类案件适用法律的有关问题解释如下：

对于伪造高等院校印章制作学历、学位证明的行为，应当依照刑法第二百八十条第二款的规定，以伪造事业单位印章罪定罪处罚。

明知是伪造高等院校印章制作的学历、学位证明而贩卖的，以伪造事业单位印章罪的共犯论处。

《最高人民法院、最高人民检察院、海关总署关于办理走私刑事案件适用法律若干问题的意见》（法〔2002〕139号）

九、关于利用购买的加工贸易登记手册、特定减免税批文等涉税单证进口货物行为的定性处理问题

加工贸易登记手册、特定减免税批文等涉税单证是海关根据国家法律法规

以及有关政策性规定，给予特定企业用于保税货物经营管理和减免税优惠待遇的凭证。利用购买的加工贸易登记手册、特定减免税批文等涉税单证进口货物，实质是将一般贸易货物伪报为加工贸易保税货物或者特定减免税货物进口，以达到偷逃应缴税款的目的，应当适用刑法第一百五十三条以走私普通货物、物品罪定罪处罚。如果行为人与走私分子通谋出售上述涉税单证，或者在出卖批文后又以提供印章、向海关伪报保税货物、特定减免税货物等方式帮助买方办理进口通关手续的，对卖方依照刑法第一百五十六条以走私罪共犯定罪处罚。买卖上述涉税单证情节严重尚未进口货物的，依照刑法第二百八十条的规定定罪处罚。

《最高人民法院、最高人民检察院、公安部、国家工商行政管理局关于依法查处盗窃、抢劫机动车案件的规定》（公通字〔1998〕31 号）

第七条 伪造、变造、买卖机动车牌证及机动车入户、过户、验证的有关证明文件的，依照《刑法》第二百八十条第一款的规定处罚。

《公安部关于对伪造学生证及贩卖、使用伪造学生证的行为如何处理问题的批复》（公刑〔2002〕1046 号）

铁道部公安局：

你局《关于对伪造、贩卖、使用假学生证的行为如何认定处罚的请示》（公法〔2002〕4 号）收悉。现批复如下：

一、对伪造高等院校印章制作学生证的行为，应当依照《中华人民共和国刑法》第 280 条第 2 款的规定，以伪造事业单位印章罪立案侦查。

二、对明知是伪造高等院校印章制作的学生证而贩卖的，应当以伪造事业单位印章罪的共犯立案侦查……

三、对使用伪造的学生证购买半价火车票，数额较大的，应当依照《中华人民共和国刑法》第 266 条的规定，以诈骗罪立案侦查……

【案例一】

陈某某、虞某某、曾某某伪造、买卖国家机关证件案①

• 案件事实 •

1999 年 9 月，陈某某得知社会上有人欲买国家外汇管理局监制的《出口收汇核销单》，认为有利可图，遂产生了伪造该核销单的企图。同年 10 月，陈某某与被告人虞某某联系非法印制该核销单事宜，并将核销单的样品寄往苍南县。虞某某收到该样品后，同意以人民币 15000 元的价格印制 200 份假核销

① 参见陈晓明、廖惠敏：《刑法案例精解》（上），厦门大学出版社 2004 年版，第 132 页。

单，并在当地私制了印版。后虞某某又联系到被告人曾某某，一同到当地一家个体印刷厂3次印刷了该核销单。经送陈某某“审查”后认为，该伪造品不合格。3人经商议在福建省泉州市重新进行了2次印制。重新印制后，陈某某认为满意。2000年1月15日，陈某某携带重新印制的43份核销单前往福建省厦门市，在厦门海洋花园“品上品”茶楼欲出售时，被公安机关当场抓获，缴获伪造的核销单43份。

经查，三人结伙在浙江省苍南县、福建省泉州市先后分5次印制伪造的国家外汇管理局监制的《出口收汇核销单》共800余份，除陈某某挑选出43份用以出卖外，其余已在案发前由陈某某自行销毁。

• 裁判要旨 •

《出口收汇核销单》属于国家机关证件，伪造国家机关证件的数额应以实际伪造数额为准。

• 裁判理由 •

福建省厦门市思明区人民法院认为：被告人陈某某、虞某某、曾某某以牟取非法利益为目的，明知《出口收汇核销单》是国家外汇管理机关监制的用作出口收汇的凭证，而结伙非法制作，严重扰乱了国家机关的正常管理秩序，其行为均已构成伪造国家机关证件罪。被告人陈某某将伪造的核销单带到厦门出售，其买卖伪造的核销单的行为又构成买卖国家机关证件罪，由于《刑法》第280条第1款规定的是选择性罪名，不实行数罪并罚，故陈某某的行为应定伪造、买卖国家机关证件罪。

福建省厦门市思明区人民法院依照《刑法》第280条第1款、第25条第1款、第64条的规定，于2000年6月20日判决如下：被告人陈某某犯伪造、买卖国家机关证件罪，判处有期徒刑二年；被告人虞某某犯伪造国家机关证件罪，判处有期徒刑一年六个月；被告人曾某某犯伪造国家机关证件罪，判处有期徒刑一年；随案移送的作案工具电脑软盘一块和伪造的核销单底单4张、格式单3张予以没收。

【案例二】

吴启鹏盗窃、抢夺、盗窃国家机关证件案①

• 案件事实 •

2001 年 12 月 9 日 11 时许，吴启鹏从停放在其家门前的一辆卡车的驾驶室内盗走陈某某和张某某的公文包，内装机动车行驶证、机动车驾驶证、车辆购置税完税证明、道路运输证、道路运输经营许可证、机动车登记证书、个体工商户营业执照、身份证等证件。随后，又盗走正在睡觉的肖某某、陈某某、张某某放在衣服里的菲利浦移动电话、诺基亚 5110 型移动电话、摩托罗拉 2088 型移动电话各 1 部（共计价值人民币 2450 元）和现金人民币 1200 元。案发后，菲利浦移动电话、诺基亚 5110 型移动电话被吴启鹏典当，摩托罗拉 2088 型移动电话和被盗证件退还失主。同年 12 月 21 日 10 时许，吴启鹏又在海南省五指山市市委大院某记者站，盗走该站方正电脑 1 套、松下传真机 1 台、爱普生扫描仪 1 台（共计价值人民币 9200 元）。后吴启鹏将所盗财物销赃，无法追回。

2002 年 4 月 14 日下午 3 时许，吴启鹏骑一辆摩托车在海口市龙昆南路某小区路段尾随汪某某所骑的摩托车，趁汪某某不备，伸手抢汪某某挂在腰间的一部三星 A288 型移动电话（价值人民币 2550 元），被汪某某发觉，后汪某某在群众的协助下将吴启鹏抓获，并追回被抢的移动电话。

• 裁判要旨 •

出于盗窃犯罪的概括故意，实际盗窃装有国家机关证件的公文包的行为，构成盗窃国家机关证件罪。

• 裁判理由 •

海南省海口市振东区人民法院认为：被告人吴启鹏以非法占有为目的，秘密窃取他人财物，数额巨大，其行为已构成盗窃罪；乘人不备夺取他人财物（数额较大）和秘密窃取他人保管的国家机关证件，其行为已分别构成抢夺罪和盗窃国家机关证件罪，且系累犯，并利用行驶的机动车辆进行抢夺，依法应从重处罚。依照《刑法》第 264 条，第 267 条第 1 款，第 280 条第 1 款，第 65 条第 1 款，第 69 条第 1 款、第 2 款，第 64 条及 2002 年《最高人民法院关于审理抢夺刑事案件具体应用法律若干问题的解释》第 2 条第 4 项的规定，以盗窃

---

① 参见海南省海口市振东区人民法院（2002）振刑初字第 198 号。

罪判处被告人吴启鹏有期徒刑五年，并处罚金人民币5000元；以抢夺罪判处其有期徒刑三年，并处罚金人民币3000元；以盗窃国家机关证件罪判处其有期徒刑八个月。决定执行有期徒刑八年六个月，并处罚金人民币8000元。作案工具钢筋2根、铃木皇摩托车1辆（车牌号琼CA××××）予以没收，上缴国库。

海南省海口市中级人民法院二审认为：上诉人吴启鹏以非法占有为目的，秘密窃取他人财物，数额巨大；还乘人不备利用行驶的机动车辆夺取他人财物，数额较大，其行为已分别构成盗窃罪和抢夺罪。在盗窃过程中，又秘密窃取他人保管的国家机关证件，其行为又构成盗窃国家机关证件罪，且系累犯，依法应从重处罚。吴启鹏所提上诉理由不能成立，不予采纳。原审判决定罪准确，量刑适当，审判程序合法。依照《刑事诉讼法》第189条第1项的规定，裁定如下：驳回上诉，维持原判。

【案例三】

刘某某、陈某、曹某某伪造事业单位印章案①

• 案件事实 •

2002年7月，刘某某、陈某、曹某某流窜到佛山市三水区西南镇城区内，通过四处张贴非法广告的方法，招引他人办假高等院校毕业证。3人以小灵通和移动电话为联系工具，接收他人要求办假毕业证的有关材料后，将有关材料转交给“老板”（在逃），让“老板”为他人伪造高等院校毕业证。之后，3人将伪造的毕业证贩卖给他人，从中牟利。

• 裁判要旨 •

明知是伪造高等院校印章制作的学历证明而贩卖的行为构成伪造事业单位印章罪（共犯）。

• 裁判理由 •

广东省佛山市三水区人民法院认为：被告人刘某某、陈某、曹某某明知是伪造高等院校印章制作的学历证明而贩卖，其行为已构成伪造事业单位印章罪。因被告人刘某某、陈某、曹某某认罪态度较好，可酌情从轻处罚。依照《刑法》第280条第2款、第64条的规定，作出如下判决：被告人刘某某犯伪造事业单位印章罪，判处有期徒刑七个月。被告人陈某犯伪造事业单位印章

---

① 参见广东省佛山市三水区人民法院（2002）三刑初字第471号。

罪，判处有期徒刑七个月。被告人曹某某犯伪造事业单位印章罪，判处有期徒刑七个月。

后被告人上诉，广东省佛山市中级人民法院二审维持了原判。

【案例四】

张某某伪造居民身份证案①

• 案件事实 •

张某某不慎遗失居民身份证，因其户口未落实，无法向公安机关申请补办居民身份证，遂于2002年5月，以其本人照片和真实的姓名、身份证号码和暂住地地址，出资让他人伪造了居民身份证一张。2004年3月18日，张某某在中国银行上海市普陀支行使用上述伪造的居民身份证办理正常的银行卡取款业务时，被银行工作人员发现而案发。张某某在用该身份证申领中国银行长城国际卡时据实填写了本人信息情况及联系人的联系电话。张某某还用该身份证在上海银行申领信用卡一张，并曾多次透支消费后存款入账。

• 裁判要旨 •

伪造自己居民身份证正常使用，情节轻微的，不构成伪造居民身份证罪。

• 裁判理由 •

上海市静安区人民法院认为：被告人张某某伪造居民身份证，其行为违反了《居民身份证条例》的规定，应承担法律责任。但从查明的事实看，张某某是在客观上无法补办身份证，又不知道可以申办临时身份证的情况下，以本人的照片和真实的姓名、身份证编码等伪造了本人的居民身份证，且本案也是因张某某持伪造的居民身份证在为自己办理正常的银行卡业务时而案发。综上，张某某伪造居民身份证的行为情节显著轻微，危害不大，不能认为是犯罪。一审依照《刑事诉讼法》第162条第2项的规定，判决被告人张某某无罪。

本案经上海市静安区人民法院一审后，上海市静安区人民检察院以被告人张某某用伪造的身份证申领信用卡并在银行透支现金的行为具有潜在的社会危害性为由，提出抗诉，经上海市第二中级人民法院终审后维持原判。

上海市第二中级人民法院认为：张某某主观上虽具有明知居民身份证应由专门的发证机关予以颁发而个人出资让他人为其伪造的主观犯意，但已查明的

---

① 参见《中华人民共和国最高人民法院公报》（2004年卷），人民法院出版社2005年版，第347页。

事实可以证实，其并不具有为准备实施其他违法或犯罪行为而故意伪造的主观恶意。张某某的行为在客观上虽已触犯《刑法》，但其仅持该证用于正常的日常生活和申领银行信用卡，且在使用信用卡过程中表现出一定的诚信，也无在日常生活及工作中的违法乱纪不良记录。故推定张某某的行为具有潜在的社会危害性无事实依据。《刑法》第 13 条的规定，揭示了犯罪的基本特征，即犯罪具有严重的社会危害性、刑事违法性和应受惩罚性，这是认定犯罪的基本依据。其中，严重的社会危害性是本质特征，一种行为如不具有严重的社会危害性就不能被认定为犯罪。如果某种行为表面上符合《刑法》分则规定的犯罪客观构成要件，似乎具有刑事违法性，但由于该行为的社会危害性不大，根据《刑法》第 13 条的规定，可不认为是犯罪，则该行为也就不具有刑事违法性。因此，把握以社会危害性为基础的刑事违法性是界定罪与非罪的关键。原审法院据此认定张某某实施了《刑法》规定为犯罪的行为，但情节显著轻微危害不大，且认为该行为不是犯罪并无不当。抗诉机关关于原判决适用法律不当的抗诉理由不充分，对此难以支持。上海市第二中级人民法院依照《刑事诉讼法》第 189 条第 1 项之规定，终审裁定如下：驳回抗诉，维持原判。

【学理分析及适用指引】

• 学理分析 •

1. 伪造、变造、买卖国家机关公文、证件、印章罪的构成。伪造、变造、买卖国家机关公文、证件、印章罪，是指伪造、变造、买卖国家机关公文、证件、印章的行为。本罪的构成要件如下：

（1）本罪的客体。本罪侵犯的客体是国家机关的正常管理活动和声誉。侵犯的对象仅限于国家机关的公文、证件、印章。国家机关，是指各级国家权力机关、党政机关、司法机关、军事机关；公文，是指国家机关在其职权范围内，以其名义制作的用以指示工作、处理问题或者联系事务的各种书面文件，如决定、命令、决议、指示、通知、报告、信函、电文等；证件，是指国家机关制作颁发的用以证明身份、权利义务关系或者有关事实的凭证，主要包括证件、证书等；印章，是指刻有国家机关组织名称的公章或者某种特殊用途的专用章。公文、证件、印章是国家机关行使职权的符号和标志。用于国家机关公务活动的私人印鉴、图章也应视为公务印章。国家机关中使用的与其职权无关的印章，不属于公务印章，如收发室的印章等，不能成为本罪的对象。

（2）本罪的客观方面。本罪在客观方面表现为实施了伪造、变造、买卖国家机关公文、证件、印章的行为。伪造，是指无制作权的人，冒用国家机关名义，非法制作国家机关公文、证件、印章的行为；变造，是指用涂改、涂抹、拼接等方法，对真实的公文、证件、印章进行改制，变更其原来真实内容的行为；买卖，是指以金钱为交换条件，非法购买或者销售国家机关公文、证件、印章的行为。

（3）本罪的主体。犯罪主体为一般主体。

（4）本罪的主观方面。主观方面为故意。过失不构成本罪。行为人的犯罪动机可能是多种多样的，有的是为了牟利，有的是为实施其他犯罪作准备等，但动机不影响本罪的成立。

2. 盗窃、抢夺、毁灭国家机关公文、证件、印章罪的构成。盗窃、抢夺、毁灭国家机关公文、证件、印章罪，是指盗窃、抢夺、毁灭国家机关公文、证件、印章的行为。本罪的构成要件如下：

（1）本罪的客体。本罪侵犯的客体与伪造、变造、买卖国家机关公文、证件、印章罪相同。

（2）本罪的客观方面。在客观方面表现为盗窃、抢夺、毁灭国家机关公文、证件、印章的行为。盗窃，是指秘密窃取国家机关公文、证件、印章的行为；抢夺，是指趁保管或者经手人员不备，公然非法夺取国家机关公文、证件、印章的行为；毁灭，是指以烧毁、撕烂、砸碎或者其他方法，故意损毁国家机关公文、证件、印章，使其失去效用或者不能正常使用的行为。

（3）本罪的主体。本罪的主体为一般主体。

（4）本罪的主观方面。本罪在主观方面必须出于故意，即明知是国家机关的公文、证件及印章而仍决意盗窃、抢夺或毁灭。过失不能构成本罪。如果不知是公文、证件、印章而盗窃、抢夺或毁灭的，不能构成本罪，但可构成他罪，如盗窃罪、抢夺罪等。

3. 伪造公司、企业、事业单位、人民团体印章罪的构成。伪造公司、企业、事业单位、人民团体印章罪，是指伪造公司、企业、事业单位、人民团体印章的行为。本罪的构成要件如下：

（1）本罪的客体。本罪侵犯的客体是公司、企业、事业单位、人民团体印章的信誉和上述单位的正常活动。犯罪对象是公司、企业、事业单位、人民团体的印章。

（2）本罪的客观方面。本罪在客观方面表现为伪造公司、企业、事业单位、人民团体的印章的行为，一般说来，公文要在加盖印章后始能生效。因此本条仅对伪造上述单位印章的行为明确规定为犯罪。如果行为人实施了伪造上述单位公文、证件的行为，则不构成本罪。所谓伪造，是指无制作权的人，冒用名义，非法制作上述单位的印章的行为。

（3）本罪的主体。本罪的主体为一般主体。

（4）本罪的主观方面。本罪在主观方面是故意，即行为人明知自己无权制作上述单位的印章但出于某种目的而进行伪造。如行为人根本就不知道所承制的印章是他人无权要求制作的，不构成本罪。行为人犯罪的动机是多种多样的，有的是为了取得某种利益，有的是为了营利，有的是为了实施其他犯罪活动而作准备等。

4. 伪造、变造、买卖身份证件罪的构成。伪造、变造、买卖身份证件罪，是指伪造、变造、买卖居民身份证、护照、社会保障卡、驾驶证等依法可以用于证明身份的证件的行为。

（1）本罪的客体。本罪的客体是公民身份证件的管理制度。犯罪对象是居民身份证、护照、社会保障卡、驾驶证等依法可以用于证明身份的证件。

（2）本罪的客观方面。客观方面表现为伪造、变造、买卖居民身份证、护照、社会保障卡、驾驶证等依法可以用于证明身份的证件的行为。伪造，是指无制作权的人冒用名义，非法制作居民身份证等证件的行为；变造，是指用涂改、抹擦、拼接等方法，对真实的居民身份证等证件进行改制、变更，或者印制虚假内容的行为，如涂改姓名、年龄等；买卖，是指以金钱为交换条件，非法购买或者销售居民身份证等证件的行为。

（3）本罪的主体。本罪的主体为一般主体。

（4）本罪的主观方面。主观方面只能由故意构成。犯罪动机是多种多样的，有的是为了牟利，有的是为了逃避打击，有的是为了进行其他违法犯罪活动等等。不论出于何种动机，不影响本罪的成立。

• 适用指引 •

司法实践中，认定本条规定的罪名时应注意：

1. 伪造、变造、买卖国家机关公文、证件、印章罪的认定。

（1）本罪的犯罪对象是国家机关的公文、证件、印章。我国《刑法》没有规定伪造、变造、买卖私人文书、印章罪，也没有规定变造、买卖公司、企业、事业单位、人民团体公文、证件、印章罪。因此，伪造、变造、买卖私人文书、印章的行为，变造、买卖公司、企业、事业单位、人民团体公文、证件、印章的行为，不构成本罪，也不构成其他犯罪。如果行为人实施上述行为是为进行其他犯罪如诈骗、招摇撞骗等作准备，则以其他犯罪如诈骗、招摇撞骗等罪论处。

此外，作为本罪对象的“国家机关证件”，不包括有关国家机关制发的居民身份证、护照、社会保障卡、驾驶证等用于证明公民身份的证件，如果伪造、变造、买卖这些公民身份证件的，直接以《刑法》第 280 条第 3 款的伪造、变造、买卖身份证件罪论处，即第 280 条第 3 款的伪造、变造、买卖身份证件罪相对于第 1 款的伪造、变造、买卖国家机关公文、证件、印章罪而言，可谓特殊条款，应优先适用。

（2）本罪成立的前提是该公文、证件、印章有真实的机关存在。如果虚构机关之名伪造公文、证件、印章的，则不构成伪造公文、证件、印章罪。如果行为人利用这种手段实施犯罪的，犯什么罪就定什么罪。

（3）在司法实践中，行为人伪造、变造、买卖国家机关公文、证件、印章行为常常出于诈骗、招摇撞骗等目的，对此情形，可认定为手段行为与目的行为具有牵连关系，依牵连犯理论，原则上择一重罪论处。

2. 盗窃、抢夺、毁灭国家机关公文、证件、印章罪的认定。

（1）本罪与盗窃罪、抢夺罪、故意毁坏财物罪的界限。主要表现在：①侵犯的客体不同，后三罪侵犯的客体是公私财物的所有权。②侵犯的对象不同，后三罪侵犯的对象是一定的公私财物。③犯罪目的不同，后三罪的犯罪目的意在非法占有或毁坏公私财物。如果行为人意欲盗窃、抢夺公私财物，但窃取、夺取的是国家机关公文、证件、印章，或同时有国家机关公文、证件、印章，而后予以毁灭、买卖或加以变造的，应当以盗窃罪、抢夺罪与本罪或与伪造、变造、买卖、国家机关公文、证件、印章罪进行数罪并罚。

（2）本罪与盗窃、抢夺武装部队公文、证件、印章罪的界限。主要表现在：①侵犯的客体不同，后罪侵犯的是国家武装部队的信誉和正常管理活动；②侵犯的对象不同，后罪侵犯的是武装部队的公文、证件、印章。依据《刑法》第375条第1款规定，毁灭武装部队公文、证件、印章的，不构成该罪。如果毁灭军事机关的公文、证件、印章的，可考虑以本罪论处。

3. 伪造、变造、买卖身份证件罪的认定。

（1）罪与非罪的界限。出于个人癖好，模仿真实的居民身份证等身份证件制造摹本，并未使之流入社会而仅是个人收藏的；行为人认为自己的身份证件字迹不清，擅自开启证件聚酯薄膜密封加以深涂的，或认为证件姓名用字有误，不应认为是犯罪。

（2）本罪与伪造、变造、买卖国家机关公文、证件、印章罪的界限。居民身份证、护照、社保卡、驾驶证等是公安机关颁发给具有一定资格公民的证件，因而也属于国家机关的证件的一种。如上所述，两罪属于法条竞合的关系，伪造、变造、买卖身份证件罪是特别条款。

（3）本罪与伪造公司、企业、事业单位、人民团体印章罪的界限。主要表现在：①二罪侵犯的客体不同，后罪侵犯的客体是公司、企业、事业单位、人民团体的信誉和正常活动。②二罪的行为手段不同，后罪行为手段仅限于伪造一种。③二罪侵犯的对象不同，后罪侵犯的对象是公司、企业、事业单位、人民团体的印章。

第二百八十条之一　使用虚假身份证件、盗用身份证件罪

【法律规定】

•　法律条文　•

《中华人民共和国刑法》

第二百八十条之一　在依照国家规定应当提供身份证明的活动中，使用伪造、变造的或者盗用他人的居民身份证、护照、社会保障卡、驾驶证等依法可以用于证明身份的证件，情节严重的，处拘役或者管制，并处或者单处罚金。

有前款行为，同时构成其他犯罪的，依照处罚较重的规定定罪处罚。

•　相关规定　•

《中华人民共和国居民身份证法》

第十四条　有下列情形之一的，公民应当出示居民身份证证明身份：

（一）常住户口登记项目变更；

（二）兵役登记；

（三）婚姻登记、收养登记；

（四）申请办理出境手续；

（五）法律、行政法规规定需要用居民身份证证明身份的其他情形。

依照本法规定未取得居民身份证的公民，从事前款规定的有关活动，可以使用符合国家规定的其他证明方式证明身份。

第十五条　人民警察依法执行职务，遇有下列情形之一的，经出示执法证件，可以查验居民身份证：

（一）对有违法犯罪嫌疑的人员，需要查明身份的；

（二）依法实施现场管制时，需要查明有关人员身份的；

（三）发生严重危害社会治安突发事件时，需要查明现场有关人员身份的；

（四）在火车站、长途汽车站、港口、码头、机场或者在重大活动期间设区的市级人民政府规定的场所，需要查明有关人员身份的；

（五）法律规定需要查明身份的其他情形。

【学理分析及适用指引】

• 学理分析 •

使用虚假身份证件、盗用身份证件罪，是指在依照国家规定应当提供身份证明的活动中，使用伪造、变造的或者盗用他人的居民身份证、护照、社会保障卡、驾驶证等依法可以用于证明身份的证件，情节严重的行为。本罪的构成要件如下：

1. 本罪的客体是国家机关对社会秩序的正常管理活动。

2. 本罪的客观方面表现为在依照国家规定应当提供身份证明的活动中，使用伪造、变造的或者盗用他人的居民身份证、护照、社会保障卡、驾驶证等依法可以用于证明身份的证件。可见，使用虚假身份证件、盗用身份证件罪的行为主要包括三种类型：一是使用伪造的身份证件；二是使用变造的身份证件；三是盗用他人的身份证件。非法使用身份证件的行为构成犯罪的仅限于在依照国家规定应当提供身份证明的活动中，其他场合不构成本罪。此处的“国家规定”，根据《刑法》第96条规定，仅限于全国人大及其常委会制定的法律和决定、国务院制定的行政法规等。实践中常见的“依照国家规定应当提供身份证明的活动”，包括乘坐民航旅行、宾馆住宿登记以及《居民身份证法》所规定应当出示身份证明等场合。

3. 本罪的主观方面是故意，即明知是伪造、变造的身份证件或者是他人身份证件而故意向有关部门、人员出示、使用的。

4. 本罪主体是一般主体。

• 适用指引 •

使用虚假身份证件、盗用身份证件罪的本质是使用伪造、变造的身份证件、盗用他人身份证件的行为。但并非所有的使用伪造、变造或盗用他人的身份证件行为均构成犯罪，构成本罪还要求属于“情节严重”的情形。“情节严重”与否应综合考虑行为非法使用身份证件的次数、使用的场合、行为目的等因素。尤其需要注意的是，本罪构成的前提条件是“在依照国家规定应当提供身份证明的活动中”。

此外，如果非法使用身份证件同时又构成其他犯罪，如诈骗罪、招摇撞骗罪的，应依照处罚较重的规定定罪处罚。由于非法使用证件罪的法定刑较低——仅为“拘役或者管制，并处或者单处罚金”，可谓《刑法》中法定刑最低的罪名之一，也是现行《刑法》中仅有的几个法定刑未涉及有期徒刑及其以上刑种的罪名，因此，非法使用身份证件同时又构成诈骗、招摇撞骗等罪的，应以诈骗、招摇撞骗等罪论处。

第二百八十条之二　冒名顶替罪

【法律规定】

● 法律条文 ●

《中华人民共和国刑法》

第二百八十条之二　盗用、冒用他人身份，顶替他人取得的高等学历教育入学资格、公务员录用资格、就业安置待遇的，处三年以下有期徒刑、拘役或者管制，并处罚金。

组织、指使他人实施前款行为的，依照前款的规定从重处罚。

国家工作人员有前两款行为，又构成其他犯罪的，依照数罪并罚的规定处罚。

● 相关规定 ●

《中华人民共和国民法典》

第一百一十条第一款　自然人享有生命权、身体权、健康权、姓名权、肖像权、名誉权、荣誉权、隐私权、婚姻自主权等权利。

第一百一十一条　自然人的个人信息受法律保护。任何组织或者个人需要获取他人个人信息的，应当依法取得并确保信息安全，不得非法收集、使用、加工、传输他人个人信息，不得非法买卖、提供或者公开他人个人信息。

【学理分析及适用指引】

● 学理分析 ●

近年来，社会上发生的冒名顶替上大学等事件，严重损害他人利益，破坏教育公平和社会公平正义底线，社会公众反应强烈，《刑法修正案（十一）》为此增设冒名顶替罪，以切实维护人民群众的权利。所谓冒名顶替罪，是指盗用、冒用他人身份，顶替他人取得的高等学历教育入学资格、公务员录用资格、就业安置待遇的行为。本罪的构成要件如下：

1. 本罪的客体。冒名顶替罪侵害的客体是国家对高等学历教育入学资格、公务员录用制度、就业安置政策和制度的管理秩序以及公民的身份权利。

2. 本罪的客观方面。冒名顶替罪的客观方面表现为盗用、冒用他人身份，或者组织、指使盗用、冒用他人身份，顶替他人取得的高等学历教育入学资格、公务员录用资格、就业安置待遇的行为。“盗用他人身份”，是指违反他人意志，使用他人身份的行为。“冒用他人身份”，是指替代他人使用其身份的行为。“他人身份”是指通过证件、证明文件、身份档案、信息材料等方式予以核实和证实的他人的法律地位。

3. 本罪的主体。冒名顶替罪的主体一般主体，属于自然人犯罪。

4.. 本罪的主观方面。冒名顶替罪的主观方面是故意，并且有特定的目的，即行为人盗用、冒用他人身份，是为了实现顶替他人取得的高等学历教育入学资格、公务员录用资格、就业安置待遇的目的。

• 适用指引 •

1. 关于罪与非罪的界限。行为人取得的高等学历教育入学资格、公务员录用资格、就业安置待遇是通过盗用、冒用他人身份的方式取得的。若行为人通过弄虚作假的方式取得上述资格、待遇的，如非法取得假身份信息、以他人名义参加高考并考取高校入学资格的，不成立本罪。

2. 关于本罪第3款的理解。从相关案件看，冒名顶替行为涉及的环节和行为较多，可能涉嫌多个罪名。如国家机关工作人员在招收公务员、学生工作中徇私舞弊的，可能构成《刑法》第418条招收公务员、学生徇私舞弊罪；存在行贿、受贿等腐败行为的，可能涉嫌《刑法》第163条非国家工作人员受贿罪，《刑法》第164条对非国家工作人员行贿罪，第385条受贿罪，第389条行贿罪等；存在伪造学籍档案、公文、证件、印章等行为的，可能涉嫌《刑法》第280条伪造、变造、买卖国家机关公文、证件、印章罪，伪造公司、企业、事业单位、人民团体印章罪，伪造、变造、买卖身份证件罪；存在截留、隐匿他人录取通知书的，可能涉嫌《刑法》第252条侵犯通信自由罪、第253条私自开拆、隐匿、毁弃邮件、电报罪；泄露考生相关信息、篡改考生电子数据信息等行为的，可能涉嫌《刑法》第253条之一侵犯公民个人信息罪、第285条非法侵入计算机信息系统罪、非法获取计算机信息系统数据罪、第286条破坏计算机信息系统罪等。依照数罪并罚的规定处罚。

3. 本罪是否适用被害人承诺理论问题。实践中，可能存在冒名顶替的案件中，被顶替者是知情同意甚至配合的情形，如有的被顶替者主动出卖自己的成绩及取得的入学资格以换取物质利益，有的是基于亲友关系愿意出让自己考取的资格。对此情形，我们认为，冒名顶替犯罪属于妨害社会管理秩序类犯罪，侵犯的是社会公共法益，因此不适用被害人承诺免责的理论。如顶替行为让没有参加考试或者考试成绩较低的人可直接获得高校入学资格，损害了考试招录制度的公平和公信力，同时让因他人弃权而按照规则能够递补录取的人员丧失了考试机会，也侵害了特定对象的合法权益。这种顶替他人放弃的入学资格的行为，也具有一定的社会危害性，应予以惩处。①

第二百八十一条　非法生产、买卖警用装备罪

【法律规定】

• 法律条文 •

《中华人民共和国刑法》

第二百八十一条　非法生产、买卖人民警察制式服装、车辆号牌等专用标志、警械，情节严重的，处三年以下有期徒刑、拘役或者管制，并处或者单处罚金。

单位犯前款罪的，对单位判处罚金，并对其直接负责的主管人员和其他直接责任人员，依照前款的规定处罚。

• 相关规定 •

《中华人民共和国人民警察法》

第三十六条　人民警察的警用标志、制式服装和警械，由国务院公安部门统一监制，会同其他有关国家机关管理，其他个人和组织不得非法制造、贩卖。

人民警察的警用标志、制式服装、警械、证件为人民警察专用，其他个人和组织不得持有和使用。

违反前两款规定的，没收非法制造、贩卖、持有、使用的人民警察警用标志、制式服装、警械、证件，由公安机关处十五日以下拘留或者警告，可以并处违法所得五倍以下的罚款；构成犯罪的，依法追究刑事责任。

《最高人民检察院、公安部关于公安机关管辖的刑事案件立案追诉标准的规定（一）》（公通字〔2008〕36号）

第三十五条　［非法生产、买卖警用装备案（刑法第二百八十一条）］非法生产、买卖人民警察制式服装、车辆号牌等专用标志、警械，涉嫌下列情形之一的，应予立案追诉：

（一）成套制式服装三十套以上，或者非成套制式服装一百件以上的；

（二）手铐、脚镣、警用抓捕网、警用催泪喷射器、警灯、警报器单种或者合计十件以上的；

---

① 参见许永安主编：《中华人民共和国刑法修正案（十一）解读》，中国法制出版社2021年版，第300~301页。

（三）警棍五十根以上的；

（四）警衔、警号、胸章、臂章、帽徽等警用标志单种或者合计一百件以上的；

（五）警用号牌、省级以上公安机关专段民用车辆号牌一副以上，或者其他公安机关专段民用车辆号牌三副以上的；

（六）非法经营数额五千元以上，或者非法获利一千元以上的；

（七）被他人利用进行违法犯罪活动的；

（八）其他情节严重的情形。

《人民警察警衔标志式样和佩带方法》（国务院令第 289 号）

第八条 人民警察的警衔标志由公安部负责制作和管理。其他单位和个人不得制作、仿造、伪造和买卖、使用警衔标志，也不得使用与警衔标志相类似的标志。

《中华人民共和国人民警察使用警械和武器条例》（国务院令第 191 号）

第三条 本条例所称警械，是指人民警察按照规定装备的警棍、催泪弹、高压水枪、特种防暴枪、手铐、脚镣、警绳等警用器械……

《人民警察警徽使用管理规定》（公安部令第 48 号）

第九条 对非法持有、使用、制作、仿造、伪造或者买卖警徽的，依照《中华人民共和国人民警察法》第三十六条的规定予以处罚；构成犯罪的，依照《中华人民共和国刑法》第二百八十一条的规定追究刑事责任。

《公安部关于严禁私自生产、销售、使用警械、警车、警灯、警用警报器和警服的通知》

第二条 除经公安机关批准的单位以外，严禁任何企业事业单位和个人私自生产、销售警械、警车、警灯、警用警报器、警服（含现行帽徽、领章、符号、钮扣等专用标志）及其仿制品（颜色相同、制式相仿）。

【案例】

洪某某非法买卖警用装备案①

• 案件事实 •

自 2000 年 10 月起，湖南娄底人洪某某伙同其妻（另案处理）在广州市花都区某商店内非法买卖警服、警徽、警棍等警用装备。2006 年 6 月和 2006 年 12 月，洪某某将警徽、工作证套、警用领带、警察春秋装等警用装备卖给刚

---

① 参见广东省广州市花都区人民法院判决，网址：http：//www. nanfangdaily. com. cn/southnews//ddn-frbC03/200712190150asp。

刚刑满出狱的黎伟忠。2007 年 3 月 25 日，黎伟忠伙同陈绍明利用所购得的警用装备冒充警察，在广州市花都区新广花路东镜路段，以查车为名拦停被害人驾驶的丰田花冠小汽车，实施抢劫并杀人灭口。2007 年 4 月 7 日公安机关对该商店进行突击检查，起获警用装备共计价值人民币 15399 元。

• 裁判要旨 •

行为人非法贩卖警用装备，他人购买后利用警用装备实施犯罪的，属于非法买卖警用装备情节严重，构成非法买卖警用装备罪。

• 裁判理由 •

广东省广州市花都区人民法院经审理认为：洪某某无视国家法律，非法买卖人民警察制式服装等专用标志、警械，情节严重，依据《刑法》第 281 条，其行为已构成非法买卖警用装备罪。鉴于其认罪态度较好，可酌情从轻处罚，判处有期徒刑十个月，并处罚金 2000 元；收缴的警服、手铐、皮带、领带、工作证套、警帽、警棍、警用皮鞋等警用装备一并予以没收。

【学理分析及适用指引】

• 学理分析 •

非法生产、买卖警用装备罪，是指非法生产、买卖人民警察制式服装、车辆号牌等专用标志、警械，情节严重的行为。本罪的构成要件如下：

1. 本罪的客体。本罪的客体是人民警察制式服装、车辆号牌等专用标志、警械的管理制度。本罪的行为对象仅限于人民警察的制式服装、车辆号牌等专用标志、警械。具体包括：

（1）制式服装。制式服装作为统一整体，还包括现行帽徽、领带、铜色纽扣、领带、领带卡等。

（2）人民警察专用标志。广义上讲，制式服装上的徽章、领花、纽扣等警服专用标志，也是人民警察专用标志。但从法条表述来看，人民警察专用标志应将制式服装上的一般的附戴物排除在外，属于狭义的定义。专用标志应包括两种：一是警衔标志；二是车辆号牌、警灯、警用警报器等专用标志。车辆号牌，即指公安专用车辆的号牌。

（3）警械，是指人民警察按照规定装配的警用器械。

2. 本罪的客观方面。本罪在客观方面表现为非法生产、买卖人民警察制式服装、车辆号牌等专用标志、警械的行为。此处所说的非法生产、买卖，是指无生产、经营、使用权的单位或个人擅自生产、销售、购买人民警察制式服装、专用标志、警械；或者虽有生产、经营权，但违反有关规定擅自进行生产、销售。非法，一是指违反国家关于生产、买卖警用装备的管理法律法规，包括《人民警察法》等若干规定；二是没有生产、买卖警用装备的合法授权。根据有关规定，警用装备由国家指定的工厂生产，并且生产按计划进行，对获准生产警用装备的，公安部按年度发文指定或颁发定点生产许可证。非法生产，具体可表现为三种情形：第一，非指定和委托生产警用装备的单位、个人生产警用装备的；第二，虽是定点生产的企业，但不遵守公安部下达的指标生产，擅自计划外生产的；第三，曾经被指定或委托的生产企业，原指定被取消，或者委托事项已完成，或未颁发年度生产许可证，而生产警用装备的。买卖，指以财物等为对价买进或卖出警用装备的行为，包括购买和出卖。非法生产制式服装，指非法将一定的原材料加以组合形成成品、半成品的制式服装，不要求同时将服装应附戴的徽章同时制造出来。非法生产制式服装的原材料的，不构成本罪。非法生产警用鞋类、棉衣、手套等警用物品，因生产的衣物不具有人民警察身份的专用标志性，其行为对本罪的客体不能形成危害，因而不能构成本罪。根据有关的规定，人民警察制式服装、专用标志、警械由国务院公安部门统一监制；最高人民法院、最高人民检察院、国家安全部、司法部各自负责本系统警服生产计划，报公安部备案，在公安部指定生产厂的范围内，进行办理；人民警察的警服和专用标志，包括警服纽扣、专用色布，以及帽徽、符号、领带、领带卡等，由公安部颁发生产许可证定点生产；警服和专用标志一律不得在市场上买卖；定点生产的工厂要严格按照公安部下达的指标生产，不准计划外私自加工生产、销售。情节严重，主要是指多次非法生产、买卖人民警察制式服装、专用标志、警械或者非法生产、买卖的数量较大的；经有关部门责令停止生产、销售、购买拒不听从的；影响恶劣的；生产、买卖警用装备用来实施违法犯罪行为的；造成其他严重后果的等。

3. 本罪的主体。本罪的主体为一般主体，单位也可构成本罪。

4. 本罪的主观方面。本罪的主观方面由故意构成。

• 适用指引 •

司法实践中，认定本罪应注意：构成本罪必须情节严重。根据相关规范性文件，作为本罪入罪条件的“情节严重”，主要结合非法买卖警用装备数量及情节来认定，具体表现有：（1）成套制式服装30套以上，或者非成套制式服装100件以上的；（2）手铐、脚镣、警用抓捕网、警用催泪喷射器、警灯、警报器单种或者合计10件以上的；（3）警棍50根以上的；（4）警衔、警号、胸章、臂章、帽徽等警用标志单种或者合计100件以上的；（5）警用号牌、省级以上公安机关专段民用车辆号牌1副以上，或者其他公安机关专段民用车辆号牌3副以上的；（6）非法经营数额5000元以上，或者非法获利1000元以上的；（7）被他人利用进行违法犯罪活动的；（8）其他严重情节情形。

另外，本罪与非法经营罪之间存在法条竞合的关系，本罪为特别规定。

第二百八十二条　非法获取国家秘密罪；非法持有国家绝密、机密文件、资料、物品罪

【法律规定】

• 法律条文 •

《中华人民共和国刑法》

第二百八十二条　以窃取、刺探、收买方法，非法获取国家秘密的，处三年以下有期徒刑、拘役、管制或者剥夺政治权利；情节严重的，处三年以上七年以下有期徒刑。

非法持有属于国家绝密、机密的文件、资料或者其他物品，拒不说明来源与用途的，处三年以下有期徒刑、拘役或者管制。

• 相关规定 •

《中华人民共和国反间谍法》

第二十五条　任何个人和组织都不得非法持有、使用间谍活动特殊需要的专用间谍器材。专用间谍器材由国务院国家安全主管部门依照国家有关规定确认。

第三十二条　对非法持有属于国家秘密的文件、资料和其他物品的，以及非法持有、使用专用间谍器材的，国家安全机关可以依法对其人身、物品、住处和其他有关的地方进行搜查；对其非法持有的属于国家秘密的文件、资料和其他物品，以及非法持有、使用的专用间谍器材予以没收。非法持有属于国家秘密的文件、资料和其他物品，构成犯罪的，依法追究刑事责任；尚不构成犯罪的，由国家安全机关予以警告或者处十五日以下行政拘留。

《全国人民代表大会常务委员会关于维护互联网安全的决定》（主席令第18号）

二、为了维护国家安全和社会稳定，对有下列行为之一，构成犯罪的，依照刑法有关规定追究刑事责任：

（二）通过互联网窃取、泄露国家秘密、情报或者军事秘密；

……

【案例一】

李某某、种某某故意泄露国家秘密，宋某某非法获取国家秘密案①

• 案件事实 •

1999年6月30日11时许，宋某某找到本单位机要员张某，问有无法轮功方面的文件，张某回答有一份，宋某某便要求借阅。张某私自将该单位绝密文件复印件借给宋某某。

宋某某拿回家中阅后，为给法轮功组织提供情况将该绝密文件复印一份，并于7月1日早晨将其复印的该文件交给法轮功某辅导站人民公园练功点负责人林某某。当晚林某某将该文件交给李某某，李某某指示将该文件在法轮功该辅导站传达，并让种某某将该文件复印并下发各辅导分站。

1999年7月2日，种某某将该文件复印15份，下发给7个辅导分站负责人。法轮功该辅导站工作人员于某提议并请示李某某、林某某等人同意后，将衡水市委办公室×号绝密文件交给该市电信局传输维护中心的毛某某，让其将文件上传至国际互联网。7月5日下午，毛某某在本单位微机上通过电子邮件将该文件经广东易网转发国外网站法轮功公告栏的电子信箱，造成国家秘密在国内外大范围泄露。

• 裁判要旨 •

非法获取国家秘密并提供给他人的行为构成非法获取国家秘密罪。

• 裁判理由 •

河北省衡水市桃城区人民法院经审理后认为：被告人李某某明知其单位的某文件系国家绝密文件，仍指示他人复印并在法轮功组织内部下发，且同意将该绝密文件上传国际互联网，故意泄露国家秘密，情节特别严重；被告人种某某明知是绝密文件仍复印并下发，造成国家秘密泄露，情节严重；李某某、种某某二被告人之行为均已构成故意泄露国家秘密罪。被告人宋某某，为给法轮功组织提供情况，以刺探方法获取国家绝密文件，其行为已构成非法获取国家秘密罪。2000年1月31日法院依照《刑法》第398条、第282条第1款的规定，判决如下：被告人李某某犯故意泄露国家秘密罪，判处其有期徒刑四年；被告人种某某犯故意泄露国家秘密罪，判处有期徒刑二年；被告人宋某某犯非

---

① 参见最高人民法院中国应用法学研究所编：《人民法院案例选》（2002年第1辑），人民法院出版社2002年版，第70页。

法获取国家秘密罪，判处有期徒刑二年。

河北省衡水市中级人民法院经二审审理认为：上诉人李某某指示上诉人种某某将宋某某非法获取的绝密文件复印下发，并同意于某将该绝密文件上网的提议，以致造成国家秘密泄露的事实经过，有林某某、于某、宋某某、张某某、陈某等证人证言所证实，衡水市保密局秘级鉴定书证实其单位的某文件属国家秘密文件，秘级为绝密。李某某指示他人复印国家绝密文件并在法轮功组织内部下发，进而同意将该绝密文件上传国际互联网的行为，造成国家秘密大范围泄漏，已构成故意泄露国家秘密罪，且情节特别严重。2000 年 5 月 19 日，法院依照《刑事诉讼法》第 189 条第 1 项的规定，裁定如下：驳回上诉，维持原判。

【案例二】

王某某、张某某利用邪教组织破坏法律实施及非法持有国家机密文件案①

• 案件事实 •

2001 年 5 月，王某某、张某某与聂某某（女，另案处理）等人一起商量出资购买电脑设备，并将出资款交给王某某，由王某某购买了电脑、打印机、复印机、塑封机等设备，在其家中通过互联网下载法轮功宣传材料。2001 年 8 月 22 日，王某某、张某某因在家观看法轮功光盘被治安处罚后，所买的电脑、打印机、复印机、塑封机等由聂某某拉走。2002 年 4 月至 2002 年 5 月，王某某又购买了电脑、打印机、塑封机等设备，在家中和单位秘密通过法轮功网站“明慧网”下载法轮功宣传材料及图片，在家中打印多份，由张某某把照片压膜塑封，装订成册。公安机关在该案的审查期间，对张某某的住处进行搜查时，查获国家机密文件一份，张某某拒不说明机密文件的来源与用途。

• 裁判要旨 •

行为人拒不说明从其住处搜出的机密文件的来源与用途的，构成非法持有国家绝密、机密文件、资料、物品罪。

• 裁判理由 •

山东省青岛市城阳区人民法院经审理认为：被告人王某某、张某某利用法

① 参见山东省青岛市城阳区人民法院刑事判决，网址：http：//qdfy. chinacourt. org/public/detail。

轮功网站复制邪教内容出版物，其行为构成利用邪教组织破坏法律实施罪；被告人张某某还非法持有国家机密文件，拒不说明来源与用途，构成非法持有国家机密文件罪，均应予以惩处。根据《刑法》的相关规定，一审人民法院判决认定王某某犯利用邪教组织破坏法律实施罪，判处有期徒刑三年；认定张某某犯利用邪教组织破坏法律实施罪，判处有期徒刑三年，犯非法持有国家机密文件罪，判处有期徒刑二年六个月，决定执行有期徒刑五年。

【学理分析及适用指引】

• 学理分析 •

1. 非法获取国家秘密罪的构成。非法获取国家秘密罪，是指以窃取、刺探、收买的方法，非法获取国家秘密的行为。本罪的构成要件如下：

（1）本罪的客体。本罪侵犯的客体是国家的保密制度。所谓国家保密制度，是指有关保守国家秘密的法律、法规、规章、办法、措施所规定的国家秘密事项、保密范围以及有关制度的总称。本罪的犯罪对象是国家秘密。根据《保守国家秘密法》的规定，国家秘密是关系到国家安全和利益，依照法定程序确定的在一定时期内只限于一定范围的人员知悉的事项。依照秘密的程度，分为绝密、机密、秘密三级。

（2）本罪的客观方面。本罪在客观方面表现为以窃取、刺探、收买方法非法获取国家秘密的行为。所谓窃取，是指行为人以秘密盗窃的方法，非法取得国家秘密的行为；刺探，是指行为人暗中对掌握国家秘密的人，通过各种途径和手段探听、侦查、了解国家秘密的行为；所谓收买，是指行为人用金钱、物质、色情以及其他方法，向掌握秘密的人交换国家秘密的行为。

（3）本罪的主体。本罪的主体为一般主体。

（4）本罪的主观方面。本罪的主观方面是故意，即行为人明知自己不应知悉该国家秘密，仍采用窃取、刺探、收买的方法，非法获取国家秘密。

2. 非法持有国家绝密、机密文件、资料、物品罪的构成。非法持有国家绝密、机密文件、资料、物品罪，是指非法持有属于国家绝密、机密的文件、资料或者其他物品，拒不说明来源与用途的行为。本罪的构成要件如下：

（1）本罪的客体。本罪侵犯的客体是国家保密制度。本罪的行为对象是属于国家绝密、机密的文件、资料或其他物品。国家秘密具有特殊意义，一旦泄露，就会对国家和社会利益造成严重损害，所以非法持有相关文件、资料或其他物品本身就对国家利益具有高度危险性。持有绝密、机密以外的一般秘密文件、资料、物品的，不构成本罪。

（2）本罪的客观方面。本罪客观方面表现为非法持有属于国家绝密、机密的文件、资料或者其他物品，拒不说明来源与用途的行为。非法持有是指不应知悉某项国家绝密、机密者携带、存放、控制相关物品，或者可以知悉某项国家绝密、机密者在未办理相关手续的情况下，私自携带、留存相关文件、资料或物品。持有国家绝密、机密文件、资料或其他物品，同时在有关机关和人员询问其来源与用途时，行为人拒不回答或者作虚假回答，才构成本罪。拒不说明来源与用途，包括不提供任何说明，也包括编造事实，提供虚假的说明。

（3）本罪的主体。本罪的主体为一般主体。

（4）本罪的主观方面。本罪的主观方面由故意构成。行为人对持有物的国家秘密性有认识即可，并不以具体认识到其密级为必要。

• 适用指引 •

司法实践中，认定本条规定的罪名时应注意：

1. 非法获取国家秘密并将其故意提供给无权知悉者的行为，同时构成非法获取国家秘密罪和泄露国家秘密罪，但是两个行为针对同一对象，侵犯的法益也相同，不可并罚，前后行为法定刑一样，泄露国家秘密行为属于不可罚的事后行为，只以非法获取国家秘密罪论处，但对于其非法泄露国家秘密的行为，可视为本罪造成的严重后果，即“情节严重的”，依法加重处罚。

2. 非法持有国家绝密、机密文件、资料、物品罪是一个补漏性罪名，在不能查明行为人非法持有的国家绝密、机密文件、资料、物品的来源与用途，无法查清是否构成相关的主要犯罪时，以本罪论。如果能够查明行为人是非法获取国家秘密，或者查明行为人把国家秘密非法泄露的，应以相关罪名论处。

3. 注意非法获取国家秘密罪与《刑法》第 111 条规定的“为境外窃取、刺探、收买、非法提供国家秘密罪”的界限。二者区别的关键在于行为人服务的对象是否为境外的机构、组织人员。

第二百八十三条　非法生产、销售专用间谍器材、窃听、窃照专用器材罪

【法律规定】

• 法律条文 •

《中华人民共和国刑法》

第二百八十三条　非法生产、销售专用间谍器材或者窃听、窃照专用器材的，处三年以下有期徒刑、拘役或者管制，并处或者单处罚金；情节严重的，处三年以上七年以下有期徒刑，并处罚金。

单位犯前款罪的，对单位判处罚金，并对其直接负责的主管人员和其他直

接责任人员，依照前款的规定处罚。

• 相关规定 •

《中华人民共和国反间谍法》

第二十五条 任何个人和组织都不得非法持有、使用间谍活动特殊需要的专用间谍器材。专用间谍器材由国务院国家安全主管部门依照国家有关规定确认。

第三十二条 对非法持有属于国家秘密的文件、资料和其他物品的，以及非法持有、使用专用间谍器材的，国家安全机关可以依法对其人身、物品、住处和其他有关的地方进行搜查；对其非法持有的属于国家秘密的文件、资料和其他物品，以及非法持有、使用的专用间谍器材予以没收。非法持有属于国家秘密的文件、资料和其他物品，构成犯罪的，依法追究刑事责任；尚不构成犯罪的，由国家安全机关予以警告或者处十五日以下行政拘留。

《国家工商行政管理总局、公安部、国家质量监督检验检疫总局禁止非法生产销售使用窃听窃照专用器材和“伪基站”设备的规定》（国家工商行政管理总局、公安部、国家质量监督检验检疫总局令第 72 号）

第三条 本规定所称窃听专用器材，是指以伪装或者隐蔽方式使用，经公安机关依法进行技术检测后作出认定性结论，有以下情形之一的：

（一）具有无线发射、接收语音信号功能的发射、接收器材；

（二）微型语音信号拾取或者录制设备；

（三）能够获取无线通信信息的电子接收器材；

（四）利用搭接、感应等方式获取通讯线路信息的器材；

（五）利用固体传声、光纤、微波、激光、红外线等技术获取语音信息的器材；

（六）可遥控语音接收器件或者电子设备中的语音接收功能，获取相关语音信息，且无明显提示的器材（含软件）；

（七）其他具有窃听功能的器材。

第四条 本规定所称窃照专用器材，是指以伪装或者隐蔽方式使用，经公安机关依法进行技术检测后作出认定性结论，有以下情形之一的：

（一）具有无线发射功能的照相、摄像器材；

（二）微型针孔式摄像装置以及使用微型针孔式摄像装置的照相、摄像器材；

（三）取消正常取景器和回放显示器的微小相机和摄像机；

（四）利用搭接、感应等方式获取图像信息的器材；

（五）可遥控照相、摄像器件或者电子设备中的照相、摄像功能，获取相关图像信息，且无明显提示的器材（含软件）；

（六）其他具有窃照功能的器材。

第七条 公安机关负责对窃听窃照专用器材、“伪基站”设备的认定工作。

质量技术监督部门、工商行政管理部门在执法检查中，发现涉嫌非法生产、销售窃听窃照专用器材、“伪基站”设备的，应当及时将有关器材、设备送当地公安机关认定，公安机关应当在7日内出具认定结论。工商行政管理部门、质量技术监督部门应当依据公安机关出具的认定结论，对不构成犯罪的非法生产、销售窃听窃照专用器材和“伪基站”设备行为以及为非法销售窃听窃照专用器材和“伪基站”设备提供广告设计制作、代理、发布的行为依法予以处理。

第十五条 在查处涉嫌非法生产、销售、使用窃听窃照专用器材和“伪基站”设备的违法犯罪行为时，对以暴力、威胁等方法阻碍国家机关工作人员执行公务的，由公安机关依法予以查处；构成犯罪的，依法追究刑事责任。

【案例】

陈某非法生产销售专用间谍器材案①

• 案件事实 •

2001年下半年至2002年8月间，江苏省大丰市人陈某明知针孔摄像机系国家禁止生产、销售的间谍专用器材，为牟取非法利益，从广州、深圳、杭州等地的电子市场购入电子元件，租赁杭州市古荡湾新村房屋，组装生产伪装式带针孔摄像头的无线窃照装置和设备（如伪装成旅游鞋、皮带、水杯、文胸、领带、手机电池、镜框）等物品。生产后，被告人陈某通过报刊刊登广告进行销售，分别销售给吴某某、邵某某等人针孔摄像机4套，非法牟利9100元。

• 裁判要旨 •

非法生产、销售专用间谍器材是行为犯，成立该罪不要求生产达到一定规模或销售达到一定数量。

• 裁判理由 •

浙江省杭州市西湖区法院经审理认为：依据《刑法》第283条，被告人陈某违反国家规定，非法生产、销售间谍专用器材，已构非法生产销售专用间谍

---

① 参见浙江省杭州市西湖区人民法院判决，网址：http：//www. chinacourt. orghtmlarticle/200212/25/27714. shtml。

器材罪，判处被告人陈某有期徒刑八个月。

【学理分析及适用指引】

• 学理分析 •

非法生产、销售专用间谍器材、窃听、窃照专用器材罪，是指非法生产、销售专用间谍器材或者窃听、窃照专用器材的行为。本罪的构成要件如下：

1. 本罪的客体。本罪的客体是国家对专用间谍器材的生产、销售等管理制度。本罪的犯罪对象是专用间谍器材以及窃听、窃照专用器材。

2. 本罪的客观方面。本罪在客观方面表现为非法生产、销售专用间谍器材以及窃听、窃照专用器材的行为。非法生产、销售，是指行为人无权生产、销售专用间谍器材，违反国家规定，以营利为目的，擅自制造、销售上述器材的行为以及虽有生产、销售权但违反主管部门的规定和下达的指标而超范围、超指标生产和违反规定进行销售的行为。

3. 本罪的主体。犯罪主体为一般主体。根据《刑法修正案（九）》规定，单位也构成本罪。

4. 本罪的主观方面。本罪的主观方面由故意构成，即行为人明知自己非法生产、销售专用间谍器材以及窃听、窃照专用器材的行为会侵害国家对专用间谍器材的管理秩序，却希望或者放任危害结果的发生。犯罪动机不影响本罪的成立。司法实践中多为行为人受经济利益驱使而非法生产、销售专用间谍器材以及窃听、窃照专用器材。

• 适用指引 •

司法实践中，认定本罪应注意：非法生产、销售专用间谍器材是行为犯，即只要行为人实施了非法生产、销售专用间谍器材的行为，即可构成本罪。构成该罪不要求生产达到一定规模或销售达到一定数量。

第二百八十四条　非法使用窃听、窃照专用器材罪

【法律规定】

• 法律条文 •

《中华人民共和国刑法》

第二百八十四条　非法使用窃听、窃照专用器材，造成严重后果的，处二年以下有期徒刑、拘役或者管制。

• 相关规定 •

《国家工商行政管理总局、公安部、国家质量监督检验检疫总局禁止非法生产销售使用窃听窃照专用器材和“伪基站”设备的规定》（国家工商行政管理总局、公安部、国家质量监督检验检疫总局令第72号）

第三条 本规定所称窃听专用器材，是指以伪装或者隐蔽方式使用，经公安机关依法进行技术检测后作出认定性结论，有以下情形之一的：

（一）具有无线发射、接收语音信号功能的发射、接收器材；

（二）微型语音信号拾取或者录制设备；

（三）能够获取无线通信信息的电子接收器材；

（四）利用搭接、感应等方式获取通讯线路信息的器材；

（五）利用固体传声、光纤、微波、激光、红外线等技术获取语音信息的器材；

（六）可遥控语音接收器件或者电子设备中的语音接收功能，获取相关语音信息，且无明显提示的器材（含软件）；

（七）其他具有窃听功能的器材。

第四条 本规定所称窃照专用器材，是指以伪装或者隐蔽方式使用，经公安机关依法进行技术检测后作出认定性结论，有以下情形之一的：

（一）具有无线发射功能的照相、摄像器材；

（二）微型针孔式摄像装置以及使用微型针孔式摄像装置的照相、摄像器材；

（三）取消正常取景器和回放显示器的微小相机和摄像机；

（四）利用搭接、感应等方式获取图像信息的器材；

（五）可遥控照相、摄像器件或者电子设备中的照相、摄像功能，获取相关图像信息，且无明显提示的器材（含软件）；

（六）其他具有窃照功能的器材。

第七条 公安机关负责对窃听窃照专用器材、“伪基站”设备的认定工作。

质量技术监督部门、工商行政管理部门在执法检查中，发现涉嫌非法生产、销售窃听窃照专用器材、“伪基站”设备的，应当及时将有关器材、设备送当地公安机关认定，公安机关应当在7日内出具认定结论。工商行政管理部门、质量技术监督部门应当依据公安机关出具的认定结论，对不构成犯罪的非法生产、销售窃听窃照专用器材和“伪基站”设备行为以及为非法销售窃听窃照专用器材和“伪基站”设备提供广告设计制作、代理、发布的行为依法予以处理。

【案例】

韩锦成犯非法使用窃听、窃照专用器材案①

• 案件事实 •

2018年7月25日，在河南省封丘县公开招聘小学教师考试过程中，被告人韩锦成伙同李帅、李腾飞组织王远辉、戴荣弟、刘瑞明、王洋、何建杰、黄进祥（上述八人均已判决）收集参加考生信息，后联系参加考生承诺包过，并与孙某霞等38名考生签订包过协议，在考试过程中使用窃听、窃照器材为签订协议的考生传输答案，造成封丘县公开招聘小学教师工作延迟3个月，并给政府公信力造成恶劣影响。经公安部特种警用装备质量监督检验中心鉴定，其使用的窃听、窃照器材具有隐蔽收听、发射大功率无线信号功能。

• 裁判要旨 •

非法使用窃听、窃照专用器材罪要求行为人非法使用窃听、窃照专用器材并造成严重后果的情形。

• 裁判理由 •

河南省封丘县人民法院审理后认为，被告人韩锦成为帮助他人通过招教考试非法使用窃听、窃照专用器材，造成考试信息泄露、该项工作推迟等严重后果，犯罪事实清楚，证据确实充分，其行为已构成非法使用窃听、窃照专用器材罪，公诉机关指控罪名成立，法院予以支持。本案系共同犯罪，在共同犯罪中，被告人韩锦成起主要作用，系主犯。被告人韩锦成主动投案后，如实供述其犯罪事实，其行为符合自首的法律构成要件，系自首，依法从轻处罚。被告人韩锦成自愿认罪认罚，依法从宽处理。公诉机关建议判处被告人韩锦成有期徒刑一年零四个月的量刑适当，法院予以采纳。根据被告人的犯罪事实、情节、后果、认罪悔罪表现，依照《刑法》第284条、第67条第1款、第25条、第26条、《刑事诉讼法》第15条、第201条之规定，判决如下：被告人韩锦成犯非法使用窃听、窃照专用器材罪，判处有期徒刑一年四个月。

① 参见河南省封丘县人民法院（2021）豫0727刑初102号。

【学理分析及适用指引】

● 学理分析 ●

非法使用窃听、窃照专用器材罪，是指违反国家规定使用窃听、窃照专用器材的行为。本罪的构成要件如下：

1. 本罪的客体。本罪侵犯的客体是国家对窃听、窃照专用器材的使用管理制度。

2. 本罪的客观方面。客观方面表现为非法使用窃听、窃照专用器材，造成严重后果的行为。窃听，是指使用技术器材、设备，对窃听对象的谈话或者通话进行偷听的活动。窃照，是指使用技术器材、设备，对窃照对象的活动或者形象进行秘密摄录、拍照的活动。窃听、窃照专用器材，是指具有窃听、窃照功能，并专门用于窃听、窃照活动的器材，如窃听器、微型录音机、微型照相机等。非法使用，是指违反国家规定使用窃听、窃照专用器材，包括无权使用的人使用和有权的人违反规定使用。构成本罪，还要求造成严重后果。所谓造成严重后果，主要是指由于非法使用窃听、窃照专用器材，造成他人自杀、精神失常，引起杀人、伤害等犯罪发生，使被窃听、窃照单位的经济情报、信息泄露，造成重大经济损失等情形。

3. 本罪的主体。犯罪主体为一般主体。

4. 本罪的主观方面。主观方面由故意构成。在司法实践中，行为人实施窃听、窃照行为，一般是出于某种非法目的，也有的是出于好奇等目的。不论出于何种动机、目的，不影响本罪的成立。

● 适用指引 ●

司法实践中，认定本罪应注意：

1. 划清本罪与一般违法行为的界限。构成本罪必须具备非法使用窃听、窃照专用器材和造成严重后果两个条件。如果行为人使用普通照相机、录音机或者使用窃听、窃照以外的方法获取他人的隐私或者秘密的，不构成本罪。虽然使用了窃听、窃照专用器材，但未造成严重后果的，也不构成本罪。

2. 本罪与侵犯商业秘密罪、非法获取国家秘密罪的界限。两者的主要区别：前者是使用窃听、窃照专用器材，主要获取他人隐私，要求造成严重后果；后者的犯罪手段则多种多样，不限于使用窃听、窃照专用器材，而且侵犯的对象分别是商业秘密和国家秘密，非法获取国家秘密罪不要求造成严重后果。如果行为人使用窃听、窃照专用器材获取他人的商业秘密、国家秘密，同时构成本罪与侵犯商业秘密罪、非法获取国家秘密罪的，属于牵连犯罪，应当按照处理牵连犯的原则，从一重罪论处。

第二百八十四条之一　组织考试作弊罪；非法出售、提供试题、答案罪；代替考试罪

【法律规定】

● 法律条文 ●

《中华人民共和国刑法》

第二百八十四条之一　在法律规定的国家考试中，组织作弊的，处三年以下有期徒刑或者拘役，并处或者单处罚金；情节严重的，处三年以上七年以下有期徒刑，并处罚金。

为他人实施前款犯罪提供作弊器材或者其他帮助的，依照前款的规定处罚。

为实施考试作弊行为，向他人非法出售或者提供第一款规定的考试的试题、答案的，依照第一款的规定处罚。

代替他人或者让他人代替自己参加第一款规定的考试的，处拘役或者管制，并处或者单处罚金。

● 相关规定 ●

《最高人民法院、最高人民检察院关于办理组织考试作弊等刑事案件适用法律若干问题的解释》（法释〔2019〕13 号）

第一条　刑法第二百八十四条之一规定的“法律规定的国家考试”，仅限于全国人民代表大会及其常务委员会制定的法律所规定的考试。

根据有关法律规定，下列考试属于“法律规定的国家考试”：

（一）普通高等学校招生考试、研究生招生考试、高等教育自学考试、成人高等学校招生考试等国家教育考试；

（二）中央和地方公务员录用考试；

（三）国家统一法律职业资格考试、国家教师资格考试、注册会计师全国统一考试、会计专业技术资格考试、资产评估师资格考试、医师资格考试、执业药师职业资格考试、注册建筑师考试、建造师执业资格考试等专业技术资格考试；

（四）其他依照法律由中央或者地方主管部门以及行业组织的国家考试。

前款规定的考试涉及的特殊类型招生、特殊技能测试、面试等考试，属于“法律规定的国家考试”。

第二条　在法律规定的国家考试中，组织作弊，具有下列情形之一的，应

当认定为刑法第二百八十四条之一第一款规定的“情节严重”：

（一）在普通高等学校招生考试、研究生招生考试、公务员录用考试中组织考试作弊的；

（二）导致考试推迟、取消或者启用备用试题的；

（三）考试工作人员组织考试作弊的；

（四）组织考生跨省、自治区、直辖市作弊的；

（五）多次组织考试作弊的；

（六）组织三十人次以上作弊的；

（七）提供作弊器材五十件以上的；

（八）违法所得三十万元以上的；

（九）其他情节严重的情形。

第三条 具有避开或者突破考场防范作弊的安全管理措施，获取、记录、传递、接收、存储考试试题、答案等功能的程序、工具，以及专门设计用于作弊的程序、工具，应当认定为刑法第二百八十四条之一第二款规定的“作弊器材”。

对于是否属于刑法第二百八十四条之一第二款规定的“作弊器材”难以确定的，依据省级以上公安机关或者考试主管部门出具的报告，结合其他证据作出认定；涉及专用间谍器材、窃听、窃照专用器材、“伪基站”等器材的，依照相关规定作出认定。

第四条 组织考试作弊，在考试开始之前被查获，但已经非法获取考试试题、答案或者具有其他严重扰乱考试秩序情形的，应当认定为组织考试作弊罪既遂。

第五条 为实施考试作弊行为，非法出售或者提供法律规定的国家考试的试题、答案，具有下列情形之一的，应当认定为刑法第二百八十四条之一第三款规定的“情节严重”：

（一）非法出售或者提供普通高等学校招生考试、研究生招生考试、公务员录用考试的试题、答案的；

（二）导致考试推迟、取消或者启用备用试题的；

（三）考试工作人员非法出售或者提供试题、答案的；

（四）多次非法出售或者提供试题、答案的；

（五）向三十人次以上非法出售或者提供试题、答案的；

（六）违法所得三十万元以上的；

（七）其他情节严重的情形。

第六条 为实施考试作弊行为，向他人非法出售或者提供法律规定的国家考试的试题、答案，试题不完整或者答案与标准答案不完全一致的，不影响非法出售、提供试题、答案罪的认定。

第七条 代替他人或者让他人代替自己参加法律规定的国家考试的，应当依照刑法第二百八十四条之一第四款的规定，以代替考试罪定罪处罚。

对于行为人犯罪情节较轻，确有悔罪表现，综合考虑行为人替考情况以及考试类型等因素，认为符合缓刑适用条件的，可以宣告缓刑；犯罪情节轻微的，可以不起诉或者免予刑事处罚；情节显著轻微危害不大的，不以犯罪论处。

第八条 单位实施组织考试作弊、非法出售、提供试题、答案等行为的，依照本解释规定的相应定罪量刑标准，追究组织者、策划者、实施者的刑事责任。

第九条 以窃取、刺探、收买方法非法获取法律规定的国家考试的试题、答案，又组织考试作弊或者非法出售、提供试题、答案，分别符合刑法第二百八十二条和刑法第二百八十四条之一规定的，以非法获取国家秘密罪和组织考试作弊罪或者非法出售、提供试题、答案罪数罪并罚。

第十条 在法律规定的国家考试以外的其他考试中，组织作弊，为他人组织作弊提供作弊器材或者其他帮助，或者非法出售、提供试题、答案，符合非法获取国家秘密罪、非法生产、销售窃听、窃照专用器材罪、非法使用窃听、窃照专用器材罪、非法利用信息网络罪、扰乱无线电通讯管理秩序罪等犯罪构成要件的，依法追究刑事责任。

第十一条 设立用于实施考试作弊的网站、通讯群组或者发布有关考试作弊的信息，情节严重的，应当依照刑法第二百八十七条之一的规定，以非法利用信息网络罪定罪处罚；同时构成组织考试作弊罪、非法出售、提供试题、答案罪、非法获取国家秘密罪等其他犯罪的，依照处罚较重的规定定罪处罚。

第十二条 对于实施本解释规定的犯罪被判处刑罚的，可以根据犯罪情况和预防再犯罪的需要，依法宣告职业禁止；被判处管制、宣告缓刑的，可以根据犯罪情况，依法宣告禁止令。

第十三条 对于实施本解释规定的行为构成犯罪的，应当综合考虑犯罪的危害程度、违法所得数额以及被告人的前科情况、认罪悔罪态度等，依法判处罚金。

【案例】

杜金波、马维圆组织考试作弊案①

• 案件事实 •

被告人杜金波、马维圆预谋后，组织参加云南省2017年度公务员录用考试的考生作弊。杜金波向考生提供接收器、耳机等作弊器材，共收取13000元定金，口头约定考试通过后每名考生支付6万元至8万元不等的费用。马维圆向考生提供了接收器、耳机等作弊器材，共收取9000元定金，书面约定考试通过后每名考生支付6万元的费用。2017年4月21日下午，杜金波、马维圆对考生进行作弊器材的测试和运用培训。次日8时许，杜金波、马维圆安装发射器，准备通过语音传输方式向考生提供答案，9时许，考生携带接收器、耳机参加考试被查获。

• 裁判要旨 •

出于牟利的目的，利用作弊器材组织多人在公务员录用考试中作弊，构成组织考试作弊罪。

• 裁判理由 •

云南省曲靖市麒麟区人民法院一审判决、云南省曲靖市中级人民法院二审判决认为：被告人杜金波、马维圆出于牟利的目的，利用作弊器材组织多人在公务员录用考试中作弊，构成组织考试作弊罪，且属“情节严重”。在共同犯罪中，杜金波是犯意提起者、作弊器材提供者、行为指挥和实施者，起主要作用，是主犯；马维圆是行为参与者，起次要作用，是从犯。综合考虑被告人的累犯、认罪、退赃等情节，以组织考试作弊罪判处被告人杜金波有期徒刑三年六个月，并处罚金人民币2万元；被告人马维圆有期徒刑一年，并处罚金人民币1万元。

【学理分析及适用指引】

• 学理分析 •

针对当前社会诚信缺失，欺诈等背信行为多发，社会危害严重的实际情况，为发挥刑法对公民行为价值取向的引领作用，《刑法修正案（九）》在惩

① 参见2019年9月3日最高人民法院发布的考试作弊犯罪典型案例。

治与防范考试作弊方面制定了较为严密的刑事法网，规定了组织考试作弊罪，非法出售、提供试题、答案罪和代替考试罪等三个罪名。

组织考试作弊罪，是指在法律规定的国家考试中，组织作弊的行为。此处“考试”仅限于“法律规定的国家考试”，而并非所有的考试。目前，法律规定的国家考试约有十几种，主要包括高考、法律职业资格考试、医师资格考试、公务员考试等。组织考试作弊罪惩罚的主要是考试作弊的组织者。此处的组织行为包括但不限于制作假证件、组织替考人员、收买监考人员、提前获得考试试题答案等信息等行为。根据《刑法》第 284 条之一第 2 款的规定，在法律规定的国家考试中，明知他人实施组织考试作弊的活动而提供作弊器材或者其他帮助的，以组织考试作弊罪论处。

非法出售、提供考试试题、答案罪，是指为实施考试作弊行为，向他人非法出售或者提供法律规定的国家考试的试题、答案的行为。

代替考试罪，是指代替他人或者让他人代替自己参加法律规定的国家考试的行为，即替考罪。本罪惩罚的对象既包括替考者，也包括代考者，即考生与“枪手”同罚，双方均构成替考罪。

• 适用指引 •

司法实践中，处理考试作弊方面的刑事案件应注意：

1. 准确辨析帮助他人考试作弊的性质。对于在法律规定的国家考试中，为他人考试作弊提供帮助的行为如何处理，应具体分析：若明知他人实施组织考试作弊的行为，为组织者提供作弊器材或者其他帮助行为的，应以组织考试作弊罪论处，实属组织考试作弊罪共犯；若为作弊考生本人提供帮助的，则关键在于作弊考生本人的作弊行为是否属于犯罪行为，如某考生请他人代替自己参加上述国家级考试，行为人应该考生请求为替考者制作假证件或者提供其他帮助的，因被帮助者的行为构成代替考试罪，故帮助者的行为属于代替考试罪的共犯；若被帮助的考生本人的作弊行为并不构成犯罪（如考生本人的抄袭、夹带行为），则帮助者的行为也不构成犯罪。

2. 非法出售、提供试题、答案罪与故意泄露国家秘密罪的界限。非法出售、提供试题、答案罪中的国家考试的试题、答案一般均在该考试开考前或者虽然已经开考但尚未结束，即该试题尚未解密时出售、提供或泄露。此时的试题、答案当然同时也受《保守国家秘密法》所调整，同时属于具有国家密级的国家秘密，此时行为人非法出售、提供考试试题、答案的行为同时构成故意泄露国家秘密罪，这种现象属于想象竞合，应当择一重罪论处。比较《刑法》第 284 条之一和第 398 条的法定刑设置，这两个罪名的法定刑档次和法定最高刑均一样，但非法提供试题、答案罪还配置有罚金刑，故相比而言，第 284 条之一的非法出售、提供试题、答案罪属于重罪。

第二百八十五条 非法侵入计算机信息系统罪；非法获取计算机信息系统数据、非法控制计算机信息系统罪；提供侵入、非法控制计算机信息系统程序、工具罪

【法律规定】

• 法律条文 •

《中华人民共和国刑法》

第二百八十五条 违反国家规定，侵入国家事务、国防建设、尖端科学技术领域的计算机信息系统的，处三年以下有期徒刑或者拘役。

违反国家规定，侵入前款规定以外的计算机信息系统或者采用其他技术手段，获取该计算机信息系统中存储、处理或者传输的数据，或者对该计算机信息系统实施非法控制，情节严重的，处三年以下有期徒刑或者拘役，并处或者单处罚金；情节特别严重的，处三年以上七年以下有期徒刑，并处罚金。

提供专门用于侵入、非法控制计算机信息系统的程序、工具，或者明知他人实施侵入、非法控制计算机信息系统的违法犯罪行为而为其提供程序、工具，情节严重的，依照前款的规定处罚。

单位犯前三款罪的，对单位判处罚金，并对其直接负责的主管人员和其他直接责任人员，依照各该款的规定处罚。

• 相关规定 •

《最高人民法院、最高人民检察院关于办理危害计算机信息系统安全刑事案件应用法律若干问题的解释》（法释〔2011〕19号）

第一条 非法获取计算机信息系统数据或者非法控制计算机信息系统，具有下列情形之一的，应当认定为刑法第二百八十五条第二款规定的“情节严重”：

（一）获取支付结算、证券交易、期货交易等网络金融服务的身份认证信息十组以上的；

（二）获取第（一）项以外的身份认证信息五百组以上的；

（三）非法控制计算机信息系统二十台以上的；

（四）违法所得五千元以上或者造成经济损失一万元以上的；

（五）其他情节严重的情形。

实施前款规定行为，具有下列情形之一的，应当认定为刑法第二百八十五条第二款规定的“情节特别严重”：

（一）数量或者数额达到前款第（一）项至第（四）项规定标准五倍以上的；

（二）其他情节特别严重的情形。

明知是他人非法控制的计算机信息系统，而对该计算机信息系统的控制权加以利用的，依照前两款的规定定罪处罚。

第二条 具有下列情形之一的程序、工具，应当认定为刑法第二百八十五条第三款规定的“专门用于侵入、非法控制计算机信息系统的程序、工具”：

（一）具有避开或者突破计算机信息系统安全保护措施，未经授权或者超越授权获取计算机信息系统数据的功能的；

（二）具有避开或者突破计算机信息系统安全保护措施，未经授权或者超越授权对计算机信息系统实施控制的功能的；

（三）其他专门设计用于侵入、非法控制计算机信息系统、非法获取计算机信息系统数据的程序、工具。

第三条 提供侵入、非法控制计算机信息系统的程序、工具，具有下列情形之一的，应当认定为刑法第二百八十五条第三款规定的“情节严重”：

（一）提供能够用于非法获取支付结算、证券交易、期货交易等网络金融服务身份认证信息的专门性程序、工具五人次以上的；

（二）提供第（一）项以外的专门用于侵入、非法控制计算机信息系统的程序、工具二十人次以上的；

（三）明知他人实施非法获取支付结算、证券交易、期货交易等网络金融服务身份认证信息的违法犯罪行为而为其提供程序、工具五人次以上的；

（四）明知他人实施第（三）项以外的侵入、非法控制计算机信息系统的违法犯罪行为而为其提供程序、工具二十人次以上的；

（五）违法所得五千元以上或者造成经济损失一万元以上的；

（六）其他情节严重的情形。

实施前款规定行为，具有下列情形之一的，应当认定为提供侵入、非法控制计算机信息系统的程序、工具“情节特别严重”：

（一）数量或者数额达到前款第（一）项至第（五）项规定标准五倍以上的；

（二）其他情节特别严重的情形。

第八条 以单位名义或者单位形式实施危害计算机信息系统安全犯罪，达到本解释规定的定罪量刑标准的，应当依照刑法第二百八十五条、第二百八十六条的规定追究直接负责的主管人员和其他直接责任人员的刑事责任。

第九条 明知他人实施刑法第二百八十五条、第二百八十六条规定的行为，具有下列情形之一的，应当认定为共同犯罪，依照刑法第二百八十五条、第二百八十六条的规定处罚：

（一）为其提供用于破坏计算机信息系统功能、数据或者应用程序的程序、工具，违法所得五千元以上或者提供十人次以上的；

（二）为其提供互联网接入、服务器托管、网络存储空间、通讯传输通道、费用结算、交易服务、广告服务、技术培训、技术支持等帮助，违法所得五千元以上的；

（三）通过委托推广软件、投放广告等方式向其提供资金五千元以上的。

实施前款规定行为，数量或者数额达到前款规定标准五倍以上的，应当认定为刑法第二百八十五条、第二百八十六条规定的“情节特别严重”或者“后果特别严重”。

第十条 对于是否属于刑法第二百八十五条、第二百八十六条规定的“国家事务、国防建设、尖端科学技术领域的计算机信息系统”、“专门用于侵入、非法控制计算机信息系统的程序、工具”、“计算机病毒等破坏性程序”难以确定的，应当委托省级以上负责计算机信息系统安全保护管理工作的部门检验。司法机关根据检验结论，并结合案件具体情况认定。

第十一条 本解释所称“计算机信息系统”和“计算机系统”，是指具备自动处理数据功能的系统，包括计算机、网络设备、通信设备、自动化控制设备等。

本解释所称“身份认证信息”，是指用于确认用户在计算机信息系统上操作权限的数据，包括账号、口令、密码、数字证书等。

本解释所称“经济损失”，包括危害计算机信息系统犯罪行为给用户直接造成的经济损失，以及用户为恢复数据、功能而支出的必要费用。

【案例】

张竣杰等非法控制计算机信息系统案①

• 案件事实 •

自2017年7月开始，被告人张竣杰、彭玲珑、祝东、姜宇豪经事先共谋，为赚取赌博网站广告费用，在马来西亚吉隆坡市租住的某公寓内，相互配合，对存在防护漏洞的目标服务器进行检索、筛查后，向目标服务器植入木马程序（后门程序）进行控制，再使用“菜刀”等软件链接该木马程序，获取目标服

① 根据2020年12月29日《最高人民法院关于发布第二十六批指导性案例的通知》指导案例145号修改。

务器后台浏览、增加、删除、修改等操作权限，将添加了赌博关键字并设置自动跳转功能的静态网页，上传至目标服务器，提高赌博网站广告被搜索引擎命中概率。截至2017年9月底，被告人张竣杰、彭玲珑、祝东、姜宇豪链接被植入木马程序的目标服务器共计113台，其中部分网站服务器还被植入了含有赌博关键词的广告网页。后公安机关将被告人张竣杰、彭玲珑、祝东、姜宇豪抓获到案。公诉机关以破坏计算机信息系统罪对四人提起公诉。被告人张竣杰、彭玲珑、祝东、姜宇豪及其辩护人在庭审中均对指控的主要事实予以承认；被告人张竣杰、彭玲珑、祝东及其辩护人提出，各被告人的行为仅是对目标服务器的侵入或非法控制，并非破坏，应定性为非法侵入计算机信息系统罪或非法控制计算机信息系统罪，不构成破坏计算机信息系统罪。

• 裁判要旨 •

1. 通过植入木马程序的方式，非法获取网站服务器的控制权限，进而通过修改、增加计算机信息系统数据，向相关计算机信息系统上传网页链接代码的，应当认定为《刑法》第285条第2款“采用其他技术手段”非法控制计算机信息系统的行为。

2. 通过修改、增加计算机信息系统数据，对该计算机信息系统实施非法控制，但未造成系统功能实质性破坏或者不能正常运行的，不应当认定为破坏计算机信息系统罪，符合《刑法》第285条第2款规定的，应当认定为非法控制计算机信息系统罪。

• 裁判理由 •

江苏省南京市鼓楼区人民法院于2019年7月29日作出（2018）苏0106刑初487号刑事判决：一、被告人张竣杰犯非法控制计算机信息系统罪，判处有期徒刑五年六个月，罚金人民币5万元。二、被告人彭玲珑犯非法控制计算机信息系统罪，判处有期徒刑五年三个月，罚金人民币5万元。三、被告人祝东犯非法控制计算机信息系统罪，判处有期徒刑五年，罚金人民币4万元。四、被告人姜宇豪犯非法控制计算机信息系统罪，判处有期徒刑二年六个月，罚金人民币2万元。一审宣判后，被告人姜宇豪以一审量刑过重为由提出上诉，其辩护人请求对被告人姜宇豪宣告缓刑。江苏省南京市中级人民法院于2019年9月16日作出（2019）苏01刑终768号裁定：驳回上诉，维持原判。

法院生效裁判认为，被告人张竣杰、彭玲珑、祝东、姜宇豪共同违反国家规定，对我国境内计算机信息系统实施非法控制，情节特别严重，其行为均已构成非法控制计算机信息系统罪，且系共同犯罪。江苏省南京市鼓楼区人民检察院指控被告人张竣杰、彭玲珑、祝东、姜宇豪实施侵犯计算机信息系统犯罪的事实清楚，证据确实、充分，但以破坏计算机信息系统罪予以指控不当。经查，被告人张竣杰、彭玲珑、祝东、姜宇豪虽对目标服务器的数据实施了修改、增加的侵犯行为，但未造成该信息系统功能实质性的破坏，或不能正常运行，也未对该信息系统内有价值的数据进行增加、删改，其行为不属于破坏计算机信息系统犯罪中的对计算机信息系统中存储、处理或者传输的数据进行删除、修改、增加的行为，应认定为非法控制计算机信息系统罪。部分被告人及辩护人提出相同定性的辩解、辩护意见，予以采纳。关于上诉人姜宇豪提出"量刑过重"的上诉理由及辩护人提出宣告缓刑的辩护意见，经查，该上诉人及其他被告人链接被植入木马程序的目标服务器共计 113 台，属于情节特别严重。一审法院依据本案的犯罪事实和上诉人的犯罪情节，对上诉人减轻处罚，量刑适当且与其他被告人的刑期均衡。综合上诉人犯罪行为的性质、所造成的后果及其社会危害性，不宜对上诉人适用缓刑。故对上诉理由及辩护意见，不予采纳。

【学理分析及适用指引】

• 学理分析 •

1. 非法侵入计算机信息系统罪的构成。非法侵入计算机信息系统罪，是指违反国家规定，侵入国家事务、国防建设、尖端科学技术领域的计算机信息系统的行为。本罪的构成要件如下：

（1）本罪的客体。本罪所侵犯的客体是国家重要领域计算机信息系统的安全。犯罪对象限于国家事务、国防建设、尖端科学技术领域的计算机信息系统。所谓计算机信息系统，根据《计算机信息系统安全保护条例》第 2 条规定，是指由计算机及其相关的和配套的设备、设施（含网络）构成的，按照一定的应用目标和规则对信息采集加工、存储、传输、检索等处理的人机系统。应包括组成计算机本身的硬件、数据、各种接口和控制计算机的软件，还包括各种相应的外部设备以及形成计算机网络时应有的通信设备和线路、信道。根据《计算机信息系统安全保护条例》《计算机信息网络国际联网管理暂行规定》《计算机信息网络国际联网出入口信道管理办法》《专用网与公用网联网的暂行规定》等相关规定，中国教育网属于国家事务领域的计算机信息系统。尖端科学技术领域的计算机信息系统应该局限于中国科学院网。一般企事业单位的计算机信息系统不属于本罪的犯罪对象，不能以这些系统需要先进的科学技术就认定属于尖端科学技术领域的计算机信息系统。

关于金融领域计算机信息系统的归属，则要视具体情况而定。中国人民银行建立的计算机信息系统应视为属于国家事务领域的计算机信息系统，而各商业银行建立的计算机信息系统则属于经济建设领域的计算机信息系统。我国军队计算机信息系统应属于国防建设领域的计算机信息系统。因此，对于非法侵入的不是国家事务、国防建设、尖端科学技术三个领域的计算机信息系统的，不构成本罪，但有可能构成其他犯罪。

(2) 本罪的客观方面。本罪在客观方面表现为违反国家规定，侵入国家事务、国防建设、尖端科学技术领域的计算机信息系统。此处的“违反国家规定”，包括违反计算机安全保护法规和保守国家秘密的一般性法规。非法侵入行为可以分为两类：一是非法用户侵入信息系统，也即无权访问特定信息系统的人非法侵入该信息系统。二是合法用户的越权访问，也即有权访问特定信息系统的用户，未经批准、授权或者未办理手续而擅自访问该信息系统或者调取系统内部资源。

(3) 本罪的主体。本罪的主体为一般主体，多为精通计算机软件技术的专业人员。根据《刑法修正案（九）》，单位也构成本罪。

(4) 本罪的主观方面。本罪的主观方面由故意构成。如果是无意进入上述系统，且发现后立即退出，不构成本罪。

2. 非法获取计算机信息系统数据、非法控制计算机信息系统罪的构成。非法获取计算机信息系统数据、非法控制计算机信息系统罪，是指违反国家规定，侵入国家事务、国防建设、尖端科学技术领域以外的计算机信息系统或者采用其他技术手段，获取该计算机信息系统中存储、处理或者传输的数据，或者对该计算机信息系统实施非法控制，情节严重的行为。本罪的构成要件如下：

(1) 本罪的客体。本罪的客体是计算机信息系统安全。犯罪对象是国家事务、国防建设、尖端科学技术领域以外的计算机信息系统或者其中存储、处理或者传输的数据。①

(2) 本罪的客观方面。本罪的客观方面表现为：其一，以侵入上述计算机信息系统或者采取其他技术手段，非法获取该系统中存储、处理或者传输的数据。所谓采取其他技术手段，主要是指假冒或者设立虚假网站，或者利用网关欺骗技术，行为人并不需要进入他人的计算机信息系统就可获取该计算机处理、传输的数据信息。所谓假冒网站，一般是指冒充国家机关、金融系统已经建立的网站；所谓设立虚假网站，一般是指以国家机关、金融系统的名义建立

---

① 《刑法修正案（七）》为了扩大对国家事务、国防建设、尖端科学技术领域以外的计算机信息系统及其数据的保护，规定了以国家事务、国防建设、尖端科学技术领域以外的计算机信息系统为犯罪对象的非法获取计算机信息系统数据、非法控制计算机信息系统罪，这样在解决一个问题的同时，又制造了一个新问题。针对国家事务、国防建设、尖端科学技术领域的计算机实施的非法获取计算机信息系统数据、非法控制计算机信息系统行为，其危害性通常要大于针对国家事务、国防建设、尖端科学技术领域以外的计算机实施的同类行为，但是依照修正后的《刑法》，对于前者只能适用第 285 条第 1 款判处三年以下有期徒刑，而对于后者，如果情节特别严重的，可以适用第 285 条第 2 款，处三年以上七年以下有期徒刑。这种处理结果有悖罪刑均衡原则。在罪刑法定原则下，这个问题无法通过司法解决，只能通过立法途径加以解决。

并不存在的网站；所谓网关欺骗技术，就是通过 A20 欺骗技术建立假网关，让被它欺骗的个人计算机向假网关发送数据，而不是通过正常的路由器上网，使所有发送的数据都要先经过假网关中转一次，从而窃取被它欺骗的计算机系统数据。其二，对该计算机信息系统实施非法控制。此处的非法控制，一般是指行为人利用网站漏洞将木马植入到网站上，在用户访问网站时，利用客户端漏洞将木马移植到用户计算机上，或在互联网上传播捆绑有木马的程序或文件，当用户连接到因特网时，这个程序就会通知黑客，报告用户的 IP 地址以及预先设定的端口。黑客在收到这些信息后，再利用这个潜伏的程序，就可以任意地修改用户的计算机的参数设定、复制文件、窥视硬盘中的内容等，从而控制计算机。非法控制电脑者通常把这些受控制的计算机集中在一起，形成僵尸网络，从而为他们的犯罪服务，僵尸网络不仅可以使服务器崩溃或大量传播木马、病毒，而且能够提供有效的、分布式的架构，对企业信息发动大规模的攻击以及垃圾邮件攻击。这种攻击手段，一旦奏效，危害性极大。木马程序与计算机病毒相比，计算机病毒只是破坏用户的信息，而木马控制计算机，窃取用户的信息。①

本罪的成立还要求情节严重，所谓“情节严重”通常包括以下情形：对计算机信息系统的安全造成严重威胁甚至损害、致使计算机系统较长时间内无法正常使用；多次实施上述犯罪行为的；非法控制了大量计算机的信息系统；通过上述手段获取了大量计算机信息系统数据，用来从事非法活动或可能对他人造成重大危害的；给国家和人民财产和人身利益造成重大损害的等。

（3）本罪的主体。本罪的主体为一般主体。根据《刑法修正案（九）》，单位也构成本罪。

（4）本罪的主观方面。本罪的主观方面为故意。

3. 提供侵入、非法控制计算机信息系统程序、工具罪的构成。提供侵入、非法控制计算机信息系统程序、工具罪，是指提供专门用于侵入、非法控制计算机信息系统的程序、工具，或者明知他人实施侵入、非法控制计算机信息系统的违法犯罪行为而为其提供程序、工具，情节严重的行为。本罪的构成要件如下：

（1）本罪的客体。本罪的客体是计算机信息系统的安全。

（2）本罪的客观方面。本罪客观方面表现为两种情况：一是提供专门用于侵入、非法控制计算机信息系统的程序、工具。所谓“提供”，是向他人供给的意思，既包括出于营利目的的有偿供给，如网上销售，也包括不以营利为目的的免费供给，如将程序贴在网上供网民免费下载；既包括向特定对象提

① 参见黄太云：《〈刑法修正案（七）〉解读》，载《人民检察》2009 年第 6 期；高铭暄等：《〈刑法修正案（七）〉罪名之研析》（上），载《法制日报》2009 年 3 月 18 日。

供，也包括向不特定的社会公众提供。此处的专门程序或者工具可以是行为人自己创制的，也可以是通过网络等其他途径获得的。所谓“专门用于侵入计算机系统的程序、工具”，主要是指专门用于非法获取他人登录网络应用服务、计算机系统的账号、密码等认证信息以及智能卡等认证工具的计算机程序、工具。所谓“专门用于非法控制计算机信息系统的程序、工具”，主要是指可用于绕过计算机信息系统或者相关设备的防护措施，进而实施非法入侵或者获取目标系统中数据信息的计算机程序，比如具有远程控制、盗取数据等功能的木马程序、后门程序等恶意代码，此类程序的特点是通常不会对计算机系统原有的功能和数据造成破坏，不必然影响计算机的正常使用，但行为人可以通过此类程序对他人计算机系统进行非法控制。① 二是明知他人实施侵入、非法控制计算机信息系统的违法犯罪行为而为其提供程序、工具。提供实施侵入、非法控制计算机信息系统程序、工具的行为人与用这些程序和工具进行犯罪的行为人可以构成共犯，也可以不构成共犯。《刑法》将提供行为与使用行为相独立，单独入罪，更有利于对此类危害社会行为的打击。另外需要注意，本罪情节严重的，才构成犯罪。这主要是指提供了大量专门用于侵入、非法控制计算机信息系统的程序、工具的；出售专门用于侵入、非法控制计算机信息系统的程序、工具数额大的；由于其提供的专门用于侵入、非法控制计算机信息系统的程序、工具被大量使用造成严重危害的等情况。②

（3）本罪的主体。本罪的主体为一般主体。根据《刑法修正案（九）》，单位也构成本罪。

（4）本罪的主观方面。本罪的主观方面表现为故意。

• 适用指引 •

司法实践中，认定本罪应注意：

1. 非法侵入计算机信息系统罪的犯罪对象仅限于国家事务、国防建设、尖端科学技术领域的计算机信息系统。

2. 需要注意的是，由于虚拟财产可能与他人的现实财产权益相联系，具有财产稀缺性、可控制性和市场价值等基本属性，从而成为财产犯罪的对象。因此，利用网络盗窃他人虚拟财产，如果给他人造成实际财产损失的，可能同时构成盗窃罪。通过非法控制他人计算机信息系统盗窃他人财产的行为构成破坏计算机信息系统罪和盗窃罪的牵连犯，应当从一重罪论处。另外，非法控制他人计算机信息系统的行为对于被侵害的计算机信息系统，既可能是一种破坏性控制，也可能是一种非破坏性控制；既可能造成实际破坏，也可能只是具有

① 参见高铭暄等：《〈刑法修正案（七）〉罪名之研析》（上），载《法制日报》2009 年 3 月 18 日。

② 参见黄太云：《〈刑法修正案（七）〉内容解读（四）》，载《人民法院报》2009 年 4 月 29 日。

破坏的危险。控制计算机信息系统，造成破坏计算机信息系统结果的行为，应以破坏计算机信息系统罪论处。

第二百八十六条 破坏计算机信息系统罪

【法律规定】

• 法律条文 •

《中华人民共和国刑法》

第二百八十六条 违反国家规定，对计算机信息系统功能进行删除、修改、增加、干扰，造成计算机信息系统不能正常运行，后果严重的，处五年以下有期徒刑或者拘役；后果特别严重的，处五年以上有期徒刑。

违反国家规定，对计算机信息系统中存储、处理或者传输的数据和应用程序进行删除、修改、增加的操作，后果严重的，依照前款的规定处罚。

故意制作、传播计算机病毒等破坏性程序，影响计算机系统正常运行，后果严重的，依照第一款的规定处罚。

单位犯前三款罪的，对单位判处罚金，并对其直接负责的主管人员和其他直接责任人员，依照第一款的规定处罚。

• 相关规定 •

《全国人民代表大会常务委员会关于维护互联网安全的决定》（主席令第18号）

一、为了保障互联网的运行安全，对有下列行为之一，构成犯罪的，依照刑法有关规定追究刑事责任：

（一）侵入国家事务、国防建设、尖端科学技术领域的计算机信息系统；

（二）故意制作、传播计算机病毒等破坏性程序，攻击计算机系统及通信网络，致使计算机系统及通信网络遭受损害；

（三）违反国家规定，擅自中断计算机网络或者通信服务，造成计算机网络或者通信系统不能正常运行。

《最高人民法院、最高人民检察院关于办理危害计算机信息系统安全刑事案件应用法律若干问题的解释》（法释〔2011〕19号）

第四条 破坏计算机信息系统功能、数据或者应用程序，具有下列情形之一的，应当认定为刑法第二百八十六条第一款和第二款规定的“后果严重”：

（一）造成十台以上计算机信息系统的主要软件或者硬件不能正常运行的；

（二）对二十台以上计算机信息系统中存储、处理或者传输的数据进行删除、修改、增加操作的；

（三）违法所得五千元以上或者造成经济损失一万元以上的；

（四）造成为一百台以上计算机信息系统提供域名解析、身份认证、计费等基础服务或者为一万以上用户提供服务的计算机信息系统不能正常运行累计一小时以上的；

（五）造成其他严重后果的。

实施前款规定行为，具有下列情形之一的，应当认定为破坏计算机信息系统"后果特别严重"：

（一）数量或者数额达到前款第（一）项至第（三）项规定标准五倍以上的；

（二）造成为五百台以上计算机信息系统提供域名解析、身份认证、计费等基础服务或者为五万以上用户提供服务的计算机信息系统不能正常运行累计一小时以上的；

（三）破坏国家机关或者金融、电信、交通、教育、医疗、能源等领域提供公共服务的计算机信息系统的功能、数据或者应用程序，致使生产、生活受到严重影响或者造成恶劣社会影响的；

（四）造成其他特别严重后果的。

第五条 具有下列情形之一的程序，应当认定为刑法第二百八十六条第三款规定的"计算机病毒等破坏性程序"：

（一）能够通过网络、存储介质、文件等媒介，将自身的部分、全部或者变种进行复制、传播，并破坏计算机系统功能、数据或者应用程序的；

（二）能够在预先设定条件下自动触发，并破坏计算机系统功能、数据或者应用程序的；

（三）其他专门设计用于破坏计算机系统功能、数据或者应用程序的程序。

第六条 故意制作、传播计算机病毒等破坏性程序，影响计算机系统正常运行，具有下列情形之一的，应当认定为刑法第二百八十六条第三款规定的"后果严重"：

（一）制作、提供、传输第五条第（一）项规定的程序，导致该程序通过网络、存储介质、文件等媒介传播的；

（二）造成二十台以上计算机系统被植入第五条第（二）、（三）项规定的程序的；

（三）提供计算机病毒等破坏性程序十人次以上的；

（四）违法所得五千元以上或者造成经济损失一万元以上的；

（五）造成其他严重后果的。

实施前款规定行为，具有下列情形之一的，应当认定为破坏计算机信息系统“后果特别严重”：

（一）制作、提供、传输第五条第（一）项规定的程序，导致该程序通过网络、存储介质、文件等媒介传播，致使生产、生活受到严重影响或者造成恶劣社会影响的；

（二）数量或者数额达到前款第（二）项至第（四）项规定标准五倍以上的；

（三）造成其他特别严重后果的。

第八条　以单位名义或者单位形式实施危害计算机信息系统安全犯罪，达到本解释规定的定罪量刑标准的，应当依照刑法第二百八十五条、第二百八十六条的规定追究直接负责的主管人员和其他直接责任人员的刑事责任。

第九条　明知他人实施刑法第二百八十五条、第二百八十六条规定的行为，具有下列情形之一的，应当认定为共同犯罪，依照刑法第二百八十五条、第二百八十六条的规定处罚：

（一）为其提供用于破坏计算机信息系统功能、数据或者应用程序的程序、工具，违法所得五千元以上或者提供十人次以上的；

（二）为其提供互联网接入、服务器托管、网络存储空间、通讯传输通道、费用结算、交易服务、广告服务、技术培训、技术支持等帮助，违法所得五千元以上的；

（三）通过委托推广软件、投放广告等方式向其提供资金五千元以上的。

实施前款规定行为，数量或者数额达到前款规定标准五倍以上的，应当认定为刑法第二百八十五条、第二百八十六条规定的“情节特别严重”或者“后果特别严重”。

第十条　对于是否属于刑法第二百八十五条、第二百八十六条规定的“国家事务、国防建设、尖端科学技术领域的计算机信息系统”、“专门用于侵入、非法控制计算机信息系统的程序、工具”、“计算机病毒等破坏性程序”难以确定的，应当委托省级以上负责计算机信息系统安全保护管理工作的部门检验。司法机关根据检验结论，并结合案件具体情况认定。

第十一条　本解释所称“计算机信息系统”和“计算机系统”，是指具备自动处理数据功能的系统，包括计算机、网络设备、通信设备、自动化控制设备等。

本解释所称“身份认证信息”，是指用于确认用户在计算机信息系统上操作权限的数据，包括账号、口令、密码、数字证书等。

本解释所称“经济损失”，包括危害计算机信息系统犯罪行为给用户直接造成的经济损失，以及用户为恢复数据、功能而支出的必要费用。

《公安部关于对破坏未联网的微型计算机信息系统是否适用〈刑法〉第286条的请示的批复》（公复字〔1998〕7号）

《刑法》第286条中的“违反国家规定”是指包括《中华人民共和国计算机信息系统安全保护条例》（以下简称《条例》）在内的有关行政法规、部门规章的规定。《条例》第5条第2款规定的“未联网的微型计算机的安全保护办法，另行规定”，主要是考虑到未联入网络的单台微型计算机系统所处环境和使用情况比较复杂，且基本无安全功能，需针对这些特点另外制定相应的安全管理措施。然而，未联网的计算机信息系统也属计算机信息系统，《条例》第2条、第3条、第7条的安全保护原则、规定，对未联网的微型计算机系统完全适用。因此破坏未联网的微型计算机信息系统适用《刑法》第286条。

【案例一】

付宣豪、黄子超破坏计算机信息系统案①

• 案件事实 •

2013年年底至2014年10月，被告人付宣豪、黄子超等人租赁多台服务器，使用恶意代码修改互联网用户路由器的DNS设置，进而使用户登录“2345. com”等导航网站时跳转至其设置的“5w. com”导航网站，被告人付宣豪、黄子超等人再将获取的互联网用户流量出售给杭州久尚科技有限公司（系“5w. com”导航网站所有者），违法所得合计人民币754762. 34元。2014年11月17日，被告人付宣豪接民警电话通知后自动至公安机关，被告人黄子超主动投案，二被告人到案后均如实供述了上述犯罪事实。被告人及辩护人对罪名及事实均无异议。

• 裁判要旨 •

1. 通过修改路由器、浏览器设置、锁定主页或者弹出新窗口等技术手段，强制网络用户访问指定网站的“DNS劫持”行为，属于破坏计算机信息系统，后果严重的，构成破坏计算机信息系统罪。

2. 对于“DNS劫持”，应当根据造成不能正常运行的计算机信息系统数量、相关计算机信息系统不能正常运行的时间，以及所造成的损失或者影响等，认定其是“后果严重”还是“后果特别严重”。

---

① 根据2018年12月25日《最高人民法院关于发布第二十批指导性案例的通知》指导案例102号修改。

• 裁判理由 •

上海市浦东新区人民法院于2015年5月20日作出（2015）浦刑初字第1460号刑事判决：一、被告人付宣豪犯破坏计算机信息系统罪，判处有期徒刑三年，缓刑三年。二、被告人黄子超犯破坏计算机信息系统罪，判处有期徒刑三年，缓刑三年。三、扣押在案的作案工具以及退缴在案的违法所得予以没收，上缴国库。一审宣判后，二被告人均未上诉，公诉机关未抗诉，判决已发生法律效力。

法院生效裁判认为，根据《刑法》第286条的规定，对计算机信息系统功能进行破坏，造成计算机信息系统不能正常运行，后果严重的，构成破坏计算机信息系统罪。本案中，被告人付宣豪、黄子超实施的是流量劫持中的“DNS劫持”。DNS是域名系统的英文首字母缩写，作用是提供域名解析服务。“DNS劫持”通过修改域名解析，使对特定域名的访问由原IP地址转入到篡改后的指定IP地址，导致用户无法访问原IP地址对应的网站或者访问虚假网站，从而实现窃取资料或者破坏网站原有正常服务的目的。二被告人使用恶意代码修改互联网用户路由器的DNS设置，将用户访问“2345. com”等导航网站的流量劫持到其设置的“5w. com”导航网站，并将获取的互联网用户流量出售，显然是对网络用户的计算机信息系统功能进行破坏，造成计算机信息系统不能正常运行，符合破坏计算机信息系统罪的客观行为要件。

根据《最高人民法院、最高人民检察院关于办理危害计算机信息系统安全刑事案件应用法律若干问题的解释》，破坏计算机信息系统，违法所得人民币25000元以上或者造成经济损失人民币5万元以上的，应当认定为“后果特别严重”。本案中，二被告人的违法所得达人民币754762. 34元，属于“后果特别严重”。

综上，被告人付宣豪、黄子超实施的“DNS劫持”行为系违反国家规定，对计算机信息系统中存储的数据进行修改，依法构成破坏计算机信息系统罪，且属于“后果特别严重”的情形，依法应处五年以上有期徒刑。鉴于二被告人在家属的帮助下退缴全部违法所得，未获取、泄露公民个人信息，且均具有自首情节，无前科劣迹，故依法对其减轻处罚并适用缓刑。

【案例二】

徐强破坏计算机信息系统案①

• 案件事实 •

为了加强对分期付款的工程机械设备的管理，中联重科股份有限公司（以下简称中联重科）投入使用了中联重科物联网 GPS 信息服务系统，该套计算机信息系统由中联重科物联网远程监控平台、GPS 终端、控制器和显示器等构成，该系统具备自动采集、处理、存储、回传、显示数据和自动控制设备的功能，其中，控制器、GPS 终端和显示器由中联重科在工程机械设备的生产制造过程中安装到每台设备上。

中联重科对“按揭销售”的泵车设备均安装了中联重科物联网 GPS 信息服务系统，并在产品买卖合同中明确约定“如买受人出现违反合同约定的行为，出卖人有权采取停机、锁机等措施”以及“在买受人付清全部货款前，产品所有权归出卖人所有。即使在买受人已经获得机动车辆登记文件的情况下，买受人未付清全部货款前，产品所有权仍归出卖人所有”的条款，然后由中联重科总部的远程监控维护平台对泵车进行监控，如发现客户有拖欠、赖账等情况，就会通过远程监控系统进行“锁机”，泵车接收到“锁机”指令后依然能发动，但不能作业。

2014 年 5 月间，被告人徐强使用“GPS 干扰器”先后为钟某某、龚某某、张某某名下或管理的五台中联重科泵车解除锁定。具体事实如下：

1. 2014 年 4 月初，钟某某发现其购得的牌号为贵 A77×××的泵车即将被中联重科锁机后，安排徐某某帮忙打听解锁人。徐某某遂联系龚某某告知钟某某泵车需解锁一事。龚某某表示同意后，即通过电话联系被告人徐强给泵车解锁。2014 年 5 月 18 日，被告人徐强携带“GPS 干扰器”与龚某某一起来到贵阳市清镇市，由被告人徐强将“GPS 干扰器”上的信号线连接到泵车右侧电控柜，再将“GPS 干扰器”通电后使用干扰器成功为牌号为贵 A77×××的泵车解锁。事后，钟某某向龚某某支付了解锁费用人民币 4 万元，龚某某亦按约定将其中人民币 9600 元支付给徐某某作为介绍费。当日及次日，龚某某还带着被告人徐强为其管理的其妹夫黄某从中联重科及长沙中联重科二手设备销售有限公司以分期付款方式购得的牌号分别为湘 AB0×××、湘 AA6×××、湘 AA6×××的三台泵车进行永久解锁。事后，龚某某向被告人徐强支付四台泵车的解锁费用共计人民币 3 万元。

---

① 根据 2018 年 12 月 25 日《最高人民法院关于发布第二十批指导性案例的通知》指导案例 103 号修改。

2. 2014年5月间，张某某从中联重科以按揭贷款的方式购买泵车一台，因拖欠货款被中联重科使用物联网系统将泵车锁定，无法正常作业。张某某遂通过电话联系到被告人徐强为其泵车解锁。2014年5月17日，被告人徐强携带“GPS干扰器”来到襄阳市，采用上述同样的方式为张某某名下牌号为鄂FE7×××的泵车解锁。事后，张某某向被告人徐强支付解锁费用人民币15000元。

经鉴定，中联重科的上述牌号为贵A77×××、湘AB0×××、湘AA6×××、湘AA6×××泵车GPS终端被拆除及控制程序被修改后，中联重科物联网GPS信息服务系统无法对泵车进行实时监控和远程锁车。

2014年11月7日，被告人徐强主动到公安机关投案。在本院审理过程中，被告人徐强退缴了违法所得人民币45000元。

• 裁判要旨 •

企业的机械远程监控系统属于计算机信息系统。违反国家规定，对企业的机械远程监控系统功能进行破坏，造成计算机信息系统不能正常运行，后果严重的，构成破坏计算机信息系统罪。

• 裁判理由 •

湖南省长沙市岳麓区人民法院于2015年12月17日作出（2015）岳刑初字第652号刑事判决：一、被告人徐强犯破坏计算机信息系统罪，判处有期徒刑二年六个月。二、追缴被告人徐强的违法所得人民币45000元，上缴国库。被告人徐强不服，提出上诉。湖南省长沙市中级人民法院于2016年8月9日作出（2016）湘01刑终58号刑事裁定：驳回上诉，维持原判。该裁定已发生法律效力。

法院生效裁判认为，《最高人民法院、最高人民检察院关于办理危害计算机信息系统安全刑事案件应用法律若干问题的解释》第11条规定，“计算机信息系统”和“计算机系统”，是指具备自动处理数据功能的系统，包括计算机、网络设备、通信设备、自动化控制设备等。本案中，中联重科物联网GPS信息服务系统由中联重科物联网远程监控平台、GPS终端、控制器和显示器等构成，具备自动采集、处理、存储、回传、显示数据和自动控制设备的功能。该系统属于具备自动处理数据功能的通信设备与自动化控制设备，属于刑法意义上的计算机信息系统。被告人徐强利用“GPS干扰器”对中联重科物联网GPS信息服务系统进行修改、干扰，造成该系统无法对案涉泵车进行实时监控和远程锁车，是对计算机信息系统功能进行破坏，造成计算机信息系统不能正常运行的行为，且后果特别严重。根据《刑法》第286条的规定，被告人徐强构成破坏计算机信息系统罪。徐强犯罪以后自动投案，如实供述了自己的罪行，系自首，依法可减轻处罚。徐强退缴全部违法所得，有悔罪表现，可酌情从轻处罚。针对徐强及辩护人提出“自己系自首，且全部退缴违法所得，一审量刑过重”的上诉意见与辩护意见，经查，徐强破坏计算机信息系统，违法所得45000元，后果特别严重，应当判处五年以上有期徒刑，一审判决综合考虑其自首、退缴全部违法所得等情节，对其减轻处罚，判处有期徒刑二年六个月，量刑适当。该上诉意见、辩护意见，不予采纳。原审判决认定事实清楚，证据确实充分，适用法律正确，量刑适当，审判程序合法。

【案例三】

李森、何利民、张锋勃等破坏计算机信息系统案①

• 案件事实 •

西安市长安区环境空气自动监测站（以下简称长安子站）系国家环境保护部（以下简称环保部）确定的西安市13个国控空气站点之一，通过环境空气质量自动监测系统采集、处理监测数据，并将数据每小时传输发送至中国环境监测总站（以下简称监测总站），一方面通过网站实时向社会公布，一方面用于编制全国环境空气质量状况月报、季报和年报，向全国发布。长安子站为全市两个国家直管监测子站之一，由监测总站委托武汉宇虹环保产业股份有限公司进行运行维护，不经允许，非运维方工作人员不得擅自进入。

2016年2月4日，长安子站回迁至西安市长安区西安邮电大学南区动力大楼房顶。被告人李森利用协助子站搬迁之机私自截留长安子站钥匙并偷记长安子站监控电脑密码，此后至2016年3月6日间，被告人李森、张锋勃多次进入长安子站内，用棉纱堵塞采样器的方法，干扰长安子站内环境空气质量自动监测系统的数据采集功能。被告人何利民明知李森等人的行为而没有阻止，只是要求李森把空气污染数值降下来。被告人李森还多次指使被告人张楠、张肖采用上述方法对子站自动监测系统进行干扰，造成该站自动监测数据多次出现异常，多个时间段内监测数据严重失真，影响了国家环境空气质量自动监测系统正常运行。为防止罪行败露，2016年3月7日、3月9日，在被告人李森的指使下，被告人张楠、张肖两次进入长安子站将监控视频删除。2016年2月至3月间，长安子站每小时的监测数据已实时传输发送至监测总站，通过网站向社会公布，并用于环保部编制2016年2月、3月和第一季度全国74个城市空气质量状况评价、排名。2016年3月5日，监测总站在例行数据审核时发现长安子站数据明显偏低，检查时发现了长安子站监测数据弄虚作假问题，后公安

---

① 根据2018年12月25日《最高人民法院关于发布第二十批指导性案例的通知》指导案例104号修改。

机关将李森、何利民、张楠、张肖、张锋勃五被告人抓获到案。被告人李森、张锋勃、张楠、张肖在庭审中均承认指控属实，被告人何利民在庭审中辩解称其对李森堵塞采样器的行为仅是默许、放任，请求宣告其无罪。

• 裁判要旨 •

环境质量监测系统属于计算机信息系统。用棉纱等物品堵塞环境质量监测采样设备，干扰采样，致使监测数据严重失真的，构成破坏计算机信息系统罪。

• 裁判理由 •

陕西省西安市中级人民法院于 2017 年 6 月 15 日作出（2016）陕 01 刑初 233 号刑事判决：一、被告人李森犯破坏计算机信息系统罪，判处有期徒刑一年十个月。二、被告人何利民犯破坏计算机信息系统罪，判处有期徒刑一年七个月。三、被告人张锋勃犯破坏计算机信息系统罪，判处有期徒刑一年四个月。四、被告人张楠犯破坏计算机信息系统罪，判处有期徒刑一年三个月。五、被告人张肖犯破坏计算机信息系统罪，判处有期徒刑一年三个月。宣判后，各被告人均未上诉，判决已发生法律效力。

法院生效裁判认为，五被告人的行为违反了国家规定。《环境保护法》第 68 条规定，禁止篡改、伪造或者指使篡改、伪造监测数据；《环境大气污染防治法》第 126 条规定，禁止对大气环境保护监督管理工作弄虚作假；《计算机信息系统安全保护条例》第 7 条规定不得危害计算机信息系统的安全。本案五被告人采取堵塞采样器的方法伪造或者指使伪造监测数据，弄虚作假，违反了上述国家规定。

五被告人的行为破坏了计算机信息系统。《最高人民法院、最高人民检察院关于办理危害计算机信息系统安全刑事案件应用法律若干问题的解释》第 11 条第 1 款的规定，“计算机信息系统”和“计算机系统”，是指具备自动处理数据功能的系统，包括计算机、网络设备、通信设备、自动化控制设备等。根据《最高人民法院、最高人民检察院关于办理环境污染刑事案件适用法律若干问题的解释》第 10 条第 1 款的规定，干扰环境质量监测系统的采样，致使监测数据严重失真的行为，属于破坏计算机信息系统。长安子站系国控环境空气质量自动监测站点，产生的监测数据经过系统软件直接传输至监测总站，通过环保部和监测总站的政府网站实时向社会公布，参与计算环境空气质量指数并实时发布。空气采样器是环境空气质量监测系统的重要组成部分。PM10、PM2.5 监测数据作为环境空气综合污染指数评估中的最重要两项指标，被告人用棉纱堵塞采样器的采样孔或拆卸采样器的行为，必然造成采样器内部气流场的改变，造成监测数据失真，影响对环境空气质量的正确评估，属于对计算机信息系统功能进行干扰，造成计算机信息系统不能正常运行的行为。

五被告人的行为造成了严重后果。（1）被告人李森、张锋勃、张楠、张肖均多次堵塞、拆卸采样器干扰采样，被告人何利民明知李森等人的行为而没有阻止，只是要求李森把空气污染数值降下来。（2）被告人的干扰行为造成了监测数据的显著异常。2016 年 2 月至 3 月间，长安子站颗粒物监测数据多次出现与周边子站变化趋势不符的现象。长安子站 PM2.5 数据分别在 2 月 24 日 18 时至 25 日 16 时、3 月 3 日 4 时至 6 日 19 时两个时段内异常，PM10 数据分别在 2 月 18 日 18 时至 19 日 8 时、2 月 25 日 20 时至 21 日 8 时、3 月 5 日 19 时至 6 日 23 时三个时段内异常。其中，长安子站的 PM10 数据在 2016 年 3 月 5 日 19 时至 22 时由 361 下降至 213，下降了 41%，其他周边子站均值升高了 14%（由 316 上升至 361），6 日 16 时至 17 时长安子站监测数值由 188 上升至 426，升高了 127%，其他子站均值变化不大（由 318 降至 310），6 日 17 时至 19 时长安子站数值由 426 下降至 309，下降了 27%，其他子站均值变化不大（由 310 降至 304）。可见，被告人堵塞采样器的行为足以造成监测数据的严重失真。上述数据的严重失真，与监测总站在例行数据审核时发现长安子站 PM10 数据明显偏低可以印证。（3）失真的监测数据已实时发送至监测总站，并向社会公布。长安子站空气质量监测的小时浓度均值数据已经通过互联网实时发布。（4）失真的监测数据已被用于编制环境评价的月报、季报。环保部在 2016 年 2 月、3 月及第一季度的全国 74 个重点城市空气质量排名工作中已采信上述虚假数据，已向社会公布并上报国务院，影响了全国大气环境治理情况评估，损害了政府公信力，误导了环境决策。据此，五被告人干扰采样的行为造成了严重后果，符合《刑法》第 286 条规定的“后果严重”要件。

综上，五被告人均已构成破坏计算机信息系统罪。鉴于五被告人到案后均能坦白认罪，有悔罪表现，依法可以从轻处罚。

【学理分析及适用指引】

• 学理分析 •

破坏计算机信息系统罪，是指违反国家规定，对计算机信息系统功能和信息系统中存储、处理、传输的数据和应用程序进行破坏，造成计算机信息系统不能正常运行，后果严重的行为。本罪的构成要件如下：

1. 本罪的客体。本罪的客体是计算机信息系统的安全。

2. 本罪的客观方面。破坏计算机信息系统罪在客观方面表现为违反国家规定，对计算机信息系统功能进行删除、修改、增加、干扰，使计算机信息系统失去正常功能，不能运行或者不能按照原来设计的要求运行，或者对计算机系统中存储、处理或传输的数据和应用程序进行删除、修改、增加的操作。所谓计算机信息系统，是指由计算机及其相关的和配套的设备含网络、设施构成的，按照一定的应用目标和规则，对信息进行采集、加工、存储、传输、检索等处理的人机系统。其功能多种多样，如进行文件编辑、采集、加工、存储、打印、传输、检索或者绘图、显像、游戏等，可用于不同行业、不同目标。破坏计算机信息系统的方法，包括对功能进行删除、修改、增加、干扰等具体行为。其中，删除，是指将计算机信息系统应有的功能加以取消，既可以是取消其中的一项，也可以是其中的几项或者全部。修改，是指将计算机信息系统的功能部分或者全部地进行改变，或者将原程序用另一种程序加以替代，改变其功能，增加，是指通过增加磁记录等手段为计算机信息系统添加其原本没有的功能。至于干扰，则是通过一定手段如输入一个新的程序干扰原程序，以影响计算机系统正常运转，行使其功能。破坏计算机信息系统包括破坏联网的计算机信息系统，也包括破坏不联网的计算机信息系统。

对于计算机信息系统的破坏既包括有形破坏也包括无形破坏。无形破坏主要指通过制作、传播计算机病毒、木马等破坏性程序进行破坏。所谓破坏性程序，是指隐藏于计算机信息系统中的数据文件、执行程序里的能够在计算机内部运行，对其功能进行干扰、影响的一种程序。国务院颁布的《计算机信息系统安全保护条例》以及公安部颁布的《计算机病毒防治管理办法》规定：计算机病毒，是指编制或者在计算机程序中插入的破坏计算机功能或者毁坏数据，影响计算机使用，并能自我复制的一组计算机指令或者程序代码。木马与一般的病毒不同，它不会自我繁殖，是一种具有很强隐蔽性的远程控制程序。一般破坏性程度较弱，实践中比较典型的盗取用户数据的木马程序，并不会破坏计算机功能或者毁坏数据，根据上述病毒的定义，木马并非计算机病毒。但是，木马不单能窃取用户资料，还能窃取到服务端的很多操作权限，从而严重干扰计算机信息系统，以致使其完全丧失正常功能，当然可以被认定为破坏性程序。被植入过多木马程序的网站或计算机可能会崩溃或无法运行。所谓制作，是指创制、发明、设计、编造破坏性程序或者获悉技术制作破坏性程序的行为。所谓传播，则是指通过计算机信息系统含网络输入、输出计算机病毒等破坏性程序，以及将已输入的破坏性程序软件加以派送、散发等行为。

3. 本罪的主体。本罪的主体为一般主体。多为精通计算机技术和知识的专业人员。根据《刑法修正案（九)》，单位也构成本罪。

4. 本罪的主观方面。本罪的主观方面由直接故意构成。

• 适用指引 •

司法实践中，认定本罪应注意：

1. 关于本罪情节的认定。破坏计算机信息系统，即使涉及的人员多，被告人的作案次数多，违法所得的数额大，也不一定属于后果特别严重。对于严重影响广大公众利益，造成极为恶劣的社会影响；破坏国家事务、国防建设、尖端科学技术领域的计算机系统中重要数据，或给被害人造成巨大的经济损失的行为，可认定后果特别严重。需要注意的是，以对计算机信息系统功能进行删除、修改、增加、干扰的方式，破坏计算机信息系统的，只有造成计算机信息系统不能正常运行才构成本罪。

2. 本罪的一罪与数罪。非法侵入国家事务、国防建设、尖端科学技术领域的计算机信息系统，并破坏该信息系统功能或信息系统数据和应用程序，或者故意制作、传播计算机病毒等破坏性程序的，同时构成非法侵入计算机信息系统罪和破坏计算机信息系统罪，两罪之间有吸收关系，应以本罪论处，轻行为（非法侵入计算机信息系统）被吸收。

第二百八十六条之一 拒不履行信息网络安全管理义务罪

【法律规定】

• 法律条文 •

《中华人民共和国刑法》

第二百八十六条之一 网络服务提供者不履行法律、行政法规规定的信息网络安全管理义务，经监管部门责令采取改正措施而拒不改正，有下列情形之一的，处三年以下有期徒刑、拘役或者管制，并处或者单处罚金：

（一）致使违法信息大量传播的；

（二）致使用户信息泄露，造成严重后果的；

（三）致使刑事案件证据灭失，情节严重的；

（四）有其他严重情节的。

单位犯前款罪的，对单位判处罚金，并对其直接负责的主管人员和其他直接责任人员，依照前款的规定处罚。

有前两款行为，同时构成其他犯罪的，依照处罚较重的规定定罪处罚。

• 相关规定 •

《互联网信息服务管理办法》（国务院令第588号）

第十五条 互联网信息服务提供者不得制作、复制、发布、传播含有下列内容的信息：

（一）反对宪法所确定的基本原则的；

（二）危害国家安全，泄露国家秘密，颠覆国家政权，破坏国家统一的；

（三）损害国家荣誉和利益的；

（四）煽动民族仇恨、民族歧视，破坏民族团结的；
（五）破坏国家宗教政策，宣扬邪教和封建迷信的；
（六）散布谣言，扰乱社会秩序，破坏社会稳定的；
（七）散布淫秽、色情、赌博、暴力、凶杀、恐怖或者教唆犯罪的；
（八）侮辱或者诽谤他人，侵害他人合法权益的；
（九）含有法律、行政法规禁止的其他内容的。

【案例】

李小全拒不履行信息网络安全管理义务案①

• 案件事实 •

被告人李小全2014年8月在远特（北京）通信技术有限公司工作，是公司的高级运营总监，2019年3月离职。2018年9月，山东亚飞达信息科技股份有限公司董事长任震（另案处理）为实现盗取回收卡上绑定的用户个人微信账号，由任震向远特（北京）通信技术有限公司董事长王磊（另案处理）要求将用户停机三个月后被回收的卡进行重新制卡后发送给亚飞达信息科技股份有限公司，王磊对此予以同意，并安排李小全负责与亚飞达信息科技股份有限公司对接相关的具体事项。2018年9月，李小全将三四万张行业卡交给山东亚飞达信息科技股份有限公司挑卡，山东亚飞达信息科技股份有限公司从中挑出4000张带有公民个人微信的卡号并要求远特（北京）通信技术有限公司进行制卡。于是，李小全便根据任震挑选的回收卡安排人员进行制卡和发卡工作。山东亚飞达信息科技股份有限公司在拿到该批回收卡后，将该批回收卡违规实名在济南甲午新能源科技有限公司、济南仕通信息科技有限公司名下，并将回收卡卖给昆明黑兔子工作室的林丽彬（另案处理）用于盗取回收卡上绑定的用户微信账号，导致回收卡上绑定的微信号被大量盗取。

经查，2016年12月21日，远特（北京）通信技术有限公司因违反《电话用户真实身份信息登记规定》第6条被辽宁省通信管理局处以3万元人民币罚款，并责令立即改正；2017年1月10日，工业和信息化部网络安全管理局在《关于电话用户真实身份信息登记违规行为的通报》中，对抽查远特（北京）通信技术有限公司部分网点违反实名制问题进行了通报，提出立即进行整改并严格落实电话用户登记工作的有关规定；2017年2月21日，《工业和信息化部办公厅关于防范打击通信信息诈骗工作专项督导检查情况的通报》中对远特（北京）通信技术有限公司检查存在的“电话实名工作落实情况”问题进

① 参见云南省昆明市盘龙区人民法院（2020）云0103刑初1206号。

行了通报，并要求进行整改。以上相关部门的处罚及责令改正情况均与违反实名制规定有关。被告人李小全负有查验、评估、审核行业卡使用情况的职责，在明知违反实名制管理规定的情况下，仍然将大量带有公民个人信息的回收卡交给山东亚飞达信息科技股份有限公司，违反用户实名制进行挑卡，造成严重后果，且在两年内经监管部门多次责令改正而拒不改正。2020 年 7 月 14 日，经工业和信息化部网络安全管理局出具《关于涉及远特（北京）通信技术有限公司相关咨询的复函》证实，远特（北京）通信技术有限公司将绑定个人微信号的移动电话卡回收制作成行业卡销售给其他公司，为落实行业卡短信功能限制要求，未认真履行行业用户安全评估责任，违反了电话用户实名制、行业卡安全管理等相关规定。

• 裁判要旨 •

拒不履行信息网络安全管理义务罪中信息网络安全管理义务的确定。

• 裁判理由 •

云南省昆明市盘龙区人民法院经审理后认为：被告人李小全无视国家法律，作为网络服务提供管理者，拒不履行信息网络安全管理义务，两年内经监管部门多次责令采取改正措施而拒不改正，其行为触犯了《刑法》第 286 条之一之规定，犯罪事实清楚，证据确实、充分，其行为已构成拒不履行信息网络安全管理义务罪。公诉机关指控的犯罪事实和罪名成立，所提公诉意见及量刑建议符合法律规定和查明事实，本院均予以确认。被告人李小全到案后如实供述自己的罪行，认罪、认罚，具有悔罪表现，可酌情从轻处罚。关于辩护人所提的辩护意见，法院予以充分注意。据此，依照《刑法》第 286 条之一、第 52 条、第 53 条、第 67 条第 3 款、第 47 条之规定，判决如下：被告人李小全犯拒不履行信息网络安全管理义务罪，判处有期徒刑一年三个月，并处罚金 5000 元。

【学理分析及适用指引】

• 学理分析 •

拒不履行信息网络安全管理义务罪，是指网络服务提供者不履行法律、行政法规规定的信息网络安全管理义务，经监管部门责令采取改正措施而拒不改正，造成严重后果或者情节严重的行为。网络服务提供者不履行法律、行政法规规定的信息网络安全管理义务而构成犯罪的，同时需要两个条件：一是经监管部门责令采取改正措施而拒不改正的，即行政处置属于本罪构成的前置程序；二是行为造成严重后果或者情节严重。此处的严重后果或者情节严重，主要包括：（1）致使违法信息大量传播的；（2）致使用户信息泄露，造成严重后果的；（3）致使刑事案件证据灭失，情节严重的；（4）有其他严重情节的。本罪主体是特殊主体，即依法具有信息网络安全管理义务的网络服务提供者。单位也构成本罪。对于单位犯本罪的，对单位判处罚金，并对其直接负责的主管人员和其他直接责任人员，依照自然人犯罪的规定处罚。

• 适用指引 •

拒不履行信息网络安全管理义务罪是纯正的不作为犯，即作为本罪主体的网络服务提供者有义务履行信息网络安全管理义务而不履行。这种不履行义务的具体表现就是“经监管部门责令采取改正措施而拒不改正”。不履行信息网络安全管理义务的行为，同时构成其他犯罪的，依照处罚较重的规定定罪处罚。

第二百八十七条　利用计算机实施的犯罪

【法律规定】

• 法律条文 •

《中华人民共和国刑法》

第二百八十七条　利用计算机实施金融诈骗、盗窃、贪污、挪用公款、窃取国家秘密或者其他犯罪的，依照本法有关规定定罪处罚。

• 相关规定 •

《全国人民代表大会常务委员会关于维护互联网安全的决定》（主席令第18号）

二、为了维护国家安全和社会稳定，对有下列行为之一，构成犯罪的，依照刑法有关规定追究刑事责任：

（一）利用互联网造谣、诽谤或者发表、传播其他有害信息，煽动颠覆国家政权、推翻社会主义制度，或者煽动分裂国家、破坏国家统一；

（二）通过互联网窃取、泄露国家秘密、情报或者军事秘密；

（三）利用互联网煽动民族仇恨、民族歧视，破坏民族团结；

（四）利用互联网组织邪教组织、联络邪教组织成员，破坏国家法律、行政法规实施。

三、为了维护社会主义市场经济秩序和社会管理秩序，对有下列行为之一，构成犯罪的，依照刑法有关规定追究刑事责任：

（一）利用互联网销售伪劣产品或者对商品、服务作虚假宣传；

（二）利用互联网损坏他人商业信誉和商品声誉；

（三）利用互联网侵犯他人知识产权；

（四）利用互联网编造并传播影响证券、期货交易或者其他扰乱金融秩序的虚假信息；

（五）在互联网上建立淫秽网站、网页，提供淫秽站点链接服务，或者传播淫秽书刊、影片、音像、图片。

四、为了保护个人、法人和其他组织的人身、财产等合法权利，对有下列行为之一，构成犯罪的，依照刑法有关规定追究刑事责任：

（一）利用互联网侮辱他人或者捏造事实诽谤他人；

（二）非法截获、篡改、删除他人电子邮件或者其他数据资料，侵犯公民通信自由和通信秘密；

（三）利用互联网进行盗窃、诈骗、敲诈勒索。

五、利用互联网实施本决定第一条、第二条、第三条、第四条所列行为以外的其他行为，构成犯罪的，依照刑法有关规定追究刑事责任。

【案例】

孟某、何某某网络盗窃案[①]

• 案件事实 •

茂立公司通过与腾讯科技（北京）有限公司（以下简称腾讯公司）、广州网易计算机系统有限公司（以下简称网易公司）签订合同，成为腾讯在线Q币以及网易一卡通在上海地区网上销售的代理商。

2005年6月至7月间，孟某通过互联网，在广州市利用黑客程序窃得茂立公司登录腾讯、网易在线充值系统使用的账号和密码。同年7月22日下午，孟某通过网上聊天方式与被告人何某某取得联系，向何某某提供了上述所窃账号和密码，二人预谋入侵茂立公司的在线充值系统，窃取Q币和游戏点卡后在网上低价抛售。

2005年7月22日18时许，孟某先让何某某为自己的QQ号试充1个Q币。确认试充成功后，孟某即在找到买家并谈妥价格后，通知何某某为买家的QQ号充入Q币，要求买家向其银行卡内划款。自2005年7月22日18时32分至次日10时52分，何某某陆续从茂立公司的账户内窃取价值人民币24869.46元的Q币32298个，除按照孟某的指令为买家充入Q币外，还先后为自己及朋友的QQ号充入数量不等的Q币。自2005年7月23日0时25分至

---

① 参见《中华人民共和国最高人民法院公报》2006年第11期。

4 时 7 分，何某某还陆续从茂立公司的账户内窃取价值人民币 1079.5 元的游戏点卡 50 点 134 张、100 点 60 张。以上二被告人盗窃的 Q 币、游戏点卡，共计价值人民币 25948.96 元。

茂立公司发现被盗后，立即通过腾讯公司在网上追回被盗的 Q 币 15019 个。茂立公司实际损失 Q 币 17279 个，价值人民币 13304.83 元。连同被盗的游戏点卡，茂立公司合计损失价值人民币 14384.33 元。

• 裁判要旨 •

利用计算机秘密窃取他人数额较大的、具有财产利益的虚拟财产，构成盗窃罪。

• 裁判理由 •

Q 币和游戏点卡是腾讯公司、网易公司在网上发行的虚拟货币和票证，是网络环境中的虚拟财产。用户以支付真实货币的方式购买 Q 币和游戏点卡后，就能得到发行 Q 币和游戏点卡的网络公司提供的等值网上服务，因此，Q 币和游戏点卡体现着网络公司提供网络服务的劳动价值。茂立公司是 Q 币和游戏点卡的代理销售商，按照合同约定的折扣，通过支付真实货币，从腾讯公司、网易公司得到 Q 币和游戏点卡。茂立公司付出对价后得到的 Q 币和游戏点卡，不仅是网络环境中的虚拟财产，也代表着茂立公司在现实生活中实际享有的财产，应当受刑法保护。

孟某、何某某以非法占有为目的，在网上实施侵入茂立公司账户并秘密窃取 Q 币和游戏点卡的行为，侵犯了茂立公司在现实生活中受刑法保护的财产权利，当然构成盗窃罪，应该受刑罚惩罚。

数额是盗窃罪定罪量刑的关键情节。如何计算网上秘密窃取 Q 币和游戏点卡的盗窃数额，目前没有明确规定。网络用户取得 Q 币和游戏点卡的方式，除了支付现实货币购买外，还可以通过网络游戏中的不断"修炼"而获得。后一取得方式使 Q 币和游戏点卡的价格变得模糊。前已述及，网络公司在网上发行 Q 币和游戏点卡，目的是回收网络用户对其提供的网上服务支付的报酬，Q 币和游戏点卡体现着网络公司提供网络服务的劳动价值。因此，Q 币和游戏点卡在现实生活中对应的财产数额，可以通过其在现实生活中的实际交易价格来确定。至于网络用户在网络游戏中通过不断"修炼"而获得的 Q 币和游戏点卡，只是网络公司吸引客户用的一种手段。这部分 Q 币和游戏点卡由于不参加网络公司与网络用户之间的交换，因此，不影响 Q 币和游戏点卡的交易价格。Q 币和游戏点卡在现实生活中的交易价格有多种：（1）网络公司在网上标出的销售价格；（2）网络用户在网外互相交易形成的价格；（3）网络公司与代理商之间交易的价格等。具体到本案，应当以网络公司与代理商之间的实际交易价格来确定被盗Q币和游戏点卡在现实生活中对应的财产数额。因为行为人实施盗窃行为，被害人的财产一般就会受到相应的损失，盗窃数额与被害人受到的财产损失密切相关。毕竟只有现实生活中受犯罪行为侵害的公私财产，才是刑法要保护的客体。本案中，用茂立公司与腾讯公司、网易公司在合同中约定的交换价格来计算被盗Q币和游戏点卡在现实生活中代表的财产数额，能准确反映茂立公司遭受的财产损失。在目前对Q币和游戏点卡的盗窃数额如何计算没有明确规定的情形下，起诉书没有按网上公认的Q币和游戏点卡销价计算，而是按照茂立公司购进时实际支付的价格认定盗窃数额，不仅有其合理性，而且也有充分的证据，应予认定。对本案被盗Q币和游戏点卡在现实生活中对应的财产数额，无需经权威机构作价格鉴定。

茂立公司控制的Q币，对应着该公司在现实生活中享有的财产。孟某、何某某通过互联网窃取茂立公司的Q币，是想非法占有这部分Q币所对应的茂立公司在现实生活中享有的财产。本案事实证明，何某某着手实施秘密窃取行为后，Q币瞬间即脱离了茂立公司的控制，到了孟某指定的买家账户，孟某在银行卡上收到了买家汇款。此时二人的盗窃行为已经完成，实施该行为要达到的非法占有目的也已经达到，理当认定犯罪既遂。至于何某某将一部分Q币转往自己与朋友的账户内，是二人对赃物的处理问题；腾讯公司通过封存方式在网上追回15019个Q币，是茂立公司挽回财产损失的一种手段，均与二人的犯罪形态无关。

综上所述，茂立公司作为腾讯公司、网易公司的代销商，其账户内的Q币和游戏点卡对应着其在现实生活中享有的财产，一旦失窃便意味着所有人丧失了对这些财产的占有、使用、收益和处分的全部财产权利。被告人孟某、何某某以非法占有为目的，通过互联网共同窃取茂立公司价值人民币25948.96元的Q币和游戏点卡，侵犯了茂立公司的财产权利，构成盗窃罪，且盗窃数额巨大。据此，上海市黄浦区人民法院判决：一、被告人孟某犯盗窃罪，判处有期徒刑三年，缓刑三年，并处罚金人民币3000元。二、被告人何某某犯盗窃罪，判处有期徒刑一年六个月，缓刑一年六个月，并处罚金人民币2000元。

【学理分析及适用指引】

• 学理分析 •

本条规定的利用计算机实施金融诈骗、盗窃、贪污、挪用公款、窃取国家秘密或者其他犯罪，是指犯罪分子以计算机为犯罪工具和手段，直接或者通过他人向计算机输入非法指令，进行金融诈骗、盗窃、贪污、挪用公款、窃取国家秘密等犯罪活动。此处规定的其他犯罪包括侵占、挪用公司资金、间谍、侮辱、诽谤、窃取商业秘密、制作、传播淫秽物品等犯罪。依照《刑法》有关规定定罪处罚，是指对于利用计算机实施金融诈骗、盗窃、贪污、挪用公款、窃取国家秘密或者其他犯罪的，应当依照《刑法》有关金融诈骗犯罪、盗窃犯罪、贪污犯罪、挪用公款犯罪、非法获取国家秘密犯罪的规定以及其他犯罪的规定处罚，具体实施什么犯罪行为，就以该罪定罪处刑，如行为人利用计算机进行盗窃犯罪的，应当依照《刑法》第264条的规定，以盗窃罪定罪量刑。

有观点认为，在网络游戏中，充斥着大量的、虚拟的犯罪情节，正如虚拟实施的凶杀、暴力行为不应被当作故意杀人罪、故意伤害罪一样，虚拟的盗窃行为也不是刑法要追究的刑事犯罪行为，因为Q币和游戏点卡都是网络中的虚拟财产，盗窃虚拟财产的行为不会在现实生活中造成危害。还有观点认为，目前把网络游戏作为一种虚拟财产还是存在一定争议的，至少目前没有法律明文规定网络游戏账户、账户内的装备数据等为虚拟财产。① 这种观点是可以商榷的。主要有以下两个方面的原因：

1. 对网络虚拟行为是否要追究刑事责任，关键是看该行为是否触犯了刑法所要保护的现实生活中的社会关系，是否危害了法益。一般网络虚拟行为不会危及现实法益，所以不受刑法规制，但是，有些网络虚拟行为是与现实的法益侵害结果发生勾连的，只要侵害现实法益，就可能构成犯罪。行为人盗窃Q币和游戏点卡的行为虽然是网络虚拟行为，但如果该行为不仅使虚拟网络中被害人虚拟财产遭受损失，还导致被害人在现实中的财产法益遭受侵害，就可能构成盗窃罪。

2. 作为虚拟财产的Q币和游戏点卡在市场上公开交易，可以根据市场价格认定其具体价值。对游戏账号、QQ账号等虚拟财产，由于其有一定市场经济价值，作为财产利益的载体，和一般传统意义上的财物在财产意义上并无本质区别，虚拟财产同样可以成为财产犯罪的对象。司法实践和刑法理论一般认为，游戏点卡和Q币等虚拟财产具有财产稀缺性、可控制性和市场价值等基本属性，可以成为财产犯罪的对象。② 其中，交换价值是财产或财产性利益的根本属性之一，Q币和游戏点卡在现实生活中公开交易，具有明确的交易价格，可以成为盗窃罪的对象。市场上，虚拟财产的交易价格有多种确定方式，其中买方与游戏提供商和网络商约定的价格也是认定交易价格的一种，该交易价格在买方的虚拟财产遭受侵害时，可以作为认定被害人损失的一种依据。

---

① 参见游云庭：《熊猫烧香案暴露的法律漏洞》，载 http：//blog. csdn. net/yytbest/archive/2007/09/25/1799222. aspx。

② 参见余东明：《盗窃虚拟财产也构成犯罪——首例以盗窃罪重判“Q币大盗”始末》，载《法制日报》2007年4月22日；高原：《论网络虚拟财产及其法律保护》，载《法制与社会》2007年第5期。

• 适用指引 •

司法实践中，应当注意：

1. 利用网络实施秘密窃取行为，虽然窃取的是虚拟财产，但如果窃取行为导致他人现实的财产利益遭受较大损失的，可以成立盗窃罪。

2. 利用计算机实施侵犯财产犯罪的，其犯罪手段虽然不同于传统犯罪手段，但不影响相应犯罪的认定。对此定一罪还是数罪，要视情况而定。当后续行为的犯意产生在非法侵入计算机信息系统之前时，非法侵入计算机信息系统只是其后续行为的前提，或者说是其后续行为发展所必经的阶段，这种情况下，根据刑法理论，应当属于牵连犯，从一重罪论处。当后续行为的犯意产生在非法侵入计算机信息系统之后时，前后行为之间没有牵连关系，对非法侵入行为和后续行为应分别定罪，实行数罪并罚。

第二百八十七条之一　非法利用信息网络罪

【法律规定】

• 法律条文 •

《中华人民共和国刑法》

第二百八十七条之一　利用信息网络实施下列行为之一，情节严重的，处三年以下有期徒刑或者拘役，并处或者单处罚金：

（一）设立用于实施诈骗、传授犯罪方法、制作或者销售违禁物品、管制物品等违法犯罪活动的网站、通讯群组的；

（二）发布有关制作或者销售毒品、枪支、淫秽物品等违禁物品、管制物品或者其他违法犯罪信息的；

（三）为实施诈骗等违法犯罪活动发布信息的。

单位犯前款罪的，对单位判处罚金，并对其直接负责的主管人员和其他直接责任人员，依照第一款的规定处罚。

有前两款行为，同时构成其他犯罪的，依照处罚较重的规定定罪处罚。

【案例】

谭张羽、张源等非法利用信息网络案[①]

• 案件事实 •

2016年12月，为获取非法利益，被告人谭张羽、张源共同商定，利用注册的公司开展在网络上从事为他人发送“刷单获取佣金”的诈骗信息业务。谭张羽、张源雇用被告人秦秋发等负责发送诈骗信息。张源主要负责购买“阿里旺旺”账号、软件、租赁电脑服务器等；秦秋发主要负责招揽、联系有发送诈骗信息需求的上家、接收上家支付的费用及带领其他人发送诈骗信息。三被告在明知不存在刷单事实，系上家用于诈骗的情况下，仍然帮助发布诈骗信息，每一人添加诈骗信息中的QQ号，谭张羽、张源从上家处获取30元至70元报酬。被害人王某甲、洪某在添加谭张羽、张源等人组织发送的诈骗信息中的QQ号后，分别被骗31000元和30049元。

• 裁判要旨 •

以非法获利为目的，通过信息网络发送刷单诈骗信息，行为本质是诈骗犯罪的预备行为。诈骗行为是否被依法追究刑事责任，不影响非法利用信息网络罪的构成。

• 裁判理由 •

法院在本案中认定，被告人谭张羽、张源、秦秋发以非法获利为目的，通过信息网络发送刷单诈骗信息，其行为本质上属于诈骗犯罪预备，构成非法利用信息网络罪。虽然本案中尚无证据证实已有诈骗行为人归案并受到刑事追究，但已有多位受害者出现，不影响非法利用信息网络罪的成立。谭张羽、张源、秦秋发共同实施故意犯罪，系共同犯罪。在共同犯罪中，谭张羽、张源起主要作用，均系主犯；秦秋发起次要作用，属从犯，依法予以从轻处罚。

江苏省沭阳县人民法院一审判决、江苏省宿迁市中级人民法院二审判决，以非法利用信息网络罪判处被告人张源有期徒刑二年一个月，并处罚金人民币10万元；被告人谭张羽有期徒刑一年十个月，并处罚金人民币8万元；被告人秦秋发有期徒刑一年四个月，并处罚金人民币3万元。

---

① 参见2019年10月25日最高人民法院发布的非法利用信息网络罪、帮助信息网络犯罪活动罪典型案例。

【学理分析及适用指引】

• 学理分析 •

非法利用信息网络罪，是指利用信息网络实施违法犯罪活动或者发布违法犯罪信息，情节严重的行为。根据《刑法修正案（九）》，非法利用信息网络实施如下行为的，构成本罪：一是设立用于实施诈骗、传授犯罪方法、制作或者销售违禁物品、管制物品等违法犯罪活动的网站、通讯群组的；二是发布有关制作或者销售毒品、枪支、淫秽物品等违禁物品、管制物品或者其他违法犯罪信息的；三是为实施诈骗等违法犯罪活动发布信息的。可见，构成本罪的关键有两个条件：一是手段行为是利用信息网络；二是内容行为是为了实施特定的违法犯罪活动。此处的“违法犯罪活动”的大致范围是法定的，即上述三种类型的犯罪。

• 适用指引 •

非法利用信息网络罪与有关犯罪预备行为的界限。行为人为实施诈骗、贩卖毒品、买卖枪支、贩卖淫秽物品等而利用信息网络发布相关信息的，既构成非法利用信息网络罪，也构成诈骗罪、贩卖毒品罪、非法买卖枪支罪、贩卖淫秽物品牟利罪等犯罪行为的预备犯，此时如何处理？对此，我们认为，非法利用信息网络罪的立法本意就是基于严惩利用信息网络实施的犯罪行为，将这些犯罪行为的预备行为实行行为化是因为这些利用信息网络实施的犯罪行为具有极强的扩散性与危害性，刑事手段有必要予以适度提前介入，提前将其犯罪预备行为进行堵截。故此，利用信息网络实施毒品、枪支、淫秽物品犯罪以及电信诈骗等犯罪行为的，如果在信息网络上发布了相关违法犯罪但尚未具体着手实施买卖行为的，直接以非法利用信息网络罪论处，而不再以毒品、枪支、淫秽物品犯罪以及诈骗犯罪的预备犯论处。如果不仅在信息网络上发布相关违法犯罪信息，而且已经进入了毒品等犯罪实行环节的，则直接以贩卖毒品罪、非法买卖枪支罪、贩卖淫秽物品牟利罪、诈骗罪等论处。这也是《刑法》第 287 条之一第 3 款所规定的情形。

第二百八十七条之二　帮助信息网络犯罪活动罪

【法律规定】

• 法律条文 •

《中华人民共和国刑法》

第二百八十七条之二　明知他人利用信息网络实施犯罪，为其犯罪提供互联网接入、服务器托管、网络存储、通讯传输等技术支持，或者提供广告推广、支付结算等帮助，情节严重的，处三年以下有期徒刑或者拘役，并处或者单处罚金。

单位犯前款罪的，对单位判处罚金，并对其直接负责的主管人员和其他直接责任人员，依照第一款的规定处罚。

有前两款行为，同时构成其他犯罪的，依照处罚较重的规定定罪处罚。

【案例】

侯博元、刘昱祈等帮助信息网络犯罪活动案[1]

• 案件事实 •

2018 年 5 月 28 日，被告人侯博元、刘昱祈在台湾地区受人指派，带领被告人刘育民、蔡宇彦等进入大陆到银行办理银行卡，用于电信网络诈骗等违法犯罪活动。刘育民、蔡宇彦明知开办的银行卡可能用于电信网络诈骗等犯罪活动，但为了高额回报，依然积极参加。当日下午，抵达杭州机场，后乘坐高铁来到金华市区并入住酒店。当晚，侯博元、刘昱祈告知其他人办理银行卡时谎称系来大陆投资，并交代了注意事项及具体操作细节。5 月 29 日上午，在金华市多家银行网点共开办了 12 张银行卡，并开通网银功能。另，2018 年 5 月 14 日至 18 日，被告人侯博元、刘昱祈以同样的方式在金华市区义乌两地办理银行卡，并带回台湾地区。

• 裁判要旨 •

明知开办的银行卡可能用于电信网络诈骗等犯罪活动，但为了高额回报，仍

---

① 参见 2019 年 10 月 25 日最高人民法院发布的非法利用信息网络罪、帮助信息网络犯罪活动罪典型案例。

接受他人所托到银行申请办理银行卡的行为，成立帮助信息网络犯罪活动罪。

• 裁判理由 •

浙江省金华市婺城区人民法院判决认为：被告人侯博元、刘昱祈、蔡宇彦、刘育民明知开办的银行卡可能用于实施电信网络诈骗等犯罪行为，仍帮助到大陆开办银行卡，情节严重，其行为均已构成帮助信息网络犯罪活动罪。以帮助信息网络犯罪活动罪判处被告人侯博元、刘昱祈有期徒刑一年二个月，并处罚金人民币 1 万元；被告人蔡宇彦、刘育民有期徒刑九个月，并处罚金人民币 5000 元。该判决已发生法律效力。

【学理分析及适用指引】

• 学理分析 •

帮助信息网络犯罪活动罪，是指明知他人利用信息网络实施犯罪，为其犯罪提供互联网接入、服务器托管、网络存储、通讯传输等技术支持，或者提供广告推广、支付结算等帮助，情节严重的行为。可见，本罪的实质是指为他人利用信息网络实施犯罪活动提供便利的犯罪行为。本罪主观方面是故意，行为人明知他人利用信息网络实施犯罪。至于他人利用网络犯罪实施犯罪的具体内容、犯罪类型，并不要求行为人确切地知道。行为人之所以提供信息网络的便利，常常出于牟利等目的。本罪主体是一般主体，实践中多为信息网络服务者，单位也构成本罪。

• 适用指引 •

注意帮助信息网络犯罪活动罪即为他人利用信息网络实施犯罪提供便利的行为与共犯的关系。本罪的构成，要求行为人明知他人利用信息网络实施犯罪，为其犯罪提供互联网接入、服务器托管、网络存储、通讯传输等技术支持，或者提供广告推广、支付结算等帮助，这种帮助行为类似共同犯罪中的帮助犯，但有所不同，因为作为共犯中的帮助犯，要求行为人与被帮助者之间有共谋，而本罪则不要求必须存在这种共谋，在某种意义上更接近片面帮助犯的情形，也超出传统意义上一对一的帮助类型，可谓一对多的帮助类型，传统的共犯理论难以有效惩治，故此《刑法修正案（九）》将其单独定罪。当然，为他人利用信息网络实施犯罪提供便利的行为也有可能符合共同犯罪的情形。对此，《刑法》第 287 条之二第 3 款规定，为他人利用信息网络实施犯罪提供便利的行为同时又构成其他犯罪的（包括共犯情形），依照处罚较重的规定定罪处罚。

第二百八十八条 扰乱无线电通讯管理秩序罪

【法律规定】

• 法律条文 •

《中华人民共和国刑法》

第二百八十八条 违反国家规定，擅自设置、使用无线电台（站），或者擅自使用无线电频率，干扰无线电通讯秩序，情节严重的，处三年以下有期徒刑、拘役或者管制，并处或者单处罚金；情节特别严重的，处三年以上七年以下有期徒刑，并处罚金。

单位犯前款罪的，对单位判处罚金，并对其直接负责的主管人员和其他直接责任人员，依照前款的规定处罚。

• 相关规定 •

《最高人民法院关于审理危害军事通信刑事案件具体应用法律若干问题的解释》（法释〔2007〕13号）

第六条第四款 违反国家规定，擅自设置、使用无线电台、站，或者擅自占用频率，经责令停止使用后拒不停止使用，干扰无线电通讯正常进行，构成犯罪的，依照刑法第二百八十八条的规定定罪处罚；造成军事通信中断或者严重障碍，同时构成刑法第二百八十八条、第三百六十九条第一款规定的犯罪的，依照处罚较重的规定定罪处罚。

《最高人民法院关于审理扰乱电信市场管理秩序案件具体应用法律若干问题的解释》（法释〔2000〕12号）

第五条 违反国家规定，擅自设置、使用无线电台（站），或者擅自占用频率，非法经营国际电信业务或者涉港澳台电信业务进行营利活动，同时构成非法经营罪和刑法第二百八十八条规定的扰乱无线电通讯管理秩序罪的，依照处罚较重的规定定罪处罚。

《信息产业部、国家工商行政管理局关于保护航空导航及水上通信安全对无线寻呼站进行重新登记的通告》（信部联无〔1999〕627号）

六、无线寻呼经营单位要自觉遵守有关法律、法规。对于未经批准或登记（包括逾期未办理重新登记）以及产生干扰、严重威胁国家及人民生命财产安全、拒不接受监管的寻呼台、站运营者，将依照《中华人民共和国无线电管理条例》和企业登记管理法规进行查处。造成严重后果的，将依照《中华人民共和国刑法》第288条追究刑事责任。

《禁止非法生产销售使用窃听窃照专用器材和“伪基站”设备的规定》
（国家工商行政管理总局、公安部、国家质量监督检验检疫总局令第 72 号）

第五条 本规定所称“伪基站”设备，是指未取得电信设备进网许可和无线电发射设备型号核准，具有搜取手机用户信息，强行向不特定用户手机发送短信息等功能，使用过程中会非法占用公众移动通信频率，局部阻断公众移动通信网络信号，经公安机关依法认定的非法无线电通信设备。

第七条 公安机关负责对窃听窃照专用器材、“伪基站”设备的认定工作。

质量技术监督部门、工商行政管理部门在执法检查中，发现涉嫌非法生产、销售窃听窃照专用器材、“伪基站”设备的，应当及时将有关器材、设备送当地公安机关认定，公安机关应当在 7 日内出具认定结论。工商行政管理部门、质量技术监督部门应当依据公安机关出具的认定结论，对不构成犯罪的非法生产、销售窃听窃照专用器材和“伪基站”设备行为以及为非法销售窃听窃照专用器材和“伪基站”设备提供广告设计制作、代理、发布的行为依法予以处理。

【案例】

马某扰乱无线电通讯管理秩序案[①]

• 案件事实 •

1997 年 11 月初，某市无线电厂工程师马某辞去无线电厂的工作，未经无线电行政管理部门的审批，私自设置无线电台。有关部门得知后，责令其停止使用，马某不听警告，继续使用。同月底，马某的朋友劝说他停止使用，并告诉他这是违法行为，要去坐牢的。马某在朋友的再三劝说下，停止使用无线电台。马某的行为虽然扰乱了无线电通讯系统，但是没有造成严重的后果。

• 裁判要旨 •

扰乱无线电管理秩序，没有造成严重后果的，不构成扰乱无线电通讯管理秩序罪。

• 裁判理由 •

一审人民法院经审理认为：马某违反国家规定擅自设置无线电台，经有关部门责令停止后拒不听从，干扰了无线电通讯的正常进行，构成扰乱无线电通

---

① 参见曹子丹主编：《新刑法罪名量刑与案例通览》，吉林人民出版社 2000 年版，第 911 页。

讯管理秩序罪。依据《刑法》第288条的规定，作出判决：马某犯扰乱无线电通讯管理秩序罪，判处有期徒刑一年，并处罚金1万元。

宣判后，马某不服，提出上诉，认为其行为未造成严重结果，不构成犯罪。

二审人民法院经审理认为：马某扰乱无线电通讯管理秩序，但情节显著轻微。一审法院判决认定事实正确，但适用法律有误，上诉人的上诉理由成立。遂撤销一审判决，宣告马某无罪。

【学理分析及适用指引】

• 学理分析 •

扰乱无线电通讯管理秩序罪，是指违反国家规定，擅自设置、使用无线电台（站），或者擅自使用无线电频率，干扰无线电通讯秩序，情节严重的行为。本罪的构成要件如下：

1. 本罪的客体。本罪侵犯的客体是国家对无线电通讯的管理制度。

2. 本罪的客观方面。本罪在客观方面表现为违反国家规定，擅自设置、使用无线电台（站），或者擅自使用无线电频率，干扰无线电通讯秩序，情节严重的行为。行为人首先违反了国家规定。国家对无线电管理实行统一领导、统一规划、分工管理的原则，无线电频谱资源由国家享有，国家对其实行合理开发、科学管理、有偿使用的原则，设置使用无线电台（站）的单位和个人必须提出申请，办理审批手续，领取执照。而非法擅自设置无线电台（站）或者擅自使用无线电频率的行为是对国家关于无线电管理的法律法规的违反。本罪的行为方式有两种：（1）擅自设置、使用无线电台（站）。即违反国家无线电管理法律法规，未提出书面申请，未办理设置无线电台（站）审批手续或未领取电台执照而设置、使用无线电台（站）。（2）擅自使用无线电频率。即违反国家规定未经批准，擅自使用频率，或者不按照指配的频率使用而使用未配置的使用频率，以及在频率使用期满后，没有办理续用手续仍继续使用的行为。

3. 本罪的主体。犯罪主体为一般主体。单位也能成为本罪的主体。

4. 本罪的主观方面。主观方面由故意构成，即行为人明知自己没有取得合法的设置、使用无线电台（站）或者使用该频率的资格，但为了牟取非法利益仍擅自设置、使用无线电台（站），或者擅自使用无线电频率。

• 适用指引 •

司法实践中，认定本罪应注意：

1.《刑法修正案（九）》对本罪的修正以及相关司法解释的适用问题。

《刑法修正案（九）》针对开设“伪基站”等严重扰乱无线电秩序，侵犯公民权益的情况，对《刑法》第288条的扰乱无线电通讯管理秩序罪作出修改：(1) 将“占用”频率改为“使用”频率；(2) 取消“经责令停止使用后拒不停止使用”要件；(3) 将“造成严重后果”修改为“情节严重”，使得本罪由结果犯调整为情节犯；(4) 增设了一档法定刑。而《最高人民法院、最高人民检察院、公安部、国家安全部关于依法办理非法生产销售使用“伪基站”设备案件的意见》曾规定，非法使用“伪基站”设备干扰公用电信网络信号，危害公共安全的，依照《刑法》第124条第1款的规定，以破坏公用电信设施罪追究刑事责任。《刑法修正案（九）》生效后，对非法开设、使用“伪基站”的行为，不再根据上述司法解释认定为破坏公用电信设施罪，而应以修正后的《刑法》第288条扰乱无线电通讯管理秩序罪论处。

2. 扰乱无线电通讯管理秩序必须情节严重的才能定罪量刑，如长时间或多次擅自设置、使用无线电台（站），或者擅自使用无线电频率的，干扰无线电通讯正常进行的。再如经国家无线电通讯管理部门提出警告后，要求立即停止而不停止、继续占用的。

3. 违反国家规定，擅自设置、使用无线电台（站），或者擅自使用无线电频率，非法经营国际电信业务或者涉港澳台电信业务进行营利活动，同时构成非法经营罪和扰乱无线电通讯管理秩序罪的，应从一重罪处断。

第二百八十九条　聚众“打砸抢”行为的处理

【法律规定】

• 法律条文 •

《中华人民共和国刑法》

第二百八十九条　聚众“打砸抢”，致人伤残、死亡的，依照本法第二百三十四条、第二百三十二条的规定定罪处罚。毁坏或者抢走公私财物的，除判令退赔外，对首要分子，依照本法第二百六十三条的规定定罪处罚。

• 相关规定 •

《最高人民法院、最高人民检察院关于办理妨害预防、控制突发传染病疫情等灾害的刑事案件具体应用法律若干问题的解释》（法释〔2003〕8号）

第九条　在预防、控制突发传染病疫情等灾害期间，聚众“打砸抢”，致人伤残、死亡的，依照刑法第二百八十九条、第二百三十四条、第二百三十二条的规定，以故意伤害罪或者故意杀人罪定罪，依法从重处罚。对毁坏或者抢走公私财物的首要分子，依照刑法第二百八十九条、第二百六十三条的规定，以抢劫罪定罪，依法从重处罚。

【案例】

王在敏聚众“打砸抢”案①

• 案件事实 •

2004年1月29日下午，河南省太康县转楼乡农民王在敏和其侄子王某某从其亲戚家回家，当走到转楼乡后郑行政村时，与该村村民郑某勇发生纠纷并厮打，王某某眼部被打伤，经鉴定属轻微伤。双方就损害赔偿问题协商未果后，王在敏为索取赔偿，于2004年2月5日组织本乡姓王的同姓家族三四百人，开着四轮车，手持木棍赶到后郑村，采取砸门、别锁、推倒院墙等手段，强行进入郑某勇家，砸毁郑东某、郑清某、郑某学三家的门窗、门锁及锅、钟表等物品，并拉走郑清某家中机动三轮车、四轮拖拉机、播种机各一台，铁犁子一个，此外还将郑某学家的铁门拉走，拉走的东西总价值5879元。被害人闻讯后躲避并报案。王在敏等人经多次说服教育，才将所抢走的东西送到辖区派出所。

• 裁判要旨 •

即使被害人不在场，行为人聚众“打砸抢”过程中非法占有他人财物的行为也可以成立抢劫罪。

• 裁判理由 •

河南省太康县人民法院经审理认为：被告人王在敏在与他人发生民事纠纷之后，采取聚众打砸抢形式的非法手段，毁坏和抢走他人财物，其行为构成抢劫罪。由于其所参与组织实施的打砸抢行为发生在村民家中，依法应以入户抢劫的情形进行处罚。遂作出判决：被告人王在敏犯抢劫罪，判处有期徒刑十年，并处罚金5000元。

【学理分析及适用指引】

• 学理分析 •

所谓聚众“打砸抢”，是指首要分子聚集多人，同时实施打、砸、抢的行

---

① 参见河南省太康县人民法院刑事判决，载 http://hnfy.chinacourt.org/public/detail.php?id=43375。

为。其表现为两个方面：一是聚众，二是实施“打砸抢”行为。所谓“打砸抢”，是指行为人针对人和财物实施暴力行为。所谓“打”，就是对被害人进行人身伤害，包括造成轻微伤、轻伤和重伤。所谓“砸”，就是故意毁坏公私财物的行为。所谓“抢”，包括抢劫和抢夺公私财物的行为。要注意，“打砸抢”是三种类型的行为相互结合、同时并存的行为类型，单纯的殴打、故意毁坏财物，或者单纯的抢夺与故意毁坏财物的行为，不能称之为“打砸抢”。①

有观点认为，所谓“打砸抢”，是指聚众肆意打人、毁坏或者抢劫公私财物，严重危害社会秩序的行为。这种观点值得商榷。因为，一方面，如果单纯的聚众打、砸或抢三种行为之一就可以对首要分子定抢劫罪，那么，几乎所有的聚众型犯罪，如聚众扰乱社会秩序罪、聚众冲击国家机关罪、聚众斗殴罪等，都可以抢劫罪惩罚首要分子，这显然会造成实践和理论的严重混乱；另一方面，这种观点严重违背了抢劫罪的基本理论，无法在刑法基本理论框架内得到合理诠释。在聚集众人同时实施“打砸抢”三种行为时，首要分子的行为完全符合抢劫罪的犯罪构成。因为，首要分子明知自己和自己所纠集的众人实施的“打砸抢”行为，会使被害人人身权益和财产权益同时受到损害；被害人由于人身受到损害和威胁而无法对自己财产进行有效保护，殴打行为和财产被损坏、抢走的结果有直接因果关系。既然存在“抢”的行为，首要分子本人必然存在非法占有目的或其首要分子明知所纠集的众人中有人存在非法占有目的，首要分子概括地明知自己的聚众“打砸抢”行为会使用暴力剥夺他人的财产，符合抢劫罪的主观要件。

有观点认为，聚众“打砸抢”中毁坏公私财物的，对首要分子定抢劫罪不符合刑法理论。② 我们认为不然。因为首要分子伙同他人，有抢劫故意（自己抢劫或帮助抢劫），并且实施了抢财的行为，其主观恶性和一般抢劫既遂没有差异。客观上，无论是抢走财物还是毁坏了财物，实际上都使被害人丧失了对财物的占有，这与一般抢劫既遂在客观危害上也没有差异；差别只在于聚众“打砸抢”中还伴随着故意毁坏财物行为，同一行为同时触犯数个罪名，按照想象竞合犯原则处理，这种行为已被抢劫罪吸收，没有必要另外实施定罪或数罪并罚。

• 适用指引 •

由于聚众“打砸抢”中，首要分子主观上持一种概括故意，所以对于这种聚众“打砸抢”的行为不能单独定罪，而是要根据行为人在聚众“打砸抢”

---

① 参见胡康生、李福成主编：《中华人民共和国刑法释疑义》，法律出版社 1997 年版，第 412 页。

② 参见郑昭信、夏亚非、吴潇潇：《刑法第二百八十九条之立法不足与存废的探讨》，载 http://www.csfrcourt.com/pages/shenpanyj3_more.asp?id=46。

中造成的后果来分别定罪量刑。聚众“打砸抢”中致人伤残、死亡的，只追究首要分子和直接责任人的责任，对其他参加者不追究刑事责任。对其他参加者，一般可以进行批评教育，必要时给予治安处罚。对于毁坏或者抢走公私财物的，对首要分子按抢劫罪定罪量刑，对其他参加者一般不追究刑事责任。如果其他参加者抢劫、抢夺或毁坏财物数额较大或者有其他严重情节的，可以按抢劫、抢夺、故意毁坏财物等相应罪名论处。

在处理聚众“打砸抢”案件时，要注意区别不同的情况，分别对待。聚众“打砸抢”是妨害社会管理秩序罪中的一种特殊的聚众犯罪，因此，在审理聚众“打砸抢”案件时，一是要注意划清与出于非法占有等特定目的而实施的团伙抢劫等行为，不要按聚众“打砸抢”处理。二是要注意划清与在武装暴乱、叛乱中“打砸抢”行为的区别，行为人在武装暴乱、叛乱中的“打砸抢”行为已经被武装暴乱、叛乱行为吸收，按吸收犯的原则处理。

第二百九十条　聚众扰乱社会秩序罪；聚众冲击国家机关罪；扰乱国家机关工作秩序罪；组织、资助非法聚集罪

【法律规定】

• 法律条文 •

《中华人民共和国刑法》

第二百九十条　聚众扰乱社会秩序，情节严重，致使工作、生产、营业和教学、科研、医疗无法进行，造成严重损失的，对首要分子，处三年以上七年以下有期徒刑；对其他积极参加的，处三年以下有期徒刑、拘役、管制或者剥夺政治权利。

聚众冲击国家机关，致使国家机关工作无法进行，造成严重损失的，对首要分子，处五年以上十年以下有期徒刑；对其他积极参加的，处五年以下有期徒刑、拘役、管制或者剥夺政治权利。

多次扰乱国家机关工作秩序，经行政处罚后仍不改正，造成严重后果的，处三年以下有期徒刑、拘役或者管制。

多次组织、资助他人非法聚集，扰乱社会秩序，情节严重的，依照前款的规定处罚。

【案例一】

陈金泉等聚众扰乱社会秩序案①

• 案件事实 •

2014 年 5 月 2 日 0 时许，被告人陈金泉送其兄陈某木到福建省安溪县中医院五楼住院部就诊。当日 5 时许，陈金泉的姐姐被告人陈扁等因怀疑陈某木病情恶化系医院责任，殴打值班医务人员梁某榕、孙某萍等人，并从医生陈某煌手中抢走患者病历。8 时左右，院方宣布陈某木经抢救无效死亡，陈金泉即通过打电话等方式召集亲友来医院。9 时许，陈金泉、陈扁及陈某木的前妻被告人陈宝治、陈扁的丈夫被告人朱乾坤等在医院五楼打砸医生办公室、护士站、治疗室，致大量医用器具、器械、药品及电脑、打印机等物品损坏，殴打陈某煌等医务人员和在场执勤的派出所协勤人员柯某欣、王某辉，并强行拉柯、王二人去看护陈某木尸体。随后，陈金泉等将陈某木尸体从病房移出，拉至医院一楼大厅入口处，设灵堂、烧纸钱、拉横幅、堵大门、围堵电梯出入口，打砸中药房、急诊科医生办公室、护士站、治疗室等，并殴打周某娜、黄某丽等医务人员及出警民警柯某强。综上，陈金泉等 4 名被告人殴打医务人员，致周某娜轻伤，黄某丽等 7 人轻微伤，毁损医院财物，造成医院经济损失 3 万余元，并导致医院医疗工作无法正常进行。

• 裁判要旨 •

聚众围、堵、打、砸等方式扰乱医院正常工作秩序，造成多名医务人员受伤，情节严重，致使医院医疗工作无法进行，造成严重损失，构成聚众扰乱社会秩序罪。

• 裁判理由 •

法院经审理认为，被告人陈金泉、陈扁、朱乾坤、陈宝治采取聚众围、堵、打、砸等方式扰乱医院正常工作秩序，造成多名医务人员受伤，情节严重，致使医院医疗工作无法进行，造成严重损失，其行为均已构成聚众扰乱社会秩序罪，应依法惩处。在共同犯罪中，陈金泉属首要分子，陈扁、朱乾坤、陈宝治属其他积极参加者。4 名被告人均如实供述自己的罪行，并积极主动赔偿被害方经济损失，有悔罪表现，可从轻处罚。据此，依法对被告人陈金泉判处有期徒刑三年；对被告人陈扁判处有期徒刑一年三个月，缓刑一年三个月；

---

① 参见 2015 年 5 月 27 日最高人民法院发布的 4 起涉医犯罪典型案例。

对被告人朱乾坤、陈宝治判处有期徒刑一年，缓刑一年三个月。

宣判后，被告人不上诉，检察机关未抗诉，上述判决已于2014年10月26日发生法律效力。

【案例二】

宋全喜等聚众扰乱社会秩序案①

• 案件事实 •

被告人宋全喜的女儿宋某某自2016年1月6日起先后在山西省洪洞县人民医院等多家医院住院治疗，同年3月31日再次住入洪洞县人民医院时，已处于昏迷状态。同年4月1日17时许，宋某某经抢救无效死亡。该院急诊科主任立即向医务科主任汇报情况，该院副院长、医务科主任、办公室主任及时去病房了解情况，并与宋全喜等死者亲属见面，建议先将死者尸体放置在太平间，之后根据规定协商相关事宜，宋全喜等人不同意。该院立即将情况通报山西省医疗纠纷人民调解委员会。当日19时50分许，该调解委员会临汾工作站副主任到现场了解情况，并告知宋全喜等人先将死者尸体妥善安置，尽快恢复医院正常工作秩序，之后根据相关规定通过司法程序解决纠纷，被宋全喜等人拒绝。随后，宋全喜及其子被告人宋胖胖纠集亲属将死者尸体从病房推出，停放在医院急诊大厅内，又带领亲属将租赁的冷冻棺搬放到急诊大厅，将尸体放入冷冻棺内并设置灵堂，宋全喜还将候诊座椅搬至冷冻棺旁摆放遗像、香案、祭品等物，造成急诊大厅秩序严重混乱。次日10时许，调解委员会临汾工作站主任再次与宋全喜等人调解，仍无果。下午，公安人员接到洪洞县人民医院报警后当即赶到医院劝解宋全喜等人，宋全喜等不听劝阻。20时许，宋全喜指使宋胖胖与其一起将死者尸体从冷冻棺内抱出放在急诊大厅分诊台上，后又将尸体抱回冷冻棺内。同月5日10时许，公安人员将宋全喜、宋胖胖等人带离急诊大厅。

• 裁判要旨 •

因对治疗效果不满，不听劝阻，纠集多人在医院急诊大厅停放尸体、私设灵堂，烧香祭拜，扰乱医院正常医疗秩序，造成恶劣社会影响，情节严重，构成聚众扰乱社会秩序罪。

---

① 参见2017年2月23日最高人民法院发布的5起涉医犯罪典型案例。

• 裁判理由 •

法院认为，被告人宋全喜、宋胖胖纠集多人在医院急诊大厅停放尸体、私设灵堂，烧香祭拜数日，还将死者尸体摆放于分诊台，扰乱医院正常医疗秩序，造成恶劣社会影响，情节严重，其行为均已构成聚众扰乱社会秩序罪。宋全喜、宋胖胖归案后能如实供述罪行，依法可以从轻处罚。宋胖胖作用相对较小，可以酌情从轻处罚。据此，对被告人宋全喜判处有期徒刑三年六个月；对被告人宋胖胖判处有期徒刑三年，缓刑三年。

宣判后，在法定期限内没有上诉、抗诉，上述判决已于 2016 年 11 月 22 日发生法律效力。

【学理分析及适用指引】

• 学理分析 •

1. 关于聚众扰乱社会秩序罪。聚众扰乱社会秩序罪，是指聚众扰乱社会秩序，情节严重，致使工作、生产、营业和教学、科研、医疗无法进行，造成严重损失的行为。本罪的构成要件如下：

（1）本罪的客体。本罪侵害的法益是（狭义的）社会管理秩序，即国家机关、企业、事业单位、人民团体的工作、生产、营业和教学、科研、医疗秩序。本罪不一定只限于在国家机关、企业、事业单位、人民团体工作场所内实施，在这些场所之外的公共场所实施聚众扰乱行为，对工作、生产、营业和教学、科研、医疗秩序有实际影响的，也应构成本罪。

（2）本罪的客观方面。客观方面表现为聚众扰乱社会秩序。聚众，是指首要分子纠集特定或者不特定之多数人于一定地点，而成为可以从事共同行为的一群人。扰乱方式有暴力性扰乱与非暴力性扰乱之分。[①] 暴力性扰乱包括聚众强行进入企业、事业单位、人民团体的工作场所，殴打、威胁有关工作人员；使用有形力砸毁办公用品、门窗或烧毁文件；强行扣留国家工作人员或其他相关人员。但聚众冲击国家机关的，不构成本罪。非暴力性扰乱包括在国家机关、企业、事业单位、人民团体工作、生产、营业和教学、科研、医疗场所内长时间哄闹、辱骂，擅自堵塞机关单位的出入通道，占据办公室、实验室、生产车间以及其他工作场所。聚众扰乱行为必须情节（不限于客观方面的情节）严重，致使工作、生产、营业和教学、科研、医疗无法进行，造成严重损失的，如人身伤亡和重大财产损失，才构成本罪。

（3）本罪的主体。本罪的主体为一般主体。但并非所有参与扰乱社会秩

① 参见周光权：《刑法各论讲义》，清华大学出版社 2003 年版，第 389 页。

序的人都构成本罪，构成本罪的只能是扰乱社会秩序的首要分子和其他积极参加者。

（4）本罪的主观方面。主观方面由故意构成。过失不构成本罪。

2. 关于聚众冲击国家机关罪。聚众冲击国家机关罪，是指聚众冲击国家机关，致使国家机关工作无法进行，造成严重损失的行为。本罪的构成要件如下：

（1）本罪的客体。本罪侵犯的客体是国家机关的正常工作秩序。

（2）本罪的客观方面。本罪在客观方面表现为聚众冲击国家机关，致使国家机关工作无法进行，造成严重损失的行为。

（3）本罪的主体。本罪的犯罪主体为一般主体。根据《刑法》规定，并非所有参加冲击国家机关的人都构成本罪，构成犯罪的只是聚众冲击国家机关的首要分子和其他积极参加者。

（4）本罪的主观方面。主观方面由故意构成。过失不构成本罪。

3. 扰乱国家机关工作秩序罪和组织、资助非法聚集罪。这是《刑法修正案（九)》所增设的两个新罪名。扰乱国家机关工作秩序罪，是指多次扰乱国家机关工作秩序，经行政处罚后仍不改正，造成严重后果的行为。本罪的构成要求行政机关的行政处罚是前置条件，只有多次扰乱国家机关工作秩序，经行政处罚后仍不改正，又继续实施扰乱国家机关工作秩序的，才能构成本罪。另外，本罪的构成不要求采取聚众的方式。若是聚众方式的，则不需要多次的行为即可认定为《刑法》第 290 条第 1 款的聚众扰乱社会秩序罪或者第 2 款的聚众冲击国家机关罪。组织、资助非法聚集罪，是指多次组织、资助他人非法聚集，扰乱社会秩序，情节严重的行为。该罪名主要针对非法聚集、扰乱社会秩序的组织者及幕后推手。此处的“扰乱社会秩序”，不限于国家机关工作秩序，也包括社会公共秩序，如医院的医疗秩序、学校的教学秩序等。

• 适用指引 •

1. 扰乱社会秩序，情节不严重，或者没有致使工作、生产、营业和教学、科研无法进行的，或没有造成严重损失的，均不构成扰乱社会秩序罪。扰乱社会秩序罪要综合评价主观恶性、客观危害、损害后果，只有同时满足三个条件的才构成犯罪。造成严重损失一般是指人身伤亡和重大财产损失或恶劣社会影响。

2. 聚众冲击国家机关罪要求“造成严重损失”，包括人身伤亡，重大物质损失，社会混乱以及恶劣的社会影响，造成重大民族、外交问题等，不限于造成严重物质损失。

3. 聚众扰乱社会秩序过程中，杀害、伤害、强行扣押国家机关、企业、事业单位、人民团体工作人员的，以暴力、威胁方法阻碍国家机关工作人员执行公务的，或者故意毁损公共财物的，属于想象竞合犯，应从一重罪处断。

第二百九十一条　聚众扰乱公共场所秩序、交通秩序罪

【法律规定】

• 法律条文 •

《中华人民共和国刑法》

第二百九十一条　聚众扰乱车站、码头、民用航空站、商场、公园、影剧院、展览会、运动场或者其他公共场所秩序，聚众堵塞交通或者破坏交通秩序，抗拒、阻碍国家治安管理工作人员依法执行职务，情节严重的，对首要分子，处五年以下有期徒刑、拘役或者管制。

【案例】

汪某某聚众扰乱交通秩序案[①]

• 案件事实 •

2001年6月8日上午9时许，江汉石油管理局局机关东大门前聚集了要求局领导解决“买断工龄”中存在的问题的部分上访职工，被告人汪某某见状，即爬上一辆被堵的公交车车顶上喊道：“局长们躲着不见，我们去堵路，把荆潜路堵上。这边人太挤了，留一部分人在这，其余的人都到广华商场那边去。”部分上访群众跟着汪某某到了潜江广华办事处广华商场门前。汪某某接过一上访职工递给的话筒喊：“大家把油田进出的路全部堵住，逼局长们与我们对话。”接着汪某某来到潜江市广华办事处广华商场对面的荆潜公路上，站到一辆被堵的白色双排座车车顶上用话筒进行煽动性讲演。汪某某喊话的同时即有部分上访职工将隔离护栏抬到路中间堵住了广华中心医院门前的路口，还有部分上访职工用一电线杆拦住了通往二矿的公路，致使襄岳公路广华路段交通中断长达10小时，造成直接经济损失人民币2万余元。事后，汪某某带领部分上访职工拆除路障，并协助江汉石油管理局领导做上访职工的疏导工作。

• 裁判要旨 •

组织煽动群众堵路并造成交通秩序严重混乱的行为应当构成聚众扰乱交通

---

① 参见湖北省潜江市人民法院（2001）潜刑初字第176号。

秩序罪。

● 裁判理由 ●

湖北省潜江市人民法院经审理认为：被告人汪某某为实现个人目的，利用江汉油田部分职工上访之机，在人群聚集地进行煽动性讲演，导致襄岳公路广华路段交通中断10小时的严重后果，被告人汪某某是这一后果的组织、指挥者，其行为已构成聚众扰乱交通秩序罪。潜江市人民检察院指控罪名成立。关于被告人汪某某及其辩护人程某洲有关被告人汪某某没有聚众堵路，襄岳公路广华路段的堵塞是江汉油田职工自发行为所致，并非被告人汪某某聚众造成，被告人汪某某的行为不构成犯罪的辩解和辩护意见，经审理认为，江汉油田部分职工到江汉油田管理局机关上访起初属自发行为，其动机在于要求江汉石油管理局领导解决“买断工龄”中存在的问题，其上访地点是局机关。由于被告人汪某某在人群聚集地实施煽动性讲演，使部分上访职工的目标由江汉石油管理局机关转移到交通要塞襄岳公路广华路段，被告人汪某某的客观行为起到了聚众作用，且由此发生了扰乱交通秩序情节严重的后果。故被告人汪某某及其辩护人程某洲的辩解及辩护意见不能成立。鉴于被告人汪某某在犯罪后有带领上访职工拆除路障、协助局领导做上访职工疏导工作的悔罪表现，依法可以酌情从轻处罚。本院根据被告人汪某某犯罪的事实、犯罪的性质、情节和对于社会的危害程度，依照《刑法》第291条之规定，判决如下：被告人汪某某犯聚众扰乱交通秩序罪，判处拘役六个月。

【学理分析及适用指引】

● 学理分析 ●

聚众扰乱公共场所秩序、交通秩序罪，是指聚众扰乱车站、码头、民用航空站、商场、公园、影剧院、展览会、运动场或其他公共场所秩序，聚众堵塞交通或者破坏交通秩序，抗拒、阻碍国家治安管理工作人员依法执行职务、情节严重的行为。本罪的构成要件如下：

1. 本罪的客体。本罪侵犯的客体是公共场所秩序或交通秩序。公共场所，是指具有公共性的特点，能为不特定的多数人随时出入、停留、使用的场所。公共场所秩序，是指保证公众安全顺利地出入，使用公共场所所规定的公共行为规则。交通秩序，是指交通工具与行人在交通线路上安全顺利通行的交通正常状态。公共场所和交通线路均具有人员聚集量大、流动量大的特征。

2. 本罪的客观方面。本罪在客观方面表现为实施了聚众扰乱公共场所或交通秩序的行为。所谓聚众扰乱，是指在首要分子的组织、策划、指挥下，聚集、纠合多人，破坏公共场所秩序，堵塞交通或破坏交通秩序，或者抗拒、阻碍国家治安管理工作人员依法执行职务。“情节严重”是本罪的必要条件，一般说，具有下列情形之一的，可视为“情节严重”：(1) 实施了暴力抗拒，阻碍国家治安管理工作人员依法执行职务的；(2) 在重要的公共场所聚众闹事，造成恶劣影响的；(3) 在交通要道实施聚众扰乱活动，造成重大交通堵塞的；(4) 聚集人数非常之多的；(5) 扰乱范围大，持续时间长的；(6) 造成的公私财产毁损数额巨大的；(7) 造成人员伤亡的等。

3. 本罪的主体。本罪的主体仅限于首要分子，是指在犯罪中起策划、指挥作用的犯罪分子。

4. 本罪的主观方面。本罪的主观方面只能是故意，行为人的动机如何，要求是否正当，不影响本罪的成立。

• 适用指引 •

司法实践中，认定本罪应注意：

1. 本罪与一般违法行为的界限。聚众扰乱公共场所秩序、交通秩序罪与违反治安管理的扰乱公共场所秩序、交通秩序行为表现相同，主要区别在于情节是否严重和是否属于首要分子。如果情节较轻或者属于一般参与者，不构成犯罪，是违反治安管理的行为，可给予批评教育或者治安处罚。

2. 本罪与聚众扰乱社会秩序罪的界限。两者主观方面都是故意，动机都是制造事端，给有关单位施加压力，以满足某些无理要求或者借机发泄不满情绪；客观方面都是聚众进行，有扰乱社会秩序的行为。两者的主要区别是犯罪的地点和侵犯的客体不同。前者发生在公共场所或者交通要道，侵犯的是公共场所秩序或者交通秩序；后者发生在党政机关、企业、事业单位和人民团体，侵犯的是正常的工作、生产、营业和教学、科研、医疗秩序。

第二百九十一条之一 投放虚假危险物质罪；编造、故意传播虚假恐怖信息罪；编造、故意传播虚假信息罪

【法律规定】

• 法律条文 •

《中华人民共和国刑法》第二百九十一条之一 投放虚假的爆炸性、毒害性、放射性、传染病病原体等物质，或者编造爆炸威胁、生化威胁、放射威胁等恐怖信息，或者明知是编造的恐怖信息而故意传播，严重扰乱社会秩序的，处五年以下有期徒刑、拘役或者管制；造成严重后果的，处五年以上有期徒刑。

编造虚假的险情、疫情、灾情、警情，在信息网络或者其他媒体上传播，或者明知是上述虚假信息，故意在信息网络或者其他媒体上传播，严重扰乱社会秩序的，处三年以下有期徒刑、拘役或者管制；造成严重后果的，处三年以上七年以下有期徒刑。

• 相关规定 •

《最高人民法院关于审理编造、故意传播虚假恐怖信息刑事案件适用法律若干问题的解释》（法释〔2013〕24号）

第一条　编造恐怖信息，传播或者放任传播，严重扰乱社会秩序的，依照刑法第二百九十一条之一的规定，应认定为编造虚假恐怖信息罪。

明知是他人编造的恐怖信息而故意传播，严重扰乱社会秩序的，依照刑法第二百九十一条之一的规定，应认定为故意传播虚假恐怖信息罪。

第二条　编造、故意传播虚假恐怖信息，具有下列情形之一的，应当认定为刑法第二百九十一条之一的“严重扰乱社会秩序”：

（一）致使机场、车站、码头、商场、影剧院、运动场馆等人员密集场所秩序混乱，或者采取紧急疏散措施的；

（二）影响航空器、列车、船舶等大型客运交通工具正常运行的；

（三）致使国家机关、学校、医院、厂矿企业等单位的工作、生产、经营、教学、科研等活动中断的；

（四）造成行政村或者社区居民生活秩序严重混乱的；

（五）致使公安、武警、消防、卫生检疫等职能部门采取紧急应对措施的；

（六）其他严重扰乱社会秩序的。

第三条　编造、故意传播虚假恐怖信息，严重扰乱社会秩序，具有下列情形之一的，应当依照刑法第二百九十一条之一的规定，在五年以下有期徒刑范围内酌情从重处罚：

（一）致使航班备降或返航；或者致使列车、船舶等大型客运交通工具中断运行的；

（二）多次编造、故意传播虚假恐怖信息的；

（三）造成直接经济损失二十万元以上的；

（四）造成乡镇、街道区域范围居民生活秩序严重混乱的；

（五）具有其他酌情从重处罚情节的。

第四条　编造、故意传播虚假恐怖信息，严重扰乱社会秩序，具有下列情形之一的，应当认定为刑法第二百九十一条之一的“造成严重后果”，处五年以上有期徒刑：

（一）造成3人以上轻伤或者1人以上重伤的；

（二）造成直接经济损失50万元以上的；

（三）造成县级以上区域范围居民生活秩序严重混乱的；

（四）妨碍国家重大活动进行的；

（五）造成其他严重后果的。

第五条 编造、故意传播虚假恐怖信息，严重扰乱社会秩序，同时又构成其他犯罪的，择一重罪处罚。

第六条 本解释所称的"虚假恐怖信息"，是指以发生爆炸威胁、生化威胁、放射威胁、劫持航空器威胁、重大灾情、重大疫情等严重威胁公共安全的事件为内容，可能引起社会恐慌或者公共安全危机的不真实信息。

《最高人民法院、最高人民检察院关于办理妨害预防、控制突发传染病疫情等灾害的刑事案件具体应用法律若干问题的解释》（法释〔2003〕8号）

第十条第一款 编造与突发传染病疫情等灾害有关的恐怖信息，或者明知是编造的此类恐怖信息而故意传播，严重扰乱社会秩序的，依照刑法第二百九十一条之一的规定，以编造、故意传播虚假恐怖信息罪定罪处罚。

【案例一】

李春宝投放虚假危险物质案①

• 案件事实 •

李春宝听到社会上有艾滋病患者用扎针的方法传播艾滋病病原体的传闻后，便产生了扎针的想法。2002年2月16日，李春宝到本区交道卫生院捡了一个废弃的注射器、针头和一瓶药面，在家将药面兑水后吸入注射器，携带该注射器于当日20时许窜至北京市房山区良乡镇太平庄村庙会上，趁人群拥挤之机，用注射器扎正在看节目的车某某（女，37岁，黑龙江省来京人员）的右臀部，并向其身体内注射药水，造成车某某和当地群众的精神恐慌，致使庙会不能继续进行，严重影响了群众的正常生活、学习、工作秩序。李春宝于当日21时许，在太平庄庙会上被当场抓获。经鉴定，李春宝精神发育迟滞，属限制责任能力人。

• 裁判要旨 •

用注射器向他人身体注射虚假危险物质的行为可以构成投放虚假危险物质罪。

① 参见最高人民法院中国应用法学研究所编：《人民法院案例选》（2003年第2辑），人民法院出版社2003年版，第333～337页。

• 裁判理由 •

北京市房山区人民法院经审理认为：被告人李春宝无视国家法律，故意传播虚假病原体物质，严重扰乱了社会秩序，影响了群众的正常生活，并造成当地群众精神恐慌的严重后果，其行为已构成投放虚假危险物质罪。李春宝的行为已经达到《刑法》规定的“造成严重后果”的情节，属于结果加重犯，应当处五年以上有期徒刑。鉴于被告人李春宝精神发育迟滞，属限制责任能力人，可从轻处罚。判决如下：被告人李春宝犯投放虚假危险物质罪，判处有期徒刑五年。

【案例二】

黄某某编造、故意传播虚假恐怖信息案①

• 案件事实 •

黄某某于2003年4月25日至4月27日，在北京市海淀区某小区家中，借当时北京市“非典型性肺炎”疫情高发期易引起人们心理恐慌之机，在无任何事实依据的情况下，编造题为《绝对可靠消息，上海隐瞒了大量非典病例》《中国已因非典而正式进入了经济危机》的文章，使用家中电脑，通过其住宅电话以拨号方式登录互联网，在“搜狐网站”新闻评论网页和“西路网站”的“海阔天空”等网站中，多次上网传播，谎称我国上海市已因“非典型性肺炎”死亡数百人、全国死亡3000多人，鼓动尽快储备物品，制造恐怖气氛，严重扰乱了社会秩序。2003年5月3日，黄某某被抓获归案。

• 裁判要旨 •

故意捏造虚假的恐怖信息并故意在网上发表、传播，严重扰乱了社会秩序，构成编造、故意传播虚假恐怖信息罪。

• 裁判理由 •

北京市第一中级人民法院经审理认为：被告人黄某某在我国人民共同抗击“非典型性肺炎”疫情的特殊时期，故意捏造虚假的恐怖信息并故意在互联网上发表、传播，严重扰乱了社会秩序，其行为已构成编造、故意传播虚假恐怖信息罪，依法应予惩处。据此，依照《刑法修正案（三）》第8条、《刑法》第291条之一、第61条、第64条、《最高人民法院、最高人民检察院关于办

---

① 参见北京市第一中级人民法院（2003）一中刑初字第1499号。

理妨害预防、控制突发传染病疫情等灾害的刑事案件具体应用法律若干问题的解释》第10条第1款的规定，判决：一、被告人黄某某犯编造、故意传播虚假恐怖信息罪，判处有期徒刑三年。二、在案扣押被告人黄某某供犯罪所用的电脑主机一台，予以没收。

【学理分析及适用指引】

• 学理分析 •

1. 投放虚假危险物质罪的构成。投放虚假危险物质罪，是指投放虚假的爆炸性、毒害性、放射性、传染病病原体等物质，严重扰乱社会秩序的行为。本罪的构成要件如下：

（1）本罪的客体。本罪的客体是社会秩序，包括特定单位的秩序和公共场所的秩序。也有观点认为本罪的客体为公共场所秩序与公民合法合理利用公共场所的自由，或者“一定的社会心理秩序”。① 把本罪的客体解释成公共场所秩序是一种体系性解释，但实际上本类罪中其他罪名的客体并不限于此。例如，聚众扰乱社会秩序罪的客体是特定单位的工作学习生产经营秩序；同时司法实践对特定单位投放虚假恐怖物质的行为也认为构成本罪。② 并且，社会心理秩序也是社会秩序的当然内容，扰乱社会心理秩序又必然外化为对外部社会秩序的扰乱，因此，把本罪的客体认定为社会秩序比较妥当。

（2）本罪的客观方面。本罪的客观方面表现为投放虚假的爆炸性、毒害性、放射性、传染病病原体等物质，严重扰乱社会秩序的行为。

（3）本罪的主体。本罪的主体为一般主体。

（4）本罪的主观方面。本罪的主观方面应为故意，即行为人明知自己的行为必然或可能造成公共秩序混乱和公众心理恐慌的结果，而追求或放任这种结果的发生。

2. 编造、故意传播虚假恐怖信息罪的构成。编造、故意传播虚假恐怖信息罪，是指故意编造爆炸威胁、生化威胁、放射威胁等恐怖信息，或者明知是编造的恐怖信息而故意传播，严重扰乱社会秩序的行为。本罪的客观方面：编造行为不仅包括完全凭空捏造的行为，而且包括对某些信息进行加工、修改的行为。传播是指将虚假恐怖信息传达至不特定或者多数人的行为，向特定人传达但怂恿其向其他人传达的行为，也应认定为传播。编造与传播行为都必须出

---

① 参见张波：《论投放虚假危险物质罪》，载 http：//zhangbo. fyfz. cnblogzhangbo/index. aspx？ blogid = 164925。

② 参见《面粉充炭疽吓坏国土局长，广东惠州一男子被判刑》，载 http：//www. chinanews. com. cn/2002年8月28日/26/216638. html。

于故意；以为是真实信息而传播的，不成立本罪。

3. 编造、故意传播虚假信息罪的构成。编造、故意传播虚假信息罪，是指编造虚假的险情、疫情、灾情、警情，在信息网络或者其他媒体上传播，或者明知是上述虚假信息，故意在信息网络或者其他媒体上传播，严重扰乱社会秩序的行为。本罪的对象是虚假恐怖信息之外的其他虚假信息，具体仅限于虚假的险情、疫情、灾情、警情这四种信息。

• 适用指引 •

司法实践中，认定本条规定的罪名时应注意：

1. 投放虚假危险物质罪虽然属于扰乱社会秩序罪，但不要求针对多人进行，也不要求在公共场所进行，只要投放虚假危险物质的方式足以引起一般人心理恐慌即可，具体投放的方式不限。

2. 编造、故意传播虚假恐怖信息的一罪与数罪。如果为了敲诈较大数额的钱财，而故意编造或故意传播虚假恐怖信息的，其手段行为构成编造、故意传播虚假恐怖信息罪，其目的行为构成敲诈勒索罪，属于牵连犯，择一重罪从重处罚。

第二百九十一条之二　高空抛物罪

【法律规定】

• 法律条文 •

《中华人民共和国刑法》

第二百九十一条之二　从建筑物或者其他高空抛掷物品，情节严重的，处一年以下有期徒刑、拘役或者管制，并处或者单处罚金。

有前款行为，同时构成其他犯罪的，依照处罚较重的规定定罪处罚。

• 相关规定 •

《中华人民共和国民法典》

第一千二百五十四条　禁止从建筑物中抛掷物品。从建筑物中抛掷物品或者从建筑物上坠落的物品造成他人损害的，由侵权人依法承担侵权责任；经调查难以确定具体侵权人的，除能够证明自己不是侵权人的外，由可能加害的建筑物使用人给予补偿。可能加害的建筑物使用人补偿后，有权向侵权人追偿。

物业服务企业等建筑物管理人应当采取必要的安全保障措施防止前款规定情形的发生；未采取必要的安全保障措施的，应当依法承担未履行安全保障义务的侵权责任。

发生本条第一款规定的情形的，公安等机关应当依法及时调查，查清责任人。

【案例】

陆景林高空抛物案①

• 案件事实 •

2021年3月25日，被告人陆景林在白城市洮北区金辉南街×号楼×单元×室内，为图个人方便，将一个长约40厘米，宽约15厘米，重约2千克的陶瓷制抽水马桶水箱盖从西南侧窗户抛下，砸到楼下停放的一辆银灰色佳宝牌面包车顶棚，造成该面包车顶棚长约90厘米、宽50厘米的凹陷及挡风玻璃破损。吉林省白城市洮北区人民检察院以被告人陆景林犯高空抛物罪向吉林省白城市洮北区人民法院提起公诉。

• 裁判要旨 •

高空抛物罪中的"情节严重"的具体认定以及刑罚裁量因素。

• 裁判理由 •

吉林省白城市洮北区人民法院审理经开庭审理后认为，被告人陆景林从建筑物高空抛掷物品，情节严重，其行为构成高空抛物罪。鉴于被告人陆景林自愿如实供述其罪行，承认公诉机关的指控，愿意接受处罚，系坦白，认罪认罚，已赔偿被害人经济损失，取得被害人谅解，在量刑时予以综合考虑，公诉机关的量刑建议适当，法院予以采纳。依照《刑法》第291条之二、第52条、第53条、第67条第3款及《刑事诉讼法》第200条、第15条之规定，于2021年5月14日作出（2021）吉0802刑初201号刑事判决：被告人陆景林犯高空抛物罪，判处有期徒刑六个月，并处罚金人民币2000元。

上诉人陆景林上诉认为量刑过重，请求适用缓刑。

吉林省白城市中级人民法院审理后查明，原审判决认定上诉人陆景林犯高空抛物罪的事实清楚，有已经原审法庭控辩双方举证、质证的被砸佳宝牌汽车照片、陶瓷碎片照片、谅解协议书、香港居民身份证复印件、长庆派出所出具的陆景林未有违法犯罪经历的情况证明等书证，被害人周某陈述，原审被告人陆景林的供述与辩解、视听资料等证据证明，证据确实、充分，可以作为定案

---

① 参见吉林省白城市中级人民法院（2021）吉08刑终121号。

的根据。在法院审理期间，上诉人陆景林未提供新的证据。关于上诉人陆景林认为量刑过重，请求适用缓刑的上诉理由，经查，陆景林故意从高空抛掷物品，造成财产损失，其行为构成高空抛物罪。原审判决已经考虑其如实供述犯罪事实，认罪认罚，赔偿被害人经济损失并取得谅解等情节，在法定刑幅度内对陆景林予以量刑，量刑适当。陆景林的其他上诉理由并非法定量刑情节，故本院对上诉人陆景林的上诉理由不予采纳。

吉林省白城市中级人民法院认为，上诉人（原审被告人）陆景林从建筑物抛掷物品，情节严重，其行为已构成高空抛物罪。原审判决认定事实清楚，证据确实、充分，定罪准确，量刑适当。审判程序合法。依照《刑事诉讼法》第 236 条第 1 款第 1 项、第 244 条之规定，裁定如下：驳回上诉，维持原判。本裁定为终审裁定。

【学理分析及适用指引】

• 学理分析 •

高空抛物罪，是指从建筑物或者其他高空抛掷物品，情节严重的行为。本罪是《刑法修正案（十一）》新增设的罪名，主要目的是依法惩治高空抛物现象，维护人民群众“头顶上的安全”。本罪的构成要件如下：

1. 本罪的客体。高空抛物罪侵犯的客体是社会管理秩序。高空抛物行为既可能造成社会公众的人身危险，同时也可能导致财产损失。

2. 本罪的客观方面表现为从建筑物或者其他高空抛掷物品，情节严重的行为。这里的“建筑物”，是指人工建筑而成的东西，包括居住建筑、公共建筑和构筑物。“其他高空”，是指距离地面有一定高度的空间，如飞机、热气球、脚手架、施工电梯等。“抛掷物品”，是指向外投、扔、丢弃物品的行为。如果物品是从建筑物或高空中坠落的，而非行为人实施了抛掷行为，即使该物品是行为人的，也不构成本罪。

3. 本罪的主体。高空抛物罪的主体为一般主体，凡是年满 16 周岁、具备刑事责任能力的自然人都可能构成本罪。

4. 本罪的主观方面。高空抛物罪的主观方面表现为故意，包括直接故意也包括间接故意，过失不构成本罪。若是过失造成的，可能属于高空坠物侵权行为，属于民事侵权行为，依法承担民事责任。

• 适用指引 •

1. “情节严重”的理解。“情节严重”是给该罪设定的入罪门槛。只有情节严重的才能构成本罪，情节一般，危害不大的，不宜作为犯罪。违反《治安管理处罚法》规定的，应依法予以治安处罚；需要承担民事责任的，应当依照

《民法典》的有关规定处理。这里说的“情节严重”，主要是指多次实施高空抛物行为，高空抛物数量较大的，在人员密集场所实施的，造成一定损害等。

2. 一罪与数罪。通常的高空抛物行为，一般不具有危害公共安全的危险性，但倘若行为导致人员伤亡或财产损毁的严重后果，则视具体情况，分别构成本罪与故意杀人、过失致人死亡、故意伤害、过失致人重伤、重大责任事故、故意毁坏财物等罪的想象竞合。

3. 本罪与以危险方法危害公共安全罪的界限。本罪属于危害社会管理秩序的行为，通常情况下高空抛物行为造成“不特定多数人的”生命健康及财产损失，即便高空抛物的行为造成不特定的某人伤亡可能，但除该具体被害人外，该行为不会同时危及不特定的多数人人身财产安全。如果结合特定的时空环境及高空抛物的具体现象，该行为确实危及不特定多数人的安全的，则应以危险方法危害公共安全罪论处，不再属于高空抛物罪的问题。故此，在司法实践中，应充分考察具体案情中的公共安全的具体危险或危害程度，不能对所有高空抛物行为都径直认定为以危险方法危害公共安全罪，从而架空《刑法修正案（十一）》所设置的高空抛物罪这个轻罪。

第二百九十二条　聚众斗殴罪

【法律规定】

● 法律条文 ●

《中华人民共和国刑法》

第二百九十二条　聚众斗殴的，对首要分子和其他积极参加的，处三年以下有期徒刑、拘役或者管制；有下列情形之一的，对首要分子和其他积极参加的，处三年以上十年以下有期徒刑：

（一）多次聚众斗殴的；

（二）聚众斗殴人数多，规模大，社会影响恶劣的；

（三）在公共场所或者交通要道聚众斗殴，造成社会秩序严重混乱的；

（四）持械聚众斗殴的。

聚众斗殴，致人重伤、死亡的，依照本法第二百三十四条、第二百三十二条的规定定罪处罚。

● 相关规定 ●

《最高人民法院研究室关于对参加聚众斗殴受重伤或者死亡的人及其家属提出的民事赔偿请求能否予以支持问题的答复》（法研〔2004〕179 号）

……

根据《刑法》第二百九十二条第一款的规定，聚众斗殴的参加者，无论是否首要分子，均明知自己的行为有可能产生伤害他人以及自己被他人的行为伤害的后果，其仍然参加聚众斗殴的，应当自行承担相应的刑事和民事责任。根据《刑法》第二百九十二条第二款的规定，对于参加聚众斗殴，造成他人重伤或者死亡的，行为性质发生变化，应认定为故意伤害罪或者故意杀人罪。聚众斗殴中受重伤或者死亡的人，既是故意伤害罪或者故意杀人罪的受害人，又是聚众斗殴犯罪的行为人。对于参加聚众斗殴受重伤或者死亡的人或其家属提出的民事赔偿请求，依法应予支持，并适用混合过错责任原则。

《最高人民检察院、公安部关于公安机关管辖的刑事案件立案追诉标准的规定（一）》（公通字〔2008〕36号）

第三十六条　［聚众斗殴案（刑法第二百九十二条第一款）］组织、策划、指挥或者积极参加聚众斗殴的，应予立案追诉。

【案例】

何传荣等聚众斗殴案[①]

·　案件事实　·

2003年4月，何传荣与秦兵文、李某（另案处理）合伙经营天池煤矿。三人商定同年6月17日重新开工，估计开工时会遭到天池村村民的阻拦，三人商议后明确分工：由秦兵文和李某负责邀约一些社会无业人员于开工之日到场“维持秩序”，意即村民闹事时，可以起到吓阻的作用，发生打斗时，也可以应付，并准备安全帽以便在遭到村民阻拦，发生打斗时，保护自己，区分己方人员和村民；由何传荣负责召集工人开工和准备木棒以备打斗时之用。并约定6月17日早上，邀约的人在双凤镇车山口会合。随后，三人按各自分工，何传荣通知唐某凯准备了木棒；秦兵文邀约了狮滩镇的袁某某、赵某某等人，并要求他们多喊些人。袁某某即邀约了盐井镇的刘某某及狮滩镇的十余人，刘某某又邀约了盐井镇的张某某（另案处理）、张某甲；李某准备了安全帽，邀约了草街镇的李某钱，并要求李某钱再找些人，李某钱即与林某联系，先后邀约草街镇的江大春等十余人，于6月16日下午达到双凤镇，夜宿该镇天云旅馆。

2003年6月17日7时许，秦兵文及李某各自邀约的合川市双凤镇、草街镇、盐井镇、狮滩镇等地的社会无业人员70余人会合于双凤镇车山口。秦兵文、李某组织了两辆长安车、一辆大客车、一辆大货车、数辆摩托车，并分发

---

① 参见重庆市第一中级人民法院（2004）渝一中刑终字第211号。

了安全帽。众人乘车前往天池煤矿。车行至天池村一池塘处，因公路被村民挖断，众人遂下车步行。行至唐某凯家外公路时，唐某凯将准备好的数十根木棒放于公路边，供众人取用。当秦兵文、李某带领的数十人头戴安全帽、手提棍棒来到天池煤矿下公路时，村民即用石块朝煤坪下的人猛砸，秦兵文、李某、李某钱、林某、刘某某等数十人分两路包抄冲上煤坪，双方发生大规模械斗。械斗中，致村民周某成死亡，唐某初、唐某德、邓某某、唐某远、周某轩、唐某发 6 人受伤。经法医鉴定：周某成是被钝器打破颅骨造成颅脑损伤死亡；唐某初损伤程度为重伤；唐某德、邓某某、唐某远、周某轩、唐某发的损伤程度为轻伤。

• 裁判要旨 •

聚众斗殴犯罪过程中致人死亡的，首要分子应当构成故意杀人罪，其他主要参与人构成聚众斗殴罪。

• 裁判理由 •

重庆市合川区人民法院经审理认定：被告人秦兵文、何传荣明知 2003 年 6 月 17 日前往天池煤矿开工会遭到村民阻拦，并可能发生打架斗殴行为，仍不按正常的法律程序解决，而是邀约众多的社会无业人员，试图在遭到村民阻碍时，以武力解决问题，在主观上具有公然藐视国家法纪和妨害社会管理秩序的故意，客观上实施了聚众斗殴的行为，并在斗殴中造成 1 人死亡、1 人重伤、5 人轻伤的严重后果，应对全案后果负责，其行为已构成故意杀人罪。被告人李某钱、林某积极邀约他人并参加斗殴；被告人刘某某积极邀约他人参加斗殴，被告人唐某凯为斗殴预备、提供工具，均属聚众斗殴的积极参加者，其行为均已构成聚众斗殴罪。被告人李某钱、林某、刘某某、唐某凯参加聚众斗殴，人数多，规模大，社会影响恶劣。鉴于被告人秦兵文案发后积极组织人员抢救伤员，向死者家属赔偿部分经济损失，并具有投案自首和检举立功情节，依法可予以减轻处罚。被告人何传荣、唐某凯未到斗殴现场，依法可酌情从轻处罚。依照《刑法》第 232 条，第 292 条第 1 款、第 2 款，第 25 条，第 67 条，第 68 条之规定，判决：一、被告人何传荣犯故意杀人罪，判处有期徒刑十年；二、被告人秦兵文犯故意杀人罪，判处有期徒刑七年；三、被告人李某钱犯聚众斗殴罪，判处有期徒刑三年；四、被告人林某犯聚众斗殴罪，判处有期徒刑三年；五、被告人刘某某犯聚众斗殴罪，判处有期徒刑三年；六、被告人唐某凯犯聚众斗殴罪，判处有期徒刑三年。宣判后，被告人何传荣、秦兵文、李某钱、林某、刘某某、唐某凯均不服，均提出上诉；重庆市第一中级人民法院终审裁决：驳回上诉，维持原判。

【学理分析及适用指引】

• 学理分析 •

1. 聚众斗殴罪的构成。聚众斗殴罪，是指基于报复他人、争霸一方、寻求刺激或者其他公然藐视国家法纪和社会公德的不法动机，纠集多人成帮结伙地互相进行打斗，破坏社会公共秩序的行为。本罪的构成要件如下：

（1）本罪的客体。本罪侵犯的客体是公共秩序。所谓公共秩序，不应简单地理解为公共场所的秩序，而是指在社会公共生活中应当遵守的各项共同生活的规则、秩序，在实际生活中，聚众斗殴犯罪可以是在公共场所，例如在公园、影剧院中，也可以是发生在较僻静的私人场所。

（2）本罪的客观方面。本罪的客观方面表现为纠集众人结伙斗殴的行为。聚众斗殴主要是指出于私仇、争霸或者其他不正当目的而成帮结伙地斗殴。“聚众”，一般是指人数众多，至少3人；斗殴，主要是指采用暴力相互搏斗，但使用暴力的方式各有所别。聚众斗殴多表现为流氓团伙之间互相斗殴，少则几人、十几人，多则几十人，上百人，他们往往是约定时间、地点，拿刀动棒，大打出手，而且往往造成伤亡和社会秩序的混乱，是一种严重影响社会公共秩序的恶劣犯罪行为。斗殴起因或为争夺势力范围，或为哥们出气进行报复等，总之是要显示自己一伙人的“威风”“煞气”，压倒对方，而置公共秩序于不顾。

（3）本罪的主体。本罪的主体是一般主体，凡年满16周岁且具备刑事责任能力的自然人均能构成聚众斗殴罪。但并非所有参加聚众斗殴者均构成聚众斗殴罪。只有聚众斗殴的首要分子和其他积极参加者，才能构成聚众斗殴罪。所谓首要分子，是指在聚众斗殴中起组织、策划、指挥作用的犯罪分子；所谓其他积极参加者，是指除首要分子以外的在聚众斗殴中起重要作用的犯罪分子。对于一般参加者，只能依《治安管理处罚法》追究行政责任，不能构成聚众斗殴罪主体。

（4）本罪的主观方面。本罪的主观方面是故意。犯罪的动机，一般不是完全为了某种个人的利害冲突，也不是单纯为了取得某种物质利益，而是公然藐视国家的法纪和社会公德，企图通过实施聚众斗殴活动来寻求刺激或者追求某种卑鄙欲念的满足。行为人在思想上已经丧失了道德观念和法制观念，是非荣辱标准已被颠倒。这种公然藐视社会公德和国家法纪的心理状态，是聚众斗殴犯罪故意的最明显的特点。

2. 关于本罪构成的对偶性问题。第一种观点认为，双方均有互殴的故意，斗殴时一方达3人以上，一方不到3人的，对双方均可以认定为聚众斗殴；一方有互殴的故意，并纠集3人以上，实施了针对对方多人或其中不特定一人的斗殴行为，而对方没有互殴故意的，对有互殴故意的一方可以认定为聚众斗殴；一方有互殴的故意，纠集3人以上对另一方进行斗殴，另一方开始没有互殴的故意，但在事态发展过程中产生斗殴故意并纠集多人进行互殴的，对双方均可以认定为聚众斗殴。但要注意区分聚众斗殴与正当防卫的界限。① 第二种观点认为，对于不足3人的一方不能定以聚众斗殴罪。② 第三种观点认为，聚众斗殴是指双方或多方人数均在3人以上相互实施暴力攻击人身的行为。③ 我们赞同第二种观点，因为对于本罪的构成，法律只要求聚众和斗殴两个要件，第一种和第三种观点都有脱离法律规定另立炉灶的嫌疑。当然，如果聚众斗殴中，一方只有3个人，另一方不到3个人，确实情节显著轻微，危害不大的，不以聚众斗殴罪论。如果双方主观上都有聚众意图，客观上也实施了聚众行为，而由于客观因素（如纠集的人未及时赶到，或只是现场旁观等）造成一方人数实际上未达3人的，可以对该方以聚众斗殴罪未遂论。

• 适用指引 •

司法实践中，认定本罪应注意：

1. 聚众斗殴罪与聚众扰乱公共场所秩序、交通秩序罪的界限。（1）犯罪的动机、目的不同。聚众斗殴罪是基于流氓动机，在实施各种流氓活动时破坏公共秩序，后罪则是基于某种个人动机、目的，用聚众闹事方式，要挟国家机关或有关部门，以满足个人的要求为目的。（2）犯罪形式不同。聚众斗殴罪可以聚众进行，当然，并不要求斗殴的双方均是3人以上的聚众方式。后罪只能聚众实施。

2. 聚众斗殴罪与故意杀人罪、故意伤害罪的界限。它们区别的根本标志在于犯罪动机。聚众斗殴罪中的杀人、伤害行为，虽然与其他故意杀人、故意伤害行为一样，都侵犯了他人身体健康，但是它有一个显著的特点，即在杀人、伤害行为中，通常表现为为了称王称霸，充英雄好汉而惹是生非，与对方争个高低。所以，凡是为了争霸“势力范围”，或者明确表示要打服对方，而行凶伤人的都是聚众斗殴中的伤人行为。而故意杀人、故意伤害罪中的伤害行为，则往往是对自己或自己一方所认识的人，由于宿仇旧恨而起意伤害对方，在事先具有明确的伤害对象和伤害故意。

本条第2款明文规定：“聚众斗殴，致人重伤、死亡的，依照本法第二百三十四条、第二百三十二条的规定定罪处罚。”这说明在聚众斗殴活动中，一旦造成他人重伤、死亡的，一律按故意伤害罪、故意杀人罪定罪处罚。这是对

---

① 参见2002年10月25日《江苏省高级人民法院、江苏省人民检察院、江苏省公安厅关于办理涉枪涉爆、聚众斗殴案件具体应用法律若干问题的意见》。

② 参见2006年9月5日《上海市高级人民法院、上海市人民检察院、上海市公安局、上海市司法局关于办理聚众斗殴犯罪案件的若干意见》。

③ 参见孙国祥、魏昌东：《试析聚众斗殴罪中的转化犯》，载《法学》2002年第11期。

犯罪的一种转化型规定。这也说明上述的区分是相对的。

3. 聚众斗殴罪与聚众扰乱社会秩序罪的界限。聚众斗殴罪与聚众扰乱社会秩序罪两者在客观方面有相同之处，如犯罪形式都是聚众，但两者存在明显不同。首先，犯罪动机不同。前者大多是为了争霸一方、私仇宿怨和寻求精神刺激等而破坏公共秩序；后者则多是为了实现个人某种不合理的要求，如分房、调工作等而破坏公共秩序。其次，情节要求不同。前者不要求情节严重；后者要求情节严重，必须致使工作、生产、营业和教学、科研、医疗无法进行，造成严重损失，否则不构成犯罪。最后，两者犯罪方法不同。聚众斗殴罪的犯罪方法一般是暴力方法，而聚众扰乱社会秩序罪除了暴力方法外，还可以是非暴力方法。

4. 如何认定本罪的"聚众"。原则上要求双方都是聚众而斗殴。如果一方明知对方只有1人~2人，而聚众伤害对方的，不以聚众斗殴罪论。这时如果造成伤亡的，由于目标明确，对于参与者原则上均可以故意伤害罪或故意杀人罪论。但是如果双方主观上都有聚众意图，客观上也实施了聚众行为，而由于客观因素（如纠集的人未及时赶到等）造成一方人数实际上未达3人，而双方都实施了斗殴行为的，则符合聚众要求的一方构成聚众斗殴罪，致人重伤、死亡的，应转化为故意伤害罪、故意杀人罪；没有聚众意图的一方不构成犯罪，造成对方轻伤以上后果的，构成故意伤害罪。如果行为人主观上没有聚众意图，即自认为单枪匹马或1人~2人即可应付的，双方发生互殴后，如未造成轻伤以上后果，则双方均不构成犯罪，可予以治安处罚，如造成轻伤以上后果，则应对加害方认定为故意伤害罪。聚众斗殴罪可以由单方构成，如甲方原认为乙方人数超过3人，出于报复他人、争霸一方等不法动机而纠集3人或3人以上与乙方进行斗殴，乙方人数即使不满3人，对甲方亦可以聚众斗殴罪认定。如果甲方明知乙方只有1人~2人，而聚众伤害乙方的，不以聚众斗殴罪论。

5. 聚众斗殴转化犯的认定。聚众斗殴不同于共同故意伤害（杀人），后者有明确的犯罪对象，共同犯罪人的行为都指向共同的犯罪对象，因此，原则上都应对全部后果负责；而除了首要分子外，聚众斗殴者针对各自不同的对象进行斗殴，与自己一方中别人打斗对象的伤亡后果并没有直接因果关系，只对单独或共同伤害自己打斗对象的行为负责。如果斗殴前一方明确以重伤或致人死亡为目的的，一般对于该方全部参与者以故意伤害罪或故意杀人罪论。聚众斗殴的首要分子事前预谋实施斗殴，并对斗殴过程中可能致人重伤或者死亡有概括性故意，或者在斗殴过程中，明知本方人员的行为有可能致人重伤或者死亡，仍持默认、不加制止等放任态度，则不论其是否直接实施伤害或者杀人的行为，都应对造成重伤或者死亡的结果承担刑事责任。聚众斗殴的积极参加者对斗殴过程中可能发生致人重伤或者死亡的后果均有概括性认识，又相互配合，共同加害同一对象致人重伤或者死亡的，即使能够查清造成伤亡后果的直接责任人，仍应认定为故意伤害或故意杀人的共同犯罪。对没有致他人重伤、死亡故意的积极参加者，按聚众斗殴罪定罪处罚。聚众斗殴中明确的直接责任人，应以故意伤害罪或者故意杀人罪定罪处罚。在聚众斗殴中，各行为人共同加害同一对象，致该人重伤或者死亡，但难以查清致人重伤或者死亡的直接责任人的，根据共同犯罪理论，所有参与共同加害的行为人均应按照故意伤害罪或者故意杀人罪追究刑事责任。但在裁量刑罚时，应根据各加害人参与聚众斗殴的程度、作用等情节，酌情适用刑罚。聚众斗殴中，伤及无辜，致人轻伤的，以聚众斗殴罪论处；致无辜群众重伤、死亡的，以故意伤害罪或故意杀人罪酌情从重处罚。在聚众斗殴过程中，行为人的加害强度明显超出了共同故意的范围并造成他人死亡后果的，其他加害人只对预谋实施的聚众斗殴罪承担刑事责任，一般可仅对造成他人伤亡后果的一方的主犯，酌情从重处罚。实行过限的情况通常表现为两种：（1）共同实行犯明显超出了组织、策划、指挥者的故意范围。（2）在共同实行斗殴行为中，某人的加害强度明显超出共同犯罪的故意范围和犯罪目的。

第二百九十三条　寻衅滋事罪

【法律规定】

• 法律条文 •

《中华人民共和国刑法》

第二百九十三条　有下列寻衅滋事行为之一，破坏社会秩序的，处五年以下有期徒刑、拘役或者管制：

（一）随意殴打他人，情节恶劣的；

（二）追逐、拦截、辱骂、恐吓他人，情节恶劣的；

（三）强拿硬要或者任意损毁、占用公私财物，情节严重的；

（四）在公共场所起哄闹事，造成公共场所秩序严重混乱的。

纠集他人多次实施前款行为，严重破坏社会秩序的，处五年以上十年以下有期徒刑，可以并处罚金。

• 相关规定 •

《最高人民法院关于审理抢劫、抢夺刑事案件适用法律若干问题的意见》（法发〔2005〕8号）

九、关于抢劫罪与相似犯罪的界限

4. 抢劫罪与寻衅滋事罪的界限

寻衅滋事罪是严重扰乱社会秩序的犯罪，行为人实施寻衅滋事的行为时，客观上也可能表现为强拿硬要公私财物的特征。这种强拿硬要的行为与抢劫罪的区别在于：前者行为人主观上还具有逞强好胜和通过强拿硬要来填补其精神空虚等目的，后者行为人一般只具有非法占有他人财物的目的；前者行为人客观上一般不以严重侵犯他人人身权利的方法强拿硬要财物，而后者行为人则以暴力、胁迫等方式作为劫取他人财物的手段。司法实践中，对于未成年人使用或威胁使用轻微暴力强抢少量财物的行为，一般不宜以抢劫罪定罪处罚。其行为符合寻衅滋事罪特征的，可以寻衅滋事罪定罪处罚。

《最高人民法院、最高人民检察院关于办理利用信息网络实施诽谤等刑事案件适用法律若干问题的解释》（法释〔2013〕21号）

第五条 利用信息网络辱骂、恐吓他人，情节恶劣，破坏社会秩序的，依照刑法第二百九十三条第一款第（二）项的规定，以寻衅滋事罪定罪处罚。

编造虚假信息，或者明知是编造的虚假信息，在信息网络上散布，或者组织、指使人员在信息网络上散布，起哄闹事，造成公共秩序严重混乱的，依照刑法第二百九十三条第一款第（四）项的规定，以寻衅滋事罪定罪处罚。

第八条 明知他人利用信息网络实施诽谤、寻衅滋事、敲诈勒索、非法经营等犯罪，为其提供资金、场所、技术支持等帮助的，以共同犯罪论处。

第九条 利用信息网络实施诽谤、寻衅滋事、敲诈勒索、非法经营犯罪，同时又构成刑法第二百二十一条规定的损害商业信誉、商品声誉罪，第二百七十八条规定的煽动暴力抗拒法律实施罪，第二百九十一条之一规定的编造、故意传播虚假恐怖信息罪等犯罪的，依照处罚较重的规定定罪处罚。

第十条 本解释所称信息网络，包括以计算机、电视机、固定电话机、移动电话机等电子设备为终端的计算机互联网、广播电视网、固定通信网、移动通信网等信息网络，以及向公众开放的局域网络。

《最高人民法院、最高人民检察院关于办理寻衅滋事刑事案件适用法律若干问题的解释》（法释〔2013〕18号）

第一条 行为人为寻求刺激、发泄情绪、逞强耍横等，无事生非，实施刑法第二百九十三条规定的行为的，应当认定为“寻衅滋事”。

行为人因日常生活中的偶发矛盾纠纷，借故生非，实施刑法第二百九十三条规定的行为的，应当认定为“寻衅滋事”，但矛盾系由被害人故意引发或者被害人对矛盾激化负有主要责任的除外。

行为人因婚恋、家庭、邻里、债务等纠纷，实施殴打、辱骂、恐吓他人或者损毁、占用他人财物等行为的，一般不认定为“寻衅滋事”，但经有关部门批评制止或者处理处罚后，继续实施前列行为，破坏社会秩序的除外。

第二条 随意殴打他人，破坏社会秩序，具有下列情形之一的，应当认定为刑法第二百九十三条第一款第一项规定的“情节恶劣”：

（一）致一人以上轻伤或者二人以上轻微伤的；

（二）引起他人精神失常、自杀等严重后果的；

（三）多次随意殴打他人的；

（四）持凶器随意殴打他人的；

（五）随意殴打精神病人、残疾人、流浪乞讨人员、老年人、孕妇、未成年人，造成恶劣社会影响的；

（六）在公共场所随意殴打他人，造成公共场所秩序严重混乱的；

（七）其他情节恶劣的情形。

第三条 追逐、拦截、辱骂、恐吓他人，破坏社会秩序，具有下列情形之一的，应当认定为刑法第二百九十三条第一款第二项规定的“情节恶劣”：

（一）多次追逐、拦截、辱骂、恐吓他人，造成恶劣社会影响的；

（二）持凶器追逐、拦截、辱骂、恐吓他人的；

（三）追逐、拦截、辱骂、恐吓精神病人、残疾人、流浪乞讨人员、老年人、孕妇、未成年人，造成恶劣社会影响的；

（四）引起他人精神失常、自杀等严重后果的；

（五）严重影响他人的工作、生活、生产、经营的；

（六）其他情节恶劣的情形。

第四条 强拿硬要或者任意损毁、占用公私财物，破坏社会秩序，具有下列情形之一的，应当认定为刑法第二百九十三条第一款第三项规定的“情节严重”：

（一）强拿硬要公私财物价值一千元以上，或者任意损毁、占用公私财物价值二千元以上的；

（二）多次强拿硬要或者任意损毁、占用公私财物，造成恶劣社会影响的；

（三）强拿硬要或者任意损毁、占用精神病人、残疾人、流浪乞讨人员、老年人、孕妇、未成年人的财物，造成恶劣社会影响的；

（四）引起他人精神失常、自杀等严重后果的；

（五）严重影响他人的工作、生活、生产、经营的；

（六）其他情节严重的情形。

第五条 在车站、码头、机场、医院、商场、公园、影剧院、展览会、运动场或者其他公共场所起哄闹事，应当根据公共场所的性质、公共活动的重要程度、公共场所的人数、起哄闹事的时间、公共场所受影响的范围与程度等因素，综合判断是否“造成公共场所秩序严重混乱”。

第六条 纠集他人三次以上实施寻衅滋事犯罪，未经处理的，应当依照刑法第二百九十三条第二款的规定处罚。

第七条 实施寻衅滋事行为，同时符合寻衅滋事罪和故意杀人罪、故意伤害罪、故意毁坏财物罪、敲诈勒索罪、抢夺罪、抢劫罪等罪的构成要件的，依照处罚较重的犯罪定罪处罚。

第八条 行为人认罪、悔罪，积极赔偿被害人损失或者取得被害人谅解的，可以从轻处罚；犯罪情节轻微的，可以不起诉或者免予刑事处罚。

《最高人民法院、最高人民检察院、公安部、司法部关于办理黑恶势力犯罪案件若干问题的指导意见》（法发〔2018〕1号）

四、依法惩处利用“软暴力”实施的犯罪

17. 黑恶势力为谋取不法利益或形成非法影响，有组织地采用滋扰、纠缠、哄闹、聚众造势等手段侵犯人身权利、财产权利，破坏经济秩序、社会秩序，构成犯罪的，应当分别依照《刑法》相关规定处理：

（1）有组织地采用滋扰、纠缠、哄闹、聚众造势等手段扰乱正常的工作、生活秩序，使他人产生心理恐惧或者形成心理强制，分别属于《刑法》第二百九十三条第一款第（二）项规定的“恐吓”、《刑法》第二百二十六规定的“威胁”，同时符合其他犯罪构成条件的，应分别以寻衅滋事罪、强迫交易罪定罪处罚。

《关于办理寻衅滋事刑事案件适用法律若干问题的解释》第二条至第四条中的“多次”一般应当理解为二年内实施寻衅滋事行为三次以上。二年内多次实施不同种类寻衅滋事行为的，应当追究刑事责任。

（2）以非法占有为目的强行索取公私财物，有组织地采用滋扰、纠缠、哄闹、聚众造势等手段扰乱正常的工作、生活秩序，同时符合《刑法》第二百七十四条规定的其他犯罪构成条件的，应当以敲诈勒索罪定罪处罚。同时由多人实施或者以统一着装、显露纹身、特殊标识以及其他明示或者暗示方式，足以使对方感知相关行为的有组织性的，应当认定为《关于办理敲诈勒索刑事案件适用法律若干问题的解释》第二条第（五）项规定的“以黑恶势力名义敲诈勒索”。

采用上述手段，同时又构成其他犯罪的，应当依法按照处罚较重的规定定罪处罚。

雇佣、指使他人有组织地采用上述手段强迫交易、敲诈勒索，构成强迫交易罪、敲诈勒索罪的，对雇佣者、指使者，一般应当以共同犯罪中的主犯论处。为强索不受法律保护的债务或者因其他非法目的，雇佣、指使他人有组织地采用上述手段寻衅滋事，构成寻衅滋事罪的，对雇佣者、指使者，一般应当以共同犯罪中的主犯论处；为追讨合法债务或者因婚恋、家庭、邻里纠纷等民间矛盾而雇佣、指使，没有造成严重后果的，一般不作为犯罪处理，但经有关部门批评制止或者处理处罚后仍继续实施的除外。

《最高人民法院、最高人民检察院、公安部、司法部关于办理实施“软暴力”的刑事案件若干问题的意见》

一、“软暴力”是指行为人为谋取不法利益或形成非法影响，对他人或者在有关场所进行滋扰、纠缠、哄闹、聚众造势等，足以使他人产生恐惧、恐慌进而形成心理强制，或者足以影响、限制人身自由、危及人身财产安全，影响正常生活、工作、生产、经营的违法犯罪手段。

二、“软暴力”违法犯罪手段通常的表现形式有：

（一）侵犯人身权利、民主权利、财产权利的手段，包括但不限于跟踪贴靠、扬言传播疾病、揭发隐私、恶意举报、诬告陷害、破坏、霸占财物等；

（二）扰乱正常生活、工作、生产、经营秩序的手段，包括但不限于非法侵入他人住宅、破坏生活设施、设置生活障碍、贴报喷字、拉挂横幅、燃放鞭炮、播放哀乐、摆放花圈、泼洒污物、断水断电、堵门阻工，以及通过驱赶从业人员、派驻人员据守等方式直接或间接地控制厂房、办公区、经营场所等；

（三）扰乱社会秩序的手段，包括但不限于摆场架势示威、聚众哄闹滋扰、拦路闹事等；

（四）其他符合本意见第一条规定的“软暴力”手段。

通过信息网络或者通讯工具实施，符合本意见第一条规定的违法犯罪手段，应当认定为“软暴力”。

三、行为人实施“软暴力”，具有下列情形之一，可以认定为足以使他人产生恐惧、恐慌进而形成心理强制或者足以影响、限制人身自由、危及人身财产安全或者影响正常生活、工作、生产、经营：

（一）黑恶势力实施的；

（二）以黑恶势力名义实施的；

（三）曾因组织、领导、参加黑社会性质组织、恶势力犯罪集团、恶势力以及因强迫交易、非法拘禁、敲诈勒索、聚众斗殴、寻衅滋事等犯罪受过刑事处罚后又实施的；

（四）携带凶器实施的；

（五）有组织地实施的或者足以使他人认为暴力、威胁具有现实可能性的；

（六）其他足以使他人产生恐惧、恐慌进而形成心理强制或者足以影响、限制人身自由、危及人身财产安全或者影响正常生活、工作、生产、经营的情形。

由多人实施的，编造或明示暴力违法犯罪经历进行恐吓的，或者以自报组织、头目名号、统一着装、显露纹身、特殊标识以及其他明示、暗示方式，足以使他人感知相关行为的有组织性的，应当认定为“以黑恶势力名义实施”。

由多人实施的，只要有部分行为人符合本条第一款第（一）项至第（四）项所列情形的，该项即成立。

虽然具体实施“软暴力”的行为人不符合本条第一款第（一）项、第（三）项所列情形，但雇佣者、指使者或者纠集者符合的，该项成立。

五、采用“软暴力”手段，使他人产生心理恐惧或者形成心理强制，分别属于《刑法》第二百二十六条规定的“威胁”、《刑法》第二百九十三条第一款第（二）项规定的“恐吓”，同时符合其他犯罪构成要件的，应当分别以强迫交易罪、寻衅滋事罪定罪处罚。

《关于办理寻衅滋事刑事案件适用法律若干问题的解释》第二条至第四条中的“多次”一般应当理解为二年内实施寻衅滋事行为三次以上。三次以上寻衅滋事行为既包括同一类别的行为，也包括不同类别的行为；既包括未受行政处罚的行为，也包括已受行政处罚的行为。

《最高人民法院、最高人民检察院关于办理妨害预防、控制突发传染病疫情等灾害的刑事案件具体应用法律若干问题的解释》（法释〔2003〕8号）

第十一条 在预防、控制突发传染病疫情等灾害期间，强拿硬要或者任意损毁、占用公私财物情节严重，或者在公共场所起哄闹事，造成公共场所秩序严重混乱的，依照刑法第二百九十三条的规定，以寻衅滋事罪定罪，依法从重处罚。

《最高人民检察院、公安部关于公安机关管辖的刑事案件立案追诉标准的规定（一）》（公通字〔2008〕36号）

第三十七条 ［寻衅滋事案（刑法第二百九十三条）］寻衅滋事，破坏社会秩序，涉嫌下列情形之一的，应予立案追诉：

（一）随意殴打他人造成他人身体伤害、持械随意殴打他人或者具有其他恶劣情节的；

（二）追逐、拦截、辱骂他人，严重影响他人正常工作、生产、生活，或者造成他人精神失常、自杀或者具有其他恶劣情节的；

（三）强拿硬要或者任意损毁、占用公私财物价值二千元以上，强拿硬要或者任意损毁、占用公私财物三次以上或者具有其他严重情节的；

（四）在公共场所起哄闹事，造成公共场所秩序严重混乱的。

【案例】

王某某寻衅滋事案①

• 案件事实 •

王某某伙同他人在上海市浦东新区某舞厅门口，因琐事与被害人吕某某、

① 参见上海市浦东新区人民法院（2012）浦刑初字第2101号。

吕某、左某某等人发生争执并互殴。期间，王某某为泄愤，遂手持破碎的啤酒瓶肆意殴打被害人，造成吕某某后背部多处皮肤裂创（累计 60cm 以上）、双眼钝挫伤。经法医学鉴定，吕某某的伤势已构成轻伤。2012 年 3 月 13 日，王某某自动至公安机关投案，并如实供述了基本事实。

• 裁判要旨 •

行为人因日常生活中的偶发矛盾纠纷，借故生非，肆意殴打他人致人轻伤的，同时符合寻衅滋事罪和故意伤害罪构成要件的，依照处罚较重的犯罪定罪处罚。难以确定处罚轻重关系的，基于严重扰乱公共场所的社会秩序等因素，应当以寻衅滋事罪论处。

• 裁判理由 •

上海市浦东新区人民法院经依法审理后认为：被告人王某某伙同他人持械随意殴打公民，情节恶劣，其行为已构成寻衅滋事罪，公诉机关的指控成立，予以支持。被告人王某某有自首情节，当庭自愿认罪，结合其在亲友帮助下对被害人做出了经济赔偿，取得被害人谅解，对其依法从轻处罚。依照《刑法》第 293 条第 1 款第 1 项、第 67 条第 1 款之规定，判决如下：被告人王某某犯寻衅滋事罪，判处有期徒刑八个月。

【学理分析及适用指引】

• 学理分析 •

寻衅滋事罪，是指在公共场所无事生非、起哄闹事、殴打伤害无辜、肆意挑衅、横行霸道、毁坏财物、破坏公共秩序，情节严重的行为。本罪的构成要件如下：

1. 本罪的客体。本罪侵犯的客体是公共秩序。所谓公共秩序包括公共场所秩序和生活中人们应当遵守的共同准则。寻衅滋事犯罪多发生在公共场所（也有一些发生在偏僻隐蔽的地方），常常给公民的人身、人格或公私财产造成损害，但是寻衅滋事罪一般侵犯的并不是特定的人身或公私财产，而主要是指向公共秩序，向整个社会挑战，蔑视社会道德和法制。

2. 本罪的客观方面。本条将寻衅滋事罪的客观行为方式具体规定为：

（1）随意殴打他人，情节恶劣。随意殴打他人，是指出于耍威风、取乐等不健康动机，无故、无理殴打相识或者素不相识的人。此处的“情节恶劣”，是指随意殴打他人手段残忍的；多次随意殴打他人的；造成被殴打人自杀等严重后果的；等等。

（2）追逐、拦截、辱骂、恐吓他人，情节恶劣。追逐、拦截、辱骂、恐吓他人，是指出于取乐、寻求精神刺激等不健康动机，无故无理追赶、拦挡、侮辱、谩骂他人，多表现为追逐、拦截、辱骂妇女。此处的“情节恶劣”，主要是指经常性追逐、拦截、辱骂、恐吓他人；造成恶劣影响或者激起民愤；造成其他后果；等等。需要指出的是，如果行为人使用暴力、胁迫或者其他方法强制猥亵或者侮辱妇女的，则构成强制猥亵、侮辱罪。

（3）强拿硬要或者任意损毁、占用公私财物，情节严重。强拿硬要或者任意损毁、占用公私财物，是指以蛮不讲理的方式，强行索要市场、商店的商品以及他人的财物，或者随心所欲损坏、毁灭、占用公私财物。此处的“情节严重”，是指强拿硬要或者任意损毁、占用的公私财物数量大；造成恶劣影响；多次强拿硬要或者任意损毁、占用公私财物；造成公私财物受到严重损失；等等。

（4）在公共场所起哄闹事，造成公共场所秩序严重混乱。在公共场所起哄闹事，是指出于取乐、寻求精神刺激等不健康动机，在公共场所无事生非，制造事端，扰乱公共场所秩序。造成公共场所秩序严重混乱，是指公共场所正常的秩序受到破坏，引起群众惊慌、逃离等严重混乱局面。

行为人只要有上述四种情形中的任意一种，就构成寻衅滋事罪。但在审判实践中，行为人往往既强拿硬要，又随意殴打他人，或者先追逐、拦截、辱骂他人，后任意损毁、占用公私财物。行为人为满足其寻求精神刺激、开心取乐的流氓动机一般会实施多个行为，但只以本罪一罪认定。

3. 本罪的主体。本罪的主体为一般主体，凡年满 16 周岁且具备刑事责任能力的自然人均能构成本罪。

4. 本罪的主观方面。本罪在主观上只能由故意构成，即公然藐视国家法纪和社会公德。其动机是通过寻衅滋事活动，追求精神刺激，填补精神上的空虚。

• 适用指引 •

司法实践中，认定本罪应注意：

1. 本罪与非罪的区分。根据本条的规定，寻衅滋事，必须是行为情节恶劣、情节严重或者造成公共场所秩序严重混乱的，才构成犯罪。对于情节轻微、危害不大的寻衅滋事行为，只能以一般违法行为论处。我们认为，判断行为人的行为是否属于情节严重，应该综合以下几个方面因素进行分析：

（1）行为的方式和手段。行为的方式和手段对危害结果的大小具有决定性作用，对社会心理的伤害程度也有很大影响。因此，在认定情节是否严重时，应该考察行为人是否使用了暴力、威胁等手段，是否采用了公开或者组织的方式等。

（2）行为的直接危害结果和间接不良后果。直接危害结果是指行为直接对社会造成损害。间接不良后果是指行为对社会造成的不良影响或间接引起的损害。行为人是否造成被害人自杀，是否引起公私财产重大损失，是否造成公共场所秩序严重混乱等，是认定情节严重与否的重要因素。

（3）行为的时间和地点。同一行为在不同的时间、不同的地点实施，所造成的社会影响是不同的。白天在公共场所的滋事活动当然要比晚上在荒郊野外的危害性大。

（4）行为人的一贯表现。行为人的一贯表现表明了行为人主观恶性的大小，决定着行为人接受改造的难易程度。是否多次寻衅滋事、屡教不改，也是认定情节严重与否的一个重要方面。

2. 本罪与聚众扰乱社会秩序罪，聚众扰乱公共场所秩序、交通秩序罪的界限。四者都是破坏公共秩序的犯罪，但存在明显区别：

（1）犯罪动机不同。寻衅滋事罪是为了满足耍威风、取乐等不正常的精神刺激或其他不健康的心理需要；后三者的犯罪动机是为了实现个人的某种不合理要求，用聚众闹事的形式，扰乱机关、团体、单位的正常秩序，或者扰乱公共场所秩序或交通秩序，对有关单位、机关、团体乃至政府施加压力。

（2）犯罪形式不同。寻衅滋事罪不要求聚众，后三者必须是多人以聚众形式出现。

（3）客观方面不同。寻衅滋事罪在客观方面表现为随意殴打他人，情节恶劣的行为，或者追逐、拦截、辱骂他人，情节恶劣的行为，或者强拿硬要或者任意毁损、占用公私财物，情节严重的行为，或者在公共场所起哄闹事，造成公共场所秩序严重混乱的行为；后三者在客观方面表现为聚众扰乱社会秩序或者扰乱公共场所秩序、交通秩序，情节严重的行为，其中聚众扰乱公共场所秩序、交通秩序罪还需具有抗拒、阻碍国家治安管理工作人员依法执行职务的行为。

（4）犯罪主体不同。寻衅滋事罪的所有参与者都要以本罪追究刑事责任；而聚众扰乱社会秩序罪只追究首要分子和积极参加者的刑事责任，聚众扰乱公共场所秩序、交通秩序罪只追究首要分子的刑事责任。

3. 本罪与敲诈勒索罪的界限。两者的区别在于：寻衅滋事行为人勒索的动机是为了满足精神上的刺激，故意炫耀，因此，犯罪往往是当面地、直截了当地进行，敲诈勒索行为人索取财物是主要目的，往往采取隐秘的方法，持着不愿让人觉察的态度。

4. 本罪与抢劫罪的界限。

（1）主观特征上不同。寻衅滋事罪是以满足耍威风等不正常的精神刺激或其他不健康的心理需要为动因，以破坏社会秩序为目的；抢劫罪是以非法占有公私财物为目的，犯罪动机多种多样。

（2）客观上不同。寻衅滋事罪表现为强拿硬要或者任意损毁、占用公私财物，情节严重的行为；抢劫罪表现为以暴力、胁迫或者其他方法抢劫公私财物的行为。

（3）客体上不同。寻衅滋事罪侵犯的客体是社会公共秩序；抢劫罪侵犯的客体不仅是公私财物的所有权，同时也侵犯了被害人的人身权利。

5. 关于本罪情节恶劣、情节严重的认定。情节恶劣或者情节严重是认定寻衅滋事罪的必要条件。结合相关司法实践和实务经验，不同类型的寻衅滋事行为，认定情节恶劣（情节严重）侧重点有所不同，具体可总结归纳如下：

（1）殴打他人：①随意持械殴打他人；②随意殴打他人手段残忍；③随意殴打他人造成1人以上轻伤或2人以上轻微伤的；④随意殴打多人、多次或者以未成年人为殴打对象或者以打人取乐引起公愤的；⑤随意殴打他人，引起被害人自杀等严重后果的；⑥多次向他人抛投石块、污物，引起公愤的；⑦随意殴打他人屡教不改的；⑧其他恶劣情节。

（2）追逐、拦截、辱骂、恐吓他人：①多次追逐、拦截、辱骂、恐吓他人的；②拦截他人造成一定范围的群众人心不安，影响工作、生活、教学秩序的；③当众辱骂他人并产生恶劣影响的；④使用机动车辆追逐、拦截他人，情节严重的；⑤因追逐、拦截、辱骂、恐吓他人造成被害人自杀等严重后果的；⑥追逐、拦截、辱骂、恐吓他人屡教不改的；⑦造成恶劣影响或者激起民愤的；⑧其他恶劣情节。

（3）强拿硬要或者任意损毁、占用公私财物：①强拿硬要他人财物或者任意损毁、占用一定价值的公私财物的；②在城乡市场强拿硬要他人财物，扰乱正常经营秩序，引起公愤，造成恶劣影响的；③多次以恐吓、威胁、要挟手段“调解”或者受人雇佣插手民间纠纷，造成严重后果的；④主动或受他人雇佣，使用暴力或者多次以暴力等手段相威胁讨债的；⑤多次在营业场所消费，无正当理由拒不付款，情节恶劣的；⑥多人结伙多次强拿硬要他人财物或者多人结伙多次任意损毁、占用公私财物的；⑦因任意损毁、占用公私财物，致使停工、停产，造成损失较大的；⑧强拿硬要他人财物，以未成年人或学生为主要侵害对象，情节恶劣的；⑨强拿硬要他人财物屡教不改的；⑩强行收取各种形式的保护费；⑪其他严重情节。

（4）在公共场所起哄闹事，造成公共场所秩序严重混乱：①在公共场所横冲直撞，制造事端或故意制造危险信号引起人群惊恐、逃离等或者严重影响生产、经营活动的；②故意制造障碍导致交通严重堵塞的；③多人结伙窜入街、巷、居民住宅区，高速驾驶机动车互相追逐，或者以其他方法故意制造噪声扰民，造成人心不安、引起公愤的；④因起哄闹事，造成他人伤亡或者公私财物遭受重大损失的；⑤其他造成公共场所秩序严重混乱的情形。

6. 关于《刑法修正案（八）》对寻衅滋事罪的修正与适用。从当前社会治安情况来看，寻衅滋事可以说是实践中最为常见、多发的扰乱公共秩序的犯罪行为之一，也是黑恶势力犯罪团伙最为主要的行为表现。《刑法修正案（八）》根据司法实践的需要，完善了寻衅滋事罪的罪刑结构：一是扩充了寻衅滋事罪的客观表现，将“恐吓”的手段纳入其中。实践中，恐吓行为常体现所谓的软暴力（如聚众造势摆场等），即以要挟的话语或手段威胁、吓唬他人。其手段多种多样，既可通过语言文字也可通过行为动作，既可明示也可暗示，既可公开进行也可私下进行；其内容既可针对被害人人身也可针对其财产、声誉等。无论具体手段、内容如何，只要足以致使被害人产生心理恐惧、恐慌，就属于恐吓，若其情节恶劣的，就可对该恐吓行为以寻衅滋事罪论处。二是在原有条文的基础上增加了第 2 款，通过提高法定刑幅度及配置罚金刑，加大了对纠集他人多次实施寻衅滋事行为的犯罪分子的惩治力度，这对防控一般犯罪团伙向黑恶势力转化升级具有重要的现实意义。

第二百九十三条之一　催收非法债务罪

【法律规定】

• 法律条文 •

第二百九十三条之一　有下列情形之一，催收高利放贷等产生的非法债务，情节严重的，处三年以下有期徒刑、拘役或者管制，并处或者单处罚金：

（一）使用暴力、胁迫方法的；

（二）限制他人人身自由或者侵入他人住宅的；

（三）恐吓、跟踪、骚扰他人的。

【案例】

陈伯乐、熊学伟催收非法债务案①

• 案件事实 •

2021 年 1 月至 2 月，被告人陈伯乐在安徽省滁州市的一些赌场内放高利贷，被害人王某因赌博缺少赌资，从陈伯乐处借高利贷本息共计 11 万余元，后无力偿还。2021 年 3 月 14 日 15 时许，陈伯乐在滁州市 × ×酒店附近遇到一直欠钱未还的王某，因王某无力还钱，陈伯乐电话喊来被告人熊学伟，熊学伟开车带两人来到滁州市琅琊区 × ×浴场，两人看着王某不让其离开，并让王某

① 参见安徽省滁州市琅琊区人民法院（2021）皖 1102 刑初 139 号。

打电话找人借钱。熊学伟于当晚19时许先行离开，陈伯乐一人看着王某不让其离开，次日17时许，陈伯乐因要回家换衣服，遂打电话让熊学伟帮忙来××浴场继续看着王某，不让其离开，熊学伟接到电话后立即赶到××浴场，陈伯乐在熊学伟到来后离开，熊学伟一人看着王某至陈伯乐到来再次离开。陈伯乐继续看着王某不让其离开，并让王某继续打电话找人借钱，之后，熊学伟又来到××浴场，帮助陈伯乐一起向王某要钱。3月16日21时许，因陈伯乐殴打了王某，王某才报警。

被告人陈伯乐、熊学伟到案后如实供述了主要犯罪事实。安徽省滁州市琅琊区人民检察院以琅检刑诉〔2021〕81号起诉书指控被告人陈伯乐、熊学伟犯催收非法债务罪，于2021年7月19日向安徽省滁州市琅琊区人民法院提起公诉。

• 裁判要旨 •

采用限制他人人身自由的方式催要非法债务，应当以催收非法债务罪追究其刑事责任。

• 裁判理由 •

安徽省滁州市琅琊区人民法院审理后认为，被告人陈伯乐、熊学伟明知王某所欠的是非法债务，而采用限制他人人身自由的方式催要，应当以催收非法债务罪追究其刑事责任。公诉机关指控被告人陈伯乐、熊学伟犯催收非法债务罪罪名成立。被告人陈伯乐在共同犯罪中起主要作用，系主犯；被告人熊学伟在共同犯罪中起次要作用，系从犯，应当从轻处罚。被告人陈伯乐曾因故意犯罪被判处有期徒刑，在刑罚执行完毕以后，在五年以内故意再犯应当判处有期徒刑以上刑罚之罪，是累犯，应当从重处罚。被告人陈伯乐、熊学伟认罪认罚，可以从宽处理。依照《刑法》第293条之一、第25条第1款、第26条第1款、第27条、第65条第1款、第67条第3款及《刑事诉讼法》第15条、第201条之规定，判决如下：一、被告人陈伯乐犯催收非法债务罪，判处有期徒刑一年，并处罚金人民币6000元；二、被告人熊学伟犯催收非法债务罪，判处有期徒刑六个月，并处罚金人民币3000元。

【学理分析及适用指引】

• 学理分析 •

催收非法债务罪，是指使用暴力、胁迫等非法手段催收高利放贷等产生的非法债务，情节严重的行为。本罪是《刑法修正案（十一）》新增设的罪名，是在总结扫黑除恶专项斗争实践经验基础上，为进一步规范民间借贷活动，保护人民群众合法权益而进行的及时立法完善。本罪的构成要件如下：

1. 本罪的客体。催收非法债务罪侵犯的客体是复杂客体，既严重扰乱了社会公共秩序，采取的暴力、胁迫等非法手段行为又侵犯了他人的人身权利、财产权利等。

2. 本罪的客观方面。催收非法债务罪的客观方面表现为使用暴力、胁迫、限制人身自由等非法手段催收高利放贷等产生的非法债务，情节严重的。根据《刑法》规定，本罪在客观方面的“非法手段”具体有三种情形：一是使用暴力、胁迫方法的。“暴力”是指以殴打、伤害他人身体的方法，使被害人不能抗拒。“胁迫”是指对被害人施加威胁、胁迫等精神上的强制，迫使被害人就范，不敢抗拒。二是限制他人人身自由或者侵入他人住宅的。“限制他人人身自由”是指行为人非法索债的过程中使用捆绑、关押、扣留等手段强制剥夺、限制被害人人身自由；“侵入他人住宅”是指非法强行闯入他人住宅或者虽经主人同意进入住宅但要求其退出而仍拒不退出的行为。三是恐吓、跟踪、骚扰他人的，如司法实践中常见的“软暴力”行为。关于“非法债务”，《民法典》第680条1款规定，“禁止高利放贷，借款的利率不得违反国家有关规定”，所以对于违反国家规定的借贷利率，实施高利放贷产生的债务，就属于法律意义上的“非法债务”。除此之外，诸多赌债、毒债等违法犯罪行为产生的债务，均应属于法律意义上的“非法债务”。根据本条规定，为催收高利贷等产生的非法债务而使用暴力、威胁、限制他人人身自由或者侵入他人住宅、恐吓、跟踪、骚扰他人的，必须情节严重的，才构成本罪。

3. 本罪的主体。催收非法债务罪的犯罪主体为一般主体，凡年满16周岁且具备刑事责任能力的自然人均能构成本罪。

4. 本罪的主观方面。催收非法债务罪的主观方面为故意，即明知是高利放贷、赌债等产生的非法债务，仍然采取非法手段催收。本罪不要求行为出于非法占有的目的，如所谓的“职业讨债人”，主要是通过非法讨债而获得报酬，而非非法占有债务。

• 适用指引 •

1. 罪与非罪的认定。本罪规定行为人催收的是“高利放贷等产生的非法债务”。也就是说，非法债务主要是指高利贷的利息，本金不是非法债务，属于自然债务。实践中，有的债务是受害人通过签订虚假的借款协议“自愿”对财产性利益予以让与、抵押、交付、承兑的，在形式上构成意思自治的合法行为；有的借助诉讼、仲裁、公证等手段确认“债务”，伪装成有法律背书、认可的债务；有的通过“保证金”“中介费”“服务费”“违约金”等名目扣除或者收取额外费用，作为被害人自愿或者协议交付等。这些行为基本上是以所谓的合法形式掩盖非法目的，其实质仍源于“放高利贷”非法行为，在性质上应认定为由高利贷等产生的“非法债务”。催收放高利贷等产生的非法债务只有“情节严重”才能构成本罪，对于具有一定社会危害性，但情节不严重的，不构成本罪。

2. 本罪的犯罪竞合关系。在催收高利放贷产生的债务过程中，如果使用暴力、威胁、非法侵入住宅等手段催收的本息在大致“合理”的范围，行为人可能成立本罪。但是，索要的财物明显超过高利贷本金及利息，行为人完全是借机无端索要他人财物的，该催收行为视其手段的不同可能成立敲诈勒索罪或抢劫罪。如果所讨债务完全合法，只是提出了不合理的赔偿条件，不宜定敲诈勒索罪。在他人发放高利贷行为实施之时，即答应催收且事后实施相应行为的，构成非法经营罪的共犯。但是，在他人发放高利贷的当时并无通谋，事后接受任务进行催收的，无从构成非法经营罪的共犯，只能以本罪论处。

第二百九十四条　组织、领导、参加黑社会性质组织罪；入境发展黑社会组织罪；包庇、纵容黑社会性质组织罪

【法律规定】

• 法律条文 •

《中华人民共和国刑法》

第二百九十四条　组织、领导黑社会性质的组织的，处七年以上有期徒刑，并处没收财产；积极参加的，处三年以上七年以下有期徒刑，可以并处罚金或者没收财产；其他参加的，处三年以下有期徒刑、拘役、管制或者剥夺政治权利，可以并处罚金。

境外的黑社会组织的人员到中华人民共和国境内发展组织成员的，处三年以上十年以下有期徒刑。

国家机关工作人员包庇黑社会性质的组织，或者纵容黑社会性质的组织进行违法犯罪活动的，处五年以下有期徒刑；情节严重的，处五年以上有期徒刑。

犯前三款罪又有其他犯罪行为的，依照数罪并罚的规定处罚。

黑社会性质的组织应当同时具备以下特征：

（一）形成较稳定的犯罪组织，人数较多，有明确的组织者、领导者，骨干成员基本固定；

（二）有组织地通过违法犯罪活动或者其他手段获取经济利益，具有一定的经济实力，以支持该组织的活动；

（三）以暴力、威胁或者其他手段，有组织地多次进行违法犯罪活动，为

非作恶，欺压、残害群众；

（四）通过实施违法犯罪活动，或者利用国家工作人员的包庇或者纵容，称霸一方，在一定区域或者行业内，形成非法控制或者重大影响，严重破坏经济、社会生活秩序。

• 相关规定 •

《最高人民法院关于审理黑社会性质组织犯罪的案件具体应用法律若干问题的解释》（法释〔2000〕42号）

第一条① 刑法第二百九十四条规定的“黑社会性质的组织”，一般应具备以下特征：

（一）组织结构比较紧密，人数较多，有比较明确的组织者、领导者，骨干成员基本固定，有较为严格的组织纪律；

（二）通过违法犯罪活动或者其他手段获取经济利益，具有一定的经济实力；

（三）通过贿赂、威胁等手段，引诱、逼迫国家工作人员参加黑社会性质组织活动，或者为其提供非法保护；

（四）在一定区域或者行业范围内，以暴力、威胁、滋扰等手段，大肆进行敲诈勒索、欺行霸市、聚众斗殴、寻衅滋事、故意伤害等违法犯罪活动，严重破坏经济、社会生活秩序。

第二条 刑法第二百九十四条第二款规定的“发展组织成员”，是指将境内、外人员吸收为该黑社会组织成员的行为。对黑社会组织成员进行内部调整等行为，可视为“发展组织成员”。

港、澳、台黑社会组织到内地发展组织成员的，适用刑法第二百九十四条第二款的规定定罪处罚。

第三条 组织、领导、参加黑社会性质的组织又有其他犯罪行为的，根据刑法第二百九十四条第三款的规定［刑法修正案（八）调整为第四款］依照数罪并罚的规定处罚；对于黑社会性质组织的组织者、领导者，应当按照其所组织、领导的黑社会性质组织所犯的全部罪行处罚；对于黑社会性质组织的参加者，应当按照其所参与的犯罪处罚。

对于参加黑社会性质的组织，没有实施其他违法犯罪活动的，或者受蒙蔽、胁迫参加黑社会性质的组织，情节轻微的，可以不作为犯罪处理。

第四条 国家机关工作人员组织、领导、参加黑社会性质组织的，从重处罚。

---

① 需要说明的是，该条与《刑法修正案（八）》修改的第294条内容部分不符，已经部分无效。

第五条 刑法第二百九十四条第四款①规定的“包庇”，是指国家机关工作人员为使黑社会性质组织及其成员逃避查禁，而通风报信，隐匿、毁灭、伪造证据，阻止他人作证、检举揭发，指使他人作伪证，帮助逃匿，或者阻挠其他国家机关工作人员依法查禁等行为。

刑法第二百九十四条第四款规定的“纵容”，是指国家机关工作人员不依法履行职责，放纵黑社会性质组织进行违法犯罪活动的行为。

第六条 国家机关工作人员包庇、纵容黑社会性质的组织，有下列情形之一的，属于刑法第二百九十四条第四款规定的“情节严重”：

（一）包庇、纵容黑社会性质组织跨境实施违法犯罪活动的；

（二）包庇、纵容境外黑社会组织在境内实施违法犯罪活动的；

（三）多次实施包庇、纵容行为的；

（四）致使某一区域或者行业的经济、社会生活秩序遭受黑社会性质组织特别严重破坏的；

（五）致使黑社会性质组织的组织者、领导者逃匿，或者致使对黑社会性质组织的查禁工作严重受阻的；

（六）具有其他严重情节的。

第七条 对黑社会性质组织和组织、领导、参加黑社会性质组织的犯罪分子聚敛的财物及其收益，以及用于犯罪的工具等，应当依法追缴、没收。

《最高人民法院、最高人民检察院、公安部、司法部关于办理黑恶势力犯罪案件若干问题的指导意见》（法发〔2018〕1号）

二、依法认定和惩处黑社会性质组织犯罪

3. 黑社会性质组织应同时具备《刑法》第二百九十四条第五款中规定的“组织特征”“经济特征”“行为特征”和“危害性特征”。由于实践中许多黑社会性质组织并非这“四个特征”都很明显，在具体认定时，应根据立法本意，认真审查、分析黑社会性质组织“四个特征”相互间的内在联系，准确评价涉案犯罪组织所造成的社会危害，做到不枉不纵。

4. 发起、创建黑社会性质组织，或者对黑社会性质组织进行合并、分立、重组的行为，应当认定为“组织黑社会性质组织”；实际对整个组织的发展、运行、活动进行决策、指挥、协调、管理的行为，应当认定为“领导黑社会性质组织”。黑社会性质组织的组织者、领导者，既包括通过一定形式产生的有明确职务、称谓的组织者、领导者，也包括在黑社会性质组织中被公认的事实上的组织者、领导者。

5. 知道或者应当知道是以实施违法犯罪为基本活动内容的组织，仍加入并接受其领导和管理的行为，应当认定为“参加黑社会性质组织”。没有加入黑

① 《刑法修正案（八）》调整为第3款。

社会性质组织的意愿，受雇到黑社会性质组织开办的公司、企业、社团工作，未参与黑社会性质组织违法犯罪活动的，不应认定为“参加黑社会性质组织”。

参加黑社会性质组织并具有以下情形之一的，一般应当认定为“积极参加黑社会性质组织”：多次积极参与黑社会性质组织的违法犯罪活动，或者积极参与较严重的黑社会性质组织的犯罪活动且作用突出，以及其他在组织中起重要作用的情形，如具体主管黑社会性质组织的财务、人员管理等事项。

6. 组织形成后，在一定时期内持续存在，应当认定为“形成较稳定的犯罪组织”。

黑社会性质组织一般在短时间内难以形成，而且成员人数较多，但鉴于“恶势力”团伙和犯罪集团向黑社会性质组织发展是个渐进的过程，没有明显的性质转变的节点，故对黑社会性质组织存在时间、成员人数问题不宜作出“一刀切”的规定。

黑社会性质组织未举行成立仪式或者进行类似活动的，成立时间可以按照足以反映其初步形成非法影响的标志性事件的发生时间认定。没有明显标志性事件的，可以按照本意见中关于黑社会性质组织违法犯罪活动认定范围的规定，将组织者、领导者与其他组织成员首次共同实施该组织犯罪活动的时间认定为该组织的形成时间。该组织者、领导者因未到案或者因死亡等法定情形未被起诉的，不影响认定。

黑社会性质组织成员既包括已有充分证据证明但尚未归案的组织成员，也包括虽有参加黑社会性质组织的行为但因尚未达到刑事责任年龄或因其他法定情形而未被起诉，或者根据具体情节不作为犯罪处理的组织成员。

7. 在组织的形成、发展过程中通过以下方式获取经济利益的，应当认定为“有组织地通过违法犯罪活动或者其他手段获取经济利益”：

（1）有组织地通过违法犯罪活动或其他不正当手段聚敛；

（2）有组织地以投资、控股、参股、合伙等方式通过合法的生产、经营活动获取；

（3）由组织成员提供或通过其他单位、组织、个人资助取得。

8. 通过上述方式获得一定数量的经济利益，应当认定为“具有一定的经济实力”，同时也包括调动一定规模的经济资源用以支持该组织活动的能力。通过上述方式获取的经济利益，即使是由部分组织成员个人掌控，也应计入黑社会性质组织的“经济实力”。组织成员主动将个人或者家庭资产中的一部分用于支持该组织活动，其个人或者家庭资产可全部计入“一定的经济实力”，但数额明显较小或者仅提供动产、不动产使用权的除外。

由于不同地区的经济发展水平、不同行业的利润空间均存在很大差异，加之黑社会性质组织存在、发展的时间也各有不同，在办案时不能一般性地要求黑社会性质组织所具有的经济实力必须达到特定规模或特定数额。

9. 黑社会性质组织实施的违法犯罪活动包括非暴力性的违法犯罪活动，但暴力或以暴力相威胁始终是黑社会性质组织实施违法犯罪活动的基本手段，并随时可能付诸实施。暴力、威胁色彩虽不明显，但实际是以组织的势力、影响和犯罪能力为依托，以暴力、威胁的现实可能性为基础，足以使他人产生恐惧、恐慌进而形成心理强制或者足以影响、限制人身自由、危及人身财产安全或者影响正常生产、工作、生活的手段，属于《刑法》第二百九十四条第五款第（三）项中的“其他手段”，包括但不限于所谓的“谈判”“协商”“调解”以及滋扰、纠缠、哄闹、聚众造势等手段。

10. 为确立、维护、扩大组织的势力、影响、利益或者按照纪律规约、组织惯例多次实施违法犯罪活动，侵犯不特定多人的人身权利、民主权利、财产权利，破坏经济秩序、社会秩序，应当认定为“有组织地多次进行违法犯罪活动，为非作恶，欺压、残害群众”。

符合以下情形之一的，应当认定为是黑社会性质组织实施的违法犯罪活动：

（1）为该组织争夺势力范围打击竞争对手、形成强势地位、谋取经济利益、树立非法权威、扩大非法影响、寻求非法保护、增强犯罪能力等实施的；

（2）按照该组织的纪律规约、组织惯例实施的；

（3）组织者、领导者直接组织、策划、指挥、参与实施的；

（4）由组织成员以组织名义实施，并得到组织者、领导者认可或者默许的；

（5）多名组织成员为逞强争霸、插手纠纷、报复他人、替人行凶、非法敛财而共同实施，并得到组织者、领导者认可或者默许的；

（6）其他应当认定为黑社会性质组织实施的。

11. 鉴于黑社会性质组织非法控制和影响的“一定区域”的大小具有相对性，不能简单地要求“一定区域”必须达到某一特定的空间范围，而应当根据具体案情，并结合黑社会性质组织对经济、社会生活秩序的危害程度加以综合分析判断。

通过实施违法犯罪活动，或者利用国家工作人员的包庇或者不依法履行职责，放纵黑社会性质组织进行违法犯罪活动的行为，称霸一方，并具有以下情形之一的，可认定为“在一定区域或者行业内，形成非法控制或者重大影响，严重破坏经济、社会生活秩序”：

（1）致使在一定区域内生活或者在一定行业内从事生产、经营的多名群众，合法利益遭受犯罪或严重违法活动侵害后，不敢通过正当途径举报、控告的；

（2）对一定行业的生产、经营形成垄断，或者对涉及一定行业的准入、经营、竞争等经济活动形成重要影响的；

（3）插手民间纠纷、经济纠纷，在相关区域或者行业内造成严重影响的；

（4）干扰、破坏他人正常生产、经营、生活，并在相关区域或者行业内造成严重影响的；

（5）干扰、破坏公司、企业、事业单位及社会团体的正常生产、经营、工作秩序，在相关区域、行业内造成严重影响，或者致使其不能正常生产、经营、工作的；

（6）多次干扰、破坏党和国家机关、行业管理部门以及村委会、居委会等基层群众自治组织的工作秩序，或者致使上述单位、组织的职能不能正常行使的；

（7）利用组织的势力、影响，帮助组织成员或他人获取政治地位，或者在党政机关、基层群众自治组织中担任一定职务的；

（8）其他形成非法控制或者重大影响，严重破坏经济、社会生活秩序的情形。

12. 对于组织者、领导者和因犯参加黑社会性质组织罪被判处五年以上有期徒刑的积极参加者，可以根据《刑法》第五十六条第一款的规定适用附加剥夺政治权利。对于符合《刑法》第三十七条之一规定的组织成员，应当依法禁止其从事相关职业。符合《刑法》第六十六条规定的组织成员，应当认定为累犯，依法从重处罚。

对于因有组织的暴力性犯罪被判处死刑缓期执行的黑社会性质组织犯罪分子，可以根据《刑法》第五十条第二款的规定同时决定对其限制减刑。对于因有组织的暴力性犯罪被判处十年以上有期徒刑、无期徒刑的黑社会性质组织犯罪分子，应当根据《刑法》第八十一条第二款规定，不得假释。

13. 对于组织者、领导者一般应当并处没收个人全部财产。对于确属骨干成员或者为该组织转移、隐匿资产的积极参加者，可以并处没收个人全部财产。对于其他组织成员，应当根据所参与实施违法犯罪活动的次数、性质、地位、作用、违法所得数额以及造成损失的数额等情节，依法决定财产刑的适用。

《最高人民法院、最高人民检察院、公安部、司法部关于办理实施“软暴力”的刑事案件若干问题的意见》

一、“软暴力”是指行为人为谋取不法利益或形成非法影响，对他人或者在有关场所进行滋扰、纠缠、哄闹、聚众造势等，足以使他人产生恐惧、恐慌进而形成心理强制，或者足以影响、限制人身自由、危及人身财产安全，影响正常生活、工作、生产、经营的违法犯罪手段。

二、“软暴力”违法犯罪手段通常的表现形式有：

（一）侵犯人身权利、民主权利、财产权利的手段，包括但不限于跟踪贴靠、扬言传播疾病、揭发隐私、恶意举报、诬告陷害、破坏、霸占财物等；

（二）扰乱正常生活、工作、生产、经营秩序的手段，包括但不限于非法侵入他人住宅、破坏生活设施、设置生活障碍、贴报喷字、拉挂横幅、燃放鞭炮、播放哀乐、摆放花圈、泼洒污物、断水断电、堵门阻工，以及通过驱赶从业人员、派驻人员据守等方式直接或间接地控制厂房、办公区、经营场所等；

（三）扰乱社会秩序的手段，包括但不限于摆场架势示威、聚众哄闹滋扰、拦路闹事等；

（四）其他符合本意见第一条规定的“软暴力”手段。

通过信息网络或者通讯工具实施，符合本意见第一条规定的违法犯罪手段，应当认定为“软暴力”。

三、行为人实施“软暴力”，具有下列情形之一，可以认定为足以使他人产生恐惧、恐慌进而形成心理强制或者足以影响、限制人身自由、危及人身财产安全或者影响正常生活、工作、生产、经营：

（一）黑恶势力实施的；

（二）以黑恶势力名义实施的；

（三）曾因组织、领导、参加黑社会性质组织、恶势力犯罪集团、恶势力以及因强迫交易、非法拘禁、敲诈勒索、聚众斗殴、寻衅滋事等犯罪受过刑事处罚后又实施的；

（四）携带凶器实施的；

（五）有组织地实施的或者足以使他人认为暴力、威胁具有现实可能性的；

（六）其他足以使他人产生恐惧、恐慌进而形成心理强制或者足以影响、限制人身自由、危及人身财产安全或者影响正常生活、工作、生产、经营的情形。

由多人实施的，编造或明示暴力违法犯罪经历进行恐吓的，或者以自报组织、头目名号、统一着装、显露纹身、特殊标识以及其他明示、暗示方式，足以使他人感知相关行为的有组织性的，应当认定为“以黑恶势力名义实施”。

由多人实施的，只要有部分行为人符合本条第一款第（一）项至第（四）项所列情形的，该项即成立。

虽然具体实施“软暴力”的行为人不符合本条第一款第（一）项、第（三）项所列情形，但雇佣者、指使者或者纠集者符合的，该项成立。

四、“软暴力”手段属于《刑法》第二百九十四条第五款第（三）项“黑社会性质组织行为特征”以及《指导意见》第14条“恶势力”概念中的“其他手段”。

《最高人民法院、最高人民检察院、公安部、司法部关于办理黑恶势力刑事案件中财产处置若干问题的意见》

1. 公安机关、人民检察院、人民法院在办理黑恶势力犯罪案件时，在查明黑恶势力组织违法犯罪事实并对黑恶势力成员依法定罪量刑的同时，要全面调查黑恶势力组织及其成员的财产状况，依法对涉案财产采取查询、查封、扣押、冻结等措施，并根据查明的情况，依法作出处理。

前款所称处理既包括对涉案财产中犯罪分子违法所得、违禁品、供犯罪所用的本人财物以及其他等值财产等依法追缴、没收，也包括对被害人的合法财产等依法返还。

2. 对涉案财产采取措施，应当严格依照法定条件和程序进行。严禁在立案之前查封、扣押、冻结财物。凡查封、扣押、冻结的财物，都应当及时进行审查，防止因程序违法、工作瑕疵等影响案件审理以及涉案财产处置。

3. 对涉案财产采取措施，应当为犯罪嫌疑人、被告人及其所扶养的亲属保留必需的生活费用和物品。

根据案件具体情况，在保证诉讼活动正常进行的同时，可以允许有关人员继续合理使用有关涉案财产，并采取必要的保值保管措施，以减少案件办理对正常办公和合法生产经营的影响。

4. 要彻底摧毁黑社会性质组织的经济基础，防止其死灰复燃。对于组织者、领导者一般应当并处没收个人全部财产。对于确属骨干成员或者为该组织转移、隐匿资产的积极参加者，可以并处没收个人全部财产。对于其他组织成员，应当根据所参与实施违法犯罪活动的次数、性质、地位、作用、违法所得数额以及造成损失的数额等情节，依法决定财产刑的适用。

15. 涉案财产符合下列情形之一的，应当依法追缴、没收：

（1）黑恶势力组织及其成员通过违法犯罪活动或者其他不正当手段聚敛的财产及其孳息、收益；

（2）黑恶势力组织成员通过个人实施违法犯罪活动聚敛的财产及其孳息、收益；

（3）其他单位、组织、个人为支持该黑恶势力组织活动资助或者主动提供的财产；

（4）黑恶势力组织及其成员通过合法的生产、经营活动获取的财产或者组织成员个人、家庭合法财产中，实际用于支持该组织活动的部分；

（5）黑恶势力组织成员非法持有的违禁品以及供犯罪所用的本人财物；

（6）其他单位、组织、个人利用黑恶势力组织及其成员违法犯罪活动获取的财产及其孳息、收益；

（7）其他应当追缴、没收的财产。

16. 应当追缴、没收的财产已用于清偿债务或者转让、或者设置其他权利负担，具有下列情形之一的，应当依法追缴：

（1）第三人明知是违法犯罪所得而接受的；

（2）第三人无偿或者以明显低于市场的价格取得涉案财物的；

（3）第三人通过非法债务清偿或者违法犯罪活动取得涉案财物的；

（4）第三人通过其他方式恶意取得涉案财物的。

17. 涉案财产符合下列情形之一的，应当依法返还：

（1）有证据证明确属被害人合法财产；

（2）有证据证明确与黑恶势力及其违法犯罪活动无关。

19. 有证据证明依法应当追缴、没收的涉案财产无法找到、被他人善意取得、价值灭失或者与其他合法财产混合且不可分割的，可以追缴、没收其他等值财产。

对于证明前款各种情形的证据，公安机关或者人民检察院应当及时调取。

20. 本意见第 19 条所称“财产无法找到”，是指有证据证明存在依法应当追缴、没收的财产，但无法查证财产去向、下落的。被告人有不同意见的，应当出示相关证据。

21. 追缴、没收的其他等值财产的数额，应当与无法直接追缴、没收的具体财产的数额相对应。

【案例】

邓群、黄锦辉、陈佩谦、苏良带、梁建国、麦志雄、汤少廷、钟德军入境发展黑社会组织案①

• 案件事实 •

2000 年 4 月初，香港黑社会组织“新义安”的“426 级”成员邓群、黄锦辉接受该组织的指令，为该组织的低职级成员即“49 级”的梁建国、麦志雄、汤少廷、钟德军以及在逃的关俊明、黄社敬等 6 人举行升职仪式（该组织称之为“扎职”）。经二人商定，为了躲避香港警方的打击，于 4 月 14 日下午在黄锦辉深圳的暂住处举行仪式。黄锦辉将升职人员的名单、联系电话及保荐人姓名都写在一张纸条上并在香港将该纸条交给了邓群。邓群按上诉人黄锦辉所给纸条记载的联系人及联系电话号码分别通知了接受升职的梁建国、麦志雄、汤少廷、钟德军及在逃的关俊明、黄社敬和陈佩谦（“426 级”）、梁建国的保荐人，并携带了“扎职”用的“金花”“红绸带”等道具由香港先行到深圳。

4 月 14 日晚 7 时许，上述 7 名被告人，经电话联络先后到达邓群预先安排好的聚会地点，深圳市福田区福星街南菲苑酒楼“上林苑”房。其中钟德军到达后，又电话告知正在深圳的该黑社会组织老资格“49 级”人员苏良带，称其要升职并举行仪式，并叫苏到该酒楼“上林苑”房，苏同意。

之后，邓群、黄锦辉将陈佩谦、梁建国、麦志雄、汤少廷、钟德军及关俊明、黄社敬分两批先后带至福祥街福中楼 413 房举行仪式。仪式由邓群主持，黄锦辉、陈佩谦协助、见证。之后，6 名升职人员亲笔写下自己的名字，并向

---

① 参见广东省高级人民法院（2000）粤高法刑经终字第 302 号。

黄锦辉、邓群献上6个装有港币的红包。

仪式结束后，关俊明、黄社敬先行离去，邓群、黄锦辉、陈佩谦、梁建国、麦志雄、汤少廷、钟德军返回南菲苑酒楼“上林苑”房，此时苏良带已在该房等候。邓群、黄锦辉告知苏良带已举行仪式的事宜。吃饭时，邓群、黄锦辉、苏良带对升职的梁建国等4人进行了训示。当8人饭后准备离开时，被公安人员抓获，人赃并获。

• 裁判要旨 •

境外黑社会组织为逃避法律打击，无视内地法律，入内地举行黑社会升职仪式，进行黑社会组织成员内部调整活动，依法构成入境发展黑社会组织罪。

• 裁判理由 •

广东省深圳市中级人民法院经审理认为：邓辉等8名被告人无视国法，作为香港黑社会组织成员，潜入内地秘密实施组织内部的升职活动，其行为均构成入境发展黑社会组织罪。依照《刑法》第294条第2款、第64条的规定，以入境发展黑社会组织罪分别判处被告人邓群有期徒刑八年、黄锦辉有期徒刑八年、陈佩谦有期徒刑七年、苏良带有期徒刑七年、梁建国有期徒刑五年、麦志雄有期徒刑五年、汤少廷有期徒刑五年、钟德军有期徒刑五年；查获的作案工具“金花”6朵、“红绸带”12条、红色塑料胶棍1根等道具，依法没收，由公安机关销毁；扣押的作案工具手提电话8部、传呼机3部及赃款港币15600元依法没收，上缴国库。

邓辉等八名被告人不服，提出上诉。

广东省高级人民法院经审理认为：按照香港有关法律，足以确认“新义安”是香港三合会组织即黑社会组织。8名上诉人入内地进行黑社会组织成员的升职仪式行为，是一种组织内部调整行为。根据2000年12月5日《最高人民法院关于审理黑社会性质组织犯罪的案件具体应用法律若干问题的解释》的规定，此行为属于发展黑社会组织成员的行为。邓群等8名上诉人无视内地法律，为躲避香港法律打击，从香港进入内地举行黑社会升职仪式，进行黑社会组织成员内部调整活动，其行为均已构成入境发展黑社会组织罪，应依法予以处罚。根据《刑事诉讼法》第189条第2项和《刑法》第294条第2款、第64条之规定，经审判委员会讨论决定，判决如下：一、驳回上诉；维持深圳市中级人民法院（2000）深中法刑二初字第164号刑事判决第一项对各上诉人的定罪部分和对上诉人邓群、黄锦辉、陈佩谦、梁建国、麦志雄、汤少廷、钟德军的量刑部分及第二项。二、撤销深圳市中级人民法院（2000）深中法刑二初字第164号刑事判决第一项中对上诉人苏良带的量刑部分。三、上诉人苏良带犯入境发展黑社会组织罪，判处有期徒刑四年。

【学理分析及适用指引】

● 学理分析 ●

1. 组织、领导、参加黑社会性质组织罪的构成。组织、领导、参加黑社会性质组织罪，是指组织、领导或者参加以暴力、威胁或者其他手段，有组织地进行违法犯罪活动，称霸一方，为非作恶，欺压、残害群众，严重破坏经济、社会生活秩序的黑社会性质的组织的行为。本罪的构成要件如下：

（1）本罪的客体。本罪侵犯的客体是经济、社会生活秩序。

（2）本罪的客观方面。本罪在客观方面表现为组织、领导黑社会性质组织和参加黑社会性质组织的行为。根据修正后的第 294 条之规定，黑社会性质的组织有以下特征：

①形成较稳定的犯罪组织，人数较多，有明确的组织者、领导者，骨干成员基本固定。这是黑社会性质组织的组织结构特征，可以从三个方面理解：一是具有稳定性，即黑社会性质组织不是一个松散的临时纠合体，而是一个较长时期有组织地从事违法犯罪活动的稳定的犯罪组织。二是人数较多，黑社会性质组织的成员多在 10 人以上，有的多达几十人甚至上百人。因此，“人数较多”，一般掌握在 10 人以上。三是有明确的组织者、领导者，骨干成员基本固定。组织者、领导者，通常是指组织、领导、策划、指挥黑社会性质组织犯罪活动的人，他们不一定直接参与实施具体的犯罪活动；骨干成员，通常是指既从组织者、领导者那里领受任务，又指挥和积极参与实施具体犯罪活动的人。从组织形式上看，黑社会性质组织具有犯罪集团的一般特征。

②有组织地通过违法犯罪活动或者其他手段获取经济利益，具有一定的经济实力，以支持该组织的活动。这是黑社会性质组织的经济实力特征。黑社会性质组织尽管违法犯罪活动范围较广，但以追求经济利益为其基本目标，因此具有一定甚至相当的经济实力。他们有稳定的经济来源，或者是通过组织提供非法货物（如毒品）、服务（如卖淫）牟取暴利；或者从事掠夺性犯罪，如抢劫、敲诈勒索、收取保护费等；或者通过违法犯罪的非法所得向具有潜在利润的合法商业领域渗透，如开办餐饮、娱乐、建筑、运输、服务业及工厂、公司等企业。当然，认定黑社会性质组织经济实力特征，并不要求黑社会性质组织的全部经费都要来源于有组织地通过违法犯罪活动或者其他手段获取的经济利益，也不要求经济实力需达到某一固定的数额标准，只要将其获得的经济利益用以支持该组织的活动，就可认定这一特征。

③以暴力、威胁或者其他手段，有组织地多次进行违法犯罪活动，为非作恶，欺压、残害群众。这是黑社会性质组织的行为特征。黑社会性质组织违法犯罪活动具有暴力性、多样性的特征，即以暴力或者暴力威胁为后盾，有组织

地多次进行违法犯罪活动，如敲诈勒索、欺行霸市、聚众斗殴、寻衅滋事、故意伤害、故意杀人等。违法犯罪活动的暴力性、多样性，表明黑社会性质组织在犯罪规模、手段以及社会危害等方面比普通犯罪集团更为严重、恶劣。

④通过实施违法犯罪活动，或者利用国家工作人员的包庇或者纵容，称霸一方，在一定区域或者行业内，形成非法控制或者重大影响，严重破坏经济、社会生活秩序。这是黑社会性质组织的非法控制特征。黑社会性质组织与普通刑事犯罪集团的一个主要区别，就是黑社会性质的组织往往在一定区域，如某村、乡、市等，或者在一定行业诸如建筑业、运输业等范围内，形成了非法控制或者重大影响。非法控制，是指将某一定区域或者行业处于非法操纵、左右、支配之下；重大影响，是指具有相当程度的左右、决定的作用。我国是中国共产党领导下的人民民主专政的国家，在通常情况下，犯罪分子要在一定的区域或者行业内形成非法控制或者重大影响，如果没有国家机关工作人员的包庇或者纵容是难以实现的。因此，黑社会性质组织往往通过贿赂、威胁等手段引诱、逼迫国家工作人员参加黑社会性质组织活动，或者为其提供非法保护，或者直接向国家机关安插成员，建立保护伞。但是，也不能排除有的尚未取得国家机关工作人员的包庇、纵容，由于地方基层组织软弱涣散，对违法犯罪活动不敢管，犯罪分子便通过多次有组织地实施违法犯罪活动，在一定的区域或者行业内形成称霸一方、非法控制的局面。

以上四个特征，必须同时具备，才能认定为“黑社会性质的组织”，缺一不可。本罪的客观行为表现为组织、领导黑社会性质组织和参加黑社会性质组织。发起、创建黑社会性质组织，或者对黑社会性质组织进行合并、分立、重组的行为，应当认定为“组织黑社会性质组织”；实际对整个组织的发展、运行、活动进行决策、指挥、协调、管理的行为，应当认定为“领导黑社会性质组织”；知道或者应当知道是以实施违法犯罪为基本活动内容的组织，仍加入并接受其领导和管理的行为，应当认定为“参加黑社会性质组织”。没有加入黑社会性质组织的意愿，受雇到黑社会性质组织开办的公司、企业、社团工作，未参与黑社会性质组织违法犯罪活动的，不应认定为“参加黑社会性质组织”。

（3）本罪的主体。本罪的主体为一般主体，即黑社会性质组织的组织者、领导者和参加者。

（4）本罪的主观方面。主观方面由直接故意构成。

2. 入境发展黑社会组织罪的构成。入境发展黑社会组织罪，是指境外的黑社会组织的人员到中华人民共和国境内发展组织成员的行为。本罪的构成要件如下：

（1）本罪的客体。本罪的客体是社会治安管理秩序。

（2）本罪的客观方面。本罪在客观方面表现为境外的黑社会组织的人员到我国境内发展组织成员的行为。境外的黑社会组织，是指被境外国家和地区确定为黑社会的组织，既包括外国的黑社会组织，也包括香港、澳门、台湾地区的黑社会组织；到中华人民共和国境内发展组织成员，是指境外的黑社会组织通过引诱、拉拢、腐蚀、强迫、威胁、暴力、贿赂等手段，在我国境内，将境内、外人员吸收为该黑社会组织成员的行为。对黑社会组织成员进行内部调整等行为，也可视为发展组织成员。

（3）本罪的主体。犯罪主体为特殊主体，即只能是境外的黑社会组织的人员。至于该人员是境外黑社会组织的组织、领导者还是一般参与者，是境外居民还是境内居民，不影响本罪的成立。

（4）本罪的主观方面。本罪在主观方面由故意构成。即行为人为了发展、壮大自己所在的黑社会组织而通过各种手段发展组织成员。

3. 包庇、纵容黑社会性质组织罪的构成。包庇、纵容黑社会性质组织罪，是指国家机关工作人员包庇黑社会性质组织或者纵容黑社会性质的组织进行犯罪活动的行为。本罪的构成要件如下：

（1）本罪的客体。本罪侵犯的客体是司法机关同黑社会犯罪作斗争的正常活动。

（2）本罪的客观方面。本罪在客观方面表现为包庇黑社会性质的组织，或者纵容黑社会性质的组织进行违法犯罪活动的行为。包庇，是指国家机关工作人员为使黑社会性质组织及其成员逃避查禁，而通风报信，隐匿、毁灭、伪造证据，阻止他人作证、检举揭发，指使他人作伪证，帮助逃匿，或者阻挠其他国家机关工作人员依法查禁等行为。纵容，是指国家机关工作人员不依法履行职责，放纵黑社会性质组织进行违法犯罪活动的行为，即主观上是明知而放纵、纵容，听之任之，放任不管，不予制止，不加查处。

（3）本罪的主体。本罪的主体是国家机关工作人员，即在国家各级党政机关、权力机关、司法机关和军事机关中依法从事公务的人员。

（4）本罪的主观方面。主观方面由故意构成，即行为人明知是黑社会性质的组织，明知其进行违法犯罪活动而予以包庇、纵容。过失不构成本罪。

国家机关工作人员向黑社会性质组织的犯罪分子通风报信、提供便利、帮助犯罪分子逃避处罚的，同时构成包庇、纵容黑社会性质组织罪和帮助犯罪分子逃避处罚罪，但两罪之间有法条竞合的关系，应按特别法优于普通法的原则，以包庇、纵容黑社会性质组织罪论处。国家机关工作人员在庇护黑社会性质的犯罪组织的同时，逐渐发展成为该组织的成员，成为该犯罪组织在国家机关内部的卧底人员的，构成参加黑社会性质组织罪，应与包庇、纵容黑社会性质组织罪数罪并罚。

• 适用指引 •

司法实践中，认定本条规定的罪名应注意：

1. 组织、领导、参加黑社会性质组织罪。

（1）黑社会性质组织与普通犯罪集团的界限。

①目的性不同。普通犯罪集团的目的比较单纯，一般是为了追求经济利益，没有控制、影响社会的政治化倾向；而黑社会性质组织企图通过控制、影响社会某一区域、某一行业来实现其目的，从而具有欲与国家、政府依法调控的社会分庭抗礼的倾向。

②手段方式不同。普通犯罪集团一般是实行一类犯罪，或以一种或数种犯罪为重点，较为单一、固定；而黑社会性质组织，为实现其攫取经济利益和控制、影响一定区域、行业的意图，实施的违法犯罪活动如走私、贩毒、强迫交易等，极为广泛。

③有无实力相对固定的势力范围。黑社会性质组织一般通过控制、影响一定区域、一定行业，即建立一定的势力范围来进行违法犯罪活动攫取利益；而普通犯罪集团则不具有这一特征，其犯罪一般具有隐蔽性、流动性。

（2）黑社会性质组织与犯罪单位的界限。在司法实践中，一些黑社会性质组织常常以单位的名义进行各种违法犯罪活动。但两者具有明显的区别：

①非法性质不同。犯罪单位在设立时应当有合法性，即必依法经过批准，具有正常的目的，以依法进行活动为其存在的基础，如果为了进行违法犯罪活动而设立公司、企业等单位，或者单位设立后以实施犯罪为主要活动，其所实施的犯罪，就不应以单位犯罪论；而黑社会性质组织一成立就具有非法性，其目的是进行违法犯罪，从而不可能成为单位犯罪的主体，即不能以犯罪单位论。

②犯罪主体不同。犯罪单位进行单位犯罪需以单位名义进行，构成该单位犯罪的主体乃为整个单位，具有主体的整体性、单一性；而黑社会性质组织则是较多的人员为了共同实施犯罪而组成的具有法定特征的犯罪组织，具有分散性、复合性。

③实施的犯罪范围不同。黑社会性质组织实施犯罪乃为自然人共同实施犯罪，因此从理论上来说，其可以进行除了只有单位犯罪才能构成的犯罪之外的其他可由自然人实施的所有犯罪，犯罪范围极为广泛；而犯罪单位则只能构成《刑法》分则明文规定可以由单位进行的犯罪。《刑法》规定只有自然人才能构成的，单位就不能成立其罪。

（3）关于本罪的定罪处罚。在具体案件的定罪处罚中，要根据黑社会性质组织成员在共同犯罪中所处的不同地位和作用，正确定罪处罚。黑社会性质组织的组织者、领导者，应当对黑社会性质组织所犯的全部罪行承担刑事责任。但是，应当注意的是，有些黑社会性质组织有明确的层次，其组织者、领导者也有不同的等级，不同等级的组织者、领导者应当对其所组织、领导的黑社会性质组织所犯的全部罪行承担刑事责任。对于参加黑社会性质组织的，无论是积极参加者，还是其他参加者，都应当根据罪责自负原则，按照其所参与的犯罪处罚。但是，黑社会性质组织参加者的情况往往也比较复杂。实践中，有的黑社会性质组织涉及面广，参加者人数众多，甚至上百人。这些参加者中，有的仅仅履行了参加黑社会性质组织的手续，但没有实施其他违法犯罪活动；有的受蒙骗、胁迫参加黑社会性质的组织，虽有轻微的不良行为或者违法活动，但危害不大。对于这些情节显著轻微、危害不大的参加者，根据《刑法》第 13 条的规定，可以不认为是犯罪，因而不作为犯罪处理。

2. 入境发展黑社会组织罪。本罪的认定中，应注意划清一罪与数罪的界限。行为人只要具有入境发展黑社会组织成员的行为，就构成本罪。如果发展组织成员后，又实施了其他犯罪活动的，则应当依照本条第 3 款的规定，实行数罪并罚。

3. 包庇、纵容黑社会性质组织罪。

（1）本罪系行为犯，如果行为人实施完毕包庇、纵容黑社会性质组织行为的，原则上构成本罪且为既遂。但是，根据案件具体情况，如果包庇、纵容行为情节显著轻微、危害不大的，如行为人指使他人作伪证，他人未作伪证而未遂，且自首或立功的；帮助黑社会性质组织一般成员逃匿后即帮助抓获归案，认真悔改的等，可不以犯罪论处。

（2）本罪与玩忽职守罪的界限。

①主观方面不同。本罪在主观方面必须出于故意；后罪则出于过失。

②行为方式不同。本罪的行为方式表现为不依法履行或不正确履行职责，放纵黑社会性质组织进行违法犯罪活动的行为；后罪则表现为一切严重不负责任，不履行或不正确履行职务的玩忽职守的行为。

③定罪情节不同。本罪系行为犯，一切实施纵容黑社会性质组织进行的违法犯罪活动的行为，除非情节显著轻微、危害不大，都构成本罪；后罪为结果犯，玩忽职守的行为必须造成公共财产、国家和人民利益重大损失的危害结果方能构成其罪。

④侵犯的客体不同。本罪为复杂客体，既侵犯国家机关的正常管理活动，又侵犯社会正常的治安秩序，且以后者为主；后罪侵犯的客体是国家机关正常的管理活动。

（3）本罪与滥用职权罪的界限。国家机关工作人员利用职务之便采用各种方法包庇黑社会性质组织的，无疑是滥用职权，如果因此造成国家和人民利益遭受损失的，又触犯滥用职权罪，属想象竞合，应当择一重罪定罪处罚。

（4）本罪与窝藏、包庇罪的界限。二者的区别主要是：

①犯罪主体不同。本罪的主体为特殊主体，只有国家机关工作人员才能构成本罪；后罪的主体则为一般主体，年满 16 周岁、具有刑事责任能力的人，不论是否为国家机关工作人员，都可构成其罪。

②客观行为方式不同。本罪包庇行为极为广泛，既包括作假证明包庇黑社

会性质组织及其成员，以及为黑社会性质组织成员提供隐藏处所、财物，帮助其逃匿的包庇、窝藏行为，又包括其他诸如通风报信，隐匿、毁灭、伪造证据，阻止他人作证、检举、揭发，指使他人作伪证，阻挠国家机关工作人员查禁等其他包庇行为；后者则只包括为犯罪分子作假证明包庇及提供隐藏处所、财物，帮助其逃匿的行为，比本罪行为狭窄得多。

③犯罪对象不同。本罪行为包庇的对象为黑社会性质组织，包括其成员；后罪行为的对象则是一切犯罪的人，包括黑社会性质组织的成员。

④犯罪客体不同。本罪所侵犯的主要是国家机关查禁黑社会性质组织的正常秩序；后者所侵犯的则是国家司法机关查禁犯罪分子的正常秩序。国家机关工作人员如果为黑社会性质组织成员提供隐藏处所、财物，帮助其逃匿或者作假证明包庇的，既触犯本罪，又触犯窝藏、包庇罪，属想象竞合，应择一重罪论处。

（5）本罪与伪证罪的界限。国家机关工作人员在刑事诉讼中，如果担任证人、鉴定人、记录人、翻译人而对黑社会性质组织的违法犯罪案件有重要关系的情节，故意作虚假证明、鉴定、记录、翻译，或者隐匿罪证的，既触犯包庇黑社会性质组织罪，又触犯伪证罪，为法条竞合关系，应以本罪定罪处罚。

第二百九十五条　传授犯罪方法罪

【法律规定】

• 法律条文 •

《中华人民共和国刑法》

第二百九十五条　传授犯罪方法的，处五年以下有期徒刑、拘役或者管制；情节严重的，处五年以上十年以下有期徒刑；情节特别严重的，处十年以上有期徒刑或者无期徒刑。

【案例】

曾某某传授犯罪方法案[①]

• 案件事实 •

2003年2月4日上午，被告人曾某某采用手机发短信的方式指使学生纪某

① 参见最高人民法院中国应用法学研究所编：《人民法院案例选》（2004年刑事专辑·总第47辑），人民法院出版社2005年版，第60页。

（聋哑人）将郭某某（聋哑人）诱骗至厦门市集美区。事前在此等候的曾某某向郭某某谎称欲带其到深圳打工，并于当日将郭某某诱骗到深圳市某小区某室交给颜某某。曾某某辞职后，与郭某某、杨某某同住一起，并将杨某某、郭某某的身份证、残疾证等证件扣押，同时让杨某某、郭某某分别写信给各自的家长称其要到上海等地打工。之后，曾某某与颜某某（在逃）让李某木、王某（均另案处理）教授杨某某、郭某某掰、拉皮包扒窃手机、钱包等物并互相掩护的技术，自己在旁观看，并负责做饭。为逼迫杨某某、郭某某学习扒窃技术及到公共场所扒窃，被告人曾某某、李某木对杨某某拳打脚踢、持菜刀威胁，罚杨某某、郭某某两人跪在地上。曾某某还威胁杨某某、郭某某，如果敢跑回家就用刀砍他们的手脚。

2003 年 2 月至 7 月间，李某木、王某带杨某某、郭某某到公共汽车等公共场所进行扒窃。杨某某、郭某某所盗的手机、钱包等财物均上交给李某木等人。同年 4 月 13 日和 18 日，郭某某和杨某某先后因在公共汽车上盗窃被公安机关抓获。后来，曾某某到汕头市收容遣送站将杨某某和郭某某领出并带回深圳继续扒窃。另外，同年 7 月初，曾某某窜到四川省以找工作为名，将杨某（17 岁，聋哑人）、余某某（19 岁，聋哑人）、周某（21 岁，聋哑人）、李某（22 岁，聋哑人）四人骗到深圳，欲让其四人去扒窃。

2003 年 7 月 5 日，杨某某偷跑到街上写字条托电话主人打电话告知家人，其家人闻讯后即报警，公安机关于同年 7 月 12 日抓获曾某某，解救出郭某某和杨某、余某某、周某、李某。

• 裁判要旨 •

传授犯罪方法罪与教唆犯罪的主要界限。

• 裁判理由 •

福建省厦门市同安区人民法院经审理认为：被告人曾某某伙同颜某某、李某木、王某传授他人盗窃的犯罪方法，主观上有传授犯罪方法的故意，客观上实施了传授犯罪方法的行为，其行为已构成传授犯罪方法罪，且系共同犯罪。被告人曾某某系又聋又哑的人，依法可以从轻处罚。依照《刑法》第 295 条、第 25 条、第 19 条之规定，判决如下：被告人曾某某犯传授犯罪方法罪，判处有期徒刑三年。①

① 值得说明的是，依照现行《刑法》第 262 条之二的规定，本案被告人的行为可能还构成组织未成年人进行违反治安管理活动罪，应当并罚。

【学理分析及适用指引】

• 学理分析 •

1. 传授犯罪方法罪的构成。传授犯罪方法罪，是指用语言、文字、动作或者其他方法，将实施犯罪的具体做法、经验传授给他人的行为。本罪的构成要件是：本罪侵犯的客体是社会管理秩序。客观方面表现为传授犯罪方法的行为。犯罪主体为一般主体。在实践中，多为具有犯罪经验和技能的人，尤其是惯犯、累犯，包括在押的罪犯。主观方面由故意构成，过失不构成本罪。

2. 对传授犯罪方法罪客观方面的理解。行为人构成本罪，所传授的必须是犯罪方法。此处的犯罪方法，是指犯罪的经验与技能，包括手段、步骤、反侦查方法等，如果所传授的只是一般的违法方法，则不构成本罪。当然，违法方法和犯罪方法通常并不能绝对区分。传授犯罪方法罪属于行为犯。只要传授犯罪方法的行为，即使被传授者并未完全领会是否是犯罪技能也成立既遂。至于是否全部完成行为人所计划的传授行为，可以作为影响案件社会危害性和量刑的一个因素。本罪的行为对象既可以是达到刑事责任年龄、具有刑事责任能力的人，也可以是未达到刑事责任年龄、不具有刑事责任能力的人。

3. 对传授犯罪方法罪主观方面的理解。本罪的主观方面是故意，并且只能是直接故意，即行为人为了使他人接受自己所传授的犯罪方法去实施犯罪而故意向其进行传授。至于实践中那些因说话不检点、随意散布一些道听途说的犯罪方法，或者在工作中如教授武术、修配钥匙等，即使有失误，甚至被人利用来犯罪，因其没有传授犯罪方法的故意，不应以犯罪论处。

• 适用指引 •

司法实践中，认定本罪应注意：

1. 本罪属于行为犯，即只要行为人实施了传授犯罪方法的行为，就可构成本罪。至于行为人是否教唆被传授人实施犯罪，被传授人是否实施了传授人所传授的犯罪方法，是否已经造成了实际的危害结果，都不影响本罪的成立。

2. 本罪与教唆犯罪的界限。两者的主要区别是：（1）侵犯的客体不同。前者侵犯的是社会管理秩序；后者侵犯的客体不确定，取决于教唆犯罪的性质。（2）客观方面的表现不同。前者是传授犯罪的作案技能和经验，他人原来可能有犯罪意图，也可能没有；后者是引起他人的犯罪意图。（3）故意的内容不同。前者只是传授犯罪的技能和经验；后者则是希望被教唆的人实施他所教唆的犯罪。（4）犯罪既遂、未遂的标准不同。前者只要实施了传授犯罪方法的行为就构成既遂；后者既遂、未遂取决于被教唆者的犯罪行为。

对同一犯罪内容同时实施教唆行为与传授犯罪方法的行为，原则上从一重罪论处。行为人分别对不同的对象实施教唆行为与传授犯罪方法，或者向同一对象教唆此罪而传授彼罪的犯罪方法，则应按所教唆的罪与传授犯罪方法罪实行数罪并罚。

第二百九十六条　非法集会、游行、示威罪

【法律规定】

• 法律条文 •

《中华人民共和国刑法》

第二百九十六条　举行集会、游行、示威，未依照法律规定申请或者申请未获许可，或者未按照主管机关许可的起止时间、地点、路线进行，又拒不服从解散命令，严重破坏社会秩序的，对集会、游行、示威的负责人和直接责任人员，处五年以下有期徒刑、拘役、管制或者剥夺政治权利。

• 相关规定 •

《最高人民检察院、公安部关于公安机关管辖的刑事案件立案追诉标准的规定（一）》（公通字〔2008〕36号）

第三十八条　［非法集会、游行、示威案（刑法第二百九十六条）］举行集会、游行、示威，未依照法律规定申请或者申请未获许可，或者未按照主管机关许可的起止时间、地点、路线进行，又拒不服从解散命令，严重破坏社会秩序的，应予立案追诉。

【案例】

陈某甲、阙某甲非法集会、游行、示威案①

• 案件事实 •

2015年2月11日9时许，被告人陈某甲、阙某甲伙同他人以每人人民币100元的价格雇用阙某乙、陈某乙等八人到龙岩市新罗区大洋铁路桥附近聚集，并与雇用的8人共同参与到“志高动漫城”讨薪游行、示威的五六十人的队伍中，拒不服从公安机关的解散命令，并从龙岩市新罗区龙腾路占道游行至龙岩市政府北门，造成沿途路段无法正常通车，并在龙岩市政府大门及周边拉

---

① 参见福建省龙岩市中级人民法院（2016）闽08刑终6号。

横幅、围堵市政府大门，严重扰乱社会秩序。上述游行示威活动未经龙岩市公安局新罗分局审批、许可。2015 年 2 月 14 日，被告人陈某甲、阙某甲被公安机关抓获归案。

• 裁判要旨 •

未依照法律规定申请集会、游行、示威，又拒不服从解散命令，严重破坏社会秩序，构成非法集会、游行、示威罪。

• 裁判理由 •

原判认为，被告人陈某甲、阙某甲伙同他人举行集会、游行、示威，未依照法律规定申请，又拒不服从解散命令，严重破坏社会秩序，两被告人的行为已构成非法集会、游行、示威罪。被告人陈某甲就案件的主要事实作了一定的供述，可酌情从轻处罚。被告人阙某甲自愿认罪，认罪态度较好，依法予以从轻处罚。被告人陈某甲曾犯开设赌场罪被判处有期徒刑八个月，缓刑一年，并处罚金人民币 8000 元（已缴清），其在缓刑考验期内又重新犯罪，依法撤销缓刑实行数罪并罚。依照《刑法》第 296 条、第 25 条第 1 款、第 45 条、第 47 条、第 61 条、第 62 条、第 67 条第 3 款、第 69 条、第 77 条的规定，判决：一、撤销龙岩市新罗区人民法院（2014）龙新刑初字第 457 号刑事判决中第一项“被告人陈某甲犯开设赌场罪，判处有期徒刑八个月，缓刑一年，并处罚金人民币八千元（已缴清）”中的缓刑部分；二、被告人陈某甲犯非法集会、游行、示威罪，判处有期徒刑十个月，合并前罪有期徒刑八个月，并处罚金人民币 8000 元，总和刑期为有期徒刑一年六个月，并处罚金人民币 8000 元，决定执行有期徒刑一年三个月，并处罚金人民币 8000 元（已缴清）；三、被告人阙某甲犯非法集会、游行、示威罪，判处有期徒刑十个月。

上诉人陈某甲上诉称其只是接受朋友“江西”委托，帮忙找人到东肖讨债，没有伙同他人以“志高动漫城”员工讨薪为由欲雇用社会闲散人员举行示威、游行，也没有拉横幅、围堵市政府大门、不服从解散命令，其行为不构成非法集会、游行、示威罪。

经审理查明，原判认定原审被告人陈某甲伙同原审被告人阙某甲等人以每人人民币 100 元的价格雇用人员非法集会、游行、示威，严重扰乱社会秩序的事实清楚，据以认定事实的上述证据，均系侦查机关依法收集，公诉机关依法举证并经一审庭审举证、质证，上诉人陈某甲亦有供述在案，二审法院予以确认。

二审法院认为，上诉人陈某甲伙同原审被告人阙某甲等人未依照法律规定申请，举行集会、游行、示威，又拒不服从解散命令，严重破坏社会秩序，上诉人陈某甲及被告人的行为均已构成非法集会、游行、示威罪。上诉人陈某甲曾因犯罪被判处有期徒刑八个月，缓刑一年，并处罚金人民币 8000 元，在缓刑考验期内又重新犯罪，依法应撤销缓刑实行数罪并罚。对于上诉人陈某甲提出只是接受朋友委托帮忙找人到东肖讨债，其行为不构成非法集会、游行、示威罪的上诉理由。经查，上诉人陈某甲接受他人委托，积极有偿雇用、纠集社会闲散人员，参与集会、游行、示威活动，且拒不服从解散命令，其行为已严重破坏社会秩序。其提出不构成犯罪的辩解不能成立，不予采纳。原判认定事实清楚，定罪准确，适用法律正确，审判程序合法，并综合上诉人陈某甲的犯罪事实、性质、情节、社会危害性等因素作出的量刑适当。依照《刑事诉讼法》第225条第1款第1项之规定，裁定如下：驳回上诉，维持原判。本裁定为终审裁定。

【学理分析及适用指引】

• 学理分析 •

非法集会、游行、示威罪，是指未依照法律规定申请或者申请未获许可，或者未按照主管机关许可的起止时间、地点、路线举行集会、游行、示威，又拒不服从解散命令，严重破坏社会秩序的行为。本罪的构成要件如下：

1. 本罪的客体。本罪侵害的法益是国家对集会、游行、示威活动的管理制度。

2. 本罪的客观方面。本罪客观方面表现为两种情况：一是未依照法律规定申请或者申请未获许可而举行集会、游行、示威，又拒不服从解散命令，严重破坏社会秩序的行为；二是未按照主管机关许可的起止时间、地点、路线进行集会、游行、示威，又拒不服从解散命令，严重破坏社会秩序的行为。所谓集会，是指聚集于露天公共场所发表意见，表达意愿的活动；游行，是指在公共道路、露天场所列队行进，表达共同意愿的活动；示威，是指在露天公共场所或者公共道路上以集会、游行、静坐等方式，表达要求、抗议或者支持、声援等共同意愿的活动。从《刑法》条文的表述来看，应当认为，在这种情况下，只有拒不服从解散命令，严重破坏社会秩序的，才成立犯罪。因为如果是没有申请或者申请未获许可举行集会、游行、示威，但在有关机关发布解散命令后解散集会、游行、示威的，即使在程序等方面存在轻微违法，其社会危害性并没有达到犯罪程度，不宜认定为犯罪。

3. 本罪的主体。本罪主体是举行集会、游行、示威的负责人和直接责任人员，集会、游行、示威的一般参加者不是本罪主体。

4. 本罪的主观方面。本罪的主观方面只能是故意。

• 适用指引 •

司法实践中，认定本罪应注意：

1. 只有没有申请或者申请未获许可而举行集会、游行、示威，又拒不服从解散命令，严重破坏社会秩序的，才成立犯罪。作为行使宪法规定的集会、游行、示威的基本权利的行为，在入罪时应严格限制。

2. 本罪与其他聚众性犯罪的界限。本罪与聚众扰乱社会秩序罪，聚众冲击国家机关罪，聚众扰乱公共场所秩序、交通秩序罪都具有聚众性，都可能发生在公共场所，都会造成严重破坏社会秩序的后果，其主要区别在于：前者是以非法举行集会、游行、示威为前提的。在非法举行集会、游行、示威的过程中，伴有扰乱工作、生产、经营和教学、科研、医疗秩序或者公共场所秩序、交通秩序的，应视为本罪的扰乱社会秩序的情况；聚众进行不具有集会、游行、示威性质的活动，扰乱工作、生产、营业和教学、科研、医疗秩序或者公共场所秩序、交通秩序的，则应当依照《刑法》有关规定定罪处罚。

第二百九十七条　非法携带武器、管制刀具、爆炸物参加集会、游行、示威罪

【法律规定】

• 法律条文 •

《中华人民共和国刑法》

第二百九十七条　违反法律规定，携带武器、管制刀具或者爆炸物参加集会、游行、示威的，处三年以下有期徒刑、拘役、管制或者剥夺政治权利。

• 相关规定 •

《最高人民检察院、公安部关于公安机关管辖的刑事案件立案追诉标准的规定（一）》（公通字〔2008〕36号）

第三十九条　［非法携带武器、管制刀具、爆炸物参加集会、游行、示威案（刑法第二百九十七条）］违反法律规定，携带武器、管制刀具或者爆炸物参加集会、游行、示威的，应予立案追诉。

【学理分析及适用指引】

• 学理分析 •

非法携带武器、管制刀具、爆炸物参加集会、游行、示威罪，是指违反法律规定，携带武器、管制刀具或者爆炸物参加集会、游行、示威的行为。本罪的构成要件如下：

1. 本罪的客体。本罪侵犯的客体是社会的治安管理秩序。

2. 本罪的客观方面。本罪在客观方面表现为在参加集会、游行、示威过程中，非法携带武器、管制刀具或者爆炸物的行为。

3. 本罪的主体。本罪的主体是一般主体，即达到刑事责任年龄、具有刑事责任能力的自然人。

4. 本罪的主观方面。本罪在主观方面表现为故意。过失不构成本罪。

• 适用指引 •

司法实践中，认定本罪应注意：

1. 本罪是行为犯，成立本罪不要求造成社会秩序严重混乱或者其他严重危害后果。需要注意，非法携带武器、管制刀具参加集会、游行、示威，但情节确实轻微的，不按照犯罪处理。对于非法携带武器、管制刀具参加集会、游行、示威者，如果是出于反映政治意愿、要求政府解决问题的目的，一般只处罚为首人员或主要责任人员，对于一般参与者不宜以本罪论。

2. 在参加集会、游行、示威过程中，携带武器、管制刀具或者爆炸物品，不管是否出示或使用，均构成非法携带武器、管制刀具、爆炸物参加集会、游行、示威罪，不再认定为《刑法》第 128 条的非法持有枪支、弹药罪。

第二百九十八条　破坏集会、游行、示威罪

【法律规定】

• 法律条文 •

《中华人民共和国刑法》

第二百九十八条　扰乱、冲击或者以其他方法破坏依法举行的集会、游行、示威，造成公共秩序混乱的，处五年以下有期徒刑、拘役、管制或者剥夺政治权利。

• 相关规定 •

《最高人民检察院、公安部关于公安机关管辖的刑事案件立案追诉标准的规定（一）》（公通字〔2008〕36 号）

第四十条　［破坏集会、游行、示威案（刑法第二百九十八条）］扰乱、冲击或者以其他方法破坏依法举行的集会、游行、示威，造成公共秩序严重混乱的，应予立案追诉。

【学理分析及适用指引】

• 学理分析 •

破坏集会、游行、示威罪，是指扰乱、冲击或者以其他方法破坏依法举行的集会、游行、示威，造成公共秩序混乱的行为。本罪的构成要件如下：

1. 本罪的客体。本罪侵犯的客体为社会公共秩序和公众的政治自由。集会、游行、示威自由是公民的民主自由权利，依法进行的集会、游行、示威受法律保护。《宪法》和《集会游行示威法》为集会、游行、示威的依法进行提供了法律依据和强有力的法律保障。《集会游行示威法》第18条规定：对于依法举行的集会、游行、示威，主管机关应当派出人民警察维护交通秩序和社会秩序，保障集会、游行、示威的顺利进行。

2. 本罪的客观方面。本罪客观方面表现为，破坏依法举行的集会、游行、示威，造成公共秩序混乱的行为。本罪的行为对象只能是依法举行的集会、游行、示威，对非法举行的集会、游行、示威进行扰乱、冲击的，不构成本罪。破坏，是指采用扰乱、冲击或者其他方法致使依法举行的集会、游行、示威不能正常进行。扰乱，一般是指针对集会、游行、示威队伍起哄、闹事，破坏其正常的秩序。比如，故意在集会、游行、示威的场所聚众起哄闹事；进行煽动性的演讲；强行让其参加者聚众性地停留或解散；阻止、抗拒管理工作人员维护集会、游行、示威队伍的秩序；等等。冲击，一般是指冲闯、强行进入依法举行的集会、游行、示威队伍，堵塞、占据集会、游行、示威队伍进行、停留的通道、场所，使集会、游行、示威队伍、人员、车辆等不能正常出入。构成本罪，还要求行为人扰乱、冲击等破坏依法举行的集会、游行、示威的行为，造成了公共秩序混乱的结果。

3. 本罪的主体。本罪的主体为一般主体。

4. 本罪的主观方面。本罪的主观方面是故意，是指明知自己的行为会破坏集会、游行、示威，造成公共秩序混乱，而有意实施的主观心理状态。

• 适用指引 •

司法实践中，认定本罪应注意：破坏集会、游行、示威，造成公共秩序混乱，主要是指造成经过地或者举行地的场所秩序或者交通秩序混乱；使依法举行的集会、游行、示威无法进行；发生骚乱或者其他严重事端，等等。此外，本罪所破坏的对象必须是依法举行的集会、游行、示威活动，如果破坏的是非法进行的集会、游行、示威活动，不构成本罪，情节严重的，视情况可成立聚众扰乱公共场所秩序、交通秩序等罪。

第二百九十九条　侮辱国旗、国徽、国歌罪

【法律规定】

● 法律条文 ●

《中华人民共和国刑法》

第二百九十九条　在公共场合，故意以焚烧、毁损、涂划、玷污、践踏等方式侮辱中华人民共和国国旗、国徽的，处三年以下有期徒刑、拘役、管制或者剥夺政治权利。

在公共场合，故意篡改中华人民共和国国歌歌词、曲谱，以歪曲、贬损方式奏唱国歌，或者以其他方式侮辱国歌，情节严重的，依照前款的规定处罚。

● 相关规定 ●

《中华人民共和国国旗法》

第二十三条　在公共场合故意以焚烧、毁损、涂划、玷污、践踏等方式侮辱中华人民共和国国旗的，依法追究刑事责任；情节较轻的，由公安机关处以十五日以下拘留。

《中华人民共和国国徽法》

第十八条　在公共场合故意以焚烧、毁损、涂划、玷污、践踏等方式侮辱中华人民共和国国徽的，依法追究刑事责任；情节较轻的，由公安机关处以十五日以下拘留。

《中华人民共和国国歌法》

第十五条　在公共场合，故意篡改国歌歌词、曲谱，以歪曲、贬损方式奏唱国歌，或者以其他方式侮辱国歌的，由公安机关处以警告或者十五日以下拘留；构成犯罪的，依法追究刑事责任。

【案例】

张某某等侮辱国旗案①

● 案件事实 ●

2008年11月中旬，被告人张某某和文某某在209路公交车上结识。同年

---

① 参见重庆市沙坪坝区人民法院（2009）沙法刑初字第135号。

11 月 21 日 17 时左右，张某某和文某某按事先约定在沙坪坝区陈家湾 209 路公交车站见面。双方经共谋，计划在“11·27”纪念日来临之前到沙坪坝区烈士墓红岩魂广场用灌上黑漆的鸡蛋将广场上的国旗等旗帜玷污。为此，张某某在家中采用将生鸡蛋掏空后装满黑色油漆并用面粉、双面胶封口的方法制作了装有黑色油漆的鸡蛋 8 枚。11 月 22 日，张某某事先到红岩魂广场查看地形，选择好了逃跑路线。11 月 23 日 19 时许，张某某和文某某一同来到烈士墓红岩魂广场，两人各拿 4 枚装有黑色油漆的鸡蛋投到该广场台阶处的国旗上，将旗帜玷污后，从事先选好的路线逃离现场。

• 裁判要旨 •

为泄私愤，故意在公共场所玷污国旗的行为，情节恶劣的，依法构成侮辱国旗罪。

• 裁判理由 •

重庆市沙坪坝地区人民法院经审理认为：被告人张某某、文某某在公共场合故意玷污中华人民共和国国旗、党旗等五面旗帜，损害国家的尊严，造成了极其恶劣的社会影响，其行为均已构成侮辱国旗罪。公诉机关指控的事实和罪名成立。关于被告人文某某及其辩护人提出的该行为未对社会造成恶劣影响的辩护意见，法院认为，中华人民共和国国旗是国家尊严的象征，尤其是展示在歌乐山革命烈士纪念馆这一特定地点的国旗、党旗，更是承载着全体中国人民对于革命先烈的思念和对国家的尊重。被告人向国旗、党旗等五面旗帜扔灌有黑漆的鸡蛋的行为，侮辱了国家尊严，在社会上造成广泛的负面影响，严重地伤害了广大人民群众的感情，其社会影响极其恶劣，故该辩解、辩护意见与事实不符，不予采纳。经查：用灌有黑色油漆的鸡蛋扔国旗的犯意是第一被告人张某某提出的，被告人文某某表示同意，且踩点、选择逃跑路线也是被告人张某某进行的。被告人张某某在共同犯罪中起主要作用，系主犯，应当按照其所参与的全部犯罪处罚。被告人文某某在共同犯罪中起次要作用，系从犯，应当从轻处罚。被告人文某某曾因犯挪用公款罪被判处有期徒刑，刑满释放后五年内又故意犯应当判处有期徒刑以上刑罚之罪，系累犯，应当从重处罚。据此，依照《刑法》第 299 条，第 25 条第 1 款，第 26 条第 1 款、第 4 款，第 27 条，第 65 条之规定，判决如下：一、被告人张某某犯侮辱国旗罪，判处有期徒刑三年。二、被告人文某某犯侮辱国旗罪，判处有期徒刑三年。

【学理分析及适用指引】

• 学理分析 •

侮辱国旗、国徽、国歌罪，是指在公共场合故意以焚烧、毁损、涂划、玷污、践踏等方式侮辱中华人民共和国国旗、国徽的行为，或者故意篡改中华人民共和国国歌歌词、曲谱，以歪曲、贬损方式奏唱国歌，或者以其他方式侮辱国歌，情节严重的行为。《刑法修正案（十）》为惩治侮辱国歌的犯罪行为，切实维护国歌奏唱、使用的严肃性和国家尊严，在原《刑法》第299条侮辱国旗、国徽罪的基础上修改而来的。本罪的构成要件如下：

1. 本罪的客体。本罪侵犯的客体是国旗国徽国歌所体现的国家尊严。本罪行为对象仅限于中华人民共和国国旗、国徽、国歌，不包括外国国旗、国徽与国歌。根据《国旗法》，我国国旗是五星红旗；根据《国徽法》，我国国徽是“中间是五星照耀下的天安门，周围是谷穗和齿轮”；根据《国歌法》的规定，我国国歌是《义勇军进行曲》。

2. 本罪的客观方面。行为必须发生在公众场合。（1）对于侮辱国旗、国徽的犯罪行为，“公众场合”包括悬挂国旗、国徽的公共场所、机构所在地以及其他不特定多数人共见共闻、能见能闻的场合。行为的方式是焚烧、毁损、涂划、玷污、践踏等。焚烧是指使国旗、国徽燃烧的行为；毁损是指从物理上毁损国旗、国徽的行为；涂划是指将色彩、颜料等附着在国旗、国徽上或者在国旗、国徽上刻印不应有的文字、图形、符号；玷污是指使用污物损害国旗、国徽的外观；践踏是指采取脚踩、车碾等方式侮辱国旗、国徽。采取其他类似方法侮辱国旗、国徽的行为，也成立本罪。如果仅仅侮辱类似国旗、国徽图案的，不构成本罪。侮辱国旗、国徽，但情节显著轻微的，不以犯罪论。（2）对于侮辱国歌的犯罪行为，其客观表现为在公共场合故意篡改中华人民共和国国歌歌词、曲谱，以歪曲、贬损方式奏唱国歌，或者以其他方式侮辱国歌，情节严重的。《国歌法》对国歌的演唱场合、礼仪、歌词、标准曲谱等均作出了明确规定，故意篡改国歌歌词、曲谱以及以歪曲、贬损方式奏唱国歌的，均属于侮辱国歌的行为，情节严重的，应以侮辱国歌罪追究刑事责任。本罪是选择性罪名，对同一行为人侮辱国旗、侮辱国徽和侮辱国歌的行为，不实行数罪并罚，直接以侮辱国旗、国徽、国歌罪追究刑事责任，酌情从重处罚。

3. 犯罪的主体。犯罪主体为一般主体。

4. 犯罪的主观方面。主观方面由故意构成，即行为人在主观上必须有侮辱国旗、国徽、国歌的故意，过失不构成本罪。至于行为人是为了发泄不满，还是为了出风头、炫耀，均不影响本罪成立。实践中，对于用于或者变相用于商标、商业广告，或者作为公共场所的背景音乐甚至在私人丧事活动等不适宜的场合使用国旗、国徽或国歌的，都是违反《国旗法》《国徽法》《国歌法》的行为，但一般并非出于侮辱的故意，应给予批评教育或者行政处罚，一般不属于犯罪行为。

• 适用指引 •

司法实践中，认定侮辱国旗、国徽罪和侮辱国歌罪应注意与一般违法行为的界限。侮辱国旗、国徽的行为，如果行为情节显著轻微，可不以犯罪论。如因个人利益受到国家机关的不当侵犯，为表示不满，弄污了国旗，经教育及时改正，更换了新的国旗的，可由公安机关处理。而侮辱国歌罪在立法上属于情节犯，即情节严重是本罪的构成条件。

第二百九十九条之一　侵害英雄烈士名誉、荣誉罪

【法律规定】

• 法律条文 •

《中华人民共和国刑法》

第二百九十九条之一　侮辱、诽谤或者以其他方式侵害英雄烈士的名誉、荣誉，损害社会公共利益，情节严重的，处三年以下有期徒刑、拘役、管制或者剥夺政治权利。

• 相关规定 •

《中华人民共和国民法典》

第一百八十五条　侵害英雄烈士等的姓名、肖像、名誉、荣誉，损害社会公共利益的，应当承担民事责任。

《中华人民共和国英雄烈士保护法》

第二十二条　禁止歪曲、丑化、亵渎、否定英雄烈士事迹和精神。

英雄烈士的姓名、肖像、名誉、荣誉受法律保护。任何组织和个人不得在公共场所、互联网或者利用广播电视、电影、出版物等，以侮辱、诽谤或者其他方式侵害英雄烈士的姓名、肖像、名誉、荣誉。任何组织和个人不得将英雄烈士的姓名、肖像用于或者变相用于商标、商业广告，损害英雄烈士的名誉、荣誉。

公安、文化、新闻出版、广播电视、电影、网信、市场监督管理、负责英雄烈士保护工作的部门发现前款规定行为的，应当依法及时处理。

第二十六条　以侮辱、诽谤或者其他方式侵害英雄烈士的姓名、肖像、名

誉、荣誉，损害社会公共利益的，依法承担民事责任；构成违反治安管理行为的，由公安机关依法给予治安管理处罚；构成犯罪的，依法追究刑事责任。

【案例】

仇子明侮辱英雄烈士名誉、荣誉案①

• 案件事实 •

2020年6月，在我国西部边陲的喀喇昆仑高原边境，外军公然违背双方协定，悍然越线挑衅。陆军某边防团团长祁发宝带领几名官兵据理交涉，遭到了对方的暴力攻击。面对数倍于己的外军，祁发宝和战友们与对方展开殊死搏斗，誓死捍卫祖国领土主权，祁发宝身负重伤，营长陈红军以及战士陈祥榕、肖思远、王焯冉英勇牺牲、以身殉国。2021年2月，5位卫国戍边官兵的英雄事迹首次被公开，"宁将鲜血流尽，不失国土一寸"，他们张开双臂把胸膛迎向外军的一幕令无数国人感动落泪，烈士陈祥榕写下的"清澈的爱，只为中国"的深情告白引发了全社会的情感共鸣。但仇子明为获得更多关注，使用其新浪微博账户"辣笔小球"，先后发布2条微博，歪曲卫国戍边官兵的英雄事迹，诋毁贬损卫国戍边官兵的英雄精神，侵害英雄烈士名誉、荣誉。上述微博在网络上迅速扩散，造成恶劣社会影响。江苏省南京市建邺区人民检察向江苏省建邺区人民法院提起公诉，指控被告人仇子明犯侵害英雄烈士名誉、荣誉罪，并提起刑事附带民事公益诉讼。

• 裁判要旨 •

网络空间的侵害英雄烈士名誉、荣誉案件中"损害社会公共利益"和"情节严重"的具体认定。

• 裁判理由 •

法院经审理查明：2021年2月19日上午，被告人仇子明在卫国戍边官兵誓死捍卫国土的英雄事迹报道后，为博取眼球，获得更多关注，在其住处使用其新浪微博账户"辣笔小球"（粉丝数250余万），先后于10时29分、10时46分发布2条微博，歪曲卫国戍边官兵的英雄事迹，诋毁贬损卫国戍边官兵的英雄精神，侵害英雄烈士名誉、荣誉。上述微博在网络上迅速扩散，引发公众强烈愤慨，造成恶劣社会影响。法院认为，"网络空间不是法外之地"公诉机

① 参见2022年1月22日最高人民法院、中央广播电视总台发布的新时代推动法治进程2021年度十大案件。

关指控仇子明犯侵害英雄烈士名誉、荣誉罪的事实清楚，证据确实、充分，指控罪名成立。仇子明归案后如实供述自己的罪行，且认罪认罚，当庭表示绝不再犯。据此，辩护人请求从轻处罚的辩护意见属实，公诉机关所提量刑建议适当，均予采纳。江苏省南京市建邺区人民法院以被告人仇子明犯侵害英雄烈士名誉、荣誉罪，依法判处其有期徒刑八个月；被告仇子明自判决生效之日起10日内通过国内主要门户网站及全国性媒体公开赔礼道歉，消除影响。宣判后，仇子明未提出上诉。

【学理分析及适用指引】

• 学理分析 •

侵害英雄烈士名誉、荣誉罪，是指侮辱、诽谤或者以其他方式侵害英雄烈士的名誉、荣誉，损害社会公共利益，情节严重的行为。本罪是《刑法修正案（十一）》新增设的罪名，立法目的在于加强对英雄烈士的名誉、荣誉的保护，维护社会公共利益。本罪的构成要件如下：

1. 本罪的客体。本罪的客体是社会公共利益，侵犯了国家整体的形象与民族精神，同时还侵犯了英雄烈士的人格权益。

2. 本罪的客观方面。本罪的客观方面表现为侮辱、诽谤或者以其他方式侵害英雄烈士的名誉、荣誉，损害社会公共利益，情节严重的行为。这里的“英雄烈士”包括近代以来为国家、民族、人民作出牺牲和贡献的英烈先驱和革命先行者，既包括个人，也包括群体，既包括有名英烈，也包括无名英烈。“侮辱”主要是指通过语言、文字或者其他方式辱骂、贬低、嘲讽英雄烈士的行为。“诽谤”是指针对英雄烈士，捏造事实并进行散播，公然丑化、贬损英雄烈士，损害英雄烈士名誉、荣誉的行为。

3. 犯罪的主体。犯罪主体为一般主体。

4. 犯罪的主观方面。主观方面由故意构成，既包括直接故意也包括间接故意。

• 适用指引 •

司法实践中，认定本罪需要注意：

1. 罪与非罪的界限。本罪在犯罪成立条件上有“情节严重”的限制，定罪时需要考虑行为是否具备实质的违法性，是否符合情节严重的要求。如果某种侵害英雄烈士名誉、荣誉，损害社会公共利益的行为，难以认定为情节严重的情况，不宜作为犯罪处理。

2. “英雄烈士”范围的具体判定。“英雄”是种概念，“烈士”则是属概念，“烈士”当然属于“英雄”的范畴之内。司法实践中如何准确判断“英雄烈士”范围，是本罪认定的重要内容。我们认为，作为本罪法定对象的“英雄烈士”，虽然没有也无法给予一个十分确实的概念，但还是可从其基本特征等方面给予其判断的准则。具体而言，“英雄烈士”应同时具备政治性、社会性、时代性和法律属性等特征，司法实践中应综合判断。所谓政治性特征，体现的是国家对英雄烈士的高度肯定，是国家和民族的荣光和精神传承。所谓社会性特征，“英雄烈士”是社会的主流价值观的高度体现，是社会主义核心价值观的生动诠释，是被社会公众高度认可的。所谓时代性特征，是指“英雄烈士”的范围是有一定时间限定的，并非历史上所有的英雄人物。根据《英雄烈士保护法》第2条的规定，该时间段应限定为“近代以来”，即1840年鸦片战争以来涌现的杰出代表。所谓法律性，说明“英雄烈士”不仅是一个政治性、社会性概念，也是一个法律概念，《英雄烈士保护法》《烈士褒扬条例》《军人抚恤优待条例》等法律法规对“烈士”等评定条件、程序等有明确规定，相关部门还依法公布了英雄烈士名录，这些都是司法实践中认定“英雄烈士”具体范围的参考依据。

第三百条 组织、利用会道门、邪教组织、利用迷信破坏法律实施罪；组织、利用会道门、邪教组织、利用迷信致人重伤、死亡罪

【法律规定】

• 法律条文 •

《中华人民共和国刑法》

第三百条 组织、利用会道门、邪教组织或者利用迷信破坏国家法律、行政法规实施的，处三年以上七年以下有期徒刑，并处罚金；情节特别严重的，处七年以上有期徒刑或者无期徒刑，并处罚金或者没收财产；情节较轻的，处三年以下有期徒刑、拘役、管制或者剥夺政治权利，并处或者单处罚金。

组织、利用会道门、邪教组织或者利用迷信蒙骗他人，致人重伤、死亡的，依照前款的规定处罚。

犯第一款罪又有奸淫妇女、诈骗财物等犯罪行为的，依照数罪并罚的规定处罚。

• 相关规定 •

《全国人民代表大会常务委员会关于取缔邪教组织、防范和惩治邪教活动的决定》

一、坚决依法取缔邪教组织，严厉惩治邪教组织的各种犯罪活动。邪教组

织冒用宗教、气功或者其他名义，采用各种手段扰乱社会秩序，危害人民群众生命财产安全和经济发展，必须依法取缔，坚决惩治。人民法院、人民检察院和公安、国家安全、司法行政机关要各司其职，共同做好这项工作。对组织和利用邪教组织破坏国家法律、行政法规实施，聚众闹事，扰乱社会秩序，以迷信邪说蒙骗他人，致人死亡，或者奸淫妇女、诈骗财物等犯罪活动，依法予以严惩。

二、坚持教育与惩罚相结合，团结、教育绝大多数被蒙骗的群众，依法严惩极少数犯罪分子。在依法处理邪教组织的工作中，要把不明真相参与邪教活动的人同组织和利用邪教组织进行非法活动、蓄意破坏社会稳定的犯罪分子区别开来。对受蒙骗的群众不予追究。对构成犯罪的组织者、策划者、指挥者和骨干分子，坚决依法追究刑事责任；对于自首或者有立功表现的，可以依法从轻、减轻或者免除处罚。

《最高人民法院关于贯彻全国人大常委会〈关于取缔邪教组织、防范和惩治邪教活动的决定〉和“两院”司法解释的通知》（法发〔1999〕29号）

二、依法审理组织和利用邪教组织犯罪案件，明确打击重点。各级人民法院要认真贯彻执行《决定》，按照《解释》的规定要求，严格依法办案，正确适用法律，坚决依法打击“法轮功”等邪教组织的犯罪活动。对于组织和利用邪教组织聚众围攻、冲击国家机关、企事业单位，扰乱国家机关、企事业单位的工作、生产、经营、教学和科研等秩序；非法举行集会、游行、示威，煽动、欺骗、组织其成员或者其他人聚众围攻、冲击、强占、哄闹公共场所及宗教活动场所，扰乱社会秩序；出版、印刷、复制、发行宣扬邪教内容的出版物、印制邪教组织标识的，坚决依照刑法第三百条第一款的规定，以组织、利用邪教组织破坏法律实施罪定罪处罚。对于组织和利用邪教组织制造、散布迷信邪说，蒙骗其成员或者其他人实施绝食、自残、自虐等行为，或者阻止病人进行正常治疗，致人死亡的，坚决依照刑法第三百条第二款的规定，以组织、利用邪教组织致人死亡罪定罪处罚，对造成特别严重后果的，依法从重处罚。对于邪教组织以各种欺骗手段敛取钱财的，依照刑法第三百条第三款和第二百六十六条的规定，以诈骗罪定罪处罚。对于邪教组织和组织、利用邪教组织破坏法律实施的犯罪分子，以各种手段非法聚敛的财物，用于犯罪的工具、宣传品的，应当依法追缴、没收。

三、正确运用法律和政策，严格区分不同性质的矛盾。各级人民法院在审判工作中必须坚持教育与惩罚相结合，团结教育大多数被蒙骗的群众，坚决依法严惩极少数犯罪分子。在依法惩治构成犯罪的组织者、策划者、指挥者和积极参加者的同时，要注意团结大多数，教育大多数，解脱大多数。要把不明真相参与邪教活动的人同组织和利用邪教组织进行非法活动、蓄意破坏社会稳定的犯罪分子区别开来；要把一般“法轮功”练习者同极少数违法犯罪活动的策划者、组织者区别开来；要把正常的宗教信仰、合法的宗教活动同“法轮功”等邪教组织的活动区别开来。重点打击组织和利用邪教组织进行犯罪活动的组织、策划、指挥者和屡教不改的骨干分子。对有自首、立功表现的，可以依法从轻、减轻或者免除处罚；对于受蒙蔽、胁迫参加邪教组织并已退出和不再参加邪教组织活动的人员，不作为犯罪处理。

《最高人民法院、最高人民检察院关于办理组织、利用邪教组织破坏法律实施等刑事案件适用法律若干问题的解释》（法释〔2017〕3号）

第一条 冒用宗教、气功或者以其他名义建立，神化、鼓吹首要分子，利用制造、散布迷信邪说等手段蛊惑、蒙骗他人，发展、控制成员，危害社会的非法组织，应当认定为刑法第三百条规定的“邪教组织”。

第二条 组织、利用邪教组织，破坏国家法律、行政法规实施，具有下列情形之一的，应当依照刑法第三百条第一款的规定，处三年以上七年以下有期徒刑，并处罚金：

（一）建立邪教组织，或者邪教组织被取缔后又恢复、另行建立邪教组织的；

（二）聚众包围、冲击、强占、哄闹国家机关、企业事业单位或者公共场所、宗教活动场所，扰乱社会秩序的；

（三）非法举行集会、游行、示威，扰乱社会秩序的；

（四）使用暴力、胁迫或者以其他方法强迫他人加入或者阻止他人退出邪教组织的；

（五）组织、煽动、蒙骗成员或者他人不履行法定义务的；

（六）使用“伪基站”“黑广播”等无线电台（站）或者无线电频率宣扬邪教的；

（七）曾因从事邪教活动被追究刑事责任或者二年内受过行政处罚，又从事邪教活动的；

（八）发展邪教组织成员五十人以上的；

（九）敛取钱财或者造成经济损失一百万元以上的；

（十）以货币为载体宣扬邪教，数量在五百张（枚）以上的；

（十一）制作、传播邪教宣传品，达到下列数量标准之一的：

1. 传单、喷图、图片、标语、报纸一千份（张）以上的；
2. 书籍、刊物二百五十册以上的；
3. 录音带、录像带等音像制品二百五十盒（张）以上的；
4. 标识、标志物二百五十件以上的；
5. 光盘、U盘、储存卡、移动硬盘等移动存储介质一百个以上的；
6. 横幅、条幅五十条（个）以上的。

（十二）利用通讯信息网络宣扬邪教，具有下列情形之一的：

1. 制作、传播宣扬邪教的电子图片、文章二百张（篇）以上，电子书籍、刊物、音视频五十册（个）以上，或者电子文档五百万字符以上、电子音视频二百五十分钟以上的；

2. 编发信息、拨打电话一千条（次）以上的；

3. 利用在线人数累计达到一千以上的聊天室，或者利用群组成员、关注人员等账号数累计一千以上的通讯群组、微信、微博等社交网络宣扬邪教的；

4. 邪教信息实际被点击、浏览数达到五千次以上的。

（十三）其他情节严重的情形。

第三条 组织、利用邪教组织，破坏国家法律、行政法规实施，具有下列情形之一的，应当认定为刑法第三百条第一款规定的“情节特别严重”，处七年以上有期徒刑或者无期徒刑，并处罚金或者没收财产：

（一）实施本解释第二条第一项至第七项规定的行为，社会危害特别严重的；

（二）实施本解释第二条第八项至第十二项规定的行为，数量或者数额达到第二条规定相应标准五倍以上的；

（三）其他情节特别严重的情形。

第四条 组织、利用邪教组织，破坏国家法律、行政法规实施，具有下列情形之一的，应当认定为刑法第三百条第一款规定的“情节较轻”，处三年以下有期徒刑、拘役、管制或者剥夺政治权利，并处或者单处罚金：

（一）实施本解释第二条第一项至第七项规定的行为，社会危害较轻的；

（二）实施本解释第二条第八项至第十二项规定的行为，数量或者数额达到相应标准五分之一以上的；

（三）其他情节较轻的情形。

第五条 为了传播而持有、携带，或者传播过程中被当场查获，邪教宣传品数量达到本解释第二条至第四条规定的有关标准的，按照下列情形分别处理：

（一）邪教宣传品是行为人制作的，以犯罪既遂处理；

（二）邪教宣传品不是行为人制作，尚未传播的，以犯罪预备处理；

（三）邪教宣传品不是行为人制作，传播过程中被查获的，以犯罪未遂处理；

（四）邪教宣传品不是行为人制作，部分已经传播出去的，以犯罪既遂处理，对于没有传播的部分，可以在量刑时酌情考虑。

第六条 多次制作、传播邪教宣传品或者利用通讯信息网络宣扬邪教，未经处理的，数量或者数额累计计算。

制作、传播邪教宣传品，或者利用通讯信息网络宣扬邪教，涉及不同种类或者形式的，可以根据本解释规定的不同数量标准的相应比例折算后累计计算。

第七条 组织、利用邪教组织，制造、散布迷信邪说，蒙骗成员或者他人绝食、自虐等，或者蒙骗病人不接受正常治疗，致人重伤、死亡的，应当认定为刑法第三百条第二款规定的组织、利用邪教组织“蒙骗他人，致人重伤、死亡”。

组织、利用邪教组织蒙骗他人，致一人以上死亡或者三人以上重伤的，处三年以上七年以下有期徒刑，并处罚金。

组织、利用邪教组织蒙骗他人，具有下列情形之一的，处七年以上有期徒刑或者无期徒刑，并处罚金或者没收财产：

（一）造成三人以上死亡的；

（二）造成九人以上重伤的；

（三）其他情节特别严重的情形。

组织、利用邪教组织蒙骗他人，致人重伤的，处三年以下有期徒刑、拘役、管制或者剥夺政治权利，并处或者单处罚金。

第八条 实施本解释第二条至第五条规定的行为，具有下列情形之一的，从重处罚：

（一）与境外机构、组织、人员勾结，从事邪教活动的；

（二）跨省、自治区、直辖市建立邪教组织机构、发展成员或者组织邪教活动的；

（三）在重要公共场所、监管场所或者国家重大节日、重大活动期间聚集滋事，公开进行邪教活动的；

（四）邪教组织被取缔后，或者被认定为邪教组织后，仍然聚集滋事，公开进行邪教活动的；

（五）国家工作人员从事邪教活动的；

（六）向未成年人宣扬邪教的；

（七）在学校或者其他教育培训机构宣扬邪教的。

第九条 组织、利用邪教组织破坏国家法律、行政法规实施，符合本解释第四条规定情形，但行为人能够真诚悔罪，明确表示退出邪教组织、不再从事邪教活动的，可以不起诉或者免予刑事处罚。其中，行为人系受蒙蔽、胁迫参加邪教组织的，可以不作为犯罪处理。

组织、利用邪教组织破坏国家法律、行政法规实施，行为人在一审判决前能够真诚悔罪，明确表示退出邪教组织、不再从事邪教活动的，分别依照下列规定处理：

（一）符合本解释第二条规定情形的，可以认定为刑法第三百条第一款规定的“情节较轻”；

（二）符合本解释第三条规定情形的，可以不认定为刑法第三百条第一款规定的“情节特别严重”，处三年以上七年以下有期徒刑，并处罚金。

第十条 组织、利用邪教组织破坏国家法律、行政法规实施过程中，又有煽动分裂国家、煽动颠覆国家政权或者侮辱、诽谤他人等犯罪行为的，依照数罪并罚的规定定罪处罚。

第十一条 组织、利用邪教组织，制造、散布迷信邪说，组织、策划、煽动、胁迫、教唆、帮助其成员或者他人实施自杀、自伤的，依照刑法第二百三十二条、第二百三十四条的规定，以故意杀人罪或者故意伤害罪定罪处罚。

第十二条 邪教组织人员以自焚、自爆或者其他危险方法危害公共安全的，依照刑法第一百一十四条、第一百一十五条的规定，以放火罪、爆炸罪、以危险方法危害公共安全罪等定罪处罚。

第十三条 明知他人组织、利用邪教组织实施犯罪，而为其提供经费、场地、技术、工具、食宿、接送等便利条件或者帮助的，以共同犯罪论处。

第十四条 对于犯组织、利用邪教组织破坏法律实施罪、组织、利用邪教组织致人重伤、死亡罪，严重破坏社会秩序的犯罪分子，根据刑法第五十六条的规定，可以附加剥夺政治权利。

第十五条 对涉案物品是否属于邪教宣传品难以确定的，可以委托地市级以上公安机关出具认定意见。

【案例】

邵玲韵、俞静山等故意杀人，故意伤害，组织、利用邪教组织破坏法律实施，组织、利用邪教组织致人死亡案①

• 案件事实 •

20世纪80年代中期以来，被告人邵玲韵、俞静山、邵仲生、张纪国等人非法设立"嵊州耶稣教会"，内设"直接权柄""代表权柄（总长老）""使者（长老）""弟兄姐妹"等管理层次，邵玲韵自称"圣女"，系"直接权柄"；俞静山、邵仲生、张纪国系"使者"，张纪国、邵仲生还先后担任"总长老"。该组织在浙江省嵊州市城关镇白沙地村、下元塘村等地发展教徒，并定期聚会，由邵玲韵、俞静山、邵仲生、张纪国等人在会上讲道，宣扬李常受的《新酒灌满》等"呼喊派"书籍中的邪教学说，高呼口号，严重影响周围村民的正常生活。邵玲韵等人要求教徒不看电视、不办理身份证、不领结婚证，有时还对教徒指定婚姻；还强拉中、小学生入教，不许他们戴红领巾、参加学校的集体活动等，对违反规定的学生甚至不许其接受九年义务教育；不许教徒参加

---

① 参见浙江省高级人民法院（2000）浙刑一终字第207号，载《人民法院裁判文书选》，法律出版社2003年版。

村委会选举、服兵役等，严重破坏了国家法律在当地的贯彻实施。

邵玲韵、俞静山、邵仲生、张纪国等人宣称有病无需治疗，只要做祷告、禁食，向耶稣祈祷忏悔，求神保佑即可，致使教徒袁某某等7人因病不及时就医或禁食而死亡。

1997年3月12日晚，邵玲韵等在嵊州市城关镇里坂村韩光明家搞“对付罪”，邵玲韵、俞静山、邵仲生、张纪国、周越军等对被对付的人员、罪名、顺序等事先均经过商议和安排，捏造出王某明等人莫须有的罪名，不承认即予殴打，致陈某某、王某玲被殴打致昏迷，王某明被殴打致死。张月南被纠集上了邵仲生等人转移王某明尸体的拖拉机后，明知王某明已被打死，仍参与运尸、埋尸。

2000年8月6日晚6时许，嵊州市城关镇白沙地村村民楼某某至邵玲韵家叫正在参加聚会的妻子马某某回家，邵仲生等人以楼某某干扰聚会为由，将楼某某按倒在地。邵仲生用砖块将楼某某的摩托车砸坏，造成楼直接经济损失计人民币3056元。

• 裁判要旨 •

行为人非法设立教会，发展教徒，制造散布迷信邪说，要求教徒拒绝履行国家某些法定义务，破坏国家法律、行政法规的实施，还致多名教徒有病不及时治疗或禁食而死亡，严重危害社会，其行为不仅构成组织、利用邪教组织破坏法律实施罪，同时还构成组织、利用邪教组织致人死亡罪，应数罪并罚。

• 裁判理由 •

浙江省绍兴市中级人民法院一审后，被告人不服，提起上诉。

浙江省高级人民法院终审认为：被告人邵玲韵、俞静山、邵仲生、张纪国等人无视国家法律规定，非法设立教会，发展教徒，制造散布迷信邪说，宣扬李常受的“呼喊派”邪教学说，迷惑蒙骗教徒，要求教徒拒绝履行国家某些法定义务，破坏国家法律、行政法规的实施，还致多名教徒有病不及时治疗或禁食而死亡，严重危害社会，其行为均已构成组织、利用邪教组织破坏法律实施罪，组织、利用邪教组织致人死亡罪，其中所犯组织、利用邪教组织致人死亡罪的情节均属特别严重。邵玲韵、俞静山、邵仲生、张纪国等人指使被告人周越军等人无辜殴打他人，致一人死亡，其行为均已构成故意伤害罪，其中周越军系从犯，依法可予减轻处罚。邵仲生还故意毁坏他人财物，数额较大，其行为又构成故意毁坏财物罪。被告人张月南明知被害人死亡，仍参与运尸、埋尸，帮助湮没罪证，其行为已构成包庇罪，情节严重。邵玲韵、俞静山、邵仲生、张纪国犯有数罪，俞静山、邵仲生还犯侮辱罪，均应依法予以并罚。被告人邵玲韵论罪应当判处死刑，但鉴于本案的具体情节，可不立即执行；原判认定邵玲韵、俞静山、邵仲生、张纪国犯组织、利用邪教组织破坏法律实施罪，组织、利用邪教组织致人死亡罪，张月南犯包庇罪正确；对周越军、张月南的量刑适当；审判程序合法。但对邵玲韵、俞静山、邵仲生、张纪国故意杀人罪的定性及对邵玲韵的量刑不当，应予变更。俞静山、邵仲生、张纪国及其二审辩护人要求改判的理由不足，不予采纳。依照《刑事诉讼法》第189条第1项、第2项、第3项，《刑法》第300条第1款、第2款，第234条，第275条，第57条第1款，第56条第1款，第55条第1款，第69条，第70条，第26条第1款、第4款，第27条，第64条，第48条第1款，第12条第1款，1979年《刑法》第162条第2款及《最高人民法院、最高人民检察院关于办理组织和利用邪教组织犯罪案件具体应用法律若干问题的解释》第1条，第2条第1款第4项、第6项，第3条第1款、第2款第1项、第3项之规定，判决如下：一、驳回被告人张月南的上诉。二、撤销原判对被告人邵玲韵故意杀人罪的定罪量刑，对被告人俞静山、邵仲生、张纪国、周越军故意杀人罪的定罪及对被告人邵玲韵、俞静山、邵仲生、张纪国故意伤害罪的量刑部分，维持判决的其他部分。三、被告人邵玲韵犯故意伤害罪，判处死刑，缓期二年执行，剥夺政治权利终身，与原判以组织、利用邪教组织破坏法律实施罪判处其有期徒刑六年，剥夺政治权利一年；以组织、利用邪教组织致人死亡罪判处其有期徒刑十一年，剥夺政治权利二年并罚；决定执行死刑，缓期二年执行，剥夺政治权利终身。四、被告人俞静山犯故意伤害罪，判处无期徒刑，剥夺政治权利终身，与原判以组织、利用邪教组织破坏法律实施罪，判处其有期徒刑五年，剥夺政治权利一年；以组织、利用邪教组织致人死亡罪，判处其有期徒刑十年，剥夺政治权利二年；及前犯侮辱罪所判处的有期徒刑二年六个月并罚；决定执行无期徒刑，剥夺政治权利终身。五、被告人邵仲生犯故意伤害罪，判处无期徒刑，剥夺政治权利终身，与原判以组织、利用邪教组织破坏法律实施罪判处其有期徒刑四年，剥夺政治权利一年；以组织、利用邪教组织致人死亡罪，判处其有期徒刑九年，剥夺政治权利二年；以故意毁坏财物罪，判处其有期徒刑一年；及前犯侮辱罪所判处的有期徒刑三年并罚；决定执行无期徒刑，剥夺政治权利终身。六、被告人张纪国犯故意伤害罪，判处有期徒刑十二年，剥夺政治权利二年，与原判以组织、利用邪教组织破坏法律实施罪判处其有期徒刑三年六个月，剥夺政治权利一年；以组织、利用邪教组织致人死亡罪，判处其有期徒刑八年，剥夺政治权利二年并罚；决定执行有期徒刑二十年，剥夺政治权利五年。七、被告人周越军犯故意伤害罪，判处有期徒刑四年。

【学理分析及适用指引】

• 学理分析 •

1. 组织、利用会道门、邪教组织、利用迷信破坏法律实施罪的构成。组织、利用会道门、邪教组织、利用迷信破坏法律实施罪，是指组织和利用会道门、邪教组织或者利用迷信破坏国家法律、行政法规实施的行为。本罪的构成要件如下：

（1）本罪的客体。本罪侵害的客体主要是国家的法律秩序。

（2）本罪的客观方面。客观方面表现为组织、利用会道门、邪教组织或者利用迷信活动破坏国家法律、行政法规的实施的行为。会道门，是指会门和道门等封建迷信活动组织的总称，包括一贯道、九宫道、先天道、后天道、大刀会、哥老会、青红帮等反动封建迷信活动组织。邪教组织，是指冒用宗教、气功或者以其他名义建立，神化、鼓吹首要分子，利用制造、散布迷信邪说等手段蛊惑、蒙骗他人，发展、控制成员，危害社会的非法组织。迷信，是在生产力低下、文化落后、群众缺乏知识的情况下，作为科学的对立物出现的一种信奉鬼神的唯心主义的思想意识，其信仰、崇拜和活动形式上带有浓厚的封建色彩。

（3）本罪的主体。犯罪主体为一般主体。多为会道门、邪教组织的组织者、领导者、骨干成员和一贯从事迷信活动的人。

（4）本罪的主观方面。主观方面由故意构成，并且具有煽动他人破坏国家法律、行政法规实施的目的。

2. 组织、利用会道门、邪教组织、利用迷信致人重伤、死亡罪的构成。组织、利用会道门、邪教组织、利用迷信致人重伤、死亡罪，是指组织、利用会道门、邪教组织或者利用迷信制造、散布迷信邪说，蒙骗其成员或者其他人实施绝食、自残、自虐行为或者阻止病人进行正当治疗，致人重伤或者死亡的行为。本罪的构成要件如下：

（1）本罪的客体。本罪侵犯的客体是社会管理秩序和公民的生命、健康权利。

（2）本罪的客观方面。客观方面表现为组织和利用会道门、邪教组织或者利用迷信蒙骗他人，致人重伤、死亡的行为。此处所说的组织和利用会道门、邪教组织或者利用迷信蒙骗他人，主要是指组织、利用会道门、邪教组织或者迷信活动宣传、散布异端邪说，愚弄、欺骗他人，如散布“世界末日来临”“死后可以升天”等，或者利用迷信进行所谓的诊治活动等。致人死亡，主要是指他人因受会道门、邪教组织或者迷信的蒙骗，进行绝食、自焚等自杀性行为导致死亡的，或者利用迷信的方式给人“治病”导致被害人死亡的，或者阻止病人进行正常治疗致人死亡的，等等。

（3）本罪的主体。本罪的主体为一般主体。

（4）本罪的主观方面。主观方面是过失。如果是故意致人重伤、死亡的，应以故意伤害罪、故意杀人罪论处。

• 适用指引 •

司法实践中，认定本条规定的罪名应注意：

1. 组织、利用会道门、邪教组织、利用迷信破坏法律实施罪的认定。

（1）本罪罪与非罪的界限。

①本罪与合法的宗教活动的区别：宗教信仰自由是我国公民的基本权利，受到国家保护。正常的宗教活动，如佛教、道教、基督教、天主教、伊斯兰教等，有合法的宗教教义，有相脉以传的宗教典籍，有固定的活动场所，有严格的宗教礼仪。而会道门、邪教组织和封建迷信活动，不过是犯罪分子打着宗教的幌子进行迷信活动，进而实施诈骗财物、扰乱社会的犯罪活动，其行为只能是对合法宗教的亵渎。

②本罪与迷信活动的区别：由于科学文化水平低，认识能力有限，少数群众求神拜佛、算命看相、做道场、看阴阳、修庙建寺等，虽然对社会风尚有消极的影响，但未危害社会的，不构成犯罪。

③本罪的组织者、骨干分子与参加会道门和邪教组织的一般违法人员的区别：只有会道门、邪教组织的组织、策划、指挥者和屡教不改的积极参加者，才能以犯罪追究刑事责任，而对于那些由于认识分辨能力差，受蒙骗或者胁迫而参加的人员，或者虽然参加了但危害不大的，均不能作为犯罪处理，只能予以教育，必要时可给予行政处罚。

（2）本罪与煽动分裂国家罪和煽动颠覆国家政权罪的界限。如果以会道门和邪教组织的形式作掩护，宣传煽动分裂国家、颠覆国家政权的，则应按照煽动分裂国家罪和煽动颠覆国家政权罪追究刑事责任，而不能以本罪定罪。

（3）本罪与非法经营罪、聚众冲击国家机关罪等扰乱公共秩序罪的界限。实施组织、利用邪教组织破坏法律实施的行为，如聚众冲击国家机关，非法集会、游行、示威、出版、印刷、复制、发行宣扬邪教内容出版物等行为，本身可以构成其他犯罪，如聚众冲击国家机关罪、非法经营罪等。对于有组织和利用邪教组织行为，或者非邪教组织人员与邪教组织人员通谋，实施上述行为的，应以组织、利用邪教组织破坏法律实施罪定罪处罚。对于没有组织和利用邪教组织行为，或者非邪教组织人员与邪教组织人员没有通谋实施上述行为，构成犯罪的，可以非法经营罪、聚众冲击国家机关罪等扰乱公共秩序罪定罪处罚。

2. 组织、利用会道门、邪教组织、利用迷信致人重伤、死亡罪的认定。本罪与故意杀人罪、故意伤害罪的界限。本罪是指制造、散布迷信邪说，使他人自行产生自残、自杀念头，使用非强制方法阻止正当医疗，从而导致重伤、死亡的行为。如果针对特定的人，具体明确地指使、胁迫其自杀、自残的，强制阻止被害人医疗，导致死亡、伤残的，以故意杀人罪、故意伤害罪定罪处罚。

第三百零一条 聚众淫乱罪、引诱未成年人聚众淫乱罪

【法律规定】

• 法律条文 •

《中华人民共和国刑法》

第三百零一条 聚众进行淫乱活动的，对首要分子或者多次参加的，处五年以下有期徒刑、拘役或者管制。

引诱未成年人参加聚众淫乱活动的，依照前款的规定从重处罚。

• 相关规定 •

《最高人民检察院、公安部关于公安机关管辖的刑事案件立案追诉标准的规定（一）》（公通字〔2008〕36号）

第四十一条 ［聚众淫乱案（刑法第三百零一条第一款）］组织、策划、指挥三人以上进行淫乱活动或者参加聚众淫乱活动三次以上的，应予立案追诉。

第四十二条 ［引诱未成年人聚众淫乱案（刑法第三百零一条第二款）］引诱未成年人参加聚众淫乱活动的，应予立案追诉。

【案例一】

邹某聚众淫乱案①

• 案件事实 •

2005年3月，被告人邹某来北京打工，他通过电脑设立网站，以“北京天空”为名在互联网上发布“北京酷哥激情交友派对”等广告，专门召集男

① 参见北京市崇文区人民法院刑事判决书，载 http：//www. lawyee. netCaseCase_ Hot_ Display. asp? RID＝193967；《一男子组织同性聚众淫乱被判一年监禁》，载《北京晚报》2006年5月19日。

性同性恋者在其暂住地进行群体性淫乱活动和提供非法性服务。自广告发布之后，自2005年4月起就陆续有人参加聚众淫乱，邹某主要是负责召集人员，提供场地、光碟和服务用品等，对每一个参加淫乱“派对”的人还收取30元~50元不等的活动费用。2005年11月11日晚10时许，警方接到群众举报，一举摧毁了该“淫窝”，邹某也被当场抓获，当时共有10人参加淫乱活动，均为男性，年龄在29岁~34岁之间。

• 裁判要旨 •

多名男性聚众进行淫乱的行为也构成聚众淫乱罪。

• 裁判理由 •

北京市崇文区人民法院经审理认为：被告人邹某无视国法，组织多人进行淫乱活动，其行为已构成聚众淫乱罪，依法判处有期徒刑一年。

【案例二】

王某引诱未成年人聚众淫乱案①

• 案件事实 •

2007年4月间，被告人王某在打篮球时认识了两名中学男生（未成年人），他谎称自己是一所名牌学校的体育教练，并且在篮协工作，可以帮助这两名学生增加实力并且进入NBA。在骗取两名中学生的信任后，王某把他们带到旅店多次进行聚众淫乱活动，后被抓获。经鉴定，王某轻度精神发育迟缓。

• 裁判要旨 •

引诱不满18周岁的未成年人参加聚众淫乱活动的，构成引诱未成年人聚众淫乱罪。

• 裁判理由 •

北京市昌平区人民法院经审理认为：被告人王某多次引诱未成年人参加聚众淫乱活动，其行为已构成引诱未成年人聚众淫乱罪，鉴于王某系限制责任能力人，且能自愿认罪，就民事赔偿与被害人达成协议，依法予以从轻处罚。遂判决被告人王某犯引诱未成年人聚众淫乱罪，判处有期徒刑一年，缓刑一年。

---

① 参见崔亮：《篮球教练聚众淫乱判缓刑》，载《北京晚报》2008年1月29日。

【学理分析及适用指引】

• 学理分析 •

1. 聚众淫乱罪的构成。聚众淫乱罪，是指聚集多人在一起进行淫乱活动或多次参加多人在一起进行淫乱活动的行为。本罪的构成要件如下：

（1）本罪的客体。本罪的客体是性伦理秩序和公众的性羞耻心。① 同样的表述还有伦理秩序和公众对性的感情。

（2）本罪的客观方面。本罪的客观方面表现为多人在一起从事淫乱活动。淫乱，是指男女多人在一起进行性行为或变态性行为。淫乱行为除了性交以外，还包括其他刺激性兴奋、满足性欲的行为，如聚众从事手淫、口淫、鸡奸等行为。多人，包括三人以上的男性、女性，或男女混合。

（3）本罪的主体。本罪主体只包括首要分子和多次参加者，② 包括男性和女性。并非参加淫乱的任何行为都成立本罪，只有在聚众淫乱中起组织、策划、指挥作用的首要分子，或者虽不是首要分子但多次参加聚众淫乱的人，才成立本罪。首要分子是指在聚众淫乱活动中起纠集、指挥、策划作用的人。组织是指纠集聚众淫乱的人员、选择或提供聚众淫乱的场所等；指挥是指安排淫乱的方式，也包括胁迫、诱骗他人参加淫乱活动等；策划是指为聚众淫乱活动出谋划策等。只要起到其中一种作用的，就可认定为首要分子。③

（4）本罪的主观方面。本罪的主观方面是故意。只有自愿参加聚众淫乱的人才能构成本罪，但不要求参与淫乱的人都出于自愿进行性行为。因为，一方面，这样理解有利于扩大对被害人的保护。如果把淫乱限制为自愿，那么被强迫参与聚众淫乱行为的成年男性的性权益就无法得以刑法保护。另一方面，这样理解不但不会纵容加害人行为，反而更有利于利用刑法遏制此类犯罪。行为人强迫他人参加聚众淫乱的行为可能同时构成聚众淫乱罪和其他犯罪（如强奸罪，强制猥亵、侮辱罪，猥亵儿童罪等），按照法条竞合原则，对于数个法条交叉竞合的，原则上从一重罪论处。这样，就不会因为扩大解释淫乱行为导致对加害人的放纵，完全没有罪刑失衡之弊。同时，这样也使部分强奸等侵害男性性权益的违法行为得以刑法规制，加强了对加害人的惩处力度。

2. 引诱未成年人聚众淫乱罪的构成。引诱未成年人聚众淫乱罪，是指引

---

① 参见刘德法：《刑法学》，郑州大学出版社 2004 年版，第 654 页。

② 有观点认为，聚众淫乱罪是指聚集众人进行淫乱活动的行为（参见张明楷：《刑法学》，法律出版社 2007 年版，第 776 页），这种观点似嫌不妥。因为即使行为人在淫乱活动中没有“聚集众人”的行为，只要多次参与了多人一起淫乱的活动，也构成本罪。

③ 参见《江苏省高级人民法院、江苏省人民检察院、江苏省公安厅关于办理聚众斗殴等几类犯罪案件适用法律若干问题的讨论纪要》（2000 年 10 月 11 日）。

诱未成年人参加聚众淫乱活动的行为。本罪的构成要件如下：

（1）本罪的客体。引诱未成年人聚众淫乱罪的客体是性伦理秩序和未成年人的身心健康。未成年人正处于生理的生长发育期和心理的逐步成熟期，不像成年人那样人生观、价值观、道德观已确立，其意志薄弱，可塑性很大，容易被犯罪分子所利用、诱惑。如果他们参与有违社会道德准则的淫乱活动，不仅有害于其自身的身心健康，也不利于培养他们健康的性道德观，反而只会助长他们与社会道德的背离，最终导致其丧失人伦道德，腐化堕落，成为社会的不安定因素，甚至诱发其他犯罪，因而现代文明国家无不注重对未成年人的保护，并用刑法这道屏障来预防针对未成年人的各种犯罪。

（2）本罪的客观方面。本罪客观上，表现为通过语言、表演、示范、收听、观看淫秽音像制品等手段，拉拢、腐蚀、诱惑本来无意参加聚众淫乱的、不满18周岁的未成年人参加聚众淫乱活动。本罪是行为犯，只要实施了引诱未成年人参加聚众淫乱的行为，即构成本罪。这是出于充分保护未成年人权益的考虑。但是，单纯引诱未成年人观看他人从事淫乱活动的，并无意诱使未成年人参与聚众淫乱的，不应认定为本罪。否则，已超出了文字的通常含义，违背了公众的正常期待，不符合罪刑法定原则。无论行为人是否参加聚众淫乱活动，只要被引诱的未成年人参加聚众淫乱的，即构成此罪。由于本罪的客体是未成年人的身心健康，本罪中的聚众淫乱活动不要求具有公然性，引诱未成年人参加秘密聚众淫乱活动的，也应以本罪论处。

（3）本罪的主体。本罪的主体为一般主体。

（4）本罪的主观方面。本罪的主观方面是故意，过失不构成本罪。

• 适用指引 •

司法实践中，认定本条规定的罪名时应注意：

1. 聚集多名同性在一起进行淫乱活动或多次参加多名同性在一起进行淫乱活动的，也属于聚众淫乱。

2. 引诱未成年人聚众淫乱罪的客体是性伦理秩序和未成年人的身心健康。只要是引诱不满18周岁的未成年人聚众淫乱的，不管场所如何，均成立引诱未成年人聚众淫乱罪。

第三百零二条 盗窃、侮辱、故意毁坏尸体、尸骨、骨灰罪

【法律规定】

• 法律条文 •

《中华人民共和国刑法》

第三百零二条 盗窃、侮辱、故意毁坏尸体、尸骨、骨灰的，处三年以下有期徒刑、拘役或者管制。

【案例】

刘某春侮辱尸体案①

• 案件事实 •

1998 年 3 月，湖南省汉寿县东岳庙乡龙形村村民刘某贵去世后，其子刘柏某、刘石某在未征得被告人刘某春及其家人同意的情况下，将死者安葬在与刘某春家有争议的一块山地里（此地由刘某春家长期作为自留地耕种，但至今尚未确权），引起刘某春及其家人的不满。事后，刘某春见经多方协商和调解均未能将坟迁走，遂与对方发生械斗，纠纷升级。2000 年清明节前，刘某春愿出重金要求对方将坟迁走，也未如愿。刘某春便与其弟刘某凤、其父刘某保等人商议强行迁坟。决定由其父准备钢钎、铁环、马钉等起坟工具，刘某春及其弟从外地购得硫酸 10 公斤，准备起坟后将硫酸倒在墓穴内以图吉利。并邀集亲友、村民数十人，约定于 2000 年 4 月 30 日晚动手挖坟。

2000 年 5 月 1 日凌晨 2 时许，刘某春和其弟刘某凤以及事先邀集的人员，携带起坟工具和硫酸相继到达预定地点开始挖坟。挖掘的响声惊醒了山下的刘柏某、刘石某兄弟及其家人，刘氏兄弟一边鸣锣呼喊，一边电话报警；刘石某还气愤地爬上山向挖坟的方向投掷一枚自制的爆炸物，将挖坟人员惊散。刘某春见状，顿起毁尸犯意，将已挖掘出土的棺材撬开，把准备倒至墓穴内用以“除邪”的硫酸泼在死者刘某贵的尸体上，致尸体严重毁损。

事后，刘某春自感责任重大，遂向公安人员投案自首。

---

① 参见湖南省汉寿县人民法院刑事判决，载祝铭山主编：《扰乱公共秩序罪》（刑事类）（典型案例与法律适用 18），中国法制出版社 2004 年版，第 109 页。

• 裁判要旨 •

为泄私愤，用硫酸泼于尸体上致尸体严重毁损的行为，构成侮辱、故意毁坏尸体罪。

• 裁判理由 •

湖南省汉寿县人民法院经审理认为：被告人刘某春撬开死者刘某贵的棺材，用硫酸泼在尸体上，致尸体毁损，其行为已构成侮辱尸体罪，案发后刘某春能投案自首，认罪态度好，可以从轻处罚。依照《刑法》第302条、第67条第1款的规定，判决如下：被告人刘某春犯侮辱尸体罪，① 判处有期徒刑六个月。

【学理分析及适用指引】

• 学理分析 •

盗窃、侮辱、故意毁坏尸体、尸骨、骨灰罪，是指盗窃、侮辱、故意毁坏尸体、尸骨、骨灰的行为。本罪的构成要件如下：

1. 本罪的客体。本罪的直接客体是历史形成的尊重死者、重视殡葬的公序良俗，对这种公序良俗的破坏会扰乱社会公共秩序。本罪也可能侵害死者亲属的情感和名誉，但如果没有亲属存活的，就不存在这个问题，因此死者亲属的情感和名誉不是本罪客体。关于尸体的外延有不同意见，第一种观点认为包括尸体的全部或部分，还包括遗灰、殓物；第二种观点认为包括尸体的全部或部分，不包括骨灰；② 第三种观点认为包括已死之人完整的躯体。③ 从实质上讲，盗窃、侮辱完整尸体与盗窃、侮辱尸体的尸骨、骨灰，侵犯的都是社会风尚，都伤害了死者家属以至社会的感情，其社会危害性都相同的。因此，从法律解释上说，如果将全部或部分尸骨解释成尸体，并不违反罪刑法定原则，但是骨灰不应当认定为尸体。骨灰是尸体经高温处理后的碳化物，是尸体的派生物质，不同于尸体本身。两者就物质的一般意义上说，有着本质上的不同。将尸体作包括骨灰的扩大解释超出了普通大众的正常预测，属于类推解释。当然从实质意义上讲，立法应当把盗窃、侮辱骨灰的行为与盗窃、侮辱尸体的行为同等对待。《刑法修正案（九）》通过罪刑构造的扩容：一方面在行为对象上，将尸骨、骨灰纳入本罪的保护范围，同尸体一并保护，解决了长期以来的争议

---

① 需要说明的是，该案的审判发生在《刑法修正案（九）》出台之前，按照当时的《刑法》，被告人构成侮辱尸体罪。但根据修正后的《刑法》第302条，则应定性为侮辱、故意毁坏尸体罪。

② 参见陈家林：《盗窃、侮辱尸体罪若干问题研究》，载《当代法学》2003年第10期。

③ 陈兴良主编：《刑法疏议》，中国人民公安大学出版社1997年版，第483页。

问题；另一方面在行为方式上，将“故意毁坏”行为作为本罪的行为方式之一，扩展了本罪的构成范围。

2. 本罪的客观方面表现为盗窃、侮辱、故意毁坏尸体、尸骨、骨灰的行为。其中，盗窃行为是指行为人以秘密方式，将尸体、尸骨、骨灰从原位移走，置于其控制之下，可能的目的包括出卖、结阴婚、试验等。侮辱尸体、尸骨、骨灰，一般表现为对尸体、尸骨、骨灰辱骂、贬损，用秽物玷污尸体、尸骨、骨灰，猥亵尸体、尸骨、骨灰，抛弃尸体或挖开棺木使尸体敞露以及鞭尸，遗撒骨灰，等等。故意毁坏尸体、尸骨、骨灰，一般表现为对尸体、尸骨、骨灰进行损坏、破坏等。

3. 本罪的主体。犯罪主体为一般主体。

4. 本罪的主观方面。本罪主观方面只能是故意。

• 适用指引 •

司法实践中，认定本罪时应注意：

1. 本罪罪与非罪的界限。构成侮辱尸体罪，必须具有侮辱、玷污尸体的目的。有的行为虽然客观上对尸体造成了损害，但行为人主观上无侮辱尸体的故意，则不构成本罪。如医务人员、司法工作人员履行职责依法对尸体进行解剖，殡葬工作人员按照规定火化尸体等。

2. 本罪的一罪与数罪。由于本罪属于选择性罪名，因此，盗窃尸体后又加以侮辱或者故意毁坏的，或者为了侮辱尸体而先盗窃的，仍只定一罪，不实行数罪并罚。杀人后为毁灭罪证、掩盖罪迹而毁坏、抛弃尸体的，或者故意侮辱尸体的，后一行为已为前一行为所吸收，仍只定故意杀人罪一个罪。如果在盗窃尸体的同时，又盗窃了墓葬里的其他物品的，则应以盗窃尸体罪与盗窃罪实行并罚。

第三百零三条 赌博罪；开设赌场罪；组织参与国（境）外赌博罪

【法律规定】

• 法律条文 •

《中华人民共和国刑法》

第三百零三条 以营利为目的，聚众赌博或者以赌博为业的，处三年以下有期徒刑、拘役或者管制，并处罚金。

开设赌场的，处五年以下有期徒刑、拘役或者管制，并处罚金；情节严重的，处五年以上十年以下有期徒刑，并处罚金。

组织中华人民共和国公民参与国（境）外赌博，数额巨大或者有其他严重情节的，依照前款的规定处罚。

• 相关规定 •

《最高人民法院关于对设置圈套诱骗他人参赌又向索还钱财的受骗者施以暴力或暴力威胁的行为应如何定罪问题的批复》（法复〔1995〕8号）

行为人设置圈套诱骗他人参赌获取钱财，属赌博行为，构成犯罪的，应当以赌博罪定罪处罚。参赌者识破骗局要求退还所输钱财，设赌者又使用暴力或者以暴力相威胁，拒绝退还的，应以赌博罪从重处罚；致参赌者伤害或者死亡的，应以赌博罪和故意伤害罪或者故意杀人罪，依法实行数罪并罚。

《最高人民法院、最高人民检察院、公安部关于办理网络赌博犯罪案件适用法律若干问题的意见》（公通字〔2010〕40号）

一、关于网上开设赌场犯罪的定罪量刑标准

利用互联网、移动通讯终端等传输赌博视频、数据，组织赌博活动，具有下列情形之一的，属于刑法第三百零三条第二款规定的“开设赌场”行为：

（一）建立赌博网站并接受投注的；

（二）建立赌博网站并提供给他人组织赌博的；

（三）为赌博网站担任代理并接受投注的；

（四）参与赌博网站利润分成的。

实施前款规定的行为，具有下列情形之一的，应当认定为刑法第三百零三条第二款规定的“情节严重”：

（一）抽头渔利数额累计达到3万元以上的；

（二）赌资数额累计达到30万元以上的；

（三）参赌人数累计达到120人以上的；

（四）建立赌博网站后通过提供给他人组织赌博，违法所得数额在3万元以上的；

（五）参与赌博网站利润分成，违法所得数额在3万元以上的；

（六）为赌博网站招募下级代理，由下级代理接受投注的；

（七）招揽未成年人参与网络赌博的；

（八）其他情节严重的情形。

二、关于网上开设赌场共同犯罪的认定和处罚

明知是赌博网站，而为其提供下列服务或者帮助的，属于开设赌场罪的共同犯罪，依照刑法第三百零三条第二款的规定处罚：

（一）为赌博网站提供互联网接入、服务器托管、网络存储空间、通讯传输通道、投放广告、发展会员、软件开发、技术支持等服务，收取服务费数额在2万元以上的；

（二）为赌博网站提供资金支付结算服务，收取服务费数额在1万元以上或者帮助收取赌资20万元以上的；

（三）为10个以上赌博网站投放与网址、赔率等信息有关的广告或者为赌博网站投放广告累计100条以上的。

实施前款规定的行为，数量或者数额达到前款规定标准5倍以上的，应当认定为刑法第三百零三条第二款规定的“情节严重”。

实施本条第一款规定的行为，具有下列情形之一的，应当认定行为人“明知”，但是有证据证明确实不知道的除外：

（一）收到行政主管机关书面等方式的告知后，仍然实施上述行为的；

（二）为赌博网站提供互联网接入、服务器托管、网络存储空间、通讯传输通道、投放广告、软件开发、技术支持、资金支付结算等服务，收取服务费明显异常的；

（三）在执法人员调查时，通过销毁、修改数据、账本等方式故意规避调查或者向犯罪嫌疑人通风报信的；

（四）其他有证据证明行为人明知的。

如果有开设赌场的犯罪嫌疑人尚未到案，但是不影响对已到案共同犯罪嫌疑人、被告人的犯罪事实认定的，可以依法对已到案者定罪处罚。

三、关于网络赌博犯罪的参赌人数、赌资数额和网站代理的认定

赌博网站的会员账号数可以认定为参赌人数，如果查实一个账号多人使用或者多个账号一人使用的，应当按照实际使用的人数计算参赌人数。

赌资数额可以按照在网络上投注或者赢取的点数乘以每一点实际代表的金额认定。

对于将资金直接或间接兑换为虚拟货币、游戏道具等虚拟物品，并用其作为筹码投注的，赌资数额按照购买该虚拟物品所需资金数额或者实际支付资金数额认定。

对于开设赌场犯罪中用于接收、流转赌资的银行账户内的资金，犯罪嫌疑人、被告人不能说明合法来源的，可以认定为赌资。向该银行账户转入、转出资金的银行账户数量可以认定为参赌人数。如果查实一个账户多人使用或多个账户一人使用的，应当按照实际使用的人数计算参赌人数。

有证据证明犯罪嫌疑人在赌博网站上的账号设置有下级账号的，应当认定其为赌博网站的代理。

四、关于网络赌博犯罪案件的管辖

网络赌博犯罪案件的地域管辖，应当坚持以犯罪地管辖为主、被告人居住地管辖为辅的原则。

“犯罪地”包括赌博网站服务器所在地、网络接入地，赌博网站建立者、管理者所在地，以及赌博网站代理人、参赌人实施网络赌博行为地等。

公安机关对侦办跨区域网络赌博犯罪案件的管辖权有争议的，应本着有利于查清犯罪事实、有利于诉讼的原则，认真协商解决。经协商无法达成一致的，报共同的上级公安机关指定管辖。对即将侦查终结的跨省（自治区、直辖市）重大网络赌博案件，必要时可由公安部商最高人民法院和最高人民检察院指定管辖。

为保证及时结案，避免超期羁押，人民检察院对于公安机关提请审查逮捕、移送审查起诉的案件，人民法院对于已进入审判程序的案件，犯罪嫌疑人、被告人及其辩护人提出管辖异议或者办案单位发现没有管辖权的，受案人民检察院、人民法院经审查可以依法报请上级人民检察院、人民法院指定管辖，不再自行移送有管辖权的人民检察院、人民法院。

五、关于电子证据的收集与保全

侦查机关对于能够证明赌博犯罪案件真实情况的网站页面、上网记录、电子邮件、电子合同、电子交易记录、电子账册等电子数据，应当作为刑事证据予以提取、复制、固定。

侦查人员应当对提取、复制、固定电子数据的过程制作相关文字说明，记录案由、对象、内容以及提取、复制、固定的时间、地点、方法，电子数据的规格、类别、文件格式等，并由提取、复制、固定电子数据的制作人、电子数据的持有人签名或者盖章，附所提取、复制、固定的电子数据一并随案移送。

对于电子数据存储在境外的计算机上的，或者侦查机关从赌博网站提取电子数据时犯罪嫌疑人未到案的，或者电子数据的持有人无法签字或者拒绝签字的，应当由能够证明提取、复制、固定过程的见证人签名或者盖章，记明有关情况。必要时，可对提取、复制、固定有关电子数据的过程拍照或者录像。

《最高人民法院、最高人民检察院、公安部关于办理利用赌博机开设赌场案件适用法律若干问题的意见》（公通字〔2014〕17号）

一、关于利用赌博机组织赌博的性质认定

设置具有退币、退分、退钢珠等赌博功能的电子游戏设施设备，并以现金、有价证券等贵重款物作为奖品，或者以回购奖品方式给予他人现金、有价证券等贵重款物（以下简称设置赌博机）组织赌博活动的，应当认定为刑法第三百零三条第二款规定的"开设赌场"行为。

二、关于利用赌博机开设赌场的定罪处罚标准

设置赌博机组织赌博活动，具有下列情形之一的，应当按照刑法第三百零三条第二款规定的开设赌场罪定罪处罚：

（一）设置赌博机10台以上的；

（二）设置赌博机2台以上，容留未成年人赌博的；

（三）在中小学校附近设置赌博机2台以上的；

（四）违法所得累计达到5000元以上的；

（五）赌资数额累计达到5万元以上的；

（六）参赌人数累计达到20人以上的；

（七）因设置赌博机被行政处罚后，两年内再设置赌博机5台以上的；

（八）因赌博、开设赌场犯罪被刑事处罚后，五年内再设置赌博机5台以上的；

（九）其他应当追究刑事责任的情形。

设置赌博机组织赌博活动，具有下列情形之一的，应当认定为刑法第三百零三条第二款规定的“情节严重”：

（一）数量或者数额达到第二条第一款第一项至第六项规定标准六倍以上的；

（二）因设置赌博机被行政处罚后，两年内再设置赌博机30台以上的；

（三）因赌博、开设赌场犯罪被刑事处罚后，五年内再设置赌博机30台以上的；

（四）其他情节严重的情形。

可同时供多人使用的赌博机，台数按照能够独立供一人进行赌博活动的操作基本单元的数量认定。

在两个以上地点设置赌博机，赌博机的数量、违法所得、赌资数额、参赌人数等均合并计算。

三、关于共犯的认定

明知他人利用赌博机开设赌场，具有下列情形之一的，以开设赌场罪的共犯论处：

（一）提供赌博机、资金、场地、技术支持、资金结算服务的；

（二）受雇参与赌场经营管理并分成的；

（三）为开设赌场者组织客源，收取回扣、手续费的；

（四）参与赌场管理并领取高额固定工资的；

（五）提供其他直接帮助的。

四、关于生产、销售赌博机的定罪量刑标准

以提供给他人开设赌场为目的，违反国家规定，非法生产、销售具有退币、退分、退钢珠等赌博功能的电子游戏设施设备或者其专用软件，情节严重的，依照刑法第二百二十五条的规定，以非法经营罪定罪处罚。

实施前款规定的行为，具有下列情形之一的，属于非法经营行为“情节严重”：

（一）个人非法经营数额在五万元以上，或者违法所得数额在一万元以上的；

（二）单位非法经营数额在五十万元以上，或者违法所得数额在十万元以上的；

（三）虽未达到上述数额标准，但两年内因非法生产、销售赌博机行为受过二次以上行政处罚，又进行同种非法经营行为的；

（四）其他情节严重的情形。

具有下列情形之一的，属于非法经营行为“情节特别严重”：

（一）个人非法经营数额在二十五万元以上，或者违法所得数额在五万元以上的；

（二）单位非法经营数额在二百五十万元以上，或者违法所得数额在五十万元以上的。

五、关于赌资的认定

本意见所称赌资包括：

（一）当场查获的用于赌博的款物；

（二）代币、有价证券、赌博积分等实际代表的金额；

（三）在赌博机上投注或赢取的点数实际代表的金额。

六、关于赌博机的认定

对于涉案的赌博机，公安机关应当采取拍照、摄像等方式及时固定证据，并予以认定。对于是否属于赌博机难以确定的，司法机关可以委托地市级以上公安机关出具检验报告。司法机关根据检验报告，并结合案件具体情况作出认定。必要时，人民法院可以依法通知检验人员出庭作出说明。

七、关于宽严相济刑事政策的把握

办理利用赌博机开设赌场的案件，应当贯彻宽严相济刑事政策，重点打击赌场的出资者、经营者。对受雇佣为赌场从事接送参赌人员、望风看场、发牌坐庄、兑换筹码等活动的人员，除参与赌场利润分成或者领取高额固定工资的以外，一般不追究刑事责任，可由公安机关依法给予治安管理处罚。对设置游戏机，单次换取少量奖品的娱乐活动，不以违法犯罪论处。

八、关于国家机关工作人员渎职犯罪的处理

负有查禁赌博活动职责的国家机关工作人员，徇私枉法，包庇、放纵开设赌场违法犯罪活动，或者为违法犯罪分子通风报信、提供便利、帮助犯罪分子逃避处罚，构成犯罪的，依法追究刑事责任。

国家机关工作人员参与利用赌博机开设赌场犯罪的，从重处罚。

《最高人民法院、最高人民检察院、公安部关于开展集中打击赌博违法犯罪活动专项行动有关工作的通知》（公通字〔2005〕2号）

二、突出打击重点，严格依照法律规定打击赌博违法犯罪活动

各级公安机关、人民检察院、人民法院要充分认识此类违法犯罪活动的特点，充分发挥职能作用，依法打击进行赌博违法犯罪活动的不法分子。要通过专项行动打掉一批赌博团伙、窝点，铲除封堵一批赌博网站，查破一批赌博大案要案，严惩一批赌博违法犯罪分子。其中，重点惩处赌博犯罪集团和网络赌

博的组织者、六合彩和赌球赌马等赌博活动的组织者以及参与赌博犯罪活动的党政领导干部、国家公务员和企事业单位负责人。

在专项行动中，要按照刑法和有关司法解释的规定，严格依法办案，准确认定赌博犯罪行为，保证办案质量。对以营利为目的的聚众赌博、开设赌场的，无论其是否参与赌博，均应以赌博罪追究刑事责任；对以营利为目的以赌博为业的，无论其是否实际营利，也应以赌博罪追究刑事责任。对通过在中国领域内设立办事处、代表处或者散发广告等形式，招揽、组织中国公民赴境外赌博，构成犯罪的，以赌博罪定罪处罚。对具有教唆他人赌博、组织未成年人聚众赌博或者开设赌场吸引未成年人参与赌博以及国家工作人员犯赌博罪等情形的，应当依法从严处理。对实施贪污、挪用公款、职务侵占、挪用单位资金、挪用特定款物、受贿等犯罪，并将犯罪所得的款物用于赌博的，分别依照刑法有关规定从重处罚；同时构成赌博罪的，应依照刑法规定实行数罪并罚。要充分运用没收财产、罚金等财产刑，以及追缴违法所得、没收用于赌博的本人财物和犯罪工具等措施，从经济上制裁犯罪分子，铲除赌博犯罪行为的经济基础。要坚持惩办与宽大相结合的刑事政策，区别对待，宽严相济，最大限度地分化瓦解犯罪分子。对主动投案自首或者有检举、揭发赌博违法犯罪活动等立功表现的，可依法从宽处罚。

要严格区分赌博违法犯罪活动与群众正常文娱活动的界限，对不以营利为目的，进行带有少量财物输赢的娱乐活动，以及提供棋牌室等娱乐场所并只收取固定的场所和服务费用的经营行为等，不得以赌博论处。对参赌且赌资较大的，可由公安机关依法给予治安处罚；符合劳动教养条件的，依法给予劳动教养；违反党纪政纪的，由主管机关予以纪律处分。要严格依法办案，对构成犯罪的，决不姑息手软，严禁以罚代刑，降格处理；对不构成犯罪或者不应当给予行政处理的，不得打击、处理，不得以禁赌为名干扰群众的正常文娱活动。

《最高人民检察院、公安部关于公安机关管辖的刑事案件立案追诉标准的规定（一）》（公通字〔2008〕36号）

第四十三条　［赌博案（刑法第三百零三条第一款）］以营利为目的，聚众赌博，涉嫌下列情形之一的，应予立案追诉：

（一）组织三人以上赌博，抽头渔利数额累计五千元以上的；

（二）组织三人以上赌博，赌资数额累计五万元以上；

（三）组织三人以上赌博，参赌人数累计二十人以上的；

（四）组织中华人民共和国公民十人以上赴境外赌博，从中收取回扣、介绍费的；

（五）其他聚众赌博应予追究刑事责任的情形。

以营利为目的，以赌博为业的，应予立案追诉。

赌博犯罪中用作赌注的款物、换取筹码的款物和通过赌博赢取的款物属于赌资。通过计算机网络实施赌博犯罪的，赌资数额可以按照在计算机网络上投注或者赢取的点数乘以每一点实际代表的金额认定。

第四十四条 ［开设赌场案（刑法第三百零三条第二款）］开设赌场的，应予立案追诉。

在计算机网络上建立赌博网站，或者为赌博网站担任代理，接受投注的，属于本条规定的“开设赌场”。

《公安部关于办理赌博违法案件适用法律若干问题的通知》（公通字〔2005〕30号）

九、不以营利为目的，亲属之间进行带有财物输赢的打麻将、玩扑克等娱乐活动，不予处罚；亲属之外的其他人之间进行带有少量财物输赢的打麻将、玩扑克等娱乐活动，不予处罚。

【案例一】

洪小强、洪礼沃、洪清泉、李志荣开设赌场案①

• 案件事实 •

2016年2月14日，被告人李志荣、洪礼沃、洪清泉伙同洪某1、洪某2（均在逃）以福建省南安市英都镇阀门基地旁一出租房为据点（后搬至福建省南安市英都镇环江路大众电器城五楼的套房），雇用洪某3等人，运用智能手机、电脑等设备建立微信群［群昵称为“寻龙诀”，经多次更名后为“（新）九八届同学聊天”］拉拢赌客进行网络赌博。洪某1、洪某2作为发起人和出资人，负责幕后管理整个团伙；被告人李志荣主要负责财务、维护赌博软件；被告人洪礼沃主要负责后勤；被告人洪清泉主要负责处理与赌客的纠纷；被告人洪小强为出资人，并介绍了陈某某等赌客加入微信群进行赌博。该微信赌博群将启动资金人民币30万元分成100份资金股，并另设10份技术股。其中，被告人洪小强占资金股6股，被告人洪礼沃、洪清泉各占技术股4股，被告人李志荣占技术股2股。

参赌人员加入微信群，通过微信或支付宝将赌资转至庄家（昵称为“白龙账房”“青龙账房”）的微信或者支付宝账号计入分值（一元相当于一分）后，根据“PC蛋蛋”等竞猜游戏网站的开奖结果，以押大小、单双等方式在群内投注赌博。该赌博群24小时运转，每局参赌人员数十人，每日赌注累计达数十万元。截至案发时，该团伙共接受赌资累计达3237300元。赌博群运行期间共分红2次，其中被告人洪小强分得人民币36000元，被告人李志荣分得人民币6000

---

① 根据2018年12月25日《最高人民法院关于发布第二十批指导性案例的通知》指导案例105号修改。

元，被告人洪礼沃分得人民币12000元，被告人洪清泉分得人民币12000元。

• 裁判要旨 •

以营利为目的，通过邀请人员加入微信群的方式招揽赌客，根据竞猜游戏网站的开奖结果等方式进行赌博，设定赌博规则，利用微信群进行控制管理，在一段时间内持续组织网络赌博活动的，属于《刑法》第303条第2款规定的“开设赌场”。

• 裁判理由 •

江西省赣州市章贡区人民法院于2017年3月27日作出（2016）赣0702刑初367号刑事判决：一、被告人洪小强犯开设赌场罪，判处有期徒刑四年，并处罚金人民币5万元。二、被告人洪礼沃犯开设赌场罪，判处有期徒刑四年，并处罚金人民币5万元。三、被告人洪清泉犯开设赌场罪，判处有期徒刑四年，并处罚金人民币5万元。四、被告人李志荣犯开设赌场罪，判处有期徒刑四年，并处罚金人民币5万元。五、将四被告人所退缴的违法所得共计人民币66000元以及随案移送的6部手机、1台笔记本电脑、3台台式电脑主机等供犯罪所用的物品，依法予以没收，上缴国库。宣判后，四被告人均未提出上诉，判决已发生法律效力。

法院生效裁判认为，被告人洪小强、洪礼沃、洪清泉、李志荣以营利为目的，通过邀请人员加入微信群的方式招揽赌客，根据竞猜游戏网站的开奖结果，以押大小、单双等方式进行赌博，并利用微信群进行控制管理，在一段时间内持续组织网络赌博活动的行为，属于《刑法》第303条第2款规定的“开设赌场”。被告人洪小强、洪礼沃、洪清泉、李志荣开设和经营赌场，共接受赌资累计达3237300元，应认定为《刑法》第303条第2款规定的“情节严重”，其行为均已构成开设赌场罪。

【案例二】

谢检军、高垒、高尔樵、杨泽彬开设赌场案①

• 案件事实 •

2015年9月至2015年11月，向某（已判决）在杭州市萧山区活动期间，分别伙同被告人谢检军、高垒、高尔樵、杨泽彬等人，以营利为目的，邀请他人加入其建立的微信群，组织他人在微信群里采用抢红包的方式进行赌博。期

---

① 根据2018年12月25日《最高人民法院关于发布第二十批指导性案例的通知》指导案例106号修改。

间，被告人谢检军、高垒、高尔樵、杨泽彬分别帮助向某在赌博红包群内代发红包，并根据发出赌博红包的个数，从抽头款中分得好处费。

• 裁判要旨 •

以营利为目的，通过邀请人员加入微信群，利用微信群进行控制管理，以抢红包方式进行赌博，在一段时间内持续组织赌博活动的行为，属于《刑法》第303条第2款规定的“开设赌场”。

• 裁判理由 •

浙江省杭州市萧山区人民法院于2016年11月9日作出（2016）浙0109刑初1736号刑事判决：一、被告人谢检军犯开设赌场罪，判处有期徒刑三年六个月，并处罚金人民币25000元。二、被告人高垒犯开设赌场罪，判处有期徒刑三年三个月，并处罚金人民币2万元。三、被告人高尔樵犯开设赌场罪，判处有期徒刑三年三个月，并处罚金人民币15000元。四、被告人杨泽彬犯开设赌场罪，判处有期徒刑三年，并处罚金人民币1万元。五、随案移送的四被告人犯罪所用工具手机6只予以没收，上缴国库；尚未追回的四被告人犯罪所得赃款，继续予以追缴。宣判后，谢检军、高尔樵、杨泽彬不服，分别向浙江省杭州市中级人民法院提出上诉。浙江省杭州市中级人民法院于2016年12月29日作出（2016）浙01刑终1143号刑事判决：一、维持杭州市萧山区人民法院（2016）浙0109刑初1736号刑事判决第一项、第二项、第三项、第四项的定罪部分及第五项没收犯罪工具、追缴赃款部分。二、撤销杭州市萧山区人民法院（2016）浙0109刑初1736号刑事判决第一项、第二项、第三项、第四项的量刑部分。三、上诉人（原审被告人）谢检军犯开设赌场罪，判处有期徒刑三年，并处罚金人民币25000元。四、原审被告人高垒犯开设赌场罪，判处有期徒刑二年六个月，并处罚金人民币2万元。五、上诉人（原审被告人）高尔樵犯开设赌场罪，判处有期徒刑二年六个月，并处罚金人民币15000元。六、上诉人（原审被告人）杨泽彬犯开设赌场罪，判处有期徒刑一年六个月，并处罚金人民币1万元。

法院生效裁判认为，以营利为目的，通过邀请人员加入微信群，利用微信群进行控制管理，以抢红包方式进行赌博，设定赌博规则，在一段时间内持续组织赌博活动的行为，属于《刑法》第303条第2款规定的“开设赌场”。谢检军、高垒、高尔樵、杨泽彬伙同他人开设赌场，均已构成开设赌场罪，且系情节严重。谢检军、高垒、高尔樵、杨泽彬在共同犯罪中地位和作用较轻，均系从犯，原判未认定从犯不当，依法予以纠正，并对谢检军予以从轻处罚，对高尔樵、杨泽彬、高垒均予以减轻处罚。杨泽彬犯罪后自动投案，并如实供述自己的罪行，系自首，依法予以从轻处罚。谢检军、高尔樵、高垒到案后如实供述犯罪事实，依法予以从轻处罚。谢检军、高尔樵、杨泽彬、高垒案发后退赃，二审审理期间杨泽彬的家人又代为退赃，均酌情予以从轻处罚。

【案例三】

陈庆豪、陈淑娟、赵延海开设赌场案①

• 案件事实 •

2016 年 6 月，北京龙汇联创教育科技有限公司（以下简称龙汇公司）设立，负责为龙汇网站的经营提供客户培训、客户维护、客户发展服务，幕后实际控制人周熙坤。周熙坤利用上海麦曦商务咨询有限公司聘请讲师、经理、客服等工作人员，并假冒上海哲荔网络科技有限公司等在智付电子支付有限公司的支付账户，接收全国各地会员注册交易资金。

龙汇网站以经营“二元期权”交易为业，通过招揽会员以“买涨”或“买跌”的方式参与赌博。会员在龙汇网站注册充值后，下载安装市场行情接收软件和龙汇网站自制插件，选择某一外汇交易品种，并选择 1M（分钟）到 60M 不等的到期时间，下单交易金额，并点击“买涨”或“买跌”按钮完成交易。买定离手之后，不可更改交易内容，不能止损止盈，若买对涨跌方向即可盈利交易金额的 76% ~78%，若买错涨跌方向则本金全亏，盈亏情况不与外汇实际涨跌幅度挂钩。龙汇网站建立了等级经纪人制度及对应的佣金制度，等级经纪人包括 SB 银级至 PB 铂金三星级六个等级。截至案发，龙汇网站在全国约有 10 万会员。

2017 年 1 月，陈庆豪受周熙坤聘请为顾问、市场总监，从事日常事务协调管理，维系龙汇网站与高级经纪人之间的关系，出席“培训会”“说明会”并进行宣传，发展会员，拓展市场。2016 年 1 月，陈淑娟在龙汇网站注册账号，通过发展会员一度成为 PB 铂金一星级经纪人，下有 17000 余个会员账号。2016 年 2 月，赵延海在龙汇网站注册账号，通过发展会员一度成为 PB 铂金级经纪人，下有 8000 余个会员账号。经江西大众司法鉴定中心司法会计鉴定，2017 年 1 月 1 日至 2017 年 7 月 5 日，陈淑娟从龙汇网站提款 180975.04 美元，赵延海从龙汇网站提款 11598.11 美元。2017 年 7 月 5 日，陈庆豪、陈淑娟和赵延海被抓获归案。陈庆豪归案后，于 2017 年 8 月 8 日退缴 35 万元违法所得。

• 裁判要旨 •

以“二元期权”交易的名义，在法定期货交易场所之外利用互联网招揽

① 根据 2020 年 12 月 29 日《最高人民法院关于发布第二十六批指导性案例的通知》指导案例 146 号修改。

"投资者"，以未来某段时间外汇品种的价格走势为交易对象，按照"买涨""买跌"确定盈亏，买对涨跌方向的"投资者"得利，买错的本金归网站（庄家）所有，盈亏结果不与价格实际涨跌幅度挂钩的，本质是"押大小、赌输赢"，是披着期权交易外衣的赌博行为。对相关网站应当认定为赌博网站。

• 裁判理由 •

江西省吉安市中级人民法院于2019年3月22日作出（2018）赣08刑初21号刑事判决：以被告人陈庆豪犯开设赌场罪，判处有期徒刑三年，并处罚金人民币50万元，驱逐出境；被告人陈淑娟犯赌博罪，判处有期徒刑二年，并处罚金人民币30万元；被告人赵延海犯赌博罪，判处有期徒刑一年十个月，并处罚金人民币20万元；继续追缴被告人陈淑娟和赵延海的违法所得。宣判后，陈庆豪、陈淑娟提出上诉。江西省高级人民法院于2019年9月26日作出（2019）赣刑终93号刑事判决：以上诉人陈庆豪犯开设赌场罪，改判有期徒刑二年六个月，并处罚金人民币50万元，驱逐出境；上诉人陈淑娟犯开设赌场罪，判处有期徒刑二年，并处罚金人民币30万元；被告人赵延海犯开设赌场罪，判处有期徒刑一年十个月，并处罚金人民币20万元；继续追缴陈淑娟和赵延海的违法所得。

法院生效裁判认为，根据国务院2017年修订的《期货交易管理条例》第1条、第4条、第6条规定，期权合约是指期货交易场所统一制定的、规定买方有权在将来某一时间以特定价格买入或者卖出约定标的物的标准化合约。期货交易应当在期货交易所等法定期货交易场所进行，禁止期货交易场所之外进行期货交易。未经国务院或者国务院期货监督管理机构批准，任何单位或者个人不得以任何形式组织期货交易。简言之，期权是一种以股票、期货等品种的价格为标的，在法定期货交易场所进行交易的金融产品，在交易过程中需完成买卖双方权利的转移，具有规避价格风险、服务实体经济的功能。

龙汇"二元期权"的交易方法是下载市场行情接收软件和龙汇网站自制插件，会员选择外汇品种和时间段，点击"买涨"或"买跌"按钮完成交易，买对涨跌方向即可盈利交易金额的76%～78%，买错涨跌方向则本金即归网站（庄家）所有，盈亏结果与外汇交易品种涨跌幅度无关，实则是以未来某段时间外汇、股票等品种的价格走势为交易对象，以标的价格走势的涨跌决定交易者的财产损益，交易价格与盈亏幅度事前确定，盈亏结果与价格实际涨跌幅度不挂钩，交易者没有权利行使和转移环节，交易结果具有偶然性、投机性和射幸性。因此，龙汇"二元期权"与"押大小、赌输赢"的赌博行为本质相同，实为网络平台与投资者之间的对赌，是披着期权外衣的赌博行为。

被告人陈庆豪在龙汇公司担任中国区域市场总监，从事日常事务协调管理，维护公司与经纪人关系，参加各地说明会、培训会并宣传龙汇"二元期权"，发展新会员和开拓新市场，符合《最高人民法院、最高人民检察院、公安部关于办理网络赌博犯罪案件适用法律若干问题的意见》（以下简称《意见》）第2条规定的明知是赌博网站，而为其提供投放广告、发展会员等服务的行为，构成开设赌场罪，其非法所得已达到《意见》第2条规定的“收取服务费数额在2万元以上的”5倍以上，应认定为开设赌场“情节严重”。但考虑到其犯罪事实、行为性质、在共同犯罪中的地位作用和从轻量刑情节，对其有期徒刑刑期予以酌减，对罚金刑依法予以维持。陈淑娟、赵延海面向社会公众招揽赌客参加赌博，属于为赌博网站担任代理并接受投注行为，且行为具有组织性、持续性、开放性，构成开设赌场罪，并达到“情节严重”。原判认定陈淑娟、赵延海的罪名不当，二审依法改变其罪名，但根据上诉不加刑原则，维持一审对其量刑。

【案例四】

梁某等开设赌场案①

• 案件事实 •

2008年12月17日至2009年2月22日，梁某提供百家乐电子游戏机10台，赵某、张某杰负责租赁场地、雇用人员，利润由3人负责分配。先后在扶沟县城中汇大酒店、东关清沁浴池（土产公司院内）、中汇大酒店对面音乐广场，利用具有赌博功能的百家乐电子游戏机开设赌场，供参赌人员进行赌博。被告人刘某某、张某、牛某、牛某峰先后受雇在赌场内收取赌资。被告人王某某受雇在音乐广场内维修机器及负责记账。该赌场于2009年2月22日被公安机关查处，收缴10台百家乐游戏机，已经销毁。另查明，2010年2月3日赵某到扶沟县公安局投案自首。2010年1月13日，刘某某到扶沟县公安局投案自首。

• 裁判要旨 •

租用场地设置多台具有赌博功能的电子游戏机，使人赌博，从中收取赌资的，属于开设赌场罪。

• 裁判理由 •

河南省扶沟县人民法院经审理认为：被告人梁某、赵某、张某杰设置电子游戏机，租用场地开设赌场，供人赌博；被告人刘某某、张某、牛某、王某某、牛某峰明知赌博违法，仍在赌场内收取赌资、维修机器、上分记账、帮助赌场运营。八被告人的行为符合开设赌场罪的构成要件，构成开设赌场罪，公

① 参见河南省扶沟县人民法院（2010）扶刑初字第23号。

诉机关指控八被告人犯开设赌场罪，事实清楚，证据确实、充分，罪名成立，本院予以支持。八被告人共同故意犯罪，系共同犯罪。被告人梁某、赵某、张某杰提供赌具、租用场地、安排雇用人员、参与利润分成，系主犯。被告人刘某某、张某、牛某、王某某、牛某峰不参与利润分成，只领取工资报酬，帮助赌场运营，系从犯，应从轻处罚。被告人赵某、刘某某犯罪后主动投案，并如实供述自己的罪行，系自首，可以从轻处罚。依据《刑法》第303条第2款、第25条第1款、第26条第1款、第27条、第52条、第53条、第67条第1款之规定，判决如下：一、被告人梁某犯开设赌场罪，判处有期徒刑七个月，并处罚金人民币5000元。二、被告人张某杰犯开设赌场罪，判处有期徒刑七个月，并处罚金人民币5000元。三、被告人张某犯开设赌场罪，判处拘役六个月，并处罚金人民币2000元。四、被告人王某某犯开设赌场罪，判处拘役六个月，并处罚金人民币2000元。五、被告人牛某峰犯开设赌场罪，判处拘役六个月，并处罚金人民币2000元。六、被告人赵某犯开设赌场罪，判处拘役四个月，并处罚金人民币3000元。七、被告人牛某犯开设赌场罪，判处拘役四个月，并处罚金人民币2000元。八、被告人刘某某犯开设赌场罪，判处拘役三个月，并处罚金人民币2000元。

【学理分析及适用指引】

• 学理分析 •

1. 赌博罪的构成。赌博罪，是指以营利为目的，聚众赌博或者以赌博为业的行为。本罪的构成要件如下：

（1）本罪的客体。本罪侵犯的直接客体是崇尚劳动的社会风尚。赌博以偶然的因素决定财产的取得和丧失，扰乱了崇尚劳动的社会风尚，妨害了以劳动取得财产这一国民健全的经济生活方式与秩序，诱发其他犯罪，对社会的经济发展和社会进步不利。因此，本罪的间接客体是社会公共秩序。赌博必须是胜者取得财物，败者交付财物，此处的财物包括财产性利益。如果双方以财物以外的利益进行赌事或者博戏，则不属于赌博。

（2）本罪的客观方面。客观方面表现为聚众赌博或者以赌博为业的行为。聚众赌博，是指为赌博提供赌场、赌具，组织、招引他人参加赌博，本人从中抽头渔利的行为。这种人俗称“赌头”。赌头可能参与赌博，也可能不参与赌博，可能是一人，也可能是多人（3人以上），但均不影响本罪的成立。传统意义上以赌博为业一般是指以赌博为常业，即以赌博所得为其生活或者挥霍的主要来源的行为。这种人俗称“赌棍”。

（3）本罪的主体。本罪主体实际上由两种人构成：①“赌头”，即聚集、组织他人赌博者。至于其本身是否参与赌博，不影响本罪的成立；聚众赌博，达到一定危害程度的，才构成赌博罪。依据《最高人民法院、最高人民检察院关于办理赌博刑事案件具体应用法律若干问题的解释》的规定，聚众赌博包括：a. 组织 3 人以上赌博，抽头渔利数额累计达到 5000 元以上的；b. 组织 3 人以上赌博，赌资数额累计达到 5 万元以上的；c. 组织 3 人以上赌博，参赌人数累计达到 20 人以上的；d. 组织中华人民共和国公民 10 人以上赴境外赌博，从中收取回扣、介绍费的。②“赌棍”，即以赌博为常业者。在实践中，以下情形可以视为以赌博为业：a. 专门从事赌博活动，并以赌博所得作为主要生活来源；b. 连续半年以上不务正业，专门从事赌博；c. 连续半年以上参加赌博活动，赌博所得超过其合法收入；d. 经常赌博，屡教不改。行为人虽然参与他人聚众赌博、开设赌场等赌博活动，但非聚众赌博的组织者、经营者，主要从事接送、餐饮服务、望风等辅助活动，从中领取工资报酬且情节轻微的，可不以赌博罪共犯论处，由公安机关予以行政处理；构成其他犯罪的，依法追究刑事责任。

（4）本罪的主观方面。构成赌博罪，必须以营利为目的，实际上是否获利，不影响认定主观目的。为抽头渔利、收取回扣或介绍费而聚众赌博的；以赌博所得为生活或者收入主要来源的，均可认定为以营利为目的。不以营利为目的，亲属之间进行带有财物输赢的打麻将、玩扑克等娱乐活动，不予处罚；亲属之外的其他人之间进行带有少量财物输赢的打麻将、玩扑克等娱乐活动，不予处罚。

2. 开设赌场罪的构成。开设赌场罪，是指为赌博提供场所，设定赌博方式，提供赌具、筹码、资金等组织赌博的行为。本罪的构成要件如下：

（1）本罪的客体。本罪侵犯的客体是社会管理秩序和社会风尚。开设赌场由于吸引他人前去赌博，因而参赌人数多，赌资数额大，赌场的收入更加丰厚，社会危害性比一般的赌博犯罪更大，必须予以严厉打击。所以，《刑法修正案（六）》将“开设赌场”的行为从赌博犯罪行为中分立出来，作为一种单独的犯罪加以规定，并将刑罚从原来的三年有期徒刑提高到十年。

（2）本罪的客观方面。客观方面表现为为赌博提供场所，设定赌博方式，提供赌具、筹码、资金等组织赌博的行为。传统的赌博场所一般是房屋、场馆等，赌具、筹码也都是看得见、摸得着的实物，如纸牌、麻将、骰子等。在网络高速发展的今天，赌博已经发展到可通过网络等虚拟场所进行。网络赌博主要形式有百家乐、21 点、老虎机、押大小、赌球、赌马、轮盘赌、六合彩等，多通过与国际赌博公司联网，提供境外赌场实况、进行网络投注、信用卡交割赌资等方法进行，可实现境内外同步操作。

（3）本罪的主体。犯罪主体为一般主体。

（4）本罪的主观方面。主观方面由故意构成，一般都有营利的目的。行为人主观上对于提供赌博场所或者开设赌博网站、担任代理是明知的。尽管本罪并不以行为人营利为构成要件，但行为人主观上一般都有营利的目的。

3. 组织参与国（境）外赌博罪的构成。组织参与国（境）外赌博罪是《刑法修正案（十一）》针对跨国（境）赌博呈现的新问题而增设的新罪名。

本罪的犯罪主体是组织者，即组织、召集中国公民参与国（境）外赌博的人员，既包括犯罪集团，也包括比较松散的犯罪团伙，还可以是个人组织他人参与国（境）外赌博。这里的组织行为可以是我国内地公民实施的组织行为，也可以是国（境）外人员在内地针对我国内地公民实施的组织行为。

对本罪而言，数额巨大或者有其他严重情节是构成本罪的必要条件。数额巨大，主要是指赌资数额巨大，可能造成大量外汇流失的情形，具体数额应当通过相关司法解释予以明确。赌资主要是指赌博犯罪中用作赌注的款物、换取筹码的款物和通过赌博赢取的款物。有其他严重情节，是指赌资虽未达到数额巨大，但接近数额巨大的条件，有其他严重情节的情况，如抽头渔利的数额较多，参赌人数较多，组织、胁迫、引诱、教唆、容留未成年人参与赌博，强迫他人赌博或者结算赌资等情形。

• 适用指引 •

司法实践中，认定本条规定的罪名时应注意：

1. 赌博罪与一般违法行为的界限。两者的主要区别在于：主观上是否以营利为目的，客观上是否具有聚众赌博、以赌博为业的行为。对于虽然多次参加赌博，但输赢不大，不是以赌博为生活或主要经济来源的；或者行为人虽然偶尔提供赌场、赌具，本人未从中渔利的，都不能认定为赌博罪。其中情节严重的，可按《治安管理处罚法》有关规定处理。

2. 赌博罪与诈骗罪的界限。诈骗罪是以非法占有为目的，以欺骗的手段非法取得公私财物的行为。其主要特征在于“骗”，赌博犯罪中往往也伴有欺骗活动，但这种欺骗与诈骗罪中的欺骗是不同的。赌博罪中的欺骗是制造虚假事实，引诱他人参加赌博，而赌博活动本身则是凭偶然之事实决定输赢，其目的仍在于通过赌博达到营利的目的，而不是以非法占有为目的。根据《最高人民法院关于对设置圈套诱骗他人参赌又向索还钱财的受骗者施以暴力或暴力威胁的行为应如何定罪问题的批复》，行为人设置圈套诱骗他人参赌骗取钱财，属赌博行为，构成犯罪的，应以赌博罪定罪处罚。参赌者识破骗局要求退还所输钱财，设赌者又使用暴力或以暴力相威胁，拒绝退还的，应以赌博罪从重处罚；致参赌者伤亡的，应以赌博罪和故意伤害罪或故意杀人罪数罪并罚。

3. 赌博罪与抢劫罪的界限。一般而言，两罪是两个性质不同的犯罪，区别十分明显，不易混淆，但对抢赌场的行为如何定性应视具体情况区别对待：一种是没有参加赌博的人抢赌场，另一种是参加赌博的人，因输了钱不甘心而抢了赢钱的人。前一种情况，不管行为人是否冒充民兵或公安人员，只要抢了赌场且采用暴力或者胁迫手段进行就应定为抢劫罪；如果没有采取暴力或胁迫手段进行但是数额较大的，可认定为抢夺罪；如果数额较小，则属于一般抢夺违法行为，而不能定为抢劫罪。对于后一种情况也应区分对待：对参赌的人没有采取暴力、胁迫手段抢夺赌资的，因为是发生在抢赌场的当时，可以认为是赌博行为的继续，是赌博罪行的表现，仍应定为赌博罪；但是如果参赌之人采用暴力或胁迫手段抢劫他人赌资的，应定为抢劫罪，与赌博罪实行并罚。

4. 开设赌场罪主体认定。开设赌场罪的主体是赌场的组织者、经营者，仅从事接送、餐饮服务、望风等辅助活动，从中领取工资报酬且情节轻微的，可不以开设赌场罪共犯论处。

5. 组织参与国（境）外赌博罪的司法认定问题。一是组织参与国（境）外赌博罪是否仅限于组织我国公民出境赌博，是否包括在境内通过网络参加的情形。随着互联网的发展和普及，开设赌场、参与赌博的行为线上线下均属于常见违法犯罪现象。应当说，组织参与国（境）外赌博罪是不仅限于“组织我国公民出境赌博”，也包括在境内通过网络参加设在国（境）外赌博的情形，即并非实际出国（境）的行为仍可构成组织参与国（境）外赌博罪。二是关于本罪相关联行为的罪数问题。如行为人在境外开设赌场，并组织我国公民参与赌博的，应分别构成开设赌场罪和组织参与国（境）外赌博罪，应当予以并罚。再如，组织我国公民参与国（境）外赌博，可能同时又妨害国（边）境管理，构成组织他人偷越国（边）境罪、运送他人偷越国（边）境罪、偷越国（边）境罪等，应当数罪并罚。

第三百零四条　故意延误投递邮件罪

【法律规定】

• 法律条文 •

《中华人民共和国刑法》

第三百零四条　邮政工作人员严重不负责任，故意延误投递邮件，致使公共财产、国家和人民利益遭受重大损失的，处二年以下有期徒刑或者拘役。

• 相关规定 •

《最高人民检察院、公安部关于公安机关管辖的刑事案件立案追诉标准的规定（一）》（公通字〔2008〕36号）

第四十五条　［故意延误投递邮件案（刑法第三百零四条）］邮政工作人员严重不负责任，故意延误投递邮件，涉嫌下列情形之一的，应予立案追诉：

（一）造成直接经济损失二万元以上的；

（二）延误高校录取通知书或者其他重要邮件投递，致使他人失去高校录取资格或者造成其他无法挽回的重大损失的；

（三）严重损害国家声誉或者造成其他恶劣社会影响的；

（四）其他致使公共财产、国家和人民利益遭受重大损失的情形。

【学理分析及适用指引】

• 学理分析 •

故意延误投递邮件罪，是指邮政工作人员严重不负责任，故意延误投递邮件，致使公共财产、国家和人民利益遭受重大损失的行为。本罪的构成要件如下：

1. 本罪的客体。本罪的客体是邮政管理的正常秩序和个人与单位的通讯权利。这里的邮件，是指邮政企业及其分支机构寄送、递交的信件、电报、传真、印刷品、邮包、汇款通知、报刊等。

2. 本罪的客观方面。本罪的客观方面表现为延误投递邮件，致使公共财产、国家和人民利益遭受重大损失的行为。延误投递的行为，即拖延、耽误邮件的分发、递送，没有按照国务院邮政主管部门规定的时限提交邮件。致使公共财产、国家和人民利益遭受重大损失，是指因为邮件投递延误，影响国家重大事务或者有关单位的重要工作；造成重大经济损失；造成其他严重后果；等等。

3. 本罪的主体。本罪的主体是邮政工作人员。此处的邮政工作人员，是指邮政企业及其分支机构的营业员、投递员、押运员或者其他从事邮政工作的人员。

4. 本罪的主观方面。本罪的主观方面是故意。此处的故意，是指明知应当按期投递的邮件，有条件按时投递而有意不投递或者不按时投递的主观心理状态。过失延误投递邮件的行为，不成立本罪。

• 适用指引 •

司法实践中，认定本罪应注意："致使公共财产、国家和人民利益遭受重大损失"，是故意延误投递邮件罪构成的前提条件。这里的重大损失，首先是指公共财产、国家和人民利益的重大损失；其次，重大损失与具体邮件投递延误之间有相当程度的因果关系；最后，这里的重大损失，主要表现在：影响国家重大事务顺利推进、影响有关单位的重要工作、造成重大经济损失（具体是直接经济 2 万元以上的）、造成其他严重后果（如延误高校录取通知书或者其他重要邮件投递，致使他人失去高校录取资格或者造成其他无法挽回的重大损失的），以及严重损害国家声誉或者造成其他恶劣社会影响等情形。

下　册

目录

第二节 妨害司法罪

第三百零五条 伪证罪

【法律规定】

• 法律条文 •

《中华人民共和国刑法》

第三百零五条 在刑事诉讼中，证人、鉴定人、记录人、翻译人对与案件有重要关系的情节，故意作虚假证明、鉴定、记录、翻译，意图陷害他人或者隐匿罪证的，处三年以下有期徒刑或者拘役；情节严重，处三年以上七年以下有期徒刑。

• 相关规定 •

《中华人民共和国刑事诉讼法》

第五十四条第四款 凡是伪造证据、隐匿证据或者毁灭证据的，无论属于何方，必须受法律追究。

第六十一条 证人证言必须在法庭上经过公诉人、被害人和被告人、辩护人双方质证并且查实以后，才能作为定案的根据。法庭查明证人有意作伪证或者隐匿罪证的时候，应当依法处理。

【案例】

梅伟、胥诗学伪证案①

• 案件事实 •

2005 年 7 月 7 日晚 10 时许，陈辉民开枪打死胥某，后一直潜逃在外。2009 年 9 月 17 日，陈辉民向宜黄县公安局投案。为掩盖其故意杀人的犯罪事实，达到重罪轻判的目的，陈辉民、陈某（均另案处理）合谋采取指使、引

① 参见江西省抚州市中级人民法院（2019）赣 10 刑终 274 号。

诱、贿赂的方式让被告人梅伟、胥诗学、许晓英等人作伪证。在重要的持枪情节上，被告人梅伟在宜黄县公安局民警询问时称听到陈辉民好像说要还什么“东西”。被告人胥诗学案发当天没有见过陈辉民，但在宜黄县公安局民警询问时称案发当天晚上晚饭后看见胥某手中拿了一把黑色短枪的事实。被告人许晓英案发当天没有看见胥某持枪，但在宜黄县公安局民警询问时称案发当天晚上胥某身上带了一把黑色短枪的事实。三被告人虚假的证言均被宜黄县人民法院（2010）宜刑初字第11号刑事判决书采信，使得陈辉民只以犯过失致人死亡罪被判处有期徒刑三年零六个月，导致了陈辉民故意杀人的犯罪事实重罪轻判。

• 裁判要旨 •

行为人受到他人指使，或受到威逼利诱，以捏造事实向司法机关陈述，导致司法机关对案件事实形成错误认定的结果，行为人伪证行为与裁判结果存在因果关系，且属于“情节严重”情形，属于伪证罪的加重情形。

• 裁判理由 •

原审判决认为，被告人梅伟、胥诗学、许晓英在陈辉民故意杀人一案中，受他人指使，引诱和贿赂，在与案件有重要关系的情节上，故意作虚假的证言，导致了陈辉民故意杀人的犯罪事实重罪轻判，情节严重，三被告人的行为均已构成伪证罪。三被告人均系初犯，被告人许晓英自动投案，三被告人归案后均如实供述了自己的犯罪事实，许晓英构成自首，梅伟、胥诗学构成坦白；庭审中三被告人均自愿认罪，均可以从轻处罚。三被告人均称受到陈某语言和表情上的威胁，才按照陈某交代的去作证的辩解。经查，三被告人的供述与陈某的供述印证证明，陈某为了达到让三被告人作假证的目的，多次找梅伟和胥诗学以及多次打电话给许晓英且给了许晓英2万元，造成了梅伟、胥诗学、许晓英心理上的压力，但三被告人称受到陈某语言上和表情上的威胁证据不足，对三被告人的该辩解不予采纳，对胥诗学、许晓英的辩护人提出胥诗学、许晓英是受到陈某等人威胁才作证的辩护意见不予采纳。“证人”是指根据司法机关的要求，陈述自己所知道的案件情况的人。具体到本案，宜黄县公安局民警就陈辉民开枪打死胥某一案向被告人梅伟、胥诗学、许晓英作调查询问时被告人梅伟、胥诗学、许晓英具有证人的身份。三被告人明知按照陈某交代的内容去作虚假的证言是为了帮助陈辉民减轻处罚，在公安民警询问时不是陈述自己所知道的案件情况，而是作了虚假陈述，侵犯了司法机关的正常活动。三被告人的行为符合伪证罪的构成要件，构成伪证罪。因此，对被告人胥诗学的辩护人杨某芸、鲁某徽提出胥诗学不构成伪证罪，被告人许晓英的辩护人章某旺提出被告人许晓英不构成伪证罪的辩护意见不予采纳。三被告人的证言与受陈某指使作证的其他证人的证言以及陈辉民的供述相互印证，形成一条完整的证据链条，以此证明了陈辉民是在把枪还给胥某时走火打死了胥某，而不是持枪故意打死胥某的犯罪事实。宜黄县司法机关干警的违法行为对陈辉民案罪名的改变以及重罪轻判起着一定的作用，三被告人的证言也是不可缺少的环节，共同导致了陈辉民重罪轻判结果的发生。故对被告人许晓英的辩护人提出许晓英的证言不能达到影响宜黄县法院对陈辉民据此定罪量刑的法律效果的辩护意见，对胥诗学的辩护人提出胥诗学作假证的程度没有达到刑事处罚的标准，不应以刑事追究的辩护意见，对被告人胥诗学的另一位辩护人提出胥诗学的“询问笔录”完全不涉及与案件有重要关系，对案件的错判没有任何影响，情节显著轻微的辩护意见均不予采纳。被告人胥诗学的辩护人提出胥诗学 2010 年 1 月 20 日的询问笔录的形成方式是“陈建雄提前伪造完成的，胥诗学事后签字”的辩护意见，经查，被告人胥诗学的供述与陈某的供述印证证明，陈某把要作证的内容告诉了胥诗学，交代胥诗学按交代的内容去作证，而胥诗学在相关的供述中也说大概是问其是否在胥某死的当天看到胥某拿了枪，其当时回答说看到胥某拿了枪，并大致说了枪的特征。由此证明胥诗学 2010 年 1 月 20 日的询问笔录是陈建雄问、胥诗学按照陈某交代的内容回答的。对辩护人的该辩护意见不予采纳。宜黄县人民法院（2018）赣 1026 刑再 1 号裁定书已撤销该院（2010）宜刑初字第 11 号作出的对被告人陈辉民犯过失致人死亡罪，判处有期徒刑三年六个月的判决。抚州市人民检察院以抚检公诉刑诉（2019）7 号起诉书指控被告人陈辉民犯故意杀人罪以及其他罪名向抚州市中级人民法院提起了公诉。因三被告人以及其他证人的假证行为以及司法人员的违法行为导致了陈辉民故意杀人的犯罪事实最终以过失致人死亡罪定罪量刑，故三被告人的行为属“情节严重”。据此，对被告人梅伟、胥诗学依照《刑法》第 305 条、第 67 条第 3 款，对被告人许晓英依照《刑法》第 305 条、第 67 条第 1 款之规定，判定：一、被告人梅伟犯伪证罪，判处有期徒刑四年二个月。二、被告人胥诗学犯伪证罪，判处有期徒刑三年八个月。三、被告人许晓英犯伪证罪，判处有期徒刑三年八个月。

上诉人梅伟上诉及其辩护人辩护提出：（1）伪证罪的犯罪目的要件是直接故意，梅伟主观上并不积极追求危害结果（陈辉军能够重罪轻判）的发生，至多只能算是放任危害结果的发生，其罪过形式应属间接故意，不能因其在公安机关作了虚假陈述就客观归罪；（2）鉴于本案涉及陈辉民、陈某等人涉嫌组织、领导、参加黑社会组织一案，恳请二审法院考虑本案特殊案情，考虑与涉案人员量刑平衡包括已认定了涉黑保护伞犯罪人员的量刑平衡，虽认定其构成伪证罪、但不认定其构成情节严重，能够在三年以下量刑。

上诉人胥诗学上诉及其辩护人辩护提出：（1）胥诗学的作证笔录极有可能是“陈建雄提前伪造完成、胥诗学事后签字”，因此，在侦查机关未对该证据印证前无法确定胥诗学是构成伪证罪还是帮助伪造证据罪；（2）起诉书存在表述错误，起诉书指控胥诗学"案发时看见胥某拿一把黑色短枪"，胥诗学作证只是距离案发前4个多小时的"晚饭后"，"在家里"看见胥某有枪，其并不是"案发时的证人"，更不是案发时的关键证人；（3）胥诗学仅证明死者在案发前4小时在家里拿过枪，而陈辉民是临时起意杀人，无论是谁的枪，其都会开枪，因此胥诗学当年的证言对"重罪名变为轻罪名"的错判结果没有任何证明力。

上诉人许晓英上诉及其辩护人辩护提出：（1）许晓英构成伪证罪的在案证据不能达到"证据确实充分"标准。上诉人许晓英该补充的证言并不属于"对与案件有重要关系的情节"的范畴；（2）陈辉民在2005年7月7日晚枪击致胥某死亡的犯罪行为性质、其应承担的罪责，法院目前并没有作出相应的判决，认定上诉人许晓英的虚假陈述行为属于情节严重，缺乏客观依据；（3）上诉人许晓英是在陈某的言语威胁下被迫作出的虚假陈述；（4）上诉人许晓英有自首、自愿认罪的情节，请二审法院综合考量作出体现刑罚罪责刑相适应的原则。

经二审审理查明上诉人的犯罪事实与一审认定的犯罪事实基本一致且有经一、二审庭审举证、质证、认证的以下证据予以证明：立案决定书、指定管辖决定书、归案情况说明、犯罪嫌疑人基本情况、身份证明材料、生效裁判文书、村委会证明、退缴赃款票据等书证；证人黄某、李某、梅某1、梅某2、张某的证言；同案犯陈某、陈辉民的供述与辩解，被告人梅伟、胥诗学、许晓英的供述与辩解等。

二审法院认为，上诉人梅伟、胥诗学、许晓英作为证人，在一起故意杀人刑事诉讼中，对与案件有重要关系的情节，故意作虚假证明，导致犯罪人以过失致人死亡罪被定罪追责，其行为已触犯《刑法》第305条之规定，构成伪证罪，系情节严重。原审判决认定三上诉人均系初犯，均自愿认罪，上诉人许晓英具有自首的情节，上诉人梅伟、胥诗学具有坦白的情节，与本院查明的事实相符，予以确认。上诉人胥诗学系被害人胞兄，上诉人许晓英在被害人遇害时与被害人系恋人关系，二人在黑社会性质组织的威逼利诱下向司法机关作出虚假证明的行为，属于胁从犯，依法依当减轻从罚。

关于三上诉人及辩护人从不同角度提出各自不构成伪证罪的观点，经查，三上诉人的虚假证言与在案的其他虚假证据共同形成了一个闭合的证据链，用以综合论证凶器是如何出现在案发现场，如何最终成为杀死被害人的作案工具，这对形成以过失致人死亡罪追究被告人刑事责任的错误结论是不可缺少的环节。三上诉人或受到他人指使、或受到威逼利诱，最终均系以捏造事实的陈述在司法机关作证，其对必然导致司法机关对案件事实形成错误认定的结果是明知的，故三上诉人的行为符合伪证罪的主客观构成要件，对上诉人及辩护人的该观点予以驳回。

上诉人梅伟的辩护人提出应综合考虑陈辉民、陈某等人涉嫌组织、领导、参加黑社会组织系列案影响综合量刑，上诉人许晓英的辩护人提出量刑应体现罪责刑相适应原则等观点，经查于法有据，予以支持。

综上，原判定罪准确，审判程序合法，本院结合该伪证案的其他涉案人员的量刑处理情况，综合考虑相关个案间的量刑平衡，对原判量刑作相应调整。据此，依照《刑事诉讼法》第236条第1款第2项；《刑法》第305条，第67条第1款、第3款，第28条之规定，判决如下：一、撤销江西省南丰县人民法院（2018）赣1023刑初142号刑事判决。二、上诉人梅伟犯伪证罪，判处有期徒刑三年六个月。三、上诉人胥诗学犯伪证罪，判处有期徒刑二年三个月。四、上诉人许晓英犯伪证罪，判处有期徒刑二年十个月。

本判决为终审判决。

【学理分析及适用指引】

• 学理分析 •

伪证罪，是指在刑事诉讼中，证人、鉴定人、记录人、翻译人对与案件有重要关系的情节，故意作虚假证明、鉴定、记录、翻译，意图陷害他人或者隐匿罪证的行为。本罪的构成要件如下：

1. 本罪的客体。伪证罪侵犯的是单一客体，即国家司法机关的正常活动，但有观点认为伪证罪侵犯的客体是公民的人身权利与司法机关的正常活动，是复杂客体。

伪证罪妨碍司法机关的正常活动，此处指司法机关的刑事诉讼活动。司法机关的民事诉讼活动、行政诉讼活动不能成为伪证罪的客体要件。《民事诉讼法》第114条规定：诉讼参与人或者其他人有下列行为之一的，人民法院可以根据情节轻重予以罚款、拘留；构成犯罪的，依法追究刑事责任：（1）伪造、毁灭重要证据，妨碍人民法院审理案件的；（2）以暴力、威胁、贿买方法阻止证人作证或者指使、贿买、胁迫他人作伪证的；（3）隐藏、转移、变卖、毁损已被查封、扣押的财产，或者已被清点并责令其保管的财产，转移已被冻结的财产的；（4）对司法工作人员、诉讼参加人、证人、翻译人员、鉴定人、勘验人、协助执行的人，进行侮辱、诽谤、诬陷、殴打或者打击报复的；（5）以暴力、威胁或者其他方法阻碍司法工作人员执行职务的；（6）拒不履行人民法院已经发生法律效力的判决、裁定的。人民法院对有前款规定的行为之一的单位，可以对其主要负责人或者直接责任人员予以罚款、拘留；构成犯罪的，依法追究刑事责任。《行政诉讼法》第59条第1款规定，诉讼参与人或者其他人员伪造、隐藏、毁灭证据的，或者指使、贿买、胁迫他人作伪证及威胁、阻止证人作证的，人民法院可以根据情节轻重，予以训诫、责令具结悔过或者处

1万元以下的罚款、15日以下的拘留；构成犯罪的，依法追究刑事责任。因为刑事诉讼与民事、行政诉讼性质不同，同是伪证行为妨碍诉讼所造成的社会危害性大小也有不同，以伪证方式妨碍民事诉讼或行政诉讼活动的，不能直接以伪证罪论处。

伪证罪侵犯的对象，可以是有罪的人，也可以是被怀疑有罪而实际上是无罪的人。

2. 本罪的客观方面。伪证罪在客观方面表现为在刑事侦查、起诉、审判中，对与案件有重要关系的情节，作虚假的证明、鉴定、记录、翻译的行为，或者隐匿罪证的行为。所谓隐匿罪证，指掩盖歪曲事实真相、毁灭证据，将应该提供的证据予以隐匿。所谓与案件有重要关系的情节，主要是指对案件是否构成犯罪、犯罪的性质或者对罪行轻重有重大影响的情节。如果伪证的事实无关紧要、对案件的处理影响不大，不能以伪证罪论处。至于伪证行为是否造成了错判，不影响定罪，可作为量刑的情节予以考虑。

行为人伪造、变造、毁灭凭证、隐瞒事实真相的行为，不是发生在司法机关的刑事诉讼活动中，而是在一般责任事故调查处理中，或是在审计、监察等行政活动中发生的，不能以伪证罪论处，如依据《会计法》的相关规定，单位行政领导人、会计人员和其他人员伪造、变造、故意毁灭会计凭证、会计账簿的，给予行政处分；情节严重的，依法追究刑事责任。《审计法》也规定，对于弄虚作假、隐瞒事实真相的单位、单位直接责任人员、单位负责人以及其他有关人员，审计机关可予以警告、通报批评，并可酌情处以罚款；审计机关认为应当给予行政处分的人员，移送监察或者有关部门处理；对情节严重，构成犯罪的，由审计机关提请司法机关依法追究刑事责任。上述法律、法规中提及的情节严重、构成犯罪的行为，虽然在客观上也表现为隐瞒事实真相，毁灭、伪造、隐匿有关资料，但不是在刑事诉讼中，行为所侵犯的客体不同于伪证罪，只能分别情况，以其他犯罪论处。

3. 本罪的主体。伪证罪的主体是特殊主体，即只能是在刑事诉讼中的证人、鉴定人、记录人和翻译人。在刑事诉讼过程中，证人，是指根据司法机关的要求，陈述自己所知道的案件情况的人；鉴定人，是指司法机关为鉴别案件中某些情节的真伪和事实真相而指派或聘请的、具有专门知识或者特殊技能的人；记录人，是指为案件的调查取证，询问证人、被害人或审问犯罪嫌疑人、被告人等做记录的人；翻译人，是指司法机关指派或聘请为案件中的外籍、少数民族或聋哑人等诉讼参与人充当翻译的人员，也包括为案件中的法律文书或者证据材料等有关资料作翻译的人员。

4. 本罪的主观方面。伪证罪在主观方面必须出自直接故意，即行为人明知其虚假陈述的是与案件有重要关系的情节，但为了陷害他人或者隐匿罪证而为之。如果行为人不是出于陷害他人或者隐匿罪证的意图，就不能以伪证罪论处，如行为人因粗心大意，工作不认真，或者学识、业务能力不高而作出了错误的鉴定意见、记录、翻译，或者因错记、漏记、错译、漏译等而不能反映原意，等等。

• 适用指引 •

司法实践中，认定本罪应注意：

1. 伪证罪与非罪的界限。对于鉴定人、记录人、翻译人工作不负责任，疏忽大意，或者业务水平有限而提供不出正确的鉴定、记录、翻译的，以及由于对于案件真实情况一知半解，认识不准确，或者道听途说而传闻作证，从而提供了虚假证明的，因不具备伪证的主观故意，故不构成伪证罪。对于虽有伪证行为，但情节显著轻微，危害不大的，不应认定为犯罪。

2. 伪证罪与诬告陷害罪的界限。这两种犯罪都有陷害他人的故意，两者的区别是：（1）前者的主体是特殊主体，而后者的主体是一般主体；（2）前者的行为是在侦查、审判中发生的，后者的行为是立案侦查之前实施的，并且是引起案件侦查的原因；（3）前者是通过作虚假证明、鉴定、记录、翻译等手段实现的，后者则是作虚假的告发；（4）前者只是在个别与案件有重要关系的情节上提供伪证，而后者则是捏造了整个犯罪事实；（5）前者的目的可能有两种：陷害他人或包庇罪犯，而后者的目的只能是陷害他人，使无罪者受到刑事处分。

3. 伪证罪与包庇罪、包庇毒品犯罪分子罪的界限。这三种犯罪的行为人，在作虚假证明，为犯罪分子隐匿罪证方面极为相似，目的都是包庇罪犯。其区别主要在于：（1）主体要件不同。伪证罪是特殊主体，后两种包庇犯罪是一般主体。（2）实施犯罪的时间不同。伪证罪只能在侦查、审判阶段实施；后两罪则可以在犯罪分子被逮捕、关押前实施，也可以在被逮捕、判刑之后实施。（3）犯罪的内容不同。伪证罪掩盖的是与案件有重要关系的犯罪情节，后两罪所掩盖的可以是全部罪行或者重要犯罪事实。（4）包庇对象的情况不同。伪证罪包庇的是在侦查、审判中，未被逮捕或者未被判决的未决犯罪嫌疑人；后两罪所包庇的可以是未决犯罪嫌疑人，也可以是已决犯人，或者是服刑中逃跑的犯罪分子。

第三百零六条　辩护人、诉讼代理人毁灭证据、伪造证据、妨害作证罪

【法律规定】

● 法律条文 ●

《中华人民共和国刑法》

第三百零六条　在刑事诉讼中，辩护人、诉讼代理人毁灭、伪造证据，帮助当事人毁灭、伪造证据，威胁、引诱证人违背事实改变证言或者作伪证的，处三年以下有期徒刑或者拘役；情节严重的，处三年以上七年以下有期徒刑。

辩护人、诉讼代理人提供、出示、引用的证人证言或者其他证据失实，不是有意伪造的，不属于伪造证据。

【案例】

肖某某辩护人妨害作证案①

● 案件事实 ●

2004年9月3日凌晨，罪犯梅荣宝伙同刘军等人对阳某实施强奸。公安机关将梅荣宝、刘军抓获归案。同年9月20日，梅荣宝的家属聘请被告人肖某某作为梅荣宝的辩护人，委托费用为人民币5000元。同年11月初至11月13日期间，肖某某未经侦查机关许可，两次伙同梅某（梅荣宝的姐姐）等人与阳某见面，并以支付人民币3000元作为精神补偿费（已支付1500元）的手段诱使阳某违背事实作虚假陈述，意图使梅荣宝无罪释放。11月13日，肖某某与江西海融律师事务所另一律师对阳某作了一份调查笔录。在该份笔录中，阳某作了虚假陈述，称是自愿和梅荣宝发生性关系。之后，肖某某将该笔录提交检察机关，并以此为由向法院申请阳某出庭作证，为梅荣宝作无罪辩护。阳某在接受赣州市章贡区人民法院的询问时，对刘军、梅荣宝强奸的事实作了虚假陈述。后经公安机关补充侦查，查明阳某系在收取梅荣宝家属贿赂的情况下改变陈述。经庭审，一审法院于2005年7月以强奸罪判处梅荣宝有期徒刑十年。

---

① 参见中华人民共和国最高人民法院刑事审判第一、二、三、四、五庭主办：《刑事审判参考》（总第56集），法律出版社2007年版。

• 裁判要旨 •

辩护人妨害作证罪中的“证人”是否包括被害人。

• 裁判理由 •

江西省赣州市章贡区人民法院经审理认为：被告人肖某某、梅某采用贿买方法指使他人作伪证，均已构成妨害作证罪。被告人阳某明知是犯罪的人而作假证明包庇，已构成包庇罪。被告人梅某、阳某在法庭上自愿认罪，可以酌情从轻处罚。依照《刑法》第307条第1款，第310条第1款，第17条第1款、第3款，第72条第1款，第73条第2款、第3款之规定，于2006年2月20日作出如下判决：一、被告人肖某某犯妨害作证罪，判处有期徒刑一年六个月。二、被告人梅某犯妨害作证罪，判处有期徒刑一年，缓刑二年。三、被告人阳某犯包庇罪，判处管制一年。

一审宣判后，被告人肖某某提出上诉，其上诉理由是原判认定事实不清，证据不足，适用法律不当，要求改判其无罪。

江西省赣州市中级人民法院经审理认为：上诉人肖某某身为被告人梅荣宝的辩护人，违反《刑事诉讼法》的规定，擅自向被害人调查取证，并贿买被害人作虚假陈述，妨害了国家司法机关对重大刑事案件诉讼的正常进行，手段恶劣，后果严重，其行为已构成辩护人妨害作证罪。原审被告人梅某在上诉人肖某某的指引下，出资收买被害人作虚假陈述，其行为已构成妨害作证罪，但其犯罪情节轻微，可免予刑事处罚。原审被告人阳某在肖某某、梅某的指使下，改变原向侦查机关所作的真实陈述，作虚假陈述，妨害了刑事诉讼的正常进行，但鉴于其情节显著轻微，又系未成年人，故不以犯罪论处。依照《刑事诉讼法》第189条第2项、《刑法》第306条第1款、第307条第1款、第37条、第13条之规定，于2006年4月29日判决如下：一、上诉人肖某某犯辩护人妨害作证罪，判处有期徒刑一年。二、原审被告人梅某犯妨害作证罪，免予刑事处罚。三、原审被告人阳某无罪。

【学理分析及适用指引】

• 学理分析 •

辩护人、诉讼代理人毁灭证据、伪造证据、妨害作证罪是选择性罪名，是指在刑事诉讼中，辩护人、诉讼代理人毁灭、伪造证据，帮助当事人毁灭、伪造证据，威胁、引诱证人违背事实、改变证言或者作伪证的行为。本罪的构成要件如下：

1. 本罪的客体。本罪侵犯的客体是复杂客体，既侵害了司法机关正常的刑事诉讼活动，又破坏了国家的刑事辩护制度和刑事代理制度，甚至可以侵犯他人的人身权利。

2. 本罪的客观方面。本罪在客观方面主要表现为在刑事诉讼中，辩护人、诉讼代理人毁灭、伪造证据，帮助当事人毁灭、伪造证据，威胁、引诱证人违背事实改变证言或者作伪证的行为。（1）辩护人、诉讼代理人毁灭、伪造证据，即辩护人、诉讼代理人本人直接实施毁灭、伪造证据的行为。所谓毁灭证据，是指使证据完全消灭或者完全丧失证据的作用，如烧毁足以证明犯罪的书证、物证，清除犯罪现场的血迹，等等。所谓伪造证据，是指制造虚假的证据，如制造虚假的书证、物证、鉴定意见、勘验、检查笔录，等等。(2) 帮助当事人毁灭、伪造证据。这是指辩护人、诉讼代理人虽未亲自直接实施毁灭、伪造证据的行为，但是以教唆、煽动、出主意或者提供方便条件等方式，使当事人毁灭、伪造证据，这实际上是辩护人、诉讼代理人借当事人之手来间接实施的毁灭、伪造证据的行为。（3）威胁、引诱证人违背事实改变证言或者作伪证。所谓威胁证人违背事实改变证言或者作伪证，是指以暴力或者其他方法使证人因惧怕而改变已经向司法机关提供的、符合案件事实情况的证言，或者作出虚假的证言；引诱证人违背事实改变证言或者作伪证，即使用金钱、物质或者其他利益诱使证人违背事实，改变已经向司法机关提供的证言，或者作出虚假的证言。

3. 本罪的主体。本罪的主体是特殊主体——辩护人及刑事诉讼中的诉讼代理人。

4. 本罪的主观方面。本罪的主观方面是故意，至于是只包含直接故意还是既包含直接故意也包含间接故意，则是有所争议的。我们认为，本罪在主观方面应只限于直接故意，间接故意与过失均不构成本罪。

• 适用指引 •

司法实践中，认定本罪时要注意与伪证罪区别：

1. 犯罪客体不完全相同。本罪侵害的客体更为广泛，不仅与伪证罪一样，都干扰了司法机关正常刑事诉讼活动，还可能侵犯他人的人身权利，而且还侵犯了刑事辩护制度和刑事代理制度。

2. 犯罪主体不同。本罪的主体限于辩护人和刑事诉讼代理人，伪证罪的主体则是刑事诉讼中的证人、鉴定人、记录人、翻译人，这两类人在诉讼中承担着不同的职责。

3. 客观方面的表现形式不同。本罪表现为三种行为，即毁灭、伪造证据，帮助当事人毁灭、伪造证据，威胁、引诱证人违背事实改变证言或作伪证，而伪证罪表现为行为人在刑事诉讼中针对与案件有重要关系的情节作虚假证明、鉴定、记录、翻译或者隐匿罪证。

4. 犯罪目的不同。本罪的犯罪目的一般是包庇犯罪嫌疑人或者被告人，伪证罪的犯罪目的还可能是意图陷害他人。

第三百零七条 妨害作证罪；帮助毁灭、伪造证据罪

【法律规定】

• 法律条文 •

《中华人民共和国刑法》

第三百零七条 以暴力、威胁、贿买等方法阻止证人作证或者指使他人作伪证的，处三年以下有期徒刑或者拘役；情节严重的，处三年以上七年以下有期徒刑。

帮助当事人毁灭、伪造证据，情节严重的，处三年以下有期徒刑或者拘役。

司法工作人员犯前两款罪的，从重处罚。

【案例一】

陈某妨害作证案[①]

• 案件事实 •

2002年5月19日16时许，被害人吴某到丰台区大红门工商银行永南路储蓄所交电话费时，与北京市京鑫货物托运中心的员工发生口角，后尹某某在储蓄所门外殴打吴某，将吴某眼部打伤，经法医鉴定为重伤。2002年6月14日，当公安机关向证人王某某了解情况时，被告人陈某指使王某某（陈某单位临时工）向公安机关提供虚假证言。王某某称案发当天殴打吴某的是于5月19日辞职回家的徐某某，并导致徐某某于6月14日被抓回北京，而打伤吴某的犯罪嫌疑人尹某某在逃。

• 裁判要旨 •

指使他人作伪证、妨害司法活动的正常进行，成立妨害作证罪。

① 参见北京市丰台区人民法院（2003）丰刑初字第00506号。

• 裁判理由 •

北京市丰台区人民法院经审理认为：被告人陈某指使他人作伪证，其行为已经构成妨害作证罪，应予惩处。北京市丰台区人民检察院指控被告人陈某犯妨害作证罪的事实清楚、证据确实充分、罪名成立。鉴于被告人陈某认罪态度较好，有悔罪表现，酌情处罚并适用缓刑。据此，依照《刑法》第307条第1款，第72条第1款，第73第2款、第3款及第61条之规定，判决被告人陈某犯妨害作证罪，判处有期徒刑二年，缓刑二年。

【案例二】

曹某某帮助毁灭证据案①

• 案件事实 •

2006年8月初，李某强（已判刑）在北京市门头沟区斋堂镇张家村柏崖子山上，雇用刘某中、刘某川、李某映在未取得采矿许可证且不具备安全生产条件的煤窑中非法开采煤炭。2006年8月9日12时，煤窑内发生塌方事故，导致刘某中（殁年33岁）被埋压致死。曹某某及刘某川（已判刑）为帮助涉嫌犯重大责任事故罪的李某强逃避法律追究，由曹某某找人联系了河北省涿鹿县赵家蓬区丧葬管理所，当夜，曹某某与刘某川、李某强等人将刘某中的尸体运至该丧葬管理所。8月14日，刘某川冒充刘某中的亲属签字同意后将尸体火化，后李某强将骨灰丢弃并给刘某川人民币2万元。

• 裁判要旨 •

帮助火化尸体属于帮助毁灭证据的行为。

• 裁判理由 •

北京市门头沟区人民法院经审理认为：李某强的行为构成重大责任事故罪，而刘某中的尸体是认定李某强构成重大责任事故罪的证据之一。曹某某帮助李某强火化尸体的行为是帮助李某强毁灭证据的行为，构成帮助毁灭证据罪。鉴于被告人曹某某认罪态度较好，可酌情从轻处罚。因此，依照《刑法》第307条第2款，第72条第1款，第73条第2款、第3款之规定，判决被告人曹某某犯帮助毁灭证据罪，判处有期徒刑一年，缓刑二年。

---

① 参见北京市门头沟区人民法院（2007）门刑初字第00157号。

【学理分析及适用指引】

• 学理分析 •

1. 妨害作证罪的构成。妨害作证罪，是指以暴力、威胁、贿买等方法阻止证人作证或者指使他人作伪证的行为。本罪的构成要件如下：

（1）本罪的客体。妨害作证罪所侵犯的客体是复杂客体，既侵犯司法机关的正常诉讼活动，又侵犯公民依法作证的诉讼权利。①

（2）本罪的客观方面。本罪在客观方面的表现主要有三个方面：采用暴力、威胁、贿买等方法阻止证人作证。①暴力方法，是指对证人的身体实行打击或者其他强制手段，致使证人的人身受到严重限制进而丧失作证的可能。在此应当注意的是本罪中暴力方法不应包括较严重的故意伤害或者杀人行为。一旦行为人为阻止他人作证而采取故意伤害致人重伤甚至致人死亡或者是故意杀人行为，应以故意伤害罪或故意杀人罪定罪处罚。②威胁方法，是指以暴力手段作为后盾或者其他精神上的强制、要挟方法，使人产生心理压力、恐惧、忌惮而不敢作证。③贿买方法，是指以某种利益（财产性利益或非财产性利益均可）相诱惑，而使人自愿不作证。当然除上述三种方法之外，还可能有其他方法使人不配合司法机关的取证，如上级利用职务上的制约迫使下级不去作证。

法条对妨害作证行为的定罪没有“情节”“后果”等方面的要求。因此一般而言，只要行为人在刑事、民事、行政、经济等诉讼活动中实施了以暴力、威胁、贿买等方法阻止证人作证或者指使他人作伪证的行为，原则上应当定罪处罚。但是根据《刑法》第 13 条的规定，对“情节显著轻微危害不大”的妨害作证的行为，比如证人的亲属因恐惧证人作证后遭受报复而阻止其作证，而后经教育后不再妨害证人作证的行为，应当不作为犯罪来处理。

（3）本罪的主体。犯罪主体为一般主体。在司法实践中主要是与案件有利害关系的人，如犯罪嫌疑人、被告人的亲戚、朋友，或者民事、行政案件中的当事人等。如果是犯罪嫌疑人、被告人本身采取非法手段妨害作证的，也构成本罪。

（4）本罪的主观方面。主观方面是故意，即意图通过种种非法手段使证人不能作证、不敢作证、不愿作证，或者使证人或者其他人作伪证。

2. 帮助毁灭、伪造证据罪的构成。帮助毁灭、伪造证据罪，是指帮助当事人毁灭、伪造证据，情节严重的行为。本罪的构成要件如下：

（1）本罪的客体。本罪侵犯的客体是司法机关的正常诉讼活动。证据是

---

① 关于本罪侵犯的客体，学界亦有不一样的观点，参见张明楷：《论妨害作证罪》，载《人民检察》2007 年第 8 期。

证明案件真实情况的事实，无论在刑事诉讼还是民事、行政诉讼中，证据对于司法机关正确认定案件事实起到了决定性的作用。但是，如果证据被毁灭，或者出现伪造的证据，就会使司法机关难以作出公正的裁判或者作出错误的裁判。因此，帮助当事人毁灭、伪造证据，必然妨害了司法机关的正常诉讼活动。

（2）本罪的客观方面。客观方面表现为帮助当事人毁灭、伪造证据，情节严重的行为。帮助当事人毁灭、伪造证据，既可以是与当事人共同毁灭、伪造证据，也可以是单独为当事人毁灭、伪造证据。当事人，既包括刑事案件中的自诉人、被告人、被害人，也包括民事、行政等案件中的原告、被告、第三人等。毁灭证据，是指使证据从物质形态上消失，如将书证烧毁，将物证抛入大海，等等。伪造证据，包括两种情况：一种是“无中生有”，即凭空捏造出证据；另一种是“改头换面”，即对原来真实的证据加以改造，使证据的证明方向发生改变。

（3）本罪的主体。犯罪主体为一般主体。但在刑事诉讼中不包括辩护人、诉讼代理人。

（4）本罪的主观方面。主观方面由故意构成。犯罪动机多种多样，但动机不影响本罪的成立。

• 适用指引 •

司法实践中，认定本条规定的罪名应注意：

1. 妨害作证罪的认定。

（1）本罪与非法拘禁罪的界限。非法拘禁罪，是指非法拘禁他人或者以其他方法非法剥夺他人人身自由的行为。阻止证人作证的方法中包括了暴力方法，而暴力方法中包括了非法剥夺他人的人身自由。因此，如果行为人采取剥夺证人人身自由的方法阻止证人作证的，既构成了妨害作证罪，同时又构成了非法拘禁罪，应当按照处理想象竞合犯的原则，按其中较重的罪处罚。

（2）本罪与行贿罪的界限。如果证人是国家工作人员，用贿买的方法妨害该证人作证的，从形式上看，与行贿罪相近。但这种情况下行为人仅是使该国家工作人员利用其证人的身份为自己谋取不正当利益，而不是利用其职务上的便利。因此，只构成妨害作证罪，不构成行贿罪。

（3）本罪与伪证罪的界限。证人对与案件有重要关系的情节，故意作虚假证明的，构成伪证罪。如果该证人作伪证是行为人指使的，行为人本应构成伪证罪的共犯（教唆伪证），但由于《刑法》已将这种情况单独作了规定，因此对指使证人作伪证的，就不再以伪证罪的共犯论，而应直接定妨害作证罪。

2. 帮助毁灭、伪造证据罪的认定。

（1）本罪罪与非罪的界限。帮助毁灭、伪造证据的行为，只有达到“情节严重”的程度，才构成犯罪；情节不严重的，属一般违法行为，不构成犯罪。

（2）本罪与伪证罪的界限。二者的区别在于：①前者不限于刑事诉讼，后者则必须发生在刑事诉讼中。②前者的主体是一般主体，而后者的主体是特殊主体，即证人、鉴定人、记录人、翻译人。③前者只是帮助当事人毁灭、伪造证据，而后者表现为对与案件有重要关系的情节，故意作虚假证明。

（3）本罪与辩护人、诉讼代理人妨害作证罪的界限。辩护人、诉讼代理人在刑事诉讼中帮助当事人毁灭、伪造证据的，构成辩护人、诉讼代理人妨害作证罪，与本罪属法条竞合关系。按照特别法优于普通法的原则，应定辩护人、诉讼代理人妨害作证罪。

（4）帮助毁灭、伪造证据罪与包庇罪的区别。1979 年《刑法》中没有规定帮助毁灭、伪造证据罪，因此以往的刑法理论认为，行为人帮助他人消灭罪迹与毁灭证据的行为构成包庇罪。而在 1997 年《刑法》增设了帮助毁灭、伪造证据罪之后，则不宜再将行为人帮助他人毁灭、伪造证据的行为定为包庇罪。我们认为，如果被告人实施的是制造且利用了虚假证明材料，为了使犯罪的人逃避追究的，那么定包庇罪无可厚非，可如果仅是帮助犯罪的人一起实施了毁灭证据的一些行为，那么就应该根据法律特殊优于一般的原则，适用《刑法》新增设的特殊条款进行定罪量刑，才更能体现《刑法》增设新条款的立法精神和目的。

（5）对帮助毁灭、伪造证据罪中“帮助”的理解。首先，从性质上看，要准确理解“帮助”，离不开对被帮助者——当事人行为的分析。假如当事人为了逃避法律制裁而毁灭、伪造证据，那这种行为只能看作是前违法犯罪行为的自然延伸，属于事后不可罚行为。这种情形下，行为人帮助当事人毁灭、伪造证据，则并不构成共同犯罪。而若当事人毁灭、伪造证据是为了获取非法利益，如诉讼诈骗或诬告陷害他人，那便不是事后不可罚行为，而是另一种犯罪的手段行为。在此情形下，行为人在知情的情况下帮助当事人毁灭、伪造证据的，构成诈骗等的共同犯罪。此时的“帮助”和帮助犯的帮助就是同一概念。由此可见，帮助毁灭、伪造证据罪中的“帮助”具有两种性质：一种是单独犯罪中实行行为的性质；一种是共同犯罪中帮助犯的性质。其次，从行为方式看，“帮助”是指一切为当事人毁灭、伪造证据的行为。具体来说表现为受当事人教唆而毁灭、伪造证据；教唆当事人毁灭、伪造证据；为当事人毁灭、伪造证据提供各种便利条件；单独或伙同当事人毁灭、伪造证据；等等。最后，从主观内容看，行为人必须具有帮助当事人毁灭、伪造证据的故意，包括直接故意与间接故意。

第三百零七条之一　虚假诉讼罪

【法律规定】

● 法律条文 ●

《中华人民共和国刑法》

第三百零七条之一　以捏造的事实提起民事诉讼，妨害司法秩序或者严重侵害他人合法权益的，处三年以下有期徒刑、拘役或者管制，并处或者单处罚金；情节严重的，处三年以上七年以下有期徒刑，并处罚金。

单位犯前款罪的，对单位判处罚金，并对其直接负责的主管人员和其他直接责任人员，依照前款的规定处罚。

有第一款行为，非法占有他人财产或者逃避合法债务，又构成其他犯罪的，依照处罚较重的规定定罪从重处罚。

司法工作人员利用职权，与他人共同实施前三款行为的，从重处罚；同时构成其他犯罪的，依照处罚较重的规定定罪从重处罚。

● 相关规定 ●

《最高人民法院关于〈中华人民共和国刑法修正案（九）〉时间效力问题的解释》（法释〔2015〕19号）

第七条　对于2015年10月31日以前以捏造的事实提起民事诉讼，妨害司法秩序或者严重侵害他人合法权益，根据修正前刑法应当以伪造公司、企业、事业单位、人民团体印章罪或者妨害作证罪等追究刑事责任的，适用修正前刑法的有关规定。但是，根据修正后刑法第三百零七条之一的规定处刑较轻的，适用修正后刑法的有关规定。

实施第一款行为，非法占有他人财产或者逃避合法债务，根据修正前刑法应当以诈骗罪、职务侵占罪或者贪污罪等追究刑事责任的，适用修正前刑法的有关规定。

《最高人民法院、最高人民检察院、公安部、司法部关于办理黑恶势力犯罪案件若干问题的指导意见》（法发〔2018〕1号）

20. 对于以非法占有为目的，假借民间借贷之名，通过“虚增债务”“签订虚假借款协议”“制造资金走账流水”“肆意认定违约”“转单平账”“虚假诉讼”等手段非法占有他人财产，或者使用暴力、威胁手段强立债权、强行索债的，应当根据案件具体事实，以诈骗、强迫交易、敲诈勒索、抢劫、虚假诉讼等罪名侦查、起诉、审判。对于非法占有的被害人实际所得借款以外的虚高

"债务"和以"保证金""中介费""服务费"等各种名目扣除或收取的额外费用，均应计入违法所得。对于名义上为被害人所得、但在案证据能够证明实际上却为犯罪嫌疑人、被告人实施后续犯罪所使用的"借款"，应予以没收。

《最高人民法院、最高人民检察院关于办理虚假诉讼刑事案件适用法律若干问题的解释》（法释〔2018〕17号）

第一条　采取伪造证据、虚假陈述等手段，实施下列行为之一，捏造民事法律关系，虚构民事纠纷，向人民法院提起民事诉讼的，应当认定为刑法第三百零七条之一第一款规定的"以捏造的事实提起民事诉讼"：

（一）与夫妻一方恶意串通，捏造夫妻共同债务的；

（二）与他人恶意串通，捏造债权债务关系和以物抵债协议的；

（三）与公司、企业的法定代表人、董事、监事、经理或者其他管理人员恶意串通，捏造公司、企业债务或者担保义务的；

（四）捏造知识产权侵权关系或者不正当竞争关系的；

（五）在破产案件审理过程中申报捏造的债权的；

（六）与被执行人恶意串通，捏造债权或者对查封、扣押、冻结财产的优先权、担保物权的；

（七）单方或者与他人恶意串通，捏造身份、合同、侵权、继承等民事法律关系的其他行为。

隐瞒债务已经全部清偿的事实，向人民法院提起民事诉讼，要求他人履行债务的，以"以捏造的事实提起民事诉讼"论。

向人民法院申请执行基于捏造的事实作出的仲裁裁决、公证债权文书，或者在民事执行过程中以捏造的事实对执行标的提出异议、申请参与执行财产分配的，属于刑法第三百零七条之一第一款规定的"以捏造的事实提起民事诉讼"。

第二条　以捏造的事实提起民事诉讼，有下列情形之一的，应当认定为刑法第三百零七条之一第一款规定的"妨害司法秩序或者严重侵害他人合法权益"：

（一）致使人民法院基于捏造的事实采取财产保全或者行为保全措施的；

（二）致使人民法院开庭审理，干扰正常司法活动的；

（三）致使人民法院基于捏造的事实作出裁判文书、制作财产分配方案，或者立案执行基于捏造的事实作出的仲裁裁决、公证债权文书的；

（四）多次以捏造的事实提起民事诉讼的；

（五）曾因以捏造的事实提起民事诉讼被采取民事诉讼强制措施或者受过刑事追究的；

（六）其他妨害司法秩序或者严重侵害他人合法权益的情形。

第三条　以捏造的事实提起民事诉讼，有下列情形之一的，应当认定为刑法第三百零七条之一第一款规定的“情节严重”：

（一）有本解释第二条第一项情形，造成他人经济损失一百万元以上的；

（二）有本解释第二条第二项至第四项情形之一，严重干扰正常司法活动或者严重损害司法公信力的；

（三）致使义务人自动履行生效裁判文书确定的财产给付义务或者人民法院强制执行财产权益，数额达到一百万元以上的；

（四）致使他人债权无法实现，数额达到一百万元以上的；

（五）非法占有他人财产，数额达到十万元以上的；

（六）致使他人因为不执行人民法院基于捏造的事实作出的判决、裁定，被采取刑事拘留、逮捕措施或者受到刑事追究的；

（七）其他情节严重的情形。

第四条 实施刑法第三百零七条之一第一款行为，非法占有他人财产或者逃避合法债务，又构成诈骗罪，职务侵占罪，拒不执行判决、裁定罪，贪污罪等犯罪的，依照处罚较重的规定定罪从重处罚。

第五条 司法工作人员利用职权，与他人共同实施刑法第三百零七条之一前三款行为的，从重处罚；同时构成滥用职权罪，民事枉法裁判罪，执行判决、裁定滥用职权罪等犯罪的，依照处罚较重的规定定罪从重处罚。

第六条 诉讼代理人、证人、鉴定人等诉讼参与人与他人通谋，代理提起虚假民事诉讼、故意作虚假证言或者出具虚假鉴定意见，共同实施刑法第三百零七条之一前三款行为的，依照共同犯罪的规定定罪处罚；同时构成妨害作证罪，帮助毁灭、伪造证据罪等犯罪的，依照处罚较重的规定定罪从重处罚。

第七条 采取伪造证据等手段篡改案件事实，骗取人民法院裁判文书，构成犯罪的，依照刑法第二百八十条、第三百零七条等规定追究刑事责任。

第八条 单位实施刑法第三百零七条之一第一款行为的，依照本解释规定的定罪量刑标准，对其直接负责的主管人员和其他直接责任人员定罪处罚，并对单位判处罚金。

第九条 实施刑法第三百零七条之一第一款行为，未达到情节严重的标准，行为人系初犯，在民事诉讼过程中自愿具结悔过，接受人民法院处理决定，积极退赃、退赔的，可以认定为犯罪情节轻微，不起诉或者免予刑事处罚；确有必要判处刑罚的，可以从宽处罚。

司法工作人员利用职权，与他人共同实施刑法第三百零七条之一第一款行为的，对司法工作人员不适用本条第一款规定。

第十条 虚假诉讼刑事案件由虚假民事诉讼案件的受理法院所在地或者执行法院所在地人民法院管辖。有刑法第三百零七条之一第四款情形的，上级人民法院可以指定下级人民法院将案件移送其他人民法院审判。

第十一条 本解释所称裁判文书，是指人民法院依照民事诉讼法、企业破产法等民事法律作出的判决、裁定、调解书、支付令等文书。

《最高人民法院、最高人民检察院、公安部关于依法办理“碰瓷”违法犯罪案件的指导意见》（公通字〔2020〕12号）

一、……

实施“碰瓷”，捏造人身、财产权益受到侵害的事实，虚构民事纠纷，提起民事诉讼，符合刑法第三百零七条之一规定的，以虚假诉讼罪定罪处罚；同时构成其他犯罪的，依照处罚较重的规定定罪从重处罚。

九、共同故意实施“碰瓷”犯罪，起主要作用的，应当认定为主犯，对其参与或者组织、指挥的全部犯罪承担刑事责任；起次要或者辅助作用的，应当认定为从犯，依法予以从轻、减轻处罚或者免除处罚。

三人以上为共同故意实施“碰瓷”犯罪而组成的较为固定的犯罪组织，应当认定为犯罪集团。对首要分子应当按照集团所犯全部罪行处罚。

符合黑恶势力认定标准的，应当按照黑社会性质组织、恶势力或者恶势力犯罪集团侦查、起诉、审判。

十、对实施“碰瓷”，尚不构成犯罪，但构成违反治安管理行为的，依法给予治安管理处罚。

《最高人民法院、最高人民检察院、公安部、司法部关于进一步加强虚假诉讼犯罪惩治工作的意见》（法发〔2021〕10号）

第四条 实施《最高人民法院、最高人民检察院关于办理虚假诉讼刑事案件适用法律若干问题的解释》第一条第一款、第二款规定的捏造事实行为，并有下列情形之一的，应当认定为刑法第三百零七条之一第一款规定的“以捏造的事实提起民事诉讼”：

（一）提出民事起诉的；

（二）向人民法院申请宣告失踪、宣告死亡，申请认定公民无民事行为能力、限制民事行为能力，申请认定财产无主，申请确认调解协议，申请实现担保物权，申请支付令，申请公示催告的；

（三）在民事诉讼过程中增加独立的诉讼请求、提出反诉，有独立请求权的第三人提出与本案有关的诉讼请求的；

（四）在破产案件审理过程中申报债权的；

（五）案外人申请民事再审的；

（六）向人民法院申请执行仲裁裁决、公证债权文书的；

（七）案外人在民事执行过程中对执行标的提出异议，债权人在民事执行过程中申请参与执行财产分配的；

（八）以其他手段捏造民事案件基本事实，虚构民事纠纷，提起民事诉讼的。

第五条 对于下列虚假诉讼犯罪易发的民事案件类型，人民法院、人民检察院在履行职责过程中应当予以重点关注：

（一）民间借贷纠纷案件；

（二）涉及房屋限购、机动车配置指标调控的以物抵债案件；

（三）以离婚诉讼一方当事人为被告的财产纠纷案件；

（四）以已经资不抵债或者已经被作为被执行人的自然人、法人和非法人组织为被告的财产纠纷案件；

（五）以拆迁区划范围内的自然人为当事人的离婚、分家析产、继承、房屋买卖合同纠纷案件；

（六）公司分立、合并和企业破产纠纷案件；

（七）劳动争议案件；

（八）涉及驰名商标认定的案件；

（九）其他需要重点关注的民事案件。

第六条 民事诉讼当事人有下列情形之一的，人民法院、人民检察院在履行职责过程中应当依法严格审查，及时甄别和发现虚假诉讼犯罪：

（一）原告起诉依据的事实、理由不符合常理，存在伪造证据、虚假陈述可能的；

（二）原告诉请司法保护的诉讼标的额与其自身经济状况严重不符的；

（三）在可能影响案外人利益的案件中，当事人之间存在近亲属关系或者关联企业等共同利益关系的；

（四）当事人之间不存在实质性民事权益争议和实质性诉辩对抗的；

（五）一方当事人对于另一方当事人提出的对其不利的事实明确表示承认，且不符合常理的；

（六）认定案件事实的证据不足，但双方当事人主动迅速达成调解协议，请求人民法院制作调解书的；

（七）当事人自愿以价格明显不对等的财产抵付债务的；

（八）民事诉讼过程中存在其他异常情况的。

第七条 民事诉讼代理人、证人、鉴定人等诉讼参与人有下列情形之一的，人民法院、人民检察院在履行职责过程中应当依法严格审查，及时甄别和发现虚假诉讼犯罪：

（一）诉讼代理人违规接受对方当事人或者案外人给付的财物或者其他利益，与对方当事人或者案外人恶意串通，侵害委托人合法权益的；

（二）故意提供虚假证据，指使、引诱他人伪造、变造证据、提供虚假证据或者隐匿、毁灭证据的；

（三）采取其他不正当手段干扰民事诉讼活动正常进行的。

第八条 人民法院、人民检察院、公安机关发现虚假诉讼犯罪的线索来源包括：

（一）民事诉讼当事人、诉讼代理人和其他诉讼参与人、利害关系人、其他自然人、法人和非法人组织的报案、控告、举报和法律监督申请；

（二）被害人有证据证明对被告人通过实施虚假诉讼行为侵犯自己合法权益的行为应当依法追究刑事责任，且有证据证明曾经提出控告，而公安机关或者人民检察院不予追究被告人刑事责任，向人民法院提出的刑事自诉；

（三）人民法院、人民检察院、公安机关、司法行政机关履行职责过程中主动发现；

（四）有关国家机关移送的案件线索；

（五）其他线索来源。

第九条　虚假诉讼刑事案件由相关虚假民事诉讼案件的受理法院所在地或者执行法院所在地人民法院管辖。有刑法第三百零七条之一第四款情形的，上级人民法院可以指定下级人民法院将案件移送其他人民法院审判。

前款所称相关虚假民事诉讼案件的受理法院，包括该民事案件的一审、二审和再审法院。

虚假诉讼刑事案件的级别管辖，根据刑事诉讼法的规定确定。

《最高人民检察院、公安部关于公安机关管辖的刑事案件立案追诉标准的规定（二）》（公通字〔2022〕12号）

第七十八条　［虚假诉讼案（刑法第三百零七条之一）］单独或者与他人恶意串通，以捏造的事实提起民事诉讼，涉嫌下列情形之一的，应予立案追诉：

（一）致使人民法院基于捏造的事实采取财产保全或者行为保全措施的；

（二）致使人民法院开庭审理，干扰正常司法活动的；

（三）致使人民法院基于捏造的事实作出裁判文书、制作财产分配方案，或者立案执行基于捏造的事实作出的仲裁裁决、公证债权文书的；

（四）多次以捏造的事实提起民事诉讼的；

（五）因以捏造的事实提起民事诉讼被采取民事诉讼强制措施或者受过刑事追究的；

（六）其他妨害司法秩序或者严重侵害他人合法权益的情形。

【案例】

戴某虚假诉讼①

• 案件事实 •

徐某与毛某向戴某借款37万元，由毛某于2009年2月18日出具一份37万元的借据。同年4月11日，毛某偿付借款10万元。后戴某向浙江省温州市鹿城区人民法院起诉请求判令毛某偿还借款37万元及利息并胜诉。

同年12月15日，戴某通过将高息计入本金再高息累计复利的方式虚增借款本金至97万元，由徐某出具借据一份，并伪造了戴某向徐某交付97万元借款的银行转账记录。后戴某向浙江省温州市瓯海区人民法院起诉请求判令徐某偿还97万元借款及利息并胜诉。2016年3月24日，浙江省温州市瓯海区人民法院经民事经再审，作出撤销上述民事判决及徐某偿还戴某借款本息498727元的判决。

• 裁判要旨 •

虚假诉讼罪的司法适用。

• 裁判理由 •

浙江省温州市瓯海区人民法院经审理认为，戴某以部分捏造的事实提起民事诉讼，妨害司法秩序，其行为已构成虚假诉讼罪。债权人通过隐瞒还款事实、变造借条、虚构银行流水凭证等套路放贷行为谋取高额利息，数额巨大，构成非法侵占债务人财产的，则可能构成刑事犯罪。如本案被告人戴某通过伪造借条、虚构银行流水凭证的行为，就同一笔债权骗取两份生效的、可执行的民事判决，已经对民事诉讼秩序造成严重侵害，最终被法院认定构成虚假诉讼罪，受到刑事制裁。

【学理分析及适用指引】

• 学理分析 •

为了应对立案登记制背景下可能蔓延的虚假诉讼行为，打造诚信社会，《刑法修正案（九）》增设了虚假诉讼罪。

虚假诉讼罪，是指以捏造的事实提起民事诉讼，妨害司法秩序或者严重侵

① 参见2019年浙江省温州市中级人民法院公布的8起“套路贷”典型案例。

害他人合法权益的行为。本罪客体是司法机关正常司法活动，同时也可能侵害了案外第三人的合法权益。本罪客观方面表现为以捏造的事实提起民事诉讼，妨害司法秩序或者严重侵害他人合法权益的行为。本罪只能发生在民事诉讼领域，行为人常常采用虚假的证据、捏造的事实提起民事诉讼。本罪主体是一般主体，单位也构成本罪主体。本罪主观方面是故意，常常出于非法占有他人财产或者逃避合法债务的目的。

• 适用指引 •

1. 虚假诉讼罪发生的时空范围仅限于民事诉讼领域。这里的“民事”应作广义理解，不仅包括传统的民事审判领域，也包括商事审判领域。若在刑事诉讼、行政诉讼领域以捏造的事实提起诉讼的，不能认定为虚假诉讼罪，若符合其他犯罪构成的，以其他犯罪论处（如刑事自诉案件中可能存在诬告陷害罪的问题）。

2. 虚假诉讼罪中的“捏造事实”范围如何把握？捏造事实的本质是无中生有。但问题是，故意添枝加叶、扩大事实的是否属于“捏造事实”？如原本对方欠款 1 万元，却通过伪造证据等手段诉称 10 万元，能否构成本罪？我们认为，捏造事实既包括捏造全部事实，原则上也包括捏造重要的部分事实，如果行为人通过伪造证据等方式故意扩大事实，可能导致司法裁判明显背离公正，也是严重妨害司法秩序或者严重侵害他人合法权益的行为，也应以虚假诉讼罪追究刑事责任。

3. 关于虚假诉讼罪的罪数问题。虚假诉讼罪的主观内容是故意，即明知是虚假的证据、捏造的民事事实而提起民事诉讼。行为人的主观目的常常是出于非法占有他人财产或者逃避合法债务的目的。而出于非法占有他人财产或者逃避合法债务的目的进行的虚假诉讼行为，可能同时又构成其他犯罪如诈骗罪，职务侵占罪，拒不执行判决、裁定罪等，对此应依照处罚较重的规定定罪从重处罚。

4. 司法人员共同参与虚假诉讼的处理。另外，在虚假诉讼过程中，如果司法工作人员利用职权，与他人共同实施虚假诉讼行为的，对于司法工作人员应从重处罚；同时构成其他犯罪的，依照处罚较重的规定定罪从重处罚。

第三百零八条　打击报复证人罪

【法律规定】

● 法律条文 ●

《中华人民共和国刑法》

第三百零八条　对证人进行打击报复的，处三年以下有期徒刑或者拘役；情节严重的，处三年以上七年以下有期徒刑。

● 相关规定 ●

《中华人民共和国刑事诉讼法》

第六十三条　人民法院、人民检察院和公安机关应当保障证人及其近亲属的安全。

对证人及其近亲属进行威胁、侮辱、殴打或者打击报复，构成犯罪的，依法追究刑事责任；尚不够刑事处罚的，依法给予治安管理处罚。

第六十四条　对于危害国家安全犯罪、恐怖活动犯罪、黑社会性质的组织犯罪、毒品犯罪等案件，证人、鉴定人、被害人因在诉讼中作证，本人或者其近亲属的人身安全面临危险的，人民法院、人民检察院和公安机关应当采取以下一项或者多项保护措施：

（一）不公开真实姓名、住址和工作单位等个人信息；

（二）采取不暴露外貌、真实声音等出庭作证措施；

（三）禁止特定的人员接触证人、鉴定人、被害人及其近亲属；

（四）对人身和住宅采取专门性保护措施；

（五）其他必要的保护措施。

证人、鉴定人、被害人认为因在诉讼中作证，本人或者其近亲属的人身安全面临危险的，可以向人民法院、人民检察院、公安机关请求予以保护。

人民法院、人民检察院、公安机关依法采取保护措施，有关单位和个人应当配合。

【案例】

李某某打击报复证人案①

• 案件事实 •

李某某与陈某、席某系邻居和同事关系。由于陈某曾在李某某诉席某人身损害赔偿一案中到北京市海淀区人民法院出庭作证，引起李某某的不满。自2002年4月以来，李某某多次在中科院力学研究所集体宿舍内辱骂、滋扰陈某及其家人。2003年2月7日11时许，李某某在中科院力学研究所集体宿舍水房内，因再次指责陈某作伪证，而与陈某的女儿范某发生冲突，并将范某右下颌部打伤，经法医鉴定为轻微伤。2003年2月19日，李某某被公安机关抓获归案。

• 裁判要旨 •

打击报复证人罪是行为反犯，只要行为人实施了对证人打击报复的行为，原则上应就构成打击报复证人罪。

• 裁判理由 •

北京市海淀区人民法院经审理认为：被告人李某某对曾经依法出庭作证的证人进行打击报复，其行为已构成打击报复证人罪，依法应予以惩处。判决被告人李某某犯打击报复证人罪，判处有期徒刑一年。

后李某某不服向北京市第一中级人民法院提起上诉，法院经审理认为：上诉人李某某对曾经依法出庭作证的证人进行打击报复，其行为已构成打击报复证人罪，依法应予以惩处。李某某所提没有对证人进行打击报复的辩解及李某某的辩护人所提李某某不构成打击报复证人罪的辩护意见，经查，李某某打击报复证人的事实，有被害人的陈述及证人证言等证据在案证实，李某某所提上诉理由及其辩护人所提辩护意见，缺乏事实和法律依据，不予采纳。原审人民法院根据李某某犯罪的事实、犯罪的性质、情节和对于社会的危害程度所作出的判决，定罪、适用法律正确，量刑适当，审判程序合法，应予维持。据此，依照《刑事诉讼法》第189条第1项的规定，裁定驳回李某某的上诉，维持原判。

---

① 参见北京市第一中级人民法院（2003）一中刑终字第02573号。

【学理分析及适用指引】

● 学理分析 ●

打击报复证人罪，是指对在诉讼中提供于己不利证言的证人实施侵害其合法权益的行为。本罪的构成要件如下：

1. 本罪的客体。本罪侵犯的是复杂客体，既侵害证人依法作证的诉讼权利，又侵害公民的人身权利。

2. 本罪的客观方面。本罪在客观方面表现为对证人进行打击报复的行为，具体而言，其表现包括多种手段，包括暴力手段（殴打、伤害）和非暴力手段（写诬告信、散发侮辱性传单）。但关于打击报复的对象范围，学界看法并不一致。有观点认为，打击报复的对象只能针对证人本人，而不能针对证人的亲友或者证人的财产；① 有观点则认为，打击报复的行为对象并不一定只限于证人本人，也可以是证人的家人、亲属。我们认为，现实生活中打击报复行为是多种多样的，行为人要打击报复证人并不一定非要针对证人本人，完全可以通过打击报复证人的家人、亲属而达到其打击报复的目的。若把打击报复的对象仅仅限定为证人本人，则行为人很多旨在打击报复证人，也实际侵犯了证人合法权利的行为会得不到处理，容易放纵犯罪。

3. 本罪的主体。犯罪主体为一般主体。通常是案件的当事人和其他有关人员。

4. 本罪的主观方面。主观方面由故意构成。动机是报复，即对证人因作出对自己或者与自己有关的他人不利的证言的报复。

● 适用指引 ●

司法实践中，认定本罪应注意：

1. 注意罪与非罪的界限。从《刑法》规定来看，对打击报复证人的行为的定罪并未明确规定情节、后果，因此，原则上只要行为人实施了对证人打击报复的行为，就应当定罪判刑。但是，在处理该类案件时，我们不可忽视《刑法》总则第 13 条的纲领性精神及谦抑性原则，对于打击报复证人情节显著轻微的，不应当作为犯罪来处理。

2. 本罪与故意伤害罪的界限。如果采取伤害证人的办法打击报复，要区分伤害的程度。如果造成轻伤，仍然定打击报复证人罪；如果造成重伤，则应当以故意伤害（致人重伤）罪论处。

3. 本罪与侮辱罪的界限。如果采取侮辱的手段打击报复证人，因打击报

① 陈兴良主编：《罪名指南》，中国政法大学出版社 2000 年版，第 997 页。

复证人的法定刑较重，故应定打击报复证人罪。

4. 本罪与妨害作证罪的界限。打击报复证人罪与《刑法》第 307 条第 1 款的妨害作证罪针对的对象都是证人，且均不限于刑事案件中的证人，容易产生混淆。二者主要区别在于行为时间条件不同：打击报复证人罪是发生在证人依法作证之后，因认为证人作出对自己或者与自己有关的他人不利的证言而进行的报复；妨害作证罪则发生在证人依法作证之前或作证过程中，对证人施加一定的影响和行为。

第三百零八条之一 泄漏不应公开的案件信息罪；披露、报道不应公开的案件信息罪

【法律规定】

• 法律条文 •

《中华人民共和国刑法》

第三百零八条之一 司法工作人员、辩护人、诉讼代理人或者其他诉讼参与人，泄露依法不公开审理的案件中不应当公开的信息，造成信息公开传播或者其他严重后果的，处三年以下有期徒刑、拘役或者管制，并处或者单处罚金。

有前款行为，泄露国家秘密的，依照本法第三百九十八条的规定定罪处罚。

公开披露、报道第一款规定的案件信息，情节严重的，依照第一款的规定处罚。

单位犯前款罪的，对单位判处罚金，并对其直接负责的主管人员和其他直接责任人员，依照第一款的规定处罚。

• 相关规定 •

《中华人民共和国刑事诉讼法》

第一百八十八条 人民法院审判第一审案件应当公开进行。但是有关国家秘密或者个人隐私的案件，不公开审理；涉及商业秘密的案件，当事人申请不公开审理的，可以不公开审理。

不公开审理的案件，应当当庭宣布不公开审理的理由。

《中华人民共和国民事诉讼法》

第一百三十七条 人民法院审理民事案件，除涉及国家秘密、个人隐私或者法律另有规定的以外，应当公开进行。

离婚案件，涉及商业秘密的案件，当事人申请不公开审理的，可以不公开审理。

《中华人民共和国行政诉讼法》

第五十四条 人民法院公开审理行政案件，但涉及国家秘密、个人隐私和法律另有规定的除外。

涉及商业秘密的案件，当事人申请不公开审理的，可以不公开审理。

《最高人民法院关于适用〈中华人民共和国刑事诉讼法〉的解释》（法释〔2021〕1号）

第五十五条 查阅、摘抄、复制案卷材料，涉及国家秘密、商业秘密、个人隐私的，应当保密；对不公开审理案件的信息、材料，或者在办案过程中获悉的案件重要信息、证据材料，不得违反规定泄露、披露，不得用于办案以外的用途。人民法院可以要求相关人员出具承诺书。

违反前款规定的，人民法院可以通报司法行政机关或者有关部门，建议给予相应处罚；构成犯罪的，依法追究刑事责任。

第八十一条 公开审理案件时，公诉人、诉讼参与人提出涉及国家秘密、商业秘密或者个人隐私的证据的，法庭应当制止；确与本案有关的，可以根据具体情况，决定将案件转为不公开审理，或者对相关证据的法庭调查不公开进行。

【学理分析及适用指引】

• 学理分析 •

为了维护司法权威，保证审判机关依法独立行使审判权，保障诉讼参与人的合法权益，避免舆论审判，有必要规范诉讼参与人的庭外言行。《刑法修正案（九）》为此增设了泄漏不应公开的案件信息罪和披露、报道不应公开的案件信息罪。

泄漏不应公开的案件信息罪，是指司法工作人员、辩护人、诉讼代理人或者其他诉讼参与人，泄露依法不公开审理的案件中不应当公开的信息，造成信息公开传播或者其他严重后果的行为。本罪客体是司法机关的正常司法活动及案件当事人的隐私权等合法权益。本罪客观方面表现为诉讼参与人泄露依法不公开审理的案件中不应当公开的信息，造成信息公开传播或者其他严重后果的。泄露的方式可谓多种多样，如向媒体提供这些信息，行为人自己在信息网络上发布这些信息，以及私下传播这些信息等。构成本罪的客观方面有三个条件同时具备：一是仅限于依法不公开审理的案件；二是仅限于不公开审理案件中的不应当公开的信息；三是造成信息公开传播或者其他严重后果的。本罪主体是特殊主体，仅限于司法工作人员、辩护人、诉讼代理人或者其他诉讼参与人，因为若非诉讼参与人，也不可能事先知悉原本不公开审理案件中的不应当公开的信息。单位也可构成本罪。本罪主观方面是故意，行为人明知其泄漏的是依法不公开审理案件中的不应当公开的信息，至于主观目的与动机在所不问，司法实践中行为人常常希望以此左右、引导公众与舆论，制造媒体舆论审判，以期达到符合自己希望的审理结果。

披露、报道不应公开的案件信息罪，是指非法公开披露、报道依法不公开审理的案件中不应当公开的信息，情节严重的行为。本罪的主体是司法工作人员、辩护人、诉讼代理人或者其他诉讼参与人之外的其他人员，实践中一般多为新闻媒体从业人员及机构，如媒体、网站公开披露、报道不公开审理案件的相关信息的。可见，本罪与上述的泄漏不应公开的案件信息罪的主要区别在于主体方面，其他方面基本相同。

• 适用指引 •

根据我国诉讼法的相关规定，司法案件以公开审理为原则、不公开审理为例外。之所以不公开审理，除了涉及未成年人、当事人隐私的案件外，还有不少是涉及国家秘密的案件。因此，如果涉国家秘密的不公开审理案件，诉讼参与人庭外非法泄漏的，既构成泄漏不应公开的案件信息罪，又构成《刑法》第 398 条的故意泄露国家秘密罪，属于想象竞合关系，根据第 308 条之一第 2 款的规定，直接以故意泄露国家秘密罪定罪处罚。

第三百零九条　扰乱法庭秩序罪

【法律规定】

• 法律条文 •

《中华人民共和国刑法》

第三百零九条　有下列扰乱法庭秩序情形之一的，处三年以下有期徒刑、拘役、管制或者罚金：

（一）聚众哄闹、冲击法庭的；

（二）殴打司法工作人员或者诉讼参与人的；

（三）侮辱、诽谤、威胁司法工作人员或者诉讼参与人，不听法庭制止，严重扰乱法庭秩序的；

（四）有毁坏法庭设施，抢夺、损毁诉讼文书、证据等扰乱法庭秩序行为，情节严重的。

• 相关规定 •

《中华人民共和国民事诉讼法》

第一百一十三条 诉讼参与人和其他人应当遵守法庭规则。

人民法院对违反法庭规则的人，可以予以训诫，责令退出法庭或者予以罚款、拘留。

人民法院对哄闹、冲击法庭，侮辱、诽谤、威胁、殴打审判人员，严重扰乱法庭秩序的人，依法追究刑事责任；情节较轻的，予以罚款、拘留。

《中华人民共和国刑事诉讼法》

第一百九十九条 在法庭审判过程中，如果诉讼参与人或者旁听人员违反法庭秩序，审判长应当警告制止。对不听制止的，可以强行带出法庭；情节严重的，处以一千元以下的罚款或者十五日以下的拘留。罚款、拘留必须经院长批准。被处罚人对罚款、拘留的决定不服的，可以向上一级人民法院申请复议。复议期间不停止执行。

对聚众哄闹、冲击法庭或者侮辱、诽谤、威胁、殴打司法工作人员或者诉讼参与人，严重扰乱法庭秩序，构成犯罪的，依法追究刑事责任。

《最高人民法院关于适用〈中华人民共和国刑事诉讼法〉的解释》（法释〔2021〕1号）

第三百零六条 庭审期间，全体人员应当服从法庭指挥，遵守法庭纪律，尊重司法礼仪，不得实施下列行为：

（一）鼓掌、喧哗、随意走动；

（二）吸烟、进食；

（三）拨打、接听电话，或者使用即时通讯工具；

（四）对庭审活动进行录音、录像、拍照或者使用即时通讯工具等传播庭审活动；

（五）其他危害法庭安全或者扰乱法庭秩序的行为。

旁听人员不得进入审判活动区，不得随意站立、走动，不得发言和提问。

记者经许可实施第一款第四项规定的行为，应当在指定的时间及区域进行，不得干扰庭审活动。

第三百零七条 有关人员危害法庭安全或者扰乱法庭秩序的，审判长应当按照下列情形分别处理：

（一）情节较轻的，应当警告制止；根据具体情况，也可以进行训诫；

（二）训诫无效的，责令退出法庭；拒不退出的，指令法警强行带出法庭；

（三）情节严重的，报经院长批准后，可以对行为人处一千元以下的罚款或者十五日以下的拘留。

未经许可对庭审活动进行录音、录像、拍照或者使用即时通讯工具等传播庭审活动的，可以暂扣相关设备及存储介质，删除相关内容。

有关人员对罚款、拘留的决定不服的，可以直接向上一级人民法院申请复议，也可以通过决定罚款、拘留的人民法院向上一级人民法院申请复议。通过决定罚款、拘留的人民法院申请复议的，该人民法院应当自收到复议申请之日起三日以内，将复议申请、罚款或者拘留决定书和有关事实、证据材料一并报上一级人民法院复议。复议期间，不停止决定的执行。

第三百零八条 担任辩护人、诉讼代理人的律师严重扰乱法庭秩序，被强行带出法庭或者被处以罚款、拘留的，人民法院应当通报司法行政机关，并可以建议依法给予相应处罚。

第三百零九条 实施下列行为之一，危害法庭安全或者扰乱法庭秩序，构成犯罪的，依法追究刑事责任：

（一）非法携带枪支、弹药、管制刀具或者爆炸性、易燃性、毒害性、放射性以及传染病病原体等危险物质进入法庭；

（二）哄闹、冲击法庭；

（三）侮辱、诽谤、威胁、殴打司法工作人员或者诉讼参与人；

（四）毁坏法庭设施，抢夺、损毁诉讼文书、证据；

（五）其他危害法庭安全或者扰乱法庭秩序的行为。

第三百一十条 辩护人严重扰乱法庭秩序，被责令退出法庭、强行带出法庭或者被处以罚款、拘留，被告人自行辩护的，庭审继续进行；被告人要求另行委托辩护人，或者被告人属于应当提供法律援助情形的，应当宣布休庭。

辩护人、诉讼代理人被责令退出法庭、强行带出法庭或者被处以罚款后，具结保证书，保证服从法庭指挥、不再扰乱法庭秩序的，经法庭许可，可以继续担任辩护人、诉讼代理人。

辩护人、诉讼代理人具有下列情形之一的，不得继续担任同一案件的辩护人、诉讼代理人：

（一）擅自退庭的；

（二）无正当理由不出庭或者不按时出庭，严重影响审判顺利进行的；

（三）被拘留或者具结保证书后再次被责令退出法庭、强行带出法庭的。

第三百一十一条 被告人在一个审判程序中更换辩护人一般不得超过两次。

被告人当庭拒绝辩护人辩护，要求另行委托辩护人或者指派律师的，合议庭应当准许。被告人拒绝辩护人辩护后，没有辩护人的，应当宣布休庭；仍有辩护人的，庭审可以继续进行。

有多名被告人的案件，部分被告人拒绝辩护人辩护后，没有辩护人的，根据案件情况，可以对该部分被告人另案处理，对其他被告人的庭审继续进行。

重新开庭后，被告人再次当庭拒绝辩护人辩护的，可以准许，但被告人不得再次另行委托辩护人或者要求另行指派律师，由其自行辩护。

被告人属于应当提供法律援助的情形，重新开庭后再次当庭拒绝辩护人辩护的，不予准许。

第三百一十二条 法庭审理过程中，辩护人拒绝为被告人辩护，有正当理由的，应当准许；是否继续庭审，参照适用前条规定。

【案例】

张华山等抢劫、扰乱法庭秩序案①

• 案件事实 •

张华山伙同郑朝辉、王无敌于2003年9月19日12时许，在北京市大兴区旧宫镇某小区室内，以被害人程某与张华山女友乱搞男女关系为由，持菜刀等物对程某进行威胁、恐吓，当场抢走被害人三星手持电话机一部（价值人民币1519元）及现金人民币600元，并强行索要人民币3万元，在挟持被害人取钱的过程中，被民警当场抓获。2004年3月4日上午10时许，北京市大兴区人民法院在对涉嫌犯抢劫罪的张华山、郑朝辉、王无敌进行庭审时，张华山伙同王无敌殴打法警马某某（经法医鉴定为轻伤）、韩某某，严重扰乱法庭秩序，致使王无敌从法庭脱逃，审判活动无法正常进行。

• 裁判要旨 •

在庭审期间，行为人殴打司法工作人员，使在审的被告人从法庭脱逃，严重扰乱法庭秩序，导致审判活动无法正常进行的，应当以扰乱法庭秩序罪追究刑事责任。

• 裁判理由 •

北京市大兴区人民法院经审理认为：被告人张华山、郑朝辉伙同王无敌以非法占有为目的，采用胁迫手段，抢劫他人财物，数额较大，二被告人的行为均已构成抢劫罪，应依法予以惩处；被告人张华山在开庭审理过程中，伙同王无敌殴打司法工作人员，致王无敌脱逃，严重扰乱法庭秩序，其行为已构成扰乱法庭秩序罪，应依法予以惩处。被告人张华山在刑罚执行完毕后，在五年内重新犯罪，系累犯，依法从重处罚。北京市大兴区人民检察院指控被告人张华山犯抢劫罪、扰乱法庭秩序罪，被告人郑朝辉犯抢劫罪，事实清楚，证据充分，罪名成立。据此，法院判定被告人张华山犯抢劫罪，判处有期徒刑七年，剥夺政治权利一年，并处罚金人民币7000元；犯扰乱法庭秩序罪，判处有期

① 参见北京市第一中级人民法院（2004）一中刑终字第03113号。

徒刑二年六个月；决定执行有期徒刑九年，剥夺政治权利一年，并处罚金人民币 7000 元。后二被告人提起上诉。上诉人张华山的上诉理由是：其未参与抢劫，未见到被抢的钱物，其行为只构成敲诈勒索罪未遂，不构成抢劫罪；扰乱法庭秩序罪事出有因，是法警先动手打人，原判对其量刑过重。上诉人郑朝辉的上诉理由是：其未参与抢劫，未见到被抢的钱物，其行为只构成敲诈勒索罪未遂，不构成抢劫罪，原判对其量刑过重。

经北京市第一中级人民法院二审审理查明的事实、证据与一审相同。二审法院经审核予以确认。对于上诉人张华山、郑朝辉关于未参与抢劫，未见到被抢的钱物，其行为只构成敲诈勒索罪未遂，不构成抢劫罪的上诉理由，经查：经一审法庭举证、质证的证据已经证实，二上诉人伙同王无敌使用胁迫手段强行劫取他人钱物的过程，虽然在共同犯罪中钱物是王无敌所拿，但二上诉人均在场并在伙同王无敌共同挟持被害人取 3 万元的过程中被当场抓获，应对共同犯罪的行为、后果负责，且上述行为是持续、完整的抢劫犯罪过程，不符合敲诈勒索罪的犯罪构成要件，故二上诉人的上诉理由，均缺乏相应的事实、证据及法律依据予以支持，二审法院不予采纳。

对于上诉人张华山关于扰乱法庭秩序罪事出有因、是法警先动手打人的上诉理由，经查：经一审法庭举证、质证的证据已经证实在一审法庭开庭过程中，其伙同王无敌殴打法警，致使同案犯王无敌当场脱逃，审判活动无法正常进行，严重扰乱法庭秩序的事实，其上诉理由缺乏相应的事实、证据予以支持，二审法院不予采纳。

二审法院经审理认为：一审法院根据上诉人张华山、郑朝辉犯罪的事实、性质、情节及对社会的危害程度作出的判决，定罪及适用法律正确，量刑适当，审判程序合法，依法应予维持。上诉人张华山、郑朝辉关于原判对其量刑过重的上诉理由均缺乏法律依据，二审法院不予采纳。据此，依照《刑事诉讼法》第 189 条第 1 项的规定，裁定驳回上诉，维持原判。

【学理分析及适用指引】

• 学理分析 •

扰乱法庭秩序罪，是指聚众哄闹、冲击法庭，或者在法庭上殴打司法工作人员等严重扰乱法庭秩序的行为。本罪的构成要件如下：

1. 本罪的客体。扰乱法庭秩序罪侵害的客体是法庭审理案件的正常秩序，同时，扰乱法庭秩序的行为也可能侵害司法工作人员的人身权利。法庭是人民法院行使审判权的场所，本罪中所说的法庭宜作广义的理解，既包括专门用于审理案件的正规场所，也应包括非正规的审判特定案件的临时场所；既包括在法庭场所内，也包括法庭附近。

2. 本罪的客观方面。本罪在客观上表现为严重扰乱法庭秩序的行为。具体有四种法定的行为方式：一是聚众哄闹、冲击法庭。二是殴打司法工作人员或者诉讼参与人。此处的“殴打司法工作人员”，包括殴打审判员、人民陪审员、书记员、检察人员、司法警察等。三是侮辱、诽谤、威胁司法工作人员或者诉讼参与人，不听法庭制止，严重扰乱法庭秩序。这种类似于藐视法庭的行为构成本罪的前提是“不听法庭制止”，即须有法庭的依法制止在先，如果行为人仍不听法庭指挥，严重扰乱法庭秩序的，应以本罪论处。四是有毁坏法庭设施，抢夺、损毁诉讼文书、证据等扰乱法庭秩序行为，情节严重。严重扰乱法庭秩序的行为应发生于正在准备或者已经在审理案件的法庭，包括开庭前准备、开庭、法庭调查、法庭辩论、法庭调解、法庭陈述、合议及宣判等。与严格的时空条件限制相反，本罪所侵害的对象范围则很广泛，可能是有形对象、无形对象及人身。

3. 本罪的主体。本罪的主体应该是一般主体。

4. 本罪的主观方面。本罪在主观上应为故意，而且只能是直接故意。因为在个别或者少数人实施扰乱法庭秩序行为的情形中不会出现放任的心态，行为人应为直接故意，而在聚众扰乱法庭秩序的行为中，虽然不排除有人跟着起哄，放任扰乱法庭秩序的后果发生，但是在聚众扰乱法庭秩序行为上，实际上《刑法》只处罚为首者，而为首者所持心态显然是希望。

• 适用指引 •

司法实践中，认定本罪时应注意：

1. 本罪与聚众扰乱社会秩序罪的界限。聚众扰乱社会秩序罪，是指纠集多人扰乱社会秩序，情节严重，致使工作、生产、营业和教学、科研、医疗无法进行，造成严重损失的行为。从行为方式上看，聚众扰乱社会秩序罪要求是纠集多人实施的行为，而扰乱法庭秩序罪则既可能是纠集多人（如聚众哄闹、冲击法庭的行为），也可一二人实施（如殴打诉讼参与人等行为）。另外，法庭秩序在广义上也属于社会秩序的一种。但由于《刑法》对严重扰乱法庭秩序的行为已单独定罪，因此对符合《刑法》第309条规定的行为，不能再以聚众扰乱社会秩序罪定罪处罚。

2. 本罪与聚众冲击国家机关罪的界限。聚众冲击国家机关罪是指聚众冲击国家机关，致使国家机关工作无法进行，造成严重损失的行为。法庭是人民法院审判案件的场所，具有临时性，它虽然代表的是人民法院，但还不是作为国家审判机关的法院本身。因此，聚众冲击法庭，致使审判活动无法进行的，只构成扰乱法庭秩序罪，不构成聚众冲击国家机关罪。

3. 扰乱法庭秩序的行为若同时构成其他犯罪的如何处理？如殴打司法人员的行为同时可能构成故意伤害罪，殴打出庭作证的证人等诉讼参与人可能同时构成妨害作证罪，侮辱、诽谤、威胁司法工作人员可能同时构成侮辱罪、诽谤罪，毁坏法庭设施等可能同时构成故意毁坏财物罪。对此，应根据想象竞合理论，择一重罪论处。

第三百一十条 窝藏、包庇罪

【法律规定】

• 法律条文 •

《中华人民共和国刑法》

第三百一十条 明知是犯罪的人而为其提供隐藏处所、财物，帮助其逃匿或者作假证明包庇的，处三年以下有期徒刑、拘役或者管制；情节严重的，处三年以上十年以下有期徒刑。

犯前款罪，事前通谋的，以共同犯罪论处。

• 相关规定 •

《中华人民共和国刑法》

第三百六十二条 旅馆业、饮食服务业、文化娱乐业、出租汽车业等单位的人员，在公安机关查处卖淫、嫖娼活动时，为违法犯罪分子通风报信，情节严重的，依照本法第三百一十条的规定定罪处罚。

《最高人民法院、最高人民检察院关于办理窝藏、包庇刑事案件适用法律若干问题的解释》（法释〔2021〕16号）

第一条 明知是犯罪的人，为帮助其逃匿，实施下列行为之一的，应当依照刑法第三百一十条第一款的规定，以窝藏罪定罪处罚：

（一）为犯罪的人提供房屋或者其他可以用于隐藏的处所的；

（二）为犯罪的人提供车辆、船只、航空器等交通工具，或者提供手机等通讯工具的；

（三）为犯罪的人提供金钱的；

（四）其他为犯罪的人提供隐藏处所、财物，帮助其逃匿的情形。

保证人在犯罪的人取保候审期间，协助其逃匿，或者明知犯罪的人的藏匿地点、联系方式，但拒绝向司法机关提供的，应当依照刑法第三百一十条第一款的规定，对保证人以窝藏罪定罪处罚。

虽然为犯罪的人提供隐藏处所、财物，但不是出于帮助犯罪的人逃匿的目的，不以窝藏罪定罪处罚；对未履行法定报告义务的行为人，依法移送有关主管机关给予行政处罚。

第二条 明知是犯罪的人，为帮助其逃避刑事追究，或者帮助其获得从宽处罚，实施下列行为之一的，应当依照刑法第三百一十条第一款的规定，以包庇罪定罪处罚：

（一）故意顶替犯罪的人欺骗司法机关的；

（二）故意向司法机关作虚假陈述或者提供虚假证明，以证明犯罪的人没有实施犯罪行为，或者犯罪的人所实施行为不构成犯罪的；

（三）故意向司法机关提供虚假证明，以证明犯罪的人具有法定从轻、减轻、免除处罚情节的；

（四）其他作假证明包庇的行为。

第三条 明知他人有间谍犯罪或者恐怖主义、极端主义犯罪行为，在司法机关向其调查有关情况、收集有关证据时，拒绝提供，情节严重的，依照刑法第三百一十一条的规定，以拒绝提供间谍犯罪、恐怖主义犯罪、极端主义犯罪证据罪定罪处罚；作假证明包庇的，依照刑法第三百一十条的规定，以包庇罪从重处罚。

第四条 窝藏、包庇犯罪的人，具有下列情形之一的，应当认定为刑法第三百一十条第一款规定的“情节严重”：

（一）被窝藏、包庇的人可能被判处无期徒刑以上刑罚的；

（二）被窝藏、包庇的人犯危害国家安全犯罪、恐怖主义或者极端主义犯罪，或者系黑社会性质组织犯罪的组织者、领导者，且可能被判处十年有期徒刑以上刑罚的；

（三）被窝藏、包庇的人系犯罪集团的首要分子，且可能被判处十年有期徒刑以上刑罚的；

（四）被窝藏、包庇的人在被窝藏、包庇期间再次实施故意犯罪，且新罪可能被判处五年有期徒刑以上刑罚的；

（五）多次窝藏、包庇犯罪的人，或者窝藏、包庇多名犯罪的人的；

（六）其他情节严重的情形。

前款所称“可能被判处”刑罚，是指根据被窝藏、包庇的人所犯罪行，在不考虑自首、立功、认罪认罚等从宽处罚情节时应当依法判处的刑罚。

第五条 认定刑法第三百一十条第一款规定的“明知”，应当根据案件的客观事实，结合行为人的认知能力，接触被窝藏、包庇的犯罪人的情况，以及行为人和犯罪人的供述等主、客观因素进行认定。

行为人将犯罪的人所犯之罪误认为其他犯罪的，不影响刑法第三百一十条第一款规定的“明知”的认定。

行为人虽然实施了提供隐藏处所、财物等行为，但现有证据不能证明行为人知道犯罪的人实施了犯罪行为的，不能认定为刑法第三百一十条第一款规定的“明知”。

第六条 认定窝藏、包庇罪，以被窝藏、包庇的人的行为构成犯罪为前提。

被窝藏、包庇的人实施的犯罪事实清楚，证据确实、充分，但尚未到案、尚未依法裁判或者因不具有刑事责任能力依法未予追究刑事责任的，不影响窝藏、包庇罪的认定。但是，被窝藏、包庇的人归案后被宣告无罪的，应当依照法定程序宣告窝藏、包庇行为人无罪。

第七条　为帮助同一个犯罪的人逃避刑事处罚，实施窝藏、包庇行为，又实施洗钱行为，或者掩饰、隐瞒犯罪所得及其收益行为，或者帮助毁灭证据行为，或者伪证行为的，依照处罚较重的犯罪定罪，并从重处罚，不实行数罪并罚。

第八条　共同犯罪人之间互相实施的窝藏、包庇行为，不以窝藏、包庇罪定罪处罚，但对共同犯罪以外的犯罪人实施窝藏、包庇行为的，以所犯共同犯罪和窝藏、包庇罪并罚。

《最高人民法院、最高人民检察院关于办理组织、强迫、引诱、容留、介绍卖淫刑事案件适用法律若干问题的解释》（法释〔2017〕13 号）

第十四条　根据刑法第三百六十二条、第三百一十条的规定，旅馆业、饮食服务业、文化娱乐业、出租汽车业等单位的人员，在公安机关查处卖淫、嫖娼活动时，为违法犯罪分子通风报信，情节严重的，以包庇罪定罪处罚。事前与犯罪分子通谋的，以共同犯罪论处。

具有下列情形之一的，应当认定为刑法第三百六十二条规定的“情节严重”：

（一）向组织、强迫卖淫犯罪集团通风报信的；

（二）二年内通风报信三次以上的；

（三）一年内因通风报信被行政处罚，又实施通风报信行为的；

（四）致使犯罪集团的首要分子或者其他共同犯罪的主犯未能及时归案的；

（五）造成卖淫嫖娼人员逃跑，致使公安机关查处犯罪行为因取证困难而撤销刑事案件的；

（六）非法获利人民币一万元以上的；

（七）其他情节严重的情形。

【案例】

张彬、王禹故意伤害，郭某某窝藏案①

•　案件事实　•

2006 年 8 月 26 日晚，被告人张彬在北京市通州区北京金浦联程道路养护

① 参见北京市第二中级人民法院（2007）二中刑终字第 2107 号。

有限公司内因琐事与三一重工股份有限公司派来进行机械售后维修服务的工程师周某某发生矛盾，遂在周某某离开后指使被告人王禹殴打周某某。当日22时许，王禹在通州区潞城镇谢家楼村柏油路上将周某某拦截，后持铁管殴打周某某身体，将其击倒并摔伤头部，致周某某重度颅脑损伤，经抢救无效于9月1日死亡。后被告人张彬于2006年8月27日被抓获，王禹犯罪后潜逃，被告人郭某某在明知其男友王禹涉嫌犯罪的情况下，仍于2006年9月间将王禹藏匿长达10余天，直至9月20日被同时抓获。

• 裁判要旨 •

在明知他人涉嫌犯罪的情况下，仍将其藏匿长达数天的，构成窝藏罪。

• 裁判理由 •

北京市通州区人民法院经审理认为：被告人王禹、张彬无视国法，共同故意伤害他人身体，致人死亡，其行为均已构成故意伤害罪，均应依法惩处；被告人郭某某明知王禹涉嫌犯罪仍帮助其逃匿，其行为已构成窝藏罪，依法亦应予惩处。鉴于被告人郭某某系初犯，当庭认罪、悔罪，并考虑到本案的具体情节，依法可对其酌定从轻处罚并适用缓刑。故判决：一、被告人王禹犯故意伤害罪，判处有期徒刑十四年，剥夺政治权利三年。二、被告人张彬犯故意伤害罪，判处有期徒刑十三年，剥夺政治权利二年。三、被告人郭某某犯窝藏罪，判处有期徒刑二年，缓刑二年。

后张彬提起上诉。经北京市第二中级人民法院审理认为：张彬关于原判量刑过重的上诉理由，无事实和法律依据，不予采信。原审法院根据张彬、王禹、郭某某犯罪的事实、性质、情节和对于社会的危害程度所作出的判决，定罪及适用法律正确，量刑适当，审判程序合法，对原判予以维持。

【学理分析及适用指引】

• 学理分析 •

窝藏、包庇罪，是指明知是犯罪的人而为其提供隐藏处所，或者为其提供钱财，帮助其逃匿或者明知是犯罪的人而作假证明予以包庇，意图使其逃避法律制裁的行为。本罪的构成要件如下：

1. 本罪的客体。窝藏、包庇罪侵犯的客体是司法机关对罪犯的刑事追诉和刑罚执行活动。窝藏、包庇行为可以发生在刑事诉讼的每一个阶段。因此，总的来说，本罪侵害的并非个别司法机关的司法活动，而是包括了侦查机关、检察机关、审判机关及刑罚执行机关等在内的所有司法机关的司法活动。本罪的对象是犯罪分子，包括判决前与判决后的犯罪分子。根据《最高人民法院、最高人民检察院关于办理窝藏、包庇刑事案件适用法律若干问题的解释》的规定，只要被窝藏、包庇的人实施的犯罪事实清楚，证据确实、充分，但尚未到案、尚未依法裁判或者因不具有刑事责任能力依法未予追究刑事责任的，不影响窝藏、包庇罪的认定。但应当注意的是，并非所有的犯罪分子都可能成为本罪的对象：因犯罪情节轻微而被检察机关决定不起诉的，被免予刑事处分的，刑罚已经执行完毕的，被赦免的，这几类人不能成为本罪的对象。而被判处管制、罚金、没收财产、剥夺政治权利，刑罚尚未执行完毕的犯罪分子，以及在缓刑或者假释考验期内的犯罪分子则可以成为窝藏、包庇罪的对象。

2. 本罪的客观方面。本罪在客观方面表现为两大类：窝藏和包庇，具体言之就是，为犯罪的人提供隐藏处所、财物，帮助其逃匿或者作假证明包庇的行为。窝藏的表现形式主要有三种：一是提供隐藏处所，即将犯罪人收容于不易被发现的地方，至于处所是否是行为人所有或者占有，不影响窝藏的成立，其关键在于藏匿的行为，即通过藏匿使犯罪分子不易被司法机关发现，从而实现其帮助犯罪分子逃避惩罚的目的；二是提供财物，即为犯罪分子逃避法律惩罚提供必要的物质条件，使之能长期逃匿，如提供金钱、车辆、船只、航空器等交通工具，或者提供手机等通讯工具；三是帮助犯罪分子逃匿，如为其指示逃匿路线，提供车辆、身份证明文件等。一般而言，上述几种行为在一案件中往往会交叉使用，不论使用多少种行为都包含在窝藏罪中，不能定数罪。

包庇的表现形式主要是作假证明，在此作假证明不应仅仅理解为作假证词，而应理解为在刑事诉讼中，运用虚假的材料来确证有关证明对象的活动，可以是假证词，也可以是其他相关的材料。根据相关司法解释的规定，包庇行为主要表现为：（1）故意顶替犯罪的人欺骗司法机关的；（2）故意向司法机关作虚假陈述或者提供虚假证明，以证明犯罪的人没有实施犯罪行为，或者犯罪的人所实施行为不构成犯罪的；（3）故意向司法机关提供虚假证明，以证明犯罪的人具有法定从轻、减轻、免除处罚情节的；（4）其他作假证明包庇的行为。

另外，在《刑法》修正以前，理论界一般认为，帮助罪犯毁灭证据的行为也属于包庇，但是《刑法》修正后专门增设了帮助毁灭、伪造证据罪，因此，帮助犯罪分子毁灭、伪造证据的行为不再定为包庇罪。

3. 本罪的主体。本罪的主体是一般主体，即年满16周岁、具有刑事责任能力的人。但是还应当注意以下几点：犯罪分子本人不能成为窝藏、包庇罪的主体，因为犯罪分子的窝藏、包庇行为不具有独立性。共同犯罪人相互之间不能成为窝藏、包庇罪的主体，而应按照共同犯罪处理；当共同犯罪人中的某人还实施了其他犯罪行为的，可以成为被窝藏、包庇的对象，未参与其他犯罪行为的人，在这种情况下可以成为窝藏、包庇罪的主体。

4. 本罪的主观方面。本罪的主观特征是故意，即明知是犯罪分子而予以窝藏、包庇。如果并不知道是犯罪分子而予以收留、资助的，不以窝藏、包庇罪论处。至于明知的时间，存在两种情形：第一种是行为人实施窝藏、包庇行为时明知对方是犯罪的人；第二种是行为人虽然开始并不知道对方是犯罪分子，后来知道后仍然进行窝藏和包庇，此时行为人的主观心理状态发生了变化，即由“无知”变成了“明知”。至于明知的程度也存在两种情形：一种是确定对方是犯罪分子，一种是了解对方可能犯罪了，这两种明知都不影响窝藏、包庇罪的成立。

• 适用指引 •

司法实践中，认定本罪应注意：

1. 本罪与其他共同犯罪的界限。对于事先通谋，即在他人犯罪之前与之约定事后为其提供隐藏处所或者财物，或者以作假证明方式掩盖其罪行的，不能以本罪论处，而应认定为其他犯罪的共犯。

2. 本罪与伪证罪的界限。证人、鉴定人、记录人、翻译人为隐匿罪证，对与案件有重要关系的情节故意作虚假证明、鉴定、记录、翻译，广义上也是一种包庇行为。但由于法律已对此专设罪名，就不再按包庇罪处理，而应按伪证罪处理。包庇罪与伪证罪的区别：

（1）侵犯的客体不同。前者侵犯的是司法机关同犯罪分子作斗争的正常活动，而后者所侵犯的则是复杂客体，包括公民的人身权利以及司法机关同犯罪分子作斗争的正常活动。

（2）包庇的对象不同。前者包庇的对象既可以是未经逮捕、审判而潜逃的犯罪分子，也可以是正在服刑而脱逃的犯罪分子，而后者包庇的对象只能是未决犯。

（3）包庇的内容不同。前者所掩盖的既可以是犯罪分子的全部犯罪事实，也可以是犯罪分子的主要罪行，而后者则是为犯罪分子掩盖与案件有重要关系的情节。

（4）犯罪的时间不同。前者既可以发生在犯罪分子被逮捕、关押之前，也可以发生在服刑之后，而后者只能发生在判决以前的侦查、起诉、审判过程中。

（5）犯罪的主体不同。前者的主体可以是任何一个具备刑事责任能力的人，而后者的主体只能是证人、鉴定人、记录人、翻译人。

3. 本罪与辩护人、诉讼代理人毁灭证据、伪造证据、妨害作证罪的界限。二者的区别主要在于犯罪主体不同。前者的主体是一般主体，后者的主体是特殊主体。凡是辩护人、诉讼代理人实施包庇行为的，都不再按包庇罪处理。此外，两罪在客观方面的表现不尽相同。前者在客观上只能是包庇犯罪人，而后者在客观上不限于包庇犯罪人，还包括实施不利于犯罪人的行为。

4. 本罪与帮助毁灭、伪造证据罪的界限。尽管这两种犯罪在犯罪主体和主观方面相同，在侵犯的客体和犯罪的客观方面也存在着相互包容、交叉的关系，但两者有区别，主要在于：

（1）犯罪对象不完全相同。前者仅指犯罪的人，后者则为当事人，既包括刑事案件的自诉人、被告人、受害人，也包括民事、行政案件的原告、被告、第三人，范围更宽。

（2）客观方面的表现形式不完全相同。前者表现为犯罪人提供隐蔽处所、财物，帮助其逃匿或者作假证明包庇的行为；后者表现为帮助当事人毁灭证据或者伪造证据，情节严重的行为。如果行为人同样是采取帮助当事人（被告人）毁灭证据，在这种情况下，区分两罪的关键，就在于行为人是否向司法机关作假证明。如果行为人既帮助当事人毁灭、伪造证据，事后又向司法机关作假证明包庇的，成立吸收犯关系，应以重行为即包庇罪论处。

第三百一十一条　拒绝提供间谍犯罪；恐怖主义犯罪；极端主义犯罪证据罪

【法律规定】

• 法律条文 •

《中华人民共和国刑法》

第三百一十一条　明知他人有间谍犯罪或者恐怖主义、极端主义犯罪行为，在司法机关向其调查有关情况、收集有关证据时，拒绝提供，情节严重的，处三年以下有期徒刑、拘役或者管制。

• 相关规定 •

《中华人民共和国反恐怖主义法》

第三条　本法所称恐怖主义，是指通过暴力、破坏、恐吓等手段，制造社会恐慌、危害公共安全、侵犯人身财产，或者胁迫国家机关、国际组织，以实现其政治、意识形态等目的的主张和行为。

本法所称恐怖活动，是指恐怖主义性质的下列行为：

（一）组织、策划、准备实施、实施造成或者意图造成人员伤亡、重大财产损失、公共设施损坏、社会秩序混乱等严重社会危害的活动的；

（二）宣扬恐怖主义，煽动实施恐怖活动，或者非法持有宣扬恐怖主义的物品，强制他人在公共场所穿戴宣扬恐怖主义的服饰、标志的；

（三）组织、领导、参加恐怖活动组织的；

（四）为恐怖活动组织、恐怖活动人员、实施恐怖活动或者恐怖活动培训提供信息、资金、物资、劳务、技术、场所等支持、协助、便利的；

（五）其他恐怖活动。

本法所称恐怖活动组织，是指三人以上为实施恐怖活动而组成的犯罪组织。

本法所称恐怖活动人员，是指实施恐怖活动的人和恐怖活动组织的成员。

本法所称恐怖事件，是指正在发生或者已经发生的造成或者可能造成重大社会危害的恐怖活动。

【学理分析及适用指引】

• 学理分析 •

拒绝提供间谍犯罪、恐怖主义犯罪、极端主义犯罪证据罪，是指明知他人有间谍犯罪或者恐怖主义、极端主义犯罪行为，在国家安全机关等司法机关向其调查有关情况、收集有关证据时，拒绝提供，情节严重的行为。本罪的构成要件如下：

1. 本罪的客体。本罪侵犯的客体是国家安全机关等司法机关依法执行对间谍犯罪、恐怖主义犯罪、极端主义犯罪的侦查活动。

2. 本罪的客观方面。本罪在客观方面表现为明知他人有间谍犯罪或者恐怖主义、极端主义犯罪行为，在司法机关如国家安全机关向其调查有关情况、收集有关证据时，拒绝提供，情节严重的行为。拒绝提供间谍犯罪、恐怖主义犯罪、极端主义犯罪证据罪客观方面，应从以下几个方面来掌握：（1）准确掌握行为发生的时间。拒绝提供间谍犯罪、恐怖主义犯罪、极端主义犯罪证据的行为应该发生在司法机关向其调查有关情况、收集有关证据之时。如果行为人在司法机关向其调查之前或者之后，发现有危害国家安全的间谍行为没有报告或者没有及时报告的，其行为不构成本罪。（2）准确理解拒绝提供。要准确界定本罪，必须对何谓拒绝提供有准确的把握。所谓拒绝提供，就是知情人以不知道等虚假理由为借口，不将所知道的情况和拥有的有关证据告诉、提供给司法机关。拒绝提供的方式一般有以下两种：一为明示拒绝，即知情人对知道的情况或拥有的证据明确表示不知道、不说或者不提交。二为暗示拒绝，即知情人虽未明确表示拒绝，但对应该提供的情况采取推诿、躲避、装糊涂等方式，使司法机关无法了解和掌握有关情况和证据。拒绝提供的内容也包括两个方面：一是与间谍犯罪、恐怖主义犯罪、极端主义犯罪相关的情况，此处应作广义的理解，即不仅包括间谍犯罪、恐怖主义犯罪、极端主义犯罪行为本身的情况，也包括参加间谍犯罪、恐怖主义犯罪、极端主义犯罪活动的人员、规律、线索以及方法、手段、时间、地点等详细情况。二是与间谍犯罪、恐怖主义犯罪、极端主义犯罪行为有关的证据，主要包括两类：一类是能够证明间谍犯罪、恐怖主义犯罪、极端主义犯罪真实情况的证人证言；另一类是能够证明他人进行间谍犯罪、恐怖主义犯罪、极端主义犯罪行为的物证、书证等相关实物证据。

3. 本罪的主体。本罪的主体是一般主体，即达到刑事责任年龄、具备刑事责任能力的自然人。

4. 本罪的主观方面。本罪的主观方面应是故意，既可以是直接故意，也可以是间接故意，至于动机如何不影响本罪的成立。明知是一种主观状态，此处的明知要求明知两个事实：一是明知他人有间谍犯罪、恐怖主义犯罪、极端主义犯罪行为，比如亲眼见到或者犯罪人自己讲到或是经司法机关明确告知他人有危害国家安全、公共安全的间谍行为、恐怖主义行为、极端主义行为。或者是虽然并不能明确肯定知道，但是根据已知的事实推测而知道他人有间谍犯罪、恐怖主义犯罪、极端主义犯罪行为。二是明知前来调查的人员是国家安全机关的工作人员，比如通过工作人员出示有关正式文件或证件而知道，或者通过侧面了解推断而知道。

另外，对间谍犯罪的理解的不同观点。由于《刑法》对间谍犯罪的较大修改，刑法学界在理解《刑法》第 311 条“间谍犯罪行为”时存在不同观点：一种观点认为，间谍犯罪仅指《刑法》第 110 条规定的间谍罪；[①] 另一种观点认为，除间谍罪外，其还包括《刑法》第 111 条规定的为境外窃取、刺探、收买、非法提供国家秘密、情报罪。[②] 显然，前种观点可以《刑法》条文作为依据，后种观点可以从刑事立法史的角度寻找理由。可见，上述分歧只有依据有权机关作出正式的解释才能消除。

• 适用指引 •

司法实践中，认定本罪应注意：

1. 本罪属于情节犯，行为人拒绝提供间谍犯罪、恐怖主义犯罪、极端主义犯罪证据的行为必须达到情节严重才可以构成本罪。一般而言，情节严重主要是指由于拒绝提供他人间谍犯罪、恐怖主义犯罪、极端主义犯罪行为的有关情况和证据，致使国家安全、公共安全受到危害，或者致使间谍犯罪分子、恐怖主义犯罪分子、极端主义犯罪分子逃脱刑事惩罚，或者致使反间谍反恐斗争受到严重干扰，或者造成了其他严重的后果。

2. 本罪与窝藏、包庇罪的界限。拒绝提供间谍犯罪、恐怖主义犯罪、极端主义犯罪证据的行为人可能是出于包庇的意图，在这种情况下，拒绝提供间谍犯罪、恐怖主义犯罪、极端主义犯罪证据的行为也是一种包庇行为。但是，

---

① 胡康生、李福成主编：《中华人民共和国刑法释义》，法律出版社 1997 年版，第 441 页。

② 陈兴良主编：《刑法全书》，中国人民公安大学出版社 1997 年版，第 1021 页。

这种包庇行为是一种不作为，而包庇罪的行为只限于积极的作为，不包括消极的不作为在内。

3. 本罪与知情不举的关系。行为人明知间谍犯罪、恐怖主义犯罪、极端主义犯罪证据而知情不举并不必然构成本罪，构成本罪除知情不举外，还需一个前提条件，即司法机关如国家安全机关向其调查有关情况、收集有关证据，此时其拒绝提供。即单纯的知情不举并不构成犯罪。

第三百一十二条　掩饰、隐瞒犯罪所得、犯罪所得收益罪

【法律规定】

• 法律条文 •

《中华人民共和国刑法》

第三百一十二条　明知是犯罪所得及其产生的收益而予以窝藏、转移、收购、代为销售或者以其他方法掩饰、隐瞒的，处三年以下有期徒刑、拘役或者管制，并处或者单处罚金；情节严重的，处三年以上七年以下有期徒刑，并处罚金。

单位犯前款罪的，对单位判处罚金，并对其直接负责的主管人员和其他直接责任人员，依照前款的规定处罚。

• 相关规定 •

《最高人民法院、最高人民检察院关于办理危害计算机信息系统安全刑事案件应用法律若干问题的解释》（法释〔2011〕19号）

第七条　明知是非法获取计算机信息系统数据犯罪所获取的数据、非法控制计算机信息系统犯罪所获取的计算机信息系统控制权，而予以转移、收购、代为销售或者以其他方法掩饰、隐瞒，违法所得五千元以上的，应当依照刑法第三百一十二条第一款的规定，以掩饰、隐瞒犯罪所得罪定罪处罚。

实施前款规定行为，违法所得五万元以上的，应当认定为刑法第三百一十二条第一款规定的“情节严重”。

单位实施第一款规定行为的，定罪量刑标准依照第一款、第二款的规定执行。

《全国人民代表大会常务委员会关于〈中华人民共和国刑法〉第三百四十一条、第三百一十二条的解释》

……

知道或者应当知道是刑法第三百四十一条第二款规定的非法狩猎的野生动

物而购买的，属于刑法第三百一十二条第一款规定的明知是犯罪所得而收购的行为。

《最高人民法院、最高人民检察院关于办理妨害文物管理等刑事案件适用法律若干问题的解释》（法释〔2015〕23号）

第九条　明知是盗窃文物、盗掘古文化遗址、古墓葬等犯罪所获取的三级以上文物，而予以窝藏、转移、收购、加工、代为销售或者以其他方法掩饰、隐瞒的，依照刑法第三百一十二条的规定，以掩饰、隐瞒犯罪所得罪追究刑事责任。

实施前款规定的行为，事先通谋的，以共同犯罪论处。

《最高人民法院关于审理掩饰、隐瞒犯罪所得、犯罪所得收益刑事案件适用法律若干问题的解释法释》（法释〔2021〕8号）

第一条　明知是犯罪所得及其产生的收益而予以窝藏、转移、收购、代为销售或者以其他方法掩饰、隐瞒，具有下列情形之一的，应当依照刑法第三百一十二条第一款的规定，以掩饰、隐瞒犯罪所得、犯罪所得收益罪定罪处罚：

（一）一年内曾因掩饰、隐瞒犯罪所得及其产生的收益行为受过行政处罚，又实施掩饰、隐瞒犯罪所得及其产生的收益行为的；

（二）掩饰、隐瞒的犯罪所得系电力设备、交通设施、广播电视设施、公用电信设施、军事设施或者救灾、抢险、防汛、优抚、扶贫、移民、救济款物的；

（三）掩饰、隐瞒行为致使上游犯罪无法及时查处，并造成公私财物损失无法挽回的；

（四）实施其他掩饰、隐瞒犯罪所得及其产生的收益行为，妨害司法机关对上游犯罪进行追究的。

人民法院审理掩饰、隐瞒犯罪所得、犯罪所得收益刑事案件，应综合考虑上游犯罪的性质、掩饰、隐瞒犯罪所得及其收益的情节、后果及社会危害程度等，依法定罪处罚。

司法解释对掩饰、隐瞒涉及计算机信息系统数据、计算机信息系统控制权的犯罪所得及其产生的收益行为构成犯罪已有规定的，审理此类案件依照该规定。

依照全国人民代表大会常务委员会《关于〈中华人民共和国刑法〉第三百四十一条、第三百一十二条的解释》，明知是非法狩猎的野生动物而收购，数量达到五十只以上的，以掩饰、隐瞒犯罪所得罪定罪处罚。

第二条　掩饰、隐瞒犯罪所得及其产生的收益行为符合本解释第一条的规定，认罪、悔罪并退赃、退赔，且具有下列情形之一的，可以认定为犯罪情节轻微，免予刑事处罚：

（一）具有法定从宽处罚情节的；

（二）为近亲属掩饰、隐瞒犯罪所得及其产生的收益，且系初犯、偶犯的；

（三）有其他情节轻微情形的。

第三条 掩饰、隐瞒犯罪所得及其产生的收益，具有下列情形之一的，应当认定为刑法第三百一十二条第一款规定的“情节严重”：

（一）掩饰、隐瞒犯罪所得及其产生的收益价值总额达到十万元以上的；

（二）掩饰、隐瞒犯罪所得及其产生的收益十次以上，或者三次以上且价值总额达到五万元以上的；

（三）掩饰、隐瞒的犯罪所得系电力设备、交通设施、广播电视设施、公用电信设施、军事设施或者救灾、抢险、防汛、优抚、扶贫、移民、救济款物，价值总额达到五万元以上的；

（四）掩饰、隐瞒行为致使上游犯罪无法及时查处，并造成公私财物重大损失无法挽回或其他严重后果的；

（五）实施其他掩饰、隐瞒犯罪所得及其产生的收益行为，严重妨害司法机关对上游犯罪予以追究的。

司法解释对掩饰、隐瞒涉及机动车、计算机信息系统数据、计算机信息系统控制权的犯罪所得及其产生的收益行为认定“情节严重”已有规定的，审理此类案件依照该规定。

第四条 掩饰、隐瞒犯罪所得及其产生的收益的数额，应当以实施掩饰、隐瞒行为时为准。收购或者代为销售财物的价格高于其实际价值的，以收购或者代为销售的价格计算。

多次实施掩饰、隐瞒犯罪所得及其产生的收益行为，未经行政处罚，依法应当追诉的，犯罪所得、犯罪所得收益的数额应当累计计算。

第五条 事前与盗窃、抢劫、诈骗、抢夺等犯罪分子通谋，掩饰、隐瞒犯罪所得及其产生的收益的，以盗窃、抢劫、诈骗、抢夺等犯罪的共犯论处。

第六条 对犯罪所得及其产生的收益实施盗窃、抢劫、诈骗、抢夺等行为，构成犯罪的，分别以盗窃罪、抢劫罪、诈骗罪、抢夺罪等定罪处罚。

第七条 明知是犯罪所得及其产生的收益而予以掩饰、隐瞒，构成刑法第三百一十二条规定的犯罪，同时构成其他犯罪的，依照处罚较重的规定定罪处罚。

第八条 认定掩饰、隐瞒犯罪所得、犯罪所得收益罪，以上游犯罪事实成立为前提。上游犯罪尚未依法裁判，但查证属实的，不影响掩饰、隐瞒犯罪所得、犯罪所得收益罪的认定。

上游犯罪事实经查证属实，但因行为人未达到刑事责任年龄等原因依法不予追究刑事责任的，不影响掩饰、隐瞒犯罪所得、犯罪所得收益罪的认定。

第九条 盗用单位名义实施掩饰、隐瞒犯罪所得及其产生的收益行为，违法所得由行为人私分的，依照刑法和司法解释有关自然人犯罪的规定定罪处罚。

第十条 通过犯罪直接得到的赃款、赃物，应当认定为刑法第三百一十二条规定的“犯罪所得”。上游犯罪的行为人对犯罪所得进行处理后得到的孳息、租金等，应当认定为刑法第三百一十二条规定的“犯罪所得产生的收益”。

明知是犯罪所得及其产生的收益而采取窝藏、转移、收购、代为销售以外的方法，如居间介绍买卖，收受，持有，使用，加工，提供资金账户，协助将财物转换为现金、金融票据、有价证券，协助将资金转移、汇往境外等，应当认定为刑法第三百一十二条规定的“其他方法”。

第十一条 掩饰、隐瞒犯罪所得、犯罪所得收益罪是选择性罪名，审理此类案件，应当根据具体犯罪行为及其指向的对象，确定适用的罪名。

《最高人民法院关于审理洗钱等刑事案件具体应用法律若干问题的解释》（法释〔2009〕15号）

第一条第一款 刑法第一百九十一条、第三百一十二条规定的“明知”，应当结合被告人的认知能力，接触他人犯罪所得及其收益的情况，犯罪所得及其收益的种类、数额，犯罪所得及其收益的转换、转移方式以及被告人的供述等主、客观因素进行认定。

具有下列情形之一的，可以认定被告人明知系犯罪所得及其收益，但有证据证明确实不知道的除外：

（一）知道他人从事犯罪活动，协助转换或者转移财物的；

（二）没有正当理由，通过非法途径协助转换或者转移财物的；

（三）没有正当理由，以明显低于市场的价格收购财物的；

（四）没有正当理由，协助转换或者转移财物，收取明显高于市场的“手续费”的；

（五）没有正当理由，协助他人将巨额现金散存于多个银行账户或者在不同银行账户之间频繁划转的；

（六）协助近亲属或者其他关系密切的人转换或者转移与其职业或者财产状况明显不符的财物的；

（七）其他可以认定行为人明知的情形。

《最高人民法院、最高人民检察院关于办理与盗窃、抢劫、诈骗、抢夺机动车相关刑事案件具体应用法律若干问题的解释》（法释〔2007〕11号）

第一条 明知是盗窃、抢劫、诈骗、抢夺的机动车，实施下列行为之一的，依照刑法第三百一十二条的规定，以掩饰、隐瞒犯罪所得、犯罪所得收益罪定罪，处三年以下有期徒刑、拘役或者管制，并处或者单处罚金：

（一）买卖、介绍买卖、典当、拍卖、抵押或者用其抵债的；

（二）拆解、拼装或者组装的；

（三）修改发动机号、车辆识别代号的；

（四）更改车身颜色或者车辆外形的；

（五）提供或者出售机动车来历凭证、整车合格证、号牌以及有关机动车的其他证明和凭证的；

（六）提供或者出售伪造、变造的机动车来历凭证、整车合格证、号牌以及有关机动车的其他证明和凭证的。

实施第一款规定的行为涉及盗窃、抢劫、诈骗、抢夺的机动车五辆以上或者价值总额达到五十万元以上的，属于刑法第三百一十二条规定的“情节严重”，处三年以上七年以下有期徒刑，并处罚金。

第六条 行为人实施本解释第一条、第三条第三款规定的行为，涉及的机动车有下列情形之一的，应当认定行为人主观上属于上述条款所称“明知”：

（一）没有合法有效的来历凭证；

（二）发动机号、车辆识别代号有明显更改痕迹，没有合法证明的。

《最高人民法院研究室关于〈最高人民法院、最高人民检察院关于办理与盗窃、抢劫、诈骗、抢夺机动车相关刑事案件具体应用法律若干问题的解释〉有关规定如何适用问题的答复》（法研〔2014〕98号）

根据罪责刑相适应刑法基本原则，《最高人民法院、最高人民检察院关于办理与盗窃、抢劫、诈骗、抢夺机动车相关刑事案件具体应用法律若干问题的解释》第一条第二款中规定的“机动车五辆以上”，应当是指机动车数量在五辆以上，且价值总额接近五十万元。

《最高人民法院、最高人民检察院、公安部关于办理电信网络诈骗等刑事案件适用法律若干问题的意见》（法发〔2016〕32号）

三、全面惩处关联犯罪

（五）明知是电信网络诈骗犯罪所得及其产生的收益，以下列方式之一予以转账、套现、取现的，依照刑法第三百一十二条第一款的规定，以掩饰、隐瞒犯罪所得、犯罪所得收益罪追究刑事责任。但有证据证明确实不知道的除外：

1. 通过使用销售点终端机具（POS机）刷卡套现等非法途径，协助转换或者转移财物的；

2. 帮助他人将巨额现金散存于多个银行账户，或在不同银行账户之间频繁划转的；

3. 多次使用或者使用多个非本人身份证明开设的信用卡、资金支付结算账户或者多次采用遮蔽摄像头、伪装等异常手段，帮助他人转账、套现、取现的；

4. 为他人提供非本人身份证明开设的信用卡、资金支付结算账户后，又帮助他人转账、套现、取现的；

5. 以明显异于市场的价格，通过手机充值、交易游戏点卡等方式套现的。

实施上述行为，事前通谋的，以共同犯罪论处。

实施上述行为，电信网络诈骗犯罪嫌疑人尚未到案或案件尚未依法裁判，但现有证据足以证明该犯罪行为确实存在的，不影响掩饰、隐瞒犯罪所得、犯罪所得收益罪的认定。

实施上述行为，同时构成其他犯罪的，依照处罚较重的规定定罪处罚。法律和司法解释另有规定的除外。

《最高人民法院、最高人民检察院关于常见犯罪的量刑指导意见（试行）》（法发〔2021〕21号）

四、常见犯罪的量刑

（十九）掩饰、隐瞒犯罪所得、犯罪所得收益罪

1. 构成掩饰、隐瞒犯罪所得、犯罪所得收益罪的，根据下列情形在相应的幅度内确定量刑起点：

（1）犯罪情节一般的，在一年以下有期徒刑、拘役幅度内确定量刑起点。

（2）情节严重的，在三年至四年有期徒刑幅度内确定量刑起点。

2. 在量刑起点的基础上，根据犯罪数额等其他影响犯罪构成的犯罪事实增加刑罚量，确定基准刑。

3. 构成掩饰、隐瞒犯罪所得、犯罪所得收益罪的，根据掩饰、隐瞒犯罪所得及其收益的数额、犯罪对象、危害后果等犯罪情节，综合考虑被告人缴纳罚金的能力，决定罚金数额。

4. 构成掩饰、隐瞒犯罪所得、犯罪所得收益罪的，综合考虑掩饰、隐瞒犯罪所得及其收益的数额、危害后果、上游犯罪的危害程度等犯罪事实、量刑情节，以及被告人的主观恶性、人身危险性、认罪悔罪表现等因素，决定缓刑的适用。

《最高人民法院、最高人民检察院、公安部关于办理盗窃油气、破坏油气设备等刑事案件适用法律若干问题的意见》（法发〔2018〕18号）

五、关于窝藏、转移、收购、加工、代为销售被盗油气行为的处理

明知是犯罪所得的油气而予以窝藏、转移、收购、加工、代为销售或者以其他方式掩饰、隐瞒，符合刑法第三百一十二条规定的，以掩饰、隐瞒犯罪所得罪追究刑事责任。

“明知”的认定，应当结合行为人的认知能力、所得报酬、运输工具、运输路线、收购价格、收购形式、加工方式、销售地点、仓储条件等因素综合考虑。

实施第一款规定的犯罪行为，事前通谋的，以盗窃罪、破坏易燃易爆设备

罪等有关犯罪的共同犯罪论处。

《打击非设关地成品油走私专题研讨会会议纪要》（署缉发〔2019〕210号）

一、关于定罪处罚

……

对不构成走私共犯的收购人，直接向走私人购买走私的成品油，数额较大的，依照刑法第一百五十五条第（一）项的规定，以走私罪论处；向非直接走私人购买走私的成品油的，根据其主观故意，分别依照刑法第一百九十一条规定的洗钱罪或者第三百一十二条规定的掩饰、隐瞒犯罪所得、犯罪所得收益罪定罪处罚。

……

《最高人民法院、最高人民检察院、公安部、司法部关于依法惩治妨害新型冠状病毒感染肺炎疫情防控违法犯罪的意见》（法发〔2020〕7号）

二、准确适用法律，依法严惩妨害疫情防控各类犯罪

（九）……

知道或者应当知道是非法狩猎的野生动物而购买，符合刑法第三百一十二条规定的，以掩饰、隐瞒犯罪所得罪定罪处罚。

（十）依法严惩妨害疫情防控的违法行为。实施上述（一）至（九）规定的行为，不构成犯罪的，由公安机关根据治安管理处罚法有关虚构事实扰乱公共秩序，扰乱单位秩序、公共场所秩序、寻衅滋事，拒不执行紧急状态下的决定、命令，阻碍执行职务，冲闯警戒带、警戒区，殴打他人，故意伤害，侮辱他人，诈骗，在铁路沿线非法挖掘坑穴、采石取沙，盗窃、损毁路面公共设施，损毁铁路设施设备，故意损毁财物、哄抢公私财物等规定，予以治安管理处罚，或者由有关部门予以其他行政处罚。

对于在疫情防控期间实施有关违法犯罪的，要作为从重情节予以考量，依法体现从严的政策要求，有力惩治震慑违法犯罪，维护法律权威，维护社会秩序，维护人民群众生命安全和身体健康。

《最高人民法院、最高人民检察院、公安部关于办理涉窨井盖相关刑事案件的指导意见》（高检发〔2020〕3号）

七、知道或者应当知道是盗窃所得的窨井盖及其产生的收益而予以窝藏、转移、收购、代为销售或者以其他方法掩饰、隐瞒的，依照刑法第三百一十二条和《最高人民法院关于审理掩饰、隐瞒犯罪所得、犯罪所得收益刑事案件适用法律若干问题的解释》的规定，以掩饰、隐瞒犯罪所得、犯罪所得收益罪定罪处罚。

十二、本意见所称的“窨井盖”，包括城市、城乡结合部和乡村等地的窨井盖以及其他井盖。

《最高人民法院、最高人民检察院、公安部、农业农村部依法惩治长江流域非法捕捞等违法犯罪的意见》（公通字〔2020〕17号）

二、准确适用法律，依法严惩非法捕捞等危害水生生物资源的各类犯罪

（三）依法严惩非法渔获物交易犯罪。明知是在长江流域重点水域非法捕捞犯罪所得的水产品而收购、贩卖，价值一万元以上的，应当依照刑法第三百一十二条的规定，以掩饰、隐瞒犯罪所得罪定罪处罚。

……

（四）依法严惩危害水生生物资源的单位犯罪。水产品交易公司、餐饮公司等单位实施本意见规定的行为，构成单位犯罪的，依照本意见规定的定罪量刑标准，对直接负责的主管人员和其他直接责任人员定罪处罚，并对单位判处罚金。

（七）贯彻落实宽严相济刑事政策。多次实施本意见规定的行为构成犯罪，依法应当追诉的，或者二年内二次以上实施本意见规定的行为未经处理的，数量数额累计计算。

……

【案例】

曹某销售赃物案[①]

• 案件事实 •

易某某、冯某田、冯某宝伙同阿良（另案处理）于2006年10月10日凌晨4时许，窜至北京市西城区积水潭桥西南角工地，窃取东升牌BX3－500－1型电焊机一台，经鉴定价值人民币2570元。曹某在明知该电焊机系盗窃所得的情况下，仍在本市西城区天宁伯街23号代为销赃，获得赃款人民币2900元。赃款已被易某某、冯某宝、冯某田等人挥霍。

• 裁判要旨 •

明知是他人犯罪所得的赃物，仍代为销售的行为，构成掩饰、隐瞒犯罪所得罪。

• 裁判理由 •

北京市西城区人民法院经审理认为：被告人曹某明知系犯罪所得赃物，仍

---

① 参见北京市西城区人民法院（2007）西刑初字第00366号。

代为销售的行为，妨害了司法活动，已构成销售赃物罪。① 被告人曹某认罪态度较好，故可酌情从轻处罚。被告人曹某犯销售赃物罪判处有期徒刑十个月，罚金人民币1000元。

【学理分析及适用指引】

● 学理分析 ●

掩饰、隐瞒犯罪所得、犯罪所得收益罪，是指明知是犯罪所得及其产生的收益而予以窝藏、转移、收购、代为销售或者以其他方法掩饰、隐瞒的行为。本罪的构成要件如下：

1. 本罪的客体。本罪所侵犯的客体是司法机关追查犯罪、追缴犯罪赃物的活动。掩饰、隐瞒犯罪所得、犯罪所得收益罪的犯罪对象是犯罪所得的赃物。关于赃物的范围，不同国家的学者有着不同的理解。日本的通说和判例认为赃物是财产犯罪所取得的财物，但根据我国的《刑法》，不论是因侵犯财产罪犯罪方法所取得的财物，还是因其他犯罪而得的财物，均为犯罪所得的赃物，都可以成为本罪的犯罪对象。根据我国的《刑法》规定，我们认为，赃物是指因犯罪所得的财物。在此应注意：赃物与用于犯罪的财物、因犯罪行为而产生的物品是不同的，应加以区分；而对于违禁品是否属于赃物的问题，也不能一概而论，应区别对待，具体分析。具体来说，赃物的具体表现形式是多种多样的，既可以是具体的实在物，也可以是金钱、证券、有价票证等；既可以是动产，也可以是不动产，且赃物形态的转变并不改变其赃物本质。

2. 本罪的客观方面。本罪的客观方面主要表现为明知是犯罪所得及其收益而予以窝藏、转移、收购、代为销售或用其他方法予以掩饰、隐瞒的行为。具体而言，窝藏赃物是指为犯罪分子提供藏匿赃物的处所，为其隐藏赃物、保管赃物，为帮助犯罪分子逃避司法机关对赃物的追缴及犯罪行为的追究而加工赃物的行为，也属于窝藏赃物行为的一种；转移赃物是指搬动、运输等改变赃物存放地点而达到足以妨害司法机关追缴赃物程度的行为；收购赃物主要是指有偿买入赃物然后高价出卖，从中获利的行为，值得注意的是此行为不同于收买赃物，所谓收买赃物是指买赃自用的行为，对于偶尔购买特定的少量赃物自用的行为并非收购赃物，其主观恶性和社会危害性不大，一般不宜认定为收购赃物犯罪；代为销售赃物，是指受犯罪分子（本犯）的委托，帮助其销售赃物的行为。

---

① 值得指出的是，根据2007年10月25日《最高人民法院、最高人民检察院关于执行〈中华人民共和国刑法〉确定罪名的补充规定（三）》（2007年11月6日施行），《刑法》第312条的“窝藏、转移、收购、销售赃物罪”已经被掩饰、隐瞒犯罪所得、犯罪所得收益罪所替代，故此，本案中曹某的行为现在应以掩饰、隐瞒犯罪所得罪论处。——编者注

3. 本罪的主体。本罪的主体是一般主体，即已满16周岁，具有刑事责任能力的自然人。但是，从刑法理论上讲，本罪的主体不包括本犯的行为人。赃物犯罪是由本犯派生的“连累犯”——赃物犯罪的行为人的犯罪对象是他人犯罪所得的赃物。若行为人实施犯罪后，又对自己犯罪所得的财物予以藏匿、转移、销售，属于犯罪后续行为，此行为被先前的犯罪实行行为吸收，不具有独立性，不必另行定罪处罚。因此，在严格意义上讲，赃物犯罪的主体只能是本犯之外的自然人。

4. 本罪的主观方面。本罪的主观方面是直接故意，即要求行为人明知是他人犯罪所得及其产生的收益，而予以窝藏、转移、收购、代为销售或者以其他方式掩饰、隐藏。

关于对明知是犯罪所得赃物的理解。本罪中，如何理解和判断明知是犯罪所得的赃物，是学界争议的焦点。主要观点可以归纳为确定说和可能说两种。确定说认为，明知就是确知，即行为人明白地知道是赃物，对赃物具有确定性的认识，这种确定性包括两方面：一是犯罪所得，二是犯何罪所得。如果对赃物的认识不确定就不能认为是明知。① 可能说认为，明知有确知与不确知之分。确知是对赃物确定性的认识，这种认识可能是由本犯或他人明确告知，也可能是行为人自己亲眼所见。不确知是对赃物可能性的认识，即行为人虽不被告知，客观上也不能完全确定本犯的行为性质，但行为人已经清楚地认识到财物来源不清，存在不法可能性而予以窝藏、转移、收购或代为销售的，也应视为明知。尽管确知与不确知之间存在程度上的差别，但都属于明知的范围。如果要求只有确知才是明知，实践中就可能使一些行为人借口没有确知而逃避惩罚。因此，对赃物的明知不限于确知，只要认识到财物可能来路不正，就足以构成明知。

• 适用指引 •

司法实践中，认定本罪应注意：

1. 罪与非罪的界限。对于确实不知道也不可能知道是犯罪所得或者犯罪所得产生的收益而予以收藏、移动、收购、销售的，不能认定为犯罪；至于犯罪人将自己的犯罪所得或者收益予以隐藏、转移、销售或者以其他方法掩饰、隐瞒的，掩饰、隐瞒行为被前罪所吸收，不再以本罪论处。

2. 本罪中的单独犯罪与共同犯罪的界限。对事前与他人通谋，在他人犯罪后按照先前约定对他人的犯罪所得或者收益予以窝藏、转移、收购、代为销售或者以其他方法掩饰、隐瞒的，应作为他人犯罪的共犯论处，不以本罪论处。

---

① 郭立新、杨迎泽主编：《刑法分则适用疑难问题解》，中国检察出版社2000年版，第302页。

3. 要准确认定赃物犯罪，应当掌握该罪与其他一些相似犯罪的界限，关键要掌握本罪与窝藏、包庇罪的界限，两者的主要区别如下：（1）犯罪对象不同。前者针对的是犯罪所得的赃物，后者针对的是犯罪的人。（2）犯罪客观方面不同。前者包括窝藏、转移、收购、销售赃物，后者包括提供隐藏处所、财物，帮助其逃匿或作假证明包庇。行为人若通过窝藏、转移、收购、销售赃物的方式来作假证明包庇犯罪分子的，则属于牵连犯，应选择重的罪名来定罪处罚，而不应数罪并罚。

第三百一十三条　拒不执行判决、裁定罪

【法律规定】

• 法律条文 •

《中华人民共和国刑法》

第三百一十三条　对人民法院的判决、裁定有能力执行而拒不执行，情节严重的，处三年以下有期徒刑、拘役或者罚金；情节特别严重的，处三年以上七年以下有期徒刑，并处罚金。

单位犯前款罪的，对单位判处罚金，并对其直接负责的主管人员和其他直接责任人员，依照前款的规定处罚。

• 相关规定 •

《最高人民法院研究室关于拒不执行人民法院调解书的行为是否构成拒不执行判决、裁定罪的答复》（法研〔2000〕117号）

刑法第三百一十三条规定的“判决、裁定”，不包括人民法院的调解书。对于行为人拒不执行人民法院调解书的行为，不能依照刑法第三百一十三条的规定定罪处罚。

《全国人民代表大会常务委员会关于〈中华人民共和国刑法〉第三百一十三条的解释》

刑法第三百一十三条规定的“人民法院的判决、裁定”，是指人民法院依法作出的具有执行内容并已发生法律效力的判决、裁定。人民法院为依法执行支付令、生效的调解书、仲裁裁决、公证债权文书等所作的裁定属于该条规定的裁定。

下列情形属于刑法第三百一十三条规定的“有能力执行而拒不执行，情节严重”的情形：

（一）被执行人隐藏、转移、故意毁损财产或者无偿转让财产、以明显不

合理低价转让财产，致使判决、裁定无法执行的；

（二）担保人或者被执行人隐藏、转移、故意毁损或者转让已向人民法院提供担保的财产，致使判决、裁定无法执行的；

（三）协助执行义务人接到人民法院协助执行通知书后，拒不协助执行，致使判决、裁定无法执行的；

（四）被执行人、担保人、协助执行义务人与国家机关工作人员通谋，利用国家机关工作人员的职权妨害执行，致使判决、裁定无法执行的；

（五）其他有能力执行而拒不执行，情节严重的情形。

国家机关工作人员有上述第四项行为的，以拒不执行判决、裁定罪的共犯追究刑事责任。国家机关工作人员收受贿赂或者滥用职权，有上述第四项行为的，同时又构成刑法第三百八十五条、第三百九十七条规定之罪的，依照处罚较重的规定定罪处罚。

《最高人民法院关于审理拒不执行判决、裁定刑事案件适用法律若干问题的解释》（法释〔2020〕21号）

第一条　被执行人、协助执行义务人、担保人等负有执行义务的人对人民法院的判决、裁定有能力执行而拒不执行，情节严重的，应当依照刑法第三百一十三条的规定，以拒不执行判决、裁定罪处罚。

第二条　负有执行义务的人有能力执行而实施下列行为之一的，应当认定为全国人民代表大会常务委员会关于刑法第三百一十三条的解释中规定的“其他有能力执行而拒不执行，情节严重的情形”：

（一）具有拒绝报告或者虚假报告财产情况、违反人民法院限制高消费及有关消费令等拒不执行行为，经采取罚款或者拘留等强制措施后仍拒不执行的；

（二）伪造、毁灭有关被执行人履行能力的重要证据，以暴力、威胁、贿买方法阻止他人作证或者指使、贿买、胁迫他人作伪证，妨碍人民法院查明被执行人财产情况，致使判决、裁定无法执行的；

（三）拒不交付法律文书指定交付的财物、票证或者拒不迁出房屋、退出土地，致使判决、裁定无法执行的；

（四）与他人串通，通过虚假诉讼、虚假仲裁、虚假和解等方式妨害执行，致使判决、裁定无法执行的；

（五）以暴力、威胁方法阻碍执行人员进入执行现场或者聚众哄闹、冲击执行现场，致使执行工作无法进行的；

（六）对执行人员进行侮辱、围攻、扣押、殴打，致使执行工作无法进行的；

（七）毁损、抢夺执行案件材料、执行公务车辆和其他执行器械、执行人员服装以及执行公务证件，致使执行工作无法进行的；

（八）拒不执行法院判决、裁定，致使债权人遭受重大损失的。

第三条 申请执行人有证据证明同时具有下列情形，人民法院认为符合刑事诉讼法第二百一十条第三项规定的，以自诉案件立案审理：

（一）负有执行义务的人拒不执行判决、裁定，侵犯了申请执行人的人身、财产权利，应当依法追究刑事责任的；

（二）申请执行人曾经提出控告，而公安机关或者人民检察院对负有执行义务的人不予追究刑事责任的。

第四条 本解释第三条规定的自诉案件，依照刑事诉讼法第二百一十二条的规定，自诉人在宣告判决前，可以同被告人自行和解或者撤回自诉。

第五条 拒不执行判决、裁定刑事案件，一般由执行法院所在地人民法院管辖。

第六条 拒不执行判决、裁定的被告人在一审宣告判决前，履行全部或部分执行义务的，可以酌情从宽处罚。

第七条 拒不执行支付赡养费、扶养费、抚育费、抚恤金、医疗费用、劳动报酬等判决、裁定的，可以酌情从重处罚。

《最高人民法院、最高人民检察院、公安部关于依法严肃查处拒不执行判决、裁定和暴力抗拒法院执行犯罪行为有关问题的通知》（法发〔2007〕29号）

一、对下列拒不执行判决、裁定的行为，依照刑法第三百一十三条的规定，以拒不执行判决、裁定罪论处。

（一）被执行人隐藏、转移、故意毁损财产或者无偿转让财产、以明显不合理的低价转让财产，致使判决、裁定无法执行的；

（二）担保人或者被执行人隐藏、转移、故意毁损或者转让已向人民法院提供担保的财产，致使判决、裁定无法执行的；

（三）协助执行义务人接到人民法院协助执行通知书后，拒不协助执行，致使判决、裁定无法执行的；

（四）被执行人、担保人、协助执行义务人与国家机关工作人员通谋，利用国家机关工作人员的职权妨害执行，致使判决、裁定无法执行的；

（五）其他有能力执行而拒不执行，情节严重的情形。

二、对下列暴力抗拒执行的行为，依照刑法第二百七十七条的规定，以妨害公务罪论处。

（一）聚众哄闹、冲击执行现场，围困、扣押、殴打执行人员，致使执行工作无法进行的；

（二）毁损、抢夺执行案件材料、执行公务车辆和其他执行器械、执行人员服装以及执行公务证件，造成严重后果的；

（三）其他以暴力、威胁方法妨害或者抗拒执行，致使执行工作无法进行的。

三、负有执行人民法院判决、裁定义务的单位直接负责的主管人员和其他直接责任人员，为了本单位的利益实施本《通知》第一条、第二条所列行为之一的，对该主管人员和其他直接责任人员，依照刑法第三百一十三条和第二百七十七条的规定，分别以拒不执行判决、裁定罪和妨害公务罪论处。

四、国家机关工作人员有本《通知》第一条第四项行为的，以拒不执行判决、裁定罪的共犯追究刑事责任。

国家机关工作人员收受贿赂或者滥用职权，有本《通知》第一条第四项行为的，同时又构成刑法第三百八十五条、第三百九十七条规定罪的，依照处罚较重的规定定罪处罚。

《最高人民法院关于拒不执行判决、裁定罪自诉案件受理工作有关问题的通知》（法〔2018〕147号）

各省、自治区、直辖市高级人民法院，解放军军事法院，新疆维吾尔自治区高级人民法院生产建设兵团分院：

近期，部分高级人民法院向我院请示，申请执行人以负有执行义务的人涉嫌拒不执行判决、裁定罪向公安机关提出控告，公安机关不接受控告材料或者接受控告材料后不予书面答复的；人民法院向公安机关移送拒不执行判决、裁定罪线索，公安机关不予书面答复或者明确答复不予立案，或者人民检察院决定不起诉的，如何处理？鉴于部分高级人民法院所请示问题具有普遍性，经研究，根据相关法律和司法解释，特通知如下：

一、申请执行人向公安机关控告负有执行义务的人涉嫌拒不执行判决、裁定罪，公安机关不予接受控告材料或者接受控告材料后60日内不予书面答复，申请执行人有证据证明该拒不执行判决、裁定行为侵犯了其人身、财产权利，应当依法追究刑事责任的，人民法院可以以自诉案件立案审理。

二、人民法院向公安机关移送拒不执行判决、裁定罪线索，公安机关决定不予立案或者在接受案件线索后60日内不予书面答复，或者人民检察院决定不起诉的，人民法院可以向申请执行人释明；申请执行人有证据证明负有执行义务的人拒不执行判决、裁定侵犯了其人身、财产权利，应当依法追究刑事责任的，人民法院可以以自诉案件立案审理。

三、公安机关接受申请执行人的控告材料或者人民法院移送的拒不执行判决、裁定罪线索，经过60日之后又决定立案的，对于申请执行人的自诉，人民法院未受理的，裁定不予受理；已经受理的，可以向自诉人释明让其撤回起诉或者裁定终止审理。此后再出现公安机关或者人民检察院不予追究情形的，申请执行人可以依法重新提起自诉。

【案例】

陈某某拒不执行判决案①

• 案件事实 •

河南省光山县人民法院依法审理了原告易某某诉被告人陈某某民间借贷纠纷案，以（2009）光民初字第821号判决书判决陈某某返还易某某435480元、（2009）光民初字第836号判决书判决陈某某与杨某某、李某某连带返还易某某1357251.60元。该两份判决分别于2010年4月23日、2010年5月19日生效，陈某某在拥有一套生活住房和一套临街门面房的情况下，经法院多次执行一直拒不履行。2011年6月20日，光山县人民法院执行人员左某某等人前往陈某某家执行时，陈某某暴力抗拒，踢打辱骂执行工作人员，并将左某某右手臂咬伤。

• 裁判要旨 •

被执行人对人民法院生效判决有能力执行而拒不执行，且在执行过程中暴力抗拒，阻碍执行，并致执行人员受伤的，依法应当以拒不执行判决罪追究刑事责任。

• 裁判理由 •

河南省光山县人民法院认为：被告人陈某某对人民法院的生效判决有能力执行而拒不执行，且在被执行的过程中暴力抗拒，阻碍执行，并致执行人员受伤，情节严重，其行为已构成拒不执行判决罪。依据《刑法》第313条之规定，以被告人陈某某犯拒不执行判决罪，判处其有期徒刑一年。

被告人陈某某不服，提出上诉。

河南省信阳市中级人民法院受理后，依法组成合议庭进行审理。二审查明的事实和证据与一审相同，原判认定上述事实的证据已经一审当庭举证、质证，查证属实，予以确认。上诉人陈某某未向本院提供新的证据。关于上诉人陈某某及其辩护人提出的原审法院据以执行的生效判决确有错误的上诉理由和辩护意见，经查，无证据予以证实。故上诉人陈某某及其辩护人该诉辩意见不能成立，本院不予采纳。

关于上诉人陈某某及其辩护人提出的易某某不是适格申请执行主体的上诉理由和辩护意见，经查，法律明确规定将申请执行的主体范围限定在生效法律

---

① 参见河南省信阳市中级人民法院（2012）信刑终字第43号。

文书确定的权利人或其继承人、权利承受人范畴内。易某某虽然因犯罪行为被追究刑事责任，正在服刑，但其享有的合法民事权利并未被剥夺或受到限制。易作为合法的民事债权人，是适格的申请主体，有权申请执行并要求陈某某承担民事责任。故上诉人陈某某及其辩护人该诉辩意见不能成立，本院不予采纳。

关于上诉人陈某某及其辩护人提出的上诉人没有履行判决的能力，原审法院认定其有执行能力且拒不履行有悖事实，其房产已在易某某案发前，于2007年3月19日因还债将房产卖给王某福，原判认定上诉人有门面房四间、住房三间的证据不足的上诉理由和辩护意见，经查，上诉人主张已将房产卖给王某福既没有提供双方之间签字确认的买卖协议，也没有按照法律规定向有关部门办理过户转让手续。现该房产仍登记在其名下。原审法院认定其拥有临街门面房的事实清楚，证据充分。陈某某作为被执行人，其名下尽管仅有该一处房产，但综合考虑其现在房产的面积、地段、新旧程度、使用用途等对房屋价值产生重大影响的因素，该房屋价值已明显超过当地普通民众居住水平和其生活必需，且该房产前面的临街门面并不是保障其基本生存的居住房屋，属于可供执行的财产，陈某某具有一定的履行能力。在人民法院判决生效后，陈某某在有能力执行的情况下，至今未履行还款义务，而是对人民法院强制执行予以阻挠，原判认定其拒不执行并无不当。上诉人陈某某及其辩护人该诉辩意见不能成立，本院不予采纳。

关于上诉人陈某某及其辩护人提出的上诉人没有暴力抗法的上诉理由和辩护意见，经审查，陈某某暴力抗拒、踢打辱骂执行工作人员并将执行人员左某某手臂咬伤的事实有证人张某某、汪某某、左某某等人的证言在卷佐证且有医院诊断证明印证。上诉人陈某某及其辩护人该诉辩意见不能成立，本院不予采纳。

河南省信阳市中级人民法院经审理认为：上诉人陈某某作为被执行人对人民法院生效判决有能力执行而拒不执行，且在执行过程中暴力抗拒，阻碍执行，并致执行人员受伤，情节严重，其行为已构成拒不执行判决罪。原判认定事实清楚，证据确实、充分，适用法律正确，定罪准确，量刑适当，审判程序合法。上诉人及其辩护人所提的上诉理由及辩护意见，均不能成立，本院不予采纳。依照《刑事诉讼法》第189条第1项之规定，裁定如下：驳回上诉，维持原判。本裁定为终审裁定。

【学理分析及适用指引】

• 学理分析 •

拒不执行判决、裁定罪，是指对于人民法院已经发生法律效力的判决、裁定有能力执行而拒不执行，情节严重的行为。本罪的构成要件如下：

1. 本罪的客体。拒不执行判决、裁定罪侵犯的客体是人民法院判决、裁定的正常执行活动。本罪所针对的犯罪对象是人民法院的判决、裁定，但并非人民法院作出的任何判决、裁定。本罪中的判决、裁定具有以下几个特征：(1) 司法性。人民法院是国家审判机关，但作为一种社会主体，活动范围不可能仅限于司法领域，因此，人民法院依法作出的所有判决、裁定并非都是本罪的犯罪对象，只有那些人民法院在司法过程中针对具体案件所作出的判决、裁定才是本罪的犯罪对象，包括民事（经济）判决、裁定，刑事判决、裁定，行政判决、裁定。① (2) 执行性。所谓“执行性”是指人民法院作出的判决、裁定必须具有可供执行的内容。(3) 有效性。只有已经生效的判决、裁定才是本罪的犯罪对象，未生效的判决、裁定不存在有义务“执行”的问题，也就没有“拒不执行”的问题。

2. 本罪的客观方面。拒不执行判决、裁定罪的客观方面表现为对于人民法院作出的生效判决、裁定，有能力执行而拒不执行，情节严重的行为。可见，从行为方式来看，本罪是典型的不作为犯罪，但并不意味着只有消极的身体动静才可构成本罪，相反，行为人为了不执行判决、裁定往往采取很多积极的行为。本罪属于情节犯，拒不执行人民法院判决、裁定的行为并非一经实施便构成犯罪，而是必须要达到情节严重的程度才受《刑法》调整。具体何谓情节严重，可以参见2002年全国人民代表大会常务委员会颁布的《关于〈中华人民共和国刑法〉第三百一十三条的解释》以及最高人民法院的相关司法解释。

3. 本罪的主体。本罪的主体是特殊主体，即是有义务而且有能力执行或者协助执行法院判决、裁定的人。根据《刑法修正案（九）》，单位也构成本罪主体。

4. 本罪的主观方面。本罪主观方面是故意，可能是直接故意也可以是间接故意。其故意的具体内容是行为人明知自己的行为可能或必然损害法院判决、裁定的正常执行活动或者致使法院判决、裁定不能执行，仍然追求或者放任这种结果的发生。

• 适用指引 •

司法实践中，认定本罪应注意：

1. 罪与非罪的界限。构成拒不执行判决、裁定罪必须是情节严重的行为，因此，拒不执行法院判决、裁定但情节轻微的，不能以犯罪论处；拒不执行判

---

① 我国的宪法尚不具有可诉性，我国目前司法活动领域中也不存在宪法诉讼，行政诉讼的对象也只是具体行政行为，而不涉及立法机关的立法等抽象行政行为。

决、裁定罪必须是行为人有能力执行而拒不执行的行为。因此，如果行为人因没有能力执行而未能执行的，也不能以犯罪论处。

2. 本罪与妨害公务罪的界限。二者的区别在于：第一，侵犯的客体不同。前者侵犯的是人民法院裁判的权威，而后者侵犯的是国家机关工作人员依法执行公务活动。第二，行为手段不同。前者可以通过隐匿、转移、变卖、损毁等非暴力方式抗拒执行，而后者必须使用暴力、威胁方法才能构成。第三，犯罪主体不同。前者是特殊主体，即具有执行法院判决、裁定义务的人以及对法院判决、裁定负有协助执行义务的人，而后者是一般主体。

3. 本罪与故意伤害罪的界限。行为人以暴力方式拒不执行判决、裁定，造成轻伤的，仍定拒不执行判决、裁定罪；如果杀害、重伤执行人员的，应当以故意杀人罪、故意伤害罪定罪处罚。

第三百一十四条　非法处置查封、扣押、冻结的财产罪

【法律规定】

• 法律条文 •

《中华人民共和国刑法》

第三百一十四条　隐藏、转移、变卖、故意毁损已被司法机关查封、扣押、冻结的财产，情节严重的，处三年以下有期徒刑、拘役或者罚金。

• 相关规定 •

《中华人民共和国民事诉讼法》

第一百一十四条　诉讼参与人或者其他人有下列行为之一的，人民法院可以根据情节轻重予以罚款、拘留；构成犯罪的，依法追究刑事责任：

（一）伪造、毁灭重要证据，妨碍人民法院审理案件的；

（二）以暴力、威胁、贿买方法阻止证人作证或者指使、贿买、胁迫他人作伪证的；

（三）隐藏、转移、变卖、毁损已被查封、扣押的财产，或者已被清点并责令其保管的财产，转移已被冻结的财产的；

（四）对司法工作人员、诉讼参加人、证人、翻译人员、鉴定人、勘验人、协助执行的人，进行侮辱、诽谤、诬陷、殴打或者打击报复的；

（五）以暴力、威胁或者其他方法阻碍司法工作人员执行职务的；

（六）拒不履行人民法院已经发生法律效力的判决、裁定的。

人民法院对有前款规定的行为之一的单位，可以对其主要负责人或者直接

责任人员予以罚款、拘留；构成犯罪的，依法追究刑事责任。

《中华人民共和国刑事诉讼法》

第二百四十五条 公安机关、人民检察院和人民法院对查封、扣押、冻结的犯罪嫌疑人、被告人的财物及其孳息，应当妥善保管，以供核查，并制作清单，随案移送。任何单位和个人不得挪用或者自行处理。对被害人的合法财产，应当及时返还。对违禁品或者不宜长期保存的物品，应当依照国家有关规定处理。

对作为证据使用的实物应当随案移送，对不宜移送的，应当将其清单、照片或者其他证明文件随案移送。

人民法院作出的判决，应当对查封、扣押、冻结的财物及其孳息作出处理。

人民法院作出的判决生效以后，有关机关应当根据判决对查封、扣押、冻结的财物及其孳息进行处理。对查封、扣押、冻结的赃款赃物及其孳息，除依法返还被害人的以外，一律上缴国库。

司法工作人员贪污、挪用或者私自处理查封、扣押、冻结的财物及其孳息的，依法追究刑事责任；不构成犯罪的，给予处分。

《最高人民法院关于适用〈中华人民共和国刑事诉讼法〉的解释》（法释〔2021〕1号）

第四百三十七条 人民法院对查封、扣押、冻结的涉案财物及其孳息，应当妥善保管，并制作清单，附卷备查；对人民检察院随案移送的实物，应当根据清单核查后妥善保管。任何单位和个人不得挪用或者自行处理。

查封不动产、车辆、船舶、航空器等财物，应当扣押其权利证书，经拍照或者录像后原地封存，或者交持有人、被告人的近亲属保管，登记并写明财物的名称、型号、权属、地址等详细信息，并通知有关财物的登记、管理部门办理查封登记手续。

扣押物品，应当登记并写明物品名称、型号、规格、数量、重量、质量、成色、纯度、颜色、新旧程度、缺损特征和来源等。扣押货币、有价证券，应当登记并写明货币、有价证券的名称、数额、面额等，货币应当存入银行专门账户，并登记银行存款凭证的名称、内容。扣押文物、金银、珠宝、名贵字画等贵重物品以及违禁品，应当拍照，需要鉴定的，应当及时鉴定。对扣押的物品应当根据有关规定及时估价。

冻结存款、汇款、债券、股票、基金份额等财产，应当登记并写明编号、种类、面值、张数、金额等。

【案例】

徐某非法处置扣押的财产案①

• 案件事实 •

2007年3月26日10时许，被告人徐某驾驶其所有的松花江牌面包车在北京市海淀区苏州桥下发生追尾事故，执法民警认定其负事故全部责任，并将其面包车扣留于苏州桥违章事故停车场，同时通知其持该车的保险单到北京市公安局公安交通管理局海淀交通支队黄庄中队，在得到交管部门确认并开具放车单后，方可持放车单将车取回。当日14时许，在未取得放车单的情况下，徐某持该车的备用钥匙赶至苏州桥违章事故停车场，趁停车场管理人员不备，将车开走。经鉴定，该车价值人民币17608元。2007年3月28日，公安机关在北京市海淀区舍茶棚村将其抓获。

• 裁判要旨 •

行为人擅自取回并司法机关依法扣押车辆的行为，成立非法处置查封、扣押、冻结的财产罪而非盗窃罪。

• 裁判理由 •

北京市海淀区人民检察院以被告人徐某犯盗窃罪为由，提起公诉。北京市海淀区人民法院认为：公诉机关指控的事实清楚，但适用法律有误，罪名不当，理由如下：

1. 从犯罪的主观方面来说，被告人徐某的犯罪故意是逃避公安机关的管理和处罚，而并非非法占有。盗窃罪构成的主观方面必须以非法占有为目的，而涉案车辆为被告人徐某合法购买，虽被公安机关依法扣押，但并不能因此而否认被告人徐某对于该车辆的合法所有权。而被告人徐某擅自将该车取回后，亦没有向公安机关追索，表明徐某并没有非法占有该车或与该车等价值财产的目的。其擅自将车取回只是为了逃避公安机关的处罚及相应的民事赔偿责任。

2. 从犯罪客体来说，被告人徐某的行为并没有直接侵害公私财产所有权关系，而是侵害了司法机关的管理秩序。盗窃罪所侵害的直接客体是公私财产所有权，而被告人徐某擅自取回的是本人所有的车辆，取回后亦没有向公安机关追索，这就意味着，在本案中，徐某的该行为并没有直接造成任何主体的财产损失，即没有侵害公私财产所有权关系。但是，其擅自取回被扣车辆的行为

---

① 参见北京市海淀区人民法院（2007）海法刑初字第2410号。

违反了交通管理的相关规定，扰乱了司法机关正常的管理秩序，故其行为侵害的客体应为司法秩序。

可见，本案中被告人徐某的行为不符合盗窃罪的犯罪构成，而符合非法处置扣押财产罪的犯罪构成，公诉机关对于被告人徐某犯盗窃罪的指控不成立。故北京市海淀区人民法院依照《刑法》第314条之规定，认定被告人徐某犯非法处置扣押的财产罪，判处有期徒刑十个月。

【学理分析及适用指引】

● 学理分析 ●

非法处置查封、扣押、冻结的财产罪，是指隐藏、转移、变卖、故意毁损已被司法机关查封、扣押、冻结的财产，情节严重的行为。本罪的构成要件如下：

1. 本罪的客体。非法处置查封、扣押、冻结的财产罪侵犯的客体是司法机关财产保全措施的正常执行活动。在司法活动中，国家司法机关为了保证特定诉讼活动的顺利进行，实现诉讼目的，经常需要对诉讼所涉及的财产采取相应的保全措施，包括查封、扣押、冻结以及清点被保全的财产，并责令被申请人保管等。若行为人对已经采取财产保全措施的财产采取隐藏、转移、变卖、毁损的行为，必然会导致财产保全的落空，进而损害司法机关的权威和妨害诉讼活动的正常秩序。

2. 本罪的客观方面。本罪在客观方面表现为隐藏、转移、变卖、故意毁损被查封、扣押、冻结的财产，情节严重的行为。具体而言：从行为方式上看，本罪的行为应包括隐藏、转移、变卖、故意毁损四种形式；从行为对象上看，本罪所针对的财产是已被司法机关查封、扣押、冻结的财产，而该财产是否应当被查封、扣押、冻结在所不论，另外还需要注意的是，只有在从事司法活动中，查封、扣押、冻结的财产才是本罪的对象；从行为程度上看，本罪属于情节犯，行为人实施上述行为，必须达到情节严重的程度，方才构成本罪。所谓情节严重，在司法解释没有出台之前，可以从以下几个方面理解：隐藏、转移、变卖、故意毁损已被司法机关查封、扣押、冻结的财产，数额巨大的；隐藏、转移、变卖、故意毁损重大案件的财产或者一般案件中的重要财物，致使案件无法审理的；隐藏、转移、变卖、故意毁损已被司法机关查封、扣押、冻结的财产，造成公私财产重大损失的。

3. 本罪的主体。本罪的主体是一般主体。

4. 本罪的主观方面。主观特征是出于故意，即直接故意或间接故意均不影响本罪的成立，但行为人主观上必须明知财产是被司法机关查封、扣押、冻结的，否则不构成本罪。

• 适用指引 •

司法实践中，认定本罪应注意：

1. 本罪与盗窃罪的界限。如果出于非法占有的目的，被查封、扣押、冻结的财产的所有人、保管人以外的其他人采取秘密手段窃取被司法机关查封、扣押的财产的，无论该财产是否已被查封、扣押，都应以盗窃罪论处，不构成非法处置查封、扣押、冻结的财产罪。

2. 本罪与拒不执行判决、裁定罪的界限。拒不执行判决、裁定罪，是指有能力执行而拒不执行人民法院已经生效的判决、裁定的行为。而拒不执行，就包含以隐藏、转移、变卖、毁损将要被执行的财产的方法，抗拒法院裁判的执行。将要被执行的财产包括已经和尚未被司法机关查封、扣押、冻结的财产。因此，如果行为人隐藏、转移、变卖、毁损已被司法机关查封、扣押、冻结的财产，则同时构成本罪和拒不执行判决、裁定罪。一行为触犯数罪名，属想象竞合犯，应按其中较重的罪处罚。而根据《刑法》的规定，拒不执行判决、裁定罪和非法处置查封、扣押、冻结的财产罪的法定刑完全相同，无轻重之分，在这种情况下，由于非法处置查封、扣押、冻结的财产的行为只是拒不执行法院裁判行为的手段。因此，我们认为，以拒不执行判决、裁定罪定罪处罚较为适宜。

第三百一十五条　破坏监管秩序罪

【法律规定】

• 法律条文 •

《中华人民共和国刑法》

第三百一十五条　依法被关押的罪犯，有下列破坏监管秩序行为之一，情节严重的，处三年以下有期徒刑：

（一）殴打监管人员的；

（二）组织其他被监管人破坏监管秩序的；

（三）聚众闹事，扰乱正常监管秩序的；

（四）殴打、体罚或者指使他人殴打、体罚其他被监管人的。

【案例】

蒂维拉破坏监管秩序案①

• 案件事实 •

2004年6月24日7时许，当北京市第二监狱副分监区长徐某在分监区教室召集服刑人员班长会议布置工作时，蒂维拉（男，1976年9月11日出生，菲律宾国籍）擅自闯人教室喊叫，扰乱会场秩序。后蒂维拉不服从徐某让其离开的劝告，并对徐某殴打，亦对上前劝阻的服刑人员刘某辉、韩某某踢打。蒂维拉从教室跑回监舍后，徐某和分监区警察崔某某、刘某随即来到蒂维拉监舍内，命令蒂维拉到分监区办公室，蒂维拉拒不服从，又对崔某某、徐某、刘某踢打，后蒂维拉破坏监规的行为被警察制止。经医院诊断，徐某左中指末节肌腱撕脱；刘某鼻梁右侧、右手中指关节处、左锁骨下缘皮肤擦伤；刘某辉右手第二、三、四掌指关节皮肤擦伤。蒂维拉经北京市精神病司法鉴定委员会北京安定医院鉴定为限制刑事责任能力人。

• 裁判要旨 •

监狱服刑人员，不服从监管，殴打监管人员及服刑人员，扰乱了监狱的监管秩序，情节严重，构成破坏监管秩序罪，对此应当视为在刑罚执行期间又犯新罪予以并罚。

• 裁判理由 •

北京市第二中级人民法院经审理认为：蒂维拉系监狱的服刑人员，应遵守监规纪律。但其无视中华人民共和国法律，不服从监管，殴打监管人员及服刑人员，扰乱了监狱的监管秩序，情节严重，其行为已构成破坏监管秩序罪，依法应予惩处；鉴于蒂维拉系限制刑事责任能力人，对其可予以从轻处罚。故认定蒂维拉犯破坏监管秩序罪，判处有期徒刑六个月，并与前罪未执行完毕的刑罚并罚，决定执行有期徒刑五年六个月，并处罚金人民币7000元，附加驱逐出境不变。蒂维拉上诉否认犯罪，称原判量刑过重。

北京市高级人民法院审理后认为：蒂维拉擅自闯入监狱警察召集服刑人员正在开会、布置工作的教室，不服从监管人员的劝告和指令，殴打监管人员及上前劝阻的服刑人员，回到监舍后，又对随即前来的监管人员踢打，破坏监狱管理秩序的事实，有多名证人的证言、被蒂维拉殴打的监管人员伤情的证明、

① 参见北京市高级人民法院（2005）高刑终字第336号。

医院诊断证明等证据在案证实，事实清楚，足以认定；蒂维拉否认犯罪的辩解，缺乏证据支持，且与已查明的事实不符。

上诉人蒂维拉系在监狱内的服刑人员，应服从监管，遵守监规纪律，但其无视中华人民共和国法律，不服从监管，殴打监管人员及其他服刑人员，扰乱了监狱的监管秩序，情节严重，其行为已构成破坏监管秩序罪，依法应予惩处；鉴于蒂维拉系限制刑事责任能力人，对其可予以从轻处罚。经查，原判在量刑时已考虑蒂维拉系限制刑事责任能力人，对其从轻处罚，量刑适当，故蒂维拉所提量刑过重的上诉理由，不能成立，应予驳回。蒂维拉的指定辩护人所提蒂维拉系限制刑事责任能力人，请二审法院考虑对蒂维拉再予从轻、减轻处罚等辩护意见，理由不充分，不予采纳。北京市人民检察院建议驳回蒂维拉的上诉，维持原判的意见理由充分，予以采纳。北京市第二中级人民法院根据蒂维拉犯罪的事实、犯罪的性质、情节和对社会的危害程度所作的判决，定罪及适用法律正确，量刑适当，审判程序合法，应予维持。据此，北京市高级人民法院依照《刑事诉讼法》第 189 条第 1 项的规定，裁定驳回蒂维拉的上诉，维持原判。

【学理分析及适用指引】

• 学理分析 •

破坏监管秩序罪，是指依法被关押的罪犯殴打监管人员，组织其他被监管人员破坏监管秩序，聚众闹事，扰乱正常监管秩序，殴打、体罚或者指使他人殴打、体罚其他被监管人，情节严重的行为。本罪属于情节犯，必须发生在行为人被监管期间，一般的抗议行为不构成本罪。本罪的构成要件如下：

1. 本罪的客体。本罪侵犯的客体一般认为是刑罚执行机构关押罪犯场所的正常管理秩序，亦称监管秩序。在我国所谓刑罚执行机构并不仅指监狱系统，还包括少年犯管教所、看守所、拘役所。上述机关不仅承担着惩罚罪犯的功能，而且还承担着改造罪犯的功能。其中改造功能的实现对刑罚执行机构内部环境是有一定要求的。而犯人在服刑过程中实施的各种破坏监管秩序的行为都会对刑罚执行机构的正常管理活动有所妨害，进而阻碍了刑罚执行机构改造功能的实现，具有相当的社会危害性，《刑法》应该对此进行调整。

2. 本罪的客观方面。本罪在客观方面表现为被关押的罪犯在关押场所和关押期间，实施情节严重的、《刑法》所规定的破坏监管秩序的行为。破坏监管秩序的行为在司法实践中的表现是多种多样的，也是极其复杂的，但是，《刑法》仅对其中几种比较严重的行为予以调整：殴打监管人员；组织其他被监管人破坏监管秩序；聚众闹事，扰乱正常监管秩序；殴打、体罚或者指使他人殴打、体罚其他被监管人。另外还应当注意的是，本罪是情节犯，并非行为人只要实施上述四种行为就构成犯罪，还应当达到情节严重的程度才可构成本罪。

3. 本罪的主体。本罪的主体是特殊主体，只能是依法被人民法院判处有罪和相应刑罚并被刑罚执行机构接收负责监督和管理的罪犯。这一点与脱逃罪的规定有明显差别，需要特别注意。

4. 本罪的主观方面。本罪在主观上只能是直接故意，至于其行为动机则不影响本罪的成立。

• 适用指引 •

司法实践中，认定本罪应注意：

1. 本罪与故意伤害罪的界限。破坏监管秩序的四种行为中有两种是侵犯他人身体健康权的，即殴打监管人员，殴打、体罚或者指使他人殴打体罚其他被监管人员。殴打、体罚一般是引起他人身体的疼痛、痛苦，但有时也会造成组织、器官结构的一定程度的损害或者部分功能障碍。如果殴打、体罚没有造成他人器官、组织结构的损害或者部分功能障碍的，只能定破坏监管秩序罪；如果因殴打造成了他人轻微伤害，达不到轻伤标准的，也只能定破坏监管秩序罪；如果因殴打、体罚造成他人器官、组织的损害或者部分功能障碍达到了轻伤标准的，既构成破坏监管秩序罪，又构成故意伤害罪（轻伤），属于想象竞合犯，应按处理想象竞合犯的原则，从一重处罚。

2. 本罪与寻衅滋事罪的界限。寻衅滋事与破坏监管秩序罪中殴打他人，起哄闹事的行为有一定的相似性，但两者有区别：（1）场所不同。前者的行为是发生在社会上以及公共场所，而后者的行为则是发生在监狱内。（2）主体不同。前者主体是一般主体，而后者的主体则是特殊主体，限于被监管的罪犯。（3）侵犯对象不同。前者侵犯的对象是社会上的普通公民，而后者侵犯的对象则是监管人员以及其他被监管人员。（4）客体不同。前者侵犯的是社会公共秩序，而后者侵犯的则是监狱内的监管秩序。

3. 在司法实践中，有时犯人会因为受到监管人员不公正的待遇甚至是打骂、体罚等，而产生抵触情绪，进而采取一些抗议性行动以期获得公正的待遇，如绝食、自伤等。此类行为虽然在一定程度上破坏了监管秩序，但是其仅是一般的抗议行为，且具有自助的性质，一般情况下不宜作为犯罪处理，当然具体如何把握还需要法官根据具体案件事实定夺。

第三百一十六条 脱逃罪、劫夺被押解人员罪

【法律规定】

• 法律条文 •

《中华人民共和国刑法》

第三百一十六条 依法被关押的罪犯、被告人、犯罪嫌疑人脱逃的，处五年以下有期徒刑或者拘役。

劫夺押解途中的罪犯、被告人、犯罪嫌疑人的，处三年以上七年以下有期徒刑；情节严重的，处七年以上有期徒刑。

【案例一】

张某某脱逃案①

• 案件事实 •

张某某于2001年8月21日因犯销售赃物罪，② 被北京市丰台区人民法院判处有期徒刑一年六个月，并处罚金人民币3800元（罚金已交纳），刑期自2001年4月11日起至2002年10月10日止。张某某在判决发生法律效力后，在北京市丰台区看守所尚未投监执行刑罚期间，于2001年12月3日13时许，谎称出所劳动、送物，趁看管民警疏忽之机逃离丰台区看守所。2004年7月1日，张某某被公安人员抓获。

• 裁判要旨 •

依法被关押的罪犯在被关押期间脱逃的，构成脱逃罪，应将前罪没有执行的刑罚和脱逃罪所判处的刑罚进行数罪并罚。

• 裁判理由 •

北京市丰台区人民法院经审理认为：被告人张某某系依法被关押的罪犯，在被关押期间脱逃，其行为已构成脱逃罪，应予惩处。北京市丰台区人民检察

---

① 参见北京市丰台区人民法院（2005）刑初字第00436号。

② 2007年7月25日《最高人民法院、最高人民检察院关于执行〈中华人民共和国刑法〉确定罪名的补充规定（三）》取消“窝藏、转移、收购、销售赃物罪”罪名，修改为“掩饰、隐瞒犯罪所得、犯罪所得收益罪”。——编者注

院指控被告人张某某犯脱逃罪的事实清楚、证据确实充分、罪名成立。被告人张某某因犯销售赃物罪被判处刑罚，在刑罚执行完毕以前又犯脱逃罪，应当对脱逃罪作出判决，把销售赃物罪没有执行的刑罚和脱逃罪所判处的刑罚进行数罪并罚。据此，依照《刑法》第316条第1款、第69条第1款、第71条及第61条之规定，判决如下：被告人张某某犯脱逃罪，判处有期徒刑一年六个月，与销售赃物罪没有执行的十个月八日实行数罪并罚，决定执行有期徒刑二年四个月八日。

【案例二】

张金发等劫夺被押解人员案①

• 案件事实 •

2006年12月29日，内蒙古巴彦淖尔市公安局与杭锦后旗公安局的民警到北京市平谷区兴谷开发区将涉嫌非法经营的百姓公司总经理王晓民、执行总裁刘文堂（刘泰麟）、财务总监陈开顺、市场部经理李洪波抓获，并分别羁押在北京市平谷区东晓新越酒店的4个房间内进行审查，同时依法扣押了百姓公司的汽车、电脑、银行卡和财务账簿等涉案物品。

12月31日凌晨3时许，被告人孙克富纠集被告人韩玉强、耿润涛、董淑平等人乘车到达平谷区老年公寓（百姓公司办公地）后，被告人张金发、张克勇亦分别组织数十人乘车赶到老年公寓，其他被告人也相继从各地赶到老年公寓。百姓公司办公室主任林宗积等人与张金发、孙克富、张克勇等人经预谋后即乘车赶至东晓新越酒店，张金发、孙克富、张克勇、刘海东、王鍊、耿润涛、韩玉强、王桂敏、董淑平等人采用踹房门、砸坏人犯手铐等暴力手段，将公安机关依法看押在该酒店房间的犯罪嫌疑人王晓民及刘文堂劫走。同时张金发、孙克富、张克勇、刘海东、王鍊、耿润涛、韩玉强、刘树清、陈学军、周东梅、张海成、王海波、王桂芹等人还采用砸、撬被扣押车辆、放车胎气等手段，将公安机关依法扣押的电脑、银行卡和财务账簿等涉案物品转移。

• 裁判要旨 •

行为人纠集多人，采用暴力手段强行劫走公安机关在案件侦查过程中押解的犯罪嫌疑人，构成劫夺被押解人员罪。

---

① 参见北京市第二中级人民法院（2007）二中刑终字第01985号。

• 裁判理由 •

北京市平谷区人民法院经审理认为：被告人张金发、孙克富、张克勇、刘海东、王鍊、耿润涛、韩玉强、王桂敏、董淑平采用暴力手段强行劫走公安机关在案件侦查过程中押解的犯罪嫌疑人，其行为均已构成劫夺被押解人员罪，应依法惩处；同时被告人张金发、孙克富、张克勇、刘海东、王鍊、耿润涛、韩玉强、刘树清、陈学军、周东梅、张海成、王海波、王桂芹转移公安机关依法扣押的财产，情节严重，其行为均已构成非法处置扣押的财产罪，亦应依法惩处。对张金发、孙克富、张克勇、刘海东、王鍊、耿润涛、韩玉强应予数罪并罚。张金发、孙克富、张克勇在劫夺被押解人员过程中起主要作用，系主犯，应依法惩处；鉴于孙克富认罪态度较好，故对其所犯劫夺被押解人员罪和非法处置扣押的财产罪均酌予从轻处罚。张金发所犯非法处置扣押的财产罪，因其主动认罪，酌予从轻处罚。刘海东、王鍊、耿润涛、韩玉强、王桂敏、董淑平在劫夺被押解人员过程中起次要作用，系从犯，且耿润涛、董淑平认罪态度较好，依法从轻处罚。刘树清、陈学军、周东梅、王海波认罪态度较好，均酌予从轻处罚。王桂芹认罪悔罪，酌予从轻处罚，并可适用缓刑。据此，北京市平谷区人民法院以劫夺被押解人员罪依法对张金发、孙克富、张克勇等人进行了判罚。

【学理分析及适用指引】

• 学理分析 •

1. 脱逃罪的构成。脱逃罪，是指依法被关押的罪犯、被告人、犯罪嫌疑人脱逃监管的行为。本罪的构成要件如下：

（1）本罪的客体。本罪侵犯的客体是公安、司法机关依法进行的强制剥夺人身自由的活动及其状态。脱逃罪侵害的直接客体是司法机关依法进行的强制措施本身，不仅包括刑罚执行中的强制措施，也包括刑事诉讼活动中的强制措施。罪犯、被告人、犯罪嫌疑人脱逃，直接破坏司法机关依法实施的剥夺或限制人身自由的活动与状态，从而妨害了刑事诉讼活动的正常进行，具有严重的社会危害性。

（2）本罪的客观方面。一般而言脱逃罪的犯罪手段和方式可分为暴力性脱逃行为和非暴力性脱逃行为，两者在反映的人身危险性和社会危害性上存在明显差别。具言之，所谓暴力性脱逃行为是指使用暴力或者以暴力相威胁而实施脱逃行为；所谓非暴力性脱逃行为是指实施脱逃行为时没有采取暴力或以暴力相威胁的方法。具体存在以下几种表现：①隐蔽性脱逃与公然性逃脱；②乘人不备脱逃与强行挣脱脱逃；③室外伺机脱逃和损坏监狱设备或刑具脱逃；

④只身空手脱逃和携带凶器脱逃；⑤突发性脱逃与预谋性脱逃；等等。

本罪在客观方面表现为行为人违法摆脱被关押状态的行为。脱逃的客观要件必须要具备行为、时间、空间三个要素：①行为要素，是指行为人因特定事实或理由而被公安、司法机关依法限制或剥夺人身自由之后，为摆脱强制监押状态而实施的脱身逃走的行为。②时间要素，即脱逃行为必须发生在行为人被依法关押的期间。非法关押中实施脱逃行为的，不属于本罪的范畴。③空间要素，即脱逃行为必须实际离开强制措施或刑罚所依凭的场域。

（3）本罪的主体。脱逃罪的主体是理论界争议较多的问题。根据《刑法》规定，脱逃罪的主体是特殊主体，即依法被关押的罪犯、被告人、犯罪嫌疑人。看起来似乎不存在什么特别需要阐明的问题，但是在司法实践中要明辨脱逃罪的主体还需要注意以下几个问题：

①无罪但被错误关押者能否成为脱逃罪的主体。我们认为，无罪但是被错押者不能成为本罪的主体。公正是程序公正与实体公正的统一，而法律的权威更应该从实体公正中去获得，在此前提下发生无罪者的脱逃事件，首先应该要得到矫治和纠正的是错误的执法行为，而不是把矛头对准无辜者。再者，脱逃罪要求脱逃具有逃避监押、刑罚处罚的目的。而无辜者的脱逃行为虽然看似是为了逃避监押与刑罚，但其实质是对实体错误裁判的一种抗辩行为，实质上应是一种自助行为，是为了保护和捍卫其自身正当的人身权利和自由。因此，无罪而被错押者实施的脱逃行为虽然在客观上给司法机关的监押活动和秩序造成危害，但是其在本质上是对违法行为的抵制与对误判行为的警醒。

②被超期羁押的未决犯是否可以成为脱逃罪的主体。被超期羁押的未决犯可以成为脱逃罪的主体。此种情形下的未决犯限于本来有罪，只是因各种原因而被超期羁押的犯人。这类人在人民法院尚未最终对其作出判决之前，有义务接受国家的审判，不能脱逃、逃避惩罚。对其所受到的超期羁押，应当通过国家赔偿等形式进行补偿或赔偿。

（4）本罪的主观方面。脱逃罪的主观方面必须是故意，而且是直接故意。至于脱逃罪的动机，不影响犯罪的成立，而在量刑上可以考虑。

2. 劫夺被押解人员罪的构成。劫夺被押解人员罪，是指使用暴力、胁迫等强制手段或者趁押解人员不备，强行夺取被押解的罪犯、被告人、犯罪嫌疑人的行为。本罪的构成要件如下：

（1）本罪的客体。本罪侵犯的客体是司法机关依法执行特定强制行为的正常秩序。

（2）本罪的客观方面。本罪在客观上表现为劫夺押解途中的罪犯、被告人、犯罪嫌疑人的行为。从法条的字面意思上理解本罪，应注意以下几个方面：从行为方式上看，必须是劫夺，所谓劫夺从字面意思上理解即是使用武力夺取，因此劫夺必定包含暴力因素；从行为对象上看，必须是劫夺罪犯、被告人、犯罪嫌疑人这些可能被押解的人员；从行为的时空上看，必须发生在进行押解时，但从法律意义上看，在本罪中应当包括拘传、拘留、逮捕、刑罚执行等刑事诉讼活动各个阶段中的押解。

（3）本罪的主体。本罪的主体是一般主体。

（4）本罪的主观方面。主观方面应为故意，同时行为还必须明知其所劫夺的对象是押解途中的罪犯、被告人、犯罪嫌疑人。本罪是行为犯，只要行为人实施了劫夺被押解人员的行为，就应当定罪处罚，但是在实践中仍然要注意《刑法》第13条对该罪在定罪方面所作出的整体上的限制，情节显著轻微危害不大的不作为犯罪处理。

• 适用指引 •

司法实践中，认定本条规定的罪名时应注意：

1. 脱逃罪的认定。

（1）罪与非罪的界限。对多次逃离监管区域又自动及时返回的，由于行为人主观上没有逃避监管的意图，客观上也没有追求和实现脱逃结果，因而这种行为不符合脱逃罪的基本特征，对其不应以脱逃罪处罚。如果经教育之后确有悔改，或者初犯之后没有重复实施的，一般可依照规定给予行政处罚。

（2）本罪与故意伤害罪、故意杀人罪的界限。依法被关押的罪犯、被告人、犯罪嫌疑人在脱逃时使用暴力的程度，应以致人轻伤为限。如果其暴力造成监管人员重伤、死亡的，则应按处理牵连犯的原则，从一重处罚，即以故意伤害罪或者故意杀人罪定罪处罚。

（3）脱逃罪的犯罪形态。脱逃罪的犯罪形态也是需要认真研究的问题。脱逃罪的预备行为是指犯罪人为实施脱逃行为而准备犯罪工具、制造犯罪条件的行为。一般包括以下几个内容：制定脱逃计划；筹划凶器、工具、现金、伪造证件等。另外，在共同脱逃中往往还会分工合作。在司法实践中，脱逃罪的预备行为与实行着手往往紧密相连，脱逃罪的预备犯相比某些犯罪的预备犯往往危害性更为紧迫，对脱逃犯罪预备犯的处罚应密切关注。此外，脱逃罪的既遂与未遂之分，也是值得研究的问题。脱逃罪的既遂并不以脱逃行为实施完成为既遂，而是以是否脱离监押场所、人员的控制范围为标准。具体而言：脱逃行为发生在看守所、监狱等有明显的墙或隔离物作为标志的场所的，凡逃离此标志即为既遂；脱逃行为发生在院外劳动的空旷地带的，应以逃离警戒线作为区别标志。以上标准在判断脱逃罪的既遂、未遂上只具有相对的意义，在司法实践中应当结合具体的情况来判断。比如，犯罪行为人刚刚逃离警戒线一步即被发现抓捕，不宜认定为既遂，因为其并未脱离监押场所或人员的控制范围。

2. 劫夺被押解人员罪的认定。

（1）本罪的一罪与数罪的问题。在劫夺被押解人员的过程中，如果行为人实施了杀害、伤害押解人员的行为的，又触犯了故意杀人罪、故意伤害罪。但杀人、伤害行为是劫夺行为的一种手段，在具体案件中，离开了杀人、伤害，也就不存在劫夺了。因此，只应定一个罪，不应定数罪，可以按照处理想象竞合犯的原则，从一重处罚。

（2）本罪共犯的问题。如果被押解人与行为人事前共谋，由行为人在押解途中劫夺的，被押解人可以构成脱逃罪，但不构成劫夺被押解人员罪。

第三百一十七条　组织越狱罪；暴动越狱罪；聚众持械劫狱罪

【法律规定】

•　法律条文　•

《中华人民共和国刑法》

第三百一十七条　组织越狱的首要分子和积极参加的，处五年以上有期徒刑；其他参加的，处五年以下有期徒刑或者拘役。

暴动越狱或者聚众持械劫狱的首要分子和积极参加的，处十年以上有期徒刑或者无期徒刑；情节特别严重的，处死刑；其他参加的，处三年以上十年以下有期徒刑。

【案例】

王延故意杀人、暴动越狱案①

•　案件事实　•

王延与有夫之妇温某某关系暧昧，为达到长期占有温某某的目的，遂预谋杀害温的丈夫房某某。1999 年 1 月 15 日 2 时许，王延携带尖刀，闯入北京市怀柔县怀柔镇西三村房某某家中，持刀朝房某某的胸、腹、颈部等处猛刺数刀，刺破房的肺脏、肾脏，致其失血性休克死亡。王延在北京市看守所 310 监室羁押期间，为逃避法律制裁，遂伙同同室羁押的张元甲、王国新、陈立国、龙四（均另案处理）预谋暴动越狱。1999 年 3 月 29 日 2 时许，王延及张元甲、王国新等人乘同室负责值班的在押犯罗某某睡觉之机，按、压罗某某的四肢，猛掐罗的颈部，因罗某某反抗，被值班民警发觉，越狱未成。

① 参见北京市高级人民法院（1999）高刑终字第 1046 号。

• 裁判要旨 •

依法被关押的犯罪嫌疑人，伙同他人使用暴力控制监管人员，企图逃离监管的行为，构成暴动越狱罪。

• 裁判理由 •

北京市第二中级人民法院经审理认为：王延无视国法，为图私利，故意非法剥夺他人生命，致人死亡，其行为已构成故意杀人罪；在看守所羁押期间，又伙同他人使用暴力，企图逃离司法机关的监管，其行为已构成暴动越狱罪。其所犯故意杀人罪性质恶劣，情节、后果特别严重，必须依法严惩；所犯暴动越狱罪，情节严重，亦应惩处。故认定王延犯故意杀人罪，判处死刑，剥夺政治权利终身；犯暴动越狱罪，判处无期徒刑，剥夺政治权利终身；决定执行死刑，剥夺政治权利终身；随案扣押物品予以没收。

后王延不服判决向北京市高级人民法院提起上诉，二审法院经审理认为：上诉人王延为长期占有他人之妻，竟故意非法剥夺他人生命，其行为已构成故意杀人罪；又伙同他人有组织地采用暴力手段脱离监管场所，其行为亦已构成暴动越狱罪。王延所犯故意杀人罪，罪行极其严重；又系暴动越狱罪的积极参加者，依法对其所犯故意杀人罪和暴动越狱罪实行数罪并罚。北京市高级人民法院裁定：驳回上诉，维持原判。

【学理分析及适用指引】

• 学理分析 •

1. 组织越狱罪的构成。组织越狱罪，是指在押犯罪人、被告人、犯罪嫌疑人结伙使用暴力或者其他手段有组织、有计划地从羁押场所逃跑的行为。本罪的构成要件如下：

（1）本罪的客体。本罪侵犯的直接客体是国家对在押人员的司法监管活动。所谓司法监管活动是指国家监管机关依法对在押人行使教育、改造、羁押等职能的司法管理活动，是国家刑事司法活动的重要组成部分。作为被监管对象的在押人组织越狱，必然致使监狱的惩罚功能和改造功能无法实施，进而破坏了国家的司法监管活动，具有严重的社会危害性，在这一点上该罪与脱逃罪是很相似的。

（2）本罪的客观方面。本罪在客观方面表现为结伙使用暴力或者其他手段，有计划、有组织地从狱中逃跑的行为。具体来说，首先，必须实施了越狱行为。所谓越狱，从字面意义上讲，就是在押人犯从监狱里逃走。其次，必须是有组织、有计划地实施逃跑行为。其共同犯罪人可分为首要分子、罪恶重大分子和积极参加的人。从司法实践中来看，越狱行为一般是在首要分子的组织、策划、指挥下，制订方案并经过周密准备，进行分工，选择适当时机、方法和手段后，才开始付诸实施。最后，必须是从“狱”中逃跑，此处的“狱”应作广义的理解，即不只包括监狱，还应包括承担相同职能的其他相关场所。例如，《监狱法》第74条规定的负责对未成年犯刑罚执行的未成年犯管教所；临时性运送大批罪犯的车辆，罪犯外出参加劳动时警戒线以内的空间范围；等等。就犯罪手段而言，越狱大多是采用暴力的方法，但也不能排除秘密脱逃等非暴力手段，实践中就存在挖通监房的墙或挖地道集体秘密逃跑的情况。

（3）本罪的主体。本罪的主体是特殊主体，包括依法被关押在狱中的罪犯、被告人、犯罪嫌疑人。

（4）本罪的主观方面。主观方面只能是故意，过失不能构成本罪。

2. 暴动越狱罪的构成。暴动越狱罪，是指依法被关押的罪犯、被告人、犯罪嫌疑人，在首要分子的组织、策划、指挥下，有组织、有计划，采用暴动的形式脱离监管场所的行为。本罪的构成要件如下：

（1）本罪的客体。本罪侵犯的客体是复杂客体，既侵害了监管机关对犯罪人、被告人、犯罪嫌疑人的合法羁押，又侵害了监管人员的人身权利。

（2）本罪的客观方面。本罪是法定的暴力犯罪，本罪在客观方面表现为行为人使用暴力，有组织、有计划地从狱中逃跑的行为。本罪中的暴力具有计划性、规模性的特点。再者本罪中的“暴力”程度具有极大伸缩性，可以是一般的轻微暴力行为，也可包含伤害、杀人或抢劫、抢夺枪支弹药等严重的暴力行为。因此，一旦行为人在暴动越狱过程中实施了上述行为，不应认定为牵连犯，不实行数罪并罚，而只以暴动越狱罪定罪处罚即可。

（3）本罪的主体。本罪的主体是特殊主体，仅限于依法被关押的犯罪嫌疑人、被告人、罪犯。

（4）本罪的主观方面。主观上必须是直接故意，间接故意或过失不能构成本罪。

3. 聚众持械劫狱罪的构成。聚众持械劫狱罪，是指关押场所以外的人聚集多人，有组织、有计划地持械劫夺被依法关押的罪犯、被告人、犯罪嫌疑人的行为。本罪的构成要件如下：

（1）本罪的客体。侵犯的客体是复杂客体，既侵犯了监管机关对罪犯、被告人、犯罪嫌疑人的合法羁押，又侵犯了监管人员的人身权利。由于采用了使用武器等手段，就会危及监管人员的人身安全，造成监管人员被杀害、伤害等结果。犯罪对象必须是被依法关押在监狱、看守所的罪犯、被告人、犯罪嫌疑人。如果劫夺押解途中的罪犯、被告人、犯罪嫌疑人，则不构成本罪。

（2）本罪的客观方面。本罪在客观方面表现为聚众持械劫狱的行为。本罪是典型的聚众犯罪，聚众犯罪是《刑法》规定的一种犯罪形式。所谓劫狱就是指抢走在押人犯或便利其脱逃，使其逃避继续被关押的行为；所谓持械，是指携带器械；而聚众则是指聚集众人，即狱外的人在为首分子的组织、策划下临时组成团伙去实施共同的犯罪行为。行为必须同时符合上述三点，才构成本罪的客观方面。在司法实践中，聚众持械劫狱的行为经常表现为狱外人员采取暴力手段（例如，殴打、杀害监管人员或警卫，捣毁监门，破坏监狱设施、冲闯监门等），将在押人抢走或者使其便于逃脱。一般而言，聚众持械劫狱多是在首要分子的组织、策划、指挥下集体实施，且大多以暴力作为其犯罪手段。

（3）本罪的主体。本罪的主体是一般主体，即凡是达到刑事责任年龄、具备刑事责任能力的自然人均可构成本罪。另外，值得注意的是，构成本罪的只能是狱外人员。本罪属于聚众犯，因此其主体在人数上受到一定的限制，一般应在三人以上。

（4）本罪的主观方面。本罪的主观方面是直接故意，间接故意与过失均不构成本罪。

• 适用指引 •

司法实践中，认定本条规定的罪名时应注意：

1. 组织越狱罪与脱逃罪的界限。具体而言，组织越狱罪与脱逃罪的区别主要是以下两个方面：一是犯罪客观方面不完全相同。尽管两者都是一种脱逃行为，但是组织越狱罪是一种有组织性、计划性的逃跑行为，脱逃罪则可能是临时起意。二是犯罪主体不完全相同。尽管两者的主体都是被关押的罪犯、犯罪嫌疑人、被告人，但是脱逃罪既可以是单独实施也可以共同实施，而组织越狱罪则只能是有组织的共同实施。换言之，从共同犯罪的角度而言，脱逃罪属于任意共同犯罪，而组织越狱罪则属于必要共同犯罪。

2. 暴动越狱罪与组织越狱罪的区别。犯罪主体不完全相同：虽然两罪的主体都是依法被关押的犯罪嫌疑人、被告人、罪犯，但是暴动越狱罪的参与者一般规模更大，人数众多，而组织越狱罪则没有特别的限制，三人以上即可。犯罪手段不同：暴动越狱罪只能使用暴力手段，而组织越狱罪既可以是暴力手段，也可以是秘密脱逃等非暴力手段。

3. 聚众持械劫狱罪与劫夺被押解人员罪的界限。一般而言，两者之间的主要区别有：首先，犯罪客观方面不完全相同，聚众持械劫狱罪要求必须使用持械的方式，而劫夺被押解人员罪则没有此种限制；聚众持械劫狱罪只能发生在永久性或者临时性的监管场所，而劫夺被押解人员罪则只能发生在押解途中。其次，犯罪主体不完全相同，尽管两者都是一般主体，但是聚众持械劫狱罪只能聚众共同实施，而劫夺被押解人员罪则既可以单独实施，又可以两人或者聚众共同实施。

第三节　妨害国（边）境管理罪

第三百一十八条　组织他人偷越国（边）境罪

【法律规定】

● 法律条文 ●

《中华人民共和国刑法》

第三百一十八条　组织他人偷越国（边）境的，处二年以上七年以下有期徒刑，并处罚金；有下列情形之一的，处七年以上有期徒刑或者无期徒刑，并处罚金或者没收财产：

（一）组织他人偷越国（边）境集团的首要分子；

（二）多次组织他人偷越国（边）境或者组织他人偷越国（边）境人数众多的；

（三）造成被组织人重伤、死亡的；

（四）剥夺或者限制被组织人人身自由的；

（五）以暴力、威胁方法抗拒检查的；

（六）违法所得数额巨大的；

（七）有其他特别严重情节的。

犯前款罪，对被组织人有杀害、伤害、强奸、拐卖等犯罪行为，或者对检查人员有杀害、伤害等犯罪行为的，依照数罪并罚的规定处罚。

● 相关规定 ●

《最高人民法院、最高人民检察院关于办理妨害国（边）境管理刑事案件应用法律若干问题的解释》（法释〔2012〕17号）

第一条　领导、策划、指挥他人偷越国（边）境或者在首要分子指挥下，实施拉拢、引诱、介绍他人偷越国（边）境等行为的，应当认定为刑法第三百一十八条规定的“组织他人偷越国（边）境”。

组织他人偷越国（边）境人数在十人以上的，应当认定为刑法第三百一十八条第一款第（二）项规定的“人数众多”；违法所得数额在二十万元以上的，应当认定为刑法第三百一十八条第一款第（六）项规定的“违法所得数额巨大”。

以组织他人偷越国（边）境为目的，招募、拉拢、引诱、介绍、培训偷越国（边）境人员，策划、安排偷越国（边）境行为，在他人偷越国（边）境之前或者偷越国（边）境过程中被查获的，应当以组织他人偷越国（边）境罪（未遂）论处；具有刑法第三百一十八条第一款规定的情形之一的，应当在相应的法定刑幅度基础上，结合未遂犯的处罚原则量刑。

第六条 具有下列情形之一的，应当认定为刑法第六章第三节规定的“偷越国（边）境”行为：

（一）没有出入境证件出入国（边）境或者逃避接受边防检查的；

（二）使用伪造、变造、无效的出入境证件出入国（边）境的；

（三）使用他人出入境证件出入国（边）境的；

（四）使用以虚假的出入境事由、隐瞒真实身份、冒用他人身份证件等方式骗取的出入境证件出入国（边）境的；

（五）采用其他方式非法出入国（边）境的。

第七条 以单位名义或者单位形式组织他人偷越国（边）境、为他人提供伪造、变造的出入境证件或者运送他人偷越国（边）境的，应当依照刑法第三百一十八条、第三百二十条、第三百二十一条的规定追究直接负责的主管人员和其他直接责任人员的刑事责任。

第八条 实施组织他人偷越国（边）境犯罪，同时构成骗取出境证件罪、提供伪造、变造的出入境证件罪、出售出入境证件罪、运送他人偷越国（边）境罪的，依照处罚较重的规定定罪处罚。

第九条 对跨地区实施的不同妨害国（边）境管理犯罪，符合并案处理要求，有关地方公安机关依照法律和相关规定一并立案侦查，需要提请批准逮捕、移送审查起诉、提起公诉的，由该公安机关所在地的同级人民检察院、人民法院依法受理。

《最高人民法院、最高人民检察院、公安部、国家移民管理局关于依法惩治妨害国（边）境管理违法犯罪的意见》（法发〔2022〕18号）

2. 具有下列情形之一的，应当认定为刑法第三百一十八条规定的“组织他人偷越国（边）境”行为：

（1）组织他人通过虚构事实、隐瞒真相等方式掩盖非法出入境目的，骗取出入境边防检查机关核准出入境的；

（2）组织依法限定在我国边境地区停留、活动的人员，违反国（边）境管理法规，非法进入我国非边境地区的。

对于前述行为，在决定是否追究刑事责任以及如何裁量刑罚时，应当综合考虑组织者前科情况、行为手段、组织人数和次数、违法所得数额及被组织人员偷越国（边）境的目的等情节，依法妥当处理。

3. 事前与组织、运送他人偷越国（边）境的犯罪分子通谋，在偷越国（边）境人员出境前或者入境后，提供接驳、容留、藏匿等帮助的，以组织他人偷越国（边）境罪或者运送他人偷越国（边）境罪的共同犯罪论处。

5.《解释》第一条第二款、第四条规定的“人数”，以实际组织、运送的人数计算；未到案人员经查证属实的，应当计算在内。

6. 明知他人实施骗取出境证件犯罪，提供虚假证明、邀请函件以及面签培训等帮助的，以骗取出境证件罪的共同犯罪论处；符合刑法第三百一十八条规定的，以组织他人偷越国（边）境罪定罪处罚。

7. 事前与组织他人偷越国（边）境的犯罪分子通谋，为其提供虚假证明、邀请函件以及面签培训等帮助，骗取入境签证等入境证件，为组织他人偷越国（边）境使用的，以组织他人偷越国（边）境罪的共同犯罪论处。

8. 对于偷越国（边）境的次数，按照非法出境、入境的次数分别计算。但是，对于非法越境后及时返回，或者非法出境后又入境投案自首的，一般应当计算为一次。

11. 徒步带领他人通过隐蔽路线逃避边防检查偷越国（边）境的，属于运送他人偷越国（边）境。领导、策划、指挥他人偷越国（边）境，并实施徒步带领行为的，以组织他人偷越国（边）境罪论处。

徒步带领偷越国（边）境的人数较少，行为人系初犯，确有悔罪表现，综合考虑行为动机、一贯表现、违法所得、实际作用等情节，认为对国（边）境管理秩序妨害程度明显较轻的，可以认定为犯罪情节轻微，依法不起诉或者免予刑事处罚；情节显著轻微危害不大的，不作为犯罪处理。

《公安部关于妨害国（边）境管理犯罪案件立案标准及有关问题的通知》（公通字〔2000〕30号）

一、立案标准

（一）组织他人偷越国（边）境案

1. 组织他人偷越国（边）境的，应当立案侦查。

2. 组织他人偷越国（边）境，具有下列情形之一的，应当立为重大案件：

（1）一次组织20~49人偷越国（边）境的；

（2）组织他人偷越国（边）境3~4次的；

（3）造成被组织人重伤1~2人的；

（4）剥夺或者限制被组织人人身自由的；

（5）以暴力、威胁方法抗拒检查的；

（6）违法所得人民币5~20万元的；

（7）有其他严重情节的。

3. 组织他人偷越国（边）境，具有下列情形之一的，应当立为特别重大案件：

（1）一次组织50人以上偷越国（边）境的；

（2）组织他人偷越国（边）境5次以上的；

（3）造成被组织人重伤3人以上或者死亡1人以上的；

（4）违法所得20万元以上的；

（5）有其他特别严重情节的。

在组织、运送他人偷越国（边）境中，对被组织人、被运送人有杀害、伤害、强奸、拐卖等犯罪行为，或者对检查人员有杀害、伤害等犯罪行为的，应当分别依照杀人、伤害、强奸、拐卖等案件一并立案侦查。

违法所得外币的，应当按当时汇率折合人民币，单独或者合计计算违法所得数额。

以上规定中的“以上”，均包括本数在内。

【案例】

谢斌等组织他人偷越国（边）境案[①]

• 案件事实 •

2010年7月以来，谢斌、李达祥（在逃），伙同姜某某、舒某在开封市西环路中段银地商务A座×××室以河南天宇劳务咨询公司开封办事处的名义在《古城广告》《俊丰快讯》报刊上发布赴港劳务输出的广告，以月薪6000元以上，2个月收回成本，管吃住等条件进行引诱，对前来咨询的市民要求以团队旅游的名义到公安机关骗取中华人民共和国往来港澳通行证。在收取费用后，谢斌、李达祥与深圳的蛇头高哥（身份不详）联系，并组织将人带到深圳市，持旅游签证通过罗湖口岸进入香港特区，由香港不法分子为非法打工人员办理假香港身份证件和提供住宿、介绍雇主。被告人谢斌先后组织非法打工的崔某某、王某某、毛某、祁某某等四批20余人进入香港特区，被告人姜某某、舒某参与组织了祁某某等一批7人进入香港特区。部分非法打工人员被香港警方查获，造成恶劣的社会影响。

• 裁判要旨 •

行为人为非法办理赴港劳务输出，有组织地实施策划、引诱、介绍他人参与以团队旅游的名义骗取出境证件，非法滞留香港，造成恶劣的社会影响，应当以组织他人偷越国（边）境罪追究刑事责任。

• 裁判理由 •

河南省开封市金明区人民法院经审理认为：被告人谢斌、姜某某、舒某有

① 参见河南省开封市金明区人民法院（2011）金刑初字第147号。

组织地实施策划、引诱、介绍他人偷越国（边）境，其行为已构成组织他人偷越国（边）境罪。被告人谢斌并具有组织他人偷越国（边）境多次、人数众多的情形，在共同犯罪中起主要作用，系主犯，应当按照其所组织的全部犯罪处罚。被告人姜某某、舒某在共同犯罪中起次要作用，系从犯，有悔罪表现，可以从轻处罚。对二被告人适用缓刑确实不致再危害社会，可以宣告缓刑。被告人谢斌辩称其只参与组织两批不到十人到香港打工和不是主犯的意见与本院查证的事实不符，本院不予采纳。根据《刑法》第318条第1款第2项，第25条第1款，第26条第1款、第4款，第27条，第72条和《最高人民法院关于审理组织、运送他人偷越国（边）境等刑事案件适用法律若干问题的解释》第1条、第2条之规定，判决如下：一、被告人谢斌犯组织他人偷越国（边）境罪，判处有期徒刑七年零六个月，并处罚金2万元。二、被告人姜某某犯组织他人偷越国（边）境罪，判处有期徒刑三年，缓刑四年，并处罚金1万元。三、被告人舒某犯组织他人偷越国（边）境罪，判处有期徒刑三年，缓刑四年，并处罚金1万元。

【学理分析及适用指引】

• 学理分析 •

组织他人偷越国（边）境罪，是指违反出入边境管理法规，非法组织他人偷越国（边）境的行为。本罪的构成要件如下：

1. 本罪的客体。该罪侵犯的客体是国家对国（边）境的正常管理秩序。

2. 本罪的客观方面。客观方面表现为采取煽动、串联、拉拢、引诱、欺骗、强迫等手段，非法组织他人偷越国（边）境的行为。组织他人偷越国（边）境罪中的组织行为，系领导、策划、指挥他人偷越国（边）境或者在首要分子指挥下，实施拉拢、引诱、介绍他人偷越国（边）境等行为。在实践中，组织行为通常表现为安排他人偷越国（边）境的交通运输工具，为他人偷越国（边）境出谋划策，拟定偷越国（边）境的具体行动计划，确定偷越国（边）境的时间、路线、具体地点，安排护送，等等，且被告人的获利多少往往与偷越者最终能否到达偷越目的地有关。

3. 本罪的主体。犯罪主体为一般主体，既可以是中国人，也可以是外国人。

4. 本罪的主观方面。主观方面只能由故意构成，而且一般具有牟利的目的，但不以牟利为构成要件。

• 适用指引 •

司法实践中，认定本罪应注意：

1. 对介绍他人偷越国（边）境行为的处理。在司法实践中，经常遇到在偷越的组织者与偷越人员之间从中牵线搭桥的人。对其如何处理，比较复杂，应根据情况区别对待：（1）在首要分子指挥下，实施介绍他人偷越国（边）境行为的，构成组织他人偷越国（边）境罪共犯。（2）不是在首要分子指挥下实施介绍行为的，如果被介绍人偷越国（边）境行为构成了犯罪，对介绍人应以偷越国（边）境罪的共犯论处。

2. 本罪与偷越国（边）境罪的界限。本罪与偷越国（边）境罪的客观方面不同，本罪客观方面是组织偷越的行为，即是一种复合行为，组织者本人是否偷越在所不问；而后者则是单一的行为，即行为人本人自行实施的偷越行为。

3. 在司法实践中，要掌握严重情节的规定，具体可参见最高人民法院和公安部分别颁布的司法解释和规定。同时，对在组织他人偷越国（边）境过程中的故意杀人、故意伤害、强奸、拐卖妇女、儿童等应分别定罪量刑，然后数罪并罚。

4. 注意组织他人偷越国（边）境罪存在两种包容关系。根据《刑法》第318条第4项、第5项的规定，在组织他人偷越国（边）境犯罪行为过程中，若存在下列两种情形的，依法采取加重构成的规则（形成包容关系），而不再数罪并罚：一是在组织他人偷越国（边）境的过程中，行为人又剥夺或者限制被组织者人身自由的，依法作为本罪的情节加重犯处理，而不再定非法拘禁罪；二是在组织他人偷越国（边）境的过程中，以暴力、威胁方法抗拒有关部门检查的，依法作为本罪的情节加重犯处理，而不另定妨害公务罪。

第三百一十九条 骗取出境证件罪

【法律规定】

• 法律条文 •

《中华人民共和国刑法》

第三百一十九条 以劳务输出、经贸往来或者其他名义，弄虚作假，骗取护照、签证等出境证件，为组织他人偷越国（边）境使用的，处三年以下有期徒刑，并处罚金；情节严重的，处三年以上十年以下有期徒刑，并处罚金。

单位犯前款罪的，对单位判处罚金，并对其直接负责的主管人员和其他直接责任人员，依照前款的规定处罚。

• 相关规定 •

《最高人民法院、最高人民检察院关于办理妨害国（边）境管理刑事案件应用法律若干问题的解释》（法释〔2012〕17号）

第二条 为组织他人偷越国（边）境，编造出境事由、身份信息或者相关的境外关系证明的，应当认定为刑法第三百一十九条第一款规定的“弄虚作假”。

刑法第三百一十九条第一款规定的“出境证件”，包括护照或者代替护照使用的国际旅行证件，中华人民共和国海员证，中华人民共和国出入境通行证，中华人民共和国旅行证，中国公民往来香港、澳门、台湾地区证件，边境地区出入境通行证，签证、签注，出国（境）证明、名单，以及其他出境时需要查验的资料。

具有下列情形之一的，应当认定为刑法第三百一十九条第一款规定的“情节严重”：

（一）骗取出境证件五份以上的；

（二）非法收取费用三十万元以上的；

（三）明知是国家规定的不准出境的人员而为其骗取出境证件的；

（四）其他情节严重的情形。

《公安部关于妨害国（边）境管理犯罪案件立案标准及有关问题的通知》（公通字〔2000〕30号）

一、立案标准

（二）骗取出境证件案

1. 以劳务输出、经贸往来或者其他名义弄虚作假，骗取护照、通行证、旅行证、海员证、签证（注）等出境证件（以下简称出境证件），为他人偷越国（边）境使用的，应当立案侦查。

2. 骗取出境证件，具有下列情形之一的，应当立为重大案件：

（1）骗取出境证件5~19本（份、个）的；

（2）为违法犯罪分子骗取出境证件的；

（3）违法所得10~20万元的；

（4）有其他严重情节的。

3. 骗取出境证件，具有下列情形之一的，应当立为特别重大案件：

（1）骗取出境证件20本（份、个）以上的；

（2）违法所得20万元以上的；

（3）有其他特别严重情节的。

【案例】

赵洁红等骗取出境证件案[①]

● 案件事实 ●

2003年5月至6月间，赵洁红找吴某某商议找人为企图偷渡出境人员办理出国护照，后吴某某找到谢某某，并商定每本护照7000元。2003年9月至2004年4月间，赵洁红先后提供多名企图偷渡出境人员的资料给吴某某，吴将资料交给谢某某，谢某某则到广州市各人才市场通过假招工等方式骗取与资料照片中人及年龄相近的广州市居民身份户籍等资料后，再套用上述资料填写中国公民因私出国护照申请表，并伪造身份证等申请护照资料，然后交给被告人温某某，温某某明知是伪造资料，又转交给同案人罗某某（另案处理），由罗某某通过朋友陈某某在广州市荔湾区办证中心办理申请。其中谢某某、赵洁红、吴某某、温某某共参与骗取中国公民因私出国护照15本，上述15本护照全部被持有人使用偷渡出境。得手后，四被告人均分别从中牟利。

● 裁判要旨 ●

行为人弄虚作假，骗取出境证件，为他人偷越国境使用，情节严重的行为，构成骗取出境证件罪。

● 裁判理由 ●

广东省广州市海珠区人民法院一审认为：被告人谢某某、赵洁红、吴某某、温某某在本案中分别弄虚作假，骗取出境证件，为他人偷越国境使用，情节严重，其行为妨害国境管理秩序，均已构成骗取出境证件罪，应依法惩处。唯被告人谢某某、吴某某有立功表现，依法可以减轻处罚。同时，鉴于被告人谢某某、赵洁红、吴某某、温某某归案后能坦白交代，认罪态度较好，可酌情从轻处罚。依照《刑法》第319条第1款、第68条第1款、第72条、第73条、第64条和《最高人民法院关于处理自首和立功具体应用法律若干问题的解释》第5条的规定，作出如下判决：一、被告人谢某某犯骗取出境证件罪，判处有期徒刑三年，缓刑五年，并处罚金人民币5000元。二、被告人赵洁红犯骗取出境证件罪，判处有期徒刑四年，并处罚金人民币5000元。三、被告人吴某某犯骗取出境证件罪，判处有期徒刑二年，并处罚金人民币5000元。四、被告人温某某犯骗取出境证件罪，判处有期徒刑三年，并处罚金人民币

---

① 参见广东省广州市中级人民法院（2006）穗中法刑一终字第91号。

5000 元。五、扣押伪造的慕容某某护照 1 本、身份证张 1 张、陈某某、余某某身份证各 1 张均予以没收。

后被告人上诉，广东省广州市中级人民法院经审理认为：原审判决认定事实清楚，证据确实、充分，适用法律正确，量刑适当，审判程序合法，应予维持。依照《刑事诉讼法》第 189 条第 1 项的规定，裁定如下：驳回上诉，维持原判。

【学理分析及适用指引】

• 学理分析 •

骗取出境证件罪，是指行为人以劳务输出、经贸往来或者其他名义，弄虚作假，骗取护照、签证等出境证件，为组织他人偷越国（边）境使用的行为。本罪的构成要件如下：

1. 本罪的客体。本罪侵犯的客体是国家机关对出境证件的正常管理活动和对国（边）境的正常管理秩序。本罪的犯罪对象仅限于护照、签证等出境证件。护照是指一个主权国家发给本国公民出入国境和在国外居留、旅行的合法身份证明和国籍证明。签证是一个主权国家同意外国人出入或经过该国国境的一种许可证明。护照和签证都是准许出入境的证件，但作为本罪的犯罪对象，仅指准许出境的护照、签证及其他出境证件和出境证明等。

2. 本罪的客观方面。本罪的客观方面为行为人以劳务输出、经贸往来或者出国考察、观光旅游等名义，弄虚作假，从国家主管机关骗取护照、签证等出国（边）境所必需的出境证件，而且行为人将骗取的出境证件交给组织他人偷越国（边）境的犯罪分子用于犯罪活动。

（1）弄虚作假，采用欺骗手段。行为人弄虚作假，以欺骗手段，使国家出入境管理机关的有关工作人员发生错误认识为其办理出境证件，从而合法地获取出境证件。这是骗取出境证件罪的本质特征，也是骗取出境证件罪区别于其他犯罪的主要标志。只有在行为人采用了欺骗的手段的情况下，才能构成骗取出境证件罪。

就骗取出境证件罪而言，行为人为达到组织他人偷越国（边）境的目的，必须以有组织的出国人员的方式，通过各种名义骗取出境证件。根据我国出入境管理的有关法律规定，有组织的出国人员，是指由国家行政主管部门批准或授权的机构组织的出国人员或团体，因非公务活动出境，该机构在境外提供必要的组织、服务的出国形式。在出入境管理中，被批准或授权的机构对出国人员和出入境管理机关负有双方面的责任。这种有组织的出国渠道主要有留学、旅游、就业与商务活动等。

（2）错误认识。错误认识是指人们的主观认识与客观实际不相符合。此处的错误认识不是泛指受骗者对案件的一切事实情况存在认识上的错误，而是仅指能够引起被骗的负责办理出境证件的国家机关工作人员对发放出境证件的事实情况产生认识上的错误。负责办理出境证件的国家机关工作人员发生错误认识之后，往往就会出现错误地发放出境证件的结果。

3. 本罪的主体。本罪的主体要件为一般主体，单位和个人均可构成。所谓个人，是指达到刑事责任年龄和具有刑事责任能力的自然人。单位构成本罪，对单位判处罚金，并对直接负责的主管人员和其他直接责任人员，依照本罪的规定处罚。

4. 本罪的主观方面。本罪的主观方面为故意，即出于用于组织偷越国（边）境犯罪活动的目的，而故意为其骗取出境证件，该罪的成立不要求必须以营利为目的。骗取出境证件的目的是为组织他人偷越国（边）境使用。如果行为人骗取出境证件的目的不是为组织他人偷越国（边）境使用，则不构成本罪。

无论行为人在事实上是否已将骗取的出境证件供组织他人偷越国（边）境使用，只要行为人主观上具有为组织他人偷越国（边）境使用的目的，就构成本罪。但在行为人还未将骗取的出境证件供组织他人偷越国（边）境使用的情况下，应根据行为人的行为综合判断行为人是否有此目的。

• 适用指引 •

司法实践中，认定本罪应注意：其一，行为人实施骗取出境证件的行为，只要为组织他人偷越国（边）境使用，无论是自己使用还是他人使用，如果尚未实行组织他人偷越国（边）境的行为，就直接定骗取出境证件罪，而不以组织他人偷越国（边）境罪的预备犯论处。其二，骗取出境证件的人，不一定是组织他人偷越国境的人，不一定能够按照组织他人偷越国（边）境罪的共犯处罚。组织他人偷越国（边）境罪中的组织行为，系领导、策划、指挥他人偷越国（边）境或者在首要分子指挥下，实施拉拢、引诱、介绍他人偷越国（边）境等行为。而提供出境证件的人，也可以是为了帮助他人偷越国境，不一定是偷越国境行为的组织者。基于本罪与组织他人偷越国（边）境罪的关系，实践中，如果行为人为了组织他人偷越国（边）境而骗取了出境证件，随后并实施了具体的组织偷越行为，此时骗取出境证件的行为就被组织行为所吸收，实属组织行为的一个环节，直接定组织一罪，不再定本罪。

第三百二十条　提供伪造、变造的出入境证件罪；出售出入境证件罪

【法律规定】

• 法律条文 •

《中华人民共和国刑法》

第三百二十条　为他人提供伪造、变造的护照、签证等出入境证件，或者出售护照、签证等出入境证件的，处五年以下有期徒刑，并处罚金；情节严重的，处五年以上有期徒刑，并处罚金。

• 相关规定 •

《最高人民法院、最高人民检察院关于办理妨害国（边）境管理刑事案件应用法律若干问题的解释》（法释〔2012〕17号）

第三条　刑法第三百二十条规定的“出入境证件”，包括本解释第二条第二款所列的证件以及其他入境时需要查验的资料。

具有下列情形之一的，应当认定为刑法第三百二十条规定的“情节严重”：

（一）为他人提供伪造、变造的出入境证件或者出售出入境证件五份以上的；

（二）非法收取费用三十万元以上的；

（三）明知是国家规定的不准出入境的人员而为其提供伪造、变造的出入境证件或者向其出售出入境证件的；

（四）其他情节严重的情形。

第六条　具有下列情形之一的，应当认定为刑法第六章第三节规定的“偷越国（边）境”行为：

（一）没有出入境证件出入国（边）境或者逃避接受边防检查的；

（二）使用伪造、变造、无效的出入境证件出入国（边）境的；

（三）使用他人出入境证件出入国（边）境的；

（四）使用以虚假的出入境事由、隐瞒真实身份、冒用他人身份证件等方式骗取的出入境证件出入国（边）境的；

（五）采用其他方式非法出入国（边）境的。

第七条　以单位名义或者单位形式组织他人偷越国（边）境、为他人提供伪造、变造的出入境证件或者运送他人偷越国（边）境的，应当依照刑法

第三百一十八条、第三百二十条、第三百二十一条的规定追究直接负责的主管人员和其他直接责任人员的刑事责任。

第八条 实施组织他人偷越国（边）境犯罪，同时构成骗取出境证件罪、提供伪造、变造的出入境证件罪、出售出入境证件罪、运送他人偷越国（边）境罪的，依照处罚较重的规定定罪处罚。

第九条 对跨地区实施的不同妨害国（边）境管理犯罪，符合并案处理要求，有关地方公安机关依照法律和相关规定一并立案侦查，需要提请批准逮捕、移送审查起诉、提起公诉的，由该公安机关所在地的同级人民检察院、人民法院依法受理。

《公安部关于妨害国（边）境管理犯罪案件立案标准及有关问题的通知》（公通字〔2000〕30号）

一、立案标准

（三）提供伪造、变造的出入境证件案

1. 为他人提供伪造、变造的护照、通行证、旅行证、海员证、签证（注）等出入境证件（以下简称出入境证件）的，应当立案侦查。

2. 为他人提供伪造、变造的出入境证件，具有下列情节之一的，应当立为重大案件：

（1）为他人提供伪造、变造的出入境证件5~19本（份、个）的；

（2）为违法犯罪分子提供伪造、变造的出入境证件的；

（3）违法所得10~20万元的；

（4）有其他严重情节的。

3. 为他人提供伪造、变造的出入境证件，具有下列情形之一的，应当立为特别重大案件：

（1）为他人提供伪造、变造的出入境证件20本（份、个）以上的；

（2）违法所得20万元以上的；

（3）有其他特别严重情节的。

（四）出售出入境证件案

1. 出售出入境证件的，应当立案侦查。

2. 出售出入境证件，具有下列情形之一的，应当立为重大案件：

（1）出售出入境证件5~19本（份、个）的；

（2）给违法犯罪分子出售出入境证件的；

（3）违法所得10~20万元的；

（4）有其他严重情节的。

3. 出售出入境证件，具有下列情形之一的，应当立为特别重大案件：

（1）出售出入境证件20本（份、个）以上的；

（2）违法所得20万元以上的；

（3）有其他特别严重情节的。

《公安部关于盗窃空白因私护照有关问题的批复》（公境出〔2000〕881号）

一、李博日韦、万明亮等人所盗取的空白护照属于出入境证件。护照不同于一般的身份证件，它是公民国际旅行的身份证件和国籍证明。在我国，公民因私护照的设计、研制、印刷统一由公安部出入境管理局负责。护照上设计了多项防伪措施，每本护照（包括空白护照）都有一个统一编号，空白护照是签发护照的重要构成因素，对空白护照的发放、使用有严格的管理程序。空白护照丢失，与已签发的护照一样，也由公安部出入境管理局宣布作废，空白护照是作为出入境证件加以管理的。因此，空白护照既是国家机关的证件，也是出入境证件。

二、李博日韦、万明亮等人所盗护照不同于一般商品，在认定其盗窃情节时，不能简单依照护照本身的研制、印刷费用计算盗窃数额，而应依照所盗护照的本数计算。一次盗窃2000本护照，在建国以来是第一次，所造成的影响极其恶劣。应当认定为“情节严重”，不是一般的盗窃，而应按照刑法第280条规定处理。

三、李博日韦、万明亮等人将盗窃的护照出售，其出售护照的行为也妨害国（边）境管理秩序，触犯刑法第320条，涉嫌构成出售出入境证件罪。

上述意见请商当地人民检察院。

【案例一】

彭曙光提供伪造、变造的出入境证件罪案①

• 案件事实 •

2016年6月上旬，被告人李耀东在山东万达国际旅行社济南分公司工作期间，为使其接待的赴香港、澳门旅游的旅行团内成员年龄结构符合香港当地旅行社要求，遂联系被告人彭曙光为该旅行团中的祝某、孟某、李某1、徐某伪造将年龄改小四岁的往来港澳通行证及居民身份证，为于某伪造将年龄改小四岁的居民身份证，并将五人真实信息及需要修改的年龄提供给彭曙光。同月12日，被告人彭曙光将伪造的祝某、孟某、李某1、徐某、于某的往来港澳通行证和居民身份证五套，在深圳市皇岗口岸附近交给该旅行团领队张威威，并由张威威分发给上述人员。李耀东为此支付给彭曙光人民币900元。同月13日，祝某、孟某、李某1、徐某持伪造的往来港澳通行证在香港特别行政区港澳码头出境前往澳门时，被香港特别行政区入境事务处查获。被告人李耀东于

① 参见山东省济南市中级人民法院（2017）鲁01刑终338号。

2016年6月17日主动到公安机关投案。

• 裁判要旨 •

为满足他人赴港澳旅行的便利，伪造往来港澳通行证和居民身份证并出售给他人的行为，应以提供伪造的出入境证件罪和伪造、买卖身份证件罪并罚。

• 裁判理由 •

原审法院认为，被告人李耀东、彭曙光为他人提供伪造的港澳通行证，其行为构成提供伪造的出入境证件罪。被告人彭曙光伪造居民身份证并向李耀东出售，李耀东要求彭曙光伪造居民身份证件并购买，二被告人的上述行为构成伪造、买卖身份证件罪。对该二人所犯提供伪造的出入境证件罪以及伪造、买卖身份证件罪，均应依法惩处，并数罪并罚。被告人李耀东系自首，彭曙光能够如实供述其犯罪事实，且二被告人均系初犯、认罪态度较好，依法从轻处罚。被告人李耀东积极缴纳罚金，酌情从轻处罚。被告人彭曙光平时以帮他人制作假证为业，在本次犯罪中，彭曙光以发放小广告预留电话的方式与被告人李耀东相互联系，进而主动为他人提供伪造的港澳通行证、伪造居民身份证并出售，在共同犯罪中起到了主要作用，且被告人彭曙光的行为已严重扰乱了国家对边境的正常管理秩序以及国家居民身份证的管理制度，社会危害性大，故对被告人彭曙光不适用缓刑。对被告人李耀东依照《刑法》第320条，第280条第3款，第25条第1款，第64条，第67条第1款，第69条第1款、第3款；《最高人民法院、最高人民检察院关于办理妨害国（边）境管理刑事案件应用法律若干问题的解释》第1条；对被告人彭曙光依照《刑法》第320条，第280条第3款，第25条第1款，第64条，第67条第3款，第69条第1款、第3款之规定，以被告人李耀东犯提供伪造的出入境证件罪，判处有期徒刑二年六个月，并处罚金5000元；犯伪造、买卖身份证件罪，判处有期徒刑八个月，并处罚金5000元。决定执行有期徒刑二年八个月，并处罚金1万元。被告人彭曙光犯提供伪造的出入境证件罪，判处有期徒刑三年六个月，并处罚金5000元；犯伪造、买卖身份证件罪，判处有期徒刑十个月，并处罚金5000元。决定执行有期徒刑三年十个月，并处罚金1万元；被告人彭曙光违法所得900元，予以没收。

宣判后，公诉机关不抗诉，被告人彭曙光服判不上诉。被告人李耀东不服判决，提出上诉。提出其有自首情节，积极缴纳罚金，量刑过重，请求改判缓刑。其辩护人以相同理由为其辩护。上诉人及辩护人没有向法庭提供新的证据。

经二审审理查明的事实和证据与一审相同。

关于上诉人李耀东及其辩护人提出其有自首情节，积极缴纳罚金，量刑过重，请求改判缓刑的辩解和意见。合议庭评议认为，上诉人李耀东构成自首、积极缴纳罚金、初犯、认罪态度较好等情节，原审法院已经认定，量刑时已予以考虑，并根据上诉人李耀东的犯罪的事实、性质、情节和对于社会的危害程度予以量刑，没有适用缓刑并无不当。故上诉人李耀东的辩解及辩护人的意见不能成立，不予采纳。

二审法院认为，上诉人李耀东、原审被告人彭曙光为他人提供伪造的港澳通行证，其行为均构成提供伪造的出入境证件罪。上诉人李耀东要求原审被告人彭曙光伪造居民身份证件并购买，二人的行为均构成伪造、买卖身份证件罪。对上诉人李耀东、原审被告人彭曙光应数罪并罚。原审判决认定的事实清楚，证据确实、充分，定罪准确，量刑适当，审判程序合法。依照《刑事诉讼法》第225条第1款第1项之规定，裁定如下：驳回上诉，维持原判。本裁定为终审裁定。

【案例二】

孟某某出售出入境证件案①

• 案件事实 •

2003年2月下旬至3月间，被告人孟某某通过他人介绍，伪造了王某某、李某某、郑某某为上海多利奥机电有限公司在职职员，受该公司派遣前往日本进行商务活动的《派遣书》以及日本总公司的《招聘理由书》《查证申请人名簿》等虚假材料，并通过上海外事服务中心向日本国驻上海总领事馆骗得三份商务签证，随后分别出售给上述三人，共收取人民币12万元。同年4月9日，王某某、李某某、郑某某持证非法出境。

• 裁判要旨 •

为他人非法出境出售出入境证件的，以出售出入境证件罪论。

• 裁判理由 •

上海市长宁区人民法院经审理认为：被告人孟某某以牟利为目的，出售出入境证件，其行为已构成出售出入境证件罪，依法应予处罚。被告人孟某某到案后交代态度较好，在庭审中能自愿认罪，已退缴了部分违法所得，有悔罪表现，予以酌情从轻处罚并适用缓刑。依照《刑法》第320条、第72条、第73条第2款、第53条和第164条之规定，判决如下：一、被告人孟某某犯出售出入境证件罪，判处有期徒刑三年，缓刑三年，并处罚金人民币1万元。

---

① 参见上海市长宁区人民法院（2004）长刑初字第522号，载《人民法院案例选》（2005年第4辑），人民法院出版社2006年版，第163页。

二、在案款人民币 7 万元予以没收，追缴违法所得人民币 12 万元后予以没收。本判决已生效。

【学理分析及适用指引】

• 学理分析 •

1. 提供伪造、变造的出入境证件罪的构成。提供伪造、变造的出入境证件罪，是指为他人提供伪造、变造的护照、签证等出入境证件的行为。本罪的构成要件如下：

（1）本罪的客体。本罪的客体是国家出入境证件的管理制度。

（2）本罪的客观方面。本罪的客观方面，表现为行为人实施了为他人提供伪造、变造的出入境证件的行为，即为他人提供伪造、变造的护照、签证等出入境证件。此处的提供，既包括有偿提供，也包括无偿提供。如果明知他人是为了组织他人偷越国境而使用出入境证件，仍然提供的，以组织他人偷越国境罪的共犯论处。本罪的基本表现是提供伪造、变造的出入境证件，但是在行为人提供伪造、变造的出入境证件之前，常常有伪造、变造的行为，这就有可能牵连触犯伪造、变造、买卖国家机关公文、证件、印章罪。对此，应按牵连犯的处理原则来定罪。

（3）本罪的主体。本罪的主体为一般主体。

（4）本罪的主观方面。本罪的主观方面为故意。

2. 出售出入境证件罪的构成。出售出入境证件罪，是指出售护照、签证等出入境证件的行为。本罪的构成要件如下：

（1）本罪的客体。本罪的客体是国家出入境管理制度。

（2）本罪的客观方面。本罪的客观方面，表现为行为人实施了出售护照、签证等出入境证件的行为。此处的出售既可以是出售本人的出入境护照、签证等，也可以是倒卖他人的出入境护照、签证等。所出售的护照、签证等出入境证件应当是真实的。如果出售的护照、签证等出入境证件是虚假的，则以提供伪造、变造的出入境证件罪论。如果明知他人是为了组织他人偷越国境而使用出入境证件，仍然出售的，以组织他人偷越国境罪的共犯论处。

（3）本罪的主体。本罪的主体为一般主体。

（4）本罪的主观方面。本罪的主观方面为故意，且行为人一般具有营利的目的。

• 适用指引 •

司法实践中，认定本条规定的罪名时应注意：

1. 提供伪造、变造的出入境证件罪与伪造、变造国家机关证件罪的界限。

签证、护照也是国家机关证件的一种，行为人只有伪造、变造护照等出入境证件的行为，没有向他人提供的，应以伪造、变造国家机关证件罪定罪处罚。

2. 为自己非法组织他人偷越国（边）境而骗取出境证件或提供伪造、变造的出入境证件，并实施了非法组织他人偷越国（边）境罪的实行行为的，以非法组织他人偷越国（边）境罪论；为自己非法组织他人偷越国（边）境而骗取出境证件或提供伪造、变造的出入境证件，没有非法组织他人偷越国（边）境罪的实行行为的，分别以骗取出境证件罪或提供伪造、变造的出入境证件罪论；为他人非法组织他人偷越国（边）境或为他人非法出境而骗取出境证件或提供伪造、变造的出入境证件的，不管他人有无非法组织他人偷越国（边）境罪的实行行为，均分别以骗取出境证件罪或提供伪造、变造的出入境证件罪论。

第三百二十一条　运送他人偷越国（边）境罪

【法律规定】

• 法律条文 •

《中华人民共和国刑法》

第三百二十一条　运送他人偷越国（边）境的，处五年以下有期徒刑、拘役或者管制，并处罚金；有下列情形之一的，处五年以上十年以下有期徒刑，并处罚金：

（一）多次实施运送行为或者运送人数众多的；

（二）所使用的船只、车辆等交通工具不具备必要的安全条件，足以造成严重后果的；

（三）违法所得数额巨大的；

（四）有其他特别严重情节的。

在运送他人偷越国（边）境中造成被运送人重伤、死亡，或者以暴力、威胁方法抗拒检查的，处七年以上有期徒刑，并处罚金。

犯前两款罪，对被运送人有杀害、伤害、强奸、拐卖等犯罪行为，或者对检查人员有杀害、伤害等犯罪行为的，依照数罪并罚的规定处罚。

• 相关规定 •

《最高人民法院、最高人民检察院关于办理妨害国（边）境管理刑事案件应用法律若干问题的解释》（法释〔2012〕17号）

第四条　运送他人偷越国（边）境人数在十人以上的，应当认定为刑法

第三百二十一条第一款第（一）项规定的“人数众多”；违法所得数额在二十万元以上的，应当认定为刑法第三百二十一条第一款第（三）项规定的“违法所得数额巨大”。

第六条 具有下列情形之一的，应当认定为刑法第六章第三节规定的“偷越国（边）境”行为：

（一）没有出入境证件出入国（边）境或者逃避接受边防检查的；

（二）使用伪造、变造、无效的出入境证件出入国（边）境的；

（三）使用他人出入境证件出入国（边）境的；

（四）使用以虚假的出入境事由、隐瞒真实身份、冒用他人身份证件等方式骗取的出入境证件出入国（边）境的；

（五）采用其他方式非法出入国（边）境的。

第七条 以单位名义或者单位形式组织他人偷越国（边）境、为他人提供伪造、变造的出入境证件或者运送他人偷越国（边）境的，应当依照刑法第三百一十八条、第三百二十条、第三百二十一条的规定追究直接负责的主管人员和其他直接责任人员的刑事责任。

第八条 实施组织他人偷越国（边）境犯罪，同时构成骗取出境证件罪、提供伪造、变造的出入境证件罪、出售出入境证件罪、运送他人偷越国（边）境罪的，依照处罚较重的规定定罪处罚。

第九条 对跨地区实施的不同妨害国（边）境管理犯罪，符合并案处理要求，有关地方公安机关依照法律和相关规定一并立案侦查，需要提请批准逮捕、移送审查起诉、提起公诉的，由该公安机关所在地的同级人民检察院、人民法院依法受理。

《最高人民法院、最高人民检察院、公安部、国家移民管理局关于依法惩治妨害国（边）境管理违法犯罪的意见》（法发〔2022〕18号）

4. 明知是偷越国（边）境人员，分段运送其前往国（边）境的，应当认定为刑法第三百二十一条规定的“运送他人偷越国（边）境”，以运送他人偷越国（边）境罪定罪处罚。但是，在决定是否追究刑事责任以及如何裁量刑罚时，应当充分考虑行为人在运送他人偷越国（边）境过程中所起作用等情节，依法妥当处理。

《公安部关于妨害国（边）境管理犯罪案件立案标准及有关问题的通知》（公通字〔2000〕30号）

一、立案标准

（五）运送他人偷越国（边）境案

1. 运送他人偷越国（边）境的，应当立案侦查。

2. 运送他人偷越国（边）境，具有下列情形之一的，应当立为重大案件：

（1）一次运送20～49人偷越国（边）境的；

（2）运送他人偷越国（边）境3~4次的；

（3）使用简陋、破旧、报废、通气状况很差的船只或者车辆等不具备必要安全条件的交通工具运送他人偷越国（边）境，足以造成严重后果的；

（4）违法所得5~20万元的；

（5）造成被运送人重伤1~2人的；

（6）以暴力、威胁方法抗拒检查的；

（7）有其他严重情节的。

3. 运送他人偷越国（边）境，具有下列情形之一的，应当立为特别重大案件：

（1）一次运送50人以上偷越国（边）境的；

（2）运送他人偷越国（边）境5次以上的；

（3）造成被运送人重伤3人以上或者死亡1人以上的；

（4）违法所得20万元以上的；

（5）有其他特别严重情节的。

【案例】

林文广、黎华宝运送他人偷越国（边）境案①

• 案件事实 •

2008年3月间，林文广通过他人介绍，组织内地居民张某（假名郭玲）、黄某静、杨某、孙某某（曾用名孙秋香）、王某（假名杨慧子）、梁某某（假名李彩云）、唐某某、汪某某、黄某友、吕某、叶某某、孟加拉籍的R. H、S. C、D. D、尼泊尔籍的GKB、SM以及自称尼泊尔籍的MM、RS等18人，准备由广州市南沙区乘船偷越边境前往香港特别行政区。林文广通过电话联系黎华宝，约定由黎华宝联系船只运送上述人员偷越边境，每运送一名偷越人员的报酬为港币1000元。林文广又联系程启均，约定由其驾车从深圳运送上述偷渡人员到广州市南沙区登船。程启均再纠合向某某分别驾车运送偷越人员。

2008年3月7日晚，按照林文广的指使，程启均驾驶车牌号码为粤B9Y×××的小型普通客车，向某某驾驶车牌号码为粤BMN×××的小型普通客车，从深圳市运送18名偷渡人员前往广州市南沙区。黎华宝联系运送偷渡人员的船只，并纠合黄某平为程启均、向某某带路至登船地点广州市南沙区万顷沙镇沥沁沙。18名偷渡人员登船前往香港途中，在广州市海域横门水道对开海面（北纬22度31分239秒，东经113度38分458秒）被公安边防人员截获。黎

① 参见广东省广州市中级人民法院（2009）穗中法刑一终字第13号。

华宝、黄某平、程启均、向某某在驾车返途中被抓获。2008 年 3 月 14 日，化名叶桂彬的林文广企图从深圳皇岗口岸离境时被抓获。

● 裁判要旨 ●

组织他人偷越国（边）境罪是行为犯，行为人只要完成组织行为，无论偷越人员是否越过国（边）境线，均构成组织他人偷越国（边）境罪既遂。

● 裁判理由 ●

广东省广州市南沙区人民检察院以林文广、黎华宝等五人犯组织他人偷越国（边）境罪向广东省广州市南沙区人民法院判提起公诉。一审法院经审理后认为：组织他人偷越国（边）境罪是行为犯，行为人只要完成组织行为，无论偷越人员是否越过国（边）境线，均构成组织他人偷越国（边）境罪既遂。遂判决：一、被告人林文广犯组织他人偷越国（边）境罪，判处有期徒刑七年，并处罚金 1 万元。二、被告人黎华宝犯组织他人偷越国（边）境罪，判处有期徒刑五年六个月，并处罚金 1000 元。三、被告人程启军犯运送他人偷越国（边）境罪，判处有期徒刑五年，并处罚金 1000 元。四、被告人向某某犯运送他人偷越国（边）境罪，判处有期徒刑三年，并处罚金 1000 元。五、被告人黄某平犯运送他人偷越国（边）境罪，判处有期徒刑一年六个月，并处罚金 1000 元。六、查获作案工具牌号粤 B9Y×××和粤 BMN×××汽车、被告人林文广手机三台、被告人黎华宝手机一台、被告人程启军手机两台、被告人向某某手机两台，由广东省公安边防总队予以没收，上缴国库。

后被告人不服上诉，广州市第一中级人民法院经审理认为：上诉人林文广组织他人偷越边境人数众多，其行为已构成组织他人偷越国（边）境罪。上诉人黎华宝、程启均、向某某及原审被告人黄某平运送他人偷越边境人数众多，其行为均已构成运送他人偷越国（边）境罪。上诉人黎华宝、程启均在运送他人偷越边境共同犯罪中起主要作用，均是主犯；上诉人向某某、原审被告人黄某平在运送他人偷越边境共同犯罪中起次要作用，均是从犯，且认罪态度较好，应当减轻处罚。上诉人林文广、黎华宝、程启均认罪态度较好，均可酌情从轻处罚。上诉人林文广、黎华宝、程启均、向某某所提上诉理由均不能成立，不予采纳。原判认定上诉人黎华宝犯组织他人偷越国（边）境罪定罪不当，本院予以纠正。依照《刑事诉讼法》第 189 条第 3 项、《刑法》第 318 条第 1 款第 2 项、第 321 条第 1 款第 1 项、第 25 条、第 26 条第 1 款和第 4 款、第 27 条、第 64 条、《最高人民法院关于审理组织、运送他人偷越国（边）境等刑事案件适用法律若干问题的解释》第 1 条、第 2 条的规定，判决如下：一、维持广东省广州市南沙区人民法院（2008）南法刑初字第 177 号刑事判决第一项、第三项、第四项、第五项、第六项和第二项对上诉人黎华宝的量刑部分。二、撤销广东省广州市南沙区人民法院（2008）南法刑初字第177号刑事判决第二项对上诉人黎华宝的定罪部分。三、上诉人黎华宝犯运送他人偷越国（边）境罪，判处有期徒刑五年六个月，并处罚金1000元。本判决为终审判决。

【学理分析及适用指引】

• 学理分析 •

运送他人偷越国（边）境罪，是指非法将偷越国（边）境人员送出或者接入国（边）境的行为。本罪的构成要件如下：

本罪的客体是国家的边境管理制度。本罪的客观方面，表现为行为人实施了非法运送他人偷越国（边）境的行为。本罪的主体为一般主体。本罪的主观方面为故意，且行为人一般具有营利的目的。

• 适用指引 •

司法实践中，认定本罪应注意：

1. 运送他人偷越国（边）境罪是否既遂以是否出入我国国（边）境为标准，不以到达行为人预定的国家或地区为必要。

2. 本罪与组织他人偷越国（边）境罪的区别就在于，本罪仅是运送他人偷越国（边）境的行为，而没有组织他人偷越国（边）境的行为；再者本罪的对象只能是具有非法偷越国（边）境意愿的人，而组织他人偷越国（边）境既有决意偷越国（边）境的人，也有本无偷越国（边）境意愿甚至还有被诈骗、被胁迫偷越国（边）境的人。应当注意的是，如果在运送他人偷越国（边）境的犯罪过程中造成被运送人重伤、死亡或者以暴力、威胁方法抗拒检查的，应作为运送他人偷越国（边）境罪的结果加重犯或情节加重犯处理，而不另定过失致人重伤罪、过失致人死亡罪或妨害公务罪。如果在运送他人偷越国（边）境的犯罪过程中，对被运送人有杀害、伤害、强奸、拐卖等犯罪行为，或者对检查人员有杀害、伤害等犯罪行为，依《刑法》第321条第3款的规定，应实行数罪并罚，即以本罪与故意杀人罪，故意伤害罪，强奸罪，拐卖妇女、儿童罪实行并罚。

第三百二十二条　偷越国（边）境罪

【法律规定】

• 法律条文 •

《中华人民共和国刑法》

第三百二十二条　违反国（边）境管理法规，偷越国（边）境，情节严重的，处一年以下有期徒刑、拘役或者管制，并处罚金；为参加恐怖活动组织、接受恐怖活动培训或者实施恐怖活动，偷越国（边）境的，处一年以上三年以下有期徒刑，并处罚金。

• 相关规定 •

《最高人民法院、最高人民检察院关于办理妨害国（边）境管理刑事案件应用法律若干问题的解释》（法释〔2012〕17号）

第五条　偷越国（边）境，具有下列情形之一的，应当认定为刑法第三百二十二条规定的“情节严重”：

（一）在境外实施损害国家利益行为的；

（二）偷越国（边）境三次以上或者三人以上结伙偷越国（边）境的；

（三）拉拢、引诱他人一起偷越国（边）境的；

（四）勾结境外组织、人员偷越国（边）境的；

（五）因偷越国（边）境被行政处罚后一年内又偷越国（边）境的；

（六）其他情节严重的情形。

第六条　具有下列情形之一的，应当认定为刑法第六章第三节规定的“偷越国（边）境”行为：

（一）没有出入境证件出入国（边）境或者逃避接受边防检查的；

（二）使用伪造、变造、无效的出入境证件出入国（边）境的；

（三）使用他人出入境证件出入国（边）境的；

（四）使用以虚假的出入境事由、隐瞒真实身份、冒用他人身份证件等方式骗取的出入境证件出入国（边）境的；

（五）采用其他方式非法出入国（边）境的。

第九条　对跨地区实施的不同妨害国（边）境管理犯罪，符合并案处理要求，有关地方公安机关依照法律和相关规定一并立案侦查，需要提请批准逮捕、移送审查起诉、提起公诉的，由该公安机关所在地的同级人民检察院、人民法院依法受理。

《最高人民法院、最高人民检察院、公安部、国家移民管理局关于依法惩治妨害国（边）境管理违法犯罪的意见》（法发〔2022〕18号）

10. 偷越国（边）境，具有下列情形之一的，属于《解释》第五条第六项规定的“其他情节严重的情形”：

（1）犯罪后为逃避刑事追究偷越国（边）境的；

（2）破坏边境物理隔离设施后，偷越国（边）境的；

（3）以实施电信网络诈骗、开设赌场等犯罪为目的，偷越国（边）境的；

（4）曾因妨害国（边）境管理犯罪被判处刑罚，刑罚执行完毕后二年内又偷越国（边）境的。

实施偷越国（边）境犯罪，又实施妨害公务、袭警、妨害传染病防治等行为，并符合有关犯罪构成的，应当数罪并罚。

12. 对于刑法第三百二十一条第一款规定的“多次实施运送行为”，累计运送人数一般应当接近十人。

《公安部关于妨害国（边）境管理犯罪案件立案标准及有关问题的通知》（公通字〔2000〕30号）

一、立案标准

（六）偷越国（边）境案

1. 偷越国（边）境，具有下列情形之一的，应当立案侦查：

（1）偷越国（边）境3次以上，屡教不改的；

（2）实施违法行为后偷越国（边）境的；

（3）在偷越国（边）境时对执法人员施以暴力、威胁手段的；

（4）造成重大涉外事件和恶劣影响的；

（5）有其他严重情节的。

2. 偷越国（边）境，具有下列情形之一的，应当立为重大案件：

（1）为逃避刑罚偷越国（边）境的；

（2）以走私、贩毒等犯罪为目的偷越国（边）境的；

（3）有其他特别严重情节的。

《最高人民法院关于审理发生在我国管辖海域相关案件若干问题的规定（二）》（法释〔2016〕17号）

第三条 违反我国国（边）境管理法规，非法进入我国领海，具有下列情形之一的，应当认定为刑法第三百二十二条规定的“情节严重”：

（一）经驱赶拒不离开的；

（二）被驱离后又非法进入我国领海的；

（三）因非法进入我国领海被行政处罚或者被刑事处罚后，一年内又非法进入我国领海的；

（四）非法进入我国领海从事捕捞水产品等活动，尚不构成非法捕捞水产品等犯罪的；

（五）其他情节严重的情形。

第八条 实施破坏海洋资源犯罪行为，同时构成非法捕捞罪、非法猎捕、杀害珍贵、濒危野生动物罪、组织他人偷越国（边）境罪、偷越国（边）境罪等犯罪的，依照处罚较重的规定定罪处罚。

有破坏海洋资源犯罪行为，又实施走私、妨害公务等犯罪的，依照数罪并罚的规定处理。

【案例】

余某某伪造公司、企业印章，李某偷越国（边）境案①

• 案件事实 •

被告人余某某冒用上海华南工艺制品厂、漕河泾兴兴商业服务公司、上海宝顺机械厂三家单位的名义，通过他人私刻了“上海华南工艺制品厂人事科”“漕河泾兴兴商业服务公司人事科”“上海宝顺机械厂劳动人事科”印章后于1996年7月至1997年7月间，使用伪造的印章，盖在中国公民出国（境）申请审批表上，并提供邀请信、经济担保书等假材料，弄虚作假，为乔某某、孙某某、朱某某、王某某、张某、胡某某、沈某某从上海市公安局出入境管理处骗取护照，致使上述多人非法出境。

余某某还结伙李某于1997年2月至3月间，由余将伪造的印章盖在霍某某、张某萍的中国公民出国（境）申请审批表上，李某在明知的情况下，帮助提供假材料、编造审批表，为霍某某、张某萍等人从上海市公安局出入境管理处骗取护照，致霍某某、张某某非法出境。

• 裁判要旨 •

为偷越国（边）境而伪造公司、企业印章、骗取出境证件的行为，应以偷越国（边）境罪和伪造公司、企业印章罪择一重罪论处。

• 裁判理由 •

上海市虹口区人民法院经审理认为：被告人余某某以偷越国（边）境为目的，既伪造公司、企业印章，又为他人弄虚作假，骗取护照，帮助他人偷越国（边）境，且情节严重，已分别构成伪造公司、企业印章罪和偷越国（边）境，因二罪属牵连犯罪，应从一重罪，以伪造公司、企业印章罪论处。被告人

① 参见上海市虹口区人民法院（1999）虹刑初字第136号。

李某与余某某结伙为他人弄虚作假，骗取护照，帮助他人偷越国（边）境，且情节严重，构成偷越国（边）境罪。上海市虹口区人民检察院指控被告人余某某、李某犯骗取出境证件罪罪名不能成立，因两被告人骗取护照的目的不是为自己进行或者提供给别人进行组织他人偷越国（边）境使用，不具备骗取出境证件罪的“为组织他人偷越国（边）境使用的”构成要件，故不能认定为此罪。李某及其辩护人提出李某不明知公章是私刻的及申请材料不实的辩解与查证的事实不符，不予采纳。被告人李某犯罪情节轻微，且家属帮助退出其全部非法所得，不需要判处刑罚。为维护国家对国（边）境的正常管理秩序和公司、企业印章的信誉及正常活动，依照《刑法》第12条第1款、第280条第2款、第322条、第37条、第64条之规定，判决如下：一、被告人余某某犯伪造公司、企业印章罪，判处有期徒刑一年六个月。二、被告人李某犯偷越国（边）境罪，免予刑事处罚。三、追缴非法所得人民币55050元予以没收。

【学理分析及适用指引】

• 学理分析 •

偷越国（边）境罪，是指违反国（边）境管理法规，偷越国（边）境，情节严重的行为。本罪的构成要件如下：本罪的客体是国家对出入国（边）境的管理制度。本罪的客观方面，表现为行为人实施了违反国（边）境管理法规，偷越国（边）境行为。所谓偷越国（边）境，是指行为人没有依法获得国（边）境出入境管理部门的批准，擅自出入国（边）境。其具体表现可能多种多样，如不在指定地点出入国（边）境，乘边防人员不备偷越国（边）境，藏身于船只、车辆之中偷渡出境，冒用他人的出入境证件蒙混出境等。本罪的主体为一般主体。本罪的主观方面为故意。

• 适用指引 •

司法实践中，认定本罪应注意：

1. 关于行为人以偷越国（边）境为目的，借劳务输出、经贸往来等名义，骗取护照、签证出境，以第二国为中转，前往第三国行为的定性问题。这种情形，行为人以偷越国（边）境为目的，系采取欺骗手段出境，符合偷越国（边）境罪的特征，而且这种情形是当前偷越国（边）境犯罪表现的新特点。因此，对于这种行为，符合《刑法》第322条和司法解释关于偷越国（边）境罪规定，应当以偷越国（边）境罪定罪处罚。如果是为了参加恐怖活动组织、接受恐怖活动培训或者实施恐怖活动而偷越国（边）境的，则依法属于本罪的情节加重犯。

2. 本罪与走私罪的界限。走私分子通过偷越国（边）境的方法进行走私犯罪活动的，应当按处理牵连犯的原则，以走私罪的相关罪名论处，不实行并罚。

3. 骗取出境证件罪要求为组织他人偷越国（边）境使用，因此，为偷越国（边）境而伪造国家机关印章、骗取出境证件的行为，不构成骗取出境证件罪，而构成伪造国家机关印章罪和偷越国（边）境罪的牵连犯，择一重罪论处。值得注意的是，只有情节严重的偷越国（边）境行为才构成犯罪，对一般情节轻微的偷越国（边）境行为，不能以犯罪论处。所谓情节严重主要是指：多次偷越国（边）境的；偷越国（边）境行为引起涉外纠纷的；偷越国（边）境并抗拒边防人员检查的；为逃避法律责任而偷越国（边）境的；等等。

第三百二十三条　破坏界碑、界桩罪；破坏永久性测量标志罪

【法律规定】

● 法律条文 ●

《中华人民共和国刑法》

第三百二十三条　故意破坏国家边境的界碑、界桩或者永久性测量标志的，处三年以下有期徒刑或者拘役。

● 相关规定 ●

《公安部关于妨害国（边）境管理犯罪案件立案标准及有关问题的通知》（公通字〔2000〕30号）

一、立案标准

（七）破坏界碑、界桩案

1. 采取盗取、毁坏、拆除、掩埋、移动等手段破坏国家边境的界碑、界桩的，应当立案侦查。

2. 破坏3个以上界碑、界桩的，或者造成严重后果的，应当立为重大案件。

（八）破坏永久性测量标志案

1. 采取盗取、拆毁、损坏、改变、移动、掩埋等手段破坏永久性测量标志，使其失去原有作用的，应当立案侦查。

2. 破坏3个以上永久性测量标志的，或者造成永久性测量标志严重损毁

等严重后果的，应当立为重大案件。

【案例一】

李某破坏界碑案①

• 案件事实 •

被告人李某因曾参加过对越自卫反击战没有得到合理安排工作而心怀不满，为泄私愤，其从2007年4月份起先后三次对位于中越边界的449号、450号、451号界碑实施破坏。2008年4月18日，在其对450号界碑再次实施破坏后带着界碑碎块前往越南亲戚家时被越南警方抓获。

• 裁判要旨 •

为泄私愤而故意破坏国家边境的界碑的，构成破坏界碑罪。

• 裁判理由 •

云南省富宁县人民法院经审理认为：被告人李某为泄私愤，对位于中越边界的449号、450号、451号界碑实施破坏，造成三块界碑受到不同程度的损毁，情节严重。其行为已经构成破坏界碑罪，公诉机关指控的罪名成立。根据本案被告人的犯罪事实、情节、认罪态度，依据《刑法》第323条之规定，判决被告人李某犯破坏界碑罪，判处有期徒刑六个月。

【案例二】

冯某某破坏永久性测量标志案②

• 案件事实 •

2004年3月20日上午10时许，冯某某冒充黑龙江省航空公司工作人员，雇用刘某、郑某等人到兰西县红光乡林丰村张家岗屯，拆卸黑龙江省测绘局设在屯中的钢标，在拆卸过程中，刘某从塔上摔下后，经抢救无效死亡。事后发，冯某某的亲属赔偿死者家属人民币2万元。被告人拆毁钢标，给国家造成直接经济损失5万元。

---

① 参见云南法院网：载 http：//www. gy. yn. gov. cn/Article/Print. asp？ArticleID = 10388，最后访问时间：2010年5月12日。

② 参见黑龙江省兰西县人民法院刑事判决，载 http：//oldfyb. chinacourt. org/old/public/detail. php？id = 81614，最后访问时间：2008年9月23日。

• 裁判要旨 •

拆卸省测绘局设立的永久性钢标，构成破坏永久性测量标志罪。

• 裁判理由 •

黑龙江省兰西县人民法院经审理认为：被告人冯某某破坏永久性测量标志，其行为已构成犯罪。鉴于被告认罪态度好，并能积极赔偿死者家属的经济损失，遂以破坏永久性测量标志罪，判处被告人冯某某有期徒刑六个月，并责令赔偿黑龙江省测绘局经济损失 5 万元。

【学理分析及适用指引】

• 学理分析 •

1. 破坏界碑、界桩罪的构成。破坏界碑、界桩罪，是指明知是国家设立在边境上的界碑、界桩而故意加以破坏的行为。本罪的构成要件如下：

（1）本罪的客体。破坏界碑、界桩罪的客体是国家对边境的正常管理活动。此处的界碑，是指在陆地接壤地区埋设的指示边境分界及其走向的石质标志物。界桩，是指在陆地接壤地区埋设的指示边境分界及其走向的木质标志物。

（2）本罪的客观方面。客观方面表现为破坏国家边境的界碑、界桩的行为。此处的破坏，是指将界碑、界桩掩埋、砸毁、拆除、挖掉、盗走、移动或者改变原样，从而使其丧失国（边）境的分界作用。因此，破坏界碑、界桩并不在于毁坏界碑、界桩的物质载体，主要在于使其丧失分界作用。破坏界碑、界桩罪的主观要件是故意。如果破坏界碑、界桩行为，导致发生外交争议或领土纠纷的，从重处罚。

（3）本罪的主体。犯罪主体为一般主体。

（4）本罪的主观方面。主观方面由故意构成，即明知是国家设立在边境上的界碑、界桩而故意予以破坏。如果行为人不知道是界碑、界桩而将其破坏的，不构成本罪。

2. 破坏永久性测量标志罪的构成。破坏永久性测量标志罪，是指故意破坏国家设立的永久性测量标志的行为。本罪的构成要件如下：

（1）本罪的客体。侵犯的客体是国家对永久性测量标志的管理活动。犯罪对象是永久性测量标志。

（2）本罪的客观方面。客观方面表现为实施了破坏永久性测量标志的行为。不论采取什么手段，只要使永久性测量标志丧失原有的作用，即应视为破坏行为。

（3）本罪的主体。犯罪主体为一般主体。

（4）本罪的主观方面。主观方面是由故意构成，即明知是国家永久性测量标志而加以破坏。犯罪动机是多种多样的，但动机不影响本罪的成立。

• 适用指引 •

司法实践中，认定本条规定的罪名时应注意：

1. 破坏界碑、界桩罪与故意毁坏财物罪的界限。本罪的犯罪对象是国家边境的界碑、界桩，是指示我国与邻国边境的分界及其走向的标志物，不是一般的公共财物。只有破坏这种标志物才构成本罪；否则，构成故意毁坏财物罪或者其他犯罪。

2. 破坏界碑、界桩罪与危害国家安全罪的界限。本罪是故意犯罪。至于犯罪动机则可能是多种多样的：有的是为了贪财，有的是为了泄愤，也有的是为了破坏国家领土完整。如果行为人破坏界碑、界桩的目的是破坏国家领土完整，也应当以破坏界碑、界桩罪定罪处罚。

3. 破坏界碑、界桩罪，对界碑、界桩的位置、个数没有限制，只要是故意破坏界碑、界桩的行为，就可以构成本罪。如果破坏行为不足以影响界碑、界桩发挥正常作用的，可以不以犯罪论处。

4. 破坏永久性测量标志罪，对永久性测量标志的性质、个数没有限制，只要是故意破坏国家设立的永久性测量标志的行为，就可以构成本罪。如果破坏行为不足以影响永久性测量标志发挥正常作用的，可以不以犯罪论处。

5. 要将破坏永久性测量标志罪与一般破坏标志的行为区分开来。本罪的犯罪对象是永久性测量标志。如果行为人破坏的不是国家设立的永久性测量标志，如故意损毁或者擅自移动路牌、交通标志或者临时性测量标志，可以给予治安管理处罚，但不能以本罪论处。

6. 过失破坏永久性测量标志的行为，不构成破坏永久性测量标志罪。对过失行为应当进行批评教育，情节严重的，可以给予行政处罚或者纪律处分；如果原物能够复原的，可令其恢复原物。

第四节　妨害文物管理罪

第三百二十四条　故意损毁文物罪；故意损毁名胜古迹罪；过失损毁文物罪

【法律规定】

● 法律条文 ●

《中华人民共和国刑法》

第三百二十四条　故意损毁国家保护的珍贵文物或者被确定为全国重点文物保护单位、省级文物保护单位的文物的，处三年以下有期徒刑或者拘役，并处或者单处罚金；情节严重的，处三年以上十年以下有期徒刑，并处罚金。

故意损毁国家保护的名胜古迹，情节严重的，处五年以下有期徒刑或者拘役，并处或者单处罚金。

过失损毁国家保护的珍贵文物或者被确定为全国重点文物保护单位、省级文物保护单位的文物，造成严重后果的，处三年以下有期徒刑或者拘役。

● 相关规定 ●

《中华人民共和国文物保护法》

第六十四条　违反本法规定，有下列行为之一，构成犯罪的，依法追究刑事责任：

（一）盗掘古文化遗址、古墓葬的；

（二）故意或者过失损毁国家保护的珍贵文物的；

（三）擅自将国有馆藏文物出售或者私自送给非国有单位或者个人的；

（四）将国家禁止出境的珍贵文物私自出售或者送给外国人的；

（五）以牟利为目的倒卖国家禁止经营的文物的；

（六）走私文物的；

（七）盗窃、哄抢、私分或者非法侵占国有文物的；

（八）应当追究刑事责任的其他妨害文物管理行为。

第六十六条　有下列行为之一，尚不构成犯罪的，由县级以上人民政府文物主管部门责令改正，造成严重后果的，处五万元以上五十万元以下的罚款；情节严重的，由原发证机关吊销资质证书：

（一）擅自在文物保护单位的保护范围内进行建设工程或者爆破、钻探、挖掘等作业的；

（二）在文物保护单位的建设控制地带内进行建设工程，其工程设计方案未经文物行政部门同意、报城乡建设规划部门批准，对文物保护单位的历史风貌造成破坏的；

（三）擅自迁移、拆除不可移动文物的；

（四）擅自修缮不可移动文物，明显改变文物原状的；

（五）擅自在原址重建已全部毁坏的不可移动文物，造成文物破坏的；

（六）施工单位未取得文物保护工程资质证书，擅自从事文物修缮、迁移、重建的。

刻划、涂污或者损坏文物尚不严重的，或者损毁依照本法第十五条第一款规定设立的文物保护单位标志的，由公安机关或者文物所在单位给予警告，可以并处罚款。

《全国人民代表大会常务委员会关于〈中华人民共和国刑法〉有关文物的规定适用于具有科学价值的古脊椎动物化石、古人类化石的解释》

全国人民代表大会常务委员会根据司法实践中遇到的情况，讨论了关于走私、盗窃、损毁、倒卖或者非法转让具有科学价值的古脊椎动物化石、古人类化石的行为适用刑法有关规定的问题，解释如下：

刑法有关文物的规定，适用于具有科学价值的古脊椎动物化石、古人类化石。

《最高人民法院、最高人民检察院关于办理妨害文物管理等刑事案件适用法律若干问题的解释》（法释〔2015〕23号）

第三条 全国重点文物保护单位、省级文物保护单位的本体，应当认定为刑法第三百二十四条第一款规定的“被确定为全国重点文物保护单位、省级文物保护单位的文物”。

故意损毁国家保护的珍贵文物或者被确定为全国重点文物保护单位、省级文物保护单位的文物，具有下列情形之一的，应当认定为刑法第三百二十四条第一款规定的“情节严重”：

（一）造成五件以上三级文物损毁的；

（二）造成二级以上文物损毁的；

（三）致使全国重点文物保护单位、省级文物保护单位的本体严重损毁或者灭失的；

（四）多次损毁或者损毁多处全国重点文物保护单位、省级文物保护单位的本体的；

（五）其他情节严重的情形。

实施前款规定的行为，拒不执行国家行政主管部门作出的停止侵害文物的行政决定或者命令的，酌情从重处罚。

第四条　风景名胜区的核心景区以及未被确定为全国重点文物保护单位、省级文物保护单位的古文化遗址、古墓葬、古建筑、石窟寺、石刻、壁画、近代现代重要史迹和代表性建筑等不可移动文物的本体，应当认定为刑法第三百二十四条第二款规定的“国家保护的名胜古迹”。

故意损毁国家保护的名胜古迹，具有下列情形之一的，应当认定为刑法第三百二十四条第二款规定的“情节严重”：

（一）致使名胜古迹严重损毁或者灭失的；

（二）多次损毁或者损毁多处名胜古迹的；

（三）其他情节严重的情形。

实施前款规定的行为，拒不执行国家行政主管部门作出的停止侵害文物的行政决定或者命令的，酌情从重处罚。

故意损毁风景名胜区内被确定为全国重点文物保护单位、省级文物保护单位的文物的，依照刑法第三百二十四条第一款和本解释第三条的规定定罪量刑。

第五条　过失损毁国家保护的珍贵文物或者被确定为全国重点文物保护单位、省级文物保护单位的文物，具有本解释第三条第二款第一项至第三项规定情形之一的，应当认定为刑法第三百二十四条第三款规定的“造成严重后果”。

第十一条　单位实施走私文物、倒卖文物等行为，构成犯罪的，依照本解释规定的相应自然人犯罪的定罪量刑标准，对直接负责的主管人员和其他直接责任人员定罪处罚，并对单位判处罚金。

公司、企业、事业单位、机关、团体等单位实施盗窃文物，故意损毁文物、名胜古迹，过失损毁文物，盗掘古文化遗址、古墓葬等行为的，依照本解释规定的相应定罪量刑标准，追究组织者、策划者、实施者的刑事责任。

第十三条　案件涉及不同等级的文物的，按照高级别文物的量刑幅度量刑；有多件同级文物的，五件同级文物视为一件高一级文物，但是价值明显不相当的除外。

第十四条　依照文物价值定罪量刑的，根据涉案文物的有效价格证明认定文物价值；无有效价格证明，或者根据价格证明认定明显不合理的，根据销赃数额认定，或者结合本解释第十五条规定的鉴定意见、报告认定。

第十五条　在行为人实施有关行为前，文物行政部门已对涉案文物及其等级作出认定的，可以直接对有关案件事实作出认定。

对案件涉及的有关文物鉴定、价值认定等专门性问题难以确定的，由司法鉴定机构出具鉴定意见，或者由国务院文物行政部门指定的机构出具报告。其中，对于文物价值，也可以由有关价格认证机构作出价格认证并出具报告。

第十六条　实施本解释第一条、第二条、第六条至第九条规定的行为，虽已达到应当追究刑事责任的标准，但行为人系初犯，积极退回或者协助追回文物，未造成文物损毁，并确有悔罪表现的，可以认定为犯罪情节轻微，不起诉或者免予刑事处罚。

实施本解释第三条至第五条规定的行为，虽已达到应当追究刑事责任的标准，但行为人系初犯，积极赔偿损失，并确有悔罪表现的，可以认定为犯罪情节轻微，不起诉或者免予刑事处罚。

第十七条 走私、盗窃、损毁、倒卖、盗掘或者非法转让具有科学价值的古脊椎动物化石、古人类化石的，依照刑法和本解释的有关规定定罪量刑。

《最高人民检察院、公安部关于公安机关管辖的刑事案件立案追诉标准的规定（一）》（公通字〔2008〕36号）

第四十六条 ［故意损毁文物案（刑法第三百二十四条第一款）］故意损毁国家保护的珍贵文物或者被确定为全国重点文物保护单位、省级文物保护单位的文物的，应予立案追诉。

第四十七条 ［故意损毁名胜古迹案（刑法第三百二十四条第二款）］故意损毁国家保护的名胜古迹，涉嫌下列情形之一的，应予立案追诉：

（一）造成国家保护的名胜古迹严重损毁的；

（二）损毁国家保护的名胜古迹三次以上或者三处以上，尚未造成严重损毁后果的；

（三）损毁手段特别恶劣的；

（四）其他情节严重的情形。

第四十八条 ［过失损毁文物案（刑法第三百二十四条第三款）］过失损毁国家保护的珍贵文物或者被确定为全国重点文物保护单位、省级文物保护单位的文物，涉嫌下列情形之一的，应予立案追诉：

（一）造成珍贵文物严重损毁的；

（二）造成全国重点文物保护单位、省级文物保护单位的文物严重损毁的；

（三）造成珍贵文物损毁三件以上的；

（四）其他造成严重后果的情形。

《文物藏品定级标准》（2001）（文化部令第19号）

文物藏品分为珍贵文物和一般文物。珍贵文物分为一、二、三级。具有特别重要历史、艺术、科学价值的代表性文物为一级文物；具有重要历史、艺术、科学价值的为二级文物；具有比较重要历史、艺术、科学价值的为三级文物。具有一定历史、艺术、科学价值的为一般文物。

【案例一】

张永明、毛伟明、张鹭故意损毁名胜古迹案①

• 案件事实 •

2017年4月左右，被告人张永明、毛伟明、张鹭三人通过微信联系，约定前往三清山风景名胜区攀爬“巨蟒出山”岩柱体（又称巨蟒峰）。2017年4月15日凌晨4时左右，张永明、毛伟明、张鹭三人携带电钻、岩钉（即膨胀螺栓，不锈钢材质）、铁锤、绳索等工具到达巨蟒峰底部。被告人张永明首先攀爬，毛伟明、张鹭在下面拉住绳索保护张永明的安全。在攀爬过程中，张永明在有危险的地方打岩钉，使用电钻在巨蟒峰岩体上钻孔，再用铁锤将岩钉打入孔内，用扳手拧紧，然后在岩钉上布绳索。张永明通过这种方式于早上6时49分左右攀爬至巨蟒峰顶部。毛伟明一直跟在张永明后面为张永明拉绳索做保护，并沿着张永明布好的绳索于早上7时左右攀爬到巨蟒峰顶部。在巨蟒峰顶部，张永明将多余的工具给毛伟明，毛伟明顺着绳索下降，将多余的工具带回宾馆，随后又返回巨蟒峰，攀爬至巨蟒峰10多米处，被三清山管委会工作人员发现后劝下并被民警控制。在张永明、毛伟明攀爬开始时，张鹭为张永明拉绳索做保护，之后张鹭回宾馆拿无人机，再返回巨蟒峰，沿着张永明布好的绳索于早上7时30分左右攀爬至巨蟒峰顶部，在顶部使用无人机进行拍摄。在工作人员劝说下，张鹭、张永明先后于上午9时左右、9时40分左右下到巨蟒峰底部并被民警控制。经现场勘查，张永明在巨蟒峰上打入岩钉26个。经专家论证，三被告人的行为对巨蟒峰地质遗迹点造成了严重损毁。

• 裁判要旨 •

风景名胜区的核心景区属于《刑法》第324条第2款规定的“国家保护的名胜古迹”。对核心景区内的世界自然遗产实施打岩钉等破坏活动，严重破坏自然遗产的自然性、原始性、完整性和稳定性的，综合考虑有关地质遗迹的特点、损坏程度等，可以认定为故意损毁国家保护的名胜古迹“情节严重”。

• 裁判理由 •

江西省上饶市中级人民法院于2019年12月26日作出（2018）赣11刑初

① 根据2020年12月29日《最高人民法院关于发布第二十六批指导性案例的通知》指导案例147号修改。

34 号刑事判决：一、被告人张永明犯故意损毁名胜古迹罪，判处有期徒刑一年，并处罚金人民币 10 万元。二、被告人毛伟明犯故意损毁名胜古迹罪，判处有期徒刑六个月，缓刑一年，并处罚金人民币 5 万元。三、被告人张鹭犯故意损毁名胜古迹罪，免予刑事处罚。四、对扣押在案的犯罪工具手机四部、无人机一台、对讲机两台、攀岩绳、铁锤、电钻、岩钉等予以没收。宣判后，张永明提出上诉。江西省高级人民法院于 2020 年 5 月 18 日作出（2020）赣刑终 44 号刑事裁定，驳回被告人张永明的上诉，维持原判。

法院生效裁判认为，本案焦点问题之一是本案的损害结果问题。

三清山于 1988 年经国务院批准列为国家重点风景名胜区，2008 年被列入世界自然遗产名录，2012 年被列入世界地质公园名录。巨蟒峰作为三清山核心标志性景观独一无二、弥足珍贵，其不仅是不可再生的珍稀自然资源型资产，也是可持续利用的自然资产，对于全人类而言具有重大科学价值、美学价值和经济价值。巨蟒峰是经由长期自然风化和重力崩解作用形成的巨型花岗岩体石柱，垂直高度 128 米，最细处直径仅 7 米。本案中，侦查机关依法聘请的四名专家经过现场勘查、证据查验、科学分析，对巨蟒峰地质遗迹点的价值、成因、结构特点及三被告人的行为给巨蟒峰柱体造成的损毁情况给出了“专家意见”。四名专家从地学专业角度，认为被告人的打岩钉攀爬行为对世界自然遗产的核心景观巨蟒峰造成了永久性的损害，破坏了自然遗产的基本属性即自然性、原始性、完整性，特别是在巨蟒峰柱体的脆弱段打入至少 4 个岩钉，加重了巨蟒峰柱体结构的脆弱性，即对巨蟒峰的稳定性产生了破坏，26 个岩钉会直接诱发和加重物理、化学、生物风化，形成新的裂隙，加快花岗岩柱体的侵蚀进程，甚至造成崩解。根据《最高人民法院、最高人民检察院关于办理妨害文物管理等刑事案件适用法律若干问题的解释》第 4 条第 2 款第 1 项规定，结合“专家意见”，应当认定三被告人的行为造成了名胜古迹“严重损毁”，已触犯《刑法》第 324 条第 2 款的规定，构成故意损毁名胜古迹罪。

风景名胜区的核心景区是受我国刑法保护的名胜古迹。三清山风景名胜区列入世界自然遗产、世界地质公园名录，巨蟒峰地质遗迹点是其珍贵的标志性景观和最核心的部分，既是不可再生的珍稀自然资源性资产，也是可持续利用的自然资产，具有重大科学价值、美学价值和经济价值。被告人张永明、毛伟明、张鹭违反社会管理秩序，采用破坏性攀爬方式攀爬巨蟒峰，在巨蟒峰花岗岩柱体上钻孔打入 26 个岩钉，对巨蟒峰造成严重损毁，情节严重，其行为已构成故意损毁名胜古迹罪，应依法惩处。本案对三被告人的入刑，不仅是对其所实施行为的否定评价，更是警示世人不得破坏国家保护的名胜古迹，从而引导社会公众树立正确的生态文明观，珍惜和善待人类赖以生存和发展的自然资源和生态环境。一审法院根据三被告人在共同犯罪中的地位、作用及量刑情节所判处的刑罚并无不当。张永明及其辩护人请求改判无罪等上诉意见不能成立，不予采纳。原审判决认定三被告人犯罪事实清楚，证据确实、充分，定罪准确，对三被告人的量刑适当，审判程序合法。

【案例二】

靳某过失损毁文物案①

● 案件事实 ●

被告人靳某于2000年1月15日21时许，驾驶昌河牌白色微型面包车，无视禁行标志，从午门经端门，欲由北向南通过天安门城楼中心门洞驶向长安街。当该车行至金水桥主桥北侧桥头时，撞在主桥北端拦挡行人的防护绳上，由于该防护绳拴在东西两侧的汉白玉栏杆上，致使桥北端东西两侧长度各约4米的汉白玉石柱、石栏板和抱柱石各一块全部倒塌损坏，断裂数十块，已无法修复。被告人靳某被值勤民警当场抓获。北京市文物鉴定委员会现场勘察鉴定认为，此次事件的发生，中华人民共和国成立后在北京尚属首次，对全国重点文物保护单位的文物建筑造成了不可弥补的损失。

● 裁判要旨 ●

行为人无视禁行标志，驾驶机动车进入全国重点文物保护区，因不小心撞击护栏导致全国重点文物保护单位的文物损毁，应当以过失损毁文物罪追究刑事责任。

● 裁判理由 ●

北京市东城区人民法院经审理认为：被告人靳某应当预见自己的行为可能发生损毁文物的危险，但其没有预见，造成了全国重点文物保护单位的文物损毁，其行为构成过失损毁文物罪的指控成立。被告人靳某的行为妨害了国家对文物的管理制度，依法应予刑罚处罚。辩护人提出由于强灯光照射，被告人靳某难以预见金水桥上拴有防护绳，以及管理部门将绳子系在金水桥栏杆上的行为对本案的发生有因果关系的辩护意见，本院认为：被告人靳某无视禁行标志，驾驶机动车进入全国重点文物保护区，应当预见自己的行为有可能发生文物损毁的结果，但其没有预见，从而发生全国重点文物损毁的严重后果，靳某的行为与本案的发生有直接的因果关系，辩护人的辩护意见，缺乏事实及法律

---

① 参见最高人民法院中国应用法学研究所编：《人民法院案例选》（2001年第4辑），人民法院出版社2002年版。

依据，不予支持；辩护人提出被告人靳某认罪态度好，且能如实交代事实的意见，与事实相符，本院予以采纳，并酌情对被告人靳某予以从轻处罚。综上，为严肃国法，保护国家文物管理制度不受侵犯，对被告人靳某依照《刑法》第324条第3款，判决如下：被告人靳某犯过失损毁文物罪，判处有期徒刑二年六个月。

【学理分析及适用指引】

• 学理分析 •

1. 故意损毁文物罪的构成。故意损毁文物罪，是指故意损毁国家保护的珍贵文物或者被确定为全国重点文物保护单位、省级文物保护单位的文物的行为。本罪的构成要件如下：①

（1）本罪的客体。本罪侵犯的客体是国家对珍贵文物、被确定为全国重点文物保护单位和省级文物保护单位的文物的管理秩序以及这些文物的所有权。本罪的对象是国家保护的珍贵文物和被确定为全国重点文物保护单位、省级文物保护单位的文物。《文物保护法》第3条规定：古文化遗址、古墓葬、古建筑、石窟寺、石刻、壁画、近代现代重要史迹和代表性建筑等不可移动文物，根据它们的历史、艺术、科学价值，可以分别确定为全国重点文物保护单位，省级文物保护单位，市、县级文物保护单位。历史上各时代重要实物、艺术品、文献、手稿、图书资料、代表性实物等可移动文物，分为珍贵文物和一般文物；珍贵文物分为一级文物、二级文物、三级文物。

（2）本罪的客观方面。本罪在客观方面表现为故意损毁国家保护的珍贵文物或者被确定为全国重点文物保护单位、省级文物保护单位的文物的行为。文物遭到损坏和毁灭是损毁行为的两种不同的危害结果。前者表现为文物的价值与功能遭到部分破坏，后者表现为文物的价值与功能遭到全部破坏。判断文物遭到部分或全部破坏，应当遵循客观、公平、公正的原则。本罪是行为犯，只要实施故意损毁行为，就可构成本罪。

（3）本罪的主体。本罪主体是一般主体，即凡是达到刑事责任年龄，具有刑事责任能力的自然人均可成为本罪的主体，但是单位不能构成本罪。

（4）本罪的主观方面。本罪在主观方面只能是故意，既可以是直接故意，也可以是间接故意。

2. 故意损毁名胜古迹罪的构成。故意损毁名胜古迹罪，是指故意损毁国家保护的名胜古迹，情节严重的行为。本罪的构成要件如下：

① 薛瑞麟：《文物犯罪研究》，中国政法大学出版社2002年版，第130～140页。

（1）本罪的客体是国家对名胜古迹的管理秩序和国家对名胜古迹的所有权。[①]（2）本罪的客观方面表现为毁灭或损坏国家保护的名胜古迹的行为。（3）本罪的主体是一般主体，只能是自然人，不包括单位。（4）本罪的主观方面是故意。

对于故意损毁名胜古迹罪的犯罪对象的认定。有学者认为，所谓名胜，是指有古迹或优美风景的著名地方。[②] 有观点认为，名胜古迹是指具有重大历史、艺术、科学价值，并被核定为全国或地方重点保护单位的风景区或与名人事迹、历史事件有关而值得后人登临凭吊的胜地和建筑物。[③] 还有学者认为，对名胜古迹的理解，在《刑法》适用时，应该根据《风景名胜区管理暂行条例》规定的范围，即指具有观赏、文化或科学价值，自然景物、人文景物比较集中，环境优美，具有一定规模和范围，可供人们游览、休息或进行科学、文化活动的地区。[④]

3. 过失损毁文物罪的构成。过失损毁文物罪，是指过失损毁国家保护的珍贵文物或者被确定为全国重点文物保护单位、省级文物保护单位的文物，造成严重后果的行为。本罪的构成要件如下：

（1）本罪的客体。本罪所侵害的客体是国家对珍贵文物和被确定为全国重点文物保护单位、省级文物保护单位的文物的管理秩序和国家对珍贵文物和被确定为全国重点文物保护单位、省级文物保护单位的文物的所有权。[⑤] 犯罪对象是国家保护的珍贵文物及被确定为全国重点文物保护单位、省级文物保护单位的文物。根据《文物保护法》及其实施条例等的相关规定，文物藏品分为珍贵文物和一般文物。珍贵文物分为一级、二级、三级。具有特别重要历史、艺术、科学价值的代表性文物为一级文物；具有重要历史、艺术、科学价值的为二级文物；具有比较重要历史、艺术、科学价值的为三级文物。具有一定历史、艺术、科学价值的为一般文物。具有科学价值的古脊椎动物化石和古人类化石同文物一样受国家保护。不可移动文物中的全国重点文物保护单位，是指国家行政管理部门在各级文物保护单位中，选择出来的具有重大历史、艺术、科学价值并报国务院核定公布的单位以及国家文化行政管理部门在各级文物保护单位中，直接指定出来并报国务院核定公布的单位；省级文物保护单

① 薛瑞麟：《文物犯罪研究》，中国政法大学出版社 2002 年版，第 148 页。

② 《现代汉语词典》，商务印书馆 1992 年版，第 796 页。

③ 谢望原主编：《妨害文物管理罪》，中国人民公安大学出版社 1999 年版，第 40 页。

④ 高铭暄、马克昌主编：《中国刑法解释》，中国社会科学出版社 2005 年版，第 2295 页。《风景名胜区管理暂行条例》已于 2016 年 2 月 6 日被《风景名胜区条例》废止。根据该条例第 2 条的规定，风景名胜区是指具有观赏、文化或者科学价值，自然景观、人文景观比较集中，环境优美，可供人们游览或者进行科学、文化活动的区域。——编者注

⑤ 薛瑞麟：《文物犯罪研究》，中国政法大学出版社 2002 年版，第 163 页。

位，是指由省、自治区、直辖市人民政府核定并报国务院备案的文物单位。

（2）本罪的客观方面。本罪在客观方面表现为损毁国家保护的珍贵文物，或者被确定为全国重点文物保护单位、省级文物保护单位的文物，造成严重后果的行为。所谓损毁，是指由自己的过失行为如失火、过失引起爆炸、过失污损、过失摔破等致使珍贵文物损坏和毁灭。所谓造成严重后果，是指造成国家特别珍贵的文物损毁或者损毁珍贵文物数量较多以及国家重点保护文物保护单位的文物损毁或者省级文物保护单位的文物数量较大的等情况。虽有过失损毁的行为，但所造成的后果不属严重，则仍不能构成本罪。

（3）本罪的主体。本罪的主体为一般主体，即年满16周岁具有刑事责任能力的自然人，均可构成本罪；单位不能构成本罪。

（4）本罪的主观方面。本罪在主观方面必须出于过失。行为人如果出于故意，则不构成本罪而应是故意损毁文物罪。关于过失损毁文物罪主观方面的认定。有学者指出，要注意认定与区分过失损毁文物罪主观方面，主要是：①过失损毁文物罪的过于自信过失与故意损毁文物罪的间接故意的区别与判定。方法是：一是看是否存在行为人产生“轻信”的条件。二是看文物损毁危害结果的发生与行为人的意志追求是否相矛盾。三是看当认识到文物损毁结果将要发生时，是否采取一定的预防措施。四是看行为人在文物损毁结果发生以后，是否积极采取补救措施。②疏忽大意过失的过失损毁文物罪与意外事件的区别与判定。这应该在普通人认识能力的基础上综合考虑行为人自身注意能力与行为时的客观条件来判断行为人的注意能力，从而确认其是疏忽大意的过失还是意外事件。

• 适用指引 •

司法实践中，认定本条规定的罪名时应注意：

1. 故意损毁文物罪的罪与非罪的界限。构成本罪，必须是故意损毁的行为。如果行为人不是出于故意，而是由于不可抗力的客观原因导致了文物毁损的，则不构成本罪。另外，还应注意被损毁的文物是否属于珍贵文物和国家级、省级文物保护单位的文物。不是上述文物的，即使被损毁了，也不构成本罪。这就要求在司法实践中要严格审查文物等级，必要时要委托主管部门作出鉴定。

2. 正确认定盗窃文物犯罪中损毁文物的性质。在盗窃文物犯罪中，犯罪分子一般来说不具有破坏文物的目的，其目的只是将文物秘密窃走，据为己有。但在具体实施犯罪中，也可能造成文物被损毁的情况。如果行为人在盗窃文物的过程中造成其他文物严重损毁，既触犯了盗窃罪，又触犯了故意损毁文物罪，按照处理想象竞合犯的原则，应以盗窃罪定罪处罚。

3. 故意损毁名胜古迹罪的罪与非罪的界限。在国家名胜风景区、文物古迹区，有的游客在名胜古迹上随意刻画，如刻上自己的名字等。这种行为，虽然对名胜古迹也有所损毁，但情节显著轻微，对这种行为一般应给予批评教育或者行政处罚。

4. 利用放火、爆炸等方式破坏名胜古迹，危害公共安全的，应定为放火罪、爆炸罪。

5. 过失损毁文物罪的罪与非罪的界限。构成本罪必须是造成严重后果的行为。过失损毁文物的行为虽然也造成了一定结果，但尚不属于严重后果，或者经及时补救，使危害后果大大缩小甚至恢复了原状，就不应以犯罪论处。

第三百二十五条　非法向外国人出售、赠送珍贵文物罪

【法律规定】

● 法律条文 ●

《中华人民共和国刑法》

第三百二十五条　违反文物保护法规，将收藏的国家禁止出口的珍贵文物私自出售或者私自赠送给外国人的，处五年以下有期徒刑或者拘役，可以并处罚金。

单位犯前款罪的，对单位判处罚金，并对其直接负责的主管人员和其他直接责任人员，依照前款的规定处罚。

● 相关规定 ●

《中华人民共和国文物保护法》

第二十五条　非国有不可移动文物不得转让、抵押给外国人。

非国有不可移动文物转让、抵押或者改变用途的，应当根据其级别报相应的文物行政部门备案。

第五十二条　国家鼓励文物收藏单位以外的公民、法人和其他组织将其收藏的文物捐赠给国有文物收藏单位或者出借给文物收藏单位展览和研究。

国有文物收藏单位应当尊重并按照捐赠人的意愿，对捐赠的文物妥善收藏、保管和展示。

国家禁止出境的文物，不得转让、出租、质押给外国人。

第六十四条第三项　违反本法规定，有下列行为之一，构成犯罪的，依法追究刑事责任：

（三）擅自将国有馆藏文物出售或者私自送给非国有单位或者个人的；

《全国人民代表大会常务委员会关于〈中华人民共和国刑法〉有关文物的规定适用于具有科学价值的古脊椎动物化石、古人类化石的解释》

全国人民代表大会常务委员会根据司法实践中遇到的情况，讨论了关于走私、盗窃、损毁、倒卖或者非法转让具有科学价值的古脊椎动物化石、古人类化石的行为适用刑法有关规定的问题，解释如下：

刑法有关文物的规定，适用于具有科学价值的古脊椎动物化石、古人类化石。

【学理分析及适用指引】

• 学理分析 •

非法向外国人出售、赠送珍贵文物罪，是指违反文物保护法规，将收藏的国家禁止出口的珍贵文物私自出售或者私自赠送给外国人的行为。本罪的构成要件如下：

1. 本罪的客体。本罪侵犯的客体是国家对珍贵文物限制处置自由的管理制度。本罪的犯罪对象是国家禁止出口的珍贵文物。

2. 本罪的客观方面。本罪在犯罪客观方面表现为违反文物保护法规，将收藏的国家禁止出口的珍贵文物私自出售或者赠送给外国人的行为。

3. 本罪的主体。本罪的犯罪主体为一般主体，自然人或者单位都可以成为本罪主体。主要是国有博物馆、图书馆和其他收藏文物的单位，以及具有法人资格的民办博物馆、图书馆。合伙或者个体的民办博物馆、图书馆不能成为本罪主体，不是单位主体，可作为自然人主体。

4. 本罪的主观方面。本罪的主观方面表现为故意。

• 适用指引 •

司法实践中，认定本罪应注意：

1. 罪与非罪的界限。本罪所说的私自出售、赠送的文物必须是国家禁止出口的文物。如果不是国家禁止出口的文物，只是将私人收藏的一般文物私自卖给、赠送外国人的，应由国家工商行政管理机关处以罚款，并可没收其文物和非法所得，但不应作为犯罪处理。

2. 本罪与走私罪的界限。《刑法》第151条第2款对走私国家禁止出口的文物的行为，单独规定为走私文物罪。《刑法》修订前，对于向外国人出售、赠送国家禁止出口的珍贵文物的行为，也是以走私罪论处的。但是今后对这种行为不再适用走私文物罪的规定处罚，而应以非法向外国人出售、赠送珍贵文物罪定罪处罚。如果犯罪分子与外国人相勾结，以出售、赠送为名，行共同走私之实的，则应按走私罪的共犯论处。

第三百二十六条　倒卖文物罪

【法律规定】

●　法律条文　●

《中华人民共和国刑法》

第三百二十六条　以牟利为目的，倒卖国家禁止经营的文物，情节严重的，处五年以下有期徒刑或者拘役，并处罚金；情节特别严重的，处五年以上十年以下有期徒刑，并处罚金。

单位犯前款罪的，对单位判处罚金，并对其直接负责的主管人员和其他直接责任人员，依照前款的规定处罚。

●　相关规定　●

《中华人民共和国文物保护法》

第六十四条第五项　违反本法规定，有下列行为之一，构成犯罪的，依法追究刑事责任：

（五）以牟利为目的倒卖国家禁止经营的文物的；

《最高人民法院、最高人民检察院关于办理妨害文物管理等刑事案件适用法律若干问题的解释》（法释〔2015〕23号）

第六条　出售或者为出售而收购、运输、储存《中华人民共和国文物保护法》规定的“国家禁止买卖的文物”的，应当认定为刑法第三百二十六条规定的“倒卖国家禁止经营的文物”。

倒卖国家禁止经营的文物，具有下列情形之一的，应当认定为刑法第三百二十六条规定的“情节严重”：

（一）倒卖三级文物的；

（二）交易数额在五万元以上的；

（三）其他情节严重的情形。

实施前款规定的行为，具有下列情形之一的，应当认定为刑法第三百二十六条规定的“情节特别严重”：

（一）倒卖二级以上文物的；

（二）倒卖三级文物五件以上的；

（三）交易数额在二十五万元以上的；

（四）其他情节特别严重的情形。

第十一条　单位实施走私文物、倒卖文物等行为，构成犯罪的，依照本解释规定的相应自然人犯罪的定罪量刑标准，对直接负责的主管人员和其他直接责任人员定罪处罚，并对单位判处罚金。

公司、企业、事业单位、机关、团体等单位实施盗窃文物，故意损毁文物、名胜古迹，过失损毁文物，盗掘古文化遗址、古墓葬等行为的，依照本解释规定的相应定罪量刑标准，追究组织者、策划者、实施者的刑事责任。

第十二条 针对不可移动文物整体实施走私、盗窃、倒卖等行为的，根据所属不可移动文物的等级，依照本解释第一条、第二条、第六条的规定定罪量刑：

（一）尚未被确定为文物保护单位的不可移动文物，适用一般文物的定罪量刑标准；

（二）市、县级文物保护单位，适用三级文物的定罪量刑标准；

（三）全国重点文物保护单位、省级文物保护单位，适用二级以上文物的定罪量刑标准。

针对不可移动文物中的建筑构件、壁画、雕塑、石刻等实施走私、盗窃、倒卖等行为的，根据建筑构件、壁画、雕塑、石刻等文物本身的等级或者价值，依照本解释第一条、第二条、第六条的规定定罪量刑。建筑构件、壁画、雕塑、石刻等所属不可移动文物的等级，应当作为量刑情节予以考虑。

第十三条 案件涉及不同等级的文物的，按照高级别文物的量刑幅度量刑；有多件同级文物的，五件同级文物视为一件高一级文物，但是价值明显不相当的除外。

第十五条 在行为人实施有关行为前，文物行政部门已对涉案文物及其等级作出认定的，可以直接对有关案件事实作出认定。

对案件涉及的有关文物鉴定、价值认定等专门性问题难以确定的，由司法鉴定机构出具鉴定意见，或者由国务院文物行政部门指定的机构出具报告。其中，对于文物价值，也可以由有关价格认证机构作出价格认证并出具报告。

第十六条 实施本解释第一条、第二条、第六条至第九条规定的行为，虽已达到应当追究刑事责任的标准，但行为人系初犯，积极退回或者协助追回文物，未造成文物损毁，并确有悔罪表现的，可以认定为犯罪情节轻微，不起诉或者免予刑事处罚。

实施本解释第三条至第五条规定的行为，虽已达到应当追究刑事责任的标准，但行为人系初犯，积极赔偿损失，并确有悔罪表现的，可以认定为犯罪情节轻微，不起诉或者免予刑事处罚。

第十七条 走私、盗窃、损毁、倒卖、盗掘或者非法转让具有科学价值的古脊椎动物化石、古人类化石的，依照刑法和本解释的有关规定定罪量刑。

《全国人民代表大会常务委员会关于〈中华人民共和国刑法〉有关文物的规定适用于具有科学价值的古脊椎动物化石、古人类化石的解释》

全国人民代表大会常务委员会根据司法实践中遇到的情况，讨论了关于走私、盗窃、损毁、倒卖或者非法转让具有科学价值的古脊椎动物化石、古人类化石的行为适用刑法有关规定的问题，解释如下：

刑法有关文物的规定，适用于具有科学价值的古脊椎动物化石、古人类化石。

【案例】

刘大力、曹振庆、赵殿永等盗掘古文化遗址、倒卖文物、转移赃物案①

• 案件事实 •

2004年年底，被告人刘大力为牟取非法利益，产生盗掘天津市蓟县白塔寺地宫内文物之念，并于同年12月在白塔寺西墙外承租了蓟县城关镇西南隅村赵江家带小院的平房。2005年6月至7月间，刘大力将盗掘白塔寺地宫内文物的想法告知被告人赵学海、赵殿永，赵学海、赵殿永表示同意，而后联系了被告人曹振庆，共同密谋犯罪方案，商定由刘大力、赵殿永出资购置作案工具，曹振庆负责技术指导、组织人员，赵学海提供汽车及白塔寺的相关资料。之后，曹振庆纠集了被告人亓孝军、王安民等数名盗掘人员，赵殿永纠集被告人韩连亚并伙同刘大力一起购置了水泵、鼓风机、铁锹、照明灯等作案工具。随后，亓孝军、王安民伙同其他盗掘人员，在刘大力事先租赁的平房院内先挖竖井，再挖掘由此通向白塔寺地宫的水平地道。挖掘期间，刘大力在现场进行指挥，曹振庆提供技术指导，赵殿永、韩连亚负责送饭并望风，被告人曹伟则多次单独或伙同赵殿永到白塔寺附近探听能否听到挖洞的声音。同年8月上旬，上述被告人从白塔寺地宫内盗出辽代石雕涅槃像、金属舍利塔、佛坐像、白釉瓷立狮、青铜法器、瓷器及水晶玉石、珠子等大量文物，并在刘大力的指挥下，使用赵学海提供的车辆将所盗文物运送到刘大力的亲属家藏匿。为便于变卖，曹振庆提出购买数码相机对上述文物进行拍照。之后，曹伟使用赵殿永购买的数码相机对上述文物进行拍摄。

2005年8月至9月间，被告人刘大力为销赃联系到被告人申小虎、周长安，并经两人介绍将大部分文物卖给一陈姓男子（现在逃），获赃款220万元。各被告人在刘大力主持下进行分赃，刘大力得赃款60余万元，被告人曹振庆得赃款22万元，被告人赵殿永得赃款31万元，被告人赵学海得赃款23万元，

---

① 参见《中华人民共和国最高人民法院公报》2009年第5期。

被告人亓孝军得赃款12万元，被告人韩连亚得赃款16万元，被告人申小虎、周长安得赃款10万元，剩余赃款分给其他盗掘人员。分赃后，刘大力将尚未卖出的小件文物藏匿于自己家中。案发后，公安机关将上列被告人抓获归案。周长安归案后，协助公安机关将申小虎抓捕归案。

2006年1月4日下午，被告人刘大力被公安机关抓获后，其妻张海峰明知家中藏有刘大力盗掘所得文物，仍指使被告人邵文强将文物转移。次日凌晨，公安机关将张海峰、邵文强抓获归案。

• 裁判要旨 •

行为人明知文物系他人盗掘所得，为从中牟取非法利益而帮助他人积极联系买主，居中促成非法文物交易的，其行为不构成销赃罪，应以倒卖文物罪定罪处罚。

• 裁判理由 •

天津市第一中级人民法院一审认为：被告人刘大力、曹振庆、赵殿永、赵学海、亓孝军、韩连亚、曹伟、王安民为牟取非法利益，违反国家文物保护法规，盗掘列入省级文物保护单位的古文化遗址，并盗窃遗址内珍贵文物，其行为均已构成盗掘古文化遗址罪，且情节严重；被告人张海峰、邵文强为掩盖刘大力的犯罪行为，明知是刘大力犯罪所得赃物而予以转移，其行为均已构成转移赃物罪。公诉机关指控刘大力、曹振庆、赵殿永、赵学海、亓孝军、韩连亚、曹伟、王安民、张海峰、邵文强犯罪的事实清楚，证据确实、充分；指控刘大力、曹振庆、赵殿永、赵学海、亓孝军、韩连亚、曹伟、王安民犯盗掘古文化遗址罪，张海峰、邵文强犯转移赃物罪的罪名成立，予以确认。

被告人申小虎、周长安明知涉案文物系赃物而帮助销售，其行为符合销售赃物罪的主要特征。但鉴于涉案物品系国家禁止买卖的文物，故对于申小虎、周长安的行为，应当根据《刑法》第326条的规定，以倒卖文物罪定罪处罚。根据《刑法》第326条的规定，倒卖文物罪是指以牟利为目的，倒卖国家禁止经营的文物，情节严重的行为。本罪侵犯的客体是国家的文物管理制度。国家的文物管理制度，主要是以《文物保护法》为核心的一系列有关文物保护的法规。根据法律、法规的规定，中华人民共和国境内地下、内水和海中遗存的一切文物，属于国家所有。古文化遗址、古墓葬、石窟寺属于国家所有。文物只能由文化行政主管部门制定的单位收购，其他任何单位或者个人不得经营文物收购业务。本罪的对象是国家禁止经营的文物，根据有关司法解释的规定，是指未经许可不得经营的一级、二级、三级珍贵文物以及其他受国家保护的具有重大历史、文化、科学价值的文物。本罪在客观方面表现为倒卖国家禁止买卖的文物，情节严重的行为。构成本罪不仅必须具有倒卖文物的行为，而且必须达到情节严重的程度。情节严重，一般是指数额较大，手段恶劣，后果严重。本罪在主观方面表现为故意，且以牟利为目的。本案中，申小虎、周长安的行为，虽符合销售赃物罪的主要特征，但是二被告人销售的不是普通赃物，而是国家禁止买卖的文物，对于非法销售文物的行为，《刑法》有特别规定。根据特别规定优于一般规定的原则，二被告人的行为构成倒卖文物罪。综上，申小虎、周长安以牟利为目的，积极联系买主，促成非法文物交易，且非法获利数额较大，其行为构成倒卖文物罪，公诉机关指控申小虎、周长安犯销售赃物罪不当。

被告人刘大力在共同犯罪中起组织策划作用，联系销赃后又主持分赃；被告人曹振庆、赵殿永、赵学海共同参与预谋，按照分工实施犯罪，相互配合，均起主要作用，系主犯，应按照其各自参与的全部犯罪依法分别予以处罚。被告人亓孝军、韩连亚、曹伟、王安民在他人纠集下，积极参与犯罪，在共同犯罪中均起次要作用，系从犯，应按照其各自参与的程度依法分别予以减轻处罚。被告人申小虎、周长安帮助出售文物，联系买主，在共同犯罪中均起辅助作用，系从犯，应依法分别予以从轻处罚。周长安在归案后，协助公安机关抓捕同案犯，属立功表现，依法可予以从轻处罚，鉴于其在缓刑考验期限内又犯新罪，应依法撤销缓刑，实行数罪并罚。被告人张海峰、邵文强在共同转移赃物犯罪中地位作用相当，不分主从，应依法分别予以处罚。刘大力的辩护人关于刘大力没有进行组织策划及指挥等行为，要求对其从轻处罚的辩护意见，与事实相悖，不予采纳。曹振庆关于其来到蓟县不是为了盗窃白塔寺文物的辩解，显系狡辩，其辩护人关于曹振庆在共同犯罪中处于从犯地位的辩护意见，事实根据不足，均不予采纳。赵殿永的辩护人关于赵殿永在共同犯罪中不是主犯的辩护意见，事实根据不足，不予采纳。赵学海的辩护人关于赵学海关于在共同犯罪中处于从犯地位，要求从轻处罚的辩护意见，缺乏事实根据，不予采纳。韩连亚的辩护人关于韩连亚系在他人的纠集下参与犯罪，在共同犯罪中起辅助作用，是从犯，要求从轻处罚的辩护意见，经查属实，予以采纳。曹伟的辩护人关于曹伟未实施盗掘行为，事先并不知道盗掘白塔寺文物之事，且没有证据证明其拍照的物品是被盗文物的辩护意见，经查与事实证据相悖，不予采纳。周长安的辩护人关于周长安在被纠集参与犯罪后，仅起到介绍倒卖文物作用，在归案后协助公安机关抓捕同案犯，具有立功表现，要求从轻处罚的辩护意见，经查属实，亦符合法律规定，予以采纳。

综上，天津市第一中级人民法院依据《刑法》第328条第1项，第326条第1款，第312条，第57条第1款，第56条第1款，第55条第1款，第52条，第26条第1款、第4款，第27条，第72条，第77条第1款，第69条，第68条，第64条和《最高人民法院关于处理自首和立功具体应用法律若干问题的解释》第5条的规定，于2007年7月25日判决：一、撤销山西省闻喜县人民法院（2003）闻刑初字第70号刑事判决对被告人周长安犯盗掘古墓葬罪判处有期徒刑三年，缓刑四年的缓刑部分。二、被告人刘大力犯盗掘古文化遗址罪，判处无期徒刑，剥夺政治权利终身，并处罚金人民币6万元；被告人曹振庆犯盗掘古文化遗址罪，判处有期徒刑十三年，剥夺政治权利二年，并处罚金人民币3万元；被告人赵殿永犯盗掘古文化遗址罪，判处有期徒刑十二年，剥夺政治权利二年，并处罚金人民币3万元；被告人赵学海犯盗掘古文化遗址罪，判处有期徒刑十年，剥夺政治权利二年，并处罚金人民币3万元；被告人亓孝军犯盗掘古文化遗址罪，判处有期徒刑九年，并处罚金人民币1万元；被告人韩连亚犯盗掘古文化遗址罪，判处有期徒刑五年，并处罚金人民币8000元；被告人曹伟犯盗掘古文化遗址罪，判处有期徒刑三年，并处罚金人民币2000元；被告人王安民犯盗掘古文化遗址罪，判处有期徒刑三年，并处罚金人民币2000元；被告人申小虎犯倒卖文物罪，[①] 判处有期徒刑三年，并处罚金人民币5000元；被告人周长安犯倒卖文物罪，判处有期徒刑二年六个月，并处罚金人民币5000元，连同前罪所判处的刑罚有期徒刑三年，决定执行有期徒刑五年，并处罚金人民币5000元；被告人张海峰犯转移赃物罪，判处有期徒刑二年，缓刑二年，并处罚金人民币1000元；被告人邵文强犯转移赃物罪，判处有期徒刑一年，缓刑一年，并处罚金人民币1000元。三、犯罪工具对讲机四部、洛阳铲头两个、洛阳铲杆五节、电脑硬盘一个、照明灯一个、鼓风机三个、潜水泵一台、铁铲一把等物品依法没收。四、被告人刘大力、赵殿永分别用赃款购买的桑塔纳、江铃牌汽车各一辆发还天津市蓟县文物局。五、查获赃物发还天津市蓟县文物局。

曹振庆、赵学海、曹伟、周长安、申小虎不服一审判决，向天津市高级人民法院提起上诉。曹振庆的上诉理由是：一审判决认定的主要犯罪事实证据不足，本人没有参与预谋，没有提供技术指导和现场指挥，也没有分得赃款，一审判决量刑过重，且审判程序违法，要求改判或者撤销一审判决发回重审。曹振庆的辩护人认为曹振庆在共同犯罪中的作用小于赵殿永、赵学海，且仅分得2万元，一审判决量刑过重，请求从轻处罚。赵学海及其辩护人认为，赵学海系被纠集参与犯罪，是从犯，且认罪态度较好，一审判决量刑过重，请求从轻处罚。曹伟认为自己无罪，其辩护人认为，曹伟在共同犯罪中起辅助作用，主观恶性小，一审判决量刑过重，请求从轻处罚。周长安认为，一审判决量刑过重。申小虎认为，本人归案后，协助公安机关抓捕同案犯王安民，有立功情节，一审判决量刑过重，请求从轻处罚。

---

① 2007年7月25日《最高人民法院、最高人民检察院关于执行〈中华人民共和国刑法〉确定罪名的补充规定（三）》取消"窝藏、转移、收购、销售赃物罪"罪名，修改为"掩饰、隐瞒犯罪所得、犯罪所得收益罪"。——编者注

天津市高级人民法院经二审，确认了一审查明的事实。

天津市高级人民法院二审认为：上诉人曹振庆、赵学海、曹伟及原审被告人刘大力、赵殿永、亓孝军、韩连亚、王安民违反国家文物保护法规，以非法占有为目的，盗掘列入省级文物保护单位的古文化遗址，破坏古文化遗址，其行为均已构成盗掘古文化遗址罪，且将大部分所盗文物卖出无法追回，给国家造成重大损失，犯罪情节和后果特别严重。上诉人申小虎、周长安以牟利为目的，帮助刘大力等人倒卖国家禁止经营的文物，情节严重，其行为均已构成倒卖文物罪。原审被告人张海峰、邵文强明知是刘大力犯罪所得的赃物仍予以转移，其行为已构成转移赃物罪。

在盗掘古文化遗址的共同犯罪中，原审被告人刘大力首先提议并组织策划，联系出售文物，销赃后主持分赃且分赃数额大，上诉人曹振庆、赵学海、原审被告人赵殿永共同参与预谋，提供资金或者提供技术指导，相互配合，均起主要作用，系主犯，应按照其各自参与的全部犯罪分别予以处罚、原审被告人亓孝军、韩连亚、王安民、上诉人曹伟被纠集后积极参与犯罪，均起次要作用，系从犯，应按照其各自参与的程度分别减轻处罚。上诉人申小虎、周长安在帮助刘大力等人出售文物的共同犯罪中，联系买主，起辅助作用，均系从犯，应依法分别予以从轻处罚。周长安因犯盗掘古墓葬罪被判处缓刑，在缓刑考验期限内又犯新罪，应依法撤销缓刑，与本罪实行数罪并罚，但考虑到周长安归案后，协助公安机关抓捕同案犯，有立功表现，依法可予以从轻处罚。原审被告人张海峰、邵文强在共同转移赃物犯罪中地位作用相当，应依法予以处罚。

对于上诉人曹振庆及其辩护人的上诉意见，原审被告人刘大力、赵殿永、亓孝军、韩连亚等人的供述能够相互印证曹振庆参与预谋，纠集他人犯罪，且提供技术指导，提议对文物进行拍照，并分得赃款 20 余万元，其在共同犯罪中起主要作用的事实清楚，证据确实、充分。因此，对曹振庆关于一审判决认定主要犯罪事实证据不足，以及未参与预谋、未进行现场指挥和没有分得赃款的辩护意见，及其辩护人关于曹振庆在共同犯罪中作用小，仅获赃款 2 万元的辩护意见，与事实不符，不予采纳。对于曹振庆关于一审程序违法及请求改判或者撤销一审判决发回重审的意见，经查，一审在法庭调查中对卷内定案证据包括各同案犯在侦查阶段的供述进行举证和质证，审判公正，程序合法，故对曹振庆以上辩护意见，不予采纳。

对于上诉人赵学海及其辩护人提出的上诉意见，经查，在刘大力提议盗掘白塔寺地宫后，赵学海表示同意并纠集他人犯罪，虽未亲自到挖掘现场，但提供了有关资料和车辆，并经常了解挖掘进度，且分赃较多，充分说明赵学海在共同犯罪中起主要作用，是主犯，因此，赵学海及其辩护人关于赵学海系被纠集参与犯罪，是从犯的辩护意见，与事实不符，不予采纳。

对于上诉人曹伟及其辩护人的上诉意见，原审被告人刘大力、赵殿永、韩连亚的供述能够充分证实曹伟在白塔寺地宫文物被盗掘过程中多次到盗掘现场，还亲自或伙同他人到白塔寺附近探听挖洞声音，为便于出售对所盗文物进行拍照，积极参与犯罪，其行为符合盗掘古文化遗址罪的犯罪构成，且在共同犯罪中起次要作用，因此，曹伟及其辩护人关于曹伟不构成犯罪的辩护意见，缺乏事实依据，不予采纳。

对于上诉人申小虎关于协助公安机关抓捕同案犯王安民的辩解，经查，没有事实和法律依据，不予采纳。

对于各上诉人及其辩护人关于量刑的意见，一审法院根据本案事实和情节，结合各上诉人危害社会的程度，以及各上诉人在共同犯罪中的作用等具体情节，并充分考虑其主观恶性及认罪悔罪表现，对各上诉人的量刑并无不当，故对各上诉人及其辩护人关于一审判决量刑过重和请求从轻处罚的意见，不予采纳。

综上，一审判决认定事实清楚，证据确实、充分，适用法律正确，定罪量刑适当，审判程序合法，应予维持。据此，天津市高级人民法院依照《刑事诉讼法》第189条第1项之规定，于2007年11月1日裁定：驳回上诉，维持原判。本裁定为终审裁定。

【学理分析及适用指引】

• 学理分析 •

倒卖文物罪，是指以牟利为目的，倒卖国家禁止经营的文物，情节严重的行为。本罪的构成要件如下：

1. 本罪的客体。本罪侵犯的客体是国家对文物的经营管理制度。[①] 本罪的对象是指受国家保护的并由国家有关主管部门核定公布的属于禁止经营的文物。1992年国家文物局等部门就曾下发《关于加强文物市场管理的通知》，规定了部分禁止经营的文物的具体范围，即未经许可不得经营的一级、二级、三级珍贵文物以及其他受国家保护的具有重大历史、文化、科学价值的文物。我国《文物保护法》第2条第3款规定：具有科学价值的古脊椎动物化石和古人类化石同文物一样受国家保护。所以，具有科学价值的作为古脊椎动物化石的恐龙蛋化石不是文物但等同于文物，应该列入国家禁止经营的文物范畴。

2. 本罪的客观方面。本罪在客观方面表现为倒卖国家禁止买卖的文物，情节严重的行为。根据相关法律规定，除了文物主管部门指定的单位外，其他任何单位或者个人不得经营文物收购业务，所以，倒卖行为本身是违法的。所

---

① 薛瑞麟：《文物犯罪研究》，中国政法大学出版社2002年版，第192页。

谓倒卖，是指为赚取买入卖出之间的差价而买进卖出。至于是否实际赚取了其中的差价，不影响行为的认定。① 因而，倒卖行为不是单纯的买或者卖，而是一个整体，它包含对文物的非法收购、贩卖和转手倒卖等行为。② 构成本罪，还必须以“情节严重”为要件。在实践中，对于“情节严重”，应该从倒卖文物的品级、数量、倒卖的次数、主观恶性等方面进行把握。

3. 本罪的主体。本罪的主体为一般主体，凡达到刑事责任年龄、具有刑事责任能力的自然人均可成为本罪主体。单位也可成为本罪的主体。

4. 本罪的主观方面。本罪在主观方面表现为故意，且以牟利为目的。对于那些确实既无牟利目的，也无行使目的，而纯粹因为个人兴趣的，不以犯罪论处。

• 适用指引 •

司法实践中，认定本罪应注意：对于作为业务经营的出卖珍贵文物的犯罪活动，从主体和对象构成的组合逻辑上有四种可能性：（1）无经营权的个人和单位，经营可以经营的文物。（2）有经营权的单位，经营可以经营的文物。（3）无经营权的个人和单位，经营不可经营的文物。（4）有经营权的单位，经营不可经营的文物。

在以上的四种情况中，第二种情况是合法行为。第一种情况下，自然人或者单位将收藏的文物作为商业活动出卖，即使是倒卖，也只能构成非法经营罪，不能构成倒卖文物罪，因为倒卖文物罪的对象是国家禁止经营的文物。此处的单位，包括文物收藏单位和非文物收藏单位。从所有制来说，包括各种所有制的单位，也包括文物商店从事文物拍卖的情况，还包括文物拍卖企业从事文物购销经营活动的情况。第三种和第四种情况中由于经营的对象是国家禁止经营的文物，因此，任何个人或者单位，实质上都属于没有经营权，所买卖的文物属于国家禁止经营的文物（包括珍贵文物，也包括一般文物），情节严重的，构成倒卖文物罪。

---

① 薛瑞麟：《文物犯罪研究》，中国政法大学出版社 2002 年版，第 197 页。

② 谢望原主编：《妨害文物管理罪》，中国人民公安大学出版社 1999 年版，第 98 页。

第三百二十七条　非法出售、私赠文物藏品罪

【法律规定】

• 法律条文 •

《中华人民共和国刑法》

第三百二十七条　违反文物保护法规，国有博物馆、图书馆等单位将国家保护的文物藏品出售或者私自送给非国有单位或者个人的，对单位判处罚金，并对其直接负责的主管人员和其他直接责任人员，处三年以下有期徒刑或者拘役。

• 相关规定 •

《中华人民共和国文物保护法》

第二条　在中华人民共和国境内，下列文物受国家保护：

（一）具有历史、艺术、科学价值的古文化遗址、古墓葬、古建筑、石窟寺和石刻、壁画；

（二）与重大历史事件、革命运动或者著名人物有关的以及具有重要纪念意义、教育意义或者史料价值的近代现代重要史迹、实物、代表性建筑；

（三）历史上各时代珍贵的艺术品、工艺美术品；

（四）历史上各时代重要的文献资料以及具有历史、艺术、科学价值的手稿和图书资料等；

（五）反映历史上各时代、各民族社会制度、社会生产、社会生活的代表性实物。

文物认定的标准和办法由国务院文物行政部门制定，并报国务院批准。

具有科学价值的古脊椎动物化石和古人类化石同文物一样受国家保护。

第三条　古文化遗址、古墓葬、古建筑、石窟寺、石刻、壁画、近代现代重要史迹和代表性建筑等不可移动文物，根据它们的历史、艺术、科学价值，可以分别确定为全国重点文物保护单位，省级文物保护单位、市、县级文物保护单位。

历史上各时代重要实物、艺术品、文献、手稿、图书资料、代表性实物等可移动文物，分为珍贵文物和一般文物；珍贵文物分为一级文物、二级文物、三级文物。

第五条　中华人民共和国境内地下、内水和领海中遗存的一切文物，属于国家所有。

古文化遗址、古墓葬、石窟寺属于国家所有。国家指定保护的纪念建筑物、古建筑、石刻、壁画、近代现代代表性建筑等不可移动文物，除国家另有规定的以外，属于国家所有。

国有不可移动文物的所有权不因其所依附的土地所有权或者使用权的改变而改变。

下列可移动文物，属于国家所有：

（一）中国境内出土的文物，国家另有规定的除外；

（二）国有文物收藏单位以及其他国家机关、部队和国有企业、事业组织等收藏、保管的文物；

（三）国家征集、购买的文物；

（四）公民、法人和其他组织捐赠给国家的文物；

（五）法律规定属于国家所有的其他文物。

属于国家所有的可移动文物的所有权不因其保管、收藏单位的终止或者变更而改变。

国有文物所有权受法律保护，不容侵犯。

第六十四条第三项　违反本法规定，有下列行为之一，构成犯罪的，依法追究刑事责任：

（三）擅自将国有馆藏文物出售或者私自送给非国有单位或者个人的；

第七十一条第一款　买卖国家禁止买卖的文物或者将禁止出境的文物转让、出租、质押给外国人，尚不构成犯罪的，由县级以上人民政府文物主管部门责令改正，没收违法所得，违法经营额一万元以上的，并处违法经营额二倍以上五倍以下的罚款；违法经营额不足一万元的，并处五千元以上二万元以下的罚款。

《最高人民法院、最高人民检察院关于办理妨害文物管理等刑事案件适用法律若干问题的解释》（法释〔2015〕23号）

第七条　国有博物馆、图书馆以及其他国有单位，违反文物保护法规，将收藏或者管理的国家保护的文物藏品出售或者私自送给非国有单位或者个人的，依照刑法第三百二十七条的规定，以非法出售、私赠文物藏品罪追究刑事责任。

第十七条　走私、盗窃、损毁、倒卖、盗掘或者非法转让具有科学价值的古脊椎动物化石、古人类化石的，依照刑法和本解释的有关规定定罪量刑。

《全国人民代表大会常务委员会关于〈中华人民共和国刑法〉有关文物的规定适用于具有科学价值的古脊椎动物化石、古人类化石的解释》

全国人民代表大会常务委员会根据司法实践中遇到的情况，讨论了关于走私、盗窃、损毁、倒卖或者非法转让具有科学价值的古脊椎动物化石、古人类化石的行为适用刑法有关规定的问题，解释如下：

刑法有关文物的规定，适用于具有科学价值的古脊椎动物化石、古人类化石。

【学理分析及适用指引】

• 学理分析 •

非法出售、私赠文物藏品罪，是指国有博物馆、图书馆等单位，违反文物保护法规，将国家保护的文物藏品出售或者私自赠送给非国有单位或者个人的行为。本罪的构成要件如下：①

1. 本罪的客体。本罪侵犯的客体是国家对文物保护的管理制度和国家对国有文物藏品的所有权。本罪的犯罪对象是国有博物馆、图书馆等单位收藏的文物。属于哪一级文物，并不影响本罪的成立，只是一个量刑时考虑的因素。出售或者私自赠送文物的对方只能是中国国内的非国有单位或者中国公民，如是国有单位，则不构成本罪；亦不能是外国组织或者个人，依《刑法》第325条的规定，将收藏的国家禁止出口的珍贵文物私自出售或者私自赠送给外国人的，构成非法向外国人出售、赠送珍贵文物罪。

2. 本罪的客观方面。本罪在客观方面表现为违反文物保护法规，将国有博物馆、图书馆等单位收藏的文物出售或者私自赠送给非国有单位或者个人的行为。所谓出售，即为有偿让与，是指将馆藏文物出卖给他人，既包括以其换取金钱的典型出卖行为，亦包括以其换取其他财物或者其财产性利益及报酬的非典型出卖行为。本罪中的出售或赠送的行为必须是违反法律规定的行为才能构成犯罪。如果依照法律规定进行转让、出售或赠送，则不构成本罪。此外，只有将馆藏文物出售或私赠给了非国有单位或个人，才能构成本罪，如将馆藏文物出售或私赠给了国有单位，就不能以本罪论处。非国有单位，是指国有以外的所有单位，如私营单位、集体所有制单位、中外合作经营单位、中外合资单位、外资单位以及联营单位等。此处的个人，是指包括中国人和外国人在内的任何个人，包括共有的个人。但如果是将所收藏的国家禁止出口的珍贵文物私自出售或赠送给外国人（包括单位），应以非法向外国人出售、赠送珍贵文物罪论处。

本罪为选择性罪名，只要有非法出售或者非法私自赠送行为之一的，即可构成非法出售文物藏品罪或非法私赠文物藏品罪；如果具有两个行为的，则构成非法出售、赠送文物藏品罪。

3. 本罪的主体。本罪主体为特殊主体，是国有博物馆、图书馆等单位，包括国家机关、部队、国有企业、事业组织。本罪的主体不能是个人，也不包

---

① 薛瑞麟：《文物犯罪研究》，中国政法大学出版社2002年版，第210～224页。

括集体所有制企业、事业组织。

4. 本罪的主观方面。本罪的主观方面是故意，即明知是国家保护的文物藏品而违反规定出售或赠送给他人。实践中动机可能是不同的，如拉关系、慷国家之慨、送人情等，但动机不是犯罪的必要构成要件，不影响本罪的成立。

• 适用指引 •

司法实践中，认定本罪应注意：

1. 本罪与倒卖文物罪的界限。二者在客观方面都有出售文物的行为，在犯罪客体上都侵犯了文物管理制度；犯罪主体都可以由单位构成。两者的主要区别在于：前者只能由国有博物馆、图书馆等单位实施；后者实施的单位，不限于国有博物馆、图书馆，还包括有权或无权经营文物的单位。在销售对象上，本罪只限于非国有单位或者个人，而后者可能销售给任何人。在主观方面，前者不一定要以牟利为目的，后者法律规定必须是以牟利为目的。

2. 本罪与非法向外国人出售、赠送珍贵文物罪的界限。二者都是非法出售、赠送文物的行为。但区别在于：前者是出售、赠送给非国有单位或者个人，后者只限于外国人或者无国籍人；前者只能由国有博物馆、图书馆等单位实施，后者可以是各种单位，也可以是个人；前者的犯罪对象是文物藏品，后者的犯罪对象是单位或者个人收藏的国家禁止出口的珍贵文物。

第三百二十八条 盗掘古文化遗址、古墓葬罪；盗掘古人类化石、古脊椎动物化石罪

【法律规定】

• 法律条文 •

《中华人民共和国刑法》

第三百二十八条 盗掘具有历史、艺术、科学价值的古文化遗址、古墓葬的，处三年以上十年以下有期徒刑，并处罚金；情节较轻的，处三年以下有期徒刑、拘役或者管制，并处罚金；有下列情形之一的，处十年以上有期徒刑或者无期徒刑，并处罚金或者没收财产：

（一）盗掘确定为全国重点文物保护单位和省级文物保护单位的古文化遗址、古墓葬的；

（二）盗掘古文化遗址、古墓葬集团的首要分子；

（三）多次盗掘古文化遗址、古墓葬的；

（四）盗掘古文化遗址、古墓葬，并盗窃珍贵文物或者造成珍贵文物严重

破坏的。

盗掘国家保护的具有科学价值的古人类化石和古脊椎动物化石的，依照前款的规定处罚。

• 相关规定 •

《中华人民共和国文物保护法》

第六十四条第一项 违反本法规定，有下列行为之一，构成犯罪的，依法追究刑事责任：

（一）盗掘古文化遗址、古墓葬的；

《最高人民法院、最高人民检察院关于办理妨害文物管理等刑事案件适用法律若干问题的解释》（法释〔2015〕23号）

第八条 刑法第三百二十八条第一款规定的“古文化遗址、古墓葬”包括水下古文化遗址、古墓葬。“古文化遗址、古墓葬”不以公布为不可移动文物的古文化遗址、古墓葬为限。

实施盗掘行为，已损害古文化遗址、古墓葬的历史、艺术、科学价值的，应当认定为盗掘古文化遗址、古墓葬罪既遂。

采用破坏性手段盗窃古文化遗址、古墓葬以外的古建筑、石窟寺、石刻、壁画、近代现代重要史迹和代表性建筑等其他不可移动文物的，依照刑法第二百六十四条的规定，以盗窃罪追究刑事责任。

第十一条 单位实施走私文物、倒卖文物等行为，构成犯罪的，依照本解释规定的相应自然人犯罪的定罪量刑标准，对直接负责的主管人员和其他直接责任人员定罪处罚，并对单位判处罚金。

公司、企业、事业单位、机关、团体等单位实施盗窃文物，故意损毁文物、名胜古迹，过失损毁文物，盗掘古文化遗址、古墓葬等行为的，依照本解释规定的相应定罪量刑标准，追究组织者、策划者、实施者的刑事责任。

第十三条 案件涉及不同等级的文物的，按照高级别文物的量刑幅度量刑；有多件同级文物的，五件同级文物视为一件高一级文物，但是价值明显不相当的除外。

第十四条 依照文物价值定罪量刑的，根据涉案文物的有效价格证明认定文物价值；无有效价格证明，或者根据价格证明认定明显不合理的，根据销赃数额认定，或者结合本解释第十五条规定的鉴定意见、报告认定。

第十五条 在行为人实施有关行为前，文物行政部门已对涉案文物及其等级作出认定的，可以直接对有关案件事实作出认定。

对案件涉及的有关文物鉴定、价值认定等专门性问题难以确定的，由司法鉴定机构出具鉴定意见，或者由国务院文物行政部门指定的机构出具报告。其中，对于文物价值，也可以由有关价格认证机构作出价格认证并出具报告。

第十六条 实施本解释第一条、第二条、第六条至第九条规定的行为，虽已达到应当追究刑事责任的标准，但行为人系初犯，积极退回或者协助追回文物，未造成文物损毁，并确有悔罪表现的，可以认定为犯罪情节轻微，不起诉或者免予刑事处罚。

实施本解释第三条至第五条规定的行为，虽已达到应当追究刑事责任的标准，但行为人系初犯，积极赔偿损失，并确有悔罪表现的，可以认定为犯罪情节轻微，不起诉或者免予刑事处罚。

第十七条 走私、盗窃、损毁、倒卖、盗掘或者非法转让具有科学价值的古脊椎动物化石、古人类化石的，依照刑法和本解释的有关规定定罪量刑。

《全国人民代表大会常务委员会关于〈中华人民共和国刑法〉有关文物的规定适用于具有科学价值的古脊椎动物化石、古人类化石的解释》

全国人民代表大会常务委员会根据司法实践中遇到的情况，讨论了关于走私、盗窃、损毁、倒卖或者非法转让具有科学价值的古脊椎动物化石、古人类化石的行为适用刑法有关规定的问题，解释如下：

刑法有关文物的规定，适用于具有科学价值的古脊椎动物化石、古人类化石。

《最高人民法院、最高人民检察院、公安部、国家文物局关于办理妨害文物管理等刑事案件若干问题的意见》（公通字〔2022〕18 号）

二、依法惩处文物犯罪

（一）准确认定盗掘行为

1. 针对古建筑、石窟寺等不可移动文物中包含的古文化遗址、古墓葬部分实施盗掘，符合刑法第三百二十八条规定的，以盗掘古文化遗址、古墓葬罪追究刑事责任。

盗掘对象是否属于古文化遗址、古墓葬，应当按照《文物犯罪解释》第八条、第十五条的规定作出认定。

2. 以盗掘为目的，在古文化遗址、古墓葬表层进行钻探、爆破、挖掘等作业，因意志以外的原因，尚未损害古文化遗址、古墓葬的历史、艺术、科学价值的，属于盗掘古文化遗址、古墓葬未遂，应当区分情况分别处理：

（1）以被确定为全国重点文物保护单位、省级文物保护单位的古文化遗址、古墓葬为盗掘目标的，应当追究刑事责任；

（2）以被确定为市、县级文物保护单位的古文化遗址、古墓葬为盗掘目标的，对盗掘团伙的纠集者、积极参加者，应当追究刑事责任；

（3）以其他古文化遗址、古墓葬为盗掘目标的，对情节严重者，依法追究刑事责任。

实施前款规定的行为，同时构成刑法第三百二十四条第一款、第二款规定的故意损毁文物罪、故意损毁名胜古迹罪的，依照处罚较重的规定定罪处罚。

3. 刑法第三百二十八条第一款第三项规定的“多次盗掘”是指盗掘三次以上。对于行为人基于同一或者概括犯意，在同一古文化遗址、古墓葬本体周边一定范围内实施连续盗掘，已损害古文化遗址、古墓葬的历史、艺术、科学价值的，一般应认定为一次盗掘。

（二）准确认定盗窃行为

采用破坏性手段盗窃古建筑、石窟寺、石刻、壁画、近现代重要史迹和代表性建筑等不可移动文物未遂，具有下列情形之一的，应当依法追究刑事责任：

1. 针对全国重点文物保护单位、省级文物保护单位中的建筑构件、壁画、雕塑、石刻等实施盗窃，损害文物本体历史、艺术、科学价值，情节严重的；

2. 以被确定为市、县级以上文物保护单位整体为盗窃目标的；

3. 造成市、县级以上文物保护单位的不可移动文物本体损毁的；

4. 针对不可移动文物中的建筑构件、壁画、雕塑、石刻等实施盗窃，所涉部分具有等同于三级以上文物历史、艺术、科学价值的；

5. 其他情节严重的情形。

实施前款规定的行为，同时构成刑法第三百二十四条第一款、第二款规定的故意损毁文物罪、故意损毁名胜古迹罪的，依照处罚较重的规定定罪处罚。

【案例一】

李生跃盗掘古文化遗址案①

• 案件事实 •

李生跃于2001年3月8日因涉嫌犯盗窃罪被刑事拘留，同年4月12日被逮捕，12月20日被决定劳动教养三年。2002年10月28日因涉嫌犯盗掘古文化遗址罪被刑事拘留，同年11月1日被逮捕。

2001年1月12日晚，李生跃携带扁钻、手锤等作案工具，翻围墙进入广元市市中区盘龙镇的省级重点文物保护单位观音岩摩崖造像（石窟寺）保护区内，盗凿走该保护区内摩崖造像头像两尊，销赃得款800元。同年2月21日晚，李生跃再次窜入观音岩保护区内，采用同样的方法凿取头像6尊。同年3月6日，李生跃在销赃时被公安机关当场抓获。所获赃物共8尊头像已被收缴，并归还广元市市中区文物管理所。

---

① 参见中华人民共和国最高人民法院刑事审判第一庭、第二庭编：《刑事审判参考》（总第34集），法律出版社2004年版。

● 裁判要旨 ●

盗掘古文化遗址罪犯罪对象——古文化遗址包括石窟寺等不可移动的文物。

● 裁判理由 ●

四川省广元市人民检察院以被告人李生跃犯盗掘古文化遗址罪向广元市中级人民法院提起公诉。被告人李生跃及其辩护人辩称：其盗割石窟寺内壁刻头像的行为不构成盗掘古文化遗址罪。

广元市中级人民法院审理后认为：被告人李生跃盗掘具有历史、艺术、科学价值的省级文物保护单位的唐代观音岩摩崖造像头像八尊，其行为已构成盗掘古文化遗址罪。公诉机关指控罪名成立，予以采纳。李生跃及其辩护人在庭审中辩解及辩护该行为不构成盗掘古文化遗址罪，经查，《文物保护法》虽把石窟寺与古文化遗址并列，而《刑法》第328条所规定的犯罪对象则是古文化遗址、古墓葬，没有明确列出石窟寺，但这并不说明《刑法》第328条排除了对石窟寺的保护。从立法本意上讲，《刑法》第328条所称的古文化遗址应包括石窟寺等其他不可移动的文物在内。李生跃及其辩护人的上述辩解、辩护意见于法无据，不予支持。鉴于李生跃归案后，承认犯罪事实，认罪态度好，有悔罪表现，可酌定予以从轻处罚。依照《刑法》第328条第1款第1项、第52条、第64条的规定，于2003年9月4日判决如下：一、被告人李生跃犯盗掘古文化遗址罪，判处有期徒刑十年，并处罚金1万元。二、作案工具手锤一把、扁钻三根、背篓一个、尼龙绳一根、编织带一个，予以没收。

一审宣判后，被告人李生跃不服，以原判定性不准，适用法律错误为由，提出上诉。其辩护人亦提出相同的辩护意见。

四川省高级人民法院经审理认为：原判认定事实清楚，证据确实充分，适用法律正确，量刑适当，审判程序合法。根据《刑事诉讼法》第189条第1项的规定，于2003年10月29日裁定如下：驳回上诉，维持原判。

【案例二】

胡高峰等人盗掘古墓葬案①

● 案件事实 ●

2016年12月18日，被告人胡高峰伙同被告人孙伟平、被告人邵久康经事

---

① 参见《人民法院报》2018年5月17日第6版。

先商量携带铁锹、撬棒等工具来到浙江省三门县亭旁镇盗掘古墓，由邵久康负责开车，胡高峰和孙伟平实施盗掘，三人在亭旁镇山根邵村牛头山上盗掘了一处古墓，窃得墓砖20余块，后将墓砖带回余姚以人民币2400元的价格予以出售。2016年12月22日，被告人胡高峰伙同被告人孙伟平、被告人邵久康、被告人陈伟苗来到三门县亭旁镇盗掘古墓，由邵久康负责开车，胡高峰、孙伟平、陈伟苗实施盗掘，四人在上次盗掘的古墓继续盗掘后，又在边上盗掘了一处古墓。后四被告人又开车来到亭旁镇山上任村，在老王山盗掘了一处古墓，当日盗得墓砖12块。案发后，涉案的12块墓砖被追回。经鉴定，山根邵村牛头山上涉案的两处古墓属东晋时期古墓葬，具有一定的历史艺术和科学价值，山上任村老王山上涉案的一处古墓系两晋南北朝时期古墓葬，具有一定的历史艺术和科学研究价值。2016年12月22日所盗的12块墓砖年代为东晋，均为一般文物。被告人胡高峰、孙伟平及其辩护人对起诉书指控的多次盗掘古墓葬有异议。被告人胡高峰的辩护人提出胡高峰分两次盗掘古墓系古墓葬群，只能认定两次盗掘。被告人孙伟平的辩护人提出以孙伟平在18日、22日盗掘的是同一个古墓，应认定为一次。

• 裁判要旨 •

盗掘古墓葬罪的法定加重情节“多次盗掘”，尚无具体规定。针对同一座古墓多次盗掘、同一时间段对相邻古墓盗掘如何认定次数，在司法实践中应综合考虑犯罪故意的产生、犯罪行为的连续性、犯罪地点的独立性、犯罪对象的封闭性等因素，综合认定。

• 裁判理由 •

浙江省三门县人民法院经审理认为，被告人胡高峰、孙伟平、邵久康在不同时间盗掘不同地点的古墓，符合多次盗掘古墓葬这一加重情节。因此，认定被告人胡高峰、孙伟平、邵久康多次盗掘具有历史、艺术和科学价值的古墓葬，被告人陈伟苗盗掘具有历史、艺术和科学价值的古墓葬，各被告人的行为均已构成盗掘古墓葬罪，公诉机关指控的罪名成立。宣判后，被告人胡高峰不服，向浙江省台州市中级人民法院提起上诉。浙江省台州市中级人民法院经审理认为，四被告人盗掘具有历史、艺术和科学价值的古墓葬，其行为均已构成盗掘古墓葬罪。原判定罪正确，审判程序合法，但认定盗掘次数不当，导致适用法律错误，量刑过重，应予纠正。以盗掘古墓葬罪分别判处被告人胡高峰有期徒刑五年，并处罚金人民币8000元；被告人孙伟平有期徒刑五年，并处罚金人民币8000元；被告人邵久康有期徒刑三年，并处罚金人民币6000元；被告人陈伟苗有期徒刑一年六个月，并处罚金人民币3000元。

【案例三】

苗某成、曲某某、张某某、苗某军、陈某某盗掘古墓葬案①

• 案件事实 •

苗某成、曲某某与山西的周某某通过他人相识后，于1999年6月初某日三人一起在苗某成家商议盗掘古墓，由苗某成负责联系人员，曲某某出资准备钢铲、铁杆、手电筒、雷管、炸药等作案工具，周某某负责技术。

1999年6月10日，曲某某骑两轮摩托车带周某某到河南省卫辉市山彪战国墓地查看地形并确定了挖掘地点。6月11日晚9时许，曲某某骑摩托车携带作案工具，周某某与苗某成、张某某、苗某军、陈某某乘坐出租车先后到达卫辉市山彪战国墓地重点保护区，苗某成望风，曲某某、周某某用钢铲打洞盗掘，张某某、苗某军、陈某某帮助运土，掘至直径30厘米、4.5米深时因土质较硬遂停止，于清晨离开现场。次日夜，苗某成、曲某某、张某某、苗某军、陈某某和周某某再次来到山彪战国墓地重点保护区，在距上述洞口2米处重新打洞实施盗掘，掘至直径30厘米、深80厘米时，五被告人被公安人员当场抓获，周某某逃跑。

• 裁判要旨 •

多人共同盗掘古墓葬案件中如何确定共同犯罪人的责任以实现罪责刑相适应原则。

• 裁判理由 •

河南省卫辉市人民检察院认为被告人苗某成、曲某某、张某某、苗某军、陈某某的行为均已构成盗掘古墓葬罪，请求依法惩处。

河南省卫辉市人民法院经审理认为：被告人苗某成、曲某某、张某某、苗某军、陈某某以非法占有古墓葬中的文物为目的，在山彪战国墓地重点保护区内实施盗掘行为，五被告人均已构成盗掘古墓葬罪。检察院指控五被告人罪名成立。被告人苗某成联系纠集被告人张某某、苗某军、陈某某参与盗掘古墓葬的犯罪活动；被告人曲某某出资准备作案工具，与周某某共同查看盗掘地点，积极打洞盗掘，二被告人在共同犯罪中均起主要作用，检察机关指控二被告人均为本案主犯的意见正确，二被告人对认定主犯有异议的辩解意见不予采纳。根据盗掘古墓葬罪系行为犯而非结果犯的犯罪构成特征，本案被告人均在客观

---

① 参见河南省卫辉市人民法院（1999）卫刑初字第97号。

上实施了盗掘古墓葬的行为，即已构成了盗掘古墓葬犯罪的既遂，故辩护人关于犯罪预备的辩护意见不能成立。关于重点保护区与古墓葬是两个不同概念的辩护意见予以酌情考虑。依照《刑法》第328条第1款，第26条第1款、第4款，第27条，第72条，第64条之规定，判决如下：一、被告人苗某成犯盗掘古墓葬罪，判处有期徒刑三年，并处罚金2万元。二、被告人曲某某犯盗掘古墓葬罪，判处有期徒刑三年，并处罚金2万元。三、被告人张某某犯盗掘古墓葬罪，判处有期徒刑一年，缓刑一年，并处罚金15000元。四、被告人苗某军犯盗掘古墓葬罪，判处有期徒刑一年，缓刑一年，并处罚金15000元。五、被告人陈某某犯盗掘古墓葬罪，判处有期徒刑一年，缓刑一年，并处罚金15000元。六、随案移送的作案工具予以没收。

【学理分析及适用指引】

• 学理分析 •

1. 盗掘古文化遗址、古墓葬罪的构成。盗掘古文化遗址、古墓葬罪，是指以非法占有为目的，私自挖掘具有历史、艺术、科学价值的古文化遗址、古墓葬的行为。本罪的构成要件如下：

（1）本罪的客体。本罪侵犯的客体是复杂客体，其主要客体是国家对古文化遗址、古墓葬的管理秩序，次要客体是国家对古文化遗址、古墓葬的所有权。本罪的犯罪对象是古文化遗址、古墓葬。所谓古文化遗址，是指古代人类各种活动留下的遗迹。既包括人类为不同用途所营建的建筑群体，例如民居、宫殿、官署、寺庙、作坊以及范围更大的村寨、城堡、烽燧等各类建筑残迹；也包括人类对自然环境加以利用和加工而遗留的一些场所，例如，洞穴、采石场、沟渠、仓窖、矿坑等。① 所谓古墓葬，泛指人类古代采取一定方式对死者进行埋葬的遗迹。包括墓穴、葬具、随葬器物和墓地。

（2）本罪的客观方面。本罪的客观方面表现为盗掘具有历史、艺术、科学价值的古文化遗址、古墓葬的行为。所谓盗掘，是指未经批准而私自挖掘。盗掘为单一行为还是复合行为，即盗掘是否由私自挖掘和盗取文物组成？原则上盗掘行为不包括盗窃行为，是单一的危害行为，但是在个别情况下，不排除盗掘行为可以是复合的危害行为。②

（3）本罪的主体。本罪的主体是一般主体，并且只限于自然人，单位不能成为本罪主体。

---

① 《中国大百科全书》（文物博物馆），中国大百科全书出版社1993年版，第187页。转引自薛瑞麟：《文物犯罪研究》，中国政法大学出版社2002年版，第236页。

② 薛瑞麟：《文物犯罪研究》，中国政法大学出版社2002年版，第241页。

（4）本罪的主观方面。本罪的主观方面是故意，并且具有非法占有的目的。

2. 盗掘古人类化石、古脊椎动物化石罪的构成。盗掘古人类化石、古脊椎动物化石罪，是指以非法占有为目的，私自挖掘国家保护的具有科学价值的古人类化石、古脊椎动物化石的行为。本罪的构成要件如下：

（1）本罪的客体。本罪所侵害的客体是国家文物保护管理制度和国家对古人类化石、古脊椎动物化石的所有权。本罪的犯罪对象为国家保护的具有科学价值的古人类化石和古脊椎动物化石，但往往与古人类化石、古脊椎动物化石同时被发现的文化遗物，如石制品等不能成为本罪的犯罪对象。

（2）本罪的客观方面。本罪在客观方面表现为盗掘国家保护的具有科学价值的古人类化石、古脊椎动物化石的行为。所谓盗掘，是指违反文物保护法规，不经主管部门批准，非法私自挖掘。本罪是行为犯，至于是否在盗掘中破坏或者窃取了古人类化石、古脊椎动物化石，则并不影响本罪的成立。有盗掘行为并盗窃或者严重破坏古人类化石、古脊椎动物化石的，适用加重的法定刑。

（3）本罪的主体。本罪的主体为一般主体，即年满16周岁具有刑事责任能力的自然人，单位不能成为本罪主体。

（4）本罪的主观方面。本罪在主观方面为故意，即明知是国家保护的具有科学价值的古人类化石或者古脊椎动物化石而仍决意盗掘，并且具有非法占有古人类化石或者古脊椎动物化石的目的。

3. 盗掘古文化遗址、古墓葬罪的既遂与未遂的争议及其解决。对此问题，学界有不同的看法，主要有以下观点：[①]（1）“窃得文物（葬品）说”，即以行为人实际窃取并控制文物作为既遂的标准；（2）“破坏古文化遗址、古墓葬说”，即以古文化遗址、古墓葬是否受到破坏作为犯罪既遂的标准；（3）“盗掘行为说”，即只要行为人实施了盗掘古文化遗址、古墓葬的行为便构成既遂。

上述三种观点中，“窃得文物（葬品）说”作为既遂标准过于严格，显然违背罪责刑相适应原则，不利于遏制十分猖獗的盗掘古文化遗址、古墓葬的行为。况且，《刑法》第328条第4项已经将盗窃珍贵文物的情形作为盗掘古文化遗址、古墓葬罪的加重犯罪构成并设置了更高的法定刑，再将其作为基本犯罪既遂的标准，显然是不符合刑法学关于犯罪构成的基本理论的。另外，有的古文化遗址、古墓葬，由于前人的盗掘、自然力的损坏等原因造成古文化遗址内或者古墓葬内根本没有或者没有完整地依然保留较高价值的文物（葬品）遗存，把这类行为都作为未遂处理，显然也是不合理的。“破坏古文化遗址、古墓葬说”的不合理性则更加明显，其作为认定本罪既遂的标准，比“窃得

① 薛瑞麟：《文物犯罪研究》，中国政法大学出版社2002年版，第245页。

文物（葬品）说”更为严格，将使得大量的具有严重社会危害性的犯罪行为得不到应有的惩罚。另外，《刑法》第328条第4项也将造成珍贵文物严重破坏的作为盗掘古文化遗址、古墓葬罪的加重构成要件，如果再作为本罪基本犯罪的既遂标准，显然也是不合理的。只有“盗掘行为说”是可取的。根据《刑法》第328条的规定，本罪的基本犯罪构成是行为犯。所谓行为犯，是指以犯罪行为是否实施完毕作为犯罪既遂标准的犯罪构成形态。由于具有历史、艺术、科学价值的古文化遗址、古墓葬及其中埋藏的地下文物有着不可再生的特点，出于特殊保护的需要，立法者在其基本构成中只规定了盗掘行为，并将盗窃珍贵文物或者造成珍贵文物严重破坏的结果置于基本构成之外。因此，本罪的既遂与未遂只能以盗掘行为是否实际完成为标准。因而，“盗掘行为说”得到广泛认可与赞同，并逐渐成为学界通说。①

4. 石窟寺是否属于古文化遗址的范围。关于石窟寺是否应该包括在《刑法》第328条规定的古文化遗址的范围中？我们认为是可以的，这属于刑法理论上的扩大解释。

我们认为，将《刑法》第328条中的具有历史、艺术、科学价值的古文化遗址扩大解释为包括具有历史、艺术、科学价值的石窟寺是符合刑法扩大解释的基本要求的：

（1）盗掘具有历史、艺术、科学价值的石窟寺的行为具有刑事处罚的必要性。《文物保护法》第2条第1款规定：“在中华人民共和国境内，下列文物受国家保护：（一）具有历史、艺术、科学价值的古文化遗址、古墓葬、古建筑、石窟寺和石刻、壁画……”可见，具有历史、艺术、科学价值的石窟寺是与具有历史、艺术、科学价值的古文化遗址并列地受法律保护的古代艺术珍品，盗掘具有历史、艺术、科学价值的石窟寺的行为同盗掘具有历史、艺术、科学价值的古文化遗址的行为一样具有严重的社会危害性，应该受到刑罚惩罚。

（2）将《刑法》第328条中的具有历史、艺术、科学价值的古文化遗址扩大解释为包括具有历史、艺术、科学价值的石窟寺，并不侵犯国民的预测可能性。如上所述，《文物保护法》明文将具有历史、艺术、科学价值的石窟寺与具有历史、艺术、科学价值的古文化遗址并列受法律保护，将此处的“法律”理解为包括《刑法》在内是完全符合国民的预测习惯和方式的。根据《中国大百科全书》（文物博物馆）的解释，所谓古文化遗址，是指古代人类各种活动留下的遗迹。既包括人类为不同用途所营建的建筑群体，例如，民居、宫殿、官署、寺庙、作坊以及范围更大的村寨、城堡、烽燧等各类建筑残迹，也包括人类对自然环境加以利用和加工而遗留的一些场所，例如，洞穴、

① 薛瑞麟：《文物犯罪研究》，中国政法大学出版社2002年版，第245页。

采石场、沟渠、仓窖、矿坑等。① 因而将具有历史、艺术、科学价值的古文化遗址扩大解释为包括具有历史、艺术、科学价值的石窟寺也是符合《中国大百科全书》的权威性解释的。

（3）将《刑法》第 328 条中的具有历史、艺术、科学价值的古文化遗址扩大解释为包括具有历史、艺术、科学价值的石窟寺，也是与《刑法》的相关条文内容及《刑法》的整体精神相协调的。

5. 恐龙蛋化石是否属于具有科学价值的古脊椎动物化石。恐龙是一类灭绝了的古脊椎动物，它们生存在距今 2 亿年至 7000 万年的中生代。恐龙蛋化石属于遗迹化石，即古脊椎动物的遗迹化石，这已为古动物学所承认。至于恐龙蛋的科学价值，也是不应怀疑的。恐龙蛋被古动物学界称为“化石中的珍品”。②《文物保护法》第 2 条第 3 款规定：具有科学价值的古脊椎动物化石和古人类化石同文物一样受国家保护。《刑法》第 328 条第 2 款规定：盗掘国家保护的具有科学价值的古人类化石和古脊椎动物化石的，依照盗掘古文化遗址、古墓葬罪的规定处罚。因此，我们认为，恐龙蛋化石属于具有科学价值的古脊椎动物化石。

• 适用指引 •

司法实践中，认定本条规定的罪名时应注意：

1. 并非所有的古文化遗址、古墓葬都能够成为本罪的犯罪对象，只有那些具有历史、艺术、科学价值的古文化遗址、古墓葬才能受到《刑法》的保护。应注意对本罪的认定及对既遂未遂问题的理解。

2. 对于盗掘古人类化石、古脊椎动物化石后又倒卖或者走私等行为的定性。根据《全国人民代表大会常务委员会关于〈中华人民共和国刑法〉有关文物的规定适用于具有科学价值的古脊椎动物化石、古人类化石的解释》，《刑法》有关文物的规定，适用于具有科学价值的古脊椎动物化石、古人类化石。这个法律解释明确了走私、盗窃、损毁、倒卖或者非法转让具有科学价值的古脊椎动物化石、古人类化石，或者失职造成具有科学价值的古脊椎动物化石、古人类化石损毁、流失等犯罪行为的刑法适用问题。

---

① 《中国大百科全书》（文物博物馆），中国大百科全书出版社 1993 年版，第 187 页。转引自薛瑞麟：《文物犯罪研究》，中国政法大学出版社 2002 年版，第 236 页。

② 《中国大百科全书》（文物博物馆），中国大百科全书出版社 1993 年版，第 187 页。转引逢薛瑞麟：《文物犯罪研究》，中国政法大学出版社 2002 年版，第 263 页。

第三百二十九条　抢夺、窃取国有档案罪；擅自出卖、转让国有档案罪

【法律规定】

● 法律条文 ●

《中华人民共和国刑法》

第三百二十九条　抢夺、窃取国家所有的档案的，处五年以下有期徒刑或者拘役。

违反档案法的规定，擅自出卖、转让国家所有的档案，情节严重的，处三年以下有期徒刑或者拘役。

有前两款行为，同时又构成本法规定的其他犯罪的，依照处罚较重的规定定罪处罚。

● 相关规定 ●

《中华人民共和国档案法》

第二条第二款　本法所称的档案，是指过去和现在的国家机构、社会组织以及个人从事政治、军事、经济、科学、技术、文化、宗教等活动直接形成的对国家和社会有保存价值的各种文字、图表、声像等不同形式的历史记录。

第二十三条　禁止买卖属于国家所有的档案。

国有企业事业单位资产转让时，转让有关档案的具体办法，由国家档案主管部门制定。

档案复制件的交换、转让，按照国家有关规定办理。

【案例】

兰成仕、李兆斌窃取国有档案案①

● 案件事实 ●

兰成仕、李兆斌，新疆维吾尔自治区巴里坤哈萨克自治县人民法院助理审判员。兰成仕、李兆斌对巴里坤县人民法院领导胡某心存不满。1999 年 12 月，巴里坤县法院为做好档案达标工作，重新装订已归档的案件卷宗。被聘用参加

---

① 参见《中华人民共和国最高人民法院公报》2002 年第 3 期。

此项工作的王某（系胡某的亲戚）将准备重新装订的27册卷宗（内有刑事案卷25册、执行案卷2册）放在该法院图书室内。兰成仕、李兆斌借机盗出这些卷宗，由兰成仕谎称“废纸”送往周某某家存放。事后，兰成仕、李兆斌草拟了一封信，让李兆斌的二叔李某清帮忙在兰成仕的宿舍重新抄写后，复印数份发往有关部门，控告胡某用人不当致使法院案卷丢失，胡某还在事后包庇丢卷人王某。2000年12月，兰成仕、李兆斌得知公安机关已着手侦查县法院档案丢失一事，遂将藏匿在周家的卷宗取走，丢弃在巴里坤县法院门口的“极梳”理发店屋顶上。2001年1月8日，经李兆斌指认，公安机关将丢弃的案卷追回。经巴里坤县保密局鉴定，被盗的27册卷宗中，属绝密级的卷宗2卷，秘密级的卷宗4卷。

• 裁判要旨 •

人民法院的案件卷宗属于刑法意义上的“国有档案”。

• 裁判理由 •

被告人兰成仕、李兆斌窃取国有档案一案，由新疆维吾尔自治区哈密市人民检察院向新疆维吾尔自治区哈密市人民法院提起公诉。新疆维吾尔自治区哈密市人民法院于2001年9月17日作出判决：一、被告人兰成仕犯窃取国有档案罪，判处有期徒刑五年。二、被告人李兆斌犯窃取国有档案罪，判决有期徒刑三年，宣告缓刑五年。

宣判后，被告人兰成仕、李兆斌不服一审判决，向新疆维吾尔自治区哈密地区中级人民法院提起上诉。

新疆维吾尔自治区哈密地区中级人民法院经审理后认为：上诉人兰成仕、李兆斌因对本院领导心存不满，为泄私愤，窃取人民法院的案卷材料27册后藏匿。原判认定上诉人兰成仕、李兆斌的行为均已构成窃取国有档案罪，对其分别判处有期徒刑五年和有期徒刑三年、宣告缓刑五年之事实清楚，证据确实充分，定性准确，量刑适当，审判程序合法。上诉人兰成仕上诉理由与查明的事实不符，不予采信。上诉人兰成仕在本案中既积极策划，主动实施窃取国有档案、拟写匿名信及转移赃物等行为，归案后又拒不认罪，毫无悔改之意，其提出量刑重的意见不予采纳；上诉人李兆斌归案后认罪态度好，并积极协助公安机关追回被窃取的案卷材料，有悔改表现，原判在量刑时已充分考虑，故上诉人兰成仕的辩护人提出兰成仕的量刑不当、请求从轻处罚的意见不予采纳。依据《刑事诉讼法》第189条第1项之规定，裁定如下：驳回上诉，维持原判。

【学理分析及适用指引】

• 学理分析 •

1. 抢夺、窃取国有档案罪的构成。抢夺、窃取国有档案罪，是指采取公然夺取或者秘密手段获取国家所有的档案的行为。本罪的构成要件如下：

本罪侵犯的客体是国家对档案的管理制度，侵害的犯罪对象是国家所有的档案，即指国家档案部门、国家机关、国有公司、企业、事业单位、人民团体和其他组织保管的、所有权属于国家的档案。本罪在客观方面表现为窃取国家所有的档案的行为。本罪主体由达到刑事责任年龄、具备刑事责任能力的自然人构成。本罪在主观方面表现为故意，即明知是国家所有的档案而进行抢夺、窃取，如果行为人不知抢夺、窃取的是国家档案的，不构成本罪。

抢夺、窃取国有档案罪的法定刑是五年以下有期徒刑或者拘役。非法获取国家秘密罪的法定刑是三年以下有期徒刑、拘役、管制或者剥夺政治权利；情节严重的，处三年以上七年以下有期徒刑。若行为人的行为既构成窃取国有档案罪，又构成非法获取国家秘密罪，这种情形在刑法理论上称为想象竞合犯，原则上择一重罪论处。

2. 擅自出卖、转让国有档案罪的构成。擅自出卖、转让国有档案罪，是指行为人违反档案法的规定，擅自出卖、转让国家所有的档案，情节严重的行为。本罪的构成要件如下：第一，本罪侵犯的客体是国家对档案的管理制度。本罪的犯罪对象是国家所有的档案。第二，本罪在客观方面表现为违反档案法的规定，擅自出卖、转让国家所有的档案的行为。所谓出卖，是指以牟利为目的，将档案出售给他人的行为。所谓转让，是指将档案的所有权转给他人的行为。擅自出卖、转让国家档案的行为只有在情节严重时才构成犯罪。第三，本罪的主体为一般主体，单位不能成为本罪主体。第四，本罪在主观方面表现为故意。

关于擅自出卖、转让国有档案罪，学界尚有不同观点：

（1）本罪侵犯的客体是复杂客体，包括国家的档案管理制度和档案的国家所有权。本罪侵害的犯罪对象是国有档案，即国家所有的档案。关于《刑法》规定的“国家所有的档案”是否只能理解为国家拥有所有权的档案。有学者认为，寄存于国家档案馆的集体和个人所有的、对国家和社会具有保存价值或者应当保密的档案，虽然其所有权并没有转移给国家，但根据“在国家机关、国有公司、企业、集体企业和人民团体管理、使用或者运输中的私人财产，以公共财产论”（《刑法》第91条第2款）的精神，寄存于国家档案馆的集体和个人所有的、对国家和社会具有保存价值或者应当保密的档案应当视为国有档案。[①] 但是也有学者认为这种论证是值得商榷的。在某些情况下非国有的财产以公共财产论是因为《刑法》的明文规定，在《刑法》没有明文规定的情况下是不能这样“论”的。但是，对于国有档案，《刑法》并没有作这样的扩大性的规定，必须严格按照《刑法》用语的含义来进行解释。《刑法》规定的是“国家所有的档案”，只能理解为国家拥有所有权的档案。如果将国家控制之下的非国家所有的档案也列为本罪的犯罪对象，并没有法律依据，有类推解释之嫌，实在是有违《刑法》原意。[②] 另外，关于国有档案的复制件，是否也应当作为国有档案看待的问题。有观点认为，如果行为人擅自出售、转让国有档案的复印件（复制品）的，一般也应构成本罪。擅自出售、转让国有档案的复制件也是对档案法规范的违反，也应当以本罪定罪量刑。[③] 但是也有观点认为，本罪中的犯罪对象——档案应当界定为档案原件而不包括复制件，擅自出卖、转让国有档案复制件的行为不能以本罪处罚。但是，由于国有档案同时具有多重性质，既是档案，又可能是文物，还可能包含有国家秘密、商业秘密以及其他信息，擅自出卖、转让国有档案复制件的行为虽然不能构成本罪，但可能构成其他犯罪。例如，如果所出卖、转让的档案复制件包含国家秘密，行为人则可能构成非法提供国家秘密罪或者故意泄露国家秘密罪等。[④]

（2）本罪在客观方面表现为违反档案法的规定，擅自出卖、转让国家所有的档案，情节严重的行为。首先，必须是违反了档案法的规定，擅自出卖或者转让国有档案。其次，必须是情节严重的行为。对于抢夺、窃取国有档案后又擅自出卖、转让该档案的行为，应当如何处理？有学者认为，对于这种情况应当以抢夺、窃取国有档案罪和擅自出卖、转让国有档案罪两罪并罚。[⑤] 另有学者持相反观点，认为对这种情况一般按照事后不可罚理论，不宜定两罪，可以一罪从重处罚。[⑥] 还有观点认为，这一问题可以用牵连犯的理论加以解决。抢夺、窃取行为是原因行为，出卖、转让行为是结果行为，两行为构成牵连关系，应当择一重罪（即抢夺、窃取国有档案罪）从重处罚。但是，需要明确的是，如果行为人的抢夺、窃取行为和出卖、转让行为针对的不是同一档案，则应当两罪并罚。[⑦]

---

① 谢望原主编：《妨害文物管理罪》，中国政法大学出版社 1999 年版，第 203 页。

② 孟伟、王志华：《论擅自出卖、转让国有档案罪》，载《华东理工大学学报（社会科学版）》2004 年第 3 期。

③ 李希慧主编：《妨害社会管理秩序罪新论》，武汉大学出版社 2001 年版，第 436 页。

④ 孟伟、王志华：《论擅自出卖、转让国有档案罪》，载《华东理工大学学报（社会科学版）》2004 年第 3 期。

⑤ 李希慧主编：《妨害社会管理秩序罪新论》，武汉大学出版社 2001 年版，第 437 页。

⑥ 陈兴良主编：《罪名指南》（下册），中国政法大学出版社 2000 年版，第 1173 页。

⑦ 孟伟、王志华：《论擅自出卖、转让国有档案罪》，载《华东理工大学学报（社会科学版）》2004 年第 3 期。

（3）关于本罪的犯罪主体，存在着两种截然相反的观点。一种观点认为，本罪的主体是一般主体即自然人。不仅国有档案的管理人员（包括合法使用或持有的人员）可以构成本罪，以非法手段取得国有档案的人也可能擅自出卖、转让国有档案从而构成本罪。① 另一种观点认为，本罪的主体应为特殊主体。理由在于，虽然《刑法》第329条第2款没有对该罪的主体作出明确规定，但事实上却只有特殊主体——国有档案的管理人员才有可能成为本罪主体。②

• 适用指引 •

司法实践中，认定本条规定的罪名时应注意：

1. 抢夺、窃取国有档案罪罪与非罪的界限。如果行为人抢夺或者窃取的不是国家所有而是集体或者个人所有的档案，则不构成犯罪。

2. 抢夺、窃取国有档案罪的一罪与数罪。国家所有的档案多属保密档案。在按规定向社会公布和开放之前，都不允许公布、流传和开放。而抢夺、窃取国家所有档案的行为人，目的大多是获取这种档案中的国家秘密，特别是有的犯罪分子抢夺国有档案的目的，是为境外的机构、组织、人员窃取、非法提供国家秘密。其行为既触犯了抢夺、窃取国有档案罪，又触犯了为境外窃取、非法提供国家秘密罪，应依照为境外窃取、非法提供国家秘密罪定罪处罚。

3. 擅自出卖、转让档案行为中罪与非罪的界限。根据新修订的《档案法》第23条的规定，国家所有的档案严禁买卖和非法转让行为。非国有企业、社会服务机构等单位和个人形成的档案，对国家和社会具有重要保存价值或者应当保密的，档案所有者应当妥善保管，必要时，可以依法收购或者征购。该类档案，档案所有者可以向国家档案馆寄存或者转让。严禁出卖、赠送给外国人或者外国组织。可见，对于国有档案，任何出售、转让的行为，都可能涉嫌擅自出卖、转让国有档案罪。因此，依法出卖、转让集体或者个人所有的档案，不构成犯罪。

4. 擅自出卖、转让国有档案罪的一罪与数罪。擅自出卖、转让国有档案罪同时又构成《刑法》规定的其他犯罪的，依照处罚较重的规定定罪处罚。如擅自出卖、转让国有档案，泄露国家秘密，情节特别严重的，可视行为人主观方面的具体情况，以故意泄露国家秘密罪或者过失泄露国家秘密罪定罪处罚。

5. 实践中，如果行为人盗窃、抢夺国有档案不成功，而直接使用暴力威

---

① 孟伟、王志华：《论擅自出卖、转让国有档案罪》，载《华东理工大学学报（社会科学版）》2004年第3期。

② 张正新：《论擅自出卖、转让国有档案罪》，载《法学家》1999年第5期。

胁等手段抢劫国有档案的，如何处理？《刑法》并未规定抢劫国有档案罪这一罪名，但该行为完全包含了抢夺国有档案的构成要件，基于“举其轻而明其重”的当然解释原理，对这种抢劫国有档案的行为应以抢夺国有档案罪定罪处罚。

第五节　危害公共卫生罪

第三百三十条　妨害传染病防治罪

【法律规定】

● 法律条文 ●

《中华人民共和国刑法》

第三百三十条　违反传染病防治法的规定，有下列情形之一，引起甲类传染病以及依法确定采取甲类传染病预防、控制措施的传染病传播或者有传播严重危险的，处三年以下有期徒刑或者拘役；后果特别严重的，处三年以上七年以下有期徒刑：

（一）供水单位供应的饮用水不符合国家规定的卫生标准的；

（二）拒绝按照疾病预防控制机构提出的卫生要求，对传染病病原体污染的污水、污物、场所和物品进行消毒处理的；

（三）准许或者纵容传染病病人、病原携带者和疑似传染病病人从事国务院卫生行政部门规定禁止从事的易使该传染病扩散的工作的；

（四）出售、运输疫区中被传染病病原体污染或者可能被传染病病原体污染的物品，未进行消毒处理的；

（五）拒绝执行县级以上人民政府、疾病预防控制机构依照传染病防治法提出的预防、控制措施的。

单位犯前款罪的，对单位判处罚金，并对其直接负责的主管人员和其他直接责任人员，依照前款的规定处罚。

甲类传染病的范围，依照《中华人民共和国传染病防治法》和国务院有关规定确定。

• 相关规定 •

《中华人民共和国传染病防治法》

第三条 本法规定的传染病分为甲类、乙类和丙类。

甲类传染病是指：鼠疫、霍乱。

乙类传染病是指：传染性非典型肺炎、艾滋病、病毒性肝炎、脊髓灰质炎、人感染高致病性禽流感、麻疹、流行性出血热、狂犬病、流行性乙型脑炎、登革热、炭疽、细菌性和阿米巴性痢疾、肺结核、伤寒和副伤寒、流行性脑脊髓膜炎、百日咳、白喉、新生儿破伤风、猩红热、布鲁氏菌病、淋病、梅毒、钩端螺旋体病、血吸虫病、疟疾。

丙类传染病是指：流行性感冒、流行性腮腺炎、风疹、急性出血性结膜炎、麻风病、流行性和地方性斑疹伤寒、黑热病、包虫病、丝虫病，除霍乱、细菌性和阿米巴性痢疾、伤寒和副伤寒以外的感染性腹泻病。

国务院卫生行政部门根据传染病暴发、流行情况和危害程度，可以决定增加、减少或者调整乙类、丙类传染病病种并予以公布。

第四条 对乙类传染病中传染性非典型肺炎、炭疽中的肺炭疽和人感染高致病性禽流感，采取本法所称甲类传染病的预防、控制措施。① 其他乙类传染病和突发原因不明的传染病需要采取本法所称甲类传染病的预防、控制措施的，由国务院卫生行政部门及时报经国务院批准后予以公布、实施。

需要解除依照前款规定采取的甲类传染病预防、控制措施的，由国务院卫生行政部门报经国务院批准后予以公布。

省、自治区、直辖市人民政府对本行政区域内常见、多发的其他地方性传染病，可以根据情况决定按照乙类或者丙类传染病管理并予以公布，报国务院卫生行政部门备案。

第七十三条 违反本法规定，有下列情形之一，导致或者可能导致传染病传播、流行的，由县级以上人民政府卫生行政部门责令限期改正，没收违法所得，可以并处五万元以下的罚款；已取得许可证的，原发证部门可以依法暂扣或者吊销许可证；构成犯罪的，依法追究刑事责任：

（一）饮用水供水单位供应的饮用水不符合国家卫生标准和卫生规范的；

（二）涉及饮用水卫生安全的产品不符合国家卫生标准和卫生规范的；

（三）用于传染病防治的消毒产品不符合国家卫生标准和卫生规范的；

（四）出售、运输疫区中被传染病病原体污染或者可能被传染病病原体污

---

① 根据2013年10月28日《国家卫生和计划生育委员会关于调整部分法定传染病病种管理工作的通知》第1条的规定，解除对人感染高致病性禽流感采取的《传染病防治法》规定的甲类传染病预防、控制措施。——编者注

染的物品，未进行消毒处理的；

（五）生物制品生产单位生产的血液制品不符合国家质量标准的。

《最高人民检察院、公安部关于公安机关管辖的刑事案件立案追诉标准的规定（一）》（公通字〔2008〕36号）

第四十九条 ［妨害传染病防治案（刑法第三百三十条）］违反传染病防治法的规定，引起甲类或者按照甲类管理的传染病传播或者有传播严重危险，涉嫌下列情形之一的，应予立案追诉：

（一）供水单位供应的饮用水不符合国家规定的卫生标准的；

（二）拒绝按照疾病预防控制机构提出的卫生要求，对传染病病原体污染的污水、污物、粪便进行消毒处理的；

（三）准许或者纵容传染病病人、病原携带者和疑似传染病病人从事国务院卫生行政部门规定禁止从事的易使该传染病扩散的工作的；

（四）拒绝执行疾病预防控制机构依照传染病防治法提出的预防、控制措施的。

本条和本规定第五十条规定的“甲类传染病”，是指鼠疫、霍乱；“按甲类管理的传染病”，是指乙类传染病中传染性非典型肺炎、炭疽中的肺炭疽、人感染高致病性禽流感①以及国务院卫生行政部门根据需要报经国务院批准公布实施的其他需要按甲类管理的乙类传染病和突发原因不明的传染病。

《最高人民法院、最高人民检察院、公安部、司法部关于依法惩治妨害新型冠状病毒感染肺炎疫情防控违法犯罪的意见》（法释〔2020〕7号）

二、准确适用法律，依法严惩妨害疫情防控的各类违法犯罪

（一）依法严惩抗拒疫情防控措施犯罪。故意传播新型冠状病毒感染肺炎病原体，具有下列情形之一，危害公共安全的，依照刑法第一百一十四条、第一百一十五条第一款的规定，以以危险方法危害公共安全罪定罪处罚：

1. 已经确诊的新型冠状病毒感染肺炎病人、病原携带者，拒绝隔离治疗或者隔离期未满擅自脱离隔离治疗，并进入公共场所或者公共交通工具的；

2. 新型冠状病毒感染肺炎疑似病人拒绝隔离治疗或者隔离期未满擅自脱离隔离治疗，并进入公共场所或者公共交通工具，造成新型冠状病毒传播的。

其他拒绝执行卫生防疫机构依照传染病防治法提出的防控措施，引起新型冠状病毒传播或者有传播严重危险的，依照刑法第三百三十条的规定，以妨害传染病防治罪定罪处罚。

以暴力、威胁方法阻碍国家机关工作人员（含在依照法律、法规规定行使

---

① 根据2013年10月28日《国家卫生和计划生育委员会关于调整部分法定传染病病种管理工作的通知》第1条的规定，解除对人感染高致病性禽流感采取的《传染病防治法》规定的甲类传染病预防、控制措施。——编者注

国家有关疫情防控行政管理职权的组织中从事公务的人员，在受国家机关委托代表国家机关行使疫情防控职权的组织中从事公务的人员，虽未列入国家机关人员编制但在国家机关中从事疫情防控公务的人员）依法履行为防控疫情而采取的防疫、检疫、强制隔离、隔离治疗等措施的，依照刑法第二百七十七条第一款、第三款的规定，以妨害公务罪定罪处罚。暴力袭击正在依法执行职务的人民警察的，以妨害公务罪定罪，从重处罚。

（十）依法严惩妨害疫情防控的违法行为。实施上述（一）至（九）规定的行为，不构成犯罪的，由公安机关根据治安管理处罚法有关虚构事实扰乱公共秩序，扰乱单位秩序、公共场所秩序、寻衅滋事，拒不执行紧急状态下的决定、命令，阻碍执行职务，冲闯警戒带、警戒区，殴打他人，故意伤害，侮辱他人，诈骗，在铁路沿线非法挖掘坑穴、采石取沙，盗窃、损毁路面公共设施，损毁铁路设施设备，故意损毁财物、哄抢公私财物等规定，予以治安管理处罚，或者由有关部门予以其他行政处罚。

对于在疫情防控期间实施有关违法犯罪的，要作为从重情节予以考量，依法体现从严的政策要求，有力惩治震慑违法犯罪，维护法律权威，维护社会秩序，维护人民群众生命安全和身体健康。

【案例】

章某某、季某某妨害传染病防治案①

• 案件事实 •

2020年1月15日，被告人季某某从湖北省武汉市返回浙江省青田县。1月19日，季某某参加了被告人章某某组织的聚会活动，与章某某等32人密切接触。1月23日，浙江省人民政府启动重大突发公共卫生事件一级响应。同日，季某某因出现发热、咳嗽等症状去青田县人民医院就诊，随即被留院医学观察，1月25日被确诊感染新冠肺炎。1月23日至2月6日，青田县疾控中心工作人员多次对季某某进行流行病学调查，季某某均隐瞒了1月19日参加聚会活动的事实。1月24日至2月4日，章某某因出现发热、咳嗽等症状多次去青田县人民医院、中医院就诊，医护人员询问其是否有武汉人员接触史时，章某某明知季某某系武汉返乡人员并已被确诊感染新冠肺炎，故意隐瞒与季某某密切接触史。2月4日，章某某被隔离治疗，2月7日被确诊感染新冠肺炎。其间，疾控中心工作人员多次对章某某进行流行病学调查，章某某仍故意隐瞒与季某某密切接触史，以及组织聚会与多人密切接触等事实。2月7日，防疫

① 参见2020年4月15日最高人民法院发布的第三批8个依法惩处妨害疫情防控犯罪典型案例。

工作人员根据大数据研判结果再次询问章某某、季某某，二人才承认1月19日密切接触的事实。因季某某隐瞒密切接触史，造成32人未被及时隔离；因章某某隐瞒密切接触史，造成113人未被及时隔离，还造成就诊时的医护人员14人、同诊病人等7人被集中隔离观察。

• 裁判要旨 •

违反《传染病防治法》的规定，拒不执行卫生防疫机构依照《传染病防治法》提出的预防、控制措施，故意隐瞒密切接触史，引起新型冠状病毒传播的严重危险，其行为均构成妨害传染病防治罪。

• 裁判理由 •

浙江省青田县人民法院经审理认为，被告人章某某、季某某违反传染病防治规定，拒不执行卫生防疫机构依照传染病防治法提出的预防、控制措施，故意隐瞒密切接触史，引起新型冠状病毒传播的严重危险，其行为均构成妨害传染病防治罪，应依法惩处。章某某就诊时故意隐瞒与武汉返乡并被确诊感染新冠肺炎的季某某的密切接触史，造成包括多名医务人员在内的21人被集中隔离，且在隔离治疗期间仍故意隐瞒与季某某的密切接触史，以及组织聚会与多人密切接触等事实，造成113人未被及时隔离，其情节相对季某某较重。二被告人归案后能够如实供述犯罪事实。据此，于2020年4月10日以妨害传染病防治罪分别判处被告人章某某有期徒刑九个月，被告人季某某有期徒刑八个月。

【学理分析及适用指引】

• 学理分析 •

妨害传染病防治罪，是指违反传染病防治法的规定，引起甲类传染病以及依法确定采取甲类传染病预防、控制措施的传染病传播或者有传播严重危险的行为。为强化公共卫生刑事法治保障，切实维护人民群众生命健康安全，《刑法修正案（十一）》在总结新冠肺炎疫情防控经验的基础上，对《刑法》第330条的妨害传染病防治罪进行了修订完善，进一步明确了新冠肺炎等依法确定采取甲类传染病管理控制措施的传染病，属于妨害传染病防治罪的调整范围。本罪构成要件如下：

1. 本罪的客体。本罪侵害的客体是国家关于传染病防治的管理制度。

2. 本罪的客观方面。本罪在客观方面表现为违反国家传染病防治法规定，引起甲类传染病以及依法确定采取甲类传染病预防、控制措施的传染病传播或者有传播严重危险的行为。具体包括五种情形：

（1）供水单位供应的饮用水不符合国家规定的卫生标准的。不符合国家规定的卫生标准，具体包括下列两种情形：其一，集中式供水单位供应的饮用水不符合国家《生活饮用水卫生标准》的；其二，单位自备水源未经批准与城镇集中式供水系统相连接的。

（2）拒绝按照疾病预防控制机构提出的卫生要求，对传染病病原体污染的污水、污物、场所和物品进行消毒处理的。"疾病预防控制机构"的表述更准确地确定了有权"提出卫生要求"的主体，因为传染病的防治直接属于疾病预防控制机构的工作内容，而且也符合《传染病防治法》第7条关于"各级疾病预防控制机构承担传染病监测、预测、流行病学调查、疫情报告以及其他预防、控制工作"的规定。此外，《传染病防治法》第78条第14项还对"疾病预防控制机构"作出了明确的界定，即"从事疾病预防控制活动的疾病预防控制中心以及与上述机构业务活动相同的单位"。

"场所和物品"的表述不仅符合防治传染病的实际需要，因为传染病也会通过被传染病病原体污染的场所来传播，而且与《传染病防治法》的相关规定相一致。《传染病防治法》第27条规定："对被传染病病原体污染的污水、污物、场所和物品，有关单位和个人必须在疾病预防控制机构的指导下或者按照其提出的卫生要求，进行严格消毒处理；拒绝消毒处理的，由当地卫生行政部门或者疾病预防控制机构进行强制消毒处理。"

（3）准许或者纵容传染病病人、病原携带者和疑似感染病病人从事国务院卫生行政部门规定禁止从事的易使该传染病扩散的工作的。

（4）出售、运输疫区中被传染病病原体污染或者可能被传染病病原体污染的物品，未进行消毒处理的。

（5）拒绝执行县级以上人民政府、疾病预防控制机构依照《传染病防治法》提出的预防、控制措施的。此项规定是为了弥补前四项具体规定之不足而作出的概括性规定，具体包括甲类传染病以及依法确定采取甲类传染病预防、控制措施的传染病传播或者有传播严重危险的病人拒绝进行隔离治疗等情形。相较于《刑法修正（十一）》修正之前，此项规定提升了依照《传染病防治法》提出预防、控制措施的主管部门的级别，使得只有拒绝执行县级以上人民政府、疾病预防控制机构依照传染病防治法提出的预防、控制措施的行为才成为《刑法》处罚的对象，从而限定了《刑法》处罚的范围。本罪属结果犯，以发生法定的危害结果，即引起甲类传染病及依法确定采取甲类传染病预防、控制措施的传染病传播或者有传播严重危险为必备构成要件。

3. 本罪的主体。本罪的主体是一般主体，包括自然人和单位，一般是指供水单位及有关机关、企事业单位、人民团体等单位的直接责任人员。

4. 本罪的主观方面。本罪在主观方面表现为过失，即行为人对引起甲类传染病以及依法确定采取甲类传染病预防、控制措施的传染病传播或传播严重危险这一结果是不明知的，但行为人违反《传染病防治法》规定的行为则是故意的。如果行为人明知会引起甲类传染病以及依法确定采取甲类传染病预防、控制措施的传染病传播或有传播严重危险而仍实施违反《传染病防治法》规定的行为的，则不能以本罪论处，而应以危害公共安全犯罪论处。

• 适用指引 •

司法实践中，认定本罪应注意：

1. 罪与非罪的界限。构成妨害传染病防治罪，必须引起了甲类传染病以及依法确定采取甲类传染病预防、控制措施的传染病的传播或者有传播的严重危险。因此，虽然有违反《传染病防治法》规定的行为，但是既未引起甲类传染病以及依法确定采取甲类传染病预防、控制措施的传染病的传播，也未引起传播的严重危险的，则不构成犯罪。此外，如果引起传播或者有传播危险的传染病，不是甲类传染病，而是乙类、丙类传染病，也不构成犯罪。所谓“甲类传染病”，根据《传染病防治法》第3条的规定，在我国目前甲类传染病包括鼠疫与霍乱两种；所谓“依法确定采取甲类传染病预防、控制措施的传染病”，主要是国家根据疫情防控需要，对乙类传染病中在一定时期传染性较强、危险性较大的疾病按照甲类传染病防控标准进行防控的部分传染病。《传染病防治法》第4条规定：对乙类传染病中传染性非典型肺炎、炭疽中的肺炭疽，采取该法所称甲类传染病的预防、控制措施。其他乙类传染病和突发原因不明的传染病需要采取该法所称甲类传染病的预防、控制措施的，由国务院卫生行政部门及时报经国务院批准后予以公布、实施。

2. 本罪与以其他危险方法危害公共安全罪的界限。妨害传染病防治罪是过失犯罪，即对造成甲类传染病传播及依法确定采取甲类传染病预防、控制措施的传染病或者有引起传播的严重危险的结果，行为人主观上是过失的心理状态；如果行为人出于报复社会，发泄不满等动机，希望造成甲类传染病及依法确定采取甲类传染病预防、控制措施的传染病传播的，如故意使霍乱或者鼠疫的菌种、毒种扩散，则不应定妨害传染病防治罪，而应定以其他危险方法危害公共安全罪。这种行为，即使没有造成严重后果，也构成犯罪。

第三百三十一条　传染病菌种、毒种扩散罪

【法律规定】

• 法律条文 •

《中华人民共和国刑法》

第三百三十一条　从事实验、保藏、携带、运输传染病菌种、毒种的人员，违反国务院卫生行政部门的有关规定，造成传染病菌种、毒种扩散，后果严重的，处三年以下有期徒刑或者拘役；后果特别严重的，处三年以上七年以下有期徒刑。

• 相关规定 •

《中华人民共和国传染病防治法》

第二十六条　国家建立传染病菌种、毒种库。

对传染病菌种、毒种和传染病检测样本的采集、保藏、携带、运输和使用实行分类管理，建立健全严格的管理制度。

对可能导致甲类传染病传播的以及国务院卫生行政部门规定的菌种、毒种和传染病检测样本，确需采集、保藏、携带、运输和使用的，须经省级以上人民政府卫生行政部门批准。具体办法由国务院制定。

第七十四条　违反本法规定，有下列情形之一的，由县级以上地方人民政府卫生行政部门责令改正，通报批评，给予警告，已取得许可证的，可以依法暂扣或者吊销许可证；造成传染病传播、流行以及其他严重后果的，对负有责任的主管人员和其他直接责任人员，依法给予降级、撤职、开除的处分，并可以依法吊销有关责任人员的执业证书；构成犯罪的，依法追究刑事责任：

（一）疾病预防控制机构、医疗机构和从事病原微生物实验的单位，不符合国家规定的条件和技术标准，对传染病病原体样本未按照规定进行严格管理，造成实验室感染和病原微生物扩散的；

（二）违反国家有关规定，采集、保藏、携带、运输和使用传染病菌种、毒种和传染病检测样本的；

（三）疾病预防控制机构、医疗机构未执行国家有关规定，导致因输入血液、使用血液制品引起经血液传播疾病发生的。

《中华人民共和国传染病防治法实施办法》（卫生部令第 17 号）

第十六条　传染病的菌（毒）种分为下列三类：

一类：鼠疫耶尔森氏菌、霍乱弧菌；天花病毒、艾滋病病毒；

二类：布氏菌、炭疽菌、麻风杆菌；肝炎病毒、狂犬病毒、出血热病毒、登革热病毒；斑疹伤寒立克次体；

三类：脑膜炎双球菌、链球菌、淋病双球菌、结核杆菌、百日咳嗜血杆菌、白喉棒状杆菌、沙门氏菌、志贺氏菌、破伤风梭状杆菌；钩端螺旋体、梅毒螺旋体；乙型脑炎病毒、脊髓灰质炎病毒、流感病毒、流行性腮腺炎病毒、麻疹病毒、风疹病毒。

国务院卫生行政部门可以根据情况增加或者减少菌（毒）种的种类。

第十七条 国家对传染病菌（毒）种的保藏、携带、运输实行严格管理：

（一）菌（毒）种的保藏由国务院卫生行政部门指定的单位负责。

（二）一、二类菌（毒）种的供应由国务院卫生行政部门指定的保藏管理单位供应。三类菌（毒）种由设有专业实验室的单位或者国务院卫生行政部门指定的保藏管理单位供应；

（三）使用一类菌（毒）种的单位，必须经国务院卫生行政部门批准；使用二类菌（毒）种的单位必须经省级政府卫生行政部门批准；使用三类菌（毒）种的单位，应当经县级政府卫生行政部门批准。

（四）一、二类菌（毒）种，应派专人向供应单位领取，不得邮寄；三类菌（毒）种的邮寄必须持有邮寄单位的证明，并按照菌（毒）种邮寄与包装的有关规定办理。

《最高人民检察院、公安部关于公安机关管辖的刑事案件立案追诉标准的规定（一）》（公通字〔2008〕36号）

第五十条 ［传染病菌种、毒种扩散案（刑法第三百三十一条）］从事实验、保藏、携带、运输传染病菌种、毒种的人员，违反国务院卫生行政部门的有关规定，造成传染病菌种、毒种扩散，涉嫌下列情形之一的，应予立案追诉：

（一）导致甲类和按甲类管理的传染病传播的；

（二）导致乙类、丙类传染病流行、暴发的；

（三）造成人员重伤或者死亡的；

（四）严重影响正常的生产、生活秩序的；

（五）其他造成严重后果的情形。

《最高人民法院、最高人民检察院、公安部、司法部关于依法惩治妨害新型冠状病毒感染肺炎疫情防控违法犯罪的意见》（法发〔2020〕7号）

二、准确适用法律，依法严惩妨害疫情防控的各类犯罪

（七）……

从事实验、保藏、携带、运输传染病菌种、毒种的人员，违反国务院卫生行政部门的有关规定，造成新型冠状病毒毒种扩散，后果严重的，依照刑法第三百三十一条的规定，以传染病毒种扩散罪定罪处罚。

……

（十）依法严惩妨害疫情防控的违法行为。实施上述（一）至（九）规定的行为，不构成犯罪的，由公安机关根据治安管理处罚法有关虚构事实扰乱公共秩序，扰乱单位秩序、公共场所秩序、寻衅滋事，拒不执行紧急状态下的决定、命令，阻碍执行职务，冲闯警戒带、警戒区，殴打他人，故意伤害，侮辱他人，诈骗，在铁路沿线非法挖掘坑穴、采石取沙，盗窃、损毁路面公共设施，损毁铁路设施设备，故意损毁财物、哄抢公私财物等规定，予以治安管理处罚，或者由有关部门予以其他行政处罚。

对于在疫情防控期间实施有关违法犯罪的，要作为从重情节予以考量，依法体现从严的政策要求，有力惩治震慑违法犯罪，维护法律权威，维护社会秩序，维护人民群众生命安全和身体健康。

【案例】

胡某某传染病菌种、毒种扩散案①

• 案件事实 •

胡某某，男，25 岁，某县卫生防疫部门工作人员。1997 年 10 月，某县卫生防疫部门因业务需要，要求某市卫生防疫部门供应乙型肝炎病毒。按照国家有关规定，乙型肝炎病毒属于二类毒种，使用毒种的单位应派专人向供应单位领取，不得邮寄。某县卫生防疫部门遂指派工作人员胡某某前往某市卫生防疫部门领取乙型肝炎病毒。胡某某按规定从某市卫生防疫部门领取乙型肝炎病毒后，因想去看望一下在某市的老同学，就将乙型肝炎病毒通过邮电局用包裹寄回某县卫生防疫部门。不料，因包裹在搬运过程中破损，造成乙型肝炎病毒大量扩散。由于胡某某在填写包裹单时，填的是普通物品，所以这次乙型肝炎病毒扩散没有立即引起注意，卫生防疫部门也没有立即采取应对措施，结果导致当地 20 多人感染上乙型肝炎病毒，在当地造成极大恐慌。胡某某回某县卫生防疫部门后，向当地派出所投案自首。

• 裁判要旨 •

运输传染病毒种的人员，违反国家相关定，对不能邮寄的病毒，却通过邮局邮寄，结果造成该病毒扩散，造成多人被感染的特别严重后果，应当以传染病菌种、毒种扩散罪追究刑事责任。

---

① 参见余剑主编：《妨害社会管理秩序罪》，法律出版社 2000 年版，第 425 ~426 页。

• 裁判理由 •

某县人民检察院以被告人胡某某犯传染病菌种、毒种扩散罪，向某县人民法院提起公诉。

某县人民法院经过公开审理认为：被告人胡某某作为运输传染病毒种的人员，违反国务院卫生行政部门的有关规定，对不能邮寄的二类毒种乙型肝炎病毒，通过邮局邮寄，结果造成乙型肝炎病毒扩散，并造成多人被感染的特别严重后果，其行为已构成传染病菌种、毒种扩散罪，应予惩处。鉴于被告人胡某某在案发后能主动投案自首，可以从轻处罚。据此，该院依照《刑法》第331条、第67条第1款的规定，以被告人胡某某犯传染病菌种、毒种扩散罪，判处有期徒刑六年。

【学理分析及适用指引】

• 学理分析 •

传染病菌种、毒种扩散罪，是指从事实验、保藏、携带、运输传染病菌种、毒种的人员，违反国务院卫生行政部门的有关规定，造成传染病菌种、毒种扩散，后果严重的行为。本罪的构成要件如下：①

1. 本罪的客体。本罪侵犯的客体是国家对传染病菌种、毒种的管理制度。本罪的犯罪对象是传染病菌种、毒种。这些传染病菌种、毒种是指我国《传染病防治法实施办法》第16条规定的一类、二类、三类传染病菌种、毒种。扩散上述传染病菌种、毒种以外的菌种、毒种的，不构成本罪。

2. 本罪的客观方面。本罪的客观方面表现为违反国务院卫生行政部门的有关规定，造成传染病菌种、毒种扩散，后果严重的行为。主要包括以下三个方面：

（1）必须违反国务院卫生行政部门的有关规定，即违反法律、法规以及部门规章等规范性法律文件中关于传染病菌种、毒种实验、保藏、携带、运输的规定。

（2）必须造成传染病菌种、毒种的扩散，即超越了对传染病菌种、毒种控制的范围，导致传染病菌种、毒种散布、传播的行为。

（3）必须达到后果严重的程度。本罪的“后果严重”应是指实际的危害后果而不是指有造成严重后果的危险；应该包括直接的财产损失而不包括间接的财产损失。如何认定后果严重，应从两个方面考虑：①传染病菌种、毒种本身性质是否严重；②造成的实际后果是否严重。造成一类传染病菌种、毒种扩

---

① 田兴洪：《传染病菌种、毒种扩散罪的若干问题研究》，载《兰州学刊》2007年第9期。

散的，本身就构成后果严重，不需要确认是否有人受感染；造成二类、三类传染病菌种、毒种扩散的，可以考虑已扩散的数量、范围、染病人数、造成的损失等因素确定是否构成严重后果。

3. 本罪的主体。本罪的主体是特殊主体，即从事实验、保藏、携带、运输传染病菌种、毒种的人员。需要注意的是，从事实验、保藏、携带、运输传染病菌种、毒种的人员并非仅限于专门从事上述活动的人员，对于依法临时从事这些业务的人员（如被委托人），同样属于本罪主体的范围。这些临时人员包括受卫生防疫部门委托，运输传染病菌种、毒种的司机，负责邮寄传染病菌种、毒种的邮政工作人员、押车员等。

4. 本罪的主观方面。本罪的主观方面是过失，但是行为人实施违反国务院卫生部门的有关规定则可能是故意。

• 适用指引 •

司法实践中，认定本罪应注意：

1. 罪与非罪的界限。构成本罪必须是引起传染病菌种、毒种的扩散，并造成了严重后果。因此，如果虽然有违反国务院卫生行政部门的管理规定的行为，但未引起传染病菌种、毒种的扩散，未造成严重后果的，不构成犯罪；如果虽然引起了传染病菌种、毒种的扩散，但尚未引起严重后果的，如由于发现、防治及时，没有引起人员健康受到损害的，也不构成犯罪。

2. 本罪与危险物品肇事罪的界限。两者的区别在于：

（1）犯罪对象不同。前者的犯罪对象是传染病菌种、毒种，后者的犯罪对象是爆炸性、易燃性、放射性、毒害性、腐蚀性物品。

（2）侵犯的客体不同。前者侵犯的客体是公共卫生秩序，后者侵犯的客体是公共安全。

（3）客观方面不同。前者在客观上违反的是国务院卫生行政部门关于传染病菌种、毒种实验、保藏、携带、运输的管理规定，而后者违反的是爆炸性、易燃性、放射性、毒害性、腐蚀性物品的管理规定；前者的行为发生在传染病菌种、毒种的实验、保藏、携带、运输过程中，后者则发生在生产、储存、运输、使用过程中。

第三百三十二条 妨害国境卫生检疫罪

【法律规定】

• 法律条文 •

《中华人民共和国刑法》

第三百三十二条 违反国境卫生检疫规定，引起检疫传染病传播或者有传播严重危险的，处三年以下有期徒刑或者拘役，并处或者单处罚金。

单位犯前款罪的，对单位判处罚金，并对其直接负责的主管人员和其他直接责任人员，依照前款的规定处罚。

• 相关规定 •

《中华人民共和国国境卫生检疫法》

第一条 为了防止传染病由国外传入或者由国内传出，实施国境卫生检疫，保护人体健康，制定本法。

第二条 在中华人民共和国国际通航的港口、机场以及陆地边境和国界江河的口岸（以下简称国境口岸），设立国境卫生检疫机关，依照本法规定实施传染病检疫、监测和卫生监督。

第三条 本法规定的传染病是指检疫传染病和监测传染病。

检疫传染病，是指鼠疫、霍乱、黄热病以及国务院确定和公布的其他传染病。

监测传染病，由国务院卫生行政部门确定和公布。

第四条 入境、出境的人员、交通工具、运输设备以及可能传播检疫传染病的行李、货物、邮包等物品，都应当接受检疫，经国境卫生检疫机关许可，方准入境或者出境。具体办法由本法实施细则规定。

第五条 国境卫生检疫机关发现检疫传染病或者疑似检疫传染病时，除采取必要措施外，必须立即通知当地卫生行政部门，同时用最快的方法报告国务院卫生行政部门，最迟不得超过二十四小时。邮电部门对疫情报告应当优先传送。

中华人民共和国与外国之间的传染病疫情通报，由国务院卫生行政部门会同有关部门办理。

第六条 在国外或者国内有检疫传染病大流行的时候，国务院可以下令封锁有关的国境或者采取其他紧急措施。

第二十条 对违反本法规定，有下列行为之一的单位或者个人，国境卫生检疫机关可以根据情节轻重，给予警告或者罚款：

（一）逃避检疫，向国境卫生检疫机关隐瞒真实情况的；

（二）入境的人员未经国境卫生检疫机关许可，擅自上下交通工具，或者装卸行李、货物、邮包等物品，不听劝阻的。

罚款全部上缴国库。

第二十二条 违反本法规定，引起检疫传染病传播或者有引起检疫传染病传播严重危险的，依照刑法有关规定追究刑事责任。

第二十三条 国境卫生检疫机关工作人员，应当秉公执法，忠于职守，对入境、出境的交通工具和人员，及时进行检疫；违法失职的，给予行政处分，情节严重构成犯罪的，依法追究刑事责任。

《国境卫生检疫法实施细则》（国务院令第709号）

第一百零九条 《国境卫生检疫法》和本细则所规定的应当受行政处罚的行为是指：

（一）应当受入境检疫的船舶，不悬挂检疫信号的；

（二）入境、出境的交通工具，在入境检疫之前或者在出境检疫之后，擅自上下人员，装卸行李、货物、邮包等物品的；

（三）拒绝接受检疫或者抵制卫生监督，拒不接受卫生处理的；

（四）伪造或者涂改检疫单、证、不如实申报疫情的；

（五）瞒报携带禁止进口的微生物、人体组织、生物制品、血液及其制品或者其他可能引起传染病传播的动物和物品的；

（六）未经检疫的入境、出境交通工具，擅自离开检疫地点，逃避查验的；

（七）隐瞒疫情或者伪造情节的；

（八）未经卫生检疫机关实施卫生处理，擅自排放压舱水，移下垃圾、污物等控制的物品的；

（九）未经卫生检疫机关实施卫生处理，擅自移运尸体、骸骨的；

（十）废旧物品、废旧交通工具，未向卫生检疫机关申报，未经卫生检疫机关实施卫生处理和签发卫生检疫证书而擅自入境、出境或者使用、拆卸的；

（十一）未经卫生检疫机关检查，从交通工具上移下传染病病人造成传染病传播危险的。

《最高人民检察院、公安部关于公安机关管辖的刑事案件立案追诉标准的规定（一）》（公通字〔2008〕36号）

第五十一条 ［妨害国境卫生检疫案（刑法第三百三十二条）］违反国境卫生检疫规定，引起检疫传染病传播或者有传播严重危险的，应予立案追诉。

本条规定的“检疫传染病”，是指鼠疫、霍乱、黄热病以及国务院确定和公布的其他传染病。

《最高人民法院、最高人民检察院、公安部、司法部、海关总署关于进一步加强国境卫生检疫工作依法惩治妨害国境卫生检疫违法犯罪的意见》（署法发〔2020〕50号）

二、依法惩治妨害国境卫生检疫的违法犯罪行为

为加强国境卫生检疫工作，防止传染病传入传出国境，保护人民群众健康安全，刑法、国境卫生检疫法对妨害国境卫生检疫违法犯罪行为及其处罚作出规定。人民法院、人民检察院、公安机关、海关在办理妨害国境卫生检疫案件时，应当准确理解和严格适用刑法、国境卫生检疫法等有关规定，依法惩治相关违法犯罪行为。

（一）进一步加强国境卫生检疫行政执法。海关要在各口岸加强国境卫生检疫工作宣传，引导出入境人员以及接受检疫监管的单位和人员严格遵守国境卫生检疫法等法律法规的规定，配合和接受海关国境卫生检疫。同时，要加大国境卫生检疫行政执法力度，对于违反国境卫生检疫法及其实施细则，尚不构成犯罪的行为，依法给予行政处罚。

（二）依法惩治妨害国境卫生检疫犯罪。根据刑法第三百三十二条规定，违反国境卫生检疫规定，实施下列行为之一的，属于妨害国境卫生检疫行为：

1. 检疫传染病染疫人或者染疫嫌疑人拒绝执行海关依照国境卫生检疫法等法律法规提出的健康申报、体温监测、医学巡查、流行病学调查、医学排查、采样等卫生检疫措施，或者隔离、留验、就地诊验、转诊等卫生处理措施的；

2. 检疫传染病染疫人或者染疫嫌疑人采取不如实填报健康申明卡等方式隐瞒疫情，或者伪造、涂改检疫单、证等方式伪造情节的；

3. 知道或者应当知道实施审批管理的微生物、人体组织、生物制品、血液及其制品等特殊物品可能造成检疫传染病传播，未经审批仍逃避检疫，携运、寄递出入境的；

4. 出入境交通工具上发现有检疫传染病染疫人或者染疫嫌疑人，交通工具负责人拒绝接受卫生检疫或者拒不接受卫生处理的；

5. 来自检疫传染病流行国家、地区的出入境交通工具上出现非意外伤害死亡且死因不明的人员，交通工具负责人故意隐瞒情况的；

6. 其他拒绝执行海关依照国境卫生检疫法等法律法规提出的检疫措施的。

实施上述行为，引起鼠疫、霍乱、黄热病以及新冠肺炎等国务院确定和公布的其他检疫传染病传播或者有传播严重危险的，依照刑法第三百三十二条的规定，以妨害国境卫生检疫罪定罪处罚。

对于单位实施妨害国境卫生检疫行为，引起鼠疫、霍乱、黄热病以及新冠肺炎等国务院确定和公布的其他检疫传染病传播或者有传播严重危险的，应当对单位判处罚金，并对其直接负责的主管人员和其他直接责任人员定罪处罚。

【案例】

霍某妨害国境卫生检疫案①

• 案件事实 •

霍某，男，32 岁，某中外合资企业外方驻中方工程技术人员。1997 年 10 月 23 日，霍某从某国度假返回中国，在通过我国某口岸时，趁我国国境卫生检疫人员不注意，逃避了应当接受的国境卫生检疫。霍某回到工作单位后，该中外合资企业 11 月发现了有霍乱传播的现象。先后有 4 名员工因健康原因前去医院检查，被诊断感染了霍乱。某市卫生防疫部门立即采取措施，防止霍乱的进一步传播，同时调查发生霍乱的原因。经过多方调查证实，此次霍乱传播是由于霍某入境时随身携带的行李在入境前感染了霍乱病毒，在入境时，霍某逃避国境卫生检疫，以致未能及时发现霍乱病毒，从而导致霍乱病毒的传播。该中外合资企业因此次事件被迫停产半个月，当地居民也产生了极大恐慌，后果严重。

• 裁判要旨 •

行为人入国境内时，逃避我国国境卫生检疫机构的卫生检查，将感染有霍乱病毒的行李带入我国境内，并造成霍乱病毒在当地的传播，后果严重，应以妨害国境卫生检疫罪追究刑事责任。

• 裁判理由 •

某市人民检察院以被告人霍某犯妨害国境卫生检疫罪，向某市人民法院提起公诉。该市人民法院经过公开审理认为：被告人霍某在进入我国境内时，逃避我国国境卫生检疫机构的卫生检查，将感染有霍乱病毒的行李带入我国境内，并造成霍乱病毒在当地的传播，给我国人民的健康造成了损害，且后果严重，其行为已构成妨害国境卫生检疫罪，判处其有期徒刑一年六个月，并处罚金人民币 5000 元。

【学理分析及适用指引】

• 学理分析 •

妨害国境卫生检疫罪，是指自然人或者单位违反国境卫生检疫规定，引起

① 参见余剑主编：《妨害社会管理秩序罪》，法律出版社 2000 年版，第 431 ~ 432 页。

检疫传染病传播或者有传播严重危险的行为。本罪的构成要件如下：[①]

1. 本罪的客体。本罪侵犯的客体是我国国境卫生检疫的管理制度。国境卫生检疫是指为防止传染病由国外传入或者由国内传出，保证进口食品卫生，保护人体健康，由国境卫生检疫机关暨进口食品卫生监督检验机构依照《国境卫生检疫法》《食品安全法》，在我国国境口岸对入境、出境的人员、交通工具、运输设备以及可能传播传染病的行李、货物、邮包等物品实施传染病检疫、监测和卫生监督以及对进口食品进行卫生监督检验的行政执法活动。[②] 国境卫生检疫主要包括检疫查验、传染病监测、国境口岸卫生监督、卫生处理和进口食品卫生监督检验等内容。

2. 本罪的客观方面。本罪在客观方面表现为实施了违反国境卫生检疫规定，引起检疫传染病的传播或者有传播严重危险的行为。具体包括以下几个方面的内容：

（1）行为违反了国境卫生检疫规定，这是构成该罪的前提条件。所谓违反国境卫生检疫规定，是指行为人在入境、出境时采取逃避、蒙混或者其他手段，不接受国境卫生检疫机关对人身或者物品的医学检查、卫生检查和必要的卫生处理，以及其他违反应当接受国境卫生检疫义务的行为。

（2）行为引起了检疫传染病传播或者有传播的严重危险，这是构成本罪的结果条件。根据我国《国境卫生检疫法》的规定，传染病分为检疫传染病和监测传染病。所谓检疫传染病，是指鼠疫、霍乱、黄热病以及国务院确定和公布的其他传染病。所谓监测传染病，是指按照世界卫生组织的要求，由各成员国根据自己本国的情况确定的传染病。目前，我国确定和公布的监测传染病包括流感、脊髓灰质炎、登革热、疟疾、斑疹伤寒、回归热等。所谓引起检疫传染病传播，是指实际造成了传播的后果，也就是说使他人感染上了检疫传染病，但感染的人数没有要求，也不要求被传播的人发生死亡等严重后果。所谓有传播严重危险，是指虽然尚未实际造成检疫传染病的传播，但具有造成检疫传染病传播的极大的现实可能性，一般表现为散播了大量检疫传染病病菌或者病毒，对公共卫生构成严重威胁的情况。

（3）行为人违反国境卫生检疫规定和引起检疫传染病传播或者有传播严重危险之间存在刑法上的因果关系。

3. 本罪的主体。本罪的主体是一般主体，即自然人和单位都可成为本罪主体。其中既包括中国公民和单位，也包括外国人、无国籍人和外国单位。但一般都是出入国境的人。[③]

---

① 黄京平主编：《危害公共卫生犯罪比较研究》，法律出版社2004年版，第131~133页。

② 参见宋明昌、陈晓枫主编：《中国国境卫生检疫法学》，法律出版社1994年版，第3~4页。

③ 朱兆银：《论妨害国境卫生检疫罪》，载《中国国境卫生检疫杂志》2004年第1期。

4. 本罪的主观方面。本罪的主观方面是过失，即行为人对引起检疫传染病的传播或者有传播严重危险的后果的心理态度是过失，但对违反国境卫生检疫规定，则可能是故意，也可能是过失。

• 适用指引 •

司法实践中，认定本罪应注意：

1. 罪与非罪的界限。妨害国境卫生检疫罪是过失犯罪，构成过失犯罪必须是行为造成了一定的后果。就本罪而言，必须是因违反国境卫生检疫规定的行为，引起了检疫传染病传播或者有传播的严重危险（有传播的严重危险也是一种后果）。因此，如果行为既未引起检疫传染病的传播，也未引起传播的严重危险的，则不构成犯罪。此外，如果引起传播或者有传播的严重危险的传染病不是检疫传染病，也不构成犯罪。

2. 本罪与妨害传染病防治罪的界限。两者有一定的相似之处，即都违反了有关传染病预防、检疫方面的法规，且都引起了传染病的传播或者有传播的严重危险。但两者又有一定的区别：

（1）侵害的直接客体不同。前者侵犯的是国境卫生检疫管理秩序；后者侵犯的则是国内的传染病防治管理秩序。

（2）行为表现不同。前者表现为违反国境卫生检疫规定，逃避对其人身和物品的检查；后者则表现为违反实施《传染病防治法》规定的行为。

（3）危害结果不同。前者除了引起甲类传染病，还包括其他检疫传染病的传播或传播的严重危险，如黄热病等；后者则只限于引起甲类传染病及依法确定采取甲类传染病预防、控制措施的传染病的传播或者有传播的严重危险。

第三百三十三条　非法组织卖血罪、强迫卖血罪

【法律规定】

• 法律条文 •

《中华人民共和国刑法》

第三百三十三条　非法组织他人出卖血液的，处五年以下有期徒刑，并处罚金；以暴力、威胁方法强迫他人出卖血液的，处五年以上十年以下有期徒刑，并处罚金。

有前款行为，对他人造成伤害的，依照本法第二百三十四条的规定定罪处罚。

• 相关规定 •

《中华人民共和国献血法》

第二条 国家实行无偿献血制度。

国家提倡十八周岁至五十五周岁的健康公民自愿献血。

第六条 国家机关、军队、社会团体、企业事业组织、居民委员会、村民委员会，应当动员和组织本单位或者本居住区的适龄公民参加献血。

现役军人献血的动员和组织办法，由中国人民解放军卫生主管部门制定。

对献血者，发给国务院卫生行政部门制作的无偿献血证书，有关单位可以给予适当补贴。

第七条 国家鼓励国家工作人员、现役军人和高等学校在校学生率先献血，为树立社会新风尚作表率。

第八条 血站是采集、提供临床用血的机构，是不以营利为目的的公益性组织。设立血站向公民采集血液，必须经国务院卫生行政部门或者省、自治区、直辖市人民政府卫生行政部门批准。血站应当为献血者提供各种安全、卫生、便利的条件。血站的设立条件和管理办法由国务院卫生行政部门制定。

第九条 血站对献血者必须免费进行必要的健康检查；身体状况不符合献血条件的，血站应当向其说明情况，不得采集血液。献血者的身体健康条件由国务院卫生行政部门规定。

血站对献血者每次采集血液量一般为二百毫升，最多不得超过四百毫升，两次采集间隔期不少于六个月。

严格禁止血站违反前款规定对献血者超量、频繁采集血液。

第十条 血站采集血液必须严格遵守有关操作规程和制度，采血必须由具有采血资格的医务人员进行，一次性采血器材用后必须销毁，确保献血者的身体健康。

血站应当根据国务院卫生行政部门制定的标准，保证血液质量。

血站对采集的血液必须进行检测；未经检测或者检测不合格的血液，不得向医疗机构提供。

第十一条 无偿献血的血液必须用于临床，不得买卖。血站、医疗机构不得将无偿献血的血液出售给单采血浆站或者血液制品生产单位。

第十二条 临床用血的包装、储存、运输，必须符合国家规定的卫生标准和要求。

第十四条 公民临床用血时只交付用于血液的采集、储存、分离、检验等费用；具体收费标准由国务院卫生行政部门会同国务院价格主管部门制定。

无偿献血者临床需要用血时，免交前款规定的费用；无偿献血者的配偶和直系亲属临床需要用血时，可以按照省、自治区、直辖市人民政府的规定免交或者减交前款规定的费用。

第十五条 为保障公民临床急救用血的需要，国家提倡并指导择期手术的患者自身储血，动员家庭、亲友、所在单位以及社会互助献血。

为保证应急用血，医疗机构可以临时采集血液，但应当依照本法规定，确保采血用血安全。

第十八条 有下列行为之一的，由县级以上地方人民政府卫生行政部门予以取缔，没收违法所得，可以并处十万元以下的罚款；构成犯罪的，依法追究刑事责任：

（一）非法采集血液的；

（二）血站、医疗机构出售无偿献血的血液的；

（三）非法组织他人出卖血液的。

《最高人民检察院、公安部关于公安机关管辖的刑事案件立案追诉标准的规定（一）》（公通字〔2008〕36号）

第五十二条 ［非法组织卖血案（刑法第三百三十三条第一款）］非法组织他人出卖血液，涉嫌下列情形之一的，应予立案追诉：

（一）组织卖血三人次以上的；

（二）组织卖血非法获利二千元以上的；

（三）组织未成年人卖血的；

（四）被组织卖血的人的血液含有艾滋病病毒、乙型肝炎病毒、丙型肝炎病毒、梅毒螺旋体等病原微生物的；

（五）其他非法组织卖血应予追究刑事责任的情形。

第五十三条 ［强迫卖血案（刑法第三百三十三条第一款）］以暴力、威胁方法强迫他人出卖血液的，应予立案追诉。

【案例】

金宝应、姬浩浩等非法组织卖血案①

• 案件事实 •

2019年6月18日、25日，被告人金宝应为牟利，与上海市青浦区重固镇泉山居委、章堰村、重固投资发展公司、重固小学等10家有献血指标的单位谈妥后，先后两次组织常勇、樊东亮、王某、李某某、张某2等83人冒充上述单位员工至上海市青浦区重固镇郏店村×××号郏店村会所出卖血液。上述83人当中33人系金宝应儿子被告人金天江联系从事劳务中介的被告人姬浩浩

① 参见上海市第二中级人民法院（2019）沪02刑终1760号。

组织至上述地址出卖血液。其间，被告人金宝应收取上述单位合计 16 余万元人民币，并将其中 4 万元人民币由被告人金天江转给被告人姬浩浩。被告人金天江案发以后自动投案并如实供述了上述事实，被告人金宝应、姬浩浩到案后如实供述了上述事实。

• 裁判要旨 •

未经卫生部门许可，非法组织他人卖血并从中牟利的行为依法构成非法组织卖血罪。

• 裁判理由 •

上海市青浦区人民法院认为，被告人金宝应、姬浩浩、金天江非法组织他人出卖血液，其行为已构成非法组织卖血罪。在共同犯罪中，被告人金宝应、姬浩浩起主要作用，系主犯；被告人金天江系从犯，对于从犯，依法予以从轻处罚。被告人金天江系自首，依法予以从轻处罚；被告人金宝应、姬浩浩到案后如实供述自己的罪行，依法予以从轻处罚。依照《刑法》第 333 条第 1 款，第 25 条第 1 款，第 26 条第 1 款、第 4 款，第 27 条，第 67 条第 1 款、第 3 款，第 72 条第 1 款、第 3 款，第 52 条，第 53 条，第 64 条之规定，以非法组织卖血罪分别判处被告人金宝应有期徒刑二年，并处罚金人民币 3 万元；判处被告人姬浩浩有期徒刑一年六个月，并处罚金人民币 2 万元；判处被告人金天江有期徒刑一年，缓刑一年，并处罚金人民币 1 万元。被告人金宝应、姬浩浩、金天江的违法所得予以追缴。扣押在案的赃款人民币 3 万元予以没收。扣押在案的作案工具手机一部予以没收。

上诉人金宝应提出原判量刑过重。姬浩浩提出其系主动投案应认定为自首，赃款中有 2 万元系金天江归还其的欠款，希望二审法院从轻处罚。

上海市人民检察院第二分院认为，本案相关证据能够相互印证，被告人金宝应、姬浩浩、金天江非法组织他人出卖血液，其行为均已构成非法组织卖血罪。上诉人姬浩浩虽自动投案，但到案初未如实供述其犯罪事实，不应认定为自首。一审判决认定上诉人金宝应、姬浩浩、金天江犯非法组织卖血罪的事实清楚，证据确实、充分，定罪、量刑并无不当，诉讼程序合法，建议二审驳回上诉，维持原判。

上海市第二中级人民法院二审认为，原审被告人金宝应、姬浩浩、金天江以牟利为目的非法组织他人卖血，其行为已构成非法组织卖血罪。原判认定三人犯非法组织卖血罪的事实清楚，证据确实、充分，适用法律正确。姬浩浩虽主动到案，但到案初未如实供述犯罪事实，不能认定为自首。姬浩浩提出部分赃款系借款的上诉理由没有相关证据证明。原判根据金宝应、姬浩浩、金天江犯罪的事实、性质、情节、作用和对于社会的危害程度以及自首、如实供述等情节，所作量刑并无不当，且诉讼程序合法。对上诉人的上诉理由不予采纳。上海市人民检察院第二分院的意见正确。依照《刑事诉讼法》第236条第1款第1项的规定，裁定如下：驳回上诉，维持原判。本裁定为终审裁定。

【学理分析及适用指引】

• 学理分析 •

1. 非法组织卖血罪的构成。非法组织卖血罪，是指非法组织他人出卖血液的行为。本罪的构成要件如下：

（1）本罪的客体。本罪的客体是复杂客体，主要客体是国家对献血工作的管理制度，次要客体是公共卫生。

（2）本罪的客观方面。本罪的客观方面表现为非法组织他人出卖血液的行为，具体是指通过指使、动员、拉拢、联络等方式组织他人出卖血液的行为。本罪是行为犯，只要行为人实施了非法组织他人出卖血液的行为就构成犯罪既遂，而不论危害结果是否实际发生。

（3）本罪的主体。本罪的主体是一般主体，即凡是达到了刑事责任年龄，具有刑事责任能力的自然人都可以成为本罪的主体。单位不能成为本罪主体。

（4）本罪的主观方面。本罪的主观方面是故意，是否出于营利的目的并不影响本罪的成立。①

2. 强迫卖血罪的构成。强迫卖血罪，是指以暴力、威胁方法强迫他人出卖血液的行为。本罪的构成要件如下：②

（1）本罪的客体。本罪侵犯的客体是复杂客体，其主要客体是国家对血液的管理制度，次要客体是公共卫生以及被强迫人的人身权利。

（2）本罪的客观方面。本罪在客观方面表现为以暴力、威胁方法强迫他人出卖血液的行为。暴力是指对他人人身进行打击或实施强制，如殴打、捆绑等。威胁是指以杀害、伤害、毁坏财产、破坏名誉等手段进行要挟，迫使他人接受自己的意志，从而实施卖血行为。他人既可以是除行为人外的特定的他人，也可以是除行为人外的不特定的他人。本罪是行为犯，犯罪的成立不以发生实害后果为条件。

（3）本罪的主体。本罪的主体为一般主体，单位不能成为本罪主体。

（4）本罪的主观方面。本罪在主观方面表现为直接故意，间接故意和过失不构成本罪。虽本罪多以牟利为犯罪目的，但不以此为构成要件。

3. 非法组织卖血罪、强迫卖血罪的立法问题及其完善。《刑法》第333条

---

① 黄京平主编：《危害公共卫生犯罪比较研究》，法律出版社2004年版，第142～146页。

② 黄京平主编：《危害公共卫生犯罪比较研究》，法律出版社2004年版，第153～155页。

第2款规定：非法组织他人或者以暴力、威胁方法强迫他人出卖血液的过程中对他人造成伤害的，以故意伤害罪定罪处罚。有论者认为，本条款的规定导致法定刑的不均衡：①

（1）上述规定违反了罪责刑相适应原则。非法组织他人或者以暴力、威胁方法强迫他人出卖血液的过程中，对他人造成伤害的，依据《刑法》第333条第2款的规定，以故意伤害罪定罪处罚。非法组织他人卖血或强迫他人卖血，未对他人造成伤害的，定非法组织卖血罪或强迫卖血罪，最高刑分别为五年、十年有期徒刑。而非法组织他人卖血或强迫他人卖血过程中，又对他人造成轻伤的，定故意伤害罪，最高刑却仅为三年有期徒刑。如果强迫他人卖血并致人重伤的，定故意伤害罪，起刑点为三年有期徒刑，而强迫他人卖血未造成他人伤害的，定强迫卖血罪，起刑点为五年有期徒刑。

（2）上述规定违反了转化犯的趋重性要件。立法者在设置《刑法》第333条时，已考虑非法组织他人或强迫他人卖血罪过程中伤害供血者身体健康的行为可能超出基本罪的社会危害程度，因而增设该条第2款，向最高刑为无期徒刑或死刑的重罪——故意伤害罪转化，创设了转化犯立法例。但立法者忽略了故意伤害罪有数个法定刑幅度，最低刑或最高刑均有低于非法组织卖血罪或强迫卖血罪的情形，违反了转化犯趋重性的要件。如何解决上述问题？有论者认为，正确的解决思路应该是修改《刑法》。建议参照《刑法》第238条第2款、第247条、第248条的转化犯立法例，将第333条修改、补充为："非法组织他人出卖血液的，处五年以下有期徒刑，并处罚金；致人重伤的，处五年以上十年以下有期徒刑，并处罚金。以暴力、威胁方法，强迫他人出卖血液的，处五年以上十年以下有期徒刑，并处罚金。有前款行为，致人严重残疾、死亡的，依照本法第二百三十四条、第二百三十二条的规定定罪处罚。"②

• 适用指引 •

司法实践中，认定本条规定的罪名时应注意：

1. 非法组织卖血罪和强迫卖血罪，在犯罪客体、犯罪主体和主观方面完全相同，唯一的区别是在客观方面的表现有所不同。前者只是非法组织卖血，并没有强迫他人卖血的意思和行为；而后者一般是发生在非法组织卖血的过程中，对卖血者使用暴力或者以暴力相威胁，强迫其卖血。因此，对于在非法组织卖血的过程中有强迫卖血的行为的，应该按照强迫卖血罪定罪处罚。

2. 根据本条第2款的规定，以暴力、威胁方法强迫他人出卖血液，对他人

① 吴劲松：《非法组织卖血罪、强迫卖血罪的立法缺陷及解决思路》，载《人民检察》2005年7月（上）。

② 吴劲松：《非法组织卖血罪、强迫卖血罪的立法缺陷及解决思路》，载《人民检察》2005年7月（上）。

造成伤害的，依照《刑法》第234条规定的故意伤害罪定罪处罚。《刑法》第234条规定了故意伤害致人轻伤、故意伤害致人重伤、故意伤害致人死亡或者以特别残忍手段致人重伤造成严重残疾三种情况。故意伤害致人轻伤的法定最高刑只有三年有期徒刑，故意伤害致人重伤（不包括以特别残忍手段致人重伤造成严重残疾的情形）的法定最高刑是十年有期徒刑，法定最低刑是三年有期徒刑；而强迫卖血罪的法定最高刑是十年有期徒刑，法定最低刑是五年有期徒刑。可见，强迫卖血罪的法定刑不仅重于故意伤害致人轻伤的法定刑，而且还重于故意伤害致人重伤（不包括以特别残忍手段致人重伤造成严重残疾的情形）的法定刑。按照从一重罪处罚的原则，以暴力、威胁方法强迫他人出卖血液，造成他人轻伤的，应当以强迫卖血罪定罪处罚。只有当实施的暴力方法致人死亡或者以特别残忍手段致人重伤造成严重残疾，其法定刑重于强迫卖血罪的法定刑时，才按照故意伤害罪定罪处罚。

3. 正确理解和掌握非法组织卖血罪的既遂与未遂问题。本罪是行为犯，只要为使他人出卖血液而实施了组织行为，即使被组织者尚未出卖血液，也构成非法组织卖血罪的既遂。因此，本罪不存在未遂问题。

4. 强迫卖血过程中实施了非法拘禁如何定罪的问题。强迫卖血罪中的暴力方法，包括对他人实施非法拘禁，使其丧失人身自由，以迫使他人卖血的行为。行为人的行为同时触犯强迫卖血罪和非法拘禁罪两个罪名，应按处理牵连犯的原则，从一重罪处罚。由于非法拘禁罪的法定刑轻于强迫卖血罪，所以应以强迫卖血罪论处。

第三百三十四条　非法采集、供应血液、制作、供应血液制品罪；采集、供应血液、制作、供应血液制品事故罪

【法律规定】

• 法律条文 •

《中华人民共和国刑法》

第三百三十四条　非法采集、供应血液或者制作、供应血液制品，不符合国家规定的标准，足以危害人体健康的，处五年以下有期徒刑或者拘役，并处罚金；对人体健康造成严重危害的，处五年以上十年以下有期徒刑，并处罚金；造成特别严重后果的，处十年以上有期徒刑或者无期徒刑，并处罚金或者没收财产。

经国家主管部门批准采集、供应血液或者制作、供应血液制品的部门，不

依照规定进行检测或者违背其他操作规定，造成危害他人身体健康后果的，对单位判处罚金，并对其直接负责的主管人员和其他直接责任人员，处五年以下有期徒刑或者拘役。

● 相关规定 ●

《中华人民共和国献血法》

第十九条　血站违反有关操作规程和制度采集血液，由县级以上地方人民政府卫生行政部门责令改正；给献血者健康造成损害的，应当依法赔偿，对直接负责的主管人员和其他直接责任人员，依法给予行政处分；构成犯罪的，依法追究刑事责任。

第二十一条　血站违反本法的规定，向医疗机构提供不符合国家规定标准的血液的，由县级以上人民政府卫生行政部门责令改正；情节严重，造成经血液途径传播的疾病传播或者有传播严重危险的，限期整顿，对直接负责的主管人员和其他直接责任人员，依法给予行政处分；构成犯罪的，依法追究刑事责任。

《最高人民法院、最高人民检察院关于办理非法采供血液等刑事案件具体应用法律若干问题的解释》（法释〔2008〕12号）

第一条　对未经国家主管部门批准或者超过批准的业务范围，采集、供应血液或者制作、供应血液制品的，应认定为刑法第三百三十四条第一款规定的“非法采集、供应血液或者制作、供应血液制品”。

第二条　对非法采集、供应血液或者制作、供应血液制品，具有下列情形之一的，应认定为刑法第三百三十四条第一款规定的“不符合国家规定的标准，足以危害人体健康”，处五年以下有期徒刑或者拘役，并处罚金：

（一）采集、供应的血液含有艾滋病病毒、乙型肝炎病毒、丙型肝炎病毒、梅毒螺旋体等病原微生物的；

（二）制作、供应的血液制品含有艾滋病病毒、乙型肝炎病毒、丙型肝炎病毒、梅毒螺旋体等病原微生物，或者将含有上述病原微生物的血液用于制作血液制品的；

（三）使用不符合国家规定的药品、诊断试剂、卫生器材，或者重复使用一次性采血器材采集血液，造成传染病传播危险的；

（四）违反规定对献血者、供血浆者超量、频繁采集血液、血浆，足以危害人体健康的；

（五）其他不符合国家有关采集、供应血液或者制作、供应血液制品的规定标准，足以危害人体健康的。

第三条　对非法采集、供应血液或者制作、供应血液制品，具有下列情形之一的，应认定为刑法第三百三十四条第一款规定的“对人体健康造成严重危害"，处五年以上十年以下有期徒刑，并处罚金：

（一）造成献血者、供血浆者、受血者感染乙型肝炎病毒、丙型肝炎病毒、梅毒螺旋体或者其他经血液传播的病原微生物的；

（二）造成献血者、供血浆者、受血者重度贫血、造血功能障碍或者其他器官组织损伤导致功能障碍等身体严重危害的；

（三）对人体健康造成其他严重危害的。

第四条 对非法采集、供应血液或者制作、供应血液制品，具有下列情形之一的，应认定为刑法第三百三十四条第一款规定的"造成特别严重后果"，处十年以上有期徒刑或者无期徒刑，并处罚金或者没收财产：

（一）因血液传播疾病导致人员死亡或者感染艾滋病病毒的；

（二）造成五人以上感染乙型肝炎病毒、丙型肝炎病毒、梅毒螺旋体或者其他经血液传播的病原微生物的；

（三）造成五人以上重度贫血、造血功能障碍或者其他器官组织损伤导致功能障碍等身体严重危害的；

（四）造成其他特别严重后果的。

第五条 对经国家主管部门批准采集、供应血液或者制作、供应血液制品的部门，具有下列情形之一的，应认定为刑法第三百三十四条第二款规定的"不依照规定进行检测或者违背其他操作规定"：

（一）血站未用两个企业生产的试剂对艾滋病病毒抗体、乙型肝炎病毒表面抗原、丙型肝炎病毒抗体、梅毒抗体进行两次检测的；

（二）单采血浆站不依照规定对艾滋病病毒抗体、乙型肝炎病毒表面抗原、丙型肝炎病毒抗体、梅毒抗体进行检测的；

（三）血液制品生产企业在投料生产前未用主管部门批准和检定合格的试剂进行复检的；

（四）血站、单采血浆站和血液制品生产企业使用的诊断试剂没有生产单位名称、生产批准文号或者经检定不合格的；

（五）采供血机构在采集检验标本、采集血液和成分血分离时，使用没有生产单位名称、生产批准文号或者超过有效期的一次性注射器等采血器材的；

（六）不依照国家规定的标准和要求包装、储存、运输血液、原料血浆的；

（七）对国家规定检测项目结果呈阳性的血液未及时按照规定予以清除的；

（八）不具备相应资格的医务人员进行采血、检验操作的；

（九）对献血者、供血浆者超量、频繁采集血液、血浆的；

（十）采供血机构采集血液、血浆前，未对献血者或供血浆者进行身份识别，采集冒名顶替者、健康检查不合格者血液、血浆的；

（十一）血站擅自采集原料血浆，单采血浆站擅自采集临床用血或者向医疗机构供应原料血浆的；

（十二）重复使用一次性采血器材的；

（十三）其他不依照规定进行检测或者违背操作规定的。

第六条　对经国家主管部门批准采集、供应血液或者制作、供应血液制品的部门，不依照规定进行检测或者违背其他操作规定，具有下列情形之一的，应认定为刑法第三百三十四条第二款规定的“造成危害他人身体健康后果”，对单位判处罚金，并对其直接负责的主管人员和其他直接责任人员，处五年以下有期徒刑或者拘役：

（一）造成献血者、供血浆者、受血者感染艾滋病病毒、乙型肝炎病毒、丙型肝炎病毒、梅毒螺旋体或者其他经血液传播的病原微生物的；

（二）造成献血者、供血浆者、受血者重度贫血、造血功能障碍或者其他器官组织损伤导致功能障碍等身体严重危害的；

（三）造成其他危害他人身体健康后果的。

第七条　经国家主管部门批准的采供血机构和血液制品生产经营单位，应认定为刑法第三百三十四条第二款规定的“经国家主管部门批准采集、供应血液或者制作、供应血液制品的部门”。

第八条　本解释所称“血液”，是指全血、成分血和特殊血液成分。

本解释所称“血液制品”，是指各种人血浆蛋白制品。

本解释所称“采供血机构”，包括血液中心、中心血站、中心血库、脐带血造血干细胞库和国家卫生行政主管部门根据医学发展需要批准、设置的其他类型血库、单采血浆站。

《血液制品管理条例》（国务院令第 666 号）

第三十四条　违反本条例规定，未取得省、自治区、直辖市人民政府卫生行政部门核发的《单采血浆许可证》，非法从事组织、采集、供应、倒卖原料血浆活动的，由县级以上地方人民政府卫生行政部门予以取缔，没收违法所得和从事违法活动的器材、设备，并处违法所得 5 倍以上 10 倍以下的罚款，没有违法所得的，并处 5 万元以上 10 万元以下的罚款；造成经血液途径传播的疾病传播、人身伤害等危害，构成犯罪的，依法追究刑事责任。

第三十五条　单采血浆站有下列行为之一的，由县级以上地方人民政府卫生行政部门责令限期改正，处 5 万元以上 10 万元以下的罚款；有第八项所列行为的，或者有下列其他行为并且情节严重的，由省、自治区、直辖市人民政府卫生行政部门吊销《单采血浆许可证》；构成犯罪的，对负有直接责任的主管人员和其他直接责任人员依法追究刑事责任：

（一）采集血浆前，未按照国务院卫生行政部门颁布的健康检查标准对供血浆者进行健康检查和血液化验的；

（二）采集非划定区域内的供血浆者或者其他人员的血浆的，或者不对供血浆者进行身份识别，采集冒名顶替者、健康检查不合格者或者无《供血浆证》者的血浆的；

（三）违反国务院卫生行政部门制定的血浆采集技术操作标准和程序，过频过量采集血浆的；

（四）向医疗机构直接供应原料血浆或者擅自采集血液的；

（五）未使用单采血浆机械进行血浆采集的；

（六）未使用有产品批准文号并经国家药品生物制品检定机构逐批检定合格的体外诊断试剂以及合格的一次性采血浆器材的；

（七）未按照国家规定的卫生标准和要求包装、储存、运输原料血浆的；

（八）对国家规定检测项目检测结果呈阳性的血浆不清除、不及时上报的；

（九）对污染的注射器、采血浆器材及不合格血浆等不经消毒处理，擅自倾倒，污染环境，造成社会危害的；

（十）重复使用一次性采血浆器材的；

（十一）向与其签订质量责任书的血液制品生产单位以外的其他单位供应原料血浆的。

第三十六条 单采血浆站已知其采集的血浆检测结果呈阳性，仍向血液制品生产单位供应的，由省、自治区、直辖市人民政府卫生行政部门吊销《单采血浆许可证》，由县级以上地方人民政府卫生行政部门没收违法所得，并处10万元以上30万元以下的罚款；造成经血液途径传播的疾病传播、人身伤害等危害，构成犯罪的，对负有直接责任的主管人员和其他直接责任人员依法追究刑事责任。

第三十八条 血液制品生产单位有下列行为之一的，由省级以上人民政府卫生行政部门依照药品管理法及其实施办法等有关规定，按照生产假药、劣药予以处罚；构成犯罪的，对负有直接责任的主管人员和其他直接责任人员依法追究刑事责任：

（一）使用无《单采血浆许可证》的单采血浆站或者未与其签订质量责任书的单采血浆站及其他任何单位供应的原料血浆的，或者非法采集原料血浆的；

（二）投料生产前未对原料血浆进行复检的，或者使用没有产品批准文号或者未经国家药品生物制品检定机构逐批检定合格的体外诊断试剂进行复检的，或者将检测不合格的原料血浆投入生产的；

（三）擅自更改生产工艺和质量标准的，或者将检验不合格的产品出厂的；

（四）与他人共用产品批准文号的。

《最高人民检察院、公安部关于公安机关管辖的刑事案件立案追诉标准的规定（一）》（公通字〔2008〕36号）

第五十四条 ［非法采集、供应血液、制作、供应血液制品案（刑法第三百三十四条第一款）］非法采集、供应血液或者制作、供应血液制品，涉嫌下列情形之一的，应予立案追诉：

（一）采集、供应的血液含有艾滋病病毒、乙型肝炎病毒、丙型肝炎病毒、梅毒螺旋体等病原微生物的；

（二）制作、供应的血液制品含有艾滋病病毒、乙型肝炎病毒、丙型肝炎病毒、梅毒螺旋体等病原微生物，或者将含有上述病原微生物的血液用于制作血液制品的；

（三）使用不符合国家规定的药品、诊断试剂、卫生器材，或者重复使用一次性采血器材采集血液，造成传染病传播危险的；

（四）违反规定对献血者、供血浆者超量、频繁采集血液、血浆，足以危害人体健康的；

（五）其他不符合国家有关采集、供应血液或者制作、供应血液制品的规定，足以危害人体健康或者对人体健康造成严重危害的情形。

未经国家主管部门批准或者超过批准的业务范围，采集、供应血液或者制作、供应血液制品的，属于本条规定的“非法采集、供应血液、制作、供应血液制品”。

本条和本规定第五十二条、第五十三条、第五十五条规定的“血液”，是指全血、成分血和特殊血液成分。

本条和本规定第五十五条规定的“血液制品”，是指各种人血浆蛋白制品。

第五十五条 ［采集、供应血液、制作、供应血液制品事故案（刑法第三百三十四条第二款）］经国家主管部门批准采集、供应血液或者制作、供应血液制品的部门，不依照规定进行检测或者违背其他操作规定，涉嫌下列情形之一的，应予立案追诉：

（一）造成献血者、供血浆者、受血者感染艾滋病病毒、乙型肝炎病毒、丙型肝炎病毒、梅毒螺旋体或者其他经血液传播的病原微生物的；

（二）造成献血者、供血浆者、受血者重度贫血、造血功能障碍或者其他器官组织损伤导致功能障碍等身体严重危害的；

（三）其他造成危害他人身体健康后果的情形。

经国家主管部门批准的采供血机构和血液制品生产经营单位，属于本条规定的“经国家主管部门批准采集、供应血液或者制作、供应血液制品的部门”。采供血机构包括血液中心、中心血站、脐带血造血干细胞库和国家卫生行政主管部门根据医学发展需要批准、设置的其他类型血库、单采血浆站。

具有下列情形之一的，属于本条规定的“不依照规定进行检测或者违背其他操作规定”：

（一）血站未用两个企业生产的试剂对艾滋病病毒抗体、乙型肝炎病毒表面抗原、丙型肝炎病毒抗体、梅毒抗体进行两次检测的；

（二）单采血浆站不依照规定对艾滋病病毒抗体、乙型肝炎病毒表面抗原、丙型肝炎病毒抗体、梅毒抗体进行检测的；

（三）血液制品生产企业在投料生产前未用主管部门批准和检定合格的试剂进行复检的；

（四）血站、单采血浆站和血液制品生产企业使用的诊断试剂没有生产单位名称、生产批准文号或者经检定不合格的；

（五）采供血机构在采集检验样本、采集血液和成分血分离时，使用没有生产单位名称、生产批准文号或者超过有效期的一次性注射器等采血器材的；

（六）不依照国家规定的标准和要求包装、储存、运输血液、原料血浆的；

（七）对国家规定检测项目结果呈阳性的血液未及时按照规定予以清除的；

（八）不具备相应资格的医务人员进行采血、检验操作的；

（九）对献血者、供血浆者超量、频繁采集血液、血浆的；

（十）采供血机构采集血液、血浆前，未对献血者或者供血浆者进行身份识别，采集冒名顶替者、健康检查不合格者血液、血浆的；

（十一）血站擅自采集原料血浆，单采血浆站擅自采集临床用血或者向医疗机构供应原料血浆的；

（十二）重复使用一次性采血器材的；

（十三）其他不依照规定进行检测或者违背操作规定的。

【案例一】

常某印、邓某某、周某某非法采集血液案①

• 案件事实 •

1998年4月，常某印与其父常某林（在逃）预谋非法采集血液，牟取暴利。后常某林通过城郊乡谢庄村委韩坟组村民郭某某购得分离血浆用的离心沉淀机1台及其他用品。1998年4月16日，常某林租用唐河县城关镇常花园村委史庄村民乔某某的房子，由常某印负责分离血清，常某林之女常某静（在

① 参见最高人民法院中国应用法学研究所编：《人民法院案例选》（刑事卷下）（1992—1999年合订本），中国法制出版社2000年版，第1147页。

逃）负责从售血人员身上抽血及回输，在乔某某的房子内共非法采集血液5天，采集分离血清50袋，均由常某林销售。

1998年4月20日，周某某见到城郊乡常岗头村委村民王某某后，谎称为其大伯哥找房子修自行车，要求以每天20元的价格，租赁王某某的房子，王某某同意后，常某印伙同常某林于1998年4月21日将采血所用的设备转移到王某某家的地下室内，邓某某负责从售血人员身上抽血和回输，常某印负责分离血清。1998年4月25日，常某印、邓某某正在非法采血时，被公安机关当场抓获。常某印在王某某家的地下室内，共非法采血3天，采集血清54袋，除少量被常某林销售外，其余均在发案时被扣押。所扣押的血清和血浆，经南阳市卫生防疫部门监测，不符合国家规定的标准，有足以危害人体健康的病毒。

• 裁判要旨 •

明知他人非法采集血液而帮助联系采集场所的行为，成立非法采集血液罪的帮助犯。

• 裁判理由 •

河南省唐河县人民检察院认为被告人常某印、邓某某、周某某的行为已构成非法采集血液罪，被告人周某某在犯罪中起辅助作用，请求法院依法惩处。

河南省唐河县人民法院经审理认为：被告人常某印、邓某某、周某某未经国家卫生行政主管部门的批准，非法采集不符合国家规定标准的血液，足以危害人体健康，其行为均已构成非法采集血液罪。唐河县人民检察院指控三被告人犯非法采集血液罪，罪名成立，予以支持。被告人常某印及其辩护人所提出的辩解和辩护理由，经查证，没有任何证据予以证实，不予采信。被告人常某印在作案中起主要作用，系主犯。邓某某的辩护人以被告人邓某某在作案中起次要作用，系从犯，请求法庭从轻处理的理由成立，予以采纳。被告人周某某的辩护人以被告人周某某只为非法采血联系地点，犯罪情节轻微且系从犯，建议减轻处罚的理由成立，予以采纳。河南省唐河县人民法院依照《刑法》第334条、第25条、第26条、第27条、第37条和第72条之规定，作出如下判决：一、常某印犯非法采集血液罪，判处有期徒刑二年，并处罚金人民币3000元。二、邓某某犯非法采集血液罪，判处有期徒刑一年，缓刑二年，并处罚金人民币2000元。三、周某某犯非法采集血液罪，免予刑事处分，并处罚金人民币1000元。

【案例二】

高某某、杨某、黄某某非法制作血液制品案①

● 案件事实 ●

1998年3月左右，高某某在南阳购买一台血浆离心机，并通过某勇找到在驻马店市老街乡付庄居住的杨某，让杨某联系采血地点。然后，杨某找到确山县胡庙乡臧集村舒庄的舒某某商量，并租赁舒的房子2间。1998年4月6日，高某某在南阳租一辆“面的”同王某某、黄某某一起拉着购买的血浆离心机到驻马店。到驻马店后，高某某又找到杨某，在杨某的带领下将人和机器运到舒某某家中。于当天晚上即开始组织人员采血，并将采集的血液制作成血浆。在采集血液和制作血浆的过程中，高某某负责全面工作，王某某（在逃）负责采血，黄某某负责血液分离，制作成血浆，杨某、孙某某负责组织卖血人员。从4月6日至4月12日高某某、杨某、黄某某、孙某某组织20余人卖血，采集血液并制作成血浆52袋（每袋500毫升），1998年4月10日，由高某某将28袋血液制品卖出（尚未获得赃款）。4月12日夜晚被确山县公安局胡庙派出所干警查获，并搜查出离心机1台，血液制品24袋，环输器3袋，天平1架。案发后公安机关已将查获的23袋血液制品销毁。

● 裁判要旨 ●

行为人擅自设立采血点，非法采集血液，并将采集的血液制作成血液制品，不符合国家规定的标准，足以危害人体健康的，同时构成非法采集血液罪和非法制作血液制品罪，应当以其目的行为即非法制作血液制品罪追究刑事责任。

● 裁判理由 ●

河南省确山县人民检察院认为：高某某、杨某、孙某某、黄某某的行为已构成非法采集血液制品罪，请求依照《刑法》第334条的规定判处。

河南省确山县人民法院经审理认为：被告人高某某、杨某、黄某某、孙某某在未经卫生行政主管部门批准，擅自设立采血点，采集血液，在无权制作血液制品的情况下，又将采集的血液制作成血液制品，不符合国家规定的标准，足以危害人体健康，其行为均构成非法制作血液制品罪，确山县人民检察院指

---

① 参见北大法意，载http：//202.197.127.211：809//detail？channelid=15400&record=1&presearchword=FileID=23718。

控被告人高某某、杨某、黄某某、孙某某的犯罪事实成立，本院予以认定，但确定罪名不当。四被告人共同故意实施犯罪，是共同犯罪。在共同犯罪中，高某某起主要作用，是主犯。杨某、黄某某、孙某某起次要作用，是从犯，应当从轻处罚。但杨某、黄某某在犯罪过程中积极参与，亦起重要作用。被告高某某辩称“只采取13个人的血”的辩解意见，缺乏证据，不予采纳。被告孙某某从开始卖血到后来又参与组织人员卖血，其性质发生了变化，故其辩称“我是卖血的，只是杨某让我帮他喊喊人，我的行为构不上犯罪”的辩解意见，理由不能成立，不予采纳。河南省确山县人民法院依照《刑法》第334条第1款、第25条第1款、第26条第1款、第27条、第64条之规定，判决如下：一、被告人高某某犯非法制作血液制品罪，判处有期徒刑三年，罚金人民币3000元。二、被告人杨某犯非法制作血液制品罪，判处有期徒刑二年，罚金人民币2000元。三、被告人黄某某犯非法制作血液制品罪，判处有期徒刑二年。四、被告人孙某某犯非法制作血液制品罪，判处有期徒刑一年四个月，罚金人民币1000元。五、离心机一台系作案工具，予以没收。

【学理分析及适用指引】

• 学理分析 •

1. 非法采集、供应血液、制作、供应血液制品罪的构成。非法采集、供应血液、制作、供应血液制品罪，是指非法采集、供应血液或者制作、供应血液制品，不符合国家规定的标准，足以危害人体健康的行为。本罪的构成要件如下：

（1）本罪的客体。本罪侵犯的客体是国家对于制作、供应血液制品的管理制度和他人的健康权、生命权。① 所谓血液制品，是指各种人血浆蛋白制品，它是指将人的血浆自供者采出后，用适当方法将其不同成分单个分离制成的各种制剂，从而能按不同需要输送给病人或作其他用途。②

（2）本罪的客观方面。本罪在客观方面表现为非法采集、供应血液或者非法制作、供应血液制品，不符合国家规定的标准，足以危害人体健康的行为。具体包括以下几层含义：①必须有非法采集、供应血液或者非法制作、供应血液制品的行为。此处的非法，不仅指违反操作规定，而且指未经国家主管部门批准。实践中，常见的情形多为血站违反有关操作规程和制度采集血液，或者不具有制作、供应血液制品的资格等。②必须是不符合国家规定的标准。

---

① 卢建平、田兴洪：《非法采集、供应血液、制作、供应血液制品事故罪的客体特征研究》，载《中国卫生法制》2008年第1期。

② 黄京平主编：《危害公共卫生犯罪比较研究》，法律出版社2004年版，第166页。

血液及血液制品质量的好坏集中表现在有效性和安全性两个方面。有效性是发挥治疗效果的基本条件，安全性是保证其充分发挥作用而又减少损伤和不良影响的必要条件。③必须是足以危害人体健康的行为。本罪是危险犯，只要足以危害人体健康就可以构成本罪的既遂而并不需要造成实际的危害结果。

（3）本罪的主体。本罪主体是一般主体，只要是达到了刑事责任年龄，具有刑事责任能力的自然人都可以构成本罪。

（4）本罪的主观方面。本罪的主观方面是故意，即行为人明知自己违反有关操作规定，或者明知自己没有资格从事制作、供应血液制品的活动仍然决意为之。但是行为人对可能造成的危害不特定人身体健康的结果则既可能出于过失，也可能是采取放任的态度。①

2. 采集、供应血液、制作、供应血液制品事故罪的构成。采集、供应血液、制作、供应血液制品事故罪，是指经国家主管部门批准采集、供应血液或者制作、供应血液制品的部门，不依照规定进行检测或者违背其他操作规定，造成危害他人身体健康后果的行为。本罪的构成要件如下：

（1）本罪的客体。本罪侵犯的客体是国家对于制作、供应血液制品的管理制度和他人的健康权、生命权。② 本罪对象是血液和血液制品，血液是指用于临床的全血、成分血和用于血液制品生产的原料血浆；血液制品，是指各种人血浆蛋白制品，它是指将人的血浆自供者采出后，用适当方法将其不同成分单个分离制成的各种制剂，从而能按不同需要输送给病人或作其他用途。③

（2）本罪的客观方面。本罪在客观方面表现为采集、供应血液或者制作、供应血液制品时，不依照规定进行检测或者违背其他操作规定，造成危害他人身体健康后果的行为。本罪客观方面的行为具体有四种表现形式：①违规采集血液造成事故的行为。例如，经国家主管部门批准采集血液的部门对不符合献血标准的供血者采集血液，造成危害他人身体健康后果的行为等。②违规供应血液造成事故的行为。例如，经国家主管部门批准采集血液的部门（血站）对采集的血液不进行必要的检测，或者将已经检测过的不合格的血液提供给医疗机构用于临床，因此造成输血者身体健康受到损害的行为等。③违规制作血液制品造成事故的行为。例如，经国家主管部门批准的单采血浆站违规单采血浆造成事故的行为等。④违规供应血液制品造成事故的行为。例如，生产血液制品的单位不按照规定对血液制品进行检验，致使提供给医疗机构的血液制品不合格，造成危害他人身体健康后果的行为等。④ 本罪是危险犯，只要足以危

---

① 高铭暄、马克昌主编：《中国刑法解释》（下卷），中国社会科学出版社 2005 年版，第 2333 页。

② 卢建平、田兴洪：《非法采集、供应血液、制作、供应血液制品事故罪的客体特征研究》，载《中国卫生法制》2007 年第 6 期。

③ 黄京平主编：《危害公共卫生犯罪比较研究》，法律出版社 2004 年版，第 166 页。

④ 黄京平主编：《危害公共卫生犯罪比较研究》，法律出版社 2004 年版，第 199 ~ 204 页。

害人体健康就可以构成本罪的既遂，而并不需要造成实际的危害结果。

（3）本罪的主体。本罪的主体是特殊主体，即必须是经国家主管部门批准的有权从事采集、供应血液或者制作、供应血液制品活动的单位，包括采供血机构（血站、单采血浆站和血库）和血液制品生产单位，个人不能构成本罪。

（4）本罪的主观方面。本罪在主观方面只能表现为过失，故意不构成本罪。

• 适用指引 •

1. 根据《刑法》第140条的规定，生产、销售伪劣产品罪，是指生产者、销售者在产品中掺杂、掺假，以假充真，以次充好或者以不合格产品冒充合格产品，销售金额5万元以上的行为。采集、供应血液、制作、供应血液制品不符合国家规定，从广义上说也是一种生产、销售伪劣产品的行为。但是血液和血液制品是属于对人体健康具有重大影响的特殊产品，对血液和血液制品的生产、销售有着更为严格的规定。《刑法》既然已经把采集、供应血液、制作、供应血液制品不符合国家规定因而造成事故的行为单独规定为犯罪，按照特别法优于一般法的原则，就不能再以生产、销售伪劣产品罪定罪处罚。

2. 采集、供应血液、制作、供应血液制品事故罪罪与非罪的界限。本罪属于实害犯，也就是说，行为必须实际上造成了危害他人身体健康的实际后果，才构成犯罪。因此，采集、供应血液或制作、供应血液制品的过程中，不依照规定进行检测或者违背其他操作规定，但未造成危害他人身体健康后果的，只属于一般违法行为，对直接责任人员和单位主管人员可以给予行政处分。

3. 采集、供应血液、制作、供应血液制品事故罪与非法采集、供应血液、制作、供应血液制品罪的界限。两者的相同点在于：客观上都实施了采集、供应血液或者制作、供应血液制品的行为，并都有可能造成危害他人身体健康的后果。两者的区别在于：

（1）犯罪主体不同。前者的犯罪主体仅限于单位，即有权采集、供应血液或者制作、供应血液制品的单位；后者的犯罪主体既包括单位，也包括个人，即无权采集、供应血液或者制作、供应血液制品的个人或者单位。

（2）客观方面的要求不同。前者在客观上必须已经实际造成危害他人身体健康的后果才构成犯罪，而后者只要有足以危害人体健康的危险就可以构成。

4. 采集、供应血液、制作、供应血液制品事故罪与重大责任事故罪的界限。两者的区别表现在：

（1）犯罪主体不同。前者只限于经国家主管部门批准采集、供应血液或者制作、供应血液制品的部门；后者为工厂、矿山、林场、建筑企业或其他企业、事业单位的职工。

（2）犯罪客观方面不同。前者表现为采集、供应血液或者制作、供应血液制品的过程中不依照规定进行检测或者违背了其他操作规定，并造成危害他人身体健康的后果；后者则表现为生产、作业活动中不服管理，违反规章制度，因而发生重大伤亡事故或者造成其他严重后果。显然，后者涉及的领域更为广泛。

（3）犯罪客体不同。前者专指国家对采集、供应血液或者制作、供应血液制品的管理制度，而后者是指国家对工厂、矿山、林场、建筑企业或者其他企业、事业单位的生产、作业的管理规定。显然，后者涉及的范围更为广泛。

第三百三十四条之一　非法采集人类遗传资源、走私人类遗传资源材料罪

【法律规定】

• 法律条文 •

《中华人民共和国刑法》

第三百三十四条之一　违反国家有关规定，非法采集我国人类遗传资源或者非法运送、邮寄、携带我国人类遗传资源材料出境，危害公众健康或者社会公共利益，情节严重的，处三年以下有期徒刑、拘役或者管制，并处或者单处罚金；情节特别严重的，处三年以上七年以下有期徒刑，并处罚金。

• 相关规定 •

《人类遗传资源管理暂行办法》（国办发〔1998〕36 号）

第二十一条　我国单位和个人违反本办法的规定，未经批准，私自携带、邮寄、运输人类遗传资源材料出口、出境的，由海关没收其携带、邮寄、运输的人类遗传资源材料，视情节轻重，给予行政处罚直到移送司法机关处理；未经批准擅自向外方机构或者个人提供人类遗传资源材料的，没收所提供的人类遗传资源材料并处以罚款；情节严重的，给予行政处罚直至追究法律责任。

第二十二条　国（境）外单位和个人违反本办法的规定，未经批准，私自采集、收集、买卖我国人类遗传资源材料的，没收其所持有的人类遗传资源材料并处以罚款；情节严重的，依照我国有关法律追究其法律责任。私自携带、邮寄、运输我国人类遗传资源材料出口、出境的，由海关没收其携带、邮寄、运输的人类遗传资源材料，视情节轻重，给予处罚或移送司法机关处理。

《科技部、卫生部、人口计生委关于加强人类遗传资源保护管理工作的通知》（国科发社〔2011〕214 号）

一、开展人类遗传资源研究的单位应对所涉及人类遗传资源的安全负责。凡涉及我国人类遗传资源（含有人体基因组、基因及其产物的器官、组织、细胞、血液、制备物、重组脱氧核糖核酸构建体等）的国际合作项目，中方合作单位必须按照有关规定办理报批手续。其中，地方所属单位及无上级主管部门或隶属关系的单位，应当报送该单位所在地的科技或卫生主管部门审查同意后，向中国人类遗传资源管理办公室提出申请，经审核批准后方可正式签约。

二、未经审批已经开展相关工作，但目前尚未完成的涉及我国人类遗传资源的国际合作项目必须立即停止实施，并按照有关规定补办报批手续，经中国人类遗传资源管理办公室批准后方可继续实施。

《中华人民共和国人类遗传资源管理条例》（国务院令第 717 号）

第二条 本条例所称人类遗传资源包括人类遗传资源材料和人类遗传资源信息。

人类遗传资源材料是指含有人体基因组、基因等遗传物质的器官、组织、细胞等遗传材料。

人类遗传资源信息是指利用人类遗传资源材料产生的数据等信息资料。

第九条 采集、保藏、利用、对外提供我国人类遗传资源，应当符合伦理原则，并按照国家有关规定进行伦理审查。

采集、保藏、利用、对外提供我国人类遗传资源，应当尊重人类遗传资源提供者的隐私权，取得其事先知情同意，并保护其合法权益。

采集、保藏、利用、对外提供我国人类遗传资源，应当遵守国务院科学技术行政部门制定的技术规范。

第十一条 采集我国重要遗传家系、特定地区人类遗传资源或者采集国务院科学技术行政部门规定种类、数量的人类遗传资源的，应当符合下列条件，并经国务院科学技术行政部门批准：

（一）具有法人资格；

（二）采集目的明确、合法；

（三）采集方案合理；

（四）通过伦理审查；

（五）具有负责人类遗传资源管理的部门和管理制度；

（六）具有与采集活动相适应的场所、设施、设备和人员。

第十二条 采集我国人类遗传资源，应当事先告知人类遗传资源提供者采集目的、采集用途、对健康可能产生的影响、个人隐私保护措施及其享有的自愿参与和随时无条件退出的权利，征得人类遗传资源提供者书面同意。

在告知人类遗传资源提供者前款规定的信息时，必须全面、完整、真实、准确，不得隐瞒、误导、欺骗。

第二十七条 利用我国人类遗传资源开展国际合作科学研究，或者因其他特殊情况确需将我国人类遗传资源材料运送、邮寄、携带出境的，应当符合下列条件，并取得国务院科学技术行政部门出具的人类遗传资源材料出境证明：

（一）对我国公众健康、国家安全和社会公共利益没有危害；

（二）具有法人资格；

（三）有明确的境外合作方和合理的出境用途；

（四）人类遗传资源材料采集合法或者来自合法的保藏单位；

（五）通过伦理审查。

利用我国人类遗传资源开展国际合作科学研究，需要将我国人类遗传资源材料运送、邮寄、携带出境的，可以单独提出申请，也可以在开展国际合作科学研究申请中列明出境计划一并提出申请，由国务院科学技术行政部门合并审批。

将我国人类遗传资源材料运送、邮寄、携带出境的，凭人类遗传资源材料出境证明办理海关手续。

第二十八条 将人类遗传资源信息向外国组织、个人及其设立或者实际控制的机构提供或者开放使用，不得危害我国公众健康、国家安全和社会公共利益；可能影响我国公众健康、国家安全和社会公共利益的，应当通过国务院科学技术行政部门组织的安全审查。

将人类遗传资源信息向外国组织、个人及其设立或者实际控制的机构提供或者开放使用的，应当向国务院科学技术行政部门备案并提交信息备份。

利用我国人类遗传资源开展国际合作科学研究产生的人类遗传资源信息，合作双方可以使用。

第三十六条 违反本条例规定，有下列情形之一的，由国务院科学技术行政部门责令停止违法行为，没收违法采集、保藏的人类遗传资源和违法所得，处50万元以上500万元以下罚款，违法所得在100万元以上的，处违法所得5倍以上10倍以下罚款：

（一）未经批准，采集我国重要遗传家系、特定地区人类遗传资源，或者采集国务院科学技术行政部门规定种类、数量的人类遗传资源；

（二）未经批准，保藏我国人类遗传资源；

（三）未经批准，利用我国人类遗传资源开展国际合作科学研究；

（四）未通过安全审查，将可能影响我国公众健康、国家安全和社会公共利益的人类遗传资源信息向外国组织、个人及其设立或者实际控制的机构提供或者开放使用；

（五）开展国际合作临床试验前未将拟使用的人类遗传资源种类、数量及其用途向国务院科学技术行政部门备案。

第三十七条 提供虚假材料或者采取其他欺骗手段取得行政许可的，由国务院科学技术行政部门撤销已经取得的行政许可，处50万元以上500万元以下罚款，5年内不受理相关责任人及单位提出的许可申请。

第三十八条 违反本条例规定，未经批准将我国人类遗传资源材料运送、邮寄、携带出境的，由海关依照法律、行政法规的规定处罚。科学技术行政部门应当配合海关开展鉴定等执法协助工作。海关应当将依法没收的人类遗传资源材料移送省、自治区、直辖市人民政府科学技术行政部门进行处理。

第三十九条 违反本条例规定，有下列情形之一的，由省、自治区、直辖市人民政府科学技术行政部门责令停止开展相关活动，没收违法采集、保藏的人类遗传资源和违法所得，处50万元以上100万元以下罚款，违法所得在100万元以上的，处违法所得5倍以上10倍以下罚款：

（一）采集、保藏、利用、对外提供我国人类遗传资源未通过伦理审查；

（二）采集我国人类遗传资源未经人类遗传资源提供者事先知情同意，或者采取隐瞒、误导、欺骗等手段取得人类遗传资源提供者同意；

（三）采集、保藏、利用、对外提供我国人类遗传资源违反相关技术规范；

（四）将人类遗传资源信息向外国组织、个人及其设立或者实际控制的机构提供或者开放使用，未向国务院科学技术行政部门备案或者提交信息备份。

第四十条 违反本条例规定，有下列情形之一的，由国务院科学技术行政部门责令改正，给予警告，可以处50万元以下罚款：

（一）保藏我国人类遗传资源过程中未完整记录并妥善保存人类遗传资源的来源信息和使用信息；

（二）保藏我国人类遗传资源未提交年度报告；

（三）开展国际合作科学研究未及时提交合作研究情况报告。

第四十一条 外国组织、个人及其设立或者实际控制的机构违反本条例规定，在我国境内采集、保藏我国人类遗传资源，利用我国人类遗传资源开展科学研究，或者向境外提供我国人类遗传资源的，由国务院科学技术行政部门责令停止违法行为，没收违法采集、保藏的人类遗传资源和违法所得，处100万元以上1000万元以下罚款，违法所得在100万元以上的，处违法所得5倍以上10倍以下罚款。

【学理分析及适用指引】

• 学理分析 •

非法采集人类遗传资源、走私人类遗传资源材料罪，是指明知属于我国人类遗传资源而违反国家规定非法采集或者非法运送、邮寄、携带出境，危害公众健康或者公共利益，情节严重的行为。为有效保护我国人类遗传资源，维护国家生物安全，与《生物安全法》相衔接，《刑法修正案（十一）》增设了“非法采集人类遗传资源、走私人类遗传资源材料罪”。本罪的构成要件如下：

1. 本罪的客体。本罪侵犯的是复杂客体，既侵犯了国家对我国人类遗传资源的管理制度，又侵害了我国生物安全和公众健康权益。

2. 本罪的客观方面。本罪客观方面表现为违反国家有关规定，非法采集我国人类遗传资源或者非法运送、邮寄、携带我国人类遗传资源材料出境，危害公众健康或者社会公共利益，情节严重的行为。“违反国家有关规定”，不仅包括《刑法》第96条的“国家规定”，还包括国家相关行政主管部门制定的部门规章。本罪具体有两种行为类型，一种是违反国家有关规定，非法采集我国人类遗传资源；另一种是非法运送、邮寄、携带我国人类遗传资源材料出境。上述两种情形构成犯罪要求“危害公众健康或者社会公共利益且情节严重”。

3. 本罪的主体。本罪的主体是一般主体，即达到刑事责任年龄、具备刑事责任能力的自然人。单位不能构成本罪。

4. 本罪的主观方面。本罪的主观方面应是故意，既可以是直接故意也可以是间接故意，至于动机如何不影响本罪的成立。

• 适用指引 •

在司法实践中，认定本罪应当注意：

1. 本罪属于情节犯。行为人实施非法采集我国人类遗传资源或者非法运送、邮寄、携带我国人类遗传资源材料出境的行为，必须达到“危害公众健康或者社会公共利益且情节严重的”程度，才可以构成本罪，实践中，采集以及走私的人数、时间、次数以及所涉及的地域、社会影响、公众舆论等情节均可作为判断情节是否严重的因素。

2. 罪与非罪的界限。实施非法运送、邮寄、携带我国人类遗传资源材料构成犯罪的前提是出境，对于在境内实施或者从境外运送、邮寄、携带我国人类遗传资源材料至我国境内的行为，并不构成本罪，本罪的设置重在避免我国人类遗传资源材料的外流。

第三百三十五条　医疗事故罪

【法律规定】

● 法律条文 ●

《中华人民共和国刑法》

第三百三十五条　医务人员由于严重不负责任，造成就诊人死亡或者严重损害就诊人身体健康的，处三年以下有期徒刑或者拘役。

● 相关规定 ●

《中华人民共和国医师法》

第二条　本法所称医师，是指依法取得医师资格，经注册在医疗卫生机构中执业的专业医务人员，包括执业医师和执业助理医师。

第二十七条　对需要紧急救治的患者，医师应当采取紧急措施进行诊治，不得拒绝急救处置。

因抢救生命垂危的患者等紧急情况，不能取得患者或者其近亲属意见的，经医疗机构负责人或者授权的负责人批准，可以立即实施相应的医疗措施。

国家鼓励医师积极参与公共交通工具等公共场所急救服务；医师因自愿实施急救造成受助人损害的，不承担民事责任。

《医疗事故处理条例》（国务院令第 351 号）

第二条　本条例所称医疗事故，是指医疗机构及其医务人员在医疗活动中，违反医疗卫生管理法律、行政法规、部门规章和诊疗护理规范、常规，过失造成患者人身损害的事故。

第四条　根据对患者人身造成的损害程度，医疗事故分为四级：

一级医疗事故：造成患者死亡、重度残疾的；

二级医疗事故：造成患者中度残疾、器官组织损伤导致严重功能障碍的；

三级医疗事故：造成患者轻度残疾、器官组织损伤导致一般功能障碍的；

四级医疗事故：造成患者明显人身损害的其他后果的。

具体分级标准由国务院卫生行政部门制定。

《医疗事故分级标准（试行）》（卫生部令第 32 号）

第一条　一级医疗事故

系指造成患者死亡、重度残疾。

（一）一级甲等医疗事故：死亡。

（二）一级乙等医疗事故：重要器官缺失或功能完全丧失，其他器官不能代偿，存在特殊医疗依赖，生活完全不能自理。例如造成患者下列情形之一的：

1. 植物人状态；

2. 极重度智能障碍；

3. 临床判定不能恢复的昏迷；

4. 临床判定自主呼吸功能完全丧失，不能恢复，靠呼吸机维持；

5. 四肢瘫，肌力0级，临床判定不能恢复。

《最高人民检察院、公安部关于公安机关管辖的刑事案件立案追诉标准的规定（一）》（公通字〔2008〕36号）

第五十六条 ［医疗事故案（刑法第三百三十五条）］医务人员由于严重不负责任，造成就诊人死亡或者严重损害就诊人身体健康的，应予立案追诉。

具有下列情形之一的，属于本条规定的“严重不负责任”：

（一）擅离职守的；

（二）无正当理由拒绝对危急就诊人实行必要的医疗救治的；

（三）未经批准擅自开展试验性治疗的；

（四）严重违反查对、复核制度的；

（五）使用未经批准使用的药品、消毒药剂、医疗器械的；

（六）严重违反国家法律法规及有明确规定的诊疗技术规范、常规的；

（七）其他严重不负责任的情形。

本条规定的“严重损害就诊人身体健康”，是指造成就诊人严重残疾、重伤、感染艾滋病、病毒性肝炎等难以治愈的疾病或者其他严重损害就诊人身体健康的后果。

【案例】

张某某医疗事故案①

• 案件事实 •

张某某，乡村医生。1997年7月9日下午3时许，福建省武夷山市五夫镇毛厂村村民巫某某带女儿刘某丽（14岁）到本村卫生所找张某某医治咳嗽，张某某为刘某丽号脉后开出处方，其中包括肌注青霉素钠80万单位并链霉素0.5克一日两次，并在处方上注明皮试。但张某某在明知给病号注射青、链霉素应当先做皮试的情况下，却不经皮试直接给刘某丽肌注青、链霉素，致刘某

① 参见国家法官学院、中国人民大学法学院编：《中国审判案例要览（1998年刑事审判案例卷）》，中国人民大学出版社1999年版，第306页。

丽药物反应。张某某虽有采取抢救措施但未奏效，刘某丽还是因速发过敏性休克于5分钟后死亡。案发后张某某支付附带民事诉讼原告人刘某卿赔偿款人民币7000元。

• 裁判要旨 •

乡村医生对患者未做皮试就注射青、链霉素，结果引起其过敏性休克，抢救无效死亡，应当成立医疗事故罪。

• 裁判理由 •

福建省武夷山市人民法院经审理认为：张某某在为刘某丽治疗过程中明知不做皮试就注射青、链霉素可能会导致过敏反应，发生严重后果，但却轻信该病人不会发生过敏反应，未经皮试就直接为刘注射了青、链霉素，结果引起其过敏性休克，抢救无效死亡。其行为完全符合医疗事故罪的构成要件，构成医疗事故罪。但张某某的行为发生在1997年《刑法》施行前，根据1997年颁布的《刑法》第12条第1款规定的“从旧兼从轻”原则认定张某某犯有医疗事故罪是正确的，辩护人辩护意见应予采纳。被告人张某某因犯罪行为造成附带民事诉讼原告人的经济损失应当赔偿，附带民事诉讼原告人及其委托代理人的诉讼请求合理，但被告人经济困难无全部赔偿能力，故对其请求只能部分支持。

福建省武夷山市人民法院根据《刑法》第335条、第36条第1款和第12条第1款之规定，作出如下判决：一、张某某犯医疗事故罪，判处有期徒刑二年。二、张某某赔偿附带民事诉讼原告人刘某卿人民币9000元（包括已支付的7000元）。

【学理分析及适用指引】

• 学理分析 •

我国1979年《刑法》没有专门规定医疗事故罪，在司法实践中认定犯罪性质时常发生争议，有的按过失致人死亡罪或者过失致人重伤罪论处，有的按玩忽职守罪认定，还有的以重大责任事故罪来论处，很不统一。为适应司法实践的需要，明确医疗事故罪的标准，修订后的1997年《刑法》在危害公共卫生罪中增设了医疗事故罪，这有利于保护公民的人身权利，维护医疗单位的正常工作秩序。①

医疗事故罪，是指医务人员严重不负责任，造成就诊人死亡或者严重损害

---

① 祝铭山主编：《典型案例与法律适用·危害公共卫生罪》，中国法制出版社2004年版，第40页。

就诊人身体健康的行为。本罪的构成要件如下：

1. 本罪的客体。本罪的客体是复杂客体，既严重侵犯了医疗机构的正常医疗秩序与管理活动，又严重侵犯就诊人员的生命和健康权利。

2. 本罪的客观方面。本罪的客观方面表现为医务人员由于严重不负责任，造成就诊人死亡或者严重损害就诊人身体健康的行为。具体来说，包括以下几个条件：

（1）医务人员在正常的诊疗护理的职务工作中有严重不负责任的行为。这种行为在形式上既可以表现为作为，也可以表现为不作为。前者如医务人员不认真做术前准备和讨论，违反手术规章制度，贸然实施手术，以致造成不良后果，在手术中错开手术部位等；后者如应做过敏实验的药物不做过敏实验，不认真执行隔离消毒制度和无菌操作规程，或将未消毒的器材提供使用，引发感染、交叉感染等不良后果。以严重不负责任行为发生的工作过程不同为标准，可以将医疗事故行为分为临床科室的医疗事故行为、医技科室的医疗事故行为、护理科室的医疗事故行为和麻醉科室的医疗事故行为。

（2）由于严重不负责任而导致就诊人死亡或严重损害就诊人身体健康的后果。关于严重损害就诊人身体健康的认定，有学者认为应该以原卫生部于2002年7月19日通过的《医疗事故分级标准（试行）》为依据，而不能以司法部、最高人民法院、最高人民检察院、公安部等部门于2013年8月30日印发的《人体损伤程度鉴定标准》为依据。在具体标准上应该把握两个方面：①必须是《医疗事故分级标准（试行）》中的一级乙等和二级、三级医疗事故，而不应包括一级甲等医疗事故和四级医疗事故；②医疗过失行为的事故参与度必须在50%以上（不含50%）。①

（3）医务人员严重不负责任的行为，与就诊人死亡或身体健康严重受损的结果之间具有刑法上的因果关系。

3. 本罪的主体。本罪的主体是医务人员，即经过考核和卫生行政机关批准或承认取得相应资格的各级各类卫生技术人员。除医务人员外，医疗机构中其他负有为保障公民的生命健康权益而必须实施某种特定行为的义务的人员如党政、后勤人员能否成为医疗事故罪的主体，以及医疗机构本身能否成为本罪主体，在理论界尚有较大争议。② 对此，我们认为，基于罪刑法定原则，本罪主体只能是自然人而不能是单位，即医疗机构本身不可能成为本罪主体。但是医疗单位中其他负有为保障公民的生命和健康权益而必须实施某种行为的特定义务，因不履行或不认真履行这种义务而导致严重后果的人员，也可成为本罪

---

① 卢建平、田兴洪：《论医疗事故罪中"严重损害就诊人身体健康"之认定》，载《广西政法管理干部学院学报》2003年5月第18卷第3期。

② 参见田兴洪等：《医疗事故的认定及法律责任研究》，中国经济出版社2004年版，第464～477页。

的主体。

4. 本罪的主观方面。本罪的主观方面只能是过失，故意不构成此罪。如果医务人员在诊疗护理过程中，故意造成病人死亡、残废，应按故意杀人罪或故意伤害罪论处。医疗事故罪的过失既可以表现为疏忽大意的过失，也可以表现为过于自信的过失。①

• 适用指引 •

司法实践中，认定本罪应注意：

1. 罪与非罪的界限。包括以下几个方面：

（1）医疗事故罪与医疗差错的界限。医疗差错，是指在诊疗护理工作中，医务人员虽有违反规章制度、诊疗护理常规的失职行为或技术过失，但未给就诊人造成死亡、残废、组织器官损伤导致功能障碍的不良后果的行为。医疗差错，从产生的原因区分，可以分为医疗责任差错和医疗技术差错。其中，医疗责任差错与医疗事故罪容易混淆，二者都表现为医务人员在诊疗护理工作中不负责任，违反规章制度或诊疗护理常规的行为。区别在于所造成的后果不同。前者未造成就诊人死亡、残废、组织器官损伤导致功能障碍的不良后果，后者则造成了就诊人死亡或身体健康严重损害的后果。对于医务人员由于严重不负责任，造成医疗差错的，不能以医疗事故罪论处。

（2）医疗事故罪与医疗意外的界限。医疗意外，是指由于病情或者病人体质特殊而发生难以预料和防范的不良后果。它与医疗事故罪都可能发生就诊人死亡或身体健康严重损害的后果，二者区别的关键在于主观上有无过失。如果就诊人死亡或身体健康严重损害，是因医务人员责任心不强，违反规章制度或诊疗常规造成的，则构成医疗事故罪，如上述后果是因医务人员难以预料或难以防范的因素所引起，属于医疗意外，不能以犯罪论处。医疗意外与医疗事故罪中的疏忽大意过失颇为相似，二者不但都发生了严重后果，而且对严重后果的发生都没有预见。二者的区别在于，疏忽大意过失对严重后果的发生是应当预见而没有预见，医疗意外是对严重后果的发生是难以预见而没有预见。

（3）在公共场所自愿施救行为免责问题。《民法典》第184条规定，因自愿实施紧急救助行为造成受助人损害的，救助人不承担民事责任。根据该条规定，任何人在紧急情况下，自愿救助他人造成他人损害的，均不需承担赔偿责任。同理，医师在院外施救也不应被追责。2021年新修订《医师法》第27条对此作出明确规定：国家鼓励医师积极参与公共交通工具等公共场所急救服

① 有关医疗事故罪认定标准的详细理论分析，可以参见田兴洪等：《医疗事故的认定及法律责任研究》，中国经济出版社2004年版；臧冬斌：《医疗犯罪比较研究》，中国人民公安大学出版社2005年版；冯卫国：《医疗事故罪的认定与处理》，人民法院出版社2003年版。

务；医师因自愿实施急救造成受助人损害的，不承担包括民事责任、刑事责任在内的相应法律责任。

2. 本罪与重大责任事故罪的界限。重大责任事故罪，是指工厂、矿山、林场、建筑企业或者其他企业、事业单位的职工，由于不服从管理、违反规章制度，因而发生重大伤亡事故或者造成其他严重后果的行为。二罪在主观方面均属过失犯罪，客观上都造成了人员伤亡的后果。区别在于：

（1）主体不同。本罪的主体是医务人员，后罪的主体是生产单位直接从事生产或指挥生产的人员，二者业务性质不同。

（2）客体不同。本罪侵犯的主要客体是医疗机构的管理秩序，后罪侵犯的客体是工矿企业的生产安全和社会公共安全，危及的是不特定或多数人的人身安全和公私财产安全。

（3）过失行为发生的场合不同。本罪发生于诊疗护理过程中，后罪发生于生产作业中。

3. 本罪与玩忽职守罪的界限。玩忽职守罪，是指国家机关工作人员严重不负责任，不履行或不正确履行职责，致使公共财产、国家和人民利益遭受重大损失的行为，它与医疗事故罪都表现为严重不负责任，都可能出现造成人员伤亡的严重后果。二罪的区别在于：

（1）主体不同。本罪的主体是医务人员，后罪的主体是国家机关工作人员。

（2）客体不同。本罪侵害的主要客体是医疗机构的管理秩序，后罪侵害的客体是国家机关的正常管理活动。

（3）过失的内容不同。本罪是在诊疗护理工作中出现的过失，后罪是在行政管理过程中出现的过失。

（4）客观表现不同。本罪表现为在诊疗护理工作中违反规章制度或诊疗操作常规，后罪表现为在行政管理工作中严重不负责任，不履行或不正确履行自己的职责。

（5）危害后果不同。本罪的危害后果仅限于就诊人死亡或身体健康严重受损，而后罪的后果既可以是人员伤亡，也可以是财产损失，还可以是恶劣的政治影响。

4. 本罪与过失致人死亡罪和过失致人重伤罪的界限。三者在危害结果上基本相同。其区别在于：

（1）主体不同。本罪的主体是特殊主体，即医务人员；后两罪的主体则为一般主体。

（2）主观过失的性质不同。本罪的过失属于业务过失，而后两罪的过失属日常生活中的过失。

（3）客观方面不同。本罪的客观方面表现为在诊疗护理工作中，严重不负责任，违反规章制度或诊疗护理操作常规，而后两罪分别表现为通过某种方式致人死亡或造成他人重伤。

（4）客体不同。本罪侵害的客体主要是医疗机构的管理秩序，后两罪侵害的客体是人的生命健康权利。

第三百三十六条　非法行医罪、非法进行节育手术罪

【法律规定】

• 法律条文 •

《中华人民共和国刑法》

第三百三十六条　未取得医生执业资格的人非法行医，情节严重的，处三年以下有期徒刑、拘役或者管制，并处或者单处罚金；严重损害就诊人身体健康的，处三年以上十年以下有期徒刑，并处罚金；造成就诊人死亡的，处十年以上有期徒刑，并处罚金。

未取得医生执业资格的人擅自为他人进行节育复通手术、假节育手术、终止妊娠手术或者摘取宫内节育器，情节严重的，处三年以下有期徒刑、拘役或者管制，并处或者单处罚金；严重损害就诊人身体健康的，处三年以上十年以下有期徒刑，并处罚金；造成就诊人死亡的，处十年以上有期徒刑，并处罚金。

• 相关规定 •

《中华人民共和国医师法》

第二条　本法所称医师，是指依法取得医师资格，经注册在医疗卫生机构中执业的专业医务人员，包括执业医师和执业助理医师。

第十三条　国家实行医师执业注册制度。

取得医师资格的，可以向所在地县级以上地方人民政府卫生健康主管部门申请注册。医疗卫生机构可以为本机构中的申请人集体办理注册手续。

除有本法规定不予注册的情形外，卫生健康主管部门应当自受理申请之日起二十个工作日内准予注册，将注册信息录入国家信息平台，并发给医师执业证书。

未注册取得医师执业证书，不得从事医师执业活动。

医师执业注册管理的具体办法，由国务院卫生健康主管部门制定。

第十四条　医师经注册后，可以在医疗卫生机构中按照注册的执业地点、执业类别、执业范围执业，从事相应的医疗卫生服务。

中医、中西医结合医师可以在医疗机构中的中医科、中西医结合科或者其他临床科室按照注册的执业类别、执业范围执业。

医师经相关专业培训和考核合格，可以增加执业范围。法律、行政法规对医师从事特定范围执业活动的资质条件有规定的，从其规定。

经考试取得医师资格的中医医师按照国家有关规定，经培训和考核合格，在执业活动中可以采用与其专业相关的西医药技术方法。西医医师按照国家有关规定，经培训和考核合格，在执业活动中可以采用与其专业相关的中医药技术方法。

第十五条 医师在二个以上医疗卫生机构定期执业的，应当以一个医疗卫生机构为主，并按照国家有关规定办理相关手续。国家鼓励医师定期定点到县级以下医疗卫生机构，包括乡镇卫生院、村卫生室、社区卫生服务中心等，提供医疗卫生服务，主执业机构应当支持并提供便利。

卫生健康主管部门、医疗卫生机构应当加强对有关医师的监督管理，规范其执业行为，保证医疗卫生服务质量。

第十八条 医师变更执业地点、执业类别、执业范围等注册事项的，应当依照本法规定到准予注册的卫生健康主管部门办理变更注册手续。

医师从事下列活动的，可以不办理相关变更注册手续：

（一）参加规范化培训、进修、对口支援、会诊、突发事件医疗救援、慈善或者其他公益性医疗、义诊；

（二）承担国家任务或者参加政府组织的重要活动等；

（三）在医疗联合体内的医疗机构中执业。

第十九条 中止医师执业活动二年以上或者本法规定不予注册的情形消失，申请重新执业的，应当由县级以上人民政府卫生健康主管部门或者其委托的医疗卫生机构、行业组织考核合格，并依照本法规定重新注册。

第二十条 医师个体行医应当依法办理审批或者备案手续。

执业医师个体行医，须经注册后在医疗卫生机构中执业满五年；但是，依照本法第十一条第二款规定取得中医医师资格的人员，按照考核内容进行执业注册后，即可在注册的执业范围内个体行医。

县级以上地方人民政府卫生健康主管部门对个体行医的医师，应当按照国家有关规定实施监督检查，发现有本法规定注销注册的情形的，应当及时注销注册，废止医师执业证书。

第三十四条 执业助理医师应当在执业医师的指导下，在医疗卫生机构中按照注册的执业类别、执业范围执业。

在乡、民族乡、镇和村医疗卫生机构以及艰苦边远地区县级医疗卫生机构中执业的执业助理医师，可以根据医疗卫生服务情况和本人实践经验，独立从事一般的执业活动。

第五十七条　违反本法规定，医师未按照注册的执业地点、执业类别、执业范围执业的，由县级以上人民政府卫生健康主管部门或者中医药主管部门责令改正，给予警告，没收违法所得，并处一万元以上三万元以下的罚款；情节严重的，责令暂停六个月以上一年以下执业活动直至吊销医师执业证书。

第五十九条　违反本法规定，非医师行医的，由县级以上人民政府卫生健康主管部门责令停止非法执业活动，没收违法所得和药品、医疗器械，并处违法所得二倍以上十倍以下的罚款，违法所得不足一万元的，按一万元计算。

《医疗机构管理条例》（国务院令第752号）

第九条　单位或者个人设置医疗机构，按照国务院的规定应当办理设置医疗机构批准书的，应当经县级以上地方人民政府卫生行政部门审查批准，并取得设置医疗机构批准书。

第十四条　医疗机构执业，必须进行登记，领取《医疗机构执业许可证》；诊所按照国务院卫生行政部门的规定向所在地的县级人民政府卫生行政部门备案后，可以执业。

第二十三条　任何单位或者个人，未取得《医疗机构执业许可证》或者未经备案，不得开展诊疗活动。

第二十六条　医疗机构必须按照核准登记或者备案的诊疗科目开展诊疗活动。

第二十七条　医疗机构不得使用非卫生技术人员从事医疗卫生技术工作。

《卫生技术人员职务试行条例》

第三条　卫生技术职务分为医、药、护、技四类：

1. 医疗、预防、保健人员：

主任医师　副主任医师　主治（主管）医师　医师　医士

2. 中药、西药人员：

主任药师　副主任药师　主管药师　药师　药士

3. 护理人员：

主任护师　副主任护师　主管护师　护师　护士

4. 其他卫生技术人员：

主任技师　副主任技师　主管技师　技师　技士

《中医人员个体开业管理补充规定》

一、凡具有下列资格之一，现未在国家、集体医疗机构中工作者，可申请从事个体行医：

（一）已取得中医士资格证书者；

（二）已取得藏、蒙、维、傣等其中任何一种民族医士资格证书者；

（三）根据国家中医药管理局《关于对现有民间中医一技之长人员进行复核有关问题的通知》精神，经复核合格的民间中医一技之长人员。

二、中医士（含各民族医医士）只能在农村乡、村所在地开业，在城镇只能随个体开业中医师以上专业技术人员从业。

经复核合格的民间中医一技之长人员只能在当地县（区）范围内开业。

《最高人民法院、最高人民检察院关于办理妨害预防、控制突发传染病疫情等灾害的刑事案件具体应用法律若干问题的解释》（法释〔2003〕8号）

第十二条 未取得医师执业资格非法行医，具有造成突发传染病病人、病原携带者、疑似突发传染病病人贻误诊治或者造成交叉感染等严重情节的，依照刑法第三百三十六条第一款的规定，以非法行医罪定罪，依法从重处罚。

第十七条 人民法院、人民检察院办理有关妨害预防、控制突发传染病疫情等灾害的刑事案件，对于有自首、立功等悔罪表现的，依法从轻、减轻、免除处罚或者依法作出不起诉决定。

《最高人民检察院、公安部关于公安机关管辖的刑事案件立案追诉标准的规定（一）》（公通字〔2008〕36号）

第五十七条 ［非法行医案（刑法第三百三十六条第一款）］未取得医生执业资格的人非法行医，涉嫌下列情形之一的，应予立案追诉：

（一）造成就诊人轻度残疾、器官组织损伤导致一般功能障碍，或者中度以上残疾、器官组织损伤导致严重功能障碍，或者死亡的；

（二）造成甲类传染病传播、流行或者有传播、流行危险的；

（三）使用假药、劣药或不符合国家规定标准的卫生材料、医疗器械，足以严重危害人体健康的；

（四）非法行医被卫生行政部门行政处罚两次以后，再次非法行医的；

（五）其他情节严重的情形。

具有下列情形之一的，属于本条规定的“未取得医生执业资格的人非法行医”：

（一）未取得或者以非法手段取得医师资格从事医疗活动的；

（二）个人未取得《医疗机构执业许可证》开办医疗机构的；

（三）被依法吊销医师执业证书期间从事医疗活动的；

（四）未取得乡村医生执业证书，从事乡村医疗活动的；

（五）家庭接生员实施家庭接生以外的医疗活动的。

本条规定的“轻度残疾、器官组织损伤导致一般功能障碍”、“中度以上残疾、器官组织损伤导致严重功能障碍”，参照卫生部《医疗事故分级标准（试行）》认定。

第五十八条 ［非法进行节育手术案（刑法第三百三十六条第二款）］未取得医生执业资格的人擅自为他人进行节育复通手术、假节育手术、终止妊娠手术或者摘取宫内节育器，涉嫌下列情形之一的，应予立案追诉：

（一）造成就诊人轻伤、重伤、死亡或者感染艾滋病、病毒性肝炎等难以治愈的疾病的；

（二）非法进行节育复通手术、假节育手术、终止妊娠手术或者摘取宫内节育器五人次以上的；

（三）致使他人超计划生育的；

（四）非法进行选择性别的终止妊娠手术的；

（五）非法获利累计五千元以上的；

（六）其他情节严重的情形。

《最高人民法院关于审理非法行医刑事案件具体应用法律若干问题的解释》（法释〔2016〕27号）

第一条　具有下列情形之一的，应认定为刑法第三百三十六条第一款规定的“未取得医生执业资格的人非法行医”：

（一）未取得或者以非法手段取得医师资格从事医疗活动的；

（二）被依法吊销医师执业证书期间从事医疗活动的；

（三）未取得乡村医生执业证书，从事乡村医疗活动的；

（四）家庭接生员实施家庭接生以外的医疗行为的。

第二条　具有下列情形之一的，应认定为刑法第三百三十六条第一款规定的“情节严重”：

（一）造成就诊人轻度残疾、器官组织损伤导致一般功能障碍的；

（二）造成甲类传染病传播、流行或者有传播、流行危险的；

（三）使用假药、劣药或不符合国家规定标准的卫生材料、医疗器械，足以严重危害人体健康的；

（四）非法行医被卫生行政部门行政处罚两次以后，再次非法行医的；

（五）其他情节严重的情形。

第三条　具有下列情形之一的，应认定为刑法第三百三十六条第一款规定的“严重损害就诊人身体健康”：

（一）造成就诊人中度以上残疾、器官组织损伤导致严重功能障碍的；

（二）造成三名以上就诊人轻度残疾、器官组织损伤导致一般功能障碍的。

第四条　非法行医行为系造成就诊人死亡的直接、主要原因的，应认定为刑法第三百三十六条第一款规定的“造成就诊人死亡”。

非法行医行为并非造成就诊人死亡的直接、主要原因的，可不认定为刑法第三百三十六条第一款规定的“造成就诊人死亡”。但是，根据案件情况，可以认定为刑法第三百三十六条第一款规定的“情节严重”。

第五条　实施非法行医犯罪，同时构成生产、销售假药罪，生产、销售劣药罪，诈骗罪等其他犯罪的，依照刑法处罚较重的规定定罪处罚。

第六条　本解释所称“医疗活动”“医疗行为”，参照《医疗机构管理条例实施细则》中的“诊疗活动”“医疗美容”认定。

本解释所称“轻度残疾、器官组织损伤导致一般功能障碍”“中度以上残疾、器官组织损伤导致严重功能障碍”，参照《医疗事故分级标准（试行）》认定。

【案例一】

张相林非法行医案①

• 案件事实 •

张相林自2002年7月开始为他人看病，后在为他人看病过程中与中国水利电力第一工程局退休工人关某耀相识，并为其治疗心脏病。关某耀又让张相林为其患脑瘫的孙子即被害人关某峰治病。2003年2月24日10时许，张相林带着自己用香瓜尾巴制作的3克面剂“苦丁香”来到关家，让关某峰服用“苦丁香”，后关开始呕吐、腹泻，张相林称这是正常药效反应，吐泻后得睡觉，不要叫醒，睡醒就好了。后张相林离开关家。当日下午，关家人多次给张相林打电话询问时，张相林均答是正常现象，没有事。当日20时许，关家人见情况不好，将关某峰送到中国水利电力第一工程局总医院抢救，经抢救无效死亡。后经过吉林省永吉县公安局法医鉴定，关某峰系因呼吸循环衰竭，堵塞性窒息，药物中毒而死亡。案发后，张相林外逃，2005年3月31日在其家中被抓获归案。

• 裁判要旨 •

非法行医罪的构成并不要求行为人在主观上有营利目的。

• 裁判理由 •

吉林省永吉县人民检察院认为被告人张相林构成非法行医罪，向吉林省永吉县人民法院提起公诉。

吉林省永吉县人民法院经审理认为：被告人张相林在无医生执业资格，没有取得医疗机构执业许可证的情况下，非法行医，自制药物，为人治疗脑瘫，致被害人死亡，其行为已经构成非法行医罪。被告人张相林的给关某峰看病没收钱的辩解意见及辩护人王某的关于被告人张相林没有法学意义上的行医行为、张相林不是以医生为职业，只是为亲朋好友出点偏方的辩护意见，于法无

① 参见国家法官学院、中国人民大学法学院编：《中国审判案例要览（2006年刑事审判案例卷）》，人民法院出版社、中国人民大学出版社2007年版，第340～344页。

据，与事实不符，不予采信。理由：（1）根据《刑法》对非法行医罪的规定，犯罪主体既可以是一般公民，也可以是具有医疗技术，但尚未取得医生执业资格的人，还可以是具有行医资格，但不具备从事特定医疗业务资格的人；在主观方面，是否以营利为目的并不是非法行医罪的构成条件。（2）被告人张相林的亲属、朋友及其他证人均证实张相林长期为人看病的事实，已经形成了一种职业行为。（3）被告人张相林给被害人关某峰服用其自制的“苦丁香”后，有确凿证据证实药物中毒、呕吐物误吸、堵塞性窒息、呼吸循环衰竭为关某峰死亡的直接原因和根本原因，即被告人张相林的非法行医行为，产生了致人死亡的后果。被告人张相林在案发后外逃，不能赔偿附带民事诉讼原告人的经济损失，可酌定从重处罚；但其在归案后认罪态度较好，无前科，可酌定从轻处罚。据此，吉林省永吉县人民法院依照相关法律规定，判决被告人张相林犯非法行医罪，判处有期徒刑十一年，剥夺政治权利三年，并处罚金人民币3000元。

【案例二】

周某某非法行医案①

● 案件事实 ●

2002年10月，被告人周某某在未取得医生执业资格和办理医疗机构执业许可证的情况下，在某市某区私设诊所擅自从事行医活动。2002年11月2日9时许，周某某应孕妇蒋某某亲属之邀出诊为蒋某某接生。23时许，周某某用手触摸检查后感到胎动，认为有生产迹象，遂给蒋某某肌肉注射催产素1支（1毫升）。至次日凌晨，蒋某某仍未生产且腹部疼痛加剧并直冒冷汗，周某某又给蒋某某注射病毒灵1支，安乃静半支，蒋某某稍感平静。凌晨6时许，周某某用手触摸检查后告知蒋家胎儿孕妇均正常，可去医院作进一步检查并收取80元后离去。2002年11月4日上午，蒋某某去重庆市红十字会医院检查，被诊断为：胎儿已死于腹中。该院随后对蒋某某进行了引产术。某市法医验伤所法医学尸体解剖鉴定结论认定，蒋某某的胎儿系在脐带、胎盘病变的基础上。因肌肉注射催产素1毫升引起强烈宫缩，导致胎儿在宫内窒息死亡。同日，蒋某某的亲属将周某某扭送至公安机关。蒋某某住院治疗3天，共花去各项医疗费用1118余元。

● 裁判要旨 ●

在非法行医案件中，即使行为人非法行医时得到患者的承诺，不能阻却其

---

① 参见中华人民共和国最高人民法院刑事审判第一、二、三、四、五庭主办：《刑事审判参考》（总第40集），法律出版社2004年版。

犯罪的成立。

• 裁判理由 •

某市某区人民法院认为：被告人周某某未取得医生执业资格，擅自从事行医活动，致就诊孕妇的胎儿死亡，情节严重，其行为已构成非法行医罪。周某某对其行为造成附带民事诉讼原告人蒋某某的经济损失，应承担赔偿责任。周某某关于胎儿的死亡与其行为无关的辩解，经查与事实不符，不予采纳。根据本案的事实、情节及危害结果，依照《刑法》第 336 条第 1 款和《民法通则》第 119 条之规定，2003 年 4 月 18 日判决如下：一、被告人周某某犯非法行医罪，判处有期徒刑二年六个月，并处罚金 1000 元。二、被告人周某某赔偿附带民事诉讼原告人蒋某某医疗费、交通费、营养费、护理费等各项经济损失共计人民币 2227.15 元。

一审宣判后，被告人在法定期限内未提出上诉，公诉机关也未提出抗诉，判决已发生法律效力。

【案例三】

谢家荣非法进行节育手术案①

• 案件事实 •

谢家荣于 1997 年农历四月间认识本村的未婚女青年普某菊后多次与其发生性关系，致使普某菊怀孕。谢家荣知道后于 1998 年 1 月 14 日用红花、三七、苏木、紫草煮药给普某菊服用堕胎，因量小而未达目的。同年 3 月 10 日 6 时 30 分左右，谢家荣再次用红花、三七、苏木、紫草煮好后在自己家中给普某菊服用堕胎。普某菊服药后回到家中，约 11 时许出现头疼、腰疼症状。21 时许，谢家荣得知后将普某菊接回到家中。次日凌晨 4 时许，普某菊出现阴道大出血症状。8 时许，谢家荣将其送到云南省昌宁县翁堵乡计划生育服务站抢救，经抢救无效死亡。当日，谢家荣即将普某菊的尸体在山上火化后埋葬。1997 年农历正月 19 日和 1997 年农历 10 月的某日，谢家荣还先后为本村妇女罗某某和杨某清各堕胎一次。

• 裁判要旨 •

未取得医生职业资格而擅自多次为他人进行中止妊娠手术，造成严重后果

---

① 参见国家法官学院、中国人民大学法学院编：《中国审判案例要览（2000 年刑事审判案例卷）》，中国人民大学出版社 2002 年版，第 267 页。

的，构成了非法进行节育手术罪。

• 裁判理由 •

云南省昌宁县人民法院经审理认为：被告人谢家荣未取得医生职业资格而擅自多次为他人进行终止妊娠手术，并造成他人死亡，其行为严重妨害了社会管理秩序，构成了非法进行节育手术罪，依法应予处罚。由于被告人谢家荣的行为造成了附带民事诉讼原告人普某英的独生女儿普某菊死亡，给其造成了一定的经济损失，也给其今后的生活带来了一定的困难，谢家荣依法应予赔偿，但普某英的请求数额过高，应结合当地实际和案件情况来确定，其诉讼请求部分予以支持。为此，对被告人谢家荣关于其不应承担民事责任的辩护观点不予采纳。对被告人谢家荣的辩护人提出的辩护观点，因庭审中质证的普某英、谢某明、杨某芝、杨某绢的证言及法医分析结论，均能与被告人谢家荣的供述相互印证并形成证据链。因此，辩护人的观点不予采纳。云南省昌宁县人民法院依照《刑法》第336条、第36条及《民法通则》第119条的规定，作出如下判决：一、谢家荣犯非法进行节育手术罪，判处有期徒刑十年，并处罚金人民币1000元。二、由谢家荣赔偿附带民事诉讼原告人普某英经济损失人民币6000元。

【学理分析及适用指引】

• 学理分析 •

1. 非法行医罪的构成。非法行医罪，是指未取得医生执业资格的人非法行医，情节严重的行为。本罪的构成要件如下：

（1）本罪的客体。对于非法行医罪的客体，理论界存在诸多的争论，但是，对于其客体为复杂客体这一点，则无异议。就此复杂客体所包括的具体社会关系，主要有以下几种不同的学说：①并和客体说。认为非法行医罪所侵犯的客体包括国家对医疗工作的管理秩序以及就诊人的生命安全和健康权利，但对这两类社会关系的主次地位则不作确定。[①] ②主次客体说。认为公共卫生是非法行医罪的主要客体，国家关于医疗卫生工作的管理秩序则是次要客体，其立论依据是人本主义精神，认为公共卫生远较卫生管理秩序更值得刑法保护。[②] ③二级客体说。认为非法行医犯罪符合基本构成的情况下，所侵犯的客体为单一客体即国家正常的医疗管理秩序，当非法行医犯罪符合加重构成的情况，即当非法行医行为造成就诊人身体健康严重损害或死亡时，则侵犯了双重客体，即既破坏了国家正常的医疗管理秩序，又侵犯了具体的特定的某个公民

---

① 高铭暄、马克昌主编：《刑法学》（下编），中国法制出版社1999年版，第1028页。

② 刘远主编：《危害公共卫生罪》，中国人民公安大学出版社1998年版，第219页。

的健康权和生命权。①

（2）本罪的客观方面。本罪的客观方面，表现为行为人实施了非法行医的行为，也就是非法的医疗行为。② 所谓医疗行为，是指对疾病的预防、诊断、治疗、护理和对身体之矫正、助产、堕胎等以医学知识与医学技术为行为准则，直接作用于人体，导致人体的形态或功能发生一定变化或恢复的医学行为的总称。③ 有学者认为，将来《刑法》可以将非法行医罪的客观方面规定为：非法从事下列按照法律规定只能由医疗机构中的医务人员根据医学知识和技能才能实施，否则便可能直接或者间接危及就诊人人体安全的行为之一，情节严重的：①为他人诊断和治疗疾病、伤害；②为他人诊断、治疗和矫正身体残缺或者畸形；③为他人实施帮助或者避免生育的行为；④为他人实施医疗美容行为；⑤为他人进行体检，体检结果导致就诊人接受可能危及人体安全的手术或者其他医疗行为；⑥其他医疗行为。④

根据《刑法》规定，未取得医生执业资格的人非法行医，情节严重、严重损害就诊人身体健康和造成就诊人死亡的，分别适用轻重不同的法定刑幅度，但是学界除对于造成就诊人死亡的认识比较一致外，对于如何理解情节严重和严重损害就诊人身体健康还存在一定的争议。例如，有学者认为以下情形可认定为情节严重：经医疗卫生行政主管部门多次制止，屡教不改，长期从事非法行医活动的；医疗条件严重不符合国家规定的医疗机构基本标准的；从事危险性较大的医疗行为或采用愚昧野蛮的方法行医的；非法行医造成多人（3人以上）轻伤的；非法行医造成突发传染病病人、病原携带者、疑似突发传染病病人贻误诊治或造成交叉感染的；非法行医诈骗钱财数额较大的；使用伪劣药品蒙骗患者的；在非法行医过程中调戏、侮辱、猥亵妇女、儿童的等。⑤《最高人民法院关于审理非法行医刑事案件具体应用法律若干问题的解释》对“情节严重”和“严重损害就诊人身体健康”的含义作出了明确解释，有利于正确把握非法行医罪的客观方面。根据该解释第2条的规定，具有下列情形之一的，应认定为《刑法》第336条第1款规定的“情节严重”：①造成就诊人轻度残疾、器官组织损伤导致一般功能障碍的；②造成甲类传染病传播、流行或者有传播、流行危险的；③使用假药、劣药或不符合国家规定标准的卫生材料、医疗器械，足以严重危害人体健康的；④非法行医被卫生行政部门行政处

---

① 邵山：《论非法行医罪》，载《人民司法》2000年第2期。

② 田兴洪、许永丽：《非法行医罪相关争议的解决路径》，载《中南林业科技大学学报（社会科学版）》2007年第3期。

③ 臧冬斌：《医疗犯罪比较研究》，中国人民公安大学出版社2005年版，第49页。

④ 左坚卫等：《试论非法行医罪的立法完善——以非法鉴定胎儿性别和人工终止妊娠行为为视角》，载《人民检察》2005年第3期。

⑤ 谭慧勤：《非法行医罪的相关问题研究》，载《法制与社会》2007年第9期。

罚2次以后，再次非法行医的；⑤其他情节严重的情形。根据该解释第3条的规定，具有下列情形之一的，应认定为《刑法》第336条第1款规定的“严重损害就诊人身体健康”：①造成就诊人中度以上残疾、器官组织损伤导致严重功能障碍的；②造成3名以上就诊人轻度残疾、器官组织损伤导致一般功能障碍的。

（3）本罪的主体。非法行医罪的主体是特殊主体，根据《刑法》第336条第1款的规定，仅限于未取得医生执业资格的人。可见，对于医生执业资格的理解，为确定本罪主体的关键所在。所谓医生执业资格，有观点认为是指由医疗卫生主管部门按照规定颁发的从事医生职业的许可证件。[①] 另有观点认为，医生执业资格是指医疗机构必须具有医疗机构执业许可证，其中的行医人员必须具有相应的行医资格证书或文件。[②] 还有观点认为，医生执业资格应当是一种广泛的概念，其范围不能够仅局限于医疗卫生主管机构颁发的许可证、资格证之类的文件。因此，应当修改现行法律，将乡村医生、助理医师包括使用西药作为处方的中医医生等，纳入具有医生执业资格的人员范围之内，从而更有效地规制此类人员的行医活动，保护其合法行为、打击其非法行为。[③]《最高人民法院关于审理非法行医刑事案件具体应用法律若干问题的解释》第1条规定：具有下列情形之一的，应认定为《刑法》第336条第1款规定的“未取得医生执业资格的人非法行医”：①未取得或者以非法手段取得医师资格从事医疗活动的；②被依法吊销医师执业证书期间从事医疗活动的；③未取得乡村医生执业证书，从事乡村医疗活动的；④家庭接生员实施家庭接生以外的医疗行为的。

（4）本罪的主观方面。大部分学者认为非法行医罪基本犯罪构成的主观方面是故意，但对犯罪故意的内容存在分歧。也有的学者持有完全相反的观点，认为该罪属于过失犯罪。具有代表性的观点有下述8种：①该罪的主观方面是过失。如果行为人故意借行医之名行伤害他人之实，则应视具体情节分别按故意杀人罪或者故意伤害罪定罪处罚。[④] ②该罪的主观方面应当属于故意，即明知自己无执业资格，但为了营利仍然为他人行医治病。[⑤] ③该罪的行为人对基本犯罪构成的主观心态表现为故意，即行为人明知自己未取得医生执业资

---

① 欧阳涛：《易混淆罪与非罪、罪与罪的界限》，中国人民公安大学出版社1999年版，第332页。

② 曾朝晖：《危害公共卫生犯罪疑难问题司法对策》，吉林人民出版社2001年版，第296页。

③ 田兴洪、许永丽：《非法行医罪相关争议的解决路径》，载《中南林业科技大学学报（社会科学版）》2007年第3期。

④ 曾粤兴主编：《新刑法通论》，法律出版社1997年版，第470页；邓又天主编：《刑法释义与司法适用》，中国人民公安大学出版社1997年版，第655页。

⑤ 陆敏主编：《刑法原理与案例解析》，人民法院出版社2000年版，第827页。

格，不能依法开业行医，而依然执意为之的心理态度。① 非法行医罪属于结果加重犯，即非法行医严重损伤就诊人身体健康或者造成就诊人死亡的，按照《刑法》规定应当判处较重的刑罚。关于非法行医者对加重结果的心理态度，学者们有三种观点：①过失说。认为行为人对于加重结果的出现是一种过失的心理态度。② ②间接故意说。认为其心理态度属于间接故意。③ ③折中说。认为既可以是过失，又可以是间接故意。④

2. 非法进行节育手术罪的构成。非法进行节育手术罪，是指未取得医生职业资格的人擅自为他人进行节育复通手术、假节育手术、终止妊娠手术或者摘取宫内节育器，情节严重的行为。本罪的构成要件如下：

（1）本罪的客体。关于本罪的客体，目前的通说是三客体说，即本罪侵害了国家的计划生育管理制度、医疗行业的管理秩序以及就诊人的身体健康和生命安全。但是也有论者认为，本罪的客体是简单客体，即国家的计划生育制度。⑤

（2）本罪的客观方面。《刑法》第336条第2款规定的擅自为他人进行节育复通手术、假节育手术、终止妊娠手术和摘取宫内节育器的四种行为中，擅自进行节育复通手术、假节育手术和摘除宫内节育器等都是明显侵害计划生育节育措施并进而破坏国家计划生育管理制度的行为，但是，终止妊娠手术却与侵害计划生育的节育措施并进而破坏国家计划生育管理制度没有直接联系。就目前的情况来看，实施终止妊娠手术，主要是适用于以下情形：①医学需要的堕胎。《母婴保健法》第18条规定：经过产前诊断，有下列情形之一的，医师应当向夫妇双方说明情况，并提出终止妊娠的医学意见：a. 胎儿患有严重遗传性疾病的；b. 胎儿有严重缺陷的；c. 因患严重疾病，继续妊娠可能危及孕妇生命安全或者严重危害孕妇健康的。显然，这种情况下的终止妊娠手术是必须的、合法的。②计划外怀孕，按照《人口与计划生育法》以及地方性法规的规定，进行人工流产。这种情况下的终止妊娠手术也是必须的、合法的。③选择性别的终止妊娠手术。利用超声技术和其他技术手段进行非医学需要的胎儿性别鉴定，然后根据胎儿性别有选择性地进行人工流产。这种情况下的终止妊娠手术则是非法的，也只有这种情况下的终止妊娠手术，才和节育复通手术、假节育手术和摘除宫内节育器一样，破坏了计划生育管理制度。所以，应该将本

---

① 高铭暄主编：《刑法学》（下编），中国法制出版社1999年版，第1029页。

② 陆敏主编：《刑法原理与案例解析》，人民法院出版社2000年版，第827页。

③ 王作富主编：《刑法分则实务研究》，中国方正出版社2001年版，第1502页；刘家琛主编：《刑法（分则）及配套规定新释新解》，人民法院出版社1998年版，第2526页；顾加栋：《试论非法行医罪的主观方面》，载《法律与医学杂志》2004年第3期。

④ 高铭暄主编：《新编中国刑法学》，中国人民大学出版社1998年版，第894页。

⑤ 田兴洪：《论非法进行节育手术罪的立法缺陷及其完善》，载《求索》2007年第8期。

罪条文中的终止妊娠手术的内涵明确为非医学需要的胎儿性别鉴定并导致选择性别的人工终止妊娠的。①

（3）本罪的主体。根据《刑法》第336条第2款的规定，非法进行节育手术罪的主体是未取得医生执业资格证的人，也就是说，已经取得医生执业资格证的人，不会成为本罪的犯罪主体。至于是否属于“未取得医生执业资格的人”，可参照《最高人民法院关于审理非法行医刑事案件具体应用法律若干问题的解释》第1条之规定。

（4）本罪的主观方面。行为人明知未取得医生执业资格，并且明知他人进行的节育手术是非法的，却故意实施这样的行为。

• 适用指引 •

司法实践中，认定本条规定的罪名时应注意：

1. 非法行医罪罪与非罪的界限。构成非法行医罪必须是情节严重的行为，如果情节较轻，属于一般违反《医疗机构管理条例》的行为，如民间的一些“土医生”，利用一些具有一定医疗效果的偏方、秘方为群众偶尔治病的，不属于违法犯罪。但长期无照行医，则属于违法行为，应给予行政处罚。

2. 非法行医罪与诈骗罪的界限。非法行医者主观上以营利为目的，通过行医收取就诊人钱财，其中一些医术不高者采取一定的欺骗手段，向就诊人收取高额的医药费用，客观上与诈骗钱财相似。但构成诈骗罪，必须纯粹以诈骗钱财为目的，行为人根本不懂医术，只是利用就诊人的愚昧、迷信，使用根本无治疗效果的手段，对病人进行所谓的治疗，借以骗取病人的钱财。

3. 非法进行节育手术罪与非法行医罪的界限。破坏节育的行为广义上也是一种非法行医的行为。为了突出保障计划生育政策的执行，《刑法》增设了破坏节育的犯罪。因此，凡是未取得医生执业资格的人，擅自为他人进行有关生育方面的医疗行为，不再以非法行医罪论处，而直接定非法进行节育手术罪。

---

① 田兴洪：《论非法进行节育手术罪的立法缺陷及其完善》，载《求索》2007年第8期。

第三百三十六条之一　非法植入基因编辑、克隆胚胎罪

【法律规定】

● 法律条文 ●

《中华人民共和国刑法》

第三百三十六条之一　将基因编辑、克隆的人类胚胎植入人体或者动物体内，或者将基因编辑、克隆的动物胚胎植入人体内，情节严重的，处三年以下有期徒刑或者拘役，并处罚金；情节特别严重的，处三年以上七年以下有期徒刑，并处罚金。

● 相关规定 ●

《中华人民共和国民法典》

第一千零九条　从事与人体基因、人体胚胎等有关的医学和科研活动，应当遵守法律、行政法规和国家有关规定，不得危害人体健康，不得违背伦理道德，不得损害公共利益。

【学理分析及适用指引】

● 学理分析 ●

非法植入基因编辑、克隆胚胎罪，是指将基因编辑、克隆的人类胚胎植入人体或者动物体内，或者将基因编辑、克隆的动物胚胎植入人体内，情节严重的行为。为进一步维护国家安全和生物安全，与《生物安全法》相衔接，《刑法修正案（十一）》增设了“非法植入基因编辑、克隆胚胎罪”。本罪的构成要件如下：

1. 本罪的客体。本罪侵犯的客体是国家对生物基因及胚胎研究等基因活动的管理制度和社会伦理。因此，即便行为对象对行为人的基因编辑、植入等操作行为事前同意，甚至要求行为人为其操作，也不能因此免除行为人的刑事责任。

2. 本罪的客观方面。本罪予以规制的客观方面有三种行为类型：（1）将基因编辑、克隆的人类胚胎植入人体内的行为；（2）将基因编辑、克隆的人类胚胎植入动物内的行为；（3）将基因编辑、克隆的动物胚胎植入人体内的行为。且此三种行为类型，都需达到“情节严重”的程度，才可够罪。

3. 本罪的主体。本罪的主体是一般主体，即达到刑事责任年龄、具备刑

事责任能力的自然人。单位不能构成本罪。

4. 本罪的主观方面。本罪的主观方面应是故意，即行为人对其行为方式及行为的违法性是明知的，但不要求行为人对其行为的后果有明确的认知。

• 适用指引 •

1. 罪与非罪。构成本罪的行为类型之一是“将基因编辑、克隆的动物胚胎植入人体内”的行为，对于那些“将基因编辑、克隆的动物胚胎植入动物体内”的行为属于科学研究允许的范围，不属于犯罪。

2. 构成本罪的行为类型都必须达到“情节严重的”程度，未达到情节严重的行为不构成此罪。实践中，实施本犯罪行为的人数、时间、次数以及所涉及的地域、社会影响、公众舆论等情节均可作为判断情节是否严重的因素。

第三百三十七条　妨害动植物防疫、检疫罪

【法律规定】

• 法律条文 •

《中华人民共和国刑法》

第三百三十七条　违反有关动植物防疫、检疫的国家规定，引起重大动植物疫情的，或者有引起重大动植物疫情危险，情节严重的，处三年以下有期徒刑或者拘役，并处或者单处罚金。

单位犯前款罪的，对单位判处罚金，并对其直接负责的主管人员和其他直接责任人员，依照前款的规定处罚。

• 相关规定 •

《中华人民共和国进出境动植物检疫法》

第二条　进出境的动植物、动植物产品和其他检疫物，装载动植物、动植物产品和其他检疫物的装载容器、包装物，以及来自动植物疫区的运输工具，依照本法规定实施检疫。

第五条　国家禁止下列各物进境：

（一）动植物病原体（包括菌种、毒种等）、害虫及其他有害生物；

（二）动植物疫情流行的国家和地区的有关动植物、动植物产品和其他检疫物；

（三）动物尸体；

（四）土壤。

口岸动植物检疫机关发现有前款规定的禁止进境物的，作退回或者销毁处理。

因科学研究等特殊需要引进本条第一款规定的禁止进境物的，必须事先提出申请，经国家动植物检疫机关批准。

本条第一款第二项规定的禁止进境物的名录，由国务院农业行政主管部门制定并公布。

第四十二条 违反本法规定，引起重大动植物疫情的，依照刑法有关规定追究刑事责任。

第四十三条 伪造、变造检疫单证、印章、标志、封识，依照刑法有关规定追究刑事责任。

第四十五条 动植物检疫机关检疫人员滥用职权，徇私舞弊，伪造检疫结果，或者玩忽职守，延误检疫出证，构成犯罪的，依法追究刑事责任；不构成犯罪的，给予行政处分。

《中华人民共和国进出境动植物检疫法实施条例》（国务院令第206号）

第二条 下列各物，依照进出境动植物检疫法和本条例的规定实施检疫：

（一）进境、出境、过境的动植物、动植物产品和其他检疫物；

（二）装载动植物、动植物产品和其他检疫物的装载容器、包装物、铺垫材料；

（三）来自动植物疫区的运输工具；

（四）进境拆解的废旧船舶；

（五）有关法律、行政法规、国际条约规定或者贸易合同约定应当实施进出境动植物检疫的其他货物、物品。

《最高人民检察院、公安部关于公安机关管辖的刑事案件立案追诉标准的规定（一）的补充规定》（公通字〔2017〕12号）

九、将《立案追诉标准（一）》第59条修改为：［妨害动植物防疫、检疫案（刑法第337条）］违反有关动植物防疫、检疫的国家规定，引起重大动植物疫情的，应予立案追诉。

违反有关动植物防疫、检疫的国家规定，有引起重大动植物疫情危险，涉嫌下列情形之一的，应予立案追诉：

（一）非法处置疫区内易感动物或者其产品，货值金额5万元以上的；

（二）非法处置因动植物防疫、检疫需要被依法处理的动植物或者其产品，货值金额2万元以上的；

（三）非法调运、生产、经营感染重大植物检疫性有害生物的林木种子、苗木等繁殖材料或者森林植物产品的；

（四）输入《中华人民共和国进出境动植物检疫法》规定的禁止进境物逃避检疫，或者对特许进境的禁止进境物未有效控制与处置，导致其逃逸、扩散的；

（五）进境动植物及其产品检出有引起重大动植物疫情危险的动物疫病或者植物有害生物后，非法处置导致进境动植物及其产品流失的；

（六）一年内携带或者寄递《中华人民共和国禁止携带、邮寄进境的动植物及其产品名录》所列物品进境逃避检疫2次以上，或者窃取、抢夺、损毁、抛洒动植物检疫机关截留的《中华人民共和国禁止携带、邮寄进境的动植物及其产品名录》所列物品的；

（七）其他情节严重的情形。

本条规定的“重大动植物疫情”，按照国家行政主管部门的有关规定认定。

【案例】

刘震、王永进妨害动植物防疫、检疫案①

• 案件事实 •

2019年2月，被告人刘震联系被告人王永进购买仔猪。被告人王永进联系河南省鹤壁市生猪养殖户李玉山购买仔猪。2019年3月1日，被告人王永进与李玉山达成协议，从河南省淇县经源养殖专业合作社购进仔猪。被告人王永进将该养殖合作社的仔猪照片发给刘震，刘震在未向当地畜牧部门申报的情况下决定购买。2019年3月2日，被告人王永进租用豫G×××××号货车将购买的394头仔猪装车准备发往四川省巴中市。在被告人王永进出发之前，李玉山将办理的动物检疫合格证明（动物A）交给王永进。3月2日晚上，被告人王永进从河南省淇县出发前往四川省巴中市。3月3日14时许，豫G×××××号货车到达陕西、四川交界处时，因手续不齐被高速工作人员依法劝返，王永进采用绕道国道线的方式从万源高速出口入川。2019年3月4日9时许，豫G×××××号货车到达巴中兴文高速出口时因手续不齐，被工作人员禁止入城。被告人王永进便与刘震联系，让其想办法让货车进城。被告人刘震通过耀光养殖厂负责人岳某到枣林农业综合服务中心梁某阳处开具了250头仔猪的动物检疫合格证明。后被告人刘震指引豫G×××××号货车驾驶员李某辉持违法开具的动物检疫合格证明（动物B），从巴中西出口蒙混过关入城，并沿北环线、化成、金光前往小柳岗村。2019年3月4日晚上，当豫G×××××号货车途径梓橦庙镇境内时，王永进将死亡的5头仔猪丢弃在路边。当晚，由于道路施工，刘震通过租赁小型货车的方法对仔猪进行转运。在转运过程中，被

① 参见四川省巴中市中级人民法院（2019）川19刑终228号。

告人刘震、王永进又发现多头仔猪死亡。3 月 5 日凌晨，刘震私自将死亡的 45 头仔猪掩埋在养殖厂附近的空地。随后几天内，该批仔猪出现陆续死亡，刘震在未向当地农业部门报告的情况下，私自将死亡的仔猪进行掩埋。2019 年 3 月 12 日，巴州区梓橦庙镇工作人员到猪场巡查发现仔猪死亡，随即向有关部门进行了报告。2019 年 3 月 14 日，巴州区政府有关部门对该批仔猪进行了无害化处理。2019 年 4 月 4 日，经四川省动物疫病预防控制中心检验，从死亡的仔猪中检测出非洲猪瘟疫病。

• 裁判要旨 •

违反国家有关动植物防疫、检疫的规定，非法开具动物检疫合格证明，长途贩运猪仔并随意处置患疫仔猪，引起重大动物疫情，应当以妨害动植物防疫、检疫罪追究刑事责任。

• 裁判理由 •

原判认为，被告人刘震、王永进违反国家有关动植物防疫、检疫的规定，引起重大动物疫情，事实清楚，证据确实、充分，其行为构成妨害动植物防疫、检疫罪。被告人刘震、王永进到案后均如实供述自己的罪行，可以从轻处罚。被告人刘震、王永进当庭自愿认罪且系初犯，被告人刘震积极配合相关部门扑灭生猪，故可对其酌情从轻处罚。依照《刑法》第 337 条第 1 款、第 52 条、第 53 条、第 67 条第 3 款之规定，判决：一、被告人刘震犯妨害动植物防疫、检疫罪，判处有期徒刑一年八个月，并处罚金人民币 2 万元。二、被告人王永进犯妨害动植物防疫、检疫罪，判处有期徒刑一年六个月，并处罚金人民币 18000 元。

上诉人刘震及其辩护人上诉、辩护称刘震没有危害社会的主观故意，事发后积极配合相关部门处理，到案后认罪悔罪，请求减轻处罚。上诉人王永进及其辩护人上诉、辩护称所运输的崽猪有出售方提供的 A 证，王永进仅是负责运输，且积极配合调查，认罪、悔罪，如实供述犯罪情节，有初犯、偶犯情节，请求从轻处罚。

二审法院认为，上诉人刘震、王永进违反国家有关动植物防疫、检疫的规定，引起重大动物疫情，其行为构成妨害动植物防疫、检疫罪。刘震、王永进到案后均如实供述自己的罪行，可以从轻处罚。刘震、王永进当庭自愿认罪且系初犯，可对其酌情从轻处罚。

关于上诉人刘震及其辩护人上诉、辩护称：没有危害社会的主观故意，事发后积极配合相关部门处理，到案后认罪悔罪，请求减轻处罚。二审法院认为，刘震违法开具动物检疫合格证明，随意处置患疫仔猪，对疫情的发生持放任态度，原判综合其犯罪情节所做的刑罚并无不当。故该上诉、辩护意见依法不予采纳。关于上诉人王永进及其辩护人上诉、辩护称所运输的崽猪有出售方提供的A证，王永进仅是负责运输，且积极配合调查，认罪、悔罪，如实供述犯罪情节，有初犯、偶犯情节，请求从轻处罚。二审法院认为，王永进在手续不齐被劝返的情况下，采取绕道，联系刘震通过违法开具动物检疫合格证明蒙混入城，且随意丢弃感染疫情的仔猪，将感疫的猪交给刘震，引起重大动物疫情，危害后果严重，原判综合其犯罪情节所做的刑罚并无不当，故该上诉、辩护意见依法不予采纳。依照《刑事诉讼法》236条第1款第1项的规定，裁定如下：驳回上诉，维持原判。本裁定为终审裁定。本裁定自宣告之日起发生法律效力。

【学理分析及适用指引】

● 学理分析 ●

妨害动植物防疫、检疫罪，是指自然人或者单位违反有关动植物防疫、检疫的国家规定，引起重大动植物疫情的，或者有引起重大动植物疫情危险，情节严重的行为。本罪的构成要件如下：

1. 本罪的客体。本罪侵犯的客体是国家对进出境动植物检疫的管理制度。

2. 本罪的客观方面。本罪客观方面的特征为违反有关动植物防疫、检疫的国家规定，引起重大动植物疫情的，或者有引起重大动植物疫情严重危险，情节严重的行为。

（1）所谓违反有关动植物防疫、检疫的国家规定，主要指以《进出境动植物检疫法》《动物防疫法》为主体的关于动植物防疫、检疫的国家规定。

（2）所谓引起重大动植物疫情，刑法理论界有不同观点。我们认为，判断动植物疫情是否严重应当采用综合的标准，至少应从以下几个方面进行衡量：第一，动植物疫情本身的危险性，即应引起动物一类传染病、二类传染病、寄生虫的传播感染，引起植物毁灭性、危险性病虫害或者杂草传播。第二，动植物疫情呈暴发或者流行趋势。第三，动植物疫情造成后果严重，如造成巨大经济损失或者对农林牧渔业生产造成严重损害的。第四，动植物疫情造成的后遗症严重，即引起的动植物疫情难以治理或者需要大量投入进行治理的。需要指出的是，引起重大动植物疫情是指已经客观上造成了重大的动植物疫情。

（3）所谓引起重大动植物疫情危险，情节严重，立法没有明确，应当根据重大动植物疫情本身的含义以及实践中的具体情况具体判断。

3. 本罪的主体。犯罪主体包括自然人和单位，主要是运输、携带、邮寄动植物、动植物产品或者其他检疫物进出境的人员（检疫物的所有人、代理人、承运人）或者单位。中国人和外国人均可构成本罪的主体。

4. 本罪的主观方面。刑法理论界对本罪的主观特征争议非常大。主要有以下几种观点：观点一认为是直接故意；观点二认为可以是直接故意，也可以是间接故意；观点三认为是过失；观点四认为既可以是过失，也可以是故意。① 我们赞同上述第三种观点，如果将妨害动植物防疫、检疫罪的主观罪过假设为故意，那么该罪就与以危险方法危害公共安全罪重合。因此，妨害动植物防疫、检疫罪的主观罪过只能是过失。

• 适用指引 •

司法实践中，认定妨害动植物防疫、检疫罪罪与非罪的界限，主要应把握以下几个方面：②

1. 审查行为人是否违反有关动植物防疫、检疫的国家规定。主要是以《进出境动植物检疫法》《动物防疫法》为主体的关于动植物防疫、检疫的国家规定。

2. 审查行为人有没有逃避进出境动植物检疫的行为。如果行为人没有逃避动植物检疫的行为，那么，即使行为人有其他违反进出境动植物检疫法的行为也不构成本罪。

3. 审查行为人的行为是否引起了重大动植物疫情，或者有引起重大动植物疫情的严重危险，情节严重。引起重大动植物疫情，或者有引起重大动植物疫情严重危险并且情节严重是本罪的危害结果。引起重大动植物疫情指行为人的行为现实地引起了重大动植物疫情的发生。动植物疫情是指动物疫情的暴发或者流行，植物危险性病、虫、害的传播、滋生和蔓延。重大动植物疫情主要包括以下情形：（1）引起的动植物疫情难以治理，对农林牧渔业危害很大；（2）引起的动植物疫情过去没有发生过，对农林牧渔业生产危害很大；（3）引起的动植物疫情造成的实际经济损失巨大等。另外，行为人的行为虽然没有引起重大动植物疫情的发生，但是如果具有引起重大动植物疫情的严重危险，并且情节严重，也构成本罪。

4. 审查行为人的行为与重大动植物疫情或相应的危险之间是否具有因果关系。违反有关动植物防疫、检疫的国家规定，逃避动植物检疫的行为与引起重大动植物疫情的，或者有引起重大动植物疫情严重危险，情节严重之间存在刑法上的因果关系，才能认定行为人构成本罪。

5. 审查自然人和单位是否具有犯罪主体资格。如果自然人不具备刑法上

---

① 陈鹏展：《检疫犯罪的刑法遏制——逃避动植物检疫罪若干问题研究》，载《中国动物检疫》2004年第6期。

② 参见黄京平主编：《危害公共卫生犯罪比较研究》，法律出版社2004年版，第337~338页；李文燕主编：《危害公共卫生犯罪证据调查与运用》，中国人民公安大学出版社2002年版，第401~402页；刘远主编：《危害公共卫生罪》，中国人民公安大学出版社1998年版，第271~272页。

的刑事责任能力，则自然人不能构成本罪；如果单位不是依法成立的单位，则在一般情况下也不能构成本罪，而应由自然人承担刑事责任。

6. 审查行为人主观上是否有过失。这主要是为了将本罪与意外事件和不可抗力区分开来，如果重大动植物疫情或者重大动植物疫情的严重危险是由意外事件或者不可抗力造成的，行为人也不能构成本罪。

第六节 破坏环境资源保护罪

第三百三十八条 污染环境罪

【法律规定】

● 法律条文 ●

《中华人民共和国刑法》

第三百三十八条 违反国家规定，排放、倾倒或者处置有放射性的废物、含传染病病原体的废物、有毒物质或者其他有害物质，严重污染环境的，处三年以下有期徒刑或者拘役，并处或者单处罚金；情节严重的，处三年以上七年以下有期徒刑，并处罚金；有下列情形之一的，处七年以上有期徒刑，并处罚金：

（一）在饮用水水源保护区、自然保护地核心保护区等依法确定的重点保护区域排放、倾倒、处置有放射性的废物、含传染病病原体的废物、有毒物质，情节特别严重的；

（二）向国家确定的重要江河、湖泊水域排放、倾倒、处置有放射性的废物、含传染病病原体的废物、有毒物质，情节特别严重的；

（三）致使大量永久基本农田基本功能丧失或者遭受永久性破坏的；

（四）致使多人重伤、严重疾病，或者致人严重残疾、死亡的。

有前款行为，同时构成其他犯罪的，依照处罚较重的规定定罪处罚。

● 相关规定 ●

《中华人民共和国环境保护法》

第二条 本法所称环境，是指影响人类生存和发展的各种天然的和经过人工改造的自然因素的总体，包括大气、水、海洋、土地、矿藏、森林、草原、野生生物、自然遗迹、人文遗迹、自然保护区、风景名胜区、城市和乡村等。

《中华人民共和国大气污染防治法》

第一百二十二条 违反本法规定，造成大气污染事故的，由县级以上人民政府生态环境主管部门依照本条第二款的规定处以罚款；对直接负责的主管人员和其他直接责任人员可以处上一年度从本企业事业单位取得收入百分之五十以下的罚款。

对造成一般或者较大大气污染事故的，按照污染事故造成直接损失的一倍以上三倍以下计算罚款；对造成重大或者特大大气污染事故的，按照污染事故造成的直接损失的三倍以上五倍以下计算罚款。

第一百二十七条 违反本法规定，构成犯罪的，依法追究刑事责任。

《最高人民法院、最高人民检察院关于办理环境污染刑事案件适用法律若干问题的解释》（法释〔2016〕29号）

第一条 实施刑法第三百三十八条规定的行为，具有下列情形之一的，应当认定为"严重污染环境"：

（一）在饮用水水源一级保护区、自然保护区核心区排放、倾倒、处置有放射性的废物、含传染病病原体的废物、有毒物质的；

（二）非法排放、倾倒、处置危险废物三吨以上的；

（三）排放、倾倒、处置含铅、汞、镉、铬、砷、铊、锑的污染物，超过国家或者地方污染物排放标准三倍以上的；

（四）排放、倾倒、处置含镍、铜、锌、银、钒、锰、钴的污染物，超过国家或者地方污染物排放标准十倍以上的；

（五）通过暗管、渗井、渗坑、裂隙、溶洞、灌注等逃避监管的方式排放、倾倒、处置有放射性的废物、含传染病病原体的废物、有毒物质的；

（六）二年内曾因违反国家规定，排放、倾倒、处置有放射性的废物、含传染病病原体的废物、有毒物质受过两次以上行政处罚，又实施前列行为的；

（七）重点排污单位篡改、伪造自动监测数据或者干扰自动监测设施，排放化学需氧量、氨氮、二氧化硫、氮氧化物等污染物的；

（八）违法减少防治污染设施运行支出一百万元以上的；

（九）违法所得或者致使公私财产损失三十万元以上的；

（十）造成生态环境严重损害的；

（十一）致使乡镇以上集中式饮用水水源取水中断十二小时以上的；

（十二）致使基本农田、防护林地、特种用途林地五亩以上，其他农用地十亩以上，其他土地二十亩以上基本功能丧失或者遭受永久性破坏的；

（十三）致使森林或者其他林木死亡五十立方米以上，或者幼树死亡二千五百株以上的；

（十四）致使疏散、转移群众五千人以上的；

（十五）致使三十人以上中毒的；

（十六）致使三人以上轻伤、轻度残疾或者器官组织损伤导致一般功能障碍的；

（十七）致使一人以上重伤、中度残疾或者器官组织损伤导致严重功能障碍的；

（十八）其他严重污染环境的情形。

第二条 实施刑法第三百三十九条、第四百零八条规定的行为，致使公私财产损失三十万元以上，或者具有本解释第一条第十项至第十七项规定情形之一的，应当认定为“致使公私财产遭受重大损失或者严重危害人体健康”或者“致使公私财产遭受重大损失或者造成人身伤亡的严重后果”。

第三条 实施刑法第三百三十八条、第三百三十九条规定的行为，具有下列情形之一的，应当认定为“后果特别严重”：

（一）致使县级以上城区集中式饮用水水源取水中断十二小时以上的；

（二）非法排放、倾倒、处置危险废物一百吨以上的；

（三）致使基本农田、防护林地、特种用途林地十五亩以上，其他农用地三十亩以上，其他土地六十亩以上基本功能丧失或者遭受永久性破坏的；

（四）致使森林或者其他林木死亡一百五十立方米以上，或者幼树死亡七千五百株以上的；

（五）致使公私财产损失一百万元以上的；

（六）造成生态环境特别严重损害的；

（七）致使疏散、转移群众一万五千人以上的；

（八）致使一百人以上中毒的；

（九）致使十人以上轻伤、轻度残疾或者器官组织损伤导致一般功能障碍的；

（十）致使三人以上重伤、中度残疾或者器官组织损伤导致严重功能障碍的；

（十一）致使一人以上重伤、中度残疾或者器官组织损伤导致严重功能障碍，并致使五人以上轻伤、轻度残疾或者器官组织损伤导致一般功能障碍的；

（十二）致使一人以上死亡或者重度残疾的；

（十三）其他后果特别严重的情形。

第四条 实施刑法第三百三十八条、第三百三十九条规定的犯罪行为，具有下列情形之一的，应当从重处罚：

（一）阻挠环境监督检查或者突发环境事件调查，尚不构成妨害公务等犯罪的；

（二）在医院、学校、居民区等人口集中地区及其附近，违反国家规定排放、倾倒、处置有放射性的废物、含传染病病原体的废物、有毒物质或者其他有害物质的；

（三）在重污染天气预警期间、突发环境事件处置期间或者被责令限期整改期间，违反国家规定排放、倾倒、处置有放射性的废物、含传染病病原体的废物、有毒物质或者其他有害物质的；

（四）具有危险废物经营许可证的企业违反国家规定排放、倾倒、处置有放射性的废物、含传染病病原体的废物、有毒物质或者其他有害物质的。

第五条 实施刑法第三百三十八条、第三百三十九条规定的行为，刚达到应当追究刑事责任的标准，但行为人及时采取措施，防止损失扩大、消除污染，全部赔偿损失，积极修复生态环境，且系初犯，确有悔罪表现的，可以认定为情节轻微，不起诉或者免予刑事处罚；确有必要判处刑罚的，应当从宽处罚。

第六条 无危险废物经营许可证从事收集、贮存、利用、处置危险废物经营活动，严重污染环境的，按照污染环境罪定罪处罚；同时构成非法经营罪的，依照处罚较重的规定定罪处罚。

实施前款规定的行为，不具有超标排放污染物、非法倾倒污染物或者其他违法造成环境污染的情形的，可以认定为非法经营情节显著轻微危害不大，不认为是犯罪；构成生产、销售伪劣产品等其他犯罪的，以其他犯罪论处。

第七条 明知他人无危险废物经营许可证，向其提供或者委托其收集、贮存、利用、处置危险废物，严重污染环境的，以共同犯罪论处。

第八条 违反国家规定，排放、倾倒、处置含有毒害性、放射性、传染病病原体等物质的污染物，同时构成污染环境罪、非法处置进口的固体废物罪、投放危险物质罪等犯罪的，依照处罚较重的规定定罪处罚。

第十一条 单位实施本解释规定的犯罪的，依照本解释规定的定罪量刑标准，对直接负责的主管人员和其他直接责任人员定罪处罚，并对单位判处罚金。

第十二条 环境保护主管部门及其所属监测机构在行政执法过程中收集的监测数据，在刑事诉讼中可以作为证据使用。

公安机关单独或者会同环境保护主管部门，提取污染物样品进行检测获取的数据，在刑事诉讼中可以作为证据使用。

第十三条 对国家危险废物名录所列的废物，可以依据涉案物质的来源、产生过程、被告人供述、证人证言以及经批准或者备案的环境影响评价文件等证据，结合环境保护主管部门、公安机关等出具的书面意见作出认定。

对于危险废物的数量，可以综合被告人供述，涉案企业的生产工艺、物耗、能耗情况，以及经批准或者备案的环境影响评价文件等证据作出认定。

第十四条 对案件所涉的环境污染专门性问题难以确定的，依据司法鉴定机构出具的鉴定意见，或者国务院环境保护主管部门、公安部门指定的机构出具的报告，结合其他证据作出认定。

第十五条 下列物质应当认定为刑法第三百三十八条规定的“有毒物质”：

（一）危险废物，是指列入国家危险废物名录，或者根据国家规定的危险废物鉴别标准和鉴别方法认定的，具有危险特性的废物；

（二）《关于持久性有机污染物的斯德哥尔摩公约》附件所列物质；

（三）含重金属的污染物；

（四）其他具有毒性，可能污染环境的物质。

第十六条　无危险废物经营许可证，以营利为目的，从危险废物中提取物质作为原材料或者燃料，并具有超标排放污染物、非法倾倒污染物或者其他违法造成环境污染的情形的行为，应当认定为“非法处置危险废物”。

第十七条　本解释所称“二年内”，以第一次违法行为受到行政处罚的生效之日与又实施相应行为之日的时间间隔计算确定。

本解释所称“重点排污单位”，是指设区的市级以上人民政府环境保护主管部门依法确定的应当安装、使用污染物排放自动监测设备的重点监控企业及其他单位。

本解释所称“违法所得”，是指实施刑法第三百三十八条、第三百三十九条规定的行为所得和可得的全部违法收入。

本解释所称“公私财产损失”，包括实施刑法第三百三十八条、第三百三十九条规定的行为直接造成财产损毁、减少的实际价值，为防止污染扩大、消除污染而采取必要合理措施所产生的费用，以及处置突发环境事件的应急监测费用。

本解释所称“生态环境损害”，包括生态环境修复费用，生态环境修复期间服务功能的损失和生态环境功能永久性损害造成的损失，以及其他必要合理费用。

本解释所称“无危险废物经营许可证”，是指未取得危险废物经营许可证，或者超出危险废物经营许可证的经营范围。

《最高人民法院、最高人民检察院关于办理妨害预防、控制突发传染病疫情等灾害的刑事案件具体应用法律若干问题的解释》（法释〔2003〕8号）

第十三条　违反传染病防治法等国家有关规定，向土地、水体、大气排放、倾倒或者处置含传染病病原体的废物、有毒物质或者其他危险废物，造成突发传染病传播等重大环境污染事故，致使公私财产遭受重大损失或者人身伤亡的严重后果的，依照刑法第三百三十八条的规定，以重大环境污染事故罪①定罪处罚。

第十七条　人民法院、人民检察院办理有关妨害预防、控制突发传染病疫情等灾害的刑事案件，对于有自首、立功等悔罪表现的，依法从轻、减轻、免除处罚或者依法作出不起诉决定。

---

① 根据《刑法修正案（八）》，第338条的罪名已修正为“污染环境罪”。——编者注

第十八条 本解释所称“突发传染病疫情等灾害”，是指突然发生，造成或者可能造成社会公众健康严重损害的重大传染病疫情、群体性不明原因疾病以及其他严重影响公众健康的灾害。

《国家突发环境事件应急预案》（国办函〔2014〕119号）

一、特别重大突发环境事件

凡符合下列情形之一的，为特别重大突发环境事件：

1. 因环境污染直接导致30人以上死亡或100人以上中毒或重伤的；

2. 因环境污染疏散、转移人员5万人以上的；

3. 因环境污染造成直接经济损失1亿元以上的；

4. 因环境污染造成区域生态功能丧失或该区域国家重点保护物种灭绝的；

5. 因环境污染造成设区的市级以上城市集中式饮用水水源地取水中断的；

6. Ⅰ、Ⅱ类放射源丢失、被盗、失控并造成大范围严重辐射污染后果的；放射性同位素和射线装置失控导致3人以上急性死亡的；放射性物质泄漏，造成大范围辐射污染后果的；

7. 造成重大跨国境影响的境内突发环境事件。

二、重大突发环境事件

凡符合下列情形之一的，为重大突发环境事件：

1. 因环境污染直接导致10人以上30人以下死亡或50人以上100人以下中毒或重伤的；

2. 因环境污染疏散、转移人员1万人以上5万人以下的；

3. 因环境污染造成直接经济损失2000万元以上1亿元以下的；

4. 因环境污染造成区域生态功能部分丧失或该区域国家重点保护野生动植物种群大批死亡的；

5. 因环境污染造成县级城市集中式饮用水水源地取水中断的；

6. Ⅰ、Ⅱ类放射源丢失、被盗的；放射性同位素和射线装置失控导致3人以下急性死亡或者10人以上急性重度放射病、局部器官残疾的；放射性物质泄漏，造成较大范围辐射污染后果的；

7. 造成跨省级行政区域影响的突发环境事件。

三、较大突发环境事件

凡符合下列情形之一的，为较大突发环境事件：

1. 因环境污染直接导致3人以上10人以下死亡或10人以上50人以下中毒或重伤的；

2. 因环境污染疏散、转移人员5000人以上1万人以下的；

3. 因环境污染造成直接经济损失500万元以上2000万元以下的；

4. 因环境污染造成国家重点保护的动植物物种受到破坏的；

5. 因环境污染造成乡镇集中式饮用水水源地取水中断的；

6. Ⅲ类放射源丢失、被盗的；放射性同位素和射线装置失控导致10人以下急性重度放射病、局部器官残疾的；放射性物质泄漏，造成小范围辐射污染后果的；

7. 造成跨设区的市级行政区域影响的突发环境事件。

四、一般突发环境事件

凡符合下列情形之一的，为一般突发环境事件：

1. 因环境污染直接导致3人以下死亡或10人以下中毒或重伤的；

2. 因环境污染疏散、转移人员5000人以下的；

3. 因环境污染造成直接经济损失500万元以下的；

4. 因环境污染造成跨县级行政区域纠纷，引起一般性群体影响的；

5. Ⅳ、Ⅴ类放射源丢失、被盗的；放射性同位素和射线装置失控导致人员受到超过年剂量限值的照射的；放射性物质泄漏，造成厂区内或设施内局部辐射污染后果的；铀矿冶、伴生矿超标排放，造成环境辐射污染后果的；

6. 对环境造成一定影响，尚未达到较大突发环境事件级别的。

上述分级标准有关数量的表述中，“以上”含本数，“以下”不含本数。

《最高人民法院、最高人民检察院、公安部、司法部、生态环境部关于办理环境污染刑事案件有关问题座谈会纪要》

1. 关于单位犯罪的认定

会议针对一些地方存在追究自然人犯罪多，追究单位犯罪少，单位犯罪认定难的情况和问题进行了讨论。会议认为，办理环境污染犯罪案件，认定单位犯罪时，应当依法合理把握追究刑事责任的范围，贯彻宽严相济刑事政策，重点打击出资者、经营者和主要获利者，既要防止不当缩小追究刑事责任的人员范围，又要防止打击面过大。

为了单位利益，实施环境污染行为，并具有下列情形之一的，应当认定为单位犯罪：（1）经单位决策机构按照决策程序决定的；（2）经单位实际控制人、主要负责人或者授权的分管负责人决定、同意的；（3）单位实际控制人、主要负责人或者授权的分管负责人得知单位成员个人实施环境污染犯罪行为，并未加以制止或者及时采取措施，而是予以追认、纵容或者默许的；（4）使用单位营业执照、合同书、公章、印鉴等对外开展活动，并调用单位车辆、船舶、生产设备、原辅材料等实施环境污染犯罪行为的。

单位犯罪中的“直接负责的主管人员”，一般是指对单位犯罪起决定、批准、组织、策划、指挥、授意、纵容等作用的主管人员，包括单位实际控制人、主要负责人或者授权的分管负责人、高级管理人员等；“其他直接责任人员”，一般是指在直接负责的主管人员的指挥、授意下积极参与实施单位犯罪或者对具体实施单位犯罪起较大作用的人员。

对于应当认定为单位犯罪的环境污染犯罪案件，公安机关未作为单位犯罪移送审查起诉的，人民检察院应当退回公安机关补充侦查。对于应当认定为单位犯罪的环境污染犯罪案件，人民检察院只作为自然人犯罪起诉的，人民法院应当建议人民检察院对犯罪单位补充起诉。

2. 关于犯罪未遂的认定

会议针对当前办理环境污染犯罪案件中，能否认定污染环境罪（未遂）的问题进行了讨论。会议认为，当前环境执法工作形势比较严峻，一些行为人拒不配合执法检查、接受检查时弄虚作假、故意逃避法律追究的情形时有发生，因此对于行为人已经着手实施非法排放、倾倒、处置有毒有害污染物的行为，由于有关部门查处或者其他意志以外的原因未得逞的情形，可以污染环境罪（未遂）追究刑事责任。

3. 关于主观过错的认定

会议针对当前办理环境污染犯罪案件中，如何准确认定犯罪嫌疑人、被告人主观过错的问题进行了讨论。会议认为，判断犯罪嫌疑人、被告人是否具有环境污染犯罪的故意，应当依据犯罪嫌疑人、被告人的任职情况、职业经历、专业背景、培训经历、本人因同类行为受到行政处罚或者刑事追究情况以及污染物种类、污染方式、资金流向等证据，结合其供述，进行综合分析判断。

实践中，具有下列情形之一，犯罪嫌疑人、被告人不能作出合理解释的，可以认定其故意实施环境污染犯罪，但有证据证明确系不知情的除外：（1）企业没有依法通过环境影响评价，或者未依法取得排污许可证，排放污染物，或者已经通过环境影响评价并且防治污染设施验收合格后，擅自更改工艺流程、原辅材料，导致产生新的污染物质的；（2）不使用验收合格的防治污染设施或者不按规范要求使用的；（3）防治污染设施发生故障，发现后不及时排除，继续生产放任污染物排放的；（4）生态环境部门责令限制生产、停产整治或者予以行政处罚后，继续生产放任污染物排放的；（5）将危险废物委托第三方处置，没有尽到查验经营许可的义务，或者委托处置费用明显低于市场价格或者处置成本的；（6）通过暗管、渗井、渗坑、裂隙、溶洞、灌注等逃避监管的方式排放污染物的；（7）通过篡改、伪造监测数据的方式排放污染物的；（8）其他足以认定的情形。

4. 关于生态环境损害标准的认定

会议针对如何适用《环境解释》第一条、第三条规定的“造成生态环境严重损害的”“造成生态环境特别严重损害的”定罪量刑标准进行了讨论。会议指出，生态环境损害赔偿制度是生态文明制度体系的重要组成部分。党中央、国务院高度重视生态环境损害赔偿工作，党的十八届三中全会明确提出对造成生态环境损害的责任者严格实行赔偿制度。2015 年，中央办公厅、国务院办公厅印发《生态环境损害赔偿制度改革试点方案》（中办发〔2015〕57 号），在吉林等 7 个省市部署开展改革试点，取得明显成效。2017 年，中央办公厅、国务院办公厅印发《生态环境损害赔偿制度改革方案》（中办发〔2017〕68号），在全国范围内试行生态环境损害赔偿制度。

会议指出，《环境解释》将造成生态环境损害规定为污染环境罪的定罪量刑标准之一，是为了与生态环境损害赔偿制度实现衔接配套，考虑到该制度尚在试行过程中，《环境解释》作了较原则的规定。司法实践中，一些省市结合本地区工作实际制定了具体标准。会议认为，在生态环境损害赔偿制度试行阶段，全国各省（自治区、直辖市）可以结合本地实际情况，因地制宜，因时制宜，根据案件具体情况准确认定“造成生态环境严重损害”和“造成生态环境特别严重损害”。

5. 关于非法经营罪的适用

会议针对如何把握非法经营罪与污染环境罪的关系以及如何具体适用非法经营罪的问题进行了讨论。会议强调，要高度重视非法经营危险废物案件的办理，坚持全链条、全环节、全流程对非法排放、倾倒、处置、经营危险废物的产业链进行刑事打击，查清犯罪网络，深挖犯罪源头，斩断利益链条，不断挤压和铲除此类犯罪滋生蔓延的空间。

会议认为，准确理解和适用《环境解释》第六条的规定应当注意把握两个原则：一要坚持实质判断原则，对行为人非法经营危险废物行为的社会危害性作实质性判断。比如，一些单位或者个人虽未依法取得危险废物经营许可证，但其收集、贮存、利用、处置危险废物经营活动，没有超标排放污染物、非法倾倒污染物或者其他违法造成环境污染情形的，则不宜以非法经营罪论处。二要坚持综合判断原则，对行为人非法经营危险废物行为根据其在犯罪链条中的地位、作用综合判断其社会危害性。比如，有证据证明单位或者个人的无证经营危险废物行为属于危险废物非法经营产业链的一部分，并且已经形成了分工负责、利益均沾、相对固定的犯罪链条，如果行为人或者与其联系紧密的上游或者下游环节具有排放、倾倒、处置危险废物违法造成环境污染的情形，且交易价格明显异常的，对行为人可以根据案件具体情况在污染环境罪和非法经营罪中，择一重罪处断。

6. 关于投放危险物质罪的适用

会议强调，目前我国一些地方环境违法犯罪活动高发多发，刑事处罚威慑力不强的问题仍然突出，现阶段在办理环境污染犯罪案件时必须坚决贯彻落实中央领导同志关于重典治理污染的指示精神，把刑法和《环境解释》的规定用足用好，形成对环境污染违法犯罪的强大震慑。

会议认为，司法实践中对环境污染行为适用投放危险物质罪追究刑事责任时，应当重点审查判断行为人的主观恶性、污染行为恶劣程度、污染物的毒害性危险性、污染持续时间、污染结果是否可逆、是否对公共安全造成现实、具体、明确的危险或者危害等各方面因素。对于行为人明知其排放、倾倒、处置的污染物含有毒害性、放射性、传染病病原体等危险物质，仍实施环境污染行为放任其危害公共安全，造成重大人员伤亡、重大公私财产损失等严重后果，以污染环境罪论处明显不足以罚当其罪的，可以按投放危险物质罪定罪量刑。实践中，此类情形主要是向饮用水水源保护区，饮用水供水单位取水口和出水口，南水北调水库、干渠、涵洞等配套工程，重要渔业水体以及自然保护区核心区等特殊保护区域，排放、倾倒、处置毒害性极强的污染物，危害公共安全并造成严重后果的情形。

7. 关于涉大气污染环境犯罪的处理

会议针对涉大气污染环境犯罪的打击处理问题进行了讨论。会议强调，打赢蓝天保卫战是打好污染防治攻坚战的重中之重。各级人民法院、人民检察院、公安机关、生态环境部门要认真分析研究全国人大常委会大气污染防治法执法检查发现的问题和提出的建议，不断加大对涉大气污染环境犯罪的打击力度，毫不动摇地以法律武器治理污染，用法治力量保卫蓝天，推动解决人民群众关注的突出大气环境问题。

会议认为，司法实践中打击涉大气污染环境犯罪，要抓住关键问题，紧盯薄弱环节，突出打击重点。对重污染天气预警期间，违反国家规定，超标排放二氧化硫、氮氧化物，受过行政处罚后又实施上述行为或者具有其他严重情节的，可以适用《环境解释》第一条第十八项规定的“其他严重污染环境的情形”追究刑事责任。

8. 关于非法排放、倾倒、处置行为的认定

会议针对如何准确认定环境污染犯罪中非法排放、倾倒、处置行为进行了讨论。会议认为，司法实践中认定非法排放、倾倒、处置行为时，应当根据《固体废物污染环境防治法》和《环境解释》的有关规定精神，从其行为方式是否违反国家规定或者行业操作规范、污染物是否与外环境接触、是否造成环境污染的危险或者危害等方面进行综合分析判断。对名为运输、贮存、利用，实为排放、倾倒、处置的行为应当认定为非法排放、倾倒、处置行为，可以依法追究刑事责任。比如，未采取相应防范措施将没有利用价值的危险废物长期贮存、搁置，放任危险废物或者其有毒有害成分大量扬散、流失、泄漏、挥发，污染环境的。

9. 关于有害物质的认定

会议针对如何准确认定刑法第三百三十八条规定的“其他有害物质”的问题进行了讨论。会议认为，办理非法排放、倾倒、处置其他有害物质的案件，应当坚持主客观相一致原则，从行为人的主观恶性、污染行为恶劣程度、有害物质危险性毒害性等方面进行综合分析判断，准确认定其行为的社会危害性。实践中，常见的有害物质主要有：工业危险废物以外的其他工业固体废物；未经处理的生活垃圾；有害大气污染物、受控消耗臭氧层物质和有害水污

染物；在利用和处置过程中必然产生有毒有害物质的其他物质；国务院生态环境保护主管部门会同国务院卫生主管部门公布的有毒有害污染物名录中的有关物质等。

10. 关于从重处罚情形的认定

会议强调，要坚决贯彻党中央推动长江经济带发展的重大决策，为长江经济带共抓大保护、不搞大开发提供有力的司法保障。实践中，对于发生在长江经济带十一省（直辖市）的下列环境污染犯罪行为，可以从重处罚：（1）跨省（直辖市）排放、倾倒、处置有放射性的废物、含传染病病原体的废物、有毒物质或者其他有害物质的；（2）向国家确定的重要江河、湖泊或者其他跨省（直辖市）江河、湖泊排放、倾倒、处置有放射性的废物、含传染病病原体的废物、有毒物质或者其他有害物质的。

11. 关于严格适用不起诉、缓刑、免予刑事处罚

会议针对当前办理环境污染犯罪案件中如何严格适用不起诉、缓刑、免予刑事处罚的问题进行了讨论。会议强调，环境污染犯罪案件的刑罚适用直接关系加强生态环境保护打好污染防治攻坚战的实际效果。各级人民法院、人民检察院要深刻认识环境污染犯罪的严重社会危害性，正确贯彻宽严相济刑事政策，充分发挥刑罚的惩治和预防功能。要在全面把握犯罪事实和量刑情节的基础上严格依照刑法和刑事诉讼法规定的条件适用不起诉、缓刑、免予刑事处罚，既要考虑从宽情节，又要考虑从严情节；既要做到刑罚与犯罪相当，又要做到刑罚执行方式与犯罪相当，切实避免不起诉、缓刑、免予刑事处罚不当适用造成的消极影响。

会议认为，具有下列情形之一的，一般不适用不起诉、缓刑或者免予刑事处罚：（1）不如实供述罪行的；（2）属于共同犯罪中情节严重的主犯的；（3）犯有数个环境污染犯罪依法实行并罚或者以一罪处理的；（4）曾因环境污染违法犯罪行为受过行政处罚或者刑事处罚的；（5）其他不宜适用不起诉、缓刑、免予刑事处罚的情形。

会议要求，人民法院审理环境污染犯罪案件拟适用缓刑或者免予刑事处罚的，应当分析案发前后的社会影响和反映，注意听取控辩双方提出的意见。对于情节恶劣、社会反映强烈的环境污染犯罪，不得适用缓刑、免予刑事处罚。人民法院对判处缓刑的被告人，一般应当同时宣告禁止令，禁止其在缓刑考验期内从事与排污或者处置危险废物有关的经营活动。生态环境部门根据禁止令，对上述人员担任实际控制人、主要负责人或者高级管理人员的单位，依法不得发放排污许可证或者危险废物经营许可证。

《最高人民检察院、公安部关于公安机关管辖的刑事案件立案追诉标准的规定（一）的补充规定》（公通字〔2017〕12 号）

十、将《立案追诉标准（一）》第 60 条修改为：［污染环境案（刑法第

338 条）］违反国家规定，排放、倾倒或者处置有放射性的废物、含传染病病原体的废物、有毒物质或者其他有害物质，涉嫌下列情形之一的，应予立案追诉：

（一）在饮用水水源一级保护区、自然保护区核心区排放、倾倒、处置有放射性的废物、含传染病病原体的废物、有毒物质的；

（二）非法排放、倾倒、处置危险废物三吨以上的；

（三）排放、倾倒、处置含铅、汞、镉、铬、砷、铊、锑的污染物，超过国家或者地方污染物排放标准 3 倍以上的；

（四）排放、倾倒、处置含镍、铜、锌、银、钒、锰、钴的污染物，超过国家或者地方污染物排放标准 10 倍以上的；

（五）通过暗管、渗井、渗坑、裂隙、溶洞、灌注等逃避监管的方式排放、倾倒、处置有放射性的废物、含传染病病原体的废物、有毒物质的；

（六）二年内曾因违反国家规定，排放、倾倒、处置有放射性的废物、含传染病病原体的废物、有毒物质受过 2 次以上行政处罚，又实施前列行为的；

（七）重点排污单位篡改、伪造自动监测数据或者干扰自动监测设施，排放化学需氧量、氨氮、二氧化硫、氮氧化物等污染物的；

（八）违法减少防治污染设施运行支出 100 万元以上的；

（九）违法所得或者致使公私财产损失 30 万元以上的；

（十）造成生态环境严重损害的；

（十一）致使乡镇以上集中式饮用水水源取水中断 12 小时以上的；

（十二）致使基本农田、防护林地、特种用途林地 5 亩以上，其他农用地 10 亩以上，其他土地 20 亩以上基本功能丧失或者遭受永久性破坏的；

（十三）致使森林或者其他林木死亡 50 立方米以上，或者幼树死亡 2500 株以上的；

（十四）致使疏散、转移群众 5 千人以上的；

（十五）致使 30 人以上中毒的；

（十六）致使 3 人以上轻伤、轻度残疾或者器官组织损伤导致一般功能障碍的；

（十七）致使 1 人以上重伤、中度残疾或者器官组织损伤导致严重功能障碍的；

（十八）其他严重污染环境的情形。

本条规定的“有毒物质”，包括列入国家危险废物名录或者根据国家规定的危险废物鉴别标准和鉴别方法认定的具有危险特性的废物，《关于持久性有机污染物的斯德哥尔摩公约》附件所列物质，含重金属的污染物，以及其他具有毒性可能污染环境的物质。

本条规定的“非法处置危险废物”，包括无危险废物经营许可证，以营利为目的，从危险废物中提取物质作为原材料或者燃料，并具有超标排放污染物、非法倾倒污染物或者其他违法造成环境污染情形的行为。

本条规定的“重点排污单位”，是指设区的市级以上人民政府环境保护主管部门依法确定的应当安装、使用污染物排放自动监测设备的重点监控企业及其他单位。

本条规定的“公私财产损失”，包括直接造成财产损毁、减少的实际价值，为防止污染扩大、消除污染而采取必要合理措施所产生的费用，以及处置突发环境事件的应急监测费用。

本条规定的“生态环境损害”，包括生态环境修复费用，生态环境修复期间服务功能的损失和生态环境功能永久性损害造成的损失，以及其他必要合理费用。

本条规定的“无危险废物经营许可证”，是指未取得危险废物经营许可证，或者超出危险废物经营许可证的经营范围。

【案例一】

紫金矿业集团股份有限公司紫金山金铜矿重大环境污染事故案①

• 案件事实 •

自2006年10月以来，被告单位紫金矿业集团股份有限公司紫金山金铜矿（以下简称紫金山金铜矿）所属的铜矿湿法厂清污分流涵洞存在严重的渗漏问题，虽采取了有关措施，但随着生产规模的扩大，该涵洞渗漏问题日益严重。紫金山金铜矿于2008年3月在未进行调研认证的情况下，违反规定擅自将6号观测井与排洪涵洞打通。在2009年9月福建省环保厅明确指出问题并要求彻底整改后，仍然没有引起足够重视，整改措施不到位、不彻底，隐患仍然存在。2010年6月中下旬，上杭县降水量达349.7毫米。2010年7月3日，紫金山金铜矿所属铜矿湿法厂污水池HDPE防渗膜破裂造成含铜酸性废水渗漏并流入6号观测井，再经6号观测井通过人为擅自打通的与排洪涵洞相连的通道进入排洪涵洞，并溢出涵洞内挡水墙后流入汀江，泄漏含铜酸性废水9176立方米，造成下游水体污染和养殖鱼类大量死亡的重大环境污染事故，上杭县城区部分自来水厂停止供水1天。2010年7月16日，用于抢险的3号应急中转污水池又发生泄漏，泄漏含铜酸性废水500立方米，再次对汀江水质造成污染。致使汀江河局部水域受到铜、锌、铁、镉、铅、砷等的污染，造成养殖鱼类死

---

① 参见最高人民法院2013年6月18日新闻发布会材料（二），载最高人民法院官网，http://www.court.gov.cnxwzxxwfbhtwzb201306/t20130618_ 185457.htm，最后访问时间：2013年6月21日。

亡达370.1万斤，经鉴定鱼类损失价值人民币2220.6万元。同时，为了网箱养殖鱼类的安全，当地政府部门采取破网措施，放生鱼类3084.44万斤。

• 裁判要旨 •

非法排放、倾倒、处置危险废物3吨以上或致使乡镇以上集中式饮用水水源取水中断12小时以上的属"严重污染环境"的行为。

• 裁判理由 •

福建省龙岩市新罗区人民法院一审判决、龙岩市中级人民法院二审裁定认为：被告单位紫金山金铜矿违反国家规定，未采取有效措施解决存在的环保隐患，继而发生了危险废物泄漏至汀江，致使汀江河水域水质受到污染，后果特别严重。被告人陈某某（2006年9月至2009年12月任紫金山金铜矿矿长）、黄某某（紫金山金铜矿环保安全处处长）是应对该事故直接负责的主管人员，被告人林某某（紫金山铜矿湿法厂厂长）、王某（紫金山铜矿湿法厂分管环保的副厂长）、刘生源（紫金山铜矿湿法厂环保车间主任）是该事故的直接责任人员，对该事故均负有直接责任，其行为均已构成重大环境污染事故罪。① 据此，综合考虑被告单位自首、积极赔偿受害渔民损失等情节，以重大环境污染事故罪判处被告单位紫金山金铜矿罚金人民币3000万元；被告人林某某有期徒刑三年，并处罚金人民币30万元；被告人王某有期徒刑三年，并处罚金人民币30万元；被告人刘生源有期徒刑三年六个月，并处罚金人民币30万元。对被告人陈某某、黄某某宣告缓刑。

【案例二】

云南澄江锦业工贸有限责任公司重大环境污染事故案②

• 案件事实 •

2005年至2008年间，云南澄江锦业工贸有限责任公司（以下简称锦业公司）在生产经营过程中，长期将含砷生产废水通过明沟、暗管直接排放到厂区最低凹处没有经过防渗处理的天然水池内，并抽取该池内的含砷废水进行洗矿作业；将含砷固体废物磷石膏倾倒于厂区外未采取防渗漏、防流失措施的堆场露天堆放；雨季降水量大时直接将天然水池内的含砷废水抽排至厂外东北侧邻

---

① 2011年4月27日《最高人民法院、最高人民检察院关于执行〈中华人民共和国刑法〉确定罪名的补充规定（五）》取消"重大环境污染事故罪"罪名，修改为"污染环境罪"。——编者注

② 参见最高人民法院2013年6月18日新闻发布会材料（二），载最高人民法院官网，http：//www. court. gov. cnxwzxxwfbhtwzb201306/t20130618_ 185457. htm，最后访问时间：2013年6月21日。

近阳宗海的磷石膏渣场放任自流。致使含砷废水通过地表径流和渗透随地下水进入阳宗海，造成阳宗海水体受砷污染，水质从Ⅱ类下降到劣Ⅴ类，饮用、水产品养殖等功能丧失，县级以上城镇水源地取水中断，公私财产遭受百万元以上损失的特别严重后果。

• 裁判要旨 •

2 年内曾因违反国家规定，排放、倾倒、处置有放射性的废物、含传染病病原体的废物、有毒物质，受过 2 次以上行政处罚，又实施前列行为的，属“严重污染环境”行为。

• 裁判理由 •

云南省澄江县人民法院一审判决、玉溪市中级人民法院二审裁定认为：被告单位锦业公司未建设完善配套环保设施，经多次行政处罚仍未整改，致使生产区内外环境中大量富含砷的生产废水通过地下渗透随地下水以及地表径流进入阳宗海，导致该重要湖泊被砷污染，构成重大环境污染事故罪，且应当认定为“后果特别严重”。被告人李大宏作为锦业公司的董事长，被告人李某某作为锦业公司的总经理（负责公司的全面工作），二人未按规范要求采取防渗措施，最终导致阳宗海被砷污染的危害后果，应当作为单位犯罪的主管人员承担相应刑事责任。被告人金某某作为锦业公司生产部部长，具体负责安全生产、环境保护和生产调度等工作，安排他人抽排含砷废水到厂区外，应作为单位犯罪的直接责任人承担相应刑事责任。案发后，锦业公司及被告人积极配合相关部门截污治污，可对其酌情从轻处罚。据此，以重大环境污染事故罪判处被告单位云南澄江锦业工贸有限责任公司罚金人民币 1600 万元；被告人李大宏有期徒刑四年，并处罚金人民币 30 万元；被告人李某某有期徒刑三年，并处罚金人民币 15 万元；被告人金某某有期徒刑三年，并处罚金人民币 15 万元。

【案例三】

重庆云光化工有限公司等污染环境案①

• 案件事实 •

重庆长风化学工业有限公司（以下简称长风公司）委托重庆云光化工有限公司（以下简称云光公司）处置其生产过程中产生的危险废物（次级苯系

① 参见最高人民法院 2013 年 6 月 18 日新闻发布会材料（二），载最高人民法院官网，http://www.court.gov.cnxwzxxwfbhtwzb201306/t20130618_185457.htm，最后访问时间：2013 年 6 月 21 日。

物有机产品）。之后，蒋某某（云光公司法定代表人）将危险废物处置工作交由公司员工夏某负责。夏某在未审查张某某是否具备危险废物处置能力的情况下，将长风公司委托处置的危险废物直接转交给张某某处置。张某某随后与胡某某和周某取得联系并经实地察看，决定将危险废物运往四川省兴文县共乐镇境内的黄水沱倾倒。2011 年 6 月 12 日，张某某联系一辆罐车在长风公司装载 28 吨多工业废水，准备运往兴文县共乐镇境内的黄水沱倾倒。后因车辆太大而道路窄小，不能驶入黄水沱，周某、胡某某、张某某等人临时决定将工业废水倾倒在大坳口公路边的荒坡处，致使当地环境受到严重污染。2011 年 6 月 14 日，张某某在长风公司装载三车铁桶装半固体状危险废物约 75 余吨，倾倒在黄水沱振兴硫铁矿的荒坡处，致使当地环境受到严重污染，并对当地居民的身体健康和企业的生产作业产生影响。经鉴定，黄水沱和大坳口两处危险废物的处置费、现场清理费、运输费等为 918315 元。

• 裁判要旨 •

非法排放、倾倒、处置危险废物 3 吨以上的，属“严重污染环境”行为。

• 裁判理由 •

四川省兴文县人民法院经审理认为：被告重庆云光化工有限公司作为专业的化工危险废物处置企业，违反国家关于化工危险废物的处置规定，将工业污泥和工业废水交给不具有化工危险废物处置资质的被告人张某某处置，导致环境严重污染，构成污染环境罪。被告人张某某违反国家规定，向土地倾倒危险废物，造成环境严重污染，且后果严重，构成污染环境罪。被告人周某、胡某某帮助被告人张某某实施上述行为，构成污染环境罪。被告人张某某投案自首，依法可以从轻或者减轻处罚。据此，以污染环境罪分别判处被告重庆云光化工有限公司罚金 50 万元；被告人夏某有期徒刑二年，并处罚金 2 万元；张某某有期徒刑一年六个月，并处罚金 2 万元。对蒋某某、周某、胡某某宣告缓刑。判决宣告后，被告单位、各被告人均未上诉，检察机关亦未抗诉，判决已生效。

【案例四】

吴某某、王某、姜某某重大环境污染事故案①

● 案件事实 ●

1999 年 9 月，被告人吴某某从江苏省泗阳县来安乡赵某某处购得旧氯气罐 3 只。吴某某被告知其中 1 只罐内装有残存的有毒气体氯气，并且不能排放。吴某某欲以 900 元价格将该 3 只氯气罐卖给专营收购旧物品的王某。因王某得知罐内有氯气不好处理不愿购买，吴某某便与王某商定：由吴某某将装有氯气的罐子运至王某家并在王某屋后水沟中将残存氯气排放至水中，王某安排他人帮吴排放氯气。后吴某某按约定将氯气罐运至淮三路机动三轮车停放点，王某电话通知其妻姜某某为吴某某带路将氯气罐运至王家屋后。姜某某借来扳手让吴某某放掉罐内氯气。吴某某将氯气罐阀门打开使罐内氯气排放至沟内的水中。被排放入水体中的氯气散发到空气中后，致使淮阴县果林场营西村小学 204 名师生出现呕吐、头晕等中毒症状，花去医疗费共计人民币 8611398 元；同时造成当地 127.9 亩农作物受损和 1 头猪被毒死，直接经济损失价值人民币 9 万余元。

● 裁判要旨 ●

违反国家规定向水体排放有毒气体，致使人群中毒且公民私人财产遭受重大损失，行为已构成重大环境污染事故罪。被告人在事故发生后能够积极采取补救措施，并积极赔偿给被害人造成的经济损失，酌情予以从轻处罚。

● 裁判理由 ●

江苏省淮阴县人民检察院以被告人吴某某、王某、姜某某犯重大环境污染事故罪，向淮阴县人民法院提起公诉。

江苏省淮阴县人民法院经审理认为：被告人吴某某、王某、姜某某违反国家规定向水体排放有毒气体，致使人群中毒且公民私人财产遭受重大损失，其行为已构成重大环境污染事故罪，应予惩处。鉴于被告人在事故发生后能够积极采取补救措施，并积极赔偿给被害人造成的经济损失，酌情予以从轻处罚。依照《刑法》第 338 条，第 72 条第 1 款、第 2 款，第 73 条第 2 款、第 3 款的规定，于 2000 年 6 月 8 日判决如下：一、被告人吴某某犯重大环境污染事故

---

① 参见中华人民共和国最高人民法院刑事审判第一庭、第二庭编：《刑事审判参考》（第 3 卷），法律出版社 2002 年版，第 193 页。

罪，判处有期徒刑一年零六个月，罚金2000元。二、被告人王某犯重大环境污染事故罪，判处有期徒刑八个月，罚金1000元。三、被告人姜某某犯重大环境污染事故罪，判处有期徒刑六个月，缓刑一年，罚金1000元。

【案例五】

义乌市华义精细化工有限公司、王某某等重大环境污染事故案①

• 案件事实 •

1998年8月，被告单位义乌市华义精细化工有限公司要清理一批废料，负责生产的被告人楼某某以每车支付费用600元人民币的条件，要求被告人王某某处理该批废料。同年8月12日、8月23日王某某两次雇车到义乌市华义精细化工有限公司运出25桶废料，倾倒在磐安县境内的大云线9km＋600m处和东仙线66km＋420m处的公路沿下，部分废料流入河道，致使现场大片草木枯死，溪鱼死亡，沿溪两岸居民近一个月内不能取水饮用，造成经济损失68817.30元，并造成了水资源的浪费。经浙江省环境监测中心站分析，该化工废料含有苯、萘、吲哚、吡啶等多种对人体有毒、有害的化合物。经浙江省环境保护局鉴定，该两起化工废料倾倒事件应属重大环境污染与破坏事故。

1999年4月2日，王某某向仙居县公安局投案自首，1999年4月3日楼某某被仙居县公安局抓获归案。

• 裁判要旨 •

违反国家法规，向土地、水体倾倒有毒有害物，造成重大环境污染事故，致使公私财物遭受重大损失，其行为构成重大环境污染事故罪

• 裁判理由 •

浙江省磐安县人民检察院指控称被告人王某某、义乌市华义精细化工有限公司、楼某某的行为已构成重大环境污染事故罪。

浙江省磐安县人民法院经审理认为：被告人王某某、义乌市华义精细化工有限公司、楼某某违反国家法规，向土地、水体倾倒有毒有害物，造成重大环境污染事故，致使公私财物遭受重大损失，其行为已构成重大环境污染事故罪。公诉机关指控的罪名成立，应予支持。鉴于被告人王某某案发后能投案自首，认罪态度较好，可予以从轻处罚。本案中由浙江省环境保护局对环境污染

① 参见国家法官学院、中国人民大学法学院编：《中国审判案例要览（2001年刑事审判案例卷）》，人民法院出版社、中国人民大学出版社2002年版，第302～309页。

事件所作的鉴定意见可予采信，处理倾倒化工废料时的处置费、监测费等损失应属直接损失，故被告人王某某、义乌市华义精细化工有限公司、楼某某的辩护人所提出本案鉴定意见不能作为定案依据，监测费、处置费不属直接损失，且没有造成严重后果和重大损失，应宣告无罪的意见，不予采纳。浙江省磐安县人民法院根据所认定的事实和上述判案理由，依照《刑法》第338条、第346条、第67条第1款、第72条、第73条、第52条、第53条之规定，于2000年6月19日作出如下判决：一、被告人王某某犯重大环境污染事故罪，判处有期徒刑一年，缓刑一年，并处罚金人民币6万元。二、被告单位义乌市华义精细化工有限公司犯重大环境污染事故罪，判处罚金人民币12万元。三、被告人楼某某犯重大环境污染事故罪，判处拘役六个月，缓刑六个月，并处罚金人民币6万元。

被告单位义乌市华义精细化工有限公司及被告人楼某某不服，上诉至浙江省金华市中级人民法院。

浙江省金华市中级人民法院经审理认为：对原审被告人楼某某上诉及其辩护人辩护提出的上诉人未实施倾倒行为，且其违法处置有毒物质行为与王某某的非法倾倒有毒物质之间没有因果关系，经查，原审被告人楼某某在义乌市精细化工有限公司负责处置化工废料等工作，原审被告人王某某是为免费得到义乌市精细化工有限公司的活性炭废料而答应楼某某的要求将化工废料倾倒在磐安县境内，且原审被告人楼某某明知该批化工废料不得非法处置，仍要求王某某运出义乌倾倒，两名原审被告人的行为前后连接而导致重大环境污染事故的危害结果发生，故两名原审被告人的行为之间具有刑法中的因果关系。因此，对此上诉意见，本院不予采纳。原审被告单位义乌市华义精细化工有限公司及其辩护人、原审被告人楼某某及其辩护人辩护提出的原判适用法律错误，要求二审法院撤销原判，宣告上诉单位、上诉人无罪的意见，与查明的事实及法律规定不符，亦不予采纳。据此，依照《刑事诉讼法》第189条第1项之规定，驳回上诉，维持原判。

【学理分析及适用指引】

● 学理分析 ●

污染环境罪，是指违反国家规定，排放、倾倒或者处置有放射性的废物、含传染病病原体的废物、有毒物质或者其他危险废物，严重污染环境的行为。为加大对污染环境犯罪的惩治力度，《刑法修正案（十一）》对《刑法》第338条污染环境罪的法定刑结构进行了调整，增加了法定刑档次，将本罪法定最高刑由七年有期徒刑提升至十五年有期徒刑。本罪的构成要件如下：

1. 本罪的客体。本罪侵犯的客体是国家的环境监督管理制度。本罪的犯罪对象是危险废物，具体包括放射性的废物、含传染病病原体的废物、有毒物质或者其他危险废物。危险废物的认定可以参照2021年11月25日，生态环境部等部门联合制定并发布的《国家危险废物名录》（2021年版）。

2. 本罪的客观方面表现为两个方面：（1）行为人违反国家有关规定，排放、倾倒、处置危险废物的行为。（2）严重污染环境的行为。“严重污染环境”的具体认定标准，参见《最高人民法院、最高人民检察院关于办理环境污染刑事案件适用法律若干问题的解释》第1条规定的18种具体情形。

3. 本罪的主体。本罪的主体为一般主体，即凡是达到刑事责任年龄，具有刑事责任能力的人，均可构成本罪。单位也可成为本罪主体。

4. 本罪的主观方面。本罪的主观方面究竟是故意还是过失抑或故意过失均可，在理论上素有争议。结合《刑法修正案（八）》对本罪构造的修订、司法实践环境高风险现状以及域外立法情况等分析，我们认为，污染环境罪的主观罪过通常是故意，但可以有过失构成，即本罪的罪过属于混合罪过形式。①值得注意的是，该罪的主观要件为过失，是针对危害后果而言的，对于违反国家规定倾倒、排放或处置危险废物这一点上行为人则可能是故意的。本罪的主观方面不能采用严格责任原则。②

● 适用指引 ●

司法实践中，认定本罪应注意：

1. 本罪与重大责任事故罪的界限。

（1）犯罪主体不尽相同。污染环境罪的主体既可以是符合一般主体条件的自然人，也可以是单位；而重大责任事故罪的主体只能是自然人，而且一般

---

① 参加杨万明主编：《〈刑法修正案（十一）〉条文及配套〈罪名补充规定（七）〉理论与适用》，人民法院出版社2021年版，第380～383页。

② 欧阳梓华：《重大环境污染事故罪犯罪主观方面之严格责任批判》，载《湖南财经高等专科学校学报》2004年第5期。

仅限于厂矿企业、建筑企业、事业单位的职工。

（2）犯罪客体不同。污染环境罪侵犯的客体是国家的环境监督管理制度；而重大责任事故罪的客体是生产、作业安全。

（3）客观方面的行为方式不同。污染环境罪客观方面的行为方式是行为人违反国家有关规定，排放、倾倒、处置危险废物，严重污染环境的行为；而重大责任事故罪客观方面的行为方式表现为在生产、作业中违反有关安全管理的规定，因而发生重大伤亡事故或者造成其他严重后果的行为，或者强令他人违章冒险作业，因而发生重大伤亡事故或者造成其他严重后果的行为。

两罪可能出现想象竞合犯的情形。例如，化工厂职工，由于不服管理，违反规章制度而导致毒气泄露，发生人员重大伤亡的后果。在这种情况下应当按照想象竞合犯的从一重罪处断的原则按照重大责任事故罪论处，因为造成污染环境的严重后果也可以包含在重大责任事故罪中的“其他严重后果”之中。

2. 本罪与危险物品肇事罪的界限。

（1）侵犯的客体不同。危险物品肇事罪侵犯的客体是公共安全，即不特定多数人的生命、健康和重大公私财产的安全，犯罪对象是危险物品，包括爆炸性、易燃性、放射性、毒害性、腐蚀性物品；污染环境罪侵犯的客体则是国家的环境监督管理制度，犯罪对象是危险废物，包括放射性的废物、含传染病病原体的废物、有毒物质或者其他危险废物。

（2）犯罪的客观方面表现不同。危险物品肇事罪在客观方面表现为违反危险物品的管理规定，在生产、储存、运输、使用中发生重大事故的行为；污染环境罪在客观方面表现为违反国家有关规定，排放、倾倒、处置危险废物，严重污染环境的行为。

（3）犯罪主体不同。危险物品肇事罪的主体是特殊主体，是指从事生产、储存、运输、使用危险物品的职工，单位不能成为该罪主体；而污染环境罪的犯罪主体是一般主体，既可以是自然人，也可以是单位。

3. 本罪与非法处置进口的固体废物罪的界限。

（1）犯罪的客观方面不同。非法处置进口的固体废物罪表现为违反国家规定，将中国境外的固体废物进境倾倒、堆放、处置的行为，犯罪对象仅限于进口的固体废物；污染环境罪的客观方面表现为违反国家有关规定，排放、倾倒、处置危险废物，严重污染环境的行为。

（2）犯罪的主观方面不同。非法处置进口的固体废物罪的主观方面是故意，即行为人明知将境外的固体废物进境倾倒、堆放、处置违反国家规定，并可能污染环境而故意为之。污染环境罪的主观方面表现为过失。

第三百三十九条　非法处置进口的固体废物罪；擅自进口固体废物罪；走私废物罪

【法律规定】

• 法律条文 •

《中华人民共和国刑法》

第三百三十九条　违反国家规定，将境外的固体废物进境倾倒、堆放、处置的，处五年以下有期徒刑或者拘役，并处罚金；造成重大环境污染事故，致使公私财产遭受重大损失或者严重危害人体健康的，处五年以上十年以下有期徒刑，并处罚金；后果特别严重的，处十年以上有期徒刑，并处罚金。

未经国务院有关主管部门许可，擅自进口固体废物用作原料，造成重大环境污染事故，致使公私财产遭受重大损失或者严重危害人体健康的，处五年以下有期徒刑或者拘役，并处罚金；后果特别严重的，处五年以上十年以下有期徒刑，并处罚金。

以原料利用为名，进口不能用作原料的固体废物、液态废物和气态废物的，依照本法第一百五十二条第二款、第三款的规定定罪处罚。

• 相关规定 •

《中华人民共和国刑法》

第一百五十二条　以牟利或者传播为目的，走私淫秽的影片、录像带、录音带、图片、书刊或者其他淫秽物品的，处三年以上十年以下有期徒刑，并处罚金；情节严重的，处十年以上有期徒刑或者无期徒刑，并处罚金或者没收财产；情节较轻的，处三年以下有期徒刑、拘役或者管制，并处罚金。

逃避海关监管将境外固体废物、液态废物和气态废物运输进境，情节严重的，处五年以下有期徒刑，并处或者单处罚金；情节特别严重的，处五年以上有期徒刑，并处罚金。

单位犯前两款罪的，对单位判处罚金，并对其直接负责的主管人员和其他直接责任人员，依照前两款的规定处罚。

《中华人民共和国固体废物污染防治法》

第二十三条　禁止中华人民共和国境外的固体废物进境倾倒、堆放、处置。

第一百一十五条　违反本法规定，将中华人民共和国境外的固体废物输入境内的，由海关责令退运该固体废物，处五十万元以上五百万元以下的罚款。

承运人对前款规定的固体废物的退运、处置，与进口者承担连带责任。

第一百二十三条　违反本法规定，构成违反治安管理行为的，由公安机关依法给予治安管理处罚；构成犯罪的，依法追究刑事责任；造成人身、财产损害的，依法承担民事责任。

第一百二十四条　本法下列用语的含义：

（一）固体废物，是指在生产、生活和其他活动中产生的丧失原有利用价值或者虽未丧失利用价值但被抛弃或者放弃的固态、半固态和置于容器中的气态的物品、物质以及法律、行政法规规定纳入固体废物管理的物品、物质。经无害化加工处理，并且符合强制性国家产品质量标准，不会危害公众健康和生态安全，或者根据固体废物鉴别标准和鉴别程序认定为不属于固体废物的除外。

（二）工业固体废物，是指在工业生产活动中产生的固体废物。

（三）生活垃圾，是指在日常生活中或者为日常生活提供服务的活动中产生的固体废物，以及法律、行政法规规定视为生活垃圾的固体废物。

（四）建筑垃圾，是指建设单位、施工单位新建、改建、扩建和拆除各类建筑物、构筑物、管网等，以及居民装饰装修房屋过程中产生的弃土、弃料和其他固体废物。

（五）农业固体废物，是指在农业生产活动中产生的固体废物。

（六）危险废物，是指列入国家危险废物名录或者根据国家规定的危险废物鉴别标准和鉴别方法认定的具有危险特性的固体废物。

（七）贮存，是指将固体废物临时置于特定设施或者场所中的活动。

（八）利用，是指从固体废物中提取物质作为原材料或者燃料的活动。

（九）处置，是指将固体废物焚烧和用其他改变固体废物的物理、化学、生物特性的方法，达到减少已产生的固体废物数量、缩小固体废物体积、减少或者消除其危险成分的活动，或者将固体废物最终置于符合环境保护规定要求的填埋场的活动。

第一百二十五条　液态废物的污染防治，适用本法；但是，排入水体的废水的污染防治适用有关法律，不适用本法。

《最高人民检察院、公安部关于公安机关管辖的刑事案件立案追诉标准的规定（一）》（公通字〔2008〕36 号）

第六十一条　［非法处置进口的固体废物案（刑法第三百三十九条第一款）］违反国家规定，将境外的固体废物进境倾倒、堆放、处置的，应予立案追诉。

第六十二条　［擅自进口固体废物案（刑法第三百三十九条第二款）］未经国务院有关主管部门许可，擅自进口固体废物用作原料，造成重大环境污染事故，涉嫌下列情形之一的，应予立案追诉：

（一）致使公私财产损失三十万元以上的；

（二）致使基本农田、防护林地、特种用途林地五亩以上，其他农用地十亩以上，其它土地二十亩以上基本功能丧失或者遭受永久性破坏的；

（三）致使森林或者其他林木死亡五十立方米以上，或者幼树死亡二千五百株以上的；

（四）致使一人以上死亡、三人以上重伤、十人以上轻伤，或者一人以上重伤并且五人以上轻伤的；

（五）致使传染病发生、流行或者人员中毒达到《国家突发公共卫生事件应急预案》中突发公共卫生事件分级Ⅲ级以上情形，严重危害人体健康的；

（六）其他致使公私财产遭受重大损失或者严重危害人体健康的情形。

《最高人民法院、最高人民检察院关于办理环境污染刑事案件适用法律若干问题的解释法释》（法释〔2016〕29号）

第二条 实施刑法第三百三十九条、第四百零八条规定的行为，致使公私财产损失三十万元以上，或者具有本解释第一条第十项至第十七项规定情形之一的，应当认定为“致使公私财产遭受重大损失或者严重危害人体健康”或者“致使公私财产遭受重大损失或者造成人身伤亡的严重后果”。

第三条 实施刑法第三百三十八条、第三百三十九条规定的行为，具有下列情形之一的，应当认定为“后果特别严重”：

（一）致使县级以上城区集中式饮用水水源取水中断十二小时以上的；

（二）非法排放、倾倒、处置危险废物一百吨以上的；

（三）致使基本农田、防护林地、特种用途林地十五亩以上，其他农用地三十亩以上，其他土地六十亩以上基本功能丧失或者遭受永久性破坏的；

（四）致使森林或者其他林木死亡一百五十立方米以上，或者幼树死亡七千五百株以上的；

（五）致使公私财产损失一百万元以上的；

（六）造成生态环境特别严重损害的；

（七）致使疏散、转移群众一万五千人以上的；

（八）致使一百人以上中毒的；

（九）致使十人以上轻伤、轻度残疾或者器官组织损伤导致一般功能障碍的；

（十）致使三人以上重伤、中度残疾或者器官组织损伤导致严重功能障碍的；

（十一）致使一人以上重伤、中度残疾或者器官组织损伤导致严重功能障碍，并致使五人以上轻伤、轻度残疾或者器官组织损伤导致一般功能障碍的；

（十二）致使一人以上死亡或者重度残疾的；

（十三）其他后果特别严重的情形。

第四条 实施刑法第三百三十八条、第三百三十九条规定的犯罪行为，具有下列情形之一的，应当从重处罚：

（一）阻挠环境监督检查或者突发环境事件调查，尚不构成妨害公务等犯罪的；

（二）在医院、学校、居民区等人口集中地区及其附近，违反国家规定排放、倾倒、处置有放射性的废物、含传染病病原体的废物、有毒物质或者其他有害物质的；

（三）在重污染天气预警期间、突发环境事件处置期间或者被责令限期整改期间，违反国家规定排放、倾倒、处置有放射性的废物、含传染病病原体的废物、有毒物质或者其他有害物质的；

（四）具有危险废物经营许可证的企业违反国家规定排放、倾倒、处置有放射性的废物、含传染病病原体的废物、有毒物质或者其他有害物质的。

第五条 实施刑法第三百三十八条、第三百三十九条规定的行为，刚达到应当追究刑事责任的标准，但行为人及时采取措施，防止损失扩大、消除污染，全部赔偿损失，积极修复生态环境，且系初犯，确有悔罪表现的，可以认定为情节轻微，不起诉或者免予刑事处罚；确有必要判处刑罚的，应当从宽处罚。

第六条 无危险废物经营许可证从事收集、贮存、利用、处置危险废物经营活动，严重污染环境的，按照污染环境罪定罪处罚；同时构成非法经营罪的，依照处罚较重的规定定罪处罚。

实施前款规定的行为，不具有超标排放污染物、非法倾倒污染物或者其他违法造成环境污染的情形的，可以认定为非法经营情节显著轻微危害不大，不认为是犯罪；构成生产、销售伪劣产品等其他犯罪的，以其他犯罪论处。

第七条 明知他人无危险废物经营许可证，向其提供或者委托其收集、贮存、利用、处置危险废物，严重污染环境的，以共同犯罪论处。

第八条 违反国家规定，排放、倾倒、处置含有毒害性、放射性、传染病病原体等物质的污染物，同时构成污染环境罪、非法处置进口的固体废物罪、投放危险物质罪等犯罪的，依照处罚较重的规定定罪处罚。

第十一条 单位实施本解释规定的犯罪的，依照本解释规定的定罪量刑标准，对直接负责的主管人员和其他直接责任人员定罪处罚，并对单位判处罚金。

第十二条 环境保护主管部门及其所属监测机构在行政执法过程中收集的监测数据，在刑事诉讼中可以作为证据使用。

公安机关单独或者会同环境保护主管部门，提取污染物样品进行检测获取的数据，在刑事诉讼中可以作为证据使用。

第十三条　对国家危险废物名录所列的废物，可以依据涉案物质的来源、产生过程、被告人供述、证人证言以及经批准或者备案的环境影响评价文件等证据，结合环境保护主管部门、公安机关等出具的书面意见作出认定。

对于危险废物的数量，可以综合被告人供述，涉案企业的生产工艺、物耗、能耗情况，以及经批准或者备案的环境影响评价文件等证据作出认定。

第十四条　对案件所涉的环境污染专门性问题难以确定的，依据司法鉴定机构出具的鉴定意见，或者国务院环境保护主管部门、公安部门指定的机构出具的报告，结合其他证据作出认定。

第十六条　无危险废物经营许可证，以营利为目的，从危险废物中提取物质作为原材料或者燃料，并具有超标排放污染物、非法倾倒污染物或者其他违法造成环境污染的情形的行为，应当认定为“非法处置危险废物”。

第十七条　本解释所称“二年内”，以第一次违法行为受到行政处罚的生效之日与又实施相应行为之日的时间间隔计算确定。

本解释所称“重点排污单位”，是指设区的市级以上人民政府环境保护主管部门依法确定的应当安装、使用污染物排放自动监测设备的重点监控企业及其他单位。

本解释所称“违法所得”，是指实施刑法第三百三十八条、第三百三十九条规定的行为所得和可得的全部违法收入。

本解释所称“公私财产损失”，包括实施刑法第三百三十八条、第三百三十九条规定的行为直接造成财产损毁、减少的实际价值，为防止污染扩大、消除污染而采取必要合理措施所产生的费用，以及处置突发环境事件的应急监测费用。

本解释所称“生态环境损害”，包括生态环境修复费用，生态环境修复期间服务功能的损失和生态环境功能永久性损害造成的损失，以及其他必要合理费用。

本解释所称“无危险废物经营许可证”，是指未取得危险废物经营许可证，或者超出危险废物经营许可证的经营范围。

【案例】

吴胜利走私固体废物案①

• 案件事实 •

吴胜利于1999年8月28日晚11时许，纠集了郭明、郭珠辉、洪学城

① 参见最高人民法院中国应用法学研究所编：《人民法院案例选》（2003年第1辑），人民法院出版社2003年版。

(另案处理)等6名船员,驾驶金华268号船从惠东县港口镇大澳塘出发前往香港运货,次日上午到达香港油麻地码头后,吴胜利即去联系载货事宜。而后吴胜利与上述6名船员合力将一批旧电器装上船,将船驶至香港官塘避风港停泊,等候货主蔡吉利(另案处理)的指示。同年9月15日中午,吴胜利接到蔡吉利的电话后,即叫船员驾驶金华268号船返航,经三门岛直接返抵惠东。当晚8时许,当船停在港口新村港的海面时,被惠东县边防大队查获。

金华268号船的《适航证书》《船舶籍证书》是伪造的。该船装载的旧货物有乐声牌74厘米(29英寸)旧电视机220台、64厘米(25英寸)704台、36厘米(14英寸)540台;日立牌旧录像机728台;乐声牌旧收录机30台,重量共31吨,均无合法证明。经惠州市环保局固体废物管理站鉴定,该批货物属国家限制进口的可作原料的废物目录中第七类的废旧电器产品,系固体废物。偷逃应缴税额534093元。

• 裁判要旨 •

逃避海关监管,将境外废旧电器产品非法运输进境的,构成走私废物罪。

• 裁判理由 •

2000年4月24日,广东省惠州市人民检察院向惠州市中级人民法院提起公诉,指控被告人吴胜利犯走私固体废物罪。被告人辩称他是打工的,不知道有无办理报关手续,要求从轻处理。

广东省惠州市中级人民法院经公开审理认为:被告人吴胜利无视国家法律,逃避海关监管,将境外固体废物运输进境,其行为构成走私固体废物罪。公诉机关指控的罪名成立。被告人提出其不知道所运载的货物有无办手续的辩解理由不能成立,不予采纳。该院依照《刑法》第155条第3项,第153条第1项、第64条的规定,于2000年5月18日作出刑事判决如下:一、被告人吴胜利犯走私固体废物罪,① 判处有期徒刑十年,并处罚金54万元(罚金在判决生效后一个月内缴交法院,上缴国库)。二、走私的固体废物乐声牌74厘米(29英寸)旧电视机220台、64厘米(25英寸)704台、36厘米(14英寸)

---

① 需要说明的是,《最高人民法院关于执行〈中华人民共和国刑法〉确定罪名的规定》(1997年12月9日最高人民法院审判委员会第951次会议通过,自1997年12月16日公布起施行)将《刑法》第155条规定犯罪的罪名确定为"走私固体废物罪",但是,《最高人民法院、最高人民检察院关于执行〈中华人民共和国刑法〉确定罪名的补充规定(二)》(2003年8月6日由最高人民法院审判委员会第1283次会议、2003年8月12日由最高人民检察院第十届检察委员会第7次会议通过,自2003年8月21日起施行)已经将《刑法》第152条第2款[《刑法修正案(四)》第2条]的罪名由"走私固体废物罪"改为"走私废物罪",所以,自2003年8月21日起,本罪的罪名应该是"走私废物罪",而不能再称为"走私固体废物罪"。但是本案的判决是在2000年5月18日作出的,因而法院判决被告人吴胜利犯"走私固体废物罪",在罪名认定上仍然是正确的。

540 台；日立牌旧录像机 728 台；乐声牌旧收录机 30 台予以没收，上缴国库。三、作案工具金华 268 号船予以没收，上缴国库。

【学理分析及适用指引】

• 学理分析 •

1. 非法处置进口的固体废物罪的构成。非法处置进口的固体废物罪，是指违反国家规定，将境外的固体废物进境倾倒、堆放、处置的行为。本罪的构成要件如下：

（1）本罪的客体。本罪侵犯的客体是国家防治固体废物污染环境的管理制度。本罪的犯罪对象为进口的各种固体废物，主要指境外的工业固体废物、城市生活垃圾和危险废物三类固体废物。所谓境外，是指在我国国（边）境以外的其他国家和地区。同时，本罪处置的固体废物是指国家严格限制进口的固体废物，而不包括禁止进口的固体废物。非法处置禁止进口的固体废物，一般不构成本罪，而应该以走私废物罪论处。

（2）本罪的客观方面。本罪在客观方面表现为违反国家规定，将境外的固体废物进境倾倒、堆放、处置的行为。①必须是违反国家有关固体废物污染防治规定的处置行为。②实施了将境外的固体废物倾倒、堆放、处置的行为。所谓倾倒是指以各种运载工具违反常规向我国境内任何地方倾卸境外固体废物的行为；堆放是指违反规定将境外的固体废物随意堆存在我国境内的某一地方的行为；处置是指将境外的固体废物进行焚烧或用其他方法改变固体废物物理、化学、生物特性的方法，达到减少已产生的固体废物数量，缩小固体废物体积、减少或者消除其危险成分的活动，或者将固体废物最终置于符合环境保护规定要求的场所或者设施不再回取的活动。③本罪属行为犯，只要实施了进境倾倒、堆放、处置固体废物的行为，即构成犯罪。本罪客观方面行为方式的确切含义是将境外固体废物在境内处置，而不是强调将境外固体废物进境的行为。只要行为人在境内实施了倾倒、堆放、处置境外固体废物的行为，而不论其是先进境后处置，还是单纯处置境外固体废物，而无进境的行为，均可以构成本罪。因为本罪的立法意图是惩治固体废物污染环境的犯罪行为，不能将本罪客观方面割裂开来。至于行为人将境外的固体废物非法进境是否构成走私废物罪，对构成本罪并不产生影响。

（3）本罪的主体。本罪的主体为一般主体，即凡是达到刑事责任年龄，具有刑事责任能力的人，均可构成本罪。单位也可成为本罪主体。实践中，本罪的主体大多为废物进口单位或废物利用单位。个人单独构成本罪的情况极为罕见。

（4）本罪的主观方面。本罪在主观方面表现为故意，过失不构成本罪。

2. 擅自进口固体废物罪的构成。擅自进口固体废物罪，是指未经国务院有关主管部门许可，擅自进口固体废物用作原料，造成重大环境污染事故，致使公私财产遭受重大损失或者严重危害人体健康的行为。本罪的构成要件如下：

（1）本罪的客体。本罪的犯罪客体是国家的环境保护管理制度。本罪的犯罪对象是大气、水体、土地等环境要素。本罪行为人处置的废物仅指境外的固体废物。我国境内的固体废物不能成为行为人进口的对象，而且境外固体废物必须是由行为人自己进口，如果由其他单位或个人进口，或者是行为人通过其他途径获得境外的固体废物都不能构成本罪。同时，本罪中的境外固体废物只能是国家允许进口或者限制进口的可用作原料的废物。行为人擅自进口国家禁止进口的固体废物，或以原料利用为名，擅自进口不能用作原料的固体废物的，应该按照走私废物罪论处。

（2）本罪的客观方面。本罪的客观方面包括以下要件：①构成本罪的前提条件是违反国家有关进口境外固体废物的审批程序规定，即未经国务院有关主管部门许可。②本罪的客观行为方式是擅自进口固体废物用作原料。具体包括两种行为：第一，手段行为，即擅自进口固体废物的行为；第二，目的行为，即将擅自进口的境外固体废物用作原料的行为。这一目的行为决定着本罪的行为性质。如果其目的行为不是用作原料，而是移作他用，或者以原料利用为名，擅自进口境外固体废物用于牟利，或者进行倒买倒卖，则可能构成走私废物罪；行为人以合法方式进口境外固体废物，严重污染环境，应以污染环境罪论处；如果行为人在处置进口固体废物过程中违反国家规定，则可能构成非法处置进口的固体废物罪。③必须造成法定的损害结果，即造成重大环境污染事故，致使公私财产遭受重大损失或者严重危害人体健康。损害后果的认定可以参照《国家突发环境事件应急预案》的规定予以认定。

（3）本罪的主体。本罪的主体是一般主体，包括自然人和单位。

（4）本罪的主观方面。本罪的主观方面是过失。但是行为人违反国家规定，擅自进口固体废物的行为则可能是明知故犯，并常常具有营利或者牟利的目的。

3. 走私废物罪的构成。根据《刑法》第152条第2款、第3款的规定，走私废物罪，是指违反海关法规和国家关于固体废物、液态废物、气态废物管理的规定，逃避海关监管，将境外固体废物、液态废物、气态废物运输进境，以及以原料利用为名，进口不能用作原料的固体废物、液态废物和气态废物的行为。本罪的构成要件如下：①

（1）本罪的客体。本罪侵犯的客体是海关监管制度和国家禁止固体废物、

① 江礼华主编：《刑法新增罪的司法认定》，中国检察出版社2003年版，第153页。

液态废物和气态废物进境的环境保护制度。犯罪对象是固体废物、液态废物和气态废物，包括工业固体、液体、气体废物，城市生活垃圾和危险废物等国家禁止进口的固体废物和限制进口的可用作原料的固体废物。国家限制进口的可用作原料的固体废物的具体种类，结合环境保护主管部门、公安机关等出具的书面意见作出认定。

（2）本罪的客观方面。本罪在客观方面表现为违反海关法规和国家有关规定，逃避海关监管，将境外的固体废物、液态废物、气态废物运输进境，以及以原料利用为名，进口不能用作原料的固体废物、液态废物和气态废物的行为。逃避海关监管，是指采用各种方法，躲避海关的监督、检查，企图将固体、液体、气体废物通过国（边）境。

（3）本罪的主体。本罪主体为一般主体，自然人和单位均可构成本罪的主体。

（4）本罪的主观方面。本罪主观方面由故意构成，即明知是境外的固体废物、液态废物、气态废物，却逃避海关监管，将其偷运入境。如果受外方欺骗，将固体废物、液态废物、气态废物误认为是普通货物、物品偷运入境的，则构成走私普通货物、物品罪；如果没有逃避海关监管将固体废物运入国境的，构成擅自进口固体废物罪。

• 适用指引 •

司法实践中，认定本条规定的罪名时应注意：

1. 非法处置进口的固体废物罪属于危险犯，即行为人实施的将境外的固体废物进境倾倒、堆放、处置的行为，只要足以污染环境，即构成犯罪既遂，并不要求有严重污染环境或者其他严重后果的发生。

2. 非法处置进口的固体废物罪罪与非罪的界限。如果将境外固体废物进境倾倒、堆放、处置，数量微小，情节显著轻微，危害不大的，根据《刑法》第13条规定，不认为是犯罪，不按犯罪处理。

3. 擅自进口固体废物罪与非法处置进口的固体废物罪的界限。二者在侵犯的客体、犯罪对象、主观方面、犯罪主体等方面基本相同，但在客观方面却有着重要的区别：前者属结果犯，擅自进口固体废物用作原料的行为，只有造成重大环境污染事故，致使公私财产遭受重大损失或者严重危害人体健康的才构成犯罪，后者则属于危险犯，将中国境外的固体废物进境倾倒、堆放、处置的行为，只要足以污染环境的就构成犯罪。

4. 擅自进口固体废物罪与走私废物罪的界限。两罪的区别：（1）犯罪对象不完全相同。前者限于固体废物；后者除固体废物外，还有液态废物和置于容器中的气态废物。（2）前者擅自进口的固体废物，可以用作原料，尚有利用价值，并未逃避海关监管，而是照章纳税，只是进口的固体废物应经国务院有关主管部门批准而未报经批准；后者走私的固体废物、液态废物、气态废物一般不能用作原料，且根本未获批准进口，入境时，还逃避海关监管，将这些废物走私入境。（3）前者必须造成重大环境污染事故，致使公私财产遭受重大损失或严重危害人体健康的才构成犯罪；后者只要达到一定数量，或者情节严重的就可以追究刑事责任。

最后，值得强调的是，行为人非法处置禁止进口的固体废物，一般不构成非法处置进口的固体废物罪，而应该以走私废物罪论处。

第三百四十条　非法捕捞水产品罪

【法律规定】

• 法律条文 •

《中华人民共和国刑法》

第三百四十条　违反保护水产资源法规，在禁渔区、禁渔期或者使用禁用的工具、方法捕捞水产品，情节严重的，处三年以下有期徒刑、拘役、管制或者罚金。

• 相关规定 •

《中华人民共和国渔业法》

第三十八条　使用炸鱼、毒鱼、电鱼等破坏渔业资源方法进行捕捞的，违反关于禁渔区、禁渔期的规定进行捕捞的，或者使用禁用的渔具、捕捞方法和小于最小网目尺寸的网具进行捕捞或者渔获物中幼鱼超过规定比例的，没收渔获物和违法所得，处五万元以下的罚款；情节严重的，没收渔具，吊销捕捞许可证；情节特别严重的，可以没收渔船；构成犯罪的，依法追究刑事责任。

在禁渔区或者禁渔期内销售非法捕捞的渔获物的，县级以上地方人民政府渔业行政主管部门应当及时进行调查处理。

制造、销售禁用的渔具的，没收非法制造、销售的渔具和违法所得，并处一万元以下的罚款。

《最高人民检察院、公安部关于公安机关管辖的刑事案件立案追诉标准的规定（一）》（公通字〔2008〕36号）

第六十三条　［非法捕捞水产品案（刑法第三百四十条）］违反保护水产资源法规，在禁渔区、禁渔期或者使用禁用的工具、方法捕捞水产品，涉嫌下列情形之一的，应予立案追诉：

（一）在内陆水域非法捕捞水产品五百公斤以上或者价值五千元以上的，或者在海洋水域非法捕捞水产品二千公斤以上或者价值二万元以上的；

（二）非法捕捞有重要经济价值的水生动物苗种、怀卵亲体或者在水产种质资源保护区内捕捞水产品，在内陆水域五十公斤以上或者价值五百元以上，或者在海洋水域二百公斤以上或者价值二千元以上的；

（三）在禁渔区内使用禁用的工具或者禁用的方法捕捞的；

（四）在禁渔期内使用禁用的工具或者禁用的方法捕捞的；

（五）在公海使用禁用渔具从事捕捞作业，造成严重影响的；

（六）其他情节严重的情形。

《最高人民法院关于审理发生在我国管辖海域相关案件若干问题的规定（一）》（法释〔2016〕16号）

第二条 中国公民或组织在我国与有关国家缔结的协定确定的共同管理的渔区或公海从事捕捞等作业的，适用本规定。

第三条 中国公民或者外国人在我国管辖海域实施非法猎捕、杀害珍贵濒危野生动物或者非法捕捞水产品等犯罪的，依照我国刑法追究刑事责任。

《最高人民法院关于审理发生在我国管辖海域相关案件若干问题的规定（二）》（法释〔2016〕17号）

第四条 违反保护水产资源法规，在海洋水域，在禁渔区、禁渔期或者使用禁用的工具、方法捕捞水产品，具有下列情形之一的，应当认定为刑法第三百四十条规定的“情节严重”：

（一）非法捕捞水产品一万公斤以上或者价值十万元以上的；

（二）非法捕捞有重要经济价值的水生动物苗种、怀卵亲体二千公斤以上或者价值二万元以上的；

（三）在水产种质资源保护区内捕捞水产品二千公斤以上或者价值二万元以上的；

（四）在禁渔区内使用禁用的工具或者方法捕捞的；

（五）在禁渔期内使用禁用的工具或者方法捕捞的；

（六）在公海使用禁用渔具从事捕捞作业，造成严重影响的；

（七）其他情节严重的情形。

第八条 实施破坏海洋资源犯罪行为，同时构成非法捕捞罪、非法猎捕、杀害珍贵、濒危野生动物罪、组织他人偷越国（边）境罪、偷越国（边）境罪等犯罪的，依照处罚较重的规定定罪处罚。

有破坏海洋资源犯罪行为，又实施走私、妨害公务等犯罪的，依照数罪并罚的规定处理。

《最高人民法院、最高人民检察院、公安部、司法部关于依法惩治非法野生动物交易犯罪的指导意见》（公通字〔2020〕19号）

一、依法严厉打击非法猎捕、杀害野生动物的犯罪行为，从源头上防控非法野生动物交易。

……

违反保护水产资源法规，在禁渔区、禁渔期或者使用禁用的工具、方法捕捞水产品，情节严重，符合刑法第三百四十条规定的，以非法捕捞水产品罪定罪处罚。

《最高人民法院、最高人民检察院、公安部、农业农村部依法惩治长江流域非法捕捞等违法犯罪的意见》（公通字〔2020〕17号）

二、准确适用法律，依法严惩非法捕捞等危害水生生物资源的各类违法犯罪

（一）依法严惩非法捕捞犯罪。违反保护水产资源法规，在长江流域重点水域非法捕捞水产品，具有下列情形之一的，依照刑法第三百四十条的规定，以非法捕捞水产品罪定罪处罚：

1. 非法捕捞水产品五百公斤以上或者一万元以上的；

2. 非法捕捞具有重要经济价值的水生动物苗种、怀卵亲体或者在水产种质资源保护区内捕捞水产品五十公斤以上或者一千元以上的；

3. 在禁捕区域使用电鱼、毒鱼、炸鱼等严重破坏渔业资源的禁用方法捕捞的；

4. 在禁捕区域使用农业农村部规定的禁用工具捕捞的；

5. 其他情节严重的情形。

（四）依法严惩危害水生生物资源的单位犯罪。水产品交易公司、餐饮公司等单位实施本意见规定的行为，构成单位犯罪的，依照本意见规定的定罪量刑标准，对直接负责的主管人员和其他直接责任人员定罪处罚，并对单位判处罚金。

（七）贯彻落实宽严相济刑事政策。多次实施本意见规定的行为构成犯罪，依法应当追诉的，或者二年内二次以上实施本意见规定的行为未经处理的，数量数额累计计算。

实施本意见规定的犯罪，具有下列情形之一的，从重处罚：（1）暴力抗拒、阻碍国家机关工作人员依法履行职务，尚未构成妨害公务罪的；（2）二年内曾因实施本意见规定的行为受过处罚的；（3）对长江生物资源或水域生态造成严重损害的；（4）具有造成重大社会影响等恶劣情节的。具有上述情形的，一般不适用不起诉、缓刑、免予刑事处罚。

非法捕捞水产品，根据渔获物的数量、价值和捕捞方法、工具等情节，认为对水生生物资源危害明显较轻的，可以认定为犯罪情节轻微，依法不起诉或者免予刑事处罚，但是曾因破坏水产资源受过处罚的除外。

【案例】

奚某华、奚某凯、王某保非法捕捞水产品案①

• 案件事实 •

2006年2月，奚某华和修齐镇东河村村民王某权与城口县渔政管理站达成任河修齐河段管护权由二人行使的口头协议。二人从2006年3月开始陆续雇请了18人对该河段进行管护，共支付管护费14万余元。在二人行使管护权期间，该河段附近村民经常强行采用非法方式捕捞该河段的渔业资源，雇请的管护人员出面干涉，曾多次遭到非法捕捞人员的侮辱、威胁和殴打，奚某华多次将此情况向城口县委、人大、县政府及有关职能部门反映，要求加大渔政管理力度，但问题没有得到根本解决。于是，奚某华便产生了自己去毒鱼的念头，奚某华认为，如果问题出现后，可以得到政府及有关部门的重视，减轻自己的管护难度，让非法捕捞者无法在该河段捕捞到鱼。2006年8月2日凌晨3时，奚某华在修齐镇个体户奚某兵处购买了3件（60ml×50瓶/件）甲氰菊酯乳油（灭扫利）农药，骑摩托车前往修齐镇东河村二组，先后找来被告人奚某凯和王某保，叫二人和自己一道去任河毒鱼。奚某凯和王某保便带上渔网、笆篓和塑料桶等捕鱼工具搭乘奚某华的摩托车来到修齐镇白果村互帮桥上，将3件共150瓶灭扫利倒入奚某凯随带的塑料桶里，再由奚某凯、王某保二人将农药倒入白果村村民余某某屋外的任河河水里。然后，奚某凯和王某保沿任河向下游捡鱼，奚某华骑自己的摩托车沿任河查看河里的鱼是否中毒，然后逃离现场。三人的行为致使下游近十公里段的野生鱼类大量死亡，直接经济损失数万元。

• 裁判要旨 •

为了引起有关政府职能部门对渔政管理的重视，防止他人非法捕捞，用农药在自己行使管护权的河段毒死野生鱼类的行为，构成非法捕捞水产品罪。

• 裁判理由 •

重庆市城口县人民检察院认为被告人奚某华、奚某凯、王某保的行为触犯了《刑法》第340条之规定，应当以非法捕捞水产品罪追究其刑事责任。

重庆市城口县人民法院经审理认为：被告人奚某华在河段渔业承包的管护困难，为了引起相关部门的重视，减轻自己的管护难度，伙同被告人奚某凯、王某保，违反保护水产资源的法律法规，采用毒鱼的方法非法捕捞水产品，致

① 参见重庆市城口县人民法院（2007）城刑初字第8号。

使任河部分河段的水产资源遭到严重破坏，其情节严重，已构成非法捕捞水产品罪，应予刑罚处罚。公诉机关指控被告人奚某华、奚某凯、王某保犯非法捕捞水产品罪的事实清楚，证据确实、充分，其指控罪名成立。对公诉机关指控提出的被告人奚某华在作案过程中起主要作用系主犯，被告人奚某凯、王某保起次要和辅助作用系从犯，以及被告人奚某华于案发后投案自首，建议对三被告人从轻或减轻处罚的意见，与庭审查明的事实一致，予以采纳。对被告人奚某华提出的本案的发生是在自己渔业管护难度非常困难的情况下，为了引起政府的重视，加大自己承包河段的渔业管护力度，并且认为灭扫利农药系中等毒性杀虫剂，无其他危害，才将其投入河中的意见，经查，本案从客观上存在行政执法部门执法力度不够的情况，但这并不意味着三被告人可以用违法犯罪的行为引起政府重视，故不予采纳，对三被告人的犯罪行为应予刑罚处罚，但这可证明被告人奚某华的主观恶性不大，可对其酌定从轻处罚；对其提出的鉴定评估损失偏高的意见，因该鉴定意见送达被告人后在规定的时间内未提出异议，也未提供相关证据证明该鉴定意见偏高，不予采纳；对其提出的案发后主动到公安机关投案自首，能如实供述犯罪事实，希望法院从轻处罚的意见，符合法律规定，予以采纳。对被告人奚某华的辩护人提出的奚某华等人的行为确实事出有因，用药毒鱼有很多方面的社会原因，且被告人奚某华的主观恶性和社会危害性不大，案发后主动到公安机关投案自首，能如实供述犯罪事实，并诚恳表示自己愿意投资弥补所造成的损失，有悔罪表现，有法定从轻或减轻情节，请求法院考虑对被告人适用缓刑的意见，经查，本案被告人奚某华虽系主犯，但其主观恶性不大，有投案自首的情节，有悔罪表现，属法定从轻或减轻情节，对被告人奚某华适用缓刑确不致再危害社会，故予以采纳。对被告人奚某凯、王某保提出的实施犯罪行为是服从被告人奚某华的指示，并起协助作用，希望法院从轻处罚的意见，与庭审查明的事实一致，予以采纳。综上所述，本院为了保护国家的水产资源不受非法侵害，依照《刑法》第 340 条、第 67 条、第 72 条之规定，判决如下：一、被告人奚某华犯非法捕捞水产品罪，判处有期徒刑二年，缓刑三年。二、被告人奚某凯犯非法捕捞水产品罪，判处有期徒刑一年，缓刑二年。三、被告人王某保犯非法捕捞水产品罪，判处有期徒刑一年，缓刑二年。

【学理分析及适用指引】

• 学理分析 •

非法捕捞水产品罪，是指违反保护水产资源法规，在禁渔区、禁渔期或者使用禁用的工具、方法捕捞水产品，情节严重的行为。本罪的构成要件如下：

1. 本罪的客体。本罪侵犯的客体是国家保护水产资源的管理制度。本罪的犯罪对象为各种水产资源，具体是指除珍贵水生动植物以外的所有水产品。所谓水产品，一般是指我国水域中出产的动物、藻类等的统称。主要是指具有一定经济价值的水生动物和水生植物，如鱼类、虾蟹类、贝类等。

2. 本罪的客观方面。本罪的客观方面表现为：（1）违反保护水产资源法规，在禁渔区、禁渔期或者使用禁用的工具、方法捕捞水产品的行为。禁渔区是指由国家法令或者地方政府规定，对某些重要鱼、虾、蟹、贝、藻等，以及其他重要水生生物的产卵场、索饵场、越冬场和洄游通道，划定一定的范围，禁止所有渔业生产作业的区域，或者禁止某种渔业生产作业的区域。禁渔期是指对某些重要水生生物的产卵场、索饵场、越冬场和洄游通道，规定禁止渔业生产作业或者限制作业的一定期限。禁用的工具是指禁止使用的超过国家对不同捕捞对象所分别规定的最小网目尺寸的渔具。禁用的方法是指禁止采用的损害水产资源正常繁殖、生长的方法，如炸鱼、毒鱼、电鱼等。（2）非法捕捞水产品的行为必须达到情节严重的程度。情节严重，主要是包括：第一，非法捕捞水产品数量较大的；第二，以非法捕捞水产品为常业，或者多次非法捕捞水产品屡教不改的；第三，为首组织或聚众非法捕捞水产品的；第四，使用炸鱼、毒鱼、滥用电力等毁灭性捕捞方法滥捕水产品，破坏水产资源损失巨大的；第五，在非法捕捞过程中，抗拒渔政管理、不听制止、行凶殴打渔政管理人员，以致引起严重后果的，等等。①

3. 本罪的主体。本罪的主体为一般主体，即凡是达到刑事责任年龄具有刑事责任能力的人，均可构成本罪。单位也可成为本罪的主体。

4. 本罪的主观方面。本罪在主观方面表现为故意，至于是为了营利或者其他目的，均不影响本罪的成立。过失不构成本罪。

• 适用指引 •

司法实践中，认定本罪应注意：

1. 合法行为与非法行为的界限。因科学研究等特殊需要，在禁渔区、禁渔期捕捞，或者使用禁用的工具、方法捕捞水产品，只要经过省级以上渔业行政主管部门的批准，就是合法行为。

2. 违法行为与犯罪行为的界限。非法捕捞水产品的行为，如果情节不严重的，则属违法行为，不能以犯罪论处。

3. 本罪与破坏生产经营罪的界限。本罪的犯罪对象是自然野生的水产品。如果非法捕捞的是他人人工养殖的水产品，则应当依照《刑法》第276条规定的破坏生产经营罪论处。

需要注意的是，作为本罪犯罪对象的水产资源，仅指野生的水产品，人工

---

① 参见高铭暄、马克昌主编：《中国刑法解释》，中国社会科学出版社2005年版，第2364～2365页。

养殖的水产品不属于本罪的犯罪对象，如果针对他人人工养殖的水产品的，则属于侵犯财产犯罪的范畴。另外，珍贵水生动物已经归入危害珍贵、濒危野生动物罪的犯罪对象之中，不再属于本罪的犯罪对象。

第三百四十一条　危害珍贵、濒危野生动物罪；非法狩猎罪；非法猎捕、收购、运输、出售陆生野生动物罪

【法律规定】

• 法律条文 •

《中华人民共和国刑法》

第三百四十一条　非法猎捕、杀害国家重点保护的珍贵、濒危野生动物的，或者非法收购、运输、出售国家重点保护的珍贵、濒危野生动物及其制品的，处五年以下有期徒刑或者拘役，并处罚金；情节严重的，处五年以上十年以下有期徒刑，并处罚金；情节特别严重的，处十年以上有期徒刑，并处罚金或者没收财产。

违反狩猎法规，在禁猎区、禁猎期或者使用禁用的工具、方法进行狩猎，破坏野生动物资源，情节严重的，处三年以下有期徒刑、拘役、管制或者罚金。

违反野生动物保护管理法规，以食用为目的非法猎捕、收购、运输、出售第一款规定以外的野外环境自然生长繁殖的陆生野生动物，情节严重的，依照前款的规定处罚。

• 相关规定 •

《中华人民共和国野生动物保护法》

第二条　在中华人民共和国领域及管辖的其他海域，从事野生动物保护及相关活动，适用本法。

本法规定保护的野生动物，是指珍贵、濒危的陆生、水生野生动物和有重要生态、科学、社会价值的陆生野生动物。

本法规定的野生动物及其制品，是指野生动物的整体（含卵、蛋）、部分及其衍生物。

珍贵、濒危的水生野生动物以外的其他水生野生动物的保护，适用《中华人民共和国渔业法》等有关法律的规定。

第十条　国家对野生动物实行分类分级保护。

国家对珍贵、濒危的野生动物实行重点保护。国家重点保护的野生动物分

为一级保护野生动物和二级保护野生动物。国家重点保护野生动物名录，由国务院野生动物保护主管部门组织科学评估后制定，并每五年根据评估情况确定对名录进行调整。国家重点保护野生动物名录报国务院批准公布。

地方重点保护野生动物，是指国家重点保护野生动物以外，由省、自治区、直辖市重点保护的野生动物。地方重点保护野生动物名录，由省、自治区、直辖市人民政府组织科学评估后制定、调整并公布。

有重要生态、科学、社会价值的陆生野生动物名录，由国务院野生动物保护主管部门组织科学评估后制定、调整并公布。

《全国人民代表大会常务委员会关于〈中华人民共和国刑法〉第三百四十一条、第三百一十二条的解释》

全国人民代表大会常务委员会根据司法实践中遇到的情况，讨论了刑法第三百四十一条第一款规定的非法收购国家重点保护的珍贵、濒危野生动物及其制品的含义和收购刑法第三百四十一条第二款规定的非法狩猎的野生动物如何适用刑法有关规定的问题，解释如下：

知道或者应当知道是国家重点保护的珍贵、濒危野生动物及其制品，为食用或者其他目的而非法购买的，属于刑法第三百四十一条第一款规定的非法收购国家重点保护的珍贵、濒危野生动物及其制品的行为。

知道或者应当知道是刑法第三百四十一条第二款规定的非法狩猎的野生动物而购买的，属于刑法第三百一十二条第一款规定的明知是犯罪所得而收购的行为。

《最高人民法院、最高人民检察院关于办理破坏野生动物资源刑事案件适用法律若干问题的解释》（法释〔2022〕12 号）

第四条 刑法第三百四十一条第一款规定的“国家重点保护的珍贵、濒危野生动物”包括：

（一）列入《国家重点保护野生动物名录》的野生动物；

（二）经国务院野生动物保护主管部门核准按照国家重点保护的野生动物管理的野生动物。

第五条 刑法第三百四十一条第一款规定的“收购”包括以营利、自用等为目的的购买行为；“运输”包括采用携带、邮寄、利用他人、使用交通工具等方法进行运送的行为；“出售”包括出卖和以营利为目的的加工利用行为。

刑法第三百四十一条第三款规定的“收购”“运输”“出售”，是指以食用为目的，实施前款规定的相应行为。

第六条 非法猎捕、杀害国家重点保护的珍贵、濒危野生动物，或者非法收购、运输、出售国家重点保护的珍贵、濒危野生动物及其制品，价值二万元以上不满二十万元的，应当依照刑法第三百四十一条第一款的规定，以危害珍贵、濒危野生动物罪处五年以下有期徒刑或者拘役，并处罚金；价值二十万元以上不满二百万元的，应当认定为“情节严重”，处五年以上十年以下有期徒刑，并处罚金；价值二百万元以上的，应当认定为“情节特别严重”，处十年以上有期徒刑，并处罚金或者没收财产。

实施前款规定的行为，具有下列情形之一的，从重处罚：

（一）属于犯罪集团的首要分子的；

（二）为逃避监管，使用特种交通工具实施的；

（三）严重影响野生动物科研工作的；

（四）二年内曾因破坏野生动物资源受过行政处罚的。

实施第一款规定的行为，不具有第二款规定的情形，且未造成动物死亡或者动物、动物制品无法追回，行为人全部退赃退赔，确有悔罪表现的，按照下列规定处理：

（一）珍贵、濒危野生动物及其制品价值二百万元以上的，可以认定为“情节严重”，处五年以上十年以下有期徒刑，并处罚金；

（二）珍贵、濒危野生动物及其制品价值二十万元以上不满二百万元的，可以处五年以下有期徒刑或者拘役，并处罚金；

（三）珍贵、濒危野生动物及其制品价值二万元以上不满二十万元的，可以认定为犯罪情节轻微，不起诉或者免予刑事处罚；情节显著轻微危害不大的，不作为犯罪处理。

第七条　违反狩猎法规，在禁猎区、禁猎期或者使用禁用的工具、方法进行狩猎，破坏野生动物资源，具有下列情形之一的，应当认定为刑法第三百四十一条第二款规定的“情节严重”，以非法狩猎罪定罪处罚：

（一）非法猎捕野生动物价值一万元以上的；

（二）在禁猎区使用禁用的工具或者方法狩猎的；

（三）在禁猎期使用禁用的工具或者方法狩猎的；

（四）其他情节严重的情形。

实施前款规定的行为，具有下列情形之一的，从重处罚：

（一）暴力抗拒、阻碍国家机关工作人员依法履行职务，尚未构成妨害公务罪、袭警罪的；

（二）对野生动物资源或者栖息地生态造成严重损害的；

（三）二年内曾因破坏野生动物资源受过行政处罚的。

实施第一款规定的行为，根据猎获物的数量、价值和狩猎方法、工具等，认为对野生动物资源危害明显较轻的，综合考虑猎捕的动机、目的、行为人自愿接受行政处罚、积极修复生态环境等情节，可以认定为犯罪情节轻微，不起诉或者免予刑事处罚；情节显著轻微危害不大的，不作为犯罪处理。

第八条　违反野生动物保护管理法规，以食用为目的，非法猎捕、收购、运输、出售刑法第三百四十一条第一款规定以外的在野外环境自然生长繁殖的陆生野生动物，具有下列情形之一的，应当认定为刑法第三百四十一条第三款规定的“情节严重”，以非法猎捕、收购、运输、出售陆生野生动物罪定罪处罚：

（一）非法猎捕、收购、运输、出售有重要生态、科学、社会价值的陆生野生动物或者地方重点保护陆生野生动物价值一万元以上的；

（二）非法猎捕、收购、运输、出售第一项规定以外的其他陆生野生动物价值五万元以上的；

（三）其他情节严重的情形。

实施前款规定的行为，同时构成非法狩猎罪的，应当依照刑法第三百四十一条第三款的规定，以非法猎捕陆生野生动物罪定罪处罚。

第十一条 对于“以食用为目的”，应当综合涉案动物及其制品的特征，被查获的地点，加工、包装情况，以及可以证明来源、用途的标识、证明等证据作出认定。

实施本解释规定的相关行为，具有下列情形之一的，可以认定为“以食用为目的”：

（一）将相关野生动物及其制品在餐饮单位、饮食摊点、超市等场所作为食品销售或者运往上述场所的；

（二）通过包装、说明书、广告等介绍相关野生动物及其制品的食用价值或者方法的；

（三）其他足以认定以食用为目的的情形。

第十二条 二次以上实施本解释规定的行为构成犯罪，依法应当追诉的，或者二年内实施本解释规定的行为未经处理的，数量、数额累计计算。

第十三条 实施本解释规定的相关行为，在认定是否构成犯罪以及裁量刑罚时，应当考虑涉案动物是否系人工繁育、物种的濒危程度、野外存活状况、人工繁育情况、是否列入人工繁育国家重点保护野生动物名录，行为手段、对野生动物资源的损害程度，以及对野生动物及其制品的认知程度等情节，综合评估社会危害性，准确认定是否构成犯罪，妥当裁量刑罚，确保罪责刑相适应；根据本解释的规定定罪量刑明显过重的，可以根据案件的事实、情节和社会危害程度，依法作出妥当处理。

涉案动物系人工繁育，具有下列情形之一的，对所涉案件一般不作为犯罪处理；需要追究刑事责任的，应当依法从宽处理：

（一）列入人工繁育国家重点保护野生动物名录的；

（二）人工繁育技术成熟、已成规模，作为宠物买卖、运输的。

第十四条 对于实施本解释规定的相关行为被不起诉或者免予刑事处罚的行为人，依法应当给予行政处罚、政务处分或者其他处分的，依法移送有关主管机关处理。

第十五条 对于涉案动物及其制品的价值，应当根据下列方法确定：

（一）对于国家禁止进出口的珍贵动物及其制品、国家重点保护的珍贵、濒危野生动物及其制品的价值，根据国务院野生动物保护主管部门制定的评估标准和方法核算；

（二）对于有重要生态、科学、社会价值的陆生野生动物、地方重点保护野生动物、其他野生动物及其制品的价值，根据销赃数额认定；无销赃数额、销赃数额难以查证或者根据销赃数额认定明显偏低的，根据市场价格核算，必要时，也可以参照相关评估标准和方法核算。

第十六条 根据本解释第十五条规定难以确定涉案动物及其制品价值的，依据司法鉴定机构出具的鉴定意见，或者下列机构出具的报告，结合其他证据作出认定：

（一）价格认证机构出具的报告；

（二）国务院野生动物保护主管部门、国家濒危物种进出口管理机构或者海关总署等指定的机构出具的报告；

（三）地、市级以上人民政府野生动物保护主管部门、国家濒危物种进出口管理机构的派出机构或者直属海关等出具的报告。

第十七条 对于涉案动物的种属类别、是否系人工繁育，非法捕捞、狩猎的工具、方法，以及对野生动物资源的损害程度等专门性问题，可以由野生动物保护主管部门、侦查机关依据现场勘验、检查笔录等出具认定意见；难以确定的，依据司法鉴定机构出具的鉴定意见、本解释第十六条所列机构出具的报告，被告人及其辩护人提供的证据材料，结合其他证据材料综合审查，依法作出认定。

第十八条 餐饮公司、渔业公司等单位实施破坏野生动物资源犯罪的，依照本解释规定的相应自然人犯罪的定罪量刑标准，对直接负责的主管人员和其他直接责任人员定罪处罚，并对单位判处罚金。

第十九条 在海洋水域，非法捕捞水产品，非法采捕珊瑚、砗磲或者其他珍贵、濒危水生野生动物，或者非法收购、运输、出售珊瑚、砗磲或者其他珍贵、濒危水生野生动物及其制品的，定罪量刑标准适用《最高人民法院关于审理发生在我国管辖海域相关案件若干问题的规定（二）》（法释〔2016〕17号）的相关规定。

《国家林业局、公安部关于森林和陆生野生动物刑事案件管辖及立案标准》（林安字〔2001〕156号）

二、森林和陆生野生动物刑事案件的立案标准

（八）非法猎捕、杀害国家重点保护珍贵、濒危陆生野生动物案

凡非法猎捕、杀害国家重点保护的珍贵、濒危陆生野生动物的应当立案，

重大案件、特别重大案件的立案标准详见附表。

（九）非法收购、运输、出售珍贵、濒危陆生野生动物、珍贵、濒危陆生野生动物制品案

非法收购、运输、出售国家重点保护的珍贵、濒危陆生野生动物的应当立案，重大案件、特别重大案件的立案标准见附表。

非法收购、运输、出售国家重点保护的珍贵、濒危陆生野生动物制品的，应当立案；制品价值在10万元以上或者非法获利5万元以上的，为重大案件；制品价值在20万元以上或非法获利10万元以上的，为特别重大案件。

（十）非法狩猎案

违反狩猎法规，在禁猎区、禁猎期或者使用禁用的工具、方法狩猎，具有下列情形之一的，应予立案：

1. 非法狩猎陆生野生动物20只以上的；

2. 在禁猎区或者禁猎期使用禁用的工具、方法狩猎的；

3. 具有其他严重破坏野生动物资源情节的。

违反狩猎法规，在禁猎区、禁猎期或者使用禁用的工具、方法狩猎，非法狩猎陆生野生动物50只以上的，为重大案件；非法狩猎陆生野生动物100只以上或者具有其他恶劣情节的，为特别重大案件。

《最高人民检察院、公安部关于公安机关管辖的刑事案件立案追诉标准的规定（一）》（公通字〔2008〕36号）

第六十四条 ［非法猎捕、杀害珍贵、濒危野生动物案（刑法第三百四十一条第一款）］非法猎捕、杀害国家重点保护的珍贵、濒危野生动物的，应予立案追诉。

本条和本规定第六十五条规定的“珍贵、濒危野生动物”，包括列入《国家重点保护野生动物名录》的国家一、二级保护野生动物、列入《濒危野生动植物种国际贸易公约》附录一、附录二的野生动物以及驯养繁殖的上述物种。

第六十五条 ［非法收购、运输、出售珍贵、濒危野生动物、珍贵、濒危野生动物制品案（刑法第三百四十一条第一款）］非法收购、运输、出售国家重点保护的珍贵、濒危野生动物及其制品的，应予立案追诉。

本条规定的“收购”，包括以营利、自用等为目的的购买行为；“运输”，包括采用携带、邮寄、利用他人、使用交通工具等方法进行运送的行为；“出售”，包括出卖和以营利为目的的加工利用行为。

第六十六条 ［非法狩猎案（刑法第三百四十一条第二款）］违反狩猎法规，在禁猎区、禁猎期或者使用禁用的工具、方法进行狩猎，破坏野生动物资源，涉嫌下列情形之一的，应予立案追诉：

（一）非法狩猎野生动物二十只以上的；

（二）在禁猎区内使用禁用的工具或者禁用的方法狩猎的；

（三）在禁猎期内使用禁用的工具或者禁用的方法狩猎的；

（四）其他情节严重的情形。

《最高人民法院、最高人民检察院、国家林业局、公安部、海关总署关于破坏野生动物资源刑事案件中涉及的CITES附录Ⅰ和附录Ⅱ所列陆生野生动物制品价值核定问题的通知》（林濒发〔2012〕239号）

我国是《濒危野生动植物种国际贸易公约》（CITES）缔约国，非原产我国的CITES附录Ⅰ和附录Ⅱ所列陆生野生动物已依法被分别核准为国家一级、二级保护野生动物。近年来，各地严格按照CITES和我国野生动物保护法律法规的规定，查获了大量非法收购、运输、出售和走私CITES附录Ⅰ、附录Ⅱ所列陆生野生动物及其制品案件。为确保依法办理上述案件，依据《陆生野生动物保护实施条例》第二十四条、《最高人民法院关于审理走私刑事案件具体应用法律若干问题的解释》（法释〔2000〕30号）第四条，以及《最高人民法院关于审理破坏野生动物资源刑事案件具体应用法律若干问题的解释》（法释〔2000〕37号）第十条和第十一条的有关规定，结合《林业部关于在野生动物案件中如何确定国家重点保护野生动物及其产品价值标准的通知》（林策通字〔1996〕8号），现将破坏野生动物资源案件中涉及的CITES附录Ⅰ和附录Ⅱ所列陆生野生动物制品的价值标准规定如下：

一、CITES附录Ⅰ、附录Ⅱ所列陆生野生动物制品的价值，参照与其同属的国家重点保护陆生野生动物的同类制品价值标准核定；没有与其同属的国家重点保护陆生野生动物的，参照与其同科的国家重点保护陆生野生动物的同类制品价值标准核定；没有与其同科的国家重点保护陆生野生动物的，参照与其同目的国家重点保护陆生野生动物的同类制品价值标准核定；没有与其同目的国家重点保护陆生野生动物的，参照与其同纲或者同门的国家重点保护陆生野生动物的同类制品价值标准核定。

二、同属、同科、同目、同纲或者同门中，如果存在多种不同保护级别的国家重点保护陆生野生动物的，应当参照该分类单元中相同保护级别的国家重点保护陆生野生动物的同类制品价值标准核定；如果存在多种相同保护级别的国家重点保护陆生野生动物的，应当参照该分类单元中价值标准最低的国家重点保护陆生野生动物的同类制品价值标准核定；如果CITES附录Ⅰ和附录Ⅱ所列陆生野生动物所处分类单元有多种国家重点保护陆生野生动物，但保护级别不同的，应当参照该分类单元中价值标准最低的国家重点保护陆生野生动物的同类制品价值标准核定；如果仅有一种国家重点保护陆生野生动物的，应当参照该种国家重点保护陆生野生动物的同类制品价值标准核定。

三、同一案件中缴获的同一动物个体的不同部分的价值总和，不得超过该种动物个体的价值。

四、核定价值低于非法贸易实际交易价格的，以非法贸易实际交易价格认定。

五、犀牛角、象牙等野生动物制品的价值，继续依照《国家林业局关于发布破坏野生动物资源刑事案中涉及走私的象牙及其制品价值标准的通知》（林濒发〔2001〕234号），以及《国家林业局关于发布破坏野生动物资源刑事案件中涉及犀牛角价值标准的通知》（林护发〔2002〕130号）的规定核定。

人民法院、人民检察院、公安、海关等办案单位可以依据上述价值标准，核定破坏野生动物资源刑事案件中涉及的CITES附录Ⅰ和附录Ⅱ所列陆生野生动物制品的价值。核定有困难的，县级以上林业主管部门、国家濒危物种进出口管理机构或其指定的鉴定单位应该协助。

《最高人民法院研究室关于收购、运输、出售部分人工驯养繁殖技术成熟的野生动物适用法律问题的复函》（法研〔2016〕23号）

我院《关于被告人郑喜和非法收购珍贵、濒危野生动物、珍贵、濒危野生动物制品罪请示一案的批复》（〔2011〕刑他字第86号，以下简称《批复》）是根据贵局《关于发布商业性经营利用驯养繁殖技术成熟的梅花鹿等54种陆生野生动物名单的通知》（林护发〔2003〕121号，以下简称《通知》）的精神作出的。虽然《通知》于2012年被废止，但从实践看，《批复》的内容仍符合当前野生动物保护与资源利用实际，即：由于驯养繁殖技术的成熟，对有的珍贵、濒危野生动物的驯养繁殖、商业利用在某些地区已成规模，有关野生动物的数量极大增加，收购、运输、出售这些人工驯养繁殖的野生动物实际已无社会危害性。

来函建议对我院2000年《关于审理破坏野生动物资源刑事案件具体应用法律若干问题的解释》进行修改，提高收购、运输、出售有关人工驯养繁殖的野生动物的定罪量刑标准。此一思路虽能将一些行为出罪，但不能完全解决问题。如将运输人工驯养繁殖梅花鹿行为的入罪标准规定为20只以上后，还会有相当数量的案件符合定罪乃至判处重刑的条件。按此思路修订解释、对相关案件作出判决后，恐仍难保障案件处理的法律与社会效果。

鉴此，我室认为，彻底解决当前困境的办法，或者是尽快启动国家重点保护野生动物名录的修订工作，将一些实际已不再处于濒危状态的动物从名录中及时调整出去，同时将有的已处于濒危状态的动物增列进来；或者是在修订后司法解释中明确，对某些经人工驯养繁殖、数量已大大增多的野生动物，附表所列的定罪量刑数量标准，仅适用于真正意义上的野生动物，而不包括驯养繁殖的。

《最高人民法院关于审理发生在我国管辖海域相关案件若干问题的规定（一）》（法释〔2016〕16号）

第三条 中国公民或者外国人在我国管辖海域实施非法猎捕、杀害珍贵濒危野生动物或者非法捕捞水产品等犯罪的，依照我国刑法追究刑事责任。

《国家林业局关于猎捕野生动物禁用工具和方法有关问题的复函》（林策发〔2016〕127号）

根据《野生动物保护法》和《陆生野生动物保护实施条例》的有关规定，凡是没有针对特定的野生动物物种并且在实施中不是人为控制的狩猎工具，均是非人为直接操作并危害人畜安全的狩猎装置，包括但不限于粘网、电网、猎夹、铁夹等在各地称谓不同的工具；以放火、围网、哄赶等方法对某一类或者某群野生动物进行围堵，可能导致该种群在特定时期或者区域毁灭性消失的，均属于歼灭性围猎。

《最高人民法院关于审理发生在我国管辖海域相关案件若干问题的规定（二）》（法释〔2016〕17号）

第五条　非法采捕珊瑚、砗磲或者其他珍贵、濒危水生野生动物，具有下列情形之一的，应当认定为刑法第三百四十一条第一款规定的"情节严重"：

（一）价值在五十万元以上的；

（二）非法获利二十万元以上的；

（三）造成海域生态环境严重破坏的；

（四）造成严重国际影响的；

（五）其他情节严重的情形。

实施前款规定的行为，具有下列情形之一的，应当认定为刑法第三百四十一条第一款规定的"情节特别严重"：

（一）价值或者非法获利达到本条第一款规定标准五倍以上的；

（二）价值或者非法获利达到本条第一款规定的标准，造成海域生态环境严重破坏的；

（三）造成海域生态环境特别严重破坏的；

（四）造成特别严重国际影响的；

（五）其他情节特别严重的情形。

第六条　非法收购、运输、出售珊瑚、砗磲或者其他珍贵、濒危水生野生动物及其制品，具有下列情形之一的，应当认定为刑法第三百四十一条第一款规定的"情节严重"：

（一）价值在五十万元以上的；

（二）非法获利在二十万元以上的；

（三）具有其他严重情节的。

非法收购、运输、出售珊瑚、砗磲或者其他珍贵、濒危水生野生动物及其制品，具有下列情形之一的，应当认定为刑法第三百四十一条第一款规定的"情节特别严重"：

（一）价值在二百五十万元以上的；

（二）非法获利在一百万元以上的；

（三）具有其他特别严重情节的。

第七条 对案件涉及的珍贵、濒危水生野生动物的种属难以确定的，由司法鉴定机构出具鉴定意见，或者由国务院渔业行政主管部门指定的机构出具报告。

珍贵、濒危水生野生动物或者其制品的价值，依照国务院渔业行政主管部门的规定核定。核定价值低于实际交易价格的，以实际交易价格认定。

本解释所称珊瑚、砗磲，是指列入《国家重点保护野生动物名录》中国家一、二级保护的，以及列入《濒危野生动植物种国际贸易公约》附录一、附录二中的珊瑚、砗磲的所有种，包括活体和死体。

第八条 实施破坏海洋资源犯罪行为，同时构成非法捕捞罪、非法猎捕、杀害珍贵、濒危野生动物罪、组织他人偷越国（边）境罪、偷越国（边）境罪等犯罪的，依照处罚较重的规定定罪处罚。

有破坏海洋资源犯罪行为，又实施走私、妨害公务等犯罪的，依照数罪并罚的规定处理。

第十条 行政相对人未依法取得捕捞许可证擅自进行捕捞，行政机关认为该行为构成渔业法第四十一条规定的“情节严重”情形的，人民法院应当从以下方面综合审查，并作出认定：

（一）是否未依法取得渔业船舶检验证书或渔业船舶登记证书；

（二）是否故意遮挡、涂改船名、船籍港；

（三）是否标写伪造、变造的渔业船舶船名、船籍港，或者使用伪造、变造的渔业船舶证书；

（四）是否标写其他合法渔业船舶的船名、船籍港或者使用其他渔业船舶证书；

（五）是否非法安装挖捕珊瑚等国家重点保护水生野生动物设施；

（六）是否使用相关法律、法规、规章禁用的方法实施捕捞；

（七）是否非法捕捞水产品、非法捕捞有重要经济价值的水生动物苗种、怀卵亲体或者在水产种质资源保护区内捕捞水产品，数量或价值较大；

（八）是否于禁渔区、禁渔期实施捕捞；

（九）是否存在其他严重违法捕捞行为的情形。

《最高人民法院、最高人民检察院、公安部、司法部关于依法惩治妨害新型冠状病毒感染肺炎疫情防控违法犯罪的意见》（法发〔2020〕7号）

二、准确适用法律，依法严惩妨害疫情防控的各类违法犯罪

（九）依法严惩破坏野生动物资源犯罪。非法猎捕、杀害国家重点保护的珍贵、濒危野生动物的，或者非法收购、运输、出售国家重点保护的珍贵、濒危野生动物及其制品的，依照刑法第三百四十一条第一款的规定，以非法猎捕、杀害珍贵、濒危野生动物罪或者非法收购、运输、出售珍贵、濒危野生动物、珍贵、濒危野生动物制品罪定罪处罚。

违反狩猎法规，在禁猎区、禁猎期或者使用禁用的工具、方法进行狩猎，破坏野生动物资源，情节严重的，依照刑法第三百四十一条第二款的规定，以非法狩猎罪定罪处罚。

……

知道或者应当知道是国家重点保护的珍贵、濒危野生动物及其制品，为食用或者其他目的而非法购买，符合刑法第三百四十一条第一款规定的，以非法收购珍贵、濒危野生动物、珍贵、濒危野生动物制品罪定罪处罚。

……

（十）依法严惩妨害疫情防控的违法行为。实施上述（一）至（九）规定的行为，不构成犯罪的，由公安机关根据治安管理处罚法有关虚构事实扰乱公共秩序，扰乱单位秩序、公共场所秩序、寻衅滋事，拒不执行紧急状态下的决定、命令，阻碍执行职务，冲闯警戒带、警戒区，殴打他人，故意伤害，侮辱他人，诈骗，在铁路沿线非法挖掘坑穴、采石取沙，盗窃、损毁路面公共设施，损毁铁路设施设备，故意损毁财物、哄抢公私财物等规定，予以治安管理处罚，或者由有关部门予以其他行政处罚。

对于在疫情防控期间实施有关违法犯罪的，要作为从重情节予以考量，依法体现从严的政策要求，有力惩治震慑违法犯罪，维护法律权威，维护社会秩序，维护人民群众生命安全和身体健康。

《最高人民法院、最高人民检察院、公安部、农业农村部依法惩治长江流域非法捕捞等违法犯罪的意见》（公通字〔2020〕17号）

二、准确适用法律，依法严惩非法捕捞等危害水生生物资源的各类犯罪

（二）依法严惩危害珍贵、濒危水生野生动物资源犯罪。在长江流域重点水域非法猎捕、杀害中华鲟、长江鲟、长江江豚或者其他国家重点保护的珍贵、濒危水生野生动物，价值二万元以上不满二十万元的，应当依照刑法第三百四十一条的规定，以非法猎捕、杀害珍贵、濒危野生动物罪，处五年以下有期徒刑或者拘役，并处罚金；价值二十万元以上不满二百万元的，应当认定为“情节严重”，处五年以上十年以下有期徒刑，并处罚金；价值二百万元以上的，应当认定为“情节特别严重”，处十年以上有期徒刑，并处罚金或者没收财产。

（三）依法严惩非法渔获物交易犯罪。……

非法收购、运输、出售在长江流域重点水域非法猎捕、杀害的中华鲟、长江鲟、长江江豚或者其他国家重点保护的珍贵、濒危水生野生动物及其制品，价值二万元以上不满二十万元的，应当依照刑法第三百四十一条的规定，以非法收购、运输、出售珍贵、濒危野生动物、珍贵、濒危野生动物制品罪，处五年以下有期徒刑或者拘役，并处罚金；价值二十万元以上不满二百万元的，应当认定为“情节严重”，处五年以上十年以下有期徒刑，并处罚金；价值二百万元以上的，应当认定为“情节特别严重”，处十年以上有期徒刑，并处罚金或者没收财产。

（四）依法严惩危害水生生物资源的单位犯罪。水产品交易公司、餐饮公司等单位实施本意见规定的行为，构成单位犯罪的，依照本意见规定的定罪量刑标准，对直接负责的主管人员和其他直接责任人员定罪处罚，并对单位判处罚金。

（七）贯彻落实宽严相济刑事政策。多次实施本意见规定的行为构成犯罪，依法应当追诉的，或者二年内二次以上实施本意见规定的行为未经处理的，数量数额累计计算。

实施本意见规定的犯罪，具有下列情形之一的，从重处罚：（1）暴力抗拒、阻碍国家机关工作人员依法履行职务，尚未构成妨害公务罪的；（2）二年内曾因实施本意见规定的行为受过处罚的；（3）对长江生物资源或水域生态造成严重损害的；（4）具有造成重大社会影响等恶劣情节的。具有上述情形的，一般不适用不起诉、缓刑、免予刑事处罚。

……

非法猎捕、收购、运输、出售珍贵、濒危水生野生动物，尚未造成动物死亡，综合考虑行为手段、主观罪过、犯罪动机、获利数额、涉案水生生物的濒危程度、数量价值以及行为人的认罪悔罪态度、修复生态环境情况等情节，认为适用本意见规定的定罪量刑标准明显过重的，可以结合具体案件的实际情况依法作出妥当处理，确保罪责刑相适应。

《最高人民法院、最高人民检察院、公安部、司法部关于依法惩治非法野生动物交易犯罪的指导意见》（公通字〔2020〕19号）

一、依法严厉打击非法猎捕、杀害野生动物的犯罪行为，从源头上防控非法野生动物交易。

非法猎捕、杀害国家重点保护的珍贵、濒危野生动物，符合刑法第三百四十一条第一款规定的，以非法猎捕、杀害珍贵、濒危野生动物罪定罪处罚。

违反狩猎法规，在禁猎区、禁猎期或者使用禁用的工具、方法进行狩猎，破坏野生动物资源，情节严重，符合刑法第三百四十一条第二款规定的，以非法狩猎罪定罪处罚。

违反保护水产资源法规，在禁渔区、禁渔期或者使用禁用的工具、方法捕捞水产品，情节严重，符合刑法第三百四十条规定的，以非法捕捞水产品罪定罪处罚。

二、依法严厉打击非法收购、运输、出售、进出口野生动物及其制品的犯罪行为，切断非法野生动物交易的利益链条。

非法收购、运输、出售国家重点保护的珍贵、濒危野生动物及其制品，符合刑法第三百四十一条第一款规定的，以非法收购、运输、出售珍贵、濒危野生动物、珍贵、濒危野生动物制品罪定罪处罚。

走私国家禁止进出口的珍贵动物及其制品，符合刑法第一百五十一条第二款规定的，以走私珍贵动物、珍贵动物制品罪定罪处罚。

三、依法严厉打击以食用或者其他目的非法购买野生动物的犯罪行为，坚决革除滥食野生动物的陋习。

知道或者应当知道是国家重点保护的珍贵、濒危野生动物及其制品，为食用或者其他目的而非法购买，符合刑法第三百四十一条第一款规定的，以非法收购珍贵、濒危野生动物、珍贵、濒危野生动物制品罪定罪处罚。

四、二次以上实施本意见第一条至第三条规定的行为构成犯罪，依法应当追诉的，或者二年内二次以上实施本意见第一条至第三条规定的行为未经处理的，数量、数额累计计算。

五、明知他人实施非法野生动物交易行为，有下列情形之一的，以共同犯罪论处：

（一）提供贷款、资金、账号、车辆、设备、技术、许可证件的；

（二）提供生产、经营场所或者运输、仓储、保管、快递、邮寄、网络信息交互等便利条件或者其他服务的；

（三）提供广告宣传等帮助行为的。

六、对涉案野生动物及其制品价值，可以根据国务院野生动物保护主管部门制定的价值评估标准和方法核算。对野生动物制品，根据实际情况予以核算，但核算总额不能超过该种野生动物的整体价值。具有特殊利用价值或者导致动物死亡的主要部分，核算方法不明确的，其价值标准最高可以按照该种动物整体价值标准的80%予以折算，其他部分价值标准最高可以按整体价值标准的20%予以折算，但是按照上述方法核算的价值明显不当的，应当根据实际情况妥当予以核算。核算价值低于实际交易价格的，以实际交易价格认定。

根据前款规定难以确定涉案野生动物及其制品价值的，依据下列机构出具的报告，结合其他证据作出认定：

（一）价格认证机构出具的报告；

（二）国务院野生动物保护主管部门、国家濒危物种进出口管理机构、海关总署等指定的机构出具的报告；

（三）地、市级以上人民政府野生动物保护主管部门、国家濒危物种进出口管理机构的派出机构、直属海关等出具的报告。

七、对野生动物及其制品种属类别，非法捕捞、狩猎的工具、方法，以及对野生动物资源的损害程度、食用涉案野生动物对人体健康的危害程度等专门性问题，可以由野生动物保护主管部门、侦查机关或者有专门知识的人依据现场勘验、检查笔录等出具认定意见。难以确定的，依据司法鉴定机构出具的鉴定意见，或者本意见第六条第二款所列机构出具的报告，结合其他证据作出认定。

八、办理非法野生动物交易案件中，行政执法部门依法收集的物证、书证、视听资料、电子数据等证据材料，在刑事诉讼中可以作为证据使用。

对不易保管的涉案野生动物及其制品，在做好拍摄、提取检材或者制作足以反映原物形态特征或者内容的照片、录像等取证工作后，可以移交野生动物保护主管部门及其指定的机构依法处置。对存在或者可能存在疫病的野生动物及其制品，应立即通知野生动物保护主管部门依法处置。

九、实施本意见规定的行为，在认定是否构成犯罪以及裁量刑罚时，应当考虑涉案动物是否系人工繁育、物种的濒危程度、野外存活状况、人工繁育情况、是否列入国务院野生动物保护主管部门制定的人工繁育国家重点保护野生动物名录，以及行为手段、对野生动物资源的损害程度、食用涉案野生动物对人体健康的危害程度等情节，综合评估社会危害性，确保罪责刑相适应。相关定罪量刑标准明显不适宜的，可以根据案件的事实、情节和社会危害程度，依法作出妥当处理。

【案例一】

李某山、李某黑非法猎捕、杀害珍贵、濒危野生动物案①

• 案件事实 •

李某山在"莫马倮果"（哈尼语地名）所种的地里有山谷和木薯，常有野猪出没糟蹋庄稼。为此，李某山之妻李俄某于1999年10月叫李某黑和女婿李某得在地脚路口安装一盘铁夹，用来夹野猪。同年12月23日中午12时许，李某山发现铁夹夹住了一毛色灰红的动物，于是叫在旁种地的李某黑拿枪来，由李某黑装火药，李某山爬到树上打。打了第一枪以后，李某山告诉李某黑："好像是小豹子"，后又补了两枪，豹子未死。李某黑见状，跑到地边砍了一根木棒递给李某山，李某山便将豹子打死。因李某黑一家不吃豹肉，故豹子被李某山背回家剥皮食用，重约30市斤。经红河州林业局鉴定，该豹子系云豹，属国家一级保护野生动物。

• 裁判要旨 •

明知是珍贵野生动物而故意杀害并予以非法所有的，构成非法猎捕、杀害

① 参见云南省绿春县人民法院（2000）绿刑初字第14号。

珍贵、濒危野生动物罪。

● 裁判理由 ●

云南省绿春县人民法院经审理认为：被告人李某山、李某黑未经批准非法猎捕珍贵野生动物，在知道是豹子的情况下，仍然予以杀害。准备出售豹皮、豹骨以获取非法利益，其行为已触犯《刑法》，构成非法猎捕、杀害珍贵野生动物罪，应依法追究刑事责任。在共同犯罪中，被告人李某山用枪和木棒直接将豹子打死，并食用豹子肉，是主犯，应从重处罚；被告人李某黑积极为李某山杀害豹子提供枪和木棒，起次要作用，系从犯，依法可以比照主犯从轻处罚。公诉机关指控的事实存在，罪名成立，本院予以支持。被告人辩解的开始不知道是豹子的理由与事实相符，在量刑中本院已作了酌情考虑。据此，本院为打击非法猎捕杀害野生动物的犯罪活动，维护生态环境和生态平衡，依照《刑法》第341条第1款、第26条第1款、第27条、第64条之规定，判决如下：一、被告人李某山犯非法猎捕、杀害珍贵野生动物罪，判处有期徒刑三年。① 二、被告人李某黑犯非法猎捕、杀害珍贵野生动物罪，判处有期徒刑二年。三、作案工具一支铜炮枪、一盘铁夹依法没收。

【案例二】

黄银君等非法收购、出售珍贵、濒危野生动物、珍贵、濒危野生动物制品案②

● 案件事实 ●

2000年3月2日晚，黄银君打电话给郑刚良，要求收购巨蜥和熊掌。郑刚良接电话后，分别与余某某和另一名叫“小刘”的男子联系。3月3日上午，余某某从一不知名的男子处收购熊掌四只。3月4日，郑刚良根据事先约定，从“小刘”处收购巨蜥五只，从余某某处收购熊掌四只，当晚，郑刚良在其租房内将巨蜥和熊掌全部出售给黄银君。次日，黄银君将巨蜥和熊掌出售给他人。2000年3月1日至3日，黄银君分别在家中和诸暨市城关镇东湖菜场收购穿山甲两只，短耳号一只，长耳号两只。案发后，巨蜥、熊掌、穿山甲及长、短耳号均被查获。现巨蜥、熊掌查存在诸暨市公安局林业公安科，穿山甲及

---

① 根据《最高人民法院关于审理破坏野生动物资源刑事案件具体应用法律若干问题的解释》第3条第2款第1项的规定，本案似应为“情节特别严重”，应在十年有期徒刑以上量刑。本案发生于该司法解释颁布前，法院的量刑并无不当。——编者注

② 参见国家法官学院、中国人民大学法学院编：《中国审判案例要览（2001年刑事审判案例卷）》，人民法院出版社、中国人民大学出版社2002年版，第316～320页。

长、短耳各一只已放归自然，长耳号一只已制成标本保存于绍兴市陆生野生动物救护站。

经鉴定，五只巨蜥属国家一级保护野生动物；四只熊掌从三只黑熊身上取得，黑熊、穿山甲及长、短耳号均属国家二级保护野生动物。

• 裁判要旨 •

非法收购、出售珍贵、濒危野生动物、珍贵、濒危野生动物制品罪中的"野生动物制品"是指对野生动物通过某种加工手段而获取的成品和半成品，巨蜥完整的死体未经加工仍属动物；熊掌系具有极高经济价值的动物部位，已经加工，应视为野生动物制品。

• 裁判理由 •

浙江省诸暨市人民法院经审理认为：被告人黄银君、郑刚良、余某某为了牟取不正当利益，违反野生动物保护法规，收购、出售国家重点保护的珍贵、濒危野生动物、珍贵、濒原野生动物制品，其中被告人黄银君收购、出售野生动物巨蜥五只，穿山甲两只，长、短耳号三只，野生动物制品熊掌四只；被告人郑刚良收购、出售野生动物巨蜥五只，野生动物制品熊掌四只。被告人黄银君、郑刚良的行为均构成非法收购、出售珍贵、濒危野生动物、珍贵、濒危野生动物制品罪，且属犯罪情节特别严重。被告人余某某收购、出售野生动物制品熊掌四只，其行为构成非法收购、出售珍贵、濒危野生动物制品罪。对三被告人均应依法追究刑事责任。公诉机关指控的罪名成立，予以支持。野生动物制品是指对野生动物通过某种加工手段而获取的成品和半成品，巨蜥完整的死体未经加工仍属动物；熊掌系具有极高经济价值的动物部位，已经加工，应视为野生动物制品，故辩护人关于巨蜥死体和熊掌均属动物制品的辩护意见，部分予以采纳；辩护人关于被告人黄银君、郑刚良的行为不属犯罪情节特别严重的辩护意见，因其不能提供相应的法律依据，且与立法精神不符，不予采纳；被告人及其辩护人请求从轻处罚的意见符合本案事实和有关法律，予以采纳。辩护人陈某峰请求对余某某适用缓刑不当，不予采纳。浙江省诸暨市人民法院根据《刑法》第 341 条第 1 款、第 56 条第 1 款之规定，作出如下判决：一、被告人黄银君犯非法收购、出售珍贵、濒危野生动物、珍贵、濒危野生动物制品罪，判处有期徒刑十一年，剥夺政治权利一年，并处罚金人民币 1 万元。二、被告人郑刚良犯非法收购、出售珍贵、濒危野生动物、珍贵、濒危野生动物制品罪，判处有期徒刑十年六个月，剥夺政治权利一年，并处罚金人民币 1 万元。三、被告人余某某犯非法收购、出售珍贵、濒危野生动物制品罪，判处有期徒刑六个月，并处罚金人民币 2000 元。

一审判决后，被告人黄银君、郑刚良不服提出上诉。二被告人及其辩护人称原判认定巨蜥系动物不当，应认定为制品；认定二被告人属犯罪情节特别严重理由不充分，原判量刑过重，要求对二被告人从轻处罚。

浙江省绍兴市中级人民法院经审理认为：上诉人黄银君、郑刚良和原审被告人余某某为牟取不正当利益，违反野生动物保护法规收购、出售国家重点保护的珍贵、濒危野生动物及其制品。其中，上诉人黄银君收购、出售野生动物巨蜥五只，穿山甲两只，长、短耳三只，野生动物制品熊掌四只；上诉人郑刚良收购、出售野生动物巨蜥五只，野生动物制品熊掌四只，其行为均已构成非法收购、出售珍贵、濒危野生动物、珍贵、濒危野生动物制品罪，且属犯罪情节特别严重。上诉人及辩护人的上诉理由和辩护理由均不能成立。据此，根据《刑事诉讼法》第189条第1项之规定，作出如下裁定：驳回上诉，维持原判。

【案例三】

黄某某、梁某某非法狩猎案①

• 案件事实 •

2003年2月26日凌晨，黄某某、梁某某经密谋后，带备竹笼，去到佛山市顺德区均安镇生态乐园万鹤岛（龟山）上，偷捕了夜鹭（广东省重点保护野生鸟类）幼鸟共80只。得手后二人将夜鹭装进竹笼内并运到均安镇南面村珠江大街九巷陈某某（另案处理）住宅的后园处。后梁某某找来赖某某（另案处理），由黄、赖二人用摩托车将夜鹭运到容桂区卖给“阿华”（另案处理），得款人民币1400元，除付给赖某某人民币200元外，余款由黄、梁二人平分。

2003年2月27日凌晨，黄某某、梁某某又以同样的手段在生态乐园万鹤岛上偷捕了夜鹭共80只。后黄某某、梁某某又与赖某某将夜鹭运到容桂卖给“阿华”，得款人民币1400元，除付给赖某某人民币200元外，余款由黄、梁二人平分。

2003年3月1日凌晨，黄某某、梁某某带备竹笼、塑料网袋又以同样的手段在生态乐园万鹤岛上偷捕了夜鹭幼鸟共186只。得手后二人将夜鹭运到均安镇住宅的后园处收藏。当二人与赖某某准备将夜鹭运走时被民警当场抓获，所捕的夜鹭及作案工具亦被缴获。

另外，根据相关规定，从2002年起至2004年12月31日止，为广东省全面实施禁猎野生鸟类时期。

---

① 参见广东省佛山市中级人民法院（2003）佛刑终字第481号。

• 裁判要旨 •

偷猎省重点保护鸟类夜鹭用于售卖的行为构成非法狩猎罪。

• 裁判理由 •

广东省佛山市顺德区人民法院依照《刑法》第 341 条第 2 款、《最高人民法院关于审理破坏野生动物资源刑事案件具体应用法律若干问题的解释》第 6 条第 1 项的规定，以非法狩猎罪分别判处被告人黄某某、梁某某各有期徒刑一年九个月。

广东省佛山市中级人民法院经审理查明：原判认定上诉人梁某某、原审被告人黄某某犯非法狩猎罪的事实清楚，证据确实充分，并经法庭质证，本院予以确认。

广东省佛山市中级人民法院认为：上诉人梁某某、原审被告人黄某某违反狩猎法规，在禁猎区进行狩猎，破坏野生动物资源，情节严重，已构成非法狩猎罪。根据《最高人民法院关于审理破坏野生动物资源刑事案件具体应用法律若干问题的解释》第 6 条第 1 项的规定，非法狩猎野生动物 20 只以上的，属于非法狩猎情节严重。上诉人和原审被告人非法狩猎野生动物 346 只，且属广东省重点保护野生鸟类，属非法狩猎情节严重，依法处三年以下有期徒刑、拘役、管制或者罚金。原判对上诉人梁某某和原审被告人黄某某量刑时，鉴于二人认罪态度较好，已酌情从轻判处。上诉人量刑过重之诉理由不成立。原判认定事实和适用法律正确，量刑适当，审判程序合法。依照《刑事诉讼法》第 189 条第 1 项之规定，裁定如下：驳回上诉，维持原判。

【学理分析及适用指引】

• 学理分析 •

1. 危害珍贵、濒危野生动物罪的构成。危害珍贵、濒危野生动物罪，是指非法猎捕、杀害国家重点保护的珍贵、濒危野生动物或者非法收购、运输、出售国家重点保护的珍贵、濒危野生动物及其制品的行为。本罪的构成要件如下：

（1）本罪的客体。本罪侵犯的客体是国家重点保护的珍贵、濒危野生动物的管理制度。本罪的犯罪对象是国家重点保护的珍贵、濒危野生动物，包括陆生野生动物和水生野生动物。其中，珍贵野生动物，是指在生态、科学研究、经济、文化等方面具有重要价值的野生动物；濒危野生动物，是指濒于灭绝的野生动物。国家重点保护的珍贵、濒危野生动物，包括列入国家重点保护野生动物名录的国家一、二级保护野生动物，列入《濒危野生动植物种国际贸易公约》附录一、附录二的野生动物以及驯养繁殖的上述物种；国家重点保护的珍贵、濒危野生动物制品，是指对捕获或得到的属于《国家重点保护野生动物名录》和《濒危野生动植物种国际贸易公约》附录一、附录二的珍贵、濒危野生动物通过某种加工手段而获得的成品和半成品。本罪的犯罪对象具有特定性，仅指《国家重点保护野生动物名录》及《濒危野生动植物种国际贸易公约》附录一、附录二中所载的野生动物及其制品，除此以外的其他野生动物及其制品不属于本罪的犯罪对象。地方重点保护野生动物及其制品一般不能成为本罪对象。

（2）本罪的客观方面。本罪在客观方面一是表现为非法猎捕、杀害国家重点保护的珍贵、濒危野生动物的行为。具体行为方式包括猎取、捕捞和杀害。至于捕杀行为是在何时、何地、用何种工具、采用何种方法都不影响本罪的成立。实践中具有非法猎捕和杀害两种方式之一的，即可构成本罪，同时具备两种方式的，也只构成一罪，不能按数罪并罚。二是表现为非法收购、运输、出售珍贵、濒危野生动物及其制品的行为。其中，收购，包括以营利、自用等为目的的购买行为；运输，包括采用携带、邮寄、利用他人、使用交通工具等方法进行运送的行为；出售，包括出卖和以营利为目的的加工利用行为。

本罪属于行为犯，构成犯罪并不以情节严重为要件，成立本罪不以其是否具备“情节严重”作为划分罪与非罪的界限。但是，本罪具有“情节严重”和“情节特别严重”两个加重法定刑幅度。可以根据《最高人民法院关于审理破坏野生动物资源刑事案件具体应用法律若干问题的解释》《国家林业局、公安部关于森林和陆生野生动物刑事案件管辖及立案标准》等规范性文件判断行为是否属于“情节严重”和“情节特别严重”。

（3）本罪的主体。本罪的主体为一般主体，即凡是达到刑事责任年龄、具有刑事责任能力的人，均可构成本罪。单位也可成为本罪主体。

（4）本罪的主观方面。本罪在主观方面表现为故意，过失不构成本罪。行为人出于出卖牟利、自食自用、馈赠亲友或者出钱取乐的目的，都可以构成本罪。实践中，如果行为人实施了非法收购、运输、出售自己认为不是珍贵、濒危野生动物及其制品的，而事实上确实是珍贵、濒危野生动物及其制品的行为时，按照“不知法律不赦”的法律传统和《刑法》第14条关于犯罪故意的规定，违法性认识错误不阻却犯罪故意，应该以本罪论处。①

2. 非法狩猎罪的构成。非法狩猎罪，是指违反狩猎法规，在禁猎区、禁猎期或者使用禁用的工具、方法进行狩猎，破坏野生动物资源，情节严重的行为。本罪的构成要件如下：

（1）本罪的客体。本罪侵犯的客体是国家保护野生动物资源的管理制度。

① 国家法官学院、中国人民大学法学院编：《中国审判案例要览（2001年刑事审判案例卷）》，人民法院出版社、中国人民大学出版社2002年版，第319~320页。

本罪的犯罪对象是指除珍贵、濒危的陆生野生动物和水生野生动物以外，有益的或者有重要经济、科学研究价值的陆生野生动物。地方重点保护野生动物一般可以成为本罪的犯罪对象。地方重点保护野生动物名录，是与国家重点保护野生动物名录相互衔接和互为补充的，它的保护范围也与《野生动物保护法》一致。地方重点保护野生动物中与国家重点保护野生动物相互重叠的部分，即载入《国家重点保护野生动物名录》的野生动物不能成为本罪的犯罪对象，其他的地方重点保护野生动物则可以成为本罪的犯罪对象。

（2）本罪的客观方面。本罪在客观方面表现为违反狩猎法规，在禁猎区、禁猎期或者使用禁用的工具、方法进行狩猎，破坏野生动物资源，情节严重的行为。所谓“情节严重”，根据《最高人民法院关于审理破坏野生动物资源刑事案件具体应用法律若干问题的解释》第6条的规定，包括：①非法狩猎野生动物20只以上的；②违反狩猎法规，在禁猎区或者禁猎期使用禁用的工具、方法狩猎的；③具有其他严重情节的。

（3）本罪的主体。本罪主体是一般主体。单位亦可构成本罪主体。

（4）本罪的主观方面。本罪在主观方面表现为故意，即明知是在禁猎区、禁猎期或者使用禁止的工具、方法进行狩猎而故意为之。至于是为了营利或者其他目的，均不影响本罪的成立。过失不能构成本罪。

3. 非法猎捕、收购、运输、出售陆生野生动物罪的构成。非法猎捕、收购、运输、出售陆生野生动物罪，是指违反野生动物保护管理法规，以食用为目的非法猎捕、收购、运输、出售《刑法》第341条第1款规定以外的野外环境自然生长繁殖的陆生野生动物，情节严重的行为。本罪的构成要件如下：

（1）本罪的客体。本罪侵犯的客体是国家对保护野生动物资源的管理秩序。

（2）本罪的客观方面。本罪在客观方面表现为以食用为目的非法猎捕、收购、运输、出售《刑法》第341条第1款规定以外的野外环境自然生长繁殖的陆生野生动物，情节严重的行为。对公民自己食用而购买或捕捉到少量普通的野生动物并食用的，如野兔、麻雀等，不宜入罪。

（3）本罪的主体为一般主体，既包括自然人也包括单位。

（4）本罪的主观方面是故意，不包括过失。

• 适用指引 •

在实践中，认定本条三个罪名时，要注意相互之间的区别，同时也应注意非法狩猎的情节问题。

1. 区分非法狩猎罪与危害珍贵、濒危野生动物罪的界限：两罪的犯罪主体、主观方面都相同，皆属故意犯罪。两罪侵犯的客体不尽相同，其同类客体都是环境资源的保护和管理制度，只是犯罪所侵犯的直接客体有所不同。非法狩猎罪所侵犯的客体为国家保护野生动物资源的管理制度；而危害珍贵、濒危野生动物罪所侵犯的客体为国家对珍贵、濒危野生资源的重点保护制度。两罪的主要区别是：

（1）犯罪客观方面不同。非法狩猎罪主要表现为在禁猎区、禁猎期或使用禁用工具、方法实施的狩猎行为，且情节严重的才构成犯罪；而危害珍贵、濒危野生动物罪则表现为非法猎捕、杀害国家重点保护的珍贵、濒危野生动物的，或者非法收购、运输、出售国家重点保护的珍贵、濒危野生动物及其制品的行为，行为人只要客观上对国家重点保护的珍贵、濒危野生动物实施了前述行为，即可构成犯罪，不受任何禁止性条件和情节是否严重的限制。

（2）犯罪对象不同。非法狩猎罪的犯罪对象主要是珍贵、濒危野生动物以外的一般陆生野生动物；而危害珍贵、濒危野生动物罪的犯罪对象为《国家重点保护野生动物名录》中的珍贵、濒危野生动物，既包括陆生的野生动物，也包括水生的野生动物。

2. 区分非法狩猎罪与非法捕捞水产品罪的界限：非法捕捞水产品罪，是指违反保护水产资源法律法规，在禁渔区、禁渔期或者使用禁用的工具、方法捕捞水产品，情节严重的行为。两罪在犯罪主体、主观方面较为一致，都属于故意犯罪的范畴。区别在于：

（1）客体不尽相同。其同类客体都是环境资源的保护和管理制度，只是犯罪所侵犯的直接客体有所不同。非法狩猎罪所侵犯的直接客体为国家保护野生动物资源的管理制度；而非法捕捞水产品罪所侵犯的客体为国家保护水产资源的管理制度。

（2）犯罪对象不同。非法狩猎罪的对象是除国家重点保护的珍贵、濒危野生动物资源、水生野生动物资源以外的陆生野生动物资源；而非法捕捞水产品罪的犯罪对象则为除国家重点保护的珍贵、濒危陆生和水生野生动物资源以外的其他水产品资源，这些水产品资源不仅包括水生野生动物，还包括海藻类、淡水食用水生植物类等水产品。

（3）行为内容不同。非法狩猎罪在违反四个禁止性规定的前提下，突出了与危害陆生动物相关的狩猎行为；而非法捕捞水产品罪则在四个禁止性规定的前提下，强调危及水产资源的捕捞行为。故两者所违反的四个禁止性规定实为形式相同而内容各异的限制性规定。

3. 非法狩猎过程中殴打管理人员致人伤残、死亡的处理。由于实施非法狩猎罪的行为人所持有和使用的工具通常都具有一定的杀伤力，因此，实践中，非法狩猎者在实施非法狩猎过程中，如果抗拒管理、不服管理、行凶殴打管理人员，一般都会对管理人员造成不同程度的伤害。如果非法狩猎者殴打管理人员的行为尚未构成犯罪的，则应将殴打行为视为非法狩猎罪的“情节严重”的情形之一，按非法狩猎罪论处。如果殴打行为致管理人员伤残、死亡，应定为故意伤害罪或故意杀人罪，按照数罪并罚的原则与非法狩猎罪实行并罚。因为非法狩猎罪所必须的“情节严重”要件，只包括行凶殴打致人轻伤在内，而故意殴打致人重伤或死亡的，或故意杀人的，则已超出了“情节严重”的范围，如果仍按非法狩猎罪一罪论处，则不符合罪刑相适应的原则，所以应当实行数罪并罚。

4. 非法猎捕、收购、运输、出售陆生野生动物罪的司法认定问题。为革除滥食野生动物陋习，保障人民群众生命健康安全，从源头上防范和控制重大卫生安全风险，《刑法修正案（十一）》增设了非法猎捕、收购、运输、出售陆生野生动物罪。司法认定中，要注意准确把握本罪的行为对象问题。《刑法》第341条第1款规定所保护的对象是“国家重点保护的珍贵、濒危野生动物”，即本罪的对象仅限于“珍贵濒危野生动物以外的野外环境自然生长繁殖的陆生野生动物”，其范围具体从如下几个方面把握：一是不包括《刑法》第341条第1款所规定的“国家重点保护的珍贵、濒危野生动物”，否则属于危害珍贵、濒危野生动物罪的问题。国家重点保护的珍贵、濒危野生动物的具体种类品种可参见《国家重点保护野生动物名录》以及经国务院野生动物保护主管部门核准按照国家重点保护的野生动物管理的野生动物。二是仅限于“野外环境自然生长繁殖的”，即野生动物的野外种群，不包括人工繁育、饲养的动物。三是仅限于“陆生野生动物”，不包括水生野生动物。实践中，对于“三有动物”（有重要生态、科学、社会价值的陆生野生动物）和地方重点保护的野生动物，如果行为人违反狩猎法规、在禁猎区、禁猎期或者禁止使用的工具、方法进行猎捕的，应当以《刑法》342条第2款的非法狩猎罪论处；如果不具有上述法律禁止的情形，以食用为目的，非法猎捕“三有动物”和地方重点保护野生动物，情节严重的，应以《刑法》第341条第3款的非法猎捕陆生野生动物罪追究刑事责任。

第三百四十二条　非法占用农用地罪

【法律规定】

• 法律条文 •

《中华人民共和国刑法》

第三百四十二条　违反土地管理法规，非法占用耕地、林地等农用地，改变被占用土地用途，数量较大，造成耕地、林地等农用地大量毁坏的，处五年以下有期徒刑或者拘役，并处或者单处罚金。

• 相关规定 •

《中华人民共和国土地管理法》

第七十五条 违反本法规定，占用耕地建窑、建坟或者擅自在耕地上建房、挖砂、采石、采矿、取土等，破坏种植条件的，或者因开发土地造成土地荒漠化、盐渍化的，由县级以上人民政府自然资源主管部门、农业农村主管部门等按照职责责令限期改正或者治理，可以并处罚款；构成犯罪的，依法追究刑事责任。

第七十七条 未经批准或者采取欺骗手段骗取批准，非法占用土地的，由县级以上人民政府自然资源主管部门责令退还非法占用的土地，对违反土地利用总体规划擅自将农用地改为建设用地的，限期拆除在非法占用的土地上新建的建筑物和其他设施，恢复土地原状，对符合土地利用总体规划的，没收在非法占用的土地上新建的建筑物和其他设施，可以并处罚款；对非法占用土地单位的直接负责的主管人员和其他直接责任人员，依法给予处分；构成犯罪的，依法追究刑事责任。

超过批准的数量占用土地，多占的土地以非法占用土地论处。

第七十八条 农村村民未经批准或者采取欺骗手段骗取批准，非法占用土地建住宅的，由县级以上人民政府农业农村主管部门责令退还非法占用的土地，限期拆除在非法占用的土地上新建的房屋。

超过省、自治区、直辖市规定的标准，多占的土地以非法占用土地论处。

《全国人民代表大会常务委员会关于〈中华人民共和国刑法〉第二百二十八条、第三百四十二条、第四百一十条的解释》

全国人民代表大会常务委员会讨论了刑法第二百二十八条、第三百四十二条、第四百一十条规定的“违反土地管理法规”和第四百一十条规定的“非法批准征收、征用、占用土地”的含义问题，解释如下：

刑法第二百二十八条、第三百四十二条、第四百一十条规定的“违反土地管理法规”，是指违反土地管理法、森林法、草原法等法律以及有关行政法规中关于土地管理的规定。

刑法第四百一十条规定的“非法批准征收、征用、占用土地”，是指非法批准征收、征用、占用耕地、林地等农用地以及其他土地。

《最高人民法院关于审理破坏草原资源刑事案件应用法律若干问题的解释》（法释〔2012〕15号）

第一条 违反草原法等土地管理法规，非法占用草原，改变被占用草原用途，数量较大，造成草原大量毁坏的，依照刑法第三百四十二条的规定，以非法占用农用地罪定罪处罚。

第二条 非法占用草原，改变被占用草原用途，数量在二十亩以上的，或者曾因非法占用草原受过行政处罚，在三年内又非法占用草原，改变被占用草原用途，数量在十亩以上的，应当认定为刑法第三百四十二条规定的“数量较大”。

非法占用草原，改变被占用草原用途，数量较大，具有下列情形之一的，应当认定为刑法第三百四十二条规定的“造成耕地、林地等农用地大量毁坏”：

（一）开垦草原种植粮食作物、经济作物、林木的；

（二）在草原上建窑、建房、修路、挖砂、采石、采矿、取土、剥取草皮的；

（三）在草原上堆放或者排放废弃物，造成草原的原有植被严重毁坏或者严重污染的；

（四）违反草原保护、建设、利用规划种植牧草和饲料作物，造成草原沙化或者水土严重流失的；

（五）其他造成草原严重毁坏的情形。

第五条 单位实施刑法第三百四十二条规定的行为，对单位判处罚金，并对其直接负责的主管人员和其他直接责任人员，依照本解释规定的定罪量刑标准定罪处罚。

第六条 多次实施破坏草原资源的违法犯罪行为，未经处理，应当依法追究刑事责任的，按照累计的数量、数额定罪处罚。

第七条 本解释所称“草原”，是指天然草原和人工草地，天然草原包括草地、草山和草坡，人工草地包括改良草地和退耕还草地，不包括城镇草地。

《最高人民法院关于审理破坏林地资源刑事案件具体应用法律若干问题的解释》（法释〔2005〕15号）

第一条 违反土地管理法规，非法占用林地，改变被占用林地用途，在非法占用的林地上实施建窑、建坟、建房、挖沙、采石、采矿、取土、种植农作物、堆放或排泄废弃物等行为或者进行其他非林业生产、建设，造成林地的原有植被或林业种植条件严重毁坏或者严重污染，并具有下列情形之一的，属于刑法第三百四十二条规定的犯罪行为，应当以非法占用农用地罪判处五年以下有期徒刑或者拘役，并处或者单处罚金：

（一）非法占用并毁坏防护林地、特种用途林地数量分别或者合计达到五亩以上；

（二）非法占用并毁坏其他林地数量达到十亩以上；

（三）非法占用并毁坏本条第（一）项、第（二）项规定的林地，数量分别达到相应规定的数量标准的百分之五十以上；

（四）非法占用并毁坏本条第（一）项、第（二）项规定的林地，其中一项数量达到相应规定的数量标准的百分之五十以上，且两项数量合计达到该项规定的数量标准。

第六条 单位实施破坏林地资源犯罪的，依照本解释规定的相关定罪量刑标准执行。

第七条 多次实施本解释规定的行为依法应当追诉且未经处理的，应当按照累计的数量、数额处罚。

《最高人民法院关于审理破坏土地资源刑事案件具体应用法律若干问题的解释》（法释〔2000〕14号）

第三条 违反土地管理法规，非法占用耕地改作他用，数量较大，造成耕地大量毁坏的，依照刑法第三百四十二条的规定，以非法占用耕地罪定罪处罚：

（一）非法占用耕地“数量较大”，是指非法占用基本农田五亩以上或者非法占用基本农田以外的耕地十亩以上。

（二）非法占用耕地“造成耕地大量毁坏”，是指行为人非法占用耕地建窑、建坟、建房、挖沙、采石、采矿、取土、堆放固体废弃物或者进行其他非农业建设，造成基本农田五亩以上或者基本农田以外的耕地十亩以上种植条件严重毁坏或者严重污染。

第八条 单位犯非法转让、倒卖土地使用权罪、非法占有耕地罪的定罪量刑标准，依照本解释第一条、第二条、第三条的规定执行。

第九条 多次实施本解释规定的行为依法应当追诉的，或者一年内多次实施本解释规定的行为未经处理的，按照累计的数量、数额处罚。

《最高人民检察院、公安部关于公安机关管辖的刑事案件立案追诉标准的规定（一）》（公通字〔2008〕36号）

第六十七条 ［非法占用农用地案（刑法第三百四十二条）］违反土地管理法规，非法占用耕地、林地等农用地，改变被占用土地用途，造成耕地、林地等农用地大量毁坏，涉嫌下列情形之一的，应予立案追诉：

（一）非法占用基本农田五亩以上或者基本农田以外的耕地十亩以上的；

（二）非法占用防护林地或者特种用途林地数量单种或者合计五亩以上的；

（三）非法占用其他林地十亩以上的；

（四）非法占用本款第（二）项、第（三）项规定的林地，其中一项数量达到相应规定的数量标准的百分之五十以上，且两项数量合计达到该项规定的数量标准的；

（五）非法占用其他农用地数量较大的情形。

违反土地管理法规，非法占用耕地建窑、建坟、建房、挖沙、采石、采矿、取土、堆放固体废弃物或者进行其他非农业建设，造成耕地种植条件严重毁坏或者严重污染，被毁坏耕地数量达到以上规定的，属于本条规定的“造成耕地大量毁坏”。

违反土地管理法规，非法占用林地，改变被占用林地用途，在非法占用的林地上实施建窑、建坟、建房、挖沙、采石、采矿、取土、种植农作物、堆放或者排泄废弃物等行为或者进行其他非林业生产、建设，造成林地的原有植被或者林业种植条件严重毁坏或者严重污染，被毁坏林地数量达到以上规定的，属于本条规定的“造成林地大量毁坏”。

《最高人民法院关于个人违法建房出售行为如何适用法律问题的答复》（法〔2010〕395号）

一、你院请示的在农村宅基地、责任田上违法建房出售如何处理的问题，涉及面广，法律、政策性强。据了解，有关部门正在研究制定政策意见和处理办法，在相关文件出台前，不宜以犯罪追究有关人员的刑事责任。

二、从来函反映的情况看，此类案件在你省部分地区发案较多。案件处理更应当十分慎重。要积极争取在党委统一领导下，有效协调有关方面，切实做好案件处理的善后工作，确保法律效果与社会效果的有机统一。

三、办理案件中，发现负有监管职责的国家机关工作人员有渎职、受贿等涉嫌违法犯罪的，要依法移交相关部门处理；发现有关部门在履行监管职责方面存在问题的，要结合案件处理，提出司法建议，促进完善社会管理。

【案例一】

刘强非法占用农用地案[①]

• 案件事实 •

被告人刘强，男，1979年10月出生，北京大道千字文文化发展有限公司法定代表人。2008年1月，因犯敲诈勒索罪被北京市海淀区人民法院判处有期徒刑二年，缓刑二年。

2016年3月，被告人刘强经人介绍以人民币1000万元的价格与北京春杰种植专业合作社（以下简称合作社）的法定代表人池杰商定，受让合作社位于延庆区延庆镇广积屯村东北蔬菜大棚377亩集体土地使用权。同年4月15日，刘强指使其司机刘广岐与池杰签订转让意向书，约定将合作社土地使用权及地上物转让给刘广岐。同年10月21日，合作社的法定代表人变更为刘广岐。其间，刘强未经国土资源部门批准，以合作社的名义组织人员对蔬菜大棚园区进行非农建设改造，并将园区命名为“紫薇庄园”。截至2016年9月28

① 根据2020年3月5日《最高人民检察院关于印发最高人民检察院第十六批指导性案例的通知》检例第60号修改。

日，刘强先后组织人员在园区内建设鱼池、假山、规划外道路等设施，同时将原有蔬菜大棚加高、改装钢架，并将其一分为二，在其中各建房间，每个大棚门口铺设透水砖路面，外垒花墙。截至案发，刘强组织人员共建设“大棚房”260余套（每套面积350平方米至550平方米不等，内部置橱柜、沙发、藤椅、马桶等各类生活起居设施），并对外出租。经北京市国土资源局延庆分局组织测绘鉴定，该项目占用耕地28.75亩，其中含永久基本农田22.84亩，造成耕地种植条件被破坏。

截至2017年4月，北京市规划和国土资源管理委员会、延庆区延庆镇人民政府先后对该项目下达《行政处罚决定书》《责令停止建设通知书》《限期拆除决定书》，均未得到执行。2017年5月，延庆区延庆镇人民政府组织有关部门将上述违法建设强制拆除。

• 裁判要旨 •

行为人违反土地管理法规，在耕地上建设“大棚房”“生态园”“休闲农庄”等，非法占用耕地数量较大，造成耕地等农用地大量毁坏的，应当以非法占用农用地罪追究实际建设者、经营者的刑事责任。

• 裁判理由 •

2017年5月10日，北京市国土资源局延庆分局向北京市公安局延庆分局移送刘广岐涉嫌非法占用农用地一案，5月13日，北京市公安局延庆分局对刘广岐涉嫌非法占用农用地案立案侦查，经调查发现刘强有重大嫌疑。2017年12月5日，北京市公安局延庆分局以刘强涉嫌非法占用农用地罪，将案件移送北京市延庆区人民检察院审查起诉。

审查起诉阶段，刘强拒不承认犯罪事实，辩称：（1）自己从未参与紫薇庄园项目建设，没有实施非法占地的行为。（2）紫薇庄园项目的实际建设者、经营者是刘广岐。（3）自己与紫薇庄园无资金往来。（4）蔬菜大棚改造项目系设施农业，属于政府扶持项目，不属于违法行为。刘广岐虽承认自己是合作社的法定代表人、项目建设的出资人，但对于转让意向书内容、资金来源、大棚内施工建设情况语焉不详。

为进一步查证紫薇庄园的实际建设者、经营者，北京市延庆区人民检察院将案件退回公安机关补充侦查，要求补充查证：（1）调取刘强、刘广岐、池杰、张红军（工程承包方）之间的资金往来凭证，核实每笔资金往来的具体操作人，对全案账目进行司法会计鉴定，了解资金的来龙去脉，查实资金实际出让人和受让人。（2）寻找关键证人会计李祥彬，核实合作社账目与刘强个人账户的资金往来，确定刘强、刘广岐在紫薇庄园项目中的地位作用。（3）就测量技术报告听取专业测量人员的意见，查清所占耕地面积。

经补充侦查，北京市公安局延庆分局收集到证人李祥彬的证言，证实了合作社是刘强出资从池杰手中购买，李祥彬受刘强邀请负责核算合作社的收入和支出。会计师事务所出具的司法鉴定意见书，证实了资金往来去向。在补充侦查过程中，侦查机关调取了紫薇庄园临时工作人员胡楠等人的证言，证实刘广岐是刘强的司机；刘广岐受刘强指使在转让意向书中签字，并担任合作社法定代表人，但其并未与刘强共谋参与非农建设改造事宜。针对辩护律师对测量技术报告数据的质疑，承办检察官专门听取了参与测量人员的意见，准确掌握所占耕地面积。2018 年 5 月 23 日，北京市延庆区人民检察院以刘强犯非法占用农用地罪向北京市延庆区人民法院提起公诉。7 月 2 日，北京市延庆区人民法院公开开庭审理了本案。

法庭经审理，认为公诉人提交的证据能够相互印证，予以确认。对辩护人提出的被告人当庭认罪态度较好的辩护意见予以采纳，其他辩护意见缺乏事实依据，不予采纳。2018 年 10 月 16 日，北京市延庆区人民法院作出一审判决，以非法占用农用地罪判处被告人刘强有期徒刑一年六个月，并处罚金人民币 5 万元。一审宣判后，被告人刘强未上诉，判决已生效。

刘广岐在明知刘强是合作社非农建设改造的实际建设者、经营者，且涉嫌犯罪的情况下，故意隐瞒上述事实和真相，向公安机关作虚假证明。经北京市延庆区人民检察院追诉，2019 年 3 月 13 日，北京市延庆区人民法院以包庇罪判处被告人刘广岐有期徒刑六个月。一审宣判后，被告人刘广岐未上诉，判决已生效。

【案例二】

福州市源顺石材有限公司、黄恒游非法占用农用地案①

• 案件事实 •

2012 年、2013 年及 2017 年 4、5 月间，被告单位福州市源顺石材有限公司（以下简称源顺公司）、被告人黄恒游未经林业主管部门审批，擅自在闽侯县鸿尾乡大模村“际岭”山场占用林地 138.51 亩，用作超范围采矿、石料加工区等。案发后，源顺公司根据司法机关的要求向闽侯县南屿镇政府缴交生态修复款 623300 元，聘请专家编制了矿区及周边生态环境恢复治理方案，并依方案开展相应生态修复工作。同时，黄恒游自愿承诺在位于闽江湿地公园的闽江水资源生态保护司法示范点暨生态司法保护宣传长廊进行异地特色苗木公益修复，与专业园林公司签订合同，种植指定树木 150 棵，承诺管护一年，确保

① 参见 2020 年 5 月 8 日最高人民法院发布的 2019 年度人民法院环境资源刑事典型案例。

成活。被害方闽侯县鸿尾乡大模村村民委员会及鸿尾农场出具谅解书。

• 裁判要旨 •

非法占用农用地罪的适用条件。

• 裁判理由 •

福建省闽侯县人民法院一审认为，被告单位源顺公司、被告人黄恒游违反国家林业管理法规，未经审批占用农用地 138.51 亩，其行为已构成非法占用农用地罪。鉴于被告单位、被告人黄恒游有自首情节，积极进行生态修复，依法从轻处罚。以非法占用农用地罪判处被告单位源顺公司罚金 40 万元，判处被告人黄恒游有期徒刑二年九个月，缓刑四年，并处罚金 20 万元；责令被告人黄恒游在闽江湿地公园的闽江水资源生态保护司法示范点进行异地公益修复种植指定规格的特色苗木 150 棵。

【学理分析及适用指引】

• 学理分析 •

非法占用农用地罪，是指违反土地管理法规，非法占用耕地、林地等农用地，改变被占用土地用途，数量较大，造成耕地、林地等农用地大量毁坏的行为。本罪的构成要件如下：

1. 本罪的客体。本罪侵犯的客体是国家的农用地管理制度。《宪法》第 10 条规定：城市的土地属于国家所有。农村和城市郊区的土地，除由法律规定属于国家所有的以外，属于集体所有；宅基地和自留区、自留山，也属于集体所有。国家为了公共利益的需要，可以依照法律规定对土地实行征收或者征用并给予补偿。任何组织和个人不得侵占、买卖或者以其他形式非法转让土地。土地的使用可以依照法律的规定转让。一切使用土地的组织和个人必须合理地利用土地。《土地管理法》第 3 条规定：十分珍惜、合理利用土地和切实保护耕地是我国的基本国策。各级人民政府应当采取措施，全面规划，严格管理，保护、开发土地资源，制止非法占用土地的行为。《宪法》和《土地管理法》明确规定了土地（含耕地在内）的所有权属于国家或集体，禁止任何单位或个人非法占用农用地。但是，任何单位或个人可在不违反有关农用地保护管理制度和通过正常的审批程序的前提下，依法占有农用地，享受对农用地的使用权，并接受国家的统一管理和监督。所谓农用地的保护制度，则是指《宪法》《土地管理法》及其实施条例等一系列有关农用地的行政性管理法规的总称。

2. 本罪的客观方面。本罪的客观方面表现为违反土地管理法规，非法占用耕地、林地等农用地，改变被占用土地用途，数量较大，造成耕地、林地等农用地大量毁坏的行为。非法占用耕地、林地等农用地，是指未经法定程序审批、登记、核发证书、确认土地使用权，而占用耕地、林地等农用地的行为。非法占有农用地行为通常表现为：其一，未经批准占用农用地，即未经国家土地管理机关审理，并报经人民政府批准，擅自占用农用地的；其二，少批多占农用地的，即部分农用地的占用是经过合法批准的，但超过批准的数量且多占农用地的数量较大的；其三，骗取批准而占用农用地的，主要是以提供虚假文件、谎报用途或借用、盗用他人的名义申请等欺骗手段取得批准手续而占用农用地，且数量较大的。

改变被占用土地用途，是指改变农用地的原本的用途而作其他方面使用，诸如开办企业、建造住宅、筑路、采石、采矿、采土、采河、倾倒废物等。

非法占用农用地数量较大且造成农用地大量毁坏的结果，是非法占用农用地罪的必备要件。至于数量较大的具体标准，法律没有明文规定。对于耕地而言，根据《土地管理法》对土地的征用或使用所作的详细规定，征用基本农田、基本农田以外的耕地超过35公顷、其他土地超过70公顷的，由国务院批准；征用上述规定以外的土地，由省、自治区、直辖市人民政府批准。如果违反上述有关土地管理的审批程序或所规定的数量而多征用、使用耕地的行为，就是违反土地管理法的非法占用耕地的行为。司法实践中也可根据当时当地农用地面积的大小、质量优劣的状况等情况综合衡量非法占用农用地的数量是否较大。造成农用地大量毁坏，是指非法占用农用地导致农用地种植功能基本丧失，如造成土地板结、沙化、盐渍化、水土严重流失、土壤肥力消失等。

3. 本罪的主体。本罪的主体既可以是自然人，也可以是单位。根据《土地管理法》第62条的规定，农村村民住宅用地，经乡（镇）人民政府审核批准；其中，涉及占用农用地的，由省、自治区、直辖市人民政府批准。凡违反该程序私自占用数量较大耕地的居民均可构成本罪的主体。

单位非法占用农用地，主要是指单位在国家建设用地、本单位发展建设和乡（镇）村建设用地过程中，违反土地管理法规，非法占用耕地、林地等农用地，改变被占用土地用途，数量较大，造成耕地、林地等农用地大量毁坏的行为。此处的单位，既包括国有的公司、企业、事业单位，也包括集体所有的公司、企业、事业单位以及合资或独资、私人所有的公司、企业以及国家各级权力机关、行政机关、审判机关、检察机关和人民团体和社会团体。至于土地管理机关侵权或越权审批占用农用地的，无权审批或无权发放使用证的机关批准占用农用地或有权审批机关超越权限、职权批准占用农用地且数量较大的，通常视为单位构成非法批准征用、占用土地罪，而不以本罪论。

4. 本罪的主观方面。本罪的主观方面为故意，即明知占用耕地、林地等农用地，改变被占用土地用途的行为违反土地管理法规，而且对于非法占用耕地、林地等农用地，改变被占用土地用途会造成大量农用地被毁坏的结果也是明知的。明知自己的行为会发生危害社会的结果，仍然希望或者放任结果的发生，在主观上为故意。行为人非法占用农用地的动机多种多样，但不影响本罪的成立。

● 适用指引 ●

司法实践中，认定本罪应注意：

1. 本罪与非法转让、倒卖土地使用权罪的界限。

（1）客体不同。本罪侵害的是国家对耕地、林地等农用地进行保护的管理制度；而非法转让、倒卖土地使用权罪侵害的则是国家对土地使用权合法转让的管理制度。

（2）犯罪客观方面不同。非法占用农用地是结果犯，表现为违反土地管理法规，非法占用耕地、林地等农用地，改变被占用土地用途，数量较大，造成耕地、林地等农用地大量毁坏的行为。非法转让、倒卖土地使用权罪则是情节犯，表现为违反土地管理法规，实施了非法转让、倒卖土地使用权，情节严重的行为。其中非法转让土地使用权，是指以买卖以外的其他形式非法转移土地使用权的行为，也即未按国家法律规定程序办理征用或者划拨手续的行为，或者未按规定权限办理审批手续的土地使用权转让的行为。倒卖土地使用权，包括毫不掩饰和明码标价地将土地卖给他人，以及收取价款和以某种形式掩盖其土地买卖的实质而将土地卖给他人的两种行为方式。

（3）对二者的处罚方法不同。对二者的处罚虽都采取了判处有期徒刑和罚金的刑罚方法，但前者没有明确确定的罚金标准；而后者则采取的是以倍比罚金制的方式确定罚金的标准。

2. 本罪与非法批准征用、占用土地罪和非法低价出让国有土地使用权罪的界限。

（1）侵害的客体不同。非法占用农用地罪的客体是对耕地、林地等农田地的法律保护制度；而非法批准征用、占用土地罪和非法低价出让国有土地使用权罪所侵害的客体均为国家机关工作人员职务行为的廉洁性和正当性。

（2）客观方面不同。非法占用农用地罪在客观上表现为违反土地管理法规，非法占用耕地、林地等农用地，改变被占用土地用途，数量较大，造成耕地、林地等农用地大量毁坏的行为；而非法批准征用、占用土地罪和非法低价出让国有土地使用权罪在客观上都表现为徇私舞弊，违反土地管理法规，滥用职权。通常表现为弄虚作假，欺上瞒下，掩盖事实真相，或违反《土地管理法》等有关土地管理法规中关于批准征用、占用土地以及出让土地使用权的规定，不正确地行使批准征用、占用土地或者出让国有土地使用权的职权。

（3）主体不同。非法占用农用地罪的主体是一般主体；而非法批准征用、占用土地罪和非法低价出让国有土地使用权罪的主体是特殊主体，即国家机关工作人员。

第三百四十二条之一　破坏自然保护地罪

【法律规定】

• 法律条文 •

《中华人民共和国刑法》

第三百四十二条之一　违反自然保护地管理法规，在国家公园、国家级自然保护区进行开垦、开发活动或者修建建筑物，造成严重后果或者有其他恶劣情节的，处五年以下有期徒刑或者拘役，并处或者单处罚金。

有前款行为，同时构成其他犯罪的，依照处罚较重的规定定罪处罚。

• 相关规定 •

《中共中央办公厅、国务院办公厅关于建立以国家公园为主体的自然保护地体系的指导意见》

二、构建科学合理的自然保护体系

（四）明确自然保护地功能定位。自然保护地是由各级政府依法划定或确认，对重要的自然生态系统、自然遗迹、自然景观及其所承载的自然资源、生态功能和文化价值实施长期保护的陆域或海域。建立自然保护地目的是守护自然生态，保育自然资源，保护生物多样性与地质地貌景观多样性，维护自然生态系统健康稳定，提高生态系统服务功能；服务社会，为人民提供优质生态产品，为全社会提供科研、教育、体验、游憩等公共服务；维持人与自然和谐共生并永续发展。要将生态功能重要、生态环境敏感脆弱以及其他有必要严格保护的各类自然保护地纳入生态保护红线管控范围。

（五）科学划定自然保护地类型。按照自然生态系统原真性、整体性、系统性及其内在规律，依据管理目标与效能并借鉴国际经验，将自然保护地按生态价值和保护强度高低依次分为3类。

国家公园：是指以保护具有国家代表性的自然生态系统为主要目的，实现自然资源科学保护和合理利用的特定陆域或海域，是我国自然生态系统中最重要、自然景观最独特、自然遗产最精华、生物多样性最富集的部分，保护范围大，生态过程完整，具有全球价值、国家象征，国民认同度高。

自然保护区：是指保护典型的自然生态系统、珍稀濒危野生动植物种的天然集中分布区、有特殊意义的自然遗迹的区域。具有较大面积，确保主要保护对象安全，维持和恢复珍稀濒危野生动植物种群数量及赖以生存的栖息环境。

自然公园：是指保护重要的自然生态系统、自然遗迹和自然景观，具有生态、观赏、文化和科学价值，可持续利用的区域。确保森林、海洋、湿地、水域、冰川、草原、生物等珍贵自然资源，以及所承载的景观、地质地貌和文化多样性得到有效保护。包括森林公园、地质公园、海洋公园、湿地公园等各类自然公园。

制定自然保护地分类划定标准，对现有的自然保护区、风景名胜区、地质公园、森林公园、海洋公园、湿地公园、冰川公园、草原公园、沙漠公园、草原风景区、水产种质资源保护区、野生植物原生境保护区（点）、自然保护小区、野生动物重要栖息地等各类自然保护地开展综合评价，按照保护区域的自然属性、生态价值和管理目标进行梳理调整和归类，逐步形成以国家公园为主体、自然保护区为基础、各类自然公园为补充的自然保护地分类系统。

【学理分析及适用指引】

• 学理分析 •

破坏自然保护地罪，是指违反自然保护地管理法规，在国家公园、国家级自然保护区进行开垦、开发活动或者修建建筑物，造成严重后果或者有其他恶劣情节的行为。为加强生态安全的保护，《刑法修正案（十一）》增设了“破坏自然保护地罪”。本罪的构成要件如下：

1. 本罪的客体。本罪侵犯的客体是国家对自然保护地的管理秩序。本罪的行为对象即破坏的生态资源重要载体是国家公园和国家级自然保护区。根据《中共中央办公厅、国务院办公厅关于建立以国家公园为主体的自然保护地体系的指导意见》，按照自然生态系统原真性、整体性、系统性及其内在规律，依据管理目标与效能并借鉴国际经验，将自然保护地按生态价值和保护强度高低依次分为国家公园、自然保护区和自然公园三类。国家公园是指由国家批准设立并主导管理、边界清晰，以保护具有国家代表性的自然生态系统为主要目的，实现自然资源科学保护和合理利用的特定陆域或海域。国家公园是我国自然生态系统中最重要、自然景观最独特、自然遗产最精华、生物多样性最富集的部分，保护范围大，生态过程完整，具有全球价值、国家象征，国民认同度高。① 自然保护区是指保护典型的自然生态系统、珍稀濒危野生动植物种的天然集中分布区、有特殊意义的自然遗迹的区域。自然保护区分为国家级自然保护区和地方级自然保护区。自然公园是指保护重要的自然生态系统、自然遗迹和自然景观，具有生态、观赏、文化和科学价值，可持续利用的区域。确保森

---

① 目前，国家公园制度在我国尚在改革和建设过程中，为数不多。据报道，2017 年 9 月 26 日，中共中央办公厅、国务院办公厅印发《建立国家公园体制总体方案》，我国设立的首批国家公园体制试点达到 10 个，分别是三江源、东北虎豹、大熊猫、祁连山、湖北神农架、福建武夷山、浙江钱江源、湖南南山、北京长城和云南普达措国家公园体制试点。

林、海洋、湿地、水域、冰川、草原、生物等珍贵自然资源，以及所承载的景观、地质地貌和文化多样性得到有效保护，包括森林公园、地质公园、海洋公园、湿地公园等各类自然公园。根据《刑法》第342条之一的规定，破坏自然保护地罪的对象仅限于国家公园和自然保护区中的国家级自然保护区，地方级自然保护区和自然公园等自然保护地尚不能成为本罪的对象。

2. 本罪的客观方面。本罪的客观方面表现为违反自然保护地管理法规，在国家公园、国家级自然保护区进行开垦、开发活动或者修建建筑物，造成严重后果或者有其他恶劣情节的行为。具体行为方式有三种类型有；一是开垦行为，二是进行开发活动，三是修建建筑物。

3. 本罪的主体为一般主体，既包括自然人也包括单位。

4. 本罪的主观方面。本罪的主观方面为故意，过失不构成本罪。

• 适用指引 •

构成本罪需要达到“严重后果或者有其他恶劣情节”的程度，具体可从开垦、开发活动或者修建建筑物占有自然保护地达到一定的面积，导致自然保护地内的森林、其他林木尤其珍贵植被、野生动物减少甚至死亡，对自然保护地的修复费用等方面综合判断。因历史遗留后果或者原住民因必要生产、生活需要而进行的活动除外。另外，出于生产、生活需要，非法开发建设一些设施，未对生态环境造成严重破坏后果的，也不作为犯罪处理。

在国家公园、国家级自然保护区进行开垦、开发活动或者修建建筑物的行为，同时构成其他犯罪的，如盗伐林木罪、非法狩猎罪、非法采矿罪、污染环境罪等，属于想象竞合犯，根据从一重处的原则，依照处罚较重的规定定罪处罚。

第三百四十三条　非法采矿罪、破坏性采矿罪

【法律规定】

• 法律条文 •

《中华人民共和国刑法》

第三百四十三条　违反矿产资源法的规定，未取得采矿许可证擅自采矿，擅自进入国家规划矿区、对国民经济具有重要价值的矿区和他人矿区范围采矿，或者擅自开采国家规定实行保护性开采的特定矿种，情节严重的，处三年以下有期徒刑、拘役或者管制，并处或者单处罚金；情节特别严重的，处三年以上七年以下有期徒刑，并处罚金。

违反矿产资源法的规定，采取破坏性的开采方法开采矿产资源，造成矿产资源严重破坏的，处五年以下有期徒刑或者拘役，并处罚金。

• 相关规定 •

《中华人民共和国矿产资源法》

第十六条 开采下列矿产资源的，由国务院地质矿产主管部门审批，并颁发采矿许可证：

（一）国家规划矿区和对国民经济具有重要价值的矿区内的矿产资源；

（二）前项规定区域以外可供开采的矿产储量规模在大型以上的矿产资源；

（三）国家规定实行保护性开采的特定矿种；

（四）领海及中国管辖的其他海域的矿产资源；

（五）国务院规定的其他矿产资源。

开采石油、天然气、放射性矿产等特定矿种的，可以由国务院授权的有关主管部门审批，并颁发采矿许可证。

开采第一款、第二款规定以外的矿产资源，其可供开采的矿产的储量规模为中型的，由省、自治区、直辖市人民政府地质矿产主管部门审批和颁发采矿许可证。

开采第一款、第二款和第三款规定以外的矿产资源的管理办法，由省、自治区、直辖市人民代表大会常务委员会依法制定。

依照第三款、第四款的规定审批和颁发采矿许可证的，由省、自治区、直辖市人民政府地质矿产主管部门汇总向国务院地质矿产主管部门备案。

矿产储量规模的大型、中型的划分标准，由国务院矿产储量审批机构规定。

第二十九条 开采矿产资源，必须采取合理的开采顺序、开采方法和选矿工艺。矿山企业的开采回采率、采矿贫化率和选矿回收率应当达到设计要求。

第三十条 在开采主要矿产的同时，对具有工业价值的共生和伴生矿产应当统一规划，综合开采，综合利用，防止浪费；对暂时不能综合开采或者必须同时采出而暂时还不能综合利用的矿产以及含有有用组分的尾矿，应当采取有效的保护措施，防止损失破坏。

第三十九条 违反本法规定，未取得采矿许可证擅自采矿的，擅自进入国家规划矿区、对国民经济具有重要价值的矿区范围采矿的，擅自开采国家规定实行保护性开采的特定矿种的，责令停止开采、赔偿损失，没收采出的矿产品和违法所得，可以并处罚款；拒不停止开采，造成矿产资源破坏的，依照刑法有关规定对直接责任人员追究刑事责任。

单位和个人进入他人依法设立的国有矿山企业和其他矿山企业矿区范围内

采矿的，依照前款规定处罚。

第四十条 超越批准的矿区范围采矿的，责令退回本矿区范围内开采、赔偿损失，没收越界开采的矿产品和违法所得，可以并处罚款；拒不退回本矿区范围内开采，造成矿资源破坏的，吊销采矿许可证，依照刑法有关规定对直接责任人员追究刑事责任。

第四十四条 违反本法规定，采取破坏性的开采方法开采矿产资源的，处以罚款，可以吊销采矿许可证；造成矿产资源严重破坏的，依照刑法有关规定对直接责任人员追究刑事责任。

《最高人民法院、最高人民检察院关于办理非法采矿、破坏性采矿刑事案件适用法律若干问题的解释》（法释〔2016〕25 号）

第一条 违反《中华人民共和国矿产资源法》《中华人民共和国水法》等法律、行政法规有关矿产资源开发、利用、保护和管理的规定的，应当认定为刑法第三百四十三条规定的“违反矿产资源法的规定”。

第二条 具有下列情形之一的，应当认定为刑法第三百四十三条第一款规定的“未取得采矿许可证”：

（一）无许可证的；

（二）许可证被注销、吊销、撤销的；

（三）超越许可证规定的矿区范围或者开采范围的；

（四）超出许可证规定的矿种的（共生、伴生矿种除外）；

（五）其他未取得许可证的情形。

第三条 实施非法采矿行为，具有下列情形之一的，应当认定为刑法第三百四十三条第一款规定的“情节严重”：

（一）开采的矿产品价值或者造成矿产资源破坏的价值在十万元至三十万元以上的；

（二）在国家规划矿区、对国民经济具有重要价值的矿区采矿，开采国家规定实行保护性开采的特定矿种，或者在禁采区、禁采期内采矿，开采的矿产品价值或者造成矿产资源破坏的价值在五万元至十五万元以上的；

（三）二年内曾因非法采矿受过两次以上行政处罚，又实施非法采矿行为的；

（四）造成生态环境严重损害的；

（五）其他情节严重的情形。

实施非法采矿行为，具有下列情形之一的，应当认定为刑法第三百四十三条第一款规定的“情节特别严重”：

（一）数额达到前款第一项、第二项规定标准五倍以上的；

（二）造成生态环境特别严重损害的；

（三）其他情节特别严重的情形。

第四条　在河道管理范围内采砂，具有下列情形之一，符合刑法第三百四十三条第一款和本解释第二条、第三条规定的，以非法采矿罪定罪处罚：

（一）依据相关规定应当办理河道采砂许可证，未取得河道采砂许可证的；

（二）依据相关规定应当办理河道采砂许可证和采矿许可证，既未取得河道采砂许可证，又未取得采矿许可证的。

实施前款规定行为，虽不具有本解释第三条第一款规定的情形，但严重影响河势稳定，危害防洪安全的，应当认定为刑法第三百四十三条第一款规定的“情节严重”。

第五条　未取得海砂开采海域使用权证，且未取得采矿许可证，采挖海砂，符合刑法第三百四十三条第一款和本解释第二条、第三条规定的，以非法采矿罪定罪处罚。

实施前款规定行为，虽不具有本解释第三条第一款规定的情形，但造成海岸线严重破坏的，应当认定为刑法第三百四十三条第一款规定的“情节严重”。

第六条　造成矿产资源破坏的价值在五十万元至一百万元以上，或者造成国家规划矿区、对国民经济具有重要价值的矿区和国家规定实行保护性开采的特定矿种资源破坏的价值在二十五万元至五十万元以上的，应当认定为刑法第三百四十三条第二款规定的“造成矿产资源严重破坏”。

第七条　明知是犯罪所得的矿产品及其产生的收益，而予以窝藏、转移、收购、代为销售或者以其他方法掩饰、隐瞒的，依照刑法第三百一十二条的规定，以掩饰、隐瞒犯罪所得、犯罪所得收益罪定罪处罚。

实施前款规定的犯罪行为，事前通谋的，以共同犯罪论处。

第八条　多次非法采矿、破坏性采矿构成犯罪，依法应当追诉的，或者二年内多次非法采矿、破坏性采矿未经处理的，价值数额累计计算。

第九条　单位犯刑法第三百四十三条规定之罪的，依照本解释规定的相应自然人犯罪的定罪量刑标准，对直接负责的主管人员和其他直接责任人员定罪处罚，并对单位判处罚金。

第十条　实施非法采矿犯罪，不属于“情节特别严重”，或者实施破坏性采矿犯罪，行为人系初犯，全部退赃退赔，积极修复环境，并确有悔改表现的，可以认定为犯罪情节轻微，不起诉或者免予刑事处罚。

第十一条　对受雇佣为非法采矿、破坏性采矿犯罪提供劳务的人员，除参与利润分成或者领取高额固定工资的以外，一般不以犯罪论处，但曾因非法采矿、破坏性采矿受过处罚的除外。

第十二条　对非法采矿、破坏性采矿犯罪的违法所得及其收益，应当依法追缴或者责令退赔。

对用于非法采矿、破坏性采矿犯罪的专门工具和供犯罪所用的本人财物，应当依法没收。

第十三条 非法开采的矿产品价值，根据销赃数额认定；无销赃数额，销赃数额难以查证，或者根据销赃数额认定明显不合理的，根据矿产品价格和数量认定。

矿产品价值难以确定的，依据下列机构出具的报告，结合其他证据作出认定：

（一）价格认证机构出具的报告；

（二）省级以上人民政府国土资源、水行政、海洋等主管部门出具的报告；

（三）国务院水行政主管部门在国家确定的重要江河、湖泊设立的流域管理机构出具的报告。

第十四条 对案件所涉的有关专门性问题难以确定的，依据下列机构出具的鉴定意见或者报告，结合其他证据作出认定：

（一）司法鉴定机构就生态环境损害出具的鉴定意见；

（二）省级以上人民政府国土资源主管部门就造成矿产资源破坏的价值、是否属于破坏性开采方法出具的报告；

（三）省级以上人民政府水行政主管部门或者国务院水行政主管部门在国家确定的重要江河、湖泊设立的流域管理机构就是否危害防洪安全出具的报告；

（四）省级以上人民政府海洋主管部门就是否造成海岸线严重破坏出具的报告。

第十五条 各省、自治区、直辖市高级人民法院、人民检察院，可以根据本地区实际情况，在本解释第三条、第六条规定的数额幅度内，确定本地区执行的具体数额标准，报最高人民法院、最高人民检察院备案。

《最高人民检察院、公安部关于公安机关管辖的刑事案件立案追诉标准的规定（一）的补充规定》（公通字〔2017〕12号）

十一、将《立案追诉标准（一）》第68条修改为：［非法采矿案（刑法第343条第一款）］违反矿产资源法的规定，未取得采矿许可证擅自采矿，或者擅自进入国家规划矿区、对国民经济具有重要价值的矿区和他人矿区范围采矿，或者擅自开采国家规定实行保护性开采的特定矿种，涉嫌下列情形之一的，应予立案追诉：

（一）开采的矿产品价值或者造成矿产资源破坏的价值在10万元至30万元以上的；

（二）在国家规划矿区、对国民经济具有重要价值的矿区采矿，开采国家规定实行保护性开采的特定矿种，或者在禁采区、禁采期内采矿，开采的矿产品价值或者造成矿产资源破坏的价值在5万元至15万元以上的；

（三）二年内曾因非法采矿受过两次以上行政处罚，又实施非法采矿行为的；

（四）造成生态环境严重损害的；

（五）其他情节严重的情形。

在河道管理范围内采砂，依据相关规定应当办理河道采砂许可证而未取得河道采砂许可证，或者应当办理河道采砂许可证和采矿许可证，既未取得河道采砂许可证又未取得采矿许可证，具有本条第一款规定的情形之一，或者严重影响河势稳定危害防洪安全的，应予立案追诉。

采挖海砂，未取得海砂开采海域使用权证且未取得采矿许可证，具有本条第一款规定的情形之一，或者造成海岸线严重破坏的，应予立案追诉。

具有下列情形之一的，属于本条规定的“未取得采矿许可证”：

（一）无许可证的；

（二）许可证被注销、吊销、撤销的；

（三）超越许可证规定的矿区范围或者开采范围的；

（四）超出许可证规定的矿种的（共生、伴生矿种除外）；

（五）其他未取得许可证的情形。

多次非法采矿构成犯罪，依法应当追诉的，或者2年内多次非法采矿未经处理的，价值数额累计计算。

非法开采的矿产品价值，根据销赃数额认定；无销赃数额，销赃数额难以查证，或者根据销赃数额认定明显不合理的，根据矿产品价格和数量认定。

矿产品价值难以确定的，依据价格认证机构，省级以上人民政府国土资源、水行政、海洋等主管部门，或者国务院水行政主管部门在国家确定的重要江河、湖泊设立的流域管理机构出具的报告，结合其他证据作出认定。

《最高人民法院、最高人民检察院关于办理盗窃油气、破坏油气设备等刑事案件具体应用法律若干问题的解释》（法释〔2007〕3号）

第六条　违反矿产资源法的规定，非法开采或者破坏性开采石油、天然气资源的，依照刑法第三百四十三条以及《最高人民法院关于审理非法采矿、破坏性采矿刑事案件具体应用法律若干问题的解释》的规定追究刑事责任。

《最高人民法院关于进一步加强危害生产安全刑事案件审判工作的意见》（法发〔2011〕20号）

10. ……

违反安全生产管理规定，非法采矿、破坏性采矿或排放、倾倒、处置有害物质严重污染环境，造成重大伤亡事故或者其他严重后果，同时构成危害生产安全犯罪和破坏环境资源保护犯罪的，依照数罪并罚的规定处罚。

【案例】

赵成春等非法采矿案①

• 案件事实 •

2013 年春节后，被告人赵成春与被告人赵来喜经共谋，由赵成春负责在长江镇江段采砂，赵来喜以小船每船 1500 元、大船每船 2400 元的价格收购。2013 年 3 月至 2014 年 1 月，赵成春在未办理河道采砂许可证的情况下，雇用被告人李兆海、李永祥在长江镇江段 119 号黑浮下游锚地附近水域使用吸砂船非法采砂，将江砂直接吸到赵来喜的两艘货船上，后分别由赵来喜的雇工被告人赵加龙、徐培金等人驾船将江砂运输至赵来喜事先联系好的砂库予以销售。

经鉴定，涉案江砂成分主要为石英砂，属于非金属矿产。赵成春、赵来喜、李兆海、李永祥非法采砂 38 万余吨，造成国家矿产资源破坏价值 152 万余元。赵加龙参与非法采砂 22 万余吨，价值 90 万余元；徐培金参与非法采砂 15 万余吨，价值 62 万余元。

• 裁判要旨 •

长江水域非法盗采江砂活动严重破坏国家矿产资源和水体生态环境，严重威胁长江航运及堤防安全，应以非法采矿罪论处；采运一体盗采模式可以采用“抵岸价”认定犯罪数额；运输者和采砂者事前共谋，以非法采矿罪的共犯论处；受雇佣人员与主犯相互勾结，积极实施非法采矿活动，应当依法追究刑事责任。

• 裁判理由 •

2016 年 8 月 31 日，江苏省镇江市金山地区人民检察院以被告人赵成春等 6 人涉嫌非法采矿罪提起公诉。2017 年 1 月 17 日，江苏省镇江市京口区人民法院公开开庭审理本案。法庭辩论阶段，被告人赵来喜及其辩护人称赵来喜只是运砂，没有采砂，不应当定性为非法采矿罪共同犯罪。公诉人答辩：一是从犯意联络来看，二人事前共谋实施非法采砂活动；二是从本案操作流程分析，在非法采砂过程中，运砂与采砂不可分割；三是从犯罪目的来看，运输、销售是非法采砂牟取暴利的必然过程。赵成春与赵来喜分工协作，构成开采、运输、销售整体作案行为链，共同实施非法采砂行为，对长江砂业资源造成严重

---

① 参见 2019 年 3 月 2 日年最高人民检察院发布的检察机关服务保障长江经济带发展典型案例。江苏省镇江市京口区人民法院（2016）苏 1102 刑初 198 号。

破坏，应属共同犯罪。法院对检察机关指控的犯罪事实予以认定。

2017 年 4 月 28 日，江苏省镇江市京口区人民法院一审判决，以非法采矿罪分别判处被告人赵成春、赵来喜有期徒刑三年六个月，并处罚金 20 万元；分别判处被告人李兆海、李永祥有期徒刑六个月，缓刑一年，罚金 2 万元；分别判处被告人赵加龙、徐培金罚金 18000 元、16000 元。被告人违法所得 1425200 元予以追缴，吸砂船只予以没收。

赵来喜不服，提出上诉。江苏省镇江市中级人民法院二审裁定驳回上诉，维持原判。

【学理分析及适用指引】

• 学理分析 •

1. 非法采矿罪的构成。非法采矿罪，是指违反矿产资源保护法的规定，未取得采矿许可证擅自采矿，擅自进入国家规划矿区、对国民经济具有重要价值的矿区和他人矿区范围采矿，或者擅自开采国家规定实行保护性开采的特定矿种，情节严重的行为。本罪的构成要件如下：

（1）本罪的客体。非法采矿罪的客体是国家矿产资源的保护和开采制度。本罪的犯罪对象是矿产资源，具体是指矿物和开采矿物的场所两部分内容，其他资源不能成为本罪的对象。尚未发现的或未定名的矿种一般不属于本罪的对象，新发现的矿种经国务院地质矿产主管部门报国务院批准公布后，才属于本罪的对象。此外，由人工方法所制取的与某些天然矿物相同或相似的单质或化合物，即所谓合成矿物，如人造金刚石等，一般不能成为本罪的对象。

（2）本罪的客观方面。非法采矿罪的客观方面主要表现为三种形式：

①无证采矿的行为。所谓无证采矿，是指没有经过法定程序取得采矿许可的情况下擅自采矿的行为。具体又包括三种行为：第一，无证开采普通矿产资源的行为；第二，无证擅自进入国家规划矿区、对国民经济具有重要价值的矿区和他人矿区采矿的行为；第三，无证擅自开采国家规定实行保护性开采的特定矿种的行为。

②擅自越界采矿的行为。所谓越界采矿，是指持有采矿许可证，但违反采矿许可证上所批准的采矿区域、范围和权限，擅自进行采矿的行为。具体来说，是指矿山企业和个体采矿者擅自超出采矿登记管理机关批准划定的矿界，在其矿区以外开采矿产资源的行为。同无证采矿一样，越界采矿既包括进入上述三类矿区的采矿行为，也包括进入上述三类矿区以外区域的采矿行为。

③在禁止性开采地区采矿的行为。根据《矿产资源法》第 20 条规定的 6 类禁采区域，如港口、机场、国防工程设施圈定地区以内等，行为人非经国务院有关主管部门同意而擅自开采的，亦属非法采矿的行为。

（3）本罪的主体。本罪的主体是一般主体，既包括自然人，也包括单位。

（4）本罪的主观方面。本罪的主观方面是故意，过失不能构成本罪。

2. 破坏性采矿罪的构成。破坏性采矿罪，是指违反矿产资源法的规定，采取破坏性的开采方法开采矿产资源，造成矿产资源严重破坏的行为。本罪的构成要件如下：

（1）本罪的客体。本罪侵犯的客体是国家对矿产资源的管理制度。矿产资源属于不可再生的资源，采取破坏性开采的办法，使矿产资源遭受毁灭，是对国家矿产资源管理制度的侵犯。本罪的犯罪对象是矿产资源，是指在地质活动过程中形成的、蕴藏于地壳之中的、能为人们用于生产和生活的各种矿物质的总称。

（2）本罪的客观方面。本罪在客观方面表现为违反矿产资源法的规定，采取破坏性的开采方法开采矿产资源，造成矿产资源严重破坏的行为。《矿产资源法》第29条规定：开采矿产资源，必须采取合理的开采顺序、开采方法和选矿工艺。矿山企业的开采回采率、采矿贫化率和选矿回收率应当达到设计要求。《矿产资源法》第30条规定：在开采主要矿产的同时，对具有工业价值的共生和伴生矿产应当统一规划，综合开采，综合利用，防止浪费；对暂时不能综合开采或者必须同时采出而暂时还不能综合利用的矿主以及含有有用组分的尾矿，应当采取有效的保护措施，防止损失破坏。根据《最高人民法院、最高人民检察院关于办理非法采矿、破坏性采矿刑事案件适用法律若干问题的解释》第6条的规定，造成矿产资源破坏的价值在50万元至100元以上，或者造成国家规划矿区、对国民经济具有重要价值的矿区和国家规定实行保护性开采的特定矿种资源破坏的价值在25万元至50万元以上的，应当认定为“造成矿产资源严重破坏”。该解释第9条规定，单位犯《刑法》第343条规定之罪的，依照该解释规定的相应自然人犯罪的定罪量刑标准，对直接负责的主管人员和其他直接责任人员定罪处罚，并对单位判处罚金。该解释第15条规定，各省、自治区、直辖市高级人民法院、人民检察院，可以根据本地区实际情况，在该解释第3条、第6条规定的数额幅度内，确定本地区执行的具体数额标准，报最高人民法院、最高人民检察院备案。

（3）本罪的主体。本罪主体为一般主体。凡达到刑事责任年龄、具备刑事责任能力的人均可成为本罪主体，单位亦可成为本罪主体。

（4）本罪的主观方面。本罪在主观方面表现为故意，过失不能构成本罪。这种故意具体是指行为人明知其行为会造成矿产资源严重破坏的结果而仍然实施，最终导致该种结果发生的心理态度。

• 适用指引 •

司法实践中，在本条两个罪名的认定过程中，应注意与他罪的区别：

1. 区分非法采矿罪与破坏性采矿罪的界限。两罪的不同主要表现在客观特征上，非法采矿罪是违反矿产资源法，在无证的情况下所实施的非法采矿，或者进入国家规划矿区、对国民经济具有重要价值的矿区和他人矿区范围采矿，或者开采国家规定实行保护性开采的特定矿种，情节严重的行为；而破坏性采矿罪，则是在持有采矿许可证的前提下，违反矿产资源法的规定，采取破坏性的开采方法开采矿产资源的行为。

2. 非法采矿罪与重大责任事故罪和重大劳动安全事故罪的界限。非法采矿行为，是由于采矿单位或个人不符合国家规定的采矿条件而在未予颁发许可证的情况下擅自进行矿产资源开采的行为，通常缺乏一定的技术设备和科学管理，因而，在非法采矿过程时常伴有重大责任事故和重大劳动安全事故的发生。非法采矿罪与二罪的不同之处在于：

（1）客体不同。非法采矿罪所侵犯的客体是国家保护矿产资源的管理制度；而重大责任事故罪所侵犯的客体则是社会的公共安全，主要是指企业、事业单位中不特定人员的人身安全和公私财产的安全；重大劳动安全事故罪侵害的客体是劳动者的生命健康以及公私财产安全，也即公共安全。

（2）客观方面不同。非法采矿罪在客观上表现为未取得采矿许可证擅自采矿，擅自进入国家规划矿区、对国民经济具有重要价值的矿区和他人矿区范围采矿，擅自开采国家规定实行保护性开采的特定矿种，或者虽有采矿许可证，但不按采矿许可证上采矿范围等要求开采，情节严重的行为；而重大责任事故罪在客观上则表现在生产、作业中违反有关安全管理的规定，发生重大伤亡事故或者造成其他严重后果的。重大劳动安全事故罪则是安全生产设施或者安全生产条件不符合国家规定，因而发生重大伤亡事故或者造成其他严重后果的行为。

（3）主体要件不同。非法采矿罪的主体是一般主体，既可以是单位，也可以是自然人；而重大责任事故罪的主体是特殊主体，既包括国营和集体的工厂、矿山、林场、建筑企业或者其他企业、事业单位的职工，还包括群众合作经营组织或者个体经营户的从业人员；重大劳动安全事故罪的主体是工厂、矿山、林场、建筑企业或者其他企业、事业单位主管或负责劳动安全的人员。

（4）主观要件不同。非法采矿罪主观上表现为故意，过失不能构成本罪；而重大责任事故罪和重大劳动安全事故罪的罪过形式是过失，个别情况下重大劳动安全事故罪在主观上不排除放任的、间接故意的罪过形式存在。

第三百四十四条　危害国家重点保护植物罪

【法律规定】

• 法律条文 •

《中华人民共和国刑法》

第三百四十四条　违反国家规定，非法采伐、毁坏珍贵树木或者国家重点保护的其他植物的，或者非法收购、运输、加工、出售珍贵树木或者国家重点保护的其他植物及其制品的，处三年以下有期徒刑、拘役或者管制，并处罚金；情节严重的，处三年以上七年以下有期徒刑，并处罚金。

• 相关规定 •

《最高人民法院关于审理破坏森林资源刑事案件具体应用法律若干问题的解释》（法释〔2000〕36号）

第一条　刑法第三百四十四条规定的“珍贵树木”，包括由省级以上林业主管部门或者其他部门确定的具有重大历史纪念意义、科学研究价值或者年代久远的古树名木，国家禁止、限制出口的珍贵树木以及列入国家重点保护野生植物名录的树木。

第二条　具有下列情形之一的，属于非法采伐、毁坏珍贵树木行为“情节严重”：

（一）非法采伐珍贵树木二株以上或者毁坏珍贵树木致使珍贵树木死亡三株以上的；

（二）非法采伐珍贵树木二立方米以上的；

（三）为首组织、策划、指挥非法采伐或者毁坏珍贵树木的；

（四）其他情节严重的情形。

第八条　盗伐、滥伐珍贵树木，同时触犯刑法第三百四十四条、第三百四十五条规定的，依照处罚较重的规定定罪处罚。

第十六条　单位犯刑法第三百四十四条、第三百四十五条规定之罪，定罪量刑标准按照本解释的规定执行。

《野生植物保护条例》（国务院令第204号）

第十条　野生植物分为国家重点保护野生植物和地方重点保护野生植物。

国家重点保护野生植物分为国家一级保护野生植物和国家二级保护野生植物。国家重点保护野生植物名录，由国务院林业行政主管部门、农业行政主管部门（以下简称国务院野生植物行政主管部门）商国务院环境保护、建设等有关部门制定，报国务院批准公布。

地方重点保护野生植物，是指国家重点保护野生植物以外，由省、自治区、直辖市保护的野生植物。地方重点保护野生植物名录，由省、自治区、直辖市人民政府制定并公布，报国务院备案。

《国家林业局、公安部关于森林和陆生野生动物刑事案件管辖及立案标准》（林安字〔2001〕687 号）

二、森林和陆生野生动物刑事案件的立案标准

（四）非法采伐、毁坏珍贵树木案

非法采伐、毁坏珍贵树木的应当立案；采伐珍贵树木 2 株、2 立方米以上或者毁坏珍贵树木致死 3 株以上的，为重大案件；采伐珍贵树木 10 株、10 立方米以上或者毁坏珍贵树木致死 15 株以上的，为特别重大案件。

《最高人民检察院、公安部关于公安机关管辖的刑事案件立案追诉标准的规定（一）》（公通字〔2008〕36 号）

第七十条 ［非法采伐、毁坏国家重点保护植物案（刑法第三百四十四条）］违反国家规定，非法采伐、毁坏珍贵树木或者国家重点保护的其他植物的，应予立案追诉。

本条和本规定第七十一条规定的“珍贵树木或者国家重点保护的其他植物”，包括由省级以上林业主管部门或者其他部门确定的具有重大历史纪念意义、科学研究价值或者年代久远的古树名木，国家禁止、限制出口的珍贵树木以及列入《国家重点保护野生植物名录》的树木或者其他植物。

第七十一条 ［非法收购、运输、加工、出售国家重点保护植物、国家重点保护植物制品案（刑法第三百四十四条）］违反国家规定，非法收购、运输、加工、出售珍贵树木或者国家重点保护的其他植物及其制品的，应予立案追诉。

《最高人民法院、最高人民检察院关于适用〈中华人民共和国刑法〉第三百四十四条有关问题的批复》（法释〔2020〕2 号）

一、古树名木以及列入《国家重点保护野生植物名录》的野生植物，属于刑法第三百四十四条规定的“珍贵树木或者国家重点保护的其他植物”。

二、根据《中华人民共和国野生植物保护条例》的规定，野生植物限于原生地天然生长的植物。人工培育的植物，除古树名木外，不属于刑法第三百四十四条规定的“珍贵树木或者国家重点保护的其他植物”。非法采伐、毁坏或者非法收购、运输人工培育的植物（古树名木除外），构成盗伐林木罪、滥伐林木罪、非法收购、运输盗伐、滥伐的林木罪等犯罪的，依照相关规定追究刑事责任。

三、对于非法移栽珍贵树木或者国家重点保护的其他植物，依法应当追究

刑事责任的，依照刑法第三百四十四条的规定，以非法采伐国家重点保护植物罪①定罪处罚。

鉴于移栽在社会危害程度上与砍伐存在一定差异，对非法移栽珍贵树木或者国家重点保护的其他植物的行为，在认定是否构成犯罪以及裁量刑罚时，应当考虑植物的珍贵程度、移栽目的、移栽手段、移栽数量、对生态环境的损害程度等情节，综合评估社会危害性，确保罪责刑相适应。

【案例】

蒋某某非法采伐珍贵树木案②

• 案件事实 •

2001 年 2 月 4 日，蒋某某为解决本社修公路和准备低压线改造的资金问题，决定出售本社集体所有的树龄均在 100 年以上的大柏树 6 株，并与买主赵某某商定以每株 400 元的价格出售。后蒋某某在经本社大部分户主签字同意后，于2001 年 2 月 11 日，在未取得采伐许可证的情况下，组织本社村民 10 余人上山砍树，共砍倒柏树 4 株，树龄均在 100 年以上，计活立木蓄积 5. 347 立方米，另两株柏树因森林公安科干警接报后赶赴现场制止而未被砍伐。

• 裁判要旨 •

行为人明知是年代久远的古树，即使不知是国家珍贵树木（国家重点保护植物）而砍伐的，也构成非法采伐国家重点保护植物罪。

• 裁判理由 •

四川省盐亭县人民法院经审理认为：被告人蒋某某明知被采伐的柏树树龄均在 100 年以上，在未取得任何有效证件的情况下，擅自组织村民采伐古柏 4 株，根据《四川省绿化条例》第 29 条，古树是指树龄在一百年以上的树木的规定和《最高人民法院关于审理破坏森林资源刑事案件具体应用法律若干问题的解释》第 1 条规定的珍贵树木包括年代久远的古树名树，第 2 条规定的非法采伐珍贵树木 2 株以上，或 2 立方米以上的等属于情节严重等规定，被告人蒋某某的行为构成非法采伐珍贵树木罪，且情节严重；公诉机关指控成立；辩护人提出被告人蒋某某砍树是为集体利益、认罪态度好是事实，但不属法定从轻、减轻处罚的情节，属酌定情节，本院在量刑时予以考虑；辩护人提出的蒋

① 现为“危害国家重点保护职植物罪”。——编者注

② 参见四川省盐亭县人民法院（2001）盐刑初字第 33 号。

某某不知道砍古树的行为是犯法的，林业部门未起到监护作用的意见既不是法定情节，又不是酌定情节，且与事实不符，本院不予采信。结合本案实际，为维护农村稳定，对被告人蒋某某适用缓刑不致再危害社会。为此，依照《刑法》第 344 条、第 72 条第 1 款、第 53 条之规定，判决如下：被告人蒋某某犯非法采伐珍贵树木罪,① 判处有期徒刑三年，缓刑四年，并处罚金 2000 元，罚金在判决生效后 10 日内缴纳。

【学理分析及适用指引】

• 学理分析 •

危害国家重点保护植物罪，是指违反国家规定，非法采伐、毁坏珍贵树木或者国家重点保护的其他植物的，或者非法收购、运输、加工、出售珍贵树木或者国家重点保护的其他植物及其制品的行为。本罪的构成要件如下：

1. 本罪的客体。本罪侵犯的客体是国家林业保护制度。包括林木区域、分布、林木种植、林木树种规划、林木采伐等各项林业管理制度。这些制度以《森林法》为代表，包括其他国家森林保护法规以及地方森林保护法规。

犯罪对象必须是珍贵树木或者国家重点保护的其他植物及其制品，而不是指所有的珍贵野生植物及制品。根据《野生植物保护条例》第 2 条的规定，该条例所保护的野生植物，是指原生地天然生长的珍贵植物和原生地天然生长并具有重要经济、科学研究、文化价值的濒危、稀有植物。药用野生植物和城市园林、自然保护区、风景名胜区内的野生植物的保护，同时适用有关法律、行政法规。该条例第 10 条规定：野生植物分为国家重点保护野生植物和地方重点保护野生植物。国家重点保护野生植物分为国家一级保护野生植物和国家二级保护野生植物。

2. 本罪的客观方面。本罪的客观方面一则表现为行为人实施了违反国家规定，非法采伐、毁坏珍贵树木或者国家重点保护的其他植物的行为。二则表现为非法收购、运输、加工、出售珍贵树木或者国家重点保护的其他植物及其制品的行为。收购是指以营利为目的购买。如果行为人收购的是合法采伐的林木，则不构成本罪。收购行为没有地域限制。

3. 本罪的主体。本罪主体为一般主体，即凡年满 16 周岁、具备刑事责任能力的人均可成为本罪主体，根据《刑法》第 346 条之规定，单位亦可成为本

---

① 《刑法》第 344 条经 2002 年 12 月 28 日《刑法修正案（四）》修正后，该罪名被修正为“非法采伐、毁坏国家重点保护植物罪”。后又经 2021 年 2 月 26 日《最高人民法院、最高人民检察院关于执行〈中华人民共和国刑法〉确定罪名的补充规定（七）》取消“非法猎捕、杀害珍贵、濒危野生动物罪”和“非法收购、运输、出售珍贵、濒危野生动物、珍贵、濒危野生动物制品罪”罪名，修改为“危害国家重点保护植物罪”。——编者注

罪主体。

4. 本罪的主观方面。本罪的主观方面为故意，过失不构成本罪。

• 适用指引 •

司法实践中，认定本条规定的罪名时应注意：

1. 盗伐、滥伐珍贵树木行为，如果数量不大的，尚未触犯盗伐林木罪和滥伐林木罪的罪名，只符合危害国家重点保护植物罪的构成要件，应按该罪认定。盗伐、滥伐珍贵树木行为，如果数量较大或数量巨大的，既符合危害国家重点保护植物罪的构成要件，同时也符合盗伐林木罪或滥伐林木罪的构成要件。由于是法条竞合，而且前者的法定刑重于后者、前者适用刑罚的起刑点低于后者，因此，危害国家重点保护植物罪属于重罪，应按重罪认定。盗伐珍贵树木行为，如果数量特别巨大的，既符合危害国家重点保护植物罪的构成要件，同时也符合盗伐林木罪的构成要件。由于是法条竞合，而且后者的法定刑重于前者，因此，应按重罪——盗伐林木罪认定。

2. 在解决盗伐、滥伐珍贵树木犯罪所存在的法条竞合问题时，要注意杜绝两种倾向：一是不能因为危害国家重点保护植物罪的起刑点低，而认为在任何情况下都一律按该罪认定；二是不能因为盗伐林木罪的法定最高刑高于危害国家重点保护植物罪，而认为其属于处罚较重的罪名，主张对盗伐珍贵树木行为一律都按盗伐林木罪认定。上述两种倾向不仅违反有关司法解释的规定，而且也必然会违背罪刑相适应的基本原则。

第三百四十四条之一　非法引进、释放、丢弃外来入侵物种罪

【法律规定】

• 法律条文 •

《中华人民共和国刑法》

第三百四十四条之一　违反国家规定，非法引进、释放或者丢弃外来入侵物种，情节严重的，处三年以下有期徒刑或者拘役，并处或者单处罚金。

• 相关规定 •

《中华人民共和国生物安全法》

第十八条　国家建立生物安全名录和清单制度。国务院及其有关部门根据生物安全工作需要，对涉及生物安全的材料、设备、技术、活动、重要生物资

源数据、传染病、动植物疫病、外来入侵物种等制定、公布名录或者清单，并动态调整。

第六十条 国家加强对外来物种入侵的防范和应对，保护生物多样性。国务院农业农村主管部门会同国务院其他有关部门制定外来入侵物种名录和管理办法。

国务院有关部门根据职责分工，加强对外来入侵物种的调查、监测、预警、控制、评估、清除以及生态修复等工作。

任何单位和个人未经批准，不得擅自引进、释放或者丢弃外来物种。

【学理分析及适用指引】

• 学理分析 •

为切实维护生物多样性和生态环境安全，与《生物安全法》相衔接，《刑法修正案（十一)》增设了“非法引进、释放、丢弃外来入侵物种罪”。非法引进、释放、丢弃外来入侵物种罪，是指违反国家规定，非法引进、释放或者丢弃外来入侵物种，情节严重的行为。本罪的构成要件如下：

1. 本罪的客体。本罪侵犯的客体是我国生态安全和生物多样性的生态环境。本罪的对象是外来入侵物种。外来物种，是指相对本地物种而言的，出现在其自然分布范围和分布外置以外的一种物种。依照世界自然保护联盟《防止因外来入侵物种导致生物多样性丧失的指南》（2000 年）的解释，外来入侵物种是在自然、半自然生态系统或者生态环境中，建立种群并影响和威胁到本地生物多样性的外来物种。而生物多样性是人类社会赖以生存和发展的基础，保护生物多样性才能保证生物资源永续利用。[①] 根据《生物安全法》第 60 条的规定，我国对外来入侵物种实行名录管理制度，国务院农业农村主管部门会同国务院其他有关部门制定外来入侵物种名录和管理办法。

2. 本罪的客观方面。本罪的客观方面表现为违反国家规定，非法引进、释放或者丢弃外来物种，情节严重的行为。违反国家规定是构成本罪的前提条件。违反我国管控外来入侵物种的法律制度主要包括《生物安全法》《进出境动植物检疫法》《种子法》《草原法》《农业法》等。本罪客观行为方式有非法引进、释放和丢弃三种。非法引进外来入侵物种是指行为人从境外进口或者通过携带、邮寄、运输等方式向境内输入该物种；释放外来入侵物种是指行为主动解除对某一外来入侵物种的控制、封闭状态，使其不受阻挡地逃逸到开放的生态环境中的行为。丢弃外来入侵物种是指行为人随意抛弃外来入侵物种，放任其进入外部环境系统的行为。

---

① 参见信春鹰主编：《中华人民共和国环境保护法释义》，法律出版社 2014 年版，第 107 页。

3. 本罪的主体。本罪的主体是一般主体，既包括个人也包括单位。

4. 本罪的主观方面。本罪的主观方面是故意，不包括过失。

• 适用指引 •

司法实践中确定是否构成本罪要注意以下几个方面：一是行为人主观上知道或者应当知道引进、释放或者丢弃的是外来入侵物种。二是应当严格按照我中外来入侵物种名录来认定外来入侵物种，而不能将一切外来物种都认定为本罪的对象。三是行为需达到情节严重的程度才能入罪。情节严重与否可结合非法引进、释放、丢弃外来入侵物种的数量、类型、对生物多样性和生态安全的破坏程度、造成经济损失的数量以及引起传染病传播及其风险程度等方面综合判断和认定。

第三百四十五条 盗伐林木罪；滥伐林木罪；非法收购、运输盗伐、滥伐的林木罪

【法律规定】

• 法律条文 •

《中华人民共和国刑法》

第三百四十五条 盗伐森林或者其他林木，数量较大的，处三年以下有期徒刑、拘役或者管制，并处或者单处罚金；数量巨大的，处三年以上七年以下有期徒刑，并处罚金；数量特别巨大的，处七年以上有期徒刑，并处罚金。

违反森林法的规定，滥伐森林或者其他林木，数量较大的，处三年以下有期徒刑、拘役或者管制，并处或者单处罚金；数量巨大的，处三年以上七年以下有期徒刑，并处罚金。

非法收购、运输明知是盗伐、滥伐的林木，情节严重的，处三年以下有期徒刑、拘役或者管制，并处或者单处罚金；情节特别严重的，处三年以上七年以下有期徒刑，并处罚金。

盗伐、滥伐国家级自然保护区内的森林或者其他林木的，从重处罚。

• 相关规定 •

《中华人民共和国森林法》

第五十六条 采伐林地上的林木应当申请采伐许可证，并按照采伐许可证的规定进行采伐；采伐自然保护区以外的竹林，不需要申请采伐许可证，但应当符合林木采伐技术规程。

农村居民采伐自留地和房前屋后个人所有的零星林木，不需要申请采伐许可证。

非林地上的农田防护林、防风固沙林、护路林、护岸护堤林和城镇林木等的更新采伐，由有关主管部门按照有关规定管理。

采挖移植林木按照采伐林木管理。具体办法由国务院林业主管部门制定。

禁止伪造、变造、买卖、租借采伐许可证。

第五十七条　采伐许可证由县级以上人民政府林业主管部门核发。

县级以上人民政府林业主管部门应当采取措施，方便申请人办理采伐许可证。

农村居民采伐自留山和个人承包集体林地上的林木，由县级人民政府林业主管部门或者其委托的乡镇人民政府核发采伐许可证。

第五十八条　申请采伐许可证，应当提交有关采伐的地点、林种、树种、面积、蓄积、方式、更新措施和林木权属等内容的材料。超过省级以上人民政府林业主管部门规定面积或者蓄积量的，还应当提交伐区调查设计材料。

第五十九条　符合林木采伐技术规程的，审核发放采伐许可证的部门应当及时核发采伐许可证。但是，审核发放采伐许可证的部门不得超过年采伐限额发放采伐许可证。

《最高人民法院关于滥伐自己所有权的林木其林木应如何处理的问题的批复》（法发〔1993〕5号）

你院《关于宋允焕滥伐的林木如何处理的请示》收悉。经研究，同意你院的第二种意见，即：属于个人所有的林木，也是国家森林资源的一部分。被告人滥伐属于自己所有权的林木，构成滥伐林木罪的，其行为已违反国家保护森林法规，破坏了国家的森林资源，所滥伐的林木即不再是个人的合法财产，而应当作为犯罪分子违法所得的财物，依照刑法第六十条的规定予以追缴。

《最高人民法院关于在林木采伐许可证规定的地点以外采伐本单位或者本人所有的森林或者其他林木的行为如何适用法律问题的批复》（法释〔2004〕3号）

违反森林法的规定，在林木采伐许可证规定的地点以外，采伐本单位或者本人所有的森林或者其他林木的，除农村居民采伐自留地和房前屋后个人所有的零星林木以外，属于《最高人民法院关于审理破坏森林资源刑事案件具体应用法律若干问题的解释》第五条第一款第（一）项“未经林业行政主管部门及法律规定的其他主管部门批准并核发林木采伐许可证”规定的情形，数量较大的，应当依照刑法第三百四十五条第二款的规定，以滥伐林木罪定罪处罚。

《最高人民法院关于审理破坏森林资源刑事案件具体应用法律若干问题的解释》（法释〔2000〕36号）

第三条　以非法占有为目的，具有下列情形之一，数量较大的，依照刑法

第三百四十五条第一款的规定，以盗伐林木罪定罪处罚：

（一）擅自砍伐国家、集体、他人所有或者他人承包经营管理的森林或者其他林木的；

（二）擅自砍伐本单位或者本人承包经营管理的森林或者其他林木的；

（三）在林木采伐许可证规定的地点以外采伐国家、集体、他人所有或者他人承包经营管理的森林或者其他林木的。

第四条 盗伐林木“数量较大”，以二至五立方米或者幼树一百至二百株为起点；盗伐林木“数量巨大”，以二十至五十立方米或者幼树一千至二千株为起点；盗伐林木“数量特别巨大”，以一百至二百立方米或者幼树五千至一万株为起点。

第五条 违反森林法的规定，具有下列情形之一，数量较大的，依照刑法第三百四十五条第二款的规定，以滥伐林木罪定罪处罚：

（一）未经林业行政主管部门及法律规定的其他主管部门批准并核发林木采伐许可证，或者虽持有林木采伐许可证，但违反林木采伐许可证规定的时间、数量、树种或者方式，任意采伐本单位所有或者本人所有的森林或者其他林木的；

（二）超过林木采伐许可证规定的数量采伐他人所有的森林或者其他林木的。

林木权属争议一方在林木权属确权之前，擅自砍伐森林或者其他林木，数量较大的，以滥伐林木罪论处。

第六条 滥伐林木“数量较大”，以十至二十立方米或者幼树五百至一千株为起点；滥伐林木“数量巨大”，以五十至一百立方米或者幼树二千五百至五千株为起点。

第七条 对于一年内多次盗伐、滥伐少量林木未经处罚的，累计其盗伐、滥伐林木的数量，构成犯罪的，依法追究刑事责任。

第八条 盗伐、滥伐珍贵树木，同时触犯刑法第三百四十四条、第三百四十五条规定的，依照处罚较重的规定定罪处罚。

第十条 刑法第三百四十五条规定的“非法收购明知是盗伐、滥伐的林木”中的“明知”，是指知道或者应当知道。具有下列情形之一的，可以视为应当知道，但是有证据证明确属被蒙骗的除外：

（一）在非法的木材交易场所或者销售单位收购木材的；

（二）收购以明显低于市场价格出售的木材的；

（三）收购违反规定出售的木材的。

第十一条 具有下列情形之一的，属于在林区非法收购盗伐、滥伐的林木“情节严重”：

（一）非法收购盗伐、滥伐的林木二十立方米以上或者幼树一千株以上的；

（二）非法收购盗伐、滥伐的珍贵树木二立方米以上或者五株以上的；

（三）其他情节严重的情形。

具有下列情形之一的，属于在林区非法收购盗伐、滥伐的林木“情节特别严重”：

（一）非法收购盗伐、滥伐的林木一百立方米以上或者幼树五千株以上的；

（二）非法收购盗伐、滥伐的珍贵树木五立方米以上或者十株以上的；

（三）其他情节特别严重的情形。

第十六条 单位犯刑法第三百四十四条、第三百四十五条规定之罪，定罪量刑标准按照本解释的规定执行。

第十七条 本解释规定的林木数量以立木蓄积计算，计算方法为：原木材积除以该树种的出材率。

本解释所称“幼树”，是指胸径五厘米以下的树木。

滥伐林木的数量，应在伐区调查设计允许的误差额以上计算。

第十八条 盗伐、滥伐以生产竹材为主要目的的竹林的定罪量刑问题，有关省、自治区、直辖市高级人民法院可以参照上述规定的精神，规定本地区的具体标准，并报最高人民法院备案。

第十九条 各省、自治区、直辖市高级人民法院可以根据本地区的实际情况，在本解释第四条、第六条规定的数量幅度内，确定本地区执行的具体数量标准，并报最高人民法院备案。

《国家林业局、公安部关于森林和陆生野生动物刑事案件管辖及立案标准》（林安字〔2001〕156号）

二、森林和陆生野生动物刑事案件的立案标准

（一）盗伐林木案

盗伐森林或者其他林木，立案起点为2立方米至5立方米或者幼树100至200株；盗伐林木20立方米至50立方米或者幼树1000株至2000株，为重大案件立案起点；盗伐林木100立方米至200立方米或者幼树5000株至10000株，为特别重大案件立案起点。

（二）滥伐林木案

滥伐森林或者其他林木，立案起点为10立方米至20立方米或者幼树500至1000株；滥伐林木50立方米以上或者幼树2500株以上，为重大案件；滥伐林木100立方米以上或者幼树5000株以上，为特别重大案件。

（三）非法收购盗伐、滥伐的林木案

以牟利为目的，在林区非法收购明知是盗伐、滥伐的林木在20立方米或者幼树1000株以上的，以及非法收购盗伐、滥伐的珍贵树木2立方米以上或者5株以上的应当立案；非法收购林木100立方米或者幼树5000株以上的，以及非法收购盗伐、滥伐的珍贵树木5立方米以上或者10株以上的为重大案件；非法收购林木200立方米或者幼树1000株以上的，以及非法收购盗伐、滥伐的珍贵树木10立方米以上或者20株以上的为特别重大案件。

三、其他规定

（一）林区与非林区的划分，执行各省、自治区、直辖市人民政府的规定。

（二）林木的数量，以立木蓄积计算。

（三）对于一年内多次盗伐、滥伐少量林木未经处罚的，累计其盗伐林木、滥伐林木的数量。

（四）被盗伐、滥伐林木的价值，有国家规定价格的，按国家规定价格计算；没有国家规定价格的，按主管部门规定的价格计算；没有国家或者主管部门规定价格的，按市场价格计算；进入流通领域的，按实际销售价格计算；实际销售价格低于国家或者主管部门规定价格的，按国家或者主管部门规定的价格计算；实际销售价格低于市场价格，又没有国家或者主管部门规定价格的，按市场价格计算，不能按低价销赃的价格计算。

（十）盗伐、滥伐竹林或者其他竹子的立案标准，由各省、自治区、直辖市公安厅、局和林业主管部门根据竹子的经济价值参照盗伐、滥伐林木案的立案标准确定。

《最高人民检察院、公安部关于公安机关管辖的刑事案件立案追诉标准的规定（一）》（公通字〔2008〕36号）

第七十二条 ［盗伐林木案（刑法第三百四十五条第一款）］盗伐森林或者其他林木，涉嫌下列情形之一的，应予立案追诉：

（一）盗伐二至五立方米以上的；

（二）盗伐幼树一百至二百株以上的。

以非法占有为目的，具有下列情形之一的，属于本条规定的“盗伐森林或者其他林木”：

（一）擅自砍伐国家、集体、他人所有或者他人承包经营管理的森林或者其他林木的；

（二）擅自砍伐本单位或者本人承包经营管理的森林或者其他林木的；

（三）在林木采伐许可证规定的地点以外采伐国家、集体、他人所有或者他人承包经营管理的森林或者其他林木的。

本条和本规定第七十三条、第七十四条规定的林木数量以立木蓄积计算，计算方法为：原木材积除以该树种的出材率；“幼树”，是指胸径五厘米以下的树木。

第七十三条 ［滥伐林木案（刑法第三百四十五条第二款）］违反森林法的规定，滥伐森林或者其他林木，涉嫌下列情形之一的，应予立案追诉：

（一）滥伐十至二十立方米以上的；

（二）滥伐幼树五百至一千株以上的。

违反森林法的规定，具有下列情形之一的，属于本条规定的“滥伐森林或者其他林木”：

（一）未经林业行政主管部门及法律规定的其他主管部门批准并核发林木采伐许可证，或者虽持有林木采伐许可证，但违反林木采伐许可证规定的时间、数量、树种或者方式，任意采伐本单位所有或者本人所有的森林或者其他林木的；

（二）超过林木采伐许可证规定的数量采伐他人所有的森林或者其他林木的。

违反森林法的规定，在林木采伐许可证规定的地点以外，采伐本单位或者本人所有的森林或者其他林木的，除农村居民采伐自留地和房前屋后个人所有的零星林木以外，属于本条第二款第（一）项“未经林业行政主管部门及法律规定的其他主管部门批准并核发林木采伐许可证”规定的情形。

林木权属争议一方在林木权属确权之前，擅自砍伐森林或者其他林木的，属于本条规定的“滥伐森林或者其他林木”。

滥伐林木的数量，应在伐区调查设计允许的误差额以上计算。

第七十四条 ［非法收购、运输盗伐、滥伐的林木案（刑法第三百四十五条第三款）］非法收购、运输明知是盗伐、滥伐的林木，涉嫌下列情形之一的，应予立案追诉：

（一）非法收购、运输盗伐、滥伐的林木二十立方米以上或者幼树一千株以上的；

（二）其他情节严重的情形。

本条规定的“非法收购”的“明知”，是指知道或者应当知道。具有下列情形之一的，可以视为应当知道，但是有证据证明确属被蒙骗的除外：

（一）在非法的木材交易场所或者销售单位收购木材的；

（二）收购以明显低于市场价格出售的木材的；

（三）收购违反规定出售的木材的。

【案例一】

骆某国、骆某才、邹某某盗伐林木、非法收购滥伐的林木案①

• 案件事实 •

2000年11月28日，骆某国与邹某某协商，从农户家中收购木材运往煤厂

---

① 参见贵州省道真仡佬族苗族自治县人民法院（2001）道刑初字第32号。

销售，从中获利。后骆某国到被告人骆某才家联系，商定每节售价6元。因骆某才患病不能劳动，将林木以4元一节的工价承包给骆某国砍伐；同年12月1日，在未取得林木采伐许可证的情况下，骆某才将自家承包的责任山指认给骆某国砍伐，共砍伐林木179根，计立木材积11.361立方米，被告人邹某某明知该批林木并无采伐许可证的情况下，而予以全部收购并出售，在销售过程中被查获。

• 裁判要旨 •

盗伐林木罪和滥伐林木罪的关键区别在于行为人对所伐林木有无所有权。以非法占有为目的，擅自砍伐本人承包经营管理的森林或者其他林木，数量较大的，成立盗伐林木罪；虽然不明知是他人盗伐的林木，但在明知该批林木并无采伐许可证的情况下，为销售而予以收购的，成立非法收购滥伐的林木罪。

• 裁判理由 •

贵州省道真仡佬族苗族自治县人民检察院指控被告人骆某国、骆某才犯盗伐林木罪，被告人邹某某犯非法收购滥伐的林木罪，于2001年5月8日提起公诉。被告人骆某国、骆某才辩称：公诉机关的指控事实成立，主要是不懂法而实施的行为，希望组织从宽处理。被告人邹某某辩称：公诉机关指控我收购滥伐的林木罪事实成立，但当时是经庄联村委同意，并交管理费给村委，大家当时都是拉煤去换木材，所以希望从宽处理。

贵州省道真仡佬族苗族自治县人民法院经审理认为：被告人骆某国、骆某才目无国法，在未取得采伐许可证的情况下，共谋盗伐骆某才承包的责任山上的林木，共计立木材积11.361立方米，数量较大，其行为已构成盗伐林木罪，应依法处罚。被告人邹某某以牟利为目的，在林区非法收购明知是滥伐的林木，情节严重，其行为已构成非法收购滥伐的林木罪。被告人邹某某所持收购木材是经庄联村委同意，并交有管理费的辩护意见。经查，被告人邹某某未在林业行政主管部门办理任何手续，所持辩护意见不能证明其收购行为合法。为维护国家对林业资源的管理秩序，依照《刑法》第345条第1款和第3款、第64条之规定，判决如下：一、被告人骆某国犯盗伐林木罪，判处有期徒刑一年六个月，并处罚金2000元。二、被告人骆某才犯盗伐林木罪，判处有期徒刑一年，并处罚金2000元。三、被告人邹某某犯非法收购滥伐的林木罪，判处拘役六个月，并处罚金3000元，追缴非法所得600元。

【案例二】

邗江县霍桥镇陈巷村村民委员会滥伐林木案①

• 案件事实 •

陈巷村村民委员会经集体研究后，于1999年11月2日作出书面决定，砍伐、清除本村徐圩滩上的林木，以便在该地搞特种水产养殖。11月12日，在姚某某的主持下，陈巷村村民委员会与邗江县新坝镇村民陈某某、徐某某签订协议。双方约定：陈巷村村民委员会以16000元的价格出售徐圩滩上的林木，负责办理采伐许可证；陈某某、徐某某买受该林木，负责砍伐、清运。11月18日，陈巷村村民委员会在未经林业主管部门批准并核发林木采伐许可证的情况下，即允许陈某某、徐某某等人砍伐，直至2000年2月29日才被邗江县多种经营管理局制止。经测定，被砍伐成片意杨林面积为119.7亩，株数为3650余株，总蓄积量为393.47立方米。

• 裁判要旨 •

村民委员会也可以成为单位犯罪的主体。

• 裁判理由 •

2000年6月15日，江苏省邗江县人民检察院以被告单位陈巷村委会和被告人姚某某犯滥伐林木罪，向江苏省邗江县人民法院提起公诉。被告单位陈巷村委会及被告人姚某某对公诉机关指控的事实和罪名均未提出异议。

江苏省邗江县人民法院经公开审理后认为：被告单位陈巷村委会未经林业主管部门批准并核发采伐许可证，任意采伐本单位所有的林木，数量巨大，其行为已构成滥伐林木罪，依法应判处罚金。被告人姚某某身为陈巷村委会主任，主持被告单位的全面工作，系直接负责被告单位滥伐林木的主管人员，其行为亦构成滥伐林木罪。鉴于被告人姚某某主观上是为了发展集体公益事业，案发后坦白认罪态度较好，有悔罪表现，可酌情从轻处罚，并可适用缓刑。据此，法院依照《刑法》第345条第2款、第346条、第72条、第73条第2款和第3款的规定，于2000年7月27日作出刑事判决如下：一、被告单位邗江县霍桥镇陈巷村村民委员会犯滥伐林木罪，判处罚金人民币5万元。二、被告人姚某某犯滥伐林木罪，判处有期徒刑三年，缓刑三年，并处罚金人民币1

---

① 参见最高人民法院中国应用法学研究所编：《人民法院案例选》（2001年第3辑），人民法院出版社2002年版，第51页。

万元。

【案例三】

章某某非法收购盗伐的林木案①

• 案件事实 •

2001年12月间，章某某以个人名义承包德化县雷峰中心小学教学楼基建的模板搭钉工程，为了营利，明知是属林区的德化县雷峰镇雷峰村及坂仔村村民方某枝、方某山（均已逮捕）、方某泉、方某狮、方某燕、方某仲、方某福、郭某辉、郭某忠（均已受到林业行政处罚）出卖的林木是盗伐的，而予以购买。向方某枝等人购买盗伐的林木阔叶树原木计863根，杉原木10根，原木材积11.5254立方米，折活立木材积25.5267立方米，用于教学楼基建工地搭钉模板。同月16日夜间，章某某在该建筑工地内，再次欲向雷峰镇坂仔村村民方某仁、罗某（均已判刑）购买盗伐的林木阔叶树原木时，被德化县林业检查站工作人员当场查获。所查获的阔叶树原木165根（已判追缴），折活立木材积5.0186立方米。案发后，章某某积极退出所收购的林木。

• 裁判要旨 •

行为人即便是为承建小学教学楼之目的，但在林区非法收购明知是盗伐的林木，情节严重的，应当以非法收购盗伐的林木罪追究刑事责任，部分非法收购盗伐的林木被当场查获而未能得逞的，可作为未遂从轻处罚。

• 裁判理由 •

福建省德化县人民检察院认为：被告人在林区内非法收购明知是他人盗伐的林木，情节严重，其行为已触犯《刑法》第345条第3款的规定，应以非法收购盗伐的林木罪追究其刑事责任。被告人章某某非法收购他人盗伐的部分林木（立木材积5.0186立方米）被当场查获而未能得逞，是犯罪未遂，可以比照既遂犯从轻处罚。

被告人章某某承认起诉书指控其非法收购盗伐的林木的犯罪事实，但辩称作出该行为的原因是为了建筑学校，且案发后积极退出赃物，要求从轻处罚。其辩护人认为：收购林木中有5.0186立方米是未遂，收购数量刚达到追究刑事责任的标准。收购的林木是用于承建雷峰中心小学教学楼，是初犯，认罪态

① 参见福建省德化县人民法院（2002）德林刑初字第59号。

度好，有悔罪的表现，建议从轻处罚，适用缓刑。

福建省德化县人民法院经审理认为：被告人章某某以营利为目的，在林区非法收购明知是盗伐的林木，情节严重，其行为已构成非法收购盗伐的林木罪。公诉机关对被告人章某某的指控成立。在非法收购盗伐的林木中，部分非法收购盗伐的林木被当场查获而未能得逞，是犯罪未遂。公诉机关认为被告人章某某犯罪未遂部分，可以比照既遂从轻处罚的意见；被告人及其辩护人提出收购林木是用于承建小学教学楼，是初犯，认罪态度好，积极退出收购的林木，有悔罪表现，要求缓刑的意见予以采纳。

福建省德化县人民法院依照《刑法》第 345 条第 3 款、第 23 条、第 64 条、第 72 条的规定，作出如下判决：一、被告人章某某犯非法收购盗伐的林木罪，判处有期徒刑一年，缓刑一年，并处罚金人民币 1500 元。二、追缴被告人章某某非法收购盗伐的林木阔叶树原木材积 11.4014 立方米、杉原木材积 0.124 立方米，予以没收归国库。

【学理分析及适用指引】

• 学理分析 •

1. 盗伐林木罪的构成。盗伐林木罪，是指违反国家保护森林法规，以非法占有为目的，擅自砍伐国家、集体所有或者个人所有的森林或者其他林木，数量较大的行为。本罪的构成要件如下：

（1）本罪的客体。本罪侵犯的客体是国家对森林资源的管理活动和林木的所有权。犯罪对象是《森林法》规定的森林及其他林木，包括防护林、用材林、经济林、薪炭林、特种用途林等。不属于《森林法》调整范围的个人房前屋后种植的零星树木，不属于本罪的犯罪对象。个人承包全民所有和集体所有的宜林荒山荒地造林，承包后种植的树木归承包个人所有，但这些林木已构成国家林业资源的组成部分，这些林木同样可作为盗伐林木罪的犯罪对象。此外，被盗伐的林木，必须是正在生长着的，如果将他人已经砍伐下来的树木偷走，应以盗窃罪定罪处罚。

（2）本罪的客观方面。本罪的客观方面为违反保护森林法规，盗伐国家、集体和个人所有的森林及其他林木，数量较大的行为。具体表现为：以非法占有为目的，擅自砍伐国家、集体所有的林木的；擅自砍伐他人依法承包经营管理的国家、集体所有的林木的；擅自砍伐本人承包经营管理的国家或集体所有的林木的；违反林业行政主管部门及法律规定的其他主管部门核发的采伐许可证的规定，采伐国家、集体及他人自留山上的或他人经营管理的森林或其他林木的；国有企事业单位擅自采伐其他单位管理或所有的林木的；集体组织擅自采伐国家或其他集体组织所有的林木，数额巨大的。决定盗伐的性质，不仅在于非经合法批准而秘密砍伐，而且还在于，行为人以非法占有为目的，侵犯了国家、集体或个人对林木的所有权。明知林木权属不清，在争议未解决前擅自砍伐林木，情节严重的，应确定林木权属，分别根据具体情况，按盗伐林木罪或滥伐林木罪追究刑事责任，林木权属难以确定的，按滥伐林木罪惩处。

（3）本罪的主体。本罪主体是一般主体，既可以是普通公民，也可以是国家工作人员。凡年满16周岁、具备刑事责任能力的人均可成为本罪的主体。根据《刑法》第346条之规定，单位可成为本罪主体。

（4）本罪的主观方面。本罪的主观方面为故意。即明知林木不归本人或者本单位所有，而以非法占有为目的，故意盗伐。

2. 滥伐林木罪的构成。滥伐林木罪，是指违反森林法的规定，未经有关部门批准并核发采伐许可证，或者虽持有采伐许可证，但违背采伐证所规定的地点、数量、树种、方式而任意采伐本单位所有或管理的，以及本人自留山上的森林或者其他林木，数量较大的行为。本罪的构成要件如下：

（1）本罪的客体。本罪侵犯的客体是国家保护林业资源的管理制度。林业资源是一项极其宝贵的资源，对改善人类生存环境具有十分重要的意义。因此，国家制定了成套的法规，对林业资源予以保护。任何单位与个人不得非法采伐林木。本罪的犯罪对象与盗伐林木罪的犯罪对象相同，包括防护林、用材林、经济林、薪炭林、特种用途林等。《森林法》调整范围之外的个人房前屋后种植的零星树木不属于本罪的犯罪对象。

（2）本罪的客观方面。本罪的客观方面为违反国家保护森林法规，未经林业行政主管部门及法律规定的其他主管部门批准并核发采伐许可证，或者虽持有采伐许可证，但违背采伐证所规定的地点、数量、树种、方式而任意采伐本单位所有或管理的，以及本人自留山上的森林或者其他林木，数量较大的行为。

《森林法》和《森林法实施条例》等法规，对森林经营管理、森林保护、森林采伐以及法律责任等作了明确规定。采伐林木必须申请采伐许可证，按许可证的规定进行采伐。国家根据用材林的消耗量低于生长量的原则，严格控制森林年采伐量。林木的所有权、使用权和采伐权相分离。不能因对林木拥有所有权、使用权而不经有关部门批准并领取采伐许可证进行采伐，或者虽领取采伐许可证，但违背采伐证所规定的地点、数量、树种、方式而任意采伐，否则，可能构成滥伐林木罪。

滥伐林木数量较大是构成该罪的要件，具体标准可依据国家林业局、公安部2001年制定的《关于森林和陆生野生动物刑事案件管辖及立案标准》和最高人民法院2000年发布的《关于审理破坏森林资源刑事案件具体应用法律若干问题的解释》。

（3）本罪的主体。本罪的主体是一般主体。无论国家工作人员，还是普通公民，只要是达到刑事责任年龄、具备刑事责任能力的，都可以构成本罪。单位也可构成本罪。

（4）本罪的主观方面。本罪的主观方面为故意，即明知不该滥伐而滥伐林木的行为会产生危害结果而有意实施滥伐的行为。

3. 非法收购、运输盗伐、滥伐的林木罪的构成。非法收购、运输盗伐、滥伐的林木罪，是指非法收购、运输明知是盗伐、滥伐的林木，情节严重的行为。本罪的构成要件如下：

（1）本罪的客体。本罪所侵害的客体是国家对林业的管理活动，对森林资源的保护制度。本罪的对象是被盗伐、滥伐后的林木，非盗伐、滥伐的林木不能成为本罪对象。非法收购珍贵树木的行为不应按本罪论处，而应按《刑法》第344条规定的危害国家重点保护植物罪论处。

（2）本罪的客观方面。本罪在客观方面表现为非法收购、运输明知是盗伐、滥伐的林木，情节严重的行为。具体说来：首先，必须有非法收购、运输的行为。这种非法收购、运输的行为主要表现为违反法律规定，未经批准，在非法的木材市场、交易场所或者销售单位收购木材，且价格明显低于正常的市场价格。其次，所收购的木材必须是盗伐、滥伐的林木。此处所指的林木，是指不包括珍贵树木或者国家重点保护的其他植物的一般林木。最后，行为必须达到情节严重。根据《最高人民法院关于审理破坏森林资源刑事案件具体应用法律若干问题的解释》第11条第1款的规定，具有下列情形之一的，属于在林区非法收购盗伐、滥伐的林木“情节严重”：第一，非法收购盗伐、滥伐的林木20立方米以上或者幼树1000株以上的；第二，非法收购盗伐、滥伐的珍贵树木2立方米以上或者5株以上的；第三，其他情节严重的情形。

（3）本罪的主体。本罪主体为一般主体，包括自然人和单位。

（4）本罪的主观方面。本罪在主观方面表现为直接故意，并且要求行为人在主观上明知其收购的对象是盗伐、滥伐的林木。上述解释第10条规定：《刑法》第345条规定的“非法收购明知是盗伐、滥伐的林木”中的“明知”，是指知道或者应当知道。具有下列情形之一的，可以视为应当知道，但是有证据证明确属被蒙骗的除外：第一，在非法的木材交易场所或者销售单位收购木材的；第二，收购以明显低于市场价格出售的木材的；第三，收购违反规定出售的木材的。

• 适用指引 •

司法实践中，认定本条规定的罪名应注意以下两个方面：

1. 盗伐林木罪和滥伐林木罪的界限。

（1）犯罪客体不同。盗伐林木罪不仅侵犯国家对林业资源的保护制度，还侵犯了财产所有权，而滥伐林木罪则只侵犯国家对林业资源的保护制度。

（2）犯罪对象不同。盗伐林木罪砍伐的树木不包括自己所有的林木，而滥伐林木罪则可能包括自己所有的林木。

（3）行为方式不同。盗伐林木罪往往表现为违反规定秘密采伐，而滥伐林木罪是不按照采伐许可证的要求任意砍伐。滥伐林木罪的犯罪人往往本身就是林木所有者或管理者，可以公然地非法采伐林木，具有公开性。

（4）构成犯罪的数量要求不同。盗伐林木罪中所称的“数量较大”的起点是指2~5立方米或幼树100~200株；而滥伐林木罪中所称的“数量较大”的起点是指10~20立方米或幼树500~1000株。

（5）主观方面不同。盗伐林木罪以非法占有为目的，而滥伐林木罪不以非法占有目的为构成该罪的必备要件。

2. 审理盗伐林木罪、滥伐林木罪案件时，应注意的两个问题。

（1）在审理盗伐、滥伐林木案件中，对被告人不经林业行政主管部门批准取得林木采伐许可证，砍伐自己承包的责任山上的林木的行为定性时，有人主张定盗伐林木罪，也有人主张定滥伐林木罪，这样的案件究竟应如何定性？我们倾向于定盗伐林木罪。在审判实践中，一般滥伐林木的行为，往往是为了超量多采伐或采伐好的木材。实行联产承包的农村承包经营户承包的森林或者其他林木，都是国家或者集体所有的林木，并非私人所有。处理盗伐林木与滥伐林木案件，一时难以辨别清楚，应当与林业主管部门取得联系，核实被告人是否办理了有关采伐手续为宜。

（2）盗伐林木罪和滥伐林木罪都侵犯了国家保护林业资源的管理制度，但是二者属于性质不同的两种犯罪。过去在理论上一般认为，应该以是否经过主管部门的批准并取得采伐许可证为标准来区分滥伐林木的行为和盗伐林木的行为。滥伐林木，是指经主管部门同意，但未按采伐证规定任意采伐的行为；盗伐林木，是未经主管部门同意，秘密采伐的行为。但是，《森林法》第27条规定，农村居民在房前屋后、自留地、自留山种植的林木，归个人所有；城镇居民和职工在自有房屋的庭院内种植的林木，归个人所有；集体或者个人承包国家所有和集体所有的宜林荒山荒地造林的，承包后种植的林木归承包的集体或者个人所有；承包合同另有规定的，按照承包合同的规定执行。这样一来，不经主管部门批准而采伐本单位或者本人所有的林木的，显然不宜再以盗伐林木罪论处。所以，我们认为区分盗伐林木罪与滥伐林木罪的标准要以林木所有权因素为主、以林木采伐许可证因素为辅。滥伐林木罪采伐的是归本单位所有或管理的以及本人所有的林木；盗伐林木罪采伐的是归国家、集体或他人所有的林木。这样理解也完全符合《最高人民法院关于审理破坏森林资源刑事案件具体应用法律若干问题的解释》的精神。① 所以，个人或者单位擅自砍伐本人自留山或承包山上的林木的，看个人或者单位对自留山或承包山上的林木是否有所有权（主要指林权证），林权属于本人或本单位的，无证砍伐应当定为滥伐林木；林权属于国家、集体或者他人的，无证砍伐应当定为盗伐林木；所有权归属尚未确定的，根据上述解释第 5 条第 2 款“林木权属争议一方在林木权属确权之前，擅自砍伐森林或者其他林木，数量较大的，以滥伐林木罪论处”的规定，无证砍伐应当定为滥伐林木。

第三百四十六条　单位犯破坏环境资源保护罪的处罚

【法律规定】

• 法律条文 •

《中华人民共和国刑法》

第三百四十六条　单位犯本节第三百三十八条至第三百四十五条规定之罪的，对单位判处罚金，并对其直接负责的主管人员和其他直接责任人员，依照本节各该条的规定处罚。

• 相关规定 •

《中华人民共和国刑法》

第三十条　公司、企业、事业单位、机关、团体实施的危害社会的行为，

---

① 根据《最高人民法院关于审理破坏森林资源刑事案件具体应用法律若干问题的解释》第 3 条关于盗伐林木罪的规定，盗伐，是指无证采伐国家、集体、他人所有或者他人承包经营管理的森林或者其他林木，或者是本单位或者本人承包经营管理的森林或者其他林木，或者更改地点采伐国家、集体、他人所有或者他人承包经营管理的森林或者其他林木。盗伐的对象不可能是本单位或者本人所有的森林或者其他林木。根据上述解释第 5 条关于滥伐林木罪的规定，滥伐，是指无证采伐或者有证任意采伐本单位所有或者本人所有的森林或者其他林木，或者超量采伐他人所有的森林或者其他林木的。滥伐的对象则可以是本单位或者本人所有的森林或者其他林木。总之，盗伐的特征是“无证采伐他人所有的森林或其他林木”，滥伐的特征是“无证采伐本人或本单位所有的森林或其他林木”“有证但不按规定的时间、数量、树种或者方式采伐本单位所有或者本人所有的森林或者其他林木”和“超量采伐他人所有的森林或者其他林木。”所以，无林木采伐许可证采伐或者不依林木许可证采伐是盗伐林木罪和滥伐林木罪的共同特征，仅根据林木采伐许可证的有无不能区分二者，区分二者的关键是考察采伐林木的所有权的归属，无林木采伐许可证采伐或者不依林木许可证采伐他人所有的林木属于盗伐林木，无林木采伐许可证采伐或者不依林木许可证采伐本人或者本单位所有的林木属于滥伐林木（上述解释中滥伐林木的“超过林木采伐许可证规定的数量采伐他人所有的森林或者其他林木”的情形除外），上述解释中滥伐林木的“超过林木采伐许可证规定的数量采伐他人所有的森林或者其他林木”的认定为滥伐林木，则既要考虑所有权因素，也要考虑采伐许可证因素。所以，笔者认为区分盗伐林木罪与滥伐林木罪的标准要以林木所有权因素为主、以林木采伐许可证因素为辅。

法律规定为单位犯罪的，应当负刑事责任。

第三十一条 单位犯罪的，对单位判处罚金，并对其直接负责的主管人员和其他直接责任人员判处刑罚。本法分则和其他法律另有规定的，依照规定。

《最高人民法院关于审理单位犯罪案件具体应用法律有关问题的解释》（法释〔1999〕14号）

第一条 刑法第三十条规定的“公司、企业、事业单位”，既包括国有、集体所有的公司、企业、事业单位，也包括依法设立的合资经营、合作经营企业和具有法人资格的独资、私营等公司、企业、事业单位。

第二条 个人为进行违法犯罪活动而设立的公司、企业、事业单位实施犯罪的，或者公司、企业、事业单位设立后，以实施犯罪为主要活动的，不以单位犯罪论处。

第三条 盗用单位名义实施犯罪，违法所得由实施犯罪的个人私分的，依照刑法有关自然人犯罪的规定定罪处罚。

《最高人民检察院关于涉嫌犯罪单位被撤销、注销、吊销营业执照或者宣告破产的应如何进行追诉问题的批复》（高检发释字〔2002〕4号）

涉嫌犯罪的单位被撤销、注销、吊销营业执照或者宣告破产的，应当根据刑法关于单位犯罪的相关规定，对实施犯罪行为的该单位直接负责的主管人员和其他直接责任人员追究刑事责任，对该单位不再追诉。

【案例】

名山县恒达化工厂、林某某等重大环境污染事故案①

• 案件事实 •

1998年9月，林某某独资兴建的名山县恒达化工厂主体工程竣工时，违反国家法律规定，在未完成废水处理的环保设施建设和进行项目的环保验收的情况下，擅自于1998年9月25日进行试生产运行，并先后两次向厂外排放废水，造成沿途农田、河沟遭受高浓度氰化物污染。1999年2月1日，城西镇卫干村部分村民饮用了被污染的水造成人群中毒，当晚有37人送进医院救治，其中有10人住院抢救。经省级专家鉴定：36人急性氰化物轻度中毒，57人有摄入氰化物反应。由于属人群中毒，社会影响大，名山县县委、县政府组织有关部门进行救治、鉴定等工作共支付医疗费、检验检测费、水管水井改造费等费用共计344058.05元。

---

① 参见浙江省磐安县人民法院（2000）磐刑初字第28号。

• 裁判要旨 •

私营企业依法可以成为《刑法》规定的单位犯罪的主体。

• 裁判理由 •

四川省名山县人民检察院经审理认为：名山县恒达化工厂违法试生产，造成重大环境污染事故和重大经济损失，后果特别严重，其行为已触犯《刑法》第338条、第346条的规定，构成重大环境污染事故罪，应赔偿给国家、集体和个人造成的经济损失，并追究其直接负责的主管人员林某某和直接责任人员刘某某的刑事责任。

附带民事诉讼原告人城西镇卫干村二社村民李德轩等337人要求被告单位名山县恒达化工厂赔偿损失共计4371867元。

四川省名山县人民法院依照相关规定作出如下判决：一、名山县恒达化工厂犯重大环境污染事故罪，判处罚金人民币5万元。二、林某某犯重大环境污染事故罪，判处有期徒刑三年，并处罚金人民币2万元。三、刘某某犯重大环境污染事故罪，判处有期徒刑三年，缓刑三年，并处罚金人民币3000元。四、由名山县恒达化工厂赔偿城西镇卫干村二社村民医疗、误工等费人民币204990.50元，赔偿名山县医院等各项损失共计人民币134825.85元。

名山县恒达化工厂、林某某等以原判认定后果特别严重不当，名山县恒达化工厂系林某某个人投资修建的独资私营企业，不具有法人资格，不构成单位犯罪的主体资格等理由提出上诉。

四川省雅安地区中级人民法院经审理后认为：名山县恒达化工厂系法人企业名山县恒达建筑建材有限公司投资兴建的独资企业，该厂违反《环境保护法》和《水污染防治法》的有关规定，将含有有毒物质的工业废水排出厂外，使废水流经区域的农田、河沟遭受高浓度氰化物污染，导致名山县城西镇卫干村二社村民群体中毒，造成重大环境污染事故。该厂符合《刑法》第30条、《最高人民法院关于审理单位犯罪案件具体应用法律有关问题的解释》第1条所规定的单位犯罪的主体资格，其行为已构成重大环境污染事故罪，并应依法赔偿由于其犯罪行为给国家、集体和个人造成的经济损失。林某某、刘某某亦应承担相应的刑事责任。但是本案尚不属于《刑法》第338条规定的后果特别严重的情形，一审法院判决认定后果特别严重不当。另外，一审判决确定的部分赔偿费用，不属于本案附带民事诉讼的赔偿范围，二审应依法扣除。据此，依照相关规定作出如下判决：一、撤销名山县人民法院（1999）名刑初字第

16 号刑事附带民事判决。二、名山县恒达化工厂犯重大环境污染事故罪,[①] 判处罚金人民币 3 万元。三、林某某犯重大环境污染事故罪，判处有期徒刑三年，缓刑三年，并处罚金人民币 1 万元。四、刘某某犯重大环境污染事故罪，判处有期徒刑一年六个月，缓刑二年，并处罚金人民币 3000 元。五、由名山县恒达化工厂赔偿名山县城西镇卫干村二社村民李德轩、高永忠、李朝辉等 337 人医疗、尿氟检查、误工、护理、交通等费用共计人民币 204990.50 元。六、由名山县恒达化工厂赔偿名山县医院专家会诊、急救用车等费用等共计人民币 98467.05 元。

【学理分析及适用指引】

• 学理分析 •

《刑法》第 30 条规定：公司、企业、事业单位、机关、团体实施的危害社会的行为，法律规定为单位犯罪的，应当负刑事责任。可见，企业可以成为单位犯罪的主体是毫无疑问的，但是私营企业能否成为单位犯罪的主体？理论界主要有以下三种观点：

1. 否定说。该说认为，私营企业的财产所有权属于个人，一切行为均由其所有者决定和支配，即使从事犯罪，犯罪所得利益也归属企业的所有者，故应该将私营企业犯罪以个人犯罪论处。[②]

2. 肯定说。该说认为，我国《刑法》是从普遍意义上对单位犯罪进行规定，并没有从所有制性质上对其进行限制。对私营企业犯罪作为个人犯罪处理还势必导致诸如对于私营企业主以外的人员的刑事责任不易认定、对于一些法律明确规定为仅由单位构成同时又采取单罚制的犯罪不易处理等问题。所以，作为单位犯罪的主体的单位应该包括符合单位要件的所有公司、企业、事业单位、机关、团体。[③]

3. 具体分析说。该说认为，私人有限责任公司作为法人，公司以其全部资产对公司债务承担责任，应该可以成为单位犯罪的主体。个人合伙企业由于不具有法人资格，不能独立承担民事责任，更不能承担刑事责任。个人独资企业只是徒具企业形式，在本质上仍然是自然人，所以更不能成为单位犯罪的主体。

---

① 2011 年 4 月 27 日《最高人民法院、最高人民检察院关于执行〈中华人民共和国刑法〉确定罪名的补充规定（五）》取消“重大环境污染事故罪”罪名，修改为“污染环境罪”。——编者注

② 参见宋茂荣、蒋林：《单位犯罪论》，载丁慕英等主编：《刑法实施中的重点难点问题研究》，法律出版社 1998 年版，第 312 页。

③ 参见宋茂荣、蒋林：《单位犯罪论》，载丁慕英等主编：《刑法实施中的重点难点问题研究》，法律出版社 1998 年版，第 312 页。

我们赞成具体分析说，即个人合伙制的私营企业和个人独资企业不应该成为单位犯罪的主体。这种结论也符合《最高人民法院关于审理单位犯罪案件具体应用法律有关问题的解释》的规定。该解释第1条规定：《刑法》第30条规定的公司、企业、事业单位，既包括国有、集体所有的公司、企业、事业单位，也包括依法设立的合资经营、合作经营企业和具有法人资格的独资、私营等公司、企业、事业单位。但是，依法设立并经工商行政管理局注册登记的企业，其投资主体是具有法人资格的有限责任公司而不是个人，对这类企业，不能等同于由企业主一人投资、一人经营、独享收益、由企业主承担无限责任的私营独资企业。①

• 适用指引 •

一是本节具体罪名均属于行政犯，不仅自然人可以构成本类罪主体，单位也可以成立本类犯罪的主体。在司法实践中应注意对实施破坏环境资源保护罪的单位的主体资格认定。对此应结合《最高人民法院关于审理单位犯罪案件具体应用法律有关问题的解释》等相关规定予以准确认定。

二是对于单位犯本节犯罪的，依法实行双罚制，即对单位判处罚金，并对其直接负责的主管人员和其他直接责任人员，依照本节各该条的规定处罚。

第七节　走私、贩卖、运输、制造毒品罪

第三百四十七条　走私、贩卖、运输、制造毒品罪

【法律规定】

• 法律条文 •

《中华人民共和国刑法》

第三百四十七条　走私、贩卖、运输、制造毒品，无论数量多少，都应当追究刑事责任，予以刑事处罚。

走私、贩卖、运输、制造毒品，有下列情形之一的，处十五年有期徒刑、无期徒刑或者死刑，并处没收财产：

（一）走私、贩卖、运输、制造鸦片一千克以上、海洛因或者甲基苯丙胺五十克以上或者其他毒品数量大的；

---

① 祝铭山主编：《典型案例与法律适用·破坏环境资源保护罪》，中国法制出版社2004年版，第132页。

（二）走私、贩卖、运输、制造毒品集团的首要分子；

（三）武装掩护走私、贩卖、运输、制造毒品的；

（四）以暴力抗拒检查、拘留、逮捕，情节严重的；

（五）参与有组织的国际贩毒活动的。

走私、贩卖、运输、制造鸦片二百克以上不满一千克、海洛因或者甲基苯丙胺十克以上不满五十克或者其他毒品数量较大的，处七年以上有期徒刑，并处罚金。

走私、贩卖、运输、制造鸦片不满二百克、海洛因或者甲基苯丙胺不满十克或者其他少量毒品的，处三年以下有期徒刑、拘役或者管制，并处罚金；情节严重的，处三年以上七年以下有期徒刑，并处罚金。

单位犯第二款、第三款、第四款罪的，对单位判处罚金，并对其直接负责的主管人员和其他直接责任人员，依照各该款的规定处罚。

利用、教唆未成年人走私、贩卖、运输、制造毒品，或者向未成年人出售毒品的，从重处罚。

对多次走私、贩卖、运输、制造毒品，未经处理的，毒品数量累计计算。

• 相关规定 •

《公安部关于认定海洛因有关问题的批复》（公禁毒〔2002〕236号）

一、海洛因是以“二乙酰吗啡”或“盐酸二乙酰吗啡”为主要成分的化学合成的精制鸦片类毒品，“单乙酰吗啡”和“单乙酰可待因”是只有在化学合成海洛因过程中才会衍生的化学物质，属于同一种类的精制鸦片类毒品。海洛因在运输、贮存过程中，因湿度、光照等因素的影响，会出现“二乙酰吗啡”自然降解为“单乙酰吗啡”的现象，即“二乙酰吗啡”含量呈下降趋势，“单乙酰吗啡”含量呈上升趋势，甚至出现只检出“单乙酰吗啡”成分而未检出“二乙酰吗啡”成分的检验结果。因此，不论是否检出“二乙酰吗啡”成分，只要检出“单乙酰吗啡”或“单乙酰吗啡和单乙酰可待因”的，根据化验部门出具的检验报告，均应当认定送检样品为海洛因。

二、根据海洛因的毒理作用，海洛因进入吸毒者的体内代谢后，很快由“二乙酰吗啡”转化为“单乙酰吗啡”，然后再代谢为吗啡。在海洛因滥用者或中毒者的尿液或其他检材检验中，只能检出少量“单乙酰吗啡”及吗啡成分，无法检出“二乙酰吗啡”成分。因此，在尿液及其他检材中，只要检验出“单乙酰吗啡”，即证明涉嫌人员服用了海洛因。

《全国法院毒品犯罪审判工作座谈会纪要》（即《武汉会议纪要》，法〔2015〕129号）

二、关于毒品犯罪法律适用的若干具体问题

会议认为，2008年印发的《全国部分法院审理毒品犯罪案件工作座谈会纪要》（以下简称《大连会议纪要》）较好地解决了办理毒品犯罪案件面临的一些突出法律适用问题，其中大部分规定在当前的审判实践中仍有指导意义，应当继续参照执行。同时，随着毒品犯罪形势的发展变化，近年来出现了一些新情况、新问题，需要加以研究解决。与会代表对审判实践中反映较为突出，但《大连会议纪要》没有作出规定，或者规定不尽完善的毒品犯罪法律适用问题进行了认真研究讨论，就下列问题取得了共识。

（一）罪名认定问题

贩毒人员被抓获后，对于从其住所、车辆等处查获的毒品，一般均应认定为其贩卖的毒品。确有证据证明查获的毒品并非贩毒人员用于贩卖，其行为另构成非法持有毒品罪、窝藏毒品罪等其他犯罪的，依法定罪处罚。

吸毒者在购买、存储毒品过程中被查获，没有证据证明其是为了实施贩卖毒品等其他犯罪，毒品数量达到刑法第三百四十八条规定的最低数量标准的，以非法持有毒品罪定罪处罚。吸毒者在运输毒品过程中被查获，没有证据证明其是为了实施贩卖毒品等其他犯罪，毒品数量达到较大以上的，以运输毒品罪定罪处罚。

行为人为吸毒者代购毒品，在运输过程中被查获，没有证据证明托购者、代购者是为了实施贩卖毒品等其他犯罪，毒品数量达到较大以上的，对托购者、代购者以运输毒品罪的共犯论处。行为人为他人代购仅用于吸食的毒品，在交通、食宿等必要开销之外收取“介绍费”“劳务费”，或者以贩卖为目的收取部分毒品作为酬劳的，应视为从中牟利，属于变相加价贩卖毒品，以贩卖毒品罪定罪处罚。

购毒者接收贩毒者通过物流寄递方式交付的毒品，没有证据证明其是为了实施贩卖毒品等其他犯罪，毒品数量达到刑法第三百四十八条规定的最低数量标准的，一般以非法持有毒品罪定罪处罚。代收者明知是物流寄递的毒品而代购毒者接收，没有证据证明其与购毒者有实施贩卖、运输毒品等犯罪的共同故意，毒品数量达到刑法第三百四十八条规定的最低数量标准的，对代收者以非法持有毒品罪定罪处罚。

行为人利用信息网络贩卖毒品、在境内非法买卖用于制造毒品的原料或者配剂、传授制造毒品等犯罪的方法，构成贩卖毒品罪、非法买卖制毒物品罪、传授犯罪方法罪等犯罪的，依法定罪处罚。行为人开设网站、利用网络聊天室等组织他人共同吸毒，构成引诱、教唆、欺骗他人吸毒罪等犯罪的，依法定罪处罚。

（二）共同犯罪认定问题

办理贩卖毒品案件，应当准确认定居间介绍买卖毒品行为，并与居中倒卖毒品行为相区别。居间介绍者在毒品交易中处于中间人地位，发挥介绍联络作用，通常与交易一方构成共同犯罪，但不以牟利为要件；居中倒卖者属于毒品交易主体，与前后环节的交易对象是上下家关系，直接参与毒品交易并从中获利。居间介绍者受贩毒者委托，为其介绍联络购毒者的，与贩毒者构成贩卖毒品罪的共同犯罪；明知购毒者以贩卖为目的购买毒品，受委托为其介绍联络贩毒者的，与购毒者构成贩卖毒品罪的共同犯罪；受以吸食为目的的购毒者委托，为其介绍联络贩毒者，毒品数量达到刑法第三百四十八条规定的最低数量标准的，一般与购毒者构成非法持有毒品罪的共同犯罪；同时与贩毒者、购毒者共谋，联络促成双方交易的，通常认定与贩毒者构成贩卖毒品罪的共同犯罪。居间介绍者实施为毒品交易主体提供交易信息、介绍交易对象等帮助行为，对促成交易起次要、辅助作用的，应当认定为从犯；对于以居间介绍者的身份介入毒品交易，但在交易中超出居间介绍者的地位，对交易的发起和达成起重要作用的被告人，可以认定为主犯。

两人以上同行运输毒品的，应当从是否明知他人带有毒品，有无共同运输毒品的意思联络，有无实施配合、掩护他人运输毒品的行为等方面综合审查认定是否构成共同犯罪。受雇于同一雇主同行运输毒品，但受雇者之间没有共同犯罪故意，或者虽然明知他人受雇运输毒品，但各自的运输行为相对独立，既没有实施配合、掩护他人运输毒品的行为，又分别按照各自运输的毒品数量领取报酬的，不应认定为共同犯罪。受雇于同一雇主分段运输同一宗毒品，但受雇者之间没有犯罪共谋的，也不应认定为共同犯罪。雇用他人运输毒品的雇主，及其他对受雇者起到一定组织、指挥作用的人员，与各受雇者分别构成运输毒品罪的共同犯罪，对运输的全部毒品数量承担刑事责任。

（三）毒品数量认定问题

走私、贩卖、运输、制造、非法持有两种以上毒品的，可以将不同种类的毒品分别折算为海洛因的数量，以折算后累加的毒品总量作为量刑的根据。对于刑法、司法解释或者其他规范性文件明确规定了定罪量刑数量标准的毒品，应当按照该毒品与海洛因定罪量刑数量标准的比例进行折算后累加。对于刑法、司法解释及其他规范性文件没有规定定罪量刑数量标准，但《非法药物折算表》规定了与海洛因的折算比例的毒品，可以按照《非法药物折算表》折算为海洛因后进行累加。对于既未规定定罪量刑数量标准，又不具备折算条件的毒品，综合考虑其致瘾癖性、社会危害性、数量、纯度等因素依法量刑。在裁判文书中，应当客观表述涉案毒品的种类和数量，并综合认定为数量大、数量较大或者少量毒品等，不明确表述将不同种类毒品进行折算后累加的毒品总量。

对于未查获实物的甲基苯丙胺片剂（俗称“麻古”等）、MDMA 片剂（俗称“摇头丸”）等混合型毒品，可以根据在案证据证明的毒品粒数，参考本案或者本地区查获的同类毒品的平均重量计算出毒品数量。在裁判文书中，应当客观表述根据在案证据认定的毒品粒数。

对于有吸毒情节的贩毒人员，一般应当按照其购买的毒品数量认定其贩卖毒品的数量，量刑时酌情考虑其吸食毒品的情节；购买的毒品数量无法查明的，按照能够证明的贩卖数量及查获的毒品数量认定其贩毒数量；确有证据证明其购买的部分毒品并非用于贩卖的，不应计入其贩毒数量。

办理毒品犯罪案件，无论毒品纯度高低，一般均应将查证属实的毒品数量认定为毒品犯罪的数量，并据此确定适用的法定刑幅度，但司法解释另有规定或者为了隐蔽运输而临时改变毒品常规形态的除外。涉案毒品纯度明显低于同类毒品的正常纯度的，量刑时可以酌情考虑。

制造毒品案件中，毒品成品、半成品的数量应当全部认定为制造毒品的数量，对于无法再加工出成品、半成品的废液、废料则不应计入制造毒品的数量。对于废液、废料的认定，可以根据其毒品成分的含量、外观形态，结合被告人对制毒过程的供述等证据进行分析判断，必要时可以听取鉴定机构的意见。

（四）死刑适用问题

当前，我国毒品犯罪形势严峻，审判工作中应当继续坚持依法从严惩处毒品犯罪的指导思想，充分发挥死刑对于预防和惩治毒品犯罪的重要作用。要继续按照《大连会议纪要》的要求，突出打击重点，对罪行极其严重、依法应当判处死刑的被告人，坚决依法判处。同时，应当全面、准确贯彻宽严相济刑事政策，体现区别对待，做到罚当其罪，量刑时综合考虑毒品数量、犯罪性质、情节、危害后果、被告人的主观恶性、人身危险性及当地的禁毒形势等因素，严格审慎地决定死刑适用，确保死刑只适用于极少数罪行极其严重的犯罪分子。

1. 运输毒品犯罪的死刑适用。

对于运输毒品犯罪，应当继续按照《大连会议纪要》的有关精神，重点打击运输毒品犯罪集团首要分子，组织、指使、雇用他人运输毒品的主犯或者毒枭、职业毒犯、毒品再犯，以及具有武装掩护运输毒品、以运输毒品为业、多次运输毒品等严重情节的被告人，对其中依法应当判处死刑的，坚决依法判处。

对于受人指使、雇用参与运输毒品的被告人，应当综合考虑毒品数量、犯罪次数、犯罪的主动性和独立性、在共同犯罪中的地位作用、获利程度和方式及其主观恶性、人身危险性等因素，予以区别对待，慎重适用死刑。对于有证据证明确属受人指使、雇用运输毒品，又系初犯、偶犯的被告人，即使毒品数量超过实际掌握的死刑数量标准，也可以不判处死刑；尤其对于其中被动参与犯罪，从属性、辅助性较强，获利程度较低的被告人，一般不应当判处死刑。对于不能排除受人指使、雇用初次运输毒品的被告人，毒品数量超过实际掌握的死刑数量标准，但尚不属数量巨大的，一般也可以不判处死刑。

一案中有多人受雇运输毒品的，在决定死刑适用时，除各被告人运输毒品的数量外，还应结合其具体犯罪情节、参与犯罪程度、与雇用者关系的紧密性及其主观恶性、人身危险性等因素综合考虑，同时判处二人以上死刑要特别慎重。

2. 毒品共同犯罪、上下家犯罪的死刑适用。

毒品共同犯罪案件的死刑适用应当与该案的毒品数量、社会危害及被告人的犯罪情节、主观恶性、人身危险性相适应。涉案毒品数量刚超过实际掌握的死刑数量标准，依法应当适用死刑的，要尽量区分主犯间的罪责大小，一般只对其中罪责最大的一名主犯判处死刑；各共同犯罪人地位作用相当，或者罪责大小难以区分的，可以不判处被告人死刑；二名主犯的罪责均很突出，且均具有法定从重处罚情节的，也要尽可能比较其主观恶性、人身危险性方面的差异，判处二人死刑要特别慎重。涉案毒品数量达到巨大以上，二名以上主犯的罪责均很突出，或者罪责稍次的主犯具有法定、重大酌定从重处罚情节，判处二人以上死刑符合罪刑相适应原则，并有利于全案量刑平衡的，可以依法判处。

对于部分共同犯罪人未到案的案件，在案被告人与未到案共同犯罪人均属罪行极其严重，即使共同犯罪人到案也不影响对在案被告人适用死刑的，可以依法判处在案被告人死刑；在案被告人的罪行不足以判处死刑，或者共同犯罪人归案后全案只宜判处其一人死刑的，不能因为共同犯罪人未到案而对在案被告人适用死刑；在案被告人与未到案共同犯罪人的罪责大小难以准确认定，进而影响准确适用死刑的，不应对在案被告人判处死刑。

对于贩卖毒品案件中的上下家，要结合其贩毒数量、次数及对象范围，犯罪的主动性，对促成交易所发挥的作用，犯罪行为的危害后果等因素，综合考虑其主观恶性和人身危险性，慎重、稳妥地决定死刑适用。对于买卖同宗毒品的上下家，涉案毒品数量刚超过实际掌握的死刑数量标准的，一般不能同时判处死刑；上家主动联络销售毒品，积极促成毒品交易的，通常可以判处上家死刑；下家积极筹资，主动向上家约购毒品，对促成毒品交易起更大作用的，可以考虑判处下家死刑。涉案毒品数量达到巨大以上的，也要综合上述因素决定死刑适用，同时判处上下家死刑符合罪刑相适应原则，并有利于全案量刑平衡的，可以依法判处。

一案中有多名共同犯罪人、上下家针对同宗毒品实施犯罪的，可以综合运用上述毒品共同犯罪、上下家犯罪的死刑适用原则予以处理。

办理毒品犯罪案件，应当尽量将共同犯罪案件或者密切关联的上下游案件进行并案审理；因客观原因造成分案处理的，办案时应当及时了解关联案件的审理进展和处理结果，注重量刑平衡。

3. 新类型、混合型毒品犯罪的死刑适用。

甲基苯丙胺片剂（俗称“麻古”等）是以甲基苯丙胺为主要毒品成分的混合型毒品，其甲基苯丙胺含量相对较低，危害性亦有所不同。为体现罚当其罪，甲基苯丙胺片剂的死刑数量标准一般可以按照甲基苯丙胺（冰毒）的2倍左右掌握，具体可以根据当地的毒品犯罪形势和涉案毒品含量等因素确定。

涉案毒品为氯胺酮（俗称“K粉”）的，结合毒品数量、犯罪性质、情节及危害后果等因素，对符合死刑适用条件的被告人可以依法判处死刑。综合考虑氯胺酮的致瘾癖性、滥用范围和危害性等因素，其死刑数量标准一般可以按照海洛因的10倍掌握。

涉案毒品为其他滥用范围和危害性相对较小的新类型、混合型毒品的，一般不宜判处被告人死刑。但对于司法解释、规范性文件明确规定了定罪量刑数量标准，且涉案毒品数量特别巨大，社会危害大，不判处死刑难以体现罚当其罪的，必要时可以判处被告人死刑。

（五）缓刑、财产刑适用及减刑、假释问题

对于毒品犯罪应当从严掌握缓刑适用条件。对于毒品再犯，一般不得适用缓刑。对于不能排除多次贩毒嫌疑的零包贩毒被告人，因认定构成贩卖毒品等犯罪的证据不足而认定为非法持有毒品罪的被告人，实施引诱、教唆、欺骗、强迫他人吸毒犯罪及制毒物品犯罪的被告人，应当严格限制缓刑适用。

办理毒品犯罪案件，应当依法追缴犯罪分子的违法所得，充分发挥财产刑的作用，切实加大对犯罪分子的经济制裁力度。对查封、扣押、冻结的涉案财物及其孳息，经查确属违法所得或者依法应当追缴的其他涉案财物的，如购毒款、供犯罪所用的本人财物、毒品犯罪所得的财物及其收益等，应当判决没收，但法律另有规定的除外。判处罚金刑时，应当结合毒品犯罪的性质、情节、危害后果及被告人的获利情况、经济状况等因素合理确定罚金数额。对于决定并处没收财产的毒品犯罪，判处被告人有期徒刑的，应当按照上述确定罚金数额的原则确定没收个人部分财产的数额；判处无期徒刑的，可以并处没收个人全部财产；判处死缓或者死刑的，应当并处没收个人全部财产。

对于具有毒枭、职业毒犯、累犯、毒品再犯等情节的毒品罪犯，应当从严掌握减刑条件，适当延长减刑起始时间、间隔时间，严格控制减刑幅度，延长实际执行刑期。对于刑法未禁止假释的前述毒品罪犯，应当严格掌握假释条件。

（六）累犯、毒品再犯问题

累犯、毒品再犯是法定从重处罚情节，即使本次毒品犯罪情节较轻，也要体现从严惩处的精神。尤其对于曾因实施严重暴力犯罪被判刑的累犯、刑满释放后短期内又实施毒品犯罪的再犯，以及在缓刑、假释、暂予监外执行期间又实施毒品犯罪的再犯，应当严格体现从重处罚。

对于因同一毒品犯罪前科同时构成累犯和毒品再犯的被告人，在裁判文书中应当同时引用刑法关于累犯和毒品再犯的条款，但在量刑时不得重复予以从重处罚。对于因不同犯罪前科同时构成累犯和毒品再犯的被告人，量刑时的从重处罚幅度一般应大于前述情形。

（七）非法贩卖麻醉药品、精神药品行为的定性问题

行为人向走私、贩卖毒品的犯罪分子或者吸食、注射毒品的人员贩卖国家规定管制的能够使人形成瘾癖的麻醉药品或者精神药品的，以贩卖毒品罪定罪处罚。

行为人出于医疗目的，违反有关药品管理的国家规定，非法贩卖上述麻醉药品或者精神药品，扰乱市场秩序，情节严重的，以非法经营罪定罪处罚。

《全国部分法院审理毒品犯罪案件工作座谈会纪要》（即《大连会议纪要》，法〔2008〕324号）

一、毒品案件的罪名确定和数量认定问题

刑法第三百四十七条规定的走私、贩卖、运输、制造毒品罪是选择性罪名，对同一宗毒品实施了两种以上犯罪行为并有相应确凿证据的，应当按照所实施的犯罪行为的性质并列确定罪名，毒品数量不重复计算，不实行数罪并罚。对同一宗毒品可能实施了两种以上犯罪行为，但相应证据只能认定其中一种或者几种行为，认定其他行为的证据不够确实充分的，则只按照依法能够认定的行为的性质定罪。如涉嫌为贩卖而运输毒品，认定贩卖的证据不够确实充分的，则只定运输毒品罪。对不同宗毒品分别实施了不同种犯罪行为的，应对不同行为并列确定罪名，累计毒品数量，不实行数罪并罚。对被告人一人走私、贩卖、运输、制造两种以上毒品的，不实行数罪并罚，量刑时可综合考虑毒品的种类、数量及危害，依法处理。

罪名不以行为实施的先后、毒品数量或者危害大小排列，一律以刑法条文规定的顺序表述。如对同一宗毒品制造后又走私的，以走私、制造毒品罪定罪。下级法院在判决中确定罪名不准确的，上级法院可以减少选择性罪名中的部分罪名或者改动罪名顺序，在不加重原判刑罚的情况下，也可以改变罪名，但不得增加罪名。

对于吸毒者实施的毒品犯罪，在认定犯罪事实和确定罪名时要慎重。吸毒者在购买、运输、存储毒品过程中被查获的，如没有证据证明其是为了实施贩卖等其他毒品犯罪行为，毒品数量未超过刑法第三百四十八条规定的最低数量标准的，一般不定罪处罚；查获毒品数量达到较大以上的，应以其实际实施的毒品犯罪行为定罪处罚。

对于以贩养吸的被告人，其被查获的毒品数量应认定为其犯罪的数量，但量刑时应考虑被告人吸食毒品的情节，酌情处理；被告人购买了一定数量的毒品后，部分已被其吸食的，应当按能够证明的贩卖数量及查获的毒品数量认定

其贩毒的数量，已被吸食部分不计入在内。

有证据证明行为人不以牟利为目的，为他人代购仅用于吸食的毒品，毒品数量超过刑法第三百四十八条规定的最低数量标准的，对托购者、代购者应以非法持有毒品罪定罪。代购者从中牟利，变相加价贩卖毒品的，对代购者应以贩卖毒品罪定罪。明知他人实施毒品犯罪而为其居间介绍、代购代卖的，无论是否牟利，都应以相关毒品犯罪的共犯论处。

盗窃、抢夺、抢劫毒品的，应当分别以盗窃罪、抢夺罪或者抢劫罪定罪，但不计犯罪数额，根据情节轻重予以定罪量刑。盗窃、抢夺、抢劫毒品后又实施其他毒品犯罪的，对盗窃罪、抢夺罪、抢劫罪和所犯的具体毒品犯罪分别定罪，依法数罪并罚。走私毒品，又走私其他物品构成犯罪的，以走私毒品罪和其所犯的其他走私罪分别定罪，依法数罪并罚。

二、毒品犯罪的死刑适用问题

审理毒品犯罪案件，应当切实贯彻宽严相济的刑事政策，突出毒品犯罪的打击重点。必须依法严惩毒枭、职业毒犯、再犯、累犯、惯犯、主犯等主观恶性深、人身危险性大、危害严重的毒品犯罪分子，以及具有将毒品走私入境，多次、大量或者向多人贩卖，诱使多人吸毒，武装掩护、暴力抗拒检查、拘留或者逮捕，或者参与有组织的国际贩毒活动等情节的毒品犯罪分子。对其中罪行极其严重依法应当判处死刑的，必须坚决依法判处死刑。

毒品数量是毒品犯罪案件量刑的重要情节，但不是唯一情节。对被告人量刑时，特别是在考虑是否适用死刑时，应当综合考虑毒品数量、犯罪情节、危害后果、被告人的主观恶性、人身危险性以及当地禁毒形势等各种因素，做到区别对待。近期，审理毒品犯罪案件掌握的死刑数量标准，应当结合本地毒品犯罪的实际情况和依法惩治、预防毒品犯罪的需要，并参照最高人民法院复核的毒品死刑案件的典型案例，恰当把握。量刑既不能只片面考虑毒品数量，不考虑犯罪的其他情节，也不能只片面考虑其他情节，而忽视毒品数量。

对虽然已达到实际掌握的判处死刑的毒品数量标准，但是具有法定、酌定从宽处罚情节的被告人，可以不判处死刑；反之，对毒品数量接近实际掌握的判处死刑的数量标准，但具有从重处罚情节的被告人，也可以判处死刑。毒品数量达到实际掌握的死刑数量标准，既有从重处罚情节，又有从宽处罚情节的，应当综合考虑各方面因素决定刑罚，判处死刑立即执行应当慎重。

具有下列情形之一的，可以判处被告人死刑：（1）具有毒品犯罪集团首要分子、武装掩护毒品犯罪、暴力抗拒检查、拘留或者逮捕、参与有组织的国际贩毒活动等严重情节的；（2）毒品数量达到实际掌握的死刑数量标准，并具有毒品再犯、累犯，利用、教唆未成年人走私、贩卖、运输、制造毒品，或者向未成年人出售毒品等法定从重处罚情节的；（3）毒品数量达到实际掌握的死刑数量标准，并具有多次走私、贩卖、运输、制造毒品，向多人贩毒，在毒品犯罪中诱使、容留多人吸毒，在戒毒监管场所贩毒，国家工作人员利用职务便利实施毒品犯罪，或者职业犯、惯犯、主犯等情节的；（4）毒品数量达到实际掌握的死刑数量标准，并具有其他从重处罚情节的；（5）毒品数量超过实际掌握的死刑数量标准，且没有法定、酌定从轻处罚情节的。

毒品数量达到实际掌握的死刑数量标准，具有下列情形之一的，可以不判处被告人死刑立即执行：（1）具有自首、立功等法定从宽处罚情节的；（2）已查获的毒品数量未达到实际掌握的死刑数量标准，到案后坦白尚未被司法机关掌握的其他毒品犯罪，累计数量超过实际掌握的死刑数量标准的；（3）经鉴定毒品含量极低，掺假之后的数量才达到实际掌握的死刑数量标准的，或者有证据表明可能大量掺假但因故不能鉴定的；（4）因特情引诱毒品数量才达到实际掌握的死刑数量标准的；（5）以贩养吸的被告人，被查获的毒品数量刚达到实际掌握的死刑数量标准的；（6）毒品数量刚达到实际掌握的死刑数量标准，确属初次犯罪即被查获，未造成严重危害后果的；（7）共同犯罪毒品数量刚达到实际掌握的死刑数量标准，但各共同犯罪人作用相当，或者责任大小难以区分的；（8）家庭成员共同实施毒品犯罪，其中起主要作用的被告人已被判处死刑立即执行，其他被告人罪行相对较轻的；（9）其他不是必须判处死刑立即执行的。

有些毒品犯罪案件，往往由于毒品、毒资等证据已不存在，导致审查证据和认定事实困难。在处理这类案件时，只有被告人的口供与同案其他被告人供述吻合，并且完全排除诱供、逼供、串供等情形，被告人的口供与同案被告人的供述才可以作为定案的证据。仅有被告人口供与同案被告人供述作为定案证据的，对被告人判处死刑立即执行要特别慎重。

三、运输毒品罪的刑罚适用问题

对于运输毒品犯罪，要注意重点打击指使、雇佣他人运输毒品的犯罪分子和接应、接货的毒品所有者、买家或者卖家。对于运输毒品犯罪集团首要分子，组织、指使、雇佣他人运输毒品的主犯或者毒枭、职业毒犯、毒品再犯，以及具有武装掩护、暴力抗拒检查、拘留或者逮捕、参与有组织的国际毒品犯罪、以运输毒品为业、多次运输毒品或者其他严重情节的，应当按照刑法、有关司法解释和司法实践实际掌握的数量标准，从严惩处，依法应判处死刑的必须坚决判处死刑。

毒品犯罪中，单纯的运输毒品行为具有从属性、辅助性特点，且情况复杂多样。部分涉案人员系受指使、雇佣的贫民、边民或者无业人员，只是为了赚取少量运费而为他人运输毒品，他们不是毒品的所有者、买家或者卖家，与幕后的组织、指使、雇佣者相比，在整个毒品犯罪环节中处于从属、辅助和被支配地位，所起作用和主观恶性相对较小，社会危害性也相对较小。因此，对于运输毒品犯罪中的这部分人员，在量刑标准的把握上，应当与走私、贩卖、制造毒品和前述具有严重情节的运输毒品犯罪分子有所区别，不应单纯以涉案毒品数量的大小决定刑罚适用的轻重。

对有证据证明被告人确属受人指使、雇佣参与运输毒品犯罪，又系初犯、偶犯的，可以从轻处罚，即使毒品数量超过实际掌握的死刑数量标准，也可以不判处死刑立即执行。

毒品数量超过实际掌握的死刑数量标准，不能证明被告人系受人指使、雇佣参与运输毒品犯罪的，可以依法判处重刑直至死刑。

涉嫌为贩卖而自行运输毒品，由于认定贩卖毒品的证据不足，因而认定为运输毒品罪的，不同于单纯的受指使为他人运输毒品行为，其量刑标准应当与单纯的运输毒品行为有所区别。

四、制造毒品的认定与处罚问题

鉴于毒品犯罪分子制造毒品的手段复杂多样、不断翻新，采用物理方法加工、配制毒品的情况大量出现，有必要进一步准确界定制造毒品的行为、方法。制造毒品不仅包括非法用毒品原植物直接提炼和用化学方法加工、配制毒品的行为，也包括以改变毒品成分和效用为目的，用混合等物理方法加工、配制毒品的行为，如将甲基苯丙胺或者其他苯丙胺类毒品与其他毒品混合成麻古或者摇头丸。为便于隐蔽运输、销售、使用、欺骗购买者，或者为了增重，对毒品掺杂使假，添加或者去除其他非毒品物质，不属于制造毒品的行为。

已经制成毒品，达到实际掌握的死刑数量标准的，可以判处死刑；数量特别巨大的，应当判处死刑。已经制造出粗制毒品或者半成品的，以制造毒品罪的既遂论处。购进制造毒品的设备和原材料，开始着手制造毒品，但尚未制造出粗制毒品或者半成品的，以制造毒品罪的未遂论处。

五、毒品含量鉴定和混合型、新类型毒品案件处理问题

鉴于大量掺假毒品和成分复杂的新类型毒品不断出现，为做到罪刑相当、罚当其罪，保证毒品案件的审判质量，并考虑目前毒品鉴定的条件和现状，对可能判处被告人死刑的毒品犯罪案件，应当根据最高人民法院、最高人民检察院、公安部2007年12月颁布的《办理毒品犯罪案件适用法律若干问题的意见》，作出毒品含量鉴定；对涉案毒品可能大量掺假或者系成分复杂的新类型毒品的，亦应当作出毒品含量鉴定。

对于含有二种以上毒品成分的毒品混合物，应进一步作成分鉴定，确定所含的不同毒品成分及比例。对于毒品中含有海洛因、甲基苯丙胺的，应以海洛因、甲基苯丙胺分别确定其毒品种类；不含海洛因、甲基苯丙胺的，应以其中毒性较大的毒品成分确定其毒品种类；如果毒性相当或者难以确定毒性大小的，以其中比例较大的毒品成分确定其毒品种类，并在量刑时综合考虑其他毒品成分、含量和全案所涉毒品数量。对于刑法、司法解释等已规定了量刑数量标准的毒品，按照刑法、司法解释等规定适用刑罚；对于刑法、司法解释等没有规定量刑数量标准的毒品，有条件折算为海洛因的，参照国家食品药品监督管理局制定的《非法药物折算表》，折算成海洛因的数量后适用刑罚。

对于国家管制的精神药品和麻醉药品，刑法、司法解释等尚未明确规定量刑数量标准，也不具备折算条件的，应由有关专业部门确定涉案毒品毒效的大小、有毒成分的多少、吸毒者对该毒品的依赖程度，综合考虑其致瘾癖性、戒断性、社会危害性等依法量刑。因条件限制不能确定的，可以参考涉案毒品非法交易的价格因素等，决定对被告人适用的刑罚，但一般不宜判处死刑立即执行。

六、特情介入案件的处理问题

运用特情侦破毒品案件，是依法打击毒品犯罪的有效手段。对特情介入侦破的毒品案件，要区别不同情形予以分别处理。

对已持有毒品待售或者有证据证明已准备实施大宗毒品犯罪者，采取特情贴靠、接洽而破获的案件，不存在犯罪引诱，应当依法处理。

行为人本没有实施毒品犯罪的主观意图，而是在特情诱惑和促成下形成犯意，进而实施毒品犯罪的，属于"犯意引诱"。对因"犯意引诱"实施毒品犯罪的被告人，根据罪刑相适应原则，应当依法从轻处罚，无论涉案毒品数量多大，都不应判处死刑立即执行。行为人在特情既为其安排上线，又提供下线的双重引诱，即"双套引诱"下实施毒品犯罪的，处刑时可予以更大幅度的从宽处罚或者依法免予刑事处罚。

行为人本来只有实施数量较小的毒品犯罪的故意，在特情引诱下实施了数量较大甚至达到实际掌握的死刑数量标准的毒品犯罪的，属于"数量引诱"。对因"数量引诱"实施毒品犯罪的被告人，应当依法从轻处罚，即使毒品数量超过实际掌握的死刑数量标准，一般也不判处死刑立即执行。

对不能排除"犯意引诱"和"数量引诱"的案件，在考虑是否对被告人判处死刑立即执行时，要留有余地。

对被告人受特情间接引诱实施毒品犯罪的，参照上述原则依法处理。

七、毒品案件的立功问题

共同犯罪中同案犯的基本情况，包括同案犯姓名、住址、体貌特征、联络方式等信息，属于被告人应当供述的范围。公安机关根据被告人供述抓获同案犯的，不应认定其有立功表现。被告人在公安机关抓获同案犯过程中确实起到协助作用的，例如，经被告人现场指认、辨认抓获了同案犯；被告人带领公安人员抓获了同案犯；被告人提供了不为有关机关掌握或者有关机关按照正常工作程序无法掌握的同案犯藏匿的线索，有关机关据此抓获了同案犯；被告人交代了与同案犯的联系方式，又按要求与对方联络，积极协助公安机关抓获了同案犯等，属于协助司法机关抓获同案犯，应认定为立功。

关于立功从宽处罚的把握，应以功是否足以抵罪为标准。在毒品共同犯罪案件中，毒枭、毒品犯罪集团首要分子、共同犯罪的主犯、职业毒犯、毒品惯犯等，由于掌握同案犯、从犯、马仔的犯罪情况和个人信息，被抓获后往往能协助抓捕同案犯，获得立功或者重大立功。对其是否从宽处罚以及从宽幅度的大小，应当主要看功是否足以抵罪，即应结合被告人罪行的严重程度、立功大小综合考虑。要充分注意毒品共同犯罪人以及上、下家之间的量刑平衡。对于毒枭等严重毒品犯罪分子立功的，从轻或者减轻处罚应当从严掌握。如果其罪行极其严重，只有一般立功表现，功不足以抵罪的，可不予从轻处罚；如果其检举、揭发的是其他犯罪案件中罪行同样严重的犯罪分子，或者协助抓获的是同案中的其他首要分子、主犯，功足以抵罪的，原则上可以从轻或者减轻处罚；如果协助抓获的只是同案中的从犯或者马仔，功不足以抵罪，或者从轻处罚后全案处刑明显失衡的，不予从轻处罚。相反，对于从犯、马仔立功，特别是协助抓获毒枭、首要分子、主犯的，应当从轻处罚，直至依法减轻或者免除处罚。

被告人亲属为了使被告人得到从轻处罚，检举、揭发他人犯罪或者协助司法机关抓捕其他犯罪人的，不能视为被告人立功。同监犯将本人或者他人尚未被司法机关掌握的犯罪事实告知被告人，由被告人检举揭发的，如经查证属实，虽可认定被告人立功，但是否从宽处罚、从宽幅度大小，应与通常的立功有所区别。通过非法手段或者非法途径获取他人犯罪信息，如从国家工作人员处贿买他人犯罪信息，通过律师、看守人员等非法途径获取他人犯罪信息，由被告人检举揭发的，不能认定为立功，也不能作为酌情从轻处罚情节。

八、毒品再犯问题

根据刑法第三百五十六条规定，只要因走私、贩卖、运输、制造、非法持有毒品罪被判过刑，不论是在刑罚执行完毕后，还是在缓刑、假释或者暂予监外执行期间，又犯刑法分则第六章第七节规定的犯罪的，都是毒品再犯，应当从重处罚。

因走私、贩卖、运输、制造、非法持有毒品罪被判刑的犯罪分子，在缓刑、假释或者暂予监外执行期间又犯刑法分则第六章第七节规定的犯罪的，应当在对其所犯新的毒品犯罪适用刑法第三百五十六条从重处罚的规定确定刑罚后，再依法数罪并罚。

对同时构成累犯和毒品再犯的被告人，应当同时引用刑法关于累犯和毒品再犯的条款从重处罚。

九、毒品案件的共同犯罪问题

毒品犯罪中，部分共同犯罪人未到案，如现有证据能够认定已到案被告人为共同犯罪，或者能够认定为主犯或者从犯的，应当依法认定。没有实施毒品犯罪的共同故意，仅在客观上为相互关联的毒品犯罪上下家，不构成共同犯罪，但为了诉讼便利可并案审理。审理毒品共同犯罪案件应当注意以下几个方面的问题：

一是要正确区分主犯和从犯。区分主犯和从犯，应当以各共同犯罪人在毒品共同犯罪中的地位和作用为根据。要从犯意提起、具体行为分工、出资和实际分得毒赃多少以及共犯之间相互关系等方面，比较各个共同犯罪人在共同犯罪中的地位和作用。在毒品共同犯罪中，为主出资者、毒品所有者或者起意、策划、纠集、组织、雇佣、指使他人参与犯罪以及其他起主要作用的是主犯；起次要或者辅助作用的是从犯。受雇佣、受指使实施毒品犯罪的，应根据其在犯罪中实际发挥的作用具体认定为主犯或者从犯。对于确有证据证明在共同犯罪中起次要或者辅助作用的，不能因为其他共同犯罪人未到案而不认定为从犯，甚至将其认定为主犯或者按主犯处罚。只要认定为从犯，无论主犯是否到案，均应依照刑法关于从犯的规定从轻、减轻或者免除处罚。

二是要正确认定共同犯罪案件中主犯和从犯的毒品犯罪数量。对于毒品犯罪集团的首要分子，应按集团毒品犯罪的总数量处罚；对一般共同犯罪的主犯，应按其所参与的或者组织、指挥的毒品犯罪数量处罚；对于从犯，应当按照其所参与的毒品犯罪的数量处罚。

三是要根据行为人在共同犯罪中的作用和罪责大小确定刑罚。不同案件不能简单类比，一个案件的从犯参与犯罪的毒品数量可能比另一案件的主犯参与犯罪的毒品数量大，但对这一案件从犯的处罚不是必然重于另一案件的主犯。共同犯罪中能分清主从犯的，不能因为涉案的毒品数量特别巨大，就不分主从犯而一律将被告人认定为主犯或者实际上都按主犯处罚，一律判处重刑甚至死刑。对于共同犯罪中有多个主犯或者共同犯罪人的，处罚上也应做到区别对待。应当全面考察各主犯或者共同犯罪人在共同犯罪中实际发挥作用的差别，主观恶性和人身危险性方面的差异，对罪责或者人身危险性更大的主犯或者共同犯罪人依法判处更重的刑罚。

十、主观明知的认定问题

毒品犯罪中，判断被告人对涉案毒品是否明知，不能仅凭被告人供述，而应当依据被告人实施毒品犯罪行为的过程、方式、毒品被查获时的情形等证据，结合被告人的年龄、阅历、智力等情况，进行综合分析判断。

具有下列情形之一，被告人不能做出合理解释的，可以认定其“明知”是毒品，但有证据证明确属被蒙骗的除外：（1）执法人员在口岸、机场、车站、港口和其他检查站点检查时，要求行为人申报为他人携带的物品和其他疑似毒品物，并告知其法律责任，而行为人未如实申报，在其携带的物品中查获毒品的；（2）以伪报、藏匿、伪装等蒙蔽手段，逃避海关、边防等检查，在其携带、运输、邮寄的物品中查获毒品的；（3）执法人员检查时，有逃跑、丢弃携带物品或者逃避、抗拒检查等行为，在其携带或者丢弃的物品中查获毒品的；（4）体内或者贴身隐秘处藏匿毒品的；（5）为获取不同寻常的高额、不等值报酬为他人携带、运输物品，从中查获毒品的；（6）采用高度隐蔽的方式携带、运输物品，从中查获毒品的；（7）采用高度隐蔽的方式交接物品，明显违背合法物品惯常交接方式，从中查获毒品的；（8）行程路线故意绕开检查站点，在其携带、运输的物品中查获毒品的；（9）以虚假身份或者地址办理托运手续，在其托运的物品中查获毒品的；（10）有其他证据足以认定行为人应当知道的。

十二、特定人员参与毒品犯罪问题

近年来，一些毒品犯罪分子为了逃避打击，雇佣孕妇、哺乳期妇女、急性传染病人、残疾人或者未成年人等特定人员进行毒品犯罪活动，成为影响我国禁毒工作成效的突出问题。对利用、教唆特定人员进行毒品犯罪活动的组织、策划、指挥和教唆者，要依法严厉打击，该判处重刑直至死刑的，坚决依法判处重刑直至死刑。对于被利用、被诱骗参与毒品犯罪的特定人员，可以从宽处理。

要积极与检察机关、公安机关沟通协调，妥善解决涉及特定人员的案件管辖、强制措施、刑罚执行等问题。对因特殊情况依法不予羁押的，可以依法采取取保候审、监视居住等强制措施，并根据被告人具体情况和案情变化及时变更强制措施；对于被判处有期徒刑或者拘役的罪犯，符合刑事诉讼法第二百一十四条规定情形的，可以暂予监外执行。

十三、毒品案件财产刑的适用和执行问题

刑法对毒品犯罪规定了并处罚金或者没收财产刑，司法实践中应当依法充分适用。不仅要依法追缴被告人的违法所得及其收益，还要严格依法判处被告人罚金刑或者没收财产刑，不能因为被告人没有财产，或者其财产难以查清、难以分割或者难以执行，就不依法判处财产刑。

要采取有力措施，加大财产刑执行力度。要加强与公安机关、检察机关的协作，对毒品犯罪分子来源不明的巨额财产，依法及时采取查封、扣押、冻结等措施，防止犯罪分子及其亲属转移、隐匿、变卖或者洗钱，逃避依法追缴。要加强不同地区法院之间的相互协作配合。毒品犯罪分子的财产在异地的，第一审人民法院可以委托财产所在地人民法院代为执行。要落实和运用有关国际禁毒公约规定，充分利用国际刑警组织等渠道，最大限度地做好境外追赃工作。

《最高人民法院关于审理毒品犯罪案件适用法律若干问题的解释》（法释〔2016〕8号）

第一条 走私、贩卖、运输、制造、非法持有下列毒品，应当认定为刑法第三百四十七条第二款第一项、第三百四十八条规定的“其他毒品数量大”：

（一）可卡因五十克以上；

（二）3，4-亚甲二氧基甲基苯丙胺（MDMA）等苯丙胺类毒品（甲基苯丙胺除外）、吗啡一百克以上；

（三）芬太尼一百二十五克以上；

（四）甲卡西酮二百克以上；

（五）二氢埃托啡十毫克以上；

（六）哌替啶（度冷丁）二百五十克以上；

（七）氯胺酮五百克以上；

（八）美沙酮一千克以上；

（九）曲马多、γ－羟丁酸二千克以上；

（十）大麻油五千克、大麻脂十千克、大麻叶及大麻烟一百五十千克以上；

（十一）可待因、丁丙诺啡五千克以上；

（十二）三唑仑、安眠酮五十千克以上；

（十三）阿普唑仑、恰特草一百千克以上；

（十四）咖啡因、罂粟壳二百千克以上；

（十五）巴比妥、苯巴比妥、安钠咖、尼美西泮二百五十千克以上；

（十六）氯氮卓、艾司唑仑、地西泮、溴西泮五百千克以上；

（十七）上述毒品以外的其他毒品数量大的。

国家定点生产企业按照标准规格生产的麻醉药品或者精神药品被用于毒品犯罪的，根据药品中毒品成分的含量认定涉案毒品数量。

第二条 走私、贩卖、运输、制造、非法持有下列毒品，应当认定为刑法第三百四十七条第三款、第三百四十八条规定的“其他毒品数量较大”：

（一）可卡因十克以上不满五十克；

（二）3，4－亚甲二氧基甲基苯丙胺（MDMA）等苯丙胺类毒品（甲基苯丙胺除外）、吗啡二十克以上不满一百克；

（三）芬太尼二十五克以上不满一百二十五克；

（四）甲卡西酮四十克以上不满二百克；

（五）二氢埃托啡二毫克以上不满十毫克；

（六）哌替啶（度冷丁）五十克以上不满二百五十克；

（七）氯胺酮一百克以上不满五百克；

（八）美沙酮二百克以上不满一千克；

（九）曲马多、γ－羟丁酸四百克以上不满二千克；

（十）大麻油一千克以上不满五千克、大麻脂二千克以上不满十千克、大麻叶及大麻烟三十千克以上不满一百五十千克；

（十一）可待因、丁丙诺啡一千克以上不满五千克；

（十二）三唑仑、安眠酮十千克以上不满五十千克；

（十三）阿普唑仑、恰特草二十千克以上不满一百千克；

（十四）咖啡因、罂粟壳四十千克以上不满二百千克；

（十五）巴比妥、苯巴比妥、安钠咖、尼美西泮五十千克以上不满二百五十千克；

（十六）氯氮卓、艾司唑仑、地西泮、溴西泮一百千克以上不满五百千克；

（十七）上述毒品以外的其他毒品数量较大的。

第三条 在实施走私、贩卖、运输、制造毒品犯罪的过程中，携带枪支、弹药或者爆炸物用于掩护的，应当认定为刑法第三百四十七条第二款第三项规定的“武装掩护走私、贩卖、运输、制造毒品”。枪支、弹药、爆炸物种类的认定，依照相关司法解释的规定执行。

在实施走私、贩卖、运输、制造毒品犯罪的过程中，以暴力抗拒检查、拘留、逮捕，造成执法人员死亡、重伤、多人轻伤或者具有其他严重情节的，应当认定为刑法第三百四十七条第二款第四项规定的“以暴力抗拒检查、拘留、逮捕，情节严重”。

第四条 走私、贩卖、运输、制造毒品，具有下列情形之一的，应当认定为刑法第三百四十七条第四款规定的“情节严重”：

（一）向多人贩卖毒品或者多次走私、贩卖、运输、制造毒品的；

（二）在戒毒场所、监管场所贩卖毒品的；

（三）向在校学生贩卖毒品的；

（四）组织、利用残疾人、严重疾病患者、怀孕或者正在哺乳自己婴儿的妇女走私、贩卖、运输、制造毒品的；

（五）国家工作人员走私、贩卖、运输、制造毒品的；

（六）其他情节严重的情形。

《最高人民法院、最高人民检察院、公安部关于规范毒品名称表述若干问题的意见》（法〔2014〕224号）

一、规范毒品名称表述的基本原则

（一）毒品名称表述应当以毒品的化学名称为依据，并与刑法、司法解释及相关规范性文件中的毒品名称保持一致。刑法、司法解释等没有规定的，可以参照《麻醉药品品种目录》《精神药品品种目录》中的毒品名称进行表述。

（二）对于含有二种以上毒品成分的混合型毒品，应当根据其主要毒品成分和具体形态认定毒品种类、确定名称。混合型毒品中含有海洛因、甲基苯丙胺的，一般应当以海洛因、甲基苯丙胺确定其毒品种类；不含海洛因、甲基苯丙胺，或者海洛因、甲基苯丙胺的含量极低的，可以根据其中定罪量刑数量标准较低且所占比例较大的毒品成分确定其毒品种类。混合型毒品成分复杂的，可以用括号注明其中所含的一至二种其他毒品成分。

（三）为体现与犯罪嫌疑人、被告人供述的对应性，对于犯罪嫌疑人、被告人供述的毒品常见俗称，可以在文书中第一次表述该类毒品时用括号注明。

二、几类毒品的名称表述

（一）含甲基苯丙胺成分的毒品

1. 对于含甲基苯丙胺成分的晶体状毒品，应当统一表述为甲基苯丙胺（冰毒），在下文中再次出现时可以直接表述为甲基苯丙胺。

2. 对于以甲基苯丙胺为主要毒品成分的片剂状毒品，应当统一表述为甲基苯丙胺片剂。如果犯罪嫌疑人、被告人供述为“麻古”“麻果”或者其他俗称的，可以在文书中第一次表述该类毒品时用括号注明，如表述为甲基苯丙胺片剂（俗称“麻古”）等。

3. 对于含甲基苯丙胺成分的液体、固液混合物、粉末等，应当根据其毒品成分和具体形态进行表述，如表述为含甲基苯丙胺成分的液体、含甲基苯丙胺成分的粉末等。

（二）含氯胺酮成分的毒品

1. 对于含氯胺酮成分的粉末状毒品，应当统一表述为氯胺酮。如果犯罪嫌疑人、被告人供述为“K 粉”等俗称的，可以在文书中第一次表述该类毒品时用括号注明，如表述为氯胺酮（俗称“K 粉”）等。

2. 对于以氯胺酮为主要毒品成分的片剂状毒品，应当统一表述为氯胺酮片剂。

3. 对于含氯胺酮成分的液体、固液混合物等，应当根据其毒品成分和具体形态进行表述，如表述为含氯胺酮成分的液体、含氯胺酮成分的固液混合物等。

（三）含 MDMA 等成分的毒品

对于以 MDMA、MDA、MDEA 等致幻性苯丙胺类兴奋剂为主要毒品成分的丸状、片剂状毒品，应当根据其主要毒品成分的中文化学名称和具体形态进行表述，并在文书中第一次表述该类毒品时用括号注明下文中使用的英文缩写简称，如表述为 3，4 - 亚甲二氧基甲基苯丙胺片剂（以下简称 MDMA 片剂）、3，4 - 亚甲二氧基苯丙胺片剂（以下简称 MDA 片剂）、3，4 - 亚甲二氧基乙基苯丙胺片剂（以下简称 MDEA 片剂）等。如果犯罪嫌疑人、被告人供述为“摇头丸”等俗称的，可以在文书中第一次表述该类毒品时用括号注明，如表述为 3，4 - 亚甲二氧基甲基苯丙胺片剂（以下简称 MDMA 片剂，俗称“摇头丸”）等。

（四）“神仙水”类毒品

对于俗称“神仙水”的液体状毒品，应当根据其主要毒品成分和具体形态进行表述。毒品成分复杂的，可以用括号注明其中所含的一至二种其他毒品成分，如表述为含氯胺酮（咖啡因、地西泮等）成分的液体等。如果犯罪嫌疑人、被告人供述为“神仙水”等俗称的，可以在文书中第一次表述该类毒品时用括号注明，如表述为含氯胺酮（咖啡因、地西泮等）成分的液体（俗称“神仙水”）等。

（五）大麻类毒品

对于含四氢大麻酚、大麻二酚、大麻酚等天然大麻素类成分的毒品，应当根据其外形特征分别表述为大麻叶、大麻脂、大麻油或者大麻烟等。

《最高人民法院、最高人民检察院、公安部关于办理走私、非法买卖麻黄碱类复方制剂等刑事案件适用法律若干问题的意见》（法发〔2012〕12号）

一、关于走私、非法买卖麻黄碱类复方制剂等行为的定性

以加工、提炼制毒物品制造毒品为目的，购买麻黄碱类复方制剂，或者运输、携带、寄递麻黄碱类复方制剂进出境的，依照刑法第三百四十七条的规定，以制造毒品罪定罪处罚。

以加工、提炼制毒物品为目的，购买麻黄碱类复方制剂，或者运输、携带、寄递麻黄碱类复方制剂进出境的，依照刑法第三百五十条第一款、第三款的规定，分别以非法买卖制毒物品罪、走私制毒物品罪定罪处罚。

将麻黄碱类复方制剂拆除包装、改变形态后进行走私或者非法买卖，或者明知是已拆除包装、改变形态的麻黄碱类复方制剂而进行走私或者非法买卖的，依照刑法第三百五十条第一款、第三款的规定，分别以走私制毒物品罪、非法买卖制毒物品罪定罪处罚。

非法买卖麻黄碱类复方制剂或者运输、携带、寄递麻黄碱类复方制剂进出境，没有证据证明系用于制造毒品或者走私、非法买卖制毒物品，或者未达到走私制毒物品罪、非法买卖制毒物品罪的定罪数量标准，构成非法经营罪、走私普通货物、物品罪等其他犯罪的，依法定罪处罚。

实施第一款、第二款规定的行为，同时构成其他犯罪的，依照处罚较重的规定定罪处罚。

二、关于利用麻黄碱类复方制剂加工、提炼制毒物品行为的定性

以制造毒品为目的，利用麻黄碱类复方制剂加工、提炼制毒物品的，依照刑法第三百四十七条的规定，以制造毒品罪定罪处罚。

以走私或者非法买卖为目的，利用麻黄碱类复方制剂加工、提炼制毒物品的，依照刑法第三百五十条第一款、第三款的规定，分别以走私制毒物品罪、非法买卖制毒物品罪定罪处罚。

三、关于共同犯罪的认定

明知他人利用麻黄碱类制毒物品制造毒品，向其提供麻黄碱类复方制剂，为其利用麻黄碱类复方制剂加工、提炼制毒物品，或者为其获取、利用麻黄碱类复方制剂提供其他帮助的，以制造毒品罪的共犯论处。

明知他人走私或者非法买卖麻黄碱类制毒物品，向其提供麻黄碱类复方制剂，为其利用麻黄碱类复方制剂加工、提炼制毒物品，或者为其获取、利用麻黄碱类复方制剂提供其他帮助的，分别以走私制毒物品罪、非法买卖制毒物品

罪的共犯论处。

四、关于犯罪预备、未遂的认定

实施本意见规定的行为，符合犯罪预备或者未遂情形的，依照法律规定处罚。

五、关于犯罪嫌疑人、被告人主观目的与明知的认定

对于本意见规定的犯罪嫌疑人、被告人的主观目的与明知，应当根据物证、书证、证人证言以及犯罪嫌疑人、被告人供述和辩解等在案证据，结合犯罪嫌疑人、被告人的行为表现，重点考虑以下因素综合予以认定：

1. 购买、销售麻黄碱类复方制剂的价格是否明显高于市场交易价格；
2. 是否采用虚假信息、隐蔽手段运输、寄递、存储麻黄碱类复方制剂；
3. 是否采用伪报、伪装、藏匿或者绕行进出境等手段逃避海关、边防等检查；
4. 提供相关帮助行为获得的报酬是否合理；
5. 此前是否实施过同类违法犯罪行为；
6. 其他相关因素。

六、关于制毒物品数量的认定

实施本意见规定的行为，以走私制毒物品罪、非法买卖制毒物品罪定罪处罚的，应当以涉案麻黄碱类复方制剂中麻黄碱类物质的含量作为涉案制毒物品的数量。

实施本意见规定的行为，以制造毒品罪定罪处罚的，应当将涉案麻黄碱类复方制剂所含的麻黄碱类物质可以制成的毒品数量作为量刑情节考虑。

多次实施本意见规定的行为未经处理的，涉案制毒物品的数量累计计算。

七、关于定罪量刑的数量标准

实施本意见规定的行为，以走私制毒物品罪、非法买卖制毒物品罪定罪处罚的，涉案麻黄碱类复方制剂所含的麻黄碱类物质应当达到以下数量标准：麻黄碱、伪麻黄碱、消旋麻黄碱及其盐类五千克以上不满五十千克；去甲麻黄碱、甲基麻黄碱及其盐类十千克以上不满一百千克；麻黄浸膏、麻黄浸膏粉一百千克以上不满一千千克。达到上述数量标准上限的，认定为刑法第三百五十条第一款规定的“数量大”。

实施本意见规定的行为，以制造毒品罪定罪处罚的，无论涉案麻黄碱类复方制剂所含的麻黄碱类物质数量多少，都应当追究刑事责任。

八、关于麻黄碱类复方制剂的范围

本意见所称麻黄碱类复方制剂是指含有《易制毒化学品管理条例》（国务院令第445号）品种目录所列的麻黄碱（麻黄素）、伪麻黄碱（伪麻黄素）、消旋麻黄碱（消旋麻黄素）、去甲麻黄碱（去甲麻黄素）、甲基麻黄碱（甲基麻黄素）及其盐类，或者麻黄浸膏、麻黄浸膏粉等麻黄碱类物质的药品复方制剂。

《办理毒品犯罪案件适用法律若干问题的意见》（公通字〔2007〕84号）

二、关于毒品犯罪嫌疑人、被告人主观明知的认定问题

走私、贩卖、运输、非法持有毒品主观故意中的“明知”，是指行为人知道或者应当知道所实施的行为是走私、贩卖、运输、非法持有毒品行为。具有下列情形之一，并且犯罪嫌疑人、被告人不能做出合理解释的，可以认定其“应当知道”，但有证据证明确属被蒙骗的除外：

（一）执法人员在口岸、机场、车站、港口和其他检查站检查时，要求行为人申报为他人携带的物品和其他疑似毒品物，并告知其法律责任，而行为人未如实申报，在其所携带的物品内查获毒品的；

（二）以伪报、藏匿、伪装等蒙蔽手段逃避海关、边防等检查，在其携带、运输、邮寄的物品中查获毒品的；

（三）执法人员检查时，有逃跑、丢弃携带物品或逃避、抗拒检查等行为，在其携带或丢弃的物品中查获毒品的；

（四）体内藏匿毒品的；

（五）为获取不同寻常的高额或不等值的报酬而携带、运输毒品的；

（六）采用高度隐蔽的方式携带、运输毒品的；

（七）采用高度隐蔽的方式交接毒品，明显违背合法物品惯常交接方式的；

（八）其他有证据足以证明行为人应当知道的。

三、关于办理氯胺酮等毒品案件定罪量刑标准问题

（一）走私、贩卖、运输、制造、非法持有下列毒品，应当认定为刑法第三百四十七条第二款第（一）项、第三百四十八条规定的“其他毒品数量大”：

1. 二亚甲基双氧安非他明（MDMA）等苯丙胺类毒品（甲基苯丙胺除外）100克以上；

2. 氯胺酮、美沙酮1千克以上；

3. 三唑仑、安眠酮50千克以上；

4. 氯氮卓、艾司唑仑、地西泮、溴西泮500千克以上；

5. 上述毒品以外的其他毒品数量大的。

（二）走私、贩卖、运输、制造、非法持有下列毒品，应当认定为刑法第三百四十七条第三款、第三百四十八条规定的“其他毒品数量较大”：

1. 二亚甲基双氧安非他明（MDMA）等苯丙胺类毒品（甲基苯丙胺除外）20克以上不满100克的；

2. 氯胺酮、美沙酮200克以上不满1千克的；

3. 三唑仑、安眠酮10千克以上不满50千克的；

4. 氯氮卓、艾司唑仑、地西泮、溴西泮100千克以上不满500千克的；

5. 上述毒品以外的其他毒品数量较大的。

（三）走私、贩卖、运输、制造下列毒品，应当认定为刑法第三百四十七条第四款规定的“其他少量毒品”：

1. 二亚甲基双氧安非他明（MDMA）等苯丙胺类毒品（甲基苯丙胺除外）不满20克的；

2. 氯胺酮、美沙酮不满200克的；

3. 三唑仑、安眠酮不满10千克的；

4. 氯氮卓、艾司唑仑、地西泮、溴西泮不满100千克的；

5. 上述毒品以外的其他少量毒品的。

（四）上述毒品品种包括其盐和制剂。毒品鉴定结论中毒品品名的认定应当以国家食品药品监督管理局、公安部、卫生部最新发布的《麻醉药品品种目录》、《精神药品品种目录》为依据。

四、关于死刑案件的毒品含量鉴定问题

可能判处死刑的毒品犯罪案件，毒品鉴定结论中应有含量鉴定的结论。

《最高人民法院研究室关于被告人对不同种毒品实施同一犯罪行为是否按比例折算成一种毒品予以累加后量刑的答复》（法〔2009〕146号）

根据《全国部分法院审理毒品犯罪案件工作座谈会纪要》的规定，对被告人一人走私、贩卖、运输、制造两种以上毒品的，不实行数罪并罚，量刑时可综合考虑毒品的种类、数量及危害，依法处理。故同意你院处理意见。

《公安部关于在成品药中非法添加阿普唑仑和曲马多进行销售能否认定为制造贩卖毒品有关问题的批复》（公复字〔2009〕1号）

一、阿普唑仑和曲马多为国家管制的二类精神药品。根据《中华人民共和国刑法》第三百五十五条的规定，如果行为人具有生产、管理、使用阿普唑仑和曲马多的资质，却将其掺加在其他药品中，违反国家规定向吸食、注射毒品的人提供的，构成非法提供精神药品罪；向走私、贩卖毒品的犯罪分子或以牟利为目的向吸食、注射毒品的人提供的，构成走私、贩卖毒品罪。根据《中华人民共和国刑法》第三百四十七条的规定，如果行为人没有生产、管理、使用阿普唑仑和曲马多的资质，而将其掺加在其他药品中予以贩卖，构成贩卖、制造毒品罪。

二、在办案中应当注意区别为治疗、戒毒依法合理使用的行为与上述犯罪行为的界限。只有违反国家规定，明知是走私、贩卖毒品的人员而向其提供阿普唑仑和曲马多，或者明知是吸毒人员而向其贩卖或超出规定的次数、数量向其提供阿普唑仑和曲马多的，才可以认定为犯罪。

《最高人民法院关于贩卖、运输经过取汁的罂粟壳废渣是否构成贩卖、运输毒品罪的答复》（法研〔2010〕168号）

最高人民法院研究室认为，根据你院提供的情况，对本案被告人不宜以贩卖、运输毒品罪论处。主要考虑：（1）被告人贩卖、运输的是经过取汁的罂粟壳废渣，吗啡含量只有0.01%，含量极低，从技术和成本看，基本不可能用于提取吗啡；（2）国家对经过取汁的罂粟壳并无明文规定予以管制，实践中有关药厂也未按照管制药品对其进行相应处理；（3）无证据证明被告人购买、加工经过取汁的罂粟壳废渣是为了将其当作毒品出售，具有贩卖、运输毒品的故意。如果查明行为人有将罂粟壳废渣作为制售毒品原料予以利用的故意，可建议由公安机关予以治安处罚。

《最高人民检察院、公安部关于公安机关管辖的刑事案件立案追诉标准的规定（三）》（公通字〔2012〕26号）

第一条 ［走私、贩卖、运输、制造毒品案（刑法第三百四十七条）］走私、贩卖、运输、制造毒品，无论数量多少，都应予立案追诉。

本条规定的“走私”是指明知是毒品而非法将其运输、携带、寄递进出国（边）境的行为。直接向走私人非法收购走私进口的毒品，或者在内海、领海、界河、界湖运输、收购、贩卖毒品的，以走私毒品罪立案追诉。

本条规定的“贩卖”是指明知是毒品而非法销售或者以贩卖为目的而非法收买的行为。

有证据证明行为人以牟利为目的，为他人代购仅用于吸食、注射的毒品，对代购者以贩卖毒品罪立案追诉。不以牟利为目的，为他人代购仅用于吸食、注射的毒品，毒品数量达到本规定第二条规定的数量标准的，对托购者和代购者以非法持有毒品罪立案追诉。明知他人实施毒品犯罪而为其居间介绍、代购代卖的，无论是否牟利，都应以相关毒品犯罪的共犯立案追诉。

本条规定的“运输”是指明知是毒品而采用携带、寄递、托运、利用他人或者使用交通工具等方法非法运送毒品的行为。

本条规定的“制造”是指非法利用毒品原植物直接提炼或者用化学方法加工、配制毒品，或者以改变毒品成分和效用为目的，用混合等物理方法加工、配制毒品的行为。为了便于隐蔽运输、销售、使用、欺骗购买者，或者为了增重，对毒品掺杂使假，添加或者去除其他非毒品物质，不属于制造毒品的行为。

为了制造毒品而采用生产、加工、提炼等方法非法制造易制毒化学品的，以制造毒品罪（预备）立案追诉。购进制造毒品的设备和原材料，开始着手制造毒品，尚未制造出毒品或者半成品的，以制造毒品罪（未遂）立案追诉。明知他人制造毒品而为其生产、加工、提炼、提供醋酸酐、乙醚、三氯甲烷等制毒物品的，以制造毒品罪的共犯立案追诉。

走私、贩卖、运输毒品主观故意中的“明知”，是指行为人知道或者应当知道所实施的是走私、贩卖、运输毒品行为。具有下列情形之一，结合行为人的供述和其他证据综合审查判断，可以认定其“应当知道”，但有证据证明确属被蒙骗的除外：

（一）执法人员在口岸、机场、车站、港口、邮局和其他检查站点检查时，要求行为人申报携带、运输、寄递的物品和其他疑似毒品物，并告知其法律责任，而行为人未如实申报，在其携带、运输、寄递的物品中查获毒品的；

（二）以伪报、藏匿、伪装等蒙蔽手段逃避海关、边防等检查，在其携带、运输、寄递的物品中查获毒品的；

（三）执法人员检查时，有逃跑、丢弃携带物品或者逃避、抗拒检查等行为，在其携带、藏匿或者丢弃的物品中查获毒品的；

（四）体内或者贴身隐秘处藏匿毒品的；

（五）为获取不同寻常的高额或者不等值的报酬为他人携带、运输、寄递、收取物品，从中查获毒品的；

（六）采用高度隐蔽的方式携带、运输物品，从中查获毒品的；

（七）采用高度隐蔽的方式交接物品，明显违背合法物品惯常交接方式，从中查获毒品的；

（八）行程路线故意绕开检查站点，在其携带、运输的物品中查获毒品的；

（九）以虚假身份、地址或者其他虚假方式办理托运、寄递手续，在托运、寄递的物品中查获毒品的；

（十）有其他证据足以证明行为人应当知道的。

制造毒品主观故意中的"明知"，是指行为人知道或者应当知道所实施的是制造毒品行为。有下列情形之一，结合行为人的供述和其他证据综合审查判断，可以认定其"应当知道"，但有证据证明确属被蒙骗的除外：

（一）购置了专门用于制造毒品的设备、工具、制毒物品或者配制方案的；

（二）为获取不同寻常的高额或者不等值的报酬为他人制造物品，经检验是毒品的；

（三）在偏远、隐蔽场所制造，或者采取对制造设备进行伪装等方式制造物品，经检验是毒品的；

（四）制造人员在执法人员检查时，有逃跑、抗拒检查等行为，在现场查获制造出的物品，经检验是毒品的；

（五）有其他证据足以证明行为人应当知道的。

走私、贩卖、运输、制造毒品罪是选择性罪名，对同一宗毒品实施了两种以上犯罪行为，并有相应确凿证据的，应当按照所实施的犯罪行为的性质并列适用罪名，毒品数量不重复计算。对同一宗毒品可能实施了两种以上犯罪行为，但相应证据只能认定其中一种或者几种行为，认定其他行为的证据不够确实充分的，只按照依法能够认定的行为的性质适用罪名。对不同宗毒品分别实施了不同种犯罪行为的，应对不同行为并列适用罪名，累计计算毒品数量。

第十三条　本规定中的毒品是指鸦片、海洛因、甲基苯丙胺（冰毒）、吗啡、大麻、可卡因以及国家规定管制的其他能够使人形成瘾癖的麻醉药品和精神药品。具体品种以国家食品药品监督管理局、公安部、卫生部发布的《麻醉药品品种目录》、《精神药品品种目录》为依据。

本规定中的“制毒物品”是指刑法第三百五十条第一款规定的醋酸酐、乙醚、三氯甲烷或者其他用于制造毒品的原料或者配剂，具体品种范围按照国家关于易制毒化学品管理的规定确定。

第十四条　本规定中未明确立案追诉标准的毒品，有条件折算为海洛因的，参照有关麻醉药品和精神药品折算标准进行折算。

《最高人民法院、最高人民检察院、公安部、农业部、国家食品药品监督管理总局关于进一步加强麻黄草管理严厉打击非法买卖麻黄草等违法犯罪活动的通知》（公通字〔2013〕16 号）

三、依法查处非法采挖、买卖麻黄草等犯罪行为

各地人民法院、人民检察院、公安机关要依法查处非法采挖、买卖麻黄草等犯罪行为，区别情形予以处罚：

（一）以制造毒品为目的，采挖、收购麻黄草的，依照刑法第三百四十七条的规定，以制造毒品罪定罪处罚。

（二）以提取麻黄碱类制毒物品后进行走私或者非法贩卖为目的，采挖、收购麻黄草，涉案麻黄草所含的麻黄碱类制毒物品达到相应定罪数量标准的，依照刑法第三百五十条第一款、第三款的规定，分别以走私制毒物品罪、非法买卖制毒物品罪定罪处罚。

（三）明知他人制造毒品或者走私、非法买卖制毒物品，向其提供麻黄草或者提供运输、储存麻黄草等帮助的，分别以制造毒品罪、走私制毒物品罪、非法买卖制毒物品罪的共犯论处。

（四）违反国家规定采挖、销售、收购麻黄草，没有证据证明以制造毒品或者走私、非法买卖制毒物品为目的，依照刑法第二百二十五条的规定构成犯罪的，以非法经营罪定罪处罚。

（五）实施以上行为，以制造毒品罪、走私制毒物品罪、非法买卖制毒物品罪定罪处罚的，涉案制毒物品的数量按照三百千克麻黄草折合一千克麻黄碱计算；以制造毒品罪定罪处罚的，无论涉案麻黄草数量多少，均应追究刑事责任。

《最高人民法院、最高人民检察院关于常见犯罪的量刑指导意见（试行）》（法发〔2021〕21 号）

四、常见犯罪的量刑

（二十）走私、贩卖、运输、制造毒品罪

1. 构成走私、贩卖、运输、制造毒品罪的，根据下列情形在相应的幅度内确定量刑起点：

（1）走私、贩卖、运输、制造鸦片一千克，海洛因、甲基苯丙胺五十克或者其它毒品数量达到数量大起点的，量刑起点为十五年有期徒刑。依法应当判处无期徒刑以上刑罚的除外。

（2）走私、贩卖、运输、制造鸦片二百克，海洛因、甲基苯丙胺十克或者其它毒品数量达到数量较大起点的，在七年至八年有期徒刑幅度内确定量刑起点。

（3）走私、贩卖、运输、制造鸦片不满二百克，海洛因、甲基苯丙胺不满十克或者其他少量毒品的，可以在三年以下有期徒刑、拘役幅度内确定量刑起点；情节严重的，在三年至四年有期徒刑幅度内确定量刑起点。

2. 在量刑起点的基础上，根据毒品犯罪次数、人次、毒品数量等其他影响犯罪构成的犯罪事实增加刑罚量，确定基准刑。

3. 有下列情节之一的，增加基准刑的10% -30%：

（1）利用、教唆未成年人走私、贩卖、运输、制造毒品的；

（2）向未成年人出售毒品的；

（3）毒品再犯。

4. 有下列情节之一的，可以减少基准刑的30%以下：

（1）受雇运输毒品的；

（2）毒品含量明显偏低的；

（3）存在数量引诱情形的。

5. 构成走私、贩卖、运输、制造毒品罪的，根据走私、贩卖、运输、制造毒品的种类、数量、危害后果等犯罪情节，综合考虑被告人缴纳罚金的能力，决定罚金数额。

6. 构成走私、贩卖、运输、制造毒品罪的，综合考虑走私、贩卖、运输、制造毒品的种类、数量、危害后果等犯罪事实、量刑情节，以及被告人的主观恶性、人身危险性、认罪悔罪表现等因素，从严把握缓刑的适用。

【案例一】

刘继芳贩卖毒品案①

• 案件事实 •

1. 刘继芳与杨淑双共同租住在青岛市杭州路199号，二人均吸食毒品。

① 参中华人民共和国见最高人民法院刑事审判第一、二、三、四、五庭主办：《刑事审判参考》（总第99集），法律出版社2014年版。

2012年9月中旬和10月10日前后，刘继芳应杨淑双要求，两次分别以300元和350元的价格从他人处购买0.3克、0.5克甲基苯丙胺给杨淑双用于吸食。

2. 2012年10月23日9时许，公安人员查获涉嫌吸毒违法嫌疑人潘海波。潘海波供述其曾在一名“大姐”（被告人刘继芳）处吸过毒。侦查机关认为刘继芳有贩卖毒品嫌疑。潘海波主动要求配合侦查机关抓获刘继芳。同月24日10时许，潘海波与刘继芳约定在青岛市原四方区杭州路76号灯具市场进行毒品交易。二人在约定地点见面后，潘海波以400元的价格从刘继芳手中购买毒品1包，交易后二人被当场抓获。侦查机关扣押刘继芳贩卖给潘海波的甲基苯丙胺0.5克，从刘继芳租住处查获甲基苯丙胺1克。

• 裁判要旨 •

为吸食者代购少量毒品的行为如何定性以及特情引诱情节对毒品犯罪案件的定罪量刑是否具有影响。

• 裁判理由 •

山东省青岛市市北区人民法院认为，被告人刘继芳多次贩卖甲基苯丙胺不满10克，其行为构成贩卖毒品罪，且属情节严重，应予惩处。刘继芳到案后如实供述司法机关尚未掌握的同种较重罪行，应当从轻处罚。关于刘继芳及其辩护人所提刘继芳只是为杨淑双代购毒品的辩解、辩护意见，经查，目前没有确实充分的证据证实刘继芳的行为系代购，也无法证实刘继芳未从中牟利，现有证据仅证实刘继芳与杨淑双进行了毒品与现金的交易，应当认定其行为构成贩卖毒品罪。关于辩护人所提刘继芳第三次犯罪系特情引诱、刘继芳系初犯及认罪态度好等辩护意见，予以采纳，在量刑时予以从轻处罚考虑。据此，依照《刑法》第347条第1款、第4款、第7款，第67条第3款及《最高人民法院关于处理自首和立功具体应用法律若干问题的解释》第4条之规定，山东省青岛市市北区人民法院以被告人刘继芳犯贩卖毒品罪，判处有期徒刑三年，并处罚金人民币7000元。

一审宣判后，被告人刘继芳不服，向山东省青岛市中级人民法院提起上诉。其上诉提出，其不知道为杨淑双代购两次毒品是贩卖行为；其贩卖给潘海波毒品系被引诱，不应构成贩卖毒品罪。其辩护人提出，刘继芳不以牟利为目的为杨淑双代购两次毒品的行为不应认定为贩卖毒品罪；刘继芳贩卖给潘海波的毒品本系用于自己吸食，潘海波被侦查机关抓获后充当特情引诱刘继芳犯罪，证实刘继芳此次贩卖毒品的相关证据属于非法证据，不应被采信。

山东省青岛市中级人民法院认为，上诉人刘继芳违反国家对毒品的管理制度贩卖毒品，其行为构成贩卖毒品罪，依法应予惩处。其被查获的毒品应当认定为贩卖数量。刘继芳贩卖毒品给潘海波的行为，因存在犯意引诱，可以酌情从轻处罚。刘继芳为杨淑双两次代购用以吸食的毒品的行为，因现无证据证实其从中牟利，故不应认定其构成贩卖。原审判决对该两次代购毒品行为认定为贩卖，进而认定刘继芳贩卖毒品情节严重，系适用法律错误，予以纠正。刘继芳及其辩护人的相关上诉理由、辩护意见成立，予以采纳。关于辩护人所提刘继芳贩卖毒品给潘海波系特情引诱，属于非法证据，应予排除的辩护意见，经查，该起犯罪确实存在犯意引诱，但不影响刘继芳贩卖毒品罪的成立，仅可以作为量刑情节予以考虑。原判定性准确，审判程序合法，但认定刘继芳贩卖毒品的部分事实不成立，适用法律错误，量刑不当，依法予以改判，据此，依照《刑法》第 347 条第 4 款、《刑事诉讼法》第 225 条第 1 款第 2 项之规定，山东省青岛市中级人民法院判决如下：一、撤销原判对被告人刘继芳的量刑部分。二、上诉人刘继芳犯贩卖毒品罪，判处有期徒刑一年，罚金人民币 3000 元。

【案例二】

黄某诈骗、潘某等贩卖毒品案①

• 案件事实 •

2000 年 9 月中旬，黄某从小药店购得 10.2 克扑热息痛药粉，并分成 24 小包，冒充成毒品海洛因，然后联系一姓任的买主（在逃），约定在东山区富榕宾馆前交易。接着，黄某又联系被告人潘某、宋某等人协助贩卖毒品，并告诉他们要贩卖的毒品是海洛因。9 月 28 日晚，黄某将 23 包“毒品海洛因”拿给潘某，并叫其到富榕宾馆附近等候，自己伙同宋某带一小包样品与买主交易，双方约定以每克 400 元的价格成交，当买主准备向潘某拿“毒品”时，被公安人员抓获。

• 裁判要旨 •

对贩卖假毒品行为如何定性的关键在于行为人是否明知是假毒品。

• 裁判理由 •

广东省揭阳市榕城区人民检察院指控被告人黄某以非法占有为目的，虚构事实，骗取他人财物，数额较大，其行为触犯了《刑法》第 266 条之规定，构成诈骗罪；被告人潘某、宋某贩卖毒品，其行为触犯了《刑法》第 347 条之规定，构成贩卖毒品罪（未遂）。被告人黄某对指控的事实等没有异议，被告人

---

① 参见国家法官学院、中国人民大学法学院编：《中国审判案例要览（2002 年刑事审判案例卷）》，中国人民大学出版社 2003 年版，第 64～66 页。

潘某辩称其不知道黄某要卖的东西是毒品，被告人宋某辩称其不知道黄某要卖的东西是毒品。

广东省揭阳市榕城区人民法院经审理后认为：被告人黄某以非法占有为目的，虚构事实，骗取他人财物，数额较大，后因意志以外的原因未得逞，其行为构成诈骗罪（未遂）。被告人潘某、宋某协助他人贩卖毒品海洛因，因意志以外原因未能得逞，其行为构成贩卖毒品罪（未遂）。公诉机关指控被告人黄某、潘某、宋某分别所犯罪名成立，但应认定被告人黄某诈骗未遂。被告人黄某在准备贩卖“毒品”时将分成小包的“毒品”拿给潘某，宋某还与黄某一起拿“毒品”样品给买主看，两人均明知是毒品，潘某、宋某两人在侦查阶段的供述也与黄某的供述相印证，故被告人潘某、宋某的辩称没有理由，予以驳回。被告人黄某用假冒毒品冒充真毒品骗取他人财物，本应从重处罚，但鉴于其犯罪未遂，可从轻处罚。被告人潘某、宋某以贩卖毒品为目的，协助他人贩卖毒品海洛因，是从犯，且犯罪未遂，应减轻处罚。从而，依法判决如下：一、被告人黄某犯诈骗罪（未遂），判处有期徒刑二年，并处罚金3000元。二、被告人潘某犯贩卖毒品罪（未遂），判处有期徒刑二年，并处罚金3000元。三、被告人宋某犯贩卖毒品罪（未遂），判处有期徒刑二年，并处罚金3000元。

【案例三】

陈某等运输毒品案①

• 案件事实 •

2004年5月26日，陈某（男，41岁，汉族，云南省呈贡县人）携带枪支和毒品海洛因驾驶牌照为云AP8×××白色吉利轿车从耿马到昆明，与境外毒贩取得联系。随后又与虎某（男，26岁，回族，云南省寻甸回族彝族自治县人）联系，当晚便一起驾车前往寻甸宾馆，虎某登记房间由陈某入住。次日上午9时许，虎某携带人民币2万元到房间交给陈某，陈某即带虎某到寻甸宾馆停车场，从其驾驶的云AP8×××的吉利轿车后备箱内拿出装有毒品海洛因的一个黑色背包交给虎某时，被公安民警抓获，当场从黑色背包内查获8块毒品海洛因净重2672克；随后从陈某身上查获德国制造的制式5.6毫米口径“WALTHER”手枪1支及子弹5发，并缴获毒资人民币2万元。

---

① 参见国家法官学院、中国人民大学法学院编：《中国审判案例要览（2006年刑事审判案例卷）》，人民法院出版社、中国人民大学出版社2007年版，第349~353页。为了说明问题的方便，文中只对被告人陈某的案件事实及裁判理由部分予以陈述。

• 裁判要旨 •

在运输毒品过程中随身携带枪支的行为应属以武装掩护的方式运输毒品海洛因，应作为运输毒品罪的法定量刑情节予以考虑，不再单独认定为非法持有枪支罪。

• 裁判理由 •

云南省昆明市人民检察院指控被告人陈某的行为构成运输毒品罪、非法持有枪支罪，应数罪并罚。

被告人陈某辩称，其没有运输毒品海洛因，也不知道是因为什么事被抓的，在公安机关的供述不真实。其辩护人提出：本案指控被告人的行为构成犯罪的证据，在取证程序上有严重违法之处，因此不应作为认定案件事实的依据；起诉书指控证据不充分，以不充分证据证明案件事实，不具有唯一性和排他性；起诉书指控的部分事实不清，毒品来源及藏放不明；本案指控被告人的犯罪事实不清，证据不足，对被告人陈某应作无罪判决。

云南省昆明市中级人民法院经审理后认为：被告人陈某无视国家法律，为牟取非法利益，以携带枪支武装掩护的方式运输毒品海洛因，其行为已触犯国家法律，构成运输毒品罪，且运输毒品数量巨大，应依法从严惩处。被告人陈某应对其所实施的运输毒品行为，根据运输毒品海洛因的数量承担刑事责任。被告人虎某无视国家法律，为牟取非法利益，受他人指使前往接取毒品海洛因，亦应对其所实施的接运毒品海洛因行为及查获的毒品海洛因数量承担刑事责任。鉴于其刚接到毒品海洛因即被抓获，所实施的行为相对于直接实施武装掩护运输毒品的行为作用较小，可以酌情从轻处罚。公诉机关指控被告人陈某、虎某犯运输毒品罪的事实清楚，证据确实、充分，适用法律正确，指控罪名成立，予以确认。公诉机关指控被告人陈某的行为还单独构成非法持有枪支罪不当，被告人陈某在运输毒品过程中随身携带枪支的行为应属以武装掩护的方式运输毒品海洛因，此行为为前一行为所吸收，应作为运输毒品罪的一个量刑情节予以考虑。被告人陈某的辩解及其辩护人所提辩护意见均无相应证据佐证，并与本案法庭审理确认的证据所证实的事实不符，不予采纳。从而判决陈某犯运输毒品罪，判处死刑，剥夺政治权利终身，并处没收个人全部财产；缴获的毒品海洛因 2672 克、毒资人民币 2 万元和德国制造的制式 5.6 毫米口径“WALTHER”手枪 1 支及子弹 5 发，运毒工具吉利轿车（牌照号云 AP8 × × ×）予以没收。

一审判决后，被告人陈某以一审事实不清、证据不足、定性不准等为由，提起上诉。

二审法院云南省高级人民法院经审理后认为：上诉人陈某将 2672 克海洛

因交给虎某时被公安民警抓获，二上诉人的行为均已构成运输毒品罪。对上诉人陈某及辩护人提出的理由和意见，审查认为，本案的事实证据已足以证明陈某运输毒品的行为，其辩解与事实不符，不能成立。原判根据陈某的犯罪事实、情节及运输海洛因的数量依法定罪量刑的同时，认定陈某属罪行极其严重的犯罪分子并予严惩是正确的，且审判程序合法。从而驳回上诉，维持原判。

【案例四】

林某等走私、运输毒品案①

• 案件事实 •

1999 年 11 月 6 日 18 时许，同案人陈某带同案被告人林某从福建省厦门市到晋江市找庄某。在庄家二楼客厅，陈某向庄某提出有 50 千克冰毒要委托庄某运输到菲律宾，庄某同意帮助，并谈妥运费。陈某即用电话与广州一蔡姓人（未查明身份）联系，要其准备好冰毒，随后又指使林某立即回厦门市准备乘坐飞机去广州接货。7 日 7 时，林某从厦门机场乘坐飞机飞往广州。当天到达广州与蔡某电话联系后，林某在广州天河景星酒店登记住宿。当天下午 3 时 30 分，林某持广州新天威交通发展有限公司的广州至晋江 9892（晋江）班次客车票，从广州乘坐了闽 CT6×××号客车，并随车托运了贴着宏泰兴快运标签号码列 00017851、00017853、00017854、00017855、00017856 的五纸板箱冰毒返回福建省晋江市。当晚 9 时多，途经国道 324 线广东省饶平县钱东路段时，被设卡的公安人员人赃俱获，当场缴获冰毒 50.014 千克。庄某于同月 10 日在晋江市李某家中被抓获归案。经潮州市公安局、揭阳市公安局刑事科学技术人员鉴定，送检的五个检材均检出甲基安非他命（冰毒）成分。

• 裁判要旨 •

明知是毒品而参与其中部分行为，是认定走私、贩卖、运输、制造毒品罪的共同犯罪的关键。

• 裁判理由 •

广东省潮州市人民检察院指控林某为非法牟利而运输冰毒的行为已构成运输毒品罪，指控庄某为牟利参与策划运输冰毒，其行为也构成运输毒品罪，但庄某因客观原因未能着手运输毒品，适用《刑法》关于犯罪预备的规定。被

① 参见国家法官学院、中国人民大学法学院编：《中国审判案例要览（2001 年刑事审判案例卷）》，中国人民大学出版社 2002 年版，第 320～323 页。

告人林某辩称其不知道货物是冰毒，其辩护人提出林某在本案运输毒品的共同犯罪中起次要作用，系从犯等辩护意见。被告人庄某辩称自己明知要托运冰毒，但无能力办理出国运输业务，碍于面子不敢拒绝而答应帮忙，但不是策划分工。

广东省潮州市中级人民法院经审理后认为：林某、庄某均明知是毒品冰毒，出于将冰毒运往菲律宾的共同故意，实施偷运冰毒的客观行为，侵犯了国家对毒品的管制及海关、边防的监管，其虽将毒品从广州携运往晋江途中人赃俱获，尚未运出境外，仍应认定林某、庄某的行为均构成走私、运输毒品罪。林某积极实施往晋江携带大量毒品的行为，在共同犯罪中起主要作用，是主犯；庄某接受同案人的招引而同意帮助将毒品运出境外，在共同犯罪中起次要作用，是从犯。林某辩称事先不知道是冰毒的意见，经查，林某、庄某的供述中均供认其在庄某家中时，陈某已明确提出往菲律宾运输冰毒，庄某同意并要报酬；林某也供认在广州时"蔡大哥"已告诉其货物不是草药而是冰毒，林某所辩理由与事实不符；其辩护人辩称在共同犯罪中起次要作用，是从犯，毒品未流入社会并未造成危害后果的意见，经查，林某虽受陈某的指派而作案，但其直接实施携运大量冰毒的行为，作用重要，是主犯，罪无可赦。庄某辩解不是参与策划分工等意见，经查，在庄某家中，经陈某招引，庄某同意帮助往菲律宾运输冰毒，是参与策划犯罪的行为，其辩解与查明的事实不符；其辩解没有参与分工的意见符合事实。鉴于庄某在本案共同犯罪中是从犯，且归案后认罪态度较好，可予以减轻处罚。公诉机关指控两被告人犯运输毒品罪的罪名成立，但未认定两被告人的行为同时又构成走私毒品罪及认定庄某适用《刑法》第22条之规定不当，均应纠正。从而判决林某犯走私、运输毒品罪，判处死刑，剥夺政治权利终身，并处没收其个人财产；庄某犯走私、运输毒品罪，判处有期徒刑七年，并处罚金3万元。

一审判决后，被告人林某不服，提起上诉。二审法院广东省高级人民法院查明的事实和证据与一审查明的相同，经审理后认为原审认定事实清楚，证据确实充分，定罪准确，量刑适当，审判程序合法，从而裁定驳回上诉，维持原判。

【学理分析及适用指引】

● 学理分析 ●

1. 走私、贩卖、运输、制造毒品罪的构成。走私、贩卖、运输、制造毒品罪，是指明知是毒品而故意实施走私、贩卖、运输、制造的行为。本罪的构成要件如下：

（1）本罪的客体。本罪侵犯的客体是国家对毒品的管理制度和人民的生命健康。犯罪对象为毒品。根据《刑法》第357条的规定，本法所称的毒品是指鸦片、海洛因、甲基苯丙胺（冰毒）、吗啡、大麻、可卡因以及国务院规定管制的其他能够使人形成瘾癖的麻醉药品和精神药品。目前，联合国关于麻醉药品种类规定了128种，精神药品种类表中共规定了99种。在我国的麻醉药品、精神药品种类表中，不仅包括了联合国规定的麻醉药品、精神药品，而且还根据我国的情况，增加规定了一些公约中未规定的药品种类。除以上所列6种常见的毒品外，同时还明确将“国务院规定管制的其他能够使人形成瘾癖的麻醉药品和精神药品”列为毒品。

（2）本罪的客观方面。本罪在客观方面上表现为行为人进行走私、贩卖、运输、制造毒品的行为。

①走私毒品。走私毒品是指非法运输、携带、邮寄毒品进出国（边）境的行为。行为方式主要是输入毒品与输出毒品，此外对在领海、内海运输、收购、贩卖国家禁止进出口的毒品，以及直接向走私毒品的犯罪人购买毒品的，应视为走私毒品。

②贩卖毒品。贩卖毒品是指有偿转让毒品或者以贩卖为目的而非法收购毒品。有偿转让毒品，即行为人将毒品交付给对方，并从对方获取物质利益的行为。

③运输毒品。运输毒品是指采用携带、邮寄、利用他人或者使用交通工具等方法在我国领域内将毒品从此地转移到彼地。运输毒品必须限制在国内，而且不是在领海、内海运输国家禁止进出口的毒品，否则便是走私毒品。

④制造毒品。制造通常是指使用原材料制作成原材料以外的物。制造毒品一般是指使用毒品原植物而制作成毒品。它包括以下几种情况：一是将毒品以外的物作为原料，提取或制作成毒品，如将罂粟制成为鸦片。二是毒品的精制，即去掉毒品中的不纯物，使之成为纯毒品或纯度更高的毒品，如去除海洛因中所含的不纯物。三是使用化学方法使一种毒品变为另一种毒品，如使用化学方法将吗啡制作成海洛因。四是使用化学方法以外的方法使一种毒品变为另一种毒品，如将盐酸吗啡加入蒸馏水，使之成为注射液。五是非法按照一定的处方针对特定人的特定情况调制毒品。上述5种行为都属于制造毒品。

对多次走私、贩卖、运输、制造毒品，未经处理的，毒品数量累计计算。所谓“未经处理”既包括未经刑罚处理，也包括未作行政处理。但对于犯罪已过追诉时效的，则毒品数量不再累计计算。已作过处理的，应视为已经结案。

（3）本罪的主体。本罪的主体是一般主体，即达到刑事责任年龄且具有刑事责任能力的自然人均可成为本罪主体。根据《刑法》第17条第2款的规定，已满14周岁未满16周岁的未成年人贩卖毒品的，应当负刑事责任。因此，对于走私、运输、制造毒品犯罪，只有达到16周岁才负刑事责任。对于被利用、教唆、胁迫参加贩卖毒品犯罪活动的已满14周岁不满16周岁的人，一般可以不追究其刑事责任。

（4）本罪的主观方面。本罪的主观方面为故意，且是直接故意，即明知是毒品而走私、贩卖、运输、制造。过失不构成本罪，如果行为人主观上不明知是毒品，而是被人利用而实施了走私、贩卖、运输、制造的行为，就不构成犯罪。本罪一般是以营利为目的，但也不能排除其他目的，法律没有要求构成本罪必须以营利为目的。

2. 关于“运输”和“制造”的界定。理论界对运输毒品罪中“运输”的含义界定有的相对简略，有的相对详细。有学者认为，运输毒品是指将毒品由一地运往另一地。① 有学者认为，运输毒品是指明知是毒品而采用携带、邮寄、利用他人或者使用交通工具等方法非法运送毒品的行为。运输毒品必须是在国内，而且不是在内海、领海运输，否则便是走私毒品。② 有学者提出运输应具有空间性特征，运输的空间范围以不超过国、边境线为限，否则构成走私毒品行为，需要注意的是，此处的运输行为是有距离上的要求的，如从同一城区内一家房屋内到另一家房屋内的毒品转移，不能认为是运输。还有学者指出，为了自己吸食、注射而将毒品从此地带往彼地的，不应认定为运输（毒品），只有与走私、贩卖、制造具有关联性的行为，才宜认定为运输。③

何为制造毒品？理论界对此有范围宽窄不一的界定，有学者认为，制造毒品仅指对毒品原植物进行加工获得毒品的方法。④ 但是，理论界对制造毒品的界定范围一般都比上述见解为宽，如有学者认为，制造毒品，是指对毒品或毒品原植物进行加工、提炼、配制，或者利用化学原料合成毒品的行为。⑤ 有的学者还主张，分装毒品的行为也应包括在制造毒品之中。

3. 贩卖毒品罪的既遂与未遂的争议。理论界多数学者主张贩卖毒品罪的既遂与未遂的判断标准是看毒品是否实际转移给买方，如有学者主张贩卖以毒品实际转移给买方为既遂，转移毒品后行为人是否已经获取了利益，则并不影响既遂的成立。毒品实际上没有转移时，即使已经达成转移的协议，或者行为人已经获得了利益，也不宜认定为既遂，行为人以贩卖为目的购买了毒品但未能出售给他人的，宜认定为贩卖毒品罪未遂。⑥ 而有的学者主张把既遂的标准

---

① 参见王作富主编：《刑法》，中国人民大学出版社2007年版，第657页。

② 参见陈兴良主编：《刑法学》，复旦大学出版社2003年版，第669页。

③ 参见张明楷：《刑法学》，法律出版社2007年版，第828页。

④ 参见赵长青主编：《中国毒品问题研究：禁毒斗争的理论与实践》，中国大百科全书出版社1993年版，第292页。

⑤ 参见王作富主编：《刑法分则实务研究》（下），中国方正出版社2003年版，第1761页；陈兴良主编：《刑法学》，复旦大学出版社2003年版，第669页。

⑥ 参见张明楷：《刑法学》，法律出版社2007年版，第831页；王作富主编：《刑法分则实务研究》（下），中国方正出版社2003年版，第1767～1768页。

前移，如有学者主张当贩卖毒品的买卖双方意思达成一致，也即双方达成毒品买卖契约时，就应当认为构成既遂。还有学者认为只要实施了贩卖毒品的行为，就应视为完成犯罪过程，是犯罪既遂。①

4. 运输毒品罪的既遂与未遂问题。理论界主要存在两种观点：一种主张必须将毒品运输到目的地才构成既遂，如有学者认为运输毒品罪的既遂与否应以是否到达目的地为标准，行为人以转移毒品所在地为目的开始运输毒品时，是运输毒品罪的着手，由于行为人意志以外的原因没有到达目的地的，属于未遂，到达目的地则属于既遂。② 另一种观点主张以毒品起运为标准，如有学者主张运输毒品罪的既遂与否，应以毒品是否起运为准，而不是以毒品是否运达目的地来判断，凡是毒品已经起运，进入运输途中的，就是既遂，由于行为人意志以外的原因尚未起运的，则是未遂或者预备。

• 适用指引 •

司法实践中，认定本罪时应当注意：

1. 本罪与其他犯罪的界限。对于走私其他货物、物品的，以实际走私的货物、物品的性质认定犯罪，不能认定为走私毒品罪。行为人在一次走私活动中，既走私毒品又走私其他货物、物品的，一般应按走私毒品罪和构成的其他走私罪，实行数罪并罚。行为人故意以假性毒品冒充毒品或者明知是假毒品而贩卖营利的，应认定为诈骗罪，而非贩卖毒品罪，但行为人不明知是毒品而贩卖，事实上具有贩卖毒品的可能性的，应认定为贩卖毒品（未遂）。行为人在生产、销售的食品中掺入微量毒品的，应认定为生产、销售有毒、有害食品罪，不宜认定为贩卖毒品罪。对于携带枪支武装掩护运输毒品的，不应另定非法持有枪支罪。

2. 本罪的既遂与未遂。走私、贩卖、运输、制造毒品罪有 4 种行为方式，其既遂与未遂的标准因行为方式而异。

（1）走私毒品罪的既遂与未遂。走私毒品主要分为输入毒品与输出毒品，输入毒品分为陆路输入与海路、空路输入。陆路输入应当越国境线、使毒品进入国内领域内的时刻为既遂标准。海路、空路输入毒品，装载毒品的船舶到达本国港口或航空器到达本国领土内时为既遂，否则为未遂。

（2）贩卖毒品的既遂与未遂。贩卖以毒品实际上转移给买方为既遂。转移毒品后行为人是否已经获取了利益，则并不影响既遂的成立。毒品实际上没有转移时，即使已经达成转移的协议，或者行为人已经获得了利益，也不能认为是既遂。在具体的认定中应注意：贩卖方式既可以是公开的，也可能是秘密

---

① 参见欧阳涛、陈泽宪主编：《毒品犯罪及对策》，群众出版社 1993 年版，第 52 页。

② 参见李希慧主编：《妨害社会管理秩序罪新论》，武汉大学出版社 2001 年版，第 585 ~ 586 页。

的；既可以是行为人请求对方购买，也可能是对方请求行为人转让；既可能是直接交付给对方，也可能是间接交付给对方。在间接交付的场合，如果中间人认识到是毒品而帮助转交给买方的，则该中间人的行为也是贩卖毒品；如果中间人没有认识到是毒品，则不构成贩卖毒品罪。贩卖是有偿转让，但行为人交付毒品既可能是获取金钱，也可能是获取其他物质利益；既可能在交付毒品的同时获取物质利益，也可能先交付毒品后获取利益或先获取物质利益而后交付毒品。如果是无偿转让毒品，如赠与等，则不属于贩卖毒品。毒品的来源既可能是自己制造的毒品，也可能是自己购买的毒品，还可能是通过其他方法取得的毒品。贩卖的对方没有限制，即不问对方是否达到法定年龄、是否具有辨认控制能力、是否与贩卖人具有某种关系。出于贩卖目的而非法收买毒品的，也应认定为贩卖毒品。

（3）运输毒品的既遂与未遂。行为人以将毒品从甲地运往乙地为目的，开始运输毒品时，是运输毒品罪的着手，由于行为人意志以外的原因没有到达目的地时，属于犯罪未遂；毒品到达目的地时是犯罪既遂，到达目的地后，即使由于某种原因而将毒品运回原地或者其他地方时，也是犯罪既遂。

（4）制造毒品罪的既遂与未遂。制造毒品罪应以实际上制造毒品为既遂标准，至于制造出来的毒品数量多少、纯度高低等，都不影响既遂的成立。着手制造毒品后，没有实际上制造出毒品的，则是制造毒品未遂。

3. 走私、贩卖、运输、制造毒品罪与非法持有毒品罪的区别。走私、贩卖、运输、制造毒品罪和非法持有毒品罪的区别在于犯罪主观方面和犯罪客观方面，而犯罪客观方面的不同是区分两罪的关键。前者表现为走私、贩卖、运输、制造毒品的行为；非法持有毒品罪则表现为行为人违反毒品管理法规，非法持有毒品数量较大的行为。如果在非法持有毒品的过程中，行为人实施了走私、贩卖、运输、制造毒品中任何一种或几种行为，则以其具体实施的行为定罪，不应再认定为非法持有毒品罪。此时非法持有行为成为走私、贩卖、运输、制造行为的有机组成部分，二者之间形成法条竞合关系，因此应适用法条竞合理论“整体法优于部分法”的原则，按走私、贩卖、运输、制造行为定罪处罚。非法持有毒品罪只是针对那些当场查获非法持有数量较大的毒品，行为人又拒不说明持有毒品的目的、来源，又没有足够证据证明其犯有走私、贩卖、运输、制造毒品罪中任何一种罪且数量较大时，才以该罪定罪处罚。

4. 对“以贩养吸”行为的定性。实践中，有许多吸毒人员为了支付高昂的毒资，主动或被动地“以贩养吸”，即边吸边贩，对这种行为，由于行为人客观上实施了贩卖毒品的行为，主观上明知是毒品而贩卖，侵犯了国家的毒品管制制度，因此同样构成贩卖毒品罪。对于以贩养吸的被告人，被查获的毒品数量应认定为其犯罪的数量，但量刑时应考虑被告人吸食毒品的情节。

5. 对走私、贩卖、运输、制造毒品罪罪名的确定。本罪是选择性罪名，凡实施了走私、贩卖、运输、制造毒品行为之一的，即以该行为确定罪名。凡实施了其中两种以上行为的，如运输、贩卖毒品，应定为贩卖、运输毒品罪，不实行数罪并罚。运输、贩卖同一宗毒品的，毒品数量不重复计算；不是同一宗毒品的，数量不作累计。居间介绍买卖毒品的，不论是否获利，均以贩卖毒品罪的共犯论处。走私毒品，又走私其他物品构成犯罪的，按走私毒品和构成的其他走私罪分别定罪，实行数罪并罚。

第三百四十八条 非法持有毒品罪

【法律规定】

• 法律条文 •

《中华人民共和国刑法》

第三百四十八条 非法持有鸦片一千克以上、海洛因或者甲基苯丙胺五十克以上或者其他毒品数量大的，处七年以上有期徒刑或者无期徒刑，并处罚金；非法持有鸦片二百克以上不满一千克、海洛因或者甲基苯丙胺十克以上不满五十克或者其他毒品数量较大的，处三年以下有期徒刑、拘役或者管制，并处罚金；情节严重的，处三年以上七年以下有期徒刑，并处罚金。

• 相关规定 •

《全国部分法院审理毒品犯罪案件工作座谈会纪要》（即《大连会议纪要》，法〔2008〕324号）

一、毒品案件的罪名确定和数量认定问题

……

对于吸毒者实施的毒品犯罪，在认定犯罪事实和确定罪名时要慎重。吸毒者在购买、运输、存储毒品过程中被查获的，如没有证据证明其是为了实施贩卖等其他毒品犯罪行为，毒品数量未超过刑法第三百四十八条规定的最低数量标准的，一般不定罪处罚；查获毒品数量达到较大以上的，应以其实际实施的毒品犯罪行为定罪处罚。

……

有证据证明行为人不以牟利为目的，为他人代购仅用于吸食的毒品，毒品数量超过刑法第三百四十八条规定的最低数量标准的，对托购者、代购者应以非法持有毒品罪定罪。代购者从中牟利，变相加价贩卖毒品的，对代购者应以贩卖毒品罪定罪。明知他人实施毒品犯罪而为其居间介绍、代购代卖的，无论是否牟利，都应以相关毒品犯罪的共犯论处。

八、毒品再犯问题

根据刑法第三百五十六条规定，只要因走私、贩卖、运输、制造、非法持有毒品罪被判过刑，不论是在刑罚执行完毕后，还是在缓刑、假释或者暂予监外执行期间，又犯刑法分则第六章第七节规定的犯罪的，都是毒品再犯，应当从重处罚。

因走私、贩卖、运输、制造、非法持有毒品罪被判刑的犯罪分子，在缓刑、假释或者暂予监外执行期间又犯刑法分则第六章第七节规定的犯罪的，应当在对其所犯新的毒品犯罪适用刑法第三百五十六条从重处罚的规定确定刑罚后，再依法数罪并罚。

对同时构成累犯和毒品再犯的被告人，应当同时引用刑法关于累犯和毒品再犯的条款从重处罚。

《最高人民法院关于审理毒品犯罪案件适用法律若干问题的解释》（法释〔2016〕8号）

第一条 走私、贩卖、运输、制造、非法持有下列毒品，应当认定为刑法第三百四十七条第二款第一项、第三百四十八条规定的“其他毒品数量大”：

（一）可卡因五十克以上；

（二）3，4－亚甲二氧基甲基苯丙胺（MDMA）等苯丙胺类毒品（甲基苯丙胺除外）、吗啡一百克以上；

（三）芬太尼一百二十五克以上；

（四）甲卡西酮二百克以上；

（五）二氢埃托啡十毫克以上；

（六）哌替啶（度冷丁）二百五十克以上；

（七）氯胺酮五百克以上；

（八）美沙酮一千克以上；

（九）曲马多、γ－羟丁酸二千克以上；

（十）大麻油五千克、大麻脂十千克、大麻叶及大麻烟一百五十千克以上；

（十一）可待因、丁丙诺啡五千克以上；

（十二）三唑仑、安眠酮五十千克以上；

（十三）阿普唑仑、恰特草一百千克以上；

（十四）咖啡因、罂粟壳二百千克以上；

（十五）巴比妥、苯巴比妥、安钠咖、尼美西泮二百五十千克以上；

（十六）氯氮卓、艾司唑仑、地西泮、溴西泮五百千克以上；

（十七）上述毒品以外的其他毒品数量大的。

第二条 走私、贩卖、运输、制造、非法持有下列毒品，应当认定为刑法第三百四十七条第三款、第三百四十八条规定的“其他毒品数量较大”：

（一）可卡因十克以上不满五十克；

（二）3，4－亚甲二氧基甲基苯丙胺（MDMA）等苯丙胺类毒品（甲基苯丙胺除外）、吗啡二十克以上不满一百克；

（三）芬太尼二十五克以上不满一百二十五克；

（四）甲卡西酮四十克以上不满二百克；

（五）二氢埃托啡二毫克以上不满十毫克；

（六）哌替啶（度冷丁）五十克以上不满二百五十克；

（七）氯胺酮一百克以上不满五百克；

（八）美沙酮二百克以上不满一千克；

（九）曲马多、γ－羟丁酸四百克以上不满二千克；

（十）大麻油一千克以上不满五千克、大麻脂二千克以上不满十千克、大麻叶及大麻烟三十千克以上不满一百五十千克；

（十一）可待因、丁丙诺啡一千克以上不满五千克；

（十二）三唑仑、安眠酮十千克以上不满五十千克；

（十三）阿普唑仑、恰特草二十千克以上不满一百千克；

（十四）咖啡因、罂粟壳四十千克以上不满二百千克；

（十五）巴比妥、苯巴比妥、安钠咖、尼美西泮五十千克以上不满二百五十千克；

（十六）氯氮卓、艾司唑仑、地西泮、溴西泮一百千克以上不满五百千克；

（十七）上述毒品以外的其他毒品数量较大的。

第五条 非法持有毒品达到刑法第三百四十八条或者本解释第二条规定的“数量较大”标准，且具有下列情形之一的，应当认定为刑法第三百四十八条规定的“情节严重”：

（一）在戒毒场所、监管场所非法持有毒品的；

（二）利用、教唆未成年人非法持有毒品的；

（三）国家工作人员非法持有毒品的；

（四）其他情节严重的情形。

《最高人民法院、最高人民检察院、公安部办理毒品犯罪案件适用法律若干问题的意见》（公通字〔2007〕84号）

二、关于毒品犯罪嫌疑人、被告人主观明知的认定问题

走私、贩卖、运输、非法持有毒品主观故意中的“明知”，是指行为人知道或者应当知道所实施的行为是走私、贩卖、运输、非法持有毒品行为。具有下列情形之一，并且犯罪嫌疑人、被告人不能做出合理解释的，可以认定其“应当知道”，但有证据证明确属被蒙骗的除外：

（一）执法人员在口岸、机场、车站、港口和其他检查站检查时，要求行为人申报为他人携带的物品和其他疑似毒品物，并告知其法律责任，而行为人未如实申报，在其所携带的物品内查获毒品的；

（二）以伪报、藏匿、伪装等蒙蔽手段逃避海关、边防等检查，在其携带、运输、邮寄的物品中查获毒品的；

（三）执法人员检查时，有逃跑、丢弃携带物品或逃避、抗拒检查等行为，在其携带或丢弃的物品中查获毒品的；

（四）体内藏匿毒品的；

（五）为获取不同寻常的高额或不等值的报酬而携带、运输毒品的；

（六）采用高度隐蔽的方式携带、运输毒品的；

（七）采用高度隐蔽的方式交接毒品，明显违背合法物品惯常交接方式的；

（八）其他有证据足以证明行为人应当知道的。

三、关于办理氯胺酮等毒品案件定罪量刑标准问题

（一）走私、贩卖、运输、制造、非法持有下列毒品，应当认定为刑法第三百四十七条第二款第（一）项、第三百四十八条规定的“其他毒品数量大”：

1. 二亚甲基双氧安非他明（MDMA）等苯丙胺类毒品（甲基苯丙胺除外）100克以上；

2. 氯胺酮、美沙酮1千克以上；

3. 三唑仑、安眠酮50千克以上；

4. 氯氮卓、艾司唑仑、地西泮、溴西泮500千克以上；

5. 上述毒品以外的其他毒品数量大的。

（二）走私、贩卖、运输、制造、非法持有下列毒品，应当认定为刑法第三百四十七条第三款、第三百四十八条规定的“其他毒品数量较大”：

1. 二亚甲基双氧安非他明（MDMA）等苯丙胺类毒品（甲基苯丙胺除外）20克以上不满100克的；

2. 氯胺酮、美沙酮200克以上不满1千克的；

3. 三唑仑、安眠酮10千克以上不满50千克的；

4. 氯氮卓、艾司唑仑、地西泮、溴西泮100千克以上不满500千克的；

5. 上述毒品以外的其他毒品数量较大的。

《最高人民检察院、公安部关于公安机关管辖的刑事案件立案追诉标准的规定（三）》（公通字〔2012〕26号）

第二条 ［非法持有毒品案（刑法第三百四十八条）］明知是毒品而非法持有，涉嫌下列情形之一的，应予立案追诉：

（一）鸦片二百克以上、海洛因、可卡因或者甲基苯丙胺十克以上；

（二）二亚甲基双氧安非他明（MDMA）等苯丙胺类毒品（甲基苯丙胺除外）、吗啡二十克以上；

（三）度冷丁（杜冷丁）五十克以上（针剂100mg/支规格的五百支以上，

50mg/支规格的一千支以上；片剂25mg/片规格的二千片以上，50mg/片规格的一千片以上)；

（四）盐酸二氢埃托啡二毫克以上（针剂或者片剂20mg/支、片规格的一百支、片以上)；

（五）氯胺酮、美沙酮二百克以上；

（六）三唑仑、安眠酮十千克以上；

（七）咖啡因五十千克以上；

（八）氯氮卓、艾司唑仑、地西泮、溴西泮一百千克以上；

（九）大麻油一千克以上，大麻脂二千克以上，大麻叶及大麻烟三十千克以上；

（十）罂粟壳五十千克以上；

（十一）上述毒品以外的其他毒品数量较大的。

非法持有两种以上毒品，每种毒品均没有达到本条第一款规定的数量标准，但按前款规定的立案追诉数量比例折算成海洛因后累计相加达到十克以上的，应予立案追诉。

本条规定的“非法持有”，是指违反国家法律和国家主管部门的规定，占有、携带、藏有或者以其他方式持有毒品。

非法持有毒品主观故意中的“明知”，依照本规定第一条第八款的有关规定予以认定。

《全国法院毒品犯罪审判工作座谈会纪要》（即《武汉会议纪要》，法〔2015〕129号）

二、关于毒品犯罪法律适用的若干具体问题

（一）罪名认定问题

贩毒人员被抓获后，对于从其住所、车辆等处查获的毒品，一般均应认定为其贩卖的毒品。确有证据证明查获的毒品并非贩毒人员用于贩卖，其行为另构成非法持有毒品罪、窝藏毒品罪等其他犯罪的，依法定罪处罚。

吸毒者在购买、存储毒品过程中被查获，没有证据证明其是为了实施贩卖毒品等其他犯罪，毒品数量达到刑法第三百四十八条规定的最低数量标准的，以非法持有毒品罪定罪处罚。吸毒者在运输毒品过程中被查获，没有证据证明其是为了实施贩卖毒品等其他犯罪，毒品数量达到较大以上的，以运输毒品罪定罪处罚。

行为人为吸毒者代购毒品，在运输过程中被查获，没有证据证明托购者、代购者是为了实施贩卖毒品等其他犯罪，毒品数量达到较大以上的，对托购者、代购者以运输毒品罪的共犯论处。行为人为他人代购仅用于吸食的毒品，在交通、食宿等必要开销之外收取“介绍费”“劳务费”，或者以贩卖为目的收取部分毒品作为酬劳的，应视为从中牟利，属于变相加价贩卖毒品，以贩卖毒品罪定罪处罚。

购毒者接收贩毒者通过物流寄递方式交付的毒品，没有证据证明其是为了实施贩卖毒品等其他犯罪，毒品数量达到刑法第三百四十八条规定的最低数量标准的，一般以非法持有毒品罪定罪处罚。代收者明知是物流寄递的毒品而代购毒者接收，没有证据证明其与购毒者有实施贩卖、运输毒品等犯罪的共同故意，毒品数量达到刑法第三百四十八条规定的最低数量标准的，对代收者以非法持有毒品罪定罪处罚。

……

（三）毒品数量认定问题

走私、贩卖、运输、制造、非法持有两种以上毒品的，可以将不同种类的毒品分别折算为海洛因的数量，以折算后累加的毒品总量作为量刑的根据。对于刑法、司法解释或者其他规范性文件明确规定了定罪量刑数量标准的毒品，应当按照该毒品与海洛因定罪量刑数量标准的比例进行折算后累加。对于刑法、司法解释及其他规范性文件没有规定定罪量刑数量标准，但《非法药物折算表》规定了与海洛因的折算比例的毒品，可以按照《非法药物折算表》折算为海洛因后进行累加。对于既未规定定罪量刑数量标准，又不具备折算条件的毒品，综合考虑其致瘾癖性、社会危害性、数量、纯度等因素依法量刑。在裁判文书中，应当客观表述涉案毒品的种类和数量，并综合认定为数量大、数量较大或者少量毒品等，不明确表述将不同种类毒品进行折算后累加的毒品总量。

对于未查获实物的甲基苯丙胺片剂（俗称“麻古”等）、MDMA 片剂（俗称“摇头丸”）等混合型毒品，可以根据在案证据证明的毒品粒数，参考本案或者本地区查获的同类毒品的平均重量计算出毒品数量。在裁判文书中，应当客观表述根据在案证据认定的毒品粒数。

对于有吸毒情节的贩毒人员，一般应当按照其购买的毒品数量认定其贩卖毒品的数量，量刑时酌情考虑其吸食毒品的情节；购买的毒品数量无法查明的，按照能够证明的贩卖数量及查获的毒品数量认定其贩毒数量；确有证据证明其购买的部分毒品并非用于贩卖的，不应计入其贩毒数量。

办理毒品犯罪案件，无论毒品纯度高低，一般均应将查证属实的毒品数量认定为毒品犯罪的数量，并据此确定适用的法定刑幅度，但司法解释另有规定或者为了隐蔽运输而临时改变毒品常规形态的除外。涉案毒品纯度明显低于同类毒品的正常纯度的，量刑时可以酌情考虑。

制造毒品案件中，毒品成品、半成品的数量应当全部认定为制造毒品的数量，对于无法再加工出成品、半成品的废液、废料则不应计入制造毒品的数量。对于废液、废料的认定，可以根据其毒品成分的含量、外观形态，结合被告人对制毒过程的供述等证据进行分析判断，必要时可以听取鉴定机构的意见。

（五）缓刑、财产刑适用及减刑、假释问题

对于毒品犯罪应当从严掌握缓刑适用条件。对于毒品再犯，一般不得适用缓刑。对于不能排除多次贩毒嫌疑的零包贩毒被告人，因认定构成贩卖毒品等犯罪的证据不足而认定为非法持有毒品罪的被告人，实施引诱、教唆、欺骗、强迫他人吸毒犯罪及制毒物品犯罪的被告人，应当严格限制缓刑适用。

办理毒品犯罪案件，应当依法追缴犯罪分子的违法所得，充分发挥财产刑的作用，切实加大对犯罪分子的经济制裁力度。对查封、扣押、冻结的涉案财物及其孳息，经查确属违法所得或者依法应当追缴的其他涉案财物的，如购毒款、供犯罪所用的本人财物、毒品犯罪所得的财物及其收益等，应当判决没收，但法律另有规定的除外。判处罚金刑时，应当结合毒品犯罪的性质、情节、危害后果及被告人的获利情况、经济状况等因素合理确定罚金数额。对于决定并处没收财产的毒品犯罪，判处被告人有期徒刑的，应当按照上述确定罚金数额的原则确定没收个人部分财产的数额；判处无期徒刑的，可以并处没收个人全部财产；判处死缓或者死刑的，应当并处没收个人全部财产。

对于具有毒枭、职业毒犯、累犯、毒品再犯等情节的毒品罪犯，应当从严掌握减刑条件，适当延长减刑起始时间、间隔时间，严格控制减刑幅度，延长实际执行刑期。对于刑法未禁止假释的前述毒品罪犯，应当严格掌握假释条件。

（六）累犯、毒品再犯问题

累犯、毒品再犯是法定从重处罚情节，即使本次毒品犯罪情节较轻，也要体现从严惩处的精神。尤其对于曾因实施严重暴力犯罪被判刑的累犯、刑满释放后短期内又实施毒品犯罪的再犯，以及在缓刑、假释、暂予监外执行期间又实施毒品犯罪的再犯，应当严格体现从重处罚。

对于因同一毒品犯罪前科同时构成累犯和毒品再犯的被告人，在裁判文书中应当同时引用刑法关于累犯和毒品再犯的条款，但在量刑时不得重复予以从重处罚。对于因不同犯罪前科同时构成累犯和毒品再犯的被告人，量刑时的从重处罚幅度一般应大于前述情形。

《最高人民法院、最高人民检察院关于常见犯罪的量刑指导意见（试行）》（法发〔2021〕21号）

四、常见犯罪的量刑

（二十一）非法持有毒品罪

1. 构成非法持有毒品罪的，根据下列情形在相应的幅度内确定量刑起点：

（1）非法持有鸦片一千克以上、海洛因或者甲基苯丙胺五十克以上或者其他毒品数量大的，在七年至九年有期徒刑幅度内确定量刑起点。依法应当判处无期徒刑的除外。

（2）非法持有毒品情节严重的，在三年至四年有期徒刑幅度内确定量刑起点。

（3）非法持有鸦片二百克、海洛因或者甲基苯丙胺十克或者其他毒品数量较大的，在一年以下有期徒刑、拘役幅度内确定量刑起点。

2. 在量刑起点的基础上，根据毒品数量等其他影响犯罪构成的犯罪事实增加刑罚量，确定基准刑。

3. 构成非法持有毒品罪的，根据非法持有毒品的种类、数量等犯罪情节，综合考虑被告人缴纳罚金的能力，决定罚金数额。

4. 构成非法持有毒品罪的，综合考虑非法持有毒品的种类、数量等犯罪事实、量刑情节，以及被告人主观恶性、人身危险性、认罪悔罪表现等因素，从严把握缓刑的适用。

【案例】

唐某某非法持有毒品案①

• 案件事实 •

2002 年 3 月，范某某（已判刑）得知唐某某能从上海买到毒品海洛因，故于 2002 年 3 月 16 日傍晚，与唐某某一同抵沪。经唐某某与许某（另案处理）电话联系购买毒品海洛因，并约定在本市控江三村××号××室见面。当晚 9 时 30 分许，唐、范两人至约定地点，范某某拿出人民币 5000 元，由唐某某交与许某。许某得款后，外出购得毒品海洛因约 15 克交给唐某某，唐某某将上述海洛因再转交给范某某。当唐、范两人准备离开时，被公安人员抓获。公安人员从范某某身上缴获毒品海洛因约 15 克。同月 18 日，唐某某因有毒品依赖被强制戒毒。2003 年 1 月 29 日，唐某某在被解除强制戒毒后主动至公安机关投案自首。

• 裁判要旨 •

行为人为吸毒者介绍贩毒者、帮助吸毒者购买毒品，其行为在客观上虽然对贩毒者的贩毒活动起到了帮助作用，促成了毒品交易，但其主观上并没有帮助贩毒者进行贩卖毒品的故意，而仅是为了帮助吸毒者能够买到毒品，使其达到消费毒品的目的，对此应以非法持有毒品罪而不能以贩卖毒品罪的共犯论处。

---

① 参见国家法官学院、中国人民大学法学院编：《中国审判案例要览（2004 年刑事审判案例卷）》，中国人民大学出版社 2005 年版。该案审判时，《刑法修正案（八）》尚未颁布，本案量刑并无不当，特此说明。

● 裁判理由 ●

上海市杨浦区人民法院一审认为：被告人唐某某居间介绍买卖毒品，其行为已构成贩卖毒品罪，公诉机关指控的罪名成立，对被告人唐某某依法应予惩处。公诉机关关于被告人唐某某系投案自首的意见，经审查认为并无不当，予以采纳。鉴于被告人唐某某在共同犯罪中起次要作用，系从犯，故依法对其减轻处罚。上海市杨浦区人民法院依照《刑法》第347条第1款、第3款，第25条第1款，第27条，第67条第1款及第53条之规定，判决：唐某某犯贩卖毒品罪，判处有期徒刑一年三个月，罚金人民币1000元。

一审宣判后，上海市杨浦区人民检察院抗诉称：被告人唐某某贩卖毒品海洛因15克，应处七年以上有期徒刑及罚金。鉴于唐某某系自首及在共同犯罪中属从犯，应当减轻处罚。根据《刑法》第63条第1款的规定，具有减轻处罚情节的，应当在法定刑以下判处刑罚。根据《最高人民法院关于审理毒品案件定罪量刑标准有关问题的解释》第3条第1项之规定，唐某某属“情节严重”。据此，依照《刑法》第347条第4款之规定，应处三年以上七年以下有期徒刑及罚金。因此，一审判决适用法律错误，导致量刑畸轻。原审被告人唐某某对原判认定的事实不持异议，但提出自己的行为不构成贩卖毒品罪。其二审辩护人认为，被告人唐某某主观上没有与许某共同贩卖毒品的故意，且其帮助他人购买毒品也没有以营利为目的，故被告人的行为构成非法持有毒品罪。

上海市第二中级人民法院根据上述事实和证据经审理后认为：法律没有明文规定减轻刑罚的幅度，人民法院根据犯罪分子的犯罪事实、情节、社会危害性以及认罪、悔罪态度并结合法定的从轻、减轻情节或者酌定量刑情节，认为确有必要对犯罪分子减轻处罚的，根据罪刑相适应的原则，在量刑范围内确定给予犯罪分子一个最合适的刑罚，是符合《刑法》第63条之规定的。因此，检察机关的抗诉理由不能成立。

原审被告人唐某某为其他吸毒者介绍贩毒者，帮助吸毒者购买毒品，其行为在客观上虽然对贩毒者的贩毒活动起到了帮助作用，促成了毒品交易，具有一定的社会危害性，但唐某某主观上并没有帮助贩毒者进行贩卖毒品的故意，而仅是为了帮助吸毒者能够买到毒品，使其达到消费毒品的目的。因此，根据主客观相一致的原则，对唐某某不能以贩卖毒品罪的共犯论处。根据其帮助他人非法持有毒品的行为性质和后果，应以非法持有毒品罪追究其刑事责任。二审辩护人的辩护意见正确，予以采纳。原审判决定性不当，应予纠正。

原审被告人唐某某帮助他人非法持有毒品海洛因15克的行为构成非法持有毒品罪，依法应予惩处。鉴于唐某某有自首情节，依法可从轻处罚。上海市第二中级人民法院依照《刑事诉讼法》第189条第2项以及《刑法》第348条、第67条第1款及第53条之规定，作出如下判决：一、驳回抗诉。二、撤销上海市杨浦区人民法院（2003）杨刑初字第219号刑事判决。三、原审被告人唐某某犯非法持有毒品罪，判处拘役六个月，罚金人民币1000元。

【学理分析及适用指引】

• 学理分析 •

1. 非法持有毒品罪的构成。非法持有毒品罪，是指明知是鸦片、海洛因、甲基苯丙胺或者其他毒品，而非法持有且数量较大的行为。本罪的构成要件如下：

（1）本罪的客体。本罪侵犯的客体，是国家对毒品的管制和他人的身体健康。国家禁止任何人非法持有毒品，为此颁布了一系列的法律、法规。我国先后颁布了《药品管理法》《麻醉药品管理办法》和《精神药品管理法》。这三部法律、行政法规对毒品种植、制造、运输、使用、管理都作了明确、严格的规定，禁止任何人非法持有使用，任何单位和个人未经主管部门批准或许可，持有、保存毒品的行为均违反了国家对毒品管理的规定，而且行为人非法持有的毒品，随时可能流入社会，危害他人的健康。为此，为了维护国家对毒品的管制，保护人民群众的身体健康，对非法持有毒品的行为，必须予以惩处。

本罪的对象为毒品，即《刑法》第357条所规定的鸦片、海洛因、甲基苯丙胺（冰毒）、吗啡、大麻、可卡因以及国务院规定管制的其他能够使人形成瘾癖的麻醉药品和精神药品。

行为人将假毒品误认为是真毒品而加以收藏、保存的，行为人主观上明知是毒品，而故意违反国家毒品管制，实施非法持有的行为，这属于刑法理论上的对象认识错误。对象认识错误，不影响定罪，仍构成非法持有毒品罪。

（2）本罪的客观方面。本罪客观方面表现为非法持有毒品数量较大的行为。所谓非法持有毒品，是指行为人持有毒品时，没有合法的根据，或者说，行为人持有毒品，不是基于法律、法令、法规的规定或允许。如果行为人合法持有毒品，则不构成犯罪，即依法生产、使用、研究毒品的人持有毒品，是正当行为，不构成犯罪。如医生因病人病情的需要而使用毒品的，为使用毒品而持有毒品的，经过有权机关批准从事毒品管理职业的，经过有权机关批准制造毒品后持有毒品或依法运输毒品的，都是合法行为，不构成非法持有毒品罪。所谓持有毒品，也就是行为人对毒品的事实上的支配。持有具体表现为占有、携带、藏有或者以其他方法持有、支配毒品。持有不要求物理上的握有，不要求行为人时时刻刻将毒品握在手中、放在身上或装在口袋里，只要行为人认识到它的存在，能够对之进行管理或者支配，就是持有。持有时并不要求行为人对毒品具有所有权，所有权虽属他人，但事实上置于行为人支配之下时，行为人即持有毒品；行为人是否知道自己具有所有权、所有权人是谁，都不影响持有的成立。此外，持有并不要求直接持有，即第三者介入时，也不影响持有的成立。如行为人认为自己管理毒品不安全，将毒品委托给第三人保管时，行为人与第三者均持有该毒品。持有是一种持续行为，只有当毒品在一定时间内由行为人支配时，才构成持有，至于时间的长短，则并不影响持有的成立，只是一种量刑情节，但如果时间过短，不足以说明行为人事实上支配着毒品时，则不能认为是持有。

非法持有毒品达到一定数量才构成犯罪，即非法持有鸦片200克以上、海洛因或者甲基苯丙胺10克以上或者其他毒品数量大的。

（3）本罪的主体。本罪的主体是一般主体，即任何达到刑事责任年龄且具有刑事责任能力的自然人均可成为本罪主体。

（4）本罪的主观方面。本罪的主观方面为故意，即行为人明知是国家禁止非法持有的毒品而故意持有。如果行为人确实不知道自己持有的是毒品，则不构成本罪。非法持有毒品行为人的动机、目的多种多样，因此，故意的具体内容不限。有人认为，非法持有毒品的行为人主观上必须具有走私、贩卖、运输、制造毒品的意图才构成犯罪。我们认为非法持有毒品罪是针对那些当场查获非法持有数量较大的毒品，行为人拒不说明持有毒品的目的、来源，又没有足够证据证明其犯有走私、贩卖、运输、制造毒品的行为或窝藏毒品的行为，以非法持有毒品罪定罪量刑，如果司法机关能够查明行为人具有走私、贩卖、运输、制造毒品的目的，则其构成走私、贩卖、运输、制造毒品罪。

2. 行为人明知是毒品而进行盗窃、抢夺或抢劫，得手后又非法持有的情形的处理。

首先，要探讨的是盗窃、抢夺或者抢劫毒品的行为能否构成盗窃罪、抢夺罪或者抢劫罪的问题。对此，理论界存在两种观点，一种认为毒品不属于财产，故不构成盗窃罪、抢夺罪或者抢劫罪，如有人认为毒品虽然具有一定的经济价值，但毒品不是法律认可的财物，即非刑法意义上的财物，不能成为抢劫罪的犯罪对象。因此，在未有新立法之前，抢劫毒品数量较大的，可以以非法持有毒品罪从重处罚。① 另一种观点主张应该构成盗窃罪，抢夺罪或者抢劫罪，但阐述的理由各有不同。如有学者主张毒品系违禁品，违禁品本身也是一种财物，其虽为法律禁止，但非任何人都可以任意盗窃、抢夺或抢劫；也有学者主张如果认为盗窃罪、抢夺罪或抢劫罪的犯罪对象不包括毒品，从刑事政策的角度看，不利于打击犯罪。

其次，如果主张盗窃、抢夺或者抢劫毒品的行为能构成盗窃罪、抢夺罪或

---

① 参见林晖：《抢劫毒品不宜认定为抢劫罪》，载《检察日报》2005年1月19日。

者抢劫罪，那这些罪与其后的非法持有毒品的行为如何处理？对此，也有两种观点，一种观点主张应该定盗窃罪、抢夺罪或者抢劫罪一罪，理由是（如果为了自己吸食而）盗窃、抢夺的方法行为与自己吸食的目的行为间是牵连关系，应从一重罪处断，[①] 或认为抢劫毒品后又持有的行为是抢劫行为的必然延伸，属于一种事后不可罚行为。[②] 另一种观点主张应当以盗窃罪、抢夺罪或抢劫罪与非法持有毒品罪实行并罚。[③]

3. 关于非法持有毒品罪持有行为的定性。

（1）如何理解持有？非法持有毒品罪，是指违反国家毒品管制规定，持有一定数量毒品的行为。这里的持有是指占有、携有、藏有或者以其他方式持有毒品的行为。持有具有以下特征：[④] ①持有行为的本质在于持有人对毒品的实际支配和控制；②持有并不要求直接持有，不要求持有人对所持有的毒品随时携带，毒品存在的方式和状态不影响持有的成立；③持有毒品必须不以进行其他毒品犯罪为目的或作为其他犯罪的延续；④持有是一种持续行为，当毒品在一定时间内由行为人支配时，即构成持有，时间的长短，并不影响持有的成立。

（2）非法持有毒品罪与走私、贩卖、运输、制造、窝藏毒品犯罪的关系。行为人在实施走私、贩卖、运输、制造或者窝藏毒品的行为时都会有或长或短的持有毒品的行为，此时，行为人可能分别触犯非法持有毒品罪和走私、贩卖、运输、制造毒品罪或者窝藏毒品罪。由于非法持有毒品行为是走私、贩卖、运输、制造或者窝藏毒品行为的有机组成部分，故持有毒品的行为和走私毒品等行为之间存在法条竞合关系。根据法条竞合“整体法优于部分法”的原则，应当以走私、贩卖、运输、制造毒品罪或者窝藏毒品罪定罪判刑，而不应实行数罪并罚。

结合持有的特征，可以看出非法持有毒品罪是一个补充性的罪名，其犯罪对象包括为行为人所持有，无法查明真实来源和去向的一切毒品。[⑤] 只有当行为人持有数量较大的毒品，既有的证据无法证明其持有是为了走私、贩卖、运输或者窝藏等毒品犯罪的，才有成立非法持有毒品罪的余地。

• 适用指引 •

司法实践中，认定本罪时应注意：

---

① 参见杨聚章、沈福忠主编：《刑法新增罪名研究》，河南人民出版社 1992 年版，第 134 页。

② 参见马超杰、黄军辉：《抢劫毒品如何定罪》，载《人民法院报》2006 年 11 月 7 日。

③ 参见王作富主编：《刑法分则实务研究》（下），中国方正出版社 2003 年版，第 1780 页；欧阳涛、陈泽宪主编：《毒品犯罪及对策》，群众出版社 1993 年版，第 106 页。

④ 王作富主编：《刑法分则实务研究》（下），中国方正出版社 2007 年版，第 1629～1630 页。

⑤ 王作富主编：《刑法分则实务研究》（下），中国方正出版社 2007 年版，第 1628 页。

1. 本罪罪与非罪的界限。根据本条规定，非法持有毒品数量达到一定数量才构成犯罪，如果数量少，情节显著轻微，危害不大的，不认为是犯罪。所谓其他毒品数量较大的，是指除鸦片、海洛因或者甲基苯丙胺以外的毒品，其含量已达到了鸦片、海洛因或者甲基苯丙胺的定罪数量标准。对非法持有毒品的数量未达到上述标准的，不以犯罪论处。

2. 本罪与走私、贩卖、运输、制造毒品罪及窝藏毒品罪的界限。行为人实施走私、贩卖、运输、制造毒品罪、窝藏毒品的行为都是以非法持有为前提的。在司法实践中，有证据能够证实已构成走私、贩卖、运输、制造毒品罪、窝藏毒品罪中的任何一种罪，即以该罪论处，而不应再定非法持有毒品罪。在犯罪分子拒不供认，又无证据认定构成走私、贩卖、运输、制造毒品罪、窝藏毒品罪中任何一种罪的情况下，才能认定其构成非法持有毒品罪。另外，还需注意的是，构成非法持有毒品罪有法定的数量标准，达不到法定标准的只能按违法处理；然而构成走私、贩卖、运输、制造毒品罪、窝藏毒品罪只要有行为即构成犯罪，无需毒品数量达到较大。

3. 本罪与盗窃、抢夺、抢劫罪的界限。行为人在实施盗窃、抢夺、抢劫他人财物时附带获取毒品的，如果来不及清理赃物或不知犯罪所得中有毒品的，应按盗窃罪或抢夺罪或抢劫罪定罪处罚；如果明知获取的赃物中有毒品而非法持有的，应按盗窃罪或抢夺罪或抢劫罪和非法持有毒品罪实行数罪并罚。如果事先明知他人有毒品，而实施盗窃、抢夺、抢劫行为，得手后又非法持有的，应以非法持有毒品罪认定。总之，根据其法律特征划清一罪与数罪的界限。

4. 从犯罪嫌疑人身上搜出的毒品属于运输毒品还是非法持有毒品的问题。《刑法》中运输毒品行为是与走私、贩卖、制造毒品行为排列规定在一起，供选择适用的罪名，其社会危害性也应当与其他三种行为的危害性相当，因此处罚才能一致。只有当运输毒品成为走私、贩卖、制造毒品一个必不可少的中间环节时，也就是说，缺少运输毒品就无法实施走私、贩卖、制造毒品时，运输毒品才具有与走私、贩卖、制造毒品相当的危害性，才可以同罚。而出于其他目的运输毒品时，比如出于吸食、窝藏目的而移动毒品，其行为的社会危害性显然要低于走私、贩卖、制造毒品的危害性，不能认定运输毒品罪。如果将运输的范围任意扩大，就会出现将无罪变为有罪、轻罪变成重罪的现象。勿将动态持有毒品等同于运输毒品。

5. 关于居间介绍买卖毒品的定性。居间介绍买卖毒品的情形一般有三种：一是为贩毒者介绍买主，二是为买主介绍贩毒者，三是兼为贩毒者和买主的居间人。如果居间人具有营利的目的，应当认为上述三种情形下都应成立贩卖毒品罪的共犯。因为，这种情况完全符合了贩卖毒品罪的构成要件；在居间人不具有营利目的时，实施上述三种居间行为一般来说也应该认为构成贩卖毒品罪，因为其客观上实施了贩卖毒品的帮助行为，主观上明知是毒品买卖而决意为之。《全国部分法院审理毒品犯罪案件工作座谈会纪要》（即《大连会议纪要》）中规定：居间介绍买卖毒品的，无论是否获利，均以贩卖毒品罪的共犯论处。

但是，如果行为人是为他人吸食毒品而介绍卖主的，不宜认为构成犯罪。① 因为这种情况下居间人实际上只是对吸毒行为提供帮助，吸毒行为本身不构成犯罪，对其帮助的行为自然也不应构成犯罪。在实践中，有些居间人不仅为吸毒者介绍贩毒者，还无偿代为购买。对于这种情形认为，有证据证明行为人不是以营利为目的，为他人代购仅用于吸食的毒品，毒品数量超过《刑法》第348条规定数量最低标准，对托购者、代购者以非法持有毒品罪定罪。这种见解足资参考。基于此，如果毒品数量没有超过《刑法》第348条规定数量最低标准的，则居间代购人不应构成犯罪。

6. 持有假毒品的行为定性问题。关于对行为人持有假毒品的行为如何定性的问题，在理论界争议不大。一般认为，应该看行为人的主观态度，如果行为人将假毒品误以为毒品而非法持有，无法证明是为走私、贩卖、运输、制造毒品或者窝藏毒品而持有的，应定性为非法持有毒品罪的未遂；如果行为人明知是假毒品而持有的，持有行为本身不构成犯罪。②

第三百四十九条　包庇毒品犯罪分子罪；窝藏、转移、隐瞒毒品、毒赃罪

【法律规定】

• 法律条文 •

《中华人民共和国刑法》

第三百四十九条　包庇走私、贩卖、运输、制造毒品的犯罪分子的，为犯罪分子窝藏、转移、隐瞒毒品或者犯罪所得的财物的，处三年以下有期徒刑、拘役或者管制；情节严重的，处三年以上十年以下有期徒刑。

缉毒人员或者其他国家机关工作人员掩护、包庇走私、贩卖、运输、制造毒品的犯罪分子的，依照前款的规定从重处罚。

犯前两款罪，事先通谋的，以走私、贩卖、运输、制造毒品罪的共犯论处。

---

① 参见王作富主编：《刑法分则实务研究》（下），中国方正出版社2003年版，第1767页。

② 参见王作富主编：《刑法分则实务研究》（下），中国方正出版社2003年版，第1776～1777页；杨聚章、沈福忠主编：《刑法新增罪名研究》，河南人民出版社1992年版，第134页。

• 相关规定 •

《中华人民共和国刑法》

第三百一十条 明知是犯罪的人而为其提供隐藏处所、财物，帮助其逃匿或者作假证明包庇的，处三年以下有期徒刑、拘役或者管制；情节严重的，处三年以上十年以下有期徒刑。

第三百一十二条 明知是犯罪所得及其产生的收益而予以窝藏、转移、收购、代为销售或者以其他方法掩饰、隐瞒的，处三年以下有期徒刑、拘役或者管制，并处或者单处罚金；情节严重的，处三年以上七年以下有期徒刑，并处罚金。

《最高人民法院关于审理毒品犯罪案件适用法律若干问题的解释》（法释〔2016〕8号）

第六条 包庇走私、贩卖、运输、制造毒品的犯罪分子，具有下列情形之一的，应当认定为刑法第三百四十九条第一款规定的“情节严重”：

（一）被包庇的犯罪分子依法应当判处十五年有期徒刑以上刑罚的；

（二）包庇多名或者多次包庇走私、贩卖、运输、制造毒品的犯罪分子的；

（三）严重妨害司法机关对被包庇的犯罪分子实施的毒品犯罪进行追究的；

（四）其他情节严重的情形。

为走私、贩卖、运输、制造毒品的犯罪分子窝藏、转移、隐瞒毒品或者毒品犯罪所得的财物，具有下列情形之一的，应当认定为刑法第三百四十九条第一款规定的“情节严重”：

（一）为犯罪分子窝藏、转移、隐瞒毒品达到刑法第三百四十七条第二款第一项或者本解释第一条第一款规定的“数量大”标准的；

（二）为犯罪分子窝藏、转移、隐瞒毒品犯罪所得的财物价值达到五万元以上的；

（三）为多人或者多次为他人窝藏、转移、隐瞒毒品或者毒品犯罪所得的财物的；

（四）严重妨害司法机关对该犯罪分子实施的毒品犯罪进行追究的；

（五）其他情节严重的情形。

包庇走私、贩卖、运输、制造毒品的近亲属，或者为其窝藏、转移、隐瞒毒品或者毒品犯罪所得的财物，不具有本条前两款规定的“情节严重”情形，归案后认罪、悔罪、积极退赃，且系初犯、偶犯，犯罪情节轻微不需要判处刑罚的，可以免予刑事处罚。

《最高人民法院关于审理洗钱等刑事案件具体应用法律若干问题的解释》（法释〔2009〕15号）

第三条 明知是犯罪所得及其产生的收益而予以掩饰、隐瞒，构成刑法第三百一十二条规定的犯罪，同时又构成刑法第一百九十一条或者第三百四十九条规定的犯罪的，依照处罚较重的规定定罪处罚。

第四条 刑法第一百九十一条、第三百一十二条、第三百四十九条规定的犯罪，应当以上游犯罪事实成立为认定前提。上游犯罪尚未依法裁判，但查证属实的，不影响刑法第一百九十一条、第三百一十二条、第三百四十九条规定的犯罪的审判。

上游犯罪事实可以确认，因行为人死亡等原因依法不予追究刑事责任的，不影响刑法第一百九十一条、第三百一十二条、第三百四十九条规定的犯罪的认定。

上游犯罪事实可以确认，依法以其他罪名定罪处罚的，不影响刑法第一百九十一条、第三百一十二条、第三百四十九条规定的犯罪的认定。

本条所称"上游犯罪"，是指产生刑法第一百九十一条、第三百一十二条、第三百四十九条规定的犯罪所得及其收益的各种犯罪行为。

《全国部分法院审理毒品犯罪案件工作座谈会纪要》（即《大连会议纪要》，法〔2008〕324号）

八、毒品再犯问题

……

因走私、贩卖、运输、制造、非法持有毒品罪被判刑的犯罪分子，在缓刑、假释或者暂予监外执行期间又犯刑法分则第六章第七节规定的犯罪的，应当在对其所犯新的毒品犯罪适用刑法第三百五十六条从重处罚的规定确定刑罚后，再依法数罪并罚。

对同时构成累犯和毒品再犯的被告人，应当同时引用刑法关于累犯和毒品再犯的条款从重处罚。

《最高人民检察院、公安部关于公安机关管辖的刑事案件立案追诉标准的规定（三）》（公通字〔2012〕26号）

第三条 ［包庇毒品犯罪分子案（刑法第三百四十九条）］包庇走私、贩卖、运输、制造毒品的犯罪分子，涉嫌下列情形之一的，应予立案追诉：

（一）作虚假证明，帮助掩盖罪行的；

（二）帮助隐藏、转移或者毁灭证据的；

（三）帮助取得虚假身份或者身份证件的；

（四）以其他方式包庇犯罪分子的。

实施前款规定的行为，事先通谋的，以走私、贩卖、运输、制造毒品罪的共犯立案追诉。

第四条 ［窝藏、转移、隐瞒毒品、毒赃案（刑法第三百四十九条）］为走私、贩卖、运输、制造毒品的犯罪分子窝藏、转移、隐瞒毒品或者犯罪所得的财物的，应予立案追诉。

实施前款规定的行为，事先通谋的，以走私、贩卖、运输、制造毒品罪的共犯立案追诉。

【案例一】

郑某某包庇毒品犯罪分子案①

• 案件事实 •

2008年12月5日，刘某（另案处理）在石某（另案处理）的居间介绍下，在汝南县“东方假日”酒店贩卖毒品“麻古”被当场抓获。后刘某愿戴罪立功，在广州市等地协助抓获了其他犯罪嫌疑人。2008年12月19日，刘某借机脱逃。刘某脱逃后和郑某某取得了联系，郑某某在明知刘某是贩卖毒品的犯罪嫌疑人的情况下和刘某见面，为刘某提供现金500元，帮助刘某逃匿。

• 裁判要旨 •

明知他人是毒品犯罪嫌疑人，仍提供帮助使其逃避法律制裁的，应以包庇毒品犯罪分子罪论处。

• 裁判理由 •

河南省驻马店市汝南县人民法院经审理后认为：被告人郑某某在明知刘某是公安机关正在追捕的贩卖毒品的犯罪分子的情况下向刘某提供现金资助，其行为已构成包庇毒品犯罪分子罪。公诉机关指控被告人郑某某犯包庇毒品犯罪分子罪的事实清楚，证据确实充分，指控罪名成立，本院予以支持。被告人郑某某到案后如实供述了自己的犯罪事实，属于坦白，庭审中认罪态度好，有悔罪表现，可酌定从轻处罚。根据《刑法》第349条第1款之规定，判决如下：被告人郑某某犯包庇毒品犯罪分子罪，判处拘役三个月。

【案例二】

李建波等贩卖毒品、窝藏毒品案②

• 案件事实 •

2010年1月12日，被告人李德龙在李德刚（另案处理）指使下，伙同李勇（另案处理）窜到厦门市集美区灌口镇古逸茶楼，以每克人民币（下同）

---

① 参见河南省汝南县人民法院（2009）汝刑初字第87号。

② 参见《人民司法·案例》2011年第22期。

90 元的价格将净重 49.3 克的毒品海洛因贩卖给林小勇（另案处理）。经鉴定，从上述毒品嫌疑物中检测出海洛因成分，含量为 7.9 克/100 克。

2010 年 1 月 16 日，李德刚与林小勇约定于次日交易毒品海洛因 300 克。同日晚上，李德刚等人在厦门市集美区上塘许村尾社 7 号 104 室内，对拟用于第二天贩卖的毒品海洛因进行加工，被告人李建波在旁观看。期间，李德刚叫被告人李德龙对毒品进行试吸以确定毒品的含量。次日凌晨，李德刚提出要将加工好的海洛因等毒品和加工工具等物品寄存到被告人李建波的暂住处尾社 7 号 208 室，李建波同意。同日 12 时许，被告人李德龙在李德刚的指示下找到被告人李建波，从李建波暂住处将李德刚寄存的毒品及加工工具等物品拿到尾社 7 号 104 室。

2010 年 1 月 17 日 14 时许，被告人李德龙在李德刚的指示下，伙同被告人陈勇超携带毒品海洛因窜到本市集美区灌口镇古逸茶楼。李德龙让陈勇超在楼下等候，同时将欲交易的海洛因、两小包自己吸食的海洛因连同手机一并交由陈勇超保管。之后，李德龙到该茶楼 212 室与林小勇等人商谈，确定交易价格为每克海洛因人民币 100 元，并商定李德龙额外送给林小勇少量零星海洛因。谈妥后，李德龙到楼下从陈勇超处取走毒品交给林小勇，林小勇将毒资 3 万元交给李德龙时，被公安人员当场抓获。等候在楼下的陈勇超亦被抓获。公安现场缴获交易的毒品海洛因 294.8 克和李德龙额外送给林小勇的 2.6 克海洛因，从陈勇超身上搜出净重 1.6 克的海洛因。公安人员随即搜查了厦门市集美区上塘许村尾社 7 号 104 室，当场缴获净重 51.2 克的海洛因及 67.4 克的咖啡因、82.8 克的安定等物品，并抓获李建波。

经鉴定：厦门市集美区灌口镇古逸茶楼 212 室缴获的净重 294.8 克毒品和 2.6 克毒品疑似物，从被告人陈勇超身上缴获的净重 1.6 克毒品疑似物，从厦门市集美区上塘许村尾社 7 号 104 室缴获的净重 51.2 克毒品疑似物，均检出海洛因成分。其中净重 294.8 克毒品海洛含量为 4.0 克/100 克。从厦门市集美区上塘许村尾社 7 号 104 室还缴获 67.4 克毒品疑似物检测出咖啡因成分；该处缴获的浅蓝色药片，净重 31.9 克，白色药片一瓶，净重 50.9 克，从中均检出安定成分。

• 裁判要旨 •

行为人碍于老乡情面，同意贩毒分子将用于贩卖的毒品寄存于自己的暂住处，应根据案件的具体情况认定为窝藏毒品罪。

• 裁判理由 •

福建省厦门市中级人民法院经审理认为，被告人李德龙、陈勇超违反国家对毒品管理的规定，伙同他人共同贩卖毒品，其行为均已构成贩卖毒品罪，系共同犯罪。其中，被告人李德龙贩卖397.9克海洛因、67.4克咖啡因；被告人陈勇超贩卖海洛因294.8克，均属数量大。被告人李德龙、陈勇超共同贩卖海洛因294.8克的共同犯罪中，被告人李德龙携带海洛因到交易现场，直接与买主进行交易，起主要作用，系主犯；被告人陈勇超负责在交易现场楼下保管毒品并等候，在共同犯罪中起次要作用，系从犯，依法应当减轻处罚。被告人李建波明知李德刚贩卖毒品，仍同意李德刚将346克海洛因、67.4克咖啡因及加工毒品的犯罪工具等物寄存在其住处，其行为已构成窝藏毒品罪。公诉机关指控被告人李建波犯贩卖毒品罪不当，应予纠正。根据各被告人在毒品犯罪中的地位、作用及行为的社会危害性，依照《刑法》第347条第1款、第2款第1项、第7款，第349条第1款，第25条第1款，第26条第1款、第4款，第27条，第57条第1款，第55条第1款，第64条之规定，判决：一、被告人李德龙犯贩卖毒品罪，判处无期徒刑，剥夺政治权利终身，并处没收个人全部财产；二、被告人陈勇超犯贩卖毒品罪，判处有期徒刑十二年，剥夺政治权利二年，并处罚金人民币2万元；三、被告人李建波犯窝藏毒品罪，判处有期徒刑三年；四、随案移送的作案工具NOKIA手机、OBEE手机各1部，搅拌机1台，电子秤1台予以没收。

宣判后，福建省厦门市人民检察院提出抗诉。检察院的抗诉理由是，被告人李建波对李德刚等贩卖毒品起了帮助作用，其行为构成贩卖毒品罪，系共同犯罪。一审认定李建波的行为系窝藏毒品罪，属适用法律不当，定性错误。被告人陈勇超亦提出上诉，其上诉理由是，本案不是共同犯罪，其在整个过程中没有贩卖毒品的主观故意，不构成共同贩卖毒品罪。福建省高级人民法院经审理认为，上诉人陈勇超、原审被告人李德龙伙同他人共同贩卖毒品海洛因，均构成贩卖毒品罪。上诉人陈勇超贩卖毒品海洛因294.8克，原审被告人李德龙贩卖397.9克海洛因、67.4克咖啡因，均属数量大。原审被告人李建波应李德刚之要求，同意李德刚将毒品海洛因346克、咖啡因67.4克及加工毒品工具等物寄存在其暂住处，其行为构成窝藏毒品罪。在共同贩卖海洛因294.8克的犯罪中，李德龙携带海洛因到交易现场，直接与买主进行交易，起主要作用，系主犯；陈勇超负责在交易现场楼下保管毒品并等候，在共同犯罪中起次要作用，系从犯，依法应当减轻处罚。本案毒品大量掺假，含量极低，对李德龙、陈勇超、李建波均可酌情从轻处罚。原判认定的事实清楚，证据确实充分，定罪准确，量刑适当，审判程序合法。抗诉、上诉理由均不能成立，不予采纳。裁定驳回抗诉、上诉，维持原判。

【学理分析及适用指引】

• 学理分析 •

1. 包庇毒品犯罪分子罪的构成。包庇毒品犯罪分子罪，是指明知是走私、贩卖、运输、制造毒品的犯罪分子，而向司法机关作假证明掩盖其罪行，或者帮助其毁灭罪证，以使其逃避法律制裁的行为。本罪的构成要件如下：

（1）本罪的客体。本罪侵犯的客体是司法机关同毒品犯罪分子作斗争的正常活动。包庇毒品犯罪分子的社会危害性就在于不仅妨碍了司法机关对毒品犯罪分子的及时惩办，而且这种行为帮助毒品犯罪分子逍遥法外，逃避法律的制裁，使其继续作恶，危害社会，因此，对包庇毒品犯罪分子的犯罪予以惩处是十分必要的。

（2）本罪的客观方面。本罪的客观方面为行为人必须具有对走私、贩卖、运输、制造毒品罪的犯罪分子给予保护，使其逃避法律制裁的行为。这些犯罪分子既包括尚未被抓获而潜逃在外的犯罪分子，也包括已被抓获的已决犯和未决犯。所谓包庇，是指向司法机关作假证明掩盖走私、贩卖、运输、制造毒品的犯罪分子的罪行，或者帮助其毁灭罪证，以使其逃避法律制裁的行为。实践中，如果明知其是公安机关正在追捕的走私、贩卖、运输、制造毒品的案犯，仍向其提供资助或者交通工具，帮助该案犯潜逃的，或者帮助毒品犯罪分子毁灭罪迹，隐匿、转移、销毁罪证等，也都是包庇毒品犯罪分子的行为。尽管包庇毒品犯罪分子手段多种多样，但目的只有一个，那帮助毒品犯罪分子逃避法律的制裁。另外包庇毒品犯罪分子的行为，只能发生在被包庇者实施犯罪之后，并且事先没有通谋，如果事前通谋，事后又包庇的，则属于帮助犯，以共同犯罪论处。事中通谋也属于事先通谋，也应以共同犯罪论处。窝藏走私、贩卖、运输、制造毒品犯罪分子的，也应当按照本罪处罚。

（3）本罪的主体。本罪的主体为一般主体，即凡是达到刑事责任年龄具有刑事责任能力，实施了包庇毒品犯罪分子行为的人，均可构成本罪。国家机关工作人员包庇毒品犯罪分子的应从重处罚。

（4）本罪的主观方面。本罪的主观方面为故意，过失不构成犯罪。行为人的动机多种多样，有的是出于亲友之情，有的是出于哥们义气，有的是出于贪图钱财，无论出于何种动机，只要明知是走私、贩卖、运输、制造毒品的犯罪分子而予以包庇的，均构成本罪。

2. 窝藏、转移、隐瞒毒品、毒赃罪的构成。窝藏、转移、隐瞒毒品、毒赃罪，是指明知是毒品或者毒品犯罪所得的财物而为犯罪分子窝藏、转移、隐瞒的行为。本罪的构成要件如下：

（1）本罪的客体。本罪侵犯的客体是国家对毒品的管制和国家司法机关的正常活动。窝藏毒品、毒赃的行为，不仅帮助犯罪分子隐匿罪证，妨害司法机关的调查取证，使犯罪分子逃避法律的制裁，而且为毒品犯罪分子继续犯罪提供了物质条件。这些毒品可能随时流入社会，危害他人的身心健康。因此，窝藏、转移、隐瞒毒品、毒赃的犯罪行为具有严重的社会危害性，应依法予以惩处。

本罪的犯罪对象是犯罪分子用作犯罪的毒品、毒赃。所谓毒品是指鸦片、海洛因、甲基苯丙胺、吗啡、大麻、可卡因以及国务院规定管制的其他能够使人形成瘾癖的麻醉药品和精神药品。所谓毒赃，是指犯罪分子进行毒品犯罪所得的财物，以及由非法所得获取的收益。非法所得获取的收益，是指利用毒品违法犯罪所得的财物从事孳息或者经营活动所获取的财物，以及有关财产方面的利益，包括金钱，物品，股票，利息，股息，红利，用毒品犯罪所得购置的房地产、经营的工厂、公司等。这些财物必须是毒品犯罪分子进行毒品犯罪所得，如果是其他犯罪所得，可构成掩饰、隐瞒犯罪所得、犯罪所得收益罪。

（2）本罪的客观方面。本罪的客观方面为行为人为走私、贩卖、运输、制造毒品的犯罪分子窝藏、转移、隐瞒毒品、毒赃的行为。所谓窝藏，是指将犯罪分子的毒品、毒赃窝藏在自己的住所或者其他隐蔽的场所，以逃避司法机关的追查。所谓转移，主要是指将犯罪分子的毒品、毒赃从一地转移到另一地，以抗拒司法机关对毒品、毒赃的追缴，帮助犯罪分子逃避法律的制裁，或者便于犯罪分子进行毒品交易等犯罪活动。所谓隐瞒，是指在司法机关询问调查有关犯罪分子的情况时，自己明知犯罪分子的毒品、毒赃藏在何处，而有意对司法机关进行隐瞒。只要行为人实施了其中任一行为，就构成本罪。窝藏的毒品、毒赃，必须是走私、贩卖、运输、制造毒品的犯罪分子的毒品、毒赃。

（3）本罪的主体。本罪的主体为一般主体，即凡是达到刑事责任年龄具有刑事责任能力，实施了窝藏、转移、隐瞒毒品、毒赃行为的人，均可构成本罪。

（4）本罪的主观方面。本罪的主观方面为故意，即行为人明知是用于走私、贩卖、运输、制造的毒品、毒赃而故意予以窝藏、转移、隐瞒，这是区分罪与非罪的标志之一。如果事前有通谋的，则属于共同犯罪中的帮助犯，以共犯论处。

3. 包庇毒品犯罪分子罪的犯罪对象问题。由于《刑法》分则第六章第七节规定的类罪是“走私、贩卖、运输、制造毒品罪”，该类罪包括的具体罪名除了走私、贩卖、运输、制造毒品罪外，还有非法持有毒品罪、强迫他人吸毒品罪等多个罪名，其中，包庇毒品犯罪分子罪的罪状中规定：包庇走私、贩卖、运输、制造毒品的犯罪分子的……由此引发争议，到底包庇毒品犯罪分子罪的犯罪对象是仅指具体罪名走私、贩卖、运输、制造毒品罪的犯罪分子，还是类罪“走私、贩卖、运输、制造毒品罪”所包括的全部具体犯罪的犯罪分子呢？一般认为，该罪的犯罪对象是仅指《刑法》第347条规定的犯罪与犯罪分子，而不是泛指所有的毒品犯罪与毒品犯罪分子。① 也有个别学者主张该罪行为对象为所有的毒品犯罪分子。②

• 适用指引 •

司法实践中，认定本条规定的罪名时应注意：

1. 包庇毒品犯罪分子罪罪与非罪的界限。对包庇毒品犯罪分子的犯罪应综合全案各种情况，如果被包庇的毒品犯罪分子所进行的毒品犯罪情节轻微，毒品数量很小，受刑罚处罚较轻，或不需要追究刑事责任，而且包庇毒品犯罪分子的主观恶性也比较小，那么包庇行为本身社会危害性就小，一般不作为犯罪处罚。在实践中要注意正确区分本罪与知情不举行为的界限。知情不举是指明知是毒品犯罪分子，而不向司法机关检举揭发，但也没有向司法机关作虚假证明，对犯罪分子也不提供积极帮助，表现为消极不作为，这种消极不作为，由于我国法律没有规定知情不举罪，因此，不构成包庇毒品犯罪分子罪。

2. 包庇毒品犯罪分子罪与包庇罪的区别。二者的主要区别在于包庇的对象不同，前者包庇的对象，必须是走私、贩卖、运输、制造毒品的犯罪分子，而后者所包庇的对象，则是除上述犯罪以外的刑事犯罪分子。

3. 包庇毒品犯罪分子罪的罪数问题。行为人多次包庇走私、贩卖、运输、制造毒品犯罪分子的，应当按连续犯处理。③ 行为人一次包庇两个或两个以上的毒品犯罪分子，其中既有走私、贩卖、运输、制造毒品犯罪分子，又有其他毒品犯罪分子的，这一包庇行为既触犯了包庇毒品犯罪分子罪，又触犯了窝藏、包庇罪，这种情形属于想象竞合犯，应按从一重罪处断原则，以包庇毒品犯罪分子罪处罚。④ 如果行为人多次实施包庇行为，既包庇走私、贩卖、运输、制造毒品的犯罪分子，又包庇其他毒品犯罪分子的，前者构成包庇毒品犯罪分子罪，后者构成包庇罪，应当实行数罪并罚。⑤

4. 窝藏毒品罪与走私、贩卖、运输、制造毒品罪的关系。对于二者的关系，主要看窝藏毒品行为人是否与走私、贩卖、运输、制造毒品的犯罪分子有通谋，如果双方有通谋，那么构成共犯关系，均应按走私、贩卖、运输、制造毒品罪一罪定罪处罚，而不实行数罪并罚。原因在于，窝藏毒品的行为是走

---

① 参见张明楷：《刑法学》，法律出版社2007年版，第835页；王作富主编：《刑法分则实务研究》（下），中国方正出版社2003年版，第1783页。

② 参见娄云生：《刑法新罪名集解》，中国检察出版社1994年版，第229页。

③ 参见王作富主编：《刑法分则实务研究》（下），中国方正出版社2003年版，第1787页。

④ 参见李希慧主编：《妨害社会管理秩序罪新论》，武汉大学出版社2001年版，第653页。

⑤ 参见王作富主编：《刑法分则实务研究》（下），中国方正出版社2003年版，第1788页；李希慧主编：《妨害社会管理秩序罪新论》，武汉大学出版社2001年版，第653页。

私、贩卖、运输、制造毒品的行为的有机组成部分，二者是法条竞合关系，在事先有通谋的情况下，窝藏行为人同时触犯了窝藏毒品罪和走私、贩卖、运输、制造毒品罪，按照法条竞合“整体法优于部分法”的理论，应以走私、贩卖、运输、制造毒品罪定罪处罚。如果事先没有通谋，仅仅是帮助毒品犯罪分子窝藏毒品的，才构成窝藏毒品罪，所以该罪也可以说是一项补充罪名。

5. 窝藏毒品罪与非法持有毒品罪的区别。二者在客观上有区别，窝藏毒品罪侵犯的是国家惩治毒品犯罪的正常活动，而非法持有毒品罪侵犯的是国家对毒品的管制秩序。窝藏毒品罪的犯罪对象是其他毒品犯罪分子的毒品，目的在于逃避司法机关的追查；非法持有毒品罪的犯罪对象是行为人所持有的一切毒品，不管毒品的“所有人”是谁。在某些情况下，两罪会发生交叉，即行为人既触犯窝藏毒品罪，也触犯非法持有毒品罪，二者属于法条竞合关系。窝藏毒品的行为必然也是非法持有的行为，但窝藏毒品的行为人在持有行为外，主观上还有为其他犯罪分子窝藏毒品的心理，故在此处适用法条竞合“特殊法优于普通法”的原则，按窝藏毒品罪定罪处罚。

6. 接受以毒品抵债的行为如何定性的问题。对接受以毒品抵债的行为的定性，主要看毒品的去向问题，如果接受人明知道用于抵债的毒品是用于走私、贩卖等毒品犯罪活动的，应当以窝藏毒品罪定罪处罚。如果接受人不知道或者不应当知道用于抵债的毒品是用于走私、贩卖等毒品犯罪活动，而且持有数量较大的，则应当对接受人以非法持有毒品罪定罪处罚。债务人将非法持有的毒品用于抵债，如果用于抵债的毒品数量较大的，接受毒品抵债的行为人也应定非法持有毒品罪。

7. 窝藏、转移、隐瞒毒品、毒赃罪与洗钱罪的关系问题。窝藏、转移、隐瞒毒品、毒赃罪是在没有事先通谋的情况下，行为人明知是毒品或者犯罪所得的财物而为犯罪分子窝藏、转移或者隐瞒的行为，其目的是帮助毒品犯罪分子逃避司法追究。毒品犯罪是洗钱罪的上游犯罪之一，洗钱行为的目的是掩饰、隐瞒犯罪所得及其产生的收益的来源与性质，洗钱罪是破坏金融管理秩序的犯罪。窝藏、转移、隐瞒毒品犯罪所得财物，同时触犯洗钱罪与窝藏、转移、隐瞒毒赃罪或者其他犯罪的，应从一重罪论处。①

8. 窝藏、转移、隐瞒毒品、毒赃罪的罪数问题。本罪系行为方式、犯罪对象双重选择性的罪名，因此，当行为人在一起犯罪中同时实施了窝藏、转移、隐瞒三种行为，或者实施任意两种行为，不实行数罪并罚，而是根据行为人实施的具体行为确定罪名。

---

① 参见《最高人民法院关于审理洗钱等刑事案件具体应用法律若干问题的解释》第3条的规定。

第三百五十条 非法生产、买卖、运输制毒物品罪；走私制毒物品罪

【法律规定】

• 法律条文 •

《中华人民共和国刑法》

第三百五十条 违反国家规定，非法生产、买卖、运输醋酸酐、乙醚、三氯甲烷或者其他用于制造毒品的原料、配剂，或者携带上述物品进出境，情节较重的，处三年以下有期徒刑、拘役或者管制，并处罚金；情节严重的，处三年以上七年以下有期徒刑，并处罚金；情节特别严重的，处七年以上有期徒刑，并处罚金或者没收财产。

明知他人制造毒品而为其生产、买卖、运输前款规定的物品的，以制造毒品罪的共犯论处。

单位犯前两款罪的，对单位判处罚金，并对其直接负责的主管人员和其他直接责任人员，依照前两款的规定处罚。

• 相关规定 •

《最高人民法院关于审理毒品犯罪案件适用法律若干问题的解释》（法释〔2016〕8号）

第七条 违反国家规定，非法生产、买卖、运输制毒物品、走私制毒物品，达到下列数量标准的，应当认定为刑法第三百五十条第一款规定的“情节较重”：

（一）麻黄碱（麻黄素）、伪麻黄碱（伪麻黄素）、消旋麻黄碱（消旋麻黄素）一千克以上不满五千克；

（二）1-苯基-2-丙酮、1-苯基-2-溴-1-丙酮、3，4-亚甲基二氧苯基-2-丙酮、羟亚胺二千克以上不满十千克；

（三）3-氧-2-苯基丁腈、邻氯苯基环戊酮、去甲麻黄碱（去甲麻黄素）、甲基麻黄碱（甲基麻黄素）四千克以上不满二十千克；

（四）醋酸酐十千克以上不满五十千克；

（五）麻黄浸膏、麻黄浸膏粉、胡椒醛、黄樟素、黄樟油、异黄樟素、麦角酸、麦角胺、麦角新碱、苯乙酸二十千克以上不满一百千克；

（六）N-乙酰邻氨基苯酸、邻氨基苯甲酸、三氯甲烷、乙醚、哌啶五十千克以上不满二百五十千克；

（七）甲苯、丙酮、甲基乙基酮、高锰酸钾、硫酸、盐酸一百千克以上不满五百千克；

（八）其他制毒物品数量相当的。

违反国家规定，非法生产、买卖、运输制毒物品、走私制毒物品，达到前款规定的数量标准最低值的百分之五十，且具有下列情形之一的，应当认定为刑法第三百五十条第一款规定的“情节较重”：

（一）曾因非法生产、买卖、运输制毒物品、走私制毒物品受过刑事处罚的；

（二）二年内曾因非法生产、买卖、运输制毒物品、走私制毒物品受过行政处罚的；

（三）一次组织五人以上或者多次非法生产、买卖、运输制毒物品、走私制毒物品，或者在多个地点非法生产制毒物品的；

（四）利用、教唆未成年人非法生产、买卖、运输制毒物品、走私制毒物品的；

（五）国家工作人员非法生产、买卖、运输制毒物品、走私制毒物品的；

（六）严重影响群众正常生产、生活秩序的；

（七）其他情节较重的情形。

易制毒化学品生产、经营、购买、运输单位或者个人未办理许可证明或者备案证明，生产、销售、购买、运输易制毒化学品，确实用于合法生产、生活需要的，不以制毒物品犯罪论处。

第八条 违反国家规定，非法生产、买卖、运输制毒物品、走私制毒物品，具有下列情形之一的，应当认定为刑法第三百五十条第一款规定的“情节严重”：

（一）制毒物品数量在本解释第七条第一款规定的最高数量标准以上，不满最高数量标准五倍的；

（二）达到本解释第七条第一款规定的数量标准，且具有本解释第七条第二款第三项至第六项规定的情形之一的；

（三）其他情节严重的情形。

违反国家规定，非法生产、买卖、运输制毒物品、走私制毒物品，具有下列情形之一的，应当认定为刑法第三百五十条第一款规定的“情节特别严重”：

（一）制毒物品数量在本解释第七条第一款规定的最高数量标准五倍以上的；

（二）达到前款第一项规定的数量标准，且具有本解释第七条第二款第三项至第六项规定的情形之一的；

（三）其他情节特别严重的情形。

第十四条 利用信息网络，设立用于实施传授制造毒品、非法生产制毒物品的方法，贩卖毒品，非法买卖制毒物品或者组织他人吸食、注射毒品等违法犯罪活动的网站、通讯群组，或者发布实施前述违法犯罪活动的信息，情节严重的，应当依照刑法第二百八十七条之一的规定，以非法利用信息网络罪定罪处罚。

实施刑法第二百八十七条之一、第二百八十七条之二规定的行为，同时构成贩卖毒品罪、非法买卖制毒物品罪、传授犯罪方法罪等犯罪的，依照处罚较重的规定定罪处罚。

《最高人民法院、最高人民检察院、公安部关于办理走私、非法买卖麻黄碱类复方制剂等刑事案件适用法律若干问题的意见》（法发〔2012〕12号）

一、关于走私、非法买卖麻黄碱类复方制剂等行为的定性

以加工、提炼制毒物品制造毒品为目的，购买麻黄碱类复方制剂，或者运输、携带、寄递麻黄碱类复方制剂进出境的，依照刑法第三百四十七条的规定，以制造毒品罪定罪处罚。

以加工、提炼制毒物品为目的，购买麻黄碱类复方制剂，或者运输、携带、寄递麻黄碱类复方制剂进出境的，依照刑法第三百五十条第一款、第三款的规定，分别以非法买卖制毒物品罪、走私制毒物品罪定罪处罚。

将麻黄碱类复方制剂拆除包装、改变形态后进行走私或者非法买卖，或者明知是已拆除包装、改变形态的麻黄碱类复方制剂而进行走私或者非法买卖的，依照刑法第三百五十条第一款、第三款的规定，分别以走私制毒物品罪、非法买卖制毒物品罪定罪处罚。

非法买卖麻黄碱类复方制剂或者运输、携带、寄递麻黄碱类复方制剂进出境，没有证据证明系用于制造毒品或者走私、非法买卖制毒物品，或者未达到走私制毒物品罪、非法买卖制毒物品罪的定罪数量标准，构成非法经营罪、走私普通货物、物品罪等其他犯罪的，依法定罪处罚。

实施第一款、第二款规定的行为，同时构成其他犯罪的，依照处罚较重的规定定罪处罚。

二、关于利用麻黄碱类复方制剂加工、提炼制毒物品行为的定性

以制造毒品为目的，利用麻黄碱类复方制剂加工、提炼制毒物品的，依照刑法第三百四十七条的规定，以制造毒品罪定罪处罚。

以走私或者非法买卖为目的，利用麻黄碱类复方制剂加工、提炼制毒物品的，依照刑法第三百五十条第一款、第三款的规定，分别以走私制毒物品罪、非法买卖制毒物品罪定罪处罚。

三、关于共同犯罪的认定

明知他人利用麻黄碱类制毒物品制造毒品，向其提供麻黄碱类复方制剂，为其利用麻黄碱类复方制剂加工、提炼制毒物品，或者为其获取、利用麻黄碱

类复方制剂提供其他帮助的，以制造毒品罪的共犯论处。

明知他人走私或者非法买卖麻黄碱类制毒物品，向其提供麻黄碱类复方制剂，为其利用麻黄碱类复方制剂加工、提炼制毒物品，或者为其获取、利用麻黄碱类复方制剂提供其他帮助的，分别以走私制毒物品罪、非法买卖制毒物品罪的共犯论处。

四、关于犯罪预备、未遂的认定

实施本意见规定的行为，符合犯罪预备或者未遂情形的，依照法律规定处罚。

五、关于犯罪嫌疑人、被告人主观目的与明知的认定

对于本意见规定的犯罪嫌疑人、被告人的主观目的与明知，应当根据物证、书证、证人证言以及犯罪嫌疑人、被告人供述和辩解等在案证据，结合犯罪嫌疑人、被告人的行为表现，重点考虑以下因素综合予以认定：

1. 购买、销售麻黄碱类复方制剂的价格是否明显高于市场交易价格；
2. 是否采用虚假信息、隐蔽手段运输、寄递、存储麻黄碱类复方制剂；
3. 是否采用伪报、伪装、藏匿或者绕行进出境等手段逃避海关、边防等检查；
4. 提供相关帮助行为获得的报酬是否合理；
5. 此前是否实施过同类违法犯罪行为；
6. 其他相关因素。

六、关于制毒物品数量的认定

实施本意见规定的行为，以走私制毒物品罪、非法买卖制毒物品罪定罪处罚的，应当以涉案麻黄碱类复方制剂中麻黄碱类物质的含量作为涉案制毒物品的数量。

实施本意见规定的行为，以制造毒品罪定罪处罚的，应当将涉案麻黄碱类复方制剂所含的麻黄碱类物质可以制成的毒品数量作为量刑情节考虑。

多次实施本意见规定的行为未经处理的，涉案制毒物品的数量累计计算。

七、关于定罪量刑的数量标准

实施本意见规定的行为，以走私制毒物品罪、非法买卖制毒物品罪定罪处罚的，涉案麻黄碱类复方制剂所含的麻黄碱类物质应当达到以下数量标准：麻黄碱、伪麻黄碱、消旋麻黄碱及其盐类五千克以上不满五十千克；去甲麻黄碱、甲基麻黄碱及其盐类十千克以上不满一百千克；麻黄浸膏、麻黄浸膏粉一百千克以上不满一千千克。达到上述数量标准上限的，认定为刑法第三百五十条第一款规定的“数量大”。

实施本意见规定的行为，以制造毒品罪定罪处罚的，无论涉案麻黄碱类复方制剂所含的麻黄碱类物质数量多少，都应当追究刑事责任。

八、关于麻黄碱类复方制剂的范围

本意见所称麻黄碱类复方制剂是指含有《易制毒化学品管理条例》（国务院令第445号）品种目录所列的麻黄碱（麻黄素）、伪麻黄碱（伪麻黄素）、消旋麻黄碱（消旋麻黄素）、去甲麻黄碱（去甲麻黄素）、甲基麻黄碱（甲基麻黄素）及其盐类，或者麻黄浸膏、麻黄浸膏粉等麻黄碱类物质的药品复方制剂。

《最高人民法院、最高人民检察院、公安部关于办理制毒物品犯罪案件适用法律若干问题的意见》（公通字〔2009〕33号）

一、关于制毒物品犯罪的认定

（一）本意见中的“制毒物品”，是指刑法第三百五十条第一款规定的醋酸酐、乙醚、三氯甲烷或者其他用于制造毒品的原料或者配剂，具体品种范围按照国家关于易制毒化学品管理的规定确定。

（二）违反国家规定，实施下列行为之一的，认定为刑法第三百五十条规定的非法买卖制毒物品行为：

1. 未经许可或者备案，擅自购买、销售易制毒化学品的；

2. 超出许可证明或者备案证明的品种、数量范围购买、销售易制毒化学品的；

3. 使用他人的或者伪造、变造、失效的许可证明或者备案证明购买、销售易制毒化学品的；

4. 经营单位违反规定，向无购买许可证明、备案证明的单位、个人销售易制毒化学品的，或者明知购买者使用他人的或者伪造、变造、失效的购买许可证明、备案证明，向其销售易制毒化学品的；

5. 以其他方式非法买卖易制毒化学品的。

（三）易制毒化学品生产、经营、使用单位或者个人未办理许可证明或者备案证明，购买、销售易制毒化学品，如果有证据证明确实用于合法生产、生活需要，依法能够办理只是未及时办理许可证明或者备案证明，且未造成严重社会危害的，可不以非法买卖制毒物品罪论处。

（四）为了制造毒品或者走私、非法买卖制毒物品犯罪而采用生产、加工、提炼等方法非法制造易制毒化学品的，根据刑法第二十二条的规定，按照其制造易制毒化学品的不同目的，分别以制造毒品、走私制毒物品、非法买卖制毒物品的预备行为论处。

（五）明知他人实施走私或者非法买卖制毒物品犯罪，而为其运输、储存、代理进出口或者以其他方式提供便利的，以走私或者非法买卖制毒物品罪的共犯论处。

（六）走私、非法买卖制毒物品行为同时构成其他犯罪的，依照处罚较重的规定定罪处罚。

二、关于制毒物品犯罪嫌疑人、被告人主观明知的认定

对于走私或者非法买卖制毒物品行为，有下列情形之一，且查获了易制毒化学品，结合犯罪嫌疑人、被告人的供述和其他证据，经综合审查判断，可以认定其“明知”是制毒物品而走私或者非法买卖，但有证据证明确属被蒙骗的除外：

1. 改变产品形状、包装或者使用虚假标签、商标等产品标志的；

2. 以藏匿、夹带或者其他隐蔽方式运输、携带易制毒化学品逃避检查的；

3. 抗拒检查或者在检查时丢弃货物逃跑的；

4. 以伪报、藏匿、伪装等蒙蔽手段逃避海关、边防等检查的；

5. 选择不设海关或者边防检查站的路段绕行出入境的；

6. 以虚假身份、地址办理托运、邮寄手续的；

7. 以其他方法隐瞒真相，逃避对易制毒化学品依法监管的。

三、关于制毒物品犯罪定罪量刑的数量标准

（一）违反国家规定，非法运输、携带制毒物品进出境或者在境内非法买卖制毒物品达到下列数量标准的，依照刑法第三百五十条第一款的规定，处三年以下有期徒刑、拘役或者管制，并处罚金：

1. 1 - 苯基 - 2 - 丙酮五千克以上不满五十千克；

2. 3，4 - 亚甲基二氧苯基 - 2 - 丙酮、去甲麻黄素（去甲麻黄碱）、甲基麻黄素（甲基麻黄碱）、羟亚胺及其盐类十千克以上不满一百千克；

3. 胡椒醛、黄樟素、黄樟油、异黄樟素、麦角酸、麦角胺、麦角新碱、苯乙酸二十千克以上不满二百千克；

4. N - 乙酰邻氨基苯酸、邻氨基苯甲酸、哌啶一百五十千克以上不满一千五百千克；

5. 甲苯、丙酮、甲基乙基酮、高锰酸钾、硫酸、盐酸四百千克以上不满四千千克；

6. 其他用于制造毒品的原料或者配剂相当数量的。

（二）违反国家规定，非法买卖或者走私制毒物品，达到或者超过前款所列最高数量标准的，认定为刑法第三百五十条第一款规定的“数量大的”，处三年以上十年以下有期徒刑，并处罚金。

【案例一】

郑会耀制造毒品、非法买卖制毒物品案①

• 案件事实 •

2001年2月初，谢梅军找被告人郑会耀合谋设厂生产摇头丸，并商定由郑会耀出资，谢梅军购买压片机等制毒设备，郑会耀通过“阿瘦”（另案处理）联系到佛山市石湾区澜石镇一厂房。同月7日，谢梅军、郑会耀将压片机、纤维素等制毒设备、原料运到上述厂房时，被公安人员当场抓获。2001年1月，郑会耀在广州市从化区通过“阿威”（另案处理）介绍“阿柏”（另案处理）向萧某某（另案处理）购买了制毒原料胡椒基甲酮2000千克。

• 裁判要旨 •

为制造毒品而非法买卖制毒物品的行为，应以制造毒品罪（预备）论处。

• 裁判理由 •

广东省佛山市中级人民法院经依法审理后认为：被告人郑会耀参与制造毒品，并违反国家规定，非法买卖制毒物品胡椒基甲酮，其行为分别构成制造毒品罪（预备）和非法买卖制毒物品罪，应对其数罪并罚。被告人郑会耀被抓获后，能如实供述司法机关尚未掌握的非法买卖制毒物品的罪行，以自首论，其还协助司法机关抓获犯罪嫌疑人，有重大立功表现，依法应当减轻处罚。被告人郑会耀称其只是介绍他人与谢梅军一起制造摇头丸，并非自己与谢梅军密谋制造。经查，被告人郑会耀在侦查阶段供述，其与谢梅军密谋，并同意出资和找厂房，谢梅军负责购买设备，两人准备到佛山市石湾区澜石镇制造摇头丸时被公安人员抓获。其供述与谢梅军的供述相吻合，故其作出新的辩解，没有事实依据。其辩护人提出的郑会耀在制造毒品（预备）中属从犯的意见也不成立。关于辩护人认为郑会耀犯非法买卖制毒物品罪属未遂的意见，没有充分的证据证实。故判决被告人郑会耀犯制造毒品罪（预备），判处有期徒刑三年，并处罚金人民币3000元；犯非法买卖制毒物品罪，判处有期徒刑二年，并处罚金人民币2000元。总和刑期五年，决定执行有期徒刑四年，并处罚金人民币5000元。缴获的赃款赃物予以没收，由佛山市公安局上缴国库。

---

① 参见广东省佛山市中级人民法院（2001）佛中刑初字第79号。本案例只选取有关郑会耀的相对独立的部分。

【案例二】

谢某某、梁某某走私制毒物品案[①]

• 案件事实 •

2001年11月底，谢某某在越南国开办越南海皇责任有限公司（以下简称海皇公司），从事加工生产虾壳糠、虾壳素。因生产需用大量盐酸，谢某某便与他人商议购船从国内运送盐酸、烧碱到越南。2002年3月，谢某某取得了越南国同意进口22000吨盐酸的批文。2002年5月5日，谢某某经人介绍，从南宁化工股份有限公司购得盐酸55.76吨（货款为8101.88元）。谢某某在该批盐酸未办理任何合法出口手续的情况下，组织、指挥将该批盐酸装上“粤湛江0002号”船。5月18日，该船到达越南国芽庄港，谢某某组织人员将该批盐酸卸载上岸。2002年6月28日，谢某某又经人联系，从南宁化工股份有限公司购得盐酸52.12吨（货款为7572.99元）。后由被告人梁某某组织将该批盐酸装上“粤湛江0002号”船。在未办理任何合法出口手续的情况下，谢某某、梁某某又指使他人将该批盐酸运往越南岘港。6月30日因避风及船舶机器故障等缘故，暂泊海南省洋浦港。7月1日上午10时许被洋浦边防派出所干警查获。2002年7月13日，谢某某指使梁某某经人介绍从广东省肇庆市诚德化工有限公司购得盐酸52.3吨（货款为7599.15元）。该批盐酸装上“合机运386号”船后准备运往越南，因无合法出口手续，被该船船长及船员拒运。后被公安机关查获。

• 裁判要旨 •

行为人将购买的盐酸走私出境用于生产需要，其行为虽具有走私的故意，但其并不了解盐酸属于制毒物品，欠缺走私制毒物品罪的主观故意。若偷逃关税税额较大，以走私普通货物、物品罪论处。

• 裁判理由 •

海南省洋浦经济开发区人民法院审理后认为：根据法律、法规的规定，不能认定盐酸属于易制毒物品，且根据本案事实，不能认定被告人谢某某、梁某某具有走私制毒物品的犯罪故意，谢某某、梁某某并不了解盐酸是否属于制毒物品，且所走私的盐酸系浓度在30%以下的副产盐酸。谢某某、梁某某走私盐酸是为了海皇公司加工生产虾壳素、虾壳糠，并非运到越南进行非法交易，

---

① 参见《中华人民共和国最高人民法院公报》2007年第9期。

更不是为了制造毒品。因此，一审判决被告人谢某某、梁某某无罪。

海南省洋浦经济开发区检察院不服一审判决，向海南省洋浦经济开发区中级人民法院提起抗诉。其主要理由是：（1）一审认定事实部分不清。原审被告人梁某玲参与了2002年5月5日实施的走私盐酸活动，但一审未作认定。（2）一审判决认定原审被告人谢某某、梁某某不具有明知是制毒物品而进行走私的犯罪故意是错误的。（3）一审判决适用法律不正确。

海南省洋浦经济开发区中级人民法院经审理后认为：根据有关证据，可以认定原审被告人梁某某参与了2002年5月5日实施的走私盐酸活动。二审确认了原判认定的其他事实。同时认为：首先，根据法律、行政法规的相关规定，不能认定盐酸属易制毒物品。确定某种物品是否属于制毒物品，应当依据国家相关规定。《刑法》《全国人民代表大会常务委员会关于禁毒的决定》、最高人民法院有关司法解释以及国务院颁布的相关行政法规都没有明确规定盐酸属制毒物品。[①] 综上，不能认定盐酸属制毒物品，亦即不能认定原审被告人谢某某、梁某某走私盐酸的行为构成走私制毒物品罪。其次，依据本案事实，不能认定原审被告人谢某某、梁某某具有走私制毒物品的犯罪故意。经查，原审被告人谢某某、梁某某实施了从国内购买盐酸，然后走私运到越南的用于生产的行为，其行为虽然具有走私的故意，也具有非法牟利的目的，但谢某某、梁某某并不了解盐酸属于制毒物品，可以用来制造毒品，且所走私的盐酸系浓度在30%以下的副产盐酸。

综上，海南省洋浦经济开发区中级人民法院认为抗诉机关的抗诉理由不能成立。此外，虽然谢某某、梁某某实施了走私盐酸的行为，但因其走私货值为人民币15000元左右，偷逃税款不足5万元，故该行为依法不构成走私普通货物、物品罪。据此，海南省洋浦经济开发区中级人民法院于2005年2月17日裁定：驳回抗诉，维持原判。

【学理分析及适用指引】

• 学理分析 •

1. 非法生产、买卖、运输制毒物品罪的构成。非法生产、买卖、运输制毒物品罪，是指违反国家规定，非法生产、买卖、运输醋酸酐、乙醚、三氯甲烷或者其他用于制造毒品的原料或者配剂，情节较重的行为。本罪的构成要件如下：

（1）本罪的客体。本罪侵犯的客体是国家对醋酸酐、乙醚、三氯甲烷或

---

① 2005年8月26日国务院发布的《易制毒化学品管理条例》（国务院令445号）已经将监盐酸列为国家管制的易制毒化学药品。但本案发生在该条例出台前，故本案处理结果并无不当。——编者注

者其他用于制造毒品的原料或者配剂的管制。我国对制毒化学物品实行由国家统一管理制度。我国1989年加入的《联合国禁止非法贩运麻醉药品和精神药品公约》（以下简称《公约》）中第3条第1款规定：明知其用途或目的是生产或制造麻醉药品或精神药品而制造、运输或分销设备、材料或表一和表二所列的物质，各缔约国应采取可能必要的措施将其故意行为确定为国内法中的刑事犯罪。本罪的犯罪对象是国家统一管制的醋酸酐、乙醚、三氯甲烷或者其他用于制造毒品的原料或配剂。至于什么是“其他”，法律没有具体规定，需要国务院有关主管部门参照联合国《公约》作出具体规定。目前，可以参照《公约》附表中所列的几种可用于制造毒品的化学物品，这些物品是麻黄碱、麦角新碱、麦角胺、麦角酸、1－苯基－2－丙酮、伪麻黄碱、醋酸酐、丙酮、邻氨基苯甲酸、乙醚、苯乙醚、哌啶，并规定这些物质可能存在的盐类包括在内。

（2）本罪的客观方面。本罪的客观方面为违反国家有关规定，非法生产、买卖、运输醋酸酐、乙醚、三氯甲烷或者其他用于制造毒品的原料、配剂，或者携带上述物品进出境的行为。本罪是选择性罪名，针对制毒物品这类行为对象，包括四种行为方式：一是非法生产，二是非法买卖，三是非法运输，四是走私（非法进出境），有其中之一即可构成犯罪。所谓违反“国家有关规定”，主要是指1988年《卫生部、外贸部、公安部、海关总署关于对三种特殊化学品实行出口准许证管理的通知》，我国于1989年参加的《联合国禁止非法贩运麻醉药品和精神药物公约》的有关规定，以及《海关法》的有关规定。

（3）本罪的主体。本罪的主体为一般主体，即凡是达到刑事责任年龄，具有刑事责任能力，实施了非法生产、买卖、运输制毒物品的人，均可构成本罪。单位也可成为本罪的主体。

（4）本罪的主观方面。本罪的主观方面为故意，即行为人明知是国家管制的用于制造毒品的原料或者配剂，而非法生产、买卖、运输的行为。如果明知他人制造毒品，而故意为其生产、买卖、运输制毒物品进出境的，则应以制造毒品罪的共犯定罪处罚。另外，明知他人收买上述物品是为了非法运输、携带进出境的，仍向其提供或者出售的，以走私制毒物品罪的共犯论处。

2. 走私制毒物品罪的构成。走私制毒物品罪，是指违反国家规定，携带醋酸酐、乙醚、三氯甲烷或者其他用于制造毒品的原料或者酝剂，进出国（边）境，情节较重的行为。本罪的构成要件如下：

（1）本罪侵犯的客体是国家对制毒物品的管制制度和国家外贸管理制度。

（2）客观方面表现为实施了逃避海关监管，携带醋酸酐、乙醚、三氯甲烷或者其他用于制造毒品的原料或者配剂进出国（边）境，情节较重的行为。

（3）犯罪主体为一般主体。既包括个人也包括单位。

（4）主观方面表现为明知自己携带的是国家明令禁止非法进出境的制毒物品，仍然非法携带进出境的一种心理状态。

• 适用指引 •

司法实践中，认定本条规定的罪名时应注意：

1. 走私制毒物品罪的犯罪对象是制毒物品，是用于制造毒品的原料或配剂，即是用于制毒的化学原料，制毒物品的范围中首先要排除制毒设备、制毒工具。其次，判断醋酸酐、乙醚、三氯甲烷以外的“其他用于制造毒品的原料或者配剂”是否属于制毒物品，应该以国家规定为准。国家规定为制毒物品的，才能被认定为制毒物品。

2. 走私制毒物品罪的主观方面为故意。要求明知携带的是制毒物品且认识到自己是在实施走私的行为。

3. 走私制毒物品罪的罪数问题。行为人一次同时走私的物品既包括制毒物品，又包括毒品或者其他物品的情况，应按数罪并罚处理。但如果行为人一次同时走私两种或者两种以上的制毒物品的，或者行为人走私制毒物品两次或两次以上之后再被抓获或案发的，应按走私制毒物品罪一罪处罚。①

4. 对非法买卖、运输制毒物品的行为的定性，应当考虑非法买卖、运输制毒物品的去向。本罪的主观方面要求是故意，即行为人明知是制毒物品而加以买卖、运输；如果将制毒物品误以为是其他化学物品而加以买卖、运输的，或者受他人欺骗为他人购买，不构成非法买卖、运输制毒物品罪。非法买卖制毒物品罪应以制毒物品实际上转移给买方为既遂，转移制毒物品后行为人是否已经获取利益及获利多少，并不影响既遂的成立。

第三百五十一条　非法种植毒品原植物罪

【法律规定】

• 法律条文 •

《中华人民共和国刑法》

第三百五十一条　非法种植罂粟、大麻等毒品原植物的，一律强制铲除。有下列情形之一的，处五年以下有期徒刑、拘役或者管制，并处罚金：

（一）种植罂粟五百株以上不满三千株或者其他毒品原植物数量较大的；

（二）经公安机关处理后又种植的；

（三）抗拒铲除的。

非法种植罂粟三千株以上或者其他毒品原植物数量大的，处五年以上有期

① 参见李希慧主编：《妨害社会管理秩序罪新论》，武汉大学出版社2001年版，第597页。

徒刑，并处罚金或者没收财产。

非法种植罂粟或者其他毒品原植物，在收获前自动铲除的，可以免除处罚。

• 相关规定 •

《最高人民法院关于审理毒品犯罪案件适用法律若干问题的解释》（法释〔2016〕8号）

第九条 非法种植毒品原植物，具有下列情形之一的，应当认定为刑法第三百五十一条第一款第一项规定的“数量较大”：

（一）非法种植大麻五千株以上不满三万株的；

（二）非法种植罂粟二百平方米以上不满一千二百平方米、大麻二千平方米以上不满一万二千平方米，尚未出苗的；

（三）非法种植其他毒品原植物数量较大的。

非法种植毒品原植物，达到前款规定的最高数量标准的，应当认定为刑法第三百五十一条第二款规定的“数量大”。

【案例】

彭某某非法种植毒品原植物案①

• 案件事实 •

2002年农历8月至9月间，彭某某在巫山县曲尺乡团结村“麦子槽”（小地名）开荒种植罂粟面积0.16亩，种植罂粟共计1600株。2004年10月20日，巫山县公安局发出关于敦促涉毒在逃人员投案自首的公开信。同年10月25日，被告人彭某某主动到巫山县公安局禁毒大队投案，并如实供述了自己的犯罪事实。

• 裁判要旨 •

明知罂粟是毒品原植物而非法种植，且数量较大的，应当以非法种植毒品原植物罪追究刑事责任。

• 裁判理由 •

重庆市巫山县人民法院经审理认为：被告人彭某某违反国家对毒品原植物种植的管理规定，明知罂粟是毒品原植物而非法种植，且数量较大，其行为已

---

① 参见重庆市巫山县人民法院（2005）山刑初字第61号。

构成非法种植毒品原植物罪，公诉机关指控成立。被告人彭某某犯罪后，自动投案，如实供述自己的罪行，是自首。对于自首的犯罪分子，可以从轻处罚。为打击犯罪，维护国家对毒品原植物的管理制度，依照《刑法》第351条第1款第1项，第67条第1款，第72条，第73条第2款、第3款之规定，判决如下：被告人彭某某犯非法种植毒品原植物罪，判处有期徒刑一年，缓刑二年，并处罚金2000元。

【学理分析及适用指引】

• 学理分析 •

非法种植毒品原植物罪，是指明知是罂粟、大麻等毒品原植物而非法种植且数量较大，或者经公安机关处理后又种植，或者抗拒铲除的行为。本罪的构成要件如下：

1. 本罪的客体。本罪侵犯的客体是国家对毒品原植物种植的管制。本罪的对象是毒品原植物，即用来提炼、加工成鸦片、海洛因、甲基苯丙胺、吗啡、可卡因等麻醉药品和精神药品的原植物。我国非法种植毒品原植物的情况，主要是罂粟，少数地区也种植大麻。

2. 本罪的客观方面。本罪的客观方面为行为人实施了违反国家有关法规，非法种植毒品原植物数量较大的，或经公安机关处理后又种植以及抗拒铲除的行为。所谓种植，是指播种、施肥、灌溉、割取津液、收取种子等，不论行为人实施了上述全部行为还是只实施了一种行为，都可视为种植。只要有证据证明行为人确实有种植的行为，即使没有成苗，从面积上估算，达到法条所规定数量的，也构成此罪。

（1）种植数量较大，按照本条规定，种植罂粟500株以上不满3000株即为数量较大，其他毒品原植物数量较大，按照一定比例来认定，一般情况下，大麻250株相当于鸦片500株，大麻1500株相当于鸦片3000株，《最高人民法院关于审理毒品犯罪案件适用法律若干问题的解释》第9条明确规定标准应为“五千株以上不满三万株”。各地可根据本地的实际情况来确定适合本地的标准。

（2）经公安机关处理后又种植的，是指行为人在公安机关予以治安处罚或强制铲除后，又非法种植毒品原植物的，原则上都应以犯罪论处。如再次种植的数量很小，也可以不作为犯罪论处，构成犯罪的情况下，对以前已作过行政处理的毒品原植物的株数不再累计计算。

（3）抗拒铲除，是指非法种植毒品原植物的行为人，采取暴力、暴力相威胁、胁迫或者其他强制手段足以妨碍主管机关铲除毒品的行为，如果采用轻微的抗拒行为，软磨硬泡、言语谩骂等方式不足以妨碍主管机关铲除的，应采用行政处罚的方式，而不应以本罪论处。采用暴力抗拒铲除的行为实质上是妨害公务的行为，我们认为采用暴力、胁迫等其他抗拒方法抗拒铲除，既触犯妨害公务罪，又触犯非法种植毒品原植物罪，属于刑法理论上的牵连犯，从一重罪而断，应按非法种植毒品原植物罪处罚，而不适用数罪并罚。如果使用暴力杀人、重伤的，应数罪并罚。

3. 本罪的主体。本罪的主体为一般主体，即凡是达到刑事责任年龄具有刑事责任能力，实施了非法种植毒品原植物的人，均可构成本罪。

4. 本罪的主观方面。本罪的主观方面为故意，过失不构成本罪。即行为人明知是制造毒品的原植物而非法种植，不论其目的是营利还是满足个人享用，均构成本罪。

• 适用指引 •

司法实践中，认定本罪应注意：非法种植毒品原植物罪在主观要件上表现为明知其所种植的植物是毒品原植物，行为人种植毒品原植物动机的恶劣与否，并不影响本罪的成立。但是如果行为人种植毒品原植物是为了制造毒品，那么，制造毒品的行为与种植毒品原植物的行为之间形成一种牵连关系，应当按照牵连犯“从一重处断”的一般原则，对行为人从一重罪处理。如果与他人通谋，种植毒品原植物以供他人制造毒品所用的，则与他人构成制造毒品罪的共犯。当然，犯罪动机虽然不影响定罪，但它是影响量刑的酌定情节之一，司法机关在裁量刑罚时必须要对此予以考量。

第三百五十二条　非法买卖、运输、携带、持有毒品原植物种子、幼苗罪

【法律规定】

• 法律条文 •

《中华人民共和国刑法》

第三百五十二条　非法买卖、运输、携带、持有未经灭活的罂粟等毒品原植物种子或者幼苗，数量较大的，处三年以下有期徒刑、拘役或者管制，并处或者单处罚金。

• 相关规定 •

《最高人民法院关于审理毒品犯罪案件适用法律若干问题的解释》（法释〔2016〕8号）

第十条　非法买卖、运输、携带、持有未经灭活的毒品原植物种子或者幼

苗，具有下列情形之一的，应当认定为刑法第三百五十二条规定的“数量较大”：

（一）罂粟种子五十克以上、罂粟幼苗五千株以上的；

（二）大麻种子五十千克以上、大麻幼苗五万株以上的；

（三）其他毒品原植物种子或者幼苗数量较大的。

【案例】

强淑元运输毒品、非法运输毒品原植物种子案①

• 案件事实 •

强淑元，为非法牟利，从陕西省勉县购买罂粟壳14500克、罂粟籽6810克，于1997年11月27日非法携带上述物品乘坐汉中至北京的568次旅客列车到达北京西站，在北二出站口被民警查获，其所携带的罂粟壳、罂粟籽被当场查获。公安机关从她身上搜出陕西和返京的火车票及补票收据。案发后，强淑元能如实交代犯罪事实，认罪态度较好。北京铁路公安局将强淑元携带的罂粟籽的样品送农业部蔬菜种子质量监督检验测试中心进行检验，检验结果证明，样品有活力，发芽率为45%，发芽率的田间成活率为20%～30%。

• 裁判要旨 •

为非法牟利，行为人运输、携带罂粟壳与未经灭活的罂粟粒的，分别构成运输毒品罪和非法运输毒品原植物种子罪，应予并罚。

• 裁判理由 •

北京铁路运输法院公开审理后认为：被告人强淑元明知罂粟壳是毒品，仍采用携带的方法运输，同时还采用同样的方法非法运输数量较大的未经灭活的罂粟种子，其行为侵犯了国家对毒品及毒品原植物种子的管理制度，触犯了刑律，已分别构成运输毒品罪和非法运输毒品原植物种子罪，应予并罚。强淑元归案后能如实交代犯罪事实，认罪态度较好，可对其酌情从轻处罚。北京铁路运输检察院起诉指控强淑元犯非法持有毒品罪、非法携带毒品原植物种子罪，因其行为属于运输毒品、非法运输未经灭活的毒品原植物种子，因此，指控的罪名不妥，应予纠正。关于强淑元的辩护人提出的罂粟壳不是毒品以及罂粟籽应鉴定其能否发芽生长的辩护意见，因法律已明确规定罂粟壳是毒品，且检察机关所提供的证据已经证明罂粟种子是能发芽生长的，故此辩护意见不予采

---

① 参见祝铭山主编：《走私、贩卖、运输、制造毒品罪》，中国法制出版社2004年版，第34～38页。

纳。据此，该院依法判决被告人强淑元犯运输毒品罪，判处有期徒刑三年，并处罚金人民币1000元；犯非法运输毒品原植物种子罪，判处有期徒刑二年六个月，并处罚金人民币1000元。决定执行有期徒刑四年，并处罚金人民币2000元。

一审宣判后，被告人强淑元不服，提出上诉。认为：原审判决认定罂粟籽6810克的数量不实，应按鉴定的成活率45%的比例来认定罂粟籽的数量；其携带罂粟壳、罂粟籽乘火车的行为，不是运输行为，而是持有行为；对其携带罂粟壳、罂粟籽乘火车的行为，不应数罪并罚。

北京铁路运输中级法院经过二审审理后认为：上诉人强淑元明知是罂粟壳、罂粟籽而非法运输，且运输的未经灭活的罂粟籽数量较大，其行为已构成运输毒品罪和非法运输毒品原植物种子罪。上诉人归案后能如实交代犯罪事实，认罪态度较好。原审法院认定本案的基本事实清楚，基本证据确实充分，并根据上诉人的犯罪事实、情节、社会危害程度和认罪态度，对其适用法律正确，量刑适当，审判程序合法，应予维持。上诉人提出，原审判决认定罂粟籽6810克数量不实，应按鉴定的成活率45%的比例来认定罂粟籽的数量。经查，上诉人被抓获后，查获未经灭活的罂粟籽为6810克，将罂粟籽按成活率45%折算，无法律依据。上诉人提出，携带罂粟壳、罂粟籽乘火车的行为，不是运输行为而是持有行为。经查，上诉人乘火车将罂粟壳和罂粟籽从汉中带到北京的行为，符合运输的特征，应认定为运输毒品罪和非法运输毒品原植物种子罪。上诉人提出对携带罂粟壳和罂粟籽乘火车的行为不应数罪并罚。经查，上诉人的两种行为触犯了两个不同的罪名，依法应予数罪并罚。据此裁定：驳回上诉，维持原判。

【学理分析及适用指引】

● 学理分析 ●

1. 非法买卖、运输、携带、持有毒品原植物种子、幼苗罪的构成。非法买卖、运输、携带、持有毒品原植物种子、幼苗罪，是指非法买卖、运输、携带、持有未经灭活的毒品原植物种子或者幼苗，数量较大的行为。本罪的构成要件如下：

（1）本罪的客体。本罪侵犯的客体是国家对毒品原植物的管理制度。国家历来对非法种植罂粟、大麻等毒品原植物严厉禁止，并先后发布了一系列的法规、法令和通知。如1978年9月13日国务院颁布施行的《麻醉药品管理条例》（已失效）规定：如果发现私自种植罂粟等违法犯罪行为，要严肃处理。1981年国务院发布《关于重申严禁鸦片烟毒的通知》，1982年7月中共中央、国务院发布《关于禁绝鸦片烟毒问题的紧急通知》，1988年公安部、卫生部又发布《关于查禁非法私种罂粟的通知》。

本罪的对象是未经灭活的毒品原植物种子或者幼苗，毒品原植物是用来提炼、加工成鸦片、海洛因、甲基苯丙胺、吗啡、可卡因等麻醉药品和精神药品的原植物。未经灭活，也就是能存活的，买卖、运输、携带、持有已经灭活的毒品原植物的种子或者幼苗的不构成本罪。

（2）本罪的客观方面。本罪的客观方面为行为人实施了非法买卖、运输、携带、持有毒品原植物种子或者幼苗，数量较大的行为。所谓非法买卖，是指以金钱或者实物作价，非法购买或者出售未经灭活的毒品原植物种子或者幼苗的行为。所谓非法运输，是指未经国家有关部门批准，私自从事未经灭活的罂粟等毒品原植物种子或者幼苗运输的行为，包括国内运输和在国境、边境非法输入输出。所谓非法携带、持有，是指违反国家规定，没有合法的携带权、持有权而占有、携带、藏有或者以其他方式携带、持有未经灭活的罂粟等毒品原植物种子或幼苗的行为。此外，还必须具备数量较大这一要素。

（3）本罪的主体。本罪的主体为一般主体，即凡是达到刑事责任年龄具有刑事责任能力的人，均可构成本罪。

（4）本罪的主观方面。本罪的主观方面为故意，过失不构成本罪。

2. 对“数量较大”的理解。《最高人民法院关于审理毒品犯罪案件适用法律若干问题的解释》第10条规定了非法买卖、运输、携带、持有未经灭活的毒品原植物种子或者幼苗，“数量较大”的具体标准是：罂粟种子50克以上、罂粟幼苗5000株以上的；大麻种子50千克以上、大麻幼苗5万株以上的；其他毒品原植物种子或者幼苗数量较大的。对此，过去有关应以罂粟籽的重量乘以发芽率计算出未经灭活的种子数量，以此作为认定数量较大的标准等主张缺乏法律依据。所以在判断是否“数量较大”时，应综合考虑毒品原植物种子的重量、幼苗数等各方面的情况，来作出判断。对于符合《刑法》第13条规定的“情节显著轻微危害不大的”，不认为是犯罪。

• 适用指引 •

司法实践中，认定本罪应注意：

1. 罪与非罪的界限。非法买卖、运输、携带、持有未经灭活的毒品原植物种子或者幼苗，数量较小的，属违法行为，不构成犯罪，应当由公安机关根据《治安管理处罚法》的有关规定给予治安处罚。

2. 本罪与非法种植毒品原植物罪的界限。两罪的主要区别是犯罪手段不同。前者采用非法买卖、运输、携带和持有的手段，后者则采用非法种植的手段。

3. 非法买卖、运输、携带、持有毒品原植物种子、幼苗罪是选择性罪名，实施其中一个行为的，按实施的行为确定罪名；实施其中数个行为的，也是构成一个罪名，不实行数罪并罚。运输是指使用交通工具将未经灭活的毒品原植物种子或幼苗从一个地方装载运送到另一个地方的行为；携带是指随身带或在其他物品中夹带未经灭活的毒品原植物种子或幼苗的行为；持有是指占有、控制或支配未经灭活的毒品原植物种子或幼苗的行为。①

第三百五十三条 引诱、教唆、欺骗他人吸毒罪；强迫他人吸毒罪

【法律规定】

• 法律条文 •

《中华人民共和国刑法》

第三百五十三条 引诱、教唆、欺骗他人吸食、注射毒品的，处三年以下有期徒刑、拘役或者管制，并处罚金；情节严重的，处三年以上七年以下有期徒刑，并处罚金。

强迫他人吸食、注射毒品的，处三年以上十年以下有期徒刑，并处罚金。

引诱、教唆、欺骗或者强迫未成年人吸食、注射毒品的，从重处罚。

• 相关规定 •

《最高人民法院关于审理毒品犯罪案件适用法律若干问题的解释》（法释〔2016〕8号）

第十一条 引诱、教唆、欺骗他人吸食、注射毒品，具有下列情形之一的，应当认定为刑法第三百五十三条第一款规定的“情节严重”：

（一）引诱、教唆、欺骗多人或者多次引诱、教唆、欺骗他人吸食、注射毒品的；

（二）对他人身体健康造成严重危害的；

（三）导致他人实施故意杀人、故意伤害、交通肇事等犯罪行为的；

（四）国家工作人员引诱、教唆、欺骗他人吸食、注射毒品的；

（五）其他情节严重的情形。

① 参见李希慧主编：《妨害社会管理秩序罪新论》，武汉大学出版社2001年版，第617页。

【案例】

崔某引诱、教唆他人吸毒案①

• 案件事实 •

崔某吸毒之后，于2000年3月上旬在家中诱使张某（男，1983年8月15日生）仿效其吸食毒品。同年3月中旬某夜，崔某携所买的毒品至家住上海市嘉定区的印某（男，1984年1月30日生）家中，对在场的印某、张某和钱某（男，22岁）等人宣扬吸食毒品能治感冒、脚痛等病，会产生“飘”的感觉等，并当场演示吸食毒品的方法，引诱、唆使印某、张某和钱某仿效其吸毒的方法吸食毒品。同年3月至4月间，崔某在方泰镇孙某（男，21岁）家中，以上述相同方法诱使孙某等人吸食毒品。之后，印某、张某、钱某、孙某及倪某某（男，22岁）等人多次凑钱由崔某购买毒品后吸食。公安机关于2000年11月13日将崔某等查获归案。

• 裁判要旨 •

行为人诱惑、宣扬吸毒后的体验及示范吸毒的方法，诱导、唆使多人吸食毒品，构成引诱、教唆他人吸毒罪。被引诱、教唆的人员是否染上毒瘾，不影响本罪既遂的成立。

• 裁判理由 •

上海市嘉定区人民法院经审理后认为：被告人崔某故意用精神方面的诱惑、宣扬吸毒后的所谓体验及示范吸毒的方法等，诱导、唆使多人多次吸食海洛因等毒品，其行为符合《刑法》规定的引诱、教唆他人吸毒罪的犯罪构成，被引诱、教唆的人员尚未发现染上毒瘾，不影响本罪的成立，因此，公诉机关指控被告人崔某犯引诱、教唆他人吸毒罪的事实清楚，证据确实、充分，指控罪名成立。被告人崔某引诱、教唆的人确系其平时一起游玩的同学等年龄相近的人，其犯罪不是出于牟利等目的，且归案后能如实供述，逐步认识到自己行为的危害，有一定的认罪悔罪表现。鉴于被告人崔某引诱、教唆他人吸毒多人多次，且引诱、教唆未成年人吸毒，情节较为严重，还有曾受治安处罚的劣迹，依法应予从重处罚。

据此，法院根据《刑法》第353条第1款、第3款之规定，判决被告人崔某犯引诱、教唆他人吸毒罪，判处有期徒刑三年，并处罚金人民币3000元。

---

① 参见乔宪志主编：《2001年上海法院案例精选》，上海人民出版社2002年版，第625~626页。

【学理分析及适用指引】

• 学理分析 •

1. 引诱、教唆、欺骗他人吸毒罪的构成。引诱、教唆、欺骗他人吸毒罪，是指违反国家禁毒法规，以引诱、教唆、欺骗为手段，促使他人吸食、注射毒品的行为。本罪的构成要件如下：

该罪侵犯的客体是复杂客体，即不仅侵犯了社会治安管理秩序，而且也侵犯了他人身心健康。其引诱、教唆、欺骗的对象是从未吸食、注射过毒品或曾吸食、注射毒品但已戒除的人。犯罪的客观方面表现为，行为人以引诱、教唆、欺骗为手段，促使他人吸食、注射毒品的行为。犯罪的主体系一般主体。犯罪的主观方面只能是故意，即行为人明知是毒品，而有意引诱、教唆、欺骗他人吸食、注射，不管行为人的动机是牟利、报复，还是拉人“下水”，只要实施了上述行为，即构成本罪。本罪属于选择性罪名，在具体认定罪名时，应根据犯罪分子实施行为的具体特征，按照选择性罪名的定罪方法予以认定。

（1）被引诱人、被教唆人是否染上毒瘾对于定罪的影响。首先要探讨的是被引诱人、被教唆人是否染上毒瘾会不会影响本罪的成立。从本罪的法律条款及其立法精神看，成立本罪并不要求判断被引诱人、被教唆人是否染上毒瘾这一要件，即不管被教唆人是否染上毒瘾，并不影响犯罪的成立。其次，该罪是引诱、教唆他人吸毒，被引诱人、被教唆人有吸毒行为即构成既遂，并未要求被教唆人是否染上毒瘾这一要件。当然，如果被引诱人、被教唆人从此染上毒瘾，可以作为“情节严重”的情形，在量刑中予以考量。

（2）构成本罪是否需要被引诱人、被教唆人实际吸食、注射了毒品的问题。对此，有观点主张只要行为人实施了引诱、教唆他人吸食毒品的行为，就构成了本罪的既遂，至于他人是否被引诱吸毒或是否产生了吸毒的意图，不影响既遂形态的成立，但可以作为量刑情节考虑。而占主流的观点认为，如果被教唆人没被引诱、教唆吸毒，不成立犯罪既遂形态，只成立犯罪未遂。① 该学说同时认为，不要求被引诱人、被教唆人实际吸毒作为该罪既遂要件的观点，不符合法律规定，也不符合刑事政策，如果依该观点对行为人加以处罚，未免严苛。

2. 强迫他人吸毒罪的构成。强迫他人吸毒罪，是指违背他人意志，使用暴力、胁迫或者其他强制手段迫使他人吸食、注射毒品的行为。本罪的构成要件如下：

本罪侵犯的客体是社会治安管理秩序和他人的身体健康，属于复杂客体。

---

① 参见王作富主编：《刑法分则实务研究》（下），中国方正出版社 2007 年版，第 1658 ~ 1659 页。

本罪的客观方面为行为违背他人的意志，使用暴力、胁迫或者其他强制手段迫使他人吸食、注射毒品的行为。本罪的主体为一般主体，即凡是达到刑事责任年龄具有刑事责任能力的人，均可构成本罪。本罪的主观方面为故意，过失不构成本罪。

（1）强迫他人吸毒罪的既遂与未遂问题。一般认为，强迫他人吸毒罪是结果犯，只有强迫行为发生了致使他人吸毒的后果，才能构成本罪的既遂，至于他人是否因为被强迫吸毒染上毒瘾，是否受到身心摧残，均不能影响本罪既遂状态的成立。①

（2）强迫他人吸毒致使他人重伤或死亡的情况如何定罪的问题。对此，理论界存在不同见解，一种观点认为，在行为人强迫他人吸食、注射毒品，致人伤害、死亡的情况下，应认定行为人的行为是牵连犯罪，应从一重处罚；另一种观点认为，在行为人强迫他人吸食、注射毒品致人伤害、死亡的情况，应认为行为人的行为是想象竞合，应从重处罚；还有观点认为在行为人强迫他人吸食、注射毒品致人伤害、死亡的情况下，应认为构成数罪，实行数罪并罚。② 但有不少学者主张应具体情况具体分析，③ 如有学者认为本罪中的强迫行为中的暴力强迫手段不包括致人重伤或死亡的内容。如果行为人以致人伤害或者死亡为目的，强迫他人吸毒的，或者在强迫他人吸毒的过程中，对造成他人重伤、死亡的后果持放任态度的，对行为人应定故意伤害罪或故意杀人罪。如果行为人在强迫他人吸毒的过程中，对造成他人重伤、死亡的后果有过失的，应按强迫他人吸毒罪与过失致人重伤罪或过失致人死亡罪择一重处断。如果行为人对这种严重后果没有过失的，一般按本罪（强迫他人吸毒罪）的从重情节定罪量刑。④

• 适用指引 •

司法实践中，认定本条规定的罪名时应注意：

1. 引诱、教唆、欺骗他人吸毒罪。引诱、教唆他人吸毒罪，是指通过各种方法，使没有吸毒愿望的人产生吸毒愿望，或者使吸毒愿望不坚定的人坚定吸毒愿望的行为。本罪的立法意旨在于打击引诱、教唆未吸过毒或者曾经吸过毒但已戒毒的人吸食、注射毒品的行为。有毒瘾者，不能成为本罪的犯罪对象。

2. 强迫他人吸毒罪与非罪的界限。本条对此罪没有规定“情节严重”作为必要要件，也就是说只要实施了强迫他人吸毒的行为，原则上就构成本罪，

---

① 参见王作富主编：《刑法分则实务研究》（下），中国方正出版社2007年版，第632~633页。

② 参见王作富主编：《刑法分则实务研究》（下），中国方正出版社2007年版，第1813页。

③ 参见王作富主编：《刑法分则实务研究》（下），中国方正出版社2007年版，第1813页；李希慧主编：《妨害社会管理秩序罪新论》，武汉大学出版社2001年版，第633~634页。

④ 参见李希慧主编：《妨害社会管理秩序罪新论》，武汉大学出版社2001年版，第633~634页。

而不论被害人是否吸食、注射毒品或吸食、注射毒品成瘾。但实践中并不是任何强迫他人吸毒的行为都构成犯罪，应综合全案的各种情况，根据本法的规定，如果情节显著轻微，危害不大的，不认为是犯罪，可给予行政治安处罚。

3. 强迫他人吸毒罪与引诱、教唆、欺骗他人吸毒罪的界限。强迫他人吸毒与引诱、教唆、欺骗他人吸毒在主体、客体、主观方面相同。区别在于：首先，在客观表现上不同。前者为采取暴力、胁迫等强制性的手段，后者则是用引诱、教唆、欺骗等手段。其次，犯罪对象不同。前者在暴力、胁迫下违心地吸毒，后者在引诱、教唆、欺骗下，由不愿到情愿吸毒。最后，二者在法定刑上是不同的，要严格加以区分，不能造成重罪轻判或轻罪重判的问题。

如果行为人对同一人同时实施了强迫、引诱、教唆、欺骗的手段，造成他人吸毒的后果，我们认为，应择一重罪处罚，定强迫他人吸毒罪；如果行为人对不同的人分别采取上述手段，促使他人吸毒，则分别构成两个罪名，应予以数罪并罚。

4. 本罪认定中的其他问题。如果行为人以故意杀人或者伤害为目的而强迫他人吸毒，构成故意杀人罪或故意伤害罪，强迫他人吸毒仅是杀人或伤害的手段。如果行为人在强迫他人吸毒后，为灭口而杀人，这样行为人就有了两个犯罪故意，两个犯罪行为，符合两个犯罪构成，应以故意杀人罪与强迫他人吸毒罪实行数罪并罚。

行为人强迫他人吸毒，采用暴力手段，如果致人轻伤的，按强迫他人吸毒罪从重处罚。如果使用暴力行为致人重伤或死亡，行为人对重伤或死亡采取的是一种放任的心理态度，应按故意杀人罪（故意伤害罪）从重处罚。

如果行为人强迫他人吸毒后，由于毒量过大，致使被害人重伤或死亡，对被害人重伤或死亡，行为人是一种过失的心理态度，应构成过失致人死亡罪或过失致人重伤罪与强迫他人吸毒罪的想象竞合，应择一重罪处罚。

第三百五十四条　容留他人吸毒罪

【法律规定】

● 法律条文 ●

《中华人民共和国刑法》

第三百五十四条　容留他人吸食、注射毒品的，处三年以下有期徒刑、拘役或者管制，并处罚金。

• 相关规定 •

《最高人民法院关于审理毒品犯罪案件适用法律若干问题的解释》（法释〔2016〕8号）

第十二条 容留他人吸食、注射毒品，具有下列情形之一的，应当依照刑法第三百五十四条的规定，以容留他人吸毒罪定罪处罚：

（一）一次容留多人吸食、注射毒品的；

（二）二年内多次容留他人吸食、注射毒品的；

（三）二年内曾因容留他人吸食、注射毒品受过行政处罚的；

（四）容留未成年人吸食、注射毒品的；

（五）以牟利为目的的容留他人吸食、注射毒品的；

（六）容留他人吸食、注射毒品造成严重后果的；

（七）其他应当追究刑事责任的情形。

向他人贩卖毒品后又容留其吸食、注射毒品，或者容留他人吸食、注射毒品并向其贩卖毒品，符合前款规定的容留他人吸毒罪的定罪条件的，以贩卖毒品罪和容留他人吸毒罪数罪并罚。

容留近亲属吸食、注射毒品，情节显著轻微危害不大的，不作为犯罪处理；需要追究刑事责任的，可以酌情从宽处罚。

《最高人民检察院、公安部关于公安机关管辖的刑事案件立案追诉标准的规定（三）》（公通字〔2012〕26号）

第十一条 ［容留他人吸毒案（刑法第三百五十四条）］提供场所，容留他人吸食、注射毒品，涉嫌下列情形之一的，应予立案追诉：

（一）容留他人吸食、注射毒品两次以上的；

（二）一次容留三人以上吸食、注射毒品的；

（三）因容留他人吸食、注射毒品被行政处罚，又容留他人吸食、注射毒品的；

（四）容留未成年人吸食、注射毒品的；

（五）以牟利为目的的容留他人吸食、注射毒品的；

（六）容留他人吸食、注射毒品造成严重后果或者其他情节严重的。

《最高人民法院、最高人民检察院关于常见犯罪的量刑指导意见（试行）》（法发〔2021〕21号）

四、常见犯罪的量刑

（二十二）容留他人吸毒罪

1. 构成容留他人吸毒罪的，在一年以下有期徒刑、拘役幅度内确定量刑起点。

2. 在量刑起点的基础上，根据容留他人吸毒的人数、次数等其他影响犯罪构成的犯罪事实增加刑罚量，确定基准刑。

3. 构成容留他人吸毒罪的，根据容留他人吸毒的人数、次数、违法所得数额、危害后果等犯罪情节，综合考虑被告人缴纳罚金的能力，决定罚金数额。

4. 构成容留他人吸毒罪的，综合考虑容留他人吸毒的人数、次数、危害后果等犯罪事实、量刑情节，以及被告人主观恶性、人身危险性、认罪悔罪表现等因素，决定缓刑的适用。

【案例】

贾某某容留他人吸毒案[①]

• 案件事实 •

贾某某伙同吸毒人员程某（另案处理）于2005年8月30日12时许，在北京市海淀区四季青板井路口，以人民币200元的价格从贩毒人员袁某某（已判刑）处购买毒品海洛因1包。后贾某某在北京市海淀区四季青板井路附近，在其驾驶的汽车中，容留吸毒人员程某将该毒品海洛因吸食。贾某某于同日13时许，准备再次从袁某某处购买毒品时，被民警当场抓获。到案后，其主动交代了容留程某吸毒的犯罪事实。后贾某某因吸食毒品被北京市人民政府劳动教养管理委员会决定劳动教养一年。贾某某于2006年8月14日，因涉嫌犯容留他人吸毒罪被北京市海淀区人民检察院批准逮捕。后北京市海淀区人民检察院对贾某某以犯容留他人吸毒罪为由提起公诉。

另查明，1996年10月贾某某因犯贩卖毒品罪被判处有期徒刑四年，1999年11月刑满释放。

• 裁判要旨 •

容留他人吸毒罪是否需要"情节严重"的要件以及该罪与引诱、教唆、欺骗他人吸毒罪的界限。

• 裁判理由 •

北京市海淀区人民法院经审理后认为：被告人贾某某为他人吸毒提供场所的行为，已构成容留他人吸毒罪，应予惩处。被告人贾某某曾因犯贩卖毒品罪被判过刑，此次又犯容留他人吸毒罪，本应依法从重处罚，但鉴于被告人贾某某被采取强制措施后能如实交代司法机关尚未掌握的其他行为，是自首，综合

---

① 参见北京市第一中级人民法院（2007）一中刑终字第5号。

考虑，依法对贾某某从轻处罚。故判决被告人贾某某犯容留他人吸毒罪，判处有期徒刑一年六个月，罚金人民币2000元。

一审判决后，贾某某不服，以原判对其量刑过重为由提起上诉。

北京市第一中级人民法院经二审审理查明的事实、证据与一审相同，经审核予以确认。二审法院认为：上诉人贾某某违反毒品管制法规，为他人吸食毒品提供场所，其行为已构成容留他人吸毒罪，依法应予惩处。上诉人贾某某曾因犯贩卖毒品罪被判过刑，此次又犯容留他人吸毒罪，应对其从重处罚。鉴于贾某某此次犯罪系自首，依法可对其从轻处罚。贾某某上诉所提原判对其量刑过重的理由，经查，贾某某曾因毒品犯罪被判处过刑罚，但其不思悔改，又犯容留他人吸毒罪，依法应从重处罚，因贾某某此次犯罪系自首，依法又可对其从轻处罚，原判根据贾某某犯罪的事实和从重、从轻情节，在法律规定的幅度之内对其进行的量刑是适当的，贾某某上诉提出的理由不能成立，应予驳回。原审人民法院根据贾某某犯罪的事实、犯罪的性质、情节和对于社会的危害程度所作出的判决，对其定罪、适用法律正确，量刑及判处罚金的数额适当，审判程序合法，应予维持。据此，驳回贾某某的上诉，维持原判。

【学理分析及适用指引】

• 学理分析 •

1. 容留他人吸毒罪的构成。

（1）本罪的客体。本罪侵犯的客体是社会的正常管理秩序和人们的身心健康。容留他人吸毒，主要指的是人们通常所说的开设地下烟馆或变相烟馆的行为。但近几年来，某些宾馆、饭店、舞厅也成为吸毒的场所，导致吸毒人数上升，因此，必须对为他人吸毒提供场所的行为予以严厉惩处。

（2）本罪的客观方面。本罪的客观方面为行为人实施了容留他人吸毒的行为，所谓容留他人吸毒，是指给吸毒者提供吸毒的场所。既可以是行为人主动提供，也可以是在吸毒者的要求或主动前来时被动提供。既可以是有偿提供，也可以是无偿提供。提供的地点，既可以是自己的住所，也可以是其亲戚朋友或由其指定的其他隐藏的场所，一般则是行为人专门为吸毒者准备的某种比较固定的场所，如利用住宅、居所或租赁他人房屋让他人吸毒，饭店、宾馆、咖啡馆、酒吧、舞厅等营业性场所的经营、服务人员利用经营性场所容留他人吸毒，航空器、轮船、火车、汽车的司机管理人员利用交通工具让他人吸毒等。至于为他人提供吸毒场所的次数、人数以及提供时间的长短，均对本罪的构成毫无影响，即不论容留几人，也不论容留了几次，以及多长时间，都可构成本罪。

（3）本罪的主体。本罪的主体为一般主体，即凡是达到刑事责任年龄具有刑事责任能力的人，均可构成本罪。

（4）本罪的主观方面。本罪的主观方面为故意，过失不构成本罪。构成本罪，一般应以牟利为目的。

2. 关于容留他人吸毒罪罪数问题。对于容留他人吸毒罪的罪数问题，《最高人民法院关于审理毒品犯罪案件适用法律若干问题的解释》第 12 条第 2 款规定：向他人贩卖毒品后又容留其吸食、注射毒品，或者容留他人吸食、注射毒品并向其贩卖毒品，符合前款规定的容留他人吸毒罪的定罪条件的，以贩卖毒品罪和容留他人吸毒罪数罪并罚。除此种情形之外，行为人通过实施引诱、教唆、欺骗他人吸毒行为或者强迫他人吸毒行为，致使他人染上毒瘾，然后又容留他人吸毒的，两者之间没有必然联系，应当分别定容留他人吸毒罪与引诱、教唆、欺骗他人吸毒罪或强迫他人吸毒罪，实行并罚。

● 适用指引 ●

司法实践中，认定本罪应注意：

1. 罪与非罪的界限。如果为他人提供了场所，但是不知道他人吸毒，则不构成容留他人吸毒罪。为他人提供吸毒场所既包括积极主动提供的情形，也包括经他人请求、要求后提供的情形。当然，如果是受到严重胁迫被迫提供吸毒场所的，视情况可以根据紧急避险等法定事由免责。

2. “情节严重”不是容留他人吸毒罪的构成要件。容留他人吸毒罪原则上是行为犯，即只要行为人明知他人吸食、注射毒品而实施了为他人提供场所的行为，就构成本罪，而不论其提供场所的次数多少，或者提供给多少人吸毒，或者其他情节。因此，对于本罪来说，原则上构成犯罪并不需要考虑情节是否严重的问题。实践中，不少被告人辩称其容留他人吸毒的次数很少、吸食的量很小或者吸食的毒品纯度很低等，并以此认为其不构成犯罪，这是没有道理的。当然，“情节严重”虽然不是本罪的构成要件，但是应当在裁量刑罚时加以考量。

3. 容留他人吸毒罪与引诱、教唆、欺骗他人吸毒罪的界限。引诱、教唆、欺骗他人吸毒罪，是指故意使用各种手段，诱使、唆使他人吸食、注射毒品，或者以隐瞒事实真相、制造假象等方法欺骗他人吸食、注射毒品的行为。该罪的行为人不仅采用了引诱、教唆、欺骗手段，而且意图使没有吸毒意愿的人产生吸毒意愿，或者使吸毒意愿不坚定的人坚定其吸毒意愿，或者使不明真相的人吸毒。亦即，该罪所指向的犯罪对象吸毒是被动的或者是不知情的。而容留他人吸毒罪的行为人只是提供场所，他人吸毒完全是自愿的、主动的。如果行为人为了引诱、教唆、欺骗他人吸毒，为他人提供吸毒场所的行为，可以认为提供吸毒场所的行为与引诱、教唆、欺骗他人吸毒的行为之间存在吸收关系，按照重行为吸收轻行为的原则定罪处罚。

第三百五十五条　非法提供麻醉药品、精神药品罪

【法律规定】

• 法律条文 •

《中华人民共和国刑法》

第三百五十五条　依法从事生产、运输、管理、使用国家管制的麻醉药品、精神药品的人员，违反国家规定，向吸食、注射毒品的人提供国家规定管制的能够使人形成瘾癖的麻醉药品、精神药品的，处三年以下有期徒刑或者拘役，并处罚金；情节严重的，处三年以上七年以下有期徒刑，并处罚金。向走私、贩卖毒品的犯罪分子或者以牟利为目的，向吸食、注射毒品的人提供国家规定管制的能够使人形成瘾癖的麻醉药品、精神药品的，依照本法第三百四十七条的规定定罪处罚。

单位犯前款罪的，对单位判处罚金，并对其直接负责的主管人员和其他直接责任人员，依照前款的规定处罚。

• 相关规定 •

《最高人民法院关于审理毒品犯罪案件适用法律若干问题的解释》（法释〔2016〕8号）

第十三条　依法从事生产、运输、管理、使用国家管制的麻醉药品、精神药品的人员，违反国家规定，向吸食、注射毒品的人提供国家规定管制的能够使人形成瘾癖的麻醉药品、精神药品，具有下列情形之一的，应当依照刑法第三百五十五条第一款的规定，以非法提供麻醉药品、精神药品罪定罪处罚：

（一）非法提供麻醉药品、精神药品达到刑法第三百四十七条第三款或者本解释第二条规定的“数量较大”标准最低值的百分之五十，不满“数量较大”标准的；

（二）二年内曾因非法提供麻醉药品、精神药品受过行政处罚的；

（三）向多人或者多次非法提供麻醉药品、精神药品的；

（四）向吸食、注射毒品的未成年人非法提供麻醉药品、精神药品的；

（五）非法提供麻醉药品、精神药品造成严重后果的；

（六）其他应当追究刑事责任的情形。

具有下列情形之一的，应当认定为刑法第三百五十五条第一款规定的“情节严重”：

（一）非法提供麻醉药品、精神药品达到刑法第三百四十七条第三款或者

本解释第二条规定的"数量较大"标准的；

（二）非法提供麻醉药品、精神药品达到前款第一项规定的数量标准，且具有前款第三项至第五项规定的情形之一的；

（三）其他情节严重的情形。

《最高人民检察院法律政策研究室关于安定注射液是否属于刑法第三百五十五条规定的精神药品问题的答复》（〔2002〕高检研发第23号）

根据《精神药品管理办法》等国家有关规定，"能够使人形成瘾癖"的精神药品，是指使用后能使人的中枢神经系统兴奋或者抑制连续使用能使人产生依赖性的药品。安定注射液属于刑法第三百五十五条第一款规定的"国家规定管制的能够使人形成瘾癖的"精神药品。鉴于安定注射液属于《精神药品管理办法》规定的第二类精神药品，医疗实践中使用较多，在处理此类案件时，应当慎重掌握罪与非罪的界限。对于明知他人是吸毒人员而多次向其出售安定注射液，或者贩卖安定注射液数量较大的，可以依法追究行为人的刑事责任。

《最高人民检察院、公安部关于公安机关管辖的刑事案件立案追诉标准的规定（三）》（公通字〔2012〕26号）

第十二条　［非法提供麻醉药品、精神药品案（刑法第三百五十五条）］依法从事生产、运输、管理、使用国家管制的麻醉药品、精神药品的个人或者单位，违反国家规定，向吸食、注射毒品的人员提供国家规定管制的能够使人形成瘾癖的麻醉药品、精神药品，涉嫌下列情形之一的，应予立案追诉：

（一）非法提供鸦片二十克以上、吗啡二克以上、度冷丁（杜冷丁）五克以上（针剂100mg/支规格的五十支以上，50mg/支规格的一百支以上；片剂25mg/片规格的二百片以上，50mg/片规格的一百片以上）、盐酸二氢埃托啡零点二毫克以上（针剂或者片剂20mg/支、片规格的十支、片以上）、氯胺酮、美沙酮二十克以上、三唑仑、安眠酮一千克以上、咖啡因五千克以上、氯氮卓、艾司唑仑、地西泮、溴西泮十千克以上，以及其他麻醉药品和精神药品数量较大的；

（二）虽未达到上述数量标准，但非法提供麻醉药品、精神药品两次以上，数量累计达到前项规定的数量标准百分之八十以上的；

（三）因非法提供麻醉药品、精神药品被行政处罚，又非法提供麻醉药品、精神药品的；

（四）向吸食、注射毒品的未成年人提供麻醉药品、精神药品的；

（五）造成严重后果或者其他情节严重的。依法从事生产、运输、管理、使用国家管制的麻醉药品、精神药品的人员或者单位，违反国家规定，向走私、贩卖毒品的犯罪分子提供国家规定管制的能够使人形成瘾癖的麻醉药品、精神药品的，或者以牟利为目的，向吸食、注射毒品的人提供国家规定管制的能够使人形成瘾癖的麻醉药品、精神药品的，以走私、贩卖毒品罪立案追诉。

《公安部关于在成品药中非法添加阿普唑仑和曲马多进行销售能否认定为制造贩卖毒品有关问题的批复》（公复字〔2009〕1号）

一、阿普唑仑和曲马多为国家管制的二类精神药品。根据《中华人民共和国刑法》第三百五十五条的规定，如果行为人具有生产、管理、使用阿普唑仑和曲马多的资质，却将其掺加在其他药品中，违反国家规定向吸食、注射毒品的人提供的，构成非法提供精神药品罪；向走私、贩卖毒品的犯罪分子或以牟利为目的向吸食、注射毒品的人提供的，构成走私、贩卖毒品罪。根据《中华人民共和国刑法》第三百四十七条的规定，如果行为人没有生产、管理、使用阿普唑仑和曲马多的资质，而将其掺加在其他药品中予以贩卖，构成贩卖、制造毒品罪。

二、在办案中应当注意区别为治疗、戒毒依法合理使用的行为与上述犯罪行为的界限。只有违反国家规定，明知是走私、贩卖毒品的人员而向其提供阿普唑仑和曲马多，或者明知是吸毒人员而向其贩卖或超出规定的次数、数量向其提供阿普唑仑和曲马多的，才可以认定为犯罪。

【学理分析及适用指引】

• 学理分析 •

非法提供麻醉药品、精神药品罪，是指依法从事生产、运输、管理、使用国家管制的麻醉药品、精神药品的人员，违反国家规定，向吸食、注射毒品的人提供国家规定管制的能够使人形成瘾癖的麻醉药品、精神药品的行为。本罪的构成要件如下：

1. 本罪的客体要件。本罪侵犯的客体是国家对麻醉药品、精神药品的管理制度。联合国《麻醉药品单一公约》《精神药物公约》和《禁止非法贩运麻醉药品和精神药物公约》等文件对麻醉药品和精神药物的生产、使用、输出、输入等作了详细的规定。我国对麻醉药品和精神药物的管制是根据我国的实际情况以及参照联合国公约所制定的。

2. 本罪的客观方面表现为违反国家规定，向吸毒者提供国家规定管制的能够使人成瘾的麻醉药品、精神药品。所谓“违反国家规定”是指违反包括国务院《麻醉药品和精神药品管理条例》《麻醉药品生产管理办法（试行）》《麻醉药品和精神药品经营管理办法（试行）》等有关规定。行为人非法提供的对象是吸食、注射毒品的人，如果擅自提供给用于医疗、科研、教学的人以及需要使用麻醉药品、精神药品的病人，尽管违反了法律规定，但不构成本罪。如果行为人明知对方是走私、贩卖毒品的犯罪分子而向其提供的，也不构成本罪，而应以走私、贩卖毒品罪或者其他有关的毒品犯罪共犯论处。

3. 本罪的主体为特殊主体，即依法从事生产、运输、管理、使用国家管制的麻醉药品、精神药品的人员和单位。行为人提供毒品的行为多利用了职务或工作上的便利，即利用了自己从事生产、运输、管理、使用上述药品的职务或工作之便利，如医生、药剂师利用职务之便，违反规定向吸毒的人提供麻醉药品或精神药品。另外，单位也可以成为本罪主体，单位包括生产厂家以及销售、运输、管理、教学科研、医疗等部门。

4. 本罪在主观方面只能是故意，行为人明知其提供毒品的对象是吸食、注射毒品的人，且明知其提供的是国家管制的麻醉药品、精神药品。如果行为人因过失而将毒品提供给他人，造成严重后果的，应以医疗事故罪等追究刑事责任。本罪主观上并无牟利的目的，否则以贩卖毒品罪定罪处罚。

• 适用指引 •

麻醉药品、精神药品在自然属性上具有双重性，一方面它可以作为药物，经合理配制可具有镇静、止痛、催眠等医疗功能，故其成为教学、医疗、实验等方面不可或缺的物品；另一方面，如果对麻醉药品、精神药品加以滥用，会导致产生瘾癖，不可自拔，严重损害人民身心健康。因此，国家对麻醉药品、精神药品实行严格管制，并动用刑法资源打击非法提供麻醉药品、精神药品的行为。在涉及非法提供麻醉药品、精神药品案的处理时，必须要首先界定是属于非法提供麻醉药品、精神药品罪还是贩卖毒品罪。

第三百五十五条之一　妨害兴奋剂管理罪

【法律规定】

• 法律条文 •

《中华人民共和国刑法》

第三百五十五条之一　引诱、教唆、欺骗运动员使用兴奋剂参加国内、国际重大体育竞赛，或者明知运动员参加上述竞赛而向其提供兴奋剂，情节严重的，处三年以下有期徒刑或者拘役，并处罚金。

组织、强迫运动员使用兴奋剂参加国内、国际重大体育竞赛的，依照前款的规定从重处罚。

【学理分析及适用指引】

● 学理分析 ●

为维护体育竞赛的公平竞争，保护运动员的身心健康，以法治手段促进反兴奋剂工作，《刑法修正案（十一）》增设了“妨害兴奋剂管理罪”。妨害兴奋剂管理罪，是指引诱、教唆、欺骗、组织、强迫运动员使用兴奋剂参加国内、国际重大体育竞赛，或者明知运动员参加上述竞赛而向其提供兴奋剂，情节严重的行为。本罪的构成要件是：

1. 本罪的客体。本罪侵犯的客体是国家对兴奋剂的管理制度以及重大体育竞赛公平公正的管理秩序和运动员的健康权。

2. 本罪的客观方面。本罪的客观方面表现为引诱、教唆、欺骗、组织、强迫运动员使用兴奋剂参加国内、国际重大体育竞赛，或者明知运动员参加上述竞赛而向其提供兴奋剂，情节严重的。行为类型具体表现为如下三种情形：一是引诱、教唆、欺骗运动员使用兴奋剂参加国内、国际重大体育竞赛的行为。具体是指以引诱、教唆、欺骗的方法，促使运动员使用兴奋剂目录所列禁用物质参加国内、国际重大体育竞赛的行为或者明知运动员参加国内、国际重大体育竞赛而向其提供兴奋剂目录所列禁用物质，情节严重的行为。司法实践中，只要实施了引诱、教唆、欺骗其中一种行为，就构成本罪。实施两种以上行为的，可以作为选择性罪名，按一罪处罚，但不实行并罚。至于被引诱、教唆、欺骗的运动员使用兴奋剂参加国内、国际重大体育竞赛后，是否取得预期成绩，不影响本罪的成立。二是明知运动员参加国内、国际重大体育竞赛而向其提供兴奋剂的行为。三是组织、策划、指挥运动员使用兴奋剂或者迫使运动员违背本人意愿使用兴奋剂参加国内、国际重大体育竞赛的行为。

3. 本罪的主体为一般主体，主要是运动员辅助人员，即教练员、队医、领队、科研人员等为运动员参加体育竞赛提供帮助、指导、管理的人员。从《刑法》第355条之一的规定及世界反兴奋剂工作惯例来看，使用兴奋剂的运动员本人，通常不是本罪的犯罪主体。

4. 本罪的主观方面是故意，过失不构成本罪。

● 适用指引 ●

1. 关于妨害兴奋剂管理罪与非罪的问题。首先，行为人教唆、引诱、欺骗运动员使用的药品或物质，是否属于国家管制的兴奋剂目录所列禁用物质，如果其提供的并非属于兴奋剂目录所列禁用物质的，不构成本罪。其次，运动员被行为人教唆、引诱、欺骗后使用兴奋剂，参加的赛事是否属于国内、国际重大体育竞赛。再次，构成本条第1款规定的犯罪还需达到“情节严重”的程度。最后，运动员本人使用兴奋剂参加国内、国际重大体育竞赛的行为，由于社会危害性小于本条规定的引诱、教唆、欺骗使用兴奋剂和提供兴奋剂，组织、强迫使用兴奋剂的行为，不作为犯罪处理，但仍然是违法行为，应当依照有关法律法规和体育组织的规定予以处罚。当然，如果运动员参与本条规定的犯罪行为的，应当依法追究刑事责任。

2. 关于妨害兴奋剂管理罪与其他罪的界限问题。

（1）发生重伤、死亡的结果时应具体问题具体分析。司法实践中偶有发生运动员因使用兴奋剂导致重伤甚至死亡的情形，当被组织、强迫或者引诱、教唆、欺骗的运动员因使用兴奋剂而发生重伤、死亡的结果时，处理此类案件时应当注意具体问题具体分析：如果致人死亡、伤残，能够查明行为人没有故意杀人或者故意伤害的心理，而对运动员的死亡和重伤仅有过失的，应当构成过失致人死亡罪、过失致人重伤罪与本条规定犯罪的数罪，择一重罪处罚。但是如果行为人具有故意杀人或者故意伤害的故意，那么组织、强迫使用兴奋剂或者引诱、教唆、欺骗使用兴奋剂的行为，就成为故意杀人和故意伤害的手段，其行为构成故意杀人罪和故意伤害罪。

（2）区分该罪与其他涉兴奋剂犯罪行为的问题。首先，运动员、运动员辅助人员走私兴奋剂目录所列物质，或者其他人员以在体育竞赛中非法使用为目的走私兴奋剂目录所列物质，涉案物质属于国家禁止进出口的货物、物品，具有特定情形的，应当依照《刑法》第151条第3款的规定，以走私国家禁止进出口的货物、物品罪定罪处罚。其次，对未成年人、残疾人负有监护、看护职责的人组织未成年人、残疾人在体育运动中非法使用兴奋剂，具有特定情形的，应当认定为《刑法》第260条之一规定的“情节恶劣”，以虐待被监护、看护人罪定罪处罚。最后，实施有关兴奋剂犯罪行为，涉案物质属于毒品、制毒物品等，构成涉及毒品、制毒物品有关犯罪的，依照相应的规定予以处罚。

第三百五十六条　毒品犯罪的再犯

【法律规定】

• 法律条文 •

《中华人民共和国刑法》

第三百五十六条　因走私、贩卖、运输、制造、非法持有毒品罪被判过刑，又犯本节规定之罪的，从重处罚。

• 相关规定 •

《中华人民共和国刑法》

第六十五条 被判处有期徒刑以上刑罚的犯罪分子，刑罚执行完毕或者赦免以后，在五年以内再犯应当判处有期徒刑以上刑罚之罪的，是累犯，应当从重处罚，但是过失犯罪和不满十八周岁的人犯罪的除外。

前款规定的期限，对于被假释的犯罪分子，从假释期满之日起计算。

《全国法院毒品犯罪审判工作座谈会纪要》（即《武汉会议纪要》，法〔2015〕129 号）

二、关于毒品犯罪法律适用的若干具体问题

（六）累犯、毒品再犯问题

累犯、毒品再犯是法定从重处罚情节，即使本次毒品犯罪情节较轻，也要体现从严惩处的精神。尤其对于曾因实施严重暴力犯罪被判刑的累犯、刑满释放后短期内又实施毒品犯罪的再犯，以及在缓刑、假释、暂予监外执行期间又实施毒品犯罪的再犯，应当严格体现从重处罚。

对于因同一毒品犯罪前科同时构成累犯和毒品再犯的被告人，在裁判文书中应当同时引用刑法关于累犯和毒品再犯的条款，但在量刑时不得重复予以从重处罚。对于因不同犯罪前科同时构成累犯和毒品再犯的被告人，量刑时的从重处罚幅度一般应大于前述情形。

《全国部分法院审理毒品犯罪案件工作座谈会纪要》（即《大连会议纪要》，法〔2008〕324 号）

八、毒品再犯问题

根据刑法第三百五十六条规定，只要因走私、贩卖、运输、制造、非法持有毒品罪被判过刑，不论是在刑罚执行完毕后，还是在缓刑、假释或者暂予监外执行期间，又犯刑法分则第六章第七节规定的犯罪的，都是毒品再犯，应当从重处罚。

因走私、贩卖、运输、制造、非法持有毒品罪被判刑的犯罪分子，在缓刑、假释或者暂予监外执行期间又犯刑法分则第六章第七节规定的犯罪的，应当在对其所犯新的毒品犯罪适用刑法第三百五十六条从重处罚的规定确定刑罚后，再依法数罪并罚。

对同时构成累犯和毒品再犯的被告人，应当同时引用刑法关于累犯和毒品再犯的条款从重处罚。

【案例】

赵某某贩卖毒品案①

• 案件事实 •

赵某某于2006年1月18日15时许，在北京市丰台区向闫某某（另案处理）贩卖毒品1包，后闫某某在北京市西城区双秀公园将其购买的1包毒品向他人贩卖时，被蹲守的民警抓获，民警当场查获交易的毒品，经鉴定系海洛因，净重0.12克。后闫某某表示愿意配合民警抓获赵某某，便再次打电话给赵某某要购买200元人民币的毒品。当日21时许，民警在闫某某的配合下，到赵某某的上述暂住地将赵某某及吸毒人员李某某抓获，并查获毒品5包及毒资200元。经鉴定，查获毒品均系海洛因，净重0.2克。

2006年1月16日，赵某某容留吸毒人员李某某在其上述暂住地吸食毒品海洛因。

另查明，2003年9月，赵某某因犯贩卖毒品罪被判处有期徒刑七个月，罚金人民币3000元，2004年1月刑满释放；2004年9月，因犯贩卖毒品罪被判处有期徒刑一年，罚金人民币3000元，2005年6月刑满释放。

• 裁判要旨 •

毒品再犯与累犯竞合时的法律适用。

• 裁判理由 •

北京市海淀区人民法院经审理后认为：被告人赵某某违反国家对毒品的管理制度，向他人贩卖毒品海洛因，其行为已构成贩卖毒品罪；被告人赵某某在其暂住地容留他人吸食毒品，其行为亦构成容留他人吸毒罪，应与其所犯贩卖毒品罪并罚。北京市海淀区人民检察院指控被告人赵某某犯贩卖毒品罪、容留他人吸毒罪的罪名成立。庭审中，被告人赵某某辩解其未向他人贩卖毒品，从其暂住地查获的毒品是用于自己吸食的，也未容留他人吸食毒品。从本案的证据看，证人闫某某、李某某的证言，分别证实被告人赵某某有贩卖毒品及容留他人吸食毒品的行为，被告人赵某某在公安机关也作过相应的供述，供证相符。故被告人赵某某的上述辩解与本案证据不符，不予采信。被告人赵某某曾因犯贩卖毒品罪被判处有期徒刑，刑满释放后又犯贩卖毒品罪及容留他人吸毒

---

① 参见北京市第一中级人民法院（2006）一中刑终字第2298号刑事裁定书。因本案发生在2008年前，《全国部分法院审理毒品犯罪案件工作座谈会纪要》尚未发布，故并无不当，特此说明。

罪，系再犯，依法应对其从重处罚。依照《刑法》第347条第1款、第4款，第354条，第356条，第69条，第53条之规定，判决如下：被告人赵某某犯贩卖毒品罪，判处有期徒刑二年六个月，罚金人民币4000元；犯容留他人吸毒罪，判处有期徒刑一年，罚金人民币2000元；决定执行有期徒刑三年，罚金人民币6000元。一审宣判后被告人赵某某不服，提起上诉。北京市第一中级人民法院驳回上诉人赵某某的上诉，维持原判。

【学理分析及适用指引】

• 学理分析 •

1. 毒品再犯的构成条件。根据《刑法》第356条的规定，构成毒品犯罪再犯的，必须同时具备以下条件：

（1）罪质条件，要求前后犯罪均应为毒品犯罪，且前罪仅限定于第347条（走私、贩卖、运输、制造毒品罪）和第348条（非法持有毒品罪）这两个条款所规定的两个罪名五种毒品犯罪行为，而后罪则较为广泛，可以是《刑法》分则第六章第七节的任一罪名（具体为本节12个毒品犯罪罪名）。

（2）前提条件，要求前罪“被判过刑”。即构成毒品再犯的前提条件是被告人因犯走私、贩卖、运输、制造、非法持有毒品罪已被人民法院依法定罪判刑且该裁判已经生效。“被判过刑”也是构成毒品再犯在刑度方面的要求。“被判过刑”既可以是被判过实刑，也可以是被判过缓刑；既可以是无期徒刑、死刑缓期二年执行，也可以是有期徒刑、拘役和管制甚至仅判处罚金等附加刑。故此，如下情形不属于“被判过刑”而不存在毒品再犯的前提：①被告人曾犯走私、贩卖、运输、制造、非法持有毒品罪，但被人民检察院依法不起诉或者被人民法院判决有罪但依法免予刑罚的；②前罪判决为一审判决，在法定上诉期内或者在二审期间，被告人又犯毒品犯罪的。

（3）时间条件。《刑法》第356条对后罪的发生时间规定为在前罪“被判过刑”后，即前罪判决生效之日起任何时候再犯毒品犯罪的，均成立毒品再犯。可见前后罪的时间间隔并无任何限制。

（4）主体条件。毒品再犯的主体既可以是达到刑事责任年龄、具备刑事责任能力的自然人，也可以是单位。这是因为第356条前罪中的“走私、贩卖、运输、制造毒品罪”及其他毒品犯罪中有不少是单位可以构成的。此处需要探讨的是，未满18周岁的人是否适用第356条的规定？由于《刑法》第356条并未明文规定不满18周岁的人不构成毒品再犯。因此，对于不满18周岁的人能否适用毒品再犯制度，就是值得探讨的问题。我们认为，累犯和毒品再犯虽然都属于法定的从重处罚情节，但综合对比来看，法律对毒品再犯的处罚或者与累犯相当，或者比累犯轻，基于当然解释，本着举重以明轻的原则，既然未满18周岁的人不构成累犯，那么也不构成比累犯相比较轻的毒品再犯。即不满18周岁的人不适用《刑法》第356条关于毒品再犯从重处罚的规定，毒品再犯的主体应当是已满18周岁以上、具备刑事责任能力的自然人或者单位。①

2. 毒品再犯与累犯的竞合适用问题。对于《刑法》第356条有关毒品再犯的规定与《刑法》第65条有关一般累犯的规定之间发生竞合时，应该如何处理的问题，虽然《全国法院审理毒品犯罪案件工作座谈会纪要》曾对此作出了规定，可供司法实践参考适用，但是理论界对此看法并不一致，主要有以下两个方面：

（1）在二者发生竞合时应适用哪一条文的问题。一种观点认为应当适用毒品再犯的规定，② 理由主要是《刑法》在总则中规定累犯制度，而在分则中规定毒品再犯制度，且毒品再犯规定是针对毒品犯罪这一特定犯罪的，因此，《刑法》规定毒品再犯的条款是特殊条款，规定累犯的条款是一般条款，根据特殊法优于一般法的规定，在二者发生竞合时应适用有关毒品再犯的条款；另一种观点主张在毒品犯罪人既符合累犯规定又符合毒品再犯规定时，应当适用《刑法》有关累犯的规定，只有当不符合累犯规定时才适用毒品再犯的规定。③理由主要是认为《刑法》有关累犯的条款是“重法”，有关毒品再犯条款是“轻法”，根据法条竞合时适用重法优于轻法的原则，应当适用有关累犯的规定等等。对此问题，2008年的《全国部分法院审理毒品犯罪案件工作座谈会纪要》（即《大连会议纪要》）规定，二者并不相互冲突，应同时引用总则累犯的条款与分则毒品再犯的条款，当然，这不意味此时重复评价或两次从重处罚，而是解决了依法从重之后，对被告人不得适用缓刑和假释之目的。

（2）毒品再犯能否适用缓刑、假释的问题。主张在有关累犯和毒品再犯的条款发生竞合时应适用累犯条款的学者，自然主张这种情况下对毒品犯罪分子不得适用缓刑和假释。有学者主张在竞合时应适用毒品再犯条款，但又认为对这种毒品再犯不得适用缓刑、假释，理由有二：一是《刑法》有关毒品再犯的规定仅解决了法条适用的问题，由此并不能推导出否定《刑法》第56条累犯的规定，更没有否定《刑法》对累犯不得适用缓刑和假释的规定；二是认为毒品再犯主观恶性相对较深，难以符合缓刑的确实不至于再危害社会的适

---

① 参见袁登明：《毒品再犯制度适用问题研究》，载《法律适用》2014年第9期。

② 参见高秀东、孟庆华：《再犯与毒品再犯的刑事责任问题探讨》，载《南都学刊（人文社会科学学报）》2007年第2期；沈解平、朱铁军：《多个“从重处罚”量刑情节该如何适用》，载《刑事法判解研究》2005年第1期。

③ 参见王洪平：《“毒品再犯”不同于累犯》，载《检察日报》2004年9月9日；卢雪华：《毒品再犯与累犯竞合时该如何适用法律》，载《检察日报》2008年6月11日第3版。

用条件。[①] 理论界也有观点认为在竞合时适用毒品再犯条款，对犯罪人可以适用缓刑、假释。[②] 对于此问题，我们认为，根据 2008 年《大连会议纪要》的规定，其实此困惑已经迎刃而解了，即若符合累犯的毒品再犯，当然不能适用缓刑和假释；若不符合累犯条件的毒品再犯，依法从重之后，仍可依法适用缓刑或者假释。2015 年《全国法院毒品犯罪审判工作座谈会纪要》（即《武汉会议纪要》）对此予以了明确：对于因同一毒品犯罪前科同时构成累犯和毒品再犯的被告人，在裁判文书中应当同时引用《刑法》关于累犯和毒品再犯的条款，但在量刑时不得重复予以从重处罚。

• 适用指引 •

司法实践中，认定毒品再犯时应注意：

1. 毒品犯罪再犯与一般累犯的区别。从上文所述毒品犯罪再犯的构成要件看，毒品犯罪再犯与一般累犯有相同的地方，也有区别。二者相同之处在于：后罪都是发生在前罪刑罚已执行完毕或者赦免后；前罪与后罪都是故意犯罪；都应当从重处罚。毒品犯罪再犯与一般累犯的区别在于：

（1）前罪与后罪的罪名限制不同。毒品犯罪再犯的前罪只能是走私、贩卖、运输、制造或者非法持有毒品罪，而后罪是任一毒品犯罪；一般累犯的前罪与后罪只是排除过失犯罪，对故意犯罪的罪名没有限制。

（2）前罪与后罪的时间间隔不同。构成毒品犯罪再犯没有时间限制，前罪刑罚已执行完毕或者赦免以后任何时候再犯任一毒品犯罪的，都构成再犯；而构成累犯的后罪必须发生在前罪刑罚执行完毕或者赦免后的 5 年内。

（3）前罪与后罪的刑罚要求不同。毒品犯罪再犯的构成对前罪与后罪的刑罚没有特殊要求；构成累犯要求前罪与后罪都必须是有期徒刑以上。

（4）法律后果不完全相同。尽管二者都要从重处罚，但《刑法》规定累犯不适用缓刑和假释；毒品犯罪再犯没有这种法律规定，能否适用缓刑或假释，还要看是否符合缓刑和假释的条件。

2. 毒品再犯与一般累犯竞合时的适用规则。基于罪责刑相适应原则的考量、《刑法》第 356 条的规定及上述最高人民法院关于毒品犯罪的相关指导性文件，认定二者的基本规则可以如下考虑：

（1）毒品再犯若同时符合累犯构成条件的，同时引用《刑法》关于累犯和毒品再犯的条款从重处罚，但并不意味着需要分别依据第 65 条和第 356 条

---

① 参见高秀东、孟庆华：《再犯与毒品再犯的刑事责任问题探讨》，载《南都学刊（人文社会科学学报）》2007 年第 2 期。

② 参见彭峰：《我国特别再犯制度及其立法完善》，载《湖北大学学报（哲学社会科学版）》2003 年第 2 期。

从重处罚，而应仅能从重处罚一次。在对其依法从重处罚之后，对该毒品犯罪不能适用缓刑、不能适用假释。此时，需要明确的是依据累犯从重还是依据毒品再犯从重处罚。虽然在立法层面上累犯与毒品再犯均属于法定的从重处罚情节，难以区分孰轻孰重，但是在司法实践层面，根据《最高人民法院、最高人民检察院关于常见犯罪的量刑指导意见（试行）》，累犯可以增加基准刑的10%～40%，且一般不少于3个月；而对于毒品再犯，可以增加基准刑的10%～30%。两者相比较，累犯对于被告人从重的程度则要略过于毒品再犯。基于对毒品犯罪从严惩治的刑事政策，对于毒品再犯，即便其不符合累犯条件的，也应当从重处罚，那么，对于同时符合累犯条件的毒品再犯则更应从重处罚，且应高于前者。故我们认为，对于累犯与毒品再犯竞合而决定从重量刑时，应当采取就高不就低的原则，即择其影响基准刑幅度较重者（如多为累犯）适用。①

（2）毒品再犯若不符合累犯构成条件的，则直接适用第356条毒品再犯从重处罚即可。此时对被告人从重处罚后，依法仍存在适用缓刑或者假释的可能。

第三百五十七条　毒品的概念、范围及其数量计算

【法律规定】

• 法律条文 •

《中华人民共和国刑法》

第三百五十七条　本法所称的毒品，是指鸦片、海洛因、甲基苯丙胺（冰毒）、吗啡、大麻、可卡因以及国家规定管制的其他能够使人形成瘾癖的麻醉药品和精神药品。

毒品的数量以查证属实的走私、贩卖、运输、制造、非法持有毒品的数量计算，不以纯度折算。

• 相关规定 •

《全国法院毒品犯罪审判工作座谈会纪要》（即《武汉会议纪要》，法〔2015〕129号）

二、关于毒品犯罪法律适用的若干问题

（三）毒品数量认定问题

走私、贩卖、运输、制造、非法持有两种以上毒品的，可以将不同种类的

---

① 参见袁登明：《毒品再犯制度适用问题研究》，载《法律适用》2014年第9期。

毒品分别折算为海洛因的数量，以折算后累加的毒品总量作为量刑的根据。对于刑法、司法解释或者其他规范性文件明确规定了定罪量刑数量标准的毒品，应当按照该毒品与海洛因定罪量刑数量标准的比例进行折算后累加。对于刑法、司法解释及其他规范性文件没有规定定罪量刑数量标准，但《非法药物折算表》规定了与海洛因的折算比例的毒品，可以按照《非法药物折算表》折算为海洛因后进行累加。对于既未规定定罪量刑数量标准，又不具备折算条件的毒品，综合考虑其致瘾癖性、社会危害性、数量、纯度等因素依法量刑。在裁判文书中，应当客观表述涉案毒品的种类和数量，并综合认定为数量大、数量较大或者少量毒品等，不明确表述将不同种类毒品进行折算后累加的毒品总量。

对于未查获实物的甲基苯丙胺片剂（俗称“麻古”等）、MDMA 片剂（俗称“摇头丸”）等混合型毒品，可以根据在案证据证明的毒品粒数，参考本案或者本地区查获的同类毒品的平均重量计算出毒品数量。在裁判文书中，应当客观表述根据在案证据认定的毒品粒数。

对于有吸毒情节的贩毒人员，一般应当按照其购买的毒品数量认定其贩卖毒品的数量，量刑时酌情考虑其吸食毒品的情节；购买的毒品数量无法查明的，按照能够证明的贩卖数量及查获的毒品数量认定其贩毒数量；确有证据证明其购买的部分毒品并非用于贩卖的，不应计入其贩毒数量。

办理毒品犯罪案件，无论毒品纯度高低，一般均应将查证属实的毒品数量认定为毒品犯罪的数量，并据此确定适用的法定刑幅度，但司法解释另有规定或者为了隐蔽运输而临时改变毒品常规形态的除外。涉案毒品纯度明显低于同类毒品的正常纯度的，量刑时可以酌情考虑。

制造毒品案件中，毒品成品、半成品的数量应当全部认定为制造毒品的数量，对于无法再加工出成品、半成品的废液、废料则不应计入制造毒品的数量。对于废液、废料的认定，可以根据其毒品成分的含量、外观形态，结合被告人对制毒过程的供述等证据进行分析判断，必要时可以听取鉴定机构的意见。

《全国部分法院审理毒品犯罪案件工作座谈会纪要》（即《大连会议纪要》，法〔2008〕324 号）

五、毒品含量鉴定和混合型、新类型毒品案件处理问题

鉴于大量掺假毒品和成分复杂的新类型毒品不断出现，为做到罪刑相当、罚当其罪，保证毒品案件的审判质量，并考虑目前毒品鉴定的条件和现状，对可能判处被告人死刑的毒品犯罪案件，应当根据最高人民法院、最高人民检察院、公安部 2007 年 12 月颁布的《办理毒品犯罪案件适用法律若干问题的意见》，作出毒品含量鉴定；对涉案毒品可能大量掺假或者系成分复杂的新类型毒品的，亦应当作出毒品含量鉴定。

对于含有二种以上毒品成分的毒品混合物，应进一步作成分鉴定，确定所含的不同毒品成分及比例。对于毒品中含有海洛因、甲基苯丙胺的，应以海洛因、甲基苯丙胺分别确定其毒品种类；不含海洛因、甲基苯丙胺的，应以其中毒性较大的毒品成分确定其毒品种类；如果毒性相当或者难以确定毒性大小的，以其中比例较大的毒品成分确定其毒品种类，并在量刑时综合考虑其他毒品成分、含量和全案所涉毒品数量。对于刑法、司法解释等已规定了量刑数量标准的毒品，按照刑法、司法解释等规定适用刑罚；对于刑法、司法解释等没有规定量刑数量标准的毒品，有条件折算为海洛因的，参照国家食品药品监督管理局制定的《非法药物折算表》，折算成海洛因的数量后适用刑罚。

对于国家管制的精神药品和麻醉药品，刑法、司法解释等尚未明确规定量刑数量标准，也不具备折算条件的，应由有关专业部门确定涉案毒品毒效的大小、有毒成分的多少、吸毒者对该毒品的依赖程度，综合考虑其致瘾癖性、戒断性、社会危害性等依法量刑。因条件限制不能确定的，可以参考涉案毒品非法交易的价格因素等，决定对被告人适用的刑罚，但一般不宜判处死刑立即执行。

《最高人民检察院法律政策研究室关于安定注射液是否属于刑法第三百五十五条规定的精神药品问题的答复》（〔2002〕高检研发第23号）

根据《精神药品管理办法》等国家有关规定，“能够使人形成瘾癖”的精神药品，是指使用后能使人的中枢神经系统兴奋或者抑制连续使用能使人产生依赖性的药品。安定注射液属于刑法第三百五十五条第一款规定的“国家规定管制的能够使人形成瘾癖的”精神药品。鉴于安定注射液属于《精神药品管理办法》规定的第二类精神药品，医疗实践中使用较多，在处理此类案件时，应当慎重掌握罪与非罪的界限。对于明知他人是吸毒人员而多次向其出售安定注射液，或者贩卖安定注射液数量较大的，可以依法追究行为人的刑事责任。

《最高人民法院、最高人民检察院、公安部关于办理毒品犯罪案件适用法律若干问题的意见》（公通字〔2007〕84号）

四、关于死刑案件的毒品含量鉴定问题

可能判处死刑的毒品犯罪案件，毒品鉴定结论中应有含量鉴定的结论。

《公安部关于认定海洛因有关问题的批复》（公禁毒〔2002〕236号）

一、海洛因是以“二乙酰吗啡”或“盐酸二乙酰吗啡”为主要成分的化学合成的精制鸦片类毒品，“单乙酰吗啡”和“单乙酰可待因”是只有在化学合成海洛因过程中才会衍生的化学物质，属于同一种类的精制鸦片类毒品。海洛因在运输、贮存过程中，因湿度、光照等因素的影响，会出现“二乙酰吗啡”自然降解为“单乙酰吗啡”的现象，即“二乙酰吗啡”含量呈下降趋势，“单乙酰吗啡”含量呈上升趋势，甚至出现只检出“单乙酰吗啡”成分而未检

出"二乙酰吗啡"成分的检验结果。因此，不论是否检出"二乙酰吗啡"成分，只要检出"单乙酰吗啡"或"单乙酰吗啡和单乙酰可待因"的，根据化验部门出具的检验报告，均应当认定送检样品为海洛因。

二、根据海洛因的毒理作用，海洛因进入吸毒者的体内代谢后，很快由"二乙酰吗啡"转化为"单乙酰吗啡"，然后再代谢为吗啡。在海洛因滥用者或中毒者的尿液或其他检材检验中，只能检出少量"单乙酰吗啡"及吗啡成分，无法检出"二乙酰吗啡"成分。因此，在尿液及其他检材中，只要检验出"单乙酰吗啡"，即证明涉嫌人员服用了海洛因。

《最高人民检察院、公安部关于公安机关管辖的刑事案件立案追诉标准的规定（三）》（公通字〔2012〕26号）

第十三条 本规定中的毒品是指鸦片、海洛因、甲基苯丙胺（冰毒）、吗啡、大麻、可卡因以及国家规定管制的其他能够使人形成瘾癖的麻醉药品和精神药品。具体品种以国家食品药品监督管理局、公安部、卫生部发布的《麻醉药品品种目录》、《精神药品品种目录》为依据。

本规定中的"制毒物品"是指刑法第三百五十条第一款规定的醋酸酐、乙醚、三氯甲烷或者其他用于制造毒品的原料或者配剂，具体品种范围按照国家关于易制毒化学品管理的规定确定。

第十四条 本规定中未明确立案追诉标准的毒品，有条件折算为海洛因的，参照有关麻醉药品和精神药品折算标准进行折算。

《最高人民法院、最高人民检察院、公安部关于规范毒品名称表述若干问题的意见》（法〔2014〕224号）

一、规范毒品名称表述的基本原则

（一）毒品名称表述应当以毒品的化学名称为依据，并与刑法、司法解释及相关规范性文件中的毒品名称保持一致。刑法、司法解释等没有规定的，可以参照《麻醉药品品种目录》《精神药品品种目录》中的毒品名称进行表述。

（二）对于含有二种以上毒品成分的混合型毒品，应当根据其主要毒品成分和具体形态认定毒品种类、确定名称。混合型毒品中含有海洛因、甲基苯丙胺的，一般应当以海洛因、甲基苯丙胺确定其毒品种类；不含海洛因、甲基苯丙胺，或者海洛因、甲基苯丙胺的含量极低的，可以根据其中定罪量刑数量标准较低且所占比例较大的毒品成分确定其毒品种类。混合型毒品成分复杂的，可以用括号注明其中所含的一至二种其他毒品成分。

（三）为体现与犯罪嫌疑人、被告人供述的对应性，对于犯罪嫌疑人、被告人供述的毒品常见俗称，可以在文书中第一次表述该类毒品时用括号注明。

二、几类毒品的名称表述

（一）含甲基苯丙胺成分的毒品

1. 对于含甲基苯丙胺成分的晶体状毒品，应当统一表述为甲基苯丙胺

（冰毒），在下文中再次出现时可以直接表述为甲基苯丙胺。

2. 对于以甲基苯丙胺为主要毒品成分的片剂状毒品，应当统一表述为甲基苯丙胺片剂。如果犯罪嫌疑人、被告人供述为“麻古”“麻果”或者其他俗称的，可以在文书中第一次表述该类毒品时用括号注明，如表述为甲基苯丙胺片剂（俗称“麻古”）等。

3. 对于含甲基苯丙胺成分的液体、固液混合物、粉末等，应当根据其毒品成分和具体形态进行表述，如表述为含甲基苯丙胺成分的液体、含甲基苯丙胺成分的粉末等。

（二）含氯胺酮成分的毒品

1. 对于含氯胺酮成分的粉末状毒品，应当统一表述为氯胺酮。如果犯罪嫌疑人、被告人供述为“K粉”等俗称的，可以在文书中第一次表述该类毒品时用括号注明，如表述为氯胺酮（俗称“K粉”）等。

2. 对于以氯胺酮为主要毒品成分的片剂状毒品，应当统一表述为氯胺酮片剂。

3. 对于含氯胺酮成分的液体、固液混合物等，应当根据其毒品成分和具体形态进行表述，如表述为含氯胺酮成分的液体、含氯胺酮成分的固液混合物等。

（三）含MDMA等成分的毒品

对于以MDMA、MDA、MDEA等致幻性苯丙胺类兴奋剂为主要毒品成分的丸状、片剂状毒品，应当根据其主要毒品成分的中文化学名称和具体形态进行表述，并在文书中第一次表述该类毒品时用括号注明下文中使用的英文缩写简称，如表述为3，4-亚甲二氧基甲基苯丙胺片剂（以下简称MDMA片剂）、3，4-亚甲二氧基苯丙胺片剂（以下简称MDA片剂）、3，4-亚甲二氧基乙基苯丙胺片剂（以下简称MDEA片剂）等。如果犯罪嫌疑人、被告人供述为“摇头丸”等俗称的，可以在文书中第一次表述该类毒品时用括号注明，如表述为3，4-亚甲二氧基甲基苯丙胺片剂（以下简称MDMA片剂，俗称“摇头丸”）等。

（四）“神仙水”类毒品

对于俗称“神仙水”的液体状毒品，应当根据其主要毒品成分和具体形态进行表述。毒品成分复杂的，可以用括号注明其中所含的一至二种其他毒品成分，如表述为含氯胺酮（咖啡因、地西泮等）成分的液体等。如果犯罪嫌疑人、被告人供述为“神仙水”等俗称的，可以在文书中第一次表述该类毒品时用括号注明，如表述为含氯胺酮（咖啡因、地西泮等）成分的液体（俗称“神仙水”）等。

（五）大麻类毒品

对于含四氢大麻酚、大麻二酚、大麻酚等天然大麻素类成分的毒品，应当根据其外形特征分别表述为大麻叶、大麻脂、大麻油或者大麻烟等。

《国家食品药品监管总局、公安部、国家卫生和计划生育委员会关于将含可待因复方口服液体制剂列入第二类精神药品管理的公告》（国家食品药品监管总局、公安部、国家卫计委公告2015年第10号）

根据《麻醉药品和精神药品管理条例》的有关规定，国家食品药品监管总局、公安部、国家卫生计生委决定将含可待因复方口服液体制剂（包括口服溶液剂、糖浆剂）列入第二类精神药品管理。

《非药用类麻醉药品和精神药品列管办法》（公通字〔2015〕27号）

第一条 为加强对非药用类麻醉药品和精神药品的管理，防止非法生产、经营、运输、使用和进出口，根据《中华人民共和国禁毒法》和《麻醉药品和精神药品管理条例》等法律、法规的规定，制定本办法。

第二条 本办法所称的非药用类麻醉药品和精神药品，是指未作为药品生产和使用，具有成瘾性或者成瘾潜力且易被滥用的物质。

第三条 麻醉药品和精神药品按照药用类和非药用类分类列管。除麻醉药品和精神药品管理品种目录已有列管品种外，新增非药用类麻醉药品和精神药品管制品种由本办法附表列示。非药用类麻醉药品和精神药品管制品种目录的调整由国务院公安部门会同国务院食品药品监督管理部门和国务院卫生计生行政部门负责。

非药用类麻醉药品和精神药品发现医药用途，调整列入药品目录的，不再列入非药用类麻醉药品和精神药品管制品种目录。

第四条 对列管的非药用类麻醉药品和精神药品，禁止任何单位和个人生产、买卖、运输、使用、储存和进出口。因科研、实验需要使用非药用类麻醉药品和精神药品，在药品、医疗器械生产、检测中需要使用非药用类麻醉药品和精神药品标准品、对照品，以及药品生产过程中非药用类麻醉药品和精神药品中间体的管理，按照有关规定执行。

各级公安机关和有关部门依法加强对非药用类麻醉药品和精神药品违法犯罪行为的打击处理。

第五条 各地禁毒委员会办公室（以下简称禁毒办）应当组织公安机关和有关部门加强对非药用类麻醉药品和精神药品的监测，并将监测情况及时上报国家禁毒办。国家禁毒办经汇总、分析后，应当及时发布预警信息。对国家禁毒办发布预警的未列管非药用类麻醉药品和精神药品，各地禁毒办应当进行重点监测。

第六条 国家禁毒办认为需要对特定非药用类麻醉药品和精神药品进行列管的，应当交由非药用类麻醉药品和精神药品专家委员会（以下简称专家委员会）进行风险评估和列管论证。

第七条 专家委员会由国务院公安部门、食品药品监督管理部门、卫生计生行政部门、工业和信息化管理部门、海关等部门的专业人员以及医学、药学、法学、司法鉴定、化工等领域的专家学者组成。

专家委员会应当对拟列管的非药用类麻醉药品和精神药品进行下列风险评估和列管论证，并提出是否予以列管的建议：

（一）成瘾性或者成瘾潜力；

（二）对人身心健康的危害性；

（三）非法制造、贩运或者走私活动情况；

（四）滥用或者扩散情况；

（五）造成国内、国际危害或者其他社会危害情况。

专家委员会启动对拟列管的非药用类麻醉药品和精神药品的风险评估和列管论证工作后，应当在3个月内完成。

第八条　对专家委员会评估后提出列管建议的，国家禁毒办应当建议国务院公安部门会同食品药品监督管理部门和卫生计生行政部门予以列管。

第九条　国务院公安部门会同食品药品监督管理部门和卫生计生行政部门应当在接到国家禁毒办列管建议后6个月内，完成对非药用类麻醉药品和精神药品的列管工作。

对于情况紧急、不及时列管不利于遏制危害发展蔓延的，风险评估和列管工作应当加快进程。

附表：非药用类麻醉药品和精神药品管制品种增补目录（略）

《国务院办公厅关于同意将N－苯乙基－4－哌啶酮、4－苯胺基－N－苯乙基哌啶、N－甲基－1－苯基－1－氯－2－丙胺、溴素、1－苯基－1－丙酮列入易制毒化学品品种目录的函》（国办函〔2017〕120号）

根据《易制毒化学品管理条例》第二条的规定，国务院同意在《易制毒化学品管理条例》附表《易制毒化学品的分类和品种目录》中增列N－苯乙基－4－哌啶酮、4－苯胺基－N－苯乙基哌啶、N－甲基－1－苯基－1－氯－2－丙胺为第一类易制毒化学品，增列溴素、1－苯基－1－丙酮为第二类易制毒化学品。

《公安部、国家卫生健康委员会、国家药品监督管理局关于将4－氯乙卡西酮等32种物质列入非药用类麻醉药品和精神药品管制品种增补目录的公告》

根据《麻醉药品和精神药品管理条例》《非药用类麻醉药品和精神药品列管办法》的有关规定，公安部、国家卫生健康委员会和国家药品监督管理局决定将4－氯乙卡西酮等32种物质列入非药用类麻醉药品和精神药品管制品种增补目录。

附表：非药用类麻醉药品和精神药品管制品种增补目录（略）

《公安部、国家卫生健康委、国家药监局关于将芬太尼类物质列入〈非药用类麻醉药品和精神药品管制品种增补目录〉的公告》

根据《麻醉药品和精神药品管理条例》《非药用类麻醉药品和精神药品列管办法》有关规定，公安部、国家卫生健康委员会和国家药品监督管理局决定将芬太尼类物质列入《非药用类麻醉药品和精神药品管制品种增补目录》。“芬太尼类物质”是指化学结构与芬太尼（N－［1－（2－苯乙基）－4－哌啶基］－N－苯基丙酰胺）相比，符合以下一个或多个条件的物质：

一、使用其他酰基替代丙酰基；

二、使用任何取代或未取代的单环芳香基团替代与氮原子直接相连的苯基；

三、哌啶环上存在烷基、烯基、烷氧基、酯基、醚基、羟基、卤素、卤代烷基、氨基及硝基等取代基；

四、使用其他任意基团（氢原子除外）替代苯乙基。

上述所列管物质如果发现有医药、工业、科研或者其他合法用途，按照《非药用类麻醉药品和精神药品列管办法》第三条第二款规定予以调整。

已列入《麻醉药品和精神药品品种目录》和《非药用类麻醉药品和精神药品管制品种增补目录》的芬太尼类物质依原有目录予以管制。

《最高人民检察院关于〈非药用类麻醉药品和精神药品管制品种增补目录〉能否作为认定毒品依据的批复》（高检发释字〔2019〕2号）

根据《中华人民共和国刑法》第三百五十七条和《中华人民共和国禁毒法》第二条的规定，毒品是指鸦片、海洛因、甲基苯丙胺（冰毒）、吗啡、大麻、可卡因以及国家规定管制的其他能够使人形成瘾癖的麻醉药品和精神药品。

2015年10月1日起施行的公安部、国家食品药品监督管理总局、国家卫生和计划生育委员会、国家禁毒委员会办公室《非药用类麻醉药品和精神药品列管办法》及其附表《非药用类麻醉药品和精神药品管制品种增补目录》，是根据国务院《麻醉药品和精神药品管理条例》第三条第二款授权制定的，《非药用类麻醉药品和精神药品管制品种增补目录》可以作为认定毒品的依据。

《国家药监局、公安部、国家卫生健康委关于将含羟考酮复方制剂等品种列入精神药品管理的公告》（国家药监局、公安部、国家卫生健康委公告2019年第63号）

根据《麻醉药品和精神药品管理条例》有关规定，国家药品监督管理局、公安部、国家卫生健康委员会决定将含羟考酮复方制剂等品种列入精神药品管理。现公告如下：

一、口服固体制剂每剂量单位含羟考酮碱大于5毫克，且不含其它麻醉药品、精神药品或药品类易制毒化学品的复方制剂列入第一类精神药品管理；

二、口服固体制剂每剂量单位含羟考酮碱不超过5毫克，且不含其它麻醉药品、精神药品或药品类易制毒化学品的复方制剂列入第二类精神药品管理；

三、丁丙诺啡与纳洛酮的复方口服固体制剂列入第二类精神药品管理。

《国家禁毒委关于防范非药用类麻醉药品和精神药品及制毒物品违法犯罪的通告》

一、根据《中华人民共和国刑法》第350条之规定，严禁任何组织和个人非法生产、买卖、运输醋酸酐、乙醚、三氯甲烷或者其他用于制造毒品的原料、配剂，或者携带上述物品进出境。严禁任何组织和个人明知他人制造毒品而为其生产、买卖、运输前款规定的物品。

二、根据《中华人民共和国刑法》相关规定，明知某种非列管物质将被用于非法制造非药用类麻醉药品或精神药品而仍然为其生产、销售、运输或进出口的，按照制造毒品犯罪共犯论处。

三、根据《中华人民共和国禁毒法》第21条、第22条之规定，严禁任何组织和个人非法生产、买卖、运输、储存、提供、持有、使用麻醉药品、精神药品和易制毒化学品。严禁任何组织和个人走私麻醉药品、精神药品和易制毒化学品。

四、根据《非药用类麻醉药品和精神药品列管办法》之规定，非药用类麻醉药品和精神药品除《非药用类麻醉药品和精神药品管制品种增补目录》中列明的品种外，还包括其可能存在的盐类、旋光异构体及其盐类。

五、根据《易制毒化学品管理条例》第5条之规定，严禁任何组织和个人走私或者非法生产、经营、购买、转让、运输易制毒化学品。严禁使用现金或者实物进行易制毒化学品交易。严禁个人携带易制毒化学品进出境，个人合理自用的药品类复方制剂和高锰酸钾除外。

六、根据《易制毒化学品进出口管理规定》第47条之规定，严禁任何组织和个人未经许可或超出许可范围进出口易制毒化学品，严禁个人携带易制毒化学品进出境，个人合理自用的药品类复方制剂和高锰酸钾除外。

七、邮政、物流、快递企业发现非法邮寄、运输、夹带疑似非药用类麻醉药品或精神药品、易制毒化学品等制毒原料或配剂的，应当立即向公安机关或者海关报告，并配合公安机关或者海关进行调查。邮政、物流、快递企业应当如实记录或者保存上述信息。

八、任何单位或者个人出租、转让其反应釜、离心机、氢气钢瓶等特种设备的，应当如实登记承租或者受让企业、个人信息，并及时将登记信息向所在地县（市、区）安全生产监管部门和公安机关报告。

九、明知某种非药用类麻醉药品和精神药品或制毒物品已在国外被列为毒品或易制毒化学品进行管制而仍然向该国生产、销售、走私的，将可能面临该国执法部门的刑事指控或制裁。

十、鼓励广大群众向公安等有关行政主管部门举报新精神活性物质等毒品或者制毒物品违法犯罪行为。对举报属实的，将按照有关规定予以现金奖励。相关部门将对举报信息严格保密，对举报人依法予以保护。

【案例】

杨云江等人贩卖毒品案①

• 案件事实 •

杨云江在任云南省思茅地区制药厂驻昆明采购员期间，利用其所在药厂的1吨咖啡因购用证明，涂改复印后分别于1995年7月、9月向重庆西南制药厂、南京齐盛土产贸易有限公司购得咖啡因3吨，卖给毒犯杨某某（另案处理），从中牟取暴利。同年8月，杨云江通过原在云南省医疗器械工业公司设备科任科长的被告人施某某，由施某某用涂改后复印的咖啡因购用证明向兰州西北合成制药厂购得咖啡因4吨，当货运至昆明准备贩卖时，被公安人员查获。施某某从中牟利人民币58000元。同年8月，施某某收取缅甸籍人李某人民币20万元，用杨云江提供的咖啡因购用证明复印件向四川省乐山制药厂为李某购买2吨咖啡因，遭厂方拒绝未得逞。

• 裁判要旨 •

非法涂改、复印购用证明从合法渠道购买咖啡因后，非法出售给毒品犯罪分子牟利的，构成贩卖毒品罪。

• 裁判理由 •

云南省昆明市中级人民法院经审理后认为：被告人杨云江、施某某明知咖啡因是国务院规定管制的第一类精神药品，仍无视国家法律，结伙进行贩卖，数量特别巨大，社会危害极大，其行为均触犯国家刑律，构成贩卖毒品罪，应依法惩处。在共同犯罪中，被告人杨云江提供购用证明，购买、贩卖咖啡因，系本案主犯，应依法予以从重处罚。被告人施某某积极帮助被告人杨云江联系购买咖啡因，并用其提供的购用证明购买咖啡因进行贩卖未得逞，在本案中起

① 参见国家法官学院、中国人民大学法学院编：《中国审判案例要览（1999年刑事审判案例卷）》，中国人民大学出版社2002年版，第300~303页。

辅助作用，系本案的从犯，依法比照主犯予以减轻处罚。公诉机关指控被告人杨云江、施某某贩卖毒品罪，事实清楚，证据充分，予以认定。被告人杨云江的辩解“不是以牟利为目的，只知是管制的药品”显然与其职务及证据所证实的事实不符，应予驳回。综合全案，作出如下判决：一、杨云江犯贩卖毒品罪，判处无期徒刑，剥夺政治权利终身。二、施某某犯贩卖毒品罪，判处有期徒刑二年，缓刑三年。三、查获的咖啡因 4 吨予以没收。

一审判决后，被告人杨云江服判，被告人施某某不服判决，向云南省高级人民法院提出上诉，要求宣告其无罪。

云南省高级人民法院经审理认为：原审法院认定本案的主要犯罪事实清楚，定罪、量刑准确，对被告人杨云江量刑适当，但对被告人施某某的量刑畸轻。根据上诉不加刑原则，二审不宜对被告人施某某加重处罚。从而作出驳回上诉，维持原判的裁定。

【学理分析及适用指引】

• 学理分析 •

毒品犯罪的量刑和所涉的毒品数量有直接关系，在相关法律、司法解释等对非典型性毒品的数量没有作出相应规定的情况下，应当综合该毒品的毒效、有毒成分的大小和多少、吸毒者对该毒品的依赖程度、与其他相关毒品的非法交易价格比较等情况作出刑罚裁量。

关于毒品数量与纯度问题，《刑法》第 357 条第 2 款明确规定：毒品的数量以查证属实的走私、贩卖、运输、非法持有毒品的数量计算，不以纯度折算。即对毒品数量规定不再进行纯度折算，也就是说，即使毒品含量再低，哪怕只有 1%，只要含有毒品有效成分，都视为全部是毒品。这是基于对毒品犯罪从严惩处刑事政策的结果。根据该规定，毒品案件中，仅进行定性分析即可，无需再作定量分析。因《刑法》规定毒品的数量不以纯度折算，在实际工作中，很多办案单位只对毒品进行定性检验，不再进行定量检验。但在理论上，对于毒品案件应否对纯度进行鉴定以及纯度是否影响量刑这一问题上，学理上素有肯定说和否定说之争。肯定说和否定说各有其合理的成分，在国际范围内也能找到各自的立法例。① 但不论是肯定说还是否定说，均有其弊端。毒品犯罪危害严重，理应受到严厉惩处。否定说从严厉打击毒品犯罪的角度出发，认为毒品的数量不应根据纯度折算。但是，由于我国现行《刑法》对毒品犯罪的量刑相对较重，如完全不考虑纯度，会导致判处重刑甚至死刑的人数大幅增加，不符合国际上刑罚轻缓化的总体趋势。肯定说从贯彻罪责刑相适应

---

① 参见袁登明：《毒品犯罪与毒品纯度》，载《中国检察官》2001 年第 8 期。

原则的角度出发，认为毒品数量应当进行纯度鉴定与折算，但面对形势依然十分严峻的毒品犯罪，肯定说显得过于理想化而不切合实际，况且提供一种科学合理的折算方法并非易事：若将一定数量高纯度的毒品折合成更大数量低纯度的毒品，则使毒品数量明显增加而对被告人不利；而若将数量很大但纯度较低的毒品都折合成100%纯度的毒品，那么会使毒品犯罪分子涉案的毒品数量大大降低，给人以打击不力的印象。

为了适应禁毒工作新情况，最高人民法院于2000年4月4日下发的《全国法院审理毒品犯罪案件工作座谈会纪要》（即《南宁会议纪要》，已失效）指出，根据《刑法》的规定，对于毒品的数量不以纯度折算，但对于如下三类案件应当进行纯度分析：一是有证据证明毒品大量掺假的；二是毒品含量极少，确有大量掺假成分；三是毒品的数量达到判处死刑标准的。从表象上看，似乎该纪要部分修改了《刑法》关于毒品数量计算方法的规定，但实质上是符合刑法立法精神的，因为毒品数量并非反映毒品犯罪社会危害性的唯一指标，毒品纯度的高低是毒品含有毒性成分多少的重要标志，纯度高的毒品流入社会后，其社会危害性必然大于纯度低的毒品。尤其在可能适用死刑的毒品案件中，毒品纯度是其重要的量刑情节。这种要求在其后的司法解释中得到了延续，如2007年12月8日，最高人民法院、最高人民检察院、公安部联合发布的《办理毒品犯罪案件适用法律若干问题的意见》第4条就明确规定：可能判处死刑的毒品犯罪案件，毒品鉴定结论中应有含量鉴定的结论。2008年12月1日又发布了《全国部分法院审理毒品犯罪案件工作座谈会纪要》（即《大连会议纪要》）也专门规范了毒品含量鉴定的问题，明确规定如下两类毒品案件必须作出含量鉴定：（1）可能判处被告人死刑的毒品犯罪案件；（2）涉案毒品可能大量掺假或者系成分复杂的新类型毒品。另外，该纪要还规定：对于含有两种以上毒品成分的毒品混合物，应进一步作成分鉴定，以确定所含的不同毒品成分及比例。这表明对于毒品混合物的，也应进行每类毒品的定性与定量分析，以便准确适用刑罚，罚当其罪。

• 适用指引 •

除了明确列举的鸦片、海洛因、吗啡、大麻、可卡因外，毒品还包括“能形成瘾癖”的精神药品或者麻醉药品。换言之，即使是精神药品或麻醉药品，如果不能形成瘾癖，也不能认为是毒品；或者即使能形成瘾癖，如香烟、酒等，但不属于精神药品或者麻醉药品，也不能称为毒品。咖啡因系国务院规定管制的第一类精神药品，长期使用会使人形成瘾癖，故应当认定为毒品。

近些年来基于上述相关毒品犯罪的会议纪要的总结，在司法实践采取对毒品纯度多采取“虽不以纯度折算，但原则应进行含量鉴定”的相对折中的处理方式，并将毒品含量作为重要的一项量刑情节。具体而言，首先，对于毒品纯度依法不影响犯罪的定性，但应当影响量刑，是重要的量刑情节。在决定适用何种法定刑幅度时一般不考虑毒品纯度，而是依据查证属实的毒品数量，但在确定法定刑幅度后，则再考虑纯度问题，即将纯度作为量刑情节在所选择的法定刑幅度内加以考虑。① 其次，基于毒品纯度属于重要的一种量刑情节，办理毒品案件时尽量进行纯度鉴定、作含量分析，充分考虑毒品纯度的差异，尤其是对于可能判处被告人死刑的毒品犯罪案件、涉案毒品可能大量掺假以及属于成分复杂的新类型毒品，根据2008年《大连会议纪要》的规定，必须进行毒品纯度鉴定。否则，应当作出极为慎重甚至有利于被告人的判决。例如，赵敏波贩卖、运输毒品案：2005年9月，被告人赵敏波向他人贩卖缅甸产“麻果”50包（重量达925多克），一审、二审依法判处被告人赵敏波死刑，剥夺政治权利终身，并处没收其个人全部财产。最高人民法院在复核此案过程认为，本案查获的片状“麻果”虽含有甲基苯丙胺成分，但在已知杂以其他物质成分的情况下未作含量鉴定，本着谨慎适用死刑的精神，最高人民法院未核准被告人赵敏波死刑。② 从发展的角度看，在办理毒品案件中，除2008年《大连会议纪要》规定上述三类毒品案件必须进行纯度鉴定外，尽可能逐步做到对每一件毒品案件中查获的毒品数量，虽不以纯度折算，但均应进行含量鉴定，这是公正裁判的基础，是实现罪责刑相当、罚当其罪的前提。一方面，目前毒品的种类繁多，新型的混合型毒品亦不断出现，进行含量鉴定是确定毒品种类的必要条件，而这也是量刑的基础。另一方面，对涉案的毒品进行含量鉴定，从整个司法程序角度分析，并不必然影响司法效率，在某种程度上，会减少不必要的因对含量有异议而提起上诉的案件数量，节约诉讼成本。③

---

① 如根据《最高人民法院、最高人民检察院关于常见犯罪的量刑指导意见（试行）》中关于走私、贩卖、运输、制造毒品罪的量刑指导规则，毒品含量明显偏低的，可以减少基准刑的30%以下。

② 刘香：《赵敏波贩卖、运输毒品案》，载中华人民共和国最高人民法院刑事审判第一、二、三、四、五庭主办：《刑事审判参考》（总第67集），法律出版社2009年版，第55~59页。

③ 参见袁登明：《毒品犯罪与毒品纯度》，载《中国检察官》2011年第8期。

第八节　组织、强迫、引诱、容留、介绍卖淫罪

第三百五十八条　组织卖淫罪；强迫卖淫罪；协助组织卖淫罪

【法律规定】

● 法律条文 ●

《中华人民共和国刑法》

第三百五十八条　组织、强迫他人卖淫的，处五年以上十年以下有期徒刑，并处罚金；情节严重的，处十年以上有期徒刑或者无期徒刑，并处罚金或者没收财产。

组织、强迫未成年人卖淫的，依照前款的规定从重处罚。

犯前两款罪，并有杀害、伤害、强奸、绑架等犯罪行为的，依照数罪并罚的规定处罚。

为组织卖淫的人招募、运送人员或者有其他协助组织他人卖淫行为的，处五年以下有期徒刑，并处罚金；情节严重的，处五年以上十年以下有期徒刑，并处罚金。

● 相关规定 ●

《中华人民共和国刑法》

第三百六十一条　旅馆业、饮食服务业、文化娱乐业、出租汽车业等单位的人员，利用本单位的条件，组织、强迫、引诱、容留、介绍他人卖淫的，依照本法第三百五十八条、第三百五十九条的规定定罪处罚。

前款所列单位的主要负责人，犯前款罪的，从重处罚。

《公安部关于以钱财为媒介尚未发生性行为或发生性行为尚未给付钱财如何定性问题的批复》（公复字〔2003〕5号）

山东省公安厅：

你厅《关于对以钱财为媒介尚未发生性行为应如何处理的请示》（鲁公发〔2003〕114号）收悉。现批复如下：

卖淫嫖娼是指不特定的异性之间或同性之间以金钱、财物为媒介发生性关系的行为。行为主体之间主观上已经就卖淫嫖娼达成一致，已经谈好价格或者已经给付金钱、财物，并且已经着手实施，但由于其本人主观意志以外的原

因，尚未发生性关系的；或者已经发生性关系，但尚未给付金钱、财物的，都可以按卖淫嫖娼行为依法处理。对前一种行为，应当从轻处罚。

《最高人民检察院、公安部关于公安机关管辖的刑事案件立案追诉标准的规定（一）》（公通字〔2008〕36号）

第七十五条 ［组织卖淫案（刑法第三百五十八条第一款）］以招募、雇佣、强迫、引诱、容留等手段，组织他人卖淫的，应予立案追诉。

第七十六条 ［强迫卖淫案（刑法第三百五十八条第一款）］以暴力、胁迫等手段强迫他人卖淫的，应予立案追诉。

《最高人民检察院、公安部关于公安机关管辖的刑事案件立案追诉标准的规定（一）的补充规定》（公通字〔2017〕12号）

十二、将《立案追诉标准（一）》第七十七条修改为：［协助组织卖淫案（刑法第三百五十八条第四款）］在组织卖淫的犯罪活动中，帮助招募、运送、培训人员三人以上，或者充当保镖、打手、管账人等，起帮助作用的，应予立案追诉。

《最高人民法院、最高人民检察院、公安部、司法部关于依法惩治性侵害未成年人犯罪的意见》（法发〔2013〕12号）

1. 本意见所称性侵害未成年人犯罪，包括刑法第二百三十六条、第二百三十七条、第三百五十八条、第三百五十九条、第三百六十条第二款规定的针对未成年人实施的强奸罪，强制猥亵、侮辱妇女罪，猥亵儿童罪，组织卖淫罪，强迫卖淫罪，引诱、容留、介绍卖淫罪，引诱幼女卖淫罪，嫖宿幼女罪等。

26. 组织、强迫、引诱、容留、介绍未成年人卖淫构成犯罪的，应当从重处罚。强迫幼女卖淫、引诱幼女卖淫的，应当分别按照刑法第三百五十八条第一款第（二）项、第三百五十九条第二款的规定定罪处罚。

对未成年人负有特殊职责的人员、与未成年人有共同家庭生活关系的人员、国家工作人员，实施组织、强迫、引诱、容留、介绍未成年人卖淫等性侵害犯罪的，更要依法从严惩处。

《最高人民法院、最高人民检察院关于办理组织、强迫、引诱、容留、介绍卖淫刑事案件适用法律若干问题的解释》（法释〔2017〕13号）

第一条 以招募、雇佣、纠集等手段，管理或者控制他人卖淫，卖淫人员在三人以上的，应当认定为刑法第三百五十八条规定的“组织他人卖淫”。

组织卖淫者是否设置固定的卖淫场所、组织卖淫者人数多少、规模大小，不影响组织卖淫行为的认定。

第二条 组织他人卖淫，具有下列情形之一的，应当认定为刑法第三百五十八条第一款规定的“情节严重”：

（一）卖淫人员累计达十人以上的；

（二）卖淫人员中未成年人、孕妇、智障人员、患有严重性病的人累计达五人以上的；

（三）组织境外人员在境内卖淫或者组织境内人员出境卖淫的；

（四）非法获利人民币一百万元以上的；

（五）造成被组织卖淫的人自残、自杀或者其他严重后果的；

（六）其他情节严重的情形。

第三条 在组织卖淫犯罪活动中，对被组织卖淫的人有引诱、容留、介绍卖淫行为的，依照处罚较重的规定定罪处罚。但是，对被组织卖淫的人以外的其他人有引诱、容留、介绍卖淫行为的，应当分别定罪，实行数罪并罚。

第四条 明知他人实施组织卖淫犯罪活动而为其招募、运送人员或者充当保镖、打手、管账人等的，依照刑法第三百五十八条第四款的规定，以协助组织卖淫罪定罪处罚，不以组织卖淫罪的从犯论处。

在具有营业执照的会所、洗浴中心等经营场所担任保洁员、收银员、保安员等，从事一般服务性、劳务性工作，仅领取正常薪酬，且无前款所列协助组织卖淫行为的，不认定为协助组织卖淫罪。

第五条 协助组织他人卖淫，具有下列情形之一的，应当认定为刑法第三百五十八条第四款规定的"情节严重"：

（一）招募、运送卖淫人员累计达十人以上的；

（二）招募、运送的卖淫人员中未成年人、孕妇、智障人员、患有严重性病的人累计达五人以上的；

（三）协助组织境外人员在境内卖淫或者协助组织境内人员出境卖淫的；

（四）非法获利人民币五十万元以上的；

（五）造成被招募、运送或者被组织卖淫的人自残、自杀或者其他严重后果的；

（六）其他情节严重的情形。

第六条 强迫他人卖淫，具有下列情形之一的，应当认定为刑法第三百五十八条第一款规定的"情节严重"：

（一）卖淫人员累计达五人以上的；

（二）卖淫人员中未成年人、孕妇、智障人员、患有严重性病的人累计达三人以上的；

（三）强迫不满十四周岁的幼女卖淫的；

（四）造成被强迫卖淫的人自残、自杀或者其他严重后果的；

（五）其他情节严重的情形。

行为人既有组织卖淫犯罪行为，又有强迫卖淫犯罪行为，且具有下列情形之一的，以组织、强迫卖淫"情节严重"论处：

（一）组织卖淫、强迫卖淫行为中具有本解释第二条、本条前款规定的

"情节严重"情形之一的；

（二）卖淫人员累计达到本解释第二条第一、二项规定的组织卖淫"情节严重"人数标准的；

（三）非法获利数额相加达到本解释第二条第四项规定的组织卖淫"情节严重"数额标准的。

第七条 根据刑法第三百五十八条第三款的规定，犯组织、强迫卖淫罪，并有杀害、伤害、强奸、绑架等犯罪行为的，依照数罪并罚的规定处罚。协助组织卖淫行为人参与实施上述行为的，以共同犯罪论处。

根据刑法第三百五十八条第二款的规定，组织、强迫未成年人卖淫的，应当从重处罚。

第十条 组织、强迫、引诱、容留、介绍他人卖淫的次数，作为酌定情节在量刑时考虑。

第十三条 犯组织、强迫、引诱、容留、介绍卖淫罪的，应当依法判处犯罪所得二倍以上的罚金。共同犯罪的，对各共同犯罪人合计判处的罚金应当在犯罪所得的二倍以上。

对犯组织、强迫卖淫罪被判处无期徒刑的，应当并处没收财产。

【案例一】

洪映湘等组织卖淫案①

• 案件事实 •

洪映湘于2001年7月出资开设康乐中心，经营期内招募了陈某甲、陈某乙、叶某某等多名女青年在康乐中心内从事卖淫活动并为其提供住宿，投资改建房屋作为卖淫场所，并制定罚款条例、收取保证金、对卖淫女青年编号等作为其管理措施，收取卖淫所得钱款并定期给卖淫女青年发放提成费用。2003年8月初，被告人龚小刚应聘为康乐中心大堂经理，经洪映湘授权其具体实施管理活动。同年8月19日晚，龚小刚在该中心内安排卖淫妇女陈某甲与文某嫖宿、卖淫妇女叶某某为张某某提供色情服务，另由他人安排卖淫女青年陈某乙与龙某某嫖宿，公安人员当场查获上述6名卖淫嫖娼人员。次日，洪映湘到重庆市公安局治安总队投案。同年8月28日，龚小刚被抓获归案。

• 裁判要旨 •

组织卖淫罪与容留卖淫罪、协助组织卖淫罪等的关系。

---

① 参见重庆市第一中级人民法院（2004）渝一中刑终字第242号。

• 裁判理由 •

重庆市九龙坡区人民法院经审理后认为：被告人洪映湘在案发后自动投案，供述其主要犯罪事实，系自首，可依法从轻处罚。被告人洪映湘作为康乐中心的负责人，与他人共同制定规章制度管理控制卖淫女，招聘、安排大堂经理从事招募卖淫女、容留卖淫嫖娼活动并从中牟利，投资改建包房、租赁宿舍作为卖淫嫖娼活动的场所，其行为符合组织卖淫罪的条件。被告人龚小刚在任职期间具体执行了康乐中心的管理制度，并积极实施调度卖淫女、介绍卖淫嫖娼活动等行为，其行为构成组织卖淫罪。其辩护人提出龚小刚参与犯罪的时间短，不构成组织卖淫罪的理由不能成立，不予采纳。被告人洪映湘、龚小刚认罪态度较好，可酌情从轻处罚。故依法判决被告人洪映湘犯组织卖淫罪，判处有期徒刑五年六个月，并处罚金人民币 5 万元；被告人龚小刚犯组织卖淫罪，判处有期徒刑五年，并处罚金人民币 3 万元。

一审判决后，被告人洪映湘以原判所定罪名不适当，自己的行为系容留他人卖淫且有自首情节，要求减轻处罚为由提出上诉。被告人龚小刚以原判罪名不当，自己的行为应是协助组织他人卖淫为由提出上诉。

二审法院重庆市第一中级人民法院经审理后认为：上诉人洪映湘以营利为目的，采取招募、介绍、容留的手段组织多名妇女从事卖淫活动，其行为已构成组织卖淫罪。关于上诉人洪映湘及其辩护人所提出的原判罪名不当的上诉理由和辩护意见，经查，洪映湘虽未直接参与招募卖淫妇女，但洪映湘作为经营娱乐业的负责人，其直接参与了对卖淫妇女的管理活动，并出资改建经营场地为卖淫妇女提供场所，其行为符合组织卖淫罪的法律特征。故该上诉理由和辩护意见不能成立，不予采纳。关于洪映湘的辩护人提出现场捉获的只有两对卖淫嫖娼人员，而另一对未具体实施卖淫，其行为不符合组织卖淫罪构成要件的辩护意见，依照相关规定，异性之间通过金钱交易，一方向另一方提供性服务以满足对方性欲的行为，以卖淫嫖娼罪论处，因此该辩护意见不能成立，不予采纳。关于上诉人洪映湘及其辩护人提出有自首行为，要求减轻处罚并适用缓刑的上诉理由和辩护意见，经查，上诉人洪映湘在案发后主动到公安机关投案，并如实供述其主要犯罪事实，系自首，洪映湘亦有悔罪表现，但原判决已对其从轻处罚，故对要求减轻处罚的上诉理由和辩护意见，不予采纳。上诉人龚小刚受雇于洪映湘，为洪映湘组织卖淫犯罪实施具体的招募、管理行为，其行为亦构成组织卖淫罪。关于上诉人龚小刚及其辩护人提出原判罪名不当，龚小刚的行为应是协助组织他人卖淫罪的上诉理由和辩护意见。经查，龚小刚明知洪映湘通过招募、控制卖淫女青年以牟利，仍为其从事具体的招募、管理工作，其行为不符合协助组织他人卖淫罪的法定条件，故该上诉理由和辩护意见不能成立，不予采纳。原判决认定事实和适用法律正确，量刑适当，审判程序合法，应予以维持。故依法裁定：驳回上诉，维持原判。

【案例二】

张某强奸、强迫卖淫案①

• 案件事实 •

2004年11月16日晚，张某伙同王某甲（小名王二虎，已刑事拘留）、王某乙（小名田田）、朱某（小名三毛）、刘某（后三人均在逃）预谋带网友姚某（女）和汤某（女，又名王某）外出卖淫后，遂以王某乙生病为借口，王某甲和朱某等人上网将姚某和汤某骗至淮南市九龙岗张某家。张某、王某乙告知姚某、汤某要带两人到外地去卖淫挣钱，两人不愿意，张某等人即不让两人走。后王某甲伙同朱某、尹某、颜某、郑某5人乘出租车到田家庵找汤某的女友毛毛（大名不详），欲带毛毛和汤某等一块去卖淫，因毛毛反抗未能将毛毛带回。当晚张某、朱某控制姚某在张某家睡觉，其间张某强行和姚某发生了性关系。汤某则由王某乙、王某甲带至王某乙家睡觉。第二天早上，王某乙、王某甲带汤某回到张某家，几人再次将姚某、汤某两人控制在张某家中。当日中午1时许，在刘某跟着的情况下，姚某、汤某趁外出到公共厕所时的机会，请求他人帮助打“110”电话报警，后公安民警赶到张某家将两人解救并抓获被告人张某。

• 裁判要旨 •

对强迫他人卖淫期间的强奸行为的定性及强迫卖淫罪的既遂、未遂问题。②

• 裁判理由 •

安徽省淮南市大通区人民法院经审理后认为：被告人张某伙同他人采取限制妇女人身自由的方法，违背妇女意志强迫妇女卖淫，其行为已构成强迫卖淫罪，但由于意志以外的原因未得逞，系未遂，依法可比照既遂犯从轻或减轻处罚。本案系共同犯罪。被告人张某违背妇女意志，强行与妇女发生性关系，其行为又构成强奸罪。被告人张某一人犯两罪，应数罪并罚。但被告人张某犯罪

---

① 参见国家法官学院、中国人民大学法学院编：《中国审判案例要览（2006年刑事审判案例卷）》，人民法院出版社、中国人民大学出版社2007年版，第361～364页。

② 需要说明的是，根据修正后的《刑法》第358条规定，在组织、强迫卖淫犯罪行为的过程中，又对被害妇女实施强奸的，应当适用数罪并罚的规则，这显然不同于修正前组织、强迫卖淫犯罪行为包容强奸、强奸行为作为组织、强迫卖淫罪的加重情节而不并罚的规定。

时不满18周岁，依法应从轻或减轻处罚。淮南市大通区人民检察院起诉书指控的犯罪事实清楚、证据确实充分、指控强迫卖淫罪名成立，予以确认。但认定被告人张某具有强奸后迫使妇女卖淫的严重情节。经查，强奸后迫使卖淫的，是指强奸行为与强迫他人卖淫行为之间有联系，强奸行为是强迫他人卖淫的一种手段。而本案中被告人张某强奸被害人姚某的行为，无证据证明是为迫使姚某卖淫而实施，故不应认定张某具有此情节。被告人张某分别实施了强迫卖淫和强奸行为，应分别定罪并依法实行并罚。

根据被告人张某犯罪的事实、性质、情节、社会危害程度、认罪态度和走上犯罪道路的主客观原因等情况，依法对其所犯强迫卖淫罪减轻处罚，对其所犯强奸罪从轻处罚。据此判决被告人张某犯强迫卖淫罪，判处有期徒刑三年，并处罚金5000元；犯强奸罪，判处有期徒刑三年。两罪并罚，决定执行有期徒刑五年，并处罚金5000元。

一审判决后，被告方不服，上诉人（原审被告人的法定代理人）赵某的上诉理由及被告人张某的辩护人的辩护意见主张张某的行为不构成强迫卖淫罪和强奸罪，应判决被告人张某无罪。

二审法院安徽省淮南市中级人民法院经审理后认为：被告人张某伙同他人预谋后采取限制被害人人身自由的方法，违背被害人意志强迫妇女卖淫，其行为已构成强迫卖淫罪，系未遂，依法可比照既遂犯减轻处罚。其间，张某违背被害人姚某的意志，强行和姚某发生性关系，又构成强奸罪，应予数罪并罚。被告人张某犯罪时不满18周岁，依法应当从轻处罚。原审判决认定事实清楚、证据确实、充分，定罪准确，量刑适当，审判程序合法。上诉人的上诉理由及张某的辩护人的辩护意见均不能成立，不予采纳。故依法裁定驳回上诉，维持原判。

【案例三】

彭甲等组织卖淫、协助组织卖淫、介绍卖淫案①

• 案件事实 •

1998年9月，彭甲在佛山市三水区白坭镇经营“黄金”发廊（后更名为“金珍珠”发廊）。自2000年起，彭甲通过雷某（另案处理）等人，以帮助找工作为名，将李某、赖某、王某1、王某2、周某、刘某等女青年诱骗到其经营的发廊后，伙同丈夫利某（另案处理），在其弟被告人彭乙等人的协助下，将上述女青年予以控制，让嫖客挑选后在发廊内或带到其租住的出租屋以及送

① 参见广东省佛山市中级人民法院（2004）佛刑终字第441号。

到佛山市三水区白坭镇的旅店、西南街道的酒店、佛山市南海区丹灶仙湖度假村等地从事卖淫活动。2002年，彭甲通过被告人梁某、唐某的介绍，将王某2等女青年送到西南街道的酒店等地卖淫。2002年11月，周某因不堪受辱，在佛山市三水区西南街道金本桥头跳下河涌自尽，后被群众发现救起。在2003年7月2日、7月15日、8月12日，公安人员先后将彭甲、彭乙、梁某、唐某抓获。

• 裁判要旨 •

在他人组织卖淫活动中，介绍卖淫女进行卖淫的行为成立介绍卖淫罪。

• 裁判理由 •

广东省佛山市三水区人民法院经审理后认为：被告人彭甲以开设“黄金”发廊和租赁的出租屋为场所，招募、雇用、强迫、引诱、容留李某等多名女青年进行卖淫，并且对李某等多名女青年进行控制从事卖淫活动，其行为已触犯《刑法》，构成组织卖淫罪。被告人彭甲无视国家法律，协助组织他人卖淫，行为也触犯了《刑法》，构成了协助组织卖淫罪。被告人梁某、唐某为他人从事卖淫活动牵线搭桥，介绍他人卖淫，行为均触犯了《刑法》，构成介绍卖淫罪。被告人彭甲、梁某、唐某认罪态度较好，可从宽处罚。法院从而依法判决被告人彭甲犯组织卖淫罪，判处有期徒刑十四年，并处罚金人民币5万元；被告人彭乙犯协助组织卖淫罪，判处有期徒刑三年，并处罚金人民币5000元；被告人梁某犯介绍卖淫罪，判处有期徒刑四年，并处罚金人民币1万元；被告人唐某犯介绍卖淫罪，判处有期徒刑三年，并处罚金人民币8000元。

一审判决后，被告人彭甲及彭乙以没有控制卖淫女、原判量刑过重等为由提起上诉。

二审法院佛山市中级人民法院经审理后认为：关于上诉人彭甲及其辩护人提出的上诉理由及辩护意见，经查，能证明周某跳河自尽是因上诉人彭甲的殴打及辱骂的证据有曹某的证言、周某的陈述、梁某的供述等，以上证据可以相互印证，足以认定。能证明彭甲自2000年起通过经营“黄金”发廊组织卖淫活动的证据包括证人刘某的证言、李某的证言、赖某的证言等，以上证据可以相互印证，足以认定。能证明彭甲控制卖淫女收入的证据有曹某的证言、周某的陈述等证据证实，足以认定。对上述上诉理由及辩护意见不予采纳。关于上诉人及辩护人提出的没有组织未成年人卖淫的事实，经查，原审判决仅根据被害人自报的年龄来确定被害人为未成年人，证据不足，对此情节不予认定。但彭甲采用强迫的手段，组织多人、多次卖淫，应当认定为情节严重。原审判决根据其犯罪事实、情节，在法定刑幅度内量刑，并无不当。对上诉人及辩护人关于不应认定情节严重及原判量刑过重的上诉理由及辩护意见不予采纳。关于上诉人彭甲及其辩护人提出的没有控制刘某卖淫的上诉理由及辩护意见，经查，能证明上诉人彭乙控制刘某在“黄金”发廊卖淫的证据有上诉人彭甲的供述、上诉人彭乙的供述、刘某的陈述，以上证据可以相互印证，足以认定。关于上诉人及辩护人提出的原判量刑过重的上诉理由及辩护意见，经查，原判充分考虑了上诉人彭乙的犯罪事实、情节，在法定刑幅度内量刑，并无不当。故对上述上诉理由及辩护意见，不予采纳。原审判决认定事实清楚、适用法律正确、量刑适当，审判程序合法。因此，依法裁定驳回上诉，维持原判。

【案例四】

王某组织男性卖淫案①

• 案件事实 •

2002年9月初，王某在北京通过孙某招募了同性卖淫者潘某等人，欲至上海从事卖淫活动。同年9月下旬，王某授意孙某将上述人员从北京带至上海，住进王某租借的上海市定西路某弄某号某室；其间，王某规定潘某（男）等人每月向其缴纳800元的住宿、伙食费，嫖客由其介绍，每介绍一位嫖客，王某从中收取人民币100元。嗣后，经王某介绍，潘某（男）等人先后与嫖客发生性交易若干次。2003年1月25日，王某在公安机关口头传唤时，主动供述了上述犯罪事实。

• 裁判要旨 •

组织同性之间卖淫的行为亦成立组织卖淫罪。

• 裁判理由 •

法院经审理认为：被告人王某以营利为目的，采用招募、容留的办法，控制多人从事卖淫活动，其行为已经构成了组织卖淫罪，依法应予以惩处。检察机关的指控，事实清楚，证据确实充分，定性准确。被告人王某在公安机关对其进行口头传唤时，能主动供述犯罪事实，应视为自首，且系限制责任能力人，依法予以减轻处罚，故辩护人提出的要求从轻处罚的意见予以采纳。依照《刑法》第358条第1款、第67条第1款、第18条第3款、第53条、第64条以及《最高人民法院关于处理自首和立功具体应用法律若干问题的解释》第1条的规定，判决被告人王某犯组织卖淫罪，判处有期徒刑三年，并处罚金人民币3000元；违法所得予以追缴。

---

① 参见上海市高级人民法院编：《2004年上海法院案例精选》，上海人民出版社2005年版，第755～756页。

【学理分析及适用指引】

●　学理分析　●

1. 组织卖淫罪的构成。组织卖淫罪，是指以招募、雇用、纠集等手段，管理或者控制他人卖淫，卖淫人员在三人以上的行为。本罪的构成要件如下：

（1）本罪侵犯的客体。组织卖淫罪侵犯的客体是社会主义道德风尚和治安管理秩序。伴随有强迫手段的组织卖淫活动，同时还侵犯了他人的人身权利。本罪的对象是他人，即除了本人之外的其他自然人，多数情况下是女性，但男性也可以成为本罪的对象；本罪对象是多人，根据《最高人民法院、最高人民检察院关于办理组织、强迫、引诱、容留、介绍卖淫刑事案件适用法律若干问题的解释》第1条的规定，应为“三人以上”。①

（2）本罪在客观方面表现为组织三人以上进行卖淫的行为。首先，关于组织行为，是指以招募、雇用、纠集等手段，管理或者控制他人卖淫的行为。“招募”，是指在社会上物色对象，网罗、招收卖淫人员；“雇用”，是指用金钱收买他人从事卖淫活动；“纠集”，是指召集、纠合卖淫人员。在刑法意义上，组织行为是一种复合行为，包含招募、雇用、纠集等手段，引诱、容留、强迫等行为也隐含在组织者的方法之中。“组织”行为的状态或结果是“管理或者控制”他人卖淫活动，其中的“管理”，体现了不少卖淫人员是自愿卖淫的情形，并且自愿接受、服从组织者的管理；而“控制”则是指通过对卖淫人员施加物理或心理的影响，进而左右卖淫人员的意志，使其难以摆脱行为人的影响，即“控制”体现了对不愿意从事卖淫的人员进行的强制性卖淫活动。在规模要件即卖淫人数方面，相关司法解释将被组织人员的人数明确规定为三人以上，从而和强迫、引诱、容留、介绍卖淫等犯罪行为相区别。组织卖淫可以有固定的卖淫场所，也可没有固定的卖淫场所，如在网络上控制卖淫人员，向他人卖淫。其次，关于卖淫行为，一般认为是指以营利为目的，与不特定的人发生性行为，既包括异性之间的性交易，也包括同性之间的性交易。但卖淫的具体表现即行为外延，《刑法》及相关司法解释对此均无明确规定。公安部的相关行政性文件曾指出，不特定的异性之间或者同性之间以金钱、财物为媒介发生不正当性关系的行为，包括口淫、手淫、鸡奸等行为，都属于卖淫嫖娼行为，对行为人应当依法处理。② 这个行政解释对司法机关虽无约束力，但有

---

① 参见2017年7月25日起实施的《最高人民法院、最高人民检察院关于办理组织、强迫、引诱、容留、介绍卖淫刑事案件适用法律若干问题的解释》第1条规定。

② 参见2001年2月18日发布的《公安部关于对同性之间以钱财为媒介的性行为定性处理问题的批复》。

一定的参考作用。一般认为，在刑法领域，卖淫中的性行为应当作限制解释，它应与性交具有等同性，包括口交、肛交，但不包括手淫。所谓多人，是指三人或三人以上，一般是女人，也包括男人。

（3）本罪的主体是一般主体，即凡年满16周岁并具有刑事责任能力的自然人，均可成为本罪的主体。单位不能成为本罪的主体。如果旅馆业、饮食服务业、文化娱乐业等单位的人员或者负责人，利用本单位的条件，组织他人卖淫的，也应按自然人犯罪处理，即追究组织者的刑事责任。可见，本罪的主体必须是卖淫活动的组织者，也就是那些开设卖淫场所的“老鸨”或者是以其他方式组织他人卖淫的人。这里所说的组织者，有的是犯罪集团的首要分子，有的是临时纠合在一起进行组织卖淫活动的不法分子，有的是纠集控制三个以上的卖淫人员从事卖淫活动的个人。组织者可以是一个人，也可以是几个人。作为卖淫活动的被组织者，除非其积极参与组织卖淫活动，否则，也不能成为本罪的主体。

（4）本罪在主观方面表现为故意，一般出于营利的目的。但因为《刑法》没有明确将“以营利为目的”规定为主观要件，故只要行为人主观上对组织他人卖淫行为是故意的，即构成本罪。同时，组织卖淫罪属于破坏社会管理秩序类犯罪，社会危害性主要体现在对社会良好秩序、社会风化的破坏，行为人是否以营利为目的、是否实际营利与其行为的社会危害性并无直接关系。

2. 强迫卖淫罪的构成。强迫卖淫罪，是指使用暴力、威胁以及其他强制方法，违背他人意志，迫使他人卖淫的行为。本罪的构成要件如下：

（1）本罪侵犯的客体。强迫卖淫罪侵犯的是他人的人身权利（尤其是性的不可侵犯的权利）以及良好社会风尚、社会治安管理秩序。其对象是他人，此处的他人虽然一般是指妇女，但也包括不满14周岁的幼女和男性在内。如果行为人强迫未成年人卖淫的，应当从重处罚。强迫的对象既可以是品行良好、从未有过卖淫历史的人，也可以是有过卖淫史，但已不再卖淫或者在某具体时间段或某具体地点不愿再卖淫的人。

（2）本罪在客观方面。强迫卖淫罪客观方面表现为违背他人意志，用暴力、胁迫、虐待或者其他方法迫使他人卖淫的行为。这是本罪的本质特征，也是与引诱、容留、介绍卖淫犯罪行为的主要区别。违背他人的真实意愿是强迫卖淫的内在特征，行为手段的强制性是强迫卖淫的外在表现。“违背意愿”的判断应当结合具体时空条件具体化，既包括根本不愿意卖淫的情形，也包括不愿意继续卖淫、不愿意以某种方式卖淫、不愿意在某个时间段卖淫、不愿意在某种场所卖淫、不愿意向某（类）人卖淫等。强迫性手段既包括直接使用暴力手段或者以暴力相威胁，也包括使用其他非暴力的逼迫手段，实践中多体现为暴力、胁迫，如采用对他人殴打、虐待、捆绑或以实施杀害、伤害、揭发隐私、断绝生活来源相威胁，或利用他人走投无路的情况采用挟持的方法迫使他人卖淫。无论采取哪种手段，只要卖淫者不是出于自愿，而是在被逼迫下从事了卖淫活动，即构成强迫卖淫罪。如果仅仅是采用物质引诱、暗示、鼓动他人卖淫，没有违背他人意志的，不能构成本罪，可以成立组织卖淫罪，容留、引诱他人卖淫罪等。

（3）本罪的主体是一般主体，凡年满16周岁、具有刑事责任能力的自然人均可构成本罪。

（4）本罪在主观方面表现为故意，且为直接故意。法律上没有要求行为人主观上必须具有营利的目的，只要故意强迫他人卖淫就可构成本罪。

3. 协助组织卖淫罪的构成。根据修正后《刑法》第358条第4款的规定，本罪是指为组织卖淫的人招募、运送人员或者有其他协助组织他人卖淫的行为。本罪属于非实行行为的实行化，已独立成罪，不再另定组织卖淫罪的共犯。本罪的构成要件如下：

（1）本罪侵犯的客体是良好的社会风化和治安管理秩序。

（2）本罪在客观方面表现为对他人的组织卖淫犯罪活动实施了协助作用的犯罪行为。被协助的人是实施组织卖淫犯罪活动的人，如果被协助人的行为不构成犯罪，则为其提供帮助的人也不应构成犯罪。所谓协助，主要是指为组织者顺利地实行组织卖淫活动提供便利条件的行为，常见的有为组织者招募、运送人员或者充当打手、保镖、管账人员等，其实质是组织卖淫犯罪行为的帮助犯。在组织卖淫犯罪中，其组织行为即实行行为是指以雇用、引诱、容留、强迫等手段，控制多人从事卖淫的行为；其协助行为即帮助行为是指没有具体参与实施上述行为而只是为他人实施上述行为提供物质上的、体力上的或者精神上帮助的行为，如充当爪牙、望风放哨等行为就是典型的协助组织卖淫行为。

（3）本罪的主体是一般主体，即凡年满16周岁、具有刑事责任能力的自然人均可构成本罪。

（4）本罪在主观方面表现为具有协助组织他人卖淫的协助故意，即行为人须对组织卖淫行为“明知”，明知自己是在进行协助组织他人卖淫的犯罪活动，而为组织他人卖淫犯罪提供帮助，创造条件，并希望或放任危害结果的发生。动机如何不影响本罪构成。

• 适用指引 •

司法实践中，认定本条规定的罪名时应注意：

1. 组织他人卖淫采取的是招募、雇用、强迫、引诱、容留等手段，这些手段行为本身可能构成强迫卖淫罪，引诱、容留、介绍卖淫罪，引诱幼女卖淫罪等犯罪，但是因为这些手段行为是组织卖淫行为的有机组成部分，规定组织卖淫罪的法条与规定这些犯罪的法条间形成法条竞合关系，应当按照法条竞合处理原则之一的"全部法优于部分法"的原则，按组织卖淫罪定罪处罚。如果这些行为是对被组织者以外的其他人实施的，仍应当分别定罪，实行数罪并罚。

协助组织卖淫罪中的协助他人组织卖淫的行为本是组织卖淫行为的帮助行为，二者本属共同犯罪行为，只是由于《刑法》将协助组织卖淫的行为单独设罪，故对这种行为应当以协助组织卖淫罪定罪量刑，而不能作为组织卖淫罪的共犯进行定罪量刑。

2. 根据《刑法修正案（九）》的规定，行为人在组织他人卖淫、强迫他人卖淫过程中又实施了强奸行为的，应当实行数罪并罚。这就改变了修正前《刑法》所规定的强奸行为被认定为强迫卖淫罪的法定加重情节而只定强迫卖淫罪的模式。不仅如此，根据修正后的《刑法》第358条第3款的规定，在组织卖淫、强迫卖淫的过程中，又有杀害、伤害、绑架等犯罪行为，与强奸行为一样，应当以故意杀人罪、故意伤害罪、绑架罪等与组织卖淫罪或者强迫卖淫罪实行数罪并罚。

3. 实践中关于在他人组织卖淫活动中介绍卖淫女进行卖淫的行为如何定性的问题。如果行为人不知道他人从事组织卖淫活动而为他人介绍卖淫女进行卖淫的，自然成立介绍卖淫罪无疑。但是，对于行为人明知道他人从事组织卖淫活动而为其介绍卖淫女或者介绍他人组织的卖淫女进行卖淫活动的，介绍人与组织者间形成共犯关系，介绍人对组织卖淫活动起了帮助作用，介绍人本属组织卖淫罪的从犯，只是由于《刑法》将之单独设为协助组织卖淫罪，因此，这种情况下对介绍人应该按协助组织卖淫罪定罪量刑。

当然，如果介绍人积极为他人组织卖淫活动介绍卖淫女或者介绍他人组织的卖淫女从事卖淫活动，其行为符合组织、策划、指挥卖淫活动特征的，不应认为是一种帮助行为，而应认为是组织行为，以组织卖淫罪定罪处罚。

4. 按照《刑法》规定，卖淫本身并不构成犯罪（除非是明知自己有性病而卖淫的），但是，要成立组织、强迫卖淫罪，对卖淫的界定值得探讨。针对近年来出现的男性向女性提供有偿性服务或者同性之间提供有偿色情服务的情况，刑法理论界和实务界开始对卖淫的内涵与外延进行新的思考，传统观点所认为的妇女出卖肉体的观念已经不能适应现时打击犯罪的需要。必须看到，男性向女性提供有偿性服务或者同性之间提供有偿色情服务等情况与妇女出卖肉体一样，是对性道德和社会风尚的一种侵害。

司法实务界在相关解释中或者通过相关案例，也在扩大卖淫的主体范围，组织、协助组织、强迫、引诱、容留、介绍他人卖淫中的"他人"主要是指女人，也包括男人。这一解释有助于理解卖淫的主体范围。此外，近年来对同性之间一方以暴力、胁迫等方式，强使对方满足自己性欲的行为被判决强奸罪等案例，应当说在某种程度上对卖淫作了扩大解释。

第三百五十九条 引诱、容留、介绍卖淫罪；引诱幼女卖淫罪

【法律规定】

• 法律条文 •

《中华人民共和国刑法》

第三百五十九条 引诱、容留、介绍他人卖淫的，处五年以下有期徒刑、拘役或者管制，并处罚金；情节严重的，处五年以上有期徒刑，并处罚金。

引诱不满十四周岁的幼女卖淫的，处五年以上有期徒刑，并处罚金。

• 相关规定 •

《中华人民共和国刑法》

第三百六十一条 旅馆业、饮食服务业、文化娱乐业、出租汽车业等单位的人员，利用本单位的条件，组织、强迫、引诱、容留、介绍他人卖淫的，依照本法第三百五十八条、第三百五十九条的规定定罪处罚。

前款所列单位的主要负责人，犯前款罪的，从重处罚。

《最高人民法院、最高人民检察院、公安部、司法部关于依法惩治性侵害未成年人犯罪的意见》（法发〔2013〕12号）

26. 组织、强迫、引诱、容留、介绍未成年人卖淫构成犯罪的，应当从重处罚。强迫幼女卖淫、引诱幼女卖淫的，应当分别按照刑法第三百五十八条第一款第（二）项、第三百五十九条第二款的规定定罪处罚。

对未成年人负有特殊职责的人员、与未成年人有共同家庭生活关系的人员、国家工作人员，实施组织、强迫、引诱、容留、介绍未成年人卖淫等性侵害犯罪的，更要依法从严惩处。

《最高人民检察院、公安部关于公安机关管辖的刑事案件立案追诉标准的规定（一）》（公通字〔2008〕36号）

第七十八条 ［引诱、容留、介绍卖淫案（刑法第三百五十九条第一款）］引诱、容留、介绍他人卖淫，涉嫌下列情形之一的，应予立案追诉：

（一）引诱、容留、介绍二人次以上卖淫的；

（二）引诱、容留、介绍已满十四周岁未满十八周岁的未成年人卖淫的；

（三）被引诱、容留、介绍卖淫的人患有艾滋病或者患有梅毒、淋病等严重性病。

（四）其他引诱、容留、介绍卖淫应予追究刑事责任的情形。

第七十九条 ［引诱幼女卖淫案（刑法第三百五十九条第二款）］引诱不满十四周岁的幼女卖淫的，应予立案追诉。

《最高人民法院、最高人民检察院关于常见犯罪的量刑指导意见（试行）》（法发〔2021〕21号）

（二十三）引诱、容留、介绍卖淫罪

1. 构成引诱、容留、介绍卖淫罪的，根据下列情形在相应的幅度内确定量刑起点：

（1）情节一般的，在二年以下有期徒刑、拘役幅度内确定量刑起点。

（2）情节严重的，在五年至七年有期徒刑幅度内确定量刑起点。

2. 在量刑起点的基础上，根据引诱、容留、介绍卖淫的人数等其他影响犯罪构成的犯罪事实增加刑罚量，确定基准刑。

3. 旅馆业、饮食服务业、文化娱乐业、出租汽车业等单位的主要负责人，利用本单位的条件，引诱、容留、介绍他人卖淫的，增加基准刑的10%－20%。

4. 构成引诱、容留、介绍卖淫罪的，根据引诱、容留、介绍卖淫的人数、次数、违法所得数额、危害后果等犯罪情节，综合考虑被告人缴纳罚金的能力，决定罚金数额。

5. 构成引诱、容留、介绍卖淫罪的，综合考虑引诱、容留、介绍卖淫的人数、次数、危害后果等犯罪事实、量刑情节，以及被告人主观恶性、人身危险性、认罪悔罪表现等因素，决定缓刑的适用。

《最高人民法院、最高人民检察院关于办理组织、强迫、引诱、容留、介绍卖淫刑事案件适用法律若干问题的解释》（法释〔2017〕13号）

第八条 引诱、容留、介绍他人卖淫，具有下列情形之一的，应当依照刑法第三百五十九条第一款的规定定罪处罚：

（一）引诱他人卖淫的；

（二）容留、介绍二人以上卖淫的；

（三）容留、介绍未成年人、孕妇、智障人员、患有严重性病的人卖淫的；

（四）一年内曾因引诱、容留、介绍卖淫行为被行政处罚，又实施容留、介绍卖淫行为的；

（五）非法获利人民币一万元以上的。

利用信息网络发布招嫖违法信息，情节严重的，依照刑法第二百八十七条之一的规定，以非法利用信息网络罪定罪处罚。同时构成介绍卖淫罪的，依照处罚较重的规定定罪处罚。

引诱、容留、介绍他人卖淫是否以营利为目的，不影响犯罪的成立。

引诱不满十四周岁的幼女卖淫的，依照刑法第三百五十九条第二款的规定，以引诱幼女卖淫罪定罪处罚。

被引诱卖淫的人员中既有不满十四周岁的幼女，又有其他人员的，分别以引诱幼女卖淫罪和引诱卖淫罪定罪，实行并罚。

第九条　引诱、容留、介绍他人卖淫，具有下列情形之一的，应当认定为刑法第三百五十九条第一款规定的“情节严重”：

（一）引诱五人以上或者引诱、容留、介绍十人以上卖淫的；

（二）引诱三人以上的未成年人、孕妇、智障人员、患有严重性病的人卖淫，或者引诱、容留、介绍五人以上该类人员卖淫的；

（三）非法获利人民币五万元以上的；

（四）其他情节严重的情形。

第十条　组织、强迫、引诱、容留、介绍他人卖淫的次数，作为酌定情节在量刑时考虑。

第十三条　犯组织、强迫、引诱、容留、介绍卖淫罪的，应当依法判处犯罪所得二倍以上的罚金。共同犯罪的，对各共同犯罪人合计判处的罚金应当在犯罪所得的二倍以上。

对犯组织、强迫卖淫罪被判处无期徒刑的，应当并处没收财产。

【案例】

马彩燕、张求德容留、介绍卖淫案①

• 案件事实 •

2006 年 3 月，马彩燕、张求德在北京市丰台区黄土岗巴庄子村其租住屋内，容留多名女青年进行卖淫活动。4 月 27 日 21 时许，马彩燕、张求德再次以 50 元的价格容留、介绍女青年年某向他人卖淫时，被当场抓获。

• 裁判要旨 •

为他人卖淫嫖娼提供场所，并为卖淫嫖娼牵线搭桥的行为，应当以容留、介绍卖淫罪追究刑事责任。

• 裁判理由 •

北京市丰台区人民法院经审理认为：被告人马彩燕、张求德为多人卖淫嫖娼活动提供场所，且被告人马彩燕为他人卖淫嫖娼牵线搭桥，情节严重，被告人马彩燕的行为已构成容留、介绍卖淫罪，被告人张求德的行为已构成容留卖淫罪，应予处罚。北京市丰台区人民检察院指控被告人马彩燕犯容留、介绍卖

① 参见北京市丰台区人民法院（2006）丰刑初字第 1179 号。

淫罪，被告人张求德犯容留卖淫罪的事实清楚，证据确实充分，罪名成立，但指控被告人张求德犯介绍卖淫罪的证据不足，法院不予支持。鉴于被告人马彩燕、张求德认罪态度较好，故对二被告人均酌定从轻处罚。依照《刑法》第359条第1款、第25条第1款、第52条、第53条、第61条、第64条之规定，判决如下：一、被告人马彩燕犯容留、介绍卖淫罪，判处有期徒刑五年，并处罚金人民币5000元。二、被告人张求德犯容留卖淫罪，判处有期徒刑五年，并处罚金人民币5000元。三、继续追缴被告人马彩燕、张求德违法所得人民币3000元，予以没收上缴国库。四、随案移送被告人马彩燕、张求德违法所得人民币50元，予以没收上缴国库。

【学理分析及适用指引】

• 学理分析 •

1. 引诱、容留、介绍卖淫罪。

引诱、容留、介绍卖淫罪，是指利用金钱、物质等手段诱使他人卖淫，为他人卖淫提供场所，以及在卖淫者和嫖客之间牵线搭桥的行为。本罪的构成要件如下：

（1）本罪的客体。本罪侵犯的客体是社会治安管理秩序。引诱、容留、介绍卖淫罪促使了卖淫嫖娼活动的泛滥，妨害了社会管理秩序，因而具有严重的社会危害性。本罪的犯罪对象是他人，此处的他人主要是指妇女，但也包括男子。他人可以是单个人，也可以是多人，介绍对象的数量和介绍次数不影响本罪的构成。

（2）本罪的客观方面。本罪的客观方面为引诱、容留、介绍他人卖淫的行为。所谓引诱，是指行为人利用金钱、物质利益或非物质利益作诱饵，或者采取其他手段，拉拢、勾引、劝导、怂恿、诱惑、唆使他人从事卖淫活动。此处的物质利益，是指除金钱以外的具有财产价值的物品，如金银首饰、珠宝古玩、家电房产、有价证券、公司股权等。此处的非物质利益，是指金钱、物质利益以外的其他利益，如提供招工指标、安排城市户口、调换优越工作、给予出国机会等。此处的其他手段，是指向他人宣传腐朽生活方式，灌输“性解放”等腐朽思想，或者允诺向他人提供毒品等。至于行为人的引诱行为是以言语、文字、举动、图画或者其他方式实施，与本罪的成立有无关系，引诱者允诺的内容有无实现，由谁实现，以及怎样实现，也不影响本罪的成立。所谓容留，是指行为人为他人卖淫提供场所或者其他便利条件的行为。此处所说的提供场所，是指行为人安排专供他人卖淫的处所或者其他指定的地方，比如在行为人的长期居住地、暂时租住的房屋或者采取欺骗手段借得的亲朋好友的住所和居所以及其他地点和处所。需要特别注意的是，此处的场所，不仅仅限于房屋，其他诸如汽车、船舶等交通工具亦可作为提供的场所。将自己所有或者经营、使用的交通工具，尤其是出租汽车提供给他人作卖淫场所之用，是当前这方面犯罪的一个重要特点。这种手段更为隐蔽，更为狡猾。此处提供其他便利，是指行为人为他人卖淫提供需要的物品、用具及其他一些条件，如为他人卖淫把风望哨等。为他人卖淫提供场所以外的其他便利条件，促成他人卖淫活动得以实现，也是容留他人卖淫的一种表现形式，因而不能仅仅将本罪的容留狭窄地理解为是指为他人卖淫提供场所。至于行为人的容留行为是主动实施，还是应卖淫者或嫖客之请实施，不影响本罪的成立；容留的时限长短，有无获利，在此不问，但是对量刑有影响。所谓介绍，是指在卖淫者和嫖客之间穿针引线、牵线搭桥、沟通撮合，使他人卖淫活动得以实现的行为，俗称“拉皮条”。由此不难看出，介绍行为有其自身性质的规定，既不同于引诱，又与容留有异。在实践中，介绍的方式多表现为双向介绍，如将卖淫者引荐给嫖客，或将嫖客领到卖淫者住处当面撮合，但也不排斥单向介绍，如单纯地向卖淫者提供信息，由卖淫者自行去勾搭嫖客，或者告知嫖客何处有卖淫服务等，均可认定为是介绍行为。引诱、容留、介绍卖淫罪是一个选择性罪名。引诱、容留、介绍他人卖淫这三种行为，不论是同时实施还是只实施其中一种行为，均构成本罪。例如，介绍他人卖淫的，定介绍卖淫罪；介绍并容留他人卖淫的，定介绍容留卖淫罪；兼有引诱、容留、介绍他人卖淫三种行为的，定引诱、容留、介绍卖淫罪，不实行数罪并罚。

（3）本罪的主体。本罪的主体为一般主体，即任何达到刑事责任年龄、具有刑事责任能力的自然人实施了引诱、容留、介绍他人卖淫行为的，都可构成本罪。

（4）本罪的主观方面。本罪的主观方面为故意，而且通常情况下是直接故意。过失不构成本罪。

2. 引诱幼女卖淫罪。

根据《刑法》第359条第2款的规定，引诱幼女卖淫罪，是指利用金钱、物质等手段诱使不满14周岁的幼女进行卖淫活动的行为。本罪的构成要件如下：

（1）本罪的客体。本罪侵犯的客体是复杂客体，即在侵犯了社会治安管理秩序的同时，还严重侵犯了幼女的身心健康。犯罪对象特指不满14周岁的幼女，这是本罪与《刑法》第359条第1款的引诱卖淫罪的关键区别。

（2）本罪的客观方面。本罪的客观方面表现为引诱不满14周岁的幼女卖淫行为。构成本罪的行为仅限于引诱，如果是容留或介绍幼女卖淫，应定《刑法》第359条第1款的容留、介绍卖淫罪。

（3）本罪主体为一般主体，即任何达到刑事责任年龄、具有刑事责任能力的自然人实施了引诱幼女卖淫行为的，都可构成本罪。根据相关司法解释的规定，对未成年人负有特殊职责的人员、与未成年人有共同家庭生活关系的人员、国家工作人员，实施引诱幼女卖淫的，依法从严惩处。

（4）本罪在主观方面是出于故意，即行为人明知对方是不满 14 周岁的幼女而诱使其卖淫的。所谓明知，根据案件的具体情况，行为人知道或者应当知道被引诱卖淫的对象是不满 14 周岁的幼女的，即可推定为明知。根据相关司法解释，如果被引诱的是不满 12 周岁的幼女的，原则上应认定行为人“明知”对方是幼女；对于已满 12 周岁不满 14 周岁的幼女，从其身体发育状况、言谈举止、衣着特征、生活作息规律等观察可能是幼女的，应推定行为人“明知”对方是幼女。① 如果确实不知是幼女而予以引诱卖淫的，不应按本罪处理，应按引诱卖淫罪处理。

• 适用指引 •

司法实践中，认定本罪时应注意：

1. 对引诱、容留、介绍卖淫罪中情节的认定。对于引诱、容留、介绍卖淫罪，值得注意的是该罪是否有“情节”的要件。从规定该罪的《刑法》条文，引诱、容留、介绍他人卖淫的，处五年以下有期徒刑、拘役或者管制，并处罚金来看，是否构成该罪并不需要有“情节”的考量，而“情节严重的”，要提高法定刑档次。但是，如果行为人的行为符合《刑法》总则第 13 条情节显著轻微，危害不大的，不应认为构成犯罪。《全国人民代表大会常务委员会关于严禁卖淫嫖娼的决定》第 3 条第 1 款中关于引诱、容留、介绍他人卖淫行为是否构成犯罪的问题上规定，情节较轻的，依照《治安管理处罚法》的规定处罚，从而可以认为引诱、容留、介绍他人卖淫，“情节较轻”的，不认为是犯罪。对情节轻重的判断主要从行为的社会危害性、行为人的人身危险性等方面着手。

2. 介绍卖淫罪与组织卖淫罪的界限。司法实践中，两者有时很难区分，因为介绍卖淫往往是组织卖淫罪的方法、手段行为，实践中，主要从以下两个方面把握二者的区别：

（1）犯罪的主观故意不同。介绍卖淫罪中行为人的主观故意是为卖淫人员寻找卖淫对象，即嫖客；组织卖淫罪中行为人的主观故意是组织多名卖淫者从事卖淫活动。

（2）犯罪的客观表现不同。介绍卖淫罪在客观方面表现为在卖淫人员与嫖客之间进行引荐、撮合，促使卖淫、嫖娼的实行；组织卖淫罪中行为人在客观方面是组织多名卖淫者从事卖淫活动。

3. 介绍卖淫罪与强迫卖淫罪的界限。介绍卖淫和强迫卖淫从形式上看都是使他人卖淫，但两者有着本质区别：

（1）犯罪的对象不同。介绍卖淫罪的犯罪对象是那些愿意卖淫的人员；

---

① 参见最高人民法院、最高人民检察院、公安部、司法部 2013 年 10 月 23 日联合发布的《关于依法惩治性侵害未成年人犯罪的意见》第 19 条规定。

强迫卖淫罪的犯罪对象是那些不愿出卖肉体的人员。

（2）犯罪的主观故意不同。介绍卖淫罪的主观故意是为卖淫者联系卖淫对象；强迫卖淫罪的主观故意是迫使他人出卖肉体，从事卖淫活动。

（3）犯罪的客观表现不同。介绍卖淫罪在客观上表现为在卖淫人员和嫖客之间进行引荐、撮合等介绍行为；强迫卖淫罪在客观上表现为采取暴力、胁迫、虐待等强制性手段，使被害人被迫卖淫。

4. 引诱幼女卖淫过程中行为人又嫖宿的如何处理？实践中，如果行为人引诱幼女卖淫，嗣后又加以嫖宿的，对之如何定性，不可一概而论。如果行为人引诱幼女卖淫与其嫖宿行为之间并无直接的手段与目的的关系。一般应对其引诱行为和嫖宿行为分别定性，因《刑法修正案（九)》取消了嫖宿幼女罪这一罪名，但嫖宿幼女的行为仍然属于犯罪行为，即行为人明知是不满 14 周岁的幼女而实施嫖宿的，应当以强奸罪并从重论处。故此，引诱幼女卖淫过程中行为人又嫖宿的，应当以引诱幼女卖淫罪和强奸罪定罪，实行并罚。

第三百六十条 传播性病罪

【法律规定】

• 法律条文 •

《中华人民共和国刑法》

第三百六十条 明知自己患有梅毒、淋病等严重性病卖淫、嫖娼的，处五年以下有期徒刑、拘役或者管制，并处罚金。

• 相关规定 •

《最高人民检察院、公安部关于公安机关管辖的刑事案件立案追诉标准的规定（一)》（公通字〔2008〕36 号）

第八十条 ［传播性病案（刑法第三百六十条第一款)］明知自己患有梅毒、淋病等严重性病卖淫、嫖娼的，应予立案追诉。

具有下列情形之一的，可以认定为本条规定的“明知”：

（一）有证据证明曾到医疗机构就医，被诊断为患有严重性病的；

（二）根据本人的知识和经验，能够知道自己患有严重性病的；

（三）通过其他方法能够证明是“明知”的。

《最高人民法院、最高人民检察院关于办理组织、强迫、引诱、容留、介绍卖淫刑事案件适用法律若干问题的解释》（法释〔2017〕13号）

第十一条 具有下列情形之一的，应当认定为刑法第三百六十条规定的“明知”：

（一）有证据证明曾到医院或者其他医疗机构就医或者检查，被诊断为患有严重性病的；

（二）根据本人的知识和经验，能够知道自己患有严重性病的；

（三）通过其他方法能够证明行为人是“明知”的。

传播性病行为是否实际造成他人患上严重性病的后果，不影响本罪的成立。

刑法第三百六十条规定所称的“严重性病”，包括梅毒、淋病等。其他性病是否认定为“严重性病”，应当根据《中华人民共和国传染病防治法》《性病防治管理办法》的规定，在国家卫生与计划生育委员会规定实行性病监测的性病范围内，依照其危害、特点与梅毒、淋病相当的原则，从严掌握。

第十二条 明知自己患有艾滋病或者感染艾滋病病毒而卖淫、嫖娼的，依照刑法第三百六十条的规定，以传播性病罪定罪，从重处罚。

具有下列情形之一，致使他人感染艾滋病病毒的，认定为刑法第九十五条第三项“其他对于人身健康有重大伤害”所指的“重伤”，依照刑法第二百三十四条第二款的规定，以故意伤害罪定罪处罚：

（一）明知自己感染艾滋病病毒而卖淫、嫖娼的；

（二）明知自己感染艾滋病病毒，故意不采取防范措施而与他人发生性关系的。

【案例】

王某传播性病案①

• 案件事实 •

2007年1月，被告人王某经某艾滋病性病皮肤病防治中心确诊为HIV－1抗体呈阳性。2013年9月5日16时许，王某与陆某商定在出租屋进行性交易，嫖资为30元。陆某在未使用安全套的情况下与王某发生性关系。后二人被巡查的公安人员抓获。经东莞市疾病预防控制中心检验，王某的HIV－1抗体呈阳性。

---

① 参见中华人民共和国最高人民法院刑事审判第一、二、三、四、五庭主办：《刑事审判参考》（总第105集），法律出版社2016年版。

•　裁判要旨　•

明知自己携带艾滋病病毒而卖淫的如何定性。

•　裁判理由　•

广东省东莞市第一人民法院认为，被告人王某明知自己患有严重性病而实施卖淫活动，其行为已构成传播性病罪。鉴于王某归案后如实供述犯罪事实，认罪态度较好，依法可以从轻处罚。据此，依照《刑法》第360条、第67条第3款、第52条之规定，以王某犯传播性病罪，判处有期徒刑十个月，并处罚金人民币2000元。一审宣判后，被告人王某未上诉，公诉机关亦未抗诉，判决已发生法律效力。

【学理分析及适用指引】

•　学理分析　•

传播性病罪，是指明知自己患有梅毒、淋病等严重性病而进行卖淫嫖娼的行为。本罪的构成要件如下：

1. 本罪的客体。传播性病罪的客体是良好社会风尚和公民的人身健康权利。设立该罪是为了保护公民的人身健康权利，防止性病通过卖淫嫖娼而蔓延。事实上，故意传播性病的行为还是一种故意伤害他人的行为，但是由于《刑法》对通过卖淫嫖娼而传播性病的行为专门设立了传播性病罪，故不应再将这种行为定性为故意伤害罪。

2. 本罪的客观方面。该罪的客观方面表现为行为人患有梅毒、淋病等严重性病而进行卖淫、嫖娼的行为。首先，行为人必须患有严重性病。对于严重性病的范围，目前尚无相关法律和司法解释作出具体规定，因此只能将之理解为梅毒、淋病或者与梅毒、淋病的社会危害性相当的性病。换言之，对于社会危害性不大，不能与梅毒、淋病的严重性、危害性相当的性病，不能认定为传播性病罪罪状中规定的严重性病。其次，行为人进行了卖淫、嫖娼行为。因此，患有严重性病的行为人不是进行卖淫、嫖娼活动，而是通奸、与配偶性交等，不能认定为传播性病罪。如果行为人明知自己患有严重性病而进行强奸的，同时触犯强奸罪与传播性病罪，属于一行为触犯数罪名的想象竞合犯的情形，按照从一重罪处断的原则，按强奸罪定罪处罚，但对行为人明知自己患有性病的事实可以作为酌定从重的量刑情节。

本罪是行为犯，性病是否事实上被传播不影响本罪的成立，当然，在量刑时应当作为酌定情节考虑。

3. 本罪的主体。本罪主体是年满16周岁、具有刑事责任能力的人，对于行为人的具体国籍在所不问。

4. 本罪的主观方面。本罪的主观方面为故意，且只能是直接故意。

• 适用指引 •

1. 卖淫嫖娼行为的罪与非罪问题。卖淫嫖娼的行为虽然是违法行为，但尚达不到犯罪的程度，一般是作为违反治安管理的行为给予行政处罚，但卖淫嫖娼行为在如下两种情形下构成犯罪：一是明知患有严重性病的人而进行卖淫或者嫖娼的，不再仅仅是行政违法的问题，而是依法构成犯罪，即应当以传播性病罪追究有严重性病的卖淫者或嫖娼者的刑事责任；二是明知是不满 14 周岁的幼女而进行嫖宿的，直接以奸淫幼女的强奸罪论处。

2. 传播性病罪的司法认定问题。传播性病罪即性病患者卖淫、嫖娼的行为，本罪的主体必须是患有严重性病的人，既包括卖淫者，也包括嫖娼者。构成传播性病罪，须行为人明知自己患有梅毒、淋病等严重性病，但并不要求行为人具有传播性病的目的，即使行为人明知自己患有严重性病，因而在卖淫嫖娼时，为防止性病传播而采取避免传播措施的，仍然认为具有本罪的故意，但如果出于伤害之目的将性病传播给他人，造成伤害的，则成立故意伤害罪而非本罪。本罪的时空条件是在卖淫嫖娼活动过程中，即以获取钱财为目的或以给付财物为代价的交易活动中，如果不是在卖淫嫖娼过程中，而是与他人通奸或进行其他淫乱活动以及强奸过程中传播了性病，则不构成本罪。同时，需要注意的是，本罪是行为犯，其成立并不要求已经将性病传播给他人，也不要求具有引起性病传播的具体危险。

第三百六十一条　特定行业单位人员犯组织、强迫、引诱、容留、介绍卖淫罪

【法律规定】

• 法律条文 •

《中华人民共和国刑法》

第三百六十一条　旅馆业、饮食服务业、文化娱乐业、出租汽车业等单位的人员，利用本单位的条件，组织、强迫、引诱、容留、介绍他人卖淫的，依照本法第三百五十八条、第三百五十九条的规定定罪处罚。

前款所列单位的主要负责人，犯前款罪的，从重处罚。

【学理分析及适用指引】

● 学理分析 ●

在刑法理论上，《刑法》第361条第1款属于注意规定，即使没有《刑法》第361条第1款的规定，旅馆业、饮食服务业等单位的人员利用本单位的条件实施了组织、强迫、引诱、容留、介绍他人卖淫的行为，同样能构成相应犯罪。因此，可以说该款是对特定行业、单位的人员利用本单位条件构成上述犯罪的宣示和强调。因为在实践中，利用本单位条件，组织、强迫、引诱、容留、介绍他人卖淫的情况，多发生在旅馆业、饮食服务业、文化娱乐业、出租汽车业。但是，该款用了“等单位”的表述，意在说明两点：一是此处的人员不限于旅馆业、饮食服务业、文化娱乐业、出租汽车业的人员；二是对这些单位的人员利用本单位的条件，构成组织卖淫罪，协助组织卖淫罪，强迫卖淫罪或者引诱、容留、介绍卖淫罪的，按照自然人犯罪的规定处罚。所谓利用本单位的条件，既包括利用本单位的设备、场所、通讯工具、交通工具等物质性条件，也包括利用工作的便利，如宾馆工作人员为卖淫人员提供本宾馆的客人住宿情况或者明知其主管或者管理的区域内有卖淫行为而进行放任、纵容等的行为。但该规定并非说明是单位犯罪，从《刑法》规定与学理研究上看，《刑法》第358条~第360条所规定犯罪仍为自然人犯罪，即单位不构成本类犯罪。

《刑法》第361条第2款规定的是对特定人员犯组织卖淫罪，协助组织卖淫罪，强迫卖淫罪或者引诱、容留、介绍卖淫罪的，要从重处罚。此外，要满足三个条件：（1）必须是旅馆业、饮食服务业、文化娱乐业、出租汽车业等单位的主要负责人，即必须是这些单位的主要领导、指挥人员。（2）必须是利用了本单位的条件。如果这些行业的主要负责人没有利用本单位的条件，实施组织、强迫、引诱、容留、介绍他人卖淫的行为，不能适用该款从重处罚。（3）构成的犯罪是特定的，即组织卖淫罪，协助组织卖淫罪，强迫卖淫罪或者引诱、容留、介绍卖淫罪。如果这些单位的负责人利用单位条件，构成其他侵犯社会风尚类的犯罪，并不适用该款规定。对于该款规定，有学者认为其与《刑法》总则主犯、从犯的规定和量刑制度有不协调之处。其认为，一般来说，利用上述单位便利条件以共同犯罪形式实施上述犯罪的，单位主要负责人应是主犯，对主犯从重即可体现对主要负责人的从重；即使单位主要负责人独自实施上述犯罪，由于其身份的不同，其犯罪行为的社会危害性自然也有异，如果其危害性重于其他人员的行为的，自应从重，如果并不重于其他人员的行为，予以从重并不符合罪责刑相适应的原则。①

① 参见鲍遂献：《妨害风化犯罪》，中国人民公安大学出版社1999年版，第110~111页。

• 适用指引 •

根据《刑法》第361条的规定，旅馆业、饮食服务业、文化娱乐业、出租汽车业等单位的人员，利用本单位的条件，组织、强迫、引诱、容留、介绍他人卖淫的，视案件情况按照组织卖淫罪，协助组织卖淫罪，强迫卖淫罪或者引诱、容留、介绍卖淫罪定罪处罚。同时，对构成这几种犯罪的单位的主要负责人要从重处罚。

第三百六十二条　特定行业单位人员犯包庇罪

【法律规定】

• 法律条文 •

《中华人民共和国刑法》

第三百六十二条　旅馆业、饮食服务业、文化娱乐业、出租汽车业等单位的人员，在公安机关查处卖淫、嫖娼活动时，为违法犯罪分子通风报信，情节严重的，依照本法第三百一十条的规定定罪处罚。

• 相关规定 •

《中华人民共和国刑法》

第三百一十条　明知是犯罪的人而为其提供隐藏处所、财物，帮助其逃匿或者作假证明包庇的，处三年以下有期徒刑、拘役或者管制；情节严重的，处三年以上十年以下有期徒刑。

犯前款罪，事前通谋的，以共同犯罪论处。

《最高人民法院、最高人民检察院关于办理组织、强迫、引诱、容留、介绍卖淫刑事案件适用法律若干问题的解释》（法释〔2017〕13号）

第十四条　根据刑法第三百六十二条、第三百一十条的规定，旅馆业、饮食服务业、文化娱乐业、出租汽车业等单位的人员，在公安机关查处卖淫、嫖娼活动时，为违法犯罪分子通风报信，情节严重的，以包庇罪定罪处罚。事前与犯罪分子通谋的，以共同犯罪论处。

具有下列情形之一的，应当认定为刑法第三百六十二条规定的“情节严重”：

（一）向组织、强迫卖淫犯罪集团通风报信的；

（二）二年内通风报信三次以上的；

（三）一年内因通风报信被行政处罚，又实施通风报信行为的；

（四）致使犯罪集团的首要分子或者其他共同犯罪的主犯未能及时归案的；

（五）造成卖淫嫖娼人员逃跑，致使公安机关查处犯罪行为因取证困难而撤销刑事案件的；

（六）非法获利人民币一万元以上的；

（七）其他情节严重的情形。

【学理分析及适用指引】

● 学理分析 ●

1. 关于本条规定的包庇罪的主体问题。本条所规定的包庇罪的主体必须是旅馆业、饮食服务业、文化娱乐业、出租汽车业等单位的人员。根据《刑法》第310条的规定，要构成包庇罪，行为人必须明知包庇的对象是犯罪的人，但按照本条规定，只要是旅馆业、饮食服务业、文化娱乐业、出租汽车业等单位的人员，在公安机关查处卖淫、嫖娼活动时，为违法犯罪分子通风报信，情节严重的，就可以构成包庇罪。也就是说，这些人员包庇卖淫、嫖娼中的犯罪活动，情节严重的，可以构成包庇罪，包庇卖淫、嫖娼违法活动（而非犯罪），情节严重的，也可以构成包庇罪。因此，该条文扩大了包庇罪的客观表现方式。

2. 本单位的人员为在其他单位的卖淫嫖娼活动通风报信，能否构成包庇罪。《刑法》规定本条文的精神在于，因旅馆业、饮食服务业、文化娱乐业、出租汽车业等特定单位容易成为卖淫、嫖娼的场所，而在这些单位人员基于工作性质容易为在本单位从事卖淫、嫖娼活动的违法犯罪分子通风报信，为了有力打击卖淫、嫖娼活动，给这些单位人员设置《刑法》上“不通风报信”的义务。因此，本单位人员为本单位卖淫嫖娼活动的违法犯罪分子通风报信的，不论是否上班时间，都构成包庇罪；但是，本单位人员为在其他单位的卖淫嫖娼活动通风报信的，是否可以适用本条的规定、认定为包庇罪尚有一定的争议。否到论认为，此时，因其帮助的对象本身即卖淫嫖娼是违法行为而非犯罪行为，且对非本单位的卖淫嫖娼活动并无“不得通风报信”的义务，故不应构成包庇罪。我们认为上述观点值得商榷。首先，对于任何卖淫嫖娼等违法活动，不论是本单位人员还是其他人员实施的，任何人都不得进行通风报信，否则通风报信、帮助逃避处罚的行为也是违法行为。其次，《刑法》第362条应该是注意规定并非法律拟制，结合《最高人民法院、最高人民检察关于办理组织、强迫、引诱、容留、介绍卖淫刑事案件适用法律若干问题的解释》第14条的规定，构成包庇罪的通风报信行为是有特定限定的，都是比较严重、危害性达到犯罪程度，且并未区分是否为本单位的行为。因此，我们认为，本单位的人员为在其他单位的卖淫嫖娼活动通风报信的，符合司法解释规定情形，依法可以适用本条规定，认定为包庇罪。

3. 如何理解"情节严重"。《刑法》第310条对包庇罪的罪状规定中并没有"情节严重"这一要件，① 而情节严重的要加重法定刑。但按照《刑法》第362条的规定，旅馆业、饮食服务业、文化娱乐业、出租汽车业等单位的人员，在公安机关查处卖淫、嫖娼活动时，为违法犯罪分子通风报信，必须具有"情节严重"的要件才能构成包庇罪。此处的"情节严重"一般是指：多次通风报信的；致使大量违法犯罪分子躲避查处的；致使公安机关重大查处活动失败的；造成恶劣社会影响的等。

• 适用指引 •

如果行为人事前与卖淫、嫖娼活动中的犯罪分子通谋，为卖淫、嫖娼活动犯罪分子通风报信的，应该认定该通风报信行为是共同犯罪中整体行为的一部分。因此，在这种情形下行为人与其他卖淫、嫖娼活动犯罪分子构成卖淫、嫖娼活动中的相关犯罪的共犯，而不构成包庇罪。只有在行为人为卖淫、嫖娼活动的一般违法人员通风报信，以及经查明，双方之间并没有事先通谋的情况下，为卖淫、嫖娼活动犯罪分子通风报信的，才构成包庇罪。

第九节 制作、贩卖、传播淫秽物品罪

第三百六十三条 制作、复制、出版、贩卖、传播淫秽物品牟利罪；为他人提供书号出版淫秽书刊罪

【法律规定】

• 法律条文 •

《中华人民共和国刑法》

第三百六十三条 以牟利为目的，制作、复制、出版、贩卖、传播淫秽物品的，处三年以下有期徒刑、拘役或者管制，并处罚金；情节严重的，处三年以上十年以下有期徒刑，并处罚金；情节特别严重的，处十年以上有期徒刑或者无期徒刑，并处罚金或者没收财产。

为他人提供书号，出版淫秽书刊的，处三年以下有期徒刑、拘役或者管

① 当然，对于包庇行为情节显著轻微，危害不大的，不应认定为包庇罪。

制，并处或者单处罚金；明知他人用于出版淫秽书刊而提供书号的，依照前款的规定处罚。

• 相关规定 •

《中华人民共和国刑法》

第三百六十四条 传播淫秽的书刊、影片、音像、图片或者其他淫秽物品，情节严重的，处二年以下有期徒刑、拘役或者管制。

组织播放淫秽的电影、录像等音像制品的，处三年以下有期徒刑、拘役或者管制，并处罚金；情节严重的，处三年以上十年以下有期徒刑，并处罚金。

制作、复制淫秽的电影、录像等音像制品组织播放的，依照第二款的规定从重处罚。

向不满十八周岁的未成年人传播淫秽物品的，从重处罚。

《最高人民法院关于审理非法出版物刑事案件具体应用法律若干问题的解释》（法释〔1998〕30号）

第八条 以牟利为目的，实施刑法第三百六十三条第一款规定的行为，具有下列情形之一的，以制作、复制、出版、贩卖、传播淫秽物品牟利罪定罪处罚：

（一）制作、复制、出版淫秽影碟、软件、录像带五十至一百张（盒）以上，淫秽音碟、录音带一百至二百张（盒）以上，淫秽扑克、书刊、画册一百至二百副（册）以上，淫秽照片、画片五百至一千张以上的；

（二）贩卖淫秽影碟、软件、录像带一百至二百张（盒）以上，淫秽音碟、录音带二百至四百张（盒）以上，淫秽扑克、书刊、画册二百至四百副（册）以上，淫秽照片、画片一千至二千张以上的；

（三）向他人传播淫秽物品达二百至五百人次以上，或者组织播放淫秽影、像达十至二十场次以上的；

（四）制作、复制、出版、贩卖、传播淫秽物品，获利五千至一万元以上的。

以牟利为目的，实施刑法第三百六十三条第一款规定的行为，具有下列情形之一的，应当认定为制作、复制、出版、贩卖、传播淫秽物品牟利罪“情节严重”：

（一）制作、复制、出版淫秽影碟、软件、录像带二百五十至五百张（盒）以上，淫秽音碟、录音带五百至一千张（盒）以上，淫秽扑克、书刊、画册五百至一千副（册）以上，淫秽照片、画片二千五百至五千张以上的；

（二）贩卖淫秽影碟、软件、录像带五百至一千张（盒）以上，淫秽音碟、录音带一千至二千张（盒）以上，淫秽扑克、书刊、画册一千至二千副（册）以上，淫秽照片、画片五千至一万张以上的；

（三）向他人传播淫秽物品达一千至二千人次以上，或者组织播放淫秽影像达五十至一百场次以上的；

（四）制作、复制、出版、贩卖、传播淫秽物品，获利三万至五万元以上的。

以牟利为目的，实施刑法第三百六十三条第一款规定的行为，其数量（数额）达到前款规定的数量（数额）五倍以上的，应当认定为制作、复制、出版、贩卖、传播淫秽物品牟利罪"情节特别严重"。

第九条 为他人提供书号、刊号，出版淫秽书刊的，依照刑法第三百六十三条第二款的规定，以为他人提供书号出版淫秽书刊罪定罪处罚。

为他人提供版号，出版淫秽音像制品的，依照前款规定定罪处罚。

明知他人用于出版淫秽书刊而提供书号、刊号的，依照刑法第三百六十三条第一款的规定，以出版淫秽物品牟利罪定罪处罚。

第十六条 出版单位与他人事前通谋，向其出售、出租或者以其他形式转让该出版单位的名称、书号、刊号、版号，他人实施本解释第二条、第四条、第八条、第九条、第十条、第十一条规定的行为，构成犯罪的，对该出版单位应当以共犯论处。

第十七条 本解释所称"经营数额"，是指以非法出版物的定价数额乘以行为人经营的非法出版物数量所得的数额。

本解释所称"违法所得数额"，是指获利数额。

非法出版物没有定价或者以境外货币定价的，其单价数额应当按照行为人实际出售的价格认定。

第十八条 各省、自治区、直辖市高级人民法院可以根据本地的情况和社会治安状况，在本解释第八条、第十条、第十二条、第十三条规定的有关数额、数量标准的幅度内，确定本地执行的具体标准，并报最高人民法院备案。

《最高人民法院、最高人民检察院关于办理利用互联网、移动通讯终端、声讯台制作、复制、出版、贩卖、传播淫秽电子信息刑事案件具体应用法律若干问题的解释（二）》（法释〔2010〕3号）

第一条 以牟利为目的，利用互联网、移动通讯终端制作、复制、出版、贩卖、传播淫秽电子信息的，依照《最高人民法院、最高人民检察院关于办理利用互联网、移动通讯终端、声讯台制作、复制、出版、贩卖、传播淫秽电子信息刑事案件具体应用法律若干问题的解释》第一条、第二条的规定定罪处罚。

以牟利为目的，利用互联网、移动通讯终端制作、复制、出版、贩卖、传播内容含有不满十四周岁未成年人的淫秽电子信息，具有下列情形之一的，依照刑法第三百六十三条第一款的规定，以制作、复制、出版、贩卖、传播淫秽物品牟利罪定罪处罚：

（一）制作、复制、出版、贩卖、传播淫秽电影、表演、动画等视频文件十个以上的；

（二）制作、复制、出版、贩卖、传播淫秽音频文件五十个以上的；

（三）制作、复制、出版、贩卖、传播淫秽电子刊物、图片、文章等一百件以上的；

（四）制作、复制、出版、贩卖、传播的淫秽电子信息，实际被点击数达到五千次以上的；

（五）以会员制方式出版、贩卖、传播淫秽电子信息，注册会员达一百人以上的；

（六）利用淫秽电子信息收取广告费、会员注册费或者其他费用，违法所得五千元以上的；

（七）数量或者数额虽未达到第（一）项至第（六）项规定标准，但分别达到其中两项以上标准一半以上的；

（八）造成严重后果的。

实施第二款规定的行为，数量或者数额达到第二款第（一）项至第（七）项规定标准五倍以上的，应当认定为刑法第三百六十三条第一款规定的“情节严重”；达到规定标准二十五倍以上的，应当认定为“情节特别严重”。

第六条 电信业务经营者、互联网信息服务提供者明知是淫秽网站，为其提供互联网接入、服务器托管、网络存储空间、通讯传输通道、代收费等服务，并收取服务费，具有下列情形之一的，对直接负责的主管人员和其他直接责任人员，依照刑法第三百六十三条第一款的规定，以传播淫秽物品牟利罪定罪处罚：

（一）为五个以上淫秽网站提供上述服务的；

（二）为淫秽网站提供互联网接入、服务器托管、网络存储空间、通讯传输通道等服务，收取服务费数额在二万元以上的；

（三）为淫秽网站提供代收费服务，收取服务费数额在五万元以上的；

（四）造成严重后果的。

实施前款规定的行为，数量或者数额达到前款第（一）项至第（三）项规定标准五倍以上的，应当认定为刑法第三百六十三条第一款规定的“情节严重”；达到规定标准二十五倍以上的，应当认定为“情节特别严重”。

第七条 明知是淫秽网站，以牟利为目的，通过投放广告等方式向其直接或者间接提供资金，或者提供费用结算服务，具有下列情形之一的，对直接负责的主管人员和其他直接责任人员，依照刑法第三百六十三条第一款的规定，以制作、复制、出版、贩卖、传播淫秽物品牟利罪的共同犯罪处罚：

（一）向十个以上淫秽网站投放广告或者以其他方式提供资金的；

（二）向淫秽网站投放广告二十条以上的；

（三）向十个以上淫秽网站提供费用结算服务的；

（四）以投放广告或者其他方式向淫秽网站提供资金数额在五万元以上的；

（五）为淫秽网站提供费用结算服务，收取服务费数额在二万元以上的；

（六）造成严重后果的。

实施前款规定的行为，数量或者数额达到前款第（一）项至第（五）项规定标准五倍以上的，应当认定为刑法第三百六十三条第一款规定的"情节严重"；达到规定标准二十五倍以上的，应当认定为"情节特别严重"。

第八条 实施第四条至第七条规定的行为，具有下列情形之一的，应当认定行为人"明知"，但是有证据证明确实不知道的除外：

（一）行政主管机关书面告知后仍然实施上述行为的；

（二）接到举报后不履行法定管理职责的；

（三）为淫秽网站提供互联网接入、服务器托管、网络存储空间、通讯传输通道、代收费、费用结算等服务，收取服务费明显高于市场价格的；

（四）向淫秽网站投放广告，广告点击率明显异常的；

（五）其他能够认定行为人明知的情形。

第九条 一年内多次实施制作、复制、出版、贩卖、传播淫秽电子信息行为未经处理，数量或者数额累计计算构成犯罪的，应当依法定罪处罚。

第十条 单位实施制作、复制、出版、贩卖、传播淫秽电子信息犯罪的，依照《中华人民共和国刑法》、《最高人民法院、最高人民检察院关于办理利用互联网、移动通讯终端、声讯台制作、复制、出版、贩卖、传播淫秽电子信息刑事案件具体应用法律若干问题的解释》和本解释规定的相应个人犯罪的定罪量刑标准，对直接负责的主管人员和其他直接责任人员定罪处罚，并对单位判处罚金。

第十一条 对于以牟利为目的，实施制作、复制、出版、贩卖、传播淫秽电子信息犯罪的，人民法院应当综合考虑犯罪的违法所得、社会危害性等情节，依法判处罚金或者没收财产。罚金数额一般在违法所得的一倍以上五倍以下。

第十二条 《最高人民法院、最高人民检察院关于办理利用互联网、移动通讯终端、声讯台制作、复制、出版、贩卖、传播淫秽电子信息刑事案件具体应用法律若干问题的解释》和本解释所称网站，是指可以通过互联网域名、IP地址等方式访问的内容提供站点。

以制作、复制、出版、贩卖、传播淫秽电子信息为目的建立或者建立后主要从事制作、复制、出版、贩卖、传播淫秽电子信息活动的网站，为淫秽网站。

第十三条 以前发布的司法解释与本解释不一致的，以本解释为准。

《最高人民法院、最高人民检察院关于办理利用互联网、移动通讯终端、声讯台制作、复制、出版、贩卖、传播淫秽电子信息刑事案件具体应用法律若干问题的解释（一）》（法释〔2004〕11号）

第一条　以牟利为目的，利用互联网、移动通讯终端制作、复制、出版、贩卖、传播淫秽电子信息，具有下列情形之一的，依照刑法第三百六十三条第一款的规定，以制作、复制、出版、贩卖、传播淫秽物品牟利罪定罪处罚：

（一）制作、复制、出版、贩卖、传播淫秽电影、表演、动画等视频文件二十个以上的；

（二）制作、复制、出版、贩卖、传播淫秽音频文件一百个以上的；

（三）制作、复制、出版、贩卖、传播淫秽电子刊物、图片、文章、短信息等二百件以上的；

（四）制作、复制、出版、贩卖、传播的淫秽电子信息，实际被点击数达到一万次以上的；

（五）以会员制方式出版、贩卖、传播淫秽电子信息，注册会员达二百人以上的；

（六）利用淫秽电子信息收取广告费、会员注册费或者其他费用，违法所得一万元以上的；

（七）数量或者数额虽未达到第（一）项至第（六）项规定标准，但分别达到其中两项以上标准一半以上的；

（八）造成严重后果的。

利用聊天室、论坛、即时通信软件、电子邮件等方式，实施第一款规定行为的，依照刑法第三百六十三条第一款的规定，以制作、复制、出版、贩卖、传播淫秽物品牟利罪定罪处罚。

第二条　实施第一条规定的行为，数量或者数额达到第一条第一款第（一）项至第（六）项规定标准五倍以上的，应当认定为刑法第三百六十三条第一款规定的“情节严重”；达到规定标准二十五倍以上的，应当认定为“情节特别严重”。

第五条　以牟利为目的，通过声讯台传播淫秽语音信息，具有下列情形之一的，依照刑法第三百六十三条第一款的规定，对直接负责的主管人员和其他直接责任人员以传播淫秽物品牟利罪定罪处罚：

（一）向一百人次以上传播的；

（二）违法所得一万元以上的；

（三）造成严重后果的。

实施前款规定行为，数量或者数额达到前款第（一）项至第（二）项规定标准五倍以上的，应当认定为刑法第三百六十三条第一款规定的“情节严重”；达到规定标准二十五倍以上的，应当认定为“情节特别严重”。

第六条 实施本解释前五条规定的犯罪，具有下列情形之一的，依照刑法第三百六十三条第一款、第三百六十四条第一款的规定从重处罚：

（一）制作、复制、出版、贩卖、传播具体描绘不满十八周岁未成年人性行为的淫秽电子信息的；

（二）明知是具体描绘不满十八周岁的未成年人性行为的淫秽电子信息而在自己所有、管理或者使用的网站或者网页上提供直接链接的；

（三）向不满十八周岁的未成年人贩卖、传播淫秽电子信息和语音信息的；

（四）通过使用破坏性程序、恶意代码修改用户计算机设置等方法，强制用户访问、下载淫秽电子信息的。

《最高人民检察院、公安部关于公安机关管辖的刑事案件立案追诉标准的规定（一）》（公通字〔2008〕36号）

第八十二条 ［制作、复制、出版、贩卖、传播淫秽物品牟利案（刑法第三百六十三条第一款、第二款）］以牟利为目的，制作、复制、出版、贩卖、传播淫秽物品，涉嫌下列情形之一的，应予立案追诉：

（一）制作、复制、出版淫秽影碟、软件、录像带五十至一百张（盒）以上，淫秽音碟、录音带一百至二百张（盒）以上，淫秽扑克、书刊、画册一百至二百副（册）以上，淫秽照片、画片五百至一千张以上的；

（二）贩卖淫秽影碟、软件、录像带一百至二百张（盒）以上，淫秽音碟、录音带二百至四百张（盒）以上，淫秽扑克、书刊、画册二百至四百副（册）以上，淫秽照片、画片一千至二千张以上的；

（三）向他人传播淫秽物品达二百至五百人次以上，或者组织播放淫秽影、像达十至二十场次以上的；

（四）制作、复制、出版、贩卖、传播淫秽物品，获利五千至一万元以上的。

以牟利为目的，利用互联网、移动通讯终端制作、复制、出版、贩卖、传播淫秽电子信息，涉嫌下列情形之一的，应予立案追诉：

（一）制作、复制、出版、贩卖、传播淫秽电影、表演、动画等视频文件二十个以上的；

（二）制作、复制、出版、贩卖、传播淫秽音频文件一百个以上的；

（三）制作、复制、出版、贩卖、传播淫秽电子刊物、图片、文章、短信息等二百件以上的；

（四）制作、复制、出版、贩卖、传播的淫秽电子信息，实际被点击数达到一万次以上的；

（五）以会员制方式出版、贩卖、传播淫秽电子信息，注册会员达二百人以上的；

（六）利用淫秽电子信息收取广告费、会员注册费或者其他费用，违法所得一万元以上的；

（七）数量或者数额虽未达到本款第（一）项至第（六）项规定标准，但分别达到其中两项以上标准的百分之五十以上的；

（八）造成严重后果的。

利用聊天室、论坛、即时通信软件、电子邮件等方式，实施本条第二款规定行为的，应予立案追诉。

以牟利为目的，通过声讯台传播淫秽语音信息，涉嫌下列情形之一的，应予立案追诉：

（一）向一百人次以上传播的；

（二）违法所得一万元以上的；

（三）造成严重后果的。

明知他人用于出版淫秽书刊而提供书号、刊号的，应予立案追诉。

第八十三条　［为他人提供书号出版淫秽书刊案（刑法第三百六十三条第二款）］为他人提供书号、刊号出版淫秽书刊，或者为他人提供版号出版淫秽音像制品的，应予立案追诉。

《最高人民检察院法律政策研究室对北京市人民检察院〈关于利用移动存储介质复制、贩卖淫秽视频电子信息牟利如何适用法律问题的请示〉的答复意见》

北京市人民检察院：

你院《关于利用移动存储介质复制、贩卖淫秽视频电子信息牟利如何适用法律问题的请示》（京检字〔2014〕167号）收悉。经研究，答复如下：

以牟利为目的，利用手机存储卡、U盘等移动存储介质复制、贩卖淫秽电子信息的，依照刑法第三百六十三条第一款的规定定罪处罚。有关定罪量刑标准可以参考《最高人民法院关于审理非法出版物刑事案件具体应用法律若干问题的解释》第八条规定，同时综合考虑移动存储介质数量、传播人数、获利金额等情节。对于移动存储介质中淫秽视频电子信息的数量计算以电子视频文件的个数为单位，一个淫秽文件视为一张影碟、一个软件、一盘录像带；具体定罪量刑标准，可以参考制作、复制、贩卖淫秽影碟、软件、录像带的相关规定。

《最高人民法院、最高人民检察院关于利用网络云盘制作、复制、贩卖、传播淫秽电子信息牟利行为定罪量刑问题的批复》（法释〔2017〕19号）

各省、自治区、直辖市高级人民法院、人民检察院，解放军军事法院、军事检察院，新疆维吾尔自治区高级人民法院生产建设兵团分院、新疆生产建设兵团人民检察院：

近来，部分高级人民法院、省级人民检察院就如何对利用网络云盘制作、复制、贩卖、传播淫秽电子信息牟利行为定罪量刑的问题提出请示。经研究，批复如下：

一、对于以牟利为目的，利用网络云盘制作、复制、贩卖、传播淫秽电子信息的行为，是否应当追究刑事责任，适用刑法和《最高人民法院、最高人民检察院关于办理利用互联网、移动通讯终端、声讯台制作、复制、出版、贩卖、传播淫秽电子信息刑事案件具体应用法律若干问题的解释》（法释〔2004〕11号）、《最高人民法院、最高人民检察院关于办理利用互联网、移动通讯终端、声讯台制作、复制、出版、贩卖、传播淫秽电子信息刑事案件具体应用法律若干问题的解释（二）》（法释〔2010〕3号）的有关规定。

二、对于以牟利为目的，利用网络云盘制作、复制、贩卖、传播淫秽电子信息的行为，在追究刑事责任时，鉴于网络云盘的特点，不应单纯考虑制作、复制、贩卖、传播淫秽电子信息的数量，还应充分考虑传播范围、违法所得、行为人一贯表现以及淫秽电子信息、传播对象是否涉及未成年人等情节，综合评估社会危害性，恰当裁量刑罚，确保罪责刑相适应。

此复。

【案例一】

甄建林等复制、贩卖淫秽物品牟利案①

• 案件事实 •

甄建林在163网站上申请了一个网址为LEG363. 7i24. COM的相册，在相册内存放大量淫秽电影或图片的视频文件，并以车标图片加以掩饰。知道网址的人或知道相册用户名和密码的人均可进入相册观看。甄建林伙同杨某某通过网上聊天、在网上销售丝袜等货物建立联系的途径，告知一些顾客可以通过上述网址选购光盘。2004年6月至10月间，甄建林在海淀区西三旗育新花园小区××楼××号房间，从“情色六月天”等网站下载大量淫秽电影或图片存放在电脑中，并根据客户的要求刻录制作成光盘进行销售，杨某某在销售丝袜的同时也帮助销售部分淫秽光盘。后经群众举报，二人于2004年12月14日在家中被抓获，公安机关同时起获电脑3台，其中甄建林使用的电脑中存有视频文件格式的电影478部，公安机关还从LEG363. 7i24. COM网址上下载视频图片158张，经北京市公安局淫秽物品审查鉴定书鉴定为淫秽物品。

• 裁判要旨 •

淫秽电子信息也属于刑法意义上的“淫秽物品”。

• 裁判理由 •

北京市海淀区人民法院经审理后认为：被告人甄建林伙同杨某某以牟利为

① 参见北京市海淀区人民法院（2005）海法刑初字第2181号。

目的，复制并贩卖淫秽物品，情节严重，其行为均已构成复制、贩卖淫秽物品牟利罪，应予惩罚。北京市海淀区人民检察院指控被告人甄建林、杨某某犯罪的事实清楚，证据确实充分，但指控罪名有误。

《最高人民法院、最高人民检察院关于办理利用互联网移动通讯终端声讯台制作、复制、出版、贩卖、传播淫秽电子信息刑事案件具体应用法律若干问题的解释（一）》第9条规定，《刑法》第367条第1款规定的“其他淫秽物品”，包括具体描绘性行为或者露骨宣扬色情的淫秽性的视频文件、音频文件、电子刊物、图片、文章、短信息等互联网、移动通讯终端电子信息和声讯台语音信息。依据上述解释规定，构成复制淫秽物品牟利罪的淫秽物品，并不要求是物化了的淫秽物品，电子信息也可以构成。而本案查获的存放在甄建林的电脑中的视频文件格式的478部电影，以及粘贴在甄建林建立的网址LEG363. 7i24. COM上的158张视频图片，经鉴定均为淫秽物品。故被告人甄建林的辩护人关于存放在电脑中的电影视频文件和视频图片不属于复制淫秽物品牟利罪所指的淫秽物品的辩护意见不符合法律规定，法院不予采信。被告人甄建林将这些淫秽物品，用于制作成光盘进行贩卖，反映其具有非法牟利的目的；而其从互联网上下载淫秽物品的过程，就属于复制行为；而其下载淫秽物品、将淫秽物品粘贴在自己建立的网址上供购买者挑选、利用QQ聊天的形式联系购买者等行为，均利用了互联网络进行。被告人甄建林、杨某某的行为完全符合《最高人民法院、最高人民检察院关于办理利用互联网移动通讯终端声讯台制作、复制、出版、贩卖、传播淫秽电子信息刑事案件具体应用法律若干问题的解释（一）》第1条规定的以牟利为目的，利用互联网复制、贩卖淫秽电子信息的行为，应该以复制、贩卖淫秽物品牟利罪定罪处罚。

被告人甄建林在共同犯罪过程中，起主要作用，系主犯；被告人杨某某在犯罪过程中起次要作用，系从犯，结合其能坦白犯罪事实，认罪态度较好，依法可对其减轻处罚。

据此，北京市海淀区人民法院判决被告人甄建林犯复制、贩卖淫秽物品牟利罪，判处有期徒刑五年，罚金人民币5000元；被告人杨某某犯复制、贩卖淫秽物品牟利罪，判处有期徒刑二年，罚金人民币2000元。

【案例二】

深圳市快播科技有限公司及王欣等传播淫秽物品牟利案①

• 案件事实 •

被告单位深圳市快播科技有限公司（以下简称快播公司）成立于2007年

① 参见北京市海淀区人民法院（2015）海刑初字第512号。

12月26日，公司性质为有限责任公司，注册资本1000万元。该公司主办的快播网站网址包括：www.kuaibo.com、www.qvod.com等。快播公司持有网络文化经营许可证，至案发之日没有取得互联网视听节目服务许可。被告人王欣为快播公司的法定代表人、股东、执行董事、经理，负责快播公司经营和管理工作。快播公司快播事业部负责公司视频播放器的技术开发和市场推广。被告人吴铭于2013年担任快播事业部总经理，负责事业部全面工作。被告人张克东系快播公司股东，于2012年担任事业部副总经理兼技术平台部总监，最初开发了快播视频传输和播放的核心软件。被告人牛文举于2012年担任事业部副总经理兼运营部总监，2013年担任事业部市场部负责人，负责信息安全组工作。

快播公司通过免费提供QSI（QVOD Server Install，即QVOD资源服务器程序）和QVOD Player（快播播放器程序或客户端程序）的方式，为网络用户提供网络视频服务。任何人（被快播公司称为“站长”）均可通过QSI发布自己所拥有的视频资源。具体方法是，“站长”选择要发布的视频文件，使用资源服务器程序生成该视频文件的特征码（hash值），导出包含hash值等信息的链接。“站长”把链接放到自己或他人的网站上，即可通过快播公司中心调度服务器（运行P2P Tracker调度服务器程序）与点播用户分享该视频。这样，快播公司的中心调度服务器在站长与用户、用户与用户之间搭建了一个视频文件传输的平台。为提高热点视频下载速度，快播公司搭建了以缓存调度服务器（运行Cache Tracker缓存调度服务器程序）为核心的平台，通过自有或与运营商合作的方式，在全国各地不同运营商处设置缓存服务器1000余台。在视频文件点播次数达到一定标准后，缓存调度服务器即指令处于适当位置的缓存服务器（运行Cache Server程序）抓取、存储该视频文件。当用户再次点播该视频时，若下载速度慢，缓存调度服务器就会提供最佳路径，供用户建立链接，向缓存服务器调取该视频，提高用户下载速度。部分淫秽视频因用户的点播、下载次数较高而被缓存服务器自动存储。缓存服务器方便、加速了淫秽视频的下载、传播。

2012年8月，深圳市公安局公安信息网络安全监察分局（以下简称深圳网监）对快播公司进行检查，针对该公司未建立安全保护管理制度、未落实安全保护技术措施等问题，给予行政警告处罚，并责令整改。随后，深圳网监将违法关键词和违法视频网站链接发给快播公司，要求采取措施过滤屏蔽。快播公司于是成立了信息安全组开展了不到一周的突击工作，于8月8日投入使用“110”不良信息管理平台，截至9月26日共报送“色情过滤”类别的不良信息15836个。但在深圳网监验收合格后，信息安全组原有4名成员或离职或调到其他部门，“110”平台工作基本搁置，检查屏蔽工作未再有效进行。2013年8月5日，深圳市南山区广播电视局（以下简称南山广电局）执法人员对快播公司开展调查，在牛文举在场的情况下，执法人员登录 www. kuaibo. com，进入快播“超级雷达”（一种发现周边快播用户观看网络视频记录的应用），很快便找到了可播放的淫秽视频。牛文举现场对此予以签字确认。但快播公司随后仅提交了一份整改报告。10 月 11 日，南山广电局认定快播公司擅自从事互联网视听节目服务，提供的视听节目含有诱导未成年人违法犯罪和渲染暴力、色情、赌博、恐怖活动的内容，对快播公司予以行政处罚。此后，快播公司的“110”平台工作依然搁置，检查屏蔽工作依然没有有效落实。

快播公司直接负责的主管人员王欣、吴铭、张克东、牛文举，在明知快播公司擅自从事互联网视听节目服务、提供的视听节目含有色情等内容的情况下，未履行监管职责，放任淫秽视频在快播公司控制和管理的缓存服务器内存储并被下载，导致大量淫秽视频在网上传播。

2013 年上半年，北京网联光通技术有限公司（以下简称光通公司）为解决使用快播播放器访问快播视频资源不流畅的问题，与快播公司联系技术解决方法，双方开展战略合作。根据双方协商，由光通公司提供硬件设备即 4 台服务器，由快播公司提供内容数据源以及降低网络出口带宽、提升用户体验的数据传输技术解决方案，负责远程对软件系统及系统内容的维护。2013 年 8 月，光通公司提供 4 台服务器开始上线测试，快播公司为 4 台服务器安装了快播公司的缓存服务器系统软件，并通过账号和密码远程登录进行维护。2013 年 11 月 18 日，北京市海淀区文化委员会在行政执法检查时，从光通公司查获此 4 台服务器。2014 年 4 月 11 日，北京市公安局海淀分局决定对王欣等人涉嫌传播淫秽物品牟利罪立案。经查，该 4 台服务器从 2013 年下半年投入使用，至 2013 年 11 月 18 日被扣押，存储的均为点击请求量达到一定频次以上的视频文件。公安机关从服务器里提取了 29841 个视频文件进行鉴定，认定其中属于淫秽视频的文件为 21251 个。

2013 年年底，为了规避版权和淫秽视频等法律风险，在王欣的授意下，张克东领导的技术部门开始对快播缓存服务器的存储方式进行调整，将原有的完整视频文件存储变为多台服务器的碎片化存储，将一部视频改由多台服务器共同下载，每台服务器保存的均是 32M 大小的视频文件片段，用户点播时需通过多台服务器调取链接，集合为可完整播放的视频节目。

另查，快播公司盈利主要来源于广告费、游戏分成、会员费和电子硬件等，快播事业部是快播公司盈利的主要部门。根据账目显示，快播事业部的主要收入来源于网络营销服务（包括资讯快播、客户端、第三方软件捆绑、VIP 服务等），其中资讯快播和第三方软件捆绑是最为主要的盈利方式。具体而言，快播公司向欲发布广告的公司收取广告费，用户使用快播播放器时，会有快播资讯窗口弹出，该窗口内除部分新闻外即是广告内容；快播公司还向一些软件开发公司收取合作费用，使得用户安装快播播放器的同时捆绑安装一些合作公司软件。快播公司营业收入逐年增长，至2013年仅快播事业部即实现营业收入人民币143075083元，其中资讯快播营业收入人民币70463416元，占49.25%，第三方软件捆绑营业收入为人民币39481457元，占27.59%。

• 裁判要旨 •

对于互联网企业大量传播淫秽视频行为的定罪量刑。

• 裁判理由 •

我国《刑法》第363条第1款规定，以牟利为目的，制作、复制、出版、贩卖、传播淫秽物品的，处三年以下有期徒刑、拘役或者管制，并处罚金；情节严重的，处三年以上十年以下有期徒刑，并处罚金；情节特别严重的，处十年以上有期徒刑或者无期徒刑，并处罚金或者没收财产。公诉机关指控被告单位及各被告人犯该条规定之罪，根据已经查明的事实、证据和法律规定判定指控的犯罪是否成立是本案的核心问题。就此，北京市海淀区人民法院分析如下：

1. 快播公司负有网络视频信息服务提供者应当承担的网络安全管理义务。

视频信息的海量传播已经成为商业网络运营的重要特征，P2P技术对于降低视频服务企业的带宽成本具有重要价值，而缓存服务器技术的支持使得视频文件的传播速度更快、范围更广。以P2P网络平台为依托的视频服务企业，在网络信息安全管理中扮演着重要角色。本案被告单位快播公司，是一家流媒体应用开发和服务供应企业，其免费发布快播资源服务器程序和播放器程序，使快播资源服务器、用户播放器、中心调度服务器、缓存调度服务器和上千台缓存服务器共同构建起了一个庞大的基于P2P技术提供视频信息服务的网络平台。用户使用快播播放器客户端点播视频，或者“站长”使用快播资源服务器程序发布视频，快播公司中心调度服务器均参与其中。中心调度服务器为使用资源服务器程序的“站长”提供视频文件转换、链接地址发布服务，为使用播放器程序的用户提供搜索、下载、上传服务，进而通过其缓存服务器提供视频存储和加速服务。快播公司缓存服务器内存储的视频文件，也是在中心调度服务器、缓存调度服务器控制下，根据视频被用户的点击量自动存储下来，只要在一定周期内点击量达到设定值，就能存储并随时提供用户使用。快播公司由此成为提供包括视频服务在内的网络信息服务提供者。

快播公司作为快播网络系统的建立者、管理者、经营者，应当依法承担网络安全管理义务。1997年公安部发布的《计算机信息网络国际联网安全保护管理办法》规定，任何单位和个人不得利用互联网传播“宣扬淫秽、色情”内容的信息，并且应当履行建立健全安全保护管理制度、落实安全保护技术措施等职责。2000年9月国务院发布的《互联网信息服务管理办法》规定，互联网信息服务提供者应当向上网用户提供良好的服务，并保证所提供的信息内容合法，不得复制、传播淫秽、色情信息。2000 年 12 月发布的《全国人民代表大会常务委员会关于维护互联网安全的决定》规定，对于在互联网上建立淫秽网站、网页，提供淫秽站点链接服务，或者传播淫秽影片、音像，构成犯罪的，依照《刑法》有关规定追究刑事责任。2007 年国家广播电影电视总局、信息产业部发布的《互联网视听节目服务管理规定》进一步明确，互联网视听节目服务单位提供的、网络运营单位接入的视听节目应当符合法律、行政法规、部门规章的规定，视听节目不得含有诱导未成年人违法犯罪和渲染暴力、色情活动的内容。2012 年施行的《全国人民代表大会常务委员会关于加强网络信息保护的决定》第 5 条规定，网络服务提供者应当加强对其用户发布的信息的管理，发现法律、法规禁止发布或者传输的信息的，应当立即停止传输该信息，采取消除等处置措施，保存有关记录，并向有关主管部门报告。在互联网产业迅速发展的今天，法律没有苛责互联网企业在其经营管理的网站上不允许出现任何违法或不良信息，但要求其严格履行网络安全管理义务，设置必要的监管环节，及时处置违法或不良信息。快播公司作为互联网信息服务的提供者，作为视听节目的提供者，必须遵守相关法律法规的规定，对其网络信息服务内容履行网络安全管理义务。P2P 技术容易被利用于淫秽视频、盗版作品传播，这在行业内已经是众所周知的事实。监管淫秽视频以避免淫秽视频通过快播网络传播，不仅是快播公司作为网络视频信息服务提供者的法律义务，更是其应当积极承担的社会责任。

本案查扣的 4 台缓存服务器所存储的淫秽视频与快播公司未履行网络安全管理义务直接相关。在案证据证明，本案查扣的 4 台缓存服务器的所有者是光通公司，快播公司则是该服务器的远程控制者和日常维护者。快播公司与光通公司的合同签订者侯爱娇是快播公司事业部下市场部运营商合作组员工，负责与运营商签订缓存服务器托管等合作合同，其证明自己与光通公司进行了有关合同内容的沟通；快播公司的网络维护员钟琨也证实其为涉案缓存服务器安装了快播系统软件，并通过账户和密码来远程控制和维护。上述证言与光通公司合同签订联系人、工程师陈辉的证言，以及信息鉴定中心检验所证实的远程控制 IP 为快播公司所有等证据内容完全相符，印证了快播公司负责涉案 4 台缓存服务器的软件安装和远程控制这一事实。关于缓存服务器的内容，合同规定，光通公司提供机柜和接入带宽及系统所需的硬件设备（4 台服务器），快播公司提供内容数据源以及技术解决方案，这说明涉案 4 台服务器的内容数据源由快播公司提供。证据表明，缓存服务器从网上获取并存储视频文件，系在快播公司调度服务器的支配下完成。侯爱娇与钟琨是依岗位职责开展工作，他们的具体操作行为代表快播公司，快播公司应当对涉案合同及起获的 4 台服务器的内容负责。就违法内容的删除责任，合同规定光通公司的删除义务是以能够证明所存储的数据违反相关法规为前提。虽然经查缓存服务器内的视频并非不完整数据碎片，但是快播公司实际上是4台服务器的远程控制者和日常维护者，缓存的视频文件以快播公司特有的文件格式和特征码文件名的方式存储，光通公司不具备审查缓存服务器内存储内容合法性的能力。这种形式上的民事约定，不能否定快播公司对其控制、维护的缓存服务器依法要承担的网络信息安全责任。另外，关于缓存服务器内存储的淫秽视频是否为完整视频的问题，法院认为，涉案4台服务器的起获时间是2013年11月18日，快播公司尚未开始碎片化存储，鉴定意见也证实服务器内的视频文件均为完整存储方式。快播公司与光通公司合同中规定的“数据是……不完整数据碎片”与查明事实不符，现有证据能够确定涉案起获的服务器内的视频并非碎片化文件，而是完整视频文件，而且70%以上为淫秽视频。

2. 快播公司及各被告人均明知快播网络系统内大量存在淫秽视频并介入了淫秽视频传播活动。

《刑法》上的“明知”，司法实践中一般可以从两个角度证明：一是直接证明行为人知道或者因他人告知而知道；二是基于行为人的特定身份、职业、经验等特点推定其知道。对于单位犯罪而言，要求直接责任人员对于单位传播淫秽物品行为具有明知，并不要求对于单位传播淫秽物品的具体方法、技术等完全知晓。具体到本案，并不要求各被告人对于快播公司缓存服务器在调度服务器的支配下传播淫秽视频的具体方法、技术具有认知，只要求各被告人对于快播公司传播淫秽视频这一基本事实具有明知即可。根据快播公司员工的证言，结合本案被告人的供述等众多言词证据均能证明，王欣、吴铭、张克东、牛文举不仅已经知道快播网络服务系统传播淫秽视频，而且已经知道快播公司的行为导致淫秽视频在互联网上大量传播的事实。证据还显示，王欣、张克东、牛文举对于缓存服务器实质上介入淫秽视频传播均已知晓，王欣、张克东对于介入传播的具体技术原理更有深入研究。作为一个自称“非常重视用户体验”的视频服务提供商，快播公司应当知道其网络用户搜索和点击的视频内容的统计特征。在案扣押的缓存服务器内存储的内容多达70%为淫秽视频，便是这一特征的客观表现。进一步的证据是，执法部门以各种方式开展了监管活动。2012年8月，深圳网监针对快播公司未建立信息安全保护管理制度、未落实安全保护技术措施的情况给予行政处罚警告，快播公司接受整改的主要内容就是审核和过滤淫秽视频，其在整改报告中称审核和过滤的信息类别也主要是“色情过滤”。2013年8月5日，南山广电局执法人员对快播公司现场执法检查，确认快播公司网站上的淫秽视频内容，随后作出行政处罚决定。王欣作为快播公司的法定代表人授权牛文举代理此事的授权委托书上，明确写了“涉嫌提供的视听节目含有渲染色情活动的内容”，证明王欣知道快播公司网络传播淫秽视频的事实。南山广电局在2013年8月5日对快播公司作出的调查询问通知书、2013 年 9 月 25 日作出的行政处罚事先告知书及 2013 年 10 月作出的行政处罚决定书，均明确了调查和处罚快播公司的原因就是快播公司“提供的视听节目含有诱导未成年人违法犯罪和渲染暴力、色情、赌博、恐怖活动的内容”。如果说在第一次接受处罚并作出整改时，快播公司的决策者、经营者、管理者还有对快播网络服务系统介入淫秽视频传播活动且导致淫秽视频在互联网上大量传播并不知情的可能，那么在事隔一年之后，快播公司再次接受处罚并作出整改，而且先后两次整改的内容实际上都是针对快播公司传播淫秽视频这一事实，此时快播公司的经营者、管理者仍然坚称不知情，显然难以置信。上述证据表明，各被告人在主观上完全符合单位犯罪所要求的传播淫秽物品牟利罪的“明知”要件，应予认定。

吴铭作为快播事业部负责人，负责快播事业部的全面工作，张克东和牛文举均是其下属，王欣、牛文举、何明科等人均证实事业部的日常工作一般都要先向吴铭汇报，可见吴铭在快播事业部拥有决策权、管理权。快播事业部管理快播网络日常工作，全国上千台缓存服务器进入快播网络，快播公司均要与合作单位签订合同，因而吴铭应当明知缓存服务器在快播网络中的作用。牛文举称“其定期或不定期会向吴铭汇报淫秽视频的屏蔽情况，每次都是通过电子邮件的形式汇报，吴铭审批后其再安排孙丹丹通过电子邮件的方式给深圳网监部门发送淫秽视频屏蔽情况”。所以吴铭不仅知道快播网络服务系统传播淫秽视频，而且知道快播公司的行为已经导致淫秽视频在互联网上大量传播。法院对被告人吴铭及其辩护人所提吴铭对快播网络服务系统传播淫秽视频并不“明知”的意见，不予采纳。

3. 快播公司及各被告人放任其网络服务系统大量传播淫秽视频属于间接故意。

传播淫秽物品牟利罪的传播，是指通过播放、陈列、建立淫秽网站、网页等方式使淫秽物品让不特定人感知，以及通过出借、赠送等方式散布、流传淫秽物品的行为。根据张克东的供述及江少明、伍正勇、唐涛、钟琨等快播技术开发人员、服务器维护人员的证言，涉案起获的 4 台缓存服务器内的淫秽视频文件均是快播用户一周内请求点播达到一定次数以上后，被缓存服务器下载存储下来，并处于提供给光通公司用户在其个人选定的时间和地点获取的状态。虽然没有证据直接显示涉案 4 台服务器内的淫秽视频被用户浏览或下载的频次，但快播公司放任其缓存服务器存储淫秽视频并使公众可以观看并随时得到加速服务的方式，属于通过互联网陈列等方式提供淫秽物品的传播行为。应当指出，缓存服务器介入视频传播中，快播公司在主观上并没有对视频内容进行选择，而只是根据视频热度提供加速服务。也就是说，缓存服务器介入传播何种内容的视频，不是快播公司主观意志选择的结果，而是对他人传播行为的放任，对他人利用自己技术服务传播淫秽视频的放任，对自己的缓存服务器介入淫秽视频传播行为之中的放任，对自己的行为造成淫秽视频在网络上大量传播的放任。

同时，快播公司及各被告人面对深圳网监的行政处罚，在最初应付检查之后，信息安全组工作几乎停止，而且非但没有开展实质性的管理、阻止工作，还采取碎片化存储的方式企图规避法律风险。快播公司的张克东、伍正勇、江少明等技术开发者均证实，2013 年年底以前的视频文件采用加密的完整存储方式。2013 年年底，为了规避版权和淫秽视频等法律风险，在王欣的授意下，张克东领导的技术部门开始对快播缓存服务器的存储方式进行调整，将原有的完整视频文件存储变为多台服务器的碎片化存储，将一部视频改由多台服务器共同下载，每台服务器保存的均是 32M 大小的视频片段，用户点播时需通过多台服务器调取链接，集合为完整视频播放。碎片化存储固然有效率较高的特点，但张克东等人供称："2011 年年底，完美公司到其公司谈合作的时候，了解到公司文件存储的方式，提出这样的存储有法律风险，建议最好采用碎片化的存储方式。2013 年年底，反盗版联盟说公司的视频文件有侵权的嫌疑，然后公安机关抱走了公司的几台服务器。王欣要求服务器内缓存的视频全部采用碎片化存储的方式。2014 年 2 月，快播公司的所有缓存服务器都采取了碎片化的存储方式。做'碎片化'就是要规避法律风险，怕被人告说公司盗版，还有就是规避淫秽视频风险。"这证明王欣对于快播网络传播淫秽视频的事实不但明知，而且还着手采取逃避检查的技术措施，消极对待其监管责任，放任大量淫秽视频经由其网络系统，特别是经由其缓存服务器任意传播。王欣的这种意志实际上就是快播公司的意志，而快播公司事业部的管理者吴铭、张克东、牛文举就是这一意志的执行者和执行监督者。根据我国《刑法》规定，犯罪的故意，是指明知自己的行为会发生危害社会的结果，并且希望或者放任这种结果发生的心理态度。快播公司及各被告人的行为足以表明其"放任"的间接故意，足以表明其放任的是正在发生或可能正在发生的危害后果。

4. 快播公司具备承担网络安全管理义务的现实可能但拒不履行网络安全管理义务。

任何经营策略都应当计算自身承担法定义务的成本。作为自身技术规则的设定者，快播公司应当具备网络视频服务的信息安全管理能力，问题的关键是其愿不愿意把这种能力转变为现实的行动。具体而言，快播公司的 P2P 技术不仅使得用户在下载视频的同时提供了上传视频的服务，而且在用户与用户之间还介入了自己控制、管理的缓存服务器。快播用户点播视频过程中，在拥有视频的"站长"（或"客户端"）、缓存服务器、观看视频的客户端之间形成三角关系，快播调度服务器不仅拉拽淫秽视频文件存储在缓存服务器里，而且也向客户端提供缓存服务器里的淫秽视频文件。这让缓存服务器实际上起到了淫秽视频的下载、储存、分发的作用。快播公司根据某一视频被点播的次数来决定是否缓存，并且这个次数可能因为网络接入服务商的用户多少和提供缓存服务的服务器可用存储空间大小不断调整。快播公司并不制作或购买合法的视频资源产品，其以搜索点击数量决定“缓存”哪些视频的技术特点，决定了其缓存服务器中存储的视频文件必然包括被搜索点击频率较高的淫秽视频。正是快播公司提供的这种介入了缓存服务器的视频点播服务，以及设立的这种“缓存”技术规则，决定了其实质介入了淫秽视频的传播行为。技术是快播公司研发，技术服务是快播公司提供，技术服务规则是快播公司设定，快播公司介入视频传播的结果体现了快播公司的经营策略。“站长”的发布、用户的搜索、用户点对点的文件传输、快播缓存与加速服务，这些关键环节离开快播公司的调度服务器都不可能实现。用户搜索与点播的频次构成快播公司提供缓存服务的条件，调度服务器所记录的信息使快播公司在制定缓存规则的时候当然可以根据其主观意愿设定条件，在点播、缓存环节采取限制措施，是快播公司承担网络安全管理义务的基本路径。不论是通过专用程序自动审核还是通过专门人员人工审查，快播公司作为一家网络视频信息服务提供商，应当具备相应的安全管理能力，应当付出必需的经营成本。

一般来说，网络视频服务企业难以做到屏蔽所有非法视频，但证据表明，快播公司连行业内普遍能够实施的关键词屏蔽、截图审查等最基本的措施都没有认真落实。快播公司在2012年被深圳网监处罚后，确实设置了信息安全组，开展了一些工作。但一年后，南山广电局执法人员在快播公司牛文举面前当场取证，从快播官网可以非常“便利”地看到淫秽视频正在快播网络上传播。显然，如果快播公司的“110”不良信息管理平台有效发挥作用，检查屏蔽淫秽视频工作并不困难。正如牛文举的供述以及快播公司负责信息安全工作的员工证言所称，“110”不良信息管理平台，在深圳网监验收合格之后，就基本被搁置，原为应对检查设立的信息安全组名存实亡。从另一角度讲，快播公司控制着每一台缓存服务器，能够轻易调取所存储的视频进行随机审查，可以轻易判断和批量清除缓存服务器内的淫秽视频，但快播公司没有进行这种后台审查工作，放任占存储量70%的淫秽视频在自己的缓存服务器中以供加速下载之用。快播公司及王欣等人在第一次庭审过程中反复强调自己对淫秽视频通过快播技术传播没有网络安全管理义务，既体现出其对法律法规规定义务的漠视，也体现出其逃避社会责任的主观态度。快播公司对于信息网络安全管理义务不是没有履行的现实能力，而是没有切实履行的意愿，其在本案中所表现出的行为属于拒不履行网络安全管理义务的行为。

5. 快播公司及各被告人的行为具有非法牟利目的。

传播淫秽物品牟利罪要求“以牟利为目的”，即行为人主观上具有牟取非法利益的目的。这里的利益，既包括直接利益，也包括间接利益。司法实践中认定“以牟利为目的”，既包括通过制作、复制、出版、贩卖、传播淫秽物品直接获取对价的目的，也包括通过广告、流量、用户数量等获得间接收入的目的。淫秽视频被搜索、点播、下载的数量越多，淫秽视频的网络传播者所获取的间接利益可能就越大。所以，以获取广告费等间接利益为目的，为吸引网民、增加网站网页访问量、提高用户数量而在互联网上发布、陈列、播放淫秽视频的行为，应当认定为“以牟利为目的”传播淫秽物品的行为。

使用快播资源服务器程序发布、经由快播网络平台传播的淫秽视频的点击数量直接影响了播放器的用户数量，与快播公司的广告收益相互关联。快播公司综合管理中心财务总监刘松涛的证言及其提供的财务报表显示，快播公司盈利主要来源于快播事业部，而快播事业部的主要收入来源于网络营销服务，其中资讯快播和第三方软件捆绑是最为主要的盈利方式，即来自快播播放器的安装和使用。2008 年至 2013 年，快播公司营业收入逐年快速增长，仅快播事业部 2013 年达到人民币 1.4 亿元，其中资讯快播营业收入人民币 7046 万元占 49.25%、第三方软件捆绑营业收入为人民币 3948 万元占 27.59%。虽然快播公司自己并未上传淫秽视频，但任何网络用户均可以使用快播资源服务器程序发布淫秽视频。客观上，快播公司非但不加监管，反而通过有条件的存储、调取方式提供网络支持，为用户上传、搜索、点播淫秽视频提供便利，致使淫秽视频大量传播。快播播放器软件借此得到推广，快播公司也因此大量获利。快播资源服务器程序发布的视频经过快播技术手段加密，只能用快播播放器播放，快播公司因此对于使用快播软件播放快播视频过程中的第三方软件捆绑和广告资讯等盈利具有独占性。快播公司正是利用这种独占性特点，不断通过提供缓存技术支持等方法改善用户体验，增加用户数量和市场占有率，进而提升快播资讯广告或捆绑推广软件的盈利能力，增加收入。快播公司明知其快播软件和快播网络平台被用于传播淫秽视频而不予监管，反而用缓存服务器加速传播，这一放任行为在客观上对淫秽视频在网络上传播起到了推波助澜的作用，也由此让快播播放器的下载和使用产生的利益随之迅速增加。快播公司明知其网络上淫秽视频传播和公司盈收增长之间的因果关系，仍放任其网络系统被继续用于传播淫秽视频，应当认定为具有非法牟利目的。

6. 本案既不属于“技术中立”的责任豁免也不属于“中立的帮助行为”。

司法实践对于技术中立的肯定，意在鼓励技术创新和发展，但技术是人类利用自然规律的成果，一定程度上受到技术提供者和使用者意志的控制和影响，并体现技术提供者和使用者的目的和利益。技术本身的中立性与技术使用者的社会责任、法律责任的关系，实质上反映了技术使用方式对社会发展起到推动进步还是阻碍进步的作用。以技术中立原则给予法律责任豁免的情形，通常限于技术提供者，对于实际使用技术的主体，则应视其具体行为是否符合法律规定进行判断。恶意使用技术危害社会或他人的行为，应受法律制裁。快播公司绝不单纯是技术的提供者，“站长”或用户发布、点播视频时，快播公司的调度服务器、缓存服务器参与其中，快播公司构建的P2P网络平台和缓存加速服务都让其成为技术的使用者，同时也是网络视频信息服务的提供者。快播公司在提供P2P视频技术服务和缓存技术服务时，虽然客观上没有对视频内容进行选择，但当其明知自己的P2P视频技术服务被他人利用传播淫秽视频，自己的缓存技术服务被利用成为大量淫秽视频的加速传播工具，自己有义务、有能力阻止而不阻止时，快播公司就不可能再获得技术中立的责任豁免。快播公司出于牟利目的，不履行安全管理义务，继续放任他人利用快播网络大量传播淫秽视频，且自己的缓存服务器也介入传播，在技术使用过程中明显存在恶意，应当承担相应的法律责任。

基于技术中立原则的要求，在信息网络传播权保护领域，技术的提供者需要尽到合理的注意义务，从而产生所谓“避风港”规则，行为人只要及时停止侵权便免除侵权责任。这一规则在《信息网络传播权保护条例》中规定为，当网络用户利用网络服务实施侵权行为时，被侵权人有权通知网络服务提供者采取删除、屏蔽、断开链接等必要措施，网络服务提供者如果并不明知作品、表演、录音录像制品系侵权时，接到通知后，未采取必要措施的，网络服务提供者应当承担责任；网络服务提供者接到通知后采取了必要措施的，则不需要承担责任。设立该项规则的目的在于保护单纯的网络服务提供者不因网络中海量的作品、表演、录音录像制品中存在侵权内容而被追究侵权赔偿责任，以促进网络服务的发展。辩护人认为基于“避风港”规则，快播公司作为网络服务提供者可适用《信息网络传播权保护条例》的规定免除责任。必须指出，《信息网络传播权保护条例》第3条明确规定：“依法禁止提供的作品、表演、录音录像制品，不受本条例保护。权利人行使信息网络传播权，不得违反宪法和法律、行政法规，不得损害公共利益。”也就是说，“避风港”规则保护的对象是合法的作品、表演、录音录像制品，而淫秽视频内容违法，严重危害青少年身心健康和社会管理秩序，属于依法禁止提供的对象，不属于信息网络传播权保护的范围，当然不适用著作权法意义上的“避风港”规则。

关于缓存服务器内存储视频的“缓存”状态问题是否应适用“避风港”规则免责问题，经查，知识产权法领域基于“避风港”规则免责的缓存是指“断电即被清除的临时存储”。而本案缓存服务器内存储的视频，均根据视频点击量自动存储下来，只要在设定的周期内点击量达到要求，就能长期存储并随时提供用户使用。故本案快播公司的缓存服务器或缓存技术中的“缓存”概念，并非计算机信息系统中通常意义上“断电即被清除的临时存储”，而是对符合设定条件内容的硬盘（服务器）存储，不属于知识产权法领域“避风港”规则免责的“缓存”类型。

本案另一个值得关注的问题是关于快播公司的行为是否属于“中立的帮助行为”。中立的帮助行为，是指外表上属于日常生活行为、业务行为等不追求非法目的的行为，客观上对他人的犯罪起到促进作用的情形。中立的帮助行为是以帮助犯为视角在共同犯罪中讨论中立性对于定罪量刑的影响，而实行行为不存在“中立性”问题。快播公司的缓存服务器下载、存储并提供淫秽视频传播，属于传播淫秽视频的实行行为，且具有非法牟利的目的，不适用于共同犯罪中的中立的帮助行为理论。辩方以行为的中立性来否定快播公司及各被告人责任的意见，不应采纳。

7. 快播公司以牟利为目的放任淫秽视频大量传播的行为构成传播淫秽物品牟利罪的单位犯罪。

我国《刑法》第30条规定，公司、企业、事业单位、机关、团体实施的危害社会的行为，法律规定为单位犯罪的，应当负刑事责任。从主体身份看，快播公司通过调度服务器为使用资源服务器程序的“站长”提供视频文件转码、链接地址发布服务，为使用快播播放器的用户提供搜索、下载、上传服务，进而通过其缓存服务器提供视频存储和下载加速服务，快播公司属于网络信息服务提供者，应当依法承担网络安全管理义务。从客观行为看，快播公司在明知快播网络服务系统被众多“站长”（用户）用于传播淫秽视频的情况下，有能力但拒不履行网络安全管理义务，甚至采取技术措施规避法律责任，放任他人利用自己的网络技术服务传播淫秽视频，放任自己的缓存服务器被他人利用介入淫秽视频的传播之中，导致淫秽视频大量传播的严重危害后果。从主观认知看，快播公司曾因传播淫秽视频等网络信息安全问题被采取行政处罚措施，王欣、张克东、牛文举等人亦曾多次供述知道快播传播淫秽视频的问题，足以认定快播公司明知其网络服务系统被用于传播淫秽视频。从犯罪目的来看，由于大量淫秽视频得以通过快播网络服务系统传播，快播播放器的用户数量和市场占有率得以提高，快播资讯和捆绑软件的盈利能力得以提升，快播公司拒不履行网络安全管理义务，具有非法牟利目的。快播公司的行为符合《刑法》第363条规定的传播淫秽物品牟利罪的构成要件。快播公司明知快播网络服务系统被用于传播淫秽视频，但出于扩大经营、非法牟利目的，拒不履行监管和阻止义务，放任其网络平台大量传播淫秽视频，具有明显的社会危害性和刑事违法性，应当依法追究刑事责任。

单位犯罪中直接负责的主管人员，是在单位实施犯罪中起决定、批准、授意、纵容、指挥等作用的人员，一般是单位的主管负责人。王欣在快播公司传播淫秽视频牟利犯罪行为中起到了决定、批准、授意、纵容、指挥等作用。张克东、牛文举则是快播公司和王欣意志的执行者，不仅明知快播公司传播淫秽视频牟利的行为，而且为了快播公司实现非法牟利目的，在管理过程中指挥和监督下属员工积极落实单位和王欣的决定，在快播公司传播淫秽视频牟利犯罪行为中起到了纵容、指挥等作用。吴铭系快播事业部的总经理，负责整个快播事业部的工作，具有领导、管理、监督职责。对于快播公司存在的传播淫秽视频问题，张克东称，在公司产品会上说起快播涉黄，吴铭的态度是“内容的事情找王欣作决策”，可见吴铭采取了推脱、回避的态度。同时，吴铭对于快播事业部审核过滤淫秽信息工作停滞一事，亦负有督促有效运转之责，但其放任不管，实际上体现了快播公司对传播淫秽视频的“放任”态度。王欣、张克东、吴铭、牛文举均应作为快播公司直接负责的主管人员承担相应的刑事责任。

我国《刑法》第366条规定，单位犯本节第363条……规定之罪的，对单位判处罚金，并对其直接负责的主管人员和其他直接责任人员，依照各该条的规定处罚。关于该罪的刑罚适用标准，最高人民法院、最高人民检察院先后于2004年和2010年发布了《关于办理利用互联网、移动通讯终端、声讯台制作、复制、出版、贩卖、传播淫秽电子信息刑事案件具体应用法律若干问题的解释（一）》和《关于办理利用互联网、移动通讯终端、声讯台制作、复制、出版、贩卖、传播淫秽电子信息刑事案件具体应用法律若干问题的解释（二）》。前者，针对直接传播电子淫秽信息的犯罪行为规定了定罪量刑标准；后者，重点就网站建立者、直接负责的管理者、互联网信息服务提供者、广告主、第三方支付平台等涉及淫秽电子信息的犯罪补充规定了定罪量刑标准。

本案公诉机关在起诉书中指控被告单位及各被告人犯传播淫秽物品牟利罪情节特别严重，北京市海淀区人民法院认为，应当根据上述法律规定并结合本案情节就刑罚适用问题进行分析：

1. 快播公司的行为不属于司法解释规定的传播淫秽物品牟利罪“情节特别严重”的情形。

第一，快播公司对于特定视频是否淫秽视频缺乏事先的明知。“事先明确知道是淫秽电子信息”与“明知其网络平台上存在淫秽电子信息”所表达的主观明知内容完全不同，前者是针对特定视频文件，后者是针对网络平台所传播的内容包括哪类信息。本案中，快播公司在提供视频发布、点对点链接、缓存加速等服务时，并没有事先设置有效的内容审查技术环节或监管措施。快播公司主观方面虽然明知自己的网络平台上存在淫秽视频，但就本案缓存服务器内检验出的淫秽视频而言，没有证据表明快播公司事先明确知道其中不特定的任一视频是否淫秽视频（服务器目录中均以特征码作为文件名）。虽然本案能够认定快播公司控制下的缓存服务器参与了淫秽视频的传播，但无法认定快播公司有针对性地实施了上传、下载和存储、提供淫秽视频的行为。

第二，快播公司不具有传播淫秽视频的直接故意。从行为人的意志因素上说，现有证据并不能证明快播公司“希望”淫秽视频通过快播网络平台大量传播。一方面，缓存服务器提供加速服务符合淫秽网站“站长”的直接传播故意和点播用户的自主选择意愿，快播公司采取了听之任之的放任态度。另一方面，本案没有证据证明快播公司与淫秽网站的站长或其他发布淫秽视频的用户之间存在共谋。快播公司无论是提供快播视频客户端软件、服务器软件，抑或提供缓存服务器的储存、加速服务，无论是针对服务对象还是服务内容，都没有进行区分或选择，无法认定快播公司与淫秽网站等具有直接故意的淫秽视频传播者之间的犯意联络。缓存服务器内大量淫秽视频的存在，是淫秽网站、用户（每一个用户既是下载者也是上传者）的直接故意和快播公司的间接故意交织在一起共同作用的结果。同时，本案没有快播网站“发布”缓存服务器内这些淫秽视频的直接证据，用户从缓存服务器下载淫秽视频的数量，特别是用户下载淫秽视频文件时，由快播公司缓存服务器提供支持（加速服务）的比例亦无从知晓。在此情形下，要求被告人承担与淫秽网站等具有直接故意的传播者相同的刑事责任，有客观归责之弊，违背主客观相一致的原则。

第三，快播公司的放任传播与技术介入的非直观性是本案的重要特征。传统的传播行为，一般由淫秽网站站长或用户以直观陈列的方式实施，传播者直接将淫秽视频链接放到网上提供给他人点播，或直接展示播放，或直接提供下载服务。比较而言，在单纯的P2P传播模式下，快播公司提供的是在用户之间建立链接渠道的程序，难以认定快播公司是淫秽视频的内容提供者；但在运用缓存服务器提供加速服务的传播模式下，快播公司放任其缓存服务器参与淫秽视频的传播过程，却没有开展有效的事前审查或后台审查，《刑法》应当责难此种不履行法定义务的行为。但即便是缓存服务器介入视频传播过程中，也不是直接提供缓存服务器的链接，而是用户点击淫秽网站上的链接后，快播公司的缓存服务器才因调度服务器的指挥提供加速服务，其实现方式更多地体现出网络技术的后台传输特点，技术介入的非直观性特征明显。考虑快播公司的放任传播方式的非直观性、传统直观陈列方式传播的区别以及技术介入性特点，单纯以缓存服务器内实际存储的淫秽视频数量来评价快播公司及各被告人的刑事责任，过于严苛。

第四，快播公司放任淫秽视频传播的直接获利数额难以认定。现有证据可以认定快播公司及各被告人之所以放任淫秽视频传播，目的是利用淫秽视频传播带动用户增加从而产生更多收入，且实际获利巨大。但应当看到，现有证据没有证明快播公司经营的网络平台通过传播淫秽视频直接收取费用，不能区分快播公司现有营业收入中具体有哪些属于传播淫秽视频所得，哪些是合法经营所得。实际上，快播公司及各被告人在经营视频点播业务过程中，主观上兼有合法经营目的和非法牟利目的，客观上难以即时区分合法视频点播服务和非法视频点播服务。快播公司获利方式的间接性决定了这种合法经营和非法经营的混同存在，所反映出的主观恶性和行为的社会危害性，比纯粹以淫秽物品传播为专营业务的淫秽网站要小。但需指出，间接获取非法利益的目的包含在《刑法》所规定的非法牟利目的范畴之内，只是间接获利与直接获利在刑罚适用标准方面有所区别。

第五，本案“犯罪情节”的认定应该充分考量网络信息平台传播特点。点对点视频传播技术更新速度快，传播能力迅速攀升，其所产生的正面或负面影响，均与传播淫秽物品牟利罪刑法条文和司法解释制定时的情形有较大差别。缓存服务器参与下的P2P视频点播技术使淫秽物品传播产生了超高速率、超大范围的传播效果，缓存服务器提供存储服务的淫秽视频数量动辄数以万计。故，不宜按照相关司法解释所规定的传播淫秽视频牟利罪的数量标准来确定刑罚。科学技术的应用必须符合法律规范，法律也应当鼓励优先运用技术措施解决技术问题，从而使科学技术具有更大的发展空间。本案应当充分考量科技发展的特殊性，将新类型网络传播淫秽物品犯罪的量刑方法区别于传统传播行为，体现谦抑性，实现罪责刑相统一。

综合主客观方面，快播公司缓存服务器内存储的淫秽视频数量与相关司法解释中数量标准规定的情形不同，本案不宜适用现有司法解释中的数量标准认定“情节特别严重”。

2. 快播公司放任淫秽视频大量传播并获取巨额非法利益应当认定为“情节严重”。

“情节严重”，是出于立法技术的考虑而对犯罪情形的综合表述。一方面，立法者不能预见所有情节严重的情况而作出明确具体的规定，另一方面，即使有所预见，也不能使用冗长表述而使刑法丧失简明价值。传播淫秽物品牟利罪中的“情节严重”，是法定刑升格的依据。司法实践中，这种情节可以根据具体案情综合判定。就本案而言，深圳网监和南山广电局先后两次针对快播公司存在的网络信息安全问题进行行政处罚，快播公司及各被告人明知这些执法活动的具体指向就是其网络上存在的涉嫌传播淫秽、侵权等网络违法犯罪行为，消极对待整改，以作为的形式掩盖不作为的实质，继续放任自己控制的缓存服务器被他人利用并提供加速服务，放任快播网络平台大量传播淫秽视频，其主观恶性和社会危害性，显然大于一般的传播淫秽物品牟利行为。淫秽视频污染网络环境，尤其对青少年身心健康带来巨大损害，因此我国法律法规明确规定了网络信息服务提供者的网络信息安全管理责任。综合考虑快播公司拒不履行视频信息服务企业的网络安全管理义务，放任其网络系统被用于传播淫秽信息，两次受到行政处罚后仍以作为的形式掩盖不作为的实质，造成淫秽视频大量传播，间接获取巨额非法利益，法院认为，应当依据《刑法》第363条第1款的规定，认定为“情节严重”。

综上所述，被告单位快播公司及被告人王欣、吴铭、张克东、牛文举以牟利为目的，在互联网上传播淫秽视频，其行为均已构成传播淫秽物品牟利罪，情节严重，应依法惩处。北京市海淀区人民检察院指控被告单位快播公司、被告人王欣、吴铭、张克东、牛文举犯传播淫秽物品牟利罪的事实清楚，证据确实、充分，指控罪名成立。被告单位、各被告人及辩护人在第一次庭审中所提之无罪辩护意见，没有事实及法律依据，法院不予采纳。

《刑法》第61条规定，对于犯罪分子决定刑罚的时候，应当根据犯罪的事实、犯罪的性质、情节和对于社会的危害程度，依法判处。法院根据被告单位和各被告人的法定情节和酌定情节确定刑罚：（1）被告单位快播公司通过网络系统中的大量缓存服务器介入淫秽视频传播而拒不履行安全管理义务，间接获取巨额非法利益，社会危害性大，鉴于快播公司在第二次庭审中能自愿认罪，法院对其酌予从轻处罚。（2）被告人王欣系快播公司法定代表人、股东、执行董事、经理，明知快播软件的技术特点和存在的法律风险，拒不履行网络安全管理义务，授意他人以作为的形式掩盖不作为的实质，在本案中起主要作用。考虑到王欣在第二次庭审过程中，能如实供述犯罪事实，自愿认罪，法院对其酌予从轻处罚。王欣系被通缉后由公安机关从境外押解归案，并非自动投案，法院对其辩护人关于其有自首情节的辩护意见不予采纳。（3）被告人张克东系快播公司股东、事业部副总经理兼技术平台部总监，主要负责快播公司的技术平台工作，其主观上明知快播网络服务系统被用于传播淫秽视频，仍然提供缓存加速、碎片化存储等方面的技术支持，应当认定为直接负责的主管人员。考虑到张克东在第二次庭审过程中，能如实供述犯罪事实，自愿认罪，在犯罪过程中主要从事技术工作，听命于王欣，作用较王欣相对较轻，法院对其酌予从轻处罚。但张克东并非从犯，不符合缓刑适用条件，法院对其辩护人所提张克东系从犯并适用缓刑的意见不予采纳。（4）被告人吴铭系事业部总经理，负责快播播放器等核心产品的营销工作，在快播事业部拥有管理权，应当认定为直接负责的主管人员。吴铭进入事业部工作的时间内是快播公司传播淫秽视频牟利的时间段，起获涉案4台缓存服务器传播淫秽视频的时间也是在吴铭担任事业部总经理期间，故法院对其辩护人关于吴铭没有犯罪时间，没有决策权，不应认定为直接负责的主管人员的辩护意见不予采纳。考虑到被告人吴铭参与时间较短，不是公司股东，听命于王欣，作用相对王欣、张克东较轻，法院对其酌予从轻处罚。吴铭作为直接负责的主管人员，回避自己在犯罪中的作用，不宜对其适用缓刑，法院对其辩护人所提适用缓刑的意见不予采纳。（5）被告人牛文举系事业部副总经理，主要负责市场部和网络信息安全小组的工作，对快播网络被用于传播淫秽视频负有监管责任，应当认定为直接负责的主管人员。牛文举及其辩护人所提牛文举履行了监管责任且属从犯的辩护意见，没有事实依据。考虑到牛文举不是公司股东，听命于王欣，作用相对王欣、张克东、吴铭较轻，且能如实供述犯罪事实，自愿认罪，法院对其酌予从轻处罚。各被告人之辩护人在第二次庭审中所提有关罪轻辩护意见，可以作为量刑时的参考，法院酌予采纳。

法院依照《刑法》第363条第1款、第366条、第30条、第31条、第52条、第53条之规定，判决如下：一、被告单位快播公司犯传播淫秽物品牟利罪，判处罚金人民币1000万元。二、被告人王欣犯传播淫秽物品牟利罪，判处有期徒刑三年六个月，罚金人民币100万元。三、被告人张克东犯传播淫秽物品牟利罪，判处有期徒刑三年三个月，罚金人民币50万元。四、被告人吴铭犯传播淫秽物品牟利罪，判处有期徒刑三年三个月，罚金人民币30万元。五、被告人牛文举犯传播淫秽物品牟利罪，判处有期徒刑三年，罚金人民币20万元。

【学理分析及适用指引】

• 学理分析 •

1. 制作、复制、出版、贩卖、传播淫秽物品牟利罪的构成。制作、复制、出版、贩卖、传播淫秽物品牟利罪，是指以牟利为目的，制作、复制、出版、贩卖、传播淫秽物品的行为。本罪的构成要件如下：

（1）本罪的客体。本罪侵犯的客体是国家对文化娱乐制品的管理制度和良好的社会风尚。根据《刑法》第367条的规定，淫秽物品，是指具体描绘性行为或者露骨宣扬色情的诲淫性的书刊、影片、录像带、录音带、图片及其他淫秽物品，包括具体描绘性行为或者露骨宣扬色情的诲淫性的视频文件、音频文件、电子刊物、图片、文章、短信息等互联网、移动通讯终端，电子信息和声讯台语言信息等。有关人体生理、医学知识的科学著作、电子信息和声讯台语言信息不是淫秽物品，包含色情内容的有艺术价值的文学、艺术作品不视为淫秽物品。

（2）本罪的客观方面。本罪在客观方面表现为制作、复制、出版、贩卖、传播淫秽物品的行为。制作，是指生产、录制、摄制、编写、译著、绘画、印刷、刻印、洗印等行为；复制，是指复印、拓印、翻印、翻拍、复写、复录、抄写等仿造行为；出版，是指编辑、印刷等行为；贩卖，是指发行、批发、零售、倒卖等行为；传播，是指播放、放映、出租、出借、承运、邮寄等行为。本罪属选择性罪名。制作、复制、出版、贩卖、传播淫秽物品的5种行为，分别是5种犯罪。行为人实施其中一种行为的，以该行为确定罪名；行为人同时实施其中几种行为的，应将所实施的行为并列为一个罪名，如既制作又贩卖、传播的，则只定制作、贩卖、传播淫秽物品牟利罪，不实行数罪并罚。

（3）本罪的主体。犯罪主体是一般主体，包括个人和单位。

（4）本罪的主观方面。主观方面均出于故意，即明知是淫秽物品而进行制作、复制、出版、贩卖、传播，并且必须以牟利为目的。至于行为人是否已经实际取得了利益，获利多少，并不影响本罪的成立，可作为量刑的情节加以考虑。

2. 为他人提供书号出版淫秽书刊罪的构成。为他人提供书号出版淫秽书刊罪，是指向他人提供书号，致使淫秽书刊出版的行为。本罪的构成要件如下：

（1）本罪的客体。本罪侵犯的客体是国家对书刊出版的管理活动和社会治安管理秩序。书号，是国家为了对图书出版进行管理而设置的图书出版“许可证”。没有书号就不能出版图书。根据相关司法解释的规定，为他人提供（期）刊号，出版淫秽期刊的，或者为他人提供版号，出版淫秽音像制品的，依照为他人提供书号出版淫秽书刊罪定罪处罚。① 可见，对这里的“书号”应作广义理解，不仅包括狭义的书号，也包括（期）刊号、版号在内。本罪的犯罪对象是淫秽书刊，它与色情出版物不同。按照国家新闻出版署 1988 年 12 月 27 日发布的《关于认定淫秽及色情出版物的暂行规定》的规定，淫秽出版物是指在整体上宣扬淫秽行为，挑逗人们的性欲，足以导致普通人腐化堕落，而又没有艺术价值或者科学价值的出版物；而色情出版物是指在整体上不是淫秽的，但其中一部分有淫秽内容，对普通人特别是未成年人的身心健康有毒害，又缺乏艺术价值或者科学价值的出版物。提供书号出版色情出版物的，只是违法行为，不构成本罪。

（2）本罪的客观方面。本罪在客观方面表现为违反国家规定向他人提供书号的行为，即以合作出版的名义，向他人提供书号、期刊号，造成淫秽书刊出版的后果。此处所说的他人，主要是非出版单位或者个人。只要行为人实施了向他人提供书号的行为，并造成淫秽书刊借此书号出版的后果，不论其提供的是一个书号还是多个书号，也不论淫秽出版物的出版数量大小，都可以构成本罪。但是，如果行为人虽然向他人提供了书号，但该书号未被用于出版淫秽书刊，未造成淫秽书刊已经出版的后果，则行为人不构成犯罪。

（3）本罪的主体。本罪主体可以是单位，也可以是个人。非出版单位或者个人接受了出版单位或者工作人员提供的书号后，又将书号转手提供给他人出版淫秽书刊的，也可构成本罪。

（4）本罪的主观方面。本罪的主观方面由过失构成，即行为人提供书号后，对他人借此出版淫秽书刊的结果是一种过失的心态。行为人在其提供书号时，并不知道对方是用于出版淫秽书刊。但是，对于购买书号的人可能将书号用于出版淫秽书刊，行为人则是具有过失的。如果明知他人使用书号出版淫秽书刊而提供的，应以出版淫秽物品牟利罪论处。

• 适用指引 •

司法实践中，认定本条规定的罪名时应注意：

---

① 参见《最高人民法院关于审理非法出版物刑事案件具体应用法律若干问题的解释》（法释〔1998〕30 号）第 9 条的规定。

1. 制作、复制、出版、贩卖、传播淫秽物品牟利罪是一个选择性罪名，行为人实施了制作、复制、出版、贩卖或者传播淫秽物品中的一个行为的，按照其中的一个行为定罪处罚，如果实施了其中数个行为的，按照数个行为确定该罪罪名，按一罪处罚，而不实行数罪并罚。制作淫秽物品是指通过生产、录制、编写、刻印、印刷、剪辑等方式创造出淫秽物品的行为；复制淫秽物品是指通过复写、复印、翻录、翻拍、抄写等形式使已有的淫秽物品得以再现的行为；出版淫秽物品是指将淫秽物品编辑后向公众发行的行为；贩卖淫秽物品是指买进卖出淫秽物品以牟利的行为；传播淫秽物品是指将淫秽物品通过出租、出借、刊登、陈列等形式向不特定的多数人流传的行为。构成本罪必须以牟利目的为要件，不以牟利为目的的制作、复制、出版、贩卖、传播淫秽物品的行为，并不构成本罪。当然，牟利目的是否实现并不影响本罪的成立。

2. 制作、复制、出版、贩卖、传播淫秽物品牟利罪的既遂标准判断问题。理论界一般认为本罪系行为犯，只要危害行为完成即成立本罪的既遂。有学者提出本罪有5种行为形式，每种行为完成的标准很不一致，制作淫秽物品行为的完成以淫秽物品被制作出来作为完成的标准；复制淫秽物品行为的完成标准主要看是否达到一定程度，可考虑行为人意图复制的数量、采取的手段、复制的规模、已复制出的数量等进行综合分析判断；出版淫秽物品的行为以淫秽物品进入发行环节为既遂；对贩卖淫秽物品行为不以淫秽物品的交易完毕为标准，只要行为人现实地实施了出售和交换淫秽物品的行为，即为行为完成，实施要约行为属于贩卖行为的完成；传播淫秽物品行为的完成以行为人是否现实地实施了广泛散布淫秽物品的行为为标准。由于制作、复制、出版、贩卖、传播淫秽物品行为各自为一个过程，因而在实施其中一种行为时因行为人意志以外原因而使这一过程不能继续下去，成立本罪的未遂。①

3. 传播淫秽物品牟利罪与传播淫秽物品罪的界限：

（1）虽然两罪均为故意犯罪，但前者必须以牟利为目的，后者则并无此要求，因而只能为没有以牟利为目的的传播行为，否则构成前罪。

（2）前者为行为犯，只要实施上述行为即可构成犯罪，情节严重是其加重法定刑的情节，但后者需以情节严重为其构成要件。

4. 传播淫秽物品牟利罪与组织播放淫秽音像制品罪的界限：

（1）后者仅限于淫秽的电影、录像等音像制品；而前者则包括所有淫秽物品。

（2）前者必须以牟利为目的；但构成后罪则不应具有牟利目的，如具有牟利目的，以传播淫秽物品牟利罪处理。

（3）前者需具备传播行为；而后者则要有组织播放行为才能构成犯罪，

---

① 参见鲍遂献：《妨害风化犯罪》，中国人民公安大学出版社1999年版，第341～343页。

如果仅有播放行为而无组织行为，则不能构成该罪，但可能构成传播淫秽物品罪。

5. 在认定为他人提供书号出版淫秽书刊罪时应注意：构成本罪并不以购买书号的人构成出版淫秽物品牟利罪为必要条件。一般来说，购买书号的人出版了淫秽书刊的，才追究提供书号者的刑事责任。但是，《刑法》并没有规定为他人提供书号出版淫秽书刊罪必须以购买书号的人构成出版淫秽物品牟利罪为必要条件。购买书号出版淫秽书刊的人也可能因为犯罪情节较轻不构成犯罪，但是提供书号者的犯罪情节却较重，比如向多人提供书号的；提供书号非法获利数额巨大的等。在这种情况下，即使购买者不构成犯罪，但只要购买者利用该书号出版了淫秽书刊，提供书号者就可能构成犯罪。当然，对于购买者出版淫秽书刊是否构成犯罪的问题，也反映了提供者的行为造成的社会危害后果的大小。这对为他人提供书号出版淫秽书刊罪的行为人的量刑是有影响的，也是应当在量刑时考虑的。

第三百六十四条　传播淫秽物品罪、组织播放淫秽音像制品罪

【法律规定】

• 法律条文 •

《中华人民共和国刑法》

第三百六十四条　传播淫秽的书刊、影片、音像、图片或者其他淫秽物品，情节严重的，处二年以下有期徒刑、拘役或者管制。

组织播放淫秽的电影、录像等音像制品的，处三年以下有期徒刑、拘役或者管制，并处罚金；情节严重的，处三年以上十年以下有期徒刑，并处罚金。

制作、复制淫秽的电影、录像等音像制品组织播放的，依照第二款的规定从重处罚。

向不满十八周岁的未成年人传播淫秽物品的，从重处罚。

• 相关规定 •

《中华人民共和国刑法》

第三百六十三条　以牟利为目的，制作、复制、出版、贩卖、传播淫秽物品的，处三年以下有期徒刑、拘役或者管制，并处罚金；情节严重的，处三年以上十年以下有期徒刑，并处罚金；情节特别严重的，处十年以上有期徒刑或者无期徒刑，并处罚金或者没收财产。

为他人提供书号，出版淫秽书刊的，处三年以下有期徒刑、拘役或者管制，并处或者单处罚金；明知他人用于出版淫秽书刊而提供书号的，依照前款的规定处罚。

《全国人民代表大会常务委员会关于维护互联网安全的决定》

三、为了维护社会主义市场经济秩序和社会管理秩序，对有下列行为之一，构成犯罪的，依照刑法有关规定追究刑事责任：

……

（五）在互联网上建立淫秽网站、网页，提供淫秽站点链接服务，或者传播淫秽书刊、影片、音像、图片。

《最高人民法院关于审理非法出版物刑事案件具体应用法律若干问题的解释》（法释〔1998〕30号）

第十条 向他人传播淫秽的书刊、影片、音像、图片等出版物达三百至六百人次以上或者造成恶劣社会影响的，属于“情节严重”，依照刑法第三百六十四条第一款的规定，以传播淫秽物品罪定罪处罚。

组织播放淫秽的电影、录像等音像制品达十五至三十场次以上或者造成恶劣社会影响的，依照刑法第三百六十四条第二款的规定，以组织播放淫秽音像制品罪定罪处罚。

第十六条 出版单位与他人事前通谋，向其出售、出租或者以其他形式转让该出版单位的名称、书号、刊号、版号，他人实施本解释第二条、第四条、第八条、第九条、第十条、第十一条规定的行为，构成犯罪的，对该出版单位应当以共犯论处。

《最高人民法院、最高人民检察院关于办理利用互联网、移动通讯终端、声讯台制作、复制、出版、贩卖、传播淫秽电子信息刑事案件具体应用法律若干问题的解释（二）》（法释〔2010〕3号）

第二条 利用互联网、移动通讯终端传播淫秽电子信息的，依照《最高人民法院、最高人民检察院关于办理利用互联网、移动通讯终端、声讯台制作、复制、出版、贩卖、传播淫秽电子信息刑事案件具体应用法律若干问题的解释》第三条的规定定罪处罚。

利用互联网、移动通讯终端传播内容含有不满十四周岁未成年人的淫秽电子信息，具有下列情形之一的，依照刑法第三百六十四条第一款的规定，以传播淫秽物品罪定罪处罚：

（一）数量达到第一条第二款第（一）项至第（五）项规定标准二倍以上的；

（二）数量分别达到第一条第二款第（一）项至第（五）项两项以上标准的；

（三）造成严重后果的。

第三条 利用互联网建立主要用于传播淫秽电子信息的群组，成员达三十人以上或者造成严重后果的，对建立者、管理者和主要传播者，依照刑法第三百六十四条第一款的规定，以传播淫秽物品罪定罪处罚。

第五条 网站建立者、直接负责的管理者明知他人制作、复制、出版、贩卖、传播的是淫秽电子信息，允许或者放任他人在自己所有、管理的网站或者网页上发布，具有下列情形之一的，依照刑法第三百六十四条第一款的规定，以传播淫秽物品罪定罪处罚：

（一）数量达到第一条第二款第（一）项至第（五）项规定标准十倍以上的；

（二）数量分别达到第一条第二款第（一）项至第（五）项两项以上标准五倍以上的；

（三）造成严重后果的。

第八条 实施第四条至第七条规定的行为，具有下列情形之一的，应当认定行为人“明知”，但是有证据证明确实不知道的除外：

（一）行政主管机关书面告知后仍然实施上述行为的；

（二）接到举报后不履行法定管理职责的；

（三）为淫秽网站提供互联网接入、服务器托管、网络存储空间、通讯传输通道、代收费、费用结算等服务，收取服务费明显高于市场价格的；

（四）向淫秽网站投放广告，广告点击率明显异常的；

（五）其他能够认定行为人明知的情形。

第九条 一年内多次实施制作、复制、出版、贩卖、传播淫秽电子信息行为未经处理，数量或者数额累计计算构成犯罪的，应当依法定罪处罚。

第十条 单位实施制作、复制、出版、贩卖、传播淫秽电子信息犯罪的，依照《中华人民共和国刑法》、《最高人民法院、最高人民检察院关于办理利用互联网、移动通讯终端、声讯台制作、复制、出版、贩卖、传播淫秽电子信息刑事案件具体应用法律若干问题的解释》和本解释规定的相应个人犯罪的定罪量刑标准，对直接负责的主管人员和其他直接责任人员定罪处罚，并对单位判处罚金。

第十二条 《最高人民法院、最高人民检察院关于办理利用互联网、移动通讯终端、声讯台制作、复制、出版、贩卖、传播淫秽电子信息刑事案件具体应用法律若干问题的解释》和本解释所称网站，是指可以通过互联网域名、IP地址等方式访问的内容提供站点。

以制作、复制、出版、贩卖、传播淫秽电子信息为目的建立或者建立后主要从事制作、复制、出版、贩卖、传播淫秽电子信息活动的网站，为淫秽网站。

《最高人民法院、最高人民检察院关于办理利用互联网、移动通讯终端、声讯台制作、复制、出版、贩卖、传播淫秽电子信息刑事案件具体应用法律若干问题的解释（一）》（法释〔2004〕11号）

第三条 不以牟利为目的，利用互联网或者移动通讯终端传播淫秽电子信息，具有下列情形之一的，依照刑法第三百六十四条第一款的规定，以传播淫秽物品罪定罪处罚：

（一）数量达到第一条第一款第（一）项至第（五）项规定标准二倍以上的；

（二）数量分别达到第一条第一款第（一）项至第（五）项两项以上标准的；

（三）造成严重后果的。

利用聊天室、论坛、即时通信软件、电子邮件等方式，实施第一款规定行为的，依照刑法第三百六十四条第一款的规定，以传播淫秽物品罪定罪处罚。

第六条 实施本解释前五条规定的犯罪，具有下列情形之一的，依照刑法第三百六十三条第一款、第三百六十四条第一款的规定从重处罚：

（一）制作、复制、出版、贩卖、传播具体描绘不满十八周岁未成年人性行为的淫秽电子信息的；

（二）明知是具体描绘不满十八周岁的未成年人性行为的淫秽电子信息而在自己所有、管理或者使用的网站或者网页上提供直接链接的；

（三）向不满十八周岁的未成年人贩卖、传播淫秽电子信息和语音信息的；

（四）通过使用破坏性程序、恶意代码修改用户计算机设置等方法，强制用户访问、下载淫秽电子信息的。

《最高人民检察院、公安部关于公安机关管辖的刑事案件立案追诉标准的规定（一）》（公通字〔2008〕36号）

第八十四条 ［传播淫秽物品案（刑法第三百六十四条第一款）］传播淫秽的书刊、影片、音像、图片或者其他淫秽物品，涉嫌下列情形之一的，应予立案追诉：

（一）向他人传播三百至六百人次以上的；

（二）造成恶劣社会影响的。

不以牟利为目的，利用互联网、移动通讯终端传播淫秽电子信息，涉嫌下列情形之一的，应予立案追诉：

（一）数量达到本规定第八十二条第二款第（一）项至第（五）项规定标准二倍以上的；

（二）数量分别达到本规定第八十二条第二款第（一）项至第（五）项两项以上标准的；

（三）造成严重后果的。

利用聊天室、论坛、即时通信软件、电子邮件等方式，实施本条第二款规定行为的，应予立案追诉。

第八十五条 ［组织播放淫秽音像制品案（刑法第三百六十四条第二款）］组织播放淫秽的电影、录像等音像制品，涉嫌下列情形之一的，应予立案追诉：

（一）组织播放十五至三十场次以上的；

（二）造成恶劣社会影响的。

【案例】

慈某强等传播淫秽物品案①

• 案件事实 •

2001 年 5 月，慈某强将免费下载的开办个人网站的程序安装到韩国一网站的服务器上，开办了“华傲论坛”淫秽网站，其网名为“华英雄”，并自任总版主，制定了相应的规章制度和管理措施。被告人冯某玲在明知“华傲论坛”是淫秽网站的情况下，自 2001 年 5 月起，仍以“都市女王”的网名进入该网站浏览淫秽文章、图片、电影等，并主动申请担任总版主，2001 年 7 月被慈某强任命为总版主，与慈某强共同管理和维护该网站。冯某玲积极主动地对网站的 14 个版面进行日常管理、维护，并对网站的各项规章制度进行了细化。2002 年 11 月，与慈某强一起任命网名为“sm 京男 35”的被告人王某为副总版主。王某在被任命为副总版主后，协助总版主对“华傲论坛”网站进行管理，并在自己任版主的“信息交流”“转贴文学”等版面上发布《一个护士的经历》《落入虎口的李芸》等淫秽文章 12 篇及图片 9 张，传播人次达 15116 次。

2002 年 8 月以来，被告人刘某在明知“华傲论坛”系淫秽网站的情况下，多次以“ssO”的网名进入该网站并发布《小兵被女人强奸》《我被少女诱奸》《我被两个少女给强奸了》等淫秽文章 19 篇及淫秽图片 32 张，供网民浏览，传播人次达 22096 次。

2002 年 10 月以来，被告人时某莲明知“华傲论坛”为淫秽网站，仍以“jianjian”的网名在该网站发布《监狱风云》第 1 集、第 2 集、第 3 集，《女警》第 1 集、第 2 集、第 3 集，供网民浏览，传播人次达 5061 次。

2001 年 8 月至 2002 年 11 月，被告人胡某在担任“华傲论坛”网站“女皇王朝”版面的版主期间，多次以“dog - sh”网名发布大量淫秽电影供网民观看，其中被查获的有《精彩电影——鬼畜日本女子高校生》《几个女王小电影——华英雄转移》中的 7 部电影，浏览人次达 1202 次。

---

① 参见北京市大兴区人民法院（2003）大刑初字第 483 号。

2002年8月至2003年3月，被告人靳某在担任“华傲论坛”网站“偷窥”版面的版主期间，以“偷窥”的名义发布具有淫秽内容的文章，其中《一次经历（校园女厕）》《我的偷窥经历》等5篇文章，浏览人次达1291次。

2002年9月25日以来，张某鹏在“华傲论坛”网站“原创文学”版面以“sm615039”的网名，将其他淫秽网站的网址链接到“华傲论坛”网站的网页上，供他人链接后浏览淫秽图片，所链接的网址中有淫秽图片50张，传播人次达326次。

另查明：慈某强、冯某玲在担任“华傲论坛”总版主期间，共同制定严格的规章制度，并互相配合对该淫秽网站进行管理、维护，致使该网站发布的具有淫秽内容的文章、图片、电影传播人次达45092次，在犯罪中起主要作用，系主犯。王某在任该网站的副总版主期间，积极协助总版主管理网站；胡某、靳某在任版主的版面上发布淫秽文章、电影；刘某、时某莲在淫秽网站上发布淫秽文章、图片；张某鹏在“华傲论坛”网站上链接其他淫秽网站的网址。上述6名被告人在犯罪中起次要、辅助作用，系本案从犯。

• 裁判要旨 •

传播淫秽物品罪与传播淫秽物品牟利罪的区别关键在于牟利与否。

• 裁判理由 •

北京市大兴区人民检察院指控慈某强、冯某玲等8人犯传播淫秽物品罪，向北京市大兴区人民法院提起公诉。

北京市大兴区人民法院经审理后认为：被告人慈某强、冯某玲、王某、刘某、胡某、时某莲、靳某、张某鹏无视国法，利用网络传播淫秽物品，其行为均已构成传播淫秽物品罪，应予惩处。被告人慈某强、冯某玲在犯罪中起主要作用，系主犯。被告人王某、刘某、时某莲、胡某、靳某、张某鹏系从犯，故对上述6被告人予以从轻处罚。被告人冯某玲提出的辩解意见，因其在“华傲论坛”淫秽网站任总版主，虽其没有直接在网上发布淫秽图片、文章，但其起主要管理维护作用，故对其辩解意见不予采纳。对被告人王某的辩解意见，予以采纳，但对其辩解意见中，没有参与管理网站的维护、管理的意见，不予采纳。对被告人张某鹏提出的第2点辩解意见及第1点辩解意见中自己不是版主的意见，予以采纳，第1点辩解意见中其没有转贴淫秽图片辩解意见，虽其未直接转贴淫秽图片，但其在“华傲论坛”淫秽网站上提供其他淫秽网站的网址并链接到“华傲论坛”网站上，供他人浏览，应视为传播淫秽物品行为，故对其没有转贴淫秽图片的辩解意见，不予采纳。对被告人刘某的辩护人的辩护意见，予以采纳，但对辩护意见中，被告人刘某情节不恶劣，社会危害不大及要求判处缓刑的意见，不予采纳。对被告人时某莲的辩护人的辩护意见，予以采纳，但其辩护意见中，被告人时某莲系他人教唆、诱骗的意见，不予采纳。对被告人胡某、靳某的辩护人的辩护意见，予以采纳。对被告人张某鹏的辩护人的辩护意见，不予采纳，对其辩护意见中，被告人张某鹏关于传播的次数、如实坦白交待、无违法记录的意见，予以采纳。北京市大兴区人民检察院指控被告人慈某强等 8 人犯传播淫秽物品罪，事实清楚，证据充分，罪名成立。

北京市大兴区人民法院据此依法判决被告人慈某强等人均犯传播淫秽物品罪，并分别被判处一定的刑罚。8 名被告人宣判后都表示服判，没有上诉。

【学理分析及适用指引】

• 学理分析 •

1. 传播淫秽物品罪的构成。传播淫秽物品罪，是指不以牟利为目的，在社会上传播淫秽的书刊、影片、录像带、录音带、图片或者其他淫秽物品，情节严重的行为。本罪的构成要件如下：

（1）本罪的客体。本罪的客体为国家对淫秽物品的管理秩序。本罪的对象包括各种淫秽物品，如各种淫秽的书刊、报纸、画片、影片、录像带、录音带、淫秽玩具、娱乐用品以及印刷、雕刻有淫秽文字、图案的生活用品等。传播方式既可以是直接传播赤裸裸的淫秽物品，也可以改头换面，在艺术品中故意加入淫秽情节，或者在小说中故意加入淫秽描写等。

（2）本罪的客观方面。本罪的客观方面为：不以牟利为目的，传播淫秽的书刊、影片、录像带、录音带、图片或者其他淫秽物品，情节严重的行为。传播，即广泛散布。应该注意本罪的“传播”与传播淫秽物品牟利罪的“传播”在具体方式上有所不同，如出租、有偿放映等以换取一定对价为目的的使用行为不是本罪的“传播”。本罪的传播方式包括播放、出借、运输、携带、展览、发表等。①播放行为，一般是指对音像型淫秽物品的传播。由于本条第 2 款将组织播放淫秽音像制品的行为独立成罪，因而此处所指的播放仅限于非组织性的播放行为。②出借行为，即指出租人转移淫秽物品的占有，由借用人在一定时期内使用该淫秽物品的行为。该行为必须是不以牟利为目的，行为人也不具有获取对价的目的。③运输行为，即指用交通工具将淫秽物品从一个地方运输到另一个地方。④携带行为，即指行为人随身带有一定数量的淫秽物品。如果行为人携带淫秽物品是为自用的，则不能认为是犯罪。⑤展览行为，即陈列以供他人观看。展览是一种静态的展示，行为人将淫秽物品较为固定地置于一定的空间内，招揽或引诱不特定的或特定的多数人前来观看。⑥发表行为，即公之于众，公之于不特定的多数人。⑦邮寄行为，是指通过邮电部门传递淫秽物品，如利用信件夹带等。⑧利用计算机网络技术的传播行为，《计算机信息网络国际联网安全保护管理方法》第 4 条规定，任何单位和个人不得利用国际互联网制作、复制、查阅和传播淫秽的信息。如果行为人有这种行为，情节较轻的给予行政处罚；构成犯罪的，依法追究刑事责任。

（3）本罪的主体。本罪的主体为一般主体，即年满16周岁并具有刑事责任能力的自然人。单位也可构成本罪。

（4）本罪的主观方面。本罪的主观方面为故意，但行为人不必出于牟利目的。一定情况下，间接故意也可以构成本罪，比如行为人自己观看淫秽物品，对于他人围观不闻不问，因而造成恶劣影响的，即可按本罪论处。行为人的动机可能是多种多样的，如为了使他人分享刺激，或者以此讨好他人或引诱他人堕落等。过失不构成本罪。如果行为人因为工作责任心不强，粗心大意误将有淫秽物内容的书刊、图片等传播出去的，不能以犯罪论处。家庭成员之间播放淫秽录像制品的，不能以该罪论处。

2. 组织播放淫秽音像制品罪的构成。组织播放淫秽音像制品罪，是指不以牟利为目的，组织播放淫秽的电影、录像等音像制品的行为。本罪的构成要件如下：

（1）本罪侵犯的客体是社会主义道德风尚。

（2）本罪客观方面表现为组织播放淫秽的电影、录像、录音等音像制品的行为。“组织”，是指为播放淫秽音像制品而进行策划、指挥以及召集观（听）众、提供淫秽音像制品、提供播放设备、提供播放场所等活动；“播放”，是指将淫秽的电影、录像等音像制品的内容展现出来，使多数人或者不特定人可视可闻的行为。至于在什么场所播放，对构成本罪没有影响。但如果只对个别人播放，不构成犯罪。提供淫秽音像制品、播放工具、播放地点的行为，可能是组织播放的行为内容，也可能是组织播放行为的帮助犯，可以构成本罪的共犯。这里所说的淫秽的电影、录像等音像制品，包括淫秽影片、录像带、幻灯片、录音带、激光视盘、激光唱片、存储有淫秽内容的计算机软件等。

（3）本罪的主体。本罪主体为一般主体，包括单位和自然人。从本罪罪刑结构来看，本罪的处罚对象是“组织播放者”，即在播放的起意、人员的召集、设备的提供等过程中起主要作用的人。至于一般的参与者和观看者，均不构成本罪。

（4）本罪的主观方面。本罪的主观方面是故意，即行为人明知是淫秽音像制品而组织播放，但不以牟利为目的，否则构成传播淫秽物品牟利罪。

• 适用指引 •

司法实践中，认定传播淫秽物品罪和组织播放淫秽音像制品罪时应注意：

1. 传播淫秽物品罪与非罪的界限。

（1）关于淫秽物品的范围。有关人体生理、医学知识的科学著作不是淫秽物品，包含有色情内容的有艺术价值的文学、艺术作品不视为淫秽物品。

（2）关于传播的概念。对于个人收藏或者在亲友间传播的，应予以批评教育并收缴其淫秽物品，但不构成本罪。

（3）关于何谓“情节严重”。主要是指，多次地、经常地传播淫秽物品；所传播的淫秽物品数量较大；虽然传播淫秽物品数量不大、次数不多，但被传播的对象人数众多，造成的后果严重；在未成年人中传播，造成严重后果的等。

2. 传播淫秽物品罪与传播淫秽物品牟利罪的界限。①

（1）犯罪客观方面不尽相同。虽然两罪在客观上都表现为传播淫秽物品的行为，但是由于两罪的主观目的不同，所以传播的具体形式有所不同：传播淫秽物品罪不包括出卖、出租等牟利性传播方式，而传播淫秽物品牟利罪也不包括赠送等非牟利性传播方式。

（2）犯罪情节要求不同。传播淫秽物品罪必须具备“情节严重”的要件，而传播淫秽物品牟利罪则不要求达到“情节严重”。

（3）犯罪主观方面不同。传播淫秽物品罪在主观上既可以是直接故意也可以是间接故意，而且行为人不具备牟利的目的；而传播淫秽物品牟利罪在主观上只能表现为直接故意，而且具有牟利的目的。

3. 组织播放淫秽音像制品罪与相关淫秽物品犯罪的界限。

组织播放淫秽音像制品，本质上是传播淫秽物品的一种具体形式。但这种传播方式比其他的传播方式更直接、更形象、更有刺激性和腐蚀性，且传播对象往往面广人多，危害也更大，所以《刑法》将这种行为单独规定，并较之传播淫秽物品罪规定了更重的法定刑，体现了对这种犯罪从严惩处的立法精神。从犯罪构成特征上来说，作为一种特殊的传播淫秽物品犯罪行为，组织播放淫秽音像制品罪的特定性体现在两个方面：一是行为对象的特定性，仅限于淫秽的电影、录像等音像制品，而非所有的淫秽物品；二是行为方式的特定性，仅限于组织播放行为，如果仅有播放行为而无组织行为，也不能构成该罪，但可能构成传播淫秽物品罪。如果行为人主观上出于牟利目的组织播放组淫秽音像制品的，应以《刑法》第363条第1款的传播淫秽物品牟利罪处理。

根据《刑法》第364条第3款的规定，行为人制作、复制淫秽的电影、录像等音像制品组织播放的，依照组织播放淫秽音像制品罪并从重处罚。这是指行为人既制作、复制淫秽的电影、录像等音像制品又组织播放的行为，显然比单独的组织播放行为危害性要大。但如果行为人出于牟利目的，实施该行为的，则应以《刑法》第363条1款的制作、复制、传播淫秽物品牟利罪定罪处罚；如果制作、复制时没有牟利目的，但后来以牟利目的组织播放的，应认为传播淫秽物品牟利罪。

① 参见王作富主编：《刑法分则补充研究》（下），方正出版社2007年版，第1729页。

第三百六十五条 组织淫秽表演罪

【法律规定】

• 法律条文 •

《中华人民共和国刑法》

第三百六十五条 组织进行淫秽表演的，处三年以下有期徒刑、拘役或者管制，并处罚金；情节严重的，处三年以上十年以下有期徒刑，并处罚金。

• 相关规定 •

《最高人民检察院、公安部关于公安机关管辖的刑事案件立案追诉标准的规定（一）》（公通字〔2008〕36号）

第八十六条 ［组织淫秽表演案（刑法第三百六十五条）］以策划、招募、强迫、雇用、引诱、提供场地、提供资金等手段，组织进行淫秽表演，涉嫌下列情形之一的，应予立案追诉：

（一）组织表演者进行裸体表演的；

（二）组织表演者利用性器官进行诲淫性表演的；

（三）组织表演者半裸体或者变相裸体表演并通过语言、动作具体描绘性行为的；

（四）其他组织进行淫秽表演应予追究刑事责任的情形。

【案例】

陈某某组织淫秽表演案①

• 案件事实 •

安徽省临泉县东方歌舞团是无营业执照而由被告人陈某某家庭经营的演出单位，陈某某负责招募演员，联系演出场所，结算内外演出费用，系该团的日常事务负责人。2001年7月24日晚，陈某某带安徽省临泉县东方歌舞团到绍兴市金谷饭店。次日10时许，陈某某在金谷饭店内的休息处，指使团内的2名女演员朱某、杨某在演出时要“开放”，授意进行脱衣舞淫秽表演。下午表演时，朱某、杨某在金谷饭店的金秋歌舞厅内，先后上场进行暴露胸部、阴部

① 参见浙江省绍兴市越城区人民法院（2001）越刑初字第380号。

及模仿性交动作的淫秽表演，台下有100余名观众观看。绍兴市公安局治安警察支队接到群众举报，立即到金谷饭店查处，并当场抓获陈某某。

• 裁判要旨 •

歌舞团负责人指使演员实施脱衣舞淫秽表演的，应当构成组织淫秽表演罪。在案证据不能证明多次组织淫秽表演的，综合全案，不能认定为“情节严重”。

• 裁判理由 •

浙江省绍兴市越城区人民法院经审理后认为：公诉机关指控被告人陈某某在2001年1月至2001年6月间，带安徽省临泉县东方歌舞团在浙江省台州市玉环县楚门镇月光歌舞厅、台州市路桥区金清宾馆歌舞厅、台州市鸣翔宾馆演艺厅、慈溪市周仓镇田野歌舞厅等地，先后4次指使朱某、杨某进行淫秽表演。辩护人均对上述证据提出异议，并同时提出侦查机关已收集了浙江省台州市玉环县楚门镇月光歌舞厅、台州市路桥区金清宾馆歌舞厅、台州市鸣翔宾馆演艺厅、慈溪市周仓镇田野歌舞厅负责人的有关证据，要求公诉人予以宣读。公诉人在庭上承认侦查机关收集的浙江省台州市玉环县楚门镇月光歌舞厅、台州市路桥区金清宾馆歌舞厅、台州市鸣翔宾馆演艺厅负责人的证言均否认安徽省临泉县东方歌舞团在三地进行淫秽表演的事实。综合上述证据，虽被告人陈某某对在其他地方组织淫秽表演曾作过供述，但前后供述不一，朱某、杨某的陈述又未能证实观众数量等具体情节，而三地歌舞厅负责人均予以否认有淫秽表演，证据间不能形成锁链。故公诉机关指控被告人陈某某在浙江省台州市玉环县楚门镇月光歌舞厅、台州市路桥区金清宾馆歌舞厅、台州市鸣翔宾馆演艺厅、慈溪市周仓镇田野歌舞厅组织淫秽表演的证据不足，故法庭不予认定。被告人陈某某及其辩护人对此提出的辩解、辩护意见予以采纳。被告人陈某某辩解其对杨某系未成年人不明知，公诉人不能对被告人陈某某明知杨某系未成年人的事实进行举证，故被告人陈某某的辩解意见成立，法庭予以采纳。

浙江省绍兴市越城区人民法院经审理后认为：被告人陈某某身为歌舞团负责人，组织、指使他人进行诲淫性的演出，多人观看，严重破坏社会管理秩序，其行为已构成组织淫秽表演罪。公诉机关指控的罪名成立，予以支持。被告人陈某某组织淫秽表演一次，公诉机关指控其“情节严重”不当，予以纠正。被告人陈某某组织诲淫性的演出，致一百余人观看，社会影响和社会危害性较大，可对其酌情从重处罚，被告人陈某某及其辩护人请求从轻处罚的意见不予采纳。故依照《刑法》第365条、第64条之规定，判决被告人陈某某犯组织淫秽表演罪，判处有期徒刑二年六个月，并处罚金人民币5000元；公诉机关移送的人民币4000元系被告人陈某某违法所得，诺基亚5110手机一只及暂扣在公安机关的大客车一辆（牌号为皖K30×××）系作案工具，均予以没收。

【学理分析及适用指引】

● 学理分析 ●

组织淫秽表演罪，是指组织诲淫性演出的行为。本罪的构成要件如下：

1. 本罪的客体。本罪的客体是社会道德风尚和社会治安秩序。淫秽表演者，可以是女人，也可以是男人。

2. 本罪的客观方面。本罪的客观方面为组织他人当众进行色情淫荡、挑动人们性欲的形体或动作表演。组织他人，表现为招揽安排表演人员、时间、场次、地点、编排动作节目等。当众进行，一般是指3人以上，至于在什么场所表演在所不问。淫秽表演，是指进行色情淫荡、挑动人们性欲的形体、动作表演，如裸体展露，裸体表现情欲、性欲的各种形态、动作、模拟性动作等。

3. 本罪的主体。本罪的主体是一般主体，即达到法定刑事责任年龄并具有刑事责任能力的自然人。单位也可构成本罪。本罪的主体是淫秽表演的组织者，而非表演者。在实践中一般是文化娱乐场所、饮食服务行业的经营者，如歌厅、舞厅、夜总会的老板。

4. 本罪的主观方面。本罪的主观方面为故意，但行为人不必出于牟利目的。所谓故意，即明知淫秽表演是国家法律明令禁止的，仍然在社会上传播。实践中多为招揽顾客，进行营利活动。不论是否以营利为目的，只要实施了组织淫秽表演的行为，即构成本罪。

● 适用指引 ●

司法实践中，认定本罪应注意：

1. “组织”淫秽表演的认定。组织通常被认为是策划、指挥、安排的行为。也即，本罪惩罚的是实施淫秽表演的策划、指挥、安排的行为人，进行淫秽表演的行为本身在刑法上不可罚。至于对组织对象的理解，目前学术界普遍认为不再限于“他人”，而是既包括组织他人进行淫秽表演，也包括组织人与动物之间进行的淫秽表演。但有学者认为组织对象还可以扩大到组织动物进行淫秽表演。①此外，该罪处罚的是组织淫秽表演的行为，因此不论该组织者在该表演团体中处于什么地位，只要明知是淫秽表演而进行了组织活动，就可以构成本罪。

2. “淫秽表演”的认定。淫秽表演是露骨宣扬色情内容的表演。淫秽表演具有以下特征：②

---

① 参见张明楷：《刑法学》，法律出版社2007年版，第849页。

② 参见王作富主编：《刑法分则补充研究》（下），方正出版社2007年版，第1733页。

（1）内容的淫秽性。即通过表演向观众描绘性行为或者宣扬色情淫荡形象，刺激观众不健康的性欲。这是淫秽表演的本质特征。

（2）表演的动态性。如果不具有动态因素而是纯静态的展示，不能认定为淫秽表演。

（3）形式的多样性。不仅包括淫秽的形体展示，还包括性交动作。因此，对于具有一定的色情内容，但是从整体上看艺术性比较强的表演，不宜认定为淫秽表演。

3. “情节严重”的认定。构成本罪不需要“情节严重”这一要件，但是情节显著轻微，危害不大的，不应认定为犯罪。构成本罪，如果“情节严重”，要加重法定刑。此处的“情节严重”通常是指多次或者向多人组织淫秽表演；组织未成年人进行淫秽表演或者向未成年人组织淫秽表演；组织淫秽表演造成恶劣社会影响等情形。

4. 注意划清本罪与聚众淫乱罪的界限。聚众淫乱罪，往往在行为人进行淫乱活动时，也有在旁边观看的。但这些观看者，也大都是淫秽活动的参与者，不是纯粹的观众。这种淫乱活动也没有明显的组织者、表演者和观众的区别。对于这种行为，应当定聚众淫乱罪。而组织淫秽表演，则明显具有一定的商业性，既有组织者、表演者，也有众多的观众。

第三百六十六条　单位犯本节之罪的处理

【法律规定】

• 法律条文 •

《中华人民共和国刑法》

第三百六十六条　单位犯本节第三百六十三条、第三百六十四条、第三百六十五条规定之罪的，对单位判处罚金，并对其直接负责的主管人员和其他直接责任人员，依照各该条的规定处罚。

【学理分析及适用指引】

• 适用指引 •

本条规定的是单位可以构成本节规定的制作、复制、出版、贩卖、传播淫秽物品牟利罪，为他人提供书号出版淫秽书刊罪，传播淫秽物品罪，组织播放淫秽音像制品罪和组织淫秽表演罪。单位构成上述犯罪的，实行双罚制，即对单位判处罚金，对其直接负责的主管人员和其他直接责任人员，依照各该条的规定处罚，如果规定有罚金刑的，按照该条规定单处或者并处罚金刑。根据《刑法》第52条的规定，罚金的数额应当根据犯罪情节决定。

同时，根据《刑法》第452条的规定及《全国人民代表大会常务委员会关于惩治走私、制作、贩卖、传播淫秽物品的犯罪分子的决定》中的有关行政处罚和行政措施的规定继续有效，对于单位构成本节规定之罪的，行政主管部门可以责令停业整顿或者吊销执照，没有判处罚金的，还可以对单位予以罚款。

第三百六十七条 淫秽物品的范围

【法律规定】

• 法律条文 •

《中华人民共和国刑法》

第三百六十七条 本法所称淫秽物品，是指具体描绘性行为或者露骨宣扬色情的诲淫性的书刊、影片、录像带、录音带、图片及其他淫秽物品。

有关人体生理、医学知识的科学著作不是淫秽物品。

包含有色情内容的有艺术价值的文学、艺术作品不视为淫秽物品。

• 相关规定 •

《最高人民法院、最高人民检察院关于办理利用互联网、移动通讯终端、声讯台制作、复制、出版、贩卖、传播淫秽电子信息刑事案件具体应用法律若干问题的解释（一）》（法释〔2004〕11号）

第九条 刑法第三百六十七条第一款规定的“其他淫秽物品”，包括具体描绘性行为或者露骨宣扬色情的诲淫性的视频文件、音频文件、电子刊物、图片、文章、短信息等互联网、移动通讯终端电子信息和声讯台语音信息。

有关人体生理、医学知识的电子信息和声讯台语音信息不是淫秽物品。包含色情内容的有艺术价值的电子文学、艺术作品不视为淫秽物品。

【学理分析及适用指引】

• 学理分析 •

淫秽物品，是指具体描绘性行为或者露骨宣扬色情的诲淫性的书刊、影片、录像带、录音带、图片及其他淫秽物品。

1. 淫秽物品的特征。根据以往的行政法规以及有关的理论研究成果，淫

秽物品具有如下特征：①

（1）与性有关。如果一件物品与性无关，不会使人产生性冲动，则不属于淫秽物品。

（2）具有诲淫性，即能够挑逗、刺激人的不健康的性欲。这是淫秽物品的本质属性。

（3）具有违法性。违法性是指淫秽物品违反国家有关法律法规的相关规定。

淫秽物品是淫秽内容的载体，对于如何判断“淫秽”，国家新闻出版署1988年12月发布的《关于认定淫秽及色情出版物的暂行规定》第2条规定，淫秽出版物是指具有以下7种内容之一的出版物：

（1）淫亵性地具体描写性行为、性交及其心理感受；

（2）公然宣扬色情淫荡形象；

（3）淫亵性地描述或者传授性技巧；

（4）具体描写乱伦、强奸或者其他性犯罪的手段、过程或者细节，足以诱发犯罪的；

（5）具体描写少年儿童的性行为；

（6）淫亵性地具体描写同性恋的性行为或者其他性变态行为，或者具体描写与性变态有关的暴力、虐待、侮辱行为；

（7）其他令普通人不能容忍的对性行为淫亵性描写。

国家新闻出版署关于淫秽出版物的内容的规定也可以作为认定其他淫秽物品的参考。

2. 淫秽物品的分类。淫秽物品包括以下种类：

（1）印刷品，如书刊、图片、画册等通过文字和图画加以表现的静态的淫秽物品；

（2）音像制品，如影片、录像带、录音带等具有可听或可视功能的载体表现的淫秽物品；

（3）其他淫秽物品。除前述淫秽物品外，凡是具有具体描绘性行为或者露骨宣扬色情的诲淫性内容的物品，都可以认定为淫秽物品，如淫秽玩具、实物造型等淫秽实物以及淫药、淫具等。按照《最高人民法院、最高人民检察院关于办理利用互联网、移动通讯终端、声讯台制作、复制、出版、贩卖、传播淫秽电子信息刑事案件具体应用法律若干问题的解释（一）》第9条的规定，《刑法》第367条第1款规定的“其他淫秽物品”，包括具体描绘性行为或者露骨宣扬色情的诲淫性的视频文件、音频文件、电子刊物、图片、文章、短信息等互联网、移动通讯终端电子信息和声讯台语音信息。

对淫秽物品的具体种类，理论界有不同分类法，有学者将其分为淫秽音像

---

① 参见王作富主编：《刑法分则实务研究》（下），方正出版社2007年版，第1715页。

制品、淫秽印刷制品和其他淫秽物品 3 类；有学者将其分为表演类淫秽物品、音像制品类淫秽物品、语言文字类淫秽物品、造型类淫秽物品、其他淫秽物品 5 类；① 也有学者将其划分为淫秽音像制品、淫秽读物、淫秽图照、淫秽实物、淫秽游戏软件、淫药、淫具 7 类。② 此外，还有观点主张将淫秽物品按诲淫的手段不同，划分为以造型方式表现的淫秽物品、以语言方式表达的淫秽物品、以综合方式表达的淫秽物品、表演类淫秽物品和淫秽电子信息 5 种。③

• 适用指引 •

司法实践中，在认定某物品是否属淫秽物品时，要正确区分淫秽物品与非淫秽物品：按照《刑法》第 367 条的规定，以下几种物品不属于淫秽物品：(1) 有关性科学的著作不是淫秽物品，这类著作虽然与性有关，但其是为了人体科学、医学等科学发展的需要而创作的；(2) 夹杂有色情内容而具有艺术价值的文学艺术作品，这类文学艺术作品虽夹杂有色情内容，但从整体上看其艺术价值可以淡化其色情的色彩；(3) 色情出版物，根据国家新闻出版署 1988 年 12 月发布的《关于认定淫秽及色情出版物的暂行规定》第 3 条的规定，色情出版物，是指在整体上不是淫秽的，但其中一部分具有淫秽的内容，对普通人特别是未成年人的身心健康有毒害，而缺乏艺术价值或者科学价值的出版物。这类出版物虽然具有部分淫秽内容，且缺乏艺术价值或者科学价值，但其整体上不是淫秽的，所以不能认定为淫秽物品。

---

① 参见康树华、赵国玲主编：《犯罪热点透视》，群众出版社 1997 年版，第 486 页。

② 参见邓又天主编：《刑法释义与司法适用》，中国人民公安大学出版社 1997 年版，第 720 ~ 721 页。

③ 参见蒋小燕：《淫秽物品犯罪研究》，中国人民公安大学出版社 2005 年版，第 26 ~ 30 页。

第七章 危害国防利益罪

第三百六十八条　阻碍军人执行职务罪、阻碍军事行动罪

【法律规定】

• 法律条文 •

《中华人民共和国刑法》

第三百六十八条　以暴力、威胁方法阻碍军人依法执行职务的，处三年以下有期徒刑、拘役、管制或者罚金。

故意阻碍武装部队军事行动，造成严重后果的，处五年以下有期徒刑或者拘役。

【案例一】

郭某等阻碍军人执行职务案①

• 案件事实 •

2005 年 9 月 20 日凌晨，哈尔滨市郭某家发生火灾，被告人郭某等 3 人喝醉酒并被困。太平消防队接警后，出动 5 辆消防车赶到现场营救。在解救被困者过程中，郭某等 3 人不但没有感激之意，反而对消防战士辱骂和殴打。最终有 3 名消防队员被不同程度打伤。经诊断认定：2 人软组织挫伤，1 人擦伤。

• 裁判要旨 •

暴力阻碍消防官兵依法执行职务的行为，成立阻碍军人执行职务罪。

① 参见贾杰：《阻碍军人执行职务，仨醉汉被判拘役》，载 http://heilongjiang.dbw.cn/system/2006/01/26/050246752.shtml，最后访问时间：2019 年 6 月 25 日。

• 裁判理由 •

2008年1月19日，黑龙江省哈尔滨市南岗区人民法院经审理认为：被告人郭某等3人犯阻碍军人执行职务罪，判处拘役四个月。

【案例二】

陈某阻碍军事行动案①

• 案件事实 •

陈某（男，农民）所在的农村驻扎着我军某部，由于陈某曾经同部队一名战士发生过争执，因而一直对部队心存报复之念。1998年3月初，部队接到上级通知，准备开赴某山区进行一次小规模军事演习。陈某得知后，决定在部队出发前制造事端。同年3月11日凌晨，陈某在部队必经之路的一个急拐弯处堆上一堆大石块。11日3时40分，部队出发。由于天还未亮，加之车速很快，先行的一辆军车撞在陈某设置的大石块上，造成军车严重损坏，司机重伤。这一突发事件阻碍了整个部队的行动，直到11日11时，才清除完所有障碍。3月13日，公安机关侦破此案，抓获陈某。

• 裁判要旨 •

阻碍部队军事演习的行为构成阻碍军事行动罪。

• 裁判理由 •

本案中，被告人陈某为泄一己私愤，采用设置路障的方法阻碍部队行动，造成军车损毁、司机重伤的严重后果，严重影响了部队的行动计划，其行为已经构成了阻碍军事行动罪。

【学理分析及适用指引】

• 学理分析 •

1. 阻碍军人执行职务罪的构成。阻碍军人执行职务罪，是指以暴力、威胁方法，对依法执行职务的军职人员进行妨碍、阻挠的行为。本罪的构成要件如下：

---

① 参见桑显佩主编：《当前违纪的定性量纪与违法的定罪量刑实务全书》，中国民主法制出版社2000年版，第1680页。

（1）本罪的客体。本罪侵犯的客体是军人依法执行职务的活动。

（2）本罪的客观方面。本罪的客观方面表现为以暴力、威胁方法阻碍军人依法执行职务的行为。本罪实施的手段就是暴力、威胁方法。所谓暴力，是指对军人的人身进行袭击或采取强制手段。通常表现为攻击、殴打、伤害、捆绑、拘禁等。所谓威胁，是指以侵害人身、侵害财产、毁损名誉等相威胁、恫吓，进行精神强制，逼迫军人屈服而不敢履行职务。常见的有以杀害、伤害、毁坏财产、加害亲属或者毁损名誉、揭露隐私等相要挟，给军人心理上造成恐惧感，从而达到阻碍其依法执行职务的目的。阻碍执行职务，是指使军人不能正常履行其应当履行的职责，包括使军人停止依法执行职务和使军人被迫改变依法应当执行的公务内容。需要说明的是，武警部队属于军人范畴，包括内卫、黄金、水电、交通、森林、边防、消防、警卫等警种。本罪属于行为犯，只要行为人在客观上实施了暴力、威胁阻碍军人依法执行职务的行为，足以阻碍军人依法执行职务的，不论其是否造成严重后果，均应视为已符合本罪的客观构成要件。

（3）本罪的主体。本罪的主体为一般主体，可以是非军人，也可以是军人。

（4）本罪的主观要件。本罪主观方面是故意，即明知是正在依法执行军事职务的军人而对其使用暴力、威胁，迫使其停止、放弃、变更执行职务或者无法正常执行职务。行为人阻碍执行职务的动机、目的如何，不影响定罪。过失不构成本罪。

2. 阻碍军事行动罪的构成。阻碍军事行动罪，是指故意阻碍武装部队的军事行动，造成严重后果的行为。本罪的构成要件如下：

（1）本罪的客体。本罪侵犯的客体是武装部队的军事行动。军事行动，是指为达到一定政治目的而有组织地使用武装力量的活动。武装部队的军事行动，是为防备和抵抗武装侵略，防备和粉碎颠覆政府、分裂国家的阴谋，保卫国家主权、统一、领土完整和安全所进行的具体活动。在和平时期，表现为实施兵力的部署和调动，进行军事训练和演习，执行戒严任务和处置突发性暴力事件等；在战争时期，表现为进行反侵略战争，参加战斗、战役。根据《国防法》的规定，公民应当为武装力量的军事训练、战备勤务、防卫作战等活动提供便利条件或者其他协助，阻碍武装部队军事行动造成严重后果的行为，违反了《国防法》规定的公民国防义务，严重妨碍了国防和军队建设。犯罪对象是武装部队，包括中国人民解放军的现役部队、预备役部队和中国人民武装警察部队。

（2）本罪的客观方面。本罪在客观方面表现为行为人实施了阻碍军事行动，造成严重后果的行为。武装部队包括中国人民解放军的各种部队、中国人民武装警察部队和预备役部队。所谓军事行动，既是指战时的军事行动，也是指平时的军事行动，如国家在和平时期的特定情况下，命令军队平定叛乱、暴乱或者戒严等。所谓严重后果，一般是指造成重大政治影响或者重大经济损失，或者造成武装部队人员伤亡、装备较大损失，战时造成战役和战斗失利，军事任务完成受影响等情况。本罪的阻碍方法包括暴力、威胁手段，但不限于暴力、威胁手段，采取其他任何手段阻碍军事行为的，也属于本罪行为，如堵塞道路使从事军事行动的武装部队无法通行，在军事行动地区静坐以阻碍军事行动等。如果行为人虽然使用暴力、威胁手段阻碍武装部队军事行动的行为，但没有造成严重后果，则不宜以本罪定罪处罚。

（3）本罪的主体。本罪的主体为一般主体。

（4）本罪的主观方面。本罪主观方面只能出于故意，即明知武装部队正在或者将要实施军事行动，而故意予以阻碍。

• 适用指引 •

1. 阻碍军人执行职务罪的认定。

（1）本罪与非罪的界限。一是要看行为人主观上有无故意阻挠军人执行职务的目的。如果属于对军人发牢骚、讲怪话、态度生硬，或者仅有一般嘲讽、辱骂，甚至轻微的顶撞行为，行为人并不希望对方停止、变更、放弃执行职务结果发生的，不应以犯罪论处。二是看客观上行为人是否实施了暴力、威胁手段，是否因此发生了军人停止、放弃、变更执行职务或无法执行职务的后果。如果行为人虽然实施了某种阻挠行为，但军人能正常执行职务，或者对方虽然出现了停止、放弃、变更执行职务或者无法执行职务的结果，但与行为人的行为并无必然的因果关系，也不应以犯罪论处。

（2）因使用暴力方法犯本罪，致使军人重伤、死亡的，或者犯本罪时抢夺、抢劫军人枪支及其他武器装备的，应当按想象竞合犯处理，即对行为人从一重罪处断。走私人员以暴力、威胁方法阻碍边防军人依法缉私的，应对行为人按走私罪与阻碍军人执行职务罪数罪并罚。

（3）本罪与妨害公务罪的界限。两罪在主观心理状态方面是相同的，都是基于故意；在客观方面都是以暴力和威胁方法为犯罪手段，实施了阻碍执行职务的行为。二者主体相同，都是一般主体，即可以是任何达到法定刑事责任年龄、具有刑事责任能力的人。其区别主要在于侵害的客体不同。阻碍军人执行职务罪侵害的客体是军职任务的正常执行活动，侵害的对象是军人；妨害公务罪侵害的客体是社会管理秩序，侵害的对象是国家工作人员。

（4）本罪与扰乱社会秩序罪的界限。阻碍军人执行职务罪与扰乱社会秩序罪的行为人在主体、主观心态、客观表现方式方面有相似之处，但也有明显的区别：①侵害的客体不同。前者侵害的客体是军人正常执行职务的活动，是国防利益；后者则是社会秩序。②侵害的对象不同。前者侵害的对象，必须是军人；后者则是针对特定的机关、单位等。③犯罪手段不尽相同。前者是使用暴力、威胁方法；后者的犯罪手段则是多种多样的，如暴力袭击、强行侵占、冲击、哄闹等。④犯罪结果不同。前者不一定造成具体的危害结果；而后者必须是情节严重，使国家、军队、社会遭受严重损失的，才构成犯罪。

（5）本罪与阻碍执行军事职务罪的界限。阻碍执行军事职务罪，是指以暴力、威胁方法阻碍指挥人员或者值班、值勤人员执行职务的行为。两罪侵犯的直接客体相近，为国防利益、军事利益，犯罪行为、主观方面相同，其主要区别是犯罪对象不同。前者的犯罪对象是所有依法执行职务的军人，而后者的犯罪对象仅指依法执行职务中的指挥人员和值班、值勤人员。

2. 阻碍军事行动罪的认定。

（1）以武装叛乱或者武装暴乱的方式阻碍军事行动的，属于想象竞合犯，同时构成本罪和武装叛乱、暴乱罪，应按从一重罪处断的原则，以武装叛乱、暴乱罪定罪处罚。以放火、爆炸、决水、投毒等危险方法或者以破坏交通、通信工具和设施，破坏电力、易燃、易爆设备，扰乱公共场所秩序，冲击军事机关或以侵入军用计算机信息系统的手段阻碍军事行动的，属于想象竞合犯，应择一重罪处罚。本罪与阻碍执行军事职务罪的不同之处主要在于：第一，客观方面的表现形式不同。本罪阻碍的是军队3人以上战斗组织的军事行动；后罪阻碍的是军人依法执行职务的行为。第二，侵犯的直接客体不同。本罪侵犯的直接客体是军队战斗小组以上组织的军事行动；后罪侵犯的直接客体是军人依法执行职务的活动。第三，本罪是结果犯，要求造成严重结果；后罪是行为犯，不要求造成严重结果。

（2）本罪与阻碍军人执行职务罪的界限。两罪在犯罪主体、主观方面相同。其主要区别在于：一是犯罪对象不同。前者的犯罪对象是武装部队，后者的犯罪对象是军人，是武装部队中执行某一项任务的少数人。二是侵犯的直接客体不同。前者侵犯的直接客体是武装部队的军事行动，后者侵犯的直接客体是军人依法执行职务的活动。三是犯罪的客观方面不同。前者的犯罪手段多种多样，但采取什么手段并不是犯罪构成的要件，后者以采用暴力、威胁方法作为犯罪构成要件；前者以造成严重后果作为犯罪构成要件，后者则没有把行为造成的后果作为犯罪构成要件。

第三百六十九条 破坏武器装备、军事设施、军事通信罪；过失损坏武器装备、军事设施、军事通信罪

【法律规定】

• 法律条文 •

《中华人民共和国刑法》

第三百六十九条 破坏武器装备、军事设施、军事通信的，处三年以下有期徒刑、拘役或者管制；破坏重要武器装备、军事设施、军事通信的，处三年以上十年以下有期徒刑；情节特别严重的，处十年以上有期徒刑、无期徒刑或者死刑。

过失犯前款罪，造成严重后果的，处三年以下有期徒刑或者拘役；造成特别严重后果的，处三年以上七年以下有期徒刑。

战时犯前两款罪的，从重处罚。

• 相关规定 •

《中华人民共和国军事设施保护法》

第二条 本法所称军事设施，是指国家直接用于军事目的的下列建筑、场地和设备：

（一）指挥机关，地上和地下的指挥工程、作战工程；

（二）军用机场、港口、码头；

（三）营区、训练场、试验场；

（四）军用洞库、仓库；

（五）军用信息基础设施，军用侦察、导航、观测台站，军用测量、导航、助航标志；

（六）军用公路、铁路专用线，军用输电线路，军用输油、输水、输气管道；

（七）边防、海防管控设施；

（八）国务院和中央军事委员会规定的其他军事设施。

前款规定的军事设施，包括军队为执行任务必需设置的临时设施。

第六十三条 有下列行为之一，构成犯罪的，依法追究刑事责任：

（一）破坏军事设施的；

（二）过失损坏军事设施，造成严重的后果的；

（三）盗窃、抢夺、抢劫军事设施的装备、物资、器材的；

（四）泄露军事设施秘密，或者为境外的机构、组织、人员窃取、刺探、收买、非法提供军事设施秘密的；

（五）破坏军用无线电固定设施电磁环境，干扰军用无线电通讯，情节严重的；

（六）其他扰乱军事禁区、军事管理区管理秩序和危害军事设施安全的行为，情节严重的。

《最高人民法院关于审理危害军事通信刑事案件具体应用法律若干问题的解释》（法释〔2007〕13号）

第一条 故意实施损毁军事通信线路、设备，破坏军事通信计算机信息系统，干扰、侵占军事通信电磁频谱等行为的，依照刑法第三百六十九条第一款的规定，以破坏军事通信罪定罪，处三年以下有期徒刑、拘役或者管制；破坏重要军事通信的，处三年以上十年以下有期徒刑。

第二条 实施破坏军事通信行为，具有下列情形之一的，属于刑法第三百六十九条第一款规定的"情节特别严重"，以破坏军事通信罪定罪，处十年以上有期徒刑、无期徒刑或者死刑：

（一）造成重要军事通信中断或者严重障碍，严重影响部队完成作战任务或者致使部队在作战中遭受损失的；

（二）造成部队执行抢险救灾、军事演习或者处置突发性事件等任务的通信中断或者严重障碍，并因此贻误部队行动，致使死亡3人以上、重伤10人以上或者财产损失100万元以上的；

（三）破坏重要军事通信三次以上的；

（四）其他情节特别严重的情形。

第三条 过失损坏军事通信，造成重要军事通信中断或者严重障碍的，属于刑法第三百六十九条第二款规定的"造成严重后果"，以过失损坏军事通信罪定罪，处三年以下有期徒刑或者拘役。

第四条 过失损坏军事通信，具有下列情形之一的，属于刑法第三百六十九条第二款规定的"造成特别严重后果"，以过失损坏军事通信罪定罪，处三年以上七年以下有期徒刑：

（一）造成重要军事通信中断或者严重障碍，严重影响部队完成作战任务或者致使部队在作战中遭受损失的；

（二）造成部队执行抢险救灾、军事演习或者处置突发性事件等任务的通信中断或者严重障碍，并因此贻误部队行动，致使死亡3人以上、重伤10人以上或者财产损失100万元以上的；

（三）其他后果特别严重的情形。

第五条 建设、施工单位直接负责的主管人员、施工管理人员，明知是军事通信线路、设备而指使、强令、纵容他人予以损毁的，或者不听管护人员劝阻，指使、强令、纵容他人违章作业，造成军事通信线路、设备损毁的，以破坏军事通信罪定罪处罚。

建设、施工单位直接负责的主管人员、施工管理人员，忽视军事通信线路、设备保护标志，指使、纵容他人违章作业，致使军事通信线路、设备损毁，构成犯罪的，以过失损坏军事通信罪定罪处罚。

第六条　破坏、过失损坏军事通信，并造成公用电信设施损毁，危害公共安全，同时构成刑法第一百二十四条和第三百六十九条规定的犯罪的，依照处罚较重的规定定罪处罚。

盗窃军事通信线路、设备，不构成盗窃罪，但破坏军事通信的，依照刑法第三百六十九条第一款的规定定罪处罚；同时构成刑法第一百二十四条、第二百六十四条和第三百六十九条第一款规定的犯罪的，依照处罚较重的规定定罪处罚。

违反国家规定，侵入国防建设、尖端科学技术领域的军事通信计算机信息系统，尚未对军事通信造成破坏的，依照刑法第二百八十五条的规定定罪处罚；对军事通信造成破坏，同时构成刑法第二百八十五条、第二百八十六条、第三百六十九条第一款规定的犯罪的，依照处罚较重的规定定罪处罚。

违反国家规定，擅自设置、使用无线电台、站，或者擅自占用频率，经责令停止使用后拒不停止使用，干扰无线电通讯正常进行，构成犯罪的，依照刑法第二百八十八条的规定定罪处罚；造成军事通信中断或者严重障碍，同时构成刑法第二百八十八条、第三百六十九条第一款规定的犯罪的，依照处罚较重的规定定罪处罚。

第七条　本解释所称“重要军事通信”，是指军事首脑机关及重要指挥中心的通信，部队作战中的通信，等级战备通信，飞行航行训练、抢险救灾、军事演习或者处置突发性事件中的通信，以及执行试飞试航、武器装备科研试验或者远洋航行等重要军事任务中的通信。

本解释所称军事通信的具体范围、通信中断和严重障碍的标准，参照中国人民解放军通信主管部门的有关规定确定。

《中华人民共和国军事设施保护法实施办法》（国务院、中央军事委员会令第298号）

第二十七条　军事设施保护法所称军用通信、输电线路包括：

（一）架空线路：电杆（杆塔）、电线（缆），变压器、配电室以及其他附属设施；

（二）埋设线路：地下、水底电（光）缆，管道、检查井、标石、水线标志牌，无人值守载波增音站，电缆充气站以及其他附属设施；

（三）无线线路：无人值守微波站、微波无源反射板、各类无线电固定台（站）天线以及其他附属设施。

第二十八条 军事设施保护法所称军用输油、输水管道，是指专供军队使用的地面或者地下、水下输油、输水管道和管道沿线的加压站、计量站、处理场、油库、阀室、标志物以及其他附属设施。

第三十三条 本办法所称军用无线电固定设施电磁环境（以下简称军用电磁环境），是指为保证军用无线电收（发）信、侦察、测向、雷达、导航定位等固定设施正常工作，在其周围划定的限制电磁干扰信号和电磁障碍物体的区域。

军用电磁环境的具体保护要求，按照国家规定的有关标准执行。

第三十八条 本办法所称边防设施，是指边防巡逻路、边境铁丝网（铁栅栏）、边境监控设备、边境管理辅助标志以及边防直升机起降场、边防船艇停泊点等由边防部队使用、管理的军事设施。

第三十九条 任何组织或者个人未经边防设施管理单位同意，不得擅自拆除或者移动边防设施。

第五十一条 违反本办法，构成违反治安管理行为的，由公安机关依法处罚；构成犯罪的，依法追究刑事责任。

【案例一】

吴某某破坏军事设施案①

• 案件事实 •

2003 年 8 月 15 日 9 时许，吴某某为盗剪电缆线牟利，携带事先准备的手电筒、钢丝钳、螺丝刀、锯片等作案工具，窜至解放军某部一营炮连驻石狮市永宁镇沙堤防区 3 号阵地坑道内，剪断正在使用中的一营营部至坑道阵地主电缆线二段及坑道内接线井引接至五个阵地的电缆线五段，盗走电缆线 15.4 米，致使该部队坑道及阵地既设通信线路设施遭到破坏，需要全部更换，直接经济损失人民币 14158 元。

• 裁判要旨 •

破坏军用电缆属于破坏有形的军事设施，而不是无形的军事通讯。

• 裁判理由 •

福建省石狮市人民法院一审认为：被告人吴某某为了盗取电缆线牟利，

---

① 参见国家法官学院、中国人民大学法学院编：《中国审判案例要览（2004 年刑事审判案例卷）》，人民法院出版社 2005 年版，第 383～386 页。

明知是军用通信线路而进行破坏，其行为已构成破坏军事设施罪。公诉机关指控的犯罪事实成立，但指控被告人吴某某的行为构成破坏军事通信罪的罪名不当，应予以纠正。依照《刑法》第369条和第64条的规定，作出如下判决：一、被告人吴某某犯破坏军事设施罪，判处有期徒刑二年六个月。二、扣押在石狮市公安局的作案工具手电筒、钢丝钳、螺丝刀、锯片各一把予以没收。

福建省泉州市中级人民法院二审认为：上诉人吴某某在明知是军用通信设备的情况下，为了牟利而故意盗取，致使正在使用的军用通信线路遭到破坏，其行为已构成破坏军事设施罪。依照《刑事诉讼法》第189条第1项，《刑法》第369条、第64条的规定，作出裁定：驳回上诉，维持原判。

【案例二】

王某某过失损坏军事通信案[①]

•　案件事实　•

王某某于2007年8月31日10时许，在北京市海淀区某驾校停车场内，雇用铲车司机张某某，在未告知张某某地下有国防光缆的情况下让其驾驶铲车施工，将中国人民解放军某总部某通信团埋在该驾校停车场地下的1根一级国防光缆挖断，后被抓获。

•　裁判要旨　•

过失造成国防光缆损坏，造成严重后果的行为，构成过失损坏军事通信罪。

•　裁判理由　•

北京市海淀区人民法院认为：被告人王某某因过失损坏军事通信设施，且造成严重后果的行为，已构成过失损坏军事通信罪，应予惩处。鉴于被告人王某某到案后如实供述自己的罪行，认罪态度较好，且积极赔偿因犯罪行为而造成的全部经济损失，故酌情予以从轻处罚，并宣告缓刑。依照《刑法》第369条第2款，第72条第1款，第73条第1款、第3款的规定，判决如下：被告人王某某犯过失损坏军事通信罪，判处拘役六个月，缓刑六个月。

① 参见北京市海淀区人民法院（2008）海法刑初字第2909号。

【学理分析及适用指引】

● 学理分析 ●

1. 破坏武器装备、军事设施、军事通信罪的构成。破坏武器装备、军事设施、军事通信罪，是指故意破坏部队的武器装备、军事设施、军事通信的行为。本罪的构成要件如下：

（1）本罪的客体。本罪侵犯的客体是国防建设秩序和军队战斗力的物质保障。

（2）本罪的客观要件。本罪名属于选择性罪名，在定罪中应根据行为破坏的对象确定具体罪名。武器装备，是指实施和保障军事行动的武器、武器系统和军事技术器材的统称，包括冷兵器、枪械、火炮、坦克及其他装甲战斗车辆、作战飞机、战斗舰艇、鱼雷、水电、核武器、通信指挥器材、侦察探测器材、军事测绘器材、气象保障器材、雷达、电子对抗装备、情报处理设备、军用电子计算机、野战工程机械、渡河器材、伪装器材、“三防”装备、辅助飞机、勤务舰船、军用车辆等。关于何谓军事设施、军事通信，可依据《军事设施保护法》和《军事设施保护法实施办法》而定，在此不作赘述。

（3）本罪的主体。本罪的主体为一般主体。既可以是军人，也可以是非军人。

（4）本罪的主观要件。主观方面只限于故意，即明知自己的行为会发生破坏武器装备、军事设施或者军事通信的危害结果，并且希望或者放任这种结果的发生。

2. 过失损坏武器装备、军事设施、军事通信罪的构成。过失损坏武器设备、军事设施、军事通信罪，是指过失损坏武器装备、军事设施、军事通信，危害国防利益的行为。本罪的构成要件如下：

（1）本罪的客体。本罪侵犯的客体是国防建设秩序和军队战斗力的物质保障。损坏武器装备、军事设施、军事通信的行为，违反国防法律规定的公民国防义务，损害部队战斗力，削弱国防能力，危害国防安全。犯罪对象是武器装备、军事设施、军事通信。

（2）本罪的客观要件。本罪在客观方面表现为实施了破坏武器装备、军事设施、军事通信的行为。武器装备，是指直接用于武装部队实施和保障作战行动的武器、武器系统和军事设施。军事设施，是指国家直接用于军事目的的建筑、场地和设备，如军需仓库、射击场、教练飞机、军事禁区的围墙等。军事通信，是指军队运用各种通信手段，为实施指挥和武器控制而进行的信息传送。过失损坏武器装备、军事设施、军事通信，是指过失使前述武器装备、军事设施毁损，以及使军事信息传送不能正常进行。损坏，即毁灭和损害，是指使武器装备、军事设施、军事通信全部或部分地丧失其正常功能。只要属于本质上的损坏，无论其方式如何，均对构成本罪没有影响。

（3）本罪的主体。本罪的主体为一般主体。既可以是军人，也可以是非军人。

（4）本罪的主观要件。本罪主观方面是过失，包括过于自信的过失和疏忽大意的过失。

• 适用指引 •

司法实践中，认定本罪时应注意：

1. 破坏武器装备、军事设施、军事通信罪的认定。

（1）本罪与危害公共安全类犯罪的界限。本罪与破坏交通工具、交通设施、公用电信设施等犯罪在主体、主观方面和犯罪客观方面相同或近似，其主要区别在于：一是侵犯的客体不同。前者侵犯的客体是国防建设秩序，而后者侵犯的客体分别是公共交通安全、公共通信安全等。二是犯罪对象性质不同。前者的犯罪对象是用于军事目的，而后者的犯罪对象是用于非军事目的。破坏军事通信，并造成公用电信设施损毁，危害公共安全，同时构成《刑法》第124 条和第 369 条规定的犯罪的，应择一重罪处罚。

（2）本罪与故意毁坏财物罪的界限。两罪在犯罪主体、主观方面、客观方面相同或者近似，其主要区别在于：一是侵犯的客体不同。前者侵犯的客体是国防建设秩序；后者侵犯的客体是公私财物所有权。二是犯罪对象性质不同。前者的犯罪对象是用于军事目的，而且全部是国家所有的；而后者的犯罪对象是用于非军事目的，既有国家所有的，也有集体所有的，还有私人所有的。

（3）正确认定因盗窃而引起破坏武器装备、军事设施、军事通信的行为的性质。当前，因盗窃财物造成武器装备、军事设施、军事通信被破坏的现象比较普遍，这类犯罪属于牵连犯。在认定时，首先要根据因盗窃所破坏的武器装备、军事设施、军事通信的重要程度，犯罪情节，所盗物品的价值，分别确定破坏武器装备、军事设施、军事通信罪与盗窃罪应当适用的法定刑，然后按照从一重罪处断的原则定罪处罚。盗窃军事通信线路、设备，不构成盗窃罪，但破坏军事通信的，依照《刑法》第 369 条第 1 款的规定定罪处罚；同时构成《刑法》第 124 条、第 264 条和第 369 条第 1 款规定的犯罪的，应择一重罪处罚。

（4）用放火、爆炸等危险方法破坏武器装备、军事设施、军事通信的行为性质的认定。用放火、爆炸等危险方法破坏武器装备、军事设施、军事通信，属于牵连犯，应按照重罪吸收轻罪的原则，以放火罪、爆炸罪定罪处罚。

（5）关于非法侵入、破坏军事通信计算机系统行为的定罪处罚问题。违反国家规定，侵入国防建设、尖端科学技术领域的军事通信计算机信息系统，尚未对军事通信造成破坏的，依照《刑法》第285条的规定定罪处罚；对军事通信造成破坏，同时构成《刑法》第285条～第286条、第369条第1款规定的犯罪的，应择一重罪处罚。

（6）关于干扰无线电通信管理秩序行为的定罪处罚问题。违反国家规定，擅自设置、使用无线电台、站，或者擅自占用频率，经责令停止使用后拒不停止使用，干扰无线电通讯正常进行，构成犯罪的，依照《刑法》第288条的规定定罪处罚；造成军事通信中断或者严重障碍，同时构成《刑法》第288条、第369条第1款规定的犯罪的，应择一重罪处罚。

2. 过失损坏武器装备、军事设施、军事通信罪的认定。

（1）本罪与非罪的界限。过失损坏武器装备、军事设施、军事通信的行为是否构成犯罪，关键在于行为是否造成了严重后果。只有行为造成了严重后果的，才构成犯罪，否则，不构成犯罪。

（2）本罪与故意破坏武器装备、军事设施、军事通信罪的界限。这两种犯罪所侵犯的客体、犯罪对象、犯罪主体和客观方面相同或近似，主要区别在于：一是主观方面不同。前者行为人主观方面表现为过失，后者行为人主观方面表现为故意。二是对危害结果的要求不同。前者把造成严重后果作为构成犯罪的法定要件，而后者则不论是否发生了严重后果，只要行为人故意实施了破坏行为，就构成犯罪。构成本罪，必须是造成了严重后果和特别严重后果，至于如何判定是否属于上述两种后果，请具体参见《最高人民法院关于审理危害军事通信刑事案件具体应用法律若干问题的解释》。

（3）本罪与过失危害公共安全方面的一些犯罪的界限。本罪与过失损坏交通工具、交通设施、公用电信设施等犯罪的主体、主观方面和客观方面相同或者近似，其主要区别在于侵犯的客体不同，犯罪对象的性质不同。

第三百七十条　故意提供不合格武器装备、军事设施罪；过失提供不合格武器装备、军事设施罪

【法律规定】

• 法律条文 •

《中华人民共和国刑法》

第三百七十条　明知是不合格的武器装备、军事设施而提供给武装部队的，处五年以下有期徒刑或者拘役；情节严重的，处五年以上十年以下有期徒刑；情节特别严重的，处十年以上有期徒刑、无期徒刑或者死刑。

过失犯前款罪，造成严重后果的，处三年以下有期徒刑或者拘役；造成特别严重后果的，处三年以上七年以下有期徒刑。

单位犯第一款罪的，对单位判处罚金，并对其直接负责的主管人员和其他直接责任人员，依照第一款的规定处罚。

• 相关规定 •

《最高人民检察院、公安部关于公安机关管辖的刑事案件立案追诉标准的规定（一）》（公通字〔2008〕36号）

第八十七条 ［故意提供不合格武器装备、军事设施案（刑法第三百七十条第一款）］明知是不合格的武器装备、军事设施而提供给武装部队，涉嫌下列情形之一的，应予立案追诉：

（一）造成人员轻伤以上的；

（二）造成直接经济损失十万元以上的；

（三）提供不合格的枪支三支以上、子弹一百发以上、雷管五百枚以上、炸药五千克以上或者其他重要武器装备、军事设施的；

（四）影响作战、演习、抢险救灾等重大任务完成的；

（五）发生在战时的；

（六）其他故意提供不合格武器装备、军事设施应予追究刑事责任的情形。

第八十八条 ［过失提供不合格武器装备、军事设施案（刑法第三百七十条第二款）］过失提供不合格武器装备、军事设施给武装部队，涉嫌下列情形之一的，应予立案追诉：

（一）造成死亡一人或者重伤三人以上的；

（二）造成直接经济损失三十万元以上的；

（三）严重影响作战、演习、抢险救灾等重大任务完成的；

（四）其他造成严重后果的情形。

【学理分析及适用指引】

• 学理分析 •

1. 故意提供不合格武器装备、军事设施罪的构成。故意提供不合格武器装备、军事设施罪，是指明知是不合格的武器装备、军事设施而故意提供给武装部队的行为。本罪的构成要件如下：

（1）本罪的客体。本罪侵犯的客体是国家的武器装备、军事设施的管理制度以及国家安全。提供给武装部队不合格的武器装备、军事设施，轻者造成人身伤亡，重者危及国防利益，其危害是极其严重的。本罪的犯罪对象是不合格的武器装备、军事设施。

（2）本罪的客观方面。本罪在客观方面表现为将不合格的武器装备、军事设施提供给武装部队的行为。①要有提供的行为。所谓提供，是指在科研、设计、勘察、测量、建设、施工、制造、修筑、修理、验收、采购、销售以及到部队使用全过程中某一环节出于故意而导致了不合格武器装备、军事设施的交付使用。既可以是有偿的，如被征购；又可以是无偿的，如被征用。方式如何并不影响本罪成立。②所提供的必须是不合格的武器装备或军事设施。所谓不合格，是指所提供的武器装备、军事设施不符合规定的质量标准，如使用不合格的原料生产、制造的武器装备或军事设施；提供的武器装备、军事设施包括外形、内部结构、坚固耐用程度等不符合各项技术、数量指标。③必须是向武装部队提供。虽有提供行为但不是提供给武装部队的也不能构成本罪。所谓武装部队，是指中国人民解放军部队、武装警察部队、预备役部队以及民兵组织。本罪不要求必然引起严重后果，只要行为人实施了这一行为，即构成犯罪。

（3）本罪的主体。本罪的主体为一般主体。单位亦可成为本罪主体，可对单位直接负责的主管人员和其他直接责任人员定罪处罚。有观点认为，本罪系特殊主体，即只有武器装备、军事设施的生产者和销售者才能构成本罪。国家对武器装备、军事设施的生产和销售有严格的规定，并非任何个人与企业都可以任意成为武器装备、军事设施的生产者和销售者。[①] 这种观点存在争议。因为从法理上，特殊主体的主体身份应该是在犯罪行为前就获得的，而武器装备、军事设施的生产者和销售者这一身份实际上是基于销售不合格武器装备、军事设施这一犯罪行为时才获得的。任何合法或者非法生产、销售者以及修理者、加工者等，只要提供了不合格的武器装备、军用设施，就能构成本罪。

（4）本罪的主观方面。本罪在主观方面表现为故意。故意的心理，表现为对不合格的武器装备、军事设施是明知的，即明知其不合格仍然作为合格产品提供给武装部队。不知是不合格的武器装备、军事设施而提供给武装部队的，不构成本罪。

2. 过失提供不合格武器装备、军事设施罪的构成。过失提供不合格武器装备、军事设施罪，是指过失将不合格的武器装备、军事设施提供给武装部队，造成严重后果的行为。本罪的构成要件如下：

（1）本罪的客体。本罪侵犯的客体是国家的武器装备、军事设施的管理制度以及国家安全。本罪的犯罪对象是不合格的武器装备、军事设施。不合格的武器装备和军事设施，是指武器装备、军事设施不符合安全使用的标准。具体标准由国务院和中央军委作出规定。

---

① 参见刘德法主编：《刑法学》，郑州大学出版社2004年版，第728页。

（2）本罪的客观方面。本罪在客观方面表现为将不合格的武器装备、军事设施提供给武装部队造成严重后果的行为。所谓提供，包括为武装部队从事生产、制造、修筑、装配、修理等过程。过失提供不合格的武器装备、军事设施的，必须造成严重后果，才构成本罪，这是与故意提供不合格武器装备、军事设施罪的区别，仅有过失提供不合格武器装备、军事设施给武装部队的行为，但并非引起严重后果的原因或者尚未造成严重后果的，一般不构成犯罪。所谓严重后果，是指造成装备、设施严重毁损，经济损失严重的；造成人员重伤的责任事故的；严重影响部队完成任务的等。造成特别严重后果，是指造成多人重伤、死亡或者多件重要武器装备、多处重要军事设施报废的，造成特别重大经济损失的等。

（3）本罪的主体。本罪的主体为一般主体。只能由自然人构成，单位不能构成此罪。

（4）本罪的主观方面。本罪在主观方面表现为过失。主观上为过失，即对于提供给武装部队的武器装备及军事设施，不知道是不合格的。对于过失犯罪，只有造成严重后果才构成犯罪。

• 适用指引 •

司法实践中，认定本罪应注意：

1. 本罪与生产、销售伪劣产品罪的主要区别在于犯罪对象不同。前者的犯罪对象是武器装备、军事设施；后者的犯罪对象是武器装备、军事设施以外的产品。向武装部队销售伪劣军事物资的，以提供不合格武器装备、军事设施罪论处。

2. 本罪的“情节严重”，主要是指为谋取私利私情而提供不合格武器装备、军事设施的；提供重要的武器装备和军事设施不合格的；战时提供不合格武器装备、军事设施的；因提供不合格武器装备、军事设施影响部队完成重要任务或者造成严重后果的等情形。“情节特别严重”，是指战时提供重要的武器装备和军事设施不合格的；因提供不合格武器装备、军事设施致使战斗、战役遭受重大损失的；严重影响部队完成重要任务或者造成特别严重后果的等情形。①

① 参见陈兴良：《规范刑法学》，中国政法大学出版社2003年版，第473页。

第三百七十一条 聚众冲击军事禁区罪、聚众扰乱军事管理区秩序罪

【法律规定】

• 法律条文 •

《中华人民共和国刑法》

第三百七十一条 聚众冲击军事禁区，严重扰乱军事禁区秩序的，对首要分子，处五年以上十年以下有期徒刑；对其他积极参加的，处五年以下有期徒刑、拘役、管制或者剥夺政治权利。

聚众扰乱军事管理区秩序，情节严重，致使军事管理区工作无法进行，造成严重损失的，对首要分子，处三年以上七年以下有期徒刑；对其他积极参加的，处三年以下有期徒刑、拘役、管制或者剥夺政治权利。

• 相关规定 •

《最高人民检察院、公安部关于公安机关管辖的刑事案件立案追诉标准的规定（一）》（公通字〔2008〕36号）

第八十九条 ［聚众冲击军事禁区案（刑法第三百七十一条第一款）］组织、策划、指挥聚众冲击军事禁区或者积极参加聚众冲击军事禁区，严重扰乱军事禁区秩序，涉嫌下列情形之一的，应予立案追诉：

（一）冲击三次以上或者一次冲击持续时间较长的；

（二）持械或者采取暴力手段冲击的；

（三）冲击重要军事禁区的；

（四）发生在战时的；

（五）其他严重扰乱军事禁区秩序应予追究刑事责任的情形。

第九十条 ［聚众扰乱军事管理区秩序案（刑法第三百七十一条第二款）］组织、策划、指挥聚众扰乱军事管理区秩序或者积极参加聚众扰乱军事管理区秩序，致使军事管理区工作无法进行，造成严重损失，涉嫌下列情形之一的，应予立案追诉：

（一）造成人员轻伤以上的；

（二）扰乱三次以上或者一次扰乱持续时间较长的；

（三）造成直接经济损失五万元以上的；

（四）持械或者采取暴力手段的；

（五）扰乱重要军事管理区秩序的；

（六）发生在战时的；

（七）其他聚众扰乱军事管理区秩序应予追究刑事责任的情形。

【案例】

覃某千等聚众扰乱军事管理区秩序案

● 案件事实 ●

2003年4月1日7时许，覃某千、覃某乐、覃某农、覃某卷、覃某拥、覃某电、覃某结、覃某用、覃某琼、覃某兰等人及歪拉屯的男女老幼村民约80余人，以到某部队找领导解决其因新机场建设被征用的土地面积不准确要求复核及土地补偿费问题为由，聚集在某部队北大门，欲进入某部队军事管理区，后被警卫人员阻拦。部队领导带领15名战士先后赶到现场，对村民进行宣传教育，同时向公安机关报警。村民不听劝阻，致使营区内来往车辆受堵，此时参与的妇女站在前面，趁部队车辆进出之机强行冲进营区，冲破战士用手拉手组成的人墙，战士们被迫退至卫生院一带设第二道防线。村民受阻后即下跪、哭闹，致使部队领导召开的重要会议被迫中断。当柳江县公安局干警赶到现场劝阻时，10名原审被告人及部分村民与警方发生冲突，并将警车挡风玻璃挤烂，部分村民冲越警戒线在司令部大楼前下跪请愿。11时40分许，柳州市防暴大队接报赶到现场，在劝说教育无效的情况下，将10名被告人及其部分村民带离营区。

● 裁判要旨 ●

聚众扰乱军事管理区秩序罪的构成同时要求具备“情节严重”“致使军事管理区工作无法进行”和“造成严重损失”等条件。

● 裁判理由 ●

广西壮族自治区柳江县人民检察院以覃某千、覃某乐、覃某农、覃某卷、覃某拥、覃某电、覃某结、覃某用、覃某琼、覃某兰犯聚众扰乱军事管理区秩序罪向柳江县人民法院提起公诉。

广西壮族自治区柳江县人民法院经审理认为：覃某千等10名被告人无视国家法律，积极参与聚众扰乱军事管理区秩序，情节严重，致使军事管理区工作无法进行，造成严重损失，其行为确已触犯《刑法》第371条第2款的规定，已构成聚众扰乱军事管理区秩序罪。依照《刑法》第371条第2款的规定，判决如下：一、被告人覃某千犯聚众扰乱军事管理区秩序罪，判处有期徒刑一年六个月。二、被告人覃某乐犯聚众扰乱军事管理区秩序罪，判处有期徒刑一年六个月。三、被告人覃某农犯聚众扰乱军事管理区秩序罪，判处有期徒刑一年六个月。四、被告人覃某卷犯聚众扰乱军事管理区秩序罪，判处有期徒刑八个月。五、被告人覃某拥犯聚众扰乱军事管理区秩序罪，判处有期徒刑八个月。六、被告人覃某电犯聚众扰乱军事管理区秩序罪，判处有期徒刑八个月。七、被告人覃某结犯聚众扰乱军事管理区秩序罪，判处有期徒刑八个月。八、被告人覃某用犯聚众扰乱军事管理区秩序罪，判处有期徒刑八个月。九、被告人覃某琼犯聚众扰乱军事管理区秩序罪，判处有期徒刑八个月。十、被告人覃某兰犯聚众扰乱军事管理区秩序罪，判处有期徒刑八个月。

一审判决后，覃某千等10人均不服，上诉到柳州市中级人民法院。

广西壮族自治区柳州市中级人民法院审理认为：一审判决认定事实清楚，证据确实充分。各上诉人的上诉理由均不能成立。首先，各上诉人认为自己的权益受损害，应当通过合法的渠道解决。各上诉人明知土地问题并非由部队解决，而是采取造成军事管理区混乱的手段，以向政府施加压力。其次，各上诉人要维护自己的权益，不能损害国家利益或他人利益。本案中，各上诉人积极参与冲击军事管理区，致使军事管理区的正常工作中断，损害了国家的利益。最后，各上诉人要反映、解决问题，应采取恰当的方式。本案中，各上诉人与不明真相的老人、小孩到部队营区吵闹，且在部队领导、当地政府的领导、公安干警进行说服、劝阻时，仍然向部队司令部冲击，将部队战士、公安干警打伤，将警车挡风玻璃压坏，造成严重经济损失以及恶劣的影响，情节严重。故各上诉人的上诉理由，二审法院均不予采纳。原判定性准确，量刑适当，适用法律正确，审判程序合法。依照《刑事诉讼法》相关规定，裁定：驳回上诉，维持原判。

二审判决后，覃某千等10人不服，申诉称：我们所有的土地因建设新机场被征用已多年，由于当地政府未能解决被征用土地实际面积及经济补偿问题，政府有关部门告诉我们找土地的使用单位即95337部队协商解决，因此才去找部队协商。我们均没有扰乱军事管理区秩序的故意，也没有扰乱军事管理区秩序的行为，不构成犯罪，要求再审改判。

广西壮族自治区柳州市中级人民法院再审认为：覃某千等10人因新机场建设被征用的土地面积不准确要求复核并支付土地补偿费问题，进入某部队军事管理区，且不听劝阻，冲越警戒线下跪、哭闹，致使部队召开的重要会议被迫中断，营区内来往车辆受堵，严重影响部队的正常工作秩序，其行为是极为错误的，且是违法的，理应依法受到相应的处罚。但根据《刑法》第371条第2款的规定，聚众扰乱军事管理区秩序罪是指聚众扰乱军事管理区秩序，情节严重，致使军事管理区工作无法进行，造成严重损失的行为。在犯罪的客观方面，必须是聚众扰乱军事管理区秩序情节严重，致使军事管理区工作无法进行，造成严重损失三个条件同时具备，缺一则不构成犯罪。而根据现有证据和事实，覃某千等10名原一审被告人的行为虽有聚众扰乱军事管理区秩序致使军事管理区工作无法进行之情节，但尚未达到情节严重造成严重损失之情节，其行为仅是违反治安管理条例的违法行为，尚不构成犯罪。原生效裁判认定覃某千等10名被告人的行为构成聚众扰乱军事管理区秩序罪，显然适用法律不当，依法应予撤销；覃某千等10名被告人的申诉在理，法院予以支持。依照《刑事诉讼法》的相关规定，判决：一、撤销本院（2003）柳市刑一终字第184号刑事裁定和柳江县人民法院（2003）江刑初字第191号刑事判决。二、宣告覃某千、覃某乐、覃某农、覃某卷、覃某拥、覃某电、覃某结、覃某用、覃某琼、覃某兰无罪。

【学理分析及适用指引】

• 学理分析 •

1. 聚众冲击军事禁区罪的构成。聚众冲击军事禁区罪，是指违反法律规定，聚众冲击军事禁区，严重扰乱军事禁区秩序的行为。本罪的构成要件如下：

（1）本罪的客体。本罪的客体是军事禁区的正常管理秩序。军事禁区是国家根据军事设施的性质、作用、安全保密的需要和使用效能的特殊要求，依法划定的一定范围的陆域、水域和空域采取特殊措施重点保护的区域，是最重要的或者具有重大危险因素的军事设施规定的保护区域。本罪的犯罪对象是军事禁区，包括禁区内的军事设施、各种建筑、自然环境、周围设置的障碍物等。

（2）本罪的客观方面。本罪在客观方面表现为聚众冲击军事禁区、扰乱军事禁区正常秩序的行为。该行为是聚众进行的，其形式多种多样，如擅自进入军事禁区强占或封锁军事禁区，围攻甚至殴打军事人员等。所谓聚众，是指在首要分子煽动、策划下，纠集多人共同进行扰乱活动。冲击，是指未经允许，采用各种非法手段强行进入军事禁区所辖区域。扰乱方式有暴力性扰乱与非暴力性扰乱之分。① 冲击行为属于暴力性扰乱，包括聚众强行进入军事禁区，殴打、威胁军事禁区工作人员；使用有形力砸毁办公用品、门窗或烧毁文件；强行扣留军事禁区工作人员或其他相关人员等。只有严重扰乱军事禁区秩序的行为才构成犯罪。情节轻微，尚不够刑事处罚的，可给予治安处罚。

（3）本罪的主体。本罪的主体是一般主体。本罪只追究首要分子和其他积极参加者的刑事责任。所谓首要分子，是指在聚众扰乱活动中起组织、策划、指挥作用的行为人。所谓其他积极参加者，是指除首要分子以外的积极实施扰乱活动的人。一般的参加者只是扰乱活动的违法行为的一般主体，对其只

---

① 参见周光权：《刑法各论讲义》，清华大学出版社2003年版，第389页。

能依照《治安管理处罚法》进行处理。

（4）本罪的主观方面。本罪在主观方面表现为故意，即明知是军事禁区，仍然聚众冲击，对其危害国防利益的后果持希望或者放任态度。过失不构成本罪。这种犯罪，行为人往往基于某种个人目的来故意实施，如泄私愤、为达到某种要求而通过聚众扰乱秩序来施加压力等。

2. 聚众扰乱军事管理区秩序罪的构成。聚众扰乱军事管理区秩序罪，是指聚众扰乱军事管理区秩序，情节严重，致使军事管理区工作无法进行，造成严重损害的行为。本罪的构成要件如下：

（1）本罪的客体。本罪的客体是军事管理区的正常管理秩序。军事管理区是指由国家根据军事设施的性质、作用、安全保密的需要和使用效能的要求而划定的采取比较严格保护措施的一定区域。本罪犯罪对象是军事管理区，包括管理区内的军事设施、各种建筑和山、水、林木等。

（2）本罪的客观方面。本罪在客观方面表现为聚众扰乱军事管理区正常秩序，情节严重，致使军事管理区工作无法进行，造成严重损失的行为。所谓聚众，是指聚集、纠合三人以上包括三人进行扰乱。所谓扰乱，是指冲击、哄闹军事管理区域，使军事管理区域出现混乱不安之局面，致使工作无法正常进行。其方式多种多样，比如在军事管理区域内的机关、单位的办公室、会议室、实验室、生产车间、训练基地等哄闹骚扰；殴打、辱骂军事管理人员；封锁要道、路口；强行截断电源、水源等。本罪的构成不仅要有聚众扰乱的行为，而且还必须属于情节严重并致军事管理区工作无法进行，造成严重损失。所谓致使军事管理区工作无法进行，主要是指造成军事指挥机关无法指挥，军事单位的人员、车辆、舰艇无法通过，飞机无法升降，作战、训练、戒严、战备、教学、科研、生产、抗洪、抢险、救灾等军事管理区的工作无法开展。

（3）本罪的主体。本罪的主体是一般主体。本罪属必要共犯，能构成本罪主体的只能是聚众扰乱军事管理区秩序的首要分子和其他积极参加者。其他人员即使参加了聚众扰乱，亦不以本罪论处，但不排除可以给予其他处罚，如罚款、行政拘留等。

（4）本罪的主观方面。本罪在主观方面表现为故意。

• 适用指引 •

司法实践中，认定本罪应注意：

1. 聚众冲击军事禁区，严重扰乱军事禁区秩序的，以聚众冲击军事禁区罪论处，该罪构成不要求造成重大物质损失或人员伤亡。聚众冲击军事禁区阻碍军人依法执行职务或持械冲击军事禁区武装叛乱、严重扰乱军事禁区秩序的，属于想象竞合犯，按照从一重罪处断的原则，应以聚众冲击军事禁区罪或武装叛乱罪定罪处罚，不实行数罪并罚。

2. 聚众扰乱军事管理区秩序，尚未达到情节严重、造成严重损失之情节，其行为仅是违反治安管理的违法行为，尚不构成犯罪。根据司法实践的经验，情节严重，主要是指战时聚众扰乱军事管理区秩序的；长时间或者多次实施扰乱行为的；使用暴力或者采取其他恶劣手段的；纠集人数多、规模较大的等。造成严重损失，主要是指导致军事秘密泄露的；致人伤亡的；造成严重经济损失或者严重政治影响的等。

本罪与聚众扰乱社会秩序罪、聚众冲击国家机关罪的主要区别在于犯罪对象不同。前者的犯罪对象是军事禁区，后者的犯罪对象是除军事机关外的其他党政机关、企业、事业单位与人民团体的工作、生产、营业、教学和科研区域。

第三百七十二条 冒充军人招摇撞骗罪

【法律规定】

• 法律条文 •

《中华人民共和国刑法》

第三百七十二条 冒充军人招摇撞骗的，处三年以下有期徒刑、拘役、管制或者剥夺政治权利；情节严重的，处三年以上十年以下有期徒刑。

• 相关规定 •

《军服管理条例》（国务院、中央军事委员会令第547号）

第十六条 穿着军服或者军服仿制品冒充军人招摇撞骗的，由公安机关依法给予治安管理处罚；构成犯罪的，依法追究刑事责任。

【案例】

梁文达冒充军人招摇撞骗案①

• 案件事实 •

梁文达系新疆维吾尔族自治区哈密市农十师红星钙塑厂退休职工。2003年3月，梁文达为骗取财物而购买了假手枪、假军人证及假军服，谎称自己是中国人民解放军空军某飞行师师长并授大校军衔，使用伪造的“兰州军区司令

① 参见广东省佛山市中级人民法院（2004）佛刑终字第265号。

部”和“兰州军区空军司令部军务处”印章、军校招生表格等进行招摇撞骗活动。同月11日，梁文达冒充军人身份，伙同唐刚伟（另案处理）骗取了叶某某的信任，后以唐竞选阳山县政法委书记缺乏“活动经费”为由，假以借款形式骗取了叶某某人民币25000元。同年5月和10月，梁文达采取同样的作案手段，以帮助徐某权的儿子徐某荣退伍后转入军校读书为名，先后两次以需要“活动经费”为由骗取徐某权人民币1.3万元。同年11月9日，梁文达利用叶某某急于将女儿及侄儿、侄女送往军校就读之机，使用上述伪造的表格、公章和军校录取通知书，企图向叶某某骗取“介绍费”人民币13000元时，被叶某某识破，并被叶某某扭送公安机关。破案后，梁文达已退还全部赃款给被害人叶某某、徐某权。

• 裁判要旨 •

冒充军人招摇撞骗，由于意志以外的原因未得逞的，属于冒充军人招摇撞骗罪的未遂。

• 裁判理由 •

广东省佛山市南海区人民法院一审认定：被告人梁文达的行为已构成冒充军人招摇撞骗罪，犯罪情节严重。被告人梁文达是累犯，依法应当从重处罚。被告人梁文达骗取13万元是犯罪未遂，依法对该部分犯罪从轻处罚。依照《刑法》第372条、第23条、第65条第1款之规定，判决：被告人梁文达犯冒充军人招摇撞骗罪，判处有期徒刑四年六个月。

佛山市中级人民法院二审经审理认为：上诉人梁文达假冒军人身份进行招摇撞骗，其行为已构成冒充军人招摇撞骗罪，犯罪情节严重。上诉人梁文达曾因故意犯罪被判处有期徒刑，刑罚执行完毕后，在5年以内又犯应处有期徒刑以上刑罚之罪，是累犯，应从重处罚。上诉人梁文达骗取被害人叶某某人民币13万元，因意志以外的原因而未得逞，是犯罪未遂，对该部分犯罪可比照既遂犯从轻处罚。上诉人梁文达并非军人，但冒充现役军官在社会上行骗，以骗取财物或获取其他非法利益，损害军队、军人的声誉和正常活动，扰乱社会管理秩序，其行为符合冒充军人招摇撞骗罪的构成要件。依照《刑事诉讼法》第189条第1项之规定，裁定如下：驳回上诉，维持原判。

【学理分析及适用指引】

• 学理分析 •

冒充军人招摇撞骗罪，是指为谋取非法利益，假冒军人的身份或职称，非法谋取利益，损害武装部队的威信及其正常活动的行为。本罪的构成要件如下：

1. 本罪的客体。本罪侵犯的客体是军队的威信及其正常活动。该罪严重损害军队声誉和军人形象，干扰了军队的正常工作，影响了军政、军民关系，往往还侵害了人民群众的合法利益。由于军队的威信及其正常的活动是本罪客体，所以本罪的成立和完成与否，应以是否侵害了军队的威信及其正常的活动为标准。

2. 本罪的客观方面。本罪在客观方面表现为行为人假冒军人的身份或职称，非法谋取利益的行为。首先，行为人必须具有冒充军人的身份或者职称的行为。一般表现有以下几种：（1）公然穿戴现役军人制式服装、衔牌进行招摇撞骗；（2）使用伪造、假冒的军人身份证件进行招摇撞骗；（3）以其他足以使人产生误解的方式，冒充现役军人进行招摇撞骗的行为。如果行为人冒充的是非军人的身份，如冒充高干子弟等，进行招摇撞骗活动的，不能构成本罪。达到犯罪程度的，可能构成诈骗罪或其他犯罪。所谓冒充军人，既可以是冒充士兵，也可以是冒充军官；既可以是冒充中华人民共和国解放军部队的军人，又可以是冒充中华人民共和国警察部队中的军人。就具体方式而言，有的是非军人冒充军人，或者身着军服，或者携带、使用军官证、士兵证、文职干部证；或者自称是某军事机关、部队、院校、医院或者科研单位的军官、士兵、学员等。有的本身是军人，但假冒不属于自己身份的其他军人身份，如士兵冒充军官身份去招摇撞骗的，也可构成本罪。其次，行为人必须具有非法谋取利益的行为。谋取不等于获得，并不要求获得非法利益这一结果的实现，即使没有获得非法利益，只要损害了军队的威信和正当活动，也属于既遂。如打着军人招牌与他人开办企业、签订合同、招兵、招工、招干等诈骗他人钱财；冒充军人骗取组织、单位信任，捞取政治资本，如荣誉、职务等；冒充军人身份玩弄妇女等。且本罪一般都具有连续性、多次性的特点，但不以多次实施招摇撞骗为成立本罪的必要要件。上述两种要素必须同时具备并存在有机的联系，非法谋取利益的行为必须以冒充军人为手段，否则不构成冒充军人招摇撞骗罪。

3. 本罪的主体。本罪的主体为一般主体。冒充军人关键在于以不属于自己的军人身份出现，这样，即使是军人冒充其他身份的军人，也会损害军队的威信和正常活动，因此亦可构成本罪。

4. 本罪的主观方面。本罪在主观方面表现为故意，其犯罪目的是谋取非法利益。此处所说的非法利益，不单指物质利益，也包括各种非物质利益。例如，为了骗取某种政治待遇或者荣誉待遇，甚至是为了玩弄异性等。

• 适用指引 •

司法实践中，认定本罪应注意：

1. 关于本罪情节的认定。冒充军人招摇撞骗虽然不要求情节严重，但是如果确实情节显著轻微，危害不大的，不以犯罪论处。例如，行为人冒充军人只是出于虚荣心的，单纯为了达到与他人结婚的目的而冒充军人的，为了顺利住宿或购买车船票而冒充军人的，都不构成本罪。冒充军人招摇撞骗“情节严重的”，一般是指战时冒充军人招摇撞骗的；因冒充军人招摇撞骗引起军政、军民、军警纠纷的；造成严重经济损失或者恶劣社会影响、损害军队声誉的；造成其他严重后果的等。

2. 本罪与诈骗罪的界限。本罪的主观恶性一般限制在“骗”的范围内，如果行为人主观上具有抢劫、强奸、敲诈勒索的故意，冒充军人只是一种给受害人心理上造成威胁，使之不敢反抗的手段，应分别以抢劫、强奸、敲诈勒索等罪论处。冒充军人招摇撞骗罪与招摇撞骗罪存在法条竞合关系，前者属于特别法，优先适用。冒充军人招摇撞骗罪与诈骗罪条文属于法条竞合关系。《刑法》第266条规定的处断原则不适用于与《刑法》第372条之间法条竞合处断，立法并没有明确冒充军人招摇撞骗罪与诈骗罪在竞合时的处理原则，那么就应根据交叉竞合的一般处断原则，适用处罚较重的法条。因为冒充军人诈骗数额巨大财物时，诈骗罪与招摇撞骗罪的主刑相同，而招摇撞骗罪的附加刑是剥夺政治权利，相对于诈骗罪较重，所以应当以招摇撞骗罪论处。冒充军人骗取数额特别巨大财物的，诈骗罪的刑期较重，应以诈骗罪定罪量刑。

3. 本罪的一罪与数罪。实施冒充军人招摇撞骗罪，往往牵连触犯了伪造公文、证件罪的罪名，就同时牵连触犯了伪造公文、证件罪和冒充军人招摇撞骗罪两个罪名，这种情况下，应当按照处理牵连犯的原则，从一重罪处断。

第三百七十三条　煽动军人逃离部队罪、雇用逃离部队军人罪

【法律规定】

• 法律条文 •

《中华人民共和国刑法》

第三百七十三条　煽动军人逃离部队或者明知是逃离部队的军人而雇用，情节严重的，处三年以下有期徒刑、拘役或者管制。

• 相关规定 •

《最高人民检察院、公安部关于公安机关管辖的刑事案件立案追诉标准的规定（一）》（公通字〔2008〕36号）

第九十一条　［煽动军人逃离部队案（刑法第三百七十三条）］煽动军人

逃离部队，涉嫌下列情形之一的，应予立案追诉：

（一）煽动三人以上逃离部队的；

（二）煽动指挥人员、值班执勤人员或者其他负有重要职责人员逃离部队的；

（三）影响重要军事任务完成的；

（四）发生在战时的；

（五）其他情节严重的情形。

第九十二条 ［雇用逃离部队军人案（刑法第三百七十三条）］明知是逃离部队的军人而雇用，涉嫌下列情形之一的，应予立案追诉：

（一）雇用一人六个月以上的；

（二）雇用三人以上的；

（三）明知是逃离部队的指挥人员、值班执勤人员或者其他负有重要职责人员而雇用的；

（四）阻碍部队将被雇用军人带回的；

（五）其他情节严重的情形。

【学理分析及适用指引】

• 学理分析 •

1. 煽动军人逃离部队罪的构成。煽动军人逃离部队罪，是指鼓动、唆使、怂恿不特定的军人逃离部队，情节严重的行为。本罪的构成要件如下：

（1）本罪的客体。本罪侵犯的客体是部队兵员管理秩序。犯罪对象是现役军人。

（2）本罪的客观方面。本罪在客观方面表现为煽动军人逃离部队，情节严重的行为。煽动军人逃离部队，应是以口头、书面或者其他方式鼓动、唆使、怂恿不特定的正在服役的军人不经领导批准，擅自离开部队，或者虽经批准而逾期不归。唆使特定的军人逃离部队的，构成逃离部队罪的教唆犯。也有学者认为，本罪行为实际上是逃离部队罪的教唆犯，若无本条规定，对于这种行为完全可以作为逃离部队罪的共犯论处。① 但煽动与教唆不是等同概念，其关键区别在于对象是否特定。煽动的方式可以采用语言、文字、图像等，如当面劝说、电话鼓动或者进行演讲、报告、呼喊口号、散布谣言，或利用书信、电报、传真或是书写、印刷、张贴、散发传单、刊物、书画、大小字报，还可以利用其他诸如电视、录像、投影、电影、影碟、计算机等现代化科学技术手段等。煽动的内容是使军人逃离部队。所谓部队，既包括人民解放军部队与人

① 参见陈兴良：《刑法疏议》，中国人民公安大学出版社 1997 年版，第 606 页。

民武装警察部队，又包括战时的预备役部队以及民兵组织。所谓使军人逃离部队，是指使被煽动之人未经批准擅自离开自己所在的部队，不要再继续服役，或者虽经批准，离队后拒不归队，逃避兵役义务，包括不经请假就私自离开部队，工作调动中离开原单位后不到新单位报到，病愈出院、完成出差任务、休假期满后不回部队等。

（3）本罪的主体。本罪的主体为一般主体。

（4）本罪的主观方面。本罪在主观方面表现为故意。其动机可以多种多样，不影响本罪成立。

2. 雇用逃离部队军人罪的构成。雇用逃离部队军人罪，是指非军职人员明知对方是逃离部队的军人而将其接收、聘用，情节严重的行为。本罪的构成要件如下：

（1）本罪的客体。本罪侵犯的客体是部队兵员管理秩序。雇用逃离部队军人的行为，违反《国防法》规定的公民应当支持国防建设的义务，严重妨害了部队兵员管理秩序，削弱了部队战斗力，危害了国防安全。犯罪对象必须是逃离部队的军人，即未经批准擅自离开自己服役的解放军部队、武装警察部队以及执行军事任务的预备役部队和民兵组织或者虽经批准而逾期不归的军人。既包括逃离部队、情节严重已经构成犯罪的军人，又包括逃离部队不构成犯罪的军人。

（2）本罪的客观方面。本罪在客观方面表现为雇用逃离部队的军人，情节严重的行为。所谓雇用，是指以货币、物品或者其他物质利益有偿聘请他人为自己提供劳动的行为，简言之即为有偿地使用他人的劳动力。其既可以是长期的，又可以是短期的；既可以是在战时，又可以是在平时，但这都不会影响本罪成立。雇用逃离部队军人的行为，必须达到情节严重，才构成犯罪。所谓情节严重，主要指战时雇用逃离部队军人的；雇用多名逃离部队军人的；长期或者多次雇用逃离部队军人的；雇用逃离部队的指挥人员或者其他负有重要职责的军人的；因雇用逃离部队军人经教育后拒不改正的；因雇用逃离部队军人影响部队完成重要任务的；雇用逃离部队军人进行其他违法活动的等情形。

（3）本罪的主体。本罪为一般主体。

（4）本罪的主观方面。本罪在主观方面表现为故意，即明知是逃离部队的军人而仍决意雇用。如果不知是军人或者虽然知道是军人但不知道是逃离部队的军人，如误认为是退役、转业军人或被开除军籍的军人等，就不能构成本罪。

• 适用指引 •

司法实践中，认定本罪应注意：

1. 本罪情节的认定。煽动军人逃离部队的行为，必须情节严重，才构成犯罪。如果行为人实施了煽动军人逃离部队的行为，但不属于情节严重的，如军人家属、亲友确实十分困难，而写信劝说现役军人早日退出现役的，可不以犯罪论。军人实际上是否逃离部队，不是本罪的成立要件。司法实践中，情节严重，主要是指导致军人实际逃离部队的；战时煽动军人逃离部队的；煽动指挥人员、作战部队人员或者负有其他重要职责的人员逃离部队的；多次煽动或者煽动多人逃离部队的；因煽动军人逃离部队影响部队完成重要任务的；煽动军人逃离部队后予以雇用或窝藏的；煽动逃离部队后非法出境的；煽动军人逃离部队进行其他违法活动的等情形。

2. 本罪的一罪与数罪。行为人煽动军人逃离部队后，又组织逃离部队军人实施其他犯罪活动的，应当分别定罪处刑，实行数罪并罚。如果行为人煽动军人逃离部队是为了实施武装叛乱、暴乱或者投敌叛变、叛逃行为，这属于吸收犯，应按照重罪吸收轻罪的原则，以武装叛乱、暴乱罪或者投敌叛变罪、叛逃罪定罪，从重处罚，不实行数罪并罚。

行为人雇用逃离部队军人后，又组织逃离部队军人实施其他犯罪活动的，应当分别定罪处刑，实行数罪并罚。窝藏并雇用构成逃离部队罪的军人，则同时触犯窝藏罪，此时应当择一重罪处罚。

第三百七十四条 接送不合格兵员罪

【法律规定】

• 法律条文 •

《中华人民共和国刑法》

第三百七十四条 在征兵工作中徇私舞弊，接送不合格兵员，情节严重的，处三年以下有期徒刑或者拘役；造成特别严重后果的，处三年以上七年以下有期徒刑。

• 相关规定 •

《最高人民检察院、公安部关于公安机关管辖的刑事案件立案追诉标准的规定（一）》（公通字〔2008〕36号）

第九十三条 ［接送不合格兵员案（刑法第三百七十四条）］在征兵工作中徇私舞弊，接送不合格兵员，涉嫌下列情形之一的，应予立案追诉：

（一）接送不合格特种条件兵员一名以上或者普通兵员三名以上的；

（二）发生在战时的；

（三）造成严重后果的；

（四）其他情节严重的情形。

【案例】

李永宾徇私枉法、接送不合格兵员、私藏枪支、贪污、巨额财产来源不明案①

• 案件事实 •

李永宾，原系云南省文山壮族苗族自治州文山县公安局局长。1997年11月25日，犯罪嫌疑人陈某某盗窃了价值22600元的财物，被抓获归案。陈某某的父母找到失主道歉，并请失主向县公安局办案人员和领导要求放出陈某某。失主认识李永宾，要求李永宾放人。后办案人员在李永宾授意下，将陈某某取保释放。1998年12月，在冬季征兵中，陈某某报名应征，陈某某的户口所在地文山县公安局南桥派出所认为陈某某不符合入伍条件，未办理政审手续。常某某受陈某某父母之托又找到李永宾，请其在政审问题上帮忙说一下。李永宾便打电话给南桥派出所所长邢某某说，陈某某的案子已经撤了，你们把派出所的政审意见办了。邢某某将李永宾的话告诉副所长米某某，米某某即按李永宾的意思，在陈某某的政审表上签署了“符合征兵政审条件”的意见后报送文山县征兵办公室，致使不够入伍条件的陈某某被应征入伍。本案案发后，陈某某被部队退回，并已被人民法院依法判处有期徒刑三年。

1999年1月21日，犯罪嫌疑人张云、孙佳燕绑架他人，向被害人的父母勒索3万元，否则不放人。同月23日13时许，二犯罪嫌疑人被抓获。李永宾收受5条云烟后，授意嫌疑人家属开具虚假病情证明。在讨论如何处理犯罪嫌疑人张云、孙佳燕绑架案会上，李永宾不采纳参会人员的正确意见，执意决定对二犯罪嫌疑人取保候审予以释放。本案案发后，人民法院依法以绑架罪判处张云、孙佳燕各有期徒刑十年。

1999年9月3日，检察机关在李永宾住宅内，查获来源不明的“拉奇”手枪一支（枪号616020）。

1999年4月8日，李永宾让负责文山县公安局公安大厦施工监管的李家富通知水泥厂发15吨水泥到李永宾的私房建筑工地。同年5月26日，水泥厂派人到文山县公安局局结算公安大厦建筑用水泥款计40040元。李永宾明知该付款额包括自己建私房用水泥款5620元，仍签署了“同意支付”的意见。直至本案案发，李永宾未将私房用水泥款补给文山县公安局。

---

① 参见云南省高级人民法院刑事判决，载中华人民共和国最高人民法院刑事审判第一庭、第二庭编《刑事审判参考》（2003年第2辑），法律出版社2003年版，第65页。

1980年至1999年8月，李永宾及其妻的收入款共计554447元，而李永宾及其妻现有现金及支出共计929786元，收支相抵，李永宾尚有375339元财产不能说明其合法来源。

• 裁判要旨 •

接送不合格兵员罪主体包括负责出具政审意见的公安机关工作人员。

• 裁判理由 •

云南省文山壮族苗族自治州中级人民法院经审理认为：被告人李永宾身为司法工作人员，对明知是有罪的人而故意包庇，使他不受追诉，其行为构成徇私枉法罪；在征兵工作中徇私舞弊，接送不合格兵员，情节严重，其行为构成接送不合格兵员罪；违反枪支管理规定，私藏手枪的行为，构成私藏枪支罪；利用职务上的便利，侵吞单位建房款的行为，构成贪污罪；其巨额财产不能说明合法来源，又构成巨额财产来源不明罪。李永宾一人犯数罪，应数罪并罚。判决如下：一、被告人李永宾犯徇私枉法罪，判处有期徒刑二年；犯接送不合格兵员罪，判处有期徒刑一年；犯私藏枪支罪，判处有期徒刑一年；犯贪污罪，判处有期徒刑一年；犯巨额财产来源不明罪，判处有期徒刑一年，总和刑期六年，决定执行有期徒刑五年。二、被告人李永宾来源不明的375339元财产，依法没收，由文山州人民检察院上缴国库。三、检察机关多扣押被告人李永宾的3454元财产，由文山州人民检察院退还被告李永宾。

宣判后，李永宾不服，提出上诉。文山壮族苗族自治州人民检察院提出抗诉，认为被告人李永宾犯徇私枉法罪，其情节已属严重，原审判决对该罪量刑极轻。

云南省高级人民法院经审理认为：李永宾身为文山县公安局局长，为徇私情，对明知有罪的人进行包庇，欲使其逃避法律追究，其行为已构成徇私枉法罪，且属情节严重；在征兵工作中，徇私舞弊，接送不合格兵员，情节严重，其行为已构成接送不合格兵员罪；违反枪支管理法规，私藏枪支，其行为已构成私藏枪支罪；其利用职务便利，隐瞒事实真相，将经手管理的公共财物占为己有，其行为已构成贪污罪；其家庭财产及支出明显超出合法收入，差额巨大，本人不能说明该财产来源的合法性，其行为已构成巨额财产来源不明罪，应依法惩处。检察机关的抗诉有理。原判定罪准确，审判程序合法，但对李永宾徇私枉法的犯罪行为量刑不当。于2001年3月27日判决如下：一、维持文山壮族苗族自治州中级人民法院刑事判决第2项、第3项。二、撤销文山壮族苗族自治州中级人民法院刑事判决的第1项，即对被告人李永宾的定罪量刑部分。三、李永宾犯徇私枉法罪，判处有期徒刑七年；犯接送不合格兵员罪，判决有期徒刑一年；犯私藏枪支罪，判处有期徒刑一年；犯贪污罪，判处有期徒刑一年；犯巨额财产来源不明罪，判处有期徒刑一年。决定执行有期徒刑十年。

【学理分析及适用指引】

• 学理分析 •

接送不合格兵员罪，是指征兵工作人员在征兵工作中徇私舞弊，将不符合条件的应征公民接送进部队，情节严重的行为。本罪的构成要件如下：

1. 本罪的客体。本罪侵犯的客体是国家征兵工作的正常活动。

2. 本罪的客观方面。本罪在客观方面表现为在征兵工作中弄虚作假、隐瞒真相，① 接送不合格兵员，情节严重的行为。所谓征兵，是指按照《兵役法》的规定，征集应征公民到军队服兵役。就兵员的性质而言，既包括中华人民共和国解放军部队的征兵，又包括中华人民共和国武装警察部队的征兵，但不包括预备役部队及民兵组织的征集。就过程而言，征兵则泛指兵役登记、检查身份、政治审查、接送兵员等各个环节。弄虚作假、隐瞒真相的具体形式多种多样，如在体检表上填写虚假的内容，隐瞒真实年龄和文化程度等。所谓接送不合格兵员，是指向部队输送或部队接收不合格兵员。不合格兵员，是指不符合法律规定的年龄、学历、健康状况、政治审查等应征条件的兵员。情节严重，是指以下几种情形：谋取应征人员及其亲属的金钱、财物，数额较大的；因谋取私利，而造成多个不合格兵员入伍的；情节恶劣，使征集的不合格兵员在部队造成不良影响的；在征兵过程中，徇私舞弊，屡教不改的；战时因渎职行为而征集不合格兵员，影响部队军事行动的等。造成特别严重后果的，是指因违法渎职造成大量不合格兵员进入部队的；征集的不合格兵员在部队违法犯罪或酿成重大恶性案件或政治事故的；征集的不合格兵员严重影响部队建设或作战训练等重大任务完成的等。

3. 本罪的主体。本罪主体是特殊主体，即必须是在征兵工作中负有征兵职责的征兵工作人员。既包括地方武装部负责征兵工作的人员，也包括征兵部队派出的武装部队工作人员，还包括地方协助征兵工作的其他国家工作人员。

4. 本罪的主观方面。本罪在主观方面表现为故意，并且有徇私的动机，包括徇私情和徇私利。如果行为人主观上出于过失，由于其业务知识、经验不足，或者是调查研究不够充分，工作作风不够深入，思想方法简单片面造成认识偏颇而发生的错误行为，即使造成一定危害后果，一般也不构成犯

---

① 所谓徇私舞弊，是指因徇私情、谋私利，而弄虚作假、隐瞒真相。其中徇私情或徇私利，是犯罪动机。犯罪动机，是指刺激、促使犯罪人实施犯罪行为的内心起因或思想活动，是犯罪人基于何种心理原因实施犯罪行为。参见张明楷：《刑法学》，法律出版社 2003 年版，第 224 页。

罪。如果情节严重或者造成重大后果而构成其他犯罪的，可以玩忽职守等罪论处。

• 适用指引 •

司法实践中，认定本罪应注意：

1. 在征兵过程中，如果同时犯有受贿罪和接送不合格兵员罪的，则实行数罪并罚。对于受贿中，为他人谋取利益的行为又触犯其他罪名的，按数罪并罚处理，法律有特别规定的除外。① 2001 年《最高人民法院刑事审判第一庭审判长会议关于被告人受贿后徇私舞弊为服刑罪犯减刑假释的行为应定一罪还是数罪的研究意见》指出：受贿并有徇私舞弊减刑、假释的，同时符合两个罪的构成，应当认定两个罪，实行数罪并罚。行为人在实施本罪的徇私舞弊行为中，可能伪造、变造、买卖公文、证件、印章，此时又会触犯他罪，对之应当按照牵连犯的处罚原则，择一重罪论处。

2. 在征兵过程中出现的徇私舞弊现象比较多样，除了接送不合格兵员，还包括很多其他情况，如为了谋求私利，使符合条件的应征公民没能入伍；制造虚假情况或隐瞒事实真相冒名顶替；超征、少征；应免征、缓征、不征的没免征、缓征、不征，不应免征、缓征、不征的却免征、缓征或不征；非法收受被征兵对象及其家属的款物等。这些情况情节严重的可以玩忽职守、滥用职权等犯罪论处。

第三百七十五条　伪造、变造、买卖武装部队公文、证件、印章罪；盗窃、抢夺武装部队公文、证件、印章罪；非法生产、买卖武装部队制式服装罪；伪造、盗窃、买卖、非法提供、非法使用武装部队专用标志罪

【法律规定】

• 法律条文 •

《中华人民共和国刑法》

第三百七十五条　伪造、变造、买卖或者盗窃、抢夺武装部队公文、证件、印章的，处三年以下有期徒刑、拘役、管制或者剥夺政治权利；情节严重

① 刘德法主编：《刑法学》，郑州大学出版社 2004 年版，第 767 页。

的，处三年以上十年以下有期徒刑。

非法生产、买卖武装部队制式服装，情节严重的，处三年以下有期徒刑、拘役或者管制，并处或者单处罚金。

伪造、盗窃、买卖或者非法提供、使用武装部队车辆号牌等专用标志，情节严重的，处三年以下有期徒刑、拘役或者管制，并处或者单处罚金；情节特别严重的，处三年以上七年以下有期徒刑，并处罚金。

单位犯第二款、第三款罪的，对单位判处罚金，并对其直接负责的主管人员和其他直接责任人员，依照各该款的规定处罚。

• 相关规定 •

《最高人民检察院、公安部关于公安机关管辖的刑事案件立案追诉标准的规定（一）》（公通字〔2008〕36号）

第九十四条 ［非法生产、买卖军用标志案（刑法第三百七十五条第二款）］非法生产、买卖武装部队制式服装、车辆号牌等军用标志，涉嫌下列情形之一的，应予立案追诉：

（一）成套制式服装三十套以上，或者非成套制式服装一百件以上的；

（二）军徽、军旗、肩章、星徽、帽徽、军种符号或者其他军用标志单种或者合计一百件以上的；

（三）军以上领导机关专用车辆号牌一副以上或者其他军用车辆号牌三副以上的；

（四）非法经营数额五千元以上，或者非法获利一千元以上的；

（五）被他人利用进行违法犯罪活动的；

（六）其他情节严重的情形。

《最高人民检察院　公安部关于公安机关管辖的刑事案件立案追诉标准的规定（一）的补充规定》（公通字〔2017〕12号）

十四、将《立案追诉标准（一）》第94条修改为：［非法生产、买卖武装部队制式服装案（刑法第375条第二款）］非法生产、买卖武装部队制式服装，涉嫌下列情形之一的，应予立案追诉：

（一）非法生产、买卖成套制式服装30套以上，或者非成套制式服装100件以上的；

（二）非法生产、买卖帽徽、领花、臂章等标志服饰合计100件（副）以上的；

（三）非法经营数额2万元以上的；

（四）违法所得数额5千元以上的；

（五）其他情节严重的情形。

买卖仿制的现行装备的武装部队制式服装，情节严重的，应予立案追诉。

十五、在《立案追诉标准（一）》第九十四条后增加一条，作为第94条之一：［伪造、盗窃、买卖、非法提供、非法使用武装部队专用标志案（刑法第375条第三款）］伪造、盗窃、买卖或者非法提供、使用武装部队车辆号牌等专用标志，涉嫌下列情形之一的，应予立案追诉：

（一）伪造、盗窃、买卖或者非法提供、使用武装部队军以上领导机关车辆号牌1副以上或者其他车辆号牌3副以上的；

（二）非法提供、使用军以上领导机关车辆号牌之外的其他车辆号牌累计6个月以上的；

（三）伪造、盗窃、买卖或者非法提供、使用军徽、军旗、军种符号或者其他军用标志合计100件（副）以上的；

（四）造成严重后果或者恶劣影响的。

盗窃、买卖、提供、使用伪造、变造的武装部队车辆号牌等专用标志，情节严重的，应予立案追诉。

【案例一】

杨某某伪造国家机关公文、证件、印章，伪造事业单位印章、伪造武装部队公文、证件、印章案①

• 案件事实 •

被告人杨某某于2002年12月向李某（在逃）购买了伪造的印章和内容未完整的公文、证件等，后将其BP机号码（9808呼828×××）写在广告纸上，张贴于电话亭和电线杆上，以招揽办假证生意。至2003年3月25日被抓获时止，杨某某共为他人伪造各类证件30多个，获利1000多元。公安人员抓获被告人时，在其租住屋内当场缴获有武装部队、国家机关、事业单位印章共137枚，钢印机1台，胶片字模18张及未完全伪造的退役证、准生证、结婚证、离婚证、会计证、毕业证等证件共261本（张），BP机1台，现金125元等物。

• 裁判要旨 •

行为人兼有伪造事业单位印章罪，国家机关公文、证件、印章罪和武装部队证件、印章罪的，一并构成相应三个犯罪，应数罪并罚。

---

① 参见广东省佛山市中级人民法院（2003）佛刑终字第500号。

• 裁判理由 •

广东省佛山市高明区人民法院一审认为：被告人杨某某无视国家法律，伪造各种公文、证件、印章，其行为分别构成伪造事业单位印章罪，伪造国家机关公文、证件、印章罪和伪造武装部队证件、印章罪。对被告人应实行数罪并罚。依照《刑法》第280条第1款、第2款，第375条第1款，第64条，第69条第1款之规定，判决如下：一、杨某某犯伪造事业单位印章罪，判处有期徒刑一年六个月；犯伪造国家机关公文、证件、印章罪，判处有期徒刑一年；犯伪造武装部队证件、印章罪，判处有期徒刑一年；决定执行有期徒刑三年。二、将杨某某违法所得的人民币125元及供犯罪所用的BP机（FLEXTOID牌V338型）一台、TCL牌手提电话一台没收，上缴国库。

广东省佛山市中级人民法院终审认为：上诉人杨某某无视国家法律，伪造各种公文、证件、印章，其行为分别构成伪造事业单位印章罪，伪造国家机关公文、证件、印章罪和伪造武装部队证件、印章罪。依照《刑事诉讼法》第189条第1项的规定，裁定如下：驳回上诉，维持原判。

【案例二】

姜某盗窃、变造武装部队证件案①

• 案件事实 •

2006年9月21日10时许，姜某在北京市丰台区万年花城一期1号楼1单元，趁无人之机，先后从2层至16层的消防箱内盗窃消防水枪21个、消防栓接口29个、铜制减压孔板9套，经鉴定共价值人民币1426元。被物业人员发现后，姜某持捡拾后变造的武警警官证，冒充消防人员并谎称检查消防器材，后被抓获。

• 裁判要旨 •

持拾捡后变造的武警警官证冒充消防人员私拿居民楼消防设施的行为，应以盗窃罪与变造武装部队证件罪并罚。

• 裁判理由 •

北京市丰台区人民法院认为：被告人姜某以非法占有为目的，采用秘密窃取的手段盗窃公私财物，数额较大，其行为已构成盗窃罪，应予处罚，且变造

---

① 参见北京市丰台区人民法院（2007）丰刑初字第97号。

武装部队证件，其行为亦构成变造武装部队证件罪，应与其所犯盗窃罪数罪并罚，北京市丰台区人民检察院指控姜某犯盗窃罪、变造武装部队证件罪的罪名成立。鉴于姜某在案发后能够如实供述自己所犯罪行，法院对姜某酌予从轻处罚。据此，依照《刑法》第264条、第375条第1款、第69条第1款、第52条、第53条、第61条的规定，判决如下：姜某犯盗窃罪，判处有期徒刑六个月，并处罚金人民币1000元；犯变造武装部队证件罪，判处有期徒刑六个月；决定执行有期徒刑九个月，并处罚金人民币1000元。

【案例三】

张某等买卖武装部队证件、非法买卖军用标志、诈骗案

• 案件事实 •

2002年12月至2004年11月间，任某在天津市武警总队某部服役。这期间，张某通过互联网聊天认识了姜某，并得知可以购买伪造的军用汽车牌照和相关行驶证件。为牟取不法利益，张某与任某密谋购买上述物品后在互联网上贩卖。2003年10月至2004年12月间，张某和任某以邮寄的方式从姜某处购买了伪造的中国人民解放军某部队参谋少尉军官证及中国人民解放军车辆驾驶证、天津警备区第一干休所士兵证及辽宁省武警总队大连支队参谋中尉警官证3张。2003年4月至2004年12月间，张某、任某又先后从姜某处购买了伪造的军用牌照15套及相关证件，后将其中一套送与他人使用，其余全部转卖牟利。2004年9月，张某、任某、曹某密谋后，从在互联网聊天相识的杨某（下落不明）处购买伪造的军用汽车牌照贩卖牟利。10月至11月间，3人通过邮寄方式从杨某处购买军用牌照及相应行车证件3套，后冒充现役军官，以23000元价格卖给被告人李某某，3人将所得瓜分挥霍。12月，张某、任某通过银行卡汇款方式以500元价格从杨某处购得伪造的军用汽车牌照一套，后转卖给陶某（另案处理）。2004年10月31日，被告人张某、曹某从被告人李某某处得知，李某某将转卖给他的伪造军用汽车牌照和相关武装部队证件3份转送给涉案人员张某某（下落不明）使用。这期间，张某某驾驶悬挂上述牌照的尼桑轿车，行驶到浙江省宁波市江北区时，被宁波警备司令部查获并将该车和伪造证件暂扣。于是，张某、曹某共同预谋冒充军人，骗取李某某财物。他们冒称是“北京的现役军官杨君”和“浙江省某警备处叶处长”，打电话给宁波警备司令部相关人员、李某某及张某某，以索回被扣车辆需先交罚款为由，骗取李某某人民币53000元。后二人将赃款取出瓜分挥霍。

• 裁判要旨 •

非法买卖武装部队制式服装、军徽、肩章、星徽、帽徽等军用标志的，构成非法买卖军用标志罪。

• 裁判理由 •

2005 年 10 月 31 日，天津市河西区人民法院一审判决，被告人张某犯买卖武装部队证件罪、非法买卖军用标志罪和诈骗罪，数罪并罚，判处有期徒刑五年六个月，并处罚金 2 万元；被告人曹某犯买卖武装部队证件罪、非法买卖军用标志罪和诈骗罪，数罪并罚，判处有期徒刑四年八个月，并处罚金 25000 元。任某、姜某和李某某犯买卖武装部队证件罪、非法买卖军用标志罪，数罪并罚，被分别判处有期徒刑三年、二年六个月和十个月。

【学理分析及适用指引】

• 学理分析 •

1. 伪造、变造、买卖武装部队公文、证件、印章罪的构成。伪造、变造、买卖武装部队公文、证件、印章罪，是指故意伪造、变造、买卖武装部队公文、证件、印章的行为。本罪的构成要件如下：

（1）本罪的客体。本罪侵犯的客体是武装部队的正常管理活动和信誉。本罪侵犯的对象是公文、证件、印章，且仅限于武装部队的公文、证件和印章。所谓武装部队，是指中国人民解放军的现役部队、武装警察部队及预备役部队，但不包括民兵组织。所谓公文，一般是指以武装部队的军事组织机构名义制作的，用以联系事务、指导工作、处理问题的书面文件，如文件、公函、通报、议案、请示、会议纪要等。某些以负责人名义代表单位签发的文件，也属于公文。所谓证件，一般是指有权制作的武装部队的军事组织机构单位颁发的，用以证明身份和权利义务关系或其他有关事实的凭证，如军官证、学生证、学历、学位证书等。所谓印章，一般是指武装部队的军事组织、机构单位刻制的以文字与图记表明主体同一性的公章或专用章，是行使职权的符号和标记，公文在加盖公章后始能生效。如证件专用章、财务专用章等。机关、单位的领导、首长的个人私章、签名，如果能够起到武装部队机关、单位印章的证明作用，亦应视为本罪的印章。

（2）本罪的客观方面。本罪在客观方面表现为行为人具有伪造、变造、买卖武装部队的公文、证件、印章的行为。所谓伪造，是指无权制作者制造假的武装部队公文、证件、印章。模仿有权签发公文、电函的负责人的手迹，制作假军用公文、电函的，也以伪造公文论。对于构成犯罪来说，并不要求伪造的假公文证件、印章与真实的公文、证件、印章完全一致，只要足以乱真即可。关键是看制作者是否有制作权，这一点是鉴别公文、证件、印章真伪的标准。如果有制作权的人在其职务范围内，制作公文、证件、印章，即使内容违反法律与政策的规定，也应视为武装部队的公文、证件、印章，公文、证件、印章的制作权并未受到侵犯。虽然内容虚假会败坏发证、发文单位的信誉与信用，但这与无制作权的人冒用武装部队名义制作虚假公文、证件、印章，对武装部队的信誉与信用的破坏性质是不同的。因此，凡有制作权的人制作公文、证件、印章，即使内容虚假也不构成本罪。所谓变造是指对原来有效的公文证件印章用涂改、擦消、填充内容等手段非法改换其真实的行为。比如改变证件持有人的姓名、身份等。所谓买卖，是指将军用公文、印章、证件有偿出让给他人的行为。买卖的对象即武装部队的公文、证件或印章，既可以是真实的，也可以是伪造或变造的；既可以是自己依法占有或拥有的，也可以是从他人那里盗窃、诈骗、抢夺或者其他手段获取的。不论其来自何处，亦不论其是否真假，只要买卖的属于武装部队的公文、证件、印章，即可构成本罪。

（3）本罪的主体。本罪主体是一般主体。

（4）本罪的主观方面。在主观方面只能出于故意。

2. 盗窃、抢夺武装部队公文、证件、印章罪的构成。盗窃、抢夺武装部队公文、证件、印章罪，是指以非法占有为目的，秘密窃取或公然夺取武装部队公文、证件、印章的行为。本罪的构成要件如下：

（1）本罪的客体。本罪侵犯的客体是武装部队公文、证件、印章管理秩序。

（2）本罪的客观方面。本罪在客观方面表现为盗窃或抢夺武装部队公文、证件或印章的行为。所谓盗窃，即秘密窃取，是指行为人采取自认为不被公文、证件、印章的保管者、使用人、所有人发觉的方法暗中将公文、证件、印章取走的行为。盗窃的必须是武装部队的公文、证件或印章，才能构成本罪。如果所盗窃的不是公文、证件、印章，或者虽是公文、证件、印章但不属于武装部队的公文、证件或印章，亦不能构成本罪。构成犯罪的，应当以他罪如盗窃罪，盗窃国家机关公文、证件、印章罪等治罪。所谓抢夺，即公然夺取，是当着公文、证件、印章所有人，保管者，使用者的面公然夺取公文、证件、印章的行为。既可以是乘人不备，又可以是在他人疏于防备的情况下公然夺取，如在保管人患病、中轻度醉酒减弱防护能力但神志清醒的情况下公然夺取等。

（3）本罪的主体。本罪的主体为一般主体。

（4）本罪的主观方面。本罪在主观方面必须出于故意，即明知是武装部队的公文、证件及印章仍决意盗窃或抢夺。

盗窃、抢夺武装部队公文、证件、印章“情节严重”，是指战时盗窃、抢夺武装部队公文、证件、印章的；盗窃、抢夺武装部队重要公文、证件、印章的；盗窃、抢夺武装部队公文、证件、印章数量较大的；盗窃、抢夺武装部队的公文、证件、印章成为他人犯罪条件的；因盗窃、抢夺武装部队公文、证件、印章严重损害武装部队声誉的；引起军政、军民、警民纠纷的，造成重大经济损失或者其他严重后果的等情形。

依据1998年5月8日颁布的《最高人民法院、最高人民检察院、公安部、国家工商行政管理局关于依法查处盗窃、抢劫机动车案件的规定》第7条之规定，伪造、变造、买卖机动车牌证及机动车入户、过户、验证的有关证明文件的，依照《刑法》第280条第1款的规定处罚。车牌是国家机关制发，具有国家权威性，主要用于证明车辆权属，与驾驶证等证件具有相似功能，符合国家机关证件的本质特征。该司法解释明确规定车牌属于国家机关证件，那么军用车牌当然属于武装部队证件，盗窃军用车牌的行为属于盗窃武装部队证件。

3. 非法生产、买卖武装部队制式服装罪的构成。非法生产、买卖武装部队制式服装罪，是指非法生产、买卖武装部队制式服装，情节严重的行为。考虑到军服与军车号牌等军用标志的作用不同，《刑法修正案（七）》将买卖军车号牌等军用标志与非法买卖军服分别规定。由于利用军服与军车号牌进行违法犯罪可能造成的危害后果不同，对非法生产、买卖军服的犯罪行为，《刑法修正案（七）》规定了比伪造、盗窃、买卖、非法提供、使用军车号牌较轻一些的刑罚。

（1）本罪的客体。本罪侵犯的客体是武装部队的正常管理活动和声誉。任何非法生产、买卖制式服装的行为，都会损害武装部队的名誉，破坏武装部队的管理活动。所谓制式服装，在本罪是指由武装部队依法订购、监制，专供武装部队官兵使用的各式服装，既包括解放军部队的军官服、士兵服、文职干部服，又包括武装警察部队的警察服、士兵服、文职干部服，还包括上述部队院校的学员服。

（2）本罪的客观方面。本罪的客观方面表现为非法生产、买卖武装部队制式服装，情节严重的行为。非法生产、买卖主要包括以下两种情况：第一，未经许可、未获批准、未得委托擅自生产、交易武装部队的制式服装；第二，超过规定数量生产、买卖制式服装。按照法律规定，行为人只要实施了生产或者买卖武装部队制式服装其中一种行为，就构成本罪；实施两种行为的，仍为一罪，不实行并罚。非法生产制式服装，是指非法将一定的原材料加以组合形成成品的、半成品的制式服装，不要求同时将服装应佩戴的徽章制造出来。非法生产制式服装的原材料的，不构成本罪。非法生产军用鞋类、棉衣、手套等警用物品，因生产的衣物不具有武装部队身份的专用标志性，其行为对本罪的客体不能形成危害，因而不能构成本罪。非法生产、买卖制式服装的行为，必须情节严重，才构成犯罪。情节严重主要是指非法生产、买卖武装部队制式服装数量大的；战时非法生产、买卖武装部队制式服装的；非法生产、买卖武装部队制式服装屡教不改的；因非法生产、买卖武装部队制式服装严重损害武装部队声誉或者造成其他恶劣影响的；造成其他严重后果的等。

（3）本罪的主体。本罪的主体为一般主体。

（4）本罪的主观方面。本罪的主观方面必须是出于故意，即明知是武装部队的制式服装而决意非法生产。

4. 伪造、盗窃、买卖、非法提供、使用武装部队专用标志罪的构成。2009年2月28日公布的《刑法修正案（七）》将非法生产、买卖军用标志罪修改为伪造、盗窃、买卖、非法提供、使用武装部队专用标志罪，并提高了法定刑。

伪造、盗窃、买卖、非法提供、使用武装部队专用标志罪是指伪造、盗窃、买卖或者非法提供、使用武装部队车辆号牌等专用标志，情节严重的行为。本罪的构成要件如下：

（1）本罪的客体。本罪侵犯的客体是武装部队专用标志的管理秩序，犯罪对象是除武装部队制式服装以外的军用标志。军用标志，是指由武装部队订购、监制，专供武装部队使用的标志，包括车辆统一悬挂的号牌，以及其他表明武装部队性质和人员身份的军旗、军徽、胸徽、帽徽、肩章、袖标、领花、专业符号等。

（2）本罪的客观方面。本罪的客观方面表现为伪造、盗窃、买卖或者非法提供、使用武装部队车辆号牌等专用标志。“非法提供、使用”的军车号牌等专用标志，既包括假的军车号牌等专用标志，也包括真的军车号牌等专用标志。以非法提供、使用军车号牌为例，将军车号牌提供给没有使用资格的人使用，无论提供的军车号牌是真是假，非法使用军车号牌的人逃避缴纳税费同样会给国家造成损失，在道路上违章行驶同样会给人民生命财产安全造成威胁，同样会对部队形象声誉造成损害，其社会危害性也是显而易见的。① 对非法提供、非法使用军车号牌等专用标志的违法犯罪活动，无论真假，都要打击，只有这样，才能对盗用军车号牌等专用标志犯罪有效遏制。仅有上述行为还不构成本罪，还要求满足“情节严重”的量定条件。所谓“情节严重”，是指伪造、盗窃、买卖或者非法提供武装部队专用标志数量较大的，多次非法使用武装部队专用标志的，影响部队执行作战、戒严等军事任务的，严重损害武装部队形象的等。根据司法解释规定，非法生产、买卖武装部队车辆号牌，具有下列情形之一的，属于“情节严重”：非法生产、买卖武装部队军以上领导机关专用车辆号牌的；非法生产、买卖武装部队其他车辆号牌3副以上的；具有其他严重情节的。

① 参见黄太云：《〈刑法修正案（七）〉解读》，载《人民检察》2009年第6期。

（3）本罪的主体。本罪的主体为一般主体。

（4）本罪的主观方面。本罪的主观方面是出于故意，即明知是武装部队的专用标志而决意伪造、盗窃、买卖、非法提供或使用。

• 适用指引 •

司法实践中，认定本条规定的罪名时应注意：

1. 行为人兼有伪造事业单位印章罪，伪造国家机关公文、证件、印章罪和伪造武装部队证件、印章罪的，则行为人实施的是数个犯罪行为，应当数罪并罚。行为人以虚构的部队名称伪造公文、证件、印章进行犯罪活动，实施什么罪就定什么罪，不能以本罪论处。行为人如果伪造、变造、买卖武装部队公文、证件、印章后并以此冒充军人招摇撞骗或者进行其他诈骗犯罪的，属于手段牵连，对之应当择一重罪一般是以后者从重论处，但构成犯罪却不能构成他罪的，则应依本罪治罪科刑。

2. 盗窃、抢夺武装部队公文、证件、印章罪是选择性罪名，犯罪的行为方式有两种，犯罪对象有三种。行为人只要实施了其中的一种行为方式，侵犯了一种以上的犯罪对象，即构成本罪。但在确定具体罪名时，还应根据实施犯罪的具体行为方式和犯罪对象来定。如果行为人只是盗窃武装部队的公文，就定盗窃武装部队公文罪；如果既盗窃又抢夺了武装部队的证件，就定盗窃、抢夺武装部队证件罪，不实行并罚。行为人盗窃、抢夺武装部队公文、证件、印章是为了进行其他犯罪活动的，则应当按照处理牵连犯的原则，从一重处罚。如果盗窃、抢夺武装部队公文、证件、印章的行为和进行其他犯罪的行为的法定刑相同时，可选择以犯罪目的条款定罪。

3. 行为人为冒充军人招摇撞骗，非法生产、制作、购买武装部队专用标志的，属于牵连犯，应选择冒充军人招摇撞骗这一重罪定罪处罚。如果行为人非法生产、制作、购买武装部队专用标志除了供自己冒充军人进行招摇撞骗活动外，还具有其他严重情节的，应分别定非法生产、买卖武装部队专用标志罪和冒充军人招摇撞骗罪，实行数罪并罚。

4. 抢夺武装部队公文、证件、印章罪与抢夺罪的界限。公然夺取必须针对武装部队的公文、证件、印章而实施。不然，虽有抢夺行为，但不是抢夺公文、证件及印章或虽是公文、证件、印章但不是武装部队的公文、证件或印章，也不能构成本罪。构成犯罪的，应是构成他罪，如抢夺罪，抢夺国家机关公文、证件、印章罪等。

第三百七十六条　战时拒绝、逃避征召、军事训练罪；战时拒绝、逃避服役罪

【法律规定】

•　法律条文　•

《中华人民共和国刑法》

第三百七十六条　预备役人员战时拒绝、逃避征召或者军事训练，情节严重的，处三年以下有期徒刑或者拘役。

公民战时拒绝、逃避服役，情节严重的，处二年以下有期徒刑或者拘役。

•　相关规定　•

《最高人民检察院、公安部关于公安机关管辖的刑事案件立案追诉标准的规定（一）》（公通字〔2008〕36 号）

第九十五条　［战时拒绝、逃避征召、军事训练案（刑法第三百七十六条第一款）］预备役人员战时拒绝、逃避征召或者军事训练，涉嫌下列情形之一的，应予立案追诉：

（一）无正当理由经教育仍拒绝、逃避征召或者军事训练的；

（二）以暴力、威胁、欺骗等手段，或者采取自伤、自残等方式拒绝、逃避征召或者军事训练的；

（三）联络、煽动他人共同拒绝、逃避征召或者军事训练的；

（四）其他情节严重的情形。

第九十六条　［战时拒绝、逃避服役案（刑法第三百七十六条第二款）］公民战时拒绝、逃避服役，涉嫌下列情形之一的，应予立案追诉：

（一）无正当理由经教育仍拒绝、逃避服役的；

（二）以暴力、威胁、欺骗等手段，或者采取自伤、自残等方式拒绝、逃避服役的；

（三）联络、煽动他人共同拒绝、逃避服役的；

（四）其他情节严重的情形。

【学理分析及适用指引】

•　学理分析　•

1. 战时拒绝、逃避征召、军事训练罪的构成。战时拒绝、逃避征召、军

事训练罪，是指预备役人员战时拒绝、逃避征召或者军事训练，情节严重的行为。本罪的构成要件如下：

（1）本罪的客体。本罪的客体是兵役管理活动和国家的军事利益。预备役人员战时拒绝、逃避征召或军事训练，不仅侵犯了部队的作战计划和行动，危害了国家的军事利益，而且严重侵犯国家的兵役管理活动。

（2）本罪的客观方面。本罪在客观方面表现为在战时拒绝、逃避征召或拒绝、逃避军事训练，情节严重的行为。具体表现：

①这种行为必须发生在战时，若在平时则不构成本罪。所谓战时，即战争时期。《刑法》第451条规定，本章所称战时，是指国家宣布进入战争状态、部队受领作战任务或者遭敌突然袭击时。部队执行戒严任务或者处置突发性暴力事件时，以战时论。这一表述实际上体现了立法者对战时的准确理解，即严格的、准确的战时只限于第1款所指情况，第2款所指情况本不属于战时，只在本章中，可以以战时论。由此推论，在《刑法》分则第10章之外，包括本章，凡涉及战时规定的，均只适用《刑法》第451条第1款规定的诸种情况，而不应擅作扩大解释。①

②必须具有拒绝、逃避征召或拒绝、逃避军事训练的行为。征召，是指兵役机关依法向预备役人员发出通知，要求其按规定时间和地点报到，准备转服现役的活动。军事训练，是指军事理论教育和作战能力训练的活动。拒绝征召、军事训练，是指接到征召、军事训练通知后，拒不报到或者拒不参加军事训练。逃避征召、军事训练，是指以谎报年龄、自伤身体、假装病残、外出藏匿、找人顶替等方法躲避征召、军事训练。

③拒绝、逃避征召或军事训练的行为必须是情节严重的才能构成本罪。可见，情节严重与否，是划分本罪与非罪的标准。所谓情节严重，是指多次拒绝、逃避征召或军事训练；组织、煽动他人拒绝、逃避征召或军事训练；以暴力、威胁的方法拒绝征召、携带武器逃避军事训练；因拒绝、逃避征召影响部队完成重要任务等。

（3）本罪的主体。本罪的主体只能是预备役人员。预备役人员，是指军队外服兵役的人员，包括编入民兵组织或者经过登记服预备役的人员。预备役人员，分为预备役军官和预备役士兵。预备役军官包括退出现役转为预备役的军官和确定服军官预备役的退出现役的士兵、高等院校毕业生、专职人民武装干部、民兵干部、非军事部门的干部和专业技术人员；预备役士兵包括编入基干民兵组织的人员、经过预备役登记的28岁以下退出现役的士兵、经过预备役登记的28岁以下的专业技术人员、编入普通民兵组织的人员和经过预备役登记的29岁至35岁退出现役的士兵，以及其他符合服士兵预备役条件的男性

---

① 参见曾志平：《危害国防利益罪中的若干概念辨析》，载《西安政治学院学报》1999年第4期。

公民。

（4）本罪的主观方面。本罪的主观方面表现为故意，其目的一般是逃避服役，犯罪动机则多为贪生怕死、怕苦怕累。

2. 战时拒绝、逃避服役罪的构成。战时拒绝、逃避服役罪，是指公民战时拒绝、逃避服役，情节严重的行为。本罪的构成要件如下：

（1）本罪的客体。本罪侵犯的直接客体是兵役管理活动和国家的军事利益。

（2）本罪的客观方面。客观要件表现为在战时拒绝、逃避服兵役，情节严重的行为。具体可从以下几方面理解：

①这种行为必须发生在战时，若在平时则不构成本罪。所谓战时，是指国家宣布进入战争状态、部队受领作战任务或者遭敌突然袭击时。

②必须具有拒绝、逃避服兵役的行为。拒绝服役，是指拒不接受服兵役，包括拒不服兵役和抗拒服兵役。逃避服役，是指以某种行为或虚假理由躲避服兵役，如自伤身体，雇用或让他人冒名顶替，装病、装残及伪装其他身体条件不合格等。拒绝与逃避没有本质区别，都表现为不接受征召和不参加军事训练。

③必须是情节严重的才能构成本罪。可见，情节严重与否是划分本罪与非罪的标准。所谓情节严重，是指多次拒绝、逃避服兵役；组织、煽动他人拒绝、逃避兵役；以暴力、威胁的方法拒绝服兵役；因拒绝、逃避征召影响部队完成重要任务的；在全国范围内造成恶劣社会影响等。

（3）本罪的主体。本罪的主体为依法应服兵役的公民。

（4）本罪的主观方面。本罪的主观方面表现为故意，其目的一般是逃避服役，犯罪动机则多为贪生怕死、怕苦怕累。

• 适用指引 •

司法实践中，认定本条规定的罪名时应注意：

1. 行为人只要实施了战时拒绝、逃避征召或者军事训练其中一种行为，就构成战时拒绝、逃避征召、军事训练罪；实施了两种行为的，仍为一罪，不实行并罚。

2. 战时拒绝、逃避服役罪与战时拒绝、逃避征召、军事训练罪的区别主要在于犯罪的主体不同：前者是依法应服兵役的公民；后者只能是预备役人员，即编入民兵组织或者经过登记服预备役的人员。

第三百七十七条　战时故意提供虚假敌情罪

【法律规定】

• 法律条文 •

《中华人民共和国刑法》

第三百七十七条　战时故意向武装部队提供虚假敌情，造成严重后果的，处三年以上十年以下有期徒刑；造成特别严重后果的，处十年以上有期徒刑或者无期徒刑。

【学理分析及适用指引】

• 学理分析 •

战时故意提供虚假敌情罪，是指战时非军职人员故意向武装部队提供不真实的敌方军事情况，因而对作战造成严重后果的行为。本罪的构成要件如下：

1. 本罪的客体。本罪侵犯的客体是我军的作战利益。战役、战斗的胜败，取决于指挥员全面掌握敌我双方真实情况基础上的决断。若虚报敌情，武装部队就难以制订出符合客观实际的战略部署和行动方案，就会给部队招致危险。

2. 本罪的客观方面。本罪在客观方面表现为战时故意向武装部队提供虚假敌情，对作战利益造成重大危害的行为。例如，因谎报军情扰乱了作战部署，贻误了战机，影响了作战任务的完成，或给敌人造成可乘之机，使部队遭受较大损失等。

（1）提供虚假敌情的行为必须发生在战时，才能构成本罪。这就是说，战时乃是构成本罪在时间上的必备要件。不在战时而在平时，即使有向武装部队提供虚假敌情的行为，也不能以本罪论处。所谓战时，是指国家宣布战争状态、部队受领作战任务或者遭敌突然袭击时。

（2）有提供虚假敌情的行为。所谓提供，是指采取各种方法将虚假的敌情告知武装部队，以让其知道。既包括书面的，又包括口头的；既可以当面提供，又可以通过书信、电话、电报或由第三人代为转告而不当面提供；既可以是主动提供，也可以是武装部队向其询问时予以提供。不论方式如何，只要提供的属虚假敌情，即可构成本罪。所谓敌情，是指一切有关与我为敌的一方的信息情报，主要是军事情报，但不限于军事情报。凡属于与敌人军事行动相关，能影响我军对敌方军事行动的正确判断，可能产生错误认识或采取错误行动的各种情况，如敌军的车辆调度、物资采供、新闻管制、装备情况、所处地理位置等有关军事、政治、经济、地理、科学技术方面的情况，都属于敌情的范畴。所谓虚假敌情，是指不符合真实情况的敌方情况。行为人主观上以为是虚假的情报，而客观上向武装部队提供了真实情报的，不可能造成严重后果，不属于虚假敌情。因此，是否虚假不是以行为人的认识为标准，而是以客观事实为标准。① 但是，如果行为人自以为是虚假敌情而予以提供，情节严重的，可以本罪的犯罪未遂处罚。犯罪人有的是无中生有，编造或谎报根本不存在的敌情而加以提供；有的是故意改变敌情内容，或严重歪曲或夸大、隐瞒敌方的情况。前者如将敌军没有退却而谎称退却，没有设置雷区、雷阵而谎称其有等；后者则如将雷区位置变更地点，看见敌军通过知道其向东而谎称向西，故意夸大敌军人数、武器装备等。

（3）造成严重后果，是构成本罪的必要条件。造成严重后果，是指因提供虚假敌情而扰乱了部队的作战部署，干扰了部队的军事行动，破坏了指挥人员的作战计划和安排等。造成特别严重后果，一般是指因故意提供虚假敌情导致作战部署作重大调整的；造成我方人员重大伤亡的；造成特别重要的或者多件重要的武器装备、军用物资和多处重要军事设施毁损的；致使战斗、战役失利的等情形。

3. 本罪的主体。本罪的主体为一般主体，但为非军职人员。如系军职人员则构成隐瞒、谎报军情罪。

4. 本罪的主观方面。本罪在主观方面表现为故意。其犯罪动机有多种，如为邀功请赏而编造情报，因贪生怕死而夸大敌人的实力，为泄私愤等。

• 适用指引 •

司法实践中，认定本罪应注意：

1. 本罪的一罪与数罪。行为人如果参与间谍组织、投敌叛变或者实施武装叛乱、武装暴乱行为，意在危害我国国家安全而故意向武装部队提供虚假情况的，则属牵连犯罪，对之应当择一重罪治罪科刑，而不实行数罪并罚。

2. 本罪罪与非罪的界限。本罪以“战时”“故意”向武装部队提供虚假敌情“造成严重后果”作为犯罪构成要件。如果行为人是平时向武装部队提供虚假敌情，或者是过失提供虚假敌情，或者是战时故意提供虚假敌情尚未造成严重后果的，均不构成犯罪，但可酌情给予行政处罚。

3. 划清本罪与隐瞒谎报军情罪的界限。两罪在侵犯的直接客体、犯罪对象、客观方面、主观方面、犯罪形态等方面相同或近似，其主要区别：一是犯罪主体不同。前者的犯罪主体是非军人，后者的犯罪主体是军人。二是犯罪客观表现形式有所不同。前者由积极的作为形式构成，后者既可以由不作为形式

---

① 参见张明楷：《刑法学》，法律出版社2007年版，第856页。

构成（隐瞒），也可以由作为形式构成（谎报）。三是提供的内容不同。前者提供的仅指敌方的情况，后者提供的包括敌方的军事情报和我军的情况。四是行为人违反的义务不同。前者行为人违反的是国防义务，而后者的行为人违反的是军人职责。

第三百七十八条　战时造谣扰乱军心罪

【法律规定】

• 法律条文 •

《中华人民共和国刑法》

第三百七十八条　战时造谣惑众，扰乱军心的，处三年以下有期徒刑、拘役或者管制；情节严重的，处三年以上十年以下有期徒刑。

【学理分析及适用指引】

• 学理分析 •

战时造谣扰乱军心罪，是指非军职人员在战时情况下，制造谣言，迷惑群众，动摇军心的行为。本罪的构成要件如下：

1. 本罪的客体。本罪侵犯的客体是战时舆论宣传秩序和国防利益。战时激发官兵的斗志，保持部队高昂的士气，是夺取作战胜利的重要条件，也是我军政治工作的重要任务。战时造谣惑众、扰乱军心的行为，背离《国防法》规定的公民国防义务和我国政治工作基本原则，挫伤军队士气，严重妨害作战，危害国防利益。本罪的犯罪对象是军人。

2. 本罪的客观方面。本罪在客观方面表现为行为人在战时情况下，造谣惑众、动摇军心的行为。所谓造谣惑众，是指编造、捏造根本不存在的事实或者故意歪曲夸大事实真相而在军中散布的行为。所谓扰乱军心，是指使军人受到迷惑、蒙骗，不知事实真相而产生怯战、厌战、恐怖情绪，搅乱军人心理，使其心神不宁，斗志涣散，严重影响部队命令、行动的执行。例如，夸大敌方兵力或武器装备性能；编造敌军救援事实；捏造我方失利、伤亡惨重及军需物资困难；散布我方部队不协调行动或拒不执行命令的谣言；极力夸大敌方武器的战斗力、杀伤力，贬低我方武器性能；吹捧敌方领袖，贬抑我军首长；渲染战争残酷等，从而使军心动摇。至于其方式，有的是自己捏造后并散布；有的是明知为谣言而仍加扩散；有的是利用传话、喊话、口号、演讲、报告、电视、电影、录像等公然散布谣言；有的则是采用书信、传单、标语、书籍、抄本等散布谣言等。有观点认为，必须是向多数人传谣，向个别人私下传谣的，不构成本罪。[①] 这种观点没有法律依据，人为地限定了本罪的成立范围，因为实践中，针对个别人散布谣言，也可能使众人受迷惑。造谣惑众行为不以针对不特定军人实施为必要，虽然是向个别军人传谣，但只要足以使不特定人得知造谣内容，进而扰乱军心的，也应认为是造谣惑众。行为人意图扰乱军心实施战时造谣惑众的行为的，即可构成本罪，不要求发生实际结果，只要求有扰乱军心的可能性。虽有行为，但不足以扰乱军心的，则不能构成本罪，如只是捏造某战士的母亲病危，虽然对该战士的心理可能造成影响，但不会危及军心的稳定，就不能以本罪论处。

3. 本罪的主体。本罪主体为一般主体，但为非军职人员。如系军职人员则构成战时造谣惑众罪。

4. 本罪的主观方面。本罪在主观方面是直接故意。即行为人明知自己说的都是假的，会扰乱军心、瓦解斗志，仍加以宣扬、扩散。其动机，有的是怯战、厌战，通过造谣惑众，达到躲避战斗的目的；有的是因受批评、处分，或未能评功评奖，通过造谣惑众，达到泄愤、报复的目的。

• 适用指引 •

司法实践中，认定本罪应注意：

1. 本罪与战时故意提供虚假敌情罪的界限。

（1）所涉及的内容不完全相同。本罪所捏造的事实既可以是有关敌人的情况，又可以是有关我方的情况；而后者的行为只能是敌方的虚假情况。

（2）所扩散的对象不同。本罪所针对的对象是不特定的军人；而后者一般则是向特定的武装部队机关、首长或专门收集情报的人员予以提供。

（3）对结果的要求不同。本罪属危险犯，行为人实施造谣惑众行为，只要足以扰乱军心，即可构成本罪且为既遂；而后者为结果犯，只有提供虚假敌情的行为造成了严重的实际后果才可构成后者的既遂。

行为人捏造虚假敌情既向武装部队提供，又向不特定人加以扩散而扰乱军心的，宜以牵连犯从一重罪论处，而不实行两罪并罚。

2. 本罪与煽动军人逃离部队罪的界限。

两罪的犯罪对象、主观方面相同，在客观方面都可以通过造谣惑众方式实施。其主要区别：

（1）侵犯的直接客体不同。前者侵犯的是武装部队战时宣传舆论秩序，后者侵犯的是武装部队兵员管理秩序。

（2）犯罪构成的时间要件不同。前者只能发生在战时，后者可以发生在

---

① 参见郎胜主编：《〈中华人民共和国刑法〉释解》，群众出版社1997年版，第504页。

战时，也可以发生在平时。

（3）犯罪客观方面的行为方式不一样。前者的行为方式仅限于造谣惑众，后者的行为方式多种多样，既可以是造谣惑众行为，也可以是物质引诱等其他行为。

（4）犯罪目的不同。前者的犯罪目的是扰乱军心，后者的目的是促使军人逃离部队。

3. 本罪与战时造谣惑众罪的界限。

两罪侵犯的直接客体、客观方面、主观方面、犯罪构成的必备时间要件相同，其主要区别在于犯罪主体不同。前者是非军人，后者是军人。

4. 本罪与间谍罪的界限。

如果行为人在战时实施造谣扰乱军心的行为，进行间谍活动，属于牵连犯，应从一重罪（间谍罪）论处。两罪虽然在客观行为方式上有相似之处，但有着明显的区别：

（1）侵犯的客体不同。前者侵犯的是战时部队的宣传舆论秩序，后者侵犯的是国家安全。

（2）犯罪客观方面的行为方式不完全相同。前者仅限于造谣惑众，后者的行为方式多种多样。

（3）构成犯罪的时间条件不同。前者以发生在战时为必备时间条件，平时不构成犯罪；后者既可以发生在战时，也可以发生在平时。

（4）犯罪主体不同。前者是除军人以外的一般主体，后者可以是任意一般主体。

5. 本罪与煽动颠覆国家政权罪的界限。

两罪虽然在客观方面均可以造谣方式实施，主观方面均出于故意，但两者主要区别在于：

（1）侵犯的客体不同。前者侵犯的是战时部队的宣传舆论秩序；后者侵犯的是国家政权的安全。

（2）犯罪时间条件不同。前者只能发生在战时，后者既可以发生在战时，也可以发生在平时。

（3）犯罪客观方面的行为方式不尽相同。前者仅限于造谣惑众，后者既可以是造谣，还包括其他方式，如诽谤等。

第三百七十九条 战时窝藏逃离部队军人罪

【法律规定】

• 法律条文 •

《中华人民共和国刑法》

第三百七十九条 战时明知是逃离部队的军人而为其提供隐蔽处所、财物，情节严重的，处三年以下有期徒刑或者拘役。

• 相关规定 •

《最高人民检察院、公安部关于公安机关管辖的刑事案件立案追诉标准的规定（一）》（公通字〔2008〕36号）

第九十七条 ［战时窝藏逃离部队军人案（刑法第三百七十九条）］战时明知是逃离部队的军人而为其提供隐蔽处所、财物，涉嫌下列情形之一的，应予立案追诉：

（一）窝藏三人次以上的；

（二）明知是指挥人员、值班执勤人员或者其他负有重要职责人员而窝藏的；

（三）有关部门查找时拒不交出的；

（四）其他情节严重的情形。

【学理分析及适用指引】

• 学理分析 •

战时窝藏逃离部队军人罪，是指战时明知是逃离部队的军人而为其提供隐蔽处所、财物，情节严重的行为。本罪的构成要件如下：

1. 本罪的客体。本罪侵犯的客体是战时部队兵员的管理秩序和国防利益。战时窝藏逃离部队军人，严重妨害部队兵员管理秩序，削弱部队战斗力，危害国防利益。

2. 本罪的客观方面。本罪在客观方面表现为对逃离部队的军人故意提供隐蔽处所、财物，情节严重的行为。

（1）所谓窝藏，在此处是指帮助逃离部队的军人进行隐藏，以使其逃避法律制裁或处罚。不仅包括提供场所让其藏匿、隐藏，也包括为其指示地点帮助其隐藏，还包括为其提供财物资助以使其进一步逃跑或隐藏。① 目的都是使逃离部队的人逃避有关部门的追查、寻找，进而逃避有关制裁。

（2）所谓逃离部队的军人，是指不经请假而擅自离开自己所在解放军现役部队、武装警察部队以及执行军事任务的预备役部队或民兵组织的军人，虽经批准探亲、休假、住院、出差、学习但逾期不归的军人，以及虽在休假、学习、出差期间而遇到国家发布动员命令后不立即归队的军人等。既可以是逃离部队构成犯罪的军人，又可以是逃离部队尚未构成逃离部队罪亦没有其他罪行的军人。前者既包括逃离部队构成逃离部队罪的军人，又包括逃离部队犯有他罪的军人。窝藏逃离部队的军人构成犯罪又触犯窝藏罪的，对之应当按想象竞合犯，择一重罪从重处罚。对擅离部队或者逾假不归的军人，情节尚不严重，或者未造成任何危害后果的，尽管为其提供了隐蔽场所或资助少量钱物的，亦不应按犯罪论处。

（3）窝藏逃离部队的军人必须发生在战时，才可构成本罪。不在战时而在平时，即使有窝藏行为，亦不能以本罪论处，但这不排除可以构成他罪，如窝藏罪。

（4）战时窝藏逃离部队的军人须达到情节严重的才能构成其罪。情节严重，是指资助部队指挥人员或者其他负有重要职责的人员，如机要、保密人员；资助人数多的；资助时间长，次数多，数额大，屡教不改的；提供虚假情况，或为逃兵通风报信，使其逃脱的；拒绝认错，态度恶劣，且不悔改，以致贻误寻找时机，导致逃兵被俘、死亡等严重后果或者其他恶劣影响的等。

3. 本罪的主体。本罪主体为一般主体。

4. 本罪的主观方面。本罪的主观方面是故意，即行为人明知是逃离部队的军人而为其提供隐蔽处所、财物。如果不知是逃离部队的军人，以为是其他犯罪分子而予以包庇的，不构成本罪，应以包庇罪论处。如确属不知情而对逃离部队的军人予以收留、资助的不以本罪论。

• 适用指引 •

司法实践中，应注意本罪与雇用逃离部队军人罪的界限：

1. 主观故意内容不同。本罪意图在于使逃离部队的军人受到窝藏，即逃避部队及其他有关部门的查找；而后者则是为了使用逃离部队的军人的劳动力。其客观上虽有提供财物、住所的行为，但其目的在于使他为自己服务。因此，在有关部门向其查寻时一般不会为其说谎，而本罪行为人则通常会表现为积极给被窝藏人遮蔽。

① 有观点认为，窝藏只包括提供隐蔽处所、财物，显然理解过于狭窄。参见陈兴良：《规范刑法学》，中国政法大学出版社 2003 年版，第 481 页。

2. 客观行为不同。本罪为其提供隐蔽场所、财物一般是无偿的，并不想要对方提供劳动力加以偿还。在行为上，一般表现为暗地里隐藏、帮助其逃跑。而后者则表现为有偿聘请他人为自己服务，其不一定为其提供住宿场所。

3. 对时间的要求不同。本罪必须发生在战时；而后罪则无这一要求，既可以发生于战时，又可以发生在平时。有时候，行为人如果出于窝藏的故意，为其提供住处、财物，并让被窝藏之人提供一些劳动，形式似乎是雇用，实为窝藏，这时就应以本罪论处，而不是构成后罪。

第三百八十条 战时拒绝、故意延误军事订货罪

【法律规定】

• 法律条文 •

《中华人民共和国刑法》

第三百八十条 战时拒绝或者故意延误军事订货，情节严重的，对单位判处罚金，并对其直接负责的主管人员和其他直接责任人员，处五年以下有期徒刑或者拘役；造成严重后果的，处五年以上有期徒刑。

• 相关规定 •

《最高人民检察院、公安部关于公安机关管辖的刑事案件立案追诉标准的规定（一）》（公通字〔2008〕36号）

第九十八条 ［战时拒绝、故意延误军事订货案（刑法第三百八十条）］战时拒绝或者故意延误军事订货，涉嫌下列情形之一的，应予立案追诉：

（一）拒绝或者故意延误军事订货三次以上的；

（二）联络、煽动他人共同拒绝或者故意延误军事订货的；

（三）拒绝或者故意延误重要军事订货，影响重要军事任务完成的；

（四）其他情节严重的情形。

【学理分析及适用指引】

• 学理分析 •

战时拒绝、故意延误军事订货罪，是指战时有关生产、销售单位无正当理由拒绝、故意延误军事订货，情节严重的行为。本罪的构成要件如下：

1. 本罪的客体。本罪侵犯的客体是军事订货秩序和国防利益。军事订货是保证部队武器装备和军用物资的供应，满足国防需要的主要手段。

2. 本罪的客观方面。本罪在客观方面表现为战时拒绝或故意延误军事订货，情节严重的行为。

（1）所谓军事订货，是指部队根据国防安全利益的需要，依照有关法律规定，与行为人意欲达成或者已经达成的生产、供给某种国防建设物品合同的行为。这一军事订货的行为，就是本罪主体应当从事生产、供给的对象，也称军事订货。军事订货，既包括军事卫星、航空器、坦克、火炮、汽车、装甲车等武器装备的订货，又包括供应军队作战、训练、施工、科研、后勤、医疗保障等军用物资的订货，还包括用于军事目的诸如各种建筑物、场地、设备等军事设施的订货等。总之，一切用于军事需要生产、制造、承建、修配、运输、贮存的物品，包括动产与不动产，都可属于军事订货的范畴。

（2）所谓拒绝，是指拒不接受部队向其要求的军事订货，即不愿意从事军事订货的科研、设计、生产、供给、修配、运输、承建等活动。所谓延误，是指虽然接受了军事订货，但却延期耽误，不按时交货，表现为消极的不作为。当然，构成本罪的拒绝、延误行为必须是无正当理由。行为人如果具有正当理由而拒绝或者延误订货的，自然不能构成本罪。

（3）所谓正当理由，是指客观存在的自己不具备完成军事订货条件的各种理由，如技术不过关，人手确实不够，遇有自然灾害，发生意外事故致使停工停产等。如果具有完成生产订货的各种条件，却以时间紧，原料、资金、设备、人力不足，技术达不到要求等为借口而拒绝或消极怠工，故意制造事故而延误订货的，即应视为本罪的拒绝和延误。拒绝或故意延误军事订货的方式多种多样，有的是拒绝、延误生产、制作、加工、组装各种军事订货；有的是拒绝、延误组织供应、提供军事订货；还有的是拒绝、延误修配、维修、运输、贮存、承建、设计、研究军事订货等。

（4）只有在战时才能构成本罪。

（5）只有情节严重的拒绝、延误军事订货的行为才能构成本罪，尚未达到情节严重，即使具有拒绝、延误军事订货的行为也不能以本罪论处。所谓情节严重，主要是指多次拒绝或延误的；使用暴力抗拒军事订货的；拒绝、延误大量军事订货的；因其行为造成诸如贻误战机，影响重大军事任务完成，致使战斗、战役失利，造成较大伤亡等后果的；等等。有观点认为，拒绝战时紧缺、急需军事订货的，就属于情节严重。① 我们认为，不可一概而论。因为有些战略物资，如药品等，确实属于急需的军事订货，但是如果部队可以通过其他途径获得充足、廉价的合格货源，就不会危害国防利益，不应认定构成本罪。

---

① 参见桑显佩主编：《当前违纪的定性量纪与违法的定罪量刑实务全书》，中国民主法制出版社 2000 年版，第 1688 页。

3. 本罪的主体。本罪主体仅限于单位。承担刑事责任的是负有军事订货义务的生产、销售单位及其直接负责的主管人员和其他直接责任人员。

4. 本罪的主观方面。本罪在主观方面表现为故意。如果不是出于故意，而是客观上无法完成订货，没有条件完成军事订货，或是由于不可抗力及一些特殊困难，延误订货的，不构成犯罪。

• 适用指引 •

司法实践中，认定本罪时应注意：拒绝、延误军事订货的行为发生在战时才能构成本罪。若在平时不是战时，即使有拒绝、延误军事订货的行为，也不能构成本罪。这是本罪在时间方面的必备要件，不可缺少。根据本条规定，只有情节严重的拒绝、延误军事订货的行为才能构成本罪，尚未达到情节严重，即使具有拒绝、延误军事订货的行为也不能以本罪论处。所谓情节严重，主要是指多次拒绝或延误的；拒绝、延误大量军事订货的；因其行为造成诸如贻误战机，影响重大军事任务完成，致使战斗、战役失利，造成较大伤亡等后果的等。

第三百八十一条 战时拒绝军事征收、征用罪

【法律规定】

• 法律条文 •

《中华人民共和国刑法》

第三百八十一条 战时拒绝军事征收、征用，情节严重的，处三年以下有期徒刑或者拘役。

• 相关规定 •

《最高人民检察院、公安部关于公安机关管辖的刑事案件立案追诉标准的规定（一）》（公通字〔2008〕36号）

第九十九条 ［战时拒绝军事征用案（刑法第三百八十一条）］战时拒绝军事征用，涉嫌下列情形之一的，应予立案追诉：

（一）无正当理由拒绝军事征用三次以上的；

（二）采取暴力、威胁、欺骗等手段拒绝军事征用的；

（三）联络、煽动他人共同拒绝军事征用的；

（四）拒绝重要军事征用，影响重要军事任务完成的；

（五）其他情节严重的情形。

《最高人民检察院、公安部关于公安机关管辖的刑事案件立案追诉标准的规定（一）的补充规定》（公通字〔2017〕12号）

十六、将《立案追诉标准（一）》第99条修改为：［战时拒绝军事征收、征用案（刑法第381条）］战时拒绝军事征收、征用，涉嫌下列情形之一的，应予立案追诉：

（一）无正当理由拒绝军事征收、征用3次以上的；

（二）采取暴力、威胁、欺骗等手段拒绝军事征收、征用的；

（三）联络、煽动他人共同拒绝军事征收、征用的；

（四）拒绝重要军事征收、征用，影响重要军事任务完成的；

（五）其他情节严重的情形。

【学理分析及适用指引】

• 学理分析 •

战时拒绝军事征收、征用罪，是指在战时情况下，公民对国家、政府和武装力量征收、征用其所属的房屋、车辆、场地等作战所需的物资，能够提供而拒绝提供，情节严重的行为。本罪的构成要件如下：

1. 本罪的客体。本罪侵犯的客体是军事征收、征用管理制度和国防利益。在战争期间，国家和武装部队根据需要，对单位和公民个人的房屋、场所、设施、运输工具、工程机械等实施紧急征收、征用，是补充战时物资，迅速组建扩建部队，提高部队的机动和运输等后勤保障能力，保证战争胜利的必要条件。

2. 本罪的客观方面。本罪在客观方面表现为战时拒绝征收、征用，情节严重的行为。所谓军事征收、征用，是指出于军事需要而依法有偿使用武装部队以外的其他任何单位包括机关、团体、党派、企事业单位以及个人的财物及其劳动力，包括房屋、场所、机器、设施、交通工具、粮草、药品、衣服等一切急需物品以及公民个人的劳动力。一般情况下，由执行作战任务或者其他类似任务的武装部队的指挥人员决定。县级以上人民政府，根据有关法律、法规，亦可决定进行军事征用。军事征用属于有偿征用，但这不是说在执行军事征用的当时就要给予补偿。当场无法给予补偿的，执行军事征用的单位应当给被征用人当场开具征用证明，在以后有可能时再行补偿。补偿的数额则仅限于由于军事征用给被征用人造成的直接经济损失。所谓拒绝，是指拒不接受军事征用，既可以是对有关单位的征用通知置之不理，依然我行我素，经教育仍不加以改正，又可以表现为以暴力、威胁方法拒绝征用。方式如何，并不影响本罪成立，只是本罪量刑时应当考虑的情节。拒绝军事征用的行为必须发生在战时，才能构成本罪。战时，是指国家宣布进入战争状态、部队受领作战任务或者遭敌突然袭击时。虽有拒绝军事征用行为，但不是发生在战时，亦不能以本罪论处。只有战时拒绝军事征用且情节严重的，才可构成本罪。所谓情节严重，是指无正当理由拒绝军事征用三次以上的；采取暴力、威胁、欺骗等手段拒绝军事征用的；联络、煽动他人共同拒绝军事征用的；拒绝重要军事征用，影响重要军事任务完成的；其他情节严重的情形，如因其行为严重贻误战机，造成作战失利的，造成严重伤亡后果或其他重大损失的等。

3. 本罪的主体。本罪主体为一般主体。

4. 本罪的主观方面。本罪在主观方面表现为故意。动机不影响定罪，过失不构成本罪。

• 适用指引 •

司法实践中，认定本罪应注意：

1. 本罪与战时拒绝、延误军事订货罪的界限。两者在客体、客观方面、主观方面有相似之处，区别是：

（1）犯罪主体不同。本罪主体是所有公民和组织；后者主体是承担军事生产任务和战时具有生产能力的企业及其主要负责人和直接责任人员。

（2）行为方式不同。本罪是拥有国家征用物资而拒不提供的行为；后者是拒绝或者故意不按期交付生产的军用货物的行为。

2. 本罪与战时掠夺居民财物罪的界限。两者存在着根本的区别：

（1）军事征用是由县级以上人民政府进行的，或者由遇有紧急情况的武装部队的指挥人员作出，无论由谁作出，都给予相应补偿；而掠夺战区无辜居民财物罪中的掠夺行为则是现役军人私自进行的抢劫、掠夺行为。

（2）军事征用的是为了国家的军事利益；而掠夺战区无辜居民则是为了将他人财物据为己有。

（3）军事征用的对象既可以是财物等各种各样的动产，也可以是不动产；而掠夺战区无辜居民的行为对象则一般仅限于动产。

（4）军事征用既可以发生在战场上或其他军事行动地区，也可以发生在后方非军事行动地区；而掠夺战区无辜居民，行为则只能发生在军事行动地区。

3. 正确处理本罪与妨害公务罪、阻碍军人执行职务罪的想象竞合问题。如果行为人在战时使用暴力、威胁方法拒绝县级以上人民政府工作人员依法进行军事征用，情节严重的，同时触犯战时拒绝军事征用罪和妨害公务罪两个罪名。如果行为人在战时使用暴力、威胁方法拒绝武装部队现场指挥员依法进行军事征用，情节严重的，同时触犯战时拒绝军事征用罪和阻碍军人执行职务罪两个罪名。这两种情况，均属于想象竞合犯，应当按想象竞合犯从一重处断原则，按战时拒绝军事征用罪定罪处罚。①

---

① 周道鸾、张军主编：《刑法罪名精释》，人民法院出版社2007年版，第805页。

第八章 贪污贿赂罪

第三百八十二条 贪污罪

【法律规定】

• 法律条文 •

《中华人民共和国刑法》

第三百八十二条 国家工作人员利用职务上的便利，侵吞、窃取、骗取或者以其他手段非法占有公共财物的，是贪污罪。

受国家机关、国有公司、企业、事业单位、人民团体委托管理、经营国有财产的人员，利用职务上的便利，侵吞、窃取、骗取或者以其他手段非法占有国有财物的，以贪污论。

与前两款所列人员勾结，伙同贪污的，以共犯论处。

• 相关规定 •

《全国人民代表大会常务委员会关于〈中华人民共和国刑法〉第九十三条第二款的解释》

村民委员会等村基层组织人员协助人民政府从事下列行政管理工作时，属于刑法第九十三条第二款规定的“其他依照法律从事公务的人员”：

（一）救灾、抢险、防汛、优抚、扶贫、移民、救济款物的管理；

（二）社会捐助公益事业款物的管理；

（三）国有土地的经营、管理；

（四）土地征收、征用补偿费用的管理；

（五）代征、代缴税款；

（六）有关计划生育、户籍、征兵工作；

（七）协助人民政府从事的其他行政管理工作。

村民委员会等村基层组织人员从事前款规定的公务，利用职务上的便利，非法占有公共财物、挪用公款、索取他人财物或者非法收受他人财物，构成犯罪的，适用刑法第三百八十二条和第三百八十三条贪污罪、第三百八十四条挪用公款罪、第三百八十五条和第三百八十六条受贿罪的规定。

《最高人民法院、最高人民检察院关于办理贪污贿赂刑事案件适用法律若干问题的解释》（法释〔2016〕9号）

第十六条第一款 国家工作人员出于贪污、受贿的故意，非法占有公共财物、收受他人财物之后，将赃款赃物用于单位公务支出或者社会捐赠的，不影响贪污罪、受贿罪的认定，但量刑时可以酌情考虑。

《最高人民法院全国法院审理经济犯罪案件工作座谈会纪要》（法发〔2003〕167号）

一、关于贪污贿赂犯罪和渎职犯罪的主体

（一）国家机关工作人员的认定

刑法中所称的国家机关工作人员，是指在国家机关中从事公务的人员，包括在各级国家权力机关、行政机关、司法机关和军事机关中从事公务的人员。

根据有关立法解释的规定，在依照法律、法规规定行使国家行政管理职权的组织中从事公务的人员，或者在受国家机关委托代表国家行使职权的组织中从事公务的人员，或者虽未列入国家机关人员编制但在国家机关中从事公务的人员，视为国家机关工作人员。在乡（镇）以上中国共产党机关、人民政协机关中从事公务的人员，司法实践中也应当视为国家机关工作人员。

（二）国家机关、国有公司、企业、事业单位委派到非国有公司、企业、事业单位、社会团体从事公务的人员的认定

所谓委派，即委任、派遣，其形式多种多样，如任命、指派、提名、批准等。不论被委派的人身份如何，只要是接受国家机关、国有公司、企业、事业单位委派，代表国家机关、国有公司、企业、事业单位在非国有公司、企业、事业单位、社会团体中从事组织、领导、监督、管理等工作，都可以认定为国家机关、国有公司、企业、事业单位委派到非国有公司、企业、事业单位、社会团体从事公务的人员。如国家机关、国有公司、企业、事业单位委派在国有控股或者参股的股份有限公司从事组织、领导、监督、管理等工作的人员，应当以国家工作人员论。国有公司、企业改制为股份有限公司后，原国有公司、企业的工作人员和股份有限公司新任命的人员中，除代表国有投资主体行使监督、管理职权的人外，不以国家工作人员论。

（三）"其他依照法律从事公务的人员"的认定

刑法第九十三条第二款规定的"其他依照法律从事公务的人员"应当具有两个特征：一是在特定条件下行使国家管理职能；二是依照法律规定从事公务。具体包括：（1）依法履行职责的各级人民代表大会代表；（2）依法履行审判职责的人民陪审员；（3）协助乡镇人民政府、街道办事处从事行政管理

工作的村民委员会、居民委员会等农村和城市基层组织人员；（4）其他由法律授权从事公务的人员。

（四）关于“从事公务”的理解

从事公务，是指代表国家机关、国有公司、企业、事业单位、人民团体等履行组织、领导、监督、管理等职责。公务主要表现为与职权相联系的公共事务以及监督、管理国有财产的职务活动。如国家机关工作人员依法履行职责，国有公司的董事、经理、监事、会计、出纳人员等管理、监督国有财产等活动，属于从事公务。那些不具备职权内容的劳务活动、技术服务工作，如售货员、售票员等所从事的工作，一般不认为是公务。

二、关于贪污罪

（一）贪污罪既遂与未遂的认定

贪污罪是一种以非法占有为目的的财产性职务犯罪，与盗窃、诈骗、抢夺等侵犯财产罪一样，应当以行为人是否实际控制财物作为区分贪污罪既遂与未遂的标准。对于行为人利用职务上的便利，实施了虚假平账等贪污行为，但公共财物尚未实际转移，或者尚未被行为人控制就被查获的，应当认定为贪污未遂。行为人控制公共财物后，是否将财物据为己有，不影响贪污既遂的认定。

（二）“受委托管理、经营国有财产”的认定

刑法第三百八十二条第二款规定的“受委托管理、经营国有财产”，是指因承包、租赁、临时聘用等管理、经营国有财产。

（三）国家工作人员与非国家工作人员勾结共同非法占有单位财物行为的认定

对于国家工作人员与他人勾结，共同非法占有单位财物的行为，应当按照《最高人民法院关于审理贪污、职务侵占案件如何认定共同犯罪几个问题的解释》的规定定罪处罚。对于在公司、企业或者其他单位中，非国家工作人员与国家工作人员勾结，分别利用各自的职务便利，共同将本单位财物非法占有的，应当尽量区分主从犯，按照主犯的犯罪性质定罪。司法实践中，如果根据案件的实际情况，各共同犯罪人在共同犯罪中的地位、作用相当，难以区分主从犯的，可以贪污罪定罪处罚。

（四）共同贪污犯罪中“个人贪污数额”的认定

刑法第三百八十三条第一款规定的“个人贪污数额”，在共同贪污犯罪案件中应理解为个人所参与或者组织、指挥共同贪污的数额，不能只按个人实际分得的赃款数额来认定。对共同贪污犯罪中的从犯，应当按照其所参与的共同贪污的数额确定量刑幅度，并依照刑法第二十七条第二款的规定，从轻、减轻处罚或者免除处罚。

《最高人民法院关于审理贪污、职务侵占案件如何认定共同犯罪几个问题的解释》（法释〔2000〕15号）

第一条 行为人与国家工作人员勾结，利用国家工作人员的职务便利，共同侵吞、窃取、骗取或者以其他手段非法占有公共财物的，以贪污罪共犯论处。

第二条 行为人与公司、企业或者其他单位的人员勾结，利用公司、企业或者其他单位人员的职务便利，共同将该单位财物非法占为己有，数额较大的，以职务侵占罪共犯论处。

第三条 公司、企业或者其他单位中，不具有国家工作人员身份的人与国家工作人员勾结，分别利用各自的职务便利，共同将本单位财物非法占为己有的，按照主犯的犯罪性质定罪。

《最高人民检察院关于贯彻执行全国人民代表大会常务委员会关于〈中华人民共和国刑法〉第九十三条第二款的解释的通知》（高检发研字〔2000〕12号）

二、根据《解释》，检察机关对村民委员会等村基层组织人员协助人民政府从事《解释》所规定的行政管理工作中发生的利用职务上的便利，非法占有公共财物、挪用公款、索取他人财物或者非法收受他人财物，构成犯罪的案件，应直接受理，分别适用刑法第三百八十二条、第三百八十三条、第三百八十四条和第三百八十五条、第三百八十六条的规定，以涉嫌贪污罪、挪用公款罪、受贿罪立案侦查。

三、各级检察机关在依法查处村民委员会等村基层组织人员贪污、受贿、挪用公款犯罪案件过程中，要根据《解释》和其他有关法律的规定，严格把握界限，准确认定村民委员会等村基层组织人员的职务活动是否属于协助人民政府从事《解释》所规定的行政管理工作，并正确把握刑法第三百八十二条、第三百八十三条贪污罪、第三百八十四条挪用公款罪和第三百八十五条、第三百八十六条受贿罪的构成要件。对村民委员会等村基层组织人员从事属于村民自治范围的经营、管理活动不能适用《解释》的规定。

《最高人民法院、最高人民检察院关于办理国家出资企业中职务犯罪案件具体应用法律若干问题的意见》（法发〔2010〕49号）

一、关于国家出资企业工作人员在改制过程中隐匿公司、企业财产归个人持股的改制后公司、企业所有的行为的处理

国家工作人员或者受国家机关、国有公司、企业、事业单位、人民团体委托管理、经营国有财产的人员利用职务上的便利，在国家出资企业改制过程中故意通过低估资产、隐瞒债权、虚设债务、虚构产权交易等方式隐匿公司、企业财产，转为本人持有股份的改制后公司、企业所有，应当依法追究刑事责任的，依照刑法第三百八十二条、第三百八十三条的规定，以贪污罪定罪处罚。

贪污数额一般应当以所隐匿财产全额计算；改制后公司、企业仍有国有股份的，按股份比例扣除归于国有的部分。

所隐匿财产在改制过程中已为行为人实际控制，或者国家出资企业改制已经完成的，以犯罪既遂处理。

第一款规定以外的人员实施该款行为的，依照刑法第二百七十一条的规定，以职务侵占罪定罪处罚；第一款规定以外的人员与第一款规定的人员共同实施该款行为的，以贪污罪的共犯论处。

在企业改制过程中未采取低估资产、隐瞒债权、虚设债务、虚构产权交易等方式故意隐匿公司、企业财产的，一般不应当认定为贪污；造成国有资产重大损失，依法构成刑法第一百六十八条或者第一百六十九条规定的犯罪的，依照该规定定罪处罚。

二、关于国有公司、企业在改制过程中隐匿公司、企业财产归职工集体持股的改制后公司、企业所有的行为的处理

国有公司、企业违反国家规定，在改制过程中隐匿公司、企业财产，转为职工集体持股的改制后公司、企业所有的，对其直接负责的主管人员和其他直接责任人员，依照刑法第三百九十六条第一款的规定，以私分国有资产罪定罪处罚。

改制后的公司、企业中只有改制前公司、企业的管理人员或者少数职工持股，改制前公司、企业的多数职工未持股的，依照本意见第一条的规定，以贪污罪定罪处罚。

……

五、关于改制前后主体身份发生变化的犯罪的处理

国家工作人员在国家出资企业改制前利用职务上的便利实施犯罪，在其不再具有国家工作人员身份后又实施同种行为，依法构成不同犯罪的，应当分别定罪，实行数罪并罚。

国家工作人员利用职务上的便利，在国家出资企业改制过程中隐匿公司、企业财产，在其不再具有国家工作人员身份后将所隐匿财产据为己有的，依照刑法第三百八十二条、第三百八十三条的规定，以贪污罪定罪处罚。

国家工作人员在国家出资企业改制过程中利用职务上的便利为请托人谋取利益，事先约定在其不再具有国家工作人员身份后收受请托人财物，或者在身份变化前后连续收受请托人财物的，依照刑法第三百八十五条、第三百八十六条的规定，以受贿罪定罪处罚。

六、关于国家出资企业中国家工作人员的认定

经国家机关、国有公司、企业、事业单位提名、推荐、任命、批准等，在国有控股、参股公司及其分支机构中从事公务的人员，应当认定为国家工作人员。具体的任命机构和程序，不影响国家工作人员的认定。

经国家出资企业中负有管理、监督国有资产职责的组织批准或者研究决定，代表其在国有控股、参股公司及其分支机构中从事组织、领导、监督、经营、管理工作的人员，应当认定为国家工作人员。

国家出资企业中的国家工作人员，在国家出资企业中持有个人股份或者同时接受非国有股东委托的，不影响其国家工作人员身份的认定。

七、关于国家出资企业的界定

本意见所称“国家出资企业”，包括国家出资的国有独资公司、国有独资企业，以及国有资本控股公司、国有资本参股公司。

是否属于国家出资企业不清楚的，应遵循“谁投资、谁拥有产权”的原则进行界定。企业注册登记中的资金来源与实际出资不符的，应根据实际出资情况确定企业的性质。企业实际出资情况不清楚的，可以综合工商注册、分配形式、经营管理等因素确定企业的性质。

【案例一】

孙瑜贪污、受贿案①

• 案件事实 •

被告人孙瑜，男，1957 年 4 月 15 日出生，壮族，研究生学历，原系广西壮族自治区人民政府副主席。2008 年 10 月 8 日，因涉嫌犯贪污罪、受贿罪被逮捕。

被告人孙瑜涉嫌贪污、受贿犯罪一案，由最高人民检察院于 2008 年 10 月 6 日立案侦查，2009 年 1 月 19 日侦查终结，同日，最高人民检察院将案件经广西壮族自治区人民检察院交广西壮族自治区南宁市人民检察院审查起诉。南宁市人民检察院受理案件后，在法定期限内依法告知了被告人有权委托辩护人等诉讼权利，讯问了孙瑜，听取了孙瑜的辩护人的意见，审查了全部案件材料。在审查起诉期间，依法两次退回补充侦查，并两次各延长审查起诉期限 15 日。2009 年 7 月 20 日，南宁市人民检察院向南宁市中级人民法院提起公诉。起诉书认定孙瑜犯罪事实如下：

1. 贪污罪。

被告人孙瑜于 1998 年 1 月至 2007 年 11 月担任广西壮族自治区人民政府副主席。2004 年，孙瑜经时任桂林市建设与规划委员会副主任薛建国介绍，与桂林市综合设计院院长贺强（另案处理）相识，后关系密切。通过与贺强交往，孙瑜得知贺强是桂林瑞成生态发展有限公司实际控制人，该公司正在建一

---

① 参见《最高人民检察院公报》2009 年第 6 号（总第 113 号）。

个瑞成生态园。孙瑜即与贺强共谋利用瑞成生态园项目骗取国家资金用于孙瑜的住宅装修及个人消费。2004 年下半年至 2006 年 11 月，孙瑜利用其担任广西壮族自治区人民政府副主席主管自治区农业、林业的职务便利，指使贺强虚构项目，共同骗取国家专项资金共计人民币 400 万元，其中 80 万元未遂。

（1）2004 年 11 月，被告人孙瑜指使贺强利用实际不存在的桂林市农业发展研究中心项目，通过桂林市人民政府向广西壮族自治区人民政府申报该项目资金扶持。经孙瑜在该报告上批示同意后，广西壮族自治区农业厅据此下拨农业专项补助经费共 60 万元。该资金分两笔各 30 万元分别于 2006 年 2 月 28 日和 6 月 9 日下拨到桂林瑞成生态发展有限公司账户。

（2）2004 年 12 月，被告人孙瑜指使贺强虚构桂林市名特优水果新品种引进、研究与开发项目，并通过桂林市人民政府向广西壮族自治区人民政府申报该项目资金扶持。经孙瑜在报告上批示同意后，广西壮族自治区财政厅据此在自治区主席预备费分户中下拨专项资金 90 万元，用于桂林市建立名特优水果新品种引进、研究与开发基地建设。桂林市农业局分别于 2005 年 3 月 24 日、4 月 28 日和 12 月 5 日分三次共拨付 90 万元到桂林瑞成生态发展有限公司账户。

（3）2005 年 12 月，被告人孙瑜指使贺强虚构桂林市名特优水果新品种引进、研究与开发基地项目，并通过桂林市人民政府向广西壮族自治区人民政府申报该项目资金扶持。经孙瑜在报告上批示同意后，广西壮族自治区财政厅据此下拨专项扶持资金 80 万元。该资金于 2006 年 1 月 15 日进入桂林瑞成生态发展有限公司账户。

（4）2006 年 6 月，被告人孙瑜指使贺强虚构桂林市桂北柑橘品种改良试验示范基地项目，并通过桂林市人民政府向广西壮族自治区人民政府申报该项目资金扶持。经孙瑜在报告上批示同意后，广西壮族自治区财政厅据此下拨专项扶持资金 70 万元。该资金于 2007 年 1 月 4 日进入桂林瑞成生态发展有限公司账户。

（5）2006 年下半年，被告人孙瑜指使贺强虚构桂林市漓江流域石山地区石漠化治理研究及示范项目，通过桂林市雁山区人民政府向广西壮族自治区人民政府申报该项目资金扶持。经孙瑜在报告上批示同意，广西壮族自治区财政厅据此在自治区主席预备费分户资金中下拨 100 万元。该资金中的 20 万元于 2007 年 2 月 13 日进入桂林瑞成生态发展有限公司账户，其余 80 万元未及转入，至案发时仍存于桂林市雁山区林业局账户中。

2. 受贿罪。

2003 年底至 2007 年 8 月，被告人孙瑜利用担任广西壮族自治区人民政府副主席职务上的便利，为他人在原料供应、木材采伐指标等事项上谋取利益，先后 4 次索取或非法收受张凤廷、林德等 5 人给予的财物共计折合人民币

3284256 元，其中索贿人民币 1584256 元。

（1）2003 年底至 2004 年底，被告人孙瑜接受广西柳江县恒兴板业有限公司负责人张凤廷的请托，为该公司与广西壮族自治区农垦局下属单位签订土地租赁协议、供应生产原料等事项提供了帮助。为此，2006 年 5 月，孙瑜以该公司聘请其女儿孙小立担任法律顾问的名义向张凤廷索要人民币 50 万元。张凤廷按要求将人民币 50 万元汇入孙小立的账户，孙瑜之妻刘红收到该款后告诉了孙瑜。2007 年 5 月，孙瑜得知中央纪委正在调查其问题后，让刘红退还了此款。

（2）2005 年 6 月，被告人孙瑜接受广西贵港市甘化集团有限公司董事长林德的请托，为其公司解决商品木材采伐指标等事项提供了帮助。为此，2006 年 5 月，孙瑜以该公司聘请其女孙小立担任法律顾问的名义向林德索要人民币 50 万元。林德按要求将人民币 50 万元汇入孙小立的账户，孙瑜之妻刘红收到该款后告诉了孙瑜。2007 年 5 月，孙瑜得知中央纪委正在调查其问题后，让刘红退还了此款。

（3）2003 年下半年至 2005 年，被告人孙瑜接受河南商人马新生的请托，为其粮食购销等经营活动提供了帮助。为此，2006 年上半年，孙瑜向马新生索要家具一套，马新生为此支付人民币 394256 元。

（4）被告人孙瑜在担任广西壮族自治区人民政府副主席期间，承诺为广西壮族自治区防汛抗旱指挥部办公室主任朱新永职务晋升提供帮助。为此，2006 年 9 月，孙瑜与朱新永在乌鲁木齐市出差期间，向其索要玉观音雕像一尊，朱新永为此支付人民币 19 万元。

（5）2004 年 11 月至 2006 年上半年，被告人孙瑜接受广西北海高升农业科技开发有限公司董事长雷光旭（另案处理）的请托，为该公司获得有关项目补助经费 540 万元等事项提供了帮助。2006 年 10 月，孙瑜听说中央纪委在调查其有关问题，为阻止调查，经雷光旭介绍，找到无业人员陈松柏和黄锦彬（均因涉嫌诈骗犯罪被立案侦查），陈松柏提出需要二三百万元的活动经费。经孙瑜和雷光旭商议后，由雷光旭出资人民币 170 万元分别交给了陈松柏和黄锦彬等人。

案发后，司法机关追缴贪污赃款人民币 1943595 元、受贿赃款人民币 178.76 万元，扣押赃物家具一套，玉观音雕像一尊，用赃款购买的丰田牌和大地牌轿车各一辆。

• 裁判要旨 •

国家工作人员虚构项目，以骗取国家专项资金的行为，是利用职务上的便利骗取公共财产的行为，侵犯了公共财产的所有权和国家工作人员职务的廉洁性，构成贪污罪。

• 裁判理由 •

2009年8月11日，广西壮族自治区南宁市中级人民法院依法组成合议庭，公开审理了此案。法庭审理认为：

被告人孙瑜身为国家工作人员，利用职务便利，伙同他人共同贪污人民币400万元，其行为已构成贪污罪，贪污数额特别巨大，利用职务便利，为他人谋取利益，索取或非法收受他人财物共计折合人民币328万余元，其行为已构成受贿罪，受贿数额亦特别巨大。公诉机关指控被告人孙瑜犯贪污罪、受贿罪的事实清楚，证据确实、充分，指控的罪名成立。鉴于孙瑜贪污犯罪存在部分未遂及部分赃款已追缴的情节；其在审查期间，主动坦白有关部门尚未掌握的大部分受贿犯罪事实，大部分受贿赃款赃物已追缴，认罪悔罪，可酌情从轻处罚。

2009年8月30日，广西壮族自治区南宁市中级人民法院依据《刑法》第382条第1款，第383条第1款第1项、第2款，第385条第1款，第386条，第64条，第69条，《最高人民法院关于处理自首和立功具体应用法律若干问题的解释》第4条的规定，作出如下判决：一、被告人孙瑜犯贪污罪，判处有期徒刑十五年，并处没收个人财产人民币60万元；犯受贿罪，判处有期徒刑十四年，并处没收个人财产人民币40万元，决定执行有期徒刑十八年，并处没收个人财产人民币100万元。二、在案扣押的贪污款项、物品依法发还广西壮族自治区财政厅；在案扣押的受贿款项、物品依法上缴国库。三、继续追缴尚未退赔的贪污、受贿赃款。

一审判决后，被告人孙瑜在法定期限内未上诉，检察机关也没有提出抗诉，一审判决发生法律效力。

【案例二】

杨延虎等贪污案①

• 案件事实 •

杨延虎1996年8月任浙江省义乌市委常委，2003年3月任义乌市人大常委会副主任，2000年8月兼任中国小商品城福田市场（2003年3月改称中国义乌国际商贸城，简称国际商贸城）建设领导小组副组长兼指挥部总指挥，主持指挥部全面工作。2002年，杨延虎得知义乌市稠城街道共和村将列入拆迁和旧村改造范围后，决定在该村购买旧房，利用其职务便利，在拆迁安置时骗

---

① 根据2012年9月18日《最高人民法院关于发布第三批指导性案例的通知》指导案例11号修改。

取非法利益。杨延虎遂与王某芳（杨延虎的妻妹）、郑某某（王某芳之夫）共谋后，由王某芳、郑某某二人出面，通过共和村王某某，以王某芳的名义在该村购买赵某某的3间旧房（房产证登记面积61.87平方米，发证日期1998年8月3日）。按当地拆迁和旧村改造政策，赵某某有无该旧房，其所得安置土地面积均相同，事实上赵某某也按无房户得到了土地安置。2003年3月、4月，为使3间旧房所占土地确权到王某芳名下，在杨延虎指使和安排下，郑某某再次通过共和村王某某，让该村村民委员会及其成员出具了该3间旧房系王某芳1983年所建的虚假证明。杨延虎利用职务便利，要求兼任国际商贸城建设指挥部分管土地确权工作的副总指挥、义乌市国土资源局副局长吴某某和指挥部确权报批科人员，对王某芳拆迁安置、土地确权予以关照。国际商贸城建设指挥部遂将王某芳所购房屋作为有村证明但无产权证的旧房进行确权审核，上报义乌市国土资源局确权，并按丈量结果认定其占地面积64.7平方米。

此后，杨延虎与郑某某、王某芳等人共谋，在其岳父王某祥在共和村拆迁中可得25.5平方米土地确权的基础上，于2005年1月编造了由王某芳等人签名的申请报告，谎称“王某祥与王某芳共有三间半房屋，占地90.2平方米，二人在1986年分家，王某祥分得36.1平方米，王某芳分得54.1平方米，有关部门确认王某祥房屋25.5平方米、王某芳房屋64平方米有误”，要求义乌市国土资源局更正。随后，杨延虎利用职务便利，指使国际商贸城建设指挥部工作人员以该部名义对该申请报告盖章确认，并使该申请报告得到义乌市国土资源局和义乌市政府认可，从而让王某芳、王某祥分别获得72平方米和54平方米（共126平方米）的建设用地审批。按王某祥的土地确权面积仅应得36平方米建设用地审批，其余90平方米系非法所得。2005年5月，杨延虎等人在支付选位费245520元后，在国际商贸城拆迁安置区获得两间店面72平方米土地的拆迁安置补偿（案发后，该72平方米的土地使用权被依法冻结）。该处地块在用作安置前已被国家征用并转为建设用地，属国有划拨土地。经评估，该处每平方米的土地使用权价值35270元。杨延虎等人非法所得的建设用地90平方米，按照当地拆迁安置规定，折合拆迁安置区店面的土地面积为72平方米，价值2539440元，扣除其支付的225520元后，实际非法所得2293920元。

此外，2001年至2007年间，杨延虎利用职务便利，为他人承揽工程、拆迁安置、国有土地受让等谋取利益，先后非法收受或索取57万元，其中索贿5万元。

• 裁判要旨 •

贪污罪中的“利用职务上的便利”，是指利用职务上主管、管理、经手公共财物的权力及方便条件，既包括利用本人职务上主管、管理公共财物的职务便利，也包括利用职务上有隶属关系的其他国家工作人员的职务便利；土地使用权具有财产性利益，属于《刑法》第382条第1款规定中的“公共财物”，可以成为贪污的对象。

• 裁判理由 •

浙江省金华市中级人民法院一审认为：关于被告人杨延虎的辩护人提出杨延虎没有利用职务便利的辩护意见。经查，国际商贸城指挥部系义乌市委、市政府为确保国际商贸城建设工程顺利进行而设立的机构，指挥部下设确权报批科，工作人员从国土资源局抽调，负责土地确权、建房建设用地的审核及报批工作，分管该科的副总指挥吴某某也是国土资源局的副局长。确权报批科作为指挥部下设机构，同时受指挥部的领导，作为指挥部总指挥的杨延虎具有对该科室的领导职权。本案中，杨延虎正是利用担任义乌市委常委、义乌市人大常委会副主任和兼任指挥部总指挥的职务便利，给下属的土地确权报批科人员及其分管副总指挥打招呼，才使得王某芳等人虚报的拆迁安置得以实现。

关于被告人杨延虎等人及其辩护人提出被告人王某芳应当获得土地安置补偿，涉案土地属于集体土地，不能构成贪污罪的辩护意见。经查，王某芳购房时系居民户口，按照法律规定和义乌市拆迁安置有关规定，不属于拆迁安置对象，不具备获得土地确权的资格，其在共和村所购房屋既不能获得土地确权，也不能得到拆迁安置补偿。杨延虎等人明知王某芳不符合拆迁安置条件，却利用杨延虎的职务便利，通过将王某芳所购房屋谎报为其祖传旧房、虚构王某芳与王某祥分家事实，骗得旧房拆迁安置资格，骗取国有土地确权。同时，由于杨延虎利用职务便利，杨延虎、王某芳等人弄虚作假，即使王某芳所购旧房的房主赵某某按无房户得到了土地安置补偿，又使本来不应获得土地安置补偿的王某芳获得了土地安置补偿。《土地管理法》第2条、第9条规定，我国土地实行社会主义公有制，即全民所有制和劳动群众集体所有制，并可以依法确定给单位或者个人使用。对土地进行占有、使用、开发、经营、交易和流转，能够带来相应经济收益。因此，土地使用权自然具有财产性利益，无论是国有土地，还是集体土地，都属于《刑法》第382条第1款规定中的“公共财物”，可以成为贪污的对象。王某芳名下安置的地块已在2002年8月被征为国有并转为建设用地，义乌市政府文件抄告单也明确该处的拆迁安置土地使用权登记核发国有土地使用权证。因此，杨延虎等人及其辩护人所提该项辩护意见，不能成立。

杨延虎还利用职务便利，索取或收受他人贿赂，为他人谋取利益，其行为又构成受贿罪，应依法数罪并罚。在共同贪污犯罪中，杨延虎起主要作用，系主犯，应当按照其所参与或者组织、指挥的全部犯罪处罚；郑某某、王某芳起次要作用，系从犯，应减轻处罚。浙江省金华市中级人民法院一审判决：

一、被告人杨延虎犯贪污罪，判处有期徒刑十五年，并处没收财产 20 万元；犯受贿罪，判处有期徒刑十一年，并处没收财产 10 万元；决定执行有期徒刑十八年，并处没收财产 30 万元。二、被告人郑某某犯贪污罪，判处有期徒刑五年。三、被告人王某芳犯贪污罪，判处有期徒刑三年。

宣判后，三被告人均提出上诉。浙江省高级人民法院于 2009 年 3 月 16 日作出（2009）浙刑二终字第 34 号刑事裁定，驳回上诉，维持原判。

【学理分析及适用指引】

• 学理分析 •

1. 贪污罪的构成。所谓贪污罪，是指国家工作人员利用职务上的便利，侵吞、窃取、骗取或者以其他手段，非法占有公共财物的行为。

（1）贪污罪的犯罪客体。刑法理论上的传统观点认为，根据我国《刑法》的规定，贪污罪的客体是公共财物的所有权，并且惩治贪污罪的主要意义在于保护作为社会主义经济基础的公共财产。近来有学者指出，贪污罪的客体不仅应包括公共财物的所有权，而且还应包括国家工作人员职务行为的廉洁性。①

对于贪污罪的犯罪对象是否仅包括公共财物，刑法理论上存在争议。这个问题是由于现行《刑法》第 382 条贪污罪的定义明确规定贪污罪的对象是公共财物，而《刑法》第 271 条又规定“非国有公司、企业以及其他单位”的财物也可成为贪污罪的对象，亦即后者是否指公共财物？对此，刑法理论上有三种观点：

①第一种观点认为，《刑法》第 271 条所说的“非国有单位”，包括国有与集体或者个人、外资共同出资设立的混合型经济组织，还可以是纯粹私有经济组织。因此，该条所说，对其中的国家工作人员“依照贪污罪的规定定罪处罚”，就是不问财产性质，一律定贪污罪。可见，贪污罪的对象已由单一的公共财产扩大为公私财产了。

②第二种观点认为，贪污罪的对象只能是公共财产。对于混合型经济的财产，只要有公有资本投入，就应将公司、企业的财产作为一个整体，全额认定为公共财产。这样认定，有利于对公有资本投入的法人财产提供特殊的保护。

③第三种观点认为，贪污罪的对象只限于公共财产。对于混合型经济的财产，不能一律视为公有财产。有学者指出，只有国有、集体单位控股（包括绝对控股和相对控股）的企业的财产，才能认定为公共财产。国有或集体单位不控股或者其投资比例占少数的企业的财产，只能定职务侵占罪，不能定贪污罪。《刑法》第 271 条所说的“依照贪污罪的规定定罪处罚”，应理解为符合

---

① 参见高铭暄主编：《刑法专论》，高等教育出版社 2006 年版，第 750 页。

《刑法》第382条贪污罪构成要件的，即非法占有公共财物的，才能以贪污罪定罪处罚。亦有学者指出，国有、集体控股的企业的财产，应认定为公共财产，不控股的企业按公有的股份或出资比例认定公共财产，其余部分不能认定为公共财产。①

我们认为，第一种观点是可取的，混合型经济组织中有公有制成分，将其一并纳入"非国有单位"的范畴能更好地保护公共财物的所有权。

（2）贪污罪的客观方面。贪污罪的客观方面表现为利用职务上的便利，以侵吞、窃取、骗取等手段，非法占有公共财物的行为。

①关于"利用职务便利"。"利用职务上的便利"是指行为人利用本人职务范围内主管、支配、使用和具体负责经营、管理公共财物所形成的便利条件。

②关于贪污的手段。关于贪污的手段，司法实践中是多种多样的，主要是侵吞、窃取和骗取公物占为己有。

"侵吞"，是指行为人利用职务上的便利，以涂改账目、收入不记账等不露"痕迹"的手段，将自己依职务管理、经手的公共财物非法占为己有的行为。例如，财会人员收款不入账而据为己有、执法人员将罚没款据为己有、管理人员将自己管理的公共财物变卖后将所变卖的款项据为己有，等等。根据《刑法》第394条之规定，国家工作人员在国内公务活动或对外交往中接受礼物，依照规定应当交公而不交公的，数额较大的，以贪污罪定罪处罚。对此，有学者指出，这种行为应当属于侵吞公共财物的贪污。②

"盗窃"，是指行为人利用职务上的便利，以秘密窃取的方法，监守自盗，将自己管理、经手的公共财物非法占为己有的行为。对于"监守自盗"，有学者提出不同意见，认为"监守自盗"行为并不属于"盗窃"型贪污，而属于将自己占有、管理的财物据为己有的"侵吞"。只有当行为人与他人共同占有公共财物时，行为人利用职务上的便利窃取该财物时，才属于贪污罪中的"窃取"。③

"骗取"，是指行为人利用职务上的便利，采用虚构事实或者隐瞒真相的方法，将公共财物非法占为己有的行为，如工程项目负责人伪造工资表，冒领根本不存在的工人的工资占为己有的行为。在此需要注意的是，如果国家工作人员报销私人医药费，乘机涂改收据，骗取巨额公款，由于不是公务报销，并未利用本人的职务上的便利，因此只能以诈骗罪定罪处罚。

"其他手段"，是指采取侵吞、窃取、骗取以外的方法，将公共财物占为

---

① 参见高铭暄主编：《刑法专论》，高等教育出版社2006年版，第751页。

② 参见张明楷：《刑法学》，法律出版社2007年版，第861页。

③ 参见张明楷：《刑法学》，法律出版社2007年版，第860页。

己有的行为。如以“挪用”的形式、“借用”的名义，或谎称公共财物被骗、被抢，实际为自己占有的行为等情形。

总体来看，上述贪污行为共同特点是，将公共财物转移为行为人自己或者与自己有某种密切联系的第三人不法占有。这种不法占有，一方面可能表现为行为人在法律形式上或者事实形式上不法占有公共财物；另一方面也可能表现为行为人在法律上或事实上处分了公共财物。

（3）贪污罪主体。贪污罪的主体为国家工作人员和受国家机关、国有公司、企业、事业单位或者人民团体委托，管理、经营国有财产人员。简析如下：

①关于国家机关工作人员的认定。在当前的司法实践中，“国家机关”一般指各级权力机关、行政机关、审判机关、检察机关和军事机关，以及乡（镇）以上中国共产党机关、人民政协等。因此，在国家机关中从事公务的人员，主要是指在各级国家权力机关、行政机关、审判机关、检察机关和军事机关中从事公务的人员。在依照法律、法规规定行使国家行政管理权的组织中从事公务的人员，如在银监会、保监会、证监会等事业单位中从事公务的人员；或者在受国家机关委托代表国家行使职权的组织中从事公务的人员，如在受卫生行政部门委托向餐饮业发放卫生许可证的卫生防疫站中从事公务的人员；或者虽未列入国家机关人员编制但在国家机关中从事公务的人员，如合同制民警，视为国家工作人员。

除上述主体之外，在乡（镇）以上中国共产党机关、人民政协中从事公务的人员，是依法履行公职、纳入国家行政编制、由国家负担工资福利的人员，根据《公务员法》之规定，属于公务员范围，司法实践中也应视为国家机关工作人员。①

②国有公司、企业、事业单位、人民团体中从事公务的人员。

③国家机关、国有公司、企业、事业单位委派到非国有公司、企业、事业单位、社会团体中从事公务的人员。《全国法院审理经济犯罪案件工作座谈会纪要》对此作了详细解释。需要强调的是，在当前的司法实践中，受委派从事公务的人员主要是指在国有控股或者参股的有限责任公司、股份有限公司、中外合资企业、中外合作企业中对国有资产负有监管职责的人员，通常为董事长、董事、监事以及总经理等高级管理人员。根据我国现有法律的相关规定，这些人员的产生有特定程序，不能直接由国有单位以任命方式决定。如依照《公司法》的规定，股份有限公司的经理由董事会决定聘任或者解聘。但是，在股份有限公司中参股、控股的国有单位对公司经理的产生仍可以起到决定性作用，“推荐”“提名”就是国有单位行使人事权的表现。非经国有单位推荐

① 周道鸾、张军主编：《刑法罪名精释》，人民法院出版社2007年版，第809页。

或提名，有关人员也许就不可能受聘；即使受聘，也不可能具有代表国有单位监管国有资产的权力和职责。相反，如国有单位依权力推荐或提名，就意味着其是国有单位的人，就负有代表国有单位监管国有资产的使命，即使之后其受聘经过了由董事会决定的程序，也不能改变他是受国有单位委派从事公务的性质。亦即，不能仅因涉案人员的职务是经混合所有制单位的有关组织机构选举、聘任、决定，就简单地认定其不属于受委派从事公务的国家工作人员，不具备贪污罪的主体资格，而要看国有单位在其出任相关职务过程中是否行使了相应的人事决定权。此外，被“委派”的人员，在被“委派”以前，可以是国家工作人员，也可以不是国家工作人员，不论被“委派”以前是什么身份，只要被上述国有单位委派到上述非国有单位、社会团体中从事公务，就是国家工作人员。关于国家出资企业中国家工作人员的认定，应根据《最高人民法院、最高人民检察院关于办理国家出资企业中职务犯罪案件具体应用法律若干问题的意见》，本条相关规定部分已载明，此处不再赘述。

④其他依照法律从事公务的人员。主要是指依法履行职责的各级人民代表大会代表，被依法选举出的人民法院履行职务的人民陪审员以及履行特定手续被聘为特邀检察员的人员等。

⑤受国家机关、国有公司、企业、事业单位、人民团体委托，管理、经营国有财产的人员主要是指以承包、租赁等方式，管理、经营国有公司、企业，或者其中的某个车间、工程队、门市部等，以承包人、租赁人等身份，在承包、租赁合同约定的时间、权限范围内管理、经营国有财产的人员。刑法理论一般认为，“受委托而管理、经营国有财产”是指受国家机关、企事业单位、人民团体等委托从事组织、监督、管理的活动。委托关系必须具有明确的意思表示，且因为委托而形成制约关系。作为此种贪污罪主体的委托关系之成立，应从下述方面加以把握：

第一，委托主体应具有合法性。根据《刑法》规定，具有合法的委托主体是国家机关、国有公司、企事业单位、人民团体。除此之外，非国家机关、公司、企事业单位、社会团体均无委托资格。如果是被委托人，一般来讲他们本来就不具备国家工作人员的身份，如果他们确实具备国家工作人员的身份，那么即使他们利用基于委托关系所取得的经营、管理权利非法占有国家财产，也符合《刑法》第382条第1款之规定，直接可以认定为贪污罪。

第二，委托内容具有公务性与合法性。委托内容必须是公务，这是构成“管理、经营国有财产人员”的关键与核心。应该注意的是，此处的公务应区别于劳务。有人认为，劳务是指直接从事物质资料生产的体力性活动。但实际上，作为公务的对称，劳务不仅包括体力性活动，也包括不具有管理、组织、指挥、监督等性质的脑力劳动，如从事单纯的试验、程序编排等，该类劳动也属于脑力劳动，但不具有管理、组织、指挥、监督等性质，因此不能认定为公务活动。概言之，只要接受了委托主体的委托从事公务性活动，就构成贪污罪主体。如果国有单位委托非国家工作人员从事劳务活动，如运输、代销、承揽等，该类非国家工作人员非法占有国有财产，需按照刑法其他条款处罚。委托关系必须是合法的，如果委托关系是非法委托，则法律不予保护。

第三，委托行为的限定性。在双方达成关于委托事项的基础上，受托方必须按照委托方的意志，在受托的权限内和时间内行事，不能违背委托人的意志，也不能超越权限和时限。

第四，委托行为结果的归属性。在委托关系中，受托方按照委托方的意志为一定的行为，必然要产生一定的后果。当受托人超越权限，对所受托的国有财产非法占有时，受托人就应当承担贪污罪的刑事责任。

关于受委托管理、经营国有财产的形式，主要是围绕国有资产的保值增值而进行的经济行为。根据 1999 年 9 月 16 日《最高人民检察院关于人民检察院直接受理立案侦查案件立案标准的规定（试行）》的规定，受委托经营、管理国有财产是指因承包、租赁、聘用而经营国有财产。所谓承包经营，即在坚持企业的社会主义全民所有制基础上，按照所有权与经营权分离的原则，以承包经营合同的形式，确定国家与企业的责、权、利关系，使企业做到自主经营、自负盈亏的经营管理制度。所谓租赁经营，即在不改变企业原来的所有制性质的条件下，对企业的国有财产实行所有权与经营权的分离，出租方将企业中的国有财产有期限地交给承租方经营，承租方向出租方交付租金，并且根据协议对企业进行自主的经营和管理。在租赁经营中，承包方行使的是经营管理国有财产的权利，而不是从事劳务，因此，如果租赁经营的承包方利用职务之便非法占有国有财产，应当依照《刑法》第 382 条第 2 款之规定，认定为贪污罪。所谓聘用，即因聘用而管理、经营国有财产。

另外，需要注意的是，这部分人在受委托以承包、租赁等方式管理、经营国有财产前，可以是工人、农民或者其他职业或待业的人员。因此，这部分人侵吞、窃取、骗取承包、租赁企业的财产，构成贪污罪，非法占有的只能是“国有财产”。

（4）贪污罪的主观方面。贪污罪的主观方面为故意，并且具有非法占有公共财物的目的。对受委托管理、经营国有财产的人员，其利用职务便利以各种手段非法占有单位财物，不要求必须明知是“国有财物”而占有才构成本罪。只要行为人知道其非法占有的是其管理、经营单位的“公物”，而不是自己或者其他个人的财产，即构成本罪。

2. 贪污罪的既遂与未遂。贪污罪存在未完成形态，当然亦存在未遂形态。其原因在于，贪污罪是直接故意犯罪，因而不排除未遂之列。其次，贪污罪是结果犯，不是行为犯，因而存在犯罪未遂的情形。

关于贪污罪犯罪既遂与犯罪未遂的区分标准，理论上存在着以下学说：

（1）失控说。这种观点认为，应以公共财物的所有人、持有人或者保管人是否丧失了对公共财物的实际控制为标准。凡实施贪污行为致使公共财物所有人、持有人或者保管人丧失了对公共财物的实际控制的，即为贪污既遂；反之，公共财物最终尚未脱离所有人、持有人或者保管人控制的，属于贪污未遂。其主要理由在于，财物的所有主要表现为对财物的占有，没有占有就不会有所有，财物一旦失去控制，所有权就被转移，所有人的占有就不复存在。因此，对所有人财物的控制与否，即为衡量财物是否丧失，犯罪结果是否发生的客观标志。①

（2）控制说。这种观点认为，应以犯罪主体是否对公共财物取得了实际控制为标准。取得实际控制的，为贪污罪既遂；没有实际控制的，是贪污未遂。因此，衡量的基点，应着眼于犯罪主体的实行行为，不能以客体是否受到侵犯而论。只有对公共财物取得了实际控制，才能表明贪污罪结果的发生。②

（3）占有说。这种观点认为，应以贪污犯是否在实际中占有了公共财物为标准。凡实际取得财物，即非法占有的，为既遂；尚未实际取得，即为没有占有的，是未遂。其主要理由在于，贪污罪是一种财物犯罪，财物是否到手，是界定有无法定犯罪结果的标尺，非法据为己有是犯罪分子积极追求的目的，最直接的反映是贪污结果的存在，脱离了结果的发生，实际占有就难以判断。

我们同意第二种观点，即应以行为人是否控制财物作为区分贪污罪既遂与未遂的标准。对于行为人利用职务上的便利，实施了虚假平账等贪污行为，但公共财物尚未实际转移，或者尚未被行为人控制就被查获的，应当认定为贪污未遂。行为人控制公共财物后，是否将财物据为己有，不影响贪污既遂的认定。

3. 关于本罪犯罪对象的相关观点。在刑法学理论上，对于无形财产、不动产、违禁品等能否成为贪污罪的犯罪对象，存在争论。一般认为，无形财产一般包括电力、煤气、天然气、技术秘密等。对于技术秘密能否成为贪污罪的犯罪对象，刑法学理论上有以下观点：

第一种观点认为，对于这种利用职务之便将本单位的技术成果非法占为己有的行为，根据刑法谦抑性原则，一般不应以犯罪来处理。这种行为作为剽窃技术成果，侵犯知识产权，以民事侵权行为对待就可以了。因为根据罪刑法定原则，技术作为商品是科技法规的规定，在《刑法》中没有反映，《刑法》对财产的界定都是限制在有形的财产范围内的。

第二种观点认为，对于这种利用职务之便将本单位的技术成果非法占为己

---

① 参见伍柳村主编：《贪污罪挪用公款罪个案研究》，四川大学出版社 1992 年版，第 76 ~ 78 页。

② 参见刘光显、张泗汉主编：《贪污、贿赂犯罪的认定与处理》，人民法院出版社 1996 年版，第 165 ~ 168 页。

有的行为，其实是利用自己的职务之便为他人谋取不正当利益的行为，破坏了市场经济体制下公平竞争的环境以及和谐的秩序，给本单位造成了较大损失，所以，应以贪污罪定罪处罚。

第三种观点认为，对上述行为应当以侵犯商业秘密罪定罪处罚。

第四种观点认为，对于上述行为应当以贪污罪定罪处罚。

对于电力、煤气、天然气等无形财产能否成为贪污罪的对象也存在争论。传统观点认为，贪污罪侵害的犯罪对象是有形财产，但是，随着现代科学技术日新月异的发展，某些无形的能源，如电力、煤气、天然气等逐渐进入了现代人的生活，人们也开始关注这类新的事物。在盗窃罪领域，盗窃电力、煤气、天然气等无形财产，基本上已经能够成为盗窃罪的犯罪对象。① 因此，有学者指出，电力、煤气、天然气等同有形财产一样具有价值和使用价值，它具备财产所有的特征，通过量化，把它们转化成为具有可衡量性的财产，国家工作人员利用职务上的便利，采用秘密的手段，侵吞大量上述无形财产，可以构成贪污罪。

对于不动产能否成为贪污罪犯罪对象的问题，刑法理论上也存在争议。有学者认为，不动产和动产一样，其所有权也应受到法律保护，也应把不动产直接规定在贪污罪的犯罪对象中。有学者认为，贪污罪的犯罪对象只限于动产，因此，不动产不能构成贪污罪的犯罪对象。还有学者对这一问题采取回避态度，不表明态度，只是笼统、概括地认为贪污罪的犯罪对象是财物。笔者认为，对于贪污不动产的犯罪，只要行为人利用职务之便，采取欺骗并非法手段，使公有不动产脱离了公有产权人的实际控制，并被行为人现实地占有，或者行为人已经就所有权的取得进行了变更登记，可认定为既遂，而且在办理产权变更登记之后，即使不动产尚未实际失去控制，也不影响贪污罪既遂的成立。

对于违禁品是否能成为贪污罪犯罪对象的问题，刑法理论上也存在肯定和否定两种意见。肯定意见的主要理由在于违禁品对社会没有任何价值，不属于财物，任何人都不可能侵犯其所有权。否定意见的主要理由是贪污罪不仅仅保护财产所有权，而且保护国家工作人员职务行为廉洁性，贪污违禁品的行为侵犯了国家工作人员职务行为的廉洁性，并且，根据我国司法解释规定，盗窃违禁品的，按照盗窃罪处理。否定论者将前述司法解释与贪污罪相对比，认为违禁品应该成为贪污罪的犯罪对象。

---

① 参见陈兴良：《盗窃罪研究》，载陈兴良主编：《刑事法判解》（第1卷），法律出版社1999年版，第11~13页。

• 适用指引 •

司法实践中，认定本罪应注意：

1. 关于本罪中数额的规定。根据《刑法》第383条第1款第1项以及《最高人民法院、最高人民检察院关于办理贪污贿赂刑事案件适用法律若干问题的解释》第1条的规定，个人贪污数额1万元以上不满3万元的，只有同时具有"较重情节"的才构成贪污罪。该司法解释较为详尽地总结了"情节较重"的具体体现，主要包括贪污款项对象特定，如贪污救灾救济等特定款项；或者态度恶劣，如拒不交代赃款赃物去向或拒不配合追缴工作，致使无法追缴的或造成其他恶劣影响或严重后果的；或者曾因贪污、受贿、挪用公款收到党纪、行政处分，或曾因故意犯罪受过刑事追究，又进行贪污的；等等。如果不具有此类较重情节，贪污公共财物不满3万元的，不以犯罪论处，可以由单位予以行政纪律处分。

2. 本罪与盗窃罪、诈骗罪、侵占罪的界限问题。本罪与盗窃罪、诈骗罪、侵占罪在犯罪对象、行为方式以及犯罪主体等方面存在一定区别。第一，犯罪对象不同。前者的犯罪对象仅限于公共财物，后者的犯罪对象可以是公共财物，也可以是公民私人所有的财物。第二，行为方式不同。前者的行为包括利用职务之便的侵吞、窃取、骗取及其他手段，后者的行为分别是特定的窃取、骗取与侵占行为，不存在利用职务之便的问题。第三，犯罪主体不同。前者为身份犯，后者为非身份犯。

3. 本罪与职务侵占罪的界限问题。两罪的根本区别在于犯罪主体、犯罪客体和犯罪对象不同。（1）犯罪主体不同。前者只能由国家工作人员和受国有单位委派，管理、经营国有财产的人员构成，后者则可由非国有公司、企业或者其他单位，如非国有事业单位、社会团体等单位中的非国家工作人员构成。（2）犯罪客体不同。前者侵犯的客体是公共财物所有权，后者侵犯的是单位财物所有权。（3）犯罪对象不同。贪污罪的犯罪主体非法占有的只能是包括国有财产在内的公共财产，而职务侵占罪的犯罪主体非法占有的既可以是公共财产，也可以是非公有的财产。

4. 本罪的共犯问题。《刑法》第382条第3款规定，与国家工作人员或者受委托管理、经营国有财产的人员勾结，伙同贪污的，以共犯论处。与上述人员伙同贪污的人员的身份，《刑法》并没有予以明确限制，其在共同犯罪中的地位、作用，《刑法》亦未予以限定。因此，这部分人不论是否属于国家工作人员，是否属于被委托管理、经营国有财产的人员，也不论其在共同犯罪中处于主犯还是从犯的地位，都构成贪污罪的共犯，对所有共同犯罪人均应以贪污罪定罪处罚。其中，参与共同犯罪的人，必须是利用了其中的国家工作人员或者受委托管理、经营国有财产人员的职务上的便利，非法占有了公共财物或国有财物。对此，《最高人民法院关于审理贪污、职务侵占案件如何认定共同犯罪几个问题的解释》已经予以明确规定。关于国家工作人员与非国有公司、企业等单位工作人员共同在合资公司、企业等单位工作，相互勾结，共同侵吞单位财物的，上述司法解释第3条明确规定："公司、企业或者其他单位中，不具有国家工作人员身份的人与国家工作人员勾结，分别利用各自的职务便利，共同将本单位财物非法占为已有的，按照主犯的犯罪性质定罪。"值得注意的是，这与前条司法解释规定之不同之处在于，前条司法解释规定的是行为人本身不具有职务上的便利，而是纯粹利用国家工作人员的职务便利，非法占有公共财物，按照《刑法》第383条第3款的规定定罪处罚。本条司法解释则是对具有不同身份共同犯罪的各行为人，分别利用自己的职务便利，伙同侵吞本单位财物时，如何对全案定性作出的特别规定。①

另外需要指出的是，在国家工作人员与不具有国家工作人员身份的人，分别利用各自职务便利，共同将本单位财物非法占为已有的共同犯罪中，有时可能难以分出主从犯。对此，根据《全国法院审理经济犯罪案件工作座谈会纪要》之精神，全案可以以贪污罪定罪处罚。

5. 关于本罪的一罪与数罪问题。行为人如果通过伪造国家机关公文、证件等方式而担任国家工作人员职务，在担任职务期间，实施了贪污行为，对此行为该是以一罪还是数罪论处？一般认为，上述人员的职务虽然是通过非法手段获取的，但是在任职之后，所从事的也应该属于公务。因此，如果行为人在担任有关职务期间，又利用职务便利实施侵占本单位财物等行为，构成犯罪的，应当分别以伪造国家机关公文、证件罪和贪污罪等追究刑事责任，实行数罪并罚。②

第三百八十三条　贪污罪的刑事责任

【法律规定】

• 法律条文 •

《中华人民共和国刑法》

第三百八十三条　对犯贪污罪的，根据情节轻重，分别依照下列规定

① 参见周道鸾、张军主编：《刑法罪名精释》，人民法院出版社2007年版，第812页。

② 《最高人民法院研究室关于对行为人通过伪造国家机关公文、证件担任国家工作人员职务并利用职务上的便利侵占本单位财物、收受贿赂、挪用本单位资金等行为如何适用法律问题的答复》（法研〔2004〕38号），载《解读最高人民法院请示与答复》（增订本），人民法院出版社2005年版，第24页；周道鸾、张军主编：《刑法罪名精释》，人民法院出版社2007年版，第813页。

处罚：

（一）贪污数额较大或者有其他较重情节的，处三年以下有期徒刑或者拘役，并处罚金。

（二）贪污数额巨大或者有其他严重情节的，处三年以上十年以下有期徒刑，并处罚金或者没收财产。

（三）贪污数额特别巨大或者有其他特别严重情节的，处十年以上有期徒刑或者无期徒刑，并处罚金或者没收财产；数额特别巨大，并使国家和人民利益遭受特别重大损失的，处无期徒刑或者死刑，并处没收财产。

对多次贪污未经处理的，按照累计贪污数额处罚。

犯第一款罪，在提起公诉前如实供述自己罪行、真诚悔罪、积极退赃，避免、减少损害结果的发生，有第一项规定情形的，可以从轻、减轻或者免除处罚；有第二项、第三项规定情形的，可以从轻处罚。

犯第一款罪，有第三项规定情形被判处死刑缓期执行的，人民法院根据犯罪情节等情况可以同时决定在其死刑缓期执行二年期满依法减为无期徒刑后，终身监禁，不得减刑、假释。

• 相关规定 •

《最高人民法院、最高人民检察院关于办理贪污贿赂刑事案件适用法律若干问题的解释》（法释〔2016〕9号）

第一条 贪污或者受贿数额在三万元以上不满二十万元的，应当认定为刑法第三百八十三条第一款规定的“数额较大”，依法判处三年以下有期徒刑或者拘役，并处罚金。

贪污数额在一万元以上不满三万元，具有下列情形之一的，应当认定为刑法第三百八十三条第一款规定的“其他较重情节”，依法判处三年以下有期徒刑或者拘役，并处罚金：

（一）贪污救灾、抢险、防汛、优抚、扶贫、移民、救济、防疫、社会捐助等特定款物的；

（二）曾因贪污、受贿、挪用公款受过党纪、行政处分的；

（三）曾因故意犯罪受过刑事追究的；

（四）赃款赃物用于非法活动的；

（五）拒不交待赃款赃物去向或者拒不配合追缴工作，致使无法追缴的；

（六）造成恶劣影响或者其他严重后果的。

……

第二条 贪污或者受贿数额在二十万元以上不满三百万元的，应当认定为刑法第三百八十三条第一款规定的“数额巨大”，依法判处三年以上十年以下有期徒刑，并处罚金或者没收财产。

贪污数额在十万元以上不满二十万元，具有本解释第一条第二款规定的情形之一的，应当认定为刑法第三百八十三条第一款规定的“其他严重情节”，依法判处三年以上十年以下有期徒刑，并处罚金或者没收财产。

……

第三条 贪污或者受贿数额在三百万元以上的，应当认定为刑法第三百八十三条第一款规定的“数额特别巨大”，依法判处十年以上有期徒刑、无期徒刑或者死刑，并处罚金或者没收财产。

贪污数额在一百五十万元以上不满三百万元，具有本解释第一条第二款规定的情形之一的，应当认定为刑法第三百八十三条第一款规定的“其他特别严重情节”，依法判处十年以上有期徒刑、无期徒刑或者死刑，并处罚金或者没收财产。

……

第四条 贪污、受贿数额特别巨大，犯罪情节特别严重、社会影响特别恶劣、给国家和人民利益造成特别重大损失的，可以判处死刑。

符合前款规定的情形，但具有自首，立功，如实供述自己罪行、真诚悔罪、积极退赃，或者避免、减少损害结果的发生等情节，不是必须立即执行的，可以判处死刑缓期二年执行。

符合第一款规定情形的，根据犯罪情节等情况可以判处死刑缓期二年执行，同时裁判决定在其死刑缓期执行二年期满依法减为无期徒刑后，终身监禁，不得减刑、假释。

……

第十六条 国家工作人员出于贪污、受贿的故意，非法占有公共财物、收受他人财物之后，将赃款赃物用于单位公务支出或者社会捐赠的，不影响贪污罪、受贿罪的认定，但量刑时可以酌情考虑。

……

第十八条 贪污贿赂犯罪分子违法所得的一切财物，应当依照刑法第六十四条的规定予以追缴或者责令退赔，对被害人的合法财产应当及时返还。对尚未追缴到案或者尚未足额退赔的违法所得，应当继续追缴或者责令退赔。

第十九条 对贪污罪、受贿罪判处三年以下有期徒刑或者拘役的，应当并处十万元以上五十万元以下的罚金；判处三年以上十年以下有期徒刑的，应当并处二十万元以上犯罪数额二倍以下的罚金或者没收财产；判处十年以上有期徒刑或者无期徒刑的，应当并处五十万元以上犯罪数额二倍以下的罚金或者没收财产。

对刑法规定并处罚金的其他贪污贿赂犯罪，应当在十万元以上犯罪数额二倍以下判处罚金。

《最高人民法院、最高人民检察院关于办理职务犯罪案件严格适用缓刑、免予刑事处罚若干问题的意见》（法发〔2012〕17号）

为进一步规范贪污贿赂、渎职等职务犯罪案件缓刑、免予刑事处罚的适用，确保办理职务犯罪案件的法律效果和社会效果，根据刑法有关规定并结合司法工作实际，就职务犯罪案件缓刑、免予刑事处罚的具体适用问题，提出以下意见：

一、严格掌握职务犯罪案件缓刑、免予刑事处罚的适用。职务犯罪案件的刑罚适用直接关系反腐败工作的实际效果。人民法院、人民检察院要深刻认识职务犯罪的严重社会危害性，正确贯彻宽严相济刑事政策，充分发挥刑罚的惩治和预防功能。要在全面把握犯罪事实和量刑情节的基础上严格依照刑法规定的条件适用缓刑、免予刑事处罚，既要考虑从宽情节，又要考虑从严情节；既要做到刑罚与犯罪相当，又要做到刑罚执行方式与犯罪相当，切实避免缓刑、免予刑事处罚不当适用造成的消极影响。

二、具有下列情形之一的职务犯罪分子，一般不适用缓刑或者免予刑事处罚：

（一）不如实供述罪行的；

（二）不予退缴赃款赃物或者将赃款赃物用于非法活动的；

（三）属于共同犯罪中情节严重的主犯的；

（四）犯有数个职务犯罪依法实行并罚或者以一罪处理的；

（五）曾因职务违纪违法行为受过行政处分的；

（六）犯罪涉及的财物属于救灾、抢险、防汛、优抚、扶贫、移民、救济、防疫等特定款物的；

（七）受贿犯罪中具有索贿情节的；

（八）渎职犯罪中徇私舞弊情节或者滥用职权情节恶劣的；

（九）其他不应适用缓刑、免予刑事处罚的情形。

三、不具有本意见第二条规定的情形，全部退缴赃款赃物，依法判处三年有期徒刑以下刑罚，符合刑法规定的缓刑适用条件的贪污、受贿犯罪分子，可以适用缓刑；符合刑法第三百八十三条第一款第（三）项的规定，依法不需要判处刑罚的，可以免予刑事处罚。

不具有本意见第二条所列情形，挪用公款进行营利活动或者超过三个月未还构成犯罪，一审宣判前已将公款归还，依法判处三年有期徒刑以下刑罚，符合刑法规定的缓刑适用条件的，可以适用缓刑；在案发前已归还，情节轻微，不需要判处刑罚的，可以免予刑事处罚。

四、人民法院审理职务犯罪案件时应当注意听取检察机关、被告人、辩护人提出的量刑意见，分析影响性案件案发前后的社会反映，必要时可以征求案件查办等机关的意见。对于情节恶劣、社会反映强烈的职务犯罪案件，不得适用缓刑、免予刑事处罚。

五、对于具有本意见第二条规定的情形之一，但根据全案事实和量刑情节，检察机关认为确有必要适用缓刑或者免予刑事处罚并据此提出量刑建议的，应经检察委员会讨论决定；审理法院认为确有必要适用缓刑或者免予刑事处罚的，应经审判委员会讨论决定。

《最高人民法院、最高人民检察院关于办理职务犯罪案件认定自首、立功等量刑情节若干问题的意见》（法发〔2009〕13号）

为依法惩处贪污贿赂、渎职等职务犯罪，根据刑法和相关司法解释的规定，结合办案工作实际，现就办理职务犯罪案件有关自首、立功等量刑情节的认定和处理问题，提出如下意见：

一、关于自首的认定和处理

根据刑法第六十七条第一款的规定，成立自首需同时具备自动投案和如实供述自己的罪行两个要件。犯罪事实或者犯罪分子未被办案机关掌握，或者虽被掌握，但犯罪分子尚未受到调查谈话、讯问，或者未被宣布采取调查措施或者强制措施时，向办案机关投案的，是自动投案。在此期间如实交代自己的主要犯罪事实的，应当认定为自首。

犯罪分子向所在单位等办案机关以外的单位、组织或者有关负责人员投案的，应当视为自动投案。

没有自动投案，在办案机关调查谈话、讯问、采取调查措施或者强制措施期间，犯罪分子如实交代办案机关掌握的线索所针对的事实的，不能认定为自首。

没有自动投案，但具有以下情形之一的，以自首论：（1）犯罪分子如实交代办案机关未掌握的罪行，与办案机关已掌握的罪行属不同种罪行的；（2）办案机关所掌握线索针对的犯罪事实不成立，在此范围外犯罪分子交代同种罪行的。

单位犯罪案件中，单位集体决定或者单位负责人决定而自动投案，如实交代单位犯罪事实的，或者单位直接负责的主管人员自动投案，如实交代单位犯罪事实的，应当认定为单位自首。单位自首的，直接负责的主管人员和直接责任人员未自动投案，但如实交代自己知道的犯罪事实的，可以视为自首；拒不交代自己知道的犯罪事实或者逃避法律追究的，不应当认定为自首。单位没有自首，直接责任人员自动投案并如实交代自己知道的犯罪事实的，对该直接责任人员应当认定为自首。

对于具有自首情节的犯罪分子，办案机关移送案件时应当予以说明并移交相关证据材料。

对于具有自首情节的犯罪分子，应当根据犯罪的事实、性质、情节和对于社会的危害程度，结合自动投案的动机、阶段、客观环境，交代犯罪事实的完整性、稳定性以及悔罪表现等具体情节，依法决定是否从轻、减轻或者免除处罚以及从轻、减轻处罚的幅度。

二、关于立功的认定和处理

立功必须是犯罪分子本人实施的行为。为使犯罪分子得到从轻处理，犯罪分子的亲友直接向有关机关揭发他人犯罪行为，提供侦破其他案件的重要线索，或者协助司法机关抓捕其他犯罪嫌疑人的，不应当认定为犯罪分子的立功表现。

据以立功的他人罪行材料应当指明具体犯罪事实；据以立功的线索或者协助行为对于侦破案件或者抓捕犯罪嫌疑人要有实际作用。犯罪分子揭发他人犯罪行为时没有指明具体犯罪事实的；揭发的犯罪事实与查实的犯罪事实不具有关联性的；提供的线索或者协助行为对于其他案件的侦破或者其他犯罪嫌疑人的抓捕不具有实际作用的，不能认定为立功表现。

犯罪分子揭发他人犯罪行为，提供侦破其他案件重要线索的，必须经查证属实，才能认定为立功。审查是否构成立功，不仅要审查办案机关的说明材料，还要审查有关事实和证据以及与案件定性处罚相关的法律文书，如立案决定书、逮捕决定书、侦查终结报告、起诉意见书、起诉书或者判决书等。

据以立功的线索、材料来源有下列情形之一的，不能认定为立功：(1）本人通过非法手段或者非法途径获取的；（2）本人因原担任的查禁犯罪等职务获取的；(3）他人违反监管规定向犯罪分子提供的；（4）负有查禁犯罪活动职责的国家机关工作人员或者其他国家工作人员利用职务便利提供的。

犯罪分子检举、揭发的他人犯罪，提供侦破其他案件的重要线索，阻止他人的犯罪活动，或者协助司法机关抓捕的其他犯罪嫌疑人，犯罪嫌疑人、被告人依法可能被判处无期徒刑以上刑罚的，应当认定为有重大立功表现。其中，可能被判处无期徒刑以上刑罚，是指根据犯罪行为的事实、情节可能判处无期徒刑以上刑罚。案件已经判决的，以实际判处的刑罚为准。但是，根据犯罪行为的事实、情节应当判处无期徒刑以上刑罚，因被判刑人有法定情节经依法从轻、减轻处罚后判处有期徒刑的，应当认定为重大立功。

对于具有立功情节的犯罪分子，应当根据犯罪的事实、性质、情节和对于社会的危害程度，结合立功表现所起作用的大小、所破获案件的罪行轻重、所抓获犯罪嫌疑人可能判处的法定刑以及立功的时机等具体情节，依法决定是否从轻、减轻或者免除处罚以及从轻、减轻处罚的幅度。

三、关于如实交代犯罪事实的认定和处理

犯罪分子依法不成立自首，但如实交代犯罪事实，有下列情形之一的，可以酌情从轻处罚：（1）办案机关掌握部分犯罪事实，犯罪分子交代了同种其他犯罪事实的；（2）办案机关掌握的证据不充分，犯罪分子如实交代有助于收集定案证据的。

犯罪分子如实交代犯罪事实，有下列情形之一的，一般应当从轻处罚：（1）办案机关仅掌握小部分犯罪事实，犯罪分子交代了大部分未被掌握的同种犯罪事实的；（2）如实交代对于定案证据的收集有重要作用的。

四、关于赃款赃物追缴等情形的处理

贪污案件中赃款赃物全部或者大部分追缴的，一般应当考虑从轻处罚。

受贿案件中赃款赃物全部或者大部分追缴的，视具体情况可以酌定从轻处罚。

犯罪分子及其亲友主动退赃或者在办案机关追缴赃款赃物过程中积极配合的，在量刑时应当与办案机关查办案件过程中依职权追缴赃款赃物的有所区别。

职务犯罪案件立案后，犯罪分子及其亲友自行挽回的经济损失，司法机关或者犯罪分子所在单位及其上级主管部门挽回的经济损失，或者因客观原因减少的经济损失，不予扣减，但可以作为酌情从轻处罚的情节。

《最高人民法院关于办理减刑、假释案件具体应用法律的补充规定》（法释〔2019〕6号）

第六条 对本规定所指贪污贿赂罪犯适用假释时，应当从严掌握。

【案例】

窦某某、冼某某贪污案①

• 案件事实 •

窦某某自1995年5月起，担任中国有色金属材料华东公司（以下简称华东公司）期货部经理。冼某某自1995年4月至1996年6月间，任上海市金属材料总公司（以下简称金属公司）期货部报单员。二人因业务关系相识后，冼某某提出，以其丈夫朱某的名义开设私人账户。窦某某同意，在华东公司期货部为冼某某设立了编码为034的私人账户。

1995年11月1日，冼某某电话委托窦某某，在034账户上买入交割期为1995年11月、代号为9511的胶合板300手（每手200张，买入价为每张43.7元）。成交后，胶合板行情下跌，冼某某为避免个人损失，利用其报单员的职务便利，通知窦某某将这300手合约转入金属公司开设的001期货自营账户上。窦某某同意，但提出冼某某必须向该公司副总经理何某报告。当日交易所收盘后，窦某某通知华东公司的结算人员，将原本应入034私人账户上的300手胶合板合约，转入金属公司的001自营账户。冼某某则对何某谎称，该300

① 参见《中华人民共和国最高人民法院公报》2003年第2期。

手合约是其听错指令购入的，因此得到金属公司认可，记入该公司持仓情况汇总表。11 月 1 日胶合板的收盘价为每张 43.06 元。因冼某某的转嫁行为，300 手胶合板合约使得金属公司当天持仓亏损 38400 元。之后，冼某某按何某的指令，将这 300 手合约平仓卖出，共亏损 269000 元。

1995 年 11 月 17 日，冼某某电话通知窦某某，要求在 034 账户上买入交割期为 1995 年 12 月、代号为 9512 的红小豆 400 手（每手 2 吨，每吨买入价为 2380 元）。成交后，红小豆价格上涨，冼某某电话通知窦某某下仓。而窦某某认为红小豆的行情还会继续上涨，劝冼某某再看一看，冼某某同意。但在当日临收盘前，红小豆价格下跌。交易所收盘后，冼某某给窦某某打电话，责怪其没有及时平仓。窦某某坚称此行情还会看好，并表示如果冼某某后悔，这 400 手可算在他们公司的自营账户上，冼某某听后默认。窦某某随后电话通知华东公司结算人员，将原本应入冼某某私人账户上的合约，转入华东公司编号为 018 的自营账户上。当日红小豆的收盘价为每吨 2345 元，400 手红小豆合约使华东公司当天持仓亏损 28000 元。同年 11 月 22 日，窦某某因担心红小豆行情继续下跌会影响当年利润指标的完成，遂决定将 400 手红小豆平仓，此举使华东公司亏损 244000 元。平仓后，红小豆行情反弹，窦某某又大量买入后不久即平仓，又使华东公司获利。

案发后，被告人窦某某退缴 44 万元，被告人冼某某退缴 9 万元。

• 裁判要旨 •

贪污共同犯罪中，共犯对犯罪数额总额如何承担刑事责任。

• 裁判理由 •

上海市黄浦区人民法院经审理认为：本案所涉被告人的行为，发生在 1995 年 11 月。1988 年 1 月 21 日，第六届全国人民代表大会常务委员会第二十四次会议通过的《关于惩治贪污罪贿赂罪的补充规定》第 2 条，对贪污罪的起刑点作如下规定：个人贪污数额不满 2000 元，情节较重的，处二年以下有期徒刑或者拘役；情节较轻的，由其所在单位或者上级主管机关酌情给予行政处分。1997 年修正的《刑法》第 383 条第 4 项规定，个人贪污数额不满 5000 元，情节较重的，处二年以下有期徒刑或者拘役；情节较轻的，由其所在单位或者上级主管机关酌情给予行政处分。两相比较，修改后的刑法处刑较轻。根据《刑法》第 12 条规定的从旧兼从轻原则，对本案应适用修改后的刑法定罪量刑。

被告人窦某某、冼某某身为国有企业中的工作人员，在为各自单位从事期货交易活动中，利用职务便利，采取欺骗手法，将私人账户上的期货合约在价格下跌时分别转入国有企业的账户，造成国有企业在转入当天的持仓亏损分别为 38400 元、28000 元。这种向国有企业转嫁个人损失的做法，虽然没有表现为直接地占有国有财物，但实质是以国有企业亏损来弥补个人损失的手段占有国有财物，是非法占有的一种行为。依照《刑法》第382条的规定，窦某某、冼某某的行为构成贪污罪，公诉机关指控的罪名成立。本案的贪污数额，应按窦某某、冼某某移仓当日的结算价计算。

根据1995年9月《苏州商品交易所结算细则》的规定，期货合约成交当天的持仓亏损，应从当天的资金结算账户中扣划。合约成交后至平仓的整个持仓过程中每日发生的持仓盈亏，既与成交当天的持仓亏损有联系，又不同于成交当天的持仓亏损，二者是有区别的。区别在于，持仓过程中每日发生的持仓盈亏与每日的期货行情有关，由期货行情决定，是不确定的；而成交当天的持仓亏损，却因应从当天的资金结算账户中扣划，而成为确定的、实际发生的损失。持仓过程中每日发生的持仓盈亏，与持仓者参与的当日期货交易活动有关；而成交当天的持仓亏损，却是成交当天期货交易活动结束后资金结算的结果。二者不能混为一谈。

被告人窦某某、冼某某身为国有企业中的工作人员，利用职务便利，实施了把价格下跌的私人账户期货合约转入国有企业账户的行为，移仓当日给国有企业造成共计66400元的当天持仓亏损，这是认定二人行为构成贪污罪的事实基础。二人转入的期货合约在国有企业持仓期间发生的盈亏，虽与二人的转入行为有一定联系，但不由二人的转入行为决定，而是由期货行情决定。因此这时发生的盈亏，不是认定二人行为能否构成犯罪的情节，只是对二人量刑时可考虑的因素。

《刑法》第25条第1款规定，共同犯罪是指二人以上共同故意犯罪。被告人冼某某为了牟利而开设034账户私下进行期货交易，盈利归自己，亏损即转嫁给国有企业；被告人窦某某为了多揽客户，同意为冼某某设立私人账户，并在冼某某预谋转嫁损失时与其配合，分别向各自所在的单位隐瞒事实真相，以实现向国有企业转嫁个人期货亏损的犯罪目的。二人是共同犯罪，应当根据二人在共同犯罪中所起的作用，分别确定刑事责任。二人转嫁亏损获取的违法所得，应当根据《刑法》第64条的规定予以追缴。

对被告人窦某某、冼某某提出的关于成交当天的持仓亏损是不确定的损失，没有占用公司财产，作红小豆交易还使公司获利，因此行为不构成贪污罪，更不是共同犯罪等辩解，不予采纳。此外，窦某某、冼某某到案后，虽能坦白交代各自的犯罪事实，但不是自动投案，不具备法律规定的自首条件，故对以自首要求给予缓刑或免予刑事处罚的辩解，亦不予采纳，但可根据二人到案后坦白交代和退赃的表现，酌情从轻处罚。据此，上海市黄浦区人民法院于2002年8月21日判决：一、被告人窦某某犯贪污罪，判处有期徒刑一年六个月。二、被告人冼某某犯贪污罪，判处有期徒刑一年九个月。

【学理分析及适用指引】

• 学理分析 •

1. 贪污犯罪刑事责任模式的重大完善。长期以来，《刑法》关于贪污受贿犯罪的刑事责任基本上采取以数额论的模式。从实践的情况看，规定数额虽然明确具体，但此类犯罪情节差别很大，情况复杂，单纯考虑数额，难以全面反映具体个罪的社会危害性。同时，数额规定过于刻板，有时难以根据案件的不同情况做到罪刑相适应，量刑不统一。《刑法修正案（九）》对贪污受贿罪的刑事责任模式进行了重大修正，改变了以往仅依赖数额来确定法定刑的做法，建立了以“犯罪数额＋犯罪情节”相结合的贪贿犯罪刑事责任模式。具体而言，根据涉案的犯罪数额与犯罪情节，将贪污犯罪的刑事责任设置了四个法定刑档次：一是贪污数额较大或者有较重情节的，处三年以下有期徒刑或者拘役，并处罚金；二是贪污数额巨大或者有严重情节的，处三年以上十年以下有期徒刑，并处罚金或者没收财产；三是贪污数额特别巨大或者有特别严重情节的，处十年以上有期徒刑或者无期徒刑，并处罚金或者没收财产；四是贪污数额特别巨大且导致国家、人民利益遭受特别重大损失的，处无期徒刑或者死刑，并处没收财产。

关于决定或影响贪污罪的贪污数额的具体标准与犯罪情节的具体表现，可依照最高人民法院、最高人民检察院2016年4月18日联合发布的《关于办理贪污贿赂刑事案件适用法律若干问题的解释》规定办理。

2. 重大贪污贿赂犯罪分子的终身监禁制度。为了应对严惩腐败，在对重大贪腐行为保持刑罚高压的同时又不能过于依赖死刑的适用，《刑法修正案（九）》创设了终身监禁制度。即对于贪污受贿数额特别巨大、情节特别严重的犯罪分子，特别是其中本应当判处死刑的，根据慎用死刑的刑事政策，结合案件的具体情况，对其判处死刑缓期二年执行依法减为无期徒刑后，采取终身监禁措施，不得减刑、假释。理论上认为，《刑法修正案（九）》创设的终身监禁，其功能和定位具有双重性：从死刑立即执行的角度看，终身监禁属于部分死刑立即执行的替代性措施；从其与死刑缓期执行的角度看，终身监禁属于死刑与普通死缓之间的中间刑罚。① 对特别重大贪腐分子适用终身监禁制度，有利于体现罪刑相适应的刑法原则，维护司法公正，防止在司法实践中出现这类罪犯通过减刑等途径导致服刑期过短的情形，符合宽严相济的刑事政策。当然，从刑法理论和刑事司法实践的角度来看，终身监禁制度与死刑制度一样，对其适用应谨慎而为之，应视作刑事制裁的最后手段。一方面，在一定程度

---

① 参见袁登明等：《〈刑法修正案（九）〉中的终身监禁研究》，载《法律适用》2016年第3期。

上，同《刑法修正案（八）》所确立的死缓限制减刑制度一样，终身监禁也可视为死刑的替代措施，必将有助于减少对死刑适用的不当依赖；另一方面，终身监禁的适用有严格的条件限制，其适用的对象是贪污受贿数额特别巨大且造成国家和人民利益特别重大损失、情节特别严重的犯罪分子而本应当判处死刑立即执行的犯罪分子。

3. 共同贪污犯罪案件中的犯罪数额认定问题。在共同贪污犯罪中，贪污数额既有共同贪污的总数额，又有各共犯在贪污后分赃形成的个人所得数额，对各共犯应当根据什么数额定罪处罚，在刑法学界，主要有如下几种认识观点：

（1）分赃数额说。该说主张各共犯只对自己实际分得的赃物的数额承担刑事责任。"一般共同犯罪原则上应以个人所得数额作为处罚的基础，同时考虑其在共同犯罪中的地位和作用，综合予以量刑。但是，对于集团犯罪的首犯，则应当按照共同犯罪的总额处罚。"①

（2）犯罪总额说。该说主张共同犯罪的总额作为确定各共犯的刑事责任的依据。"在经济犯罪案件中，所有共犯都应对他们造成的公共财产损失的总额负责，而不应搞所谓的'分别负责'。当然，在决定各个犯罪成员的处罚时，应根据各共犯所起的作用和责任的大小，认罪态度的好坏等加以区别对待，但是，这种区别只能建立在对他们共同犯罪结果负责的基础之上的区别，否则，共同犯罪和个人犯罪就没有什么区别了。"②

（3）平均数额说。该说认为对各贪污共犯的处罚应当依照各贪污共犯所得贪污总额的平均数额，分担刑事责任大小。

（4）分别说。该说认为对各共同犯罪人刑事责任的承担应分不同情况确定。即一般共犯，包括其中的主犯、从犯，应以个人所得的数额为基准适用法律条款，再依据其在共同犯罪中的地位和作用，综合确定应受的刑罚；对于贪污集团首要分子，其他共同犯罪中情节严重的主犯，应以共同贪污的总数额作为量刑的基本尺度，并以此适用法律条款，再结合考虑其在共同犯罪中所起的作用，综合予以量刑。③

司法实践中一般赞同"犯罪总额说"。该说不仅准确反映了共同犯罪的社会危害性程度，体现了责任自负的原则，更重要的是符合我国《刑法》关于共同犯罪的一般规定和共同犯罪的特点。因为共同犯罪虽然是共同犯罪人个别行为所组成的，但不是这些行为的简单相加，而是在各个共同犯罪人的共同故意支配的基础上所形成的一个有机联系的整体。就贪污罪的共同犯罪形态而

---

① 单长宗、欧阳涛：《谈谈经济领域严重犯罪案件的定罪量刑问题》，载《法学研究》1983 年第 3 期。

② 孙振东：《经济共同犯罪中的赃款数额与定罪量刑》，载《法学》1983 年第 9 期。

③ 参见刘光显、张泗汉主编：《贪污贿赂罪的认定与处理》，人民法院出版社 1996 年版，第 184 页。

言，共同犯罪数额是由于各共犯基于共同贪污故意，实施的共同贪污行为形成的，这就决定了他们对参与总额承担刑事责任的主客观基础。根据《全国法院审理经济犯罪案件工作座谈会纪要》规定，在共同贪污犯罪案件中，"个人贪污数额"应理解为个人所参与或者组织、指挥共同贪污的数额，不能只按个人实际分得的赃款数额来认定。

理论上一般认为，各共犯对参与总额负责，绝不意味着参与总额相等的各共犯要负同等责任。数额只是决定各共犯罪重罪轻的一个主要界限。把参与总额绝对化而排斥其他情节对刑事责任的影响是片面的，也是违背司法解释的精神的。因此，在总的法定刑幅度确定以后，应当根据各共犯在共同犯罪中所起的作用、所处的地位以及他们分赃情况来确定主犯、从犯、胁从犯等，主犯从重处罚，从犯、胁从犯分别依法从轻、减轻或免除处罚。如果按照共同犯罪原则确定主从犯后，有的共犯还有其他从轻、减轻情节的（如自首、立功等），则可将几个量刑情节联系起来综合考虑。总之，在对共同贪污犯罪各共犯具体量刑时，还必须全面考虑到各种因素对量刑幅度的影响，不能只抓一点，不及其余。

• 适用指引 •

司法实践中，正确认定本罪的刑事责任应注意：

1. 正确理解"个人贪污数额"之规定。在共同贪污犯罪案件中，"个人贪污数额"应理解为个人所参与或组织、指挥共同贪污的数额，不能只按个人实际分得的赃款数额来认定。对共同贪污犯罪中的从犯，应当按照其所参与的共同贪污的数额确定量刑幅度，并依照《刑法》第27条第2款的规定，应当比照主犯，从轻、减轻处罚或者免除处罚。

2. 适用本条应注意定罪量刑中适用死刑的条件。根据《刑法修正案（九）》及相关司法解释规定，贪污数额特别巨大并使国家和人民利益遭受特别重大损失的，依法判处"无期徒刑或者死刑，并处没收财产"。其中，依法可以适用死刑的条件是同时符合如下四个"特别"条件：贪污数额特别巨大、犯罪情节特别严重、社会影响特别恶劣、给国家和人民利益造成特别重大损失的情形。

3. 贪污罪从宽处罚的规定。《刑法修正案（九）》在对严重贪腐行为保持刑罚高压手段的同时，基于宽严相济刑事政策，规定了从宽处罚的思路与条件。具体而言：贪污数额较大或者有其他较重情节，原本应在"三年以下有期徒刑或者拘役，并处罚金"这一法定刑幅度内量刑时，若被告人在提起公诉前如实供述自己罪行、真诚悔罪、积极退赃，避免、减少损害结果的发生，可以从轻、减轻或者免除处罚；但是若属于《刑法》第383条第1款第2项、第3项规定情形的（即原本应在三年以上有期徒刑幅度内量刑的），只是"可以从轻处罚”。

4. 正确掌握多次贪污未经处理，按照累计贪污数额处罚的规定。根据《刑法》规定，对多次贪污未经处理的，按照累计贪污数额处罚。“多次贪污未经处理”，是指贪污行为未被发现或者虽经发现但未给予刑事处罚或者任何行政纪律处分。多次贪污未经处理，按照累计贪污数额处罚，也应遵循《刑法》第87条、第89条关于追诉时效的规定，即累计计算的贪污数额，必须是在追诉期限以内的贪污行为产生的。在追诉期限以内又犯贪污罪的，前次犯罪追诉期限，从犯后罪之日起计算。

第三百八十四条 挪用公款罪

【法律规定】

• 法律条文 •

《中华人民共和国刑法》

第三百八十四条 国家工作人员利用职务上的便利，挪用公款归个人使用，进行非法活动的，或者挪用公款数额较大、进行营利活动的，或者挪用公款数额较大、超过三个月未还的，是挪用公款罪，处五年以下有期徒刑或者拘役；情节严重的，处五年以上有期徒刑。挪用公款数额巨大不退还的，处十年以上有期徒刑或者无期徒刑。

挪用用于救灾、抢险、防汛、优抚、扶贫、移民、救济款物归个人使用的，从重处罚。

• 相关规定 •

《全国人民代表大会常务委员会关于〈中华人民共和国刑法〉第三百八十四条第一款的解释》

全国人民代表大会常务委员会讨论了刑法第三百八十四条第一款规定的国家工作人员利用职务上的便利，挪用公款“归个人使用”的含义问题，解释如下：

有下列情形之一的，属于挪用公款“归个人使用”：

（一）将公款供本人、亲友或者其他自然人使用的；

（二）以个人名义将公款供其他单位使用的；

（三）个人决定以单位名义将公款供其他单位使用，谋取个人利益的。

《全国人民代表大会常务委员会关于〈中华人民共和国刑法〉第九十三条第二款的解释》

村民委员会等村基层组织人员协助人民政府从事下列行政管理工作，属于刑法第九十三条第二款规定的“其他依照法律从事公务的人员”：

（一）救灾、抢险、防汛、优抚、扶贫、移民、救济款物的管理；

（二）社会捐助公益事业款物的管理；

（三）国有土地的经营和管理；

（四）土地征收、征用补偿费用的管理；

（五）代征、代缴税款；

（六）有关计划生育、户籍、征兵工作；

（七）协助人民政府从事的其他行政管理工作。

村民委员会等村基层组织人员从事前款规定的公务，利用职务上的便利，非法占有公共财物、挪用公款、索取他人财物或者非法收受他人财物，构成犯罪的，适用刑法第三百八十二条和第三百八十三条贪污罪、第三百八十四条挪用公款罪、第三百八十五条和第三百八十六条受贿罪的规定。

《最高人民法院、最高人民检察院关于办理贪污贿赂刑事案件适用法律若干问题的解释》（法释〔2016〕9号）

第五条 挪用公款归个人使用，进行非法活动，数额在三万元以上的，应当依照刑法第三百八十四条的规定以挪用公款罪追究刑事责任；数额在三百万元以上的，应当认定为刑法第三百八十四条第一款规定的“数额巨大”。具有下列情形之一的，应当认定为刑法第三百八十四条第一款规定的“情节严重”：

（一）挪用公款数额在一百万元以上的；

（二）挪用救灾、抢险、防汛、优抚、扶贫、移民、救济特定款物，数额在五十万元以上不满一百万元的；

（三）挪用公款不退还，数额在五十万元以上不满一百万元的；

（四）其他严重的情节。

第六条 挪用公款归个人使用，进行营利活动或者超过三个月未还，数额在五万元以上的，应当认定为刑法第三百八十四条第一款规定的“数额较大”；数额在五百万元以上的，应当认定为刑法第三百八十四条第一款规定的“数额巨大”。具有下列情形之一的，应当认定为刑法第三百八十四条第一款规定的“情节严重”：

（一）挪用公款数额在二百万元以上的；

（二）挪用救灾、抢险、防汛、优抚、扶贫、移民、救济特定款物，数额在一百万元以上不满二百万元的；

（三）挪用公款不退还，数额在一百万元以上不满二百万元的；

（四）其他严重的情节。

《全国法院审理经济犯罪案件工作座谈会纪要》（法发〔2003〕167号）

四、关于挪用公款罪

（一）单位决定将公款给个人使用行为的认定

经单位领导集体研究决定将公款给个人使用，或者单位负责人为了单位的利益，决定将公款给个人使用的，不以挪用公款罪定罪处罚。上述行为致使单位遭受重大损失，构成其他犯罪的，依照刑法的有关规定对责任人员定罪处罚。

（二）挪用公款供其他单位使用行为的认定

根据全国人大常委会《关于〈中华人民共和国刑法〉第三百八十四条第一款的解释》的规定，"以个人名义将公款供其他单位使用的"、"个人决定以单位名义将公款供其他单位使用，谋取个人利益的"，属于挪用公款"归个人使用"。在司法实践中，对于将公款供其他单位使用的，认定是否属于"以个人名义"，不能只看形式，要从实质上把握。对于行为人逃避财务监管，或者与使用人约定以个人名义进行，或者借款、还款都以个人名义进行，将公款给其他单位使用的，应认定为"以个人名义"。"个人决定"既包括行为人在职权范围内决定，也包括超越职权范围决定。"谋取个人利益"，既包括行为人与使用人事先约定谋取个人利益实际尚未获取的情况，也包括虽未事先约定但实际已获取了个人利益的情况。其中的"个人利益"，既包括不正当利益，也包括正当利益；既包括财产性利益，也包括非财产性利益，但这种非财产性利益应当是具体的实际利益，如升学、就业等。

（三）国有单位领导向其主管的具有法人资格的下级单位借公款归个人使用的认定

国有单位领导利用职务上的便利指令具有法人资格的下级单位将公款供个人使用的，属于挪用公款行为，构成犯罪的，应以挪用公款罪定罪处罚。

（四）挪用有价证券、金融凭证用于质押行为性质的认定

挪用金融凭证、有价证券用于质押，使公款处于风险之中，与挪用公款为他人提供担保没有实质的区别，符合刑法关于挪用公款罪规定的，以挪用公款罪定罪处罚，挪用公款数额以实际或者可能承担的风险数额认定。

（五）挪用公款归还个人欠款行为性质的认定

挪用公款归还个人欠款的，应当根据产生欠款的原因，分别认定属于挪用公款的何种情形。归还个人进行非法活动或者进行营利活动产生的欠款，应当认定为挪用公款进行非法活动或者进行营利活动。

（六）挪用公款用于注册公司、企业行为性质的认定

申报注册资本是为进行生产经营活动作准备，属于成立公司、企业进行营利活动的组成部分。因此，挪用公款归个人用于公司、企业注册资本验资证明的，应当认定为挪用公款进行营利活动。

（七）挪用公款后尚未投入实际使用的行为性质的认定

挪用公款后尚未投入实际使用的，只要同时具备“数额较大”和“超过三个月未还”的构成要件，应当认定为挪用公款罪，但可以酌情从轻处罚。

（八）挪用公款转化为贪污的认定

挪用公款罪与贪污罪的主要区别在于行为人主观上是否具有非法占有公款的目的。挪用公款是否转化为贪污，应当按照主客观相一致的原则，具体判断和认定行为人主观上是否具有非法占有公款的目的。在司法实践中，具有以下情形之一的，可以认定行为人具有非法占有公款的目的：

1. 根据《最高人民法院关于审理挪用公款案件具体应用法律若干问题的解释》第六条的规定，行为人“携带挪用的公款潜逃的”，对其携带挪用的公款部分，以贪污罪定罪处罚。

2. 行为人挪用公款后采取虚假发票平账、销毁有关账目等手段，使所挪用的公款已难以在单位财务账目上反映出来，且没有归还行为的，应当以贪污罪定罪处罚。

3. 行为人截取单位收入不入账，非法占有，使所占有的公款难以在单位财务账目上反映出来，且没有归还行为的，应当以贪污罪定罪处罚。

4. 有证据证明行为人有能力归还所挪用的公款而拒不归还，并隐瞒挪用的公款去向的，应当以贪污罪定罪处罚。

《最高人民法院关于挪用公款犯罪如何计算追诉期限问题的批复》（法释〔2003〕16号）

根据刑法第八十九条、第三百八十四条的规定，挪用公款归个人使用，进行非法活动的，或者挪用公款数额较大、进行营利活动的，犯罪的追诉期限从挪用行为实施完毕之日起计算；挪用公款数额较大、超过三个月未还的，犯罪的追诉期限从挪用公款罪成立之日起计算。挪用公款行为有连续状态的，犯罪的追诉期限应当从最后一次挪用行为实施完毕之日或者犯罪成立之日起计算。

《最高人民法院关于审理挪用公款案件具体应用法律若干问题的解释》（法释〔1998〕9号）

第二条 对挪用公款罪，应区分三种不同情况予以认定：

（一）挪用公款归个人使用，数额较大、超过三个月未还的，构成挪用公款罪。

挪用正在生息或者需要支付利息的公款归个人使用，数额较大，超过三个月但在案发前全部归还本金的，可以从轻处罚或者免除处罚。给国家、集体造成的利息损失应予追缴。挪用公款数额巨大，超过三个月，案发前全部归还的，可以酌情从轻处罚。

（二）挪用公款数额较大，归个人进行营利活动的，构成挪用公款罪，不受挪用时间和是否归还的限制。在案发前部分或者全部归还本息的，可以从轻处罚；情节轻微的，可以免除处罚。

挪用公款存入银行、用于集资、购买股票、国债等，属于挪用公款进行营利活动。所获取的利息、收益等违法所得，应当追缴，但不计入挪用公款的数额。

（三）挪用公款归个人使用，进行赌博、走私等非法活动的，构成挪用公款罪，不受“数额较大”和挪用时间的限制。

挪用公款给他人使用，不知道使用人用公款进行营利活动或者用于非法活动，数额较大、超过三个月未还的，构成挪用公款罪；明知使用人用于营利活动或者非法活动的，应当认定为挪用人挪用公款进行营利活动或者非法活动。

……

第四条　多次挪用公款不还，挪用公款数额累计计算；多次挪用公款，并以后次挪用的公款归还前次挪用的公款，挪用公款数额以案发时未还的实际数额认定。

第五条　“挪用公款数额巨大不退还的”，是指挪用公款数额巨大，因客观原因在一审宣判前不能退还的。

第六条　携带挪用的公款潜逃的，依照刑法第三百八十二条、第三百八十三条的规定定罪处罚。

第七条　因挪用公款索取、收受贿赂构成犯罪的，依照数罪并罚的规定处罚。

挪用公款进行非法活动构成其他犯罪的，依照数罪并罚的规定处罚。

第八条　挪用公款给他人使用，使用人与挪用人共谋，指使或者参与策划取得挪用款的，以挪用公款罪的共犯定罪处罚。

《最高人民检察院关于挪用失业保险基金和下岗职工基本生活保障资金的行为适用法律问题的批复》（高检发释字〔2003〕1号）

辽宁省人民检察院：

你院辽检发研字（2002）9号《关于挪用职工失业保险金和下岗职工生活保障金是否属于挪用特定款物的请示》收悉。经研究，批复如下：

挪用失业保险基金和下岗职工基本生活保障资金属于挪用救济款物。挪用失业保险基金和下岗职工基本生活保障资金，情节严重，致使国家和人民群众利益遭受重大损害的，对直接责任人员，应当依照刑法第二百七十三条的规定，以挪用特定款物罪追究刑事责任；国家工作人员利用职务上的便利，挪用失业保险基金和下岗职工基本生活保障资金归个人使用，构成犯罪的，应当依照刑法第三百八十四条的规定，以挪用公款罪追究刑事责任。

此复。

《最高人民检察院关于贯彻执行全国人民代表大会常务委员会关于〈中华人民共和国刑法〉第九十三条第二款的解释的通知》（高检发研字〔2000〕12号）

二、根据《解释》，检察机关对村民委员会等村基层组织人员协助人民政府从事《解释》所规定的行政管理工作中发生的利用职务上的便利，非法占有公共财物、挪用公款、索取他人财物或者非法收受他人财物，构成犯罪的案件，应直接受理，分别适用刑法第三百八十二条、第三百八十三条、第三百八十四条和第三百八十五条、第三百八十六条的规定，以涉嫌贪污罪、挪用公款罪、受贿罪立案侦查。

三、各级检察机关在依法查处村民委员会等村基层组织人员贪污、受贿、挪用公款犯罪案件过程中，要根据《解释》和其他有关法律的规定，严格把握界限，准确认定村民委员会等村基层组织人员的职务活动是否属于协助人民政府从事《解释》所规定的行政管理工作，并正确把握刑法第三百八十二条、第三百八十三条贪污罪、第三百八十四条挪用公款罪和第三百八十五条、第三百八十六条受贿罪的构成要件。对村民委员会等村基层组织人员从事属于村民自治范围的经营、管理活动不能适用《解释》的规定。

《最高人民检察院关于国家工作人员挪用非特定公物能否定罪的请示的批复》（高检发释字〔2000〕1号）

刑法第384条规定的挪用公款罪中未包括挪用非特定公物归个人使用的行为，对该行为不以挪用公款罪论处。如构成其他犯罪的，依照刑法的相关规定定罪处罚。

《最高人民检察院关于挪用国库券如何定性问题的批复》（高检发释字〔1997〕5号）

宁夏回族自治区人民检察院：

你院宁检发字〔1997〕43号《关于国库券等有价证券是否可以成为挪用公款罪所侵犯的对象以及以国库券抵押贷款的行为如何定性等问题的请示》收悉。关于挪用国库券如何定性的问题，经研究，批复如下：

国家工作人员利用职务上的便利，挪用公有或本单位的国库券的行为以挪用公款论；符合刑法第384条、第272条第2款规定的情形构成犯罪的，按挪用公款罪追究刑事责任。

《最高人民法院研究室关于挪用退休职工社会养老金行为如何适用法律问题的复函》（法研〔2004〕102号）

公安部经济犯罪侦查局：

你局公经〔2004〕916号《关于挪用退休职工社会养老保险金是否属于挪用特定款物罪事》收悉。经研究，提供如下意见供参考：

退休职工养老保险金不属于我国刑法中的救灾、抢险、防汛、优抚、扶贫、移民、救济等特定款物的任何一种。因此，对于挪用退休职工养老保险金的行为，构成犯罪时，不能以挪用特定款物罪追究刑事责任，而应当按照行为人身份的不同，分别以挪用资金罪或者挪用公款罪追究刑事责任。

《最高人民法院研究室关于对行为人通过伪造国家机关公文、证件担任国家工作人员职务并利用职务上的便利侵占本单位财物、收受贿赂、挪用本单位资金等行为如何适用法律问题的答复》（法研〔2004〕38号）

北京市高级人民法院：

你院〔2004〕15号《关于通过伪造国家机关公文、证件担任国家工作人员职务后利用职务便利侵占本单位财物、收受贿赂、挪用本单位资金的行为如何定性的请示》收悉。经研究，答复如下：

行为人通过伪造国家机关公文、证件担任国家工作人员职务以后，又利用职务上的便利实施侵占本单位财物、收受贿赂、挪用本单位资金等行为，构成犯罪的，应当分别以伪造国家机关公文、证件罪和相应的贪污罪、受贿罪、挪用公款罪等追究刑事责任，实行数罪并罚。

《最高人民法院、最高人民检察院关于办理国家出资企业中职务犯罪案件具体应用法律若干问题的意见》（法发〔2010〕49号）

三、关于国家出资企业工作人员使用改制公司、企业的资金担保个人贷款，用于购买改制公司、企业股份的行为的处理

国家出资企业的工作人员在公司、企业改制过程中为购买公司、企业股份，利用职务上的便利，将公司、企业的资金或者金融凭证、有价证券等用于个人贷款担保的，依照刑法第二百七十二条或者第三百八十四条的规定，以挪用资金罪或者挪用公款罪定罪处罚。

行为人在改制前的国家出资企业持有股份的，不影响挪用数额的认定，但量刑时应当酌情考虑。

经有关主管部门批准或者按照有关政策规定，国家出资企业的工作人员为购买改制公司、企业股份实施前款行为的，可以视具体情况不作为犯罪处理。

《最高人民法院、最高人民检察院、公安部、司法部关于依法惩治妨害新型冠状病毒感染肺炎疫情防控违法犯罪的意见》（法发〔2020〕7号）

二、（七）……国家工作人员，受委托管理国有财产的人员，公司、企业或者其他单位的人员，利用职务便利，侵吞、截留或者以其他手段非法占有用于防控新型冠状病毒感染肺炎的款物，或者挪用上述款物归个人使用，符合刑法第三百八十二条、第三百八十三条、第二百七十一条、第三百八十四条、第二百七十二条规定的，以贪污罪、职务侵占罪、挪用公款罪、挪用资金罪定罪处罚。挪用用于防控新型冠状病毒感染肺炎的救灾、优抚、救济等款物，符合刑法第二百七十三条规定的，对直接责任人员，以挪用特定款物罪定罪处罚。

……

（十）对于在疫情防控期间实施有关违法犯罪的，要作为从重情节予以考量，依法体现从严的政策要求，有力惩治震慑违法犯罪，维护法律权威，维护社会秩序，维护人民群众生命安全和身体健康。

【案例】

歹某某挪用公款案①

• 案件事实 •

新郑市农机公司（以下简称农机公司）系国有企业。1999年5月16日，被告人歹某某与新郑市农机局签订了一份承包农机公司的《承包经营责任书》。同年5月26日，新郑市农机局正式任命歹某某为农机公司的承包人和经理，具有法定代表人资格。1999年6月7日，歹某某开办了金华机械厂。同年6月16日，农机公司与金华机械厂签订了一份《关于组建河南省新郑市金华机械厂的协议》，约定农机公司为了安排下岗职工，减少失业人员，愿将修整完好的场地600平方米，厂房300平方米供给金华机械厂使用，使用期为5年，金华机械厂必须安排农机公司3名以上职工上班，使用期满后，必须保证厂房完好无损，农机公司不承担金华机械厂的任何债权债务。1999年底，农机公司开始对旧房改造，成立了建房指挥部，歹某某任指挥长，马某某任副指挥长，刘某任会计（其同时兼任金华机械厂现金出纳），共收建房集资款60余万元。

2000年2月26日至2000年7月11日，歹某某让刘某先后15次从建房指挥部借用现金387100元入金华机械厂账内，用于购车和购材料，其中购桑塔纳轿车和农用汽车共花去225000元，入金华机械厂固定资产账。案发前，此款已全部退还。

金华机械厂营业执照记载：负责人为歹某某，经济性质为个体（个人经营），资金数额为10万元，经营范围是农业机械、配件，经营方式为自产自销。建立金华机械厂之初，农机公司向金华机械厂提供集资款2万元，歹某某集资55000元，其他农机公司职工集资37000元，计112000元。

• 裁判要旨 •

经单位集体研究决定，国有单位负责人将公款划拨到其他企业使用，本人并没有从中谋取私人利益的，不属于“挪用公款归个人使用”，不构成挪用公款罪。

• 裁判理由 •

河南省新郑市人民法院经审理认为：被告人歹某某利用担任农机公司经理

---

① 参见《中华人民共和国最高人民法院公报》2005年第5期。

职务之便，挪用公款数额巨大，进行营利活动，其行为已构成挪用公款罪。公诉机关指控歹某某犯挪用公款罪的罪名成立，应予支持。没有证据证实金华机械厂系农机公司的下属企业，歹某某及其辩护人辩称不构成犯罪的理由，不予支持。歹某某能够全部退还所挪用的公款，可酌情予以从轻处罚。根据《刑法》第384条第1款、第61条之规定，于2001年4月5日判决：被告人歹某某犯挪用公款罪，判处有期徒刑五年。

一审宣判后，歹某某不服，提出上诉。

河南省郑州市中级人民法院经审理认为：被告人歹某某身为国有公司的经理，在任职期间将本公司387100元挪至金华机械厂使用的事实清楚，证据充分。歹某某虽然是以个人名义注册登记金华机械厂的，但本案的大量证据证实，成立金华机械厂是经农机公司集体研究后作出的决定，并曾经多次向上级行政主管部门的领导汇报，是在取得了上级行政主管部门同意后办理的相关手续，并非歹某某个人的决定。从金华机械厂的资金来源、职工组成、生产场地、利润分配、管理经营方式及挪用款项用途等各方面证据看，均不能证明金华机械厂为歹某某个人所有。故一审判决仅根据该厂在工商营业执照中的记载认定金华机械厂属个体性质，证据不足。

挪用公款罪的主要特征是挪用公款归个人使用。歹某某在担任国有公司经理职务期间，因所在单位经营的需要，经集体研究决定，将公款划拨到名为个体实为集体的其他企业使用，虽情况属实，但其本人并没有从中谋取私人的利益，其行为不符合《刑法》规定的挪用公款罪的构成要件，不构成挪用公款罪。歹某某及其辩护人辩解理由成立，予以采纳。郑州市人民检察院认为应以工商营业执照为依据，认定金华机械厂属私营企业的意见，经调查核实不符合该厂的实际情况，故不予采纳。

综上，河南省郑州市中级人民法院依照《刑事诉讼法》第189条第3项、第162条第3项之规定，于2001年10月30日判决如下：一、撤销新郑市人民法院的刑事判决。二、上诉人歹某某无罪。

【学理分析及适用指引】

• 学理分析 •

挪用公款罪，是指国家工作人员利用职务上的便利，挪用公款归个人使用，进行非法活动，或者挪用公款数额较大，进行营利活动，或者挪用公款数额较大，超过3个月未还的行为。本罪的构成要件如下：

1. 本罪的客体。本罪的犯罪客体是公共财产的使用收益权，即行为人在一定时间内，利用职务便利，对公共财产予以占有、使用，从而侵犯了公共财产所有权中的部分权利。相应地，本罪的犯罪对象是公款。公款的典型代表形式是货币，除此之外，股票、债券等有价证券以及金融凭证也属于公款。①

2. 本罪的客观方面。本罪的客观方面表现为利用职务之便，挪用公款归个人使用，进行非法活动，或者挪用公款数额较大，进行营利活动，或者挪用公款数额较大，超过3个月未还三种具体行为方式。

（1）关于“利用职务之便”，刑法理论上存在争议，主要有四种观点：①是指利用了本人职务范围内，管理、使用公款所形成的方便条件。② ②是指行为人利用主管、经手、管理公款的便利条件。③ ③是指行为人利用本人直接经手、管理公款的便利条件，也包括行为人因职务关系而具有的调拨、支配、使用公款的便利条件。④ ④是指利用职务权力与地位所形成的主管、管理、经营、经手公款或特定款物的便利条件。⑤

（2）关于“挪用公款”。所谓挪用公款，即违反财经管理制度，擅自将公款挪作他用的行为。此处的财经管理制度是一个广义的概念，既包括国家法律、法规、规章，也包括行为人所在单位对公款使用的规章制度。违反财经管理制度，具体是指违反财经管理制度中有关公款使用原则、使用条件、使用方式的规定。所谓擅自将公款挪作他用，是指未经合法许可、批准而私自将公款挪作他用。虽在形式上办理了相关的审批手续，但是，如果该审批行为本身不具有合法性，也违反了财经管理制度。正确把握“挪用公款”，关键在于弄清挪用公款与借用公款、单位之间的直接拆借资金的关系。

挪用公款与借用公款的主要区别在于：首先，一般来看，挪用公款是违反财经管理制度的行为，挪用人私自动用公款，并未办理合法手续；借用公款则是按财务制度，办理了合法的借贷手续的行为。需要注意的是，有些借用公款的行为，名义上办理了相关手续，得到了有关主管人员的批准，但是，如果该主管人员的批准行为本身就违反了财经管理制度，则仍然不能认为其属于合法的借款行为，对有关行为人（主要是批准人，如借款人与之相勾结，则也包括借款人）仍要以挪用公款罪对待。其次，挪用公款的行为人一般都会采用隐瞒或欺骗手段，使公款所有人不明公款被非法动用的真相；而借用公款则是行为人根据某种事实和理由，与贷款人协商，双方达成合意。

挪用公款与单位之间直接拆借资金的区别主要在于：第一，前者的主体限于自然人，根据《刑法》的规定，不存在单位挪用公款的问题；后者则是一种单位行为。第二，前者公款的使用人，一般情况下是自然人，只有在两种特殊情况下才是单位；后者则是将公款非法拆借给单位。

---

① 参见周道鸾、张军主编：《刑法罪名精释》，人民法院出版社2007年版，第815页。
② 参见周道鸾、张军主编：《刑法罪名精释》，人民法院出版社2007年版，第816页。
③ 参见张穹主编：《刑法各罪司法精要》，中国检察出版社2002年版，第851页。
④ 参见马克昌主编：《刑法学》，高等教育出版社2003年版，第664页。
⑤ 参见张明楷：《刑法学》，法律出版社2007年版，第863页。

（3）关于“挪用公款归个人使用，进行非法活动”。根据2002年4月28日《全国人民代表大会常务委员会关于〈中华人民共和国刑法〉第三百八十四条第一款的解释》规定，挪用公款“归个人使用”，是指将公款供本人、亲友或其他自然人使用；或者以个人名义将公款供其他单位使用；或者个人决定以单位名义将公款供其他单位使用，谋取个人利益。

“进行非法活动”在刑法理论上有两种观点：一种观点认为，非法活动仅限于构成犯罪的违法行为；① 另一种观点认为，非法活动不仅包括严重的违法活动即犯罪活动，也包括一般的违法活动。② 在司法实践中，一般采取第二种观点，即“进行非法活动”是指挪用公款进行赌博、吸毒、嫖娼和其他非法经营、放高利贷等为国家法律、行政法规所禁止的行为。挪用公款归还赌债等非法行为产生的债务属于进行非法活动。③

（4）关于“挪用公款数额较大，进行营利活动”。此处是指挪用公款归自己或者给他人进行经营性活动，包括用于做生意、买股票或者将公款存入银行等金融机构，以取得利润、利息收入等。将挪用的公款用于注册公司、企业或者归还个人在经营活动中的欠款，属于进行营利活动。在司法实践中，对于挪用公款进行营利活动，个人是否确实已营利，还是亏本经营，不影响对本罪的认定。

（5）关于“挪用公款数额较大的，超过3个月未还”。此处是指挪用公款其目的在于自己或者其他个人的合法生活、非经营性支出等合法用途。刑法理论曾对“超过3个月未还”存在不同理解。

一种观点认为，“超过3个月未还”是指从挪用之日起3个月内没有归还挪用款项。此处包括案发时（被司法机关、主管部门或者有关单位发现时）尚未归还挪用款项并且时间已经超过3个月，以及在案发时已经归还，但归还时已经超过3个月这样两种情况。至于挪用公款超过3个月但在案发时已经归还的，只能作为影响量刑、相对从宽的一种情节。

另一种观点认为，“超过3个月未还”仅仅是指挪用时间已经超过3个月内未归还，但是在案发前已经归还的，不宜作为犯罪处理。其原因在于，如果认为挪用数额较大的公款超过3个月即构成犯罪，那么，法条中的“未还”两字就纯属多余，法条直接表述为“超过3个月”即可。

当前，根据我国司法解释的相关精神，所谓“超过3个月未还”，是指自挪用公款之日起至案发之日，超过3个月未还的情况。如果挪用数额较大，超过3个月未还，但在案发前亦即被司法机关、主管部门、有关单位发现前已经

① 参见孙谦主编：《国家工作人员职务犯罪研究》，法律出版社1998年版，第135页。

② 参见高铭暄主编：《新编中国刑法学》（下册），中国人民大学出版社1998年版，第977页。

③ 参见周道鸾、张军主编：《刑法罪名精释》，人民法院出版社2007年版，第815页。

归还，应当认定为犯罪，只是对挪用人可以从轻处罚，直至免除处罚。当然，对于这种情况，有学者对“从轻处罚、直至免除处罚”的规定质疑，认为不妥当。①

3. 本罪的犯罪主体。刑法理论对“受国家机关、国有公司、企业、事业单位、人民团体委托管理、经营国有财产的人员”能否构成挪用公款罪的主体，存在争议，根据《最高人民法院关于对受委托管理、经营国有财产人员挪用国有资金行为如何定罪问题的批复》的规定，受委托管理、经营国有财产的非国家工作人员如果利用职务之便，挪用本单位公款归个人使用，数额较大的，可以构成挪用资金罪，而不构成本罪。根据关于村民委员会等村基层组织人员的性质的立法解释，上述主体在协助人民政府从事公务时，利用职务上的便利挪用公款的，才能构成本罪。②

4. 本罪的主观方面。挪用公款的动机不影响本罪的成立，过失不构成本罪。值得强调的是，行为人主观上是否具有“非法占有公款的目的”是判断“挪用公款不退还”与“挪用转化为贪污”的关键。挪用公款不退还主要是指行为人主观上想退还而客观上没有能力退还的情形，不包括客观上能还而主观上不想还的情形，挪用转化为贪污则既可以包括客观上能还而主观上不想还的情形，也可以包括主观上不想还、客观上也还不了的情形。但从司法实践来看，除非行为人已经实施了消除财物凭证、财产指标或推卸财物经管责任的行为，否则，主要应当是指行为人主观上不想退还，而客观上能退还的情形。③并且，根据《全国法院审理经济犯罪案件工作座谈会纪要》的规定，挪用公款是否转化为贪污，应当按照主客观相一致的原则，具体判断和认定行为人主观上是否具有非法占有公款的目的。在司法实践中，一般认为携带挪用的公款潜逃的，对其携带挪用的公款部分，以贪污罪定罪处罚；行为人挪用公款后采取虚假发票平账、销毁有关账目等手段，使所挪用的公款已难以在单位财务账目上反映出来，且没有归还行为的，应当以贪污罪定罪处罚；行为人截取单位收入不入账，非法占有，使所占有的难以在单位财务账目上反映出来，且没有归还行为的，应当以贪污罪定罪处罚；有证据证明行为人有能力归还所挪用的公款而拒不归还，并隐瞒挪用的公款的去向的，应当以贪污罪定罪处罚。

• 适用指引 •

司法实践中，认定本罪应注意：

1. 本罪罪与非罪的界限问题。挪用公款的行为是否构成犯罪，是否已经

---

① 参见张明楷：《刑法学》，法律出版社2007年版，第865页。

② 参见高铭暄主编：《刑法学》，北京大学出版社、高等教育出版社2007年版，第709页。

③ 游伟、徐虹：《科学界定“挪用公款不退还”与“挪用转化为贪污”》，载《福建政法管理干部学院学报》2001年第2期。

达到必须追究刑事责任的程度，要从挪用公款的具体数额、目的、用途、时间、是否归还、造成损失状况等诸多方面进行综合分析加以认定。在司法实践中，对于一般违反财经纪律的挪用公款行为，不应以挪用公款罪定罪处罚。在此，应特别注意对于承包、租赁企业中挪用公款罪与非罪的界限问题。一般认为，国家工作人员承包、租赁企业中流动资金如果仍属于公款，即发包方拨付给的一定经营款，行为人将其挪作承包、租赁项目以外的其他个人用途，同样具有社会危害性，属于挪用公款归个人使用的性质。但考虑到承包、租赁企业经营、管理的实际情况，对承包、租赁企业中的挪用公款犯罪的认定要特别从严掌握，不宜轻易定罪。只要承包、租赁人到期完成了合同，没有给本单位造成实际损失的，对其挪用公款的行为可不按犯罪处理。关于挪用公款犯罪行为与挪用公款违法行为的界限，最高人民法院、最高人民检察院 2016 年 4 月 18 日联合发布的《关于办理贪污贿赂刑事案件适用法律若干问题的解释》给予了明确规定。该解释第 5 条规定，挪用公款归个人使用，进行非法活动，数额在 3 万元以上的，应当依照《刑法》第 384 条的规定以挪用公款罪追究刑事责任；该解释第 6 条规定，挪用公款归个人使用，进行营利活动或者超过 3 个月未还，数额在 5 万元以上的，应当认定为《刑法》第 384 条第 1 款规定的“数额较大”，以挪用公款罪论处。可见，对于挪用公款归个人一般使用超过 3 个月未还的或者进行营利活动的，5 万元以上即属于“数额较大”，构成挪用公款罪；对于挪用公款进行非法活动的，则 3 万元以上的即构成挪用公款罪。

2. 本罪与贪污罪的界限问题。本罪与贪污罪的本质区别：一是主观故意不同。前者是为了临时“使用”而暂时占有公款，准备将来归还；后者则是为了将公款永远归己而占有公款，不准备归还。二是行为方式不同。前者因属于非法借用，因此总是在账面、他人面前留有“挪用”的痕迹，甚至留下借条，没有平账，一查一问便可知道公款被行为人挪用；后者则必然不择手段地隐瞒、掩盖其侵吞、窃取、骗取公款的行为，因此，很难发现公款已被侵占，即使因怀疑而追查，也很难弄清该公款已经被行为人非法占有，因为行为人已涂改或者销毁了账簿，以假货、次货填补了被自己侵吞的货物等。简言之，实施本罪的行为一般不存在做假账、虚报账目的行为，而实施后罪的行为人往往有做假账、虚报账目等行为。三是主体范围不同。挪用公款罪主体限于国家工作人员，贪污罪的主体除了国家工作人员外，还包括受国有单位委托管理、经营国有财产的人员。

3. 本罪与挪用特定款物罪的界限问题。两罪的主要区别在于：

（1）前者挪用公款的目的是归个人使用，挪用的对象是公款，而后者是将特定款、物挪作单位的其他生产、工作中使用，而没有“专款专用”，挪用对象不仅包括公款，还包括公物，如抢险救灾的木材、粮食等；前者达到规定的数额标准即可构成犯罪，而后者只有情节严重的才构成犯罪。

（2）主体上存在区别，前罪的犯罪主体为特殊主体，即国家工作人员；而后者的犯罪主体是管理、支配、经手特定款物的直接责任人员。

对于挪用非特定款物是否可以构成挪用公款罪的问题，最高人民检察院2000年3月15日颁行的《关于国家工作人员挪用非特定公物能否定罪的请示的批复》认为：《刑法》第384条规定的挪用公款罪中未包括挪用非特定公物归个人使用的行为，对该行为不以挪用公款罪论处。如构成其他犯罪的，依照《刑法》的相关规定定罪处罚。但是，如果挪用公物行为人因其职务不负责管理、使用公款，或者单位已无现金可供其挪用，恰好又有一批可变现的单位公物（货物、产成品），便利用职务便利将公物挪借出去，让对方或者个人将此公物随即变卖获得现款，再归个人使用，这种情形就不能再一般地视为也是挪用非特定公物的行为，而应当直接以挪用公款罪追究行为人的刑事责任。因为行为人的行为、目的，都不在于使用公物，公物是有价值、价格的，行为人追求的恰是公物的价值变现。这与挪用公款罪的本质是相同的，都是刑事立法本意所认为的应以挪用公款罪追究责任的行为。

4. 本罪与挪用资金罪的界限问题。本罪与挪用资金罪在犯罪客体与犯罪对象、犯罪主体等方面存在差异。

（1）犯罪客体不同。挪用公款罪的犯罪客体是复杂客体，既侵犯公共财产的所有权，也侵犯国家工作人员的职务廉洁性，相应地，其犯罪对象必须是公款；而挪用资金罪的犯罪客体是简单客体，即只侵犯单位资金的所有权，相应地，其犯罪对象是非国有单位的资金。

（2）犯罪主体不同。挪用公款罪的犯罪主体是国家工作人员，而挪用资金罪的犯罪主体是非国有公司、企业人员。

5. 本罪的一罪与数罪问题。因挪用公款而向他人索取、收受贿赂构成犯罪的，应当实行数罪并罚。挪用公款后进行非法活动的，如以挪用的公款进行走私、贩毒、赌博，构成犯罪的，应当以挪用公款罪和所犯其他罪，实行数罪并罚。

6. 本罪的共犯问题。在挪用公款给其他个人使用的案件中，经常出现的是使用人与挪用人共谋、指使或者提供种种便利，参与策划取得挪用的公款。因为使用人与挪用人具有共同故意、共同挪用公款行为，所以对使用人应当以挪用公款罪的共犯定罪处罚。但应当注意，如果使用人未参与策划、未指使行为人挪用公款，仅仅知道使用的公款是行为人挪用的公款，则不能以挪用公款罪的共犯追究其刑事责任。

7. 关于挪用公款的用途认定。正确地认定被挪用的公款的用途，是区分不同类型的挪用公款行为的关键，进而在很多场合下决定着行为人的行为之罪与非罪的界限，关系到罪重罪轻的问题。在一些特殊情况下，很难正确地认定被挪用公款的用途，在司法实践中，应注意下列问题：

（1）挪用公款用于归还借款的，应根据原借款的用途来认定其挪用行为的性质。

（2）挪用公款不直接进行营利活动或非法活动，而为营利活动或非法活动作准备，应当认定为挪用公款进行营利活动或挪用公款进行非法活动。

（3）在以挪用公款作担保的情况下，应当根据所担保债务的性质确定行为人挪用行为的性质。

（4）界定某一活动是属于非法活动还是合法的营利活动，必须结合公款使用人自身的情况来认定。

（5）根据主客观相统一原则以及刑法理论上的认识错误原理，在挪用公款给他人使用的情况下：①如果行为人明知（包括确切地知道、知道有可能）使用人对公款的使用情况的，则应按照公款的实际用途，认定行为人挪用行为的性质；②如果行为人不知道使用人对公款的使用情况，则应当以行为人的主观认识为准，确定其挪用行为的性质。

第三百八十五条　受贿罪

【法律规定】

• 法律条文 •

《中华人民共和国刑法》

第三百八十五条　国家工作人员利用职务上的便利，索取他人财物的，或者非法收受他人财物，为他人谋取利益的，是受贿罪。

国家工作人员在经济往来中，违反国家规定，收受各种名义的回扣、手续费，归个人所有的，以受贿论处。

• 相关规定 •

《全国人民代表大会常务委员会关于〈中华人民共和国刑法〉第九十三条第二款的解释》

村民委员会等村基层组织人员协助人民政府从事下列行政管理工作时，属于刑法第九十三条第二款规定的“其他依照法律从事公务的人员”：

（一）救灾、抢险、防汛、优抚、扶贫、移民、救济款物的管理；

（二）社会捐助公益事业款物的管理；

（三）国有土地的经营和管理；

（四）土地征收、征用补偿费用的管理；

（五）代征、代缴税款；

（六）有关计划生育、户籍、征兵工作；

（七）协助人民政府从事的其他行政管理工作。

村民委员会等村基层组织人员在从事前款规定的公务，利用职务上的便利，非法占有公共财物、挪用公款、索取他人财物或者非法收受他人财物，构成犯罪的，适用刑法第三百八十二条和三百八十三条贪污罪、第三百八十四条挪用公款罪、第三百八十五条和第三百八十六条受贿罪的规定。

《全国法院审理经济犯罪案件工作座谈会纪要》（法发〔2003〕167号）

三、关于受贿罪

（一）关于“利用职务上的便利”的认定

刑法第三百八十五条第一款规定的“利用职务上的便利”，既包括利用本人职务上主管、负责、承办某项公共事务的职权，也包括利用职务上有隶属、制约关系的其他国家工作人员的职权。担任单位领导职务的国家工作人员通过不属自己主管的下级部门的国家工作人员的职务为他人谋取利益的，应当认定为“利用职务上的便利”为他人谋取利益。

（二）“为他人谋取利益”的认定

为他人谋取利益包括承诺、实施和实现三个阶段的行为。只要具有其中一个阶段的行为，如国家工作人员收受他人财物时，根据他人提出的具体请托事项，承诺为他人谋取利益的，就具备了为他人谋取利益的要件。明知他人有具体请托事项而收受其财物的，视为承诺为他人谋取利益。

（三）“利用职权或地位形成的便利条件”的认定

刑法第三百八十八条规定的“利用本人职权或者地位形成的便利条件”，是指行为人与被其利用的国家工作人员之间在职务上虽然没有隶属、制约关系，但是行为人利用了本人职权或者地位产生的影响和一定的工作联系，如单位内不同部门的国家工作人员之间、上下级单位没有职务上隶属、制约关系的国家工作人员之间、有工作联系的不同单位的国家工作人员之间等。

（四）离职国家工作人员收受财物行为的处理

参照《最高人民法院关于国家工作人员利用职务上的便利为他人谋取利益离退休后收受财物行为如何处理问题的批复》规定的精神，国家工作人员利用职务上的便利为请托人谋取利益，并与请托人事先约定，在其离职后收受请托人财物，构成犯罪的，以受贿罪定罪处罚。

（五）共同受贿犯罪的认定

根据刑法关于共同犯罪的规定，非国家工作人员与国家工作人员勾结，伙同受贿的，应当以受贿罪的共犯追究刑事责任。非国家工作人员是否构成受贿罪共犯，取决于双方有无共同受贿的故意和行为。国家工作人员的近亲属向国家工作人员代为转达请托事项，收受请托人财物并告知该国家工作人员，或者国家工作人员明知其近亲属收受了他人财物，仍按照近亲属的要求利用职权为他人谋取利益的，对该国家工作人员应认定为受贿罪，其近亲属以受贿罪共犯论处。近亲属以外的其他人与国家工作人员通谋，由国家工作人员利用职务上的便利为请托人谋取利益，收受请托人财物后双方共同占有的，构成受贿罪共犯。国家工作人员利用职务上的便利为他人谋取利益，并指定他人将财物送给其他人，构成犯罪的，应以受贿罪定罪处罚。

（六）以借款为名索取或者非法收受财物行为的认定

国家工作人员利用职务上的便利，以借为名向他人索取财物，或者非法收受财物为他人谋取利益的，应当认定为受贿。具体认定时，不能仅仅看是否有书面借款手续，应当根据以下因素综合判定：（1）有无正当、合理的借款事由；（2）款项的去向；（3）双方平时关系如何、有无经济往来；（4）出借方是否要求国家工作人员利用职务上的便利为其谋取利益；（5）借款后是否有归还的意思表示及行为；（6）是否有归还的能力；（7）未归还的原因；等等。

（七）涉及股票受贿案件的认定

在办理涉及股票的受贿案件时，应当注意：（1）国家工作人员利用职务上的便利，索取或非法收受股票，没有支付股本金，为他人谋取利益，构成受贿罪的，其受贿数额按照收受股票时的实际价格计算。（2）行为人支付股本金而购买较有可能升值的股票，由于不是无偿收受请托人财物，不以受贿罪论处。（3）股票已上市且已升值，行为人仅支付股本金，其"购买"股票时的实际价格与股本金的差价部分应认定为受贿。

《最高人民法院关于国家工作人员利用职务上的便利为他人谋取利益离退休后收受财物行为如何处理问题的批复》（法释〔2000〕21号）

国家工作人员利用职务上的便利为请托人谋取利益，并与请托人事先约定，在其离退休后收受请托人财物，构成犯罪的，以受贿罪定罪处罚。

《最高人民检察院法律政策研究室关于集体性质的乡镇卫生院院长利用职务之便收受他人财物的行为如何适用法律问题的答复》（〔2003〕高检研发第9号）

经过乡镇政府或者主管行政机关任命的乡镇卫生院院长，在依法从事本区域卫生工作的管理与业务技术指导，承担医疗预防保健服务工作等公务活动时，属于刑法第九十三条第二款规定的其他依照法律从事公务的人员。对其利用职务上的便利，索取他人财物的，或者非法收受他人财物，为他人谋取利益的，应当依照刑法第三百八十五条、第三百八十六条的规定，以受贿罪追究刑事责任。

《最高人民检察院关于人民检察院直接受理立案侦查案件立案标准的规定（试行）》（高检发释字〔1999〕2号）

一、贪污贿赂犯罪案件

……

（三）受贿案（第385条、第386条，第388条，第163条第3款，第184条第2款）

受贿罪是指国家工作人员利用职务上的便利，索取他人财物的，或者非法收受他人财物，为他人谋取利益的行为。

“利用职务上的便利”，是指利用本人职务范围内的权力，即自己职务上主管、负责或者承办某项公共事务的职权及其所形成的便利条件。

索取他人财物的，不论是否“为他人谋取利益”，均可构成受贿罪。非法收受他人财物的，必须同时具备“为他人谋取利益”的条件，才能构成受贿罪。但是为他人谋取的利益是否正当，为他人谋取的利益是否实现，不影响受贿罪的认定。

国家工作人员在经济往来中，违反国家规定，收受各种名义的回扣、手续费，归个人所有的，以受贿罪追究刑事责任。

国有公司、企业中从事公务的人员和国有公司、企业委派到非国有公司、企业从事公务的人员利用职务上的便利，索取他人财物或者非法收受他人财物，为他人谋取利益，或者在经济往来中，违反国家规定，收受各种名义的回扣、手续费，归个人所有的，以受贿罪追究刑事责任。

国有金融机构工作人员和国有金融机构委派到非国有金融机构从事公务的人员在金融业务活动中索取他人财物或者非法收受他人财物，为他人谋取利益的，或者违反国家规定，收受各种名义的回扣、手续费归个人所有的，以受贿罪追究刑事责任。

国家工作人员利用本人职权或者地位形成的便利条件，通过其他国家工作人员职务上的行为，为请托人谋取不正当利益，索取请托人财物或者收受请托人财物的，以受贿罪追究刑事责任。

《最高人民法院、最高人民检察院关于办理商业贿赂刑事案件适用法律若干问题的意见》（法发〔2008〕33号）

一、商业贿赂犯罪涉及刑法规定的以下八种罪名：（1）非国家工作人员受贿罪（刑法第一百六十三条）；（2）对非国家工作人员行贿罪（刑法第一百六十四条）；（3）受贿罪（刑法第三百八十五条）；（4）单位受贿罪（刑法第三百八十七条）；（5）行贿罪（刑法第三百八十九条）；（6）对单位行贿罪（刑法第三百九十一条）；（7）介绍贿赂罪（刑法第三百九十二条）；（8）单位行贿罪（刑法第三百九十三条）。

……

四、医疗机构中的国家工作人员，在药品、医疗器械、医用卫生材料等医药产品采购活动中，利用职务上的便利，索取销售方财物，或者非法收受销售方财物，为销售方谋取利益，构成犯罪的，依照刑法第三百八十五条的规定，以受贿罪定罪处罚。

……

五、学校及其他教育机构中的国家工作人员，在教材、教具、校服或者其他物品的采购等活动中，利用职务上的便利，索取销售方财物，或者非法收受销售方财物，为销售方谋取利益，构成犯罪的，依照刑法第三百八十五条的规定，以受贿罪定罪处罚。

……

六、依法组建的评标委员会、竞争性谈判采购中谈判小组、询价采购中询价小组的组成人员，在招标、政府采购等事项的评标或者采购活动中，索取他人财物或者非法收受他人财物，为他人谋取利益，数额较大的，依照刑法第一百六十三条的规定，以非国家工作人员受贿罪定罪处罚。

依法组建的评标委员会、竞争性谈判采购中谈判小组、询价采购中询价小组中国家机关或者其他国有单位的代表有前款行为的，依照刑法第三百八十五条的规定，以受贿罪定罪处罚。

七、商业贿赂中的财物，既包括金钱和实物，也包括可以用金钱计算数额的财产性利益，如提供房屋装修、含有金额的会员卡、代币卡（券）、旅游费用等。具体数额以实际支付的资费为准。

八、收受银行卡的，不论受贿人是否实际取出或者消费，卡内的存款数额一般应全额认定为受贿数额。使用银行卡透支的，如果由给予银行卡的一方承担还款责任，透支数额也应当认定为受贿数额。

……

十、办理商业贿赂犯罪案件，要注意区分贿赂与馈赠的界限。主要应当结合以下因素全面分析、综合判断：（1）发生财物往来的背景，如双方是否存在亲友关系及历史上交往的情形和程度；（2）往来财物的价值；（3）财物往来的缘由、时机和方式，提供财物方对于接受方有无职务上的请托；（4）接受方是否利用职务上的便利为提供方谋取利益。

十一、非国家工作人员与国家工作人员通谋，共同收受他人财物，构成共同犯罪的，根据双方利用职务便利的具体情形分别定罪追究刑事责任：

（1）利用国家工作人员的职务便利为他人谋取利益的，以受贿罪追究刑事责任。

（2）利用非国家工作人员的职务便利为他人谋取利益的，以非国家工作人员受贿罪追究刑事责任。

（3）分别利用各自的职务便利为他人谋取利益的，按照主犯的犯罪性质追究刑事责任，不能分清主从犯的，可以受贿罪追究刑事责任。

《最高人民法院、最高人民检察院关于办理受贿刑事案件适用法律若干问题的意见》（法发〔2007〕22号）

为依法惩治受贿犯罪活动，根据刑法有关规定，现就办理受贿刑事案件具体适用法律若干问题，提出以下意见：

一、关于以交易形式收受贿赂问题

国家工作人员利用职务上的便利为请托人谋取利益，以下列交易形式收受请托人财物的，以受贿论处：

（1）以明显低于市场的价格向请托人购买房屋、汽车等物品的；

（2）以明显高于市场的价格向请托人出售房屋、汽车等物品的；

（3）以其他交易形式非法收受请托人财物的。

受贿数额按照交易时当地市场价格与实际支付价格的差额计算。

前款所列市场价格包括商品经营者事先设定的不针对特定人的最低优惠价格。根据商品经营者事先设定的各种优惠交易条件，以优惠价格购买商品的，不属于受贿。

二、关于收受干股问题

干股是指未出资而获得的股份。国家工作人员利用职务上的便利为请托人谋取利益，收受请托人提供的干股的，以受贿论处。进行了股权转让登记，或者相关证据证明股份发生了实际转让的，受贿数额按转让行为时股份价值计算，所分红利按受贿孳息处理。股份未实际转让，以股份分红名义获取利益的，实际获利数额应当认定为受贿数额。

三、关于以开办公司等合作投资名义收受贿赂问题

国家工作人员利用职务上的便利为请托人谋取利益，由请托人出资，“合作”开办公司或者进行其他“合作”投资的，以受贿论处。受贿数额为请托人给国家工作人员的出资额。

国家工作人员利用职务上的便利为请托人谋取利益，以合作开办公司或者其他合作投资的名义获取“利润”，没有实际出资和参与管理、经营的，以受贿论处。

四、关于以委托请托人投资证券、期货或者其他委托理财的名义收受贿赂问题

国家工作人员利用职务上的便利为请托人谋取利益，以委托请托人投资证券、期货或者其他委托理财的名义，未实际出资而获取“收益”，或者虽然实际出资，但获取“收益”明显高于出资应得收益的，以受贿论处。受贿数额，前一情形，以“收益”额计算；后一情形，以“收益”额与出资应得收益额的差额计算。

五、关于以赌博形式收受贿赂的认定问题

根据《最高人民法院、最高人民检察院关于办理赌博刑事案件具体应用法

律若干问题的解释》第七条规定，国家工作人员利用职务上的便利为请托人谋取利益，通过赌博方式收受请托人财物的，构成受贿。

实践中应注意区分贿赂与赌博活动、娱乐活动的界限。具体认定时，主要应当结合以下因素进行判断：（1）赌博的背景、场合、时间、次数；（2）赌资来源；（3）其他赌博参与者有无事先通谋；（4）输赢钱物的具体情况和金额大小。

六、关于特定关系人“挂名”领取薪酬问题

国家工作人员利用职务上的便利为请托人谋取利益，要求或者接受请托人以给特定关系人安排工作为名，使特定关系人不实际工作却获取所谓薪酬的，以受贿论处。

七、关于由特定关系人收受贿赂问题

国家工作人员利用职务上的便利为请托人谋取利益，授意请托人以本意见所列形式，将有关财物给予特定关系人的，以受贿论处。

特定关系人与国家工作人员通谋，共同实施前款行为的，对特定关系人以受贿罪的共犯论处。特定关系人以外的其他人与国家工作人员通谋，由国家工作人员利用职务上的便利为请托人谋取利益，收受请托人财物后双方共同占有的，以受贿罪的共犯论处。

八、关于收受贿赂物品未办理权属变更问题

国家工作人员利用职务上的便利为请托人谋取利益，收受请托人房屋、汽车等物品，未变更权属登记或者借用他人名义办理权属变更登记的，不影响受贿的认定。

认定以房屋、汽车等物品为对象的受贿，应注意与借用的区分。具体认定时，除双方交代或者书面协议之外，主要应当结合以下因素进行判断：（1）有无借用的合理事由；（2）是否实际使用；（3）借用时间的长短；（4）有无归还的条件；（5）有无归还的意思表示及行为。

九、关于收受财物后退还或者上交问题

国家工作人员收受请托人财物后及时退还或者上交的，不是受贿。

国家工作人员受贿后，因自身或者与其受贿有关联的人、事被查处，为掩饰犯罪而退还或者上交的，不影响认定受贿罪。

十、关于在职时为请托人谋利，离职后收受财物问题

国家工作人员利用职务上的便利为请托人谋取利益之前或者之后，约定在其离职后收受请托人财物，并在离职后收受的，以受贿论处。

国家工作人员利用职务上的便利为请托人谋取利益，离职前后连续收受请托人财物的，离职前后收受部分均应计入受贿数额。

十一、关于“特定关系人”的范围

本意见所称“特定关系人”，是指与国家工作人员有近亲属、情妇（夫）

以及其他共同利益关系的人。

十二、关于正确贯彻宽严相济刑事政策的问题

依照本意见办理受贿刑事案件，要根据刑法关于受贿罪的有关规定和受贿罪权钱交易的本质特征，准确区分罪与非罪、此罪与彼罪的界限，惩处少数，教育多数。在从严惩处受贿犯罪的同时，对于具有自首、立功等情节的，依法从轻、减轻或者免除处罚。

《最高人民法院研究室关于对行为人通过伪造国家机关公文、证件担任国家工作人员职务并利用职务上的便利侵占本单位财物、收受贿赂、挪用本单位资金等行为如何适用法律问题的答复》（法研〔2004〕38号）

北京市高级人民法院：

你院〔2004〕15号《关于通过伪造国家机关公文、证件担任国家工作人员职务后利用职务便利侵占本单位财物、收受贿赂、挪用本单位资金的行为如何定性的请示》收悉。经研究，答复如下：

行为人通过伪造国家机关公文、证件担任国家工作人员职务以后，又利用职务上的便利实施侵占本单位财物、收受贿赂、挪用本单位资金等行为，构成犯罪的，应当分别以伪造国家机关公文、证件罪和相应的贪污罪、受贿罪、挪用公款罪等追究刑事责任，实行数罪并罚。

《最高人民检察院关于佛教协会工作人员能否构成受贿罪或者公司、企业人员受贿罪主体问题的答复》（〔2003〕高检研发第2号）

浙江省人民检察院研究室：

你室《关于佛教协会工作人员能否构成受贿罪或公司、企业人员受贿罪主体的请示》（检研请〔2002〕9号）收悉。经研究，答复如下：

佛教协会属于社会团体，其工作人员除符合刑法第九十三条第二款的规定属于受委托从事公务的人员外，既不属于国家工作人员，也不属于公司、企业人员。根据刑法的规定，对非受委托从事公务的佛教协会的工作人员利用职务之便收受他人财物，为他人谋取利益的行为，不能按受贿罪或者公司、企业人员受贿罪追究刑事责任。

《最高人民法院、最高人民检察院关于办理国家出资企业中职务犯罪案件具体应用法律若干问题的意见》（法发〔2010〕49号）

五、关于改制前后主体身份发生变化的犯罪的处理

……

国家工作人员在国家出资企业改制过程中利用职务上的便利为请托人谋取利益，事先约定在其不再具有国家工作人员身份后收受请托人财物，或者在身份变化前后连续收受请托人财物的，依照刑法第三百八十五条、第三百八十六条的规定，以受贿罪定罪处罚。

《最高人民法院、最高人民检察院关于办理贪污贿赂刑事案件适用法律若干问题的解释》（法释〔2016〕9号）

第十六条第一款　国家工作人员出于贪污、受贿的故意，非法占有公共财物、收受他人财物之后，将赃款赃物用于单位公务支出或者社会捐赠的，不影响贪污罪、受贿罪的认定，但量刑时可以酌情考虑。

【案例一】

丁利康受贿案①

● 案件事实 ●

公诉机关：上海市嘉定区人民检察院。

被告人：丁利康，男，35岁，汉族，大专文化，原系上海市嘉定区马陆镇社区卫生服务中心办公室信息管理员，住上海市嘉定工业区。因本案于2011年5月24日被取保候审。

上海市嘉定区人民检察院以丁利康犯受贿罪，向上海市嘉定区人民法院提起公诉。

被告人丁利康在担任上海市嘉定区马陆镇社区卫生服务中心办公室信息管理员期间，利用负责构建、维护计算机网络及日常信息统计工作的便利，于2006年至2011年间收受非洛地平片、伤湿止痛膏等医药销售代表许荣给予的好处费27600元，2007年下半年至2011年3月、4月间收受浙江海力生制药公司医药销售代表张汉球给予的好处费18000余元，并向上述医药销售代表提供医院药品使用情况；2008年至2010年间，收受电脑设备供应商上海银兵贸易有限公司负责人吴银兵给予的价值2000元的礼券、消费卡。2011年5月23日，丁利康在单位领导找其谈话时主动交代了其收受有关医药代表贿赂的犯罪事实。当日，丁利康经通知在接受检察机关调查谈话时，亦如实供述了上述犯罪事实。一审审理过程中，丁利康退赔5万元。

● 裁判要旨 ●

国有医疗机构中，从事医疗数据统计、传输、维护等信息管理工作的事业编制人员，其统计、传输、维护的信息和数据系国有医疗机构对医疗业务进行管理、监督、决策的重要依据，属于医保信息，工作内容具有公务性质，该人员系国有事业单位中从事公务的人员，应以国家工作人员论。该类人员利用从事信息管理的职务便利，非法收受医药营销人员财物，向其提供本医疗机构药

---

① 参见《中华人民共和国最高人民法院公报》2014年第9期。

品使用情况统计数据等信息，为相关药品生产、销售企业以不正当手段销售药品提供便利的行为，应当依照《刑法》第385条第1款的规定，以受贿罪定罪处罚。

• 裁判理由 •

本案一审主要争议焦点是：被告人丁利康的行为如何定性。

上海市嘉定区人民法院一审认为：

国家工作人员的本质特征是行使职权、从事公务，即代表国家机关、国有公司、企事业单位、人民团体等履行组织、领导、监督、管理等职责。被告人丁利康原系上海市嘉定区马陆镇社区卫生服务中心办公室信息管理员，具有构建、维护计算机网络及日常信息统计工作职责，其向医药代表提供该院相关药品使用情况，系利用了不具有职权内容的工作便利，不具有从事公务的性质，对其不应以国家工作人员论，其行为构成非国家工作人员受贿罪，应依法惩处。对于其收受电脑设备供应商给予的价值2000元的礼券、消费卡的行为，法院结合其非法收受他人好处费共计47000余元的事实，在量刑时一并予以体现。公诉机关提出丁利康具有自首情节，退出了赃款，可以从轻处罚的意见，合法有据，法院予以支持。

据此，上海市嘉定区人民法院依照《刑法》第163条第1款，第67条第1款，第72条第1款，第73条第2款、第3款，第64条和《最高人民法院关于处理自首和立功具体应用法律若干问题的解释》第1条之规定，于2012年12月21日判决如下：一、被告人丁利康犯非国家工作人员受贿罪，判处有期徒刑一年九个月，缓刑一年九个月；二、违法所得予以没收。

上海市嘉定区人民检察院以原判定性错误，从而导致适用法律错误，量刑明显不当为由，向上海市第二中级人民法院提出抗诉。二审审理期间，法院为丁利康指定辩护人郑某萍，系上海市国和律师事务所律师。

上海市嘉定区人民检察院抗诉理由如下：上海市嘉定区马陆镇社区卫生服务中心系国有事业单位，丁利康系该单位事业编制人员。丁利康作为办公室信息管理员，其工作职责具备技术和管理相结合的双重特征，其中丁利康对医院内用药数据等信息管理、监控、保密的职责实质上是履行对公共事务的管理、监督职责。故丁利康具有从事公务的行为，一审判决仅注意到信息管理工作技术属性的一面，忽略了其公共事务管理属性的另一面。医药销售代表之所以给丁利康钱财，系在于丁利康提供的相关用药数据，可使医药销售代表在市场竞争中获得优势地位，本质上属于通过非正当手段获取经济利益。丁利康利用医院赋予的职权提供相关用药数据，收受钱款，为医药销售代表谋取利益，符合受贿罪的本质。上海市人民检察院第二分院当庭补充出示、宣读了证人吕颖的证言，认为上海市嘉定区人民检察院抗诉正确，应予支持。现有证据证实丁利康作为国有事业单位办公室信息管理员，其工作职责除了计算机和网络管理等技术服务外，还具有协助中心相关部门进行医疗信息管理、统计以及保证上述数据信息安全等工作职责，其所从事的工作是医院、医保部门监管工作的基础，具备公务性质，其收受医药销售代表钱款的行为符合受贿罪的构成要件。一审法院认为丁利康利用了不具职权内容的工作便利，不具有从事公务的性质，从而认定其行为构成非国家工作人员受贿罪，属于定性错误，导致适用法律及量刑不当。建议法院依法纠正。

一审被告人丁利康对一审判决不持异议。指定辩护人认为，丁利康系利用工作便利，将与其工作间接有关的信息提供给医药销售代表，一审判决定性非国家工作人员受贿罪正确。丁利康没有主动索贿，因法治观念淡薄而接受好处费，且有自首、退赃情节，悔罪表现好，请求法院对丁利康从轻处罚并宣告缓刑。

上海市第二中级人民法院经二审，确认了一审查明的事实。

上海市第二中级人民法院二审认为：

一审被告人丁利康是国有事业单位上海市嘉定区马陆镇社区卫生服务中心的事业编制人员。丁利康作为办公室信息管理员，工作职责包括监控信息数据库使用情况、管理用户权限、协助相关部门进行医保数据的统计、传输等信息管理工作，并对数据的真实性、准确性和安全性负责。这些信息是国有事业单位医院对医疗业务进行管理、监督、决策的重要依据。丁利康管理、监控医院用药数据等医保信息，是履行公共事务管理、监督等职责，从事的活动具有公务性质，故其应以国家工作人员论。丁利康身为国有事业单位中从事公务的国家工作人员，利用信息管理的职权，私自向药商提供数据，收受钱款，符合受贿罪钱权交易的特征，其还利用具有单位电脑采购建议权的职务便利，在计算机网络日常维护管理工作中，收取电脑设备供应商的礼券、消费卡，相关金额应与前述收取医药销售代表的贿赂款累计，一并以受贿罪论处。原判认定丁利康收受贿赂的行为及数额正确，但定性错误，导致适用法律及量刑不当，依法应予纠正。抗诉机关及上海市人民检察院第二分院的意见正确。丁利康自动投案，并如实供述自己的罪行，系自首，案发后又退出赃款，具有悔罪表现，采纳指定辩护人提出对丁利康从轻处罚并宣告缓刑的意见。

据此，上海市第二中级人民法院依照2012年《刑事诉讼法》第225条第1款第2项和《刑法》第385条第1款，第386条，第383条第1款第3项、第2款，第93条第2款，第67条第1款，第72条第1款，第73条第2款、第3款，第64条的规定，于2013年5月17日判决如下：一、维持上海市嘉定区人民法院（2012）嘉刑初字第1117号刑事判决的第1项，即违法所得予以没收；二、撤销上海市嘉定区人民法院（2012）嘉刑初字第1117号刑事判决的第1项，即被告人丁利康犯非国家工作人员受贿罪，判处有期徒刑一年九个月，缓刑一年九个月；三、原审被告人丁利康犯受贿罪，判处有期徒刑三年，缓刑三年。

本判决为终审判决。

【案例二】

潘玉梅、陈宁受贿案①

• 案件事实 •

2003年8月、9月，潘玉梅、陈宁分别利用担任江苏省南京市栖霞区迈皋桥街道工委书记、迈皋桥办事处主任的职务便利，为南京某房地产开发有限公司总经理陈某在迈皋桥创业园区低价获取100亩土地等提供帮助，并于9月3日分别以其亲属名义与陈某共同注册成立南京多贺工贸有限责任公司（简称多贺公司），以“开发”上述土地。潘玉梅、陈宁既未实际出资，也未参与该公司经营管理。2004年6月，陈某以多贺公司的名义将该公司及其土地转让给南京某体育用品有限公司，潘玉梅、陈宁以参与利润分配名义，分别收受陈某给予的480万元。2007年3月，陈宁因潘玉梅被调查，在美国出差期间安排其驾驶员退给陈某80万元。案发后，潘玉梅、陈宁所得赃款及赃款收益均被依法追缴。

2004年2月至2004年10月，潘玉梅、陈宁分别利用担任迈皋桥街道工委书记、迈皋桥办事处主任的职务之便，为南京某置业发展有限公司在迈皋桥创业园购买土地提供帮助，并先后4次各收受该公司总经理吴某某给予的50万元。

2004年上半年，潘玉梅利用担任迈皋桥街道工委书记的职务便利，为南京某发展有限公司受让金桥大厦项目减免100万元费用提供帮助，并在购买对方开发的一处房产时接受该公司总经理许某某为其支付的房屋差价款和相关税费61万余元（房价含税费121.0817万元，潘玉梅支付60万元）。2006年4月，潘玉梅因检察机关从许某某的公司账上已掌握其购房仅支付部分款项的情况而补还给许某某55万元。

此外，2000年春节前至2006年12月，潘玉梅利用职务便利，先后收受迈皋桥办事处一党支部书记兼南京某商贸有限责任公司总经理高某某人民币201万元和美元49万元、浙江某房地产集团南京置业有限公司范某某美元1万元。2002年至2005年间，陈宁利用职务便利，先后收受迈皋桥办事处一党支部书记高某某21万元、迈皋桥办事处副主任刘某8万元。

综上，潘玉梅收受贿赂人民币792万余元、美元50万元（折合人民币

---

① 根据2011年12月20日《最高人民法院关于发布第一批指导性案例的通知》指导案例3号修改。

3981234 元），共计收受贿赂 11902000 余元；陈宁收受贿赂 559 万元。

• 裁判要旨 •

利用新形式、新手段收受贿赂的新类型案件的认定与处理；国家工作人员以“合办”公司的名义或以交易形式收受贿赂的，承诺“为他人谋取利益”未谋取利益而受贿的，以及为掩饰受贿犯罪而退赃的，不影响受贿罪的认定。

• 裁判理由 •

江苏省南京市中级人民法院经审理后认为：关于迈皋桥创业园区的招商工作、土地使用权转让工作过程的受贿一节，潘玉梅时任迈皋桥街道工委书记，陈宁时任迈皋桥街道办事处主任，对迈皋桥创业园区的招商工作、土地使用权转让负有领导或协调职责，二人分别利用各自职务便利，为陈某低价取得创业园区的土地等提供了帮助，属于利用职务上的便利为他人谋取利益；在此期间，潘玉梅、陈宁与陈某商议合作成立多贺公司用于开发上述土地，公司注册资金全部来源于陈某，潘玉梅、陈宁既未实际出资，也未参与公司的经营管理。因此，潘玉梅、陈宁利用职务便利为陈某谋取利益，以与陈某合办公司开发该土地的名义而分别获取的 480 万元，并非所谓的公司利润，而是利用职务便利使陈某低价获取土地并转卖后获利的一部分，体现了受贿罪权钱交易的本质，属于以合办公司为名的变相受贿，应以受贿罪论处。关于金桥大厦项目运作过程中的受贿一节，法院认为：请托人许某某向潘玉梅行贿时，要求在受让金桥大厦项目中减免 100 万元的费用，潘玉梅明知许某某有请托事项而收受贿赂；虽然该请托事项没有实现，但“为他人谋取利益”包括承诺、实施和实现不同阶段的行为，只要具有其中一项，就属于为他人谋取利益。承诺“为他人谋取利益”，可以从为他人谋取利益的明示或默示的意思表示中予以认定。潘玉梅明知他人有请托事项而收受其财物，应视为承诺为他人谋取利益，至于是否已实际为他人谋取利益或谋取到利益，只是受贿的情节问题，不影响受贿罪的认定。关于被告人潘玉梅利用担任迈皋桥街道工委书记的职务便利低价购许某某的房产能否认定为受贿的问题，法院经查后认为：潘玉梅购买的房产市场价格含税费共计应为 121 万余元，潘玉梅仅支付 60 万元，明显低于该房产交易时当地的市场价格。潘玉梅利用职务之便为请托人谋取利益，以明显低于市场的价格向请托人购买房产的行为，是以形式上支付一定数额的价款来掩盖其受贿权钱交易本质的一种手段，应以受贿罪论处，受贿数额按照涉案房产交易时当地市场价格与实际支付价格的差额计算。关于被告人潘玉梅及其辩护人提出潘玉梅购买许某某开发的房产，在案发前已将房产差价款给付了许某某，不应认定为受贿的辩护意见，经查，2006 年 4 月，潘玉梅在案发前将购买许某某开发房产的差价款中的 55 万元补给许某某，相距 2004 年上半年其低价购房有近两年时间，没有及时补还巨额差价。潘玉梅的补还行为，是由于许某某因其他案件被检察机关找去谈话，检察机关从许某某的公司账上已掌握潘玉梅购房仅支付部分款项的情况后，出于掩盖罪行目的而采取的退赃行为。因此，潘玉梅为掩饰犯罪而补还房屋差价款，不影响对其受贿罪的认定。

综上事实和理由，江苏省南京市中级人民法院认为：被告人潘玉梅、陈宁作为国家工作人员，分别利用各自的职务便利，为他人谋取利益，收受他人财物的行为均已构成受贿罪，且受贿数额特别巨大，但同时鉴于两名被告人均具有归案后如实供述犯罪、认罪态度好，主动交代司法机关尚未掌握的同种余罪，案发前退出部分赃款，案发后配合追缴涉案全部赃款等从轻处罚情节，于2009年2月25日以（2008）宁刑初字第49号刑事判决，认定被告人潘玉梅犯受贿罪，判处死刑，缓期二年执行，剥夺政治权利终身，并处没收个人全部财产；被告人陈宁犯受贿罪，判处无期徒刑，剥夺政治权利终身，并处没收个人全部财产。宣判后，潘玉梅、陈宁提出上诉。江苏省高级人民法院于2009年11月30日以同样的事实和理由作出（2009）苏刑二终字第0028号刑事裁定，驳回上诉，维持原判，并核准一审以受贿罪判处被告人潘玉梅死刑，缓期二年执行，剥夺政治权利终身，并处没收个人全部财产的刑事判决。

【学理分析及适用指引】

• 学理分析 •

1. 受贿罪，是指国家工作人员利用职务上的便利，索取他人财物，或者非法收受他人财物，为他人谋取利益的行为。本罪的构成要件如下：

（1）本罪的犯罪客体。受贿罪侵犯的客体是国家机关和国有公司、企业、事业单位、人民团体的正常工作秩序和国家的廉政建设制度。

（2）本罪的客观方面。受贿罪的客观方面表现为利用职务上的便利，索取他人财物，或者非法收受他人财物并为他人谋取利益的行为。

①对“利用职务上的便利”的理解。利用职务上的便利，既包括利用本人职务上主管、负责、承办某项公共事务的职权，也包括利用职务上有隶属、制约关系的其他国家工作人员的职权。担任单位领导职务的国家工作人员通过不属于自己主管的下级部门的国家工作人员的职务为他人谋取利益的，应当认定为“利用职务上的便利”为他人谋取利益。[①]

②贿赂的性质和范围。贿赂不应只限于财物，还应包括其他财产性利益，即可以用金钱来计算的物质利益，例如，设定债权、免除债务、提供劳务或者

---

① 《全国法院审理经济犯罪案件工作座谈会纪要》，载《中华人民共和国最高人民法院公报》2003年卷，第129页。

担保、降低贷款利息、提供住房权等，都可以成为贿赂。①

③受贿的具体方式：

a. 索贿型。所谓索取贿赂，即行为人利用职务上的便利，主动向他人索要财物的行为。一般索贿行为具有三个特征：一是主动性。即行为人是主动地要求他人给予自己财物，而不是被动地等待他人给予财物。二是勒索性。即行为人一般以所掌握的职权为条件，乘人之危或有求于己，向他人施加精神压力，迫使对方向其交付财物。三是交易性。即索贿者以明示或者暗示方式，使对方意识到，如果满足其要求，将会通过其职务行为得到好处。反之，其会利用职权给对方造成损害。由此可见，索贿比收受贿赂具有更大的主观恶性和社会危害性，是一种极其严重的受贿行为。因此，法律规定，成立索贿形式的受贿罪不以“为他人谋取利益”为必要条件，即不论行为是否为他人谋取利益，只要其行为利用职务上的便利条件，向他人索要财物的，都可以以受贿罪论处，这体现了对此种形式的受贿罪从严惩处的立法精神。

b. 收受型。所谓收受贿赂，是指受贿人利用职务上的便利，非法接受他人财物，为他人谋取利益的行为。这是比较常见的受贿方式。与索取贿赂相比，收受贿赂的最突出特点就是其被动性。关于这种形式的受贿，应当注意：第一，行为人被动接受行贿人送的财物。这种财物是作为行贿人拉拢、收买国家工作人员利用职务上的便利为自己谋取利益的手段，或者是对于国家工作人员为自己谋取利益的酬谢。从行贿人方面来说，明显地反映出以钱换权的性质。至于是送钱在前谋取利益在后，或者是谋取利益在前送钱在后，是一次性送或者是分多次送，都不能影响贿赂的性质，并且，为了请托而多次送钱，也只构成一个受贿罪。第二，受贿人必须为行贿人谋取利益。这主要是指行为人利用自己职务范围内的权力为行贿人办事，从受贿人方面反映出受贿人的权钱交易性质。

在司法实践中，对于有些国家工作人员尤其是具有领导职务的国家干部，凭借自己的地位，大量收受其他单位和个人送的所谓“红包”或“礼金”，但是，对方并未要求为自己谋取利益，也不是因为该领导干部曾经为自己谋取了什么利益来以此表示感谢，而该领导干部也未因收受了财物而许诺今后要为对方谋取什么利益，对此应如何处理，存在不同意见。有学者认为，送礼人虽然没有明确要求受礼人利用职权为自己办事，但是，也绝非无所图，一般都是为了日后有求于对方时好办事，先有付出，日后会有收获，叫作“感情投资”，而受礼人内心也十分清楚送礼人的意图，只是不说出口而已，这叫作“心照不宣”，因此，在上述情况下收受他人财物，显然是以权谋私的腐败行为的一种表现，应当以受贿罪论处。也有学者认为，这种现象确实存在，不可否认有的

---

① 参见肖扬主编：《贿赂犯罪研究》，法律出版社1994年版，第173页。

送"红包"或"礼金"是有拉拢、收买干部的意图，也不否认国家干部收受"红包"或"礼金"是有违党纪政纪要求的，但是，能否认定为触犯《刑法》，对其以受贿罪论处，最大的障碍就是如何理解《刑法》中规定的作为受贿罪构成的必要条件的"为他人谋取利益"。《刑法》明文规定收受贿赂以为他人谋取利益为要件，显然是指行为人有此行为或意图。因此，即使不将其理解为必须有"为他人谋取利益"的行为，而将其理解为只要有此意图即可，也应当用证据证明被告人有此意图，这才符合法律规定，不然的话，只要看送"红包"或"礼金"的人有以钱换权的意图（虽然不明说），而无须用证据即可推定收受人有为对方谋取利益的意图，等于否定"为他人谋取利益"要件的意义。作者认为，上述做法亦难以超越法律规定的障碍与限制。如果说，基于严惩腐败的考虑，最好的办法就是修正现行刑法条文，删去"为他人谋取利益"这一限制条件，不给被告人提供为自己的以权谋私行为进行辩解的机会。①

c. 经济受贿。在经济往来中，违反国家规定，收受各种名义的回扣、手续费归个人所有。这是一种特殊形式的受贿罪。所谓回扣，是指在商品交易中，卖方从收取的价款中扣出一部分贿送给买方或买方的委托代理人（经办人）的财物。回扣的特征主要有5个：一是回扣发生在商品流通过程中的买卖双方之间；二是回扣在形式上只能由卖方支付；三是回扣只能付给买方或买方的委托代理人（经办人）；四是回扣是买方支付的货款的一部分的退还；五是回扣的实质是对销售利益的再分配。

手续费是指单位或者个人为了推销产品、购买原料、联系承包业务或者进行其他经济活动，给予对方或者对方推销人员、采购人员、业务人员等作为"酬劳"的财物，也称之为"好处费""辛苦费""介绍费""酬劳费""奖励"等。

④"为他人谋取利益"的问题。为他人谋取利益，是指行为人利用本人职务上的便利，为行贿人谋取各种好处，包括物质利益或者非物质利益。所谋取的利益，对行贿人来说，可以是其应当获得的合法利益，也可以是其不应当获取的非法利益。受贿人明知行贿人给予他财物的目的，是要求他利用掌握的权力为行贿人谋取特定的利益，而收受行贿人给予的财物，便是允诺为其牟取利益，即构成受贿。

（3）本罪的犯罪主体。本罪的犯罪主体为特殊主体，只能由国家工作人员构成。国家工作人员的范围及其认定，与前述贪污罪主体的认定范围相同。

对国家工作人员离退休以后，利用本人原有职权或地位形成的便利条件，通过在职的国家工作人员职务上的行为，为请托人谋取不正当利益，而本人从

---

① 参见高铭暄主编：《刑法专论》，高等教育出版社2006年版，第789~790页。

中向请托人收取财物的行为，根据《刑法修正案（七）》规定，此类行为也应以受贿罪论处。

2. 关于“事后受财”的性质问题。所谓“事后受财”，即国家工作人员实现、实施某种职务行为，为他人谋取利益时，没有受贿的故意，事后（在职时）明知他人交付的财物是对自己职务行为的不正当报酬而予以收受的情况。事后受财的行为，只要行为人明知是其利用职务为他人谋取利益的结果，并故意接受，就应当认为具有了受贿故意，可以成立受贿罪。①

3. 关于“受贿后用于公务或捐赠”行为的处理问题。关于受贿案件收受他人财物后用于公务或者捐赠福利院、希望工程、用于扶贫等公益事业的行为，能否从受贿总额中扣除，此类行为是司法实践中新出现的受贿类型，值得注意。

在刑法理论上，关于此类受贿案件的处理，主要有如下几种观点：

（1）肯定说：认为用于公务或者公益事业的款项，可以从受贿的总额中加以扣除。因为《刑法》打击的重点是那些将公权变为私利，受贿据为己有的行为。对于将受贿款用于捐赠或公务开支而言，虽然它的起始行为受贿是违法的，但整体上它的社会危害性已经被捐赠、用于公务活动的积极意义所抵消，因此对行为人可以免除处罚或不予惩罚。

（2）否定说：认为用于公务或公益事业的款项，不能从受贿的总数额中加以扣除。因为根据《刑法》规定，只要行为人收受他人财物，为他人谋取利益，就构成受贿罪。至于将受贿款项是用于公还是用于私，对犯罪的构成是否具有影响，法条中没有明示，通常的理解是受贿款一旦得手，犯罪行为就已完成。

（3）折中说：认为对于该类案件的处理，不能一概而论，部分案件中的捐赠款，可以从受贿总额中扣减。是否扣减，要综合考虑是主动索贿还是被动受贿，给他人谋取利益是属于正当利益还是不正当利益、非法利益以及给国家造成的损失大小等受贿人的情况，并且要考虑捐赠的目的、捐赠的对象、捐赠的时间等。②

在司法实践中，确实存在由于行贿行为具有突发性，受贿人对此缺乏心理准备，来不及慎重考虑，在心理十分矛盾的情况下，收受了他人财物，或本无受贿故意，只是无法推却而暂时接受下来的情况；也存在行为人主观上缺乏罪过，根本不愿意受贿，但由于行为人的蒙骗而在事后发现行贿人留有财物的，或者当场无法推拒、违心地留下，或者行为人的家属由于不明真相等替行为人

---

① 参见高铭暄主编：《刑法专论》，高等教育出版社2006年版，第802页。

② 杨晓昌、王磊：《将捐款或公务开支从受贿额中扣除之我见》，载《人民法院报》2006年5月17日。

收受，但事后行为人及时将赃款退还或公开上交，或者基于各种原因而无法退还和上交，最后捐赠给公益事业的情况。在上述情况下，由于财物的收受者根本不具有主观上的罪过，仅有客观上的收受财物的事实，进而基于各种原因没有将财物上交，而是直接用于公务或者公益事业，不宜以受贿罪论处。另外，这种用于公益事业的捐赠或者用于公务开支，即使没有以单位名义，而是匿名且有证据证明是自己捐赠的，同时又有证据证明该捐赠财物属于收受的同一财物的，就应该认为具有公开性，不应以受贿罪论处。如果受贿人是在受贿犯罪之后，基于良心发现、畏惧法律等，而事后捐赠或者用于公务的，则已经构成受贿罪，其捐赠或用于公务的款项，不应该扣除。尤其是在为他人谋取非法利益后，再将受贿所得款项用于公务或者公益事业的，是不应该扣除的。用于公务开支或者公益事业的目的，在于处理不得已而收受、收留的财物，而不能是构成受贿罪之后出现被追究法律责任的风险时，为了逃避罪责而紧急用于公务活动或捐赠，因此，如果有证据证明受贿人是在事情败露，司法机关即将介入调查前，紧急处置财物，罪责就不应该减轻。

总之，在处理这类受贿案件时，应该结合案情，具体问题具体分析。首先判断行为是否构成受贿罪，如果不构成，那么所谓的扣减法则也就没有必要讨论；如果构成受贿罪，在此前提下，如果行为人将受贿所得财物用于公务开支或者用于公益事业，那么才有讨论的余地。一般认为，在构成受贿罪的情况下，将受贿款项用于公务或公益事业，对于定罪不受影响，只可能影响量刑。

4. 受贿罪的既遂问题。

（1）受贿罪既遂与未遂之区分：关于受贿罪的既遂与未遂之区分，与前述对“为他人谋取利益”在受贿罪犯罪构成中的地位的认识有密切关系。刑法理论上，以此为基础形成了四种观点：①在收受贿赂的形式下，只要受贿人作出利用职务便利为他人谋取利益的承诺时，即成立受贿罪既遂；在索取贿赂的情况下，只要完成索贿行为，也就是说向他人主动索要贿赂即视为受贿罪既遂，实际上是否得到贿赂在所不问。

②受贿罪既遂与未遂的区分在于行为人是否收受到贿赂。如果行为人收受到贿赂，说明其在犯意的支配下达到了犯罪目的，出现了犯罪结果，就应当视为既遂。

③应当以是否为他人谋取利益作为受贿罪既遂未遂的标准。只有当行为人为他人谋取了利益，国家机关的正常管理活动才受到实际损害，而且这一标准也能够不放纵那些事先为他人谋取利益事后收受贿赂的罪犯。

④区分受贿罪既遂未遂一般是以行为人是否收受了贿赂为标准，但是如果行为人没有收受到贿赂，但是其已经利用职务上的便利为他人谋取了利益，也应当属于受贿罪的既遂。

（2）索取到或收到财物的认定：对于受贿罪如何认定是否索取到或者收

到财物这一问题，在我国刑法理论上也有争议，主要形成以下几种观点：

①转移说。该学说认为应以行为人是否已将索取或收受的财物移离原地为标准，凡移离原处的为受贿既遂，未移离原处的为受贿未遂。

②藏匿说。该学说认为应以行为人是否已将被索取或收受的财物藏匿起来为标准。凡是已将财物藏匿的为受贿罪既遂，未藏匿的为受贿罪未遂。

③控制说或取得说。该学说认为应以行为人是否实际上取得或控制、占有索取或收受到的财物为标准。行为人已经实际取得或控制、占有索取或收受财物的为既遂，反之则为未遂。

④失控说或损失说。该学说认为应以财物的所有人因行为人的索贿或者收受行为而是否丧失对原物所有权，或者是否造成所有人财产损失为标准。凡是财物所有人丧失对原物所有权或造成了所有人财产损失的为既遂，反之则为未遂。

⑤失控说加控制说。该学说认为应以财务是否脱离所有人的控制，并实际置于行为人的控制下为标准。被索取或者收受财物已脱离所有人控制并已实际置于受贿人控制之下的为既遂，反之则为未遂。

• 适用指引 •

司法实践中，认定本罪应注意：

1. 本罪与接收亲友财物的界限问题。接收亲友财物通常包括两种情况：一是亲友出于亲情或友谊，单方面、无条件地赠与财物；二是单纯利用亲友关系，为请托人办事，收受了请托人的答谢礼物。前者属于馈赠行为，后者属于亲友间的礼尚往来，均是正常合法行为。区别馈赠行为、礼尚往来与受贿罪的界限的关键在于：行为人接受亲友的财物是否利用职务上的便利为亲友谋取利益。利用职务上的便利为亲友谋取利益，从而接受亲友财物的，构成受贿罪，否则，不应以受贿罪论处。

2. 本罪与取得合法报酬的界限问题。行为人在法律、政策允许的范围内，利用自己的知识和劳动，在业余时间为他人提供服务而获得的报酬是合法收入，不属于受贿。取得合法报酬的行为，不存在行为人利用职务上的便利为他人谋取利益的问题，因此与受贿罪具有本质区别。

3. 本罪与一般受贿行为的界限问题。区别本罪与一般受贿行为，应结合数额和情节两方面把握。个人受贿，一般以 3 万元为构成犯罪的数额起点。在司法实践中，受贿罪的认定并不能仅以受贿数额作为是否构成受贿罪的标准。受贿额 1 万元以上不满 3 万元，但同时存在其他较重情节，仍构成受贿罪。所谓较重情节，可参照《最高人民法院、最高人民检察院关于办理贪污贿赂刑事案件适用法律若干问题的解释》第 1 条第 2 款之规定。

4. 本罪与借款的区别。借款是一种正当、合法的民事行为，与受贿罪有本质区别。在司法实践中，有些犯罪人为了逃避制裁，常常把受贿狡辩、歪曲成“借款”，对此需要甄别。《全国法院审理经济犯罪案件工作座谈会纪要》对具体认定所要考虑的因素予以了详细规定，可以作为参考。

5. 本罪与贪污罪的界限问题。本罪与贪污罪在犯罪客体、客观行为、犯罪主体的范围以及犯罪目的四方面存在明显的差异。

（1）犯罪客体与对象不同。一般认为，受贿罪的客体是单一客体，即国家工作人员的职务廉洁性，贪污罪的客体则是复杂客体，即既侵犯国家公职人员的职务廉洁性，也侵犯公共财产所有权。

（2）客观行为表现不同。受贿罪的客观方面表现为行为人利用职务上的便利，索取或者非法收受他人财物并为他人谋取利益；贪污罪的客观方面表现为行为人利用职务上的便利，使用侵吞、窃取、骗取或者其他方法非法占有公共财物。

（3）主体范围不同。受贿罪的主体只能是国家工作人员，而贪污罪的主体除了国家工作人员以外，还可以是受国家机关、国有公司、企业、事业单位、人民团体委托，管理、经营国有财产的人员。

（4）犯罪目的不同。受贿罪的犯罪目的是非法获取他人财物，贪污罪的目的是非法占有自己合法主管、经营的公共财物。

6. 本罪与诈骗罪的界限问题。国家工作人员的家属，以通过国家工作人员的职务行为为他人谋取利益之名，欺骗对方，获取财物的，是一种诈骗的方式，应以诈骗罪论处。国家工作人员发现他人有求于国家工作人员时，声称为他人谋取利益并主动要求对方提供财物的，应认定为索取贿赂。在他人有求于国家工作人员时，国家工作人员接受财物后，作出虚假承诺的，应认定为受贿罪。

7. 本罪与敲诈勒索罪的界限问题。一般情况下，受贿罪与敲诈勒索罪的界限不难区分，需要注意的是索贿形式的受贿罪与敲诈勒索罪的界限问题。索贿的主体必须是国家工作人员，而敲诈勒索罪不是身份犯；索贿必须利用职务上的便利，在他人有求于自己时，主动向对方索要财物，并不采取暴力、胁迫等进行勒索，敲诈勒索罪一般没有利用职务上的便利，表现为使用暴力、胁迫，使被害人产生精神上的恐惧，被迫交出财物。这是区分二者的关键。行为人虽然是国家工作人员，但对方有求于他的事项与其职务行为没有关系，行为人利用对方的困境，以此相要挟，索取财物的，成立敲诈勒索罪。国家工作人员主动以打击报复相要挟，要求对方提供财物的，也成立敲诈勒索罪。反之，如果对方有求于国家工作人员的事项必须利用其职务之便才能实现，行为人利用他人的困境，索取财物的，成立受贿罪。

8. 关于新型受贿案件的认定和处理。所谓“新型受贿”主要是指以交易形式收受贿赂问题、收受干股问题、以开公司等合作投资名义收受贿赂问题等。2007 年，最高人民法院和最高人民检察院联合出台了《关于办理受贿刑事案件适用法律若干问题的意见》，对上述新形式受贿犯罪及有关政策界限问题予以明确规定。

9. 本罪的罪数问题。国家工作人员可能先收受财物后实施为他人谋取利益的行为，也可能先实施为他人谋取利益的行为而后收受财物。国家工作人员所实施的为他人谋取利益的行为构成犯罪时，除《刑法》有规定的以外，应当认定为数罪，实行并罚。①

第三百八十六条 受贿罪的刑事责任

【法律规定】

• 法律条文 •

《中华人民共和国刑法》

第三百八十六条 对犯受贿罪的，根据受贿所得数额及情节，依照本法第三百八十三条的规定处罚。索贿的从重处罚。

• 相关规定 •

《最高人民法院、最高人民检察院关于办理贪污贿赂刑事案件适用法律若干问题的解释》（法释〔2016〕9 号）

第一条 贪污或者受贿数额在三万元以上不满二十万元的，应当认定为刑法第三百八十三条第一款规定的“数额较大”，依法判处三年以下有期徒刑或者拘役，并处罚金。

……

受贿数额在一万元以上不满三万元，具有前款第二项至第六项规定的情形之一，或者具有下列情形之一的，应当认定为刑法第三百八十三条第一款规定的“其他较重情节”，依法判处三年以下有期徒刑或者拘役，并处罚金：

（一）多次索贿的；

（二）为他人谋取不正当利益，致使公共财产、国家和人民利益遭受损失的；

（三）为他人谋取职务提拔、调整的。

第二条 贪污或者受贿数额在二十万元以上不满三百万元的，应当认定为刑法第三百八十三条第一款规定的“数额巨大”，依法判处三年以上十年以下

---

① 参见张明楷：《刑法学》，法律出版社 2007 年版，第 886 页。

有期徒刑，并处罚金或者没收财产。

……

受贿数额在十万元以上不满二十万元，具有本解释第一条第三款规定的情形之一的，应当认定为刑法第三百八十三条第一款规定的“其他严重情节”，依法判处三年以上十年以下有期徒刑，并处罚金或者没收财产。

第三条 贪污或者受贿数额在三百万元以上的，应当认定为刑法第三百八十三条第一款规定的“数额特别巨大”，依法判处十年以上有期徒刑、无期徒刑或者死刑，并处罚金或者没收财产。

……

受贿数额在一百五十万元以上不满三百万元，具有本解释第一条第三款规定的情形之一的，应当认定为刑法第三百八十三条第一款规定的“其他特别严重情节”，依法判处十年以上有期徒刑、无期徒刑或者死刑，并处罚金或者没收财产。

第四条 贪污、受贿数额特别巨大，犯罪情节特别严重、社会影响特别恶劣、给国家和人民利益造成特别重大损失的，可以判处死刑。

符合前款规定的情形，但具有自首，立功，如实供述自己罪行、真诚悔罪、积极退赃，或者避免、减少损害结果的发生等情节，不是必须立即执行的，可以判处死刑缓期二年执行。

符合第一款规定情形的，根据犯罪情节等情况可以判处死刑缓期二年执行，同时裁判决定在其死刑缓期执行二年期满依法减为无期徒刑后，终身监禁，不得减刑、假释。

……

第十二条 贿赂犯罪中的“财物”，包括货币、物品和财产性利益。财产性利益包括可以折算为货币的物质利益如房屋装修、债务免除等，以及需要支付货币的其他利益如会员服务、旅游等。后者的犯罪数额，以实际支付或者应当支付的数额计算。

第十三条 具有下列情形之一的，应当认定为“为他人谋取利益”，构成犯罪的，应当依照刑法关于受贿犯罪的规定定罪处罚：

（一）实际或者承诺为他人谋取利益的；

（二）明知他人有具体请托事项的；

（三）履职时未被请托，但事后基于该履职事由收受他人财物的。

国家工作人员索取、收受具有上下级关系的下属或者具有行政管理关系的被管理人员的财物价值三万元以上，可能影响职权行使的，视为承诺为他人谋取利益。

……

第十五条 对多次受贿未经处理的，累计计算受贿数额。

国家工作人员利用职务上的便利为请托人谋取利益前后多次收受请托人财物，受请托之前收受的财物数额在一万元以上的，应当一并计入受贿数额。

第十六条 国家工作人员出于贪污、受贿的故意，非法占有公共财物、收受他人财物之后，将赃款赃物用于单位公务支出或者社会捐赠的，不影响贪污罪、受贿罪的认定，但量刑时可以酌情考虑。

特定关系人索取、收受他人财物，国家工作人员知道后未退还或者上交的，应当认定国家工作人员具有受贿故意。

第十七条 国家工作人员利用职务上的便利，收受他人财物，为他人谋取利益，同时构成受贿罪和刑法分则第三章第三节、第九章规定的渎职犯罪的，除刑法另有规定外，以受贿罪和渎职犯罪数罪并罚。

第十八条 贪污贿赂犯罪分子违法所得的一切财物，应当依照刑法第六十四条的规定予以追缴或者责令退赔，对被害人的合法财产应当及时返还。对尚未追缴到案或者尚未足额退赔的违法所得，应当继续追缴或者责令退赔。

第十九条 对贪污罪、受贿罪判处三年以下有期徒刑或者拘役的，应当并处十万元以上五十万元以下的罚金；判处三年以上十年以下有期徒刑的，应当并处二十万元以上犯罪数额二倍以下的罚金或者没收财产；判处十年以上有期徒刑或者无期徒刑的，应当并处五十万元以上犯罪数额二倍以下的罚金或者没收财产。

对刑法规定并处罚金的其他贪污贿赂犯罪，应当在十万元以上犯罪数额二倍以下判处罚金。

《最高人民法院关于办理减刑、假释案件具体应用法律的补充规定》（法释〔2019〕6号）

第六条 对本规定所指贪污贿赂罪犯适用假释时，应当从严掌握。

【案例】

黄胜受贿案①

• 案件事实 •

被告人黄胜，男，1954年9月11日出生，汉族，研究生文化，原系山东省人民政府副省长。曾任山东省德州市人民政府市长、中共德州市委书记。2012年6月27日，因涉嫌受贿罪被逮捕。

被告人黄胜受贿一案，经最高人民检察院指定，由江苏省人民检察院于2012年6月13日立案侦查。侦查终结后，于2012年9月24日由江苏省人民

① 参见《最高人民检察院公报》2014年第2号（总第139号）。

检察院将该案依法交由江苏省南京市人民检察院审查起诉。江苏省南京市人民检察院受理后，在法定期限内告知了黄胜有权委托辩护人等诉讼权利，讯问了黄胜，审查了全部案件材料。因案情重大复杂，案件二次退回补充侦查、二次延长审查起诉期限各半个月。2013年2月1日，江苏省南京市人民检察院依法向南京市中级人民法院提起公诉。被告人黄胜的犯罪事实如下：

1998年下半年至2011年8月，被告人黄胜利用其担任山东省德州市人民政府市长、中共德州市委书记，山东省人民政府副省长等职务上的便利，在企业经营、职务晋升等方面为他人谋取利益，或者利用其担任山东省人民政府副省长职务形成的便利条件，通过其他国家工作人员职务上的行为，为他人谋取不正当利益，直接或通过其亲属先后61次非法收受山东德州百货大楼（集团）有限责任公司（以下简称德百公司）法定代表人杨维星、国科投资有限公司法定代表人蔡红军等21个单位和个人给予的财物，共计折合人民币12239221.53元。

1. 2002年年底至2011年3月，被告人黄胜利用其担任中共德州市委书记、山东省人民政府副省长职务上的便利，接受德百公司法定代表人杨维星的请托，为德百公司百货大楼费用减免及排除竞争，天衢购物中心、澳德乐时代广场建设项目的相关费用减免以及杨维星之弟职务晋升等事项提供了帮助。为此，黄胜于2007年年初至2010年年初，黄胜通过其弟黄旭东收受杨维星给予的医疗设备款人民币280万元，收受杨维星给予的价值人民币2367826.83元的住房一套（含契税）、人民币40万元，共计人民币5567826.83元。2011年8月，黄胜得知与其受贿有关联的人被调查，遂将该住房及280万元设备款退还给杨维星。

2. 2002年年初至2011年7月，被告人黄胜利用其担任中共德州市委书记、山东省人民政府副省长职务上的便利，为山东省大同宏业投资集团法定代表人张波之弟职务晋升提供了帮助，并接受张波的请托，为该集团下属企业开发的“枣山家园”项目缓缴城市基础设施配套费和排除施工干扰，张波朋友之女报考山东警察学院等事项提供了帮助。为此，黄胜分别于2004年下半年和2008年上半年，收受张波给予的价值人民币1045450元的住房一套（含契税）、英镑3万元，共计折合人民币1448512元。2011年9月，黄胜得知与其受贿有关联的人被调查，遂将该住房退还给张波。

3. 2006年5月至2006年9月，被告人黄胜利用其担任中共德州市委书记职务上的便利，接受德州天宇化学工业有限公司投资人王健宇的请托，为该公司获取企业搬迁补偿费提供了帮助。为此，黄胜分别于2006年下半年和2009年春节前，收受王健宇给予的人民币982470元的购房款（含契税）、价值人民币11万元的车位一个及人民币5万元，共计人民币1142470元。

4. 2003年年底至2009年夏天，被告人黄胜利用其担任中共德州市委书记、山东省人民政府副省长职务上的便利，接受国科投资有限公司法定代表人蔡红军的请托，为该公司免除行政罚款、获得商业贷款、逃避税务稽查、筹建高尔夫球场项目等事项提供了帮助。为此，黄胜于2005年秋天至2011年元旦前，先后10次收受蔡红军给予的人民币22万元、美元2万元及价值人民币29万元的购物卡，共计折合人民币670196元。

5. 2003年1月至2011年3月，被告人黄胜利用其担任中共德州市委书记、山东省人民政府副省长职务上的便利，为中共禹城市委原副书记杨同军担任宁津县人民政府县长、中共夏津县委书记提供了帮助；并接受杨同军的请托，为夏津县计划生育工作、夏津县特殊教育学校解决用地指标等事项提供了帮助。为此，黄胜于2007年夏天至2011年年初，先后4次收受杨同军给予的共计存有人民币40万元的银行卡。

6. 2007年年初至2010年1月，被告人黄胜利用其担任中共德州市委书记、山东省人民政府副省长职务上的便利，接受山东德州科技职业学院院长朱国材的请托，为该学院获取教育经费、申请恢复招生指标及筹建青岛校区等事项提供了帮助。为此，黄胜分别于2007年中秋节前和2008年下半年，先后收受朱国材给予的人民币10万元和存有人民币30万元的银行卡，共计人民币40万元。

7. 2011年3月，被告人黄胜利用其担任山东省人民政府副省长职务上的便利，接受济南善智投资咨询有限公司法定代表人温智铧的请托，为该公司参与汇胜集团股份有限公司收购平原县翔龙纸业有限公司并能享受税收优惠政策提供了帮助。为此，黄胜于2011年4月，通过其子黄严收受温智铧给予的人民币40万元。

8. 1998年下半年至2007年2月，被告人黄胜利用其担任德州市人民政府市长、中共德州市委书记职务上的便利，接受德州市人民政府驻北京办事处原主任、德州大酒店有限责任公司原董事长白寒冰的请托，为该办事处下属企业建设项目土地出让金的减免、德州大酒店国有股减持以及综合改造项目城市基础设施配套费的减免等事项提供了帮助。为此，黄胜于2002年3月至2011年春节前，先后6次收受白寒冰给予的美元2000元、人民币18万元、英镑1万元及价值人民币3万元的商场购物卡，共计折合人民币332354元。

9. 2006年6月至2009年11月，被告人黄胜利用其担任中共德州市委书记、山东省人民政府副省长职务上的便利，接受皇明太阳能集团有限公司董事长黄鸣的请托，为该公司下属企业承揽工程和下属职业中专学校升格等事项提供了帮助。为此，黄胜于2008年夏天，收受黄鸣给予的人民币30万元。2011年9月，黄胜得知与其受贿有关联的人被调查后，遂将人民币30万元退还给黄鸣。

10. 2009年春节前至2011年8月，被告人黄胜利用其担任山东省人民政府副省长职务上的便利，接受德州学院党委书记任运河、院长贺金玉的请托，为德州学院获得高校专项资金、申请硕士研究生试点等事项提供了帮助。为此，黄胜先后2次收受任运河、贺金玉给予的价值人民币3万元和20万元的商场购物卡，共计人民币23万元。

11. 2007年11月至2009年8月，被告人黄胜利用其担任山东省人民政府副省长职务上的便利，接受泰山体育产业集团有限公司法定代表人卞志良的请托，为该公司的业务发展、产品推介等事项提供了帮助。为此，黄胜于2008年2月至2009年上半年，先后3次收受卞志良给予的美元3万元，共计折合人民币207499元。

12. 1999年下半年至2011年8月，被告人黄胜利用其担任德州市人民政府市长、中共德州市委书记、山东省人民政府副省长职务上的便利，接受古贝春集团有限公司法定代表人周晓峰的请托，为该公司的业务发展、形象提升等事项提供了帮助。为此，黄胜先后4次收受周晓峰给予的人民币18万元。

13. 2003年年底至2004年下半年，被告人黄胜利用其担任中共德州市委书记职务上的便利，接受山东莱钢永锋钢铁有限公司法定代表人刘锋的请托，为该公司获取财政借款提供了帮助。为此，黄胜于2006年初，通过其弟黄旭东收受刘锋给予的价值人民币107134元的钢材；于2010年3月、4月，收受刘锋给予的存有人民币5万元的银行卡，共计人民币157134元。

14. 2001年5月至2007年3月，被告人黄胜利用其担任中共德州市委书记职务上的便利，接受德州市公安局交警支队原副支队长王琦的请托，为其担任交警支队支队长、德州市公安局副局长、正县级侦查员以及王琦女儿工作调动等事项提供了帮助。为此，黄胜于2007年下半年至2009年上半年，先后3次共收受王琦给予的人民币13万元。

15. 2008年下半年至2011年7月，被告人黄胜利用其担任山东省人民政府副省长的职权或者地位形成的便利条件，接受中澳控股集团有限公司法定代表人张洪波的请托，通过向中共山东省委统战部有关领导打招呼，为张洪波担任山东省工商业联合会副主席和德州市工商业联合会主席提供了帮助。为此，黄胜于2008年底至2011年5月，先后3次收受张洪波给予的价值人民币75000元的商场购物卡和人民币5万元，共计人民币125000元。

16. 2002年6月至2003年12月，被告人黄胜利用其担任中共德州市委书记职务上的便利，接受德州市公路局原副局长孙华斌的请托，为其担任德州市交通局副局长、局长等职务提供了帮助。为此，黄胜分别于2002年6月、7月和2006年中秋节前，先后2次共收受孙华斌给予的人民币12万元。

17. 2010年4月至2010年6月，被告人黄胜利用其担任山东省人民政府副省长职务上的便利，接受中天建设集团有限公司山东分公司项目部负责人于朝阳的请托，为该分公司办理外地企业进济施工备案等事项提供了帮助。为此，黄胜分别于 2010 年和 2011 年春节期间，收受于朝阳给予的人民币各 5 万元，共计人民币 10 万元。

18. 2010 年 10 月至 2011 年 4 月，被告人黄胜利用其担任山东省人民政府副省长职务上的便利，接受古贝春集团有限公司法定代表人周晓峰的请托，为山东新明玻璃钢制品有限公司获取生产资质提供了帮助。为此，黄胜于 2010 年 10 月，收受周晓峰转交的山东新明玻璃钢制品有限公司法定代表人商明新给予的人民币 10 万元。

19. 2001 年 1 月至 2011 年 1 月，被告人黄胜利用其担任中共德州市委书记、山东省人民政府副省长职务上的便利，为中共禹城市委原副书记杨军先后担任临邑县人民政府县长、中共临邑县委书记提供了帮助；并接受杨军的请托，为其任职的德州经济开发区由省级升级为国家级提供了帮助。为此，黄胜分别于 2008 年 9 月和 2010 年 11 月，收受杨军给予的美元 8000 元和欧元 5000 元，共计折合人民币 98229.7 元。

20. 2003 年年底至 2005 年 11 月，被告人黄胜利用其担任中共德州市委书记职务上的便利，接受德州商贸开发区管委会原主任张如廷的请托，为该开发区干部的提拔任用提供了帮助。为此，黄胜分别于 2003 年年底和 2005 年下半年，收受张如廷给予的人民币 3 万元和 5 万元，共计人民币 8 万元。

21. 2006 年 5 月至 12 月，被告人黄胜利用其担任中共德州市委书记职务上的便利，接受山东黑马集团有限公司董事长刘玉江的请托，为该集团下属公司获取土地补偿款提供了帮助。为此，黄胜分别于 2007 年春节前和中秋节前，收受刘玉江给予的人民币 4 万元和 1 万元，共计人民币 5 万元。

案发后，被告人黄胜主动交代了办案机关尚未掌握的大部分受贿犯罪事实，并积极配合办案机关退缴了全部赃款赃物。

• 裁判要旨 •

国家工作人员利用职务上的便利，为他人谋取利益，以及利用本人职权或者地位形成的便利条件，通过其他国家工作人员职务上的行为，为他人谋取不正当利益，直接或通过其亲属非法收受他人财物的，构成受贿罪。

• 裁判理由 •

2013 年 4 月 8 日，江苏省南京市中级人民法院依法组成合议庭公开审理了此案。法庭审理认为：

被告人黄胜身为国家工作人员，利用职务上的便利，为他人谋取利益，以及利用本人职权或者地位形成的便利条件，通过其他国家工作人员职务上的行为，为他人谋取不正当利益，直接或通过其亲属非法收受他人财物，其行为已构成受贿罪。公诉机关指控的事实清楚，证据确实、充分，指控罪名成立。根据黄胜受贿的数额和情节，考虑到其在归案后主动交代办案机关尚未掌握的大部分受贿犯罪事实，具有坦白情节，认罪、悔罪，并退缴了全部赃款赃物。

2013年5月3日，江苏省南京市中级人民法院依照《刑法》第358条第1款，第388条，第386条，第383条第1款1项、第2款，第67条第3款，第57条第1款，第59条，第64条，及《最高人民法院关于处理自首和立功具体应用法律若干问题的解释》第4条之规定，作出判决如下：一、被告人黄胜犯受贿罪，判处无期徒刑，剥夺政治权利终身，并处没收个人全部财产。二、受贿犯罪所得赃款人民币12239221.53元及孳息予以追缴，上交国库。

一审宣判后，被告人黄胜在法定期限内没有提出上诉，检察机关也没有提出抗诉，判决发生法律效力。

【学理分析及适用指引】

• 学理分析 •

1. 关于受贿罪中数额与情节的理解。有学者指出，应注意对犯受贿罪的，要根据受贿所得数额及具体情节，按照贪污罪的处罚规定予以处罚，不能单纯以受贿所得数额多少决定刑罚的轻重。如果受贿所得数额与贪污所得数额相同，一般情况下，受贿行为给国家、集体利益造成的危害更大，根据罪刑相适应原则，受贿罪的刑罚就应当重于贪污同样数额的犯罪分子的刑罚。亦即，对于贪污罪犯与受贿罪犯的量刑不能单纯从犯罪所得数额上比较而确定量刑。近年来确实存在一些罪犯受贿数额特别巨大，犯罪情节亦特别严重，因为已被追缴全部赃款而判处较轻刑罚的情况，这与《刑法》规定的受贿罪没有独立的处罚条款不无关系。总之，在受贿罪的司法适用中，应正确掌握起刑点的数额，弄清不同刑罚幅度的分界点的数额，尤其需要强调的是，受贿数额只是量刑的一个重要依据，而不是唯一依据，受贿情节的轻重，同样决定着量刑的轻重。也就是说，受贿罪的数额与情节是相互制约的，它们共同决定而不是分别决定着受贿罪刑事责任的有无和大小。① 应当说，《刑法修正案（九）》已经充分考虑了犯罪情节在贪腐案件量刑中的作用，系统地修正了《刑法》第383条的内容，设置了以犯罪数额与犯罪情节并重的刑事责任模式。对此，应依照最高人民法院、最高人民检察院2016年4月18日联合发布的《关于办理贪污贿赂刑事案件适用法律若干问题的解释》规定办理。

2. 关于受贿罪中情节的探讨。在刑法理论上，对受贿情节的概念与种类亦有探讨。有学者指出，所谓受贿情节，即影响受贿犯罪罪行大小、量刑轻重的各种因素。在司法实践中，应认真区别对待以下情节：

---

① 参见高铭暄主编：《刑法专论》，高等教育出版社2006年版，第811页。

（1）区分是索取贿赂还是收受贿赂。索贿与收受贿赂虽然都是受贿行为的表现形式，但是两者手段不同，社会危害性也不同。索贿比收受贿赂具有更大的主观恶性与人身危险性，因此应从重处罚。

（2）区分“贪赃枉法”与“贪赃不枉法”。此处所说的“贪赃枉法”是指行为人收受贿赂后为他人谋取利益的行为，是违背其职务的违法行为，为行贿人谋取的是非法利益。“贪赃不枉法”是指行为人收受贿赂后为他人谋取利益的行为，是其职务上应当履行的行为，为行为人谋取的合法利益。显然，“贪赃枉法”比“贪赃不枉法”的社会危害性更大，量刑时应加以区分。如根据《最高人民法院、最高人民检察院关于办理贪污贿赂刑事案件适用法律若干问题的解释》第1条的规定，受贿数额在3万元以上的，应认为“受贿数额较大”而构成受贿罪，但若行为人“为他人谋取不正当利益，致使公共财产、国家和人民利益造成损失的”，则受贿1万以上即应认为是“数额较大”而构成受贿罪。

（3）受贿给国家和集体造成的损失。有的受贿数额虽小，但其行为却给国家和集体利益造成了重大损失，也应视为情节严重。

（4）受贿的次数与持续时间。在较长的时间内多次索取或者收受贿赂的，其情节就比偶尔一次受贿的严重。

（5）受贿对象的情况。乘他人之危索取贿赂的，收受外商、华侨、港澳台同胞贿赂造成不良影响的，都应作为从重情节考虑。

（6）犯罪后的态度。有无自首、立功、悔改或者积极退赃的表现，是否在案发后转移赃物、销毁罪证，或与他人订立攻守同盟，掩盖罪行等，也是量刑时应考虑的情节。

3. 关于“积极退赃”的理解。就“积极退赃”的问题，有学者提出，受贿罪中的财物应当为两种情况，一种情况通常只能没收，不能退回给行贿人；二是在对方因勒索而交付财物又没有谋取不正当利益时，由于对方实际上是被害人，故应将财物退回被害人。问题在于，在应当没收的情况下，行为人秘密退回给对方的，能否减轻或者免除处罚？该学者认为不能免除处罚，因为这种行为往往只是担心罪行败露而采取的措施，不能表明行为人有悔改表现。①

• 适用指引 •

实践中，当贿赂财物是股票、证券等有价证券时，应注意数额认定的标准问题，《全国法院审理经济犯罪案件工作座谈会纪要》对此有明确规定，值得注意。另外，应注意受贿罪的财产刑适用问题。由于受贿罪是贪污贿赂型职务犯罪，为使犯罪分子得到应有的惩罚，必须注意给予经济上的制裁。亦即，在

① 参见张明楷：《刑法学》，法律出版社2007年版，第887页。

对犯罪分子判处主刑的时候，要注意正确地适用没收财产这一附加刑。

第三百八十七条　单位受贿罪

【法律规定】

● 法律条文 ●

《中华人民共和国刑法》

第三百八十七条　国家机关、国有公司、企业、事业单位、人民团体，索取、非法收受他人财物，为他人谋取利益，情节严重的，对单位判处罚金，并对其直接负责的主管人员和其他直接责任人员，处五年以下有期徒刑或者拘役。

前款所列单位，在经济往来中，在账外暗中收受各种名义的回扣、手续费的，以受贿论，依照前款的规定处罚。

● 相关规定 ●

《中华人民共和国刑法》

第三百八十五条第一款　国家工作人员利用职务上的便利，索取他人财物的，或者非法收受他人财物，为他人谋取利益的，是受贿罪。

《最高人民检察院关于人民检察院直接受理立案侦查案件立案标准的规定（试行）》（高检发释字〔1999〕2 号）

一、贪污贿赂犯罪案件

……

（四）单位受贿案（第 387 条）

单位受贿罪是指国家机关、国有公司、企业、事业单位、人民团体，索取、非法收受他人财物，为他人谋取利益，情节严重的行为。

索取他人财物或者非法收受他人财物，必须同时具备为他人谋取利益的条件，且是情节严重的行为，才能构成单位受贿罪。

国家机关、国有公司、企业、事业单位、人民团体，在经济往来中，在账外暗中收受各种名义的回扣、手续费的，以单位受贿罪追究刑事责任。

涉嫌下列情形之一的，应予立案：

1. 单位受贿数额在 10 万元以上的；

2. 单位受贿数额不满 10 万元，但具有下列情形之一的：

（1）故意刁难、要挟有关单位、个人，造成恶劣影响的；

（2）强行索取财物的；

（3）致使国家或者社会利益遭受重大损失的。

《最高人民检察院研究室关于国有单位的内设机构能否构成单位受贿罪主体问题的答复》（〔2006〕高检研发8号）

陕西省人民检察院法律政策研究室：

你室《关于国家机关、国有公司、企业、事业单位、人民团体的内设机构能否构成单位受贿罪主体的请示》（陕检研发〔2005〕13号）收悉。经研究，答复如下：

国有单位的内设机构利用其行使职权的便利，索取、非法收受他人财物并归该内设机构所有或者支配，为他人谋取利益，情节严重的，依照刑法第三百八十七条的规定以单位受贿罪追究刑事责任。

上述内设机构在经济往来中，在账外暗中收受各种名义的回扣、手续费的，以受贿论。

此复

【案例】

张富裕受贿案①

• 案件事实 •

2013年11月，江安县国有土地上房屋征收与补偿中心（以下简称县征补中心）和江安县国土资源局下属的具有独立法人资格的江安县土地收购储备交易中心（以下简称县收储中心）合并成立江安县土地和房屋征收征用工作服务中心（以下简称县征服中心），同时挂县征补中心和县收储中心两块牌子，为县人民政府直管正科级单位，属非常设机构；负责全县国有土地上房屋征收补偿和集体土地征收征用工作。

被告人张富裕于1995年6月进入江安县事业单位人员编制，2009年3月纳入参照公务员法管理对象。2017年8月21日，县征服中心制定江安镇河中村宗地拆迁工作目标管理办法，张富裕为征地拆迁专项工作组成员。2017年8月31日，张富裕被江安县国土资源局党组任命为县收储中心主任。

2017年8月，县征服中心拟对江安县城规划区重点项目城区饮用水源保护区宗地（以下简称饮用水宗地）所在的江安镇河中村一组、二组进行征地拆迁，同年9月，江安县国土资源局抽调张富裕到县征服中心工作，并担任上述征地拆迁工作组组长，具体负责该宗地上建构筑物拆除等工作。

2017年12月，饮用水宗地涉及拆迁户基本完成搬迁，需拆除房屋和建筑

① 参见四川省宜宾市中级人民法院（2020）川15刑终60号。

物。2017年12月的一天，张富裕经牟某介绍认识龙某1，张富裕和龙某1商谈饮用水宗地上建构筑物拆除事宜，张富裕提出拆除工程由龙某1实施，工程利润由张富裕安排处理，龙某1同意，张富裕便决定将饮用水宗地的拆除工程交由龙某1承揽。2017年12月至2018年2月，龙某1组织机具对饮用水宗地的房屋和建构筑物进行拆除，并以其妻徐某的名义挂靠江安县城乡建设工程有限公司和县收储中心签订六期《拆除建构筑物合同》。工程完工后，龙某1于2018年2月12日、2018年4月18日两次收到六期拆除工程款共计137万余元。

2018年2月至2018年5月期间，龙某1收到工程款后，经张富裕要求，龙某1先后七次给予张富裕钱款共计93万元，张富裕将其中61500元用于支付拆除期间的生活费、断电人工工资、现场管理人员工资等，56万元用于分给县征用中心、河中村村组干部等相关人员，张富裕个人实得308500元。

2018年5月16日，张富裕得知江安县监察委员会调查县征服中心相关线索后，转款29万元至龙某1指定的龙某2账户，2018年11月15日，龙某2将该款交至江安县监察委员会。2019年5月24日，张富裕将18500元交至江安县监察委员会。

另查明，2018年6月26日，龙某1向江安县监察委员会交代了张富裕向其索贿的事实。2018年6月27日，张富裕经江安县监察委员会通知到案后如实供述了其罪行。江安县监察委员会于2019年3月25日对张富裕涉嫌职务犯罪行为予以立案，并于次月3日向其宣布。案发后，本案涉案钱款868500元已全部退缴国库。

• 裁判要旨 •

单位不负责人决定以单位名义收受他人财物并在单位内容公开和分配的，应成立单位受贿罪而非受贿罪。

• 裁判理由 •

原判认为，被告人张富裕身为国家工作人员，利用其担任江安镇河中村一二组征地拆迁工作组组长的职务便利，为他人谋取利益，索取他人贿赂人民币86.85万元，数额巨大的行为，已构成受贿罪。被告人张富裕向他人索要贿赂，依法应予从重处罚。被告人张富裕到案后如实供述其罪行，系坦白，依法可予从轻处罚。被告人张富裕退缴了个人全部违法所得，酌情予以从轻处罚。原判依照《刑法》第385条第1款、第386条、第383条、第67条第3款、第64条和《最高人民法院、最高人民检察院关于办理贪污贿赂刑事案件适用法律若干问题的解释》第2条第1款、第19条第1款之规定，判决：一、被告人张富裕犯受贿罪，判处有期徒刑三年五个月，并处罚金人民币21万元；二、已退缴的违法所得人民币308500元，依法予以没收，上缴国库。

上诉人张富裕提出：（1）其收受龙某1贿赂93万元，系县收储中心副主任牟某向龙某1提出，自己作为该中心主任予以认可，且是沿袭该中心的惯例，系以单位名义收受，目的是推动房屋征收工作。该款事后在单位领导、工作组成员、村干部间进行了分配，其并非以个人占有为目的，属于单位账外收受回扣的行为。因此其行为并非个人受贿而是单位受贿。（2）系牟某先向龙某1提出收受回扣事宜，并不是自己先提出，因此其没有索贿行为。（3）其经通知到案后如实供述罪行，应构成自首。（4）其到案后如实供述罪行，主动积极退赃，应当对其判处缓刑。辩护人以相同意见为其辩护。

经二审审理查明的事实和证据与原判认定的基本一致，对一审判决认定的事实和证据予以确认。另查明，系上诉人（原审被告人）张富裕、牟某、龙某1三人均在场时，牟某、张富裕向龙某1提出将拆迁工程利润交给张富裕。

本案事实清楚，证据确实、充分，足以认定。

关于上诉人及其辩护人对本案事实认定及法律适用方面提出的异议，法院综合评析如下：

1. 本案系个人受贿还是单位受贿。

上诉人张富裕及其辩护人提出，其收受龙某1贿赂93万元，系县收储中心副主任牟某向龙某1提出，自己作为该中心主任予以认可，且是沿袭该中心的惯例，系以单位名义收受，目的是推动房屋征收工作。该款事后在单位领导、工作组成员、村干部间进行了分配，其并非以个人占有为目的，属于单位账外收受回扣的行为。因此，其行为并非个人受贿而是单位受贿。

经查，上诉人张富裕的供述及证人牟某的证言证实，收受龙某1贿赂系作为县收储中心副主任的牟某、县收储中心主任的张富裕向龙某1提出。而张富裕收到龙某1贿赂后，作为工作负责人，将其中部分款项作为工作经费用于拆迁工作，并将大部分款项分配给负责相应拆迁工作的工作人员以及协助拆迁的村、组干部等人。因此，该收受贿赂行为系经收储中心主要负责人决定，代表单位意志，事后该款也用于工作及发放给相应工作人员。故其行为应当认定为单位受贿而非个人受贿。该诉辩意见成立，法院予以采纳。

2. 张富裕是否有索贿行为。

上诉人张富裕及其辩护人提出，系牟某先向龙某1提出收受回扣事宜，并不是自己先提出，因此其没有索贿行为。

经查，上诉人张富裕的供述及证人牟某的证言证实，收受龙某1贿赂系作为县收储中心副主任的牟某、县收储中心主任的张富裕向龙某1提出。因此，张富裕有向龙某1索取贿赂的行为。该诉辩意见，法院不予以采纳。

3. 张富裕是否构成自首。

上诉人张富裕及其辩护人提出，其经通知到案后如实供述罪行，应构成自首。

经查，本案系办案机关先行通知行贿人龙某1到案后，掌握了相关贿赂事实后，通知张富裕到案，因此其不构成自首。该诉辩意见，法院不予以采纳。

法院认为，上诉人（原审被告人）张富裕作为县收储中心主任、江安县江安镇河中村一二组征地拆迁工作组组长，以单位名义索取他人财物，为他人谋取利益，情节严重，其行为已构成单位受贿罪。上诉人张富裕如实供述其罪行，退缴了个人全部违法所得，依法予以从轻处罚。根据本案的事实、情节，不宜对上诉人张富裕适用缓刑，上诉人张富裕及其辩护人提出对其适用缓刑的意见，法院不予采纳。综上，原判认定基本事实清楚，证据确实、充分，但适用法律及认定罪名不当，导致量刑过重，法院依法予以纠正。依照《刑事诉讼法》第236条第1款第2项和《刑法》第387条、第67条第3款、第64条之规定，判决如下：一、维持四川省江安县人民法院（2019）川1523刑初126号刑事判决的第二项，即没收违法所得部分；二、撤销四川省江安县人民法院（2019）川1523刑初126号刑事判决的第一项，即对被告人张富裕的定罪量刑部分；三、上诉人（原审被告人）张富裕犯单位受贿罪，判处有期徒刑二年。本判决为终审判决。

【学理分析及适用指引】

• 学理分析 •

单位受贿罪，是指国家机关、国有公司、企业、事业单位、人民团体，索取、非法收受他人财物，为他人谋取利益，情节严重的行为。本罪的构成要件如下：

1. 本罪的客体。有学者认为，本罪的犯罪客体是国家机关、国有公司、企业、事业单位和人民团体的正常工作秩序和国家的廉政建设制度；① 亦有学者认为，本罪的犯罪客体是国有单位公务活动的廉洁制度。②

2. 本罪的客观方面。本罪的犯罪客观方面表现为索取或非法接受他人财物，为他人谋取利益，情节严重的行为。本罪客观行为具体表现为两种形式：第一，利用职权，索取、非法收受他人财物，为他人谋取利益，情节严重的行为；第二，根据《刑法》第387条第2款的规定，国家机关、国有公司、企业、事业单位、人民团体在经济往来中，在账外暗中收受各种名义的回扣、手续费的行为。

单位由于其具有群体组织的特点，在实施受贿的犯罪过程中，在客观方面与自然人受贿的犯罪活动相比，具有许多特殊性，主要表现在以下两个方面：第一，单位受贿行为具有统一性。在单位受贿罪中，单位领导机构作出受贿犯

---

① 参见周道鸾、张军主编：《刑法罪名精释》，人民法院出版社2007年版，第828页。

② 参见高铭暄、马克昌主编：《刑法学》，北京大学出版社、高等教育出版社2007年版，第715页。

罪的决策，既是单位犯罪意志的体现，又是单位的犯罪行为，是处于领导地位的单位成员的一种集体活动和集体行为，而非个人行为。尽管单位受贿行为的具体实施者可能有很多人，但是他们都是以单位名义实施的一种单位统一行为。他们每个人的具体活动，都是单位犯罪整体行为的有机组成部分，同时他们也是单位受贿罪中的直接责任人员，通常情况下都承担单位受贿犯罪的个人刑事责任。第二，进行受贿犯罪活动的非法所得财物归单位占有性。单位受贿，其财物虽是单位成员接受的，但占有者都是单位集体。

3. 本罪的主体。本罪的犯罪主体是国家机关、国有公司、企业、事业单位、人民团体。单位受贿罪是由单位决策机构或者其代表人决定，超越其单位权限并由单位成员实施的。它是单位犯罪，同时又是单位中自然人实施的犯罪，其犯罪主体具有双重性。单位受贿罪中的自然人，必须又是该单位组织内部具有从事公务的特定身份的单位成员。单位受贿罪中的自然人有两部分人：一是直接负责的主管人员，一般是法人代表或其他领导人员；二是直接责任人员，他们是单位受贿罪的直接参与者、具体实施者，是把单位机构或领导层讨论决定的受贿行为付诸实施者。

另外，在追究单位受贿罪的责任过程中，根据《刑事诉讼法》的有关规定，应有犯罪单位的法定代表人作为被告单位的诉讼代表人出庭应诉。如果该单位的法定代表人已作为单位犯罪直接负责的主管人员同时被追究刑事责任，则不宜再由其作为被告单位的诉讼代表人出庭应诉。在这种情况下，根据《最高人民法院关于适用〈中华人民共和国刑事诉讼法〉的解释》第236条的规定，被告单位的诉讼代表人，应当是法定代表人或者主要负责人；法定代表人或者主要负责人被指控为单位犯罪直接负责的主管人员或者因客观原因无法出庭的，应当由被告单位委托其他负责人或者职工作为诉讼代表人。

4. 本罪的主观方面。本罪的主观方面为故意。这种故意是经决策机构授权和同意，由其直接负责的主管人员和其他直接责任人员故意收受或索取贿赂表现出来的。过失不构成本罪。本罪主观方面具有以下特点：

（1）单位受贿罪的故意，是经单位机构决策的单位整体意志。单位决策的作出一般有两种形式：一是法定代表人授意或决定；二是单位领导机构集体讨论决定。授意、决定、策划，既是单位犯罪意志的表现，又是单位犯罪行为。单位受贿必须是单位领导机构决策，才能成为单位受贿罪的意志。

（2）单位受贿罪的目的必须是为单位集体成员获取利益，而不是个人利益。

（3）单位受贿罪中的直接负责的主管人员和其他直接责任人员，其罪过形式也只能是故意。

（4）单位受贿罪中自然人的故意，不是孤立的，它们统一于单位受贿犯罪故意之中，是单位犯罪故意的具体体现。

• 适用指引 •

在司法实践中，认定本罪应注意：

1. 单位受贿罪的罪与非罪问题。所谓的“情节严重”，一般是指单位违反国家规定为他人谋取利益而索贿、受贿数额巨大的，或因受贿使国家、集体、公民利益遭受重大损害的等。对于不具有情节严重的单位受贿行为，属于一般违法行为，应当由有关部门或上级主管部门予以行政或纪律处罚。

2. 本罪的数罪并罚问题。单位因受贿而进行《刑法》规定的其他犯罪活动，如进行非法经营、生产销售伪劣商品、走私等，又构成犯罪的，对单位应依照《刑法》总则关于数罪并罚的规定予以处罚。单位受贿的直接负责的主管人员和其他直接责任人员，因单位受贿而进行违法活动构成其他犯罪的，如将单位受贿钱财个人私吞，构成贪污罪的，个人又单独受贿，构成受贿罪的等，均应与单位受贿罪一并依照数罪并罚的规定予以定罪处罚。

3. 单位受贿罪与受贿罪的界限问题：

（1）犯罪主体不同。本罪的犯罪主体为国家机关、国有公司、企业、事业单位、人民团体等国有单位。非国有单位，包括集体企业、其他事业单位、私营企业、社会团体以及个人都不能构成本罪。受贿罪的主体是国家工作人员，是自然人主体。

（2）犯罪客观方面不同。本罪的客观方面表现为索取、非法收受他人财物，为他人谋取利益，情节严重的行为。与受贿罪相比，单位受贿行为主要有以下特点：①单位受贿犯罪是在单位意志直接支配下实施的；②单位受贿行为必须通过其法定代表人、主管责任人员或其他成员实施；③以单位名义实施；④受贿所得财物归单位所有。

另外，单位受贿罪没有“利用职务之便”的要求，而受贿罪具有这一要求；并且，不论是索贿还是收受贿赂，都要为他人谋取利益，而受贿罪中索贿不需要为他人谋取利益即可成立受贿罪。

再者，单位收受账中名义的回扣、手续费，即使是不合理或者说是非法的，并不一定构成犯罪，只有单位“账外”且“暗中”收受回扣、手续费方构成单位受贿罪。所以，立法者特别强调了“在账外暗中收受”的行为特征。而国家工作人员在经济往来中，违反国家规定，收受各种名义的回扣、手续费，归个人所有的，均构成受贿罪。

（3）主观方面不同。本罪与受贿罪故意的内容和形式不同。单位受贿和自然人受贿主观罪过虽然都是故意，但内容和形式不同。如前所述，单位受贿罪的故意内容是单位的整体意志，是单位领导集体讨论决定或者是法定代表人、其他主要负责人以单位名义决定的，是为了单位的集体利益，从而也就成为单位成员的统一意志，具有单位的整体性；而后者则是个人意志，不具有整体性。虽然自然人共同进行受贿罪，其主观方面也有一定的整体性，但是自然人共同进行受贿罪中的故意是在共同犯罪人合意的基础上形成的，共同故意形成的时间，有在犯罪之前的，也有在犯罪之中的。而单位受贿犯罪中的自然人的共同犯罪故意，则统一于单位整体犯罪意志，统一于单位决策，共同故意的内容也体现在决策之中。

在司法实践中，有的自然人也会假借法人名义索取、收受他人财物，但是它只是个人意志，而不是单位整体意志，只能是自然人受贿犯罪。

（4）受贿的非法所得归属不同。单位受贿，其非法所得虽然是由单位成员个人接受的，但它确实归单位集体所有；自然人受贿，其财物由其本人或者亲属接受，归个人所有。进行受贿犯罪活动而得到的非法财物的不同归属，是区分单位受贿和自然人受贿的一个重要标志。

（5）犯罪构成要求的数额和情节不同。单位受贿是以受贿数额满 5 万元为犯罪构成要件，数额不满 5 万元的，必须具有其他严重情节，才能以犯罪论处。而自然人受贿以 5000 元为犯罪构成要件，数额不满 5000 元，必须情节较重，才构成犯罪。不满 5000 元，情节轻微，不以犯罪论处，由其所在单位或者上级主管机关酌情给予行政处分。

4. 关于单位内设部门能否构成本罪犯罪主体的问题。《刑法》规定的是“单位犯罪”而不是“法人犯罪”。“单位”的外延要比“法人”广，它既包括法人，也包括非法人团体，还包括不具法人资格的分支机构或者内设机构、部门等。有人认为单位的内设部门只是由于工作分工的需要而设立，其并无相对独立的决策自主权，也没有相对独立的财产，其对外仍是以本单位的名义进行法律行为，故其不能成为单位犯罪的主体。但是，在当今的社会生活中，单位的内设部门独立对外进行活动的现象比比皆是，单位内设机构可以以单位的名义对外从事相关业务，具有相当大的自主权。此外，早在 2001 年 1 月 21 日最高人民法院下发的《全国法院审理金融犯罪案件工作座谈会纪要》中就明确提出“以单位的分支机构或者内设机构、部门的名义实施犯罪，违法所得亦归分支机构或者内设机构、部门所有的，应认定为单位犯罪。不能因为单位的分支机构或者内设机构、部门没有可供执行罚金的财产，就不将其认定为单位犯罪，而按照个人犯罪处理”。因此，应当将单位的内设部门认定为能够独立承担刑事责任的犯罪主体。①

---

① 参见国家法官学院、中国人民大学法学院编：《中国审判案例要览（2006 年刑事审判案例卷）》，人民法院出版社 2007 年版，第 402～405 页。

第三百八十八条　斡旋受贿

【法律规定】

·　法律条文　·

《中华人民共和国刑法》

第三百八十八条　国家工作人员利用本人职权或者地位形成的便利条件，通过其他国家工作人员职务上的行为，为请托人谋取不正当利益，索取请托人财物或者收受请托人财物的，以受贿论处。

·　相关规定　·

《中华人民共和国刑法》

第三百八十五条　国家工作人员利用职务上的便利，索取他人财物的，或者非法收受他人财物，为他人谋取利益的，是受贿罪。

国家工作人员在经济往来中，违反国家规定，收受各种名义的回扣、手续费，归个人所有的，以受贿论处。

《全国法院审理经济犯罪案件工作座谈会纪要》（法发〔2003〕167号）

三、关于受贿罪

……

（三）“利用职权或地位形成的便利条件”的认定

刑法第三百八十八条规定的“利用本人职权或者地位形成的便利条件”，是指行为人与被其利用的国家工作人员之间在职务上虽然没有隶属、制约关系，但是行为人利用了本人职权或者地位产生的影响和一定的工作联系，如单位内不同部门的国家工作人员之间、上下级单位没有职务上隶属、制约关系的国家工作人员之间、有工作联系的不同单位的国家工作人员之间等。

【案例】

王小石斡旋受贿案①

·　案件事实　·

2002年3月至9月间，被告人王小石利用担任中国证券监督管理委员会

① 参见最高人民法院中国应用法学研究所编：《人民法院案例选》（2007年第1辑），人民法院出版社2007年版。

（以下简称证监会）发行监管部发审委工作处助理调研员的便利条件，通过时任东北证券有限责任公司（以下简称东北证券公司）工作人员的被告人林碧介绍，接受福建凤竹纺织科技股份有限公司（以下简称凤竹公司）的请托，通过证监会发行监管部其他工作人员职务上的行为，为凤竹公司在申请首次发行股票的过程中谋取不正当利益，为此王小石收受请托人通过林碧给予的贿赂款人民币726000元。

其间，林碧利用在东北证券公司工作的职务便利，在参与东北证券公司承销凤竹公司首次发行股票业务的过程中，收取凤竹公司给予的贿赂款人民币674000元。

• 裁判要旨 •

国家工作人员虽然没有直接利用本人的职务便利，但利用本人职权或地位形成的便利条件，通过其他国家工作人员职务上的行为，为请托人谋取不正当利益，收受请托人通过他人给予的巨额贿赂的，属于斡旋受贿，应以受贿罪追究刑事责任。

• 裁判理由 •

北京市第一中级人民法院经审理认为：被告人王小石及其辩护人、被告人林碧的辩护人关于王小石与林碧不构成受贿共犯的辩解及辩护意见，经查，经庭审质证的证据不能证明王小石、林碧曾共谋收取凤竹公司给予的140万元贿赂款，认定二人为受贿共犯的证据不足。因此，对被告人及辩护人的此项辩解及辩护意见，予以采纳。

被告人王小石的辩护人关于王小石没有利用职权或地位形成的便利条件为他人谋取利益的辩护意见，经查，2002年3月至9月间，王小石虽由证监会派往深交所从事创业板的筹备工作，但其干部人事关系仍在证监会，仍属证监会工作人员，并于2003年4月回到证监会发行监管部。因此，在凤竹公司申请上市审批，王小石在为请托人联系证监会发行监管部审核人员，疏通关系过程中，正是利用了其为证监会发行监管部工作人员所形成的便利条件。因此，对辩护人的此项辩护意见，不予采纳。

被告人王小石的辩护人关于王小石没有通过其他国家工作人员职务上的行为为请托人谋取不正当利益的辩护意见，经查，对于凤竹公司提出的能够尽快、顺利地获得审核批准的请托，王小石并不能通过其职务便利直接办到，因此王小石受凤竹公司请托将证监会发行监管部的审核人员约出，王小石及请托人均向审核人员提出了要求尽快办理的请托事项。对于凤竹公司要求对上市申请尽快审批的请求，通过在案证据不能证明在该企业的上市审批过程中有被延误的情形，在对其申请按照正当工作程序进行审批的情况下，凤竹公司的此种请托属不正当利益，故本案中王小石有通过其他国家工作人员职务上的行为为请托人谋取不正当利益的行为。因此，对辩护人的此项辩护意见，不予采纳。

被告人王小石身为国家工作人员，利用本人职权或地位形成的便利条件，通过其他国家工作人员职务上的行为，为请托人谋取不正当利益，收受请托人通过他人给予的贿赂款人民币726000元，其行为已构成受贿罪，且受贿数额巨大，依法应予惩处。北京市人民检察院第一分院指控被告人王小石犯受贿罪，定性准确，指控罪名成立。但起诉书指控的第1项事实中，认定王小石、林碧共同受贿140万元的证据不足，王小石收取凤竹公司通过林碧给予的726000元构成受贿罪。根据被告人王小石犯罪的事实、犯罪的性质、情节和对于社会的危害程度，依照《刑法》第388条、第386条、第383条第1款第1项、第163条第1款、第392条第1款、第69条、第61条、第64条的规定，判决如下：一、被告人王小石犯受贿罪，判处有期徒刑十三年，并处没收个人财产人民币12万元。二、在案扣押款物分别予以没收或发还。三、继续向被告人王小石追缴违法所得的不足部分，予以没收。

一审宣判后，被告人王小石不服，提出上诉称，没有利用职权或地位形成的便利条件，通过其他国家工作人员职务上的行为，为请托人谋取不正当利益；其辩护人的辩护意见为，王小石不构成斡旋受贿罪。

北京市高级人民法院经审理认为：王小石身为国家证券监督管理机构的工作人员，对凤竹公司申请上市发行股票的正当程序已经知悉，但其接受发行股票申请单位的请托后，不遵循正当申报程序，而是利用本人的职权及地位形成的便利条件，采用“吃请送礼”的手段，介绍参与审核和核准股票发行申请的人员与申请单位私下接触，为请托人谋取不正当利益，其从中收受请托人巨额钱财的行为已构成受贿罪，故王小石的上诉理由及其辩护人的辩护意见，缺乏事实和法律依据，不予采纳。上诉人王小石身为国家工作人员，利用本人职权或地位形成的便利条件，通过其他国家工作人员职务上的行为，为请托人谋取不正当利益，收受请托人通过他人给予的巨额贿赂，其行为已构成受贿罪，依法应予惩处。原审法院根据王小石犯罪的事实、犯罪的性质、犯罪情节和对于社会的危害程度所作的判决，事实清楚，证据确实、充分，定性及适用法律正确，量刑适当，审判程序合法，应予维持。据此，依照《刑事诉讼法》第189条第1项的规定，裁定如下：驳回上诉，维持原判。

【学理分析及适用指引】

• 学理分析 •

1. 对“利用本人职权和地位形成的便利条件”的理解。对此问题，我国刑法学理论上主要形成了以下几种观点：

（1）所谓利用职权或者地位形成的便利条件是指行为人不直接利用自己职务范围内的权力索取或者收受贿赂，而是凭借自己职务上的权力或者地位，利用对有关国家工作人员的某种强制力或者制约关系，并以此指挥、支配、制约甚至要挟这些国家机关工作人员通过他们职务上的行为为请托人谋取利益。①

（2）行为人与被其利用的其他国家工作人员之间存在着职务上的制约关系。这种制约关系分为横向的制约关系和纵向的制约关系，前者是指在不同部门、不同单位中不存在领导被领导关系的国家工作人员之间职务上的制约关系；后者是指在同一工作部门上下级之间职务上的制约关系。②

（3）行为人与被其利用的其他国家工作人员之间除了存在纵向与横向的制约关系之外，还存在着职务上的影响关系以及职务上的协作关系，这种制约关系、影响关系和协作关系统称为特殊关系。③

（4）行为人与被其利用的国家工作人员之间不存在职务上的制约关系，若存在职务上的制约关系，则应当按照普通受贿罪论处，而不构成斡旋受贿罪。④

与之相关的，在斡旋受贿中，行为人和被其利用的国家工作人员之间是亲友关系是否构成斡旋受贿罪中的利用本人职权或者地位形成的便利条件？对这个问题，刑法学理论上也存在较大争议。一种观点认为，行为人与其他国家工作人员只是亲友关系，并不构成斡旋受贿中的利用本人职权或者地位形成的便利条件。⑤ 另一种观点认为，亲友关系并不必然不构成斡旋受贿罪中的利用本人职权或者地位形成的便利条件。

2. 对“不正当利益”的理解。在刑法学界，对“不正当利益”存在以下不同观点：

（1）不正当利益包括非法利益和背职利益。前者是对利益本身的违法性加以探讨的，后者是指要求国家工作人员或者有关单位提供违反法律、法规、国家政策和国务院各部门规章的帮助或者方便条件。

（2）不正当利益包括非法利益和不确定利益。不确定利益，又称可得利益，是指根据有关法律、法规、政策，任何具备一定条件的人都可能取得的利益，但是究竟是否取得，则是不确定的。这种利益由其不确定的特点所决定，或者说国家工作人员在选择上拥有一定的裁量权，因而其取得具有竞争性。⑥

---

① 参见刘家琛主编：《新刑法条文释义》，人民法院出版社 2002 年版，第 1791 页。

② 参见肖扬主编：《贿赂犯罪研究》，法律出版社 1994 年版，第 189 ~ 190 页。

③ 刘光显：《论间接受贿》，载《刑事法杂志》1998 年第 5 期。

④ 参见陈兴良主编：《刑法疏议》，中国人民公安大学出版社 1997 年版，第 635 页。

⑤ 参见高铭暄主编：《刑法专论》，高等教育出版社 2006 年版，第 798 页。

⑥ 参见陈兴良主编：《刑法疏议》，中国人民公安大学出版社 1997 年版，第 640 页。

（3）不正当利益包括非法利益和其他不应当得到的利益。所谓不应当得到的利益是指利益本身不是法律规范所禁止的，而是合法的，但是取得利益的手段是不正当的，这种不正当利益的取得，侵犯的是他人应当得到的利益。

3. 斡旋受贿能否独立的问题。斡旋受贿是作为受贿罪的行为方式之一，定罪和量刑上都以受贿罪论处还是成为一个独立的罪名？对这一问题，刑法理论存在较大争议。有学者认为，斡旋受贿应当成为一个独立的罪名。① 在支持这种观点的学者中，对于该罪的罪名如何表述，也存在两种观点：一种观点认为应该将罪名确定为间接受贿罪；另一种观点认为将罪名确定为斡旋受贿罪。也有学者认为，斡旋受贿只是一般受贿罪的客观表现形式之一，按照受贿罪对斡旋受贿的行为进行处罚完全可以，没有必要设立一个独立的罪名。②

• 适用指引 •

司法实践中，认定斡旋受贿型受贿罪应注意：

1. 注意斡旋受贿的成立条件。《刑法》第388条规定，国家工作人员利用本人职权或者地位形成的便利条件，通过其他国家工作人员职务上的行为，为请托人谋取不正当利益，索取请托人财物或者收受请托人财物的，以受贿论处。此处的“利用本人职权或者地位形成的便利条件”，是指行为人与被其利用的国家工作人员之间在职务上虽然没有隶属、制约关系，但是行为人利用了本人职权或者地位的影响和一定的工作关系，如单位内不同部门的国家工作人员之间，上下级单位没有直接隶属、制约关系的国家工作人员之间，有工作联系的不同单位的国家工作人员之间等。“通过其他国家工作人员职务上的行为”，是指行为人本人没有直接为请托人谋取利益，因为其本身并不具有这种职务便利，而是让其他国家工作人员利用职务上的便利，为请托人谋取不正当利益。对上述行为“以受贿罪论处”，就是指按照受贿罪定罪处罚。③

对此类行为以受贿论处的案件，“索贿”的也应当有为请托人谋取不正当利益的条件。在司法实践中，对这类受贿行为以受贿罪定罪处罚，应同时援引《刑法》第383条的规定与《刑法》第385条的规定。

2. 斡旋受贿型受贿罪与介绍贿赂罪的界限。

（1）二者的主体不同。介绍贿赂罪的主体是一般主体，而斡旋受贿的主体必须是国家工作人员。

（2）客观要件不同。介绍贿赂的客观要件是行为人在请托人与受托人之间穿针引线、牵线搭桥，从中撮合行贿、受贿的实现。斡旋受贿的客观要件是

---

① 参见张兆松：《斡旋受贿罪若干争议问题研究》，载《人民检察》1998年第12期。

② 参见王祺国：《认定间接受贿的两个问题》，载《人民检察》1998年第2期。

③ 参见周道鸾、张军主编：《刑法罪名精释》，人民法院出版社2007年版，第823页。

行为人利用本人职权或地位所形成的便利条件，通过其他国家工作人员职务上的行为，为请托人谋取不正当利益，索取请托人或者收受请托人财物。具体来看，有下面几个方面值得注意：第一，后者必须利用职权或地位所形成的便利条件，但前者不是必须利用该条件。所谓的职权或者地位所形成的便利条件，理论上一般认为是指行为人所具有的职权或地位对其他国家工作人员的制约关系，包括两个方面：其一是纵向的制约关系，即存在职务上的上下级之间的领导或被领导的关系；其二是横向的制约关系，即不同的部门、不同的单位之间，这一国家工作人员与那一国家工作人员之间存在职务上的制约关系，一方可以凭借自己的职权或者地位，左右或影响另一方。① 前者既可以利用职权或者地位形成的便利条件，也可以利用其他诸如与行贿、受贿人熟悉、亲友关系等条件。第二，后者必须为请托人谋取不正当利益，但前者对此不作要求。第三，后者必须索取请托人或收受请托人财物，而前者对此不作要求。第四，在前者的场合，由于介绍贿赂人的撮合行为，请托人与受托人往往相识；但在后者的场合，由于请托人是向斡旋受贿人行贿，利用斡旋受贿人职权或地位形成的便利条件向受托人施加影响，因而请托人与受托人可能相识，也可能不相识。第五，前者是情节犯，必须要情节严重才构成犯罪，即一般的介绍贿赂行为还不构成犯罪，必须达到情节严重。

（3）主观要件不同。介绍贿赂罪不需要具有收受贿赂的故意，但斡旋受贿必须具有收受贿赂的故意。当然，在实践中，介绍贿赂者也有收受请托人或者受托人财物的故意，但这与收受贿赂的故意是有区别的：第一，这不属于收受贿赂的故意，介绍人收取该财物并不在于以财物换取本人或他人职务行为的行使，只是在于作为介绍贿赂的报酬。第二，行为人是否具有收受介绍费的故意，并不影响介绍贿赂罪的成立。介绍贿赂罪中，行为人主观上无需具有为请托人谋取不正当利益的目的，但斡旋受贿必须具有为请托人谋取不正当利益的目的。

3. 关于“谋取不正当利益”的认定。在司法实践中，1999 年 3 月 4 日《最高人民法院、最高人民检察院关于在办理受贿犯罪大要案的同时要严肃查处严重行贿犯罪分子的通知》对“不正当利益”予以明确解释，“谋取不正当利益”，是指谋取违反法律、法规、国家政策和国务院各部门规章规定的利益，以及要求国家工作人员或者有关单位提供违反法律、法规、国家政策和国务院各部门规章规定的帮助或者方便条件。在此之后，由于社会背景的原因，该通知所规定的“不正当利益”的范围相对较窄，随着经济社会的发展，已不能全面反映有关领域中的实际情况，有些谋取与该通知规定的利益本质相同，同样具有不正当性的利益的行为不能得到正确的认定与处理，实践中对此反映较

---

① 参见孙谦主编：《国家工作人员职务犯罪研究》，法律出版社 1998 年版，第 103～104 页。

为强烈。为适应惩治贿赂犯罪的客观需要，有必要对不正当利益的范围作适当的调整。因此，2008 年 11 月 20 日《最高人民法院、最高人民检察院关于办理商业贿赂刑事案件适用法律若干问题的意见》再次对此问题进行了解释，"谋取不正当利益"，是指行贿人谋取违反法律、法规、规章或者政策规定的利益，或者要求对方违反法律、法规、规章、政策、行业规范的规定提供帮助或者方便条件。在招标、投标、政府采购等商业活动中，违背公平原则，给予相关人员财物以谋取竞争优势的，属于"谋取不正当利益"。

第三百八十八条之一　利用影响力受贿罪

【法律规定】

• 法律条文 •

《中华人民共和国刑法》

第三百八十八条之一　国家工作人员的近亲属或者其他与该国家工作人员关系密切的人，通过该国家工作人员职务上的行为，或者利用该国家工作人员职权或者地位形成的便利条件，通过其他国家工作人员职务上的行为，为请托人谋取不正当利益，索取请托人财物或者收受请托人财物，数额较大或者有其他较重情节的，处三年以下有期徒刑或者拘役，并处罚金；数额巨大或者有其他严重情节的，处三年以上七年以下有期徒刑，并处罚金；数额特别巨大或者有其他特别严重情节的，处七年以上有期徒刑，并处罚金或者没收财产。

离职的国家工作人员或者其近亲属以及其他与其关系密切的人，利用该离职的国家工作人员原职权或者地位形成的便利条件实施前款行为的，依照前款的规定定罪处罚。

• 相关规定 •

《最高人民法院、最高人民检察院关于办理贪污贿赂刑事案件适用法律若干问题的解释》（法释〔2016〕9 号）

第一条　贪污或者受贿数额在三万元以上不满二十万元的，应当认定为刑法第三百八十三条第一款规定的"数额较大"，依法判处三年以下有期徒刑或者拘役，并处罚金。

……

受贿数额在一万元以上不满三万元，具有前款第二项至第六项规定的情形之一，或者具有下列情形之一的，应当认定为刑法第三百八十三条第一款规定的"其他较重情节"，依法判处三年以下有期徒刑或者拘役，并处罚金：

（一）多次索贿的；

（二）为他人谋取不正当利益，致使公共财产、国家和人民利益遭受损失的；

（三）为他人谋取职务提拔、调整的。

第二条 贪污或者受贿数额在二十万元以上不满三百万元的，应当认定为刑法第三百八十三条第一款规定的“数额巨大”，依法判处三年以上十年以下有期徒刑，并处罚金或者没收财产。

……

受贿数额在十万元以上不满二十万元，具有本解释第一条第三款规定的情形之一的，应当认定为刑法第三百八十三条第一款规定的“其他严重情节”，依法判处三年以上十年以下有期徒刑，并处罚金或者没收财产。

第三条 贪污或者受贿数额在三百万元以上的，应当认定为刑法第三百八十三条第一款规定的“数额特别巨大”，依法判处十年以上有期徒刑、无期徒刑或者死刑，并处罚金或者没收财产。

……

受贿数额在一百五十万元以上不满三百万元，具有本解释第一条第三款规定的情形之一的，应当认定为刑法第三百八十三条第一款规定的“其他特别严重情节”，依法判处十年以上有期徒刑、无期徒刑或者死刑，并处罚金或者没收财产。

……

第十条第一款 刑法第三百八十八条之一规定的利用影响力受贿罪的定罪量刑适用标准，参照本解释关于受贿罪的规定执行。

【案例】

王某某利用影响力受贿案[①]

• 案件事实 •

王某某系河南省光山县公用事业管理局局长李某某侄女婿。2005年至2006年，王某某通过该县公用事业管理局副书记、副局长沈某某、纪委书记岑某某（均另案处理）职务上的行为，使得个体建筑商李二某取得该县污水处理厂办公楼和该县污水管道明挖进水管线施工工程（以下简称管网工程）建筑工程，为李二某谋取不正当利益，后王某某向李二某索取现金人民币2万元。案发后，赃款已全部予以追缴。

---

① 参见河南省潢川县人民法院（2010）潢刑初字第162号。

• 裁判要旨 •

行为人作为国家工作人员的近亲属，利用该国家工作人员职权和地位形成的便利影响，通过其他国家工作人员职务行为，收受请托人的财物，数额较大的，构成利用影响力受贿罪。

• 裁判理由 •

河南省潢川县人民法院经审理后认为：被告人王某某身为光山县公用事业管理局执法大队工作人员，与该局局长李某某系亲戚关系。利用其亲属职权和地位形成的便利条件，被告人王某某通过该局副局长、副书记沈某某、纪委书记岑某某职务上的行为，非法收受他人财物，为他人谋取利益，其行为已构成利用影响力受贿罪。公诉机关指控被告人王某某犯罪事实清楚，证据确实、充分。对于被告人王某某的辩护人关于被告人王某某不符合利用影响力受贿罪中犯罪主体、没有为李二某谋取不正当利益的辩护意见与查明事实不符，法院不予采纳。对于被告人的辩护人提出的承建污水处理厂办公楼是李二某通过一般民事行为所取得的，没有通过被告人谋取不正当利益的辩护意见，有被告人供述、证人李二某、岑某某、陈某某证言相互印证，法院不予采纳。对于被告人辩护人关于管网工程是市政工程，与光山县公用事业管理局没有关系，李二某承包该工程与否与本案被告人王某某没有关系的辩护意见，经庭审查明，光山县市政工程安装公司作为光山县污水处理厂管网工程的中标单位，系光山县公用事业管理局的下属公司，李二某是通过本案被告人王某某利用沈某某、岑某某职务上的便利得以承建污水处理厂办公楼和管网工程，故对该辩护意见不予采纳。被告人王某某在案发后积极退赃，主动缴纳罚金且有悔罪表现，依法可以酌情从轻处罚。结合本案案情，综合考虑本案被告人犯罪事实、犯罪情节、社会危害程度、悔罪表现、退赃情况，依照《刑法》第 388 条第 2 款，第 72 条第 1 款，第 73 条第 2 款、第 3 款之规定，判决如下：被告人王某某犯利用影响力受贿罪，判处有期徒刑一年，缓刑一年，并处罚金 1 万元（已缴纳）。

【学理分析及适用指引】

• 学理分析 •

1. 利用影响力受贿罪的构成。利用影响力受贿罪，是指国家工作人员的近亲属或者其他与该国家工作人员关系密切的人，离职的国家工作人员或者其近亲属及其关系密切的人，通过该国家工作人员职务上的行为，或者利用该国家工作人员职权或者地位形成的便利条件，通过其他国家工作人员职务上的行为，为请托人谋取不正当利益，索取请托人财物或者收受请托人财物，数额较大或者有其他较重情节的行为。本罪的构成要件如下：

（1）本罪的客体。本罪侵犯的客体是国家公职人员职务行为的正当性和国家机关、国有企事业单位的正常工作秩序。

（2）本罪的客观方面。利用影响力受贿罪客观方面表现为利用影响力为请托人谋取不正当利益，收受财物的行为。具体表现为两种情况：一是国家工作人员的“近亲属”“关系密切”的人通过国家工作人员职务上的行为，或者利用该国家工作人员职权或地位形成的便利条件，通过其他国家工作人员职务上的行为，为请托人谋取不正当利益，而索取请托人财物或收受请托人财物。二是离职的国家工作人员或者其“近亲属”“关系密切”的人利用该离职的国家工作人员原职权或者地位形成的便利条件，为请托人谋取不正当利益，索取请托人财物或者收受请托人财物的行为。

（3）本罪的主体。本罪的主体为一般主体，既可能是国家工作人员也可能是非国家工作人员。行为人在谋取贿赂时，必须是基于本人与国家工作人员之间的特殊关系所附随产生的影响力，并需借助国家工作人员实施职务行为，才能为请托人谋取不正当利益。

（4）本罪的主观方面。本罪的主观方面由故意构成。

2. 关于“关系密切的人”的理解。要准确确定“关系密切的人”，必须引入或者求证一个客观的事实，以此作为认定的依据，这个客观事实就是关系密切的事实。所谓关系密切的事实，是指能够证明国家工作人员和非国家工作人员两者之间存在着从事公务活动之外的交往活动的事实，而且这些交往活动足以表明两者之间存在超出普通社会群体之间的关系。概括而言，这些事实可分为三个方面：一是能够证明与国家工作人员之间存在特别情感关系的事实。这些事实一般表现为长期同居、多次约会、曾经相恋等；二是能够证明与国家工作人员之间存在共同利益关系的事实，比如共同投资企业，共同参与融资、理财、股票、期货投资等活动；三是能够证明与国家工作人员之间存在共同情趣，且已经形成亲密关系的事实，比如两者之间经常性地一起从事酗酒、打牌、品戏、钓鱼等休闲活动，从而形成了较为固定的共同情趣。① 利用影响力受贿罪的犯罪主体规定为“国家工作人员的近亲属或者其他与该国家工作人员关系密切的人”及“离职的国家工作人员或者其近亲属以及其他与其关系密切的人”。“离职的国家工作人员”是指曾经是国家工作人员，但由于离休、退休、辞职、辞退等原因目前已离开了国家工作人员岗位的人。法律委员会经研究认为，国家工作人员（以及离职的国家工作人员）的“近亲属”及“其他与其关系密切的人”，是与国家工作人员（以及离职的国家工作人员）关系

---

① 参见吴华清：《斡旋受贿犯罪主体的扩张与界定——以〈刑法修正案（七）〉第 13 条的规定为基础》，载《中国检察官》2009 年第 4 期。

密切的非国家工作人员，之所以将这两种人利用影响力的交易行为规定为犯罪，主要是考虑到他们与国家工作人员或有血缘、亲属关系，或虽不存在亲属关系，但属情夫、情妇，或者彼此是同学、战友、老部下、老上级或者老朋友，交往甚密，有些关系密切到甚至可相互称兄道弟，这些人对国家工作人员（以及离职的国家工作人员）的影响力自然也非同一般。以此影响力去为请托人办事，自己收受财物的案件屡见不鲜。如果将影响力交易犯罪主体仅限于“特定关系人”的范围，内涵及外延显然窄了，不利于惩治人民群众深恶痛绝的腐败犯罪。① 如果仅仅从国家工作人员和非国家工作人员两者之间的形式关系去认定是否属于关系密切，既无法识别，更无从测量。

3. 关于本罪具体行为的理解。利用影响力受贿罪的犯罪主体在实施犯罪时具体行为上有所不同：“国家工作人员的近亲属或者其他与该国家工作人员关系密切的人”，是通过该国家工作人员职务上的行为，或者利用该国家工作人员职权或者地位形成的便利条件，通过其他国家工作人员职务上的行为，为请托人谋取不正当利益，索取请托人财物或者收受请托人财物；而“离职的国家工作人员或者其近亲属以及其他与其关系密切的人”，则是利用该离职的国家工作人员原职权或者地位形成的便利条件，通过其他国家工作人员职务上的行为，为请托人谋取不正当利益，索取请托人财物或者收受请托人财物。②

此外，条文对利用影响力受贿罪不同量刑档次的条件的规定方式与1997年《刑法》条文不同：利用影响力受贿犯罪虽然也属贿赂犯罪，但本条只规定了数额较大或者有其他较重情节的、数额巨大或者有其他严重情节的、数额特别巨大或者有其他特别严重情节的三个既考虑数额又考虑情节的量刑档次，而对具体数额标准没再作具体规定。这主要是考虑到受贿犯罪与贪污罪不同，受贿的数额可能不大，但给国家和人民的利益造成的损失可能是巨大的。因此，对受贿罪的量刑，除了要考虑数额，还应当考虑其他情节，具体的数额和情节规定，要由司法机关根据实践作出司法解释。这样一种规定方式，为今后完善《刑法》对贿赂等犯罪的量刑条件规定提供了经验。

• 适用指引 •

1. 利用影响力受贿罪的司法认定。根据《刑法修正案（七）》的规定，本罪的客观方面有两种类型：一是国家工作人员的近亲属或者其他与该国家工作人员关系密切的人，通过该国家工作人员职务上的行为，或者利用该国家工作人员职权或者地位形成的便利条件，通过其他国家工作人员职务上的行为，为请托人谋取不正当利益，索取请托人财物或者收受请托人财物，数额较大或者有

---

① 参见黄太云：《刑法修正案（七）解读》，载《人民检察》2009年第6期。

② 参见黄太云：《刑法修正案（七）解读》，载《人民检察》2009年第6期。

其他较重情节的；二是离职的国家工作人员或者其近亲属以及其他与其关系密切的人，利用该离职的国家工作人员原职权或者地位形成的便利条件实施前述行为的。不论是何种类型的客观行为，均要求为请托人谋取的是不正当利益。

根据《刑法修正案（七）》的规定，本罪的主体就是四类人：一是国家工作人员的近亲属；二是与国家工作人员关系密切的人，如情妇（夫）、同学、老乡、战友等，再如领导干部的秘书、司机等亲近人员；三是已经离职的国家工作人员；四是已离职国家工作人员的近亲属、其他与其关系密切的人。

2. 本罪与受贿罪共犯的界限。需要注意的是受贿罪共犯与本罪的辨析。如果根据共犯原理，国家工作人员的近亲属、关系密切者收受贿赂行为同国家工作人员形成共犯关系，则应当以受贿罪共犯论处；而本罪的成立前提是国家工作人员的近亲属、关系密切者通过或利用国家工作人员的职务便利、职权、地位形成的便利条件收受贿赂，但与国家工作人员没有共犯关系。非国家工作人员是否构成受贿罪共犯，取决于双方有无共同受贿的故意和行为。例如，国家工作人员的近亲属向国家工作人员代为转达请托事项，收受请托人财物并告知该国家工作人员；或者国家工作人员明知其近亲属收受了他人财物，仍按照近亲属的要求利用职权为他人谋取利益的，对该国家工作人员应认定为受贿罪，其近亲属以受贿罪共犯论处。近亲属以外的其他人与国家工作人员通谋，由国家工作人员利用职务上的便利为请托人谋取利益，收受请托人财物后双方共同占有的，也构成受贿罪共犯。这就表明，利用影响力受贿罪的认定，首先需要排除受贿罪共犯的情形（尤其是家属受贿的场合），只有基于证据等事实认定等方面的原因，确实不成立受贿罪共犯的前提下，才有利用影响力受贿罪单独定罪的余地。

第三百八十九条　行贿罪

【法律规定】

• 法律条文 •

《中华人民共和国刑法》

第三百八十九条　为谋取不正当利益，给予国家工作人员以财物的，是行贿罪。

在经济往来中，违反国家规定，给予国家工作人员以财物，数额较大的，或者违反国家规定，给予国家工作人员以各种名义的回扣、手续费的，以行贿论处。

因被勒索给予国家工作人员以财物，没有获得不正当利益的，不是行贿。

• 相关规定 •

《中华人民共和国反不正当竞争法》

第七条 经营者不得采用财物或者其他手段贿赂下列单位或者个人，以谋取交易机会或者竞争优势：

（一）交易相对方的工作人员；

（二）受交易相对方委托办理相关事务的单位或者个人；

（三）利用职权或者影响力影响交易的单位或者个人。

经营者在交易活动中，可以以明示方式向交易相对方支付折扣，或者向中间人支付佣金。经营者向交易相对方支付折扣、向中间人支付佣金的，应当如实入账。接受折扣、佣金的经营者也应当如实入账。

经营者的工作人员进行贿赂的，应当认定为经营者的行为；但是，经营者有证据证明该工作人员的行为与为经营者谋取交易机会或者竞争优势无关的除外。

《最高人民法院、最高人民检察院关于办理商业贿赂刑事案件适用法律若干问题的意见》（法发〔2008〕33号）

九、在行贿犯罪中，“谋取不正当利益”，是指行贿人谋取违反法律、法规、规章或者政策规定的利益，或者要求对方违反法律、法规、规章、政策、行业规范的规定提供帮助或者方便条件。

在招标投标、政府采购等商业活动中，违背公平原则，给予相关人员财物以谋取竞争优势的，属于“谋取不正当利益”。

《最高人民法院、最高人民检察院关于在办理受贿犯罪大要案的同时要严肃查处严重行贿犯罪分子的通知》（高检会〔1999〕1号）

一、要充分认识严肃惩处行贿犯罪，对于全面落实党中央反腐败工作部署，把反腐败斗争引向深入，从源头上遏制和预防受贿犯罪的重要意义。各级人民法院、人民检察院要把严肃惩处行贿犯罪作为反腐败斗争中的一项重要和紧迫的工作，在继续严肃惩处受贿犯罪分子的同时，对严重行贿犯罪分子，必须依法严肃惩处，坚决打击。

……

三、当前要特别注意依法严肃惩处下列严重行贿犯罪行为：

1. 行贿数额巨大、多次行贿或者向多人行贿的；

2. 向党政干部和司法工作人员行贿的；

3. 为进行走私、偷税、骗税、骗汇、逃汇、非法买卖外汇等违法犯罪活动，向海关、工商、税务、外汇管理等行政执法机关工作人员行贿的；

4. 为非法办理金融、证券业务，向银行等金融机构、证券管理机构工作人员行贿，致使国家利益遭受重大损失的；

5. 为非法获取工程、项目的开发、承包、经营权，向有关主管部门及其主管领导行贿，致使公共财产、国家和人民利益遭受重大损失的；

6. 为制售假冒伪劣产品，向有关国家机关、国有单位及国家工作人员行贿，造成严重后果的；

7. 其他情节严重的行贿犯罪行为。

四、在查处严重行贿、介绍贿赂犯罪案件中，既要坚持从严惩处的方针，又要注意体现政策。行贿人、介绍贿赂人具有刑法第三百九十条第二款、第三百九十二条第二款规定的在被追诉前主动交代行贿、介绍贿赂犯罪情节的，依法分别可以减轻或者免除处罚；行贿人、介绍贿赂人在被追诉后如实交代行贿、介绍贿赂行为的，也可以酌情从轻处罚。

【案例】

潘某某行贿案①

• 案件事实 •

潘某某，因犯贪污罪于2003年6月被判处有期徒刑十年，并处没收财产人民币1万元；2005年1月、2006年5月分别被减刑有期徒刑一年二个月、有期徒刑一年三个月；2008年1月21日被假释，假释考验期限自2008年1月21日至2010年2月21日。

被告人潘某某在上海市北新泾监狱服刑期间，为了在减刑、假释和获取监狱改造积极分子奖励等方面谋取不正当利益，于2004年至2008年1月多次向监狱民警梅某某赠送各类超市购物卡价值人民币12000元；2008年1月21日被假释后，在假释考验期间又向监狱民警梅某某行贿人民币3万元，向监狱民警袁某某行贿人民币2万元。2011年2月21日，被告人潘某某在被检察机关依法传唤后，除如实交代向袁某某行贿的事实外，还主动交代了检察机关尚未掌握的其向梅某某行贿的事实。一审法院据此认为，被告人潘某某为谋取不正当利益，给予国家工作人员财物共计人民币62000元，其行为已构成行贿罪。被告人潘某某在假释考验期内犯新罪，依法应当撤销假释，数罪并罚。被告人潘某某在被追诉前主动交代部分行贿行为，依法可以减轻处罚；到案后，能如实供述自己罪行，依法可以从轻处罚。法院依照《刑法》第389条第1款、第390条、第67条第3款、第86条第1款、第71条、第69条之规定，撤销上海市第一中级人民法院（2008）沪一中刑执字第2号刑事裁定对潘某某的假释；对被告人潘某某犯行贿罪，判处有期徒刑一年，与前罪余刑并罚，决定执

① 参见上海市第一中级人民法院（2012）沪一中刑终字第273号。

行有期徒刑二年六个月。

原审被告人潘某某不服，提出上诉。提出其不具有谋取不正当利益的主观故意。潘某某的辩护人也提出此辩护意见。

• 裁判要旨 •

行贿罪中“牟取不正当利益”的具体认定及其刑罚适用。

• 裁判理由 •

上海市第一中级人民法院经审理查明的本案事实和证据与一审相同。二审法院经审理认为：上诉人潘某某送财物给身为监狱民警的袁某某、梅某某，是为了服刑期间在减刑、假释和获取罪犯奖励等方面得到照顾，属于要求国家工作人员提供违反法律法规规定的帮助或者方便条件，故应当认定上诉人潘某某具有谋取不正当利益的主观故意。二审法院据此认定：上诉人潘某某为谋取不正当利益，给予国家工作人员财物共计价值人民币62000元，其行为已构成行贿罪，依法应当撤销假释，予以数罪并罚。上诉人潘某某在被追诉前主动交代部分行贿犯罪行为，依法予以减轻处罚；其到案后能如实供述自己的罪行，依法予以从轻处罚。一审判决认定上诉人潘某某犯行贿罪的事实清楚，证据确实、充分，定性准确，量刑适当，且审判程序合法，依法应予维持。上诉人潘某某的上诉理由及辩护人的辩护意见于法无据，不予采纳。检察机关建议驳回上诉，维持原判的出庭意见正确，应予采纳。据此，依照《刑事诉讼法》第189条第1项之规定，裁定如下：驳回上诉，维持原判。本裁定为终审裁定。

【学理分析及适用指引】

• 学理分析 •

1. 行贿罪的构成。所谓行贿罪，是指行为人为谋取不正当利益，给予国家工作人员以财物的行为。本罪的构成要件如下：

（1）本罪的犯罪客体。有学者认为，行贿罪侵犯的是国家工作人员的职务廉洁性。① 也有学者认为，行贿罪不仅侵犯了国家机关和国有公司、企业、事业单位、人民团体的正常工作秩序，而且侵犯了国家的廉政建设制度。②

（2）本罪的客观方面。本罪的客观方面表现为为了谋取不正当利益，给予国家工作人员以财物的行为。另外，根据《刑法》的规定，在经济往来中，

① 参见高铭暄主编：《刑法学》，北京大学出版社、高等教育出版社2007年版，第716页。

② 参见周道鸾、张军主编：《刑法罪名精释》，人民法院出版社2007年版，第822页。

违反国家规定，给予国家工作人员以财物，或者违反国家规定，给予国家工作人员以各种名义的回扣、手续费的行为也是行贿行为。

关于何谓“不正当利益”，前面已经作了相关论述。值得强调的是，2008年11月20日《最高人民法院、最高人民检察院关于办理商业贿赂刑事案件适用法律若干问题的意见》第9条再次对此问题进行了新的解释，“谋取不正当利益”，是指行贿人谋取违反法律、法规、规章或者政策规定的利益，或者要求对方违反法律、法规、规章、政策、行业规范的规定提供帮助或者方便条件。在招标、投标、政府采购等商业活动中，违背公平原则，给予相关人员财物以谋取竞争优势的，属于“谋取不正当利益”。事实上，这一司法解释扩大了“不正当利益”的认定范围，值得引起司法实践的重视。

由于在行贿罪中，“不正当利益”对于罪与非罪的认定具有更为直接和重要的作用，因此，刑法理论上对如何具体把握和认定“不正当利益”的问题展开讨论，主要形成了下列观点：

①非法利益均属不正当利益。非法利益，是指违反法律、法规、政策等所取得的利益。具体来说，包括两种情况：a. 法律、法规、政策等禁止取得的利益；b. 不履行法律义务所获得的利益。

②违背不与国家法律、政策相抵触的有关规章、制度、条例、规则、办法、公约等所取得的利益属于不正当利益。

③违背社会道德的利益属于不正当利益，这种利益即不确定利益，或称为可得利益。它是根据有关政策、法律，任何人采取合法、正当方式、手段或通过正当途径都可以取得的利益，这种利益，由其不确定性的特点所决定，对该利益的取得具有竞争性。对于不确定性利益是否是不正当利益，理论上存在争议。有学者认为，不确定利益是正当的，因为它为政策法律所容许；也有学者认为，尽管行为人所追求的利益是政策和法律所允许的，但这些利益尚处于不确定状态，行为人不是通过正当竞争，而是通过用法律所禁止的行贿手段，拉拢腐蚀国家工作人员，不是说行为人根本没有资格取得这种利益，问题在于他要具备一定的条件才能取得这个利益，所以，这应属于不正当利益。

④根据受贿人是否违背职务来认定。在受贿人为行为人谋取到利益时，可以根据受贿人是否违背其职务要求（排除受贿这一行为）来认定行贿人所谋求的利益正当与否。因为在一般情况下，受贿人为行为人谋取利益时违背职务要求，那么，行为人所谋取的利益就可能是不正当的。

⑤根据立法精神来把握。立法上规定行贿罪必须以谋取不正当利益作为构成要件，用意在于将那些为谋取正当利益而向国家工作人员交付财物的行为从行贿罪中排除出去，从而缩小打击面。

（3）本罪的犯罪主体。本罪犯罪主体为一般主体，且仅限于自然人。

（4）本罪的主观方面。本罪的主观方面为故意。

2. 行贿罪的既遂与未遂问题。关于行贿罪的既遂与未遂问题，刑法理论上争论较大，主要形成以下四种观点：

（1）应以行贿人为谋取不正当利益的目的是否达到为标准。该观点认为，构成行贿罪的法定条件有二，一是为谋取不正当利益，二是给予国家工作人员以财物。给付财物不是行为人行贿的目的，实现其不正当利益才是其追求的目的，给付财物是实现这一目的的手段。

（2）应以行贿人实施给付财物为标准，但不要求对方实际收受财物。也就是说，行贿人只要是为了使国家工作人员为其谋取不正当利益，而将一定数额的财物送给该国家工作人员，就成立既遂，而不论对方是否实际收受了此财物。

（3）应以行贿人实际给付国家工作人员财物，并将谋取不正当利益传达到该国家工作人员作为区分标准，但不要求谋取不正当利益的目的是否实现。

（4）区分行贿罪的既遂与未遂标准，不能搞唯一标准，而是应对具体情况进行具体分析。对于为今后获取不正当利益而事先给付财物的，以是否给付财物为既遂和未遂的标准；对于先获取不正当利益，事后给付财物的，以是否取得不正当利益为区分标准。①

• 适用指引 •

司法实践中，认定本罪时应注意：

1. 行贿罪罪与非罪的界限。

（1）行贿罪与馈赠行为的界限问题。二者的主要区别在于：其一，目的、动机不同。行贿是行为人为了使对方利用职务之便为自己谋取不正当利益；馈赠行为则是为了增加亲友的情谊，不是以财物买权力。其二，内容和方式不同。行贿往往是秘密进行的，给付财物是附条件的；馈赠行为则是公开的，给付财物是无条件的。

（2）行贿与送礼的界限。区别二者的关键在于行为人主观上是否具有利用收受财物者的职务行为以达到自己谋取不正当利益的目的。在司法实践中，一般能认定为送礼的包括：其一，行为人给有关人员送钱送物，以解决某种正当利益。其二，行为人为答谢他人的帮助而送其少量礼物。其三，行为人为谋取不正当利益，因对方勒索而给予对方财物，但未获得不正当利益。

（3）行贿罪与一般行贿行为的界限。一般情况下，自然人为谋取不正当利益给予国家工作人员以财物，数量较小，又不具有其他严重情节的，属于一般的行贿行为；数额较大或者具有其他严重情节的才构成行贿罪。在经济往来中，违反国家规定，向国家工作人员行贿，必须达到“数额较大”的程度才

---

① 参见刘佑生主编：《职务犯罪研究综述》，法律出版社1996年版，第104页。

构成犯罪，才能追究行为人的刑事责任。何谓“数额较大”，在司法实践中可根据《最高人民法院、最高人民检察院关于办理贪污贿赂刑事案件适用法律若干问题的解释》第 7 条之规定和具体案件情况具体掌握。对于在经济往来中违反国家规定，给予国家工作人员以各种名义的回扣、手续费构成行贿罪，同样必须达到一定数额才能追究刑事责任。

（4）经济往来中行贿罪的认定问题。如何划清给予回扣、手续费中罪与非罪的界限，一般认为，二者的区别在于给予回扣、手续费是否违反国家规定，违反国家规定的，属于行贿，可以构成行贿罪，反之则不构成。

2. 行贿罪的一罪与数罪问题。在司法实践中，行为人在实施犯罪之后，为逃脱或减轻刑事责任，而给予有关国家机关以财物，或者在实施犯罪之前或者在犯罪过程中，为使犯罪得以顺利实施而给予有关国家工作人员财物，又构成行贿罪的，应按照行贿罪与行贿人实施的其他犯罪实行数罪并罚。

3. 行贿罪与对非国家工作人员行贿罪界限。

（1）犯罪客体不同。本罪侵犯的是国家机关和国有公司、企业、事业单位、人民团体的正常工作秩序和国家的廉政建设制度。对非国家工作人员行贿罪侵犯的客体是公司、企业或者其他单位的正常管理活动和社会主义公平竞争的交易秩序。

（2）犯罪客观方面不同。本罪的客观方面除了非法给予财物外，还包括在经济往来中违反国家规定给予回扣或手续费的行为。对非国家工作人员行贿罪的主要表现为给予企业或者其他单位（如医院、医疗机构、学校、科研院所、出版社、报社、印刷厂、社会团体、村委会和居委会等）的工作人员以数额较大的财物的行为。

（3）犯罪主体不同。本罪的犯罪主体只能是自然人。对非国家工作人员行贿罪的犯罪主体不仅包括自然人，还包括单位。

（4）犯罪对象不同。本罪的犯罪对象只能是国家工作人员。对非国家工作人员行贿罪的犯罪对象只能是非国家工作人员，如公司、企业以及其他单位的工作人员。

4. 行贿罪与单位行贿罪界限。本罪与单位行贿罪的区别在于犯罪主体不同。前者是自然人为了个人利益而向国家工作人员行贿；后者则是公司、企业、事业单位、机关、团体等单位，为了单位利益，以单位名义进行行贿，因行贿取得的违法所得完全归单位所有。如果以单位名义行贿，而将行贿获取的违法所得归个人所有的，则应当以行贿罪处罚。

第三百九十条　行贿罪的刑事责任

【法律规定】

• 法律条文 •

《中华人民共和国刑法》

第三百九十条　对犯行贿罪的，处五年以下有期徒刑或者拘役，并处罚金；因行贿谋取不正当利益，情节严重的，或者使国家利益遭受重大损失的，处五年以上十年以下有期徒刑，并处罚金；情节特别严重的，或者使国家利益遭受特别重大损失的，处十年以上有期徒刑或者无期徒刑，并处罚金或者没收财产。

行贿人在被追诉前主动交待行贿行为的，可以从轻或者减轻处罚。其中，犯罪较轻的，对侦破重大案件起关键作用的，或者有重大立功表现的，可以减轻或者免除处罚。

• 相关规定 •

《最高人民法院、最高人民检察院关于办理贪污贿赂刑事案件适用法律若干问题的解释》（法释〔2016〕9号）

第七条　为谋取不正当利益，向国家工作人员行贿，数额在三万元以上的，应当依照刑法第三百九十条的规定以行贿罪追究刑事责任。

行贿数额在一万元以上不满三万元，具有下列情形之一的，应当依照刑法第三百九十条的规定以行贿罪追究刑事责任：

（一）向三人以上行贿的；

（二）将违法所得用于行贿的；

（三）通过行贿谋取职务提拔、调整的；

（四）向负有食品、药品、安全生产、环境保护等监督管理职责的国家工作人员行贿，实施非法活动的；

（五）向司法工作人员行贿，影响司法公正的；

（六）造成经济损失数额在五十万元以上不满一百万元的。

第八条　犯行贿罪，具有下列情形之一的，应当认定为刑法第三百九十条第一款规定的“情节严重”：

（一）行贿数额在一百万元以上不满五百万元的；

（二）行贿数额在五十万元以上不满一百万元，并具有本解释第七条第二款第一项至第五项规定的情形之一的；

（三）其他严重的情节。

为谋取不正当利益，向国家工作人员行贿，造成经济损失数额在一百万元以上不满五百万元的，应当认定为刑法第三百九十条第一款规定的“使国家利益遭受重大损失”。

第九条　犯行贿罪，具有下列情形之一的，应当认定为刑法第三百九十条第一款规定的“情节特别严重”：

（一）行贿数额在五百万元以上的；

（二）行贿数额在二百五十万元以上不满五百万元，并具有本解释第七条第二款第一项至第五项规定的情形之一的；

（三）其他特别严重的情节。

为谋取不正当利益，向国家工作人员行贿，造成经济损失数额在五百万元以上的，应当认定为刑法第三百九十条第一款规定的“使国家利益遭受特别重大损失”。

第十二条　贿赂犯罪中的“财物”，包括货币、物品和财产性利益。财产性利益包括可以折算为货币的物质利益如房屋装修、债务免除等，以及需要支付货币的其他利益如会员服务、旅游等。后者的犯罪数额，以实际支付或者应当支付的数额计算。

第十四条　根据行贿犯罪的事实、情节，可能被判处三年有期徒刑以下刑罚的，可以认定为刑法第三百九十条第二款规定的“犯罪较轻”。

根据犯罪的事实、情节，已经或者可能被判处十年有期徒刑以上刑罚的，或者案件在本省、自治区、直辖市或者全国范围内有较大影响的，可以认定为刑法第三百九十条第二款规定的“重大案件”。

具有下列情形之一的，可以认定为刑法第三百九十条第二款规定的“对侦破重大案件起关键作用”：

（一）主动交待办案机关未掌握的重大案件线索的；

（二）主动交待的犯罪线索不属于重大案件的线索，但该线索对于重大案件侦破有重要作用的；

（三）主动交待行贿事实，对于重大案件的证据收集有重要作用的；

（四）主动交待行贿事实，对于重大案件的追逃、追赃有重要作用的。

《最高人民法院、最高人民检察院关于办理行贿刑事案件具体应用法律若干问题的解释》（法释〔2012〕22号）

第五条　多次行贿未经处理的，按照累计行贿数额处罚。

第六条　行贿人谋取不正当利益的行为构成犯罪的，应当与行贿犯罪实行数罪并罚。

第九条　行贿人揭发受贿人与其行贿无关的其他犯罪行为，查证属实的，依照刑法第六十八条关于立功的规定，可以从轻、减轻或者免除处罚。

第十条 实施行贿犯罪，具有下列情形之一的，一般不适用缓刑和免予刑事处罚：

（一）向三人以上行贿的；

（二）因行贿受过行政处罚或者刑事处罚的；

（三）为实施违法犯罪活动而行贿的；

（四）造成严重危害后果的；

（五）其他不适用缓刑和免予刑事处罚的情形。

具有刑法第三百九十条第二款规定的情形的，不受前款规定的限制。

第十一条 行贿犯罪取得的不正当财产性利益应当依照刑法第六十四条的规定予以追缴、责令退赔或者返还被害人。

因行贿犯罪取得财产性利益以外的经营资格、资质或者职务晋升等其他不正当利益，建议有关部门依照相关规定予以处理。

第十二条 行贿犯罪中的“谋取不正当利益”，是指行贿人谋取的利益违反法律、法规、规章、政策规定，或者要求国家工作人员违反法律、法规、规章、政策、行业规范的规定，为自己提供帮助或者方便条件。

违背公平、公正原则，在经济、组织人事管理等活动中，谋取竞争优势的，应当认定为“谋取不正当利益”。

第十三条 刑法第三百九十条第二款规定的“被追诉前”，是指检察机关对行贿人的行贿行为刑事立案前。

【案例】

许某某行贿、伪证案①

• 案件事实 •

1998 年 8 月至 2001 年春节前，被告人许某某为承揽金湖县工商局黎城市场卷帘门、塑料大棚业务以及为领取工程款，先后 4 次向时任该县工商局局长的杨某行贿人民币 3 万元。2001 年 4 月 3 日，淮安市楚州区人民检察院就杨某受贿一案向许某某调查取证时，许某某证实其送钱事实。2001 年 7 月 25 日，淮安市楚州区人民法院公开开庭审理杨某受贿一案，许某某作为该案证人出庭作证时，对其送杨某 3 万元的事实全部否认。同年 8 月 30 日，楚州区人民法院对杨某受贿案作出一审判决，认定了杨某收受许某某贿赂 3 万元的犯罪事实，杨某未提出上诉。

---

① 参见最高人民法院中国应用法学研究所编：《人民法院案例选》（2003 年第 3 辑），人民法院出版社 2003 年版。

● 裁判要旨 ●

在实施行贿犯罪之后，行贿人在行贿对象的受贿案庭审中作证时，并未被检察机关追究行贿罪的刑事责任，其当时的身份是证人，其在庭审中对与自身密切相关的受贿案有重要关系的情节作了虚假证明，意图为受贿者隐匿罪证、开脱罪责的，同时构成伪证罪，应当以行贿罪与伪证罪并罚。

● 裁判理由 ●

江苏省淮安市楚州区人民法院经公开审理认为：被告人许某某为谋取不正当利益，多次给予国家机关工作人员金钱贿赂，数额较大，其行为已构成行贿罪；在刑事诉讼中故意隐瞒事实真相，否认其向杨某行贿，意图为杨某隐匿罪证，开脱罪责，其行为已构成伪证罪，依法应当数罪并罚。鉴于被告人许某某对其所犯伪证罪在归案后有悔改表现，可酌情从轻处罚。法院依照《刑法》第389条第1款、第390条第1款、第305条、第69条第1款和第61条之规定，于2001年12月19日作出判决，以行贿罪判处被告人许某某有期徒刑一年，伪证罪判处有期徒刑一年，决定执行有期徒刑一年零六个月。

宣判后，被告人没有上诉。

【学理分析及适用指引】

● 学理分析 ●

在行贿罪的处罚与量刑问题上，刑法理论讨论较少。有学者提出，虽然行贿罪与受贿罪是对合犯，在通常情况下，行贿方与受贿方的行为均成立犯罪。因此，司法机关不能仅处罚其中一方。不能因为受贿行为的社会危害性程度严重，就不认定行贿罪；也不能因为行贿方配合司法机关追究受贿而如实交代了行贿事实，就将行贿行为认定为无罪，另一方面，这也并不意味着一方行为成立犯罪时，另一方行为也必然成立犯罪。仅一方成立犯罪的情况是大量存在的。如根据《刑法》规定，被勒索给予财物的，没有获得不正当利益的，不是行贿，但国家工作人员的行为仍然是索取贿赂。又如，为了谋取正当利益而给予国家工作人员以财物的，不是行贿，但国家工作人员接受财物的行为构成受贿罪。再如，为了谋取不正当利益而给予国家工作人员以财物的，构成行贿罪，但国家工作人员没有接受贿赂的故意，立即将财物送交有关部门处理的，不构成受贿罪。①

在此，有一个问题非常值得研究，即行贿人在对受贿人的受贿行为作证

---

① 参与张明楷：《刑法学》，法律出版社2007年版，第888页。

时，实际上也就是在自证其罪，如果继续自证其罪或者翻供，应当如何定罪量刑。详言之，在自证其罪的情况下，是否还必须追究行贿人的刑事责任？在翻供的情况下，能否既追究行贿人行贿罪的刑事责任，又追究其伪证罪的刑事责任？

对于自证其罪的，应当属于被追诉前主动交代行贿行为，可以根据《刑法》规定，减轻或免除处罚。这就意味着，行贿人仍然构成行贿罪，只不过是在刑罚适用上具有了减轻或免除情节而已。

在司法实践中，更为疑难的是翻供的情况。根据《刑法》第305条的规定，伪证罪是指在刑事诉讼中，证人、鉴定人、记录人、翻译人对与案件有重要关系的情节，故意作虚假证明、鉴定、记录、翻译，意图陷害他人或者隐匿罪证的行为。行贿人在行贿对象的受贿案庭审中作证时，并未被检察机关追究行贿罪的刑事责任，其当时的身份是证人，而不是同案被告人。如果在庭审中，行贿人对与自身密切相关的受贿案有重要关系的情节作了虚假证明，如果其作伪证的目的确实是开脱受贿人的罪责的话，则行贿人就具有隐匿罪证的目的，故其行为符合伪证罪的特征。由于《刑事诉讼法》对证人的资格未作具体限制，也未规定证人享有某些豁免作证的权利，在上述立法背景下，法院如果认定行贿人犯伪证罪是有事实和法律依据的。

对此，有观点认为，行贿受贿是一种对向性的共同犯罪，共同犯罪中的被告人由于案情对他们有直接利害关系，意图为自己开脱的同时，可能客观上也就在为他人开脱，为了维护被告人的辩护权，也就相应地排除了他们成为伪证罪的主体。此外，公民作为证人虽负有法定作证义务，但如果因此而使自己成为罪案的涉案人员，则公民有权拒绝充当反对自己的证人。如果国家必须获得该证词，就应当豁免对该证人的犯罪追诉。

对这个问题，从现有的法律规定来看，数罪并罚并无不可，但该问题仍需从立法和司法以及刑法理论等多方面加以思考并妥善解决。在司法实践中，基于现行《刑事诉讼法》所规定的“不得强制任何人证实自己有罪”的原则，对此宜谨慎把握，即行为人仅是不承认自己有行贿的事实，并非积极地作伪证行为，不宜追究其伪证罪的刑事责任；但对于那些积极地为受贿人开脱罪责，如提供虚假证据等积极地作伪证的行为，依法可以追究其伪证罪的刑事责任。

受贿和行贿互为行为对象，常常是对合关系，没有行贿就没有受贿，只有有效遏制行贿犯罪才能有效减少腐败的发生。但是，长期以来，在查处贪腐犯罪中存在“重受贿轻行贿”的倾向，修正前《刑法》第390条关于“行贿犯罪减免处罚”的规定在实践中被证明是弊大于利的，对行贿人网开一面甚至免于处罚的做法越来越不利于深化反腐工作。《刑法修正案（九）》及时调整了这一做法，加大了对行贿犯罪的处罚力度。《刑法修正案（九）》主要修正内容是：一是完善行贿犯罪财产刑规定，使犯罪分子在受到人身处罚的同时，在经济上也得不到好处，即对行贿犯罪行为均配置了并处罚金或没收财产的附加刑。二是进一步严格限定行贿罪从宽处罚的条件，将“行贿人在被追诉前主动交待行贿行为的，可以减轻处罚或者免除处罚”的规定，修改为“行贿人在被追诉前主动交待行贿行为的，可以从轻或者减轻处罚。其中，犯罪较轻的，对侦破重大案件起关键作用，或者有其他重大立功表现的，可以免除处罚”。这样，行贿犯罪符合一定条件的可以从轻或减轻处罚，但“免除处罚”的仅限于“犯罪较轻的且对侦破重大案件起关键作用或者有其他重大立功表现的”等少数情形。

• 适用指引 •

司法实践中，在认定本罪的刑事责任时应注意：

1. 对于行贿行为的“情节严重”“情节特别严重”，司法实践中应当根据行贿的具体数额、手段、谋取不正当利益的性质（例如，是不当多得的利益还是根本不应当得到的利益）以及行贿造成的其他后果等情形综合分析认定。具体可依照最高人民法院、最高人民检察院2016年4月18日联合发布的《关于办理贪污贿赂刑事案件适用法律若干问题的解释》相关规定办理。

2. 依照修正后的《刑法》第390条第2款之规定，对于行贿人构成犯罪，但在被追诉前，能主动交代行贿行为，依法可对其行贿犯罪从轻或者减轻处罚。如果行贿犯罪较轻、行贿人主动交代对侦破重大案件起关键作用，或者有其他重大立功表现的，依法也可以免除处罚。行贿犯罪从宽处罚制度的修改完善，也与《刑法》总则中的自首、坦白制度相互协调。

第三百九十条之一 对有影响力的人行贿罪

【法律规定】

• 法律条文 •

《中华人民共和国刑法》

第三百九十条之一 为谋取不正当利益，向国家工作人员的近亲属或者其他与该国家工作人员关系密切的人，或者向离职的国家工作人员或者其近亲属以及其他与其关系密切的人行贿的，处三年以下有期徒刑或者拘役，并处罚金；情节严重的，或者使国家利益遭受重大损失的，处三年以上七年以下有期徒刑，并处罚金；情节特别严重的，或者使国家利益遭受特别重大损失的，处七年以上十年以下有期徒刑，并处罚金。

单位犯前款罪的，对单位判处罚金，并对其直接负责的主管人员和其他直接责任人员，处三年以下有期徒刑或者拘役，并处罚金。

• 相关规定 •

《最高人民法院、最高人民检察院关于办理贪污贿赂刑事案件适用法律若干问题的解释》（法释〔2016〕9号）

第七条 为谋取不正当利益，向国家工作人员行贿，数额在三万元以上的，应当依照刑法第三百九十条的规定以行贿罪追究刑事责任。

行贿数额在一万元以上不满三万元，具有下列情形之一的，应当依照刑法第三百九十条的规定以行贿罪追究刑事责任：

（一）向三人以上行贿的；

（二）将违法所得用于行贿的；

（三）通过行贿谋取职务提拔、调整的；

（四）向负有食品、药品、安全生产、环境保护等监督管理职责的国家工作人员行贿，实施非法活动的；

（五）向司法工作人员行贿，影响司法公正的；

（六）造成经济损失数额在五十万元以上不满一百万元的。

第八条 犯行贿罪，具有下列情形之一的，应当认定为刑法第三百九十条第一款规定的“情节严重”：

（一）行贿数额在一百万元以上不满五百万元的；

（二）行贿数额在五十万元以上不满一百万元，并具有本解释第七条第二款第一项至第五项规定的情形之一的；

（三）其他严重的情节。

为谋取不正当利益，向国家工作人员行贿，造成经济损失数额在一百万元以上不满五百万元的，应当认定为刑法第三百九十条第一款规定的“使国家利益遭受重大损失”。

第九条 犯行贿罪，具有下列情形之一的，应当认定为刑法第三百九十条第一款规定的“情节特别严重”：

（一）行贿数额在五百万元以上的；

（二）行贿数额在二百五十万元以上不满五百万元，并具有本解释第七条第二款第一项至第五项规定的情形之一的；

（三）其他特别严重的情节。

为谋取不正当利益，向国家工作人员行贿，造成经济损失数额在五百万元以上的，应当认定为刑法第三百九十条第一款规定的“使国家利益遭受特别重大损失”。

第十条第二款 刑法第三百九十条之一规定的对有影响力的人行贿罪的定罪量刑适用标准，参照本解释关于行贿罪的规定执行。

第十条第三款 单位对有影响力的人行贿数额在二十万元以上的，应当依照刑法第三百九十条之一的规定以对有影响力的人行贿罪追究刑事责任。

【学理分析及适用指引】

• 学理分析 •

《刑法修正案（九）》按照党的十八届三中全会对加强反腐败工作、完善惩治腐败法律规定的要求，严密惩治行贿犯罪的法网，增加了为利用国家工作人员的影响力谋取不正当利益，向其近亲属等关系密切人员行贿的犯罪，即《刑法》第390条之一的“对有影响力的人行贿罪”的规定。

对有影响力的人行贿罪，是指为谋取不正当利益，向国家工作人员的近亲属或者其他与该国家工作人员关系密切的人，或者向离职的国家工作人员或者其近亲属及其他与其关系密切的人行贿的行为。与其他行贿犯罪相同的是，本罪的主体既包括自然人也包括单位，行为人行贿的目的都是谋取不正当利益。与其他行贿犯罪最大的不同在于行贿的对象不同。对有影响力的人行贿罪的对象——“有影响力的人”具体有四类：一是国家工作人员的近亲属；二是该国家工作人员关系密切的人（如情夫情妇、国家工作人员身边的利益共同体等）；三是离职的国家工作人员；四是离职国家工作人员的近亲属及其他与其关系密切的人。

• 适用指引 •

注意对有影响力的人行贿罪与行贿罪的界限。司法实践中，行为人为了谋取不当正利益，通过国家工作人员的近亲属或关系密切的人转达请托事项并转交财物的，对该行贿行为是以行贿罪还是以对有影响力的人行贿罪论处？我们认为，正如同受贿罪与利用影响力受贿罪的关系一样，行贿罪与对有影响力的人行贿罪中，行贿罪是基本规定、首选条款，只有当行为人的行贿行为不构成行贿罪时才能适用对有影响力的人行贿罪。此处的“不构成行贿罪”在相当多的案件中是证据原因，如无法证明国家工作人员知悉其行贿请托信息或者收受贿赂的，此时行贿者的行为也就无法认定为行贿罪（或者只能以行贿罪未遂论处），那么，认定为对有影响力的人行贿罪就具有合理性，也符合本罪设立的立法本意。

第三百九十一条　对单位行贿罪

【法律规定】

• 法律条文 •

《中华人民共和国刑法》

第三百九十一条　为谋取不正当利益，给予国家机关、国有公司、企业、事业单位、人民团体以财物的，或者在经济往来中，违反国家规定，给予各种名义的回扣、手续费的，处三年以下有期徒刑或者拘役，并处罚金。

单位犯前款罪的，对单位判处罚金，并对其直接负责的主管人员和其他直接责任人员，依照前款的规定处罚。

• 相关规定 •

《中华人民共和国刑法》

第三十条　公司、企业、事业单位、机关、团体实施的危害社会的行为，法律规定为单位犯罪的，应当负刑事责任。

第三十一条　单位犯罪的，对单位判处罚金，并对其直接负责的主管人员和其他直接责任人员判处刑罚。本法分则和其他法律另有规定的，依照规定。

《最高人民检察院关于人民检察院直接受理立案侦查案件立案标准的规定（试行）》（高检发释字〔1999〕2号）

一、贪污贿赂犯罪案件

……

（六）对单位行贿案（第391条）

对单位行贿罪是指为谋取不正当利益，给予国家机关、国有公司、企业、事业单位、人民团体以财物，或者在经济往来中，违反国家规定，给予上述单位各种名义的回扣、手续费的行为。

涉嫌下列情形之一的，应予立案：

1. 个人行贿数额在10万元以上、单位行贿数额在20万元以上的；

2. 个人行贿数额不满10万元、单位行贿数额在10万元以上不满20万元，但具有下列情形之一的：

（1）为谋取非法利益而行贿的；

（2）向3个以上单位行贿的；

（3）向党政机关、司法机关、行政执法机关行贿的；

（4）致使国家或者社会利益遭受重大损失的。

《最高人民法院、最高人民检察院关于办理商业贿赂刑事案件适用法律若干问题的意见》（法发〔2008〕33号）

九、在行贿犯罪中，“谋取不正当利益”，是指行贿人谋取违反法律、法规、规章或者政策规定的利益，或者要求对方违反法律、法规、规章、政策、行业规范的规定提供帮助或者方便条件。

在招标投标、政府采购等商业活动中，违背公平原则，给予相关人员财物以谋取竞争优势的，属于“谋取不正当利益”。

【案例】

昆明展煜科技有限公司等对单位行贿案①

• 案件事实 •

2002年至2006年期间，昆明展煜科贸有限公司、昆明示好科技有限公司在销售“百利多”“威克创”心脏起搏器和“强生”冠脉支架、导管过程中，为增加公司销量，以支付“射线补助费”的形式，向昆明医学院第一附属医院心内科、昆明四十三医院心内科、丽江市人民医院心内科、曲靖市第一人民医院心内科、大理州人民医院心内科、昆钢职工医院心内科、曲靖市第二人民医院心内科、红河州第一人民医院心内科、普洱市思茅区人民医院心内科共计返还回扣款人民币2241960元。

• 裁判要旨 •

医疗器械经销商为增加公司销量，以支付“射线补助费”的形式，向国有医院的相关科室返还各种名义的回扣款，数额巨大的，成立对单位行贿罪。

• 裁判理由 •

云南省昆明市盘龙区人民法院经审理认为：被告单位昆明展煜科贸有限公司、昆明示好科技有限公司在经济往来中，违反国家规定，给予国有事业单位各种名义的回扣，其行为已触犯《刑法》第391条，构成对单位行贿罪。依照《刑法》第391条、第67条第1款、第72条、第73条及《最高人民法院关于处理自首和立功具体应用法律若干问题的解释》第1条之规定，判决如下：一、昆明展煜科贸有限公司犯对单位行贿罪，判处罚金人民币20万元。二、昆明示好科技有限公司犯对单位行贿罪，判处罚金人民币20万元。

---

① 参见最高人民法院中国应用法学研究所编：《人民法院案例选》（2008年第2辑），人民法院出版社2008年版。

【学理分析及适用指引】

• 学理分析 •

所谓对单位行贿罪，是指行为人为谋取不正当利益，给予国家机关、国有公司、企业、事业单位、人民团体以财物，或者在经济往来中，违反国家规定，给予上述单位各种名义的回扣、手续费的行为。本罪的构成要件如下：

1. 本罪的客体。本罪的犯罪客体是国家机关、国有公司、企业、事业单位、人民团体等国有单位的正常管理活动。犯罪对象只能是国家机关、国有公司、企业、事业单位和人民团体。

2. 本罪的客观方面。本罪的客观方面有两种具体表现形式：一是给予国家机关、国有公司、企业、事业单位、人民团体以财物。二是在经济往来中，违反国家规定，给予国家机关、国有公司、企业、事业单位、人民团体各种名义的回扣、手续费。

在刑法理论上，对行贿人通过单位负责人对单位行贿的是以行贿罪（即行贿的对象是该单位负责人个人）还是以对单位行贿罪（即行贿的对象是该负责人所代表的单位）论处的定性问题存在争论，形成了两种观点：（1）主观说，即认为关键是看行贿人主观上是将财物送给单位还是单位有关的人员，送给单位即为对单位行贿罪，送给个人即为行贿罪；（2）客观说，即视行贿人所送财物是归了单位所有还是单位中的个人所有，特别是作为单位负责人的个人在接受财物后据为己有，如归还单位就构成对单位行贿罪，否则就应定行贿罪。

3. 本罪的主体。本罪的犯罪主体为一般主体，自然人和单位均可成立本罪。

4. 本罪的主观方面。本罪的主观方面由故意构成。

• 适用指引 •

司法实践中，认定本罪时应注意：

1. 对单位行贿罪与馈赠的界限，其区别表现在：

（1）两者的目的不同。对单位行贿的自然人或单位给予国家机关、国有公司、企业、事业单位、人民团体以财物或给予回扣、手续费的，目的是谋取不正当利益。而给予上述单位馈赠的，目的则不是谋取不正当利益。当然，动机可能多样。

（2）与收受单位的关系不同。对单位行贿罪中的行贿人与受送单位一定存在业务或其他制约关系，而馈赠人与受赠单位往往没有这一关系。

（3）两者的行为方式不同。对单位行贿罪是为了谋取非法利益，往往以秘密、隐蔽的形式，以合法的名义或幌子进行，而向单位馈赠，均以公开的方式进行。

（4）所送财物的数额不同。对单位行贿的目的是谋取不正当利益，因而行贿人所送财物数额往往很大，而向单位馈赠，财物数额一般较小，大多是一种象征性的表示。

2. 对单位行贿罪与为谋取正当利益给单位财物行为的界限。对单位行贿罪必须以谋取不正当利益为前提。在司法实践中，如果行为人是为了实现自身的正当合法的利益，由于长期得不到解决，或为了及早解决而采取送钱送物的方法；或者被勒索而无奈给国家机关、国有公司、企业、事业单位、人民团体以财物的，不应认定为对单位行贿罪。

3. 对单位行贿罪与经济往来中正常给付的“佣金”的界限。在经济往来中，给付“佣金”“回扣”的现象较为普遍，特别是单位与单位之间更为普遍。是否构成对单位行贿罪，关键是看这种“佣金”“回扣”的给付是否违反国家有关规定。一般情况下，在经济往来、商品交易中，如果需要给对方优惠，可以采取明示方法给予对方价格折扣，不能采取暗中给予回扣或者各种名义的手续费的方式，经营者给予对方回扣的，必须如实入账。

4. 关于对单位行贿的数额与情节。对单位行贿，法律没有规定构成犯罪的行贿数额或者其他情节方面的标准，目前仍可参照最高人民检察院 1999 年颁布的《关于人民检察院直接受理立案侦查案件立案标准的规定（试行）》进行认定，区分犯罪主体是个人还是单位，有所不同：个人实施的对单位行贿行为的，行贿数额在 10 万元以上原则上应入刑，单位实施的对单位行贿行为的，行贿数额在 20 万元以上应入刑。同时，还需考虑具体情节，如个人行贿数额不满 10 万元、单位行贿数额在 10 万元以上不满 20 万元，但具有下列情形之一的应认定为对单位行贿罪：（1）为谋取非法利益而行贿的；（2）向 3 个以上单位行贿的；（3）向党政机关、司法机关、行政执法机关行贿的；（4）致使国家或者社会利益遭受重大损失的。

5. 对单位行贿罪与行贿罪的界限。对单位行贿罪的主体可以是自然人，也可以是单位，而行贿罪的主体只能是自然人。此外，对单位行贿罪是给予国家机关、国有公司、企业、事业单位、人民团体以财物、回扣、手续费，而行贿罪则是给予国家工作人员以财物、回扣、手续费。

6. 如何认定行贿行为既遂。在司法实践中，对行贿人的定性，应该立足于行贿人本身的行为特征分析。《刑法》对行贿罪、对单位行贿罪两罪的罪状作了明确规定，行贿罪的对象主要是指行贿人给国家工作人员贿送财物；对单位行贿罪的对象主要是指行贿人给国家机关等单位贿送财物。因为在行贿人的主观构成上，首先应该产生给什么对象以财物的意识和意志，然后支配其将财物送给具体的对象。这也是人的认识和行为规律。至于财物送出以后，收受人如何处理，是据为己有还是入账充公，是行贿人所不能左右的。只要表达了财物所给具体对象并送出，就完成了行贿行为。

第三百九十二条　介绍贿赂罪

【法律规定】

• 法律条文 •

《中华人民共和国刑法》

第三百九十二条 向国家工作人员介绍贿赂，情节严重的，处三年以下有期徒刑或者拘役，并处罚金。

介绍贿赂人在被追诉前主动交待介绍贿赂行为的，可以减轻处罚或者免除处罚。

• 相关规定 •

《中华人民共和国刑法》

第三百八十八条 国家工作人员利用本人职权或者地位形成的便利条件，通过其他国家工作人员职务上的行为，为请托人谋取不正当利益，索取请托人财物或者收受请托人财物的，以受贿论处。

《最高人民检察院关于人民检察院直接受理立案侦查案件立案标准的规定（试行）》（高检发释字〔1999〕2号）

一、贪污贿赂犯罪案件

……

（七）介绍贿赂案（第392条）

介绍贿赂罪是指向国家工作人员介绍贿赂，情节严重的行为。

“介绍贿赂”是指在行贿人与受贿人之间沟通关系、撮合条件，使贿赂行为得以实现的行为。

涉嫌下列情形之一的，应予立案：

1. 介绍个人向国家工作人员行贿，数额在2万元以上的；① 介绍单位向国家工作人员行贿，数额在20万元以上的；

2. 介绍贿赂数额不满上述标准，但具有下列情形之一的：

---

① 关于介绍贿赂行为的入刑标准，目前包括《最高人民法院、最高人民检察院关于办理贪污贿赂刑事案件适用法律若干问题的解释》在内的司法解释尚未涉及，我们认为原则上以其介绍的行为构成犯罪为参照，即行贿受贿入刑标准可作为标准。

（1）为使行贿人获取非法利益而介绍贿赂的；
（2）3 次以上或者为 3 人以上介绍贿赂的；
（3）向党政领导、司法工作人员、行政执法人员介绍贿赂的；
（4）致使国家或者社会利益遭受重大损失的。

【案例】

倪某某介绍贿赂案[①]

• 案件事实 •

被告人倪某某，男，34 岁，满族，出生地北京市，大专文化，北京市公安局公共交通安全保卫总队刑侦支队三大队民警。倪某某于 2006 年 9 月，为使北京市公安局公共安全保卫分局办理的涉嫌盗窃的犯罪嫌疑人宋某某逃避法律制裁，受宋某某妻子安某（另案处理）之托，向该案承办人程某某、史某（另案处理）介绍贿赂人民币 2 万元。倪某某于 2006 年 9 月 27 日被北京市公安局查获归案。

• 裁判要旨 •

行为人在行贿人与受贿人之间沟通、撮合，促使贿赂行为得以实现的行为，成立介绍贿赂罪。

• 裁判理由 •

北京市东城区人民法院认为：被告人倪某某为使行贿人获取非法利益，向司法工作人员介绍贿赂，情节严重，其行为侵犯了国家工作人员职务行为的廉洁性，构成介绍贿赂罪，依法应予刑罚处罚。北京市东城区人民检察院的指控成立。对于辩护人所提倪某某在被抓获后积极提供其他破案线索，有立功表现的意见，无证据支持，法院不予采纳。鉴于被告人倪某某认罪态度好，可酌情从轻处罚，对于辩护人辩护意见的合理部分法院予以采纳。综上，法院为严肃国法，维护国家工作人员职务行为的廉洁性，对被告人倪某某依照《刑法》第 392 条第 1 款，判决如下：被告人倪某某犯介绍贿赂罪，判处有期徒刑八个月。

---

① 参见北京市东城区人民法院（2007）东刑初字第 36 号。

【学理分析及适用指引】

• 学理分析 •

1. 介绍贿赂罪的构成。介绍贿赂罪，是指向国家工作人员介绍贿赂，情节严重的行为。在学理上一般认为，介绍贿赂罪是指在行贿人与受贿人之间进行沟通、撮合，使行贿、受贿得以实现，情节严重的行为。本罪的构成要件如下：

（1）本罪的客体。本罪侵犯的客体是国家工作人员职务行为的廉洁性和职务行为的不可收买性。本罪的犯罪对象是国家工作人员。

（2）本罪的客观方面。客观方面表现为介绍贿赂行为人在行贿、受贿双方之间进行引荐、沟通、撮合，以牵线搭桥的方式促使行贿、受贿行为得以实现。通常包括三种情形：一是受行贿人的请托，为之沟通关系，寻找行贿对象，为行贿人打通关节；二是按照受贿者的意思，为其寻找索贿对象，为受贿者谋取私利的行为；三是既受行贿人请托，为其拉拢行贿对象，同时又按受贿人的意思，为其寻找行贿对象，将行贿人与受贿人撮合在一起的行为。介绍贿赂罪的犯罪对象只能是国家工作人员。

（3）本罪的主体。在主体要件上，本罪是一般主体，即凡是16周岁以上、具备刑事责任能力的人均可构成本罪。

（4）本罪的主观方面。在主观要件上，必须具有向国家工作人员介绍贿赂的故意，即明知行贿人具有行贿意图以及受贿人具有受贿意图，故意充当介绍人，从中穿针引线、牵线搭桥。如果行为人只是居间介绍一桩生意，促成了双方的正常经济往来，主观上不具有介绍贿赂的故意，不知请托人有给付国家工作人员财物以牟取不正当利益的意图，在介绍双方来往后，请托人实际给付了国家工作人员以财物的，则不构成介绍贿赂罪。行为人介绍贿赂，不论是否从行贿人或受贿的国家工作人员中间拿到好处，不论是否已得到“介绍费”，也不论拿到的钱物多少，均不影响介绍贿赂罪的成立。

2. 如何区分行贿、受贿帮助行为与介绍贿赂罪。关于如何区分行贿、受贿帮助行为与介绍贿赂罪的标准的理论争议，有以下三种观点：

（1）以行为人是否获得利益为标准：帮助受贿并参与分赃、实际分得受贿款物的，成立受贿罪的共犯；帮助行贿并为了谋取自己的不正当利益的，成立行贿罪的共犯；帮助受贿但没有分赃、帮助行贿却不是为了谋取自己的不正当利益的，成立介绍贿赂罪。[①]

（2）以一般公民是否参与了国家工作人员利用职务上的便利，为他人谋

---

① 参见张明楷：《刑法学》，法律出版社2007年版，第890页。

取利益，来区分受贿罪的共犯与介绍贿赂罪。①

（3）帮助行贿或帮助受贿行为，应当排除在介绍贿赂之外。也就是说，根据《刑法》分则关于行贿罪、受贿罪的规定以及《刑法》总则关于共同犯罪成立条件的规定，凡是行贿罪、受贿罪的帮助行为，都是行贿罪的、受贿罪的共犯行为，理应分别认定为行贿罪与受贿罪，而不得认定为介绍贿赂罪。如果某行为同时对行贿、受贿起帮助作用，则属于一行为触犯数罪名，应从一重处罚，也不应认定为介绍贿赂罪。根据《刑法》规定，只有情节严重的介绍贿赂行为，才能成立本罪。因此，只有行为人明知某人欲通过行贿谋求国家工作人员的职务行为，而向该国家工作人员提供该信息，在此基础上，情节严重的才成立介绍贿赂罪。②

对于此问题，我们认为，介绍贿赂罪的构成要件虽然具有一定的独立性，但不可否认的是，鉴于介绍贿赂罪与行贿罪共犯、受贿罪共犯界限的模糊性、司法实践案例的复杂性，如何准确区分介绍贿赂罪与贿赂犯罪共犯并不是一件轻松的事。我们可以换一个思路考虑这个问题，即从罪刑相适应原则出发：《刑法》第392条规定的介绍贿赂罪法定最高刑为三年有期徒刑，且要求“情节严重”的行为才构成此罪；而受贿罪的刑罚结构中，若受贿数额十万元以上，则法定刑即为十年以上有期徒刑、无期徒刑，其法定最高刑是死刑；行贿罪的法定刑虽然要低于受贿罪，但其法定最高刑为无期徒刑。通过比较，我们发现，若在行贿人与受贿人双方之间实施引荐、沟通、撮合从而促使行贿、受贿实现的行为，完全符合贿赂共犯原理的，就应当以共犯论处，不能单独以介绍贿赂罪论处，否则将导致罪责刑极不协调、严重背离宽严相济的刑事责任。只有那些基于证据或事实等原因不足以认定共犯，但确实对行贿或受贿行为的完成起了一定的推动作用者，出于严惩腐败、肃清腐败根源、净化社会环境等政策的考虑，对这些虽不构成贿赂共犯但情节严重的介绍行为也应当追究刑事责任，单独以介绍贿赂罪论处。根据该思路，介绍贿赂罪成立的范围其实是比较狭窄的，辨析介绍贿赂罪、行贿罪共犯、受贿罪共犯也是比较困难的。学界甚至有观点认为，介绍贿赂罪仅存在这样的一种情形：行为人明知某人欲通过行贿谋求国家工作人员的职务行为，而向国家工作人员提供该信息，情节严重的行为才成立介绍贿赂罪，而凡是行贿罪、受贿罪的帮助行为（包括同时对行贿、受贿的帮助），均应以行贿或受贿的共犯论处，而不得认定为介绍贿赂罪。基于上述思路，若介绍人“一手托两家”，既符合行贿罪的共犯也符合受贿罪共犯的如何处理？对此可以基于想象竞合原理，择一重罪，即原则上以受贿罪共犯论处。

---

① 参见周道鸾、张军主编：《刑法罪名精释》，人民法院出版社2003年版，第722页。

② 参见张明楷：《刑法学》，法律出版社2007年版，第891页。

3. 国家工作人员介绍贿赂行为的定性。关于国家工作人员介绍贿赂的定性问题。司法实践中还有一种情况，即介绍贿赂者本身就是国家工作人员，其利用自身职权或地位形成的便利条件，对其他工作人员施加影响，撮合请托人与其他国家工作人员之间发生贿赂，使后者利用职务上的行为，为请托人谋取不正当利益，介绍贿赂者同时又索取或收受请托人的财物作为中介费。在此情况下，行为人到底构成介绍贿赂罪，还是构成受贿罪，或者两罪都构成?

如果构成两罪，究竟应当是以一罪处断还是以数罪处断？对此，有学者指出，行为人的行为既符合介绍贿赂罪的构成要件，又符合受贿罪斡旋受贿的构成要件，介绍贿赂与斡旋受贿之间存在着手段与目的行为的关系，属于牵连犯。按照刑法理论，对牵连犯应该从一重处断，即在行为所触犯的两个罪名中，按照行为所符合的具体的罪名的法定刑的轻重，选择法定刑较重的罪名定罪处罚。因此，对上述情况，应当在介绍贿赂罪与受贿罪中，选择法定刑较重的罪名从一重处断。

• 适用指引 •

实践中，认定本罪时应注意：

1. 介绍贿赂罪罪与非罪的界限。是否构成介绍贿赂罪，关键在于介绍贿赂的情节是否严重。如果介绍贿赂行为情节显著轻微的，不认为是犯罪。所谓的情节严重，司法实践中一般是指所促成的贿赂行为给国家、集体利益造成了重大损失；介绍贿赂罪的手段恶劣，如设圈套、逼迫利诱，促使国家工作人员接受贿赂；介绍贿赂多人、多次，以及介绍贿赂个人得到“好处”数额巨大等情形。①

2. 注意介绍贿赂罪的刑罚适用。该罪的刑罚适用应注意对于介绍贿赂人在被追诉前，主动交代介绍贿赂的行为，也就是揭发了行贿、受贿双方的犯罪行为，不论其交代介绍贿赂行为的动机如何，即使是因为行贿、受贿双方答应给介绍贿赂人的好处没有兑现，行为人出于报复而检举、揭发他们的行贿、受贿犯罪事实的，也可以减轻处罚或者免除处罚。因为其主动交代介绍贿赂行为的举动，对司法机关收集证据、查明贿赂犯罪事实，依法惩治危害更大的贿赂犯罪，具有十分重要的作用。

3. 介绍贿赂罪与诈骗罪的界限。在一般情况下，介绍贿赂罪与诈骗罪并不难区分，但在司法实践中，经常出现一些以介绍为名而骗取他人钱财的案件。对此类案件，可以通过行为人的主观故意内容对两罪进行区分。如果行为人的主观目的就是骗取钱财，而根本没有打算为行为人撮合受贿人的意图，仅仅就是利用行贿人的心理，趁机骗取钱财，对这种行为就应当以诈骗罪进行定

---

① 参见周道鸾、张军主编：《刑法罪名精释》，人民法院出版社2003年版，第722页。

罪处罚。具体来说，两者的区别如下：

（1）两者主观方面的内容不同。两者虚构事实、隐瞒真相的主观目的不同。在诈骗罪中，行为人用虚构事实、隐瞒真相的方法欺骗被害人是其主要的行为方式，其主要目的是要通过编造虚假事实，使被害人对其信任，从而达到其非法占有财物的目的；而在介绍贿赂中，行为人在主观目的上应该分为两个层次：一方面是为了在行贿人和受贿人之间进行撮合，从而使行贿行为得以实现，这可以称之为第一个层次的目的；另一方面，行为人是想通过对自己所付出的“劳动”取得一定的报酬，即“介绍费”，这是介绍贿赂行为的第二层次的目的。介绍贿赂行为人在撮合行贿人和受贿人的时候，常常也有虚构事实和隐瞒真相的行为，但是，这一行为主要还是受其介绍贿赂的两个层次的目的控制，是通过这些虚构的事实促成双方行贿行为、受贿行为得以成功，从而为从中获取一定的介绍费奠定基础。因此，介绍贿赂人虚构事实、隐瞒真相的直接目的并非首先指向行贿人的财物。

（2）两者虚构事实、隐瞒真相的程度不同。介绍贿赂中，介绍人所实施的欺骗，一般是事实基础上的扩大或缩小，或者在事实基础上对于本来面目一定程度的歪曲。虽然介绍人对事实有所扩大或缩小，甚至有一定程度的歪曲，但是，仍然是以一定的事实为基础的，只不过在介绍非法交易的对象上，与行贿人或受贿人一方所要求的质量、数量上不大一致而已，而在诈骗过程中，诈骗人所实施的欺骗，纯粹是凭空虚构，无中生有，没有任何事实基础。①

第三百九十三条 单位行贿罪

【法律规定】

• 法律条文 •

《中华人民共和国刑法》

第三百九十三条 单位为谋取不正当利益而行贿，或者违反国家规定，给予国家工作人员以回扣、手续费，情节严重的，对单位判处罚金，并对其直接负责的主管人员和其他直接责任人员，处五年以下有期徒刑或者拘役，并处罚金。因行贿取得的违法所得归个人所有的，依照本法第三百八十九条、第三百九十条的规定定罪处罚。

① 参见伍柳村主编：《贿赂罪个案研究》，四川大学出版社1991年版，第232页。

• 相关规定 •

《中华人民共和国刑法》

第三百八十九条 为谋取不正当利益，给予国家工作人员以财物的，是行贿罪。

在经济往来中，违反国家规定，给予国家工作人员以财物，数额较大的，或者违反国家规定，给予国家工作人员以各种名义的回扣、手续费的，以行贿论处。

因被勒索给予国家工作人员以财物，没有获得不正当利益的，不是行贿。

第三百九十条 对犯行贿罪的，处五年以下有期徒刑或者拘役；因行贿谋取不正当利益，情节严重的，或者使国家利益遭受重大损失的，处五年以上十年以下有期徒刑；情节特别严重的，处十年以上有期徒刑或者无期徒刑，可以并处没收财产。

行贿人在被追诉前主动交待行贿行为的，可以从轻或者减轻处罚。其中，犯罪较轻的，对侦破重大案件起关键作用的，或者有重大立功表现的，可以减轻或者免除处罚。

《最高人民检察院关于人民检察院直接受理立案侦查案件立案标准的规定（试行）》（高检发释字〔1999〕2号）

一、贪污贿赂犯罪案件

……

（八）单位行贿案（第393条）

单位行贿罪是指公司、企业、事业单位、机关、团体为谋取不正当利益而行贿，或者违反国家规定，给予国家工作人员以回扣、手续费，情节严重的行为。

涉嫌下列情形之一的，应予立案：

1. 单位行贿数额在20万元以上的；

2. 单位为谋取不正当利益而行贿，数额在10万元以上不满20万元，但具有下列情形之一的：

（1）为谋取非法利益而行贿的；

（2）向3人以上行贿的；

（3）向党政领导、司法工作人员、行政执法人员行贿的；

（4）致使国家或者社会利益遭受重大损失的。

因行贿取得的违法所得归个人所有的，依照本规定关于个人行贿的规定立案，追究其刑事责任。

《最高人民法院、最高人民检察院关于办理商业贿赂刑事案件适用法律若干问题的意见》（法发〔2008〕33号）

九、在行贿犯罪中，“谋取不正当利益”，是指行贿人谋取违反法律、法规、规章或者政策规定的利益，或者要求对方违反法律、法规、规章、政策、行业规范的规定提供帮助或者方便条件。

在招标投标、政府采购等商业活动中，违背公平原则，给予相关人员财物以谋取竞争优势的，属于“谋取不正当利益”。

【案例】

广西银兴实业发展公司、周坤行贿案①

• 案件事实 •

被告人周坤，原系被告单位广西银兴实业发展公司（以下简称银兴公司）法定代表人、经理。1994 年初至 1995 年 6 月，银兴公司为获取南宁市江南停车购物城工程的承建权、压低工程用地的土地出让金及银行贷款，经周坤决定，银兴公司向时任中共广西壮族自治区委员会副书记、广西壮族自治区人民政府主席的成克杰及香港商人李平行贿人民币 2000 万余元。1996 年上半年至 1998 年 5 月，银兴公司为获取广西民族宫工程的项目开发建设权及解决工程建设资金，经周坤决定，先后向成克杰、李平行贿人民币 900 万元、港币 804 万元。成克杰收受上述贿赂后，利用职务便利为银兴公司谋取了上述利益。周坤为了表示感谢，经其决定，银兴公司还于 1994 年至 1997 年间，多次向成克杰行贿，计有人民币 2 万元、港币 2 万元、美元 2 万元、金砖 1 块、工艺品黄金狮子 1 对、黄金钻戒 1 对、劳力士牌情侣表 1 对、劳力士牌男表 1 块，款、物共合计人民币 559428 元。

• 裁判要旨 •

行贿罪与单位行贿罪区别的关键在于是为个人还是单位谋取不正当利益。

• 裁判理由 •

广西壮族自治区南宁市中级人民法院经审理后认为：被告单位银兴公司为谋取不正当利益，经时任法定代表人的周坤决定，共向成克杰和李平行贿钱物折合人民币 38377461 元，数额特别巨大，情节特别严重，其行为已构成单位行贿罪。对于被告单位的辩护人提出的，周坤是在李平的利诱之下产生行贿的动机，好处费是李平先提出来的辩护意见，经查，好处费是双方商量的结果，辩护人此辩护意见与本案实情不符，不予采纳。依照《刑法》第 393 条、第

① 参见中华人民共和国最高人民法院刑事审判第二庭编：《经济犯罪审判指导》（2004 年第 3 辑），人民法院出版社 2005 年版，第 49 ~ 53 页。

12 条之规定，于 2001 年 9 月 7 日判决如下：被告单位银兴公司犯单位行贿罪，判处罚金人民币 800 万元；被告人周坤犯单位行贿罪，判处有期徒刑五年。

一审宣判后，被告单位银兴公司不服，向广西壮族自治区高级人民法院提出上诉。上诉理由是行贿行为系周坤个人所为，单位对周坤的行贿行为不知情，又未谋取不正当利益，不宜认定为单位行贿。

广西壮族自治区高级人民法院审理后认为：原审被告单位银兴公司为谋取不正当利益，经原审被告人周坤决定，向成克杰和李平行贿，其行为已构成单位行贿罪，且其行贿的数额特别巨大，情节特别严重，应依法严惩。原审判决定罪准确，量刑适当，审判程序合法。对于上诉人（原审被告单位）银兴公司及其辩护人提出的行贿行为是周坤个人所为，单位对周坤的行贿行为不知情，又未谋取不正当利益，不宜认定为单位行贿的上诉意见，因周坤作为被告单位银兴公司的法定代表人，其是以为本公司谋取不正当利益为目的而向成克杰和李平行贿，事实上，银兴公司也已取得了南宁市江南停车购物城工程和广西民族宫工程项目的承建权、地价、贷款、资金等一系列不正当的利益。尽管周坤在行贿前未经集体讨论，也未经单位财务人员办理手续，但其行为代表了本公司，原判认定其为单位行贿并无不当，故对被告单位银兴公司的上诉理由，不予支持。依照《刑事诉讼法》第 189 条第 1 项之规定，于 2001 年 11 月 12 日裁定如下：驳回上诉，维持原判。

【学理分析及适用指引】

• 学理分析 •

单位行贿罪，是指单位为谋取不正当利益，给予国家工作人员以财物或者违反国家规定，在经济往来中给予国家工作人员各种名义的回扣、手续费，情节严重的行为。理论上，本罪在犯罪客体和主观方面存在争议。本罪的构成要件如下：

1. 本罪的客体。单位行贿罪侵犯的客体，主要是国家机关、公司、企业、事业单位和团体的正常管理活动和职能活动及声誉。本罪的犯罪对象只能是国家工作人员。

2. 本罪的客观方面。本罪在客观方面表现为两种形式：一是为谋取不正当利益而向国家工作人员行贿；二是违反国家规定，给予国家工作人员以回扣、手续费，情节严重的行为。

3. 本罪的主体。犯罪主体为任何所有制形式的单位。

4. 本罪的主观方面。主观方面由故意构成。其主观目的是谋取本单位的不正当利益，但这种故意是经单位决策机关授权和同意，由其直接负责的主管人员和其他直接责任人员以故意行贿的行为表现出来的。过失不构成本罪。

• 适用指引 •

司法实践中，认定本罪时应注意：

1. 本罪的罪与非罪问题。单位为谋取不正当利益而行贿构成犯罪的，法律未规定具体的情节。但这不是说只要单位为谋取不正当利益而行贿，即一概追究刑事责任。司法实践中，对这类行贿行为，仍应当结合所谋取的不正当利益的性质，行贿财物数额的大小，因行贿给国家、集体造成的损失大小等情况，综合判定行贿行为是否应当追究刑事责任。违反国家规定给予国家工作人员以回扣、手续费的行为，则必须达到情节严重的程度才构成犯罪。所谓情节严重，司法实践中一般是指账外、暗中给以回扣、手续费数额巨大的；给国家利益造成较大损失的；多次违反国家规定，给予国家工作人员以回扣、手续费，屡教不改的等情形。

2. 本罪与对单位行贿罪的界限问题。两罪的主要区别：一是行贿犯罪的主体不同。前者只能由单位构成；而后者，既可以由单位构成，也可以由个人构成。二是行贿的对象不同。前者的行贿对象主要是国家工作人员；而后者行贿的对象必须是单位，且只能是国家机关、国有公司、企业、事业单位和人民团体等国有单位。可见，如果是单位为谋取本单位不正当利益，对国家机关、国有公司、企业等国有单位贿赂、数额较大的，依法应成立《刑法》第391条的对单位行贿罪。

3. 本罪与行贿罪之间的界限问题。单位行贿与自然人行贿的区别在于犯罪主体不同。单位行贿罪的主体是单位，即公司、企业、事业单位、机关、团体。虽然多数情况下，单位行贿也是通过具体个人实施的，但这是在单位意志的支配下实施的，其目的主要是为了本单位的利益而非个人的利益。而自然人行贿犯罪则是个人为了谋取不正当利益，单独或共同向国家工作人员行贿。司法实践中，主要从以下几方面把握单位行贿与自然人行贿的区别：

（1）行贿是以谁的名义进行的。如果行为人是以单位的名义实施，一般属于单位行贿行为；如果行为人是以个人的名义实施，则一般属于个人行贿行为。需要注意的是，对于单位法定代表人进行行贿的，应从实质上把握其行为性质。从表面上看，法定代表人往往自行决定而不经过集体研究实施行贿，并以其个人的名义给予国家工作人员财物。但实际上，法定代表人在履行其职务时实施的行贿行为是出于为单位谋取不正当利益的目的，则仍应认定为单位行贿。

（2）行贿是为谁谋取不正当利益。如果是为单位谋取不正当利益，一般属于单位行为，如果是为自然人谋取不正当利益，则属于自然人犯罪。

（3）谁最终通过行贿获得了利益。一般说来，如果单位最终获得了主要利益，应视为单位行贿，反之则属于自然人行贿。虽然有时单位利益与个人利益相互交织在一起，不易截然分开，但一般说来，只要行为人是以单位名义行贿且单位确实获得了主要利益即可认定其是为单位谋取利益，属于单位行贿。需要说明的是，根据《刑法》第 393 条规定，单位行贿取得的违法所得归个人所有的，按照自然人犯罪定罪处罚。因此，不正当利益的归属，对认定是单位行贿还是个人行贿具有决定意义。

第三百九十四条　隐匿不交应当交公处理的礼物而构成的贪污罪

【法律规定】

• 法律条文 •

《中华人民共和国刑法》

第三百九十四条　国家工作人员在国内公务活动或者对外交往中接受礼物，依照国家规定应当交公而不交公，数额较大的，依照本法第三百八十二条、第三百八十三条的规定定罪处罚。

• 相关规定 •

《国务院关于在对外公务活动中赠送和接受礼品的规定》（国务院令第 133 号）

第二条　本规定所称的礼品，是指礼物、礼金、有价证券。

第七条　在对外公务活动中接受的礼物，应当妥善处理。价值按我国市价折合人民币二百元以上的，自接受之日起（在国外接受礼物的，自回国之日起）一个月内填写礼品申报单并将应上缴的礼物上缴礼品管理部门或者受礼人所在单位；不满二百元，归受礼人本人或者受礼人所在单位。

在对外公务活动中，对方赠送礼金、有价证券时，应当予以谢绝；确实难以谢绝的，所收礼金、有价证券必须一律上缴国库。

第九条　国务院机关事务管理局负责保管、处理国务院各部门上缴的礼品。

县级以上地方各级人民政府指定专门单位负责保管、处理该级人民政府各部门上缴的礼品。

第十二条第一款　国家行政机关工作人员违反本规定的，对负直接责任的机关有关领导人和直接责任人，给予行政处分；构成犯罪的，由司法机关依法追究刑事责任。

第十三条　国家行政机关工作人员在公务活动中向华侨和香港、澳门、台湾地区的居民赠送礼品和接受其礼品，依照本规定执行。

【案例】

陈希同贪污案①

•　案件事实　•

被告人陈希同任北京市市长、市委书记期间，自1991年7月至1994年11月，在对外交往中接受贵重礼物22件，总计价值人民币55596.2元，不按照国家有关规定交公，由个人非法占有。陈希同任北京市市长期间，于1990年和1992年指使、纵容副市长王宝森动用财政资金，在北京市八大处公园和怀柔县雁栖湖畔修建两座豪华别墅，违规建造别墅及购置设备款共计人民币3521万元。陈希同任北京市委书记后，自1993年1月至1995年2月，经常带情妇某某与王宝森等人，到两座别墅吃住享乐，其间，耗用服务管理费人民币240万元，吃喝挥霍公款人民币105万元。一审法院依照《刑法》第12条第1款、第394条、第382条第1款、第383条第1款第1项、第69条第1款等规定，认定陈希同犯贪污罪，判处有期徒刑十三年，犯玩忽职守罪，判处有期徒刑四年，决定执行有期徒刑十六年，赃物予以没收，上缴国库。

•　裁判要旨　•

国家工作人员在公务活动中接受礼物而不予交公、数额较大的，成立贪污罪。

•　裁判理由　•

最高人民法院经审理认为：原审判决认定上诉人陈希同犯贪污罪、玩忽职守罪的事实，有证人证言、物证、书证、赃物估价证明、审计说明等证据证实，足以认定。陈希同在对外交往中接受贵重礼物，没有按照国家规定交公，直至1995年2月，其秘书陈健涉嫌犯罪被审查，陈希同要身边工作人员清理了有关礼物后，也未向任何人说明礼物要作捐助使用，相反却让其子陈小同将部分礼物从其办公室拿走。且陈希同提出的证人，均不能证实陈希同的上诉理由和二审辩护人的辩护意见。陈希同指使、纵容王宝森违规建造豪华别墅并在其中享乐，耗费公款数额特别巨大，其行为依法应当受到刑事处罚。陈希同及辩护人对此提出的不应再追究刑事责任的上诉理由和辩护意见于法无据。上诉

① 参见《中华人民共和国最高人民法院公报》1998年第3期。

人陈希同身为国家机关工作人员，在对外交往中接受贵重礼物不按照国家规定交公，非法占为己有的行为，已构成贪污罪；违背职责指使、纵容王宝森动用财政资金违规建造两座豪华别墅，并在其中吃住享乐，使公共财产、国家和人民利益遭受重大损失的行为，已构成玩忽职守罪，均应依法惩处。陈希同的上诉理由及二审辩护人的辩护意见不能成立，不予采纳。一审判决认定上诉人陈希同的犯罪事实和适用法律正确、量刑适当，审判程序合法。

本案经合议庭评议后，最高人民法院审判委员会第 1016 次会议讨论决定，并依照《刑事诉讼法》第 189 条第 1 项的规定，于 1998 年 8 月 20 日裁定如下：驳回上诉，维持原判。

【学理分析及适用指引】

• 学理分析 •

在刑法理论上，有学者认为，贪污罪在主观方面必须出于非法占有公共财物（归己所有）的犯罪目的，在客观方面必须以作为方式实施了利用职务上的便利，侵吞、窃取、骗取或者以其他手段非法占有公共财物的行为。国家工作人员在国内公务活动或对外交往中接受礼物，按照国家规定应当交公而不交公的，如果行为人已经以积极的作为方式将礼物非法占为己有，构成贪污罪自无疑义。但是，如果行为人只是未按照国家规定限期上交应当交公的礼物，例如，只是将接受的礼物存放在办公室，没有在规定限期交公处理的，则难谓行为人主观上具有非法占有公共财物的犯罪目的。因此认为，《刑法》第 394 条的规定存在重大缺陷，在立法对此作出修正前应当对该条文进行限制解释。对国家工作人员在国内公务活动或对外交往中接受礼物，按照国家规定应当交公而不交公，数额较大的，应当具体情况具体分析，不能一概以贪污罪论处。对于行为人已经将礼物非法占为己有，并且数额较大的，应当以贪污罪定罪处罚。对于不按国家规定限期上交但未将礼物非法占为己有的，则不能以贪污罪论处。①

一般认为，国家工作人员隐匿不交应当交公处理的礼物的行为构成贪污罪，其原因在于：首先，该类行为符合贪污罪的主观要件，即意图排除国家对公共财物的所有权，将本属于国家的财产非法变为私人所有。其次，该类行为符合贪污罪的客观要件。

国家工作人员在国内公务活动或对外交往中接受礼物与国家工作人员在亲朋好友间的私人交往中接受礼物，性质完全不同。前者，国家工作人员是基于

---

① 参见储槐植、梁根林：《贪污罪论要——兼论〈刑法〉第三百九十四条之适用》，载《中国法学》1998 年第 4 期。

公务、职务关系，代表国家接受礼物。后者，国家工作人员则是基于私人关系，代表个人接受礼物。在国内公务活动或对外交往中，国家工作人员因公务、职务关系而接受他人赠送的礼物，也因公务、职务关系而在一定时间内合法地持有所接受的礼物。隐匿不交应当交公的礼物，以行为人基于公务、职务关系而合法持有礼物为前提，如果不是因公务、职务关系而合法持有应当交公的礼物，当然就谈不上隐匿不交。因此，隐匿或不交应当交公的礼物，必然蕴含了利用职务上的便利的内容。

国家工作人员在国内公务活动或对外交往中接受的礼物本应属于国家所有，只是因其公务关系而暂时为其所合法地持有。按照国家规定，国家工作人员在接受这些礼物后最迟应当在 1 个月以内交公处理，以实现国家对这些礼物的所有权。逾期而将礼物隐匿不交公处理的，就行为人对礼物的控制来说，其性质则由合法持有变为非法占有；就作为被侵害人的国家来说，其本应实现的对这些礼物的所有权受到了非法剥夺。因此，国家工作人员隐匿不交应当交公处理的礼物符合贪污罪本质特征，即非法将国家财产占为己有。

国家工作人员隐匿不交应当交公处理的礼物实际上符合贪污罪的侵吞的行为形式。侵吞的实质是在合法持有他人财物并且负有交还义务的前提下，出于排除他人对财物的所有权的意图而拒不交还，从而变合法持有为非法占有，其行为形式是不作为。国家工作人员对其在国内公务活动或对外交往中接受的礼物在一定时间内可以合法地持有，但按照国家规定，又应当限期交公处理。如果违背国家规定拒不交还，其对礼物的事实控制的性质则由合法持有变为非法占有，因而完全符合侵吞型贪污罪的特征。

• 适用指引 •

国家工作人员在公务活动中接受礼物应当交公而不交公应认定为贪污罪。在此应注意结合《刑法》相关规定和理论分析“据为己有”的概念、形式以及时间，也要注意认定“不交公”的表现形式。一般来看，“据为己有”是一种作为，“不交公”是以不作为形式侵吞国家财产。

第三百九十五条　巨额财产来源不明罪、隐瞒境外存款罪

【法律规定】

• 法律条文 •

《中华人民共和国刑法》

第三百九十五条　国家工作人员的财产、支出明显超过合法收入，差额巨大的，可以责令该国家工作人员说明来源，不能说明来源的，差额部分以非法所得论，处五年以下有期徒刑或者拘役；差额特别巨大的，处五年以上十年以下有期徒刑。财产的差额部分予以追缴。

国家工作人员在境外的存款，应当依照国家规定申报。数额较大、隐瞒不报的，处二年以下有期徒刑或者拘役；情节较轻的，由其所在单位或者上级主管机关酌情给予行政处分。

• 相关规定 •

《全国法院审理经济犯罪案件工作座谈会纪要》（法发〔2003〕167号）

五、关于巨额财产来源不明罪

（一）行为人不能说明巨额财产来源合法的认定

刑法第三百九十五条第一款规定的“不能说明”，包括以下情况：

（1）行为人拒不说明财产来源；

（2）行为人无法说明财产的具体来源；

（3）行为人所说的财产来源经司法机关查证并不属实；

（4）行为人所说的财产来源因线索不具体等原因，司法机关无法查实，但能排除存在来源合法的可能性和合理性的。

（二）“非法所得”的数额计算

《刑法》第三百九十五条规定的“非法所得”，一般是指行为人的全部财产与能够认定的所有支出的总和减去能够证实的有真实来源的所得。在具体计算时，应注意以下问题：

（1）应把国家工作人员个人财产和与其共同生活的家庭成员的财产、支出等一并计算，而且一并减去他们所有的合法收入以及确属与其共同生活的家庭成员个人的非法收入。

（2）行为人所有的财产包括房产、家具、生活用品、学习用品及股票、债券、存款等动产和不动产；行为人的支出包括合法支出和不合法的支出，包括日常生活、工作、学习费用、罚款及向他人行贿的财物等；行为人的合法收

入包括工资、奖金、稿酬、继承等法律和政策允许的各种收入。

（3）为了便于计算犯罪数额，对于行为人的财产和合法收入，一般可以从行为人有比较确定的收入和财产时开始计算。

《最高人民检察院关于人民检察院直接受理立案侦查案件立案标准的规定(试行)》（高检发释字〔1999〕2号）

一、贪污贿赂犯罪案件

……

（九）巨额财产来源不明案（第395条第1款）

巨额财产来源不明罪是指国家工作人员的财产或者支出明显超出合法收入，差额巨大，而本人又不能说明其来源是合法的行为。

涉嫌巨额财产来源不明，数额在30万元以上的，应予立案。

（十）隐瞒境外存款案（第395条第2款）

隐瞒境外存款罪是指国家工作人员违反国家规定，故意隐瞒不报在境外的存款，数额较大的行为。

涉嫌隐瞒境外存款，折合人民币数额在30万元以上的，应予立案。

《中共中央办公厅、国务院办公厅关于领导干部报告个人有关事项的规定》（中办发〔2010〕16号）

第二条　本规定所称领导干部包括：

（一）各级党的机关、人大机关、行政机关、政协机关、审判机关、检察机关、民主党派机关中县处级副职以上（含县处级副职，下同）的干部；

（二）人民团体、事业单位中相当于县处级副职以上的干部；

（三）大型、特大型国有独资企业、国有控股企业（含国有独资金融企业和国有控股金融企业）的中层以上领导人员和中型国有独资企业、国有控股企业（含国有独资金融企业和国有控股金融企业）的领导班子成员。

副调研员以上非领导职务的干部和已退出现职、但尚未办理退（离）休手续的干部报告个人有关事项，适用本规定。

第四条　领导干部应当报告下列收入、房产、投资等事项：

（一）本人的工资及各类奖金、津贴、补贴；

（二）本人从事讲学、写作、咨询、审稿、书画等劳务所得；

（三）本人、配偶、共同生活的子女的房产情况；

（四）本人、配偶、共同生活的子女投资或者以其他方式持有有价证券、股票（包括股权激励）、期货、基金、投资型保险以及其他金融理财产品的情况；

（五）配偶、共同生活的子女投资非上市公司、企业的情况；

（六）配偶、共同生活的子女注册个体工商户、个人独资企业或者合伙企业的情况。

第十八条 本规定第三条第（六）项所称“移居国（境）外”，是指领导干部的配偶、子女获得外国国籍，或者获得国（境）外永久居留权、长期居留许可。

本规定第四条所称“共同生活的子女”，是指领导干部的未成年子女和由其抚养的不能独立生活的成年子女。

本规定第四条第（三）项所称“房产”，是指领导干部本人、配偶、共同生活的子女为所有权人或者共有人的房屋。

【案例一】

王怀忠受贿、巨额财产来源不明案[①]

• 案件事实 •

1994年9月，被告人王怀忠利用担任中共安徽省阜阳市市委副书记、阜阳地区行政公署专员的职务便利，指使原阜阳市市长王汉卿等人，为涉嫌偷税犯罪的阜阳飞龙皮革有限公司副董事长杨晓明办理取保候审手续。同年12月，王怀忠收受杨晓明人民币6万元。

1995年至1997年，王怀忠先后利用担任阜阳地区行政公署专员、中共阜阳市市委书记的职务便利，多次主持召开阜阳行署、阜阳市有关部门负责人参加的协调会，为安徽国银阜阳国际工业园开发有限公司在阜阳市开发的国际工业园、银海花园等项目，解决建设用地、减免银海花园二期工程城市建设配套费等。1997年7月底，王怀忠收受该公司董事长相坤1万澳元（折合人民币61000元）。

1997年至2000年，王怀忠利用担任中共阜阳市市委书记的职务便利，多次主持召开阜阳市有关部门负责人参加的协调会，为安徽省阜阳汇鑫发展有限公司解决阜阳商贸城和敬贤山庄的开发用地、拆迁、安置等问题，先后4次收受该公司负责人姜旭、余永强、王忠人民币共计40万元。1998年10月，王怀忠利用担任中共阜阳市市委书记的职务便利，要求阜阳市有关部门解决安徽省阜阳市龙腾实业有限公司（以下简称龙腾公司）在开发静馨山庄过程中所遇到的拆迁问题，收受龙腾公司董事长马萍、总经理卢强（马萍之夫）人民币30万元。1999年1月，王怀忠利用担任中共阜阳市市委书记的职务便利，要求阜阳市公安机关不追究龙腾大酒店员工砸坏白金汉宫大酒店玻璃橱窗及车辆的责任，事后收受马萍、卢强人民币40万元；同年2月，王怀忠在龙腾公司《关于建设龙腾购物中心的报告》上签署要求阜阳市有关部门给予支持的意

① 参见《中华人民共和国最高人民法院公报》2004年第3期。

见，事后收受马萍、卢强人民币20万元；同年5月，王怀忠给阜阳市颍州区有关领导打招呼，为龙腾公司办理龙腾加油站的土地使用证手续，收受马萍、卢强人民币20万元。

1998年8月至1999年8月，王怀忠利用担任中共阜阳市市委书记的职务便利，先后7次在阜阳市东方宾馆董事长周伟关于买断东方宾馆和申请流动资金贷款的报告上签署意见，帮助周伟买断东方宾馆和协调解决贷款人民币1496.3万元，先后4次收受周伟人民币共计50万元。

1997年4月，王怀忠利用担任中共阜阳市市委书记的职务便利，主持召开阜阳市有关部门负责人参加的协调会，要求对安徽省天力房地产开发有限公司开发汽运大厦的城市建设配套费、土地出让金以及汽运税收等予以减免。1999年8月，王怀忠收受该公司董事长王新华人民币10万元。

1996年下半年至1999年1月，王怀忠利用担任中共阜阳市市委书记的职务便利，主持召开阜阳市有关部门负责人参加的协调会，为阜阳市白金汉宫大酒店有限公司解决扩建白金汉宫大酒店过程中遇到的拆迁问题，并先后两次要求安徽省信托投资公司阜阳办事处为白金汉宫大酒店解决建设资金共计人民币320万元。1999年8月，王怀忠收受该公司董事长刘士强人民币20万元。

1996年2月至1998年11月，王怀忠利用担任中共阜阳市市委书记的职务便利，通过召开协调会、签批文件等方式，为倪超所在的阜阳市绿洲房地产开发有限责任公司减免土地出让金、城市建设配套费等费用共计人民币1492900元。2000年5月，王怀忠在天津市开会期间，向倪超索要人民币5万元。

1996年7月至1999年，王怀忠利用担任中共阜阳市市委书记的职务便利，通过签批文件、召开协调会等方式，为李洲任法定代表人的安徽省阜阳国贸商城有限公司、安徽国立房地产开发有限公司和安徽亚杰国贸集团股份有限公司减免城市建设配套费、固定资产投资调节税等费用共计人民币5874480元。2000年12月，已升任安徽省人民政府副省长的王怀忠得知有关部门正在对其涉嫌经济犯罪问题进行调查，向李洲索要人民币200万元，并将其中的120万元作为活动经费交给侯万清（化名陈思宇，已因犯诈骗罪被判刑），企图阻止有关部门对其经济犯罪问题的查处，另外80万元让杨应宇代为保管。

2000年12月和2001年2月，王怀忠利用担任安徽省人民政府副省长、分管农业工作的职务便利，先后向拟在安徽亳州建农业基地的安徽牛王皮业服饰（集团）公司董事长王静索要人民币20万元，向正在筹建常青镇农业高科技园项目的安徽云鹏置业有限公司负责人邓双梅、于旦生夫妇索要人民币50万元，并安排于旦生将其中的30万元交给北京新世纪四环投资有限公司副经理余永强，20万元交给个体户苏辉满，用于寻找关系，试图阻止有关部门对其涉嫌经济犯罪问题的查处。

案发后，侦查机关依法扣押、冻结了王怀忠的财产。除受贿犯罪所得和合法收入外，王怀忠对价值人民币480.581103万元的财产不能说明合法来源。

• 裁判要旨 •

国家工作人员的财产和支出明显超过合法收入，差额巨大，且不能说明合法来源的，构成巨额财产来源不明罪。

• 裁判理由 •

最高人民法院经复核认为：王怀忠身为国家工作人员，利用职务上的便利，索取他人人民币275万元，非法收受他人人民币230万元、澳币1万元，共计折合人民币517.1万元，为有关单位和个人谋取利益，其行为已构成受贿罪；王怀忠的财产和支出明显超过合法收入，差额巨大，本人对价值人民币480.581103万元的巨额财产不能说明合法来源，其行为已构成巨额财产来源不明罪。王怀忠受贿数额特别巨大，并具有多次索贿的法定从重处罚情节。更为恶劣的是，王怀忠为逃避法律制裁，在有关部门查处其涉嫌经济犯罪期间，仍继续向他人索贿，且将索取的巨额贿赂用于企图阻止有关部门对其经济犯罪问题的查处，受贿犯罪情节特别恶劣，社会危害性极大，罪行极其严重。在法院审理期间，王怀忠检举他人犯罪，经有关部门查证，其检举或者无时间、地点等具体情节，不具备立案查证条件，或者所涉人员在王怀忠检举之前已经被举报、查处，或者不构成犯罪，王怀忠的行为不符合《刑法》第68条关于立功的规定，不具有法定的从轻处罚情节。在一审期间，王怀忠拒不认罪；二审期间，王怀忠对其所犯大部分罪行予以供认，但对有确凿证据证明的其他犯罪事实仍予以否认，不足以从轻处罚。一审判决、二审裁定认定的事实清楚，证据确实、充分，定罪准确，量刑适当，审判程序合法。依照1996年《刑事诉讼法》第199条、《最高人民法院关于执行〈中华人民共和国刑事诉讼法〉若干问题的解释》第285条第1项的规定，裁定如下：核准山东省高级人民法院（2004）鲁刑二终字第6号维持一审对被告人王怀忠以受贿罪判处死刑，剥夺政治权利终身，并处没收个人全部财产；以巨额财产来源不明罪，判处有期徒刑四年。决定执行死刑，剥夺政治权利终身，并处没收个人全部财产的刑事裁定。

【案例二】

张伟民隐瞒境外存款案

● 案件事实 ●

被告人张伟民于2005年担任供销合作总社主任期间，以潘某某（张伟民之妻）的名义在香港汇丰银行设立账户并存有巨额外币存款，但未按照国家规定向主管部门如实申报，隐瞒了境外存款事实。2005年11月底，张伟民委托他人赴港将上述账户内港元2534900元（折合人民币2640352元）转汇至美国。案发后，侦查机关从该账户内另查明美元存款9977.6元（折合人民币80841元）。

张伟民银行存款、房产、股票等财产，共计价值人民币28809681元；张伟民及其家庭成员支出8071659元。张伟民及其妻子潘某某犯罪所得4511686元；张伟民及其妻子潘某某合法收入13743311元，加上张伟民能够说明合法来源的534万元，两项合计19083311元。差额部分13286343元，张伟民不能说明合法来源。

● 裁判要旨 ●

如何区分隐瞒境外存款罪与巨额财产来源不明罪。

● 裁判理由 ●

上海市第二中级人民法院经审理认为：被告人张伟民身为国家工作人员，隐瞒境外存款共计344万余元，财产或者支出明显超过合法收入，差额部分1328万元，本人不能说明合法来源，已分别构成隐瞒境外存款罪、巨额财产来源不明罪。鉴于被告人张伟民所犯隐瞒该存款罪、巨额财产来源不明罪有立功情节，被告人张伟民犯罪所得业已追缴等，对起诉指控的被告人张伟民所犯罪名依法从轻处罚。为维护国家的廉政制度、国家机关的廉政监督活动、国家机关的正常活动和正常管理制度以及国家机关的形象和威信，维护公共（国有）财物或非国有单位财物的所有权，依照《刑法》第395条，第93条，第68条，第59条，第69条，第64条之规定，于2006年12月22日判决如下：被告人张伟民犯隐瞒境外存款罪，判处有期徒刑一年；犯巨额财产来源不明罪，判处有期徒刑三年，非法所得予以追缴。

【学理分析及适用指引】

• 学理分析 •

1. 巨额财产来源不明罪的构成。所谓巨额财产来源不明罪，是指国家工作人员的财产或者支出明显超出合法收入，且差额巨大，经责令说明来源，本人不能说明并证明其来源是合法的行为。本罪的构成要件如下：

（1）本罪的客体。关于巨额财产来源不明罪的犯罪客体，通说认为，本罪侵犯的是公私财产的所有权和国家的廉政建设制度。刑法理论上存在争论，主要有如下观点：①本罪侵犯的犯罪客体不特定，因为获得不法利益可以通过多种途径，采取多种方式。它既可以通过违法手段，也可以通过犯罪手段；既可以利用职务上的便利，也可以不利用职务上的便利，而不同的行为必然侵犯不同的客体。②本罪侵犯的客体，是公共财产和公民私人合法财产的所有权。③本罪侵犯的犯罪客体是复杂客体，即国家工作人员职务行为的廉洁性和公私财产所有权。④本罪侵犯的客体是国家工作人员职务活动的廉洁性。

（2）本罪的客观方面。本罪的犯罪客观方面表现为国家工作人员不能说明其明显超过合法收入的巨额财产的来源是合法的行为。在刑法理论上，关于本罪的犯罪客观方面，存在较多争论。对于本罪的基本行为方式，有学者认为是非法取得财物的行为,① 有学者认为是国家工作人员以侵吞、盗窃、骗取等手段占有公私财物或以其他非法手段谋取物质利益。② 后来，学者们对本罪的行为方式基本取得一致认识，即拒不说明巨额财产的真实来源。具体而言，本罪的客观方面应从以下方面来把握：

第一，构成该罪的前提条件。其一，有财产或支出明显超过合法收入，差额巨大的事实存在。其二，行为人依法负有向有关机关说明巨额财产真实来源的义务并被有关机关责令说明。其三，司法机关确实查不出巨额财产的真实来源。这三者构成巨额财产来源不明罪的前提条件，缺一不可。

第二，该罪的行为内容。其一，行为人能够说明巨额财产的真实来源，行为人必须具备说明能力。其二，行为人拒绝向有关机关说明财产的来源。所谓拒绝说明，并不是说被告人沉默不言，而指没有如实说明巨额财产的真实来源。其三，巨额财产来源不明罪的行为方式。有观点认为，巨额财产来源不明罪的行为方式是“刑法的例外规律”，是“持有型犯罪”，持有状态是作为与不作为的结合。也有学者指出，本罪不是行为人持有巨额非法所得而构成犯

---

① 参见张明华：《简论〈非法所得罪〉》，载《宁夏社会科学》1988 年第 6 期。

② 参见张传读：《试论〈非法所得罪〉》，载《中南政法学院学报》1988 年第 4 期。

罪，而是行为人在持有巨额财产的前提条件下，负有说明其真实来源的义务而不说明才构成巨额财产来源不明罪。因此，该罪的行为方式是不作为，是纯正的不作为。

第三，关于本罪的非法所得范围问题。对这个问题，刑法理论上有不同意见。一种观点认为，非法所得是指犯罪所得；另一种观点认为，是指犯罪所得和其他违法所得。

（3）本罪的主体。本罪的犯罪主体是国家工作人员。

（4）本罪的主观方面。刑法理论一般从罪过和犯罪目的两个方面对本罪主观方面进行研究。关于本罪的罪过问题。在刑法理论上，对本罪的罪过形式没有争议，一般认为只能由故意构成。有学者具体指出，本罪的主观方面只能由直接故意构成，其认识因素是行为人必须明知差额部分是超过合法收入以外的财产，意志因素是行为人希望继续拥有合法收入以外的非法所得。[①] 也有学者提出不同意见，其认识因素是，行为人认识到其财产超过其合法收入的部分巨大，明知其真实来源，明知自己有义务说明并认识到其不说明行为损害工作人员的职务廉洁性；意志因素是行为人不想说明，追求自己不说明行为导致的巨额财产来源不明的结果。

2. 隐瞒境外存款罪的构成。所谓隐瞒境外存款罪，是指国家工作人员对于个人在境外的存款，违反国家规定，隐瞒不申报，且数额较大的行为。本罪的构成要件如下：

（1）本罪的客体。本罪侵犯的客体是国家对国家工作人员在境外存款的申报制度和国家的廉政建设制度。有学者认为，本罪的犯罪客体仅仅侵犯了国家工作人员在境外存款的申报制度。[②]

（2）本罪的客观方面。本罪犯罪客观方面表现为应申报境外存款而隐瞒不报，且隐瞒不报的境外存款数额较大的行为。具体包括三个方面的内容：

第一，行为人有申报境外存款的义务。刑法理论上对这种申报境外存款的作为义务的来源进行了探讨。在国家工作人员隐瞒不报境外的存款的情况下，其负有的义务显然不是职业或业务上要求的义务，也不是法律行为引起的义务，更不是先行行为引起的义务，这一义务来源只能是法律明文规定的义务。

第二，行为人不履行申报义务，对境外存款隐瞒不报。学者们对“境外”和“存款”存在着不同理解。有学者指出，境外的存款包括在国外的存款，也包括在我国台湾地区的存款；所存之款既包括外币，如美元、日元，也包括

---

① 参见孙谦主编：《国家工作人员职务犯罪研究》，法律出版社 1998 年版，第 157 页。

② 参见高铭暄、马克昌主编：《刑法学》，北京大学出版社、高等教育出版社 2007 年版，第 719 页。

我国台湾地区的台币等，还包括金融衍生品，如债券、股票等有价证券。① 有学者指出，本罪中的存款只能是外币，不包括人民币，因为人民币不能在外国自由兑换。② 对上述观点，也有学者指出，境外只是一个地域概念，对于隐瞒境外存款而言，我国香港特别行政区和澳门特别行政区由于完全不同于大陆的经济体制和政治体制而依国情将其归于境外，已经在理论上形成一致意见。因此，在香港特别行政区、澳门特别行政区的存款也应当属于境外存款。对于存款的币种，不应仅仅理解为外币，也应理解为包括人民币。因为随着我国内地与境外金融方面交往的加强以及金融体制的进一步改革，我国的金融市场还将进一步开放，不排除今后人民币在他国境内可自由兑换。因此，本罪中的存款应包括人民币在内的各种货币、有价证券、货币支付凭证以及黄金等贵重物品。③

第三，隐瞒不报的境外存款数额较大。数额较大是构成本罪的必要条件，其具体标准，《最高人民检察院关于人民检察院直接受理立案侦查案件立案标准的规定（试行）》中规定，涉嫌隐瞒境外存款，折合人民币数额在 30 万元以上的，应予立案。这一立案标准，暂可供人民法院审理此类案件定罪量刑时参考。

（3）主体要件。本罪犯罪主体为特殊主体，只有国家工作人员才能成为本罪犯罪主体。有学者根据《中共中央办公厅、国务院办公厅关于党政机关县（处）级以上领导干部收入申报的规定》所规定的主体范围，认为本罪的主体应当是县（处）级以上国家工作人员。④

（4）主观要件。本罪的犯罪主观方面是故意，即作为国家工作人员应当知道，在境外存款的，无论数额、币种还是存款于哪一个国家或地区，均应依照有关国家规定予以申报。不申报或者作不实申报，都是故意行为。

• 适用指引 •

1. 巨额财产来源不明罪的认定。

（1）本罪的罪名为巨额财产来源不明罪，只有国家工作人员的财产或者支出明显超过合法收入，差额巨大的才可能构成犯罪。差额巨大的标准，《最高人民检察院关于人民检察院直接受理立案侦查案件立案标准的规定（试行）》中规定，涉嫌巨额财产来源不明，数额在 30 万元以上的，应予立案。“30 万元”虽然仅是检察机关作为自侦案件的立案标准，但可以供人民法院审

---

① 参见周道鸾、张军主编：《刑法罪名精释》，人民法院出版社 2003 年版，第 840 页。

② 参见龙宗智：《相对合理主义》，中国政法大学出版社 1999 年版，第 100 页。

③ 参见张平、谢雄伟：《隐瞒境外存款罪若干争议问题研究》，载《中国检察官》2006 年第 2 期。

④ 参见李文燕主编：《贪污贿赂犯罪证据调查与运用》，中国人民公安大学出版社 2002 年版，第 738 页。

理此案时参考。低于此数额的标准，检察机关不立案，也就不会有案件起诉至人民法院；恰好是30万元的差额，起诉至人民法院，根据案件具体情况，是否必须追究行为人的刑事责任，可由人民法院依法作出裁判。由于本罪的举证责任主要在被告人本人。因此，认定应当更加慎重。实际上，在查明本罪时，司法机关应当尽量通过各种法定的侦查和调查手段、方法，努力查明行为的财产是以贪污、受贿、挪用公款或者其他犯罪方法取得的，应当以贪污罪、受贿罪、挪用公款罪或者其他犯罪追究刑事责任。确实无法查清，又确属差额巨大的，才应按照巨额财产来源不明罪定罪处罚。①

（2）非法所得的数额的认定。我国《刑法》第395条规定的非法所得，一般是指行为人的全部财产与能够认定的所有支出的总和减去能够证实的真实来源的所得。其中，行为人的财产包括房产、家具、生活用品、股票、债券、存款等动产和不动产。行为人的支出包括行为人及家庭成员的日常生活、学习和工作的消耗费用以及其他支出。行为人的合法收入包括工资、奖金、稿酬、合法继承、合法受赠与法律和政策允许的经济文化的收入。

（3）如果行为人对差额部分的巨额财产虽然不作说明或作虚假陈述，但经过侦查发现巨额财产来源合法，就不能仅以行为人拒不说明为由而定为本罪。因为财产来源既然查实，就不符合本罪的前提条件。不管行为人出于何种动机而拒不说明，都不能认定本罪。如果司法机关通过侦查发现，国家工作人员的财产或支出超过合法收入差额巨大的部分，是其家庭成员的不合法收入，不能认定被责令说明的国家工作人员犯了本罪。家庭其他成员也是国家工作人员的，差额巨大的部分是家庭成员的非法所得，符合本罪特征的，应由家庭成员承担相应的责任。如果家庭其他成员不是国家工作人员，则不能认定为巨额财产来源不明罪，犯了什么罪就按什么罪处理，如果确实查不出系非法所得，只能以无罪处理，巨额财产仍归其他家庭成员所有，因为不是国家工作人员的其他家庭成员没有义务说明其巨额财产的真实来源。

2. 隐瞒境外存款罪的认定。

（1）本罪罪与非罪问题。国家工作人员在境外的存款数额较大，隐瞒不报，是本罪的关键。没有达到数额较大标准的，属于违反国家规定的行为，可由其所在单位或上级主管机关酌情给予行政处分，不应追究其刑事责任。此外，在司法实践中可能有的国家工作人员确实不了解有关国家工作人员在境外存款应当申报的规定，而未向有关部门申报。但当其知道或者被告知有关规定后，能如实申报的，只要查明他此前确实不知道这一国家规定，也不应当追究其刑事责任。

（2）本罪与贪污罪、挪用公款罪的界限问题。本罪与贪污罪、挪用公款

① 参见周道鸾、张军主编：《刑法罪名精释》，人民法院出版社2003年版，第838页。

罪本质区别在于，本罪在境外的存款，可能是行为人所有的合法存款，只是未按规定申报，而贪污、挪用公款等罪，犯罪分子可能也将贪污、挪用甚至盗窃、诈骗来的公私财物兑换成外币存放境外，当然也不会申报。但他们在境外的存款本身为犯罪所得的赃款，存放境外只是行为人转移赃款、赃物的一种手段，不应以本罪定罪。

（3）本罪与逃汇罪的界限。①犯罪客体不同。本罪的犯罪客体是国家廉政制度，而逃汇罪的犯罪客体是国家外汇管理制度。②犯罪主体不同。本罪的犯罪主体是国家工作人员，而逃汇罪的犯罪主体是公司、企业和其他单位，不仅包括国有公司、企业，也包括非国有公司、企业及其他单位，如外资企业、集体企业、股份制企业、私营企业等。③客观行为不同。本罪的客观行为表现为国家工作人员不按照国家规定向有关部门申报在境外的存款，而逃汇罪的客观行为表现为两种：一是擅自将外汇存放境外；二是把境内的外汇非法转移到境外，行为人只要实施有上述情况之一，情节严重的，即构成逃汇罪。④犯罪对象不同。本罪的犯罪对象只是在境外的存款，这种境外存款可能是外汇，也可能是人民币，而逃汇罪的犯罪对象只能是外汇。⑤定罪量刑对数额的要求不同。本罪必须是数额较大才构成犯罪，而逃汇罪必须情节严重才能构成犯罪。

（4）本罪与巨额财产来源不明罪的界限问题。本罪与巨额财产来源不明罪的主要区别在于：

两罪的作为义务来源有区别。尽管两罪在客观方面都表现为不作为，但两罪在作为义务的来源上却是有区别的。巨额财产来源不明罪的客观特征可以表现为以下两个方面：

第一，被告人不能说明巨额财产的真实来源是以被告人负有特定解释的作为义务为前提的。本罪作为义务的成立，必须是在侦查机关责令行为人说明巨额财产的真实来源之时，这种义务的履行仰赖于其前提条件责令说明，如果没有责令说明，则不存在作为义务，或者说侦查机关之责令说明是被告人履行说明义务的期待性行为的前提条件，否则就没有被告人积极说明巨额财产来源期待可能，不成立本罪。第二，巨额财产来源不明罪的客观方面还表现为行为人在负有积极说明的作为义务的基础上，不能说明明显超过合法性收入的巨额财产的合法来源。

此处的“不能说明”应理解为不能圆满说明，它不仅包括拒不说明，还包括了行为人没有拒绝说明，但采取虚构事实，隐瞒真相的手段予以说明。因为在司法实践中经常发生的是被告人一般都能“说明”的现象。这种说明通常是歪曲事实、隐匿真情，如将财产来源往已经死亡的人或者居住在国外的人身上推诿。对此，侦查人员实际上几乎无法调查核实，既不能证明其无，亦不能证明其有，如果以这种不提供证据的不负责任的形式说明作为法律上所要求的证明，这样就可能使所有的不法分子规避法律制裁，显然违反立法本意。因此，对“说明”予以特别说明。此处的“说明”应是一种实质说明，无法说明不仅包括了被告人不作说明的情形，即在判决确定以前，被告人公然拒绝对巨额财产的来源予以解释的情况，还包括被告人说而不明的情形，即被告人对巨额财产来源予以一定的解释，但却没有证据证明其解释的真实合理性的情况。如果有证据证明被告人的说明系隐匿真相、捏造事实，也应视为不能圆满说明的情形，应以真相定罪。

另外，由于被告人生理或心理上的疾病丧失了记忆或者没有说明能力，或者司法机关无法排除被告人的说明的真实性，也不能认为是不能圆满说明。因此，巨额财产来源不明罪的客观方面的不作为性表现为：在侦查机关已经责令被告人说明巨额财产来源的前提下，被告人负有作实质说明的特殊义务，而特殊法律义务未履行则成为刑法责难的对象，即法律所期待的行为未出现，因而遭致刑罚处罚。

隐瞒境外存款罪的作为义务直接源自《刑法》的命令性规范，即它是由《刑法》条文本身显示的。根据《刑法》第 395 条第 2 款前半段的规定，国家工作人员在境外的存款，应当依照国家规定申报。通过该规定，为国家工作人员设定了依照国家规定申报在境外存款的作为义务。如前所述，巨额财产来源不明罪的作为义务却是《刑法》条文隐含的，尽管条文没有明确规定，却内含了对于财产来源具有说明义务。因此，在履行上隐瞒境外存款罪的作为义务有些差别。如前所述，巨额财产来源不明罪的作为义务的成立，必须是司法机关首先责令行为人说明巨额财产的真实来源，这种义务的履行仰赖于其前提条件责令说明。换言之，司法机关之责令说明是被告人履行说明义务的期待性行为的前提条件，否则就没有被告人积极说明巨额财产的期待可能性。可见，巨额财产来源不明罪与隐瞒境外存款罪在义务来源上，还是有些细微区别的。

第三百九十六条　私分国有资产罪、私分罚没财物罪

【法律规定】

• 法律条文 •

《中华人民共和国刑法》

第三百九十六条　国家机关、国有公司、企业、事业单位、人民团体，违反国家规定，以单位名义将国有资产集体私分给个人，数额较大的，对其直接负责的主管人员和其他直接责任人员，处三年以下有期徒刑或者拘役，并处或者单处罚金；数额巨大的，处三年以上七年以下有期徒刑，并处罚金。

司法机关、行政执法机关违反国家规定，将应当上缴国家的罚没财物，以单位名义集体私分给个人的，依照前款的规定处罚。

• 相关规定 •

《中华人民共和国行政处罚法》

第七十四条 除依法应当予以销毁的物品外，依法没收的非法财物必须按照国家规定公开拍卖或者按照国家有关规定处理。

罚款、没收的违法所得或者没收非法财物拍卖的款项，必须全部上缴国库，任何行政机关或者个人不得以任何形式截留、私分或者变相私分。

罚款、没收的违法所得或者没收非法财物拍卖的款项，不得同作出行政处罚决定的行政机关及其工作人员的考核、考评直接或者变相挂钩。除依法应当退还、退赔的外，财政部门不得以任何形式向作出行政处罚决定的行政机关返还罚款、没收的违法所得或者没收非法财物拍卖的款项。

第七十九条 行政机关截留、私分或者变相私分罚款、没收的违法所得或者财物的，由财政部门或者有关机关予以追缴，对直接负责的主管人员和其他直接责任人员依法给予处分；情节严重构成犯罪的，依法追究刑事责任。

执法人员利用职务上的便利，索取或者收受他人财物、将收缴罚款据为己有，构成犯罪的，依法追究刑事责任；情节轻微不构成犯罪的，依法给予处分。

《全国法院审理金融犯罪案件工作座谈会纪要》（法〔2001〕8号）

（一）关于单位犯罪问题

根据刑法和《最高人民法院关于审理单位犯罪案件具体应用法律有关问题的解释》的规定，以单位名义实施犯罪，违法所得归单位所有的，是单位犯罪。

1. 单位的分支机构或者内设机构、部门实施犯罪行为的处理。以单位的分支机构或者内设机构、部门的名义实施犯罪，违法所得亦归分支机构或者内设机构、部门所有的，应认定为单位犯罪。不能因为单位的分支机构或者内设机构、部门没有可供执行罚金的财产，就不将其认定为单位犯罪，而按照个人犯罪处理。

《最高人民检察院关于人民检察院直接受理立案侦查案件立案标准的规定（试行）》（高检发释字〔1999〕2号）

一、贪污贿赂犯罪案件

……

（十一）私分国有资产案（第396条第1款）

私分国有资产罪是指国家机关、国有公司、企业、事业单位、人民团体，违反国家规定，以单位名义将国有资产集体私分给个人，数额较大的行为。

涉嫌私分国有资产，累计数额在10万元以上的，应予立案。

（十二）私分罚没财物案（第396条第2款）

私分罚没财物罪是指司法机关、行政执法机关违反国家规定，将应当上缴国家的罚没财物，以单位名义集体私分给个人的行为。

涉嫌私分罚没财物，累计数额在10万元以上，应予立案。

《最高人民法院、最高人民检察院关于办理国家出资企业中职务犯罪案件具体应用法律若干问题的意见》（法发〔2010〕49号）

二、关于国有公司、企业在改制过程中隐匿公司、企业财产归职工集体持股的改制后公司、企业所有的行为的处理

国有公司、企业违反国家规定，在改制过程中隐匿公司、企业财产，转为职工集体持股的改制后公司、企业所有的，对其直接负责的主管人员和其他直接责任人员，依照刑法第三百九十六条第一款的规定，以私分国有资产罪定罪处罚。

【案例一】

张某某等私分国有资产案①

• 案件事实 •

2002年5月以来，厦门经理学院（系国有事业单位）实施内部分配制度改革，在下设机构企业管理培训处施行“经济目标责任制”，规定企业管理培训处开发办班必须向学院上缴一定比例的管理费以及在完成学院下达的上缴管理费指标后节余资金归部门自主支配等分配制度改革措施。其间，企业管理培训处在编人员三人，张某某时任处长负责处室全面工作，林某某时任教务员负责财务等后勤工作，郑某某时任教务员负责文案等教务工作；同时以林某某个人名义设立的银行账户作为部门的专用账户，用于存放、分配该处办培训班收入中可自主支配的节余资金，并由林某某将款项收支、分配和结余情况记录在部门账本上。

2004年6月，张某某代表厦门经理学院与香港工商管理学院代表人黎某某商定合作开办“MBA学位对接班”办班事宜并签订了《代理招生合同书》，合同约定，厦门经理学院每招收一名学员，可获取代理招生佣金6000元（人民币，下同）。后张某某又私下与黎某某协商将代理招生佣金提高到每人8800

① 参见最高人民法院中国应用法学研究所编：《人民法院案例选》（2003年第3辑），人民法院出版社2003年版。

元，并与林某某、郑某某商议向厦门经理学院隐瞒该部分佣金收入。从2004年7月至2006年3月，厦门经理学院与香港工商管理学院合作开办“MBA学位对接班”三期，实际交费人数86人，三名被告人所隐瞒的代理招生佣金收入240800元悉数进入企业管理培训处账户。嗣后，张某某、林某某、郑某某将该款连同部门可支配的其他资金按照1.2:1:1的比例进行分配，其中张某某分得90300元，林某某、郑某某各分得75250元。该款项的收入、分配情况同时记载在部门账本上。

2006年4月，张某某、林某某、郑某某在协助有关部门调查期间，主动交代了有关部门尚未掌握的私分国有资产的事实。案发后，三名被告人已全部退缴所分得的违法所得。在法院审理期间，张某某、郑某某的家属分别代为预缴罚金2万元和15000元，林某某亦预缴罚金15000元。

• 裁判要旨 •

私分国有资产罪与贪污罪共犯的区别关键在于是否“集体私分”。

• 裁判理由 •

福建省厦门市思明区人民法院认为：厦门经理学院企业管理培训处施行“经济目标责任制”以来，被告人张某某、林某某、郑某某仍属于处室的正式工作人员并照常领取财政拨发的工资、奖金等款项，同时按财务制度规定，其办班的收支情况应纳入学院的统一管理、核算，即便是部门可自主支配资金的支取也需经学院财务审核和院长批准，由此可见，该责任制只是一种事业单位内部分配制度的改革措施，并不具有“独立核算、自负盈亏”的基本特征，故涉案的《中层领导任期工作责任书》不是承包性质的经济合同，三名被告人亦非承包关系的一方当事人。相反，被告人张某某、林某某、郑某某作为厦门经理学院企业管理培训处工作人员，对外开发、实施相关培训项目是其部门及个人的职责所在，本案中的“MBA学位对接班”项目亦属于该工作范围，其职务行为基于厦门经理学院所具有的办学资格、培训资质等公共资源，具有一定的公共事务管理权能，系属公务活动的体现，因此三名被告人作为事业单位中从事公务的人员，依法应当以国家工作人员论。同样，“MBA学位对接班”项目既为被告人张某某、林某某、郑某某代表厦门经理学院的履职行为，那么相应的佣金收入均应归属于厦门经理学院，且系国有资产；而三名被告人通过隐瞒不报、自行截留的方式排除厦门经理学院对新增佣金收入240800元的控制、支配，足见其主观故意和客观行为直接指向该全额款项，已无按规定比例获取部门可自主支配资金的前提和基础，故涉案金额依法应当认定为240800元。厦门经理学院企业管理培训处作为国有事业单位的内设部门，违反国家财政收支政策的规定，将国有资产集体私分给个人，涉案金额共计

240800元，属数额较大，应以私分国有资产犯罪论处；被告人张某某系该行为直接负责的主管人员，被告人林某某、郑某某系直接责任人员，其行为均已构成私分国有资产罪。公诉机关指控三名被告人所犯的贪污罪名法律适用有误，依法不能成立；辩护人李小海有关涉案行为不构成犯罪的相关辩护意见亦缺乏事实基础和法律依据，依法不予采纳；辩护人蔡明阳、洪育鹏有关本案应以私分国有资产罪定罪的相关辩护意见可予采纳。被告人张某某、林某某、郑某某在协助纪检部门调查时，能如实供述纪检部门尚未掌握的私分国有资产罪行，依法可视为自首。

另被告人张某某、林某某、郑某某到案后虽主动检举了厦门经理学院院长邵建福收受贿赂的情况，且经查证属实，但因三名被告人本身就是贿赂关系的当事人，其对行贿行为所作的交代只是履行法定义务的具体表现，该情形不符合法律规定立功制度的主旨和基本要义，依法不宜认定为立功表现。各辩护人有关三名被告人具有立功情节的相关辩护意见于法无据，依法不予采纳。根据本案犯罪的事实、性质、情节和对于社会的危害程度，同时考虑到三名被告人具有自首、积极退赃和预缴罚金等确实的悔罪表现，决定依法对被告人张某某、林某某、郑某某予以从轻处罚并宣告缓刑。辩护人李小海、高燧涛有关适用缓刑的量刑建议可予采纳；但辩护人蔡明阳、洪育鹏要求对被告人郑某某免予刑事处罚的辩护意见理由不足，依法不予采纳。依照《刑法》第396条，第93条第2款，第67条第1款，第72条，第73条第2款、第3款，第64条及《最高人民法院关于处理自首和立功具体应用法律若干问题的解释》第1条的规定，作出判决：一、被告人张某某犯私分国有资产罪，判处有期徒刑二年，缓刑二年，并处罚金人民币2万元。二、被告人林某某犯私分国有资产罪，判处有期徒刑一年六个月，缓刑一年六个月，并处罚金人民币15000元。三、被告人郑某某犯私分国有资产罪，判处有期徒刑一年六个月，缓刑一年六个月，并处罚金人民币15000元；扣押于公诉机关的款项人民币240800元予以没收。

福建省厦门市思明区人民检察院抗诉称：被告人张某某、林某某、郑某某代表厦门经理学院履行职务过程中，共同将新增佣金收入隐瞒不报并予侵吞，三名被告人均已构成贪污罪。原判定性错误，量刑畸轻。厦门市人民检察院出庭，检察员支持该抗诉意见。三原审被告人对原判认定的事实、罪名和量刑均无异议。二审法院厦门市中级人民法院查明的事实同一审法院无异。

福建省厦门市中级人民法院认为：原审被告人张某某身为国有事业单位内设机构的负责人，违反国家财政收支政策的规定，决定截留国有资产240800元并集体私分给个人，数额较大，其行为已构成私分国有资产罪；原审被告人林某某、郑某某身为国有事业单位中从事公务的人员，共同参与商议私分，数额较大，其行为亦已构成私分国有资产罪。抗诉机关提出本案应以贪污罪定罪的抗诉意见理由不足，不予支持。原判定罪准确，审判程序合法，量刑适当。依照1996年《刑事诉讼法》第189条第1项之规定，裁定：驳回抗诉，维持原判。

【案例二】

刘某某私分罚没财物案①

• 案件事实 •

1996年5月至1997年1月，被告人刘洪明、田某某、吴某某、杨某某以谷陇火车站派出所领导及党支部委员的身份，多次以集体研究或个别商量的方式，将该派出所收缴、捡拾的被盗铁路运输物资香烟、电视机、摩托车等定价变卖，将变卖所得款114090元作为各种奖金发给全所干警，其中，刘洪明分得7824元；田某某分得8061.9元；吴某某分得8076.3元；杨某某分得7945.7元。

1996年7月，刘某某人经商议，将存放在该派出所的被盗运输物资蝙蝠牌落地电风扇14台，全部私分给所里民警，四名被告人也各分得1台。共计价值4620元。

1997年1月，刘某某人商量后，将存放在该所的被盗运输物资6台康佳牌21英寸彩色电视机进行私分，四名被告人各分得1台，另2台分给所里两位民警。共计价值15360元。

综上，刘洪明所得被盗运输物资和私分的罚没款总计10714.6元，田某某为10951.9元，吴某某为10966.3元；杨某某为10835.7元。案发后，四名被告人退清了全部赃款。

• 裁判要旨 •

私分罚没财物罪认定的关键在于行为人在单位内部集体私分。

• 裁判理由 •

贵阳铁路运输法院认为：

1. 被告人刘洪明、田某某、吴某某、杨某某身为公安机关工作人员，违反国家规定，将应当上缴国家的罚没财物，以单位名义集体私分给个人，数额较大。按照修订前《刑法》应构成贪污罪，按照修订后《刑法》应构成私分

---

① 参见国家法官学院、中国人民大学法学院：《中国审判案例要览（1998年刑事审判案例卷）》，中国人民大学出版社1999年版。

罚没财物罪。根据现行《刑法》第12条的规定，应适用修订后《刑法》，构成私分罚没财物罪。

2. 被告人刘洪明、田某某、吴某某、杨某某案发后，均退清了所得的款物，认罪态度好，适用缓刑不致再危害社会，决定适用缓刑。

贵阳铁路运输法院根据《刑法》第396条、第12条、第25条第1款、第64条、第72条之规定，作出如下判决：一、刘洪明犯私分罚没财物罪，判处有期徒刑一年，宣告缓刑一年，并处罚金2500元。二、田某某犯私分罚没财物罪，判处有期徒刑一年，宣告缓刑一年，并处罚金2500元。三、吴某某犯私分罚没财物罪，判处拘役六个月，宣告缓刑六个月，并处罚金2500元。四、杨某某犯私分罚没财物罪，判处拘役六个月，宣告缓刑六个月，并处罚金2500元。五、随案移送的赃款34341.9元，予以没收。

【学理分析及适用指引】

• 学理分析 •

1. 私分国有资产罪的构成。所谓私分国有资产罪，是指国家机关、企业、事业单位、人民团体违反国家规定，以单位名义将国有资产集体私分给个人，数额较大的行为。本罪的构成要件如下：

（1）本罪的客体。通说认为本罪侵犯的客体是国有资产的所有权和国家的廉政建设制度。刑法理论上还存在着以下三种不同观点：

①私分国有资产罪的犯罪客体是职责的廉洁性和国有资产的所有权。①

②私分国有资产罪的犯罪客体是国有资产的管理制度和国家公务人员的廉洁性。②

③私分国有资产罪的犯罪客体是国有资产的所有权和国家机关、国有公司、企业、事业单位、人民团体的正常活动。

本罪的犯罪对象是国有资产。对于国有资产的概念和范围，刑法理论上存在争论。有学者认为，国有资产是指国家以各种投资、拨款、接受馈赠等形式或者国家依法取得或依法认定的各种类型的财产或财产权利。国有资产的概念有广义和狭义之分。广义上的国有资产是指国家所有的一切财产，包括自然资源。狭义上的国有资产是指国家的生产经营性资产。国有资产包括全部国家所有的物权和债权，包括国家在各领域、各部门、各地区和境外形成的经营性和非经营性资产。也有学者参照2006年3月12日公布的《中央级事业单位国有资产管理暂行办法》指出，国有资产既包括国家拨给国有单位的资产，也包括

---

① 参见肖扬主编：《中国新刑法学》，中国人民公安大学出版社1997年版，第656页。

② 参见王季君主编：《贪污贿赂罪·渎职罪》，法律出版社1999年版，第122页。

接受捐赠和其他经法律确认为国家所有的资产，其表现形式为流动资产、固定资产、无形资产和对外投资等。①

在司法实践中，《最高人民检察院关于人民检察院直接受理立案侦查案件标准的规定（试行）》明确指出，有关国有资产，即国家依法取得和认定的或者国家以各种形式对企业投资的投资收益、国家向行政性事业单位拨款等形成的资产。

在司法实践中仍有一个问题，即国有单位的违法收入是否属于国有资产。如一些公款私存所得孳息、账外违法经营所得利润和乱收费、乱摊派、乱罚款所得款项等违法收入。对此，有学者认为，这种违法收入并不一定等同于公共财物，私分这些财物只是违反了财经纪律。还有学者认为，违法所得都是应当没收并上缴国库的，不能因为违法收入没有受到查处而改变其所有权关系，因此，违法收入的所有权最终还是属于国家的，它仍属于国有资产。

（2）本罪的客观方面。本罪的客观方面表现为，违反国家规定，以单位名义将国有资产集体私分给个人，数额较大的行为。

一是刑法理论对“以单位名义”存在不同理解。我国《刑法》规定的“以单位名义”是不是必须与该条所说的“国家机关、国有公司、企业、事业单位、人民团体”是同一个单位，也就是说，如果以非国有单位名义私分国有资产，能否构成私分国有资产罪？对此，有学者认为，《刑法》第396条所规定“以单位名义”中的“单位”与该条所说的“国家机关、国有公司、企业、事业单位、人民团体”必须是一个单位，根据《刑法》的当然解释原理，此处的单位肯定是指具有国有性质的单位。也有学者认为，《刑法》第396条所规定“以单位名义”中的“单位”与该条所说的“国家机关、国有公司、企业、事业单位、人民团体”不是必须为同一个单位。只要是单位，就可以构成私分国有资产罪。

二是关于“集体私分”。所谓的集体私分，从主观上看，是在单位或者部门的负责人员以及其他人员的参与下，经集体研究和商量，共同作出决定而实施的；从客观上看，集体私分是单位所有人员或大多数成员以集体分配形式非法占有国有资产，既包括参与作出私分决定并由此获得国有资产的人员，也包括虽未参与集体决策，但客观上参与了分配且获得了国有资产的行为。这种集体私分，主要表现形式有三种：第一，将应上缴的国有资产私自截留予以私分。第二，以各种不正当手段将国有资产骗入自己手中进而私分。第三，将其他应上缴的收入私分。

在司法实践中存在这样的情况，极少数单位领导分得了所私分国有资产的绝大部分，当然，一般情况下是直接负责的主管人员和其他直接责任人员个人

---

① 参见张明楷：《刑法学》，法律出版社2007年版，第868页。

所得数额明显高于单位其他人员的所得数额，对这种情况如何认定，理论上存在争议：第一种观点认为，这种情况可以认定为私分国有资产罪。因为根据《刑法》的规定，只要有关国有单位以单位名义集体私分一定数额以上的国有资产即可以构成私分国有资产罪，至于个人分得的具体数额只能影响量刑而不能影响定性。第二种观点认为，对此类私分国有资产个人所得差别悬殊的案件应以贪污罪定罪处罚。持这种观点的学者还指出，集体私分只是此类案件的表面现象，事实上是以私分为名行贪污之实，因此应当以贪污罪定罪处罚。第三种观点认为，应视得赃人数多寡来定，凡分给少数人的是共同贪污，分给单位每一个或大多数人的是私分国有资产。第四种观点认为，应视为首者得赃数额的大小，凡是得赃数额大的（5万元以上）是共同贪污，得赃数额小的是私分国有资产。①

除此之外，有学者指出，如何区分此类案件，应该着重考虑以下几个标准：

第一，私分国有资产比例比较高的人是否存在为多数人谋取利益的主观故意。私分国有资产罪的突出特点是领导者利用职务便利非法为大家谋取利益。如果私分国有资产只是在极少数领导范围内发生，那么就排除这种故意，应当以贪污罪定性。

第二，分到国有资产的人是否具有共同犯罪的故意和行为，一般情况下，在私分国有资产罪中，决策者之外的大多数人分得赃款不具有私分国有资产的故意和行为，有些甚至连钱的来龙去脉和性质也不清楚，只是被动地领到单位的“奖金”“福利”。在贪污罪中，各分得赃款的人主观上都有共同贪污的故意，即明知自己在与其他人一起进行贪污，客观上具有共同贪污行为。

第三，个人所占总私分国有资产的比例也应考虑。如果领导所得与其他被动分赃者在私分国有资产比例上极其悬殊，如占极少数的比例的领导层分得大部分国有资产，而大多数人只分到极少数比例的国有资产。尽管部分获利者没有参与私分国有资产行为，尽管领导形式上也存在为大家谋取利益的主观故意，尽管获利者涉及单位所有人员，但这种行为明显是借私分国有资产的名义掩盖贪污的实质，对此行为可以以贪污罪定罪处罚。

（3）本罪的主体。一般认为，本罪的犯罪主体是国家机关、国有公司、企业、事业单位、人民团体。集体所有制企业、外资企业、私营企业不是本罪主体。对与国有公司、企业合资的中外合资企业，国有公司、企业参股的股份制企业能否成为本罪主体这一问题，刑法理论上存在不同意见。有学者认为，上述企业中的国有资产是客观存在的，如果上述企业中的人员私分单位财产的

---

① 参见朱孝清：《国企改制中隐瞒国有资产案定性研究》，载《人民检察》2005年第2期。

话，一般是减损、私分国有部分而扩充私有部分，即所谓的损公肥私，因此应构成本罪；也有学者认为，尽管上述企业中有国有资产部分，但不应当将这种企业认定为本罪主体。

除此之外，有学者指出，本罪的犯罪主体不应该仅仅包括国家机关、国有公司、企业、事业单位、人民团体，还应该包括其主管的负责人员和直接责任人员。①

（4）本罪的主观方面。一般认为，本罪的主观方面是故意，包括直接故意和间接故意。但有学者认为，本罪的主观方面只能是直接故意。②

2. 私分罚没财物罪的构成。所谓私分罚没财物罪，是指司法机关、行政执法机关违反国家规定，将应当上缴国家的罚没财物，以单位名义集体私分给个人的行为。本罪的构成要件如下：

（1）本罪的客体。对于私分罚没财物罪的犯罪客体，有学者认为是国家罚没财物管理制度和国家廉政制度以及国有财产所有权。也有学者认为是国家廉政制度与国家罚没财物的管理制度。③

本罪的犯罪对象是罚没财物，既包括司法机关在办理刑事案件过程中追缴、没收犯罪嫌疑人、被告人的财物，以及对犯罪分子判处的罚金、没收财产，也包括行政执法机关在执法活动过程中没收的和收缴的财物、罚款。

（2）本罪的客观方面。本罪的客观方面表现为违反国家规定，将应当上缴国家的罚没财物，以集体名义私分给个人的行为。

①行为人实施了应将罚没财物上缴而不上缴的行为。根据我国法律的相关规定，司法机关、行政执法机关具有行使罚金、没收财产、罚款等权力，但不具有对罚金、罚款等的所有权，上述财物的所有权是国家，因此，有关法律明确规定上述财物应上缴国库。凡是罚没财物，司法机关、行政机关应当上缴。如果不上缴，那么就有可能构成本罪。

《刑法》中的行为方式有两种，一种是作为，即行为人积极作为，如本罪中的私分行为；另一种是不作为，表现为行为人依照规定的义务应当作为而不作为，如在本罪中，行为人将应当上缴国家的罚没财物截留的行为。在司法实践中，行为人应上缴而不上缴的主要行为方式是采取不入账或少入账的方式将罚没财物归入单位私设的小金库。如果行为人将罚没财物从账上转出，是否属于实施应上缴而不上缴的行为？如假冒举报人、受害人名义将罚没财物从账上转出划入单位的小金库。刑法理论上一般认为，这种行为就其性质而言，与采

---

① 参见王季君主编：《贪污贿赂罪·渎职罪》，法律出版社1999年版，第125页。

② 参见王季君主编：《贪污贿赂罪·渎职罪》，法律出版社1999年版，第125页。

③ 参见周道鸾、张军主编：《刑法罪名精释》，人民法院出版社2003年版，第843页。

取不入账或少入账的方式将罚没财物归入单位私设的小金库一样，都属于应上缴而不上缴行为。

②以单位名义将罚没财物私分给个人。以单位名义将罚没财物私分给个人是指私分罚没财产是由单位决策机构决定的，或是单位领导决定的，或是单位决策机构集体讨论通过的。将罚没财物私分给个人的形式可能是改善工作人员待遇，发辛苦费等。私分的参与者是单位所有人或大多数人。

(3) 本罪的主体。本罪的犯罪主体是特殊主体，只有司法机关、行政机关才能构成本罪主体，其他单位则不能构成。值得注意的是，根据《刑法》第94条规定，此处对司法机关应作广义解释，包括公安机关、国家安全机关、检察机关、审判机关和监狱管理机关；行政管理机关是政府所属的工商、税务、海关、质量监督、卫生检疫、交通管理、环境保护等机关。

刑法理论上对于本罪犯罪主体的范围存在争论。有学者认为，本罪主体是司法机关、行政执法机关。① 也有学者认为，本罪主体是司法机关、行政执法机关及其直接负责的主管人员和其他责任人员。② 除此之外，另一个值得注意的问题就是“内设机构”是否具有刑法上的单位资格。关于私分罚没财物罪中的单位，是指行为人所在的具有独立法人资格的单位还是可以包括不含有独立法人资格但相对独立的内部机构、下属部门或派出机构？对此问题，刑法理论存在争论：

①一种观点认为，根据《刑法》第396条的规定，私分罚没财物的犯罪主体必须是司法机关、行政执法机关，而这两类机关内部设立的科、室或下属非独立法人中的对等机构是单位的职能部门，它只能是单位授权管理不同的业务，不可以自由支配罚没财物，因此不能成为本罪主体。此外，私分罚没财物必须是以单位名义，而单位的派出机构显然不能代表具有法人资格的上级单位，其私分罚没财物的行为往往是该派出机构负责人的个人意思。因此，这种行为应认定为个人行为，而不是单位行为，应该以贪污罪追究其中自然人的刑事责任。③

②另一种观点认为，这些内设机构或下属部门可以成为私分罚没财物罪的主体。原因在于，尽管按照规定，这些主体不享有处分罚没财物的权力，但他们完全可以实际行使这些财物的支配处理权，而刑法更注重从实质上认定行为的性质，从这个角度讲，对这些主体在特定情况下可以以私分罚没财物罪处罚。并且，在事实上，《刑法》规定的单位犯罪并不要求单位必须具备法人资格，换句话说，不具有法人资格的组织也可以构成单位犯罪。《全国法院审理

---

① 参见周道鸾、张军主编：《刑法罪名精释》，人民法院出版社2003年版，第843页。

② 参见王季君主编：《贪污贿赂罪·渎职罪》，法律出版社1999年版，第131页。

③ 参见王季君主编：《贪污贿赂罪·渎职罪》，法律出版社1999年版，第130－132页。

金融犯罪案件工作座谈会纪要》也指出，以单位的分支机构或者内设机构、部门名义实施犯罪，违法所得亦归分支机构或者内设机构、部门所有的，应认定为单位犯罪。

（4）本罪的主观方面。本罪的主观方面是故意。关于本罪的故意形式，刑法理论上有三种观点，一种观点认为，私分罚没财物罪是直接故意犯罪，①一种观点认为，是间接故意犯罪，还有一种观点认为，私分罚没财物罪的犯罪主观方面包括直接故意，也包括间接故意。

• 适用指引 •

1. 私分国有资产罪的认定。

（1）本罪的行为对象不一定是钱款。国有资产除国有资金外，还包括国有的生产资料，这种生产资料包括国有的产品、商品等。集体私分国有资产，必须违反国家规定，且私分数额必须达到“较大”的，才构成犯罪。在司法实践中，有的国有企业的产品质量不好，市场销售不畅，单位则发不出工资，在这种情况下，将产品替代工资分给全体职工，具体数额可能多于工资，也可能与工资相等。这种情况是亏损企业临时应付工资支出的一种特殊做法，即使分配给职工的产品折价可能高于职工的工资，也不能按犯罪处理。

（2）本罪与贪污罪的界限。从罪刑构造来看，本罪与贪污罪的主要区别在于：①犯罪客体不同。在客体上，前者只侵犯国有资产的所有权，后者同时还侵犯国有资产以外的其他公共财物的所有权。②犯罪客观方面不同。前者由于是集体私分，因此犯罪行为在一定范围内是公开的，后者只能是秘密的，不为他人所知的。③犯罪主体不同。前者只有国有单位才构成，而后者只有国家工作人员个人才能构成。由于私分国有资产罪是从贪污罪中分离后形成的一个独立罪名，它与共同贪污犯罪存在许多相似之处。特别是两者在客观方面都是由多个人实施共同侵占国有财产或资产的行为，而且共同贪污行为的对象也可以是国有资产，在司法实践中最易混淆，因此在司法实践中正确区分私分国有资产罪与共同贪污具有重要实践意义。区分私分国有资产行为与共同贪污应把握如下几点：

一是犯罪构成方面的差异，其表现如下：①犯罪主观方面存在差异，主要表现在主观意志的外在形态表现不同。共同贪污犯罪主观意志的外在形态表现为自然人的个体（或少数人）犯罪意志，具有将公共财产非法据为己有的目的。而私分国有资产罪则是个体犯罪意志的集合，表现为一种群体犯罪意志，且具有非法私分国有资产为单位谋取利益的目的。这种群体犯罪意志有时直接表现为单位的决策机构所作的犯罪决定上，它是个体犯罪意志的集中。②犯罪

---

① 参见肖扬主编：《中国新刑法学》，中国人民公安大学出版社 1997 年版，第 657 页。

主体方面存在差异。共同贪污的犯罪主体一般为国家工作人员，特别情况下非国家工作人员也可以构成贪污罪的共犯，而私分国有资产罪的犯罪主体只能是国有单位，任何自然人都不能成为私分国有资产罪的犯罪主体。尽管《刑法》第396条规定对“直接负责的主管人员和其他责任人员”判处有期徒刑或者拘役，但这并不表明自然人就可以成为单位犯罪的主体，在单位犯罪中，自然人是以单位犯罪的责任者身份，而不是以犯罪主体的身份来承担刑事责任的。因为自然人在单位犯罪中，是否承担刑事责任取决于单位这一犯罪主体的行为在法律上是否能够判定为有罪，所以自然人在单位犯罪中承担刑事责任是处于依附单位的地位的，决不能在脱离单位被判定为有罪的前提下，单独承担刑事责任，所以自然人在单位犯罪中，只能与单位一同成为受罚主体，而不能与单位一同构成犯罪主体。③犯罪客观方面有明显不同。二者区别之关键，在于犯罪方式上是否以单位名义和集体私分两方面。其一，共同贪污犯罪在侵吞公共财物时是以几个人名义，而私分国有资产罪在犯罪时是以单位名义。其二，在犯罪所得的归属上，共同贪污犯罪占有公共财物是归共同犯罪几个人所得，其他人无份，也不知道。私分国有资产罪将国有资产集体私分，单位全部职工至少绝大多数职工均参加了分配，也就是人人有份，并且在私分时大家都知情。特别需要注意的是在有些贪污案件中，是经单位一些领导甚至是领导班子研究决定，非法将公共财物私分给单位的少数人的，由于非法将公共财物占有的只是少数人，所以这类案件就是相对于单位的少数自然人集体贪污的共同犯罪，他们不是为了单位全体成员的利益，而是为了个人中饱私囊。而私分国有资产罪是单位犯罪，单位犯罪的本质特征就是为单位的利益实施犯罪，所以尽管有时是法定代表人的决定，甚至是决策机构的决议，只要不是为单位全体成员谋取利益的，都不应按单位犯罪处理，而应按共同贪污定罪量刑。

二是犯罪的行为表现及其社会危害程度存在显著差异。从本质方面看，私分国有资产罪的特点是有权决定者利用职权便利非法为大家谋取利益，因此其主观恶性程度相对贪污罪较轻；共同贪污犯罪的特点则是有权决定者（即国家工作人员）利用职权便利为极少数人谋私利，由此显现出较深的主观恶性程度。私分国有资产罪中的有权决定者可能是一人，也可能为数人，但相对于其他参与私分国有资产者必须是少数人。此处的“大家”可以是单位里的所有成员，也可以是单位里一定层面的所有人员，如单位里的中层干部等，但必须是有权决定者之外的单位里的多数人。有权决定者所获取的，通常只是私分国有资产总数中的一份，数额相对较小；大家所获取的，因份额较多，往往占私分国有资产总数中的大部分。由此构成本罪的基本特点，就是少数人为多数人非法谋取利益。

共同贪污犯罪表现在要么是少数几个有权决定者相互勾结共同侵吞公共财

产，要么是一个或几个有权决定者与极少数公款知情者或具体操办的财会人员相勾结，共同将公共财产侵吞。共同贪污犯罪的基本特点就是各个共犯系彼此利用、共同以权谋私，因而属于严重的职务犯罪类型。

此外，从司法认定层面分析，如果对集体私分国有资产的行为论以贪污罪，将全部私分数额认定为上述有权决定者的“个人贪污数额”，则既与客观事实不尽符合，理论上也与贪污罪应以“个人贪污数额”为定罪量刑之基础的立法精神相背离，实践中还很容易造成量刑畸重的结果，从而导致司法不公。如果仅将上述有权决定者个人分得的份额认定为“个人贪污数额”，则又存在对其他大部分被非法占有的数额没有给予必要法律评价的问题。可见，集体私分国有资产的行为是一种有别于共同贪污犯罪的新型职务犯罪。由于有权决定者系擅用职权为“大家”非法谋取利益，并非单纯为个人谋私利，客观上个人非法占有的数额又通常较少，因而从立法上与贪污罪相区别，给予较宽处罚是必要的，也是正当的。

三是犯罪数额及量刑上的差异。根据1999年9月16日最高人民检察院发布施行的《关于人民检察院直接受理立案侦查案件立案标准的规定（试行）》的规定，涉嫌私分国有资产，累计数额在10万元以上的，应予立案。即私分国有资产罪追究刑事责任的起点是10万元，此处的10万元是指集体私分国有资产的总额，而不是指国有单位每一个人所分得的数额。在一段时间内连续私分国有资产的，应以累计的数额计算，即使每次私分的总额不够10万元，累计数额超过10万元的，就应该认定为犯罪。

关于私分国有资产个人所得数额悬殊问题，在司法实践中是一个普遍存在的问题，也是私分国有资产罪与共同贪污犯罪区分的又一个难点。一些犯罪分子以集体私分的名义，实质是为少数人谋取非法利益，因害怕法律对其个人进行处罚，因此以集体私分为借口，为自己或单位某几个人牟取较大利益，单位其他职工“喝汤”的现象十分普遍。例如，在私分过程中，单位直接负责的主管人员分得几十万元，而其他职工只分得几千元甚至更少。

由于私分国有资产罪与贪污罪在立案标准、法定刑上相差很多，贪污罪的立案标准要明显低于私分国有资产罪，而法定刑又重于私分国有资产罪，承担刑事责任的主体范围也不同，因此往往有些犯罪分子利用此种手段试图逃避或减轻法律的制裁。因此，在分析上述行为应认定何罪时，要根据客观行为表现，结合犯罪分子的主观心理状态严格加以细究。如果在私分之前，由有决定权的主管人员或其他直接责任人员根据参与私分人员的级别、工龄、行政职级、业务等级、工作贡献等名义制定出不同档次，全体私分人员都是按照此计算方法计算出具体数额，即使拿最高档次的人与拿最低档次的人之间数额相差悬殊，也应以私分国有资产罪来认定。

从这种行为的客观表现来分析其主观心理状态，是将国有资产集体私分，而不是分给自己或某几个人，至于制定的私分政策是否合理不予考虑。因为这种行为反映的是单位整体意志，符合以单位名义集体私分的特征。反之，如果私分前没有制定统一的标准，也未经单位集体研究决定，而是由主管人员或直接责任人员一手操纵，将国有资产私分时，主管人员或直接责任人的数额与其他职工数额悬殊，其他职工也并不明知此种情况，或者是对其他职工的私分制定了标准，而主管人员或直接责任人在标准之外，又私分了数额较大的国有资产或公共财产的，可以推定主管人员或直接责任人是以私分的形式来掩盖其个人利用职务之便，侵吞、占有国有资产的目的，应认定为贪污罪。

（3）本罪与个人决定以单位名义实施的挪用公款罪的界限。根据《刑法》规定，个人决定以单位名义将公款供其他单位使用，谋取个人利益的，构成挪用公款罪。这就产生一个问题，即使本罪与上述类型的挪用公款罪的界限变得相对模糊。一般认为，两罪的最本质区别在于，个人决定以单位名义将公款供其他单位使用，谋取个人利益的，本质上属于个人行为，而私分国有资产罪是一种单位行为，并且两罪中所有权转移情况也存在差异。《刑法》虽然没有明确规定挪用公款罪中的"利用职务上的便利"是擅自行为，但从《刑法》的立法意图来看，这一点确定无疑。如果单位的有关人员作为单位成员参与单位集体决策，与单位其他成员一起决定或同意将公款挪出，已不再是什么"利用职务上的便利条件"挪用公款了。对于经单位集体讨论、为单位利益挪用公款的案件，自然不能以挪用公款罪论处，否则与罪刑法定原则相悖，更不能以私分国有资产罪处罚，因为为单位利益挪用公款的案件中并没有发生所有权的转移，而私分国有资产罪中，国有资产的所有权已经发生转移成为私人所有。

（4）本罪与滥用职权罪的界限。两罪的区别如下：①犯罪主体不同。私分国有资产罪的犯罪主体是单位，是国家机关、国有公司、企业、事业单位、人民团体，而滥用职权罪的犯罪主体是国家机关工作人员，前者是单位犯罪，后者是自然人犯罪。②犯罪客观方面不同。私分国有资产罪表现为违反国家规定，以单位名义将国有资产集体私分给个人，而滥用职权罪表现为违反职责要求，超越权限行使职权或者任意行使职权：其一，超越法定职权范围，擅自决定或处理无权决定或处理的事项；其二，不按照法定的条件、程序、方法决定或处理其职权范围内的事项。

2. 私分罚没财物罪的认定。

（1）本罪成立需要"数额较大"的条件。在司法实践中，不能把私分罚没财物的任何行为均当作犯罪处理。私分罚没财物的情况很复杂，有的情节显著轻微，危害不大的，不认为是犯罪。这主要是指私分的罚没财物数额很小，或者经查及时退回上缴了国家或退赔了折价款等情形。但是，如果每次只私分数量较小的罚没收入，却经常私分，则应当累计私分数额，达到数额较大的，应当依法追究刑事责任。《最高人民检察院关于人民检察院直接受理立案侦查案件立案标准的规定（试行）》中规定，涉嫌本罪，私分罚没财物，累计数额在10万以上的，应予立案。这一立案标准可供人民法院审理此类案件时作为参考。

（2）本罪与贪污罪的界限。私分罚没财物罪与贪污罪在客观方面具有一定相似之处，即都侵害了国家所有的财产权，非法侵吞或蚕食国家财产。在我国1997年《刑法》颁布之前，私分罚没财物的案件是按照贪污罪定罪处罚的，因此区分两罪对于司法实践具有重要意义。

①客体不同。私分罚没财物罪侵犯的客体是国家罚没财物的管理制度与国家廉政制度，贪污罪侵犯的客体是国家工作人员的职务廉洁性以及公共财产的所有权。

②客观方面不同。私分罚没财物罪在客观方面表现为违反国家规定，将应上缴国家的罚没财物，以单位名义私分给个人。贪污罪是利用职务便利，侵吞、窃取、骗取或者以其他手段非法占有公共财物的行为。在客观方面，私分罚没财物罪与贪污罪的最大差别在于，前者是以单位名义将国家罚没收入分给单位中所有人或大多数人。如果私分罚没财物的行为不是以单位名义作出的，而是自然人的行为，即几个自然人私下将国家罚没财物分掉，这种情况下，行为人应构成贪污罪。

③犯罪主体不同。私分罚没财物罪的犯罪主体是司法机关、行政执法部门，而贪污罪的犯罪主体是自然人。这是两罪在犯罪主体方面的最大差别。

（3）本罪与滥用职权罪的界限。私分罚没财物罪与滥用职权罪具有相同之处，即两者都是行为人超越职权范围以致造成危害结果。从理论上说，罚没财物的相关决定一经作出并生效，罚没财物的所有权即转为国家所有。对罚没财物，除国家之外，任何人没有权力支配。如果行为人截留罚没财物，无疑是一种超越职权的行为。因此，区分本罪与滥用职权罪具有实践意义。

①客体不同。私分罚没财物罪侵犯的客体是国家的廉政制度和国家对罚没财物的管理制度；滥用职权罪侵犯的是国家机关的正常活动。

②客观方面不同。私分罚没财物罪是行为人将应上缴的罚没财物以单位名义私分给个人，而滥用职权罪则是行为人滥用职权致使公共财产、国家和人民利益遭受重大损失等。

③犯罪主体不同。私分罚没财物罪是单位犯罪，滥用职权罪是自然人犯罪。

（4）本罪与私分国有资产罪的界限。两罪的区别如下：①犯罪主体不同。

前者只能由司法机关、行政机关构成，而后者可以由任何国家机关、国有公司、企业、事业单位、人民团体构成。②犯罪对象有所不同。前者私分的必须是司法机关和行政执法活动中的罚金、没收、追缴和罚款所得，尚未上缴国家的财物，而后者私分的只是本单位的“公物”，或者由本单位生产、承包、经营的国有财物。

第九章 渎职罪

第三百九十七条　滥用职权罪、玩忽职守罪

【法律规定】

• 法律条文 •

《中华人民共和国刑法》

第三百九十七条　国家机关工作人员滥用职权或者玩忽职守，致使公共财产、国家和人民利益遭受重大损失的，处三年以下有期徒刑或者拘役；情节特别严重的，处三年以上七年以下有期徒刑。本法另有规定的，依照规定。

国家机关工作人员徇私舞弊，犯前款罪的，处五年以下有期徒刑或者拘役；情节特别严重的，处五年以上十年以下有期徒刑。本法另有规定的，依照规定。

• 相关规定 •

《全国人民代表大会常务委员会关于〈中华人民共和国刑法〉第九章渎职罪主体适用问题的解释》

在依照法律、法规规定行使国家行政管理职权的组织中从事公务的人员，或者在受国家机关委托代表国家机关行使职权的组织中从事公务的人员，或者虽未列入国家机关人员编制但在国家机关中从事公务的人员，在代表国家机关行使职权时，有渎职行为，构成犯罪的，依照刑法关于渎职罪的规定追究刑事责任。

《全国人民代表大会常务委员会关于惩治骗购外汇、逃汇和非法买卖外汇犯罪的决定》（主席令第 14 号）

六、海关、外汇管理部门的工作人员严重不负责任，造成大量外汇被骗购或者逃汇，致使国家利益遭受重大损失的，依照刑法第三百九十七条的规定定罪处罚。

《最高人民法院全国法院审理经济犯罪案件工作座谈会纪要》（法发〔2003〕167号）

六、关于渎职罪

（一）渎职犯罪行为造成的公共财产重大损失的认定

根据刑法规定，玩忽职守、滥用职权等渎职犯罪是以致使公共财产、国家和人民利益遭受重大损失为构成要件的。其中，公共财产的重大损失，通常是指渎职行为已经造成的重大经济损失。在司法实践中，有以下情形之一的，虽然公共财产作为债权存在，但已无法实现债权的，可以认定为行为人的渎职行为造成了经济损失：（1）债务人已经法定程序被宣告破产；（2）债务人潜逃，去向不明；（3）因行为人责任，致使超过诉讼时效；（4）有证据证明债权无法实现的其他情况。

（二）玩忽职守罪的追诉时效

玩忽职守行为造成的重大损失当时没有发生，而是玩忽职守行为之后一定时间发生的，应从危害结果发生之日起计算玩忽职守罪的追诉期限。

（三）国有公司、企业人员渎职犯罪的法律适用

对于1999年12月24日《中华人民共和国刑法修正案》实施以前发生的国有公司、企业人员渎职行为（不包括徇私舞弊行为），尚未处理或者正在处理的，不能按照刑法修正案追究刑事责任。

（四）关于"徇私"的理解

徇私舞弊型渎职犯罪的"徇私"应理解为徇个人私情、私利。国家机关工作人员为了本单位的利益，实施滥用职权、玩忽职守行为，构成犯罪的，依照刑法第三百九十七条第一款的规定定罪处罚。

《最高人民检察院关于渎职侵权犯罪案件立案标准的规定》（高检发释字〔2006〕2号）

一、渎职犯罪案件

（一）滥用职权案（第三百九十七条）

滥用职权罪是指国家机关工作人员超越职权，违法决定、处理其无权决定、处理的事项，或者违反规定处理公务，致使公共财产、国家和人民利益遭受重大损失的行为。

涉嫌下列情形之一的，应予立案：

……

6. 造成公司、企业等单位停业、停产6个月以上，或者破产的；

7. 弄虚作假，不报、缓报、谎报或者授意、指使、强令他人不报、缓报、谎报情况，导致重特大事故危害结果继续、扩大，或者致使抢救、调查、处理工作延误的；

8. 严重损害国家声誉，或者造成恶劣社会影响的；

9. 其他致使公共财产、国家和人民利益遭受重大损失的情形。

国家机关工作人员滥用职权，符合刑法第九章所规定的特殊渎职罪构成要件的，按照该特殊规定追究刑事责任；主体不符合刑法第九章所规定的特殊渎职罪的主体要件，但滥用职权涉嫌前款第1项至第9项规定情形之一的，按照刑法第三百九十七条的规定以滥用职权罪追究刑事责任。

《最高人民法院、最高人民检察院关于办理渎职刑事案件适用法律若干问题的解释（一）》（法释〔2012〕18号）

为依法惩治渎职犯罪，根据刑法有关规定，现就办理渎职刑事案件适用法律的若干问题解释如下：

第一条 国家机关工作人员滥用职权或者玩忽职守，具有下列情形之一的，应当认定为刑法第三百九十七条规定的"致使公共财产、国家和人民利益遭受重大损失"：

（一）造成死亡1人以上，或者重伤3人以上，或者轻伤9人以上，或者重伤2人、轻伤3人以上，或者重伤1人、轻伤6人以上的；

（二）造成经济损失30万元以上的；

（三）造成恶劣社会影响的；

（四）其他致使公共财产、国家和人民利益遭受重大损失的情形。

具有下列情形之一的，应当认定为刑法第三百九十七条规定的"情节特别严重"：

（一）造成伤亡达到前款第（一）项规定人数3倍以上的；

（二）造成经济损失150万元以上的；

（三）造成前款规定的损失后果，不报、迟报、谎报或者授意、指使、强令他人不报、迟报、谎报事故情况，致使损失后果持续、扩大或者抢救工作延误的；

（四）造成特别恶劣社会影响的；

（五）其他特别严重的情节。

第二条 国家机关工作人员实施滥用职权或者玩忽职守犯罪行为，触犯刑法分则第九章第三百九十八条至第四百一十九条规定的，依照该规定定罪处罚。

国家机关工作人员滥用职权或者玩忽职守，因不具备徇私舞弊等情形，不符合刑法分则第九章第三百九十八条至第四百一十九条的规定，但依法构成第三百九十七条规定的犯罪的，以滥用职权罪或者玩忽职守罪定罪处罚。

第三条 国家机关工作人员实施渎职犯罪并收受贿赂，同时构成受贿罪的，除刑法另有规定外，以渎职犯罪和受贿罪数罪并罚。

第四条 国家机关工作人员实施渎职行为，放纵他人犯罪或者帮助他人逃避刑事处罚，构成犯罪的，依照渎职罪的规定定罪处罚。

国家机关工作人员与他人共谋，利用其职务行为帮助他人实施其他犯罪行为，同时构成渎职犯罪和共谋实施的其他犯罪共犯的，依照处罚较重的规定定罪处罚。

国家机关工作人员与他人共谋，既利用其职务行为帮助他人实施其他犯罪，又以非职务行为与他人共同实施该其他犯罪行为，同时构成渎职犯罪和其他犯罪的共犯的，依照数罪并罚的规定定罪处罚。

第五条 国家机关负责人员违法决定，或者指使、授意、强令其他国家机关工作人员违法履行职务或者不履行职务，构成刑法分则第九章规定的渎职犯罪的，应当依法追究刑事责任。

以“集体研究”形式实施的渎职犯罪，应当依照刑法分则第九章的规定追究国家机关负有责任的人员的刑事责任。对于具体执行人员，应当在综合认定其行为性质、是否提出反对意见、危害结果大小等情节的基础上决定是否追究刑事责任和应当判处的刑罚。

第六条 以危害结果为条件的渎职犯罪的追诉期限，从危害结果发生之日起计算；有数个危害结果的，从最后一个危害结果发生之日起计算。

第七条 依法或者受委托行使国家行政管理职权的公司、企业、事业单位的工作人员，在行使行政管理职权时滥用职权或者玩忽职守，构成犯罪的，应当依照《全国人民代表大会常务委员会关于〈中华人民共和国刑法〉第九章渎职罪主体适用问题的解释》的规定，适用渎职罪的规定追究刑事责任。

第八条 本解释规定的“经济损失”，是指渎职犯罪或者与渎职犯罪相关联的犯罪立案时已经实际造成的财产损失，包括为挽回渎职犯罪所造成损失而支付的各种开支、费用等。立案后至提起公诉前持续发生的经济损失，应一并计入渎职犯罪造成的经济损失。

债务人经法定程序被宣告破产，债务人潜逃、去向不明，或者因行为人的责任超过诉讼时效等，致使债权已经无法实现的，无法实现的债权部分应当认定为渎职犯罪的经济损失。

渎职犯罪或者与渎职犯罪相关联的犯罪立案后，犯罪分子及其亲友自行挽回的经济损失，司法机关或者犯罪分子所在单位及其上级主管部门挽回的经济损失，或者因客观原因减少的经济损失，不予扣减，但可以作为酌定从轻处罚的情节。

第九条 负有监督管理职责的国家机关工作人员滥用职权或者玩忽职守，致使不符合安全标准的食品、有毒有害食品、假药、劣药等流入社会，对人民群众生命、健康造成严重危害后果的，依照渎职罪的规定从严惩处。

《最高人民法院、最高人民检察院关于办理盗窃油气、破坏油气设备等刑事案件具体应用法律若干问题的解释》（法释〔2007〕3号）

第七条 国家机关工作人员滥用职权或者玩忽职守，实施下列行为之一，致使公共财产、国家和人民利益遭受重大损失的，依照刑法第三百九十七条的规定，以滥用职权罪或者玩忽职守罪定罪处罚：

（一）超越职权范围，批准发放石油、天然气勘查、开采、加工、经营等许可证的；

（二）违反国家规定，给不符合法定条件的单位、个人发放石油、天然气勘查、开采、加工、经营等许可证的；

（三）违反《石油天然气管道保护条例》等国家规定，在油气设备安全保护范围内批准建设项目的；

（四）对发现或者经举报查实的未经依法批准、许可擅自从事石油、天然气勘查、开采、加工、经营等违法活动不予查封、取缔的。

《最高人民检察院关于属工人编制的乡（镇）工商所所长能否依照刑法第397条的规定追究刑事责任问题的批复》（高检发研字〔2000〕23号）

江西省人民检察院：

你院赣检研发〔2000〕3号《关于乡（镇）工商所所长（工人编制）是否属于国家机关工作人员的请示》收悉。经研究，批复如下：

根据刑法第93条第2款的规定，经人事部门任命，但为工人编制的乡（镇）工商所所长，依法履行工商行政管理职责时，属其他依照法律从事公务的人员，应以国家机关工作人员论。如果玩忽职守，致使公共财产、国家和人民利益遭受重大损失，可适用刑法第397条的规定，以玩忽职守罪追究刑事责任。

此复

《最高人民检察院关于合同制民警能否成为玩忽职守罪主体问题的批复》（高检发研字〔2000〕20号）

辽宁省人民检察院：

你院辽检发诉字〔1999〕76号《关于犯罪嫌疑人李海玩忽职守一案的请示》收悉。经研究，批复如下：

根据刑法第九十三条第二款的规定，合同制民警在依法执行公务期间，属其他依照法律从事公务的人员，应以国家机关工作人员论。对合同制民警在依法执行公务活动中的玩忽职守行为，符合刑法第三百九十七条规定的玩忽职守罪构成条件的，依法以玩忽职守罪追究刑事责任。

此复

《最高人民检察院关于镇财政所所长是否适用国家机关工作人员的批复》（高检发研字〔2000〕9号）

上海市人民检察院：

你院沪检发〔2000〕30号文收悉。经研究，批复如下：

对于属行政执法事业单位的镇财政所中按国家机关在编干部管理的工作人员，在履行政府行政公务活动中，滥用职权或玩忽职守构成犯罪的，应以国家机关工作人员论。

《最高人民检察院关于企业事业单位的公安机构在机构改革过程中其工作人员能否构成渎职侵权犯罪主体问题的批复》（高检发释字〔2002〕3号）

陕西省人民检察院：

你院陕检发研〔2001〕159号《关于对企业事业单位的公安机构在机构改革过程中其工作人员能否构成渎职侵权犯罪主体问题的请示》收悉。经研究，批复如下：

企业事业单位的公安机构在机构改革过程中虽尚未列入公安机关建制，其工作人员在行使侦查职责时，实施渎职侵权行为的，可以成为渎职侵权犯罪的主体。

此复。

《最高人民法院、最高人民检察院、公安部关于严格执行刑事诉讼法，切实纠防超期羁押的通知》（法〔2003〕163号）

五、严格执行超期羁押责任追究制度。超期羁押侵犯犯罪嫌疑人、被告人的合法权益，损害司法公正，对此必须严肃查处，绝不姑息。本通知发布以后，凡违反刑事诉讼法和本通知的规定，造成犯罪嫌疑人、被告人超期羁押的，对于直接负责的主管人员和其他直接责任人员，由其所在单位或者上级主管机关依照有关规定予以行政或者纪律处分；造成犯罪嫌疑人、被告人超期羁押，情节严重的，对于直接负责的主管人员和其他直接责任人员，依照刑法第三百九十七条的规定，以玩忽职守罪或者滥用职权罪追究刑事责任。

《最高人民检察院关于对海事局工作人员如何使用法律问题的答复》（高检研发〔2003〕第1号）

辽宁省人民检察院研究室：

你院《关于辽宁海事局的工作人员是否为国家机关工作人员的主体认定请示》（辽检发渎检字〔2002〕1号）收悉。经研究，答复如下：

根据国办发〔1999〕90号、中编办函〔2000〕184号等文件的规定，海事局负责行使国家水上安全监督和防止船舶污染及海上设施检验、航海保障的管理职权，是国家执法监督机构。海事局及其分支机构工作人员在从事上述公务活动中，滥用职权或者玩忽职守，致使公共财产、国家和人民利益遭受重大损失的，应当依照刑法第三百九十七条的规定，以滥用职权罪或者玩忽职守罪追究刑事责任。

《最高人民检察院关于对林业主管部门工作人员在发放林木采伐许可证之外滥用职权玩忽职守致使森林遭受严重破坏的行为适用法律问题的批复》（高检发释字〔2007〕1号）

福建省人民检察院：

你院《关于林业主管部门工作人员滥用职权、玩忽职守造成森林资源损毁立案标准问题的请示》闽检〔2007〕14号收悉。经研究，批复如下：

林业主管部门工作人员违法发放林木采伐许可证，致使森林遭受严重破坏的，依照刑法第四百零七条的规定，以违法发放林木采伐许可证罪追究刑事责任；以其他方式滥用职权或者玩忽职守，致使森林遭受严重破坏的，依照刑法第三百九十七条的规定，以滥用职权罪或者玩忽职守罪追究刑事责任，立案标准依照《最高人民检察院关于渎职侵权犯罪案件立案标准的规定》第一部分渎职犯罪案件第十八条第三款的规定执行。

此复。

《最高人民法院、最高人民检察院关于办理与盗窃、抢劫、诈骗、抢夺机动车相关刑事案件具体应用法律若干问题的解释》（法释〔2007〕11号）

第三条 国家机关工作人员滥用职权，有下列情形之一，致使盗窃、抢劫、诈骗、抢夺的机动车被办理登记手续，数量达到三辆以上或者价值总额达到三十万元以上的，依照刑法第三百九十七条第一款的规定，以滥用职权罪定罪，处三年以下有期徒刑或者拘役：

（一）明知是登记手续不全或者不符合规定的机动车而办理登记手续的；

（二）指使他人为明知是登记手续不全或者不符合规定的机动车办理登记手续的；

（三）违规或者指使他人违规更改、调换车辆档案的；

（四）其他滥用职权的行为。

国家机关工作人员疏于审查或者审查不严，致使盗窃、抢劫、诈骗、抢夺的机动车被办理登记手续，数量达到五辆以上或者价值总额达到五十万元以上的，依照刑法第三百九十七条第一款的规定，以玩忽职守罪定罪，处三年以下有期徒刑或者拘役。

国家机关工作人员实施前两款规定的行为，致使盗窃、抢劫、诈骗、抢夺的机动车被办理登记手续，分别达到前两款规定数量、数额标准五倍以上的，或者明知是盗窃、抢劫、诈骗、抢夺的机动车而办理登记手续的，属于刑法第三百九十七条第一款规定的“情节特别严重”，处三年以上七年以下有期徒刑。

国家机关工作人员徇私舞弊，实施上述行为，构成犯罪的，依照刑法第三百九十七条第二款的规定定罪处罚。

《最高人民法院、最高人民检察院关于办理危害生产安全刑事案件适用法律若干问题的解释》（法释〔2015〕22号）

第十五条 国家机关工作人员在履行安全监督管理职责时滥用职权、玩忽职守，致使公共财产、国家和人民利益遭受重大损失的，或者徇私舞弊，对发现的刑事案件依法应当移交司法机关追究刑事责任而不移交，情节严重的，分别依照刑法第三百九十七条、第四百零二条的规定，以滥用职权罪、玩忽职守罪或者徇私舞弊不移交刑事案件罪定罪处罚。

公司、企业、事业单位的工作人员在依法或者受委托行使安全监督管理职责时滥用职权或者玩忽职守，构成犯罪的，应当依照《全国人民代表大会常务委员会关于〈中华人民共和国刑法〉第九章渎职罪主体适用问题的解释》的规定，适用渎职罪的规定追究刑事责任。

《最高人民法院、最高人民检察院关于办理贪污贿赂刑事案件适用法律若干问题的解释》（法释〔2016〕9号）

第十七条　国家工作人员利用职务上的便利，收受他人财物，为他人谋取利益，同时构成受贿罪和刑法分则第三章第三节、第九章规定的渎职犯罪的，除刑法另有规定外，以受贿罪和渎职犯罪数罪并罚。

《最高人民法院、最高人民检察院关于办理扰乱无线电通讯管理秩序等刑事案件适用法律若干问题的解释》（法释〔2017〕11号）

第七条第一款　负有无线电监督管理职责的国家机关工作人员滥用职权或者玩忽职守，致使公共财产、国家和人民利益遭受重大损失的，应当依照刑法第三百九十七条的规定，以滥用职权罪或者玩忽职守罪追究刑事责任。

《最高人民法院关于审理走私、非法经营、非法使用兴奋剂刑事案件适用法律若干问题的解释》（法释〔2019〕16号）

第六条　国家机关工作人员在行使反兴奋剂管理职权时滥用职权或者玩忽职守，造成严重兴奋剂违规事件，严重损害国家声誉或者造成恶劣社会影响，符合刑法第三百九十七条规定的，以滥用职权罪、玩忽职守罪定罪处罚。

依法或者受委托行使反兴奋剂管理职权的单位的工作人员，在行使反兴奋剂管理职权时滥用职权或者玩忽职守的，依照前款规定定罪处罚。

《最高人民法院、最高人民检察院、公安部、司法部关于依法惩治妨害新型冠状病毒感染肺炎疫情防控违法犯罪的意见》（法发〔2020〕7号）

（七）依法严惩疫情防控失职渎职、贪污挪用犯罪。在疫情防控工作中，负有组织、协调、指挥、灾害调查、控制、医疗救治、信息传递、交通运输、物资保障等职责的国家机关工作人员，滥用职权或者玩忽职守，致使公共财产、国家和人民利益遭受重大损失的，依照刑法第三百九十七条的规定，以滥用职权罪或者玩忽职守罪定罪处罚。

（十）……对于在疫情防控期间实施有关违法犯罪的，要作为从重情节予以考量，依法体现从严的政策要求，有力惩治震慑违法犯罪，维护法律权威，维护社会秩序，维护人民群众生命安全和身体健康。

《最高人民法院、最高人民检察院、公安部关于办理涉窨井盖相关刑事案件的指导意见》

八、在窨井盖采购、施工、验收、使用、检查过程中负有决定、管理、监督等职责的国家机关工作人员玩忽职守或者滥用职权，致使公共财产、国家和人民利益遭受重大损失的，依照刑法第三百九十七条的规定，分别以玩忽职守罪、滥用职权罪定罪处罚。

九、在依照法律、法规规定行使窨井盖行政管理职权的公司、企业、事业单位中从事公务的人员以及在受国家机关委托代表国家机关行使窨井盖行政管理职权的组织中从事公务的人员，玩忽职守或者滥用职权，致使公共财产、国家和人民利益遭受重大损失的，依照刑法第三百九十七条和《全国人民代表大会常务委员会关于〈中华人民共和国刑法〉第九章渎职罪主体适用问题的解释》的规定，分别以玩忽职守罪、滥用职权罪定罪处罚。

【案例一】

占某某滥用职权案①

• 案件事实 •

占某某，男，40岁，湖北省麻城市人，汉族，湖北省襄樊铁路公安处某某火车站派出所民警，住火车站家属区。2000年1月11日13时许，占某某受单位指派，去处理犯罪嫌疑人杨某某（男，32岁，有精神分裂症病史）在铁路道岔上放置障碍物一事。经调查了解，杨某某举止怪异，占某某无法确认杨某某的身份和住址，怀疑杨某某可能是精神病人。占某某先是想找人把杨某某弄到公路上任由他去，后来得知当晚有一趟货物列车要过来，便决定将杨某某送上货车，使其远离该车站管辖区。当日18时52分，W8504次货车到站后，占某某雇了三个民工用绳子将杨某某捆住，强行将杨某某弄上这列货车带走，在车上杨某某身上只穿了一件毛衣和一件三角裤，其余衣服及鞋子均放在一边。同月下旬的一个下雪天，已在外流落了十多天的杨某某躲在一户人家的草堆里被人发现，好心人根据其提供的亲属姓名和电话号码，通知了其家人。同月25日，杨某某的亲属在襄阳县张湾镇将其找回时已不成人样，两脚发黑。谷城县人民医院证实，杨某某双足冻伤坏死并气性坏疽，双小腿被截肢三分之一。经法医鉴定，杨某某损伤程度构成重伤，属于伤残三级。占某某所在公安机关因此向杨某某一次性赔偿各种费用30多万元。

• 裁判要旨 •

造成公共财产和国家、人民利益重大损失是滥用职权罪构成的前提。

• 裁判理由 •

湖北省襄樊铁路运输检察院以被告人占某某犯滥用职权罪，向襄樊铁路运

① 参见最高人民法院中国应用法学研究所编：《人民法院案例选》（2002年第1辑），人民法院出版社2002年版。

输法院提起公诉。被告人占某某对检察院指控的事实不持异议。襄樊铁路运输法院经公开审理认为，被告人占某某身为国家机关工作人员，在执行职务期间不能正确履行职权，对身份不明、住址不详、举止怪异的犯罪嫌疑人杨某某，擅自决定采取违法捆绑的方法将其强行送上火车带走，造成杨某某在外被冻伤致残，襄樊铁路公安处为此向被害人杨某某赔偿30多万元，使国家财产和人民利益遭受重大损失，其行为已构成滥用职权罪。法院依照《刑法》第397条第1款、第72条第1款的规定，于2000年7月20日判决如下：被告人占某某犯滥用职权罪，判处有期徒刑二年，缓刑二年。宣判后，被告人占某某未提出上诉，判决已发生法律效力。

【案例二】

汤某等滥用职权案①

• 案件事实 •

2005年6月7日，甘肃省甘州区人民法院梁家墩法庭依法受理了原告姜某诉被告王某、王某某父女俩欠款纠纷一案。时任法庭庭长的汤某与书记员冯某依法适用简易程序对该案进行了调解，姜某与王某当庭达成了调解协议，双方约定王某于同年7月10日前向姜某偿还欠款。冯某当即制作了调解协议和民事调解书。姜某与王某在调解协议和调解书送达回证上签了字。当事人王某某因有事中途离开法庭未在调解协议上签名，后法庭也未将调解书送达给王某某签收。甘州区人民法院审判监督庭审判员李某在评查案件时，发现调解协议和调解书送达回证上当事人王某某未签名的问题，便向冯某指出要其予以纠正，并电话告知汤某此案有问题（没有告知具体内容）。冯某违反法律规定，在调解协议和调解书送达回证上签了王某某的姓名。调解书确定的还款期满后，王某仍然未向姜某还款，姜某便向梁家墩法庭申请强制执行。冯某与该庭助理审判员郭某前往王某家中执行该案，遭到王家人的谩骂，执行未果。汤某向主管院长任某报告，请求派法警协助执行该案。甘州区人民法院法警大队派赵某等四名法警，协同汤某、冯某等到王某家再次执行该案，因王某不在家便将其女儿王某某带至法庭，要求其履行还款义务，并制作了执行笔录。在王某某不交款的情况下，汤某向主管院长任某汇报并对王某某实施司法拘留，并由冯某、法警赵某等将王某某带至甘州区人民法院。汤某和郭某所乘车辆被赶到法庭的王某某的母亲祝某围堵而没有离开。汤某和郭某二人遂将祝某叫到法庭办公室做工作。此时，王某闯入法庭办公室，问："王某某呢？"祝某告诉王某："被

① 参见甘肃省张掖市中级人民法院（2006）张中刑终字第23号。

抓走了。”王某听后即举起手中一玻璃瓶，将瓶中液体喝下，随后又将玻璃瓶打碎在法庭办公室地上。汤某和郭某二人见状即上前阻挡，欲将王某送往医院救治，王某却与汤某和郭某发生撕扯。后王某经抢救无效死亡。经甘州区公安局法医鉴定：死者王某系生前自服有机磷农药敌敌畏中毒死亡。

• 裁判要旨 •

滥用职权行为与公共财产、国家和人民利益遭受重大损失之间因果关系的认定。

• 裁判理由 •

本案经甘肃省山丹县人民法院审理后，甘肃省山丹县人民检察院提出抗诉，经甘肃省张掖市中级人民法院终审后撤销原判决，作出新的判决。二审法院认为：原审被告人汤某、冯某在行使国家审判权的过程中，在当事人没有签字确认的前提下，制作调解协议及调解书，并将调解书未依法向全部当事人送达，在一方权利人申请强制执行时，被告人冯某违法在调解协议和调解书送达回证上签了“王某某”，被告人汤某作为案件的独任审判员、庭长，默许了这一违法行为。在此基础上，二人明知调解书未发生法律效力而强制执行，对王某某实施司法拘留，其行为具有违法性，属于滥用职权的行为。原审被告人滥用职权，对王某某实施违法拘留，导致案件当事人王某服毒自杀，这两者存在刑法上的因果关系。王某是在知道其女王某某被法庭拘留后赶到法庭问询，当他确认王某某被抓走后才服毒，并将农药玻璃瓶打碎在办公室，除此之外没有证据证明死者服毒自杀是因为其他原因；原审被告人在没有法律依据的前提下，以“拒不履行生效的法律文书”为由，违法拘留王某某，这是原审被告人在明知侵害国家机关正常管理秩序、有社会危害性的主观故意支配下实施的行为，致使王某某被非法拘留这一现象引起王某服毒自杀另一事件的发生，并因此造成了一人死亡的后果，既有前因，也有后果，它们之间存在因果关系。由于原审被告人滥用职权，造成一人被非法拘留、一人服毒自杀的严重后果，致使人民利益遭受重大损失。

综上，两名原审被告人滥用职权行为互为条件，彼此联系。其滥用职权的行为具有社会危害性，已触犯了《刑法》，构成滥用职权罪，应当受到刑事法律追究，承担相应的刑事责任。抗诉机关的抗诉理由成立。原审法院认定事实准确，定性和适用法律错误，二审法院依据法律规定予以改判。经合议庭评议，并经二审法院审判委员会讨论决定，依据《刑事诉讼法》第 189 条第 2 项和《刑法》第 397 条第 1 款，第 25 条第 1 款，第 42 条，第 72 条第 1 款，第 73 条第 1 款、第 3 款之规定，判决如下：一、撤销甘肃省山丹县人民法院（2005）山刑初字第 79 号刑事判决第一项、第二项，即被告人汤某、冯某无罪的判决；二、原审被告人汤某犯滥用职权罪，判处拘役三个月，宣告缓刑四个月。缓刑考验期限，从判决确定之日起算。三、原审被告人冯某犯滥用职权罪，判处拘役三个月，宣告缓刑四个月。缓刑考验期限，从判决确定之日起算。

【案例三】

郑筱萸玩忽职守案①

• 案件事实 •

郑筱萸，曾任国家药监局局长、国家食品药品监督管理局局长。2000 年 10 月，国家药监局发布了 23 号局令，决定在全国范围内统一药品的包装、标签、说明书。2001 年 12 月 1 日，修订后的《药品管理法》实施，为规范市场，统一标准，保证用药安全，取消了药品的地方标准。国家药监局药品注册司遂向郑筱萸请示，拟将统一药品的包装、标签、说明书与专项工作结合起来进行。郑筱萸作为长期从事国家药品监管工作的主要领导，明知专项工作非常重要，应当将专项工作列为国家药监局的一项重要工作，应当预见一旦专项工作处置失当将会造成严重后果，但其却将这一重要工作当作该局注册司的一项常规工作来对待，严重违反有关规定，没有向国务院请示，没有召开局党组会议、局务会议研究，没有调研，没有听取有关部门和地方的意见，草率签发了 187 号文件，启动了专项工作，并将这一全局性的重要工作交由注册司一个部门来承担，仅指定一名副司长担任专项工作领导小组组长负责此项工作，具体成员多数是临时抽调，更换频繁。

由于郑筱萸忽视专项工作的重要性，没有核算工作量，部署不周，致使投入的人员严重不足，无法在规定时间内完成工作。郑筱萸本应意识到问题的严重性，及时向国务院汇报情况，与局领导班子研究应对措施，但其却不正确履行职责，擅自同意并签发了注册司上报的 582 号文件。该文件将 187 号文件中规定的“专项小组对上报材料进行汇总与复核”改为“企业申报时可以提供的有关材料可为复印件，由省级药监部门重点审核其原生产批件和原始档案，专项小组仅对上报的资料进行形式审核，并对原始档案进行抽查核对”，削弱了国家药监局的监管力度，由此降低了对药品的审核标准，致使大量不符合国家标准的药品通过原始资料造假等方式获得了批准文号。

在专项工作中发现了一批原违规审批的药品文号，依法应予撤销，注册司在专项工作后期针对这批药品向郑某书面请示，提出拟以相关企业是否已经通

---

① 参见北京市第一中级人民法院（2007）一中刑初字第 1599 号。

过或正在申请通过药品生产质量管理规范认证为标准，决定是否同意换发文号。郑筱萸明知该意见违反有关行政法规，却签批同意，致使大量依法应予撤销的药品获得了批准文号，得以继续生产、销售和使用。

郑筱萸的上述行为严重削弱了国家对药品的监管，使国家药监局对药品市场的管理、监督流于形式，致使大量不应换发文号或应予撤销批准文号的药品获得了文号，为药品生产中的造假提供了可乘之机。经国家食品药品监督管理局2006年对少部分药品生产企业进行抽查，即发现有大量已被批准换发的药品文号系以造假获得，文号被注销，6种药品被确认为假药。国家食品药品监督管理局为消除隐患，于2006年9月起对已经换发的药品批准文号进行全面清理，为此耗费了大量的人力、财力。郑筱萸上述玩忽职守行为，导致国家药品管理失序，增大了人民群众的用药风险，损害了国家机关依法行政的形象，致使国家和人民的利益遭受重大损失，造成了恶劣的社会影响。

• 裁判要旨 •

国家机关工作人员严重不负责任、不认真履行职责，致使国家和人民的利益遭受重大损失的，构成玩忽职守罪。

• 裁判理由 •

北京市第一中级人民法院审理认为：被告人郑筱萸身为国家工作人员，利用职务便利，为他人谋取利益，收受他人财物，其行为已构成受贿罪；其对涉及国计民生的药品安全监管工作严重不负责任，不认真履行职责，致使国家和人民的利益遭受重大损失，其行为已构成玩忽职守罪。北京市人民检察院第一分院指控被告人郑筱萸犯受贿罪、玩忽职守罪的事实清楚，证据确实、充分，指控罪名成立，但指控郑筱萸收受葛萌芽给予的港币100万元折合人民币105.53万元的数额略有误差，更改为折合人民币106.17万元。被告人郑筱萸受贿数额特别巨大，犯罪情节特别严重，社会危害极大，其虽有坦白部分受贿事实、受贿钱款已退缴情节，但不足以从轻处罚，应依法严惩。被告人郑筱萸犯玩忽职守罪，破坏了国家对药品的监管秩序，造成严重后果和十分恶劣的社会影响，犯罪情节特别严重，亦应依法惩处，并与其所犯受贿罪数罪并罚。依照《刑法》第385条第1款，第386条，第383条第1款第1项、第2款，第397条第1款，第69条，第57条第1款，第59条，第64条的规定，判决如下：被告人郑筱萸犯受贿罪，判处死刑，剥夺政治权利终身，并处没收个人全部财产；犯玩忽职守罪，判处有期徒刑七年，决定执行死刑，剥夺政治权利终身，并处没收个人全部财产。

一审宣判后，郑筱萸向北京市高级人民法院提出上诉。

2007年6月18日，北京市高级人民法院依法组成合议庭，公开审理了此案。2007年6月22日，北京市高级人民法院依照《刑事诉讼法》第189条第1项之规定，裁定驳回郑筱萸的上诉，维持原判，并依照《刑事诉讼法》第199条的规定，报请最高人民法院核准。

2007年7月7日，最高人民法院依照《刑事诉讼法》第199条和《最高人民法院关于复核死刑案件若干问题的规定》第2条第1款的规定，裁定核准北京市高级人民法院维持一审判处郑筱萸死刑，剥夺政治权利终身，没收个人全部财产的刑事裁定。

【学理分析及适用指引】

• 学理分析 •

1. 滥用职权罪的构成。

滥用职权罪是指国家机关工作人员在公务活动中超越职权或者在职权范围内不正确行使职权，致使公共财产、国家和人民利益遭受重大损失的行为。本罪的构成要件如下：

（1）本罪的客体。本罪的客体是国家机关的正常管理活动。

（2）本罪的客观方面。本罪的客观方面表现为行为人实施了滥用职权的行为，致使公共财产、国家和人民利益遭受重大损失。本罪客观方面具有以下四个层次的特征或条件：

①滥用职权罪的核心是滥用职权的行为，滥用职权的行为本身具有以下特征：首先，滥用职权是一种与国家机关工作人员职务权限相关的行为。如果行为人实施的行为与其一般的职务权限没有任何关系，则不属于滥用职权。其次，滥用职权是一种违反了职务行为的宗旨的行为，或者说与其职务行为的宗旨相悖。最后，滥用职权是行为人以不当目的或者以不法方法实施职务行为。在出于不当目的实施职务行为的情况下，即使从行为的方法上看没有超越职权，也属于滥用职权。

②滥用职权的行为表现形式大致可归纳为两种情况：一是行为人不依法律规定的权限和程序，非法地行使本人职务范围内的权力。如工商管理机关工作人员对合法经营的工商从业人员处以罚款或者吊销执照，或者对违法者滥施处罚等行政处分。二是行为人超越本人职权范围而实施有关行为，如对无照经营本属于工商部门管理，但某公安机关人员却对此经营者处以罚款，这就属于超越职权的滥用职权行为。

③滥用职权的行为，必须出现致使公共财产、国家和人民利益造成重大损失的结果时，才构成犯罪。所谓重大损失，是指给国家和人民造成的重大物质性损失和非物质性损失。物质性损失一般是指人身伤亡和公私财物的重大损

失，是确认滥用职权犯罪行为的重要依据；非物质性损失是指严重损害国家机关的正常活动和声誉等。认定是否重大损失，应根据司法实践和有关规定，对所造成的物质性和非物质性损失的实际情况，并按直接责任人员的职权范围全面分析，以确定应承担责任的大小。

④滥用职权行为与造成的重大损失结果之间，必须具有刑法上的因果关系。滥用职权行为与造成的严重危害结果之间的因果关系错综复杂，有直接原因，也有间接原因；有主要原因，也有次要原因；有领导者的责任，也有直接责任人员的责任。需要根据刑法因果关系的一般原理加以判明。

（3）本罪的主体。本罪的主体是特殊主体，即国家机关工作人员。国家机关工作人员的范围远远小于国家工作人员的范围，仅指在国家立法、行政、司法、军事等国家各级机关中从事公务的人员。同时，一般认为，中国共产党的各级机关、人民政协的各级机关的公职人员也应视为国家机关工作人员。根据2002年12月28日《全国人民代表大会常务委员会关于〈中华人民共和国刑法〉第九章渎职罪主体适用问题的解释》规定，下列人员也应视为国家机关工作人员的范围：在依照法律、法规规定行使国家行政管理职权的组织中从事公务的人员，或者在受国家机关委托代表国家机关行使职权的组织中从事公务的人员，或者虽未列入国家机关人员编制但在国家机关中从事公务的人员，在代表国家机关行使职权的人员。按照这一法律解释，这些人员在行使国家权力时，玩忽职守、滥用职权、徇私舞弊构成犯罪的，按照国家机关工作人员相关的渎职犯罪规定处罚。

（4）本罪的主观方面。故意是本罪典型的主观方面，但是过失同样可以构成本罪。至于行为人是为了自己的利益而滥用职权，还是为了他人利益而滥用职权，则不影响本罪的成立。

2. 玩忽职守罪的构成。

玩忽职守罪，是指国家机关工作人员对工作严重不负责任，违反职责规定不履行或不正确履行自己的职责的行为致使公共财产、国家和人民利益遭受重大损失的行为。本罪的构成要件如下：

（1）本罪客体是国家机关的正常管理活动。

（2）本罪客观方面表现为行为人实施了玩忽职守的行为，致使公共财产、国家和人民利益遭受重大损失。所谓玩忽职守，是指严重不负责任，不履行职责或者不认真履行职责的行为。不履行是指行为人应当履行且有条件、有能力履行职责，但没有履行，如擅离职守、撒手不管；不认真履行是指在履行职责的过程中，违反职责规定，马虎草率、粗心大意、搪塞敷衍。从《刑法》条文规定和学理解释可以看出，玩忽职守罪客观行为的确定和掌握是相当困难的。首先，国家机关工作人员的工作职守涉及许多方面，其玩忽职守行为在各个领域、各个行业可能表现千差万别；其次，有相当多的玩忽职守犯罪是以不作为的方式出现的；最后，从表述方式上看，无论是对工作严重不负责任，还是不履行或不正确履行职责，都是指“履行或正确履行职守”以外的行为，这些行为由于“职守”的广泛性而具有复杂性和多样性。为此，我们只能从总体上去把握该罪的行为特征。第一，必须是违反职守的行为。一定的职守，一方面标志着国家机关工作人员享有一定的职权，另一方面也体现出国家机关工作人员有一定的职责和特定的义务。因此，违反职守的行为，既是引起重大危害后果的直接原因，同时也是行为人构成玩忽职守罪并应负刑事责任的前提，没有违反职守的行为或行为没有违反职守，则不能构成玩忽职守罪。第二，必须是在从事公共事务的管理活动中，与管理活动本身有关的违反职守的行为。在管理活动中违章渎职是玩忽职守罪的特定的条件限制，也是其突出特征之一。如果不是在管理中的违章渎职，那么，尽管国家机关工作人员有不履行或不正确履行义务的行为，也不构成玩忽职守罪。① 第三，同滥用职权一样，玩忽职守行为致使公共财产、国家和人民利益遭受重大损失的，才成立本罪。此处的重大损失，目前仍可参照2006年《最高人民检察院关于渎职侵权犯罪案件立案标准的规定》的相关规定。

（3）本罪主体必须是国家机关工作人员。

（4）本罪主观方面是过失，即行为人作为国家机关工作人员，应当预见自己对工作严重不负责任的行为可能造成公共财产、国家和人民利益遭受重大损失的危害结果，因疏忽大意而没有预见，或者已经预见而轻信能够避免的心态。

3. 滥用职权罪与玩忽职守罪主观方面的争议及分析。

（1）滥用职权罪。由于我国《刑法》条文并未明确规定滥用职权罪和玩忽职守罪的罪过形式，学界对这两罪的罪过形式存在争议，就滥用职权罪而言，主要观点有：

第一，单一罪过论。①故意说。该说认为，滥用职权罪的主观罪过只能是故意，且直接故意与间接故意都可构成滥用职权罪。此观点被认为是我国刑法学界的通说。另外，依据不同的故意理论，学者对此又有行为故意论与结果故意论两种不同观点。②直接故意说。该说认为，滥用职权罪的主观心态不仅是故意，而且是直接故意，即行为人是希望危害结果发生。③间接故意说。该说认为，滥用职权罪的主观罪过只能由间接故意构成，此种结论的得出基于对滥用职权罪与玩忽职守罪区别的比较，认为前者的主观罪过为间接故意，后者的主观罪过为过失。④过失说。该说认为，本罪主观方面只能表现为过失，不可能由故意构成。

第二，复杂罪过论。①故意加过失说。该说认为，滥用职权罪的主观罪过既可以是故意也可以是过失。②间接故意加过失说。该说认为，滥用职权罪的

① 参见白春华：《试论玩忽职守罪的客观方面》，载《河南省政法管理干部学院学报》2000年第5期。

主观罪过为过失和间接故意。又有学者指出，滥用职权罪的基本犯形态为过失，加重犯形态为间接故意。③间接故意加过于自信的过失说。该说认为，滥用职权罪的主观罪过形式不存在直接故意仅存在间接故意；行为人之所以滥用职权，即不正确行使职权或者逾越职权，是因为轻信能够避免危害结果发生的一种侥幸心理，即过于自信的过失心理。④实含的复合罪过形式说。该说认为，作为滥用职权罪主观罪过的复合罪过形式是指“实含的复合罪过形式”，即基于司法实践的经验与逻辑推理，立法机关将某些实践中难以区分或根本不可能区分具体罪过形式的犯罪隐含地规定为复合罪过犯罪，在理论上其罪过形式应是间接故意与轻信过失之复合，滥用职权罪的主观罪过就是该种间接故意与轻信过失的复合罪过形式。①

（2）玩忽职守罪。关于玩忽职守罪的主观方面存在争议，概括起来主要可以分为两种：

第一种观点认为，玩忽职守罪的罪过只能是过失。② 其理由主要是：①玩忽职守罪的主观方面是过失，符合立法原意，在我国的刑事立法过程中，一直是将该罪作为过失犯罪予以规定。②该观点认为，玩忽职守罪的罪过包括过失和故意的观点不符合刑法学的原理。③该观点认为，玩忽职守罪可以由过失也可以由故意构成，否定了两种罪过形式在主观恶性程度上的区别，不符合罪责刑相适应原则的要求。④该观点认为，《刑法》第397条同时规定了滥用职权罪和玩忽职守罪，其设计就是把滥用职权罪规定为故意犯罪，把玩忽职守罪规定为过失犯罪。

第二种观点认为，玩忽职守的罪过一般是过失，也可以是故意，有的则明确限定为过失或间接故意。其理由主要有：①从《刑法》对原玩忽职守罪的修改看，没有完全排除故意构成玩忽职守罪的情况。《刑法》修正前，对于滥用职权和故意不履行职责，以造成1979年《刑法》第187条规定的严重后果的行为，都是以玩忽职守罪论处的。现行《刑法》将实践中表现突出的滥用职权的行为独立出来规定为一种犯罪，但没有将故意不履行职责的行为独立出来规定为一种犯罪，因此，故意不履行职责的行为仍属于玩忽职守罪的范畴。②玩忽职守一词是包含故意内容的。所谓“玩”，意为玩弄、胡干的意思，蕴含故意；“忽”是疏忽大意，指过失。因此，就文义来看，玩忽职守可以包括故意和过失两种罪过形式。

对此，我们认为如同滥用职权罪的罪过形式一般是故意但也不排除过失的理由一样，玩忽职守罪的罪过形式原则上过失，但也不排除故意如间接放任的情形。

---

① 参见郑勇、杨尚文：《滥用职权罪的主观罪过辨析》，载《科教文汇》2007年第8期。

② 参见孙力主编：《公务活动中犯罪界限的司法认定》，中国检察出版社2000年版，第139页。

• 适用指引 •

司法实践中，认定本条规定的罪名应注意：

1. 罪与非罪的界限。

在认定滥用职权罪或者玩忽职守罪时，要准确区分罪与非罪的界限，应正确区分滥用职权罪或者玩忽职守罪与一般滥用职权或者玩忽职守行为的界限，滥用职权罪或者玩忽职守罪是结果犯，以造成重大损失为成立犯罪的必要条件。因此，在司法实践中把握滥用职权罪或者玩忽职守罪罪与非罪界限的一个最重要的方面就是要看滥用职权或者玩忽职守的行为是否致使公共财产、国家和人民利益遭受重大损失。凡是没有导致重大损失的，就只是一般的滥用职权或者玩忽职守行为，不能认定为犯罪。认定重大损失，除了依据2006年《最高人民检察院关于渎职侵权犯罪案件立案标准的规定》所作的解释之外，2003年《全国法院审理经济犯罪案件工作座谈会纪要》还指出，公共财产的重大损失，通常是指渎职行为已经造成的重大经济损失。在司法实践中，虽然公共财产作为债权存在，但已无法实现债权的，可以认定为行为人的渎职行为造成了经济损失。

另外，还应该注意为单位利益而滥用职权、玩忽职守行为的认定。2003年11月《全国法院审理经济犯罪案件工作座谈会纪要》指出，国家机关工作人员为了本单位的利益，实施滥用职权、玩忽职守行为，构成犯罪的，依照《刑法》第397条第1款的规定定罪处罚。该纪要将为了本单位利益而滥用职权或者玩忽职守的行为作为滥用职权罪或者玩忽职守罪予以追究。因此，是否构成滥用职权罪或者玩忽职守罪并不以行为人谋取的是“公利”还是“私利”为条件，出于公心的所谓“好心办坏事”也可能构成滥用职权罪或者玩忽职守罪。

2. 滥用职权罪与相关犯罪的界限。

《刑法》分则在第9章“渎职罪”中，除了滥用职权罪的一般规定外，还规定了许多具体的滥用职权型的渎职犯罪，如第399条的徇私枉法罪，民事、行政枉法裁判罪，执行判决、裁定滥用职权罪；第400条私放在押人员罪；第401条徇私舞弊减刑、假释、暂予监外执行罪；第402条徇私舞弊不移交刑事案件罪；第403条滥用管理公司、证券职权罪；第404条徇私舞弊不征、少征税款罪等，这些属于特殊的滥用职权型犯罪。滥用职权罪与这些特殊的滥用职权型犯罪之间属于法条竞合的关系，是一般法条与特殊法条的竞合，依照特别法条优于一般法条的法条竞合适用原则，国家机关工作人员滥用职权，符合《刑法》分则第9章所规定的特殊滥用职权型犯罪构成要件的，按照该特殊规定追究刑事责任；不符合《刑法》分则第9章所规定的特殊滥用职权型犯罪的构成要件，但符合一般的滥用职权罪构成的，按照《刑法》第397条的规定以滥用职权罪追究刑事责任。

3. 玩忽职守罪与相关犯罪的界限。

（1）玩忽职守罪与玩忽职守型渎职罪的界限。《刑法》分则在第9章“渎职罪”中，除了玩忽职守罪的一般规定外，还规定了许多具体的玩忽职守型的渎职犯罪，如失职致使在押人员脱逃罪，国家机关工作人员签订、履行合同失职被骗罪，环境监管失职罪，传染病防治失职罪，商检失职罪，动植物检疫失职罪，失职造成珍贵文物损毁、流失罪等。玩忽职守罪与这些特殊的玩忽职守型犯罪之间属于法条竞合的关系，是一般法条与特殊法条的竞合，依照特别法条优于一般法条的法条竞合适用原则，国家机关工作人员玩忽职守，符合《刑法》分则第9章所规定的特殊玩忽职守型犯罪构成要件的，按照该特殊规定追究刑事责任；不符合《刑法》分则第9章所规定的特殊玩忽职守型犯罪的构成要件，但符合一般的玩忽职守罪构成的，按照《刑法》第397条的规定，以玩忽职守罪追究刑事责任。

（2）玩忽职守罪与相关重大责任事故犯罪的界限。玩忽职守罪与其他重大责任事故犯罪，在客观方面都可能表现为不负责任的行为，都造成了严重的后果，存在相似之处。两者的主要区别在于：第一，责任事故犯罪的主体为各特定行业的职工，危险物品的管理者，厂矿、建筑等企事业单位或者特定的工程单位等。玩忽职守罪的犯罪主体是国家机关工作人员以及立法与司法解释所规定的特定人员。第二，重大安全事故方面的犯罪，侵犯的客体是国家关于安全生产、运输等方面的管理制度。玩忽职守罪侵犯的客体是国家机关正常管理活动中公务人员的勤政性。第三，客观方面，玩忽职守罪是在实施对国家事务的管理过程中发生的犯罪；重大安全事故犯罪则是在生产、作业、施工等过程中发生的犯罪。

（3）玩忽职守罪与国有公司、企业、事业单位人员失职罪的界限。国有公司、企业、事业单位人员失职罪与玩忽职守罪的区别主要表现为：第一，犯罪主体不同。玩忽职守罪的犯罪主体是国家机关工作人员；国有公司、企业、事业单位人员失职罪的犯罪主体是国有公司、企业、事业单位的工作人员。第二，客观方面不尽相同。虽然两罪都有严重不负责任的行为，但是，玩忽职守罪其后果是致使公共财产、国家和人民利益遭受重大损失；国有公司、企业、事业单位人员失职罪是使国有公司、企业破产或者造成严重损失，致使国家利益遭受重大损失的行为。

（4）玩忽职守罪与签订、履行合同失职被骗罪的界限。玩忽职守罪与签订履行合同失职被骗罪，都是因行为人严重不负责任造成重大损失而构成的犯罪，其区别主要表现在：第一，犯罪主体不同。签订、履行合同失职被骗罪的犯罪主体是国有公司、企业、事业单位直接负责的主管人员；玩忽职守罪的犯罪主体为国家机关工作人员。第二，客观方面不同。签订履行合同失职被骗罪是发生在生产经营活动中；而玩忽职守罪则是发生在国家机关的公务活动中。

（5）滥用职权罪与玩忽职守罪的界限。两者的区别主要在于：第一，犯罪主观方面不同。玩忽职守罪在主观方面原则是过失；而滥用职权罪在主观方面虽大多数情况下是故意，但少数情况下过失也可构成本罪。第二，犯罪客观方面的表现形式不同。玩忽职守罪在客观方面表现为，行为人对工作严重不负责任，不履行或者不正确履行职责，致使公共财产、国家和人民利益遭受重大损失的行为；而滥用职权罪在客观方面则表现为，行为人滥用职权或者超越职权，致使公共财产、国家和人民利益遭受重大损失的行为。

第三百九十八条 故意泄露国家秘密罪、过失泄露国家秘密罪

【法律规定】

• 法律条文 •

《中华人民共和国刑法》

第三百九十八条 国家机关工作人员违反保守国家秘密法的规定，故意或者过失泄露国家秘密，情节严重的，处三年以下有期徒刑或者拘役；情节特别严重的，处三年以上七年以下有期徒刑。

非国家机关工作人员犯前款罪的，依照前款的规定酌情处罚。

• 相关规定 •

《中华人民共和国保守国家秘密法》

第二条 国家秘密是关系国家安全和利益，依照法定程序确定，在一定时间内只限一定范围的人员知悉的事项。

第三条 国家秘密受法律保护。

一切国家机关、武装力量、政党、社会团体、企业事业单位和公民都有保守国家秘密的义务。

任何危害国家秘密安全的行为，都必须受到法律追究。

第九条 下列涉及国家安全和利益的事项，泄露后可能损害国家在政治、经济、国防、外交等领域的安全和利益的，应当确定为国家秘密：

（一）国家事务重大决策中的秘密事项；

（二）国防建设和武装力量活动中的秘密事项；

（三）外交和外事活动中的秘密事项以及对外承担保密义务的秘密事项；

（四）国民经济和社会发展中的秘密事项；

（五）科学技术中的秘密事项；

（六）维护国家安全活动和追查刑事犯罪中的秘密事项；

（七）经国家保密行政管理部门确定的其他秘密事项。

政党的秘密事项中符合前款规定的，属于国家秘密。

第十条 国家秘密的密级分为绝密、机密、秘密三级。

绝密级国家秘密是最重要的国家秘密，泄露会使国家安全和利益遭受特别严重的损害；机密级国家秘密是重要的国家秘密，泄露会使国家安全和利益遭受严重的损害；秘密级国家秘密是一般的国家秘密，泄露会使国家安全和利益遭受损害。

第十一条 国家秘密及其密级的具体范围，由国家保密行政管理部门分别会同外交、公安、国家安全和其他中央有关机关规定。

军事方面的国家秘密及其密级的具体范围，由中央军事委员会规定。

国家秘密及其密级的具体范围的规定，应当在有关范围内公布，并根据情况变化及时调整。

第十五条 国家秘密的保密期限，应当根据事项的性质和特点，按照维护国家安全和利益的需要，限定在必要的期限内；不能确定期限的，应当确定解密的条件。

国家秘密的保密期限，除另有规定外，绝密级不超过三十年，机密级不超过二十年，秘密级不超过十年。

机关、单位应当根据工作需要，确定具体的保密期限、解密时间或者解密条件。

机关、单位对在决定和处理有关事项工作过程中确定需要保密的事项，根据工作需要决定公开的，正式公布时即视为解密。

第二十一条 国家秘密载体的制作、收发、传递、使用、复制、保存、维修和销毁，应当符合国家保密规定。

绝密级国家秘密载体应当在符合国家保密标准的设施、设备中保存，并指定专人管理；未经原定密机关、单位或者其上级机关批准，不得复制和摘抄；收发、传递和外出携带，应当指定人员负责，并采取必要的安全措施。

第二十二条 属于国家秘密的设备、产品的研制、生产、运输、使用、保存、维修和销毁，应当符合国家保密规定。

第二十三条 存储、处理国家秘密的计算机信息系统（以下简称涉密信息系统）按照涉密程度实行分级保护。

涉密信息系统应当按照国家保密标准配备保密设施、设备。保密设施、设备应当与涉密信息系统同步规划，同步建设，同步运行。

涉密信息系统应当按照规定，经检查合格后，方可投入使用。

第二十四条 机关、单位应当加强对涉密信息系统的管理，任何组织和个人不得有下列行为：

（一）将涉密计算机、涉密存储设备接入互联网及其他公共信息网络；

（二）在未采取防护措施的情况下，在涉密信息系统与互联网及其他公共信息网络之间进行信息交换；

（三）使用非涉密计算机、非涉密存储设备存储、处理国家秘密信息；

（四）擅自卸载、修改涉密信息系统的安全技术程序、管理程序；

（五）将未经安全技术处理的退出使用的涉密计算机、涉密存储设备赠送、出售、丢弃或者改作其他用途。

第二十五条 机关、单位应当加强对国家秘密载体的管理，任何组织和个人不得有下列行为：

（一）非法获取、持有国家秘密载体；

（二）买卖、转送或者私自销毁国家秘密载体；

（三）通过普通邮政、快递等无保密措施的渠道传递国家秘密载体；

（四）邮寄、托运国家秘密载体出境；

（五）未经有关主管部门批准，携带、传递国家秘密载体出境。

第二十六条 禁止非法复制、记录、存储国家秘密。

禁止在互联网及其他公共信息网络或者未采取保密措施的有线和无线通信中传递国家秘密。

禁止在私人交往和通信中涉及国家秘密。

第二十七条 报刊、图书、音像制品、电子出版物的编辑、出版、印制、发行，广播节目、电视节目、电影的制作和播放，互联网、移动通信网等公共信息网络及其他传媒的信息编辑、发布，应当遵守有关保密规定。

第二十八条 互联网及其他公共信息网络运营商、服务商应当配合公安机关、国家安全机关、检察机关对泄密案件进行调查；发现利用互联网及其他公共信息网络发布的信息涉及泄露国家秘密的，应当立即停止传输，保存有关记录，向公安机关、国家安全机关或者保密行政管理部门报告；应当根据公安机关、国家安全机关或者保密行政管理部门的要求，删除涉及泄露国家秘密的信息。

第二十九条 机关、单位公开发布信息以及对涉及国家秘密的工程、货物、服务进行采购时，应当遵守保密规定。

第三十条 机关、单位对外交往与合作中需要提供国家秘密事项，或者任用、聘用的境外人员因工作需要知悉国家秘密的，应当报国务院有关主管部门或者省、自治区、直辖市人民政府有关主管部门批准，并与对方签订保密协议。

第三十一条 举办会议或者其他活动涉及国家秘密的，主办单位应当采取保密措施，并对参加人员进行保密教育，提出具体保密要求。

第三十二条 机关、单位应当将涉及绝密级或者较多机密级、秘密级国家秘密的机构确定为保密要害部门，将集中制作、存放、保管国家秘密载体的专门场所确定为保密要害部位，按照国家保密规定和标准配备、使用必要的技术防护设施、设备。

第三十三条 军事禁区和属于国家秘密不对外开放的其他场所、部位，应当采取保密措施，未经有关部门批准，不得擅自决定对外开放或者扩大开放范围。

第三十四条 从事国家秘密载体制作、复制、维修、销毁，涉密信息系统集成，或者武器装备科研生产等涉及国家秘密业务的企业事业单位，应当经过保密审查，具体办法由国务院规定。

机关、单位委托企业事业单位从事前款规定的业务，应当与其签订保密协议，提出保密要求，采取保密措施。

第三十五条 在涉密岗位工作的人员（以下简称涉密人员），按照涉密程度分为核心涉密人员、重要涉密人员和一般涉密人员，实行分类管理。

任用、聘用涉密人员应当按照有关规定进行审查。

涉密人员应当具有良好的政治素质和品行，具有胜任涉密岗位所要求的工作能力。

涉密人员的合法权益受法律保护。

第三十六条 涉密人员上岗应当经过保密教育培训，掌握保密知识技能，签订保密承诺书，严格遵守保密规章制度，不得以任何方式泄露国家秘密。

第三十七条 涉密人员出境应当经有关部门批准，有关机关认为涉密人员出境将对国家安全造成危害或者对国家利益造成重大损失的，不得批准出境。

第三十八条 涉密人员离岗离职实行脱密期管理。涉密人员在脱密期内，应当按照规定履行保密义务，不得违反规定就业，不得以任何方式泄露国家秘密。

第三十九条 机关、单位应当建立健全涉密人员管理制度，明确涉密人员的权利、岗位责任和要求，对涉密人员履行职责情况开展经常性的监督检查。

第四十条 国家工作人员或者其他公民发现国家秘密已经泄露或者可能泄露时，应当立即采取补救措施并及时报告有关机关、单位。机关、单位接到报告后，应当立即作出处理，并及时向保密行政管理部门报告。

第四十六条 办理涉嫌泄露国家秘密案件的机关，需要对有关事项是否属于国家秘密以及属于何种密级进行鉴定的，由国家保密行政管理部门或者省、自治区、直辖市保密行政管理部门鉴定。

第四十八条 违反本法规定，有下列行为之一的，依法给予处分；构成犯罪的，依法追究刑事责任：

（一）非法获取、持有国家秘密载体的；

（二）买卖、转送或者私自销毁国家秘密载体的；

（三）通过普通邮政、快递等无保密措施的渠道传递国家秘密载体的；

（四）邮寄、托运国家秘密载体出境，或者未经有关主管部门批准，携带、传递国家秘密载体出境的；

（五）非法复制、记录、存储国家秘密的；

（六）在私人交往和通信中涉及国家秘密的；

（七）在互联网及其他公共信息网络或者未采取保密措施的有线和无线通信中传递国家秘密的；

（八）将涉密计算机、涉密存储设备接入互联网及其他公共信息网络的；

（九）在未采取防护措施的情况下，在涉密信息系统与互联网及其他公共信息网络之间进行信息交换的；

（十）使用非涉密计算机、非涉密存储设备存储、处理国家秘密信息的；

（十一）擅自卸载、修改涉密信息系统的安全技术程序、管理程序的；

（十二）将未经安全技术处理的退出使用的涉密计算机、涉密存储设备赠送、出售、丢弃或者改作其他用途的。

有前款行为尚不构成犯罪，且不适用处分的人员，由保密行政管理部门督促其所在机关、单位予以处理。

《全国人民代表大会常务委员会关于维护互联网安全的决定》

二、为了维护国家安全和社会稳定，对有下列行为之一，构成犯罪的，依照刑法有关规定追究刑事责任：

……

（二）通过互联网窃取、泄露国家秘密、情报或者军事秘密；

……

《最高人民法院关于审理为境外窃取、刺探、收买、非法提供国家秘密、情报案件具体应用法律若干问题的解释》（法释〔2001〕4号）

第六条 通过互联网将国家秘密或者情报非法发送给境外的机构、组织、个人的，依照刑法第一百一十一条的规定定罪处罚；将国家秘密通过互联网予以发布，情节严重的，依照刑法第三百九十八条的规定定罪处罚。

《最高人民检察院关于渎职侵权犯罪案件立案标准的规定》（高检发释字〔2006〕2号）

一、渎职犯罪案件

……

（三）故意泄露国家秘密案（第三百九十八条）

故意泄露国家秘密罪是指国家机关工作人员或者非国家机关工作人员违反保守国家秘密法，故意使国家秘密被不应知悉者知悉，或者故意使国家秘密超出了限定的接触范围，情节严重的行为。

涉嫌下列情形之一的，应予立案：

1. 泄露绝密级国家秘密 1 项（件）以上的；

2. 泄露机密级国家秘密 2 项（件）以上的；

3. 泄露秘密级国家秘密 3 项（件）以上的；

4. 向非境外机构、组织、人员泄露国家秘密，造成或者可能造成危害社会稳定、经济发展、国防安全或者其他严重危害后果的；

5. 通过口头、书面或者网络等方式向公众散布、传播国家秘密的；

6. 利用职权指使或者强迫他人违反国家保守秘密法的规定泄露国家秘密的；

7. 以牟取私利为目的泄露国家秘密的；

8. 其他情节严重的情形。

（四）过失泄露国家秘密案（第三百九十八条）

过失泄露国家秘密罪是指国家机关工作人员或者非国家机关工作人员违反保守国家秘密法，过失泄露国家秘密，或者遗失国家秘密载体，致使国家秘密被不应知悉者知悉或者超出了限定的接触范围，情节严重的行为。

涉嫌下列情形之一的，应予立案：

1. 泄露绝密级国家秘密 1 项（件）以上的；

2. 泄露机密级国家秘密 3 项（件）以上的；

3. 泄露秘密级国家秘密 4 项（件）以上的；

4. 违反保密规定，将涉及国家秘密的计算机或者计算机信息系统与互联网相连接，泄露国家秘密的；

5. 泄露国家秘密或者遗失国家秘密载体，隐瞒不报、不如实提供有关情况或者不采取补救措施的；

6. 其他情节严重的情形。

《最高人民检察院人民检察院直接受理立案侦查的渎职侵权重特大案件标准（试行）》（高检发〔2001〕13 号）

三、故意泄露国家秘密案

（一）重大案件

1. 故意泄露绝密级国家秘密一项以上，或者泄露机密级国家秘密三项以上，或者泄露秘密级国家秘密五项以上的；

2. 故意泄露国家秘密造成直接经济损失五十万元以上的；

3. 故意泄露国家秘密对国家安全构成严重危害的；

4. 故意泄露国家秘密对社会秩序造成严重危害的。

（二）特大案件

1. 故意泄露绝密级国家秘密二项以上，或者泄露机密级国家秘密五项以上，或者泄露秘密级国家秘密七项以上的；

2. 故意泄露国家秘密造成直接经济损失一百万元以上的；

3. 故意泄露国家秘密对国家安全构成特别严重危害的；

4. 故意泄露国家秘密对社会秩序造成特别严重危害的。

四、过失泄露国家秘密案

（一）重大案件

1. 过失泄露绝密级国家秘密一项以上，或者泄露机密级国家秘密五项以上，或者泄露秘密级国家秘密七项以上并造成严重危害后果的；

2. 过失泄露国家秘密造成直接经济损失一百万元以上的；

3. 过失泄露国家秘密对国家安全构成严重危害的；

4. 过失泄露国家秘密对社会秩序造成严重危害的。

（二）特大案件

1. 过失泄露绝密级国家秘密二项以上，或者泄露机密级国家秘密七项以上，或者泄露秘密级国家秘密十项以上的；

2. 过失泄露国家秘密造成直接经济损失二百万元以上的；

3. 过失泄露国家秘密对国家安全构成特别严重危害的；

4. 过失泄露国家秘密对社会秩序造成特别严重危害的。

【案例一】

于某故意泄露国家秘密案①

• 案件事实 •

2000年8月21日，河南省焦作市路通律师事务所律师于某、助理律师卢某接受涉嫌贪污犯罪的马某刚之妻朱某某的委托，担任马某刚案的一审辩护人。2000年11月1日，河南省沁阳市人民检察院以贪污罪对马某刚提起公诉，并向沁阳市人民法院移送了该案主要证据的复印件6本，共计421页。同年11月3日，朱某某得知该案已到法院后，即告诉于某。当日下午，于某即安排卢某前来沁阳市，并与马某刚的亲属朱某某、马某、马某魁等人一同来到沁阳市人民法院立案庭。卢某依照规定办理了有关手续后，将检察机关移送到法院的马某刚贪污案主要证据卷宗材料全部借出，并予以复印。复印后，朱某某向卢某提出看一看复印的案卷材料，卢某没同意，答复要请示于某同意。随后，马某魁用手机拨通了于某的电话，向于某提出要看复印材料。于某表示同意，让马某魁把手机电话交给卢某，并在电话中交代卢某把复印材料留下。卢某按

① 参见《中华人民共和国最高人民法院公报》2004年第2期。

照于某的安排将复印的案卷材料留下后返回焦作市。当晚，朱某某等人对照起诉书及案卷材料进行了研究。次日，马某到焦市作给卢某归还了复印的案卷材料。朱某某根据案卷材料反映的情况，对所涉及的证人逐一进行联系，并作了相应工作。同年11月8日、10日，马某刚贪污案的有关证人张某某、吕某某、侯某某等人在于某来沁阳市调查、取证时，均出具了虚假证明。

2000年11月11日，于某到沁阳市调查、取证后回焦作市时，因未能取到王某某（案卷材料所涉及的证人）的证明，又将复印的案卷材料留下给朱某某。11月13日，朱某某找到王某某，让王某某阅读了马某刚的供述，王某某根据马某刚的供述出具了虚假证明。

2000年11月15日，马某刚贪污案公开开庭审理时，于某出具了有关证人的虚假证言及证明材料后，检察机关两次提出延期审理建议，决定对马某刚案补充侦查。

经河南省国家保密局、河南省焦作市国家保密局鉴定，于某让马某刚家属所看的马某刚贪污案的案卷材料均属机密级国家秘密。

• 裁判要旨 •

刑事案件的辩护人将通过合法手续获取的案卷材料让当事人亲属查阅，虽然导致当事人家属获悉案卷材料后产生串供、妨害作证的危害后果，但刑事案件进入审判阶段后，已经随案移送的案卷材料并非为国家秘密，行为人不构成故意泄露国家秘密罪。

• 裁判理由 •

河南省沁阳市人民法院认为：被告人于某在接受刑事被告人家属委托担任辩护人期间，依照其特有的律师身份、职权，在知悉检察机关追查刑事犯罪的秘密材料后，将知悉的国家秘密泄露给不该知悉此秘密的刑事被告人家属，使刑事被告人的家属有条件找证人作虚假证明。由于于某泄露了大量的案卷材料，严重扰乱了正常的诉讼活动，情节严重，其行为已构成故意泄露国家秘密罪。检察机关指控于某犯故意泄露国家秘密罪的事实清楚，证据充分，罪名准确，应予确认。该案证人卢某、朱某某、马某魁、马某等人的证言与书证、物证相互印证一致，于某辩称其没有泄露或指使他人泄露国家秘密行为的辩解，不能成立。由于于某的故意泄密行为，造成马某刚贪污案在法庭调查时出现大量虚假证据，导致检察机关两次申请延期审理，并重新补充侦查，严重干扰了正常的诉讼活动，且情节严重。于某的辩护人辩称于某的行为不属情节严重，显然与本案事实不符，故不予采纳。据此，沁阳市人民法院于2001年4月19日判决：被告人于某犯故意泄露国家秘密罪，判处有期徒刑一年。

一审宣判后，于某不服，向河南省焦作市中级人民法院提出上诉。焦作市中级人民法院经审理查明：于某在担任涉嫌贪污犯罪的马某刚一审辩护人期间，于2000年11月3日电话指使助理律师卢某将案卷材料复印件交给马某刚亲属查阅的事实清楚，对此，一审法院所认定的证据来源合法，内容真实客观，应予以确认。焦作市中级人民法院认为，本案上诉人于某让马某刚亲属查阅的案卷材料，是其履行律师职责时，通过合法手续，在法院从马某刚贪污案的案卷中复印的。这些材料，虽然在检察机关的保密规定中被规定为机密级国家秘密，但当案件进入审判阶段后，审判机关没有将检察机关随案移送的证据材料规定为国家秘密。于某不是国家机关工作人员，也不属于检察机关保密规定中所指的国家秘密知悉人员。作为刑事被告人的辩护人，于某没有将法院同意其复印的案件证据材料当作国家秘密加以保守的义务。检察机关在移送的案卷上，没有标明密级；整个诉讼活动过程中，没有人告知于某，马某刚贪污案的案卷材料是国家秘密，不得泄露给马某刚的亲属，故也无法证实于某明知这些材料是国家秘密而故意泄露。因此，于某在担任辩护人期间，将通过合法手续获取的案卷材料让当事人亲属查阅，不构成故意泄露国家秘密罪。于某及其辩护人关于不构成犯罪的辩解理由和辩护意见成立，应予采纳。原判认定的基本事实清楚，审判程序合法，但适用法律错误，应予改判。据此，焦作市中级人民法院依照《刑事诉讼法》第189条第2项、第162条第2项之规定，于2002年5月23日判决：一、撤销沁阳市人民法院的一审刑事判决。二、上诉人于某无罪。

【案例二】

吕某过失泄露国家秘密案①

• 案件事实 •

被告人吕某于1995年3月调入德山开发区管理委员会（以下简称德山区管委会）办公室，负责档案管理、机要保密、信访接待、印章管理、人大及政协联络员等工作。1999年4月，吕某按规定将1998年度应上缴的中央、省级文件清理后放入保密室一铁皮保险柜中存放。至1999年8月2日，吕某在为单位领导查阅一份文件时发现存放在铁柜中待上缴的部分文件不见了。吕便暗自查找，在确无结果后于8月4日报告领导。经查实并经湖南省保密局鉴定，共丢失文件75份，其中中央文件47份，省级文件28份。在发现丢失时仍有密级的文件为29份，其中绝密文件1份，机密文件5份，秘密级文件23份。

另查明，德山区管委会保密室设在管理委员会北楼的二楼，此前是作财会

① 参见湖南省常德市武陵区人民法院（2000）武刑初字第208号。

室用，后改为保密室。此保密室实为一多功能综合办公室，集保密、阅文、传真、信访接待为一体。在发生文件丢失期间，管委会的领导先后两次安排吕某上堤防汛。第一次是1999年6月28日至7月5日，第二次是1999年7月16日晚至7月25日。两次上堤防汛期间，吕某均按领导规定将串有保密室铁门、木门、办公室中间抽屉（抽屉内有单位的公章和保密文件柜钥匙）的三把钥匙交给办公室领导，为了工作方便，这三把钥匙先后在五人中传递使用。此外，凡遇到吕某临时外出开会或参加学习等情况时，均将保密室上述三把钥匙交给办公室领导。办公室主任还长期使用和保管有保密室的钥匙两把。

• 裁判要旨 •

过失泄露国家秘密罪中过失之认定。

• 裁判理由 •

湖南省常德市武陵区人民法院认为：被告人吕某身为国家机关工作人员，违反《保守国家秘密法》的规定，在上堤防汛期间，未将保险柜内的文件进行清点，并办理交接手续，主观上存在过于自信的过失；同时将自己保管的文件柜钥匙和单位公章锁在办公桌的抽屉内，当领导要其将保密室的钥匙和公章存放柜钥匙交出时，又不说明文件柜的钥匙和公章锁在同一个抽屉内，致使丢失密级文件29份，主观上存在疏忽大意的过失，且情节严重，其行为已构成过失泄露国家秘密罪。但因泄密原因较多、责任较分散，对被告人吕某可从轻处罚。据此，依照《刑法》第398条第1款，第72条第1款，第73条第2款、第3款之规定，判决如下：被告人吕某犯过失泄露国家秘密罪，判处有期徒刑一年，缓刑一年。

【学理分析及适用指引】

• 学理分析 •

1. 故意泄露国家秘密罪的构成。一般认为，故意泄露国家秘密罪侵犯的客体是国家的保密制度。国家秘密，是关系到国家安全和利益，依照法律规定的程序确定，在一定时间内只限于一定范围的人员知晓的事项。任何泄露国家秘密的行为，都会给国家的安全和人民的利益造成严重危害。作为本罪犯罪对象的国家秘密，是《保守国家秘密法》规定的秘密事项。同时，依照《保守国家秘密法》第10条的规定，国家秘密的密级分为“绝密”“机密”“秘密”三级。作为本罪的对象的秘密，则只要是国家的秘密级的秘密即可。本罪在客观方面表现为行为人违反《国家保密法》的规定，故意泄露国家秘密，情节严重的行为。对于故意泄露国家秘密情节严重及情节特别严重的情形，《刑法》条文没有明确规定，但可依照相关司法解释的有关规定，并根据案件的具体情况依法认定。

2. 过失泄漏国家秘密罪的构成。一般认为，过失泄漏国家秘密罪在客观方面表现为违反《国家保密法》的规定，过失泄露国家秘密，情节严重的行为。所谓过失泄露，是指过失地使国家秘密让不该知道的人知道，既包括使国家秘密被不应知悉的人知悉，又包括使国家秘密超过了限定的接触范围，而不能证明未被不应知悉者知悉。对于后者，如果能够证明接触者并不知悉国家秘密的内容，则不能以本罪治罪。至于过失泄露的具体方式可多种多样，既可以是口头过失泄露，又可以是书面过失泄露；既可以当众过失泄露，又可以单个过失泄露甚至不当面过失泄露；既可以交付原物的方式过失泄露，又可以采用密写、影印、拍摄、复印等方式过失泄露等，不论其方式如何，只要让不应知道的人知道或者接触了国家秘密，即可构成本罪。过失，一般是因为疏忽大意、工作马虎、玩忽职守、违反保守国家秘密的有关规章制度等造成，如将保密文件不按规定放置而让他人看见，不认真保管致使丢失等，但也不排除出于过于自信的过失。

• 适用指引 •

司法实践中，认定本条规定的罪名应注意：

1. 故意泄漏国家秘密罪的认定。

（1）罪与非罪的界限。故意泄露国家秘密罪罪与非罪的界限可以从以下几个方面来把握：其一，看行为人泄露的是否是国家秘密。如果行为人故意泄露的事项不是国家秘密，不构成犯罪。其二，看行为人是否具有泄露国家秘密的故意。行为人构成故意泄露国家秘密罪是以行为人明知泄露的是国家秘密为前提，如果行为人没有认识到或者不明知其行为的对象是国家秘密，谈不上对自己的行为性质有认识，不构成本罪。其三，看行为人的行为是否情节严重。本罪是情节犯，只有行为人泄露国家秘密情节严重，才构成犯罪，如果情节不严重，不构成犯罪。关于情节严重的认定，可以参照有关的司法解释。

（2）故意泄露国家秘密罪与侵犯商业秘密罪。一般来说，侵犯商业秘密罪与故意泄露国家秘密罪区别是比较明显的。其一，犯罪客体不同。侵犯商业秘密罪的犯罪客体是扰乱市场秩序，犯罪对象是商业秘密权利人的商业秘密。而故意泄露国家秘密的犯罪客体是破坏国家的保密制度。犯罪对象是国家秘密。其二，犯罪客观方面不同。侵犯商业秘密罪的犯罪行为表现方式多样，包括以盗窃、利诱、胁迫等非法手段获取权利人商业秘密的行为，披露、使用或者允许他人使用以各种非法手段获取的权利人商业秘密的行为，违反约定或者违反权利人有关保守商业秘密的要求，披露、使用或者允许他人使用其所掌握的商业秘密的行为，还包括明知或应知前列行为而获取、使用或者披露他人的商业秘密的行为。而泄露国家秘密罪的犯罪行为表现方式是泄露，即使国家秘密让不应该知道的人知道。其三，犯罪主体不同，侵犯商业秘密罪的主体是一般主体，而且除自然人主体外，单位也可以成为侵犯商业秘密罪的主体。而故意泄露国家秘密罪的主体只能是自然人，单位不能成为故意泄露国家秘密罪的主体。

国家秘密中有些应属于商业秘密或者商业秘密中有些属于国家秘密。如果行为人披露或者泄露这些秘密，并给国家造成重大损失的，那么其行为既触犯了侵犯商业秘密罪，又触犯了故意泄露国家秘密罪。此时构成想象竞合关系，应该从一重罪处理。

（3）故意泄露国家秘密罪与为境外窃取、刺探、收买、非法提供国家秘密、情报罪。两者的区别主要表现在：其一，犯罪客体不同。为境外窃取、刺探、收买、非法提供国家秘密、情报罪侵犯的客体是国家安全，而泄露国家秘密罪侵害的客体是国家保密制度。其二，犯罪客观方面不同。为境外窃取、刺探、收买、非法提供国家秘密、情报罪的犯罪行为表现为为境外的机构、组织、人员窃取、刺探、收买、非法提供国家秘密或者情报，犯罪行为的表现方式比较多。而故意泄露国家秘密罪的犯罪行为表现方式是泄露国家秘密。此外，在后罪中行为人只要实施了上述行为，危害国家安全，即可能成立犯罪，没有情节要求。而故意泄露国家秘密罪，行为人除实施了泄露国家秘密的行为外，还必须要求情节严重才能构成犯罪。其三，犯罪故意内容不同。故意泄露国家秘密罪只要求行为人明知自己泄露的是国家秘密，明知自己实施了泄露国家秘密的行为，而为境外窃取、刺探、收买、非法提供国家秘密、情报罪不但要求行为人明知为境外机构、组织、人员窃取、刺探、收买、非法提供的是国家秘密或者情报，而且要求明知是为境外机构、组织、人员窃取、刺探、收买、非法提供。

如果国家机关工作人员或非国家机关工作人员将其所知悉的国家秘密泄露给境外的机构组织或者人员应构成何罪？此时应该分析考察行为人对其受密对象是境外的机构、组织或者人员的身份性质是否明知，如果明知其受密对象是境外的机构、组织或者人员而仍将国家秘密对其泄露，应构成为境外窃取、刺探、收买、非法提供国家秘密、情报罪；如果不明知其受密对象是境外的机构、组织或者人员而意外地将国家秘密泄露给境外的机构、组织或者人员，不能认定构成为境外窃取、刺探、收买、非法提供国家秘密、情报罪，而只能认定构成故意泄露国家秘密罪。

（4）故意泄露国家秘密罪与间谍罪。两罪的区别主要表现以下两点：其一，两罪犯罪客体不同。间谍罪侵犯的客体是国家安全，而泄露国家秘密罪侵害的客体是国家保密制度。其二，犯罪客观方面不同。虽然间谍罪可以表现为泄露国家秘密的方式，但行为人必须是参加间谍组织或者受间谍组织及其代理人的任务后提供国家秘密。故意泄露国家秘密罪是在没有参加间谍组织或者接受间谍组织及其代理人的任务的情况下，泄露国家秘密罪。向间谍组织及其代理人提供国家秘密的构成间谍罪，向其他人提供国家秘密的构成故意泄露国家秘密罪。

（5）故意泄露国家秘密罪与故意泄露军事秘密罪的区别。两罪最主要的区别在于犯罪对象不同。故意泄露国家秘密罪泄露的秘密是国家秘密，而故意泄露军事秘密罪泄露的秘密是国家军事秘密。

（6）故意泄露国家秘密罪与非法获取国家秘密罪。非法获取国家秘密罪与泄露国家秘密罪的犯罪对象都是国家秘密，客观上都违反了保密制度。二者的区别主要在于客观要件不同，泄露国家秘密罪表现为泄露，而非法获取国家秘密罪表现为获取。

2. 过失泄漏国家秘密罪的认定。

（1）罪与非罪的界限。过失泄露国家秘密罪罪与非罪的界限可以从以下几个方面来把握：其一，看行为人泄露的是否是国家秘密。如果行为人过失泄露的事项不是国家秘密，不构成犯罪。其二，看行为人是否具有泄露国家秘密的过失。行为人构成过失泄露国家秘密罪以行为人应当预见到自己的行为会泄露国家秘密，因疏忽大意而没有预见到，或者已经预见到而轻信能够避免。如果没有这样的过失心态，不构成本罪。其三，看行为人的行为是否情节严重。本罪是情节犯，如果情节不严重，不构成犯罪。关于情节严重的认定，可以参照有关的司法解释。

（2）过失泄露国家秘密罪与故意泄露国家秘密罪的区别。过失泄露国家秘密罪与故意泄露国家秘密罪的区别主要表现在主观方面。前者的主观方面是过失，后者的主观方面是故意。故意泄露国家秘密罪的犯罪主体是明知自己泄露的是国家秘密，明知自己泄露国家秘密要侵犯国家保密制度，而希望或放任危害结果发生。而过失泄露国家秘密罪的犯罪主体是应当预见自己的行为会泄露国家秘密、侵犯国家保密制度，但因疏忽大意没有预见，或者行为人已经预见到而轻信能够避免。

第三百九十九条　徇私枉法罪；民事、行政枉法裁判罪；执行判决、裁定失职罪；执行判决、裁定滥用职权罪

【法律规定】

• 法律条文 •

《中华人民共和国刑法》

第三百九十九条　司法工作人员徇私枉法、徇情枉法，对明知是无罪的人

而使他受追诉、对明知是有罪的人而故意包庇不使他受追诉，或者在刑事审判活动中故意违背事实和法律作枉法裁判的，处五年以下有期徒刑或者拘役；情节严重的，处五年以上十年以下有期徒刑；情节特别严重的，处十年以上有期徒刑。

在民事、行政审判活动中故意违背事实和法律作枉法裁判，情节严重的，处五年以下有期徒刑或者拘役；情节特别严重的，处五年以上十年以下有期徒刑。

在执行判决、裁定活动中，严重不负责任或者滥用职权，不依法采取诉讼保全措施、不履行法定执行职责，或者违法采取诉讼保全措施、强制执行措施，致使当事人或者其他人的利益遭受重大损失的，处五年以下有期徒刑或者拘役；致使当事人或者其他人的利益遭受特别重大损失的，处五年以上十年以下有期徒刑。

司法工作人员收受贿赂，有前三款行为的，同时又构成本法第三百八十五条规定之罪的，依照处罚较重的规定定罪处罚。

• 相关规定 •

《中华人民共和国法官法》

第四十六条第一款 法官有下列行为之一的，应当给予处分；构成犯罪的，依法追究刑事责任：

（一）贪污受贿、徇私舞弊、枉法裁判的；

（二）隐瞒、伪造、变造、故意损毁证据、案件材料的；

（三）泄露国家秘密、审判工作秘密、商业秘密或者个人隐私的；

（四）故意违反法律法规办理案件的；

（五）因重大过失导致裁判结果错误并造成严重后果的；

（六）拖延办案，贻误工作的；

（七）利用职权为自己或者他人谋取私利的；

（八）接受当事人及其代理人利益输送，或者违反有关规定会见当事人及其代理人的；

（九）违反有关规定从事或者参与营利性活动，在企业或者其他营利性组织中兼任职务的；

（十）有其他违纪违法行为的。

《最高人民检察院关于渎职侵权犯罪案件立案标准的规定》（高检发释字〔2006〕2号）

一、渎职犯罪案件

……

（五）徇私枉法案（第三百九十九条第一款）

徇私枉法罪是指司法工作人员徇私枉法、徇情枉法，对明知是无罪的人而使他受追诉、对明知是有罪的人而故意包庇不使他受追诉，或者在刑事审判活动中故意违背事实和法律作枉法裁判的行为。

涉嫌下列情形之一的，应予立案：

1. 对明知是没有犯罪事实或者其他依法不应当追究刑事责任的人，采取伪造、隐匿、毁灭证据或者其他隐瞒事实、违反法律的手段，以追究刑事责任为目的立案、侦查、起诉、审判的；

2. 对明知是有犯罪事实需要追究刑事责任的人，采取伪造、隐匿、毁灭证据或者其他隐瞒事实、违反法律的手段，故意包庇使其不受立案、侦查、起诉、审判的；

3. 采取伪造、隐匿、毁灭证据或者其他隐瞒事实、违反法律的手段，故意使罪重的人受较轻的追诉，或者使罪轻的人受较重的追诉的；

4. 在立案后，采取伪造、隐匿、毁灭证据或者其他隐瞒事实、违反法律的手段，应当采取强制措施而不采取强制措施，或者虽然采取强制措施，但中断侦查或者超过法定期限不采取任何措施，实际放任不管，以及违法撤销、变更强制措施，致使犯罪嫌疑人、被告人实际脱离司法机关侦控的；

5. 在刑事审判活动中故意违背事实和法律，作出枉法判决、裁定，即有罪判无罪、无罪判有罪，或者重罪轻判、轻罪重判的；

6. 其他徇私枉法应予追究刑事责任的情形。

（六）民事、行政枉法裁判案（第三百九十九条第二款）

民事、行政枉法裁判罪是指司法工作人员在民事、行政审判活动中，故意违背事实和法律作枉法裁判，情节严重的行为。

涉嫌下列情形之一的，应予立案：

1. 枉法裁判，致使当事人或者其近亲属自杀、自残造成重伤、死亡，或者精神失常的；

2. 枉法裁判，造成个人财产直接经济损失 10 万元以上，或者直接经济损失不满 10 万元，但间接经济损失 50 万元以上的；

3. 枉法裁判，造成法人或者其他组织财产直接经济损失 20 万元以上，或者直接经济损失不满 20 万元，但间接经济损失 100 万元以上的；

4. 伪造、变造有关材料、证据，制造假案枉法裁判的；

5. 串通当事人制造伪证，毁灭证据或者篡改庭审笔录而枉法裁判的；

6. 徇私情、私利，明知是伪造、变造的证据予以采信，或者故意对应当采信的证据不予采信，或者故意违反法定程序，或者故意错误适用法律而枉法裁判的；

7. 其他情节严重的情形。

（七）执行判决、裁定失职案（第三百九十九条第三款）

执行判决、裁定失职罪是指司法工作人员在执行判决、裁定活动中，严重不负责任，不依法采取诉讼保全措施、不履行法定执行职责，或者违法采取保全措施、强制执行措施，致使当事人或者其他人的利益遭受重大损失的行为。

涉嫌下列情形之一的，应予立案：

1. 致使当事人或者其近亲属自杀、自残造成重伤、死亡，或者精神失常的；

2. 造成个人财产直接经济损失 15 万元以上，或者直接经济损失不满 15 万元，但间接经济损失 75 万元以上的；

3. 造成法人或者其他组织财产直接经济损失 30 万元以上，或者直接经济损失不满 30 万元，但间接经济损失 150 万元以上的；

4. 造成公司、企业等单位停业、停产 1 年以上，或者破产的；

5. 其他致使当事人或者其他人的利益遭受重大损失的情形。

（八）执行判决、裁定滥用职权案（第三百九十九条第三款）

执行判决、裁定滥用职权罪是指司法工作人员在执行判决、裁定活动中，滥用职权，不依法采取诉讼保全措施、不履行法定执行职责，或者违法采取保全措施、强制执行措施，致使当事人或者其他人的利益遭受重大损失的行为。

涉嫌下列情形之一的，应予立案：

1. 致使当事人或者其近亲属自杀、自残造成重伤、死亡，或者精神失常的；

2. 造成个人财产直接经济损失 10 万元以上，或者直接经济损失不满 10 万元，但间接经济损失 50 万元以上的；

3. 造成法人或者其他组织财产直接经济损失 20 万元以上，或者直接经济损失不满 20 万元，但间接经济损失 100 万元以上的；

4. 造成公司、企业等单位停业、停产 6 个月以上，或者破产的；

5. 其他致使当事人或者其他人的利益遭受重大损失的情形。

《最高人民检察院人民检察院直接受理立案侦查的渎职侵权重特大案件标准（试行）》（高检发〔2001〕13 号）

五、枉法追诉、裁判案

（一）重大案件

1. 对依法可能判处三年以上七年以下有期徒刑的犯罪分子，故意包庇不使其受追诉的；

2. 致使无罪的人被判处三年以上七年以下有期徒刑的。

（二）特大案件

1. 对依法可能判处七年以上有期徒刑、无期徒刑、死刑的犯罪分子，故意包庇不使其受追诉的；

2. 致使无罪的人被判处七年以上有期徒刑、无期徒刑、死刑的。

六、民事、行政枉法裁判案

（一）重大案件

1. 枉法裁判，致使公民的财产损失十万元以上、法人或者其他组织财产损失五十万元以上的；

2. 枉法裁判，引起当事人及其亲属精神失常或者重伤的。

（二）特大案件

1. 枉法裁判，致使公民的财产损失五十万元以上、法人或者其他组织财产损失一百万元以上的；

2. 引起当事人及其亲属自杀死亡的。

《最高人民法院、最高人民检察院关于办理渎职刑事案件适用法律若干问题的解释（一）》（法释〔2012〕18号，2013年1月9日施行）（摘录）

第二条 国家机关工作人员实施滥用职权或者玩忽职守犯罪行为，触犯刑法分则第九章第三百九十八条至第四百一十九条规定的，依照该规定定罪处罚。

国家机关工作人员滥用职权或者玩忽职守，因不具备徇私舞弊等情形，不符合刑法分则第九章第三百九十八条至第四百一十九条的规定，但依法构成第三百九十七条规定的犯罪的，以滥用职权罪或者玩忽职守罪定罪处罚。

《最高人民检察院法律政策研究室关于非司法工作人员是否可以构成徇私枉法罪共犯问题的答复》（〔2003〕高检研发第11号）

江西省人民检察院法律政策研究室：

你院《关于非国家机关工作人员是否可以构成徇私枉法罪共犯问题的请示》（赣检发研字〔2002〕7号）收悉。经研究，答复如下：

非司法工作人员与司法工作人员勾结，共同实施徇私枉法行为，构成犯罪的，应当以徇私枉法罪的共犯追究刑事责任。

此复。

【案例一】

杨有才徇私枉法案①

• 案件事实 •

杨有才，原系郑州煤炭工业集团有限责任公司煤炭运销公司保卫科工作人员，捕前系郑州市公安局郑州矿区分局借用人员。1998年10月间，杨有才在

① 参见最高人民法院中国应用法学研究所编：《人民法院案例选》（2001年第4辑），人民法院出版社2001年版。

郑州市公安局郑州矿区分局治安科工作期间，参与查办铁某某、王某、付某某、杨某荣、郭某某等奸淫幼女一案，并同治安科的杨文罡等人一起对付某某进行了传唤。1998 年 11 月，杨有才接受了为付某某说情的周朝尘（受付某某亲属之托）等人之请，在新密市吃饭、洗澡，后又接受了周朝尘两次交给他的 2700 元钱，即放弃了对犯罪嫌疑人付某某的进一步查找抓捕，亦未向治安科负责人汇报付某某的情况，致使付某某长期逍遥法外。

1999 年 12 月，杨有才在郑州市公安局郑州矿区分局刑侦大队工作期间，于 12 月 9 日下午到郑州矿区人民检察院拿取对犯罪嫌疑人王某、郭某某的批准逮捕决定书。因害怕王某、郭某某归案后供出付某某，从而导致自己收受周朝尘财物的事情败露，便于 12 月 10 日打电话通知杨文罡，让杨文罡通知王某、郭某某二人“注意躲躲”。

2000 年 1 月 4 日，犯罪嫌疑人王某被逮捕归案后，杨有才参与押送其到郑州矿区拘留所，下车后趁无人之机，杨有才交代王某“不要乱说”。1 月 7 日，杨有才与刑侦大队干警赵建忠、杨朝阳一同去北京将郭某某抓获后，当晚杨有才在吃饭途中趁无人之机告诉郭某某“现在就你们四个，别再多说”。1 月 8 日杨有才在看守郭某某去厕所时，又告诉郭“王某也被抓起来，说多了没啥好处”。2 月 29 日，杨有才同赵建忠一同提审郭某某时，又趁看守去厕所之机告诉郭某某“别乱说话，您四个就您四个”。由于杨有才的指使，王某、郭某某在侦查及审查起诉阶段均不供述付某某参与共同犯罪的情况，而同案的犯罪嫌疑人铁某某、杨某荣又不知付某某的姓名，以致付某某成为“不知姓名的人”，直至 2000 年 8 月 17 日付某某到检察机关自首。

• 裁判要旨 •

徇私枉法罪的主体认定及其与包庇罪的界限。

• 裁判理由 •

河南省郑州市矿区人民法院经公开审理认为：被告人杨有才在郑州市公安局郑州矿区分局借用期间，受指派办理铁某某等奸淫幼女一案，参与传唤、抓捕、审讯等工作，具有侦查职责，是司法工作人员。杨有才在办理案件过程中，对付某某进行传唤后，明知付某某为犯罪嫌疑人，在接受他人宴请及财物后，即放弃了对付某某的抓捕，亦未向治安科领导汇报，致使付某某一年零十个月不能归案。后杨有才为使自己收受财物之事不暴露，又向该案两名犯罪嫌疑人通报被批准逮捕的消息，并在二人归案后指使二人作虚伪供述，致使二人在侦查及审查起诉阶段一直不供述付某某参与共同犯罪的事实，付某某在该案侦查及审查起诉中一直成为“不知姓名的人”，未受到追诉。杨有才为个人私利而包庇犯罪嫌疑人，不使其受到追诉的行为已构成徇私枉法罪，依法应予惩处。郑州矿区人民检察院指控被告人的犯罪事实成立，予以支持；指控被告人犯帮助犯罪分子逃避处罚罪的罪名不当，不予采纳。被告人杨有才辩称没有向王某、郭某某通风报信及告诫二人“别乱说”，经查与事实不符，对其辩解不予支持；其辩护人辩称被告人的行为不构成帮助犯罪分子逃避处罚罪的理由成立，予以采纳。郑州矿区人民法院依照《刑法》第399条第1款、第3款之规定，2000年12月4日判决如下：被告人杨有才犯徇私枉法罪，判处有期徒刑四年。宣判后，杨有才不服，向郑州市中级人民法院提出上诉。杨有才上诉称：其本人在郑州市公安局矿区分局工作期间，是一名未被正式录用的借用人员，不能称得上是司法工作人员；其本人并没有告诉郭某某、王某二人不要供出付某某这个人；原判决认定的事实不清，证据不足，定性不准。

河南省郑州市中级人民法院经二审审理认为：杨有才在郑州市公安局郑州矿区分局借用期间，受指派办理铁某某等奸淫幼女一案，参与了传唤、抓捕、审讯等工作，依照有关法律及立法精神，应视为司法工作人员。其为个人私利而包庇犯罪嫌疑人，不使其受到追诉，有证人证言、书证、物证照片及被告人供述等证据在卷为证。原判认定的事实清楚、证据确实充分、定性准确、量刑适当。杨有才上诉称自己不是司法工作人员的理由不能成立；上诉称没有指使王某、郭某某作虚伪供述，经查与事实不符，其理由不能成立；上诉称原判认定事实不清、证据不充分、定性不准的理由不能成立，均不予采纳。依照《刑事诉讼法》第189条第1项的规定，2001年3月8日，郑州市中级人民法院作出裁定如下：驳回上诉，维持原判。

【案例二】

卢某某执行判决、裁定滥用职权案①

• 案件事实 •

卢某某，原系湖南省岳阳市君山区人民法院（以下简称君山区人民法院）院长。君山区人民法院在执行曹某某、于某等五人诉湖南省永辉特种水泥有限公司借款纠纷案过程中，追加湖南雄劲特种水泥集团有限公司为被执行人，因湖南雄劲特种水泥集团有限公司无力偿还该款，君山区人民法院于2003年3月6日冻结了该公司的应收款564480元，即该公司与湖南省新生水泥厂合同约定的2003年5月至2003年12月的租金，并通知湖南省新生水泥厂作为协助执行人协助执行。2003年3月24日，湖南省新生水泥厂委托律师戴某向君山区人民法院提交法律意见书，指出湖南雄劲特种水泥集团有限公司与湖南省新

① 参见《中华人民共和国最高人民法院公报》2007年第5期。

生水泥厂的租金已被湖南省桃源县人民法院（2001）桃民初字第1137号民事裁定书予以保全，君山区人民法院2003年3月6日的保全属于重复保全。君山区人民法院对此没有理睬。

2003年12月17日，君山区人民法院在得知湖南省新生水泥厂将租用设备的租金全部支付给湖南雄劲特种水泥集团有限公司后，遂裁定协助执行人湖南省新生水泥厂的行为违法，要求其赔偿申请执行人的损失，包括执行费、诉讼费、财产保全费、利息等，同时作出对湖南新生水泥厂处以29000元的罚款决定。2003年12月21日、12月22日，君山区人民法院分别从湖南省新生水泥厂的账上扣划了29000元和113000元。2004年1月16日，再次从湖南省新生水泥厂的账上扣划了4万元。

2004年1月，湖南省新生水泥厂向君山区人民法院、岳阳市中级人民法院递交了执行异议书。在异议书中，湖南省新生水泥厂说明了应支付给湖南雄劲特种水泥集团有限公司的租金，已经被湖南省桃源县人民法院在2002年5月先于君山区人民法院冻结，湖南省桃源县人民法院于2003年6月公告宣告该公司破产，其租金收入已被湖南省桃源县人民法院破产清算小组处理的事实。岳阳市中级人民法院收到异议书后，多次电话通知君山区人民法院暂缓执行此案，并对已执行的款项暂缓作出处分，由岳阳市中级人民法院立案审理。君山区人民法院工作人员和分管副院长接到异议书和岳阳市中级人民法院的电话通知后，将执行异议情况和岳阳市中级人民法院的电话通知情况向被告人作了汇报。2004年4月，当事人曹某某找到卢某某要求执行此案时，卢某某通知执行人员继续执行此案。2004年4月12日，君山区人民法院又从湖南省新生水泥厂账上扣划了现金36万元。该款执行到法院账上后，卢某某明知对湖南省新生水泥厂的执行正处于异议审查期间，且岳阳市中级人民法院已经通知了暂缓执行、暂缓处分，仍决定将36万元支付给了申请执行人曹某某30万元，剩余6万元加上以前执行存在账上的1万元，共计7万元执行款，要求曹某某作为赞助款给予君山区人民法院。2004年7月27日，岳阳市中级人民法院作出复议决定，撤销了岳阳市君山区人民法院（2003）君执字215－1号罚款决定书。2005年2月25日，君山区人民法院将15000元退还湖南省新生水泥厂，湖南省新生水泥厂因君山区人民法院的执行行为遭受了重大财产损失。

君山区人民法院在执行中国建设银行岳阳市东茅岭支行申请执行岳阳新生代粉末冶金有限公司（以下简称岳阳新生代公司）的借款纠纷案和岳阳楼区城陵机农村信用合作社申请执行岳阳新生代公司的借款纠纷案过程中，以（2004）君执字第69号民事裁定书裁定查封、拍卖被执行人岳阳新生代公司所有的、位于岳阳市城陵矶滨湖村的厂房及机器设备，拍卖所得款项用于清偿两个申请执行人的债务，并进行了公告。竞买人岳阳竣成化工有限公司的孔某交纳了10万元保证金后，于2004年7月30日参加拍卖会，以130万元最高应价竞得拍卖标的物，并与拍卖公司签订了拍卖协议。岳阳市工商行政管理局派员在现场鉴证，确认了该拍卖真实、合法、有效。在拍卖协议生效后的第二天，卢某某接受被执行人的要求，同意被执行人赎回已拍卖的标的物，并收取了被执行人的赎金122万元。随后，卢某某又指示法院案件承办人将拍卖标的物的部分产权证交付给被执行人。拍卖买受人孔某始终不同意放弃竞拍标的物，并于2005年4月15日交足了拍卖款130万元，同时多次上访要求君山区人民法院依法办理标的物的相关过户手续。2005年5月9日，岳阳市中级人民法院明确要求君山区人民法院维护拍卖秩序，在20天内办理完标的物产权过户手续。2005年6月21日，岳阳市中级人民法院又给君山区人民法院下达了岳中法执督字第3号执行案件督办函，要求君山区人民法院抓紧办理过户手续，并在30日内函告结果。经办人员将岳阳市中级人民法院的意见向卢某某作了汇报，但卢某某仍没有组织将拍卖标的物移交给买受人孔某，指示经办人员于2005年6月23日作出了（2004）君执字第744号民事裁定书，以孔某“没有在60个工作日交清全部价款”为由，裁定该次拍卖无效，重新拍卖。2005年11月23日，岳阳市中级人民法院发出（2005）岳中执字第82号民事裁定书，撤销了（2004）君执字第744号这一错误的民事裁定书，拍卖标的物才得以过户给买受人孔某。因卢某某的行为，致使买受人孔某为扩大生产而添置的机器设备闲置，并造成了支付拍卖款资金占用损失97200元。

• 裁判要旨 •

在执行生效判决、裁定活动中，严重不负责任，致使当事人利益遭受重大损失的行为，构成执行判决、裁定滥用职权罪。

• 裁判理由 •

湖南省岳阳市岳阳楼区人民法院（以下简称岳阳楼区人民法院）依法组成合议庭对本案进行公开审理。岳阳楼区人民法院认为：被告人卢某某作为人民法院的院长，在明知该院的冻结裁定违反有关法律规定的情况下，仍对被执行人的资金予以重复冻结，并不按要求进行复议，指令工作人员继续执行；在明知执行行为正在复议期间，被执行的资金依法不得处置的情况下，仍根据执行申请人的要求将被执行资金支付给了申请人；在执行标的已经按法定程序依法拍卖后，明令经办人不按拍卖程序交付拍卖标的，并指令以非法定理由裁定拍卖无效，其行为是执行判决、裁定滥用职权行为，该行为致使当事人的利益遭受了重大损失，构成执行判决、裁定滥用职权罪。卢某某在立案之前主动供述了主要犯罪事实，属于自首，可以从轻处罚。

2006年4月13日，岳阳楼区人民法院依照《刑法》第399条第3款、第67条第1款、第72条第1款的规定，作出如下判决：被告人卢某某犯执行判决、裁定滥用职权罪，判处有期徒刑二年，缓刑三年。

【学理分析及适用指引】

• 学理分析 •

1. 徇私枉法罪的构成。徇私枉法罪，是指司法工作人员出于私情，故意违背事实和法律，在追诉或者刑事审判活动中作枉法决定或者裁判的行为。本罪的构成要件如下：

（1）本罪的客体。本罪侵犯的客体是国家司法机关的正常活动。司法工作人员代表国家行使司法权，因此，必须忠于职守，忠实于事实和法律，维护国家法律的严肃性。在刑事诉讼活动中，司法工作人员担负着惩罚犯罪、保护人民的神圣使命。为此，在侦查、起诉、审判和监管等活动中，司法工作人员应当在查明案件事实的基础上，认真执行《刑法》和《刑事诉讼法》，将有罪的人绳之以法、给以应有的惩罚，保护无罪的人不受刑事追究。司法工作人员在履行职务的过程中，如果屈从私情，故意违背事实和法律，作出枉法的决定或者裁判，不仅违背了起码的司法职业道德，而且会侵犯公民的合法权益，从根本上讲会破坏国家司法机关的威信和正常活动，损害法律的严肃性。因此，对徇私枉法犯罪行为必须予以刑罚惩罚。

（2）本罪的客观方面。本罪在客观方面表现为违背事实和法律，在追诉或者刑事审判活动中作枉法决定或者裁判的行为。“违背事实和法律”，是指不忠于事实真相、不遵守法律规定，具体表现为：一是在追诉活动中作枉法决定，主要是指在侦查、起诉活动中，违反法律关于追究刑事责任、强制措施、立案侦查、移送起诉、提起公诉和不起诉等制度的规定，对明知是无罪的人而使他受追诉，对明知是有罪的人而故意包庇不使他受追诉。追诉，是指从立案到向法院提起公诉的司法行为。作出的枉法决定一般是书面的，如立案或者不立案决定书、批准逮捕或者不批准逮捕决定书、起诉书或者不起诉决定书等，也可以是口头的；既可以是明示的，也可以是默示的，如应当立案侦查而私自决定不立案侦查。二是在刑事审判活动中作枉法裁判，包括把有罪的人判为无罪，把无罪的人判为有罪，轻罪重判或者重罪轻判等情形。

（3）本罪的主体。犯罪主体为特殊主体，即司法工作人员。根据《刑法》第 94 条的规定，司法工作人员是指有侦查、检察、审判、监管职责的工作人员。就本罪主体而言，一般由有侦查、检察、审判职责的工作人员构成。但有监管职责的工作人员依法对罪犯在监狱内犯罪的案件进行侦查时也可成为本罪的主体。

（4）本罪的主观方面。主观方面只能由直接故意构成，即行为人明知自己的行为是违背事实和法律的，并且希望枉法结果的发生。行为人的动机是徇私、徇情。间接故意和过失不构成本罪。

2. 民事、行政枉法裁判罪的构成。民事、行政枉法裁判罪，是指审判人员故意违背事实和法律，在民事、行政审判活动中作枉法裁判，情节严重的行为。本罪的构成要件如下：

（1）本罪的客体。本罪侵犯的客体是人民法院正常的民事、行政审判活动。

（2）本罪的客观方面。客观方面表现为违背事实和法律，在民事、行政审判活动中作枉法裁判的行为。所谓违背事实和法律，是指不忠于事实真相和不遵守法律规定。民事审判，是指依法适用《民事诉讼法》审判案件的活动，包括民商事案件、海事案件和知识产权案件的审判；行政审判，指依法适用《行政诉讼法》审判案件的活动，即行政案件的审判。“裁判”，包括判决、裁定和决定。枉法裁判行为须达到“情节严重”的程度，才能构成犯罪。司法实践中，“情节严重”，一般是指犯罪手段恶劣，严重侵犯当事人合法权益的；给当事人的生产、经营或者生活造成严重困难的；造成恶劣社会影响等情形。

（3）本罪的主体。犯罪主体为特殊主体，即审判人员。

（4）本罪的主观方面。主观方面只能由直接故意构成，即行为人明知自己的行为是违背事实和法律的，并且希望枉法结果的发生。犯罪动机主要是徇私、徇情。

3. 执行判决、裁定失职罪的构成。执行判决、裁定失职罪，是指人民法院从事执行工作的人员，在执行生效判决、裁定活动中，严重不负责任，致使当事人或者其他人的利益遭受重大损失的行为。本罪的构成要件如下：

（1）本罪侵犯的客体是人民法院正常的执行活动。犯罪对象是“判决、裁定”。此处的“判决、裁定”应作广义的理解。根据《全国人民代表大会常务委员会关于〈中华人民共和国刑法〉第三百一十三条的解释》规定，《刑法》第313条规定的“人民法院的判决、裁定”，是指人民法院作出的具有执行内容并已发生法律效力的判决、裁定。人民法院为依法执行支付令、生效的调解书、仲裁裁决、公证债权文书等所作的裁定属于该条规定的裁定。

（2）本罪的客观方面。客观方面表现为在执行判决、裁定活动中，严重不负责任，不依法采取诉讼保全措施、不履行法定执行职责，致使当事人或者他人的利益遭受重大损失的行为。“严重不负责任”，是指对依法应当采取诉讼保全措施的而不采取，对依法应当采取强制执行措施的而不采取，不履行法定执行职责（即不作为）。按照《民事诉讼法》的规定，人民法院对于可能因当事人一方的行为或者其他原因，使判决不能执行或者难以执行的案件，可以根据对方当事人的申请，作出财产保全的裁定；当事人没有提出申请的，人民法院在必要时依职权也可以裁定采取财产保全措施。但财产保全限于请求的范围，或者与本案有关的财物。这些财产保全措施包括查封、扣押、冻结或者法律规定的其他方法。同时，《民事诉讼法》规定，被执行人未按人民法院发出的执行通知书履行法律文书确定的义务时，人民法院有权采取冻结、划拨被执行人在银行、信用合作社的存款，扣押、提取被执行人应当履行义务部分的收入，查封、扣押、冻结、拍卖、变卖被执行人应当履行义务部分的财产等强制执行措施。但这些诉讼保全措施和强制执行措施都必须严格依照法定程序进行。如果执行人员对依法应当采取诉讼保全措施或者强制执行措施而不采取，致使当事人或者其他人的利益遭受重大损失的，则应当追究行为人的刑事责任。但重大损失与严重不负责任的行为之间必须存在着刑法上的因果关系，才能构成犯罪。此处的“当事人”，是指原告、被告、第三人；“其他人”，是指本案当事人以外的第三人，通常称为“案外人”。

（3）本罪的主体。犯罪主体为特殊主体，即司法工作人员，特指在人民法院从事执行工作的人员（执行员）。

（4）本罪的主观方面。主观方面只能由过失构成，即行为人应当预见到自己在执行工作中的失职行为会使当事人或者其他人的利益遭受重大损失，因为疏忽大意而没有预见，或者已经预见而轻信能够避免，故意（包括间接故意）不构成本罪。

4. 执行判决、裁定滥用职权罪的构成。执行判决、裁定滥用职权罪，是指人民法院从事执行工作的人员，在执行生效判决、裁定活动中，滥用职权，致使当事人或者其他人的利益遭受重大损失的行为。本罪的构成要件如下：

（1）本罪的客体。本罪侵犯的客体是人民法院正常的执行活动。犯罪对象是判决、裁定。此处的“判决、裁定”应作广义的理解。根据相关立法解释的规定，人民法院的判决、裁定，是指人民法院作出的具有执行内容并已发生法律效力的判决、裁定。人民法院为依法执行支付令、生效的调解书、仲裁裁决、公证债权文书等所作的裁定属于该条规定的裁定。执行人员的职责是依法办理民事、行政判决、裁定的执行事项和刑事判决、裁定中关于财产部分的执行事项，以实现判决、裁定确定的内容，维护当事人的合法权益，维持法律的权威。执行人员在执行活动中如果滥用职权，必然使正常的执行秩序受到破坏，使当事人和其他人的利益遭受重大损失。

（2）本罪的客观方面。客观方面表现为在执行判决、裁定活动中滥用职权，违反法律规定的条件和程序，采取诉讼保全措施、强制执行措施（作为），致使当事人或者其他人的利益遭受重大损失的行为。滥用职权，是指违反法律规定的权限和程序，超越职权范围行使职权。滥用职权的行为只有致使当事人或者其他人的利益遭受重大损失，且重大损失与滥用职权的行为之间存在刑法上的因果关系的，才能构成犯罪。此处的“当事人”，是指原告、被告、第三人；“其他人”，是指本案当事人以外的第三人，通常称为“案外人”。

（3）本罪的主体。犯罪主体为特殊主体，即司法工作人员，特指在人民法院从事执行工作的人员（执行员）。

（4）本罪的主观方面。主观方面一般由过失构成，即行为人应当预见自己滥用职权的行为会使当事人或者其他人的利益遭受重大损失，由于疏忽大意而没有预见，或者已经预见而轻信能够避免，以致这种重大损失发生的心理态度。行为人滥用职权的行为如同交通肇事闯红灯、酒后开车一样，往往是故意的，但对损害结果的发生，则是出于过失。根据《刑法》规定，过失犯罪为结果犯。本款规定的执行判决、裁定失职罪与执行判决、裁定滥用职权罪在犯罪形态上均为结果犯，且处刑均一样，表明本罪的罪过形式一般为过失，但也不排除故意的存在。理由同前，此处不再赘述。

• 适用指引 •

司法实践中，认定本罪应注意：

1. 关于徇私枉法罪的认定。

（1）徇私枉法罪与帮助犯罪分子逃避处罚罪的界限。徇私枉法罪与帮助犯罪分子逃避处罚罪区别主要在于：一是犯罪客观方面不同。帮助犯罪分子逃避处罚罪客观方面表现为向犯罪分子通风报信、提供便利，帮助犯罪分子逃避处罚的行为；徇私枉法罪客观方面表现为徇私枉法、徇情枉法，对明知是无罪的人而使他受追诉，对明知是有罪的人而故意包庇不使他受追诉，或者在刑事审判活动中故意违背事实和法律作枉法裁判的行为。二是犯罪主体不同。帮助犯罪分子逃避处罚罪的主体是负有查禁犯罪活动职责的国家机关工作人员，但又不是对该犯罪具有刑事追诉权限的人员。徇私枉法罪的主体是享有追诉、审判职权的特定司法工作人员，即侦查、检察、审判、监管人员，而不是一般的司法工作人员。具有刑事追诉职权的司法工作人员，在刑事追诉过程中，对明知是有罪的人而故意使其不受追诉的，应以徇私枉法罪论处，而不能认定为帮助犯罪分子逃避处罚罪。

（2）徇私枉法罪与包庇罪的界限。两罪都是发生在刑事司法活动中的故意犯罪，在犯罪的客观方面，徇私枉法罪中对明知是有罪的人而故意包庇不使他受追诉的行为，与包庇罪对明知是犯罪的人而作假证明故意包庇的行为也非常相似，很容易混淆。两罪的区别主要是：①犯罪主体不同。徇私枉法罪的主体，只能是司法工作人员这一特殊主体；而包庇罪是一般主体构成的犯罪。②犯罪手段不同。包庇罪的包庇行为，不要求利用职务之便实施；而徇私枉法罪的包庇手段，必须是利用职务之便实施。如果行为人并非利用职权对犯罪分子实施包庇行为，则构成包庇罪而不构成徇私枉法罪。③犯罪发生的时间不同。包庇罪的包庇行为，可以在犯罪分子犯罪后的任何阶段实施，既可能在侦查、起诉、审判阶段实施，也可以在判决之后实施。徇私枉法罪的包庇行为，一般发生在判决之前。

2. 民事、行政枉法裁判罪的认定。

司法实践中认定民事、行政枉法裁判罪，须注意正确区分民事、行政枉法裁判罪与徇私枉法罪的界限。民事、行政枉法裁判罪与徇私枉法罪都是由特殊主体实施的故意犯罪，都会导致错误的判决、裁定的出现，两罪之间的区别主要表现在：

（1）发生的审判领域不同。前者是发生于民事、行政审判领域，后者则是发生在刑事审判领域。

（2）犯罪主体的具体范围不同。民事、行政枉法裁判罪的犯罪主体是民事、经济、行政审判人员；徇私枉法罪的犯罪主体是侦查、检察、刑事审判及监管人员。

（3）客观方面表现不尽相同。民事、行政枉法裁判罪表现为违背民事、行政案件事实及相关法律枉法作出民事、行政判决、裁定；徇私枉法罪除违背刑事案件的事实及相关法律枉法作出刑事判决、裁定外，还包括使无罪的人受到追诉或者使有罪的人不受追诉的行为。

（4）徇私枉法罪是行为犯，民事、行政枉法裁判罪则是结果犯，构成民事、行政枉法裁判罪必须达到情节严重。

3. 关于执行判决、裁定罪失职罪的认定。

（1）罪与非罪的界限。虽有执行判决、裁定失职的行为，但情节显著轻微危害不大的，不认为是犯罪；虽然执行判决、裁定失职的行为对当事人或者其他人的利益造成了损失，但没有达到重大程度的，也不能构成本罪。因此，判定损失是否达到重大程度是区分执行判决、裁定失职罪罪与非罪的关键。

（2）本罪与徇私枉法罪的界限。本罪和徇私枉法罪都是司法工作人员的渎职犯罪，都侵犯了司法机关正常的活动和威信。两者的区分主要表现在：

第一，两罪行为发生的时空不同。执行判决、裁定失职罪发生于执行判决、裁定的活动中；徇私枉法罪则发生于从立案到审判的司法活动中。第二，两罪针对的诉讼活动的性质不同。徇私枉法罪针对的是刑事诉讼活动，只能发生于刑事诉讼活动中；执行判决、裁定失职罪针对的则主要是民事、行政诉讼活动。第三，两罪行为的客观表现不同。徇私枉法罪的行为表现为徇私枉法、徇情枉法，对明知是无罪的人而使他受追诉，对明知是有罪的人而故意包庇不使他受追诉，或者在刑事审判活动中故意违背事实和法律作枉法裁判的；执行判决、裁定失职罪的行为则表现为严重不负责任，不依法采取诉讼保全措施、不履行法定执行职责。前罪一般表现为积极的作为，后罪则表现为消极的不作为。第四，两罪的主体也不完全相同。虽然两罪的主体都是司法工作人员，但执行判决、裁定失职罪的主体主要是执行工作人员；徇私枉法罪的主体则主要是侦查、检察、审判人员。第五，两罪的主观方面也不相同。徇私枉法罪的主观方面表现为故意，且具有徇私、徇情的犯罪动机。执行判决、裁定失职罪的主观方面则表现为过失。

（3）本罪与民事、行政枉法裁判罪的界限。执行判决、裁定失职罪和民事、行政枉法裁判罪都属于司法工作人员的渎职行为，两罪的主要区别在于：①两罪行为发生的时空范围不同，本罪发生在执行判决、裁定的活动中，而民事、行政枉法裁判罪只发生在审判活动中。②两罪行为的具体表现不同，本罪表现为在执行判决、裁定活动之严重不负责任的行为；民事、行政枉法裁判罪则表现为故意违背事实和法律作枉法裁判，情节严重的行为。前罪表现为消极的不作为，后罪表现为积极的作为。前罪行为的最低限度是对当事人或其他人造成了重大损失，后罪行为的最低要求是情节严重。③两罪的犯罪主体不同，本罪的主体主要是司法工作人员中的执行工作人员，民事、行政枉法裁判罪的主体则只是审判工作人员。④两罪的主观方面也不相同，本罪的主观方面是过失，民事、行政枉法裁判罪的主观方面则是故意。

（4）本罪和拒不执行判决、裁定罪的界限。执行判决、裁定失职罪和拒不执行判决、裁定罪都是发生于执行判决、裁定活动中的犯罪，犯罪对象针对的都是判决、裁定；两罪中的判决、裁定也具有同样的内涵和外延。行为也可以都表现为拒不执行法院判决、裁定的活动，两罪的区分主要表现在：①两罪的主体不同。本罪的主体是司法工作人员，属于特殊主体；拒不执行判决、裁定罪的主体是被法院判决、裁定明确指定履行某种义务的人，也属于特殊主体。但前罪的主体是具有司法职权特别是执行权的国家机关工作人员，后罪的主体则是具有履行某种义务的人，不是具有司法职权的国家机关工作人员。可见，两罪的主体的关系是执行者与被执行者的关系，基本上处于相对的地位。②两罪行为的表现不同。拒不执行判决、裁定罪的行为表现为有能力履行法院的判决、裁定而拒不履行，情节严重的行为。执行判决、裁定失职罪的行为表现为消极的不作为，而拒不执行判决、裁定罪可以表现为消极不作为的拒不履行，也可表现为积极作为的拒不履行。本罪行为的最低限度要求是严重损失，拒不执行判决、裁定犯罪行为的最低要求是情节严重。③两罪的主观方面也不相同。本罪主观方面表现为过失，拒不执行判决、裁定罪的主观方面表现为故意。

4. 执行判决、裁定滥用职权罪的认定。

（1）罪与非罪的界限。虽有执行判决、裁定滥用职权的行为，但情节显著轻微危害不大的，不认为是犯罪；虽然执行判决、裁定滥用职权的行为给当事人或者其他人的利益造成了损失，但没有达到重大程度的，也不能构成本罪。因此，判定损失是否达到重大程度是区分罪与非罪的关键。

（2）本罪与执行判决、裁定失职罪。本罪与执行判决、裁定失职罪都是司法工作人员的渎职犯罪，两罪的主要区别在于：①两罪的行为表现不同。本罪表现为滥用职权，违法采取诉讼保全措施、强制执行措施；执行判决、裁定失职罪表现为严重不负责任，不依法采取诉讼保全措施、不履行法定执行职责。本罪一般表现为积极的作为，执行判决、裁定失职罪一般表现为消极的不作为。②两罪行为的最低限度的具体认定标准不同。尽管两罪成立犯罪的最低标准都是致使当事人或者其他人的利益遭受重大损失，但由于执行判决、裁定滥用职权罪行为的危害性大于执行判决、裁定失职罪行为的危害性，因而司法实践中本罪重大损失的具体标准低于执行判决、裁定失职罪的重大损失的具体标准。③两罪的主观方面不同。本罪的主观方面表现为故意，执行判决、裁定失职罪的主观方面则表现为过失。主观方面的不同是两罪之间的一个非常明显的区分。

5. 徇私枉法，民事、行政枉法裁判，执行判决、裁定滥用职权犯罪过程中的罪数问题。

司法实践中，司法工作人员之所以会实施徇私枉法，民事、行政枉法裁判等违法犯罪行为，常常出于徇私情、徇私利（即贪图钱财或者为徇其他私情），其徇私行为又常常构成《刑法》第 385 条受贿罪，此时就涉及徇私枉法，民事、行政枉法裁判，执行判决、裁定滥用职权罪过程中的罪数问题。从刑法理论上看，这种现象似乎可以视作牵连关系，但问题如何处理?《刑法》第 399 条第 4 款对此作出了明确的规定，即行为人因接受他人贿赂而枉法的，既构成了徇私枉法罪，民事、行政枉法裁判罪，执行判决、裁定滥用职权罪和执行判决、裁定失职罪，又构成受贿罪，应按其中处罚较重的罪定罪处罚，而不适用数罪并罚。

第三百九十九条之一　枉法仲裁罪

【法律规定】

• 法律条文 •

《中华人民共和国刑法》

第三百九十九条之一　依法承担仲裁职责的人员，在仲裁活动中故意违背事实和法律作枉法裁决，情节严重的，处三年以下有期徒刑或者拘役；情节特别严重的，处三年以上七年以下有期徒刑。

• 相关规定 •

《中华人民共和国仲裁法》

第二条　平等主体的公民、法人和其他组织之间发生的合同纠纷和其他财产权益纠纷，可以仲裁。

第七条 仲裁应当根据事实，符合法律规定，公平合理地解决纠纷。

第八条 仲裁依法独立进行，不受行政机关、社会团体和个人的干涉。

第九条 仲裁实行一裁终局的制度。裁决作出后，当事人就同一纠纷再申请仲裁或者向人民法院起诉的，仲裁委员会或者人民法院不予受理。

裁决被人民法院依法裁定撤销或者不予执行的，当事人就该纠纷可以根据双方重新达成的仲裁协议申请仲裁，也可以向人民法院起诉。

第三十四条 仲裁员有下列情形之一的，必须回避，当事人也有权提出回避申请：

（一）是本案当事人或者当事人、代理人的近亲属；

（二）与本案有利害关系；

（三）与本案当事人、代理人有其他关系，可能影响公正仲裁的；

（四）私自会见当事人、代理人，或者接受当事人、代理人的请客送礼的。

第三十八条 仲裁员有本法第三十四条第四项规定的情形，情节严重的，或者有本法第五十八条第六项规定的情形的，应当依法承担法律责任，仲裁委员会应当将其除名。

第五十八条 当事人提出证据证明裁决有下列情形之一的，可以向仲裁委员会所在地的中级人民法院申请撤销裁决：

（一）没有仲裁协议的；

（二）裁决的事项不属于仲裁协议的范围或者仲裁委员会无权仲裁的；

（三）仲裁庭的组成或者仲裁的程序违反法定程序的；

（四）裁决所根据的证据是伪造的；

（五）对方当事人隐瞒了足以影响公正裁决的证据的；

（六）仲裁员在仲裁该案时有索贿受贿，徇私舞弊，枉法裁决行为的。

人民法院经组成合议庭审查核实裁决有前款规定情形之一的，应当裁定撤销。

人民法院认定该裁决违背社会公共利益的，应当裁定撤销。

《中华人民共和国劳动争议调解仲裁法》

第十九条 劳动争议仲裁委员会由劳动行政部门代表、工会代表和企业方面代表组成。劳动争议仲裁委员会组成人员应当是单数。

劳动争议仲裁委员会依法履行下列职责：

（一）聘任、解聘专职或者兼职仲裁员；

（二）受理劳动争议案件；

（三）讨论重大或者疑难的劳动争议案件；

（四）对仲裁活动进行监督。

劳动争议仲裁委员会下设办事机构，负责办理劳动争议仲裁委员会的日常工作。

第三十三条 仲裁员有下列情形之一，应当回避，当事人也有权以口头或者书面方式提出回避申请：

（一）是本案当事人或者当事人、代理人的近亲属的；

（二）与本案有利害关系的；

（三）与本案当事人、代理人有其他关系，可能影响公正裁决的；

（四）私自会见当事人、代理人，或者接受当事人、代理人的请客送礼的。

劳动争议仲裁委员会对回避申请应当及时作出决定，并以口头或者书面方式通知当事人。

第三十四条 仲裁员有本法第三十三条第四项规定情形，或者有索贿受贿、徇私舞弊、枉法裁决行为的，应当依法承担法律责任。劳动争议仲裁委员会应当将其解聘。

《最高人民法院、最高人民检察院关于办理渎职刑事案件适用法律若干问题的解释（一）》（法释〔2012〕18号）

第二条 国家机关工作人员实施滥用职权或者玩忽职守犯罪行为，触犯刑法分则第九章第三百九十八条至第四百一十九条规定的，依照该规定定罪处罚。

国家机关工作人员滥用职权或者玩忽职守，因不具备徇私舞弊等情形，不符合刑法分则第九章第三百九十八条至第四百一十九条的规定，但依法构成第三百九十七条规定的犯罪的，以滥用职权罪或者玩忽职守罪定罪处罚。

【学理分析及适用指引】

• 学理分析 •

根据《刑法》第399条之一的规定，枉法仲裁罪是指依法承担仲裁职责的人员，在仲裁活动中故意违背事实和法律作出枉法裁决，情节严重的行为。本罪的构成要件如下：

1. 本罪的客体应当是正常的仲裁活动和仲裁当事人的合法权益。虽然仲裁人员不是法律意义上司法工作人员，但其实际上行使了国家授权的一部分司法权力。

2. 本罪客观方面表现为违背事实和法律作枉法裁决，情节严重的行为。具体表现为违背事实进行枉法仲裁与违背法律作枉法仲裁两种情形，如颠倒黑白，将应当败诉的一方裁定胜诉，或者本应承担较轻法律责任的当事人裁定承担较重的责任，或者提高或者降低赔偿数额等。成立本罪还要求枉法仲裁行为达到情节严重的程度。

3. 本罪主体是特殊主体，即依法承担仲裁职责的人员。此处的“依法”

主要是依据《仲裁法》《劳动争议仲裁法》等国家法律、行政法规的规定，“承担仲裁职责的人员”主要是指承担仲裁案件的仲裁员，也包括仲裁机构的仲裁委员会主任、秘书长、书记员等人员。

4. 本罪的主观方面是故意，过失不能构成枉法仲裁罪。

• 适用指引 •

枉法仲裁罪的行为本质也是一种枉法裁判的行为，现行刑事立法将仲裁人与公检法工作人员的枉法裁判的行为一起规定在《刑法》的“渎职罪”中，是因为仲裁工作具有的准司法权属性。从立法规定上看，枉法仲裁罪与枉法裁判罪在罪行主观方面和客观方面的规定基本一致，其最为关键的区别就在于主体方面。

第四百条 私放在押人员罪、失职致使在押人员脱逃罪

【法律规定】

• 法律条文 •

《中华人民共和国刑法》

第四百条 司法工作人员私放在押的犯罪嫌疑人、被告人或者罪犯的，处五年以下有期徒刑或者拘役；情节严重的，处五年以上十年以下有期徒刑；情节特别严重的，处十年以上有期徒刑。

司法工作人员由于严重不负责任，致使在押的犯罪嫌疑人、被告人或者罪犯脱逃，造成严重后果的，处三年以下有期徒刑或者拘役；造成特别严重后果的，处三年以上十年以下有期徒刑。

• 相关规定 •

《最高人民检察院关于渎职侵权犯罪案件立案标准的规定》（高检发释字〔2006〕2号）

一、渎职犯罪案件

……

（九）私放在押人员案（第四百条第一款）

私放在押人员罪是指司法工作人员私放在押（包括在羁押场所和押解途中）的犯罪嫌疑人、被告人或者罪犯的行为。

涉嫌下列情形之一的，应予立案：

1. 私自将在押的犯罪嫌疑人、被告人、罪犯放走，或者授意、指使、强

迫他人将在押的犯罪嫌疑人、被告人、罪犯放走的；

2. 伪造、变造有关法律文书、证明材料，以使在押的犯罪嫌疑人、被告人、罪犯逃跑或者被释放的；

3. 为私放在押的犯罪嫌疑人、被告人、罪犯，故意向其通风报信、提供条件，致使该在押的犯罪嫌疑人、被告人、罪犯脱逃的；

4. 其他私放在押的犯罪嫌疑人、被告人、罪犯应予追究刑事责任的情形。

（十）失职致使在押人员脱逃案（第四百条第二款）

失职致使在押人员脱逃罪是指司法工作人员由于严重不负责任，不履行或者不认真履行职责，致使在押（包括在羁押场所和押解途中）的犯罪嫌疑人、被告人、罪犯脱逃，造成严重后果的行为。

涉嫌下列情形之一的，应予立案：

1. 致使依法可能判处或者已经判处十年以上有期徒刑、无期徒刑、死刑的犯罪嫌疑人、被告人、罪犯脱逃的；

2. 致使犯罪嫌疑人、被告人、罪犯脱逃3人次以上的；

3. 犯罪嫌疑人、被告人、罪犯脱逃以后，打击报复报案人、控告人、举报人、被害人、证人和司法工作人员等，或者继续犯罪的；

4. 其他致使在押的犯罪嫌疑人、被告人、罪犯脱逃，造成严重后果的情形。

《最高人民检察院人民检察院直接受理立案侦查的渎职侵权重特大案件标准（试行）》（高检发〔2001〕13号）

七、私放在押人员案

（一）重大案件

1. 私放三人以上的；

2. 私放可能判处有期徒刑十年以上或者余刑在五年以上的重大刑事犯罪分子的；

3. 在押人员被私放后又实施重大犯罪的。

（二）特大案件

1. 私放五人以上的；

2. 私放可能判处无期徒刑以上的重大刑事犯罪分子的；

3. 在押人员被私放后又犯罪致人死亡的。

八、失职致使在押人员脱逃案

（一）重大案件

1. 致使脱逃五人以上的；

2. 致使可能判处无期徒刑或者死刑缓期二年执行的重大刑事犯罪分子脱逃的；

3. 在押人员脱逃后实施重大犯罪致人死亡的。

（二）特大案件

1. 致使脱逃十人以上的；

2. 致使可能判处死刑的重大刑事犯罪分子脱逃的；

3. 在押人员脱逃后实施重大犯罪致人死亡二人以上的。

《最高人民检察院关于工人等非监管机关在编监管人员私放在押人员行为和失职致使在押人员脱逃行为适用法律问题的解释》（高检发释字〔2001〕2号）

为依法办理私放在押人员犯罪案件和失职致使在押人员脱逃犯罪案件，对工人等非监管机关在编监管人员私放在押人员行为和失职致使在押人员脱逃行为如何适用法律问题解释如下：

工人等非监管机关在编监管人员在被监管机关聘用受委托履行监管职责的过程中私放在押人员的，应当依照刑法第四百条第一款的规定，以私放在押人员罪追究刑事责任；由于严重不负责任，致使在押人员脱逃，造成严重后果的，应当依照刑法第四百条第二款的规定，以失职致使在押人员脱逃罪追究刑事责任。

《最高人民法院、最高人民检察院关于办理渎职刑事案件适用法律若干问题的解释（一）》（法释〔2012〕18号）

第二条　国家机关工作人员实施滥用职权或者玩忽职守犯罪行为，触犯刑法分则第九章第三百九十八条至第四百一十九条规定的，依照该规定定罪处罚。

国家机关工作人员滥用职权或者玩忽职守，因不具备徇私舞弊等情形，不符合刑法分则第九章第三百九十八条至第四百一十九条的规定，但依法构成第三百九十七条规定的犯罪的，以滥用职权罪或者玩忽职守罪定罪处罚。

【案例一】

吴某某等私放在押人员案①

● 案件事实 ●

2005年1月，被告人罗某某在执行罪犯张某某外诊治疗监管任务时，违反规定，擅自非法同意张某某离开监控范围自行回家，致使后者脱管失控。

在罪犯张某某于2005年4月18日至30日在福建省龙岩市第二医院住院治疗期间，被告人吴某某多次擅自将张某某带离指定的监控范围，其本人两次留

① 参见最高人民法院中国应用法学研究所编：《人民法院案例选》（2007年第3辑），人民法院出版社2007年版。

宿在张某某为其开的宾馆房间内，且擅自非法同意张某某自行回家，造成张某某长时间脱管失控。

罪犯张某某于2005年5月13日至16日在龙岩市第二医院住院治疗期间：(1) 罗某某在负责执行5月13日至5月14日8时对张某某的监管任务时，违反规定，擅自将张某某带出监控范围，与张某某一起外出吃饭、娱乐，并于5月14日凌晨擅自非法同意张某某自行回家睡觉，致使张某某脱管失控。(2) 被告人叶某某在负责执行5月14日8时至5月15日8时对张某某执行外诊住院治疗监管任务时，于5月14日上午发现张某某不在监管地点，并未与上一班民警罗某某交接班，亦未将此情况向有关领导报告，而是离开监管地点，外出办私事，放任张某某脱管，直至当天下午6时许张某某才返回监管地点。随后，叶某某违反规定，擅自非法将张某某带出监控范围，与张某某一起外出吃饭、修车、访亲会友。当晚由张某某及其朋友开车送叶某某回家，叶某某擅自非法同意张某某自行回家睡觉，致使张某某脱管失控。5月15日凌晨，张某某在娱乐场所结伙将他人打成轻伤。(3) 在吴某某负责执行5月15日8时至5月16日8时对张某某的监管任务的期间，吴某某未按规定交接班，也未到龙岩市第二医院对张某某执行监管任务，24小时脱岗，并擅自非法同意张某某自行回家睡觉，造成张某某长时间脱管失控。

另吴某某在任龙岩监狱医院副教导员主管罪犯改造工作期间，于2005年2月、4月两次对该医院罪犯张某某报请减刑，并在龙岩监狱通过对张某某呈报减刑的会议后，在没有核实的情况下，在张某某家庭经济困难的证明上签署“情况属实”的意见并加盖龙岩监狱医院公章后上报。

• 裁判要旨 •

被私放的在押人员脱管时间长短、是否按时返回监管场所，均不影响成立私放在押人员罪的成立。

• 裁判理由 •

河南省龙岩市新罗区人民法院经审理后认为：被告人吴某某、叶某某、罗某某身为监狱司法工作人员，在执行罪犯外诊、住院治疗监管任务时违反规定，擅自非法同意所监管的罪犯离开监控范围自行回家，其行为均已构成私放在押人员罪。公诉机关指控的罪名成立，予以采纳。由于吴某某在罪犯张某某减刑呈报的过程中没有隐瞒事实真相、捏造事实、伪造材料，其行为不构成徇私舞弊减刑罪，故公诉机关指控的此项罪名不成立，不予采纳。三被告人归案后尚能如实供述案件事实，酌情予以从轻处罚。依照《刑法》第400条第1款，第61条，第42条，第45条，第47条，第72条第1款，第73条第1款、第3款的规定，龙岩市新罗区人民法院判决如下：被告人叶某某犯私放在押人员罪，判处有期徒刑二年六个月；被告人吴某某犯私放在押人员罪，判处有期徒刑一年六个月；被告人罗某某犯私放在押人员罪，判处拘役六个月，缓刑六个月。

一审宣判后，龙岩市青草盂区人民检察院对原审被告人吴某某徇私舞弊减刑罪部分提出抗诉，认为吴某某具有徇私行为并有隐瞒事实真相、捏造事实、伪造材料，为不符合减刑条件的罪犯呈报减刑的舞弊行为，其行为应构成徇私舞弊减刑罪。龙岩市人民检察院支持抗诉。三被告人均对私放在押人员罪部分向龙岩市中级人民法院提出上诉，认为他们的行为不构成犯罪。

二审认定的事实和证据与一审的相同。龙岩市中级人民法院经审理认为：

1. 对于检察机关提出吴某某构成徇私舞弊减刑罪的抗诉意见。经查，从龙岩监狱医院会议记录本及建议减刑罪犯审查意见表中反映，2005 年 2 月 28 日和 4 月 14 日龙岩监狱医院两次研究对罪犯张某某呈报减刑及认定有关嘉奖数均系按程序集体决定的，且在研究讨论和呈报时未隐瞒罪犯张某某 2004 年 10 月 23 日因擅自脱离规定的活动区域被扣 3 分的事实。对罪犯减刑、假释的细化规定，具体由监狱部门根据罪犯的改造表现情况和法律的规定及对“老、残”罪犯的特殊从宽政策依法呈报，能否最终得到减刑、假释，是由人民法院根据所呈报的材料及法律的规定作出的裁定结果来决定的。关于上诉人吴某某同意罪犯张某某在外住院治疗期间使用手机问题和同意罪犯张某某出入娱乐场所的行为，在追究私放在押人员罪时已考虑该情节，根据“一事不二罚”的原则，不应对该行为重复处罚；关于上诉人吴某某在罪犯张某某家庭经济情况证明上未作调查就签署“情况属实”的意见的行为，因该证明对罪犯呈报减刑并非起重要作用，该行为未达到犯罪程度。

2. 对于上诉人吴某某、叶某某、罗某某及其辩护人提出三上诉人主观上没有私放的故意，客观上没有造成后果，只是一般的违规、违纪行为，不应按犯罪来追究刑事责任的辩解和辩护意见，不予采纳。经查，罪犯张某某于 2005 年 5 月 13 日至 16 日在龙岩市第二医院住院治疗期间，三上诉人在负责执行对罪犯张某某的监管任务时，违反规定，擅自将罪犯张某某带出监控范围，与罪犯张某某一起外出吃饭、娱乐，并擅自非法同意罪犯张某某自行回家睡觉，致使罪犯张某某脱管失控。叶某某在负责执行对罪犯张某某的监管任务时，擅自同意罪犯张某某回家，导致在 5 月 15 日凌晨时，罪犯张某某在娱乐场所结伙将他人打成轻伤。该事实有被害人的陈述、证人证言证实，三上诉人也供认不讳。三上诉人主观上明知是未经批准而擅自将本应接受监管的罪犯张某某放回社会，客观上造成罪犯张某某脱管失控，在娱乐场所结伙将他人打成轻伤。其行为并非一般的违规、违纪行为，系构成私放在押人员的犯罪行为。三上诉人及其辩护人提出的辩解和辩护意见的理由均不成立，不予采纳。

3. 对于上诉人叶某某及其辩护人提出的叶某某是狱医（见习警察），不符合私放在押人员罪的主体资格，不予采纳。经查，上诉人叶某某经过国家的正式公务员考试后被龙岩监狱依法录用，已成为国家公务人员，虽尚在见习期，但其受单位领导的指派，执行对罪犯张某某在监狱外医院治疗期间的监管任务。根据《最高人民检察院关于工人等非监管机关在编监管人员私放在押人员行为和失职致使在押人员脱逃行为适用法律问题的解释》的规定，未被司法机关正式录用，而是受委托履行监管职责的人员，以及受委派承担监管职责的狱医、工人等非监管机关在编监管人员在被监管机关聘用，受委托履行监管职责的，也可以成为本罪的主体。上诉人叶某某系在龙岩监狱见习期的狱医，其受单位指派监管罪犯张某某，系负有监管职责，符合私放在押人员罪的主体资格。故上诉人叶某某及其辩护人提出不具有本罪的主体资格的理由均不能成立，不予采纳。

综上，上诉人吴某某、叶某某、罗某某身为监狱司法工作人员，在执行监管任务时违反规定，擅自非法同意所监管的罪犯离开监控范围自行回家，导致罪犯失去监控又实施犯罪，其行为均已构成私放在押人员罪。原判根据三上诉人的犯罪事实、性质、情节和社会的危害程度所作出的判决，定罪和适用法律正确，量刑适当，审判程序合法，应予维持。检察机关提出吴某某构成徇私舞弊减刑罪的抗诉意见不能成立，不予支持。三上诉人及其辩护人提出三上诉人的行为不构成私放在押人员罪的辩解和辩护意见均不能成立，不予采纳。上诉人吴某某及其辩护人提出，抗诉机关指控吴某某构成徇私舞弊减刑罪是错误的，应维持一审法院的该项判决的辩解理由和辩护意见成立，予以采纳。据此，龙岩市中级人民法院依照《刑事诉讼法》第189条第1项之规定，裁定驳回抗诉、上诉，维持原判。

【案例二】

吴某甲失职致使在押人员脱逃案①

• 案件事实 •

1998年10月22日，犯罪嫌疑人吴某、李某假冒军人，驾驶假军车从东兴市贩运国家一级野生保护动物蟒蛇91条，重量890千克，途经防城港市防城区华石镇时，被防城港军分区查扣。当天下午防城港军分区将吴某、李某和查扣的蟒蛇一起移交给防城港市林业局林业公安科处理。防城港市林业局林业公安科按程序接收后，由被告人吴某甲负责组织人员对非法贩运国家一级野生保护动物的吴某、李某进行了讯问，当天晚上给吴某、李某戴上手铐后，留置在

① 参见广西壮族自治区防城港市港口区人民法院（2001）港刑初字第61号。

防城港市林业局林业公安科，由吴某甲负责看守。吴某甲在负责看守吴某、李某时，不履行监管职责，擅离职守，到隔壁的防城港市林业局防火办公室睡觉，致使吴某、李某于次日凌晨撬开手铐脱逃，至今未能抓获归案。

• 裁判要旨 •

刑法意义上“在押人员”的认定。

• 裁判理由 •

广西壮族自治区防城港市港口区人民法院经审理认为：被告人吴某甲作为司法工作人员，在负责看守在押的犯罪嫌疑人时，擅离职守，严重不负责任，致使两名在押的重大犯罪嫌疑人脱逃，造成了严重的后果，其行为符合失职致使在押人员脱逃罪的犯罪构成要件，触犯了《刑法》第400条第2款，构成了失职致使在押人员脱逃罪，公诉机关指控吴某甲犯失职致使在押人员脱逃罪成立。吴某甲及其辩护人提出案发当时无人明确要吴某甲看守两犯罪嫌疑人，两犯罪嫌疑人所贩运的野生动物还不能确定为国家一级野生保护动物的辩解及辩护理由，因本案的证人证言及书证可以证明两名脱逃的犯罪嫌疑人是由于非法贩运国家一级野生动物而被扣押的，两名犯罪嫌疑人非法贩运的国家一级野生保护动物数量多，属于重大犯罪嫌疑人；证人的证言还证实是吴某甲主动提出由他负责看守两名犯罪嫌疑人，吴某甲当时是林业公安科的负责人，两名犯罪嫌疑人的脱逃是在吴某甲看守的过程中脱逃的，吴某甲也供述了其看守两犯罪嫌疑人时，到隔壁的防火办公室睡觉，也就是擅离职守，严重不负责任，故被告人吴某甲及辩护人提出的辩解和辩护理由不成立，法院不予采纳。防城港市港口区人民法院依照《刑法》第400条第2款，第72条第1款，第73条第2款、第3款之规定，判决如下：被告人吴某甲犯失职致使在押人员脱逃罪，判处有期徒刑一年，缓刑二年。一审判决后，被告人吴某甲在法定期限内未上诉，检察机关也没有提出抗诉。

【学理分析及适用指引】

• 学理分析 •

1. 私放在押人员罪的构成。根据《刑法》第400条第1款的规定，私放在押人员罪是指司法工作人员私自将被关押的犯罪嫌疑人、被告人或者罪犯非法释放的行为。本罪的构成要件如下：

(1) 本罪的客体。本罪侵害的客体是国家司法机关的监管制度。本罪的对象即在押人员，是指依法在押的犯罪嫌疑人、被告人或者罪犯，“在押”包括羁押场所与押解途中。如果放走的是被行政拘留、司法拘留以及劳动教养的人员，不构成本罪。

（2）本罪的客观方面。本罪客观方面表现为行为人未经法定程序私自将被关押的犯罪嫌疑人、被告人或者罪犯非法释放的行为。行为人私放在押人员的行为利用了其职务上的便利，既可以表现为作为的方式，如私自直接将在押人员放走，伪造相关法律文书、篡改刑期将在押人员放走，授意、指使、强迫他人将在押人员放走，为在押人员通风报信、提供条件，帮助其脱逃等；也可以表现为不作为，如明知在押人员脱逃而故意不阻拦、不追捕。

（3）本罪的主体。本罪主体是特殊主体，必须是对犯罪嫌疑人、被告人或者服刑罪犯负有监管职责的司法工作人员，司法实践中多为监狱、看守所、拘役所等监管机构的司法工作人员。根据有关司法解释规定，未被司法机关正式录用，但受委托履行监管职责的人员，可以成为本罪主体；不负监管职责的狱医，不能成为本罪主体，但受委派承担了监管职责的狱医，也可以成为本罪主体。

（4）本罪的主观方面。本罪主观上必须是出于故意，故意的内容为行为人明知是在押的犯罪嫌疑人、被告人、罪犯且未经法定程序与手续而故意将其释放。过失的不构成本罪，但可以成立失职致使在押人员脱逃罪。

2. 失职致使在押人员脱逃罪的构成。根据《刑法》第400条第2款的规定，失职致使在押人员脱逃罪，是指司法工作人员由于严重不负责任，致使在押的犯罪嫌疑人、被告人或者罪犯脱逃，造成严重后果的行为。本罪同私放在押人员罪除了在犯罪主观方面不同外，其他构成基本上相同。本罪实属一种特殊形式的玩忽职守的行为，造成了严重后果的才构成犯罪。所谓“严重后果”，根据相关司法解释规定，具体表现为如下情形：（1）致使依法可能判处或者已经判处十年以上有期徒刑、无期徒刑、死刑的犯罪嫌疑人、被告人、罪犯脱逃的；（2）致使犯罪嫌疑人、被告人、罪犯脱逃3人次以上的；（3）犯罪嫌疑人、被告人、罪犯脱逃以后，打击报复报案人、控告人、举报人、被害人、证人和司法工作人员等，或者继续犯罪的；（4）其他致使在押的犯罪嫌疑人、被告人、罪犯脱逃，造成严重后果的情形。本罪的主观方面是过失，故意不构成本罪。

• 适用指引 •

司法实践中，认定本条所指罪名应注意：

1. 私放在押人员罪的认定。

（1）罪与非罪的界限。私放在押人员犯罪的客观方面，表现为利用监管职责的便利，私放在押的犯罪嫌疑人、被告人或者罪犯的行为。“私放”，即明知是未经合法批准而擅自将本应接受司法机关监管的刑事罪犯放回社会。不论是永久还是暂时的释放，都是将罪犯释放的一种表现形式。本罪作为行为犯，只要私放罪犯的行为一经发生，就已构成犯罪，而罪犯在被放出去后是否再回来，只是量刑上考虑的情节，而不是定罪情节。司法实践中，有少数司法工作人员出于徇私情、徇私利等动机目的，利用职务之便，将在押人员临时放出监管场所，并无让其长期脱逃在外的故意。无论这种私放行为是长期还是临时，也无论被私放的在押人员是否及时返回监管场所，这种私放行为都侵害了正常的监管制度和秩序。根据《刑法》并没有将私放的时间长短、被私放的在押人员是否及时返回作为犯罪构成要件。也就是说，只要负有监管职责的司法工作人员违法实施了私放在押的犯罪嫌疑人、被告人或者罪犯的行为，以使其脱离监管的范围，就构成私放在押人员罪，应当追究刑事责任。至于私放的时间长短、被私放的在押人员是否按时返回监管场所等情形，只能作为量刑的一个考虑因素。

（2）私放在押人员罪与脱逃罪的帮助犯的界限。故意帮助依法被关押的犯罪嫌疑人、被告人、罪犯脱逃的，成立脱逃罪的帮助犯。本罪从某种程度上讲也是帮助上述人员脱逃。两者的区别在于：首先，私放在押人员罪的犯罪主体必须是司法工作人员，而脱逃罪的帮助犯没有特定的身份要求，既可以是司法工作人员，也可以是非司法工作人员；其次，构成本罪的主体必须是利用职权的便利实施私放行为，而脱逃罪的帮助犯则不一定是利用自己的职权便利实施私放行为。

（3）私放在押人员罪与徇私枉法罪的界限。私放在押人员罪与徇私枉法罪二者的主体都是司法工作人员，行为人的犯罪行为都会引起犯罪嫌疑人、被告人或者罪犯逃避法律制裁的结果。二者的主要区别在于：第一，二者的犯罪主体不完全相同。私放在押人员罪的犯罪主体主要是指负有监管在押犯罪嫌疑人、被告人和罪犯职责的司法工作人员。而徇私枉法罪的犯罪主体则包括负有侦查、检察、审判和监管职责的司法工作人员。第二，二者的犯罪客观方面不同。①行为方式不同。私放在押人员罪的行为方式主要是负有监管职责的司法工作人员私放在押的犯罪嫌疑人、被告人或者罪犯。而徇私枉法罪的行为方式主要是司法工作人员徇私枉法、徇情枉法，对明知是无罪的人而使他受追诉，对明知是有罪的人而故意包庇不使他受追诉，或者在刑事审判活动中故意违背事实和法律作枉法裁判的行为。②犯罪行为的对象不完全相同。私放在押人员罪的犯罪对象只包括已经被依法关押的犯罪嫌疑人、被告人或者罪犯。而徇私枉法罪的犯罪对象则包括已被依法关押和未被依法关押的犯罪嫌疑人、被告人和罪犯。

（4）私放在押人员罪既遂的标准。私放在押人员罪的既遂应以被私放的人员是否摆脱了监管机关和监管人员的控制为标准，而不能以被私放的在押人员脱管时间长短为标准，在具体司法实践中，还应该根据个案的情况不同而具体把握：在设警戒线的场所私放在押人员的，以被私放者是否超越警戒线为准，被私放者超过警戒线的，行为人构成本罪既遂；反之，构成未遂。在未设警戒线的场所私放在押人员的，以被私放者是否脱离监管人的控制范围为准，被私放者已经脱离监管人员控制范围的，行为人构成本罪既遂；反之，属于未遂。在押解途中私放在押人员的，如果被私放者已经逃离至不能被及时抓获的地方，则行为人成立本罪既遂；如果被私放者未来得及走远就被有关人员及时抓获，行为人的行为就属于未遂。

2. 失职致使在押人员脱逃罪的认定。

该罪的认定需要把握失职致使在押人员脱逃罪与私放在押人员罪的界限。两者在犯罪客体、犯罪对象、犯罪主体方面均相同，主要区别在于客观方面和主观方面。失职致使在押人员脱逃罪表现为严重不负责任，不履行或者不正确履行监管职责，致使被羁押的犯罪嫌疑人、被告人、犯罪分子脱逃，行为人主观上必须出于过失。私放在押人员罪表现为私自放走被羁押的犯罪嫌疑人、被告人、犯罪分子，行为人主观上出于故意。另外，失职致使在押人员脱逃罪必须以造成严重后果为构成要件，而私放在押人员罪没有该要件要求。如果行为人明知某在押人员企图逃跑，却放任不管，属于故意，此时应以后者即私放在押人员罪定罪。如果不知道其想逃跑，或者知道其想脱逃但根据环境条件、在押人员的自身能力等因素而轻易相信其逃跑不了，结果致使其逃跑，构成犯罪的，则应以失职致使在押人员脱逃罪定罪。①

第四百零一条　徇私舞弊减刑、假释、暂予监外执行罪

【法律规定】

• 法律条文 •

《中华人民共和国刑法》

第四百零一条　司法工作人员徇私舞弊，对不符合减刑、假释、暂予监外执行条件的罪犯，予以减刑、假释或者暂予监外执行的，处三年以下有期徒刑或者拘役；情节严重的，处三年以上七年以下有期徒刑。

• 相关规定 •

《中华人民共和国监狱法》

第二十五条　对于被判处无期徒刑、有期徒刑在监内服刑的罪犯，符合刑事诉讼法规定的监外执行条件的，可以暂予监外执行。

---

① 参见王作富主编：《刑法分则实务研究》（下），中国方正出版社2007年版，第1936页。

第二十六条 暂予监外执行，由监狱提出书面意见，报省、自治区、直辖市监狱管理机关批准。批准机关应当将批准的暂予监外执行决定通知公安机关和原判人民法院，并抄送人民检察院。

人民检察院认为对罪犯适用暂予监外执行不当的，应当自接到通知之日起一个月内将书面意见送交批准暂予监外执行的机关，批准暂予监外执行的机关接到人民检察院的书面意见后，应当立即对该决定进行重新核查。

第二十七条 对暂予监外执行的罪犯，依法实行社区矫正，由社区矫正机构负责执行。原关押监狱应当及时将罪犯在监内改造情况通报负责执行的社区矫正机构。

第二十八条 暂予监外执行的罪犯具有刑事诉讼法规定的应当收监的情形的，社区矫正机构应当及时通知监狱收监；刑期届满的，由原关押监狱办理释放手续。罪犯在暂予监外执行期间死亡的，社区矫正机构应当及时通知原关押监狱。

第二十九条 被判处无期徒刑、有期徒刑的罪犯，在服刑期间确有悔改或者立功表现的，根据监狱考核的结果，可以减刑。有下列重大立功表现之一的，应当减刑：

（一）阻止他人重大犯罪活动的；

（二）检举监狱内外重大犯罪活动，经查证属实的；

（三）有发明创造或者重大技术革新的；

（四）在日常生产、生活中舍己救人的；

（五）在抗御自然灾害或者排除重大事故中，有突出表现的；

（六）对国家和社会有其他重大贡献的。

第三十条 减刑建议由监狱向人民法院提出，人民法院应当自收到减刑建议书之日起一个月内予以审核裁定；案情复杂或者情况特殊的，可以延长一个月。减刑裁定的副本应当抄送人民检察院。

第三十一条 被判处死刑缓期二年执行的罪犯，在死刑缓期执行期间，符合法律规定的减为无期徒刑、有期徒刑条件的，二年期满时，所在监狱应当及时提出减刑建议，报经省、自治区、直辖市监狱管理机关审核后，提请高级人民法院裁定。

第三十二条 被判处无期徒刑、有期徒刑的罪犯，符合法律规定的假释条件的，由监狱根据考核结果向人民法院提出假释建议，人民法院应当自收到假释建议书之日起一个月内予以审核裁定；案情复杂或者情况特殊的，可以延长一个月。假释裁定的副本应当抄送人民检察院。

第三十三条 人民法院裁定假释的，监狱应当按期假释并发给假释证明书。

对被假释的罪犯，依法实行社区矫正，由社区矫正机构负责执行。被假释的罪犯，在假释考验期限内有违反法律、行政法规或者国务院有关部门关于假释的监督管理规定的行为，尚未构成新的犯罪的，社区矫正机构应当向人民法院提出撤销假释的建议，人民法院应当自收到撤销假释建议书之日起一个月内予以审核裁定。人民法院裁定撤销假释的，由公安机关将罪犯送交监狱收监。

第三十四条 对不符合法律规定的减刑、假释条件的罪犯，不得以任何理由将其减刑、假释。

人民检察院认为人民法院减刑、假释的裁定不当，应当依照刑事诉讼法规定的期间向人民法院提出书面纠正意见。对于人民检察院提出书面纠正意见的案件，人民法院应当重新审理。

《中华人民共和国刑事诉讼法》

第二百六十五条 对被判处有期徒刑或者拘役的罪犯，有下列情形之一的，可以暂予监外执行：

（一）有严重疾病需要保外就医的；

（二）怀孕或者正在哺乳自己婴儿的妇女；

（三）生活不能自理，适用暂予监外执行不致危害社会的。

对被判处无期徒刑的罪犯，有前款第二项规定情形的，可以暂予监外执行。

对适用保外就医可能有社会危险性的罪犯，或者自伤自残的罪犯，不得保外就医。

对罪犯确有严重疾病，必须保外就医的，由省级人民政府指定的医院诊断并开具证明文件。

在交付执行前，暂予监外执行由交付执行的人民法院决定；在交付执行后，暂予监外执行由监狱或者看守所提出书面意见，报省级以上监狱管理机关或者设区的市一级以上公安机关批准。

第二百六十六条 监狱、看守所提出暂予监外执行的书面意见的，应当将书面意见的副本抄送人民检察院。人民检察院可以向决定或者批准机关提出书面意见。

第二百六十七条 决定或者批准暂予监外执行的机关应当将暂予监外执行决定抄送人民检察院。人民检察院认为暂予监外执行不当的，应当自接到通知之日起一个月以内将书面意见送交决定或者批准暂予监外执行的机关，决定或者批准暂予监外执行的机关接到人民检察院的书面意见后，应当立即对该决定进行重新核查。

第二百六十八条 对暂予监外执行的罪犯，有下列情形之一的，应当及时收监：

（一）发现不符合暂予监外执行条件的；

（二）严重违反有关暂予监外执行监督管理规定的；

（三）暂予监外执行的情形消失后，罪犯刑期未满的。

对于人民法院决定暂予监外执行的罪犯应当予以收监的，由人民法院作出决定，将有关的法律文书送达公安机关、监狱或者其他执行机关。

不符合暂予监外执行条件的罪犯通过贿赂等非法手段被暂予监外执行的，在监外执行的期间不计入执行刑期。罪犯在暂予监外执行期间脱逃的，脱逃的期间不计入执行刑期。

罪犯在暂予监外执行期间死亡的，执行机关应当及时通知监狱或者看守所。

《最高人民法院关于适用〈中华人民共和国刑事诉讼法〉的解释》（法释〔2021〕1号）

第四百二十条　报请最高人民法院核准因罪犯具有特殊情况，不受执行刑期限制的假释案件，应当按照下列情形分别处理：

（一）中级人民法院依法作出假释裁定后，应当报请高级人民法院复核。高级人民法院同意的，应当书面报请最高人民法院核准；不同意的，应当裁定撤销中级人民法院的假释裁定；

（二）高级人民法院依法作出假释裁定的，应当报请最高人民法院核准。

第四百二十一条　报请最高人民法院核准因罪犯具有特殊情况，不受执行刑期限制的假释案件，应当报送报请核准的报告、罪犯具有特殊情况的报告、假释裁定书各五份，以及全部案卷。

第四百二十二条　对因罪犯具有特殊情况，不受执行刑期限制的假释案件，最高人民法院予以核准的，应当作出核准裁定书；不予核准的，应当作出不核准裁定书，并撤销原裁定。

第五百三十三条　被判处死刑缓期执行的罪犯，在死刑缓期执行期间，没有故意犯罪的，死刑缓期执行期满后，应当裁定减刑；死刑缓期执行期满后，尚未裁定减刑前又犯罪的，应当在依法减刑后，对其所犯新罪另行审判。

第五百三十四条　对减刑、假释案件，应当按照下列情形分别处理：

（一）对被判处死刑缓期执行的罪犯的减刑，由罪犯服刑地的高级人民法院在收到同级监狱管理机关审核同意的减刑建议书后一个月以内作出裁定；

（二）对被判处无期徒刑的罪犯的减刑、假释，由罪犯服刑地的高级人民法院在收到同级监狱管理机关审核同意的减刑、假释建议书后一个月以内作出裁定，案情复杂或者情况特殊的，可以延长一个月；

（三）对被判处有期徒刑和被减为有期徒刑的罪犯的减刑、假释，由罪犯服刑地的中级人民法院在收到执行机关提出的减刑、假释建议书后一个月以内作出裁定，案情复杂或者情况特殊的，可以延长一个月；

（四）对被判处管制、拘役的罪犯的减刑，由罪犯服刑地的中级人民法院在收到同级执行机关审核同意的减刑建议书后一个月以内作出裁定。

对社区矫正对象的减刑，由社区矫正执行地的中级以上人民法院在收到社区矫正机构减刑建议书后三十日以内作出裁定。

第五百三十六条 审理减刑、假释案件，对罪犯积极履行刑事裁判涉财产部分、附带民事裁判确定的义务的，可以认定有悔改表现，在减刑、假释时从宽掌握；对确有履行能力而不履行或者不全部履行的，在减刑、假释时从严掌握。

第五百三十八条 审理减刑、假释案件，应当组成合议庭，可以采用书面审理的方式，但下列案件应当开庭审理：

（一）因罪犯有重大立功表现提请减刑的；

（二）提请减刑的起始时间、间隔时间或者减刑幅度不符合一般规定的；

（三）被提请减刑、假释罪犯系职务犯罪罪犯，组织、领导、参加、包庇、纵容黑社会性质组织罪犯，破坏金融管理秩序罪犯或者金融诈骗罪犯的；

（四）社会影响重大或者社会关注度高的；

（五）公示期间收到不同意见的；

（六）人民检察院提出异议的；

（七）有必要开庭审理的其他案件。

第五百三十九条 人民法院作出减刑、假释裁定后，应当在七日以内送达提请减刑、假释的执行机关、同级人民检察院以及罪犯本人。人民检察院认为减刑、假释裁定不当，在法定期限内提出书面纠正意见的，人民法院应当在收到意见后另行组成合议庭审理，并在一个月以内作出裁定。

对假释的罪犯，适用本解释第五百一十九条的有关规定，依法实行社区矫正。

第五百四十条 减刑、假释裁定作出前，执行机关书面提请撤回减刑、假释建议的，人民法院可以决定是否准许。

第五百四十一条 人民法院发现本院已经生效的减刑、假释裁定确有错误的，应当另行组成合议庭审理；发现下级人民法院已经生效的减刑、假释裁定确有错误的，可以指令下级人民法院另行组成合议庭审理，也可以自行组成合议庭审理。

第五百四十二条 罪犯在缓刑、假释考验期限内犯新罪或者被发现在判决宣告前还有其他罪没有判决，应当撤销缓刑、假释的，由审判新罪的人民法院撤销原判决、裁定宣告的缓刑、假释，并书面通知原审人民法院和执行机关。

第五百四十四条 被提请撤销缓刑、假释的罪犯可能逃跑或者可能发生社会危险，社区矫正机构在提出撤销缓刑、假释建议的同时，提请人民法院决定对其予以逮捕的，人民法院应当在四十八小时以内作出是否逮捕的决定。决定逮捕的，由公安机关执行。逮捕后的羁押期限不得超过三十日。

第五百四十五条 人民法院应当在收到社区矫正机构的撤销缓刑、假释建议书后三十日以内作出裁定。撤销缓刑、假释的裁定一经作出，立即生效。

人民法院应当将撤销缓刑、假释裁定书送达社区矫正机构和公安机关，并抄送人民检察院，由公安机关将罪犯送交执行。执行以前被逮捕的，羁押一日折抵刑期一日。

《最高人民法院关于办理减刑、假释案件具体应用法律的规定》（法释〔2016〕23号）

第六条 被判处有期徒刑的罪犯减刑起始时间为：不满五年有期徒刑的，应当执行一年以上方可减刑；五年以上不满十年有期徒刑的，应当执行一年六个月以上方可减刑；十年以上有期徒刑的，应当执行二年以上方可减刑。有期徒刑减刑的起始时间自判决执行之日起计算。

确有悔改表现或者有立功表现的，一次减刑不超过九个月有期徒刑；确有悔改表现并有立功表现的，一次减刑不超过一年有期徒刑；有重大立功表现的，一次减刑不超过一年六个月有期徒刑；确有悔改表现并有重大立功表现的，一次减刑不超过二年有期徒刑。

被判处不满十年有期徒刑的罪犯，两次减刑间隔时间不得少于一年；被判处十年以上有期徒刑的罪犯，两次减刑间隔时间不得少于一年六个月。减刑间隔时间不得低于上次减刑减去的刑期。

罪犯有重大立功表现的，可以不受上述减刑起始时间和间隔时间的限制。

第七条 对符合减刑条件的职务犯罪罪犯，破坏金融管理秩序和金融诈骗犯罪罪犯，组织、领导、参加、包庇、纵容黑社会性质组织犯罪罪犯，危害国家安全犯罪罪犯，恐怖活动犯罪罪犯，毒品犯罪集团的首要分子及毒品再犯，累犯，确有履行能力而不履行或者不全部履行生效裁判中财产性判项的罪犯，被判处十年以下有期徒刑的，执行二年以上方可减刑，减刑幅度应当比照本规定第六条从严掌握，一次减刑不超过一年有期徒刑，两次减刑之间应当间隔一年以上。

对被判处十年以上有期徒刑的前款罪犯，以及因故意杀人、强奸、抢劫、绑架、放火、爆炸、投放危险物质或者有组织的暴力性犯罪被判处十年以上有期徒刑的罪犯，数罪并罚且其中两罪以上被判处十年以上有期徒刑的罪犯，执行二年以上方可减刑，减刑幅度应当比照本规定第六条从严掌握，一次减刑不超过一年有期徒刑，两次减刑之间应当间隔一年六个月以上。

罪犯有重大立功表现的，可以不受上述减刑起始时间和间隔时间的限制。

第八条 被判处无期徒刑的罪犯在刑罚执行期间，符合减刑条件的，执行二年以上，可以减刑。减刑幅度为：确有悔改表现或者有立功表现的，可以减为二十二年有期徒刑；确有悔改表现并有立功表现的，可以减为二十一年以上二十二年以下有期徒刑；有重大立功表现的，可以减为二十年以上二十一年以下有期徒刑；确有悔改表现并有重大立功表现的，可以减为十九年以上二十年以下有期徒刑。无期徒刑罪犯减为有期徒刑后再减刑时，减刑幅度依照本规定第六条的规定执行。两次减刑间隔时间不得少于二年。

罪犯有重大立功表现的，可以不受上述减刑起始时间和间隔时间的限制。

第九条 对被判处无期徒刑的职务犯罪罪犯，破坏金融管理秩序和金融诈骗犯罪罪犯，组织、领导、参加、包庇、纵容黑社会性质组织犯罪罪犯，危害国家安全犯罪罪犯，恐怖活动犯罪罪犯，毒品犯罪集团的首要分子及毒品再犯，累犯以及因故意杀人、强奸、抢劫、绑架、放火、爆炸、投放危险物质或者有组织的暴力性犯罪的罪犯，确有履行能力而不履行或者不全部履行生效裁判中财产性判项的罪犯，数罪并罚被判处无期徒刑的罪犯，符合减刑条件的，执行三年以上方可减刑，减刑幅度应当比照本规定第八条从严掌握，减刑后的刑期最低不得少于二十年有期徒刑；减为有期徒刑后再减刑时，减刑幅度比照本规定第六条从严掌握，一次不超过一年有期徒刑，两次减刑之间应当间隔二年以上。

罪犯有重大立功表现的，可以不受上述减刑起始时间和间隔时间的限制。

第十条 被判处死刑缓期执行的罪犯减为无期徒刑后，符合减刑条件的，执行三年以上方可减刑。减刑幅度为：确有悔改表现或者有立功表现的，可以减为二十五年有期徒刑；确有悔改表现并有立功表现的，可以减为二十四年以上二十五年以下有期徒刑；有重大立功表现的，可以减为二十三年以上二十四年以下有期徒刑；确有悔改表现并有重大立功表现的，可以减为二十二年以上二十三年以下有期徒刑。

被判处死刑缓期执行的罪犯减为有期徒刑后再减刑时，比照本规定第八条的规定办理。

第十一条 对被判处死刑缓期执行的职务犯罪罪犯，破坏金融管理秩序和金融诈骗犯罪罪犯，组织、领导、参加、包庇、纵容黑社会性质组织犯罪罪犯，危害国家安全犯罪罪犯，恐怖活动犯罪罪犯，毒品犯罪集团的首要分子及毒品再犯，累犯以及因故意杀人、强奸、抢劫、绑架、放火、爆炸、投放危险物质或者有组织的暴力性犯罪的罪犯，确有履行能力而不履行或者不全部履行生效裁判中财产性判项的罪犯，数罪并罚被判处死刑缓期执行的罪犯，减为无期徒刑后，符合减刑条件的，执行三年以上方可减刑，一般减为二十五年有期徒刑，有立功表现或者重大立功表现的，可以比照本规定第十条减为二十三年以上二十五年以下有期徒刑；减为有期徒刑后再减刑时，减刑幅度比照本规定第六条从严掌握，一次不超过一年有期徒刑，两次减刑之间应当间隔二年以上。

第十二条 被判处死刑缓期执行的罪犯经过一次或者几次减刑后，其实际执行的刑期不得少于十五年，死刑缓期执行期间不包括在内。

死刑缓期执行罪犯在缓期执行期间不服从监管、抗拒改造，尚未构成犯罪的，在减为无期徒刑后再减刑时应当适当从严。

第十三条 被限制减刑的死刑缓期执行罪犯，减为无期徒刑后，符合减刑条件的，执行五年以上方可减刑。减刑间隔时间和减刑幅度依照本规定第十一条的规定执行。

第十四条 被限制减刑的死刑缓期执行罪犯，减为有期徒刑后再减刑时，一次减刑不超过六个月有期徒刑，两次减刑间隔时间不得少于二年。有重大立功表现的，间隔时间可以适当缩短，但一次减刑不超过一年有期徒刑。

第十五条 对被判处终身监禁的罪犯，在死刑缓期执行期满依法减为无期徒刑的裁定中，应当明确终身监禁，不得再减刑或者假释。

第十六条 被判处管制、拘役的罪犯，以及判决生效后剩余刑期不满二年有期徒刑的罪犯，符合减刑条件的，可以酌情减刑，减刑起始时间可以适当缩短，但实际执行的刑期不得少于原判刑期的二分之一。

第十七条 被判处有期徒刑罪犯减刑时，对附加剥夺政治权利的期限可以酌减。酌减后剥夺政治权利的期限，不得少于一年。

被判处死刑缓期执行、无期徒刑的罪犯减为有期徒刑时，应当将附加剥夺政治权利的期限减为七年以上十年以下，经过一次或者几次减刑后，最终剥夺政治权利的期限不得少于三年。

第十八条 被判处拘役或者三年以下有期徒刑，并宣告缓刑的罪犯，一般不适用减刑。

前款规定的罪犯在缓刑考验期内有重大立功表现的，可以参照刑法第七十八条的规定予以减刑，同时应当依法缩减其缓刑考验期。缩减后，拘役的缓刑考验期限不得少于二个月，有期徒刑的缓刑考验期限不得少于一年。

第十九条 对在报请减刑前的服刑期间不满十八周岁，且所犯罪行不属于刑法第八十一条第二款规定情形的罪犯，认罪悔罪，遵守法律法规及监规，积极参加学习、劳动，应当视为确有悔改表现。

对上述罪犯减刑时，减刑幅度可以适当放宽，或者减刑起始时间、间隔时间可以适当缩短，但放宽的幅度和缩短的时间不得超过本规定中相应幅度、时间的三分之一。

第二十条 老年罪犯、患严重疾病罪犯或者身体残疾罪犯减刑时，应当主要考察其认罪悔罪的实际表现。

对基本丧失劳动能力，生活难以自理的上述罪犯减刑时，减刑幅度可以适当放宽，或者减刑起始时间、间隔时间可以适当缩短，但放宽的幅度和缩短的时间不得超过本规定中相应幅度、时间的三分之一。

第二十一条 被判处有期徒刑、无期徒刑的罪犯在刑罚执行期间又故意犯罪，新罪被判处有期徒刑的，自新罪判决确定之日起三年内不予减刑；新罪被判处无期徒刑的，自新罪判决确定之日起四年内不予减刑。

罪犯在死刑缓期执行期间又故意犯罪，未被执行死刑的，死刑缓期执行的期间重新计算，减为无期徒刑后，五年内不予减刑。

被判处死刑缓期执行罪犯减刑后，在刑罚执行期间又故意犯罪的，依照第一款规定处理。

第二十二条 办理假释案件，认定“没有再犯罪的危险”，除符合刑法第八十一条规定的情形外，还应当根据犯罪的具体情节、原判刑罚情况，在刑罚执行中的一贯表现，罪犯的年龄、身体状况、性格特征，假释后生活来源以及监管条件等因素综合考虑。

第二十三条 被判处有期徒刑的罪犯假释时，执行原判刑期二分之一的时间，应当从判决执行之日起计算，判决执行以前先行羁押的，羁押一日折抵刑期一日。

被判处无期徒刑的罪犯假释时，刑法中关于实际执行刑期不得少于十三年的时间，应当从判决生效之日起计算。判决生效以前先行羁押的时间不予折抵。

被判处死刑缓期执行的罪犯减为无期徒刑或者有期徒刑后，实际执行十五年以上，方可假释，该实际执行时间应当从死刑缓期执行期满之日起计算。死刑缓期执行期间不包括在内，判决确定以前先行羁押的时间不予折抵。

第二十五条 对累犯以及因故意杀人、强奸、抢劫、绑架、放火、爆炸、投放危险物质或者有组织的暴力性犯罪被判处十年以上有期徒刑、无期徒刑的罪犯，不得假释。

因前款情形和犯罪被判处死刑缓期执行的罪犯，被减为无期徒刑、有期徒刑后，也不得假释。

第二十六条 对下列罪犯适用假释时可以依法从宽掌握：

（一）过失犯罪的罪犯、中止犯罪的罪犯、被胁迫参加犯罪的罪犯；

（二）因防卫过当或者紧急避险过当而被判处有期徒刑以上刑罚的罪犯；

（三）犯罪时未满十八周岁的罪犯；

（四）基本丧失劳动能力、生活难以自理，假释后生活确有着落的老年罪犯、患严重疾病罪犯或者身体残疾罪犯；

（五）服刑期间改造表现特别突出的罪犯；

（六）具有其他可以从宽假释情形的罪犯。

罪犯既符合法定减刑条件，又符合法定假释条件的，可以优先适用假释。

第二十七条 对于生效裁判中有财产性判项，罪犯确有履行能力而不履行或者不全部履行的，不予假释。

第二十八条 罪犯减刑后又假释的，间隔时间不得少于一年；对一次减去一年以上有期徒刑后，决定假释的，间隔时间不得少于一年六个月。

罪犯减刑后余刑不足二年，决定假释的，可以适当缩短间隔时间。

第二十九条 罪犯在假释考验期内违反法律、行政法规或者国务院有关部门关于假释的监督管理规定的，作出假释裁定的人民法院，应当在收到报请机关或者检察机关撤销假释建议书后及时审查，作出是否撤销假释的裁定，并送达报请机关，同时抄送人民检察院、公安机关和原刑罚执行机关。

罪犯在逃的，撤销假释裁定书可以作为对罪犯进行追捕的依据。

第三十条　依照刑法第八十六条规定被撤销假释的罪犯，一般不得再假释。但依照该条第二款被撤销假释的罪犯，如果罪犯对漏罪曾作如实供述但原判未予认定，或者漏罪系其自首，符合假释条件的，可以再假释。

被撤销假释的罪犯，收监后符合减刑条件的，可以减刑，但减刑起始时间自收监之日起计算。

第三十一条　年满八十周岁、身患疾病或者生活难以自理、没有再犯罪危险的罪犯，既符合减刑条件，又符合假释条件的，优先适用假释；不符合假释条件的，参照本规定第二十条有关的规定从宽处理。

《最高人民检察院关于渎职侵权犯罪案件立案标准的规定》（高检发释字〔2006〕2号）

一、渎职犯罪案件

……

（十一）徇私舞弊减刑、假释、暂予监外执行案（第四百零一条）

徇私舞弊减刑、假释、暂予监外执行罪是指司法工作人员徇私舞弊，对不符合减刑、假释、暂予监外执行条件的罪犯予以减刑、假释、暂予监外执行的行为。

涉嫌下列情形之一的，应予立案：

1. 刑罚执行机关的工作人员对不符合减刑、假释、暂予监外执行条件的罪犯，捏造事实，伪造材料，违法报请减刑、假释、暂予监外执行的；

2. 审判人员对不符合减刑、假释、暂予监外执行条件的罪犯，徇私舞弊，违法裁定减刑、假释或者违法决定暂予监外执行的；

3. 监狱管理机关、公安机关的工作人员对不符合暂予监外执行条件的罪犯，徇私舞弊，违法批准暂予监外执行的；

4. 不具有报请、裁定、决定或者批准减刑、假释、暂予监外执行权的司法工作人员利用职务上的便利，伪造有关材料，导致不符合减刑、假释、暂予监外执行条件的罪犯被减刑、假释、暂予监外执行的；

5. 其他徇私舞弊减刑、假释、暂予监外执行应予追究刑事责任的情形。

《最高人民检察院人民检察院直接受理立案侦查的渎职侵权重特大案件标准（试行）》（高检发〔2001〕13号）

九、徇私舞弊减刑、假释、暂予监外执行案

（一）重大案件

1. 办理三次以上或者一次办理三人以上的；

2. 为重大刑事犯罪分子办理减刑、假释、暂予监外执行的。

（二）特大案件

1. 办理五次以上或者一次办理五人以上的；

2. 为特别重大刑事犯罪分子办理减刑、假释、暂予监外执行的。

《最高人民法院、最高人民检察院关于办理渎职刑事案件适用法律若干问题的解释（一）》（法释〔2012〕18 号）

第二条 国家机关工作人员实施滥用职权或者玩忽职守犯罪行为，触犯刑法分则第九章第三百九十八条至第四百一十九条规定的，依照该规定定罪处罚。

国家机关工作人员滥用职权或者玩忽职守，因不具备徇私舞弊等情形，不符合刑法分则第九章第三百九十八条至第四百一十九条的规定，但依法构成第三百九十七条规定的犯罪的，以滥用职权罪或者玩忽职守罪定罪处罚。

【案例】

姚某某、裴某徇私舞弊暂予监外执行案①

• 案件事实 •

姚某某，原任湖南省德山监狱主任科员，一级专业技术警督。裴某，原任湖南省常德市鼎城区工商局注册分局局长。谭某某，原任常德市第六人民医院结石病专科主任。

原籍湖南省常德市的吴某某因犯合同诈骗罪、伪造国家机关印章罪于2003年4月2日被判处有期徒刑十七年。裴某系吴某某表亲，其接受吴某某家人的委托，先后收受吴某某亲友现金65万元，于2004年5月通过关系将吴某某从原服刑地广东韶关监狱调监到湖南省德山监狱，尔后为其运作保外就医之事。

吴某某心血管有病，但病症达不到心功能三级这一病残标准，不符合保外就医条件。为使吴某某保外就医，裴某先后分两次送给时任德山监狱医院副院长的被告人姚某某现金2万元，请姚某某为吴某某保外就医的事帮忙，并向姚某某暗示要在吴某某保外就医的病情鉴定上作假。姚某某答应帮忙。因保外就医需要到监狱以外的医院进行疾病鉴定，裴某又找到时任常德市第六人民医院副院长的被告人谭某某，请其帮忙为吴某某保外就医的病情鉴定到医院疏通关系。后不久，裴某、谭某某及姚某某在常德市一茶楼会面，商议为吴某某保外就医的鉴定作假的事，裴某要谭某某到鉴定医院找相关医生“打招呼”，以使吴某某的鉴定达到心功能三级这一保外就医的病残标准。

---

① 参见湖南省宁乡县人民法院（2010）宁刑初字第81号。

2004年10月19日，姚某某担任队长，带吴某某到常德市第一人民医院进行保外就医的疾病检查，事先姚某某将此情况通知了裴某。裴某立即找到被告人谭某某并交给其4万元开支，请其帮忙到医院为吴某某的检查“活动”。谭某某到常德市第一人民医院找到徐某玄、杨某某等医生，要求对吴某某的保外就医疾病鉴定予以“关照”，将其鉴定为心功能三级，并送给杨某某现金5000元。在与裴某联系后，姚某某将吴某某带到已打通关系的医生处检查，相关医生在吴某某的病症达不到心功能三级的情况下出具了心功能三级的虚假鉴定，使吴某某达到了保外就医的病残条件。2005年的3月，姚某某在明知鉴定结果不准确的情况下，仍据此鉴定，以德山监狱医院的名义违规出具了吴某某心功能达到三级的疾病诊断证明，又在吴某某达不到短期内死亡标准的情况下，利用其职权，积极推动德山监狱医院为吴某某出具了病危通知书。2005年4月8日，德山监狱安排吴某某到常德市第四人民医院就保外就医的病情进行复查。在到医院检查之前，姚某某将此信息通知了裴某。裴某闻讯后立即请谭某某到常德市第四人民医院“打招呼”，并交给被告人谭某某3万元现金作开支。谭某某到常德市第四人民医院找到燕某、高某某等医生，要求将吴某某的病情鉴定为心功能三级，并送给燕某现金3000元，高某某1000元。根据谭某某的要求，相关医生在吴某某的病症达不到心功能三级的情况下，作出了心功能三级的虚假鉴定意见。这样，2005年4月，本来达不到保外就医条件的吴某某因心功能三级，随时有死亡危险的虚假诊断而顺利保外就医。

2006年4月，吴某某保外就医期满需收监，为继续保外就医，吴某某在常德市第一人民医院住院，重新作病情诊断。裴某再次找到被告人谭某某并交给其2万元现金，要求其帮忙为吴某某办理入院证，将吴某某的病情诊断为心功能三级。谭某某找到常德市第一人民医院徐某玄、向某、杨某某等医生，要求对吴某某的诊断予以“关照”，并送给徐某玄现金5000元，杨某某500元。在谭某某的要求下，相关医生将吴某某的病情诊断为心功能三级。但2006年4月30日，吴某某被德山监狱收监执行。

案发后，三人在纪委找其调查时均主动交代了其犯罪事实，积极退还了全部违法所得。姚某某、裴某、谭某某均对起诉书指控的主要事实未持异议。

• 裁判要旨 •

司法工作人员徇私舞弊，对不符合暂予监外执行条件的罪犯予以暂予监外执行，构成徇私舞弊暂予监外执行罪。

• 裁判理由 •

湖南省宁乡县人民法院经审理后认为：被告人姚某某身为司法工作人员，徇私舞弊，对不符合暂予监外执行条件的罪犯吴某某予以暂予监外执行，其行为已构成徇私舞弊暂予监外执行罪；被告人裴某为谋取不正当利益，给予国家工作人员以财物，其行为构成行贿罪；被告人谭某某向国家工作人员介绍贿赂，情节严重，其行为已构成介绍贿赂罪。宁乡县人民检察院对被告人姚某某的指控成立，法院予以支持；宁乡县人民检察院对被告人裴某、谭某某指控的犯罪事实清楚，证据充分、确实，但两被告人均未直接配合姚某某实施徇私舞弊暂予监外执行的客观行为，且不具备司法工作人员的主体身份，不符合徇私舞弊暂予监外执行罪的犯罪构成，故指控的罪名不当。被告人姚某某认罪态度好，能积极退赃，且本案责任分散，德山监狱相关部门及常德市第一人民医院、常德市第四人民医院对罪犯吴某某保外就医均应承担一定的责任，故对被告人姚某某可酌情从轻处罚。被告人裴某行贿、谭某某介绍贿赂数额较小，犯罪情节轻微，且在纪委找其调查时均能主动交代其犯罪事实并积极退还非法所得，确有悔罪表现，可以免除处罚。对起诉书指控的2006年4月，吴某某的病情还是被鉴定为心功能三级，以此为依据，2006年9月，吴某某又被暂予监外执行的事实，公诉机关并未出示相关证据予以证实，故对此事实不予认定。对于被告人姚某某提出的其实际上只收受了裴某2万元的辩解意见，经查，同案人裴某首先供述其送给姚某某3万元；后又供述其分两次送给姚某某现金2万元，送3万元的供述是记忆有误所致，后一说法能与姚某某的供述相互印证，故法院予以确认，此辩解意见可以采纳。对于被告人姚某某的辩护人提出的2004年10月19日，姚某某等带吴某某到常德市第一人民医院检查，姚某某并未领队的辩护意见，经查，姚某某在供述中称自己“担任队长”，并“安排人挂徐某玄主任的号”，与裴某的供述能相互印证，故此辩护意见与事实不符，不能成立。对于姚某某的辩护人提出的2005年4月8日，被告人姚某某未领队带吴某某到常德市第四人民医院进行复检的辩护意见，公诉机关未出示相关证据予以证实，且被告人姚某某在庭审中亦予以否认，故法院对此辩护意见予以采纳。对于被告人姚某某的辩护人提出的吴某某保外就医符合法定条件的辩护意见，经查，吴某某本人及常德市第一人民医院、常德市第四人民医院为吴某某出具病残鉴定的医生杨某某、徐某玄、高某某、燕某等均证实吴某某达不到心功能三级这一标准，姚某某在供述中亦称吴某某根本达不到保外就医的条件，吴某某据以保外就医的心功能三级的鉴定意见系弄虚作假的结果，故此辩护意见与事实不符，不能成立。对于被告人姚某某的辩护人提出的被告人姚某某涉嫌犯罪的证据不足，指控的罪名不能成立的辩护意见，经查，公诉机关列举了姚某某涉嫌徇私舞弊暂予监外执行犯罪的书证、证人证言及姚某某与同案人裴某、谭某某的供述，经庭审质证且经审查核实，能够相互印证，形成完整的证据链，足以证明被告人姚某某犯徇私舞弊暂予监外执行罪的基本事实，宁乡县人民检察院的指控证据充分、确实，此辩护意见不能成立。对于被告人裴某、谭某某的辩护人提出的裴某、谭某某系徇私舞弊暂予监外执行罪从犯的辩护意见，因被告人裴某、谭某某的行为不符合徇私舞弊暂予监外执行罪的犯罪构成，故此辩护意见不能成立。对于被告人裴某的辩护人提出的裴某系自首的辩护意见，经查，裴某是在有关涉案人员已经交代，纪委对其采取措施之后才如实交代其行贿的犯罪事实，既不属自动投案，也不是被采取强制措施后如实供述司法机关尚未掌握的本人其他罪行，其行为不具备《刑法》67 条规定的自首条件，故此辩护意见不能成立。对于被告人谭某某提出的2006 年4月其是给吴某某在常德市第一人民医院开入院证，德山监狱并未安排对吴某某作疾病鉴定的辩解意见，经查，公诉机关并未出示证据证实2006 年 4 月德山监狱组织对吴某某进行了保外就医的鉴定，且此辩解意见可与同案人裴某的供述、证人吴某某的证言相互印证，故法院对此辩解意见予以采纳。对于被告人谭某某的辩护人提出的谭某某犯罪情节轻微，社会危害性不大；被告人裴某、谭某某的辩护人提出的两被告人主观恶性小，认罪态度好，积极退还了赃款的辩护意见，法院已予考虑。据此，依据《刑法》第 401 条、第 389 条第 1 款、第 390 条、第 392 条、第 37 条之规定，判决如下：一、被告人姚某某犯徇私舞弊暂予监外执行罪，判处有期徒刑一年，没收违法所得 2 万元，上缴国库。二、被告人裴某犯行贿罪，免予刑事处罚，没收违法所得 10 万元，上缴国库。三、被告人谭某某犯介绍贿赂罪，免予刑事处罚，没收违法所得 15000 元，上缴国库。

【学理分析及适用指引】

• 学理分析 •

1. 徇私舞弊减刑、假释、暂予监外执行罪的构成。徇私舞弊减刑、假释、暂予监外执行罪是指司法工作人员徇私舞弊，对不符合减刑、假释、暂予监外执行条件的罪犯，予以减刑、假释或者暂予监外执行的行为。本罪的构成要件如下：

（1）本罪的客体。本罪的客体是国家对罪犯的正常监管活动。本罪的对象是罪犯，即被法院依法判处刑罚，正在监狱或其他场所服刑的人员。

（2）本罪的客观方面。本罪的客观方面表现为徇私舞弊，对不符合减刑、假释、暂予监外执行条件的罪犯予以减刑、假释或者暂予监外执行。此处的“徇私舞弊”具体表现为如下几种情形：①刑罚执行机关的工作人员对不符合减刑、假释、暂予监外执行条件的罪犯，捏造事实，伪造材料，违法报请减刑、假释、暂予监外执行的；②审判人员对不符合减刑、假释、暂予监外执行条件的罪犯，徇私舞弊，违法裁定减刑、假释或者违法决定暂予监外执行的；③监狱管理机关、公安机关的工作人员对不符合暂予监外执行条件的罪犯，徇私舞弊，违法批准暂予监外执行的；④不具有报请、裁定、决定或者批准减刑、假释、暂予监外执行权的司法工作人员利用职务上的便利，伪造有关材料，导致不符合减刑、假释、暂予监外执行条件的罪犯被减刑、假释、暂予监外执行的；⑤其他徇私舞弊减刑、假释、暂予监外执行应予追究刑事责任的情形。

本罪是选择性罪名，具体表现为三种情况：一是徇私舞弊，对不符合减刑法定条件的罪犯予以减刑；二是徇私舞弊，对不符合假释法定条件的罪犯予以假释；三是徇私舞弊，对不符合《刑事诉讼法》规定的暂予监外执行条件的罪犯暂予监外执行。行为人实施上述三种行为之一，即构成本罪。

（3）本罪的主体。本罪的主体是特殊主体，即司法工作人员，实践中，具体是指刑罚执行机关和审判机关中有权决定减刑、假释或暂予监外执行的司法工作人员。

（4）本罪的主观方面。本罪的主观方面是故意，即明知不符合减刑、假释、暂予监外执行法定条件的罪犯，予以减刑、假释或者暂予监外执行，行为人多出于贪利、徇私情等动机。过失不成立本罪。

2. 关于本罪的既遂与未遂的争议。学界对如何认定徇私舞弊减刑、假释、暂予监外执行罪的既遂与未遂问题有一定的分歧，分歧的关键在于本罪到底是属于行为犯还是结果犯，一种观点认为本罪是结果犯，因此应以罪犯是否已被作出减刑、假释、暂予监外执行的裁定或决定作为区分本罪既遂与未遂的标准。如果行为人隐瞒情况、虚构事实、伪造有关材料，违法报请减刑、假释、暂予监外执行，而在有权机关作出变更刑罚执行方法之前就被发现，则应以本罪的未遂论处。如果行为人通过种种非法手段，使不符合变更刑罚执行条件的罪犯已被作出减刑、假释、暂予监外执行的裁定或决定，则构成本罪的既遂。另一种观点则认为本罪是行为犯，只要行为人徇私舞弊，实施了对不符合减刑、假释、暂予监外执行条件的罪犯报请、裁定、决定减刑、假释、暂予监外执行的行为，即使罪犯实际没有得到减刑、假释、暂予监外执行，依法也构成犯罪既遂，不存在犯罪未遂问题。我们认为，上述第二种观点较为妥当。

3. 关于没有减刑、假释、暂予监外执行提请权和决定权的司法工作人员为服刑罪犯伪造立功材料如何适用法律问题。对于这一问题，存在两种不同意见：一种意见认为应适用《刑法》第 307 条，以帮助伪造证据罪追究刑事责任；另一种意见认为应适用《刑法》第 401 条，以徇私舞弊减刑、假释、暂予监外执行罪追究刑事责任。因为《刑法》第 307 条规定的帮助伪造证据罪的“在刑事诉讼中”，是指发生在侦查、起诉、审判活动中的犯罪行为，所帮助的当事人是诉讼终结前的当事人，伪造的证据是指与案件情况、犯罪嫌疑人、被告人刑事责任等有关的证据，不包括诉讼终结后罪犯在服刑期间改造表现的证据。对于没有减刑、假释和暂予监外执行提请权和决定权的司法工作人员，利用职务之便故意伪造服刑罪犯在监狱服刑期间检举监外人员犯罪活动、查证属实的立功材料以及其他虚假证明材料，致使罪犯被违法减刑、假释、暂予监外执行的，应认定为徇私舞弊减刑、假释、暂予监外执行罪。① 我们认为，上述第二种观点较为妥当。

• 适用指引 •

司法实践中，认定本罪应注意：

1. 罪与非罪的界限。正确把握徇私舞弊减刑、假释、暂予监外执行罪罪与非罪的界限主要有以下几点：第一，只有对不符合减刑、假释、暂予监外执行的实质条件的罪犯予以减刑、假释和暂予监外执行的，才能构成本罪；如果罪犯符合减刑、假释、暂予监外执行的实质条件，司法工作人员只是违反了法定程序予以减刑、假释、暂予监外执行的，则不能以本罪论处。对减刑、假释或者暂予监外执行条件的把握，应严格遵守有关法律、法规、司法解释的规定。第二，本罪是行为犯，只要行为人实施本条所规定的行为，就应该按照本罪定罪处罚。但是，这并不意味着对行为人的行为没有任何程度方面的要求。按照《刑法》第 13 条的但书的规定，“但是情节显著轻微危害不大的，不认为是犯罪”，即行为人的行为只有达到情节严重的，才能按照本罪定罪处罚。

2. 本罪与徇私枉法罪的界限。两者的区别主要在于：

（1）客观方面不同。本罪的客观方面表现为两种：一是有报请、裁定、决定或者批准减刑、假释、暂予监外执行权限的机关在其合法权限内，对不符合减刑、假释、暂予监外执行条件的罪犯予以减刑、假释、暂予监外执行。二是无报请、裁定、决定或者批准减刑、假释、暂予监外执行权限的机关超越合法权限范围，对不符合减刑、假释、暂予监外执行条件的罪犯予以减刑、假释、暂予监外执行。徇私枉法罪的客观方面表现为司法工作人员徇私枉法、徇情枉法，对明知是无罪的人而使他受追诉、对明知是有罪的人而故意包庇不使他受追诉，或者在刑事审判活动中故意违背事实和法律作枉法裁判的。

（2）犯罪发生的阶段不同。本罪只能发生在刑罚的执行过程中，而徇私枉法罪则可以发生在刑事诉讼的各个阶段，包括侦查、检察、审判、执行阶段。

（3）对象不同。本罪所针对的对象只能是正在服刑中的罪犯，而徇私枉法罪的对象既包括已决犯，也包括未决犯。

（4）主体不同。本罪的主体为司法工作人员，包括审判机关、刑罚执行机关，而徇私枉法罪的犯罪主体包括侦查、检察和审判机关。

如果有关的审判人员在裁定减刑、假释的过程中，徇私舞弊，违背事实和法律枉法裁判的，同时构成本罪和徇私枉法罪，属于想象竞合犯，从一重罪处

---

① 参见孙应征：《渎职罪办案一本通》，中国长安出版社 2007 年版，第 216 ~ 217 页。

理，按照徇私枉法罪定罪处罚。

3. 本罪与私放在押人员罪的界限。两者的主要区别在于：

（1）犯罪对象不同。本罪的犯罪对象仅包括正在被执行刑罚的罪犯；私放在押人员罪的犯罪对象不仅包括正在被执行刑罚的罪犯，还包括犯罪嫌疑人、被告人。

（2）客观方面不同。本罪往往表现为通过伪造虚假的事实材料，使不符合减刑、假释、暂予监外执行条件的罪犯符合法律规定的条件，然后再通过一定的程序对被执行人员实施减刑、假释、暂予监外执行；私放在押人员罪则表现为利用其职务上的便利，私自放行在押人员。

（3）犯罪发生的过程不同。本罪只能发生在刑罚执行过程中；私放在押人员罪则可以发生在刑事案件的侦查、检察、审判及其执行过程中。

第四百零二条　徇私舞弊不移交刑事案件罪

【法律规定】

• 法律条文 •

《中华人民共和国刑法》

第四百零二条　行政执法人员徇私舞弊，对依法应当移交司法机关追究刑事责任的不移交，情节严重的，处三年以下有期徒刑或者拘役；造成严重后果的，处三年以上七年以下有期徒刑。

• 相关规定 •

《中华人民共和国海关法》

第四条第三款　海关侦查走私犯罪公安机构根据国家有关规定，可以设立分支机构。各分支机构办理其管辖的走私犯罪案件，应当依法向有管辖权的人民检察院移送起诉。

《中华人民共和国行政处罚法》

第二十七条　违法行为涉嫌犯罪的，行政机关应当及时将案件移送司法机关，依法追究刑事责任。对依法不需要追究刑事责任或者免予刑事处罚，但应当给予行政处罚的，司法机关应当及时将案件移送有关行政机关。

行政处罚实施机关与司法机关之间应当加强协调配合，建立健全案件移送制度，加强证据材料移交、接收衔接，完善案件处理信息通报机制。

第八十二条　行政机关对应当依法移交司法机关追究刑事责任的案件不移交，以行政处罚代替刑事处罚，由上级行政机关或者有关机关责令改正，对直接负责的主管人员和其他直接责任人员依法给予处分；情节严重构成犯罪的，依法追究刑事责任。

《最高人民检察院关于渎职侵权犯罪案件立案标准的规定》（高检发释字〔2006〕2号）

一、渎职犯罪案件

……

（十二）徇私舞弊不移交刑事案件案（第四百零二条）

徇私舞弊不移交刑事案件罪是指工商行政管理、税务、监察等行政执法人员，徇私舞弊，对依法应当移交司法机关追究刑事责任的案件不移交，情节严重的行为。

涉嫌下列情形之一的，应予立案：

1. 对依法可能判处3年以上有期徒刑、无期徒刑、死刑的犯罪案件不移交的；

2. 不移交刑事案件涉及3人次以上的；

3. 司法机关提出意见后，无正当理由仍然不予移交的；

4. 以罚代刑，放纵犯罪嫌疑人，致使犯罪嫌疑人继续进行违法犯罪活动的；

5. 行政执法部门主管领导阻止移交的；

6. 隐瞒、毁灭证据，伪造材料，改变刑事案件性质的；

7. 直接负责的主管人员和其他直接责任人员为牟取本单位私利而不移交刑事案件，情节严重的；

8. 其他情节严重的情形。

《最高人民检察院人民检察院直接受理立案侦查的渎职侵权重特大案件标准（试行）》（高检发〔2001〕13号）

十、徇私舞弊不移交刑事案件案

（一）重大案件

1. 对犯罪嫌疑人依法可能判处五年以上十年以下有期徒刑的重大刑事案件不移交的；

2. 五次以上不移交犯罪案件，或者一次不移交犯罪案件涉及五名以上犯罪嫌疑人的；

3. 以罚代刑，放纵犯罪嫌疑人，致使犯罪嫌疑人继续进行刑事犯罪的。

（二）特大案件

1. 对犯罪嫌疑人依法可能判处十年以上有期徒刑、无期徒刑、死刑的特别重大刑事案件不移交的；

2. 七次以上不移交犯罪案件，或者一次不移交犯罪案件涉及七名以上犯罪嫌疑人的；

3. 以罚代刑，放纵犯罪嫌疑人，致使犯罪嫌疑人继续进行严重刑事犯罪的。

《最高人民法院、最高人民检察院关于办理渎职刑事案件适用法律若干问题的解释（一）》（法释〔2012〕18 号）

第二条 国家机关工作人员实施滥用职权或者玩忽职守犯罪行为，触犯刑法分则第九章第三百九十八条至第四百一十九条规定的，依照该规定定罪处罚。

国家机关工作人员滥用职权或者玩忽职守，因不具备徇私舞弊等情形，不符合刑法分则第九章第三百九十八条至第四百一十九条的规定，但依法构成第三百九十七条规定的犯罪的，以滥用职权罪或者玩忽职守罪定罪处罚。

《行政执法机关移送涉嫌犯罪案件的规定》（国务院令第 730 号）

第三条 行政执法机关在依法查处违法行为过程中，发现违法事实涉及的金额、违法事实的情节、违法事实造成的后果等，根据刑法关于破坏社会主义市场经济秩序罪、妨害社会管理秩序罪等罪的规定和最高人民法院、最高人民检察院关于破坏社会主义市场经济秩序罪、妨害社会管理秩序罪等罪的司法解释以及最高人民检察院、公安部关于经济犯罪案件的追诉标准等规定，涉嫌构成犯罪，依法需要追究刑事责任的，必须依照本规定向公安机关移送。

知识产权领域的违法案件，行政执法机关根据调查收集的证据和查明的案件事实，认为存在犯罪的合理嫌疑，需要公安机关采取措施进一步获取证据以判断是否达到刑事案件立案追诉标准的，应当向公安机关移送。

第五条 行政执法机关对应当向公安机关移送的涉嫌犯罪案件，应当立即指定 2 名或者 2 名以上行政执法人员组成专案组专门负责，核实情况后提出移送涉嫌犯罪案件的书面报告，报经本机关正职负责人或者主持工作的负责人审批。

行政执法机关正职负责人或者主持工作的负责人应当自接到报告之日起 3 日内作出批准移送或者不批准移送的决定。决定批准的，应当在 24 小时内向同级公安机关移送；决定不批准的，应当将不予批准的理由记录在案。

第六条 行政执法机关向公安机关移送涉嫌犯罪案件，应当附有下列材料：

（一）涉嫌犯罪案件移送书；

（二）涉嫌犯罪案件情况的调查报告；

（三）涉案物品清单；

（四）有关检验报告或者鉴定结论；

（五）其他有关涉嫌犯罪的材料。

第七条 公安机关对行政执法机关移送的涉嫌犯罪案件，应当在涉嫌犯罪案件移送书的回执上签字；其中，不属于本机关管辖的，应当在 24 小时内转送有管辖权的机关，并书面告知移送案件的行政执法机关。

第八条 公安机关应当自接受行政执法机关移送的涉嫌犯罪案件之日起3日内，依照刑法、刑事诉讼法以及最高人民法院、最高人民检察院关于立案标准和公安部关于公安机关办理刑事案件程序的规定，对所移送的案件进行审查。认为有犯罪事实，需要追究刑事责任，依法决定立案的，应当书面通知移送案件的行政执法机关；认为没有犯罪事实，或者犯罪事实显著轻微，不需要追究刑事责任，依法不予立案的，应当说明理由，并书面通知移送案件的行政执法机关，相应退回案卷材料。

第九条 行政执法机关接到公安机关不予立案的通知书后，认为依法应当由公安机关决定立案的，可以自接到不予立案通知书之日起3日内，提请作出不予立案决定的公安机关复议，也可以建议人民检察院依法进行立案监督。

作出不予立案决定的公安机关应当自收到行政执法机关提请复议的文件之日起3日内作出立案或者不予立案的决定，并书面通知移送案件的行政执法机关。移送案件的行政执法机关对公安机关不予立案的复议决定仍有异议的，应当自收到复议决定通知书之日起3日内建议人民检察院依法进行立案监督。

公安机关应当接受人民检察院依法进行的立案监督。

第十条 行政执法机关对公安机关决定不予立案的案件，应当依法作出处理；其中，依照有关法律、法规或者规章的规定应当给予行政处罚的，应当依法实施行政处罚。

第十一条 行政执法机关对应当向公安机关移送的涉嫌犯罪案件，不得以行政处罚代替移送。

行政执法机关向公安机关移送涉嫌犯罪案件前已经作出的警告，责令停产停业，暂扣或者吊销许可证、暂扣或者吊销执照的行政处罚决定，不停止执行。

依照行政处罚法的规定，行政执法机关向公安机关移送涉嫌犯罪案件前，已经依法给予当事人罚款的，人民法院判处罚金时，依法折抵相应罚金。

第十二条 行政执法机关对公安机关决定立案的案件，应当自接到立案通知书之日起3日内将涉案物品以及与案件有关的其他材料移交公安机关，并办结交接手续；法律、行政法规另有规定的，依照其规定。

第十三条 公安机关对发现的违法行为，经审查，没有犯罪事实，或者立案侦查后认为犯罪事实显著轻微，不需要追究刑事责任，但依法应当追究行政责任的，应当及时将案件移送同级行政执法机关，有关行政执法机关应当依法作出处理。

第十四条 行政执法机关移送涉嫌犯罪案件，应当接受人民检察院和监察机关依法实施的监督。

任何单位和个人对行政执法机关违反本规定，应当向公安机关移送涉嫌犯罪案件而不移送的，有权向人民检察院、监察机关或者上级行政执法机关举报。

第十六条 行政执法机关违反本规定，逾期不将案件移送公安机关的，由本级或者上级人民政府，或者实行垂直管理的上级行政执法机关，责令限期移送，并对其正职负责人或者主持工作的负责人根据情节轻重，给予记过以上的处分；构成犯罪的，依法追究刑事责任。

行政执法机关违反本规定，对应当向公安机关移送的案件不移送，或者以行政处罚代替移送的，由本级或者上级人民政府，或者实行垂直管理的上级行政执法机关，责令改正，给予通报；拒不改正的，对其正职负责人或者主持工作的负责人给予记过以上的处分；构成犯罪的，依法追究刑事责任。

对本条第一款、第二款所列行为直接负责的主管人员和其他直接责任人员，分别比照前两款的规定给予处分；构成犯罪的，依法追究刑事责任。

第十七条 公安机关违反本规定，不接受行政执法机关移送的涉嫌犯罪案件，或者逾期不作出立案或者不予立案的决定的，除由人民检察院依法实施立案监督外，由本级或者上级人民政府责令改正，对其正职负责人根据情节轻重，给予记过以上的处分；构成犯罪的，依法追究刑事责任。

对前款所列行为直接负责的主管人员和其他直接责任人员，比照前款的规定给予处分；构成犯罪的，依法追究刑事责任。

【案例】

丁某徇私舞弊不移交刑事案件案①

• 案件事实 •

1997 年 7 月，丁某任宜兴市林副业局林政科科长兼林政稽查大队大队长。2001 年 2 月，无锡市多种经营管理局接到关于宜兴市伏东镇上坝村滥伐林木的举报后，派该局林政处副处长顾某到该村初查。同年 4 月 17 日，宜兴市信访局、农工部等单位协调决定，由宜兴市林副业局负责查处此案。4 月 18 日上午，丁某和顾某等人到上坝村调查，丁某查看了该村 1999 年和 2000 年的销售林木账，初步测算出该村两年内滥伐林木约 600 立方米。当日下午，丁某因事离开，由顾某等人对群众举报滥伐情况严重的部分林地进行了实地踏查并画了 3 份现场图。事后，顾某将现场图交给丁某。4 月 20 日，丁某向伏东镇领导通报上坝村滥伐林木案查处情况时表示，上坝村滥伐林木情节严重，有关人员会受到刑事处罚。镇领导要求"不要抓人"，丁某接受说情，还承诺将认定的滥

① 参见《中华人民共和国最高人民法院公报》2003 年第 6 期。

伐林木数降至20立方米以下，以行政处罚结案，并让镇领导将这一数字作为行政处罚确定的滥伐林木数，对上坝村的销售林木账进行技术处理。之后，丁某隐瞒初步测算上坝村滥伐林木约600立方米的调查情况，根据顾某交给他的现场图，测算出这些地块内滥伐的林木数是17.9888立方米，以此作为查处结果，向本局领导与顾某作了汇报。宜兴市林副业局根据丁某汇报的滥伐林木数量，于4月27日决定对上坝村进行林业行政处罚，处罚决定由顾某宣布。另查明，宜兴市伏东镇上坝村滥伐林木一案，已由人民法院判决，生效判决认定该村的滥伐林木数量为542.712立方米。

• 裁判要旨 •

徇私舞弊不移交刑事案件罪的本质是行政执法人员徇私舞弊以罚代刑，情节严重的行为。

• 裁判理由 •

本案经江苏省宜兴市人民法院审理后，判决被告人丁某犯徇私舞弊不移交刑事案件罪，判处有期徒刑一年，缓刑一年六个月。被告人丁某不服，提出上诉。

无锡市中级人民法院经审理认为：作为宜兴市林副业局林政科科长兼林政稽查大队队长，上诉人丁某的职责是认真执法，保护森林和林木，查处毁坏林木的违法、犯罪行为。在林业行政执法中，发现需要追究刑事责任的案件，应当移交司法机关处理。丁某在查办上坝村滥伐林木案的过程中，明知该村滥伐林木数额巨大，行为人依法应受刑罚处罚，却徇私舞弊，指使他人修改销售账，隐瞒真相，不向司法机关移送案件，致使本应追究刑事责任的滥伐林木行为只受到行政处罚，由此放纵了犯罪，实属情节严重，其行为确已构成犯罪。原审认定的基本事实清楚，证据确凿，适用法律定罪正确，量刑恰当，诉讼程序合法，应当维持。丁某及其辩护人提出的上诉理由及辩护意见，缺乏事实根据和法律依据，不予采纳。据此，无锡市中级人民法院依照《刑事诉讼法》第189条第1项的规定，于2002年6月19日裁定：驳回上诉，维持原判。

【学理分析及适用指引】

• 学理分析 •

1. 徇私舞弊不移交刑事案件罪的构成。徇私舞弊不移交刑事案件罪，是指行政执法人员徇私舞弊，对依法应当移交司法机关追究刑事责任的案件不移交，情节严重的行为。本罪的构成要件如下：本罪的构成要件如下：

（1）本罪的客体。本罪的客体是国家正常的行政执法活动和司法活动。

（2）本罪的客观方面。本罪客观方面表现为徇私舞弊，对应当移交司法机关追究刑事责任的案件不移交。所谓不移交，是指行为人在行政执法过程中，发现违法行为构成犯罪应当追究刑事责任，但为了谋取私利私情而弄虚作假，不将案件移送司法机关处理，而将刑事案件作为一般违法案件处理，甚至放纵犯罪分子而不作任何处理。构成本罪还要求具体情节严重的情形。所谓“情节严重”，根据相关司法解释规定，具体指下列情形：①对依法可能判处三年以上有期徒刑、无期徒刑、死刑的犯罪案件不移交的；②不移交刑事案件涉及3人次以上的；③司法机关提出意见后，无正当理由仍然不予移交的；④以罚代刑，放纵犯罪嫌疑人，致使犯罪嫌疑人继续进行违法犯罪活动的；⑤行政执法部门主管领导阻止移交的；⑥隐瞒、毁灭证据，伪造材料，改变刑事案件性质的；⑦直接负责的主管人员和其他直接责任人员为牟取本单位私利而不移交刑事案件，情节严重的；⑧其他情节严重的情形。

（3）本罪的主体。本罪主体是行政执法人员，是指依法具有执行行政法规职权的行政机关的工作人员，受其委派或委托执行行政法规工作的人员，也应视为行政执法人员。实践中常见的多为公安机关治安执法人员、工商机关人员、税务机关人员等。

（4）本罪的主观方面。本罪主观上是故意，即明知案件应当移交司法机关追究刑事责任而故意不移交，其目的常常在于包庇案件当事人。

2. 关于本罪主体的理解。徇私舞弊不移交刑事案件罪司法认定的关键之处在于对主体的判断，本罪的主体是行政执法人员，行政执法人员是从事行政执法的工作人员。对于何谓行政执法，行政法学界存在不同看法。一种观点认为，所谓行政执法，是指行政主体执行、适用法律、法规、规章的活动，是行政主体处理涉及特定行政相对方特定事项的具体行政行为。行政执法行为的主体包括行政机关和法律、法规授权的组织。① 根据这种观点，所谓行政执法人员，既包括行政执法机关中从事执法的人员，也包括法律、法规授权的组织中从事执法的人员，同时还包括行政机关委托的组织中从事执法的人员，以及直接受行政机关委托从事执法的人员。另一种观点认为，行政执法是国家行政机关依据行政管理法规的规定，针对特定的对象所采取的具体的、单方面的、能直接产生行政法上法律效果的行政行为。② 根据这种观点，所谓行政执法人员则仅指行政机关中从事执法的人员，而不包括非行政机关工作人员。第一种观点符合我国的行政执法现状，是可取的。

根据有关行政法律规定，在我国从事行政执法的，不仅有国家机关，还包

---

① 参见罗豪才主编：《中国行政法教程》，人民法院出版社1996年版，第165页。

② 参见许崇德、皮纯协主编：《新中国行政法研究综述（1949—1990）》，法律出版社1991年版，第293页。

括由法律法规授权的组织以及由国家机关所委托的组织。

行政执法人员与司法工作人员都属于广义的执法人员的范围，关于两者的界限问题，有学者认为，其区别在于：第一，代表的主体不同。行政执法人员代表的是国家行政执法机关和法律、法规授权的组织，而司法工作人员代表的是国家司法机关。第二，执法的内容不同。行政执法人员是代表行政主体执行、适用法律处理国家内政、外交事务，对社会、经济、文化等各种事项及个人、组织实施行政管理，即从事行政执法行为。根据行为本身的内容、性质及标准，可将行政执法行为分为行政处理、行政监督、行政强制及行政制裁，即在工商、税务、海关、检疫、环保等行政机关发挥行政职能。而司法工作人员是代表国家司法机关执行、适用法律处理刑事、民事、经济、行政等各种争议案件，即履行侦查、检察、审判、监管职责。第三，工作程序不同。行政执法工作人员在行政执法时遵循的是具有迅速、简便、以效率为优先特征的行政程序，而司法工作人员在从事司法活动时遵循的是具有公开、正式、以公正为优先特征的司法程序。

• 适用指引 •

司法实践中，应注意区分徇私舞弊不移交刑事案件罪与徇私枉法罪的界限：徇私舞弊不移交刑事案件罪与徇私枉法罪中“明知是有罪的人而故意包庇不使他受追诉”的行为有相似之处。二者的关键区别在于：首先，构成两罪的主体不同。徇私舞弊不移交刑事案件罪的主体只能是行政执法人员，而徇私枉法罪的主体是司法工作人员。其次，徇私舞弊不移交刑事案件罪对犯罪情节的要求必须是情节严重，而徇私枉法罪则没有情节严重的要求。

司法实践中，如果发生两罪构成要件竞合的，原则上应以徇私枉法罪论处。

第四百零三条　滥用管理公司、证券职权罪

【法律规定】

• 法律条文 •

《中华人民共和国刑法》

第四百零三条　国家有关主管部门的国家机关工作人员，徇私舞弊，滥用职权，对不符合法律规定条件的公司设立、登记申请或者股票、债券发行、上市申请，予以批准或者登记，致使公共财产、国家和人民利益遭受重大损失的，处五年以下有期徒刑或者拘役。

上级部门强令登记机关及其工作人员实施前款行为的，对其直接负责的主

管人员，依照前款的规定处罚。

• 相关规定 •

《中华人民共和国公司法》

第二百零八条 公司登记机关对不符合本法规定条件的登记申请予以登记，或者对符合本法规定条件的登记申请不予登记的，对直接负责的主管人员和其他直接责任人员，依法给予行政处分。

第二百零九条 公司登记机关的上级部门强令公司登记机关对不符合本法规定条件的登记申请予以登记，或者对符合本法规定条件的登记申请不予登记的，或者对违法登记进行包庇的，对直接负责的主管人员和其他直接责任人员依法给予行政处分。

《中华人民共和国证券法》

第二百一十六条 国务院证券监督管理机构或者国务院授权的部门有下列情形之一的，对直接负责的主管人员和其他直接责任人员，依法给予处分：

（一）对不符合本法规定的发行证券、设立证券公司等申请予以核准、注册、批准的；

（二）违反本法规定采取现场检查、调查取证、查询、冻结或者查封等措施的；

（三）违反本法规定对有关机构和人员采取监督管理措施的；

（四）违反本法规定对有关机构和人员实施行政处罚的；

（五）其他不依法履行职责的行为。

第二百一十七条 国务院证券监督管理机构或者国务院授权的部门的工作人员，不履行本法规定的职责，滥用职权、玩忽职守，利用职务便利牟取不正当利益，或者泄露所知悉的有关单位和个人的商业秘密的，依法追究法律责任。

《最高人民检察院关于渎职侵权犯罪案件立案标准的规定》（高检发释字〔2006〕2号）

一、渎职犯罪案件

……

（十三）滥用管理公司、证券职权案（第四百零三条）

滥用管理公司、证券职权罪是指工商行政管理、证券管理等国家有关主管部门的工作人员徇私舞弊，滥用职权，对不符合法律规定条件的公司设立、登记申请或者股票、债券发行、上市申请予以批准或者登记，致使公共财产、国家和人民利益遭受重大损失的行为，以及上级部门、当地政府强令登记机关及其工作人员实施上述行为的行为。

涉嫌下列情形之一的，应予立案：

1. 造成直接经济损失50万元以上的；

2. 工商管理部门的工作人员对不符合法律规定条件的公司设立、登记申请，违法予以批准、登记，严重扰乱市场秩序的；

3. 金融证券管理机构的工作人员对不符合法律规定条件的股票、债券发行、上市申请，违法予以批准，严重损害公众利益，或者严重扰乱金融秩序的；

4. 工商管理部门、金融证券管理机构的工作人员对不符合法律规定条件的公司设立、登记申请或者股票、债券发行、上市申请违法予以批准或者登记，致使犯罪行为得逞的；

5. 上级部门、当地政府直接负责的主管人员强令登记机关及其工作人员，对不符合法律规定条件的公司设立、登记申请或者股票、债券发行、上市申请予以批准或者登记，致使公共财产、国家或者人民利益遭受重大损失的；

6. 其他致使公共财产、国家和人民利益遭受重大损失的情形。

《最高人民检察院人民检察院直接受理立案侦查的渎职侵权重特大案件标准（试行）》（高检发〔2001〕13号）

十一、滥用管理公司、证券职权案

（一）重大案件

1. 造成直接经济损失五十万元以上的；

2. 因违法批准或者登记致使发生刑事犯罪的。

（二）特大案件

1. 造成直接经济损失一百万元以上的；

2. 因违法批准或者登记致使发生重大刑事犯罪的。

《最高人民法院、最高人民检察院关于办理渎职刑事案件适用法律若干问题的解释（一）》（法释〔2012〕18号）

第二条 国家机关工作人员实施滥用职权或者玩忽职守犯罪行为，触犯刑法分则第九章第三百九十八条至第四百一十九条规定的，依照该规定定罪处罚。

国家机关工作人员滥用职权或者玩忽职守，因不具备徇私舞弊等情形，不符合刑法分则第九章第三百九十八条至第四百一十九条的规定，但依法构成第三百九十七条规定的犯罪的，以滥用职权罪或者玩忽职守罪定罪处罚。

【学理分析及适用指引】

• 学理分析 •

滥用管理公司、证券职权罪，是指国家有关主管部门的国家机关工作人员，徇私舞弊、滥用职权，对不符合法律规定条件的公司设立、登记申请或者股票、债券发行、上市申请，予以批准或者登记，致使公共财产、国家和人民利益遭受重大损失的行为。本罪的构成要件如下：

1. 本罪的客体。本罪侵犯的客体是国家对公司、证券的正常管理活动。

根据《公司法》《公司登记管理条例》和《股票发行与交易管理暂行条例》的规定，对公司设立、登记申请负责审核、登记的国家主管部门是工商行政管理机关，国务院证券监督管理委员会负责股票、债券发行、上市申请的批准、登记工作。为了保证对公司、证券正常的管理活动，有关的法律、法规对公司设立、登记申请与股票、债券发行、上市申请的具体条件作了明确规定。对不符合这些条件的公司、证券予以批准登记，不仅直接违反有关法律、法规的规定，妨害正常的管理活动，还会对公共财产、国家和人民利益造成损失。

2. 本罪的客观方面。客观方面表现为滥用职权，对不符合法律规定条件的公司设立、登记申请或者股票、债券发行、上市申请，予以批准或者登记，致使公共财产、国家和人民利益遭受重大损失的行为。

"滥用职权"，是指滥用对公司、证券的批准或者登记的权力，具体体现为对依法不应该批准、登记的予以批准、登记。"法律规定条件"，是指《公司法》和有关法规关于公司设立、登记申请或者股票、债券发行、上市申请的必备要件。如关于股东或发起人的人数、法定资本最低限额、公司章程、公司名称及组织机构、生产经营的场所和条件；公司净资产、累计债券总额、可分配利润、资金投向、利率；认购股份、募股申请、发行新股；股本总额、开业时间、业绩、股东人数等条件。本罪是结果犯，"致使公共财产、国家和人民利益遭受重大损失"是本罪的必备要件。

3. 本罪的主体。犯罪主体为特殊主体，即国家有关主管部门的国家机关工作人员，具体是指国家工商行政管理机关和国务院证券监督管理委员会中对公司设立、登记申请或者股票、债券发行、上市申请具有批准或者登记职权的国家机关工作人员。其上级部门直接负责的主管人员也可以构成本罪的主体。

4. 本罪的主观方面。主观方面由故意构成，行为人须出于徇私的动机。过失不构成本罪。

• 适用指引 •

司法实践中，认定本罪应注意：

1. 本罪的一罪与数罪。实践中，有关主管部门的国家机关工作人员与申请人相勾结，对明知是不符合法律规定条件的公司设立、登记申请或者股票、债券发行、上市申请而予以批准或者登记，为申请人或公司有关人员实施虚报注册资本、虚假出资或者欺诈发行股票、债券等行为创造条件和提供便利，此种情况下，该主管部门的工作人员同时构成虚报注册资本罪、虚假出资罪或者欺诈发行股票、债券罪的共犯与构成滥用管理公司、证券职权罪，两罪属于想象竞合，从一重罪处罚；如果二者之间不存在通谋勾结，则双方各自构成独立的犯罪，即对有关主管机关及其工作人员应以滥用管理公司、证券职权罪论处；而申请人或公司的有关人员则构成虚报注册资本罪、虚假出资罪或者欺诈发行股票、债券罪。

2. 证券交易所工作人员能否构成本罪。证券交易所是提供证券集中竞价交易场所的，不以营利为目的的法人，它本身并非证券管理部门。

一般而言，证券交易所的工作人员不能构成本罪。但根据《证券法》的相关规定，在证券交易所根据国务院证券监督管理机构的授权，核准股票、公司债券上市申请或者终止不符合规则的股票上市交易时，应当认为其在履行证券监督管理职责，具有证券管理的职权。若其工作人员徇私舞弊，对不符合法律规定条件的股票、公司债券上市申请予以核准，致使公共财产、国家和人民利益遭受重大损失的，应以本罪论处。

第四百零四条 徇私舞弊不征、少征税款罪

【法律规定】

• 法律条文 •

《中华人民共和国刑法》

第四百零四条 税务机关的工作人员徇私舞弊，不征或者少征应征税款，致使国家税收遭受重大损失的，处五年以下有期徒刑或者拘役；造成特别重大损失的，处五年以上有期徒刑。

• 相关规定 •

《中华人民共和国税收征收管理法》

第八十二条第一款 税务人员徇私舞弊或者玩忽职守，不征或者少征应征税款，致使国家税收遭受重大损失，构成犯罪的，依法追究刑事责任；尚不构成犯罪的，依法给予行政处分。

《最高人民检察院关于渎职侵权犯罪案件立案标准的规定》（高检发释字〔2006〕2号）

一、渎职犯罪案件

……

（十四）徇私舞弊不征、少征税款案（第四百零四条）

徇私舞弊不征、少征税款罪是指税务机关工作人员徇私舞弊，不征、少征

应征税款，致使国家税收遭受重大损失的行为。

涉嫌下列情形之一的，应予立案：

1. 徇私舞弊不征、少征应征税款，致使国家税收损失累计达 10 万元以上的；

2. 上级主管部门工作人员指使税务机关工作人员徇私舞弊不征、少征应征税款，致使国家税收损失累计达 10 万元以上的；

3. 徇私舞弊不征、少征应征税款不满 10 万元，但具有索取或者收受贿赂或者其他恶劣情节的；

4. 其他致使国家税收遭受重大损失的情形。

《最高人民检察院关于人民检察院直接受理立案侦查的渎职侵权重特大案件标准（试行）》（高检发〔2001〕13 号）

十二、徇私舞弊不征、少征税款案

（一）重大案件

造成国家税收损失累计达三十万元以上的。

（二）特大案件

造成国家税收损失累计达五十万元以上的。

《最高人民法院、最高人民检察院关于办理渎职刑事案件适用法律若干问题的解释（一）》（法释〔2012〕18 号）

第二条 国家机关工作人员实施滥用职权或者玩忽职守犯罪行为，触犯刑法分则第九章第三百九十八条至第四百一十九条规定的，依照该规定定罪处罚。

国家机关工作人员滥用职权或者玩忽职守，因不具备徇私舞弊等情形，不符合刑法分则第九章第三百九十八条至第四百一十九条的规定，但依法构成第三百九十七条规定的犯罪的，以滥用职权罪或者玩忽职守罪定罪处罚。

【案例】

龚某某受贿后徇私舞弊不征、少征税款案①

• 案件事实 •

被告人龚某某，原系洪泽县地方税务局东双沟税务所所长。龚某某在 1996 年春节前至 1998 年春节前，利用担任洪泽县地方税务局东双沟税务所所长的职务便利，先后 4 次收受洪泽县食品公司东双沟食品站（以下简称东双沟食品

---

① 参见最高人民法院中国应用法学研究所编：《人民法院案例选》（2002 年第 4 辑），人民法院出版社 2002 年版。

站）送给的人民币计 8000 元。龚某某在收受贿赂后，为徇个人私利，违反税收征管法规的规定，在 1996 年至 1998 年 4 月期间，故意不履行税收征收职责，对东双沟食品站累计少征屠宰税 3 万余元，不征城建税 991.56 元，合计不征、少征税款 3 万余元。案发后，龚某某有自首情节。

• 裁判要旨 •

纳税人采取弄虚作假的手段欺骗征税人而少缴税款的部分不应认定为徇私舞弊不征、少征税款罪“主观明知”的范畴。

• 裁判理由 •

1998 年 11 月 6 日，江苏省洪泽县人民检察院向江苏省洪泽县人民法院提起公诉。起诉书指控被告人龚某某利用职务之便收受贿赂后，违反税收征管法规的规定，故意不履行税收征收职责，对东双沟食品站累计少征屠宰税 6 万余元，不征城建税 991.56 元，合计不征、少征税款 6 万余元。起诉认定被告人龚某某的行为触犯了《刑法》第 385 条第 1 款、第 386 条和第 404 条的规定，构成受贿罪和徇私舞弊不征、少征税款罪，依法应数罪并罚。被告人龚某某辩解因东双沟食品站作假账而少征的 3.4 万元税款不应由其承担责任。龚某某的辩护人对起诉指控被告人的受贿犯罪事实及性质不持异议，但认为被告人龚某某的行为不构成徇私舞弊不征、少征税款罪。

江苏省洪泽县人民法院经公开审理认为：被告人龚某某身为国家工作人员，利用担任洪泽县地方税务局东双沟税务所所长的职务便利，收受东双沟食品站贿赂后，故意不履行税收征收职责，少征收该站税款 3 万余元，其行为构成受贿罪；其徇私舞弊少征税款的数额没有达到追究徇私舞弊不征、少征税款罪的标准，对被告人及其辩护人的辩护意见予以采纳；被告人犯罪后有自首情节，并已退清赃款，可以从轻处罚。法院根据《刑法》第 385 条第 1 款、第 386 条、第 383 条第 1 款第 3 项、第 67 条第 1 款、第 72 条第 1 款、第 73 条第 2 款和第 3 款、第 64 条之规定，于 1999 年 5 月 28 日作出如下判决：一、被告人龚某某犯受贿罪，判处有期徒刑一年六个月，缓刑二年。二、被告人龚某某犯罪所得赃款 8000 元依法予以没收，上缴国库。

判决宣告后，被告人龚某某不服，向江苏省淮阴市中级人民法院提出上诉。二审审理期间，龚某某申请撤回上诉。江苏省淮阴市中级人民法院依法进行审查后认为：原判决认定事实和适用法律正确，量刑适当，依照《最高人民法院关于执行〈中华人民共和国刑事诉讼法〉若干问题的解释》第 239 条之规定，于 1999 年 8 月 10 日作出如下裁定：准许上诉人龚某某撤回上诉。江苏省洪泽县人民法院（1998）泽刑初字第 63 号刑事判决自裁定送达之日起发生法律效力。

【学理分析及适用指引】

• 学理分析 •

1. 税收渎职犯罪与受贿罪交织情况的处理。在司法实践中，税收渎职犯罪往往与受贿、索贿行为交织在一起，对此，应如何确定罪数呢？这成为了理论和实务部门争论的一个热点问题。有观点认为，从受贿罪与税收渎职犯罪的法条内涵来看，在主体上，受贿罪的主体范围——国家工作人员包含了税收渎职犯罪的主体，即税收机关工作人员以及负责提供出口退税凭证的其他国家机关工作人员；在客观方面，受贿罪为他人谋取利益（包括正当与不正当）包含徇私舞弊行为，即为他人谋取非法利益。因此，两者之间存在重合关系，属于从属关系的法条竞合。① 也有的观点认为，税收渎职兼有受贿的，属于牵连犯。② 无论是法条竞合关系，还是牵连关系，在具体法律适用上都是以一罪论。还有的观点认为，对税收渎职与受贿兼有的，应实行数罪并罚。③ 我们认为，对于受贿而渎职构成其他犯罪的，完全符合数罪的构成，除法律及司法解释规定之外，原则上应数罪并罚。

2. 税务机关工作人员与偷税人相互勾结而故意不履行其依法征税或者纳税职责的处理。对于税务机关的工作人员与偷税人相互勾结，故意不履行其依法征税的职责，不征或少征应征税款的行为定性问题，学界存在以下观点：

（1）税务机关的工作人员与偷税人相互勾结，故意不履行其依法征税的职责，不征或少征应征税款的，应该将其作为逃税罪的共犯来论处。④ 如出主意或帮助纳税主体在账簿上多列支出或者不列、少列收入，以不缴或者少缴应缴税款，而后故意不征或者少征应征税款的，构成偷税罪的共犯。⑤

（2）税务机关工作人员徇私舞弊不征、少征税款的行为实际上兼有渎职罪构成要件和共犯构成要件的双重性质，属于想象竞合犯形态，应在比较徇私舞弊不征、少征税款罪和逃税罪二罪的刑罚轻重后，选择处罚较重的一罪定罪从重处罚。⑥

（3）税务机关工作人员与偷税人相互勾结偷逃税款，不应按照共同犯罪

---

① 参见陈兴良、龚培华：《法条竞合论》，复旦大学出版社 1993 年版，第 96 页。

② 参见朱丽华、于泓主编：《渎职、“侵权”案件侦查事务》，中国检察出版社 2000 年版，第 108 页。

③ 参见张穹主编：《贪污贿赂渎职“侵权”犯罪案件立案标准精释》，中国检察出版社 2000 年版，第 240 页。

④ 参见刘家琛主编：《刑法（分则）及配套规定新释新解》（下），人民法院出版社 2002 年版，第 2877 页。

⑤ 参见周道鸾、张军主编：《刑法罪名精释》，人民法院出版社 2003 年版，第 982 页。

⑥ 参见肖中华：《渎职罪认定中的几个共性问题探析》，载《法学论坛》2001 年第 5 期。

人的原则定罪处罚，而应对税务机关工作人员以徇私舞弊不征、少征税款罪论处，对偷税的人则仍应以偷税罪论处。① 这种观点实际上将之视为身份犯之共犯理论的一种例外。②

就税务机关工作人员与偷税人相互勾结偷逃税款案件的定性问题而言，重点要分析税务机关工作人员所实施行为的性质，如果税务机关工作人员为徇私情、私利，故意违背事实和法律，伪造材料，隐瞒情况，弄虚作假，从而不征、少征应征税款，那么，这一行为属于徇私舞弊不征、少征税款罪的实行行为，对偷税人实施偷税行为起到了一定的帮助作用，此时，税务人员的行为构成逃税罪与徇私舞弊不征、少征税款罪，两罪之间存在竞合关系，原则上应择一重罪论处。偷税人如果为了完成其偷税行为，教唆税务机关工作人员徇私舞弊不征、少征税款的行为，由于在对合性犯罪下，一般情况下先产生犯意的一方不构成教唆犯，而是某种犯罪的实行犯，因此也不能以徇私舞弊不征、少征税款罪的教唆犯定罪处罚。偷税人帮助税务机关工作人员实施徇私舞弊不征、少征税款行为，此时不能以共犯论处，其理亦同。但是，如果税务机关工作人员或者偷税人实施的行为超出了法律规定的对合范畴，则不能排除构成相关罪名共犯的可能。如司法实践中有的税务机关工作人员主动教唆他人偷税，然后又徇私舞弊不征、少征税款，对这种情形不能以对合犯为由，否定税务机关工作人员构成偷税罪共犯的可能性。因为教唆偷税并不是徇私舞弊不征、少征税款罪的实行行为，只有对上述行为用《刑法》分别作出否定性评价，才能体现罪刑相当原则。对这种情形，应择一重罪处理。此外，对合性必要共犯对共犯一般原理的限制适用，只存在于具有对合关系的行为相互之间，对于徇私舞弊不征、少征税款罪与偷税罪自身而言，仍然存在着共同犯罪一般原理的适用空间。③

• 适用指引 •

司法实践中，认定本罪应注意：

徇私舞弊不征、少征税款罪的罪与非罪。区分罪与非罪的界限，应注意以下方面：第一，看是否具有徇私舞弊不征、少征税款的故意。如果没有，即不可能构成该罪。徇私舞弊不征、少征税款罪的主观方面是故意犯罪，在认识因素上，行为人明知纳税人应当缴纳税款；在意志因素上，行为人为徇私情或私利而故意不征或少征税款。“明知”应当建立在行为人对纳税人经营状况、应缴税款的数额具有认知可能并形成真实认识的基础上，对于纳税人采取弄虚作

① 参见陈浩然主编：《应用刑法学分论》，华东理工大学出版社 2007 年版，第 497 页。

② 参见杜国强：《渎职罪共犯及其相关问题研究》，载《法学》2005 年第 12 期。

③ 参见杨志国、方毓敏：《徇私舞弊不征、少征税款罪与偷税罪关系辩证——兼论税务机关工作人员与偷税人相互勾结偷逃税款案件的定性》，载《政治与法律》2008 年第 4 期。

假的手段欺骗征税人而少缴税款的部分不应认定为行为人“明知”的范畴。第二，要看有无徇私舞弊不征、少征税款的行为，特别是要把握该行为是否使得国家税收遭受了重大损失，即使有徇私舞弊不征、少征税款的行为，如果国家税收没有遭受重大损失的，仍不构成该罪。

第四百零五条　徇私舞弊发售发票、抵扣税款、出口退税罪；违法提供出口退税凭证罪

【法律规定】

• 法律条文 •

《中华人民共和国刑法》

第四百零五条　税务机关的工作人员违反法律、行政法规的规定，在办理发售发票、抵扣税款、出口退税工作中，徇私舞弊，致使国家利益遭受重大损失的，处五年以下有期徒刑或者拘役；致使国家利益遭受特别重大损失的，处五年以上有期徒刑。

其他国家机关工作人员违反国家规定，在提供出口货物报关单、出口收汇核销单等出口退税凭证的工作中，徇私舞弊，致使国家利益遭受重大损失的，依照前款的规定处罚。

• 相关规定 •

《最高人民检察院关于渎职侵权犯罪案件立案标准的规定》（高检发释字〔2006〕2号）

一、渎职犯罪案件

……

（十五）徇私舞弊发售发票、抵扣税款、出口退税案（第四百零五条第一款）

徇私舞弊发售发票、抵扣税款、出口退税罪是指税务机关工作人员违反法律、行政法规的规定，在办理发售发票、抵扣税款、出口退税工作中徇私舞弊，致使国家利益遭受重大损失的行为。

涉嫌下列情形之一的，应予立案：

1. 徇私舞弊，致使国家税收损失累计达10万元以上的；

2. 徇私舞弊，致使国家税收损失累计不满10万元，但发售增值税专用发票25份以上或者其他发票50份以上或者增值税专用发票与其他发票合计50份以上，或者具有索取、收受贿赂或者其他恶劣情节的；

3. 其他致使国家利益遭受重大损失的情形。

（十六）违法提供出口退税凭证案（第四百零五条第二款）

违法提供出口退税凭证罪是指海关、外汇管理等国家机关工作人员违反国家规定，在提供出口货物报关单、出口收汇核销单等出口退税凭证的工作中徇私舞弊，致使国家利益遭受重大损失的行为。

涉嫌下列情形之一的，应予立案：

1. 徇私舞弊，致使国家税收损失累计达10万元以上的；

2. 徇私舞弊，致使国家税收损失累计不满10万元，但具有索取、收受贿赂或者其他恶劣情节的；

3. 其他致使国家利益遭受重大损失的情形。

《最高人民检察院关于人民检察院直接受理立案侦查的渎职侵权重特大案件标准（试行）》（高检发〔2001〕13号）

十四、违法提供出口退税凭证案

（一）重大案件

造成国家税收损失累计达三十万元以上的。

（二）特大案件

造成国家税收损失累计达五十万元以上的。

《最高人民法院、最高人民检察院关于办理渎职刑事案件适用法律若干问题的解释（一）》（法释〔2012〕18号）

第二条 国家机关工作人员实施滥用职权或者玩忽职守犯罪行为，触犯刑法分则第九章第三百九十八条至第四百一十九条规定的，依照该规定定罪处罚。

国家机关工作人员滥用职权或者玩忽职守，因不具备徇私舞弊等情形，不符合刑法分则第九章第三百九十八条至第四百一十九条的规定，但依法构成第三百九十七条规定的犯罪的，以滥用职权罪或者玩忽职守罪定罪处罚。

《最高人民法院研究室关于违反经行政法规授权制定的规范一般纳税人资格的文件应否认定为“违反法律、行政法规的规定”问题的答复》（法研〔2012〕59号）

宁夏回族自治区高级人民法院：

你院宁高法〔2012〕33号《关于经行政法规授权以通知形式下发的规范一般纳税人资格的文件是否可以作为行政法规适用的请示》收悉。经研究，答复如下：

国家税务总局《关于加强新办商贸企业增值税征收管理有关问题的紧急通知》（国税发明电〔2004〕37号）和《关于加强新办商贸企业增值税征收管理有关问题的补充通知》（国税发明电〔2004〕62号），是根据1993年制定的《中华人民共和国增值税暂行条例》的规定对一般纳税人资格认定的细化，且2008年修订后的《中华人民共和国增值税暂行条例》第十三条明确规定：“小规模纳税人以外的纳税人应当向主管税务机关申请资格认定。具体认定办法由国务院主管部门制定。”因此，违反上述两个通知关于一般纳税人资格的认定标准及相关规定，授予不合格单位一般纳税人资格的，相应违反了《中华人民共和国增值税暂行条例》的有关规定，应当认定为刑法第四百零五条第一款规定的“违反法律、行政法规的规定”。

此复。

【案例】

魏某徇私舞弊发售发票案①

• 案件事实 •

被告人魏某于1991年12月参加工作，1999年10月任重庆市渝中区国家税务局上清寺税务所专管员。2002年底，魏某经他人介绍认识郑某，后又获悉郑某欲开办商贸公司，遂找到任某，让其代郑某办理工商登记事宜。2003年1月和10月，在郑某并未真实出资的情况下，即分别注册登记了“重庆市圣力诺贸易有限公司”和“重庆楚顺商贸有限公司”两家企业法人。而魏某又任两公司的税务专管员。随后郑某以两公司名义向税务机关申请办理一般纳税人资格，在此期间，魏某曾多次接受郑某吃请，到深圳、汕头等地旅游，收受郑某给予的礼品，此外，魏某还分数次收受了郑某给予的数万元礼金。2003年3月至2004年2月，魏某明知上述两公司系虚假出资登记注册，但在该公司申办增值税一般纳税人资格审核过程中，未按规定实地进行调查审核，隐瞒事实真相，作出违背事实和原则的调查报告，使该公司违规取得一般纳税人资格。之后，魏某又在审查上述公司增值税专用发票用票量、票面金额以及发售增值税专用发票的过程中，违反税务机关“验旧购新”等增值税专用发票发售、审查制度，违规审批、发售增值税专用发票共计690份给上述两公司。郑某则将其中419份增值税专用发票用于虚开骗取国家税款，已抵扣418份，抵扣税款达人民币6591596.67元，扣除国家税务机关追回的税金667629.74元，造成国税直接损失高达人民币5923966.93元。事发后，魏某于2004年4月底退缴了其收受的礼品及现金人民币1050元，后于同年8月10日被传唤到案。

• 裁判要旨 •

徇私舞弊发售发票罪主观罪过的判断应在一般人认识的基础上兼顾被告人特殊主体和职责的要求。

---

① 参见重庆市第一中级人民法院（2005）渝一中刑终字第729号。

• 裁判理由 •

重庆市渝中区人民法院一审认为：被告人魏某身为国家税务机关工作人员，明知违反国家法律、行政法规发售增值税专用发票可能致使国家利益遭受损失，但为徇私情，不依法履行职责，违规发售增值税专用发票，导致国家税收流失，并造成特别重大损失，其行为严重侵犯了国家税务机关的正常工作秩序，已构成徇私舞弊发售发票罪。依照《刑法》第 405 条第 1 款、第 47 条之规定判决：被告人魏某犯徇私舞弊发售发票罪，判处有期徒刑十年。宣判后，被告人魏某不服，提出上诉。二审法院重庆市第一中级人民法院经审理认为：上诉人（原审被告人）魏某身为国家税务机关工作人员，在其任专管员的重庆市圣力诺贸易有限公司、重庆楚顺商贸有限公司两个企业申报一般纳税人资格、领购增值税专用发票过程中，明知二企业开办时系虚假出资，为徇私情而不依法履行到户审查职责，不执行“验旧购新”制度，使不符合增值税专用发票领购条件的二企业得以领购增值税专用发票，后二企业将增值税专用发票用于虚开，造成国家税收流失严重，魏某的行为构成徇私舞弊发售发票罪，依法应予惩处。

关于上诉人魏某称发售发票过程中疏于审查系自己对税务管理工作不熟悉所致的上诉理由，以及辩护人提出魏某无徇私舞弊的主观故意、其行为应构成玩忽职守罪的辩护意见，经查，上诉人魏某在侦查阶段的供述证实了其知道涉案二企业在注册登记时开办人未实际出资的情况，该内容有证人任某的证言相印证；魏某还供述其因接受二企业负责人的吃请、送礼和应邀外出旅游，而且安排其妻在重庆市圣力诺贸易有限公司上班，故在二企业作一般纳税人申报时未履行到户审查的职责，在二企业领购发票时未执行“验旧购新”制度，导致二企业能够领购发票，该内容有魏某扣押款物说明材料、证人肖某证言等项证据相印证。上述证据足以证实魏某在工作中不履行相应职责，是因为得到了二企业提供给其的利益，其主观上具有徇私的故意，而不是工作中的过失。故该上诉理由和辩护意见均不能成立，不予采纳。

上诉人魏某为徇私情而不认真履行工作职责，导致涉案二企业得以领购增值税专用发票，其行为为犯罪分子虚开增值税专用发票创造了条件，鉴于魏某徇私舞弊发售发票的行为仅系二企业得以领购发票和最终造成国家税收流失的原因之一，且魏某在司法机关掌握其犯罪事实前，接受所在单位调查时如实交代本案罪行，可视为自首，并于案发后退缴收受的礼品、退缴外出旅游折价款，有悔罪表现，依法可予从轻处罚并适用缓刑。

综上，原判事实清楚，证据确实充分，审判程序合法，但适用法律不当，应予纠正。依照《刑事诉讼法》第 189 条第 2 项，《刑法》第 405 条第 1 款，第 67 条，第 72 条第 1 款，第 73 条第 2 款、第 3 款之规定，判决如下：一、撤销重庆市渝中区人民法院（2004）中区刑初字第1038号刑事判决。二、上诉人（原审被告人）魏某犯徇私舞弊发售发票罪，判处有期徒刑三年，缓刑三年。

【学理分析及适用指引】

• 学理分析 •

1. 关于徇私舞弊发售发票、抵扣税款、出口退税罪的构成。

本罪犯罪行为表现为在发售发票、抵扣税款、出口退税工作中徇私舞弊，非法发售发票、抵扣税款，办理出口退税。此处的发票，是指在购销商品、提供或者接受服务以及从事其他经营活动中，开具或者收取的收款或付款凭证。发售发票则是指主管税务机关根据依法办理税务登记的单位和个人的发票领购簿，向其分发销售发票的活动。所谓抵扣税款，是指根据纳税人的扣税凭证或者发票抵扣税款，持票人按照规定可以发票注明的税款抵扣其税款。目前，可以抵扣税款的发票主要是增值税专用发票。增值税专用发票是以商品和劳动增值额作为征收对象，并且有抵扣税款功能的专门用于增值税的收付款凭证。其他一些普通发票，如农、林、牧、水产品收购发票，废旧物品收购发票，运输发票等，以及课征消费税的产品出口所出具的发票，也可以作为抵扣税款的凭证。所谓出口退税，是指税务机关在出口环节依法向出口商品生产或者经营单位退还该商品在其他环节已经征收的增值税和消费税等。

2. 关于违法提供出口退税凭证罪的构成。

本罪的客观方面表现为行为人违反国家规定在提供出口货物报关单、出口收汇核销单等出口退税凭证的工作中，徇私舞弊，致使国家利益遭受重大损失的行为。出口退税报关单是海关总署统一印制并注明“出口退税专用”字样，由出口企业按规定办理申领手续，认真填写，海关凭以受理报关，经严格审核后盖上海关检讫章将报关单封入关封，交出口企业送交退税地税务机关的一种出口退税凭证。海关受理报关时，对出口企业采取以少报多，以次（废）充好，以低税率产品冒充高税率产品等企图骗取出口退税行为的，现场发现部分由海关依法处理。出口收汇核销单，是指由国家外汇管理局制发，出口单位和受托行及解付行填写，海关凭以受理报关，外汇管理部门凭以核销收汇的有顺序编号的凭证。出口企业办理出口退税应提交这一核销单。有关国家机关工作人员在办理上述出口退税凭证工作中，违反国家的上述规定，图私利、徇私情，采取欺骗手段，弄虚作假，提供虚假的出口退税凭证，致使国家利益遭受重大损失的，即构成本罪。①

---

① 参见王作富主编：《刑法分则实务研究》，中国方正出版社2003年版，第2149~2150页。

• 适用指引 •

司法实践中，认定本罪规定的罪名应注意：

1. 徇私舞弊发售发票、抵扣税款、出口退税罪的认定。

（1）罪与非罪的界限。本罪是结果犯，即税务机关工作人员徇私舞弊发售发票、抵扣税款、出口退税的行为，必须引起了国家利益的重大损失，才能构成本罪。如果犯罪行为被及时发现而未得逞，没有造成损失的，或者数额不大的，则不构成犯罪，应由有关主管部门对行为人依法追究其行政责任。此外，由于不熟悉业务或者受到犯罪分子的蒙蔽而产生工作失误导致了国家利益损失，也不应作为犯罪处理。对“国家利益遭受重大损失”的理解应该是，当税务机关工作人员徇私舞弊办理发售发票、抵扣税款、出口退税的犯罪行为被有关机关、司法机关发现或者被追究刑事责任之时，国家利益遭受的损失尚未被追回。

本罪是选择性罪名。行为人只要实施了徇私舞弊发售发票、抵扣税款或者出口退税三个行为中的一个，即可构成本罪。对于因疏忽大意，在不明知的情况下而予以办理的行为，不能以本罪定罪处罚。情节严重的，可以按照《刑法》第 397 条所规定的玩忽职守罪追究刑事责任。①

（2）本罪与徇私舞弊不征、少征税款罪的区别。本罪与徇私舞弊不征、少征税款罪相比，在主体、客体方面均有相同或相似之处，但在客观及主观方面上则有明显的差别。两者在客观方面的区别主要表现为：①两者虽都发生在税收征管领域，但发生的具体阶段不同。徇私舞弊不征、少征税款罪往往直接发生在税务机关的工作人员在征收税收的过程中，或者应当履行征收税收职责而故意不履行。徇私舞弊发售发票则往往发生在征收税收之前，徇私舞弊出口退税又往往发生在征收税收之后，只有抵扣税款的行为可以发生在征收过程中。②行为的具体方式不同。徇私舞弊不征、少征税款罪的舞弊方式往往表现为不作为，即行为人为徇私情、私利而故意不履行其应当履行的职责，也可以表现为不正确履行其职责。徇私舞弊发售发票、抵扣税款、出口退税罪则往往表现为作为，即行为人为徇私情私利，故意通过其积极的行为去违法发售发票、抵扣税款或办理出口退税。

（3）本罪的共犯问题。实践中，常有税务机关工作人员与骗取国家出口退税款、非法出售增值税专用发票等犯罪分子相勾结，而徇私舞弊发售发票、抵扣税款、出口退税，如明知对方是在采取欺骗手段欲骗取发票、税款抵扣或者出口退税，故作不知而仍然发售发票、抵扣税款或者办理出口退税，对此应如何处理？一般认为，关键在于查明行为人主观上是否与这些犯罪分子具有共

---

① 参见敬大力主编：《渎职罪》，中国人民公安大学出版社 2003 年版，第 312 ~ 314 页。

同的犯罪故意。如果查明行为人主观上与诈骗、骗取国家出口退税款、非法出售增值税专用发票等犯罪分子具有共同犯罪的故意而相互勾结，那么，行为人在客观上所实施的非法办理出售发票、抵扣税款、出口退税行为就是诈骗、骗取国家出口退税款等犯罪的帮助犯，应当以这些犯罪的共犯定罪处罚，而不再按本罪处罚；如果没有通谋，则分别按相应的罪名追究刑事责任。我们认为，如果事先没有通谋，自然分别按相应的罪名追究刑事责任；但如果事先有通谋勾结，税务机关工作人员的行为同时构成本罪的实行犯和骗取国家出口退税罪、非法出售增值税专用发票罪等罪的帮助犯，其他犯罪分子同时构成骗取国家出口退税罪、非法出售增值税专用发票罪等罪的实行犯和本罪的帮助犯，都成立想象竞合，应从一重罪处理。

2. 违法提供出口退税凭证罪的认定。

（1）罪与非罪的界限。根据《刑法》规定，税务机关以外的其他国家机关工作人员违反国家规定，在提供出口货物报关单、出口收汇核销单等出口退税凭证的工作中，徇私舞弊，只有致使国家利益遭受重大损失的，才构成本罪。没有造成损失，即犯罪分子没有实际骗取到出口退税，或者虽然犯罪分子实际骗取了国家的出口退税，但其数额未达到法定标准的要求，也没有其他严重情节的，不构成犯罪，可作为一般徇私舞弊行为，由主管部门予以处理。

如果海关、外汇管理等部门的工作人员违反国家规定，在提供出口货物报关单、出口收汇核销单等出口退税凭证的工作中致使国家利益遭受重大损失，不是出于徇私情、私利，没有徇私舞弊，只是严重不负责任，依法不能认定构成本罪；如果符合《刑法》第 397 条第 1 款所规定的玩忽职守罪构成要件的，可以玩忽职守罪定罪处罚。

（2）本罪与徇私舞弊出口退税罪的界限。本罪与徇私舞弊出口退税罪都是发生在税收领域且都是在有关出口退税工作中发生的犯罪，在客观上都发生了致使国家税收遭受了重大损失的危害后果。二者的主观方面相同，都是故意，都出于徇私情、私利的目的；二者都是渎职犯罪，均直接侵犯了国家的税收管理制度。二者的区别主要表现在以下几个方面：

①主体范围不同。本罪的主体是税务机关以外的其他国家机关工作人员，主要是海关、商检、外汇管理等国家机关的工作人员。徇私舞弊出口退税罪的主体仅限于税务机关的工作人员。

②客观方面不同。本罪的客观方面主要表现为行为人为徇私情、私利，违反国家法律、行政法规的规定，非法提供出口货物报关单、出口收汇核销单等出口退税凭证，致使国家利益遭受重大损失的行为。徇私舞弊出口退税罪的客观方面与之相比，其主要区别表现为三个方面：一是行为发生的阶段的不同。违法提供出口退税凭证的行为一般发生在办理出口退税前；徇私办理出口退税的行为往往发生在办理出口退税过程中，并以伪造或者非法提供的出口退税凭

证为依据。二是行为发生的部门不同。违法提供出口退税凭证的行为发生在税务机关以外的其他国家机关；徇私办理出口退税的行为则发生在税务机关办理出口退税的工作之中。三是行为方式不同。前者是徇私提供出口退税凭证，为骗取出口退税的犯罪分子提供了犯罪条件，是积极的行为；后者是徇私办理出口退税，不履行或者不正确履行法定职责，是不作为。

（3）本罪与骗取出口退税款罪的界限。骗取出口退税款罪是指以假报出口或者其他欺骗手段，骗取国家出口退税，数额较大的行为。二者的区别主要是：

①犯罪主体不同。骗取出口退税款罪的主体是一般主体。本罪的主体则为包括海关工作人员在内的国家机关工作人员，为特殊主体。

②客观方面不同。骗取出口退税款罪的客观方面表现为假报出口或者以少报多、以劣报优或者以其他欺骗手段，骗取国家出口退税款。本罪的客观方面表现为包括海关工作人员在内的国家机关工作人员徇私舞弊，非法提供出口货物报关单、出口收汇核销单等出口退税凭证。

③侵犯的客体不同。骗取出口退税款罪侵犯的客体是国家的税收管理秩序。本罪侵犯的客体不仅是国家税收管理秩序，它同时也侵犯了国家机关的管理活动，违反了职务行为的正当性。

（4）本罪的共犯问题。对于司法实践中，一些负责办理出口货物报关单、出口收汇核销单等出口退税凭证工作的国家机关工作人员（在此处不包括税务机关工作人员），与骗取出口退税的犯罪分子相勾结，合谋实施犯罪，是否应以共同犯罪处理这一问题。我们认为，应该成立共犯关系，此时国家机关工作人员构成本罪的实行犯和骗取出口退税罪的帮助犯，其他犯罪分子构成骗取出口退税罪的实行犯和本罪的帮助犯，两者均是想象竞合，应从一重罪处理。

第四百零六条　国家机关工作人员签订、履行合同失职被骗罪

【法律规定】

• 法律条文 •

《中华人民共和国刑法》

第四百零六条　国家机关工作人员在签订、履行合同过程中，因严重不负责任被诈骗，致使国家利益遭受重大损失的，处三年以下有期徒刑或者拘役；致使国家利益遭受特别重大损失的，处三年以上七年以下有期徒刑。

• 相关规定 •

《最高人民检察院关于渎职侵权犯罪案件立案标准的规定》（高检发释字〔2006〕2号）

一、渎职犯罪案件

……

（十七）国家机关工作人员签订、履行合同失职被骗案（第四百零六条）

国家机关工作人员签订、履行合同失职被骗罪是指国家机关工作人员在签订、履行合同过程中，因严重不负责任，不履行或者不认真履行职责被诈骗，致使国家利益遭受重大损失的行为。

涉嫌下列情形之一的，应予立案：

1. 造成直接经济损失30万元以上，或者直接经济损失不满30万元，但间接经济损失150万元以上的；

2. 其他致使国家利益遭受重大损失的情形。

《最高人民检察院关于人民检察院直接受理立案侦查的渎职侵权重特大案件标准（试行）》（高检发〔2001〕13号）

十五、国家机关工作人员签订、履行合同失职被骗案

（一）重大案件

造成直接经济损失一百万元以上的。

（二）特大案件

造成直接经济损失二百万元以上的。

《最高人民法院、最高人民检察院关于办理渎职刑事案件适用法律若干问题的解释（一）》（法释〔2012〕18号）

第二条 国家机关工作人员实施滥用职权或者玩忽职守犯罪行为，触犯刑法分则第九章第三百九十八条至第四百一十九条规定的，依照该规定定罪处罚。

国家机关工作人员滥用职权或者玩忽职守，因不具备徇私舞弊等情形，不符合刑法分则第九章第三百九十八条至第四百一十九条的规定，但依法构成第三百九十七条规定的犯罪的，以滥用职权罪或者玩忽职守罪定罪处罚。

【案例】

乐某某国家机关工作人员签订、履行合同失职被骗案①

• 案件事实 •

2014 年 11 月至 2019 年 1 月，被告人乐某某担任上海市奉贤区科委党组书记期间，全面负责该委党政工作。

2015 年 7 月，被告人乐某某在带队赴北京考察人民融合公司等事项过程中，未作尽职调查，仍于 2015 年 9 月以上海市奉贤区科委名义在上报上海市奉贤区政府的《关于奉贤区与人民融合文化科技（上海）有限公司签署智慧城市建设合作协议的请示》中，直接引用人民融合公司提供的关于该公司具有国资背景、拥有多家合作支撑单位的虚假内容，致使上海市奉贤区政府于 2016 年 1 月与人民融合公司签署了合作协议。2018 年 3 月，被告人乐某某在奉贤区新型智慧城市建设总体规划与设计项目的立项招标过程中，为将此项目交由人民融合公司承接，不正确履行职责，决定以单一来源采购方式报上海市奉贤区财政局审核并获批，致使上海市奉贤区科委与没有实际履约能力的人民融合公司法定代表人张某某签订《奉贤区新型智慧城市建设总体规划与设计项目合同》，方案设计费共计 169 万元。2018 年 11 月，在人民融合公司提交的通过抄袭、拼凑手法炮制的设计方案尚未通过验收的情况下，被告人乐某某审批提前支付合同余款 845000 元，至 2019 年 5 月，人民融合公司提供的银行履约保函失效，造成国家损失共计 169 万元。

2019 年 11 月 13 日，被告人乐某某接公安机关电话通知主动到案，并如实供述上述主要犯罪事实。

• 裁判要旨 •

国家机关工作人员签订、履行合同失职被骗罪认定的关键在于被告人工作疏忽、严重不负责任。

• 裁判理由 •

被告人乐某某身为国家机关工作人员，在代表国家机关签订、履行合同中，因严重不负责任被诈骗，致使国家利益遭受重大损失，其行为构成国家机关工作人员签订、履行合同失职被骗罪。公诉机关指控的事实与罪名成立，法院予以支持。本案在签订、履行合同过程中从前期考察、提出合作建议、请

① 参见上海市浦东新区人民法院（2020）沪 0115 刑初 4876 号。

示、上报单一来源采购方式、签订协议到最终支付款项等一系列行为中，由各个部门的国家机关工作人员参与、上报、审核等环节，各环节人员各司其职，互相协调支持，对每一环节都应当严格审核、认真履职，各人对各自的行为承担相应的责任，上海市奉贤区科委是项目具体经办单位，乐某某作为负责人，在本人的履职过程中确实存在不尽职尽责、不正确履职的严重失职行为，理当承担责任，他人工作中的不尽责、失职行为并不能成为减轻或免除乐某某罪责的理由。诚然，本案中国家利益的损失确由多种因素造成，不能完全归责于乐某某一人，对此情节酌情考量。

被告人乐某某具有自首情节，依法从轻处罚。考虑到被告人的失职行为给国家利益造成了重大损失，不属于犯罪情节较轻，且至法院审理期间国家损失尚未全部追回，对被告人乐某某不能免予刑事处罚。

综上，根据本案犯罪的事实、犯罪的性质、情节、对于社会的危害程度，依照《刑法》第406条、第67条第1款之规定，判决如下：被告人乐某某犯国家机关工作人员签订、履行合同失职被骗罪，判处有期徒刑一年二个月。

【学理分析及适用指引】

• 学理分析 •

国家机关工作人员签订、履行合同失职被骗罪，是指国家机关工作人员在签订、履行合同过程中，因严重不负责任被诈骗，致使国家利益遭受重大损失的行为。本罪的构成要件如下：

1. 本罪的客体。本罪侵犯的客体是国家机关的正常活动和国有资产的安全。在市场经济条件下，合同成为市场主体之间发生经济关系，进行生产、交换、流通等活动的主要媒介和依据，也是记载双方当事人权利和义务的凭证。

近年来，一些国家机关工作人员在签订、履行合同过程中，由于严重不负责任给犯罪分子留下了可乘之机，致使国家利益遭受损失，而且严重影响到国家机关的正常工作。为保护国有资产的安全，维护国家机关的正常活动，《刑法》将这种行为规定为犯罪，予以惩处是十分必要的。

2. 本罪的客观方面。客观方面表现为在签订、履行合同过程中，因严重不负责任被诈骗，致使国家利益遭受重大损失的行为。

首先，失职行为须发生在合同的签订、履行过程中。其次，失职行为具体表现为严重不负责任，即不履行或者不正确履行签订、履行合同时应尽的职责因而被骗。例如，不认真调查了解对方的资信情况，不认真审查有关证件、证明，不了解对方的经营状况，如是否依法成立，不知道或者不认真审查对方的实际履约能力以及供货的质量、来源等，即与对方签订合同因而上当受骗；对另一方提供的不符合合同要求的货物，应当检查而不检查；轻信对方的谎言，在资金、货款未到位或者未提供必要的担保即擅自同意发货，结果被诈骗；在财物被诈骗走后，不及时采取补救措施追回财物、减少损失、延误索赔时机或者不予索赔；等等。最后，失职行为必须致使国家利益遭受重大损失。如资金、财产被诈骗，数额巨大的；因被诈骗，使国家机关的正常工作受到严重影响的；等等。

3. 本罪的主体。本罪的主体为特殊主体，即国家机关工作人员，主要指国家机关中负有签订、履行合同职责的工作人员。

4. 本罪的主观方面。本罪的主观方面由过失构成，即应当预见自己严重不负责任可能发生被诈骗的结果，由于疏忽大意而没有预见，或者已经预见而轻信能够避免，以致被诈骗。

• 适用指引 •

司法实践中，认定本罪应注意：

1. “在签订、履行合同的过程中”的认定。国家机关工作人员签订履行合同失职被骗罪只能发生在签订、履行合同的过程中。签订、履行合同是市场经济条件下，经济活动契约化的一种基础性活动。国家机关作为社会成员之一，在进行正常的经济活动中，必然存在与其他平等主体的自然人、法人、其他组织之间签订、履行合同的问题。

合同，是平等主体的自然人、法人、其他组织之间设立、变更、终止民事权利义务关系的协议。本罪的“合同”应当是指《合同法》所规定和调整的合同，且从实际情况看应是经济贸易性合同。合同过程，可分为签订和履行两个既相互联系又相互区别的过程。“签订合同”，是指平等主体的当事人双方就合同的主要条款经过协商达成一致的过程。“履行合同”，是指合同当事人对于合同中所规定的事项全部并适当地完成，将双方当事人的合同目的予以实现的行为。合同生效后，除非法定情况，都应全面、实际、正确地履行。“签订、履行合同过程中”，是指合同已经生效，正在履行尚未履行完毕这一时间内。因此，如果严重不负责任被诈骗，致使国家利益遭受重大损失的行为发生在签订合同之前或者履行合同之后，均不构成本罪。

2. “严重不负责任”的认定。严重不负责任的具体表现形式繁多，归纳起来主要有：

（1）没有严格审查合同的形式、内容。不严格审查合同是否具备法律规定的形式要件，如有的合同除须双方达成书面协议还须依据法律规定经国家有关机关批准或核准；不严格审查合同的内容如标的、数量和质量、价款和酬金、履行的地点、方式等是否真实、合法、全面。

（2）没有严格审查签订合同的对方主体资格和履约能力。如不严格审查对方当事人的合同主体资格是否合法、真实、有效；不认真了解对方的资信状况、履约能力和货源情况、轻信对方等。

（3）在履行合同中没有及时采取必要措施导致合同未能履行或者未能完全履行。如对确认无效的合同仍履行；发现对方没有履约能力，不尽快中止合同；已经发货或已经开出信用证等付款凭证的，不及时通知金融机构止付等。①

（4）无视规章制度和工作纪律，擅自越权，签订或者履行经济合同，造成重大经济损失的。

（5）对质次货劣的商品，不及时采取补救措施，延误索赔期或擅自决定不索赔，造成重大经济损失的；发现出口商品的质量、数量不符合规定要求而不及时采取措施，致使外方向我索赔，造成重大经济损失或严重影响外贸信誉的。

（6）在经办人员提出违反法律法规规定的做法和主张时，对其默许或同意，或者当经办人员提出本单位合同签订、履行中可能被骗的事实根据时，未予重视，因而最终造成国家利益遭受重大损失的；等等。②

3. “被诈骗”的认定。行为人在签订、履行合同过程中，由于自己严重不负责任的行为导致被合同对方当事人诈骗。“严重不负责任”与“被诈骗”之间具有因果关系，即没有“被诈骗”就没有国家机关工作人员签订履行合同失职被骗罪。因此，实践中认定本罪应当与对方进行诈骗的行为结合起来，即只有对方进行诈骗的，本罪才可能构成。如果对方不是诈骗，而是因经营不善、意外事件、不可抗力等诈骗以外的其他原因导致不能履行合同的，国家机关工作人员即使因严重不负责任造成了国家利益重大损失，也不构成本罪，但可能构成玩忽职守罪。当然，对方诈骗罪的成立，并不意味着本罪一定成立。如国家机关工作人员认真履行了职责还是被对方诈骗，或者虽因严重不负责任的行为被诈骗但未造成国家利益重大损失的，就不构成本罪。

4. 注意本罪与《刑法》第167条签订、履行合同失职被骗罪以及第224条合同诈骗罪的关系。

首先，本罪与签订、履行合同失职被骗罪行为方式、主观罪过等基本是相同的，关键区别就在于犯罪主体的不同：国家机关工作人员签订、履行合同失职被骗罪的主体仅限于国家机关工作人员，而签订、履行合同失职被骗罪的主体为国有公司、企业、事业单位直接负责的主管人员，即后者主体是除国家机关工作人员之外的其他国家工作人员。其次，注意国家机关工作人员签订、履

---

① 参见刘杰：《国家机关工作人员签订、履行合同失职罪研究》，载《湖南行政学院学报》2002年第2期。

② 参见黄京平主编：《破坏市场经济秩序罪研究》，中国人民大学出版社1999年版，第290页。

行合同失职被骗罪与签订、履行合同失职被骗罪一般均存在对合犯（对偶犯）问题，即该种犯罪的双方当事人互为犯罪对象、彼此均构成犯罪：被害人若为国家机关的工作人员则构成国家机关工作人员签订、履行合同失职被骗罪；若被害人是国家机关外的其他国有单位的工作人员，则构成签订、履行合同失职被骗罪，而加害人则均构成《刑法》第224条的合同诈骗罪。

第四百零七条　违法发放林木采伐许可证罪

【法律规定】

• 法律条文 •

《中华人民共和国刑法》

第四百零七条　林业主管部门的工作人员违反森林法的规定，超过批准的年采伐限额发放林木采伐许可证或者违反规定滥发林木采伐许可证，情节严重，致使森林遭受严重破坏的，处三年以下有期徒刑或者拘役。

• 相关规定 •

《中华人民共和国森林法》

第五十四条　国家严格控制森林年采伐量。省、自治区、直辖市人民政府林业主管部门根据消耗量低于生长量和森林分类经营管理的原则，编制本行政区域的年采伐限额，经征求国务院林业主管部门意见，报本级人民政府批准后公布实施，并报国务院备案。重点林区的年采伐限额，由国务院林业主管部门编制，报国务院批准后公布实施。

第五十七条　采伐许可证由县级以上人民政府林业主管部门核发。

县级以上人民政府林业主管部门应当采取措施，方便申请人办理采伐许可证。

农村居民采伐自留山和个人承包集体林地上的林木，由县级人民政府林业主管部门或者其委托的乡镇人民政府核发采伐许可证。

第五十九条　符合林木采伐技术规程的，审核发放采伐许可证的部门应当及时核发采伐许可证。但是，审核发放采伐许可证的部门不得超过年采伐限额发放采伐许可证。

第六十条　有下列情形之一的，不得核发采伐许可证：

（一）采伐封山育林期、封山育林区内的林木；

（二）上年度采伐后未按照规定完成更新造林任务；

（三）上年度发生重大滥伐案件、森林火灾或者林业有害生物灾害，未采取预防和改进措施；

（四）法律法规和国务院林业主管部门规定的禁止采伐的其他情形。

《最高人民法院关于审理破坏森林资源刑事案件具体应用法律若干问题的解释》（法释〔2000〕36号）

第十二条 林业主管部门的工作人员违反森林法的规定，超过批准的年采伐限额发放林木采伐许可证或者违反规定滥发林木采伐许可证，具有下列情形之一的，属于刑法第四百零七条规定的"情节严重，致使森林遭受严重破坏"，以违法发放林木采伐许可证罪定罪处罚：

（一）发放林木采伐许可证允许采伐数量累计超过批准的年采伐限额，导致林木被采伐数量在十立方米以上的；

（二）滥发林木采伐许可证，导致林木被滥伐二十立方米以上的；

（三）滥发林木采伐许可证，导致珍贵树木被滥伐的；

（四）批准采伐国家禁止采伐的林木，情节恶劣的；

（五）其他情节严重的情形。

《最高人民检察院关于对林业主管部门工作人员在发放林木采伐许可证之外滥用职权玩忽职守致使森林遭受严重破坏的行为适用法律问题的批复》（高检发释字〔2007〕1号）

福建省人民检察院：

你院《关于林业主管部门工作人员滥用职权、玩忽职守造成森林资源损毁立案标准问题的请示》闽检〔2007〕14号收悉。经研究，批复如下：

林业主管部门工作人员违法发放林木采伐许可证，致使森林遭受严重破坏的，依照刑法第四百零七条的规定，以违法发放林木采伐许可证罪追究刑事责任；以其他方式滥用职权或者玩忽职守，致使森林遭受严重破坏的，依照刑法第三百九十七条的规定，以滥用职权罪或者玩忽职守罪追究刑事责任，立案标准依照《最高人民检察院关于渎职侵权犯罪案件立案标准的规定》第一部分渎职犯罪案件第十八条第三款的规定执行。

此复。

《最高人民检察院关于渎职侵权犯罪案件立案标准的规定》（高检发释字〔2006〕2号）

一、渎职犯罪案件

……

（十八）违法发放林木采伐许可证案（第四百零七条）

违法发放林木采伐许可证罪是指林业主管部门的工作人员违反森林法的规定，超过批准的年采伐限额发放林木采伐许可证或者违反规定滥发林木采伐许可证，情节严重，致使森林遭受严重破坏的行为。

涉嫌下列情形之一的，应予立案：

1. 发放林木采伐许可证允许采伐数量累计超过批准的年采伐限额，导致林木被超限额采伐10立方米以上的；

2. 滥发林木采伐许可证，导致林木被滥伐20立方米以上，或者导致幼树被滥伐1000株以上的；

3. 滥发林木采伐许可证，导致防护林、特种用途林被滥伐5立方米以上，或者幼树被滥伐200株以上的；

4. 滥发林木采伐许可证，导致珍贵树木或者国家重点保护的其他树木被滥伐的；

5. 滥发林木采伐许可证，导致国家禁止采伐的林木被采伐的；

6. 其他情节严重，致使森林遭受严重破坏的情形。

林业主管部门工作人员之外的国家机关工作人员，违反森林法的规定，滥用职权或者玩忽职守，致使林木被滥伐40立方米以上或者幼树被滥伐2000株以上，或者致使防护林、特种用途林被滥伐10立方米以上或者幼树被滥伐400株以上，或者致使珍贵树木被采伐、毁坏4立方米或者4株以上，或者致使国家重点保护的其他植物被采伐、毁坏后果严重的，或者致使国家严禁采伐的林木被采伐、毁坏情节恶劣的，按照刑法第397条的规定以滥用职权罪或者玩忽职守罪追究刑事责任。

《最高人民检察院关于人民检察院直接受理立案侦查的渎职侵权重特大案件标准（试行）》（高检发〔2001〕13号）

十六、违法发放林木采伐许可证案

（一）重大案件

1. 发放林木采伐许可证允许采伐数量累计超过批准的年采伐限额，导致林木被采伐数量在二十立方米以上的；

2. 滥发林木采伐许可证，导致林木被滥伐四十立方米以上的；

3. 滥发林木采伐许可证，导致珍贵树木被滥伐二株或者二立方米以上的；

4. 批准采伐国家禁止采伐的林木，情节特别恶劣的。

（二）特大案件

1. 发放林木采伐许可证允许采伐数量累计超过批准的年采伐限额，导致林木被采伐数量超过三十立方米的；

2. 滥发林木采伐许可证，导致林木被滥伐六十立方米以上的；

3. 滥发林木采伐许可证，导致珍贵树木被滥伐五株或者五立方米以上的；

4. 批准采伐国家禁止采伐的林木，造成严重后果的。

《最高人民法院、最高人民检察院关于办理渎职刑事案件适用法律若干问题的解释（一）》（法释〔2012〕18号）

第二条　国家机关工作人员实施滥用职权或者玩忽职守犯罪行为，触犯刑法分则第九章第三百九十八条至第四百一十九条规定的，依照该规定定罪处罚。

国家机关工作人员滥用职权或者玩忽职守，因不具备徇私舞弊等情形，不符合刑法分则第九章第三百九十八条至第四百一十九条的规定，但依法构成第三百九十七条规定的犯罪的，以滥用职权罪或者玩忽职守罪定罪处罚。

【案例】

赖某军违法发放林木采伐许可证案①

• 案件事实 •

2005年8月，从事木材经营的个体户易某某得知黄麟乡桃溪村朱坑组有几户农户要把山上的树木卖掉，遂找到时任于都县黄麟乡林管站于阳办事组组长的被告人赖某军，要求办理自用材林木采伐许可证，赖某军表示同意。同年10月24日，于阳办事组护林员严某生将山主严某亮、严某林、王某某、严某昌、严某都填写好的“于都县林木采伐申请书”交给原黄麟乡林管站工作人员彭某某，由彭某某将申请书交给了赖某军。同年11月4日，被告人赖某军在申请书上签了“同意报批”的意见，并送到县林业局分管领导处审批。经县局同意后，赖某军于2005年12月16日开具了江西省林木采伐许可证NO.00467741，自用材37.363立方米（出材量25立方米，其中杉10立方米、松15立方米），嗣后，易某某将被砍伐下来的林木23立方米（出材量，其中杉8立方米，松15立方米）先后两次用集装箱车辆拉走予以销售。

2005年7月，于都县黄麟乡下堡村的严某京因自己开办的木材加工厂需要杉木加工成门、窗、家具等出售，便找到赖某军要求批一些木材砍伐指标，赖某军当即表示同意。随后，严某京以山主严某荣、严某扶、严某琼、严某穆等人的名义，先后四次找到赖某军申请办理林木采伐许可证。2005年7月初至9月底，赖某军先后在四份申请书上签了“同意报批”的意见，并经县局同意后，先后四次分别开具了江西省林木采伐许可证，自用材共计46立方米（出材量，其中杉28立方米、松18立方米）。后严某京将砍伐下来的杉木28立方米用于加工成门、窗等销售，将18立方米的松木卖给了木材商贩古某某。

2005年春，于都县黄麟乡大岭村的钟某某得知有几户农户想把山上的杉树卖掉，便想买下来出售，并征得了赖某军同意。同年8月2日，钟某某以刘某来的名义将填写好的“于都县林木采伐申请书”交给被告人赖某军。8月10日，赖某军在申请书上签了“同意报批”的意见，并送经县局同意后，于8月29日开具了江西省林木采伐许可证，自用材50立方米（出材量，杉50立方

① 参见江西省于都县人民法院（2007）于刑初字第31号。

米）。钟某某凭证共砍伐43立方米的杉木，并先后销售给温某勇15立方米、刘某有16立方米、温某焕8立方米用于木材加工，售给赖某福4立方米用于建房自用。

• 裁判要旨 •

司法实践中间接故意多成为违法发放林木采伐许可证罪的主观罪过的常态。

• 裁判理由 •

江西省于都县人民法院认为：被告人赖某军身为林业主管部门的工作人员，明知他人申请的林木用于出卖营利而不应办理自用材林木采伐许可证，却仍然多次滥用职权，违反规定滥发采伐许可证，造成森林被滥伐112立方米，其行为构成了违法发放林木采伐许可证罪，公诉机关指控的罪名成立。被告人赖某军应当遵守有关的林业管理规章，却故意违反规定，利用职权，多次滥发采伐许可证，并致使森林资源遭受了严重破坏，故其辩护人关于被告人赖某军的行为不具有刑事违法性且其行为与危害结果之间不存在刑法上的因果关系的意见不能成立，不予采纳。鉴于被告人赖某军犯罪情节轻微，对其可免予处罚。依照《刑法》第407条、第37条之规定，经法院审判委员会讨论决定，判决如下：被告人赖某军犯违法发放林木采伐许可证罪，免予刑事处罚。

【学理分析及适用指引】

• 学理分析 •

违法发放林木采伐许可证罪，是指林业主管部门的工作人员违反《森林法》的规定，超过批准的年采伐限额发放林木采伐许可证或者违反规定滥发林木采伐许可证，情节严重，致使森林遭受严重破坏的行为。本罪的构成要件如下：

1. 本罪的客体。本罪侵犯的客体是国家对森林资源的管理制度。森林是国家的重要资源，是环境保护的主要对象之一。

林木的成长与森林的形成，一般需要较长的周期，一旦遭到破坏，会对经济建设和环境保护造成直接、巨大的损失。为了保护森林资源，国家有关法律、法规规定对林木采伐实行许可证制度，保证有计划地对林木进行采伐。林业主管部门的工作人员必须严格遵守林木采伐许可证制度，按照法律的规定发放许可证。如果违反《森林法》的规定，超额发放或者滥发林木采伐许可证，就会破坏国家对森林的管理活动，因此必须予以惩处。

2. 本罪的客观方面。客观方面表现为违反《森林法》的规定，超过批准的年采伐限额发放林木采伐许可证或者违反规定滥发林木采伐许可证，情节严重，致使森林遭受严重破坏的行为。“违反森林法的规定”，是指违反《森林法》关于发放林木采伐许可证的规定，具体形式有两种：一是超过批准的年采伐限额发放林木采伐许可证。年采伐林木的限额由林业主管部门依据森林法律、法规作出具体规定，并列入林木生产的年度计划。林业工作人员擅自在年度计划之外向申请者发放林木采伐许可证，即属此种情形。二是违反规定滥发林木采伐许可证，即林业工作人员违反关于发放对象的范围或者发放限额的规定，对不应当发放林木采伐许可证的申请人擅自决定发放许可证，或者超过规定的一定时期采伐许可证的发放限额而擅自发放。在实践中应当注意，要根据林业主管部门的有关规定判断年采伐限额、采伐许可证的发放限额的具体标准以及是否应当发放。本罪在客观上还必须同时具备“情节严重”和“致使森林遭受严重破坏”这两个要件。前者是情节要件，是指违法发放采伐许可证的情节达到严重程度，主要包括超过年采伐的限额较大，滥发许可证的数量较大或者多次滥发许可证等情形；后者是结果要件。二者缺一不可。

3. 本罪的主体。犯罪主体为特殊主体，即林业主管部门的工作人员，主要是指林业主管部门负有发放林木采伐许可证职责的工作人员。

4. 本罪的主观方面。主观方面由间接故意构成，即行为人对违法发放采伐许可证是明知的，但对于导致森林资源遭受严重破坏的结果则持放任态度。

• 适用指引 •

司法实践中，认定本罪应注意：

1. 罪与非罪的界限。成立本罪要求具备“情节严重，致使森林遭受严重破坏”这一情节。如果不具备该情节要求，没有导致森林遭受严重破坏的，不成立犯罪。

2. 违法发放林木采伐许可证罪与其他有关林木犯罪的界限。我国《刑法》第344条规定了危害国家重点保护植物罪；第345条规定了盗伐、滥伐林木罪。他们与本罪的区别关键点在于：

（1）两者的客体不同。违法发放林木采伐许可证罪侵犯了国家机关的正常管理活动，是对国家机关和国家机关工作人员权威性、廉洁性、勤政性的破坏。而后者破坏了国家森林资源，侵害了国家对林业资源的管理活动。

（2）行为方式不同。违法发放林木采伐许可证罪在客观方面表现为林业主管部门的工作人员违反《森林法》的规定，超过批准的年采伐限额发放林木采伐许可证或者违反规定滥发林木采伐许可证，情节严重，致使森林遭受严重破坏的行为。而后者表现为非法采伐或者毁坏特定的森林资源。

（3）行为发生的过程不同。违法发放林木采伐许可证罪行为发生在林业主管部门的工作人员行政管理活动中，是一种职务犯罪。而《刑法》第344条、第345条所规定的行为要么与林业主管部门的工作人员行政管理活动无关，要么是林业主管部门的工作人员违法行政活动所导致的结果，与职务活动没有直接的关系。

（4）行为的主体不同。违法发放林木采伐许可证罪是特殊主体，林业主管部门工作人员，而第344条、第345条的犯罪则为一般主体。

第四百零八条　环境监管失职罪

【法律规定】

• 法律条文 •

《中华人民共和国刑法》

第四百零八条　负有环境保护监督管理职责的国家机关工作人员严重不负责任，导致发生重大环境污染事故，致使公私财产遭受重大损失或者造成人身伤亡的严重后果的，处三年以下有期徒刑或者拘役。

• 相关规定 •

《中华人民共和国环境保护法》

第十六条　国务院环境保护主管部门根据国家环境质量标准和国家经济、技术条件，制定国家污染物排放标准。

省、自治区、直辖市人民政府对国家污染物排放标准中未作规定的项目，可以制定地方污染物排放标准；对国家污染物排放标准中已作规定的项目，可以制定严于国家污染物排放标准的地方污染物排放标准。地方污染物排放标准应当报国务院环境保护主管部门备案。

第四十四条　国家实行重点污染物排放总量控制制度。重点污染物排放总量控制指标由国务院下达，省、自治区、直辖市人民政府分解落实。企业事业单位在执行国家和地方污染物排放标准的同时，应当遵守分解落实到本单位的重点污染物排放总量控制指标。

对超过国家重点污染物排放总量控制指标或者未完成国家确定的环境质量目标的地区，省级以上人民政府环境保护主管部门应当暂停审批其新增重点污染物排放总量的建设项目环境影响评价文件。

第四十七条　各级人民政府及其有关部门和企业事业单位，应当依照《中华人民共和国突发事件应对法》的规定，做好突发环境事件的风险控制、应急准备、应急处置和事后恢复等工作。

县级以上人民政府应当建立环境污染公共监测预警机制，组织制定预警方案；环境受到污染，可能影响公众健康和环境安全时，依法及时公布预警信息，启动应急措施。

企业事业单位应当按照国家有关规定制定突发环境事件应急预案，报环境保护主管部门和有关部门备案。在发生或者可能发生突发环境事件时，企业事业单位应当立即采取措施处理，及时通报可能受到危害的单位和居民，并向环境保护主管部门和有关部门报告。

突发环境事件应急处置工作结束后，有关人民政府应当立即组织评估事件造成的环境影响和损失，并及时将评估结果向社会公布。

第五十一条 各级人民政府应当统筹城乡建设污水处理设施及配套管网，固体废物的收集、运输和处置等环境卫生设施，危险废物集中处置设施、场所以及其他环境保护公共设施，并保障其正常运行。

《中华人民共和国水污染防治法》

第九条 县级以上人民政府环境保护主管部门对水污染防治实施统一监督管理。

交通主管部门的海事管理机构对船舶污染水域的防治实施监督管理。

县级以上人民政府水行政、国土资源、卫生、建设、农业、渔业等部门以及重要江河、湖泊的流域水资源保护机构，在各自的职责范围内，对有关水污染防治实施监督管理。

第十条 排放水污染物，不得超过国家或者地方规定的水污染物排放标准和重点水污染物排放总量控制指标。

《中华人民共和国海洋环境保护法》

第三条 国家在重点海洋生态功能区、生态环境敏感区和脆弱区等海域划定生态保护红线，实行严格保护。

国家建立并实施重点海域排污总量控制制度，确定主要污染物排海总量控制指标，并对主要污染源分配排放控制数量。具体办法由国务院制定。

第五条 国务院环境保护行政主管部门作为对全国环境保护工作统一监督管理的部门，对全国海洋环境保护工作实施指导、协调和监督，并负责全国防治陆源污染物和海岸工程建设项目对海洋污染损害的环境保护工作。

国家海洋行政主管部门负责海洋环境的监督管理，组织海洋环境的调查、监测、监视、评价和科学研究，负责全国防治海洋工程建设项目和海洋倾倒废弃物对海洋污染损害的环境保护工作。

国家海事行政主管部门负责所辖港区水域内非军事船舶和港区水域外非渔业、非军事船舶污染海洋环境的监督管理，并负责污染事故的调查处理；对在中华人民共和国管辖海域航行、停泊和作业的外国籍船舶造成的污染事故登轮检查处理。船舶污染事故给渔业造成损害的，应当吸收渔业行政主管部门参与调查处理。

国家渔业行政主管部门负责渔港水域内非军事船舶和渔港水域外渔业船舶污染海洋环境的监督管理，负责保护渔业水域生态环境工作，并调查处理前款规定的污染事故以外的渔业污染事故。

军队环境保护部门负责军事船舶污染海洋环境的监督管理及污染事故的调查处理。

沿海县级以上地方人民政府行使海洋环境监督管理权的部门的职责，由省、自治区、直辖市人民政府根据本法及国务院有关规定确定。

《最高人民检察院关于渎职侵权犯罪案件立案标准的规定》（高检发释字〔2006〕2号）

一、渎职犯罪案件

……

（十九）环境监管失职案（第四百零八条）

环境监管失职罪是指负有环境保护监督管理职责的国家机关工作人员严重不负责任，不履行或者不认真履行环境保护监管职责导致发生重大环境污染事故，致使公私财产遭受重大损失或者造成人身伤亡的严重后果的行为。

涉嫌下列情形之一的，应予立案：

1. 造成死亡1人以上，或者重伤3人以上，或者重伤2人、轻伤4人以上，或者重伤1人、轻伤7人以上，或者轻伤10人以上的；

2. 导致30人以上严重中毒的；

3. 造成个人财产直接经济损失15万元以上，或者直接经济损失不满15万元，但间接经济损失75万元以上的；

4. 造成公共财产、法人或者其他组织财产直接经济损失30万元以上，或者直接经济损失不满30万元，但间接经济损失150万元以上的；

5. 虽未达到3、4两项数额标准，但3、4两项合计直接经济损失30万元以上，或者合计直接经济损失不满30万元，但合计间接经济损失150万元以上的；

6. 造成基本农田或者防护林地、特种用途林地10亩以上，或者基本农田以外的耕地50亩以上，或者其他土地70亩以上被严重毁坏的；

7. 造成生活饮用水地表水源和地下水源严重污染的；

8. 其他致使公私财产遭受重大损失或者造成人身伤亡严重后果的情形。

《最高人民检察院关于人民检察院直接受理立案侦查的渎职侵权重特大案件标准（试行）》（高检发〔2001〕13号）

十七、环境监管失职案

（一）重大案件

1. 造成直接经济损失一百万元以上的；

2. 致人死亡二人以上或者重伤五人以上的；

3. 致使一定区域生态环境受到严重危害的。

（二）特大案件

1. 造成直接经济损失三百万元以上的；

2. 致人死亡五人以上或者重伤十人以上的；

3. 致使一定区域生态环境受到严重破坏的。

《最高人民法院、最高人民检察院关于办理环境污染刑事案件适用法律若干问题的解释》（法释〔2016〕29号）

第一条 实施刑法第三百三十八条规定的行为，具有下列情形之一的，应当认定为"严重污染环境"：

（一）在饮用水水源一级保护区、自然保护区核心区排放、倾倒、处置有放射性的废物、含传染病病原体的废物、有毒物质的；

（二）非法排放、倾倒、处置危险废物三吨以上的；

（三）排放、倾倒、处置含铅、汞、镉、铬、砷、铊、锑的污染物，超过国家或者地方污染物排放标准三倍以上的；

（四）排放、倾倒、处置含镍、铜、锌、银、钒、锰、钴的污染物，超过国家或者地方污染物排放标准十倍以上的；

（五）通过暗管、渗井、渗坑、裂隙、溶洞、灌注等逃避监管的方式排放、倾倒、处置有放射性的废物、含传染病病原体的废物、有毒物质的；

（六）二年内曾因违反国家规定，排放、倾倒、处置有放射性的废物、含传染病病原体的废物、有毒物质受过两次以上行政处罚，又实施前列行为的；

（七）重点排污单位篡改、伪造自动监测数据或者干扰自动监测设施，排放化学需氧量、氨氮、二氧化硫、氮氧化物等污染物的；

（八）违法减少防治污染设施运行支出一百万元以上的；

（九）违法所得或者致使公私财产损失三十万元以上的；

（十）造成生态环境严重损害的；

（十一）致使乡镇以上集中式饮用水水源取水中断十二小时以上的；

（十二）致使基本农田、防护林地、特种用途林地五亩以上，其他农用地十亩以上，其他土地二十亩以上基本功能丧失或者遭受永久性破坏的；

（十三）致使森林或者其他林木死亡五十立方米以上，或者幼树死亡二千五百株以上的；

（十四）致使疏散、转移群众五千人以上的；

（十五）致使三十人以上中毒的；

（十六）致使三人以上轻伤、轻度残疾或者器官组织损伤导致一般功能障碍的；

（十七）致使一人以上重伤、中度残疾或者器官组织损伤导致严重功能障碍的；

（十八）其他严重污染环境的情形。

第二条 实施刑法第三百三十九条、第四百零八条规定的行为，致使公私财产损失三十万元以上，或者具有本解释第一条第十项至第十七项规定情形之一的，应当认定为“致使公私财产遭受重大损失或者严重危害人体健康”或者“致使公私财产遭受重大损失或者造成人身伤亡的严重后果”。

第九条 环境影响评价机构或其人员，故意提供虚假环境影响评价文件，情节严重的，或者严重不负责任，出具的环境影响评价文件存在重大失实，造成严重后果的，应当依照刑法第二百二十九条、第二百三十一条的规定，以提供虚假证明文件罪或者出具证明文件重大失实罪定罪处罚。

《最高人民法院、最高人民检察院关于办理渎职刑事案件适用法律若干问题的解释（一）》（法释〔2012〕18号）

第二条 国家机关工作人员实施滥用职权或者玩忽职守犯罪行为，触犯刑法分则第九章第三百九十八条至第四百一十九条规定的，依照该规定定罪处罚。

国家机关工作人员滥用职权或者玩忽职守，因不具备徇私舞弊等情形，不符合刑法分则第九章第三百九十八条至第四百一十九条的规定，但依法构成第三百九十七条规定的犯罪的，以滥用职权罪或者玩忽职守罪定罪处罚。

【案例】

宋某等环境监管失职案①

• 案件事实 •

2004年2月23日，时任成都市青白江区环保局副局长的宋某接到青白江区污水处理厂副厂长周某的电话。周某在电话里告诉宋某污水中的氨味很浓。同月27日，宋某在青白江区人民政府开会，遇到该区副区长郑某，郑某提出到大同镇检查水渠情况，并同时叫上被告人张某1、被告人张某2。四人检查完水渠情况后来到青白江区污水处理厂。该厂厂长李某、副厂长周某对四人称污水中氨氮含量波动很大，并将2月24日至26日的监测数据拿给四人看。该数据显示污水中氨氮含量最高值为2000mg/L，李某还说下游有死鱼的现象。宋某即安排时任青白江区环保局监测站站长的被告人张某2进行数据监测，安排时任青白江区环境监理所所长的张某1到川化公司检查，并同张某2、张某1来到金堂县查看，但未发现有死鱼的情况，宋某将此情况向青白江区环保局

① 参见http：//www.china.com.cn/chinese/sy/966786.htm。

局长赖某作了汇报。张某2在2月27日接到宋某安排的数据监测任务后，电话通知监测站副站长顾某安排人员对川化公司进行24小时数据监测，即对2月27日至28日的数据进行监测。2月28日，监测人员将监测数据较高，最高值为7000mg/L的情况电话告知张某2。张某2及监测站的工作人员又分别将上述情况口头告诉张某1。3月1日，监测站副站长顾某将监测结果报告书交给张某2审核签名。该报告书显示监测数据为10～7000mg/L，张某2在监测报告上签名后，将监测报告交还给顾某。2004年2月27日，张某1接受宋某安排的检查任务后，2月28日、2月29日均未到川化公司了解情况。同年3月1日，张某1同监理所工作人员唐某到川化公司了解情况，调查到因为川化公司“二化”项目在进行试生产，两台水泵坏了，导致污水中氨氮含量超标，张某1将情况向区环保局局长赖某及宋某作了汇报，赖某遂组织宋某、张某1、办公室主任王某开会。经研究决定，要求川化公司10日内整改、加大监理力度、向政府报告。3月2日，宋某看了监测数据后确认氨氮含量较高，估计是川化公司排污造成的。后青白江区环保局将川化公司分管环保的副总经理吴某、环安处处长何某、王某通知到该局，向其送达编号为（2004）改字第001号的《四川省环境保护行政执法限期整改通知书》。该通知书要求川化公司在2004年3月12日完成整改任务，确保环保设施正常运行，实现废水达标排放。同日，四川省环保厅的工作人员来到川化公司召开沱江事故分析会，青白江区环保局将监测数据提交给省环保厅。下午5时许，青白江区环保局又向川化公司送达编号为（2004）改字第002号的《四川省环境保护行政执法限期整改通知书》，该通知书限川化公司在2004年3月3日前实现环保设施正常运行，污染物排放达到工艺设计要求。3月3日，川化公司停产。此次沱江污染事故给成都、资阳、内江、自贡、泸州等五市的工农业生产和人民生活造成严重影响和经济损失，经农业部长江中上游渔业生态环境监测中心评估，天然渔业资源经济损失达1500余万元，2004年4月28日、6月30日，宋某、张某2、张某1先后被拘留。

• 裁判要旨 •

负有环保监督管理职责的国家机关工作人员违反相关职责规定，导致发生重大环境污染事故是认定环境监管失职罪的关键。

• 裁判理由 •

四川省成都市锦江区人民法院经审理认为：被告人宋某身为青白江区环保局分管环境监测、环境监理、污染管理的副局长，在2004年2月23日得知污水中氨味浓的情况后，未采取相应措施；在2月27日看了青白江区污水处理厂的监测数据后虽然安排了工作人员进行监测和检查，但未及时督促上报监测数据和检查结果，致使区环保局未能及时掌握川化公司严重超标排污的情况。

被告人宋某在工作中违反了工作职责，严重不负责任；被告人张某2身为青白江区环境监测站站长，按照规定负有对该辖区环境要素进行经常性监测，对区内排放污染物的单位进行定期或不定期的监测，完成环保局下达的临时性工作任务的工作职责，却未发现川化公司超标排污的事实，2月27日其接受监测任务后虽然安排了监测站人员进行监测，但其在2月28日、2月29日得知污水中氨氮含量较高的情况后，未将此重大情况汇报给安排其监测的青白江区环保局，在3月1日得到正式的书面监测报告后，仍未立即将报告递交青白江区环保局，其在履职中存有严重不负责任的行为；被告人张某1身为青白江区环境监理所所长，负责监理所的全面工作，负有依法对污染源实施监督管理，负责环境保护行政处罚，完成领导临时交办的工作任务的主要工作职责，被告人张某1在2004年2月27日接受调查任务后，在2月28日、2月29日得知监测数据较高的情况下，迟至3月1日才到川化公司了解、调查情况，其行为违反了工作职责，在工作中存在严重不负责任的情况。上述三被告人身为负有环境保护监督管理职责的国家机关工作人员，违反相关的职责规定，在工作中严重不负责任，导致未能及时有效地预防、阻止重大环境污染事故的发生，致使公私财产遭受重大损失，其行为已构成环境监管失职罪。公诉机关起诉指控三被告人的犯罪事实清楚，证据确实、充分，指控罪名成立，但其指控沱江污染事故造成直接经济损失为21900万元的证据不足。被告人宋某及其辩护人提出的被告人宋某仅应当承担相当次要的责任的辩解、辩护意见，法院认为，青白江区环保局有权对管辖范围内的排污单位进行现场检查，指导和协调解决本区、各部门的重大环境问题，查处重大环境污染事故和生态破坏事件，调查处理辖区内的环境污染纠纷。被告人宋某任青白江区环保局副局长、党组成员，其工作职责是协助局长分管环境监测、环境监理、法制与污染管理等工作，对本次事故具有不可推卸的责任，故对上述辩解、辩护意见不予采纳。被告人张某2提出的其不符合环境监管失职罪的主体的辩解意见，法院认为，环境监管失职罪的主体是指负有环境保护监督管理职责的国家机关工作人员，青白江区环境监测站是受青白江区环保局领导，从事环境监测的机构，被告人张某2身为青白江区环境监测站站长，符合本罪的主体要件，故被告人张某2的辩解意见不能成立。被告人张某2及其辩护人提出的被告人张某2无严重不负责任的行为发生，不应当承担责任的辩解、辩护意见，被告人张某1及其辩护人提出的被告人张某1在工作中不存在失职行为的辩解、辩护意见，与庭审查明的事实不符，不能成立。为了保护国家防治环境污染的管理制度，维护环境保护部门的正常管理活动，判决如下：一、依照《刑法》第408条之规定，被告人宋某犯环境监管失职罪，判处有期徒刑二年六个月。二、依照《刑法》第408条之规定，被告人张某2犯环境监管失职罪，判处有期徒刑二年六个月。三、依照《刑法》第408条、第72条之规定，被告人张某1犯环境监管失职罪，判处有期徒刑一年六个月，缓刑二年。

【学理分析及适用指引】

● 学理分析 ●

环境监管失职罪，是指负有环境保护监督管理职责的国家机关工作人员严重不负责任，导致发生重大环境污染事故，致使公私财产遭受重大损失或者造成人身伤亡的严重后果的行为。本罪的构成要件如下：

1. 本罪的客体。本罪的客体是国家环境保护机关的监督管理活动。还有一种观点认为，其客体是负有环境监管职责的国家执法人员的勤政性及权力行为的正当性。

2. 本罪的客观方面。本罪的客观表现为国家环境保护行政主管部门的严重不负责任，导致环境资源的巨大破坏，造成重大环境污染事故，致使公私财产遭受重大损失或者造成人身伤亡的严重后果的行为。本罪的行为具体表现形式包括：（1）滥用职权。违反环境保护法律法规，擅自行使环境监管职权。如违反规定发放排污许可证，固体废物污染环境，监管人员滥用职权、徇私舞弊造成重大环境污染的。（2）不履行职责。环境执法、监管部门玩忽职守，不履行应尽的监管义务。如对建设项目的环境影响评价报告书不认真审查论证，发现污染事故或隐患不及时排除，对污染严重的企业、厂矿不进行制止、处理的等。行为环境监管失职罪的行为是严重不负责任，导致发生重大环境污染事故。此处的重大环境污染事故是指造成大气、水源、海洋、土地等环境质量严重不符合国家规定标准，造成公私财产重大损失或者人身伤亡的严重事件。

3. 本罪的主体。环境监管失职罪的主体是指负有环境保护监督管理职责的国家机关工作人员。此处的负有环境保护监督管理职责的国家机关工作人员，是指在国务院环境保护行政主管部门、县级以上地方人民政府环境保护行政主管部门从事环境保护监督管理工作人员，以及在国家海洋行政主管部门、港务监督、渔政渔港监督、军队环境保护部门和各级公安、交通、铁道、民航管理部门中，依照有关法律的规定对环境污染防治实施监督管理的人员。

4. 本罪的主观方面。本罪的主观上是过失，也不能排除放任的间接故意的存在。如明知有关单位排放污水、废气或固体废料的行为违反《环境保护法》，可能造成重大环境污染事故，危及公私财产或人身安全，但严重不负责任，不采取任何措施予以制止，而是采取放任的态度，以致产生严重后果。行为人主观上显然属于放任的间接故意，而非过失。

• 适用指引 •

司法实践中，认定本罪应注意：

1. 必须有严重不负责任的行为。严重不负责任，是指行为人有我国《环境保护法》《水污染防治法》《大气污染防治法》《海洋环境保护法》《固体废物污染防治法》等法律及其他有关法规所规定的关于环境保护部门监管工作人员不履行职责，工作极不负责的行为。实践中，严重不负责任的表现多种多样，如对建设项目任务书中的环境影响报告不作认真审查，或者防治污染的设施不进行审查验收即批准投入生产、使用；对不符合环境保护条件的企业、事业单位，发现污染隐患，不采取预防措施，不依法责令其整顿，以防止污染事故发生；对造成环境严重污染的企业、事业单位应当提出限期治理意见而不提出治理意见；或者虽然提出意见，令其整顿，但不认真检查、监督是否整顿治理以及是否符合条件；应当现场检查排污单位的排污情况而不作现场检查，发现环境受到严重污染应当报告当地政府的却不报告或者虽作报告但不及时等。

2. 必须造成严重的危害结果。严重不负责任的行为必须导致重大环境污染事故的发生，致使公私财产遭受重大损失或者造成人身伤亡的严重后果，才能构成环境监管失职罪。所谓环境污染，是指由于有关单位违反法律、法规规定，肆意、擅自向土地、水体、大气排放、倾倒或者处置有放射性的废物、含传染病病原体的废物、有毒物质或其他危险废物，致使土地、水体、大气等环境的物理、化学、生物或者放射性等方面特性的改变，致使影响环境的有效利用、危害人体健康或者破坏生态环境，造成环境恶化的现象。所谓环境污染事故，则是因为环境污染致使在利用这些环境的过程中造成人身伤亡、公私财产遭受损失的严重后果。

3. 行为与造成的重大损失之间需有因果关系。严重不负责任行为与造成的重大损失结果之间，必须具有刑法上的因果关系，这是确定刑事责任的客观基础。严重不负责任行为与造成的严重危害结果之间的因果关系错综复杂，构成环境监管失职罪，应当追究刑事责任的，则是指严重不负责任行为与造成的严重危害后果之间有必然因果联系的行为。

第四百零八条之一　食品、药品监管渎职罪

【法律规定】

• 法律条文 •

《中华人民共和国刑法》

第四百零八条之一　负有食品药品安全监督管理职责的国家机关工作人员，滥用职权或者玩忽职守，有下列情形之一，造成严重后果或者有其他严重情节的，处五年以下有期徒刑或者拘役；造成特别严重后果或者有其他特别严重情节的，处五年以上十年以下有期徒刑：

（一）瞒报、谎报食品安全事故、药品安全事件的；

（二）对发现的严重食品药品安全违法行为未按规定查处的；

（三）在药品和特殊食品审批审评过程中，对不符合条件的申请准予许可的；

（四）依法应当移交司法机关追究刑事责任不移交的；

（五）有其他滥用职权或者玩忽职守行为的。

徇私舞弊犯前款罪的，从重处罚。

• 相关规定 •

《中华人民共和国食品安全法》

第五条　国务院设立食品安全委员会，其职责由国务院规定。

国务院食品安全监督管理部门依照本法和国务院规定的职责，对食品生产经营活动实施监督管理。

国务院卫生行政部门依照本法和国务院规定的职责，组织开展食品安全风险监测和风险评估，会同国务院食品安全监督管理部门制定并公布食品安全国家标准。

国务院其他有关部门依照本法和国务院规定的职责，承担有关食品安全工作。

第六条　县级以上地方人民政府对本行政区域的食品安全监督管理工作负责，统一领导、组织、协调本行政区域的食品安全监督管理工作以及食品安全突发事件应对工作，建立健全食品安全全程监督管理工作机制和信息共享机制。

县级以上地方人民政府依照本法和国务院的规定，确定本级食品安全监督管理、卫生行政部门和其他有关部门的职责。有关部门在各自职责范围内负责

本行政区域的食品安全监督管理工作。

县级人民政府食品安全监督管理部门可以在乡镇或者特定区域设立派出机构。

第十四条 国家建立食品安全风险监测制度，对食源性疾病、食品污染以及食品中的有害因素进行监测。

国务院卫生行政部门会同国务院食品安全监督管理等部门，制定、实施国家食品安全风险监测计划。

国务院食品安全监督管理部门和其他有关部门获知有关食品安全风险信息后，应当立即核实并向国务院卫生行政部门通报。对有关部门通报的食品安全风险信息以及医疗机构报告的食源性疾病等有关疾病信息，国务院卫生行政部门应当会同国务院有关部门分析研究，认为必要的，及时调整国家食品安全风险监测计划。

省、自治区、直辖市人民政府卫生行政部门会同同级食品安全监督管理等部门，根据国家食品安全风险监测计划，结合本行政区域的具体情况，制定、调整本行政区域的食品安全风险监测方案，报国务院卫生行政部门备案并实施。

第十五条 承担食品安全风险监测工作的技术机构应当根据食品安全风险监测计划和监测方案开展监测工作，保证监测数据真实、准确，并按照食品安全风险监测计划和监测方案的要求报送监测数据和分析结果。

食品安全风险监测工作人员有权进入相关食用农产品种植养殖、食品生产经营场所采集样品、收集相关数据。采集样品应当按照市场价格支付费用。

第十六条 食品安全风险监测结果表明可能存在食品安全隐患的，县级以上人民政府卫生行政部门应当及时将相关信息通报同级食品安全监督管理等部门，并报告本级人民政府和上级人民政府卫生行政部门。食品安全监督管理等部门应当组织开展进一步调查。

第十七条 国家建立食品安全风险评估制度，运用科学方法，根据食品安全风险监测信息、科学数据以及有关信息，对食品、食品添加剂、食品相关产品中生物性、化学性和物理性危害因素进行风险评估。

国务院卫生行政部门负责组织食品安全风险评估工作，成立由医学、农业、食品、营养、生物、环境等方面的专家组成的食品安全风险评估专家委员会进行食品安全风险评估。食品安全风险评估结果由国务院卫生行政部门公布。

对农药、肥料、兽药、饲料和饲料添加剂等的安全性评估，应当有食品安全风险评估专家委员会的专家参加。

食品安全风险评估不得向生产经营者收取费用，采集样品应当按照市场价格支付费用。

第十八条 有下列情形之一的，应当进行食品安全风险评估：

（一）通过食品安全风险监测或者接到举报发现食品、食品添加剂、食品相关产品可能存在安全隐患的；

（二）为制定或者修订食品安全国家标准提供科学依据需要进行风险评估的；

（三）为确定监督管理的重点领域、重点品种需要进行风险评估的；

（四）发现新的可能危害食品安全因素的；

（五）需要判断某一因素是否构成食品安全隐患的；

（六）国务院卫生行政部门认为需要进行风险评估的其他情形。

第十九条 国务院食品安全监督管理、农业行政等部门在监督管理工作中发现需要进行食品安全风险评估的，应当向国务院卫生行政部门提出食品安全风险评估的建议，并提供风险来源、相关检验数据和结论等信息、资料。属于本法第十八条规定情形的，国务院卫生行政部门应当及时进行食品安全风险评估，并向国务院有关部门通报评估结果。

第八十七条 县级以上人民政府食品安全监督管理部门应当对食品进行定期或者不定期的抽样检验，并依据有关规定公布检验结果，不得免检。进行抽样检验，应当购买抽取的样品，委托符合本法规定的食品检验机构进行检验，并支付相关费用；不得向食品生产经营者收取检验费和其他费用。

第九十一条 国家出入境检验检疫部门对进出口食品安全实施监督管理。

第九十五条 境外发生的食品安全事件可能对我国境内造成影响，或者在进口食品、食品添加剂、食品相关产品中发现严重食品安全问题的，国家出入境检验检疫部门应当及时采取风险预警或者控制措施，并向国务院食品安全监督管理、卫生行政、农业行政部门通报。接到通报的部门应当及时采取相应措施。

县级以上人民政府食品安全监督管理部门对国内市场上销售的进口食品、食品添加剂实施监督管理。发现存在严重食品安全问题的，国务院食品安全监督管理部门应当及时向国家出入境检验检疫部门通报。国家出入境检验检疫部门应当及时采取相应措施。

第一百零三条 发生食品安全事故的单位应当立即采取措施，防止事故扩大。事故单位和接收病人进行治疗的单位应当及时向事故发生地县级人民政府食品安全监督管理、卫生行政部门报告。

县级以上人民政府农业行政等部门在日常监督管理中发现食品安全事故或者接到事故举报，应当立即向同级食品安全监督管理部门通报。

发生食品安全事故，接到报告的县级人民政府食品安全监督管理部门应当按照应急预案的规定向本级人民政府和上级人民政府食品安全监督管理部门报告。县级人民政府和上级人民政府食品安全监督管理部门应当按照应急预案的规定上报。

任何单位和个人不得对食品安全事故隐瞒、谎报、缓报，不得隐匿、伪造、毁灭有关证据。

第一百零九条 县级以上人民政府食品安全监督管理部门根据食品安全风险监测、风险评估结果和食品安全状况等，确定监督管理的重点、方式和频次，实施风险分级管理。

县级以上地方人民政府组织本级食品安全监督管理、农业行政等部门制定本行政区域的食品安全年度监督管理计划，向社会公布并组织实施。

食品安全年度监督管理计划应当将下列事项作为监督管理的重点：

（一）专供婴幼儿和其他特定人群的主辅食品；

（二）保健食品生产过程中的添加行为和按照注册或者备案的技术要求组织生产的情况，保健食品标签、说明书以及宣传材料中有关功能宣传的情况；

（三）发生食品安全事故风险较高的食品生产经营者；

（四）食品安全风险监测结果表明可能存在食品安全隐患的事项。

《中华人民共和国药品管理法》

第一百条 药品监督管理部门根据监督管理的需要，可以对药品质量进行抽查检验。抽查检验应当按照规定抽样，并不得收取任何费用；抽样应当购买样品。所需费用按照国务院规定列支。

对有证据证明可能危害人体健康的药品及其有关材料，药品监督管理部门可以查封、扣押，并在七日内作出行政处理决定；药品需要检验的，应当自检验报告书发出之日起十五日内作出行政处理决定。

第一百零一条 国务院和省、自治区、直辖市人民政府的药品监督管理部门应当定期公告药品质量抽查检验结果；公告不当的，应当在原公告范围内予以更正。

第一百零三条 药品监督管理部门应当对药品上市许可持有人、药品生产企业、药品经营企业和药物非临床安全性评价研究机构、药物临床试验机构等遵守药品生产质量管理规范、药品经营质量管理规范、药物非临床研究质量管理规范、药物临床试验质量管理规范等情况进行检查，监督其持续符合法定要求。

第一百零五条 药品监督管理部门建立药品上市许可持有人、药品生产企业、药品经营企业、药物非临床安全性评价研究机构、药物临床试验机构和医疗机构药品安全信用档案，记录许可颁发、日常监督检查结果、违法行为查处等情况，依法向社会公布并及时更新；对有不良信用记录的，增加监督检查频次，并可以按照国家规定实施联合惩戒。

第一百零六条 药品监督管理部门应当公布本部门的电子邮件地址、电话，接受咨询、投诉、举报，并依法及时答复、核实、处理。对查证属实的举报，按照有关规定给予举报人奖励。

药品监督管理部门应当对举报人的信息予以保密，保护举报人的合法权益。举报人举报所在单位的，该单位不得以解除、变更劳动合同或者其他方式对举报人进行打击报复。

第一百零九条 药品监督管理部门未及时发现药品安全系统性风险，未及时消除监督管理区域内药品安全隐患的，本级人民政府或者上级人民政府药品监督管理部门应当对其主要负责人进行约谈。

地方人民政府未履行药品安全职责，未及时消除区域性重大药品安全隐患的，上级人民政府或者上级人民政府药品监督管理部门应当对其主要负责人进行约谈。

被约谈的部门和地方人民政府应当立即采取措施，对药品监督管理工作进行整改。

约谈情况和整改情况应当纳入有关部门和地方人民政府药品监督管理工作评议、考核记录。

第一百四十八条 违反本法规定，县级以上地方人民政府有下列行为之一的，对直接负责的主管人员和其他直接责任人员给予记过或者记大过处分；情节严重的，给予降级、撤职或者开除处分：

（一）瞒报、谎报、缓报、漏报药品安全事件；

（二）未及时消除区域性重大药品安全隐患，造成本行政区域内发生特别重大药品安全事件，或者连续发生重大药品安全事件；

（三）履行职责不力，造成严重不良影响或者重大损失。

第一百四十九条 违反本法规定，药品监督管理等部门有下列行为之一的，对直接负责的主管人员和其他直接责任人员给予记过或者记大过处分；情节较重的，给予降级或者撤职处分；情节严重的，给予开除处分：

（一）瞒报、谎报、缓报、漏报药品安全事件；

（二）对发现的药品安全违法行为未及时查处；

（三）未及时发现药品安全系统性风险，或者未及时消除监督管理区域内药品安全隐患，造成严重影响；

（四）其他不履行药品监督管理职责，造成严重不良影响或者重大损失。

《最高人民法院、最高人民检察院关于办理危害食品安全刑事案件适用法律若干问题的解释》（法释〔2021〕24号）

第二十条 负有食品安全监督管理职责的国家机关工作人员滥用职权或者玩忽职守，构成食品监管渎职罪，同时构成徇私舞弊不移交刑事案件罪、商检徇私舞弊罪、动植物检疫徇私舞弊罪、放纵制售伪劣商品犯罪行为罪等其他渎职犯罪的，依照处罚较重的规定定罪处罚。

负有食品安全监督管理职责的国家机关工作人员滥用职权或者玩忽职守，

不构成食品监管渎职罪，但构成前款规定的其他渎职犯罪的，依照该其他犯罪定罪处罚。

负有食品安全监督管理职责的国家机关工作人员与他人共谋，利用其职务行为帮助他人实施危害食品安全犯罪行为，同时构成渎职犯罪和危害食品安全犯罪共犯的，依照处罚较重的规定定罪从重处罚。

《最高人民法院、最高人民检察院关于办理渎职刑事案件适用法律若干问题的解释（一）》（法释〔2012〕18号）

第二条　国家机关工作人员实施滥用职权或者玩忽职守犯罪行为，触犯刑法分则第九章第三百九十八条至第四百一十九条规定的，依照该规定定罪处罚。

国家机关工作人员滥用职权或者玩忽职守，因不具备徇私舞弊等情形，不符合刑法分则第九章第三百九十八条至第四百一十九条的规定，但依法构成第三百九十七条规定的犯罪的，以滥用职权罪或者玩忽职守罪定罪处罚。

【案例】

高某食品监管渎职①

• 案件事实 •

被告人高某，系山东省博兴县畜牧兽医局兽医师。2011年3月至2013年9月，高某担任博兴县畜牧兽医局驻山东顺源食品有限公司（以下顺源公司）动物检疫员，负责该公司动物产品的检疫工作，在此期间，高某未正确履行职责，将数本加盖公章的空白《动物检疫合格证明》留置于该企业，由企业销售人员填写，致使500多万公斤未经检疫的鸡产品流出该公司。2012年上半年，被告人高某将21份加盖“山东省博兴县动物卫生监督所检疫（验）专用”公章的空白《动物检疫合格证明》交给博兴县鑫隆冷冻储存库的张某甲使用，致使谢某某利用上述检疫证明，将不符合安全标准的病死鸡、二级肉产品17余吨销售给食品加工企业，进入食品领域。

山东省博兴县人民法院以被告人高某犯食品监管渎职罪，判处有期徒刑一年。宣判后，高某提出上诉称其虽有将空白检疫证留给顺源公司，但没有造成重大安全事故或者其他严重后果，不构成食品监管渎职罪。

• 裁判要旨 •

食品监管渎职罪的构成是否要求必须造成重大安全事故或者其他严重

---

① 参见山东省滨州市中级人民法院（2014）滨中刑二终字第77号。该案涉及高某的受贿罪本部分不再赘述。

后果。

• 裁判理由 •

经山东省滨州市中级人民法院二审审理查明的事实和证据同一审认定高某犯食品监管渎职罪相同。二审法院认为，关于上诉人高某及辩护人提出的“高某将空白检疫证留给顺源公司，但没有造成重大安全事故或者其他严重后果，不构成食品监管渎职罪”的上诉理由及辩护意见，经查，高某将加盖公章的空白《动物检疫合格证明》交给公司人员，没有认真履行职责，致使500多万公斤未经检疫的鸡产品及17余吨病死鸡、二级肉产品流向食品领域，潜在社会危害性极大，应认定为其他严重后果，其行为构成食品监管渎职罪，该上诉理由及辩护意见，二审法院不予采纳 。遂判决维持山东省博兴县人民法院（2014）博刑初字第127号刑事判决第一项对被告人高某犯食品监管渎职罪的定罪处刑部分。

【学理分析及适用指引】

• 学理分析 •

《刑法修正案（八）》增设了食品监管渎职罪，这主要是考虑到，近几年各地频发的食品安全事件，暴露出政府某些职能部门对食品安全监督失职的弊端，某些职能部门工作人员的不作为让食品安全监督几乎形同虚设。为保证食品安全，贯彻落实此前出台不久的《食品安全法》，不仅要处罚相关造假企业和个人，也应将渎职的监管部门工作人员一并纳入处罚范围并予以强调。《刑法修正案（十一）》回应人民群众呼声，顺应社会要求，在食品监管渎职罪的罪刑规范基础上，将药品监管失职渎职的行为纳入其中，从而将食品监管渎职罪扩充为食品、药品监管渎职罪。

根据修订后的《刑法》第408条之一的规定，食品、药品监管渎职罪是指负有食品药品安全监督管理职责的国家机关工作人员，滥用职权或者玩忽职守，造成严重后果或者有其他严重情节的行为。本罪构成要件如下：

1. 本罪的客体。本罪的客体是国家关于食品药品安全的监管制度、国家正常的食品药品安全监督管理活动。

我国关于食品药品安全的监管制度主要体现在《食品安全法》和《药品管理法》中。

2. 本罪的客观方面。本罪客观行为表现为滥用职权或者玩忽职守，导致发生严重后果的食品药品安全事故或者有其他严重情节的。本罪客观方面是行为人在从事食品药品安全监督管理活动中滥用职权或者玩忽职守瞒报、谎报食品安全事故、药品安全事件；对发现的严重食品药品安全违法行为未按规定查处；在药品和特殊食品审批审评过程中，对不符合条件的申请准予许可的；依法应当移交司法机关追究刑事责任不移交；有其他滥用职权或者玩忽职守行为的。

3. 本罪的主体。本罪主体是特殊主体，即负有食品药品安全监督管理职责的国家机关工作人员。

根据《食品安全法》的规定，依法负有食品安全监督管理职责的人员主要是卫生行政、农业行政、质量监督、工商行政管理、食品药品监督管理以及国家出入境检验检疫部门的工作人员。

4. 本罪的主观方面。本罪主观方面既包括故意也包括过失，即负有食品药品安全监督管理职责的国家机关工作人员不论是故意还是过失的渎职行为，均不影响本罪的成立。

• 适用指引 •

1. 成立本罪的后果条件之判断。《刑法》第 408 条之一采取了列举方式，规定了构成食品药品监管渎职罪的五种行为。在最高人民法院、最高人民检察院尚未出台相应的司法解释前，如何把握食品药品监管渎职罪中的“有其他滥用职权或者玩忽职守行为导致发生严重后果的食品药品安全事故或者有其他严重情节”的入罪条件?

我们认为，适度参照其他相应渎职罪的立案标准不失为一条可行之道。但可供参照的其他相应渎职罪立案标准必须具备两个前提条件：（1）相应渎职犯罪的刑罚等同或高于食品药品安全监管渎职罪的刑罚；（2）相应渎职罪的立案追究情形必须是与食品药品安全事故有关的情形。根据《刑法》规定，第 412 条第 1 款的商检徇私舞弊罪、第 413 条第 1 款的动植物检疫徇私舞弊罪的处刑幅度规定与食品药品安全监管渎职罪基本一致。因此，负有食品药品安全监督管理职责的国家机关工作人员履行管理职责过程中的渎职行为符合商检徇私舞弊罪、动植物检疫徇私舞弊罪立案标准的，依法可以食品药品监管渎职罪追究刑事责任。

2. 准确处理食品监管渎职罪与其他渎职罪之间的关系。如根据《食品安全法》的规定，食品监管渎职犯罪行为必须发生在食品安全监管领域即对食品（包括食品添加剂，与食品有关的包装材料、容器、洗涤剂、消毒剂，用于食品生产经营的工具、设备）的生产加工和食品安全管理，供食用的源于农业的初级产品（即食用农产品）的质量安全管理，食品流通和餐饮服务（即食品经营）。这是本罪与其他渎职罪的关键区别。例如，商检、动植物检疫部门等有关国家机关工作人员在对食品安全履行监管职责过程中，因渎职失职发生重大食品安全事故，或者发生与食品安全事故之外的其他严重后果，则应以食品监管渎职罪论处；如果没有造成重大食品安全事故或造成与食品安全事故之外的其他严重后果的，依法可能分别以《刑法》第412条、第413条的商检徇私舞弊罪、商检失职罪、动植物检疫徇私舞弊罪、动植物检疫失职罪定罪论处。

同样道理，卫生行政部门、农业行政主管部门、质量监督部门、工商行政管理部门等有关国家机关工作人员在对食品安全履行监管职责过程中，因渎职失职发生重大食品安全事故，或者发生与食品安全事故有关的其他严重后果，则应以食品监管渎职罪论处；如果没有发生上述后果，则有可能构成滥用职权罪、玩忽职守罪、放纵制售伪劣商品犯罪行为罪等。

第四百零九条　传染病防治失职罪

【法律规定】

• 法律条文 •

《中华人民共和国刑法》

第四百零九条　从事传染病防治的政府卫生行政部门的工作人员严重不负责任，导致传染病传播或者流行，情节严重的，处三年以下有期徒刑或者拘役。

• 相关规定 •

《中华人民共和国传染病防治法》

第六十五条　地方各级人民政府未依照本法的规定履行报告职责，或者隐瞒、谎报、缓报传染病疫情，或者在传染病暴发、流行时，未及时组织救治、采取控制措施的，由上级人民政府责令改正，通报批评；造成传染病传播、流行或者其他严重后果的，对负有责任的主管人员，依法给予行政处分；构成犯罪的，依法追究刑事责任。

第六十六条　县级以上人民政府卫生行政部门违反本法规定，有下列情形之一的，由本级人民政府、上级人民政府卫生行政部门责令改正，通报批评；造成传染病传播、流行或者其他严重后果的，对负有责任的主管人员和其他直接责任人员，依法给予行政处分；构成犯罪的，依法追究刑事责任：

（一）未依法履行传染病疫情通报、报告或者公布职责，或者隐瞒、谎报、缓报传染病疫情的；

（二）发生或者可能发生传染病传播时未及时采取预防、控制措施的；

（三）未依法履行监督检查职责，或者发现违法行为不及时查处的；

（四）未及时调查、处理单位和个人对下级卫生行政部门不履行传染病防治职责的举报的；

（五）违反本法的其他失职、渎职行为。

第六十七条　县级以上人民政府有关部门未依照本法的规定履行传染病防治和保障职责的，由本级人民政府或者上级人民政府有关部门责令改正，通报批评；造成传染病传播、流行或者其他严重后果的，对负有责任的主管人员和其他直接责任人员，依法给予行政处分；构成犯罪的，依法追究刑事责任。

第六十八条　疾病预防控制机构违反本法规定，有下列情形之一的，由县级以上人民政府卫生行政部门责令限期改正，通报批评，给予警告；对负有责任的主管人员和其他直接责任人员，依法给予降级、撤职、开除的处分，并可以依法吊销有关责任人员的执业证书；构成犯罪的，依法追究刑事责任：

（一）未依法履行传染病监测职责的；

（二）未依法履行传染病疫情报告、通报职责，或者隐瞒、谎报、缓报传染病疫情的；

（三）未主动收集传染病疫情信息，或者对传染病疫情信息和疫情报告未及时进行分析、调查、核实的；

（四）发现传染病疫情时，未依据职责及时采取本法规定的措施的；

（五）故意泄露传染病病人、病原携带者、疑似传染病病人、密切接触者涉及个人隐私的有关信息、资料的。

《最高人民检察院关于渎职侵权犯罪案件立案标准的规定》（高检发释字〔2006〕2号）

一、渎职犯罪案件

……

（二十）传染病防治失职案（第四百零九条）

传染病防治失职罪是指从事传染病防治的政府卫生行政部门的工作人员严重不负责任，不履行或者不认真履行传染病防治监管职责，导致传染病传播或者流行，情节严重的行为。

涉嫌下列情形之一的，应予立案：

1. 导致甲类传染病传播的；

2. 导致乙类、丙类传染病流行的；

3. 因传染病传播或者流行，造成人员重伤或者死亡的；

4. 因传染病传播或者流行，严重影响正常的生产、生活秩序的；

5. 在国家对突发传染病疫情等灾害采取预防、控制措施后，对发生突发传染病疫情等灾害的地区或者突发传染病病人、病原携带者、疑似突发传染病病人，未按照预防、控制突发传染病疫情等灾害工作规范的要求做好防疫、检疫、隔离、防护、救治等工作，或者采取的预防、控制措施不当，造成传染范围扩大或者疫情、灾情加重的；

6. 在国家对突发传染病疫情等灾害采取预防、控制措施后，隐瞒、缓报、谎报或者授意、指使、强令他人隐瞒、缓报、谎报疫情、灾情，造成传染范围扩大或者疫情、灾情加重的；

7. 在国家对突发传染病疫情等灾害采取预防、控制措施后，拒不执行突发传染病疫情等灾害应急处理指挥机构的决定、命令，造成传染范围扩大或者疫情、灾情加重的；

8. 其他情节严重的情形。

《最高人民检察院关于人民检察院直接受理立案侦查的渎职侵权重特大案件标准（试行）》（高检发〔2001〕13号）

十八、传染病防治失职案

（一）重大案件

1. 导致乙类、丙类传染病流行的；

2. 致人死亡二人以上或者残疾五人以上的。

（二）特大案件

1. 导致甲类传染病传播的；

2. 致人死亡五人以上或者残疾十人以上的。

《最高人民法院、最高人民检察院关于办理渎职刑事案件适用法律若干问题的解释（一）》（法释〔2012〕18号）

第二条 国家机关工作人员实施滥用职权或者玩忽职守犯罪行为，触犯刑法分则第九章第三百九十八条至第四百一十九条规定的，依照该规定定罪处罚。

国家机关工作人员滥用职权或者玩忽职守，因不具备徇私舞弊等情形，不符合刑法分则第九章第三百九十八条至第四百一十九条的规定，但依法构成第三百九十七条规定的犯罪的，以滥用职权罪或者玩忽职守罪定罪处罚。

《最高人民法院、最高人民检察院关于办理妨害预防、控制突发传染病疫情等灾害的刑事案件具体应用法律若干问题的解释》（法释〔2003〕8号）

第十六条 在预防、控制突发传染病疫情等灾害期间，从事传染病防治的政府卫生行政部门的工作人员，或者在受政府卫生行政部门委托代表政府卫生行政部门行使职权的组织中从事公务的人员，或者虽未列入政府卫生行政部门人员编制但在政府卫生行政部门从事公务的人员，在代表政府卫生行政部门行使职权时，严重不负责任，导致传染病传播或者流行，情节严重的，依照刑法第四百零九条的规定，以传染病防治失职罪定罪处罚。

在国家对突发传染病疫情等灾害采取预防、控制措施后，具有下列情形之一的，属于刑法第四百零九条规定的“情节严重”：

（一）对发生突发传染病疫情等灾害的地区或者突发传染病病人、病原携带者、疑似突发传染病病人，未按照预防、控制突发传染病疫情等灾害工作规范的要求做好防疫、检疫、隔离、防护、救治等工作，或者采取的预防、控制措施不当，造成传染范围扩大或者疫情、灾情加重的；

（二）隐瞒、缓报、谎报或者授意、指使、强令他人隐瞒、缓报、谎报疫情、灾情，造成传染范围扩大或者疫情、灾情加重的；

（三）拒不执行突发传染病疫情等灾害应急处理指挥机构的决定、命令，造成传染范围扩大或者疫情、灾情加重的；

（四）具有其他严重情节的。

《最高人民法院、最高人民检察院、公安部、司法部关于依法惩治妨害新型冠状病毒感染肺炎疫情防控违法犯罪的意见》（法发〔2020〕7号）

二、准确适用法律，依法严惩妨害疫情防控的各类违法犯罪

（七）……卫生行政部门的工作人员严重不负责任，不履行或者不认真履行防治监管职责，导致新型冠状病毒感染肺炎传播或者流行，情节严重的，依照刑法第四百零九条的规定，以传染病防治失职罪定罪处罚。

（十）……对于在疫情防控期间实施有关违法犯罪的，要作为从重情节予以考量，依法体现从严的政策要求，有力惩治震慑违法犯罪，维护法律权威，维护社会秩序，维护人民群众生命安全和身体健康。

【学理分析及适用指引】

• 学理分析 •

传染病防治失职罪，是指从事传染病防治的政府卫生行政部门的工作人员严重不负责任，导致传染病传播或者流行，情节严重的行为。本罪的构成要件如下：

1. 本罪的客体。本罪客体是国家关于传染病防治的管理制度。

2. 本罪的客观方面。本罪客观方面表现为行为人对传染病防治工作严重不负责任，并因此而引起或者加剧了传染病的传播或者流行，并且达到情节严重的程度。所谓“情节严重”的程度，根据相关司法解释规定，有下列情形之一的，即可认为属于“情节严重”从而成立本罪：

（1）导致甲类传染病（如鼠疫、霍乱）传播的；

（2）导致乙类（如艾滋病、白喉、非典型性肺炎等）、丙类传染病流行的；

（3）因传染病传播或者流行，造成人员重伤或者死亡的；

（4）因传染病传播或者流行，严重影响正常的生产、生活秩序的；

（5）在国家对突发传染病疫情等灾害采取预防、控制措施后，对发生突发传染病疫情等灾害的地区或者突发传染病病人、病原携带者、疑似突发传染病病人，未按照预防、控制突发传染病疫情等灾害工作规范的要求做好防疫、检疫、隔离、防护、救治等工作，或者采取的预防、控制措施不当，造成传染范围扩大或者疫情、灾情加重的；

（6）在国家对突发传染病疫情等灾害采取预防、控制措施后，隐瞒、缓报、谎报或者授意、指使、强令他人隐瞒、缓报、谎报疫情、灾情，造成传染范围扩大或者疫情、灾情加重的；

（7）在国家对突发传染病疫情等灾害采取预防、控制措施后，拒不执行突发传染病疫情等灾害应急处理指挥机构的决定、命令，造成传染范围扩大或者疫情、灾情加重的；

（8）其他情节严重的情形。

3. 本罪的主体。本罪的主体是特殊主体，具体是指从事传染病防治的政府卫生行政部门的工作人员。

4. 本罪的主观方面。本罪的主观方面是过失。

• 适用指引 •

司法实践中，认定本罪应注意：

1. 政府卫生行政部门的工作人员严重不负责任地认定。严重不负责任，是指从事传染病防治的政府卫生行政部门工作人员不履行法律和其职务要求的防治传染病的职责或者在履行职务中敷衍塞责、草率应付，极端不负责任，没有切实履行起应当履行、能够履行的义务。严重不负责任表现形式是多种多样，如应当对传染病的预防、治疗、监测、控制和疫情的管理措施进行监督检查却不作监督检查或者虽作监督检查却不认真负责；发现有传染病传播或流行的可能，应当采取措施而不采取措施；发现重大疫情应当报告而不报告或不立即报告；对传染病病人应当采取隔离治疗措施而未采取措施；发现有关单位与个人不符合《传染病防治法》的规定，应当责令其改进而不责令改进或者责令改进但不作检查或不作认真检查等。

在面对突发的传染病疫情情况下，行为人的行为也有多种表现。如在国家对突发传染病疫情等灾害采取预防、控制措施后，对发生突发传染病疫情等灾害的地区或者突发传染病病人、病原携带者、疑似突发传染病病人，未按照预防、控制突发传染病疫情等灾害工作规范的要求做好防疫、检疫、隔离、防护、救治等工作，或者采取的预防、控制措施不当，造成传染范围扩大或者疫情、灾情加重的；在国家对突发传染病疫情等灾害采取预防、控制措施后，隐瞒、缓报、谎报或者授意、指使、强令他人隐瞒、缓报、谎报疫情、灾情，造成传染范围扩大或者疫情、灾情加重的；在国家对突发传染病疫情等灾害采取预防、控制措施后，拒不执行突发传染病疫情等灾害应急处理指挥机构的决定、命令，造成传染范围扩大或者疫情、灾情加重的等。

2. 如何认定导致传染病传播或者流行。导致传染病传播或者流行，是指致使传染病通过一定的途径播散给其他健康的人，致使一个地区某种传染病发病率显著超过该病历年的一般发病率水平或者使本已发生的突发传染病疫情的灾情进一步加重。根据新的立案标准的规定，导致传染病传播或者流行有具体的认定标准，如导致甲类传染病传播的；导致乙类、丙类传染病流行的；因传染病传播或者流行，造成人员重伤或者死亡的；因传染病传播或者流行，严重影响正常的生产、生活秩序的；由于不认真履行职责或不听从指挥，而使突发的传染病范围扩大或者疫情、灾情进一步加重。

3. 如何认定行为人的行为与传染病传播或者流行之间具有因果关系。行为人的行为与传染病传播或者流行之间具有因果关系，是行为人对其不负责任行为承担责任的事实依据，即正是由于行为人的严重失职行为，没有对传染病采取防治措施或者没有采取积极有效的防治措施，从而丧失了防治传染病的有效时机，而直接造成传染病的传播或者流行。在突发传染病疫情的情况下，由于严重不负责任，从而导致突发传染病疫情范围扩大或者疫情、灾情加重。相反，如果行为人认真履行自己的职责，在疫情发生前采取有效的事先防治措施，在疫情发生时针对不同的传染病疫情采取不同的有针对性的措施，在突发传染病疫情时采取有效的防疫、检疫、隔离、防护、救治、通报等措施，即使有传染病疫情的发生或者传染病疫情进一步加重，也不能追究有关责任人员的责任。

第四百一十条　非法批准征收、征用、占用土地罪；非法低价出让国有土地使用权罪

【法律规定】

• 法律条文 •

《中华人民共和国刑法》

第四百一十条　国家机关工作人员徇私舞弊，违反土地管理法规，滥用职权，非法批准征收、征用、占用土地，或者非法低价出让国有土地使用权，情节严重的，处三年以下有期徒刑或者拘役；致使国家或者集体利益遭受特别重大损失的，处三年以上七年以下有期徒刑。

• 相关规定 •

《全国人民代表大会常务委员会关于〈中华人民共和国刑法〉第二百二十八条、第三百四十二条、第四百一十条的解释》

刑法第二百二十八条、第三百四十二条、第四百一十条规定的“违反土地

管理法规”，是指违反土地管理法、森林法、草原法等法律以及有关行政法规中关于土地管理的规定。

刑法第四百一十条规定的“非法批准征收、征用、占用土地”，是指非法批准征收、征用、占用耕地、林地等农用地以及其他土地。

《最高人民法院关于审理破坏草原资源刑事案件应用法律若干问题的解释》（法释〔2012〕15号）

第三条 国家机关工作人员徇私舞弊，违反草原法等土地管理法规，具有下列情形之一的，应当认定为刑法第四百一十条规定的“情节严重”：

（一）非法批准征收、征用、占用草原四十亩以上的；

（二）非法批准征收、征用、占用草原，造成二十亩以上草原被毁坏的；

（三）非法批准征收、征用、占用草原，造成直接经济损失三十万元以上，或者具有其他恶劣情节的。

具有下列情形之一，应当认定为刑法第四百一十条规定的“致使国家或者集体利益遭受特别重大损失”：

（一）非法批准征收、征用、占用草原八十亩以上的；

（二）非法批准征收、征用、占用草原，造成四十亩以上草原被毁坏的；

（三）非法批准征收、征用、占用草原，造成直接经济损失六十万元以上，或者具有其他特别恶劣情节的。

《最高人民法院关于审理破坏林地资源刑事案件具体应用法律若干问题的解释》（法释〔2005〕15号）

第二条 国家机关工作人员徇私舞弊，违反土地管理法规，滥用职权，非法批准征用、占用林地，具有下列情形之一的，属于刑法第四百一十条规定的“情节严重”，应当以非法批准征用、占用土地罪判处三年以下有期徒刑或者拘役：

（一）非法批准征用、占用防护林地、特种用途林地数量分别或者合计达到十亩以上；

（二）非法批准征用、占用其他林地数量达到二十亩以上；

（三）非法批准征用、占用林地造成直接经济损失数额达到三十万元以上，或者造成本条第（一）项规定的林地数量分别或者合计达到五亩以上或者本条第（二）项规定的林地数量达到十亩以上毁坏。

第三条 实施本解释第二条规定的行为，具有下列情形之一的，属于刑法第四百一十条规定的“致使国家或者集体利益遭受特别重大损失”，应当以非法批准征用、占用土地罪判处三年以上七年以下有期徒刑：

（一）非法批准征用、占用防护林地、特种用途林地数量分别或者合计达到二十亩以上；

（二）非法批准征用、占用其他林地数量达到四十亩以上；

（三）非法批准征用、占用林地造成直接经济损失数额达到六十万元以上，或者造成本条第（一）项规定的林地数量分别或者合计达到十亩以上或者本条第（二）项规定的林地数量达到二十亩以上毁坏。

第四条 国家机关工作人员徇私舞弊，违反土地管理法规，非法低价出让国有林地使用权，具有下列情形之一的，属于刑法第四百一十条规定的“情节严重”，应当以非法低价出让国有土地使用权罪判处三年以下有期徒刑或者拘役：

（一）林地数量合计达到三十亩以上，并且出让价额低于国家规定的最低价额标准的百分之六十；

（二）造成国有资产流失价额达到三十万元以上。

第五条 实施本解释第四条规定的行为，造成国有资产流失价额达到六十万元以上的，属于刑法第四百一十条规定的“致使国家和集体利益遭受特别重大损失”，应当以非法低价出让国有土地使用权罪判处三年以上七年以下有期徒刑。

《最高人民法院关于审理破坏土地资源刑事案件具体应用法律若干问题的解释》（法释〔2000〕14号）

第四条 国家机关工作人员徇私舞弊，违反土地管理法规，滥用职权，非法批准征用、占用土地，具有下列情形之一的，属于非法批准征用、占用土地“情节严重”，依照刑法第四百一十条的规定，以非法批准征用、占用土地罪定罪处罚：

（一）非法批准征用、占用基本农田十亩以上的；

（二）非法批准征用、占用基本农田以外的耕地三十亩以上的；

（三）非法批准征用、占用其他土地五十亩以上的；

（四）虽未达到上述数量标准，但非法批准征用、占用土地造成直接经济损失三十万元以上；造成耕地大量毁坏等恶劣情节的。

第五条 实施第四条规定的行为，具有下列情形之一的，属于非法批准征用、占用土地“致使国家或者集体利益遭受特别重大损失”：

（一）非法批准征用、占用基本农田二十亩以上的；

（二）非法批准征用、占用基本农田以外的耕地六十亩以上的；

（三）非法批准征用、占用其他土地一百亩以上的；

（四）非法批准征用、占用土地，造成基本农田五亩以上，其他耕地十亩以上严重毁坏的；

（五）非法批准征用、占用土地造成直接经济损失五十万元以上等恶劣情节的。

第六条 国家机关工作人员徇私舞弊，违反土地管理法规，非法低价出让国有土地使用权，具有下列情形之一的，属于“情节严重”，依照刑法第四百一十条的规定，以非法低价出让国有土地使用权罪定罪处罚：

（一）出让国有土地使用权面积在三十亩以上，并且出让价额低于国家规定的最低价额标准的百分之六十的；

（二）造成国有土地资产流失价额在三十万元以上的。

第七条 实施第六条规定的行为，具有下列情形之一的，属于非法低价出让国有土地使用权，"致使国家和集体利益遭受特别重大损失"：

（一）非法低价出让国有土地使用权面积在六十亩以上，并且出让价额低于国家规定的最低价额标准的百分之四十的；

（二）造成国有土地资产流失价额在五十万元以上的。

《最高人民检察院关于渎职侵权犯罪案件立案标准的规定》（高检发释字〔2006〕2号）

一、渎职犯罪案件

……

（二十一）非法批准征用、占用土地案（第四百一十条）

非法批准征用、占用土地罪是指国家机关工作人员徇私舞弊，违反土地管理法、森林法、草原法等法律以及有关行政法规中关于土地管理的规定，滥用职权，非法批准征用、占用耕地、林地等农用地以及其他土地，情节严重的行为。

涉嫌下列情形之一的，应予立案：

1. 非法批准征用、占用基本农田10亩以上的；

2. 非法批准征用、占用基本农田以外的耕地30亩以上的；

3. 非法批准征用、占用其他土地50亩以上的；

4. 虽未达到上述数量标准，但造成有关单位、个人直接经济损失30万元以上，或者造成耕地大量毁坏或者植被遭到严重破坏的；

5. 非法批准征用、占用土地，影响群众生产、生活，引起纠纷，造成恶劣影响或者其他严重后果的；

6. 非法批准征用、占用防护林地、特种用途林地分别或者合计10亩以上的；

7. 非法批准征用、占用其他林地20亩以上的；

8. 非法批准征用、占用林地造成直接经济损失30万元以上，或者造成防护林地、特种用途林地分别或者合计5亩以上或者其他林地10亩以上毁坏的；

9. 其他情节严重的情形。

（二十二）非法低价出让国有土地使用权案（第四百一十条）

非法低价出让国有土地使用权罪是指国家机关工作人员徇私舞弊，违反土地管理法、森林法、草原法等法律以及有关行政法规中关于土地管理的规定，滥用职权，非法低价出让国有土地使用权，情节严重的行为。

涉嫌下列情形之一的，应予立案：

1. 非法低价出让国有土地30亩以上，并且出让价额低于国家规定的最低价额标准的百分之六十的；

2. 造成国有土地资产流失价额30万元以上的；

3. 非法低价出让国有土地使用权，影响群众生产、生活，引起纠纷，造成恶劣影响或者其他严重后果的；

4. 非法低价出让林地合计30亩以上，并且出让价额低于国家规定的最低价额标准的百分之六十的；

5. 造成国有资产流失30万元以上的；

6. 其他情节严重的情形。

《最高人民检察院关于人民检察院直接受理立案侦查的渎职侵权重特大案件标准（试行）》（高检发〔2001〕13号）

十九、非法批准征用、占用土地案

（一）重大案件

1. 非法批准征用、占用基本农田二十亩以上的；

2. 非法批准征用、占用基本农田以外的耕地六十亩以上的；

3. 非法批准征用、占用其他土地一百亩以上的；

4. 非法批准征用、占用土地，造成基本农田五亩以上，其中耕地十亩以上严重毁坏的；

5. 非法批准征用、占用土地造成直接经济损失五十万元以上的。

（二）特大案件

1. 非法批准征用、占用基本农田三十亩以上的；

2. 非法批准征用、占用基本农田以外的耕地九十亩以上的；

3. 非法批准征用、占用其他土地一百五十亩以上的；

4. 非法批准征用、占用土地，造成基本农田十亩以上，其他耕地二十亩以上严重毁坏的；

5. 非法批准征用、占用土地造成直接经济损失一百万元以上的。

二十、非法低价出让国有土地使用权案

（一）重大案件

1. 出让国有土地使用权面积在六十亩以上，并且出让价额低于国家规定的最低价额标准的百分之六十的；

2. 造成国有土地资产流失价额在五十万元以上的。

（二）特大案件

1. 出让国有土地使用权面积在九十亩以上，并且出让价额低于国家规定的最低价额标准的百分之四十的；

2. 造成国有土地资产流失价额在一百万元以上的。

《最高人民法院、最高人民检察院关于办理渎职刑事案件适用法律若干问题的解释（一）》（法释〔2012〕18号）

第二条 国家机关工作人员实施滥用职权或者玩忽职守犯罪行为，触犯刑法分则第九章第三百九十八条至第四百一十九条规定的，依照该规定定罪处罚。

国家机关工作人员滥用职权或者玩忽职守，因不具备徇私舞弊等情形，不符合刑法分则第九章第三百九十八条至第四百一十九条的规定，但依法构成第三百九十七条规定的犯罪的，以滥用职权罪或者玩忽职守罪定罪处罚。

【案例】

张某某非法批准占用土地案①

• 案件事实 •

被告人张某某自2005年4月至2011年11月担任积石山县国土资源局局长期间，居住在该县寨子沟乡、胡林家乡、吹麻滩镇的部分住户在集体土地上修建住宅后，先后自行申请或持有与他人私下签订的《土地转让协议书》等向石山县国土资源局提出办理《国有土地使用权证》书面申请。张某某未作详细审查，在申请书上批示后，派该局地籍股工作人员调查后，先后在163份《土地登记审批表》上签署同意的审核意见，其中17份（面积5555.71平方米8.321亩）《土地登记审批表》由县主管领导在“县级以上人民政府审批意见”一栏中签字审批，13份（面积3335.75平方米5亩）《土地登记审批表》在“县级以上人民政府审批意见”一栏中有主管领导签字审批但未加盖积石山县国土资源局土地专用章，118份《土地登记审批表》上未经县级以上政府审批但加盖有被告人保管的积石山县国土资源局土地专用章，另有15份（面积3912.25平方米5.86亩）《土地登记审批表》未经县主管领导签字审批亦未加盖积石山县国土资源局专用章的情况下，为47724.457平方米（合计71.587亩）集体土地上建成的宅基地颁发了国有土地使用权证。

• 裁判要旨 •

行为人虽不具有审批权但具有发证审核权，因其行为导致违法发放《国有土地使用权证》，在违规发证过程中起到了积极作用，应当承担非法批准占用土地罪的刑事责任。

---

① 参见甘肃省临夏市人民法院（2016）甘2901刑初52号。

• 裁判理由 •

甘肃省临夏市人民法院审理后认为，被告人张某某无视国法，对未经依法征收、征用的农村集体土地办理《国有土地使用权证》，非法变更土地性质，其行为已构成非法批准占用土地罪。公诉机关的部分指控，事实清楚，证据确实、充分，罪名成立，法院予以支持。被告人提出的其发证行为是经县主管领导签字审批的辩解意见，法院予以采纳，故对积石山县人民政府予以审批的30宗（13.321亩）土地颁发《国有土地使用权证》的指控法院不予支持；其辩护人提出的被告人在发证过程中不具有决定权及被告人在主观上既没有明知违法而批准的故意，也达不到情节严重的辩护意见法院酌情予以考虑；提出的其他辩护意见依法不能成立，法院不予采纳。被告人张某某虽然只具有发证审核权，不具有审批权，但因其行为导致违法发放《国有土地使用权证》，在发证过程中起到了积极作用，为此应当承担相应责任。据此，根据被告人犯罪事实、性质、情节、社会危害程度及认罪态度，依据《刑法》第37条之规定，判决如下：被告人张某某犯非法批准占用土地罪，免于刑事处罚。

【学理分析及适用指引】

• 学理分析 •

1. 非法批准征收、征用、占用土地罪的构成。非法批准征收、征用、占用土地罪，是指国家机关工作人员徇私舞弊，违反土地管理法规，滥用职权，非法批准征收、征用、占用土地，情节严重的行为。本罪的构成要件如下：

（1）本罪的客体。本罪侵犯的客体是国家的土地管理制度。

（2）本罪的客观方面。客观方面表现为违反土地管理法规，滥用职权，非法批准征收、征用、占用土地的行为。“违反土地管理法规”，根据立法解释规定，是指违反《土地管理法》《森林法》《草原法》等法律以及有关行政法规中关于土地管理的规定。征收、征用土地，是指国家为了公共利益，依法收回、使用国家或者集体所有的土地；占用土地，则是指一般的使用土地。非法批准征收、征用、占用土地，是指非法批准征收、征用、占用耕地、林地等农用地以及其他土地。根据法律规定，非法批准征收、征用、占用土地的行为，必须达到“情节严重”的程度，才构成犯罪。所谓情节严重，司法实践中，一般是指非法批准征收、征用、占用的土地面积大、次数多的；致使国家或者集体利益遭受重大损失的等情形。

（3）本罪的主体。犯罪主体为特殊主体，即国家机关工作人员，主要是指国家土地管理部门具有一定职权的工作人员。

（4）本罪的主观方面。主观方面由故意构成，行为人须出于徇私的动机。

过失不构成本罪。

2. 非法低价出让国有土地使用权罪的构成。非法低价出让国有土地使用权罪，是指国家机关工作人员徇私舞弊，违反土地管理法规，滥用职权，非法低价出让国有土地使用权，情节严重的行为。本罪的构成要件如下：

（1）本罪的客体。本罪侵犯的客体是国家的土地管理制度。

（2）本罪的客观方面。客观方面表现为违反土地管理法规，滥用职权，非法低价出让国有土地使用权，情节严重的行为。按照法律规定，非法低价出让国有土地使用权的行为，必须达到“情节严重”的程度，才构成犯罪。所谓情节严重，主要是指致使国家或者集体利益遭受重大损失等情形。

（3）本罪的主体。犯罪主体为特殊主体，即国家机关工作人员，主要是指具有土地管理职权的国家机关工作人员。

（4）本罪的主观方面。主观方面由故意构成，行为人须出于徇私的动机。过失不构成本罪。

• 适用指引 •

司法实践中，认定本罪应注意：

1. 非法批准征收、征用、占用土地罪的认定。

（1）本罪与非法转让、倒卖土地使用权罪的界限。两罪都是违反土地管理法规，有关土地所有权、使用权的犯罪，而且都是故意犯罪，容易混淆。其区别是：①犯罪主体不同。本罪的主体是特殊主体，即国家机关工作人员；而非法转让、倒卖土地使用权罪的主体是一般主体，既可以是自然人，也可以是单位。②主观方面故意的内容不同。非法转让、倒卖土地使用权罪的直接故意是行为人有意识地通过非法转让、倒卖土地使用权，非法获取不正当的经济利益，如果行为人不具备牟利的目的，则不构成此罪；而本罪的故意是指行为人明知自己的行为违反土地管理法规，而仍非法批准征用、占用土地，并不以行为人是否具有牟利目的为成立条件。③客观方面不同。非法转让、倒卖土地使用权罪在客观上表现为实施了非法转让、倒卖土地使用权的行为；而本罪是指以买卖、转让以外的其他形式非法转移土地使用的行为，即未按国家法律规定程序办理征收、征用或者划拨手续的行为或者未按规定办理审批手续的土地使用权转让行为。④侵犯的客体不同。本罪侵犯的客体是国家机关对土地依法进行管理的正常活动；而非法倒卖、转让土地罪侵犯的客体是国家对土地使用权合法转让的管理制度。

（2）本罪与非法占用耕地罪的界限。二者的区别在于：①犯罪主体不同。非法占用耕地罪的犯罪主体是一般主体，自然人和单位都可以成为本罪主体；而本罪的主体是特殊主体，即国家机关工作人员。②犯罪客观方面不同。非法占用耕地罪的行为表现是非法“占用”，即违反土地利用总体规划或计划，未经批准或骗取批准，擅自将耕地改为建设用地或者作其他用途的情况；本罪的行为是违反国家土地管理法规，非法批准征收、征用、占用土地。犯罪对象并不仅仅限于耕地，而且其行为造成的危害结果并不一定是造成土地资源的大量毁坏，如行为人多次非法批准的，也可以构成本罪。

（3）行为人与国家机关工作人员合谋非法占用耕地，后由国家机关工作人员非法批准的行为应当如何认定。行为人与国家机关工作人员合谋，非法占用耕地，后由国家机关工作人员非法批准的行为如何认定，这实际上涉及相关共犯与罪数问题，即对渎职者是认定渎职罪还是他人所犯之罪共犯问题。司法实践中主要有两种做法：一种做法是认定为渎职罪；另一种做法是原则上认定为渎职罪，但是，如果以共犯对渎职者认定处罚更重的，则应认定为共犯。从共同犯罪和罪数理论角度进行分析，在这种情况下，渎职者的渎职行为实际上兼有渎职罪构成要件和共犯构成要件的双重性质，即他的同一行为，在观念上、形式上同时符合两个犯罪构成，属于想象竞合犯形态，依照想象竞合犯的处罚原则，对行为人应当择一重罪处罚。因此，行为人与国家机关工作人员合谋，非法占用耕地，原则上应当认定为非法批准征收、征用、占用土地罪，如果非法占用耕地的行为处罚更重的话，应该以非法占用耕地罪的共犯处罚。①

2. 非法低价出让国有土地使用权罪的认定。

（1）本罪与徇私舞弊低价折股、出售国有资产罪的界限。两罪有一定的相同之处，即它们都是特殊主体低价出让公共财产的渎职行为。二者的区别是：第一，犯罪主体不同。前者的主体是国家机关工作人员；后者的主体是国有公司、企业或者其上级主管部门直接负责的主管人员。第二，犯罪客观方面不同。前者在客观方面表现为违反土地管理法规，徇私舞弊、滥用职权，非法低价出让国有土地使用权，情节严重的行为；后者在客观方面表现为将国有资产低价折股或者低价出售，致使国家利益遭受重大损失的行为。第三，犯罪对象不同。前者的犯罪对象是国有土地；后者的犯罪对象是一般的国有资产。

对于国家机关工作人员在转让企业产权中，徇私舞弊低价折股、出售国有资产，其中的行为对象包括国有土地的，也应当一并按照徇私舞弊低价折股、出售国有资产罪定罪处罚；如果行为对象仅仅只是企业的国有土地的，应当按照非法低价出让国有土地使用权罪定罪处罚。②

（2）本罪与非法批准征收、征用、占用土地罪的界限。本罪的客体、主体与主观方面与非法批准征收、征用、占用土地罪相同，但在客观方面有所不同。本罪的客观方面是行为人违反土地管理法规，滥用职权，非法低价出让国有土地使用权，且情节严重的行为。

---

① 参见陈斌等：《渎职犯罪司法适用》，法律出版社 2006 年版，第 441 页。

② 参见王作富主编：《刑法分则实务研究》，中国方正出版社 2003 年版，第 2171 页。

（3）本罪与非法转让、倒卖土地使用权罪的界限。从两罪所侵犯的对象上讲，同是土地的使用权，即土地使用者在依法使用的土地的占有、使用、开发、收益、处分的权利。二者在客观方面也有相似之处。“非法低价出让”即违反国家土地管理等行政法规，将土地使用权予以非法低价出让。“非法转让”即违反国家土地管理等行政法规，将土地使用权予以转让。非法低价出让土地使用权与非法转让、倒卖土地使用权罪的区别表现在：第一，前者的主体为国家机关工作人员。后者的主体为一般主体，包括自然人和单位。第二，前者的主观方面为故意，行为人往往是因贪图钱财、照顾关系等，明知是违反土地管理法规，仍然滥用职权非法出让国有土地使用权，动机是“徇私”，并不一定以牟利为目的。后者的主观方面也是故意，表现为以“牟利”为目的，非法转让倒卖土地。第三，前者在客观方面的表现，是违反土地管理法规，非法低价出让国有土地使用权。后者在客观方面的表现是违反土地管理法规，非法转让或者非法倒卖土地使用权，但是不一定是国有土地的使用权，也可以是集体土地的使用权。第四，从客体上讲，前者属于渎职罪，后者属于破坏社会主义市场经济秩序罪章中的扰乱市场秩序罪。

第四百一十一条　放纵走私罪

【法律规定】

• 法律条文 •

《中华人民共和国刑法》

第四百一十一条　海关工作人员徇私舞弊，放纵走私，情节严重的，处五年以下有期徒刑或者拘役；情节特别严重的，处五年以上有期徒刑。

• 相关规定 •

《中华人民共和国海关法》

第七十二条　海关工作人员必须秉公执法，廉洁自律，忠于职守，文明服务，不得有下列行为：

（一）包庇、纵容走私或者与他人串通进行走私；

……

（三）利用职权为自己或者他人谋取私利；

……

（九）违反法定程序或者超越权限执行职务；

（十）其他违法行为。

第九十六条 海关工作人员有本法第七十二条所列行为之一的，依法给予行政处分；有违法所得的，依法没收违法所得；构成犯罪的，依法追究刑事责任。

《最高人民检察院关于渎职侵权犯罪案件立案标准的规定》（高检发释字〔2006〕2号）

一、渎职犯罪案件

……

（二十三）放纵走私案（第四百一十一条）

放纵走私罪是指海关工作人员徇私舞弊，放纵走私，情节严重的行为。

涉嫌下列情形之一的，应予立案：

1. 放纵走私犯罪的；

2. 因放纵走私致使国家应收税额损失累计达10万元以上的；

3. 放纵走私行为3起以上的；

4. 放纵走私行为，具有索取或者收受贿赂情节的；

5. 其他情节严重的情形。

《最高人民检察院人民检察院直接受理立案侦查的渎职侵权重特大案件标准（试行）》（高检发〔2001〕13号）

二十一、放纵走私案

（一）重大案件

造成国家税收损失累计达三十万元以上的。

（二）特大案件

造成国家税收损失累计达五十万元以上的。

《最高人民法院、最高人民检察院关于办理渎职刑事案件适用法律若干问题的解释（一）》（法释〔2012〕18号）

第二条 国家机关工作人员实施滥用职权或者玩忽职守犯罪行为，触犯刑法分则第九章第三百九十八条至第四百一十九条规定的，依照该规定定罪处罚。

国家机关工作人员滥用职权或者玩忽职守，因不具备徇私舞弊等情形，不符合刑法分则第九章第三百九十八条至第四百一十九条的规定，但依法构成第三百九十七条规定的犯罪的，以滥用职权罪或者玩忽职守罪定罪处罚。

《最高人民法院、最高人民检察院、海关总署关于办理走私刑事案件适用法律若干问题的意见》（法〔2002〕139号）

第十六条 关于放纵走私罪的认定问题

依照刑法第四百一十一条的规定，负有特定监管义务的海关工作人员徇私舞弊，利用职权，放任、纵容走私犯罪行为，情节严重的，构成放纵走私罪。放纵走私行为，一般是消极的不作为。如果海关工作人员与走私分子通谋，在放纵走私过程中以积极的行为配合走私分子逃避海关监管或者在放纵走私之后分得赃款的，应以共同走私犯罪追究刑事责任。

海关工作人员收受贿赂又放纵走私的，应以受贿罪和放纵走私罪数罪并罚。

【案例】

高庆亭、刘某某走私、放纵走私案①

• 案件事实 •

高庆亭原系济南海关副关长，刘某某原系济南海关调查处副处长。1994年夏季，高庆亭经人介绍认识了香港达升贸易公司总经理李勇健（在逃），此后二人交往频繁。

1996年春，李勇健为与济南亨得利钟表眼镜有限公司合作经营进口手表，找到高庆亭商量不报关直接从香港走私进口手表，高庆亭表示同意。之后，李勇健先后二次将575只瑞士产梅花、欧米茄、雷达牌手表从香港空运至济南入境。受高庆亭的指使，身为监管科副科长的被告人刘某某明知该批货物未办理任何报关手续，却两次放行。经济南海关核定，该批手表价值人民币1774746.24元，偷逃关税763494.8元。案发后，济南海关从济南亨得利钟表眼镜有限公司扣留了尚未售出的手表272只，价值人民币962903元。

1996年8月，高庆亭和李勇健一起来到卡西欧浪潮通信电子有限公司。高庆亭要求该公司与李勇健合作进口传呼机散件，李勇健则向该公司提出可将从日本进口到青岛再由青岛发往济南的传呼机散机改由从日本直发香港，由他负责将货物自香港进口到济南。该公司以这样做必将增加运费为由不同意，李勇健便提议在报关时可将关税高的传呼机成套散件（税率25%）伪报成关税低的集成电路（税率6%），降低报关费用，用以弥补增加的运费。高庆亭当即表示同意。同年9月15日至12月6日，李勇健先后12次将47200套传呼机成套散件伪报成集成电路入境。第一次进货时，高庆亭还亲自到济南机场接货。被告人刘某某受高庆亭的指使，也先后三次去接货，以使货物不受查验顺利通关。经济南海关核定，该批货物共价值人民币19867110.3元，偷逃关税3019800.9元。案发后，济南海关扣留了5000套传呼机成套散件，对已进入生产销售环节无法扣留的42200套，依法追缴了3060875元的货款。

• 裁判要旨 •

走私普通货物罪和放纵走私罪的界限以及共同犯罪的认定。

---

① 参见《中华人民共和国最高人民法院公报》1999年第1期。

• 裁判理由 •

山东省济南市中级人民法院经审理认为：被告人高庆亭在担任济南海关副关长期间，违反海关法规，伙同他人进行走私，走私货物价值和偷逃税额均超过法定犯罪数额，走私的物资系成批量的且用于生产、销售领域，而非小量生活用品，故其行为构成走私普通货物罪，公诉机关指控其犯走私普通物品罪属表述不当。1988 年 1 月 21 日全国人民代表大会常务委员会通过的《关于惩治走私罪的补充规定》（已失效）（以下简称《补充规定》）第 4 条第 1 款第 1 项规定，走私货物、物品价值在 50 万元以上的，处十年以上有期徒刑或者无期徒刑，并处走私货物、物品价值 1 倍以上 5 倍以下罚金或者没收财产……1997 年 10 月 1 日施行的《刑法》第 12 条规定，本法施行以前的行为……如果当时的法律认为是犯罪，依照总则第 4 章第 8 节的规定应当追诉的，按照当时的法律追究刑事责任，但是如果本法不认为是犯罪或者处刑较轻的，适用本法。《刑法》第 153 条第 1 款第 1 项规定，走私货物、物品偷逃应缴税额在 50 万元以上的，处十年以上有期徒刑或者无期徒刑，并处偷逃应缴款额 1 倍以上 5 倍以下罚金或者没收财产……高庆亭的行为无论是依《补充规定》，还是依《刑法》规定，都是犯罪行为，两相比较，《刑法》是以偷逃应缴税额量刑，比《补充规定》以走私货物价值量刑要轻。因此，对高庆亭的犯罪行为，应当依照《刑法》第 153 条第 1 款第 1 项的规定处罚。同时，依照《刑法》第 57 条第 1 款之规定，应当并处剥夺政治权利终身。高庆亭及其辩护人关于没有参与走私、只是放纵走私的辩护意见，经查，高庆亭参与走私，有其多次供述，供述的情节与证人证言一致，有伪报品名的报关单书证和济南海关查扣的走私手表、传呼机成套散件等物证在案证实，高庆亭还亲自到机场为李勇健接运走私货物，证据确实充分，其辩解和辩护人的意见没有事实根据，不予采纳。被告人刘某某身为海关工作人员，违反海关法规，徇私舞弊，明知是走私行为却予以放纵，情节严重，其行为触犯了《刑法》第 411 条的规定，公诉机关指控其犯放纵走私罪成立。鉴于被告人刘某某是在高庆亭的指使下实施的犯罪行为，其辩护人要求从轻处罚的意见，可以采纳。据此，济南市中级人民法院于 1998 年 9 月 9 日判决：被告人高庆亭犯走私普通货物罪，判处无期徒刑，剥夺政治权利终身，并处没收个人财产人民币 2250 元、金项链 2 条、金戒指 2 枚；被告人刘某某犯放纵走私罪，判处有期徒刑三年。

一审宣判后，被告人高庆亭仍以原辩解理由向山东省高级人民法院提出上诉。其辩护人以高庆亭"一贯表现尚好，犯罪后真诚悔过"为由，要求对其从轻或减轻处罚。

山东省高级人民法院经审理认为：一审认定上诉人高庆亭、原审被告人刘某某的犯罪事实清楚，证据确实充分。高庆亭身为海关工作人员，置国家利益于不顾，伙同他人走私，偷逃关税数额巨大，情节特别严重。高庆亭的犯罪事实经查证据确凿，不容抵赖。高庆亭的犯罪行为，严重破坏了国家对外贸易管理制度，应予严惩，其上诉理由不能成立。高庆亭的辩护人认为应对其从轻或减轻的辩护意见，没有事实和法律依据，不予采纳。原审适用法律定罪准确，量刑适当，审判程序合法。据此，山东省高级人民法院依照《刑事诉讼法》第189条第1项的规定，于1998年11月19日裁定：驳回上诉，维持原判。

【学理分析及适用指引】

• 学理分析 •

1. 放纵走私罪的构成。放纵走私罪是指海关工作人员徇私舞弊，放纵走私，情节严重的行为。本罪的构成要件如下：

（1）本罪的客体。本罪侵犯的客体是《海关法》及其相关法律、行政法规及其海关缉私的正常管理和工作秩序。

（2）本罪的客观方面。本罪在犯罪客观方面表现为以下形态：放纵走私犯罪的，因放纵走私致使国家应收税额损失累计达10万元以上的；放纵走私行为3次以上的；放纵走私行为，具有索取或者收受贿赂情节的；其他情节严重的情形。

（3）本罪的主体。本罪的犯罪主体是特殊主体，即行为人必须具备海关工作人员的身份，其他人不具备本罪主体的资格。

（4）本罪的主观方面。本罪在犯罪主观方面表现为故意，即行为人明知自己徇私舞弊、放纵走私会给国家造成严重损失而仍然为之，并希望这种结果发生的故意行为。

2. 海关人员与走私犯罪分子事先通谋并放纵走私的认定。对于海关工作人员与走私犯罪分子事先通谋，并在走私过程中利用本人职务之便利积极配合，放纵走私的，如何对海关工作人员定罪？是认定为走私共同犯罪还是仅认定为放纵走私罪？

这一问题在学界存在争议。包括以下几种观点：

（1）根据《刑法》第156条的规定，与走私罪犯通谋，为其提供贷款、资金、账号、发票、证明，或者为其提供运输、保管、邮寄或者其他方便的，以走私罪的共犯论处。既然法律对此已作出了明确规定，因此海关工作人员事前与走私罪犯通谋，为走私罪犯提供方便的，应认定为走私罪的共犯，而不能认定为放纵走私罪。①

---

① 参见张明楷：《刑法学》，法律出版社2007年版，第952页。

（2）该情形是想象竞合。根据共犯理论，海关工作人员的行为一方面构成走私罪的共犯，另一方面也符合放纵走私罪的构成要件，属于一行为触犯两个罪名，在理论上符合想象竞合犯的特征，对之应根据想象竞合犯的处罚原则，择一重罪处断。这也符合罪责刑相适应原则和刑法从严治吏的立法精神。①

（3）该情形为法条竞合，海关工作人员只要利用职权，徇私情、私利，故意违背事实和法律，弄虚作假，隐瞒事实，放纵走私，情节严重的，均应根据《刑法》第 411 条规定认定为放纵走私罪。②

（4）可以从对向犯的角度对这一问题作出分析。对向犯又称对合犯，是指 2 人以上互以对方的对向行为的存在为条件的一种犯罪形态，分为彼此同罪的对向犯、彼此异罪的对向犯以及只罚一方的对向犯。走私罪与放纵走私罪很显然是彼此异罪的对向犯。对于彼此异罪的对向犯，不能适用《刑法》总则关于共同犯罪的规定，因为这时法律对对向犯作了特殊规定。因此，上述情况海关工作人员构成放纵走私罪，其他人员构成走私罪。当然，如果对向性行为的实施者积极而且固执地起作用，以致使本来没有犯罪意图的人产生了犯罪的意图，那么此时他的对向性行为便转变为同向行为，也就是说，行为人双方的合力作用成就了《刑法》分则上定型的犯罪，并且法律原本不处罚的一方起了主要的作用，而实施犯罪行为的一方则退居其次。

对于上述问题的认证，我们认为如果行为人与走私犯罪分子相勾结，形成走私的共同故意，通过放纵走私为走私犯罪分子提供帮助的，构成走私罪的共犯，如果缺少走私的共同故意而放纵走私的，则以本罪论处。否则，对于原本属于走私共犯的情形，反而以放纵走私罪论处，不仅违背共犯基本原理，也会造成重罪轻判的不良局面，违背罪责刑相适应的原则。

• 适用指引 •

司法实践中，认定本罪应注意：

1. 放纵走私罪罪与非罪的界限。放纵走私罪，是指海关工作人员徇私舞弊，放纵走私，情节严重的行为。本罪属于情节犯，只有情节严重才能构成本罪。

如果行为人主观上不是明知，而是由于其业务知识、经验不足，或者是调查研究不够充分，工作作风不够深入，思想方法简单等造成认识偏颇而发生的错误行为，即使造成一定危害后果的，一般也不构成犯罪。如果情节严重或者造成重大后果而构成其他犯罪的，应以其他相应犯罪论处。

---

① 参见杜国强：《渎职罪共犯及其相关问题研究》，载《法学》2005 年第 12 期。

② 参见沈宇峻：《放纵走私罪与走私罪共犯认定中的若干疑难问题》，载《华东政法学院学报》2003 年第 4 期。

2. 放纵走私罪与徇私舞弊不移交刑事案罪的界限。二者的区别主要是：

（1）犯罪主体不尽相同。放纵走私罪的主体只能是海关工作人员；徇私舞弊不移交刑事案件罪还包括公安、税务、工商等行政执法机关的工作人员。

（2）犯罪客观方面不同。放纵走私罪表现为行为人为贪图钱财、袒护亲友或者徇其他私情、私利，弄虚作假，违背法律，对明知是走私行为而予以放纵，使之不受到查究的行为。徇私舞弊不移交刑事案件罪表现为对依法应当移送司法机关追究刑事责任的不移交，情节严重的行为，也就是行政执法人员在履行职责的过程中，明知违法行为已构成犯罪，依法应当移送司法机关追究刑事责任而不移送，予以掩饰、隐瞒或者大事化小，以行政处罚代替刑事处罚。

如果海关工作人员明知走私行为构成犯罪，应当移送司法机关追究刑事责任而不移交，而是枉法作出行政处罚，以罚代刑，应当按照徇私舞弊不移交刑事案件罪处理。如果海关工作人员为徇私情、私利而对已经构成走私犯罪的情况不作出任何处理，使犯罪分子逃避了行政处罚和刑事处罚，则应按本罪处理。

3. 放纵走私罪与徇私枉法罪的界限。两罪的区别主要在于：

（1）犯罪主体不同。放纵走私罪的主体是海关工作人员；徇私枉法罪的主体是司法工作人员。

（2）犯罪行为的表现形式不同。放纵走私罪是行为人对明知是走私行为而予以放纵，使之不受到查究的行为；徇私枉法罪是司法工作人员徇私枉法，即对应当依法追究刑事责任的不追究，或者在审判活动中故意违背事实和法律作枉法裁判的行为。

（3）放纵走私罪要求情节严重的才构成犯罪，徇私枉法罪则没有这个要求。如果走私犯罪侦查局的工作人员徇私枉法、徇情枉法，对明知犯有走私罪的人而故意包庇使他不受追诉，致使该犯罪分子逍遥法外，继续走私，该行为既符合徇私枉法罪的构成特征，又符合放纵走私罪的构成特征，属于想象竞合关系，应当按照重法即徇私枉法罪定罪处罚。

第四百一十二条　商检徇私舞弊罪、商检失职罪

【法律规定】

• 法律条文 •

《中华人民共和国刑法》

第四百一十二条　国家商检部门、商检机构的工作人员徇私舞弊，伪造检验结果的，处五年以下有期徒刑或者拘役；造成严重后果的，处五年以上十年以下有期徒刑。

前款所列人员严重不负责任，对应当检验的物品不检验，或者延误检验出证、错误出证，致使国家利益遭受重大损失的，处三年以下有期徒刑或者拘役。

• 相关规定 •

《中华人民共和国进出口商品检验法》

第三十六条 国家商检部门、商检机构的工作人员滥用职权，故意刁难的，徇私舞弊，伪造检验结果的，或者玩忽职守，延误检验出证的，依法给予行政处分；构成犯罪的，依法追究刑事责任。

《最高人民检察院关于渎职侵权犯罪案件立案标准的规定》（高检发释字〔2006〕2号）

一、渎职犯罪案件

……

（二十四）商检徇私舞弊案（第四百一十二条第一款）

商检徇私舞弊罪是指出入境检验检疫机关、检验检疫机构工作人员徇私舞弊，伪造检验结果的行为。

涉嫌下列情形之一的，应予立案：

1. 采取伪造、变造的手段对报检的商品的单证、印章、标志、封识、质量认证标志等作虚假的证明或者出具不真实的证明结论的；

2. 将送检的合格商品检验为不合格，或者将不合格商品检验为合格的；

3. 对明知是不合格的商品，不检验而出具合格检验结果的；

4. 其他伪造检验结果应予追究刑事责任的情形。

（二十五）商检失职案（第四百一十二条第二款）

商检失职罪是指出入境检验检疫机关、检验检疫机构工作人员严重不负责任，对应当检验的物品不检验，或者延误检验出证、错误出证，致使国家利益遭受重大损失的行为。

涉嫌下列情形之一的，应予立案：

1. 致使不合格的食品、药品、医疗器械等商品出入境，严重危害生命健康的；

2. 造成个人财产直接经济损失15万元以上，或者直接经济损失不满15万元，但间接经济损失75万元以上的；

3. 造成公共财产、法人或者其他组织财产直接经济损失30万元以上，或者直接经济损失不满30万元，但间接经济损失150万元以上的；

4. 未经检验，出具合格检验结果，致使国家禁止进口的固体废物、液态废物和气态废物等进入境内的；

5. 不检验或者延误检验出证、错误出证，引起国际经济贸易纠纷，严重影响国家对外经贸关系，或者严重损害国家声誉的；

6. 其他致使国家利益遭受重大损失的情形。

《最高人民检察院人民检察院直接受理立案侦查的渎职侵权重特大案件标准（试行）》（高检发〔2001〕13号）

二十二、商检徇私舞弊案

（一）重大案件

1. 造成直接经济损失五十万元以上的；

2. 徇私舞弊，三次以上伪造检验结果的。

（二）特大案件

1. 造成直接经济损失一百万元以上的；

2. 徇私舞弊，五次以上伪造检验结果的。

二十三、商检失职案

（一）重大案件

1. 造成直接经济损失一百万元以上的；

2. 五次以上不检验或者延误检验出证、错误出证的。

（二）特大案件

1. 造成直接经济损失三百万元以上的；

2. 七次以上不检验或者延误检验出证、错误出证的。

《最高人民法院、最高人民检察院关于办理危害食品安全刑事案件适用法律若干问题的解释》（法释〔2021〕24号）

第二十条第一款 负有食品安全监督管理职责的国家机关工作人员滥用职权或者玩忽职守，构成食品监管渎职罪，同时构成徇私舞弊不移交刑事案件罪、商检徇私舞弊罪、动植物检疫徇私舞弊罪、放纵制售伪劣商品犯罪行为罪等其他渎职犯罪的，依照处罚较重的规定定罪处罚。

《最高人民法院、最高人民检察院关于办理渎职刑事案件适用法律若干问题的解释（一）》（法释〔2012〕18号）

第二条 国家机关工作人员实施滥用职权或者玩忽职守犯罪行为，触犯刑法分则第九章第三百九十八条至第四百一十九条规定的，依照该规定定罪处罚。

国家机关工作人员滥用职权或者玩忽职守，因不具备徇私舞弊等情形，不符合刑法分则第九章第三百九十八条至第四百一十九条的规定，但依法构成第三百九十七条规定的犯罪的，以滥用职权罪或者玩忽职守罪定罪处罚。

【案例】

王某某、吴某某受贿、商检徇私舞弊案①

• 案件事实 •

2002年3月至2003年5月，被告人吴某某在担任上海出入境检验检疫局检务人员期间，伙同该局检务计费、收费人员王某某，利用从事受理报检、签发检验检疫通关证明等职务便利，明知报检的出境货物不符合手续，擅自签发"出境货物通关单"，致使126票未经检验检疫的出境货物得以在上海口岸报检通关；并将应归档留存的报检材料退交报检人员徐某某等（均另案处理）以掩盖犯罪事实。此外，徐某某、吴某某按每票人民币100元至2000元不等的数额给予吴某某、王某某好处费共计人民币16万余元。

• 裁判要旨 •

商检机构的工作人员徇私舞弊，故意伪造检验结果的行为，构成商检徇私舞弊罪。

• 裁判理由 •

一审法院经审理认为：被告人吴某某身为国家商检机构工作人员，为徇私情，伙同受聘于国家商检机构从事公务的被告人王某某，明知报检的出境货物不符合手续，仍擅自签发"出境货物通关单"，致使126票未经检验检疫的出境货物得以在上海口岸报检通关，依照《刑法》第412条之规定，两名被告人的行为均已构成商检徇私舞弊罪，均应判处五年以下有期徒刑或者拘役。在上述犯罪过程中，王某某系利用本人职务所形成的便利条件，通过吴某某职务上的行为，为请托人谋取不正当利益，并收受请托人钱财共计人民币16万余元。依照《刑法》第388条、第386条、第383条第1款第1项、第2款之规定，其行为又构成受贿罪，应被判处十年以上有期徒刑或者无期徒刑，可以并处没收财产。王某某犯两罪，依照《刑法》第69条之规定，应予数罪并罚。

至于公诉机关还指控吴某某与王某某共同受贿16万余元，吴某某的行为亦构成受贿罪。经查，证人徐某某等的证言均证实16万元全部是交给王某某的，两名证人从未和吴某某谈过钱款的事情，案发时王某某保管的银行卡中有16万元钱款，但该16万元中王某某从未给过吴某某钱款，吴某某到案后一直供述其没有伙同王某某共同受贿人民币16万元，其也不知道王某某收受了他人的16万

① 参见http：//vip. chinalawinfo. comCasedisplaycontent. asp？gid＝117560576。

元。因此，公诉机关指控吴某某犯受贿罪的证据不足，不予确认。根据《刑法》第388条、第386条、第383条第1款第1项、第2款之规定，判决被告人吴某某犯商检徇私舞弊罪，判处有期徒刑四年；被告人王某某犯受贿罪，判处有期徒刑十年，犯商检徇私舞弊罪，判处有期徒刑一年，决定执行有期徒刑十年六个月。

一审判决后，被告人王某某不服，提出上诉。上诉人王某某上诉提出，其没有伙同他人操作违规单据，吴某某让其操作违规的单据并没有126票之多，16万余元钱款是和吴某某共同受贿的，原判对其受贿量刑过重。原审被告人吴某某没有提出上诉，但提出原判对其量刑过重。

二审法院审理认为：相关证据足以证明王某某与徐某某等经商议，伙同吴某某操作违规126票单据的事实，王某某的上诉理由与本案事实不符，二审法院不予采信；在案证据尚不足以证实吴某某具有伙同王某某共同收受他人贿赂的故意和行为，但上述证据足以证实王某某收受了徐某某等人的16万余元贿赂款的事实。王某某的上诉理由与本案事实不符，二审法院不予采信；王某某、吴某某所犯商检徇私舞弊罪，论罪应当在五年以下有期徒刑或者拘役的量刑幅度内处刑，原判根据其在共同犯罪中所处的地位、作用，以商检徇私舞弊罪分别判处被告人吴某某有期徒刑四年，判处被告人王某某有期徒刑一年，应属量刑适当。王某某还收受他人贿赂16万余元，论罪应当在十年以上有期徒刑或者无期徒刑的量刑幅度内处刑，原判以受贿罪判处被告人王某某有期徒刑十年，并综合王某某所犯两罪的具体情节，决定执行有期徒刑十年六个月，亦无不当。综上，二审法院确认，原判认定被告人吴某某犯商检徇私舞弊罪，被告人王某某犯商检徇私舞弊罪、受贿罪的事实清楚，证据确实、充分，适用法律正确，量刑适当，审判程序合法。上诉人的上诉意见及原审被告人所提相关辩解与本案事实及相关法律规定不符，二审法院不予采纳。据此，依照《刑事诉讼法》第189条第1项之规定，裁定驳回上诉，维持原判。

【学理分析及适用指引】

• 学理分析 •

1. 商检徇私舞弊罪的构成。商检徇私舞弊罪，是指国家商检部门、商检机构的工作人员徇私舞弊，故意伪造检验结果的行为。本罪的构成要件如下：

（1）本罪的客体。本罪侵犯的客体是国家商检部门、机构的正常活动及国家其他有关机关的正常活动。

（2）本罪的客观方面。本罪犯罪行为表现为国家商检部门、商检机构的工作人员徇私舞弊，伪造检验结果。

①徇私舞弊。徇私舞弊，一般表现为因为徇私情、私利而掩盖事实真相、

欺上瞒下的行为，可以是为了个人经济利益方面，也可以是出于巩固、维持经济之外的私人关系，如帮助亲友、泄愤报复、讨好上级、子女升学就业等。不管出于哪个方面的考虑，只要行为人出于徇私的动机而没有按照规范性文件的规定履行职责，即可以认定为徇私舞弊的行为。但是，如果行为人没有徇私的动机而是因为工作上的失误，而导致轻微的危害社会结果的发生，不能认定为徇私舞弊的行为。

②伪造检验结果。伪造检验结果的表现多种多样，如采取伪造、变造的手段对报检的商品的单证、印章、标志、封识、质量认证标志等作虚假的证明或者出具不真实的证明结论的；将送检的合格商品检验为不合格，或者将不合格商品检验为合格的；对明知是不合格的商品，不检验而出具合格检验结果的；其他伪造检验结果应予追究刑事责任的情形。

关于伪造检验结果是否包括变造检验的问题，学者们认为，一般地说来，伪造、变造，都是指制作、制造假的或不真实的物品或者事物。就伪造、变造的物品或者事物的虚假性而言，伪造、变造并没有什么本质区别。伪造、变造的区别一般表现在，伪造是无中生有，而变造是有中生假。《刑法》第 412 条第 1 款所规定的商检徇私舞弊罪，尽管没有明确区别、并列规定伪造、变造行为，但就商检徇私舞弊罪的社会危害性的本质来说，主要是通过检验结果的虚假性或者不真实性来体现的。在这个意义上，尽管伪造行为是在不存在检验结果的情况下实施的，也即没有经过检验而制作、出具检验合格或者不合格的结果，变造行为是在存在检验结果的情况下实施的，也即经过检验但不合格而制作、出具合格的检验结果，或者经过检验也合格却制造、出具不合格的检验结果，但是就检验结果的虚假性、不真实性，及其所产生的社会危害后果而言，却是一致的，并没有什么本质的不同。因此《刑法》没有必要明确区别、并列规定伪造、变造行为，而只需规定伪造行为足矣。

③徇私舞弊与伪造检验结果的关系。从徇私舞弊和伪造检验结果的关系看，二者存在因果关系，即徇私舞弊是原因，而伪造检验结果是徇私舞弊的必然结果。在认定本罪时，二者不可分离。如果行为人仅仅有徇私舞弊的行为，而没有伪造检验结果，就不能认定为本罪。如果情节严重，需要按照犯罪处理的，可以按照《刑法》第 397 条的规定，按照一般的渎职犯罪处理。如商检机构的工作人员滥用职权、徇私舞弊或者玩忽职守、不依法履行处罚工作职责，没有伪造检验结果，只是造成当事人遭受重大损害的；国家商检部门、商检机构的工作人员滥用职权，故意刁难的；或者玩忽职守，延误检验出证的；等等。

（3）本罪的主体。本罪的主体为特殊主体，即国家商检部门、商检机构的工作人员。

（4）本罪的主观方面。本罪在主观方面只能由故意构成，且必须具备徇私的动机，即行为人在徇私的动机支配下，实施伪造检验结果的，才能认定为本罪。如果行为人不具有徇私的动机，即使在故意的主观心理态度支配下，实施了伪造检验结果的行为，也不能认定为本罪，而只能按照《刑法》第397条的规定，按照一般的渎职犯罪处理。

2. 商检失职罪的构成。本罪与上述商检徇私舞弊罪在主体、客体上是完全一致的，其主观是过失，也是毫无问题的，关键在于对其客观方面的把握。本罪在客观方面表现为国家商检部门、商检机构的工作人员玩忽职守，严重不负责任，对应当检验的物品不检验，或者延误检验出证、错误出证，导致国家利益遭受重大损失的行为。

（1）严重不负责任。所谓严重不负责任，是指商检工作人员在商检工作中不履行或不正确履行相关法律、行政法规所规定的对进出口商品的检验职责，对应当检验的物品不检验或者延误检验出证、错误出证等。

（2）对应当检验的物品不检验、延误检验出证或者错误出证。所谓的进出口商品检验，是指确定列入目录的进出口商品是否符合国家技术规范的强制性要求的合格评定活动。合格评定程序包括：抽样、检验和检查；评估、验证和合格保证；注册、认可和批准以及各项的组合。按照我国《进出口商品检验法》第4条的规定，进出口商品检验应当根据保护人类健康和安全、保护动物或者植物的生命和健康、保护环境、防止欺诈行为、维护国家安全的原则，由国家商检部门制定、调整必须实施检验的进出口商品目录（以下简称目录）并公布实施。对列入目录的进出口商品，由商检机构实施检验。如果列入目录的进出口商品，未经检验而进口的，不准销售、使用；未经检验为合格的，不准出口。所谓不检验，即不按照上述规定对进出口商品进行检验。

延误检验出证，是指没有按照法定的检验时间出具检验结果。《进出口商品检验法》规定，对进出口商品，必须经商检机构检验的进出口商品的收货人或者其代理人，应当在商检机构规定的地点和期限内，接受商检机构对进口商品的检验或者向商检机构报检。商检机构应当在国家商检部门统一规定的期限内检验完毕，并出具检验证单。

错误出证，是指商检机关工作人员所开出的检验单证与被检验物品实际状况不符。如把合格检验为不合格，不合格又检验成合格等。既可以是检验的全部内容不符合事实，也可以是其中的部分内容，如规格、数量、包装等部分内容不符合事实。根据《进出口商品检验法》的规定，列入目录的进出口商品，按照国家技术规范的强制性要求进行检验；尚未制定国家技术规范的强制性要求的，应当依法及时制定，未制定之前，可以参照国家商检部门指定的国外有关标准进行检验。

• 适用指引 •

1. 司法实践中，应注意商检失职罪与商检徇私舞弊罪的界限：商检失职罪与商检徇私舞弊罪的区分一般是比较明显的，不易产生混淆。商检失职罪在司法认定中主要应注意在错误出证的情况下与商检徇私舞弊罪的区别。错误出证的商检失职罪与商检徇私舞弊罪一样，都出具了不真实的检验结果，在某种程度上容易混淆。二者的主要区别是，商检失职罪对错误出证的行为是过失的，而商检徇私舞弊罪对伪造检验结果的行为则是故意的。此外，错误出证的商检失职罪只有发生致使国家利益遭受重大损失的结果才能构成，而商检徇私舞弊罪则只要行为人实施了伪造检验结果的行为即可构成。

2. 如果行为人收受贿赂后又实施本罪，则同时构成本罪与受贿罪，属牵连犯，应择一重罪论处。

3. 如果行为人与走私分子共谋，为其伪造检验结果，帮助其进行走私，则属走私罪的共犯，应以走私罪论处；如果不构成走私罪，则应以本罪论处。

第四百一十三条　动植物检疫徇私舞弊罪、动植物检疫失职罪

【法律规定】

• 法律条文 •

《中华人民共和国刑法》

第四百一十三条　动植物检疫机关的检疫人员徇私舞弊，伪造检疫结果的，处五年以下有期徒刑或者拘役；造成严重后果的，处五年以上十年以下有期徒刑。

前款所列人员严重不负责任，对应当检疫的检疫物不检疫，或者延误检疫出证、错误出证，致使国家利益遭受重大损失的，处三年以下有期徒刑或者拘役。

• 相关规定 •

《中华人民共和国进出境动植物检疫法》

第三条　国务院设立动植物检疫机关（以下简称国家动植物检疫机关），统一管理全国进出境动植物检疫工作。国家动植物检疫机关在对外开放的口岸和进出境动植物检疫业务集中的地点设立的口岸动植物检疫机关，依照本法规定实施进出境动植物检疫。

贸易性动物产品出境的检疫机关，由国务院根据情况规定。

国务院农业行政主管部门主管全国进出境动植物检疫工作。

第四条 口岸动植物检疫机关在实施检疫时可以行使下列职权：

（一）依照本法规定登船、登车、登机实施检疫；

（二）进入港口、机场、车站、邮局以及检疫物的存放、加工、养殖、种植场所实施检疫，并依照规定采样；

（三）根据检疫需要，进入有关生产、仓库等场所，进行疫情监测、调查和检疫监督管理；

（四）查阅、复制、摘录与检疫物有关的运行日志、货运单、合同、发票及其他单证。

第四十二条 违反本法规定，引起重大动植物疫情的，依照刑法有关规定追究刑事责任。

《最高人民检察院关于渎职侵权犯罪案件立案标准的规定》（高检发释字〔2006〕2号）

一、渎职犯罪案件

……

（二十六）动植物检疫徇私舞弊案（第四百一十三条第一款）

动植物检疫徇私舞弊罪是指出入境检验检疫机关、检验检疫机构工作人员徇私舞弊，伪造检疫结果的行为。

涉嫌下列情形之一的，应予立案：

1. 采取伪造、变造的手段对检疫的单证、印章、标志、封识等作虚假的证明或者出具不真实的结论的；

2. 将送检的合格动植物检疫为不合格，或者将不合格动植物检疫为合格的；

3. 对明知是不合格的动植物，不检疫而出具合格检疫结果的；

4. 其他伪造检疫结果应予追究刑事责任的情形。

（二十七）动植物检疫失职案（第四百一十三条第二款）

动植物检疫失职罪是指出入境检验检疫机关、检验检疫机构工作人员严重不负责任，对应当检疫的检疫物不检疫，或者延误检疫出证、错误出证，致使国家利益遭受重大损失的行为。

涉嫌下列情形之一的，应予立案：

1. 导致疫情发生，造成人员重伤或者死亡的；

2. 导致重大疫情发生、传播或者流行的；

3. 造成个人财产直接经济损失15万元以上，或者直接经济损失不满15万元，但间接经济损失75万元以上的；

4. 造成公共财产或者法人、其他组织财产直接经济损失30万元以上，或者直接经济损失不满 30 万元，但间接经济损失 150 万元以上的；

5. 不检疫或者延误检疫出证、错误出证，引起国际经济贸易纠纷，严重影响国家对外经贸关系，或者严重损害国家声誉的；

6. 其他致使国家利益遭受重大损失的情形。

《最高人民检察院关于人民检察院直接受理立案侦查的渎职侵权重特大案件标准（试行）》（高检发〔2001〕13 号）

二十四、动植物检疫徇私舞弊案

（一）重大案件

1. 徇私舞弊，三次以上伪造检疫结果的；

2. 造成直接经济损失五十万元以上的。

（二）特大案件

1. 徇私舞弊，五次以上伪造检疫结果的；

2. 造成直接经济损失一百万元以上的。

二十五、动植物检疫失职案

（一）重大案件

1. 造成直接经济损失一百万元以上的；

2. 导致疫情发生，造成人员死亡二人以上的；

3. 五次以上不检疫，或者延误检疫出证、错误出证，严重影响国家对外经贸关系和国家声誉的。

（二）特大案件

1. 造成直接经济损失三百万元以上的；

2. 导致疫情发生，造成人员死亡五人以上的；

3. 七次以上不检疫，或者延误检疫出证、错误出证，严重影响国家对外经贸关系和国家声誉的。

《最高人民法院、最高人民检察院关于办理危害食品安全刑事案件适用法律若干问题的解释》（法释〔2021〕24 号）

第二十条第一款 负有食品安全监督管理职责的国家机关工作人员滥用职权或者玩忽职守，构成食品监管渎职罪，同时构成徇私舞弊不移交刑事案件罪、商检徇私舞弊罪、动植物检疫徇私舞弊罪、放纵制售伪劣商品犯罪行为罪等其他渎职犯罪的，依照处罚较重的规定定罪处罚。

《最高人民法院、最高人民检察院关于办理渎职刑事案件适用法律若干问题的解释（一）》（法释〔2012〕18 号）

第二条 国家机关工作人员实施滥用职权或者玩忽职守犯罪行为，触犯刑法分则第九章第三百九十八条至第四百一十九条规定的，依照该规定定罪处罚。

国家机关工作人员滥用职权或者玩忽职守，因不具备徇私舞弊等情形，不符合刑法分则第九章第三百九十八条至第四百一十九条的规定，但依法构成第三百九十七条规定的犯罪的，以滥用职权罪或者玩忽职守罪定罪处罚。

【学理分析及适用指引】

• 学理分析 •

1. 动植物检疫徇私舞弊罪的构成。动植物检疫徇私舞弊罪，是指动植物检疫机关的检疫人员徇私舞弊，伪造检疫结果的行为。本罪的构成要件如下：

（1）本罪的客体。本罪侵犯了国家动植物检疫机关的正常检疫管理活动。进出口动植物检疫工作对于防止动植物传染病传播，促进对外经济贸易的健康发展，具有十分重要的意义。作为国家检疫机关工作人员，应该尽职尽责，恪尽职守，严格按照法律、法规以及其他规范性文件的要求，认真履行动植物检疫的职责。如果行为人不履行检疫职责，而是徇私舞弊，伪造检疫结果的，不仅会对国家动植物检疫机关的正常检疫管理活动造成破坏，也会损害国家的形象，甚至对动植物、生态系统都产生严重的影响。

（2）本罪的客观方面。本罪在客观方面表现为检疫人员徇私舞弊，伪造检疫结果的行为。所谓徇私舞弊，是指非出于公务上的考虑，而是出于一己之私，欺上瞒下、掩盖事实真相、随意减损规范性文件的适用效果。根据《进出境动植物检疫法》及其《进出境动植物检疫法实施条例》的规定，进出境的动植物、动植物产品和其他检疫物，装载动植物、动植物物品和其他检疫物的容器、包装铺垫材料以及来自动植物检疫区的运输工具、进境拆解的废旧船舶，有关法律、行政法规、国际条约规定或者贸易合同约定应当实施进出境动植物检疫的其他货物、物品应当依法进行检疫，不得出于任何理由而规避检疫。

伪造检疫结果是指出具不真实的检疫结果。具体表现为出具不真实的检疫放行通知单、动物过境许可证、动物检疫证书、植物检疫证书、动物健康证书、兽医卫生证书、熏蒸消毒证书等由检疫机关出具的有关动植物及其产品及其他检疫物健康或者卫生情况检疫证书。伪造检疫结果表现形式多样，可以表现为经检疫之后的伪造，也可以表现为不经检疫就伪造检疫结果；既可以表现为部分的伪造检疫结果，也可以表现为全部伪造检疫结果。如采取伪造、变造的手段对检疫的单证、印章、标志、封识等作虚假的证明或者出具不真实的结论的；根本不对应检动植物等检疫物进行检疫而放任危害结果发生，出具检疫结果；明知为不合格的检疫物品仍然签发、出具检疫合格的单证或在海关报关单上加盖检疫合格印章，为检疫合格的检疫物品出具不合格的检疫证明等。

（3）本罪的主体。本罪的主体是特殊主体，即动植物检疫机关的检疫人员。根据有关规范性文件的规定，我国的动植物检疫机关，包括国家动植物检疫机关及其在对外开放的口岸和进出境动植物检疫业务集中的地点设立的口岸动植物检疫机关。本罪的犯罪主体只能是由在这些国家机关中从事检疫工作的国家工作人员构成。

（4）本罪的主观方面。本罪在主观方面必须是出于故意。作为国家机关工作人员，行为人对自己的职责权限、范围等是非常清楚的。依法检疫并出具真实的检疫结果，是其作为国家机关工作人员应具备的最基本的职业素质。如果行为人徇私舞弊、伪造检疫结果，主观上只能是一种故意的罪过心理态度。

2. 动植物检疫失职罪的构成。动植物检疫失职罪，是指动植物检疫机关的检疫人员严重不负责任，对应当检验的检疫物不检疫，或者延误检疫出证、错误出证，致使国家利益遭受重大损失的行为。本罪的构成要件如下：

（1）本罪的客体。本罪侵犯的客体是国家对进出境动植物的检疫制度。

（2）本罪的客观方面。本罪的客观方面表现为严重不负责任，不履行或不正确履行检疫职责，对应当检疫物不检疫，或延误检疫出证、错误出证，致使国家利益遭受严重损失的行为。本罪行为人玩忽职守的行为具体表现为三种行为：应当检疫的物品不检疫、延误检疫出证、错误出证。对应当检疫的检疫物不检疫的行为，表现形式多样。既包括对全部应当检疫的检疫物未进行检验，又包括只对其中部分应当检疫的检疫物进行检疫，对其他应当检疫的检疫物不进行检疫，如只检疫动植物本身，不检疫其装载工具、包装物等。延误检疫出证，是指检疫人员没有按照有关规定，对应该检疫的物品进行检疫并出具相应的检疫结果。错误出证，即检疫人员出具的检疫结论与实际被检疫的物品不相符合，包括将不合格检疫为合格，将合格检疫成不合格等。只要具有上述三种严重不负责任行为的方式之一即可构成本罪。

本罪必须是严重的玩忽职守过失犯罪，且只有出现了重大的损失才能认定为本罪成立。如果行为人的行为只是属于一般的不负责任，且造成了轻微的损失，不能按照本罪定罪处罚。

（3）本罪的主体。本罪的主体是特殊主体，即动植物检疫机关的检疫人员。动植物检疫机关，包括国家动植物检疫机关及其在对外开放的口岸和进出境动植物检疫业务集中的地点设立的口岸动植物检疫机关。

（4）本罪的主观方面。本罪的主观方面是过失，故意不构成本罪。

• 适用指引 •

司法实践中，认定本罪应注意：

1. 动植物检疫失职罪与工作失误的界限。动植物检疫失职罪与一般工作失误的界限在于二者是两种不同性质的行为，可以从主观、客观两方面对其差别进行界定。

（1）从主观方面看，二者的区别关键是看其是否与违反特定的职责规定相联系。如果没有违反特定职责义务的规定，即使发生了严重的损害结果，也属于客观上无法预见、不能避免、不能克服的意外事件，即主观上不存在犯罪过失，只能属于工作失误。如果违反了特定职责义务的规定，且主观上应当预见到其行为可能发生危害社会的结果，因为疏忽大意而没有预见，或者已经预见而轻信能够避免，导致发生了严重的损害后果，即主观上存在犯罪过失，则成立动植物检疫失职罪。

（2）从客观方面看，正确认识二者的差别，不仅要看行为人是否违反特定职责义务的规定，而且还要看重大损失结果的发生是否与其违反职责义务的行为有刑法上的因果关系，以及因果作用力的大小。如果不具有刑法上的因果关系，或者因果作用力不大，属于工作失误；如果具有刑法上的因果关系且作用力达到了一定程度，则成立动植物检疫失职罪。①

2. 动植物检疫徇私舞弊罪与商检徇私舞弊罪的界限。两罪的区别体现在：

（1）犯罪侵犯的直接客体不同。二者虽然都是渎职犯罪中的具体罪名，但动植物检疫徇私舞弊罪侵犯的直接客体是国家动植物检疫机关的正常管理活动；而商检徇私舞弊罪侵犯的直接客体则是国家商检机关的正常管理活动。

（2）犯罪客观方面的表现形式不同。二者虽然都属于国家的质检部门，但由于职权范围的不同，导致其客观行为也不同。动植物检疫徇私舞弊罪客观方面表现为，在动植物检疫工作中，徇私舞弊，伪造动植物检疫结果的行为；而商检徇私舞弊罪在客观方面则表现为，在商检工作中徇私舞弊，伪造商品检验结果的行为。

（3）犯罪主体不同。动植物检疫徇私舞弊罪的主体是国家动植物检疫机关的工作人员；而商检徇私舞弊罪的主体则是国家商检部门、商检机构的工作人员。

3. 动植物检疫失职罪与传染病防治失职罪的界限。传染病防治失职罪是指从事传染病防治的政府卫生行政部门的工作人员严重不负责任，导致发生传染病传播或者流行，情节严重的行为。动植物检疫失职罪与传染病防治失职罪虽然都是过失实施的渎职犯罪。

两罪之间也有明显区别：

（1）客观方面不同。动植物检疫失职罪在客观方面表现为对应当检疫的物品不检疫，或者延误出证、错误出证，致使国家利益遭受重大损失；传染病

---

① 参见樊建民：《论动植物检疫失职罪》，载《河北法学》2007 年第 9 期。

防治失职罪在客观方面表现为从事传染病防治的政府卫生行政部门的工作人员严重不负责任，导致传染病传播或者流行，情节严重的。

（2）主体不同。动植物检疫失职罪的主体是国家动植物检疫机关的检疫人员，包括国家动植物检疫机关及其在对外开放的口岸和进出境动植物检疫业务集中的地点设立的口岸动植物检疫机关；传染病防治失职罪的主体是从事传染病防治的政府卫生行政部门的工作人员，主要是从事卫生防疫、医疗保健、卫生监督管理的工作人员和卫生行政部门的管理人员。

第四百一十四条　放纵制售伪劣商品犯罪行为罪

【法律规定】

• 法律条文 •

《中华人民共和国刑法》

第四百一十四条　对生产、销售伪劣商品犯罪行为负有追究责任的国家机关工作人员，徇私舞弊，不履行法律规定的追究职责，情节严重的，处五年以下有期徒刑或者拘役。

• 相关规定 •

《中华人民共和国产品质量法》

第九条　各级人民政府工作人员和其他国家机关工作人员不得滥用职权、玩忽职守或者徇私舞弊，包庇、放纵本地区、本系统发生的产品生产、销售中违反本法规定的行为，或者阻挠、干预依法对产品生产、销售中违反本法规定的行为进行查处。

各级地方人民政府和其他国家机关有包庇、放纵产品生产、销售中违反本法规定的行为的，依法追究其主要负责人的法律责任。

《最高人民检察院关于渎职侵权犯罪案件立案标准的规定》（高检发释字〔2006〕2号）

一、渎职犯罪案件

……

（二十八）放纵制售伪劣商品犯罪行为案（第四百一十四条）

放纵制售伪劣商品犯罪行为罪是指对生产、销售伪劣商品犯罪行为负有追究责任的国家机关工作人员徇私舞弊，不履行法律规定的追究职责，情节严重的行为。

涉嫌下列情形之一的，应予立案：

1. 放纵生产、销售假药或者有毒、有害食品犯罪行为的；

2. 放纵生产、销售伪劣农药、兽药、化肥、种子犯罪行为的；

3. 放纵依法可能判处三年有期徒刑以上刑罚的生产、销售伪劣商品犯罪行为的；

4. 对生产、销售伪劣商品犯罪行为不履行追究职责，致使生产、销售伪劣商品犯罪行为得以继续的；

5. 3次以上不履行追究职责，或者对3个以上有生产、销售伪劣商品犯罪行为的单位或者个人不履行追究职责的；

6. 其他情节严重的情形。

《最高人民检察院关于人民检察院直接受理立案侦查的渎职侵权重特大案件标准（试行）》（高检发〔2001〕13号）

二十六、放纵制售伪劣商品犯罪行为案

（一）重大案件

1. 放纵生产、销售假药或者有毒、有害食品犯罪行为，情节恶劣或者后果严重的；

2. 放纵依法可能判处五年以上十年以下有期徒刑刑罚的生产、销售伪劣商品犯罪行为的；

3. 五次以上或者对五个以上有生产、销售伪劣商品犯罪行为的单位或者个人不履行追究职责的。

（二）特大案件

1. 放纵生产、销售假药或者有毒、有害食品犯罪行为，造成人员死亡的；

2. 放纵依法可能判处十年以上刑罚的生产、销售伪劣商品犯罪行为的；

3. 七次以上或者对七个以上有生产、销售伪劣商品犯罪行为的单位或者个人不履行追究职责的。

《最高人民法院、最高人民检察院关于办理渎职刑事案件适用法律若干问题的解释（一）》（法释〔2012〕18号）

第二条 国家机关工作人员实施滥用职权或者玩忽职守犯罪行为，触犯刑法分则第九章第三百九十八条至第四百一十九条规定的，依照该规定定罪处罚。

国家机关工作人员滥用职权或者玩忽职守，因不具备徇私舞弊等情形，不符合刑法分则第九章第三百九十八条至第四百一十九条的规定，但依法构成第三百九十七条规定的犯罪的，以滥用职权罪或者玩忽职守罪定罪处罚。

《最高人民法院、最高人民检察院关于办理生产、销售伪劣商品刑事案件具体应用法律若干问题的解释》（法释〔2001〕10号）

第八条 国家机关工作人员徇私舞弊，对生产、销售伪劣商品犯罪不履行法律规定的查处职责，具有下列情形之一的，属于刑法第四百一十四条规定的

"情节严重":

(一) 放纵生产、销售假药或者有毒、有害食品犯罪行为的;

(二) 放纵依法可能判处二年有期徒刑以上刑罚的生产、销售伪劣商品犯罪行为的;

(三) 对三个以上有生产、销售伪劣商品犯罪行为的单位或者个人不履行追究职责的;

(四) 致使国家和人民利益遭受重大损失或者造成恶劣影响的。

【学理分析及适用指引】

• 学理分析 •

放纵制售伪劣商品犯罪行为罪的构成。放纵制售伪劣商品犯罪行为罪,是指对生产、销售伪劣商品犯罪行为负有追究责任的国家机关工作人员,徇私舞弊,不履行法律规定的追究职责,情节严重的行为。本罪的构成要件如下:

(1) 本罪的客体。本罪侵犯的客体是国家对假冒伪劣商品犯罪行为的追诉活动。

(2) 本罪的客观方面。放纵制售伪劣商品犯罪行为罪在客观方面表现为徇私舞弊,对生产、销售伪劣商品犯罪的行为不履行法律规定的追究职责,情节严重的行为。徇私舞弊,一般是为了满足私情私利,在从事公务追究活动中,故意违背事实和法律,不履行法律规定的追究职责,弄虚作假,应为而不为的行为。不履行法律规定的追究职责的行为方式多种多样,如该调查不调查,该查封、扣押伪劣商品的不予查封、扣押,该处罚的不处罚等。放纵制售伪劣商品犯罪行为罪在客观方面表现为纯正的不作为。如果对生产、销售伪劣商品犯罪行为实施了追究,但如果具有其他行为,如徇私舞弊,对依法应当移交司法机关追究刑事责任的不移交,公安人员该移送起诉的不移送起诉,检察人员该起诉的不起诉等,构成犯罪的,应是构成他罪,如徇私舞弊不移交刑事案件罪、徇私枉法罪等,而不构成放纵制售伪劣商品犯罪行为罪。

(3) 本罪的主体。放纵制售伪劣商品犯罪行为罪的主体为特殊主体,即负有追究职责的国家机关工作人员,主要是指负有法律规定的查处生产、销售伪劣商品的违法犯罪行为的义务的国家工作人员,包括各级政府中主管查禁生产、销售伪劣商品的人员,行业主管部门如技术监督部门和工商行政管理部门中的人员,对制售伪劣商品犯罪行为进行刑事处理的公、检、法机关中的司法人员。关于主体问题,实践中有不同的认识,第一种观点认为,只有公安、检察、审判机关才负有追究生产、销售伪劣商品犯罪的责任。第二种观点认为,该罪主体不包括司法工作人员。第三种观点认为,本罪的主体应该是最先查处生产、销售伪劣商品犯罪行为的有关行政机关的工作人员,如工商行政管理部门的工作人员，产品质量监督机关的工作人员，当然也包括那些在事后获取了证据、线索进行正式行政处罚或者刑事处罚的司法机关工作人员。此外，由于“追究”一词的含义比较广泛，也应该包括各级党委中主管查禁生产、销售伪劣商品的机关工作人员。①

（4）本罪的主观方面。放纵制售伪劣商品犯罪行为罪在主观方面是故意，即明知是有生产、销售伪劣商品犯罪行为的犯罪分子而不予追究刑事责任。如果不知是犯罪分子，而不予追究刑事责任，不构成放纵制售伪劣商品犯罪行为罪。放纵制售伪劣商品犯罪行为罪的主观动机是徇私。

• 适用指引 •

司法实践中，认定本罪应注意：

1. 本罪与徇私枉法罪的区别。司法工作人员在办案过程中包庇生产、销售伪劣商品犯罪行为人的，应当以徇私枉法罪论处。“包庇”与“不追究”是两种不同的行为。“不追究”仅是以不作为的方式不履行追究责任，而“包庇”则是以伪造证据、隐匿、毁灭证据等作为的形式帮助犯罪行为人逃避追究。本罪仅包括不追究生产、销售伪劣商品犯罪的行为，不包括包庇生产、销售伪劣商品犯罪的行为。如果司法工作人员对明知是生产、销售伪劣商品犯罪的单位或个人故意包庇使其不受追诉，则不应当以本罪论处，而应当按照《刑法》第399条规定的徇私枉法罪定罪处罚。

2. 本罪与徇私舞弊不移交刑事案件罪的区别。本罪与徇私舞弊不移交刑事案件罪有一定的共通之处。但是后者表现为行政执法人员对依法应当移交司法机关追究刑事责任的案件不移交，有的以行政处罚代替刑罚，情节严重的行为。这就和本罪的行为方式有所不同。“不追究”和“以罚代刑”是两种不同的行为。“以罚代刑”是对犯罪行为降格处理的行为，“不追究”则是不履行追究责任，不作任何处理。实践中对行政执法人员徇私舞弊，对生产、销售伪劣商品的犯罪行为不移交司法机关，而是作罚款、没收处理，构成犯罪的，应当按徇私舞弊不移交刑事案件罪论处，不能以本罪论处。

① 参见陈连福、郭立新等主编：《查办渎职侵权犯罪适用手册》，中国检察出版社2006年版，第281页。

第四百一十五条 办理偷越国（边）境人员出入境证件罪、放行偷越国（边）境人员罪

【法律规定】

• 法律条文 •

《中华人民共和国刑法》

第四百一十五条 负责办理护照、签证以及其他出入境证件的国家机关工作人员，对明知是企图偷越国（边）境的人员，予以办理出入境证件的，或者边防、海关等国家机关工作人员，对明知是偷越国（边）境的人员，予以放行的，处三年以下有期徒刑或者拘役；情节严重的，处三年以上七年以下有期徒刑。

• 相关规定 •

《最高人民检察院关于渎职侵权犯罪案件立案标准的规定》（高检发释字〔2006〕2号）

一、渎职犯罪案件

……

（二十九）办理偷越国（边）境人员出入境证件案（第四百一十五条）

办理偷越国（边）境人员出入境证件罪是指负责办理护照、签证以及其他出入境证件的国家机关工作人员，对明知是企图偷越国（边）境的人员，予以办理出入境证件的行为。

负责办理护照、签证以及其他出入境证件的国家机关工作人员涉嫌在办理护照、签证以及其他出入境证件的过程中，对明知是企图偷越国（边）境的人员而予以办理出入境证件的，应予立案。

（三十）放行偷越国（边）境人员案（第四百一十五条）

放行偷越国（边）境人员罪是指边防、海关等国家机关工作人员，对明知是偷越国（边）境的人员予以放行的行为。

边防、海关等国家机关工作人员涉嫌在履行职务过程中，对明知是偷越国（边）境的人员而予以放行的，应予立案。

《最高人民检察院关于人民检察院直接受理立案侦查的渎职侵权重特大案件标准（试行）》（高检发〔2001〕13号）

二十七、办理偷越国（边）境人员出入境证件案

（一）重大案件

1. 违法办理三人以上的；

2. 违法办理三次以上的；
3. 违法为刑事犯罪分子办证的。
（二）特大案件
1. 违法办理五人以上的；
2. 违法办理五次以上的；
3. 违法为严重刑事犯罪分子办证的。

二十八、放行偷越国（边）境人员案

（一）重大案件
1. 违法放行三人以上的；
2. 违法放行三次以上的；
3. 违法放行刑事犯罪分子的。
（二）特大案件
1. 违法放行五人以上的；
2. 违法放行五次以上的；
3. 违法放行严重刑事犯罪分子的。

《最高人民法院、最高人民检察院关于办理渎职刑事案件适用法律若干问题的解释（一）》（法释〔2012〕18号）

第二条 国家机关工作人员实施滥用职权或者玩忽职守犯罪行为，触犯刑法分则第九章第三百九十八条至第四百一十九条规定的，依照该规定定罪处罚。

国家机关工作人员滥用职权或者玩忽职守，因不具备徇私舞弊等情形，不符合刑法分则第九章第三百九十八条至第四百一十九条的规定，但依法构成第三百九十七条规定的犯罪的，以滥用职权罪或者玩忽职守罪定罪处罚。

【案例】

张某办理偷越国（边）境人员出入境证件案①

• 案件事实 •

张某原系上海市公安局出入境管理处受理科民警。1998年上半年至1998年底，张某因受女朋友邹某（另案处理）的请托，先后受理及托他人受理由刘某（另案处理）所送的代他人申办出国护照的材料，使多人凭虚假材料，骗得了出国护照，刘某、邹某亦从中牟取利益。1999年初，张某发现刘某送

① 参见上海市第二中级人民法院（2000）沪二中刑终字第288号。

的材料有假，怀疑刘某系从事护照生意的“黄牛”后，对从中得益的邹某讲：“这样下去要出事的，领导强调‘黄牛’送来的材料是不好受理的。”由于邹某继续要张某从中帮忙，张某于1999年4月至5月间，仍违反申请护照应由申请人送交材料并接受询问的规定，先后受理刘某等人为童某、尹某、左某、张某某、顾某、金某、赵某等11名不符合申办出国护照条件的人员所送的虚假材料，为上述11人办理出国护照。经鉴定，上述材料分别由刘某、费某参与伪造。

案发后，张某向其单位的纪委如实交代了犯罪事实，有自首情节。

• 裁判要旨 •

明知是企图偷越国（边）境的人员是认定办理偷越国（边）境人员出入境证件罪的关键要件。

• 裁判理由 •

上海市虹口区人民法院认为：被告人张某明知他人是企图偷越国（边）境人员，而为多人办理出入境证件，情节严重，其行为已构成办理偷越国（边）境人员出入境证件罪。案发后，张某能向单位纪委交代犯罪事实。庭审中，对明知是企图偷越国（边）境人员这一问题，虽避重就轻，但最后还是作了有罪供述，应视为自首，依法可从轻处罚。据此，判决被告人张某犯办理偷越国（边）境人员出入境证件罪，判处有期徒刑三年。

被告人张某不服，提起上诉，上海市第二中级人民法院作出维持原判的终审判决。终审法院认为：被告人张某明知他人是企图偷越国（边）境人员，而为多人办理出入境证件，情节严重，其行为已构成办理偷越国（边）境人员出入境证件罪。庭审中，被告人张某关于自己并不知申请人是偷越国（边）境人员和所送材料有假的辩解及辩护人提出证据不足，罪名不能成立的意见，终审法院认为：根据查明的事实，被告人张某明知刘某是办出入境护照的“黄牛”，在为不具备出境条件的人办理护照的申请，其中材料有假的情况下，仍然违反申请护照的有关规定，受理申请材料，使童某等11人骗得出国护照。作为多年从事出入境管理工作的张某应当知道如何验证，应当知道刘某送的材料可能含有虚假内容，应当知道这些申请人办理护照的是为了非法出境，但他却仍继续为童某等11人办理有关手续，说明张某是明知故犯，符合本罪的构成要件，被告人及辩护人的上述意见与事实不符，故不予采纳。案发后，张某能向单位纪委交代犯罪事实，庭审中虽对明知是企图偷越国（边）境人员这一问题避重就轻，但最后还是作了有罪供述，应视为自首，可从轻处罚。原审法院根据被告人张某犯罪的事实、性质、情节和对社会的危害程度，作出的判决并无不当，且审判程序合法。据此，依照《刑事诉讼法》第

189 条第 1 项的规定，于 2000 年 8 月 23 日作出刑事裁定：驳回上诉，维持原判。

【学理分析及适用指引】

• 学理分析 •

1. 办理偷越国（边）境人员出入境证件罪的构成。办理偷越国（边）境人员出入境证件罪，是指负责办理护照、签证以及其他出入境证件的国家机关工作人员，对明知是企图偷越国（边）境的人员，予以办理出入境证件的行为。本罪的构成要件如下：

（1）本罪的客体。本罪客体是国家的出入境管理制度。

（2）本罪的客观方面。本罪客观方面表现为对企图偷越国（边）境的人员，违规予以办理出入境证件的行为。本罪实际上是在办理出入境证件的过程中发生的滥用职权行为。此处的"出入境证件"主要是护照、签证以及其他出入境证件（如边防证、海员证、过境证等）。本罪是行为犯，只要有违规办理出入境证件的行为，即构成本罪。

（3）本罪的主体。本罪主体是特殊主体，仅限于负责办理护照、签证以及其他出入境证件的国家机关工作人员，主要是公安、外交等部门的有关工作人员。

（4）本罪的主观方面。本罪主观方面是故意，即明知是企图偷越国（边）境的人员，仍予以办理出入境证件。过失不构成本罪。

2. 放行偷越国（边）境人员罪的构成。放行偷越国（边）境人员罪，是指边防、海关等国家机关工作人员，对明知是偷越国（边）境的人员，予以放行的行为。本罪的构成要件如下：

（1）本罪的客体。本罪客体是国家的出入境管理制度。

（2）本罪的客观方面。本罪客观方面表现为行为人在履行职务过程中，对于偷越国（边）境的人员，而违规准许其出入国（边）境的行为。

（3）本罪的主体。本罪主体是特殊主体，即边防、海关等国家机关工作人员。

（4）本罪的主观方面。本罪主观方面是故意，要求明知对方是偷越国（边）境的人员。

3. 国家出入境证件管理机关的工作人员与组织、运送他人偷越国（边）境的犯罪分子相勾结，实施办理偷越国（边）境人员出入境证件行为性质如何认定。第一种观点认为，只能认定办理偷越国（边）境人员出入境证件罪。第二种观点认为，应以组织他人偷越国（边）境罪或运送他人偷越国（边）境罪的共同犯罪追究行为人的刑事责任，而不能以办理偷越国（边）境人员出入境证件罪论处。因为在这种情况下，各行为人在主观上均有组织或者运送他人偷越国（边）境的共同犯罪故意，只是因相互间分工的不同而在行为方式上有所区别。尽管负责办理出入境证件的行为人实施的不是组织行为或者运送行为，但行为人实施的办理出入境证件行为与组织行为、运送行为并不孤立，而是与其相互联系、彼此配合的，各行为均指向共同的目标，即实现组织或者运送他人偷越国（边）境的目的，从而构成了一个完整的共同组织或者共同运送他人偷越国（边）境的行为。第三种观点认为，原则上应认定为办理偷越国（边）境人员出入境证件罪，但是如果以组织他人偷越国（边）境或运送他人偷越国（边）境罪的共犯对行为人认定处罚更重的，则应认定为共犯。主张该观点的学者中有人认为，上述第一种观点忽略了行为人的行为符合组织他人偷越国（边）境罪或运送他人偷越国（边）境罪的共同犯罪构成要件；第二种观点忽略了行为人的行为符合办理偷越国（边）境人员出入境证件罪的构成。这两种观点均存在片面性。实际上，在该种情况下，行为人的行为兼有办理偷越国（边）境人员出入境证件罪构成要件和组织他人偷越国（边）境罪、运送他人偷越国（边）境罪的共犯构成要件的双重性，即其同一个行为在观念上、形式上同时符合两个犯罪构成，属于想象竞合犯形态，依照想象竞合犯的处罚原则，应择一重罪处断。① 基于上述认识，我们原则上同意第三种观点，即若符合共犯原理，应以共犯论处；只有在不符合共犯的前提下，才以渎职犯罪论处。

• 适用指引 •

司法实践中，认定本罪应注意：

1. 办理偷越国（边）境人员出入境证件罪的认定。

（1）出入境证件的范围认定。出入境证件的范围是正确理解本罪的关键点之一。根据本罪的规定，护照和签证是出入境证件的一种。出入境证件除了包括护照、签证之外，还有多种表现形式，如出入境通行证、往来港澳通行证、前往港澳通行证、台湾地区居民来往大陆通行证、台湾地区同胞定居证、华侨回国定居证、大陆居民往来台湾地区通行证、边境通行证等。同时，根据《海员证管理办法》的规定，海员证也可以看作是出入境证件的一种。因为根据该法的规定，海员证是中国海员出入中国国境和在境外通行使用的有效身份证件。

根据有关法律的规定，我国办理出入境证件的机关是不同的。对于护照，根据《护照法》的规定，普通护照由公安部出入境管理机构或者公安部委托的县级以上地方人民政府公安机关出入境管理机构以及中华人民共和国驻外使

① 参见孙应征主编：《渎职罪办案一本通》，中国长安出版社 2007 年版，第 434 ~ 435 页。

馆、领馆和外交部委托的其他驻外机构签发。外交护照由外交部签发。公务护照由外交部、中华人民共和国驻外使馆、领馆或者外交部委托的其他驻外机构以及外交部委托的省、自治区、直辖市和设区的市人民政府外事部门签发。对于边境证件，根据《（边）境管理区通行证管理办法》的规定，申领边境通行证应当向常住户口所在地县级以上公安机关或者指定的公安派出所提出申请。此外，根据《海员证管理办法》的规定，海员证由港务监督局或其授权的港务监督机关颁发。中国的签证机关，在境外是中国驻外国大使馆、总领事馆、签证办事处、驻香港特派员公署领事部或外交部授权的其他驻外机构。外国人入境或过境中国，应向中国的上述签证机关申请办理签证。同时，这些机关在办理有关的出入境证件的时候，必须遵守相应的规定，只对符合规定条件的，才予以办理相应的出入境证件。

（2）"明知"的认定。正确理解此项规定，关键要把握两点。从一般意义上讲，"明知"即是确切地知道。对本罪来说，是否明知只是意味着有关办理出入境证件的国家机关工作人员是否履行了形式审查的职责，即审查申请人提供的有关资料。根据有关规范性文件的规定，申请人提交的资料包括的范围非常广泛。对于办理出入境证件的国家机关工作人员来说，"明知"意味着双方在不存在共谋的情况下，只有通过对资料的审查核实或者其他已掌握的有关确切消息才可以判定正在申请办理出入境证件的人员是否有企图偷越国（边）境的意图。如果申请人提供了办理出入境证件所需要的各种证明文件，且真实有效，即使申请人确实存在偷越国（边）境的故意，也不能将该国家机关工作人员按本罪定罪处罚。

（3）"予以办理出入境证件"的认定。予以办理出入境证件，是指有权签发证件的机关在履行职务的过程中，对于不符合办证条件的申请人予以办理相关的出入境证件，即非法签发护照、签证以及其他出入境证件。对于申请人提供的资料，办理出入境证件的机关要严格按照有关规范性文件的规定进行审核，对于符合条件的，予以签发出入境证件；对于不符合条件的，不予以签发出入境证件。对于不符合条件的办证申请，予以办理出入境证件的，是一种严重的渎职犯罪，即有权办理出入境证件的国家机关工作人员利用其职务上的便利的渎职行为。

2. 放行偷越国（边）境人员罪的认定。

（1）对"明知"的认定。本罪中的"明知"也是形式层面的要求，即不要求边防、海关的有关工作人员确切地知道偷越国（边）境的人员的内心想法，只要从形式上判断即可。根据有关规范性文件的规定，公民出入境时要携带相应的有效出入境证件。对于没有携带或携带的出入境证件不合法的，边防、海关的有关工作人员应阻止通关。例如，《公民出境入境管理法》规定，对于持用无效出境证件的，持用他人出境证件的，持用伪造或者涂改的出境证件的等，边防检查机关有权阻止其出境，并依法处理。《外国人入境出境管理法》也规定了相应的阻止出入境的条件，如刑事案件的被告人和公安机关或者人民检察院或者人民法院认定的犯罪嫌疑人；人民法院通知有未了结民事案件不能离境的；有其他违反中国法律的行为尚未处理，经有关主管机关认定需要追究的等。

（2）对“放行”的认定。本罪中的“予以放行”，是指行为人利用职务之便，对不符合通关条件的人员，非法放行通关的行为。所谓“利用职务之便”，是指边防、海关的有关负责通关查验证件的国家工作人员利用负责审查、核对护照、签证等出入境证件的职务之便。如果国家工作人员没有利用职务之便，而以其他方法帮助他人偷越国（边）境的，不能认定为本罪所要求的“利用职务之便”。构成犯罪的，可以按偷越国（边）境罪定罪处罚。所谓“不符合通关条件”，是指出入境人员不具备通关所要求的形式要件或者实质要件。形式要件是指其随身携带的出入境证件不符合有关的规定，表现为出入境证件系伪造、变造、作废、失效等，或表现为出入境证件手续不齐备等。实质要件是指出入境人员具备法律规定的不得进出境的要件，比如是刑事案件的嫌疑人、有未完结的民事案件等。所谓非法放行他人偷越国（边）境，是指违反规定，对上述不具备通关条件的出入境人员予以放行通关。

（3）主体要件的认定。本罪的主体要件为特殊主体，即海关、边防等国家机关中负责查验出入境证件的工作人员。根据《出境入境边防检查条例》的规定，中华人民共和国在对外开放的港口、航空港、车站和边境通道等口岸设立出境入境边防检查站，出境、入境边防检查工作由公安部主管。同时根据《海关法》的规定，海关有权查阅进出境人员的证件，查问违反本法或者其他有关法律、行政法规的嫌疑人，调查其违法行为等。主体要件是该罪和办理偷越国（边）境人员出入境证件罪的主要区别，本罪的主体是负责查验出入境证件的工作人员，后罪的主体是负责办理出入境证件的国家机关工作人员。

第四百一十六条　不解救被拐卖、绑架妇女、儿童罪；阻碍解救被拐卖、绑架妇女、儿童罪

【法律规定】

● 法律条文 ●

《中华人民共和国刑法》

第四百一十六条　对被拐卖、绑架的妇女、儿童负有解救职责的国家机关工作人员，接到被拐卖、绑架的妇女、儿童及其家属的解救要求或者接到其他人的举报，而对被拐卖、绑架的妇女、儿童不进行解救，造成严重后果的，处五年以下有期徒刑或者拘役。

负有解救职责的国家机关工作人员利用职务阻碍解救的，处二年以上七年以下有期徒刑；情节较轻的，处二年以下有期徒刑或者拘役。

● 相关规定 ●

《中华人民共和国人民警察法》

第二十一条　人民警察遇到公民人身、财产安全受到侵犯或者处于其他危难情形，应当立即救助；对公民提出解决纠纷的要求，应当给予帮助；对公民的报警案件，应当及时查处。

第二十二条　人民警察不得有下列行为：

……

（三）弄虚作假，隐瞒案情，包庇、纵容违法犯罪活动；

……

（十一）玩忽职守，不履行法定义务；

（十二）其他违法乱纪的行为。

第四十八条第一款　人民警察有本法第二十二条所列行为之一的，应当给予行政处分；构成犯罪的，依法追究刑事责任。

《最高人民检察院关于渎职侵权犯罪案件立案标准的规定》（高检发释字〔2006〕2号）

一、渎职犯罪案件

……

（三十一）不解救被拐卖、绑架妇女、儿童案（第四百一十六条第一款）

不解救被拐卖、绑架妇女、儿童罪是指对被拐卖、绑架的妇女、儿童负有解救职责的公安、司法等国家机关工作人员接到被拐卖、绑架的妇女、儿童及

其家属的解救要求或者接到其他人的举报，而对被拐卖、绑架的妇女、儿童不进行解救，造成严重后果的行为。

涉嫌下列情形之一的，应予立案：

1. 导致被拐卖、绑架的妇女、儿童或者其家属重伤、死亡或者精神失常的；

2. 导致被拐卖、绑架的妇女、儿童被转移、隐匿、转卖，不能及时进行解救的；

3. 对被拐卖、绑架的妇女、儿童不进行解救 3 人次以上的；

4. 对被拐卖、绑架的妇女、儿童不进行解救，造成恶劣社会影响的；

5. 其他造成严重后果的情形。

（三十二）阻碍解救被拐卖、绑架妇女、儿童案（第四百一十六条第二款）

阻碍解救被拐卖、绑架妇女、儿童罪是指对被拐卖、绑架的妇女、儿童负有解救职责的公安、司法等国家机关工作人员利用职务阻碍解救被拐卖、绑架的妇女、儿童的行为。

涉嫌下列情形之一的，应予立案：

1. 利用职权，禁止、阻止或者妨碍有关部门、人员解救被拐卖、绑架的妇女、儿童的；

2. 利用职务上的便利，向拐卖、绑架者或者收买者通风报信，妨碍解救工作正常进行的；

3. 其他利用职务阻碍解救被拐卖、绑架的妇女、儿童应予追究刑事责任的情形。

《最高人民检察院关于人民检察院直接受理立案侦查的渎职侵权重特大案件标准（试行）》（高检发〔2001〕13 号）

二十九、不解救被拐卖、绑架妇女、儿童案

（一）重大案件

1. 五次或者对五名以上被拐卖、绑架的妇女、儿童不进行解救的；

2. 因不解救致人死亡的。

（二）特大案件

1. 七次或者对七名以上被拐卖、绑架的妇女、儿童不进行解救的；

2. 因不解救致人死亡三人以上的。

三十、阻碍解救被拐卖、绑架妇女、儿童案

（一）重大案件

1. 三次或者对三名以上被拐卖、绑架的妇女、儿童阻碍解救的；

2. 阻碍解救致人死亡的。

（二）特大案件

1. 五次或者对五名以上被拐卖、绑架的妇女、儿童阻碍解救的；

2. 阻碍解救致人死亡二人以上的。

《最高人民法院、最高人民检察院关于办理渎职刑事案件适用法律若干问题的解释（一）》（法释〔2012〕18号）

第二条 国家机关工作人员实施滥用职权或者玩忽职守犯罪行为，触犯刑法分则第九章第三百九十八条至第四百一十九条规定的，依照该规定定罪处罚。

国家机关工作人员滥用职权或者玩忽职守，因不具备徇私舞弊等情形，不符合刑法分则第九章第三百九十八条至第四百一十九条的规定，但依法构成第三百九十七条规定的犯罪的，以滥用职权罪或者玩忽职守罪定罪处罚。

【学理分析及适用指引】

• 学理分析 •

1. 不解救被拐卖、绑架妇女、儿童罪的构成。不解救被拐卖、绑架妇女、儿童罪，是指对被拐卖、绑架的妇女、儿童负有解救职责的国家机关工作人员，接到被拐卖、绑架的妇女、儿童及其亲属的解救要求或者接到其他人的举报，而对被拐卖、绑架的妇女、儿童不进行解救，造成严重后果的行为。本罪的构成要件如下：

（1）本罪的客体。本罪客体是国家对被拐卖、绑架妇女、儿童的正常解救活动。本罪的对象是被拐卖的妇女、儿童，或者被绑架的妇女、儿童。

（2）本罪的客观方面。本罪客观方面表现为行为人接到被拐卖、绑架的妇女、儿童及其亲属的解救要求或者接到其他人的举报，而对被拐卖、绑架的妇女、儿童不进行解救，从而造成严重后果的行为。首先，构成本罪的条件是行为人已经得到有关人员的解救要求或者举报，即行为人已经知悉有拐卖、绑架妇女、儿童的案情发生，说明行为人在明知的情况下有放弃职守的不作为。其次，构成本罪还要求行为人不解救行为造成了严重后果。根据相关司法解释规定，具有下列情形之一，可视为本罪构成条件中的“严重后果”：①导致被拐卖、绑架的妇女、儿童或者其家属重伤、死亡或者精神失常的；②导致被拐卖、绑架的妇女、儿童被转移、隐匿、转卖，不能及时进行解救的；③对被拐卖、绑架的妇女、儿童不进行解救3人次以上的；④对被拐卖、绑架的妇女、儿童不进行解救，造成恶劣社会影响的；⑤其他造成严重后果的情形。

（3）本罪的主体。本罪主体是特殊主体，即对被拐卖、绑架的妇女、儿童负有解救职责的国家机关工作人员。根据有关规定，对被拐卖、绑架的妇女、儿童负有解救职责的国家机关工作人员主要是指公安、司法人员。

（4）本罪的主观方面。本罪主观方面是故意，司法实践中多为间接故意。

其主观上必须是明知有拐卖、绑架妇女、儿童的案情发生。

2. 阻碍解救被拐卖、绑架妇女、儿童罪的构成。阻碍解救被拐卖、绑架妇女、儿童罪，是指对被拐卖、绑架的妇女、儿童负有解救职责的国家机关工作人员利用职务阻碍解救被拐卖、绑架的妇女、儿童的行为。

本罪和上述“不解救被拐卖、绑架妇女、儿童罪”都是《刑法》第416条所规定的犯罪，二者在犯罪构成上只有客观方面不同。本罪客观方面表现为行为人利用职务阻碍解救被拐卖、绑架的妇女、儿童，行为人不但不积极解救，反而利用自己的职权或职务便利为其他人的解救工作设置障碍，如组织群众围攻解救人员，向拐卖、绑架妇女儿童的犯罪分子通风报信等。构成本罪必须有行为人利用职务进行阻碍解救的情形。但如何理解“利用职务”尚存一定的争议。如一种观点认为，“利用职务”是指利用本人职权范围内主管或者参与执行解救被拐卖、绑架的妇女、儿童的工作便利，如果不是利用这样的职务便利实施，便不构成本罪。但另外一种观点认为，“利用职务”并非一定是利用主管或参与执行解救的工作便利，只要行为人基于其身份和工作性质具有解救被拐卖、绑架的妇女、儿童的责任，不管行为人是否主管或参加解救，只要利用本人职务实施了阻碍解救的行为，即构成本罪。[①] 我们比较认同第二种观点，因为按第一种观点将“利用职务”仅限于利用本人职权范围内主管或者参与执行解救被拐卖、绑架的妇女、儿童的工作便利，范围明显太窄，不利于司法实践中对此类犯罪的打击。

• 适用指引 •

司法实践中，认定本条规定的罪名时应注意：

1. 阻碍解救被拐卖、绑架妇女、儿童罪与妨害公务罪的区别。

（1）侵犯的客体不同。尽管二者都可能侵犯国家工作人员解救妇女、儿童的公务活动，但是阻碍解救被拐卖、绑架妇女、儿童罪还侵犯了国家机关的声誉。

（2）客观方面不同。妨害公务罪只能是以暴力、威胁的方法阻碍国家工作人员的依法执行公务活动，而阻碍解救被拐卖、绑架妇女、儿童罪阻碍的方法、方式多种多样，但都只能是利用职务阻碍解救活动。妨害公务罪，被妨害的公务必须是国家工作人员所依法执行的公务；本罪既可以是阻碍解救妇女、儿童的公务，又可以是其他公民的非公务的解救活动。

（3）主体不同。妨害公务罪是一般主体，而本罪主体为特殊主体，仅限于负有解救职责的国家工作人员。

---

① 参见张穹主编：《贪污贿赂渎职“侵权”犯罪案件立案标准精释》，中国检察出版社2000年版，第342页。

（4）主观方面不同。妨害公务罪行为人主观上只须明知阻碍的是国家工作人员执行公务的行为即可，无须明知是何种公务、何类国家工作人员执行公务。而本罪行为人主观上是明知自己妨碍的是解救妇女、儿童的公务活动。

2. 阻碍解救被拐卖、绑架妇女、儿童罪与不解救被拐卖、绑架妇女、儿童罪的界限。两者的区别主要体现在客观方面。

前者客观方面表现为行为人利用职务阻碍解救被拐卖、绑架的妇女、儿童，行为人不但不积极解救，反而利用自己的职权或职务便利为其他人的解救工作设置障碍，如组织群众围攻解救人员，向拐卖、绑架妇女儿童的犯罪分子通风报信等。该行为既可以是作为，也可以是不作为，但主要表现为作为形式，且构成该罪不以发生严重后果为条件。不解救被拐卖、绑架妇女、儿童罪表现为接到被拐卖、绑架妇女、儿童及其家属的解救要求或者接到其他人的举报，而不进行解救，造成严重后果的行为。该行为只能是不作为，其构成要以发生严重后果为条件。

第四百一十七条　帮助犯罪分子逃避处罚罪

【法律规定】

• 法律条文 •

《中华人民共和国刑法》

第四百一十七条　有查禁犯罪活动职责的国家机关工作人员，向犯罪分子通风报信、提供便利，帮助犯罪分子逃避处罚的，处三年以下有期徒刑或者拘役；情节严重的，处三年以上十年以下有期徒刑。

• 相关规定 •

《最高人民检察院关于渎职侵权犯罪案件立案标准的规定》（高检发释字〔2006〕2号）

一、渎职犯罪案件

……

（三十三）帮助犯罪分子逃避处罚案（第四百一十七条）

帮助犯罪分子逃避处罚罪是指有查禁犯罪活动职责的司法及公安、国家安全、海关、税务等国家机关工作人员，向犯罪分子通风报信、提供便利，帮助犯罪分子逃避处罚的行为。

涉嫌下列情形之一的，应予立案：

1. 向犯罪分子泄漏有关部门查禁犯罪活动的部署、人员、措施、时间、地点等情况的；

2. 向犯罪分子提供钱物、交通工具、通讯设备、隐藏处所等便利条件的；

3. 向犯罪分子泄漏案情的；

4. 帮助、示意犯罪分子隐匿、毁灭、伪造证据，或者串供、翻供的；

5. 其他帮助犯罪分子逃避处罚应予追究刑事责任的情形。

《最高人民检察院人民检察院直接受理立案侦查的渎职侵权重特大案件标准（试行）》（高检发〔2001〕23号）

三十一、帮助犯罪分子逃避处罚案

（一）重大案件

1. 三次或者使三名以上犯罪分子逃避处罚的；

2. 帮助重大刑事犯罪分子逃避处罚的。

（二）特大案件

1. 五次或者使五名以上犯罪分子逃避处罚的；

2. 帮助二名以上重大刑事犯罪分子逃避处罚的。

《最高人民法院、最高人民检察院关于办理渎职刑事案件适用法律若干问题的解释（一）》（法释〔2012〕18号）

第二条 国家机关工作人员实施滥用职权或者玩忽职守犯罪行为，触犯刑法分则第九章第三百九十八条至第四百一十九条规定的，依照该规定定罪处罚。

国家机关工作人员滥用职权或者玩忽职守，因不具备徇私舞弊等情形，不符合刑法分则第九章第三百九十八条至第四百一十九条的规定，但依法构成第三百九十七条规定的犯罪的，以滥用职权罪或者玩忽职守罪定罪处罚。

《最高人民法院、最高人民检察院、公安部、国家工商行政管理局关于依法查处盗窃、抢劫机动车案件的规定》（公通字〔1998〕31号）

十、公安人员对盗窃、抢劫的机动车辆，非法提供机动车牌证或者为其取得机动车牌证提供便利，帮助犯罪分子逃避处罚的，依照《刑法》第四百一十七条规定处罚。

《最高人民法院、最高人民检察院关于办理扰乱无线电通讯管理秩序等刑事案件适用法律若干问题的解释》（法释〔2017〕11号）

第七条第二款 有查禁扰乱无线电管理秩序犯罪活动职责的国家机关工作人员，向犯罪分子通风报信、提供便利，帮助犯罪分子逃避处罚的，应当依照刑法第四百一十七条的规定，以帮助犯罪分子逃避处罚罪追究刑事责任；事先通谋的，以共同犯罪论处。

【案例】

孔某帮助犯罪分子逃避处罚案①

• 案件事实 •

被告人孔某，原系东台市公安局看守所民警。2005 年 6 月 21 日，犯罪嫌疑人张某 1 涉嫌犯罪被刑拘后不久，张某 1 的叔叔张某 2 找到孔某请其帮忙取保候审，孔某答应帮忙，后孔某打电话将张某 1 妻子陈某叫来家中，询问张某 1 的基本案情。7 月 27 日下午，孔某在押解张某 1 回监室的途中，张某 1 就其贪污 11000 元这一情节请孔某帮助串供，同时张某 1 担心孔某记不清串供内容提出再写张字条请孔某带给陈某，孔某让其届时以寄存衣服的名义将字条交给自己。7 月 28 日，孔某打电话将陈某叫至家中，告知串供信息，同时提醒陈某要“注意细节”“不能有漏洞”，陈某请其再问“细节”，并留下 100 元。次日上午，孔某到张某 1 所在的 14 监室门口问张某 1 细节如何说，张某 1 讲：“6000 元一次，5000 元一次，都是晚上在万某家给他的。”孔某当日中午再次将相关某信息告知陈某。8 月 1 日，孔某经过张某 1 被羁押的监室时，张某 1 将一张写有串供内容的字条放于衣服口袋内以寄存衣服为名递给孔某，孔某下班回家后即打电话让陈某到其家中取走字条。数日后，孔某再次帮助张某 1 传递字条一张，转交给陈某。陈某收到孔某传递的口信和字条后，多次与张某 1 案的关系人王某和证人万某联系，要求万某承认收到这笔钱，以达到司法机关不能认定张某 1 贪污该笔款项的目的。万某在已经向检察机关如实作证的情况下，应陈某的要求翻证，谎称收到张某 1 给的 11000 元。东台市人民检察院以孔某犯帮助犯罪分子逃避处罚罪向东台市人民法院提起公诉。

• 裁判要旨 •

有查禁犯罪活动职责的国家机关工作人员是帮助犯罪分子逃避处罚罪行为的认定的前提条件。

• 裁判理由 •

江苏省东台市人民法院审理认为：被告人孔某身为负有查禁犯罪活动职责的国家机关工作人员，多次为在押人员传递口信和字条，进行串供，帮助其逃

---

① 参见最高人民法院中国应用法学研究所编：《人民法院案例选》（2006 年第 1 辑），人民法院出版社 2006 年版。

避处罚，被告人孔某的行为触犯《刑法》，构成帮助犯罪分子逃避处罚罪。公诉机关指控被告人孔某犯帮助犯罪分子逃避处罚罪的事实清楚，证据确实、充分，指控的罪名成立，予以采纳。关于辩护人提出被告人有自首情节的辩护意见，因陈某是于8月19日承认系孔某帮助带口信串供，侦查机关已掌握了孔某犯帮助犯罪分子逃避处罚罪的犯罪事实，孔某于8月22日在被采取强制措施后如实供述同类犯罪事实，不符合自首的法律规定，不予采信。关于被告人未造成一定后果的辩护意见，因孔某的行为已造成证人万某书面翻证的后果，故不予采信。其余辩护意见合法有据，予以采信。根据被告人孔某的犯罪事实，犯罪的性质、情节、认罪态度、悔罪表现，依照《刑法》第417条、第64条、第72条第1款之规定，判决如下：被告人孔某犯帮助犯罪分子逃避处罚罪，判处有期徒刑一年，宣告缓刑一年六个月；暂存于东台市人民检察院的被告人孔某违法所得人民币100元，予以追缴，上缴国库。

被告人孔某不服，提起上诉，以其有自首情节、有检举揭发他人犯罪的立功表现为由向盐城市中级人民法院提出上诉。江苏省盐城市中级人民法院经审查认为：上诉人（原审被告人）孔某身为负有查禁犯罪活动职责的国家机关工作人员，多次为在押人员传递口信和字条，进行串供，帮助在押人员逃避处罚，其行为已构成帮助犯罪分子逃避处罚罪。原审法院认定的事实清楚，证据充分，定性准确，审判程序合法。上诉人孔某提出的有自首情节的上诉理由，经查，孔某在被采取强制措施后，在侦查机关已掌握其帮助犯罪分子逃避处罚犯罪事实的情况下，才供述自己的犯罪事实，不符合自首的法律规定，故孔某的此点上诉理由不能成立，不予采纳。上诉人孔某提出的有检举揭发他人犯罪立功表现的上诉理由，经查不属实，故此点上诉理由不能成立，亦不予采纳。但本案中，孔某帮助串供的仅是11000元的贪污数额，虽然证人万某曾经翻证，但在检察机关找万某谈话时，万某又恢复了以前的证词，并未对张某1贪污案的最终结果产生影响，故孔某的犯罪情节尚属轻微。据此，依照《刑事诉讼法》第189条第2项，《刑法》第417条、第37条、第64条之规定，判决如下：一、撤销东台市人民法院（2005）东刑初字第299号刑事判决。二、上诉人（原审被告人）孔某犯帮助犯罪分子逃避处罚罪，免予刑事处罚。三、上诉人孔某违法所得人民币100元（暂存于东台市人民检察院）予以追缴，上缴国库。

【学理分析及适用指引】

• 学理分析 •

1. 帮助犯罪分子逃避处罚罪的构成。帮助犯罪分子逃避处罚罪，是指有查禁犯罪活动职责的国家机关工作人员，向犯罪分子通风报信、提供便利，帮助犯罪分子逃避处罚的行为。

本罪的构成要件如下：

（1）本罪的客体。帮助犯罪分子逃避处罚罪侵犯的客体是国家机关的威信和正常活动。帮助犯罪分子逃避处罚罪的犯罪对象必须是犯罪分子。此处的犯罪分子应从广义上理解，即只要有证据证明本罪行为的对象实施了应当依法追究刑事责任的犯罪行为，就可以称之为犯罪分子。

（2）本罪的客观方面。帮助犯罪分子逃避处罚罪在客观方面表现为有查禁犯罪活动职责的国家机关工作人员，向犯罪分子通风报信、提供便利，帮助犯罪分子逃避处罚的行为。通风报信、提供便利的行为可能发生在犯罪分子被发现后，也可能发生在犯罪分子被发现前。所谓通风报信，是指向犯罪分子泄露、提供有关查禁犯罪活动的情况、信息，如查禁的时间、地点、人员、方案、计划、部署等。其既可以当面口述，又可以通过电话、电报、传真、书信等方式告知，还可以通过第三人转告。所谓提供便利条件，是指向犯罪分子提供住处等隐藏处所，提供钱、物、交通工具、证件资助其逃跑，或者指点迷津，协助其隐匿、毁灭、伪造、篡改证据或者串供等。无论其提供便利的方式如何，其目的只有一个，即帮助犯罪分子逃避制裁，免受刑事追究或者其他处罚（如行政处罚）。

行为人实施上述行为必须是利用其查禁犯罪活动的职责便利，不论行为的结果如何，只要行为人利用其查禁犯罪活动的职责便利条件，实施了向犯罪分子通风报信、提供便利，帮助犯罪分子逃避处罚的行为，即构成犯罪。情节是否严重，只是量刑轻重问题。

（3）本罪的主体。帮助犯罪分子逃避处罚罪的主体为特殊主体，只能是负有查禁犯罪活动职能的国家机关工作人员，非上述人员不能构成帮助犯罪分子逃避处罚罪主体。有查禁犯罪活动职责的国家机关工作人员，主要是指司法机关（包括公安机关、国家安全机关、人民检察院、人民法院）的工作人员。此外，各级党委、政府机关中主管查禁犯罪活动的人员也包括在内。

（4）本罪的主观方面。帮助犯罪分子逃避处罚罪在主观方面表现为故意，即要求行为人必须出于故意才能构成本罪。行为人明知犯罪分子，处于查禁之列，仍然向其通风报信、提供便利，目的在于使犯罪分子逃避处罚。至于行为人主观上出于何种动机，是出于恻隐之心还是基于亲朋关系等，在此不问。如果不知是犯罪分子，无意透露消息提供便利的，不构成帮助犯罪分子逃避处罚罪。但是一旦发现是犯罪分子仍然为其通风报信、提供便利，帮助其逃避处罚的，则应以帮助犯罪分子逃避处罚罪论处。

2. 关于看守所的看守人员能否成为帮助犯罪分子逃避处罚罪的主体的理解。在该问题上存在两种观点，一种观点认为，帮助犯罪分子逃避处罚罪的主体是特殊主体，即“有查禁犯罪活动职责的国家机关工作人员”，看守所民警不是直接查禁犯罪活动的人员，不能成为该罪的犯罪主体。另一种观点认为，看守所民警可以成为该罪的犯罪主体。首先，看守所民警属于国家机关工作人员范畴。依照我国法律、法规的有关规定，国家机关包括司法机关在内，看守所民警属于《刑法》所包括的司法工作人员之一。按有关解释规定，监管干警是指在监狱、少管所、拘役所、看守所、劳教所从事警察业务的人员。看守所系公安机关所属机构，其民警是公安民警的重要组成部分，是理所当然的国家机关工作人员。其次，看守所民警具有查禁犯罪活动职责。所谓查禁犯罪职责，是指担负有查处、禁止犯罪的职责，按照《人民警察法》《看守所条例》《看守所条例实施办法》等法律法规的规定，看守所民警具有查禁犯罪的职责。最后，赋予看守所民警查禁违法犯罪职责是与他们特定的工作性质和工作环境分不开的，对此，公安部也作出多项规定。看守所民警特定的工作性质和工作环境决定了他们接触犯罪分子及其家属的机会较多，通过多种渠道了解和掌握的犯罪线索也相应较多，赋予看守所民警查禁犯罪的职责，其目的就在于利用其所从事的工作性质以及工作环境的便利，把看守所建设成严密羁押在押人员的安全场所，确保刑罚活动和刑事诉讼活动合法进行。

• 适用指引 •

司法实践中，认定本罪应注意：

1. 帮助犯罪分子逃避处罚罪与放纵制售伪劣商品犯罪行为罪、放纵走私罪的界限。本罪与放纵制售伪劣商品犯罪行为罪、放纵走私罪在主体、主观方面存在相同之处，主要区别在于客观方面。

本罪的行为方式表现为向犯罪分子通风报信、提供便利，帮助犯罪分子逃避处罚，表现为一种积极的作为方式。放纵制售伪劣商品犯罪行为罪表现为不履行法律规定的追究职责，主要表现为一种消极的不作为方式。放纵走私罪表现为徇私舞弊、放纵走私的行为，既可以表现为积极的作为方式，也可以表现为一种消极的不作为方式。

在实践中，如果行为人向制售伪劣商品、走私犯罪分子通风报信、提供便利，帮助其逃避处罚的，应比较各罪不同档次的法定刑情况，从一重罪处理。

2. 本罪与包庇黑社会性质组织罪的界限。包庇黑社会性质组织罪是国家机关工作人员包庇黑社会性质的组织的行为。

本罪与包庇黑社会性质组织罪的区别主要体现在：第一，从主体上看，本罪的主体是有查禁犯罪活动职责的国家机关工作人员；而包庇黑社会性质组织罪的主体尽管也是国家机关工作人员，但并不要求有查禁犯罪活动的职责。第二，从客观行为看，本罪是行为人向犯罪分子通风报信、提供便利；而包庇黑社会性质组织罪是包庇黑社会性质的组织，至于包庇的具体行为方式，在所不限。第三，从行为的对象看，本罪的对象是犯罪分子，包括各类犯罪的犯罪分子，并不专指某一类犯罪的犯罪分子；而包庇黑社会性质组织罪的对象是黑社会性质组织的成员，具有特定性。

如果负有查禁犯罪活动职责的国家机关工作人员有为黑社会性质组织中的犯罪分子通风报信、提供便利的行为，构成本罪与包庇黑社会性质组织罪的想象竞合犯，从一重罪处罚，对行为人应定包庇黑社会性质组织罪。

3. 本罪与私放在押人员罪的界限。私放在押人员也可以说是帮助犯罪分子逃避了处罚，两罪存在易混淆之处。

二者区别的关键在于：首先，前者的主体是负有查禁犯罪职责的行政执法工作人员，而后者的主体限于司法工作人员。其次，主要看行为人实施帮助行为或私放行为是否在查禁活动过程中，在查禁过程中的则应以本罪论处。

4. 本罪与故意泄露国家秘密罪的界限。行为人为使犯罪分子逃避处罚，向犯罪分子及其亲属泄漏有关部门查禁犯罪活动的部署、人员、措施、时间、地点等情况的，其行为特征与故意泄露国家秘密罪有相似之处。

两罪的区别主要在于：一是客观方面不尽相同。帮助犯罪分子逃避处罚罪客观方面表现为向犯罪分子通风报信、提供便利，帮助犯罪分子逃避处罚的行为，而故意泄露国家秘密罪则表现为故意泄露国家秘密的行为。二是两者的犯罪主体也不同。帮助犯罪分子逃避处罚罪主体仅限于负有查禁犯罪活动职责的国家机关工作人员，故意泄露国家秘密罪的主体主要是国家机关工作人员，非国家机关工作人员也可构成本罪。

如果行为人向犯罪分子及其亲属通风报信、提供便利，帮助犯罪分子逃避处罚的行为构成帮助犯罪分子逃避处罚罪，但其通风报信所传递的信息属于国家秘密，就同时触犯了故意泄露国家秘密罪，属于想象竞合犯，从一重罪定罪处罚，即按照帮助犯罪分子逃避处罚罪定罪处罚。

第四百一十八条　招收公务员、学生徇私舞弊罪

【法律规定】

• 法律条文 •

《中华人民共和国刑法》

第四百一十八条　国家机关工作人员在招收公务员、学生工作中徇私舞弊，情节严重的，处三年以下有期徒刑或者拘役。

• 相关规定 •

《中华人民共和国公务员法》

第一百零六条　对有下列违反本法规定情形的，由县级以上领导机关或者

公务员主管部门按照管理权限，区别不同情况，分别予以责令纠正或者宣布无效；对负有责任的领导人员和直接责任人员，根据情节轻重，给予批评教育、责令检查、诫勉、组织调整、处分；构成犯罪的，依法追究刑事责任：

（一）不按照编制限额、职数或者任职资格条件进行公务员录用、调任、转任、聘任和晋升的；

（二）不按照规定条件进行公务员奖惩、回避和办理退休的；

（三）不按照规定程序进行公务员录用、调任、转任、聘任、晋升以及考核、奖惩的；

（四）违反国家规定，更改公务员工资、福利、保险待遇标准的；

（五）在录用、公开遴选等工作中发生泄露试题、违反考场纪律以及其他严重影响公开、公正行为的；

（六）不按照规定受理和处理公务员申诉、控告的；

（七）违反本法规定的其他情形的。

《中华人民共和国教育法》

第七十七条第一款 在招收学生工作中滥用职权、玩忽职守、徇私舞弊的，由教育行政部门或者其他有关行政部门责令退回招收的不符合入学条件的人员；对直接负责的主管人员和其他直接责任人员，依法给予处分；构成犯罪的，依法追究刑事责任。

《最高人民检察院关于渎职侵权犯罪案件立案标准的规定》（高检发释字〔2006〕2号）

一、渎职犯罪案件

……

（三十四）招收公务员、学生徇私舞弊案（第四百一十八条）

招收公务员、学生徇私舞弊罪是指国家机关工作人员在招收公务员、省级以上教育行政部门组织招收的学生工作中徇私舞弊，情节严重的行为。

涉嫌下列情形之一的，应予立案：

1. 徇私舞弊，利用职务便利，伪造、变造人事、户口档案、考试成绩或者其他影响招收工作的有关资料，或者明知是伪造、变造的上述材料而予以认可的；

2. 徇私舞弊，利用职务便利，帮助5名以上考生作弊的；

3. 徇私舞弊招收不合格的公务员、学生3人次以上的；

4. 因徇私舞弊招收不合格的公务员、学生，导致被排挤的合格人员或者其近亲属自杀、自残造成重伤、死亡，或者精神失常的；

5. 因徇私舞弊招收公务员、学生，导致该项招收工作重新进行的；

6. 其他情节严重的情形。

《最高人民检察院关于人民检察院直接受理立案侦查的渎职侵权重特大案件标准（试行）》（高检发〔2001〕13号）

三十二、招收公务员、学生徇私舞弊案

（一）重大案件

1. 五次以上招收不合格公务员、学生或者一次招收五名以上不合格公务员、学生的；

2. 造成县区范围内招收公务员、学生工作重新进行的；

3. 因招收不合格公务员、学生，导致被排挤的合格人员或者其亲属精神失常的。

（二）特大案件

1. 七次以上招收不合格公务员、学生或者一次招收七名以上不合格公务员、学生的；

2. 造成地市范围内招收公务员、学生工作重新进行的；

3. 因招收不合格公务员、学生，导致被排挤的合格人员或者其亲属自杀的。

《最高人民法院、最高人民检察院关于办理渎职刑事案件适用法律若干问题的解释（一）》（法释〔2012〕18号）

第二条 国家机关工作人员实施滥用职权或者玩忽职守犯罪行为，触犯刑法分则第九章第三百九十八条至第四百一十九条规定的，依照该规定定罪处罚。

国家机关工作人员滥用职权或者玩忽职守，因不具备徇私舞弊等情形，不符合刑法分则第九章第三百九十八条至第四百一十九条的规定，但依法构成第三百九十七条规定的犯罪的，以滥用职权罪或者玩忽职守罪定罪处罚。

【案例】

姜某军招收学生徇私舞弊案[①]

• 案件事实 •

被告人姜某军系河南省虞城县杨集镇计生办主任。2014年、2015年履行计划生育家庭子女中招加分审查职责时，明知张集镇的杨某晴、杨某欣、卢某涵不是农村独生子女或者双女户，不符合中招加分照顾政策的情况下，但碍于情面，违规为考生杨某晴、杨某欣、卢某涵办理了独生子女光荣证，并在考生杨某晴、卢某涵、杨某欣三人中招加分审批表上签字盖章，致使杨某晴、卢某

① 参见河南省虞城县人民法院（2016）豫1425刑初469号。

涵在2014年中招时加10分，杨某欣在2015年中招时加10分。

• 裁判要旨 •

中招招录工作属于招收学生徇私舞弊罪的罪刑规范调整对象。

• 裁判理由 •

河南省虞城县人民法院审理后认为，被告人姜某军身为国家机关工作人员，在依法履行计划生育家庭子女中招加分审查职责时，徇私舞弊，为不符合中招加分照顾政策的学生提供加分审批，其行为已构成招收学生徇私舞弊罪。公诉机关指控的罪名成立。姜某军能自动投案，如实供述自己的罪行，系自首，依法可以从轻、减轻处罚或者免除处罚。根据姜某军的犯罪事实、犯罪情节及社会危害程度，依照《刑法》第418条、第67条第1款之规定，判决被告人姜某军犯招收学生徇私舞弊罪，免予刑事处罚。

【学理分析及适用指引】

• 学理分析 •

1. 招收公务员、学生徇私舞弊罪的构成。招收公务员、学生徇私舞弊罪，是指国家机关工作人员在招收公务员、省级以上教育行政部门组织招收的学生工作中徇私舞弊，情节严重的行为。本罪的构成要件如下：

（1）本罪的客体。本罪侵犯的客体是国家机关的正常活动和招收工作制度。

（2）本罪的客观方面。本罪在客观方面表现为在招收公务员、学生的工作过程中实施了滥用职权，弄虚作假，为亲友徇私情，将不合格人员冒充合格人员予以招收、录用的行为。此处的招收学生，特指省级以上教育行政部门组织的学生招考招生活动。

（3）本罪的主体。本罪的主体是具有招收公务员、学生工作职责的国家机关工作人员，包括国家机关中负有招收公务员工作的主管人员以及有关负责具体招收工作的人事部门的工作人员、教育部门中主管和负责招生工作的领导人员以及其他具体工作人员等。

（4）本罪的主观方面。罪责形式为故意。此处的故意，是指明知是招收公务员、学生徇私舞弊行为而有意实施的主观心理状态。本罪须出于徇私的动机。只有情节严重才构成本罪，即具备多次徇私舞弊、屡教不改或者在群众中造成极坏影响，给所在部门的声誉带来严重损害的情形。

2. 招收公务员、学生徇私舞弊罪的罪数问题。招收公务员、学生徇私舞弊罪往往不是孤立的犯罪，而是与其他违法犯罪行为相生相伴。

在收受贿赂后徇私舞弊招收公务员、学生或者是先办事后收礼，即先实施了徇私舞弊招收公务员、学生的行为，然后再收受已谈好价码的报酬，究竟属于一罪还是数罪？对此刑法学界目前存在以下三种观点：

（1）牵连犯论，即国家工作人员收受贿赂以后，其为行贿人谋取利益的行为，又触犯其他罪名，属于犯罪的结果触犯其他罪名，符合牵连犯特征。对牵连犯的一般处罚原则是“从一重处断”，即从一重罪处罚。

（2）想象竞合犯论，即谋取利益行为和受贿行为共同结合成一个受贿行为。如果其中的谋取利益行为触犯了其他罪名，属于一行为触犯数个罪名的情形，构成想象竞合犯，应择一重罪处罚。

（3）法条竞合论，即国家工作人员在受贿过程中，其谋取利益行为又构成其他犯罪，就总体而言，都属于一个犯罪行为同时触犯了数个法条，系法条竞合的一种，对这种情况应从一重罪处断。

我们认为，上述争议问题其实在渎职犯罪中是比较普遍的一种现象，如本书前述渎职犯罪罪数中已有相关分析，除法律及相关司法解释规定之外，原则上应以数罪并罚论处。

3. 监考、阅卷老师能否成为招收学生徇私舞弊罪的犯罪主体。监考、阅卷老师能否成为招收学生徇私舞弊罪的犯罪主体，理论界及司法实务界对此有一定的争议。

我们认为，监考、阅卷老师本身不是国家机关工作人员，但《全国人民代表大会常务委员会关于〈中华人民共和国刑法〉第九章渎职罪主体适用问题的解释》的规定表明，对于国家机关工作人员的认定，身份如何并不重要，最为关键的是其职责是什么，是否享有相应职权。因为单纯有一定身份者，如果不享有相应的职权，就没有渎职的可能；而享有相应职权，如果不能恪尽职守，就可能使管理相对人的权利受到侵害，也会损害国家机关的形象。因此，依据全国人民代表大会的上述立法解释的规定，监考、阅卷老师虽不是国家机关工作人员，但是监考、阅卷老师是受教育行政部门委托或者委派，具体负责考试招录工作的，如其在招录过程中徇私舞弊招收不合格的学生，造成严重后果的，也按招收学生徇私舞弊罪处理。

• 适用指引 •

司法实践中，认定本罪应注意：

招收公务员、学生徇私舞弊罪的主体是特殊主体，即国家机关工作人员。具体来讲，一般是指政府职能部门具有招录公务员与学生职权的工作人员，包括国家机关中主管招收公务员工作的领导人员以及具体负责招收公务员工作的人事部门的工作人员、教育部门的工作人员以及其他与招收公务员、学生工作有关的国家机关工作人员等。非上述人员不能成为招收公务员、学生徇私舞弊罪的犯罪主体，不能构成招收公务员、学生徇私舞弊罪。

第四百一十九条　失职造成珍贵文物损毁、流失罪

【法律规定】

•　法律条文　•

《中华人民共和国刑法》

第四百一十九条　国家机关工作人员严重不负责任，造成珍贵文物损毁或者流失，后果严重的，处三年以下有期徒刑或者拘役。

•　相关规定　•

《中华人民共和国文物保护法》

第二条　在中华人民共和国境内，下列文物受国家保护：

（一）具有历史、艺术、科学价值的古文化遗址、古墓葬、古建筑、石窟寺和石刻、壁画；

（二）与重大历史事件、革命运动或者著名人物有关的以及具有重要纪念意义、教育意义或者史料价值的近代现代重要史迹、实物、代表性建筑；

（三）历史上各时代珍贵的艺术品、工艺美术品；

（四）历史上各时代重要的文献资料以及具有历史、艺术、科学价值的手稿和图书资料等；

（五）反映历史上各时代、各民族社会制度、社会生产、社会生活的代表性实物。

文物认定的标准和办法由国务院文物行政部门制定，并报国务院批准。

具有科学价值的古脊椎动物化石和古人类化石同文物一样受国家保护。

第七十八条　公安机关、工商行政管理部门、海关、城乡建设规划部门和其他国家机关，违反本法规定滥用职权、玩忽职守、徇私舞弊，造成国家保护的珍贵文物损毁或者流失的，对负有责任的主管人员和其他直接责任人员依法给予行政处分；构成犯罪的，依法追究刑事责任。

《最高人民法院、最高人民检察院关于办理妨害文物管理等刑事案件适用法律若干问题的解释》（法释〔2015〕23 号）

第十条　国家机关工作人员严重不负责任，造成珍贵文物损毁或者流失，具有下列情形之一的，应当认定为刑法第四百一十九条规定的“后果严重”：

（一）导致二级以上文物或者五件以上三级文物损毁或者流失的；

（二）导致全国重点文物保护单位、省级文物保护单位的本体严重损毁或

者灭失的；

（三）其他后果严重的情形。

《最高人民检察院关于人民检察院直接受理立案侦查的渎职侵权重特大案件标准（试行）》（高检发〔2001〕13号）

三十三、失职造成珍贵文物损毁、流失案

（一）重大案件

1. 导致国家一级文物损毁或者流失一件以上的；

2. 导致国家二级文物损毁或者流失三件以上的；

3. 导致国家三级文物损毁或者流失五件以上的；

4. 导致省级文物保护单位严重损毁的。

（二）特大案件

1. 导致国家一级文物损毁或者流失三件以上的；

2. 导致国家二级文物损毁或者流失五件以上的；

3. 导致国家三级文物损毁或者流失十件以上的；

4. 导致全国重点文物保护单位严重损毁的。

《最高人民法院、最高人民检察院关于办理渎职刑事案件适用法律若干问题的解释（一）》（法释〔2012〕18号）

第二条 国家机关工作人员实施滥用职权或者玩忽职守犯罪行为，触犯刑法分则第九章第三百九十八条至第四百一十九条规定的，依照该规定定罪处罚。

国家机关工作人员滥用职权或者玩忽职守，因不具备徇私舞弊等情形，不符合刑法分则第九章第三百九十八条至第四百一十九条的规定，但依法构成第三百九十七条规定的犯罪的，以滥用职权罪或者玩忽职守罪定罪处罚。

【学理分析及适用指引】

• 学理分析 •

失职造成珍贵文物损毁、流失罪的构成。失职造成珍贵文物损毁、流失罪，是指国家机关工作人员严重不负责任，造成珍贵文物损毁或者流失，后果严重的行为。本罪的构成要件如下：

1. 本罪的客体。本罪的客体是国家对文物的保护、管理制度。本罪的对象是珍贵文物。根据相关司法解释规定，导致二级以上文物或者5件以上三级文物损毁或者流失的或者导致全国重点文物保护单位、省级文物保护单位的本体严重损毁或者灭失的，即成立本罪。

2. 本罪的客观方面。本罪客观方面表现为严重不负责任，造成珍贵文物损毁或者流失。严重不负责任，是指不履行或者不认真履行文物保护、管理、挖掘等职责。损毁，即导致珍贵文物的原有形态、结构被破坏，历史、科学、文化等价值减少或者丧失。流失，即指珍贵文物不知去向、流落民间或者流往国外，因而使珍贵文物脱离法定保存单位的控制和支配。构成本罪的，客观上还要求行为造成了严重后果。根据相关司法解释规定，具有下列情形之一的，即属于“严重后果”从而构成本罪：（1）导致二级以上的文物损毁或者流失的；（2）导致5件以上的三级文物损毁或者流失的；（3）导致全国重点文物保护单位、省级文物保护单位的本体严重损毁或者灭失的；（4）其他后果严重的情形。

3. 本罪的主体。本罪主体是国家机关工作人员，司法实践中通常是行使文物保护、管理、挖掘等职责的国家机关工作人员，如文物行政部门、公安机关、工商行政管理部门、海关、城乡建设规划部门等国家机关工作人员。

4. 本罪的主观方面。本罪主观方面只能是过失，故意造成珍贵文物损毁或者流失的，视性质与情节认定为其他犯罪。

• 适用指引 •

司法实践中，适用失职造成珍贵文物损毁、流失罪，应注意失职造成珍贵文物损毁、流失罪和《刑法》第324条规定的过失损毁文物罪的区别。两者存在相同之处，如都侵害了国家的文物管理制度；对象都是文物；主观方面均为过失等。两者的区别在于：第一，主体不同，本罪为特殊主体；后者为一般主体。第二，行为表现有所不同，本罪通常发生在对文物的管理过程中，行为人一般并不是自己毁坏文物，而是由于其管理不善致使文物遭到毁坏；后者则往往是行为人自己不慎而致使文物直接遭到毁坏。

第十章 军人违反职责罪

第四百二十条　军人违反职责罪

【法律规定】

• 法律条文 •

《中华人民共和国刑法》

第四百二十条　军人违反职责，危害国家军事利益，依照法律应当受刑罚处罚的行为，是军人违反职责罪。

• 相关规定 •

《中华人民共和国刑法》

第四百五十条　本章适用于中国人民解放军的现役军官、文职干部、士兵及具有军籍的学员和中国人民武装警察部队的现役警官、文职干部、士兵及具有军籍的学员以及文职人员、执行军事任务的预备役人员和其他人员。

《最高人民检察院、解放军总政治部军人违反职责罪案件立案标准的规定》（政检〔2013〕1号）

第三十二条　本规定适用于中国人民解放军的现役军官、文职干部、士兵及具有军籍的学员和中国人民武装警察部队的现役警官、文职干部、士兵及具有军籍的学员以及执行军事任务的预备役人员和其他人员涉嫌军人违反职责犯罪的案件。

第三十四条　本规定中的“违反职责”，是指违反国家法律、法规，军事法规、军事规章所规定的军人职责，包括军人的共同职责，士兵、军官和首长的一般职责，各类主管人员和其他从事专门工作的军人的专业职责等。

【案例】

匡某某违反军人职责案①

● 案件事实 ●

被告人匡某某，男，某油库警卫连战士。1983 年 9 月 14 日 17 时 30 分许，匡某某因对吃面食不满，擅自到本连伙房仓库取米做饭，排长张某某劝阻时，双方发生争吵。张某某抓住匡某某的衣领将其从库房推出门外，匡某某质问张某某："为什么动手打人？"张某某说："如果打架，你不是个，早把你打得趴在地上求饶了。"匡某某说："你等着！"即转身向本班宿舍跑去。在场的班长刘某某见状即跟了过去，当时宿舍门口还有同班战士舒某某。匡某某进入宿舍后，就从刘某某的床上拿起钥匙开枪柜。当匡某某把钥匙插入锁孔时，刘某某赶到，匡某某的行为被当即制止。

● 裁判要旨 ●

刑法意义上的军人和危害国家军事利益是军人为违反职责罪的两个基本前提。

● 裁判理由 ●

一审法院经审理认为：被告人匡某某为了达到报复排长的目的，跑回本班宿舍偷拿班长床上枪柜的钥匙开柜拿枪，当时室内无人，这个行为是秘密进行的，符合盗窃罪的特征。匡某某没有完成盗枪的行为，是因为班长等人及时赶到予以制止，是由于被告人意志以外的原因。因此，根据《惩治军人违反职责罪暂行条例》（已失效）和《刑法》相关规定，以盗窃武器装备（未遂）罪，判处被告人匡某某有期徒刑二年。

被告人匡某某不服一审判决，提出上诉。二审法院经审理认为：被告人匡某某的行为尚未达到构成犯罪的程度。原因如下：首先，匡某某的行为是公开进行的。匡某某产生报复心理后，告诉对方："你等着！"即转身跑回宿舍。匡某某的上述言行已经把下一步的打算明确地表示出来。在匡某某进入宿舍拿钥匙时，宿舍门口还有同班战士舒某某，匡某某开枪柜时，班长刘某某等相继赶到。这些都说明匡某某的行为是在众目睽睽下进行的，不符合盗窃行为"秘密窃取"的特征。其次，从主观上看，匡某某的目的是想报复张某某，并非非

---

① 参见王忠堂等主编：《惩治军人违反职责罪暂行条例教学案例选编》，人民法院出版社 1994 年版，第 1 页。裁判理由中的法律依据现已被修正，但审判时有效，特此说明。

法占有枪支。匡某某拿枪只是为报复他人准备工具，而且是处在准备工具的预备阶段，拿枪只是一种牵连行为。最后，对国家军事利益的危害是构成军职罪的最本质特征，匡某某的行为是违反军人职责的行为，有一定的社会危害性，但情节显著轻微，危害不大，尚未构成犯罪。根据《惩治军人违反职责罪暂行条例》（已失效）和《刑事诉讼法》相关规定，撤销一审判决，宣告被告人匡某某无罪。

【学理分析及适用指引】

• 学理分析 •

军人违反职责罪，是指军人违反职责，危害国家军事利益，依照法律应当受刑罚处罚的行为。军人违反职责罪是刑法意义上的一个重要类罪而非具体的个罪，军人违反职责的犯罪行为在符合本条规定的前提下，再结合《刑法》第421条至448条的具体规定明确其具体罪名。本罪的构成要件如下：

1. 本罪的客体。本罪侵犯的客体是国家的军事利益。国家有关国防、军事方面的利益，统称为国家的军事利益。它主要包括国防和军队建设、作战、备战能力、军队物质保障、军事机要、国防科研军事方面的利益。

2. 本罪的客观方面。本罪客观方面表现为违反军人职责、应当受刑罚处罚的行为。军人职责是军人按其职务应当担负的责任。

3. 本罪的主体。军人违反职责罪的主体是军人。军人违反职责罪属于军人的职务犯罪，其主体限定为军人。具体范围《刑法》第450条作了规定，即解放军和武警部队的现役军（警）官、文职干部、士兵及具有军籍的学员及文职人员，还包括执行军事任务的预备役人员和其他人员。

4. 本罪的主观方面。主观方面可以由故意也可以由过失构成。军人违反职责罪在主观方面，由故意构成的犯罪占绝大多数，但也有少数军职罪是由过失构成的，如武器装备肇事、擅离军事职守罪和遗失武器装备罪等，还有极个别军职罪既可以由故意也可以由过失构成，如泄露军事秘密的犯罪。

• 适用指引 •

实践中，认定本罪应注意罪与非罪的界限。违反军人职责，情节显著轻微，危害不大，不认为是犯罪。根据《刑法》第13条的规定，揭示了犯罪的基本特征，即犯罪具有严重的社会危害性、刑事违法性和应受惩罚性，这是认定犯罪的基本依据。其中，严重的社会危害性是本质特征，一种行为如不具有严重的社会危害性就不能被认定为犯罪。如果某种行为表面上符合《刑法》分则规定的犯罪客观构成要件，似乎具有刑事违法性，但由于该行为的社会危害性不大，根据《刑法》第13条规定可不认为是犯罪，则该行为也就不具有刑事违法性。因此，把握以社会危害性为基础的刑事违法性是界定罪与非罪的关键。

第四百二十一条　战时违抗命令罪

【法律规定】

● 法律条文 ●

《中华人民共和国刑法》

第四百二十一条　战时违抗命令，对作战造成危害的，处三年以上十年以下有期徒刑；致使战斗、战役遭受重大损失的，处十年以上有期徒刑、无期徒刑或者死刑。

● 相关规定 ●

《最高人民检察院、解放军总政治部军人违反职责罪案件立案标准的规定》（政检〔2013〕1号）

第一条　战时违抗命令案（刑法第四百二十一条）

战时违抗命令罪是指战时违抗命令，对作战造成危害的行为。

违抗命令，是指主观上出于故意，客观上违背、抗拒首长、上级职权范围内的命令，包括拒绝接受命令、拒不执行命令，或者不按照命令的具体要求行动等。

战时涉嫌下列情形之一的，应予立案：

（一）扰乱作战部署或者贻误战机的；

（二）造成作战任务不能完成或者迟缓完成的；

（三）造成我方人员死亡一人以上，或者重伤二人以上，或者轻伤三人以上的；

（四）造成武器装备、军事设施、军用物资损毁，直接影响作战任务完成的；

（五）对作战造成其他危害的。

【学理分析及适用指引】

● 学理分析 ●

战时违抗命令罪是指战时违抗命令，对作战造成危害的行为。本罪的构成要件如下：

1. 本罪的客体。本罪的客体为作战指挥秩序。

所谓作战指挥秩序，是指在战时，部队在上级指挥下有条不紊地各司其职、各就各位、相互配合，顺利完成战斗任务的状况。下级服从上级是作战指挥秩序的具体体现，也是战斗胜利的重要纪律保障。

2. 本罪的客观方面。本罪的客观方面表现为战时违抗命令，对作战造成危害的行为。

“违抗命令”是指主观上出于故意，客观上违背、抗拒首长、上级职权范围内的命令，包括拒绝接受命令或者不按照命令的具体要求行动等。首先，行为必须发生在战时，平时违抗上级命令的行为不构成本罪。战时，是指国家宣布进入战争状态、部队受领作战任务或者遭敌突然袭击时；部队执行戒严任务或处置突发性暴力事件时，以战时论。其次，必须有违抗作战命令的行为，主要表现为三种情况：（1）拒不执行作战命令；（2）拖延或迟缓执行作战命令；（3）实施不符合作战命令的行为。其行为表现可以是作为，也可以是不作为。此处的“命令”不仅包括战斗命令，还应包括与战斗有关的一系列命令，如战时军需物资调遣命令、救助伤员命令等，违抗命令的具体形式因命令的内容不同而有所不同。最后，必须对作战造成危害。所谓对作战造成危害，是指由于行为人违抗命令而扰乱了战斗部署，贻误了战机，影响了作战任务的完成。根据司法解释规定，包括以下情形：扰乱作战部署、贻误战机的；造成重大任务不能完成或者迟缓完成的；造成死亡 1 人以上，或者重伤 2 人以上，或者轻伤 3 人以上的；造成军事装备、设施损毁，直接影响作战任务完成的；造成其他危害的。如果根据当时具体情况灵活变通执行命令，不仅没有对作战造成损失，反而对作战有利，那么对行为人不仅不能处罚，而且还应给以肯定和奖励。

3. 本罪的主体。本罪的主体是应接受命令或指示的部署人员。

本罪的主体不应理解为仅指参加战斗的人员，也包括为战斗服务的救护人员、勤务人员等。

4. 本罪的主观方面。本罪的主观方面是故意，即明知是上级的命令而予以违抗、拒不执行，至于其动机不影响本罪的成立。

• 适用指引 •

司法实践中，认定本罪时应注意：

1. 区分罪与非罪的界限。不是故意违抗作战命令，而是由于客观条件限制行为人不能完成战斗任务的，或是执行错误命令而导致战斗失利的，或者违抗的是上级与作战无关的指示的，不构成违抗作战命令罪。

2. 区分违抗作战命令罪与阻碍执行军事职务罪的界限。违抗作战命令的行为，有时与阻碍指挥人员执行职务的行为容易混淆。

两者的区别是：（1）前者侵害的对象是上级首长或者指挥人员的命令、指示，后者侵害的对象则是指挥人员或值班、值勤人员本身。（2）前者一般由不作为的行为构成，后者则是一种积极作为的犯罪行为。（3）前者只要有不执行命令的消极行为，并且对作战造成危害的，即构成犯罪，后者则要求行为人在客观方面采取了暴力、威胁手段。（4）前者只能发生在战时，后者既可发生在战时，又可以发生在平时。

3. 区分本罪与战时临阵脱逃罪的界限。从广义上讲，军人在接受作战任务后临阵脱逃的，本身就是一种严重的违抗作战命令行为。但在定罪时，要严格把握两者的界限。

区别主要有以下几点：（1）战时违抗命令罪侵害的是作战指挥秩序，而战时临阵脱逃罪侵害的是军人参战秩序；（2）战时违抗命令罪在客观方面表现为违背并抗拒执行命令，其行为一般发生在接受上级命令时，行为人公然抗拒执行上级的命令，但并不需要采取脱离岗位的方式，而战时临阵脱逃罪表现为脱离岗位逃避参加作战，其行为一般发生在已受领了具体的作战任务后，而且必须表现为脱离岗位；（3）犯罪的目的不同，战时违抗命令罪是为了达到不执行命令的目的，而战时临阵脱逃罪是为了达到不参加作战的目的。

在具体案件中，战时违抗命令的行为与战时临阵脱逃的行为可能出现犯罪竞合的现象，即以临阵脱逃的方式抗拒执行上级的命令。虽然战时违抗命令罪与战时临阵脱逃罪的法定最高刑都是死刑，但战时违抗命令罪的法定最低刑是三年有期徒刑，比战时临阵脱逃罪的法定最低刑要重，所以应按战时违抗命令罪论处。

4. 区分本罪与投降罪的界限。战时违抗命令罪与投降罪都是发生在战时的故意犯罪，而且投降敌人的行为在某种意义上也带有违抗命令的因素，在定罪上可能发生混淆。

其区别主要有以下几点：（1）犯罪客体不同，战时违抗命令罪所侵害的是作战指挥秩序，而投降罪侵害的是国防安全秩序和军人参战秩序；（2）犯罪的客观方面不同，战时违抗命令罪表现为违背并抗拒执行上级的命令，但并不一定必须在面临敌人时，而投降罪表现为自动放下武器，向敌人投降，所以必须是在面临敌人时；（3）犯罪的主观方面不同，这两种犯罪虽然都是故意犯罪，但行为人的主观目的不同，战时违抗命令罪的主体是为了不执行上级命令，而投降罪是为了保全性命。

在具体案件中，战时违抗命令罪与投降罪可能出现犯罪竞合的现象，即行为人是在拒不执行命令的同时向敌人投降。对这种情况一般应按处理想象竞合犯的原则，以较重的罪名，即战时违抗命令罪论处。

5. 区分本罪与擅离、玩忽军事职守罪的界限。战时违抗命令罪和擅离、玩忽军事职守罪在行为的客观表现上有时很相似，侵害的直接客体也有相同之处，在定罪上可能发生混淆。

其主要区别有以下几点：（1）战时违抗命令罪所侵害的直接客体是作战指挥秩序，而擅离、玩忽军事职守罪侵害的是指挥和值班、值勤秩序；（2）在犯罪的客观方面，战时违抗命令罪以违背并抗拒执行上级命令为特征，而且这种行为只能发生在战时，但并不要求必须造成严重后果，属于行为犯，而擅离、玩忽军事职守罪则以擅自离开正在履行职责的岗位，或者在履行职责的岗位上不履行职责及不正确履行职责为特征，这种行为并不一定发生在战时，但必须造成了严重后果，属于结果犯；（3）犯罪主体上，战时违抗命令罪的主体是军人违反职责罪中的一般主体，即所有军人，而擅离、玩忽军事职守罪的主体是军人违反职责罪中的一种特殊主体，即指挥人员和值班、值勤人员；（4）战时违抗命令罪是出于故意，而擅离、玩忽军事职守罪是出于过失。

第四百二十二条　隐瞒、谎报军情罪；拒传、假传军令罪

【法律规定】

• 法律条文 •

《中华人民共和国刑法》

第四百二十二条　故意隐瞒、谎报军情或者拒传、假传军令，对作战造成危害的，处三年以上十年以下有期徒刑；致使战斗、战役遭受重大损失的，处十年以上有期徒刑、无期徒刑或者死刑。

• 相关规定 •

《最高人民检察院、解放军总政治部关于军人违反职责罪案件立案标准的规定》（政检〔2013〕1号）

第二条　隐瞒、谎报军情案（刑法第四百二十二条）

隐瞒、谎报军情罪是指故意隐瞒、谎报军情，对作战造成危害的行为。

涉嫌下列情形之一的，应予立案：

（一）造成首长、上级决策失误的；

（二）造成作战任务不能完成或者迟缓完成的；

（三）造成我方人员死亡一人以上，或者重伤二人以上，或者轻伤三人以上的；

（四）造成武器装备、军事设施、军用物资损毁，直接影响作战任务完成的；

（五）对作战造成其他危害的。

第三条 拒传、假传军令案（刑法第四百二十二条）

拒传军令罪是指负有传递军令职责的军人，明知是军令而故意拒绝传递或者拖延传递，对作战造成危害的行为。

假传军令罪是指故意伪造、篡改军令，或者明知是伪造、篡改的军令而予以传达或者发布，对作战造成危害的行为。

涉嫌下列情形之一的，应予立案：

（一）造成首长、上级决策失误的；

（二）造成作战任务不能完成或者迟缓完成的；

（三）造成我方人员死亡一人以上，或者重伤二人以上，或者轻伤三人以上的；

（四）造成武器装备、军事设施、军用物资损毁，直接影响作战任务完成的；

（五）对作战造成其他危害的。

【学理分析及适用指引】

• 学理分析 •

1. 隐瞒、谎报军情罪的构成。隐瞒、谎报军情罪是指故意隐瞒、谎报军情，对作战造成危害的行为。本罪的构成要件如下：

（1）本罪的客体。本罪的客体是作战指挥秩序。军情是指与作战有关的我军、友军和敌军的情报及其他重要信息，例如，敌军的兵力、装备、部署、活动等情况；我军的兵员、装备、作战准备、战斗进展等情况；战区的地形、地貌、水文、气象等自然情况以及与军事有关的政治、经济、科技等方面的情况。

（2）本罪的客观方面。本罪的客观方面表现为将按规定应该向上级报告的军情隐而不报，掩盖事实真相，或者违背客观事实，将编造或者篡改的军情向上级报告，欺骗上级，对作战造成危害的行为。隐瞒军情，是指将应当向首长、上级报告的军事情况隐瞒不报。谎报军情，是指用编造或者篡改的军事情况欺骗首长、上级。报告，是指用口头或者书面等形式，将军事情况正式告诉首长、上级或者部队。隐瞒或者谎报军情必须是对作战造成危害结果的，才构成犯罪，如果没有造成任何危害结果的，不能认定为本罪。具体标准见司法解释。有观点认为，本罪限于战时。① 我们认为既然法条没有对此规定，就不应

---

① 例如，有人认为，《刑法》条文虽然没有明文要求“战时”，但从“对作战造成危害”的要求来看，应认为行为必须发生在战时。参见张明楷：《刑法学》，法律出版社2007年版，第922页。

将本罪限定为战时犯罪，因为部队平时的战备工作本身就是一种作战准备活动，隐瞒或谎报军情都可能导致上级在作战及其准备上决策失误，最终对作战造成危害。

（3）本罪的主体。本罪的主体是负有报告军情义务的军内侦察员、通讯员、机要员以及其他军内负有报告军情责任的军职人员。

（4）本罪的主观方面。本罪在主观方面必须是出于故意，即明知真实军情而故意将其隐瞒不报或谎报。由于过失报告不真实军情的，不构成本罪。

2. 拒传、假传军令罪的构成。拒传军令罪是指负有传递军令职责的军人，明知是与作战有关的命令、指示而故意拒绝传递或拖延传递，对作战造成危害的行为。假传军令罪是指军人故意伪造、篡改军令并予以传达或发布，对作战造成危害的行为。本罪的构成要件如下：

（1）本罪的客体。本罪的客体是作战指挥秩序。

（2）本罪的客观方面。本罪的客观方面表现为有条件传递军令而拒绝传递，或者传递虚假的军令，对作战造成危害的行为。拒传是不作为的行为方式，假传是作为的行为方式。军令，是指与部队军事活动有关的命令、指示等，如平时部队的设防，担负的战备任务，进入或者解除等级战备，受领作战任务，战时部队开进、集结，兵力部署，火力配置，战斗梯队编成，协同计划，保障方案等涉及作战准备和实施的内容。本罪不限于战时。对作战造成危害，是指具有下列情形之一的：造成首长、上级决策失误的；造成重大任务不能完成或者迟缓完成的；造成死亡 1 人以上的，或者重伤 2 人以上，或者轻伤 3 人以上的；造成军事装备、设施损毁，直接影响作战任务的；造成其他危害的。

（3）本罪的主体。本罪的主体是负有传达任务或发布命令职权的参战军职人员。

（4）本罪的主观方面。本罪的主观方面必须出于故意，即明知是军情而拒绝传递，或者明知是伪造的或者篡改的军事命令而故意传达或者发布。

• 适用指引 •

司法实践中，认定本条规定的罪应注意：

1. 如果因受客观条件的限制无法传递，如联络中断等，不能认为是拒传军令罪。由于过失而误传军令的，不构成假传军令罪。如果因过失误传军令，对作战造成严重危害的，可以玩忽军事职守罪论处。

2. 本罪的一罪与数罪。上述拒传军令与假传军令是选择性行为，实施其中之一即可构成本罪；两者同时实施，例如，拒绝传递军令而又传递了虚假的军令，也不构成数罪。

第四百二十三条　投降罪

【法律规定】

• 法律条文 •

《中华人民共和国刑法》

第四百二十三条　在战场上贪生怕死，自动放下武器投降敌人的，处三年以上十年以下有期徒刑；情节严重的，处十年以上有期徒刑或者无期徒刑。

投降后为敌人效劳的，处十年以上有期徒刑、无期徒刑或者死刑。

• 相关规定 •

《最高人民检察院、解放军总政治部关于军人违反职责罪案件立案标准的规定》（政检〔2013〕1号）

第四条　投降案（刑法第四百二十三条）

投降罪是指在战场上贪生怕死，自动放下武器投降敌人的行为。

凡涉嫌投降敌人的，应予立案。

【案例】

付某某投降案

• 案件事实 •

被告人付某某，男，原系某部参谋长。1979年，在对越自卫还击作战回撤途中，付某某奉命率领一连、八连掩护团主力回撤。坚持到预定时间后，因其所率领部队遭敌袭击，付某某指挥不力，多数战士伤亡、失散，未能按计划向团指定地点转移。付某某在此情况下畏缩怯战，不敢行动，消极指挥八连剩下的16人上山隐蔽待援，以致陷入敌人重围。被围5天后，断粮断水，处境困难。付某某贪生怕死，对突围失去信心，召开临时支委扩大会研究所谓“对策”。结果决定派人下山与敌人谈判，并以这是“组织决定”“斗争需要”为由，动员四排长等3人下山充当谈判代表，结果3人下山后被敌人扣留。当敌人打炮时，付某某认为部队已经没有什么战斗力，要求战士陆续下山投降，然后自己砸坏机枪和冲锋枪各一支，带领其余部下一起投降了敌人。付某某投降后，在敌方监狱中组织了临时党支委，向一起投降的人员提出“坚持斗争、保守秘密、不出卖同志”的要求。

• 裁判要旨 •

投降罪是行为犯，并不要求情节严重才能构成。

• 裁判理由 •

某军事法院认为：被告人付某某的行为已经构成投降罪，判处有期徒刑十年。

【学理分析及适用指引】

• 学理分析 •

投降罪，是指在战场上贪生怕死，自动放下武器投降敌人的行为。本罪的构成要件如下：

1. 本罪的客体。本罪的客体是军人参战秩序和国防安全秩序。投降行为不仅违背了军人职责的最基本要求，而且更严重的是屈服于敌人意味着军人放弃了自己的政治使命，违背了自己担负的国防义务，最终将对国防安全造成危害。①

2. 本罪的客观方面。本罪的客观方面表现为行为人在战场上因畏惧战斗、贪生怕死，自动放下武器投降敌人的行为。投降罪限定在特定地点，即在战场上，因此，本罪只能发生在敌我双方直接交战的场合。“自动放下武器”，是指可以使用武器进行有效抵抗而自动放弃抵抗的，本身有能力作战而不作战，并非专指扔下手中的武器，凡能用武器作战而不作战，不论是否抛弃手中的武器，均属于自动放下武器。本身若无能力作战，如在战场上因负伤或者因为弹尽粮绝而丧失战斗能力而成为敌人俘虏的行为不构成本罪。“投降”是指向敌对一方表示屈服的行为。

3. 本罪的主体。本罪的主体是军人。

4. 本罪的主观方面。本罪的主观方面是故意，即行为人因畏惧战斗、贪生怕死，明知自己放弃抵抗、向敌人投降的行为会造成危害作战和国防安全的结果，却希望或者放任这种结果发生。

• 适用指引 •

司法实践中，认定本罪应注意：本罪是行为犯，不要求情节严重，情节严重或者投降后为敌人效劳的，是本罪的加重处罚事由而非犯罪构成要件。此处的情节严重，是指指挥人员或者其他负有重要职责的人员投降的；在紧要关头

---

① 参见刘家琛主编：《刑法分则及配套规定新释新解》，人民法院出版社2000年版，第3506页。

或者危急时刻投降的；率领部队或者部属投降的；胁迫他人投降的；策动多人或者策动指挥人员和其他负有重要职责的人员投降的；携带重要武器装备投降的；因投降导致战斗、战役遭受重大损失等情形。此处的“为敌人效劳”，是指主动向敌人提供我军重要军事秘密，积极为敌人出谋划策，煽动、勾引我军被俘人员叛变投敌，接受敌人派遣任务，主动要求参加敌军与我军作战等情形。①

第四百二十四条　战时临阵脱逃罪

【法律规定】

• 法律条文 •

《中华人民共和国刑法》

第四百二十四条　战时临阵脱逃的，处三年以下有期徒刑；情节严重的，处三年以上十年以下有期徒刑；致使战斗、战役遭受重大损失的，处十年以上有期徒刑、无期徒刑或者死刑。

• 相关规定 •

《最高人民检察院、解放军总政治部关于军人违反职责罪案件立案标准的规定》（政检〔2013〕1号）

第五条　战时临阵脱逃案（刑法第四百二十四条）

战时临阵脱逃罪是指在战斗中或者在接受作战任务后，逃离战斗岗位的行为。

凡战时涉嫌临阵脱逃的，应予立案。

【案例】

吴开发战时临阵脱逃案

• 案件事实 •

吴开发，男，某部三连一排排长。1982年2月，吴开发在执行对越自卫还击作战任务中，被上级领导指定为爆破组长。同年2月25日，吴开发带领战士朱某某执行爆破任务，当二人接近敌人暗堡时，朱某某被敌人流弹击伤左小臂，造成轻伤。吴开发误认为敌人发现了他们的行动，于是惊慌失措，不顾朱

① 参见陈兴良主编：《规范刑法学》，中国政法大学出版社2003年版，第527页。

某某的劝告，硬拉着朱某某向后方逃跑。在我方居民家中隐藏三天以后，才被部队发现。由于吴开发的临阵逃跑，使原计划的爆破任务没能按期完成，给部队整个战斗造成了严重损失。

• 裁判要旨 •

战时临阵脱逃罪认定的关键在于把握贪生怕死、畏惧战斗的主观动机。

• 裁判理由 •

某军事法院认为：被告人吴开发身为军人，在执行具体作战任务中畏惧战斗、贪生怕死、不顾部属劝阻，擅自带领部属逃离前线，使我军遭受严重损失，其行为已构成临阵脱逃罪。遂作出判决：被告人吴开发犯战时临阵脱逃罪，判处有期徒刑七年。

【学理分析及适用指引】

• 学理分析 •

战时临阵脱逃罪，是指在战斗中或者在接受作战任务后，逃离战斗岗位的行为。本罪的构成要件如下：

1. 本罪的客体。本罪的客体是军人参战秩序和国家的军事利益。军人临阵脱逃的行为，造成军心动摇，扰乱了军人参战秩序，削弱部队战斗力，对作战军事利益造成了危害。

2. 本罪的客观方面。本罪的客观方面表现为战时面临战斗任务而脱离战斗岗位，逃避参加战斗的行为。战时，是指国家宣布进入战争状态、部队受领作战任务或者遭敌突然袭击时；军人执行戒严任务或者处置突发性暴力事件时，以战时论。临阵，是指部队已经受领战斗任务，进入待命出击的地域及战场，具体说来包括两种情况：一种是正在进行战斗，如进攻敌方阵地，坚守我方阵地，与敌机、舰艇正在交战，遭敌突然袭击被迫应战等；另一种是已受领了具体的战斗任务，正在准备实施，如待命出击，面临进入阵地换防等。不论哪种情况，面临的战斗任务都应该是具体的、明确的。因此，部队奉命向战区开进、集结，在战区休整待命等，不应视为临阵。脱逃，是逃避参加战斗，泛指脱离正在进行战斗的特定区域或者准备参加战斗的部队，包括作为与不作为两种方式，如与敌交战中擅自撤出战斗，从遭敌攻击的阵地上退下来，有意不随部队进入阵地等。脱离战斗只是为了逃避参加战斗，并不一定要逃离部队。

3. 本罪的主体。本罪的主体是参战的军职人员。参战的军职人员，不限于参加战役、战斗或接受参加作战指示或命令的直接战斗人员，非直接战斗人员，如参战的后勤人员、医疗人员、通讯人员等，只要是在临阵状态下逃跑的，也可以构成本罪。

4. 本罪的主观方面。本罪的主观方面是故意。动机是贪生怕死、畏惧战斗。如果是由于过失而在临阵状态下脱离部队，或因受伤、敌人阻截而脱离部队的，不是临阵脱逃，不构成犯罪。

• 适用指引 •

实践中，对于情节显著轻微、危害不大的临阵脱逃的行为，如行为人尚未逃离阵地、战场即被阻拦、追回而不具有其他严重情节的，初次参加作战的新兵于接受作战任务后尚未进入实际作战之时逃跑，不具有其他严重情节的等，可以不以犯罪论处。情节严重和致使战斗、战役遭受重大损失，是加重处罚事由。所谓“情节严重”，是指率众临阵脱逃，携带重要武器装备临阵脱逃的，胁迫他人临阵脱逃的，煽动多人或煽动指挥人员和其他负有重要职责的人员临阵脱逃，指挥人员和其他负有重要职责的人员在紧要关头或危急时刻临阵脱逃，等等。所谓“致使战斗、战役遭受重大损失”，是指因为行为人临阵脱逃，使部队战斗失利，人员伤亡惨重，或者给整个战斗、战役带来重大消极影响等情况。①

第四百二十五条 擅离、玩忽军事职守罪

【法律规定】

• 法律条文 •

《中华人民共和国刑法》

第四百二十五条 指挥人员和值班、值勤人员擅离职守或者玩忽职守，造成严重后果的，处三年以下有期徒刑或者拘役；造成特别严重后果的，处三年以上七年以下有期徒刑。

战时犯前款罪的，处五年以上有期徒刑。

• 相关规定 •

《最高人民检察院、解放军总政治部关于军人违反职责罪案件立案标准的规定》（政检〔2013〕1号）

第六条 擅离、玩忽军事职守案（刑法第四百二十五条）

擅离、玩忽军事职守罪是指指挥人员和值班、值勤人员擅自离开正在履行

① 参见刘德法主编：《刑法学》，郑州大学出版社2004年版，第816页。

职责的岗位，或者在履行职责的岗位上，严重不负责任，不履行或者不正确履行职责，造成严重后果的行为。

指挥人员，是指对部队或者部属负有组织、领导、管理职责的人员。专业主管人员在其业务管理范围内，视为指挥人员。

值班人员，是指军队各单位、各部门为保持指挥或者履行职责不间断而设立的、负责处理本单位、本部门特定事务的人员。

值勤人员，是指正在担任警卫、巡逻、观察、纠察、押运等勤务，或者作战勤务工作的人员。

涉嫌下列情形之一的，应予立案：

（一）造成重大任务不能完成或者迟缓完成的；

（二）造成死亡一人以上，或者重伤三人以上，或者重伤二人、轻伤四人以上，或者重伤一人、轻伤七人以上，或者轻伤十人以上的；

（三）造成枪支、手榴弹、爆炸装置或者子弹十发、雷管三十枚、导火索或者导爆索三十米、炸药一千克以上丢失、被盗，或者不满规定数量，但后果严重的，或者造成其他重要武器装备、器材丢失、被盗的；

（四）造成武器装备、军事设施、军用物资或者其他财产损毁，直接经济损失三十万元以上，或者直接经济损失、间接经济损失合计一百五十万元以上的；

（五）造成其他严重后果的。

【案例一】

赵某擅离军事职守案①

• 案件事实 •

被告人赵某，男，原系某舰队训练团副班长。1992 年 7 月 12 日下午，赵某在本团营地南门岗哨值班执勤期间（下午 7 时至 9 时），擅自于下午 7 时 15 分，把值班执勤使用的武器“五四式”手枪放在岗楼内，锁上岗楼门，委托居住在岗楼旁边正在积肥的农民许某某照看岗楼，而离开执勤的岗位回到本团招待所，约同乡战士张某到某支队的舰艇上找同乡玩。下午 8 时 50 分返回值勤的岗楼时，发现岗楼的门锁被撬掉，手枪被盗。

• 裁判要旨 •

军人擅离执勤岗位，造成手枪被盗的严重后果，应当以军人擅离职守罪追究刑事责任。

① 参见曹子丹主编：《新刑法罪名量刑与案例通览》，吉林大学出版社 2000 年版，第 1520 页。

● 裁判理由 ●

某军事法院认为：被告人赵某是担任执勤任务的现役军人，擅自离开执勤岗位1小时30余分钟，并把执勤使用的武器手枪随便放在无人执勤的岗楼内，这是严重违反军人职责的擅离职守行为；由于被告人擅离执勤岗位，造成岗哨长达1个小时30余分钟无人值勤和岗楼门锁被撬、手枪被盗的严重后果，其行为已经构成军人擅离职守罪，判处被告人赵某有期徒刑六个月。

【案例二】

马某某玩忽军事职守案①

● 案件事实 ●

马某某，男，原系陆军某集团军某师坦克团某连战士。1997年10月中旬，马某某擅自两次让该营某连战士苏某（另案处理）替其在本团军械仓库站岗。苏某为报复杀害本连指导员陆某某，趁替马某某站岗之机，爬上仓库房顶，揭瓦盗窃枪支、弹药未逞。10月21日，马某某又擅自让苏某替其站岗，致使苏某于当日21时至22时40分替马某某站岗期间，窃取库房钥匙，开08、09号库门，从08号库内盗走木柄手榴弹15枚、手枪子弹2520发，当夜携带手榴弹潜逃，于23日在某市被抓获。

● 裁判要旨 ●

玩忽军事职守罪与玩忽职守罪的关键区别在于犯罪主体的差异。

● 裁判理由 ●

某军事法院认为：被告人马某某身为执勤人员，不履行哨兵职责，擅自让他人替其站岗，造成大量武器弹药被盗的严重后果，其行为已构成玩忽军事职守罪。为严明军纪，打击犯罪，维护国家军事利益，依照《刑法》第425条的规定，判决如下：被告人马某某犯玩忽军事职守罪，判处有期徒刑三年。

【学理分析及适用指引】

● 学理分析 ●

擅离、玩忽军事职守罪，是指指挥人员和值班、值勤人员擅自离开正在履行职责的岗位，或者在履行职责的岗位上，严重不负责任，不履行或者不正确

---

① 参见曹子丹主编：《新刑法罪名量刑与案例通览》，吉林大学出版社2000年版，第1520页。

履行职责，造成严重后果的行为。本罪的构成要件如下：

1. 本罪的客体。本罪的犯罪客体是军队的指挥、值勤和值班秩序以及国家的军事利益。因为军事职守直接关系国家的军事利益，体现在武装力量建设、战争的准备与实施等一系列国防和军事活动之中，如作战行动、军事调动、物资保障、军事科研、军工生产、部队管理等。

2. 本罪的客观方面。本罪的客观方面表现为指挥人员和值班、值勤人员擅自离开正在履行职责的岗位，或者在履行职责的岗位上，严重不负责任，不履行或者不正确履行职责的行为。此外，构成本罪必须是造成严重后果的行为。严重后果的发生必须与擅离职守、玩忽职守行为存在刑法上的因果关系，即这种严重后果是因为行为人擅离职守、玩忽职守行为造成的。如果二者不具有刑法上的因果关系，则行为人不构成本罪。

3. 本罪的主体。本罪的主体是军队中的指挥人员和值班、值勤人员。指挥人员，是指对部队或者部属负有组织、领导、管理职责的军人，一般是指部队各级首长及部队的部门主管人员，专业主管人员在其业务管理范围内，视为指挥人员。值班人员，是指军队各单位、各部门为保持指挥或者履行职责不间断而设立的、定期轮流负责处理本单位、本部门特定事务的人员，如作战值班人员、通讯值班人员、节假日值班人员等。值勤人员，是指正在担任警卫、巡逻、观察、纠察、押运等勤务，或者作战勤务工作的人员，如在边防、海防担任守卫、巡逻任务的人员，在部队的机关及重要地点担任警戒勤务的人员，在城市协助地方维护社会治安勤务的人员等。

4. 本罪的主观方面。本罪的主观方面是过失。也有观点认为，如果将擅离职守限于过失，则难以处理故意的擅离职守的行为；擅离军事职守罪为故意犯罪，玩忽军事职守罪为过失犯罪。① 这实际上混淆了对行为本身的过失和对危害结果的过失在认定犯罪类型上的差异，按照传统观点，过失犯罪的判断标准应该以行为人对危害结果的主观态度为判断依据。行为人对于其擅离职守、玩忽职守行为的实施一般是出于故意，但是行为人对擅离职守、玩忽职守所造成的严重后果在主观方面是过失，其对自己的行为可能会造成严重后果是出于疏忽大意或过于自信。如果行为人对于自身擅离岗位可能造成的严重结果持故意心态，就不再是擅离军事职守罪了。例如，行为人明知他人将盗窃枪支而故意擅离岗位使人得逞，行为人应该以盗窃枪支罪的共犯论处，而非定擅离军事职守罪。

• 适用指引 •

司法实践中，认定本罪应注意：

按照过去的规定，军职人员私自将自己保管、使用的枪支、弹药借给他

① 参见张明楷：《刑法学》，法律出版社2007年版，第890页。

人，致使公共财产、国家和人民利益遭受重大损失的，以玩忽职守罪论处；如果在值班、值勤等执行职务时，擅自将自己使用、保管的枪支、弹药借给他人，因而造成严重后果的，以玩忽军事职守罪论处。一般情况下，非法出租、出借枪支罪的法定刑与玩忽职守罪和玩忽军事职守罪的法定刑相同，但不要求造成严重后果，所以军职人员私自将自己保管、使用的枪支、弹药借给他人的，一般应该以非法出租、出借枪支罪论处。由于战时玩忽军事职守罪的法定刑较高，因此如果军职人员战时私自将自己保管、使用的枪支借给他人，致使公共财产、国家和人民利益遭受重大损失的，应该以玩忽军事职守罪论处。

第四百二十六条 阻碍执行军事职务罪

【法律规定】

• 法律条文 •

《中华人民共和国刑法》

第四百二十六条 以暴力、威胁方法，阻碍指挥人员或者值班、值勤人员执行职务的，处五年以下有期徒刑或者拘役；情节严重的，处五年以上十年以下有期徒刑；情节特别严重的，处十年以上有期徒刑或者无期徒刑。战时从重处罚。

• 相关规定 •

《最高人民检察院、解放军总政治部关于军人违反职责罪案件立案标准的规定》（政检〔2013〕1号）

第七条 阻碍执行军事职务案（刑法第四百二十六条）

阻碍执行军事职务罪是指以暴力、威胁方法，阻碍指挥人员或者值班、值勤人员执行职务的行为。

凡涉嫌阻碍执行军事职务的，应予立案

【案例】

冯某阻碍执行军事职务案①

• 案件事实 •

冯某，男，原系某炮兵独立营某连战士。1993年8月22日，冯某得知本班

① 参见曹子丹主编：《新刑法罪名量刑与案例通览》，吉林大学出版社2000年版，第1520页。

战士崔某向本连领导反映了他在 21 日晚误了岗哨执勤一事后，心生不满，蓄意报复崔某。当天晚上 9 时许，冯某在营地路上遇到崔某，上前质问并打了崔某两个耳光。崔某忍让躲开。9 时 30 分，崔某到炮兵阵地站岗放哨执勤，冯某又追到崔某执勤的岗哨，边质问边又打了崔某两个耳光。冯某还拿起放在炮车上的半自动步枪（内无子弹），威胁崔某说："我捅死你！"导致崔某因怕冯某行凶报复而逃离执勤的岗位，躲进坑道内，1 个多小时不敢出来执行执勤放哨的职务。

• 裁判要旨 •

以暴力、威胁方法阻碍指挥人员或者值班、值勤人员执行职务的行为，构成阻碍执行军事职务罪。

• 裁判理由 •

审理此案的某军事法院认为：被告人冯某无视国法军纪，为挟嫌报复，使用暴力手段殴打和持枪威胁正在站岗放哨的执勤人员，致使火炮阵地的哨位上无人放哨执勤达 1 个多小时，严重阻碍了执勤人员执行职务，影响恶劣，情节严重，其行为已构成阻碍执行职务罪，判处被告人冯某有期徒刑一年。

【学理分析及适用指引】

• 学理分析 •

阻碍执行军事职务罪，是指以暴力、威胁方法阻碍指挥人员或者值班、值勤人员执行职务的行为。本罪的构成要件如下：

1. 本罪的客体。本罪的客体是指挥和值班、值勤的军事秩序和国家的军事利益。

2. 本罪的客观方面。本罪的客观方面表现为以暴力、威胁方法阻挠或者妨碍指挥、值班、值勤人员以及其他军人执行职务的行为。"暴力"，是指使用捆绑、拘禁、殴打、伤害及其他方法危害人身安全或者限制人身自由，或者强行毁坏装备、设施和财物，使对方不能正常执行职务的行为。"威胁"，是指以实施暴力、逼迫、恫吓等方式，使对方不能正常执行职务的行为。"执行职务"，是指指挥、值班、执勤人员以及其他军人正在履行的特定职责。侵犯的对象是正在执行职务的指挥人员或值班、值勤人员以及其他执行职务的军人。

3. 本罪的主体。本罪的主体为现役军人。一般公民以暴力、威胁方法阻碍任何军人执行职务的，成立《刑法》第 368 条规定的阻碍军人执行职务罪。

4. 本罪的主观方面。本罪的主观方面只能是故意。行为人有何目的与动机不影响本罪的成立。

• 适用指引 •

司法实践中，认定本罪时应注意：

本罪是行为犯，不要求情节严重就可成立本罪，并且战时从重处罚。情节严重是本罪的加重处罚事由，一般是指聚众阻碍执行职务的首要分子，使用武器装备阻碍执行职务的，在紧要关头或者危急时刻阻碍执行职务的，阻碍担负重要职责的指挥人员或者值班、值勤人员执行职务的，阻碍执行职务造成严重后果的等。犯阻碍执行军事职务罪而致人重伤、死亡的或者有其他特别严重情节的，是本罪的特别加重处罚情节。此处的特别严重情节，是指聚众使用武器装备阻碍执行职务的，在紧要关头或者危急时刻阻碍担负重要职责的指挥人员或者值班、值勤人员执行职务的，阻碍执行职务造成特别严重后果的等。[①]《刑法》第234条与本法条属于法条竞合，按照《刑法》第234条规定的处断原则：本法另有规定的，依照规定。暴力阻碍战士执行职务，致警卫战士重伤的，应以本罪论。

第四百二十七条 指使部属违反职责罪

【法律规定】

• 法律条文 •

《中华人民共和国刑法》

第四百二十七条 滥用职权，指使部属进行违反职责的活动，造成严重后果的，处五年以下有期徒刑或者拘役；情节特别严重的，处五年以上十年以下有期徒刑。

• 相关规定 •

《最高人民检察院、解放军总政治部关于军人违反职责罪案件立案标准的规定》（政检〔2013〕1号）

第八条 指使部属违反职责案（刑法第四百二十七条）

指使部属违反职责罪是指指挥人员滥用职权，指使部属进行违反职责的活动，造成严重后果的行为。

涉嫌下列情形之一的，应予立案：

（一）造成重大任务不能完成或者迟缓完成的；

---

① 参见陈兴良主编：《规范刑法学》，中国政法大学出版社2003年版，第527页。

（二）造成死亡一人以上，或者重伤二人以上，或者重伤一人、轻伤三人以上，或者轻伤五人以上的；

（三）造成武器装备、军事设施、军用物资或者其他财产损毁，直接经济损失二十万元以上，或者直接经济损失、间接经济损失合计一百万元以上的；

（四）造成其他严重后果的。

【学理分析及适用指引】

• 学理分析 •

指使部属违反职责罪，是指指挥人员滥用职权，指使部属进行违反职责的活动，造成严重后果的行为。本罪的构成要件如下：

1. 本罪的客体。本罪的犯罪客体是军队的正常活动秩序。

2. 本罪的客观方面。本罪的客观方面表现为军队的指挥人员滥用职权，指使部属进行违反职责的活动，造成严重后果的行为。首先，必须是滥用职权。滥用职权，是指不正当地运用职务上的权力，超越职权，违法决定、处理无权决定、处理的事项，或者违反规定处理公务。如果不是利用职权，而是采取与职权无关的其他方法指使部属进行违反职责的活动，则不成立本罪。其次，指使部属进行违反职责的活动，是指指使部属实施违反国家法律法规，中央军委、各总部、各军、兵种和各军区制定的军事法规、军事规章所规定的军人不经有关部门批准，指使部署进行营利性活动，后者如不当地指使部属从事高风险的活动或不当地指使部属提供服务、财物等。行为人指使部属所实施的违反职责的活动，必须是尚未构成军人违反职责罪的一般违反职责的活动，否则，指使者与具体实施者构成相应犯罪的共犯。例如，指使部属非法获取军事秘密的，指使者与具体实施非法获取军事秘密的人构成共同犯罪，而不成立本罪。最后，必须造成严重后果。构成本罪必须是造成严重后果的行为。没有造成严重后果的，不构成本罪，应当由有关主管部门给予适当的军纪处分。

3. 本罪的主体。本罪的主体是军队中具有一定职权的军人。

4. 本罪的主观方面。本罪在主观方面是过失，行为人对于指使部属进行违反职责的活动可能造成严重后果持过失心态。① 但是，对于行为本身出于故意，即明知是违反军人职责的活动，而故意指使部属实施。也有观点认为，本罪的主观方面是故意。② 这实际上混淆了对行为本身的过失和对危害结果的过失在认定犯罪类型上的差异，按照传统观点，过失犯罪的判断标准应该以行为

---

① 参见韩玉胜主编：《刑法各论案例分析》，中国人民大学出版社2004年版，第534页。

② 参见高铭暄、马克昌主编：《刑法学》，北京大学出版社2005年版，第757页。

人对危害结果的主观态度为判断依据。比如，两人嬉戏，互相抛掷书本，一方不小心将对方眼睛砸瞎。虽然行为本身是故意的，但是对于危害结果是过失，我们仍以过失犯罪论。

• 适用指引 •

指使部属违反职责罪实际上是一种特殊形式的滥用职权行为，即行为人指使部属实施违反职责的活动，并造成严重后果。本罪主体是具有一定职权的军职人员，即军队中处于一定领导地位的军人，普通士兵不能构成本罪。

认定本罪时还需要注意行为人与部属共犯的关系。指使部属违反职责罪属于过失犯罪，因为行为人指使部属实施违反职责的行为不能包括故意犯罪的内容，否则行为人与部属成立相关故意犯罪的共犯（部属欠缺故意犯罪要素的除外），对行为人不能定本罪。如行为人指使其部属非法获取军事秘密的，指使者的行为应以非法获取军事秘密罪（教唆犯）论处。

第四百二十八条 违令作战消极罪

【法律规定】

• 法律条文 •

《中华人民共和国刑法》

第四百二十八条 指挥人员违抗命令，临阵畏缩，作战消极，造成严重后果的，处五年以下有期徒刑；致使战斗、战役遭受重大损失或者有其他特别严重情节的，处五年以上有期徒刑。

• 相关规定 •

《最高人民检察院、解放军总政治部关于军人违反职责罪案件立案标准的规定》（政检〔2013〕1号）

第九条 违令作战消极案（刑法第四百二十八条）

违令作战消极罪是指指挥人员违抗命令，临阵畏缩，作战消极，造成严重后果的行为。

违抗命令，临阵畏缩，作战消极，是指在作战中故意违背、抗拒执行首长、上级的命令，面临战斗任务而畏难怕险，怯战怠战，行动消极。

涉嫌下列情形之一的，应予立案：

（一）扰乱作战部署或者贻误战机的；

（二）造成作战任务不能完成或者迟缓完成的；

（三）造成我方人员死亡一人以上，或者重伤二人以上，或者轻伤三人以上的；

（四）造成武器装备、军事设施、军用物资或者其他财产损毁，直接经济损失二十万元以上，或者直接经济损失、间接经济损失合计一百万元以上的；

（五）造成其他严重后果的。

【学理分析及适用指引】

● 学理分析 ●

违令作战消极罪，是指指挥人员违抗命令、临阵畏缩、作战消极，造成严重后果的行为。本罪的构成要件如下：

1. 本罪的客体。本罪的客体是军人参战秩序和国家的军事利益，消极作战必然扰乱作战秩序、危害军事利益。

2. 本罪的客观方面。本罪在客观方面表现为违抗命令、临阵畏缩，作战消极，造成严重后果的行为。命令，是指上级、首长在职权范围内对下级、部属下达的必须执行的指示。违抗命令，是指以违背和抗拒的方式不执行命令的行为，包括两种方式：一是公开抗拒；二是“阳奉阴违”。如果根据上级命令作战略性防御或撤退，其行为不具有违法性、违抗性，不构成犯罪。[①] 临阵畏缩，是指在作战中畏难怕险、畏缩怠战。作战消极，是指在作战中不积极主动。违抗命令、临阵畏缩、作战消极，是指在作战中故意违背并抗拒执行首长、上级的命令，或者面临战斗任务而畏难怕险，怯战怠战，行动消极。构成本罪必须是造成严重后果的行为。没有造成严重后果的，不构成本罪，应当由有关主管部门给予适当的军纪处分。

3. 本罪的主体。本罪的主体是各级指挥人员，即对部队和部属负有领导、管理职责的军人，属于军人违反职责罪中的特殊主体。

4. 本罪的主观方面。本罪的主观方面是故意。行为人在战场上临阵畏缩、作战消极往往是出于贪生怕死、不顾大局或者对上级不满等动机。

致使战斗、战役遭受重大损失，是指造成我军人员重大伤亡，武器装备、军事设施或者军用物资严重损失，直至战斗、战役失利等。此处的特别严重情节，是指造成特别严重后果的，如执行重要作战任务行动消极的，在紧要关头或者危急时刻作战消极的，煽动、串通其他部队和人员消极怠战的等。

● 适用指引 ●

司法实践中，认定本罪应注意与战时违抗命令罪有相似之处，即都有违抗

---

① 参见曹子丹主编：《新刑法罪名量刑与案例通览》，吉林人民出版社2000年版，第1524页。

命令的行为，区别表现在：本罪主要是违抗积极作战的命令，战时违抗命令罪违抗命令的范围没有限定；本罪客观上只限于临阵畏缩、作战消极，仍然有作战行为，而战时违抗命令罪则包括一切违抗作战命令的行为，可能根本拒绝作战；本罪主体只限于指挥人员，战时违抗命令罪的主体是参加作战应接受作战命令的部属军人。

第四百二十九条　拒不救援友邻部队罪

【法律规定】

• 法律条文 •

《中华人民共和国刑法》

第四百二十九条　在战场上明知友邻部队处境危急请求救援，能救援而不救援，致使友邻部队遭受重大损失的，对指挥人员，处五年以下有期徒刑。

• 相关规定 •

《最高人民检察院、解放军总政治部关于军人违反职责罪案件立案标准的规定》（政检〔2013〕1号）

第十条　拒不救援友邻部队案（刑法第四百二十九条）

拒不救援友邻部队罪是指指挥人员在战场上，明知友邻部队面临被敌人包围、追击或者阵地将被攻陷等危急情况请求救援，能救援而不救援，致使友邻部队遭受重大损失的行为。

能救援而不救援，是指根据当时自己部队（分队）所处的环境、作战能力及所担负的任务，有条件组织救援却没有组织救援。

涉嫌下列情形之一的，应予立案：

（一）造成战斗失利的；

（二）造成阵地失陷的；

（三）造成突围严重受挫的；

（四）造成我方人员死亡三人以上，或者重伤十人以上，或者轻伤十五人以上的；

（五）造成武器装备、军事设施、军用物资损毁，直接经济损失一百万元以上的；

（六）造成其他重大损失的。

【学理分析及适用指引】

• 学理分析 •

拒不救援友邻部队罪，是指指挥人员在战场上，明知友邻部队被敌人包围、追击或者阵地将被攻陷等紧急情况请求救援，能救援而不救援，致使友邻部队遭受重大损失的行为。本罪的构成要件如下：

1. 本罪的客体。本罪的客体是部队的作战利益和作战秩序。

2. 本罪的客观方面。本罪的客观方面表现为在战场上明知友邻部队处境危急请求救援，能救援而不救援，致使友邻部队遭受重大损失的行为。本罪是典型的不作为犯罪。首先，在战场上友邻部队处境危急请求救援时，有关指挥人员便产生了率部队救援的义务；其次，必须具有救援友邻部队的可能性，是否具有这种可能性，要根据当时的主客观条件进行判断；最后，没有救援友邻部队，致使友邻部队遭受重大损失。所谓战场，是指两军作战的空间，包括陆地、海区及其上空。此处既包括同国外敌军作战的战场，又包括同国内敌军作战的战场。友邻部队，是指由于驻地、配置地域或者执行任务而相邻，没有隶属关系的部队（分队）。所谓处境危急，是指被敌围困、追击、将被攻陷等。如果基于其他原因陷入危急境地，如因机械故障导致舰船即将沉没、倾覆等情况，也属于处境危急。能救援而不救援，是指根据当时自己部队（分队）所处的环境、作战能力及所担负的任务，完全有条件组织救援却没有组织救援。如果本身确实实力有限，无力救援，或者本身负有更重大的任务，进行救助将对大局造成更大损失的，不以犯罪论处。本罪是结果犯，还要求不救援致使友邻部队遭受重大损失的后果。

3. 本罪的主体。本罪的主体是指挥人员，即负有战场指挥责任的军职干部（军官），普通士兵不能成为本罪的主体。

4. 本罪的主观方面。本罪的主观方面是故意，明知友邻部队处境危急请求救援，能救援而不予救援。

• 适用指引 •

司法实践中，认定本罪时要区分本罪与玩忽军事职守罪的界限。这两种犯罪客观上都可能因未尽职责而造成严重后果。其区别在于前者所未尽的职责是指挥人员基于部队友邻关系而产生的，而后者所未尽的职责是指挥人员自身职务所要求的。指挥人员对所属部队处境危急不积极组织支援构成犯罪的，应以玩忽军事职守罪论处，对友邻部队见危不救构成犯罪的，应以拒不救援友邻部队罪论处。在主观方面，前者是故意犯罪，后者是过失犯罪。

第四百三十条　军人叛逃罪

【法律规定】

● 法律条文 ●

《中华人民共和国刑法》

第四百三十条　在履行公务期间，擅离岗位，叛逃境外或者在境外叛逃，危害国家军事利益的，处五年以下有期徒刑或者拘役；情节严重的，处五年以上有期徒刑。

驾驶航空器、舰船叛逃的，或者有其他特别严重情节的，处十年以上有期徒刑、无期徒刑或者死刑。

● 相关规定 ●

《最高人民检察院、解放军总政治部关于军人违反职责罪案件立案标准的规定》（政检〔2013〕1号）

第十一条　军人叛逃案（刑法第四百三十条）

军人叛逃罪是指军人在履行公务期间，擅离岗位，叛逃境外或者在境外叛逃，危害国家军事利益的行为。

涉嫌下列情形之一的，应予立案：

（一）因反对国家政权和社会主义制度而出逃的；

（二）掌握、携带军事秘密出境后滞留不归的；

（三）申请政治避难的；

（四）公开发表叛国言论的；

（五）投靠境外反动机构或者组织的；

（六）出逃至交战对方区域的；

（七）进行其他危害国家军事利益活动的。

【案例】

李某某军人叛逃案①

• 案件事实 •

被告人李某某，男，原系某军区边防某团十四连战士。1997 年 5 月初，李某某因传看违禁手抄本《少女之心》，为逃避组织追查，遂于同年 6 月 23 日趁站岗之机，携带“五六式”冲锋枪一支、子弹五发，叛逃至某国。在某国期间，李某某向某国当局提供了一些我军的军事秘密，以接受记者采访、录音、写感想等形式，多次进行反华宣传。1997 年 12 月，李某某被秘密遣送回国后，逃窜于湖南、广东、海南等地隐匿。1998 年 3 月 11 日被我国公安机关抓获。

• 裁判要旨 •

军人在履行公务期间擅离岗位是构成军人叛逃罪的前提条件。

• 裁判理由 •

法院经审理认为：被告人李某某，身为军人，在某国大肆宣扬“中国威胁论”的形势下，携枪支投奔某国当局，积极为某国当局作反华宣传，损害国家军事利益，其行为已构成军人叛逃罪。被告人李某某被某国当局秘密遣送回国后，在近二年半的时间内逃窜到湖南、广东、海南等地隐匿，企图逃避法律打击，应予从重处罚；但是归案后认罪态度较好，应予从轻处罚。依据《刑法》第 430 条、第 56 条的规定，判决如下：一、被告人李某某犯军人叛逃罪，判处有期徒刑六年。二、剥夺政治权利二年。

【学理分析及适用指引】

• 学理分析 •

军人叛逃罪，是指军人在履行公务期间擅离岗位，叛逃境外或者在境外叛逃，危害国家军事利益的行为。本罪的构成要件如下：

1. 本罪的客体。本罪的客体是国防安全秩序。

2. 本罪的客观方面。本罪的客观方面表现为在履行公务期间擅离岗位，叛逃境外或者在境外叛逃，危害国家军事利益的行为。叛逃境外，是指通过合法或者非法手段叛逃境外的行为。在境外叛逃，是指在境外履行国家、国防事

---

① 参见曹子丹主编：《新刑法罪名量刑与案例通览》，吉林人民出版社 2000 年版，第 1528 页。

务以及其他军事事务期间，擅自离队或者与派出单位和有关部门脱离关系，并滞留不归的行为。军人叛逃罪构成的特定时间是在履行公务期间。如果因私合法出境后，与派出单位和有关部门脱离关系，并滞留境外不归的，属于出走而不应认定为在境外叛逃。所谓境外，是指国外、境外或者外国驻华大使馆、领事馆。所谓国家军事利益，是指有关国防建设和武装力量的作战、训练、保障等方面的利益，具体表现为武装力量的作战秩序、军事机密、战斗力、内部秩序、国际声誉等。所谓危害国家军事利益，是指军人因违反职责，而对国家军事利益所造成的直接侵害，例如，因反对国家政权和社会主义制度而出逃的，掌握、携带机密级以上军事秘密出境后滞留不归的，出境后申请政治避难的，出逃后公开发表叛国言论的，出逃后投靠境外反动机构或者组织的，出境至交战对方区域的，出逃后从事其他危害国家军事利益的。

3. 本罪的主体。犯罪主体是军人，包括解放军和武装警察部队的官兵及具有军籍的学员。

4. 本罪的主观方面。主观方面是故意。动机包括追求境外富裕的生活和完备的工作条件；触犯我国《刑法》后，逃避刑事处罚等，动机不影响定罪。

• 适用指引 •

司法实践中，认定本罪时应注意：

1. 本罪与他罪。军人在履行军事事务期间擅离岗位，叛逃境外并向外国政府提供军事秘密的，只要不是敌国政府，只能以军人叛逃罪而非投敌叛变罪论处。

2. 本罪与投敌叛变罪的区别：（1）侵害的客体不同。前者侵犯的同类客体是军事利益，直接客体是出境军人和军人出境的管理活动；后者的客体是国家安全。（2）客观方面不同。前者必须是逃往境外的非敌对国家、组织；后者必须是投向敌国、境内外的敌对组织。（3）主体不同。前者必须是军人；后者既包括军人，又包括非军人。（4）主观方面不同。前者必须明知逃往的国家、地区是非敌对的；后者必须明知投向的是敌国或境内外的敌对组织。①

① 参见高铭暄、马克昌主编：《刑法学》，北京大学出版社2005年版，第759页。

第四百三十一条　非法获取军事秘密罪；为境外窃取、刺探、收买、非法提供军事秘密罪

【法律规定】

• 法律条文 •

《中华人民共和国刑法》

第四百三十一条　以窃取、刺探、收买方法，非法获取军事秘密的，处五年以下有期徒刑；情节严重的，处五年以上十年以下有期徒刑；情节特别严重的，处十年以上有期徒刑。

为境外的机构、组织、人员窃取、刺探、收买、非法提供军事秘密的，处五年以上十年以下有期徒刑；情节严重的，处十年以上有期徒刑、无期徒刑或者死刑。

• 相关规定 •

《最高人民检察院、解放军总政治部关于军人违反职责罪案件立案标准的规定》（政检〔2013〕1号）

第十二条　非法获取军事秘密案（刑法第四百三十一条第一款）

非法获取军事秘密罪是指违反国家和军队的保密规定，采取窃取、刺探、收买方法，非法获取军事秘密的行为。

军事秘密，是关系国防安全和军事利益，依照规定的权限和程序确定，在一定时间内只限一定范围的人员知悉的事项。内容包括：

（一）国防和武装力量建设规划及其实施情况；

（二）军事部署，作战、训练以及处置突发事件等军事行动中需要控制知悉范围的事项；

（三）军事情报及其来源，军事通信、信息对抗以及其他特种业务的手段、能力，密码以及有关资料；

（四）武装力量的组织编制，部队的任务、实力、状态等情况中需要控制知悉范围的事项，特殊单位以及师级以下部队的番号；

（五）国防动员计划及其实施情况；

（六）武器装备的研制、生产、配备情况和补充、维修能力，特种军事装备的战术技术性能；

（七）军事学术和国防科学技术研究的重要项目、成果及其应用情况中需要控制知悉范围的事项；

（八）军队政治工作中不宜公开的事项；

（九）国防费分配和使用的具体事项，军事物资的筹措、生产、供应和储备等情况中需要控制知悉范围的事项；

（十）军事设施及其保护情况中不宜公开的事项；

（十一）对外军事交流与合作中不宜公开的事项；

（十二）其他需要保密的事项。

凡涉嫌非法获取军事秘密的，应予立案。

第十三条 为境外窃取、刺探、收买、非法提供军事秘密案（刑法第四百三十一条第二款）

为境外窃取、刺探、收买、非法提供军事秘密罪是指违反国家和军队的保密规定，为境外的机构、组织、人员窃取、刺探、收买、非法提供军事秘密的行为。

凡涉嫌为境外窃取、刺探、收买、非法提供军事秘密的，应予立案。

【案例】

杨某某为境外非法提供军事秘密案①

• 案件事实 •

被告人杨某某，男，原系某部某某机务站代理司务长，专业军事军衔。1997年10月，杨某某认识了驻地村民陈某某（另案处理），并通过陈某某与孙某某（国民党军事情报局间谍，另案处理）相识。1998年初，孙某某、陈某某以拿文件到海上与渔民换钱为由，多次向杨某某索要部队文件。同时，先后送给杨某某一台摄像机、两副台湾产“国花”牌麻将及紫菜、鱼干等物品。杨某某于同年3月的一天，向孙某某提供了21份文件。几天后，陈某某又一次向杨某某索要文件，并明确告诉杨某某其文件是拿到海上与国民党间谍换钱，在此情况下，杨某某又向陈某某提供了1份文件。此后不久，孙某某从海上给国民党间谍交文件回来，窜至杨某某宿舍，将1张国民党间谍收集我军情报提纲的纸条交给杨某某，并说：“按此提纲就能卖大价钱。”之后，杨某某于1998年4月的一天，再次向孙某某提供了4份文件。

• 裁判要旨 •

明知是境外机构、组织、人员而为其窃取、刺探、收买或者非法提供国家军事秘密是为境外窃取、刺探、收买、非法提供军事秘密罪的主观罪过内容。

① 参见曹子丹主编：《新刑法罪名量刑与案例通览》，吉林人民出版社2000年版，第1530页。

• 裁判理由 •

法院经审理认为：被告人杨某某身为现役军人，违反军人职责，非法向敌人提供国家机密军事情报，其行为已经构成为境外非法提供军事秘密罪。根据《刑法》第431条第2款以及《中央军事委员会关于剥夺犯罪军人军衔的暂行规定》第2条第1款的规定，判决如下：一、被告人杨某某犯为境外非法提供军事秘密罪，判处有期徒刑十年。二、剥夺政治权利五年。三、剥夺专业军事军衔。

【学理分析及适用指引】

• 学理分析 •

1. 非法获取军事秘密罪的构成。非法获取军事秘密罪，是指违反国家和军队的保密规定，采取窃取、刺探、收买方法，非法获取军事秘密的行为。本罪的构成要件如下：

（1）本罪的客体。本罪的客体是国家军事秘密的管理制度。本罪的犯罪对象是军事秘密。军事秘密，是指直接关系到国防和军队利益与安全，在一定时间内只限一定范围的人员知悉的事项。秘密包括绝密、机密、秘密三个密级。军事秘密的载体，包括文件、资料、图表、书刊等纸质载体和光盘、硬盘、软盘、音像磁带等磁介质载体以及重要的内部网络信息等。

（2）本罪的客观方面。本罪的客观方面表现为违反国家和军队的保密规定，采取窃取、刺探、收买方法，非法获取有关国家军事秘密情报、载体的行为。所谓违反保守国家秘密法规，是指不遵守国家有关保守军事秘密的法规，如《中国人民解放军保密条例》《国防科技工业定密工作管理办法（试行）》等。窃取，是指采取秘密手段，获取军事秘密的行为。刺探，是指搜集、侦察、探听军事秘密的行为。收买，是指以金钱或者财物与他人交换获取军事秘密的行为。其他一些非法手段，如骗取、敲诈等，从广义上看也属窃取行为。无关人员采取上述不正当方法知悉这些秘密的内容，即属非法获取军事秘密。本罪与《刑法》第282条非法获取国家秘密罪存在包容的法规竞合关系，军人非法获取军事秘密的，应优先适用本章的规定，以非法获取军事秘密罪论处。

（3）本罪的主体。犯罪的主体是军职人员。

（4）本罪的主观方面。本罪的主观方面是故意。

2. 为境外窃取、刺探、收买、非法提供军事秘密罪的构成。为境外窃取、刺探、收买、非法提供军事秘密罪，是指军人违反国家和军队的保密规定，为境外机构、组织、人员窃取、刺探、收买、非法提供国家军事秘密的行为。本罪的构成要件如下：

（1）本罪的客体。本罪的客体是国家保守军事秘密的管理制度。

（2）本罪的客观方面。本罪客观方面表现为为境外的机构、组织、人员窃取、刺探、收买、非法提供军事秘密的行为。境外机构、组织、人员，是指境外企图搜集我国情报的一切机构、组织和人员。窃取，是指采取秘密手段，获取军事秘密的行为。刺探，是指搜集、侦察、探听军事秘密的行为。收买，是指以金钱或者财物与他人交换，获取军事秘密的行为。非法提供，是指违反国家和军队的保密规定，未经批准擅自提供或者故意泄露军事秘密的行为。窃取、刺探、收买、非法提供是行为的四种表现形式，只要实施其中之一便构成犯罪，同时实施多种行为的也不实行并罚。军事秘密包括一切国家军事秘密。

（3）本罪的主体。犯罪主体为所有军人，包括中国人民解放军的现役军官、文职干部、士兵及具有军籍的学员和中国人民武装警察部队的现役警官、文职干部、士兵及具有军籍的学员以及文职人员、执行军事任务的预备役人员和其他人员。

（4）本罪的主观方面。本罪的主观上只能出于故意，即明知是境外机构、组织、人员而为其窃取、刺探、收买或者非法提供国家军事秘密。此处的明知，包括一定知道和可能知道。

• 适用指引 •

司法实践中，认定为境外窃取、刺探、收买、非法提供军事秘密罪应注意：

1. 为境外窃取、刺探、收买、非法提供军事秘密罪与为境外窃取、刺探、收买、非法提供国家秘密、情报罪的区别：前者的犯罪对象是国家军事秘密，后者的犯罪对象是国家秘密或者情报（但不排除军事秘密）；前者的犯罪主体是军职人员，后者是一般主体。因此，军职人员为境外机构、组织、人员窃取、刺探、收买、非法提供军事秘密以外的国家秘密、情报的，以及一般公民为境外机构、组织、人员窃取、刺探、收买、非法提供国家军事秘密的，均成立为境外窃取、刺探、收买、非法提供国家秘密、情报罪。

2. 为境外窃取、刺探、收买、非法提供军事秘密罪的一罪与数罪：对方是间谍，仍然接受其任务为间谍组织提供国家军事秘密的行为，同时符合间谍罪和为境外窃取、刺探、收买、非法提供军事秘密罪，按照想象竞合犯从一重罪处断的原则，应以为境外窃取、刺探、收买、非法提供军事秘密罪论处。

第四百三十二条　故意泄露军事秘密罪、过失泄露军事秘密罪

【法律规定】

• 法律条文 •

《中华人民共和国刑法》

第四百三十二条　违反保守国家秘密法规，故意或者过失泄露军事秘密，情节严重的，处五年以下有期徒刑或者拘役；情节特别严重的，处五年以上十年以下有期徒刑。

战时犯前款罪的，处五年以上十年以下有期徒刑；情节特别严重的，处十年以上有期徒刑或者无期徒刑。

• 相关规定 •

《最高人民检察院、解放军总政治部关于军人违反职责罪案件立案标准的规定》（政检〔2013〕1号）

第十四条　故意泄露军事秘密案（刑法第四百三十二条）

故意泄露军事秘密罪是指违反国家和军队的保密规定，故意使军事秘密被不应知悉者知悉或者超出了限定的接触范围，情节严重的行为。

涉嫌下列情形之一的，应予立案：

（一）泄露绝密级或者机密级军事秘密一项（件）以上的；

（二）泄露秘密级军事秘密三项（件）以上的；

（三）向公众散布、传播军事秘密的；

（四）泄露军事秘密造成严重危害后果的；

（五）利用职权指使或者强迫他人泄露军事秘密的；

（六）负有特殊保密义务的人员泄密的；

（七）以牟取私利为目的泄露军事秘密的；

（八）执行重大任务时泄密的；

（九）有其他情节严重行为的。

第十五条　过失泄露军事秘密案（刑法第四百三十二条）

过失泄露军事秘密罪是指违反国家和军队的保密规定，过失泄露军事秘密，致使军事秘密被不应知悉者知悉或者超出了限定的接触范围，情节严重的行为。

涉嫌下列情形之一的，应予立案：

（一）泄露绝密级军事秘密一项（件）以上的；

（二）泄露机密级军事秘密三项（件）以上的；

（三）泄露秘密级军事秘密四项（件）以上的；

（四）负有特殊保密义务的人员泄密的；

（五）泄露军事秘密或者遗失军事秘密载体，不按照规定报告，或者不如实提供有关情况，或者未及时采取补救措施的；

（六）有其他情节严重行为的。

【案例】

丁某某过失泄露军事秘密案①

• 案件事实 •

丁某某，原系某部作训参谋。1979 年 5 月，丁某某擅自将一份核心机密资料和记载绝密内容的笔记本带回家。到家后，他故意在自己的爱人面前炫耀，说："这次我带了一个很重要的文件回来，比生命还重要，丢了要杀头的。"丁某某的爱人把这些话传给了其他亲戚，有个亲戚出于好奇，偷看了这些机密资料的前几页。不久，丁某某与爱人一起归队途经上海停留，第二天上午去商场选购衣服时，把装有绝密材料的手提包放在柜台上，不慎被他人盗走。同年 6 月 27 日，部队在地方公安的配合下侦破了此案。

• 裁判要旨 •

军人泄露军事秘密的要严格区分故意还是过失，分别构成不同的罪名。

• 裁判理由 •

某军事法院审理后认为：被告人丁某某在爱人面前炫耀，让他人出于好奇，偷看了这些机密资料；外出购物时，严重违规携带该绝密材料处于公共场所，最终导致装有绝密材料的手提包被他人盗走。被告人丁某某的行为已经构成过失泄露军事秘密罪，判处有期徒刑二年。

【学理分析及适用指引】

• 学理分析 •

1. 故意泄露军事秘密罪的构成。故意泄露军事秘密罪，是指违反国家和军队的保密规定，故意使军事秘密不应知悉者知悉或者超出了限定的接触范

① 参见赵久来、董新发：《军人违反职责罪案例简析》，辽宁大学出版社 1989 年版，第 105 页。

围，情节严重的行为。本罪的构成要件如下：

（1）本罪的客体。本罪的客体是国家军事秘密的管理制度。本罪的犯罪对象是军事秘密。军事秘密的载体，包括文件、资料、图表、书刊等纸质载体和光盘、硬盘、软盘、音像磁带等磁介质载体以及重要的内部网络信息等。

（2）本罪的客观方面。本罪的客观方面表现为违反保守国家秘密法规，泄露军事秘密，使军事秘密被不应知悉者知悉或者超出了限定的接触范围，情节严重的行为。所谓违反保守国家秘密法规，是指不遵守国家有关保守军事秘密的法规，如《中国人民解放军保密条例》《国防科技工业定密工作管理办法（试行）》等。以何种方式泄露，并不影响本罪的成立。此外，故意泄露军事秘密的行为，必须是情节严重的才构成犯罪。所谓情节严重，按照《最高人民检察院、解放军总政治部关于军人违反职责罪案件立案标准的规定》第14条的规定，是指泄露绝密级或者机密级军事秘密的；泄露秘密级军事秘密三项以上的；向公众散布、传播军事秘密的；泄露军事秘密已造成严重危害后果的；利用职权指使或者强迫他人违反保密法规，泄露军事秘密的；机要、保密人员或者其他负有特殊保密义务的人员泄密的；以谋取私利为目的泄露军事秘密或者出卖军事秘密的；执行重大任务时泄密的；其他情节严重的泄密行为。

（3）本罪的主体。本罪的主体是军职人员。

（4）本罪的主观方面。本罪的主观方面是故意。行为人故意泄露军事秘密，表现为行为人明知是军事秘密，而故意违反保守国家军事秘密法规，将国家军事秘密泄露或者传递给不该知悉军事秘密的人。行为人故意泄露军事秘密的动机多种多样，有的是为了炫耀自己见多识广，有的是贪图钱财，有的是为讨好他人等。

如果故意将国家军事秘密泄露给境外的机构、组织、人员的，则成立《刑法》第431条的为境外非法提供军事秘密罪。

2. 过失泄露军事秘密罪的构成。过失泄露军事秘密罪，是指违反国家和军队的保密规定，过失泄露军事秘密，情节严重的行为。本罪的构成要件如下：

（1）本罪的客体。本罪的客体是国家军事秘密的管理制度。本罪的犯罪对象是军事秘密。

（2）本罪的客观方面。本罪的客观方面表现为违反保守国家秘密法规，泄露军事秘密，情节严重的行为。《中国人民解放军内务条令（试行）》和《中国人民解放军保密条例》都明确要求军人保守秘密，如“不该说的秘密不说”“不该带的秘密不带”“不在私人书信中涉及秘密”“不用普通邮电传递秘密”和“不在非保密场所阅办、讨论秘密”等。过失泄露军事秘密，是指过失泄露军事秘密或者遗失军事秘密载体，致使军事秘密被不应知悉者知悉或者超出了限定的接触范围。构成本罪必须是情节严重的行为。所谓情节严重，根据《最高人民检察院、解放军总政治部关于军人违反职责罪案件立案标准的规定》第15条规定，是指泄露绝密级军事秘密的；泄露机密级军事秘密三项以上的；泄露秘密级军事秘密三项以上，造成严重危害后果的；机要、保密人员或者其他负有特殊保密义务的人员泄密的；泄露军事秘密或者遗失军事秘密载体，不如实提供有关情况的，或者未及时采取补救措施的；其他情节严重的泄密行为。

（3）本罪的主体。本罪的主体是军职人员。

（4）本罪的主观方面。本罪的主观方面是过失。

• 适用指引 •

司法实践中，认定本罪时应注意：

1. 过失使无法定权利知悉军事秘密的他人知悉军事秘密的，不管是否造成严重后果，都构成过失泄露军事秘密罪。

2. 过失泄露军事秘密罪与过失泄露国家秘密罪的界限。二者的主要区别是：（1）主体不同。前者的主体是军职人员，后者的主体不限。（2）客观方面不同。前者是泄露军事秘密的行为，后者是泄露国家秘密的行为。因此，军职人员过失泄露非军事方面的国家秘密，或者非军人过失泄露军事秘密，情节严重的，以过失泄露国家秘密罪定罪。

3. 过失泄露军事秘密罪与擅离、玩忽军事职守罪的界限。这两种犯罪主观上都是过失，客观上又都可能造成泄密的严重后果，其区别在于，前者所违反的是保守军事秘密的规章制度，违背的是军人保守军事秘密的一般职责；而后者所违反的是指挥和值班、值勤的规章制度，违背的是指挥人员和值班、值勤人员的特殊职责。如果作战指挥人员使用电话了解部队情况时，忘记加密而造成泄密的，则应以过失泄露军事秘密罪论处。

第四百三十三条 战时造谣惑众罪

【法律规定】

• 法律条文 •

《中华人民共和国刑法》

第四百三十三条 战时造谣惑众，动摇军心的，处三年以下有期徒刑；情节严重的，处三年以上十年以下有期徒刑；情节特别严重的，处十年以上有期徒刑或者无期徒刑。

• 相关规定 •

《最高人民检察院、解放军总政治部关于军人违反职责罪案件立案标准的规定》（政检〔2013〕1号）

第十六条 战时造谣惑众案（刑法第四百三十三条）

战时造谣惑众罪是指在战时造谣惑众，动摇军心的行为。

造谣惑众，动摇军心，是指故意编造、散布谣言，煽动怯战、厌战或者恐怖情绪，蛊惑官兵，造成或者足以造成部队情绪恐慌、士气不振、军心涣散的行为。

凡战时涉嫌造谣惑众，动摇军心的，应予立案。

【学理分析及适用指引】

• 学理分析 •

战时造谣惑众罪，是指在战时造谣惑众、动摇军心的行为。本罪的构成要件如下：

1. 本罪的客体。本罪的客体是部队的作战能力和作战秩序。

2. 本罪的客观方面。本罪客观方面表现为在战时造谣惑众、动摇军心的行为。造谣惑众、动摇军心，是指战时在部队中公开或者私下，用口头或者普通文字、图像、计算机网络或者其他途径，故意制造、散布谣言，煽动怯战、厌战或恐怖情绪，蛊惑官兵，造成或者足以造成部队情绪恐慌、士气不振、军心涣散的行为。造谣惑众的行为必须导致扰乱军心的结果，或者具有扰乱军心的危险性，比如散布敌人如何不可战胜、我军如何不堪一击、渲染反战情绪等。如果造谣惑众的内容与军事无关，或者情节显著轻微，因而不可能扰乱军心的，则不成立本罪。至于我军军心是否实际上已被谣言所动摇，对成立本罪并无实质意义。

3. 本罪的主体。本罪的主体必须是军职人员，但不限于参加作战的军职人员。其他公民战时造谣惑众、扰乱军心的，应以《刑法》第378条的战时造谣扰乱军心罪论处。

4. 本罪的主观方面。本罪主观方面必须出于故意，过失不可能成立本罪。

• 适用指引 •

司法实践中，认定本罪应注意：

实践中，针对个别人散布谣言，也可能使众人受迷惑。造谣惑众行为不以针对不特定军人实施为必要，虽然是向个别军人传谣，但只要足以使不特定人得知造谣内容，进而扰乱军心的，也应认为是造谣惑众。①

情节严重是本罪的加重处罚事由，一般认为包括：指挥人员造谣惑众的；谣言散布范围广泛的；谣言内容煽动性大的；在紧要关头或者危急时刻造谣惑众的；引起部队混乱，指挥失控、多人逃亡等严重后果的等。勾结敌人造谣惑众是本罪的特别加重处罚事由。此处的情节特别严重，是指勾结敌人造谣惑众，造成部队军心涣散、部队怯战、厌战或者引起其他严重后果的等。②

第四百三十四条 战时自伤罪

【法律规定】

• 法律条文 •

《中华人民共和国刑法》

第四百三十四条 战时自伤身体，逃避军事义务的，处三年以下有期徒刑；情节严重的，处三年以上七年以下有期徒刑。

• 相关规定 •

《最高人民检察院、解放军总政治部关于军人违反职责罪案件立案标准的规定》（政检〔2013〕1号）

第十七条 战时自伤案（刑法第四百三十四条）

战时自伤罪是指在战时为了逃避军事义务，故意伤害自己身体的行为。

逃避军事义务，是指逃避临战准备、作战行动、战场勤务和其他作战保障任务等与作战有关的义务。

凡战时涉嫌自伤致使不能履行军事义务的，应予立案。

【学理分析及适用指引】

• 学理分析 •

战时自伤罪，是指在战时为了逃避军事义务，故意伤害自己身体的行为。本罪的构成要件如下：

1. 本罪的客体。本罪的客体是军人参战秩序和部队的作战利益。

2. 本罪的客观方面。本罪的客观方面表现为战时故意伤害自己身体，致

---

① 参见张明楷：《刑法学》，法律出版社2003年版，第804页。

② 参见陈兴良：《规范刑法学》，中国政法大学出版社2003年版，第535页。

使不能履行军事义务的行为。本罪只能发生在战时。自伤身体指有意识地伤害自己的身体，包括加重已有的伤害。对自伤的部位、方法和伤害的程度，应从广义上理解，不论是伤害哪一部位，是造成轻伤还是重伤，是利用枪击、刀砍还是其他方法，是行为人自己伤害自己的身体，还是利用他人的故意或者过失行为伤害自己的身体，均属自伤身体的行为。

3. 本罪的主体。本罪的主体是参加作战或者担负作战任务的军职人员，其他公民自伤的不成立本罪。

4. 本罪的主观方面。本罪的主观方面为故意，要求明知自己的自伤行为会致使不能履行军事义务，包括直接故意和间接故意。如果行为人明知自伤行为会致使不能履行军事义务的结果，且放任这一结果发生，也可能成立本罪。逃避履行军事义务，是指逃避临战准备、作战行动、战场勤务和其他作战保障任务等与作战有关的义务。

犯战时自伤罪且情节严重的，是本罪的加重处罚事由。此处的情节严重，是指指挥人员或者其他负有重要职责的人员自伤的；紧要关头或者危急时刻自伤的；因自伤造成严重后果的等。

• 适用指引 •

司法实践中，认定本罪应注意：

战时自伤罪不但要求军人在战时为了逃避履行军事义务，故意伤害自己身体，还必须造成不能履行军事义务的结果。在认定战时自伤罪时应注意查明：一是确实查明行为人是自伤还是误伤。行为人不小心伤害了自己身体，这不符合战时自伤罪的主观要件。二是行为人是否有逃避军事义务的动机。如果行为人战时自伤的目的不是逃避军事义务，而是骗取荣誉或掩蔽过失，则不构成战时自伤罪。①

第四百三十五条　逃离部队罪

【法律规定】

• 法律条文 •

《中华人民共和国刑法》

第四百三十五条　违反兵役法规，逃离部队，情节严重的，处三年以下有期徒刑或者拘役。

---

① 参见胡云腾主编：《刑法条文案例精解》，法律出版社 2004 年版，第 646 页。

战时犯前款罪的，处三年以上七年以下有期徒刑。

• 相关规定 •

《最高人民法院、最高人民检察院关于对军人非战时逃离部队的行为能否定罪处罚问题的批复》（法释〔2000〕39号）

军人违反兵役法规，在非战时逃离部队，情节严重的，应当依照刑法第四百三十五条第一款的规定定罪处罚。

《最高人民检察院、解放军总政治部关于军人违反职责罪案件立案标准的规定》（政检〔2013〕1号）

第十八条 逃离部队案（刑法第四百三十五条）

逃离部队罪是指违反兵役法规，逃离部队，情节严重的行为。

违反兵役法规，是指违反国防法、兵役法和军队条令条例以及其他有关兵役方面的法律规定。

逃离部队，是指擅自离开部队或者经批准外出逾期拒不归队。

涉嫌下列情形之一的，应予立案：

（一）逃离部队持续时间达三个月以上或者三次以上或者累计时间达六个月以上的；

（二）担负重要职责的人员逃离部队的；

（三）策动三人以上或者胁迫他人逃离部队的；

（四）在执行重大任务期间逃离部队的；

（五）携带武器装备逃离部队的；

（六）有其他情节严重行为的。

《中国人民解放军军事法院关于审理军人违反职责罪案件中几个问题的处理意见》（〔1988〕军法发字第34号）

五、关于军人在临时看管期间逃跑的，能否以脱逃罪论处问题。

脱逃罪是指被依法逮捕、关押的犯罪分子，从羁押、改造场所或者在押解途中逃走的行为。军队的临时看管仅是一项行政防范措施。因此，军人在此期间逃跑的，不构成脱逃罪。但在查明他确有犯罪行为后，他的逃跑行为可以作为量刑情节在处刑时予以考虑。

【案例】

张某2逃离部队案①

• 案件事实 •

2017年11月20日中午，被告人张某2因不服从时任钦州市公安边防支队勤务中队二班副班长周某强的工作安排，二人发生口角致肢体冲突。张某2称腰痛要求去医院检查，钦州市公安边防支队安排人员带其到钦州市第一人民医院进行检查并治疗，也到解放军三〇三医院进行检查。由于对医院的诊断结果不满意，2017年12月12日，张某2及其父亲张某1提出回河北省保定市进行检查治疗，向部队请假7天获得批准，时间从2017年12月12日至2017年12月18日止。被告人张某2于2017年12月14日在保定市第一医院进行检查，诊断为L5/S1椎间盘轻度突出。2017年12月19日，被告人张某2请假期满后没有按时归队。2017年12月20日在保定市解放军第二五二医院住院治疗，该院诊断为腰椎间盘突出症。住院时间从2017年12月20日起至2017年12月31日出院。出院医嘱为加强营养、卧床休息。被告人请假期满之后，钦州市公安边防支队指派干部通过电话、短信、邮寄信件等方式多次联系张某2及其父亲张某1，告知逾假不归队的后果，希望张某2尽快归队，但张某2及张某1以继续留在保定市治疗和认为部队对事件的处理不公为由，不肯归队。后钦州市公安边防支队先后三次派出干部前往保定市与张某2的家属沟通，劝说张某2返回部队，但张某2拒绝归队。直至2018年5月10日（公安机关立案之日）仍然没有归队，逃离部队时间持续4个月22日。2018年5月13日，被告人张某2在河北省保定市其家中被公安机关抓获归案。

另查明，被告人张某2与周某强打架事件发生以后，钦州市边防支队勤务中队对周某强给予了行政警告处分。本案在审理过程中，被告人张某2及辩护人提出管辖权异议和对张某2受伤的伤情、伤残等级及误工期、营养期、护理期、后续治疗费用进行鉴定的申请。经审查，作出了对管辖权异议不予采纳的答复以及作出不同意申请人提出的鉴定申请的决定。

• 裁判要旨 •

军人不论是在战时还是在非战时，违反兵役法规，逃离部队，情节严重的，均构成逃离部队罪。

---

① 参见广西壮族自治区钦州市中级人民法院（2019）桂07刑终73号。

●　裁判理由　●

一审法院认为，被告人张某2作为现役士官，违反兵役法规，逃离部队，情节严重，其行为触犯了《刑法》第435条第1款的规定，构成逃离部队罪，公诉机关指控被告人张某2犯逃离部队罪罪名成立。根据被告人张某2犯罪的事实、性质、情节及认罪、悔罪态度，依照《刑法》第435条第1款、第47条、第61条的规定，作出如下判决：被告人张某2任犯逃离部队罪，判处有期徒刑一年。

上诉人张某2上诉提出：(1)其没有逃离部队的主观故意，没有及时归队的主要原因是被周某强打伤，需要治疗；(2)根据三家医院的检查报告与医嘱，上诉人的误工期最短需60天，即使上诉人主观有逃离部队的故意，其逃离期限应当最早自2018年3月2计算至上诉人被拘留时，逃离时间未达到情节严重，不应追究刑事责任。

上诉人的辩护人提出：(1)本案据以定罪量刑的证据并未核实其真实性，违反相关法律规定，认定被告人构成逃离部队罪证据不足；(2)一审法院对判决的理由是有罪推定，认定上诉人构成逃离部队罪证据不确实、充分；(3)一审法院认定的事实存在明显错误；(4)本案大部分证据非法性依然未排除，不得作为定案依据；(5)逃离部队罪属于《刑法》第10章军人违反职责的犯罪，应当属于保卫部门侦查，军事法院管辖。

广西壮族自治区钦州市人民检察院认为，一审判决认定的犯罪事实清楚，证据确实充分，定罪准确，量刑适当，审判程序合法，上诉人的上诉理由不能成立。

上诉人张某2在二审期间提供了保定市骨科医院诊断证明书2份、中国人民解放军第二五二医院诊断证明书2份、钦南区人民法院受理案件通知书1份、《应征公民体检标准》摘要1份等证据，证实张某2患腰椎间盘突出症。

广西壮族自治区钦州市中级人民法院理查明的事实与原判认定的事实一致，且原判认定本案事实和采信的证据均经庭审举证、质证并查证属实，上诉人所提交的证据不影响对本案事实的认定，法院对原判认定的事实和证据予以确认。关于上诉人张某2的上诉理由及辩护人的辩护意见，法院根据本案的事实、证据和相关法律规定，综合评判如下：

1. 上诉人张某2的犯罪事实是否清楚，证据是否确实充分的问题。经查，上诉人张某2逃离部队属实，有书证、证人证言、电子信件及上诉人的供述等证据证实，且上述证据来源合法，客观真实，与本案有关联性，可作为认定本案事实的依据，故上诉人张某2逃离部队的事实清楚，证据确实充分，上诉人的辩护人该辩护意见不能成立。

2. 对于本案的证据来源是否合法，是否客观真实的问题。经核查，本案的证据中，有部分证据来自公安边防支队在查办本案时收集的书证、证人证言、电子证据等，以上证据有原件，也有复印件（复印件经核对与原件一致），这是公安机关在本案立案后依法收集的证据，虽这些证据是公安机关立案前边防支队收集的证据，但更具客观性、真实性，因为当时的边防支队并没有把张某2作为犯罪嫌疑人来调查，只是作为一般违规违纪来调查，以上证据材料客观、真实。根据《刑事诉讼法》的规定，行政机关在查办案件过程中收集的物证、书证、视听资料、电子证据等证据材料，在刑事诉讼中可作为证据适用。本案中所有的证据材料，已经过一审法院的庭前会议及庭审质证，对有瑕疵的予以补正，属非法证据的已作了排除。一审法院认定的证据符合证据的客观性、合法性，且证据间形成了证据链，足以证实本案的犯罪事实。

3. 对于上诉人张某2是否构成逃离部队罪的问题。（1）张某2在部队与战士发生矛盾冲突被推打后，以要回老家河北保定市治疗为由，向部队请假7天，部队批准其7天假期，但在7天假期期满后没有办理续假的情况下，不返回部队，且在部队多次派员到河北保定市，虽然张某2在医院检查身体有轻微伤，但军人应以大局为重，以服从命令为天职，一切行动听从指挥，其以治伤为由拒不返回部队，在主观上有逃离部队的直接故意。（2）张某2能主动报名参军，值得赞扬，但作为军人应严格遵守军规，遵守《兵役法》的规定，有事请假，假满归队。本案中，张某2在获得7天假期期满后，在没有获得批准续假并经多次劝返而不归回部队，客观离开部队连续4个多月，属逃离部队情节严重的行为。（3）张某2于2017年8月1日在北海市银海区通过士官直招方式入伍，后经中国人民武装警察边防部队士官学校选取为初级士官，授予武警下士警衔，至被逮捕时属于军人。《刑法》第450条规定，本章适用于中国人民解放军的现役军官、文职干部、士兵及具有军籍的学员和中国人民武装警察部队的现役警官、文职干部、士兵及具有学籍的学员以及执行军事任务的预备役人员和其他人员。所以张某2符合逃离部队罪的主体资格。综上所述，上诉人张某2在主、客观方面符合逃离部队罪的犯罪特征，依法构成逃离部队罪。

4. 关于本案的管辖权问题。张某2的辩护人提出逃离部队罪属于《刑法》第10章军人违反职责的犯罪，应当属于军队保卫部门侦查，军事法院管辖。经查，《最高人民法院、最高人民检察院、公安部、国家安全部、司法部、解放军总政治部关于办理军队和地方互涉刑事案件的规定》第4条规定，列入中国人民武装警察部队的序列的公安边防、消防、警卫人员，按照地方人员确定管辖，对地方人员的侦查、起诉、审判，由地方公安机关、人民检察院、人民法院管辖；《公安机关办理刑事案件程序规定》第29条规定，列入武装警察部队序列的公安边防人员的犯罪案件，由公安机关管辖。本案的原审被告人张某2原属钦州市边防支队现役士官、武警下士，其犯罪案件按上述规定，应属地方公安机关侦查，人民法院审判。故辩护人的该辩护意见不能成立，法院不予采纳。

二审法院认为，上诉人张某2作为现役士官，违反兵役法规，逃离部队4个多月，情节严重，其行为触犯了《刑法》第435条第1款的规定，构成逃离部队罪。按《刑法》规定，犯逃离部队罪，处三年以下有期徒刑。张某2的上诉理由及其辩护人的辩护意见经查不能成立，法院不予采纳。一审法院根据上诉人张某2犯罪的事实、犯罪的性质、情节及对社会的危害程度，对其判处有期徒刑一年，量刑适当。综上所述，一审法院认定本案的犯罪事实清楚，证据确实充分，定罪和适用法律正确，量刑适当。审判程序合法。钦州市人民检察院的意见成立，二审法院予以支持。依照《刑事诉讼法》第225条第1款第1项的规定，裁定如下：驳回上诉，维持原判。本裁定为终审裁定。

【学理分析及适用指引】

• 学理分析 •

逃离部队罪，是指违反兵役法规，逃离部队，情节严重的行为。本罪的构成要件如下：

1. 本罪的客体。本罪的客体是国家兵役制度。

2. 本罪的客观方面。本罪的客观方面表现为违反兵役法规，逃离部队，情节严重的行为。违反兵役法规，是指违反我国《刑法》《国防法》《兵役法》及其他涉及兵役方面的法律规定。逃离部队，是指为逃避服役擅自离开部队或者逾期拒不归队。但并非所有的逃离部队的行为都构成犯罪。对情节轻微、情节一般的逃离部队行为，应采取说服教育、欢迎归队的政策，必要时予以军纪处分，但不能作为犯罪处理。按照《最高人民检察院、解放军总政治部关于军人违反职责案件立案标准的规定》第18条的规定，情节严重是指，逃离部队持续时间达3个月以上或者3次以上或者累计时间达6个月以上的；担负重要职责的人员逃离部队的；策动3人以上或者胁迫他人逃离部队的；在执行重要任务期间逃离部队的；有其他情节严重行为的，如逃离部队后在社会上从事违法活动，逃离部队后私自出境的，因逃离部队受到纪律处分再次逃离部队的等。① 根据《最高人民法院、最高人民检察院关于对军人非战时逃离部队的行为能否定罪处罚问题的批复》规定，军人违反兵役法规，在非战时逃离部队，情节严重的，也可构成本罪。本罪可以由作为和不作为构成。现役军人私自离队或逾期不归，情节严重的，都可以构成本罪。

3. 本罪的主体。本罪的主体为现役军人。

---

① 参见韩玉胜主编：《刑法各论案例分析》，中国人民大学出版社2004年版，第540页。

4. 本罪的主观方面。本罪的主观方面是故意，目的是逃避继续服兵役。动机多是贪生怕死，怕苦怕累，不愿受部队纪律约束等。如因迷失方向、受伤掉队，或被敌人围困而脱离部队的，则不构成本罪。

• 适用指引 •

司法实践中，认定本罪应注意：

1. 军人非战时违反兵役法规，逃离部队，情节严重的，也构成逃离部队罪。

2. 本罪与战时临阵脱逃罪的主要区别：

（1）主体有所不同。战时临阵脱逃罪的主体限于参加作战或者担负作战任务的军职人员；而逃离部队罪的主体可以是任何现役军人。

（2）主观方面有所不同。战时临阵脱逃罪的行为人主观目的是逃避履行战斗义务，并具有贪生怕死的动机；而逃离部队罪的行为人主观目的通常是逃避服兵役。

（3）发生时间不同。战时临阵脱逃罪只发生在战时；而逃离部队罪则既可发生在平时，也可发生在战时。

第四百三十六条　武器装备肇事罪

【法律规定】

• 法律条文 •

《中华人民共和国刑法》

第四百三十六条　违反武器装备使用规定，情节严重，因而发生责任事故，致人重伤、死亡或者造成其他严重后果的，处三年以下有期徒刑或者拘役；后果特别严重的，处三年以上七年以下有期徒刑。

• 相关规定 •

《最高人民检察院、解放军总政治部关于军人违反职责罪案件立案标准的规定》（政检〔2013〕1号）

第十九条　武器装备肇事案（刑法第四百三十六条）

武器装备肇事罪是指违反武器装备使用规定，情节严重，因而发生责任事故，致人重伤、死亡或者造成其他严重后果的行为。

情节严重，是指故意违反武器装备使用规定，或者在使用过程中严重不负责任。

涉嫌下列情形之一的，应予立案：

（一）影响重大任务完成的；

（二）造成死亡一人以上，或者重伤二人以上，或者轻伤三人以上的；

（三）造成武器装备、军事设施、军用物资或者其他财产损毁，直接经济损失三十万元以上，或者直接经济损失、间接经济损失合计一百五十万元以上的；

（四）严重损害国家和军队声誉，造成恶劣影响的；

（五）造成其他严重后果的。

《中国人民解放军军事法院关于审理军人违反职责罪案件中几个问题的处理意见》（〔1988〕军法发字第34号）

一、关于军职人员玩弄枪支、弹药走火或者爆炸，致人重伤、死亡或者造成其他严重后果的案件，是否一概以武器装备肇事罪论处的问题。

军职人员在执勤、训练、作战时使用、操作武器装备，或者在管理、维修、保养武器装备的过程中，违反武器装备使用规定和操作规程，情节严重，因而发生重大责任事故，致人重伤、死亡者或造成其他严重后果的，依照《条例》第三条的规定，以武器装备肇事罪论处；凡违反枪支、弹药管理使用规定，私自携带枪支、弹药外出，因玩弄而造成走火或者爆炸，致人重伤、死亡或者使公私财产遭受重大损失的，分别依照刑法第一百三十五条、第一百三十三条、第一百零六条的规定，以过失重伤罪、过失杀人罪或者过失爆炸罪论处。

四、关于军职人员驾驶军用装备车辆肇事的，是定交通肇事罪还是武器装备肇事罪的问题。

军职人员驾驶军用装备车辆，违反武器装备使用规定和操作规程，情节严重，因而发生重大责任事故，致人重伤、死亡或者造成其他严重后果的，即使同时违反交通运输规章制度，也应当依照《条例》第三条的规定，以武器装备肇事罪论处；如果仅因违反交通运输规章制度而发生重大事故，致人重伤、死亡或者使公私财产遭受重大损失的，则依照刑法第一百一十三条的规定，以交通肇事罪论处。

【案例】

郭某某武器装备肇事案①

• 案件事实 •

被告人郭某某，男，原系某军区守备师某团某连连长。1998年5月17日

① 参见曹子丹主编：《新刑法罪名量刑与案例通览》，吉林人民出版社2000年版，第1540页。

上午，郭某某带领本连执行训练任务。12时许，训练结束后，郭某某擅自驾驶配属该连保障训练的230型牵引车返回连队驻地。当车行至银巴公路46公里里程碑西侧约350米处时，因为车速过快，加上郭某某技术不熟练，采取措施不当，导致车后牵引的85加农炮右翻450度，引起车右翻360度，将坐在车上的18名军人摔出车厢，造成死亡1人、重伤3人、轻伤8人的严重后果。

• 裁判要旨 •

违反武器装备使用规定，发生责任事故，致人重伤、死亡，或者造成其他严重后果的，构成武器装备肇事罪。

• 裁判理由 •

某军事法院审理后认为：被告人郭某某，法纪观念淡薄，违反武器装备操作规程，擅自驾驶车辆，造成严重后果，其行为已构成武器装备肇事罪。案发后能积极抢救伤员，认罪态度较好。为严肃军纪，确保国家军事利益不受侵犯，根据《刑法》第436条之规定，判决如下：被告人郭某某犯武器装备肇事罪，判处有期徒刑二年。

【学理分析及适用指引】

• 学理分析 •

武器装备肇事罪，是指违反武器装备使用规定，情节严重，因而发生责任事故，致人重伤、死亡，或者造成其他严重后果的行为。本罪的构成要件如下：

1. 本罪的客体。本罪的客体是部队武器装备的管理和使用制度。所谓武器装备，是指实施和保障军事行动的武器、武器系统和军事技术器材的统称，如枪、炮、弹药、战车、飞机、船舰、化学武器、核武器和通讯、侦察、工程、防化等军事技术设备。对于这些武器装备，军队有关部门都分别制定有使用规定和操作规程。

2. 本罪的客观方面。本罪的行为违反了这些使用规定和操作规程。本罪的客观方面表现为违反武器装备使用规定，情节严重，因而发生责任事故，致人重伤、死亡或者造成其他严重后果的行为。这主要包括以下三个方面：

（1）行为人实施了违反武器装备使用规定的行为。

（2）行为的情节严重。情节严重，是指故意违背武器装备的使用规定，或者在使用过程中严重不负责任的行为，包括作为和不作为。

（3）行为发生了重大责任事故，致人重伤、死亡或者造成了其他严重后果。责任事故，是指因违反规章制度的失职行为而造成的事故。其他严重后果，是指因武器装备肇事而引起爆炸、火灾、大面积污染或者其他重大损失等。

3. 本罪的主体。本罪的主体是军职人员。

4. 本罪的主观方面。本罪的主观方面是过失。

• 适用指引 •

在具体认定罪名时，应注意区分下列问题：军职人员在执勤、训练、作战时使用、操作武器装备，或者在管理、维修、保养武器装备的过程中，违反武器装备使用规定和操作规程，情节严重，因而发生重大责任事故，致人重伤、死亡或造成其他严重后果的，以武器装备肇事罪论处；凡违反枪支、弹药管理使用规定，私自携带枪支、弹药外出，因玩弄而造成走火或者爆炸，致人重伤、死亡或者使公私财产遭受重大损失的，以过失重伤罪、过失杀人罪或者过失爆炸罪论处。军职人员在执行公务中，驾驶军用装备车辆，违反武器装备使用规定和操作规程，情节严重，因而发生重大责任事故，致人重伤、死亡或者造成其他严重后果的，即使同时违反交通运输规章制度，也应当以武器装备肇事罪论处。如果非出于执行公务，仅因违反交通运输规章制度而发生重大事故，致人重伤、死亡或者使公私财产遭受重大损失的，则以交通肇事罪论处。

第四百三十七条　擅自改变武器装备编配用途罪

【法律规定】

• 法律条文 •

《中华人民共和国刑法》

第四百三十七条　违反武器装备管理规定，擅自改变武器装备的编配用途，造成严重后果的，处三年以下有期徒刑或者拘役；造成特别严重后果的，处三年以上七年以下有期徒刑。

• 相关规定 •

《最高人民检察院、解放军总政治部关于军人违反职责罪案件立案标准的规定》（政检〔2013〕1号）

第二十条　擅自改变武器装备编配用途案（刑法第四百三十七条）

擅自改变武器装备编配用途罪是指违反武器装备管理规定，未经有权机关批准，擅自将编配的武器装备改作其他用途，造成严重后果的行为。

涉嫌下列情形之一的，应予立案：

（一）造成重大任务不能完成或者迟缓完成的；

（二）造成死亡一人以上，或者重伤三人以上，或者重伤二人、轻伤四人以上，或者重伤一人、轻伤七人以上，或者轻伤十人以上的；

（三）造成武器装备、军事设施、军用物资或者其他财产损毁，直接经济损失三十万元以上，或者直接经济损失、间接经济损失合计一百五十万元以上的；

（四）造成其他严重后果的。

【学理分析及适用指引】

• 学理分析 •

擅自改变武器装备编配用途罪，是指违反武器装备管理规定，未经有权机关批准，擅自将编配的武器装备改作其他用途，造成严重后果的行为。本罪的构成要件如下：

1. 本罪的客体。本罪的客体是部队武器装备的管理和使用制度。部队编配的武器装备都有其特定用途，不能随便改作他用，特别是从事生产经营活动。

2. 本罪的客观方面。本罪的客观方面表现为违反武器装备的动用权限、编配用途和使用范围等管理规定，未经有权机关批准而自行将编配的武器装备改作其他用途，造成严重后果的行为。擅自，是指无使用权的人越权使用，或者有使用权的人未经批准使用、违反规定使用、非法给他人使用。本罪是结果犯，只有造成严重后果才构成犯罪。此处的严重后果，是指具有下列情形之一的：造成重大任务不能完成或者迟缓完成的；造成死亡 1 人以上，或者重伤 3 人以上，或者轻伤 4 人以上的；造成武器装备、军事设施、军用物资或者其他财产损毁，直接经济损失 30 万元以上的，或者直接经济间接经济损失合计 150 万元以上的；造成其他严重后果的。

3. 本罪的主体。本罪的主体是军人。从司法实践看，主要是各级指挥人员和武器装备的管理人员。

4. 本罪的主观方面。本罪的主观方面是出于过失，即行为人应该预见自己的行为违反了武器装备管理规定，可能造成严重后果，由于疏忽大意而没有预见，或者已经预见而轻信能够避免，以致发生严重后果。如果行为人对违反武器装备管理规定擅自改变武器装备编配用途的行为可能造成的严重后果采取希望或者放任的态度，则根据不同的犯罪构成要件以故意犯罪论处。如明知他人借用枪支是为了报复杀人而仍将枪支借给他人，应按故意杀人罪的共犯论处。①

---

① 参见韩玉胜主编：《刑法各论案例分析》，中国人民大学出版社 2004 年版，第 542 页。

• 适用指引 •

司法实践中，认定本罪时要注意区分：

本罪与武器装备肇事罪的主体。本罪的主体是武器装备的管理人员，武器装备肇事罪的犯罪主体是武器装备的操作使用人员。武器装备的操作使用人员擅自改变武器装备的编配用途，造成严重结果的，以本罪论。但要注意，根据《刑法》和《中国人民解放军军事法院关于审理军人违反职责罪案件中几个问题的处理意见》规定，私自将自己保管、使用的枪支、弹药借给他人的，应以玩忽军事职守罪或非法出租、出借枪支罪论处。

第四百三十八条　盗窃、抢夺武器装备、军用物资罪

【法律规定】

• 法律条文 •

《中华人民共和国刑法》

第四百三十八条　盗窃、抢夺武器装备或者军用物资的，处五年以下有期徒刑或者拘役；情节严重的，处五年以上十年以下有期徒刑；情节特别严重的，处十年以上有期徒刑、无期徒刑或者死刑。

盗窃、抢夺枪支、弹药、爆炸物的，依照本法第一百二十七条的规定处罚。

• 相关规定 •

《最高人民检察院、解放军总政治部关于军人违反职责罪案件立案标准的规定》（政检〔2013〕1号）

第二十一条　盗窃、抢夺武器装备、军用物资案（刑法第四百三十八条）

盗窃武器装备罪是指以非法占有为目的，秘密窃取武器装备的行为。

抢夺武器装备罪是指以非法占有为目的，乘人不备，公然夺取武器装备的行为。

凡涉嫌盗窃、抢夺武器装备的，应予立案。

盗窃军用物资罪是指以非法占有为目的，秘密窃取军用物资的行为。

抢夺军用物资罪是指以非法占有为目的，乘人不备，公然夺取军用物资的行为。

凡涉嫌盗窃、抢夺军用物资价值二千元以上，或者不满规定数额，但后果严重的，应予立案。

《中国人民解放军军事法院关于审理军人违反职责罪案件中几个具体问题的处理意见》（〔1988〕军法发字第34号）

三、关于监守自盗军用物资的行为应如何定罪处罚问题。

军职人员利用职务上的便利，盗窃自己经手、管理的军用物资的，符合贪污罪的基本特征，依照刑法第一百五十五条和全国人大常委会《关于惩治贪污罪贿赂罪的补充规定》，以贪污罪论处，从重处罚。

【案例】

杨某某、陈某某、高某某盗窃军用物资案①

• 案件事实 •

被告人杨某某，男，原系某部队战士，上士军衔。被告人陈某某，男，原系某部队战士，下士军衔。被告人高某某，男，原系某部队战士，上等兵军衔。1997年10月至11月期间，杨某某共作案9次，单独或参与盗窃部队油料，价值39307.63元。个人得赃款16050元，案发后退回10300元。陈某某共作案8次，单独或参与盗窃部队油料，价值33275.35元。个人得赃款8330元，全部挥霍。高某某共参与作案3次，盗窃部队油料价值4015.64元。个人得赃款830元，案发后退回240元。

• 裁判要旨 •

盗窃军用物资罪与盗窃罪的界限在于对象主体范围的重大不同。

• 裁判理由 •

某军事法院审理后认为：被告人杨某某、陈某某、高某某多次盗窃军用油料，其行为均已构成盗窃军用物资罪。被告人杨某某、陈某某，犯罪情节严重。杨某某、陈某某在共同犯罪中起主要作用，是主犯。被告人高某某在共同犯罪中起次要作用，是从犯。高某某归案后认罪态度较好。被告人杨某某归案后积极退赃，平时表现较好，被告人高某某主动退还剩余赃款，可以从轻判处。依据《刑法》第26条、第27条、第64条、第438条的规定，判决如下：一、被告人杨某某犯盗窃军用物资罪，判处有期徒刑十二年，剥夺上士军衔。被告人陈某某犯盗窃军用物资罪，判处有期徒刑十年，剥夺下士军衔。被告人高某某犯盗窃军用物资罪，判处有期徒刑七年。二、赃款10540元予以没收，上缴国库。

---

① 参见曹子丹主编：《新刑法罪名量刑与案例通览》，吉林人民出版社2000年版，第1544页。

【学理分析及适用指引】

• 学理分析 •

盗窃武器装备、军用物资罪，是指以非法占有为目的，窃取武器装备、军用物资的行为。抢夺武器装备、军用物资罪是指以非法占有为目的，乘人不备，公然夺取武器装备、军用物资的行为。本罪的构成要件如下：

1. 本罪的客体。本罪的客体是国家对武器装备和军用物资的所有权以及军队战斗力的物质保障。

2. 本罪的客观方面。本罪的客观方面表现为行为人秘密窃取或者公然夺取武器装备或军用物资的行为。抢夺武器装备罪是指以非法占有为目的，乘人不备，公然夺取武器装备的行为。抢夺军用物资罪是指以非法占有为目的，乘人不备，公然夺取军用物资的行为。我们认为，抢夺行为不一定要趁人不备。因为虽然抢夺行为通常是采取趁财物所有人、保管人不备，突然夺取财物方法，但通说中抢夺只要求是公然夺取公私财物的行为，并非一定要趁人不备。[①] 正如有学者指出，抢夺行为一般是乘人不备，突然把财物夺走，但也有在被害人觉察而防护能力丧失的情况下（如患病，轻、中度醉酒）把财物夺走。[②] 武器装备，是指实施和保障军事行动的武器、武器系统和军事技术器材的统称，如枪、炮、弹药和通讯、侦察等军事技术设备。军用物资，是指专供武装力量使用和消费的各种物资的统称，主要包括装备器材、军需物资、卫生物资、油料物资、营房物资等。涉嫌盗窃、抢夺军用物资折款2000元以上，或者不满规定数额，但后果严重的，应予立案。通常财物价值的确定，由部队驻地人民法院、人民检察院和公安机关指定的价格事务机构进行估价；武器装备和军用物资的价值由部队军以上单位的主管部门确定。

3. 本罪的主体。本罪的主体是军职人员。非军职人员盗窃、抢夺武器装备的，以盗窃、抢夺枪支、弹药罪论。

4. 本罪的主观方面。本罪的主观方面是故意，并具有非法占有的目的。

• 适用指引 •

司法实践中，认定本罪时应注意：

军职人员利用职务上的便利，盗窃自己经手、管理的军用物资的，符合贪污罪的基本特征，以贪污罪论处，从重处罚。规定本罪的法条与规定盗窃、抢夺枪支、弹药罪的法条属于法条竞合关系，规定本罪的法条属于特别法，应优

---

① 参见高铭暄、马克昌主编：《刑法学》，北京大学出版社2005年版，第566页。

② 参见刘德法主编：《刑法学》，郑州大学出版社2004年版，第604页。

先适用。

第四百三十九条　非法出卖、转让武器装备罪

【法律规定】

• 法律条文 •

《中华人民共和国刑法》

第四百三十九条　非法出卖、转让军队武器装备的，处三年以上十年以下有期徒刑；出卖、转让大量武器装备或者有其他特别严重情节的，处十年以上有期徒刑、无期徒刑或者死刑。

• 相关规定 •

《最高人民检察院、解放军总政治部关于军人违反职责罪案件立案标准的规定》（政检〔2013〕1号）

第二十二条　非法出卖、转让武器装备案（刑法第四百三十九条）

非法出卖、转让武器装备罪是指非法出卖、转让武器装备的行为。

出卖、转让，是指违反武器装备管理规定，未经有权机关批准，擅自用武器装备换取金钱、财物或者其他利益，或者将武器装备馈赠他人的行为。

涉嫌下列情形之一的，应予立案：

（一）非法出卖、转让枪支、手榴弹、爆炸装置的；

（二）非法出卖、转让子弹十发、雷管三十枚、导火索或者导爆索三十米、炸药一千克以上，或者不满规定数量，但后果严重的；

（三）非法出卖、转让武器装备零部件或者维修器材、设备，致使武器装备报废或者直接经济损失三十万元以上的；

（四）非法出卖、转让其他重要武器装备的。

【学理分析及适用指引】

• 学理分析 •

非法出卖、转让武器装备罪，是指非法出卖、转让武器装备的行为。本罪的构成要件如下：

1. 本罪的客体。本罪的客体是国家对武器装备的所有权以及军队战斗力的物质保障。

2. 本罪的客观方面。本罪的客观方面表现为非法出卖、转让军队武器装

备的行为。所谓出卖、转让，是指违反武器装备管理规定，未经有权机关批准，擅自将武器装备出售、馈赠他人，或者换取其他物品的行为。应当注意，非法出卖或者转让的武器装备应是行为人合法管理或者职掌的。如果是将抢劫、盗窃、诈骗、抢夺所得的武器装备出卖的，应当以所构成的具体犯罪论处，而不应定为非法出卖武器装备罪。

3. 本罪的主体。本罪的主体是对于武器装备有合法管理或者职掌权力的军职人员。

4. 本罪的主观方面。本罪的主观方面是故意，行为人具有使部队永久性地失去对武器装备的控制，使他人永久性地占有武器装备的目的。但是对于非法出卖、转让武器装备所造成的严重结果，行为人可以出于故意，也可以出于过失。

情节严重，是本罪的加重处罚事由，是指盗窃、抢夺重要或者多件武器装备的；盗窃、抢夺军用物资数额巨大的；战时盗窃、抢夺武器装备、军用物资的；严重影响部队完成任务的；采取破坏性方法盗窃造成部队严重损失的；等等。出卖、转让大量武器装备或者有其他特别严重情节的，处十年以上有期徒刑、无期徒刑或者死刑。所谓其他特别严重情节，是指非法出卖、转让的武器装备被用于犯罪活动的；致使武器装备流散于社会危害公共安全的；非法出卖、转让武器装备给境外的机构、组织、人员的；在战争时期非法出卖、转让部队急需的武器装备的；等等。[①]

• 适用指引 •

司法实践中，认定本罪时应注意：

1. 如果战时以出卖、转让武器装备的方式资助敌人的，构成资敌罪。如果明知他人将使用出卖、转让的武器装备实施犯罪行为的，则以他人所实施的犯罪的共犯论处。

2. 关于单位非法出卖、转让武器装备的问题。从司法实践看，非法出卖、转让武器装备多数是由单位主管领导决定，以单位名义非法出卖、转让的。由于本罪没有规定单位犯罪，根据《刑法》第 30 条的规定，不能按单位犯罪处理，只能依照本条的规定，追究直接责任人员的刑事责任。

3. 非法出卖武器装备罪与非法买卖枪支、弹药、爆炸物罪的法条竞合问题。《刑法》对这两种犯罪的规定存在法条竞合关系。军人非法出卖部队武器装备的，应优先以非法出卖武器装备罪论处。

4. 将盗窃、抢夺的武器装备又出卖、转让的定罪问题。盗窃、抢夺武器装备后又将其出卖、转让的，应根据重罪吸收轻罪的原则，以非法出卖、转让武器装备罪论处，而将盗窃、抢夺的行为作为从重处罚的情节。但如果盗窃、

---

① 参见刘德法主编：《刑法学》，郑州大学出版社 2004 年版，第 830 页。

抢夺的是枪支、弹药、爆炸物，则应以盗窃、抢夺武器装备、军用物资罪定罪，将出卖、转让的行为作为从重处罚的情节。

第四百四十条　遗弃武器装备罪

【法律规定】

• 法律条文 •

《中华人民共和国刑法》

第四百四十条　违抗命令，遗弃武器装备的，处五年以下有期徒刑或者拘役；遗弃重要或者大量武器装备的，或者有其他严重情节的，处五年以上有期徒刑。

• 相关规定 •

《最高人民检察院、解放军总政治部关于军人违反职责罪案件立案标准的规定》（政检〔2013〕1号）

第二十三条　遗弃武器装备案（刑法第四百四十条）

遗弃武器装备罪是指负有保管、使用武器装备义务的军人，违抗命令，故意遗弃武器装备的行为。

涉嫌下列情形之一的，应予立案：

（一）遗弃枪支、手榴弹、爆炸装置的；

（二）遗弃子弹十发、雷管三十枚、导火索或者导爆索三十米、炸药一千克以上，或者不满规定数量，但后果严重的；

（三）遗弃武器装备零部件或者维修器材、设备，致使武器装备报废或者直接经济损失三十万元以上的；

（四）遗弃其他重要武器装备的。

【学理分析及适用指引】

• 学理分析 •

遗弃武器装备罪，是指负有保管武器装备义务的军人，违抗命令，故意遗弃武器装备的行为。本罪的构成要件如下：

1. 本罪的客体。本罪的客体是部队的武器装备的管理秩序。对象是武器装备。此处的武器装备，是指行为人依法持有或有权管理的、能够供部队使用的武器装备，包括暂时损坏但能够修复的武器装备。

2. 本罪的客观方面。本罪的客观方面表现为违抗命令，遗弃武器装备的行为。遗弃武器装备行为，以违抗命令为前提，否则不成立本罪；违抗命令，是指违反并拒不执行上级的命令。此处的遗弃，是指故意丢掉，弃置不顾。遗弃的场所法律没有限制，一般是在战场、军事行动地区和野外训练场等。遗弃主要包括两种情况：一是抛弃现有的、能够发挥作用的武器装备，如将有用的武器装备当作废品抛弃；二是应当将置于不安全地方的武器装备妥善管理却不妥善管理，如应当将在野外练习使用的武器装备运回军营而不运回，使其丧失武器性能。在战场上，行为人自行将因战损无法及时修复的武器装备丢弃，不属于遗弃武器装备。将盗窃、抢夺的武器装备又遗弃的，应作为盗窃、抢夺武器装备罪的从重处罚情节。

3. 本罪的主体。本罪的主体是武器装备的使用者、保管者、指挥者。对武器装备不具备使用权、保管权、指挥权的人，不成为本罪的主体。

4. 本罪的主观方面。本罪的主观方面是故意，没有过错或过失的行为不构成本罪。如由于战事激烈武器被夺取或遗失的。犯罪动机可以是多种多样的，如为逃跑方便而遗弃，为撤退顺利而遗弃等。

• 适用指引 •

司法实践中，认定本罪时应注意：

1. 遗弃武器装备兼犯其他罪行的定罪问题。军人犯战时临阵脱逃、逃离部队等罪时遗弃武器装备的，其行为如果符合不同的犯罪构成要件的，应实行数罪并罚。

2. 本罪与战时违抗命令罪的界限。这两种犯罪中虽然都有违抗命令的构成要件，但其含义有所不同。在战时违抗命令罪中，违抗命令的行为本身就是犯罪客观方面的主要内容，是需要追究刑事责任的基本依据，不需要再有其他具体的危害行为；而在遗弃武器装备罪中，犯罪客观方面的主要内容是遗弃武器装备，违抗命令仅仅是限制条件，说明行为人违反并抗拒执行上级命令，但其严重程度尚未达到战时违抗命令罪。因此，在遗弃武器装备罪中，仅凭其违抗命令的行为本身是不能追究刑事责任的。当然，如果行为人在遗弃武器装备行为中违抗命令的行为本身性质恶劣，危害严重，符合战时违抗命令罪的构成条件的，应按处理想象竞合犯的原则，以战时违抗命令罪定罪处罚。

3. 本罪与破坏武器装备罪的界限。两罪的犯罪对象相同，客观上都可能造成武器装备毁损的后果，其主要区别除了主观故意的内容不同外，在客观方面，遗弃武器装备的行为表现为消极地将武器装备丢弃不管，而破坏武器装备的行为表现为采取各种方法，积极地将武器装备毁坏。如果行为人所采取的遗弃武器装备的方法必然造成武器装备毁坏或者灭失的，如飞行员无重大危险而弃机跳伞，或者故意将武器装备投入深海等，应属破坏武器装备的行为。

4. 实践中应注意罪与非罪的区分。在战场上，为了特别需要，有计划地弃置一些武器装备，以达到轻装或者迷惑敌人的战术目的；因战事紧急，来不及修复损坏的武器装备又无法带走，不得已弃置的；在船舰将要倾覆或飞机即将坠毁之际被迫弃船或跳伞的。这些都是为了避免更大的损害发生而不得已作出的牺牲，属于紧急避险性质，属于有利于社会的合法行为，不能以遗弃武器装备罪论处。①

第四百四十一条 遗失武器装备罪

【法律规定】

• 法律条文 •

《中华人民共和国刑法》

第四百四十一条 遗失武器装备，不及时报告或者有其他严重情节的，处三年以下有期徒刑或者拘役。

• 相关规定 •

《最高人民检察院、解放军总政治部关于军人违反职责罪案件立案标准的规定》（政检〔2013〕1号）

第二十四条 遗失武器装备案（刑法第四百四十一条）

遗失武器装备罪是指遗失武器装备，不及时报告或者有其他严重情节的行为。

其他严重情节，是指遗失武器装备严重影响重大任务完成的；给人民群众生命财产安全造成严重危害的；遗失的武器装备被敌人或者境外的机构、组织和人员或者国内恐怖组织和人员利用，造成严重后果或者恶劣影响的；遗失的武器装备数量多、价值高的；战时遗失的，等等。

凡涉嫌遗失武器装备不及时报告或者有其他严重情节的，应予立案。

【学理分析及适用指引】

• 学理分析 •

遗失武器装备罪，是指遗失武器装备，不及时报告或者有其他严重情节的行为。本罪的构成要件如下：

1. 本罪的客体。本罪的客体是部队的武器装备的管理秩序。

---

① 参见胡云腾主编：《刑法条文案例精解》，法律出版社2004年版，第657页。

2. 本罪的客观方面。本罪的客观方面表现为遗失武器装备，不及时报告或者有其他严重情节的行为。此处的武器装备，是指部队直接用于实施和保障作战行动的武器、武器系统和军事技术器材的统称。所遗失的武器装备，一般属于轻武器，或者个人保管、使用、维修保养的某些重武器及军用装备。遗失，是指在武器装备的操作、使用、维护、修理、保养、运送等过程中，因疏忽大意或者过于自信而造成武器装备丢失。不及时报告，是指丢失武器装备后不按有关规定如实向首长、上级报告，因而丧失追查、寻找武器装备的机会。其他严重情节，是指遗失武器装备严重影响重大任务完成的；给人民群众生命财产安全造成严重危害的；遗失的武器装备被敌人或者境外的机构、组织和人员或者国内恐怖组织和人员利用，造成严重后果或者恶劣影响的；遗失的武器装备数量多、价值高的；战时遗失的；等等。

3. 本罪的主体。本罪的主体是军职人员，而且一般是武器装备的合法使用者、持有者及保管者。

4. 本罪的主观方面。本罪的主观方面是过失。对于枪支失去控制的结果和丢失枪支所发生的危害结果出于过失，但对于不及时报告，则为有意为之。

• 适用指引 •

司法实践中，认定本罪时应注意：

1. 遗失武器装备罪应追究刑事责任的对象。根据《刑法》罪责自负的原则，本罪应追究的是遗失武器装备的行为人本人的刑事责任。不及时报告仅限于遗失人没有及时向主管领导报告。如果一个单位发生了遗失武器装备的事件，主管领导没有及时向上级报告，不应以遗失武器装备罪追究主管领导的刑事责任，但可能构成其他犯罪。

2. 《刑法》第441条与规定丢失枪支不报罪的第129条，属于法条竞合关系，本法是特别法，对于军人遗失武器装备不及时报告或者有其他严重情节的行为，以遗失武器装备罪论处。

第四百四十二条 擅自出卖、转让军队房地产罪

【法律规定】

• 法律条文 •

《中华人民共和国刑法》

第四百四十二条 违反规定，擅自出卖、转让军队房地产，情节严重的，对直接责任人员，处三年以下有期徒刑或者拘役；情节特别严重的，处三年以

上十年以下有期徒刑。

• 相关规定 •

《最高人民检察院、解放军总政治部关于军人违反职责罪案件立案标准的规定》（政检〔2013〕1号）

第二十五条 擅自出卖、转让军队房地产案（刑法第四百四十二条）

擅自出卖、转让军队房地产罪是指违反军队房地产管理和使用规定，未经有权机关批准，擅自出卖、转让军队房地产，情节严重的行为。

军队房地产，是指依法由军队使用管理的土地及其地上地下用于营房保障的建筑物、构筑物、附属设施设备，以及其他附着物。

涉嫌下列情形之一的，应予立案：

（一）擅自出卖、转让军队房地产价值三十万元以上的；

（二）擅自出卖、转让军队房地产给境外的机构、组织、人员的；

（三）擅自出卖、转让军队房地产严重影响部队正常战备、训练、工作、生活和完成军事任务的；

（四）擅自出卖、转让军队房地产给军事设施安全造成严重危害的；

（五）有其他情节严重行为的。

【学理分析及适用指引】

• 学理分析 •

擅自出卖、转让军队房地产罪，是指违反军队房地产管理和使用规定，未经有权机关批准，擅自出卖、转让军队房地产，情节严重的行为。本罪的构成要件如下：

1. 本罪的客体。本罪的客体是军队房地产的管理秩序。本罪的犯罪对象包括军队土地、房屋、国防工程设施、林木。房屋，是指军队拥有所有权的房屋等建筑物及构筑物。国防工程设施，是指机场、码头、公路、铁路专用线、工事和其他建（构）筑设施等。林木，是指军队拥有所有权的森林、树木。

2. 本罪的客观方面。本罪的客观方面表现为违反军队房地产管理和使用规定，未经有权机关依法审批，有偿或者无偿改变军队土地、房屋、国防工程设施、林木的产权关系，情节严重的行为。所谓情节严重，是指出卖、转让军队房地产价值30万元以上的；出卖、转让军队重要房地产的；出卖、转让军队房地产给境外机构、组织、人员的；出卖、转让军队房地产严重影响部队正常训练、工作和生活的；出卖、转让军队房地产，事后弄虚作假欺骗上级的；出卖、转让军队房地产给军事设施安全造成严重危害的；其他情节严重的行为。因此，虽然出卖、转让军队房地产，但如情节并不严重，不成立犯罪，而应按军纪处分。

3. 本罪的主体。本罪的主体是军队各单位的主管人员和有房地产管理职责的人员，属于军人违反职责罪中的特殊主体。从本罪犯罪构成内容看，由于房地产的不动产属性决定了出卖、转让军队房地产的行为只能是由上述人员实施。

4. 本罪的主观方面。本罪的主观方面是故意，明知出卖、转让军队房地产的行为违反有关规定，仍擅自故意出卖、转让。至于对会造成军队房地产损失的结果，则可以是故意或过失。①

• 适用指引 •

司法实践中，认定本罪应注意：

1. 本罪罪与非罪的界限。擅自出卖、转让军队房地产均属违法行为，其中情节严重的才能构成擅自出卖、转让军队房地产罪。对于情节不严重的擅自出卖、转让军队房地产的行为，应当按照违反军纪处理。

2. 擅自出卖、转让军队房地产罪与非法转让、倒卖土地使用权罪和非法低价出让国有土地使用权罪的法条竞合问题。《刑法》对这两类犯罪的规定存在法条竞合关系。军人擅自出卖、转让军队房地产的，应优先适用本章的规定，以擅自出卖、转让军队房地产罪论处。

第四百四十三条　虐待部属罪

【法律规定】

• 法律条文 •

《中华人民共和国刑法》

第四百四十三条　滥用职权，虐待部属，情节恶劣，致人重伤或者造成其他严重后果的，处五年以下有期徒刑或者拘役；致人死亡的，处五年以上有期徒刑。

• 相关规定 •

《最高人民检察院、解放军总政治部关于军人违反职责罪案件立案标准的规定》（政检〔2013〕1号）

第二十六条　虐待部属案（刑法第四百四十三条）

---

① 有观点认为，本罪中行为人对于擅自出卖、转让军队房地产会造成军队房地产损失的结果只能出于故意。参见张明楷：《刑法学》，法律出版社2007年版，第929页。该观点不当地缩小了本罪的范围，而且没有法律依据。

虐待部属罪是指滥用职权，虐待部属，情节恶劣，致人重伤、死亡或者造成其他严重后果的行为。

虐待部属，是指采取殴打、体罚、冻饿或者其他有损身心健康的手段，折磨、摧残部属的行为。

情节恶劣，是指虐待手段残酷的；虐待三人以上的；虐待部属三次以上的；虐待伤病残部属的，等等。

其他严重后果，是指部属不堪忍受虐待而自杀、自残造成重伤或者精神失常的；诱发其他案件、事故的；导致部属一人逃离部队三次以上，或者二人以上逃离部队的；造成恶劣影响的，等等。

凡涉嫌虐待部属，情节恶劣，致人重伤、死亡或者造成其他严重后果的，应予立案。

【案例】

王某等虐待部属案[①]

• 案件事实 •

2012年6月27日17时许，在内蒙古自治区乌海市乌达区消防二中队，2011年12月入伍的新兵谢某某、张甲、张乙、孙某、韩某某、白某某等6人在五班，杨某甲进来说6人在一起骂老兵，遂用武装腰带逐个抽打新兵。被告人杨某甲向被告人潘某某、李某某、苟某某、杨某等人说："几个新兵说老兵坏话。"李某某遂找到王某，责骂王某："你带的什么兵？你带出来的兵在背后骂老兵。"王某将新兵谢某某、张甲、张乙、韩某某、白某某叫到餐厅，用墩布把子进行殴打。当日21时许，身为老兵的被告人王某、杨某甲、潘某某、杨某乙、李某某、苟某某、杨某、丁某某等8人又将5名被害人叫到二班的空屋内，命令5名新兵站成一排后，对5人进行侮骂、殴打，其中被告人王某采用扇耳光、拳打脚踢以及用木棒打等手段，被告人杨某甲用采用拳打脚踢、用皮带抽等手段殴打，被告人潘某某采用扇耳光、拳打脚踢等手段殴打，被告人杨某乙用采用拳打脚踢、扇耳光并抓着被害人的头部撞墙等手段殴打，其他被告人均采用扇耳光、拳打脚踢等手段殴打5名被害人，持续20余分钟后才停止。在殴打过程中，被告人王某把消防中队的照相机（有摄像功能）拿来放到屋内的桌子上，对殴打现场进行拍摄，后又把照相机移到南侧的窗台上，从另一个角度对现场进行拍摄。8被告人殴打新兵的行为造成被打新兵身体受到

---

① 参见内蒙古自治区呼和浩特市中级人民法院（2014）呼刑一终字第00119号。

伤害、身心健康受到严重影响。2013 年底，这段殴打新兵的视频被上传至互联网，引起境内外大量网民的点击，点击量超过 1300 余万，相继被国内 50 余家网站转载，网上相关负面炒作贴文、视频等 3800 余条，境外多家敌对网站纷纷借此事件恶意炒作，造成恶劣的社会影响，严重败坏了我军的良好声誉和形象。

● 裁判要旨 ●

军人滥用职权，虐待部属，情节恶劣，致人重伤、死亡或者其他严重后果的行为，构成虐待部属罪。

● 裁判理由 ●

原审法院认为，被告人王某、杨某甲、潘某某、杨某身为班长伙同被告人杨某乙、李某某、苟某某、丁某某在公安武警服役期间，滥用职权，对部属殴打、体罚，情节恶劣，并致 5 名被害人的生理、心理均受到不同程度的创伤，后该视频被上传至互联网，并在网上大量传播，造成了恶劣社会影响和严重后果，败坏了公安武装警察部队的声誉，8 被告人的行为均已构成虐待部属罪。被告人杨某甲、王某在将新兵集合到二班之前，就分别殴打过 5 名被害人，主观恶性较深；被告人潘某某、杨某乙、李某某、苟某某在共同犯罪中积极参与，被告人杨某、丁某某参与犯罪程度一般。依照《刑法》第 443 条、第 25 条第 1 款之规定，认定被告人王某犯虐待部属罪，判处有期徒刑二年六个月；被告人杨某甲犯虐待部属罪，判处有期徒刑二年六个月；被告人潘某某犯虐待部属罪，判处有期徒刑二年；被告人杨某乙犯虐待部属罪，判处有期徒刑二年；被告人李某某犯虐待部属罪，判处有期徒刑二年；被告人苟某某犯虐待部属罪，判处有期徒刑二年；被告人杨某犯虐待部属罪，判处有期徒刑一年；被告人丁某某犯虐待部属罪，判处有期徒刑一年。

宣判后，原审被告人王某及其辩护人以“其不具有虐待部属罪的主体要件，且未造成严重后果，不构成犯罪”；原审被告人潘某某及其辩护人以“原审法院量刑较重”；原审被告人杨某甲及其辩护人以“原审法院量刑较重”；原审被告人杨某乙及其辩护人以“我不具有虐待部属罪的主体要件，且未造成严重后果，不构成犯罪”；原审被告人苟某某以“我不具有虐待部属罪的主体要件，且未造成严重后果，不构成犯罪”为由提出上诉。

二审审理查明的事实与原审法院查明的事实一致。认定本案事实的证据经原审法院庭审举证、质证，查明属实。二审法院予以确认。

二审法院认为：上诉人王某、杨某甲、潘某某与原审被告人杨某身为班长伙同上诉人杨某乙、苟某某与原审被告人李某某、丁某某在公安武警服役期间，滥用职权，对部属殴打、体罚，情节恶劣，并致 5 名被害人的生理、心理均受到不同程度的创伤，后该视频被上传至互联网，并在网上大量传播，造成了恶劣社会影响和严重后果，败坏了公安武装警察部队的声誉，8 人的行为均已构成虐待部属罪。上诉人王某及其辩护人所提“其不具有虐待部属罪的主体要件，且未造成严重后果，不构成犯罪”；上诉人潘某某及其辩护人所提“原审法院量刑较重”；上诉人杨某甲及其辩护人所提“原审法院量刑较重”；上诉人杨某乙及其辩护人所提“我不具有虐待部属罪的主体要件，且未造成严重后果，不构成犯罪”；上诉人苟某某所提“我不具有虐待部属罪的主体要件，且未造成严重后果，不构成犯罪”的上诉理由。经查，所提的上诉理由与本案现有的证据及所查明的事实不符，故上诉理由不能成立，二审法院不予支持。原审法院依据事实和法律所做的判决适当。依照《刑事诉讼法》第 225 条第 1 款第 1 项之规定，裁定如下：驳回上诉，维持原判。本裁定为终审裁定。

【学理分析及适用指引】

• 学理分析 •

虐待部属罪是指滥用职权，虐待部属，情节恶劣，致人重伤、死亡或者其他严重后果的行为。本罪的构成要件如下：

1. 本罪的客体。本罪的客体是我军官兵一致的上下级关系和部属的人身权利。

2. 本罪的客观方面。本罪的客观方面表现为滥用职权，虐待部属，情节恶劣，致人重伤或者造成其他严重后果的行为。滥用职权，是指不法行使职务上的权限的行为，即就形式上属于其一般职务权限的事项，以不当目的或者以不法方法，实施违反军职行为宗旨的活动。虐待部属，是指采取殴打、体罚、冻饿或者其他有损身心健康的手段，折磨、摧残部属的行为。何谓情节严重，可参见 2013 年《最高人民检察院、解放军总政治部关于军人违反职责罪案件立案标准的规定》第 26 条的相关内容。

3. 本罪的主体。主体必须是处于领导岗位的军职人员，一般士兵不能单独成为本罪主体，但可以成为本罪的共犯。

4. 本罪的主观方面。主观方面必须出于故意，即明知自己虐待部属的行为会发生侵犯部属人身权利等危害结果，并且希望或者放任这种结果发生。犯罪动机多种多样，但不影响本罪成立。

• 适用指引 •

在实践中，首先，应将虐待部属罪与严格要求部属但方法不当的行为区别开来。前者是虐待行为，后者只是方法不当的严格要求行为。前者具有虐待故意，后者完全不具有该故意；前者情节恶劣并造成了严重后果，后者不具有恶劣情节与严重后果。其次，应将虐待部属罪与一般的虐待部属的行为区别开来，关键是看情节是否恶劣，是否造成了他人重伤或者其他严重后果。

第四百四十四条 遗弃伤病军人罪

【法律规定】

• 法律条文 •

《中华人民共和国刑法》

第四百四十四条 在战场上故意遗弃伤病军人，情节恶劣的，对直接责任人员，处五年以下有期徒刑。

• 相关规定 •

《最高人民检察院、解放军总政治部关于军人违反职责罪案件立案标准的规定》（政检〔2013〕1号）

第二十七条 遗弃伤病军人案（刑法第四百四十四条）

遗弃伤病军人罪是指在战场上故意遗弃我方伤病军人，情节恶劣的行为。

涉嫌下列情形之一的，应予立案：

（一）为挟嫌报复而遗弃伤病军人的；

（二）遗弃伤病军人三人以上的；

（三）导致伤病军人死亡、失踪、被俘的；

（四）有其他恶劣情节的。

【学理分析及适用指引】

• 学理分析 •

遗弃伤病军人罪，是指在战场上故意遗弃我方伤病军人，情节恶劣的行为。本罪的构成要件如下：

1. 本罪的客体。本罪的客体是部队的作战秩序和军人的生命健康权。

2. 本罪的客观方面。本罪的客观方面表现为在战场上故意将我方伤病军人遗弃，情节恶劣的行为。所谓在战场上遗弃伤病军人，是指行为人在战场上对伤病军人有救护职责而故意不予救护的行为。所谓战场，是指战争、战斗进行的场所，如果在非战争、战斗场所遗弃伤病军人，不构成本罪。所谓遗弃，是指有能力也有可能救助而不予救助的行为。所谓伤病军人，是指战场上负伤的我军人员，以及在战场上突发疾病的我军人员。

3. 本罪的主体。本罪的主体是对伤病军人负有救护任务的直接责任人员，即对伤病员有救护责任的救护人员和指挥人员。其他军职人员在战场上对伤病军人有能力救助而不予救助的，虽然应该受到谴责，但不构成犯罪，可予以批评教育，必要时可予以军纪处理。①

4. 本罪的主观方面。本罪的主观方面是故意，即行为人明知在战场上有条件救治我方伤病军人，而拒绝救治，放任或希望伤病军人伤亡的主观心理。要注意在此种特殊场合下，行为人的法定义务本身就要求不能为自身安全而拒绝抢救伤病员，一般不能以期待可能性理论为由，主张无罪。

• 适用指引 •

在战斗中，即使履行救助义务有危险，遗弃伤病军人若情节恶劣，仍然构成遗弃伤病军人罪。构成本罪还必须以情节恶劣为条件，根据相关规定，主要包括：挟嫌报复遗弃伤病军人的；遗弃伤病军人 3 人以上的；致使遗弃的伤病军人死亡、失踪、被俘的；有其他恶劣情节的。

第四百四十五条　战时拒不救治伤病军人罪

【法律规定】

• 法律条文 •

《中华人民共和国刑法》

第四百四十五条　战时在救护治疗职位上，有条件救治而拒不救治危重伤病军人的，处五年以下有期徒刑或者拘役；造成伤病军人重残、死亡或者有其他严重情节的，处五年以上十年以下有期徒刑。

• 相关规定 •

《最高人民检察院、解放军总政治部关于军人违反职责罪案件立案标准的规定》（政检〔2013〕1 号）

第二十八条　战时拒不救治伤病军人案（刑法第四百四十五条）

战时拒不救治伤病军人罪是指战时在救护治疗职位上，有条件救治而拒不

① 《中国人民解放军合成军队战场勤务教令》第 127 条规定，对无力自救者，临近战士应在不影响战斗的情况下主动急救、将其就近隐蔽。可见，指挥人员和非专职救护人员以外的一般军人，同样有救助伤病军人的法律义务。而根据《刑法》第 444 条规定，只有有救助义务的直接责任人员才能构成遗弃伤病军人罪，此处的“直接责任人员”是否包括“临近无力自救者的战士”需要立法机构予以澄清。参见胡云腾主编：《刑法条文案例精解》，法律出版社 2004 年版，第 663 页。

救治危重伤病军人的行为。

有条件救治而拒不救治，是指根据伤病军人的伤情或者病情，结合救护人员的技术水平、医疗单位的医疗条件及当时的客观环境等因素，能够给予救治而拒绝抢救、治疗。

凡战时涉嫌拒不救治伤病军人的，应予立案。

【学理分析及适用指引】

• 学理分析 •

战时拒不救治伤病军人罪，是指战时在救护治疗职位上，有条件救治而拒不救治危重伤病军人的行为。本罪的构成要件如下：

1. 本罪的客体。本罪的客体是部队的作战秩序和军人的生命健康权。

2. 本罪的客观方面。本罪的客观方面表现为战时在救护治疗岗位上，有条件救治而拒不救治危重伤病军人的行为。有条件救治而拒不救治，是指根据伤病军人的伤情病情，结合救护人员的技术水平、医疗单位的医疗条件及当时的客观环境等因素，能够给予救治而拒绝抢救、治疗的。以下情况下不构成本罪：一是战斗情况极为紧急，确实无条件履行救助义务的；二是行为人根据当时的医疗卫生条件以及个人的医疗技术水平认为没有条件实施救护或治疗行为，强行实施可能更严重损害危重伤病军人的身体或导致其他更为严重的后果，因而不愿意实施救护治疗行为的；三是由于伤员本人拒绝配合，导致救治无法进行的。

3. 本罪的主体。本罪主体是在战时处于救护治疗职位上的军职人员。这一规定包含两方面的含义：一是从身份上看，行为人应是医务工作人员，包括临时被委派从事医务工作的人员；二是从时间上看，这些医务工作人员正在岗位上履行救护治疗职责，如正在上班、值班或者被指派从事临时抢救任务等。如果行为人不是医务工作人员，或者不是正在履行救护治疗职责，而是在下班以后、休假之中或者从事其他工作时，则不能成为本罪的犯罪主体。

4. 本罪的主观方面。主观方面为故意，过失不成立本罪。犯罪动机是多种多样的，如发泄私愤、怕苦怕累、害怕传染病等。犯罪动机如何，不影响本罪的构成。

• 适用指引 •

司法实践中，认定本罪应注意：

战时拒不救治伤病军人罪与遗弃伤病军人罪都侵害了战时救护秩序，犯罪的对象都是我军的伤病军人，主观上又都是故意犯罪，犯罪主体也有相同之处，在定罪上界限不易划清。其主要区别在于犯罪的客观方面表现有所不同。

遗弃伤病军人罪是将伤病军人丢弃，使其不仅得不到救护治疗，而且还面临脱离部队的更大危险。而战时拒不救治伤病军人罪则仅是使伤病军人在医疗救护单位得不到救治，不存在伤病军人脱离部队和医疗救护单位的危险。

第四百四十六条　战时残害居民、掠夺居民财物罪

【法律规定】

• 法律条文 •

《中华人民共和国刑法》

第四百四十六条　战时在军事行动地区，残害无辜居民或者掠夺无辜居民财物的，处五年以下有期徒刑；情节严重的，处五年以上十年以下有期徒刑；情节特别严重的，处十年以上有期徒刑、无期徒刑或者死刑。

• 相关规定 •

《最高人民检察院、解放军总政治部关于军人违反职责罪案件立案标准的规定》（政检〔2013〕1号）

第二十九条　战时残害居民、掠夺居民财物案（刑法第四百四十六条）

战时残害居民罪是指战时在军事行动地区残害无辜居民的行为。

无辜居民，是指对我军无敌对行动的平民。

战时涉嫌下列情形之一的，应予立案：

（一）故意造成无辜居民死亡、重伤或者轻伤三人以上的；

（二）强奸无辜居民的；

（三）故意损毁无辜居民财物价值五千元以上，或者不满规定数额，但手段恶劣、后果严重的。

战时掠夺居民财物罪是指战时在军事行动地区抢劫、抢夺无辜居民财物的行为。

战时涉嫌下列情形之一的，应予立案：

（一）抢劫无辜居民财物的；

（二）抢夺无辜居民财物价值二千元以上，或者不满规定数额，但手段恶劣、后果严重的。

【学理分析及适用指引】

• 学理分析 •

战时残害居民罪是指战时在军事行动地区残害无辜居民的行为。战时掠夺居民财物罪是指战时在军事行动地区采取暴力、胁迫等手段抢劫、抢夺、损毁无辜居民财物的行为。本罪的构成要件如下：

1. 本罪的客体。本罪侵犯的客体是战时群众工作秩序和军事行动地区无辜居民的人身、财产权利。残害无辜居民、掠夺无辜居民财物的行为严重违反战时群众纪律，败坏我军的声誉，损害我军与战区群众的关系，破坏战时群众工作秩序，增加我军作战的困难，将对作战造成严重危害。本罪的犯罪对象是无辜居民及其财产。在战场上掠夺阵亡烈士、伤员和敌人的财物的，不构成本罪。

2. 本罪的客观方面。本罪在客观方面表现为行为人战时在军事行动地区，实施了残害无辜居民、掠夺无辜居民财物的行为。军事行动地区，是指我军作战区域，包括境内和境外，如抗美援朝、对越自卫反击作战中，我军的军事行动地区就涉及国外。

3. 本罪的主体。本罪的主体为军职人员。如果军职人员在非战区抢劫或者抢夺公私财物，或非军职人员在任何地方抢劫或者抢夺公私财物构成犯罪的，则应当以抢劫罪或者抢夺罪论处。

4. 本罪的主观方面。本罪在主观方面表现为故意且是直接故意。那些确实出自军事行动需要而取用、毁坏军事行动地区群众财产的行为，不应认为具有主观上的罪过，不构成本罪。

• 适用指引 •

司法实践中，认定本罪应注意：

1. 军人在非军事行动地区实施掠夺、残害平民百姓等行为的，不以本罪论。无辜居民，是指对我军无敌对行动的平民。在以往的司法实践中，在我军刚解放、进驻、攻陷、控制的一些区域里，由于受敌人的反动欺骗宣传，有相当一部分群众对我军性质、作战目的、行动意义不了解甚至曲解，对我军怀有敌视心理，有的还对我军有辱骂、指责行为，但只要他们没有具体实施反抗行为，都应当把他们视为无辜居民，而不得加以伤害。对那些与敌方通风报信、泄露我军行动秘密、用武力骚扰我军行动，围攻、暗杀、绑架我方人员，煽动当地群众、居民反抗我军的首要分子等，应按敌人或敌对分子看待，不能划入无辜居民的范围之内。残害，是指采用暴力手段，杀伤无辜居民或者焚烧、毁坏无辜居民财物的行为。一般情况下，军职人员在军事行动地区，残害无辜居民的，就构成本罪。但是，情节显著轻微、危害不大的行为，不认为是犯罪，按军纪处理。

2. 掠夺居民财物罪是指战时在军事行动地区采取暴力、胁迫等手段抢劫、抢夺、损毁无辜居民财物的行为。有下列情形之一的，构成本罪：抢劫无辜居民财物的；抢夺无辜居民财物折款2000元以上，损毁无辜居民财物折款5000元以上，或者不满规定数额，但手段恶劣、后果严重，或者造成严重影响的。

第四百四十七条　私放俘虏罪

【法律规定】

• 法律条文 •

《中华人民共和国刑法》

第四百四十七条　私放俘虏的，处五年以下有期徒刑；私放重要俘虏、私放俘虏多人或者有其他严重情节的，处五年以上有期徒刑。

• 相关规定 •

《最高人民检察院、解放军总政治部关于军人违反职责罪案件立案标准的规定》（政检〔2013〕1号）

第三十条　私放俘虏案（刑法第四百四十七条）

私放俘虏罪是指擅自将俘虏放走的行为。

凡涉嫌私放俘虏的，应予立案。

【学理分析及适用指引】

• 学理分析 •

私放俘虏罪是指擅自将俘虏放走的行为。本罪的构成要件如下：

1. 本罪的客体。本罪侵犯的客体是我军的俘虏管理制度。俘虏，是指在作战中被我方俘获的敌方武装人员及其他为敌方武装部队服务的人员。私放俘虏的行为直接侵害了我军的俘虏管理制度，削弱了我军俘虏政策的威力，损害了我军的声誉，不利于消灭敌人有生力量，不利于及时获取敌方情况，使敌人的反动宣传有机可乘，导致敌人顽抗到底，增加了我军夺取胜利的困难。

2. 本罪的客观方面。本罪在客观方面表现为私放俘虏的行为。本罪的犯罪对象必须是俘虏，即在作战中被我方俘获的敌方武装人员及其他为敌方武装部队服务的人员。如果仅为敌方的普通百姓，则不属本罪的犯罪对象。我军对俘虏的处理，要经过甄别、审讯、教育后，区别对待，其中俘虏的敌军士兵和下级军官经批准后可以释放。私放俘虏，是指未经批准，擅自将俘虏放走，使其脱离我方的控制。这种行为既可以是公开进行的，也可以是暗中进行的。私放俘虏的行为既可以发生在战时，也可以发生在战后，所以本罪没有限定为战时犯罪。

3. 本罪的主体。本罪主体为特殊主体，主要是对俘虏有管理责任的军职人员，也可以是其他军职人员。

4. 本罪的主观方面。本罪在主观方面表现为故意。私放俘虏的动机多种多样，如碍于私情、贪财、贪图女色等。不论出于何种动机，均构成私放俘虏罪。

• 适用指引 •

司法实践中，认定本罪应注意：

1. 私放重要俘虏、私放俘虏多人或者有其他严重情节的，是本罪的加重处罚事由。此处的重要俘虏，是指私放俘虏中的中级、高级军官，掌握重要秘密的人员，或者专为了解敌情而抓获的俘虏等。此处的私放俘虏多人，是指私放俘虏 3 人以上。此处的其他严重情节，是指暴露我军秘密的，收受俘虏财物的，造成严重后果的等。①

2. 私放进入刑事诉讼程序的俘虏时，同时符合私放俘虏罪和私放在押人员罪的犯罪构成，应按处理想象竞合犯的原则，以较重的罪名论处。鉴于这两种犯罪的法定最高刑虽一样，但在法定最低刑上私放俘虏罪比私放在押人员罪要重，而且私放俘虏罪只设了两个量刑幅度，而私放在押人员罪却设了三个量刑幅度，实际处刑结果要比私放俘虏罪轻，所以应当按私放俘虏罪论处。

第四百四十八条　虐待俘虏罪

【法律规定】

• 法律条文 •

《中华人民共和国刑法》

第四百四十八条　虐待俘虏，情节恶劣的，处三年以下有期徒刑。

---

① 参见陈兴良：《规范刑法学》，中国政法大学出版社 2003 年版，第 543 页。

• 相关规定 •

《最高人民检察院、解放军总政治部关于军人违反职责罪案件立案标准的规定》（政检〔2013〕1号）

第三十一条 虐待俘虏案（刑法第四百四十八条）

虐待俘虏罪是指虐待俘虏，情节恶劣的行为。

涉嫌下列情形之一的，应予立案：

（一）指挥人员虐待俘虏的；

（二）虐待俘虏三人以上，或者虐待俘虏三次以上的；

（三）虐待俘虏手段特别残忍的；

（四）虐待伤病俘虏的；

（五）导致俘虏自杀、逃跑等严重后果的；

（六）造成恶劣影响的；

（七）有其他恶劣情节的。

【学理分析及适用指引】

• 学理分析 •

虐待俘虏罪是指虐待俘虏，情节恶劣的行为。本罪的构成要件如下：

1. 本罪的客体。本罪侵犯的客体是我军的俘虏管理制度。虐待俘虏的行为直接侵害了我军的俘虏管理制度，削弱了我军俘虏政策的威力，损害了我军的声誉，使敌人的反动宣传有机可乘，导致敌人顽抗到底，增加了我军夺取胜利的困难。

2. 本罪的客观方面。本罪在客观方面表现为虐待俘虏，情节恶劣的行为。虐待行为一般表现为侮辱人格，不人道的生活待遇，打骂、体罚、折磨及施以其他酷刑，强迫从事危险性和屈辱性的工作，摧残其身体等。

3. 本罪的主体。本罪的主体为特殊主体，且主要是对俘虏有管理责任的军职人员，也可以是其他军职人员。

4. 本罪的主观方面。本罪在主观方面表现为故意。虐待俘虏的动机多为义愤、敌意和报复心理，不论出于何种动机，情节恶劣的均构成虐待俘虏罪。

• 适用指引 •

司法实践中，认定本罪应注意：

1. 随意杀死俘虏的行为属于严重侵害俘虏人身权利的犯罪，已超出虐待行为的本意，不应再以本罪论处。虐待俘虏的行为既可以发生在战时，也可以发生在战后，所以本罪没有限定为战时犯罪。只有情节恶劣的虐待俘虏行为才构成犯罪，按照司法解释规定，具体包括：指挥人员带头虐待俘虏的；虐待俘虏3人以上，或者多次虐待俘虏的；虐待俘虏手段特别残忍的；虐待伤病俘虏的；虐待重要俘虏的；因虐待导致俘虏自杀、行凶、伤亡、逃跑、集体闹事等严重后果的；因虐待俘虏造成恶劣社会影响的；有其他恶劣情节的。司法解释中因虐待导致俘虏自杀、行凶、伤亡的伤亡，是指在进行虐待过程中，由于打骂、冻饿等行为故意致人轻伤，或过失地引起被害人的重伤、死亡。如果行为人故意致使被虐待人重伤、死亡的，应以故意伤害罪、故意杀人罪论处。如果长时间虐待，情节严重，并在一次虐待中，故意致使被虐待人重伤、死亡的，以虐待罪和故意伤害罪或故意杀人罪数罪并罚。

2. 本罪与虐待被监管人罪的区别：虐待俘虏罪的主体是军人，而虐待被监管人罪的主体是司法工作人员。当俘虏因其战争罪行被审判而进入刑事诉讼程序时，其具有双重身份，虐待这样的俘虏应按处理想象竞合犯的原则，以较重的罪名即虐待被监管人罪论处。

第四百四十九条　战时缓刑

【法律规定】

• 法律条文 •

《中华人民共和国刑法》

第四百四十九条　在战时，对被判处三年以下有期徒刑没有现实危险宣告缓刑的犯罪军人，允许其戴罪立功，确有立功表现时，可以撤销原判刑罚，不以犯罪论处。

【案例】

刘某战时缓刑案①

• 案件事实 •

被告人刘某，系某部排长。刘某入伍后平时表现较好。1984年7月20日，刘某带领本排到靶场进行半自动步枪空枪瞄准练习。部队到达靶场后，刘某违反规定，未指挥部队验枪，便下达瞄准练习口令。其中一名战士在瞄准练习

① 参见王忠堂等编：《惩治军人违反职责罪暂行条例教学案例选编》，人民法院出版社1994年版，第12页。

中，由于疏忽，忘记了枪膛里已有子弹，扣动扳机击发枪支。子弹穿过靶标，击中前方200米处割草的村民，造成右腿股动脉被击穿，大量出血。刘某连忙把村民送往医院，但抢救无效死亡。案发后，刘某主动报案，向上级如实交代了案件经过。

• 裁判要旨 •

战时缓刑制度从适用条件、考验内容及后果等方面与缓刑制度有着本质的差异。

• 裁判理由 •

某军事法院审理后认为：被告人刘某作为瞄准训练的指挥人员，不认真履行训练前验枪的职责，导致训练中误伤村民致死，其行为符合玩忽军事职守罪的构成要件，应判处三年以下有期徒刑。鉴于刘某平时表现较好，犯罪后有自首行为，在战时没有现实危险，可以适用缓刑。依法判处被告人刘某有期徒刑一年，缓刑一年。

【学理分析及适用指引】

• 学理分析 •

根据《刑法》第449条的规定，战时缓刑是指在战时，对被判处三年以下有期徒刑没有现实危险宣告缓刑的犯罪军人，允许其戴罪立功，确有立功表现时，可以撤销原判刑罚，不以犯罪论处的制度。

战时缓刑的法律后果。被宣告战时缓刑的犯罪军人，在缓刑期间确有立功表现的，可以撤销原判刑罚，不以犯罪论处，这就是战时缓刑的法律后果，这也是战时缓刑与一般缓刑的根本区别之所在。一般缓刑，如果缓刑考验期间不具备缓刑撤销条件，则原判刑罚不再执行，而原判所认定的犯罪仍然存在。而在战时缓刑的情况下，如果确有立功表现，则不仅原判刑罚不再执行，而且不以犯罪论处，即原判认定的犯罪也不复存在。由此可见，战时缓刑的法律后果更为宽大，以作为对戴罪立功的犯罪军人的一种奖励。

• 适用指引 •

实践中，应注意战时缓刑的适用条件：

1. 时间条件。战时缓刑适用的时间必须是在战时。在和平时期或非战时条件下，不能适用战时缓刑。

2. 对象条件。战时缓刑适用的对象只能是被判处三年以下有期徒刑的犯罪军人。不是犯罪的军人，或者虽是犯罪的军人，但被判处的刑罚为三年以上有期徒刑，均不能适用战时缓刑。至于战时缓刑是否适用于被判处拘役的犯罪军人，从立法精神来看应认为是可以的。此外，构成累犯的犯罪军人能否适用战时缓刑，法律未作明确规定。但是，根据《刑法》第 74 条“对于累犯和犯罪集团的首要分子，不适用缓刑”的立法精神，应当认为构成累犯和犯罪集团首要分子的犯罪军人不能适用战时缓刑。

3. 实质条件。战时缓刑适用的实质条件是，在战争条件下宣告缓刑没有现实危险，这是战时缓刑最重要的适用条件。也就是说，被判处三年以下有期徒刑的犯罪军人，若被判断确认为适用缓刑具有现实危险，也不能宣告缓刑。因为战时缓刑的适用，是将犯罪军人继续留在部队，并在战时状态下执行军事任务，若宣告缓刑具有现实的危险，则会在战时状态下严重危害国家的军事利益，其后果不堪设想。至于如何确定是否有现实危险，则应根据犯罪军人所犯罪行的性质、情节、危害程度，以及犯罪军人的悔罪表现和一贯表现，作出综合评价之后加以确认。

第四百五十条　军人违反职责罪的主体范围

【法律规定】

●　法律条文　●

《中华人民共和国刑法》

第四百五十条

本章适用于中国人民解放军的现役军官、文职干部、士兵及具有军籍的学员和中国人民武装警察部队的现役警官、文职干部、士兵及具有军籍的学员以及文职人员、执行军事任务的预备役人员和其他人员。

●　相关规定　●

《中国人民解放军文职人员条例》

第二条　本条例所称文职人员，是指在军民通用、非直接参与作战且社会化保障不宜承担的军队编制岗位从事管理工作和专业技术工作的非现役人员，是军队人员的组成部分。

文职人员在军队和社会生活中，依法享有国家工作人员相应的权利，履行相应的义务。

第十条　文职人员应当履行下列义务：

（一）忠于祖国，忠于中国共产党，努力为军队建设服务；

（二）遵守宪法、法律、法规和军队有关规章制度；

（三）服从命令，听从指挥，遵守纪律，保守秘密；

（四）认真履行职责，努力提高工作质量和效率；

（五）团结协作，勤奋敬业，恪守职业道德，模范遵守社会公德；

（六）学习和掌握履行职责所需要的科学文化和专业知识，提高职业能力；

（七）根据需要，参加军事训练和非战争军事行动，承担相应的作战支援保障任务，依法服现役；

（八）法律、法规规定的其他义务。

第十四条 文职人员岗位，分为管理岗位和专业技术岗位两种类别。

管理岗位是指担负领导职责或者管理任务的工作岗位。

专业技术岗位是指从事专业技术和专业技能工作，具有相应专业技术、专业技能水平和能力要求的工作岗位。

【案例】

房某某、朱某某盗窃军用物资案①

• 案件事实 •

被告人房某某，男，某部司令部营房股水电班电工，无军籍，在编职工。被告人朱某某，男，某部司令部营房股修理班木工，无军籍，在编职工。1985年9月至1986年2月，房某某、朱某某多次共同盗窃本部队棉线轮胎、尼龙轮胎、电动机等军用物资，价值2766.1元，房某某单独盗窃本部队千斤顶、手钳、黄油枪等军用物资，价值223.94元。房某某获得赃款833.94元，朱某某获得赃款475元。

• 裁判要旨 •

执行军事任务的军内在编职工属于军人违反职责罪的主体。

• 裁判理由 •

某军事法院审理后认为：被告人房某某、朱某某身为军内在编职工，在利己主义思想支配下，大肆合伙和单独盗窃部队财物，数量较大，危害严重。根据《惩治军人违反职责罪暂行条例》（已失效）第11条、第25条的规定，判决如下：被告人房某某犯盗窃军用物资罪，判处有期徒刑一年零六个月；被告

① 参见王忠堂等编：《惩治军人违反职责罪暂行条例教学案例选编》，人民法院出版社1994年版，第110页。

人朱某某犯盗窃军用物资罪，判处有期徒刑一年。

【学理分析及适用指引】

• 学理分析 •

《刑法》第10章的规定适用于中国人民解放军的现役军官、文职干部、士兵及具有军籍的学员和中国人民武装警察部队的现役警官、文职干部、士兵及具有军籍的学员以及文职人员、执行军事任务的预备役人员和其他人员。军内在编职工，是指没有军籍但已列入军队编制序列之内的在军内服务的职员和工人。对于军内在编职工是否可以构成军人违反职责罪存在争议。有观点认为，军人只限于中国人民解放军和中国人民武装警察部队的现役军（警）官、文职干部、士兵及具有军籍的学员。无军籍的军内在编职工、预备役人员和其他人员，不应当作军人论。① 因为《中国人民解放军军语》将军人解释为“军队中有军籍的人，通常包括服现役的军官和士兵。中国人民解放军中的军人还包括服现役的文职干部、军事院校的学员等”。我们认为，军内在编职工可以构成军人违反职责罪。其一，《刑法》第450条对“其他人员”的完整规定是“执行军事任务的预备役人员和其他人员”，其中“执行军事任务的”定语既是限定“预备役人员”的，也是限定“其他人员”的，即“其他人员”实际上是“执行军事任务的其他人员”。军内在编职工一般在专业技术岗位以及部分管理事务和服务保障等非专业技术岗位，在这些岗位中，有的与军事任务有关，例如，军事设施工程建设、对军人伤病员的卫生护理工作等。因此，军内在编职工可以构成军人违反职责罪。其二，从军人违反职责罪的立法精神看，列专条说明这类罪的主体适用范围，其主旨显然在于加强对履行军事职责的保护。因为在实际工作中，负有军事职责的主体往往包括两类，一类是军人，他们基于自己的身份而负有军事职责，这是恒久不变的；另一类是受命执行军事任务的预备役人员和其他人员，其中又以预备役人员为主，他们是基于一时赋予的任务而负有军事职责，而非身份本身使然，是暂时性的。在这种情况下，不将第二类人员列入军职罪的主体适用范围，显然不利于对履行军事职责的保护。② 其三，《刑法》为了表述简洁，没有把军内有关军职犯罪的全部条文都纳入现行《刑法》，但是在新旧立法精神没有明确变动的情况下，没有理由把军内在编职工排除在本罪之外。同时，《中国人民解放军军语》并非司法解释，甚至不能说是严格意义上的规范性法律文件，没有严格的法律拘束力。其

---

① 参见曹子丹、侯国云：《中华人民共和国刑法精解》，中国政法大学出版社1997年版，第341页。

② 参见曾志平：《“危害国防利益罪”中的若干概念辨析》，载《西安政治学院学报》1999年第4期，第43页。

四，军内在编职工的招收、使用、统计、供给关系、行政组织等主要由军队管理，是计入军队序列的人员。对此类人员所犯之罪，要按现役军人处罚，因为在编职工虽然没有军籍，但与现役军人一样，具有同样的权利和义务。其中大多数人在军事院校、部队机关和国防工厂等重要部门工作，他们了解熟悉部队的情况，执行部队的规章制度，并在部队里担任一定职务，其违反职责的行为，同样会给国家军事利益带来危害。因此，如果他们犯本章所列之罪，也要按本章规定处罚。

• 适用指引 •

军人违反职责罪的主体应包括中国人民解放军的现役军官、文职干部、士兵及具有军籍的学员和中国人民武装警察部队的现役警官、文职干部、士兵及具有军籍的学员以及执行军事任务的预备役人员和其他人员。需要说明的是，军内在编职工可以构成军人违反职责罪。

《刑法修正案（十一）》明确将“文职人员”作为本类犯罪的主体范围。根据《中国人民解放军文职人员条例》的规定，文职人员，是指在军民通用、非直接参与作战且社会化保障不宜承担的军队编制岗位从事管理工作和专业技术工作的非现役人员。文职人员没有军籍，不属于现役军人，但属于军队内编制岗位工作人员，是军队力量构成的重要组成部分，履行相关军事义务，所以应当成为军人违反职责犯罪的主体。

第四百五十一条　战时

【法律规定】

• 法律条文 •

《中华人民共和国刑法》

第四百五十一条　本章所称战时，是指国家宣布进入战争状态、部队受领作战任务或者遭敌突然袭击时。

部队执行戒严任务或者处置突发性暴力事件时，以战时论。

• 相关规定 •

《中华人民共和国戒严法》

第二条　在发生严重危及国家的统一、安全或者社会公共安全的动乱、暴乱或者严重骚乱，不采取非常措施不足以维护社会秩序、保护人民的生命和财产安全的紧急状态时，国家可以决定实行戒严。

第三条　全国或者个别省、自治区、直辖市的戒严，由国务院提请全国人民代表大会常务委员会决定；中华人民共和国主席根据全国人民代表大会常务委员会的决定，发布戒严令。

省、自治区、直辖市的范围内部分地区的戒严，由国务院决定，国务院总理发布戒严令。

【学理分析及适用指引】

● 学理分析 ●

所谓战时，人们习惯上称之为战争环境存在的状态，而把无战争存在的状态称之为平时。根据我国《刑法》规定，战时是指国家宣布进入战争状态、部队受领作战任务或者遭敌突然袭击时。部队执行戒严任务或者处置突发性暴力事件时，以战时论。这一表述实际上体现了立法者对战时的准确理解，即严格的、准确的战时只限于第 1 款所指情况。第 2 款所指情况本不属于战时，只在法律特指的某些罪中，可以以战时论。① 此处的战时是从广义上理解，包括战争和戒严、处置突发事件等紧急状态。根据《宪法》的规定，全国人民代表大会决定战争问题，在国家遭受武装侵犯或者必须履行国际间共同防止侵略的条约的情况下，全国人民代表大会常务委员会有权宣布进入战争状态。对于全局性战争，战时自国家发布战争动员起，至宣布战争结束止；对于局部性战争，战时自部队接受作战任务进行战斗动员起，至部队完成作战任务撤离战区战争结束止。

● 适用指引 ●

实践中，部队执行戒严任务或处置突发性暴力事件时，以战时论。这可谓对“战时”的一种适度扩大化解释。但是，对于军队接受上级指令，到灾区抗洪抢险，抗震救灾的，不能类推为“战时”。

---

① 参见曾志平：《“危害国防利益罪”中的若干概念辨析》，载《西安政治学院学报》1999 年第 4 期。

附　　则

第四百五十二条　刑法生效日期

《中华人民共和国刑法》

第四百五十二条　本法自 1997 年 10 月 1 日起施行。